Mathematik im Wandel

Anregungen zu einem fächerübergreifenden Mathematikunterricht
Band 4

Michael Toepell (Hrsg.)

Inhalt

	Seite
Einführung	1
Verzeichnis der Fachbezüge	
Mathematik	5
Geschichte und weitere Fächer	6

Ivor Grattan-Guinness:

History or Heritage?
A Central Question in the Historiography of Mathematics 7

Tilman Krischer:

Die Vorgeschichte der Mathematik 29

Harald Boehme:

Anfänge der theoretischen Arithmetik bei den Griechen 40

Manfred Bauch:

Eine multimediale Lernumgebung zu Dürers "Melencolia I" 57

Eberhard Schröder:

Korbbogenkonstruktionen -
Theorie und Anwendungen in der Baupraxis 61

Ulrich Reich:

Franz Brasser (um 1520 - 1594) von Lübeck -
der niederdeutsche Rechenmeister 76

Ulrich Reich:

Mathematik und Wein -
eine vergnügliche mathematische Reise durch die Weinkultur 78

Manfred Weidauer:

Johann Weber (um 1530 - 1595) - Rechenmeister und Bürger zu Erfurt .. 90

Klaus Barner:

Das Leben Fermats (um 1607 - 1665) 101

Ute Gick:

Einführung in die Differentialrechnung in der 11. Jahrgangsstufe
an Hand von Originalliteratur (Leibniz, Fermat) 115

Witold Wieslaw:

Squaring the Circle in XVI - XVIII centuries 127

Silvia Sommerhoff-Benner:

Die Lösung quadratischer, kubischer und biquadratischer Gleichungen
in den algebraischen Werken Christian Wolffs 140

Gerhard Warnecke:

Schulen und Schulverläufe bei Julius Plücker (1801 - 1868)
und seinem Studenten August Beer (1825 - 1863) 151

Karl-Heinz Schlote:

Leipziger Beiträge zur Elektrodynamik im 19. Jahrhundert
aus der Sicht der mathematischen Physik 165

Stanisław Fudali:

Karl Weierstraß und Sonja Kowalewskaja
- "Dem Meisterherzen lieber Student" 185

Roman Duda:

How the concept of a general topological space has originated:
from Riemann to Bourbaki 211

Waltraud Voss:

Zur Geschichte der Versicherungsmathematik
an der TU Dresden bis 1945 218

Inhalt

Pavel Šišma:
History of education in Descriptive Geometry
at the German Technical University in Brno 235

Michal Novák:
Introducing Vectors to Analytic Geometry
(As seen in Czech University Textbooks) 245

Zbyněk Nádeník:
Über die Rytzsche Achsenkonstruktion der Ellipse 255

Magdalena Hyksova:
Karel Rychlík and his Mathematical Contributions 261

Helena Durnova:
Origins of Network Flows 271

Hannelore Bernhardt:
Der Beitrag der Mathematischen Institute zum Universitätsjubiläum
der Humboldt-Universität Berlin im Jahre 1960 281

Roman Murawski:
Die Entwicklung des Bewusstseins des Unterschieds zwischen
Wahrheit und Beweisbarkeit 298

Rudolf Haller:
Treffer und Niete - eine sprachgeschichtliche Betrachtung 309

Michael Toepell:
Grundschulmathematik nach PISA -
auf dem Weg zu individuellem Lernen? 321

Alphabetisches Autorenverzeichnis 347

Einführung

Die Fachsektion *Geschichte der Mathematik* der Deutschen Mathematiker-Vereinigung (DMV) und der Arbeitskreis *Mathematikgeschichte und Unterricht* der Gesellschaft für Didaktik der Mathematik veranstalten seit Jahren gemeinsame Fachtagungen zur Geschichte der Mathematik, die zu den größten regelmäßigen Fachtagungen zur Mathematikgeschichte im mitteleuropäischen Raum gehören. Auch der vorliegende Band ist aus einer dieser Fachtagungen hervorgegangen.

Nach den Tagungen in Berlin, Wuppertal, Nürnberg ("Mathematik im Wandel 1"), Calw ("Mathematik im Wandel 2") und Schmochtitz bei Bautzen ("Mathematik im Wandel 3") war die Tagung in Zingst an der Vorpommerschen Ostseeküste die sechste Tagung der Fachsektion.

Die Tagungsleitung lag in den Händen von Prof. Dr. PETER SCHREIBER (Universität Greifswald). Ihm ist die gelungene Organisation, das abwechslungsreiche Angebot und die reibungslose Durchführung der Tagung zu verdanken.

Rund sechzig Tagungsteilnehmer trafen sich im historisch bedeutsamen Zingsthof, in dem DIETRICH BONHOEFFER 1935 sein Predigerseminar der Bekennenden Kirche eingerichtet hatte. Neben an der Geschichte interessierten Didaktikern und Mathematikern gehörten zum Kreis der Teilnehmer Lehrer, Philosophen, Doktoranden und Studenten.

Ein guter Teil der Teilnehmer kamen aus Großbritannien, Polen, der Tschechischen und der Slowakischen Republik. Deren Beiträge werden auf englisch im Original wiedergegeben.

Auf dieser internationalen Tagung wurde über eigene Forschungsergebnisse ebenso vorgetragen wie etwa über Erfahrungen zum fachübergreifenden Unterricht oder auch über lokalgeschichtliche Themen. Geschichte kann so zu einem Bindeglied zwischen Schule und Hochschule werden kann. Zugleich wird damit die bildungspolitische Bedeutung der Mathematikgeschichte hervorgehoben.

Anliegen des Arbeitskreises und der Fachsektion ist es unter anderem, mit diesen Tagungen die Mathematikgeschichte für Interessenten zu erschließen, ihre Bedeutung für Unterricht und Lehre erkennbar werden zu lassen.

Wie die bereits erschienenen, so zeigt auch der vorliegende Band, dass das manchmal so unumstößlich erscheinende Schulfach Mathematik in seiner geschichtlichen Dimension einem steten Wandel unterworfen ist. Er mag zugleich dokumentieren, dass die sich historisch immer wieder verändernde Wissenschaft Mathematik unter Berücksichtigung ihrer kulturellen Einbettung manches zur Belebung, Bereicherung und zum Verständnis des gesamten Bildungsgutes an Schulen und Hochschulen beitragen kann.

Die Vorträge dieser Tagung dokumentierten die ungewöhnliche Breite dieser Wissenschaftsdisziplin.

Der grundlegende Eröffnungsvortrag von IVOR GRATTAN-GUINNESS geht der Frage nach "Geschichte oder Überlieferung?" in der Historiographie der Mathematik nach und untersucht damit zwei grundsätzlich unterschiedliche Betrachtungsweisen: Zur *Geschichte* mathematischer Ideen oder gar einer mathematischen Theorie gehören ihre Vorgeschichte, die Entstehung, die Chronologie ihrer Entwicklung und die unmittelbaren Auswirkungen. Die Geschichte fragt also nach dem, was passierte. Die Interpretation der *Überlieferung* (des "Erbes" oder der "Genealogie") bezieht sich dagegen eher auf die langfristigen Auswirkungen mathematischer Ideen und auf die veränderten Formalisierungen. Sie wird meist im modernen Kontext beschrieben und fragt eher danach, wie es zum heutigen Stand gekommen ist. Typische Beispiele veranschaulichen den Zusammenhang.

Nach zwei Beiträgen zur antiken Mathematik [Krischer; Boehme] sind fünf Beiträge der Entwicklung im 16. Jahrhundert (Dürer, angewandte Geometrie, Weinkultur, Rechenmeister) gewidmet [Bauch; Schröder; Reich; Weidauer] und setzen damit einen ersten Schwerpunkt.

Hervorgehoben seien hier die sogenannten Korbbogenkonstruktionen, die dem Leser das übergeordnete Konstruktionsprinzip erschließen, das den Bögen in der Romanik, in der Gothik, von Profanbauten, von Zwiebeltürmen, dem Windsor Castle, von orientalischen Formen bis hin zu den Jugendstilformen zugrunde liegt - somit völlig unterschiedlichen kunstgeschichtlichen Stilrichtungen.

Die folgenden vier Beiträge beschäftigen sich mit fundamentalen Themen des 17. und 18. Jahrhunderts (Fermat, Differentialrechnung, Kreisquadra-

Einführung

tur, Wolff) [Barner; Gick; Wieslaw; Sommerhoff-Benner], die zu einem guten Teil auch den Mathematikunterricht anregen können.

Die beiden weiteren Schwerpunkte werden durch die sechs Beiträge zum 19. Jahrhundert [Warnecke; Schlote; Fudali; Duda; Voss; Šišma] und durch die acht Beiträge zum 20. Jahrhundert [Novak; Nádeník; Hyksova; Durnova; Bernhardt; Murawski; Haller; Toepell] gesetzt.

Rund die Hälfte dieser Beiträge stammen aus der Feder osteuropäischer Kollegen. Hier werden damit auch zu einem guten Teil bislang weniger bekannte mathematische Entwicklungen in dieser Region diskutiert - ein weiterer bereichernder Fokus.

Wie in den ersten drei Bänden der Reihe "Mathematik im Wandel" so stehen auch im vorliegenden Band etwa ein Drittel der Beiträge in Beziehung zu grundlegenden elementarmathematischen, schulgeschichtlichen bzw. methodisch-didaktischen Fragestellungen. Darüberhinaus tragen biographische Studien zum tieferen Verständnis einer lebendigen Auffassung von Mathematik bei.

Die Veröffentlichung entspricht dem Wunsch, die Vortragsausarbeitungen nicht nur den Tagungsteilnehmern, sondern auch interessierten Mathematikern, Lehrern, Didaktikern und Historikern zugänglich zu machen.

Es ist manchmal geradezu erstaunlich, wie positiv die Geschichte das Bild von Mathematik in der Öffentlichkeit zu beeinflussen vermag. Eine Erfahrung, die vor allem im internationalen Rahmen beachtliche bildungspolitische Anerkennung findet.

Man erlaube mir den ergänzenden Hinweis: In Deutschland sind dagegen in den letzten Jahren alle drei - mathematikhistorisch geleiteten - Institute für Geschichte der Naturwissenschaften aufgelöst worden.

Anliegen der Reihe ist es, durch die Beiträge Impulse zu einem fächerübergreifenden Mathematikunterricht zu vermitteln und den Blick zu erweitern.

Entsprechend den anderen Bänden dieser Reihe haben auch hier die zahlreichen *fachübergreifenden Bezüge* der einzelnen Beiträge einen besonderen Stellenwert. Sie bieten sowohl dem Mathematiklehrer als auch dem Lehrer anderer Fächer Anregungen und bereichernde Ergänzungen seines Unterrichts. Exemplarisch werden dabei Zusammenhänge mit anderen Fächern vermittelt.

Eine chronologische Anordnung unterliegt der Gefahr, neben der zeitlichen Dimension die sachbezogene Dimension zu vernachlässigen. Daher folgt auf diese Einführung auch im vorliegenden Band wiederum ein Sachverzeichnis (S. 5 - 6), das in drei Übersichten mögliche *Fachbezüge* der einzelnen Beiträge erschließt.

Die erste Übersicht kann dem Leser - und insbesondere dem Mathematiklehrer - das Auffinden von Beiträgen zu bestimmten Gebieten der *Schulmathematik* erleichtern. Ergänzend wurden hier auch die *biographischen* Untersuchungen aufgenommen.

Da alle Beiträge natürlich Bezüge zur *Geschichte* besitzen, wurden in einer zweiten Übersicht auch außerhalb der genannten Schwerpunkte liegende historische Bereiche erfaßt.

Schließlich macht die dritte Übersicht nicht nur Mathematiklehrer, sondern auch die Lehrerinnen und Lehrer anderer Schulfächer, die fachübergreifende Bezüge zur Mathematik suchen, auf mit *anderen Fächern* zusammenhängende Beiträge aufmerksam.

Ein alphabetisches Verzeichnis der Autoren mit Seitenangaben ihrer Beiträge (S. 347) runden den Band ab.

Schließlich möchte ich allen Autoren für die sorgfältige Ausarbeitung ihrer vielfach satztechnisch und stilistisch anspruchsvollen Manuskripte, unserer Sekretärin Frau Mona Witzel (Univ. Leipzig) und meiner Mitarbeiterin Jessica Leonhardt für die Transkription mehrerer Ausarbeitungen und für die Layouthilfen, Frau Dr. Friederike Boockmann (München) für die Unterstützung bei der Durchsicht der Beiträge und Herrn Dr. Walter Franzbecker (Hildesheim) und seinen Mitarbeitern für die bereitwillige Aufnahme dieses Folgebandes in das Programm des Verlages Franzbecker KG herzlich danken.

Michael Toepell

Verzeichnis der Fachbezüge

Mathematik

Arithmetik:	Anfänge der Arithmetik bei den Griechen [Boehme] 40
	Rechenmeister im 16. Jahrhundert [Reich] 80
	Rechenaufgaben von Johann Weber [Weidauer] 90
Geometrie:	Dürer's Melencolia I [Bauch] 57
	Geometrie bei Dürer [Schröder] 61
	Algebraische Geom. bei Euklid [Grattan-Guinness] . 11
	Quadratur des Kreises [Więsław] 127
	Begriff des allg. topologischen Raumes [Duda] 211
	Darstellende Geometrie [Šišma] 235
	Vektoren i.d. Analytischen Geometrie [Novák] 245
	Achsenkonstruktionen der Ellipse [Nádeník] 255
Algebra:	Quadratur des Kreises durch Algebra [Więsław] 127
	Nichtlineare Gleichungen [Sommerhoff-Benner].... 140
	Algebra und Zahlentheorie bei Rychlík [Hykšová]. 261
	Graphentheorie - Netzwerktechnik [Durnová] 271
Analysis:	Entstehung der Differentialrechnung [Gick]............ 115
	Beziehung zwischen Analysis & Topologie [Duda] 211
Stochastik:	Fehler -Treffer - Niete [Haller]................................ 309
Didaktik:	Multimediale Lernumgebungen [Bauch] 57
	Maße & Rechenaufgaben zum Thema Wein [Reich] 80
	Themen in früheren Rechenbüchern [Weidauer] 90
	Geschichte in der unterrichtlichen Praxis [Gick]..... 115
	Wege zu individuellem Lernen [Toepell] 321
Biographische Beiträge:	Rechenmeister Franz Brasser [Reich] 76
	Rechenmeister Johann Weber [Weidauer] 90
	Pierre de Fermat [Barner] 101
	Fermat und Leibniz [Gick] 115
	Christian Wolff [Sommerhoff-Benner] 140
	Julius Plücker und August Beer [Warnecke] 151
	Karl Weierstraß und Sonja Kowalewskaja [Fudali] 185
	Karel Rychlík und Bolzano [Hykšová] 261
	Hilbert und Gödel [Murawski]................................ 298

Geschichte

Griechische Math.:	Vorgeschichte [Krischer] 29
	Arithmetik [Boehme] 40
Kulturgeschichte:	Bildungsgeschichte in Frankreich i.17 Jh. [Barner] 101
	Eine Mathematikerin im 19.Jh. [Fudali] 185
	Grundschulmathematik nach PISA [Toepell] 321
Institutionen- bzw.	Realschule und Gymnasium im 19. Jh. [Warnecke] 151
Universitäts-	Math. Physik an der U Leipzig i.19.Jh. [Schlote] 165
geschichte:	Versicherungsmath. an der TU Dresden [Voss] 218
	Darst. Geometrie an der Dt. TU Brünn [Šišma] 235
	Jubiläum der Humboldt-Univ. Berlin [Bernhardt]... 281

Weitere Fächer

Philosophie/Ethik/	Historiographie, Axiomatisierg. [Grattan-Guinness]... 7
Wissenschafts-	Vorgeschichte, Philosophie [Krischer] 29
theorie:	Bildungspolitik HUBerlin [Bernhardt] 281
	Logik - Beweistheorie [Murawski] 298
Wirtschaft:	Entstehung der Versicherungsmathematik [Voss]... 218
	Transportprobleme in Netzwerken [Durnová] 271
Physik/Chemie/	Geometrie in der Baupraxis [Schröder] 61
Technik:	Weinkultur [Reich] 78
	Math. Physik & Elektrodynamik i.19.Jh. [Schlote] . 165
Kunst:	Kunstgeschichte [Schröder] 61
Deutsch:	Sprachgeschichtl.-literarische Betrachtung [Haller] 309

History or Heritage? A Central Question in the Historiography of Mathematics

Ivor Grattan-Guinness

1. The pasts and the futures..8
2. An example 10
3. Some attendant distinctions 12
   3.1 History is usually a story of heritages..12
   3.2 Types of influence...12
   3.3 The role of chronology..13
   3.4 Uses of later notions..13
   3.5 Foundations up or down?...15
   3.6 Indeterminism or determinism? 15
   3.7 Revolutions or convolutions?...16
   3.8 Description or explanation?..18
   3.9 Levels of (un)importance..18
   3.10 Handling muddles. 19
   3.11 History as meta-theory. 19
   3.12 Consequences for mathematics education. 20
4. Six prevalent aspects...20
   4.1 The calculus and the theory of limits..21
   4.2 Part-whole theory and set theory. 22
   4.3 Vectors and matrices..22
   4.4 The status of applied mathematics..23
   4.5 The place of axiomatisation 24
   4.6 Words of general import 24
5. Concluding remark...25

> However eager to tell us how scientists of the seventeenth century used their inheritance from the sixteenth, the scholars seem to regard as irrelevant anything a scientist today might think about any aspects of science, including his own debt to the past or reaction against it.
>
> C.A. TRUESDELL III (1968, foreword)

You think that the world is what it looks like in fine weather at noonday; I think that it seems like in the early morning when one first wakes from deep sleep.

A.N. WHITEHEAD to B. RUSSELL [Russell 1956, 41]

1. The pasts and the futures

The growth in interest and work in the history of mathematics in the last three decades or so has led naturally to reactions among mathematicians. Some of them have been welcoming, and indeed have contributed their own historical research; but many others have been cautious, and even contemptuous about the work produced by practising historians for apparently limited lack of knowledge of mathematics.[1] By the latter they usually mean the current version of the mathematics in question, and the failure of historians to take due note of it.

There is a deep distinction involved here, which has not been much discussed in the literature; even the survey [May 1976) of historiography jumps across it. I use the words "history" and "heritage" to name two interpretations of a mathematical theory (or definition, proof-method, algorithm or whatever); I shall use the word "notion" as the umbrella term, and the letter "N" to denote it. A sequence of notions in recognised order in a mathematical theory is notated "$N_0, N_1, N_2, \ldots$".

By "history" I refer to the details of the development of N: its pre-history and concurrent developments; the chronology of progress, as far as it can be determined (well-known to be often difficult or even impossible for ancient and also ethno-mathematics); and maybe also the impact in the immediately following years and decades. History addresses the question "what happened in the past?". It should also address the dual question "what did not happen in the past?", where false starts, missed opportunities [Dyson 1972, sleepers and repeats are noted. The (near-)absence of later notions

---

[1] Another point of division between the two disciplines is techniques and practices specific to historical work, such as the finding, examination and deployment of manuscript sources and of large-scale bibliographies. (The latter are rehearsed, at least for the pre-computer age, in [May 1973, 3-41].) They are not directly relevant to this paper.

from N is registered; *differences* between N and seemingly similar more modern notions are likely to be emphasised.

By "heritage" I refer to the impact of N upon later work, both at the time and afterwards, especially the forms which it may take, or be embodied, in modern contexts.[2] Some modern form of N is the main focus, but attention is also paid to the course of its development. Here the mathematical relationships will be noted, but not the historical ones in the above sense. Heritage addresses the question "how did we get here?", and often the answer reads like "the royal road to me". The modern notion is thereby unveiled (a nice word proposed by HENK BOS); *similarities* between old and more modern notions are likely to be emphasised. In the case of sequences, a pernicious case arises when N_1 is a logical consequence or a generalisation of N_0, and the claim is made that a knower of N_0 knew N_1 also [May 1975a; an example is given in §3.4].

Both kinds of activity are quite legitimate, and indeed important in their own right; in particular, mathematical research often seems to be conducted in a heritage-like way, although the predecessors may well be very recent (as far back as five years, say). *The confusion of the two kinds of activity is not legitimate,* either taking heritage to be history (mathematicians" common view) or taking history to be heritage (the occasional burst of over-enthusiasm by an historian): indeed, such conflations may well mess up both categories, especially the historical record.

A philosophical difference is that heritage tends to focus upon knowledge alone (theorems as such, and so on), while history also seeks causes and understanding in a more general sense. The distinction made by historians between "internal" and "external" history is only part of this difference. Each category is explicitly meta-theoretical, though history may demand the greater finesse in the handling of different levels of theory.

Two prominent types of writing in which heritage is the main guide are review articles and lengthy reports. Names, dates and references are given frequently, and chronology (of publication) may well be checked quite scrupulously; but motivations, cultural background, processes of genesis, and historical complications are usually left out. A golden period in report

---

[2] In recent lectures on this topic I used the 'word' genealogy' to name this concept. I now prefer 'heritage', partly on semantic grounds and partly for its attractive similarity with 'history' in English as another three-syllable word beginning with 'h'.

writing was at the turn of the 19th and 20th centuries, especially in German, with two main locations: the reports in the early volumes of the *Jahresberichte* of the *Deutsche Mathematiker-Vereinigung* (1892-) and the articles comprising the *Encyklopädie der mathematischen Wissenschaften* (1898-1935) with its unfinished extension into the French *Encyclopédie des sciences mathématiques* (1904-1920?) [Gispert 1999]. The difference between history and heritage was not always strong at that time;[3] for example, a few of the *Encyklopädie* reports are quite historical.

Among modern examples of heritage-oriented writings, JEAN DIEUDONNÉ"s lengthy account of algebraic and differential topology in the 20th century is typical [Dieudonné 1989], and several of the essays in the BOURBAKI history have the same character [Bourbaki 1974]. ANDRÉ WEIL's widely read advice (1980) on working on history is driven more by needs of heritage, especially concerning judgements of importance; but it is somewhat more nuanced in other respects. An interesting slip is his use of "history of mathematics" and "mathematical history" as synonyms, whereas they are quite different subjects [Grattan-Guinness 1997, 759-761].

A third category arises when N is laid out completely time-free with all developments omitted, historical or otherwise; for example, as a strictly axiomatised theory. This kind of writing is also quite legitimate, but is neither history nor heritage (though it may *have* both), and I shall not consider it further.

2. An example

This distinction has been cast in as general a manner as possible; any piece of mathematics from any culture will be susceptible to it. Here is an example, mathematically simple but historically very important (this last remark itself a manifestation of the distinction from heritage, note).

In his *Elements* EUCLID gives this theorem about "completing the square":

---

[3] See [Dauben 1999] on the journals for the history of mathematics then.

History or heritage?

The historical interpretation of EUCLID as a closet algebraist developed during the late 19th century (compare the remarks in §1 on history and heritage at that time); thus the diagram has long been rendered in algebraic form as

$$(a + b)^2 = a^2 + 2ab + b^2. \qquad (1)$$

However, mathematical as well as historical disquiet should arise. Firstly, (1) is a piece of algebra, which EUCLID did not use, even covertly: his diagram does not carry the letters "a" and "b". His theorem concerned geometry, about the large square being composed of four parts, with rectangles to the right and above the smaller square and a little square off in the northeast corner. But these geometrical relationships, essential to the theorem, are lost in the single sign "+". Further, "a" and "b" are associated with numbers, and thereby with lengths and their multiplication. But EUCLID worked with lines, regions, solids and angles, not any arithmeticised analogues such as lengths, areas, volumes and degrees; he never multiplied geometrical magnitudes of any kind (though multiplication of numbers in arithmetic was practised). Hence "a^2" is already a distortion; he constructed the "square *on* the side", not the "square *of* the side" [Grattan-Guinness 1996] . For reasons such as this the algebraic reading of EUCLID has been discredited in recent decades by specialists; by contrast, it is still advocated by mathematicians, such as [Weil 1980] who even claims that group theory is *needed* in order to understand Books 5 and 7 of EUCLID!!

These are historical and meta-historical remarks about EUCLID; (1) belongs to its heritage, especially among the Arabs with their word-based algebra (the phrase "completing the square" is Arabic in origin), and then in European mathematics, with symbols for quantities and operations gradually being introduced.[4] The actual version (1) corresponds to the early 17th cen-

---

[4] There is of course another large history and heritage from Euclid, inspired by the alleged rigour of this proofs. It links in part to the modernisation of his geometry, but I shall not discuss them here.

tury, with figures such as THOMAS HARRIOT and RENÉ DESCARTES; EUCLID and the Arabs are part of their history, they are part of the heritage from EUCLID and the Arabs, and *our* use of (1) forms part of our heritage from them.[5]

3. Some attendant distinctions

The distinction between history and the heritage of N seems to be that between its relationship to its pre-history and to its post-history. If N_0, N_1 and N_2 lie in advancing chronological order, then the heritage of N_1 for N_2 belongs also to the history of N_2 relative to N_0 and N_1. However, the situation is not so simple; in particular, both categories use the post-history of N, though in quite different ways. Thus more needs to be discussed. Some further examples will be used below, though for reasons of space and balance rather briefly; fuller historical accounts would take note of interactions of the development of other relevant notions.

3.1 History is usually a story of heritages

The historian records events where normally an historical figure inherited knowledge from the past in order to make his own contributions. If the figure really did treat a predecessor in an historical spirit (as he (mis-) understood it), then the (now meta-)historian should record accordingly (for example, [Stedall 2001] on JOHN WALLIS's *Algebra* of 1685).

3.2 Types of influence

raise important issues. However, research is likely to focus only upon positive influence whereas history needs to take note also of negative influences, especially of a general kind, such as reaction against some notion or the practise of it or importance accorded some context. For example, one motive of A.-L. CAUCHY to found mathematical analysis in the 1820s upon

---

[5] This last feature applies also, regrettably, to the supposed history [Rashed 1994] of Arabic algebra, where the Arabs seem already to have read Descartes.

a theory of limits (§ 4.1) was his rejection of J.L. LAGRANGE's approach to the calculus using only notions from algebra. Further, as part of his new regime CAUCHY stipulated that "a divergent series has no sum"; but in the 1890s EMILE BOREL reacted against precisely this decree and became a major figure in the development of summability and formal power series [Tucciarone 1973]. Part of the heritage of those theories has been to treat as idiots pre-Cauchyesque manipulators of infinite series such as LEONHARD EULER!

3.3 The role of chronology

differs greatly. In history it can form a major issue; for example, possible differences between the creations of a sequence of notions and those of their publication. Further, the details available may only give a crude or inexact time course, and some questions of chronology remain unanswerable. In heritage chronology is much less significant, apart from questions of the type "Who was the first mathematician to ...?". Mathematicians often regard them as the prime type of historical question to pose [May 1975b], whereas historians recognise them as often close to meaninglessness when the notion involved is very general or basic; for example, "... to use a function?" could excite a large collection of candidates according to the state, generality or abstractness of the function theory involved. The only type of questions of this kind of genuine historical interest concerns priority disputes, when intense parallel developments among rivals are under investigation, and chronology is tight - and where again maybe no answer can be found.

3.4 Uses of later notions

They are *not* to be ignored; the idea of forgetting the later past of an historical episode is impossible to achieve, and indeed not desirable. Instead its status *as* later work is duly recognised, and tiers of history exposed: work produced in, say, 1701 was historical in 1801 and in 1901 as well as now in 2001. Thus, when studying the history of N_0, recognise the place of later notions $N_1, N_2,...$ but *avoid* feeding them back into N_0 itself. For if that does happen, the novelties that attended the emergence of $N_1, N_2,...$

will not be registered. Instead time loops are created, with cause and effect over time becoming reversed: when N_2 and N_1 are shoved into N_0, then they seem to be involved in its creation, whereas the *converse* is (or may be) the case. In such situations not only is the history of N messed up but also that of the intruding successors, since their *absence* before introduction is not registered. For example, LAGRANGE's work in algebra played a role in the certain aspects of group theory [Wussing 1984, 70-84]; but to describe his work in terms of group theory not only distorts LAGRANGE but also muddies the (later) emergence of group theory itself. By contrast, the heritage may be clarified by such procedures, and chaos in the resulting history is not significant.

A valuable use of later notions when studying the history of N is as a source for questions to ask about N itself - but do not expect positive answers! (The converse may well hold; knowing at least some of the history of N_0, N_1, N_2, ... may well increase understanding of their relations, and even suggest a research topic.) By contrast, when studying the heritage of N_0, by all means feed back N_1, N_2 ... to create new versions and with luck find a topic for mathematical research. The difference is shown below; for history the horizontal arrows do not impinge positively upon the preceding notions whereas those for heritage do:

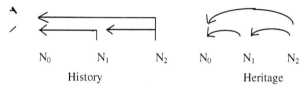

$N_0 \qquad N_1 \qquad N_2 \qquad\qquad N_0 \qquad N_1 \qquad N_2$

      History   Heritage

The difference is often exemplified by reactions to older mathematics. The inheritor reads something by, say, LAGRANGE and exclaims: "My word, LAGRANGE here is very modern!". The historian replies: "No, we are very LAGRANGIAN".

The distinction between history and heritage is thus emphatically *not* that between success and failure; history also records successes, but with the slips and delays exposed. For example, A nice example is [Hawkins 1970], a fine history of the application of point set topology to refine the integral from the CAUCHY-RIEMANN version through content in the sense of JORDAN and Cantor to the measure theory of HENRI LEBESGUE and BOREL.

HAWKINS not only records the progress achieved but also carefully recounts conceptual slips made en route: for example, the belief until its exposure that denumerable set, set of measure zero and nowhere dense set were co-extensive concepts.

3.5 Foundations up or down?

This distinction can be extended when N is an axiomatised theory, which proceeds logically through concepts C_1, C_2, C_3; for to some extent the respective historical origins move *backwards* in time, thus broadly the reverse of the historical record. A related difference is thereby exposed: heritage suggests that the foundations of a mathematical theory are laid down as the platform upon which it is built, whereas history shows that foundations are dug down, and nor necessarily on firm territory. For example, the foundations of arithmetic may start with mathematical logic in a version of the 1900s, use set theory as established around the 1890s, define progressions via the PEANO axioms of the later 1880s, and then lay out the main properties of integers as established long before that.

A figure important in that story is RICHARD DEDEKIND, with his book of 1888 on the foundations of arithmetic. The danger of making historical nonsense out of heritage is well shown in a supposed new translation. A typical example of the text is the following passage, where DEDEKIND's statement that (in literal translation) "All simply infinite systems are similar to the number-series N and consequently by (33) also to one another" comes out as "*All unary spaces are bijective* [1] *to the unary space* [2] *N and consequently, by §33,* [3] *also to one another*"; moreover, of the three editorial notes, the first one admits that "isomorphic" would be more appropriate for DEDEKIND but the second one informs that "*unary space* [...] is what he means" ... [Dedekind 1995, 63].

3.6 Indeterminism or determinism?

Especially if the history properly notes missed opportunities, delayed and late arrivals of conception and/or publication, an indeterministic character is conveyed: the history did indeed pass through the sequence of notions N_0, N_1, N_2, ..., but it might have been otherwise (unintended consequences, and so on). By contrast, even if not explicitly stressed, a deterministic im-

pression is likely to be conveyed by heritage: N_0 *had* to lead to N_1, and so on. Appraisal of historical figures as "progressive" or "mordents", in any context, is normally of this kind: the appropriate features of their work are stressed, the others ignored (for example, NEWTON the modern scientist yes, NEWTON the major alchemist no).

A fine example of indeterminism id provided by the death of BERNHARD RIEMANN in 1866. The world lost a very great mathematician, and early; on the other hand, his friend DEDEKIND published soon afterwards two manuscripts which RIEMANN had prepared in 1854 for his *Habilitation* but had left them unpublished, seemingly indefinitely. One essay dealt with the foundations of geometry, the other with mathematical analysis and especially Fourier series. Each of them made a rapid and considerable impact, and each contained notions and connections which were current in some other authors; however, if the essay on analysis had not appeared, there is no reason to assume that GEORG CANTOR (1845-1918), then a young number theorist, would have tackled the hitherto unnoticed problem of exceptional sets for Fourier series (to use the later name) and thereby invented the first elements of his set theory [Dauben 1979, chs. 1-2]. But then many parts of mathematical analysis would have developed differently. (The bearing of the other essay on the development of geometries is noted in §3.7.) Other early deaths suggest possibilities: EVARISTE GALOIS stopping a bullet in 1832, JACQUES HERBRAND falling down a mountain a century later, and so on.

3.7 Revolutions or convolutions?

When appraising heritage, interest lies mainly in the outcomes without special concern about the dynamics of their production. A deterministically construed heritage conveys the impression that the apparently inevitable progress makes mathematics a *cumulative* discipline.

History suggests otherwise; some theories die away, or at least die down in status. The status or even occurrence of revolutions in mathematics is historically quite controversial [Gillies 1992]; I have proposed the meta-notion of convolution, where new and old notions wind around each other as a (partly) new theory is created [Grattan-Guinness 1992]. Convolution lies between, and can mix, three standard categories: revolution, in the sense of strict *replacement* of theory; innovation, where replacement is ab-

sent or plays a minor role (I do not know of a case where even a remarkably novel notion came from literally *no* predecessors); and evolution, similar to convolution in itself but carrying many specific connotations in the life sciences which are not necessarily useful here.

One of the most common ways in which old and new mix is when a new notion is created by connecting two or more old notions in a novel way. Among very many cases, in 1593 FRANÇOIS VIÈTE connected ARCHIMEDES's algorithmic exhaustion of the circle using the square, regular octagon, ... with the trigonometry of the associated angles and obtained this beautiful infinite product

$$2/\pi = \sqrt{1/2}\sqrt{1/2 + 1/2\sqrt{1/2}}\sqrt{1/2 + 1/2\sqrt{1/2 + 1/2\sqrt{1/2}}} \sqrt{\ldots} . \quad (2)$$

Again, in the 1820s NIELS HENRIK ABEL and CARL JACOBI independently linked the notion of the inverse of a mathematical function with ADRIEN-MARIE LEGENDRE's theory of "elliptic functions" to produce their definitive theories of elliptic functions. Heritage may also lead to such connections being effected.

Sometimes convolutions, revolutions and traditions can be evident together. A very nice case is found in the work of JOSEPH FOURIER in the 1800s on heat diffusion [Grattan-Guinness and Ravetz 1972]. 1) Apart from a very unclear and limited anticipation by J.-B. BIOT, he innovated the differential equation to represent the phenomenon. 2) The method that he used to obtain it was traditional, namely EULER's version of the Leibnizian differential and integral calculus (which is noted in §4.1). 3) He refined the use of boundary conditions to adjoin to the internal diffusion equation for solid bodies. 4) He revolutionised understanding of the solution of the diffusion equation for finite bodies by trigonometric series, which had been known before him but with important misunderstandings, especially about the manner in which a periodic series could represent a general function at all. 5) He innovated the FOURIER integral solution, for infinite bodies.

Delays often arise from connections *not* being made. A well-known puzzle is the slowness to recognise non-Euclidean geometries when there was a long history of map-making which surely exhibits one kind of such a geometry. J.H. LAMBERT is an especially striking figure here, as he worked with some lustre in both areas in the later 18th century. The answer seems to be that, like his predecessors and several successors, he understood the

geometry problem as being just the status, especially provability, of the parallel axiom *within the Euclidean framework* rather than the more general issue of alternative geomet*ries,* which was fully grasped only by RIEMANN in his 1854 essay [Gray 1989]. Thus the link, which seems so clear in our heritage, was not obvious in the earlier times.

3.8 Description or explanation?

Both history and heritage are concerned with description; but history should also attempt explanations of the developments found, and also of the delays and missed opportunities that are noticed. These explanations can be of various kinds; not just of the technical insights that were gained but also the social background, such as the (lack of) educational opportunities for mathematics in the community or country involved.

One feature especially of the 19th century which needs explanation is the differences between nations of the *(un)popularity* of topics or branches of mathematics (France doing loads of mathematical analysis, England and Ireland with rather little of it but working hard at several new algebras, and so on). Heritage studies will need to consider explanation only from a formal or epistemological point of view; for example, explaining the mystery of having to use complex numbers when finding the real roots of polynomials with real coefficients in terms of closure of operations over sets, an insight which has its own history.

3.9 Levels of (un)importance.

This last task relates to another difference; that a notion rises and/or falls in importance. Heritage does not need to give such changes much attention; the modern level of reputation is taken for granted. But history should watch and ponder upon the changes carefully. For example, for a long time trigonometry has been an obviously useful but rather minor topic in a course in algebra - and there has been no detailed general history of it since [von Braunmühl 1900, 1903]. By contrast, in the late Middle Ages it was a major branch of mathematics, handled geometrically (for example, the sine was a length, not a ratio), and with the spherical part more important than the planar (because of its use in astronomy and navigation). Conversely, probability theory and especially mathematical statistics had a very long

and slow geneses; most of its principal notions in statistics are less than then two centuries old, and the cluster of them which are associated with KARL PEARSON and his school has celebrated their centenary only recently. The slowness of the arrival of this discipline, now one of the most massive part of mathematics while often functioning separate from it, is one of the great mysteries of the history of mathematics; its unimportance during most of the 19th century is especially astonishing. But such features need not disturb a seeker of heritage.

3.10 Handling muddles

One way in which knowledge of all kinds, and especially the mathematical, increases is by the cleaning up of unclarities and ambiguities by, for example, bringing in new distinctions. Such housework forms part of the heritage which the mathematician will deploy (unless he has reason to question it). The historian will also the modern presence of such distinctions, but he should try to *reconstruct* the old unclarities, as clearly as possible, so that the history of the distinctions is itself studied (§4.1 has an important example).

3.11 History as meta-theory

This paper, especially in this section, carries a feature which needs emphasis: that when the historian studies his historical figures he is thinking *about* them, not *with* them. The distinction between theory and meta-theory, and especially the recognition of its *central* importance for knowledge, emerged during the 1930s principally from the logicians KURT GÖDEL (1906-1978) and ALFRED TARSKI (1902-1983), after many partial hits and misses [Grattan-Guinness 2000, chs. 8-9].

In logic the distinction is very subtle; for example, "and" feature in both logic and meta-logic, and failure to register it led to much inherence and even paradoxes such as "this proposition is false". In most other areas of thought the distinction seems to be too obvious to require emphasis; clearly a difference of category exists between, say, properties of light and laws of optics, or between a move in chess and a rule of chess. But when registered its importance can be seen, because it is *quite general*. This was the case with TARSKI's theory of truth (his own main way to the distinction): "snow

is white" (in the metalanguage) if and only if snow is white (in the language). His theory is neutral with respect to most philosophies, and side-steps generations of philosophical anxiety about making true (or false) judgements or holding such beliefs.

In historiography the distinction stresses two different levels of both knowledge and of ignorance, with further levels required when intermediate historical stages are considered. It also side-steps chatter about narratives and discourses, and the relativism and determinism that often accompanies them.

3.12 Consequences for mathematics education

The issue of heuristics on mathematics, and the discovery and later justification of mathematical notions, are strongly present is this discussion, with obvious bearing upon mathematics education. The tradition there, especially at university level or equivalent, is to teach a mathematical theory in a manner very much guided by heritage. But reactions of students (including myself, as I still vividly recall) is often distaste and bewilderment; not particularly that mathematics is very hard to understand and even to learn but mainly that it turns up in "perfect" dried-out forms, so that if there are any mistakes, then necessarily I made them. Mathematical theories come over as all answers but no questions, all solutions but no problems. A significant part of the growth in interest in the history of mathematics has been inspired as a negative influence of such situations, and there is now a strong international movement for making use of history in the teaching of mathematics, at all levels. I have proposed the meta-theoretical notion of "history-satire", where the historical record is respected but many of the complications of the normally messy historical record are omitted or elided [Grattan-Guinness 1973]. (If one stays with, say, NEWTON all the time, then one will stop where NEWTON stopped.) OTTO TOEPLITZ's "genetic approach" to the calculus is close to a special case [Toeplitz 1963].

4. Six prevalent aspects

I conclude with five special cases of aspects of mathematics where the conflation of history and heritage seems to be especially serious, including

among historians. They come mostly from the 19th and early 20th centuries, which not accidentally is my own main period of research; thus no claim of optimal importance or variety is made for them. Examples of the distinctions made in §3 are also included.

4.1 The calculus and the theory of limits

There have been four main ways of developing the calculus [Grattan-Guinness 1987]: in chronological order,

1) ISAAC NEWTON's "fluxions" and "fluents" (1660s onwards), with the theory or limits deployed, though not convincingly;

2) G.W. LEIBNIZ's "differential" and "integral" calculus, based upon dx and ∫x (1670s onwards), with infinitesimals central to and limits absent from all the basic concepts: reformulated by EULER in the mid 1750s by adding in the "differential coefficient", the forerunner of the derivative;

3) LAGRANGE's algebraisation of the theory, in an attempt to avoid both limits and infinitesimals, with a new basis sought in TAYLOR's power-series expansion (1770s onwards), and the successive differential coefficients reconceived in terms of the coefficients of the series as the "derived functions"; and

4) CAUCHY's approach based upon with a firm *theory* (and not just intuition) of limits (1810s onwards); from it he defined the basic notions of the calculus (including the derivative as the limiting value of the difference quotient) and also of the theories of functions and of infinite series, to create "mathematical analysis".

Gradually the last tradition gained wide acceptance, with major refinements brought in with KARL WEIERSTRASS and followers from the mid century onwards, especially the consequences of refining CAUCHY's basically single-limit theory into that of multiple limits with a plethora of fine distinctions. Thus it has long been the standard way of teaching the calculus; but historians should beware using it to rewrite the history of the calculus where any of the other three traditions, even NEWTON's, are being studied. It also contains an internal danger. The (post-)WEIERSTRASSian refinements have become standard fare, and are incorporated into the heritage of CAUCHY; but it is mere feedback "history" to read CAUCHY (and contemporaries such as BERNARD BOLZANO) as if they had read WEIERSTRASS

already [Freudenthal 1971]. On the contrary, their own pre-WEIERSTRASSian muddles need reconstruction, and clearly.

Again by contrast, heritage can acknowledge such anachronisms but ignore them as long as the mathematics produced is interesting.

4.2 Part-whole theory and set theory

An important part of WEIERSTRASS's refinement of CAUCHY's tradition was the introduction from the early 1870s of set theory, principally by GEORG CANTOR. Gradually it too gained a prominent place in mathematics and then in mathematics education; so again conflations lurk around its history. They can occur not only in putting set-theoretical notions into the prehistory, but in particular confusing that theory with the traditional way of handling collections from antiquity: namely, the theory of whole and parts, where a class of objects contains only parts (such as the class of European men as a part of the class of men), and membership was not distinguished from inclusion. Relative to set theory parthood corresponds to improper inclusion, but the theory can differ philosophically from CANTOR's doctrine, on matters such as the status of the empty class/set, and the class/set as one and as many; so care is needed. An interesting example occurs in avoiding the algebraisation of EUCLID mentioned in §2: [Mueller 1981] proposed an algebra alternative to that in (1), but he deployed set theory in it whereas EUCLID had followed the traditional theory, so that a different distortion arises. As in earlier points, study focused upon heritage need feel no discomfort.

4.3 Vectors and matrices

In a somewhat disjointed way vector and matrix algebras and vector analysis gradually developed during the 19th century, and slowly became staple techniques during the 20th century, including in mathematics education [Grattan-Guinness 1994, articles 6.2, 6.7, 6.8, 7.12]. But then the danger just highlighted arises again; for earlier work was not thought out that way. The issue is *not* just one of notation; the key lies in the associated notions, especially the concept of laying out a vector as a row or column of quantities and a matrix as a square or rectangular array, and manipulating them separately or together according to stipulated rules and definitions.

A particularly influential example of these anachronisms is TRUESDELL; in very important pioneering historical work of the 1950s he expounded achievements by especially EULER in continuum mathematics which previously had been largely ignored (see, for example, [Truesdell 1954]). However, in the spirit of heritage in his remark quoted at the head of this paper, he treated EULER as already familiar with vector analysis and some matrix theory (and also using derivatives as defined via the theory of limits whereas EULER had actually used his own elaboration of LEIBNIZ's version of the calculus mentioned in §4.1). Therefore his EULER was out of chronological line by at least a century. It is quite amusing to read his introductory commentary and then the original texts in the same volume (11 and 12 of the second series of EULER's *Opera omnia*). A lot of historical reworking of EULER is needed, not only to clarify what and how he had actually done but also to eliminate the mess-ups of feedback and clarify the history of vectors and matrices by noting their absence in EULER.

4.4 The status of applied mathematics

During the middle of the 19th century the professionalisation of mathematics increased quite notably in Europe; many more universities and other institutions of higher education were created or expanded, so that the number of jobs increased. During that period, especially in the German states and then Germany, a rather snobbish preference for pure over applied or even applicable mathematics began to emerge, there and later internationally. Again this change has affected mathematics education (for the worse); it has also influenced historical work in that the history of pur(ish) topics have been studied far more than that of applications. The history of military mathematics is especially ignored.

An error concerning levels of importance arises here; for prior to the change, however, applications and applicability were very much the governing motivation for mathematics, and the balance of historical research should better reflect it. EULER is a very good case; studies of his contributions to purish mathematics far exceed those of his applied mathematics (hence the importance of TRUESDELL's initiative in looking in detail at his mechanics). Some negative influence from current practise is required of historians to correct this imbalance.

4.5 The place of axiomatisation

From the late 19th century onwards DAVID HILBERT encouraged the axiomatisation of mathematical theories, in order to make clearer the assumptions made and also to study meta-properties of consistency, completeness and independence. His advocacy, supported by various followers, has given axiomatisation a high status in mathematics, and thence to mathematics education. But once again dangers of distortion of earlier work attend, for HILBERT's initiative was then part of a *new* level of concern with axiomatisation [Cavaillès 1938]; earlier work was rarely so preoccupied, although the desire to make clear basic assumptions was frequently evident (for example, in the calculus as reviewed in §4.1). Apart from EUCLID, it is seriously out of time to regard as axiomatisers any of the other figures named above, even LAGRANGE, CAUCHY or CANTOR.

4.6 Words of general import

One aim of many mathematical theories is generality; and attendant to this aspiration is the use of correspondingly wide-ranging words or phrases, such as "arbitrary" or "in any manner", to characterise notions. These expressions are still used in many modern contexts; so again the dangers of identification with their past manifestations need to be watched. A good example is the phrase "any function" in the calculus and the related theory of functions; it or a cognate will be found with JOHN BERNOULLI in the early 18th century, EULER about 40 years later, S.-F. LACROIX around 1800, J.P.G. DIRICHLET in the late 1820s, and LEBESGUE and the French school of analysts in the early 20th century. Nowadays it is usually taken to refer to a mapping (maybe with special conditions such as isomorphism), with set theory used to specify range and domain and nothing else. But the universe of functions has not always been so vast; generality has always belonged to its period of assertion. In particular, [Dirichlet 1829] mentioned the characteristic function of the irrational numbers (to use the modern name); but he quite clearly regarded it as a pathological case, for it did not possess an integral. The difference is great between his situation and that of LEBESGUE's time, when the integrability of such a function was a good test case of the new theory of measure to which he was a major contributor; indeed, this detail is part of the heritage from DIRICHLET.

5. Concluding remark

It would be appropriate to end on the theme of generality, namely that of the distinction outlined in this paper. As was indicated in §1, it is applicable to history of any kind, especially the history of other sciences, although its prominence and importance in mathematics is rather special. Another related topic is the history of mathematics itself, where the (meta-)history of the subject needs to be distinguished from the heritage which we historians today enjoy from our predecessors [Dauben and Scriba 2002] - for example, the history of changing views on EUCLID.

Acknowledgements

I am working on a more extended discussion of this topic, and express gratitude to the organisers of the following meetings which to lecture upon or around this topic and thereby to get this far: the Third meeting "Days in the history of mathematics", University of the Basque Country at Bilbao, Spain, October 2000; the Orotavian Canary Foundation, Las Palmas, Grand Canaries, Spain, December 2000; the History Section of the *Deutsche Mathematiker-Vereinigung,* Ingst, Germany, May 2001; and the Department of Mathematics in the University of Braga, Portugal, in October 2001.

Bibliography

BOURBAKI, N. 1974. *Eléments d'histoire des mathématiques,* 2nd ed., Pariss: Hermann.

CAVAILLES, J. 1938. *Méthode axiomatique et formalisme,* 3 pts., Paris: Hermann.

DAUBEN, J.W. 1979. *Georg Cantor,* Cambridge, Mass. (Harvard University Press). [Repr. 1990, Princeton (Princeton University Press).]

DAUBEN, J.W. 1999. "*Historia mathematica* : 25years/context and content", *Historia mathematica, 26,* 1-28.

DAUBEN, J.W. and SCRIBA, C.J. 2002. (Eds.), *Writing the history of mathematics: its historical development.* Basel: Birkhäuser.

DEDEKIND, J.W.R. 1995. *What are numbers and what should they be?*, Orono, Maine: RIM Press. [German original 1888.]

DIEUDONNÉ, J. 1989. *A history of algebraic and differential topology 1900-1960*, Basel: Birkhäuser.

DIRICHLET, J.P.G. LEJEUNE- 1829. Sur la convergence des séries trigonométriques'; *Journal für die reine und angewandte Mathematik 4*, 157-169. Also in *Gesammelte Werke*, vol. 1, 1889, Berlin: Reimer (repr. 1969, New York: Chelsea), 117-132.

DYSON, F. 1972. "Missed oppportunites", *Bulletin of the American Mathematical Society, 78*, 635-652.

FREUDENTHAL, H. 1971. "Did Cauchy plagiarise Bolzano?", *Archive for history of exact sciences, 7*, 375-392.

GILLIES, D. 1992. (Ed.), *Revolutions in mathematics*, Oxford: Clarendon Press.

GISPERT, H. 1999. "Les débuts de d'histoire des mathématiques sur les scènes internationales et le cas de l'entrpise encyclopédique de Felix Klein et Jules Molk", *Historia mathematica, 26*, 344-360.

GRATTAN-GUINNESS, I. 1973. "Not from nowhere. History and philosophy behind mathematical education", *International journal of mathematics education in science and technology, 4*, 421-453.

GRATTAN-GUINNESS, I. 1987. "What was and what should be the calculus?", in his (ed.), *History in mathematics education*, Paris: Belin, 116-135.

GRATTAN-GUINNESS, I. 1992. "Scientific revolutions as convolutions? A sceptical enquiry", in S.S. Demidov, M. Folkerts, D.E. Rowe, and C.J. Scriba (eds.), *Amphora. Festschrift für Hans Wussing zu seinem 65. Geburtstag*, Basel: Birkhäuser, 279-287.

GRATTAN-GUINNESS, I. 1994. (Ed.), *Companion encyclopedia of the history and philosophy of the mathematical sciences*, London: Routledge.

GRATTAN-GUINNESS, I. 1996. "Numbers, magnitudes, ratios and proportions in Euclid's *Elements* : how did he handle them?", *Historia mathematica, 23*, 355-375. [Printing correction: *24* (1997), 213.]

GRATTAN-GUINNESS, I. 1997. *The Fontana history of the mathematical sciences. The rainbow of mathematics,* London: Fontana. Repr. as *The Norton history of the mathematical sciences. The rainbow of mathematics,* 1998, New York: Norton.

GRATTAN-GUINNESS, I. 2000. *The search for mathematical roots, 1870-1940. Logics, set theories and the foundations of mathematics from Cantor through Russell to Gödel,* Princeton: Princeton University Press.

GRATTAN-GUINNESS, I. in collaboration with J.R. RAVETZ, *Joseph Fourier 1768-1830. A survey of his life and work, based on a critical edition of his monograph on the propagation of heat, presented to the Institut de France in 1807,* Cambridge, Mass.: M.I.T. Press.

GRAY, J.J. 1989. *Ideas of space,* 2nd ed., Oxford and New York: Clarendon Press.

HAWKINS, T.W. 1970. *Lebesgue's theory of integration,* Madison: University of Wisconsin Press. Repr. 1975, New York: Chelsea.

MAY, K.O. 1973. *Bibliography and research manual in the history of mathematics,* Toronto (University of Toronto Press).

MAY, K.O. 1975a. "Historiographic vices. I. Logical attribution", *Historia mathematica, 2,* 185-187.

MAY, K.O. 1975b. "Historiographic vices. II. Priority chasing", *Historia mathematica, 2,* 315-317.

MAY, K.O. 1976. "What is good history and who should do it?", *Historia mathematica, 3,* 449-455.

MUELLER, I. 1981. *Philosophy of mathematics and deductive structure in Euclid's Elements,* Cambridge, Mass.: MIT Press.

RASHED, R. 1994. *The development of Arabic mathematics: between arithmetic and algebra,* Dordrecht, Boston and London: Kluwer.

RUSSELL, B.A.W. 1956. *Portraits from memory and other essays,* London: Allen & Unwin.

STEDALL, J.A. 2001. "Of our own nation: John Wallis's account of mathematical learning in medieval England", *Historia mathematica, 28,* 73-122.

TOEPLITZ, O. 1963. *The calculus. A genetic approach,* Chicago: University of Chicago Press.

TRUESDELL, C.A. III. 1954. "Prologue", in L. Euler *Opera omnia,* ser. 2, vol. 12, Basel: Orell Füssli, ix-cxxv. [On fluid mechanics.]

TRUESDELL, C.A. III. 1968. *Essays in the history of mechanics,* Berlin: Springer.

TUCCIARONE, J. 1973. "The development of the theory of summable divergent series from 1880 to 1925", *Archive for history of exact sciences, 10,* 1-40.

VON BRAUNMÜHL, A. 1900, 1903. *Vorlesungen über Geschichte der Trigonometrie,* 2 vols., Leipzig: Teubner.

WEIL, A. 1980. "History of mathematics: why and how", in O. Lehto (ed.), *Proceedings of the International Congress of Mathematicians, Helsinki 1978,* Helsinki: Academia Scientarum Fennica, vol. 1, 227-236. Also in *Collected papers,* vol. 3, 1980, New York: Springer, 434-443.

WUSSING, H. 1984. *The genesis of the abstract group concept,* Cambridge, Mass: MIT Press.

Prof. Dr. Ivor Grattan-Guinness, Middlesex University at Enfield, Middlesex EN3 4SF, England; E-mail: eb7io6gg@waitrose.com

Die Vorgeschichte der Mathematik

Tilman Krischer

Die Frage nach einer *Vorgeschichte* der Mathematik mag manch einem höchst befremdlich erscheinen. Natürlich ist uns die Unterscheidung von *Geschichte* und *Vorgeschichte* völlig geläufig, und niemand stellt sie ernsthaft in Frage: jenen Teil der Vergangenheit, für den schriftliche Zeugnisse vorliegen, nennen wir *Geschichte*; und was vorausgeht, ist die *Vorgeschichte*. Doch wie sollte sich dieses Schema auf die Mathematik anwenden lassen? Selbstverständlich lassen sich Prozesse aufzeigen, die der Geschichte der Mathematik vorausgehen und diese erst ermöglichen, etwa die Entfaltung der menschlichen Intelligenz. Doch das ist ein Teil der Evolutionstheorie, die wir jedenfalls nicht als eine *Vorgeschichte der Mathematik* bezeichnen dürfen, weil wir dadurch ihre unzähligen anderen Aspekte verdecken würden. - Wie ist dann unsere Frage zu beantworten?

Der englische Physiker JOHN BARROW hat sich in einem Büchlein, dessen deutsche Ausgabe den Titel trägt *Warum die Welt mathematisch ist*,[1] die gleiche Frage nach den Ursprüngen des mathematischen Denkens vorgelegt, und bei ihrer Beantwortung geht er von GALILEIs bekanntem Dictum aus, daß die Natur in der Sprache der Zahlen geschrieben sei. Also können wir, da Mathematik und Naturwissenschaft eng verbunden sind, die Entstehung des Zahlbegriffs als das Fundament des mathematisch-naturwissenschaftlichen Denkens betrachten. Dieses Thema behandelt BARROW in dem genannten Büchlein auf eine wahrhaft vorbildliche Weise im Kapitel *Von der Natur zur Zahl*. Ist damit unsere Frage nach der Vorgeschichte der Mathematik nicht bestens beantwortet?

Diese Antwort, so scheint uns, ist zwar richtig und notwendig, aber nicht vollständig. Natürlich sind die heute weltweit benutzten indisch-arabischen Ziffern mit ihrer Positionsschreibweise ein unvergleichliches Werkzeug, dessen Qualitäten man am besten begreift, wenn man es mit den alternativen Systemen, die zu unterschiedlichen Zeiten in unterschiedlichen Regionen entwickelt wurden, vergleicht.

---

[1] Erschienen: Frankfurt a.M. 1993 (Europäische Vorlesungen III).

Theoretisch könnte man hier allerdings den Einwand erheben, diese Frage gehöre nicht in die Vorgeschichte der Mathematik, sondern in ihre Geschichte, denn sie lasse sich nur beantworten, indem man die Äußerungen von Denkern betrachtet, die logisch argumentieren. Mit anderen Worten: Die Griechen waren eben ein intellektuell hochbegabtes Volk, und hier erübrigt sich die Frage: Warum? Doch auch in diesem Punkt ist Vorsicht geboten. Wenn nicht alles trügt, findet sich sogar bei BARROW selbst ein erster Hinweis, der weiterführen könnte: Die mathematische Welt in unserem Geiste und die mathematische Welt um uns herum sind durch zwei gegenläufige Prozesse miteinander verknüpft: Abstraktion und Konkretisierung. Auf diesem Zusammenhang beruht der ungeheure Nutzen der Mathematik für die Naturwissenschaften und damit indirekt für unsere Bewältigung der Existenzprobleme, und so geht BARROW im nächsten Schritt zur Entstehung des für die Mathematik so entscheidend wichtigen Zahlbegriffs über.

Doch die Verknüpfung von materieller und geistiger Welt durch Abstraktion und Konkretisierung ist nicht auf den Bereich der Mathematik beschränkt, auch wenn sie hier ihre höchste Vollendung erfährt. Jede Art von sprachlicher Kommunikation findet auf dieser Basis statt. Der Physiker ERNST MACH hat dafür den Ausdruck *Denkökonomie* geprägt und erläutert diese durch den Hinweis auf die Befriedigung der leiblichen Bedürfnisse. Der Mensch paßt sich seiner Umwelt an und ist stets bemüht, alle Probleme auf eine möglichst ökonomische Weise zu lösen. Entsprechend dienen die Wissenschaften der übersichtlichen, einheitlichen, widerspruchslosen und mühelosen Erfassung der Tatsachen. Die Mathematik aber wird von MACH als eine *Ökonomie des Zählens* bezeichnet.[2] Das alles fügt sich mit BARROWs Auffassungen bestens zusammen, nur daß MACH keine so scharfen Grenzen zieht, sondern allenthalben Übergänge offen läßt.

Eben dies aber hilft uns, den historischen Hintergrund aufzuhellen. Daß die Griechen allgemein auf Sparsamkeit angewiesen waren, leuchtet ein, wenn man die geographischen Bedingungen der Ägäis betrachtet, am besten durch Vergleich mit anderen Regionen. HAROLD DORN hat dazu in seinem Buch *The Geography of Science* (The Johns Hopkins UP 1991) beste Vorarbeit geleistet: Da wird zunächst einmal erläutert, daß alle frühen Hochkulturen Flußkulturen waren, in denen das Schwemmland des Flusses für

---

[2] Vgl. *Die Mechanik - historisch kritisch dargestellt*, ND Darmstadt 1973. Die Bemerkungen über die Denkökonomie finden sich in unterschiedlichen Teilen des Werkes, so in der Einleitung und in dem Abschnitt IV, 4, *Die Ökonomie der Wissenschaft*.

Die Vorgeschichte der Mathematik

den Anbau von Getreide genutzt wird. Dies setzt freilich umfangreiche Be- und Entwässerungsarbeiten voraus, welche ihrerseits eine zentrale Verwaltung, ein Schriftsystem und, da die Arbeiten im jahreszeitlichen Rhythmus anfallen, einen Kalender, also astronomische Beobachtung, erforderlich machen. Zu diesen Kulturen, die DORN als *hydraulic cultures* bezeichnet, gehören Ägypten, Mesopotamien, die Induskultur, das Alte China mit Hoang-ho und Yangtse, sowie, neueren Luftaufnahmen zufolge, auch die Kultur der Maya. Einen anderen und deutlich jüngeren Kulturtypus stellen die *rainfall cultures* dar, bei denen die jährlichen Niederschläge für den Getreideanbau ausreichen. Sie finden sich nur in klimatisch gemäßigten Zonen, etwa von Rom aus Richtung Norden. Was Griechenland anlangt, so gehört es zu keinem der beiden Typen, weil der Boden bergig und verkarstet ist, ein Fluß mit entsprechendem Schwemmland nicht existiert, und die Niederschläge, von wenigen kleineren Regionen abgesehen, zu dürftig sind. Wie hat man sich also ernährt?

In der mykenischen Epoche war die Bevölkerung vergleichsweise gering an Zahl und wohnte in den wenigen, vergleichsweise fruchtbaren Ebenen. Etwa zur Zeit der Dorischen Wanderung aber bricht dieses System zusammen, und die Folge ist eine sehr weitreichende Unbeständigkeit in der Besiedelung des Landes. Immer wieder mußte die Bevölkerung einer Region sich neue Wohnsitze suchen, sei es, weil die Erträge des Bodens nicht ausreichen, sei es, weil fremde Einwanderer diesen in Besitz genommen haben.

In dieser Zeit, welche wir auch die *Dunklen Jahrhunderte* nennen, blüht das Seeräuberwesen auf, und der Darstellung des THUKYDIDES zufolge konnte niemand sein Haus verlassen, ohne Waffen mitzunehmen.[3] In dieser Epoche, die, ihrer geringen Hinterlassenschaft wegen, von den Kulturhistorikern meist nicht sonderlich geschätzt wird, hat sich in Griechenland der Zwang zur Sparsamkeit geltend gemacht. Das betrifft in erster Linie den militärischen Bereich: Hatte man in mykenischer Zeit noch mit *Streitwagen* gekämpft, die dem gewappneten Krieger den anstrengenden Fußmarsch ersparen, so werden nun aus Kostengründen die Pferde abgeschafft, und damit wird zugleich der Wagenlenker überflüssig: Er kann nun Kämpfer werden.

Auch auf die für alle längeren Wege benötigten *Schiffe* hat dies seine Auswirkungen: Sie brauchen nun keine Gespanne mehr zu transportieren und

---
[3] Vgl. *Geschichte des Peloponnesischen Krieges* I, 5 und 6.

werden aus Frachtschiffen zu speziellen Kriegsschiffen fortentwickelt. In dem ältesten Typ, der sog. *Pentekontore*, agieren 50 Ruderer, die beiderseits in zwei Reihen übereinander angeordnet sind, wodurch die Wasserverdrängung verringert und die Beschleunigung erhöht wird. Diese Entwicklung führt später zu der *Triere* und ist letztlich der Anstoß für ARCHIMEDES Schrift über schwimmende Körper.

Um nun die Beschleunigung des Schiffes besser nutzen zu können, wird vorne ein Rammsporn angebracht, der dazu dient, feindliche Schiffe zu versenken und so der Besatzung den Kampf Mann gegen Mann zu ersparen. Da die Ruderer, wie gesagt, in zwei Reihen übereinander agieren, kann es leicht vorkommen, daß sie aus dem Takt geraten und so einander behindern. Deswegen wird auf dem Schiff ein Flötenspieler eingesetzt, der den Takt vorgibt. Dieser aber begleitet die Mannschaft auch zu Lande, wenn sie gegen den Feind vorrückt.

Dabei entwickelt sich das System der *Phalanx*, in der jeder Kämpfer sein Verhalten auf das Zusammenspiel der Gruppe ausrichtet: Da man rechts die Waffe handhabt und links den Schild trägt, muß in der Frontreihe jeder Kämpfer darauf bedacht sein, die rechte Seite seines linken Nachbarn mitzuschützen. Wenn der Vordermann ausfällt, muß der jeweilige Hintermann nachrücken. Ziel der gemeinschaftlichen Aktion aber ist es, den Gegner zum Weichen zu bringen, weil sich dabei in der Regel seine Ordnung auflöst und dies den Anfang vom Ende bedeutet. Um diese Ziel, wie man im Deutschen sagt, *mit Nachdruck* zu verfolgen, hat man eine besondere Technik entwickelt: Angefangen von der hintersten Reihe stemmt sich jeder Kämpfer mit aller Macht gegen seinen Vordermann, und das hat natürlich zur Folge, daß die Männer der Frontreihe weit über die eigenen Kräfte hinaus auf den Gegner Druck ausüben können.[4]

Soviel zur Kriegstechnik, auf deren weitere Details wir hier nicht eingehen können. Vermerkt sei lediglich, daß die Griechen selbst ihre Kriegstüchtigkeit auf die Kargheit des heimatlichen Bodens zurückgeführt haben. Eine solche Aussage findet sich bereits bei HOMER (Od. 9, 27), und HERODOT erklärt auf eben diese Weise den überraschenden Sieg der Hellenen über die zahlenmäßig weit überlegenen Perser (9, 122). Doch es liegt nahe, diese Erklärung auf weitere kulturelle Aktivitäten auszudehnen, so etwa auch auf den Bereich der Wissenschaft, zumal dies ganz dem Sinne von ERNST MACHS *Denkökonomie* entsprechen würde. Doch da wir von HAROLD

---

[4] Vgl. V.D. Hanson (Hrsg.), *Hoplites*, London und New York 1991.

DORNs *Geography of Science* ausgegangen sind, sollten wir zunächst einmal fragen, wie er den Zusammenhang sieht. Die Antwort auf diese Frage aber muß lauten: *völlig anders*. Er stellt fest, daß in den *hydraulic cultures* alle wissenschaftlichen Leistungen der Verbesserung des Systems dienen und von der Verwaltung entsprechend honoriert werden. Dergleichen Aktivitäten faßt DORN unter dem Begriff *applied science* zusammen, und diesem stellt er die *pure science* gegenüber; durch Vergleiche kommt er zu dem Urteil, daß in Griechenland die letztere entschieden dominiert. Diesen Tatbestand aber erklärt er vor allem durch die politische Zersplitterung des Landes, die eine staatliche Unterstützung wissenschaftlicher Aktivitäten unmöglich macht. Also muß die Initiative im privaten Bereich liegen.

Doch welches sind, wenn finanzielle Vorteile keine Rolle spielen, die treibenden Kräfte? DORNs Auffassung zufolge liegen sie im intellektuellen Vergnügen; die *pure science* ist für ihn *pastime of Homo ludens*.[5] Das paßt nun freilich nicht zu unseren obigen Ausführungen über die Kargheit des Bodens, die den Bewohner durch die Knappheit der Ressourcen abhärtet. Und doch sollten wir DORNs Deutung nicht ohne nähere Prüfung ablehnen, denn so viel ist klar: Im Gesamtrahmen der griechischen Kultur spielt das intellektuelle Vergnügen eine nicht unbeträchtliche Rolle, und was sind die vielen Tragödien und Komödien, die hier aufgeführt werden, anderes als eben *pastime of Homo ludens*? Haben wir in unserer vorausgehenden Betrachtung die Schattenseiten des Lebens in der ägäischen Welt womöglich allzu stark in der Vordergrund gerückt?

In der Tat, wir haben den Blick einseitig auf das bergige Land gerichtet und nicht auf das verbindende Meer. In den *hydraulic cultures* wird stets, das zeigt DORN, der zugehörige Fluß auch als Verkehrsweg genutzt. Entsprechendes gilt natürlich auch für die Ägäis, und sie bietet unvergleichlich reichere Möglichkeiten, verbindet sie doch die Heimat der Hellenen mit dem Schwarzen Meer, mit Vorderasien, Ägypten, Sizilien und den übrigen Anrainern des westlichen Mittelmeers. Diese Verbindungswege haben die Griechen regelmäßig für den Handel genutzt, und immer wieder haben sie Kolonien gegründet. Dazu wiederum mußten sie die fremden Länder und die Sitten ihrer Bewohner erforschen, und das hatte offenbar für ihr Selbstverständnis weitreichende Folgen.

Wer immerzu Unterschiede wahrnimmt, der wird angeregt zu vergleichen, zu bewerten und nach weiteren Möglichkeiten zu suchen. Auf diesem We-

---

[5] Vgl. *The Geography of Science*, S.73.

ge kommen wir dem intellektuellen Vergnügen des *homo ludens* offenbar näher. Heißt das also, daß wir bei unseren vorausgehenden Betrachtungen, die sich so harmonisch mit MACHs Begriff der *Denkökonomie* verknüpfen ließen, auf einem Irrweg waren, bzw. daß es sich hier gewissermaßen um eine vorübergehende Episode handelte, als die Verkehrswege noch nicht geöffnet waren? - Schwerlich. Der griechischen Kulturgeschichte liegen vielmehr zwei gegensätzliche und gleichermaßen wichtige Prinzipien zugrunde, und so müssen wir uns fragen, wie sie zu verknüpfen sind und inwiefern diese Verknüpfung die Entstehung des mathematischen Denkens beschleunigt. Daß MACHs *Denkökonomie* in diesem Sinne zu bewerten ist, dürfte einleuchten, aber Mathematik und *Homo ludens*? In dieser schwierigen Situation könnte uns ein Buch weiterhelfen, das nicht aus philologischen oder historischen Kreisen stammt, sondern von einem Hirnforscher und einem Mathematiker verfaßt wurde.

Die Verfasser sind JEAN-PIERRE CHANGEUX und ALAIN CONNES, und der Titel der deutschen Übersetzung lautet: *Gedankenmaterie* (Springer 1992). Hier geht es um die Frage, wie die mathematischen Objekte mit den Funktionen des Gehirns zu verknüpfen sind. Sind die ersteren gewissermaßen platonische Ideen, die unabhängig existieren, oder werden sie vom Gehirn produziert? - Das Buch ist nicht in Form eines Lehrbuchs geschrieben, sondern in der eines platonischen Dialoges, wodurch der Leser zu eigenem Nachdenken angeregt werden soll. Wir können hier auf Einzelheiten nicht eingehen, sondern skizzieren ganz kurz die zugrundeliegende Theorie: CHANGEUX nennt sie *mentalen Darwinismus*, und mit dieser Bezeichnung knüpft er an den *neuronalen Darwinismus* von GERALD EDELMAN an, eine Forschungsleistung, für die dieser 1972 den Nobelpreis für Medizin erhalten hat. Die Bezeichnung *Darwinismus* spielt hier auf die Grundlagen von DARWINs Evolutionstheorie an, die auf den Begriffen der *Mutation* und *Selektion* basiert. Doch hier gehört der Begriff der *Mutation* in den Bereich des Genetischen, während EDELMAN und entsprechend CHANGEUX epigenetische Vorgänge untersuchen. EDELMAN weist nach, daß der Mensch sein Gehirn nicht wie einen Computer genetisch zugeteilt bekommt, sondern daß wichtige Verbindungsstränge zwischen unterschiedlichen Gehirnarealen sich erst beim Gebrauch und somit in Abhängigkeit von der Umwelt entwickeln. Daher spricht er in seiner Theorie von *Variation* und *Selektion*.

Auf den gleichen Begriffen basiert auch die Theorie von CHANGEUX, der freilich nicht die Herausbildung neuer Nervenstränge untersucht, sondern

Die Vorgeschichte der Mathematik

die Entstehung neuer Inhalte, bzw. - wie er sich ausdrückt - der *Gedankenmaterie*. Auch sie entwickelt sich auf der Basis von Variation und Selektion, wobei die Variation im wesentlichen mit dem zusammenfällt, was wir gemeinhin als *Assoziation* bezeichnen, während die Selektion weitgehend der *Abstraktion* entspricht.

Mit dieser Feststellung aber kehren wir offenbar wieder in den Rahmen unserer vorausgehenden Betrachtung zurück, sind doch die beiden Faktoren, deren Zusammenspiel hier als grundlegend für jegliche Intelligenzleistung herausgestellt wird, nahezu identisch mit jenen beiden Kräften, die wir als maßgeblich für die Entfaltung der griechischen Kultur erkannt haben: Die durch die Vielfalt der Verkehrswege bedingte Fülle der Information entspricht offenbar der Variation, und die Sparsamkeit aufgrund der Knappheit der Ressourcen ist der Selektion zuzuordnen. Dieser Befund aber fügt sich nicht nur rein äußerlich mit der Theorie von CHANGEUX zusammen, sondern er demonstriert eine Übereinstimmung, die den Kern der Sache betrifft. Normalerweise werden die kulturellen Leistungen der Griechen auf ihre Begabung zurückgeführt, d.h. ihre angeborenen Fähigkeiten. Das wäre die genetische Interpretation.

Unsere Deutung hingegen geht von den Umweltfaktoren aus, und insofern stimmt sie überein mit dem *mentalen Darwinismus*. Ein Unterschied ist allenfalls insofern vorhanden, als CHANGEUX das *Individuum* im Blick hat und wir die kulturelle *Gemeinschaft*. Aber dieser Unterschied deutet nicht auf einen Widerspruch hin, sondern vielmehr auf eine wechselseitige Ergänzung. Geht man bei der kulturgeschichtlichen Betrachtung von den allgemeinen Bedingungen zur individuellen Leistung über, so werden, das Verhältnis von *Variation* und *Selektion* betreffend, Unterschiede sichtbar, die mit dem Typus der intellektuellen Betätigung zusammenhängen. Ganz grob können wir sagen, daß für den *Dichter* die *Variation* im Vordergrund steht, für den *Philosophen* die *Selektion*.

Aber es gibt zwischen diesen beiden Bereichen geistigen Schaffens auch Wechselwirkungen. Wenn beispielsweise HERAKLIT sagt, daß der Krieg der Vater und König aller Dinge sei (fr. 53 D), dann ist das einerseits eine Aussage über ein allgemeines Prinzip, andererseits aber verweist der Umstand, daß dieses Prinzip personifiziert wird, auf den Zusammenhang mit der Poesie. HESIODS *Theogonie* enthält eine Fülle solcher Personifikationen, die hier in Genealogien angeordnet sind. Und wenn MARTIN WEST in seinem Kommentar bemerkt, daß diese personifizierten Abstrakta auf Platons

Ideen vorausweisen, so hat er bei allen Differenzen, die sich in den Details konstatieren lassen, prinzipiell recht.[6]

Damit aber wären wir, so merkwürdig das klingen mag, wieder zu unserem eigentlichen Thema, der *Vorgeschichte der Mathematik*, zurückgekehrt. Stand doch, der Überlieferung zufolge, vor dem Eingang zu PLATONs Akademie ein Schild, das jedem, der sich in der Geometrie nicht auskennt, den Eintritt verwehrte. Diese Vorliebe verbindet PLATON mit den Mathematikern, die Dialogform seiner Werke mit den Verfassern dramatischer Dichtung und seine Welt der Ideen mit den vergöttlichten Abstrakta der archaischen Poesie.

Keine dieser Verknüpfungen aber läßt sich als nebensächlich beiseite schieben. Die personifizierten Abstrakta etwa treten, wenn auch in deutlich geringerer Anzahl, bereits bei HOMER auf. Sie bilden die wiederkehrenden Elemente, auf die der Dichter stößt, wenn er von den unterschiedlichen Schicksalen und Taten seiner Helden berichtet. Dieses Gleichbleibende, das man kennen muß, wenn man die Unterschiede menschlichen Daseins erfassen will, das wird von den Dichtern als eine göttliche Kraft angesehen, und das heißt: als eine göttliche Person, die bald hier, bald dort in das Geschehen eingreift. PLATONs Ideen aber sind die unveränderlichen Maßstäbe, nach denen wir uns richten müssen, wenn wir unserem Leben eine menschenwürdige Form geben wollen. Der Unterschied zu den personifizierten Abstrakta der archaischen Zeit besteht im wesentlichen darin, daß diese in Situationen der Konkurrenz auftreten - etwa *Streit, Furcht, Flucht* - während die platonischen Ideen dem Kontext der Kooperation angehören wie Gerechtigkeit oder Wahrheitsliebe. In beiden Fällen aber handelt es sich um wiederkehrende Elemente, die eine Ordnung sichtbar werden lassen.

Von dieser Basis aus aber führt auch ein Weg zur axiomatischen Geometrie. Hier ordnen wir die Gegenstände, mit denen wir zu tun haben, so, daß nichts fehlt und nichts doppelt vorkommt, also: Punkte, Geraden, Ebenen usw. Dann kommen die elementaren Aussagen an die Reihe, also Axiome, und aus diesen ziehen wir schrittweise die entsprechenden Folgerungen, die wir übersichtlich anordnen, also so, daß keine Doppelungen auftreten. Dieses Vorgehen mit dem des homerischen Sängers in Verbindung zu bringen, mag auf den ersten Blick absurd erscheinen, aber wenn wir von *Variation* und *Selektion* ausgehen, die beide durch die geographischen Bedingungen

---

[6] Vgl. M.L. West, *Hesiod Theogony*, Oxford 1966, S. 33.

Die Vorgeschichte der Mathematik 37

der Ägäis in unvergleichlich starke Wechselwirkungen treten, dann steht eben HOMER am einen Ende der Skala, EUKLID am andern, zwischen ihnen die Philosophen mit ihrem Vorläufer HESIOD.

Was diesen anlangt, so findet sich in seinem Werk ein besonders aufschlußreiches Beispiel für die Verknüpfung von *Variation* und *Selektion* und die immer stärkere Wirkung der letzteren: Wir meinen HESIODS Darstellung der *Eris*, der Göttin des Streits. In der *Theogonie* erscheint diese Göttin als eine Tochter der *Nacht*, und sie selbst bringt als Nachkommen hervor: *Mühe, Vergessen, Hunger, Schmerz, Kampf, Lügen, Gesetzlosigkeit, Verblendung* (v. 224ff.). Zu diesen Gottheiten gibt es auch eine Gegenwelt, die von Zeus und *Themis*, der Göttin der gesetzlichen Ordnung gezeugt wird. Doch in seinem späteren Lehrgedicht, welches *Werke und Tage* betitelt ist, korrigiert der Dichter seine Auffassung von der Göttin des Streits. Es gibt nicht nur *eine* Eris, sagt er gleich nach der Einleitung, sondern deren zwei: den *bösen Zwist* und den friedlichen *Wettstreit*, welcher lobenswert ist, weil er die Leistung steigert und damit die Erträge verbessert, während in der Theogonie zu den Nachkommen des *Streits* der *Hunger* gehörte. Kein Zweifel also, daß wir es hier mit einer begrifflichen Differenzierung zu tun haben, die wir ohne weiteres in das Schema von *Variation* und *Selektion* einordnen können. Der Dichter faßt die wiederkehrenden Elemente unserer Daseinsgestaltung, soweit sie verwandt erscheinen, in Gruppen zusammen, und dann merkt er, daß es da ein Element gibt, das gegensätzliche Aspekte aufweist und entsprechend zugeordnet werden muß. Das ist noch keine Mathematik, aber offenbar ein Schritt in die richtige Richtung.

Bei HOMER liegen die Verhältnisse anders, weil er nicht Lehrgedichte schreibt, sondern Sagen gestaltet. Gleichwohl weist auch sein Werk systematische Aspekte auf. Immer wieder nennt der Dichter als die grundlegenden Mittel kriegerischer Auseinandersetzung *List* und *Gewalt*. Die entscheidenden Repräsentanten dieser wiederkehrenden Elemente sind der starke Achill und der listenreiche Odysseus. Diese beiden Helden aber erscheinen als die zentralen Gestalten jener beiden Erzählungen, in welche der Dichter die trojanische Sage aufspaltet: Ilias und Odyssee. Dabei wird, was durchaus sinnvoll erscheint, das für die Sage und überhaupt für die griechische Kultur so wichtige Element der Seefahrt dem Listenreichen zugeordnet. Jedes dieser beiden Epen aber stellt in direkter Darstellung nur eine Episode von relativ wenigen Tagen dar, doch innerhalb dieser Episo-

den werden im Dialog der handelnden Personen Ausblicke gegeben, die das gesamte Geschehen der trojanischen Sage von der Abfahrt in Aulis über die Zerstörung Trojas bis zum Tod der Freier - also einen Zeitraum von 20 Jahren - sichtbar werden lassen. Kein Zweifel, daß diese systematische Nutzung des Dialogs die attische Tragödie vorbereitet und damit indirekt den platonischen Dialog.

Letztendlich aber führt dieser Weg zu den Analytiken des ARISTOTELES. Einer der wichtigsten Schritte auf diesem Wege aber ist die Philosophie des PARMENIDES, die auf dem Gegensatz von Sein und Nichtsein beruht und damit die höchste Stufe der Abstraktion erreicht. Auf dieser Basis wurde das für die griechische Mathematik so wichtige indirekte Beweisverfahren entwickelt, und so können wir ÁRPÁD SZABÓ nur zustimmen, wenn er bei der Behandlung der Inkommensurabilität feststellt: "Ohne die Philosophie des PARMENIDES und ZENON hätte man ein so kunstvoll aufgebautes System wie EUKLIDs *Elemente* überhaupt nie konstruieren können."[7] Auf die Details können wir hier nicht näher eingehen.

Hat man diese Zusammenhänge vor Augen, so kann es nicht verwundern, daß die Griechen alles, was sie von anderen Kulturen übernahmen, in ein System verwandelt haben. Das gilt gleichermaßen für die Verwandlung der ägyptischen und vorderasiatischen Meßkunst in eine axiomatische Geometrie, wie beispielsweise für die Umwandlung des phönizischen Alphabets in das griechische. In groben Zügen läßt sich dieser letztere Vorgang folgendermaßen wiedergeben:

Das phönizische Alphabet ist eine Konsonantenschrift, die sich aus der älteren semitischen Silbenschrift entwickelt hat, was eine enorme Reduzierung der Zahl der Zeichen zur Folge hatte. Da aber die Silben im Semitischen in der Regel mit einem Konsonanten beginnen, wird nur dieser vom System erfaßt und der Vokal findet keine Berücksichtigung. Das wiederum bedeutet, daß die Vokale beim Lesen ergänzt werden müssen, was zu Mißverständnissen führen kann.

Der Leser sollte also bezüglich des Gegenstandes, den der Text behandelt, bereits über gewisse Informationen verfügen, und eben aus diesem Grunde blieb in den älteren orientalischen Kulturen das Lesen und Schreiben einer Kaste von berufsmäßigen Schreibern vorbehalten. Die Griechen aber haben die Konsonantenschrift durch das System der Vokale ergänzt und somit das

---

[7] Vgl. Á. Szabó, *Anfänge der griechischen Mathematik*, München & Wien 1969, S. 291.

Schriftbild der Lautfolge angeglichen, was zur Folge hat, daß Mißverständnisse beim Lesen nur dort auftreten, wo sie auch beim Hören möglich sind. Entsprechend lernen nun die Söhne wohlhabender Bürger in der Pubertätszeit Lesen und Schreiben, was für die kulturelle Entwicklung weitreichende Folgen hat.

Doch auch die Einführung der Vokale in eine Konsonantenschrift hat ihre Parallelen im Bereich der Geometrie. In einem jüngst erschienenen Aufsatz *Kannten die Babylonier den Satz des Pythagoras?* behandelt PETER DAMEROW die Unterschiede des methodischen Vorgehens in der babylonischen Feldmessung und der griechischen Geometrie. Dabei zeigt sich, daß die Babylonier bei der Bestimmung der Größe einer Fläche immer nur die Seiten messen und beispielsweise bei der Berechnung eines ungleichseitigen Vierecks von den Mittelwerten gegenüberliegender Seiten ausgehen.[8] Die Griechen hingegen haben dafür den Begriff des Winkels eingeführt, der bei der Flächenbestimmung exakte Werte liefert. Entsprechend können wir uns heute eine Geometrie ohne Winkel ebenso schwer vorstellen wie ein Alphabet ohne Vokale.

Unsere Betrachtung hat damit ihr Ziel erreicht: Über das indisch-arabische Ziffernsystem haben BARROW und andere das Nötige gesagt. Es weist die gleiche Ökonomie auf, die wir auch in den verschiedenen Zweigen griechischer Kultur kennengelernt haben. Kein Wunder also, daß bei den Arabern wie bei den europäischen Völkern die Verbreitung indischer Ziffern und griechischer Wissenschaft sehr schnell zu einer rasanten Entwicklung des mathematischen Denkens und seiner Anwendungen geführt hat. Das ist die exakte Wissenschaft der Neuzeit.

Prof. Dr. Tilman Krischer, Straße zum Löwen 24, D-14109 Berlin

---

[8] Vgl. J. Høyrup mit P. Damerow (Hrsg.), *Changing views on near-eastern mathematics*, Berlin 2001, S. 219ff.

Anfänge der theoretischen Arithmetik bei den Griechen

Harald Boehme

I. Als Voraussetzung einer theoretischen Arithmetik gilt oft das praktische Rechnen, und da EUKLID die Arithmetik als Theorie der Proportionen behandelt, schloß man daraus auf eine zugrundeliegende Bruchrechnung.[1] Damit wurde aber nicht nur über den Unterschied von Proportionen und gebrochenen Zahlen hinweggesehen, sondern man übersah auch die tatsächliche Bruchrechnung der Griechen. Denn deren Logistik, soweit sie in älteren Texten überliefert ist, z.b. bei ARCHIMEDES, zeigt einen anderen Umgang mit Bruchteilen, als daß dies als Rechnen mit Brüchen interpretiert werden könnte. Hingegen bezeugen insbesondere die erhaltenen mathematischen Papyri, daß die griechische Bruchrechnung eher der ägyptischen entsprach, die leicht geringschätzig als "Stammbruchrechnen" abgetan wird. Diese ist aber keine Art primitiver Bruchrechnung, sondern bedeutet eine prinzipiell andere Logik im Umgang mit Brüchen:[2] Sei eine Größe A gegeben, dann lassen sich sowohl die Vielfachen einmal, zweimal, dreimal A, allgemein $qA = B$, $q = 1,2,3,...$, bilden, als auch die Teile halb, drittel B, allgemein $A = q'B$. Für gewöhnlich wird dafür der Stammbruch $q' = 1/q$ gesetzt, wobei unterstellt wird, daß es sich dabei um einen speziellen allgemeinen Bruch handelt; doch konkret bedeutet dies nur einen q-ten Teil (*meros*). Allgemein werden Brüche als Summe verschiedener solcher einfachen Teile ausgedrückt, und die Addition von Brüchen bedeutet einfach deren Summation. Was aber unsere Bruchrechnung ausmacht, die Vervielfältigung der Teile in der Form 'p mal ein q-tel', hat in dieser Auffassung die Bedeutung der Teilung, d.h. 'von p ein q-tel' (*ton p to q'*). An die Stelle von Brüchen traten für die Ägypter und Griechen Divisionsaufgaben, die mit Tafeln gelöst wurden. Dies erklärt auch, warum nur

---

[1] So [Gericke, S. 33]: "An die Stelle der Bruchrechnung tritt bei Euklid die Lehre von den Zahlverhältnissen."

[2] Hier beziehe ich mich auf [Fowler, Kap.7]. Sein Fazit ist: "That we have no evidence for any conception of common fractions p/q... in Greek mathematical texts before the time of Heron."

Anfänge der theoretischen Arithmetik bei den Griechen 41

verschiedene Teile summiert wurden, denn $q'+q'$ bedeutet 'von 2 ein q-tel', also wiederum eine zu lösende Aufgabe, z.B. ist $5'+5' = 3'+15'$. Eine Ausnahme bildet $3'+3'$, dies ergibt den Komplementärbruch $3''$, allein deswegen kann man diese Art der Bruchrechnung nicht auf Stammbrüche reduzieren.

Die praktische Logistik konnte also kaum als Vorbild der theoretischen Logistik dienen, womit seit PLATON die Proportionslehre bezeichnet wird.[3] Vielmehr verhielten sich Theorie und Praxis konträr zueinander, die Proportionslehre bedeutet eine Negation der Bruchrechnung, als eine Position, welche Brüche überhaupt vermeidet. Diese Position ergibt sich, wenn der Zahl ein eindeutig Seiendes zukommt, dann kann die Einheit nicht mehr geteilt werden, weil sie dann eine beliebige Vielheit wäre. Dieses Paradigma wird von PLATON ausgesprochen:

"Denn du weißt ja, wie es die geschulten Mathematiker machen: wenn einer versucht die Eins (*hen*, vgl. Philolaos B7) in Gedanken zu teilen, so lachen sie ihn aus und weisen ihn ab, und wenn du sie zerstükkelst, so antworten sie mit Vervielfältigung derselben, immer darauf bedacht zu verhüten, daß die Eins sich jemals auch als etwas zeigen könnte, das nicht Eines, sondern eine Vielheit von Teilen wäre."[4]

Nach ARISTOTELES waren die Pythagoreer derartige Mathematiker, denn sie nahmen an, "die Elemente der Zahlen seien die Elemente alles Seienden", und weiter "die Zahlen seien die Dinge selbst", also das Mathematische identisch mit dem Sinnlichen;[5] d.h. zur Erkenntnis der Dinge sind jene als Zahlen begreifen. Wie sich die Pythagoreer die Zahlen vorstellten entsprach ihrer Darstellung auf dem Rechenbrett, wo Anzahlen von Rechensteinen (*psephoi*) für sie gelegt wurden; so wird bei NIKOMACHOS und THEON die Zahl als eine Zusammenstellung von Einheiten (*systema monadon*) aufgefaßt.[6] Die Lehre von den figurierten Zahlen beruht darauf, zunächst als Anschauung der Zahlen, aber auch als eine erste induktive Theorie der Zahlen. Als Quelle dazu haben wir allerdings nur die Darstellungen der Neupythagoreer, insofern diese aber mit der Überlieferung des PLATON und ARISTOTELES übereinstimmen, können wir sie auch als die Theorie der

---

[3] Zum Verhältnis von Logistik und Arithmetik bei Platon vgl. [Klein, § 3].
[4] [Platon *Rep.* 525d].
[5] [Aristoteles *Met.* 986a 1, 987b 28]. Aristoteles gibt in *Met.* I eine Darstellung der Philosophie der Pythagoreer, die insofern authentisch ist, als sie mit den älteren Quellen übereinstimmt, vgl. [Burkert, Weisheit, Kap. I].
[6] [Nicomachos *Arith.* I.7], [Theon *Exp.* I.3].

alten Pythagoreer lesen. Des Weiteren stehen uns die arithmet. Bücher des EUKLID zur Verfügung, welche die wissenschaftliche, deduktive Theorie im Gegensatz zur pythagoreischen, induktiven Arithmetik darstellen.

Für die Grundbegriffe Zahl und Proportion soll im Folgenden gezeigt werden, daß die euklidischen Definitionen als Verallgemeinerung der pythagoreischen Vorstellungen verstanden werden können. Weiter möchte ich zeigen, daß die ersten arithmetischen Theoreme bereits bei einem Pythagoreer zu finden sind, nämlich in der Musiklehre des ARCHYTAS.

II. Zunächst geht es um den Begriff der Zahl, den wir nicht in der einen oder anderen Fassung zitieren, sondern nach seinem mathematischen Inhalt rekonstruieren wollen, wobei wir zwar eine modernisierte Darstellung der zugrundeliegenden Begriffe anstreben, aber keine fälschliche Modernisierung. Die Grundlagen finden wir in den Definitionen des EUKLID:

Def. 1: *Einheit (monas) ist das, wonach jedes Ding eines genannt wird.*[7]
Dies ist die ontologische Bedeutung der Eins, eine Erklärung liefert THEON: "Die Monade ist das Prinzip der Zahlen, Eins (*hen*) des Gezählten."[8]
Def. 2: *Zahl (arithmos) ist die aus Einheiten zusammengesetzte Menge.*
Bezeichnen wir die Einheit mit 1, dann ist eine Zahl A gegeben durch $A = 1+1$, oder $A = 1+1+1$, usw., also eine Vielfachheit von Einheiten, welche von EUKLID jedoch nicht benannt wird. Der Grund dafür wird jedoch klar, wenn wir die Erklärung THEONs beachten: Danach bezeichnen die Vielfachheiten das Resultat des Zählens, also eine konkret-sinnliche Eigenschaft der Dinge, wie eins, zwei, drei usw., während die Zahl die verständige Abstraktion davon bedeutet, die Einheit, die Zwei, Drei usw., und nur von diesen abstrakten Zahlen handelt die Arithmetik.[9] Wenn wir also die Vielfachheiten mit natürlichen Zahlen bezeichnen, ergibt sich für die euklidischen Zahlen die Darstellung ein 1 bzw. $1\cdot 1 = 1$ als *monas*, $2\cdot 1 = 1+1$, $3\cdot 1 = 1+1+1$, allgemein $p\cdot 1 = 1+.....+1$ p-mal, $p = 2,3,...$, als *arithmoi*. Die von EUKLID in den Definitionen ausgesprochene Differenz von *monas* und *arithmos* erweist sich jedoch nur als ein quantitativer Unterschied, wobei die weiteren Ausführungen EUKLIDs beide auch als eine Qualität auffassen, die dann den Begriff der Zahl ausmacht, so wie wir ihn hier verwenden wollen.- Die Zahleinheit entspricht der Maßeinheit, diese kann auch eine

---

[7] Die Numerierung der Definitionen und Sätze ist identisch mit der von *Euclidis Elementa*, Lib. VII; die Übersetzung entstammt jeweils der Ausgabe von Thaer.
[8] [Theon *Exp.* I.4], vgl. [Vitrac, Vol. 2, Notice sur les livres arithmétiques].
[9] Vgl. [Aristoteles *Anal. post.* II.19].

Anfänge der theoretischen Arithmetik bei den Griechen

Zahl sein, daraus ergibt sich die folgende Definition des Messens, die bei EUKLID aber unausgesprochen bleibt.

Def.: *Seien A, B Zahlen, A mißt B $\Leftrightarrow$ $\exists q$: $qA = B$.*[10]

In der modernen Begrifflichkeit bedeutet dies, daß A ein Teiler von B ist, EUKLID hingegen begreift das Messen nicht als Multiplikation zweier Zahlen, sondern als fortgesetzte Addition einer Zahl.[11] Dementsprechend wie sich eine Zahl (außer der Eins) messen läßt, ergibt sich die folgende Einteilung:

Def. 12: *Eine Primzahl (protos arithmos) läßt sich nur durch die Einheit messen.*[12] Vorausgesetzt ist hier, daß jede Zahl sich selbst mißt, so daß eine Primzahl von keiner anderen Zahl gemessen wird.

Def. 14: *Eine zusammengesetzte Zahl (synthetos arithmos) läßt sich durch eine Zahl messen.* Es ist klar, daß die messende Zahl nicht die Einheit sein kann, THEON präzisiert noch, daß sie kleiner als die zu messende sein muß.

NIKOMACHOS gibt den Hinweis darauf, welche konkrete Anschauung dieser Einteilung zugrunde liegt; demnach wird eine Zahl "erste" genannt, weil sie am Anfang der anderen Zahlen steht (I.11). NIKOMACHOS stellt noch eine Multiplikationstafel[13] auf und untersucht deren Eigenschaften; Primzahlen erscheinen darin nur in der ersten Zeile und Spalte, alle anderen Zahlen sind zusammengesetzt.

1	2	3	4	5	6	7	8	9	10
2	4	6	8	10	12	14	16	18	20
3	6	9	12	15	18	21	24	27	30
4	8	12	16	20	24	28	32	36	40
5	10	15	20	25	30	35	40	45	50

---

[10] Hier und im Folgenden soll gelten: Variable $A,B,...,P,Q$ bezeichnen Zahlen im Sinne Euklids; Variable $m,n,...,p,q$ bezeichnen Vielfache bzw. natürliche Zahlen 1,2,3, usw..

[11] [Taisbak, S.18] schreibt dafür $b = a_1+...+a_n$, $(a_i = a)$, dies unterscheidet sich jedoch kaum von der traditionellen Interpretation: "$a \mu b$ means, that there exists some number n such that b is n times a (which I write as $b = n \times a$)." (S. 31)

[12] Bei Nikomachos sind die Primzahlen eine Spezies der ungeraden Zahlen [Nikomachos I.11], hingegen nennt Aristoteles 2 als die einzige gerade Zahl, die eine Primzahl ist, [Aristoteles *Top.* 157a 39].

[13] Bei Nikomachos reicht die Tafel bis 10×10, deren Kenntnis wird von Aristoteles hervorgehoben: "To have a ready knowledge of the multiplication table up to ten times (*kephalismos*, Alex. v. A.) helps much to the recognition of other numbers which are the result of the multiplication." *Top.* 163b 25, nach [Fowler, S. 239].

Def.: *Seien A, B Zahlen, eine Zahl C ist gemeinsames Maß von A und B* ⇔ *C mißt A und B.* Formal aufgeschrieben $\exists\, p,q$: $pC = A \wedge qC = B$, insbesondere ist die Einheit immer ein gemeinsames Maß von A und B.

Def. 13: *Gegeneinander prim (protoi) sind Zahlen, die sich nur durch die Einheit als gemeinsames Maß messen lassen.* So sind Zahlen insbesondere dann gegeneinander prim, wenn eine davon die Einheit ist.

Def. 15: *Gegeneinander zusammengesetzt (synthetoi) sind Zahlen, die sich durch eine Zahl als gemeinsames Maß messen lassen.* Auch hier ist klar, daß die messende Zahl nicht die Einheit ist; eine Erklärung dieser Einteilung ergibt sich gleichfalls aus der Multiplikationstafel: Betrachten wir zwei beliebige Spalten und die Zahlpaare in jeweils einer Zeile darin, dann können diese Zahlpaare nur dann gegeneinander "erste" sein, wenn sie in der ersten Zeile stehen, alle anderen Paare sind gegeneinander zusammengesetzt.

NIKOMACHOS beschreibt eine Methode (*ephoros*), um für zwei Zahlen zu entscheiden, ob sie gegeneinander prim sind oder welches ihr gemeinsames Maß ist (I.13). Diese Wechselwegnahme (*antaphairesis*) oder so genannte euklidische Algorithmus war bereits ARISTOTELES bekannt,[14] sie dürfte von Mathematikern entwickelt worden sein, um außer der begrifflichen auch eine effektive Unterscheidung treffen zu können. Dazu mußten die Zahlen nur in der Multiplikationstafel betrachtet werden: Seien *A, B* gegeben, *A>B* und *C* ein gemeinsames Maß, da die gegebenen Zahlen Vielfache von *C* sind, liegen beide in der mit *C* beginnenden Zeile, gemäß dem Schema *C......B....A*. Wird nun *B* von *A* abgezogen erhalten wir die Differenz *A-B*, welche gleichfalls in dieser Zeile liegt. 1.Fall: *B* mißt *A*, dann ist *B* das größte gemeinsame Maß von *A* und *B*. 2.Fall: *B* mißt nicht *A*, dann läßt sich *B* so oft von *A* abziehen, bis der Rest kleiner als *B* ist, d.h. $\exists\, p_1$: $A - p_1 B = B_1 \wedge B > B_1$. Mit *B, B_1* wird das Verfahren fortgesetzt, dann entsteht in derselben Zeile die absteigende Folge $A > B > B_1 > \ldots\ldots > B_n \geq C$, mit $B = B_0$ und $B_{i-2} - p_i B_{i-1} = B_i$, $i = 2,\ldots,n$. Sei B_n die Einheit, dann ist auch *C* die Einheit, und da *C* ein beliebiges gemeinsames Maß war, sind *A* und *B* gegeneinander prim. Andernfalls muß nach endlich vielen Schritten der erste Fall eintreten, dann ist B_n gemeinsames Maß von $B_{n-1},\ldots\ldots,B_1,B,A$; und da *C* mißt B_n ist B_n auch das größte gemeinsame Maß von *A* und *B*.

---

[14] [Aristoteles *Top.* 158b 31], dabei geht es evtl. um eine unendliche Wechselwegnahme; zur Diskussion dieser Stelle vgl. [Fowler].

III. Da für die Pythagoreer die Dinge Zahlen waren, wurden die Verhältnisse der Dinge durch ihre Zahlverhältnisse bestimmt; ein derartiges Verhältnis, *logos* genannt, war für sie eine vernünftige Beziehung, auch in der Gesellschaft: "Aufruhr dämpfts, Harmonie erhöhts, wenn ein richtiger *logos* gefunden wurde."[15] Es geht also nicht um Gleichverteilung, sondern um eine Wohlordnung, wie sie in der Seinsordnung vorgegeben ist, und dort vor allen Dingen in den Verhältnissen der musikalischen Harmonie. Die den Pythagoreern zugesprochenen musikalischen Experimente sind allerdings Fiktion, der *kanon* (Monochord) kam frühestens in der Zeit des EUKLID auf,[16] jedoch werden die elementaren Harmonien bereits durch die sichtbaren Zahlverhältnisse demonstriert, z.B. in der "Tetraktys".[17]

```
      /
    / /
   / / /
  / / / /
```

Dies ist eine Zerlegung der "vollkommenen" 10 = 1+2+3+4, woraus sich für die Teile die Verhältnisse 2 zu 1 (*diploon*), 3 zu 2 (*hemiolion*) und 4 zu 3 (*epitriton*) ergeben. Die Bezeichnungen dieser *logoi* stammen aus der praktischen Bruchrechnung,[18] z.B. für Zinsen bedeutet *epitriton* "dazu ein Drittel", also praktisch 1 3′. Als die elementaren Zahlverhältnisse überhaupt, wurden sie zunächst rein hypothetisch als Grund für die musikalische Harmonien angenommen. Indem PHILOLAOS für die Oktave 2, Quinte 1 2′ und Quarte 1 3′ setzt,[19] stellt er damit ein arithmetisches Modell der Musik auf, insofern die Zusammensetzungen der Verhältnisse auch mit denen der Harmonien übereinstimmen: Quarte und Quinte ergibt die Oktave, entsprechend ist 1 3′ mal 1 2′ = 1 2′3′6′ = 2. Weiter liegt zwischen Quarte und Quinte ein Ton, daraus ergibt sich für den Ton das Verhältnis 9 zu 8 bzw. 1 8′ (*epogdoon*), so daß sich die Oktave *C-F-G-C'* insgesamt in den Zahlen 6-8-9-12 realisieren läßt. Wird weiter für die Quarte die diatonische Unterteilung in zwei Töne und einen Halbton angenommen, dann ergibt sich für den Halbton 256 zu 243[20] und die Quarte *C-D-E-F* kann in den Zahlen 192-216-243-256 realisiert werden.

---

[15] [Archytas, DK 47B 3].
[16] Vgl. [Burkert 1962 Kap. V.1].
[17] Dem entspricht [Philolaos, DK 44B11]: "Man muß die Werke und das Wesen der Zahl nach der Kraft *sehen* (*theorein*), die in der Zehnzahl liegt". Als Fragment ist dies wohl unecht, vgl. [Burkert 1962, S. 275]; doch auch als Pseudoschrift offenbart sich darin das Wesen des Pythagoräismus.
[18] Vgl. [Burkert 1962, S. 439].
[19] [Philolaos, DK 44B6].
[20] Platon nennt diese Zahlen in [Platon, *Tim.* 36b].

Mit dem Halbton können Harmonien allerdings nicht mehr in Bruchteilen der Eins dargestellt werden, sondern diese sind allgemein durch das Verhältnis von zwei Zahlen gegeben. Betrachten wir die Multiplikationstafel dann haben für zwei Spalten alle Zahlpaare, die in jeweils einer Zeile liegen, dasselbe Verhältnis. Ausgezeichnet ist aber das erste Paar, sind die Zahlen darin gegeneinander prim, wird es die "Wurzel" (*pythmen*) genannt, als die kleinsten Zahlen im selben Verhältnis.[21] NIKOMACHOS stellt noch fest, daß sich bei überteiligen Verhältnissen die Wurzel nur um die Einheit unterscheidet, und die kleinere Zahl davon den Namen angibt, z.B. 4 zu 3 ist *epitriton* (I.19). Gemäß der Darstellung der Verhältnisse (*logoi*) als Zahlpaare ist nunmehr ihre Proportion (*analogia*) genau dann gegeben, wenn sie in der Multiplikationstafel im selben Paar von Spalten liegen. Entsprechend beschreiben NIKOMACHOS (II.21) und THEON (II.21) die Proportion als Schema (*schesis*), also als eine Figur von Zahlen.[22] Damit ist zwar eine Anschauung der Proportion, aber keine Definition gegeben, eine solche findet sich jedoch bei EUKLID unter folgenden Voraussetzungen:

Seien A, B Zahlen,

Def. 3: *A ist Teil* (*meros*) *von B* $\Leftrightarrow$ *A<B und A mißt B.*
Def. 4: *A ist Teile* (*mere*) *von B* $\Leftrightarrow$ *A<B und A mißt nicht B.*
Def. 5: *A ist Vielfaches von B* $\Leftrightarrow$ *A>B und B mißt A.*

Zunächst wird in 3. und 5. die zueinander inverse Beziehung ausgedrückt, denn A ist Teil von B $\Leftrightarrow$ B ist Vielfaches von A. Hingegen sind 3. und 4. konträr zueinander; für $A<B$ ist entweder A Teil oder Teile von B. Andererseits haben A und B immer ein gemeinsames Maß, formal ergibt sich also für 3. $A<B \wedge \exists q: qA = B$, und für 4. $A<B \wedge \exists p,q \exists C: pC = A \wedge qC = B$. Daß der letzte Ausdruck für Teile nur notwendig ist, zeigt das Beispiel $A = 2I$ und $B = 4I$, der Ausdruck ist zwar erfüllt, aber dennoch ist A Teil von B.[23]

Verhältnisse sind Relationen, die mathematisch als Paare dargestellt werden; die entscheidende Frage ist nun, wann zwei Paare dasselbe Verhältnis ausdrücken, d.h. wann sie proportional sind.

---

[21] [Theon *Exp.* II.29]; bei Platon heißt es epitritos pythmen, [Platon, *Rep.* 546c].
[22] Dem entspricht die Erklärung von Burkert: "Proportionale Größen stehen 'in *logos*-Kolonne', in der durch eine Rechnung (*logos*) gebildeten Reihe." [Burkert 1971, Sp. 104].
[23] Mueller [Mueller, *Eucl. Elements*, S. 62] scheint dies zu übersehen, wenn er definiert: $m\text{-PART}(k,l) \Leftrightarrow k<l \wedge mk = l$; $m\text{-}n\text{-PARTS}(k,l) \Leftrightarrow k<l \wedge \exists j: mj = k \wedge nj = l$.

Anfänge der theoretischen Arithmetik bei den Griechen 47

Def. 21: *Seien A, B, C, D Zahlen, die Paare (A,B) und (C,D) sind proportional, geschrieben (A,B) ~ (C,D) ⇔ A ist von B derselbe Teil oder dieselben Teile wie C von D.*

EUKLID fügt hinzu, daß A von B das gleiche Vielfache ist wie C von D, dies entspricht jedoch umgekehrt den gleichen Teilen. So ist die Proportion zunächst nur für Paare mit $A<B$ und $C<D$ definiert, bei umgekehrter Größenbeziehung ist lediglich die Reihenfolge in den Paaren zu vertauschen. Formal gilt $(A,B) \sim (C,D) \Leftrightarrow A<B \wedge C<D \wedge ((\exists q: qA = B \wedge qC = D) \vee (\exists p,q \, \exists F,G: pF = A \wedge qF = B \wedge pG = C \wedge qG = D))$.[24]

2	3	
3	6	9
4	8	12

An der Multiplikationstafel läßt sich die Def. der Proportion wie folgt darstellen, z.B. (6,9) ~ (8,12): Nach Nikomachos sind (6,9) und (8,12) Vielfache derselben Wurzel (2,3), da die Zahlen jeweils in denselben Spalten liegen. Gehen wir zu Zeilen über, sind (6,8) und (9,12) Vielfache derselben Wurzel (3,4). Dies besagt aber die Definition des EUKLID: 6,9 sind dieselben Vielfache von 3 wie 8,12 von 4.

Aus der Definition der Proportion ergeben sich die folgenden Regeln:
1) $(A,B) \sim (C,D) \Leftrightarrow (A,B) \sim (A+C,B+D)$, daraus folgt $(A,B) \sim (pA,pB)$.
2) $(A,B) \sim (C,D) \Leftrightarrow (A,C) \sim (B,D)$.

EUKLID definiert auch die Multiplikation:

Def. 16: *Seien A, B Zahlen, A vervielfältigt B, wenn B so oft zusammengesetzt wird, wie A Einheiten enthält, so entsteht (genetai) das Produkt AB.*

Sei $A = pI$, wobei I die Einheit, dann ist $AB = pB$. Diese Multiplikation ist kommutativ, denn mit $B = qI$ folgt $AB = p(qI) = q(pI) = BA$. Für die Einheit gilt $IB = B$, ferner ist nunmehr definiert $A^2 = AA$, $A^3 = AAA$ usw.. Daraus folgen die weiteren Regeln

3) $(A,B) \sim (AC,BC)$, 4) $(A,B) \sim (C,D) \Leftrightarrow AD = BC$.

Mit 4) wird die Proportion auf die Multiplikation zurückgeführt. Das Produkt einer Multiplikation wird von EUKLID "eben" genannt und die Fakto-

---

[24] Diese Darstellung zeigt den Inhalt der Definition, hingegen wäre die übliche Schreibweise $A:B = C:D$ ein Mißverständnis, denn Euklid bezeichnet Verhältnisse niemals als gleich, dazu müßte man nämlich zu Äquivalenzklassen übergehen, also zu einer Abstraktion, die jenseits seiner Intention liegt. Irreführend ist auch die Erklärung: "$a:b = c:d$ si $a = {}^m/_n\, b$, $c = {}^m/_n\, d$." [Zeuthen, S. 409] Dagegen hat schon Taisbak protestiert: " It is absurd to suppose that Euclid is thinking of fractions in a mathematical treatise what is so obviously a theory of integers." [Taisbak, S. 31]

ren nennt er ihre "Seiten". Diese Sprechweise erinnert daran, daß die Zahlen als Seiten eines Rechtecks dargestellt werden können, so daß das Produkt der Flächeninhalt ist; Proportionalität bedeutet dann die Ähnlichkeit der Rechtecke, womit die Regeln 1) - 4) eine anschauliche, geometrische Bedeutung haben. Entsprechend der geometrischen Darstellung definiert EUKLID die Quadratzahl als eine, die von zwei gleichen Zahlen "umfaßt" wird; ebenso eine Kubikzahl. Sowohl geometrisch als auch arithmetisch läßt sich zeigen:

Satz VIII.11: *Zwischen 2 Quadratzahlen gibt es eine mittlere Proportionalzahl; und die Quadratzahlen stehen zweimal im Verhältnis der Seiten.*[25]
Beweis. Gegeben seien A, B, dann ist $(A,B) \sim (A^2,AB) \sim (AB,B^2)$, also ist AB eine mittlere Proportionale der Quadrate. Daraus folgt $(A^2,B^2) \sim (A,B)^2$ nach

Def. V.9: *Seien A, B, C drei proportionale Größen, dann ist (A,C) das zwei-fache Verhältnis von (A,B).* D.h. unter der Voraussetzung $(A,B) \sim (B,C)$ gilt $(A,C) \sim (A,B)^2$.

IV. Eine über die unmittelbare Anschauung hinausgehende theoretische Arithmetik entstand wahrscheinlich im Zusammenhang mit der Musiktheorie. Waren zunächst die Zahlverhältnisse der Harmonien lediglich gesetzt, so daß sie ein Modell der Musik bildeten, so sollten diese Verhältnisse nunmehr wissenschaftlich, d.h. als notwendig erkannt werden. PLATON formuliert diesen Anspruch als Kritik an den Empirikern: "Sie suchen nämlich die diesen vom Ohre aufgenommenen Harmonien (*symphoniais*) zugrunde liegenden Zahlen, stellen sich aber keine weitere Aufgabe, um zu erforschen, welche Zahlen harmonisch sind und welche nicht und weshalb beides."[26] Wenn PLATON hier nach Gründen für die Harmonien fragt, so muß er annehmen, daß solche auch gefunden werden können, es muß also neben der empirischen auch eine deduktive Musiktheorie gegeben haben. Explizit überliefert ist eine solche Theorie in den Sectio canonis des EUKLID,[27] deren Ursprünge aber auf die pythagoreische Schule zurückgeführt werden können. Darin werden die Harmonien aus folgenden Prämissen abgeleitet:

i) Die Beziehungen von Tönen werden durch Zahlverhältnisse ausgedrückt.

---

[25] Vgl. [Platon, *Tim.* 32b].
[26] [Platon, *Rep.* 531c].
[27] In: [Barbera]. Zur Verfasserfrage siehe dort.

Anfänge der theoretischen Arithmetik bei den Griechen 49

ii) Konsonante Töne haben ein vielfaches oder ein überteiliges Verhältnis.
iii) Töne im vielfachen Verhältnis sind konsonant.

EUKLID stellt dann drei arithmetische Theoreme auf, auf deren Grundlage die harmonischen Intervalle bestimmt werden.

α) *Wird ein vielfaches Intervall (diastema) zweimal zusammengesetzt, entsteht wieder ein vielfaches.* Der Beweis ist trivial, seien A, B, C Zahlen mit $qA = B$ und $(A,B) \sim (B,C)$, dann ist $qB = C$ und schließlich $q^2 A = C$, also ist (A,C) vielfach. Davon gilt aber auch die Umkehrung, das ist der Inhalt von

β) *Wenn ein Zahlverhältnis mit sich selbst zusammengesetzt ein vielfaches Verhältnis ergibt, dann ist es selbst vielfach.* Dies besagt für Zahlen A, B, wenn $(A,B)^2$ vielfach ist, dann ist auch (A,B) vielfach; oder äquivalent:

β′) *Wenn eine Quadratzahl eine Quadratzahl mißt, dann muß auch die Seite die Seite messen.* (VIII.14)

γ) *In einem überteiligen Intervall gibt es keine eine oder mehrere mittlere proportionale Zahlen, die darin liegen.* Zur Ableitung der Harmonien genügt eine mittlere Proportionale, und in der Form wird das Theorem von BOETHIUS dem ARCHYTAS zugeschrieben.[28]

Aus diesen Prämissen ergeben sich wie folgt die harmonischen Intervalle: Sei das doppelte Intervall einer Oktave harmonisch, da dieses aber eine mittlere Proportionale hat, ist es nicht überteilig γ) sondern vielfach, also ist die Oktave selbst vielfach β). Das doppelte von Quinte und Quarte sei jeweils nicht harmonisch, dann sind Quinte und Quarte keine vielfachen Intervalle α) sondern überteilige. Zusammengesetzt sei Quinte und Quarte die Oktave, setzen wir dafür die größten überteiligen Intervalle ein, ergibt sich das zusammengesetzte Verhältnis $(4,3) \cdot (3,2) \sim (2,1)$; diese Intervalle sind dann die einzige Lösung.

EUKLID beruft sich in seinen Beweisen von β) und γ) auf Elemente VIII.7,8, also die Theorie der zusammenhängenden Proportionen (geometrischen Reihen), als Verallgemeinerung der elementaren Arithmetik. Wollen wir jedoch die Anfänge der Theorie studieren, müssen wir als einzige erhaltene Quelle auf ARCHYTAS Beweis von γ) zurückgreifen:

"Seien A, B Zahlen im überteiligen Verhältnis, ich nehme die kleinsten Zahlen $C, C+D$ im selben Verhältnis. Da diese gleichfalls im

---
[28] [Boethius. III.11].

überteiligen Verhältnis sind, ist D ein Teil von C. Ich sage, daß D keine Zahl, sondern die Einheit ist. Sei D eine andere Zahl, dann mißt D die Zahlen C und $C+D$, was unmöglich ist, denn die kleinsten Zahlen im selben Verhältnis sind gegeneinander prim (und haben als Differenz nur die Einheit). D ist also die Einheit, zwischen C und $C+D$ gibt es dann keine mittlere Zahl. Also kann auch keine mittlere Proportionale zwischen A und B gefunden werden." [29]

BOETHIUS bezeichnet den Beweis von ARCHYTAS als unhaltbar (nimium fluxa est), wobei er den Satz in Klammern kritisiert. Dieser ist zwar nicht richtig wenn die Zahlen lediglich gegeneinander prim sind, sondern nur wenn sie zugleich im überteiligen Verhältnis sind, so daß der Satz die nächste Folgerung vorwegnimmt. BOETHIUS beurteilt den Text aber nach dem Paradigma der Elemente, wonach Sätze nur als Folge der Voraussetzungen korrekt sind, dagegen ist zu bedenken, daß die anfänglichen Schritte in Richtung einer deduktiven Theorie noch nicht deren vollendete Form haben können. Entscheidend für uns ist jedoch der Schluß, womit die Behauptung γ) auf das folgende Theorem zurückgeführt wird.

γ) *Wenn es keine mittlere proportionale Zahl zwischen den kleinsten Zahlen im selben Verhältnis gibt, dann gibt es auch keine zwischen den gegebenen Zahlen.*

Wesentlich ist für uns noch, mit welchen Begriffen ARCHYTAS gearbeitet hat, und welche Beziehungen ihm bekannt waren. So verwendet er die "kleinsten Zahlen im selben Verhältnis", doch wie ist deren Existenz gegeben? Allgemein folgt sie aus dem Prinzip der kleinsten Zahlen, doch wie sind für gegebene Zahlen die kleinsten im selben Verhältnis zu finden? Denn durch die bloße Existenz "weiß man das Ding nicht, sofern es dieses Ding ist."[30] Mit diesen Worten kritisiert ARISTOTELES die Kreisquadratur des BRYSON, die das Problem offen läßt, wie denn das dem Kreis gleiche Quadrat zu erzeugen ist. Ein ähnliches Problem, die Konstruktion der Würfelverdopplung, hat ARCHYTAS gelöst, gemäß dieser Einstellung ist anzunehmen, daß er auch die kleinsten Zahlen im selben Verhältnis zu konstruieren wußte. Dies bedeutet die Lösung von:

Problem 33: *Zu zwei gegebenen Zahlen die kleinsten zu finden, die dasselbe Verhältnis haben wie sie.*

---

[29] [Archytas, DK 47A19]. Der Text wurde schon oft vorgestellt, erwähnt sei nur [Tannery, Mém. Scient. III]; [Heath I]; [Burkert 1962, Kap. VI.2].
[30] [Aristoteles, *Anal. post.* 76a].

Seien *A, B* gegebene Zahlen, entweder sind sie gegeneinander prim oder zusammengesetzt. Falls prim, ist zu zeigen, daß es die kleinsten sind. Falls zusammengesetzt, nehme man das größte gemeinsame Maß *D* (wozu der euklidische Algorithmus erforderlich ist), so daß $\exists\, p,q: A = pD \wedge B = qD$. Sei *I* die Einheit, $P = pI$ und $Q = qI$, dann ist $A = PD$ und $B = QD$, so daß gilt $(A,B) \sim (P,Q)$. Diese Überlegung entspricht dem folgenden Schema:

I	*P*	*Q*	Da *D* das größte gemeinsame Maß von *A,B* ist,
			Sind *P, Q* gegeneinander prim; sind *P, Q* dann
D	*A*	*B*	die kleinsten Zahlen im selben Verhältnis? Dies

scheint anschaulich gegeben, aber dennoch gibt EUKLID einen Beweis. Indem aber die Induktion durch eine Deduktion ersetzt wird, erlangt die Theorie den Charakter der Notwendigkeit und wird so zur Wissenschaft.

Satz 20. *Die kleinsten Zahlen, die dasselbe Verhältnis haben, messen Zahlen im selben Verhältnis gleich oft.*

Beweis. Seien Zahlen *A, B* gegeben, seien *C, D* kleiner und die kleinsten Zahlen im selben Verhältnis. Es soll gezeigt werden, daß *C* Teil von *A* ist, sei im Gegensatz dazu *C* Teile von *A*. Aus $(A,B) \sim (C,D)$ folgt $(C,A) \sim (D,B)$, also gilt

$C < A \wedge D < B \wedge \exists\, p,q\, \exists\, F,G: pF = C \wedge qF = A \wedge pG = D \wedge qG = B$.

Daraus folgt $(F,G) \sim (C,D)$, aber da *C* kein Teil von *A* ist, folgt $F<C$ und $G<D$. Dies ist unmöglich, denn *C, D* sind nach Voraussetzung die kleinsten Zahlen, also ist *C* Teil von A, und es folgt $\exists\, q: qC = A \wedge qD = B$.

Satz 21. *Zahlen die gegeneinander prim sind, sind die kleinsten Zahlen im selben Verhältnis.*

Beweis. Seien *A, B* gegeneinander prime Zahlen, seien *C, D* kleiner und die kleinsten Zahlen im selben Verhältnis.[31] Es folgt $\exists q: qC = A \wedge qD = B$; sei $E = qI$, *I* die Einheit, und $C = mI$, dann ist $A = q(mI) = m(qI) = mE$. Ebenso sei $D = nI$, dann ist $B = nE$, d.h. *E* mißt *A* und *B*. Dies ist aber unmöglich, also gibt es keine kleineren Zahlen im selben Verhältnis.

Damit ist das Problem gelöst; ARCHYTAS zitiert allerdings von diesen Sätzen nur die Umkehrung, "die kleinsten Zahlen im selben Verhältnis sind gegeneinander prim." Der Widerspruchsbeweis dazu ist elementar, den-

---

[31] Euklid nimmt hier nur kleinere Zahlen an, er benutzt jedoch VII.20, so daß es die kleinsten sein müssen; deren Existenz wird also für ihre Konstruktion vorausgesetzt.

noch zeigt sich daran, daß er die entscheidenden Begriffe zur Verfügung hatte. Darüber hinaus können wir zeigen, daß er auch seine weitergehende Behauptung γ) mit diesen Begriffen beweisen konnte, den Ausgangspunkt liefert die folgende Primteilereigenschaft:

Satz 30. *Wenn eine Primzahl ein Produkt von zwei Zahlen mißt, dann muß sie auch eine der beiden Zahlen messen.*

Beweis. Seien A, B Zahlen, C eine Primzahl mit $\exists p: pC = AB$. Sei $D = pI$, wobei I die Einheit, dann ist $CD = AB$, also $(C,A) \sim (B,D)$. Angenommen C mißt nicht A, dann ist C, A gegeneinander prim, also sind es die kleinsten Zahlen im selben Verhältnis, daraus folgt aber, C mißt B.

Empirisch läßt sich diese Eigenschaft der Primteiler an der Multiplikationstafel ablesen; die Vielfache einer Primzahl bilden darin ein Quadratgitter, der Satz besagt nun, daß jede Zahl, welche ein Vielfaches ist, notwendig auf diesem Gitter liegt, wozu es eines deduktiven Beweises bedarf.

Satz 27. *Sind zwei Zahlen gegeneinander prim, dann sind auch ihre Quadrate gegeneinander prim (und ebenso die weiteren Potenzen).*

Beweis. Seien A, B Zahlen und A^2, B^2 nicht gegeneinander prim, dann gibt es eine Primzahl C, so daß gilt, C mißt A^2 und B^2 (VII.32). Es folgt, C mißt A und B, also sind A, B nicht gegeneinander prim.

Beweis von β'): Seien A, B Zahlen so daß A^2 mißt B^2, seien M, N die kleinsten Zahlen mit $(A,B) \sim (M,N)$, dann ist $(A^2,B^2) \sim (M^2,N^2)$ und M^2 mißt N^2. Da M, N gegeneinander prim, ist auch M^2, N^2 gegeneinander prim, also ist $M^2 = I$ die Einheit und $M = I$. Es folgt $(A^2,B^2) \sim (I,N^2)$ und $(A,B) \sim (I,N)$, aus $nI = N$ folgt $nA = B$.

Korollar. *Seien A, B Zahlen und P eine Zahl mit $PA^2 = B^2$, dann ist P eine Quadratzahl.* Denn es ist $(I,P) \sim (A^2,B^2) \sim (I,N^2)$, also $P = N^2$.

Damit erhalten wir schließlich einen indirekten *Beweis von* γ): Seien A, B Zahlen, C eine mittlere Proportionale mit $(A,C) \sim (C,B)$, seien M, N die kleinsten Zahlen mit $(A,B) \sim (M,N)$; zu zeigen ist, daß es dann auch eine mittlere Proportionale für M, N gibt. Weil dies die kleinsten Zahlen sind gilt $\exists p: A = pM \land B = pN$, sei $P = pI$, wobei I die Einheit ist. Aus $C^2 = AB$ folgt dann $C^2 = MNP^2$, also ist MN eine Quadratzahl, etwa $MN = L^2$. Daraus folgt $(M,L) \sim (L,N)$, d.h. L ist die gesuchte mittlere proportionale Zahl. Insgesamt lassen sich also die Theoreme β) und γ) der Sectio canonis aus genau den Grundbegriffen ableiten, die bereits ARCHYTAS verwendet hat.

Anfänge der theoretischen Arithmetik bei den Griechen   53

Es ist daher konkret möglich, daß ARCHYTAS selbst diese Ableitung gefunden hat, wobei wir nicht behaupten wollen, daß er sie tatsächlich derart ausgeführt hat. Jedoch zeigt unsere Rekonstruktion, daß dazu keineswegs die Theorie der zusammenhängenden Proportionen (VIII.1-10) vorausgesetzt werden muß,[32] vielmehr folgen die Theoreme allein aus der Primteilereigenschaft (VII.30), die somit am Anfang der theoretischen Arithmetik stehen könnte.

V. Im Dialog *Theätet* stellt uns PLATON eine Mathematikstunde des THEODOROS vor, die sich kurz vor dem Tod des SOKRATES abgespielt haben soll.[33] Darin behandelte THEODOROS die sogenannten Erzeugenden (*dynameis*), sie wurden von seinem Schüler THAITETOS wie folgt definiert: Sei e eine Einheitsstrecke, a eine Strecke, deren Quadrat $Q(a)$ ein N-faches des Einheitsquadrats $Q(e)$ ist, wobei N eine ganze Zahl ist; a ist eine Länge, wenn N eine Quadratzahl, a ist eine Erzeugende, wenn N keine Quadratzahl ist, sondern eine Rechteckzahl (*promeke*). THEODOROS zeigte dann, daß die Erzeugenden für $N = 3,5,...,17$ inkommensurabel zur Einheitsstrecke sind, und zwar nahm er sich jede Erzeugende einzeln vor.[34] Dies schließt jedoch einen Beweis mittels der oben vorgestellten arithmetischen Sätze aus, denn daraus ergibt sich die Inkommensurabilität aller Erzeugenden auf einmal.

Wir beweisen dies durch einen Widerspruch: Sei a eine Erzeugende, e die Einheitsstrecke und seien a, e kommensurabel, dann gibt es eine Strecke c als gemeinsames Maß. Formal $\exists\ p,q: a = pc \wedge e = qc$, sei I die Zahleinheit, $P = pI$ und $Q = qI$ dann ist $(a,e) \sim (P,Q)$, d.h. die kommensurablen Strecken haben das Verhältnis von Zahlen (X.5). Daraus folgt $(Q(a),Q(e)) \sim (P^2,Q^2)$ nach (X.9), und da $Q(a) = NQ(e)$ folgt $P^2 = NQ^2$. Nach dem obigen Korollar ist also N eine Quadratzahl, da a eine Erzeugende ist, kann N aber keine Quadratzahl sein, also sind a, e inkommensurabel.

---

[32] Von dieser Voraussetzung wird seit [Tannery] ausgegangen, weil die obige Alternative zu Euklids Beweis von γ) nicht beachtet wurde. Archytas beweist diesen Satz nur für ein Mittel, erst die Verallgemeinerung Euklids auf mehrere Mittel verlangt die Anwendung von VIII.8, was auch wörtlich geschieht, vgl. Sectio canonis 3.

[33] [Platon, *Theaet.* 147d-148b].

[34] Algebraisch ist $a = (\sqrt{N})\ e$. Zur Rekonstruktion des Beweises vgl. [Boehme].

Dieser Beweis zeigt, daß THEODOROS die entsprechende Arithmetik noch nicht zur Verfügung hatte. Insofern ist nach dem Zeugnis PLATONs die deduktiv theoretische Arithmetik und damit auch die wissenschaftliche Musiktheorie erst nach dem Tod des SOKRATES entstanden. Damit ist aber ausgeschlossen, daß es schon vorher "Elemente" der Arithmetik gegeben hat.[35] Einen weiteren Hinweis auf die neue theoretische Arithmetik gibt PLATON noch am Schluß der Lehrstunde des THEODOROS, wo THEAITETOS zu den Erzeugenden bemerkt: "Und für Körper gilt dasselbe". D.h. für kubisch Erzeugende sollen die analogen Eigenschaften gelten, wie für quadratische, insbesondere sind sie inkommensurabel zur Einheitsstrecke, wenn sie keine Kubikzahl darstellen. Um dies zu zeigen, benötigt THEAITETOS aber das folgende Theorem, was sich aber analog wie β') beweisen läßt.

β″) *Wenn eine Kubikzahl eine Kubikzahl mißt, dann muß auch die Seite die Seite messen.* (VIII.15)

Korollar: *Seien A, B Zahlen und P eine Zahl mit $PA^3 = B^3$, dann ist P eine Kubikzahl.*[36]

Mit Längen und Erzeugenden sind die Grundbausteine der Theorie der Irrationalen gegeben, wie sie THEAITETOS entwickelt hat. Beide sind rational, da ihre Quadrate kommensurabel zum Einheitsquadrat sind, aber gegenseitig sind sie inkommensurabel (X.Def.3). Sei *a* eine Länge und *b* eine Erzeugende, dann bildet THEAITETOS die Zusammensetzung *a+b* (Binomiale) und die Differenz *a-b* falls *a>b* (Apotome), diese Größen sind irrational, da ihre Quadrate inkommensurabel zum Einheitsquadrat sind.[37] Aber um über Erzeugende allgemein verfügen zu können, ist die theoretische Arithmetik, insbesondere Theorem β') die Voraussetzung. H. G. ZEU-

---

[35] Hingegen war nach v.d.Waerden "Buch VII zur Zeit des Archytas schon vollständig fertig". "*Eukleides* fand daran nichts zu verbessern." [v.d. Waerden, S. 187f.] Abgesehen davon, daß es dafür keine Quellen gibt, wäre die theoretische Arithmetik dann lediglich eine geniale Erfindung der älteren Pythagoreer und bar jeder historischen Entwicklung, was auch wissenschaftstheoretisch ein unhaltbarer Standpunkt ist.

[36] Der obige Beweis von γ') läßt sich allerdings nicht analog für zwei oder mehr mittlere Proportionale führen, daher benötigt Euklid auch für die weitergehenden Sätze über Kubikzahlen die Theorie der zusammenhängenden Proportionen , vgl. [Euklid VI-II.21-27].

[37] Vgl. [Euklid. X.36, 73], algebraisch sind dies z.B. die Größen (M±√N)*e*, wobei N keine Quadratzahl ist. Nach dem Zeugnis von Eudemos in [Pappos, Kommentar, S.12, 53] wird angenommen, daß Theaitetos diese Irrationalen gefunden hat.

THEN zog daraus den Schluß, daß die Arithmetik wie sie in Buch VII von EUKLID behandelt wird, THEAITETOS zuzuordnen ist.[38] Dies widerspricht jedoch der Überlieferung des ARCHYTAS, der die Grundbegriffe der theoretischen Arithmetik bereits verwendet und möglicherweise Theorem γ') bewiesen hat. Da die Frage ARCHYTAS oder THEAITETOS aber auf Grund der wenigen Quellen nicht zu entscheiden ist, halte ich es ebenso für möglich, daß ARCHYTAS *und* THEAITETOS die Anfänge der theoretischen Arithmetik gefunden haben. Der Gedankenaustausch war über PLATON möglich, so daß auch über einen fiktiven Dialog der beiden spekuliert werden kann. Das Werk beider würde auch dem Kommentar des PROKLOS entsprechen, der sich wiederum auf EUDEMOS beruft, wo es heißt:

"In dieser Zeit (von PLATON) lebten auch der Thasier LEODAMAS, ARCHYTAS von Tarent und THEAITETOS von Athen, von denen die Lehrsätze vermehrt und in ein den wissenschaftlichen Anforderungen entsprechendes System gebracht wurden."[39]

Danach wird LEON als Verfasser von "Elementen" genannt, womit auch die ersten Elemente der Arithmetik vorgelegen haben könnten. Ihre endgültige Fassung dürften die arithmetischen Bücher aber erst später, möglicherweise von EUKLID erhalten haben.

Literatur

ARISTOTELES: Philosophische Bibliothek, Meiner, Hamburg.

BARBERA, A.: The Euclidean Division of the Canon. Greek and Latin Sources. University of Nebraska, 1991.

BOEHME, H.: "Theodoros und Theaitetos." In: Mathematik im Wandel. Bd.1 M. TOEPELL (Hrg.), Franzbecker, Hildesheim 1998, S. 44-57.

BOETHIUS: Fünf Bücher über die Musik. Übers. O. PAUL, Hildesheim 1973.

BURKERT, W.: Rezension zu SZABÓ, A.. *Erasmus* 23, 1971, Sp. 102-105.

BURKERT, W.: Weisheit und Wissenschaft. Nürnberg 1962.

DIELS, H., KRANZ, W.: Die Fragmente der Vorsokratiker. Berlin 1974. [DK]

---

[38] [Zeuthen, S. 421].
[39] [Proklus in *Eucl.* p. 66].

Euclidis Elementa. Libri I - XIII. Ed. J.L. HEIBERG, Teubner, Leipzig 1883.

EUKLID: Die Elemente. Übers. C. THAER, Darmstadt 1973.

FOWLER, D.: The Mathematics of Plato's Academy. Oxford 1999.

GERICKE, H.: Geschichte des Zahlbegriffs. Mannheim 1970.

HEATH, T. L.: A History of Greek Mathematics. Vol.1,2. Oxford 1921.

KLEIN, J.: Die griechische Logistik und die Entstehung der Algebra. *Quellen und Studien zur Geschichte der Mathematik.* Ausg. B, 3, 1934.

MUELLER, I.: Philosophy of Mathematics and Deductive Structure in Euclid`s *Elements*. Cambridge Mass. 1981.

NICOMACHUS: Introduction to Arithmetic. Tr. M. L. D'OOGE, London 1926.

PLATON: Sämtliche Dialoge. Bd. I-VII. Übers. APELT, O., Meiner, Hamburg

PROCLI DIADOCHI in primum Euclidis Elementorum librum commentarii. Ed. FRIEDLEIN, G., Leipzig 1873.

SUTER, H.: Der Kommentar des Pappus zum X. Buche des Euklides. Abh. zur Geschichte der Naturwissenschaften und der Medizin, H. IV, 1922.

TAISBAK, C.M.: Division and Logos. Odense, 1971.

TANNERY, P.: "Un traité grec d'arithmétique antérieur a Euclide." Mém. Scient. III, S. 244-250.

THEON DE SMYRNE: Exposition. Tr. J. Dupuis, Paris 1892.

VAN DER WAERDEN, B.L.: Erwachende Wissenschaft. Basel 1956.

VITRAC, B.: Euclide, Les Éléments. Trad. du Texte de Heiberg, Paris 1994.

ZEUTHEN, H.G.: "Sur la constitution des livres arithmétiques des Éléments d'Euclide." Videnskabernes Selskabs Forhandlinger, Kopenhagen 1910.

Dr. Harald Boehme, Fachbereich Mathematik/Informatik
Universität Bremen, Bibliothekstraße 1, D-28359 Bremen
email: hboehme@uni-bremen.de

Eine multimediale Lernumgebung zu Dürers Melencolia I

Manfred J. Bauch

Zusammenfassung

Die Möglichkeiten von Computer und Internet werden - nicht nur - im mathematischen Unterricht bereits ausgiebig erprobt und eingesetzt. Als Beispiele seien Computeralgebrasysteme und multimediale Lernumgebungen genannt. Letztere sind jedoch auch für den Mathematikhistoriker interessant, z.B. als Medium zur Präsentation seiner Forschungsergebnisse.

Beschäftigt man sich mit Mathematikgeschichte, so ist die Forschung auf diesem Gebiet nur die eine Seite der Medaille.

Einen nicht unwesentlichen Teil der Tätigkeit stellt die Präsentation der Forschungsergebnisse dar. Sobald sich der Adressatenkreis dabei über einen engen Kreis von Spezialisten und Interessierten hinaus erstreckt, sieht man sich mit einer Herausforderung konfrontiert: nämlich der, auch anderen einen Stoff näher zu bringen, den man selbst für bedeutend und spannend hält.

Einer ähnlichen Problematik steht jede Lehrerin und jeder Lehrer bei der täglichen Arbeit gegenüber, wenn es darum geht, den Schülerinnen und Schülern den Stoff zu vermitteln, den der Schullehrplan nun einmal vorsieht.

Gerade die Mathematik hat besonders damit zu kämpfen, dass Unverständnis und Ablehnung oder auch schlechte schulische Leistungen in diesem Fach auf breite gesellschaftliche Akzeptanz stoßen (nach dem Motto "In Mathe war ich auch immer schlecht"). Dies erleichtert die Aufgabe der Lehrenden keineswegs!

Im Rahmen der Bemühungen um eine Weiterentwicklung des Mathematikunterrichts, deren Notwendigkeit der Öffentlichkeit gerade momentan durch die Ergebnisse der PISA-Studie schmerzlich bewusst sind, werden

insbesondere auch die Möglichkeiten erforscht, die Computer und Internet bieten.

So werden am Lehrstuhl für Mathematik und ihre Didaktik an der Universität Bayreuth seit langem zahlreiche multimediale Lernumgebungen entwickelt. Sie setzen zum Teil die ebenfalls an diesem Lehrstuhl entwickelte Mathematiksoftware GEONExT ein.

Im Folgenden soll eine Lernumgebung zu DÜRERs *Melencolia I* näher vorgestellt werden, da sie einige Ansätze beinhaltet, die man bei einer Behandlung der eingangs geschilderten Problematik gewinnbringend aufgreifen kann.

Konzeption der Lernumgebung

Zunächst zur Konzeption der Lernumgebung:

ALBRECHT DÜRERs Kupferstich Melencolia I aus dem Jahr 1514 dient als Ausgangspunkt verschiedener Betrachtungen. Neben dem Schwerpunkt Mathematik (insbesondere Polyeder) werden das künstlerische und kunstgeschichtliche Umfeld ebenso angesprochen wie der historische Hintergrund. Die Möglichkeiten multimedialer Aufbereitung zeigen sich insbesondere in folgenden Aspekten:

- Neben dem Durchwandern vorgegebener Rundwege ist es möglich, einzelne Kapitel gezielt anzusteuern.

- Es werden umfangreiche Text- und Bildangebote in unterschiedlichem Format angeboten.

- Querverweise werden ebenso unmittelbar deutlich und erfahrbar wie die Zugehörigkeit eines Aspekts zu verschiedenen Themenkomplexen (z.B. wird das Thema Zentralperspektive sowohl aus mathematischer Betrachtung heraus motiviert wie auch aus Sicht der Kunst.) Dieser Ansatz soll das Bewusstsein für interdisziplinäre Betrachtungsweise fördern, ohne dass dabei auf fachlich fundierte Behandlung der einzelnen Teilbereiche verzichtet wird.

- Insbesondere durch den Einsatz von Java-Applets wird die Präsentation aufgelockert. Sie finden vielfältige Verwendung, so z.B. als Navigationselemente oder auch beim spielerischen Umgang mit dem Thema magische Quadrate.

Zu den angesprochenen Themen gehören im Einzelnen:
- Mathematik: Behandelt werden die Bereiche magische Quadrate, Zentralperspektive und Polyeder. Anders als sonst meist üblich bilden die Polyeder den Schwerpunkt, der sich u.a. in die folgenden Unterpunkte aufgliedert: Platonische und Archimedische Körper, Umkugeln, Netze, Symmetrie, DÜRERs Rhomboeder, DÜRER als Mathematiker, Polyeder in Kunst und Natur.
- Kunst: Hier bietet es sich an, neben einer eingehenden Betrachtung von DÜRERs *Melencolia I*, seine weiteren Meisterstiche anzusprechen, außerdem graphische Kunsttechniken und das für die Entstehenszeit der *Melencolia* gewichtige Problem der Zentralperspektive.
- Geschichte: Prägend für DÜRERs Zeit sind die Renaissance und der Humanismus.

Ergänzt wird dies alles durch Kurzbiographien und Literaturhinweise. Bei letzteren wird wieder ein Vorteil des verwendeten Mediums deutlich: mancher Text wird im pdf-Format bereitgestellt, ist also sofort und unmittelbar zugänglich.

Wie bereits erwähnt, gibt es neben dieser Lernumgebung noch viele weitere. Genannt seien als Beispiele, deren Thematik sich enger am Schullehrplan orientiert: Pythagoras, Besondere Punkte im Dreieck, Achsenspiegelungen, Goldener Schnitt, Platonische Körper.

All diese Lernumgebungen zeichnen sich dadurch aus, dass sie zentrale Themen des Geometrieunterrichts behandeln, sich verändern bzw. ergänzen lassen, d.h. sie können dem eigenen Unterricht angepasst werden (z.B. hinsichtlich der Bezeichnungen und Formulierungen). Sie sind in einzelne Sequenzen zerlegbar und somit als dynamische Arbeitsblätter einsetzbar.

Die Lernumgebungen eignen sich zur Demonstration im Unterricht, zum individuellen Erarbeiten der Lerninhalte wie auch zum eigenständigen Wiederholen

Aus technischer Sicht sei abschließend betont, dass der Einsatz der Lernumgebungen unabhängig von Betriebssystem und verwendetem Browser möglich ist (mit wenigen Einschränkungen bzgl. der verwendeten Version). Auch ist ein Internetanschluss nicht zwingend nötig, bei Installation auf Festplatte stehen - abgesehen von einigen Links - alle Funktionalitäten zur Verfügung.

Bezugsquellen:

Alle erwähnten Lernumgebungen und die Software GEONExT sind frei erhältlich im Internet unter

http://did.mat.uni-bayreuth.de (Link Multimediale Lernumgebungen) sowie

http://geonext.de

Dr. Manfred J. Bauch, Lehrstuhl für Mathematik und ihre Didaktik, Universität Bayreuth, Postfach 101 251, D-95440 Bayreuth
email: manfred.bauch@uni-bayreuth.de

Korbbogenkonstruktionen –
Theorie und Anwendungen in der Baupraxis

Eberhard Schröder

An Zweckbauten aller Art aus unterschiedlichen Epochen begegnet man der Bauweise des "gedrückten Bogens", auch Korbbogen genannt. Welche Motivation führte in vergangenen Jahrhunderten dazu, vom romanischen Halbkreisbogen abzuweichen und zu gedrückten Bögen in vielfältigsten Ausführungen überzugehen? Bei Überbrückung eines Flusses von bestimmter Breite mittels eines romanischen Rundbogens sind bei An- und Abfahrt der Brücke je nach Flußbreite größere Höhenunterschiede zu überwinden, was vor allem für Fahrzeuge hinderlich sein kann. Im Hausbau hat die Anwendung romanischer Rundbögen bei größeren Fensteröffnungen eine oft nicht vertretbare Geschoßhöhe zur Folge (vgl. Abb. 1).

Abb.1: Brücke von Mostar - romanischer Rundbogen

In einer Zeit, wo eine Bauweise mit Spannbeton noch nicht realisierbar war, verfolgte man mit dem Einsatz von gedrückten Bögen im Haus - und Brückenbau ein praktisches Anliegen (vgl. Abb. 2).

Abb.2: Gedrückte Bögen - Korbbögen an einem Wohnhaus in Tschechien (18. Jahrhundert)

Auf der Suche nach einem ersten theoretischen Hinweis auf diese Konstruktionsweise in der Literatur wird man fündig in DÜRERs „Underweysung" von 1525. Er schreibt dort auf Seite Ciij in Verbindung mit der konstruktiv ausgeführten affinen Transformation eines Halbkreises in eine Halbellipse: "Vonnöten ist den Steinmetzen zu wissen, wie sie einen halben Zirckelriß oder Bogenlini in die Länge sollen ziehen, daß sie der ersten in der Höh und sonst in allen Dingen gemäß bleiben" (vgl. Abb.

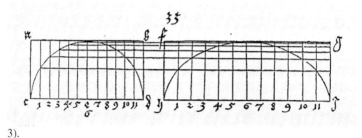

3).

Abb. 3: Konstruktion eines gedrückten Bogens nach einer von Dürer an Steinmetzen gegebenen Empfehlung aus dem Jahre 1525

Zunächst kann DÜRERs Hinweis als Bestätigung dafür angesehen werden, daß schon zu dieser Zeit "gedrückte Bögen" eine vielfältige Anwendung in der Baupraxis fanden. Hingegen ist seine Empfehlung als realitätsfern und kaum praktikabel anzusehen. Jeder Stein des Bogens (Prismenstümpfe) müßte danach einzeln bemaßt werden. Auf die Forderung nach Orthogonalität von Fuge und Umrisslinie des Bogens ließ sich DÜRER in seiner Konstruktion nicht ein. Sicher bot dieser Hinweis niemals eine Hilfe für

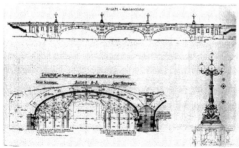

den Steinmetz. Diese benutzten zu dieser Zeit gewiß schon eine Lösung, bei der man die "gedrückte Bogenform" mit nur zwei Steinformaten erzielen konnte.

Abb. 4 zeigt die Seitenansicht einer Brücke, bei der die von oben

Korbbogenkonstruktionen

Abb.4: Korbbogenkonstruktion an Alsterbrücke (19. Jh.)

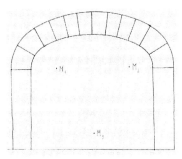

gedrückte Form im Prinzip mit zwei Arten prismatisch zugeschnittener Steinformen erzielt worden ist. Eine schematische Darstellung der vorliegenden Lösung bietet Abb. 5. Die Bogenwölbung setzt sich aus drei Teilabschnitten zusammen. Die Konstruktion der Krümmungsmitten für den Mittelabschnitt und die beiden Seitenabschnitte der Brücke lassen es zu,

Abb.5: Prinzipskizze eines aus Quadern von zweierlei Formaten gefügten Korbbogens

daß für den Bau der Brücke im Prinzip lediglich zwei Steinformate erforderlich sind. Die Fugen zwischen zwei Steinen treffen die Umrißlinie des Bogens in jedem Punkt orthogonal.

Eine erste theoretische Abhandlung zur Problematik des Steinschnittes bei der Konstruktion von Gewölben in zivilen und militärischen Bauten findet sich in dem 1737-39 in Straßburg erschienenen dreibändigen Werk des Franzosen AMÉDÉE-FRANÇOIS FRÉZIER mit dem Titel: "La théorie et la pratique de la coupe des pierres". In Abb. 6 verdeutlicht Fig. 217, wie ein Bogenstück aus zwei Kreisbögen mit unterschiedlicher Krümmung zusammengesetzt wird. Besonders zu beachten ist, daß die Tangente an die Kurve im Verknüpfungspunkt i parallel zur Sekante RN verläuft. Mit Fig. 217 ist die für Baupraktiker beim Steinschnitt kombinierter Bögen vorliegende Problematik klar erkennbar. Man gelangt zu folgender allgemein faßbarer Problemstellung:

Zwei in komplanarer Lage befindliche Linienelemente sind durch zwei Kreisbögen derart miteinander zu verknüpfen, daß die Tangente an die zu konstruierende Kurve im Verknüpfungspunkt eindeutig ist und parallel zur Verbindungsgeraden c der Trägerpunkte A(b) und B(a) (lies A auf b und B auf a) liegt (vgl. Abb. 7).

Mit Hilfe von Überlegungen an einem parabolischen Kreisbüschel bietet sich folgende konstruktive Lösung an:

Die beiden Linienelemente A(b) und B(a) sind zu einem Dreieck ABC, dem Sekanten - Tangentendreieck, zu vervollständigen. Weiterhin ist der Inkreismittelpunkt J des Dreiecks ABC zu konstruieren. Dann ist das Lot

von J auf die Dreieckseite c zu fällen. Ferner sind die Senkrechten auf a in B und

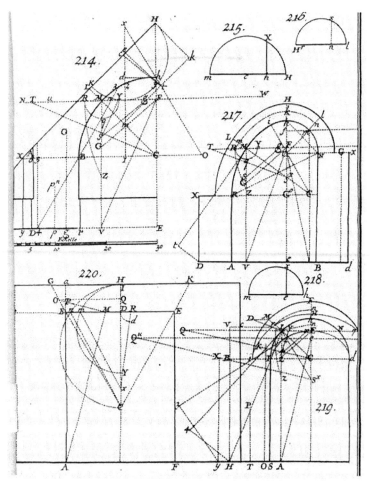

Abb.6: Gewölbekonstruktionen mit Kreisbögen unterschiedlicher Krümmung nach A. Frézier (1737). Man beachte besonders Fig. 217

auf b in A zu errichten. Diese Senkrechten schneiden das Lot von J auf c in den Punkten M_A bzw. M_B, den Krümmungsmitten der zu bestimmenden Kreisbögen (vgl. Abb. 8).

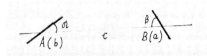

Abb.7: Skizze zur Definition des Korbbogens und zum konstruktiven Ansatz der Korbbogenverbindung von zwei komplanaren Linienelementen

Die Kreisbögen um M_A durch A und um M_B durch B führen auf die geforderte Bogenverbindung durch den Inkreismittelpunkt J.

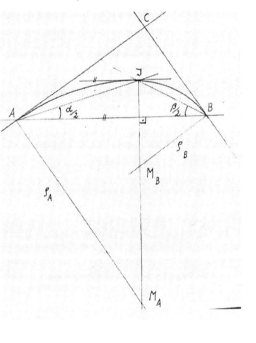

Abb.8: Konstruktive Lösung für den allgemeinen Fall einer Korbbogenverbindung

Sind α und β die Innenwinkel des Dreiecks ABC, dann stehen die Krümmungen der in J zusammentreffenden Kreisbögen im Verhältnis

$$\kappa_A : \kappa_B = \sin^2 \frac{\alpha}{2} : \sin^2 \frac{\beta}{2}$$

Ist ρ der Inkreisradius des Sekanten - Tangentendreiecks, dann gilt für die Radien der beiden Kreise:

$$\rho_A = \frac{\rho}{2\sin^2 \frac{\alpha}{2}} \text{ und}$$

$$\rho_B = \frac{\rho}{2\sin^2 \frac{\beta}{2}} \text{ mit}$$

$$\rho = s \tan \frac{\alpha}{2} \tan \frac{\beta}{2} \tan \frac{\gamma}{2}.$$

Das mit Abb. 8 demonstrierte konstruktive Vorgehen werde zunächst für den in der Baupraxis wichtigsten Fall erprobt, nämlich von Tor -, Brücken - und Fensterbögen. Hierbei ist das Dreieck rechtwinklig, mit dem rechten Winkel bei C.

Das Linienelement A(b) liegt lotrecht und B(a) waagerecht. In der oben angegebenen Weise findet man J, M_A und M_B. Nun kann man die sich in J treffenden Kreisbögen zeichnen.

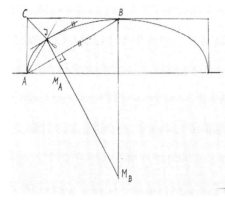

Durch Spiegelung der Bögen an der Lotrechten BMB gelangt man zum vollständigen gedrückten Bogen, auch Korbbogen genannt (vgl. Abb. 9).

Es wäre ein Irrtum, den so konstruierten 'Bogen mit einer Halbellipse gleichzusetzen, den Punkt A als Hauptscheitel und B als Nebenscheitel dieser Ellipse anzusehen.

Abb.9: Umsetzung der obigen Konstruktion für einen Brückenbogen: die beiden vorgegebenen Linienelemente stehen senkrecht zueinander

Abb. 10 zeigt eine vollständig ausgezeichnete Ellipse mit ihren Scheitelpunkten. Ferner sind die zu A und B gehörigen Krümmungsmitten N_A und N_B (Mitten der Scheitelkrümmungskreise) in bekannter Weise konstruiert. Die beiden zu A bzw. B gehörigen Scheitelkrümmungskreise besitzen keinen reellen Schnittpunkt. Folglich

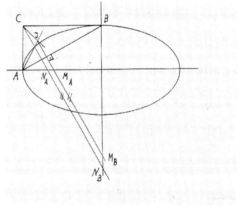

Abb.10: Gegenüberstellung des Korbbogens einer Brücke mit der entspr. Halbellipse

kann man sie auch nicht zu einem Kurvenbogen in der oben geforderten Weise verknüpfen. Der Inkreismittelpunkt J des Dreiecks ABC liegt gene-

Korbbogenkonstruktionen

rell außerhalb der Ellipse. Folglich liegt auch der Korbbogen - mit Ausnahme der Scheitelpunkte - außerhalb der Ellipse. Die Krümmungsmitten M_A und M_B der Korbbogenkreise wurden in Abb. 10 zusätzlich mit eingezeichnet.

Ein für Anwendungen wichtiger Sonderfall vorliegender Konstruktion besteht darin, daß die beiden Linienelemente senkrecht im Raum und damit *parallel* zueinander liegen. Damit ist C ein Fernpunkt. Da auch in diesem Fall ein Inkreis existiert, läßt sich die Konstruktion ganz analog durchführen. Für das Verhältnis der Krümmungen gilt die Beziehung:

$$\kappa_A : \kappa_B = \tan^2 \frac{\alpha}{2}$$

Als Unterbau von Treppenaufgängen in öffentlichen Gebäuden und Schlössern ist dieser sogenannte aufsteigende Korbbogen oft vorzufinden (vgl. Abb. 11).

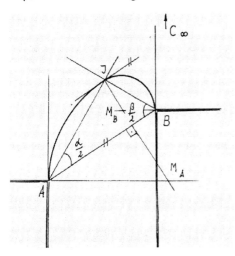

Abb.11: Korbbogen bei Parallelität der vorgegebenen Linienelemente

Trifft man die Vorgabe der Linienelemente so, daß einer der beiden Winkel stumpf ist, so führt dies auf Bögen mit einem großen Krümmungssprung an der Verknüpfungsstelle (vgl. Abb.12). Derartige Kreiskombinationen sind vielfältig im Jugendstil vorzufinden. Fenstereinfassungen an Häusern, Umrahmungen an Möbeln und innenarchitektonische Ausstattungen von Räumen zeichnen sich durch derartige Linienführungen aus.

Von geometrischem Interesse sind in diesem Zusammenhang die drei Ankreismittelpunkte des Sekanten-Tangentendreiecks ABC. Zunächst sei der im Winkelbereich von γ liegende Ankreismittelpunkt J_C Gegenstand der Betrachtung. Das Lot von J_C auf c schneidet die Senkrechten auf das Linienelement A(b) in M_A und auf das Linienelement B(a) in M_B. Auch hier erfüllen die Kreise um M_A mit der Länge von $J_C M_A$ als Radius und um M_B mit

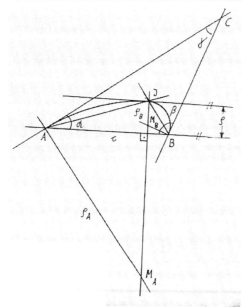

Abb.12: Korbbogen für den Fall eines großen Krümmungssprunges an der Verknüpfungsstelle

der Länge von $J_C M_B$ als Radius die eingangs gestellte Verknüpfungsvorschrift. Die Tangente an diesen Korbbogen in J_C ist parallel zu c. Die Krümmungsradien der so kombinierten Kreisbögen stehen im Verhältnis

$$\tilde{\kappa}_A : \tilde{\kappa}_B = \cos^2 \frac{\alpha}{2} : \cos^2 \frac{\beta}{2}$$

(vgl. Abb.13).

Zu bemerkenswerten Varianten der Kreisbogenverknüpfung führen die in den Winkelbereichen von α und β liegenden beiden Ankreismittelpunkte J_a und J_b. Eine konsequente Übertragung des konstruktiven Vorgehens entsprechend Abb. 8 auf diesen Fall zeigt, daß der Verknüpfungspunkt einen Rückkehrpunkt der Verknüpfungslinie darstellt, wobei die Tangente in der Spitze - entsprechend der aufgestellten Forderung- parallel zu c liegt.

Abb.13: Korbbogenverknüpfung zweier Linienelemente über einen Ankreismittelpunkt des Sekanten-Tangenten-Dreiecks

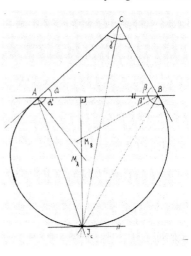

Korbbogenkonstruktionen

Der an gotischen Bauwerken feststellbare Formenreichtum von steinernem Schmuckwerk läßt die Vermutung zu, daß solche Konstruktionen als Vorlagen für die Steinmetze gedient haben. (vgl. Abb. 14).

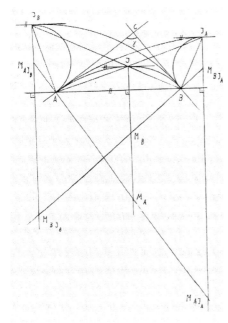

Abb.14: Korbbogenverknüpfung von zwei Linienelementen über die anliegenden Ankreismittelpunkte - die Verknüpfungsstellen bilden je einen Rückkehrpunkt der Kurve.

In Abb. 15 wurde die Vorgabe der beiden Linienelemente so getroffen, daß bei zusätzlicher Spiegelung ein gotischer Spitzbogen besonderer Art entsteht. Die stärkere Krümmung ist nach oben verschoben. Wegen der stärkeren Betonung der Senkrechten in solchen kirchlichen Bauten spricht man von der Perpendikulargotik. Sie ist in Frankreich seit dem 13. Jahrhundert nachweisbar.

Ein Gegenstück zur Perpendikulargotik hat in England seit der Thronbesteigung der Tudor (1485) weite Verbreitung gefunden, der sogenannte Tudor-style. Aus der Vorgabe der Linienelemente resultiert eine Verschiebung der stärkeren Krümmung nach unten. Anwendungen dieser Bogenkombination finden sich in den Universitätsbauten von Oxford und Cambridge sowie in Windsor Castle (vgl. Abb. 16).

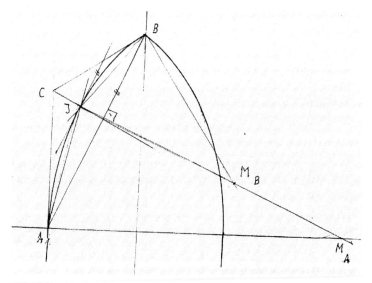

Abb.15: Vorgabe der Linienelemente für einen Bogen nach Art der Perpendikulargotik

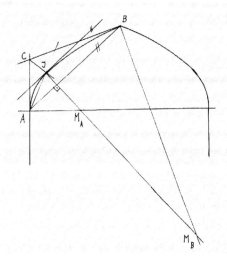

Abb.16: Vorgabe der Linienelemente für einen Bogen nach Art des Tudor - Style

Korbbogenkonstruktionen

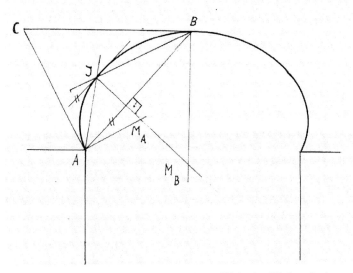

Abb.17: Vorgabe der Linienelemente nach Art der Profillinie einer Kirchturmhaube

Entwürfe der Profillinien der Hauben von Kirchtürmen zeugen gleichfalls von Anwendungen der Korbbogenkonstruktion. An der Haube der Münchner Frauenkirche ist dieser Ansatz mit zwei Linienelementen unverkennbar (vgl. Abb. 17).

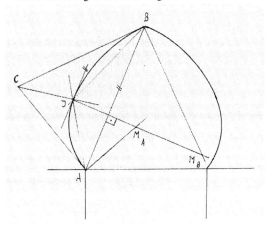

Abb.18: Vorgabe der Linienelemente für einen Bogen nach Art einer orientalischen Toreinfahrt

Selbst beim Entwurf repräsentativer Bauwerke im Orient (Samarkand, Persien, Indien) sind solche Konstruktionsweisen besonders bei Portalen nachweisbar (vgl. Abb. 18).

Brückenbauten aus früheren Jahrhunderten zeugen noch heute von der statischen Festigkeit des Korbbogens.

Abb.19: Umsetzung der Vorgaben nach Abb. 15 auf Stützpfeiler einer gotischen Kirche in Frankreich (Perpendikulargotik)

Korbbogenkonstruktionen

Abb.20: Umsetzung der Vorgaben von Abb. 16 auf Schloß Windsor (15. Jahrhundert)

Abb.21: Umsetzung der Vorgaben von Abb. 9 auf ein Bauwerk der Renaissance (Gewandhaus in Braunschweig 17. Jahrhundert

Abb.22: Umsetzung der Vorgaben von Abb. 12 auf die Fensterkonstruktion eines im Jugendstil erbauten Wohnhauses in Riga (um 1900)

Korbbogenkonstruktionen

Abb.23: Umsetzung der Vorgaben von Abb. 18 auf das Portal einer Moschee in Samarkand (14. Jahrhundert)

Dr.habil. Eberhard Schröder, Büttemerweg 26, D-69493 Hirschberg 1

Franz Brasser (um 1520 - 1594) von Lübeck - der niederdeutsche Rechenmeister

Ulrich Reich

Der Lübecker Schul- und Rechenmeister FRANCISCUS (oder FRANZ) BRASSER (um 1520 - 1594) war in der zweiten Hälfte des 16. Jahrhunderts einer der bekanntesten und einflußreichsten Rechenmeister und wurde der gemeinsame Lehrer von ganz Sachsen und allen deutschen Seestädten genannt. BRASSERs Rechenbücher fanden zwischen 1552 bis 1710 weite Verbreitung. Dem Autor sind heute 46 Auflagen bekannt, von denen ihm 30 gesichert erscheinen. Zu BRASSERs Lebzeiten erschienen vier Auflagen in niederdeutscher Sprache, spätere auch in hochdeutscher Sprache, in Latein und einmalig 1638 in Dänisch. FRANZ BRASSER führte mehrere Jahrzehnte eine deutsche Schule für Knaben, die in Lübeck die berühmteste und am besten besuchte gewesen sein soll. Der Rat der Stadt ernannte BRASSER als einen der beiden Inspektoren über alle deutschen Schulen in Lübeck. Zusätzlich versah BRASSER das Amt des Werkmeisters bei der Sankt Katharinenkirche. Über FRANZ BRASSER hat der Autor bereits mehrfach berichtet:

REICH, ULRICH: 400. Todestag des Lübecker Schul- und Rechenmeisters Franciscus Brasser, in SALTZWEDEL, ROLF (Hrsg.): Der Wagen 1995/96, ein Lübeckisches Jahrbuch, Hansisches Verlagskontor Lübeck 1995, 74 - 83.

REICH, ULRICH: Der Lübecker Schul- und Rechenmeister Franz Brasser, Lehrer von ganz Sachsen und allen deutschen Seestädten, in: Schriften des Adam-Ries-Bundes Annaberg-Buchholz, Band 7, Freiberg 1996, 239 - 248, und in Freiberger Forschungshefte, D 201, Wirtschaftswissenschaften, Geschichte, Technische Universität Bergakademie Freiberg, 1996, 239 - 248.

REICH, ULRICH: Brasser, Franz (Franciscus), in: Biographisches Lexikon für Schleswig-Holstein und Lübeck, Band 11, Wachholtz Verlag Neumünster 2000, 55 - 58.

Abb.: Titelblatt des Rechenbuches von Brasser, Hamburg 1594, Standort Universitäts- und Landesbibliothek Sachsen-Anhalt, Sign. Pon IIg 472

Mathematik und Wein - eine vergnügliche mathematische Reise durch die Weinkultur

Ulrich Reich

Was verbindet die Mathematik und den Wein? Daß sich die Gemeinsamkeiten nicht nur auf den Buchstaben i beschränken, soll in diesem Aufsatz aufgezeigt werden.

1. Definitionen

In der Mathematik beginnt man gerne mit Definitionen. Hier wird jedoch auf die Erörterung der Frage "Was ist Mathematik?" wohlweislich verzichtet. Über den Wein schrieb der Arzt NICOLAUS SPINDLER 1556:

"Ich halte für unnötig zu beschreiben, was der Wein sei zu diesen unseren Zeiten, denn er ist so bekannt, daß ihn auch die jungen Kinder in der Wiegen kennen."

Und damit wird auf weitere Versuche des Definierens verzichtet.

Das Wort Wein taucht in der Mathematik in dem Begriff "weinwendig" auf. Außerdem gibt es den Begriff "hopfenwendig". Hopfenwendigkeit bedeutet Linksschraubung und Weinwendigkeit Rechtsschraubung.

EBERHARD SCHRÖDER schreibt in einem bisher unveröffentlichten Gedicht:

"Den Wein seh'n wir nur rechts sich winden, um an dem Stützwerk Halt zu finden."

Weil sich die Rebe rechts herum windet, deshalb müssen Sie den Korken auch rechts herum drehen, um eine Weinflasche zu öffnen.

Und wenn man zu viel des seligen Weins getrunken hat und es dreht sich alles um einen, wie herum wird es dann wohl sein?

Mathematik und Weinkultur

2. Assoziationen bei Namen

Bei welchen Namen wird man an Wein und an Mathematik erinnert? Ein Mathematiker namens Wein konnte nicht entdeckt werden. Mit der Silbe Wein beginnen mehrere Namen von Mathematikern. Besonders erwähnt werden soll JULIUS WEINGARTEN (1836 - 1910), der erster Vorsitzender der *Berliner Mathematischen Gesellschaft* war.

Nun zu den Weinsorten: Zuallererst denke ich an den König der Weißweine, den Riesling. Den Cossisten fällt bei der ersten Silbe Ries gleich der Name ADAM RIES (1492 - 1559) ein und auch seine Söhne. Weiterhin gibt es zwei ungarische Mathematiker, die Brüder FRÉDÉRIC RIESZ (1880 - 1956) und MARCEL RIESZ (1886 - 1969).

Bei der Rebsorte Müller-Thurgau, fällt beim ersten Namen JOHANNES MÜLLER aus Königsberg (1436 - 1476) ein, der als REGIOMONTANUS bekannt ist. Dieser Name Müller ist unter Mathematikern weit verbreitet. 24 Mitglieder der DMV tragen diesen Namen.

3. Weinmaße

Zum Verständnis der folgenden Aufgaben ist eine Betrachtung der spätmittelalterlichen Hohlmaße hilfreich. Hier gibt es regional und zeitlich wie bei anderen Maßen erhebliche Unterschiede.

Ein Fuder ist das Volumenmaß, das von der Ladung (Fuhre) eines zweispännigen Wagens abgeleitet ist. Üblicherweise ergab bei Wein, Bier und auch Met ein Fuder 12 Eimer. Im Herzogtum Württemberg samt der Reichstadt Esslingen hatte ein Fuder nur 6 Eimer, neckarabwärts in der Reichstadt Heilbronn waren es dagegen 20 Eimer. Dafür war ein Eimer in Württemberg 160 Maß, in Heilbronn dagegen nur 24 Maß. Somit besaß das Fuder in Württemberg 960 Maß und in Heilbronn 480 Maß. In Bayern entsprach einem Eimer 60 Maß ("nach der Visier") oder 64 Schenkmaß, in Leipzig 54 Maß bzw. 58 Schenkmaß und in Nürnberg und Würzburg 64 Maß bzw. 68 Schenkmaß.

Bei ADAM RIES kamen auf einen Eimer 64 bzw. 72 Viertel, bei JOHANN ALBERT (1488 - 1558) 64 Kandel. Eine Kanne hatte regional unterschied-

lich einen Inhalt zwischen 0,9 l und 2,6 l. Die Tonne war 4, 5 oder 6 Eimer. Weitere regionale Einheiten waren Ime, Stübbich und Össel. In Lübeck galt 1556 ein Fuder 6 Ame, 1 Ame waren 40 oder 48 Stoeveken und 1 Stoeveken 4 Quarteer.

4. Rechenaufgaben

Aufschlußreich ist der Anteil von Rechenaufgaben über Wein bei den Autoren verschiedener Rechenbücher:

FRANZ BRASSER, Lübeck 1552	0 von 231 Aufgaben	0 %
FRANZ BRASSER, Lübeck 1556	3 von 356 Aufgaben	0,9 %
KASPAR HÜTZLER, Lübeck 1547	4 von 269 Aufgaben	1,5 %
JOHANNES JUNGE, Lübeck 1578	7 von 469 Aufgaben	1,5 %
BAMBERGER MS, Bamberg um 1460	11 von 385 Aufgaben	2,9 %
JOHANN ALBERT, Wittenberg 1534	12 von 344 Aufgaben	3,5 %
JOHANN ALBERT, Wittenberg 1541/2	13 von 353 Aufgaben	3,7 %
ALG. RATISBONENSIS, Regensb. 1461	15 von 354 Aufgaben	4,2 %
ADAM RIES 2, Erfurt 1522	11 von 232 Aufgaben	4,7 %
ADAM RIES 1, Erfurt 1518	7 von 131 Aufgaben	5,3 %
JOHANN WEBER, Leipzig 1583	34 von 588 Aufgaben	5,8 %
ADAM RIES 3, Leipzig 1550	42 von 716 Aufgaben	5,9 %
MARTIN STÖTTER, Tübingen 1552	19 von 265 Aufgaben	7,2 %
PETER APIAN, Ingolstadt 1527	35 von 348 Aufgaben	10,1 %
JOHANNES WIDMANN, Hagenau 1519	34 von 314 Aufgaben	10,8 %
MARTIN STÖTTER, Nürnberg 1574	43 von 338 Aufgaben	12,7 %

Augenfällig kann ein deutliches Nord-Süd-Gefälle erkannt werden.

Es sollen einige Rechenaufgaben zum Thema Wein präsentiert werden. Spätestens jetzt wird dem Leser empfohlen, bei dieser Lektüre ein Glas guten Weins zu genießen. Denn wenn man täglich ein Viertel Wein trinkt, wird man 100 Jahre alt. Wie alt wird man aber, wenn man täglich vier Viertel Wein trinkt?

Mathematik und Weinkultur

Bei Bier klingt eine Aufgabe recht profan. So schreibt ADAM RIES 1550 in seinem 3. Rechenbuch:

"15 Bauern trinken ein Faß Bier aus in 5 Stunden. In wie langer Zeit trinken es 20 Bauern aus?"

Solche Aufgaben gibt es nicht über Wein, weil der Wein halt etwas Besseres ist.

Begonnen wird mit zwei einfachen Rechnungen aus dem Rechenbuch des Wittenberger Rechenmeisters JOHANN ALBERT, die ebenso wie alle weiteren Aufgaben wortgetreu in heute verständliches Deutsch übertragen werden:

"Was kostet 1 Eimer Wein, wenn 1 Kandel 10 d [denarius = Pfennig] gilt? Facit 2 fl [Gulden] 11 gr[oschen] 4 d." (1 Eimer = 64 Kandel)

In einer weiteren Aufgabe werden größere Maßeinheiten verwendet:

"Ein Weinschenk kauft 8 Fuder Wein um 238 fl 12 gr. Wie kommt 1 Eimer? Facit 2 fl 10 gr 2 ¼ d."

Der Titeleinband dieses Rechenbuches hat auf indirekte Weise mit Wein zu tun: Er stammt aus der Werkstatt des LUCAS CRANACH D. Ä. (1472 - 1553). CRANACH war nicht nur Maler, sondern zeitweise auch Bürgermeister von Wittenberg und hatte als Weinhändler das Weinmonopol für halb Sachsen. Außerdem war Cranach Apotheker, so daß er bei schädlichen Folgen nach Genuß eines schlechten Weines oder bei zu starkem Weingenuß gleich behilflich sein konnte.

Von der Lagerkapazität in einem Weinkeller handelt eine Aufgabe aus den ALKUIN (um 732 - 804) zugeschriebenen Aufgaben zur Schärfung des Geistes der Jugend:

"Ein Weinkeller ist 100 Fuß lang und 64 Fuß breit. Sage, wer es kann, wieviel Fässer er aufnehmen soll, wenn jedes Faß 7 Fuß lang und in der Mitte 4 Fuß breit ist und ein Durchgang 4 Fuß breit ist."

Dieser Weinkeller ist von einer prächtigen Größe, denn es passen in ihn je nach Anlegen der Durchgänge 150 bis 210 Fässer, deren jeweiliger Inhalt auf fast 2000 l geschätzt wird.

Mit der Aufgabe des aus Ulm stammenden Schul- und Rechenmeisters MARTIN STÖTTER (1523 - 1594) soll das Rechnen geübt werden. Ihr kann nicht so ganz Realitätsbezug zugesprochen werden:

"Ein Wirt hat dreierlei Wein, beim ersten gilt ein Maß 9 d, beim andern 1 Maß 10 d und beim dritten 12 d. Einer bringt 12 ß [Schilling] 7 Heller. Er will diese drei Weine einer soviel haben als des andern. Wieviel muß man ihm geben? Facit 2 Maß 27/62."

JOHANN ALBERT hat gegenüber MARTIN STÖTTER eine Steigerung von drei auf sechs Getränke vorgenommen:

"Ein Wirt schickt seinen Diener nach sechserlei Getränk, gibt ihm 8 fl, heißt ihn, eins so viel zu bringen als des andern. Einbeckisch Bier gilt 1 Kandel 6 d, Landwein gilt 1 Kandel 10 d, Frankenwein gilt 1 Kandel 14 d, Rheinischen Wein gilt 1 Kandel 18 d, Klarer gilt 1 Kandel 5 gr, Malvasier 1 Kandel zu 7 gr. Nun ist die Frage, wieviel Kandel jegliches Getränks er bringen soll, und wieviel er für ein jegliches Getränk soll geben? Facit 10 Kandeln 1 Össel soviel soll er eins jeglichen Getränks bringen."

Eine Aufgabe zur Regula Falsi hat MARTIN STÖTTER in eine Reise eingekleidet, die ein Fuhrmann zur Weinbeschaffung unternimmt:

"Ein Fuhrmann fährt nach Wein, hat mit sich Geld, weißt nicht wieviel, kehrt bei einem Wirt ein, der leiht ihm den halben Teil soviel, als er vorhin hat. Davon verzehrt der Fuhrmann 2 fl. Der Fuhrmann kehrt bei einem anderen Wirt auch ein, der leiht ihm den dritten Teil soviel Gelds, als der Fuhrmann bei ihm hat. Davon verzehrt der Fuhrmann 1 1/3 fl. Dann fährt der Fuhrmann abermals zu einem Wirt, der leiht ihm 1/4 soviel Gelds, als der Fuhrmann bei ihm hat. Davon verzehrt der Fuhrmann 3 fl. Nun kauft der Fuhrmann Wein, gibt all sein Geld aus, nämlich 42 fl. Ist die Frage, wieviel der Fuhrmann erstlichs Geld mit ihm ausgeführt habe. Facit 20 fl."

Aufschlußreich und sehr realitätsnah erscheint STÖTTERs Rechenaufgabe zum Weinkauf. Hier werden die Esslinger Sitten verraten, nach denen einem Weinkunden noch zusätzliche Ausgaben für Trinkwein, Aufwechsel und Unterkauf aufgebürdet werden:

"Ein Fuhrmann kauft Wein zu Eßlingen, das Fuder pro 47 ½ fl. [Es] halten seine Fässer an der Eich daselbst das erste 1 Eimer 1 Ime 6 Maß, das andere 13 Ime 8 Maß, das dritte 1 Eimer minder 1 Maß, das vierte 11 Ime 7 Maß, das fünfte 18 Ime 3 Maß, ein kleines Fäßle hält 3 Ime 4 Maß. Und er muß 4 Maß Trinkwein bezahlen. Ist die Frage, wieviel er Wein geladen und was er um denselben schuldig wird. Und er muß auf jeden Gulden im Kauf 1 Kreuzer Aufwechsel und von je-

Mathematik und Weinkultur

> dem Eimer 1 ß Unterkauf geben. Facit: Wein geladen 5 Eimer 1 Ime 1 Maß, gibt darum 40 fl 27 ß 2 7/8 hel."

Bei dem angegebenen stolzen Preis für ein Fuder kann es sich bei dem Wein nur um den überragenden Esslinger 1547er Neckarhalde Trollinger Spätlese trocken gehandelt haben.

Den warnenden Zeigefinger vor dem Alkoholismus erhebt JOHANN ALBERT bei dieser Aufgabe:

> "Wenn einer alle Tag 8 d verzecht, wie viel hat er ein Jahr verzecht? Facit 11 fl 12 gr 4d."

Der nächsten Aufgabe muß vorausgeschickt werden, daß die Steigerung von Milchmädchen Weinmädchen oder Weinkehlchen ist. Und wie man Geld mit Wein verdienen kann und wie sich der Lübecker Rechenmeister FRANZ BRASSER (um 1520 - 1594) den Ertrag einer Rebe vorstellt, zeigt die folgende Weinkelchenrechnung in niederdeutscher Sprache:

> "Tho Coellen wanen etlike Boergers, ein yüwelick hefft so vel Wingarden alse erer syn, eyn yüwelick Wingarde hefft so vel Stöcke alse der Börgers synt, eyn yüwelick Stock hefft so vel Rancken alse der Börgers synt, eyn yüwelick Rancke hefft so vel Druven alse der Börgers synt, eyn yüwelick Druve gyfft so vel Quarteer Wins alse der Börgers syn. [Die Bürger] bringen allen Win tosamende, vinden yn alles 13 Voeder 3 Ame 18 ¼ Stoeveken, vören den Win tho Lübeck, vorköpen de Ame dar vor 18 Mrk. Js de Frage, wo vel der Boergers gewesen syn, vnde wo vel Geldes se dar vth gemaket hebben, vnde wat eynem yderen daruan thor Dele behoert. Facit der Boergers syn 5, vnde hebben vth dem Wine gemaket 1464 Mrk 13 ß 6 d, eynem yüweliken gehoert van dem Gelde 292 Mrk 15 ß 6 d."

Ein trauriges Beispiel schildert JOHANN ALBERT mit seiner Aufgabe "Weinfaß mit 3 Zapfen":

> "Ein Faß hält 316 Eimer Wein, hat 3 Zapfen. Und wenn der erste Zapfen allein gezogen würd, lieff der Wein aus in 1 Tagen und Nacht. Zug man aber den andern, so lief er aus in 3 Tagen und Nacht. Wo aber der dritt Zapfen zogen würd, lief er aus in 4 Tagen und Nacht. Nu wird begehrt zu wissen, wenn alle 3 Zapfen zu gleich zogen würden, in wieviel Tagen er auslief und wieviel Eimer durch ein jeglich Zapfloch in Sonderheit ging? Facit in 12/13 Theil eins Tags und Nachts, oder in 22 Stunden 9 Minuten 3/13 Theil, in solcher Zeit lief er aus."

JOHANNES WIDMANN (um 1460 - nach 1505) bringt eine ähnliche Aufgabe. Bei ihm war der Faßinhalt glücklicherweise nur Wasser.

Ein Beispiel für die Emanzipation im Mittelalter stellt diese Aufgabe dar, die REINER GEMMA FRISIUS (1508 - 1555) in seinem Rechenbuch in lateinischer Sprache wiedergibt:

> "Potator quidam solus exhaurit cadum vini in 20 diebus, verum si uxor eum iuverit servata proportione bibendi 14 diebus vini tantundem absumunt, quanto ergo tempore sola uxor totum vas exhauriet?" ("Ein Trinker leert einen Krug Wein in 20 Tagen, aber wenn seine Ehefrau ihm hilft, wobei das Verhältnis des Trinkens beibehalten wird, verbrauchen sie ebensoviel Wein in 14 Tagen. In welcher Zeit wird die Gattin allein das ganze Gefäß austrinken?")

Weit gefächert sind Aufgaben, die mit Umfüllen, Verdünnen und Panschen zu tun haben. Begonnen wird mit einer neuzeitlichen Verständnisaufgabe, die meist etwa so formuliert ist:

> "Ein Glas wird mit Rotwein gefüllt und ein zweites gleich großes Glas mit Wasser. Ein Löffel Rotwein wird vom Rotweinglas ins Wasserglas gegeben und gut umgerührt. Von dieser Mischung wird nun ein gleich großer Löffel ins Rotweinglas zurückgebracht. Ist nun mehr Wasser im ursprünglichen Rotweinglas oder mehr Rotwein im Wasserglas?"

Diese Aufgabe läßt sich mit gesundem Menschenverstand lösen, man kann auch physikalische Experimente durchführen, und vor allem kann man trefflich streiten, um schließlich mit irgendwelchen angenommenen Zahlen, mit möglichst vielen Variablen oder mit Zeichnungen die Aufgabe endgültig zu lösen.

Die folgende Aufgabe kann man durch intelligentes Probieren lösen, man kann aber auch graphentheoretische Überlegungen anstellen:

> "Man hat drei Weingefäße mit Fassungsvermögen von 8, 5 und 3 Liter. Das Gefäß mit 8 l [8 Liter] ist voll, die beiden anderen sind leer. Wie muß man umfüllen, daß sich im ersten und im zweiten Gefäß je 4 l befinden?"

In graphentheoretischer Schreibweise bringt GEORGES BRUNEL (1856 - 1900) als kürzeste von 16 angegebenen Lösungen (8 0 0, 3 5 0, 3 2 3, 6 2 0, 6 0 2, 1 5 2, 1 4 3, 4 4 0) mit sieben Umfüllungen.

JOHANNES WIDMANN bringt eine solche Aufgabe als krönenden Abschluß seines Rechenbuches von 1489:

> "Einer hat einen Knecht, den schickt er mit einer Flaschen nach Wein, da gehen 14 Kandel ein. Nun begegnen ein und demselben Knecht (der die Flasche mit 14 Kandel gefüllt hat) mit zwei Flaschen, in die eine gehen 5 Kandel und in die ander 3 Kandel. Und bittet, daß keiner sein Wein mit ihm teile, also daß er nicht ledig seinem Herren heim komme, wenn man desselbigen Weins nicht mehr in dem Weinkeller gehabt hat. Nun ist die Frage, wie sie den Wein an alle andere Mal dann die Flaschen geteilt haben. Facit in der Flaschen mit 5 Kandeln 5 und in der mit 3 Kandeln 2 Kandel und in der mit 14 Kandel 7 Kandel und ist recht."

Eine Lösung ist (14 0 0, 9 5 0, 9 2 3, 12 2 0, 12 0 2, 7 5 2).

In mathematischen Aufgabensammlungen aus dem ausgehenden Mittelalter ist diese Aufgabe erwähnt:

> "Es sollen neun Fässer Wein des Inhalts 1, 2, 3, ..., 9 Maß gleichmäßig an drei Personen verteilt werden. Die Lösung lautet: A erhält die Fässer 1, 5, 9; B 2, 6, 7; C 3, 4, 8."

In den bereits erwähnten Aufgaben, die ALKUIN zugeschrieben werden, ist eine halbwegs lösbare Aufgabe aufgeführt:

> "Ein Vater liegt im Sterben und hinterläßt seinen vier Söhnen vier Fässer Wein. Im ersten Faß waren 40 Modia, im zweiten 30, im dritten 20 und im vierten 10. Er ruft seinen Hausverwalter und sagt: Diese Fässer mit dem darin befindlichen Wein verteile unter meine vier Söhne so, daß jeder gleichviel Wein und gleichviele Fässer erhält. Sage, wer es versteht, wie es zu verteilen ist, damit alle gleichviel erhalten können."

Als Lösung wird verkündet:

> "Es kommen für jeden Sohn 25 Modia heraus, für zwei zusammen 50. Im ersten Faß sind 40 Modia, im vierten 10. Diese zusammen ergeben 50. Dies gib zwei Söhnen. Ebenso fasse die 30 und 20 Modia zusammen, die im zweiten und dritten Faß waren; es sind 50. Diese gib den beiden anderen Söhnen, so wird jeder 25 Modia haben."

Diese Lösung läßt das Problem offen, wie sich jeweils zwei Söhne einigen.

Eine grausige Weinpanscherei hat in Ingolstadt mit fünf Weinsorten stattgefunden, wie PETER APIAN (1495 - 1552) berichtet:

"Einer hat fünferlei Wein. Des ersten gilt 1 Maß 4 d, des andern 1 Maß 8 d, des dritten 11 d, des vierten 1 Maß 14 und des fünften 1 Maß 16 d. Daraus will er mischen zweierlei Wein in zwei Fässer. Das eine Faß hält 3 Eimer 37 Maß, soll die Maß gelten 9 d. Das ander Faß hält 5 Eimer 48 Maß, soll 1 Maß wert sein 13 d. Ist die Frage, wieviel muß er jedlichs Weins tun in ein jedlich Faß."

Den Preisen nach werden ein Tischwein, ein Qualitätswein, ein Kabinett, eine Spätlese und eine Trockenbeerenauslese gemischt. Diese Brühe ist nach Meinung des Autors gar nichts mehr wert. APIAN löst das Problem auf elegante Weise und gibt für das erste Faß zwei verschiedene Lösungen an. Einerseits nimmt er von den fünf Sorten der Reihe nach 7, 7, 1, 1 und 5 Teile, andererseits bietet er die Lösung mit 5, 9, 1, 5 und 1 Teil an. Für das zweite Faß zeigt APIAN die Lösung mit 3, 1, 1, 7 und 9 Teilen an.

Noch schlimmer erscheint bei JOHANN WEBER (um 1530 - 1595) in Erfurt die Nachfüllerei mit billigerem Wein und das zu Firnewein, was ein alter abgelagerter Wein mit Dunkelfärbung ist:

"Einer hat ein Fäßlein guten alten Firnewein, des ein Viertel 20 d wert ist. Das hält 10 Viertel. Nun hat er einen andern geringern Wein, welches ein Viertel 8 d wert ist. [Er] läßt aus erstgedachtem Fäßlein täglich ein Viertel und füllet es jedesmal wieder mit dem geringen, treibt solches Lassen und Füllen 8 Tage lang an. Ist nun die Frage, wie viel nach solchem ein Viertel Weins wert sei? Facit 13 4140163/25000000 d."

In Lübeck füllt FRANZ BRASSER mit Wasser nach. Zur Strafe ist das Ergebnis fürchterlich falsch:

"Einer hat eine Flasche. Darin sind 7 Viertel Wein. Daraus gießt er ein Viertel Wein aus und gießt darein ein Viertel Wasser wieder ein. Das tut er 7 mal. Ist die Frage, wieviel Wein und Wasser jeweils noch in der Flasche sei. Facit des Weins ist 6/7 eines Viertels, und des Wassers 6 1/7 Viertel."

JOHANNES JUNGE (geb. um 1550) verfeinerte die Kunst des Mischens und Wässerns. Erst mischte er vier Fässer Wein durch und gab dann noch Wasser dazu. Auch bei ihm stimmt das Ergebnis nicht:

"Einer kauft 4 Fässer mit Wein, [diese] halten 4, 5, 6, 7 Fuder, kosten zu 29, 30, 31, 32 fl, mischt diese durcheinander. [Er] will haben, 1 Fuder soll 29 ½ fl wert sein. Wie viel Wassers muß er darunter mischen?"

Er verrechnet sich zu seinen Gunsten, erhält für seine Weinmischung mit 3 fl zuviel pro Fuder einen zu großen Preis und gießt daher mehr Wasser dazu. Oder verwirrte diese Aufgabe den Buchdrucker JOHANN BALHORN D. Ä. (um 1500 - 1573) so sehr, daß er die Zahlen total verballhornte?

Ausgerechnet in seinem Schulbuch für anfangende Schüler bringt FRANZ BRASSER folgende Aufgabe:

"Ein Weinschenk hat 1 Faß Wein, das kostet 72 fl 22 ß. Wenn er das Viertel darvon verkauft für 2 ß, so gewänne er an allem Wein 7 fl 2 ß. Nun wird ihm geboten, das Viertel für 18 d zu geben. Ist die Frage, wie viel Wasser er unter den Wein mengen muß, daß er daran nicht gewinne oder verliere, und wie viel des Weins gewesen sei. Facit des Weines ist gewesen 6 Ame, und [er] muß darunter mengen 206 2/3 Viertel Wasser."

Damit besteht die Mischung zu 17,7 % aus Wasser!

In Bamberg werden eindeutig Weinschorle hergestellt bei dieser Menge von Wasser. Eine Bamberger Handschrift enthält gleich zwei solche den Frankenwein schädigende Aufgaben:

"Einer kauft 32 Eimer Weines, je 1 Eimer um 16 gr. Nun will er wissen, wie viel Wasser er darein soll tun, daß 1 Eimer komme pro 9 gr? Facit 24 Eimer 8/9 Wasser."

"Item 23 Maß Wein, zu 5 d 1 Maß, und ich will ihn ausschenken zu 3 d. Wie viel muß ich Wasser darein tun, daß ich nicht Gewinn noch Verlust? Facit 15 Maß 1/3."

Dem Zugießen von Wasser zur Vermeidung eines Verlustes scheint nicht der Geruch des Außergewöhnlichen anzuhaften, denn dieser Aufgabentyp war weit verbreitet. Dem Autor sind weitere ähnliche Beispiele bekannt. Die zweite Aufgabe aus der Bamberger Handschrift läßt sich direkt zurückführen auf eine Aufgabe im Algorismus Ratisbonensis. Ebenfalls eine solche Aufgabe erwähnt GEORG WENDLER (1619 - 1688) in Nürnberg. Und am 26.6. 1672 wurde die folgende Aufgabe in Öhringen als Prüfungsfrage an sich bewerbende Schul- und Rechenmeister gestellt:

"Es will ein Wirt 3 Eimer Wein ausschenken, und will die Maß pro 21 d geben. Nun wird ihm von der Herrschafft auferlegt, die Maß nur pro 18 d zu geben; ist nun die Frag, wieviel er Wasser zu gießen muß, wann er sein obiges Geld lösen will. Facit 12 Maß."

5. Literatur

Die Rechenaufgaben, die zum Thema Wein beschrieben wurden, sind folgenden Rechenbüchern und Handschriften entnommen. Auf eine seitengenaue Zitierung wird verzichtet:

ALBERT (ALBRECHT), JOHANN: Rechenbüchlein auff der linien, dem einfeltigen gemeinen man odder leien vnd jungen anhebenden liebhabern der Arithmetice zu gut, Georg Rhaw, Wittenberg 1534.

APIAN, PETER: Eyn Newe vnnd wolgegründte vnderweysung aller Kauffmanß Rechnung, Georg Apian, Ingolstadt 1527.

BRASSER, FRANZ: Eyn nye vnde Nuetsam Reckensboeck vor de anfangenden schoelers, Johann Balhorn, 2. Auflage Lübeck 1556.

BRUNEL GEORGES: Analysis situs, Recherches sur les réseaux, Mém. Soc. des sciences physiques et naturelles de Bordeaux (4) 5 (1895), 165 - 215.

FOLKERTS, MENSO: Mathematische Aufgabensammlungen aus dem ausgehenden Mittelalter, Sudhoffs Archiv, Band 55, 1971, Heft 1, 58 - 75.

FOLKERTS, MENSO, GERICKE, HELMUTH: Die Alkuin zugeschriebenen Propositiones ad acuendos iuvenes (Aufgaben zur Schärfung des Geistes der Jugend), in: P.L.Butzer, D.Lohrmann: Science in western and eastern civilization in Carolingian times, Birkhäuser Verlag Basel 1993, 283-362.

FRISIUS, REINERUS GEMMA: Arithmeticae practicae Methodus facilis, Gregorius Bontius, Antwerpen 1540.

GROPP, HARALD: "Réseaux réguliers" or regular graphs - Georges Brunel as a French pioneer in graph theory, demnächst veröffentlicht.

JUNG, JOHANNES: Rechenbuch auff den Ziffern vnd Linien, Lübeck 1578.

HOHENLOHE-ZENTRALARCHIV NEUENSTEIN: Schulprotokolle der Stadt Öhringen, 26.6.1672.

RIES, ADAM: Rechenung nach der lenge, auff den Linihen und Feder, Jakob Berwald, Leipzig 1550.

SCHRÖDER, EBERHARD: Ein mathematisches Manuskript aus dem 15. Jahrhundert: Staatsbibliothek Bamberg, Handschrift aus Inc. Typ. Ic I 44, Algorismus, H. 16, , Münchner Universitätsschriften, Institut für Geschichte der Naturwissenschaften, München 1995.

SPINDLER, NICOLAUS: Experiment: Gewisse, rechte vnd bewärte erfahrung allerhand Artzney, Georg Rab, Sigmund Feyrabend und Weygand Hanen Erben, Frankfurt / Main 1556.

STÖTTER, MARTIN: Ein schoen nutzlich Rechenbuechlin auff allerlei kauffmans rechnung, Ulrich Morhart, Tübingen 1552.

VOGEL, KURT: Die Practica des Algorismus Ratisbonensis, C. H. Beck'sche Verlagsbuchhandlung, München 1954.

WEBER, JOHANN: Ein New Künstlich vnd wolgegründt Rechenbuch Auff den Linien vnd Ziffern, Jakob Berwalds Erben, Leipzig 1583.

WENDLER, GEORG: Bayerische Staatsbibliothek München, Cgm 3788, Nürnberg 1646.

WIDMANN, JOHANNES: Behende vnd hubsche Rechenung auff allen kauffmanschafft, Konrad Kachelofen, Leipzig 1489.

Prof. Ulrich Reich, Fachhochschule Karlsruhe - Hochschule für Technik, Fachbereich Wirtschaftsinformatik, Moltkestr. 30, D-76133 Karlsruhe

Johann Weber
Rechenmeister und Bürger zu Erfurt

Manfred Weidauer

Vorbemerkungen

Die Beschäftigung mit mathematischen Schriften des späten Mittelalters und ihren Autoren führt mehrfach zum Namen JOHANN WEBER. Nürnberg war bereits im 16. Jahrhundert eine bedeutende Stadt in unserem Sprachraum und beherbergte viele noch heute bedeutende deutsche Persönlichkeiten.

Dazu gehören auch JOHANN NEUDÖRFFER der Ältere (1497-1563), der besonders als Schreibmeister bekannt wurde. Autoren, wie zum Beispiel DOPPELMAYR [Doppelmayr, S. 201], die über NEUDÖRFFER und seine Zeit berichten, heben seine Wirkung und die seiner Schüler hervor. Zu den Schülern, die ihr Können in andere Städte trugen, gehört JOHANN WEBER, der sich nach seiner Ausbildung in Nürnberg in Erfurt niederließ.

Studiert man in Erfurt die dort vorliegenden Rechenbücher von ADAM RIES (1492-1559), findet der Leser umfangreiche handschriftliche Eintragungen im RIES-Rechenbuch von 1558 [Ries, Vorblatt, Anhang]. Der Ortschronist für Erfurt, KARL HERRMANN, fand diese Zusammenhänge bereits 1863 heraus [Herrmann, S. 334]. Die Erkenntnis von Herrrmann wurde ermöglicht, weil ihm eine umfangreiche Handschrift mathematischen Inhalts, die Brotordnung, aus dem Stadtarchiv Erfurt vorlag.

Mit der wissenschaftlichen Bearbeitung der Leistungen JOHANN WEBERs beschäftigte sich bisher niemand. So war der Geburtsstadt Stadtsteinach in Franken auch nicht bekannt, daß aus ihren Mauern eine so bedeutende Person hervorgegangen ist. WEBER selbst blieb seiner Heimat stets verbunden. Er widmete sein Hauptwerk seinem Erzbischof in Bamberg aus Heimatverbundenheit [Weber 2, Blatt aij, <biiijR>].

Zu den Schriften des Rechenmeister

Die Recherchen zu den Werken von JOHANN WEBER werden heute dadurch erschwert, da der Name sehr häufig vorkommt. Viele Personen gleichen Namens aus der gleichen Zeit wurden allerdings durch theologische Schriften überliefert. Für den Rechenmeister JOHANN WEBER mit seiner Wirkungsstätte Erfurt lassen sich drei Schriften nachweisen.

Erste Schrift:

> Gerechnet Rechenbüchlein:
>
> Auff Erffurdi-
> schen Weit / Tranck / Cent-
> ner / Stein vnd Pfund kauf / Bene
> ben einer sehr nützlichen Rechnung / was nach
> dem Stück / als Elen / Maß / etc. kaufft oder
> verkaufft wird / Auch eine sehr schöne Wech=
> sel Rechnung / auf die viererley Müntz / der
> Taler / Gulden / Gute Schock vnd Lawen
> Schock gericht ... Menniglich zu
> Gutem zusamen bracht / vnd jtzt
> In Druck vorfertiget.
> Durch
> Johan Weber / Rechenmeister
> vnd Bürger zu Erffurd
> M. D. LXXXIII.

Gedruckt in Erfurt bei Esaiam Mechler.

Fundorte: Erfurt, Stadtarchiv - zwei Exemplare; Wolfenbüttel, Herzog August Bibliothek

Bemerkungen: VD 16 führte das Exemplar aus Wolfenbüttel an (W1330).

Ars Mercatoria zitierte MURHARD und SMITH (W3.1, W3.2 W3.4):

SMITH [Smith, S. 338] und MURHARD [Murhard, S. 157] vermuteten jeweils eine Auflage von 1570.

MURHARD vermutete eine Auflage von 1601.

Zweite Schrift (Hauptwerk):

Ein New // Kuenstlich vnd Wol = // gegruendt Rechenbuch // Auff den Linien vnd Ziffern / von // vielen nuetzlichen Regeln / zu allerley Handthi= // runge / Gewerben vnd Kauffmanschlag dienstlichen / // neben vielen andern dingen / so hiebevorn // nicht gesehen worden. // Darinnen auch gruendtlichen dargethan vnd // angezeigt wird wie man Radicem Quadratam vnd Cubicam // extrahirn sol / mit angehenckten Exempeln. Dessgleichen ein vollkom= // mener Bericht der Regula Falsi darinnen gelert wird / wie vnd auff was wege alle // Fragen der gantzen Coss Christoff Rudolffs (so wol von Binomischen vnd Residui- // schen Zahlen / als von Irrational vnd Rational Zalen) durch Regulam Falsi rnoegen // resoluirt vnnd auffgeloest werden. Alles nach notturfft in Frage vnnd Antworts // weise gestellet / sampt angehefften Demonstrationen. Beneben etlichen vberaus // gantz schoenen vnd kuenstlichen gehandelten Wortrechnungen. Dermassen vor= // mals weder in Lateinischer noch Deutscher sprach nicht aussgegangen / // mit sondern fleis zusammen bracht vnserm gemeinen Va= // terland vnd allen Liebhabern dieser Kunst zu // nutz in Druck verfertiget.

Durch

Johann Weber von StadtSteinach / Rechen- / meister
vnd Bürger zu Erffordt.

Gedruckt in Leipzig bei Jakob Bärwald Erben, 1583

Fundorte: Coburg, Landesbibliothek; Augsburg, Universitätsbibliothek; Augsburg, Staats- und Stadtbibliothek; Dresden, Universitäts- und Landesbibliothek; Leipzig, Universitätsbibliothek; Lübeck, Stadtbibliothek; Münster, Universitäts- und Landsbibliothek; Trier, Stadtbibliothek; Michigan, Universitätsbibliothek; Ann Arbor; Wien, Nationalbibliothek

Bemerkungen: VD 16 nannte Standort Landesbibliothek Coburg (W1331, W1332). Ars Mercatoria nannte Standort Universitätsbibliothek Augsburg (W3.3).

Dritte Schrift:

Kurtz Bedenken. Wie vnd aus was grün-// de, eine bestendige vnnd immer- // werende Becken Ordnung / auff Erffurdischen Brodkauffe / kann gemacht vnnd angestellte werden.

Darinnen angezeigt wird / Wenn das Viertel schön Korn oder Weitzen / umb einen groschen auff oder abschleckt / Wieviel pfundt guter vnd wolauß=// gebackenes Brods für einen gr. sechs oder drey pfennig / beydes am weissen gut vnd anderm Brod können gegeben werden.

Auff anordnungen vnd sonderlichen bitte Eines Ehrwürdigsten, Achtbaren vnnd hochwürdigsten Rahts / dieser löblichen Stadt Erffurdt / ge=// meinen Nutz zugutem. Verfertiget

Durch

Johannen Webern von Stadt Steinach / Publicum Notariumi
Rechenmeistern vnnd Bürgern zu Erffurdt / Anno 1592.

Handschriftlich, 37 Seiten
Fundort: Erfurt, Stadtarchiv
Nachweis: [Herrmann, S. 334]

Unklar bleibt eine Auflage der ersten Schrift, die nach MURHARD und SMITH bereits 1570 herausgegeben worden sei. MURHARD schreibt JOHANN WEBER sogar eine Auflage im Jahre 1601 zu. Hier könnte ein Zusammenhang zu einer Veröffentlichung von E. WEBER / J.A. WEBER "Artihmetica oder Rechenbuch in schönen und nützlichen Exempeln darin auch mancherlei Gewicht und Münzsorten erklärt werden", St. Gallen 1601 zu finden sein, die unter anderem im "Tresor de Livres Rares et Précieux ... von GRAESSE [Graesse, S. 426] aufgeführt wird. Es ließ sich bisher kein Beleg finden für die Verwendung eines weiteren oder anderen Vornamens.

Der Autor hofft auf korrigierende und ergänzende Hinweise zu den Schriften von JOHANN WEBER - Rechenmeister und Notar zu Erfurt.

Zur Einordnung der Persönlichkeit in seine Zeit

Mit Gewißheit läßt sich feststellen, JOHANN WEBER war seit dem Jahre 1560 Bürger von Erfurt. Bei den Eintragungen in seine Bücher und andere Schriften nannte er sich Rechenmeister und Notar. Aus der Zuordnung als Schüler des berühmten Schreibmeister JOHANN NEUDÖRFFER des Älteren entsteht die Vermutung, WEBER führte in Erfurt eine Schreib- und Rechenschule.

Es ist allerdings heute nicht nachweisbar, wann er seine Ausbildung in Nürnberg absolvierte. Aus dem Rückschluß des Tätigkeitsbeginns in Erfurt und den damals üblichen Schul- und Ausbildungszeiten könnte sein Geburtsjahr um 1530 sein. Für diese Zeit findet man Bürger gleichen Namens in Stadtsteinach, ein direkter Nachweis zum späteren Rechenmeister fehlt noch. Die bekannten Informationen zu WEBER zeigt die Übersicht 1.

ca. 1530	geboren, Stadtsteinach (Oberfranken)
	Ausbildung bei JOHANN NEUDÖRFFER dem Älteren (1497-1563)
	Zitiert nach [Doppelmayr], [Murhard]
1560	Bürgerrecht in Erfurt, Rechenmeister und Notar
1583	Gerechnet Rechenbüchlein: auff Erfurdt//schen Weit / Tranck / Eim//er/Stein vnd Pfund kauff ...
	Gedruckt bei Esaiam Mechlern 1583 in Erfurt (fertiggestellt am 24. Oktober 1582)
	SCHEIBEL [Scheibel, S.55] nannte eine Auflage von 1570, die auch bei MURHARD und SMITH zitiert wurden. MURHARD vermutete eine Auflage von 1601.
1583	Ein New // Kunstlich vnd Wol= // gerundt Rechenbuch/ // Auff den Linien vnd und Ziffern ... Durch Johann Weber von Stadt Steinach / Rechen= // meister vnd Buerger zu Erffordt. //
	S. 252: "Gedruckt zu Leipzig / durch Jacob // Berwaldts Erben. Jn verlegung // Jacob Apel. ANNO M.D.LXXXIII. //"
1585	Er bestätigte eine Urkunde als Notar mit Wappen im Siegel.
1587	Für das Gartengrundstück Nr. 15 am "Haus zur Hummel", Martinsgasse 12 die Steuern bezahlt.
1592	Brotordnung für die Bäcker von Erfurt fertiggestellt, Handschrift, Stadtarchiv Erfurt
1595	Am 21. November gestorben, Sterberegister der Predigergemeinde Erfurt

Übersicht: 1 Leben und Werk

In der Predigergemeinde zu Erfurt scheint WEBER ein aktives Mitglied gewesen zu sein. Noch heute besitzt diese Gemeinde Schriften zur Kirchengeschichte und zum Kirchenrecht aus dem persönlichen Besitz des Rechenmeisters. Dank dieser Zufälle können wir heute auch die Rechenmeister-Geschichte in Erfurt erheblich vervollkommnen. Eines dieser Bücher vererbte im Jahre 1564 NIKOLAUS FELNER (gest. 1564) an JOHANN WEBER, so notierte es WEBER im Buch. Daraus läßt sich folgern, vor WEBER oder bis 1564 war NIKOLAUS FELNER Rechenmeister in Erfurt. Von FELNER gibt es ein 1535 verfaßtes Rechenbuch. Er ließ darin das Privileg vom Erfurter Stadtrat drucken, daß in Erfurt drei Jahre niemand das Rechenbuch drucken durfte. Es war ebenfalls verboten, außerhalb Erfurts gedruckte Exemplare in Erfurt zu verkaufen [Felner, Blatt k].

NORBERT HUTH sah in seinen Untersuchungen die Ursache solcher Forderungen in den schwierigen Arbeits- und Lebensbedingungen der Rechenmeister zur Mitte des 16. Jahrhunderts [Huth, S. 64]. WEBER besaß aber auch ein Exemplar eines Rechenbuches von ADAM RIES [Ries 1558]. Vermutlich nutzte er die Schrift, um sich auf die Tätigkeit als Rechenmeister vorzubereiten. Nachweislich 1583 veröffentlichte WEBER zwei Schriften.

In zeitlicher Reihenfolge kennen wir in Erfurt die Rechenmeister:

ADAM RIES:	ca. 1518 bis ca. 1523
NIKOLAUS FELNER:	ca. 1530 bis ca. 1560
JOHANN WEBER:	ca. 1560 bis ca. 1595

JOHANN WEBER kannte die Schriften zeitgenössischer Rechenmeister. Er beschäftigte sich mit der Wortrechnung und formulierte eine Aufgabengruppe mit

" ... willst du wissen, wann Herr ... das Rechenbuch in Druck gegangen ..."
Dabei gilt es das Druckjahr die Schriften der folgenden Rechenmeister zu finden:

PETER APIAN (1495-15529)

NIKOLAI WERNER (geb. 1520)

SIMON JACOB (erste Arithmetik)

SIMON JACOB (großes Rechenbuch)

An anderer Stelle schrieb WEBER, "eine Aufgabe von meinem guten Freund CASPAR MÜLLER aus St. Annaberg anno 1562" gerechnet.

In seinem Rechenbuch zitierte WEBER weitere Autoren, die Übersicht 2 nennt auch die Formulierungen dazu.

Abbildung 1

JOHANN WEBER "Ein New Kunstlich vnd wohlgegrundt Rechenbuch". Leipzig 1583. Titel

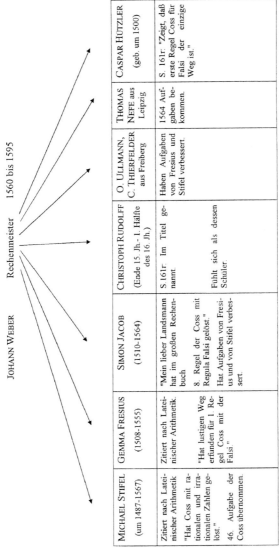

Übersicht 2 *Verweise im Rechenbuch von Johann Weber*

Zum Inhalt des Rechenbuches

Inhaltsübersicht: Blatt-Nummer

1. Rechnen mit natürlichen Zahlen 1
- Spezies auf den Linien 1
    Numerieren
    Addition und Subtraktion
    Duplizieren und Medieren
    Multiplikation und Division
- Spezies mit der Feder 11
    Addition und Subtraktion
    Multiplikation und Division
        Probe der Spezies 16
        Progression 19
            arithmetisch, geometrisch, harmonisch
- Regel Detri 25
    " ... für junge Schüler für Erfurter Münze ... "

2. Rechnen mit Brüchen 34
    Einführung, Begriffe 34
    Addition und Subtraktion 40
    Multiplikation und Division
    Regel Detri

1. Teil Übungen 56
    Vom Tara
    Münz, Maß und Gewicht
    Regel Detri in verschiedensten Formen

2. Teil Übungen 67
    Überkreuzmultiplizieren
    Zinsrechnung
    Wechselrechnung
    Gesellschaftsrechnung
    Gewinn und Verlust

Stich-Rechnung
Silber- und Goldrechnung
Münzschlag
Berechnen von Quadrat- und Kubikwurzel

Erklärungen und Beispiele zu den acht Regeln der Coß 161

3. Teil Übungen 226

160 numerierte Aufgaben, am Ende fünf Aufgaben zur Wortrechnung: " ... so in etlicher fürnemer Rechenmeister außgegangnen Rechenbüchern ... berurte Bücher in Druck gegeben worden sind."

Übersicht zu den Münzen, Maßen und Gewichten 250

Schlußwort " ... an den Leser." 251

Collofon 252

Mit diesem Inhalt orientierte sich WEBER an der Arbeitsweise vieler Rechenmeister. Neu ist die ausführliche Behandlung zur Zinsrechnung.

Er verspricht eine Behandlung mittels der Coss, davon ist im Konkreten nichts zu lesen. Es bleibt bei der Nennung der acht cossischen Regeln.

Zu den interessanten Aufgaben zählen unter anderem die bereits erwähnten Beispiele der Wortrechnung. Der Bezug zu seinem Tätigkeitsort Erfurt wird vielfach spürbar. Neben der Auswahl der Münzeinheiten und der Maße stellte er gleich an zwei Stellen in Prosaform die Aufgabe zur Berechnung des Gewichtes der größten Glocke des Erfurter Domes.

Literatur

Ars Mercatoria: Handbücher und Traktate für den Gebrauch des Kaufmanns, 1470 - 1820. Band 2. Paderborn 1991

DOPPELMAYR, JOHANN GABRIEL: Historische Nachricht von den Nürnbergischen Mathematicis und Künstlern ... Nürnberg 1730

FELNER, NIKOLAUS: Ein new behenndes unnd gantz gründtlichs rechenbuchlin auff den linien unnd federn ... Erfurt? 1535

GRAESSE, JAN GEORGES TH.: Tresor de Livres Rares et Précieux ... Dresden, Genf, London, Paris 1876

HERRMANN, KARL: Bibliotheca Erfurtina. Erfurt 1863

HUTH, ROBERT: Die Beziehungen des Rechenmeisters Adam Riese zu Erfurt. In: Der Pflüger Erfurt 1927. S. 57-65

MURHARD, FR. WILH. AUG.: Literatur der mathematischen Wissenschaften. Band 1. Leipzig 1797

RIES, ADAM: Rechenbuch / Auf Lini = || en vnd Ziphren ... Frankfurt 1558

SCHEIBEL, JOH. EPHR.: Einleitung zur mathematischen Bücherkentnis. Zwölftes Stück. Breslau 1781

SMITH, DAVID EUGENE: Rara Arithmetica. New York 1970

Verzeichnis der im deutschen Sprachraum erschienenen Drucke des XVI. Jahrhunderts: VD 16. Band 2. Stuttgart 1984

Manfred Weidauer, Frohndorfer Str. 22, D-99610 Sömmerda,
email: manfred@weidauer.de

Das Leben Fermats

Klaus Barner

In diesem Jahr, meine Damen und Herren, wird nicht nur in Frankreich der vierhundertste Geburtstag PIERRE DE FERMATs, des großen französischen Mathematikers des siebzehnten Jahrhunderts, gefeiert. Das beruht jedoch auf einem Irrtum. FERMAT wurde im Jahre 1607 oder Anfang Januar 1608 in Beaumont-de-Lomagne als Sohn des reichen Großhändlers und Fabrikanten DOMINIQUE FERMAT geboren. Seine Mutter, CLAIRE DE LONG entstammt einer adligen Juristenfamilie. Damit sind die Feiern und Konferenzen zu FERMATs vierhundertstem Geburtstag, streng genommen, hinfällig. Aber wir wollen nicht päpstlicher sein als der Papst und uns den Feiern zu FERMATs rundem Geburtstag anschließen, indem wir über FERMATs wenig bekanntes privates und berufliches Leben berichten.

Die Familie FERMAT scheint in der zweiten Hälfte des 15. Jahrhunderts aus Katalonien nach Beaumont-de-Lomagne, einem befestigten Dorf mit Marktrecht, ca. 55 km nordwestlich von Toulouse, eingewandert zu sein. PIERRE DE FERMATs Großvater ANTHOINE FERMAT betrieb dort im 16. Jahrhundert einen Eisenwarenhandel, der ihm ein bescheidenes Vermögen einbrachte, welches er seinen beiden Söhnen DOMINIQUE (aus erster Ehe, FERMATs Vater) und PIERRE (aus dritter Ehe, FERMATs Taufpate) vererbte. Beide Söhne mehrten das Erbe ihres Vaters nach Kräften, wobei der ältere, DOMINIQUE, PIERRE DE FERMATs Vater, besonders erfolgreich war. Als Kaufmann, der mit Italien, Spanien und England einen Großhandel in Leder und mit zwei Kompagnons eine florierende Kalkfabrik betrieb, brachte er es zu erheblichem Wohlstand. Seine Gewinne legte er in zahlreichen Bauernhöfen und Grundstücken an, die er auf "*metairie*"-Basis verpachtete. Durch seine Heirat mit der Adligen CLAIRE DE LONG, die sein gestiegenes Ansehen widerspiegelt, eröffnete er einem seiner Söhne, sei es PIERRE oder sei es CLÉMENT, den Zugang zur "*noblesse de robe*".

Offenbar wurde der soziale Aufstieg der Familie FERMAT in die *noblesse de robe* sorgfältig und von langer Hand geplant. *De facto* bestand der einzige Weg dahin darin, das Amt eines (Parlaments-)Rats ("*conseiller*") an

einem der obersten Gerichtshöfe ("*cour de parlement*") der französischen Provinz, etwa in Toulouse oder Bordeaux, zu kaufen, ein zwar schon im *Ancient Régime* umstrittener, aber völlig legaler, im 16. Jahrhundert von der Krone aus Geldmangel eingeführter Brauch. Voraussetzung dafür war nicht nur ein respektables Vermögen, es mußten auch entsprechende Qualifikationen erworben werden: ein mindestens mit dem *baccalaureus (juris civilis)* abgeschlossenes dreijähriges Studium sowie eine mindestens vierjährige Praxis als Anwalt an einem der obersten Gerichtshöfe. Ferner mußte ein geeignetes Amt zum Verkauf stehen, und es bedurfte der Fürsprache von Mitgliedern des jeweiligen *parlements,* also handfester Patronage. Am Schluß fand dann noch eine juristische Aufnahmeprüfung statt, die nicht jeder Interessent bestand.

Seine Schulzeit verbrachte PIERRE FERMAT in seiner Heimatstadt bei den *Frères Mineurs Cordeliers*. Das waren Franziskaner, welche sich um 1515 in Beaumont niedergelassen und eine sehr anspruchsvolle Lateinschule gegründet hatten, in der neben Latein, Italienisch und Katalanisch auch Altgriechisch gelehrt wurde, für einen kleinen Ort mit ca. 4000 Einwohnern damals ganz außergewöhnlich. Für PIERRE, der 1623 mit 16 Jahren die Schule verließ, waren seine guten Kenntnisse der Alten Sprachen eine entscheidende Voraussetzung für sein Studium in Orléans.

Die Wahl dieses Studienortes läßt sich gut begründen. Die Stadt an der Loire besaß eine alte und berühmte Fakultät für Zivilrecht, deren weit über Frankreich hinaus reichender Ruf Studenten aus allen Teilen Europas anlockte. Diese kamen vor allem aus Schottland, den Niederlanden und der Schweiz sowie aus deutschen Landen, wobei aus letzteren vor allem Studenten lutherischer Konfession einen hohen Anteil ausmachten. Im 16. Jahrhundert hatte sich Orléans neben Bourges als Hochburg der humanistischen Rechtslehre einen Namen gemacht. In dieser spielte der philologisch-kritische Rückgang auf die antiken Ursprünge und Quellen des römischen Rechts, vor allem natürlich auf JUSTINIAN, eine zentrale Rolle. Eine sichere Beherrschung des Lateinischen, aber auch des Griechischen war eine unabdingbare Voraussetzung für diese Studien. Die Alten Sprachen wurden daher in der Artistenfakultät von Orléans auch noch im 17. Jahrhundert besonders gepflegt. Ein Bakkalaureat von Orléans verschaffte einem jungen Juristen zweifellos ein erhebliches Renommée.

Im August 1626 (vermutlich) legte PIERRE FERMAT in Orléans seine Prüfungen ab. Danach suchte er seinen Vater DOMINIQUE in Beaumont auf und

Das Leben Fermats

legte ihm die Urkunde über die erfolgreich bestandene Prüfung zum *baccalaureus juris civilis* vor. Noch im September 1626 schrieb DOMINIQUE FERMAT sein Testament, in dem er bei Abfindung des jüngeren Sohnes CLÉMENT und unter Festsetzung der Mitgift für seine Töchter LOUISE und MARIE - seinen älteren Sohn PIERRE zum Universalerben einsetzte.

Im Oktober 1626 begab sich PIERRE FERMAT nach Bordeaux und ließ sich im November von der *Grand'Chambre des parlement de Bordeaux* als Anwalt vereidigen. Es war klar, daß FERMAT sich an einem der französischen Parlamente als Anwalt niederlassen mußte, weil eine derartige, mindestens vierjährige Praxis nach einem königlichen Gesetz die unabdingbare Voraussetzung für die Anerkennung als *conseiller* (Parlamentsrat) durch den Justizminister darstellte. Aber: So naheliegend die Wahl des Studienortes Orléans war, so überraschend erscheint FERMATs Wahl von Bordeaux für seine Tätigkeit als Anwalt, denn Toulouse wäre aus vielerlei Gründen näherliegend gewesen. Wahrscheinlich hängt die Wahl von Bordeaux mit FERMATs mathematischen Neigungen zusammen.

Dort, in Bordeaux, gab es einen kleinen Kreis von Mathematik-Liebhabern, von denen die Namen D'ESPAGNET, PHILON und PRADES aus FERMATs Korrespondenz bekannt sind. ETIENNE D'ESPAGNET, dessen Vater Erster Präsident des Parlaments von Bordeaux und ein Freund VIÈTEs gewesen war, besaß zudem die nur schwer erhältlichen Werke VIÈTEs. Hier konnte FERMAT, gerade 20jährig, seine mathematische Karriere beginnen. Wer aber gab ihm den Rat, sich als Anwalt in Bordeaux niederzulassen? Ich vermute, daß es JEAN BEAUGRAND war, der wissenschaftliche Kontakte mit den Herren in Bordeaux pflegte und den FERMAT im August 1626 in Orléans kennengelernt haben könnte. Jedenfalls ist es bezeichnend, daß BEAUGRAND bis zu seinem Tode 1640 die mathematische Karriere FERMATs mit besonderem persönlichen Interesse verfolgte und bei seinen Reisen stets stolz von FERMATs Erfolgen berichtete. Offenbar war BEAUGRAND der Meinung, er habe FERMAT "entdeckt".

Als DOMINIQUE FERMAT am 20. Juni 1628 starb, war PIERRE FERMAT ein wohlhabender Mann. Er mußte jetzt nur noch die restlichen zwei der vorgeschriebenen vier Jahre als Anwalt hinter sich bringen. Wenn sich dann die Gelegenheit zum Kauf eines Amtes als *conseiller* (möglichst in Toulouse) eröffnete, wäre das erste Etappenziel des Familienplans erreicht. Diese Gelegenheit ergab sich Ende des Jahres 1630 während einer schweren Pestepidemie, die auch in Toulouse zahlreiche *conseillers au parle-*

ment dahinraffte. Am 29. Dezember 1630 schloß FERMAT mit YSABEAU DE LA ROCHE, der Witwe des verstorbenen PIERRE DE CARRIÈRE, *conseiller au parlement de Toulouse* und *commissaire aux requêtes,* einen Vorvertrag über den Kauf des Amtes des Dahingeschiedenen.

Der Kaufpreis, 43500 *livres,* davon sofort bei Amtsantritt zu zahlen 3000 *livres* in spanischen Pistolen, stellt eine damals zwar übliche, aber gleichwohl enorme Summe dar, Ein freier Bauer erwirtschaftete im Jahr durchschnittlich 100 *livres,* ein Stadtpfarrer erhielt jährlich ca. 300 *livres,* und ein *conseiller* konnte, wenn er sehr fleißig war, aus seinem Amt allenfalls 1500 *livres* im Jahr einnehmen, die er zudem noch zu versteuern hatte. Vom wirtschaftlichen Standpunkt war ein solcher Kauf ein miserables Geschäft, zumal da den *conseillers* durch königliches Gesetz der Handel oder die Ausübung eines Gewerbes verboten waren. Sie lebten daher so gut wie alle von ihren Landgütern. FERMAT, der von seinem Vater sechs Bauernhöfe und zahlreiche weitere Weiden, Obst- und Weingärten geerbt hatte, machte da keine Ausnahme. Es ist klar, daß nur sehr wohlhabende Grundbesitzer sich den Luxus des Erwerbs eines solchen Amtes leisten konnten. Der Gewinn bestand in dem Aufstieg in die *noblesse de robe,* in dem damit verbundenen gesellschaftlichen Ansehen und in der Teilhabe an der politischen Macht.

Nachdem FERMAT die (gebührenpflichtige) Zustimmung des Königs eingeholt und die vorgeschriebene juristische Aufnahmeprüfung vor dem *parlement de Toulouse* erfolgreich abgelegt hatte, wurde er am 14. Mai 1631 von der *Grand'Chambre* in seinem Amt vereidigt. Von diesem Augenblick an genoß er alle Rechte aus dem Amt eines *conceiller und commissaire aux requêtes,* das heißt, neben den mit dem Amt verbundenen Einkünften auch das Recht, den Titel "*éculier*" zu führen und seinem Namen das "*de*" voranzustellen.

Interessant ist die enge zeitliche Koppelung der Ernennung FERMATs zum *conseiller au parlement* und seiner Heirat mit LOUYSE DE LONG, der Tochter von CLÉMENT DE LONG, *conceiller au parlement de Toulouse,* und seiner Frau JEANNE DE GARAC. Der Heiratsvertrag wurde am 18. Februar 1631 geschlossen, und am 30. März 1631 zahlte DE LONG seinem zukünftigen Schwiegersohn 2865 *livres* als Anzahlung auf die zugesicherte Mitgift von 12000 *livres.* Am 1. Juni 1631 fand die kirchliche Trauung in der *Cathedrale St-Etienne* statt.

Die DE LONGs, entfernte Verwandte von FERMATs Mutter, besaßen nicht nur ein Haus in Toulouse in der *rue St-Rémesy,* sondern auch ein Haus in Beaumont-de-Lomagne, welches unmittelbar an das Anwesen der Familie FERMAT angrenzte, in welchem CLÉMENT DE LONG seine Parlamentsferien zu verbringen pflegte. PIERRE und LOUYSE müssen sich schon als Kinder gekannt haben, und ihre Vermählung scheint von den Familien seit langem beschlossene Sache gewesen zu sein, vorausgesetzt, FERMAT würde es zum *conseiller au parlement* bringen. Zeitgenossen rühmen die Schönheit, den Liebreiz und die Mildtätigkeit der jungen Frau, die ihrem PIERRE fünf Kinder gebar: CLÉMENT-SAMUEL, JEAN, CLAIRE, CATHERINE und LOUISE.

Die französischen Provinzparlamente des *Ancient Régime* waren keine Parlamente im heutigen Sprachgebrauch. Die von JOHN LOCKE und CHARLES DE MONTESQIEU entwickelte Idee der Gewaltenteilung in Legislative, Exekutive und Judikative, die politisch erst viel später verwirklicht wurde, war im 17. Jahrhundert noch völlig unbekannt. Die Parlamente nahmen die Aufgaben der Gesetzgebung, der vollziehenden Gewalt und der Rechtsprechung, soweit sie ihnen von der Krone in den von ihnen verwalteten Provinzen übertragen worden waren, gleichermaßen wahr.

Das *parlement de Toulouse* wurde erstmals 1303 eröffnet, nach verschiedenen Wechselfällen endgültig im Jahre 1444. Sein Zuständigkeitsbereich umfaßte von Anfang an den gesamten Südosten des Königreiches. Es besaß nach dem Pariser Vorbild eine *Grand'Chambre.* Das war die ursprüngliche Kammer, aus der aus prozessuralen Gründen alle anderen durch Abtrennung hervorgingen: die *chambre criminellel,* auch *la Tournelle* genannt, sowie zwei *chambres des enquêtes.* In der Tournelle wurden in letzter Instanz alle Delikte, die mit Leibesstrafen bedroht waren, abgeurteilt. In ihr durfte deshalb kein Kleriker Mitglied sein. Sie bescherte den Bürgern von Toulouse regelmäßig das populäre Vergnügen öffentlicher grausamer Hinrichtungen. Zwischen der *Grand'Chambre* und der *Tournelle* wurden jährlich je zwei Richter ausgetauscht, so daß man beide Kammern auch als eine einzige, aber zweigeteilte Kammer ansah. In den beiden *chambres des enquêtes* wurden Zivilprozesse in letzter Instanz im schriftlichen Verfahren entschieden.

Vorsitzender der *Grand'Chambre* und Chef des gesamten *parlement* war der *premier président,* der als einziger Richter sein Amt nicht käuflich erwarb, sondern vom König eingesetzt wurde. Seine Stellvertreter in der *Grand'Chambre* wie auch die Vorsitzenden Richter der übrigen Kammern

waren die *présidents à mortier* (zwei bis drei pro Kammer), die ihr prestigeträchtiges Amt wiederum gekauft hatten, freilich für einen etwa dreimal so hohen Preis wie die einfachen *conceillers* die ihren. Sie leiteten in aller Regel im Turnus die Sitzungen ihrer Kammern. Aber auch ein einfacher *conseiller*, wie FERMAT es zeitlebens blieb, konnte in einem Verfahren eine zentrale Rolle übernehmen, nämlich dann, wenn er von der Kammer zum "*rapporteur*", d.h. zum Berichterstatter des Falles bestellt worden war.

Mit der Übernahme der Rolle des Rapporteurs in einem Verfahren waren zusätzliche Einnahmen verbunden. Ein fleißiger Rapporteur konnte seine Einkünfte nicht unwesentlich erhöhen. Und FERMAT gehörte zu den fleißigsten Rapporteuren des Parlaments. So schrieb er zum Beispiel in den 10 Wochen von Mitte 1657 bis Ende Januar 1658 in der *Tournelle* nicht weniger 34 *rapport/ arrêts*, also rund drei pro Woche. Seinen ersten *arrêt* überhaupt verfaßte FERMAT am 6. Dezember 1632 in der *chambre des requêtes,* seinen ersten *rapport* in der *Grand'Chambre* am 9. Dezember 1654 und seinen letzten *arrêt*, in der *chambre de l'Edit*, drei Tage vor seinem Tod, am 9. Januar 1665.

Die genannten vier Kammern bildeten den eigentlichen "*cour*" des *parlement de Toulouse*. Die *chambre des requêtes,* in der FERMAT 1631 sein Amt als *conseiller* und *commissaire* antrat, wurde nicht zum eigentlichen *cour* gezählt und stand in der Hierarchie des *parlement* am unteren Ende. Seine Mitglieder verhandelten gewisse zivile Streitfälle im mündlichen Vorverfahren, mußten das Urteil aber einer der *chambres des enquêtes* überlassen.

Es handelte sich bei dem *commissariat aux requêtes* generell eher um eine Position für einen Anfänger, die es ihm erlaubte sich mit der Gerichtspraxis vertraut zu machen, die ihm aber keinen weiteren Aufstieg in der Hierarchie der Kammern des *parlement* eröffnete. Dazu mußte der *conseiller* sein Amt in der *chambre des requêtes* wieder verkaufen und ein Amt am eigentlichen *cour* käuflich erwerben. Aus diesem Grund gab FERMAT am 4. Dezember 1637 sein *commissariat des requêtes* zugunsten von PIERRE DECAUMEIL auf, erwarb das Amt des verstorbenen PIERRE DE RAYNALDY am *cour* und wurde am 16. Januar 1638 am Hof des Parlaments registriert. Dieses Amt behielt er bis zu seinem Tode.

In FERMATs Zeit als *commissaire aux requêtes* fällt die Bekanntschaft mit seinem lebenslangen Freund PIERRE DE CARCAVI, der 1632 sein Kollege am *parlement de Toulouse* wurde und 1636 nach Paris wechselte. Dieser

vermittelte ihm den Kontakt mit MARIN MERSENNE und seinem Pariser Kreis. FERMATs langjährige Korrespondenz mit diesen Herren begann wenige Tage nach CARCAVIs Übersiedlung und dauerte, allerdings mit einer längeren Unterbrechung, bis kurz vor FERMATs Tod. In die Zeit des Übergangs von der *chambre des requêtes* in die erste *chambre des enquêtes* (1637/38) fällt auch FERMATs berühmter Streit mit DESCARTES.

Schließlich zählte zum *parlement de Toulouse* noch die von HENRI QUATRE 1598 eingerichtete, von Katholiken und Reformierten paritätisch besetzte *chambre de l'Edit de Nantes*, die von 1632 bis 1670 in der 75 km östlich von Toulouse gelegenen Stadt Castres ihren Sitz hatte. In ihr wurden alle Streit- und Kriminalfälle, in die Anhänger der beiden Religionen verwickelt waren, beigelegt beziehungsweise abgeurteilt. Sie bestand aus zwei Präsidenten, einem reformierten und einem katholischen, sowie je zehn Friedensrichtern beider Konfessionen. Die protestantischen Richter waren ortsansässig und hatten ihre Ämter gekauft. Acht der katholischen Richter wurden jedes Jahr vom König aus einer Liste von zwölf *conseillers au parlement de Toulouse*, welche die *Grand'Chambre* aufgestellt hatte, jeweils für die Dauer eines Jahres ausgewählt. Aus Gründen der Kontinuität erhielten jeweils zwei katholische Richter eine Verlängerung um ein weiteres Jahr. Am 29. Mai 1638 wurde FERMAT erstmals von der *Grand-Chambre* für die *chambre de l'Edit* nominiert und vom König am 16. Juli ausgewählt. So verbrachte er das Sitzungsjahr 1638/39 (November bis August) mit seiner Familie erstmals in Castres.

Ab 1646 werden FERMATs Briefe an seine gelehrten Kollegen immer spärlicher. Es folgt ab 1648 eine mehrjährige, fast vollständige Pause in seiner mathematischen Korrespondenz. Was sind die Ursachen für sein Schweigen? Nachlassende geistige Kraft? FERMAT war gerade erst vierzig Jahre alt. MERSENNES Tod am 1. September 1648? Dessen Rolle wurde alsbald von CARCAVI übernommen. Wir müssen die Ursachen wohl eher in seinen beruflichen Belastungen sehen, die mit den aufkommenden sozialen und politischen Turbulenzen zusammenhingen: Bauernunruhen im Süden Frankreichs wegen brutaler Steuereintreibungsmethoden, der Aufstand der Fronde gegen MAZARIN und der Krieg gegen Spanien. Hinzu kam Anfang der fünfziger Jahre noch der Ausbruch der letzten großen französischen Pestepedemie mit nachfolgenden Hungersnöten.

Wir sind - zu Recht - daran gewöhnt, in FERMAT den großen Mathematiker und humanistischen Gelehrten zu sehen. FERMAT aber war nach seinem

Selbstverständnis zuerst und vor allem Richter. Am Parlament von Toulouse hatte er seinen "Sitz im Leben". Auch wenn er im wesentlichen von seinen Gütern in Beaumont-de-Lomagne lebte, so sah er seine Tätigkeit als *conseiller au parlement de Toulouse* als seine eigentliche Lebensaufgabe an, und seine Karriere innerhalb der Hierarchie dieser Institution war ihm wichtiger als seine Forschungen und sein Ansehen als Mathematiker. Nur wenn ihm seine berufliche Tätigkeit genügend Muße erlaubte, etwa während der Zeiten, in denen das Parlament wegen der zahlreichen christlichen Feiertage nicht tagte, konnte er sich seiner Liebhaberei, der Mathematik, widmen.

Die großen Parlamentsferien im September und Oktober verbrachte er *à la campagne*, in Beaumont, wo er in der Erntezeit darauf achtete, daß er den vertraglich vereinbarten Anteil der Erträge aus den verpachteten Höfen erhielt. Außerdem beriet er die Bewohner seiner Heimatstadt in juristischen Fragen. Regelmäßig nahm FERMAT an deren Bürgerversammlungen teil - sein Name taucht viele Jahre lang in allen Sitzungsprotokollen auf - und leitete sie bei besonders schwierigen Tagungsordnungspunkten. Auch in anderer Weise, etwa durch die Übernahme von zahlreichen Patenschaften sowie durch Mildtätigkeit und Stiftungen bewies die Familie FERMATs ihre enge Verbundenheit mit Beaumont-de-Lomagne. Oft verblieb ihm während dieser Aufenthalte weniger Zeit für die geliebte "Geometrie", als er gehofft hatte.

Eine ganz besondere Anziehungskraft aber übte auf FERMAT die Hugenottenhochburg Castres aus, der Sitz der *chambre de l'Edit de Nantes*. Immer wieder bemühte er sich, anfänglich nicht immer mit Erfolg, von der *Grand'Chambre* für die Abordnung nach Castres vorgeschlagen und vom König bestätigt zu werden. Von jenen 45 nach Castres abgeordneten *conseillers au parlement de Toulouse*, deren Aufenthalt dort (zwischen 1632 und 1665) vom König für ein weiteres Jahr verlängert wurde, wurden sieben zweimal, vier dreimal und nur FERMAT viermal(!) für je zwei Jahre beauftragt: 1644/46, 1648/50, 1655/57 und 1663/65. Das kann kein Zufall sein. Was aber zog FERMAT so stark in die Stadt an den Ufern des Agout?

Drei Gründe ließen sich nennen. Als erster eine gewisse, schon bei seinen Eltern und Großeltern zu beobachtende Sympathie für die reformierte Religion. Als zweiter PIERRE DE FERMATs außergewöhnliche, wohl auch von seinem Vater DOMINIQUE geerbte Fähigkeit des Vermittelns zwischen widerstreitenden Interessen, die nirgends besser zur Geltung kommen konnte

als an einer Kammer, an der ständig der Ausgleich zwischen den Vertretern der beiden Religionen gesucht werden mußte; hier war FERMAT in seinem Element. Und als dritter und vielleicht stärkster Beweggrund ist die geistige Atmosphäre der Stadt Castres zu nennen, die in der Zeit, als sie Sitz der *chambre de l'Edit* war, eine kulturelle Hochblüte erlebte, die sie weder zuvor noch danach je wieder erreichte. Währenddessen beklagen die Historiker, die eine Geschichte von Toulouse verfaßt haben, den kulturellen Niedergang dieser Stadt im 17. Jahrhundert in nahezu allen Bereichen von Kunst und Wissenschaft, insbesondere hinsichtlich der Universität. Zugleich heben diese Autoren als Ausnahmeerscheinung und *"gloire de Toulouse"* den großen Gelehrten PIERRE DE FERMAT hervor.

In Castres hingegen wurde 1648 eine protestantische Akademie gegründet, die Anfangs 20 und 1670, als sie geschlossen wurde, 47 ausschließlich reformierte Mitglieder besaß. Der überwiegende Teil dieser Herren waren *conceillers* oder *avocats* der *chambre de l'Edit*. Unter ihnen befanden sich die Dichter SAMUEL IZARN, HERCULE DE LACGER und JACQUES DE RANCHIN, die Theologen RAYMOND GACHES und ANDRÉ MARTEL, der Philosoph PIERRE BAYLE und der Mediziner, Chemiker und Philosoph PIERRE BOREL, der Physiker und Übersetzer PIERRE SAPORTA sowie der Historiograph PAUL PELLISSON, aber kein Mathematiker.

BAYLE und PELLISSON genossen nationales Ansehen, SAPORTA und DE RANCHIN waren Freunde FERMATs. Letzterer las bei Akademiesitzungen Gedichte von PIERRE und SAMUEL FERMAT vor; ihm widmete FERMAT seine kritischen Bemerkungen zum Werk des griechischen Historikers POLYAINOS (2. Jh. n. Chr.), wobei er einen Beweis seiner Kenntnisse der griechischen Philologie erbrachte. Im Laufe des Jahres 1664 sah FERMAT eines der seltenen zu seinen Lebzeiten gedruckten Werke, welches SAPORTA besorgt hatte. Es handelt sich um einen kurzen Text, in dem FERMAT eine Passage aus einem Brief des SYNESIOS VON KYRENE interpretiert, wo dieser ein "Hydroskop oder Baryllon" beschreibt. Immer wieder zog es FERMAT nach Castres, seine jüngste Tochter LOUISE wurde um 1645 dort geboren, und sein jüngerer Sohn JEAN war Domherr zu Castres, als sein Vater 1665 dort starb.

Sein starkes Interesse an einer Abordnung nach Castres hinderte FERMAT nicht daran, seinen beruflichen Aufstieg in die *Grand'Chambre* mit Nachdruck zu betreiben. Bereits 1647 ist er der dienstälteste *conseiller* in der ersten *chambre des enquêtes* und übernimmt häufig deren Vorsitz, wenn

die beiden *présidents à mortier* abwesend sind. Sein Wechsel von der ersten *chambre des enquêtes* in die *Tournelle* im Herbst 1652 fällt allerdings zeitlich mit dem Ausbruch der letzten großen Toulouser Pestepidemie von 1652/53 zusammen. Diese begann im August 1652 und endete im Juli 1653. Dabei starben ca. 4000 Bürger der Stadt an der Seuche, etwa 10 % der Bevölkerung, und fast, so scheint es, wäre auch FERMAT ihr zum Opfer gefallen. Im Mai 1653 berichtet der Philosoph BERNARD MEDON, *conceiller au présidial de Toulouse* und ein Freund FERMATs, in einem Brief an den niederländischen Literaten NICOLAAS HEINSIUS D.Ä. von FERMATs Tod *(Fato functus ist maximus* Fermatius), um diese Nachricht im nächsten Brief alsbald zu widerrufen: *Priori monueram te de morte Fermatii, vivit adhuc, nec desperatur de ejus salute, quamvis paulo ante conclamata.* FERMAT gehörte also zu jenen etwa 50 % der an der Beulenpest Erkrankten, die diese überlebten. Allerdings deutet vieles darauf hin, daß seine Gesundheit von diesem Zeitpunkt an geschwächt war.

Kurz nach Ausbruch der Epidemie war FERMAT aus Gründen der Anciennität bereits in die *Tournelle* übergegangen, und von dieser aus war der turnusmäßige Wechsel in die *Grand'Chambre* reine Routine. In der Tat wurde er im November 1654 erstmals Mitglied der obersten Kammer des *parlement* und las dort am 9. Dezember seinen ersten *rapport*. Vom November 1655 an ist er bereits wieder in Castres, von wo er im November 1657 nach Toulouse, und zwar erneut in die *Tournelle*, zurückkehrt.

Zweifellos war FERMAT zeitlebens ein treuer Diener der Krone. Geboren noch unter der Regentschaft HENRI QUATRES erlebte er als Vierzehnjähriger, wie der junge König LOUIS TREIZE auf seiner Reise von Toulouse nach Lectoure die Nacht vom 24. auf den 25. November 1621 in Beaumont-de-Lomagne im Hause seines Vaters DOMINIQUE verbrachte. Doch FERMATs Bild von seinem König blieb nicht ungetrübt: Im Jahre 1632 mußte FERMAT miterleben, wie LOUIS XIII in Begleitung seiner Mutter und des Kardinals RICHELIEU mit 5000 Soldaten in Toulouse einzog und *Grand'-Chambre* und *Tournelle*, zu einer Kammer vereinigt, zwang, den bei den Toulousern beliebten und geschätzten Herzog HENRI DEUX DE MONTMORENCY wegen Aufstands gegen den König zum Tode zu verurteilen, wobei die äußerst unangenehme Rolle des Rapporteurs in diesem Prozeß dem ältesten *conseiller* der Tournelle, FERMATs Schwiegervater CLÉMENT DE LONG, zufiel, in dessen Haus FERMAT mit seiner Frau LOUISE zu jener Zeit wohnte.

Das Leben Fermats

Es gehört zu den im wesentlichen auf MAHONEY zurückgehenden und von zahlreichen neueren Autoren übernommenen Stereotypen, daß FERMAT ein eher mäßiger *conseiller* und Jurist gewesen sei, der sich zudem tunlichst aus allen sozialen, politischen und religiösen Konflikten herauszuhalten bemüht habe. Nichts ist falscher als dies. FERMAT war zwar kein Rechtsgelehrter, der juristische Abhandlungen verfaßte, aber er war ein hervorragender Praktiker, der, in religiösen Fragen tolerant, im Sinne des Humanismus für Gerechtigkeit und Menschlichkeit eintrat und dabei auch vor Konfrontationen mit Mächtigeren, etwa mit dem *premier président* GASPARD DE FIEUBET, nicht zurückschreckte.

FERMAT engagierte sich 1648 und 1651 im (ziemlich aussichtslosen) Kampf gegen die ungesetzlichen und brutalen Methoden, mit denen die Steuereinnehmer ("*partisans*") bei den Bauern die *taille* eintrieben. Dabei deckte er die betrügerische Praxis der *partisans* auf, die Steuerquittungen rückzudatieren und damit die dem König zustehenden Einnahmen selbst einzubehalten. Er gehörte 1651, zur Zeit der Fronde, auf seiten des *parlement de Toulouse* zu der Verhandlungsdelegation, die mit den Provinzialständen des Languedoc, die sich auf die Seite der Fronde geschlagen hatten, in monatelangen Verhandlungen erreichte, daß jene zu königstreuen gesetzlichen Zuständen zurückkehrte. Und er verhinderte am 30. Juli 1652 durch einen couragierten Besuch im Lager der von dem Grafen DE SAVAILLANT angeführten königlichen Armee, daß seine Heimatstadt Beaumont-de-Lomagne, die von den Soldaten der Fronde unter dem Befehl von GUYONNET besetzt und ausgeplündert worden war, von den Soldaten des Königs im Sturm genommen und vollends zerstört wurde. Nach der Niederlage der Fronde erreichte FERMAT durch zähe Verhandlungen, daß Beaumont Reparationszahlungen in Höhe von 16266 *livres* zugesprochen bekam. Im Jahre 1654 setzte FERMAT in der *Grand'Chambre* eine gerechtere Verteilung der Einkünfte aus den Gebühren zwischen *Grand'Chambre* und *la Tournelle* durch, wobei er sich bei den Klerikern in der *Grand'Chambre* ziemlich unbeliebt machte.

Ein weiteres Stereotyp ist die Behauptung, FERMAT sei zeitlebens nie weiter als bis Bordeaux gereist. Wie wir bereits berichtet haben, hat er 1623-1626 in Orléans studiert, und es ist sehr wohl denkbar, daß er als Student Paris besucht hat. Aber auch in seiner Tätigkeit als *conseiller* mußte er gelegentlich weitere Reisen unternehmen. So hatte beispielsweise die *Grand'Chambre* am 28. November 1646 den Färbern von Nîmes durch ei-

nen Beschluß verboten, anstelle des im *Languedoc* angebauten Färberwaids das in Toulouse aus protektionistischen Gründen verhaßte aus Indien importierte Indigo zu kaufen und zu verwenden. Als diese sich (aus verständlichen Gründen) an dieses Verbot nicht hielten, wurde FERMAT sechs Monate später in das rund 300 Kilometer östlich von Toulouse gelegenen Nîmes geschickt, um dem Beschluß der *Grand'Chambre* Geltung zu verschaffen und das Indigo zu konfiszieren. Das war eine nicht sehr angenehme Aufgabe, die man wohl kaum einem "sanftmütigen, zurückgezogen, geradezu scheuen Mann", als den ihn uns MAHONEY schildert, übertragen hätte. Häufig wurde FERMAT zudem der kleinen Gruppe von *conseillers* zugeteilt, die Bischöfen, Ministern und anderen Würdenträgern weit entgegengingen oder sie von Toulouse aus zum Teil noch ein weites Stück begleiteten, wenn sie sich von dort verabschiedet hatten; hier scheint FERMATS Ansehen als großer Gelehrter und geschätzter Gesprächspartner das Auswahlkriterium gewesen zu sein.

FERMAT war sicher kein unpolitischer Mann. Zum erfolgreichen Politiker aber fehlten ihm zwei wichtige Eigenschaften: Skrupellosigkeit und Machtinstinkt. Aber auch seine Fähigkeiten als Jurist sind von MAHONEY angezweifelt worden:

"Die ehrlichste Beurteilung von FERMATs Fähigkeiten als Jurist, und eine, die der üblichen Beweihräucherung zuwiderläuft," so schreibt MAHONEY, "kommt aus einem geheimen Bericht von CLAUDE BEZIN DES BÉSONS, Intendant des Languedoc, an den Minister COLBERT im Jahre 1663. Indem er über die 'conseillers' und ihre Beziehungen zu dem suspekten Ersten Präsidenten, GASPARD DE FIEUBET, spricht, sagt BEZIN von FERMAT: 'Fermat, ein Mann von umfassender Bildung, pflegt den Austausch mit den Gelehrten aller Länder, ist aber sehr engagiert; er ist kein sehr guter Rapporteur und ist konfus, er gehört nicht zu den Freunden des Ersten Präsidenten.'"

MAHONEY zieht dann entsprechende negative Schlüsse hinsichtlich FERMATS richterlichen Fähigkeiten, die von anderen Autoren unterdessen ungeprüft übernommen wurden. Hätte er sorgfältiger recherchiert, wären ihm solche Fehlurteile nicht unterlaufen.

Schon 1965 hat der Toulouser Rechtshistoriker HENRI GILLES in einem sorgfältig begründeten Aufsatz *Fermat Magistrat*, den MAHONEY offenbar nicht gelesen hat, nachgewiesen, daß FERMAT im *Laufe seines Lebens einen sehr klaren Stil pflegte, und daß die Sprache der "arrêts", die er ver-*

Das Leben Fermats

faßte, den Vergleich mit jener der von seinen Kollegen abgelieferten nicht zu scheuen brauchte. Ich konnte mich durch Stichproben in den *archives départementales de la Haute Garonne* davon überzeugen, daß GILLES Recht hat. Das herabsetzende Urteil des Intendanten CLAUDE BAZINS DE BESSONS läßt sich zunächst unschwer erklären: Im September 1663 verlangte der Minister JEAN-BAPTISTE COLBERT von allen Intendanten eine individuelle Beurteilung der Richter und anderen königlichen Beamten an den Parlamenten. Dieser Aufforderung kamen jene offenbar nur sehr ungern und zögernd nach, denn ihre Beurteilungen fielen so knapp aus, daß COLBERT von einigen Intendanten größere Ausführlichkeit einforderte. Hätte MAHONEY den gesamten Bericht vom 24. Dezember 1663 gelesen, und nicht nur ein Zitat der Beurteilung FERMATs, so hätte ihm auffallen müssen, wie lakonisch und oberflächlich die einzelnen Beurteilungen ausfielen.

DE BESSONS residierte in Montpellier und mußte zur Abfassung seines Berichts zunächst nach Toulouse reisen, wo er sich dann über die *conseillers* informierte. Zu dieser Zeit aber war FERMAT schon nach Castres abgereist. Also wandte sich DE BESSONS, der Mann COLBERTS, wegen FERMAT an den Mann des Königs, den Ersten Präsidenten FIEUBET, einen Intimfeind FERMATs. Daß dabei keine gerechte Beurteilung herauskam, braucht nicht zu verwundern.

Viel interessanter ist der Grund für die herzliche Abneigung zwischen FERMAT und FIEUBET. Es ist ein von FIEUBET am 26. Januar 1658 inszenierter Justizmord an einem Priester namens JEAN MONTRALON, mit offensichtlich jansenistischem Hintergrund, in den FERMAT als *rapporteur* und vernehmender Richter verwickelt war. MONTRALON, von dessen Unschuld FERMAT überzeugt war, wurde noch am Tage darauf gehängt, und seine Leiche verbrannt. FERMAT war so erzürnt und geschockt, daß er etwa einen Monat lang nicht als Richter arbeiten konnte. Darüber hat Sir KENELM DIGBY, der "notorische Lügner", in einem Brief vom 6. Februar 1658 an JONH WALLIS in Oxford berichtet, allerdings in Form einer schamlosen Verleumdung: Es sei FERMAT gewesen, der den Priester zum Tod, und zwar durch Verbrennen bei lebendigem Leibe (!), verurteilt habe.

Zeitweilig scheint FERMAT wegen dieses Ereignisses sogar an den Verzicht auf sein Amt als *conseiller* in der *Grand'Chambre* gedacht zu haben. Vielleicht aber war auch die sich zusehends verschlechternde Gesundheit FERMATs ein Grund für seine Gedanken an einen Rücktritt von seinem Amt. In

einem Brief vom 25. Juli 1660 an den kränkelnden PASCAL schlägt er diesem vor, sich auf halbem Wege zwischen Clermont-Ferrand und Toulouse zu treffen, weil seine Gesundheit kaum besser sei als die PASCALS. Sollte dieser dazu nicht bereit sein und FERMAT die ganze Strecke (von ca. 380 km) zumuten, so laufe PASCAL Gefahr, daß er FERMAT bei sich treffe und dort dann zwei Kranke zur gleichen Zeit habe. Am 4. März 1660 schreibt FERMAT sein Testament, worin er seinen älteren Sohn SAMUEL als Universalerben einsetzt.

Dieses Testament ergänzt er am 13. September 1664 durch ein Kodizill, in welchem er Regelungen zugunsten seiner Frau LOUISE trifft: SAMUEL wird verpflichtet, seiner Mutter aus dem Erbe 32000 *livres* zu zahlen, eine stattliche Summe, welche sie auch gut gebrauchen konnte: LOUISE DE LONG überlebte ihren Mann um mindestens 25 Jahre. In der Präambel dieses Kodizills spricht FERMAT ziemlich unverschlüsselt von seinem nahen Ende: *Ich, der Unterzeichnende, bin unpäßlich von einer Krankheit, die schlimme Folgen haben könnte ...* . Im Oktober 1664 bricht FERMAT ein letztes Mal nach Castres auf und stirbt dort, nach Empfang der heiligen Sakramente und bis zuletzt bei klarem Bewußtsein, am 12. Januar 1665 im Alter von 57 Jahren, nachdem er noch drei Tage zuvor sein letztes *"arrêt"* geschrieben, aber nicht mehr unterzeichnet hat. Schon am darauf folgenden Tage, am 13. Januar 1665, wird er in der Kapelle der Jakobiner in Castres beigesetzt.

Ist bei FERMATs Geburt das Datum umstritten, so ist es bei seinem Tod der Ort, an dem seine sterblichen Überreste ihre letzte Ruhestätte fanden. Ist es die bald nach seinem Tod abgerissene Jacobiner-Kapelle in Castres oder das Familienmausoleum in der Kirche der Augustiner zu Toulouse, in das SAMUEL und JEAN FERMAT den Leichnam ihres Vaters haben überführen lassen? Nach Prüfung aller Argumente bin ich zu der Überzeugung gelangt, daß FERMATs sterbliche Überreste sehr wahrscheinlich noch in seinem Todesjahr in das Familiengrab in Toulouse umgebettet wurden. Einen eindeutigen Beweis dafür gibt es aber nicht. Das Familiengrab wurde in der französischen Revolution zerstört, und lediglich das Epitaph FERMATs überlebte und wird gegenwärtig restauriert.

Prof. Dr. Klaus Barner, Fachbereich Mathematik-Informatik
Universität Kassel, D-34109 Kassel; klaus@mathematik.uni-kassel.de

Einführung in die Differentialrechnung im Jahrgang 11 an Hand von Originalliteratur

Ute Gick

1. Einleitung

Ich möchte in diesem Vortrag meine Unterrichtsreihe vorstellen, in der ich den Differenzierbarkeitsbegriff unter Einbindung von Originalliteratur eingeführt habe.

"Ich habe so viele Einfälle, die vielleicht später von Nutzen sein werden, wenn sich eines Tages gründlichere Leute als ich eingehender mit ihnen beschäftigen und ihre schönen Gedanken mit meinen Mühen vereinen."

LEIBNIZ *über sich selbst*

Dieses Zitat von LEIBNIZ zeigt auf, daß die Mathematik immer und fortwährend einen Entwicklungsprozeß durchläuft, und sich den jeweiligen technologischen Gegebenheiten bzw. Notwendigkeiten anpaßt. Die Geschichte der Mathematik bietet eine Möglichkeit sich eingehender mit dem Werden der Mathematik auseinanderzusetzen, um so ihren kulturhistorischen Aspekt, ihre Prozeßhaftigkeit und ihre Lebendigkeit aufzuzeigen. Gerade in Zeiten der "Mathematikmüdigkeit" in den Schulen kann die Geschichte der Mathematik ein Aspekt sein, die Inhalte einsichtiger und bedeutungsvoller zu gestalten. Einen geschichtlichen Weg an Hand von Originalliteratur nachzuvollziehen ist für Schüler sicherlich nicht immer leicht, bringt aber einen neuen Gesichtspunkt in den Unterricht ein und kann so motivierend wirken. Ich habe den Begriff "Einführung" zum Anlaß genommen, um zu den relativen Ursprüngen der Differentialrechnung zurückzugehen und daher FERMAT als Wegbereiter und LEIBNIZ als Begründer ausgewählt, um mit ihnen den Differenzierbarkeitsbegriff einzuführen.

2. Geschichtlicher Überblick

Fermat

PIERRE DE FERMAT (um 1601-1665) war ausgebildeter Jurist und vielseitig gebildeter Humanist. Als Mathematiker war er Autodidakt und man hat ihm den Namen "König der Amateure" gegeben. Die Art und Weise wie FERMAT sein Hobby, die Mathematik, betrieb, hatte nichts mit Dilettantismus zu tun. Er veröffentliche zu Lebzeiten fast nichts, sondern teilte seine Ergebnisse in Briefen mit (damals übliche Praxis) oder schrieb sie in unveröffentlichten Manuskripten nieder. Der sprachkundige FERMAT studierte die antiken Klassiker EUKLID, APOLLONIUS, ARCHIMEDES und DIOPHANT. In den Bereichen, mit denen er sich intensiv beschäftigte, erzielte FERMAT Ergebnisse, die über seine Vorläufer hinausgingen. Gerade seine zahlentheoretischen Untersuchungen prägten über Jahrhunderte dieses Teilgebiet der Mathematik (kleiner und großer Fermatscher Satz). Wichtige Beiträge leistete er auch im Gebiet der Infinitesimalrechnung. Er beschäftigte sich mit den infinitesimalen Methoden in der Antike und baute die Methode von ARCHIMEDES weiter aus. Er befaßte sich nach KEPLER mit Extremalaufgaben und gab eine erste Lösung des "Tangentenproblems". LAPLACE sagt [in seiner "Théorie analytique des Probabilités (1812)"] über FERMAT:

> "FERMAT, der wahre Erfinder der Differentialrechnung, hat diesem Kalkül als einen Teil der Differenzenrechnung betrachtet. NEWTON hat dann dieses Kalkül mehr analytisch gefaßt. LEIBNIZ hat die Differentialrechnung um eine sehr glückliche Bezeichnungsweise bereichert." [Meschkowski 1980, 95]

FERMAT hat aber seine Methode nur auf eine beschränkte Klasse von Funktionen angewendet und den Fundamentalsatz nicht wie LEIBNIZ und NEWTON erkannt, so daß man FERMAT nicht als Begründer, sondern als Wegbereiter der Analysis ansehen kann.

Leibniz

Über GOTTFRIED WILHELM LEIBNIZ (1646 - 1716) sagt man, daß er der letzte war, der das gesamte Wissen seiner Zeit beherrschte, er gilt als Universalgenie. Er war einer der großen Philosophen und Mathematiker seiner Zeit. Sein Geschick in der Erfindung zweckmäßiger mathematischer

Differentialrechnung in der 11. Kl. an Hand von Originalliteratur 117

Bezeichnungsweisen und Symbole war sehr groß. Von LEIBNIZ stammt die noch heute gebräuchliche Symbolik der Differential- und Integralrechnung. Seine geniale Begabung, die Fähigkeit, das Wesentliche an einer Deduktion zu erkennen und zu verallgemeinern, zeigte sich schon bei der ersten Berührung mit mathematischen Fragestellungen. Zweifellos ist LEIBNIZ bedeutendste mathematische Leistung die Entwicklung der Infinitesimalrechnung, wie wir sie heute noch verwenden. LEIBNIZ hat die Grundlagen seines Kalküls um 1675 entwickelt, aber nicht veröffentlicht. In den "Acta Eruditorium" ("Berichte der Gelehrten") publizierte er 1684 seine Abhandlung "Nova methodus", die bahnbrechende erste Veröffentlichung zur modernen Infinitesimalrechnung, in der er die Grundlagen seiner Differentialrechnung vorstellt [vgl. Popp 1981, 74].

3. Unterrichtliche Praxis

Zunächst möchte ich einen kurzen Überblick darüber geben, warum man Geschichte der Mathematik im Unterricht behandelt, zum anderen werde ich die einzelnen Phasen meiner Unterrichtsreihe vorstellen.

"Es läßt sich wohl behaupten, daß die Geschichte der Wissenschaften die Wissenschaft selbst sei. Man kann dasjenige, was man besitzt, nicht rein erkennen, bis man das, was andere vor uns besessen, zu erkennen weiß."

J. W. GOETHE (1749 - 1832)

Dieses Zitat von J. W. GOETHE weist bereits auf die Bedeutung der "Geschichte der Mathematik" hin. Die Kenntnisse über die Differentialrechnung und über die Geschichte der Mathematik sind sowohl für die Schüler als auch für die Gesellschaft von großer Bedeutung und stellen Grundlagen dar. Die Mathematik ist nicht ein starres System, sie ist auch nicht wie die "10 Gebote" vom "Himmel gefallen", sondern sie ist eng mit dem Lauf der Welt verwurzelt und geht damit aus bestimmten historischen Situationen hervor. Die Schüler sollen über die Mathematik hinaus einen Einblick in das mühselige Werden der Mathematik bekommen. Die Wichtigkeit und die Bedeutung der Mathematik für die Technik und die Naturwissenschaften ist allgemein anerkannt, aber als Bestandteil der "Allgemeinbildung" wird sie nicht genug gewürdigt. Und dabei stellt sich gerade zur Zeit die Frage, was der Mathematikunterricht zu einer vertiefenden Allgemeinbildung beiträgt bzw. beitragen könnte. Die bedeutende Stellung der

Mathematik bei der Entstehung der heutigen Zivilisation und Kultur macht unser derzeitiger Unterricht kaum bewußt. Ein etwas genaueres Eingehen auf die Geschichte könnte dem Schüler die Stellung der Mathematik innerhalb der Kulturgeschichte vor Augen führen und es könnte ein natürlicher Zugang zu vielen Teilen der Mathematik gefunden werden. Desweiteren kann man auf diese Weise dem Anspruch an Mathematikunterricht in Bezug auf die Allgemeinbildung gerechter werden. Weitere Gründe, die Geschichte im Unterricht zu behandeln, sind die von MICHAEL VON RENTELN genannten:

"1. Ein Ausflug in die Geschichte der Mathematik erweitert den Gesichtskreis des Lernenden [...].

2. Sie liefert ein Verständnis für die historischen Zusammenhänge und gibt auch Einsichten in sachliche Verbindungen [...].

3. Die Geschichte liefert ein Verständnis für die Schwierigkeiten, die in der Vergangenheit überwunden werden mußten, um Probleme zu lösen und zu neuen Erkenntnissen zu gelangen.

4. Die Geschichte der Mathematik motiviert, sich mit mathematischen Problemen auseinanderzusetzen, und fördert das Interesse an dem Fach." [v. Renteln 1995, 137f.]

Für die Schüler kann somit die Dynamik wissenschaftlichen Arbeitens einsichtiger gemacht werden. Durch das Wissen, daß die Mathematik nicht an einem Tag entstanden ist, sondern daß es einen langen Weges bedurfte, um zum heutigen Stand zu gelangen, der auch von vielen Irrwegen, Fehlern und Korrekturen begleitet war, könnte ein Denkprozeß in Gang gesetzt werden und somit zur Akzeptanz der Mathematik beitragen. Weiter wird Mathematik in der Schule häufig als unnötiger Ballast angesehen, ein Aufzeigen, daß es sich aber um einen wesentlichen Bestandteil des kulturellen Schaffens des Menschen handelt, kann dem entgegenwirken. Man kann nicht voraussetzen bzw. erwarten, daß die Geschichte der Mathematik den Schülern das Verständnis des Stoffes ohne weiters erleichtert, vielmehr sollte man sich der Mühen von Veränderungen bewußt sein. Geschichte ist gerade dann und deswegen produktiv, weil sie vorhandene Sichtweisen nicht einfach bestätigt, sondern ein fremdes, sperriges Element in den Unterricht einführt, das zum Nachdenken anregt. Einen historischen Text zu verstehen, erfordert, ihn mit den eigenen Vorstellungen zu konfrontieren und aus dieser Konfrontation heraus, seinen Sinn zu entschlüsseln. Die Geschichte soll unser Verständnis für die Mathematik weiterentwickeln, sie

soll unseren heutigen Blick nicht einfach bestätigen, sondern weiten und schärfen.

Warum Fermat und Leibniz?

Die historische Entwicklung der Differentialrechnung ist, wie schon erwähnt, durch Extremwertaufgaben in Gang gekommen, auch heute noch haben sie eine zentrale Rolle in der Mathematik, denn Optimieren ist eine fundamentale Idee der Mathematik. Sie gehören im Unterricht zu den wichtigsten Anwendungen der Differentialrechnung.

Für die Behandlung von FERMAT und LEIBNIZ spricht, daß sie Wegbereiter und Begründer sind, und daß man mit ihnen ein Stück weit die Ursprünge der Differentialrechnung nachgehen kann. Somit wird deutlich, daß sich ein jahrhundertelanges Bemühen hinter dem Begriff der Differentialrechnung verbirgt.

4. Darstellung der Reihe

Die Schüler sollten in der Unterrichtsreihe über die Mathematik hinaus einen Einblick in das mühselige Werden der später so schlagkräftigen Analysis bekommen. Daher habe ich es für sinnvoll gehalten, daß am Anfang der Unterrichtsreihe der allgemeine historische Hintergrund beleuchtet wurde. So erhielten die Schüler eine Art historisches "Fundament", das ihnen eine gewisse Orientierung verschaffte.

4.1 Fermats allgemeine Methode

In dieser Phase der Unterrichtsreihe begann der Einstieg in die Behandlung eines neuen mathematischen Themas mit Hilfe der Geschichte der Mathematik. Es wurde schon erwähnt, daß die Abhandlungen von FERMAT am Anfang der Unterrichtsreihe stehen sollte, denn Minima und Maxima sind den Schülern ein Begriff und so kann an die Vorkenntnisse der Schüler angeknüpft werden. Der Einstieg in die Unterrichtsphase erfolgte mit der Überschrift *"Abhandlungen über Minima und Maxima"*. Dies lieferte das Thema und sollte zu einem Brainstorming führen, d.h. die Schüler sollten frei erzählen, was sie mit diesem Thema verbinden. Dieses Vorgehen hatte

zum Ziel, daß die Schüler ihre Vorkenntnisse aktivierten und in das Thema eingestimmt wurden. Im folgenden ging es dann darum, sich mit der Methode von FERMAT auseinanderzusetzen. Die Schüler erhielten folgenden Auszug aus FERMATs Abhandlungen als Arbeitsblatt mit der Aufgabe, den Text zu lesen und unbekannte Begriffe zu klären:

> "Angenommen A stelle irgendeine zu untersuchende Größe - eine Oberfläche oder einen Körper oder eine Länge, je nach Bedingungen der Aufgabe - dar, und das Maximum oder Minimum werde durch Glieder, die A in irgendwelchen Potenzen enthalten, dargestellt. Dann machen wir aus der Größe, die vorher A gewesen ist, A+E und suchen erneut die Maxima und Minima über die Glieder in den gleichen Potenzen. Diese zwei Ausdrücke setzen wir (nach DIOPHANTOS) angenähert einander gleich. Gleiche Summanden auf beiden Seiten der Gleichung streichen wir weg. Die verbleibenden teilen wir durch E oder durch eine Potenz davon, so daß wenigstens einer der Summanden E nicht mehr enthält. Danach werden die Glieder, die E enthalten, beseitigt, und die übriggebliebenen Summanden werden einander gleichgesetzt. Die Lösung der Gleichung ergibt A, das dem Maximum oder Minimum entspricht." [Miller 1934, 1]

Im weiteren ging es dann darum, den Text aus FERMATs Sicht zu deuten ("Gleichsetzen, Wegstreichen etc."), um ihn daran anschließend im Hinblick auf unsere heutige Sicht zu interpretieren. Der Text wurde mit Hilfe einer Beispielfunktion gedeutet, um dann vom Beispiel zum Allgemeinen zu kommen. Es wurde bei der Deutung des Textes explizit darauf hingewiesen, daß FERMAT keine Aussage über die Größe von E macht, und daß er offen läßt, inwieweit man feststellen kann, ob man ein Maximum oder Minimum berechnet hat. Hierzu sollten die Schüler eigene Lösungsstrategien entwickeln und anwenden. Im folgenden wurde die Methode auf weitere Funktionen angewendet, und die Extremwerte wurden bestimmt. Damit die Schüler den Umgang mit der Methode festigten, wurden hier Funktionen eingesetzt und *nicht* FERMATs Beispiel, welches ein unbekanntes Moment ins Spiel gebracht hätte.

4.2 Fermats Beispiel

FERMAT läßt in seinen "Abhandlungen über Maxima und Minima" nach der Beschreibung der allgemeinen Methode ein Beispiel folgen und in Analogie zu FERMAT war dieses Beispiel Gegenstand der Unterrichtsphase. Der

Differentialrechnung in der 11. Kl. an Hand von Originalliteratur

Einstieg in diese Phase erfolgte durch Bezugnahme auf eben diese gerade dargestellte Information, es war im weitesten so, als ob die Schüler FERMATs Abhandlung lesen würden. Die Schüler erhielten hierzu einen weiteren Auszug als Arbeitsblatt mit dem Auftrag sich den Text durchzulesen und Unbekanntes zu klären:

"Ich will mit Hilfe meiner Methode eine gegebene Strecke AC im Punkt Q so teilen, daß das Rechteck $AQ \bullet QC$ maximal wird. Die Strecke AC heiße B, der eine Teil von B werde A genannt, also wird der andere $B - A$ sein. Das Rechteck aus den Abschnitten ist $B \cdot A - A^2$, und dies soll zu einem Maximum werden. Nun setze man den einen Teil von B gleich $A+E$, also wird der andere $B-A-E$ sein. Und das Rechteck aus den Abschnitten wird $B \cdot A - A^2 + B \cdot E - 2 \cdot A \cdot E - E^2$. Was annähernd mit dem Rechteck $B \cdot A - A^2$ gleichgesetzt werden muß. Nimmt man die gleichen Glieder weg, so wird $B \cdot E$ annähernd gleich $2 \cdot A \cdot E + E^2$. Und wenn man alles durch E dividiert, wird B annähernd gleich $2 \cdot A + E$. Läßt man E weg, so ist B gleich $2 \cdot A$. Also ist B zur Lösung der Aufgabe zu halbieren." [Miller 1934, 2]

Weiter sollten sie FERMATs Vorgehen zunächst mit einem vorgegebenen Zahlenbeispiel ($\overline{AC} = 6\ LE$) in Partnerarbeit erarbeiten und den Graphen der Funktion zeichnen. Mit Hilfe des Graphen konnte visualisiert werden, warum man $f(x)$ und $f(x+h)$ annähernd gleichsetzten kann. Betrachtet man den Graphen der Funktion zu $f(x) = 6x - x^2$, so erkennt man einen fast horizontalen Verlauf der Parabel in Scheitelpunktsnähe. In der anschließenden Partnerarbeit sollte dann das Problem allgemein gelöst und die Frage beantwortet werden, welches Rechteck mit gegebenem Umfang den größten Flächeninhalt hat. Die Unterrichtsphase wurde mit folgendem Zitat von FERMAT beendet, womit die Einstellungen der damaligen Zeit wiedergegeben werden sollte und aufgezeigt wurde, daß FERMAT seine Methode nicht bewiesen hat:

"Wir sprechen auch hier, wie bereits früher die Überzeugung aus, daß diese Untersuchung über Maxima und Minima für alle Fälle streng gültig ist und nicht etwa, wie einige glauben, vom Zufall abhängt [...] Sollte es aber immer noch jemanden geben, der behauptet, daß wir diese Methode dem Zufall verdanken, der möge selbst sein Glück mit ähnlichem Zufall versuchen."

4.3 "Tangentenproblem" von Fermat

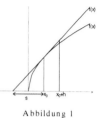

Abbildung 1

Die Überleitung von FERMATs Abhandlungen über Minima und Maxima zu dem "Tangentenproblem" stellte insofern eine Gelenkstelle dar, als daß es zu diesem Zeitpunkt für die Schüler nicht ersichtlich war, was Tangenten mit Extremwerten verbindet. Die Vernetzung der beiden Themen erfolgte erst im weiteren Unterrichtsgeschehen. Die Einführung in die neue Thematik "Subtangenten-" bzw. "Tangentenproblem" erfolgte in der Art, daß dieses ein weiterer Aspekt ist, mit dem FERMAT sich beschäftigt hat, und daß dieses ein zentrales Thema der Mathematik im 17. Jahrhundert war. Auf die Begriffsklärungen Tangente und Subtangente wurde nicht weiter eingegangen, da sie den Schülern bekannt sind (Tangente) und durch die ikonische Darstellung gefaßt werden können. Im folgenden wurde ausgeführt, daß FERMAT Tangenten mit Hilfe der Subtangenten bestimmt hat. Ziel dieser Unterrichtsphase war, mit Hilfe eines Arbeitsblattes diesen Weg nachzuvollziehen bzw. zu erarbeiten. Zunächst mußten die Schüler die Abbildung 1 auf dem Arbeitsblatt vervollständigen, um die weiteren Ausführungen nachvollziehen zu können. Sie setzten sich handelnd mit dem Gegenstand auseinander.

Mit Hilfe ihres Vorwissens konnten die Schüler die Aussagen $\frac{t(x_0 + h)}{t(x_0)} = \frac{s+h}{s}$ und $\frac{f(x_0 + h)}{f(x_0)} \approx \frac{s+h}{s}$ begründen. In der anschließenden Partnerarbeit erarbeiteten die Schüler die Äquivalenzumformungen, die nötig sind, um auf das Ergebnis $s = \dfrac{f(x_0)}{\lim\limits_{h \to 0}\left[\dfrac{f(x_0 + h) - f(x_0)}{h}\right]}$ zu kommen. Im Anschluß ergab sich die Problemstellung, wie man mit Hilfe der Subtangente die Tangente bestimmt. Den Schülern war bekannt, daß es sich bei der Tangente um eine Gerade handelt, die die Kurve in einem bestimmten Punkt berührt (Vorwissen). Es wurde zunächst erarbeitet, wie man die Steigung der Tangente mit Hilfe der Subtangente bestimmt, um daran anschließend mit Hilfe der Punkt-Steigungs-Form die Gleichung der Tangente allgemein aufzustellen. Bereits hier wäre es möglich gewesen den Ableitungsbegriff einzuführen, dieses erfolgte aber nicht, da es im Widerspruch zur geschichtlichen Entwicklung stehen würde.

Differentialrechnung in der 11. Kl. an Hand von Originalliteratur 123

Resümee

Das Ziel dieser Phase ist, daß das bisher Erarbeitete bzw. die Gedankengänge für alle und für jeden einzelnen Schüler gesammelt und

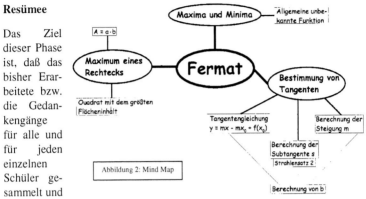

Abbildung 2: Mind Map

z.T. in Beziehung zueinander gesetzt werden. Hierzu wurde den Schülern die Methode des *Mind Mappings* vorgestellt. Diese Methode ermöglicht es, die netzartige Struktur des Wissens visuell und individuell auszudrücken. Mit dieser Unterrichtsphase war der Themenkomplex FERMAT beendet und man wandte sich LEIBNIZ zu, der eine noch "allgemeinere Methode" entwickelt hat.

4.4 Leibniz und seine "neue Methode" (Differenzierbarkeitsbegriff)

Der neue Unterrichtsgegenstand "LEIBNIZ" wurde über den Vergleich der Lebensdaten von FERMAT (1601 - 1665) und LEIBNIZ (1646 -1716) begonnen. Den Schülern sollte bewußt werden, daß an dieser Stelle ein Zeitsprung gemacht wird. Mit Hilfe der lateinischen Überschrift "Nova methodus..." erfolgte der Einstieg in die eigentliche Thematik. Dies geschah, um den Schülern aufzuzeigen, daß LEIBNIZ seine Abhandlungen in lateinischer Sprache publiziert hat. Zudem konnten die Schüler versuchen, die Überschrift mit ihren Lateinkenntnissen zu übersetzen. Im folgenden erhielten die Schüler ein Arbeitsblatt mit Auszügen aus der Nova methodus mit dem Arbeitsauftrag, in Partnerarbeit den Text zu lesen, unbekannte Begriffe zu klären und den einzelnen Abschnitten Überschriften zu geben (Titel, Bezeichnung der Kurven, Bezeichnung der Tangenten, Einführung Differential). Hiernach erfolgt eine Auseinandersetzung mit der Originalabbildung. Die Schüler erhielten anschließend Papierstreifen mit der Abbildung in modernisierter Form mit dem Zweck, die Abbildung greifba-

rer zu machen. Die Schüler mußten jedoch noch die Tangenten in die Abbildung einfügen, sich also handelnd mit dem Gegenstand auseinandersetzen. Die gesamte Grafik von den Schülern in die modernisierte Form übertragen zu lassen, würde an dieser Stelle zu weit führen. Durch den Strahlensatz und die Ergebnisse von FERMAT wurde die folgende Beziehung

$$\frac{dy}{dx} = \frac{y}{x_0 D} = \frac{f(x_0)}{x_0 D} = \lim_{h \to 0} \frac{f(x_0+h) - f(x_0)}{h}, \text{ mit } \overline{x_0 D} \text{ Subtangente,}$$

erarbeitet. Daran schlossen sich die Definition über Differentialquotient etc. an. Den Schülern wurde die Information gegeben, daß die Schreibweise f' auf CAUCHY (1826) zurückgeht. Die einzelnen Aussagen der Definition wurden erörtert. Die unterschiedliche Bedeutung von Differential- und Differenzenquotient (mittlere Änderungsrate wird meistens in 11.1 behandelt), sowie von dy und Δy sollte von den Schülern realisiert werden.

4.5 Ableitungsregeln

Mit einem weiteren Auszug aus der Nova methodus wurden die Ableitungsregeln eingeführt. Mit dem ersten Satz "Nach diesen Festsetzungen..." wurde ein direkter Bezug zum bisherigen Unterrichtsgeschehen hergestellt. Die Aufgabe der Schüler bestand zunächst darin unter Verwendung ihrer Vorkenntnisse, die LEIBNIZsche Schreibweise ($d(ax)$, adx) in die ihnen vertrautere Schreibweise ($f(x)=ax$, $f'(x)=a$) zu übertragen. Somit erhielt man eine Liste der Ableitungsregeln (Konstanten-, Faktor-, Summen- und Potenzregel), wobei einerseits die Regel für Wurzeln im Hinblick auf LEIBNIZ eigene Ausführungen an dieser Stelle vernachlässigt wurde und andererseits die allgemeine Faktorregel hinzugefügt wurde, denn LEIBNIZ gibt nur den Spezialfall an. Die Regeln werden angewendet, um daran anschließend die einzelnen Beweise zu führen (Information für die Schüler: LEIBNIZ gibt keine Beweise in seiner "Nova methodus" an).

An dieser Stelle fand dann noch einmal eine Auseinandersetzung mit dem Originaltext statt, um den Schülern aufzuzeigen, warum keine explizite Regel für Wurzeln aufgestellt wurde und wie Leibniz sein Kalkül nennt. Es wurde zunächst noch einmal herausgestellt, daß der große Fortschritt von LEIBNIZ darin zusehen ist, daß er Regeln aufgestellt hat, die das "mathematische Leben" erleichtern. Daran anknüpfend setzen sich die Schüler mit

Differentialrechnung in der 11. Kl. an Hand von Originalliteratur 125

den weiteren Textpassagen auf dem Arbeitsblatt auseinander. Es wurde deutlich, warum die Regel für Wurzeln nicht übertragen wurde und kurz über den Inhalt der zweiten Seite diskutiert. Dieses wurde zum Anlaß genommen, die Reihe zu beenden. [Kowalewski 1996, 3-11]

5. Reflexion der durchgeführten Unterrichtsreihe

Meine wesentlichen Intentionen inhaltlicher Art konnten im Verlauf der Unterrichtsreihe insoweit verwirklicht werden, als daß die Schüler sich mit den Originaltexten aktiv auseinandersetzten, um den neuen Unterrichtsgegenstand zu erschließen. Bei der Erarbeitung und Vernetzung mußte ich erwartungsgemäß mit einigen Impulsen und Hilfestellungen lenken, trotzdem ergab sich bei den Schülern immer wieder ein "Aha-Effekt", so daß sie selbständig und zum größten Teil mit Interesse weiterarbeiten konnten. Eine intensivere Beschäftigung mit manchen Teilabschnitten erforderte gelegentlich mehr Zeit als geplant, so daß Abstriche an anderen Stellen gemacht werden mußten (Aufgaben, Textinterpretation). Der allgemeinbildende Aspekt konnte meines Erachtens in der Durchführung zum Teil umgesetzt werden: so haben die Schüler am eigenen Leib das mühselige Werden der Mathematik in Ausschnitten erlebt, und dadurch erfahren, daß die Mathematik nicht "an einem Tag" entstanden ist, sondern ein Entwicklungsprozeß ist. Ihren Gesichtskreis haben die Schüler sicherlich erweitert, aber ob sie die bedeutende Stellung der Mathematik für die Entstehung der heutigen Zeit erkannt haben, vermag ich nicht zu beurteilen. Ich kann nur vermuten, daß sie die Namen FERMAT und LEIBNIZ nicht so schnell vergessen werden. Der geschichtliche Zugang in eine neue Thematik über die Auseinandersetzung mit Originalliteratur erleichtert sicherlich nicht immer unmittelbar das Verständnis des Inhalts. Die Schüler befinden sich immer zwischen zwei Ebenen (Geschichte - Heute), die sie in Bezug zueinander setzen müssen, wobei sie jede für sich inhaltlich greifbar machen müssen. Der Umgang mit Originalliteratur bzw. mit Texten an sich, stellte keine Schwierigkeit dar. Die Schüler, für die diese Arbeitsweise neu war, nahmen sie positiv auf und entwickelten selbständig Interpretationen der Quellen. Zu erwähnen ist, daß oft vermeintlich schwächere Schüler gute Deutungsideen einzelner Textpassagen lieferten und ihre Kreativität angesprochen wurde. Die Textarbeit als solche bringt ein nicht immer planbares Element in den Unterricht hinein, denn jeder deutet den Text aus seiner eigenen

Sicht heraus und gerade das ist spannend. Die Schüler nehmen den Text ernst, wissen aber, daß er nicht der Weisheit letzter Schluß ist. Das Aufzeigen von FERMAT und LEIBNIZ verdeutlichte punktuell den Aspekt des Werdens und der Dauer der Entstehung eines Teilthemas der Mathematik. Trotz dieser durchwegs positiven Bilanz würde ich die Reihe im Hinblick auf die zeitliche Dauer überarbeiten. Das Feedback am Ende der Reihe machte deutlich, daß die Geschichte der Mathematik ein interessanter Gegenstand ist, mit dem Schüler sich auch gerne auseinandersetzten, sie aber nach einer gewissen Zeit zu dem ihnen "wohlbekannten" Unterricht zurückkehren möchten. Zusammenfassend möchte ich sagen, daß sicherlich nicht alle Erwartungen an die Reihe erfüllt werden konnten, dies aber auch nicht das ausschließliche Ziel war. Die größtenteils positiv gemachten Erfahrungen und Resonanzen der Reihe bestärken mich jedoch darin, das Konzept "Geschichte der Mathematik im Unterricht" weiter in meinem Unterricht zu berücksichtigen und auszubauen; dieses sowohl im Hinblick auf die Einführung neuer Unterrichtsgegenstände, als auch um vorhandenem Wissen einen geschichtlichen Hintergrund zu geben und so daß Wissen zu vertiefen und zu weiten.

Und wie sagte schon EUKLID zu PTOLEMÄUS I:

"Es gibt keinen Königsweg zur Mathematik!"

Literatur

KOWALEWSKI, G.: Leibniz über die Analysis des Unendlichen - Ostwalds Klassiker der exakten Wissenschaften, Band 162; Harri Deutsch Verlag, Frankfurt, 1996

MESCHKOWSKI, H.: Mathematiker-Lexikon; BI-Verlag, Mannheim-Wien-Zürich, 1980

MILLER, M.: Pierre de Fermats Abhandlungen über Maxima und Minima - Ostwalds Klassiker der exakten Wissenschaften, Band 238; Akademische Verlagsgesellschaft, Leipzig, 1934

POPP, W.: Wege des exakten Denkens; Ehrenwirth Verlag, München 1981

RENTELN, M. VON: Leonard Euler und die Geschichte der Mathematik, Der Math.-Naturwiss. Unterricht MNU 48 (1995)H.3, S. 131-138

Ute Gick, Gesamtschule Waldbröl, Höhenweg 49, D-51545 Waldbröl
e-mail: gicku@arcormail.de

Squaring the circle in XVI-XVIII centuries

Witold Więsław

Introduction

Squaring the circle, traditionally called in Latin *Quadratura Circuli* was one of the most fascinating problems in the history of mathematics. Contemporary it is formulated as the problem of constructing by ruler and compass the side of a square with area equal to the given circle. Evidently the problem is equivalent to *the rectification of the circle*, i.e. to the problem of constructing in the same way by ruler and compass, a segment of the length equal to the perimeter of the circle. In the first case the problem leads to construction the segment of length $\sqrt{\pi}$, in the second one to construction of the length π.

1. Quadratura circuli in XVI century

I shall mention only that the first essential result in this direction goes back to ARCHIMEDES, who had found the connections between plane and linear measures of a circle; the area of the circle equals to the area of rectangular triangle with legs equal, respectively to its radius and the perimeter.

The history of the problem is long and I am not going to give it completely here. I would like to present here only some examples of effort in this direction from the period XVI-XVIII century. Let us also remark that for centuries the problem meant rather *to measure the circle* than *to construct its perimeter by ruler and compass*. Since from the Greek antiquity geometrical constructions by ruler and compass were mathematical instruments, therefore we have now much more restricted formulation of the problem.

NICOLO TARTAGLIA (1500-1557) presents in [2] the following approximate squaring the circle. He transforms a square into the circle dividing its diagonals into ten equal parts and taking as a diameter of the circle eight

parts (see the original picture from [2]). A simple calculation shows that the construction leads to the Babilonian approximation $\pi = \dfrac{25}{8}$.

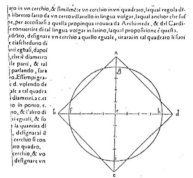

JEAN BUTEO (c.1492-1572) presents in [1] and [3] a construction leading to PTOLEMY approximation of π, namely $\dfrac{377}{120}$, i.e. to 3;8,30 in the sexagesimal system of numeration.

Another one, JOSEPH SCALIGER in his beautiful book [5], in which mathematical symbols are printed in red, takes $\sqrt{10}$ for π in his construction. Indeed, he draws diameter $d=2r$ in a circle, next the middle point of its radius and he constructs rectangular triangle with legs $\dfrac{3}{2}r$ and $\dfrac{1}{2}r$. Its hypotenuse gives, in his opinion, an approximate squaring of the circle.

FRANÇOIS VIETE (1540-1603) is well-known as the author of literal notations consequently used in algebra. He used the Latin letters $A, B, C, D, \ldots$ to denote the known quantities and letters $\ldots, W, X, Y, Z$ to denote indeterminates. He introduced such notation in [4a]. His achievements in geometry are less known. VIETE presents some approximate constructions of squaring and rectification the circle in [4b]. On the page 26 (loc. cit.) we can find the following exercise: *quadrant circumferentiae dati circuli invenire proxime lineam rectam aequalem*, i.e. *find the segment approximately equal to the quarter of the circle.*

Squaring the circle in XVI-XVIII centuries 129

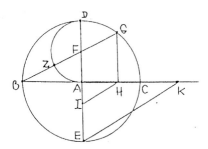

In the figure: $EI = BZ$, GH is orthogonal to BC, and EK is parallel to IH. VIETE claims, that EK is approximately equal to the quarter of the circle $BDCE$. Assume that he is right, i.e. $AK = \frac{1}{2}\pi a$. Similarity of the triangles AIH and AEK implies, that $\frac{AI}{AE} = \frac{AH}{AK}$. Since $AK = \frac{AH \cdot AE}{AI} = \frac{AH \cdot a}{AI}$, thus $\pi = 2\frac{AH}{AI}$. Now we can calculate AH and AI.

We have in $\triangle ABF$: $BF^2 = AF^2 + AB^2 = \frac{1}{4}a^2 + a^2 = \frac{5}{4}a^2$, so $BF = \frac{1}{2}a\sqrt{5}$. Since $BZ = BF - ZF = \frac{1}{2}a\sqrt{5} - \frac{1}{2}a = \frac{1}{2}(\sqrt{5}-1)a$,

so $AI = a - EI = a - BZ$, and $AI = \frac{1}{2}(3-\sqrt{5})a$. Now we find AH. In $\triangle AGH$: $AH^2 + GH^2 = a^2$. Since triangles $\triangle BAF$ and $\triangle BHG$ are similar, hence $\frac{BH}{BA} = \frac{GH}{FA}$, i.e. $\frac{BH}{GH} = \frac{BA}{FA} = 2$. The equality $BH = a + AH$ implies, that $2GH = BH = a + AH$, thus $GH = \frac{1}{2}(a+AH)$. Substituting it in $AH^2 + GH^2 = a^2$, we obtain quadratic equation with respect to AH: $5AH^2 + 2a \cdot AH - 3a^2 = 0$ implying that $AH = \frac{3}{5}a$. Consequently, $\pi = 2\frac{AH}{AI}$, i.e. $\pi = \frac{3}{5}(3+\sqrt{5}) = 3{,}1416406\ldots$.

2. Squaring the circle in the XVII century

KEPLER [6] used ARCHIMEDES result: $\pi = \dfrac{22}{7}$. Sometimes the word *ludolphinum* is used instead of *pi*. This word goes back to LUDOLPH VAN CEULEN (1540-1610). Some epitaphs were found in 1712 in Leyden during rebuilding the Church of Sanctus Petrus. Among them was the epitaph of LUDOLPH VAN CEULEN. We read there: *Qui in vita sua multo labore circumferentiae circuli proximam rationem diametram invenit sequentem (which in life was working much under calculation of an approximate proportion of the circle perimeter to its diameter.)* In the epitaph we find an approximation of π up to 35 digits. At first VAN CEULEN had found 20 digits (*Van den Circkel*, Delf 1596), and next 32 digits (*Fundamenta Arithmetica et Geometrica*, 1615). The book *De Circulo et adscriptis liber* (1619) published by WILLEBRORD SNELL (Snellius) after VAN CEULEN's death, presents his method in case of 20 digits. In 1621 W. SNELL wrote *Cyclometricus* [9], presenting there VAN CEULEN's algorithm for finding 35 digits. VAN CEULEN proves in [7] many theorems dealing with equivalence of polygonals by finite division into smaller figures. He evolves there an arithmetic of quadratic irrationals, i.e. he studies numbers of the form $a + b\sqrt{d}$, with rational a, b, d. He states, that, if d is fixed, then arithmetic operations do not lead out the set. He proves it on examples, but his arguments are quite general. He considers also the numbers obtained from the above ones by extracting square roots. He uses it intensively in [8]. His method runs as follows. LUDOLPH VAN CEULEN calculates the length of the side of the regular N-gon inscribed in the circle with the radius 1, writing the results in tables. Successively he determines the side of the regular N-gon for $N = 2^n$, where $2 \leq n \leq 21$, i.e. up to $N = 2.097.152$. Next he makes the same for $N = 3 \cdot 2^n$, taking $1 \leq n \leq 20$, i.e. until $N = 3.145.728$. Finally he puts $N = 60 \cdot 2^n$, with $1 \leq n \leq 13$, up to $N = 491.520$. For example, in the case considered by ARCHIMEDES (and also by LEONHARDO PISANO, AL-KASCHI, and others), i.e. for regular 96-gon inscribes in the circle with radius 1, the length of the side is equal to

$$\sqrt{2 - \sqrt{2 + \sqrt{2 + \sqrt{2 + \sqrt{2 + \sqrt{3}}}}}} \;,$$

what VAN CEULEN writes as $\sqrt{.2-\sqrt{.2+\sqrt{.2+\sqrt{.2+\sqrt{.2+\sqrt{3}}}}}}$. Next for all tabulated regular N-gons he calculates the perimeters and their decimal expansions, taking as the final approximation to π the last common value from the tables. It gives twenty digits of decimal expansion of π.

The approximation to π by $\frac{355}{113}$, i.e. by the third convergent of the expansion of π into continued fraction, was attributed to ADRIANUS METIUS already at the end of the XVII century. (The first convergent of π is Archimedean result $\frac{22}{7}$, and the second one equals $\frac{333}{106}$). JOHN WALLIS had attributed the result to ADRIANUS METIUS in *De Algebra Tractatus* (see [17b], p.49). But the truth looks quite differently. ADRIANUS METIUS ALCMARIANUS writes in [11] (p.89):

Confoederatarum Belgiae Provintiarum Geometra [...] Simonis a Quercu demonstravit proportionem peripheriae ad Suam diametrum esse minorem $3\frac{17}{120}$, hoc est $\frac{377}{120}$ majorem $3\frac{15}{106}$, hoc est $\frac{333}{106}$, quarum proportionum intermedia existit $3\frac{16}{113}$, sive $\frac{355}{113}$, [...], what means, that *Geometra from confederated province of Belgium, Simonis from Quercu, had proved, that the ratio of the perimeter to its diameter is smaller than $3\frac{17}{120}$, i.e. $\frac{377}{120}$, and greater than $3\frac{15}{106}$, i.e. $\frac{333}{106}$. The mean proportion of the fractions is $3\frac{16}{113}$, that is $\frac{355}{113}$.*

The fraction $\frac{a+c}{b+d}$ was called the mean proportion of fractions $\frac{a}{b}$ and $\frac{c}{d}$. The result $\frac{377}{120}$ comes back to PTOLEMY. The work [11] is very interesting for another reason. ADRIANUS METIUS describes there an approximate construction changing a circle into equilateral triangle. We present below his construction with original figure of ADRIANUS. From the intersection E of two orthogonal lines we draw a circle with radius a. Thus $AE = CE = BE = EG = EF = a$. Next we construct two equilateral triangles: ΔCEG and ΔCEF. The bisetrix of the angle determines the point H. From the point C

one constructs $CI = CH$. Let the lines through A and I, B and I meet the circle in points L and Q respectively. The intersection of the line LQ with lines EF and EG, defines the point M and N of the constructed equilateral triangle. The third point can be found immediately.

LEMMA. In the figure below: $HC = a\sqrt{2-\sqrt{3}}$. Indeed, the Cosine Theorem applied to $\triangle CEH$, gives

$$HC^2 = EC^2 + EH^2 - 2 \cdot EC \cdot EH \cos 30° = 2a^2 - 2a^2 \cos 30° = a^2(2 - \sqrt{3}).$$

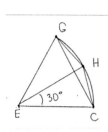
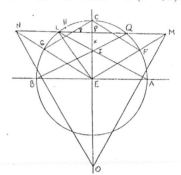

We calculate the surface of $\triangle MNO$. Let P be the meet of the line EC with MN. Put $PI = x$, $LP = y$. The Lemma implies, that $EI = a - CI = a - a\sqrt{2-\sqrt{3}} = \lambda a$, where $\lambda = 1 - \sqrt{2-\sqrt{3}}$. The rectangular triangle $\triangle AEI$: $IA^2 = EI^2 + EA^2 = EI^2 + a^2$, thus $IA = a\sqrt{1+\lambda^2}$. Similarity for triangles $\triangle LPI$ and $\triangle AEI$ gives

$$\frac{LI}{AI} = \frac{PI}{EI}, \frac{x}{y} = \frac{EI}{EA}, \text{ i.e. } LI = \frac{AI}{EI} PI = \frac{\sqrt{1+\lambda^2}}{\lambda} x, \; x = \lambda y.$$

In the rectangular triangle $\triangle LPE$: $PE^2 + LP^2 = LE^2$,

hence $(x + EI)^2 + y^2 = a^2$, $(x + \lambda a)^2 + y^2 = a^2$,

and since $x = \lambda y$, thus $\lambda^2 (y + a)^2 + y^2 = a^2$,

implying $\lambda^2 (y + a)^2 = (a + y)(a - y)$,

i.e. $\lambda^2 (a + y) = a - y$, thus $y = a\dfrac{1-\lambda^2}{1+\lambda^2}$, and $x = \lambda a \dfrac{1-\lambda^2}{1+\lambda^2}$.

Since E is the median of the equilateral triangle ΔMNO, so $EP = x + IE$ is the half of EO, i.e. $x + EI = \frac{1}{2} EM$, since $EO = EM$,

i.e. $EM = 2(x + IE) = 2a\lambda \frac{1-\lambda^2}{1+\lambda^2} + 2a\lambda = \frac{4a\lambda}{1+\lambda^2}$.

It implies that the high h in ΔMNO equals $h = \frac{3}{2} EM = \frac{6a\lambda}{1+\lambda^2}$. If z is a side of ΔMNO, then from ΔOPM: $h^2 + \left(\frac{z}{2}\right)^2 = z^2$, i.e. $z = \frac{2}{\sqrt{3}}\ h = 4a\sqrt{3}\ \frac{\lambda}{1+\lambda^2}$.

Since, by ADRIANUS METIUS, the area of ΔMNO is approximately equal to the area of the circle with the centre E and radius $EA = a$, hence

$\pi a^2 = \frac{1}{2} hz = \frac{1}{2} h \frac{2}{\sqrt{3}}\ h = \frac{1}{\sqrt{3}} h^2 = \frac{1}{\sqrt{3}} \frac{36 a^2 \lambda^2}{(1+\lambda^2)^2}$, i.e. $\pi = 12\sqrt{3} \frac{\lambda^2}{(1+\lambda^2)^2}$.

Thus π equals approximately 3,1826734... . Since π = 3,141592... , the error is about 1,3 %.

Among many authors who kept busy in XVII century with measuring the circle, a special place has CHRISTIAN HUYGENS (1629 - 1695), one of the most famous mathematicians of the century. In a short time he learned and extended the coordinate methods of DESCARTES, showing its many applications in mathematics and aside. His known achievements are published in many great volumes. I describe here only a part of his scientific activity. In *Theoremata de Quadratura Hyperboles, Ellipsis et Circuli* from 1651 HUYGENS describes geometrical methods for finding lengths of their parts. In the treatise *De Circuli Magnitudine Inventa* (*A study of the circle magnitude*) from the year 1654 he describes different geometrical methods of approximate the perimeter of the circle. HUYGENS in [13] leads to absolute perfection the methods of ARCHIMEDES of approximation of the perimeter of the circle by suitably chosen n-gons. He proves geometrically many inequalities between the lengths of sides of n-gons, $2n$-gons and $3n$-gons inscribed and described on a circle. In particular, he deduces from them an approximate rectification of an arc. Already in his times analytical arguments like presented below were known and applied.

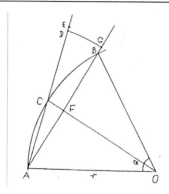

Let AOB be a sector of a circle with radius r and angle α. Let OC bisect the angle AOB. We put aside $CD = AC$ on the line through A and C. The circle with centre A and radius AD meets the line through A and B in G. Finally we put $DE = \frac{1}{3}BG$. Then, as HUYGENS claims, the length of the arc AB is approximately equal to the segment AE. Indeed,

$AE = AD + DE = AD + \frac{1}{3}BG = AD + \frac{1}{3}(AD - AB) = \frac{4}{3}AD - \frac{1}{3}AB$. Since $AD = 2AC$, by the construction, $AB = 2AF = 2r \sin \frac{\alpha}{2}$ from the triangle AFO and similarly, $AC = 2r \sin \frac{\alpha}{4}$, thus

$$AE = \frac{4}{3}AD - \frac{1}{3}AB = \frac{4}{3} \cdot 2AC - \frac{1}{3}AB = \frac{8}{3} \cdot 2r \sin \frac{\alpha}{4} - \frac{1}{3} \cdot 2r \sin \frac{\alpha}{2}$$
$$= \frac{2r}{3}(8 \sin \frac{\alpha}{4} - \sin \frac{\alpha}{2}).$$

Since the sine function has expansion: $\sin x = x - \frac{1}{3!}x^3 + \frac{1}{5!}x^5 - \ldots$, then taking x equal $\frac{1}{4}\alpha$ and $\frac{1}{2}\alpha$, we have

$$8 \sin \frac{\alpha}{4} - \sin \frac{\alpha}{2} =$$
$$= 8\left(\frac{\alpha}{4} - \left(\frac{\alpha}{4}\right)^3 \frac{1}{3!} + \left(\frac{\alpha}{4}\right)^5 \frac{1}{5!} - \ldots\right) - \left(\frac{\alpha}{2} - \left(\frac{\alpha}{2}\right)^3 \frac{1}{3!} + \left(\frac{\alpha}{2}\right)^5 \frac{1}{5!} - \ldots\right) =$$

$$= \alpha(2-\frac{1}{2}) + \alpha^3\left(\frac{1}{6\cdot 8}\right) - \left(\frac{8}{6\cdot 4^3}\right) + \alpha^5\left(\frac{8}{4^5\cdot 120} - \frac{1}{2^5\cdot 120}\right) +$$
$$\alpha^7\left(\frac{1}{2^7\cdot 7!} - \frac{8}{4^7\cdot 7!}\right) + \ldots =$$
$$= \frac{3}{2}\alpha + \frac{1}{2^5\cdot 5!}\left(\frac{1}{2^2}-1\right)\alpha^5 + \frac{1}{2^7\cdot 7!}\left(1-\frac{1}{2^4}\right)\alpha^7 + \frac{1}{2^9\cdot 9!}\left(\frac{1}{2^6}-1\right) + \ldots .$$

Consequently

$$\left|-\frac{3}{2}\alpha + 8\sin\frac{\alpha}{4} - \sin\frac{\alpha}{2}\right| \le$$
$$\le \frac{3}{4}\cdot\frac{1}{2^5\cdot 5!}\alpha^5\left(1 + \frac{\alpha^2}{2^2\cdot 6\cdot 7} + \frac{\alpha^4}{2^4\cdot 6\cdot 7\cdot 8\cdot 9} + \frac{\alpha^6}{2^6\cdot 6\cdot 7\cdot 8\cdot 9\cdot 10\cdot 11} + \ldots\right) \le$$
$$\le \frac{3}{4}\frac{\alpha^5}{2^5\cdot 5!}\left(1 + \left(\frac{\alpha}{12}\right)^2 + \left(\frac{\alpha}{12}\right)^4 + \left(\frac{\alpha}{12}\right)^6 + \ldots\right) = \frac{3}{4}\frac{\alpha^5}{2^5\cdot 5!}\frac{1}{1-\left(\frac{\alpha}{12}\right)^2}.$$

Thus

$$AE = \frac{2r}{3}\left(\frac{3}{2}\alpha - \frac{3}{4}\cdot\frac{1}{2^5\cdot 5!}\alpha^5 + \ldots\right) = r\alpha - \frac{r}{7680}\alpha^5 + \ldots .$$ Since $AE = r\alpha +$ *rest*, hence our arguments show that $|rest| \le \frac{r}{5760}\frac{\alpha^5}{1-\left(\frac{\alpha}{12}\right)^2}$. If $|\alpha| < 2$, then instead of the constant 5760 we can take 7680. It is interesting, that in HUYGENS book [13] there is also the constant 7680. The obtained result gives the possibility of rectifying the circle with a given error. Indeed, it is necessary to divide the circle into n equal arcs and next rectify each of them. For example, if $\alpha = \frac{1}{2}\pi$, then $|rest| \le 0,0012636$, what by multiplying by 4 given an error not greater than 0,0056.

Another *Quadratura circuli* gave MARCUS MARCI [15]. It was described in [24]. MADHAVA (*Yukti - Bhasha,* XIV century) found for π the value $\pi = 3,14159265359\ldots$. It could be not surprising but he used some calculations equivalent to the series expansion of arcus tangens:

$arctg x = x - \frac{x^3}{3} + \frac{x^5}{5} - \frac{x^7}{7} + ...$, called now Gregory's series (1671). In particular MADHAVA used the equality $\pi = 4\left(1 - \frac{1}{3} + \frac{1}{5} - \frac{1}{7} + ...\right)$. In Europe this equality was discovered by G.W. LEIBNIZ [16].

Ancient Indian mathematicians of MADHAVA times knew much more exact approximations of π. For example KARANA PADDHATI gives 17 digits of π.

Now recall an approximate rectification of the circle of ADAM ADAMANDY KOCHANSKY (see [19]). Jesuit KOCHANSKY was at first professor of mathematics in Mainz in 1659. Next in 1667 he was teaching at Jesuit Collegium in Florence, in 1670 he was in Prague, then in Olomouc. Since he was not content from his stay there, he decided in 1677 to ask for his transfer to another place, to Wratilsavia (Wrocław), where he observed and described a comet. Later he was librarian of Polish king Jan III Sobieski. He died at the end of XVII century. He came to the history of mathematics as the author of very simple (approximate) rectification the circle.

We draw two orthogonals to diameter of the semi-circle ADB with centre S and radius $AS = r$. Next we put $AC = 3r$.

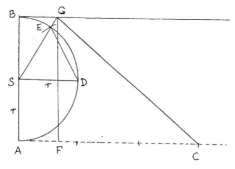

Then we take the parallel SD to AC and we construct the equilateral triangle SDE. Let the line through S and E meet G the line from B parallel to the base line AC. KOCHANSKY claims that GC equals approximately the semi-circle ADB. Indeed since $FC = AC - GB = 3r - rtg\ 30°$ and $tg 30° = \frac{1}{\sqrt{3}}$, then from the rectangle FCG we obtain $GC^2 = FG^2 + FC^2$, i.e. $GC^2 = (2r)^2$

+ $(3r - rtg30°)^2 = r^2(\frac{40}{3} - 2\sqrt{3})$, thus $GC = r\sqrt{\frac{40}{3} - 2\sqrt{3}}$, what means, that $\pi = \sqrt{\frac{40}{3} - 2\sqrt{3}} = \frac{1}{3}\sqrt{6(20 - 3\sqrt{3})} = 3,141533...$ approximately. The error equals $3,14159265... - 3,1415333... = 0,00005932...$.

3. The state of *quadratura circuli* in the XVIII century

The problem of squaring the circle appears in seven EULER's papers and in his correspondence with CHRISTIAN GOLDBACH in the years 1729-1730. We describe one of EULER's approximate rectifications of the circle.

ISAAC BRUCKNER (1686-1762) gave not too much exact rectification of the circle. EULER proposed the following modification of BRUCKNER's construction.

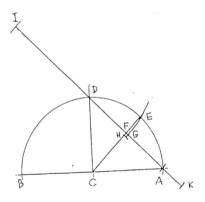

Let CE be bisectrix of the right angle ACD. Let $DI=AD$, $IG=IE$, $FH=FG$ and $AK=EH$. Assume moreover, that $AC = 1$. Then $IA = 2\sqrt{2}$, $CF=\frac{1}{2}\sqrt{2}$, $EF = 1 - \frac{1}{2}\sqrt{2}$, $IF = \frac{3}{2}\sqrt{2}$. Thus $IG^2 = IE^2 = IF^2 + EF^2 = 6 - \sqrt{2}$, implying that $IG = \sqrt{6 - \sqrt{2}}$.

Consequently $FH = FG = IG - IF$,

i.e. $AK = EH = EF + FH = \sqrt{6-\sqrt{2}} + 1 - 2\sqrt{2}$,

and finally $IK = IA + AK = 1 + \sqrt{6-\sqrt{2}} = 3{,}1414449\ldots$.

LEONHARD EULER improved also described above HUYGENS construction, following his ideas, but obtaining for the approximate length $L\,(\alpha,r)$ of an arc with radius r and angle α the formula

$$L(\alpha,r) = \frac{r}{45}(256\sin\frac{\alpha}{4} - 40\sin\frac{\alpha}{2} + \sin\alpha),$$

much more exact than HUYGENS's. Namely $L(\alpha,r) = ar - \dfrac{r}{322560}\alpha^7 + \ldots$,

slightly better than in HUYGENS construction.

The bibliography below contains only selected papers and books concerning squaring the circle. The complete bibliography is much more extensive.

References (in chronological order):

[1] BUTEO, JOHANNES (Buteo, Jean; Buteon; Borrel): Io. Buteonis delphinatici opera geometrica [...] Confutatio quadraturae circuli ab Orontio finaeo factae. Leiden 1554.

[2] TARTAGLIA, NICOLO: General trattato di numeri et misure [...]. 3 vols. Venedig 1556-60.

[3] BUTEO, JOHANNES: Joannis Buteonis de quadratatura circuli libri duo. Lyon 1559.

[4a] VIETE, FRANÇOIS (Vieta, Franciscus): Francisci Vietae in artem analyticem isagoge. Tours 1591.

[4b] VIETE, FRANÇOIS: Francisci Vietae variorum de rebus responsorum mathematicis liber VIII. Tours 1593.

[5] SCALIGER, JOSEPH: Iosephi Scaligeri [...] Appendix ad Cyclometrica sua: In qua asseritur Quadratio circuli [...] Demonstrationbus Cyclometricis. Leiden (Lugduni Batavorum) 1594.

[6] KEPLER, JOHANNES: Nova stereometria doliorum vinariorum [...]. Linz 1615.

[7] CEULEN, LUDOLF VAN: De arithmetische en geometrische fondamenten. Leyden 1615. lat.: Fundamenta arithmetica et geometrica. 1617.

[8] CEULEN, LUDOLPH VAN: Ludolphi a Ceulen de circulo et adscriptis Liber. 1619.

[9] SNELLIUS, WILLEBRORDUS: Cyclometria sive de circuli dimensione. Leiden 1621.

[10] METIUS, ADRIAAN: Adriano Metio Alcmariano praxis nova geometrica per vsvm circini et regulae proportionalis. Amsterdam 1623.

[11] METIUS, ADRIAAN: Adriani Metii Alcmariano arithmeticae libri duo, et geometriae lib VI. Leiden 1626.

[12] GREGORIUS A SANCTO VINCENTIO: P. Gregorii a S^{to} Vincentio opus geometricum quadraturae circuli et sectionum coni. Antwerpen 1647.

[13] HUYGENS, CHRISTIAAN: De circuli magnitudine inventa. Leiden 1654.

[14] GREGORIUS A SANCTO VINCENTIO: Examen circuli quadraturae [...]. Leiden 1654.

[15] MARCI DE CRONLAND, JOHANNES MARCO: Ioanne Marco Marci labyrintus in quo via ad circvli quadraturam pluribus modis exhibetur. Pragae 1654.

[16] LEIBNIZ, GOTTFRIED WILHELM: De vera proportione circuli ad quadratum circumscriptum in numeris rationalibus. Acta Eruditorum MDCLXXXII, p. 40-46.

[17a] WALLIS, JOHN: De angulo contactus et semicirculi tractatus anno 1656 editus. Ejuadem tractatus defensio. Edita Anno 1685.

[17b] WALLIS, JOHN: De algebra tractatus, historicus & practicus. Anno 1685 Anglice editus. [...] Oxoniae MDCXCIII.

[18] CLUVER, D.: Quadratura circuli infinitis modis demonstrata. Acta Eruditorum MDCLXXXVI, p. 369-371.

[19] KOCHANSKY, ADAM ADAMANDY: Observationes Cyclometriace ad facilitandam Praxim accomodatae. Acta Eruditorum MDCLXXXV, p. 394-398.

[20] BAUDEMONT, REMIGIUS: Sincerum examen quadraturae circuli. Pragae 1712.

[21] Problemata Mathematica Quadraturam Circuli [...] Per Matheseophilum. Frankfurt 1733.

Dr. Witold Więsław; Uniwersytet Wrocławski; PL-50384 Wrocław; Polen; email: wieslaw@math.uni.wroc.pl

Die Lösung quadratischer, kubischer und biquadratischer Gleichungen in den algebraischen Werken Christian Wolffs

Silvia Sommerhoff-Benner

Einleitung

Dieser Beitrag beschäftigt sich mit der Lösung quadratischer, kubischer und biquadratischer Gleichungen in den algebraischen Werken CHRISTIAN WOLFFS. WOLFF lebte von 1679 bis 1754. Er veröffentlichte zum einen 1710 die "Anfangsgründe aller mathematischen Wissenschaften" und zum anderen 1713/15 eine zweibändige Ausgabe der "Elementa matheseos universae", die 1730 bis 1741 auf eine fünfbändige Ausgabe erweitert wurden. Meinen Ausführungen liegen maßgeblich die siebte Auflage der "Anfangsgründe" aus dem Jahr 1750, die letzte Auflage zu WOLFFs Lebzeiten, und die fünfbändige Ausgabe der "Elementa" zugrunde. Diese Ausgabe des lateinischen Werkes ist laut JOSEPH EHRENFRIED HOFMANN

"als Ausgabe letzter Hand anzusehen und enthält das Beste, was Wolff als Universitätslehrer auf mathematischem Gebiet zu sagen hat."[1]

Eine zentrale Fragestellung bei der Betrachtung der Lösungen nichtlinearer Gleichungen wird sein, ob WOLFF das Wissen der damaligen Zeit lediglich systematisiert hat, und wenn ja, wie gut, oder ob er es erweitert hat, ob er also auch schöpferisch tätig war.

In diesem kurzen Beitrag kann natürlich nicht auf alle Details zu dieser Thematik der Gleichungen eingegangen werden. Daher werden einige Kernstellen exemplarisch aus den Werken herausgegriffen.

Interessant erscheint zunächst einmal die Behandlung gemischtquadratischer Gleichungen.

---

[1] [Wolff 1968, VIII]

Gemischtquadratische Gleichungen

Sowohl in den "Elementa" als auch in den "Anfangsgründen" wird von WOLFF eine Dreiteilung vorgenommen. Es werden nämlich die drei, bereits seit AL-HWARIZMI unterschiedenen und von diesem bis ins Abendland hineingetragenen, aber in etwas anderer Form notierten gemischtquadratischen Gleichungstypen in folgender Reihenfolge vorgestellt:

WOLFF	AL-HWARIZMI
1. $x^2 + ax = b^2$	$px^2 + qx = r$
2. $x^2 - ax = b^2$	$qx + r = px^2$
3. $x^2 - ax = -b^2$	$px^2 + r = qx$

Auffällig bei der Betrachtung dieser Gleichungstypen ist die Einhaltung des Homogenitätsprinzips, die sich bei AL-HWARIZMI nicht findet, weiterhin die ausschließliche Verwendung positiver a. Ansonsten wäre die Einteilung in diese Gleichungstypen nicht notwendig gewesen. Im Gegensatz zu AL-HWARIZMI fällt auf, daß die Gleichungstypen analog aufgebaut sind: Auf der linken Seite der Gleichung befinden sich das quadratische und das lineare Glied, auf der rechten Seite das konstante Glied. Dieses hat zur Folge, daß beim letzten Gleichungstyp ein negatives Vorzeichen auf der rechten Gleichungsseite steht.

Die gemischtquadratischen Gleichungen löst WOLFF mit Hilfe der quadratischen Ergänzung. Der Lösungsweg zum Gleichungstyp 2, der in den "Elementa" und den "Anfangsgründen" identisch ist, wird nun kurz vorgestellt:

Gleichungstyp 2:
$$x^2 - ax = b^2$$

Quadratische Ergänzung liefert

$$x^2 - ax + \frac{1}{4}a^2 = \frac{1}{4}a^2 + b^2.$$

WOLFF folgert hieraus zunächst

$$x - \frac{1}{2}a = \sqrt{\frac{1}{4}a^2 + b^2}$$

und

$$\frac{1}{2}a - x = \sqrt{\frac{1}{4}a^2 + b^2}\ .$$

Somit gilt

$$x = \frac{1}{2}a \mp \sqrt{\frac{1}{4}a^2 + b^2}\ .$$

Die Lösung dieses Gleichungstyps beruht darauf, daß

$$x^2 - ax + \frac{1}{4}a^2 = \left(x - \frac{1}{2}a\right)^2 = \left(\frac{1}{2}a - x\right)^2 = \frac{1}{4}a^2 + b^2.$$

Die beiden Lösungen kommen nicht über die "Doppelwurzel" zustande, wie dies in heutigen Rechnungen der Fall ist, sondern über die vorstehende Gleichheit. Für WOLFF hat also die Gleichung $x^2 = a$ nur zur Folge, daß $x = \sqrt{a}$ und nicht $x = \pm\sqrt{a}$. Warum aber kennt WOLFF diesen Sachverhalt der "Doppelwurzel" nicht? Zumindest in dem lateinischen Werk wird ausführlich die Multiplikation mit negativen Zahlen gelehrt. WOLFF ist bekannt, daß $(-\sqrt{a})(-\sqrt{a}) = a$, denn aus seinen Ausführungen geht eindeutig hervor,[2] daß $(-a)(-b) = ab$, $\sqrt{a}\sqrt{b} = \sqrt{ab}$, $aa = a^2$ und $\sqrt{a^2} = a$. Aus diesen Kenntnissen müßte er ableiten können, daß aus $x^2 = a$ folgt: $x = \pm\sqrt{a}$. Hier ist eine wichtige Stelle erreicht, an der gesagt werden kann, daß WOLFF keinen Blick für mathematische Folgerungen zu haben scheint. Das ist ein Indiz dafür, daß er nicht als schöpferischer Mathematiker tätig war, sondern das mathematische Wissen der damaligen Zeit aus verschiedenen Quellen zusammengetragen hat, ohne es selbständig zu verarbeiten.

Während in den "Elementa" beide Lösungen zu diesem Gleichungstyp akzeptiert werden, zumindest in der theoretischen Darstellung, werden die negativen Lösungen der quadratischen Gleichungen in den "Anfangsgründen" nicht akzeptiert, was durchaus verständlich ist, da die negativen Zahlen in diesem Werk eher stiefmütterlich behandelt werden. Natürlich erhält WOLFF über den oben angeführten Lösungsweg auch in dem deutschen Werk die negative Lösung. Er akzeptiert diese aber nicht, indem er sagt:

---

[2] Vgl. [Wolff 1968, 304-314]

Nichtlineare Gleichungen bei Christian Wolff 143

"Denn, weil $\sqrt{\frac{1}{4}a^2+b^2}$ grösser als $\frac{1}{2}a$ ist; so gehet die andre Wurtzel $x=\frac{1}{2}a-\sqrt{\frac{1}{4}a^2+b^2}$ nicht an."[3]

Die negative Lösung wird also durchaus als Wurzel bezeichnet, aber diese Wurzel "geht nicht an", wird nicht akzeptiert.

Aus welchem Grund nun aber die negativen Lösungen keine Anerkennung finden, darüber kann man nur spekulieren. Da klar ist, daß WOLFF negative Zahlen sehr wohl kennt, können nur zwei Vermutungen geäußert werden. Entweder hat WOLFF den Themenkomplex des Negativen in seinen Vorlesungen ausgespart und sie werden deshalb nicht in den "Anfangsgründen" angeführt, da dieses Werk eine Zusammenschrift der Vorlesungen ist. Gründe dafür könnten der Zeitmangel sein oder daß WOLFF die Thematik für seine Studenten als nicht wichtig erachtete oder als zu schwierig ansah. Oder aber WOLFF lagen andere Quellen als bei den "Elementa" zugrunde, nach denen er die "Anfangsgründe" und seine Vorlesung aufbaute.

Der Lösungsweg über die quadratische Ergänzung liefert bezüglich des ersten Gleichungstyps $x^2 + ax = b^2$ lediglich eine Lösung, da sowohl $x+\frac{1}{2}a=\sqrt{\frac{1}{4}a^2+b^2}$ als auch $\frac{1}{2}a+x=\sqrt{\frac{1}{4}a^2+b^2}$ nur zur Lösung $x=\sqrt{\frac{1}{4}a^2+b^2}-\frac{1}{2}a$ führt und die "Doppelwurzel" unbekannt ist.

Wenn WOLFF die zweite Lösung aufgrund der vorstehenden Probleme nicht gefunden hat, so hätte er dem Leser bzw. seinen Studenten doch mitteilen müssen, daß zwei Lösungen existieren. In späteren Kapiteln seiner Werke schreibt er schließlich, daß eine Gleichung n-ten Grades n Lösungen besitzt und betont explizit

"in der quadratischen Gleichung ist der Exponent 2, die Zahl der Wurzeln ist auch 2."[4]

Da dieser Gleichungstyp in vielen mathematischen Quellen, so beispielsweise bei AL-HWARIZMI, nur mit einer Lösung angegeben ist, scheint hier ein weiterer Hinweis gefunden, der zeigt, daß einzelnen Kapiteln unterschiedliche Quellen zugrunde lagen. So wird WOLFF sich nicht gewundert

---
[3] [Wolff 1973, 1589]
[4] [Wolff 1973, 1720]

haben, daß ihn sein Lösungsweg lediglich zu einer Lösung führte, wenn er Quellen benutzte, in denen dies als korrekt angesehen war.

Sowohl in den "Anfangsgründen" als auch in den "Elementa" stellt WOLFF fest, daß der dritte Gleichungstyp zwei positive (!) Lösungen hat. Für WOLFF ist in beiden Werken klar, daß $\sqrt{\frac{1}{4}a^2 - b^2} < \frac{1}{2}a$. Daß im Fall $\frac{1}{4}a^2 = b^2$ lediglich eine positive Lösung gefunden werden kann und im Fall $\frac{1}{4}a^2 < b^2$ sogar imaginäre Lösungen auftreten können, ist WOLFF nicht aufgefallen. WOLFF hätte aber erkennen müssen, daß hier Spezialfälle eintreten. Sogar frühere Mathematiker haben Fallunterscheidungen vorgenommen. Ich denke hier z.b. an die Algebra AL-HWARIZMIS, die spätestens seit dem 12./13. Jahrhundert in einer lateinischen Übersetzung zugänglich war, und an die "Ars magna" von CARDANO aus dem Jahr 1545, in denen der Fall $\frac{1}{4}a^2 < b^2$ als "unmöglich" erklärt wird.[5]

Kubische Gleichungen

Auch die Abhandlung der kubischen Gleichungen in WOLFFs Werk bietet interessante Passagen. WOLFF lehrt in einer Aufgabe, daß jede kubische Gleichung auf eine der reduzierten Formen

1. $x^3 = px + q$,
2. $x^3 = -px + q$,
3. $x^3 = px - q$

gebracht werden kann.[6]

Auffällig ist aber, daß das Homogenitätsprinzip in Bezug auf die kubischen Gleichungen nicht mehr beachtet wird. Dieses scheint ein Hinweis auf unterschiedliche Quellen der quadratischen und kubischen Gleichungen zu sein.

---

[5] Vgl. [Witmer 1968, 14/15] und [Rosen 1831, 12]
[6] Vgl. [Wolff 1968, 421] (Das Verfahren ist heute unter dem Namen Tschirnhaus-Transformation bekannt.)

Die reduzierten Formen kubischer Gleichungen

In einer weiteren Aufgabe der "Anfangsgründe" und der "Elementa" wendet WOLFF sich nun der Lösung dieser reduzierten Formen kubischer Gleichungen zu. Für den ersten Typ der reduzierten Formen wird die Lösungsformel hergeleitet, für die beiden anderen Formen wird sie lediglich angegeben. Die Herleitung für den ersten Gleichungstyp soll nun vorgestellt werden, da in ihr deutlich wird, daß bereits zuvor erworbene Kenntnisse hier nicht mehr weiter verarbeitet werden:[7]

Zunächst setzt WOLFF $x = y + z$, ermittelt x^3 und px und substituiert dieses an den Stellen von x^3 und px im ersten Gleichungstyp. Somit ergibt sich

$$y^3 + 3y^2z + 3z^2y + z^3 = py + pz + q.$$

WOLFF setzt

(1) $$3y^2z + 3z^2y = py + pz.$$

Demgemäß gilt

(2) $$y^3 + z^3 = q.$$

Division von (1) durch $y + z$ liefert

(3) $$3yz = p,$$

also

(4) $$z = \frac{p}{3y}.$$

Einsetzen von (4) in (2) ergibt

$$y^3 + \frac{p^3}{27y^3} = q.$$

Durch Umformung und quadratische Ergänzung erhält WOLFF hieraus die Gleichung

$$y^6 - qy^3 + \frac{1}{4}q^2 = \frac{1}{4}q^2 - \frac{1}{27}p^3.$$

---

[7] Vgl. [Wolff 1968, 430/ 431] und [Wolff 1973, 1735-1737]

Mit Hilfe des Lösungsweges zu den quadratischen Gleichungen (Typ 3) sollte WOLFF nun fortfahren. In den "Elementa" ermittelt er auch richtig

$$y^3 = \frac{1}{2}q \pm \sqrt{\left(\frac{1}{4}q^2 - \frac{1}{27}p^3\right)}.$$

Im folgenden Schritt jedoch erhält WOLFF als Lösung für y

$$y = \sqrt[3]{\frac{1}{2}q + \sqrt{\left(\frac{1}{4}q^2 - \frac{1}{27}p^3\right)}}\ .$$

Die zweite Lösung $\sqrt[3]{\frac{1}{2}q - \sqrt{\left(\frac{1}{4}q^2 - \frac{1}{27}p^3\right)}}$ fällt somit weg. Diese wird ohne Kommentar als z ausgegeben.

In den "Anfangsgründen" ermittelt WOLFF nicht einmal die zweite Lösung. Für ihn ergibt sich nach Durchführung der quadratischen Ergänzung lediglich *eine* Lösung, was im Widerspruch steht zu seinen Ausführungen zu den quadratischen Gleichungen. z wird ermittelt über die Gleichung

$$z^3 = q - y^3.$$

So wird es vermutlich auch in den "Elementa" gewesen sein, denn in der Erstausgabe aus den Jahren 1713/15 wird es in dieser Art geschildert.

In beiden Werken wird die Lösungsformel

$$x = \sqrt[3]{\frac{1}{2}q + \sqrt{\frac{1}{4}q^2 - \frac{1}{27}p^3}} + \sqrt[3]{\frac{1}{2}q - \sqrt{\frac{1}{4}q^2 - \frac{1}{27}p^3}}$$

angegeben.

Bei den Lösungsformeln setzt WOLFF nicht voraus, daß die Diskriminante D größer als 0 sein muß. Dieses ist ein Defizit des deutschen Werkes, in dem die Wurzeln aus negativen Größen nicht definiert sind. Hat WOLFF das Ausmaß der Cardanischen Formel nicht durchschaut? Da er nicht explizit voraussetzt, daß D größer als 0 sein muß, könnte es theoretisch sein, daß er auch die anderen Lösungen kennt, ohne dieses zu erwähnen. In den Zahlenbeispielen werden immer Diskriminanten größer 0 gewählt und reelle Lösungen ermittelt, so daß keine genaueren Angaben gemacht werden können.

Interessant zu dieser Thematik ist aber eine Äußerung WOLFFs in der Erstausgabe der "Anfangsgründe" aus dem Jahr 1710, die im Anschluß an die dargestellten Beispiele angeführt wird:

"Aus diesen Exempeln erhellet zu gleich/ daß $\frac{1}{4}qq$ allzeit größer seyn muß im ersten und dritten Falle [bei den Gleichungstypen 1 und 3 mit Subtraktionszeichen unter der Quadratwurzel] als $\frac{1}{27}p^3$."[8]

Hier scheint es WOLFF tatsächlich aufgefallen zu sein, daß gewisse Bedingungen erfüllt sein müssen. Wurzeln aus negativen Größen sind für ihn in dem deutschen Werk schließlich nicht möglich. Eine solche Einschränkung ist noch nicht einmal in Bezug auf die quadratischen Gleichungen gemacht worden. Wichtig ist aber wohl die Frage, warum diese Bemerkung in der siebten Auflage nicht mehr vorhanden ist. Hat WOLFF eventuell gar nicht richtig verstanden, was diese Bemerkung für seine Abhandlung bedeuten könnte? Da die Aussage bei den quadratischen Gleichungen fehlt, stellt sich die Frage, ob WOLFF tatsächlich den logischen Aufbau der Mathematik aufgenommen hat, oder ob er einzelne Thematiken lediglich aus verschiedenen Quellen zusammengetragen, aneinandergereiht hat.

Auffällig ist auch, daß WOLFF im Hinblick auf die Lösung der Gleichung sechsten Grades, die in der Form einer quadratischen Gleichung zu lösen ist, so anders vorgeht wie bereits gelehrt. Er begründet nicht, daß ein bestimmter Fall nicht weiter betrachtet wird oder als Größe der zweiten Unbekannten anzusetzen ist.

Weiterhin ist es eine Uneinheitlichkeit, daß bezüglich quadratischer Gleichungen der gesamte Lösungsweg nochmals beschritten wird und bei praktischen Aufgaben zu kubischen Gleichungen lediglich in die "ermittelten" Formeln eingesetzt, der Lösungsweg also nicht nachvollzogen wird.

Biquadratische Gleichungen

Nach diesen Ausführungen zu den kubischen Gleichungen seien nun noch kurz die biquadratischen erwähnt, die allerdings nur in den "Elementa" behandelt werden.

---

[8] [Wolff 1710]

Die erste Aufgabe zu dieser Thematik lautet:

"Aequationem biquadraticam, in qua secundus terminus deficit, reducere ad cubicam."[9]

Zur Lösung der Aufgabe macht WOLFF den Ansatz $x^4 + qx^2 + rx + s = (x^2 + yx + z)(x^2 - yx + v)$ mit unbestimmten Koeffizienten y, z und v. Mit Hilfe des Koeffizientenvergleichs und des Einsetzungsverfahrens werden nun Formeln für diese unbestimmten Koeffizienten hergeleitet, wobei, um y zu ermitteln, eine kubische Gleichung zu lösen ist. Vermutlich bezieht WOLFF sich in seiner Aufgabenstellung auf diese. Tatsächlich ist es nun möglich, alle biquadratischen Gleichungen zu lösen, indem maximal diese kubische Gleichung zu überwinden ist.

Auch in dieser Aufgabe aber ist wieder etwas zu bemerken, das direkt die Aufmerksamkeit auf sich zieht. Ausgangspunkt ist nämlich eine Gleichung vierten Grades mit fehlendem kubischen Glied, deren Glieder nur durch das Additionszeichen verbunden werden. Dieses widerspricht eigentlich der bisherigen Vorgehensweise WOLFFs. Er hätte verschiedene Typen biquadratischer Gleichungen unterscheiden müssen, da er bisher lediglich positive Koeffizienten kannte. WOLFF begründet seine Vorgehensweise, indem er sagt:

"Sit aequatio biquadratica $x^4 + qx^2 + rx + s = 0$, ubi retinetur in omnibus terminis signum +, ut omnes casus repraesententur."[10]

Wenn WOLFF aber weiß, daß auf diese Art und Weise alle Fälle betrachtet werden können, daß also eine Allgemeingültigkeit erreicht wird, warum hat er diese Vorgehensweise nicht auch bei den quadratischen und kubischen Gleichungen angewendet? WOLFFs Darstellungsweise ist inkonsequent und legt die Vermutung nahe, daß er lediglich das Wissen der damaligen Zeit aus unterschiedlichen Quellen zusammengetragen hat. Oder ist diese Darstellung evtl. lediglich ein weiterer Lernschritt für all diejenigen, die die Algebra aus WOLFFs "Elementa" erlernen wollten? Ist es evtl. die Kennzeichnung, daß Vierdimensionalität nicht mehr der Anschauung entspricht? Nach den bisherigen Ausarbeitungen ist anzunehmen, daß für unterschiedliche Themenbereiche tatsächlich unterschiedliche Quellen vorlagen.

---

[9] [Wolff 1968, 433]
[10] [Wolff 1968, 433]

Die nächste Aufgabe, in der dann schließlich die Lösung einer biquadratischen Gleichung bestimmt werden soll, ist in zwei Abschnitte gegliedert. Im ersten werden die reinen, im zweiten die gemischten Gleichungen vierten Grades betrachtet.

"I. Si aequatio fuerit pura, e.gr. $x^4 = a^2bc$: extrahatur primum radix quadrata, ut habeatur $x^2 = a\sqrt{bc}$ & hinc denuo educatur radix quadrata. Reperietur $x = \sqrt{(a\sqrt{bc})}$." [11]

Da WOLFF die "Doppelwurzel" unbekannt ist, erhält er lediglich eine Lösung. Er wundert sich aber nicht darüber, obwohl er weiß, daß eine biquadratische Gleichung vier Lösungen besitzt. Die Notation der reinen biquadratischen Gleichung ist auffällig, da hier, wie auch bei den quadratischen Gleichungen, auf die Einhaltung des Homogenitätsgesetzes geachtet wird. Bei den kubischen Gleichungen war dies nicht der Fall und auch bei der Bemerkung über die Allgemeingültigkeit der Darstellung $x^4 + qx^2 + rx + s = 0$ wurde die Homogenität nicht beachtet.

Zu den gemischten biquadratischen Gleichungen schreibt WOLFF:

"II. Si aequatio fuerit affecta 1.Tollatur secundus terminus, si adfuerit [...]. 2. Reducatur aequatio ad cubicam [...]. 3. Inde extrahatur radix cubica [...]. 4. Hac data ex aequationibus, quarum ope biquadraticam ad cubicam reduximus, radices aequationis propositae erui possunt." [12]

Die Lösung wird also in vier Schritten geschildert, wobei sich herausstellt, daß alle benötigten Hilfsmittel bereits in den zuvor geschilderten Paragraphen eingeführt wurden: Zunächst soll das kubische Glied aus der biquadratischen Gleichung entfernt werden. Dieses ist einfach mit der bereits gelehrten Transformation möglich. Danach soll mit Hilfe vorstehender Aufgabe diese biquadratische Gleichung auf die Lösung einer kubischen Gleichung reduziert werden. Was mit diesem zweiten und dritten Schritt tatsächlich gemeint ist, wurde gerade geschildert. Im Endeffekt löst WOLFF die biquadratischen Gleichungen, indem er sie auf quadratische Gleichungen zurückführt und die Lösungen dieser bestimmt.

---

[11] [Wolff 1968, 433]
[12] [Wolff 1968, 434]

Abschließender Kommentar

Diese kurzen Einblicke zeigen, daß WOLFF vermutlich nicht selbst als schöpferischer Mathematiker tätig war. Daß er bereits vorgestellte mathematische Aspekte nicht erneut aufgreift bzw. weiterverwendet, läßt den Schluß zu, daß er sein mathematisches Wissen unterschiedlichen Quellen entnommen hat und selbst nur systematisierend tätig war. Hätte er das mathematische Wissen der damaligen Zeit nicht nur gesammelt und systematisiert, so wären die geschilderten Inkonsequenzen nicht möglich. Das Zusammentragen aus verschiedenen mathematischen Quellen birgt das Problem in sich, daß einige Werke schon fortgeschrittener waren als andere. Für WOLFF bestand das Problem dann darin, daß er beispielsweise imaginäre und negative Zahlen aus einer Quelle kannte, also einen relativ modernen mathematischen Kenntnisstand zeigte, aber andere Sachverhalte älteren Werken entnahm. Da er das Wissen nicht selbständig miteinander verknüpfte, wurde die Logik in Mitleidenschaft gezogen.

Literatur

ROSEN, FREDERIC: The Algebra of Mohammed ben Musa. Arabisch mit englischer Übersetzung. London 1831.

WITMER, T. RICHARD: *Ars Magna* or The Rules of Algebra. Girolamo Cardano. New York 1968.

WOLFF, CHRISTIAN: Anfangsgründe aller mathematischen Wissenschaften. Bd. IV. Halle 1710.

WOLFF, CHRISTIAN: Anfangsgründe aller mathematischen Wissenschaften. Bd. IV. In: Gesammelte Werke, hrsg. von J. École, J.E. Hofmann, M. Thomann, H.W. Arndt; I. Abt., Bd. 15,1. Hildesheim, New York 1973.

WOLFF, CHRISTIAN: Elementa matheseos universae. Bd. I. In: Gesammelte Werke, hrsg. von J. École, J.E. Hofmann, M. Thomann, H.W. Arndt; II. Abt., Bd. 29. Hildesheim 1968.

Silvia Sommerhoff-Benner, Grundstr. 12, D-35708 Haiger

Schulen und Schulverläufe bei Julius Plücker (1801 - 1868) und seinem Studenten August Beer (1825 - 1863)

Aus der Zeit der Neuordnung Deutschlands um 1800 bis 1848

Gerhard Warnecke

> "Der Zeitgeist entscheidet,
> und ist der Schulmeister
> und das Schulmeisterseminar zugleich."
>
> Jean Paul

Einleitung

In Deutschland begann um 1720 eine "Transformationsphase" hin zu einer bürgerlichen Gesellschaft, dabei wirkten zusammen Einflüsse aus Pietismus und Aufklärung, aus französischer Revolution und klassischer Periode deutscher Dichtung und Philosophie, in der Pädagogik kam es um die Mitte des Jahrhunderts zu großen Reformbewegungen, die eng mit der Entwicklung veränderter Wirtschaftformen zusammen hingen, die man bis etwa 1835 als Frühindustrialisierung beschreibt. Zu Beginn des 19. Jahrhunderts kulminierte diese Entwicklung in tief greifenden Umschichtungen auf geistigem, wirtschaftlichem und gesellschaftlichem Gebiete, was auch die Pädagogik einschloss, und zu einem grundlegend veränderten pädagogischen Bewusstsein führte, in dem das Denken der Zeit, der Einfluss der politischen Mächte und der Gesellschaft sich auswirkte und das den Erwartungen folgte, die an die Pädagogik gestellt wurden[1].

Die Neuordnung Deutschlands ging einher mit der napoleonischen Gewaltherrschaft und nährte sich aus umfassenden Reformen, mit denen der Staat nach einer neuen staatlichen Ordnung strebte; im Bereich der Bildung drückte sich diese staatliche Entwicklung in zwei dominierenden Strömungen aus, dem Realismus, der Ausdruck der Frühindustrialisierung war, und dem preußischen Neuhumanismus (W. V. HUMBOLDT), der die neuhumani-

---

[1] [Kraul, Einleitung]

stischen Auffassungen aus dem 18. Jahrhundert (WINKELMANN u. a.) fortführte, und durch Rückgriff auf die Antike einen neuen Bildungsbegriff der allgemeinen zweckfreien Menschenbildung entwickelte und über die Gymnasien durchzusetzen versuchte. In Preußen führte dies zum preußischen Gymnasium als Normschule. Beim Realismus wurde in der Bildung die Notwendigkeit der Realien betont, was den Bildungserwartungen der Kaufleute als Träger der Frühindustrialisierung entsprach, die daher ihre Söhne auf die dazu passenden Schulen, die Realschulen, schickten. Der Staat, der im Verlaufe des 19. Jahrhunderts zunehmend als Schulherr in Erscheinung trat, förderte zäh die neuhumanistische Bildung, welche die gleiche Unzulänglichkeit kennzeichnete wie den romanischen Humanismus: ihre Gleichgültigkeit gegenüber den Leistungen der modernen Naturwissenschaften, wodurch die neuhumanistischen Bildungsvorstellungen in der ersten Hälfte des 19. Jahrhunderts mit den realistischen in Konflikt gerieten. Für ein Studium während des untersuchten Zeitraumes war das auf einem Gymnasium erworbene Abitur erforderlich, wer auf die Realschule ging, wollte in der Regel einen praktischen Beruf ergreifen und konnte sich über die höheren Gewerbeschulen beruflich höher qualifizieren. Es sei erinnert, dass viele Technische Hochschulen aus solchen Anstalten hervorgingen. Die Periode der Neuordnung erstreckte sich bis knapp über PLÜCKERs Tod hinaus; sie interessiert bei dieser Untersuchung aber nur bis in den Vormärz, weil drei der vier untersuchten Schulverläufe sich in dieser Periode vollzogen, bis auf PLÜCKERs Realschulzeit, die in die Zeit der politischen Unterdrückung von außen und der dadurch ausgelösten Reformen von innen fiel. In den Schulen und Schulverläufen von PLÜCKER und von BEER wirkte sich auch die Pädagogik aus der Mitte des 18. Jahrhunderts aus, wie sie sich mit der formierenden bürgerlichen Gesellschaft ausbildete und durch die großen pädagogischen Reformbewegungen eines SALZMANN, BASEDOW und VON ROCHOW geprägt wurde. Bei BEER überrascht dies, da er während der Phase der ersten Industrialisierung von etwa 1835 bis 1845 zur Schule ging, aber dieser Umstand wird durch die regionale Besonderheit von Trier während dieser Zeit erklärt, worauf K.-E. JEISMANN nachdrücklich hinweist[2]. BEER besuchte wie PLÜCKER eine Realschule und danach ein Gymnasium, aber eine Generation später als PLÜCKER. Damit ist der Hintergrund umrissen, auf dem sich die Pädagogik entwickelte, die in den Schulen praktiziert wurde, die JULIUS PLÜCKER und August BEER besuchten, und die ihre Schulverläufe bestimmte; aus dieser pädagogischen

---

[2] [Jeismann 1996 Bd.2, S. 144f.]

Konfiguration heraus entwickelte sich ihre Lebensleistung[3,] als akademische Lehrer, als Forscher und Erfinder.

1. Julius Plücker: Schule und Schulverläufe von 1806 - 1815 (Realschule) und 1816 - 1819 (Gymnasium)

Die Entwicklung der modernen Technik kennzeichnete eine neue Arbeitsethik, die durch verschiedene Phasen der Industrialisierung eine weltwandelnde Macht entfaltete[4]. Bereits gegen Ende des 18. Jahrhunderts florierte in Elberfeld im Tal der Wupper mit England als Vorbild die Wirtschaft unter diesem Antrieb, wegweisende Innovationen entstanden, der Außenhandel blühte, so dass die Elberfelder Kaufleute für eine angemessene Ausbildung ihrer Söhne 1804 auf genossenschaftlicher Basis das "Bürgerinstitut für die höheren Stände" gründeten[5], das in seinem Motto "Der Mensch erzieht im Kinde den Menschen" einen Gedanken KANTs trug, der bekanntlich die pädagogischen Ideen BASEDOWs unterstützte. Diese Schule zog bald Schüler aus ganz Europa, aus Russland und sogar den USA an, die in einem angegliederten Internat wohnten. Aus ihr gingen viele, später bedeutende Männer hervor. Als Schulleiter gewannen die Gründer JOHANN FRIEDRICH WILBERG[6] (1766 - 1846), den die neue Arbeitsethik kennzeichnete; auch das ihr eigene stärkere Hervortreten der Persönlichkeit mit dem Anspruch auf eine gewisse geistige Führerschaft und ihre sozialen Implikationen wirkten aus ihm. Die auf das Individuum ausgerichtete Pädagogik der Aufklärung bereicherte er um das soziale Moment. Seine pädagogische Methode gründete in BASEDOWs und ROCHOWs Ideen[7] und in KANTs Philosophie, aus denen er seine eigene, die WILBERGsche, wie er sie nannte, entwickelte: eine "anregende und entwickelnde" Methode, die bereits Auf-

---

[3] [Lexikon der Naturwissenschaften]. Einträge zu Julius Plücker und August Beer; [Ernst 1933]. Ein Berichterstatter war Otto Toeplitz (1881 - 1940).
[4] [Zbinden 1954, S. 69 - 73]; Seite 70 in Fußnote 1 verknüpft Z. mit Bezug auf die moderne Technik die Religionssoziologie von Max Weber mit dem Humanismus der Renaissance.
[5] [Jorde 1903, S. 369 - 373], Jorde war Rektor; [Wilberg 1838].
[6] [Wilberg 1838].
[7] Der bekannte Methodiker Bruns war eine Zeit Wilbergs Lehrer.

fassungen der "Arbeitschulidee"[8] aus den 20er Jahren des 20. Jahrhunderts enthielt: die Schüler sollen arbeiten, der Unterricht Aktivität sein. WILBERG will den Schüler in seiner Ganzheit erfassen und ihn zur freien, selbstständigen Gestaltung seines Wesens auf Grund von eigenem Denken und Selbsttätigkeit erziehen[9]; selbsttätig und freitätig verwendete WILBERG häufig im Sinne von selbstschöpferisch. Das Selbstschöpferische sah er vor allem in der Geometrie verwirklicht und die Möglichkeiten, die er dort vorfand, bereicherten seine Didaktik[10]: bei den Schülern "das eigene Denken wecken, sie darin üben, und sie anleiten, ihre Gedanken bestimmt, deutlich und kurz auszudrücken"[11]. Diese Sicht[12] der Geometrie vermittelte ihm sein Freund WILHELM ADOLPH DIESTERWEG (1782 - 1835), mit dem er seit 1805 eng befreundet war, der sich 1808 in Heidelberg habilitierte, 1808 an ein Mannheimer Gymnasium als Professor für Mathematik und Physik und 1819 an die Bonner Universität als Ordinarius für Mathematik berufen wurde. Was DIESTERWEG schon als Gymnasialprofessor lehrte, war die geometrische Analysis, darunter verstand er das analytische Gegenstück zur synthetischen Geometrie, die er als methodisch steril entschieden ablehnte[13]. Bei dem Schüler JULIUS PLÜCKER, der seit 1806, schon in der innovativen Anfangsphase, das Bürgerinstitut besuchte, und es bis 1815 voll durchmachte, erkannte WILBERG dessen hohe Begabung für die Geometrie und die Naturwissenschaften und das veranlasste ihn, bei PLÜCKERs Vater für dessen einzigen Sohn eine akademische[14] anstatt der geplanten kaufmännischen Laufbahn durchzusetzen. Denn er "bezog seinen Unterricht auf das Leben, und er forschte auch nach, wie diese oder jene Behandlung des Schülers auf den Charakter desselben wirke, und was für Menschen aus dieser oder jener Erziehungsweise hervorgehen."[15] Das Lehrprogramm bestand aus: "Religions= und Sittenlehre, Geschichte, Naturkunde, Geographie, Geometrie und einige andere Teile der Mathematik, deutsche und

---

[8] [Wilberg 1824, S. 322]. Hätte Fr. A. W. Diesterweg (1790 - 1866) Anfang des 20. J. über W. urteilen können, so hätte er ihn zu den damals modernen Arbeitsschulpädagogen gerechnet. Von W. empfing D. entscheidende Impulse für seine Lebensarbeit als Volksschulreformer; "Von ihm habe ich schulmeistern gelernt" schrieb D. ein Jahr vor dem Tode von W..

[9] [Wilberg 1843, S. 43].

[10] [Wilberg 1830, S. 86].

[11] [Wilberg 1838, S.75].

[12] ebenda

[13] [Diesterweg, W. A. 1843, S. 8f.]; Ält. Bruder von Fr. A. W. Diesterweg.

[14] [Ernst 1933].

[15] [Langenberg 1866, S. 42]; Schüler und Freund von Fr. A. W. Diesterweg.

französische Sprache, Lesen, Schreiben, Rechnen, Singen, Zeichen." WIL-
BERG gab 39 Wochenstunden. Er unterrichtete während dieser Zeit auch die
"I. Classe" oder "die am meisten geförderten Schüler" in allen Fächern,
"ausgenommen im Rechnen, Singen, Zeichnen und in der französischen
Sprache. In dieser Schulzeit wurden auch viele Arbeiten verrichtet, die in
anderen Lehranstalten gewöhnlich den häuslichen Arbeiten zugewiesen
wurden."[16] WILBERGs Lehrergröße bestand darin, dass er Forscher und
Selbstdenker war, bis in sein hohes Alter lernte, es verstand dialogisch zu
fragen wie SOKRATES und durch seinen anschaulichen und eindringlichen
Unterricht bei seinen Schülern deren Anlagen hervorrief, den Talentvollen
vor Augen führte, dass ihre Bildung nicht abgeschlossen sei, sondern dass
das Leben ein stetes Werden und Bilden sei. Die Lehrerausbildung und
-fortbildung betrieb er nachhaltig[17]: im Bürgerinstitut hielt er zwei Freistellen für Jünglinge bereit, die den Lehrerberuf anstrebten und kostenlos bildete er jeden Samstag Lehrer fort[18]. Für das Fach Geschichte ließ er sich
einen "Chronologischen Abriß der Weltgeschichte"[19] von seinem Freunde
FRIEDRICH KOHLRAUSCH (1780-1865) schreiben. KOHLRAUSCH war Lehrer
in Barmen an einer privaten Realschule und ab 1814 bis 1818 Professor der
Geschichte am Königlichen Gymnasium zu Düsseldorf (heute Görres-
Gymnasium). Mit ihm stimmte er in seinen geschichtlichen Ansichten
überein, die entscheidend durch die Freiheitskriege und den damit verbundenen Ideen bestimmt waren: WILBERG war lebenslang mit ERNST MORITZ
ARNDT eng befreundet, auch sein ehemaliger Schüler JULIUS PLÜCKER[20]
gehörte zu seinem Freundeskreis in Bonn, als WILBERG 1839 dort seinen
Ruhesitz genommen hatte; das berichtete WILBERGs Tochter. Ab Anfang
1816 ging PLÜCKER, 14 Jahre alt, auf das Düsseldorfer Gymnasium während der innovativen Entwicklungsphase dieser Anstalt, die als Lyzeum

---

[16] [Langenberg 1866, S. 39-42]; [Wilberg 1838, S.96f.].
[17] [Diesterweg, Fr. A. W 1847, S. 19]: "W. flößte den Lehrern den Gedanken von der Wichtigkeit und Verantwortlichkeit ihres Lehrens und Lebens ein", s. dazu Plücker als Lehrer in [Ernst 1933, S. 88]; "Kein gedrückter, wackerer Lehrer verließ Wilbergs Wohnung ohne neue Stärkung".
[18] [Jorde 1903, S. 371].
[19] [Kohlrausch 1863]. Die Zitate sind aus den Abschnitten "Unser Leben in Barmen" und "Das Leben in Düsseldorf". Wilbergs Geschichtsunterricht vermittelte auch die Anfänge der Staatsbürgerkunde, siehe [Wilberg 1830, S. 39].
[20] [Diesterweg, Fr. A. W 1847, S. 18]: Plücker verehrte W. einen Originalbrief von Kant, den W. wie einen Schatz verwahrte, stets in seiner Nähe hatte und gern vorzeigte; S. 17: W. studierte noch in den letzten Monaten seines Lebens Kants Werke und hatte darüber ausführliche Gespräche mit seinem Sohn.

von Jesuiten gegründet wurde, 1813 als Schule verfallen war[21]; der 26jährige Dr. K. W. KORTUM (1787 - 1858; Schüler FRIEDRICH AUGUST WOLFS in Halle) wurde zum neuen Direktor bestellt, er sollte die Anstalt vom Grunde auf verbessern und neue Lehrer suchen. Gründlich vorgebildete Lehrer für Philologie und Geschichte waren rar "dank dem durch die französische Herrschaft hervorgebrachten Verfalle der höheren Unterrichtsanstalten in den Rheinlanden". Er berief FRIEDRICH KOHLRAUSCH zum Professor dieser Anstalt. Durch die Völkerschlacht bei Leipzig waren 1813 "die Rheinlande vom französischen Joch" befreit. Wie KOHLRAUSCH empfanden viele Deutsche: für ihn stand noch 50 Jahre später diese Zeit "als Lichtpunkt meines Lebens vor meiner Seele"[22]. Das Lehrerkollegium war erfüllt von "den edelsten und tiefsten Gedanken über würdige menschliche und staatliche Zustände" und "jeder Wohlmeinende fühlte sich berufen zu dieser Verwirklichung mit Hand anzulegen."[23] Der Naturforscher und romantische Philosoph HENRIK STEFFENS (1773 - 1845) weilte vor allem wegen Unterrichtsangelegenheiten in Düsseldorf, und über ihn bekamen KORTUM und KOHLRAUSCH den Auftrag, gemeinschaftlich einen Plan zur inneren und äußeren Organisation des Lyzeums auszuarbeiten, "dessen Namen in den eines Gymnasiums verwandelt werden sollte." KOHLRAUSCH entwickelte ein politisches Zukunftskonzept, verstärkt in seinem nationalen Gehalt durch den Einfluss von ARNDT und JAHN, mit denen und JOSEPH VON GÖRRES (1776 - 1848) ihn eine lebenslange Freundschaft verband, und er lehrte Geschichte aus dieser Perspektive - ihm "wurde der Geschichtsunterricht in der ganzen oberen Hälfte des Gymnasiums übertragen", den er erfolgreich erteilte; PLÜCKER gehörte während der 48er Revolution zu den reformerischen Kräften der Bonner Universität, die sogar durch Denkschriften auf Reformen an der Berliner Universität einzuwirken suchten. Es seien noch die Lehrer in Mathematik, BREWER, in Französisch, ABBÉ DAULNOY, erwähnt, im Frühjahr 1815 wurden Turnübungen eingeführt, insgesamt gab es ab Anfang 1815 ein Kollegium, dem Professor DEYKS von der Akademie in Münster eine einzigartige Beschaffenheit attestierte und so kennzeichnete[24]: "junge, strebende Männer, begeistert für die Wissenschaft, getragen von dem Geiste des wiedererwachten deutschen Vaterlandsgefühls und, was die Hauptsache war, an der Spitze ein Führer, dessen

---

[21] [Kohlrausch 1863]. Für den Namen "Kortum" gibt es verschiedene Schreibweisen.
[22] ebenda
[23] ebenda
[24] ebenda

Seele erfüllt war von dem edelsten Geistesleben, der mit seiner harmonischen Bildung, mit reichem Wissen, das reinste Wohlwollen verband gegen alle, die ihm nahten, der, jung an Jahren, mit der Reife des Alters, Lehrer und Schüler in gemeinsamer Achtung und Liebe verband. Aus diesen Elementen erwuchs jene erste Blüte des Gymnasiums in Düsseldorf, dessen Andenken noch jetzt, nach fast einem halben Jahrhundert, frisch ist in den Seelen derjenigen, welche einst ihm angehörten." PLÜCKER war vom Geist dieser Schule tief erfasst, zwanzig Jahre nach seinem Abitur widmete er seine große Monografie "Theorie der algebraischen Kurven" von 1839 "Dem Geheimen Oberregierungsrat Herrn Dr. KORTUM, unter dessen Leitung das Düsseldorfer Gymnasium seinem Aufschwung nahm und dem es seine Blüte verdankt, mit der Pietät eines ehemaligen Schülers und der Verehrung eines Freundes." Die Erinnerung an dieses Gymnasium teilte PLÜCKER mit dem Abiturienten von 1817, LUDWIG SCHOPEN (1799 - 1867; Doktorrand HEINRICHs in Bonn, einem HEYNE-Schüler), ab 1820 am Gymnasium in Bonn (heute Beethoven-Gymnasium) tätig, der mit PLÜCKERs Unterstützung als Dekan 1844 Ordinarius für Philologie in Bonn wurde, ab 1847 als Direktor das nämliche, nun Königliche Gymnasium, leitete, auf dem PLÜCKERs erster bedeutender Schüler WILHELM HITTORF (1824 - 1914) gebildet wurde, wo PLÜCKERs zweiter bedeutender Schüler AUGUST BEER sein Probejahr ableistete und freiwillig ein Jahr zusätzlich Unterricht in den Naturwissenschaften erteilte[25]; SCHOPEN blieb bis zum Tode ein enger Freund PLÜCKERs. Dabei sei erinnert, dass PLÜCKER, später mit seinem Kollegen und Freunde BEER zusammen, als Direktor des Prüfungswesens an der Universität Bonn, auch tatkräftig das Realschulwesen der Zeit förderte[26]. Aus seinen physikalischen Aktivitäten um die Zeit der ersten Industrialisierung in Deutschland erkennt man, wie sehr er der modernen Technik verpflichtet war. Wenn WILBERG unter DIESTERWEGs Einfluss PLÜCKER nachhaltig für Geometrie begeisterte, ihn auch für die Naturwissenschaften motivierte und für eine bestimmte Unterrichtsmethode[27] (Arbeitsunterricht), so war WILBERGs Unterricht im Bürgerinstitut doch grundsätz-

---

[25] [Programm des Königl. Gymnasiums zu Bonn], S. 31(Unterricht über Wirbeltiere), S. 35 (Beer war gleichzeitig Privatdozent und Lehrer am Gymnasium); im Progr. vom 27. 8. 1854 vier wiss. Bücher (Optik, Physiologie, Fauna, Mineralien), die Beer der Schule schenkte. Diese Programme wurden mir freundlicherweise von dem Leiter des Beethoven-Gymnasiums, Herrn OStD Dr. Kötting, zugänglich gemacht.

[26] [Ernst 1933, S.88].

[27] [Mittn. d. Univ.-bundes Göttingen 1923, S.14]. Felix Klein "genoß derart einen 'Arbeitsunterricht', wie man das heute nennen würde." Klein war Plückers letzter Student.

lich ausgerichtet, den Übergang zur "industriellen Gesellschaft"[28] zu bewerkstelligen - für das Düsseldorfer Gymnasium verkündete KORTUM 1814 das pädagogische und politische Konzept der neuhumanistischen Bildung am Rhein mit einer Konsequenz, wie sie sich auch die Unterrichtsverwaltung in Berlin zum Prinzip der Schulen genommen hatte: "sie soll eine heilige Schirmstätte seyn, in welcher die aufblühende Generation ... sich zu einem selbständigen und selbstthätigen Vernunftleben ausbildet."[29] Dieses Vernunftleben drückte sich in idealistischer Philosophie und in der Wissenschaft aus, für die KORTUM den neuhumanistischen Anspruch zweckfrei idealistisch formulierte, WILBERG hatte das Vernunftleben zweckgebunden realistisch aufgefasst; bei PLÜCKER führte dieser Konflikt zu einem von seinen Zeitgenossen als außerordentlich bezeichneten produktiven und selbstschöpferischen Forschen und Arbeiten[30]; als Experimentalphysiker fühlte er sich dabei dem Realismus verpflichtet, als Geometer betrieb er Geometrie als Fachwissenschaft um ihrer "selbst willen", und dies machte ihn zu einem der führenden reinen Geometer seiner Zeit.

2. August Beer: Schule und Schulverläufe von 1835 - 1839 (Realschule1[31]) und 1843 - 1845 (Gymnasium)

Am 4. Dezember 1821 genehmigte die Kgl. Regierung zu Trier dem Privatlehrer FISCHER zu Trier den unter dem 14. November verfassten *Prospectus zur Errichtung einer Knaben=Bürgerschule für die Stadt Trier*. Es soll nicht für den gelehrten Stand ausgebildet, und kürzer als auf dem hiesigen Gymnasium möglich, Knaben für das Zukünftige das wirklich Wichtige und Wesentliche vermittelt werden, dass sie "mit einer richtigen Selbstkenntnis in allen Gegenständen hinreichend sich vorbereitet finden, um als gescheite, in ihrer Art gebildete Menschen, in ihrem künftigen Gewerbs-

---

[28] [Heinen; Rüter 1975, S. 170].
[29] [Jeismann 1996 Bd 1, S. 423].
[30] [Clebsch 1895, S. XI - XIV].
[31] [Von der Knaben-Bürgerschule...]. Für Beer interessiert die Geschichte dieser Anstalt in den ersten 18 J., wobei wir den Bezug zur modernen Technik herausarbeiten, weil Beers Interessen stark technisch-naturwissenschaftlich geprägt waren, und er zu den Realschulen und Realschullehrern ein besonderes Verhältnis hatte. Siehe dazu den in [Beer 1865] im Vorwort abgedruckten Nekrolog von Plücker, ferner in [Dronke] Dronkes Beziehung zu dieser Schule.

und Geschäftszweigen mit Anstand und Nutzen sich bewegen zu können."
In zwei Jahren konnte der Eleve das Schulziel erreichen, wenn er die "ersten Elemente des Unterrichts hatte" und die Aufnahmeprüfung bestand.

1824 Stadtschule: Mit dem Fach Technologie, der Anlage einer Baumschule und eines botanischen Gartens wurden die Bedürfnisse aus dem Wirtschaftsleben berücksichtigt. Erster Lehrer und Leiter war NIKOLAUS NUSSBAUM (1795 - 1845), ab 26. 11. 1830 Direktor. 1825 folgte u. a. die Einrichtung einer Bibliothek. 1826 wurde der Schulplan von NUSSBAUM verändert, durch den Gymnasialdirektor WYTTENBACH begutachtet und nachdrücklich zur Annahme empfohlen. Er enthielt ein erweitertes Fach Technologie, ferner zusätzlich in Deutsch kaufmännische einfache und doppelte Buchführung und in Mathematik das Wichtigste aus der reinen und praktischen Planimetrie. 1826 bestimmte das *Ministerium der geistlichen, Unterrichts= und Medizinalangelegenheiten* die Bürgerschule zur öffentlichen Lehranstalt. 1829 folgte die Anschaffung von Apparaten für den physikalischen und technologischen Unterricht, Ende 1829 die Erweiterung der Bürgerschule (BS) als Vorbereitungsanstalt für eine Gewerbeschule (GS) mit einem Unterrichtsplan, durch den in zwei Jahren u. a. Zeichnen (Freihand-, Linearzeichnen, Baukonstruktionslehre), reine und angewandte Mathematik, Physik und Chemie vermittelt wurden. Der Lehrplan der Bürgerschule änderte sich unwesentlich, der bisherige zweijährige Kurs blieb bestehen. Mit Genehmigung der Regierung wurde die Bürgerschule ab 1830 "Höhere Stadtschule".

Ab 1835 setzte die erste Industrieealisierungsphase ein. Ostern 1835 war der Schuleintritt BEERs und in diesem Jahr hatte die Bürgerschule besonders starken Zulauf durch zahlende Schüler. Die Frequenz gegen Ende dieses Jahres war 163 Zöglinge. 1835 wurde (erstmals) für die Gewerbeschule ein Englischlehrer angestellt, an dessen Unterricht Schüler des Bürgerinstituts teilnahmen. In den Jahren Ostern 1835 bis Herbst 1839 war AUGUST BEER Schüler dieser Schule. Sein Abschlusszeugnis[32] vom 10. September 1839 war das *Entlassungs=Zeugniß für den Zögling der Bürgerschule zu Trier*. Er erwarb es nach einer Abschlussprüfung. Als Fächer sind darin aufgeführt: Religion, Deutsch, Französisch, Arithmetik, Geometrie, Geschichte, Geographie, Naturgeschichte (Biologie, Geologie, Mineralogie), Naturlehre

---

[32] [Entlassungs-Zeugnis]. Den Vornamen Peter verwendete Beer nicht. Das Zeugnis wurde mir freundlicherweise vom Leiter des Trierer Hindenburg-Gymnasiums, Herrn OStD A. Piry, zugänglich gemacht.

(Physik u. Chemie), Kalligraphie, Zeichnen und Englisch, sowie die Kopfnoten in Betragen und Fleiß.

Die Lehrer der Bürgerschule gingen aus der Laufbahn der Volksschullehrer hervor, ausgenommen die als Lehrer wirkenden katholischen Geistlichen. Das Zeugnis unterzeichneten die Lehrer N. NUSSBAUM (Schulleiter), JOHANNES SCHNUR (2. Lehrer, Aushilfe W35/36 an GS), JOSEPH DICK (Lehrer), J. GRAUERT (neue Sprachen, auch an GS), JOHANN D. SCHOMMER (Schreiblehrer), CHRISTOPH HAWICH (Technischer Lehrer für Zeichnen, an GS von Ostern 1834-35), EMMERICH. J. HAAS (kath. Religionslehrer im Nebenamt).

BEER wurde später ein erfolgreicher akademischer Lehrer, Lehrbuchautor und Forscher in mathematischer Physik, der in den Sprachen Deutsch, Latein, Englisch und Französisch schrieb. Seine Bewertungen:

- Deutsch: *bedeutenden Grad an Fertigkeit im schriftlichen Gedankenausdruck*;
- Französisch: übersetzt geläufig aus beiden Sprachen, kleinen französischen Aufsatz;
- Englisch: grammatischer Scharfsinn, folgt schnell, übersetzt gut und ohne Mühe;
- Arithmetik: sehr befriedigende Kenntnisse und Fertigkeiten in Gleichungslehre, Progressionen, praktischen Rechnen und Logarithmen;
- Geometrie: recht befriedigende Kenntnisse der Planimetrie, weiß einiges aus der ebenen Trigonometrie;
- Naturgeschichte (Biologie, Geologie, Mineralogie): hier kann er sich durch Selbststudium allein weiterbilden;
- Naturlehre (Physik, Chemie): befriedigende Kenntnis der unwägbaren Potenzen (Optik, Wärmelehre, Lehre von den elektrischen und magnetischen Erscheinungen), Kenntnisse aus den Lehren vom Gleichgewicht und der Bewegung fester und flüssiger Körper.

Die Betragsnote "immer sehr gut" drückte seinen edlen und reinen Charakter aus[33], "recht guter Fleiß in allen Fächern" steigerte er später zu muster-

---

[33] [Beer 1865], hrsg. v. Plücker. Im Nekrolog drückte Plücker dies auch im Namen der Freunde so aus: "in Beer ist ein hoher seliger Geist von uns geschieden." - Der Realschuldirektor A. Giesen wirkte auf Wunsch von Beer an [Beer 1865] mit. Im Erscheinungsjahr war Ludwig Boltzmann (1844 - 1906) im vierten Semester und in seiner ersten Veröffentlichung "Über die Bewegung der Elektrizität in krummen Flächen" im Jahre 1865 weist er auf die Fehlerhaftigkeit der in Beers Buch gegebenen Lösung hin.

gültigem Fleiß[34]. Auf Grund der derzeitigen Quellenlage war nicht zu klären, warum BEER einen viereinhalbjährigen Kurs an der Bürgerschule machte. Dr. ADOLF DRONKE (1837 - 1898) teilte mit, BEER habe die Gewerbeschule besucht, vielleicht nahm er dort Kurse, weil er einen technischen Beruf anstrebte. DRONKE war Doktorrand und Assistent des späteren Mathematikprofessors BEER auf der Universität Bonn. Er schrieb: BEER habe des Öfteren geäußert, dass er auf der BS mit GS die "Fundamente seiner Bildung und die Liebe zu den exacten Wissenschaften empfangen habe". Und er schilderte, dass BEER nach Abschluss der BS "sich selbst ohne weitere Nachhilfe zu der Prima des (Friedrich-Wilhelm-)Gymnasiums vorbereitete.

Hier zeigte er einen so regen Eifer in allen Fächern, dass seine Lehrer ihn häufig als das Muster eines ausgezeichneten Schülers hinstellten"[35]: Ab WS 1843/44 besuchte BEER die Unterprima, ging SS 1844 in die Prima inferior, WS 1845 in die Prima superior, aus der er 1845 sein Abitur bestand.[36] Genau zehn Jahre vorher hatte KARL MARX hier Abitur gemacht. Während BEERs Schulzeit standen 18 Lehrer auf der Gehaltsliste[37], davon ein emeritierter und ab 1844/45 ein Schulamtskandidat, insgesamt 9 davon blieben bis heute durch besondere Leistungen in Erinnerung[38]. Im Abiturzeugnis[39] wurden - in einer Kopfnote: sittliche Aufführung, Anlagen und Fleiß, Kenntnisse und Fertigkeiten - und in Fachnoten: 1. Sprachen: Deutsch, Latein, Griechisch und Französisch; 2. Wissenschaften: Religionslehre, Mathematik, Geschichte und Geographie und Naturlehre; 3. Fertigkeiten: Zeichnen, Gesang, gymnastische Übungen beurteilt. Es wäre wünschenswert, das bisher unentdeckte Abiturzeugnis BEERs mit dem Zeugnis aus der Bürgerschule zu vergleichen. BEER erwarb u. a. eine außergewöhnliche

---

[34] Siehe weiter unten im Text für die Schulzeit und für den Studenten Beer dessen Anmeldebuch vom 17. Oktober 1845 in Exmatrikel A. Beer im UAB.

[35] [Dronke]. Die Knaben-Bürgerschule wandelte sich über viele Zwischenstufen zum HGT. D. war Direktor der Zwischenstufen: vereinigte Realsch. I. Ordg. m. Provinz.-GS 75, Realgymn. 82 und Kaiser Wilhelm-Gymn. mit Realschule 96.

[36] [Landeshauptarchiv, Schülerlisten].

[37] [Landeshauptarchiv, Gehaltslisten von 1843 - 1845].

[38] [Veröffentlichungen der Landesarchivverwaltung Rheinland-Pfalz]. Von den Lehrern der Knaben- Bürgerschule sind Nußbaum und Hawich (Zeichenlehrer), vom Gymn. sind neun, darunter die beiden Direktoren Wyttenbach, Loers; als Fachlehrer Beers: Steininger, Kraus (Zeichenlehrer) verzeichnet. Beers andere Fachlehrer sind noch unbekannt.

[39] Das noch unentdeckte Abitur-Zeugnis Beers hatte diese Gliederung wie Abitur-Zeugnisse dieser Zeit zeigen.

klassische Bildung[40]. In der Vita seiner Dissertation dankte er dem Lehrerkollegium allgemein, hob aber Dr. JOHANN STEININGER (1794-1874) besonders hervor. Der Schulleiter JOHANN HUGO WYTTENBACH (1767-1848), der wie WILBERG in seiner Pädagogik den großen pädagogischen Reformbewegungen und KANT verpflichtet war, stand für ein Bildungsideal in dieser Anstalt (noch zu BEERs Schulbesuch), das bestimmt war von vielen historisch gewachsenen Orientierungen. Dadurch half das Trierer Gymnasium Menschen geistig mitzuprägen, deren geistiger Ort so verschieden war wie der von KARL MARX und AUGUST BEER.

Der Lehrer für Mathematik und Naturwissenschaften Dr. JOHANN STEININGER[41] übte durch seine Gaben und sein Lehrtalent einen großen Einfluss auf BEER aus; STEININGER blieb in der Geologie als früher Erforscher der Vulkaneifel in Erinnerung. "Wer bei diesem Lehrer Talent und Fleiß zeige, könne bei ihm etwas werden"[42]. Er studierte einige Jahre vor PLÜCKER in Paris Mathematik, Physik und Geologie und hielt wie später PLÜCKER die französische Wissenschaft hoch: durch PLÜCKERs Arbeitsunterricht weiter gefördert, konnte der Student BEER auf den mathematisch-naturwissenschaftlichen Unterricht des verehrten Lehrers Dr. STEININGER aufbauen und seine Ausbildung unter PLÜCKER nahtlos fortsetzen. Er wurde bei PLÜCKER rasch etwas, als Student bald sein Mitarbeiter und enger Freund, später unentbehrlicher Kollege an der Universität Bonn.[43] Jeder der beiden blieb durch eigenständige[44] bleibende Leistungen in Mathematik und Physik in Erinnerung.

---

[40] [Dronke]; ferner Plücker in [Ernst 1933, S. 64] bei Beers Berufung: "Außer einer bei der Hauptrichtung seines Geistes ungewöhnlichen klassischen Bildung beherrscht er das ganze Gebiet der Physik und Mathematik."

[41] [Monz 1973]. Im 12. Kapitel stellt Monz mit Bezug auf Marx das Gymn. z. Trier aus den Quellen bis zu Marxens Abitur 1835 dar. Dort auch Darstellung der Lehrer, die bis auf wenige auch noch zu Beers Zeiten unterrichteten. S. 170 wird Dr. J. Steininger vorgestellt.

[42] ebenda

[43] [Ernst 1933, S.34]. Aus einem Bericht des Kurators von 1864: " des ...Professors Dr. Beer, der überdies zu Plücker in den genauesten Freundschaftsverhältnis stand, war ohne hauptsächlich Beteiligung des letzteren in dieser Angelegenheit nichts ins Werk zu setzen." Es ging um die Gründung eines mathematischen Seminars, Beer war damals schon sehr krank, drei Jahre später war auch Plücker schwer krank.

[44] ebenda, S. 64 spricht Plücker von sich und Beer als "verschiedene individuelle Kräfte", die zur Erreichung von Zielen zusammenarbeiten.

Literatur

BEER, AUGUST: Einleitung in die Elektrostatik, die Lehre vom Magnetismus und der Elektrodynamik. Braunschweig 1865. Herausgegeben von J. Plücker.

CLEBSCH, ALFRED: Zum Gedächtnis an Julius Plücker in "Julius Plückers gesammelte Abhandlungen. Leipzig 1895", S. XI - XIV.

DIESTERWEG, FR. A. W: Johann Friedrich Wilberg, Der "Meister an dem Rheine", Essen 1847

DIESTERWEG, W. A.: Zur geometrischen Analysis. Vorwort, Lehrsätze und Aufgaben. Eduard Müller, Bonn 1843

DRONKE in seinem Nekrolog auf Beer in der Köln. Ztg. vom 1. 5. 1864.

Entlassungs-Zeugnis für den Zögling der Bürgerschule zu Trier: Peter August Beer.

ERNST, WILHELM: Julius Plücker. Eine zusammenfassende Darstellung seines Lebens und Wirkens als Mathematiker und Physiker auf Grund unveröffentlichter Briefe und Urkunden. Dissertation, Bonn 1933.

HEINEN, MANFRED und RÜTER, WILHELM: Landschulreform als Gesellschaftsinitiative. Philip von der Reck, Johann Friedrich Wilberg und die Tätigkeit der "Gesellschaft der Freunde der Lehrer und Kinder in der Grafschaft Mark" (1789 - 1815). Göttingen, 1975

JEISMANN, KARL-ERNST: Das preußische Gymnasium in Staat und Gesellschaft. Bd 1. Die Entstehung des Gymnasiums als Schule des Staates und der Gebildeten 1787 - 1817. 2. vollst. überarbeitete Aufl. Stuttgart 1996

JEISMANN, KARL-ERNST: Das preußische Gymnasium in Staat und Gesellschaft. Bd 2. Höherer Bildung zwischen Reform und Reaktion 1817 - 1859. Stuttgart 1996

JORDE, FRITZ: Geschichte der Schulen von Elberfeld mit besonderer Berücksichtigung des älteren Schulwesens. Nach Quellen bearbeitet. Elbefeld 1903

KOHLRAUSCH, FRIEDRICH: Erinnerungen. Hannover 1863

Programm des Königl. Gymnasiums zu Bonn (heute Beethoven-Gymnasium) am 27. August 1851

KRAUL, MARGRET: Gymnasium und Gesellschaft im Vormärz. Neuhumanistische Einheitsschule, städtische Gesellschaft und soziale Herkunft der Schüler. Studium zum Wandel der Gesellschaft im 19. Jahrhundert. Göttingen 1980

Landeshauptarchiv, Best. 661, 22, Nr 819: Archiv des Friedrich-Wilhelm-Gymn. zu Trier: Gehaltslisten von 1843 - 1845.

Landeshauptarchiv, Best. 661, 22, Nr 836: Archiv des Friedrich-Wilhelm-Gymn. zu Trier: Schülerlisten.

LANGENBERG, EDUARD.: Johann Friedrich Wilberg. Seine Leben, seine Schriften. Elberfeld 1866

Lexikon der Naturwissenschaften. Spektrum, Heidelberg 1996

Mitteilungen des Universitätsbundes Göttingen 5 Jg., Heft 1, 1923. Göttinger Professoren. Lebensbilder von eigener Hand: Felix Klein

MONZ, HEINZ: Karl Marx. Grundlagen der Entwicklung zu Leben und Werk. 2. Aufl. Trier 1973.

Veröffentlichungen der Landesarchivverwaltung Rheinland-Pfalz, Bd 87. Trierer Biographisches Lexikon. Gesamtbearbeitung: Heinz Monz. Koblenz 2000.

Von der Knaben-Bürgerschule zum Realgymnasium mit Realschule. Festschrift zur Feier des hundertjährigen Bestehens der Anstalt. Trier 1922 (heute Hindenburg-Gymnasium Trier: HGT)

WILBERG, JOHANN FRIEDRICH: Aufsätze über Unterricht und Erziehung. Zwei Bände. Essen 1824

WILBERG, JOHANN FRIEDRICH: Über Schulen. Ein Wort. Essen 1830

WILBERG, JOHANN FRIEDRICH: Erinnerungen aus meinem Leben, nebst Bemerkungen über Erziehung und Unterricht und verwandte Gegenstände. Elberfeld 1838.

WILBERG, JOHANN FRIEDRICH: Gedanken und Urtheile des Vetters Christian über Leben und Wirken im Mittelstande. Essen 1843

ZBINDEN, HANS: Von der Axt zum Atomwerk. Zürich 1954

Dr. Gerhard Warnecke, Südweg 19, D-53773 Hennef

Leipziger Beiträge zur Elektrodynamik im 19. Jahrhundert aus der Sicht der mathematischen Physik

Karl-Heinz Schlote

In der Retrospektive kann heute eine lange und erfolgreiche Tradition der Leipziger Universität auf dem Gebiet der mathematischen Physik konstatiert werden. Man denkt dabei an CARL NEUMANN (1832-1925), LEON LICHTENSTEIN (1878-1933), ERNST HÖLDER (1901-1990), HERBERT BEKKERT (geb. 1920) oder PAUL GÜNTHER (1926-1996), aber auch an WILHELM WEBER (1804-1891), PETER DEBYE (1884-1966), WERNER HEISENBERG (1901-1976) und ARMIN UHLMANN (geb. 1930), und versteht unter mathematischer Physik im Allgemeinen die mathematische Behandlung physikalischer Probleme und den deduktiven Aufbau der Theorie auf der Basis der bestehenden physikalischen Erklärungsmuster und Grundprinzipien ohne direkten Eingriff in die experimentelle Praxis oder die physikalischen Erklärungen der Phänomene. In diesem Sinne reicht die Geschichte der mathematischen Physik weit zurück und kann mindestens seit der Wissenschaftlichen Revolution im 17. Jahrhundert als ein Teilgebiet in der Mathematik bestimmt werden. Durch das Wirken von ISAAK NEWTON (1642-1727), LEONHARD EULER (1707-1783) und der französischen Mathematiker um JOSEPH LOUIS LAGRANGE (1736-1813) und PIERRE SIMON LAPLACE (1749-1827) erlebte die mathematische Physik einen großen Aufschwung. Doch im Verständnis der Gelehrten des 18. Jahrhunderts bildete die Behandlung der vorwiegend mechanischen Probleme, wie überhaupt die Fragen der Anwendung der Mathematik, einen festen Bestandteil der Mathematik. Die mathematische Physik wurde also noch nicht als interdisziplinäres Phänomen, nicht als das Produkt der Wechselbeziehung zwischen zwei Disziplinen gesehen.

Im 19. Jahrhundert, besonders in dessen zweiter Hälfte, entwickelte sich dann aus dem Bestreben der Physiker, auf der Basis einer sorgfältigen Auswertung des experimentellen Materials eine Erklärung der verschiedenen Erscheinungen auf einer vereinheitlichenden theoretischen Konzeption zu geben, die theoretische Physik. Den Anlass, verstärkt über eine theoretische Fundierung nachzudenken, lieferten vor allem die zahlreichen neuen Erkenntnisse, die in der Physik seit dem Ende des 18. Jahrhunderts erzielt

wurden. Erinnert sei an die elektrodynamischen Phänomene, die Drehung der Polarisationsebene des Lichts unter dem Einfluß eines Magneten bzw. das Problem der Energieerhaltung. Die Mathematik galt dabei als ein notwendiges Hilfsmittel und wichtige Basis für die theoretische Behandlung der einzelnen Fragen. Die Grundrichtungen bei der Entstehung der theoretischen Physik und der besondere Anteil deutscher Physiker ist von CH. JUNGNICKEL und R. MCCORMMACH in einem zweibändigen Werk genau analysiert worden ([Jungnickel; McCormmach 1986]).

Die neu entdeckten physikalischen Phänomene reizten Physiker und Mathematiker gleichermaßen, die einen, um eine mit den bekannten physikalischen Prinzipien im Einklang stehende theoretische Erklärung zu geben, die anderen, um unter Einsatz umfangreicher mathematischer Mittel eine mathematisch exakte Behandlung der Theorie zu erreichen. Diese oft fast gleichzeitige, von unterschiedlichen Standpunkten aus vorgenommene Behandlung der physikalischen Fragestellungen brachte zahlreiche Diskussionen mit sich und förderte letztlich die weitere Entwicklung sowohl der theoretischen als auch der mathematischen Physik.

Die hierbei zutage tretende Frage nach den Unterschieden zwischen mathematischer Physik und theoretischer Physik kann in diesem Rahmen nicht weiter erörtert werden. Eine Antwort, die möglichst der ganzen Entwicklung von Mathematik und Physik im 19. und 20. Jahrhundert gerecht wird, ist sehr schwierig. Es sei aber vermerkt, dass die Bezeichnungen theoretische und mathematische Physik nicht einheitlich, häufig sogar synonym gebraucht wurden und werden. Bereits im 18. Jahrhundert gab es Vorlesungen zur theoretischen Physik, die inhaltlich im wesentlichen die Mechanik umfassten. Gleichzeitig galt die Mechanik, insbesondere die analytische Mechanik, als Teil der Mathematik. Erst FRANZ NEUMANN (1798-1895), der Begründer der Königsberger Schule für mathematische Physik und Vater von CARL NEUMANN, verankerte die Mechanik im Vorlesungskanon der Physik.

Im folgenden soll dieses Wechselspiel zwischen Mathematik und Physik für den Zeitraum des 19. Jahrhunderts an der Universität Leipzig betrachtet werden und ein besonderes Gewicht auf das Wirken von CARL NEUMANN gelegt werden. NEUMANN hat, wie noch genauer ausgeführt wird, eine spezielle, die mathematische Methode besonders betonende Auffassung der mathematischen Physik entwickelt und daran zeitlebens festgehalten. Auf dieser Basis schuf er bedeutende Beiträge zur Mathematik sowie interes-

sante Beispiele für die mathematische Behandlung physikalischer Fragen und legte damit das Fundament für die Leipziger Tradition in der mathematischen Physik.

Die Ära Fechner, Weber, Möbius und Hankel

Zu Beginn des 19. Jahrhunderts kam es an der Leipziger Universität zu ersten Anstrengungen hinsichtlich einer Universitätsreform. Wie anderen deutschen Universitäten war es der Alma mater lipsiensis auf Grund der meist aus dem Mittelalter stammenden Strukturen im Verlaufe des 18. Jahrhunderts immer weniger gelungen, dem Fortschritt der Wissenschaften und den Anforderungen von Staat und Wirtschaft gerecht zu werden. Die Mathematik wurde unter äußerst lähmenden Bedingungen gelesen ([Kühn 1987], S. 121), die materielle Absicherung der Universität war unflexibel und bedurfte der Veränderung. Die Maßnahmen zur Reform der Leipziger Universität beanspruchten mehr als ein Vierteljahrhundert, sie mündeten ein in die 1831 beginnende grundlegende sächsische Staatsreform und kamen in diesem Rahmen zum Abschluss. Diese Reform brachte für die Universität "den tiefsten Einschnitt in ihre Verfassung ... eine völlig neue Stellung innerhalb der gesellschaftlich-politischen Ordnung und ... eine völlig neue Art der materiellen Ausstattung". ([Blaschke 1987], S. 151) Aus der Universitas scholastica wurde die Universitas literarum, das Universitätsvermögen wurde unter Staatshoheit gestellt, die Nationeneinteilung aufgehoben, die Unterscheidung zwischen Professuren alter und neuer Stiftung beseitigt, ein akademischer Senat eingesetzt. Bereits 1822 war die akademische Polizeigewalt abgeschafft worden.

Angesichts der Tatsache, dass der Aufschwung und die Neuorientierung der Physik vor dem Hintergrund der sich ausbreitenden Industriellen Revolution zu Beginn des 19. Jahrhunderts deutlichere Konturen annahm und in Deutschland diese Entwicklung aber erst Ende der 20er Jahre des 19. Jahrhunderts spürbar wurde, ist es gerechtfertigt, das Wechselspiel zwischen Mathematik und Physik mit der vollendeten Universitätsreform zu beginnen.

Bei der Vertretung der beiden Disziplinen an der Leipziger Universität fällt als Besonderheit die seit der Mitte des 16. Jahrhunderts bestehende Nominalprofessur für Physik auf. Dieses organisatorische Novum hatte jedoch keine Konsequenzen für eine spezielle Förderung der Physik. Auch in

Leipzig trat die "Physik im Sinne der sich herausbildenden klassischen Naturwissenschaft" erst am Anfang des 18. Jahrhunderts in die Geschichte der Universität ein ([Schreier 1985], S. 5). Bis in die zweite Hälfte des Jahrhunderts wurde die Physik vertreten von 1811 bis 1824 durch LUDWIG WILHELM GILBERT (1769-1824), von 1824 bis 1834 durch HEINRICH WILHELM BRANDES (1777-1834), von 1834 bis 1840/43 GUSTAV THEODOR FECHNER (1801-1887), von 1843 bis 1849 durch WILHELM EDUARD WEBER und von 1849 bis 1887 von WILHELM GOTTLIEB HANKEL (1814-1899). Auf die zusätzlichen Lehraktivitäten von Privatdozenten und einigen Gelehrten angrenzender Gebiete kann hier nur hingewiesen werden.

Zeitlich parallel hatten von 1814 bis 1825 KARL BRANDAN MOLLWEIDE (1774-1825) und von 1826 bis 1868 MORITZ WILHELM DROBISCH (1802-1896) die ordentliche Professur für Mathematik inne. Ohne die Leistungen DROBISCHs insbesondere auf wissenschaftsorganisatorischem Gebiet geringzuschätzen, der führende Vertreter der Mathematik war der seit 1816 als außerordentl. Professor für Astronomie und Observator auf der Sternwarte tätige AUGUST FERDINAND MÖBIUS (1790-1868), der erst 1844 ein Ordinariat für höhere Mechanik und Astronomie erhielt. Auch hier muss auf eine detaillierte Darlegung des mathematischen Lehrbetriebes verzichtet werden. Hinsichtlich der Beziehungen zwischen den beiden Disziplinen kann aber festgehalten werden, dass es eine wechselseitige Unterstützung im Lehrbetrieb gab. So hat BRANDES, der vor allem wegen seiner meteorologischen Forschungen in die Wissenschaftsgeschichte einging, mehrere mathematische Lehrbücher verfasst und entsprechende Vorlesungen gehalten. Außerdem behandelte er systematisch die Teilgebiete der klassischen Physik und referierte zur Astronomie und Meteorologie. DROBISCH lehrte neben den verschiedenen Gebieten der Mathematik die "mechanischen Wissenschaften", die mathematische Geographie, die Logik, eine mathematisch-naturwissenschaftlich orientierte Psychologie und zunehmend philosophische Themen. Auch MÖBIUS hat neben den Gebieten der Mathematik ein breites Spektrum der theoretischen und praktischen Astronomie sowie Probleme optischer Systeme, der Mechanik und der Kristallstruktur in Vorlesungen behandelt. Seine bedeutendsten Leistungen fielen in das Gebiet der Geometrie, auf dem er mit dem baryzentrischen Kalkül einen wichtigen Beitrag zur Aufklärung der geometrischen Verwandtschaften, also der Beziehungen zwischen den verschiedenen Geometrien leistete. In dieses Programm ordneten sich auch MÖBIUS' topologische Betrachtungen ein; das MÖBIUSsche Band ist allgemein bekannt. Schließlich sei noch auf die bei

analytischen Studien eingeführte MÖBIUSsche Funktion verwiesen, die in der Zahlentheorie eine wichtige Rolle spielt. Mit Blick auf die Beziehungen zur Physik müssen besonders die Überlegungen zur "geometrischen Addition von Strecken" hervorgehoben werden, die einen festen Platz in der Frühgeschichte der Vektorrechnung einnehmen. Die bedeutende Rolle der Vektorrechnung für eine effiziente Darstellung physikalischer Sachverhalte und die Durchführung von Rechnungen ist mehrfach erörtert worden. In diesem Sinn leistete MÖBIUS mit seiner Publikation zur Vektoraddition einen wichtigen Beitrag zur mathematischen Physik, aber er bewegte sich wie Brandes und DROBISCH auf den klassischen Problemfeldern, Mechanik, Optik und Astronomie. Dies gilt auch für die magnetischen Beobachtungen, die auf Initiative von CARL FRIEDRICH GAUSS (1777-1855) und ALEXANDER VON HUMBOLDT (1769-1859) weltweit durchgeführt wurden und an denen sich MÖBIUS ab 1834 sowie später W. WEBER beteiligten. Außerdem waren die Beiträge der einzelnen Gelehrten nicht so bedeutend, dass sie unmittelbar weitere Forschungen in den eingeschlagenen Richtung initiierten bzw. eine Reaktion in der anderen Disziplin hervorriefen. Ohne die Leistungen der Mathematiker abzuwerten, kann doch festgestellt werden, dass die mathematische Physik in Leipzig von ihnen bis weit über die Jahrhundertmitte hinaus keine grundlegend neuen Impulse erhielt.

Dagegen erschlossen sich die Leipziger Physiker in diesen Jahrzehnten mit der Elektrodynamik ein neues Aufgabenfeld und waren durch GUSTAV THEODOR FECHNER, WILHELM EDUARD WEBER und WILHELM HANKEL in unterschiedlicher Weise an der Lösung der sich aus der Entwicklung dieses neuen Gebietes ergebenden Probleme beteiligt. FECHNER hatte 1824/25 das vierbändige "Lehrbuch der Experimental-Physik ...", eine Übersetzung des entsprechenden Lehrbuches von JEAN-BAPTIST BIOT (1774-1862), publiziert und 1825/26 nach dem Tode MOLLWEIDES die Physik in Leipzig vertreten, wobei er im Sommersemester 1825 über Elektrizität, Magnetismus und Elektromagnetismus vortrug. In der zweiten, durch eigene Resultate ergänzten Auflage der Übersetzung des BIOTschen Werkes hob FECHNER die mathematische Genauigkeit hervor, mit der BIOT die Erscheinungen erfasste und lobte dessen methodische Exaktheit. Bei der Charakterisierung der eigenen Vorgehensweise hob FECHNER den Wert quantitativer Techniken in den angewandten Naturwissenschaften und einer exakten Experimentalphysik hervor. Ergänzt man dies noch um die kritische Bearbeitung von Werken der französischen mathematischen Physik, so fällt die weitgehende Übereinstimmung mit jenen Aspekten auf, die von K. OLESKO als we-

sentlicher Ausgangspunkt für die Tätigkeit von F. NEUMANN an der Universität Königsberg und damit als Basis für die Entstehung der berühmten Königsberger Schule der mathematischen Physik herausgearbeitet wurden. ([Olesko 1997], S. 391ff.) Die sich hier aufdrängende Frage nach den Unterschieden zwischen Königsberg und Leipzig, die den Ausschlag für die Entstehung einer Schule der mathematischen Physik an der erstgenannten Universität gaben, bedarf noch einer genaueren Analyse. Als eine vorläufige Hypothese sei darauf verwiesen, dass in der entscheidenden Phase mit FRIEDRICH WILHELM BESSEL (1784-1846), NEUMANN und CARL GUSTAV JACOB JACOBI (1804-1851) in Königsberg ein Dreigestirn hervorragender Gelehrter als Professoren wirkte, während FECHNER Privatdozent war, sich noch nicht einmal endgültig für die Physik entschieden hatte und sich der Problematik aus der Sicht des kritischen Experimentators, nicht des Theoretikers näherte. Aber FECHNER war es, der der Arbeit von GEORG SIMON OHM (1789-1854) über das nach diesem benannte Gesetz die notwendige Aufmerksamkeit schenkte und maßgeblichen Anteil an der Bestätigung und Anerkennung des Ohmschen Gesetzes hatte. FECHNER wiederholte die OHMschen Experimente und stellte zahlreiche neue Versuche an. Auf der Basis eines außerordentlich umfangreichen Datenmaterials folgerte er zur Freude OHMs, mit dem er seit 1828 in engem Briefkontakt stand, die Richtigkeit des Ohmschen Gesetzes und dehnte es 1831 auf Stromkreise mit spannungsinkonstanten galvanischen Elementen aus. Mehrfach publizierte er zum Ohmschen Gesetz und kam dabei auch zu der ersten wissenschaftliche begründeten Voraussage über die elektromagnetische Telegraphie. In seiner Argumentation zu Gunsten des Ohmschen Gesetzes als wichtiges Strukturgesetz der Elektrophysik verwies FECHNER darauf, dass der günstigere Ausgangspunkt für eine Quantifizierung und eine theoretische Betrachtung in der Elektrophysik durch ein Übergehen der bislang nicht erklärbaren Phänomene erreicht wurde. Diese Phänomene, die bei vielen Untersuchungen im Vordergrund standen, waren der Mechanismus der Stromleitung und die Ursache der Stromentstehung ([Schreier 1985], S.60). Diese Einsicht, zur Lösung eines Problems gewisse Teilaspekte aus den Betrachtungen auszuklammern, also eine Reduktion des Gesamtproblems vorzunehmen, war sicher nicht neu, verdient aber hinsichtlich der Mathematisierung der Physik hervorgehoben zu werden. Sie besagt nämlich anders formuliert auch, dass es für die quantitative Erfassung eines Sachverhalts günstig sein kann, von dem bisherigen physikalischen Vorgehen abzuweichen und andere, der Messung leichter zugängliche Größen zu wählen.

Nachdem FECHNER 1834 zum ordentlichen Professor der Physik in Leipzig berufen worden war, erkrankte er fünf Jahre später infolge ständiger Überlastung schwer und konnte zeitweise fast nicht mehr sehen, so dass er 1840 die Leitung des 1835 neu gegründeten Physikalischen Kabinetts niederlegen sowie die Vorlesungstätigkeit einstellen musste. Nach langem Zögern sah sich die Philosophische Fakultät schließlich 1842 veranlasst, dem Drängen des Dresdener Ministeriums nachzugeben und WILHELM WEBER für eine ordentliche Professur der Physik zu nominieren. WEBER, der die Stelle 1843 antrat, hatte in Göttingen zusammen mit GAUß Fragen des Erdmagnetismus untersucht, Studien zur Induktion eines elektrischen Stromes durch Felder von Dauermagneten durchgeführt und 1833 quasi als ein Nebenprodukt der Studien zum Ohmschen Gesetz einen über größere Entfernungen hinweg funktionierenden elektrischen Telegraphen gebaut. 1837 war WEBER als einer der Göttinger Sieben entlassen worden, hatte seine Forschungen mit GAUß aber fortgesetzt. Im Rahmen der erdmagnetischen Arbeiten mühten sich die beiden Forscher auch um die Festlegung eines absoluten Maßsystems und um die Konstruktion geeigneter Messinstrumente. Mit WEBER kam also ein Gelehrter nach Leipzig, der mit den modernen Entwicklungen der Elektrophysik bestens vertraut war, sehr gute Fähigkeiten als Experimentator und nicht zuletzt durch den Umgang mit GAUß gute Erfahrungen in der theoretischen insbesondere mathematischen Durchdringung physikalischer Fragestellungen besaß.

WEBER setzte in Leipzig seine experimentellen und theoretischen Arbeiten zu Induktionserscheinungen fort und publizierte in den Abhandlungen zu Ehren der Gründung der Königlich Sächsischen Gesellschaft der Wissenschaften die erste von mehreren Arbeiten zu "elektrodynamischen Maßbestimmungen". Zentrales Ergebnis war "ein allgemeines Grundgesetz der elektrischen Wirkung", das die Kraft zwischen zwei elektrischen Massen angab. Seien e und e' die Elektrizitätsmengen (Ladungen) von zwei Stromelementen, r sei der Abstand zwischen den punktförmig konzentriert gedachten Ladungen und a eine Konstante, dann gilt für die Kraft F:

$$F = \frac{ee'}{r^2}\left(1 - a^2\left(\frac{dr}{dt}\right)^2 + 2a^2 r \frac{d^2 r}{dt^2}\right).$$

Die Differentialquotienten dr/dt und d²r/dt² bezeichnen die relative Geschwindigkeit bzw. Beschleunigung der elektrischen Teilchen. Das Gesetz war ein erster wichtiger Versuch die verschiedenen bekannten elektrodynamischen und elektromagnetischen Erscheinungen zusammenzufassen

und diente mehrere Jahrzehnte als Basis für den Aufbau einer elektrodynamischen Theorie. Neben den Schriften AMPÈREs und anderer mathematischer Physiker Frankreichs lieferte eine Arbeit des wieder genesenen FECHNERs einen wertvollen Impuls für WEBER. FECHNER hatte darin die "FARADAY'schen Inductions-Erscheinungen mit den AMPÈRschen elektrodynamischen Erscheinungen" verknüpft ([Fechner 1845]) und war in den theoretischen Darlegungen davon ausgegangen, dass sich beim Stromfluss in Leitern die Träger positiver und negativer Elektrizität in entgegengesetzter Richtung im Leiter bewegen. WEBER baute diese Vorstellungen weiter aus, und betrachtete vier Wechselwirkungen zwischen zwei Stromelementen, wobei sich in jedem Stromelement gleiche Mengen positiver und negativer Elektrizität bewegen. In einer zweiten Arbeit zu elektrodynamischen Maßbestimmungen deutete WEBER dann die in seiner Formel enthaltene Konstante a als reziproke Geschwindigkeit, d. h. als Ausdruck $1/c$, wobei c die Geschwindigkeit ist, mit der sich zwei elektrische Teilchen bewegen müssen, um keine Wirkung aufeinander auszuüben. WEBER sah in c eine wichtige Naturkonstante, für die er 1857 einen Wert ermittelt, der sich von der Lichtgeschwindigkeit um den Faktor $\sqrt{2}$ unterschied. Zu diesem Zeitpunkt war WEBER bereits wieder nach Göttingen zurückgekehrt, hatte aber weiterhin gute Beziehungen zu den Leipziger Kollegen.

Nachfolger WEBERs wurde WILHELM GOTTLIEB HANKEL, der von der Universität Halle kam und sich Studien zur Pyroelektrizität widmete, damals noch als Thermoelektrizität bezeichnet, aber auch Fragen der Elektrodynamik behandelte und als Konstrukteur elektrischer Messgeräte, u. a. Elektrometer, hervortrat. Auch wenn HANKEL hinsichtlich der theoretischen Beiträge nicht das Niveau von WEBER erreichte, so blieb die Kontinuität der Beschäftigung mit Fragen der Elektrodynamik an der Leipziger Universität erhalten. Jedoch scheinen die Mitglieder der Fakultät einer stärkeren theoretischen Durchdringung der Physik, insbesondere mit mathematischen Mitteln, keine große Bedeutung zuerkannt zu haben. Von der Vorschlagsliste zur Wiederbesetzung der WEBERschen Professur wurde GUSTAV ROBERT KIRCHHOFF (1824-1887) gestrichen, da er nach FECHNERs Urteil "mehr Mathematiker als Physiker" sei. ([UAL], Bl. 3) Neben HANKEL waren vorgeschlagen worden: der als "Vater der Meteorologie" bekannte, in Berlin auch Mathematik lehrende HEINRICH WILHELM DOVE (1803-1879) und PHILIPP VON JOLLY (1809-1884), der in Heidelberg u. a. Schriften zur Analysis publiziert hatte.

Carl Neumanns Berufung und sein Wirken in Leipzig

Wie bereits bemerkt, gab es seitens der Leipziger Mathematiker keine Anstrengungen, sich den Problemen der Elektrodynamik zuzuwenden. Dies änderte sich mit der Berufung CARL NEUMANNs im Sommer 1868. Es muss jedoch festgestellt werden, dass bei der Auswahl der Kandidaten für diese Berufung die Beschäftigung mit physikalischen Fragen keine Rolle spielte und NEUMANN keineswegs der Wunschkandidat der Leipziger Fakultät war.

Wie kam es zur der Berufung? Gegen Ende der 60er Jahre des 19. Jahrhunderts vollzog sich in der Vertretung der Mathematik ein Generationswechsel. Das Sächsische Kultusministerium gab 1868 einem Antrag DROBISCHs statt, sich nur noch als Professor der Philosophie zu betätigen und die Professur für Mathematik abzugeben. Als neuer Ordinarius wurde WILHELM SCHEIBNER (1826-1908) berufen. Im gleichen Jahr verstarb MÖBIUS, so dass diese Stelle ebenfalls neu besetzt werden musste. Die Philosophische Fakultät würdigte MÖBIUS als einen Begründer der neueren synthetischen Geometrie und richtete in diesen Berufungsverhandlungen ihr Hauptaugenmerk auf eine angemessene Repräsentanz der Geometrie durch den neuen Stelleninhaber. So setzte man zwar den vom Ministerium zur Berücksichtigung empfohlenen ALFRED CLEBSCH (1833-1872) an die Spitze der Berufungsvorschläge, erwähnte in der insgesamt sehr positiven Beurteilung aber kritisch, dass CLEBSCH die entstandene Lücke hinsichtlich der Geometrie nicht ausfüllen würde. Als gleichwertig schlug die Fakultät den erst 1867 von Leipzig nach Erlangen berufenen HERMANN HANKEL, den Sohn des oben erwähnten WILHELM HANKEL, vor, der ihren Vorstellungen offensichtlich besser entsprach. An dritter Stelle wurden CARL NEUMANN aus Tübingen und RICHARD BALTZER (1818 - 1887) aus Dresden genannt, wobei auch NEUMANN nicht die angestrebte Vertretung der Geometrie leisten könnte. Nachdem CLEBSCH jedoch der Fakultät am 21. 5. 1868 mitgeteilt hatte, dass er zunächst die der Göttinger Universität gegebene Zusage erfüllen müsse und das Angebot kurzfristig nicht annehmen könne, berief das Ministerium NEUMANN zum ordentlichen Professor der Mathematik. Für eine ausführlichere Darstellung des Berufungsvorgangs sei auf ([Schlote 2001]) verwiesen.

Mit CARL NEUMANN nahm 1868 ein Gelehrter seine Tätigkeit an der Alma Mater Lipsiensis auf, der bereits sehr tiefgründige Beiträge zur Analysis

geliefert hatte und sich teilweise in Anwendung dieser Resultate erfolgreich Fragen der mathematischen Physik gewidmet hatte. Da sich KARL VON DER MÜHLL (1841-1912) im Frühjahr 1868 für mathematische Physik habilitiert hatte und der seit 1866 als Privatdozent lehrende ADOLPH MAYER (1839-1908) in seinen Forschungen ebenfalls wiederholt Probleme behandelte, die der analytischen Mechanik oder anderen physikalischen Gebieten entstammten, erfuhr die mathematische Physik in Leipzig eine unerwartete Stärkung. Hinzukam, dass alle drei jeweils einen Teil ihrer Ausbildung in Königsberg absolviert hatten, jener Stätte, die durch das Wirken von FRANZ NEUMANN, CARL GUSTAV JACOB JACOBI und FRIEDRICH RICHELOT (1808-1875) ein zentraler Ausgangspunkt für neue Entwicklungen in der mathematischen und theoretischen Physik wurde. Eine fundierte Analyse der Entstehung und Wirkungsgeschichte des Königsberger mathematisch-physikalischen Seminars hat K. OLESKO gegeben ([Olesko 1991]).

Die drei Leipziger Vertreter der mathematischen Physik waren folglich nicht nur mit den modernen Tendenzen dieses Gebietes vertraut, sondern näherten sich den Problemen trotz aller individueller Unterschiede in den Forschungsinteressen und -methoden von einer ähnlichen Grundhaltung. Die Bedingungen für eine Etablierung dieses interdisziplinären Arbeitsgebiets waren somit recht günstig, und die Chance wurde von den Leipziger Mathematikern und Physikern entsprechend genutzt, wenn auch spektakuläre Erfolge ausblieben. Da eine umfassende Analyse und Wertung dieser Entwicklung noch weiterer Detailstudien bedarf und den Rahmen dieses Beitrags sprengen würde, soll das Wirken der drei genannten Mathematiker hier nur kurz charakterisiert werden.

K. VON DER MÜHLL, der 1889 einen Ruf nach Basel annahm, hat vor allem durch seine Vorlesungen für die Stärkung der mathematischen Physik gewirkt und ein breites Vorlesungsspektrum gesichert. Regelmäßig hielt er mathematisch-physikalische Übungen ab und lehrte, neben den mathematischen Vorlesungen und der Einführung in die mathematische Physik, über Hydrodynamik, Elektrodynamik, Elastizitätstheorie, analytische Mechanik und optische Probleme. Ergänzend zu seinen relativ wenigen Publikationen, die vorrangig Fragen aus den genannten Gebieten behandelten, verdient die Edition der FRANZ NEUMANNschen Vorlesung über elektrische Ströme erwähnt zu werden.

A. MAYER blieb bis zu seinem Lebensende der Leipziger Universität treu. Er wandte sich etwa im Vergleich mit von der MÜHLL in Lehre und For-

schung stärker der mathematischen Theorie zugewandt und begründete mit seinen Arbeiten zur Variationsrechnung und zu partiellen Differentialgleichungen 1. Ordnung ein Themenfeld, aus dem in Leipzig eine eigenständige Traditionslinie erwuchs. Auf Grund der bedeutenden Rolle, die Variationsprinzipien und Differentialgleichungen bei der Behandlung physikalischer Fragen spielten und spielen, waren diese Forschungen auch für die Entwicklung der mathematischen bzw. theoretischen Physik relevant.

Eine besondere Rolle fiel schon auf Grund seiner Dienststellung als Ordinarius CARL NEUMANN zu. Mathematische und mathematisch-physikalische Arbeiten ergänzten sich harmonisch. Zu den hervorragenden mathematischen Ergebnissen NEUMANNs vor der Berufung nach Leipzig gehörten 1865 die Monographie "Vorlesungen über Riemanns Theorie der Abelschen Integrale" ([Neumann 1865]), mit der er vielen Mathematikern die neuen Ideen RIEMANNs über mehrdeutige Funktionen einer komplexen Veränderlichen näherbrachte, und 1861 die Lösung der ersten Randwertaufgabe für die Ebene mit Hilfe des von im eingeführten logarithmischen Potentials ([Neumann 1861]). Bemerkenswert in dieser und in weiteren Arbeiten zur Lösung der ersten Randwertaufgabe für spezielle Gebiete im dreidimensionalen Raum waren die engen Beziehungen, die NEUMANN zu physikalischen Problemstellungen herstellte. Dies betraf etwa die Bestimmung des stationären Temperaturzustandes bzw. der Verteilung elektrischer Ladungen in einem Körper. Unter den mathematisch-physikalischen Arbeiten seien der Versuch zu einer mathematischen Theorie für die magnetische Drehung der Polarisationsebene des Lichtes ([Neumann 1863]) und die "Principien der Elektrodynamik" von 1868 ([Neumann 1868]) erwähnt. In beiden Fällen lieferte NEUMANN eine praktische Umsetzung seiner Grundansichten zur mathematischen Physik, der er die Aufgabe zuwies, nach der Herausarbeitung einiger weniger Grundprinzipien unter wesentlicher Verwendung mathematischer Methoden einen strengen Aufbau der jeweiligen Teilgebiete der Physik zu geben. In der ersten Arbeit fand er die Lösung, indem er die Kraftwirkung eines elektrischen Teilchens auf ein Teilchen des Lichtäthers analog dem WEBERschen Gesetz annahm, in der zweiten, indem er die universelle Gültigkeit des Energiesatzes postulierte und eine Analyse der Elementarkräfte vornahm. In letzterem sah NEUMANN insbesondere einen Beitrag zur theoretischen Durchdringung der Elektrodynamik, in der, wie er mehrfach konstatierte, eine Formulierung allgemein anerkannter Grundprinzipien noch ausstand. Mathematisch reduzierte er die Lösung jeweils auf das Auffinden einer geeigneten Potentialfunktion,

was zugleich einer methodischen Vereinheitlichung entsprach und ganz im Sinne des Strebens nach einem einheitlichen strengen Aufbau der Physik war. Angesichts der außerordentlichen Bedeutung der Potentialtheorie für die Lösung physikalischer Probleme, die NEUMANN in Anknüpfung an die Traditionen der französischen mathematischen Physik im Königsberger Seminar kennengelernt hatte und die sie auch in seinen eigenen Forschungen erlangte, war es nicht verwunderlich, dass der Ausbau der Potentialtheorie ein zentrales Feld seiner mathematischen Forschungen wurde. Hier schließt sich der Kreis zu den erwähnten mathematischen Arbeiten. NEUMANN hielt die enge Verbindung zwischen Mathematik und Physik bzw. anderen Disziplinen für existentiell notwendig und lehnte die von einigen Mathematikern vertretene Betonung der reinen Mathematik ab:

"... die Mathematik ist *eine Welt für sich*; auch sie entwickelt sich *nach ihren eigenen Gesetzen*. Aber auch sie bedarf gewisser äußerer Anregungen. Sie würde, ohne solche Anregungen, recht bald verflachen und verkümmern." ([Neumann 1908], S. 379)

Seine Auffassung zur mathematischen Physik und zum Verhältnis von Mathematik und Physik hatte er in den Antrittsreden an den Universitäten Tübingen am 9. November 1865 und Leipzig am 3. November 1869 klar dargelegt. So leitete er die Publikation seiner Leipziger Rede mit den Worten ein:

"Wenn das eigentliche Ziel der mathematischen Naturwissenschaft, wie allgemein anerkannt werden dürfte, darin besteht, möglichst wenige (übrigens nicht weiter erklärbare) Principien zu entdecken, aus denen die allgemeinen Gesetze der empirisch gegebenen Thatsachen mit mathematischer Nothwendigkeit emporsteigen, also Principien zu entdecken, welche den empirischen Thatsachen *aequivalent* sind, - so muss es als eine Aufgabe von unabweisbarer Wichtigkeit erscheinen, diejenigen Principien, welche in irgend einem Gebiet der Naturwissenschaft bereits mit einiger Sicherheit zu Tage getreten sind, in sorgfältiger Weise zu durchdenken, und den Inhalt dieser Principien womöglich in solcher Form darzulegen, dass jener Anforderung der Aequivalenz mit den betreffenden empirischen Thatsachen wirklich entsprochen werde." ([Neumann 1870], S. 3)

Vier Jahre später schrieb er in einer Abhandlung über das WEBERsche Gesetz:

"Es scheint somit, dass der Mathematiker im Gebiete der Physik wenig zu suchen habe, dass er etwa nur die Exempel auszurechnen habe, welche der Physiker ihm vorlegt.

So urtheilen zu wollen, würde sehr übereilt sein. - Vielmehr hat der Mathematiker im Gebiete der Physik eine wichtige und nicht zu unterschätzende Aufgabe. Sie besteht darin, die einstweilen *vorhandenen* physikalischen Vorstellungen näher zu erforschen, ihre Consequenzen nach allen Seiten mit möglichster Strenge zu verfolgen; mit einem Wort, ... diese Vorstellungen *deductiv* zu entwickeln. Solche *deductive* Entwickelungen werden, namentlich wenn sie in festen und möglichst geradlinigen Zügen ausgeführt sind, dazu dienen, die Uebersichtlichkeit des betreffenden Gebietes zu vergrössern, sie werden beitragen, um gewissermassen unserm geistigen Blick allmählig diejenige Weite und Schärfe, namentlich aber diejenige Ruhe und Sicherheit zu geben, welche zu einer glücklichen *Induction* d. i. zum Emportauchen *neuer und besserer* Vorstellungen erforderlich sind.

Einer solchen deductiven Behandlung habe ich nun die in der *Elektrodynamik* üblichen Vorstellungen zu unterwerfen gesucht." ([Neumann 1878], S 196f.).

Damit hat NEUMANN, ohne es zu diesem Zeitpunkt ahnen zu können, einen großen Teil seines Lebenswerkes ausgezeichnet charakterisiert. In mehr als einem Viertel der über 160 Veröffentlichungen behandelte er Fragen der Elektrodynamik. In mehreren umfangreichen Arbeiten mühte er sich eine systematischen Aufbau dieser Theorie zu geben. Angesichts der zu jener Zeit noch sehr umstrittenen Grundvorstellungen über elektrodynamische und elektromagnetische Vorgänge ein sehr schwieriges Unterfangen. Bei der Wahl des Grundprinzips für eine Theorie der Elektrizität und des Magnetismus schloss sich NEUMANN der FECHNERschen Annahme von der Existenz zweier elektrischer Fluida an, deren Eigenschaften einander direkt entgegengesetzt waren und die nur durch ihre Wirkungen erkannt werden konnten. Die elektrischen Erscheinungen basierten auf der Wechselwirkung der einzelnen Teilchen, wobei für diese Wechselwirkungen ein dem Newtonschen Gravitationsgesetz analoges Gesetz angenommen wurde. Zugleich folgte er den Ansichten WEBERs, dass beim Studium der elektrodynamischen Erscheinungen, also bei allen Erscheinungen, die mit einer Bewegung der Stromelemente verbunden waren, die Bewegung der elektrischen Teilchen berücksichtigt werden müsse. Durch das Auffinden eines Ausdrucks, der "mit gewisser Berechtigung" als Potential für die im WE-

BERschen Gesetz konstatierte Kraft dienen konnte, eröffnete sich für Neumann die Möglichkeit, die Theorie auf der Basis der Potentialtheorie aufzubauen. Er hat dann, ganz im Sinne des oben zitierten Credos, die Konsequenzen dieser und weiterer hinzugenommener Annahmen ausgelotet. Die zusätzlichen Hypothesen reichten von der universellen Gültigkeit des Energiesatzes bis zur Ausbreitung des Potentials mit äußerst großer, aber endlicher Geschwindigkeit. Auch sollte das Potential bei einer nicht näher bestimmten, starken Annäherung der elektrischen Teilchen, man würde heute etwa von Abständen im atomaren Bereich sprechen, nicht mehr analog dem NEWTONschen Potential gebildet werden. Dabei bemühte sich NEUMANN, nur auf solche Vorstellungen zurückzugreifen, die durch Experimente hinreichend abgesichert und weitgehend anerkannt waren; trotzdem erkannte er den Hypothesen einen unterschiedlichen Grad an Sicherheit zu. Er scheute sich auch nicht, die dualistische Auffassung von der Elektrizität mit zwei elektrischen Fluida durch die unitarische zu ersetzen. Letztere besagte, dass die negative Elektrizität fest mit der ponderablen Masse verbunden sei und die positive Elektrizität sich als Fluidum bewegen konnte. In beiden Fällen gelang es ihm die zum damaligen Zeitpunkt bekannten Gesetzmäßigkeiten der Elektrodynamik in die jeweilige Theorie zu integrieren. Die FARADAY-MAXWELLschen Feld-Vorstellungen berücksichtigte er jedoch nicht.

Die NEUMANNschen Darlegungen fanden, wie bei dem noch unsicheren Erkenntnisstand zu erwarten, nicht nur Zustimmung. Kritik kam von RUDOLF CLAUSIUS (1822-1888) und vor allem von HERMANN VON HELMHOLTZ (1821-1894). (CLAUSIUS wandte insbesondere ein, dass bei Verwendung der dualistischen Auffassung von der Elektrizität aus dem WEBERschen Gesetz widersprüchliche Aussagen abgeleitet werden könnten.) HELMHOLTZ hatte erfolgreich die Gesetze von WEBER, FRANZ NEUMANN und JAMES CLERK MAXWELL (1831-1879) in einer parameterabhängigen Formel für das elektrodynamische Potential vereinigt. Bezeichnen Ds und Dσ Stromelemente mit der Intensität i bzw. j, r die Entfernung zwischen den beiden Stromelementen, (Ds, Dσ), (r, Ds) bzw. (r, Dσ) die Winkel zwischen den angegebenen Richtungen und p das elektrodynamische Potential der beiden Stromelemente aufeinander, so lautete die Formel

$$p = -\frac{1}{2}A^2 \frac{ij}{r}\{(1+k)\cos(Ds,D\sigma)+(1-k)\cos(r,Ds)\cos(r,D\sigma)\}Ds \cdot D\sigma,$$

([Helmholtz 1870a], S. 567). Für die Parameterwerte k = 1, 0, -1 erhielt man das Potential entsprechend der Theorie von F. NEUMANN, MAXWELL bzw. WEBER. Mit Hilfe dieser Formel leitete von HELMHOLTZ dann einige Widersprüche zu den Darlegungen von WEBER und CARL NEUMANN ab.

Ohne in Einzelheiten zu gehen, ist der Wert dieser Auseinandersetzung vor allem darin zu sehen, dass die Folgerungen der einzelnen Annahmen so weit als möglich aufgeklärt wurden und insbesondere Stellen aufgezeigt wurden, an denen eine experimentelle Entscheidung notwendig und durchführbar erschien. In dieser Situation offenbarten sich deutliche Unterschiede zwischen NEUMANN und von HELMHOLTZ in der Haltung zu den Beziehungen zwischen Mathematik und Physik. NEUMANN als mathematischer Physiker sah seine Aufgabe in der Verbesserung der theoretischen, d. h. mathematischen Grundlagen und kehrte, erst als neue physikalische Erkenntnisse vorlagen, zur Elektrodynamik zurück. Von HELMHOLTZ versuchte dagegen, geeignete Experimente anzuregen oder selbst durchzuführen und auf diesem Weg neue Einsichten für eine Verbesserung der Theorie zu gewinnen. Diese Strategie war die erfolgreichere. Mehrere wichtige Versuche wurden in HELMHOLTZ' Berliner Laboratorium durchgeführt, teils von ihm angeregt, stets von ihm mit Interesse verfolgt. Es sei nur an BOLTZMANNS experimentellen Nachweis der Proportionalität zwischen Dielektrizitätskonstante und dem Quadrat des Brechungsexponenten, an ROWLANDS Nachweis des durch einen Konvektionsstrom erzeugten Magnetfeldes und an HELMHOLTZ' eigenen elektrochemischen Untersuchungen erinnert. Auch das Bekanntmachen von HEINRICH HERTZ mit jenen Aufgaben, die dann 1886 in die Entdeckung der elektromagnetischen Wellen einmündeten, kann noch genannt werden. Zusammen mit weiteren grundlegenden Ergebnissen anderer Physiker führten sie schließlich zur Bestätigung der MAXWELLschen Theorie.

NEUMANN befasste sich erst Anfang der 90er Jahre wieder mit der Elektrodynamik. Die im obigen Kontext wichtigsten Arbeiten erschienen 1898 und 1901-1903, letztere unter dem Titel "Über die Maxwell-Hertz'sche Theorie". Ziel dieser Abhandlungen war es, die MAXWELLsche Theorie der Elektrodynamik in der von HEINRICH HERTZ (1857-1894) vorgenommenen Bearbeitung "einem genaueren Studium" zu unterwerfen "und von ihrem eigentlichen Inhalt ein möglichst anschauliches Bild" zu zeichnen. ([Neumann 1901], S. 3) Wer jedoch ein klares Veto zu Gunsten dieser Theorie erwartet, wird enttäuscht. NEUMANN hob vielmehr mehrere Schwachstellen

der Theorie hervor, in denen ein von der bisherigen Theorie abweichendes Ergebnis erhalten wurde. Eine Entscheidung zwischen den einzelnen Auffassungen fällte er nicht, da das vorhandene experimentelle Material zu unsicher bzw. in bestimmten Fällen eine direkte experimentelle Prüfung nicht möglich sei und er die Möglichkeit, die Mängel innerhalb der HERTZschen Theorie zu beseitigen, nicht ausschloss. Die Last der Experimente zur Bestätigung der MAXWELL-HERTZschen Theorie wog nicht schwer genug, als dass er es für nötig empfand, seine Grundauffassungen zu den elektrodynamischen Vorgängen zu revidieren, und auch im Methodischen behielt er den alten Standpunkt bei. Auf Grund der beträchtlichen mathematischen Schwierigkeiten bei der Behandlung der Elektrodynamik war er hinsichtlich einer raschen Lösung der Probleme sehr skeptisch. In einem Brief an den Leipziger Experimentalphysiker OTTO HEINRICH WIENER (1862-1927) schrieb er am 29. 11. 1902:

> "*Sie* glauben, daß in der theoretischen Physik *sehr bald* wesentliche Fortschritte zu erwarten seien durch Zusammenfassen der schon vorliegenden Ergebnisse, etwa durch einen plötzlichen Einfall, durch geeignete Combination des schon vorliegenden Materials.
>
> *Ich* dagegen glaube, daß wesentliche Fortschritte nur in *sehr langer Zeit* zu erwarten sind, und daß in erster Linie eine genaue exacte Durcharbeitung des schon Verstandenen erforderlich ist. Zu einer solchen wirklich exacten Durcharbeitung sind aber nach meiner Meinung gründliche *mathematische Ausbildung* und wirkliche *mathematische Klarheit* unumgänglich erforderlich. ([Nachlaß Wiener], Brief vom 29. 11.1902)

Der Anlaß des Briefes war die Neubesetzung des Ordinariats für theoretische Physik, speziell die Reihenfolge der Kandidaten auf der Vorschlagsliste, doch fällt dies bereits in eine neue Periode in den Wechselbeziehungen zwischen Mathematik und Physik an der Leipziger Universität.

Zum NEUMANNschen Wirken lässt sich abschließend feststellen, dass er der Physik durch die am streng deduktiven Aufbau der Mathematik orientierte Darstellung eine eigene charakteristische Note gab und in einer wichtigen Entwicklungsphase der Elektrodynamik wertvolle Hinweise zur weiteren theoretischen und experimentellen Absicherung der Theorie hervorbrachte. Sein fester Glaube an die Kraft der Mathematik war möglicherweise ein Grund für sein Festhalten an den einmal gewählten Grundvorstellungen, anstatt, und sei es nur vorübergehend, zu mathematisch handhabbareren

und experimentell überprüfbaren Erklärungsmodellen überzugehen. Er hat sich damit selbst den Weg zu einer größeren Wirksamkeit im Sinne der mathematischen Physik verbaut. Davon unberührt und unbestritten bleiben Neumanns Verdienste um den Aufbau der Potentialtheorie, auf die hier nur hingewiesen werden kann. Genannt seien seine Theorie des logarithmischen Potentials und die sehr erfolgreich für die Lösung von Randwertaufgaben eingesetzte, von ihm entwickelte Methode des arithmetischen Mittels.

Die Würdigung der Maxwellschen Theorie durch Leipziger Physiker

Trotz des sicherlich starken Einflusses, den NEUMANN mit seinen Forschungen auf die Beziehungen zwischen Mathematik und Physik an der Leipziger Universität ausübte, wäre es falsch zu glauben, dass man in Leipzig den neueren Entwicklungen generell ablehnend gegenüberstand. Bereits 1874 vermittelte GUSTAV HEINRICH WIEDEMANN (1826-1899), seit 1871 Professor für physikalische Chemie und ab 1887 Direktor des Physikalischen Instituts, im zweiten Band der zweiten Auflage des auch als Enzyklopädie der Elektrodynamik bezeichneten Werkes "Die Lehre von Galvanismus und Elektromagnetismus" einen sehr guten Überblick über den aktuellen Stand der Elektrodynamik. Er diskutierte die einzelnen Theorien, einschließlich der MAXWELLschen, und referierte die bestehenden Auseinandersetzungen. Eine Entscheidung zu Gunsten einer der Theorie traf er nicht, da die Diskussionen noch nicht abgeschossen seien. In der dritten, 1882-1885 erschienenen, auf vier Bände erweiterten Auflage des Werkes mit dem neuen Titel "Die Lehre von der Elektricität" stellte er die MAXWELLsche Theorie ausführlicher dar und ließ sie als vorläufigen Endpunkt der Entwicklung von Vorstellungen über die Elektrizität erscheinen. Dies kann als ein Indiz für eine positive Beurteilung gewertet werden, ohne dass sich WIEDEMANN indem Buch explizit für eine der Theorien entschied. Die Vermutung wurde durch AUGUST OTTO FÖPPL (1854-1924) bestätigt, der 1894 im Vorwort seiner "Einführung in die Maxwell'sche Theorie der Elektricität" schrieb:

"Vor 11 Jahren (also 1883, K.-H.S.) kam ich, ..., zu Herrn Geheimrath Prof. Dr. G. WIEDEMANN mit dem Entschlusse, die Elektricitätslehre eingehend zu studieren und erbat mir seinen Rath über den dabei innezuhaltenden

Plan. Dieser hervorragende Forscher, ..., wies mich schon bei meinem ersten Besuche u. A. lebhaft auf die MAXWELL'schen Arbeiten hin." ([Föppl 1894], S. X)

Durch FÖPPL wurde die MAXWELLsche Theorie im deutschen Sprachraum erstmals systematisch dargestellt und verbreitet. In der Bearbeitung von MAX ABRAHAM (1875-1922) entstand daraus 1904/08 ein Standardlehrbuch für Generationen von Physikern. Mit der Verwendung der Vektor- und Tensorrechnung, letzteres vor allem durch ABRAHAM, wurden wichtige Verbesserungen in der formellen Darstellung der Theorie erreicht und die Anerkennung der Vektor- und Tensorrechnung als grundlegendes mathematisches Hilfsmittel in der Physik gefördert. FÖPPL sprach im Vorwort seines Buches in weiser Voraussicht davon, dass die Vektoranalysis "die mathematische Zeichensprache der Physik der Zukunft sein wird". ([Föppl 1894], S. VII) In diesem Vorwort skizzierte er sehr prägnant die jüngste Entwicklung und die Durchsetzung der MAXWELLschen Theorie. Dies rundet das Bild von den Beziehungen zwischen Mathematik und Physik in den Fragen der Elektrodynamik an der Leipziger Universität um die Jahrhundertwende ab und lässt zwei Strömungen hervortreten: seitens der Physiker eine intensive Beschäftigung mit den Problemen des neuen Gebietes, die zwar stärker experimentell orientiert war, aber theoretischen Überlegungen nicht ablehnend gegenübertrat und in eine Anerkennung der MAXWELL Theorie einmündete, andererseits eine exakte, fast axiomatische Darlegung der Theorie durch C. NEUMANN in den 70er Jahren und ein starres Festhalten an den gewählten Grundprinzipien in den folgenden Jahrzehnten, was zunehmend zu einer kritisch distanzierten Haltung zu neueren Entwicklungen der physikalischen Theorie führte. Warum jedoch NEUMANN der experimentell und nach dem FÖPPLschen Werk auch theoretisch fundierten MAXWELL-HERTZschen Theorie weiterhin kritisch gegenüberstand, muss weitgehend offen bleiben.

Literatur

[UAL]: Universitätsarchiv Leipzig, PA 531 (Personalakte W. Hankel)

[Arendt 1999]: ARENDT, HANS-JÜRGEN: Gustav Theodor Fechner. Ein deutscher Naturwissenschaftler und Philosoph im 19. Jahrhundert. (Daedalus, Bd. 12), Frankfurt/Main et. al., 1999

[Blaschke 1987]: BLASCHKE, KARLHEINZ: Die Universität Leipzig im Wandel vom Ancien Régime zum bürgerlichen Staat. In: Czok, Karl: Wissenschafts- und Universitätsgeschichte in Sachsen im 18. u. 19. Jahrhundert. Nationale und internationale Wechselwirkung und Ausstrahlung. Abh. Sächs. Akad. Wiss., Phil.-hist. Kl. 71(1987) H.3, S. 133-153

[Fechner 1845]: FECHNER, GUSTAV THEODOR: Ueber die Verknüpfung der Faraday'schen Inductions-Erscheinungen mit den Ampèrschen elektrodynamischen Erscheinungen. Annalen der Physik und Chemie 64 (1845)

[Föppl 1894]: FÖPPL, AUGUST: Einführung in die Maxwell'sche Theorie der Elektricität. Mit einem einleitenden Abschnitte über das Rechnen mit Vectorgrössen in der Physik. Verlag B. G. Teubner, Leipzig, 1894. Zweite vollständig umgearbeitete Auflage herausgegeben von M. Abraham. 2 Bde., Verlag B. G. Teubner, Leipzig 1904/08

[Helmholtz 1870]: HELMHOLTZ, HERMANN: Ueber die Theorie der Elektrodynamik. Erste Abhandlung: Ueber die Bewegungsgleichungen der Elektricität für ruhende leitende Körper. Journal für die reine und angewandte Mathematik 72(1870), S. 57 - 129; Zweite Abhandlung: Kritisches. Ebenda 75(1873), S. 35 - 66; Dritte Abhandlung: Die elektrodynamischen Kräfte in bewegten Leitern. Ebenda 78(1874), S. 273 - 324

[Kühn 1987]: KÜHN, HEIDI: Die Mathematik im deutschen Hochschulwesen des 18. Jahrhunderts (unter besonderer Berücksichtigung der Verhältnisse an der Universität Leipzig). Dissertation A. Leipzig 1987

[Jungnickel; McCormmach 1986]: JUNGNICKEL, CHRISTA; MCCORMMACH, RUSSEL: Intellectual Mastery of Nature. Theoretical Physics from Ohm to Einstein. 2 vols., University of Chicago Press, Chicago, London 1986.

[Neumann 1863]: NEUMANN, CARL: Die magnetische Drehung der Polarisationsebene des Lichtes. Versuch einer mathematischen Theorie. Verlag der Buchhandlung des Waisenhauses, Halle 1863

[Neumann 1868]: NEUMANN, CARL: Die Principien der Elektrodynamik. Eine mathematische Untersuchung. Tübingen 1868. Wiederabdruck: Mathematische Annalen 17(1880), S. 400 - 434

[Neumann 1870]: NEUMANN, CARL: Ueber die Principien der Galilei-Newton'schen Theorie. Akademische Antrittsrede. Verlag B. G. Teubner, Leipzig 1870

[Neumann 1878]: NEUMANN, CARL: Ueber das von Weber für die elektrischen Kräfte aufgestellte Gesetz. Abhandlungen Königl. Sächs. Acad. Wiss., 18 (1878) (11. Band der Math.-Physische Cl.), S. 77 - 200

[Neumann 1901]: NEUMANN, CARL: Ueber die Maxwell-Hertz'sche Theorie. Abhandlungen Königl. Sächs. Acad. Wiss., 27. Bd. der Math.-Physische Cl., H. 2 (1901), S. 211 - 348; ~ 2. Abhandlg. Abh. Bd. 27, H. 8 (1902), S. 753 - 860, ~ 3. Abhandlg. Abh. Bd. 28, H. 2 (1903), S. 75 - 99

[Neumann 1908]: NEUMANN, CARL: "Nekrolog auf Wilhelm Scheibner". Berichte über die Verhandlungen Königl. Sächs. Gesell. Wiss. Leipzig, Math.-Physische Kl., 60(1908), S. 375 - 390

[Olesko 1991]: OLESKO, KATHRYN M.: Physics as a Calling. Discipline and Practice in the Königsberg Seminar for Physics. Cornell University Press, Ithaca, London 1991.

[Olesko 1997]: OLESKO, KATHRYN M.: Franz Ernst Neumann (1798-1895). In: Die Großen Physiker. Erster Band: Von Aristoteles bis Kelvin. Hrsg. von Karl von Meyenn. C. H. Beck Verlag 1997, S. 384 - 395

[Rechenberg 1994]: RECHENBERG, HELMUT: Hermann von Helmholtz. Bilder seines Lebens und Wirkens. VCH Verlagsgesellschaft Weinheim, New York et all., 1994

[Schlote 2001]: SCHLOTE, KARL-HEINZ: Zur Entwicklung der mathematischen Physik in Leipzig (I) - Der Beginn der Neumannschen Ära. Erscheint voraussichtlich in NTM, N.S., 9(2001), H. 4

[Schreier 1985]: SCHREIER, WOLFGANG: Die Physik an der Leipziger Universität bis zum Ende des 19. Jahrhunderts. Wiss. Zeitschrift der Karl-Marx-Universität Leipzig, Math.-Naturwiss. Reihe 34(1985) H.1, S. 5-19

[Weber 1846]: WEBER, WILHELM: Elektrodynamische Massbestimmung. Ueber ein allgemeines Grundgesetz der elektrischen Wirkung. In: Wilhelm Weber's Werke. Bd. 3: Galvanismus und Elektrodynamik, Berlin 1893, S. 25 - 214

[Wiedemann 1874]: WIEDEMANN, GUSTAV: Die Lehre vom Galvanismus und Elektromagnetismus. 2 Bde., Braunschweig, ²1874; 3. Aufl.: Die Lehre von der Elekticität. 4 Bde. Braunschweig 1882-85

Dr.habil. Karl-Heinz Schlote; Sächsische Akademie de Wissenschaften zu Leipzig, Postfach 100440; D-04004 Leipzig;
email: Schlote@saw-leipzig.de

Karl Weierstraß und Sofie Kowalewskaja
- "Dem Meisterherzen lieber Student"

Stanisław Fudali

Abb.1: Karl Weierstrass gegen 1870

Am 3. Oktober 1870 klopfte eine junge Frau an die Wohnung im dritten Stock in der Stellenstrasse 19. Die Wohnung bewohnte KARL THEODOR WEIERSTRASS, Mathematikprofessor der Berliner Universität, zusammen mit seinen zwei Schwestern - AGNES und KLARA; die Ankommende wollte mit dem Professor sprechen. Ziemlich radebrechend deutsch erklärte sie, dass sie eine russische Untertanin ist, SOFIE KOWALEWSKAJA[1] heißt und wollte den Professor bitten, dass er ihr das Studieren der Mathematik an der Berliner Universität ermöglichte - in diesen Jahren hatten die Frauen an den meisten europäischen Universitäten kein Recht auf das Studium, so auch an der Berliner Universität. WEIERSTRASS war kein Anhänger dafür, dass die Frauen studieren, aber war auch nicht dagegen, und außerdem war er ein taktvoller Mensch. Nichts der Frau versprechend, die in sein Privatleben eingedrungen war, gab er ihr nach dem kurzen Gespräch ein Paar Probleme zu lösen, gegen die schon seine begabten Studenten angekämpft hatten, und schlug vor, dass sie die Lösungen in einer Woche bringt. Er war fast sicher, dass diese nicht gut deutsch sprechende Ausländerin nicht mehr zu ihm kommt.

---

[1] Sofie Kowalewskaja war eine russische Untertanin (wie das früher bezeichnet worden ist), und bis Ende des Lebens hat sie sich mit einem russischen Pass ausgewiesen.

WEIERSTRASS war in der Zeit schon ein in Europa anerkannter Analytiker. 1856 wurde er zum außerordentlichen Professor an der Berliner Universität berufen, und seit 1865 war er dort ordentlicher Professor. Daraus ist der Plan von SOFIE entstanden, sich direkt an den Meister zu wenden.

Abb.2: Sofie Kowalewskaja (1868)

Die am 3. Januar 1850 geborenen SOFIE hat ziemlich früh ihr Interesse an der Mathematik verraten, aber erst seit dem Herbst 1865 bis zum Frühling 1869, während der Winteraufenthalte in Petersburg, bei den Schwestern der Mutter, hat sie bei ALEKSANDER NIKOŁAJEWICZ STRANNOLJUBSKIJ[2] Mathematikstunden genommen. Es war kein regelmäßiges Studium, aber es erlaubte SOFIE, sich die Anfänge der höheren Mathematik anzueignen. Nach der Verheiratung fuhr SOFIE mit ihrem Mann im April 1869 nach Deutschland und dort in Heidelberg wurde ihr erlaubt, Mathematik und Physik zu hören; sie hatte 22 Stunden Unterricht pro Woche: Mathematik bei KÖNIGSBERGER[3] und DUBOIS-REYMOND[4], Physik bei KIRCHHOFF[5] und Philosophie bei HELMHOLTZ[6]. Im Herbst 1870 beendete SOFIE ihr Mathematikstudium in Heidel-

---

[2] Aleksander Nikołajewicz Strannoljubskij (1839-1908), russischer Mathematik-Pädagoge, hat die Hochschulbildung in der Seeschule in Petersburg erworben. Er war der Autor vieler Lehrbücher und auch ein glühender Anhänger, dass die Hochschulbildung auch den Frauen erlaubt ist

[3] Leo Königsberger (1837-1921), deutscher Mathematiker. Seine Arbeiten betreffen hauptsächlich Funktionentheorie, Differentialgleichungen und Mechanik; er genoss hohe Anerkennung als Pädagoge.

[4] Paul DuBois-Reymond (1831-1889) deutscher Mathematiker. Er hat sich mit der mathematischen Physik, Analysis, Theorie der Funktionen, Variationsrechnung, Theorie der molekularen Differenzrechnung u.ä. beschäftigt.

[5] Gustav Robert Kirchhoff (1824-1887), deutscher Physiker, Professor der Universitäten, u.a. in Berlin, Mitschöpfer der Spektralanalyse; hat u.a. die nach ihm benannten Gesetze für (elektrische) Netzwerke und das Temperaturstrahlungsgesetz formuliert.

[6] Hermann Ludwig Ferdinand Helmholtz (1821-1894), deutscher Physiker, Mathematiker, Physiologe und Psychologe.

berg und hatte Lust bei WEIERSTRASS in Berlin zu studieren. Damals also ist sie in der Wohnung in der Stellenstrasse erschienen.

Genau nach einer Woche erschien die zarte Ausländerin wieder in der Wohnung in der Stellenstrasse - sie hatte alle Probleme gelöst, und wenn der Professor die Lösungen durchsah und fragte nach diesem und jenem, erklärte das SOFIE umfangreich mit einem Glanz der Augen. WEIERSTRASS stand vor einem schwierigen Problem: er bemerkte das mathematische Talent bei KOWALEWSKAJA und wollte ihr helfen, und andererseits, als geborener Deutscher daran gewöhnt , dass *Ordnung sein muss*, versuchte er eine gesetzliche Weise zu finden, um die Bitte der jungen Ausländerin zu erfüllen. Nachdem er sich Rat bei LEO KÖNIGSBERGER geholt hatte, unter dessen Leitung KOWALEWSKAJA drei Semester Mathematik in Heidelberg studiert hatte, beantragte er beim Senat die Einwilligung, dass SOFIE an der Berliner Universität angenommen wurde. Trotz dieser Unterstützung war der Senat damit nicht einverstanden - die Frauen durften damals nur an einigen Laborunterrichten teilnehmen. Selbst die außergewöhnliche Situation - kleinere Zahl der Studenten als gewöhnlich bei WEIERSTRASS wegen des preußisch-französichen Krieges - hatte keinen Einfluß auf die ablehnende Entscheidung.

Es ist schwierig mit voller Gewißheit zu sagen, was der Grund war - persönlicher Reiz der jungen Ausländerin oder bemerktes mathematisches Talent - WEIERSTRASS willigte darin ein, SOFIE KOWALEWSKAJA privaten Unterricht zu erteilen. In seiner Wohnung verbrachte SOFIE Sonntagnachmittage, und manchmal kam sie auch noch mal in der Woche; einmal in der Woche kam WEIERSTRASS zu SOFIA, die zusammen mit ihrer Freundin - JULIA LERMONTOFF[7] - in der Nähe wohnte. Es ist unmöglich zu sagen, wie das Studium unter der Leitung von WEIERSTRASS verlaufen ist, weil ich entsprechenden Bericht nicht gefunden habe; KARL WEIERSTRASS hatte über 10jährige Erfahrung in der Lehrerarbeit in den Oberschulen, und seit 14 Jahren hielt er die Vorlesungen an der Berliner Universität. Es scheint, dass das Studium von KOWALEWSKAJA bei WEIERSTRASS nicht den Charakter von Nachhilfestunden hatte sondern der Diskussion über die Probleme, die dem Meister interessant scheinen, diente und aus der erhaltenen Korre-

---

[7] Julia Wsiewołodowna Lermontoff (1846-1919), entfernte Verwandte des Dichters Mikchail Juriewicz Lermontoff (1814-1841), Sofie Kowalewskajas Freundin fürs Leben. Sie hat als erste Russin das Doktorat in Chemie (in Göttingen) gemacht.

spondenz kann man folgen, dass das Studium einen seminarartigen Charakter hatte.

Am Freitag den 10. März 1871 konnte WEIERSTRASS zum Unterricht zu SOFIE nicht kommen, am nächsten Tag schickte er ihr ein Zettelchen :

✉ *Verehrte Frau!*

Gestern abend zu meinem Bedauern verhindert mich bei Ihnen einzufinden, ists mir zugleich durch einen Zufall unmöglich geworden, Sie davon zu benachrichtigen. Ich hoffe aber, Sie werden mich morgen mit Ihrem Besuche erfreuen.

Mit freundlichstem Gruß

Ihr ergebener Weierstraß

Berlin (Sonnabend) den 11.März [18]71

Wie man damals die Zettelchen geschickt hat - weiß ich nicht; wahrscheinlich durch den Hausmeister. Das oben genannte (vergl. auch die Kopie unten) ist das erste in der Sammlung der erhaltenen Korrespondenz von WEIERSTRASS an KOWALEWSKAJA [1]. Die Briefe von KOWALEWSKAJA an WEIERSTRASS, der meinte, dass seine persönlichen Angelegenheiten die anderen nicht interessieren sollen, wurden durch den Empfänger nach SOFIEs Tod verbrannt.

Abb. 3: Kopie des Zettelchens von K. Weierstrass vom 11. März 1871

Von Ende März bis Mitte Mai 1871 beschäftigte sich SOFIE nicht mit der Mathematik, weil sie bei ihrer Schwester ANIUTA[8] im belagerten Paris war; am Anfang Juni fuhr sie wieder dorthin, um nach dem Untergang der Pariser Kommune die Schwester und den Schwager vor den Repressalien zu retten. Im Herbst widmete sie sich wieder die Mathematik, wohl auf dieselbe Art wie früher.

---

[8] Anna Jacquelard (1843-1887, geb. Krukowskaja) - Schwester von Sofie Kowalewskaja.

Mitte Januar 1872 war der Meister erkältet und musste den Empfang SOFIES bei sich absagen, aber außer der Nachricht darüber schickte er im Brief vom 14.I.1872 eine Skizze dessen, was die Sache ihrer Betrachtungen während des Treffens sein sollte, das er gerade abgesagt hat:

✉ *Verehrte Frau!* *Berlin, 14. Jan. 1872*

Zu meinem Bedauern werde ich Sie morgen nicht empfangen können, da ich seit einigen Tagen in Folge einer Erkältung unwohl bin.

Ich übersende Ihnen deshalb über das Thema, welches den Gegenstand unseren nächsten Besprechung bilden sollte, meine Aufzeichnungen, die so vollständig sind, daß Sie auch ohne meinen Beistand damit fertig zu werden in Stande sind. **Diese** *Papiere, die ich für meine nächste Vorlesung brauche, wollen Sie jedoch die Gefälligkeit haben, mir am K.[ommenden] Sonntag zurückzuschicken.*

Um die allgemeine Formeln in einen einfachen Falle zu rectificieren, wollen Sie bemerken, daß, wenn $y = \sqrt{R(x)}$ und $R(x)$ eine ganze Funktion vom Grade $(2\rho + 1)$ ist - diese Bedeutung hat nämlich ρ in diesem Falle - die einfachste Funktion $H(xy, x'y')$ die folgende ist, in welcher $P(x)$ einen Teiler ρ-ten Grades von $R(x)$ bezeichnet: $H(xy, x'y') = \frac{1}{2}(1+\frac{P(x)}{P(x')} \frac{y}{y'}) \frac{1}{x-x'}$. ... (übergehen wir die Details, es sind 8 Zeilen!)...

Die Gleichung $\frac{d}{dx} H(xy, x'y')$ ... ist dann identisch mit der von mir in die Theorie der hyperelliptischen Angewandten, mit deren Hilfe ich die Relationen unter den Perioden der Integrale erster und zweiter Gattung entwickelt habe.

Sobald ich wieder ausgehe, was hoffentlich in einigen Tagen wird geschehen können, werde ich mir erlauben, bei Ihnen anzusprechen, damit wir unsere nächste Zusammenkunft verabreden können.

Mit freundlichstem Gruß

 Ihr ergebenster Weierstraß

Nicht nur diesartige Korrespondenz schickte WEIERSTRASS an SOFIE, zwei Monate später schrieb er (übergehend einleitende höfliche Anrede) [2, S. 13, 153]:

✉   *Darf ich Sie, verehrte Freundin, wohl bitten, die vorliegende Ausarbeitung des Satzes, über den wir uns gestern unterhielten, und die ich einem Freunde mitteilen möchte, zu diesem Besuche mir auf einem Briefbogen abzuschreiben? Ich hätte zwar selbst wohl Zeit dazu, aber, aufrichtig gestanden, ich schreibe sehr ungern etwas zweimal, und so erlaube ich mir, meine Zuflucht zu Ihnen zu nehmen.*

Mit freundlichstem Gruß

Ihr ergebenster Weierstraß

Und ein halbes Jahr später, am Ende Oktobers 1872, schreibt er irgendwie anders [2, S. 13, 154]:

✉   *Meine teuere Sophie!*

Ich finde soeben in meinen Papieren noch einige ältere Notizen über den bis jetzt von uns besprochenen einfachsten Fall der Variationsrechnung. Trotz der verschiedenen Bezeichnungsweise werden Sie diese Notizen bei der Ausarbeitung, wie ich glaube, ganz gut benutzen können, weshalb ich sie Ihnen schicke, bevor Sie vermutlich Ihr Tagewerk begonnen haben.

Ich habe mich diese Nacht viel mit Ihnen beschäftigt, wie es ja nicht anders sein konnte, - meine Gedanken haben nach den verschiedensten Richtungen hin und her geschweift, sind aber immer wieder zu einem Punkte zurückgekehrt, über den ich noch heute mit Ihnen sprechen muß. Fürchten Sie nicht, daß ich Dinge berühren werde, über die, wenigstens jetzt, nicht zu reden wir übereingekommen sind. Was ich Ihnen zu sagen habe, hängt vielmehr mit Ihren wissenschaftlichen Bestrebungen eng zusammen - ich bin aber nicht sicher, ob. Sie bei der liebenswürdigen Bescheidenheit, mit der Sie über das, was Sie jetzt schon leisten können, beurteilen, auf meinen Plan einzugehen geneigt sein werden. Doch das alles läßt sich mündlich besser besprechen. Gestatten Sie mir also, obwohl erst wenige Stunden seit unserem letzten Zusammensein, das uns einander so nahe gebracht hat, verflossen sind Sie heute Vormittag abermals auf ein Stündchen zu besuchen und mich auszusprechen.

Herzlichst grüßend

Ihr Weierstraß

26. Okt. 72 (Morgens)

Das Zettelchen ist ein Zeugnis der Wende in den Verhältnissen zwischen dem Meister und der Schülerin, die in dieser Zeit stattfand - die freundschaftlich-väterliche Einstellung WEIERSTRASS' zu seiner Schülerin ermutigte SOFIE, ihm sehr persönliche sie gerade quälende Angelegenheiten, betreffend ihre Scheinehe mit WLADIMIR O. KOWALEWSKIJ[9], zu vertrauen. Gerade in dem oben genannten Zettelchen ist die Reaktion von WEIERSTRASS, auf die am vorigen Tag gemachten Vertraulichkeiten - der Meister beschloß seiner Schülerin eine Vorbereitung der wissenschaftlichen Abhandlung vorzuschlagen, aber in der Korrespondenz enthüllte er die Gedanken nicht; davon entstand der einigermaßen rätselhafte Inhalt der oben genannten Notiz. Seit dieser Zeit sah WEIERSTRASS ein, dass er ein Recht hat, sich für den "geistigen Vater" der jungen Enthusiastin der Mathematik zu halten.

Der nächste Brief, geschickt nach einer Woche, am 4. November 1872, enthielt die Anrede: *Meine liebe Freundin!* und betraf fast gänzlich die mit der Differentialgleichung $H - \lambda \bar{H} = 0$ verbundenen Probleme. Am seinen Ende lesen wir [2, S. 14-16, 154-156]:

⊠ *Lebe wohl, mein teueres Herz, bis ich Dich wiedersehe, und laß, wenn Du Dich in meine Formeln vertiefst, Deine Gedanken noch zuweilen herüberschweifen zu Deinem treuen Freunde.*
W.

Aus dieser Korrespondenz von WEIERSTRASS an SOFIE sieht man, dass sein emotionales Verhältnis zur jungen Russin innerhalb von zwei Jahren seit dem Moment ihres ersten Treffens deutlich durch seine Wertschätzung gewann. In einigen nächsten erhaltenen Briefen und Zettelchen wurde von WEIERSTRASS die höfliche Anrede übergangen, oder ersetzt durch andere, wie im Zettelchen vom 27. Dezember 1872 [2, S. 19-20, 160]:

⊠ *Das heutige Konzert, liebste Sonja, beginnt um 7½ Uhr. Wenn ich nicht irre, wolltest Du mit Fräulein L[ermontoff] zu uns kommen. Dann bitte ich Dich noch vor 7 Uhr einfinden zu wollen, damit wir rechtzeitig abfahren können. Wagen werde ich bestellen.*

Ich bitte mir durch die Überbringerin mündlich Antwort zukommen zu lassen.

Freundlichst grüßend
27. Dez.72. *W.*

---

[9] Wladimir Onufryjewicz Kowalewskij (1842-1883), russischer Paläontologe, Sofies Ehemann.

In den nächsten Briefen und Zettelchen erschien schon die Wendung: *Meine teure* (oder *liebe*) *Sonja!* oder *Liebe Sonja!* oder *Meine teuere Freundin!*, was zeigt, dass sich die freundschaftlich-partnerschaftliche Bindung zwischen dem Meister in den besten Jahren und der jungen Schülerin verstärkte; im Familien- und Freundeskreis wurde SOFIE *Sonja* genannt, und so wird sie weiter in dem Text genannt. Der Inhalt dieser Briefe und Zettelchen ist ziemlich verschiedenartig – meistens informieren die Zettelchen über die Gründe, die die Verabredung unmöglich machen, und die Briefe enthalten mathematische Inhalte betreffend die gemeinsamen Interessen von WEIERSTRASS und KOWALEWSKAJA, und auch – ein Jahr später – nicht mathematische, sondern persönliche Inhalte. Als Beispiel dafür, nicht vereinzelt, dient der Brief vom 12.X.1873 [2, S. 29-30, 169-170]:

✉ *Liebste Freundin, Du tust mir doch Unrecht, wenn Du glaubst, ich hätte grollend über Dein langes Stillschweigen Deinen Brief aus Lausanne nicht beantwortet. Der Deinige ist nun, da ich einige Tage abwesend war, verspätet zugekommen, und so wird meine Antwort in Lausanne in dem Momente angekommen sein, wo Du abgereist bist; ich hatte Dich allerdings so verstanden, daß Du bis zum 15-ten dort bleiben wolltest. Wahrscheinlich hast Du meinen Brief jetzt erhalten; sollte es nicht sein, so forsche ihm doch nach, da ich ihn nicht gern in fremde Hände gelangen lassen möchte. Für den letzteren Fall wiederhole ich aus ihm zweierlei. Ich habe Dir – so gern ich mich Deiner lieben Nähe bald erfreuen möchte – doch geraten, der Cholera wegen noch bis zum 20-sten etwa dazubleiben. Jetzt kommen hier etwa 8 Fälle täglich vor und es steht also zu hoffen, daß der böse Gast uns bald ganz verlassen wird. Zweitens schrieb ich Dir, daß eine Cousine von Fr[äulein] Lermontoff bei mir war, um sich nach der letzteren, die sie schon hier glaubte, zu erkundigen. Sie vermeinte in Eurer früheren Wohnung Nachrichten von ihr erhalten zu können, und da ist es mir nun sehr unangenehm, daß ich die junge Dame vielleicht irre geführt habe; denn als ich gestern bei 134^b vorbeiging, war es mir, also ob. ich ihr 143^b angegeben; es sollte mir das wirklich außerordentlich leid tun.*

*Jetzt noch eine Bitte. Daß Du mir den Tag Deiner Ankunft nicht bestimmt angeben wirst, weiß ich schon. Aber wenn Du willst, daß wir uns **bald** sehen, so schicke mir doch sofort nach Deiner Ankunft einen kleinen Brief p[er] Stadtpost, damit ich entweder zu Dir komme, sobald ich irgend kann, oder Dir angebe, wann Du mich sicher treffen kannst. Ich werde grade in den Tagen, wo Du vermutlich eintriffst,*

viel vom Hause abwesend sein und es sollte mir doch leid tun, wenn ich gerade einen günstigen Moment verpaßte, wo ich meine teuerste - mir »so ganz ergebene« (gewöhne Dir doch das häßliche Wort ab) - Freundin nach so langem Entbehren umarmen und die Drohung wahr machen könnte, mit der ich mein letzter Brief schloß. Über das, was ich Dir sonst schrieb, mache Dir keine Gedanken. Mein Redenentwurf ist so scharf ausgefallen, daß es wirklich für den Ort, wo ich sprechen muß, nicht paßt. Ich habe bereits ein anderes Thema gewählt.

Wenn Dein »défaut constitutionel[10]« es Dir nur irgend erlaubt, so schreibe mir von Zürich doch noch einmal - wenn auch nur um mich darüber zu beruhigen, daß Du diesen und hoffentlich auch den früheren Brief richtig empfangen hast.

Lebewohl, liebes Herz, und bleibe wie bisher freundlich gesinnt.

Deinem treuen Freunde (auch wenn er Dir gesteht, daß er seit dem Ende d[es] v[origen] Semesters auch nicht einen einzigen mathematischen Gedanken gehabt und Du ihn sehr ideenlos wiederfinden wirst)

C. W.

Diese und in ihrer Aussage ähnliche Briefe von KARL WEIERSTRASS an SOFIE KOWALEWSKAJA zeugen nicht von irgendwelchen intimen Verbindungen dieser beiden Leute. Zweifellos gefiel die junge, mathematisch begabte Russin dem damals 58-jährigen Professor und befreite in ihm einige Gefühle, väterlicher Art - er betrachtete zweifellos väterlich ihren Eifer für die Mathematik, Hochachtung, die sie ihm schenkte, und Vertrauen, das sie ihm in ihren persönlichen Angelegenheiten bezeigte. Er arbeitete mit ihr auf dem Gebiet seines Interesses, bildete sie im Wissen weiter und machte sich Sorgen wegen ihres geistigen Zwiespaltes, dem er Abhilfe auf seine Art zu schaffen beabsichtigte: SONJA zum Bewerben um der Doktorrang in Mathematik überreden, wobei er etwas helfen konnte.

Weitere erhaltene Briefe von KARL WEIERSTRASS an SONJA sind in ähnlichem väterlich-freundschaftlichem Ton gehalten, oft mit einer ziemlich großen Portion Mathematik, die brauchbar für die von SONJA untersuchten Probleme war; manchmal macht die väterliche Aussage Platz der freundschaftlichen und kann zu gewagten Vermutungen führen. Angeben der Briefe in diesem Vortrag ist nicht notwendig, weil die daran interessierten Hörer sie in [2] finden können.

---

[10] So nennt Kowalewskaja ihre Abneigung gegen Briefschreiben.

Das von WEIERSTRASS gestellte durch SONJA untersuchte Problem hatte endgültig den Titel: *"Über Bringen einer Klasse der Abels Integrale der dritten Ordnung zu elliptischen Integralen"*. Die Arbeit daran begann sie im Oktober 1872 und beendete sie nach einigen Monaten. WEIERSTRASS war sehr mit ihr zufrieden und meinte, dass die Arbeit wert war, um sie als die Dissertation vorzustellen; zur Rezension plante er sie an R.F. ALFRED CLEBSCH[11] zu schicken, der sich mit solchen Problemen beschäftigt hat, aber Ende 1872, am 7. November, ist CLEBSCH unerwartet gestorben. Die Arbeit wurde viel später veröffentlicht, also 1884, in dem 4. Band *Acta mathematica*, auf den Seiten 393-414.

Das nächste Problem, mit dem sich SONJA ausschließlich beschäftigte, waren die Untersuchungen von LAPLACE[12] über die Form des Saturnringes, deren Ergebnis der Artikel *"Ergänzungen und Bemerkungen zu Untersuchungen von Laplace über die Form des Saturnringes"* war, veröffentlicht 1885 im 111. Band *Astronomischen Nachrichten*, auf den Seiten 37-48. Die Arbeit erwies sich als so wertvoll, dass sie dann in das Himmelsmechaniklehrbuch eingeschlossen wurde und in die Vorlesung der Hydrodynamik. Die Arbeit hielt WEIERSTRASS auch als Dissertation für geeignet, aber SONJA, es ist schwierig zu sagen warum, fühlte sich nicht bereit ihr Studium und ihre Forschungen abzuschliessen. Sie beschloß sich mit partiellen Differentialgleichungen zu beschäftigen, insbesondere die Probleme der Existenz der Lösung der Systeme solcher Gleichungen in Form von Potenzreihen zu untersuchen.

Im Frühling 1873, als sie gerade die Differentialgleichungen zu untersuchen begann, fühlte sich SONJA sehr müde - sie hatte doch seit dem Herbst schwer gearbeitet. Die Ärzte empfahlen ihr Erholung und ein Klima sanfter

---

[11] Rudolf Friedrich Alfred Clebsch (1833-1872), deutscher Mathematiker, Professor der Universität in Göttingen. Er beschäftigte sich mit der Theorie der Invariante der algebraischen Formen, war einer der ersten, die B. Riemann verstanden haben, hat die Zeitschrift "Mathematische Annalen" gegründet.

[12] Pierre Simon Laplace (1749-1827), französischer Mathematiker, Physiker und Astronom, Mitglied der Pariser Wissenschaftsakademie (seit 1785) und anderer Akademien und Gesellschaften.
Untersuchend den Saturnring in seiner 5 Bänden der "Himmelsmechanik", meinte Laplace, dass der Ring eine Sammlung einigen unabhängigen dünnen Ringe ist, die gegenseitig keinen Einfluß auf sich haben, und ihr gemeinsamer Querschnitt die Form der Ellipse hat. Das war erste Annäherung der wirklichen Form des Ringes. Die Berechnungen von Kowalewskaja haben bewiesen, dass der Querschnitt die Form des Ovals haben soll.

als in Berlin, und SONJA beschloß nach Zürich zu fahren, zu ihrer Schwester ANIUTA, aber es war für sie schwierig, sich von der Mathematik zu trennen. Sie vertraute bestimmt WEIERSTRASS ihre Absichten, weil er am 6. April 1873 an sie schrieb:

> ✉ *Meine liebe Freundin!*
>
> *Wie glücklich hast Du mich gemacht durch die Mitteilung, daß Du in der Besserung fortschreitest, und sogar schon wieder Neigung verspürst, Dich »mit mathematischen Dingen zu beschäftigen«. Von dem Letzteren möchte ich Dir ja doch dringend abraten (oder soll der Arzt es Dir untersagen?); glaube mir, Teuerste, jede Stunde, die Du in den nächsten Tagen hier und später in Zürich Deiner körperlichen Plage zugutekommen läßest, ist gar wohl angewandt, und wird, wenn Du Dich dann mit frischen Kräften der Arbeit wieder zuwendest, ihre Frucht tragen. (...) [2, S. 20-21].*

Nach einigen Tagen war SONJA schon in Zürich, und WEIERSTRASS schrieb mit Sorge am 18. April:

> ✉ *(...) Möge nur während Deines dortigen Aufenthalts das Wetter beständig so schön bleiben, wie bei Deiner Ankunft, damit Du Dich recht viel in Freien aufhalten und durch eigene Erfahrung die Wahrheit des Ausspruchs einer unserer medizinischen Autoritäten erproben könnest, daß es - außer Kamillen Thee - nur eine Arznei gebe, von der es feststehe, daß sie wohltätig wirke, nämlich eine reine, milde Luft. Vergiß nicht, was Du mir bei Abschiede versprochen hast. (...) [2, S. 21].*

In Zürich traf SONJA den dort gerade arbeitenden SCHWARZ[13], mit dem sie drei Stunden über Abelsche Funktionen und andere Probleme sprach, und dann - vielleicht dank dieses Gespräches - wollte sie aus Zürich nicht wegreisen, und schrieb darüber an WEIERSTRASS. Der Meister war beinahe empört; am 25. April schrieb er [2, S. 23-24, 164]:

> ✉ *(...) Du glaubst, wenn nicht die Freundin, so könne doch die Schülerin mir lästig werden - so lautete das häßliche Wort, das Du brauchst. (...) Ich schließe also, erstens mit der Bitte, mir durch zwei Zeilen den Zeitpunkt deiner Rückkehr genau anzeigen zu wollen, (...)*

---

[13] Karl Hermann Amandus Schwarz (1843-1921), deutscher Mathematiker, Professor der Universität in Göttingen, und seit 1892 in Berlin, auf der Stelle von Weierstrass.

WEIERSTRASS war in der Zeit Rektor der Berliner Universität, war also mit Verwaltungs- und wissenschaftlichen Pflichten überlastet, aber nie sagte er SONJA seine Zeit ab. Er bemerkte, wie habsüchtig sie seine Gedanken, Ideen, Ratschläge erfasste. Andererseits bereitete ihm der Kontakt mit der klugen, begabten und sympathischen SONJA große Zufriedenheit. Im August verbrachte er den Urlaub auf Rügen und davon schrieb er an SONJA [2, S. 26-28]:

✉ *Sassnitz (Insel Rügen) Hotel zum Fahrenberg, 20. August 73*

Meine Teuere Freundin!

Dein letzter Brief ist erst jetzt in meine Hände gelangt, nachdem er eine Reihe von Poste Stationen passiert ist. Mein Plan für die diesmaligen Ferien war, zunächst mit meiner jüngeren Schwester ein paar Wochen in einem Seebade in der Nähe von Königsberg zu verleben, und dort mit der Familie Richelot zusammen zu treffen. An demselben Tage aber, wo wir abreisen wollten, erhielt ich über das Umsichgreifen der Cholera in der Provinz Preußen so bedenkliche Nachrichten, daß ich mein Vorhaben aufgeben mußte und am anderen Morgen nach Rügen aufzubrechen mich entschloß.

... (Weiter folgen die ersten Eindrücke aus Sassnitz, und die Aufenthaltspläne für die nächsten Wochen) ...

Ich habe während meines hiesigen Aufenthalts sehr oft on Dich gedacht und mir ausgemalt, wie schön es sein würde, wenn ich einmal mit Dir, meine Herzensfreundin, ein Paar Wochen in einer so herrlichen Natur verleben könnte. Wie schön würden wir hier - Du mit Deiner phantasievollen Seele und ich angeregt und erfrischt durch deinen Enthusiasmus - träumen und schwärmen über so viele Rätsel, die uns zu lösen bleiben, über endliche und unendliche Räume, über die Stabilität des Weltsystems, und alle die anderen großen Aufgaben der Mathematik und Physik der Zukunft. Aber ich habe schon lange gelernt, mich zu bescheiden wenn nicht jeder schöne Traum sich verwirklicht.

Aufgefallen, liebste Freundin, ist es mir, daß Du in Deinem letzten Briefe über Dein Befinden ganz schweigst. Das könnte mich allerdings insofern beruhigen, als man, wenn man sich ganz ganz wohl fühlt, darüber eben nicht spricht; aber Du weißt, das ich kein Freund von negativen Beweisen bin, die niemals volle Befriedigung gewähren. Ich bitte also um direkte Angaben.

Was Deine Rückkehr nach Berlin angeht, so bitte ich Dich, darüber keinen Beschluß zu fassen, bis Du von mir sichere Nachrichten über das Erlöschen der Cholera erhältst. Was die Zeitungen darüber melden, ist gar nicht zuverlässig.

Wenn Du meinst, daß Du mich im folgenden Winter nur **sehr** *selten sehen würdest, so hast Du mich wohl mißverstanden - jedenfalls werden wir* **unsere Sonntage** *nicht aufgeben, und auch an den übrigen Tagen werde ich doch manches "Stündchen" finden, das ich meiner lieben Freundin werde widmen können. (...)*

Und nun, liebes Herz, lebe wohl, und erfreue Deinen Freund recht bald durch die besten Nachrichten von Dir. Kannst Du mir nicht sofort ausführlich schreiben, so begnüge ich mich - vorläufig - auch mit wenigen Zeilen von Deiner lieben Hand.

Dein K. W.

Mein Brief ist mit sehr mangelhaftem Schreibmaterial entworfen; entschuldige daher sein nachlässiges Äußere.

Es ist schwierig, die Tonart des Briefes als väterlich oder nur freundschaftlich zu bezeichnen; bestimmt ergriff ihn gegenüber SONJA irgendwelches Gefühl, sicherlich edel; es gibt mehrere Briefe mit solcher Tonart. SONJA verbrachte in der Zeit die Ferien in Palibin im Kreis Witebsk (heute: Bielorussland), in dem Stammgut der Eltern. Im Herbst kehrte sie nach Berlin zurück und den ganzen Winter und Frühling 1874 arbeitete sie schwer an der Arbeit in Theorie der Differentialgleichungen. WEIERSTRASS sah genau ihre Arbeiten durch, verbesserte die Fehler, bemühte sich um die Veröffentlichungen in den Zeitschriften. Am Anfang des Sommers war er endlich mit der Arbeit zufrieden. Und da er sich seine Freundin *(herzliche Freundin)* vor dem wissenschaftlichen Areopag vorstellte, ihre Thesen in ihrem rauhen Deutsch verteidigend, fand er eine Vorschrift, die solche Situation mildert: *Ausländer mussten Ihre Doktorthesen nicht verteidigen* - es reichte die positiv beurteilte Dissertation,. Nach der Ausfüllung einiger Formalitäten legte SONJA ihre 3 Arbeiten (die letzten) in der Universität in Göttingen vor und auf ihrer Basis im Juli 1874 gab ihr der Wissenschaftsrat der Universität **in Abwesenheit** den Titel des Doktors der Philosophie im Bereich der Mathematik und Titel des Magisters der Freien Künste *magna cum laude (mit großen Lob).* Gleich danach reiste die völlig erschöpfte SONJA zusammen mit ihrem Ehemann nach Palibino. Die letzte von den Arbeiten wurde am schnellsten veröffentlicht, schon im 80. Band des *Jour-*

nal für die reine und angewandte Mathematik (S. 1-32) im Jahre 1975; gerade in dieser Arbeit befindet sich die heute in der Literatur als *Cauchy-Kowalewskaja-Behauptung* bekannte Aussage.

Das Wohlwollen von KARL WEIERSTRASS und seine gewisse Neigung zu SONJA KOWALEWSKAJA wurden bemerkt. In den Mathematikerkreisen begann man zu munkeln, bestimmt nicht im guten Glauben, dass KOWALEWSKAJA ihre Arbeiten, und besonders die letzte aus der Theorie der partiellen Differentialgleichungen, nach dem Diktat von WEIERSTRASS geschrieben habe. Einige Gerüchte gelangten auch zum Meister. Alle Zweifel zu dem Thema behebt (oder befestigt sie!) ein Fragment seines Briefes an DUBOIS-REYMOND vom 25. September 1874 (also über 2 Monate nach der Zuerkennung des Doktorates an SONJA):

> *In der Abhandlung, von der die Rede ist, habe ich - ohne Rechnen die Besserung der grammatischen Fehler - anders nicht teilgenommen als das, dass ich das Problem vor dem Autor gestellt habe... Scheinende so starke Mittel, die sie zum Überwinden der entstehenden Schwierigkeiten gefunden hat, habe ich hoch geschätzt, als Beweis ihres richtigen mathematischen Feingefühls* [1, S. 50].

War diese Erklärung wirklich nötig? Macht sie nicht gerade das wahrscheinlich, was man hier und da gemunkelt hat? Heute ist das nicht eindeutig zu klären.

Es ist schwierig, den Einfluß von WEIERSTRASS auf KOWALEWSKAJA einzuschätzen: er führte ihre wissenschaftlichen Handlungen, stellte ihr die Probleme, machte sie mit seinem Arbeiten und Arbeiten anderer Mathematiker vertraut, und manchmal erklärte er einzelne Probleme. Noch mehr - mit großem Takt erteilte er nützliche Ratschläge, auch in den Lebensangelegenheiten, auch den ziemlich geheimen. SONJA dagegen zeigte einen wohltätigen Einfluß auf den alten Professor und wurde für ihn außerordentlich lieb. "*Wir sollen dankbar SOFIE KOWALEWSKAJA dafür sein, dass sie KARL WEIERSTRASS aus dem Verschlußzustand ausführte*" [1, S. 43] - bemerkte später FELIX KLEIN.

Am Ende Juli 1874 verliess den Meister seine Lieblingsschülerin - SONJA - mit dem Göttinger Dr. phil., fuhr nach Palibino, um auszuruhen, und nach den Ferien reiste das Ehepaar KOWALEWSKIJ nach Petersburg. Im Frühling 1875 hatte SONJA vor zu WEIERSTRASS zu fahren, aber plötzlich erkrankte

Abb 4: Das Haus der Familie Korwin - Krukowski in Palibino (nach dem Umbau)

sie an Masern. Der Meister schickte damals an sie Briefe voller Sorgen. Hier sind die Fragmente des Briefes vom 17. Juni 1875 [2, S. 73-75]:

✉ *Berlin, 17. Juni 1875*

Meine teuerste Sonja!

Ich vermag Dir nicht zu sagen, wie schmerzlich ich mich von der schlimmen Nachricht, die Dein soeben mir zugegangener Brief vom 13-ten d.M. mir bringt, ergriffen fühle. Seit 14 Tagen erwartete ich täglich die Anzeige von Dir zu erhalten, daß Du im Begriff seiest, nach Deutschland abzureisen, (...)

Gleichwohl hätte ich Dir schon geschrieben, wenn ich in Betreff Deines Aufenthaltsortes sicher gewesen wäre. Und nun muß ich hören, daß meine arme Freundin abermals 5 Wochen schwer krank gewesen ist - denn wie bösartig die Masern bisweilen sein können weiß ich - und noch immer leidet. Das schlimmste aber ist, daß nun eine deutsche Reise auf unbestimmte Zeit vertagt ist. Und ich hatte mich zu sehr darauf gefreut, Dich wieder einige Wochen in meiner Nähe zu haben und im täglichen Verkehre mit Dir, meiner treuen Schülerin und Freundin, die mir so überaus teuer ist, mich glücklich fühlen zu können. In der Tat, liebes Herz, Du kannst Dir nicht denken, wie sehr ich Dich entbehrt habe.

(...) Ich denke mir, Du gehst etwa gegen Ende d.M. nach Palibino, und wirst mindestens zwei Monate zu Deiner völligen Genesung nötig haben. Würdest Du dann aber nicht im September und Oktober hierher kommen können, so daß Du direkt von hier nach Petersburg zurückkehrtest. Ich würde sehr glücklich sein, wenn sich dies so einrichten ließe.

*(...) ... aber ich bitte Dir recht herzlich, laß mir wenigstens bis zu der Zeit, wo Du Dich wieder ganz wohl befinden wirst, alle 8 Tage **nur drei Zeilen** zukommen, in denen Du mir sagen wirst, wie es Dir geht. Ich würde mich sehr ängstigen, wenn ich längere Zeit ohne Nachricht vor Dir bliebe. (...)*

Vergiß nicht, wenn Du aufs Land gehst, mir Deine vollständige Adresse in russischer Sprache zu schicken. Am besten wäre es wohl, wenn Du deinem jedesmaligen Briefe das Couvert für die Antwort beilegtest; ich bin doch nicht ganz sicher, daß ich die russischen Hierogliphe ganz richtig nachschreiben werde.

In einem früheren Brief, vom 21. April 1875 [2, S. 67-70], schrieb er darüber, dass nachdem er in "Comptes Rendus" der Pariser Akademie den Artikel von DARBOUX über das Problem, das voriges Jahr SONJA als Thema der Dissertation gedient hat, gelesen hatte, benachrichtigte er sofort DARBOUX[14] und HERMITE[15] darüber, dass SONJA an diesem Problem gearbeitet hatte und jedem schickte er ein Exemplar der Dissertation mit der Kopie des Diploms, um für KOWALEWSKAJA die Priorität zu versichern: "*Man muss warten, ob. D[arboux] genügend in Ordnung ist, dass er mit Deiner Priorität ohne Folgen einverstanden wäre*".

Auf den Brief antwortete SONJA nicht - trotzdem schätzte sie ihren Meister immer hoch und trotz vielen in dem Brief für sie schmeichelhaften Worten. Kurz danach hörte sie wegen persönlicher Gründen auf, sich mit der Mathematik zu beschäftigen,. Erst im Sommer 1878, als sie ein Kind erwarte-

---

[14] Jean Gaston Darboux (1842-1917), französischer Mathematiker, Professor an der Sorbonne, der Mitglied der Pariser Wissenschaftsakademie (seit 1884) und ihr zuverlässiger Sekretär in den Jahren 1900-1917.

[15] Charles Hermite (1822-1901), französischer Mathematiker, Repetitor und Examinator an der Ecole Polytechnique (seit 1848), Professor an der Sorbonne (seit 1869), der Mitglied der Pariser Wissenschaftsakademie (seit 1856); fast alle französischen Mathematiker der zweiten Hälfte des XIX. Jahrhundert waren seine Schüler.

te[16], und die Familiensachen sie fast zugrunde richteten, begann die Mathematik ihr Gewissen zu plagen. Sie schrieb an WEIERSTRASS einen Brief mit einigen Versprechen, aber ihre Rückkehr zur Mathematik fand erst nach über zwei Jahren statt, als die Eheschwierigkeiten SONJA zu überwältigen drohten. Damals suchte SONJA in der Mathematik ein "Sprungbrett": 1880 begann sie an dem Problem der Lichtbrechung in Kristallen zu arbeiten (daran hat sie über 2 Jahre gearbeitet) und am 4. September 1883 in dem VII. Kongreß der Naturwissenschaftler und Ärzte hielt sie einen Vortrag zu diesem Thema, und im Herbst dieses Jahres bekam sie Lust zur Fahrt zu WEIERSTRASS. Sie schrieb an ihn einen Brief und als sie keine Antwort bekam, fuhr sie nach Berlin; ihre zweijährige Tochter liess sie in Moskau bei ihrer Freundin, JULIA LERMONTOFF.

Die Erwartungen WEIERSTRASS aus der Zeit vor 5 Jahren erfüllten sich also - November und Dezember 1880 verbrachte SONJA in Berlin, arbeitend intensiv unter WEIERSTRASS' Leitung an der Lichtbrechung in Kristallen. Am Anfang 1881 kehrte sie für kurze Zeit nach Russland zurück, um Anfang April nach Berlin zurückzukommen, jetzt zusammen mit Tochter Fufa. Kurz davor, Ende März 1881 bekam sie von MITTAG-LEFFLER[17] einen Vorschlag der Arbeit in Stockholm, an dessen Verwirklichung sie nicht glaubte. WEIERSTRASS bekräftigte sie in ihrem Unglauben.

Seit April 1881 war SONJA in Berlin, in der durch WEIERSTRASS für sie gemieteten Wohnung in der Potsdamer Straße 134a, und unter seiner Leitung arbeitete sie an der Lichtbrechung in Kristallen. Im Sommer hielt sie sich einige Wochen in Marienbad (Marianské Lazne) mit WEIERSTRASS und seinen Schwestern auf, und dann fuhr sie zur Schwester ANIUTA nach Paris. In der Zeit, seit dem Vorfrühling 1883, lebte das Ehepaar KOWALEWSKIJ getrennt. Zwei Jahre später, 27. April 1883, beging WLADIMIR KOWALEWSKIJ, SONJAS Ehemann, den Selbstmord wegen gescheiterter Spekulationen. Den Tod erlebte SONJA sehr, aber nach einigen Monaten kam sie wieder insofern zu sich, dass sie am 4. September 1883 in Odessa, in dem VII. Kongreß der russischen Naturwissenschaftler und Ärzte, einen Vertrag zum Thema der Lichtbrechung in Kristallen hielt. Danach fuhr sie über Moskau

---

[16] Diese Tochter (1878-1952) wurde am 17.X.1878 geboren und erhielt den Vornamen der Mutter, in der Familie wurde sie Fufa genannt.
[17] Gustav Magnus Mittag-Leffler (1846-1927), schwedischer Mathematiker, Mitglied der Schwedischer Wissenschaftsakademie, Gründer von "Acta Mathematica", war der Sohn von Olaf Juchan Leffler (1813-1884), dem Schullehrer, Abgeordneten zum Parlament, und Gustava Wilhelmina Mittag (1817-1903) - davon sein Doppelname.

und Petersburg nach Stockholm, um dort an der Universität die Arbeit als Privatdozent zu übernehmen; MITTAG-LEFFLER schlug ihr als Thema ihrer Antrittsvorlesung einen Vortrag über die Theorie der Differentialgleichungen vor, weil sie in diesem Bereich eigene Errungenschaften hatte - am 18. November 1883 begrüßte er sie an der Stockholmer Anlegestelle. Zu der Arbeit bereitete sie sich schon im Sommer vor, in Berlin unter der Leitung des Meisters WEIERSTRASS und der fand, dass sie genügend zur Übernahme der Aufgabe vorbereitet ist.

Die Lehrveranstaltungen mit den Studenten begann SONJA erst im Februar 1884. In ihrem Kalender unter dem Datum 11. Februar (30. Januar - nach dem Julianischen Kalender) 1884 schrieb sie auf:

"Heute hatte ich den ersten Vortrag. Ich weiß nicht, gut oder dumm, aber ich weiß, dass es traurig war nach Hause zurückzugehen und sich so einsam in der weißen Welt zu fühlen ..." [1, S. 75].

Am Anfang der Sommers kam SONJA nach Berlin und vertraute WEIERSTRASS, dass sie eine Arbeit über die Rotation der starren Körper erwog. Sie wußte noch nicht, wie sie sie anfangen sollte, und wollte mit dem Meister einige Probleme beraten. Zum Ende Juli 1884 war SONJA in Berlin, und am Anfang August kam sie in Stockholm an. Sie lernte damals intensiv schwedisch, um in der Sprache Vorträge zu halten, und schon im Wintersemester 1884/85 hielt sie die Vorträge auf schwedisch. Die Weihnachtsferien verbrachte sie in Berlin und war erbittert, weil WEIERSTRASS in der Zeit nach Weimar fuhr; sie haben sich damals nicht getroffen.

Die Sommerferien 1885 verbrachte SONJA in Petersburg und Moskau und dann fuhr sie nach Paris, wo es für sie viel angenehmer und mehr heimisch war. Die französischen Mathematiker gaben ihr zu Ehren ein Mittagessen (POINCARÉ [18]) und luden zum Frühstück (BERTRAND[19]) ein:

---

[18] Henry Jules Poincaré (1854-1912), französischer Mathematiker und Philosoph, Professor der mathematischen Physik und der Wahrscheinlichkeitstheorie (seit 1886), Mitglied der Pariser Wissenschaftsakademie (seit 1887), ihr stellvertretender Präsident (seit 1905) und dann Präsident (1906); Mitglied der französischen Wissenschaftsakademie (1908).

[19] Joseph Louis François Bertrand (1822-1900), französischer Mathematiker und Mechaniker, Professor College de France und École Polytechnique (seit 1862), Mitglied der Pariser Wissenschaftsakademie (seit 1856) und ihr zuverlässiger Sekretär der Sektion der mathematischen Wissenschaften (seit 1874), ihr stellvertretender Präsident (seit 1874) und Präsident (1874 bis zur Wahl als lebenslänglichen Sekretär).

"*Ich hoffe - schrieb der letzte in der Einladung - dass sich eine Zahl der Mathematiker von Ihren Freunden bei mir sammeln wird und alle werden glücklich, dass wir unsere Sympathie für Sie, die ihr ungewöhnliches Talent auslöst, zeigen können*"[1, S. 78].

Gerade damals, in Paris am Ausgang des Sommers 1885, kam zu SONJAs Bewußtsein, dass das Thema, an dem sie arbeitete, -*Berechnung der Rotation des starren Körpers um den stationären Punkt* - die französischen Mathematiker interessierte. J. BERTRAND sagte ihr, dass die Pariser Akademie vorhat, wieder - schon zum zweiten Mal - einen Wettbewerb um den Borda-Preis über dieses Thema zu verkünden. Er bemerkte dabei, dass das Thema deshalb gewählt wurde, weil sich "*Frau Professor KOWALEWSKY*" [1, S. 79] damit beschäftigt. SONJA war aber nicht überzeugt, dass sie das Problem befriedigend lösen kann. "*Wenn es mir gelingt das Problem zu lösen, wird sich mein Name unter den Namen der bedeutenden Mathematiker befinden*" - schrieb SONJA an eine ihrer Freundinnen [1, S. 79] - "*Nach meiner Berechnungen, brauche ich noch ca. fünf Jahre, um befriedigende Resultate zu erreichen*".

Abb. 5: Karl Weierstrass (1885)

Nach Stockholm kehrte sie doch mit der Überzeugung zurück, an dem Wettbewerb um den Borda-Preis teilzunehmen, dessen Entscheidung 1888 erfolgen sollte, und machte sich energisch an die Arbeit heran.

Am Ende Oktober 1885, genau am 31., wollte sie an dem Jubiläum des 70. Geburtstag von WEIERSTRASS in Berlin teilnehmen, aber die Pläne versagten. JULIA LERMONTOFF mit Fufa kamen nicht zu ihr, wie es verabredet wurde, und SONJA fuhr nicht zum Jubiläum nach Berlin. WEIERSTRASS war aus diesem Grund sehr enttäuscht, aber böse kann er nicht gewesen sein; am 14. Dezember 1885 schrieb er aus

der Schweiz, wohin er mit seiner Schwester zur Erholung gefahren war.

✉   *14 Dez. 1885   Hotel des Alpes Mont Fleuri*
Meine teuere Freundin!

Du bist eine arge Sophistin. Also, weil Du eine Schülerin besonderer Art von mir bist, wolltest Du am 31-sten Oktober nicht unter den »großen Haufen« der mich Beglückwünschenden Dich mischen, sondern hast es vorgezogen, fast eine Woche später zu erscheinen. Allerdings eine »egregia[20]*« Dich zu nennen, bist Du wohl berechtigt - aber hättest Du Dich nicht dadurch auszeichnen können, daß Du früher als alle übrigen den alten Freund begrüßtest? Übrigens glaube nicht, daß ich, wie Du vielleicht aus dem Datum dieses Briefes vermuten möchtest, Vergeltung übe und Deinen Brief, das zuletzt angekommene Gratulationsschreiben, auch zuletzt beantworte. Im Gegenteil, vernimm es zu Deiner gerechten Beschämung, es liegen etwa 25 Briefe mir vor, auf die ich nicht summarisch antworten kann; einer ist von einem hochgestellten Herrn, der zugleich einer meiner ältesten Freunde ist - nachdem ich gestern diesen beantwortete, kommst Du sofort an die Reihe. Ist das nicht edel gehandelt?*

Einen weiteren Teil dieses Briefes bildet die Beschreibung der Jubiläumsfeier, und am Ende vertraute er seine Pläne für die nächsten Monate.

Nach der Beendigung der Lehrveranstaltungen im Sommersemester fuhr SONJA sofort nach Paris; sie war da schon am 8. Juni 1886. Während eines Treffens mit HENRY POINCARÉ, wenn das Gespräch zum Thema der Berechnungen der Bewegung des starren Körpers um den stationären Punkt kam, gab er ihr den Gedanken des Ge-

Abb.6: Sofie Kowalewskaja mit der Tochter Sofie (Fufa) 1885

---

[20] ausgewählte (lat.)

brauchs der Funktionen Komplexer Variablen zur Lösung des Problems ein. SONJA griff den Gedanken auf und die neue Idee ergriff sie völlig - dermaßen, dass sie den begonnenen Ausflug mit ihrer herzlichen Freundin ANNA CHARLOTTA EDGREN-LEFFLER, Schwester von GUSTAV MITTAG-LEFFLER, und auch mit dem Schüler von KARL WEIERSTRASS durch Schweden und Norwegen unterbrach; an diese Idee dachte sie während der Mahlzeiten, und Erholung - sie war nicht imstande an etwas anderes zu denken. Sie kehrte nach Stockholm zurück und begann intensiv an seiner Verwirklichung zu arbeiten.

Es ist schwierig zu sagen, wann sie die Idee und die Probleme mit ihrer Realisierung dem Meister vertraute, aber bestimmt machte sie das. Es sind [2] zwei umfangreiche Briefe von WEIERSTRASS an KOWALEWSKAJA bekannt, vom 22. Mai und 22. Juni 1888, die voll von mathematischen Ausführungen waren, die das Problem betrafen. Hier ist ein Fragment des ersten von ihnen:

✉ *Berlin, W. Friedrich-Wilhelm Str. 14   den 22 Mai 1888*

Meine liebe Freundin, ich habe Deinen Brief vom 4-ten d.M. nicht beantwortet, weil ich es nicht **konnte**. *Ich bin noch immer nicht genesen und habe erst vor wenigen Tagen den Versuch machen dürfen, mich etwas mit mathematischen Dingen zu beschäftigen. Es war also gar kein Gedanke davon, daß ich Dir in Deiner Not irgendwie beistehen könne. Dein Brief vom 17-ten d.M. beweist mir nun zu meiner großen Freude, daß Du auch ohne meine Hilfe ein gutes Stück vorwärts gekommen bist. Heute möchte ich nun über das mir Mitgeteilte Dir einige Bemerkungen machen, die möglicherweise Dir förderlich sein werden.*

Die beiden Gleichungen ...

und weiter den Inhalt *stricte* mathematisch auf über sechs Seiten (des Drucks in [2], S.134-140). Gerade damals arbeitete SONJA intensiv an der Arbeit, die sie zum Wettbewerb um den Borda-Preis vorbereitete. Nach einem Monat, in dem nächsten Brief [2, 140-144] schrieb er ihr:

✉ *Berlin, W. Friedrich-Wilhelm Str. 14   den 22 Mai 1888*

Meine liebe Freundin, ich habe Deine beide letzten (undatierten) Briefe, deren Inhalt mir viel Freude gemacht hat, nicht sofort beantworten können, teils weil ich mich noch immer schlecht befinde, teils aber auch, weil ich Dir bis jetzt noch nichts Bestimmtes über meine Sommerpläne mitteilen konnte. Zu dem letzteren bin ich jetzt imstande. Ich

werde mit den Meinigen am 2 Juli mich nach Wernigerode im Harz, Müllers Hotel (...)

Ich habe Dir schon neulich geschrieben, daß ich dringend wünsche, in diesem Sommer Dich zu sehen und einige Zeit bei mir zu haben. (...) Dagegen würde es mir äußerst erwünscht sein, wenn Du Dich so einrichten könntest, von Anfang August an auf der Rückreise einige Wochen mit uns in dem genannten, durch eine sehr gesunde Luft sich auszeichnenden Ort zu verbleiben. (...)

In Deiner Arbeit hast Du allerdings seit Deinem etwas verzweiflungsvoll lautenden Briefe vom 7-ten Mai einen erheblichen Schritt vorwärts gemacht. Es bleibt aber noch vieles auszuführen. Indes hast Du wohl getan, die Arbeit so, wie sie jetzt ist, einzureichen, und Hermite hat Dir wohl geraten. Geh' also frischen Mutes an die weiteren Entwicklungen. Eine nicht gerade angenehme Untersuchung muß durchgeführt werden, wenn Du zu fertigen Resultaten gelangen willst, nämlich die Untersuchung der Wurzeln der Gl[eichung] $R_1(s) = 0$. Drei von ihnen ...

und weiter 3½ Seiten (des Drucks in [2]) *stricte* analytische Ausführungen, und am Ende:

✉ *Hermite schließe ich für diesmal, ich hätte noch manches Dir mitteilen können, zum Teil recht unangenehme Dinge, aber ich will mir damit nicht den heute ausnahmsweise recht guten Tag verderben. Also ein herzliches Lebewohl von Deinem treuen Freunde*

Weierstraß

In welchem Ausmaß, und ob überhaupt SONJA die Bemerkungen des Meisters benutzte, die im Brief vom 22.VI.1888 enthalten waren, ist schwierig festzustellen - über die Fragmente des Briefes berichtete sie im nicht datierten Brief an G. MITTAG-LÖFFLER, und da war sie bestimmt am Ende Juni. Die Arbeit für den Wettbewerb schickte sie an HERMITE aus Stockholm am Tag ihrer Abreise nach London und verbesserte sie nicht. Die Post funktionierte damals besser als heute, vor allem die internationale, aber es scheint

zweifelhaft zu sein, dass SONJA den letztens genannten Brief von WEIERSTRASS effektiv benutzte. Um so mehr, dass sie in einem früheren Brief an MITTAG-LEFFLER zurückdachte, dass die durch sie mittels der *ultraelliptischen* θ-Funktion gefundene Lösung des Problems der Berechnung der Rotation des starren Körpers um einen stationären Punkt herum, WEIERSTRASS in gewisse Verlegenheit brachte.

Am 18. Dezember 1888 gab die Pariser Akademie SONJA den Borda-Preis in der Höhe von 5000 Franken anstatt der angekündigten 3000. Erhöhung des Betrags erfolgte infolge der außergewöhnlichen Genauigkeit und Klarheit der Problemlösung. Aber es passierte erst ein halbes Jahr später.

Zurückkommend aus London durch Paris Mitte Juli 1888, besuchte SONJA WEIERSTRASS, nach seinem im Brief vom 22.VI.1888 geäußerten eindeutigen Wunsch, in Wernigerode im Harz. Den Wunsch von WEIERSTRASS konnte SONJA nicht bagatellisieren. Noch aus London schrieb sie an MITTAG-LEFFLER:

Abb.8: Benachrichtigung über den Borda-Preis gegeben an S. Kowalewskaja

(...) Er erzählt [Weierstrass], dass er fühlt - die Kräfte ihn im Stich lassen, dass er mir noch viel zu sagen hat, und hat Angst, dass er keine Möglichkeit haben wird, das in ferner Zeit zu erzählen. Selbstverständlich soll ich einige Zeit mit ihm diesen Sommer verbringen, aber ich weiß noch nicht wann und wie ich das tue. (...)

WEIERSTRASS hielt sich im Harzgebirge im Milieu der Gruppe seiner Schüler und anderer junger Mathematiker auf. SONJA plante dort zwei Wochen zu verbringen, und reiste nach Stockholm erst am Anfang September ab.

Am Ausgang der letzten Dekade des XIX. Jahrhunderts fühlte sich SONJA immer besser in der Mathematik und auf ihrer Stelle in Stockholm und immer mehr brauchte sie die wissenschaftliche Unterstützung des Meisters.

Sie träumte von einer Stelle in Paris, die französischen Freunde versprachen ihr die Unterstützung in ihren Bestrebungen, aber es blieb bei Versprechen und Gesprächen. Im Mai 1889 beschloß sie in Paris zu promovieren, um ihre Chance zu vergrößern, dort eine Arbeit zu bekommen, weil es sich erwies, daß der Borda-Preis diese Chance nicht vergrößert hatte. Durch MITTAG-LEFFLER erfuhr dies WEIERSTRASS und beschloss seine Schülerin davon abzubringen. Im Brief vom 12. Juni 1889 [2, S. 147-149] schrieb er:

⊠ *... Du gegenwärtig mit einem anderen Plane umgehest, nämlich in Paris noch einmal zu doktorieren, um Dir auf diese Weise den Zugang zu einer franz[ösischen] Fakultät zu errichten. Da muß ich Dich doch auf einen Umstand aufmerksam machen, an den Du wohl nicht gedacht hast. Zwar glaube ich zunächst nicht daran, daß es der Sache ernst werden könne. Ich bin der Meinung, daß der Rat, den man Dir gegeben, nur als Abschreckungsmittel hat wirken sollen. Auch bin ich überzeugt, daß man, wenn Du Deine Arbeit einreichtest und Dich zu allen Leistungen bereit erklärtest, irgend einen vergessenen Paragraphen auffinden würde, wonach Frauen nicht zur Promotion zugelassen werden können. Frage einmal Hermite auf's Gewissen, wie er darüber denkt. Mich macht aber ein anderer Umstand bedenklich: Wer von irgend einer Fakultät den Doktorgrad erlangt hat, kann dieselbe nicht ärger beleidigen, als wenn er denselben Grad von einer anderen Fakultät derselben Kategorie annimmt - dies nicht tun zu wollen - müssen sogar bei den öffentlichen Promotionen feierlich beschwören.*

Promoviertest Du nun in Paris, so müßte dem Herkommen nach die Göttinger Fakultät Dir das verliehene Diplom entziehen. Das würde man vielleicht vermeiden, aber für alle, die sich für Deine Promotion in G[öttingen] interessiert haben, würde die Sache sehr peinlich sein. In Deutschland und wohl auch in Schweden würde jedenfalls ein heilloser Skandal entstehen, und auch Dir wohlgesinnte Personen möchten irre in Dir werden. Und wage das alles? Daß Du in Paris, wo jeder einflußreiche Gelehrte einen Schwarm von Klienten um sich hat, die er berücksichtigen muß, zu einer Deiner würdigen Stellung bei einer Fakultät gelangen würdest, daran glaube ich nicht - vielleicht eine Stelle in Besançon oder einer ähnlichen Provinzialstadt, wohin die Pariser nicht wollen, würde man Dir anbieten. Indessen, wie Du auch über die Sache denken mögest, eins wirst Du doch als entscheidend erkennen; bevor Deine Anstellungsangelegenheit in Stockholm ent-

schieden ist, darfst Du keinen Schritt tun, der darauf hindeutet, Du gedächtest nicht in St[ockholm] zu bleiben. Ich hätte darüber noch vieles zu sagen - das bleibt für später.

Es ist unbekannt, wie wirksam der Rat war, aber es war ein kluger väterlicher Rat. Es ist eine unwiderlegbare Tatsache, dass SONJA sich nicht um den Doktortitel irgendeiner Pariser Hochschule bewarb, aber was der Grund war - ist schwer zu sagen. In den Jahren, und eigentlich Monaten, Wende der achtziger und neunziger Jahre des XIX. Jahrhunderts, beherrschte sie fast völlig die Person von MAKSYM KOWALEWSKIJ[21] - nicht nur wegen ähnlich lautender Namen; fast jede von Lehrveranstaltungen freie Zeit verbrachte sie in seiner Gesellschaft, durchmessend ganz Europa - von Stockholm bis Nizza oder London. Gerade während der Reise vom Süden Frankreichs nach Skandinavien erkältete sie sich, bagatellisierte die Krankheit, und infolge dessen starb sie nach einigen Tagen am 10. Februar 1891 in Stockholm; sie wurde auch dort begraben.

Abb.9: Grab von S. Kowalewskaja in Stockholm (das Foto aus dem Jahre 1950)

---

[21] Maksym Maksymowicz Kowalewskij (1851-1916), russischer Soziologe, gesellschaftlicher Aktivist und Rechthistoriker, Professor der Moskauer Universität in den Jahren 1877-1887, wovon er zum Weggehen 1888 gezwungen wurde. Seit 1889 wohnte er in Frankreich.

SONJAs Tod traf den kranken· WEIERSTRASS schwer; seine bei ihm wohnenden Schwestern fürchteten für seine Gesundheit und auch für sein Leben. Unter der Kränzen, die das Grab von KOWALEWSKAJA bedeckten, befand sich ein Kranz aus weißen Lilien mit der Inschrift *"für Sonja von Weierstrass"* auf der Trauerschärpe ([2], S. 302; [1], S. 104).

Literatur

[1] Халамайзер А.Я., *София Ковалевская*. Autorenausgabe, Moskau 1989.

[2] (Кочина-Полубаринова П.Я. - Redaktion). *Письма Карла Вейерштрасса к Софье Ковалевской, 1871-1891* (на русском и немецком языках). «Наука», Москва 1973.

Dr. Stanisław Fudali, Ul. Seledynowa 3 m.6, 70-781 Szczecin; Polen
e-mail: fudalist@inet.pecet.com.pl

How the concept of a general topological space has originated: from Riemann to Bourbaki

Roman Duda

There are two fundamental notions of general topology, that of a topological space and that of a continuous mapping. Modern definition of a **topological space** consists of a set X together with a family A of its subsets, called "open sets in X", which is finitely multiplicative, fully additive, and contains both empty set 0 and the whole "space" X:

(i) if $A_1, A_2, \ldots, A_k \in$ A, then $A_1 \cap A_2 \cap \ldots \cap A_k \in$ A,

(ii) if $A_t \in$ A for each $t \in T$, then $\bigcup_{t \in T} A_t \in$ A,

(iii) $0 \in$ A, $X \in$ A.

And the notion of a **continuous mapping** is a complement to that. It joins different topological spaces in a way accounting for open sets: a map $f: X \to Y$ is called *continuous* iff the inverse of each open set is open, or, more precisely, iff $f^{-1}(B)$ is open in X for each B open in Y. The former concept is primary and the latter secondary: to define a continuous mapping one needs topological spaces. Thus the progress in analyzing and generalizing **continuity**, an all-important notion in **analysis**, demanded and stimulated progress in topology. And the other way round, progress in topology not only made possible a simplification and clarification of fundamental concepts of classic analysis, but it also opened new vistas by an introduction of entirely new objects which combine topological and algebraic or analytic elements like, e.g., those of a topological group, Banach space, smooth manifold etc. For that prolific feedback general topology is called sometimes a general study of continuity.

The two fundamental topological notions are quite abstract and so no wonder that the way to that level of abstractness was rather long. The aim of this note is to show some of the motives which led to that development.

Before CARL GAUSS (1777-1855) and long after him the only considered mappings were continuous real (rarely, complex) functions, that is, from reals into reals, each defined by an explicit formula. The first to consider a more general continuous mapping between more general spaces seems to

be GAUSS himself. Working with surfaces, he defined the following mapping, later called a *GAUSS map*, from a (smooth) surface M in the Euclidean space R^3 into the 2-dimensional sphere S^2: given a smooth surface $M \subset R^3$ and a point $p \in M$, consider unit vector v, orthogonal at p to M, and take a parallel translation of v into the unit sphere S^2 in R^3; then the end-point of v after that translation is the image of p under the mapping. As is known, the mapping was essential in defining curvature of M at p.

The first to follow GAUSS in that general direction was BERNHARD RIEMANN (1826-1866). Already his first paper, a Ph.D. thesis from 1851, contained some bold topological ideas. RIEMANN considered there *general* complex functions, that is, complex functions characterized by their continuity only, and not necessarily defined by any explicit formula. To assure their one-valuedness, he also defined for each such a function a certain **surface**, now called a RIEMANN surface.

RIEMANN's paper on abelian functions from 1857 was a continuation of the former but proofs were still incomplete or lacking. Nevertheless, the two papers were a strong push towards the problem of a general definition and a classification of surfaces and towards further consideration of general continuous mappings. In his famous inaugural lecture from 1868, RIEMANN defined a whole class of still more general spaces, namely **manifolds** (surfaces are 2-dimensional manifolds) and noticed that some sets of functions or positions of a body in the space can naturally form such a manifold. Thus manifolds proved to be legitimate mathematical objects and from that time on a lot of research has been concentrated upon them. The first was RIEMANN himself who defined a curvature, later called RIEMANN curvature, and some topological invariants, later called "BETTI numbers". Unfortunately, RIEMANN died too early to execute his plans for a deeper treatment of the topology itself, the importance of which he realized. (In his paper on abelian functions from 1857, RIEMANN wrote:

> "While investigating functions, it is almost impossible to proceed without some propositions from *analysis situs*. Under that name, used already by LEIBNIZ [...], one should understand a part of the theory of continuous objects [...] investigated without any measurement but only with respect to their mutual position and inclusion. I keep the right to investigate those objects later on and in a way totally independent from any measurement".)

RIEMANN had successors, most important of which were CARL NEUMANN (1832-1925) and HEINRICH DURÈGE (1821-1893) in Germany, JULES

HOÜEL (1823-1886) in France, WILLIAM CLIFFORD (1845-1879) in Great Britain, ENRICO BETTI (1823-1892) in Italy, and others. Thanks to them, RIEMANN's ideas persisted and gained ground for a further development.

Then came the progress in the theory of real numbers with some definitions of theirs by the way of convergent sequences of MERAY (1869) and CANTOR (1871), and of DEDEKIND cuts (1872). Now it became possible to identify the real line and a geometric straight line, which opened the way to a description *more geometrico* of subsets of the real line. A demand for such a description came from the following two specific analytical problems: 1) **integrability** of a given function (typical problem: if a function is continuous in all points, except for a certain set E, then it is RIEMANN integrable), 2) **uniqueness** of a trigonometric series (typical problem: if a trigonometric series is convergent to 0 in all points, except for a certain set E, then all its coefficients are 0). The problems consisted in describing those types of E for which the problem could be proved as a theorem, e.g. E finite. Integrability has been examined by HERMANN HANKEL (1839-1873) and others, but the progress was small. Much more successful was GEORG CANTOR (1845-1918) with his research on the uniqueness (see his famous series of papers from 1879-1884). Getting more and more geometrically complicated exceptional types of sets, he defined several topological concepts based upon an idea of *a limit point* and of *a neighbourhood* of a point, starting with the *derivative* of a given set (the set of all limit points of that set), *dense* set in an interval (the derivative of which contains the interval), *isolated* set (the derivative is empty), *perfect* set (the derivative equals the set), *closed* set (contained in its derivative) etc. All these concepts, however, were originally restricted to the real line and later extended to an n-dimensional Euclidean space R^n. There was a feeling, however, of an opening a new world, the world of topological ideas. Speaking the truth, there was also a resistance against it, most strongly emphasized by LEOPOLD KRONECKER (1823-1891), but the new ideas were never totally refuted. And, as the time went on, they soon proved to be a quite efficient tool for the analysis itself.

The new ideas were well received by the French theory of functions. Major role was played by CAMILLE JORDAN (1838-1922) who raised some new problems and contributed new results, including his theorem on a simple closed curve in the plane: any simple closed curve in the plane cuts it into two regions and is the boundary of each. The theorem is important for the

analysis (e.g., in the theory of complex integral, where JORDAN first noticed its necessity) but it could be noticed, formulated and proved only on the ground of topology (however, the original proof by JORDAN was not complete, the first to prove it fully was L.E.J. BROUWER (1881-1966) in 1910). The influence of JORDAN has been strongly augmented by his influential *Cours d'Analyse* (first edition 1882-1887, revised edition 1893-1896). In consequence, it was becoming clear that topology offers powerful insights and is useful both in analysis and geometry. Its scope, however, was still rather narrow (restricted to Euclidean spaces) and more general concepts, like those of a general topological space and of a general continuous mapping, were still lacking. Really *general* topology was still missing.

In the 1880s there begun, however, to appear collections of curves (ASCOLI, 1883), functionals (VOLTERRA, 1887), and functions (ARZELÀ, 1889) which were treated, under CANTOR's influence but each separately, from the viewpoint of limits and proximity. This extended the possible scope of general (topological) treatment and stressed the need for topological concepts more general than those based upon geometrical intuition and restricted to Euclidean spaces. There appeared also some general theorems, like those of JORDAN (see above), BOLZANO-WEIERSTRASS (an infinite bounded set of a Euclidean space has a limit point) or BOREL-LEBESGUE (any cover of a closed segment by open intervals has a finite subcover), which proved important for classic analysis. HADAMARD criticized those theorems for the lack of generality and proposed, during the First International Congress of Mathematicians in Zurich, held in 1897, to investigate the set of real continuous functions on the interval [0,1]. HURWITZ extended that proposition to the whole program of a development of point-set (general) topology.

Thus there were needs and there were calls to satisfy them but the first efforts to create a really general attitude appeared only in the first decade of the XX century. They belong to FRIGYES RIESZ (1880-1956) and MAURICE FRÉCHET (1878-1973). RIESZ sketched his approach, based upon the concept of a condensation point, in 1908, but did not develop it further. FRÉCHET was more successful and his definition of a **metric space** [Fréchet, 1906], became a new starting point. A set X with a real-valued function ρ on pairs of X is called a *metric* space, if

(i) $\rho(x,y) \geq 0$ and $\rho(x,y) = 0$ iff $x = y$;
(ii) $\rho(x,y) = \rho(y,x)$;
(iii) $\rho(x,y) + \rho(y,z) \geq \rho(x,z)$ (the triangle inequality)

for every $x, y, z \in X$. Having a metric space (X,ρ) one defines an *open ball* $B(x,\eta)$, around $x \in X$ and of radius $\eta > 0$, by the formula

$$B(x, \eta) = \{\, y \in X : \rho(x, y) < \eta \,\};$$

now a set A in X is called open in X, if it contains an open ball around each point of it. With open sets one easily defines a limit point (as CANTOR did with neighbourhoods) and then can proceed following CANTOR. Since any Euclidean space with the Pythagorean metric is a metric space, the FRÉCHET's attitude is more general than that of CANTOR. However, the development of metric topology followed CANTOR lines. For several next decades the notion of a metric was the most useful tool in point set (general) topology.

However most useful, metric was not sufficiently general and so the search was continued.

Satisfying demand of the *Deutsche Mathematiker-Vereinigung*, Arthur SCHOENFLIES (1853-1928) has written (1908) a synthesis of the so far development of point-set topology. The book contained a lot of valuable historical material and helped to popularize topological ideas but the time for a real synthesis was not yet ripe. There were important collections of analytic objects for which no reasonable metric could be found. It meant that there had to be a topological concept more fundamental than that of a metric.

In the first decade of XX century there already were topological concepts which could be taken as primitive notions for a definition of a more general space, like a limit point, a neighbourhood of a point, an open set, a closed set, etc. All these notions, however, were defined and thus depended upon either Euclidean or, at the best, metric context. And nobody saw the virtue of turning the matter upside down. It came to that, but only gradually.

In 1913 HERMANN WEYL (1885-1955) advanced, in connection to his study of RIEMANN surfaces, a notion of a neighbourhood to the level of primary importance by defining surfaces in terms of neighbourhoods of its points.

And a year later FELIX HAUSDORFF (1868-1942) has defined a general (topological) space as a set X in which each point p has a family of neighbourhoods, satisfying certain conditions :

(i) each point p has at least one neighbourhood, each neighbourhood of p contains p;

(ii) if U and V are neighbourhoods of a point p, then there exists a neighbourhood W of p which is contained in both U and V;

(iii) if U is a neighbourhood of p and $q \in U$, then there exists a neighbourhood V of q which is contained in U;

for two distinct points p and q there exist neighbourhoods U of p and V of q which are disjoint.

Having such a set one can easily define an open set in it (a set A X is open iff for each point $p \in X A$ there is a neighbourhood U which is disjoint with A), a closed set, etc. Thus HAUSDORFF's definition was really more general than any of its predecessors. In the further development, axioms (i), (ii), (iii) have been taken as basic, while axiom (iv) and (v) was considered additional: it was the first from the family of *separation axioms* (spaces satisfying (iv) are now called HAUSDORFF).

Another instance of the tendency towards greater generality was provided by KAZIMIERZ KURATOWSKI (1896-1981) in 1922. He has considered sets X with an operation upon its subsets which attributes to each subset A its *closure* cl A. Such a set is called a (topological) *space* if the closure satisfies the following axioms:

(i) cl $(A \cup B)$ = cl $A \cup$ cl B;
(ii) if A is empty or consists of one point only, then cl $A = A$;
(iii) cl (cl A) = cl A.

Defining open sets as complementary to closed ones, one easily sees that the family of open sets in such a general space X is finitely multiplicative and arbitrarily additive.

Although HAUSDORFF's book appeared in 1914 and thus had a little influence at the time (second, revised edition of 1927 was more successful), his attitude has become eventually accepted and for the next two decades his books were a standard reference. It is interesting to note, however, that in the second edition he retreated to the less general notion of a metric space, but also noted, as KURATOWSKI did, that the family of open sets (in a metric space) is finitely multiplicative and arbitrarily additive (s. [Hausd., p. 111]).

The final touch in the development was to take the latter theorem as the definition of a general topological space. The definition hanged overhead and was used implicitly by some, but the decisive step was taken only by BOURBAKI whose influential monograph from 1940 has made it since commonly accepted.

References

ALEXANDROFF, P.S. and HOPF, H.: Topologie. Springer Verlag Berlin 1935.

BOURBAKI, N.: Topologie générale. Hermann Paris 1940.

CANTOR, G.: Über unendliche, lineare Punktmannigfaltigkeiten. Six parts. Math. Ann. **15** (1879), 1-7; **17** (1880), 355-358; **20** (1882), 113-121; **21** (1883), 51-58; **21** (1883), 545-591; **23** (1884), 453-488. Reprinted in: CANTOR, G.: Gesammelte Abhandlungen mathematischen und philosophischen Inhalts. Springer Berlin 1932, 45-155.

FRECHET, M.: Sur quelques points du Calcul Fonctionnel. Rendiconti del Circ. Mat. di Palermo **22** (1906), 1-74.

GAUSS, C.F.: Disquisitiones generales circa superficies curvas. 1828.

HAUSDORFF, F.: Grundzüge der Mengenlehre. Leipzig Veit & Comp. 1914. Revised edition: Mengenlehre. W. de Gruyter Berlin-Leipzig 1927.

JORDAN. C.: Cours d'Analyse. Three volumes. Paris 1882-1887 (I edition), 1893-1896 (II edition).

KURATOWSKI, K.: Sur l'operation $\bar{A}$ de l'Analysis Situs. Fund. Math. **3** (1922), 182-199.

RIEMANN, B.: Grundlagen für eine allgemeine Theorie der Functionen einer veränderlichen complexen Grösse. Inauguraldissertation. Göttingen 1851. Reprinted in: BERNHARD RIEMANN's Gesammelte Mathematische Werke und Wissenschaftlicher Nachlass. Teubner Leipzig 1876, 3-43.

- : Theorie der Abel'schen Functionen. Jornal reine u. angew. Mathematik **54** (1857). Reprinted in Werke, op. cit., 81-135.

- : Über die Hypothesen welche der Geometrie zu Grunde liegen. 1868. Reprinted in: Werke, op. cit., 254-269.

SCHOENFLIES, A.: Die Entwickelung der Lehre von den Punktmannigfaltigkeiten. Jahresbericht Deutscher Math. Verein. Ergänzungsband 1908. Reprint: Teubner Leipzig-Berlin 1923.

WEYL, H.: Die Idee der Riemannschen Fläche. B.G. Teubner Leipzig - Berlin 1913.

Prof. Dr. Roman Duda, Uniwersytet Wrocławski, Instytut Matematyczny, pl. Grunwaldzki 2/4, PL-50-384 Wrocław, Polen

Zur Geschichte der Versicherungsmathematik an der TU Dresden bis 1945

Waltraud Voss

Die hohe Zeit des Versicherungswesens in Deutschland begann mit dem 19. Jahrhundert. Sie steht in engem Zusammenhang mit der industriellen Revolution, die viele neue Zweige der Sachversicherung mit sich brachte. In den Vordergrund traten Aktiengesellschaften, die das Versicherungsgeschäft nicht "auf Gegenseitigkeit", sondern gewinnorientiert betrieben. Mit der Einführung der gesetzlichen sozialen Sicherungssysteme im Deutschen Reich seit Mitte der 80-er Jahre begann eine neue Etappe im deutschen Versicherungswesen, und mit ihr die Profilierung der Versicherungsmathematik als gesonderter mathematischer Disziplin. Zu den unverzichtbaren Bestandteilen der Versicherungsmathematik gehören Teile der Statistik und der diese fundierenden Wahrscheinlichkeitstheorie. Dresden war unter den "Vorreitern" bei der Institutionalisierung der Versicherungsmathematik im deutschen Hochschulwesen. Als wichtigste Ereignisse ragen hervor:

- 1875: Die Gründung des Dresdner Statistischen Seminars
- 1896: Die Gründung des Dresdner "Versicherungsseminars"; es war das zweite nach dem Göttinger und das erste, das an die Mathematik angebunden war
- 1919: Die Errichtung des Lehrstuhls für Versicherungsmathematik mit zugehörigem Seminar an der TH Dresden - in Deutschland der erste und bis 1945 der einzige Lehrstuhl, der ganz der Versicherungsmathematik gewidmet war.

1. Erste Bausteine - bis 1875

Die Technische Bildungsanstalt in Dresden wurde 1828 in einer sehr schwierigen Zeit gegründet. Nachdem Sachsen bei der Neuordnung des nachnapoleonischen Europas annähernd 60 % seines Territoriums und die

Hälfte der Bevölkerung verloren hatte, mußten die staatlichen und wirtschaftlichen Strukturen völlig reorganisiert werden, - unter dem zusätzlichen Druck der raumgreifenden industriellen Revolution. Die junge Technische Bildungsanstalt zu Dresden hatte in diesem Prozeß zunächst mehrere Aufgaben zu erfüllen: Ersatz der noch fehlenden Realschulen, zeitgemäße Qualifizierung von Fachkräften für die sächsischen Gewerbe, aber auch wissenschaftliche Ausbildung für einige, die befähigt werden sollten, den notwendigen technischen Erneuerungsprozeß mitzugestalten. In der Grundausbildung wurden von den Absolventen auch diejenigen zeitgemäßen Kenntnisse erworben, ohne die sie im Wirtschaftsleben nicht hätten bestehen können. In den ersten Jahren beschränkten sich diese Kenntnisse auf Buchführung und auf "kaufmännisches Rechnen": Rabattrechnung, Gesellschaftsrechnung, Alligationsrechnung, - und auch *Zinseszins- und Rentenrechnung*. 1838 wurde Geodäsie in die Fachausbildung aufgenommen - und damit *Ausgleichs- und Näherungsrechnung*.

Nicht zu vergessen der "Baustein *Wahrscheinlichkeitslehre*" als Beitrag der seit 1862 bestehenden "Lehrerabteilung"! Ihr erster Vorstand, der Mathematiker OSKAR SCHLÖMILCH (1823-1901), bot seit Ende der 60er Jahre eine Vorlesung über Wahrscheinlichkeitslehre an.

1851 hatte die Technische Bildungsanstalt Dresden den Rang einer Polytechnischen Schule erhalten. Das war sie bis 1871. Während dieses ganzen Zeitraums stand ihr JULIUS AMBROSIUS HÜLSSE (1812-1876) als Direktor vor. HÜLSSES Dresdner Professur hatte eine ungewöhnliche Doppelwidmung: Er lehrte "mechanische Technologie" in der Ingenieurausbildung und "Volkswirtschaftslehre" als allgemeinwissenschaftliches Fach, darin eingeschlossen in gewissem Umfang *mathematische Statistik*. HÜLSSE hat mehrere statistische Schriften verfaßt und auch über das Unterstützungskassenwesen geschrieben. Als er 1873 in den Ministerialdienst überwechselte, wurde ihm im Nebenamt die Leitung des Statistischen Büros beim Ministerium des Innern übertragen.[1]

Es überrascht nicht, daß bereits frühe Dresdner Absolventen für Statistik und Versicherungsmathematik recht gut gewappnet waren. Unter ihnen ragt FRIEDRICH ROBERT HELMERT (1843-1917) hervor, wohl der bedeutendste Geodät seiner Zeit; er hat sich auch unter Statistikern einen Namen gemacht.

---

[1] [TU-Arch: Professorenblatt Julius Ambrosius Hülsse und Beilage dazu]

2. Einige Bemerkungen zur Entwicklung des Versicherungswesens in Sachsen und Dresden

Wir kennen heute die öffentlich-rechtliche Versicherung und die Privatversicherung, wobei die Privatversicherung durch Aktiengesellschaften oder in Gegenseitigkeitseinrichtungen erfolgen kann. Die ersten Aktiengesellschaften wurden um 1720 in Holland und Frankreich, den damals wirtschaftlich führenden Ländern, gegründet. Öffentlich-rechtliche Versicherungsanstalten wurden zuerst im Zeitalter des Merkantilismus errichtet; dabei spielten staatliche Zwecke, wie die Bekämpfung des Brandbettels, die Brandvorbeugung und die Erhaltung der Steuerkraft eine Rolle.

Der Gedanke, daß sich nicht kalkulierbarem Risiko durch Verabredung und Organisation gegenseitiger Hilfe besser begegnen läßt, war in der menschlichen Gemeinschaft stets vorhanden, die Einrichtung von "Kassen" ist neueren Datums. Die ersten Gemeinschaftskassen in Sachsen waren Begräbniskassen. 1515 bereits führte in Dresden die "Bruderschaft zu Hofe" ihre Hofgrabekasse. Am 1.11.1606 wurde von den Schulmeistern, Kantoren und Kirchnern der Stadt Chemnitz und der umliegenden, zur Superintendentur gehörenden Dörfer eine Witwen- und Waisenkasse eingerichtet.[2]

Vorbeugender Brandschutz und Hilfe für Abgebrannte wurde in Sachsen nicht nur in den Gemeinden festgelegt, sondern auch durch Allerhöchste Erlasse geregelt. Nach dem großen Brand in Dresden vom 15. Juni 1491 erließ Herzog ALBRECHT eine Verordnung, die die staatliche Unterstützung für die Abgebrannten regelte. Am 14. Juni 1492 wurde eine Feuerordnung für Dresden erlassen, die später auf ganz Sachsen ausgedehnt wurde. Die vorhandene Fürsorge im Brandschadensfall machte lange Zeit hindurch Brandkassen überflüssig. Gehäufte Brandschäden und die Verarmung der Bevölkerung im dreißigjährigen Krieg hatten auch einen wesentlichen Rückgang der freiwilligen Spenden an Abgebrannte zur Folge. Oft waren die Brandgeschädigten nun auf von den Behörden ausgestellte "Bettelbriefe" angewiesen. Daraus ergaben sich Zustände, die auf Dauer nicht haltbar waren. Eine grundlegende Verbesserung konnten Brandkassen bieten. Ein Beispiel gab die reiche Hansestadt Hamburg mit ihrer 1676 gegründeten Generalfeuerkasse, einer öffentlich-rechtlichen Einrichtung. In Dresden

---
[2] Eine grobe Übersicht über frühe Kassen läßt sich bereits bei Sichtung der Karteikarten unter „Hist. Sax." der Sächsischen Landesbibliothek gewinnen.

wurden Anfang des 18. Jahrhunderts zunächst einmal zwei Kassen auf Gegenseitigkeit gegründet, 1700 die exklusive sogenannte "große Feuerkasse", der auch König FRIEDRICH AUGUST I. (1670 - 1733; "AUGUST DER STARKE") mit sechs seiner Häuser angehörte, und 1707 die "kleine Feuerkasse", die nach vier Jahren bereits 600 Mitglieder aus allen Ständen hatte. Die öffentlich-rechtliche Sächsische Landes-Brandversicherungsanstalt geht auf das Jahr 1729 zurück und fällt noch in die Regierungszeit FRIEDRICH AUGUST I. Dieser erließ am 5. April 1729 das Mandat "wider das Bettelwesen und wegen Errichtung einer allgemeinen Brandkasse".[3] Später entstanden in den meisten deutschen Ländern öffentlich-rechtliche Brandversicherungsanstalten, so etwa 1754 im Königreich Hannover; die Allgemeine Bayerische Landesanstalt begann 1811 ihre Tätigkeit. Durch die 1784 erfolgte Einführung des Versicherungszwanges für Gebäude wurde ein wesentlicher Nachteil des Mandats von 1729 beseitigt.[4] Nicht nur in Sachsen stand lange Zeit die Versicherung der Immobilien im Vordergrund. Mobiliar-Versicherungs-Gesellschaften traten in Deutschland stärker erst im 19. Jahrhundert in Erscheinung, und zwar waren es zunächst englische Gesellschaften, neben denen sich dann nach und nach deutsche Unternehmungen etablierten: als erste 1813 die Berliner Anstalt, der als zweite 1819 eine sächsische, die Leipziger Feuerversicherungs-Anstalt, folgte. Die nächsten waren 1821 die Gothaer Bank, 1823 die Elberfelder vaterländische Gesellschaft und 1825 die Aachen und Münchener Gesellschaft. Um Mißbräuchen und Versicherungsbetrügereien vorzubeugen, erließen die Staatsregierungen regulierende Verordnungen. Die wohl erste Verordnung über die Mobiliar-Versicherungen ist die von Hannover, datiert vom 24. 1. 1828; noch im gleichen Jahr, am 23. Juli 1828, folgte Sachsen, als nächste 1829 Baden und 1830 Württemberg.[5]

In den 30-er und Anfang der 40-er Jahre des 19. Jahrhunderts entstanden in Deutschland und Österreich Rentenversicherungs-Anstalten: 1823 die Allgemeine Versorgungsanstalt zu Wien, 1833 die Allgemeine Rentenanstalt zu Stuttgart, 1835 die Versorgungsanstalt zu Karlsruhe, 1838 die Preußische Rentenversicherungs-Anstalt zu Berlin und 1841 - wesentlich initiiert durch den Staatsminister BERNHARD AUGUST VON LINDENAU (1779-1854) und unter der Oberaufsicht des Kgl. Sächsischen Ministeriums des Innern

---

[3] [Fewer Ordnung 1589]; [Feuer-Cassen-Ordnung 1701]; [Feuer-Cassa 1704]; [Lotze 1929]
[4] [Lotze 1929, S. 27f.]
[5] [Kunze 1845]

stehend - die Sächsische Rentenversicherungs-Anstalt zu Dresden.[6]

Im Jahre 1845 wurde in Leipzig durch Dr. E. A. MASIUS die "Allgemeine Versicherungs-Zeitung" begründet, ein weltoffenes Wochenblatt für alle Fragen des Versicherungswesens.

Der volkswirtschaftliche Ausschuß des Frankfurter Parlaments hatte für die arbeitende, meist arme Bevölkerung Unterstützungskassen für den Krankheitsfall und für die Altersversorgung gefordert, an deren Kosten sich auch die Arbeitgeber - Meister und Fabrikbesitzer - beteiligen sollten. In Dresden hatte eine Kommission zur Erörterung der Gewerbs- und Arbeiterverhältnisse ihren Bericht vorgelegt. JULIUS AMBROSIUS HÜLSSE, 1849 noch Direktor der Gewerbeschule in Chemnitz, war 1849 für einige Monate als Referent in das Ministerium des Innern berufen worden. Er gab eine "Zusammenstellung der Hauptresultate aus den Rechnungsübersichten der geschilderten Unterstützungskassen" und legte einen "Ausführlichen Plan zur Errichtung der Unterstützungskassen" vor. 1850 veröffentlichte HÜLSSE in der Deutschen Gewerbezeitung einen langen Aufsatz "Über Invaliden-, Wittwen- und Waisenunterstützungskassen".[7] Die Zahl der Versorgungskassen - auf Gegenseitigkeit - nahm nach den Revolutionsjahren 1848/49 deutlich zu; bis zur Einführung des öffentlich-rechtlichen Unterstützungskassenwesens jedoch war noch ein weiter Weg zurückzulegen.

In den 60-er Jahren boten in Dresden auch verschiedene Aktiengesellschaften Versicherungsschutz an. Am 2. März 1864 waren die Statuten der Sächsischen Rückversicherungs-Gesellschaft zu Dresden vom Ministerium des Innern bestätigt worden. Zweck dieser Aktiengesellschaft war, "gegen alle Schäden und Verluste, welche Gütern oder Fahrzeugen auf dem Transporte zu Land und zu Wasser zustoßen können, Rückversicherung zu gewähren."[8] Die Dresdener Feuerversicherungs-Gesellschaft und die Sächsische Hypothekenversicherungs-Anstalt hatten ihren Wirkungskreis bereits erfolgreich in andere deutsche Länder ausgeweitet.[9] In Artikel 4 Ziffer 1 der Reichsverfassung vom 16. April 1871 wurde die Zuständigkeit des Reiches zur gesetzlichen Regelung des Versicherungswesens festgelegt. Ein fest umrissenes Reservatrecht bzgl. des Versicherungswesens war bei den Reichsgründungsverhandlungen Bayern zugestanden worden.[10]

---

[6] [Becker 1844]; [Sächsische Rentenversicherungs-Anstalt 1901]
[7] [Hülsse 1850]
[8] [Sächs. Rückversicherungs-Gesellschaft 1864]
[9] [Abwehr... 1862]
[10] [Schmitt-Lermann 1950, S. 17]

3. Gustav Zeuner und Victor Böhmert: Gründung des Statistischen Seminars

GUSTAV ZEUNER und VICTOR BÖHMERT kannten sich gut aus ihrer gemeinsamen Züricher Zeit. GUSTAV ZEUNER (1828-1907) war als HÜLSSEs Nachfolger von 1873 bis 1890 Direktor des Kgl. Sächsischen Polytechnikums zu Dresden - so hieß unsere Einrichtung von 1871 bis 1890. ZEUNER hatte an der Höheren Gewerbeschule Chemnitz und an der Bergakademie Freiberg studiert und war von der Universität Leipzig promoviert worden; er war Professor am Eidgenössischen Polytechnikum Zürich seit dessen Gründung im Jahre 1855 und einige Jahre Direktor dieser Einrichtung. Als er in seine sächsische Heimat zurückkam, war er bekannt als einer der bedeutendsten Theoretiker der technischen Thermodynamik, als Erfinder des Schieberdiagramms, aber auch als Kenner auf dem Gebiete der Statistik und des Versicherungswesens. Bereits am Eidgenössischen Polytechnikum hatte er von Zeit zu Zeit Vorlesungen über die "Theorie der Lebensversicherungen" gehalten. 1861 hatte er "Mathematische Untersuchungen betreffend die Entstehung und Ableitung der Formeln zur Berechnung der Nettotarife und Deckungskapitalien für sämmtliche Versicherungszweige der Schweizerischen Rentenanstalt" durchgeführt. Der junge Professor hatte diese Abhandlung im Auftrag des Aufsichtsrates der Schweizerischen Rentenanstalt verfaßt. ZEUNERs "Abhandlungen aus der mathematischen Statistik" erschienen 1869 in Leipzig; sie wurden auch in andere Sprachen übersetzt. In der Einleitung beleuchtete ZEUNER den damals unbefriedigenden Zustand in der Statistik. Das Buch sollte dazu beitragen, die Statistik auf mathematisch wohl begründete Füße zu stellen und zu einer sicheren Ausgangsbasis auch für das Versicherungswesen zu machen.[11]

Als Direktor in Dresden hatte GUSTAV ZEUNER das Ziel, das Polytechnikum zu einer Hochschule auszubauen, die - unter Bewahrung und Betonung ihrer Eigenart - gleichrangig neben der Landes-Universität Leipzig stünde. Die allgemeinen Wissenschaften wurden unter seinem Direktorat in für deutsche technische Hochschulen beispiellosem Maße ausgebaut. Auf die neuerrichtete Professur für Nationalökonomie und Statistik wurde zum 1.April 1875 VICTOR BÖHMERT (1829-1918) berufen. Er wurde gleichzeitig

---

[11] [TU-Arch: Professorenblatt Gustav Zeuner]; [Zeuner 1861]; [Zeuner 1869]; [Zeuner 1883]

Direktor des Kgl. Sächsischen Statistischen Büros und übernahm die Redaktion der "Zeitschrift des Kgl. Sächsischen Statistischen Büros", in der "Fortbildung der Theorie und Praxis der Statistik" sah er einen ihrer inhaltlichen Schwerpunkte.[12] Auch ZEUNER publizierte in dieser Zeitschrift, so 1876 "Das Zeitmaß in der Statistik", 1886 "Zur mathematischen Statistik" und - besonders wichtig - 1894 "Neue Sterblichkeitstafeln für die Gesamtbevölkerung des Königreichs Sachsen".[13] Die Verbindung zwischen statistischen Büros und statistischen Zeitschriften auf der einen und Hochschulen und Lehrstühlen der Nationalökonomie und Statistik auf der anderen Seite war an sich nichts Neues[14]. Neu war die Art der Verbindung, die sich in der Spezifik des Dresdner Statistischen Seminars zeigte. Mit diesem Seminar verwirklichte BÖHMERT Pläne, die er bereits in seiner Züricher Zeit entworfen hatte. 1874 hatte er sich "für die Errichtung von socialstatistischen Beobachtungsstationen nach Art der meteorologischen Stationen ausgesprochen und eine Verbindung der Lehrstühle für Volkswirthschaft und Statistik mit solchen Beobachtungsstationen und Laboratorien oder statistischen Seminarien befürwortet, damit die Beobachtung und Darstellung der wirklichen socialen Zustände im wissenschaftlichen Geiste organisiert und nach verschiedenen Gegenden und Erwerbszweigen ausgedehnt werde". Durch seine Dresdner Doppelfunktion bekam er die Möglichkeit, den in der Schweiz entworfenen Plan "nicht blos für socialstatistische Untersuchungen, sondern für das Studium der Statistik und Nationalökonomie überhaupt zur praktischen Ausführung" zu bringen[15].

VICTOR BÖHMERT war 1829 in einem evangelischen Pfarrhaus in der Nähe von Leipzig geboren worden. Er hatte an der Universität Leipzig Rechtswissenschaften und Volkswirtschaft studiert und war 1854 zum Doktor der Rechte promoviert worden. In den ersten Stationen seines Berufsweges war er Jurist in Meißen, Chefredakteur der volkswirtschaftlichen Wochenschrift "Germania" in Heidelberg, Schriftleiter des Bremer Handelsblattes und Handelskammersyndikus in Bremen gewesen. 1866 ging er nach Zürich, als Professor für Volkswirtschaft am Eidgenössischen Polytechnikum und an der Universität.

---

[12] [Böhmert (1) 1875, S. 1]
[13] [Zeuner 1876]; [Zeuner 1886]; [Zeuner 1894]
[14] [Böhmert (2) 1875, S. 2]; B. benennt derartige Beziehungen für München, Jena, Berlin, Wien, Leipzig.
[15] [Böhmert (2) 1875, S. 2-4]

BÖHMERTs Wirken reichte weit über seine Hochschultätigkeit hinaus. Er war Mitbegründer des Deutschen Volkswirtschaftlichen Kongresses und des Deutschen Nationalvereins. Rund vierzig Jahre lang gab er die Zeitschrift "Der Arbeiterfreund" heraus, das Organ des 1847 gegründeten "Centralvereins für das Wohl der arbeitenden Klassen". In der Dresdner Bevölkerung wurde er durch sein soziales Engagement sehr populär. Fortschrittlich war übrigens auch BÖHMERTs Haltung zum Frauenstudium. An der TH Dresden war er der erste Professor, der seine Vorlesungen Frauen zugänglich machte.[16]

Schon für das Wintersemester 1875/76 kündigte BÖHMERT das *"Statistische Seminar"* an.[17]

In diesem Semester wurde das Seminar von zehn Studierenden des Polytechnikums, aber auch von mehreren jungen Beamten aus verschiedenen Ministerien, von einigen Lehrern, von Volontären am Kgl. Sächsischen Statistischen Büro und von Mitgliedern des Statistischen Büros der Staatseisenbahnen besucht. Täglich "von 11-1 Uhr" konnten BÖHMERTs Seminarteilnehmer ihn im Statistischen Büro konsultieren und sich Anleitung für eigene statistische Arbeiten holen. Sie durften Bibliothek und Leseraum des Statistischen Büros nutzen. Aufgaben, die im Statistischen Seminar bearbeitet wurden, stammten aus der Praxis des Statistischen Büros. Interessierte Studenten konnten sich also gute volkswirtschaftlich-praktisch orientierte Kenntnisse der Statistik aneignen - und diese auch vertiefen: Wahrscheinlichkeitsrechnung gehörte zum regelmäßigen Vorlesungsangebot am Dresdner Polytechnikum, Statistik und Versicherungsmathematik, gelesen von Zeuner, zum gelegentlichen.

4. Georg Helm und die Errichtung des Versicherungs-Seminars zum SS 1896

Aus Altersgründen legte VICTOR BÖHMERT Ende März 1895 sein Amt als Direktor des Statistischen Büros nieder[18]. Zwar las er bis 1903 an der

---
[16] [Böhmert 1918]; und [TU-Arch: Professorenblatt Victor Böhmert und Beilage dazu]
[17] [TU-Arch: XXVII / 80]
[18] Zeitschrift des Kgl. Sächs. Statistischen Bureaus, XL. Jahrgang 1894, S. 232-235; desgleichen 41. Jahrgang 1895 („Mittheilung") - Böhmerts Nachfolger im Statistischen Büro wurde Oberregierungsrat Dr. Arthur Geißler.

Hochschule und führte auch ein "Statistisches Seminar" durch[19], die seit 1875 bestehende spezifische Form des Seminars, ermöglicht durch die Doppelfunktion BÖHMERTs, hörte jedoch 1895 auf zu existieren. Daß die entstehende Lücke von der Seite der Mathematik durch etwas qualitativ Neues geschlossen würde, kündigte sich schon Ende der achtziger Jahre an. 1888 waren die beiden ersten der vier Dresdner mathematischen Lehrstühle neu besetzt worden, mit MARTIN KRAUSE (1851-1920) und GEORG HELM (1851-1923). HELM, der bis dahin am Annenrealgymnasium in Dresden tätig gewesen war, wurde Inhaber des 2. Mathematischen Lehrstuhls - für Angewandte Mathematik, verbunden mit Teilen der mathematischen Physik. Der gebürtige Dresdner hatte die Dresdner Lehrerabteilung absolviert, seine Studien in Berlin und Leipzig ergänzt und an der Universität Leipzig promoviert. Schon vor der Berufung an das Polytechnikum waren einige seiner Veröffentlichungen der Statistik und dem Versicherungswesen zuzuordnen: "Die Berechnung der Rentafeln aus Sterblichkeits- und Invaliditätsbeobachtungen" (1884), "Kindersterblichkeit im sächsischen Bergmannsstande" (1885), "Die bisherigen Versuche, Mathematik auf volkswirtschaftliche Fragen anzuwenden" (1887)[20]. Im WS 1890/91 begann HELM in der Tradition von ZEUNER mit Vorträgen zum Versicherungswesen und mit dem Aufbau einer entsprechenden Bibliothek[21]. Von 1890 bis 1896 bildete der Komplex der (einschlägigen) Veranstaltungen von BÖHMERT und HELM quasi einen "Vorläufer des Versicherungsseminars". Beider Vorlesungen konnten sich gut ergänzen, da sie unterschiedliche Akzente setzten. Im WS 1895/96 beispielsweise trug HELM über "Die mathematischen Grundlagen des Versicherungswesens" vor, BÖHMERT hingegen beleuchtete "Das Versicherungswesen in seiner volkswirtschaftlichen Bedeutung und historischen Entwicklung".[22] HELMs Aktivitäten sind natürlich auch vor dem gesellschaftspolitischen Hintergrund der 1880/90-er Jahre zu sehen. Mit der Installierung der gesetzlichen sozialen Sicherungssysteme in Deutschland - Unfallversicherungsgesetz 1884, Gesetz zur Invaliditäts- und Altersversicherung 1889, weitere Gesetze folgten später - gewann die Rolle des Versicherungswesens an Bedeutung, und die Versicherungsmathematik begann sich als selbständige Disziplin der angewandten Mathematik zu konstituieren. Eine Palette neuer Berufsmöglichkeiten eröffnete sich. An

---

[19] [TU-Arch: V 1-15, V 16-21, V 22-27]
[20] [Helm 1884]; [Helm 1885]; [Helm 1887]
[21] [Sächs. Hauptstaatsarchiv, Min. für Volksbildung, Nr. 15382, Bl. 16/17]
[22] [TU-Arch: V 1-15]

der Kgl. Sächsischen Technischen Hochschule zu Dresden - so der Name unserer Einrichtung seit 1890 - waren die Voraussetzungen zu deren Erschließung vorhanden! Obwohl in Dresden längerfristig vorbereitet, wurde das erste Versicherungsseminar im deutschen Hochschulwesen nicht an der Technischen Hochschule Dresden, sondern an der Universität Göttingen gegründet; dieses nahm zum WS 1895/96 seine Tätigkeit auf. Das Göttinger Seminar geht auf eine Initiative von FELIX KLEIN (1849-1925) zurück. Es wurde allerdings nicht an die Mathematik, sondern an die Wirtschaftswissenschaften angebunden und der Leitung des bekannten Nationalökonomen WILHELM LEXIS (1837-1914) unterstellt. Erster Vertreter der Mathematik am Göttinger Seminar war der Privatdozent GEORG BOHLMANN (1869-1928).[23] Mit der Verordnung des Kgl. Sächsischen Ministeriums des Kultus und öffentlichen Unterrichts vom 22. Februar 1896 wurde das Dresdner "Versicherungstechnische Seminar" abgesegnet. Für das SS 1896 wurde es erstmals angekündigt - mit vier Stunden in Theorie und Praxis. Geübt wurde bei der Lösung realer Probleme. So prüften die Seminarteilnehmer eine Dresdner Innungssterbekasse, bereiteten die im Jahre 1900 an der TH Dresden eingeführte Hilfspensionskasse mit vor und berechneten neue Rententafeln auf Grund der 1894 von ZEUNER erstellten Sterblichkeitstafeln für Sachsen[24]. Die Ausbildung dauerte zwei Semester. Erfolgreiche Seminarteilnehmer erhielten ein "Zertifikat". Das wenige Monate nach dem Göttinger begründete Dresdner Versicherungsseminar war das zweite im deutschen Hochschulwesen, aber das erste, das unter der Leitung eines Mathematikordinarius stand und das vorrangig auf die mathematische Seite des Versicherungswesens abzielte.

5. Paul Eugen Böhmer und der Dresdner Lehrstuhl für Versicherungsmathematik

Für 1913 hatte das Sächsische Ministerium des Kultus und öffentlichen Unterrichts geplant, an der Universität Leipzig ein versicherungswissenschaftliches Institut zu begründen, das an die Juristische Fakultät angeschlossen und vor allem auf die wirtschaftlichen und rechtlichen Aufgaben des Versicherungswesens ausgerichtet werden sollte. Vor diesem Hinter-

---

[23] [Lorey, S. 45 - 46]
[24] [Sächs. Hauptstaatsarchiv, Min. für Volksbildung, Nr. 15382, Bl. 40/41]

grund entwarf HELM einen detaillierten Plan zum Ausbau des mathematisch orientierten Dresdner Seminars. Seine Realisierung wurde durch den Krieg verzögert, jedoch bereits im Herbst 1918 wurde er erneut aufgegriffen und dann rasch verwirklicht.[25]

Zum 1. Juni 1919 wurde PAUL EUGEN BÖHMER (1877-1958) auf den neu errichteten Lehrstuhl für Versicherungsmathematik berufen. Er wurde gleichzeitig Direktor des damit verbundenen Versicherungs-Seminars, das neben dem Mathematischen Seminar und organisatorisch unabhängig von diesem bestand. Der BÖHMERsche Lehrstuhl ist der erste und bis 1945 einzige in Deutschland gewesen, der allein der Versicherungsmathematik gewidmet war.[26]

PAUL EUGEN BÖHMER, am 21.2.1877 im schlesischen Goschütz geboren, hatte 1897 in Marienwerder/Preußen, wo sein Vater zuletzt Superintendent war, das Gymnasialabitur abgelegt und danach Mathematik, Physik und Philosophie in Breslau, Königsberg, Berlin und Göttingen studiert, das Staatsexamen für das höhere Schulamt bestanden und 1903 bei HERMANN MINKOWSKI (1864-1909) in Göttingen mit der Arbeit "Über geometrische Approximationen" promoviert. Danach arbeitete er in Berlin als Mathematiker bei der Versicherungsgesellschaft "Nordstern" und im höheren Schuldienst. 1912 trat er in das Kaiserliche Aufsichtsamt für Privatversicherung ein; hier wirkte er bis zu seiner Berufung nach Dresden als Regierungsrat, unterbrochen durch den Heeresdienst. 1914 hatte sich BÖHMER an der TH Berlin-Charlottenburg zum Privatdozenten habilitiert.[27]

Seine Arbeit "Die Grundlagen der Theorie der Invaliditätsversicherung", 1914 erschienen im neugegründeten "Jahrbuch für Versicherungsmathematik", zählt zu den klassischen Arbeiten der Versicherungsmathematik.

Die "Bestimmungen des Versicherungs-Seminars an der Sächsischen Technischen Hochschule Dresden", als Broschüre gedruckt [28], wurden am 10. November 1919 durch Verordnung des Sächsischen Ministeriums des Kultus und öffentlichen Unterrichts genehmigt. Sie enthielten Satzung, Prüfungsordnung und Studienplan des Seminars.

Das Studium im Versicherungsseminar umfaßte 4 Semester.

---

[25] [Sächs. Hauptstaatsarchiv, Min. für Volksbildung, Nr. 15755]
[26] Das ergibt ein Vergleich der in [Scharlau, 1989] angegebenen Widmung der mathematischen Lehrstühle.
[27] [TU-Arch: Professorenblatt Böhmer]; und [Böhmer 1957]
[28] [Sächs. Hauptstaatsarchiv, Min. für Volksbildung, Nr. 15755, eingehefteter Druck]

Im SS 1919, seinem ersten Dresdner Semester, las BÖHMER wöchentlich drei Stunden Versicherungsmathematik mit drei Stunden Übungen, außerdem hielt er je zweistündige Vorlesungen über "Analytische Geometrie der Kegelschnitte" und "Sphärische Trigonometrie". Es blieb hinfort dabei, daß BÖHMER neben den spezifischen Vorlesungen zur Versicherungsmathematik, Versicherungstechnik, mathematischen Statistik und Wahrscheinlichkeitsrechnung stets auch weitere mathematische Vorlesungen anbot.

Versicherungstheorie und -praxis sind ihrer Natur nach interdisziplinär, das spiegelte sich deutlich im Studienplan wider. So lernten die künftigen Versicherungstechniker auch Volkswirtschaftslehre, Nationalökonomie und Rechtswissenschaft, Disziplinen, die in der Dresdner Kulturwissenschaftlichen Abteilung angesiedelt waren. Höhere Mathematik I - IV wurde turnusmäßig von den Inhabern der beiden ersten mathematischen Lehrstühle, für Reine Mathematik und für Angewandte Mathematik, gelesen. An der TH Dresden waren das seit Oktober 1920 GERHARD KOWALEWSKI (1876-1950) und MAX LAGALLY (1881-1945).[29]

Mindestens sechzehn Dresdner Absolventen fertigten ihre Dissertationsschrift unter der Anleitung von PAUL EUGEN BÖHMER an. Einige von ihnen bekleideten später angesehene Positionen im Hochschulwesen und im Versicherungswesen.[30]

BÖHMER wirkte in den Diplom-Prüfungsausschüssen für angewandte Mathematiker und für technische Physiker, in der Prüfungskommission für Kandidaten des höheren Schulamtes der mathematisch-naturwissenschaftlichen Richtung und selbstverständlich als Vorsitzenden der Prüfungskommission für Versicherungstechniker. Außerdem brachte er seine Fachkompetenz in verschiedene Gremien der Hochschule ein. So gehörte er zu den Professoren, die die von HELM eingeführte Hilfspensionskasse verwalteten; er war Vorsitzender des Unfallversicherungs-Ausschusses und Mitglied der Verwaltung der studentischen Krankenkasse.[31]

---

[29] [TU-Arch: Vorlesungsverzeichnisse]
[30] Eine Liste der von Böhmer betreuten Promovenden und Bemerkungen über einige von ihnen sind in dem Beitrag von W. Voss im Band zur Tagung über „Versicherungsmathematik an der TU Dresden und deren Geschichte" (Februar 2001), der von Prof. Klaus Schmidt, Dresden, herausgegeben werden wird, enthalten. Hierin finden sich auch Angaben über die Vorlesungsthemen Böhmers und über seine Publikationen.
[31] [TU-Arch: Personal- und Vorlesungsverzeichnisse]

Mit dem Jahre 1933 begann der Niedergang der TH Dresden, wie der der anderen deutschen Hochschulen. 1937 waren in der Mathematisch-Naturwissenschaftlichen Abteilung noch etwa 1/7 der Studentenzahlen von 1930 immatrikuliert.[32] Geplante Konzentrationsmaßnahmen an den Hochschulen Sachsens gefährdeten auch den Dresdner Lehrstuhl für Versicherungsmathematik, doch letztlich waren die Bemühungen der Hochschule um seinen Erhalt erfolgreich.[33] BÖHMERs Lehrtätigkeit endete 1945; er wurde wegen seiner Mitgliedschaft in der NSDAP aus dem öffentlichen Dienst entlassen. Nach seiner Rehabilitierung nahm er seit 1950 Lehraufträge an der TH Dresden wahr, bis er 1952, 75-jährig, in den Ruhestand trat.

In der DDR gelangte die mathematische Statistik an der TH/TU Dresden zu hoher Blüte, ein versicherungsmathematischer Lehrstuhl wurde jedoch erst wieder Anfang der 90er Jahre geschaffen.

Literatur

Abwehr des Angriffs ... auf die Dresdner Feuerversicherungs-Gesellschaft, Dresden 1862

BECKER, J. FERD.: Über eine zweckmäßigere Einrichtung der Renten-Anstalten, Berlin 1844

BÖHMER, PAUL EUGEN: Die Grundlagen der Theorie der Invaliditätsversicherung (1914). - In: Blätter der Deutschen Gesellschaft für Versicherungsmathematik, Bd. VIII, Heft 2, S. 353-378 (Nachdruck)

BÖHMER (1957): "Prof. Dr. Paul Eugen Böhmer 80 Jahre" (ohne Verfasser). - In: Blätter der Deutschen Gesellschaft für Versicherungsmathematik, Bd. III, Heft 2, S. 133

BÖHMERT, VICTOR (1): Plan der Zeitschrift des Kgl. Sächsischen statistischen Bureaus. - In: Zeitschrift des Kgl. Sächsischen Statistischen Bureaus, XXI. Jahrgang 1875, S. 1

BÖHMERT, VICTOR (2): Die Aufgaben der statistischen Bureaus und Zeitschriften in ihrer Verbindung mit Hochschulen und Lehrstühlen für Nationalökonomie und Statistik. - In: ebenda, S. 2-10

---

[32] [Sächs. Hauptstaatsarchiv, Min. für Volksbildung, Nr. 15295; Bl. 87, 112, 188, 189]
[33] [Sächs. Hauptstaatsarchiv, Min. für Volksbildung, Nr. 15749, Bl. 170-179]

BÖHMERT, VICTOR (3): Die neuen Grundlagen für die Statistik der Bevölkerungsbewegung im Königreiche Sachsen. - In: ebenda, S. 82-89

BÖHMERT, VICTOR (4): Das Statistische Seminar des Dresdner Polytechnikums und königl. Sächsischen statistischen Bureaus. - In: ebenda, S. 113-116

BÖHMERT (1918): Dem Andenken Victor Böhmert - Gedenkreden zu seinem Hinscheiden am 12. Februar 1918.

Feuer-Cassa: Neu-auffgerichtete Feuer-Cassa, denen Liebhabern zu dienlicher Nachrichtung zum andernmahl in Druck gegeben, Anno 1704, Dresden 1704

Feuer-Cassen-Ordnung: Bey der am 3. Februar Anno 1701 gehaltenen Zusammenkunfft der sämbtlichen Interessenten der so genannten Feuer-Cassen-Ordnung ist nachfolgendes beschlossen u. abgehandelt worden..., Dresden 1701

Fewer Ordnung der Stadt Dreßden, vornewert und wiederauffgerichtet, im Jahre nach Christi Geburt, M.D.LXXXIX., Dresden 1589

HELM, GEORG: Die Berechnung der Rententafeln aus Sterblichkeits- und Invaliditätsbeobachtungen. - In: Schlömilchs Math. Zeitschrift 29, 1884

HELM, GEORG: Die Kindersterblichkeit im sächsischen Bergmannsstande (im Auftrage des Kgl. Ministeriums des Innern) - In: Zeitschrift des Kgl. Sächsischen Statistischen Bureaus, XXXI. Jahrgang 1885, S. 15-22

HELM, GEORG: Die bisherigen Versuche, Mathematik auf volkswirtschaftliche Fragen anzuwenden. - In: Sitzungsberichte und Abhandlungen der naturwissenschaftlichen Gesellschaft Isis zu Dresden, 1887

HEYM, KARL: Anzahl und Dauer der Krankheiten in gemischter Bevölkerung. 25 Jahre Erfahrungen der Versicherungs-Gesellschaft "Gegenseitigkeit" zu Leipzig. - Leipzig, 1884 (Verlag von Eduard Strau) (nachgedruckt in: Blätter der Deutschen Gesellschaft für Versicherungsmathematik, Band VIII, , Heft 2, S. 344 ff)

HÜLSSE, JULIUS AMBROSIUS: Über Invaliden-, Wittwen- und Waisenunterstützungskassen. - In: Deutsche Gewerbezeitung, 15. Jahrgang, 1850, Neue Folge - Erster Band, S. 44-54

Kern-Chronicon: Kurtzgefaßtes Sächsisches Kern-Chronicon, worinnen in sechs besondern Paquets, oder zwey und siebentzig Couverts etliche

hundert merckwürdige alte und neue Glück- und Unglücks-Fälle, Festivitäten, Geburthen, Vermählungen und Absterben, auch andere wunderbahre und remarquable Begebenheiten, die sich hin und wieder in diesem Churfürstenthum und incorporirten Landen ... zugetragen, Leipzig 1726

KUNZE, W.F.: Ansichten über die Sächsischen Gesetze und Verordnungen vom 23. Juli 1828, 14. November 1835 und 13. December 1836, das Mobiliar- und Immobiliar-Brandversicherungswesen betreffend, zur beliebigen Berücksichtigung bei einer wünschenswerthen neuen Bearbeitung derselben für den bevorstehenden Landtag. - In: Allgemeine Versicherungs-Zeitung. Erster Jahrgang, No. 12, Leipzig, 10. September 1845

LOREY, WILHELM (1916): Das Studium der Mathematik an den deutschen Universitäten seit Anfang des 19. Jahrhunderts. Leipzig, Berlin: Teubner 1916. (= Abhandlungen über den mathematischen Unterricht in Deutschland, veranlaßt durch die Internationale Mathematische Unterrichtskommission. Hrsg. von Felix Klein. Band 3. Heft 9)

LOTZE: Denkschrift zur Feier des zweihundertjährigen Bestehens der Sächsischen Landes-Brandversicherungsanstalt, Dresden 1929

Nachricht von dem Zustand des im Jahre 1720 zum Behuff derer Witben und Waysen mit Gott! errichteten und allergnädigst confirmirten Versorgungsmittels, Dresden 1721

PFÜTZE, ARNO: Die Entwicklung der amtlichen Landesstatistik in Sachsen, Dresden 1931 (Teubner)

SÄCHS. RENTENVERSICHERUNGS-ANSTALT: Die Sächsische Rentenversicherungs-Anstalt zu Dresden (Festschrift zu ihrem 60-jährigen Bestehen), Leipzig 1901 (Druck von Pöschel & Trepte)

SÄCHS. RÜCKVERSICHERUNGS-GESELLSCHAFT: Statuten der Sächsischen Rückversicherungs-Gesellschaft, Dresden 1864

SCHARLAU, WINFRIED (und Fachgelehrte): Mathematische Institute in Deutschland 1800-1945 (Dokumente zur Geschichte der Mathematik Band 5), Braunschweig/Wiesbaden 1989 (Friedrich Vieweg & Sohn)

SCHMITT-LERMANN, HANS: Die Bayerische Versicherungskammer in Vergangenheit und Gegenwart 1875-1950, München 1950 (Kommunalschriften-Verlag J. Jehle)

SCHÜES, WALTER G. u.a.: Die Geschichte der "Nord-Deutsche Versicherungs-Gresellschaft" zu Hamburg, Hamburg 1957

Tabella über die nunmehro würcklich geschlossenen 10 Classen des allergnädigst confirmirten Versorgungs-Mittels in Dreßden, Dresden 1720

TOBIES, RENATE (Hrg.): Aller Männerkultur zum Trotz - Frauen in Mathematik und Naturwissenschaften, Frankfurt/Main-New York 1997 (Campus Verlag)

Verzeichniß der Mitglieder des Pensions-Vereines für Wittwen und Waisen sächsischer Beamten. (Aufgenommen am 1. März 1864), Dresden 1864

Zur Viehversicherung in Deutschland. Eine kritische Studie über die Sächsische Viehversicherungs-Bank in Dresden und die Rheinische Viehversicherungs-Gesellschaft in Cöln, Wien 1886

ZEUNER, GUSTAV: Mathematische Untersuchungen betreffend die Entstehung und Ableitung der Formeln zur Berechnung der Nettotarife und Deckungscapitalien für sämmtliche Versicherungszweige der Schweizerischen Rentenanstalt. Manuscript und Eigenthum der Schweizerischen Rentenanstalt. 1861

ZEUNER, GUSTAV: Abhandlungen aus der Mathematischen Statistik, Leipzig 1869 (Verlag von Arthur Felix)

ZEUNER, GUSTAV: Über das Zeitmaass in der Statistik. - In: Zeitschrift des Kgl. Sächsischen Statistischen Bureaus, XXII.Jahrgang 1876, S. 279-283

ZEUNER, GUSTAV: Sunto dei Saggi di Statistica Matematica, Roma 1883

ZEUNER, GUSTAV: Neue Sterblichkeitstafeln für die Gesamtbevölkerung des Königreichs Sachsen nach den Erhebungen und Berechnungen des Kgl. Sächsischen Statistischen Bureaus. - In: Zeitschrift des Kgl. Sächsischen Statistischen Bureaus, XL. Jahrgang 1894, S. 13-50

Zweyte Haupt-Tabella aller Membrorum derer 10 Classen, des Anno 1720 errichteten, und von Ihro Königlichen Majestät allergnädigst confirmirten Versorgungs-Mittels in Dreßden, Dresden 1729

Archivalien

Sächsisches Hauptstaatsarchiv:
Ministerium für Volksbildung: Nr. 15295,15382, 15749, 15755
Archiv der Technischen Universität Dresden (TU-Arch):
Professorenblätter und Beilagen dazu von:
Paul Eugen Böhmer, Victor Böhmert, Julius Ambrosius Hülsse, Gustav Zeuner
Verzeichnis der Vorlesungen und Übungen:
V 1 - 15: SS 1892 - SS 1899
V 16 - 21: WS 1899/1900 - SS 1902
V 22 - 27: WS 1902/03 - SS 1905
V 28 - 35: WS 1905/06 - SS 1909
V 36 - 43: WS 1909/10 - SS 1913
V 44 - 49: WS 1913/14 - SS 1916
V 50 - 56: WS 1916/17 - SS 1919
Personalverzeichnis der Sächs. TH für das WS 1927/28
Verzeichnis der Vorlesungen und Übungen, Stunden- und Studienpläne WS 1927/28
Desgleichen SS 1928
Desgleichen WS 1928/29
V / Nr. 85: "Personalverzeichnis nach dem Stande vom 1.10.1935. Vorlesungsverzeichnisse WS 1935/36, SS 1936"
V / Nr. 86: "Personalverzeichnis nach dem Stande vom 1.10.1936, Vorlesungsverzeichnisse WS 1936/37, SS 1937"
XXVII / 80: Programme der Polytechnischen Schule und des Polytechnikums; Zeit: 1855, 1875-76, 1876-77, 1862
111: Nachlaß Prof. Erler / Vorlesungsverzeichnis mit Jahresbericht 1886 - 1887
XXVII / Nr. 18: "Sammlung Promotions- und Habilitationsordnungen 1895 - 1956"
104: "Sammlung Prüfungs- und Promotions-Ordnungen 1909/11 - 1954"

Dr.habil. Waltraud Voss, Tannenberger Weg 10, 01169 Dresden
waltraud.voss@web.de

History of Education in Descriptive geometry at the German Technical University in Brno

Pavel Šišma

The main aim of this article is to describe the development of professors' staff of the chair of descriptive geometry at the German Technical University in Brno. First we will recall the beginning of the education of descriptive geometry at the technical universities in Austria in 19th century. At the end we will recall FERDINAND JOSEF OBENRAUCH, the Privatdozent of history of descriptive geometry at Brno German Technical University, and his book devoted to the history of geometry.

1. The beginnings of teaching descriptive geometry at French, German, and Austrian technical schools

The aim of this article is not to describe the origin and the development of descriptive geometry in the 18th and 19th centuries. We can remind only of the basic data about MONGE's contribution to descriptive geometry.

In 1765 GASPARD MONGE (1746-1818) solved a geometrical problem with a method of descriptive geometry at the Military Engineering School in Mézières. Later MONGE started to teach his method at this school. The method of descriptive geometry was a military secret for about thirty years and MONGE could not teach this new geometrical method in public.

In 1794 MONGE started his public lectures on descriptive geometry at the École Normale and École Polytechnique in Paris. In 1795 his lectures were published in journal of École Normale and in 1799 MONGE published his famous textbook [Monge 1799]. The development, study, and education of descriptive geometry then started not only in France but in the whole of Europe. The first German textbook on descriptive geometry [Creizenach 1821] was written by M. CREIZENACH in 1821. The textbook inspired by MONGE's book [Schreiber 1828] was published in 1828 by GUIDO SCHREIBER (1799-1871), professor in Karlsruhe. The German translation of MONGE's book was published in Leipzig in 1900 [Haussner 1900].

The first Austrian textbook devoted to descriptive geometry [Arbesser 1824] was written by JOSEF ARBESSER, assistant of theory of machines and machine-drawings of Vienna Polytechnic, in 1824. In 1845 a much more influential textbook of descriptive geometry [Hönig 1845] was written by JOHANN HÖNIG (1810-1886), professor of descriptive geometry at Vienna Polytechnic.

Prague Technical College was established in 1717. In 1806, following the project of F. J. GERSTNER (professor of mathematics at the Prague University) the Technical College was transformed into Prague Polytechnic. In 1869 the Polytechnic was divided into two universities - German Technical University and Czech Technical University. The German Technical University in Prague was abolished in October 1945.

In 1806, when the Prague Technical College was transformed into polytechnic, F. J. GERSTNER proposed the teaching of descriptive geometry at this school. He was certainly inspired by the École Polytechnic. But GERSTNER's proposal was not realized. The first non-obligatory lectures of descriptive geometry were given by KARL WIESENFELD (1802-1870), substitute professor of civil engineering, in the years 1830-33. The elements of descriptive geometry were taught by WENZEL DE LAGLIO, assistant of mechanics and physic, in 1840-44. Later descriptive geometry was taught by JOHANN SOCHOR, 1844-47, VINCENZ HAUSMANN, 1847-49, and KARL WIESENFELD again, then already full professor of civil engineering, in 1849-52. In 1850 the associate chair of descriptive geometry was established and RUDOLF SKUHERSKÝ (1828-1863), assistant of descriptive geometry at Vienna Polytechnic, was appointed professor there in 1852. In 1854 RUDOLF SKUHERSKÝ was appointed full professor. In 1861 SKUHERSKÝ started to teach descriptive geometry not only in German but also in Czech. In 1864, after SKUHERSKÝ's death, the chair was divided into two chairs - Czech and German. FRANTIŠEK TILŠER (1825-1913) and WILHELM FIEDLER (1832-1912) were appointed to those chairs. In 1867 FIEDLER went to Zürich and KARL KÜPPER (1828-1900) was appointed professor of descriptive geometry. In 1898 KÜPPER retired and in 1900 EDUARD JANISCH (1868-1915) was appointed professor. After JANISCH's death in 1915 KARL MACK (1882-1943) was appointed professor in 1916. He taught descriptive geometry in Prague for the rest of his live.

After FRANTIŠEK TILŠER's retirement, KARL PELZ (1845-1908) was appointed professor in 1896. In 1907 VINCENC JAROLÍMEK (1846-1921) was

appointed professor of descriptive geometry for civil engineering and taught this subject until 1912 when he fell ill. The chair was substituted by FRANTIŠEK KADEŘÁVEK (1885-1961) until KADEŘÁVEK was appointed professor in 1917.

The second chair of descriptive geometry, for Faculty of Machines, was established in 1908. In this year BEDŘICH PROCHÁZKA (1855-1934) was appointed professor. After PROCHÁZKA's retirement JOSEF KOUNOVSKÝ (1878-1949) was appointed. KOUNOVSKÝ and KADEŘÁVEK taught descriptive geometry at Prague Technical University even after the World War II.

Vienna Technical Institute was established in 1815 and in 1872 it was transformed into Technical University. Descriptive geometry was taught there first in the lectures of machine-drawing or constructive-drawing. The aim of the professors' staff was the establishment of the chair of descriptive geometry. The first special lectures of descriptive geometry were given by JOHANN HÖNIG, an assistant of theory of machines, in 1834. From 1839-1843 he was professor of civil engineering at the Mining Academy in Banská Štiavnica (Schemnitz). In 1843 JOHANN HÖNIG was appointed the first professor of descriptive geometry at Vienna Polytechnic.

Later the professors of descriptive geometry were: RUDOLF NIEMTSCHIK (1831-1877) from 1870 to 1877, RUDOLF STAUDIGL (1838-1891) from 1877 to 1891, GUSTAV PESCHKA (1830-1905) from 1891 to 1901, EMIL MÜLLER (1861-1927) from 1902 to 1927, ERWIN KRUPPA (1885-1867) from 1929 to 1957.

In 1896 the second (associate) chair of descriptive geometry was established. In 1897 JAN SOBOTKA (1862-1931) was appointed professor at this chair. In 1899 SOBOTKA went to Brno and was appointed the first professor of descriptive geometry at the newly established Czech Technical University. In 1900 THEODOR SCHMID (1859-1937) was appointed associate professor and in 1906 full professor at this chair. The next professors at the second chair of descriptive geometry were LUDWIG ECKHARDT (1890-1938) from 1929 to 1938 and JOSEF KRAMES (1897-1986) from 1939 to 1945. Descriptive geometry was taught in Vienna at the University of Agriculture since 1872. JOSEF SCHLESINGER (1831-1901) was the first professor there.

The Brno Czech Technical University was established in 1899 and the chair of descriptive geometry was one of the first four chairs which were

established. JAN SOBOTKA, former professor of Vienna Technical University, was the first professor of descriptive geometry. In 1904 he went to Prague University and BEDŘICH PROCHÁZKA was appointed professor. In 1908 PROCHÁZKA was appointed professor of descriptive geometry at Prague Czech Technical University. MILOSLAV PELÍŠEK (1855-1940) was the third professor of descriptive geometry at Brno Czech Technical University. He taught this subject from 1908 to 1925 when he retired. JOSEF KLÍMA (1887-1943) worked in Brno from 1927 to 1939.

To conclude with, we will only mention the beginnings of teaching descriptive geometry at the technical universities in Graz and Lemberg. **The Technical College in Graz** was established in 1811 in connection with a museum (Joanneum). JOSEF VON ASCHAUER, professor of mechanics, held the first non-obligatory lectures of descriptive geometry at Joanneum in 1842. From 1846 descriptive geometry became the obligatory subject which was taught by professors of *Realschule* in Graz. In 1852 the chair of descriptive geometry was established and in 1854 MAX BAUER was appointed the first professor. After BAUER's death RUDOLF NIEMTSCHIK was appointed professor of descriptive geometry in 1859. When NIEMTSCHIK went to Vienna, EMIL KOUTNÝ (1840-1880), *Privatdozent* of Brno Technical University, was appointed professor in 1870. In 1876 KARL PELZ habilitated at Graz Technical University and in 1878 he was appointed associate professor. After KOUTNÝ's death he was appointed full professor. In 1891 PELZ turned down an offer to teach descriptive geometry at Vienna Technical University and in 1896 he went to Prague Technical University.

In 1817 a technical secondary school was established in **Lemberg**. In 1844 the school was transformed into **Technical Academy** and in 1877 into Technical University. VINCENZ HAUSMANN, professor of mechanics, held the first lectures of descriptive geometry at the Technical Academy in Lemberg in the years 1852-53. In 1857 GUSTAV PESCHKA was appointed professor of mechanics, theory of machines, machine-drawings and descriptive geometry. In 1864 when PESCHKA went to Brno WOJNAROWSKI was appointed professor of descriptive geometry at Lemberg Academy. His successor was KARL MASZKOWSKY and from 1880 taught descriptive geometry MIECZYSLAV LAZARSKI.

In 1849 two mining academies were established: in Leoben in Austria and in Příbram in Bohemia. Some knowledge of descriptive geometry was required for the entrance to these schools. This was one of the reasons that

the chairs of descriptive geometry were established in Austrian polytechnics in the 1850's. Polytechnics were directed, apart from others, to the preparations of future students of mining academies. The lectures of descriptive geometry (and mathematics too) started at mining academies in 1870's. For example at Leoben Mining Academy FRANZ LORBER (1846-1930) taught descriptive geometry first in the years 1876-1893.

2. Descriptive geometry at the German Technical University in Brno

Brno Technical College was established in 1849. In 1867 the college was transformed into Technical Institute and in 1873 the institute was declared a university and its title was changed to Technical University (*Technische Hochschule*). The title German Technical University appeared as late as 1911. On 18th October, 1945 the German Technical University in Brno was dissolved by a decree of the President of the Czechoslovak Republic.

Brno Technical College was a new school and the chair of descriptive geometry and mechanics was one of the twelve chairs which were established already in 1849. As the retrieval of a good teacher for both subjects was difficult, the subjects were separated and two chairs were established. GEORG BESKIBA, the first professor of descriptive geometry, was appointed in 1851.

GEORG BESKIBA was born in Vienna in 1819. He studied at Vienna Polytechnic and *Akademie der bildenden Künste*. For two years he was an assistant of civil engineering at Vienna Polytechnic and then he went to Lemberg Technical Academy where he was appointed professor of this subject. From 1852 to 1867 he was professor of descriptive geometry at Brno Technical College. When the school was reorganized he was appointed professor of civil engineering and he worked in Brno for the rest of his live. GEORG BESKIBA died in Brno in 1882.

From 1867 to 1891 GUSTAV ADOLF PESCHKA was professor of descriptive geometry at Brno Technical Institute and Technical University later. PESCHKA was born in 1830 in Jáchymov (Joachimstal). He studied at Prague Polytechnic and then he was assistant there for 5 years. From 1857 to 1864 he was professor of mechanics, machines' construction, machine-drawings and descriptive geometry at the Technical Academy in Lemberg. In 1864 he was appointed professor of these subjects at Brno Technical College. In 1867 he was appointed professor of descriptive geometry. PESCHKA was

sixty-one year old when he was appointed professor of descriptive geometry at Vienna Technical University in 1891. He taught there until 1901 when he retired. He died in Vienna in 1903.

OTTO RUPP was born in Nová Říše (Neureich) in Moravia in 1854. He studied at Brno Technical University and in 1874 he was appointed assistant of descriptive geometry there. In 1881 he habilitated for *Neue Geometrie*. When GUSTAV PESCHKA went to Vienna OTTO RUPP substituted the free chair and in 1892 he was appointed associate and in 1896 full professor. RUPP died in December of 1908. After professor RUPP's death the situation at Brno Technical University was complicated by the fact that the chair of mathematics was vacant after professor OTTO BIERMAN's (1858-1909) death. During 1909 it became apparent that the occupation of chair of descriptive geometry by an acceptable candidate would be very difficult and professors' staff found the following solution to this situation. They suggested appointing the current Professor of Mathematics (and a very good geometer) EMIL WAELSCH to the chair of descriptive geometry. The Ministry agreed with this step, and therefore two chairs of mathematics became free.

EMIL WAELSCH was born in 1863 in Prague. He studied at the German University and German Technical University in Prague. During 1884-1886 he studied at the universities of Leipzig and Erlangen where he received his doctor's degree. In the academic year 1892-1893 he studied at Leipzig University again. In 1890 he habilitated at Prague German Technical University where he was an assistant from 1886. In 1895 he was appointed associate professor and in 1898 full professor of mathematics at Brno German Technical University. In 1910 he was appointed professor of geometry and he remained in this position for the rest of his life. EMIL WAELSCH died in Brno in 1927.

EMIL WAELSCH reorganized the education of geometrical subjects at Brno German Technical University. He taught not only descriptive geometry but in the second semester he also taught analytic geometry, vector calculus, and application of differential and integral calculus in geometry. The title of this subject was *Mathematik erster Kurs b*. This Brno model of the education of geometrical subjects was unique in Austria, the reason being the personality of professor WAELSCH who was a specialist in many areas of mathematics.

Two years after WEALSCH's death JOSEF KRAMES, was appointed professor of descriptive geometry in Brno. KRAMES was born in 1897 in Vienna. He studied at Vienna Technical University and Vienna University. In 1920 he received his doctor's degree at Technical University. From 1916 KRAMES was an assistant by EMIL MÜLLER. In 1924 he habilitated for descriptive and projective geometry. After MÜLLER's death he substituted the free chair. From 1929 to 1932 he was associate professor of descriptive geometry in Brno. Then he went to Graz where he was appointed full professor of descriptive geometry at Technical University. From 1939 to 1945 and from 1957 to 1969 he taught at Vienna Technical University. He died in Salzburg in 1986.

The last professor of descriptive geometry at the Brno German Technical University was RUDOLF KREUTZINGER. He was born in Brno in 1886. He studied at Vienna University and finished his studies in 1911. From 1908 to 1935 he was assistant of descriptive geometry at Brno Technical University. In 1931 he habilitated and 1935 he was appointed associate professor. During the World War II he was appointed full professor in 1941. KREUTZINGER died in Brno in 1961.

The content and range of descriptive geometry lessons at the German Technical University in Brno was changing during the development of the school. At the Technical College descriptive geometry was taught in 2 hours of lectures and 10 hours of exercises per week (2/10). We have only fragmentary information about the programme of these lectures: *Darstellende Geometrie, Perspektiv- und Schattenlehre mit Anwendung auf Maschinen- und Architekturzeichnen.*

From 1867 descriptive geometry was taught in 5 hours of lectures and 10 hours of exercises. The first detailed syllabus of the teaching of descriptive geometry can be found in the programme of lectures for the school year 1871-72: *Orthogonale - schiefe - centrale Projektion. Gegenseitige Beziehungen von Punkten, Geraden und Ebenen. Krumme Linien und ihre Beziehungen zu geraden Linien und Ebenen. Transformation der Projektionsebenen. Das körperliche Dreieck. Von Ebenen begrenzte Körper. Polyeder. Ebene Schnitte. Gegenseitiger Schnitt, Netze. Axonometrie. Rechtwinklige und schiefe iso-di-und-trimetrische Projektion. Krumme Flächen. Entwickelbare - Umdrehungs - Umhüllungs - und windschiefe Flächen. Flächen zweiter Ordnung. Durchschnitte krummer Flächen mit Ebenen. Kegelschnitte. Raumcurven. Entwicklung der Flächen. Durchdringungen.*

Berührungsebenen. Krümmung der Linien und Flächen. Schattenkonstructionen. Beleuchtungs-Intensitäten. Freie Perspektive. Stereotomie.

In the school year 1872-73 Peschka taught the non-obligatory lectures of *Geometrie der Lage* for the first time, it was for 2 lessons per week. In 1881 OTTO RUPP habilitated for this subject.

The number of lessons and the programme of the lectures were changed as late as the school year 1899-1900 when in the first semester the teaching of descriptive geometry was 6/4 and in the second semester 4/4. In the school year 1910-11 the number of lessons was changed to 5/8 in the first and 5/6 in the second semester. Professor WAELSCH taught the *Mathematik erster Kurs b)* 4/1 and 2/1.

In the school year 1914-15 the teaching of descriptive geometry was changed again. In the first semester the *Darstellende Geometrie 1. Teil* 4/8: *Kotierte Projektion. Methoden mit mehreren Lotrissen. Axonometrie. Parallel-, Zentral-, Reliefperspektive, Elemente der Photogrammetrie.*

In the second semester *Darstellende Geometrie 2. Teil* 5/6: *Raumkurven und Flächen; Kurven und Flächen zweiter Ordnung, Regel-, Rotations-, Schraubenflächen, Umhüllungsflächen, topographische Flächen. Durchdringungen. Beleuchtungslehre. Kinematische Geometrie; Verzahnungen, Getriebe.*

The number of lessons decreased. In the school year 1923-24 the teaching of descriptive geometry was 4/6 in the first and 3/5 in the second semester. The students of architecture and civil engineering had one lesson of exercise in addition. At the end of the 1920's the teaching in the second semester was divided into two lectures. The architects had only two hours of lectures and four hours of exercises. In the 1930's special lectures for future teachers of descriptive geometry were established.

3. Ferdinand Josef Obenrauch

At the end of the article we would like to recall FERDINAND JOSEF OBENRAUCH and his book devoted to the history of projective and descriptive geometry.

FERDINAND OBENRAUCH was born on January 20th, 1853 in Slavkov u Brna (Austerlitz). He studied at a secondary school in Brno and then he continued his studies at Brno Technical University in the years 1871-76. As a

student he was appointed an assistant of mathematics. In 1880 OBENRAUCH passed the state examinations for teachers of mathematics and descriptive geometry. OBENRAUCH was assistant at Brno Technical University to 1881. That year he was appointed a teacher of mathematics and descriptive geometry at *Realschule* in Nový Jičín (Neutitschein). In 1892 OBENRAUCH returned to Brno and he was appointed professor at the *Landes Oberrealschule*.

In 1897 OBENRAUCH habilitated for history of descriptive and projective geometry at Brno Technical University. This year he started to teach history of geometry one hour per week. We know the program of his lectures: *Geschichte der Geometrie im Alterthum, Mittelalter und in der Neuzeit. Historischer Rückblick auf die Entwicklung der Theorie der Curven und Flächen zweiter, dritter und vierter Ordnung.* OBENRAUCH taught history of geometry until 1905. He died on July 16th, 1906.

In 1897 OBENRAUCH published his *Habilitationsschrift* as the book *Geschichte der darstellenden und projectiven Geometrie* ... [Obenrauch 1897]. The book was published in Brno and it had over 400 pages. It is divided into six parts: 1) *Einleitung*. 2) *Die Gründung der École normale*. 3) *Die Gründung der École polytechnique*. 4) *Monge als Begründer der Infinitesimalgeometrie*. 5) *Monges sociale Stellung und sein Lebensende*. 6) *Die wissenschaftliche Pflege der darstellenden und projectiven Geometrie in Österreich*.

The first part is devoted to history of geometry in antiquity and the Middle Ages. Then OBENRAUCH describes the work of DESCARTES, DESARGUE, PASCAL, and DE LA HIRE. The following pages are devoted to the work of KEPLER, HUYGENS, NEWTON, and EULER. This chapter includes - not very appropriately - the information about MONGE's life and work.

The second and third part are devoted to the history of teaching descriptive geometry at the École Normale and École Polytechnique. MONGE's work *Géométrie descriptive* is described in detail there. The fourth part is devoted to MONGE's work on differential geometry. The fifth part describes, among other things, the relationship between MONGE and NAPOLEON.

As the title suggests, the sixth (main) part is devoted to the history of descriptive and projective geometry in Austria. It describes the development of geometry in Austria, Bohemia, and Moravia since the Middle Ages till the end of the 19th century, but we can find there the analysis of the works

of German, French, and Italian mathematicians, too. OBENRAUCH analysed a lot of Austrian works devoted to descriptive and projective geometry there. The book provides a great number of information but it is extremely difficult to orientate in it.

4. Conclusion

We saw that the education of descriptive geometry started in Austria in 1830's-1840's. Elements of descriptive geometry were taught in lectures and exercises of mechanics and machine-drawings first. The lectures were held by professors or assistants of these subjects.

The aim of the professors' staff's was the establishment of the chairs of descriptive geometry because the knowledge of that subject was necessary for a lot of special subjects.

Literature

ARBESSER, J.: Constructionslehre mit ihren Anwendungen auf Schattenconstruction, Perspektive und Maschinenzeichnen. Wien 1824.

CREIZENACH, M.: Anfangsgründe der darstellenden Geometrie oder der Projectionslehre für Schulen. Mainz 1821.

DRÁBEK, K.: Darstellende Geometrie an der technischen Hochschule in Prag in den Jahren 1828-1945. Praha 1982.

FOLTA, J., Česká geometrická škola. (Czech Geometr. School) Praha 1982.

HAUSSNER, R.: Darstellende Geometrie v. G.Monge (1798). Leipzig 1900.

HÖNIG, J.: Anleitung zum Studium d. darstellenden Geometrie. Wien 1845.

MONGE, G.: Géométrie descriptive. Paris 1799.

OBENRAUCH, J.: Geschichte der darstellenden und projectiven Geometrie mit besonderer Berücksichtigung ihrer Begründung in Frankreich und Deutschland und ihrer wiss. Pflege in Österreich. Brünn 1897.

SCHREIBER, G.: Lehrbuch der darstellenden Geometrie nach Monges Géométrie descriptive. Karlsruhe 1828.

RNDr. Pavel Šišma, Dr.; Masaryk University in Brno, Faculty of Science, Department of Mathematics, Janáčkovo nám. 2a, 662 95 Brno, Czech Republic. Email: sisma@math.muni.cz.

Introducing Vectors to Analytic Geometry
(As Seen in Czech University Textbooks)

Michal Novák

Introduction

In the time short after WWII there happened both in the world and in Czechoslovakia some changes which challenged the concept of teaching mathematics. In the field of analytic geometry (especially in the way it was taught at universities) an important change in approach to the subject can be seen. Whereas in the interwar period analytic geometry focused on solving problems in spaces of dimensions two and three, and solved them using "classical" means, in the years short after WWII several textbooks were published in which a tendency towards generalising can be traced.[1] At the same time important school reforms were being introduced in Czechoslovakia. Thus in 1950 several modern university textbooks of analytic geometry which influenced the whole generation of mathematicians (and passed this methodology onto primary and secondary school teachers) were published.

The contribution will focus on discussing these textbooks, the method they use and their impact. Only university education will be taken into account; technical universities will not be discussed.

1. Analytic Geometry at Universities in the Interwar Period

Between 1918 and 1938 mathematics was at universities[2] taught together with other natural and exact sciences at Faculties of Science, which

---

[1] The move towards study in the space of general dimension was made possible by the old idea of vector calculus of Grassman helped by newer results of algebra.

[2] The only university in Czech lands before 1918 was Charles University in Prague. After 1903 (when the mathematician Prof. Karel Petr came to Charles University) teaching mathematics was reformed so that new teachers could be trained in order to meet demands of the intended second university. This happened in 1919 when Masaryk University was founded in Brno. There was also university in Bratislava (founded in 1919) but its Faculty of Science was founded only as late as 1940. Therefore if we speak about university education in Czechoslovakia in the interwar period, we can concentrate only on these two institutions.

emerged almost immediately after the fall of Austro-Hungarian Empire in 1918.[3] University studies were organised as in Austro-Hungarian Empire before 1918; teachers used to announce their lectures and students were mostly free to choose which lectures to attend. Exams (with the exception of state exams and some others) did not use to be obligatory. Branches of study - teacher training in mathematics and pure mathematics - were almost not distinguished;[4] this happened only short after 1945.

Lectures on analytic geometry were usually divided into course on analytic geometry in plane and in space or there were special courses on conic sections or surfaces or sometimes other courses.[5]

1.1 Textbooks of Analytic Geometry

The most important interwar university textbook of analytic geometry is *Uvod do analyticke geometrie* by BOHUMIL BYDZOVSKY, published in Prague in 1923.[6] It is in fact the only Czech university textbook of analytic geometry published between 1918 and 1938.

The book is similar to its predecessors (and most of the current book) as far as the approach to the subject is concerned; analytic geometry is regarded as a tool for the study of geometrical objects in the spaces of dimension two and three. It also strongly concentrates on the description of the usual cases of conic sections and quadratics.

---

[3] The first Faculty of Science was founded as a part of Masaryk University in Brno in 1919, Faculty of Science of Charles University in Prague was founded in 1920. Originally, mathematics and other sciences were taught together with humanities at Faculties of Arts (or Philosophy). Even though there were efforts to redefine their role at the turn of the century, they were not successful.

[4] A prospective teacher was required to pass a state exam at the end of the study.

[5] At Masaryk University in Brno the announced lectures include (all of them lasted one semester): Introduction to analytic geometry and spherical trigonometry, Analytic geometry, Introduction to analytic geometry of curves and surfaces of the 2nd grade, Use of algebra in geometry, Analytic geometry of conic sections, Analytic geometry of surfaces of the 2nd grade, Selected parts from analytic geometry in space, Introduction to the theory of geometric transformations, Introduction to analytic geometry, Introduction to geometry in the space of 4 or more dimensions, Analytic geometry in space.

[6] Bydzovsky, B.: Uvod do analyticke geometrie. Praha JCMF 1923; later re-edited in 1946 and published again in 1956.

In contrast to some earlier Czech texts the author tries to generalise and to give common characteristics of the objects and to study properties which they have in common. Singular cases are no longer regarded as deviations but as equally important. Homogeneous co-ordinates and complex elements are used as natural tools as are means of algebra (mostly theory of determinants). However, the textbook does not use the means of vector calculus yet, which results in the fact that the classical division of the subject (analytic geometry in plane and in space) is still maintained. Yet the absence of vector calculus influences mainly the overall approach to the subject and introductory parts of the book (deduction of the position of the point in space, intuitive introduction of the idea of co-ordinates, their transformation, etc.).

2. Changes in the Post-war Period

The time after 1945 saw a great development of university education - new schools were founded[7] and the concept of university studies changed. At the same time also the way analytic geometry and the way it was taught changed.

2.1 The Reform of University Studies

In 1949/50 school reforms which aimed to improve university education and especially to emphasise the role of didactics and to exercise control over the process of education were introduced. The idea of announcing lectures by teachers and choosing them by students was abandoned. The study becomes much more formalised - a detailed order of lectures was worked out for each field of study and a syllabus was prepared for each lecture. Moreover, a rigid order of exams was enforced.[8] As a result analytic geometry became a compulsory subject and every student of mathematics was required to pass an exam in it.

---

[7] E.g. the 3rd university in Czech lands, Palacky University in Olomouc, which was re-founded in 1946.

[8] In the first years of the reform there were two types of study - the old one (non-reformed study), where students continued under the original conditions, and the new one (reformed study).

2.2 Teacher Training at Universities

Another reform concentrated on the education of teachers. Before WWII only secondary school (gymnasium) teachers had been trained at universities; other teachers got their education at special non-university preparatory schools. After 1946/7 special Faculties of Education were created where teachers of all types of schools (other than secondary ones) were to be educated.[9] The original Faculties of Science and Faculties of Arts were supposed to concentrate on preparing experts in sciences or humanities (or secondary school teachers) only. Thus after 1945 the idea of systematic teacher training occurred.[10] Given the above- mentioned reform of studies, teacher training and pure studies divide at those faculties.

3. Analytic Geometry in University Textbooks

The following are the most important university textbooks of analytic geometry published in late 1940s or 1950s:

- BYDZOVSKY, B.: Uvod do analyticke geometrie.[11] 2nd ed. Praha Jednota csl. matematiku 1946
- CECH, E.: Zaklady analyticke geometrie 1, 2.[12] Praha Prirodovedecke vydavatelstvi 1951, 1952
- MASTNY, E.: Uvod do analyticke geometrie linearnich utvaru a kuzelosecek.[13] Praha SPN 1953
- KRAEMER, E.: Analyticka geometrie linearnich utvaru.[14] Praha CAV 1954

---

[9] This was true also for all teachers not only for the new students. The special preparatory schools were abolished.

[10] Its history is rather complicated, since in 1950s and 1960s many important changes were introduced. These included founding and later abolishing faculties and special types of schools (High Schools of Education). Full discussion of this topic would unfortunately require too much space.

[11] Introduction to analytic geometry.

[12] Basics of analytic geometry.

[13] Introduction to analytic geometry of linear objects and conic sections.

[14] Analytic geometry of linear objects.

- BYDZOVSKY, B.: Uvod do analyticke geometrie.[15] 3rd ed. Praha CAV 1956
- VANCURA, Z. Analyticka metoda v geometrii I, II, III.[16] Praha SNTL 1957

In the first one [Bydzovsky 1946] a number of important changes can be seen when we compare it to its first edition from 1923.[17] First of all, the ordering of the book is different - the book is no longer divided according to the dimension of the space (analytic geometry in plane vs. analytic geometry in space) but according to the dimension of geometrical objects (linear vs. quadratic analytic geometry). Furthermore, as the author suggests in the preface to the book:

> I have included some basic theorems about vectors which were indeed missed in the first edition. [BYDZOVSKY 1946, preface]

The most important of the above-mentioned books, however, is the book by EDUARD CECH, which is referred to and more or less followed by all the other authors.

3.1 Cech, E.: Zaklady analyticke geometrie

This book[18] differs from earlier texts in many respects yet there is one which stands out most clearly. CECH does not describe analytic geometry in plane or space nor of linear or quadratic objects but he studies analytic ge-

---

[15] Introduction to analytic geometry. This edition does not differ substantially from the edition of 1946.

[16] Analytic method in geometry.

[17] The list of foreign references includes (given in the form used in the book): H. Beck: Koordinatengeometrie. Berlin 1919; L. Bianchi: Lezioni di geometria analitica. Pisa 1915; Briot-Boucquet: Leçons de géométrie analitique. 23th ed. Paris 1919; Heffter-Koehler: Lehrbuch der analytischen Geometrie. I, II. Karlsruhe 1927, 1923; O. Schreir - E. Sperner: Einführung in die analytische Geometrie und Algebra I, II. Leipzig, Berlin 1931, 1935; L. Bieberbach: Analytische Geometrie. Leipzig, Berlin 1932; J. W. Archbold: Introduction to the algebraic geometry of a plane. London 1948; A. M. Lopshitz: Analiticzeskaja geometrija. Moscow 1948; B. N. Delone-Rajkov: Analiticzeskaja geometrija I a II, Moscow-Leningrad 1949; I. I. Privalov: Analiticzeskaja geometrija, Moscow-Leningrad 1949; K. Borsuk: Geometria analityczna v n wymiarach. Warsaw 1950; M. Stark: Geometria analityczna. Wratislaw-Wroclaw 1951; S. P. Finikov: Analiticzeskaja geometrija Moscow 1952; F. Leja: Geometria analityczna. Warsaw 1954

[18] No references are given.

ometry in a space of general dimension.[19] We shall now concentrate on how some of the basic ideas of analytic geometry are presented in the text.

The first task of the book is the same as with all previous texts - determining the position of the point in plane and giving the formula for the distance between two points. But since the approach of the book to analytic geometry is different, this is only an introduction to the idea of n-dimensional Euclidean space and the definition of vector and its properties. However, CECH's approach differs from the approach of earlier texts. First, he deduces the formula, then he calls a set E_m (where m is the number of co-ordinates in the distance formula) such that for every two points there exists a real number (i.e. their distance) a Euclidean space and then using the relation of equipolence derives the concept of vector and shows his properties. Only then does he introduce the concept of scalar product. Thus in the textbook the concept of vector space follows from the concept of Euclidean space.

The fact that CECH uses vectors does not mean that algebra prevails in his book or that geometry is insignificant. On contrast, the author favours the idea of "geometrical exposition" and at many places works with geometrical objects themselves rather than with the concept of co-ordinates. As he remarks in the preface:

> In this book, the aim of which is to give an elemental but logically exact explanation of the basics of analytic geometry, co-ordinates are used in order to give a precise definition of space but later they are used only exceptionally and the geometrical objects themselves are worked with. The choice of subject matter is given not by algebraic but rather by geometrical systematic. Instead of double speech, geometric and algebraic ones, and translating from one to another, I tried to fully identify geometrical and algebraic concepts. [CECH 1951, 5]

The concept of linear co-ordinate system is introduced in two steps. First, Cartesian system is given (i.e. the basis is required to be orthonormal) and only then the idea of a generalised linear system is deduced. Since from the beginning Euclidean spaces are used, also here Euclidean space is considered.

For a long time all the exposition is done in real numbers. Therefore a chapter "Imaginary Elements" is included in which all the so far discussed

---

[19] For the history of this idea in Czech mathematics cf. e.g. Bolzano: Betrachtungen ueber einige Gegenstande der Elementar Mathematik.

Introducing Vectors to Analytic Geometry

subject matter is summed up and all previously introduced concepts (vectors, points, vector and projective spaces, their subspaces, co-ordinate systems, collinear mappings) are extended into complex numbers.

Quadratics are discussed in the same manner as the rest of the book - in a strongly geometrical way; the theory of geometrical forms is used only at some places. In the book n-dimensional quadratics are studied; quadratics in P_3 and conic sections are studied as special cases in a different part of the book (their properties are only briefly discussed there, though). The emphasis is clearly on the idea of the study of n-dimensional quadratics in general. This enables the author to regard singular quadratics as regular ones in the space of a smaller dimension. Since dual projective spaces are introduced earlier in the book, dual quadratics are also studied.

A major drawback of the book (when it is to be used as a teaching material) is the level of intuitiveness. All the exposition is done in the space of n-dimensions, examples in plane or three-dimensional space are given only in a few cases, there is not the usual type of classification of curves or conic sections, etc. and there are almost no pictures in the books (six in volume I, six in volume II). This makes the book rather difficult for an average student.

3.1.1 Division of the Book

The book is divided into two parts; roughly speaking the first one deals with linear geometry and the second one with geometry of the quadratics.

The first two chapters of volume I are preparatory ones in which the basic concepts (Euclidean and vector space, co-ordinates, etc.) are introduced. Then affine geometry is dealt with, i.e. all the concepts for whose introduction the concept of scalar product is not necessary are discussed. The scalar product itself is defined in the next chapter which deals with the idea of perpendicularity; this is an introduction to further parts of the book where metrical geometry is discussed. Yet before that mappings and transformations are dealt with; however, the author is not interested in coincidences and homotheties only but rather in mappings in general. He is trying to avoid the use of algebraic language as much as possible here. However, the following chapter deals with description of subspaces by the means of equations. In the end angles are discussed in a great detail.

Volume II begins with explaining the idea of projective space, which is necessary for the study of quadratics. First, some concepts of projective geometry are studied (e.g. collinear mappings) then the above-mentioned chapter "Imaginary Elements" is included. The main part of volume II is dedicated to the study of projective geometry of quadratics in n-dimensional space.

3.2 Other Texts

EDUARD CECH's book was rather difficult for students and was not widely used for teaching.[20] However, some of its ideas were developed in the texts which have been mentioned earlier. These texts, especially:

- KRAEMER, E.: Analyticka geometrie linearních utvaru. Praha CAV 1954
- BYDZOVSKY, B.: Uvod do analyticke geometrie. 3rd ed. Praha CAV 1956

were used as teaching material at the newly established schools which concentrated on teacher training. Naturally, they abandon the idea of analytic geometry in n-dimensional space. The concepts are explained in much greater detail and at a slower pace. They are also much more intuitive since they describe situation in the plane and three-dimensional space only. This is true also for the algebraic means used in the books - e.g. in KRAEMER's textbook co-ordinates are deduced in the plane and space and the generalization is missing. The deduction, however, is done by means of vector calculus. Thus we can say that the books which follow EDUARD CECH discuss the classical subject matter (i.e. analytic geometry in plane and space) but they do so using modern means. The idea of "working with geometrical objects themselves" proposed by E. CECH was abandoned though.

3.2.1 Kraemer, E.: Analyticka geometrie linearnich utvaru, 1956

This is a very interesting textbook because it deals with analytic geometry of linear objects only - the quadratics are not included at all.[21] The book is

---

[20] It was used though at the Faculty of Mathematics and Physics, Charles University, Prague since 1951/2 in the 1st and 2nd year (for several years only).

[21] The list of foreign references includes (given in the form used in the book): Privalov, Analiticzeskaja geometrija, Gostechizdat, Moscow-Leningrad 1949; Finikov, Analiticzeskaja geometrija, Uczpedgiz, Moscow 1952; Delone-Rajkov, Analiticzeskaja geometrija I a II, Gostechizdat, Moskva-Leningrad 1949; Okunjev, Vysshaja algebra,

Introducing Vectors to Analytic Geometry 253

divided into two parts where affine and metrical geometry are discussed. Apart from the linear objects themselves, the idea of transformation of co-ordinates is also present.[22]

All the exposition is clear and intuitive. Since quadratics are not studied, complex or homogeneous elements are not discussed.

3.2.2 Mastny, E.: Uvod do analyticke geometrie linearnich utvaru a kuzelosecek, 1953

Analytic geometry in this textbook is built using modern means.[23] The basic problem of determining the position of the point in plane is not solved in the classical intuitive way but by means of the theory of vector spaces. As a result neither polar nor any other co-ordinate systems are introduced. The concept of co-ordinates is derived in a different way than in CECH's textbook - first, general linear co-ordinate system is introduced using the theory of vector spaces and only then the author shows that the Cartesian co-ordinate system is its special case. As in the book by EDUARD CECH the concept of vector space follows from the concept of Euclidean space, not vice versa.

The classical approach, however, is still present. For example, the definition of conic sections explicitly excludes singular or imaginary regular cases.

Conclusion

The paper has briefly introduced the time of late 1940's and early 1950's in respect of teaching analytic geometry at universities in Czechoslovakia. Two main facts which influenced teaching the subject at that time and their impact in textbooks have been discussed: the reforms of university education and the change in the approach to analytic geometry itself.

Gostechizdat, Moscow-Leningrad 1949; Kurosh, Kurs vysshej algebry, Gostechizdat, Moscow-Leningrad, 1952

[22] The book explains the subject matter in a great detail - the amount of text is about the same as in the following book (by E. Mastny).

[23] The list of foreign references includes (given in the form used in the book): Cuberbilljer O. N., Zadaczi i uprazhnjenija po analiticzeskoj geometrii, Moscow-Leningrad 1949; Privalov, M. M., Analiticzeskaja geometrija, Gostechizdat, 1948; Delone, B. N.-Rajkov, D. A., Analiticzeskaja geometrija I a II, Moscow-Leningrad 1948

References

BYDZOVSKY, B.: Uvod do analyticke geometrie. Praha CAV 1923; 2nd ed. Praha Jednota csl. matematiku 1946; 3rd ed. Praha CAV 1956

CECH, E.: Zaklady analyticke geometrie 1, 2. Praha Prirodovedecke vydavatelstvi 1951, 1952

HAVRÁNEK, J. et al.: Dejiny Univerzity Karlovy 1802 - 1908. Praha Karolinum 1997

HAVRÁNEK, J., POUSTA Z. et al.: Dejiny Univerzity Karlovy 1918 - 1990. Praha Karolinum 1998

KADNER, O.: Vyvoj a dnesni soustava skolstvi I, II Praha Sfinx 1929

KNICHAL, V.: Eduard Cech: Zaklady analyticke geometrie. CMP **78** 265 - 269, 1953

KRAEMER, E.: Analyticka geometrie linearnich utvaru. Praha CAV 1954

MASTNY, E.: Uvod do analyticke geometrie linearnich utvaru a kuzelosecek. Praha SPN 1953

METELKA, V.: Emil Kraemer: Analyticka geometrie linearnich utvaru. CPM **80** 103 - 104, 1955

Seznam prednasek na Masarykove univerzite. Brno MU 1919 - 1938 (Indexe of lectures at Masaryk University)

VANCURA, Z. Analyticka metoda v geometrii I, II, III. Praha SNTL 1957

Dr. Michal Novák, Technicka 8, 616 00 Brno, Czech Republic, tel. +420-5-41143135, e-mail: novakm@dmat.fee.vutbr.cz

Über die Rytzsche Achsenkonstruktion der Ellipse

Zbyněk Nádeník

Einleitung 255
1. Konstruktion von David Rytz 256
2. Übersichtsartikel von Carl Pelz 257
3. Konstruktion von A.-F. Frézier..................................... 259

Einleitung

Das Thema gehört der darstellenden Geometrie. Obwohl ich während meiner fast 45-jährigen Tätigkeit an der Technischen Hochschule Prag niemals die Vorlesungen über die darstellende Geometrie gehalten habe, habe ich das Interesse für sie nicht verloren.

Zum Thema habe ich zwei Impulse gehabt.

Erstens: An einer inländischen Tagung im Jahre 1993 über die darstellende Geometrie und Computergraphik habe ich die Verbindung der darstellenden und analytischen Geometrie befürwortet. Ich habe dabei die Einwendung gehört, daß die RYTZsche Achsenkonstruktion einen einfachen analytischen Beweis nicht zuläßt; bekanntlich ist diese Konstruktion in der darstellenden Geometrie tausendmal angewandt worden. Damals konnte ich diesen Einwand nicht widerlegen. Das habe ich erst unlängst in dem Aufsatz "Über die Achsenkonstruktion der Ellipse aus ihren konjugierten Durchmessern" (tschechisch) getan. Ich habe in diesem Artikel 15 Achsenkonstruktionen gesammelt (bis zum Anfang des 20. Jhs.) und analytisch bewiesen. Dabei habe ich diejenigen Konstruktionen nicht betrachtet, die entweder explizit die Affinität zwischen dem Kreis und der Ellipse benutzen oder auf den projektivischen Eigenschaften beruhen.

Zweitens: Für einen dem Professor der Geometrie JAN SOBOTKA (1862-1931; wirkte an der Technischen Hochschule in Wien, an der tschechischen Technischen Hochschule in Brünn und an der tschechischen Universität in Prag) gewidmeten Sammelband habe ich eine Analyse seines Lehrbuches "Darstellende Geometrie der Parallelprojektion" (tschechisch, Prag 1906) geschrieben. J. SOBOTKA hat einige Achsenkonstruktionen der Ellip-

se reproduziert, darunter auch eine Konstruktion von AMÉDÉE-FRANÇOIS FRÉZIER (1682-1773), dem wichtigsten Vorgänger von GASPARD MONGE (1746-1818) in seiner "Géométrie descriptive", Paris 1795. J. SOBOTKA hat nicht bemerkt, daß die Konstruktion von A.-F. FRÉZIER fast identisch mit der Konstruktion von DAVID RYTZ (1801- 1868) ist.

1. Konstruktion von David Rytz

Es seien C $[c_1,c_2]$ und D $[d_1,d_2]$ zwei Punkte der Ellipse $x^2/a^2 + y^2/b^2 = 1$, deren Mittelpunkt freilich der Aufpunkt des orthogonalen Systems der Koordinaten x, y ist. Wenn die Tangente im Punkt C parallel zum Halbmesser OD ist, so ist auch die Tangente im Punkt D parallel zum Halbmesser OC. Die Halbmesser OC und OD mit dieser Eigenschaft heißen konjugiert. Das ist dann und nur dann der Fall, wenn $c_1d_1/a^2 + c_2d_2/b^2 = 0$. Diese Gleichung bedeutet (freilich mit $c_1^2/a^2 + c_2^2/b^2 = 1$, $d_1^2/a^2 + d_2^2/b^2 = 1$), daß die Matrix

$$\begin{pmatrix} c_1/a & c_2/b \\ d_1/a & d_2/b \end{pmatrix}$$

orthogonal ist. Das ist der gemeinsame Ausgangspunkt für die analytischen Beweise der Achsenkonstruktionen einer Ellipse aus ihren konjugierten Halbmessern.

Die in der darstellenden Geometrie weit bekannteste Achsenkonstruktion stammt von DAVID RYTZ (Professor an der Gewerbeschule in Aarau in der Schweiz). Ohne den Beweis hat er sie seinem Kollegen LEOPOLD MOSSBRUGGER (1796-1864, Professor an der Kantonschule in Aarau) mitgeteilt. MOSSBRUGGER hat in seinem Büchlein "Größtentheils neue Aufgaben aus dem Gebiete der Géométrie descriptive" (Zürich 1845) die Konstruktion von RYTZ als Anhang veröffentlicht und zugleich - unter Zuhilfenahme der Trigonometrie und der Apollonischen Formeln - bewiesen. Der Anhang ist 1853 auch im Archiv der Math. und Physik **20**, 118-120 abgedruckt worden.

Die RYTZsche Achsenkonstruktion aus den konjugierten Halbmessern OC, OD verläuft folgenderweise: Im Mittelpunkt O errichten wir die Senkrechte OD_R zum Halbmesser OD; dabei sei $|OD_R| = |OD|$ (Streckenlängen). Wir bestimmen den Mittelpunkt S_R der Strecke CD_R und an der Verbindungslinie CD_R nehmen wir die Punkte A' und B' mit $|S_RA'| = |S_RB'| =$

Über die Rytzsche Achsenkonstruktion der Ellipse

$|S_R O|$. Die Punkte A' und B' liegen auf den gesuchten Achsen und die Längen der Halbachsen sind $|A'D_R| = |B'C|$ und $|A'C| = |B'D_R|$.

GINO LORIA (1862-1953) in seinem Buch "Storia della Geometria Descrittiva ..." (Mailand 1921, 301) äußert sich über die RYTZsche Konstruktion in dem Sinne, daß sie eine Einfachheit und Eleganz hat, die schwer zu übertreffen sind.

2. Übersichtsartikel von Carl Pelz

CARL PELZ (1845-1908, Professor der darstellenden Geometrie an der Technischen Hochschule in Graz und an der tschechischen Technischen Hochschule in Prag) hat 1876 den Aufsatz "Construction der Axen einer Ellipse aus zwei conjugierten Diametern" (Jahresbericht der Staatsrealschule in Teschen 1876, 2-14) veröffentlicht.

PELZ hat die Konstruktion folgender Autoren behandelt (in chronologischer Reihenfolge):

1830	Vorlagen, die die Deputation für Gewerbe in Berlin für Maurer herausgegeben hat.
1837	M. CHASLES: Aperçu historique sur l´origine et le développement des méthodes en Géométrie, Bruxelles; 2.Aufl. Paris 1875, p. 45 und p. 359-362 (deutsche Übersetzung Halle 1839, p. 42 und p. 382-386)
1845	D. RYTZ, L. MOSSBRUGGER
1849	M. MEYER, Archiv der Math. und Physik **13**, p. 406-409
1853	L. MOSSBRUGGER
1867	J. STEINER: Vorlesungen über synthetische Geometrie, Lpz.; Band I (bearbeitet von C. GEISLER), S. 77-78; Band II (bearbeitet von H. SCHRÖTER), S. 178-179
1871	G. DELABAR: Die Polar- und Parallelperspektive, Freiburg; Archiv der Math. und Physik 52, 310-312
vor 1876	N. FIALKOWSKI: Zeichnende Geometrie, Wien-Leipzig, 3. Aufl. 1882, Aufgaben 1069-1071

Diese drei älteren Verfasser nennt C. PELZ nicht:

4. Jh.	PAPPOS; F. HULTSCH, Ed.: Pappi Alexandrini Collectionis, Berlin, Band III 1878, 1083
1750/51	L. EULER: Novi Commentarii Academiae Petropolitanae 3, S. 224-234
1737	A.-F. FREZIER: La théorie et la pratique de la coupe des pierres et des bois, Strasbourg-Paris, Band I, 132-133

PAPPOS hat die Konstruktion, die APOLLONIOS VON PERGE zugeschrieben wird, nicht bewiesen. Das hat L. EULER in der zitierten Arbeit gemacht, in der er 4 weitere, auch ziemlich komplizierte Konstruktionen hergeleitet hat. Auf diese Arbeit haben M. CHASLES 1837 (Aperçu historique ..., p. 45; deutsche Übersetzung, S. 42) und O. TERQUEM 1844 (Nouvelles Annales de Math. **3**, p. 349) aufmerksam gemacht. Für den Hinweis auf die Arbeit von L. EULER danke ich auch P. SCHREIBER (Universität Greifswald).

Die Konstruktion aus den Vorlegeblättern 1830 ist - nach der Beschreibung von PELZ - mit der Konstruktion von FRÉZIER identisch.

M. CHASLES hat zuerst die räumliche Aufgabe gelöst: Gegeben sind drei konjugierte Halbmesser eines Ellipsoids; man soll seine Achsen bestimmen. Durch die Reduktion hat er auch den ebenen Fall erledigt.

J. STEINER wirkte an der Berliner Universität seit dem Jahre 1835 und die oben zitierten Bücher sind erst vier Jahre nach seinem Ableben erschienen. Die Konstruktion aus dem Band I fällt mit der von M. CHASLES zusammen. Theoretisch ist also möglich, daß J. STEINER schon in den Jahren 1835-1837 über die Konstruktion in seinen Vorlesungen gesprochen hat. Aber die Zutritte von M. CHASLES und J. STEINER sind ganz verschieden und sprechen deutlich gegen jede Spekulation.

G. DELABAR hat seine Konstruktion zweimal abgedruckt, obwohl sie mit der Konstruktion von RYTZ identisch ist. Zwischen den in derselben Zeitschrift veröffentlichten Arbeiten von G. DELABAR und L. MOSSBRUGGER ist das Zeitintervall von ungefähr 20 Jahren.

N. FIALKOWSKI (die 1. oder 2. Aufl. seiner Sammlung habe ich in Prag nicht gefunden) wiederholt die Konstruktion von M. CHASLES und D. RYTZ, aber er zitiert sie nicht.

3. Konstruktion von A.-F. Frézier

A.-F. FRÉZIER war französischer Militäringenieur und in den Jahren 1740-1764 Direktor der Befestigungsarbeiten in Bretagne. Aus seinen vielen Büchern besonders über die Architektur und das Bauwesen hat der erste oben im Abschn. 2 zitierte und der geometrischen Theorie gewidmete Band des 3-bändigen Werkes über den Steinschnitt besondere Bedeutung.

Bei den gegebenen konjugierten Halbmessern OC, OD konstruiert A.-F. FRÉZIER die durch den Punkt C gehende Senkrechte zum Halbmesser OD (d.h. die Normale der Ellipse im Punkte C). Auf dieser Senkrechten bestimmt er den Punkt D_F mit $|CD_F| = |OD|$. Dann konstruiert er den Mittelpunkt S_F der Strecke OD_F (D. RYTZ den Mittelpunkt S_R der Strecke CD_R). Die Mittelpunkte S_F und S_R fallen freilich zusammen. Weiter sind die Konstruktionen von A.-F. FRÉZIER und D. RYTZ vollständig identisch. Das, was A.-F. FRÉZIER zu seiner Konstruktion als Beweis beigefügt hat, ist - kurz gesagt - kein Beweis.

Die älteste mir bekannte Bemerkung über die FRÉZIERsche Konstruktion befindet sich bei CHRISTIAN WIENER: "Lehrbuch der darstellenden Geometrie", Band I, Leipzig 1884, 291-293. Er gibt die Konstruktion von A.-F. FRÉZIER und von D. RYTZ nacheinander wieder, doch er macht nicht auf deren Ähnlichkeit aufmerksam. Er schreibt:

"Die einfachste der bekannten Konstruktionen führt schon FRÉZIER, jedoch mit einem ungenügenden Beweis versehen, an."

O. BAIER (Professor der Geometrie an der Technischen Universität München 1960-1971, sein Vorgänger war F. LÖBELL in den Jahren 1934-1959) beginnt seinen Aufsatz "Zur RYTZschen Achsenkonstruktion" aus dem Jahre 1967 (Elemente der Math. **22**, 107-108) auf diese Weise:

"Aus dem Nachlass von F. LÖBELL wurde dem Institut für Geometrie an der Technischen Hochschule München eine sehr sorgfältige Niederschrift einer Vorlesung von FRIEDRICH SCHUR über darstellende Geometrie überlassen. Darin ist die bekannte Konstruktion der Hauptachsen einer Ellipse aus zwei konjugierten Halbmessern nicht wie üblich als "RYTZsche Konstruktion" bezeichnet, sondern es findet sich dort der Vermerk: FRÉZIER, Coupe des pierres et des bois, 2e éd., t. 1, 1754, p. 159."

Und im letzten Satz des Artikels schreibt O. BAIER:

> "Die bislang nach RYTZ benannte Konstruktion wird daher besser nach FRÉZIER benannt, wenigstens so lange, als hierfür kein früherer Autor nachgewiesen ist."

LA THEORIE ET LA PRATIQUE
DE LA
COUPE DES PIERRES
ET DES BOIS,
POUR LA CONSTRUCTION DES VOUTES
Et autres Parties des Bâtimens Civils & Militaires,
ou
TRAITÉ DE STEREOTOMIE
A L'USAGE DE L'ARCHITECTURE.

Par M. FREZIER, Chevalier de l'Ordre Militaire de Saint Louis, Ingenieur ordinaire du Roy en Chef à Landau.

TOME PREMIER.

A STRASBOURG,
Chez JEAN DANIEL DOULSSEKER le Fils, Marchand Libraire à l'entrée de la Ruë dite Flader-Gass,
A PARIS,
Chez L. H. GUERIN l'aîné, Ruë St. Jacques, vis-à-vis St. Yves.

M DCC XXXVII.

Abb.: FREZIER, Coupe des pierres et des bois, 2ᵉ éd., t. 1, 1754 (Titel)

Prof. Dr. Zbyněk Nádeník, Libocká 262-14, CZ-162 00 Praha 6
Tschechische Republik

Karel Rychlík and his Mathematical Contributions

Magdalena Hykšová[1]

Introduction 261
1. Life of Karel Rychlík..261
2. Work of Karel Rychlík 262
   2.1 Algebra and Number Theory...262
   2.2 Mathematical analysis 267
   2.3 Works Devoted to Bernard Bolzano..268
   2.4 Other Works on History of Mathematics...268
   2.5 Textbooks, Popularization Papers, Translations......................................269
Bibliography..269

Introduction

The paper contains some remarks concerning the life and above all the work of the Czech mathematician KAREL RYCHLÍK. More detailed papers on this subject were published as [Hykšová 2001], [Hykšová 2001a].[2]

1. Life of Karel Rychlík

Let us mention several facts on the life of KAREL RYCHLÍK first.

16th April, 1885 born in Benešov (near Prague)
1904   passed the leaving examination at the grammar school, Prague
          appointed Active Member of the Union of Czech Math. and Phys.
1904-7 student at the Philosophical Faculty of Charles University, Prague
1907-8 student at Sorbonna, Paris
1908   passed the "teacher examination"
1909   appointed assistant lecturer at the Philosophical Faculty
1909   achieved the "Doctor of Philosophy" degree
1912   appointed private associate professor at the Philosophical Faculty

---

[1] This work was supported by the grant LN00A041 of the Ministry of Education of the Czech Republic.
[2] The papers and other information (omitted here for spatial reasons) are also available on Rychlík's Internet pages: http://euler.fd.cvut.cz/publikace/HTM/Index.html.

1913 appointed assistant lecturer at Czech Technical University, Prague
1913 appointed private associate professor at Czech Technical Univ.
1918 married
1920 declared adjunct professor at Czech Technical University
1922 appointed member of the Royal Bohem. Soc. of Sciences (KČSN)
1923 declared full professor at Czech Technical University
1924 appointed member of the Bohemian Academy of Sciences and Arts
1924 became member of the Bolzano Committee under KČSN
1934-5 dean of the Faculty of Mechanical and Electrical Engineering
1948 retired
28th May, 1968 died in Prague

From today's view, it was a pity that RYCHLÍK remained only private associate professor at Charles University. The main subject of his research was algebra and number theory. It was possible, even necessary, to read such topics at Charles University. In fact, RYCHLÍK was the first who introduced methods and concepts of "modern" abstract algebra in our country - by means of his published treatises as well as university lectures. Besides, as a professor there he would have had a stronger influence on the young generation of Czech mathematicians. But RYCHLÍK spent most of his time (and energy) at the Technical University where he had to adapt his lectures to the purposes of future engineers.

2. Work of Karel Rychlík

RYCHLÍK's publications can be divided into five groups, corresponding to the following sections.

2.1 Algebra and Number Theory

At the beginning of his career RYCHLÍK wrote several works on algebra without a deeper relation to his later publications; as far as the theme is concerned, they belong rather to algebra of the nineteenth century. Among them we can find one work devoted the theory of equations (1908), one work on the groups of transformations (1909, dissertation) and a couple of papers on the theory of algebraic forms (1910 and 1911, inceptive works).

The principal papers of KAREL RYCHLÍK can be divided as follows.

1. g-adic numbers (4 papers)
2. Valuation Theory (2)

3. Algebraic Numbers, Abstract Algebra (10)
4. Determinant Theory (2)

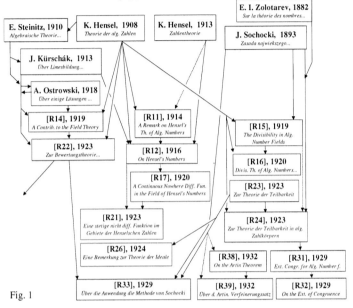

Fig. 1

Figure 1 shows the survey of quotations in RYCHLÍK's principal algebraic papers (except the two papers on determinant theory that stay a little bit aside).[3] It is evident that RYCHLÍK was above all influenced by K. HENSEL. Notice that the works were published between 1914 and 1932, that is, in the period of the birth and formation of the "modern" abstract algebra. Regrettably, only a few of RYCHLÍK's papers were published in a generally renowned magazine - *Crelle's Journal*; most of them were published in de facto local Bohemian journals. It was certainly meritorious for the enlightenment in the Czech mathematical public, but although some of the works were written in German, they were not noticed by the mathematical community abroad, even though they were referred in *Jahrbuch* or *Zentralblatt*. On the other hand, RYCHLÍK's papers published in Crelle's Journal became known and they have been cited in the literature.

---

[3] The symbol [R14] stands for the 14th item in the complete list of publications, which is published in [Hykšová 2001].

In his papers RYCHLÍK mostly came out of a certain work and gave some improvement - mainly he based definitions of the main concepts or proofs of the main theorems on another base, in the spirit of abstract algebra, which meant the generalization or simplification. The typical feature of his papers is the brevity, conciseness, topicality as well as (from the point of view of that time) the "modern" way of writing.

2.1.1 g-adic Numbers

In the first paper [Rychlík 1914] of the considered group RYCHLÍK generalizes HENSEL's ideas concerning additive and multiplicative normal form of g-adic numbers, which he extends to algebraic number fields.

The second paper [Rychlík 1916] is devoted the introduction and properties of the ring of g-adic numbers. While HENSEL took the way analogous to the construction of the field of real numbers by means of decimal expansions, RYCHLÍK came out - alike CANTOR - from the concepts of fundamental sequence and limit. As he notes, one of the merits p-adic numbers (for a prime p) came from KÜRSCHÁK [Kürschák 1913], who introduced the concept of *valuation*. RYCHLÍK generalized the notion of limit in a slightly different way, closer to HENSEL. Moreover, he studied comprehensively rings of g-adic numbers for a composite number g. KÜRSCHÁK's of this approach is, that directly from the definition, it can be immediately seen that the ring of g-adic numbers depends only on primes contained in g, not on their powers. Of course, the idea of constructing the field of paper [Kürschák 1913] is cited only in the postscript that seems to be written subsequently.

It is plausible he came to the idea of the generalization of CANTOR's approach independently of KÜRSCHÁK.[4] In the mentioned postscript RYCHLÍK generalized KÜRSCHÁK's technique for the case of the composite number g and defined what was later called *pseudo-valuation* of a ring R.[5]

---

[4] At least since 1909, when he lectured in the Union of Czech Mathematicians and Physicists *On Algebraic Numbers according to Kurt Hensel*, Rychlík had been involved in this topics and was trying to improve Hensel's ideas - here the solid foundation of the basic concepts was in the first place.

[5] It is almost unknown but interesting that Rychlík defined this concept 20 years before the publication of Mahler's paper [Mahler 1936], which is usually considered as a work where the general pseudo-valuation (Pseudobewertung) was introduced.

In 1920 KAREL PETR published in the Czech journal *Časopis pro pěstování mathematiky a fysiky* (ČPMF) a very simple example of a continuous non-differentiable function [Petr 1920]. Only the knowledge of the definition of continuity and derivative and a simple arithmetic theorem is necessary to understand both the construction and the proof of continuity and non-differentiability of the function, defined on the interval [0,1] as follows: if $x = a_1 10^{-1} + a_2 10^{-2} + \cdots$, where $a_k \in \{0,1,...,9\}$, then $f(x) = b_1 2^{-1} \pm b_2 2^{-2} \pm \cdots$, where $b_k = 0$ (1) for even a_k (odd a_k) and the sign before b_{k+1} is opposite than the one before b_k if $a_k \in \{1,3,5,7\}$, the same otherwise.

The graph of an approximation of PETR's function can be seen in the left picture. To show it more graphically, a four-adic number system was used. Compared with the graph on the right, the necessity of the exception to the rule of sign assignment awarded to the digit 9 can be understood; the result would not be a continuous function.

In the same year and the same journal RYCHLÍK generalized PETR's function in the paper [Rychlík 1920]; the German variant [Rychlík 1923] was published two years later in Crelle's journal. RYCHLÍK carried the function from the real number field **R** to the field of *p*-adic numbers $\mathbf{Q}_p$:

if $\qquad x = a_r p^r + a_{r+1} p^{r+1} + \ldots;\qquad r \in \mathbf{Z}, a_k \in \{0, 1,\ldots, p-1\}$,

then $\qquad f(x) = a_r p^r + a_{r+2} p^{r+2} + a_{r+4} p^{r+4} + \ldots$

The proof that the function described in this way is continuous in $\mathbf{Q}_p$, but has not a derivative at any point in this field, is rather elementary. At the end RYCHLÍK mentions that it would be possible to follow the same considerations in any field of *p*-adic algebraic numbers (introduced by HENSEL) subsistent to the algebraic number field of a finite degree over **Q**.

We shall remark that this work of RYCHLÍK was one of the first published papers dealing with *p*-adic continuous functions. In HENSEL's [Hensel

1913] some elementary p-adic analysis can be found, otherwise it was developed much later (Šnirelman, Dieudonné, de Groot etc.).[6]

2.1.2 Valuation Theory

In his paper [Kürschák 1913] J. KÜRSCHÁK introduced the concept of valuation as a mapping $\| \cdot \|$ of a given field K into the set of non-negative real numbers, satisfying the following conditions:

(V1) $\|a\|>0$ if $a \in K$, $a \neq 0$; $\|0\|=0$,
(V2) $\|1+a\| \leq 1+\|a\|$ for all $a \in K$,
(V3) $\|ab\|=\|a\| \cdot \|b\|$ for all $a,b \in K$,
(V4) $\exists\, a \in K:\ \|a\| \neq 0, 1$.

The main result of KÜRSCHÁK's paper is the proof of the following theorem.

THEOREM. Every valued field K can be extended to a complete algebraically closed valued field.

First, KÜRSCHÁK constructs the completion of K in the sense of fundamental sequences; it is not difficult to extend the valuation from K to its completion. Then he extends the valuation from the complete field to its algebraic closure. Finally, he proves that the completion of the algebraic closure is algebraically closed. The most difficult step is the second one. KÜRSCHÁK shows that if α is a root of a monic irreducible polynomial

(1) $\qquad f(x) = x^n + a_1 x^{n-1} + \cdots + a_n, \qquad a_i \in K,$

it is necessary to define its value as $\|\alpha\| = \|a_n\|^{1/n}$. To prove that this is the valuation, the most laborious and lengthy point is the verification of the condition (V2). For this purpose KÜRSCHÁK generalizes HADAMARD's results concerning power series in the complex number field. Nevertheless, at the beginning of his paper KÜRSCHÁK remarks that in all cases, where instead of the condition (V2) a stronger condition (V2') $\|a+b\| \leq \text{Max}\,(\|a\|, \|b\|)$ holds for all $a, b \in K$, i.e. for non-archimedean valuations, it is possible to generalize HENSEL's considerations concerning the decomposition of polynomials over $\mathbf{Q}_p$, especially the assertion, later called *Hensel's Lemma*:

---

[6] See [Hykšová 2001]; for a detailed bibliography see also [Więsław 1970].

LEMMA (HENSEL). If the polynomial (1) is irreducible and $\| a_n \| < 1$, then also $\| a_i \| < 1$ for all coefficients a_i, $1 \leq i \leq n$.

He didn't prove Hensel's Lemma for a field with a non-archimedean valuation - he wrote he had not succeeded in its generalization for all cases, it means for archimedean valuations too. So he turned to the unified proof based on HADAMARD's theorems, valid for all valuations.

A. OSTROWSKI proved in his paper [Ostrowski 1918] that every field K with an archimedean valuation is isomorphic to a certain subfield $\overline{K}$ of the complex number field C in the way that for every $a \in K$ and the corresponding $\overline{a} \in \overline{K}$ it is $\| a \| = |\overline{a}|^\rho$, where $|\cdot|$ is the usual absolute value on C, $0 < \rho < 1$, ρ does not depend on a (such valuations are called equivalent). In other words, up to isomorphism, the only complete fields for an archimedean valuation are R and C, where the problem of the extension of valuation is trivial. Hence it is possible to restrict the considerations only to non-archimedean valuations and use the generalization of Hensel's Lemma.

And precisely this was into full details done by KAREL RYCHLÍK in [Rychlík 1919] and [Rychlík 1923]. The second paper is the German variant of the first one written in Czech with practically the same content. But only the German work became wide known - thanks to its publication in Crelle's journal, while its Czech original was not noticed by the mathematical community abroad. The paper [Rychlík 1923] is cited e.g. by H. HASSE, W. KRULL, M. NAGATA, W. NARKIEWICZ, A. OSTROWSKI, P. RIBENBOIM, P. ROQUETTE, O. F. G. SCHILLING, F. K. SCHMIDT, W. WIĘSŁAW and others.[7]

2.1.3 Theory of Algebraic Numbers, Abstract Algebra

The papers included in this group were published in Czech journals, in Czech or German, and remained almost unknown outside Bohemia. They are, nevertheless, very interesting and manifest RYCHLÍK's wide horizons as well as the fact that he followed the latest development in the theory, studied the current mathematical literature, noticed problems or possible generalizations that later turned out to be important. Let us only mention that in his papers we can find the definition of divisors in algebraic number

---

[7] For exact citations see [Hykšová 2001]. For a detailed description of the history of valuation theory see e.g. [Roquette 2001].

fields via a factor group, introduction of divisibility via the concept of a semi-group and other ideas.

Worth mentioning is also the paper [Rychlík 1931] where a nice and simple proof of the assertion on the zero determinant of a matrix over a field of characteristic 2, in which two rows or columns are identical.

2.2 Mathematical analysis

Seven RYCHLÍK's papers belong to mathematical analysis. Among them there are two couples consisting of Czech and German variant of almost the same text. Otherwise, the works on analysis are mutually independent.

2.3 Works Devoted to Bernard Bolzano

As far as the number of citations is concerned, this domain is unequivocally in the first place. Preparing for printing BOLZANO's *Functionenlehre* [Bolzano 1930] and two parts of *Zahlenlehre* ([Bolzano 1931], [Rychlík 1962]), RYCHLÍK earned the place in practically all BOLZANO's bibliographies. Known is also the paper [Rychlík 1921] containing the correct proof of continuity and non-differentiability of BOLZANO's function that was published only in [Bolzano 1930], but constructed before 1834. The "discovery" of this function caused a real sensation - BOLZANO was ahead of his time by several decades.[8]

In 50's and 60's RYCHLÍK invested almost all his energy just in this topic. He intensively studied BOLZANO's unpublished manuscripts, rewriting some of them, others making the subjects of his published studies (above all BOLZANO's logic and the theory of real numbers).

2.4 Other Works on History of Mathematics

A range of other papers on the history of mathematics more or less relates to BOLZANO (the works devoted to N. H. ABEL, A.-L. CAUCHY and the prize of the Royal Bohemian Society of Sciences for the problem of the solvability of algebraic equations of the degree higher then four in radi-

---

[8] For more details see [Hykšová 2001a], where also the activities of Karel Rychlík and other Czech mathematicians are described.

cals). Some of the remaining papers are only short reports or processing of literature, the others contain a good deal of original work based on primary sources (the papers devoted to É. GALOIS, F. KORÁLEK, M. LERCH, E. NOETHER, F. RÁDL, B. TICHÁNEK, E. W. TSCHIRNHAUS and F. VELÍSEK). Moreover, RYCHLÍK adds his own views and valuable observations, the fact of which shows his deep insight and serious interest in both the history of mathematics and mathematics itself.

2.5 Textbooks, Popularization Papers, Translations

In the Czech mathematical community, RYCHLÍK's name is mostly related to his textbooks on elementary number theory and theory of polynomials with real coefficients, which are certainly very interesting and useful, but which are not "real" scientific contributions. Worth mentioning is the less known textbook on probability theory published in 1938, written for students of technical university, yet in a very topical way - axiomatically.

Bibliography

BOLZANO, BERNARD: Functionenlehre. KČSN, Prague 1930 [edited and provided with notes by K. Rychlík; the foreword by K. Petr].

BOLZANO, BERNARD: Zahlentheorie. KČSN, Prague 1931 [edited and provided with notes by K. Rychlík].

HENSEL, KURT: Theorie der algebraischen Zahlen I. Teubner, Leipzig 1908.

HENSEL, KURT: Zahlentheorie. Göschen, Berlin und Leipzig 1913.

HYKŠOVÁ, MAGDALENA: Life and Work of Karel Rychlík. In: Mathematics throughout the Ages, Prometheus, Prague 2001, 67-91.

HYKŠOVÁ, MAGDALENA: Remark on Bolzano's Inheritance Research in Bohemia. Ibid., 258-286.

KÜRSCHÁK, JÓZSEF: Über Limesbildung und allgemeine Körpertheorie. Crelle[9] **142**(1913), 211-253.

MAHLER, KURT: Über Pseudobewertungen. Acta Math. **66**(1936), 79-119.

---

[9] Journal für die reine und angewandte Mathematik.

OSTROWSKI, ALEXANDER: Über einige Lösungen der Funktionalgleichung $\varphi(x) \cdot \varphi(y) = \varphi(xy)$. Acta Math. **41**(1918), 271-284.

PETR, KAREL: An Example of a Continuous Function that has not a Derivative at any Point. ČPMF[10] **49**(1920), 25-31 (Czech).

ROQUETTE, PETER: History of Valuation Theory. 2001 (manuscript).[11]

RYCHLÍK, KAREL: A Remark on Hensel's Theory of Algebraic Numbers. Věstník 5. sjezdu českých přír. a lékařů v Praze, 1914, 234-235 (Czech).

RYCHLÍK, KAREL: On Hensel's Numbers. Rozpravy[12] **25**(1916), Nr. 55, 16 pp. (Czech).

RYCHLÍK, KAREL: A Contribution to the Field Theory. ČPMF **48**(1919), 145-165 (Czech).

RYCHLÍK, KAREL: A Continuous Nowhere Differentiable Function in the Field of Hensel's Numbers. ČPMF **49**(1920), 222-223 (Czech).

RYCHLÍK, KAREL: Über eine Funktion aus Bolzanos handschriftlichem Nachlasse. Věstník[13] 1921-22, Nr. 4, 6 pp.

RYCHLÍK, KAREL: Eine stetige nicht differenzierbare Funktion im Gebiete der Henselschen Zahlen. Crelle **152**(1922-23), 178-179.

RYCHLÍK, KAREL: Zur Bewertungstheorie der algebraischen Körper. Crelle **153** (1923), 94-107.

RYCHLÍK, KAREL: Eine Bemerkung zur Determinantentheorie. Crelle **167** (1931), 197.

RYCHLÍK, KAREL: Theorie der reelen Zahlen in Bolzanos handschriftlichen Nachlasse. ČSAV, Prague 1962.

WIĘSŁAW, WITOLD: Analiza niearchimedesowska i ciała liczb p-adycznych. Roczniki polskiego towar. matem. (Seria II) **XI** (1970), 221-234.

Mgr. Magdalena Hykšová, Dep.of Applied Math., Faculty of
Transportation Sciences, Czech Technical University, Na Florenci 25, 110 00 Prague 1, Czech Republic, email: hyksova@fd.cvut.cz

---

[10] Časopis pro pěstování mathematiky a fysiky.
[11] The manuscript is available on http://www.rzuser.uni-heidelberg.de/~ci3/manu.html.
[12] Rozpravy II. třídy České akademie věd a umění.
[13] Věstník KČSN - Mémoires de la société royale des sciences de Bohème.

Origins of Network Flows

Helena Durnová

Introduction 271
1. Definitions 272
2. The Springs and Streams 274
   2.1 Hitchcock and Kantorovich. 275
   2.2 Graph Theory versus Simplex Method 277
3. The Year 1962: The Confluence 278
4. Conclusion 279
References 279

Introduction

Network flow problems form a class of basic problems in discrete optimization. They are related to economy and also to physics. From the mathematical point of view, the connections between shortest-path and network flow problems, as well as between matching theory and network flow problems are interesting: namely, shortest-path problems are dual to certain network flow problems and vice versa. Nowadays, network flows constitute a separate branch in discrete optimization. In this paper, we deal exclusively with single-commodity network flows, The history is followed up to the publication of the monograph [Ford, Fulkerson 1962].

Network flow problems were formulated in various contexts. The history of the problem is often traced back to the physicist GUSTAV KIRCHHOFF and his laws for electrical current. The first to formulate the problem in mathematical context were L. V. KANTOROVICH[1] and F. L. HITCHCOCK. The latter also gave name to the *Hitchcock problem*, which is a term equivalent to the *transportation problem* or the *network flow problem*. Scattered results were united by L. R. FORD and D. R. FULKERSON in 1962.

---

[1] Leonid Vitalyevich Kantorovich, 1912-1986, Russian mathematician, Nobel prize for economics (1975).

After the publication of the monograph [Ford, Fulkerson 1962], authors writing on network flows quote this book. The most famous result stated in the monograph, bearing is probably *Ford-Fulkerson* or the *Max-Flow Min-Cut Theorem*. Finiteness of the *labelling method* is also examined in the book, as well as the duality of network flow and shortest path problems.[2]

1. Definitions

The words *network* and *graph* are interchangeable here. The term "network" is favoured by some authors because of its more direct visual interpretation. The most important results and specific definitions related to network flow problems are stated in this section, especially the connection between minimum cut and maximum flow in a network (graph). It can be shown that network flow algorithms are not finite if capacities of the edges are allowed to be real. However, it holds that if all edge capacities are integers, then the maximum flow is also integer. This statement can be extended to rational numbers, which provides optimistic computational results.

The same methods can be used for transportation of any product, including the traffic in a town, where the capacities determine how many cars can go through a certain street in a certain time (e.g. per hour). From this, it is only a step further to the problems connected with the costs of transportation.

Definition. *Given a graph G(V, E), suppose that each edge $v_iv_j \in E$ is associated with a non-negative real number $c(v_iv_j)$, called the* capacity *of the edge v_iv_j. The function $c: E \to \mathbf{R}_0^+$ is called the* capacity function.

For the purposes of network flow algorithms, weight function bears the denotation "capacity". *Capacity* of an arc determines the quantity of a product that can flow through the edge (in a given period of time). According to the capacities given, some nonnegative *flow* can be constructed.

Even though the original graph is undirected, the graph describing the flow must always be directed. We distinguish between the *in-degree* and the *out-degree* of a vertex in a directed graph:

---

[2] Obviously, discussions on complexity start only later: the first hints on the need to compare algorithms appear in mid-1960s.

Definition. *In a directed graph $G(V, E)$, d_G^- denotes the number of directed edges with their endpoint in v (the in-degree) and d_G^+ denotes the number of directed edges with their starting point in v (the out-degree).*

The *in-degree* and the *out-degree* of the vertex tell us how many predecessors and successors the vertex v_i has. The set of predecessors of v_i (i.e. the set of vertices v_j for which the (directed) edge $v_j v_i \in E$) is denoted by $\Gamma_G^-(v_i)$ and the set of the successors of v_i (i.e. the set of vertices v_j for which the (directed) edge $v_i v_j \in E$) by $\Gamma_G^+(v_i)$. The cardinality of the set $\Gamma_G^-(v_i)$ is $d_G^-(v_i)$, and the cardinality of the set $\Gamma_G^+(v_i)$ is $d_G^+(v_i)$. The following definition tells us what conditions must be satisfied by any flow in a network:

Definition. *Let s and t be two distinct vertices of V. A (static) flow of value v from s to t in G is a function $f: E \to \mathbf{R}_0^+$ such that each $v_i \in V$ satisfies the linear equations*

$$\sum_{v_j \in \Gamma_G^+(v_i)} f(v_i, v_j) - \sum_{v_j \in \Gamma_G^-(v_i)} f(v_i, v_j) = v \quad \text{for } v_i = s$$

$$\sum_{v_j \in \Gamma_G^+(v_i)} f(v_i, v_j) - \sum_{v_j \in \Gamma_G^-(v_i)} f(v_i, v_j) = 0 \quad \text{for } v_i \neq s, t$$

$$\sum_{v_j \in \Gamma_G^+(v_i)} f(v_i, v_j) - \sum_{v_j \in \Gamma_G^-(v_i)} f(v_i, v_j) = -v \quad \text{for } v_i = t$$

and the inequality
$$f(v_i v_j) \leq c(v_i v_j), \ (v_i v_j) \in E.$$
The vertex **s** *is called the source, and the vertex* **t** *the sink.*

The middle condition $\sum_{v_j \in \Gamma_G^+(v_i)} f(v_i, v_j) - \sum_{v_j \in \Gamma_G^-(v_i)} f(v_i, v_j) = 0$ for $v_i \neq s, t$, i.e. that the flow into the vertex must be equal to the flow out of the vertex, is the so-called *Kirchhoff's law* It is obvious that the same equation need not be valid for the *capacity* function.

Basic network flow algorithms are designed to operate with *single-source single-sink networks*, i.e. networks where the product flows from only one source to only one sink. Such algorithms can easily be adapted for some problems with more sources and more sinks by adding a source and a sink and edges with the appropriate edge capacities. For these algorithms, the notion of a *cut* separating source and sink is central:

Definition. *Let $X' = V - X$ and let (X, X') denote the set of all edges going from X to X'. A cut in $G(V, E)$ separating s and t is a set of edges (X, X'), where $s \in X$ and $t \in X'$. The capacity of the cut (X, X') is denoted by $c(X, X')$, where*

$$c(X, X') = \sum_{xx' \in (X, X')} c(xx').$$

In the above-stated definition of a cut, the "edges between X and X'" are the edges going from X to X'; in directed graphs, the direction of the edges must be taken into account.

The *Cut-Flow Lemma* further specifies the relation between the cut and flow in the network. The *Max-Flow Min-Cut Theorem* states the equality between maximum flow and minimum cut. It is one of the central theorems of network flow theory:

Cut-Flow Lemma. *Let* f *be a flow from* s *to* t *in a graph G of the value* v. *If (X, X') is a cut separating* s *and* t, *then* $v = f(X, X') - f(X', X) \leq c(X, X')$.

Max-Flow Min-Cut Theorem. *For any network, maximal value of a flow from* s *to* t *is equal to the minimal capacity of a cut separating* s *and* t.

The phrase "flows in networks" evokes some product, or, more precisely, liquid flowing through piping. And indeed, it is sometimes suggested (e.g. in [BFN58]) that the product should be divisible into as small quantities as possible. However, if real numbers as the capacities are allowed, network flow algorithms need not be finite. On the other hand, already FORD and FULKERSON state the *Integrity theorem* [Ford, Fulkerson 1962, p. 19]:

Integrity theorem. *If the capacity function* c *is integral valued, there exists a maximal flow* f *that is also integral valued.*

The following quotation comments on the use of graph theory for another "commodity" - electricity [Vágó 1985, p. 5]:

> "A means of describing the connections of electrical networks is provided by graph theory. Its application yields a method for solving network analysis problems, by means of a systematic derivation of an appropriate number of linearly independent equations."

2. The Springs and Streams

The origins of network flow theory are in various branches not only of mathematics, but also other sciences. KIRCHHOFF's paper is quoted as the first one on this topic. The connection of *Kirchhoff's laws* with graph theory was recognized already by DÉNES KÖNIG [König 1986, pp. 139-141]:

> "Die vorangehenden Untersuchungen verdanken teilweise ihren Ursprung einer Fragestellung der Elektrizitätslehre, welche 1845 von KIRCHHOFF gestellt und gelöst wurde. In einem endlichen zusammenhängenden gerichteten Graphen G sollen die Kanten $k_1, k_2, \ldots, k_\alpha$ als

Drähte aufgefasst werden, in denen ein elektrischer Strom zirkuliert. Für jede (gerichtete) Kante k_i sei ihr elektrischer Widerstand Ω_i (>0) und die elektromotorische Kraft E_i die in k_i ihren Sitz hat (in der Richtung von k_i gemessen), gegeben. [...]"

FORD and FULKERSON, on the other hand, start from the linear programming formulations of *transportation problems*. They say on the history of network flows [Ford, Fulkerson 1962; Preface]:

"Certain static minimal cost transportation models were independently studied by HITCHCOCK, KANTOROVICH, and KOOPMANS in the 1940's. A few years later, when linear programming began to make itself known as an organized discipline, DANTZIG. showed how his general algorithm for solving linear programs, the simplex method, could be simplified and made more effective for the special case of transportation models. It would not be inaccurate to say that the subject matter of this book began with the work of these men on the very practical problem of transporting the commodity from certain points of supply to other point of demand in a way to minimize shipping cost. [...] However, dismissing the formulational and applied aspects of the subject completely, and with the advantages of hindsight, one can go back a few years earlier to research of KÖNIG, EGERVÁRY, and MENGER on linear graphs, or HALL on systems of distinct representatives for sets, and also relate this work in pure mathematics to the practically oriented subject of flows in networks."

They also trace history of network flow problems back to KIRCHHOFF, but their main concern for them seems to be the mutual influence of mathematical results and practical transportation problems. The results of MENGER and EGERVÁRY bring the problem more to the mathematical side: their theorems and methods form the basis of the *Hungarian Method* for maximum matching.[3]

2.1 Hitchcock and Kantorovich

One of the classic articles dealing with network flows is HITCHCOCK's paper *The distribution of a product from several sources to numerous localities* [Hitchcock 1941] published in 1941. In his paper, HITCHCOCK defines the transportation problem in the following way [Hitchcock 1941, p. 224]:

---

[3] The term "Hungarian Method" was coined by Harold W. Kuhn.

1. Statement of the problem. *When several factories supply a product to a number of cities we desire the least costly manner of distribution. Due to freight rates and other matters the cost of a ton of a product to a particular city will vary according to which factory supplies it, and will also vary from city to city.*

HITCHCOCK first shows the way of finding a feasible solution, then he takes the costs of transportation between two cities into account, and finally he gradually improves the solution. Apart from the statement of the problem, the method of solving transportation problem is demonstrated on a concrete example.[4]

HITCHCOCK divides the paper into three sections. In the second section (Geometrical interpretation), he gives a geometrical representation of the problem,[5] which resembles simplex used in linear programming. In the third section (Finding a vertex), he formulates the thesis that a feasible solution can be found in one of the vertices of the simplex. The term "vertex" is used here in a sense quite different from the term "vertex" used in graph theory. Finally, in the fourth section (Finding a better vertex), he gradually improves the solution by "travelling" to other vertices of the simplex.

The problem dealt with in the paper [Hitchcock 1941] evidently belongs to the network flow problems. However, the solution presented is not a graph-theoretical one, but rather one using linear programming methods. The paper by KANTOROVICH and the joint paper by KANTOROVICH and GAVURIN are often quoted as the first attempts at formulating linear programming. The methods they use also belong rather to the domain of linear programming than to the domain of graph theoretical algorithms.[6]

Even G. B. DANTZIG admits that linear programming methods were formulated in the Soviet Union prior to their development in the U.S.A. However, he claims that it is legitimate to consider linear programming to be

---

[4] The style reminds one of E. F. Moore, who also described his algorithms on a specific example (1957).

[5] There is no picture in Hitchcock's paper, only a description of the situation.

[6] Papers are quoted by e.g. [FF 1962] or [Lovasz & Plummer 1986]: Kantorovich, L. V.: On the translocation of Masses, Doklady Akademii Nauk SSSR, **37** (1942), 199-201.
Kantorovich, L. V. and Gavurin, M. K.: The Application of Mathematical Methods in Problems of Freight Flow Analysis. *Collection of Papers Concerned with Increasing the Effectiveness of Transports*, Publication of the Academy of Sciences SSSR, Moscow-Leningrad, 1949, 110-138.}

a U.S. patent, for which the sole fact that the methods of KANTOROVICH were unknown in the U.S.A. is a sufficient reason.[7] KANTOROVICH's method of solving the problem was not a graph-theoretical one, and is thus not of interest here.[8]

2.2 Graph Theory versus Simplex Method

The paper *Die Graphentheorie in Anwendung auf das Transportproblem* presented by the Czech mathematicians BÍLÝ, FIEDLER, and NOŽIČKA in 1958 consists of two parts: the theoretical part, an example, and a historical note. In the first three sections, the authors define graph-theoretical concepts, while in the fourth, they solve Hitchcock transportation problem. Again, the method is presented on an example. As HAROLD KUHN says in his review (MR 21#314), "it is the simplex method in disguise." They proceed in a way similar to HITCHCOCK and the paper makes the impression that they deliberately chose to "translate" the simplex method into graph-theoretical terminology. On the history of the transportation problem, they say [BFN 1958, pp. 119-120]:

"Die Aufgabe, ein in mehreren Produktionsstellen erzeugtes Produkt unter bestimmte Verbrauchsstellen mit gegebenem Verbrauchsumfang (gleich dem Produktionsumfang) so zu verteilen, dass die Transportkosten minimal werden, wurde zuerst von HITCHCOCK [Hitchcock 1941] mathematisch formuliert und mit mathematischen Mitteln gelöst. [...] Der Schiffmangel, der schon während des ersten Welt\-kriegen zu gewissen Regulierungen des Umlaufes von Schiffen zwang und während des zweiten Weltkrieges in viel grösserem Ausmasse in Erscheinung trat, führte in zweiten Weltkriege zur mathematischen Formulierung und Lösung der Aufgabe, wobei zu bemerken ist, dass der Transport zur See gewisse besondere Bedingungen stellt, die von denen des Eisenbahntransports unterschiedlich sind. [...] Die Simplexmethode der Lösung des Transportproblems wurde von DANTZIG [4] angegeben." [9]

---

[7] It is not the aim of this contribution to resolve the linear programming priority debate.

[8] Kantorovich and Gavurin use metric spaces and the theory of potential.

[9] [4] refers to: Dantzig, G. B., Applications of the Simplex Method to a Transportation Problem, *Activity Analysis of Production and Allocation*, 359-373.(The year of publication not stated.)

The authors also shed some light on the research connected to network flows in Czechoslovakia and on the importance of network flow problems for economics [BFN 1958, p. 119]:

> "In der Tschechoslowakischen Republik ist man zum Transportproblem im obigen sinne im Zusammenhang mit dem Bestreben nach einer ökonomischen Gestaltung des Einbahntransportes gekommen. Das Problem wurde im Jahre 1952 von Nožička unabhängig von den oben angeführten Arbeiten gelöst; die Methode wurde ausführlich in [12] erläutert."

They also state limitations of the transportation problems [BFN 1958, p. 119-120].

3. The Year 1962: The Confluence

A major breakthrough in the network flow theory can be seen in the publication of the classic monograph *Flows in Networks* by L. R. FORD and D. R. FULKERSON from the *RAND Corporation*. Their rather tiny book was published in 1962. In this book, the authors managed to encompass network flow theory up to their time.[10] In the Preface to the book, the authors say [Ford, Fulkerson 1962, p. vii.]:

> This book presents one approach to that part of linear programming theory that has come to be encompassed by the phrase "transportation problems" or "network flow problems".

KANTOROVICH and GAVURIN, as well as DANTZIG used linear programming methods for solving transportation (network flow) problems. In the book by FORD and FULKERSON, the methods are not explicitly stated to be graph theoretical; yet it is evident that their meaning of *nodes* and *arcs* corresponds with the notions in graph theory. In the Preface of [Ford, Fulkerson 1962], the authors say:

> While this is primarily a book on applied mathematics, we have also included topics that are purely mathematically motivated, together with those that are strictly utilitarian in concept. For this, no apology

---

[10] Major part of this was most probably published by L. R. Ford in a RAND Corporation Paper P-923 in 1956.

is intended. We have simply written about mathematics which has interested us, pure or applied.

To carry the historical sketch another (and our last) step back in time might lead one to the Maxwell-Kirchhoff theroy of current distribution in an electrical network.

In this book, we find the treatment of static maximal flow, *minimal cost flow problems*, as well as *multi-terminal network flows*. The second chapter of the book - *Feasibility Theorems and Combinatorial Applications* - brings the readers' attention to more general results and puts network flow theory into a wider mathematical context. Namely, "various combinatorial problems [...] can be posed and solved in terms of network flows. The remainder of this chapter illustrates this method of attack on a number of such problems". [Ford, Fulkerson 1962, p. 36]

The subject of multiterminal network flows is alloted a comparatively short space. FORD and FULKERSON actually lay this problem aside, as they say that the basic procedures can easily be adapted from the single-source single-sink network flow problems. These adaptations are often the themes of more recent papers on network flows.

4. Conclusion

Network flow problems are a complex class of discrete optimization problems. These "transportation problems" can be solved very well by both linear programming methods and graph-theoretical algorithms. It is also worth mentioning that the first concise treatment of the network flow problems was published forty years ago, including the transformation of multiterminal network flow problems into single-source single-sink ones.

References

[BFN 1958] BÍLÝ, J.; FIEDLER, M. and NOŽIČKA, F.: Die Graphentheorie in Anwendung auf das Transportproblem. *Czechoslovak Math. J.*, **8** (83):94-121, 1958.

[Ford, Fulkerson 1962] FORD, LESTER R. JR. and FULKERSON, DELBERT R.: Flows in Networks. Princeton University Press, Princeton, New Jersey, first ed., 1962.

[König 1986] KÖNIG, DÉNES: Theorie der endlichen und unendlichen Graphen. Teubner, Leipzig 1986.[11]

[Vágó 1985] VÁGÓ, ISTVÁN: Graph Theory: Application to the Calculation of Electrical Networks. Akadémiai Kiadó, Budapest, 1985.

Dr. Helena Durnová, UMAT FEKT VUT, Technicka' 8, CZ-616 00 Brno
Email: durnova@dmat.fee.vutbr.cz

---

[11] Kombinatorische Topologie der Streckenkomplexe. Mit einer Abhandlung von L. Euler. No. 6 in *Teubner-Archiv zur Mathematik*. Photographic reproduction of a book originally published in 1936 by the Akademische Verlagsgesellschaft M. B. H., Leipzig. Edited and with comments and an introduction by H. Sachs, an introduction by Paul Erdös, a biography of König by Gallai. English, French, and Russian summaries.

Der Beitrag der Mathematischen Institute zum Universitätsjubiläum der Humboldt-Universität Berlin im Jahre 1960[1]

Hannelore Bernhardt

Jubiläen treten aus dem üblichen Gang der Entwicklung auf vielen Ebenen des gesellschaftlichen Lebens heraus, werden bestimmt von Jahreszahlen, denen im jeweils benutzten Zahlensystem eine bevorzugte Position zuerkannt wird. In unserem Dezimalsystem sind das gewöhnlich ganzzahlige Vielfache von fünf und zehn. Jubiläen verweisen auf Traditionen, fördern Geschichtsbewußtsein, beleuchten historische Zusammenhänge.

Der Bergriff "Jubiläum" hat seinen Ursprung in dem Wort "Jubel", der Bezeichnung für eine Art Posaune oder Horn. Es wurde nach alttestamentlicher Überlieferung bei den Hebräern am Tschiri, dem Versöhnungstag, als Ankündigung für jenes Jahr geblasen, das auf 7x7 Sabbatjahre folgte, also vor dem 50. Jahr, dem Jubeljahr.[2]

Wie bekannt, begeht die Berliner Universität, im Jahre 1828 nach ihrem Stifter Friedrich-Wilhelms-Universität[3] und ab dem Jahre 1949 auf Beschluß von Rektor und Senat Humboldt-Universität[4] benannt, im Jahre 2010 ihr 200. Gründungsjubiläum. Der folgende Beitrag will sich in die im Vorfeld dieses Ereignisses zu erarbeitenden historischen Untersuchungen einreihen und hat die Ereignisse und näheren Begleitumstände des Symposiums zum Inhalt, das von den Mathematischen Instituten anlässlich der 150-Jahrfeier im Jahre 1960 veranstaltet wurde. Verf. kann sich dabei auf Material der Archive der Humboldt-Universität, der Berlin-Brandenburgi-

---

[1] Eine erweiterte Fassung dieses Beitrages ist erschienen in: Dahlemer Archivgespräche Bd. 8, hrsg. vom Archiv zur Geschichte der Max-Planck-Ges. Berlin 2002, 186-209.
[2] Vgl. 3. Buch Moses 25, Verse 8-17.
[3] Max Lenz: Geschichte der Universität Berlin, 2. Band, 1. Hälfte, S. 445.
[4] "Durch die Wahl dieses Namens verpflichtet sich die Universität Berlin, im Geiste der Brüder Wilhelm und Alexander von Humboldt die Geistes- und Naturwissenschaften zu pflegen und dabei die Einheit von wissenschaftlicher Lehre und Forschung zugleich zu wahren. Sie bekennt sich dadurch auch zu der beiden Brüdern gemeinsamen Gesinnung der Humanität und der Völkerverständigung." Tägliche Rundschau vom 10.Februar 1949.

schen Akademie der Wissenschaften, des Bundesarchivs sowie auf die Bulletins der Pressekommission der Humboldt-Universität stützen. Viele der zu zitierenden Dokumente sprechen für sich und sind häufig so aussagekräftig, dass sich eine Kommentierung fast erübrigt.

Die Feierlichkeiten zum 150. Universitätsjubiläum der Humboldt-Universität fanden in der Zeit vom 6. - 18. November 1960 statt. Das Staatssekretariat für das Hoch- und Fachschulwesen beschäftigte sich nur sehr zögerlich mit dem Jubiläum, obwohl es sich um ein Doppeljubiläum, 150 Jahre Universität und zugleich 250 Jahre Charité handelte. Noch im Sommer 1960 wurde mehrmals der entsprechende Tagesordnungspunkt aus den Sekretariatssitzungen herausgenommen.[5] Erst Ende August erfolgte eine ausführliche Diskussion zum Thema "Maßnahmen zur Unterstützung der Vorbereitungsarbeiten der 150 Jahrfeier der Humboldt-Universität und der 250 Jahrfeier der Charité", die in eine größere Anzahl politischer und organisatorischer Hinweise und Festlegungen mündete[6].

In vielen Einrichtungen der Universität wurden Festkomitees gebildet. In das der mathematisch-naturwissenschaftlichen Fakultät wurde der Mathematiker KARL SCHRÖTER als Vorsitzender gebeten, wie aus einem Brief des Dekans - in jenem Jahr der Mathematiker HEINRICH GRELL - hervorgeht.[7]

Bereits im Januar 1960 hatte die Parteigruppe der SED in einem Brief mit Unterschriften von KLAUS MATTHES (Sekretär der Grundorganisation Mathematik/Physik) und MANFRED WALK (Gruppenorganisator der Parteigruppe der Mathematischen Institute) an "Spektabilität" GRELL wesentliche

---

[5] Bundesarchiv Abteilung Reich und DDR zusammen mit Stiftung Archiv der Parteien und Massenorganisationen der DDR, (SAPMO BArch), Akte ZSTA 181, Dienstbesprechungen des Staatssekretariats des Staatssekretärs (zu jener Zeit Wilhelm Girnus) Juli - August 1960, Bd. 3, Protokolle der Leitungssitzungen, hier vom 5.7., 12.7. und 5.8.60.

[6] Vgl. Fußnote 4, Protokoll der Leitungssitzung vom 16. August. Die dort getroffenen Festlegungen betreffen u.a. die Tätigkeit leitender Genossen in "entscheidenden Gremien", die Heranziehung von Gruppen von Wissenschaftlern anderer Universitäten für die Begutachtung von Festbänden, Ausstellungen usw., die "zielgerichtete politische Arbeit" unter den Studenten und dem wissenschaftlichen Nachwuchs, die Zusammenarbeit mit der FDJ und der Gewerkschaft, die Sicherung der politischen Betreuung der zu erwartenden Gäste, die ständige Analyse und Informationen über Zu- und Absagen eingeladener Gäste und die Absichten des Klassengegners, die Verbesserung der Presse- und Publikationsarbeit sowie Ehrenpromotionen und Auszeichnungen.

[7] Archiv der Humboldt-Universität zu Berlin (AHUB), Math.-Nat. Fakultät, Akte 48 (unpaginiert), Brief vom 16. Dezember 1959.

Gesichtspunkte zentraler Vorgaben getroffen, freilich unter stärkerer Orientierung auf fachliche Aspekte. Darin heißt es u. a.:

"Die Jubiläumsfeierlichkeiten verpflichten uns, vor der internationalen Öffentlichkeit zu beweisen, dass die Humboldt-Universität an die großen Traditionen der Berliner Mathematik anknüpft, dass diese Traditionen bei uns gepflegt und geachtet werden und im Rahmen unseres sozialistischen Aufbaus zu einer neuen Blüte geführt werden. ...

Die Tagung sollte zum Ausdruck bringen, dass auch an unserer Fachrichtung die sozialistische Umgestaltung fortschreitet und für jeden Mitarbeiter große Perspektiven eröffnet. ... Die Kritik des internationalen Forums soll uns helfen, den fachlichen stand unserer Arbeitsgruppen und des wissenschaftlichen Nachwuchses einzuschätzen ... .

Schlussfolgerungen:

Die Thematik der Tagung sollte so umfassend sein, dass möglichst viele Probleme, die in der DDR behandelt werden und für die Entwicklung der Wissenschaft von Interesse sind, Berücksichtigung finden. ...

Neben Einzelvorträgen bekannter Wissenschaftler und des wissenschaftlichen Nachwuchses unserer Republik sollten die an den Universitäten der DDR bestehenden mathematischen Arbeits- und Forschungsgemeinschaften hauptsächlich durch Vortragszyklen in Erscheinung treten. ...

Folgender Personenkreis sollte in erster Linie bei der Einladung berücksichtigt werden:

a. Offizielle Delegationen der Moskauer, Prager und Warschauer Universität.[8]

b. Vertreter von anderen Universitäten sozialistischer Länder

c. Ehemalige Berliner, insbesondere solche, die durch den Faschismus zur Emigration gezwungen wurden.

d. Aus Westdeutschland sollten in erster Linie jüngere aufstrebende Mathematiker eingeladen werden, die in naher Zukunft das Gesicht

---

[8] Mit diesen Universitäten bestanden seitens der Humboldt-Universität Freundschaftsverträge. Einen Hinweis auf nicht nachvollziehbare Schwierigkeiten gibt eine Aktennotiz vom 31. 5. 1960, nach der das Staatssekretariat "schnellstens" die Erlaubnis erteilen solle, "allen Universitäten des sozialistischen Lagers offizielle Einladungen zuzustellen." AHUB, Rektorat Akte 456.

der Mathematik bestimmen werden. Es sollten auch solche jüngeren Wissenschaftler berücksichtigt werden, die vor Jahren unsere Republik verlassen haben. ...

e. Aus dem übrigen Ausland sollten vor allem solche wissenschaftlichen Persönlichkeiten eingeladen werden, die durch mehrere Besuche unserer Universität bzw. unserer Republik ein enges Verhältnis zu Mathematikern der DDR haben. ...

f. Bei Einladungen sollten Wünsche der Arbeitsgruppen Berücksichtigung finden. ..." [9]

Im weiteren traten - wie gewöhnlich in solchen Fällen - Schwierigkeiten auf.[10] Da sich der Druck der Einladungen verzögerte, konnten diese erst relativ spät verschickt werden. Wie die erhalten gebliebenen Namenslisten der Mathematischen Institute bzw. der Mathematisch-naturwissenschaftlichen Fakultät ausweisen, wurden etwa einhundert namhafte Gelehrte aus aller Welt eingeladen,[11] die Gesamtzahl der Teilnehmer am Mathematischen Symposium kann mit rund zweihundert angegeben werden. Erschwerend für die Aufstellung eines Tagungsprogramms war es, dass erst "in den allerletzten Tagen Mitteilungen darüber eintrafen, wer diesen großen Delegationen angehören würde, und dass wir die Themen der Vorträge dieser vielen und wichtigen Gäste erst bei ihrer Ankunft in Berlin erfahren konnten."[12] Es kam zu vielmaliger Veränderung des ursprünglich vorgesehenen Programms. Bisher konnte nur ein "Vorläufiges Programm" aufgefunden werden.[13]

---

[9] AHUB, Math.-Nat. Fakultät Akte 48, Brief vom 11.01.1960, S. 2-4.
[10] In einem Bericht des Staatssekretariats findet sich die Bemerkung, dass sich "die Genossen ... zu spät in die Vorbereitung der wissenschaftlichen Tagungen eingeschaltet" hätten (in die Diskussion ideologischer Probleme und die Klarstellung der politischen Linie), die größten Schwierigkeiten gäbe es im Bereich der Mathematisch-Naturwissenschaftlichen Fakultät. "Es bestehen bei einer Reihe von Wissenschaftlern Illusionen hinsichtlich einer gesamtdeutschen Wissenschaft, falsche Vorstellungen über die Rolle des westdeutschen Militarismus und Unterschätzung der Rolle der DDR als Erbe und Fortsetzer des konsequenten Kampfes der Arbeiterklasse und aller fortschrittlichen Kräfte. ... In den staatlichen Leitungen wurden im wesentlichen richtige politische Beschlüsse zur Unterstützung der 150-Jahrfeier gefasst." SAPMO Barch, ZSTA, 1. Schicht, Akte 1574.
[11] AHUB, Rektorat, Akte 473, Listen vom 22.3.1960.
[12] AHUB, Math.-Nat. Fak. Akte 48, Bericht über das mathematische Symposion, unterzeichnet von Prof. Dr. Reichardt, S. 1.
[13] a. a. O. I. Mathematisches Institut an das Festkomitee der Math.-Nat. Fak. vom 5.2.1960 im Hause.

Jubiläum der Humboldt-Universität Berlin 1960

Die Teilnehmerzahlen erfordern eine Anmerkung. Die politische Situation jener Jahre war schwierig, und auch die Jubiläumsfeierlichkeiten der Humboldt-Universität wurden vom kalten Krieg überschattet. Die westdeutsche Rektorenkonferenz hatte auf ihrer Tagung am 9. Juli 1960 in Saarbrücken den Universitäten und Hochschulen Westdeutschlands empfohlen, offizielle Einladungen der HU zu ihrem Jubiläum im November der Jahres nicht anzunehmen. Diese Empfehlung war auch die Antwort darauf, dass die Universitäten und Hochschulen der DDR auf ihren Antrag vom 15.7.1958 hin während der 3. Generalversammlung der internationalen Vereinigung der Universitäten in Mexicó City (IAU) als vollberechtigte Mitglieder in die von der UNESCO patronierten internationalen Organisation aufgenommen worden waren. Zwar hatte die Rektorenkonferenz der BRD im Oktober 1959 darüber beraten, wie dies zu verhindern sei, aber offensichtlich ihr Ziel einer Alleinvertretung der deutschen Hochschulen nicht erreicht.

Im Zusammenhang mit diesen Vorgängen sahen sich die Rektoren der Universitäten und Hochschulen der DDR zu der Feststellung veranlasst,

"Die Hochschulen der Deutschen Demokratischen Republik werden auch in Zukunft alles daran setzen, um ihren westdeutschen und ausländischen Gästen im Dienste friedlicher Zusammenarbeit und wissenschaftlichen Fortschritts ihre Pforten offen zu halten. ... Gerade aus diesem Grunde fühlen sich die Rektoren der Deutschen Demokratischen Republik verpflichtet, darauf hinzuweisen, dass auf Grund von Interventionen der diplomatischen Organe Bonns einige Regierungen der in der Nato befindlichen Staaten ihren Wissenschaftlern verbieten, an Veranstaltungen in der Deutschen Demokratischen Republik, die dem wissenschaftlichen Meinungsaustausch dienen, teilzunehmen. Sie unterbinden auch die Einreise von Wissenschaftlern der DDR in ihre Länder. Die Rektoren der Deutschen Demokratischen Republik haben sorgfältig die Schreiben namhafter Wissenschaftler Frankreichs und der Vereinigten Staaten geprüft, in denen diese Gelehrten unsere Hochschulen und wissenschaftlichen Institutionen davon in Kenntnis setzen, dass sie durch ihre Regierungsorgane daran gehindert werden, ihrem Wunsche auf Pflege des wissenschaftlichen Meinungsaustauschs mit Wissenschaftlern der Deutschen Demokratischen Republik nachzukommen. ...

In diesen Zusammenhang gehört auch die Tatsache, dass die westdeutsche Rektorenkonferenz durch einen entsprechenden Beschluss

einen moralischen Druck auf die Wissenschaftler Westdeutschlands auszuüben sucht und ihnen den Besuch zu der 150-Jahrfeier der Humboldt-Universität erschweren will. ..."[14]

Dafür gibt es Beispiele. Der französische Mathematiker LAURENT SCHWARTZ, Professor am Institut Henry Poincaré der Universität Paris, bedauerte, die Einladung[15] zur Teilnahme am Mathematischen Symposion, auf dem ihm die Ehrendoktorwürde der Humboldt-Universität verliehen werden sollte, nicht annehmen zu können. Ein Dokument aus dem Staatssekretariat präzisiert die Situation:

"Sektor Ausland , Baltruschat[16], Sektor Math. Nat. z. Hd. Gen. Götzke

Betr. *Ehrenpromotion Prof. Dr. Laurent Schwartz,* Paris

Prof. Dr. L. Sch. sollte zur 150-Jahrfeier den Dr. hc. der Humboldt-Universität erhalten.

Heute ließ mir der franz. Lenoir, EFA, mitteilen, dass Prof. SCHWARTZ ebenfalls nicht die Genehmigung erhalten habe, nach Ber-

---

[14] SAPMO BArch, ZSTA, 1. Schicht, Akte 636 Sekretariat Helbig, Entwurf einer Erklärung der Rektoren der DDR, in der es weiter heißt: "Die Absicht der Bonner Regierung besteht offensichtlich darin, mit Hilfe der Regierungen Frankreichs, der USA und anderer Nato-Staaten zwischen den Wissenschaftlern der DDR und der westlichen Ländern einen eisernen Vorhang niedergehen zulassen. Das Verhalten der westdeutschen Rektorenkonferenz, der Ministerialbürokratie Frankreichs und der Vereinigten Staaten widerspricht dem Geist der Wissenschaft, die sich ohne freien wissenschaftlichen Meinungsaustausch nicht angemessen entwickeln kann. Die genannten Maßnahmen bedeuten eine schwere Beeinträchtigung der Freiheit der Wissenschaft. ..."
Des weiteren wird darauf verwiesen, dass sowohl die westdeutschen wie die Universitäten und Hochschulen der DDR Mitglied der internationalen Vereinigung der Universitäten (mit Sitz in Paris) sind, was zur Pflege gegenseitiger freundschaftlicher Beziehungen verpflichte. Die westdeutsche Rektorenkonferenz unterstützte "praktisch die feindselige Haltung der militaristischen Revanchepolitiker Westdeutschlands, die die Eingliederung der DDR in ihren Machtbereich zum erklärten Ziel ihrer Staatspolitik erhoben haben und auf einen Umsturz des bestehenden europäischen Grenzsystems hinarbeiten." Diesem Zweck diene auch, die Ergebnisse der Wissenschaft der atomaren Aufrüstung nutzbar zu machen. ... Die Rektoren der DDR protestierten gegen diesen Versuch Bonns, den Kalten Krieg auch in die Wissenschaft hineinzutragen; dies käme einer Art psychologischer Kriegführung gleich.
[15] Im Brief des Rektors vom 30. 9. heißt es: "Im Kreise der Mathematisch-Naturwissenschaftlichen Fakultät .. ist die Anregung vorgebracht worden, Sie ... zum Ehrendoktor unserer Universität in Anerkennung Ihrer überragenden mathematischen Leistungen zu promovieren.... Die Bereitwilligkeit Ihrerseits würde in der Fakultät den allerfreudigsten und einstimmigen Widerhall finden. ..." AHUB Math.-Nat.Fak. Akte 48
[16] Mitarbeiter im Staatssekretariat für das Hoch- und Fachschulwesen, Sektor Ausland.

lin zu kommen. Prof. SCHWARTZ müsse auch täglich mit Verhaftung oder Repressalien rechnen, da er zu den 121 Unterzeichnern der Algerienerklärung gehört, die DE GAULLE maßregeln lassen will. Er kann daher auch Frankreich nicht verlassen. Im übrigen unterstreicht diese Tatsache, dass wir einem würdigen Wissenschaftler den Dr. hc. zukommen lassen. Ich bin der Meinung, dass man daher am programmmäßigen Termin die Verleihung aussprechen sollte und ihm in einem herzlichen Scheiben von dieser Tatsache dann Kenntnis geben. Die Überreichung der Urkunde kann dann später erfolgen. B."[17]

SCHWARTZ teilte wenige Tage später mit, den Ehrendoktor annehmen zu wollen, auch wenn er nicht an den Feierlichkeiten teilnehmen könne.

Nicht einmal der bereits seit Jahren emeritierte französische Mathematiker MAURICE FRÉCHET glaubte, die Einladung zu den Berliner Jubiläumsfeierlichkeiten annehmen zu dürfen. Hatte Magnifizenz SCHRÖDER in einem Schreiben an seinen Kollegen in Paris vom 10. August 1960 noch seine Freude über die "ehrende Zusage" zum Ausdruck gebracht, sagte FRÉCHET mit Datum vom 22. September ab, ein "unvorhergesehenes Ereignis" verhindere seine Teilnahme am Symposium, man liest von "unfreiwilliger Abwesenheit".[18]

Dekan HEINRICH GRELL versandte persönliche Einladungen zum Mathematischen Symposium an zahlreiche Mathematikerkollegen und Freunde im In- und Ausland, in denen Haltung und Gesinnung eines würdevollen, akademischen Umgangs zum Ausdruck kommen; die Antworten sind nicht vollzählig erhalten. Einige der Briefe seien im folgenden auszugsweise wiedergegeben.[19]

Mit Datum vom 17. Oktober 1960 schrieb RICHARD COURANT an GRELL:
"My dear Friend:
I was very glad about your letter of September 30th and your friendly attitude. All the more, I feel extremely unhappy that, after very much hesitation, I must write to you that after all it will be impossible for me now to undertake e new trip to Europe. Therefore, I have to ask you to tell the organisation Committee that I will not be able to come to the celebration.

---
[17] AHUB, Math. - Nat. Fakultät., Akte 48, Schreiben vom 10.10.1960 (mehrere Schreibfehler sind korrigiert).
[18] AHUB, Rektorat Akte 462 (unpaginiert).
[19] Die folgenden Briefzitate sind - wenn nicht anders angegeben - der Akte 48 AHUB, Math.-Nat. Fakultät entnommen.

> I am all the more sad because under the present general circumstances I felt that it is particularly important to emphasize the international contacts between scientists and because I feel that the University of Berlin has been a particularly important factor in the development of cultural life in Europe and in the world. But after my return from last trip, I felt quite tired and was overwhelmed by all sorts of obligations. My doctor advised me to sit still for a while, and I feel his advice is correct. Nevertheless, I hope that I can visit Berlin and the Humboldt-University sometime in the not too distant future,
>
> With my very best wishes to you and to the other colleagues, and with profound apologies for my failure, I am Sincerely yours R. Courant"

Ein bedeutsames Dokument fünfzehn Jahre nach Kriegsende 1945 ist auch der Briefwechsel GRELLS mit ABRAHAM FRAENKEL.

GRELL hatte am 20. Juli 1960 an FRAENKEL nach Jerusalem eine offizielle Einladung zum mathematischen Symposion geschickt und als Schüler von EMMI NOETHER "einige persönliche Worte" hinzugefügt, wobei er Begegnungen in Bologna und Florenz "vor mehr als 30 Jahren" erwähnte und dann fortfuhr: "Wir könnten uns vorstellen, dass die Existenz eines eigenen Instituts für Mathematische Logik und Grundlagenforschung an der HU unter Leitung des Kollegen Prof. KARL SCHRÖTER Ihnen Ihren Entschluß, unser Gast zu sein, erleichtern würde." Zugleich bat er um "ein größeres Referat von 60-90 Minuten etwa über Probleme der Mengenlehre" oder ein anderes Thema.

FRAENKEL antwortete GRELL handschriftlich am 16.8.1960 aus Adelboden:

> "Ihr sehr liebenswürdiger Brief vom 20, Juli wurde mir auf Umwegen hierher nachgesandt, wo ich ein paar Bergtouren (noch im 70. Lebensjahr) mache, bevor ich nächste und übernächste Woche am *International Congress for Logic*, Stanford University, Calif., teilnehme, zu dem ich mit mehreren meiner Schüler (jetzt: Kollegen) eingeladen bin. Nach kürzeren Aufenthalten in Holland und England muss ich dann im Oktober zurück sein in Jerusalem. Zwar habe ich Ende 1959, meinem Wunsch gemäß, meine Emeritierung erhalten, aber de facto habe ich weiter Verpflichtungen in Vorlesungen und educational administration. Ich kann daher Ihrer und Ihrer Kollegen freundliche Einladung, so ehrenvoll sie auch für mich ist, leider nicht folgen. - Gewiss erinnere ich mich Ihrer, wenn ich auch nicht wusste, dass es in Bologna (dem von Brouwer so heftig denunzierten Kongress) war; wenn ich nicht irre, waren Sie auch liiert mit meinem allzu früh verstorbe-

nen Freund und Kollegen JACOB LEVITZBERG. Besonders leid tut es mir, Herrn SCHRÖTER und seine von mir aufs höchste geschätzte Schule nicht zu treffen; ich bitte ihn herzlich von mir zu grüssen.

Schliesslich würde ich unaufrichtig sein, wenn ich nicht hinzufügte, dass ich seit HITLERs Machtergreifung Deutschland nicht mehr betreten habe und auch Bedenken habe es zu tun; ich habe dies auch voriges Jahr angesichts einer Einladung an eine westdeutsche Universität. bewiesen. Sie werden mir dies nachfühlen können, angesichts der Vertilgung von mehr als einem Drittel meines Volkes (über 6 Millionen Juden) und angesichts der noch ersichtlichen Symptome auf dem Gebiet der Seeleneinstellung und der Wiedergutmachung.

Mit Dank und besten Empfehlungen bin ich Ihr sehr ergebener Abraham Fraenkel".

Am 9.Sept.1960 schrieb ihm GRELL daraufhin noch einmal:

"Sehr verehrter Herr Kollege!

Für Ihren freundlichen Brief vom 16.8.d.Js. danke ich Ihnen herzlich. Auch wenn wir auf die Freude verzichten müssen, Sie als Gast bei unserem Jubiläum zu begrüßen, weiß ich doch Ihre Gründe wohl zu würdigen. Insbesondere gilt das für die im letzten Absatz Ihres Briefes, den ich als Schüler von EMMY NOETHER nur zu gut begreife, umso mehr als ich nach dem Kriege Gelegenheit hatte, die Konzentrationslager von Auschwitz und Birkenau zu besichtigen. Daß aber Ihre Vorbehalte uns hier nicht hindern, an einer Besserung der Zustände zu arbeiten, mögen Sie aus den beiden beiliegenden gedruckten Erklärungen sehen, von der die von Rektor und Senat sogar auf eine Anregung der Mathematisch-Naturwissenschaftlichen Fakultät unserer Universität zurückgeht. Vielleicht ist das ein bescheidener Beitrag dazu, Sie die bitteren Gefühle allmählich vergessen zu lassen, die Sie angesichts des furchtbaren Schicksals Ihres Volkes nur zu berechtigt hegen.

Mit den besten Empfehlungen auch namens aller meiner Kollegen grüße ich Sie für heute

herzlichst als Ihr sehr ergebener H.G., Dekan"

In der Einladung an BORIS GNEDENKO am 29. 07. 1960 heißt es:

" ... In aufopfernder und uneigennütziger Weise haben Sie seinerzeit an der Humboldt-Universität Gastvorlesungen über Wahrscheinlichkeitsrechnung gehalten und damit den Grund gelegt für eine Entwicklung, deren erste Keime nun hervorgesprossen sind, und von der wir

uns für die nächsten Jahre schöne Früchte versprechen. Wir dürfen Sie in diesem Sinne also als alten Berliner betrachten und Sie werden verstehen, dass wir uns über Ihre Teilnahme ganz besonders freuen würden, um bei dieser Gelegenheit die Verbundenheit unserer Universität mit Ihrer Person zu bekräftigen und zu erneuern. ...

Ich bitte Sie herzlich, mich schönstens Ihrer verehrten Frau Gemahlin zu empfehlen und auch Ihren beiden Söhnen, die nun schon längst dem "Max- und Moritz"-Alter entwachsen sein dürften, freundliche Grüße auszurichten."

Ein ähnlicher Gedanke der Verbundenheit findet sich in der Einladung an A. N. KOLMOGOROV:

" ... Die Mathematiker der Humboldt-Universität fühlen sich Ihnen zu ganz besonderem Dank verpflichtet, weil Sie seinerzeit in aufopfernder Weise sich zur Verfügung gestellt haben, unseren jungen Wahrscheinlichkeitstheoretikern bei ihren ersten Schritten zur Selbständigkeit zu helfen und sie auf erfolgversprechende Wege zu leiten; seither sind sie nach meinen Eindrücken sowohl hier in Berlin als auch in der gesamten DDR ... bemüht, sich so zu entwickeln, dass sie in nicht zu ferner Zukunft auch vor Ihren Augen bestehen können. ..."

Eine weitere Einladung erging an

Herrn Prof. Dr. HUA LOO-KENG
Academia Sinica
Institut of Mathematics
Peking VR China

29.Juli 1960

Sehr verehrter, lieber Herr Prof. Dr. Hua Loo-keng

Bitte entschuldigen Sie, dass ich diesen Brief in deutscher Sprache und nicht in englischer Sprache abfasse, weil ich sonst fürchten müsste, daß meine englischen Sprachkenntnisse zu unvollkommen wären, um Ihnen die Herzlichkeit unseres Anliegens angemessen auszudrükken. ...

In meinem eigenen und im Namen aller unterzeichneten Kollegen darf ich Ihnen sagen, dass wir uns über Ihre Teilnahme an den wissenschaftlichen und festlichen Veranstaltungen unserer Universität im November dieses Jahres ganz bes. freuen würden. Unser Rektor, Magnifizenz SCHRÖDER, und ich selbst waren vor Jahren für lange Wochen Gäste Ihres Landes. Die Eindrücke, die ich während meines da-

maligen Aufenthaltes sowohl von der wissenschaftlichen wie der allgemeinen Entwicklung Ihres wunderbaren Landes gewonnen habe, wirken in mir bis heute unverändert nach. Mit voller Deutlichkeit erinnere ich mich der zahlreichen wissenschaftlichen und menschlichen Begegnungen, die ich damals haben durfte und für immer unvergeßlich leben in mir die landschaftlichen Schönheiten und die begeisternden Eindrücke vom Aufbau des Sozialismus. Es ist keine Übertreibung, wenn ich sage, dass mich gelegentlich eine Art Heimweh ergreift. Mit besonderem Interesse haben wir auch ständig die Entwicklung der Mathematik in der Volksrepublik China verfolgt, und so werden Sie verstehen, wenn ich selbst und alle Kollegen den lebhaften Wunsch haben, die Verbundenheit mit Ihnen und Ihrem Lande anläßlich des Jubiläums unserer Universität von neuem zu bekräftigen. ...

Wir wären Ihnen zu besonderem Dank verpflichtet, wenn Sie uns ... einen großen Vortrag von 60-90 Min. Dauer, am besten über Ihre eignen Untersuchungen oder aber auch über die Entwicklungstendenzen der Mathematik in der VR China halten würden. ...

Ihr sehr ergebener H. G. Dekan."

Seinen langjährigen Freund und Kollegen BARTEL L. VAN DER WAERDEN bat GRELL ebenfalls um "einen großen, umfassenden Vortrag, der sich, wenn wir einen Wunsch äußern dürfen, mit den derzeitigen Entwicklungstendenzen in der Mathematik und ihren zukünftigen Perspektiven beschäftigen sollte. Von Deiner zeitlichen Belastung her gesehen ist diese Bitte sicher recht unbescheiden, sie mag aber als Ausdruck der höchsten Wertschätzung gelten, die Dir hier entgegen gebracht wird. ...

Daß ich persönlich mich im Andenken an unsere gemeinsame Lehrerin EMMY *NOETHER* über ein Wiedersehen bei so schönem Anlaß besonders freuen würde, brauche ich nicht ... zu betonen. ..."

Weitere persönliche Einladungen ergingen u.a. an P.S. ALEXANDROV (Moskau), E. HILLE (New Haven), S. EHRESMANN und A. DENJOY (Paris), H. HOPF (Zürich), V. JARNIK (Prag), TSCHAKALOFF (Sofia), MOISIL (Bukarest), SIDDIQI (Aligargh/Indien), jeweils verbunden mit der Bitte um einen Vortrag.

Die Akten geben leider keine schlüssige Antwort darauf, wer genau an den Feierlichkeiten teilgenommen hat. Für erfolgte Absagen, die jedoch in vielen Fällen eine tiefe Verbundenheit mit der und zugleich eine hohe Wertschätzung für die Berliner Universität zum Ausdruck bringen, sind mehrere

Ursachen erkennbar: Gesundheitliche Probleme, wie sie COURANT mitteilte, ebenso wie J. E. HOFMANN (82 Jahre)[20] und J. FRANCK.

Einige eingeladene Gäste mussten Lehrverpflichtungen wahrnehmen. So begründete HILDA MISES-GEIRINGER, damals an der Harvard University, Division of Engineering and Applied Mathematics tätig, ihre Absage:

" ... Ende September beginnt in USA das neue Semester und es wäre, wie ich festgestellt habe, mit erheblichen Schwierigkeiten verbunden in der Mitte der Arbeit ... wieder abzureisen. ... Ich bedaure dies tief aus wissenschaftlichen wie auch aus persönlichen Gründen. Es wäre mir eine großen Freude gewesen, so manche Beziehungen zu erneuern oder anzuknüpfen und noch einmal an der Arbeitsstätte meiner Jugend zu sein. ..."[21]

E. HOPF vom Departement of Mathematics der Indiana University hatte noch im August d. J. gehofft, nach Berlin reisen zu können, da es "verlockend sei, seine alte alma mater wiederzusehen," konnte sich aber dann doch nicht "für eine ganze Woche hier frei machen", wie er am 19. September mitteilte.[22] A. TARSKI, Departement of Mathematics der University of California, schrieb am 8.9.1960, "I am not in a position to accept your invitation."[23] H. FREUDENTHAL antwortete auf eine entsprechende Einladung bereits am 9. 7. 1960, dass er eine Gastprofessur an der Yale University habe und daher im November nicht an der Feierlichkeiten teilnehmen könne. Er sei bereit, die Ehrenpromotion anzunehmen und wolle sobald wie möglich, die Humboldt-Universität besuchen.[24]

Schließlich waren persönliche bzw. politische Umstände wie sie FRAENKEL äußerte, Anlaß zu Absagen.

Obwohl eine zentrale Vorgabe die Veröffentlichung aller Eröffnungsansprachen, Referate und Diskussionsbeiträge sowie der Schlussworte und

---

[20] Mit Datum vom 19. 7. 1960 sagte Hofmann seine Teilnahme ab: " Zu meinen größten Bedauern ist es uns beiden nicht möglich, Ihrer so liebenswürdigen und verlockenden Einladung Folge zu leisten. Ursache ist mein labiler Gesundheitszustand. ... Ich fühle mich durchaus aufs engste mit der Berliner Universität verbunden; es waren zwar sehr schwere, jedoch wissenschaftlich die anregendsten Jahre meines Lebens, die ich dort verbringen durfte, in der Fülle von Möglichkeiten, wie sie mir niemals wieder in so reichem Masse gewährt worden sind. AHUB, Rektorat Akte 473 (unpaginiert).
[21] AHUB, Rektorat Akte 463, Brief an Magnifizenz Schröder.
[22] a. a. O.
[23] a. a. O.
[24] AHUB, Akte Rektorat 465, Blatt 236, Brief vom 9. 7. 1960 an Rektor Schröder.

ein Verzeichnis der anwesenden Wissenschaftler des In- und Auslandes vorsah[25], scheint eine solche Veröffentlichung nicht gelungen zu sein. Daher ist es sehr schwierig, den Verlauf des Symposions sowie den Inhalt der Fachvorträge und Diskussionen vor allem in den Arbeitsgruppen wiederzugeben. In einem Pressegespräch gab Prof. Dr. HANS REICHARDT einen Überblick: "Es werden Vorträge aus allen Gebieten der Mathematik gehalten. Wegen der Vielzahl der Vorträge werden manchmal sieben Sektionen - elf sind es insgesamt - gleichzeitig tagen. Auch von der Thematik der Vorträge her rechtfertigt sich der Begriff der mathematischen Leistungsschau: Unsere Tagung wird ein Spiegelbild sein, in welchem Fluß die Mathematik steht, wie versucht wird, den Zusammenhang zwischen den Ergebnissen der Einzelforschung und einheitlichen Prinzipien aufzuspüren. Es ist vielleicht nicht uninteressant zu erwähnen, dass auch Forschungsgruppen auf dem Gebiet der Statistik und der automatischen Rechentechnik berichtet werden."[26] Einige Informationen sind ferner den zwischen dem 7. und 18. November von der Pressekommission der Universität herausgegebenen Bulletins zu entnehmen:

Die Hauptvorträge waren dem Anlaß gemäß historisch orientiert. Heinrich GRELL hielt den Festvortrag am Eröffnungstag des Symposions zur Geschichte der Mathematik an der Humboldt-Universität, wobei er besonders auf die Jahre 1855 - 1902 eingegangen ist, die er als die Blütezeit der Berliner Mathematik charakterisierte. An die großen Traditionen dieser Jahre gelte es anzuknüpfen. Anschließend nahm PAWEL SERGEJEWITSCH ALEXANDROV das Wort zu seinem Vortrag "Die Stellung der mengentheoretischen Topologie in der modernen Mathematik", in dem er zeigte, dass dieses (wesentlich von ihm) in den zwanziger Jahren (mit)begründete Gebiet mehr und mehr Eingang in viele Zweige der Mathematik fand. Der große Hörsaal 3038 habe wie erwartet nicht ausgereicht, die Vorträge wurden in Nebenräume übertragen.

Der zweite Tag war dem Andenken ISSAI SCHURs gewidmet. Magnifizenz KURT SCHRÖDER eröffnete diese Ehrung: Es sei beim Zurückblicken auf die Geschichte unserer Universität eine bislang unerfüllt gebliebene Dankespflicht, des Mannes zu gedenken, der nach dem ersten Weltkrieg wesentlich dazu beigetragen habe, den Ruhm der Berliner Universität wieder zu

---

[25] AHUB, Akte 48.
[26] Aus: Zeitung "Humboldt-Universität", 4. Jg. 1960, Nr. 22, S.3.

begründen. Einen "Erinnerungsvortrag" hielt ALFRED BRAUER[27], der Schüler des von ihm hochverehrten SCHUR und für zwei Jahrzehnte Student, Assistent und Privatdozent an der Universität gewesen war, bevor er Deutschland verlassen musste. BRAUER zeichnete dem Bericht nach das Bild eines bescheidenen, hilfsbereiten, stets schöpferisch tätigen und charakterfesten Gelehrten, der sich auch nach 1933, da er die Lehrtätigkeit aufgeben und emigrieren musste, bei Studenten und Kollegen größter Hochachtung und Wertschätzung erfreute. Ferner verwies der Redner auch die wissenschaftlichen Leistungen insbesondere auf dem Gebiet der Gruppentheorie. BRAUER bekannte, dass er seit 1937 erstmals wieder Europa besuche und schloß mit dem Wunsch, daß die von SCHUR geprägten Traditionen an der Humboldt-Universität eine "Pflegestätte" finden mögen. HANS REICHARDT, ebenfalls Schüler von SCHUR, würdigte sodann die Vorlesungstätigkeit von SCHUR: er habe verstanden, seine eigene Begeisterung für die Mathematik auf seine Hörer zu übertragen. Den dritten Vortrag des Tages hielt WILHELM BLASCHKE zum Thema "Aus meinem Leben".

An den folgenden Tagen wurden die Beratungen auf Grund der hohen Beteiligung in- und ausländischer Gäste und des großen Interesses unter den Studenten in Sektionen[28] weitergeführt. Es wird von insgesamt etwa 165 Vorträgen berichtet.[29] Das Staatssekretariat hatte noch eine Sektion "Lehrerbildung" resp. "Methodik der Mathematik" empfohlen[30], um breite Kreise der Lehrer in die 150-Jahrfeier einzubeziehen. Darüber hinaus waren

---

[27] Brauer hatte am 20. August d. J. brieflich seine Teilnahme am Symposium bestätigt: "Es wird für mich eine große Freude sein, wieder einige Tage an der Stätte weilen zu können, der ich meine ganze wissenschaftliche Ausbildung verdanke und mit der ich 22 Jahre lang ... eng verbunden war." AHUB, Rektorat Akte 463.

[28] Im Abschlußbericht werden genannt: Algebra, Analysis, Erfahrungen aus der Praxis, Funktionalanalysis, Funktionentheorie, Geometrie, Logik, Mechanik und Regeltechnik, praktische Analysis, Rechenautomaten, Schulmathematik, Statistik, Strömungslehre, Topologie, Wahrscheinlichkeitstheorie und Zahlentheorie. AHUB, Math.-Nat. Fak. Akte 48.

[29] Die Berichte von zentraler Stelle über die Veranstaltungen beruhten sichtlich auf unterschiedlichen Informationen. Wurde zunächst festgestellt, "an den Mathematischen Instituten verließ man sich ... darauf, das wissenschaftliche Niveau des Symposiums von ausländischen Wissenschaftlern bestimmen zu lassen (BA, ZSTA, 1. Schicht, Akte 1574), heißt es bei einer Einschätzung vom 21.11.1960: ...auf wissenschaftlichen Veranstaltungen wurde das Niveau "durch unsere Wissenschaftler und unsere Beiträge bestimmt. ... Als Beispiel sind (!) hier nur das Mathematische Symposium genannt, wo über 80% der über 150 wissenschaftlichen Vorträge von Mathematikern unserer Republik gehalten wurden." BA, ZSTA, 1. Schicht, Akte 1234.

[30] SAPMO BArch, ZSTA, 1. Schicht, Akte 1234.

Hinweise an die Veranstalter ergangen, öffentlich wirksam zu werden, u. a. einen Tag der offenen Tür, populäre Vorträge über Mathematik, Führungen und Besuche von Professoren und Studenten in Betrieben zu organisieren.[31]

Den Gepflogenheiten universitärer Jubiläen entsprechend, wurden Ehrenpromotionen vorgenommen, soweit feststellbar im Jahre 1960 der Mathematiker P. S. ALEXANDROV (Moskau), H. FREUDENTHAL (Utrecht), Th. A. SKOLEM (Oslo) und L. SCHWARTZ (Paris). H. HOPF (Zürich) und A. BRAUER (Cambridge/Mass.) waren ebenfalls vorgeschlagen, von zentraler Seite jedoch nicht bestätigt worden.[32]

Die Studenten der Mathematik waren interessierte Teilnehmer und auch Diskussionspartner an vielen Veranstaltungen des Symposions. Der Dekan H. GRELL hatte einen Brief an die Institute der Mathematisch-Naturwissenschaftlichen Fakultät gerichtet, in dem er mit anspruchsvoller Zielstellung eine zweistündige Vorlesung und ein zweistündiges Kolloquium zur Unterrichtung der Studierenden über die Bedeutung des Jubiläums veranlasste. Dabei sollten die "Hauptzüge der geschichtlichen Entwicklung" der einzelnen Fachrichtungen, allgemeine "humanistische und politische Gesichtspunkte", das Gedankengut des HUMBOLDTs sowie der verschiedenartige Charakter in der politischen Entwicklung unserer Universität vor und nach dem Jahr 1848 behandelt werden. "Ich bitte alle Kollegen, nach bestem Können dieser Aufforderung Folge zu leisten und dadurch zu helfen, auch in den Herzen unserer Studierenden ein angemessenes und würdiges Bild über die wissenschaftliche und politisch-kulturelle Bedeutung unseres Jubiläums hervorzurufen."[33] Für den 17. November, dem "Tag der Studenten" an den Fachrichtungen Mathematik und Physik, war ein Wettbewerb um die beste Diplomarbeit ausgeschrieben gewesen; die Teilnahmebedingungen bestanden im termingerechten Abschluß der Arbeit, einem

---

[31] In diesem Rahmen hielt Hans Reichardt im Kinosaal des Museums für Deutsche Geschichte einen öffentlichen Vortrag über mathematische Probleme der Raumfahrt.
[32] Im Schriftwechsel der Universität mit dem Staatssekretariat heißt es dazu: "Mit den auf der Liste befindlichen Prof. Brauer (USA), Hopf (Zürich) und Westphal (W) wird verabredungsgemäß noch nicht verhandelt, sondern zunächst intern geregelt, ob ihre Einstellung zur DDR die Verleihung der Ehrenpromotion als gerechtfertigt erscheinen lassen würde." Das Staatssekretariat teilte ferner mit, dass von der Ehrung polnischer Mathematiker Abstand genommen werden sollte. Die Leitung der Universität hatte "geglaubt", dem Freundschaftsvertrag mit der Universität Warschau durch die Ehrenpromotion einiger ihrer Mathematiker "Rechnung tragen zu müssen."
SAPMO BArch, ZSTA, 1. Schicht, Akte 636.
[33] AHUB, Math.-Nat. Fak., Akte 48. Schreiben vom 14. 9. 1960.

15minütigen Vortrag zu ihrem Thema vor einer Jury und anderen Studenten, die drei besten Arbeiten wurden prämiiert. Die Vielfalt er Diplomthemen sollte jüngeren Studenten Anregungen vermitteln, die gemeinsame Arbeit in studentischen Arbeitsgruppen unter Einbeziehung von Problemen aus der Praxis (Industrie) und Nachbarwissenschaften fördern.[34]

Auf der Schlusssitzung des Symposions, das noch einmal die Mathematiker aus 17 Ländern vereinte[35], war die gemeinsame Auffassung, eine sehr erfolgreiche Veranstaltung erlebt zu haben. Nach einer Einleitung durch den Rektor sprachen Prof. HAJOS, Ungarn, Prof. SCHMETTERER, Hamburg, und Prof. KLEENE, USA, als Gäste der drei mathematischen Institute.[36]

HAJOS bezeichnete die Veranstaltung dank ihres hohen wissenschaftlichen Niveaus als internationalen Kongreß (nicht nur als Tagung). SCHMETTERER erklärte, dass "die Wissenschaft im allgemeinen und die Mathematik im besonderem mehr und mehr den Charakter einer völkerverbindenden Disziplin bekommt" und so gesehen, das Symposion seine Ziele voll erfüllt habe. STEPHAN COLE KLEENE von der University of Wisconsin (USA) sprach in einem am Rande des Symposions gewährten Interview von seinen Bedenken nach Berlin zu kommen und von Schwierigkeiten, die es zu überwinden galt und fuhr dann fort: "Wenn ich aber offen sprechen darf, gibt es auch andere, unsichtbare Schwierigkeiten. Ich möchte betonen, ich habe diese Schwierigkeiten nicht gemacht, und man kann uns als Wissenschaftler nicht dafür verantwortlich machen. Daraus ergibt sich die Frage, sollen solche Schwierigkeiten in der Welt der fruchtbaren und wissenschaftlichen Zusammenarbeit in Wege stehen? Nach meiner Meinung nein. Deshalb bin ich hier. ... Das Mathematische Symposium war sehr erfolgreich, und das kann ich besonders von meinen speziellen Fachgebiet der Mathematischen Logik sagen. ... Ich kann sagen, dass ich glücklich bin, hier in Berlin zu sein. Ich habe hier auch die Möglichkeit gehabt, viele Menschen aus allen Teilen der Welt kennenzulernen, und wir haben sehr

---

[34] Universitätszeitung "Humboldt-Universität" vom 12. 11. 1960, S. 3.
[35] Lt. Bulletin der Pressekommission der Humboldt-Universität Nr. 3 vom 3. 11. 1960 hatte die "Westpresse" eine Meldung über einen Ausfall des Symposium mangels internationaler Beteiligung gebracht. Übrigens hatte der Rheinische Merkur vom 22. 4. 1960 im Zusammenhang mit dem Universitätsjubiläum u. a. bösartig geschrieben: "Man kann sich auch ohne allzu viel Phantasie vorstellen, wie das Ganze sich entwickeln wird, nämlich als ungeheure Propaganda-Schau des Ulbricht-Regimes unter Vorspann möglichst vieler ‚nützlicher Idioten' ... aus dem westlichen Ausland.
[36] Aus einem Bericht über das mathematische Symposion von H. Reichardt. AHUB, Akte 48.

rege Diskussionen geführt. Das Mathematische Symposium hat für mich nicht nur einen augenblicklichen Gewinn, sondern ich hoffe, dass dieses erfolgreiche Symposium ein gutes Vorzeichen für die zukünftige wissenschaftliche Zusammenarbeit ist."[37]

Prof. HANS REICHARDT schrieb in seinem Abschlußbericht: "Besonders hervorgehoben wurde des öfteren die Breite der Ausbildung und die hohe Qualität unseres Nachwuchses in der gesamten DDR, wobei jedoch zu bemerken ist, dass Spitzenleistungen von ausgesprochener Originalität noch nicht in genügender Anzahl zu finden sind; ... dem Nachwuchs (muß) in noch stärkerem Maße als bisher Gelegenheit zu intensivster mathematischer Arbeit gegeben werden ... , die z. Zt. noch zu oft durch anderweitige Beschäftigungen, wie die Teilnahme an Kommissionen, Besprechungen, Sitzungen ... abgemindert wird. ... Leider kam ein Teil der Gäste aus der DDR ... nur für den Tag des jeweiligen Vortrages. ..."[38]

Die Ergebnisse der Konferenz auf mathematischem Gebiet zusammenzutragen dürfte - wenn überhaupt noch möglich - sehr schwierig sein und muß jedenfalls einer eigenen Untersuchung vorbehalten bleiben.

Doz. Dr. Hannelore Bernhardt; Platz der Vereinten Nationen 3;
D-10249 Berlin; email: Ha.Kh.Bernhardt@addcom.de

---

[37] Bulletin der Pressekommission der Humboldt-Universität Nr. 6 vom 11. 11. 19960.
[38] Vgl. Fußnote 36.

Zur Entwicklung des Bewusstseins des Unterschieds zwischen Wahrheit und Beweisbarkeit

Roman Murawski

Jedermann geht davon aus, dass mathematische Sätze durch Beweise endgültig gesichert sind und dass ganz allgemein das Beweisen Grundlage und Quelle für die Wahrheit in der Mathematik ist: Man sagt, dass ein mathematischer Satz genau dann wahr ist, wenn man ihn beweisen kann. Was aber ist ein Beweis? Und was ist eigentlich Wahrheit?

In diesem Aufsatz werden wir zeigen wie die Gödelschen Unvollständigkeitssätze dazu beigetragen haben, dass man in der Mathematik Wahrheit und Beweisbarkeit zu unterscheiden begann.

Seit PLATO und ARISTOTELES gilt die Axiomatik als die beste Methode, mathematisches Wissen zu begründen und zu organisieren. Das erste ausgeführte Beispiel der Anwendung dieser Methode sind die *Elemente* des EUKLID. Dieses antike Werk setzte die Maßstäbe für die Mathematik bis zum Ende des 19. Jahrhunderts und war das Musterbeispiel einer axiomatischen Theorie, besser: einer quasi-axiomatischen Theorie.

Die *Elemente* bauen auf Axiomen und Postulaten auf. Beweise und Sätze aber enthalten diverse Lücken. In der Tat ist die Liste der Axiome und Postulate nicht vollständig, ohne klare Abgrenzung werden unterschiedliche "evidente" Wahrheiten und Intuitionen verwendet. Beweise sind oft nur informelle oder intuitive Begründungen (demonstrations). In ähnlicher Weise kann man andere historische mathematische Theorien charakterisieren. Der Begriff des Beweises war eher psychologischer (und nicht logischer) Natur. Man bemerkt, dass die Sprache der Theorien die unpräzise Umgangssprache war, um deren Präzisierung man sich nicht weiter bemühte. Bis zum Ende des 19. Jahrhunderts verlangten die Mathematiker, dass Axiome und Postulate "wahre Sätze" sein sollten.

Das "euklidische Paradigma" einer axiomatischen Theorie wurde erst um die Wende des 19. zum 20. Jahrhunderts geklärt und präzisiert. Die intuitive Praxis der informellen Beweise wurde durch den präzisen Begriff des

formalen Beweises und der Folgerung fundiert. Verschiedene Faktoren spielten hier eine Rolle und haben zur Revision des euklidischen Paradigmas beigetragen. Zu nennen sind hier die Entdeckung der Nichteuklidischen Geometrien (C.F. GAUSS, N.N. LOBATSCHEWSKI, J. BOLYAI), die Arithmetisierung der Analysis (A. CAUCHY, K. WEIERSTRASS, R. DEDEKIND), die Entstehung und Entwicklung der Mengenlehre (G. CANTOR, R. DEDEKIND), die Axiomatisierung der Arithmetik (G. PEANO, R. DEDEKIND) und der Geometrie (M. PASCH, D. HILBERT), die Entstehung und Entwicklung der mathematischen Logik (G. BOOLE, A. DE MORGAN, G. FREGE, G. PEANO, B. RUSSELL). Neben diesen "positiven Faktoren" gab es auch wichtige "negative Faktoren": Die Entdeckung der Antinomien in der Mengenlehre (C. BURALI-FORTE, G. CANTOR, B. RUSSELL) und der semantischen Antinomien (R. BERRY, K. GRELLING). Diese Ereignisse förderten und forderten philosophische und grundlagentheoretische Forschungen.

Eines der Ergebnisse dieser Forschungen war das HILBERTsche Programm und seine Beweistheorie. Man sollte anmerken, dass dieses Programm nicht als mathematikphilosophischer Entwurf gedacht war. Sein Ziel war, das gesamte Feld des mathematischen Wissens zu begründen und zu legitimieren. Außerdem variierten die - immer formalistischen - Ansichten HILBERTS im Laufe der Zeit.

HILBERT fasste mathematische Theorien als "formale Systeme" auf. Er sah die axiomatische Methode als Mittel, jeden ausreichend entwickelten Bereich systematisch zu ordnen. In "Axiomatisches Denken" (1918) schrieb er:

> Wenn wir die Tatsachen eines bestimmten mehr oder minder umfassenden Wissensgebiete zusammenstellen, so bemerken wir bald, dass diese Tatsachen einer Ordnung fähig sind. Diese Ordnung erfolgt jedesmal mit Hilfe eines gewissen *Fachwerkes von Begriffen* in der Weise, dass dem einzelnen Gegenstande des Wissensgebietes ein Begriff dieses Fachwerkes und jeder Tatsache innerhalb des Wissensgebietes eine logische Beziehung zwischen den Begriffen entspricht. Das Fachwerk der Begriffe ist nicht Anderes als die *Theorie* des Wissensgebietes.

Wir bemerken, dass bei HILBERT der formale Rahmen einer Theorie immer inhaltlich motiviert war, d.h. er betrachtete Theorien immer zusammen mit entsprechenden nicht-leeren Bereichen, die die Umfänge der Individuenvariablen und die Interpretation der außerlogischen Symbole bestimmten.

HILBERT, der nur wenig Interesse an philosophischen Fragen hatte, beschäftigte sich nicht weiter mit dem ontologischen Status, dem Wesen der mathematischen Objekte. Man kann sogar sagen, dass der Sinn seines Programmes war, sich nicht mit dem Wesen mathematischer Objekte in mathematischen Theorien zu beschäftigen sondern die Methoden dieser Theorien und ihre Sätze kritisch zu untersuchen. Andererseits war HILBERT sehr klar, dass, wenn einmal eine Theorie formuliert war, sie beliebig viele Interpretationen zuließ. In einem Brief an GOTTLOB FREGE vom 29. Dezember 1899 schrieb er die berühmten Sätze (vgl.[Frege 1976, S. 67]):

> Ja, es ist doch selbstverständlich eine jede Theorie nur ein Fachwerk oder Schema von Begriffen nebst ihren nothwendigen Beziehungen zu einander, und die Grundelemente können in beliebiger Weise gedacht werden. Wenn ich unter meinen Punkten irgendwelche Systeme von Dingen, z.B. das System: Liebe, Gesetz, Schornsteinfeger ..., denke und dann nur meine sämtlichen Axiome als Beziehungen zwischen diesen Dingen annehme, so gelten meine Sätze, z.B. der Pythagoras auch von diesen Dingen. Mit anderen Worten: eine jede Theorie kann stets auf unendliche viele Systeme von Grundelementen angewandt werden.

Das Wesen einer axiomatischen Theorie lag für HILBERT darin, die Positionen der einzelnen Sätze (Wahrheiten) im gegeben System zu bestimmen und die Beziehungen zwischen ihnen zu klären.

HILBERTs Bestreben war es, das mathematische Wissen mit syntaktischen Mitteln zu begründen. Die semantische Problematik schloss er aus. Sein Ausgangspunkt war die Unterscheidung zwischen einem "finitistischen" Teil der Mathematik, der keiner weiteren Begründung bedurfte, und einem "infinitistischen" Teil, der begründet werden sollte. Seine Beweistheorie sollte die gesamte Mathematik aus der finitistischen Mathematik legitimieren. Die Beweistheorie war als neue mathematische Disziplin geplant, in der mathematische Beweise mit mathematischen Mitteln untersucht werden sollten. Das Ziel war zu zeigen, dass ideale Elemente in der Mathematik, speziell die aktuale Unendlichkeit, die in mathematischen Beweisen benötigt werden, zu korrekten Resultaten führen, also zulässige, sichere Begriffe sind.

Um das Programm zu realisieren, sollten mathematische Theorien (und schließlich die gesamte Mathematik) formalisiert werden, um sie als Systeme von Symbolen - von jedem Inhalt abstrahierend - zu untersuchen.

Formale axiomatische Systeme sollten drei Bedingungen erfüllen: Sie sollten vollständig und widerspruchsfrei und ihre Axiome voneinander unabhängig sein. Widerspruchsfreiheit war für HILBERT ein Kriterium für mathematische Wahrheit und der Existenz der mathematische Objekte in den Theorien. In dem oben zitierten Brief an FREGE schrieb HILBERT [Frege 1976, S. 66]:

> Wenn sich die willkürlich gesetzten Axiome nicht einander widersprechen mit sämtlichen Folgen, so sind sie wahr, so existieren die durch die Axiome definierten Dinge.

Wichtig ist auch die Voraussetzung, dass die Theorien kategorisch, d.h. bis auf Isomorphie durch die Axiome eindeutig charakterisiert sind. Diese Bedingung war mit der der Vollständigkeit verknüpft.

Wichtig für unsere Betrachtungen ist, dass die Vollständigkeit von Theorien bei HILBERT eine besondere Rolle spielte. Man beachte, dass die *Grundlagen der Geometrie* Vollständigkeit in einem Axiom explizit postulierte. Das Axiom V(2) lautet:

> Die Elemente (Punkte, Geraden, Ebenen) der Geometrie bilden ein System von Dingen, welches bei Aufrechterhaltung sämtlicher genannten Axiome keiner Erweiterung mehr fähig ist.

In HILBERTs Vortrag auf dem Kongress in Heidelberg (1904) findet man ein ähnliches Axiom für die reellen Zahlen. Später versteht HILBERT Vollständigkeit als Eigenschaft des Systems. In seinen Vorlesungen über "Logische Principien des mathematischen Denkens" (1905) erklärt HILBERT Vollständigkeit als die Forderung, aus den Axiomen alle "Thatsachen" der Theorie beweisen zu können. Dort sagt er:

> Wir werden verlangen müssen, dass alle übrigen Thatsachen des vorgelegten Wissensbereiches Folgerungen aus den Axiomen sind.

HILBERTs Glaube an die Lösbarkeit aller mathematischen Probleme kann man andererseits als Wirkung dieser Auffassung von Vollständigkeit ansehen. In seinem Vortrag in Paris im August 1900 sagte HILBERT (vgl. [Hilbert 1901, S. 299-300]):

> Wenn es sich darum handelt, die Grundlagen einer Wissenschaft zu untersuchen, so hat man ein System von Axiomen aufzustellen, welche eine genaue und vollständige Beschreibung derjenigen Beziehungen enthalten, die zwischen den elementaren Begriffen jener Wissenschaft stattfinden. Die aufgestellten Axiome sind zugleich die Defini-

tionen jener elementaren Begriffe, und jede Aussage innerhalb des Bereiches der Wissenschaft, deren Grundlage wir prüfen, gilt uns nur dann als richtig, falls sie sich mittels einer endlichen Anzahl logischer Schlüsse aus den aufgestellten Axiomen ableiten lässt.

Seine Formulierung "genaue und vollständige Beschreibung" kann man so verstehen, dass die Axiome die Entscheidung über die Wahrheit oder Falschheit jedes Satzes ermöglichen. Alle Axiomensysteme, die HILBERT angegeben hat, waren vollständig - genauer: kategorisch. Sie enthielten aber immer Axiome, die in der Logik der 2. Stufe formuliert waren.

In seinen Vorlesungen aus den Jahren 1917 und 1918 findet man Vollständigkeit bei HILBERT im Sinne maximaler Widerspruchsfreiheit wieder: Ein System T ist vollständig genau dann, wenn

$$\forall \varphi (T \text{ non} \vdash \varphi \to T \cup \{\varphi\} \text{ widersprüchlich ist}).$$

Die Ursache dafür, dass finite und syntaktische Methoden zusammen mit der Forderung nach Vollständigkeit hier so im Vordergrund standen, beschrieb GÖDEL so (vgl. [Wang 1974, p. 9]): "formalists considered formal demonstrability to be an *analysis* of the concept of mathematical truth and, therefore were of course not in a position to *distinguish* the two" (die Formalisten betrachteten formale Beweisbarkeit als die *Analysis* des Begriffes der mathematischen Wahrheit und deswegen konnten sie sie nicht voneinander *unterscheiden*). Der Begriff der Wahrheit war damals in der Tat nicht als mathematischer Begriff akzeptiert. GÖDEL schrieb in einem Brief an YOSSEF BALAS: "[...] a concept of objective mathematical truth as opposed to demonstrability was viewed with greatest suspicion and widely rejected as meaningless" (Der Begriff der objektiven mathematischen Wahrheit im Gegensatz zu dem Begriff der Beweisbarkeit wurde mit großem Misstrauen betrachtet und als sinnlos abgelehnt) (vgl. [Wang 1987, 84-85]).

Das erklärt, warum HILBERT in seiner Metamathematik nur im Bereich der Formeln arbeitete und nur finite Erwägungen, die als sicher galten, zuließ.

DAVID HILBERT und WILHELM ACKERMANN stellten das Problem der Vollständigkeit der Logik explizit in ihrem Buch *Grundzüge der theoretischen Logik* (1928). GÖDEL löste das Problem. Er zeigte in seiner Dissertation (1929), dass die Logik der 1. Stufe (das Prädikatenkalkül) vollständig ist, d.h. dass jedes widerspruchsfreie System ein Modell besitzt. Später, in seiner berühmten Arbeit aus dem Jahr 1931, zeigte GÖDEL, dass die Arithmetik der natürlichen Zahlen und alle sie umfassenden Systeme unvollständig

sind (sofern sie widerspruchsfrei sind). GÖDEL bewies, dass es Sätze φ in der Sprache L(PA) der PEANOschen Arithmetik PA gibt derart, dass weder φ noch $\neg\,\varphi$ beweisbar sind (d.h. PA $\vdash \varphi$ und PA $\nvdash \neg\varphi$). Man sagt, dass ein solches φ unentscheidbar in PA ist. Man kann auch zeigen, dass φ wahr ist, d.h. in der Struktur der natürlichen Zahlen gültig ist. Kurz: Es gibt wahre Sätze, die in PA unentscheidbar sind. Durch Erweiterung des Systems PA (oder einer sie umfassenden Theorie T) kann man die Unvollständigkeit nicht aufheben. Denn es gibt in jedem erweiterten System wieder wahre aber nicht entscheidbare Sätze.

Wie ist GÖDEL auf die Idee gekommen, einen solchen Satz zu beweisen? Er schrieb selbst, dass der Ursprung in der Entdeckung lag, dass der Begriff der Beweisbarkeit, nicht aber der Begriff der Wahrheit formal definierbar war. Er schrieb:

> [...] long before, I had found the *correct* solution of the semantic paradoxes in the fact that truth in a language cannot be defined in itself.
> ([...] lange zuvor fand ich die *korrekte* Auflösung der semantischen Paradoxien in der Tatsache, dass Wahrheit in einer Sprache nicht in dieser Sprache definiert werden kann.)

Wir bemerken, dass GÖDEL einen intuitiven, nicht präzisierten Begriff von Wahrheit verwendete. Der Begriff der Wahrheit wurde erst 1933 von ALFRED TARSKI definiert und seine Nicht-Definierbarkeit (innerhalb einer Sprache) exakt bewiesen.

GÖDEL vermied die Begriffe "wahr" und "Wahrheit". Er sprach stattdessen von "richtigen Formeln" oder "inhaltlich richtigen Formeln", nie über "wahre Formeln". Warum kann man fragen. Eine Antwort finden wir im Entwurf eines Briefes an YOSSEF BALAS (vgl. oben), in dem GÖDEL schrieb:

> However in consequence of the philosophical prejudices of our times 1. nobody was looking for a relative consistency proof because [it] was considered axiomatic that a consistency proof must be finitary in order to make sense, 2. a concept of objective mathematical truth as opposed to demonstrability was viewed with greatest suspicion and widely rejected as meaningless. (Als Folge der philosophischen Vorurteile unserer Zeit suchte 1. niemand nach einem relativen Widerspruchsfreiheitsbeweis, weil vorausgesetzt wurde, dass ein solcher Beweis finitistisch (finitary) sein muss um sinnvoll zu sein, 2. wurde der Begriff der objektiven mathematischen Wahrheit - im Gegensatz

zu dem der Beweisbarkeit - mit großem Misstrauen betrachtet und im Allgemeinen als sinnlos zurückgewiesen.)

GÖDEL befürchtete offenbar, dass in der damals etablierten Grundlagenmathematik, in der die HILBERTschen Ideen dominierten, Arbeiten auf Ablehnung stoßen würden, die den Begriff der mathematischen Wahrheit verwendeten. Daher versuchte er seine Ergebnisse so zu präsentieren, dass sie auch von solchen Mathematikern akzeptiert werden konnten, die nichtfinitistische Methoden vermieden.

Hinzu kam, dass GÖDELs philosophische Einstellung platonistisch war. Es war GÖDELs Überzeugung, dass es gerade die anti-platonistischen Vorurteile waren, die die Akzeptanz seiner Ergebnisse behinderten.

Die Entdeckung des Phänomens der Unvollständigkeit und der Undefinierbarkeit von Wahrheit haben gezeigt, dass die definierbare formale Beweisbarkeit nicht als Klärung des Begriffs der mathematischen Wahrheit angesehen werden konnte. Sie zeigte zudem, dass das HILBERTsche Programm, die Mathematik durch finitistische Methoden zu begründen, scheitern musste.

Ein weiteres wichtiges Detail ist, dass GÖDEL ein "rationalistischer Optimist" war, wie HAO WANG sagte. Er glaubte, dass Mathematik ein System von Wahrheiten ist, dass in gewisser Weise vollständig ist in dem Sinne, dass "jede präzise Frage, die mit "Ja" oder "Nein" beantworten werden kann, muss eine klare Antwort besitzen" (every precisely formulated yes-or-no-question in mathematics must have a clear-cut answer) (vgl. [Gödel 1970]). GÖDEL glaubte aber nicht, dass Axiome eine Basis für eine solche allgemeine Beweisbarkeit bilden könnten. In GIBBS Vorlesungen (1951) unterscheidet GÖDEL zwischen "objektiver" und "subjektiver Mathematik": "Objektive Mathematik" ist die Gesamtheit aller wahren mathematischen Sätze, "subjektive Mathematik" die Gesamtheit der beweisbaren Sätze. Die objektive Mathematik kann nicht durch ein Axiomensystem erfasst werden.

Die Gödelschen Unvollständigkeitssätze haben gezeigt, dass Wahrheit in der Mathematik nicht vollständig durch Beweisbarkeit, also nicht durch syntaktische finitistische Mittel erfassbar ist. Man kann mit solchen Mitteln Wahrheit nur approximieren. Der HILBERTsche Standpunkt müsste also erweitert werden. Aber wie?

HILBERT hat in seinem Vortrag im Dezember 1930 in Hamburg eine neue Beweisregel vorgeschlagen. Sie ähnelte der so genannten ω-Regel und hat-

te nicht-formalen Charakter: Ist $A(z)$ eine quantorenfreie Formel und kann man (finitistisch) zeigen, dass jedes Beispiel für $A(z)$ richtig ist, so ist $\forall z\, A(z)$ als Ausgangsformel in Beweisen zulässig (vgl. [Hilbert 1931]).

Im Vorwort zum ersten Band der *Grundlagen der Mathematik* von DAVID HILBERT und PAUL BERNAYS steht, dass:

> [...] die zeitweilig aufgekommene Meinung, aus gewissen neueren Ergebnissen von GÖDEL folge die Undurchführbarkeit meiner Beweistheorie, als irrtümlich erwiesen ist. Jenes Ergebnis zeigt in der Tat auch nur, dass man für die weitergehenden Widerspruchsfreiheitsbeweise den finiten Standpunkt in einer schärferen Weise ausnutzen muss, als dieses bei der Betrachtung der elementaren Formalismen erforderlich ist.

Man sieht, dass HILBERT versuchte, sein Programm zu verteidigen - sogar mit so eigenartigen und unklaren Sätzen wie den zitierten.

GÖDEL seinerseits sagte bei vielen Gelegenheiten, dass man neue Axiome benötigt, um unentscheidbare arithmetische und mengentheoretische Probleme zu lösen. In [Gödel 1931?, S. 34] schrieb er:

> [...] es [gibt] zahlentheoretische Probleme, die sich nicht mit zahlentheoretischen sondern nur mit analytischen bzw. mengentheoretischen Hilfsmitteln lösen lassen.

In [Gödel 1933, S. 48] finden wir die folgenden Worte:

> [...] there are arithmetic propositions which cannot be proved even by analysis but only by methods involving extremely large infinite cardinals and similar things. ([...] es gibt arithmetische Sätze, die nicht allein mit Hilfe der Analysis bewiesen werden können, sondern nur mit Methoden, die extrem große unendliche Kardinalzahlen oder ähnliche Dinge verwenden.)

1946 sagte GÖDEL deutlich, dass es notwendig sei, immer neue und stärkere transfinite Theorien zu verwenden, um neue arithmetische Sätze zu erhalten (vgl. [Gödel 1946]). Diese Bemerkungen passen gut zu den folgenden Worten von RUDOLF CARNAP [Carnap 1934, S. 274]:

> [...] *alles Mathematische ist formalisierbar; aber die Mathematik ist nicht durch Ein System erschöpfbar*, sondern erfordert eine Reihe immer reicherer Sprachen.

Bemerkung: Ich danke Prof. Dr. Thomas Bedürftig (Universität Hannover) für die Hilfe bei der sprachlichen Bearbeitung.

Literatur

CARNAP, RUDOLF: 1934, 'Die Antinomien und die Unvollständigkeit der Mathematik', *Monatshefte für Mathematik und Physik* **41**, 263-284.

FREGE, GOTTLOB: 1976, *Wissenschaftlicher Briefwechsel*, Hrsg. G. Gabriel, H. Hermes, F. Kambartel, Ch. Thiel, A. Veraart, Felix Meiner Verlag, Hamburg.

GÖDEL, KURT: 1929, 'Über die Vollständigkeit des Logikkalküls', Doktorarbeit, zum ersten Mal veröffentlicht (mit der englischen Übersetzung) in: Gödel, K. *Collected Works*, vol. I, ed. by Feferman, S. *et al.*, Oxford University Press, New York and Clarendon Press, Oxford, 1986, 60-101.

GÖDEL, KURT: 1931, 'Über formal unentscheidbare Sätze der 'Principia Mathematica' und verwandter Systeme. I', *Monatshefte für Mathematik und Physik* **38**, 173-198. Abgedruckt zusammen mit der englischen Übersetzung 'On Formally Undecidable Propositions of Principia Mathematica and Related Systems' in: Gödel, K. *Collected Works*, vol. I, ed. by Feferman, S. *et al.*, Oxford University Press, New York and Clarendon Press, Oxford 1986, 144-195.

GÖDEL, KURT: 1931?, 'Über unentscheidbare Sätze'; zum ersten Mal veröffentlicht (das deutsche Original und die englische Übersetzung 'On Undecidable Sentences') in: Gödel, K. *Collected Works*, vol. III, ed. by Feferman, S. *et al.*, Oxford University Press, New York and Oxford 1995, 30-35.

GÖDEL, KURT: 1933, 'The Present Situation in the Foundations of Mathematics'; zum ersten Mal veröffentlicht in: Gödel, K. *Collected Works*, vol. III, ed. by Feferman, S. *et al.*, Oxford University Press, New York and Oxford 1995, 45-53.

GÖDEL, KURT: 1946, 'Remarks Before the Princeton Bicentennial Conference on Problems in Mathematics', 1-4; zum ersten Mal veröffentlicht in: Davis, M. (Ed.) *The Undecidable: Basic Papers on Undecidable Propositions, Unsolvable Problems, and Computable Functions*, Raven Press, Hewlett, N.Y., 1965, 84-88. Abgedruckt in: Gödel, K. *Collected Works*, vol. II, ed. by Feferman, S. *et al.*, Oxford University Press, New York and Oxford, 1990, 150-153.

GÖDEL, KURT: 1951, 'Some Basic Theorems on the Foundations of Mathematics and Their Implications'; zum ersten Mal veröffentlicht in: Gödel,

K. *Collected Works*, vol. III, ed. by Feferman, S. *et al.*, Oxford University Press, New York and Oxford 1995, 304-323.

GÖDEL, K.: 1970, 'The Modern Development of the Foundations of Mathematics in the Light of Philosophy'; zum ersten Mal veröffentlicht (deutscher Text und die englische Übersetzung) in: Gödel, K. *Collected Works*, vol. III, ed. by Feferman, S. *et al.*, Oxford University Press, New York and Oxford 1995, 374-387.

HILBERT, DAVID: 1899, *Grundlagen der Geometrie. Festschrift zur Feier der Enthüllung des Gauss-Weber-Denkmals*, B.G.Teubner Leipzig, 3-92. Spätere Aufl. m. Supplementen v. P. Bernays. Neueste Auflage: 14. Auflage. Hrsg. u. m. Anh. versehen v. M. Toepell. B.G. Teubner Stuttgart-Leipzig 1999. (Teubner-Archiv zur Mathematik - Supplementband 6).

HILBERT, DAVID: 1901, 'Mathematische Probleme', *Archiv der Mathematik und Physik* **1**, 44-63 and 213-237. Abgedruckt in: Hilbert, D. *Gesammelte Abhandlungen*, Verlag von Julius Springer, Berlin, Bd. **3**, 290-329. Englische Übersetzung: 'Mathematical Problems', *Bulletin of the American Mathematical Society* **8** (1901-2), 437-479; auch in: Browder, F. (Ed.) *Mathematical Developments Arising from Hilbert's Problems*, Proceedings of the Symposia in Pure Mathematics **28**, American Mathematical Society, Providence, RI, 1976, 1-34.

HILBERT, DAVID: 1903, *Grundlagen der Geometrie*, zweite Auflage, Teubner Verlag, Leipzig. (neueste Auflage: siehe Hilbert 1899.)

HILBERT, DAVID: 1905, 'Logische Principien des mathematischen Denkens', Lecture notes by Ernst Hellinger, Mathematisches Institut, Georg-August-Universität Göttingen, Sommer-Semester 1905. Nicht veröffentlichtes Manuskript.

HILBERT, DAVID, 1917-18, 'Prinzipien der Mathematik', Lecture notes by Paul Bernays. Mathematisches Institut, Georg-August-Universität Göttingen, Wintersemester 1917-18. Nicht veröffentlichtes Manuskript.

HILBERT, DAVID, 1918, 'Axiomatisches Denken', *Mathematische Annalen* **78**, 405-415.

HILBERT DAVID: 1931, 'Die Grundlegung der elementaren Zahlentheorie', *Mathematische Annalen* 104, 485-494; abgedruckt in: Hilbert, D., *Gesammelte Abhandlungen*, Bd. **3**, Verlag von Julius Springer, Berlin 1935, 192-195.

HILBERT, DAVID und ACKERMANN, WILHELM: 1928, *Grundzüge der theoretischen Logik*, Verlag von Julius Springer, Berlin. Englische Übersetzung der zweiten Auflage: *Principles of Mathematical Logic*, Chelsea Publishing Company, New York 1950.

HILBERT, DAVID und BERNAYS, PAUL: 1934/1939, *Grundlagen der Mathematik*, Springer-Verlag, Berlin, Bd.I. 1934, Bd.II. 1939.

TARSKI, ALFRED: 1933, *Pojęcie prawdy w językach nauk dedukcyjnych*, Nakładem Towarzystwa Naukowego Warszawskiego, Warszawa.

TARSKI, ALFRED: 1936, 'Der Wahrheitsbegriff in den formalisierten Sprachen', *Studia Philosophica* **1**, 261-405 (Sonderabdrucke signiert 1935).

WANG, HAO: 1974, *From Mathematics to Philosophy*, Routledge and Kegan Paul, London.

WANG, HAO: 1987, *Reflections on Kurt Gödel*, M.I.T. Press, Cambridge, Mass.

Prof. Dr. Roman Murawski, Uniwersytet im. Adama Mickiewicza,
Wydział Matematyki i Informatyki,
ul. Matejki 48/49, PL-60-769 Poznań, Polen,
E-Mail: rmur@math.amu.edu.pl

Fehler -Treffer –Niete
Eine sprachgeschichtlich-literarische Betrachtung

Rudolf Haller[1]

Fehler, Treffer und Niete gehören zum gleichen Bedeutungsumfeld, wie sich im Folgenden zeigen wird. Sie sind junge Wörter des deutschen Sprachschatzes, wobei Fehler und Niete als Lehnwörter zu uns gekommen sind.

Beginnen wir mit dem ältesten dieser drei Wörter, dem Fehler. Das altfranzösische Verbum *faillir* = *sich irren, verfehlen*, das auf das lateinische *fallere* = *täuschen* zurückgeht, gelangt als Lehnwort *velen* ins Mittelhochdeutsche. Gegen Ende des 15. Jh.s wird dann zum Verbum fehlen das Substantiv *Fehler* zur Bezeichnung eines Fehlschusses gebildet.

Diese erste Bedeutung von *Fehler* ist aus dem heutigen Sprachschatz verschwunden, der *Fehler* nur im Sinne von *Irrtum* kennt. In diesem Sinne erscheint *Fehler* erstmals 1561 bei JOSUA MAALER (1529-1595 Regensperg/Schweiz) in seinem deutsch-lateinischen Wörterbuch *Die Teütsch spraach* [Maaler 1561].

Das Bild vom Fehlschuss benützt sehr gerne der Theologe und bedeutende Prediger des Spätmittelalters JOHANNES GEILER VON KAYSERSBERG (Schaffhausen 1445-1510 Straßburg). Seine um 1480/81 gedruckte Übersetzung [Geiler 1480/81] von JEAN DE GERSONS (Gerson 1363-1429 Lyon) *De arte moriendi* enthält auf Blatt 4v die erste Belegstelle für das Wort *Fehler*, wobei gerade diese Passage sich nicht bei GERSON findet: In der Sterbestunde nämlich soll der Sterbende seinen besonderen Heiligen um Beistand bitten; denn

> "wann wo ich uff disen ougenblick felte so hett ich einen ewigen feler geschossen."

---

[1] Vorbemerkung: *Trübners Deutsches Wörterbuch* [Trübner 1939ff.] und das DWB der Gebrüder Grimm [Grimm 1854ff.] lieferten die Basis meiner Untersuchungen.

Von den weiteren Belegstellen bei GEILER für dieses Fehlschuss-Bild will ich nur die beiden 1510 in Augsburg gedruckten Werke (Teile von [Geiler 1510]) aufführen, und zwar

- *Geistliche Spinnerin*. [Geiler 1510 (a)] Auf Blatt e6^c wird das Handeln der Menschen als Weben aufgefasst:

"weñ sy komen an jr letzst end vnd mayñ sy haben Samat gespunnen so ist es zwilch / vnd weñ sy maynen einzugeen mit den jungen weisen junckfrawen so schiessen sy aiñ fåler."

- *Der Hase im Pfeffer*. [Geiler 1510 (b)] So, wie es eine klare Unterweisung gibt, wie man den Hasen im Pfeffer zubereiten soll, so gibt es auch für ein gottgefälliges Leben des Menschen eine klare Unterweisung. Der Weg in das Kloster ist, so auf Blatt Ff4^a, wie wenn der Hase mehr Pfeffer bekäme. Aber nicht immer findet man im Kloster das, was man gesucht hat:

"Ich wolt gaistlichayt sůchen so hab ich die wellt funnden Ich hab ainen fåler geschossen"

Erfreulicher als ein Fehlschuss ist natürlich ein Treffer. Aus dem althochdeutschen Verb *treffan = schlagen* (mhd. *treffen*) entsteht im 15. Jh. der substantivierte Infinitiv *Treffen = Schlacht* und erst im 16. Jh. das Wort *Treffer* als Bezeichnung für einen Schuss, der trifft. Belegt ist *Treffer* in diesem Sinn erstmals 1575, und passend zusammen mit seinem Gegenteil *Fehler*, bei JOHANN DER TÄUFER FRIEDRICH FISCHART (Straßburg 1546/47-1590 Forbach). Im 27. Kapitel seiner *Affenteurliche vnd Vngeheurliche Geschichtschrift* [Fischart 1575] nach RABELAIS lernt Gargantual das Schießen mit Erfolg; denn in Zeile 3 von Blatt [Svij^b] heißt es:

"da waren kain Fåler / eitel Treffer."

Im ausgehenden Mittelalter verband man das Schießen mit Lustbarkeiten. So richtete die Stadt München anlässlich des Tiburtius-Schießens am 14. April 1467 den ersten "Glückshafen" auf deutschem Boden aus; das ist eine Warenlotterie, wie sie erstmals für den 9. April 1445 in Sluis (Flandern) nachgewiesen werden konnte. Gezogen wurde dabei gleichzeitig aus zwei Gefäßen. Aus dem einen zog man die mit einem Namen oder einer Devise versehenen Zettel der Einzahler, aus dem anderen die Zettel, auf denen vorher entweder ein Gewinn oder nichts bzw. eine Null notiert worden war. "Blinde Zettuln" und auch "blinde Zettel" nennt die letzteren 1651 der Rechtsgelehrte KASPAR KLOCK (Soest 1583-1655 Braunschweig) in der

lateinisch verfassten Beschreibung des Osnabrücker Glückstopfs von 1521 [Klock 1651, 624]. Das Hendiadyoin "Nullen und blinde Zettuln" bildet 1685 EBERHARD WERNER HAPPEL (Kirchhayn/ Hessen 1647-1690 Hamburg), der fruchtbarste Romanschreiber der 2. Hälfte des 17. Jh.s. In seinen *Relationes* Curiosae berichtet er in *Der blinde Kauff* [Happel 1685, 2. Teil, Spalte 62a] von einem Warentermingeschäft, dass nämlich den Fischern sehr oft ihre Fänge abgekauft werden, ehe sie hinausfahren:

> "der andere / so kein Glück hat / traurig und mit einer langen Nasen abziehet / und für sein gesetztes Geld / aus einen besonderen Glückshaven des Meeres / will sagen / aus den Härings-Netzen / viel Nullen und blinde Zettuln zum Gewinn ergreiffet."

Der bedeutendste Epigrammatiker des Barocks, FRIEDRICH VON LOGAU (Dürr Brockut 1604-1655 Liegnitz), spricht in *Hofe-Glücke*, einem seiner satirischen Sinngedichte, von "leeren Zetteln" [Logau 1654, Andres Tausend Fünfftes Hundert / 89]:

> "Ein Glücks-Topff steht bey Hof / in welchem Zettel liegen.
> Zum meisten welche leer / zum minsten welche tügen."

Diese leeren, d. h. unbeschriebenen, also weiß gebliebenen Zettel waren natürlich in der Überzahl, sodass in Italien die *loteria* bald *La Bianca* hieß. Als *Blanque* erlaubte König FRANZ I. im Mai 1539 eine Warenlotterie in Paris (die nie stattfand), und als *blank* ging es in den englischen Wortschatz ein.

Fast 200 Jahre später lässt 1719 ANTOINE HOUDAR DE LA MOTTE (Paris 1672-1731 ebd.) in seinen *Fables nouvelles* Jupiter für die Menschen eine Lotterie veranstalten, bei der jeder gewinnen sollte [Houdar de la Motte 1719, Livre I, Fable XIV]. Also durften keine "weißen Zettel" in der Urne liegen, was HOUDAR DE LA MOTTE positiv formuliert: "Schwarz war jeder Zettel":

> *"Tout billet étoit noir; chacun devoit gagner."*

CHRISTIAN GOTTLIEB GLAFEY (Hirschberg/Schlesien 1687-1753 ebd.) übersetzte 1736 diese Zeile so [Glafey 1736]:

> "Denn Alle sollten hier gewinnen,
> Drum waren lauter Treffer drinnen."

Das Ziehen eines schwarzen Zettels empfand GLAFEY also wie einen Treffer beim Schießen. Seine Verse sind der erste Beleg für diese friedliche

Bedeutung des Wortes Treffer; der erste Schritt zur stochastischen Karriere des Treffers war getan. (Das französische *urne* übersetzte GLAFEY mit *Topf*. In die Mathematik kam "Urne" erst 1713 durch JAKOB BERNOULLIs [1655-1705] *Ars Conjectandi*.)

Da der Fehler beim Schießen, wie wir oben gesehen haben, der Antipode des Treffers war, lag es nahe, die blinden Zettel nun als Fehler zu bezeichnen. So lässt der Dichter CHRISTIAN FÜRCHTEGOTT GELLERT (Hainichen/Sachsen 1715-1769 Leipzig) in seinem vor 1747 verfassten Lustspiel *Das Loos in der Lotterie* Herrn Orgon sagen [Gellert 1761]:

> "so möchte ich doch selber gern wissen, ob ihr Loos unter den Treffern, oder Fehlern stehen würde."

Zur selben Zeit, nämlich im Jahre 1747, gelangte -was bisher völlig übersehen wurde - das Geschwisterpaar "Treffer - Fehler" auch in die Mathematik, und zwar durch JOHANNES ANDREAS VON SEGNER (Preßburg 1704-1777 Halle) mit seiner "freien Übersetzung" von BERNARD NIEUWENTIJDTs (1654-1718) mehrmals aufgelegtem und auch in mehrere Sprachen übersetzten *Het regt Gebruik der Werelt Beschouwingen*. Letzterer verteidigt [Nieuwentijdt 1715, 306ff.] JOHN ARBUTHNOTs (1667-1735) Gottesbeweis [Arbuthnot 1710] ausführlich, berichtet dann aber, dass der junge, hoch geschätzte WILLEM JACOB STORM VAN S'GRAVESANDE (1688-1742) eine stichhaltigere mathematische Beweisführung aus ARBUTHNOTs Londoner Tafeln gefunden habe, die er aber nur als Resümee in sein Werk aufnehmen könne.[2] SEGNER deutet S'GRAVESANDEs Lösung als Wette und schreibt [Segner 1747, 213f.]:

> "Eine Person, die wir A. nennen wollen, wirft 11429. Pfennige auf den Tisch, und behauptet, daß deren nicht mehrere als 6128. und nicht weniger als 5745. dergestalt fallen werden, daß das Antlitz oben zu liegen komme; wie viele Fehler stehen da gegen einen Treffer, daß dieses würklich erfolgen, und die Person ihre Wette gewinnen werde, welche sie eingegangen? […]
>
> Daraus wird, mit Beihülfe der Logarithmen, gefunden, daß ein einziger Treffer […] gegen mehr als 75. Septillionen Fehler stehe, wenn

---

[2] Erwähnt ist diese Leistung s'Gravesandes auch in der Rezension von Nieuwentijdts Werk in den *Nouvelles de la République des Lettres* (März, April 1716). In Gänze erschien seine *Démonstration mathématique de la Direction de la Providence Divine* aber erst postum in seinen *Œuvres philosophiques et mathématiques* 2, 221–236 (Marc Michel Rey Amsterdam 1774).

man behauptet, daß A gewinnen, oder daß die Ordnung der Geburten, welche die Erfahrung zu London gewiesen, 82. Jahre nacheinander blos zufälliger Weise werde erhalten werden."

Weder im Holländischen noch im Französischen findet sich eine entsprechende Veranschaulichung des ARBUTHNOT'schen Vorgehens. Es handelt sich also um eine eigenständige Leistung SEGNERS.

Das Duo "Treffer - Fehler" begegnet uns dann wieder bei JOHANN WOLFGANG VON GOETHE (Frankfurt a. M. 1749-1832 Weimar), der 1788 Alba in *Egmont* IV, 2 sinnieren lässt [Goethe 1788, 134]:

"Und nun im Augenblick des Entscheidens bist du zwischen zwey Übel gestellt; wie in einen Loostopf greifst du in die dunkle Zukunft; was du fassest ist noch zugerollt, dir unbewußt, sey's Treffer oder Fehler!"

Dem *Fehler* erwuchs aber bald eine Konkurrentin. Denn mit der Übernahme der holländischen Lotterie in Hamburg kam auch deren Wortschatz dorthin. Das Gewinnlos, also der Treffer, hieß im Niederländischen *wat*, weil man ja "was" gewinnen konnte. Meist aber gewann man *niet*, also nichts. Das neuniederländische *der* (und auch *das*) *niet* wird, verbunden mit einem Geschlechtswechsel, als *die* Niete eingedeutscht [Weigand 1860, Band 2, Erste Abtheilung]. Laut [Trübner 1939ff.] ist diese deutsche *Niete* zum ersten Mal im Jahre 1707 belegt, und zwar in einem Brief, in dem der Gelehrte, Dichter und Schulmann MICHAEL RICHEY (Hamburg 1678-1761 ebd.), damals Rektor in Stade, MARTIN LUCAS SCHELE zu dessen Doktordisputation gratuliert. RICHEY greift dabei HERMANN VON DER HARDT (Melle 1660-1746 Helmstedt), Professor der Universität Helmstedt, an, der in seiner *Epistola de Germana Polizzae Origine* (Helmstedt 1704) ziemlichen etymologischen Unsinn geboten habe:

"so hat doch Herr von der Hardt zum wenigsten dieses Verdienst, daß er eine ziemliche Anzahl Muthmassungen zu Marckte gebracht, aus welchen man, wie aus einem nicht gar zu Gewinn-reichen Glücks-Topfe, endlich noch wol ein Wat gegen sechs Nieten wird greiffen können."

Im Druck erschienen ist dieser Brief allerdings erst 1732 [Richey 1732, 7-12]. Ein fast 100 Jahre älterer Beleg wäre dagegen die Aufschrift, die der Gewinnkorb der 1610 in Hamburg beschlossenen Lotterie, dem ZEDLER'-

schen Universal-Lexicon zufolge, getragen haben soll [Zedler 1738, Band 18, Spalte 570].

> "In diesem Korbe die Gewinnen seyn
> Für Grosse, Mittel und auch Klein.
> Niemand kann sagen, an dieser Sydt
> Liegen die Gewinn und da die Nydt."

Ob JOHANN LEONHARD FRISCH (Sulzbach/Nürnberg 1666-1743 Berlin), der vielseitigste Wissenschaftler der Berliner Societät der Wissenschaften und LEIBNIZens Verbindungsmann in Berlin, das Wort Niete bei seinem Aufenthalt in Hamburg kennenlernte, weiß ich nicht. Immerhin erscheint es 1719, also noch *vor* der Publikation von RICHEYs Brief, als Stichwort in der zweiten Auflage seines *Nouveau Dictionaire des Passagers François-Allemand et Allemand-François* [Frisch 1719]:

> "Niete, f. ein Loß in der Lotterie, das nichts bekommt, ein leerer Zettel, *billet blanc*",

wohingegen er das französische *billet blanc* unter dem Stichwort *blanc* bereits 1712 in der Erstauflage seines *Nouveau Dictionnaire* [sic!] ... [Frisch 1712], aber nur mit

> "ein Zettel im Glücks-Topff, da nichts drauf"

übersetzt. Auch in späteren Auflagen - es gibt im 18. Jh. immerhin siebzehn - wird *Niete* nicht angefügt. Dass FRISCH aber Niete durchaus als ein neues Wort der deutschen Sprache empfand, machte er 1741 in seinem *Teutsch-Lateinischem Wörter-Buch* deutlich, an dem er dreißig Jahre gearbeitet hatte und das zu einem Markstein in der Geschichte der deutschen Lexikographie wurde [Frisch 1741, Band 2]:

> "Niete, ein Wort der neuern Zeiten so mit den Lotterien aufgekommen. Bedeutet einen herausgezogenen Los-Zettel, darauf nichts steht, was auf anderen Gewinn heißt, *sors sine lucro, schedula vacua, signum inane.*"

In den nur wenig früher erschienenen Latein-Wörterbüchern, nämlich JOHANN GEORG WACHTERs (Memmingen 1663-1757 Leipzig) *Glossarium Germanicum* von 1727 [Wachter 1727] und 1737 [Wachter 1737] und des Arztes CHRISTOPH ERNST STEINBACHs (Semmelwitz/Niederschlesien 1698 bis 1741 Breslau) *Vollständiges Deutsches Wörter-Buch vel Lexicon Germanico-Latinum* von 1734 [Steinbach 1734] sucht man danach noch vergebens.

Die *Niete* kann sich nur langsam, vom Norden und Nordwesten Deutschlands her, gegen den *Fehler* durchsetzen, wie der Artikel "Niete" in *Trübners Deutschem Wörterbuch* [Trübner 1939ff.] zeigt. Ihre literarische Anerkennung - bei GOTTHOLD EPHRAIM LESSING (Kamenz 1729-1781 Braunschweig) findet man Niete noch nicht - gewinnt sie durch den heute vergessenen LEOPOLD FRIEDRICH GÜNTHER VON GÖCKINGK (Gröningen/Halberstadt 1748-1828 Breslau) und durch seinen Schulkameraden und Freund GOTTFRIED AUGUST BÜRGER (Molmerswende/Halberstadt 1747-1794 Göttingen), vor allem aber durch FRIEDRICH VON SCHILLER (Marbach 1759-1805 Weimar).

GÖCKINGKs dem König von Siam zugeeignete *Gedichte* von 1780 enthalten die 1771 verfasste *I. Epistel an Goldhagen* [Göckingk 1780]. Dort liest man:

"Da drängt er an die bunte Bude
des Glückes, sich wie rasend hin
[…]
Wagt seine Ruh und seine Zeit daran
Zieht, aber immer - eine Niete!"

BÜRGER übersetzt und bearbeitet 1783 den SHAKESPEARE'schen *Macbeth*. In III, 8 lässt er - was keine Entsprechung bei hat - die Hexenaltfrau zu den Hexen über Macbeth sagen [Bürger 1783]:

"Zu dem war der, den ihr beehrt
Nicht allerdings der Perle wehrt.
Voll Tück' und Stolz, wie Seiner viele,
Mischt er die Karten so im Spiele,
Daß er das große Loos erwischt,
Ihr aber leere Nieten fischt!"

Für SCHILLER fand ich vier Stellen nachgewiesen:

- In *Die Räuber* (^{2}1782) lässt er Moor in III, 2 sprechen [Schiller 1782]:

"dieses bunte Lotto des Lebens, worein so mancher seine Unschuld, und - seinen Himmel sezt, einen Treffer zu haschen, und - Nieten sind der Auszug - am Ende war kein Treffer darinn."

In der anonym erschienen Erstauflage von 1781 steht übrigens das ältere *Nullen* an Stelle von *Nieten*! [Schiller 1781]

- Im *Der Spaziergang unter den Linden* (1782) wird über das menschliche Leben räsoniert [Schiller 1782 (a)]:

　"Es ist ein betrügliches Lotto, die wenigen armseligen Treffer verschwinden unter den zahllosen Nieten."

- Im 1786 entstandenen *Geisterseher* [Schiller 1787, 1. Buch] sagt Wollmar:

　"Die Person, bei der Sie die Lotterielose nahmen, war im Verständnis mit mir. Sie ließ Sie aus einem Gefäße ziehen, wo keine Niete zu holen war, "

- und 1787 heißt es im Gedicht *An Elisabeth Henriette von Arnim* [Schiller 1943ff.]:

　"In dieses Lebens buntem Lottospiele
　Sind es so oft nur Niethen, die wir ziehn."

Spricht GOETHE noch 1788 von Treffer und Fehler (s. o.), so entschließt er sich 1811 für das neue Wort Niete. In *Romeo und Julia* [Goethe 1811], seiner Bearbeitung des SHAKESPEARE'schen Stücks für das Theater, lässt er Mercutio in I, 8 sagen:

　"Versucht will alles sein: denn jede Nummer
　kann ihren Treffer, ihre Niete finden."

Ihm folgen Dichter und Geschichtsschreiber des 19. Jh.s. Den Süden und Südosten Deutschlands und damit auch das heutige Österreich erreicht die Niete, den Fehler gänzlich verdrängend, erst im 20. Jahrhundert.

Als Kuriosum sei zum Abschluss noch vermerkt, dass der Treffer im letzten Viertel des 18. Jh.s auch Eingang in die Studentensprache gefunden hat, wie man GOETHES *Italienischem Notizbuch* entnehmen kann [Goethe 1786]: Unter "Studenten Comment" findet sich die Entsprechung "Treffer - Glück"; darunter steht dann der Eintrag "Sau Treffer".

Literatur

ARBUTHNOT, JOHN. 1710: An Argument for Divine Providence, taken from the constant Regularity observ'd in the Births of both Sexes. In: Philosophical Transactions 27 (1710), erschienen 1712

BÜRGER, GOTTFRIED AUGUST. 1783: Macbeth. Ein Schauspiel in fünf Aufzügen nach Shakespeare. Johann Christian Dieterich Göttingen

FRISCH, JOHANN LEONHARD. 1712: Nouveau Dictionnaire des Passagers François-Allemand et Allemand-François, Oder neues Frantzösisch-Teutsches und Teutsch-Frantzösisches Wörter-Buch, Worinnen Alle Frantzösische Wörter, auch der Künste und Wissenschafften, aus den vollkommensten und neuesten Dictionariis, nebst den nöthigsten Constructionen und Redens-Arten, durch kürtzlich gezeigte Etymologie, und durch das gebräuchlichste auch reineste Teutsche erkläret worden; Im Teutschen Theile aber eine so grosse Verbesserung und Vermehrung geschehen, daß die Liebhaber beyder Sprachen dieses Buch mit grossem Nutzen gebrauchen können. Herausgegeben von Johann Leonhard Frisch, Mitglied der Kön. Preuß. Societ. der Wissenschafften in Berlin. Joh. Friedrich Gleditsch und Sohn Leipzig

——— 1719: Nouveau Dictionaire des Passagers François-Allemand et Allemand-François, Oder neues Frantzösisch-Teutsches und Teutsch-Frantzösisches Wörter-Buch, [weiter wie 1712]. Andere Auflage. Joh. Friedrich Gleditschens seel. Sohn Leipzig

——— 1741: Teutsch-Lateinisches Wörter-Buch. Christoph Gottlieb Nicolai Berlin

FISCHART, JOHANN DER TÄUFER FRIEDRICH. 1575: Affenteurliche vnd Vngeheurliche Geschichtschrift vom Leben / rhaten und Thaten der for langen weilen Vollenwolbeschraiten Helden vnd Herrn Grangusier / Gargantoa vnd Pantagruel / Koenigen inn Vtopien vnd Ninenreich. Etwan von M. Francisco Rabelais Franzoesisch entworfen : Nun aber vberschrecklich lustig auf den Teutschen Meridian visirt / vnd vngefaerlich obenhin / wie man den Grindigen laußt / vertirt / durch Huldrich Elloposcleron Reznem. s. l. [Straßburg]

GEILER VON KAYSERSBERG, JOHANNES. 1480/81: ‹Totenbüchlein› A-Druck, s. l., s. a. [vermutlich Straßburg um 1480/81],

——— 1510 : Das buch granatapfel. im latin genant Malogranatus · helt in ym gar vil und manig haylsam vnd süsser vnderweysung vnd leer / den anhebenden / auffnemenden / vnd volkomen mennschen / mitt sampt gaystlicher bedeütung des außganngs der kinder Israhel von Egipto / Item ain merkliche vnderrichtung der gaistlichen spinnerin / Item etlich predigen von dem hasen im pfeffer Vnd von siben schwertern / vnd schayden / nach gaistlicher außlegung. Meerers tails gepredigt durch den hochgeleerten Johãnem Gayler von Kaysersperg etc. Jörgen Diemar Augsburg 1510

———— 1510 (a): Die gaistlich spinnerin. nach dem Exempel der hailigen wittib Elizabeth / wie sy an einer gaistlichen gunckel / flachs vnd woll gespunnen hat. Gepredigt durch den wirdigen Doctor Johannem Gayler von Kayserßperg etc. Jörgen Diemar Augsburg 1510

———— 1510 (b): Ain gaistliche bedeütung des heßlins · wie man das in den pfeffer berayten soll / die da gibt clare vnderrichtung / wie ain mensch (der sich will keren zů got / die laster der sünden fliehen / ain Ersam penitentzlich leben anfahen) sich berayten / schicken vnd halten soll / nach den gůten aigenschafften die das forchtsam / vnachtber / klain thierlein / das haẻßlin / in seiner art an jm hat. Jörgen Diemar Augsburg 1510 [postum]

GELLERT, CHRISTIAN FÜRCHTEGOTT. 1761: Das Loos in der Lotterie. Johann Paul Krauß Wien; auch in: Sämmtliche Schriften, Band 3. M. G. Weidmanns Erben und Reich, und Caspar Fritsch Leipzig 1769 (Nachdruck Georg Olms Hildesheim 1968)

GLAFEY, CHRISTIAN GOTTLIEB. 1736: Herrn Houdart de la Motte Neue Fabeln. Frankfurt und Leipzig

GÖCKINGK, LEOPOLD FRIEDRICH GÜNTHER VON. 1780: Gedichte. s. l., s. a.

GOETHE, JOHANN WOLFGANG VON. 1786: Das Italienische Notizbuch "Tragblatt. Allerley Notanda während der 1. Reise in Italien enthaltend" [1786], Seite 53. Erstmals gedruckt in Goethe 1891, I, 42, 2, S. 516

———— 1788: Egmont. Ein Trauerspiel in fünf Aufzügen. Von Goethe. Ächte Ausgabe. Georg Joachim Göschen Leipzig. Siehe auch Goethe 1891, hier: I, 8, S. 261

———— 1811: Siehe Goethe 1891, hier: I , 9, S. 186

———— 1891: Goethes Werke. Herausgegeben im Auftrage der Großherzogin Sophie von Sachsen. Hermann Böhlau Weimar 1891

GRIMM JACOB und WILHELM GRIMM 1854ff: Deutsches Wörterbuch. S. Hirzel Leipzig

HAPPEL, EBERHARD WERNER 1685: Gröste Denckwürdigkeiten der Welt oder so-genannte Relationes Curiosae. Thomas von Wiering Hamburg

HOUDART DE LA MOTTE, ANTOINE 1719: Fables nouvelles, dediées au Roy. Par M. de la Motte, de l'Académie Françoise. Avec un discours sur la fable. Jean Baptiste Coignard Paris

KLOCK, KASPAR 1651: Tractatus Juridico-politico-polemico-historicus de aerario. Wolffgang Endter Nürnberg

LOGAU, FRIEDRICH VON 1654: Salomons von Golau Deutscher Sinn-Getichte Drey Tausend. Caspar Kloßmann Breslau s. a.

MAALER, JOSUA 1561: Die Teütsch spraach. Alle wŏrter / namen / vñ arten zů reden in Hochteütscher spraach / dem ABC nach ordentlich gestellt / vnnd mit gůtem Latein gantz fleissig vnnd eigentlich vertolmetscht / dergleychen bißhar̆ nie geȩsahen / Durch Josua Maaler burger zu Zürich. Dictionarivm Germanicolatinvm novvm. [...] Christoph Froschauer Zürich

NIEUWENTIJDT, BERNHARD 1715: Het regt Gebruik der Werelt Beschouwingen, ter overtuiginge van Ongodisten en Ongelovigen Aangetoont. Wed. J. Wolters, en J. Pauli Amsterdam

RICHEY, MICHAEL. 1732: Brief an Scheele; abgedruckt in: Herrn Hof-Raht Weichmanns Poesie der Nieder-Sachsen, durch den Vierten Theil fortgesetzet, zur Teutschen Sprache und Philologie gehörige Anmerckungen, ihro Hochweisheit des Herrn Rahts-Herrn Brockes und Herrn Prof. Richeys aus den Actis MSS. der ehemals in Hamburg blühenden Teutsch-übenden Gesellschaft genommen, herausgegeben von J. P. Kohl. Prof. Johann Christoph Kißner Hamburg.

SCHILLER, FRIEDRICH VON. 1781: [anonym] Die Räuber. [keine Verlagsangabe] Frankfurt und Leipzig

—— 1782: Die Räuber. Zwote verbesserte Auflage. Tobias Löffler Frankfurt und Leipzig. (In *Neue für die Mannheimer Bühne verbesserte Auflage*, Schwanische Buchhandlung Mannheim 1782, fehlt diese Stelle.) Siehe auch Schiller 1943ff., hier: Band 7, 2, S. 78

—— 1782 (a): Wirtembergisches Repertorium der Litteratur. Erstes Stück. Siehe auch Schiller 1943ff., hier: Band 22, S. 78.

—— 1787: *Thalia* 4 (1787) und 5 (1788). Siehe auch Schiller 1943ff., hier: Band 16, S. 70

—— 1943ff. Schillers Werke. Nationalausgabe. Hermann Böhlaus Nachfolger Weimar. Hier: Band 1, S. 179

SEGNER, JOHANN ANDREAS VON. 1747: Bernhard Nieuwetyts M. D. Rechter Gebrauch Der Welt-Betrachtung Zur Erkenntnis Der Macht, Weisheit und Güte Gottes, auch Ueberzeugung der Atheisten und Ungläubigen. In einer Freien Uebersetzung abermal ans Licht gestellet, Und mit einigen Anmerkungen erläutert, von D. Joh. Andreas Segner. Christian Heinrich Cuno Jena

STEINBACH, CHRISTOPH ERNST. 1734: Vollständiges Deutsches Wörter-Buch vel Lexicon Germanico-Latinum. Johann Jacob Korn Breslau

TRÜBNER. 1939ff: Trübners Deutsches Wörterbuch im Auftrag der Arbeitsgemeinschaft für deutsche Wortforschung herausgegeben von Alfred Götze. Walter de Gruyter & Co. Berlin 1939ff.

WACHTER, JOHANN GEORG. 1727: Glossarium Germanicum continens origines et antiquitates Linguae Germanicae hodiernae. Specimen ex ampliore Farragine decerptum. Jacob Schuster Berlin

——— 1737: Glossarium Germanicum, continens origines & antiquitates totius Linguae Germanicae, et omnium pene vocabulorum, vigentium et desitorum. Joh. Frid. Gleditschii B. Filius Leipzig

WEIGAND, FRIEDRICH KARL LUDWIG. 1860: Deutsches Wörterbuch. Dritte, völlig umgearbeitete Auflage von Friedrich Schmitthenners kurzem deutschen Wörterbuche. J. Ricker'sche Buchhandlung Gießen

ZEDLER, JOHANN HEINRICH: Großes vollständiges Universal-Lexicon aller Wissenschaften und Künste, Band 18. J. H. Zedler Halle Leipzig 1738.

OStD a.D. Rudolf Haller; Nederlinger Straße 32 a; 80638 München
Email: rudolf.haller@arcor.de

Grundschulmathematik nach PISA - auf dem Weg zu individuellem Lernen?

Michael Toepell

Einführung: Auswirkungen der PISA-Untersuchungen 321
1. Zur Geschichte des Mathematikunterrichts 324
2. Rahmenbedingungen 327
2.1 Rahmen erfolgreicher europäischer Länder 327
2.2 Gründe für das deutsche PISA-Ergebnis 329
2.3 Der innere Kompass 330
2.4 Individuelles Lernen 331
3. Inhalte 333
3.1 Rolle der Bewegung 333
3.2 Formenkunde 335
3.3 Ökonomie des Geometrieunterrichts 337
3.4 Freihandzeichnen 337
3.5 Sternenkunde 339
4. Bildungsstandards und methodische Perspektiven 340
4.1 Grundlegende Perspektiven 340
4.2 Offener Mathematikunterricht 342
4.3 Differenzierung und Standards - ein Widerspruch? 343

Einführung: Auswirkungen der PISA-Untersuchungen

Nicht nur die Mathematik, auch der Mathematikunterricht unterliegt einem beständigen Wandel. Die internationalen Leistungsvergleichsstudien (TIMSS, PISA, IGLU) zu den Fähigkeiten der Schüler in Mathematik, Deutsch und den Naturwissenschaften haben vor allem in Deutschland eine breite Diskussion ausgelöst. Dabei wurde auch die Grundschule mit einbezogen. Die Gründe für das eher mittelmäßige Abschneiden der deutschen Schüler sind vielschichtig. Vielschichtig scheint auch der Handlungsbedarf zu sein, den die bildungspolitische Diskussion der letzten Jahre auf den verschiedenen Ebenen gesehen hat und sieht.

Für eine zeitgemäße Neugestaltung des Mathematikunterrichts - insbesondere auch in der Grundschule - zeichnen sich seit einigen Jahren Änderungen in drei Bereichen ab:
1. In einer Neugestaltung der *Rahmenbedingungen*

2. In einem Überdenken der *Inhalte* des Mathematikunterrichts in der Grundschule
3. In *methodisch-didaktischen* Perspektiven, die inzwischen vielfach in die neuen *Bildungsstandards* aufgenommen wurden.

Den jüngst diskutierten und realisierten Veränderungen in diesen drei Bereichen soll im Folgenden vor allem unter dem Gesichtspunkt des individuellen Lernens im Mathematikunterricht nachgegangen werden.

2004 nahm die KMK [6.12.04; KMK 2004, S.68] Stellung zu den gerade neu veröffentlichten Ergebnissen von PISA 2003. Darin heisst es:

"In der KMK besteht Einvernehmen darüber, dass die Erkenntnis von PISA 2000 im Hinblick auf die Notwendigkeit eines besseren Umgangs mit der Heterogenität der Schülervoraussetzungen und Schülerleistungen unverändert fort gilt und die Zielsetzung einer *verbesserten individuellen Förderung* aller Schülerinnen und Schüler weiter mit Nachdruck verfolgt werden muss."

Daraus wurde das Ziel abgeleitet: "Verbesserung des Unterrichts zur gezielten Förderung in allen Kompetenzbereichen, insbesondere in den Bereichen *Lesen, Geometrie und Stochastik*" [KMK 2004, S.69]. Diese Neuorientierung bezieht sich auf alle Schulstufen und ergab sich ein Stück weit bereits aus der Aufgabenstellung. Hatte doch das für PISA federführende Institut für die Pädagogik der Naturwissenschaften (IPN Kiel) u.a. betont: "Bei der Konstruktion von Aufgaben ist die Idee leitend, dass insbesondere die *Geometrie* mit ihrem einzigartigen Facettenreichtum ein zentraler Schlüssel für mathematische Grundbildung sein kann." [IPN, S.72]

Hier hat die Diskussion an der richtigen Stelle angesetzt. Das Stiefkind des Mathematikunterrichts war in den letzten Jahrzehnten schulartübergreifend die Geometrie. Das gilt immer noch in weiten Teilen der Sekundarstufe. Nicht selten nimmt die Geometrie in den Schulbüchern immer noch eine weitgehend untergeordnete Rolle ein. Im Folgenden werden daher beim Überdenken der Inhalte des Grundschulmathematikunterrichts nicht so sehr die klassische Arithmetik, sondern vor allem die Förderung der Geometrie in exemplarischen Bereichen thematisiert.

Die aufrüttelnden Ergebnisse ab PISA 2001 (vor allem die Rangliste: Deutschland lag bei 31 Teilnehmerstaaten im unteren Mittelfeld) führten im zusammenfassendes Abschlussgutachten des *PISA-Konsortiums Deutschland* zu den Worten:

"Die Befunde zeigen aber auch einen unveränderten Bedarf an Konzeptionen, Maßnahmen und zusätzlichen Anstrengungen, um die große Streuung der Leistungen zu reduzieren, alle Schülerinnen und Schüler individuell zu fördern, und jungen Menschen unabhängig von Geschlecht und sozialer Herkunft gerechte Entwicklungsmöglichkeiten zu geben." [PISA-Konsortium, S. 65]

Gegenwärtig befindet sich die deutsche Bildungslandschaft mitten im Reformprozess. Will man die "große Streuung der Leistungen reduzieren", hat man beide Seiten zu berücksichtigen: Es geht nicht nur darum, Kinder mit Schwierigkeiten im Mathematikunterricht, sondern auch diejenigen, die besonderes Interesse an der Mathematik haben, angemessen zu fördern.

Eine weitgehende Nivellierung und Standardisierung würden dem Ziel einer vielfältigen Bildung widersprechen. Es gilt also, die kindgemäße, die persönlichkeitsgemäße Entwicklung und Entfaltung künftiger Generationen zu beachten. Folgende "historische" Zeilen erinnern an frühere ähnliche Entwicklungen:

"Die deutsche Bildungskatastrophe.
Die Bundesrepublik steht in der vergleichenden Schulstatistik am unteren Ende der europäischen Länder, neben Jugoslawien, Irland, Portugal. Die jungen Wissenschaftler wandern zu Tausenden aus, weil sie in ihrem Vaterland nicht mehr die Arbeitsmöglichkeiten finden, die sie brauchen" [Georg Picht in der Wochenzeitschrift "Christ und Welt" vom Februar 1964].

Auch damals lag eine Vergleichsuntersuchung der OECD vor. Man sah die wirtschaftliche Konkurrenzfähigkeit gefährdet und hat "reformiert".

Allerdings offensichtlich ohne allzu großen Erfolg. Auch damals war das erste Ziel der Kindergarten und die Grundschule: Kinder sollten früh lesen und mathematisch fundiert rechnen lernen. Also hat man auf der Schule mit dem Gebiet begonnen, das für die formale Mathematik grundlegend ist: mit der *Mengenlehre*.

Der Ruf nach Veränderungen im Bildungswesen hat Tradition. Aktuell geht es um die Fragen: Welche Reformen charakterisieren das abgelaufene Jahrzehnt und welche weiteren zeichnen sich ab? Sind wir in der Lage, aus früher begangenen Fehlern zu lernen? Wohin geht der Mathematikunterricht? Inwiefern ist es sinnvoll, neue Entwicklungen aufzugreifen und wo sollte man wachsam und vorsichtig sein, um nicht wertvollen Qualitäten des bisherigen Mathematikunterrichts aufzugeben?

1. Zur Geschichte des Mathematikunterrichts

Wendet man sich neuen Rahmenbedingungen und inhaltlich-methodischen Fragen zu, ist es stets hilfreich, sich zunächst über die Entstehung und Entwicklung des Mathematikunterrichts bis zur Gegenwart einen Überblick zu verschaffen. Vielfach lässt sich dadurch die gegenwärtige Situation verständnisvoller einordnen. Dabei gehört mathematisches Denken seit jeher zum Bildungsgut dazu. Es soll Zeiten gegeben haben, da wurde die Mathematik gar als die "Königin der Wissenschaften" angesehen.

Mit Beginn der Neuzeit, dem 16. Jahrhundert, verbreitete sich in Gewerbe und Handel immer mehr das Bedürfnis, auch Rechnen zu können. Diese Aufgabe, zunächst vorwiegend für Kaufleute und Handwerker, haben Lehrer - die sog. Rechenmeister - übernommen.

Der berühmteste ist sicher ADAM RIES (auch: Riese) aus Annaberg-Buchholz. Erwähnt sei auch ein anderer der rund hundert damaligen Rechenmeister: PETER APIAN aus Leisnig. Er war 1527 als erster Professor für Mathematik an die bayerische Landesuniversität damals in Ingolstadt berufen worden. Auch er hat ein Rechenlehrbuch verfasst. Wie wurde damals gerechnet?

Auf dem ersten Rechenbuch von ADAM RIES, das er 1518 mit 26 Jahren herausgegeben hat, sieht man, dass damals noch nicht schriftlich - mit Hilfe von Schreibfedern -, sondern mit Rechensteinen gerechnet wurde - das sog. Rechnen "auf den Linien". Hier wurden also Zahlen und das Rechnen mit ihnen geometrisch veranschaulicht. So wie das in den ersten Grundschulklassen mit Fingern oder mit Rechenperlen (Abakus), Rechenplättchen, -würfelchen oder -stäbchen veranschaulicht wird. Wenige Jahre später wird im zweiten Rechenbuch (1522) dann schon schriftlich, mit der Feder gerechnet.

Im Grundschullehrplan Mathematik in Sachsen (2004) ist dieses handlungsorientierte Rechnen auf den Linien mit historischem Bezug im Wahlpflichtbereich "Das macht nach ADAM RIES ..." (Kl. 1 bis 4) verankert.

Spätestens ab dem 18. Jahrhundert. gehörte der Rechenunterricht zur Schulausbildung der breiten Bevölkerung. Während in den ersten Schuljahren der Volksschulen das praktische Rechnen im Vordergrund stand, hat man sich in den höheren Klassen und vor allem an den weiterführenden Schulen an den 2300 Jahre alten sogenannten "Elementen" des EUKLID orientiert, einem Geometriebuch.

Der geometrische Aufbau ist dort ein *axiomatischer*, d.h. alle geometrischen Sätze - wie z.B. der Satz von der Winkelsumme im Dreieck oder der Satz des PYTHAGORAS - werden aus unbewiesenen Grundsätzen, den sogenannten Axiomen, abgeleitet. Die Mathematik ist damit eine deduktiv geordnete Welt eigener Art, was sich vor allem (seit EUKLID) an den *Grundlagen der Geometrie* zeigt. Darauf beruht die Möglichkeit zu begrifflicher Modellierung, d.h. zur Konstruktion von rein logisch aufgebauten Gedankenmodellen.

Das eindrucksvollste Beispiel für axiomatisch-deduktives Denken sind DAVID HILBERTs "Grundlagen der Geometrie" [Hilbert]. Der dem mathematischen Formalismus folgende deduktive Weg ist allerdings oft gerade *nicht* der methodisch-didaktisch schülergerechte Weg. Individuelles Lernen ist vielmehr prozessorientiert, induktiv, vernetzend.

Vielfach wird übersehen, dass EUKLID die Geometrie weitgehend ohne Zahlen aufbaut (ohne Metrik; s. Beispiel S.11). Würde man die Grundschulgeometrie ganz ohne Zahlen aufbauen, dann würde das Messen entfallen. Man würde sich dann an den eigentlichen geometrischen Formen - am Freihandzeichnen, am Falten, am Bauen und Basteln orientieren. Das Falten, Bauen und Basteln ist heute in der Grundschule üblicher Bestandteil des Geometrieunterrichts. Das Freihandzeichnen von Formen ist dagegen nicht selbstverständlich. Hier hat eine 5jährige selbständig Formen entworfen für ein eigenes Memory-Spiel. Man sieht, was das Kind als typisch unterschiedlich empfindet.

Zu der folgenschweren Verankerung von Form und Zahl, von Geometrie und Algebra kam es erst verhältnismäßig spät - erst im 17. Jahrhundert (im 30jährigen Krieg) durch den Mathematiker und Philosophen RENÉ DESCARTES.

Erst mit der analytischen Geometrie (dem "kartesischen" Koordinatenkreuz) können geometrische Formen analytisch, durch Zahlen mit Hilfe einer Metrik beschrieben werden. Aus methodisch-didaktischer Sicht ist allerdings zu unterscheiden: Ist nicht die Wirkung und das Wesen einer Form etwas ganz anderes als das einer Gleichung? Wie z.B. beim Kreis: Form und Formel $x^2 + y^2 = r^2$.

Noch im 19. Jh. standen in der Schulmathematik Algebra und Geometrie im Gleichgewicht. Die lineare Algebra ermöglichte die Algebraisierung der Geometrie. Die Geometrie wurde dadurch schließlich zu einem "trüben Abwasser" [nach FREUDENTHAL, S. 375/469].

Mit Beginn des 20. Jhs. haben sich die Schwerpunkte des Mathematikunterrichts an den Schulen drastisch verändert: Mit der Meraner Reform 1905 wurde die Differential- und Integralrechnung, die bisher den Universitäten vorbehalten war, an Schulen eingeführt (ab 1925 sogar obligatorisch). Damit ging im Mathematikunterricht die Wertschätzung der Formen, der Geometrie immer mehr verloren. Verstärkt wurde das noch in den 1970er Jahren, als die Stochastik im Mathematikunterricht verankert wurde.

Mit HILBERTs bahnbrechendem Werk "Grundlagen der Geometrie" hat man geglaubt, die Geometrie auch an den Schulen axiomatisch aufbauen zu müssen. Dabei war HILBERT klar, dass die Schulgeometrie eine anschauliche sein müsse. Das stand allerdings nur in einem Manuskript, das zu seinen Lebzeiten nicht veröffentlicht wurde [Toepell 2006, S. 34].

Halten wir als Ergebnis fest:
 1. Die Grundlage der Schulgeometrie ist die *Form*!
 2. In der Grundschule brauchen wir eine *lebensvollere* Geometrie!
 3. Die Schulgeometrie sollte vor allem *anschaulich* sein!

Gerade im Rückblick auf die zweites Hälfte des 20. Jhs. kann man den Eindruck haben, dass der Anspruch des Mathematikunterrichts immer weiter zurückging. Scherzhaft und doch mit einem Körnchen Wahrheit versehen, zeigt das die bekannte überlieferte sogenannte "Sachaufgabe im Wandel der Zeiten" bis 1980: "Ein Bauer verkauft einen Sack Kartoffeln ..."

Seit den 1990er Jahren unterliegt der Mathematikunterricht wiederum einem in seinen Auswirkungen heute spürbaren Wandel. Zwei grundlegende Richtungen bestimmten die Neugestaltung der Lehrpläne in dem Jahrzehnt um die Zeit der friedlichen Revolution, um 1990: Die Betonung des *fachübergreifenden* Unterrichts und des *Erziehungsauftrags* der Schule.

Die Veröffentlichung der alarmierenden Ergebnisse von TIMSS (1997) und PISA (2001 und 2004) und die dadurch ausgelösten Diskussionen haben gezeigt, dass die Qualität von Schule ein gutes Stück weit mit den Rahmenbedingungen zusammenhängt.

2. Rahmenbedingungen

2.1 Rahmenbedingungen erfolgreicher europäischer Länder

Wenn die Rahmenbedingungen pädagogisch naheliegende Veränderungen der Unterrichtsgestaltung nur *beschränkt* zulassen, dann muss man auch einmal über diese Rahmenbedingungen nachdenken. Ein mutiger Blick über den Zaun hilft, die eigenen Stärken und Schwächen klarer zu sehen. Unter den europäischen Ländern haben Finnland und Schweden hervorragend abgeschnitten. Wie schaffen diese Länder derart gute Ergebnisse?

Man könnte meinen: "Die fangen doch sicher früher an als wir!" Jedoch:
1. Das Einschulungsalter liegt bei sieben Jahren. Sind wir hier auf dem richtigen Weg, wenn - angeblich "aufgrund von PISA" - bereits Fünfjährige eingeschult werden sollen?
2. Fremdsprachen werden bereits in der 1. bis 3. Klasse eingeführt;
3. Es werden kaum Hausaufgaben gegeben.
4. Beständige Klassenlehrer führen die Klassen bis Klasse 6 einschließlich.
5. Bis einschließlich Klasse 8 gibt es in Schweden keine Noten.
6. Es gibt kein Sitzenbleiben; es werden reine Jahrgangsklassen geführt.
7. Es gibt kaum Nachhilfeunterricht.
8. Die Klassen werden ohne Sonderung bis einschließlich Klasse 9 geführt; es gibt bis dahin kein gegliedertes Schulsystem.
9. Ein anschließendes Kurssystem wird von etwa 95 % der Schüler in Finnland besucht; das Gymnasium besuchen in Schweden ca. 98%.
10. Diese Schulsysteme vermeiden Selektion und Deklassierung der Schwächeren.

Für fast alle Schüler gibt es eine 12 bis 13 Jahre umfassende Schulbildung. Damit ergibt sich eine soziale Homogenisierung durch langen sozialen Zusammenhalt der Jahrgangsklassen und keine soziale Segregation.

Das führt zu einer verstärkten gegenseitigen Wahrnehmung und Anerkennung, zum Gefühl in *einem* Boot zu sitzen - auch bei unvermeidbaren Schwierigkeiten, die es zu bewältigen gilt. Es sind gemeinsame Aufgaben

da, gemeinsame Ziele, deren Formulierung und Beachtung so etwas wie eine geistige Identität schaffen können. Die heranwachsenden Menschen in einem weitgehend wirtschaftlich ausgerichtetem Lande drohen, ohne Suche nach geistige Identität, sich selbst zu entwurzeln.

Viele Lehrer schaffen daher zunehmend Möglichkeiten der Selbstkontrolle. Das gegenseitige Helfen und Korrigieren der Schüler kann die Lehrerin erheblich entlasten und die soziale Dimension der Lernprozesse fördern.

Was die Anzahl der Wochenstunden in den Stundentafeln angeht, so ist bemerkenswert: Es gibt so gut wie keine Korrelation zwischen der Anzahl der Unterrichtsstunden und den Leistungen in einem Fach. Und weiter:

11. Die Schulen haben eine relativ große Autonomie; sie sind nicht staatlich reglementiert, Träger sind meist die Kommunen. Es ist selbstverständlich, dass Lehrerinnen und Lehrer von der Schulleitung ausgewählt werden. Auf diese Weise ist leicht möglich, auch spezifische Bedürfnisse einzelner Klassen zu berücksichtigen. Die Lehrer tragen mehr Eigenverantwortlichkeit.

12. Aber: Die Lehrer werden um ein Drittel schlechter bezahlt als in Deutschland und sind nicht verbeamtet.

13. Dennoch ist ihr gesellschaftliches Ansehen weit höher als in Deutschland.

Für die beiden Länder Finnland und Schweden gelten also recht erstaunliche Rahmenbedingungen. Rahmenbedingungen, zu denen deutsche Bildungspolitiker in den letzten Jahrzehnten noch recht einhellig sagten: Das kann so nicht funktionieren.

Nachdem PISA in den letzten Jahren geradezu zu einem Bildungstourismus nach Finnland und Schweden geführt hat, ist Einiges in Bewegung gekommen. Auch umgekehrt kommen skandinav. Bildungspolitiker nach Deutschland. Vor einigen Jahren war der finnische Ministerialdirektor R. DOMISCH zu einem Podiumsgespräch in Leipzig [s. Bericht: Toepell 2004].

Im Sinne einer produktiven Konkurrenz ist für die deutsche Bildungslandschaft zu fordern: Mehr Autonomie für die Schulen, mehr Eigenverantwortlichkeit für die Lehrer. Engagement soll sich lohnen und Anerkennung finden. Kreatives Unterrichten, mehr Muße, weniger Selektionsdruck. Freude am Lernen, Experimentieren und Gestalten sind nur möglich bei einer weitgehenden Reduktion staatlicher Normierungen, die etwa auch durch zentrale Prüfungen erzwungen werden.

Die verbreiteten Befürchtungen, dass die - häufig geforderte - höhere Verantwortung der Lehrer und die Autonomie der Schulen nicht gerade durch institutionalisierte Leistungsvergleichsstudien wiederum eingeschränkt wird, sollten wir ernst nehmen.

Bildungsstandards - über die noch zu sprechen ist - treiben diesen Prozess voran und bergen die Gefahr, dass Kinder durch diese Anforderungen zunehmend in ein immer früher angelegtes Leistungskorsett gezwungen werden ("Früherziehung"). Vergleichsstudien sollten also wirklich nur dem Vergleich dienen und weder notenrelevant sein noch Sanktionen nach sich ziehen.

2.2 Gründe für das deutsche PISA-Ergebnis

Worin sind nun eigentlich die Gründe zu sehen für das schlechte Abschneiden des deutschen Mathematikunterrichts?

1. Nur wenige sehen den Grund im *Verfahren*, das bei überall gleichen Aufgaben natürlich auf der Idee einer weltweiten Normierung aufbaut und mit den Einheitsprüfungen dem auch Vorschub leistet.

2. Meist wird die Ursache für das schlechte Abschneiden des *deutschen* Mathematikunterrichts darin gesehen, dass deutsche Schüler zwar mathematische Verfahren recht gut beherrschen, jedoch Schwächen zeigen im kreativen Umgang mit der *Modellierung* anspruchsvoller innermathematischer Zusammenhänge und letzten Endes kaum ein tiefergehendes mathematisches Verständnis entwickeln. Und gerade das hat Pisa untersucht. Ein typisches Beispiel hierfür ist die Aufgabe für 15jährige Schüler, die Relation zwischen dem Grundriss einer Rennbahn und dem Weg-Geschwindigkeitsdiagramm richtig zu interpretieren.

3. Dazu kommen weitere methodisch-didaktische grundlegende Unterscheidungen: Durchaus nicht untypisch für den deutschen Mathematikunterricht ist eine fragend-entwickelnde, lehrerzentrierte Gesprächsführung.

4. Die OECD sieht den Hauptgrund im dreigliederigen deutschen Schulsystem. Kurz vor Veröffentlichg. von PISA 2003 schrieb die dpa (22.11.04):

"PISA-Koordinator: Dreigliedriges Schulsystem gescheitert

Der PISA-Koordinator der OECD, ANDREAS SCHLEICHER, hat scharfe Kritik am deutschen Schulsystem geübt. 'Das dreigliedrige System ist gescheitert', sagte SCHLEICHER in der am Donnerstag erscheinenden Ausgabe des Wirtschaftsmagazins 'Capital'.

Die Aufteilung der Kinder nach dem vierten Schuljahr auf Gymnasium, Realschulen und Hauptschulen 'führt dazu, dass schwache Schüler abgeschoben statt individuell gefördert werden', bemängelte SCHLEICHER in dem vorab veröffentlichten Interview. Zugleich sei die Spitze aus guten Schülern schmaler als in anderen Ländern. Er plädierte für eine längere gemeinsame Schulzeit." Und unterstützte das Anliegen, für eine breitere Spitze an guten Schülern zu sorgen.

5. Die Gründe sind vielschichtig. Der int. bekannte Mathematiker GERD FISCHER behauptete ganz anders [DMV-Mitt. H.2 (2002) S. 52l], dass die Ergebnisse von TIMSS und PISA sogar "wohl in erster Linie darauf zurückzuführen sind, dass die Schüler in reichen Ländern weniger motiviert sind, sich in schwierigen Fächern anzustrengen. An diesem gesellschaftlichen Phänomen kann auch eine verbesserte Lehrerbildung wenig ändern."

2.3 Der innere Kompass

Was ist die Konsequenz daraus, dass deutsche Schüler zwar mathematische Verfahren recht gut beherrschen, dass es ihnen aber an mathematische Bildung fehlt? An welchem Bildungsziel wird sich eine zeitgemäße Methodik demnach orientieren?

Auf einen hohen Qualitäts- und Leistungsanspruch soll nicht verzichtet werden. Allerdings besteht hier die Gefahr, dass wir unseren Qualitäts- und Leistungsbegriff dabei zu eng fassen und allein auf das kognitive Feld künstlich einengen. Schule ist nicht nur für das Kopfwissen da - Herz und Hand kommen eine gleichwertige Anerkennung zu. D.h. neben der kognitiven sind die emotionale und die soziale Kompetenz als gleichwertige Qualifikationen anzusehen. Gefördert wird dies bereits im handlungsorientierten Mathematikunterricht, der die Eigenaktivität anregt und neben der wissens- vor allem die fähigkeitsorientierte Ausbildung anstrebt.

Insgesamt geht es heute weniger um Faktenwissen, um nachlesbare Informationen als darum, mit dem Wissen umgehen zu können, die Informationsfülle ordnen zu können. Diese Erziehungsaufgabe geht weit über die Technik der Wissensvermittlung hinaus. Es geht um *Orientierung*, um den inneren Kompass, der viel mit Erziehung, aber auch mit unserem Menschenbild zu tun hat. Die *Erziehungsaufgabe* von Lehrern ist ja gerade die Eingliederung des Individuums in den richtig verstandenen gesamten Entwicklungsprozess der Menschheit nach Maßgabe der im Individuum liegenden besonderen Anlagen. Der innere Kompass sollte einen stützenden Lebenshalt geben.

Wir brauchen ihn, um zu entscheiden, *welche* Werkzeuge wir aus dem Baukasten des Wissens einsetzen können und in bestimmten Situationen auch einsetzen müssen. In der Pädagogik wird heute von kognitiver, emotionaler und sozialer Kompetenz gesprochen. Was nützt es, wenn junge Menschen sich auf allen Weltmeeren des Wissens auskennen, aber keinen inneren Kompass haben? Und dieser innere Kompass, der den Menschen Orientierung verleiht, hat viel mit Erziehung zu tun.

Mit einer Erziehung, die durch ein Naturgedicht von EICHENDORFF, einem Betriebspraktikum bei BMW ebenso unterstützt wird, wie durch die Partnerschaft der Schule mit einem Altenheim oder die gemeinsame Beobachtung des abendlichen Sternenhimmels.

Vielleicht ist es sogar die primäre Aufgabe der Bildung, Kindern diesen inneren Kompass mitzugeben. Einen Kompass, der ihnen hilft, sich in einer unglaublich schnell verändernden Welt immer wieder zu orientieren und ihnen gleichzeitig die Kraft zur *Selbsterziehung* mitgibt. Auf dieser Orientierungsfähigkeit und der Selbsterziehung können dann Kreativität und Abstraktionsfähigkeit aufbauend entstehen und sich entwickeln.

Wer solch ein Bildungsziel anstrebt, stellt sich Frage: Wie muss Schule aussehen, um das zu unterstützen? Welches ist die geeignete Methodik? Jeder Lehrende weiß, dass jedoch nicht *eine* Methode für alle Schüler richtig sein muss. Vielleicht haben die Schüler in Deutschland ganz andere Anlagen und Lernformen als die in Korea.

2.4 Individuelles Lernen

Unterstützt durch die *Neurowissenschaften* wird zunehmend vom individuellen Lernen gesprochen. Die Neurowissenschaften haben ein recht klares Bild von dem, worauf es beim Lernen ankommt: auf die Vernetzung von Gehirnstrukturen. Und die Fähigkeit dazu ist bei den Menschen recht unterschiedlich.

Die Untersuchung von Lernprozessen zeigt, dass immer noch kein Königsweg zur Mathematik gefunden wurde - falls es ihn überhaupt gibt. Lernprozesse sind höchst individuell. In den letzten Jahrzehnten hat die Individualisierung - auch von Grundschülern - auffallend zugenommen, die Schere hat sich weiter geöffnet. Man möchte fragen: Wie kann die Lehrerin dieser größeren Bandbreite gerecht werden?

Natürlich wird, wer längere Zeit unterrichtet hat, bemüht sein, neben dem gerechten ausgewogenen Umgang mit den Schülern, jeden Einzelnen weit-

gehend individuell zu behandeln. Es hängt dabei viel von den Rahmenbedingungen, auch von der Klasse ab, wie weit die Lehrerin auf den Einzelnen eingehen kann.

Individuelles Lernen bedeutet aber nicht, dass sich die Lehrerin unbedingt jedem einzelnen persönlich widmen muss. Bei 20 bis 40 Schülern in der Klasse oder auch mehr, wie zum Teil in den Entwicklungsländern mit 70 Schülern, ist das kaum möglich. - Hier kann es sich nur darum handeln, individuelles Lernen *anzuregen* - oft durch offene, fachübergreifende Situationen; durch Kooperation in kleinen Gruppen, durch Projekte.

Individuelles Lernen ist eng mit der grundlegenden Frage verbunden: Wie kann man Kinder dazu veranlassen, dass sie das, was sie für die Schule machen sollen, *selbst wollen*? Hierfür wäre eine angemessene Willensschulung (der volitionalen Kompetenz) - etwa durch künstlerisch-musische Tätigkeit oder auch mit Hilfe eines Lerntagebuchs - entscheidend.

Individuelles Lernen hat viel mit dem selbständigen Entdecken, aber auch mit dem eigenen Üben zu tun. Ausgleichend kann es in seiner Bedeutung gleichberechtigt neben dem im Mathematikunterricht grundlegenden *gemeinschaftlichen* Lernen stehen. Nur durch eine ausgewogene Methodenvielfalt lassen sich individuelles und gemeinschaftliches Lernen harmonisieren. Etwa mit dem Ziel, beide Anliegen - Individualisierung und Sozialisierung - in ein sich gegenseitig befruchtendes Verhältnis zu bringen. Auch an außerunterrichtliche Fördermöglichkeiten ist zu denken [s.Sohre].

Unter dem Begriff *individuelles Lernen* wird heute vielfach eine Lernform verstanden, die sich vom traditionellen Lernen abhebt. Generell verläuft das Lehren und Lernen im Mathematikunterricht zwischen zwei Extrempositionen: dem traditionellen Lernen durch Belehrung (Instruktion) und dem Lernen durch gelenkte Entdeckung, durch eigenständige Konstruktion.

Traditionell wird Unterricht dann als erfolgreich angesehen, wenn eine genügend große Anzahl von Schülern eine Aufgabe bekannten Typs richtig lösen kann. Doch damit lehren wir relativ *träges Wissen*. Ein Wissen, das an dem Rechenvorgang, am Kalkül orientiert ist, und weniger am tatsächlichen Verständnis. Tatsächliches Verständnis, mehr Eigenständigkeit ermöglichen Lehrer den Kindern durch gelenkte Entdeckung. Wie sich traditionelles methodisches Vorgehen ändern müsste, wenn man das erreichen möchte, darauf hat HEINRICH WINTER schon 1984 in einem heute noch gültigen Beitrag hingewiesen [Winter]:

Lernen durch Belehrung	Lernen durch gelenkte Entdeckung
Lehrer gibt das Lernziel möglichst eng im Stoffkontext an.	Lehrer bietet herausfordernde, lebensnahe und reich strukturierte Situationen an.
Lehrer erarbeitet den neuen Stoff durch Darbietung oder gelenktes Unterrichtsgespräch.	Lehrer ermuntert die Schüler zum Beobachten, Erkunden, Probieren, Vermuten, Fragen.
Lehrer gibt Hilfen als Hilfen zur Produktion der gewünschten Antwort.	Lehrer gibt Hilfen als Hilfen zum Selbstfinden.
Lehrer setzt auf Methoden der Vermittlung.	Lehrer setzt auf die Neugier und den Wissensdrang der Schüler.
Lehrer neigt dazu, allein die Verantwortung zu tragen.	Lehrer betrachtet die Schüler als Mitverantwortliche im Lernprozess.
Lehrer sortiert den Stoff in kleine Lernschritte vor und betont eher Separationen und Isolationen der Inhalte voneinander.	Lehrer versucht dem Beziehungsreichtum mathematischer Sachverhalte Rechnung zu tragen.

3. Inhalte

3.1 Rolle der Bewegung

Die durch TIMSS und PISA angeregte Diskussion über Veränderungen im Lehren und Lernen, die den Schülern zu mehr Eigenständigkeit verhelfen soll, wird begleitet von der etwas weniger lautstarken Diskussion über die *Inhalte* des Mathematikunterrichts.

Das Überdenken der grundschulmathematischen Inhalte hat auch in der außerschulischen Öffentlichkeit deutlich gemacht, dass es um mehr geht als um das Beherrschen von Rechentechniken. In diesem Zusammenhang hat die PISA-Diskussion zu einer Differenzierung des Kompetenzbegriffs (Fähigkeiten bzw. Fertigkeiten) geführt, der infolgedessen in unterschiedlicher Weise in die neuen Lehrpläne und Beschreibungen der Standards aufgenommen wurde. Die Unterscheidung von Qualifikation und Disposition führt im Mathematikunterricht der Grundschule zu der Frage: Worauf beruht mathematisches Verständnis, das Wesen der Mathematik?

Neuropsychologische Untersuchungen zeigen, dass mathematisches Verständnis mit der eigenen Bewegung zu tun hat. Bereits 1969 hat der Mikrobiologe und Neuropsychologe ALEXANDER R. LURIA (1902-1977) in seinem Buch "Das Gehirn in Aktion" (russ. 1969; engl. "The Working Brain" 1973; dt. 1992) festgestellt, dass Körperorientierung und Rechenfähigkeit bei Hirnschädigungen gemeinsam ausfallen. Die Korrelation zwischen Eigenbewegung und Rechenfähigkeit kann eine grundlegende Orientierung bilden für zahlreiche Probleme, die mit Rechenschwierigkeiten bis hin zur Dyskalkulie zu tun haben.

Dabei scheint das *Wie* der Körperorientierung und deren Vernetzung die entscheidende Rolle zu spielen. Denn natürlich ist nicht jeder Leistungssportler ist auch ein guter Mathematiker. Anders sieht es möglicherweise mit dem Wert der musischen Bildung aus ("Bastian-Studie"). Entsprechende Forschungsfelder in der Didaktik werden weiter entwickelt [s. Ullrich].

Dazu gehört auch die die Zusammenarbeit mit den Neurowissenschaften. Der Begriff der *Neurodidaktik* verbindet Ergebnisse der Lernforschung in der Neurophysiologie mit denen der Fachdidaktik [Herrmann]. Erfahrungen von Lehrern, die mit mathematisch begabten Schülern gearbeitet haben, über den Zusammenhang von musischer Bildung und Intelligenzentwicklung wurden z.B. in Japan aufgegriffen und empirisch begründet. Ebenso ein Zusammenhang zwischen dem Jonglieren und der Entwicklung des Auffassungsvermögens. Kann die Neurodidaktik, indem sie die Wirkung auf Lernprozesse offenlegt, allmählich zum Ideal einer mit hoher Wahrscheinlichkeit "richtigen" Didaktik führen?

Ein Beispiel: Welche Möglichkeiten bietet hier die Erarbeitung des Subtrahierens, mit einem ersten Übergang - von den Zehnerzahlen zu den Einerzahlen, z.B. 12 minus 5 ? Früher war das im wesentlichen ein kognitives Arbeiten am Zwanzigerfeld. Heute arbeiten viele Lehrerinnen handlungsorientiert mit Plättchen, Würfelchen, Stäbchen, den Fingern oder anderem Material. Das wäre feinmotorisch. Wenn man jedoch die Sache grobmotorisch verankern möchte, wird man z.B. an einen Zahlenstrahl auf dem Fußboden denken. Der Schüler stellt immer gerade *die* Zahl dar, auf der er steht. Er blickt in die positive Zahlenrichtung und muss beim Abziehen entsprechend viele Schritte rückwärts gehen. Ein Lehrer hat dieses methodische Vorgehen auf den Punkt gebracht durch die Formulierung: Wer gut *zurücklaufen* kann, hat oft weniger Probleme mit dem Subtrahieren!

Grundschulmathematik nach PISA

Auch das schlichte Abzählen von Dingen hat mit Bewegung zu tun. Wenn wir sagen: Dort sind drei Stühle, dann stellen wir das fest und überprüfen das, indem wir einen Stuhl als solchen erkennen und betrachten, dann den "Nichtstuhlraum" daneben, dann wieder einen Stuhl, dann wieder einen "Nichtstuhlraum" und schließlich den dritten Stuhl. Dabei ist die Unterscheidung maßgebend. Dazu bewegen wir die Augen bei der Wahrnehmung, halten die Wahrnehmung begrifflich fest und entscheiden: es sind drei Stühle.

So abstrakt der Begriff der Zahl sein mag, so ist dennoch für die Methodik grundlegend: Zählen beruht auf einer Bewegung, auch wenn es nur eine feine Augenbewegung sein sollte.

3.2 Formenkunde

Wenn das Wesen der Arithmetik auf dem Begriff der *Zahl* beruht, worauf beruht dann das Wesen der Geometrie? Der den Grundbegriffen Punkt, Gerade, Ebene übergeordnete Begriff ist der der *Form*. Für Kinder ist Geometrie im wesentlichen eine Formenkunde. Einen Zugang zur Geometrie finden sie durch die Bewegung. Geometrie erschließt sich den Kindern handlungsorientiert. Man mag da zunächst einmal an das Bauen im Sand oder mit Bauklötzen denken.

Schon FRÖBEL nutzte entsprechende noch heute nach ihm benannte Bausteine. Doch Natur muss nicht durchwegs künstlich trivialisiert werden. Möglicherweise wird man künftig vermehrt Bausteine verwenden, die sich stärker an Naturformen anlehnen. Damit ist das Bauen zwar schwieriger, dennoch werden dadurch Phantasie und Beweglichkeit stärker angeregt als durch sog. schöne Quader und Lego-Bausteine. Wie z.B. auch durch dieses Püppchen, das keine Nase hat, nicht "Mama" sagen kann, keine Ohren, keine echten Haare und keine Schuhe hat. Dennoch werden die einfachen Puppen oder Kuscheltiere von Kindern oft viel mehr geliebt als die perfekt nachgebildeten. Sie regen die Phantasie an. Perfektion ist also für das Kind oft gerade *nicht* das Entwicklungsför-

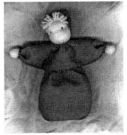

dernde, Wesentliche. Gerade das Nichtperfekte, Unvollkommene wirkt auf die Eigentätigkeit aktivierend!

Zu denken wäre aber auch bei den geometrischen Grunderfahrungen an die Eigenbewegungen durch Laufen, Klettern und Sich-im-Raum-Orientieren. Die grobmotorische Entwicklung wird ergänzt durch die *fein*motorische. Durch das Zeichnen mit einem Stift sieht das Kind, welche Bewegung es vollzogen hat. Dazu gehört das anfängliche Kritzeln wie auch das sich anschließende Zeichnen von geschlossenen Formen, Kreisen und dann von Kreuzen - mit zwei, drei Jahren.

Zuweilen ist erstaunlich, welche geometrische Formen Kinder von sich aus finden. Hier eine Form von einem vierjährigen Kind - ohne dass man dem Kind jemals eine derartige Form gezeigt hätte.

Wenn hier mit 4 bis 5 Jahren durch das Freihandzeichnen die ersten Grundlagen für geometrisches Verständnis gelegt werden, wäre es daher *Aufgabe der Pädagogik*, den Kindern eine entsprechend anregende Umgebung zu schaffen, die es ihnen ermöglicht, entsprechende Erfahrungen zu sammeln und auszubauen.

Wenn der Grundschulgeometrieunterricht die kindliche Entwicklung im Auge hat, dann wird er die Kinder an dieser Stelle abholen und das Freihandzeichnen fördern.

Geometrisch elementar ist als Erstes die Gerade: Eine freihand gezeichnete Gerade, die vorher in die Luft gezeichnet wurde, wird von der Lehrerin an die Tafel gezeichnet. Darf dann jedes Kind "seine" Gerade an die Tafel zeichnen, so ist das für ein Kind in der ersten Geometriestunde ein besonderes Erlebnis.

Das Erfassen von Zahlen und Formen hat mit Bewegungen zu tun. Damit könnte folgende These richtungweisend für methodisches Vorgehen in der Grundschule sein:

"Mathematisches Verständnis beruht auf der verinnerlichten Wahrnehmung der eigenen Bewegung."

3.3 Ökonomie des Geometrieunterrichts

Denkt man über die Inhalte des fachübergreifenden Lernens (z.B. unter Berücksichtigung historischer Bezüge) nach, liegt es nahe - schon um unnötige Doppelungen zu vermeiden - sorgfältiger als bisher über die *Vernetzung* von Grundschul- und Sekundarstufenmathematik nachzudenken. Gymnasiallehrer kennen die Inhalte, Methoden und Probleme der Grundschule oft zu wenig und umgekehrt sollten Grundschullehrer wissen, was die Schüler - auch in der Mathematik - in den weiterführenden Schulen erwartet.

Während der strukturierte Aufbau der Arithmetik seit langem zu einer tragfähigen Kontinuität geführt hat, sieht es im Bereich der Geometrie anders aus. Vor allem die Grundschulgeometrie ist keinesfalls linear aufgebaut, was sich auch an den unterschiedlichsten Zugängen sowohl in den Schulbüchern als auch in der didaktischen Literatur z.B. von FRANKE und RADATZ zeigt.

Zur *räumlichen* Grundschulgeometrie zeichnet sich gegenwärtig eine interessante Neuentwicklung ab: Es gibt erste Vorschläge, die aus philosophisch-historischer Richtung kommen - unter dem Namen *Protogeometrie* - und auf experimentell folgerichtigen Überlegungen von HUGO DINGLER beruhen.[Amiras].

In der *ebenen* Geometrie führt gerade die durch den Computer angeregte experimentelle Geometrie in der Sekundarstufe verstärkt zur Berücksichtigung von nichtlinear begrenzten Formen - wie etwa Kegelschnitte, Bögen oder Spiralen. Die Frage nach einer Ökonomisierung des Mathematikunterrichts legt nahe, dem auch bereits in der Grundschule Rechnung zu tragen kann.

3.4 Freihandzeichnen

Welche Möglichkeiten bestehen, in der Grundschule geometrische Formen kennenzulernen, ohne dass man hier schon experimentell oder gar streng konstruktiv vorgehen müsste? Hier bildet das Freihandzeichnen geometrischer Formen, auch "Formenzeichnen" genannt, ein kreatives Entwicklungsfeld, das bisher kaum berücksichtigt worden ist.

Warum "kaum berücksichtigt"? Die Grundschul-Lehrpläne erwecken den Eindruck, als würde es das freie Zeichnen geometrischer Formen ohne die Hilfsmittel Lineal, Zirkel, Geodreieck, Schablonen kaum geben. So findet man z.B. im Grundschullehrplan von Bayern hierzu gerade zwei kurze Hinweise in der 3. und 4. Klasse: "Freihändig zeichnen" [BayKM, S. 185

(3.1.4) u. S. 255 (4.1.4)]. Der dort benutzte Terminus "Freihändig zeichnen" klingt allerdings fast wie "Freihändig radfahren", wie ein gewisser Balanceakt, der nicht nur unüblich, sondern eigentlich illegal ist.

Natürlicher wirkt hier der Begriff "Freihandzeichnen" in anderen Lehrplänen, wie z.b. im Sächsischen Grundschul-Lehrplan, der das Freihandzeichnen an sechs Stellen berücksichtigt [SMK, S. 6 (Kl. 1, dreifach), S. 16 (Kl. 3), S. 24 (Kl. 4: Freihandskizzen); S. 29 (Kl. 4: Wahlpflichtbereich Mathematik in der Kunst)].

Das Freihandzeichnen kann zur notwendigen Brückenbildung zwischen Grundschul- und Sekundarstufengeometrie beitragen. Es gibt bisher nur wenig Anregungen dazu [Standardwerk: Kranich].

Da sich alle geometrischen Formen aus geraden und gebogenen Linien zusammensetzen (Aristoteles), liegt es nahe, das Freihandzeichnen mit der geraden (s.o.) und gebogenen Linie zu beginnen.

Rhythmisierende Wiederholungen führen z.B. über Wellenlinien zu Buchstaben. Anregungen für besondere Formen, etwa Spiralformen, findet man auch in der Kunstgeschichte. Hier Spiralen von 7- bis 8jährigen Kindern [Kranich, S. 62, 53, 72].

Die Spiegelung von Parabelscharen (2. Kl.) begegnen den Schülern in der weiterführenden Schule wieder, auf einer geometrisch exakteren, konstruktiven Stufe.

Grundschulbücher beschränken sich in der ebenen Geometrie meist auf geschlossene Formen: auf Vierecke, Dreiecke und Kreise. Eine Einschränkung, die gerade mathematisch interessierte und vielseitige Schüler kreativ einengt.

Setzt man sich mit dem Freihandzeichnen auseinander, entdeckt man seine vielfältigen Funktionen, zu denen die propädeutische, die entwicklungspsychologische, die therapeutische, die motorische, die ästhetische und die geometrische Funktion gehören [s.a. Toepell 2001].

Grundschulmathematik nach PISA

Das Freihandzeichnen bildet einen ersten Einstieg in die Geometrie und ermöglicht durchaus komplexe Angebote, die sowohl die Beweglichkeit als auch kreatives Denken und gemeinsames künstlerisches Gestalten fördert und fordert (nebenstehendes Flechtband: 3. Kl.).

Sorgfältige Grundlagen in den ersten Klassen ermöglichen in der weiterführenden Schule durch das Freihandzeichnen individuelle Begegnungen mit der Raumgeometrie (s. Dodekaeder 8. Kl. & 6. Kl.; [Carlgren, S. 141; 131]).

Zugleich kann man damit die Geometrie etwas von ihrer Strenge befreien, die auf dem euklidischen Aufbau mit seinen mehr oder weniger nüchternen rechtwinkligen Formen, der Metrik und den Kongruenz- und Ähnlichkeitsabbildungen beruht. Tatsächlich umgeben uns wesentlich mehr geometrische Formen als das etwa in den früheren Lehrplänen oder Schulbüchern nahegelegt wird.

Die formorientiert-bildnerische Geometrie ist geradezu ein Gestaltungselement unseres Lebens. Ihr Beziehungsreichtum wird ersichtlich, wenn man neben dem Zeichnen von Formen auch denkt an die Grundlagen unserer Schrift, das Internet (Firmenlogos), die Grafiken, die Dynamische Geometriesoftware, die Naturformen, die Raumorientierung bis hin zur Orientierung an den Himmelsrichtungen und an die Sternkunde.

3.5 Sternkunde

Es gibt Völker, dort beziehen die Menschen Richtungsangaben nicht auf sich selbst (mit links und rechts, ...), sondern auf Himmelsrichtungen. Natürlich in der ihnen eigenen Sprache. Da entfällt dann das Rechts-Links-Problem von Lehrern, die ihrer Klasse gegenüberstehen.

Schalttage, Kalenderfragen, Sonnenwendepunkte und Sonnenfinsternisse waren und sind anregend, im Rahmen eines offeneren Geometrieunterrichts die Bedeutung der elementaren Sternkunde als fachübergreifendes Element auch in der Grundschule nicht zu vernachlässigen.

Das ist auf den ersten Blick nicht ganz einfach. Die Vorbehalte liegen oft darin, dass sich die Lehrenden den Größen- und Raumvorstellungen in der Astronomie nicht gewachsen fühlen. Sie stehen dann im Spannungsfeld zwischen der beachtlichen Aufgeschlossenheit der Kinder und der vielfach stiefmütterlichen Berücksichtigung in den Schulbüchern - und in der Lehrerbildung [Näheres s. Toepell 2000].

Geht man dabei vom Kind aus, wird man sich im Wesentlichen allein an dem orientieren, was man als Mensch tatsächlich (in erster Näherung sogar ohne Hilfsmittel) wahrnehmen kann - an den Phänomenen - und nicht an den in der Himmelsmechanik und Astrophysik formulierten *scheinbaren* Bewegungen. Die Sternkunde ist dann eine rein phänomenologische, wobei das Vorgehen demjenigen entspricht, wie die Menschheit selbst den Zugang, das Verständnis gegenüber der Sternenwelt gefunden hat.

4. Bildungsstandards und methodisch-didaktische Perspektiven

4.1 Grundlegende Perspektiven

Neben den Rahmenbedingungen und den Inhalten der Grundschulmathematik spielen in der Diskussion nach PISA die methodisch-didaktischen Perspektiven eine entscheidende Rolle für einen zeitgemäßen Mathematikunterricht. Diese von Lehrern und Didaktikern seit längerem formulierten Perspektiven sind vielfach in die sogenannten *Bildungsstandards für den Primarbereich* aufgenommen worden: "Die Standards beschreiben die inhaltlichen und allgemeinen mathematischen Kompetenzen, die Kinder am Ende der Grundschulzeit erworben haben sollen," heisst es in den KMK-Primarstufen-Standards [KMK Bildungsstandards, S.8].

Mit diesen durch KMK-Beschluss verbindlichen (eher maximalen) Rahmenzielbeschreibungen, d.h. Rahmenlehrplänen, die nun Standards genannt werden, tut sich ein weiteres Spannungsfeld auf: Wie kann die Lehrerin sowohl der Individualisierung als auch der durch diese Standards geforderten einheitlichen Regelleistungsfähigkeit aller Schüler gerecht wer-

den? Wie vermag sie mathematisch schwächere und begabte Kinder zu erkennen (Diagnostik, Indikatoraufgaben), zu fordern und durch ein begabungsfreundliches Klima zu fördern? Das Spannungsfeld entsteht aus dem pädagogischen Grundanliegen zu differenzieren und dem aus anderen Erwägungen hervorgegangenen Anliegen zu standardisieren.

Differenzierung und Individualisierung sind Begriffe, die dem Bestreben, alle Schüler auf das Niveau von Regelstandards zu bringen, zu widersprechen scheinen. Ein eingehender Vergleich zeigt jedoch: "Bei den inhaltsbezogenen mathematischen Kompetenzen gibt es fast bei allen Leitideen unmittelbare Entsprechungen in den Lehrplänen" [Brockmann].

Inhaltlich enthalten die Standards kaum Neues. Dennoch bleibt zu beachten: Eine Anpassung an eine verpflichtende Norm verhindert zumindest in gewissen Grenzen die Entfaltung des Individuellen. Individualität bedeutet Überwindung einer Norm.

Begleitet wurden die Standards von einer Diskussion über neuere methodisch-didaktische Perspektiven, die einen erfolgreichen Grundschulmathematikunterricht fördern sollen. Auch diese Richtlinien charakterisieren ein Stück weit den gegenwärtigen Wandel im Mathematikunterricht. Fasst man zusammen, handelt es sich um Änderungen in folgenden Bereichen, die weniger als einzelnes Element, aber in ihrer Summe richtungsweisend sein können und dabei Orientierung vermitteln können:

a) Der Mathematikunterricht sollte deutlich auf der *Erfahrungswelt* der Schüler aufbauen und sie an vielfältige Anwendungssituationen heranführen. Dazu gehört die inzwischen fast selbstverständliche Verknüpfung von Inhalten mit den Lebenserfahrungen der Kinder, aber auch die Kooperation mit den Kindergärtnerinnen und den Eltern. Wenn ein Vater Bäckermeister ist, von einer Lehrerin eingeladen wird und im Unterricht von seinem Tagesablauf erzählt, wieviel Brötchen er herstellt, wieviel Mehl er braucht u.s.w., dann ist das eine hervorragende Kooperation, die auch dem mathematischen Verständnis dienen kann.

b) Elternabende, auf denen pädagogische Wege und Ziele erläutert werden, aber auch die *Kooperation* bei gemeinsamen Unternehmungen (z.B. Ausflügen) sind Grundlagen für eine vertrauensvolle Zusammenarbeit mit den Eltern. Lehrer dürfen keine "Gegner" sein.

c) Die *Vernetzung* von Geometrie (Formen) und Arithmetik (Zahlen) untereinander und mit anderen Bildungsbereichen war bereits Richtschnur in

z.B. tschechischen Schulbüchern der 1990er Jahre von F. KURINA und hat sich inzwischen zu einem eigenständigen Lernbereich ausgewachsen (im Lehrplan aller vier Grundschulklassen [SMK]).

d) Der *fachübergreifende* und *projektorientierte* Unterricht besitzt inzwischen ebenfalls einen hohen Stellenwert. Die in [Franke] beschriebenen Projekte enthalten zahlreiche fachübergreifende Bezüge, wie etwa auch zu Deutsch, Werken, Kunst, Musik und Sport. Kurze Fragen zum "Besuch im Zoo" können das veranschaulichen: Fahrzeiten? Fahrtkosten? Welche Tiere? Welche Wege? Zeitabschätzung? Wo Rast? Tiergeschichten?

e) Eine entscheidende Korrelation ist die von mathematischen Sachaufgaben mit der Förderung von *Lesekompetenz*. Dazu gehört das Lesen von Aufgabenkarten, Spielanleitungen und Fahrplänen, aber auch das spielerische Vernetzen von Zeichen und Begriffen (Mathematik und Deutsch) - wie etwa in den Formulierungen "Zeit plus Zeit ist mehr Zeit. Zeit mal Zeit ist Malzeit. Zeit hoch Zeit ist Hochzeit."

f) Das Lernen mit Hand, Herz und Kopf kann zu einem handlungs-, freud- und leistungsbetonten Unterricht führen, das vom *Lernen mit allen Sinnen* (z.B. in der Lernwerkstatt Grundschule) gut begleitet werden kann.

4.2 Offener Mathematikunterricht

a) Kooperatives und exemplarisches Lernen

Zu den methodisch-didaktischen Perspektiven gehört auch die von Pädagogen vielfach geforderte *Öffnung* des Mathematikunterrichts. Neben dem gerade im Mathematikunterricht grundlegenden gemeinschaftlichen Arbeiten liegt hier an das kooperierende Arbeiten von Schülern in Partner- und Gruppenarbeit nahe.

Das gegenseitige Lernen und Helfen unterstützt zugleich die Kommunikations- und Teamfähigkeit. Ein Beispiel aus der Geometrie wäre hier das Entdecken und Bauen der regelmäßigen Körper - etwa mit dem überaus vielseitigen Polydron-Material.

Weiterhin ist für offenen Unterricht u.a. das exemplarische Lernen charakteristisch. Es wird eher durch Rahmenpläne, die sich auf das Wesentliche beschränken, als durch herkömmliche das klassische umfangreiche Programm enthaltende Lehrpläne unterstützt. Ein Lehrer, der - exemplarisch und projektorientiert - seine Schüler ihr Traumhaus mit Kostenplan entwerfen lässt, verbindet Kunst, Sachunterricht und Mathematik.

Grundschulmathematik nach PISA

b) Rhythmisches Lernen

Die Grundaufgaben (Einspluseins und Einmaleins) sind ein schönes Beispiel für einen Inhalt, den man zwar mit den Schülern anschaulich einführen und entdecken kann, den man aber schnell durch die Fähigkeit, etwas rein auswendig zu lernen, festigt. Der Übergang vom Handeln (mit didaktisch gut gemeinten Lernmaterialien, von denen sich Schüler manchmal nur schwer lösen können) zum Langzeitgedächtnis wird durch rhythmisiertes Lernen erleichtert, wie z.B. durch eine Melodie zum Siebener-Einmaleins, die zudem durch Klatschen oder Hüpfen mit dem Springseil motorisch begleitet wird. Auch Wiederholungen werden möglichst rhythmisiert.

Schüler sehen durchwegs darüber hinweg, wenn der Lehrer weniger professionell singt. In Schulen wird seit Jahren immer weniger gesungen, obwohl bekannt ist, dass musikalische Aktivitäten die Ausdrucksfähigkeit, das Sozialklima und die Schulmotivation verbessern.

c) Abschätzen und Ästhetik

Häufigeres Abschätzen zumindest von Größenordnungen unterstützt die innere *Sicherheit* im Umgang mit Zahlen und stärkt das *Vertrauen* in die Welt der math. Anwendungen. Das Abschätzen kann am Beginn von Problemen, aber auch am Ende durch Überprüfen der Resultate stehen. Dabei hat das Abschätzen und Runden durchaus auch mit Ästhetik zu tun - einer Ästhetik, die über die Schönheit der Tafel- und Heftführung hinausgeht.

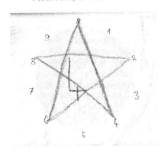

Sucht man danach, ob es auch so etwas wie Schönheit in der Arithmetik gibt, kann man tatsächlich gelegentlich Beispiele finden, wie etwa die Frage, die Schüler sehr ansprechen kann: Wie kann man z.B. die Zahl 20 geometrisch "schön" aufteilen? (Eine Schülerlösung war etwa: 20 = 1+2+3+4+4+3+2+1). Ein weiteres Beispiel wäre etwa die geometrische Darstellung von Einmaleinsreihen im Zehnerkreis (nebenstehendes Beispiel: 2. Kl.).

4.3 Differenzierung und Standards - ein Widerspruch?

Formen der Differenzierung im Mathematikunterricht beziehen sich sowohl auf den Unterrichtsablauf und seine Gestaltung (abwechslungsreicher Unterrichtsaufbau; Rhythmisierung des Stundenplans) als auch auf darüber hinausgehende Fördermaßnahmen. Die Differenzierung von *häuslichen*

Aufgaben umfasst verschiedene Schwierigkeitsgrade, aber auch Pflicht- und Wahlanteile. Eine besondere Herausforderung ist es für Schüler, wenn sie selbständig angemessene Aufgaben entwerfen, mehrere Lösungswege finden und das Erarbeitete auf verschiedene Weise präsentieren.

Mit dieser deutlicheren Individualisierung rückt das *Schulbuch* (das eher als Ideensammlung für den Lehrer dient) in den Hintergrund. Die Schüler erarbeiten sich - nach entsprechender Anregung - ihre Lernprozesse selbst und gestalten ihr Heft so sorgfältig, dass es bestenfalls sogar das Schulbuch zu setzen vermag.

Das *Lernen an Stationen* und im Rahmen einer mathematischen *Lernwerkstatt* bietet weitere willkommene Möglichkeiten zur Differenzierung im Mathematikunterricht. Hier steht das Bemühen im Vordergrund, Situationen zu schaffen, die zu selbständigem Lernen und beweglichem Denken animieren. Durch Probieren und Entdecken lässt sich z.B. folgendes Problem lösen: "Die Europäische Zentralbank führt 2- und 5-Euro-Münzen ein. Welche ganzzahligen Beträge können damit bezahlt werden?"

Dabei ist die *Planung* von Lösungswegen mindestens so entscheidend wie das anschließende Ausrechnen. Betrachtet man Abstraktionsvermögen, Vorstellungskraft, Phantasie und die Gabe zum *Querdenken* als für die Zukunft der Kinder entscheidende mathematische Fähigkeiten, dann werden diese Kompetenzen höhere Anerkennung genießen - auch wenn sie nicht so einfach abprüfbar sind wie etwa die Fähigkeit zu sorgfältigem Rechnen.

Die genannten Perspektiven können im Rahmen einer größeren Akzeptanz und Förderung der Individualität geeignet sein, die *Zufriedenheit* mit dem System Schule bei Schülern und Lehrern zu erhöhen. Mit der Einrichtung von *Ganztagsschulen* wird dieser Weg zusätzlich geebnet. Vielleicht können die folgenden Gedanken - die uns zu den anfänglichen Rahmenbedingungen zurückführen - nach einem Skandinavienbesuch zu weiterem Verständnis für eine zeitgemäße Schulgestaltung beitragen:

"Eine Gemeinsamkeit zwischen den beiden Ländern [Finnland und Schweden] ist die Betonung des Individuums und des *individuellen Lernprozesses*. Bei jedem Besuch von Schulen in Finnland und Schweden fiel auf, dass die Unterstützung des einzelnen Kindes eine wesentliche Rolle spielt. Es wird sehr darauf geachtet, dass *jedes* Kind seinen Fähigkeiten entsprechend gefördert und gefordert wird. Dies schliesst eine frühzeitige Hinführung zu *selbstständigen Lernen* ein. ...

In dieser Ganztagsschule gibt es übrigens keine Klingel, was sicherlich einen Teil der *ruhigen und lockeren Atmosphäre* ausmacht. Darüber hinaus ist das gemeinsame Mittagessen im Klassenzimmer ein Teil des sozialen Lebens, der sicherlich nicht ohne Bedeutung ist. ... Der *Leistungsdruck* wird übereinstimmend als wesentlich geringer als in Deutschland angesehen. Aus Schülersicht ist in vielen Ländern, wie z.B. auch in der Schweiz der Leistungsdruck geringer und die Unterstützung durch den Lehrer höher. '*Schule kann gut tun,*' meinte eine Lehrerin, als sie nach dem Unterschied zwischen einer regulären deutschen Schule und der deutschen Schule in Stockholm befragt wurde." [K. Reiss, GDM-Mitt. 74 Juni 2002, S.72]

Eine Gesellschaft, deren Potential auf geistig-innovativem Gebiet liegt, ist auf Individualitäten angewiesen und tut gut daran, bereits in der Schulpolitik individuelles Lernen aktiv zu fördern.

Literatur:

Amiras, Lucas: Protogeometrie. Elemente der Grundlagen der Geometrie als Theorie räumlicher Figuren. Habilitationsschrift PH Weingarten 2006.

BayKM (Bayerisches Staatsministerium für Unterricht und Kultus): Lehrplan für die bayerische Grundschule. München 2000

Brockmann, Bernhard: Bildungsstandards in Lehrplänen. In: Beiträge zum Mathematikunterricht. Jahrestagung Bielefeld 2005. Franzbecker 2005.

Carlgren, Frans: Erziehung zur Freiheit. Stuttgart ^{1}1972 (^{10}2009)

Franke, Marianne: Auch das ist Mathe! 2 Bde. Aulis Deubner 1995/96

Freudenthal, Hans: Mathematik als pädagogische Aufgabe, Band 2, Kap. 16, S. 375/469, Klett Verlag 1973

Herrmann, Ulrich (Hrsg.): Neurodidaktik: Grundlagen und Vorschläge für gehirngerechtes Lehren und Lernen. Beltz ^{2}2009.

Hilbert, David: Grundlagen der Geometrie. (^{1}1899). M. Supplementen v. Paul Bernays. 14. Auflage. Hrsg. u. m. Anhängen versehen v. Michael Toepell. B.G. Teubner Stuttgart - Leipzig 1999. xvi + VIII + 412 S. (Teubner-Archiv zur Mathematik, Bd. Suppl. 6)

IPN: Schwerpunkt PISA 2003: Mathematische Grundbildung. Mitteilungen der Ges. f.Didaktik d. Math. (GDM). Nr. 79 (Dezember 2004) S. 71-72

KMK 2004: Stellungnahme der Kultusministerkonferenz zu den Ergebnissen von PISA. Mitteilungen der GDM. Nr. 79 (Dezember 2004) S. 65-69

KMK: Bildungsstandards im Fach Mathematik für d. Primarbereich. 2004

Kranich, Michael u.a.: Formenzeichnen. Die Entwicklung des Formensinns in der Erziehung. Stuttgart ²1992

Luria, Alexander: Das Gehirn in Aktion. (russ. 1969; engl. 1973) dt. 1992.

PISA-Konsortium Deutschland: PISA 2003: Kurzfassung der Ergebnisse. Mitteilungen der GDM. Nr. 79 (Dezember 2004) S. 59-65

SMK (Sächsisches Staatsministerium für Kultus): Lehrplan Grundschule Mathematik. Dresden 2004/2009. [www.sachsen-macht-schule.de]

Sohre, Silvia: Begabte Kinder im Mathematikunterricht der Grundschule - Erkennen, Fördern und Fordern. Staatsexamensarbeit Univ. Leipzig 2004.

Stolz, Uta: Zeitgemäßes didaktisches Design. In: Info 3. 85 Jahre Waldorfpädagogik. Michaeli 2004, S.25

Toepell, Michael: Phänomenologische Sternkunde im Geometrieunterricht der Grundschule. In: Beiträge zum Mathematikunterricht 2000. Verlag Franzbecker Hildesheim - Berlin 2000. S. 675-678.

Toepell, Michael: Vom Formenzeichnen in der Grundschule zur Konstruktion geometrischer Ortskurven am Computer. In: Beiträge zum Mathematikunterricht 2001. Vlg. Franzbecker Hildesheim-Berlin 2001. S. 620-623.

Toepell, Michael: Lernen in Finnland. Notizen zu einem Podiumsgespräch. Mitteilungen der Gesellschaft für Didaktik der Mathematik (GDM), Sonderheft-Nr. 78 (Juni 2004) 142-144

Toepell, Michael: 100 Jahre "Grundlagen der Geometrie" - ein Blick in die Werkstatt von David Hilbert. In: Toepell, M. [Hrsg.]: Mathematik im Wandel - Anregungen zu einem fächerübergreifenden Mathematikunterricht 3. Verlag Franzbecker Hildesheim - Berlin 2006. (Mathematikgeschichte und Unterricht; Band IV), S. 27-44.

Ullrich, Ringo: "Mathe klingt gut" - Ein Projekt zur Entwicklung mathematischer Fähigkeiten im Grundschulalter anhand des Zusammenhangs von Mathematik und Musik. In: Vasarhelyi, Eva (Hrsg.): Beiträge zum Mathematikunterricht 2008. WTM-Verlag 2008, S. 773-776

Winter, Heinrich: Begriff und Bedeutung des Übens im Mathematikunterricht. In: Mathematik Lehren (1984) H.2, S. 4-16

Prof. Dr. Michael Toepell, Karl-Heine-Str. 22 b, Universität Leipzig, D-04229 Leipzig; Email: toepell@uni-leipzig.de

Alphabetisches Autorenverzeichnis

Barner, Klaus 101
Bauch, Manfred 57
Bernhardt, Hannelore 281
Boehme, Harald 40
Duda, Roman 211
Durnová, Helena 271
Fudali, Stanisław 185
Fuls, Andreas 56
Gick, Ute 115
Grattan-Guinness, Ivor 7
Haller, Rudolf 209
Hykšová, Magdalena 261
Krischer, Tilman 29
Murawski, Roman 298
Nádeník, Zbyněk 255
Novak, Michal 245
Reich, Ulrich .... 76 & 78
Schlote, Karl-Heinz 165
Schröder, Eberhard 61
Šišma, Pavel 235
Sommerhoff-Benner, Silvia 140
Toepell, Michael 321
Voss, Waltraud 218
Warnecke, Gerhard 151
Weidauer, Manfred 90
Wieslaw, Witold 127

Mathematik im Wandel

Anregungen zu einem fächerübergreifenden
Mathematikunterricht
Band 4

Michael Toepell (Hrsg.)

Mathematikgeschichte und Unterricht V

Michael Toepell (Hrsg.)

Mathematik im Wandel

Anregungen zu einem fächerübergreifenden
Mathematikunterricht
Band 4

Verlag Franzbecker Hildesheim 2009

CIP-Titelaufnahme der Deutschen Bibliothek

Toepell, Michael (Hrsg.):
Mathematik im Wandel -
Anregungen zu einem fächerübergreifenden Mathematikunterricht. Band 4
Verlag Franzbecker KG Hildesheim 2009
(Mathematikgeschichte und Unterricht; Band V)
ISBN 978-3-88120-410-1
NE: Mathematik im Wandel -
Anregungen zu einem fächerübergreifenden Mathematikunterricht. Band 4.

Das Werk ist urheberrechtlich geschützt. Alle Rechte, insbesondere die der Vervielfältigung und Übertragung auch einzelner Textabschnitte, Bilder oder Zeichnungen vorbehalten. Kein Teil des Werkes darf ohne schriftliche Zustimmung des Verlages in irgendeiner Form reproduziert werden (Ausnahmen gem. 53, 54 URG). Das gilt sowohl für die Vervielfältigung durch Fotokopie oder irgendein anderes Verfahren als auch für die Übertragung auf Filme, Bänder, Platten, Transparente, Disketten und andere Medien.

ISBN 978-3-88120-410-1

© 2009 by div Verlag Franzbecker KG Hildesheim

Inhalt

| | Seite |

Einführung 1

Verzeichnis der Fachbezüge

    Mathematik 5

    Geschichte und weitere Fächer 6

Ivor Grattan-Guinness:

History or Heritage?
A Central Question in the Historiography of Mathematics 7

Tilman Krischer:

Die Vorgeschichte der Mathematik 29

Harald Boehme:

Anfänge der theoretischen Arithmetik bei den Griechen 40

Manfred Bauch:

Eine multimediale Lernumgebung zu Dürers "Melencolia I" 57

Eberhard Schröder:

Korbbogenkonstruktionen -
Theorie und Anwendungen in der Baupraxis 61

Ulrich Reich:

Franz Brasser (um 1520 - 1594) von Lübeck -
der niederdeutsche Rechenmeister 76

Ulrich Reich:

Mathematik und Wein -
eine vergnügliche mathematische Reise durch die Weinkultur 78

Manfred Weidauer:

Johann Weber (um 1530 - 1595) - Rechenmeister und Bürger zu Erfurt .. 90

Klaus Barner:

Das Leben Fermats (um 1607 - 1665) 101

Ute Gick:

Einführung in die Differentialrechnung in der 11. Jahrgangsstufe
an Hand von Originalliteratur (Leibniz, Fermat)...................................... 115

Witold Wieslaw:

Squaring the Circle in XVI - XVIII centuries 127

Silvia Sommerhoff-Benner:

Die Lösung quadratischer, kubischer und biquadratischer Gleichungen
in den algebraischen Werken Christian Wolffs.. 140

Gerhard Warnecke:

Schulen und Schulverläufe bei Julius Plücker (1801 - 1868)
und seinem Studenten August Beer (1825 - 1863).................................. 151

Karl-Heinz Schlote:

Leipziger Beiträge zur Elektrodynamik im 19. Jahrhundert
aus der Sicht der mathematischen Physik.. 165

Stanisław Fudali:

Karl Weierstraß und Sonja Kowalewskaja
- "Dem Meisterherzen lieber Student"... 185

Roman Duda:

How the concept of a general topological space has originated:
from Riemann to Bourbaki 211

Waltraud Voss:

Zur Geschichte der Versicherungsmathematik
an der TU Dresden bis 1945 218

Inhalt

Pavel Šišma:

History of education in Descriptive Geometry
at the German Technical University in Brno 235

Michal Novák:

Introducing Vectors to Analytic Geometry
(As seen in Czech University Textbooks) 245

Zbyněk Nádeník:

Über die Rytzsche Achsenkonstruktion der Ellipse 255

Magdalena Hyksova:

Karel Rychlík and his Mathematical Contributions 261

Helena Durnova:

Origins of Network Flows 271

Hannelore Bernhardt:

Der Beitrag der Mathematischen Institute zum Universitätsjubiläum
der Humboldt-Universität Berlin im Jahre 1960 281

Roman Murawski:

Die Entwicklung des Bewusstseins des Unterschieds zwischen
Wahrheit und Beweisbarkeit 298

Rudolf Haller:

Treffer und Niete - eine sprachgeschichtliche Betrachtung 309

Michael Toepell:

Grundschulmathematik nach PISA -
auf dem Weg zu individuellem Lernen? 321

Alphabetisches Autorenverzeichnis 347

Einführung

Die Fachsektion *Geschichte der Mathematik* der Deutschen Mathematiker-Vereinigung (DMV) und der Arbeitskreis *Mathematikgeschichte und Unterricht* der Gesellschaft für Didaktik der Mathematik veranstalten seit Jahren gemeinsame Fachtagungen zur Geschichte der Mathematik, die zu den größten regelmäßigen Fachtagungen zur Mathematikgeschichte im mitteleuropäischen Raum gehören. Auch der vorliegende Band ist aus einer dieser Fachtagungen hervorgegangen.

Nach den Tagungen in Berlin, Wuppertal, Nürnberg ("Mathematik im Wandel 1"), Calw ("Mathematik im Wandel 2") und Schmochtitz bei Bautzen ("Mathematik im Wandel 3") war die Tagung in Zingst an der Vorpommerschen Ostseeküste die sechste Tagung der Fachsektion.

Die Tagungsleitung lag in den Händen von Prof. Dr. PETER SCHREIBER (Universität Greifswald). Ihm ist die gelungene Organisation, das abwechslungsreiche Angebot und die reibungslose Durchführung der Tagung zu verdanken.

Rund sechzig Tagungsteilnehmer trafen sich im historisch bedeutsamen Zingsthof, in dem DIETRICH BONHOEFFER 1935 sein Predigerseminar der Bekennenden Kirche eingerichtet hatte. Neben an der Geschichte interessierten Didaktikern und Mathematikern gehörten zum Kreis der Teilnehmer Lehrer, Philosophen, Doktoranden und Studenten.

Ein guter Teil der Teilnehmer kamen aus Großbritannien, Polen, der Tschechischen und der Slowakischen Republik. Deren Beiträge werden auf englisch im Original wiedergegeben.

Auf dieser internationalen Tagung wurde über eigene Forschungsergebnisse ebenso vorgetragen wie etwa über Erfahrungen zum fachübergreifenden Unterricht oder auch über lokalgeschichtliche Themen. Geschichte kann so zu einem Bindeglied zwischen Schule und Hochschule werden kann. Zugleich wird damit die bildungspolitische Bedeutung der Mathematikgeschichte hervorgehoben.

Anliegen des Arbeitskreises und der Fachsektion ist es unter anderem, mit diesen Tagungen die Mathematikgeschichte für Interessenten zu erschließen, ihre Bedeutung für Unterricht und Lehre erkennbar werden zu lassen.

Wie die bereits erschienenen, so zeigt auch der vorliegende Band, dass das manchmal so unumstößlich erscheinende Schulfach Mathematik in seiner geschichtlichen Dimension einem steten Wandel unterworfen ist. Er mag zugleich dokumentieren, dass die sich historisch immer wieder verändernde Wissenschaft Mathematik unter Berücksichtigung ihrer kulturellen Einbettung manches zur Belebung, Bereicherung und zum Verständnis des gesamten Bildungsgutes an Schulen und Hochschulen beitragen kann.

Die Vorträge dieser Tagung dokumentierten die ungewöhnliche Breite dieser Wissenschaftsdisziplin.

Der grundlegende Eröffnungsvortrag von IVOR GRATTAN-GUINNESS geht der Frage nach "Geschichte oder Überlieferung?" in der Historiographie der Mathematik nach und untersucht damit zwei grundsätzlich unterschiedliche Betrachtungsweisen: Zur *Geschichte* mathematischer Ideen oder gar einer mathematischen Theorie gehören ihre Vorgeschichte, die Entstehung, die Chronologie ihrer Entwicklung und die unmittelbaren Auswirkungen. Die Geschichte fragt also nach dem, was passierte. Die Interpretation der *Überlieferung* (des "Erbes" oder der "Genealogie") bezieht sich dagegen eher auf die langfristigen Auswirkungen mathematischer Ideen und auf die veränderten Formalisierungen. Sie wird meist im modernen Kontext beschrieben und fragt eher danach, wie es zum heutigen Stand gekommen ist. Typische Beispiele veranschaulichen den Zusammenhang.

Nach zwei Beiträgen zur antiken Mathematik [Krischer; Boehme] sind fünf Beiträge der Entwicklung im 16. Jahrhundert (Dürer, angewandte Geometrie, Weinkultur, Rechenmeister) gewidmet [Bauch; Schröder; Reich; Weidauer] und setzen damit einen ersten Schwerpunkt.

Hervorgehoben seien hier die sogenannten Korbbogenkonstruktionen, die dem Leser das übergeordnete Konstruktionsprinzip erschließen, das den Bögen in der Romanik, in der Gothik, von Profanbauten, von Zwiebeltürmen, dem Windsor Castle, von orientalischen Formen bis hin zu den Jugendstilformen zugrunde liegt - somit völlig unterschiedlichen kunstgeschichtlichen Stilrichtungen.

Die folgenden vier Beiträge beschäftigen sich mit fundamentalen Themen des 17. und 18. Jahrhunderts (Fermat, Differentialrechnung, Kreisquadra-

Einführung

tur, Wolff) [Barner; Gick; Wieslaw; Sommerhoff-Benner], die zu einem guten Teil auch den Mathematikunterricht anregen können.

Die beiden weiteren Schwerpunkte werden durch die sechs Beiträge zum 19. Jahrhundert [Warnecke; Schlote; Fudali; Duda; Voss; Šišma] und durch die acht Beiträge zum 20. Jahrhundert [Novak; Nádeník; Hyksova; Durnova; Bernhardt; Murawski; Haller; Toepell] gesetzt.

Rund die Hälfte dieser Beiträge stammen aus der Feder osteuropäischer Kollegen. Hier werden damit auch zu einem guten Teil bislang weniger bekannte mathematische Entwicklungen in dieser Region diskutiert - ein weiterer bereichernder Fokus.

Wie in den ersten drei Bänden der Reihe "Mathematik im Wandel" so stehen auch im vorliegenden Band etwa ein Drittel der Beiträge in Beziehung zu grundlegenden elementarmathematischen, schulgeschichtlichen bzw. methodisch-didaktischen Fragestellungen. Darüberhinaus tragen biographische Studien zum tieferen Verständnis einer lebendigen Auffassung von Mathematik bei.

Die Veröffentlichung entspricht dem Wunsch, die Vortragsausarbeitungen nicht nur den Tagungsteilnehmern, sondern auch interessierten Mathematikern, Lehrern, Didaktikern und Historikern zugänglich zu machen.

Es ist manchmal geradezu erstaunlich, wie positiv die Geschichte das Bild von Mathematik in der Öffentlichkeit zu beeinflussen vermag. Eine Erfahrung, die vor allem im internationalen Rahmen beachtliche bildungspolitische Anerkennung findet.

Man erlaube mir den ergänzenden Hinweis: In Deutschland sind dagegen in den letzten Jahren alle drei - mathematikhistorisch geleiteten - Institute für Geschichte der Naturwissenschaften aufgelöst worden.

Anliegen der Reihe ist es, durch die Beiträge Impulse zu einem fächerübergreifenden Mathematikunterricht zu vermitteln und den Blick zu erweitern.

Entsprechend den anderen Bänden dieser Reihe haben auch hier die zahlreichen *fachübergreifenden Bezüge* der einzelnen Beiträge einen besonderen Stellenwert. Sie bieten sowohl dem Mathematiklehrer als auch dem Lehrer anderer Fächer Anregungen und bereichernde Ergänzungen seines Unterrichts. Exemplarisch werden dabei Zusammenhänge mit anderen Fächern vermittelt.

Eine chronologische Anordnung unterliegt der Gefahr, neben der zeitlichen Dimension die sachbezogene Dimension zu vernachlässigen. Daher folgt auf diese Einführung auch im vorliegenden Band wiederum ein Sachverzeichnis (S. 5 - 6) , das in drei Übersichten mögliche *Fachbezüge* der einzelnen Beiträge erschließt.

Die erste Übersicht kann dem Leser - und insbesondere dem Mathematiklehrer - das Auffinden von Beiträgen zu bestimmten Gebieten der *Schulmathematik* erleichtern. Ergänzend wurden hier auch die *biographischen* Untersuchungen aufgenommen.

Da alle Beiträge natürlich Bezüge zur *Geschichte* besitzen, wurden in einer zweiten Übersicht auch außerhalb der genannten Schwerpunkte liegende historische Bereiche erfaßt.

Schließlich macht die dritte Übersicht nicht nur Mathematiklehrer, sondern auch die Lehrerinnen und Lehrer anderer Schulfächer, die fachübergreifende Bezüge zur Mathematik suchen, auf mit *anderen Fächern* zusammenhängende Beiträge aufmerksam.

Ein alphabetisches Verzeichnis der Autoren mit Seitenangaben ihrer Beiträge (S. 347) runden den Band ab.

Schließlich möchte ich allen Autoren für die sorgfältige Ausarbeitung ihrer vielfach satztechnisch und stilistisch anspruchsvollen Manuskripte, unserer Sekretärin Frau Mona Witzel (Univ. Leipzig) und meiner Mitarbeiterin Jessica Leonhardt für die Transkription mehrerer Ausarbeitungen und für die Layouthilfen, Frau Dr. Friederike Boockmann (München) für die Unterstützung bei der Durchsicht der Beiträge und Herrn Dr. Walter Franzbecker (Hildesheim) und seinen Mitarbeitern für die bereitwillige Aufnahme dieses Folgebandes in das Programm des Verlages Franzbecker KG herzlich danken.

Michael Toepell

Verzeichnis der Fachbezüge

Mathematik

Arithmetik:	Anfänge der Arithmetik bei den Griechen [Boehme] 40
	Rechenmeister im 16. Jahrhundert [Reich]............... 80
	Rechenaufgaben von Johann Weber [Weidauer]....... 90
Geometrie:	Dürer's Melencolia I [Bauch].................................... 57
	Geometrie bei Dürer [Schröder].................................. 61
	Algebraische Geom. bei Euklid [Grattan-Guinness] . 11
	Quadratur des Kreises [Więsław]............................. 127
	Begriff des allg. topologischen Raumes [Duda]...... 211
	Darstellende Geometrie [Šišma]............................... 235
	Vektoren i.d. Analytischen Geometrie [Novák] 245
	Achsenkonstruktionen der Ellipse [Nádeník].......... 255
Algebra:	Quadratur des Kreises durch Algebra [Więsław] 127
	Nichtlineare Gleichungen [Sommerhoff-Benner].... 140
	Algebra und Zahlentheorie bei Rychlík [Hykšová]. 261
	Graphentheorie - Netzwerktechnik [Durnová] 271
Analysis:	Entstehung der Differentialrechnung [Gick]............ 115
	Beziehung zwischen Analysis & Topologie [Duda] 211
Stochastik:	Fehler -Treffer - Niete [Haller].................................. 309
Didaktik:	Multimediale Lernumgebungen [Bauch].................. 57
	Maße & Rechenaufgaben zum Thema Wein [Reich] 80
	Themen in früheren Rechenbüchern [Weidauer]....... 90
	Geschichte in der unterrichtlichen Praxis [Gick]..... 115
	Wege zu individuellem Lernen [Toepell] 321
Biographische Beiträge:	Rechenmeister Franz Brasser [Reich]....................... 76
	Rechenmeister Johann Weber [Weidauer]................ 90
	Pierre de Fermat [Barner]... 101
	Fermat und Leibniz [Gick] 115
	Christian Wolff [Sommerhoff-Benner].................... 140
	Julius Plücker und August Beer [Warnecke] 151
	Karl Weierstraß und Sonja Kowalewskaja [Fudali] 185
	Karel Rychlík und Bolzano [Hykšová].................... 261
	Hilbert und Gödel [Murawski]................................. 298

Geschichte

Griechische Math.: Vorgeschichte [Krischer] 29
Arithmetik [Boehme] 40
Kulturgeschichte: Bildungsgeschichte in Frankreich i.17 Jh. [Barner] 101
Eine Mathematikerin im 19.Jh. [Fudali] 185
Grundschulmathematik nach PISA [Toepell] 321
Institutionen- bzw. Realschule und Gymnasium im 19. Jh. [Warnecke] 151
Universitäts- Math. Physik an der U Leipzig i.19.Jh. [Schlote] 165
geschichte: Versicherungsmath. an der TU Dresden [Voss] 218
Darst. Geometrie an der Dt. TU Brünn [Šišma] 235
Jubiläum der Humboldt-Univ. Berlin [Bernhardt] ... 281

Weitere Fächer

Philosophie/Ethik/ Historiographie, Axiomatisierg. [Grattan-Guinness] ... 7
Wissenschafts- Vorgeschichte, Philosophie [Krischer] 29
theorie: Bildungspolitik HUBerlin [Bernhardt] 281
Logik - Beweistheorie [Murawski] 298

Wirtschaft: Entstehung der Versicherungsmathematik [Voss] ... 218
Transportprobleme in Netzwerken [Durnová] 271

Physik/Chemie/ Geometrie in der Baupraxis [Schröder] 61
Technik: Weinkultur [Reich] 78
Math. Physik & Elektrodynamik i.19.Jh. [Schlote] . 165

Kunst: Kunstgeschichte [Schröder] 61

Deutsch: Sprachgeschichtl.-literarische Betrachtung [Haller] 309

History or Heritage? A Central Question in the Historiography of Mathematics

Ivor Grattan-Guinness

1. The pasts and the futures..8
2. An example 10
3. Some attendant distinctions 12
   3.1 History is usually a story of heritages................................12
   3.2 Types of influence..12
   3.3 The role of chronology..13
   3.4 Uses of later notions..13
   3.5 Foundations up or down?..15
   3.6 Indeterminism or determinism? 15
   3.7 Revolutions or convolutions? 16
   3.8 Description or explanation?..18
   3.9 Levels of (un)importance..18
   3.10 Handling muddles. 19
   3.11 History as meta-theory..19
   3.12 Consequences for mathematics education......................20
4. Six prevalent aspects..20
   4.1 The calculus and the theory of limits.................................21
   4.2 Part-whole theory and set theory. 22
   4.3 Vectors and matrices..22
   4.4 The status of applied mathematics.....................................23
   4.5 The place of axiomatisation 24
   4.6 Words of general import 24
5. Concluding remark...25

> However eager to tell us how scientists of the seventeenth century used their inheritance from the sixteenth, the scholars seem to regard as irrelevant anything a scientist today might think about any aspects of science, including his own debt to the past or reaction against it.
>
> C.A. TRUESDELL III (1968, foreword)

You think that the world is what it looks like in fine weather at noonday; I think that it seems like in the early morning when one first wakes from deep sleep.

A.N. WHITEHEAD to B. RUSSELL [Russell 1956, 41]

1. The pasts and the futures

The growth in interest and work in the history of mathematics in the last three decades or so has led naturally to reactions among mathematicians. Some of them have been welcoming, and indeed have contributed their own historical research; but many others have been cautious, and even contemptuous about the work produced by practising historians for apparently limited lack of knowledge of mathematics.[1] By the latter they usually mean the current version of the mathematics in question, and the failure of historians to take due note of it.

There is a deep distinction involved here, which has not been much discussed in the literature; even the survey [May 1976) of historiography jumps across it. I use the words "history" and "heritage" to name two interpretations of a mathematical theory (or definition, proof-method, algorithm or whatever); I shall use the word "notion" as the umbrella term, and the letter "N" to denote it. A sequence of notions in recognised order in a mathematical theory is notated "$N_0, N_1, N_2, \ldots$".

By "history" I refer to the details of the development of N: its pre-history and concurrent developments; the chronology of progress, as far as it can be determined (well-known to be often difficult or even impossible for ancient and also ethno-mathematics); and maybe also the impact in the immediately following years and decades. History addresses the question "what happened in the past?". It should also address the dual question "what did not happen in the past?", where false starts, missed opportunities [Dyson 1972, sleepers and repeats are noted. The (near-)absence of later notions

---

[1] Another point of division between the two disciplines is techniques and practices specific to historical work, such as the finding, examination and deployment of manuscript sources and of large-scale bibliographies. (The latter are rehearsed, at least for the pre-computer age, in [May 1973, 3-41].) They are not directly relevant to this paper.

from N is registered; *differences* between N and seemingly similar more modern notions are likely to be emphasised.

By "heritage" I refer to the impact of N upon later work, both at the time and afterwards, especially the forms which it may take, or be embodied, in modern contexts.[2] Some modern form of N is the main focus, but attention is also paid to the course of its development. Here the mathematical relationships will be noted, but not the historical ones in the above sense. Heritage addresses the question "how did we get here?", and often the answer reads like "the royal road to me". The modern notion is thereby unveiled (a nice word proposed by HENK BOS); *similarities* between old and more modern notions are likely to be emphasised. In the case of sequences, a pernicious case arises when N_1 is a logical consequence or a generalisation of N_0, and the claim is made that a knower of N_0 knew N_1 also [May 1975a; an example is given in §3.4].

Both kinds of activity are quite legitimate, and indeed important in their own right; in particular, mathematical research often seems to be conducted in a heritage-like way, although the predecessors may well be very recent (as far back as five years, say). *The confusion of the two kinds of activity is not legitimate,* either taking heritage to be history (mathematicians" common view) or taking history to be heritage (the occasional burst of over-enthusiasm by an historian): indeed, such conflations may well mess up both categories, especially the historical record.

A philosophical difference is that heritage tends to focus upon knowledge alone (theorems as such, and so on), while history also seeks causes and understanding in a more general sense. The distinction made by historians between "internal" and "external" history is only part of this difference. Each category is explicitly meta-theoretical, though history may demand the greater finesse in the handling of different levels of theory.

Two prominent types of writing in which heritage is the main guide are review articles and lengthy reports. Names, dates and references are given frequently, and chronology (of publication) may well be checked quite scrupulously; but motivations, cultural background, processes of genesis, and historical complications are usually left out. A golden period in report

---

[2] In recent lectures on this topic I used the 'word' genealogy' to name this concept. I now prefer 'heritage', partly on semantic grounds and partly for its attractive similarity with 'history' in English as another three-syllable word beginning with 'h'.

writing was at the turn of the 19th and 20th centuries, especially in German, with two main locations: the reports in the early volumes of the *Jahresberichte* of the *Deutsche Mathematiker-Vereinigung* (1892-) and the articles comprising the *Encyklopädie der mathematischen Wissenschaften* (1898-1935) with its unfinished extension into the French *Encyclopédie des sciences mathématiques* (1904-1920?) [Gispert 1999]. The difference between history and heritage was not always strong at that time;[3] for example, a few of the *Encyklopädie* reports are quite historical.

Among modern examples of heritage-oriented writings, JEAN DIEUDONNÉ"s lengthy account of algebraic and differential topology in the 20th century is typical [Dieudonné 1989], and several of the essays in the BOURBAKI history have the same character [Bourbaki 1974]. ANDRÉ WEIL's widely read advice (1980) on working on history is driven more by needs of heritage, especially concerning judgements of importance; but it is somewhat more nuanced in other respects. An interesting slip is his use of "history of mathematics" and "mathematical history" as synonyms, whereas they are quite different subjects [Grattan-Guinness 1997, 759-761].

A third category arises when N is laid out completely time-free with all developments omitted, historical or otherwise; for example, as a strictly axiomatised theory. This kind of writing is also quite legitimate, but is neither history nor heritage (though it may *have* both), and I shall not consider it further.

2. An example

This distinction has been cast in as general a manner as possible; any piece of mathematics from any culture will be susceptible to it. Here is an example, mathematically simple but historically very important (this last remark itself a manifestation of the distinction from heritage, note).

In his *Elements* EUCLID gives this theorem about "completing the square":

---

[3] See [Dauben 1999] on the journals for the history of mathematics then.

History or heritage? 11

The historical interpretation of EUCLID as a closet algebraist developed during the late 19th century (compare the remarks in §1 on history and heritage at that time); thus the diagram has long been rendered in algebraic form as

$$(a + b)^2 = a^2 + 2ab + b^2. \qquad (1)$$

However, mathematical as well as historical disquiet should arise. Firstly, (1) is a piece of algebra, which EUCLID did not use, even covertly: his diagram does not carry the letters "a" and "b". His theorem concerned geometry, about the large square being composed of four parts, with rectangles to the right and above the smaller square and a little square off in the northeast corner. But these geometrical relationships, essential to the theorem, are lost in the single sign "+". Further, "a" and "b" are associated with numbers, and thereby with lengths and their multiplication. But EUCLID worked with lines, regions, solids and angles, not any arithmeticised analogues such as lengths, areas, volumes and degrees; he never multiplied geometrical magnitudes of any kind (though multiplication of numbers in arithmetic was practised). Hence "a^2" is already a distortion; he constructed the "square *on* the side", not the "square *of* the side" [Grattan-Guinness 1996] . For reasons such as this the algebraic reading of EUCLID has been discredited in recent decades by specialists; by contrast, it is still advocated by mathematicians, such as [Weil 1980] who even claims that group theory is *needed* in order to understand Books 5 and 7 of EUCLID!!

These are historical and meta-historical remarks about EUCLID; (1) belongs to its heritage, especially among the Arabs with their word-based algebra (the phrase "completing the square" is Arabic in origin), and then in European mathematics, with symbols for quantities and operations gradually being introduced.[4] The actual version (1) corresponds to the early 17th cen-

---

[4] There is of course another large history and heritage from Euclid, inspired by the alleged rigour of this proofs. It links in part to the modernisation of his geometry, but I shall not discuss them here.

tury, with figures such as THOMAS HARRIOT and RENÉ DESCARTES; EUCLID and the Arabs are part of their history, they are part of the heritage from EUCLID and the Arabs, and *our* use of (1) forms part of our heritage from them.[5]

3. Some attendant distinctions

The distinction between history and the heritage of N seems to be that between its relationship to its pre-history and to its post-history. If N_0, N_1 and N_2 lie in advancing chronological order, then the heritage of N_1 for N_2 belongs also to the history of N_2 relative to N_0 and N_1. However, the situation is not so simple; in particular, both categories use the post-history of N, though in quite different ways. Thus more needs to be discussed. Some further examples will be used below, though for reasons of space and balance rather briefly; fuller historical accounts would take note of interactions of the development of other relevant notions.

3.1 History is usually a story of heritages

The historian records events where normally an historical figure inherited knowledge from the past in order to make his own contributions. If the figure really did treat a predecessor in an historical spirit (as he (mis-) understood it), then the (now meta-)historian should record accordingly (for example, [Stedall 2001] on JOHN WALLIS's *Algebra* of 1685).

3.2 Types of influence

raise important issues. However, research is likely to focus only upon positive influence whereas history needs to take note also of negative influences, especially of a general kind, such as reaction against some notion or the practise of it or importance accorded some context. For example, one motive of A.-L. CAUCHY to found mathematical analysis in the 1820s upon

---

[5] This last feature applies also, regrettably, to the supposed history [Rashed 1994] of Arabic algebra, where the Arabs seem already to have read Descartes.

a theory of limits (§ 4.1) was his rejection of J.L. LAGRANGE's approach to the calculus using only notions from algebra. Further, as part of his new regime CAUCHY stipulated that "a divergent series has no sum"; but in the 1890s EMILE BOREL reacted against precisely this decree and became a major figure in the development of summability and formal power series [Tucciarone 1973]. Part of the heritage of those theories has been to treat as idiots pre-Cauchyesque manipulators of infinite series such as LEONHARD EULER!

3.3 The role of chronology

differs greatly. In history it can form a major issue; for example, possible differences between the creations of a sequence of notions and those of their publication. Further, the details available may only give a crude or inexact time course, and some questions of chronology remain unanswerable. In heritage chronology is much less significant, apart from questions of the type "Who was the first mathematician to ...?". Mathematicians often regard them as the prime type of historical question to pose [May 1975b], whereas historians recognise them as often close to meaninglessness when the notion involved is very general or basic; for example, "... to use a function?" could excite a large collection of candidates according to the state, generality or abstractness of the function theory involved. The only type of questions of this kind of genuine historical interest concerns priority disputes, when intense parallel developments among rivals are under investigation, and chronology is tight - and where again maybe no answer can be found.

3.4 Uses of later notions

They are *not* to be ignored; the idea of forgetting the later past of an historical episode is impossible to achieve, and indeed not desirable. Instead its status *as* later work is duly recognised, and tiers of history exposed: work produced in, say, 1701 was historical in 1801 and in 1901 as well as now in 2001. Thus, when studying the history of N_0, recognise the place of later notions $N_1, N_2,...$ but *avoid* feeding them back into N_0 itself. For if that does happen, the novelties that attended the emergence of $N_1, N_2,...$

will not be registered. Instead time loops are created, with cause and effect over time becoming reversed: when N_2 and N_1 are shoved into N_0, then they seem to be involved in its creation, whereas the *converse* is (or may be) the case. In such situations not only is the history of N messed up but also that of the intruding successors, since their *absence* before introduction is not registered. For example, LAGRANGE's work in algebra played a role in the certain aspects of group theory [Wussing 1984, 70-84]; but to describe his work in terms of group theory not only distorts LAGRANGE but also muddies the (later) emergence of group theory itself. By contrast, the heritage may be clarified by such procedures, and chaos in the resulting history is not significant.

A valuable use of later notions when studying the history of N is as a source for questions to ask about N itself - but do not expect positive answers! (The converse may well hold; knowing at least some of the history of N_0, N_1, N_2, ... may well increase understanding of their relations, and even suggest a research topic.) By contrast, when studying the heritage of N_0, by all means feed back N_1, N_2 ... to create new versions and with luck find a topic for mathematical research. The difference is shown below; for history the horizontal arrows do not impinge positively upon the preceding notions whereas those for heritage do:

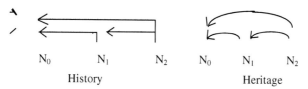

N_0　　N_1　　N_2　　　　N_0　　N_1　　N_2
　　　History　　　　　　　　　Heritage

The difference is often exemplified by reactions to older mathematics. The inheritor reads something by, say, LAGRANGE and exclaims: "My word, LAGRANGE here is very modern!". The historian replies: "No, we are very LAGRANGIAN".

The distinction between history and heritage is thus emphatically *not* that between success and failure; history also records successes, but with the slips and delays exposed. For example, A nice example is [Hawkins 1970], a fine history of the application of point set topology to refine the integral from the CAUCHY-RIEMANN version through content in the sense of JORDAN and Cantor to the measure theory of HENRI LEBESGUE and BOREL.

HAWKINS not only records the progress achieved but also carefully recounts conceptual slips made en route: for example, the belief until its exposure that denumerable set, set of measure zero and nowhere dense set were co-extensive concepts.

3.5 Foundations up or down?

This distinction can be extended when N is an axiomatised theory, which proceeds logically through concepts C_1, C_2, C_3; for to some extent the respective historical origins move *backwards* in time, thus broadly the reverse of the historical record. A related difference is thereby exposed: heritage suggests that the foundations of a mathematical theory are laid down as the platform upon which it is built, whereas history shows that foundations are dug down, and nor necessarily on firm territory. For example, the foundations of arithmetic may start with mathematical logic in a version of the 1900s, use set theory as established around the 1890s, define progressions via the PEANO axioms of the later 1880s, and then lay out the main properties of integers as established long before that.

A figure important in that story is RICHARD DEDEKIND, with his book of 1888 on the foundations of arithmetic. The danger of making historical nonsense out of heritage is well shown in a supposed new translation. A typical example of the text is the following passage, where DEDEKIND's statement that (in literal translation) "All simply infinite systems are similar to the number-series *N* and consequently by (33) also to one another" comes out as "*All unary spaces are bijective* [1] *to the unary space* [2] *N and consequently, by §33,* [3] *also to one another*"; moreover, of the three editorial notes, the first one admits that "isomorphic" would be more appropriate for DEDEKIND but the second one informs that "*unary space* [...] is what he means" ... [Dedekind 1995, 63].

3.6 Indeterminism or determinism?

Especially if the history properly notes missed opportunities, delayed and late arrivals of conception and/or publication, an indeterministic character is conveyed: the history did indeed pass through the sequence of notions N_0, N_1, N_2, ..., but it might have been otherwise (unintended consequences, and so on). By contrast, even if not explicitly stressed, a deterministic im-

pression is likely to be conveyed by heritage: N_0 *had* to lead to N_1, and so on. Appraisal of historical figures as "progressive" or "mordents", in any context, is normally of this kind: the appropriate features of their work are stressed, the others ignored (for example, NEWTON the modern scientist yes, NEWTON the major alchemist no).

A fine example of indeterminism id provided by the death of BERNHARD RIEMANN in 1866. The world lost a very great mathematician, and early; on the other hand, his friend DEDEKIND published soon afterwards two manuscripts which RIEMANN had prepared in 1854 for his *Habilitation* but had left them unpublished, seemingly indefinitely. One essay dealt with the foundations of geometry, the other with mathematical analysis and especially Fourier series. Each of them made a rapid and considerable impact, and each contained notions and connections which were current in some other authors; however, if the essay on analysis had not appeared, there is no reason to assume that GEORG CANTOR (1845-1918), then a young number theorist, would have tackled the hitherto unnoticed problem of exceptional sets for Fourier series (to use the later name) and thereby invented the first elements of his set theory [Dauben 1979, chs. 1-2]. But then many parts of mathematical analysis would have developed differently. (The bearing of the other essay on the development of geometries is noted in §3.7.) Other early deaths suggest possibilities: EVARISTE GALOIS stopping a bullet in 1832, JACQUES HERBRAND falling down a mountain a century later, and so on.

3.7 Revolutions or convolutions?

When appraising heritage, interest lies mainly in the outcomes without special concern about the dynamics of their production. A deterministically construed heritage conveys the impression that the apparently inevitable progress makes mathematics a *cumulative* discipline.

History suggests otherwise; some theories die away, or at least die down in status. The status or even occurrence of revolutions in mathematics is historically quite controversial [Gillies 1992]; I have proposed the meta-notion of convolution, where new and old notions wind around each other as a (partly) new theory is created [Grattan-Guinness 1992]. Convolution lies between, and can mix, three standard categories: revolution, in the sense of strict *replacement* of theory; innovation, where replacement is ab-

sent or plays a minor role (I do not know of a case where even a remarkably novel notion came from literally *no* predecessors); and evolution, similar to convolution in itself but carrying many specific connotations in the life sciences which are not necessarily useful here.

One of the most common ways in which old and new mix is when a new notion is created by connecting two or more old notions in a novel way. Among very many cases, in 1593 FRANÇOIS VIÈTE connected ARCHIMEDES's algorithmic exhaustion of the circle using the square, regular octagon, ... with the trigonometry of the associated angles and obtained this beautiful infinite product

$$2/\pi = \sqrt{1/2}\sqrt{1/2 + 1/2\sqrt{\sqrt{1/2}}}\sqrt{1/2 + 1/2\sqrt{1/2 + 1/2\sqrt{1/2}}} \sqrt{\ldots} . \quad (2)$$

Again, in the 1820s NIELS HENRIK ABEL and CARL JACOBI independently linked the notion of the inverse of a mathematical function with ADRIEN-MARIE LEGENDRE's theory of "elliptic functions" to produce their definitive theories of elliptic functions. Heritage may also lead to such connections being effected.

Sometimes convolutions, revolutions and traditions can be evident together. A very nice case is found in the work of JOSEPH FOURIER in the 1800s on heat diffusion [Grattan-Guinness and Ravetz 1972]. 1) Apart from a very unclear and limited anticipation by J.-B. BIOT, he innovated the differential equation to represent the phenomenon. 2) The method that he used to obtain it was traditional, namely EULER's version of the Leibnizian differential and integral calculus (which is noted in §4.1). 3) He refined the use of boundary conditions to adjoin to the internal diffusion equation for solid bodies. 4) He revolutionised understanding of the solution of the diffusion equation for finite bodies by trigonometric series, which had been known before him but with important misunderstandings, especially about the manner in which a periodic series could represent a general function at all. 5) He innovated the FOURIER integral solution, for infinite bodies.

Delays often arise from connections *not* being made. A well-known puzzle is the slowness to recognise non-Euclidean geometries when there was a long history of map-making which surely exhibits one kind of such a geometry. J.H. LAMBERT is an especially striking figure here, as he worked with some lustre in both areas in the later 18th century. The answer seems to be that, like his predecessors and several successors, he understood the

geometry problem as being just the status, especially provability, of the parallel axiom *within the Euclidean framework* rather than the more general issue of alternative geomet*ries,* which was fully grasped only by RIEMANN in his 1854 essay [Gray 1989]. Thus the link, which seems so clear in our heritage, was not obvious in the earlier times.

3.8 Description or explanation?

Both history and heritage are concerned with description; but history should also attempt explanations of the developments found, and also of the delays and missed opportunities that are noticed. These explanations can be of various kinds; not just of the technical insights that were gained but also the social background, such as the (lack of) educational opportunities for mathematics in the community or country involved.

One feature especially of the 19th century which needs explanation is the differences between nations of the *(un)popularity* of topics or branches of mathematics (France doing loads of mathematical analysis, England and Ireland with rather little of it but working hard at several new algebras, and so on). Heritage studies will need to consider explanation only from a formal or epistemological point of view; for example, explaining the mystery of having to use complex numbers when finding the real roots of polynomials with real coefficients in terms of closure of operations over sets, an insight which has its own history.

3.9 Levels of (un)importance.

This last task relates to another difference; that a notion rises and/or falls in importance. Heritage does not need to give such changes much attention; the modern level of reputation is taken for granted. But history should watch and ponder upon the changes carefully. For example, for a long time trigonometry has been an obviously useful but rather minor topic in a course in algebra - and there has been no detailed general history of it since [von Braunmühl 1900, 1903]. By contrast, in the late Middle Ages it was a major branch of mathematics, handled geometrically (for example, the sine was a length, not a ratio), and with the spherical part more important than the planar (because of its use in astronomy and navigation). Conversely, probability theory and especially mathematical statistics had a very long

and slow geneses; most of its principal notions in statistics are less than then two centuries old, and the cluster of them which are associated with KARL PEARSON and his school has celebrated their centenary only recently. The slowness of the arrival of this discipline, now one of the most massive part of mathematics while often functioning separate from it, is one of the great mysteries of the history of mathematics; its unimportance during most of the 19th century is especially astonishing. But such features need not disturb a seeker of heritage.

3.10 Handling muddles

One way in which knowledge of all kinds, and especially the mathematical, increases is by the cleaning up of unclarities and ambiguities by, for example, bringing in new distinctions. Such housework forms part of the heritage which the mathematician will deploy (unless he has reason to question it). The historian will also the modern presence of such distinctions, but he should try to *reconstruct* the old unclarities, as clearly as possible, so that the history of the distinctions is itself studied (§4.1 has an important example).

3.11 History as meta-theory

This paper, especially in this section, carries a feature which needs emphasis: that when the historian studies his historical figures he is thinking *about* them, not *with* them. The distinction between theory and meta-theory, and especially the recognition of its *central* importance for knowledge, emerged during the 1930s principally from the logicians KURT GÖDEL (1906-1978) and ALFRED TARSKI (1902-1983), after many partial hits and misses [Grattan-Guinness 2000, chs. 8-9].

In logic the distinction is very subtle; for example, "and" feature in both logic and meta-logic, and failure to register it led to much inherence and even paradoxes such as "this proposition is false". In most other areas of thought the distinction seems to be too obvious to require emphasis; clearly a difference of category exists between, say, properties of light and laws of optics, or between a move in chess and a rule of chess. But when registered its importance can be seen, because it is *quite general*. This was the case with TARSKI's theory of truth (his own main way to the distinction): "snow

is white" (in the metalanguage) if and only if snow is white (in the language). His theory is neutral with respect to most philosophies, and side-steps generations of philosophical anxiety about making true (or false) judgements or holding such beliefs.

In historiography the distinction stresses two different levels of both knowledge and of ignorance, with further levels required when intermediate historical stages are considered. It also side-steps chatter about narratives and discourses, and the relativism and determinism that often accompanies them.

3.12 Consequences for mathematics education

The issue of heuristics on mathematics, and the discovery and later justification of mathematical notions, are strongly present is this discussion, with obvious bearing upon mathematics education. The tradition there, especially at university level or equivalent, is to teach a mathematical theory in a manner very much guided by heritage. But reactions of students (including myself, as I still vividly recall) is often distaste and bewilderment; not particularly that mathematics is very hard to understand and even to learn but mainly that it turns up in "perfect" dried-out forms, so that if there are any mistakes, then necessarily I made them. Mathematical theories come over as all answers but no questions, all solutions but no problems. A significant part of the growth in interest in the history of mathematics has been inspired as a negative influence of such situations, and there is now a strong international movement for making use of history in the teaching of mathematics, at all levels. I have proposed the meta-theoretical notion of "history-satire", where the historical record is respected but many of the complications of the normally messy historical record are omitted or elided [Grattan-Guinness 1973]. (If one stays with, say, NEWTON all the time, then one will stop where NEWTON stopped.) OTTO TOEPLITZ's "genetic approach" to the calculus is close to a special case [Toeplitz 1963].

4. Six prevalent aspects

I conclude with five special cases of aspects of mathematics where the conflation of history and heritage seems to be especially serious, including

among historians. They come mostly from the 19th and early 20th centuries, which not accidentally is my own main period of research; thus no claim of optimal importance or variety is made for them. Examples of the distinctions made in §3 are also included.

4.1 The calculus and the theory of limits

There have been four main ways of developing the calculus [Grattan-Guinness 1987]: in chronological order,

1) ISAAC NEWTON's "fluxions" and "fluents" (1660s onwards), with the theory or limits deployed, though not convincingly;

2) G.W. LEIBNIZ's "differential" and "integral" calculus, based upon dx and ∫x (1670s onwards), with infinitesimals central to and limits absent from all the basic concepts: reformulated by EULER in the mid 1750s by adding in the "differential coefficient", the forerunner of the derivative;

3) LAGRANGE's algebraisation of the theory, in an attempt to avoid both limits and infinitesimals, with a new basis sought in TAYLOR's power-series expansion (1770s onwards), and the successive differential coefficients reconceived in terms of the coefficients of the series as the "derived functions"; and

4) CAUCHY's approach based upon with a firm *theory* (and not just intuition) of limits (1810s onwards); from it he defined the basic notions of the calculus (including the derivative as the limiting value of the difference quotient) and also of the theories of functions and of infinite series, to create "mathematical analysis".

Gradually the last tradition gained wide acceptance, with major refinements brought in with KARL WEIERSTRASS and followers from the mid century onwards, especially the consequences of refining CAUCHY's basically single-limit theory into that of multiple limits with a plethora of fine distinctions. Thus it has long been the standard way of teaching the calculus; but historians should beware using it to rewrite the history of the calculus where any of the other three traditions, even NEWTON's, are being studied. It also contains an internal danger. The (post-)WEIERSTRASSian refinements have become standard fare, and are incorporated into the heritage of CAUCHY; but it is mere feedback "history" to read CAUCHY (and contemporaries such as BERNARD BOLZANO) as if they had read WEIERSTRASS

already [Freudenthal 1971]. On the contrary, their own pre-WEIERSTRASSian muddles need reconstruction, and clearly.

Again by contrast, heritage can acknowledge such anachronisms but ignore them as long as the mathematics produced is interesting.

4.2 Part-whole theory and set theory

An important part of WEIERSTRASS's refinement of CAUCHY's tradition was the introduction from the early 1870s of set theory, principally by GEORG CANTOR. Gradually it too gained a prominent place in mathematics and then in mathematics education; so again conflations lurk around its history. They can occur not only in putting set-theoretical notions into the prehistory, but in particular confusing that theory with the traditional way of handling collections from antiquity: namely, the theory of whole and parts, where a class of objects contains only parts (such as the class of European men as a part of the class of men), and membership was not distinguished from inclusion. Relative to set theory parthood corresponds to improper inclusion, but the theory can differ philosophically from CANTOR's doctrine, on matters such as the status of the empty class/set, and the class/set as one and as many; so care is needed. An interesting example occurs in avoiding the algebraisation of EUCLID mentioned in §2: [Mueller 1981] proposed an algebra alternative to that in (1), but he deployed set theory in it whereas EUCLID had followed the traditional theory, so that a different distortion arises. As in earlier points, study focused upon heritage need feel no discomfort.

4.3 Vectors and matrices

In a somewhat disjointed way vector and matrix algebras and vector analysis gradually developed during the 19th century, and slowly became staple techniques during the 20th century, including in mathematics education [Grattan-Guinness 1994, articles 6.2, 6.7, 6.8, 7.12]. But then the danger just highlighted arises again; for earlier work was not thought out that way. The issue is *not* just one of notation; the key lies in the associated notions, especially the concept of laying out a vector as a row or column of quantities and a matrix as a square or rectangular array, and manipulating them separately or together according to stipulated rules and definitions.

A particularly influential example of these anachronisms is TRUESDELL; in very important pioneering historical work of the 1950s he expounded achievements by especially EULER in continuum mathematics which previously had been largely ignored (see, for example, [Truesdell 1954]). However, in the spirit of heritage in his remark quoted at the head of this paper, he treated EULER as already familiar with vector analysis and some matrix theory (and also using derivatives as defined via the theory of limits whereas EULER had actually used his own elaboration of LEIBNIZ's version of the calculus mentioned in §4.1). Therefore his EULER was out of chronological line by at least a century. It is quite amusing to read his introductory commentary and then the original texts in the same volume (11 and 12 of the second series of EULER's *Opera omnia*). A lot of historical reworking of EULER is needed, not only to clarify what and how he had actually done but also to eliminate the mess-ups of feedback and clarify the history of vectors and matrices by noting their absence in EULER.

4.4 The status of applied mathematics

During the middle of the 19th century the professionalisation of mathematics increased quite notably in Europe; many more universities and other institutions of higher education were created or expanded, so that the number of jobs increased. During that period, especially in the German states and then Germany, a rather snobbish preference for pure over applied or even applicable mathematics began to emerge, there and later internationally. Again this change has affected mathematics education (for the worse); it has also influenced historical work in that the history of pur(ish) topics have been studied far more than that of applications. The history of military mathematics is especially ignored.

An error concerning levels of importance arises here; for prior to the change, however, applications and applicability were very much the governing motivation for mathematics, and the balance of historical research should better reflect it. EULER is a very good case; studies of his contributions to purish mathematics far exceed those of his applied mathematics (hence the importance of TRUESDELL's initiative in looking in detail at his mechanics). Some negative influence from current practise is required of historians to correct this imbalance.

4.5 The place of axiomatisation

From the late 19th century onwards DAVID HILBERT encouraged the axiomatisation of mathematical theories, in order to make clearer the assumptions made and also to study meta-properties of consistency, completeness and independence. His advocacy, supported by various followers, has given axiomatisation a high status in mathematics, and thence to mathematics education. But once again dangers of distortion of earlier work attend, for HILBERT's initiative was then part of a *new* level of concern with axiomatisation [Cavaillès 1938]; earlier work was rarely so preoccupied, although the desire to make clear basic assumptions was frequently evident (for example, in the calculus as reviewed in §4.1). Apart from EUCLID, it is seriously out of time to regard as axiomatisers any of the other figures named above, even LAGRANGE, CAUCHY or CANTOR.

4.6 Words of general import

One aim of many mathematical theories is generality; and attendant to this aspiration is the use of correspondingly wide-ranging words or phrases, such as "arbitrary" or "in any manner", to characterise notions. These expressions are still used in many modern contexts; so again the dangers of identification with their past manifestations need to be watched. A good example is the phrase "any function" in the calculus and the related theory of functions; it or a cognate will be found with JOHN BERNOULLI in the early 18th century, EULER about 40 years later, S.-F. LACROIX around 1800, J.P.G. DIRICHLET in the late 1820s, and LEBESGUE and the French school of analysts in the early 20th century. Nowadays it is usually taken to refer to a mapping (maybe with special conditions such as isomorphism), with set theory used to specify range and domain and nothing else. But the universe of functions has not always been so vast; generality has always belonged to its period of assertion. In particular, [Dirichlet 1829] mentioned the characteristic function of the irrational numbers (to use the modern name); but he quite clearly regarded it as a pathological case, for it did not possess an integral. The difference is great between his situation and that of LEBESGUE's time, when the integrability of such a function was a good test case of the new theory of measure to which he was a major contributor; indeed, this detail is part of the heritage from DIRICHLET.

5. Concluding remark

It would be appropriate to end on the theme of generality, namely that of the distinction outlined in this paper. As was indicated in §1, it is applicable to history of any kind, especially the history of other sciences, although its prominence and importance in mathematics is rather special. Another related topic is the history of mathematics itself, where the (meta-)history of the subject needs to be distinguished from the heritage which we historians today enjoy from our predecessors [Dauben and Scriba 2002] - for example, the history of changing views on EUCLID.

Acknowledgements

I am working on a more extended discussion of this topic, and express gratitude to the organisers of the following meetings which to lecture upon or around this topic and thereby to get this far: the Third meeting "Days in the history of mathematics", University of the Basque Country at Bilbao, Spain, October 2000; the Orotavian Canary Foundation, Las Palmas, Grand Canaries, Spain, December 2000; the History Section of the *Deutsche Mathematiker-Vereinigung,* Ingst, Germany, May 2001; and the Department of Mathematics in the University of Braga, Portugal, in October 2001.

Bibliography

BOURBAKI, N. 1974. *Eléments d'histoire des mathématiques,* 2nd ed., Pariss: Hermann.

CAVAILLES, J. 1938. *Méthode axiomatique et formalisme,* 3 pts., Paris: Hermann.

DAUBEN, J.W. 1979. *Georg Cantor,* Cambridge, Mass. (Harvard University Press). [Repr. 1990, Princeton (Princeton University Press).]

DAUBEN, J.W. 1999. "*Historia mathematica* : 25years/context and content", *Historia mathematica, 26,* 1-28.

DAUBEN, J.W. and SCRIBA, C.J. 2002. (Eds.), *Writing the history of mathematics: its historical development.* Basel: Birkhäuser.

DEDEKIND, J.W.R. 1995. *What are numbers and what should they be?*, Orono, Maine: RIM Press. [German original 1888.]

DIEUDONNÉ, J. 1989. *A history of algebraic and differential topology 1900-1960*, Basel: Birkhäuser.

DIRICHLET, J.P.G. LEJEUNE- 1829. Sur la convergence des séries trigonométriques'; *Journal für die reine und angewandte Mathematik 4*, 157-169. Also in *Gesammelte Werke*, vol. 1, 1889, Berlin: Reimer (repr. 1969, New York: Chelsea), 117-132.

DYSON, F. 1972. "Missed oppportunites", *Bulletin of the American Mathematical Society, 78*, 635-652.

FREUDENTHAL, H. 1971. "Did Cauchy plagiarise Bolzano?", *Archive for history of exact sciences, 7*, 375-392.

GILLIES, D. 1992. (Ed.), *Revolutions in mathematics*, Oxford: Clarendon Press.

GISPERT, H. 1999. "Les débuts de d'histoire des mathématiques sur les scènes internationales et le cas de l'entrpise encyclopédique de Felix Klein et Jules Molk", *Historia mathematica, 26*, 344-360.

GRATTAN-GUINNESS, I. 1973. "Not from nowhere. History and philosophy behind mathematical education", *International journal of mathematics education in science and technology, 4*, 421-453.

GRATTAN-GUINNESS, I. 1987. "What was and what should be the calculus?", in his (ed.), *History in mathematics education*, Paris: Belin, 116-135.

GRATTAN-GUINNESS, I. 1992. "Scientific revolutions as convolutions? A sceptical enquiry", in S.S. Demidov, M. Folkerts, D.E. Rowe, and C.J. Scriba (eds.), *Amphora. Festschrift für Hans Wussing zu seinem 65. Geburtstag*, Basel: Birkhäuser, 279-287.

GRATTAN-GUINNESS, I. 1994. (Ed.), *Companion encyclopedia of the history and philosophy of the mathematical sciences*, London: Routledge.

GRATTAN-GUINNESS, I. 1996. "Numbers, magnitudes, ratios and proportions in Euclid's *Elements* : how did he handle them?", *Historia mathematica, 23*, 355-375. [Printing correction: *24* (1997), 213.]

GRATTAN-GUINNESS, I. 1997. *The Fontana history of the mathematical sciences. The rainbow of mathematics,* London: Fontana. Repr. as *The Norton history of the mathematical sciences. The rainbow of mathematics,* 1998, New York: Norton.

GRATTAN-GUINNESS, I. 2000. *The search for mathematical roots, 1870-1940. Logics, set theories and the foundations of mathematics from Cantor through Russell to Gödel,* Princeton: Princeton University Press.

GRATTAN-GUINNESS, I. in collaboration with J.R. RAVETZ, *Joseph Fourier 1768-1830. A survey of his life and work, based on a critical edition of his monograph on the propagation of heat, presented to the Institut de France in 1807,* Cambridge, Mass.: M.I.T. Press.

GRAY, J.J. 1989. *Ideas of space,* 2nd ed., Oxford and New York: Clarendon Press.

HAWKINS, T.W. 1970. *Lebesgue's theory of integration,* Madison: University of Wisconsin Press. Repr. 1975, New York: Chelsea.

MAY, K.O. 1973. *Bibliography and research manual in the history of mathematics,* Toronto (University of Toronto Press).

MAY, K.O. 1975a. "Historiographic vices. I. Logical attribution", *Historia mathematica, 2,* 185-187.

MAY, K.O. 1975b. "Historiographic vices. II. Priority chasing", *Historia mathematica, 2,* 315-317.

MAY, K.O. 1976. "What is good history and who should do it?", *Historia mathematica, 3,* 449-455.

MUELLER, I. 1981. *Philosophy of mathematics and deductive structure in Euclid's Elements,* Cambridge, Mass.: MIT Press.

RASHED, R. 1994. *The development of Arabic mathematics: between arithmetic and algebra,* Dordrecht, Boston and London: Kluwer.

RUSSELL, B.A.W. 1956. *Portraits from memory and other essays,* London: Allen & Unwin.

STEDALL, J.A. 2001. "Of our own nation: John Wallis's account of mathematical learning in medieval England", *Historia mathematica, 28,* 73-122.

TOEPLITZ, O. 1963. *The calculus. A genetic approach*, Chicago: University of Chicago Press.

TRUESDELL, C.A. III. 1954. "Prologue", in L. Euler *Opera omnia*, ser. 2, vol. 12, Basel: Orell Füssli, ix-cxxv. [On fluid mechanics.]

TRUESDELL, C.A. III. 1968. *Essays in the history of mechanics*, Berlin: Springer.

TUCCIARONE, J. 1973. "The development of the theory of summable divergent series from 1880 to 1925", *Archive for history of exact sciences*, 10, 1-40.

VON BRAUNMÜHL, A. 1900, 1903. *Vorlesungen über Geschichte der Trigonometrie*, 2 vols., Leipzig: Teubner.

WEIL, A. 1980. "History of mathematics: why and how", in O. Lehto (ed.), *Proceedings of the International Congress of Mathematicians, Helsinki 1978,* Helsinki: Academia Scientarum Fennica, vol. 1, 227-236. Also in *Collected papers,* vol. 3, 1980, New York: Springer, 434-443.

WUSSING, H. 1984. *The genesis of the abstract group concept,* Cambridge, Mass: MIT Press.

Prof. Dr. Ivor Grattan-Guinness, Middlesex University at Enfield, Middlesex EN3 4SF, England; E-mail: eb7io6gg@waitrose.com

Die Vorgeschichte der Mathematik

Tilman Krischer

Die Frage nach einer *Vorgeschichte* der Mathematik mag manch einem höchst befremdlich erscheinen. Natürlich ist uns die Unterscheidung von *Geschichte* und *Vorgeschichte* völlig geläufig, und niemand stellt sie ernsthaft in Frage: jenen Teil der Vergangenheit, für den schriftliche Zeugnisse vorliegen, nennen wir *Geschichte*; und was vorausgeht, ist die *Vorgeschichte*. Doch wie sollte sich dieses Schema auf die Mathematik anwenden lassen? Selbstverständlich lassen sich Prozesse aufzeigen, die der Geschichte der Mathematik vorausgehen und diese erst ermöglichen, etwa die Entfaltung der menschlichen Intelligenz. Doch das ist ein Teil der Evolutionstheorie, die wir jedenfalls nicht als eine *Vorgeschichte der Mathematik* bezeichnen dürfen, weil wir dadurch ihre unzähligen anderen Aspekte verdecken würden. - Wie ist dann unsere Frage zu beantworten?

Der englische Physiker JOHN BARROW hat sich in einem Büchlein, dessen deutsche Ausgabe den Titel trägt *Warum die Welt mathematisch ist*,[1] die gleiche Frage nach den Ursprüngen des mathematischen Denkens vorgelegt, und bei ihrer Beantwortung geht er von GALILEIs bekanntem Dictum aus, daß die Natur in der Sprache der Zahlen geschrieben sei. Also können wir, da Mathematik und Naturwissenschaft eng verbunden sind, die Entstehung des Zahlbegriffs als das Fundament des mathematisch-naturwissenschaftlichen Denkens betrachten. Dieses Thema behandelt BARROW in dem genannten Büchlein auf eine wahrhaft vorbildliche Weise im Kapitel *Von der Natur zur Zahl*. Ist damit unsere Frage nach der Vorgeschichte der Mathematik nicht bestens beantwortet?

Diese Antwort, so scheint uns, ist zwar richtig und notwendig, aber nicht vollständig. Natürlich sind die heute weltweit benutzten indisch-arabischen Ziffern mit ihrer Positionsschreibweise ein unvergleichliches Werkzeug, dessen Qualitäten man am besten begreift, wenn man es mit den alternativen Systemen, die zu unterschiedlichen Zeiten in unterschiedlichen Regionen entwickelt wurden, vergleicht.

---

[1] Erschienen: Frankfurt a.M. 1993 (Europäische Vorlesungen III).

Theoretisch könnte man hier allerdings den Einwand erheben, diese Frage gehöre nicht in die Vorgeschichte der Mathematik, sondern in ihre Geschichte, denn sie lasse sich nur beantworten, indem man die Äußerungen von Denkern betrachtet, die logisch argumentieren. Mit anderen Worten: Die Griechen waren eben ein intellektuell hochbegabtes Volk, und hier erübrigt sich die Frage: Warum? Doch auch in diesem Punkt ist Vorsicht geboten. Wenn nicht alles trügt, findet sich sogar bei BARROW selbst ein erster Hinweis, der weiterführen könnte: Die mathematische Welt in unserem Geiste und die mathematische Welt um uns herum sind durch zwei gegenläufige Prozesse miteinander verknüpft: Abstraktion und Konkretisierung. Auf diesem Zusammenhang beruht der ungeheure Nutzen der Mathematik für die Naturwissenschaften und damit indirekt für unsere Bewältigung der Existenzprobleme, und so geht BARROW im nächsten Schritt zur Entstehung des für die Mathematik so entscheidend wichtigen Zahlbegriffs über.

Doch die Verknüpfung von materieller und geistiger Welt durch Abstraktion und Konkretisierung ist nicht auf den Bereich der Mathematik beschränkt, auch wenn sie hier ihre höchste Vollendung erfährt. Jede Art von sprachlicher Kommunikation findet auf dieser Basis statt. Der Physiker ERNST MACH hat dafür den Ausdruck *Denkökonomie* geprägt und erläutert diese durch den Hinweis auf die Befriedigung der leiblichen Bedürfnisse. Der Mensch paßt sich seiner Umwelt an und ist stets bemüht, alle Probleme auf eine möglichst ökonomische Weise zu lösen. Entsprechend dienen die Wissenschaften der übersichtlichen, einheitlichen, widerspruchslosen und mühelosen Erfassung der Tatsachen. Die Mathematik aber wird von MACH als eine *Ökonomie des Zählens* bezeichnet.[2] Das alles fügt sich mit BARROWs Auffassungen bestens zusammen, nur daß MACH keine so scharfen Grenzen zieht, sondern allenthalben Übergänge offen läßt.

Eben dies aber hilft uns, den historischen Hintergrund aufzuhellen. Daß die Griechen allgemein auf Sparsamkeit angewiesen waren, leuchtet ein, wenn man die geographischen Bedingungen der Ägäis betrachtet, am besten durch Vergleich mit anderen Regionen. HAROLD DORN hat dazu in seinem Buch *The Geography of Science* (The Johns Hopkins UP 1991) beste Vorarbeit geleistet: Da wird zunächst einmal erläutert, daß alle frühen Hochkulturen Flußkulturen waren, in denen das Schwemmland des Flusses für

---

[2] Vgl. *Die Mechanik - historisch kritisch dargestellt*, ND Darmstadt 1973. Die Bemerkungen über die Denkökonomie finden sich in unterschiedlichen Teilen des Werkes, so in der Einleitung und in dem Abschnitt IV, 4, *Die Ökonomie der Wissenschaft*.

den Anbau von Getreide genutzt wird. Dies setzt freilich umfangreiche Be- und Entwässerungsarbeiten voraus, welche ihrerseits eine zentrale Verwaltung, ein Schriftsystem und, da die Arbeiten im jahreszeitlichen Rhythmus anfallen, einen Kalender, also astronomische Beobachtung, erforderlich machen. Zu diesen Kulturen, die DORN als *hydraulic cultures* bezeichnet, gehören Ägypten, Mesopotamien, die Induskultur, das Alte China mit Hoang-ho und Yangtse, sowie, neueren Luftaufnahmen zufolge, auch die Kultur der Maya. Einen anderen und deutlich jüngeren Kulturtypus stellen die *rainfall cultures* dar, bei denen die jährlichen Niederschläge für den Getreideanbau ausreichen. Sie finden sich nur in klimatisch gemäßigten Zonen, etwa von Rom aus Richtung Norden. Was Griechenland anlangt, so gehört es zu keinem der beiden Typen, weil der Boden bergig und verkarstet ist, ein Fluß mit entsprechendem Schwemmland nicht existiert, und die Niederschläge, von wenigen kleineren Regionen abgesehen, zu dürftig sind. Wie hat man sich also ernährt?

In der mykenischen Epoche war die Bevölkerung vergleichsweise gering an Zahl und wohnte in den wenigen, vergleichsweise fruchtbaren Ebenen. Etwa zur Zeit der Dorischen Wanderung aber bricht dieses System zusammen, und die Folge ist eine sehr weitreichende Unbeständigkeit in der Besiedelung des Landes. Immer wieder mußte die Bevölkerung einer Region sich neue Wohnsitze suchen, sei es, weil die Erträge des Bodens nicht ausreichen, sei es, weil fremde Einwanderer diesen in Besitz genommen haben.

In dieser Zeit, welche wir auch die *Dunklen Jahrhunderte* nennen, blüht das Seeräuberwesen auf, und der Darstellung des THUKYDIDES zufolge konnte niemand sein Haus verlassen, ohne Waffen mitzunehmen.[3] In dieser Epoche, die, ihrer geringen Hinterlassenschaft wegen, von den Kulturhistorikern meist nicht sonderlich geschätzt wird, hat sich in Griechenland der Zwang zur Sparsamkeit geltend gemacht. Das betrifft in erster Linie den militärischen Bereich: Hatte man in mykenischer Zeit noch mit *Streitwagen* gekämpft, die dem gewappneten Krieger den anstrengenden Fußmarsch ersparen, so werden nun aus Kostengründen die Pferde abgeschafft, und damit wird zugleich der Wagenlenker überflüssig: Er kann nun Kämpfer werden.

Auch auf die für alle längeren Wege benötigten *Schiffe* hat dies seine Auswirkungen: Sie brauchen nun keine Gespanne mehr zu transportieren und

---

[3] Vgl. *Geschichte des Peloponnesischen Krieges* I, 5 und 6.

werden aus Frachtschiffen zu speziellen Kriegsschiffen fortentwickelt. In dem ältesten Typ, der sog. *Pentekontore*, agieren 50 Ruderer, die beiderseits in zwei Reihen übereinander angeordnet sind, wodurch die Wasserverdrängung verringert und die Beschleunigung erhöht wird. Diese Entwicklung führt später zu der *Triere* und ist letztlich der Anstoß für ARCHIMEDES Schrift über schwimmende Körper.

Um nun die Beschleunigung des Schiffes besser nutzen zu können, wird vorne ein Rammsporn angebracht, der dazu dient, feindliche Schiffe zu versenken und so der Besatzung den Kampf Mann gegen Mann zu ersparen. Da die Ruderer, wie gesagt, in zwei Reihen übereinander agieren, kann es leicht vorkommen, daß sie aus dem Takt geraten und so einander behindern. Deswegen wird auf dem Schiff ein Flötenspieler eingesetzt, der den Takt vorgibt. Dieser aber begleitet die Mannschaft auch zu Lande, wenn sie gegen den Feind vorrückt.

Dabei entwickelt sich das System der *Phalanx*, in der jeder Kämpfer sein Verhalten auf das Zusammenspiel der Gruppe ausrichtet: Da man rechts die Waffe handhabt und links den Schild trägt, muß in der Frontreihe jeder Kämpfer darauf bedacht sein, die rechte Seite seines linken Nachbarn mitzuschützen. Wenn der Vordermann ausfällt, muß der jeweilige Hintermann nachrücken. Ziel der gemeinschaftlichen Aktion aber ist es, den Gegner zum Weichen zu bringen, weil sich dabei in der Regel seine Ordnung auflöst und dies den Anfang vom Ende bedeutet. Um diese Ziel, wie man im Deutschen sagt, *mit Nachdruck* zu verfolgen, hat man eine besondere Technik entwickelt: Angefangen von der hintersten Reihe stemmt sich jeder Kämpfer mit aller Macht gegen seinen Vordermann, und das hat natürlich zur Folge, daß die Männer der Frontreihe weit über die eigenen Kräfte hinaus auf den Gegner Druck ausüben können.[4]

Soviel zur Kriegstechnik, auf deren weitere Details wir hier nicht eingehen können. Vermerkt sei lediglich, daß die Griechen selbst ihre Kriegstüchtigkeit auf die Kargheit des heimatlichen Bodens zurückgeführt haben. Eine solche Aussage findet sich bereits bei HOMER (Od. 9, 27), und HERODOT erklärt auf eben diese Weise den überraschenden Sieg der Hellenen über die zahlenmäßig weit überlegenen Perser (9, 122). Doch es liegt nahe, diese Erklärung auf weitere kulturelle Aktivitäten auszudehnen, so etwa auch auf den Bereich der Wissenschaft, zumal dies ganz dem Sinne von ERNST MACHS *Denkökonomie* entsprechen würde. Doch da wir von HAROLD

---

[4] Vgl. V.D. Hanson (Hrsg.), *Hoplites*, London und New York 1991.

DORNs *Geography of Science* ausgegangen sind, sollten wir zunächst einmal fragen, wie er den Zusammenhang sieht. Die Antwort auf diese Frage aber muß lauten: *völlig anders*. Er stellt fest, daß in den *hydraulic cultures* alle wissenschaftlichen Leistungen der Verbesserung des Systems dienen und von der Verwaltung entsprechend honoriert werden. Dergleichen Aktivitäten faßt DORN unter dem Begriff *applied science* zusammen, und diesem stellt er die *pure science* gegenüber; durch Vergleiche kommt er zu dem Urteil, daß in Griechenland die letztere entschieden dominiert. Diesen Tatbestand aber erklärt er vor allem durch die politische Zersplitterung des Landes, die eine staatliche Unterstützung wissenschaftlicher Aktivitäten unmöglich macht. Also muß die Initiative im privaten Bereich liegen.

Doch welches sind, wenn finanzielle Vorteile keine Rolle spielen, die treibenden Kräfte? DORNs Auffassung zufolge liegen sie im intellektuellen Vergnügen; die *pure science* ist für ihn *pastime of Homo ludens*.[5] Das paßt nun freilich nicht zu unseren obigen Ausführungen über die Kargheit des Bodens, die den Bewohner durch die Knappheit der Ressourcen abhärtet. Und doch sollten wir DORNs Deutung nicht ohne nähere Prüfung ablehnen, denn so viel ist klar: Im Gesamtrahmen der griechischen Kultur spielt das intellektuelle Vergnügen eine nicht unbeträchtliche Rolle, und was sind die vielen Tragödien und Komödien, die hier aufgeführt werden, anderes als eben *pastime of Homo ludens*? Haben wir in unserer vorausgehenden Betrachtung die Schattenseiten des Lebens in der ägäischen Welt womöglich allzu stark in der Vordergrund gerückt?

In der Tat, wir haben den Blick einseitig auf das bergige Land gerichtet und nicht auf das verbindende Meer. In den *hydraulic cultures* wird stets, das zeigt DORN, der zugehörige Fluß auch als Verkehrsweg genutzt. Entsprechendes gilt natürlich auch für die Ägäis, und sie bietet unvergleichlich reichere Möglichkeiten, verbindet sie doch die Heimat der Hellenen mit dem Schwarzen Meer, mit Vorderasien, Ägypten, Sizilien und den übrigen Anrainern des westlichen Mittelmeers. Diese Verbindungswege haben die Griechen regelmäßig für den Handel genutzt, und immer wieder haben sie Kolonien gegründet. Dazu wiederum mußten sie die fremden Länder und die Sitten ihrer Bewohner erforschen, und das hatte offenbar für ihr Selbstverständnis weitreichende Folgen.

Wer immerzu Unterschiede wahrnimmt, der wird angeregt zu vergleichen, zu bewerten und nach weiteren Möglichkeiten zu suchen. Auf diesem We-

---
[5] Vgl. *The Geography of Science*, S.73.

ge kommen wir dem intellektuellen Vergnügen des *homo ludens* offenbar näher. Heißt das also, daß wir bei unseren vorausgehenden Betrachtungen, die sich so harmonisch mit MACHs Begriff der *Denkökonomie* verknüpfen ließen, auf einem Irrweg waren, bzw. daß es sich hier gewissermaßen um eine vorübergehende Episode handelte, als die Verkehrswege noch nicht geöffnet waren? - Schwerlich. Der griechischen Kulturgeschichte liegen vielmehr zwei gegensätzliche und gleichermaßen wichtige Prinzipien zugrunde, und so müssen wir uns fragen, wie sie zu verknüpfen sind und inwiefern diese Verknüpfung die Entstehung des mathematischen Denkens beschleunigt. Daß MACHs *Denkökonomie* in diesem Sinne zu bewerten ist, dürfte einleuchten, aber Mathematik und *Homo ludens*? In dieser schwierigen Situation könnte uns ein Buch weiterhelfen, das nicht aus philologischen oder historischen Kreisen stammt, sondern von einem Hirnforscher und einem Mathematiker verfaßt wurde.

Die Verfasser sind JEAN-PIERRE CHANGEUX und ALAIN CONNES, und der Titel der deutschen Übersetzung lautet: *Gedankenmaterie* (Springer 1992). Hier geht es um die Frage, wie die mathematischen Objekte mit den Funktionen des Gehirns zu verknüpfen sind. Sind die ersteren gewissermaßen platonische Ideen, die unabhängig existieren, oder werden sie vom Gehirn produziert? - Das Buch ist nicht in Form eines Lehrbuchs geschrieben, sondern in der eines platonischen Dialoges, wodurch der Leser zu eigenem Nachdenken angeregt werden soll. Wir können hier auf Einzelheiten nicht eingehen, sondern skizzieren ganz kurz die zugrundeliegende Theorie: CHANGEUX nennt sie *mentalen Darwinismus*, und mit dieser Bezeichnung knüpft er an den *neuronalen Darwinismus* von GERALD EDELMAN an, eine Forschungsleistung, für die dieser 1972 den Nobelpreis für Medizin erhalten hat. Die Bezeichnung *Darwinismus* spielt hier auf die Grundlagen von DARWINs Evolutionstheorie an, die auf den Begriffen der *Mutation* und *Selektion* basiert. Doch hier gehört der Begriff der *Mutation* in den Bereich des Genetischen, während EDELMAN und entsprechend CHANGEUX epigenetische Vorgänge untersuchen. EDELMAN weist nach, daß der Mensch sein Gehirn nicht wie einen Computer genetisch zugeteilt bekommt, sondern daß wichtige Verbindungsstränge zwischen unterschiedlichen Gehirnarealen sich erst beim Gebrauch und somit in Abhängigkeit von der Umwelt entwickeln. Daher spricht er in seiner Theorie von *Variation* und *Selektion*.

Auf den gleichen Begriffen basiert auch die Theorie von CHANGEUX, der freilich nicht die Herausbildung neuer Nervenstränge untersucht, sondern

die Entstehung neuer Inhalte, bzw. - wie er sich ausdrückt - der *Gedankenmaterie*. Auch sie entwickelt sich auf der Basis von Variation und Selektion, wobei die Variation im wesentlichen mit dem zusammenfällt, was wir gemeinhin als *Assoziation* bezeichnen, während die Selektion weitgehend der *Abstraktion* entspricht.

Mit dieser Feststellung aber kehren wir offenbar wieder in den Rahmen unserer vorausgehenden Betrachtung zurück, sind doch die beiden Faktoren, deren Zusammenspiel hier als grundlegend für jegliche Intelligenzleistung herausgestellt wird, nahezu identisch mit jenen beiden Kräften, die wir als maßgeblich für die Entfaltung der griechischen Kultur erkannt haben: Die durch die Vielfalt der Verkehrswege bedingte Fülle der Information entspricht offenbar der Variation, und die Sparsamkeit aufgrund der Knappheit der Ressourcen ist der Selektion zuzuordnen. Dieser Befund aber fügt sich nicht nur rein äußerlich mit der Theorie von CHANGEUX zusammen, sondern er demonstriert eine Übereinstimmung, die den Kern der Sache betrifft. Normalerweise werden die kulturellen Leistungen der Griechen auf ihre Begabung zurückgeführt, d.h. ihre angeborenen Fähigkeiten. Das wäre die genetische Interpretation.

Unsere Deutung hingegen geht von den Umweltfaktoren aus, und insofern stimmt sie überein mit dem *mentalen Darwinismus*. Ein Unterschied ist allenfalls insofern vorhanden, als CHANGEUX das *Individuum* im Blick hat und wir die kulturelle *Gemeinschaft*. Aber dieser Unterschied deutet nicht auf einen Widerspruch hin, sondern vielmehr auf eine wechselseitige Ergänzung. Geht man bei der kulturgeschichtlichen Betrachtung von den allgemeinen Bedingungen zur individuellen Leistung über, so werden, das Verhältnis von *Variation* und *Selektion* betreffend, Unterschiede sichtbar, die mit dem Typus der intellektuellen Betätigung zusammenhängen. Ganz grob können wir sagen, daß für den *Dichter* die *Variation* im Vordergrund steht, für den *Philosophen* die *Selektion*.

Aber es gibt zwischen diesen beiden Bereichen geistigen Schaffens auch Wechselwirkungen. Wenn beispielsweise HERAKLIT sagt, daß der Krieg der Vater und König aller Dinge sei (fr. 53 D), dann ist das einerseits eine Aussage über ein allgemeines Prinzip, andererseits aber verweist der Umstand, daß dieses Prinzip personifiziert wird, auf den Zusammenhang mit der Poesie. HESIODs *Theogonie* enthält eine Fülle solcher Personifikationen, die hier in Genealogien angeordnet sind. Und wenn MARTIN WEST in seinem Kommentar bemerkt, daß diese personifizierten Abstrakta auf Platons

Ideen vorausweisen, so hat er bei allen Differenzen, die sich in den Details konstatieren lassen, prinzipiell recht.[6]

Damit aber wären wir, so merkwürdig das klingen mag, wieder zu unserem eigentlichen Thema, der *Vorgeschichte der Mathematik*, zurückgekehrt. Stand doch, der Überlieferung zufolge, vor dem Eingang zu PLATONs Akademie ein Schild, das jedem, der sich in der Geometrie nicht auskennt, den Eintritt verwehrte. Diese Vorliebe verbindet PLATON mit den Mathematikern, die Dialogform seiner Werke mit den Verfassern dramatischer Dichtung und seine Welt der Ideen mit den vergöttlichten Abstrakta der archaischen Poesie.

Keine dieser Verknüpfungen aber läßt sich als nebensächlich beiseite schieben. Die personifizierten Abstrakta etwa treten, wenn auch in deutlich geringerer Anzahl, bereits bei HOMER auf. Sie bilden die wiederkehrenden Elemente, auf die der Dichter stößt, wenn er von den unterschiedlichen Schicksalen und Taten seiner Helden berichtet. Dieses Gleichbleibende, das man kennen muß, wenn man die Unterschiede menschlichen Daseins erfassen will, das wird von den Dichtern als eine göttliche Kraft angesehen, und das heißt: als eine göttliche Person, die bald hier, bald dort in das Geschehen eingreift. PLATONs Ideen aber sind die unveränderlichen Maßstäbe, nach denen wir uns richten müssen, wenn wir unserem Leben eine menschenwürdige Form geben wollen. Der Unterschied zu den personifizierten Abstrakta der archaischen Zeit besteht im wesentlichen darin, daß diese in Situationen der Konkurrenz auftreten - etwa *Streit, Furcht, Flucht* - während die platonischen Ideen dem Kontext der Kooperation angehören wie Gerechtigkeit oder Wahrheitsliebe. In beiden Fällen aber handelt es sich um wiederkehrende Elemente, die eine Ordnung sichtbar werden lassen.

Von dieser Basis aus aber führt auch ein Weg zur axiomatischen Geometrie. Hier ordnen wir die Gegenstände, mit denen wir zu tun haben, so, daß nichts fehlt und nichts doppelt vorkommt, also: Punkte, Geraden, Ebenen usw. Dann kommen die elementaren Aussagen an die Reihe, also Axiome, und aus diesen ziehen wir schrittweise die entsprechenden Folgerungen, die wir übersichtlich anordnen, also so, daß keine Doppelungen auftreten. Dieses Vorgehen mit dem des homerischen Sängers in Verbindung zu bringen, mag auf den ersten Blick absurd erscheinen, aber wenn wir von *Variation* und *Selektion* ausgehen, die beide durch die geographischen Bedingungen

---
[6] Vgl. M.L. West, *Hesiod Theogony*, Oxford 1966, S. 33.

Die Vorgeschichte der Mathematik

der Ägäis in unvergleichlich starke Wechselwirkungen treten, dann steht eben HOMER am einen Ende der Skala, EUKLID am andern, zwischen ihnen die Philosophen mit ihrem Vorläufer HESIOD.

Was diesen anlangt, so findet sich in seinem Werk ein besonders aufschlußreiches Beispiel für die Verknüpfung von *Variation* und *Selektion* und die immer stärkere Wirkung der letzteren: Wir meinen HESIODs Darstellung der *Eris*, der Göttin des Streits. In der *Theogonie* erscheint diese Göttin als eine Tochter der *Nacht*, und sie selbst bringt als Nachkommen hervor: *Mühe, Vergessen, Hunger, Schmerz, Kampf, Lügen, Gesetzlosigkeit, Verblendung* (v. 224ff.). Zu diesen Gottheiten gibt es auch eine Gegenwelt, die von Zeus und *Themis*, der Göttin der gesetzlichen Ordnung gezeugt wird. Doch in seinem späteren Lehrgedicht, welches *Werke und Tage* betitelt ist, korrigiert der Dichter seine Auffassung von der Göttin des Streits. Es gibt nicht nur *eine* Eris, sagt er gleich nach der Einleitung, sondern deren zwei: den *bösen Zwist* und den friedlichen *Wettstreit*, welcher lobenswert ist, weil er die Leistung steigert und damit die Erträge verbessert, während in der Theogonie zu den Nachkommen des *Streits* der *Hunger* gehörte. Kein Zweifel also, daß wir es hier mit einer begrifflichen Differenzierung zu tun haben, die wir ohne weiteres in das Schema von *Variation* und *Selektion* einordnen können. Der Dichter faßt die wiederkehrenden Elemente unserer Daseinsgestaltung, soweit sie verwandt erscheinen, in Gruppen zusammen, und dann merkt er, daß es da ein Element gibt, das gegensätzliche Aspekte aufweist und entsprechend zugeordnet werden muß. Das ist noch keine Mathematik, aber offenbar ein Schritt in die richtige Richtung.

Bei HOMER liegen die Verhältnisse anders, weil er nicht Lehrgedichte schreibt, sondern Sagen gestaltet. Gleichwohl weist auch sein Werk systematische Aspekte auf. Immer wieder nennt der Dichter als die grundlegenden Mittel kriegerischer Auseinandersetzung *List* und *Gewalt*. Die entscheidenden Repräsentanten dieser wiederkehrenden Elemente sind der starke Achill und der listenreiche Odysseus. Diese beiden Helden aber erscheinen als die zentralen Gestalten jener beiden Erzählungen, in welche der Dichter die trojanische Sage aufspaltet: Ilias und Odyssee. Dabei wird, was durchaus sinnvoll erscheint, das für die Sage und überhaupt für die griechische Kultur so wichtige Element der Seefahrt dem Listenreichen zugeordnet. Jedes dieser beiden Epen aber stellt in direkter Darstellung nur eine Episode von relativ wenigen Tagen dar, doch innerhalb dieser Episo-

den werden im Dialog der handelnden Personen Ausblicke gegeben, die das gesamte Geschehen der trojanischen Sage von der Abfahrt in Aulis über die Zerstörung Trojas bis zum Tod der Freier - also einen Zeitraum von 20 Jahren - sichtbar werden lassen. Kein Zweifel, daß diese systematische Nutzung des Dialogs die attische Tragödie vorbereitet und damit indirekt den platonischen Dialog.

Letztendlich aber führt dieser Weg zu den Analytiken des ARISTOTELES. Einer der wichtigsten Schritte auf diesem Wege aber ist die Philosophie des PARMENIDES, die auf dem Gegensatz von Sein und Nichtsein beruht und damit die höchste Stufe der Abstraktion erreicht. Auf dieser Basis wurde das für die griechische Mathematik so wichtige indirekte Beweisverfahren entwickelt, und so können wir ÁRPÁD SZABÓ nur zustimmen, wenn er bei der Behandlung der Inkommensurabilität feststellt: "Ohne die Philosophie des PARMENIDES und ZENON hätte man ein so kunstvoll aufgebautes System wie EUKLIDs *Elemente* überhaupt nie konstruieren können."[7] Auf die Details können wir hier nicht näher eingehen.

Hat man diese Zusammenhänge vor Augen, so kann es nicht verwundern, daß die Griechen alles, was sie von anderen Kulturen übernahmen, in ein System verwandelt haben. Das gilt gleichermaßen für die Verwandlung der ägyptischen und vorderasiatischen Meßkunst in eine axiomatische Geometrie, wie beispielsweise für die Umwandlung des phönizischen Alphabets in das griechische. In groben Zügen läßt sich dieser letztere Vorgang folgendermaßen wiedergeben:

Das phönizische Alphabet ist eine Konsonantenschrift, die sich aus der älteren semitischen Silbenschrift entwickelt hat, was eine enorme Reduzierung der Zahl der Zeichen zur Folge hatte. Da aber die Silben im Semitischen in der Regel mit einem Konsonanten beginnen, wird nur dieser vom System erfaßt und der Vokal findet keine Berücksichtigung. Das wiederum bedeutet, daß die Vokale beim Lesen ergänzt werden müssen, was zu Mißverständnissen führen kann.

Der Leser sollte also bezüglich des Gegenstandes, den der Text behandelt, bereits über gewisse Informationen verfügen, und eben aus diesem Grunde blieb in den älteren orientalischen Kulturen das Lesen und Schreiben einer Kaste von berufsmäßigen Schreibern vorbehalten. Die Griechen aber haben die Konsonantenschrift durch das System der Vokale ergänzt und somit das

---

[7] Vgl. Á. Szabó, *Anfänge der griechischen Mathematik*, München & Wien 1969, S. 291.

Schriftbild der Lautfolge angeglichen, was zur Folge hat, daß Mißverständnisse beim Lesen nur dort auftreten, wo sie auch beim Hören möglich sind. Entsprechend lernen nun die Söhne wohlhabender Bürger in der Pubertätszeit Lesen und Schreiben, was für die kulturelle Entwicklung weitreichende Folgen hat.

Doch auch die Einführung der Vokale in eine Konsonantenschrift hat ihre Parallelen im Bereich der Geometrie. In einem jüngst erschienenen Aufsatz *Kannten die Babylonier den Satz des Pythagoras?* behandelt PETER DAMEROW die Unterschiede des methodischen Vorgehens in der babylonischen Feldmessung und der griechischen Geometrie. Dabei zeigt sich, daß die Babylonier bei der Bestimmung der Größe einer Fläche immer nur die Seiten messen und beispielsweise bei der Berechnung eines ungleichseitigen Vierecks von den Mittelwerten gegenüberliegender Seiten ausgehen.[8] Die Griechen hingegen haben dafür den Begriff des Winkels eingeführt, der bei der Flächenbestimmung exakte Werte liefert. Entsprechend können wir uns heute eine Geometrie ohne Winkel ebenso schwer vorstellen wie ein Alphabet ohne Vokale.

Unsere Betrachtung hat damit ihr Ziel erreicht: Über das indisch-arabische Ziffernsystem haben BARROW und andere das Nötige gesagt. Es weist die gleiche Ökonomie auf, die wir auch in den verschiedenen Zweigen griechischer Kultur kennengelernt haben. Kein Wunder also, daß bei den Arabern wie bei den europäischen Völkern die Verbreitung indischer Ziffern und griechischer Wissenschaft sehr schnell zu einer rasanten Entwicklung des mathematischen Denkens und seiner Anwendungen geführt hat. Das ist die exakte Wissenschaft der Neuzeit.

Prof. Dr. Tilman Krischer, Straße zum Löwen 24, D-14109 Berlin

---

[8] Vgl. J. Høyrup mit P. Damerow (Hrsg.), *Changing views on near-eastern mathematics*, Berlin 2001, S. 219ff.

Anfänge der theoretischen Arithmetik bei den Griechen

Harald Boehme

I. Als Voraussetzung einer theoretischen Arithmetik gilt oft das praktische Rechnen, und da EUKLID die Arithmetik als Theorie der Proportionen behandelt, schloß man daraus auf eine zugrundeliegende Bruchrechnung.[1] Damit wurde aber nicht nur über den Unterschied von Proportionen und gebrochenen Zahlen hinweggesehen, sondern man übersah auch die tatsächliche Bruchrechnung der Griechen. Denn deren Logistik, soweit sie in älteren Texten überliefert ist, z.B. bei ARCHIMEDES, zeigt einen anderen Umgang mit Bruchteilen, als daß dies als Rechnen mit Brüchen interpretiert werden könnte. Hingegen bezeugen insbesondere die erhaltenen mathematischen Papyri, daß die griechische Bruchrechnung eher der ägyptischen entsprach, die leicht geringschätzig als "Stammbruchrechnen" abgetan wird. Diese ist aber keine Art primitiver Bruchrechnung, sondern bedeutet eine prinzipiell andere Logik im Umgang mit Brüchen:[2] Sei eine Größe A gegeben, dann lassen sich sowohl die Vielfachen einmal, zweimal, dreimal A, allgemein $qA = B$, $q = 1,2,3,...$, bilden, als auch die Teile halb, drittel B, allgemein $A = q'B$. Für gewöhnlich wird dafür der Stammbruch $q' = 1/q$ gesetzt, wobei unterstellt wird, daß es sich dabei um einen speziellen allgemeinen Bruch handelt; doch konkret bedeutet dies nur einen q-ten Teil (*meros*). Allgemein werden Brüche als Summe verschiedener solcher einfachen Teile ausgedrückt, und die Addition von Brüchen bedeutet einfach deren Summation. Was aber unsere Bruchrechnung ausmacht, die Vervielfältigung der Teile in der Form 'p mal ein q-tel', hat in dieser Auffassung die Bedeutung der Teilung, d.h. 'von p ein q-tel' (*ton p to q*'). An die Stelle von Brüchen traten für die Ägypter und Griechen Divisionsaufgaben, die mit Tafeln gelöst wurden. Dies erklärt auch, warum nur

---

[1] So [Gericke, S. 33]: "An die Stelle der Bruchrechnung tritt bei Euklid die Lehre von den Zahlverhältnissen."

[2] Hier beziehe ich mich auf [Fowler, Kap.7]. Sein Fazit ist: "That we have no evidence for any conception of common fractions p/q... in Greek mathematical texts before the time of Heron."

Anfänge der theoretischen Arithmetik bei den Griechen   41

verschiedene Teile summiert wurden, denn $q'+q'$ bedeutet 'von 2 ein q-tel', also wiederum eine zu lösende Aufgabe, z.B. ist $5'+5' = 3'+15'$. Eine Ausnahme bildet $3'+3'$, dies ergibt den Komplementärbruch $3''$, allein deswegen kann man diese Art der Bruchrechnung nicht auf Stammbrüche reduzieren.

Die praktische Logistik konnte also kaum als Vorbild der theoretischen Logistik dienen, womit seit PLATON die Proportionslehre bezeichnet wird.[3] Vielmehr verhielten sich Theorie und Praxis konträr zueinander, die Proportionslehre bedeutet eine Negation der Bruchrechnung, als eine Position, welche Brüche überhaupt vermeidet. Diese Position ergibt sich, wenn der Zahl ein eindeutig Seiendes zukommt, dann kann die Einheit nicht mehr geteilt werden, weil sie dann eine beliebige Vielheit wäre. Dieses Paradigma wird von PLATON ausgesprochen:

> "Denn du weißt ja, wie es die geschulten Mathematiker machen: wenn einer versucht die Eins (*hen,* vgl. Philolaos B7) in Gedanken zu teilen, so lachen sie ihn aus und weisen ihn ab, und wenn du sie zerstükkelst, so antworten sie mit Vervielfältigung derselben, immer darauf bedacht zu verhüten, daß die Eins sich jemals auch als etwas zeigen könnte, das nicht Eines, sondern eine Vielheit von Teilen wäre."[4]

Nach ARISTOTELES waren die Pythagoreer derartige Mathematiker, denn sie nahmen an, "die Elemente der Zahlen seien die Elemente alles Seienden", und weiter "die Zahlen seien die Dinge selbst", also das Mathematische identisch mit dem Sinnlichen;[5] d.h. zur Erkenntnis der Dinge sind jene als Zahlen begreifen. Wie sich die Pythagoreer die Zahlen vorstellten entsprach ihrer Darstellung auf dem Rechenbrett, wo Anzahlen von Rechensteinen (*psephoi*) für sie gelegt wurden; so wird bei NIKOMACHOS und THEON die Zahl als eine Zusammenstellung von Einheiten (*systema monadon*) aufgefaßt.[6] Die Lehre von den figurierten Zahlen beruht darauf, zunächst als Anschauung der Zahlen, aber auch als eine erste induktive Theorie der Zahlen. Als Quelle dazu haben wir allerdings nur die Darstellungen der Neupythagoreer, insofern diese aber mit der Überlieferung des PLATON und ARISTOTELES übereinstimmen, können wir sie auch als die Theorie der

---

[3] Zum Verhältnis von Logistik und Arithmetik bei Platon vgl. [Klein, § 3].
[4] [Platon *Rep.* 525d].
[5] [Aristoteles *Met.* 986a 1, 987b 28]. Aristoteles gibt in *Met.* I eine Darstellung der Philosophie der Pythagoreer, die insofern authentisch ist, als sie mit den älteren Quellen übereinstimmt, vgl. [Burkert, Weisheit, Kap. I].
[6] [Nicomachos *Arith.* I.7], [Theon *Exp.* I.3].

alten Pythagoreer lesen. Des Weiteren stehen uns die arithmet. Bücher des EUKLID zur Verfügung, welche die wissenschaftliche, deduktive Theorie im Gegensatz zur pythagoreischen, induktiven Arithmetik darstellen.

Für die Grundbegriffe Zahl und Proportion soll im Folgenden gezeigt werden, daß die euklidischen Definitionen als Verallgemeinerung der pythagoreischen Vorstellungen verstanden werden können. Weiter möchte ich zeigen, daß die ersten arithmetischen Theoreme bereits bei einem Pythagoreer zu finden sind, nämlich in der Musiklehre des ARCHYTAS.

II. Zunächst geht es um den Begriff der Zahl, den wir nicht in der einen oder anderen Fassung zitieren, sondern nach seinem mathematischen Inhalt rekonstruieren wollen, wobei wir zwar eine modernisierte Darstellung der zugrundeliegenden Begriffe anstreben, aber keine fälschliche Modernisierung. Die Grundlagen finden wir in den Definitionen des EUKLID:

Def. 1: *Einheit (monas) ist das, wonach jedes Ding eines genannt wird.*[7] Dies ist die ontologische Bedeutung der Eins, eine Erklärung liefert THEON: "Die Monade ist das Prinzip der Zahlen, Eins *(hen)* des Gezählten."[8]

Def. 2: *Zahl (arithmos) ist die aus Einheiten zusammengesetzte Menge.* Bezeichnen wir die Einheit mit *1*, dann ist eine Zahl *A* gegeben durch $A = 1+1$, oder $A = 1+1+1$, usw., also eine Vielfachheit von Einheiten, welche von EUKLID jedoch nicht benannt wird. Der Grund dafür wird jedoch klar, wenn wir die Erklärung THEONs beachten: Danach bezeichnen die Vielfachheiten das Resultat des Zählens, also eine konkret-sinnliche Eigenschaft der Dinge, wie eins, zwei, drei usw., während die Zahl die verständige Abstraktion davon bedeutet, die Einheit, die Zwei, Drei usw., und nur von diesen abstrakten Zahlen handelt die Arithmetik.[9] Wenn wir also die Vielfachheiten mit natürlichen Zahlen bezeichnen, ergibt sich für die euklidischen Zahlen die Darstellung ein *1* bzw. $1I = 1$ als *monas*, $2I = 1+1$, $3I = 1+1+1$, allgemein $pI = 1+....+1$ *p*-mal, $p = 2,3,...$, als *arithmoi*. Die von EUKLID in den Definitionen ausgesprochene Differenz von *monas* und *arithmos* erweist sich jedoch nur als ein quantitativer Unterschied, wobei die weiteren Ausführungen EUKLIDs beide auch als eine Qualität auffassen, die dann den Begriff der Zahl ausmacht, so wie wir ihn hier verwenden wollen.- Die Zahleinheit entspricht der Maßeinheit, diese kann auch eine

---
[7] Die Numerierung der Definitionen und Sätze ist identisch mit der von *Euclidis Elementa*, Lib. VII; die Übersetzung entstammt jeweils der Ausgabe von Thaer.

[8] [Theon *Exp.* I.4], vgl. [Vitrac, Vol. 2, Notice sur les livres arithmétiques].

[9] Vgl. [Aristoteles *Anal. post.* II.19].

Anfänge der theoretischen Arithmetik bei den Griechen   43

Zahl sein, daraus ergibt sich die folgende Definition des Messens, die bei EUKLID aber unausgesprochen bleibt.

Def.: *Seien A, B Zahlen, A mißt B* $\Leftrightarrow \exists q: qA = B$.[10]

In der modernen Begrifflichkeit bedeutet dies, daß A ein Teiler von B ist, EUKLID hingegen begreift das Messen nicht als Multiplikation zweier Zahlen, sondern als fortgesetzte Addition einer Zahl.[11] Dementsprechend wie sich eine Zahl (außer der Eins) messen läßt, ergibt sich die folgende Einteilung:

Def. 12: *Eine Primzahl (protos arithmos) läßt sich nur durch die Einheit messen.*[12] Vorausgesetzt ist hier, daß jede Zahl sich selbst mißt, so daß eine Primzahl von keiner anderen Zahl gemessen wird.

Def. 14: *Eine zusammengesetzte Zahl (synthetos arithmos) läßt sich durch eine Zahl messen.* Es ist klar, daß die messende Zahl nicht die Einheit sein kann, THEON präzisiert noch, daß sie kleiner als die zu messende sein muß.

NIKOMACHOS gibt den Hinweis darauf, welche konkrete Anschauung dieser Einteilung zugrunde liegt; demnach wird eine Zahl "erste" genannt, weil sie am Anfang der anderen Zahlen steht (I.11). NIKOMACHOS stellt noch eine Multiplikationstafel[13] auf und untersucht deren Eigenschaften; Primzahlen erscheinen darin nur in der ersten Zeile und Spalte, alle anderen Zahlen sind zusammengesetzt.

1	2	3	4	5	6	7	8	9	10
2	4	6	8	10	12	14	16	18	20
3	6	9	12	15	18	21	24	27	30
4	8	12	16	20	24	28	32	36	40
5	10	15	20	25	30	35	40	45	50

---

[10] Hier und im Folgenden soll gelten: Variable $A,B,...,P,Q$ bezeichnen Zahlen im Sinne Euklids; Variable $m,n,...,p,q$ bezeichnen Vielfache bzw. natürliche Zahlen 1,2,3, usw..

[11] [Taisbak, S.18] schreibt dafür $b = a_1+...+a_n$, $(a_i = a)$, dies unterscheidet sich jedoch kaum von der traditionellen Interpretation: "$a \mu b$ means, that there exists some number n such that b is n times a (which I write as $b = n \times a$)." (S. 31)

[12] Bei Nikomachos sind die Primzahlen eine Spezies der ungeraden Zahlen [Nikomachos I.11], hingegen nennt Aristoteles 2 als die einzige gerade Zahl, die eine Primzahl ist, [Aristoteles *Top.* 157a 39].

[13] Bei Nikomachos reicht die Tafel bis 10×10, deren Kenntnis wird von Aristoteles hervorgehoben: "To have a ready knowledge of the multiplication table up to ten times (*kephalismos,* Alex. v. A.) helps much to the recognition of other numbers which are the result of the multiplication." *Top.* 163b 25, nach [Fowler, S. 239].

Def.: *Seien A, B Zahlen, eine Zahl C ist gemeinsames Maß von A und B* ⇔ *C mißt A und B.* Formal aufgeschrieben $\exists\ p,q$: $pC = A \wedge qC = B$, insbesondere ist die Einheit immer ein gemeinsames Maß von A und B.

Def. 13: *Gegeneinander prim (protoi) sind Zahlen, die sich nur durch die Einheit als gemeinsames Maß messen lassen.* So sind Zahlen insbesondere dann gegeneinander prim, wenn eine davon die Einheit ist.

Def. 15: *Gegeneinander zusammengesetzt (synthetoi) sind Zahlen, die sich durch eine Zahl als gemeinsames Maß messen lassen.* Auch hier ist klar, daß die messende Zahl nicht die Einheit ist; eine Erklärung dieser Einteilung ergibt sich gleichfalls aus der Multiplikationstafel: Betrachten wir zwei beliebige Spalten und die Zahlpaare in jeweils einer Zeile darin, dann können diese Zahlpaare nur dann gegeneinander "erste" sein, wenn sie in der ersten Zeile stehen, alle anderen Paare sind gegeneinander zusammengesetzt.

NIKOMACHOS beschreibt eine Methode (*ephoros*), um für zwei Zahlen zu entscheiden, ob sie gegeneinander prim sind oder welches ihr gemeinsames Maß ist (I.13). Diese Wechselwegnahme (*antaphairesis*) oder so genannte euklidische Algorithmus war bereits ARISTOTELES bekannt,[14] sie dürfte von Mathematikern entwickelt worden sein, um außer der begrifflichen auch eine effektive Unterscheidung treffen zu können. Dazu mußten die Zahlen nur in der Multiplikationstafel betrachtet werden: Seien *A, B* gegeben, $A>B$ und *C* ein gemeinsames Maß, da die gegebenen Zahlen Vielfache von *C* sind, liegen beide in der mit *C* beginnenden Zeile, gemäß dem Schema *C......B....A*. Wird nun *B* von *A* abgezogen erhalten wir die Differenz *A-B*, welche gleichfalls in dieser Zeile liegt. 1.Fall: *B* mißt *A*, dann ist *B* das größte gemeinsame Maß von *A* und *B*. 2.Fall: *B* mißt nicht *A*, dann läßt sich *B* so oft von *A* abziehen, bis der Rest kleiner als *B* ist, d.h. $\exists\ p_1$: $A - p_1B = B_1 \wedge B>B_1$. Mit *B*, B_1 wird das Verfahren fortgesetzt, dann entsteht in derselben Zeile die absteigende Folge $A>B>B_1>......>B_n \geq C$, mit $B = B_0$ und $B_{i-2}-p_iB_{i-1} = B_i$, $i=2,....,n$. Sei B_n die Einheit, dann ist auch *C* die Einheit, und da *C* ein beliebiges gemeinsames Maß war, sind *A* und *B* gegeneinander prim. Andernfalls muß nach endlich vielen Schritten der erste Fall eintreten, dann ist B_n gemeinsames Maß von $B_{n-1},......,B_1,B,A$; und da *C* mißt B_n ist B_n auch das größte gemeinsame Maß von *A* und *B*.

---

[14] [Aristoteles *Top.* 158b 31], dabei geht es evtl. um eine unendliche Wechselwegnahme; zur Diskussion dieser Stelle vgl. [Fowler].

Anfänge der theoretischen Arithmetik bei den Griechen   45

III. Da für die Pythagoreer die Dinge Zahlen waren, wurden die Verhältnisse der Dinge durch ihre Zahlverhältnisse bestimmt; ein derartiges Verhältnis, *logos* genannt, war für sie eine vernünftige Beziehung, auch in der Gesellschaft: "Aufruhr dämpfts, Harmonie erhöhts, wenn ein richtiger *logos* gefunden wurde."[15] Es geht also nicht um Gleichverteilung, sondern um eine Wohlordnung, wie sie in der Seinsordnung vorgegeben ist, und dort vor allen Dingen in den Verhältnissen der musikalischen Harmonie. Die den Pythagoreern zugesprochenen musikalischen Experimente sind allerdings Fiktion, der *kanon* (Monochord) kam frühestens in der Zeit des EUKLID auf,[16] jedoch werden die elementaren Harmonien bereits durch die sichtbaren Zahlverhältnisse demonstriert, z.B. in der "Tetraktys".[17]

I
I I
I I I
I I I I

Dies ist eine Zerlegung der "vollkommenen" 10 = 1+2+3+4, woraus sich für die Teile die Verhältnisse 2 zu 1 (*diploon*), 3 zu 2 (*hemiolion*) und 4 zu 3 (*epitriton*) ergeben. Die Bezeichnungen dieser *logoi* stammen aus der praktischen Bruchrechnung,[18] z.B. für Zinsen bedeutet *epitriton* "dazu ein Drittel", also praktisch 1 3′. Als die elementaren Zahlverhältnisse überhaupt, wurden sie zunächst rein hypothetisch als Grund für die musikalische Harmonien angenommen. Indem PHILOLAOS für die Oktave 2, Quinte 1 2′ und Quarte 1 3′ setzt,[19] stellt er damit ein arithmetisches Modell der Musik auf, insofern die Zusammensetzungen der Verhältnisse auch mit denen der Harmonien übereinstimmen: Quarte und Quinte ergibt die Oktave, entsprechend ist 1 3′ mal 1 2′ = 1 2′3′6′ = 2. Weiter liegt zwischen Quarte und Quinte ein Ton, daraus ergibt sich für den Ton das Verhältnis 9 zu 8 bzw. 1 8′ (*epogdoon*), so daß sich die Oktave *C-F-G-C′* insgesamt in den Zahlen 6-8-9-12 realisieren läßt. Wird weiter für die Quarte die diatonische Unterteilung in zwei Töne und einen Halbton angenommen, dann ergibt sich für den Halbton 256 zu 243[20] und die Quarte *C-D-E-F* kann in den Zahlen 192-216-243-256 realisiert werden.

---

[15] [Archytas, DK 47B 3].
[16] Vgl. [Burkert 1962 Kap. V.1].
[17] Dem entspricht [Philolaos, DK 44B11]: "Man muß die Werke und das Wesen der Zahl nach der Kraft *sehen* (*theorein*), die in der Zehnzahl liegt". Als Fragment ist dies wohl unecht, vgl. [Burkert 1962, S. 275]; doch auch als Pseudoschrift offenbart sich darin das Wesen des Pythagoräismus.
[18] Vgl. [Burkert 1962, S. 439].
[19] [Philolaos, DK 44B6].
[20] Platon nennt diese Zahlen in [Platon, *Tim.* 36b].

Mit dem Halbton können Harmonien allerdings nicht mehr in Bruchteilen der Eins dargestellt werden, sondern diese sind allgemein durch das Verhältnis von zwei Zahlen gegeben. Betrachten wir die Multiplikationstafel dann haben für zwei Spalten alle Zahlpaare, die in jeweils einer Zeile liegen, dasselbe Verhältnis. Ausgezeichnet ist aber das erste Paar, sind die Zahlen darin gegeneinander prim, wird es die "Wurzel" (*pythmen*) genannt, als die kleinsten Zahlen im selben Verhältnis.[21] NIKOMACHOS stellt noch fest, daß sich bei überteiligen Verhältnissen die Wurzel nur um die Einheit unterscheidet, und die kleinere Zahl davon den Namen angibt, z.B. 4 zu 3 ist *epitriton* (I.19). Gemäß der Darstellung der Verhältnisse (*logoi*) als Zahlpaare ist nunmehr ihre Proportion (*analogia*) genau dann gegeben, wenn sie in der Multiplikationstafel im selben Paar von Spalten liegen. Entsprechend beschreiben NIKOMACHOS (II.21) und THEON (II.21) die Proportion als Schema (*schesis*), also als eine Figur von Zahlen.[22] Damit ist zwar eine Anschauung der Proportion, aber keine Definition gegeben, eine solche findet sich jedoch bei EUKLID unter folgenden Voraussetzungen:

Seien A, B Zahlen,
Def. 3: *A ist Teil (meros) von B* $\Leftrightarrow$ *A<B und A mißt B.*
Def. 4: *A ist Teile (mere) von B* $\Leftrightarrow$ *A<B und A mißt nicht B.*
Def. 5: *A ist Vielfaches von B* $\Leftrightarrow$ *A>B und B mißt A.*

Zunächst wird in 3. und 5. die zueinander inverse Beziehung ausgedrückt, denn A ist Teil von B $\Leftrightarrow$ B ist Vielfaches von A. Hingegen sind 3. und 4. konträr zueinander; für $A<B$ ist entweder A Teil oder Teile von B. Andererseits haben A und B immer ein gemeinsames Maß, formal ergibt sich also für 3. $A<B \wedge \exists q: qA = B$, und für 4. $A<B \wedge \exists p,q\ \exists C: pC = A \wedge qC = B$. Daß der letzte Ausdruck für Teile nur notwendig ist, zeigt das Beispiel $A = 2I$ und $B = 4I$, der Ausdruck ist zwar erfüllt, aber dennoch ist A Teil von B.[23]

Verhältnisse sind Relationen, die mathematisch als Paare dargestellt werden; die entscheidende Frage ist nun, wann zwei Paare dasselbe Verhältnis ausdrücken, d.h. wann sie proportional sind.

---

[21] [Theon *Exp.* II.29]; bei Platon heißt es epitritos pythmen, [Platon, *Rep.* 546c].
[22] Dem entspricht die Erklärung von Burkert: "Proportionale Größen stehen 'in *logos*-Kolonne', in der durch eine Rechnung (*logos*) gebildeten Reihe." [Burkert 1971, Sp. 104].
[23] Mueller [Mueller, *Eucl. Elements*, S. 62] scheint dies zu übersehen, wenn er definiert: $m\text{-PART}(k,l) \Leftrightarrow k<l \wedge mk = l$; $m\text{-}n\text{-PARTS}(k,l) \Leftrightarrow k<l \wedge \exists j: mj = k \wedge nj = l$.

Anfänge der theoretischen Arithmetik bei den Griechen

Def. 21: *Seien A, B, C, D Zahlen, die Paare (A,B) und (C,D) sind proportional, geschrieben (A,B) ~ (C,D) ⇔ A ist von B derselbe Teil oder dieselben Teile wie C von D.*

EUKLID fügt hinzu, daß A von B das gleiche Vielfache ist wie C von D, dies entspricht jedoch umgekehrt den gleichen Teilen. So ist die Proportion zunächst nur für Paare mit $A<B$ und $C<D$ definiert, bei umgekehrter Größenbeziehung ist lediglich die Reihenfolge in den Paaren zu vertauschen. Formal gilt $(A,B) \sim (C,D) \Leftrightarrow A<B \wedge C<D \wedge ((\exists q: qA = B \wedge qC = D) \vee (\exists p,q \, \exists F,G: pF = A \wedge qF = B \wedge pG = C \wedge qG = D))$.[24]

```
    2  3
3   6  9
4   8  12
```

An der Multiplikationstafel läßt sich die Def. der Proporti- wie folgt darstellen, z.B. (6,9) ~ (8,12): Nach Nikomachos sind (6,9) und (8,12) Vielfache derselben Wurzel (2,3), da die Zahlen jeweils in denselben Spalten liegen. Gehen wir zu Zeilen über, sind (6,8) und (9,12) Vielfache derselben Wurzel (3,4). Dies besagt aber die Definition des EUKLID: 6,9 sind dieselben Vielfache von 3 wie 8,12 von 4.

Aus der Definition der Proportion ergeben sich die folgenden Regeln:
1) $(A,B) \sim (C,D) \Leftrightarrow (A,B) \sim (A+C,B+D)$, daraus folgt $(A,B) \sim (pA,pB)$.
2) $(A,B) \sim (C,D) \Leftrightarrow (A,C) \sim (B,D)$.

EUKLID definiert auch die Multiplikation:

Def. 16: *Seien A, B Zahlen, A vervielfältigt B, wenn B so oft zusammengesetzt wird, wie A Einheiten enthält, so entsteht (genetai) das Produkt AB.*

Sei $A = pI$, wobei I die Einheit, dann ist $AB = pB$. Diese Multiplikation ist kommutativ, denn mit $B = qI$ folgt $AB = p(qI) = q(pI) = BA$. Für die Einheit gilt $IB = B$, ferner ist nunmehr definiert $A^2 = AA$, $A^3 = AAA$ usw.. Daraus folgen die weiteren Regeln

3) $(A,B) \sim (AC,BC)$,   4) $(A,B) \sim (C,D) \Leftrightarrow AD = BC$.

Mit 4) wird die Proportion auf die Multiplikation zurückgeführt. Das Produkt einer Multiplikation wird von EUKLID "eben" genannt und die Fakto-

---

[24] Diese Darstellung zeigt den Inhalt der Definition, hingegen wäre die übliche Schreibweise $A:B = C:D$ ein Mißverständnis, denn Euklid bezeichnet Verhältnisse niemals als gleich, dazu müßte er nämlich zu Äquivalenzklassen übergehen, also zu einer Abstraktion, die jenseits seiner Intention liegt. Irreführend ist auch die Erklärung: "$a:b = c:d$ si $a = {}^m/_n b$, $c = {}^m/_n d$." [Zeuthen, S. 409] Dagegen hat schon Taisbak protestiert: " It is absurd to suppose that Euclid is thinking of fractions in a mathematical treatise what is so obviously a theory of integers." [Taisbak, S. 31]

ren nennt er ihre "Seiten". Diese Sprechweise erinnert daran, daß die Zahlen als Seiten eines Rechtecks dargestellt werden können, so daß das Produkt der Flächeninhalt ist; Proportionalität bedeutet dann die Ähnlichkeit der Rechtecke, womit die Regeln 1) - 4) eine anschauliche, geometrische Bedeutung haben. Entsprechend der geometrischen Darstellung definiert EUKLID die Quadratzahl als eine, die von zwei gleichen Zahlen "umfaßt" wird; ebenso eine Kubikzahl. Sowohl geometrisch als auch arithmetisch läßt sich zeigen:

Satz VIII.11: *Zwischen 2 Quadratzahlen gibt es eine mittlere Proportionalzahl; und die Quadratzahlen stehen zweimal im Verhältnis der Seiten.*[25]
Beweis. Gegeben seien A, B, dann ist $(A,B) \sim (A^2,AB) \sim (AB,B^2)$, also ist AB eine mittlere Proportionale der Quadrate. Daraus folgt $(A^2,B^2) \sim (A,B)^2$ nach

Def. V.9: *Seien A, B, C drei proportionale Größen, dann ist (A,C) das zwei-fache Verhältnis von (A,B).* D.h. unter der Voraussetzung $(A,B) \sim (B,C)$ gilt $(A,C) \sim (A,B)^2$.

IV. Eine über die unmittelbare Anschauung hinausgehende theoretische Arithmetik entstand wahrscheinlich im Zusammenhang mit der Musiktheorie. Waren zunächst die Zahlverhältnisse der Harmonien lediglich gesetzt, so daß sie ein Modell der Musik bildeten, so sollten diese Verhältnisse nunmehr wissenschaftlich, d.h. als notwendig erkannt werden. PLATON formuliert diesen Anspruch als Kritik an den Empirikern: "Sie suchen nämlich die diesen vom Ohre aufgenommenen Harmonien (*symphoniais*) zugrunde liegenden Zahlen, stellen sich aber keine weitere Aufgabe, um zu erforschen, welche Zahlen harmonisch sind und welche nicht und weshalb beides."[26] Wenn PLATON hier nach Gründen für die Harmonien fragt, so muß er annehmen, daß solche auch gefunden werden können, es muß also neben der empirischen auch eine deduktive Musiktheorie gegeben haben. Explizit überliefert ist eine solche Theorie in den Sectio canonis des EUKLID,[27] deren Ursprünge aber auf die pythagoreische Schule zurückgeführt werden können. Darin werden die Harmonien aus folgenden Prämissen abgeleitet:

i) Die Beziehungen von Tönen werden durch Zahlverhältnisse ausgedrückt.

---

[25] Vgl. [Platon, *Tim.* 32b].
[26] [Platon, *Rep.* 531c].
[27] In: [Barbera]. Zur Verfasserfrage siehe dort.

ii) Konsonante Töne haben ein vielfaches oder ein überteiliges Verhältnis.
iii) Töne im vielfachen Verhältnis sind konsonant.

EUKLID stellt dann drei arithmetische Theoreme auf, auf deren Grundlage die harmonischen Intervalle bestimmt werden.

α) *Wird ein vielfaches Intervall (diastema) zweimal zusammengesetzt, entsteht wieder ein vielfaches.* Der Beweis ist trivial, seien A, B, C Zahlen mit $qA = B$ und $(A,B) \sim (B,C)$, dann ist $qB = C$ und schließlich $q^2A = C$, also ist (A,C) vielfach. Davon gilt aber auch die Umkehrung, das ist der Inhalt von

β) *Wenn ein Zahlverhältnis mit sich selbst zusammengesetzt ein vielfaches Verhältnis ergibt, dann ist es selbst vielfach.* Dies besagt für Zahlen A, B, wenn $(A,B)^2$ vielfach ist, dann ist auch (A,B) vielfach; oder äquivalent:

β') *Wenn eine Quadratzahl eine Quadratzahl mißt, dann muß auch die Seite die Seite messen.* (VIII.14)

γ) *In einem überteiligen Intervall gibt es keine eine oder mehrere mittlere proportionale Zahlen, die darin liegen.* Zur Ableitung der Harmonien genügt eine mittlere Proportionale, und in der Form wird das Theorem von BOETHIUS dem ARCHYTAS zugeschrieben.[28]

Aus diesen Prämissen ergeben sich wie folgt die harmonischen Intervalle: Sei das doppelte Intervall einer Oktave harmonisch, da dieses aber eine mittlere Proportionale hat, ist es nicht überteilig γ) sondern vielfach, also ist die Oktave selbst vielfach β). Das doppelte von Quinte und Quarte sei jeweils nicht harmonisch, dann sind Quinte und Quarte keine vielfachen Intervalle α) sondern überteilige. Zusammengesetzt sei Quinte und Quarte die Oktave, setzen wir dafür die größten überteiligen Intervalle ein, ergibt sich das zusammengesetzte Verhältnis $(4,3) \cdot (3,2) \sim (2,1)$; diese Intervalle sind dann die einzige Lösung.

EUKLID beruft sich in seinen Beweisen von β) und γ) auf Elemente VIII.7,8, also die Theorie der zusammenhängenden Proportionen (geometrischen Reihen), als Verallgemeinerung der elementaren Arithmetik. Wollen wir jedoch die Anfänge der Theorie studieren, müssen wir als einzige erhaltene Quelle auf ARCHYTAS Beweis von γ) zurückgreifen:

"Seien A, B Zahlen im überteiligen Verhältnis, ich nehme die kleinsten Zahlen C, $C+D$ im selben Verhältnis. Da diese gleichfalls im

---
[28] [Boethius. III.11].

überteiligen Verhältnis sind, ist D ein Teil von C. Ich sage, daß D keine Zahl, sondern die Einheit ist. Sei D eine andere Zahl, dann mißt D die Zahlen C und $C+D$, was unmöglich ist, denn die kleinsten Zahlen im selben Verhältnis sind gegeneinander prim (und haben als Differenz nur die Einheit). D ist also die Einheit, zwischen C und $C+D$ gibt es dann keine mittlere Zahl. Also kann auch keine mittlere Proportionale zwischen A und B gefunden werden." [29]

BOETHIUS bezeichnet den Beweis von ARCHYTAS als unhaltbar (nimium fluxa est), wobei er den Satz in Klammern kritisiert. Dieser ist zwar nicht richtig wenn die Zahlen lediglich gegeneinander prim sind, sondern nur wenn sie zugleich im überteiligen Verhältnis sind, so daß der Satz die nächste Folgerung vorwegnimmt. BOETHIUS beurteilt den Text aber nach dem Paradigma der Elemente, wonach Sätze nur als Folge der Voraussetzungen korrekt sind, dagegen ist zu bedenken, daß die anfänglichen Schritte in Richtung einer deduktiven Theorie noch nicht deren vollendete Form haben können. Entscheidend für uns ist jedoch der Schluß, womit die Behauptung γ) auf das folgende Theorem zurückgeführt wird.

γ) *Wenn es keine mittlere proportionale Zahl zwischen den kleinsten Zahlen im selben Verhältnis gibt, dann gibt es auch keine zwischen den gegebenen Zahlen.*

Wesentlich ist für uns noch, mit welchen Begriffen ARCHYTAS gearbeitet hat, und welche Beziehungen ihm bekannt waren. So verwendet er die "kleinsten Zahlen im selben Verhältnis", doch wie ist deren Existenz gegeben? Allgemein folgt sie aus dem Prinzip der kleinsten Zahlen, doch wie sind für gegebene Zahlen die kleinsten im selben Verhältnis zu finden? Denn durch die bloße Existenz "weiß man das Ding nicht, sofern es dieses Ding ist."[30] Mit diesen Worten kritisiert ARISTOTELES die Kreisquadratur des BRYSON, die das Problem offen läßt, wie denn das dem Kreis gleiche Quadrat zu erzeugen ist. Ein ähnliches Problem, die Konstruktion der Würfelverdopplung, hat ARCHYTAS gelöst, gemäß dieser Einstellung ist anzunehmen, daß er auch die kleinsten Zahlen im selben Verhältnis zu konstruieren wußte. Dies bedeutet die Lösung von:

Problem 33: *Zu zwei gegebenen Zahlen die kleinsten zu finden, die dasselbe Verhältnis haben wie sie.*

---

[29] [Archytas, DK 47A19]. Der Text wurde schon oft vorgestellt, erwähnt sei nur [Tannery, Mém. Scient. III]; [Heath I]; [Burkert 1962, Kap. VI.2].
[30] [Aristoteles, *Anal. post.* 76a].

Anfänge der theoretischen Arithmetik bei den Griechen 51

Seien *A, B* gegebene Zahlen, entweder sind sie gegeneinander prim oder zusammengesetzt. Falls prim, ist zu zeigen, daß es die kleinsten sind. Falls zusammengesetzt, nehme man das größte gemeinsame Maß *D* (wozu der euklidische Algorithmus erforderlich ist), so daß $\exists\, p,q: A = pD \wedge B = qD$. Sei *I* die Einheit, $P = pI$ und $Q = qI$, dann ist $A = PD$ und $B = QD$, so daß gilt $(A,B) \sim (P,Q)$. Diese Überlegung entspricht dem folgenden Schema:

I	*P*	*Q*	Da *D* das größte gemeinsame Maß von *A,B* ist,
D	*A*	*B*	Sind *P, Q* gegeneinander prim; sind *P, Q* dann die kleinsten Zahlen im selben Verhältnis? Dies

scheint anschaulich gegeben, aber dennoch gibt EUKLID einen Beweis. Indem aber die Induktion durch eine Deduktion ersetzt wird, erlangt die Theorie den Charakter der Notwendigkeit und wird so zur Wissenschaft.

Satz 20. *Die kleinsten Zahlen, die dasselbe Verhältnis haben, messen Zahlen im selben Verhältnis gleich oft.*

Beweis. Seien Zahlen *A, B* gegeben, seien *C, D* kleiner und die kleinsten Zahlen im selben Verhältnis. Es soll gezeigt werden, daß *C* Teil von *A* ist, sei im Gegensatz dazu *C* Teile von *A*. Aus $(A,B) \sim (C,D)$ folgt $(C,A) \sim (D,B)$, also gilt

$C < A \,\wedge\, D < B \,\wedge\, \exists\, p,q\, \exists\, F,G: pF = C \,\wedge\, qF = A \,\wedge\, pG = D \,\wedge\, qG = B$.

Daraus folgt $(F,G) \sim (C,D)$, aber da *C* kein Teil von *A* ist, folgt $F<C$ und $G<D$. Dies ist unmöglich, denn *C, D* sind nach Voraussetzung die kleinsten Zahlen, also ist *C* Teil von A, und es folgt $\exists\, q: qC = A \wedge qD = B$.

Satz 21. *Zahlen die gegeneinander prim sind, sind die kleinsten Zahlen im selben Verhältnis.*

Beweis. Seien *A, B* gegeneinander prime Zahlen, seien *C, D* kleiner und die kleinsten Zahlen im selben Verhältnis.[31] Es folgt $\exists q: qC = A \wedge qD = B$; sei $E = qI$, *I* die Einheit, und $C = mI$, dann ist $A = q(mI) = m(qI) = mE$. Ebenso sei $D = nI$, dann ist $B = nE$, d.h. *E* mißt *A* und *B*. Dies ist aber unmöglich, also gibt es keine kleineren Zahlen im selben Verhältnis.

Damit ist das Problem gelöst; ARCHYTAS zitiert allerdings von diesen Sätzen nur die Umkehrung, "die kleinsten Zahlen im selben Verhältnis sind gegeneinander prim." Der Widerspruchsbeweis dazu ist elementar, den-

---

[31] Euklid nimmt hier nur kleinere Zahlen an, er benutzt jedoch VII.20, so daß es die kleinsten sein müssen; deren Existenz wird also für ihre Konstruktion vorausgesetzt.

noch zeigt sich daran, daß er die entscheidenden Begriffe zur Verfügung hatte. Darüber hinaus können wir zeigen, daß er auch seine weitergehende Behauptung γ') mit diesen Begriffen beweisen konnte, den Ausgangspunkt liefert die folgende Primteilereigenschaft:

Satz 30. *Wenn eine Primzahl ein Produkt von zwei Zahlen mißt, dann muß sie auch eine der beiden Zahlen messen.*

Beweis. Seien A, B Zahlen, C eine Primzahl mit $\exists p$: $pC = AB$. Sei $D = pI$, wobei I die Einheit, dann ist $CD = AB$, also $(C,A) \sim (B,D)$. Angenommen C mißt nicht A, dann ist C, A gegeneinander prim, also sind es die kleinsten Zahlen im selben Verhältnis, daraus folgt aber, C mißt B.

Empirisch läßt sich diese Eigenschaft der Primteiler an der Multiplikationstafel ablesen; die Vielfache einer Primzahl bilden darin ein Quadratgitter, der Satz besagt nun, daß jede Zahl, welche ein Vielfaches ist, notwendig auf diesem Gitter liegt, wozu es eines deduktiven Beweises bedarf.

Satz 27. *Sind zwei Zahlen gegeneinander prim, dann sind auch ihre Quadrate gegeneinander prim* (*und ebenso die weiteren Potenzen*).

Beweis. Seien A, B Zahlen und A^2, B^2 nicht gegeneinander prim, dann gibt es eine Primzahl C, so daß gilt, C mißt A^2 und B^2 (VII.32). Es folgt, C mißt A und B, also sind A, B nicht gegeneinander prim.

Beweis von β'): Seien A, B Zahlen so daß A^2 mißt B^2, seien M, N die kleinsten Zahlen mit $(A,B) \sim (M,N)$, dann ist $(A^2,B^2) \sim (M^2,N^2)$ und M^2 mißt N^2. Da M, N gegeneinander prim, ist auch M^2, N^2 gegeneinander prim, also ist $M^2 = I$ die Einheit und $M = I$. Es folgt $(A^2,B^2) \sim (I,N^2)$ und $(A,B) \sim (I,N)$, aus $nI = N$ folgt $nA = B$.

Korollar. *Seien A, B Zahlen und P eine Zahl mit $PA^2 = B^2$, dann ist P eine Quadratzahl.* Denn es ist $(I,P) \sim (A^2,B^2) \sim (I,N^2)$, also $P = N^2$.

Damit erhalten wir schließlich einen indirekten *Beweis von γ'):* Seien A, B Zahlen, C eine mittlere Proportionale mit $(A,C) \sim (C,B)$, seien M, N die kleinsten Zahlen mit $(A,B) \sim (M,N)$; zu zeigen ist, daß es dann auch eine mittlere Proportionale für M, N gibt. Weil dies die kleinsten Zahlen sind gilt $\exists p$: $A = pM \wedge B = pN$, sei $P = pI$, wobei I die Einheit ist. Aus $C^2 = AB$ folgt dann $C^2 = MNP^2$, also ist MN eine Quadratzahl, etwa $MN = L^2$. Daraus folgt $(M,L) \sim (L,N)$, d.h. L ist die gesuchte mittlere proportionale Zahl. Insgesamt lassen sich also die Theoreme β) und γ) der Sectio canonis aus genau den Grundbegriffen ableiten, die bereits ARCHYTAS verwendet hat.

Anfänge der theoretischen Arithmetik bei den Griechen 53

Es ist daher konkret möglich, daß ARCHYTAS selbst diese Ableitung gefunden hat, wobei wir nicht behaupten wollen, daß er sie tatsächlich derart ausgeführt hat. Jedoch zeigt unsere Rekonstruktion, daß dazu keineswegs die Theorie der zusammenhängenden Proportionen (VIII.1-10) vorausgesetzt werden muß,[32] vielmehr folgen die Theoreme allein aus der Primteilereigenschaft (VII.30), die somit am Anfang der theoretischen Arithmetik stehen könnte.

V. Im Dialog *Theätet* stellt uns PLATON eine Mathematikstunde des THEODOROS vor, die sich kurz vor dem Tod des SOKRATES abgespielt haben soll.[33] Darin behandelte THEODOROS die sogenannten Erzeugenden (*dynameis*), sie wurden von seinem Schüler THAITETOS wie folgt definiert: Sei e eine Einheitsstrecke, a eine Strecke, deren Quadrat $Q(a)$ ein N-faches des Einheitsquadrats $Q(e)$ ist, wobei N eine ganze Zahl ist; a ist eine Länge, wenn N eine Quadratzahl, a ist eine Erzeugende, wenn N keine Quadratzahl ist, sondern eine Rechteckzahl (*promeke*). THEODOROS zeigte dann, daß die Erzeugenden für $N = 3,5,...,17$ inkommensurabel zur Einheitsstrecke sind, und zwar nahm er sich jede Erzeugende einzeln vor.[34] Dies schließt jedoch einen Beweis mittels der oben vorgestellten arithmetischen Sätze aus, denn daraus ergibt sich die Inkommensurabilität aller Erzeugenden auf einmal.

Wir beweisen dies durch einen Widerspruch: Sei a eine Erzeugende, e die Einheitsstrecke und seien a, e kommensurabel, dann gibt es eine Strecke c als gemeinsames Maß. Formal $\exists\, p,q: a = pc \wedge e = qc$, sei I die Zahleinheit, $P = pI$ und $Q = qI$ dann ist $(a,e) \sim (P,Q)$, d.h. die kommensurablen Strecken haben das Verhältnis von Zahlen (X.5). Daraus folgt $(Q(a),Q(e)) \sim (P^2,Q^2)$ nach (X.9), und da $Q(a) = NQ(e)$ folgt $P^2 = NQ^2$. Nach dem obigen Korollar ist also N eine Quadratzahl, da a eine Erzeugende ist, kann N aber keine Quadratzahl sein, also sind a, e inkommensurabel.

---

[32] Von dieser Voraussetzung wird seit [Tannery] ausgegangen, weil die obige Alternative zu Euklids Beweis von γ) nicht beachtet wurde. Archytas beweist diesen Satz nur für ein Mittel, erst die Verallgemeinerung Euklids auf mehrere Mittel verlangt die Anwendung von VIII.8, was auch wörtlich geschieht, vgl. Sectio canonis 3.

[33] [Platon, *Theaet.* 147d-148b].

[34] Algebraisch ist $a = (\sqrt{N})\, e$. Zur Rekonstruktion des Beweises vgl. [Boehme].

Dieser Beweis zeigt, daß THEODOROS die entsprechende Arithmetik noch nicht zur Verfügung hatte. Insofern ist nach dem Zeugnis PLATONs die deduktiv theoretische Arithmetik und damit auch die wissenschaftliche Musiktheorie erst nach dem Tod des SOKRATES entstanden. Damit ist aber ausgeschlossen, daß es schon vorher "Elemente" der Arithmetik gegeben hat.[35] Einen weiteren Hinweis auf die neue theoretische Arithmetik gibt PLATON noch am Schluß der Lehrstunde des THEODOROS, wo THEAITETOS zu den Erzeugenden bemerkt: "Und für Körper gilt dasselbe". D.h. für kubisch Erzeugende sollen die analogen Eigenschaften gelten, wie für quadratische, insbesondere sind sie inkommensurabel zur Einheitsstrecke, wenn sie keine Kubikzahl darstellen. Um dies zu zeigen, benötigt THEAITETOS aber das folgende Theorem, was sich aber analog wie β') beweisen läßt.

β'') *Wenn eine Kubikzahl eine Kubikzahl mißt, dann muß auch die Seite die Seite messen.* (VIII.15)

Korollar: *Seien A, B Zahlen und P eine Zahl mit $PA^3 = B^3$, dann ist P eine Kubikzahl.*[36]

Mit Längen und Erzeugenden sind die Grundbausteine der Theorie der Irrationalen gegeben, wie sie THEAITETOS entwickelt hat. Beide sind rational, da ihre Quadrate kommensurabel zum Einheitsquadrat sind, aber gegenseitig sind sie inkommensurabel (X.Def.3). Sei a eine Länge und b eine Erzeugende, dann bildet THEAITETOS die Zusammensetzung $a+b$ (Binomiale) und die Differenz $a-b$ falls $a>b$ (Apotome), diese Größen sind irrational, da ihre Quadrate inkommensurabel zum Einheitsquadrat sind.[37] Aber um über Erzeugende allgemein verfügen zu können, ist die theoretische Arithmetik, insbesondere Theorem β') die Voraussetzung. H. G. ZEU-

---

[35] Hingegen war nach v.d.Waerden "Buch VII zur Zeit des Archytas schon vollständig fertig". "*Eukleides* fand daran nichts zu verbessern." [v.d. Waerden, S. 187f.] Abgesehen davon, daß es dafür keine Quellen gibt, wäre die theoretische Arithmetik dann lediglich eine geniale Erfindung der älteren Pythagoreer und bar jeder historischen Entwicklung, was auch wissenschaftstheoretisch ein unhaltbarer Standpunkt ist.

[36] Der obige Beweis von γ') läßt sich allerdings nicht analog für zwei oder mehr mittlere Proportionale führen, daher benötigt Euklid auch für die weitergehenden Sätze über Kubikzahlen die Theorie der zusammenhängenden Proportionen, vgl. [Euklid VI-II.21-27].

[37] Vgl. [Euklid. X.36, 73], algebraisch sind dies z.B. die Größen $(M \pm \sqrt{N})e$, wobei N keine Quadratzahl ist. Nach dem Zeugnis von Eudemos in [Pappos, Kommentar, S.12, 53] wird angenommen, daß Theaitetos diese Irrationalen gefunden hat.

THEN zog daraus den Schluß, daß die Arithmetik wie sie in Buch VII von EUKLID behandelt wird, THEAITETOS zuzuordnen ist.[38] Dies widerspricht jedoch der Überlieferung des ARCHYTAS, der die Grundbegriffe der theoretischen Arithmetik bereits verwendet und möglicherweise Theorem γ') bewiesen hat. Da die Frage ARCHYTAS oder THEAITETOS aber auf Grund der wenigen Quellen nicht zu entscheiden ist, halte ich es ebenso für möglich, daß ARCHYTAS *und* THEAITETOS die Anfänge der theoretischen Arithmetik gefunden haben. Der Gedankenaustausch war über PLATON möglich, so daß auch über einen fiktiven Dialog der beiden spekuliert werden kann. Das Werk beider würde auch dem Kommentar des PROKLOS entsprechen, der sich wiederum auf EUDEMOS beruft, wo es heißt:

> "In dieser Zeit (von PLATON) lebten auch der Thasier LEODAMAS, ARCHYTAS von Tarent und THEAITETOS von Athen, von denen die Lehrsätze vermehrt und in ein den wissenschaftlichen Anforderungen entsprechendes System gebracht wurden."[39]

Danach wird LEON als Verfasser von "Elementen" genannt, womit auch die ersten Elemente der Arithmetik vorgelegen haben könnten. Ihre endgültige Fassung dürften die arithmetischen Bücher aber erst später, möglicherweise von EUKLID erhalten haben.

Literatur

ARISTOTELES: Philosophische Bibliothek, Meiner, Hamburg.

BARBERA, A.: The Euclidean Division of the Canon. Greek and Latin Sources. University of Nebraska, 1991.

BOEHME, H.: "Theodoros und Theaitetos." In: Mathematik im Wandel. Bd.1 M. TOEPELL (Hrg.), Franzbecker, Hildesheim 1998, S. 44-57.

BOETHIUS: Fünf Bücher über die Musik. Übers. O. PAUL, Hildesheim 1973.

BURKERT, W.: Rezension zu SZABÓ, A.. *Erasmus* 23, 1971, Sp. 102-105.

BURKERT, W.: Weisheit und Wissenschaft. Nürnberg 1962.

DIELS, H., KRANZ, W.: Die Fragmente der Vorsokratiker. Berlin 1974. [DK]

---

[38] [Zeuthen, S. 421].
[39] [Proklus in *Eucl.* p. 66].

Euclidis Elementa. Libri I - XIII. Ed. J.L. HEIBERG, Teubner, Leipzig 1883.

EUKLID: Die Elemente. Übers. C. THAER, Darmstadt 1973.

FOWLER, D.: The Mathematics of Plato's Academy. Oxford 1999.

GERICKE, H.: Geschichte des Zahlbegriffs. Mannheim 1970.

HEATH, T. L.: A History of Greek Mathematics. Vol.1,2. Oxford 1921.

KLEIN, J.: Die griechische Logistik und die Entstehung der Algebra. *Quellen und Studien zur Geschichte der Mathematik.* Ausg. B, 3, 1934.

MUELLER, I.: Philosophy of Mathematics and Deductive Structure in Euclid`s *Elements.* Cambridge Mass. 1981.

NICOMACHUS: Introduction to Arithmetic. Tr. M. L. D'OOGE, London 1926.

PLATON: Sämtliche Dialoge. Bd. I-VII. Übers. APELT, O., Meiner, Hamburg

PROCLI DIADOCHI in primum Euclidis Elementorum librum commentarii. Ed. FRIEDLEIN, G., Leipzig 1873.

SUTER, H.: Der Kommentar des Pappus zum X. Buche des Euklides. Abh. zur Geschichte der Naturwissenschaften und der Medizin, H. IV, 1922.

TAISBAK, C.M.: Division and Logos. Odense, 1971.

TANNERY, P.: "Un traité grec d'arithmétique antérieur a Euclide." Mém. Scient. III, S. 244-250.

THEON DE SMYRNE: Exposition. Tr. J. Dupuis, Paris 1892.

VAN DER WAERDEN, B.L.: Erwachende Wissenschaft. Basel 1956.

VITRAC, B.: Euclide, Les Éléments. Trad. du Texte de Heiberg, Paris 1994.

ZEUTHEN, H.G.: "Sur la constitution des livres arithmétiques des Éléments d'Euclide." Videnskabernes Selskabs Forhandlinger, Kopenhagen 1910.

Dr. Harald Boehme, Fachbereich Mathematik/Informatik
Universität Bremen, Bibliothekstraße 1, D-28359 Bremen
email: hboehme@uni-bremen.de

Eine multimediale Lernumgebung zu Dürers Melencolia I

Manfred J. Bauch

Zusammenfassung

Die Möglichkeiten von Computer und Internet werden - nicht nur - im mathematischen Unterricht bereits ausgiebig erprobt und eingesetzt. Als Beispiele seien Computeralgebrasysteme und multimediale Lernumgebungen genannt. Letztere sind jedoch auch für den Mathematikhistoriker interessant, z.B. als Medium zur Präsentation seiner Forschungsergebnisse.

Beschäftigt man sich mit Mathematikgeschichte, so ist die Forschung auf diesem Gebiet nur die eine Seite der Medaille.

Einen nicht unwesentlichen Teil der Tätigkeit stellt die Präsentation der Forschungsergebnisse dar. Sobald sich der Adressatenkreis dabei über einen engen Kreis von Spezialisten und Interessierten hinaus erstreckt, sieht man sich mit einer Herausforderung konfrontiert: nämlich der, auch anderen einen Stoff näher zu bringen, den man selbst für bedeutend und spannend hält.

Einer ähnlichen Problematik steht jede Lehrerin und jeder Lehrer bei der täglichen Arbeit gegenüber, wenn es darum geht, den Schülerinnen und Schülern den Stoff zu vermitteln, den der Schullehrplan nun einmal vorsieht.

Gerade die Mathematik hat besonders damit zu kämpfen, dass Unverständnis und Ablehnung oder auch schlechte schulische Leistungen in diesem Fach auf breite gesellschaftliche Akzeptanz stoßen (nach dem Motto "In Mathe war ich auch immer schlecht"). Dies erleichtert die Aufgabe der Lehrenden keineswegs!

Im Rahmen der Bemühungen um eine Weiterentwicklung des Mathematikunterrichts, deren Notwendigkeit der Öffentlichkeit gerade momentan durch die Ergebnisse der PISA-Studie schmerzlich bewusst sind, werden

insbesondere auch die Möglichkeiten erforscht, die Computer und Internet bieten.

So werden am Lehrstuhl für Mathematik und ihre Didaktik an der Universität Bayreuth seit langem zahlreiche multimediale Lernumgebungen entwickelt. Sie setzen zum Teil die ebenfalls an diesem Lehrstuhl entwickelte Mathematiksoftware GEONExT ein.

Im Folgenden soll eine Lernumgebung zu DÜRERs *Melencolia I* näher vorgestellt werden, da sie einige Ansätze beinhaltet, die man bei einer Behandlung der eingangs geschilderten Problematik gewinnbringend aufgreifen kann.

Konzeption der Lernumgebung

Zunächst zur Konzeption der Lernumgebung:

ALBRECHT DÜRERs Kupferstich Melencolia I aus dem Jahr 1514 dient als Ausgangspunkt verschiedener Betrachtungen. Neben dem Schwerpunkt Mathematik (insbesondere Polyeder) werden das künstlerische und kunstgeschichtliche Umfeld ebenso angesprochen wie der historische Hintergrund. Die Möglichkeiten multimedialer Aufbereitung zeigen sich insbesondere in folgenden Aspekten:

- Neben dem Durchwandern vorgegebener Rundwege ist es möglich, einzelne Kapitel gezielt anzusteuern.

- Es werden umfangreiche Text- und Bildangebote in unterschiedlichem Format angeboten.

- Querverweise werden ebenso unmittelbar deutlich und erfahrbar wie die Zugehörigkeit eines Aspekts zu verschiedenen Themenkomplexen (z.B. wird das Thema Zentralperspektive sowohl aus mathematischer Betrachtung heraus motiviert wie auch aus Sicht der Kunst.) Dieser Ansatz soll das Bewusstsein für interdisziplinäre Betrachtungsweise fördern, ohne dass dabei auf fachlich fundierte Behandlung der einzelnen Teilbereiche verzichtet wird.

- Insbesondere durch den Einsatz von Java-Applets wird die Präsentation aufgelockert. Sie finden vielfältige Verwendung, so z.B. als Navigationselemente oder auch beim spielerischen Umgang mit dem Thema magische Quadrate.

Zu den angesprochenen Themen gehören im Einzelnen:
- Mathematik: Behandelt werden die Bereiche magische Quadrate, Zentralperspektive und Polyeder. Anders als sonst meist üblich bilden die Polyeder den Schwerpunkt, der sich u.a. in die folgenden Unterpunkte aufgliedert: Platonische und Archimedische Körper, Umkugeln, Netze, Symmetrie, DÜRERs Rhomboeder, DÜRER als Mathematiker, Polyeder in Kunst und Natur.
- Kunst: Hier bietet es sich an, neben einer eingehenden Betrachtung von DÜRERs *Melencolia I*, seine weiteren Meisterstiche anzusprechen, außerdem graphische Kunsttechniken und das für die Entstehenszeit der *Melencolia* gewichtige Problem der Zentralperspektive.
- Geschichte: Prägend für DÜRERs Zeit sind die Renaissance und der Humanismus.

Ergänzt wird dies alles durch Kurzbiographien und Literaturhinweise. Bei letzteren wird wieder ein Vorteil des verwendeten Mediums deutlich: mancher Text wird im pdf-Format bereitgestellt, ist also sofort und unmittelbar zugänglich.

Wie bereits erwähnt, gibt es neben dieser Lernumgebung noch viele weitere. Genannt seien als Beispiele, deren Thematik sich enger am Schullehrplan orientiert: Pythagoras, Besondere Punkte im Dreieck, Achsenspiegelungen, Goldener Schnitt, Platonische Körper.

All diese Lernumgebungen zeichnen sich dadurch aus, dass sie zentrale Themen des Geometrieunterrichts behandeln, sich verändern bzw. ergänzen lassen, d.h. sie können dem eigenen Unterricht angepasst werden (z.B. hinsichtlich der Bezeichnungen und Formulierungen). Sie sind in einzelne Sequenzen zerlegbar und somit als dynamische Arbeitsblätter einsetzbar.

Die Lernumgebungen eignen sich zur Demonstration im Unterricht, zum individuellen Erarbeiten der Lerninhalte wie auch zum eigenständigen Wiederholen

Aus technischer Sicht sei abschließend betont, dass der Einsatz der Lernumgebungen unabhängig von Betriebssystem und verwendetem Browser möglich ist (mit wenigen Einschränkungen bzgl. der verwendeten Version). Auch ist ein Internetanschluss nicht zwingend nötig, bei Installation auf Festplatte stehen - abgesehen von einigen Links - alle Funktionalitäten zur Verfügung.

Bezugsquellen:

Alle erwähnten Lernumgebungen und die Software GEONExT sind frei erhältlich im Internet unter

http://did.mat.uni-bayreuth.de (Link Multimediale Lernumgebungen) sowie http://geonext.de

Dr. Manfred J. Bauch, Lehrstuhl für Mathematik und ihre Didaktik, Universität Bayreuth, Postfach 101 251, D-95440 Bayreuth
email: manfred.bauch@uni-bayreuth.de

Korbbogenkonstruktionen –
Theorie und Anwendungen in der Baupraxis

Eberhard Schröder

An Zweckbauten aller Art aus unterschiedlichen Epochen begegnet man der Bauweise des "gedrückten Bogens", auch Korbbogen genannt. Welche Motivation führte in vergangenen Jahrhunderten dazu, vom romanischen Halbkreisbogen abzuweichen und zu gedrückten Bögen in vielfältigsten Ausführungen überzugehen? Bei Überbrückung eines Flusses von bestimmter Breite mittels eines romanischen Rundbogens sind bei An- und Abfahrt der Brücke je nach Flußbreite größere Höhenunterschiede zu überwinden, was vor allem für Fahrzeuge hinderlich sein kann. Im Hausbau hat die Anwendung romanischer Rundbögen bei größeren Fensteröffnungen eine oft nicht vertretbare Geschoßhöhe zur Folge (vgl. Abb. 1).

Abb.1: Brücke von Mostar - romanischer Rundbogen

In einer Zeit, wo eine Bauweise mit Spannbeton noch nicht realisierbar war, verfolgte man mit dem Einsatz von gedrückten Bögen im Haus - und Brückenbau ein praktisches Anliegen (vgl. Abb. 2).

Abb.2: Gedrückte Bögen - Korbbögen an einem Wohnhaus in Tschechien (18. Jahrhundert)

Auf der Suche nach einem ersten theoretischen Hinweis auf diese Konstruktionsweise in der Literatur wird man fündig in DÜRERS „Underweysung" von 1525. Er schreibt dort auf Seite Ciij in Verbindung mit der konstruktiv ausgeführten affinen Transformation eines Halbkreises in eine Halbellipse: "Vonnöten ist den Steinmetzen zu wissen, wie sie einen halben Zirckelriß oder Bogenlini in die Länge sollen ziehen, daß sie der ersten in der Höh und sonst in allen Dingen gemäß bleiben" (vgl. Abb.

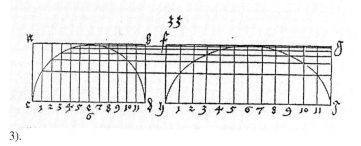

3).

Abb. 3: Konstruktion eines gedrückten Bogens nach einer von Dürer an Steinmetzen gegebenen Empfehlung aus dem Jahre 1525

Zunächst kann DÜRERS Hinweis als Bestätigung dafür angesehen werden, daß schon zu dieser Zeit "gedrückte Bögen" eine vielfältige Anwendung in der Baupraxis fanden. Hingegen ist seine Empfehlung als realitätsfern und kaum praktikabel anzusehen. Jeder Stein des Bogens (Prismenstümpfe) müßte danach einzeln bemaßt werden. Auf die Forderung nach Orthogonalität von Fuge und Umrißlinie des Bogens ließ sich DÜRER in seiner Konstruktion nicht ein. Sicher bot dieser Hinweis niemals eine Hilfe für den Steinmetz. Diese benutzten zu dieser Zeit gewiß schon eine Lösung, bei der man die "gedrückte Bogenform" mit nur zwei Steinformaten erzielen konnte.

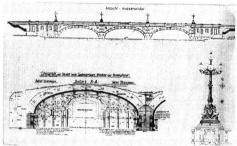

Abb. 4 zeigt die Seitenansicht einer Brücke, bei der die von oben

Korbbogenkonstruktionen

Abb.4: Korbbogenkonstruktion an Alsterbrücke (19. Jh.) gedrückte Form im Prinzip mit zwei Arten prismatisch zugeschnittener Steinformen erzielt worden ist. Eine schematische Darstellung der vorliegenden Lösung bietet Abb. 5. Die Bogenwölbung setzt sich aus drei Teilabschnitten zusammen. Die Konstruktion der Krümmungsmitten für den Mittelabschnitt und die beiden Seitenabschnitte der Brücke lassen es zu,

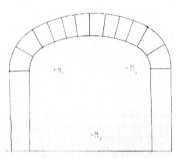

Abb.5: Prinzipskizze eines aus Quadern von zweierlei Formaten gefügten Korbbogens

daß für den Bau der Brücke im Prinzip lediglich zwei Steinformate erforderlich sind. Die Fugen zwischen zwei Steinen treffen die Umrißlinie des Bogens in jedem Punkt orthogonal. Eine erste theoretische Abhandlung zur Problematik des Steinschnittes bei der Konstruktion von Gewölben in zivilen und militärischen Bauten findet sich in dem 1737-39 in Straßburg erschienenen dreibändigen Werk des Franzosen AMÉDÉE-FRANÇOIS FRÉZIER mit dem Titel: "La théorie et la pratique de la coupe des pierres". In Abb. 6 verdeutlicht Fig. 217, wie ein Bogenstück aus zwei Kreisbögen mit unterschiedlicher Krümmung zusammengesetzt wird. Besonders zu beachten ist, daß die Tangente an die Kurve im Verknüpfungspunkt i parallel zur Sekante RN verläuft. Mit Fig. 217 ist die für Baupraktiker beim Steinschnitt kombinierter Bögen vorliegende Problematik klar erkennbar. Man gelangt zu folgender allgemein faßbarer Problemstellung:

Zwei in komplanarer Lage befindliche Linienelemente sind durch zwei Kreisbögen derart miteinander zu verknüpfen, daß die Tangente an die zu konstruierende Kurve im Verknüpfungspunkt eindeutig ist und parallel zur Verbindungsgeraden c der Trägerpunkte A(b) und B(a) (lies A auf b und B auf a) liegt (vgl. Abb. 7).

Mit Hilfe von Überlegungen an einem parabolischen Kreisbüschel bietet sich folgende konstruktive Lösung an:

Die beiden Linienelemente A(b) und B(a) sind zu einem Dreieck ABC, dem Sekanten - Tangentendreieck, zu vervollständigen. Weiterhin ist der Inkreismittelpunkt J des Dreiecks ABC zu konstruieren. Dann ist das Lot

von J auf die Dreieckseite c zu fällen. Ferner sind die Senkrechten auf a in B und

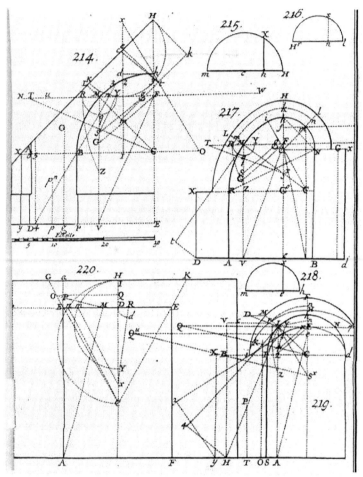

Abb.6: Gewölbekonstruktionen mit Kreisbögen unterschiedlicher Krümmung nach A. Frézier (1737). Man beachte besonders Fig. 217

auf b in A zu errichten. Diese Senkrechten schneiden das Lot von J auf c in den Punkten M_A bzw. M_B, den Krümmungsmitten der zu bestimmenden Kreisbögen (vgl. Abb. 8).

Abb.7: Skizze zur Definition des Korbbogens und zum konstruktiven Ansatz der Korbbogenverbindung von zwei komplanaren Linienelementen

Die Kreisbögen um M_A durch A und um M_B durch B führen auf die geforderte Bogenverbindung durch den Inkreismittelpunkt J.

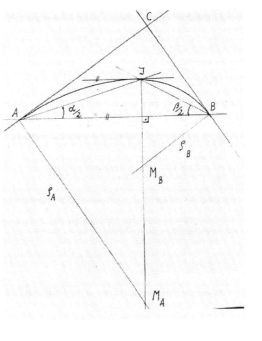

Abb.8: Konstruktive Lösung für den allgemeinen Fall einer Korbbogenverbindung

Sind α und β die Innenwinkel des Dreiecks ABC, dann stehen die Krümmungen der in J zusammentreffenden Kreisbögen im Verhältnis

$$\kappa_A : \kappa_B = \sin^2 \frac{\alpha}{2} : \sin^2 \frac{\beta}{2}$$

Ist ρ der Inkreisradius des Sekanten - Tangentendreiecks, dann gilt für die Radien der beiden Kreise:

$$\rho_A = \frac{\rho}{2\sin^2 \frac{\alpha}{2}} \quad \text{und}$$

$$\rho_B = \frac{\rho}{2\sin^2 \frac{\beta}{2}} \quad \text{mit}$$

$$\rho = s \, \tan \frac{\alpha}{2} \, \tan \frac{\beta}{2} \, \tan \frac{\gamma}{2}.$$

Das mit Abb. 8 demonstrierte konstruktive Vorgehen werde zunächst für den in der Baupraxis wichtigsten Fall erprobt, nämlich von Tor -, Brücken - und Fensterbögen. Hierbei ist das Dreieck rechtwinklig, mit dem rechten Winkel bei C.

Das Linienelement A(b) liegt lotrecht und B(a) waagerecht. In der oben angegebenen Weise findet man J, M_A und M_B. Nun kann man die sich in J treffenden Kreisbögen zeichnen.

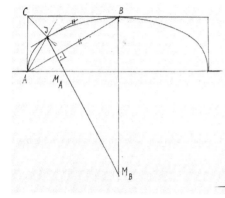

Durch Spiegelung der Bögen an der Lotrechten BMB gelangt man zum vollständigen gedrückten Bogen, auch Korbbogen genannt (vgl. Abb. 9).

Es wäre ein Irrtum, den so konstruierten 'Bogen mit einer Halbellipse gleichzusetzen, den Punkt A als Hauptscheitel und B als Nebenscheitel dieser Ellipse anzusehen.

Abb.9: Umsetzung der obigen Konstruktion für einen Brückenbogen: die beiden vorgegebenen Linienelemente stehen senkrecht zueinander

Abb. 10 zeigt eine vollständig ausgezeichnete Ellipse mit ihren Scheitelpunkten. Ferner sind die zu A und B gehörigen Krümmungsmitten N_A und N_B (Mitten der Scheitelkrümmungskreise) in bekannter Weise konstruiert. Die beiden zu A bzw. B gehörigen Scheitelkrümmungskreise besitzen keinen reellen Schnittpunkt. Folglich

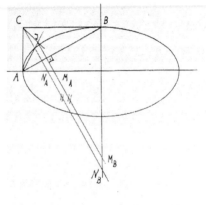

Abb.10: Gegenüberstellung des Korbbogens einer Brücke mit der entspr. Halbellipse

kann man sie auch nicht zu einem Kurvenbogen in der oben geforderten Weise verknüpfen. Der Inkreismittelpunkt J des Dreiecks ABC liegt gene-

rell außerhalb der Ellipse. Folglich liegt auch der Korbbogen - mit Ausnahme der Scheitelpunkte - außerhalb der Ellipse. Die Krümmungsmitten M_A und M_B der Korbbogenkreise wurden in Abb. 10 zusätzlich mit eingezeichnet.

Ein für Anwendungen wichtiger Sonderfall vorliegender Konstruktion besteht darin, daß die beiden Linienelemente senkrecht im Raum und damit *parallel* zueinander liegen. Damit ist C ein Fernpunkt. Da auch in diesem Fall ein Inkreis existiert, läßt sich die Konstruktion ganz analog durchführen. Für das Verhältnis der Krümmungen gilt die Beziehung:

$$\kappa_A : \kappa_B = \tan^2 \frac{\alpha}{2}$$

Als Unterbau von Treppenaufgängen in öffentlichen Gebäuden und Schlössern ist dieser sogenannte aufsteigende Korbbogen oft vorzufinden (vgl. Abb. 11).

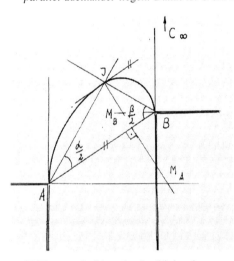

Abb.11: Korbbogen bei Parallelität der vorgegebenen Linienelemente

Trifft man die Vorgabe der Linienelemente so, daß einer der beiden Winkel stumpf ist, so führt dies auf Bögen mit einem großen Krümmungssprung an der Verknüpfungsstelle (vgl. Abb.12). Derartige Kreiskombinationen sind vielfältig im Jugendstil vorzufinden. Fenstereinfassungen an Häusern, Umrahmungen an Möbeln und innenarchitektonische Ausstattungen von Räumen zeichnen sich durch derartige Linienführungen aus.

Von geometrischem Interesse sind in diesem Zusammenhang die drei Ankreismittelpunkte des Sekanten-Tangentendreiecks ABC. Zunächst sei der im Winkelbereich von γ liegende Ankreismittelpunkt J_C Gegenstand der Betrachtung. Das Lot von J_C auf c schneidet die Senkrechten auf das Linienelement A(b) in M_A und auf das Linienelement B(a) in M_B. Auch hier erfüllen die Kreise um M_A mit der Länge von J_CM_A als Radius und um M_B mit

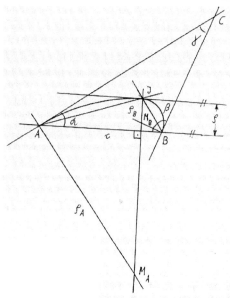

Abb.12: Korbbogen für den Fall eines großen Krümmungssprunges an der Verknüpfungsstelle

der Länge von $J_C M_B$ als Radius die eingangs gestellte Verknüpfungsvorschrift. Die Tangente an diesen Korbbogen in J_C ist parallel zu c. Die Krümmungsradien der so kombinierten Kreisbögen stehen im Verhältnis

$$\tilde{\kappa}_A : \tilde{\kappa}_B = \cos^2 \frac{\alpha}{2} : \cos^2 \frac{\beta}{2}$$

(vgl. Abb.13).

Zu bemerkenswerten Varianten der Kreisbogenverknüpfung führen die in den Winkelbereichen von α und β liegenden beiden Ankreismittelpunkte J_a und J_b. Eine konsequente Übertragung des konstruktiven Vorgehens entsprechend Abb. 8 auf diesen Fall zeigt, daß der Verknüpfungspunkt einen Rückkehrpunkt der Verknüpfungslinie darstellt, wobei die Tangente in der Spitze - entsprechend der aufgestellten Forderung- parallel zu c liegt.

Abb.13: Korbbogenverknüpfung zweier Linienelemente über einen Ankreismittelpunkt des Sekanten-Tangenten-Dreiecks

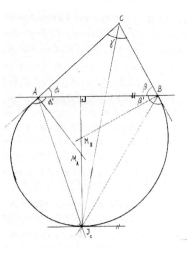

Korbbogenkonstruktionen 69

Der an gotischen Bauwerken feststellbare Formenreichtum von steinernem Schmuckwerk läßt die Vermutung zu, daß solche Konstruktionen als Vorlagen für die Steinmetze gedient haben. (vgl. Abb. 14).

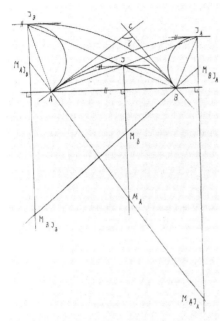

Abb.14: Korbbogenverknüpfung von zwei Linienelementen über die anliegenden Ankreismittelpunkte - die Verknüpfungsstellen bilden je einen Rückkehrpunkt der Kurve.

In Abb. 15 wurde die Vorgabe der beiden Linienelemente so getroffen, daß bei zusätzlicher Spiegelung ein gotischer Spitzbogen besonderer Art entsteht. Die stärkere Krümmung ist nach oben verschoben. Wegen der stärkeren Betonung der Senkrechten in solchen kirchlichen Bauten spricht man von der Perpendikulargotik. Sie ist in Frankreich seit dem 13. Jahrhundert nachweisbar.

Ein Gegenstück zur Perpendikulargotik hat in England seit der Thronbesteigung der Tudor (1485) weite Verbreitung gefunden, der sogenannte Tudor-style. Aus der Vorgabe der Linienelemente resultiert eine Verschiebung der stärkeren Krümmung nach unten. Anwendungen dieser Bogenkombination finden sich in den Universitätsbauten von Oxford und Cambridge sowie in Windsor Castle (vgl. Abb. 16).

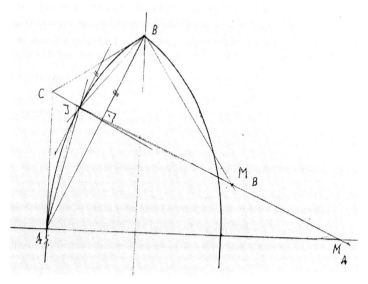

Abb.15: Vorgabe der Linienelemente für einen Bogen nach Art der Perpendikulargotik

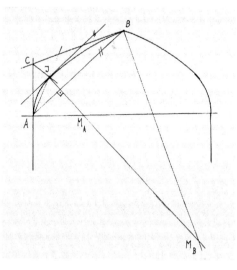

Abb.16: Vorgabe der Linienelemente für einen Bogen nach Art des Tudor - Style

Korbbogenkonstruktionen

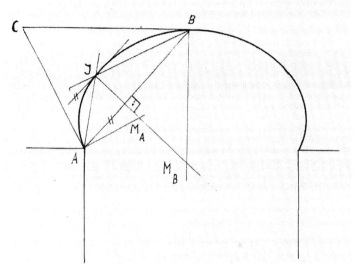

Abb.17: Vorgabe der Linienelemente nach Art der Profillinie einer Kirchturmhaube

Entwürfe der Profillinien der Hauben von Kirchtürmen zeugen gleichfalls von Anwendungen der Korbbogenkonstruktion. An der Haube der Münchner Frauenkirche ist dieser Ansatz mit zwei Linienelementen unverkennbar (vgl. Abb. 17).

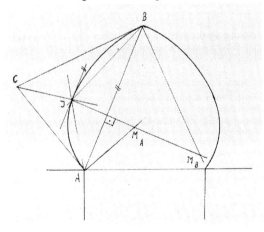

Abb.18: Vorgabe der Linienelemente für einen Bogen nach Art einer orientalischen Toreinfahrt

Selbst beim Entwurf repräsentativer Bauwerke im Orient (Samarkand, Persien, Indien) sind solche Konstruktionsweisen besonders bei Portalen nachweisbar (vgl. Abb. 18).

Brückenbauten aus früheren Jahrhunderten zeugen noch heute von der statischen Festigkeit des Korbbogens.

Abb.19: Umsetzung der Vorgaben nach Abb. 15 auf Stützpfeiler einer gotischen Kirche in Frankreich (Perpendikulargotik)

Korbbogenkonstruktionen

Abb.20: Umsetzung der Vorgaben von Abb. 16 auf Schloß Windsor (15. Jahrhundert)

Abb.21: Umsetzung der Vorgaben von Abb. 9 auf ein Bauwerk der Renaissance (Gewandhaus in Braunschweig 17. Jahrhundert

Abb.22: Umsetzung der Vorgaben von Abb. 12 auf die Fensterkonstruktion eines im Jugendstil erbauten Wohnhauses in Riga (um 1900)

Korbbogenkonstruktionen

Abb.23: Umsetzung der Vorgaben von Abb. 18 auf das Portal einer Moschee in Samarkand (14. Jahrhundert)

Dr.habil. Eberhard Schröder, Büttemerweg 26, D-69493 Hirschberg 1

Franz Brasser (um 1520 - 1594) von Lübeck - der niederdeutsche Rechenmeister

Ulrich Reich

Der Lübecker Schul- und Rechenmeister FRANCISCUS (oder FRANZ) BRASSER (um 1520 - 1594) war in der zweiten Hälfte des 16. Jahrhunderts einer der bekanntesten und einflußreichsten Rechenmeister und wurde der gemeinsame Lehrer von ganz Sachsen und allen deutschen Seestädten genannt. BRASSERs Rechenbücher fanden zwischen 1552 bis 1710 weite Verbreitung. Dem Autor sind heute 46 Auflagen bekannt, von denen ihm 30 gesichert erscheinen. Zu BRASSERs Lebzeiten erschienen vier Auflagen in niederdeutscher Sprache, spätere auch in hochdeutscher Sprache, in Latein und einmalig 1638 in Dänisch. FRANZ BRASSER führte mehrere Jahrzehnte eine deutsche Schule für Knaben, die in Lübeck die berühmteste und am besten besuchte gewesen sein soll. Der Rat der Stadt ernannte BRASSER als einen der beiden Inspektoren über alle deutschen Schulen in Lübeck. Zusätzlich versah BRASSER das Amt des Werkmeisters bei der Sankt Katharinenkirche. Über FRANZ BRASSER hat der Autor bereits mehrfach berichtet:

REICH, ULRICH: 400. Todestag des Lübecker Schul- und Rechenmeisters Franciscus Brasser, in SALTZWEDEL, ROLF (Hrsg.): Der Wagen 1995/96, ein Lübeckisches Jahrbuch, Hansisches Verlagskontor Lübeck 1995, 74 - 83.

REICH, ULRICH: Der Lübecker Schul- und Rechenmeister Franz Brasser, Lehrer von ganz Sachsen und allen deutschen Seestädten, in: Schriften des Adam-Ries-Bundes Annaberg-Buchholz, Band 7, Freiberg 1996, 239 - 248, und in Freiberger Forschungshefte, D 201, Wirtschaftswissenschaften, Geschichte, Technische Universität Bergakademie Freiberg, 1996, 239 - 248.

REICH, ULRICH: Brasser, Franz (Franciscus), in: Biographisches Lexikon für Schleswig-Holstein und Lübeck, Band 11, Wachholtz Verlag Neumünster 2000, 55 - 58.

Abb.: Titelblatt des Rechenbuches von Brasser, Hamburg 1594, Standort Universitäts- und Landesbibliothek Sachsen-Anhalt, Sign. Pon Πg 472

Mathematik und Wein - eine vergnügliche mathematische Reise durch die Weinkultur

Ulrich Reich

Was verbindet die Mathematik und den Wein? Daß sich die Gemeinsamkeiten nicht nur auf den Buchstaben i beschränken, soll in diesem Aufsatz aufgezeigt werden.

1. Definitionen

In der Mathematik beginnt man gerne mit Definitionen. Hier wird jedoch auf die Erörterung der Frage "Was ist Mathematik?" wohlweislich verzichtet. Über den Wein schrieb der Arzt NICOLAUS SPINDLER 1556:

"Ich halte für unnötig zu beschreiben, was der Wein sei zu diesen unseren Zeiten, denn er ist so bekannt, daß ihn auch die jungen Kinder in der Wiegen kennen."

Und damit wird auf weitere Versuche des Definierens verzichtet.

Das Wort Wein taucht in der Mathematik in dem Begriff "weinwendig" auf. Außerdem gibt es den Begriff "hopfenwendig". Hopfenwendigkeit bedeutet Linksschraubung und Weinwendigkeit Rechtsschraubung.

EBERHARD SCHRÖDER schreibt in einem bisher unveröffentlichten Gedicht:

"Den Wein seh'n wir nur rechts sich winden, um an dem Stützwerk Halt zu finden."

Weil sich die Rebe rechts herum windet, deshalb müssen Sie den Korken auch rechts herum drehen, um eine Weinflasche zu öffnen.

Und wenn man zu viel des seligen Weins getrunken hat und es dreht sich alles um einen, wie herum wird es dann wohl sein?

2. Assoziationen bei Namen

Bei welchen Namen wird man an Wein und an Mathematik erinnert? Ein Mathematiker namens Wein konnte nicht entdeckt werden. Mit der Silbe Wein beginnen mehrere Namen von Mathematikern. Besonders erwähnt werden soll JULIUS WEINGARTEN (1836 - 1910), der erster Vorsitzender der *Berliner Mathematischen Gesellschaft* war.

Nun zu den Weinsorten: Zuallererst denke ich an den König der Weißweine, den Riesling. Den Cossisten fällt bei der ersten Silbe Ries gleich der Name ADAM RIES (1492 - 1559) ein und auch seine Söhne. Weiterhin gibt es zwei ungarische Mathematiker, die Brüder FRÉDÉRIC RIESZ (1880 - 1956) und MARCEL RIESZ (1886 - 1969).

Bei der Rebsorte Müller-Thurgau, fällt beim ersten Namen JOHANNES MÜLLER aus Königsberg (1436 - 1476) ein, der als REGIOMONTANUS bekannt ist. Dieser Name Müller ist unter Mathematikern weit verbreitet. 24 Mitglieder der DMV tragen diesen Namen.

3. Weinmaße

Zum Verständnis der folgenden Aufgaben ist eine Betrachtung der spätmittelalterlichen Hohlmaße hilfreich. Hier gibt es regional und zeitlich wie bei anderen Maßen erhebliche Unterschiede.

Ein Fuder ist das Volumenmaß, das von der Ladung (Fuhre) eines zweispännigen Wagens abgeleitet ist. Üblicherweise ergab bei Wein, Bier und auch Met ein Fuder 12 Eimer. Im Herzogtum Württemberg samt der Reichstadt Esslingen hatte ein Fuder nur 6 Eimer, neckarabwärts in der Reichstadt Heilbronn waren es dagegen 20 Eimer. Dafür war ein Eimer in Württemberg 160 Maß, in Heilbronn dagegen nur 24 Maß. Somit besaß das Fuder in Württemberg 960 Maß und in Heilbronn 480 Maß. In Bayern entsprach einem Eimer 60 Maß ("nach der Visier") oder 64 Schenkmaß, in Leipzig 54 Maß bzw. 58 Schenkmaß und in Nürnberg und Würzburg 64 Maß bzw. 68 Schenkmaß.

Bei ADAM RIES kamen auf einen Eimer 64 bzw. 72 Viertel, bei JOHANN ALBERT (1488 - 1558) 64 Kandel. Eine Kanne hatte regional unterschied-

lich einen Inhalt zwischen 0,9 l und 2,6 l. Die Tonne war 4, 5 oder 6 Eimer. Weitere regionale Einheiten waren Ime, Stübbich und Össel. In Lübeck galt 1556 ein Fuder 6 Ame, 1 Ame waren 40 oder 48 Stoeveken und 1 Stoeveken 4 Quarteer.

4. Rechenaufgaben

Aufschlußreich ist der Anteil von Rechenaufgaben über Wein bei den Autoren verschiedener Rechenbücher:

FRANZ BRASSER, Lübeck 1552	0 von 231 Aufgaben	0 %
FRANZ BRASSER, Lübeck 1556	3 von 356 Aufgaben	0,9 %
KASPAR HÜTZLER, Lübeck 1547	4 von 269 Aufgaben	1,5 %
JOHANNES JUNGE, Lübeck 1578	7 von 469 Aufgaben	1,5 %
BAMBERGER MS, Bamberg um 1460	11 von 385 Aufgaben	2,9 %
JOHANN ALBERT, Wittenberg 1534	12 von 344 Aufgaben	3,5 %
JOHANN ALBERT, Wittenberg 1541/2	13 von 353 Aufgaben	3,7 %
ALG. RATISBONENSIS, Regensb. 1461	15 von 354 Aufgaben	4,2 %
ADAM RIES 2, Erfurt 1522	11 von 232 Aufgaben	4,7 %
ADAM RIES 1, Erfurt 1518	7 von 131 Aufgaben	5,3 %
JOHANN WEBER, Leipzig 1583	34 von 588 Aufgaben	5,8 %
ADAM RIES 3, Leipzig 1550	42 von 716 Aufgaben	5,9 %
MARTIN STÖTTER, Tübingen 1552	19 von 265 Aufgaben	7,2 %
PETER APIAN, Ingolstadt 1527	35 von 348 Aufgaben	10,1 %
JOHANNES WIDMANN, Hagenau 1519	34 von 314 Aufgaben	10,8 %
MARTIN STÖTTER, Nürnberg 1574	43 von 338 Aufgaben	12,7 %

Augenfällig kann ein deutliches Nord-Süd-Gefälle erkannt werden.

Es sollen einige Rechenaufgaben zum Thema Wein präsentiert werden. Spätestens jetzt wird dem Leser empfohlen, bei dieser Lektüre ein Glas guten Weins zu genießen. Denn wenn man täglich ein Viertel Wein trinkt, wird man 100 Jahre alt. Wie alt wird man aber, wenn man täglich vier Viertel Wein trinkt?

Mathematik und Weinkultur

Bei Bier klingt eine Aufgabe recht profan. So schreibt ADAM RIES 1550 in seinem 3. Rechenbuch:

"15 Bauern trinken ein Faß Bier aus in 5 Stunden. In wie langer Zeit trinken es 20 Bauern aus?"

Solche Aufgaben gibt es nicht über Wein, weil der Wein halt etwas Besseres ist.

Begonnen wird mit zwei einfachen Rechnungen aus dem Rechenbuch des Wittenberger Rechenmeisters JOHANN ALBERT, die ebenso wie alle weiteren Aufgaben wortgetreu in heute verständliches Deutsch übertragen werden:

"Was kostet 1 Eimer Wein, wenn 1 Kandel 10 d [denarius = Pfennig] gilt? Facit 2 fl [Gulden] 11 gr[oschen] 4 d." (1 Eimer = 64 Kandel)

In einer weiteren Aufgabe werden größere Maßeinheiten verwendet:

"Ein Weinschenk kauft 8 Fuder Wein um 238 fl 12 gr. Wie kommt 1 Eimer? Facit 2 fl 10 gr 2 ¼ d."

Der Titeleinband dieses Rechenbuches hat auf indirekte Weise mit Wein zu tun: Er stammt aus der Werkstatt des LUCAS CRANACH D. Ä. (1472 - 1553). CRANACH war nicht nur Maler, sondern zeitweise auch Bürgermeister von Wittenberg und hatte als Weinhändler das Weinmonopol für halb Sachsen. Außerdem war Cranach Apotheker, so daß er bei schädlichen Folgen nach Genuß eines schlechten Weines oder bei zu starkem Weingenuß gleich behilflich sein konnte.

Von der Lagerkapazität in einem Weinkeller handelt eine Aufgabe aus den ALKUIN (um 732 - 804) zugeschriebenen Aufgaben zur Schärfung des Geistes der Jugend:

"Ein Weinkeller ist 100 Fuß lang und 64 Fuß breit. Sage, wer es kann, wieviel Fässer er aufnehmen soll, wenn jedes Faß 7 Fuß lang und in der Mitte 4 Fuß breit ist und ein Durchgang 4 Fuß breit ist."

Dieser Weinkeller ist von einer prächtigen Größe, denn es passen in ihn je nach Anlegen der Durchgänge 150 bis 210 Fässer, deren jeweiliger Inhalt auf fast 2000 l geschätzt wird.

Mit der Aufgabe des aus Ulm stammenden Schul- und Rechenmeisters MARTIN STÖTTER (1523 - 1594) soll das Rechnen geübt werden. Ihr kann nicht so ganz Realitätsbezug zugesprochen werden:

"Ein Wirt hat dreierlei Wein, beim ersten gilt ein Maß 9 d, beim andern 1 Maß 10 d und beim dritten 12 d. Einer bringt 12 ß [Schilling] 7 Heller. Er will diese drei Weine einer soviel haben als des andern. Wieviel muß man ihm geben? Facit 2 Maß 27/62."

JOHANN ALBERT hat gegenüber MARTIN STÖTTER eine Steigerung von drei auf sechs Getränke vorgenommen:

"Ein Wirt schickt seinen Diener nach sechserlei Getränk, gibt ihm 8 fl, heißt ihn, eins so viel zu bringen als des andern. Einbeckisch Bier gilt 1 Kandel 6 d, Landwein gilt 1 Kandel 10 d, Frankenwein gilt 1 Kandel 14 d, Rheinischen Wein gilt 1 Kandel 18 d, Klarer gilt 1 Kandel 5 gr, Malvasier 1 Kandel zu 7 gr. Nun ist die Frage, wieviel Kandel jegliches Getränks er bringen soll, und wieviel er für ein jegliches Getränk soll geben? Facit 10 Kandeln 1 Össel soviel soll er eins jeglichen Getränks bringen."

Eine Aufgabe zur Regula Falsi hat MARTIN STÖTTER in eine Reise eingekleidet, die ein Fuhrmann zur Weinbeschaffung unternimmt:

"Ein Fuhrmann fährt nach Wein, hat mit sich Geld, weißt nicht wieviel, kehrt bei einem Wirt ein, der leiht ihm den halben Teil soviel, als er vorhin hat. Davon verzehrt der Fuhrmann 2 fl. Der Fuhrmann kehrt bei einem anderen Wirt auch ein, der leiht ihm den dritten Teil soviel Gelds, als der Fuhrmann bei ihm hat. Davon verzehrt der Fuhrmann 1 1/3 fl. Dann fährt der Fuhrmann abermals zu einem Wirt, der leiht ihm 1/4 soviel Gelds, als der Fuhrmann bei ihm hat. Davon verzehrt der Fuhrmann 3 fl. Nun kauft der Fuhrmann Wein, gibt all sein Geld aus, nämlich 42 fl. Ist die Frage, wieviel der Fuhrmann erstlichs Geld mit ihm ausgeführt habe. Facit 20 fl."

Aufschlußreich und sehr realitätsnah erscheint STÖTTERs Rechenaufgabe zum Weinkauf. Hier werden die Esslinger Sitten verraten, nach denen einem Weinkunden noch zusätzliche Ausgaben für Trinkwein, Aufwechsel und Unterkauf aufgebürdet werden:

"Ein Fuhrmann kauft Wein zu Eßlingen, das Fuder pro 47 ½ fl. [Es] halten seine Fässer an der Eich daselbst das erste 1 Eimer 1 Ime 6 Maß, das andere 13 Ime 8 Maß, das dritte 1 Eimer minder 1 Maß, das vierte 11 Ime 7 Maß, das fünfte 18 Ime 3 Maß, ein kleines Fäßle hält 3 Ime 4 Maß. Und er muß 4 Maß Trinkwein bezahlen. Ist die Frage, wieviel er Wein geladen und was er um denselben schuldig wird. Und er muß auf jeden Gulden im Kauf 1 Kreuzer Aufwechsel und von je-

dem Eimer 1 ß Unterkauf geben. Facit: Wein geladen 5 Eimer 1 Ime 1 Maß, gibt darum 40 fl 27 ß 2 7/8 hel."

Bei dem angegebenen stolzen Preis für ein Fuder kann es sich bei dem Wein nur um den überragenden Esslinger 1547er Neckarhalde Trollinger Spätlese trocken gehandelt haben.

Den warnenden Zeigefinger vor dem Alkoholismus erhebt JOHANN ALBERT bei dieser Aufgabe:

"Wenn einer alle Tag 8 d verzecht, wie viel hat er ein Jahr verzecht? Facit 11 fl 12 gr 4d."

Der nächsten Aufgabe muß vorausgeschickt werden, daß die Steigerung von Milchmädchen Weinmädchen oder Weinkehlchen ist. Und wie man Geld mit Wein verdienen kann und wie sich der Lübecker Rechenmeister FRANZ BRASSER (um 1520 - 1594) den Ertrag einer Rebe vorstellt, zeigt die folgende Weinkelchenrechnung in niederdeutscher Sprache:

"Tho Coellen wanen etlike Boergers, ein yüwelick hefft so vel Wingarden alse erer syn, eyn yüwelick Wingarde hefft so vel Stöcke alse der Börgers synt, eyn yüwelick Stock hefft so vel Rancken alse der Börgers synt, eyn yüwelick Rancke hefft so vel Druven alse der Börgers synt, eyn yüwelick Druve gyfft so vel Quarteer Wins alse der Börgers syn. [Die Bürger] bringen allen Win tosamende, vinden yn alles 13 Voeder 3 Ame 18 ¼ Stoeveken, vören den Win tho Lübeck, vorköpen de Ame dar vor 18 Mrk. Js de Frage, wo vel der Boergers gewesen syn, vnde wo vel Geldes se dar vth gemaket hebben, vnde wat eynem yderen daruan thor Dele behoert. Facit der Boergers syn 5, vnde hebben vth dem Wine gemaket 1464 Mrk 13 ß 6 d, eynem yüweliken gehoert van dem Gelde 292 Mrk 15 ß 6 d."

Ein trauriges Beispiel schildert JOHANN ALBERT mit seiner Aufgabe "Weinfaß mit 3 Zapfen":

"Ein Faß hält 316 Eimer Wein, hat 3 Zapfen. Und wenn der erste Zapfen allein gezogen würd, lieff der Wein aus in 1 Tagen und Nacht. Zug man aber den andern, so lief er aus in 3 Tagen und Nacht. Wo aber der dritt Zapfen zogen würd, lief er aus in 4 Tagen und Nacht. Nu wird begehrt zu wissen, wenn alle 3 Zapfen zu gleich zogen würden, in wieviel Tagen er auslief und wieviel Eimer durch ein jeglich Zapfloch in Sonderheit ging? Facit in 12/13 Theil eins Tags und Nachts, oder in 22 Stunden 9 Minuten 3/13 Theil, in solcher Zeit lief er aus."

JOHANNES WIDMANN (um 1460 - nach 1505) bringt eine ähnliche Aufgabe. Bei ihm war der Faßinhalt glücklicherweise nur Wasser.

Ein Beispiel für die Emanzipation im Mittelalter stellt diese Aufgabe dar, die REINER GEMMA FRISIUS (1508 - 1555) in seinem Rechenbuch in lateinischer Sprache wiedergibt:

> "Potator quidam solus exhaurit cadum vini in 20 diebus, verum si uxor eum iuverit servata proportione bibendi 14 diebus vini tantundem absumunt, quanto ergo tempore sola uxor totum vas exhauriet?" ("Ein Trinker leert einen Krug Wein in 20 Tagen, aber wenn seine Ehefrau ihm hilft, wobei das Verhältnis des Trinkens beibehalten wird, verbrauchen sie ebensoviel Wein in 14 Tagen. In welcher Zeit wird die Gattin allein das ganze Gefäß austrinken?")

Weit gefächert sind Aufgaben, die mit Umfüllen, Verdünnen und Panschen zu tun haben. Begonnen wird mit einer neuzeitlichen Verständnisaufgabe, die meist etwa so formuliert ist:

> "Ein Glas wird mit Rotwein gefüllt und ein zweites gleich großes Glas mit Wasser. Ein Löffel Rotwein wird vom Rotweinglas ins Wasserglas gegeben und gut umgerührt. Von dieser Mischung wird nun ein gleich großer Löffel ins Rotweinglas zurückgebracht. Ist nun mehr Wasser im ursprünglichen Rotweinglas oder mehr Rotwein im Wasserglas?"

Diese Aufgabe läßt sich mit gesundem Menschenverstand lösen, man kann auch physikalische Experimente durchführen, und vor allem kann man trefflich streiten, um schließlich mit irgendwelchen angenommenen Zahlen, mit möglichst vielen Variablen oder mit Zeichnungen die Aufgabe endgültig zu lösen.

Die folgende Aufgabe kann man durch intelligentes Probieren lösen, man kann aber auch graphentheoretische Überlegungen anstellen:

> "Man hat drei Weingefäße mit Fassungsvermögen von 8, 5 und 3 Liter. Das Gefäß mit 8 l [8 Liter] ist voll, die beiden anderen sind leer. Wie muß man umfüllen, daß sich im ersten und im zweiten Gefäß je 4 l befinden?"

In graphentheoretischer Schreibweise bringt GEORGES BRUNEL (1856 - 1900) als kürzeste von 16 angegebenen Lösungen (8 0 0, 3 5 0, 3 2 3, 6 2 0, 6 0 2, 1 5 2, 1 4 3, 4 4 0) mit sieben Umfüllungen.

JOHANNES WIDMANN bringt eine solche Aufgabe als krönenden Abschluß seines Rechenbuches von 1489:

"Einer hat einen Knecht, den schickt er mit einer Flaschen nach Wein, da gehen 14 Kandel ein. Nun begegnen ein und demselben Knecht (der die Flasche mit 14 Kandel gefüllt hat) mit zwei Flaschen, in die eine gehen 5 Kandel und in die ander 3 Kandel. Und bittet, daß keiner sein Wein mit ihm teile, also daß er nicht ledig seinem Herren heim komme, wenn man desselbigen Weins nicht mehr in dem Weinkeller gehabt hat. Nun ist die Frage, wie sie den Wein an alle andere Mal dann die Flaschen geteilt haben. Facit in der Flaschen mit 5 Kandeln 5 und in der mit 3 Kandeln 2 Kandel und in der mit 14 Kandel 7 Kandel und ist recht."

Eine Lösung ist (14 0 0, 9 5 0, 9 2 3, 12 2 0, 12 0 2, 7 5 2).

In mathematischen Aufgabensammlungen aus dem ausgehenden Mittelalter ist diese Aufgabe erwähnt:

"Es sollen neun Fässer Wein des Inhalts 1, 2, 3, ..., 9 Maß gleichmäßig an drei Personen verteilt werden. Die Lösung lautet: A erhält die Fässer 1, 5, 9; B 2, 6, 7; C 3, 4, 8."

In den bereits erwähnten Aufgaben, die ALKUIN zugeschrieben werden, ist eine halbwegs lösbare Aufgabe aufgeführt:

"Ein Vater liegt im Sterben und hinterläßt seinen vier Söhnen vier Fässer Wein. Im ersten Faß waren 40 Modia, im zweiten 30, im dritten 20 und im vierten 10. Er ruft seinen Hausverwalter und sagt: Diese Fässer mit dem darin befindlichen Wein verteile unter meine vier Söhne so, daß jeder gleichviel Wein und gleichviele Fässer erhält. Sage, wer es versteht, wie es zu verteilen ist, damit alle gleichviel erhalten können."

Als Lösung wird verkündet:

"Es kommen für jeden Sohn 25 Modia heraus, für zwei zusammen 50. Im ersten Faß sind 40 Modia, im vierten 10. Diese zusammen ergeben 50. Dies gib zwei Söhnen. Ebenso fasse die 30 und 20 Modia zusammen, die im zweiten und dritten Faß waren; es sind 50. Diese gib den beiden anderen Söhnen, so wird jeder 25 Modia haben."

Diese Lösung läßt das Problem offen, wie sich jeweils zwei Söhne einigen.

Eine grausige Weinpanscherei hat in Ingolstadt mit fünf Weinsorten stattgefunden, wie PETER APIAN (1495 - 1552) berichtet:

> "Einer hat fünferlei Wein. Des ersten gilt 1 Maß 4 d, des andern 1 Maß 8 d, des dritten 11 d, des vierten 1 Maß 14 und des fünften 1 Maß 16 d. Daraus will er mischen zweierlei Wein in zwei Fässer. Das eine Faß hält 3 Eimer 37 Maß, soll die Maß gelten 9 d. Das ander Faß hält 5 Eimer 48 Maß, soll 1 Maß wert sein 13 d. Ist die Frage, wieviel muß er jedlichs Weins tun in ein jedlich Faß."

Den Preisen nach werden ein Tischwein, ein Qualitätswein, ein Kabinett, eine Spätlese und eine Trockenbeerenauslese gemischt. Diese Brühe ist nach Meinung des Autors gar nichts mehr wert. APIAN löst das Problem auf elegante Weise und gibt für das erste Faß zwei verschiedene Lösungen an. Einerseits nimmt er von den fünf Sorten der Reihe nach 7, 7, 1, 1 und 5 Teile, anderseits bietet er die Lösung mit 5, 9, 1, 5 und 1 Teil an. Für das zweite Faß zeigt APIAN die Lösung mit 3, 1, 1, 7 und 9 Teilen an.

Noch schlimmer erscheint bei JOHANN WEBER (um 1530 - 1595) in Erfurt die Nachfüllerei mit billigerem Wein und das zu Firnewein, was ein alter abgelagerter Wein mit Dunkelfärbung ist:

> "Einer hat ein Fäßlein guten alten Firnewein, des ein Viertel 20 d wert ist. Das hält 10 Viertel. Nun hat er einen andern geringern Wein, welches ein Viertel 8 d wert ist. [Er] läßt aus erstgedachtem Fäßlein täglich ein Viertel und füllet es jedesmal wieder mit dem geringen, treibt solches Lassen und Füllen 8 Tage lang an. Ist nun die Frage, wie viel nach solchem ein Viertel Weins wert sei? Facit 13 4140163/25000000 d."

In Lübeck füllt FRANZ BRASSER mit Wasser nach. Zur Strafe ist das Ergebnis fürchterlich falsch:

> "Einer hat eine Flasche. Darin sind 7 Viertel Wein. Daraus gießt er ein Viertel Wein aus und gießt darein ein Viertel Wasser wieder ein. Das tut er 7 mal. Ist die Frage, wieviel Wein und Wasser jeweils noch in der Flasche sei. Facit des Weins ist 6/7 eines Viertels, und des Wassers 6 1/7 Viertel."

JOHANNES JUNGE (geb. um 1550) verfeinerte die Kunst des Mischens und Wässerns. Erst mischte er vier Fässer Wein durch und gab dann noch Wasser dazu. Auch bei ihm stimmt das Ergebnis nicht:

> "Einer kauft 4 Fässer mit Wein, [diese] halten 4, 5, 6, 7 Fuder, kosten zu 29, 30, 31, 32 fl, mischt diese durcheinander. [Er] will haben, 1 Fuder soll 29 ½ fl wert sein. Wie viel Wassers muß er darunter mischen?"

Er verrechnet sich zu seinen Gunsten, erhält für seine Weinmischung mit 3 fl zuviel pro Fuder einen zu großen Preis und gießt daher mehr Wasser dazu. Oder verwirrte diese Aufgabe den Buchdrucker JOHANN BALHORN D. Ä. (um 1500 - 1573) so sehr, daß er die Zahlen total verballhornte?

Ausgerechnet in seinem Schulbuch für anfangende Schüler bringt FRANZ BRASSER folgende Aufgabe:

> "Ein Weinschenk hat 1 Faß Wein, das kostet 72 fl 22 ß. Wenn er das Viertel darvon verkauft für 2 ß, so gewänne er an allem Wein 7 fl 2 ß. Nun wird ihm geboten, das Viertel für 18 d zu geben. Ist die Frage, wie viel Wasser er unter den Wein mengen muß, daß er daran nicht gewinne oder verliere, und wie viel des Weins gewesen sei. Facit des Weines ist gewesen 6 Ame, und [er] muß darunter mengen 206 2/3 Viertel Wasser."

Damit besteht die Mischung zu 17,7 % aus Wasser!

In Bamberg werden eindeutig Weinschorle hergestellt bei dieser Menge von Wasser. Eine Bamberger Handschrift enthält gleich zwei solche den Frankenwein schädigende Aufgaben:

> "Einer kauft 32 Eimer Weines, je 1 Eimer um 16 gr. Nun will er wissen, wie viel Wasser er darein soll tun, daß 1 Eimer komme pro 9 gr? Facit 24 Eimer 8/9 Wasser."

> "Item 23 Maß Wein, zu 5 d 1 Maß, und ich will ihn ausschenken zu 3 d. Wie viel muß ich Wasser darein tun, daß ich nicht Gewinn noch Verlust? Facit 15 Maß 1/3."

Dem Zugießen von Wasser zur Vermeidung eines Verlustes scheint nicht der Geruch des Außergewöhnlichen anzuhaften, denn dieser Aufgabentyp war weit verbreitet. Dem Autor sind weitere ähnliche Beispiele bekannt. Die zweite Aufgabe aus der Bamberger Handschrift läßt sich direkt zurückführen auf eine Aufgabe im Algorismus Ratisbonensis. Ebenfalls eine solche Aufgabe erwähnt GEORG WENDLER (1619 - 1688) in Nürnberg. Und am 26.6. 1672 wurde die folgende Aufgabe in Öhringen als Prüfungsfrage an sich bewerbende Schul- und Rechenmeister gestellt:

> "Es will ein Wirt 3 Eimer Wein ausschenken, und will die Maß pro 21 d geben. Nun wird ihm von der Herrschafft auferlegt, die Maß nur pro 18 d zu geben; ist nun die Frag, wieviel er Wasser zu gießen muß, wann er sein obiges Geld lösen will. Facit 12 Maß."

5. Literatur

Die Rechenaufgaben, die zum Thema Wein beschrieben wurden, sind folgenden Rechenbüchern und Handschriften entnommen. Auf eine seitengenaue Zitierung wird verzichtet:

ALBERT (ALBRECHT), JOHANN: Rechenbüchlein auff der linien, dem einfeltigen gemeinen man odder leien vnd jungen anhebenden liebhabern der Arithmetice zu gut, Georg Rhaw, Wittenberg 1534.

APIAN, PETER: Eyn Newe vnnd wolgegründte vnderweysung aller Kauffmanß Rechnung, Georg Apian, Ingolstadt 1527.

BRASSSER, FRANZ: Eyn nye vnde Nuetsam Reckensboeck vor de anfangenden schoelers, Johann Balhorn, 2. Auflage Lübeck 1556.

BRUNEL GEORGES: Analysis situs, Recherches sur les réseaux, Mém. Soc. des sciences physiques et naturelles de Bordeaux (4) 5 (1895), 165 - 215.

FOLKERTS, MENSO: Mathematische Aufgabensammlungen aus dem ausgehenden Mittelalter, Sudhoffs Archiv, Band 55, 1971, Heft 1, 58 - 75.

FOLKERTS, MENSO, GERICKE, HELMUTH: Die Alkuin zugeschriebenen Propositiones ad acuendos iuvenes (Aufgaben zur Schärfung des Geistes der Jugend), in: P.L.Butzer, D.Lohrmann: Science in western and eastern civilization in Carolingian times, Birkhäuser Verlag Basel 1993, 283-362.

FRISIUS, REINERUS GEMMA: Arithmeticae practicae Methodus facilis, Gregorius Bontius, Antwerpen 1540.

GROPP, HARALD: "Réseaux réguliers" or regular graphs - Georges Brunel as a French pioneer in graph theory, demnächst veröffentlicht.

JUNG, JOHANNES: Rechenbuch auff den Ziffern vnd Linien, Lübeck 1578.

HOHENLOHE-ZENTRALARCHIV NEUENSTEIN: Schulprotokolle der Stadt Öhringen, 26.6.1672.

RIES, ADAM: Rechenung nach der lenge, auff den Linihen und Feder, Jakob Berwald, Leipzig 1550.

SCHRÖDER, EBERHARD: Ein mathematisches Manuskript aus dem 15. Jahrhundert: Staatsbibliothek Bamberg, Handschrift aus Inc. Typ. Ic I 44, Algorismus, H. 16, , Münchner Universitätsschriften, Institut für Geschichte der Naturwissenschaften, München 1995.

SPINDLER, NICOLAUS: Experiment: Gewisse, rechte vnd bewärte erfahrung allerhand Artzney, Georg Rab, Sigmund Feyrabend und Weygand Hanen Erben, Frankfurt / Main 1556.

STÖTTER, MARTIN: Ein schoen nutzlich Rechenbuechlin auff allerlei kauffmans rechnung, Ulrich Morhart, Tübingen 1552.

VOGEL, KURT: Die Practica des Algorismus Ratisbonensis, C. H. Beck'sche Verlagsbuchhandlung, München 1954.

WEBER, JOHANN: Ein New Künstlich vnd wolgegründt Rechenbuch Auff den Linien vnd Ziffern, Jakob Berwalds Erben, Leipzig 1583.

WENDLER, GEORG: Bayerische Staatsbibliothek München, Cgm 3788, Nürnberg 1646.

WIDMANN, JOHANNES: Behende vnd hubsche Rechenung auff allen kauffmanschafft, Konrad Kachelofen, Leipzig 1489.

Prof. Ulrich Reich, Fachhochschule Karlsruhe - Hochschule für Technik, Fachbereich Wirtschaftsinformatik, Moltkestr. 30, D-76133 Karlsruhe

Johann Weber
Rechenmeister und Bürger zu Erfurt

Manfred Weidauer

Vorbemerkungen

Die Beschäftigung mit mathematischen Schriften des späten Mittelalters und ihren Autoren führt mehrfach zum Namen JOHANN WEBER. Nürnberg war bereits im 16. Jahrhundert eine bedeutende Stadt in unserem Sprachraum und beherbergte viele noch heute bedeutende deutsche Persönlichkeiten.

Dazu gehören auch JOHANN NEUDÖRFFER der Ältere (1497-1563), der besonders als Schreibmeister bekannt wurde. Autoren, wie zum Beispiel DOPPELMAYR [Doppelmayr, S. 201], die über NEUDÖRFFER und seine Zeit berichten, heben seine Wirkung und die seiner Schüler hervor. Zu den Schülern, die ihr Können in andere Städte trugen, gehört JOHANN WEBER, der sich nach seiner Ausbildung in Nürnberg in Erfurt niederließ.

Studiert man in Erfurt die dort vorliegenden Rechenbücher von ADAM RIES (1492-1559), findet der Leser umfangreiche handschriftliche Eintragungen im RIES-Rechenbuch von 1558 [Ries, Vorblatt, Anhang]. Der Ortschronist für Erfurt, KARL HERRMANN, fand diese Zusammenhänge bereits 1863 heraus [Herrmann, S. 334]. Die Erkenntnis von Herrmann wurde ermöglicht, weil ihm eine umfangreiche Handschrift mathematischen Inhalts, die Brotordnung, aus dem Stadtarchiv Erfurt vorlag.

Mit der wissenschaftlichen Bearbeitung der Leistungen JOHANN WEBERS beschäftigte sich bisher niemand. So war der Geburtsstadt Stadtsteinach in Franken auch nicht bekannt, daß aus ihren Mauern eine so bedeutende Person hervorgegangen ist. WEBER selbst blieb seiner Heimat stets verbunden. Er widmete sein Hauptwerk seinem Erzbischof in Bamberg aus Heimatverbundenheit [Weber 2, Blatt aij, <biiijR>].

Zu den Schriften des Rechenmeister

Die Recherchen zu den Werken von JOHANN WEBER werden heute dadurch erschwert, da der Name sehr häufig vorkommt. Viele Personen gleichen Namens aus der gleichen Zeit wurden allerdings durch theologische Schriften überliefert. Für den Rechenmeister JOHANN WEBER mit seiner Wirkungsstätte Erfurt lassen sich drei Schriften nachweisen.

Erste Schrift:

Gerechnet Rechenbüchlein:

Auff Erffurdi-
schen Weit / Tranck / Cent-
ner / Stein vnd Pfund kauf / Bene
ben einer sehr nützlichen Rechnung / was nach
dem Stück / als Elen / Maß / etc. kaufft oder
verkauft wird / Auch eine sehr schöne Wech=
sel Rechnung / auf die viererley Müntz / der
Taler / Gulden / Gute Schock vnd Lawen
Schock gericht ... Menniglich zu
Gutem zusamen bracht / vnd jtzt
In Druck vorfertiget.
Durch
Johan Weber / Rechenmeister
vnd Bürger zu Erffurd
M. D. LXXXIII.

Gedruckt in Erfurt bei Esaiam Mechler.

Fundorte: Erfurt, Stadtarchiv - zwei Exemplare; Wolfenbüttel, Herzog August Bibliothek

Bemerkungen: VD 16 führte das Exemplar aus Wolfenbüttel an (W1330).

Ars Mercatoria zitierte MURHARD und SMITH (W3.1, W3.2 W3.4):

SMITH [Smith, S. 338] und MURHARD [Murhard, S. 157] vermuteten jeweils eine Auflage von 1570.

MURHARD vermutete eine Auflage von 1601.

Johann Weber- Rechenmeister und Bürger zu Erfurt

Zweite Schrift (Hauptwerk):

Ein New // Kuenstlich vnd Wol = // gegruendt Rechenbuch // Auff den Linien vnd Ziffern / von // vielen nuetzlichen Regeln / zu allerley Handthi= // runge / Gewerben vnd Kauffmanschlag dienstlichen / // neben vielen andern dingen / so hiebevorn // nicht gesehen worden. // Darinnen auch gruendtlichen dargethan vnd // angezeigt wird wie man Radicem Quadratam vnd Cubicam // extrahirn sol / mit angehenckten Exempeln. Dessgleichen ein vollkom= // mener Bericht der Regula Falsi darinnen gelert wird / wie vnd auff was wege alle // Fragen der gantzen Coss Christoff Rudolffs (so wol von Binomischen vnd Residui- // schen Zahlen / als von Irrational vnd Rational Zalen) durch Regulam Falsi rnoegen // resoluirt vnnd auffgeloest werden. Alles nach notturfft in Frage vnnd Antworts // weise gestellet / sampt angehefften Demonstrationen. Beneben etlichen vberaus // gantz schoenen vnd kuenstlichen gehandelten Wortrechnungen. Dermassen vor= // mals weder in Lateinischer noch Deutscher sprach nicht aussgegangen / // mit sonderm fleis zusammen bracht vnserm gemeinen Va= // terland vnd allen Liebhabern dieser Kunst zu // nutz in Druck verfertiget.

Durch

Johann Weber von StadtSteinach / Rechen- / meister
vnd Bürger zu Erffordt.

Gedruckt in Leipzig bei Jakob Bärwald Erben, 1583

Fundorte: Coburg, Landesbibliothek; Augsburg, Universitätsbibliothek; Augsburg, Staats- und Stadtbibliothek; Dresden, Universitäts- und Landesbibliothek; Leipzig, Universitätsbibliothek; Lübeck, Stadtbibliothek; Münster, Universitäts- und Landsbibliothek; Trier, Stadtbibliothek; Michigan, Universitätsbibliothek; Ann Arbor; Wien, Nationalbibliothek

Bemerkungen: VD 16 nannte Standort Landesbibliothek Coburg (W1331, W1332). Ars Mercatoria nannte Standort Universitätsbibliothek Augsburg (W3.3).

Dritte Schrift:

Kurtz Bedenken. Wie vnd aus was grün-// de, eine bestendige vnnd immer-// werende Becken Ordnung / auff Erffurdischen Brodkauffe / kann gemacht vnnd angestellte werden.

Darinnen angezeigt wird / Wenn das Viertel schön Korn oder Weitzen / umb einen groschen auff oder abschleckt / Wieviel pfundt guter vnd wolauß=// gebackenes Brods für einen gr. sechs oder drey pfennig / beydes am weissen gut vnd anderm Brod können gegeben werden.

Auff anordnungen vnd sonderlichen bitte Eines Ehrwürdigsten, Achtbaren vnnd hochwürdigsten Rahts / dieser löblichen Stadt Erffurdt / ge=// meinen Nutz zugutem. Verfertiget

Durch

Johannen Webern von Stadt Steinach / Publicum Notariumi Rechenmeistern vnnd Bürgern zu Erffurdt / Anno 1592.

Handschriftlich, 37 Seiten
Fundort: Erfurt, Stadtarchiv
Nachweis: [Herrmann, S. 334]

Unklar bleibt eine Auflage der ersten Schrift, die nach MURHARD und SMITH bereits 1570 herausgegeben worden sei. MURHARD schreibt JOHANN WEBER sogar eine Auflage im Jahre 1601 zu. Hier könnte ein Zusammenhang zu einer Veröffentlichung von E. WEBER / J.A. WEBER "Artihmetica oder Rechenbuch in schönen und nützlichen Exempeln darin auch mancherlei Gewicht und Münzsorten erklärt werden", St. Gallen 1601 zu finden sein, die unter anderem im "Tresor de Livres Rares et Précieux ... von GRAESSE [Graesse, S. 426] aufgeführt wird. Es ließ sich bisher kein Beleg finden für die Verwendung eines weiteren oder anderen Vornamens.

Der Autor hofft auf korrigierende und ergänzende Hinweise zu den Schriften von JOHANN WEBER - Rechenmeister und Notar zu Erfurt.

Zur Einordnung der Persönlichkeit in seine Zeit

Mit Gewißheit läßt sich feststellen, JOHANN WEBER war seit dem Jahre 1560 Bürger von Erfurt. Bei den Eintragungen in seine Bücher und andere Schriften nannte er sich Rechenmeister und Notar. Aus der Zuordnung als Schüler des berühmten Schreibmeister JOHANN NEUDÖRFFER des Älteren entsteht die Vermutung, WEBER führte in Erfurt eine Schreib- und Rechenschule.

Es ist allerdings heute nicht nachweisbar, wann er seine Ausbildung in Nürnberg absolvierte. Aus dem Rückschluß des Tätigkeitsbeginns in Erfurt und den damals üblichen Schul- und Ausbildungszeiten könnte sein Geburtsjahr um 1530 sein. Für diese Zeit findet man Bürger gleichen Namens in Stadtsteinach, ein direkter Nachweis zum späteren Rechenmeister fehlt noch. Die bekannten Informationen zu WEBER zeigt die Übersicht 1.

ca. 1530	geboren, Stadtsteinach (Oberfranken)
	Ausbildung bei JOHANN NEUDÖRFFER dem Älteren (1497-1563)
	Zitiert nach [Doppelmayr], [Murhard]
1560	Bürgerrecht in Erfurt, Rechenmeister und Notar
1583	Gerechnet Rechenbüchlein: auff Erfurdt//schen Weit / Tranck / Eim//er/Stein vnd Pfund kauff ...
	Gedruckt bei Esaiam Mechlern 1583 in Erfurt (fertiggestellt am 24. Oktober 1582)
	SCHEIBEL [Scheibel, S.55] nannte eine Auflage von 1570, die auch bei MURHARD und SMITH zitiert wurden. MURHARD vermutete eine Auflage von 1601.
1583	Ein New // Kunstlich vnd Wol= // gerundt Rechenbuch/ // Auff den Linien vnd und Ziffern ... Durch Johann Weber von Stadt Steinach / Rechen= // meister vnd Buerger zu Erffordt. //
	S. 252: "Gedruckt zu Leipzig / durch Jacob // Berwaldts Erben. Jn verlegung // Jacob Apel. ANNO M.D.LXXXIII. //"
1585	Er bestätigte eine Urkunde als Notar mit Wappen im Siegel.
1587	Für das Gartengrundstück Nr. 15 am "Haus zur Hummel", Martinsgasse 12 die Steuern bezahlt.
1592	Brotordnung für die Bäcker von Erfurt fertiggestellt, Handschrift, Stadtarchiv Erfurt
1595	Am 21. November gestorben, Sterberegister der Predigergemeinde Erfurt

Übersicht: 1 Leben und Werk

In der Predigergemeinde zu Erfurt scheint WEBER ein aktives Mitglied gewesen zu sein. Noch heute besitzt diese Gemeinde Schriften zur Kirchengeschichte und zum Kirchenrecht aus dem persönlichen Besitz des Rechenmeisters. Dank dieser Zufälle können wir heute auch die Rechenmeister-Geschichte in Erfurt erheblich vervollkommnen. Eines dieser Bücher vererbte im Jahre 1564 NIKOLAUS FELNER (gest. 1564) an JOHANN WEBER, so notierte es WEBER im Buch. Daraus läßt sich folgern, vor WEBER oder bis 1564 war NIKOLAUS FELNER Rechenmeister in Erfurt. Von FELNER gibt es ein 1535 verfaßtes Rechenbuch. Er ließ darin das Privileg vom Erfurter Stadtrat drucken, daß in Erfurt drei Jahre niemand das Rechenbuch drucken durfte. Es war ebenfalls verboten, außerhalb Erfurts gedruckte Exemplare in Erfurt zu verkaufen [Felner, Blatt k].

NORBERT HUTH sah in seinen Untersuchungen die Ursache solcher Forderungen in den schwierigen Arbeits- und Lebensbedingungen der Rechenmeister zur Mitte des 16. Jahrhunderts [Huth, S. 64]. WEBER besaß aber auch ein Exemplar eines Rechenbuches von ADAM RIES [Ries 1558]. Vermutlich nutzte er die Schrift, um sich auf die Tätigkeit als Rechenmeister vorzubereiten. Nachweislich 1583 veröffentlichte WEBER zwei Schriften.

In zeitlicher Reihenfolge kennen wir in Erfurt die Rechenmeister:

    ADAM RIES: ca. 1518 bis ca. 1523

    NIKOLAUS FELNER: ca. 1530 bis ca. 1560

    JOHANN WEBER: ca. 1560 bis ca. 1595

JOHANN WEBER kannte die Schriften zeitgenössischer Rechenmeister. Er beschäftigte sich mit der Wortrechnung und formulierte eine Aufgabengruppe mit

" ... willst du wissen, wann Herr ... das Rechenbuch in Druck gegangen ..."
Dabei gilt es das Druckjahr die Schriften der folgenden Rechenmeister zu finden:

    PETER APIAN (1495-15529)

    NIKOLAI WERNER (geb. 1520)

    SIMON JACOB (erste Arithmetik)

    SIMON JACOB (großes Rechenbuch)

An anderer Stelle schrieb WEBER, "eine Aufgabe von meinem guten Freund CASPAR MÜLLER aus St. Annaberg anno 1562" gerechnet.

In seinem Rechenbuch zitierte WEBER weitere Autoren, die Übersicht 2 nennt auch die Formulierungen dazu.

Abbildung 1

JOHANN WEBER "Ein New Kunstlich vnd wohlgegrundt Rechenbuch".
Leipzig 1583. Titel

JOHANN WEBER   Rechenmeister   1560 bis 1595

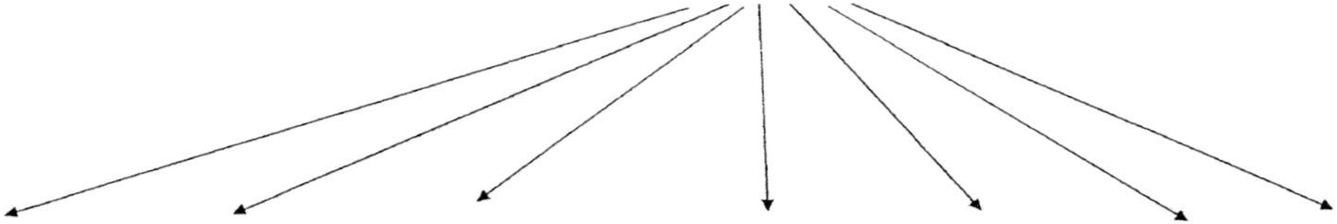

MICHAEL STIFEL (um 1487-1567)	GEMMA FRESIUS (1508-1555)	SIMON JACOB (1510-1564)	CHRISTOPH RUDOLFF (Ende 15. Jh.- 1. Hälfte des 16. Jh.)	O. ULLMANN, C. THIERFELDER aus Freiberg	THOMAS NEFE aus Leipzig	CASPAR HÜTZLER (geb. um 1500)
Zitiert nach Lateinischer Arithmetik. "Hat Coss mit rationalen und irrationalen Zahlen gelöst." 46. Aufgabe der Coss übernommen.	Zitiert nach Lateinischer Arithmetik. "Hat lustigen Weg erfunden für 1 Regel Coss mit der Falsi."	"Mein lieber Landsmann hat im großen Rechenbuch 8. Regel der Coss mit Regula Falsi gelöst." Hat Aufgaben von Fresius und von Stifel verbessert.	S.161r: Im Titel genannt. Fühlt sich als dessen Schüler.	Haben Aufgaben von Fresius und Stifel verbessert.	1564 Aufgaben bekommen.	S. 161r: "Zeigt, daß erste Regel Coss für Falsi der einzige Weg ist."

Übersicht 2 Verweise im Rechenbuch von Johann Weber

Zum Inhalt des Rechenbuches

Inhaltsübersicht: Blatt-Nummer

1. Rechnen mit natürlichen Zahlen 1
- Spezies auf den Linien 1
    Numerieren
    Addition und Subtraktion
    Duplizieren und Medieren
    Multiplikation und Division
- Spezies mit der Feder 11
    Addition und Subtraktion
    Multiplikation und Division
        Probe der Spezies 16
        Progression 19
            arithmetisch, geometrisch, harmonisch
- Regel Detri 25
    " ... für junge Schüler für Erfurter Münze ... "

2. Rechnen mit Brüchen 34
    Einführung, Begriffe 34
    Addition und Subtraktion 40
    Multiplikation und Division
    Regel Detri

1. Teil Übungen 56
    Vom Tara
    Münz, Maß und Gewicht
    Regel Detri in verschiedensten Formen

2. Teil Übungen 67
    Überkreuzmultiplizieren
    Zinsrechnung
    Wechselrechnung
    Gesellschaftsrechnung
    Gewinn und Verlust

Stich-Rechnung
Silber- und Goldrechnung
Münzschlag
Berechnen von Quadrat- und Kubikwurzel

Erklärungen und Beispiele zu den acht Regeln der Coß 161

3. Teil Übungen 226

160 numerierte Aufgaben, am Ende fünf Aufgaben zur Wortrechnung:
" ... so in etlicher fürnemer Rechenmeister außgegangnen Rechenbüchern ... berurte Bücher in Druck gegeben worden sind."

Übersicht zu den Münzen, Maßen und Gewichten 250

Schlußwort " ... an den Leser." 251

Collofon 252

Mit diesem Inhalt orientierte sich WEBER an der Arbeitsweise vieler Rechenmeister. Neu ist die ausführliche Behandlung zur Zinsrechnung.

Er verspricht eine Behandlung mittels der Coss, davon ist im Konkreten nichts zu lesen. Es bleibt bei der Nennung der acht cossischen Regeln.

Zu den interessanten Aufgaben zählen unter anderem die bereits erwähnten Beispiele der Wortrechnung. Der Bezug zu seinem Tätigkeitsort Erfurt wird vielfach spürbar. Neben der Auswahl der Münzeinheiten und der Maße stellte er gleich an zwei Stellen in Prosaform die Aufgabe zur Berechnung des Gewichtes der größten Glocke des Erfurter Domes.

Literatur

Ars Mercatoria: Handbücher und Traktate für den Gebrauch des Kaufmanns, 1470 - 1820. Band 2. Paderborn 1991

DOPPELMAYR, JOHANN GABRIEL: Historische Nachricht von den Nürnbergischen Mathematicis und Künstlern ... Nürnberg 1730

FELNER, NIKOLAUS: Ein new behenndes unnd gantz gründtlichs rechenbuchlin auff den linien unnd federn ... Erfurt? 1535

GRAESSE, JAN GEORGES TH.: Tresor de Livres Rares et Précieux ... Dresden, Genf, London, Paris 1876

HERRMANN, KARL: Bibliotheca Erfurtina. Erfurt 1863

HUTH, ROBERT: Die Beziehungen des Rechenmeisters Adam Riese zu Erfurt. In: Der Pflüger Erfurt 1927. S. 57-65

MURHARD, FR. WILH. AUG.: Literatur der mathematischen Wissenschaften. Band 1. Leipzig 1797

RIES, ADAM: Rechenbuch / Auf Lini = || en vnd Ziphren ... Frankfurt 1558

SCHEIBEL, JOH. EPHR.: Einleitung zur mathematischen Bücherkentnis. Zwölftes Stück. Breslau 1781

SMITH, DAVID EUGENE: Rara Arithmetica. New York 1970

Verzeichnis der im deutschen Sprachraum erschienenen Drucke des XVI. Jahrhunderts: VD 16. Band 2. Stuttgart 1984

Manfred Weidauer, Frohndorfer Str. 22, D-99610 Sömmerda,
email: manfred@weidauer.de

Das Leben Fermats

Klaus Barner

In diesem Jahr, meine Damen und Herren, wird nicht nur in Frankreich der vierhundertste Geburtstag PIERRE DE FERMATs, des großen französischen Mathematikers des siebzehnten Jahrhunderts, gefeiert. Das beruht jedoch auf einem Irrtum. FERMAT wurde im Jahre 1607 oder Anfang Januar 1608 in Beaumont-de-Lomagne als Sohn des reichen Großhändlers und Fabrikanten DOMINIQUE FERMAT geboren. Seine Mutter, CLAIRE DE LONG entstammt einer adligen Juristenfamilie. Damit sind die Feiern und Konferenzen zu FERMATs vierhundertstem Geburtstag, streng genommen, hinfällig. Aber wir wollen nicht päpstlicher sein als der Papst und uns den Feiern zu FERMATs rundem Geburtstag anschließen, indem wir über FERMATs wenig bekanntes privates und berufliches Leben berichten.

Die Familie FERMAT scheint in der zweiten Hälfte des 15. Jahrhunderts aus Katalonien nach Beaumont-de-Lomagne, einem befestigten Dorf mit Marktrecht, ca. 55 km nordwestlich von Toulouse, eingewandert zu sein. PIERRE DE FERMATs Großvater ANTHOINE FERMAT betrieb dort im 16. Jahrhundert einen Eisenwarenhandel, der ihm ein bescheidenes Vermögen einbrachte, welches er seinen beiden Söhnen DOMINIQUE (aus erster Ehe, FERMATs Vater) und PIERRE (aus dritter Ehe, FERMATs Taufpate) vererbte. Beide Söhne mehrten das Erbe ihres Vaters nach Kräften, wobei der ältere, DOMINIQUE, PIERRE DE FERMATs Vater, besonders erfolgreich war. Als Kaufmann, der mit Italien, Spanien und England einen Großhandel in Leder und mit zwei Kompagnons eine florierende Kalkfabrik betrieb, brachte er es zu erheblichem Wohlstand. Seine Gewinne legte er in zahlreichen Bauernhöfen und Grundstücken an, die er auf "*metairie*"-Basis verpachtete. Durch seine Heirat mit der Adligen CLAIRE DE LONG, die sein gestiegenes Ansehen widerspiegelt, eröffnete er einem seiner Söhne, sei es PIERRE oder sei es CLÉMENT, den Zugang zur "*noblesse de robe*".

Offenbar wurde der soziale Aufstieg der Familie FERMAT in die *noblesse de robe* sorgfältig und von langer Hand geplant. *De facto* bestand der einzige Weg dahin darin, das Amt eines (Parlaments-)Rats ("*conseiller*") an

einem der obersten Gerichtshöfe ("*cour de parlement*") der französischen Provinz, etwa in Toulouse oder Bordeaux, zu kaufen, ein zwar schon im *Ancient Régime* umstrittener, aber völlig legaler, im 16. Jahrhundert von der Krone aus Geldmangel eingeführter Brauch. Voraussetzung dafür war nicht nur ein respektables Vermögen, es mußten auch entsprechende Qualifikationen erworben werden: ein mindestens mit dem *baccalaureus (juris civilis)* abgeschlossenes dreijähriges Studium sowie eine mindestens vierjährige Praxis als Anwalt an einem der obersten Gerichtshöfe. Ferner mußte ein geeignetes Amt zum Verkauf stehen, und es bedurfte der Fürsprache von Mitgliedern des jeweiligen *parlements*, also handfester Patronage. Am Schluß fand dann noch eine juristische Aufnahmeprüfung statt, die nicht jeder Interessent bestand.

Seine Schulzeit verbrachte PIERRE FERMAT in seiner Heimatstadt bei den *Frères Mineurs Cordeliers*. Das waren Franziskaner, welche sich um 1515 in Beaumont niedergelassen und eine sehr anspruchsvolle Lateinschule gegründet hatten, in der neben Latein, Italienisch und Katalanisch auch Altgriechisch gelehrt wurde, für einen kleinen Ort mit ca. 4000 Einwohnern damals ganz außergewöhnlich. Für PIERRE, der 1623 mit 16 Jahren die Schule verließ, waren seine guten Kenntnisse der Alten Sprachen eine entscheidende Voraussetzung für sein Studium in Orléans.

Die Wahl dieses Studienortes läßt sich gut begründen. Die Stadt an der Loire besaß eine alte und berühmte Fakultät für Zivilrecht, deren weit über Frankreich hinaus reichender Ruf Studenten aus allen Teilen Europas anlockte. Diese kamen vor allem aus Schottland, den Niederlanden und der Schweiz sowie aus deutschen Landen, wobei aus letzteren vor allem Studenten lutherischer Konfession einen hohen Anteil ausmachten. Im 16. Jahrhundert hatte sich Orléans neben Bourges als Hochburg der humanistischen Rechtslehre einen Namen gemacht. In dieser spielte der philologisch-kritische Rückgang auf die antiken Ursprünge und Quellen des römischen Rechts, vor allem natürlich auf JUSTINIAN, eine zentrale Rolle. Eine sichere Beherrschung des Lateinischen, aber auch des Griechischen war eine unabdingbare Voraussetzung für diese Studien. Die Alten Sprachen wurden daher in der Artistenfakultät von Orléans auch noch im 17. Jahrhundert besonders gepflegt. Ein Bakkalaureat von Orléans verschaffte einem jungen Juristen zweifellos ein erhebliches Renommée.

Im August 1626 (vermutlich) legte PIERRE FERMAT in Orléans seine Prüfungen ab. Danach suchte er seinen Vater DOMINIQUE in Beaumont auf und

legte ihm die Urkunde über die erfolgreich bestandene Prüfung zum *baccalaureus juris civilis* vor. Noch im September 1626 schrieb DOMINIQUE FERMAT sein Testament, in dem er bei Abfindung des jüngeren Sohnes CLÉMENT und unter Festsetzung der Mitgift für seine Töchter LOUISE und MARIE - seinen älteren Sohn PIERRE zum Universalerben einsetzte.

Im Oktober 1626 begab sich PIERRE FERMAT nach Bordeaux und ließ sich im November von der *Grand'Chambre des parlement de Bordeaux* als Anwalt vereidigen. Es war klar, daß FERMAT sich an einem der französischen Parlamente als Anwalt niederlassen mußte, weil eine derartige, mindestens vierjährige Praxis nach einem königlichen Gesetz die unabdingbare Voraussetzung für die Anerkennung als *conseiller* (Parlamentsrat) durch den Justizminister darstellte. Aber: So naheliegend die Wahl des Studienortes Orléans war, so überraschend erscheint FERMATs Wahl von Bordeaux für seine Tätigkeit als Anwalt, denn Toulouse wäre aus vielerlei Gründen näherliegend gewesen. Wahrscheinlich hängt die Wahl von Bordeaux mit FERMATs mathematischen Neigungen zusammen.

Dort, in Bordeaux, gab es einen kleinen Kreis von Mathematik-Liebhabern, von denen die Namen D'ESPAGNET, PHILON und PRADES aus FERMATs Korrespondenz bekannt sind. ETIENNE D'ESPAGNET, dessen Vater Erster Präsident des Parlaments von Bordeaux und ein Freund VIÈTEs gewesen war, besaß zudem die nur schwer erhältlichen Werke VIÈTEs. Hier konnte FERMAT, gerade 20jährig, seine mathematische Karriere beginnen. Wer aber gab ihm den Rat, sich als Anwalt in Bordeaux niederzulassen? Ich vermute, daß es JEAN BEAUGRAND war, der wissenschaftliche Kontakte mit den Herren in Bordeaux pflegte und den FERMAT im August 1626 in Orléans kennengelernt haben könnte. Jedenfalls ist es bezeichnend, daß BEAUGRAND bis zu seinem Tode 1640 die mathematische Karriere FERMATs mit besonderem persönlichen Interesse verfolgte und bei seinen Reisen stets stolz von FERMATs Erfolgen berichtete. Offenbar war BEAUGRAND der Meinung, er habe FERMAT "entdeckt".

Als DOMINIQUE FERMAT am 20. Juni 1628 starb, war PIERRE FERMAT ein wohlhabender Mann. Er mußte jetzt nur noch die restlichen zwei der vorgeschriebenen vier Jahre als Anwalt hinter sich bringen. Wenn sich dann die Gelegenheit zum Kauf eines Amtes als *conseiller* (möglichst in Toulouse) eröffnete, wäre das erste Etappenziel des Familienplans erreicht. Diese Gelegenheit ergab sich Ende des Jahres 1630 während einer schweren Pestepidemie, die auch in Toulouse zahlreiche *conseillers au parle-*

ment dahinraffte. Am 29. Dezember 1630 schloß FERMAT mit YSABEAU DE LA ROCHE, der Witwe des verstorbenen PIERRE DE CARRIÈRE, *conseiller au parlement de Toulouse* und *commissaire aux requêtes,* einen Vorvertrag über den Kauf des Amtes des Dahingeschiedenen.

Der Kaufpreis, 43500 *livres,* davon sofort bei Amtsantritt zu zahlen 3000 *livres* in spanischen Pistolen, stellt eine damals zwar übliche, aber gleichwohl enorme Summe dar, Ein freier Bauer erwirtschaftete im Jahr durchschnittlich 100 *livres,* ein Stadtpfarrer erhielt jährlich ca. 300 *livres,* und ein *conseiller* konnte, wenn er sehr fleißig war, aus seinem Amt allenfalls 1500 *livres* im Jahr einnehmen, die er zudem noch zu versteuern hatte. Vom wirtschaftlichen Standpunkt war ein solcher Kauf ein miserables Geschäft, zumal da den *conseillers* durch königliches Gesetz der Handel oder die Ausübung eines Gewerbes verboten waren. Sie lebten daher so gut wie alle von ihren Landgütern. FERMAT, der von seinem Vater sechs Bauernhöfe und zahlreiche weitere Weiden, Obst- und Weingärten geerbt hatte, machte da keine Ausnahme. Es ist klar, daß nur sehr wohlhabende Grundbesitzer sich den Luxus des Erwerbs eines solchen Amtes leisten konnten. Der Gewinn bestand in dem Aufstieg in die *noblesse de robe,* in dem damit verbundenen gesellschaftlichen Ansehen und in der Teilhabe an der politischen Macht.

Nachdem FERMAT die (gebührenpflichtige) Zustimmung des Königs eingeholt und die vorgeschriebene juristische Aufnahmeprüfung vor dem *parlement de Toulouse* erfolgreich abgelegt hatte, wurde er am 14. Mai 1631 von der *Grand'Chambre* in seinem Amt vereidigt. Von diesem Augenblick an genoß er alle Rechte aus dem Amt eines *conceiller und commissaire aux requêtes,* das heißt, neben den mit dem Amt verbundenen Einkünften auch das Recht, den Titel "*éculier*" zu führen und seinem Namen das "*de*" voranzustellen.

Interessant ist die enge zeitliche Koppelung der Ernennung FERMATs zum *conseiller au parlement* und seiner Heirat mit LOUYSE DE LONG, der Tochter von CLÉMENT DE LONG, *conceiller au parlement de Toulouse,* und seiner Frau JEANNE DE GARAC. Der Heiratsvertrag wurde am 18. Februar 1631 geschlossen, und am 30. März 1631 zahlte DE LONG seinem zukünftigen Schwiegersohn 2865 *livres* als Anzahlung auf die zugesicherte Mitgift von 12000 *livres.* Am 1. Juni 1631 fand die kirchliche Trauung in der *Cathedrale St-Etienne* statt.

Die DE LONGS, entfernte Verwandte von FERMATs Mutter, besaßen nicht nur ein Haus in Toulouse in der *rue St-Rémesy,* sondern auch ein Haus in Beaumont-de-Lomagne, welches unmittelbar an das Anwesen der Familie FERMAT angrenzte, in welchem CLÉMENT DE LONG seine Parlamentsferien zu verbringen pflegte. PIERRE und LOUYSE müssen sich schon als Kinder gekannt haben, und ihre Vermählung scheint von den Familien seit langem beschlossene Sache gewesen zu sein, vorausgesetzt, FERMAT würde es zum *conseiller au parlement* bringen. Zeitgenossen rühmen die Schönheit, den Liebreiz und die Mildtätigkeit der jungen Frau, die ihrem PIERRE fünf Kinder gebar: CLÉMENT-SAMUEL, JEAN, CLAIRE, CATHERINE und LOUISE.

Die französischen Provinzparlamente des *Ancient Régime* waren keine Parlamente im heutigen Sprachgebrauch. Die von JOHN LOCKE und CHARLES DE MONTESQIEU entwickelte Idee der Gewaltenteilung in Legislative, Exekutive und Judikative, die politisch erst viel später verwirklicht wurde, war im 17. Jahrhundert noch völlig unbekannt. Die Parlamente nahmen die Aufgaben der Gesetzgebung, der vollziehenden Gewalt und der Rechtsprechung, soweit sie ihnen von der Krone in den von ihnen verwalteten Provinzen übertragen worden waren, gleichermaßen wahr.

Das *parlement de Toulouse* wurde erstmals 1303 eröffnet, nach verschiedenen Wechselfällen endgültig im Jahre 1444. Sein Zuständigkeitsbereich umfaßte von Anfang an den gesamten Südosten des Königreiches. Es besaß nach dem Pariser Vorbild eine *Grand'Chambre.* Das war die ursprüngliche Kammer, aus der aus prozessualen Gründen alle anderen durch Abtrennung hervorgingen: die *chambre criminellel,* auch *la Tournelle* genannt, sowie zwei *chambres des enquêtes.* In der Tournelle wurden in letzter Instanz alle Delikte, die mit Leibesstrafen bedroht waren, abgeurteilt. In ihr durfte deshalb kein Kleriker Mitglied sein. Sie bescherte den Bürgern von Toulouse regelmäßig das populäre Vergnügen öffentlicher grausamer Hinrichtungen. Zwischen der *Grand'Chambre* und der *Tournelle* wurden jährlich je zwei Richter ausgetauscht, so daß man beide Kammern auch als eine einzige, aber zweigeteilte Kammer ansah. In den beiden *chambres des enquêtes* wurden Zivilprozesse in letzter Instanz im schriftlichen Verfahren entschieden.

Vorsitzender der *Grand'Chambre* und Chef des gesamten *parlement* war der *premier président,* der als einziger Richter sein Amt nicht käuflich erwarb, sondern vom König eingesetzt wurde. Seine Stellvertreter in der *Grand'Chambre* wie auch die Vorsitzenden Richter der übrigen Kammern

waren die *présidents à mortier* (zwei bis drei pro Kammer), die ihr prestigeträchtiges Amt wiederum gekauft hatten, freilich für einen etwa dreimal so hohen Preis wie die einfachen *conceillers* die ihren. Sie leiteten in aller Regel im Turnus die Sitzungen ihrer Kammern. Aber auch ein einfacher *conseiller*, wie FERMAT es zeitlebens blieb, konnte in einem Verfahren eine zentrale Rolle übernehmen, nämlich dann, wenn er von der Kammer zum "*rapporteur*", d.h. zum Berichterstatter des Falles bestellt worden war.

Mit der Übernahme der Rolle des Rapporteurs in einem Verfahren waren zusätzliche Einnahmen verbunden. Ein fleißiger Rapporteur konnte seine Einkünfte nicht unwesentlich erhöhen. Und FERMAT gehörte zu den fleißigsten Rapporteuren des Parlaments. So schrieb er zum Beispiel in den 10 Wochen von Mitte 1657 bis Ende Januar 1658 in der *Tournelle* nicht weniger 34 *rapport/ arrêts,* also rund drei pro Woche. Seinen ersten *arrêt* überhaupt verfaßte FERMAT am 6. Dezember 1632 in der *chambre des requêtes,* seinen ersten *rapport* in der *Grand'Chambre* am 9. Dezember 1654 und seinen letzten *arrêt*, in der *chambre de l'Edit*, drei Tage vor seinem Tod, am 9. Januar 1665.

Die genannten vier Kammern bildeten den eigentlichen "*cour*" *des parlement de Toulouse*. Die *chambre des requêtes,* in der FERMAT 1631 sein Amt als *conseiller* und *commissaire* antrat, wurde nicht zum eigentlichen *cour* gezählt und stand in der Hierarchie des *parlement* am unteren Ende. Seine Mitglieder verhandelten gewisse zivile Streitfälle im mündlichen Vorverfahren, mußten das Urteil aber einer der *chambres des enquêtes* überlassen.

Es handelte sich bei dem *commissariat aux requêtes* generell eher um eine Position für einen Anfänger, die es ihm erlaubte sich mit der Gerichtspraxis vertraut zu machen, die ihm aber keinen weiteren Aufstieg in der Hierarchie der Kammern des *parlement* eröffnete. Dazu mußte der *conseiller* sein Amt in der *chambre des requêtes* wieder verkaufen und ein Amt am eigentlichen *cour* käuflich erwerben. Aus diesem Grund gab FERMAT am 4. Dezember 1637 sein *commissariat des requêtes* zugunsten von PIERRE DECAUMEIL auf, erwarb das Amt des verstorbenen PIERRE DE RAYNALDY am *cour* und wurde am 16. Januar 1638 am Hof des Parlaments registriert. Dieses Amt behielt er bis zu seinem Tode.

In FERMATs Zeit als *commissaire aux requêtes* fällt die Bekanntschaft mit seinem lebenslangen Freund PIERRE DE CARCAVI, der 1632 sein Kollege am *parlement de Toulouse* wurde und 1636 nach Paris wechselte. Dieser

vermittelte ihm den Kontakt mit MARIN MERSENNE und seinem Pariser Kreis. FERMATs langjährige Korrespondenz mit diesen Herren begann wenige Tage nach CARCAVIs Übersiedlung und dauerte, allerdings mit einer längeren Unterbrechung, bis kurz vor FERMATs Tod. In die Zeit des Übergangs von der *chambre des requêtes* in die erste *chambre des enquêtes* (1637/38) fällt auch FERMATs berühmter Streit mit DESCARTES.

Schließlich zählte zum *parlement de Toulouse* noch die von HENRI QUATRE 1598 eingerichtete, von Katholiken und Reformierten paritätisch besetzte *chambre de l'Edit de Nantes,* die von 1632 bis 1670 in der 75 km östlich von Toulouse gelegenen Stadt Castres ihren Sitz hatte. In ihr wurden alle Streit- und Kriminalfälle, in die Anhänger der beiden Religionen verwickelt waren, beigelegt beziehungsweise abgeurteilt. Sie bestand aus zwei Präsidenten, einem reformierten und einem katholischen, sowie je zehn Friedensrichtern beider Konfessionen. Die protestantischen Richter waren ortsansässig und hatten ihre Ämter gekauft. Acht der katholischen Richter wurden jedes Jahr vom König aus einer Liste von zwölf *conseillers au parlement de Toulouse,* welche die *Grand'Chambre* aufgestellt hatte, jeweils für die Dauer eines Jahres ausgewählt. Aus Gründen der Kontinuität erhielten jeweils zwei katholische Richter eine Verlängerung um ein weiteres Jahr. Am 29. Mai 1638 wurde FERMAT erstmals von der *Grand-Chambre* für die *chambre de l'Edit* nominiert und vom König am 16. Juli ausgewählt. So verbrachte er das Sitzungsjahr 1638/39 (November bis August) mit seiner Familie erstmals in Castres.

Ab 1646 werden FERMATs Briefe an seine gelehrten Kollegen immer spärlicher. Es folgt ab 1648 eine mehrjährige, fast vollständige Pause in seiner mathematischen Korrespondenz. Was sind die Ursachen für sein Schweigen? Nachlassende geistige Kraft? FERMAT war gerade erst vierzig Jahre alt. MERSENNEs Tod am 1. September 1648? Dessen Rolle wurde alsbald von CARCAVI übernommen. Wir müssen die Ursachen wohl eher in seinen beruflichen Belastungen sehen, die mit den aufkommenden sozialen und politischen Turbulenzen zusammenhängen: Bauernunruhen im Süden Frankreichs wegen brutaler Steuereintreibungsmethoden, der Aufstand der Fronde gegen MAZARIN und der Krieg gegen Spanien. Hinzu kam Anfang der fünfziger Jahre noch der Ausbruch der letzten großen französischen Pestepedemie mit nachfolgenden Hungersnöten.

Wir sind - zu Recht - daran gewöhnt, in FERMAT den großen Mathematiker und humanistischen Gelehrten zu sehen. FERMAT aber war nach seinem

Selbstverständnis zuerst und vor allem Richter. Am Parlament von Toulouse hatte er seinen "Sitz im Leben". Auch wenn er im wesentlichen von seinen Gütern in Beaumont-de-Lomagne lebte, so sah er seine Tätigkeit als *conseiller au parlement de Toulouse* als seine eigentliche Lebensaufgabe an, und seine Karriere innerhalb der Hierarchie dieser Institution war ihm wichtiger als seine Forschungen und sein Ansehen als Mathematiker. Nur wenn ihm seine berufliche Tätigkeit genügend Muße erlaubte, etwa während der Zeiten, in denen das Parlament wegen der zahlreichen christlichen Feiertage nicht tagte, konnte er sich seiner Liebhaberei, der Mathematik, widmen.

Die großen Parlamentsferien im September und Oktober verbrachte er *à la campagne*, in Beaumont, wo er in der Erntezeit darauf achtete, daß er den vertraglich vereinbarten Anteil der Erträge aus den verpachteten Höfen erhielt. Außerdem beriet er die Bewohner seiner Heimatstadt in juristischen Fragen. Regelmäßig nahm FERMAT an deren Bürgerversammlungen teil - sein Name taucht viele Jahre lang in allen Sitzungsprotokollen auf - und leitete sie bei besonders schwierigen Tagungsordnungspunkten. Auch in anderer Weise, etwa durch die Übernahme von zahlreichen Patenschaften sowie durch Mildtätigkeit und Stiftungen bewies die Familie FERMATs ihre enge Verbundenheit mit Beaumont-de-Lomagne. Oft verblieb ihm während dieser Aufenthalte weniger Zeit für die geliebte "Geometrie", als er gehofft hatte.

Eine ganz besondere Anziehungskraft aber übte auf FERMAT die Hugenottenhochburg Castres aus, der Sitz der *chambre de l'Edit de Nantes*. Immer wieder bemühte er sich, anfänglich nicht immer mit Erfolg, von der *Grand'Chambre* für die Abordnung nach Castres vorgeschlagen und vom König bestätigt zu werden. Von jenen 45 nach Castres abgeordneten *conseillers au parlement de Toulouse*, deren Aufenthalt dort (zwischen 1632 und 1665) vom König für ein weiteres Jahr verlängert wurde, wurden sieben zweimal, vier dreimal und nur FERMAT viermal(!) für je zwei Jahre beauftragt: 1644/46, 1648/50, 1655/57 und 1663/65. Das kann kein Zufall sein. Was aber zog FERMAT so stark in die Stadt an den Ufern des Agout?

Drei Gründe ließen sich nennen. Als erster eine gewisse, schon bei seinen Eltern und Großeltern zu beobachtende Sympathie für die reformierte Religion. Als zweiter PIERRE DE FERMATs außergewöhnliche, wohl auch von seinem Vater DOMINIQUE geerbte Fähigkeit des Vermittelns zwischen widerstreitenden Interessen, die nirgends besser zur Geltung kommen konnte

als an einer Kammer, an der ständig der Ausgleich zwischen den Vertretern der beiden Religionen gesucht werden mußte; hier war FERMAT in seinem Element. Und als dritter und vielleicht stärkster Beweggrund ist die geistige Atmosphäre der Stadt Castres zu nennen, die in der Zeit, als sie Sitz der *chambre de l'Edit* war, eine kulturelle Hochblüte erlebte, die sie weder zuvor noch danach je wieder erreichte. Währenddessen beklagen die Historiker, die eine Geschichte von Toulouse verfaßt haben, den kulturellen Niedergang dieser Stadt im 17. Jahrhundert in nahezu allen Bereichen von Kunst und Wissenschaft, insbesondere hinsichtlich der Universität. Zugleich heben diese Autoren als Ausnahmeerscheinung und *"gloire de Toulouse"* den großen Gelehrten PIERRE DE FERMAT hervor.

In Castres hingegen wurde 1648 eine protestantische Akademie gegründet, die Anfangs 20 und 1670, als sie geschlossen wurde, 47 ausschließlich reformierte Mitglieder besaß. Der überwiegende Teil dieser Herren waren *conceillers* oder *avocats* der *chambre de l'Edit*. Unter ihnen befanden sich die Dichter SAMUEL IZARN, HERCULE DE LACGER und JACQUES DE RANCHIN, die Theologen RAYMOND GACHES und ANDRÉ MARTEL, der Philosoph PIERRE BAYLE und der Mediziner, Chemiker und Philosoph PIERRE BOREL, der Physiker und Übersetzer PIERRE SAPORTA sowie der Historiograph PAUL PELLISSON, aber kein Mathematiker.

BAYLE und PELLISSON genossen nationales Ansehen, SAPORTA und DE RANCHIN waren Freunde FERMATs. Letzterer las bei Akademiesitzungen Gedichte von PIERRE und SAMUEL FERMAT vor; ihm widmete FERMAT seine kritischen Bemerkungen zum Werk des griechischen Historikers POLYAINOS (2. Jh. n. Chr.), wobei er einen Beweis seiner Kenntnisse der griechischen Philologie erbrachte. Im Laufe des Jahres 1664 sah FERMAT eines der seltenen zu seinen Lebzeiten gedruckten Werke, welches SAPORTA besorgt hatte. Es handelt sich um einen kurzen Text, in dem FERMAT eine Passage aus einem Brief des SYNESIOS VON KYRENE interpretiert, wo dieser ein "Hydroskop oder Baryllon" beschreibt. Immer wieder zog es FERMAT nach Castres, seine jüngste Tochter LOUISE wurde um 1645 dort geboren, und sein jüngerer Sohn JEAN war Domherr zu Castres, als sein Vater 1665 dort starb.

Sein starkes Interesse an einer Abordnung nach Castres hinderte FERMAT nicht daran, seinen beruflichen Aufstieg in die *Grand'Chambre* mit Nachdruck zu betreiben. Bereits 1647 ist er der dienstälteste *conseiller* in der ersten *chambre des enquêtes* und übernimmt häufig deren Vorsitz, wenn

die beiden *présidents à mortier* abwesend sind. Sein Wechsel von der ersten *chambre des enquêtes* in die *Tournelle* im Herbst 1652 fällt allerdings zeitlich mit dem Ausbruch der letzten großen Toulouser Pestepidemie von 1652/53 zusammen. Diese begann im August 1652 und endete im Juli 1653. Dabei starben ca. 4000 Bürger der Stadt an der Seuche, etwa 10 % der Bevölkerung, und fast, so scheint es, wäre auch FERMAT ihr zum Opfer gefallen. Im Mai 1653 berichtet der Philosoph BERNARD MEDON, *conceiller au présidial de Toulouse* und ein Freund FERMATs, in einem Brief an den niederländischen Literaten NICOLAAS HEINSIUS D.Ä. von FERMATs Tod (*Fato functus est maximus* Fermatius), um diese Nachricht im nächsten Brief alsbald zu widerrufen: *Priori monueram te de morte Fermatii, vivit adhuc, nec desperatur de ejus salute, quamvis paulo ante conclamata.* FERMAT gehörte also zu jenen etwa 50 % der an der Beulenpest Erkrankten, die diese überlebten. Allerdings deutet vieles darauf hin, daß seine Gesundheit von diesem Zeitpunkt an geschwächt war.

Kurz nach Ausbruch der Epidemie war FERMAT aus Gründen der Anciennität bereits in die *Tournelle* übergegangen, und von dieser aus war der turnusmäßige Wechsel in die *Grand'Chambre* reine Routine. In der Tat wurde er im November 1654 erstmals Mitglied der obersten Kammer des *parlement* und las dort am 9. Dezember seinen ersten *rapport*. Vom November 1655 an ist er bereits wieder in Castres, von wo er im November 1657 nach Toulouse, und zwar erneut in die *Tournelle*, zurückkehrt.

Zweifellos war FERMAT zeitlebens ein treuer Diener der Krone. Geboren noch unter der Regentschaft HENRI QUATRES erlebte er als Vierzehnjähriger, wie der junge König LOUIS TREIZE auf seiner Reise von Toulouse nach Lectoure die Nacht vom 24. auf den 25. November 1621 in Beaumont-de-Lomagne im Hause seines Vaters DOMINIQUE verbrachte. Doch FERMATs Bild von seinem König blieb nicht ungetrübt: Im Jahre 1632 mußte FERMAT miterleben, wie LOUIS XIII in Begleitung seiner Mutter und des Kardinals RICHELIEU mit 5000 Soldaten in Toulouse einzog und *Grand'-Chambre* und *Tournelle*, zu einer Kammer vereinigt, zwang, den bei den Toulousern beliebten und geschätzten Herzog HENRI DEUX DE MONTMORENCY wegen Aufstands gegen den König zum Tode zu verurteilen, wobei die äußerst unangenehme Rolle des Rapporteurs in diesem Prozeß dem ältesten *conseiller* der Tournelle, FERMATs Schwiegervater CLÉMENT DE LONG, zufiel, in dessen Haus FERMAT mit seiner Frau LOUISE zu jener Zeit wohnte.

Es gehört zu den im wesentlichen auf MAHONEY zurückgehenden und von zahlreichen neueren Autoren übernommenen Stereotypen, daß FERMAT ein eher mäßiger *conseiller* und Jurist gewesen sei, der sich zudem tunlichst aus allen sozialen, politischen und religiösen Konflikten herauszuhalten bemüht habe. Nichts ist falscher als dies. FERMAT war zwar kein Rechtsgelehrter, der juristische Abhandlungen verfaßte, aber er war ein hervorragender Praktiker, der, in religiösen Fragen tolerant, im Sinne des Humanismus für Gerechtigkeit und Menschlichkeit eintrat und dabei auch vor Konfrontationen mit Mächtigeren, etwa mit dem *premier président* GASPARD DE FIEUBET, nicht zurückschreckte.

FERMAT engagierte sich 1648 und 1651 im (ziemlich aussichtslosen) Kampf gegen die ungesetzlichen und brutalen Methoden, mit denen die Steuereinnehmer ("*partisans*") bei den Bauern die *taille* eintrieben. Dabei deckte er die betrügerische Praxis der *partisans* auf, die Steuerquittungen rückzudatieren und damit die dem König zustehenden Einnahmen selbst einzubehalten. Er gehörte 1651, zur Zeit der Fronde, auf seiten des *parlement de Toulouse* zu der Verhandlungsdelegation, die mit den Provinzialständen des Languedoc, die sich auf die Seite der Fronde geschlagen hatten, in monatelangen Verhandlungen erreichte, daß jene zu königstreuen gesetzlichen Zuständen zurückkehrte. Und er verhinderte am 30. Juli 1652 durch einen couragierten Besuch im Lager der von dem Grafen DE SAVAILLANT angeführten königlichen Armee, daß seine Heimatstadt Beaumont-de-Lomagne, die von den Soldaten der Fronde unter dem Befehl von GUYONNET besetzt und ausgeplündert worden war, von den Soldaten des Königs im Sturm genommen und vollends zerstört wurde. Nach der Niederlage der Fronde erreichte FERMAT durch zähe Verhandlungen, daß Beaumont Reparationszahlungen in Höhe von 16266 *livres* zugesprochen bekam. Im Jahre 1654 setzte FERMAT in der *Grand'Chambre* eine gerechtere Verteilung der Einkünfte aus den Gebühren zwischen *Grand'Chambre* und *la Tournelle* durch, wobei er sich bei den Klerikern in der *Grand'Chambre* ziemlich unbeliebt machte.

Ein weiteres Stereotyp ist die Behauptung, FERMAT sei zeitlebens nie weiter als bis Bordeaux gereist. Wie wir bereits berichtet haben, hat er 1623-1626 in Orléans studiert, und es ist sehr wohl denkbar, daß er als Student Paris besucht hat. Aber auch in seiner Tätigkeit als *conseiller* mußte er gelegentlich weitere Reisen unternehmen. So hatte beispielsweise die *Grand'Chambre* am 28. November 1646 den Färbern von Nîmes durch ei-

nen Beschluß verboten, anstelle des im *Languedoc* angebauten Färberwaids das in Toulouse aus protektionistischen Gründen verhaßte aus Indien importierte Indigo zu kaufen und zu verwenden. Als diese sich (aus verständlichen Gründen) an dieses Verbot nicht hielten, wurde FERMAT sechs Monate später in das rund 300 Kilometer östlich von Toulouse gelegenen Nîmes geschickt, um dem Beschluß der *Grand'Chambre* Geltung zu verschaffen und das Indigo zu konfiszieren. Das war eine nicht sehr angenehme Aufgabe, die man wohl kaum einem "sanftmütigen, zurückgezogen, geradezu scheuen Mann", als den ihn uns MAHONEY schildert, übertragen hätte. Häufig wurde FERMAT zudem der kleinen Gruppe von *conseillers* zugeteilt, die Bischöfen, Ministern und anderen Würdenträgern weit entgegengingen oder sie von Toulouse aus zum Teil noch ein weites Stück begleiteten, wenn sie sich von dort verabschiedet hatten; hier scheint FERMATs Ansehen als großer Gelehrter und geschätzter Gesprächspartner das Auswahlkriterium gewesen zu sein.

FERMAT war sicher kein unpolitischer Mann. Zum erfolgreichen Politiker aber fehlten ihm zwei wichtige Eigenschaften: Skrupellosigkeit und Machtinstinkt. Aber auch seine Fähigkeiten als Jurist sind von MAHONEY angezweifelt worden:

"Die ehrlichste Beurteilung von FERMATs Fähigkeiten als Jurist, und eine, die der üblichen Beweihräucherung zuwiderläuft," so schreibt MAHONEY, "kommt aus einem geheimen Bericht von CLAUDE BEZIN DES BÉSONS, Intendant des Languedoc, an den Minister COLBERT im Jahre 1663. Indem er über die 'conseillers' und ihre Beziehungen zu dem suspekten Ersten Präsidenten, GASPARD DE FIEUBET, spricht, sagt BEZIN von FERMAT: 'Fermat, ein Mann von umfassender Bildung, pflegt den Austausch mit den Gelehrten aller Länder, ist aber sehr engagiert; er ist kein sehr guter Rapporteur und ist konfus, er gehört nicht zu den Freunden des Ersten Präsidenten.'"

MAHONEY zieht dann entsprechende negative Schlüsse hinsichtlich FERMATs richterlichen Fähigkeiten, die von anderen Autoren unterdessen ungeprüft übernommen wurden. Hätte er sorgfältiger recherchiert, wären ihm solche Fehlurteile nicht unterlaufen.

Schon 1965 hat der Toulouser Rechtshistoriker HENRI GILLES in einem sorgfältig begründeten Aufsatz *Fermat Magistrat*, den MAHONEY offenbar nicht gelesen hat, nachgewiesen, daß FERMAT im *Laufe seines Lebens einen sehr klaren Stil pflegte, und daß die Sprache der "arrêts", die er ver-*

faßte, den Vergleich mit jener der von seinen Kollegen abgelieferten nicht zu scheuen brauchte. Ich konnte mich durch Stichproben in den *archives départementales de la Haute Garonne* davon überzeugen, daß GILLES Recht hat. Das herabsetzende Urteil des Intendanten CLAUDE BAZINS DE BESSONS läßt sich zunächst unschwer erklären: Im September 1663 verlangte der Minister JEAN-BAPTISTE COLBERT von allen Intendanten eine individuelle Beurteilung der Richter und anderen königlichen Beamten an den Parlamenten. Dieser Aufforderung kamen jene offenbar nur sehr ungern und zögernd nach, denn ihre Beurteilungen fielen so knapp aus, daß COLBERT von einigen Intendanten größere Ausführlichkeit einforderte. Hätte MAHONEY den gesamten Bericht vom 24. Dezember 1663 gelesen, und nicht nur ein Zitat der Beurteilung FERMATs, so hätte ihm auffallen müssen, wie lakonisch und oberflächlich die einzelnen Beurteilungen ausfielen.

DE BESSONS residierte in Montpellier und mußte zur Abfassung seines Berichts zunächst nach Toulouse reisen, wo er sich dann über die *conseillers* informierte. Zu dieser Zeit aber war FERMAT schon nach Castres abgereist. Also wandte sich DE BESSONS, der Mann COLBERTs, wegen FERMAT an den Mann des Königs, den Ersten Präsidenten FIEUBET, einen Intimfeind FERMATs. Daß dabei keine gerechte Beurteilung herauskam, braucht nicht zu verwundern.

Viel interessanter ist der Grund für die herzliche Abneigung zwischen FERMAT und FIEUBET. Es ist ein von FIEUBET am 26. Januar 1658 inszenierter Justizmord an einem Priester namens JEAN MONTRALON, mit offensichtlich jansenistischem Hintergrund, in den FERMAT als *rapporteur* und vernehmender Richter verwickelt war. MONTRALON, von dessen Unschuld FERMAT überzeugt war, wurde noch am Tage darauf gehängt, und seine Leiche verbrannt. FERMAT war so erzürnt und geschockt, daß er etwa einen Monat lang nicht als Richter arbeiten konnte. Darüber hat Sir KENELM DIGBY, der "notorische Lügner", in einem Brief vom 6. Februar 1658 an JONH WALLIS in Oxford berichtet, allerdings in Form einer schamlosen Verleumdung: Es sei FERMAT gewesen, der den Priester zum Tod, und zwar durch Verbrennen bei lebendigem Leibe (!), verurteilt habe.

Zeitweilig scheint FERMAT wegen dieses Ereignisses sogar an den Verzicht auf sein Amt als *conseiller* in der *Grand'Chambre* gedacht zu haben. Vielleicht aber war auch die sich zusehends verschlechternde Gesundheit FERMATs ein Grund für seine Gedanken an einen Rücktritt von seinem Amt. In

einem Brief vom 25. Juli 1660 an den kränkelnden PASCAL schlägt er diesem vor, sich auf halbem Wege zwischen Clermont-Ferrand und Toulouse zu treffen, weil seine Gesundheit kaum besser sei als die PASCALS. Sollte dieser dazu nicht bereit sein und FERMAT die ganze Strecke (von ca. 380 km) zumuten, so laufe PASCAL Gefahr, daß er FERMAT bei sich treffe und dort dann zwei Kranke zur gleichen Zeit habe. Am 4. März 1660 schreibt FERMAT sein Testament, worin er seinen älteren Sohn SAMUEL als Universalerben einsetzt.

Dieses Testament ergänzt er am 13. September 1664 durch ein Kodizill, in welchem er Regelungen zugunsten seiner Frau LOUISE trifft: SAMUEL wird verpflichtet, seiner Mutter aus dem Erbe 32000 *livres* zu zahlen, eine stattliche Summe, welche sie auch gut gebrauchen konnte: LOUISE DE LONG überlebte ihren Mann um mindestens 25 Jahre. In der Präambel dieses Kodizills spricht FERMAT ziemlich unverschlüsselt von seinem nahen Ende: *Ich, der Unterzeichnende, bin unpäßlich von einer Krankheit, die schlimme Folgen haben könnte ...* . Im Oktober 1664 bricht FERMAT ein letztes Mal nach Castres auf und stirbt dort, nach Empfang der heiligen Sakramente und bis zuletzt bei klarem Bewußtsein, am 12. Januar 1665 im Alter von 57 Jahren, nachdem er noch drei Tage zuvor sein letztes "*arrêt*" geschrieben, aber nicht mehr unterzeichnet hat. Schon am darauf folgenden Tage, am 13. Januar 1665, wird er in der Kapelle der Jakobiner in Castres beigesetzt.

Ist bei FERMATS Geburt das Datum umstritten, so ist es bei seinem Tod der Ort, an dem seine sterblichen Überreste ihre letzte Ruhestätte fanden. Ist es die bald nach seinem Tod abgerissene Jacobiner-Kapelle in Castres oder das Familienmausoleum in der Kirche der Augustiner zu Toulouse, in das SAMUEL und JEAN FERMAT den Leichnam ihres Vaters haben überführen lassen? Nach Prüfung aller Argumente bin ich zu der Überzeugung gelangt, daß FERMATS sterbliche Überreste sehr wahrscheinlich noch in seinem Todesjahr in das Familiengrab in Toulouse umgebettet wurden. Einen eindeutigen Beweis dafür gibt es aber nicht. Das Familiengrab wurde in der französischen Revolution zerstört, und lediglich das Epitaph FERMATS überlebte und wird gegenwärtig restauriert.

Prof. Dr. Klaus Barner, Fachbereich Mathematik-Informatik
Universität Kassel, D-34109 Kassel; klaus@mathematik.uni-kassel.de

Einführung in die Differentialrechnung im Jahrgang 11 an Hand von Originalliteratur

Ute Gick

1. Einleitung

Ich möchte in diesem Vortrag meine Unterrichtsreihe vorstellen, in der ich den Differenzierbarkeitsbegriff unter Einbindung von Originalliteratur eingeführt habe.

> "Ich habe so viele Einfälle, die vielleicht später von Nutzen sein werden, wenn sich eines Tages gründlichere Leute als ich eingehender mit ihnen beschäftigen und ihre schönen Gedanken mit meinen Mühen vereinen."
>
> LEIBNIZ *über sich selbst*

Dieses Zitat von LEIBNIZ zeigt auf, daß die Mathematik immer und fortwährend einen Entwicklungsprozeß durchläuft, und sich den jeweiligen technologischen Gegebenheiten bzw. Notwendigkeiten anpaßt. Die Geschichte der Mathematik bietet eine Möglichkeit sich eingehender mit dem Werden der Mathematik auseinanderzusetzen, um so ihren kulturhistorischen Aspekt, ihre Prozeßhaftigkeit und ihre Lebendigkeit aufzuzeigen. Gerade in Zeiten der "Mathematikmüdigkeit" in den Schulen kann die Geschichte der Mathematik ein Aspekt sein, die Inhalte einsichtiger und bedeutungsvoller zu gestalten. Einen geschichtlichen Weg an Hand von Originalliteratur nachzuvollziehen ist für Schüler sicherlich nicht immer leicht, bringt aber einen neuen Gesichtspunkt in den Unterricht ein und kann so motivierend wirken. Ich habe den Begriff "Einführung" zum Anlaß genommen, um zu den relativen Ursprüngen der Differentialrechnung zurückzugehen und daher FERMAT als Wegbereiter und LEIBNIZ als Begründer ausgewählt, um mit ihnen den Differenzierbarkeitsbegriff einzuführen.

2. Geschichtlicher Überblick

Fermat

PIERRE DE FERMAT (um 1601-1665) war ausgebildeter Jurist und vielseitig gebildeter Humanist. Als Mathematiker war er Autodidakt und man hat ihm den Namen "König der Amateure" gegeben. Die Art und Weise wie FERMAT sein Hobby, die Mathematik, betrieb, hatte nichts mit Dilettantismus zu tun. Er veröffentliche zu Lebzeiten fast nichts, sondern teilte seine Ergebnisse in Briefen mit (damals übliche Praxis) oder schrieb sie in unveröffentlichten Manuskripten nieder. Der sprachkundige FERMAT studierte die antiken Klassiker EUKLID, APOLLONIUS, ARCHIMEDES und DIOPHANT. In den Bereichen, mit denen er sich intensiv beschäftigte, erzielte FERMAT Ergebnisse, die über seine Vorläufer hinausgingen. Gerade seine zahlentheoretischen Untersuchungen prägten über Jahrhunderte dieses Teilgebiet der Mathematik (kleiner und großer Fermatscher Satz). Wichtige Beiträge leistete er auch im Gebiet der Infinitesimalrechnung. Er beschäftigte sich mit den infinitesimalen Methoden in der Antike und baute die Methode von ARCHIMEDES weiter aus. Er befaßte sich nach KEPLER mit Extremalaufgaben und gab eine erste Lösung des "Tangentenproblems". LAPLACE sagt [in seiner "Théorie analytique des Probabilités (1812)"] über FERMAT:

> "FERMAT, der wahre Erfinder der Differentialrechnung, hat diesem Kalkül als einen Teil der Differenzenrechnung betrachtet. NEWTON hat dann dieses Kalkül mehr analytisch gefaßt. LEIBNIZ hat die Differentialrechnung um eine sehr glückliche Bezeichnungsweise bereichert." [Meschkowski 1980, 95]

FERMAT hat aber seine Methode nur auf eine beschränkte Klasse von Funktionen angewendet und den Fundamentalsatz nicht wie LEIBNIZ und NEWTON erkannt, so daß man FERMAT nicht als Begründer, sondern als Wegbereiter der Analysis ansehen kann.

Leibniz

Über GOTTFRIED WILHELM LEIBNIZ (1646 - 1716) sagt man, daß er der letzte war, der das gesamte Wissen seiner Zeit beherrschte, er gilt als Universalgenie. Er war einer der großen Philosophen und Mathematiker seiner Zeit. Sein Geschick in der Erfindung zweckmäßiger mathematischer

Bezeichnungsweisen und Symbole war sehr groß. Von LEIBNIZ stammt die noch heute gebräuchliche Symbolik der Differential- und Integralrechnung. Seine geniale Begabung, die Fähigkeit, das Wesentliche an einer Deduktion zu erkennen und zu verallgemeinern, zeigte sich schon bei der ersten Berührung mit mathematischen Fragestellungen. Zweifellos ist LEIBNIZ bedeutendste mathematische Leistung die Entwicklung der Infinitesimalrechnung, wie wir sie heute noch verwenden. LEIBNIZ hat die Grundlagen seines Kalküls um 1675 entwickelt, aber nicht veröffentlicht. In den "Acta Eruditorium" ("Berichte der Gelehrten") publizierte er 1684 seine Abhandlung "Nova methodus", die bahnbrechende erste Veröffentlichung zur modernen Infinitesimalrechnung, in der er die Grundlagen seiner Differentialrechnung vorstellt [vgl. Popp 1981, 74].

3. Unterrichtliche Praxis

Zunächst möchte ich einen kurzen Überblick darüber geben, warum man Geschichte der Mathematik im Unterricht behandelt, zum anderen werde ich die einzelnen Phasen meiner Unterrichtsreihe vorstellen.

> "Es läßt sich wohl behaupten, daß die Geschichte der Wissenschaften die Wissenschaft selbst sei. Man kann dasjenige, was man besitzt, nicht rein erkennen, bis man das, was andere vor uns besessen, zu erkennen weiß."
>
> J. W. GOETHE (1749 - 1832)

Dieses Zitat von J. W. GOETHE weist bereits auf die Bedeutung der "Geschichte der Mathematik" hin. Die Kenntnisse über die Differentialrechnung und über die Geschichte der Mathematik sind sowohl für die Schüler als auch für die Gesellschaft von großer Bedeutung und stellen Grundlagen dar. Die Mathematik ist nicht ein starres System, sie ist auch nicht wie die "10 Gebote" vom "Himmel gefallen", sondern sie ist eng mit dem Lauf der Welt verwurzelt und geht damit aus bestimmten historischen Situationen hervor. Die Schüler sollen über die Mathematik hinaus einen Einblick in das mühselige Werden der Mathematik bekommen. Die Wichtigkeit und die Bedeutung der Mathematik für die Technik und die Naturwissenschaften ist allgemein anerkannt, aber als Bestandteil der "Allgemeinbildung" wird sie nicht genug gewürdigt. Und dabei stellt sich gerade zur Zeit die Frage, was der Mathematikunterricht zu einer vertiefenden Allgemeinbildung beiträgt bzw. beitragen könnte. Die bedeutende Stellung der

Mathematik bei der Entstehung der heutigen Zivilisation und Kultur macht unser derzeitiger Unterricht kaum bewußt. Ein etwas genaueres Eingehen auf die Geschichte könnte dem Schüler die Stellung der Mathematik innerhalb der Kulturgeschichte vor Augen führen und es könnte ein natürlicher Zugang zu vielen Teilen der Mathematik gefunden werden. Desweiteren kann man auf diese Weise dem Anspruch an Mathematikunterricht in Bezug auf die Allgemeinbildung gerechter werden. Weitere Gründe, die Geschichte im Unterricht zu behandeln, sind die von MICHAEL VON RENTELN genannten:

"1. Ein Ausflug in die Geschichte der Mathematik erweitert den Gesichtskreis des Lernenden [...].

2. Sie liefert ein Verständnis für die historischen Zusammenhänge und gibt auch Einsichten in sachliche Verbindungen [...].

3. Die Geschichte liefert ein Verständnis für die Schwierigkeiten, die in der Vergangenheit überwunden werden mußten, um Probleme zu lösen und zu neuen Erkenntnissen zu gelangen.

4. Die Geschichte der Mathematik motiviert, sich mit mathematischen Problemen auseinanderzusetzen, und fördert das Interesse an dem Fach." [v. Renteln 1995, 137f.]

Für die Schüler kann somit die Dynamik wissenschaftlichen Arbeitens einsichtiger gemacht werden. Durch das Wissen, daß die Mathematik nicht an einem Tag entstanden ist, sondern daß es einen langen Weges bedurfte, um zum heutigen Stand zu gelangen, der auch von vielen Irrwegen, Fehlern und Korrekturen begleitet war, könnte ein Denkprozeß in Gang gesetzt werden und somit zur Akzeptanz der Mathematik beitragen. Weiter wird Mathematik in der Schule häufig als unnötiger Ballast angesehen, ein Aufzeigen, daß es sich aber um einen wesentlichen Bestandteil des kulturellen Schaffens des Menschen handelt, kann dem entgegenwirken. Man kann nicht voraussetzen bzw. erwarten, daß die Geschichte der Mathematik den Schülern das Verständnis des Stoffes ohne weiters erleichtert, vielmehr sollte man sich der Mühen von Veränderungen bewußt sein. Geschichte ist gerade dann und deswegen produktiv, weil sie vorhandene Sichtweisen nicht einfach bestätigt, sondern ein fremdes, sperriges Element in den Unterricht einführt, das zum Nachdenken anregt. Einen historischen Text zu verstehen, erfordert, ihn mit den eigenen Vorstellungen zu konfrontieren und aus dieser Konfrontation heraus, seinen Sinn zu entschlüsseln. Die Geschichte soll unser Verständnis für die Mathematik weiterentwickeln, sie

Differentialrechnung in der 11. Kl. an Hand von Originalliteratur

soll unseren heutigen Blick nicht einfach bestätigen, sondern weiten und schärfen.

Warum Fermat und Leibniz?

Die historische Entwicklung der Differentialrechnung ist, wie schon erwähnt, durch Extremwertaufgaben in Gang gekommen, auch heute noch haben sie eine zentrale Rolle in der Mathematik, denn Optimieren ist eine fundamentale Idee der Mathematik. Sie gehören im Unterricht zu den wichtigsten Anwendungen der Differentialrechnung.

Für die Behandlung von FERMAT und LEIBNIZ spricht, daß sie Wegbereiter und Begründer sind, und daß man mit ihnen ein Stück weit die Ursprünge der Differentialrechnung nachgehen kann. Somit wird deutlich, daß sich ein jahrhundertelanges Bemühen hinter dem Begriff der Differentialrechnung verbirgt.

4. Darstellung der Reihe

Die Schüler sollten in der Unterrichtsreihe über die Mathematik hinaus einen Einblick in das mühselige Werden der später so schlagkräftigen Analysis bekommen. Daher habe ich es für sinnvoll gehalten, daß am Anfang der Unterrichtsreihe der allgemeine historische Hintergrund beleuchtet wurde. So erhielten die Schüler eine Art historisches "Fundament", das ihnen eine gewisse Orientierung verschaffte.

4.1 Fermats allgemeine Methode

In dieser Phase der Unterrichtsreihe begann der Einstieg in die Behandlung eines neuen mathematischen Themas mit Hilfe der Geschichte der Mathematik. Es wurde schon erwähnt, daß die Abhandlungen von FERMAT am Anfang der Unterrichtsreihe stehen sollte, denn Minima und Maxima sind den Schülern ein Begriff und so kann an die Vorkenntnisse der Schüler angeknüpft werden. Der Einstieg in die Unterrichtsphase erfolgte mit der Überschrift *"Abhandlungen über Minima und Maxima"*. Dies lieferte das Thema und sollte zu einem Brainstorming führen, d.h. die Schüler sollten frei erzählen, was sie mit diesem Thema verbinden. Dieses Vorgehen hatte

zum Ziel, daß die Schüler ihre Vorkenntnisse aktivieren und in das Thema eingestimmt wurden. Im folgenden ging es dann darum, sich mit der Methode von FERMAT auseinanderzusetzen. Die Schüler erhielten folgenden Auszug aus FERMATs Abhandlungen als Arbeitsblatt mit der Aufgabe, den Text zu lesen und unbekannte Begriffe zu klären:

> "Angenommen A stelle irgendeine zu untersuchende Größe - eine Oberfläche oder einen Körper oder eine Länge, je nach Bedingungen der Aufgabe - dar, und das Maximum oder Minimum werde durch Glieder, die A in irgendwelchen Potenzen enthalten, dargestellt. Dann machen wir aus der Größe, die vorher A gewesen ist, A+E und suchen erneut die Maxima und Minima über die Glieder in den gleichen Potenzen. Diese zwei Ausdrücke setzen wir (nach DIOPHANTOS) angenähert einander gleich. Gleiche Summanden auf beiden Seiten der Gleichung streichen wir weg. Die verbleibenden teilen wir durch E oder durch eine Potenz davon, so daß wenigstens einer der Summanden E nicht mehr enthält. Danach werden die Glieder, die E enthalten, beseitigt, und die übriggebliebenen Summanden werden einander gleichgesetzt. Die Lösung der Gleichung ergibt A, das dem Maximum oder Minimum entspricht." [Miller 1934, 1]

Im weiteren ging es dann darum, den Text aus FERMATs Sicht zu deuten ("Gleichsetzen, Wegstreichen etc."), um ihn daran anschließend im Hinblick auf unsere heutige Sicht zu interpretieren. Der Text wurde mit Hilfe einer Beispielfunktion gedeutet, um dann vom Beispiel zum Allgemeinen zu kommen. Es wurde bei der Deutung des Textes explizit darauf hingewiesen, daß FERMAT keine Aussage über die Größe von E macht, und daß er offen läßt, inwieweit man feststellen kann, ob man ein Maximum oder Minimum berechnet hat. Hierzu sollten die Schüler eigene Lösungsstrategien entwickeln und anwenden. Im folgenden wurde die Methode auf weitere Funktionen angewendet, und die Extremwerte wurden bestimmt. Damit die Schüler den Umgang mit der Methode festigten, wurden hier Funktionen eingesetzt und *nicht* FERMATs Beispiel, welches ein unbekanntes Moment ins Spiel gebracht hätte.

4.2 Fermats Beispiel

FERMAT läßt in seinen "Abhandlungen über Maxima und Minima" nach der Beschreibung der allgemeinen Methode ein Beispiel folgen und in Analogie zu FERMAT war dieses Beispiel Gegenstand der Unterrichtsphase. Der

Differentialrechnung in der 11. Kl. an Hand von Originalliteratur

Einstieg in diese Phase erfolgte durch Bezugnahme auf eben diese gerade dargestellte Information, es war im weitesten so, als ob die Schüler FERMATS Abhandlung lesen würden. Die Schüler erhielten hierzu einen weiteren Auszug als Arbeitsblatt mit dem Auftrag sich den Text durchzulesen und Unbekanntes zu klären:

"Ich will mit Hilfe meiner Methode eine gegebene Strecke AC im Punkt Q so teilen, daß das Rechteck $AQ \cdot QC$ maximal wird. Die Strecke AC heiße B, der eine Teil von B werde A genannt, also wird der andere $B - A$ sein. Das Rechteck aus den Abschnitten ist $B \cdot A - A^2$, und dies soll zu einem Maximum werden. Nun setze man den einen Teil von B gleich $A+E$, also wird der andere $B-A-E$ sein. Und das Rechteck aus den Abschnitten wird $B \cdot A - A^2 + B \cdot E - 2 \cdot A \cdot E - E^2$. Was annähernd mit dem Rechteck $B \cdot A - A^2$ gleichgesetzt werden muß. Nimmt man die gleichen Glieder weg, so wird $B \cdot E$ annähernd gleich $2 \cdot A \cdot E + E^2$. Und wenn man alles durch E dividiert, wird B annähernd gleich $2 \cdot A + E$. Läßt man E weg, so ist B gleich $2 \cdot A$. Also ist B zur Lösung der Aufgabe zu halbieren." [Miller 1934, 2]

Weiter sollten sie FERMATS Vorgehen zunächst mit einem vorgegebenen Zahlenbeispiel ($\overline{AC} = 6$ LE) in Partnerarbeit erarbeiten und den Graphen der Funktion zeichnen. Mit Hilfe des Graphen konnte visualisiert werden, warum man $f(x)$ und $f(x+h)$ annähernd gleichsetzen kann. Betrachtet man den Graphen der Funktion zu $f(x) = 6x - x^2$, so erkennt man einen fast horizontalen Verlauf der Parabel in Scheitelpunktsnähe. In der anschließenden Partnerarbeit sollte dann das Problem allgemein gelöst und die Frage beantwortet werden, welches Rechteck mit gegebenem Umfang den größten Flächeninhalt hat. Die Unterrichtsphase wurde mit folgendem Zitat von FERMAT beendet, womit die Einstellungen der damaligen Zeit wiedergegeben werden sollte und aufgezeigt wurde, daß FERMAT seine Methode nicht bewiesen hat:

"Wir sprechen auch hier, wie bereits früher die Überzeugung aus, daß diese Untersuchung über Maxima und Minima für alle Fälle streng gültig ist und nicht etwa, wie einige glauben, vom Zufall abhängt [...] Sollte es aber immer noch jemanden geben, der behauptet, daß wir diese Methode dem Zufall verdanken, der möge selbst sein Glück mit ähnlichem Zufall versuchen."

4.3 "Tangentenproblem" von Fermat

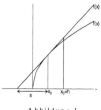

Abbildung 1

Die Überleitung von FERMATs Abhandlungen über Minima und Maxima zu dem "Tangentenproblem" stellte insofern eine Gelenkstelle dar, als daß es zu diesem Zeitpunkt für die Schüler nicht ersichtlich war, was Tangenten mit Extremwerten verbindet. Die Vernetzung der beiden Themen erfolgte erst im weiteren Unterrichtsgeschehen. Die Einführung in die neue Thematik "Subtangenten-" bzw. "Tangentenproblem" erfolgte in der Art, daß dieses ein weiterer Aspekt ist, mit dem FERMAT sich beschäftigt hat, und daß dieses ein zentrales Thema der Mathematik im 17. Jahrhundert war. Auf die Begriffsklärungen Tangente und Subtangente wurde nicht weiter eingegangen, da sie den Schülern bekannt sind (Tangente) und durch die ikonische Darstellung gefaßt werden können. Im folgenden wurde ausgeführt, daß FERMAT Tangenten mit Hilfe der Subtangenten bestimmt hat. Ziel dieser Unterrichtsphase war, mit Hilfe eines Arbeitsblattes diesen Weg nachzuvollziehen bzw. zu erarbeiten. Zunächst mußten die Schüler die Abbildung 1 auf dem Arbeitsblatt vervollständigen, um die weiteren Ausführungen nachvollziehen zu können. Sie setzten sich handelnd mit dem Gegenstand auseinander.

Mit Hilfe ihres Vorwissens konnten die Schüler die Aussagen $\frac{t(x_0 + h)}{t(x_0)} = \frac{s+h}{s}$ und $\frac{f(x_0 + h)}{f(x_0)} \approx \frac{s+h}{s}$ begründen. In der anschließenden Partnerarbeit erarbeiteten die Schüler die Äquivalenzumformungen, die nötig sind, um auf das Ergebnis $s = \frac{f(x_0)}{\lim\limits_{h \to 0}\left[\frac{f(x_0 + h) - f(x_0)}{h}\right]}$ zu kommen. Im Anschluß ergab sich die Problemstellung, wie man mit Hilfe der Subtangente die Tangente bestimmt. Den Schülern war bekannt, daß es sich bei der Tangente um eine Gerade handelt, die die Kurve in einem bestimmten Punkt berührt (Vorwissen). Es wurde zunächst erarbeitet, wie man die Steigung der Tangente mit Hilfe der Subtangente bestimmt, um daran anschließend mit Hilfe der Punkt-Steigungs-Form die Gleichung der Tangente allgemein aufzustellen. Bereits hier wäre es möglich gewesen den Ableitungsbegriff einzuführen, dieses erfolgte aber nicht, da es im Widerspruch zur geschichtlichen Entwicklung stehen würde.

Differentialrechnung in der 11. Kl. an Hand von Originalliteratur

Resümee

Das Ziel dieser Phase ist, daß das bisher Erarbeitete bzw. die Gedankengänge für alle und für jeden einzelnen Schüler gesammelt und

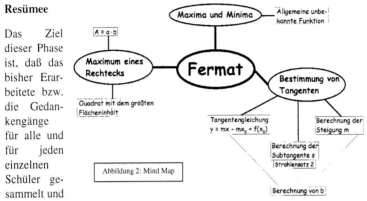

Abbildung 2: Mind Map

z.T. in Beziehung zueinander gesetzt werden. Hierzu wurde den Schülern die Methode des *Mind Mappings* vorgestellt. Diese Methode ermöglicht es, die netzartige Struktur des Wissens visuell und individuell auszudrücken. Mit dieser Unterrichtsphase war der Themenkomplex FERMAT beendet und man wandte sich LEIBNIZ zu, der eine noch "allgemeinere Methode" entwickelt hat.

4.4 Leibniz und seine "neue Methode" (Differenzierbarkeitsbegriff)

Der neue Unterrichtsgegenstand "LEIBNIZ" wurde über den Vergleich der Lebensdaten von FERMAT (1601 - 1665) und LEIBNIZ (1646 -1716) begonnen. Den Schülern sollte bewußt werden, daß an dieser Stelle ein Zeitsprung gemacht wird. Mit Hilfe der lateinischen Überschrift "Nova methodus..." erfolgte der Einstieg in die eigentliche Thematik. Dies geschah, um den Schülern aufzuzeigen, daß LEIBNIZ seine Abhandlungen in lateinischer Sprache publiziert hat. Zudem konnten die Schüler versuchen, die Überschrift mit ihren Lateinkenntnissen zu übersetzen. Im folgenden erhielten die Schüler ein Arbeitsblatt mit Auszügen aus der Nova methodus mit dem Arbeitsauftrag, in Partnerarbeit den Text zu lesen, unbekannte Begriffe zu klären und den einzelnen Abschnitten Überschriften zu geben (Titel, Bezeichnung der Kurven, Bezeichnung der Tangenten, Einführung Differential). Hiernach erfolgt eine Auseinandersetzung mit der Originalabbildung. Die Schüler erhielten anschließend Papierstreifen mit der Abbildung in modernisierter Form mit dem Zweck, die Abbildung greifba-

rer zu machen. Die Schüler mußten jedoch noch die Tangenten in die Abbildung einfügen, sich also handelnd mit dem Gegenstand auseinandersetzen. Die gesamte Grafik von den Schülern in die modernisierte Form übertragen zu lassen, würde an dieser Stelle zu weit führen. Durch den Strahlensatz und die Ergebnisse von FERMAT wurde die folgende Beziehung

$$\frac{dy}{dx} = \frac{y}{x_0 D} = \frac{f(x_0)}{x_0 D} = \lim_{h \to 0} \frac{f(x_0 + h) - f(x_0)}{h}, \text{ mit } \overline{x_0 D} \text{ Subtangente,}$$

erarbeitet. Daran schlossen sich die Definition über Differentialquotient etc. an. Den Schülern wurde die Information gegeben, daß die Schreibweise f' auf CAUCHY (1826) zurückgeht. Die einzelnen Aussagen der Definition wurden erörtert. Die unterschiedliche Bedeutung von Differential- und Differenzenquotient (mittlere Änderungsrate wird meistens in 11.1 behandelt), sowie von dy und Δy sollte von den Schülern realisiert werden.

4.5 Ableitungsregeln

Mit einem weiteren Auszug aus der Nova methodus wurden die Ableitungsregeln eingeführt. Mit dem ersten Satz "Nach diesen Festsetzungen..." wurde ein direkter Bezug zum bisherigen Unterrichtsgeschehen hergestellt. Die Aufgabe der Schüler bestand zunächst darin unter Verwendung ihrer Vorkenntnisse, die LEIBNIZsche Schreibweise ($d(ax)$, adx) in die ihnen vertrautere Schreibweise ($f(x)=ax$, $f'(x)=a$) zu übertragen. Somit erhielt man eine Liste der Ableitungsregeln (Konstanten-, Faktor-, Summen- und Potenzregel), wobei einerseits die Regel für Wurzeln im Hinblick auf LEIBNIZ eigene Ausführungen an dieser Stelle vernachlässigt wurde und andererseits die allgemeine Faktorregel hinzugefügt wurde, denn LEIBNIZ gibt nur den Spezialfall an. Die Regeln werden angewendet, um daran anschließend die einzelnen Beweise zu führen (Information für die Schüler: LEIBNIZ gibt keine Beweise in seiner "Nova methodus" an).

An dieser Stelle fand dann noch einmal eine Auseinandersetzung mit dem Originaltext statt, um den Schülern aufzuzeigen, warum keine explizite Regel für Wurzeln aufgestellt wurde und wie Leibniz sein Kalkül nennt. Es wurde zunächst noch einmal herausgestellt, daß der große Fortschritt von LEIBNIZ darin zusehen ist, daß er Regeln aufgestellt hat, die das "mathematische Leben" erleichtern. Daran anknüpfend setzen sich die Schüler mit

den weiteren Textpassagen auf dem Arbeitsblatt auseinander. Es wurde deutlich, warum die Regel für Wurzeln nicht übertragen wurde und kurz über den Inhalt der zweiten Seite diskutiert. Dieses wurde zum Anlaß genommen, die Reihe zu beenden. [Kowalewski 1996, 3-11]

5. Reflexion der durchgeführten Unterrichtsreihe

Meine wesentlichen Intentionen inhaltlicher Art konnten im Verlauf der Unterrichtsreihe insoweit verwirklicht werden, als daß die Schüler sich mit den Originaltexten aktiv auseinandersetzten, um den neuen Unterrichtsgegenstand zu erschließen. Bei der Erarbeitung und Vernetzung mußte ich erwartungsgemäß mit einigen Impulsen und Hilfestellungen lenken, trotzdem ergab sich bei den Schülern immer wieder ein "Aha-Effekt", so daß sie selbständig und zum größten Teil mit Interesse weiterarbeiten konnten. Eine intensivere Beschäftigung mit manchen Teilabschnitten erforderte gelegentlich mehr Zeit als geplant, so daß Abstriche an anderen Stellen gemacht werden mußten (Aufgaben, Textinterpretation). Der allgemeinbildende Aspekt konnte meines Erachtens in der Durchführung zum Teil umgesetzt werden: so haben die Schüler am eigenen Leib das mühselige Werden der Mathematik in Ausschnitten erlebt, und dadurch erfahren, daß die Mathematik nicht "an einem Tag" entstanden ist, sondern ein Entwicklungsprozeß ist. Ihren Gesichtskreis haben die Schüler sicherlich erweitert, aber ob sie die bedeutende Stellung der Mathematik für die Entstehung der heutigen Zeit erkannt haben, vermag ich nicht zu beurteilen. Ich kann nur vermuten, daß sie die Namen FERMAT und LEIBNIZ nicht so schnell vergessen werden. Der geschichtliche Zugang in eine neue Thematik über die Auseinandersetzung mit Originalliteratur erleichtert sicherlich nicht immer unmittelbar das Verständnis des Inhalts. Die Schüler befinden sich immer zwischen zwei Ebenen (Geschichte - Heute), die sie in Bezug zueinander setzen müssen, wobei sie jede für sich inhaltlich greifbar machen müssen. Der Umgang mit Originalliteratur bzw. mit Texten an sich, stellte keine Schwierigkeit dar. Die Schüler, für die diese Arbeitsweise neu war, nahmen sie positiv auf und entwickelten selbständig Interpretationen der Quellen. Zu erwähnen ist, daß oft vermeintlich schwächere Schüler gute Deutungsideen einzelner Textpassagen lieferten und ihre Kreativität angesprochen wurde. Die Textarbeit als solche bringt ein nicht immer planbares Element in den Unterricht hinein, denn jeder deutet den Text aus seiner eigenen

Sicht heraus und gerade das ist spannend. Die Schüler nehmen den Text ernst, wissen aber, daß er nicht der Weisheit letzter Schluß ist. Das Aufzeigen von FERMAT und LEIBNIZ verdeutlichte punktuell den Aspekt des Werdens und der Dauer der Entstehung eines Teilthemas der Mathematik. Trotz dieser durchwegs positiven Bilanz würde ich die Reihe im Hinblick auf die zeitliche Dauer überarbeiten. Das Feedback am Ende der Reihe machte deutlich, daß die Geschichte der Mathematik ein interessanter Gegenstand ist, mit dem Schüler sich auch gerne auseinandersetzten, sie aber nach einer gewissen Zeit zu dem ihnen "wohlbekannten" Unterricht zurückkehren möchten. Zusammenfassend möchte ich sagen, daß sicherlich nicht alle Erwartungen an die Reihe erfüllt werden konnten, dies aber auch nicht das ausschließliche Ziel war. Die größtenteils positiv gemachten Erfahrungen und Resonanzen der Reihe bestärken mich jedoch darin, das Konzept "Geschichte der Mathematik im Unterricht" weiter in meinem Unterricht zu berücksichtigen und auszubauen; dieses sowohl im Hinblick auf die Einführung neuer Unterrichtsgegenstände, als auch um vorhandenem Wissen einen geschichtlichen Hintergrund zu geben und so daß Wissen zu vertiefen und zu weiten.

Und wie sagte schon EUKLID zu PTOLEMÄUS I:

"Es gibt keinen Königsweg zur Mathematik!"

Literatur

KOWALEWSKI, G.: Leibniz über die Analysis des Unendlichen - Ostwalds Klassiker der exakten Wissenschaften, Band 162; Harri Deutsch Verlag, Frankfurt, 1996

MESCHKOWSKI, H.: Mathematiker-Lexikon; BI-Verlag, Mannheim-Wien-Zürich, 1980

MILLER, M.: Pierre de Fermats Abhandlungen über Maxima und Minima - Ostwalds Klassiker der exakten Wissenschaften, Band 238; Akademische Verlagsgesellschaft, Leipzig, 1934

POPP, W.: Wege des exakten Denkens; Ehrenwirth Verlag, München 1981

RENTELN, M. VON: Leonard Euler und die Geschichte der Mathematik, Der Math.-Naturwiss. Unterricht MNU 48 (1995)H.3, S. 131-138

Ute Gick, Gesamtschule Waldbröl, Höhenweg 49, D-51545 Waldbröl
e-mail: gicku@arcormail.de

Squaring the circle in XVI-XVIII centuries

Witold Więsław

Introduction

Squaring the circle, traditionally called in Latin *Quadratura Circuli* was one of the most fascinating problems in the history of mathematics. Contemporary it is formulated as the problem of constructing by ruler and compass the side of a square with area equal to the given circle. Evidently the problem is equivalent to *the rectification of the circle*, i.e. to the problem of constructing in the same way by ruler and compass, a segment of the length equal to the perimeter of the circle. In the first case the problem leads to construction the segment of length $\sqrt{\pi}$, in the second one to construction of the length π.

1. Quadratura circuli in XVI century

I shall mention only that the first essential result in this direction goes back to ARCHIMEDES, who had found the connections between plane and linear measures of a circle; the area of the circle equals to the area of rectangular triangle with legs equal, respectively to its radius and the perimeter.

The history of the problem is long and I am not going to give it completely here. I would like to present here only some examples of effort in this direction from the period XVI-XVIII century. Let us also remark that for centuries the problem meant rather *to measure the circle* than *to construct its perimeter by ruler and compass*. Since from the Greek antiquity geometrical constructions by ruler and compass were mathematical instruments, therefore we have now much more restricted formulation of the problem.

NICOLO TARTAGLIA (1500-1557) presents in [2] the following approximate squaring the circle. He transforms a square into the circle dividing its diagonals into ten equal parts and taking as a diameter of the circle eight

parts (see the original picture from [2]). A simple calculation shows that the construction leads to the Babilonian approximation $\pi = \dfrac{25}{8}$.

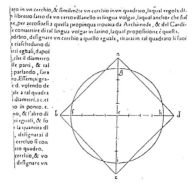

JEAN BUTEO (c.1492-1572) presents in [1] and [3] a construction leading to PTOLEMY approximation of π, namely $\dfrac{377}{120}$, i.e. to 3;8,30 in the sexagesimal system of numeration.

Another one, JOSEPH SCALIGER in his beautiful book [5], in which mathematical symbols are printed in red, takes $\sqrt{10}$ for π in his construction. Indeed, he draws diameter $d=2r$ in a circle, next the middle point of its radius and he constructs rectangular triangle with legs $\dfrac{3}{2}r$ and $\dfrac{1}{2}r$. Its hypotenuse gives, in his opinion, an approximate squaring of the circle.

FRANÇOIS VIETE (1540-1603) is well-known as the author of literal notations consequently used in algebra. He used the Latin letters $A, B, C, D, \ldots$ to denote the known quantities and letters $\ldots, W, X, Y, Z$ to denote indeterminates. He introduced such notation in [4a]. His achievements in geometry are less known. VIETE presents some approximate constructions of squaring and rectification the circle in [4b]. On the page 26 (loc. cit.) we can find the following exercise: *quadrant circumferentiae dati circuli invenire proxime lineam rectam aequalem*, i.e. *find the segment approximately equal to the quarter of the circle*.

Squaring the circle in XVI-XVIII centuries

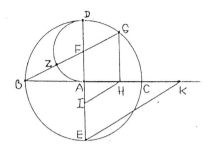

In the figure: $EI = BZ$, GH is orthogonal to BC, and EK is parallel to IH. VIETE claims, that EK is approximately equal to the quarter of the circle $BDCE$. Assume that he is right, i.e. $AK = \frac{1}{2}\pi a$. Similarity of the triangles AIH and AEK implies, that $\frac{AI}{AE} = \frac{AH}{AK}$. Since $AK = \frac{AH \cdot AE}{AI} = \frac{AH \cdot a}{AI}$, thus $\pi = 2\frac{AH}{AI}$. Now we can calculate AH and AI.

We have in $\triangle ABF$: $BF^2 = AF^2 + AB^2 = \frac{1}{4}a^2 + a^2 = \frac{5}{4}a^2$, so $BF = \frac{1}{2}a\sqrt{5}$. Since $BZ = BF - ZF = \frac{1}{2}a\sqrt{5} - \frac{1}{2}a = \frac{1}{2}(\sqrt{5}-1)a$,

so $AI = a - EI = a - BZ$, and $AI = \frac{1}{2}(3-\sqrt{5})a$. Now we find AH. In $\triangle AGH$: $AH^2 + GH^2 = a^2$. Since triangles $\triangle BAF$ and $\triangle BHG$ are similar, hence $\frac{BH}{BA} = \frac{GH}{FA}$, i.e. $\frac{BH}{GH} = \frac{BA}{FA} = 2$. The equality $BH = a + AH$ implies, that $2GH = BH = a + AH$, thus $GH = \frac{1}{2}(a+AH)$. Substituting it in $AH^2 + GH^2 = a^2$, we obtain quadratic equation with respect to AH: $5AH^2 + 2a \cdot AH - 3a^2 = 0$ implying that $AH = \frac{3}{5}a$. Consequently, $\pi = 2\frac{AH}{AI}$, i.e. $\pi = \frac{3}{5}(3+\sqrt{5}) = 3{,}1416406\ldots$.

2. Squaring the circle in the XVII century

KEPLER [6] used ARCHIMEDES result: $\pi = \dfrac{22}{7}$. Sometimes the word *ludolphinum* is used instead of *pi*. This word goes back to LUDOLPH VAN CEULEN (1540-1610). Some epitaphs were found in 1712 in Leyden during rebuilding the Church of Sanctus Petrus. Among them was the epitaph of LUDOLPH VAN CEULEN. We read there: *Qui in vita sua multo labore circumferentiae circuli proximam rationem diametram invenit sequentem (which in life was working much under calculation of an approximate proportion of the circle perimeter to its diameter.)* In the epitaph we find an approximation of π up to 35 digits. At first VAN CEULEN had found 20 digits (*Van den Circkel*, Delf 1596), and next 32 digits (*Fundamenta Arithmetica et Geometrica*, 1615). The book *De Circulo et adscriptis liber* (1619) published by WILLEBRORD SNELL (Snellius) after VAN CEULEN's death, presents his method in case of 20 digits. In 1621 W. SNELL wrote *Cyclometricus* [9], presenting there VAN CEULEN's algorithm for finding 35 digits. VAN CEULEN proves in [7] many theorems dealing with equivalence of polygonals by finite division into smaller figures. He evolves there an arithmetic of quadratic irrationals, i.e. he studies numbers of the form $a + b\sqrt{d}$, with rational a, b, d. He states, that, if d is fixed, then arithmetic operations do not lead out the set. He proves it on examples, but his arguments are quite general. He considers also the numbers obtained from the above ones by extracting square roots. He uses it intensively in [8]. His method runs as follows. LUDOLPH VAN CEULEN calculates the length of the side of the regular N-gon inscribed in the circle with the radius 1, writing the results in tables. Successively he determines the side of the regular N-gon for $N = 2^n$, where $2 \le n \le 21$, i.e. up to $N = 2.097.152$. Next he makes the same for $N = 3 \cdot 2^n$, taking $1 \le n \le 20$, i.e. until $N = 3.145.728$. Finally he puts $N = 60 \cdot 2^n$, with $1 \le n \le 13$, up to $N = 491.520$. For example, in the case considered by ARCHIMEDES (and also by LEONHARDO PISANO, AL-KASCHI, and others), i.e. for regular 96-gon inscribes in the circle with radius 1, the length of the side is equal to

$$\sqrt{2-\sqrt{2+\sqrt{2+\sqrt{2+\sqrt{2+\sqrt{3}}}}}} \; ,$$

what VAN CEULEN writes as $\sqrt{.2-\sqrt{.2+\sqrt{.2+\sqrt{.2+\sqrt{.2+\sqrt{3}}}}}}$. Next for all tabulated regular N-gons he calculates the perimeters and their decimal expansions, taking as the final approximation to π the last common value from the tables. It gives twenty digits of decimal expansion of π.

The approximation to π by $\frac{355}{113}$, i.e. by the third convergent of the expansion of π into continued fraction, was attributed to ADRIANUS METIUS already at the end of the XVII century. (The first convergent of π is Archimedean result $\frac{22}{7}$, and the second one equals $\frac{333}{106}$). JOHN WALLIS had attributed the result to ADRIANUS METIUS in *De Algebra Tractatus* (see [17b], p.49). But the truth looks quite differently. ADRIANUS METIUS ALCMARIANUS writes in [11] (p.89):

Confoederatarum Belgiae Provintiarum Geometra [...] Simonis a Quercu demonstravit proportionem peripheriae ad Suam diametrum esse minorem $3\frac{17}{120}$, hoc est $\frac{377}{120}$ majorem $3\frac{15}{106}$, hoc est $\frac{333}{106}$, quarum proportionum intermedia existit $3\frac{16}{113}$, sive $\frac{355}{113}$, [...], what means, that *Geometra from confederated province of Belgium, Simonis from Quercu, had proved, that the ratio of the perimeter to its diameter is smaller than* $3\frac{17}{120}$, *i.e.* $\frac{377}{120}$, *and greater than* $3\frac{15}{106}$, *i.e.* $\frac{333}{106}$. *The mean proportion of the fractions is* $3\frac{16}{113}$, *that is* $\frac{355}{113}$.

The fraction $\frac{a+c}{b+d}$ was called the mean proportion of fractions $\frac{a}{b}$ and $\frac{c}{d}$. The result $\frac{377}{120}$ comes back to PTOLEMY. The work [11] is very interesting for another reason. ADRIANUS METIUS describes there an approximate construction changing a circle into equilateral triangle. We present below his construction with original figure of ADRIANUS. From the intersection E of two orthogonal lines we draw a circle with radius a. Thus $AE = CE = BE = EG = EF = a$. Next we construct two equilateral triangles: $\triangle CEG$ and $\triangle CEF$. The bisetrix of the angle determines the point H. From the point C

one constructs $CI = CH$. Let the lines through A and I, B and I meet the circle in points L and Q respectively. The intersection of the line LQ with lines EF and EG, defines the point M and N of the constructed equilateral triangle. The third point can be found immediately.

LEMMA. In the figure below: $HC = a\sqrt{2-\sqrt{3}}$. Indeed, the Cosine Theorem applied to $\triangle CEH$, gives

$$HC^2 = EC^2 + EH^2 - 2 \cdot EC \cdot EH \cos 30° = 2a^2 - 2a^2 \cos 30° = a^2(2-\sqrt{3}).$$

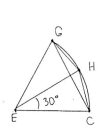
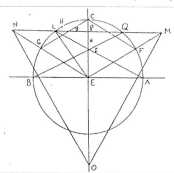

We calculate the surface of $\triangle MNO$. Let P be the meet of the line EC with MN. Put $PI = x$, $LP = y$. The Lemma implies,
that $EI = a - CI = a - a\sqrt{2-\sqrt{3}} = \lambda a$, where $\lambda = 1 - \sqrt{2-\sqrt{3}}$. The rectangular triangle $\triangle AEI$: $IA^2 = EI^2 + EA^2 = EI^2 + a^2$, thus $IA = a\sqrt{1+\lambda^2}$. Similarity for triangles $\triangle LPI$ and $\triangle AEI$ gives

$$\frac{LI}{AI} = \frac{PI}{EI}, \frac{x}{y} = \frac{EI}{EA}, \text{ i.e. } LI = \frac{AI}{EI}PI = \frac{\sqrt{1+\lambda^2}}{\lambda}x, x = \lambda y.$$

In the rectangular triangle $\triangle LPE$: $PE^2 + LP^2 = LE^2$,

hence $(x + EI)^2 + y^2 = a^2$, $(x + \lambda a)^2 + y^2 = a^2$,

and since $x = \lambda y$, thus $\lambda^2(y+a)^2 + y^2 = a^2$,

implying $\lambda^2(y+a)^2 = (a+y)(a-y)$,

i.e. $\lambda^2(a+y) = a - y$, thus $y = a\dfrac{1-\lambda^2}{1+\lambda^2}$, and $x = \lambda a\dfrac{1-\lambda^2}{1+\lambda^2}$.

Since E is the median of the equilateral triangle $\triangle MNO$, so $EP = x + IE$ is the half of EO, i.e. $x + EI = \frac{1}{2}EM$, since $EO = EM$,

i.e. $EM = 2(x + IE) = 2a\lambda \frac{1-\lambda^2}{1+\lambda^2} + 2a\lambda = \frac{4a\lambda}{1+\lambda^2}$.

It implies that the high h in $\triangle MNO$ equals $h = \frac{3}{2}EM = \frac{6a\lambda}{1+\lambda^2}$. If z is a side of $\triangle MNO$, then from $\triangle OPM$: $h^2 + \left(\frac{z}{2}\right)^2 = z^2$, i.e. $z = \frac{2}{\sqrt{3}} h = 4a\sqrt{3} \frac{\lambda}{1+\lambda^2}$.

Since, by ADRIANUS METIUS, the area of $\triangle MNO$ is approximately equal to the area of the circle with the centre E and radius $EA = a$, hence

$\pi a^2 = \frac{1}{2}hz = \frac{1}{2}h\frac{2}{\sqrt{3}} h = \frac{1}{\sqrt{3}}h^2 = \frac{1}{\sqrt{3}}\frac{36a^2\lambda^2}{(1+\lambda^2)^2}$, i.e. $\pi = 12\sqrt{3}\frac{\lambda^2}{(1+\lambda^2)^2}$.

Thus π equals approximately 3,1826734... . Since π = 3,141592... , the error is about 1,3 %.

Among many authors who kept busy in XVII century with measuring the circle, a special place has CHRISTIAN HUYGENS (1629 - 1695), one of the most famous mathematicians of the century. In a short time he learned and extended the coordinate methods of DESCARTES, showing its many applications in mathematics and aside. His known achievements are published in many great volumes. I describe here only a part of his scientific activity. In *Theoremata de Quadratura Hyperboles, Ellipsis et Circuli* from 1651 HUYGENS describes geometrical methods for finding lengths of their parts. In the treatise *De Circuli Magnitudine Inventa* (*A study of the circle magnitude*) from the year 1654 he describes different geometrical methods of approximate the perimeter of the circle. HUYGENS in [13] leads to absolute perfection the methods of ARCHIMEDES of approximation of the perimeter of the circle by suitably chosen n-gons. He proves geometrically many inequalities between the lengths of sides of n-gons, $2n$-gons and $3n$-gons inscribed and described on a circle. In particular, he deduces from them an approximate rectification of an arc. Already in his times analytical arguments like presented below were known and applied.

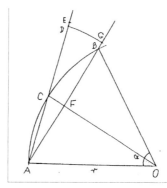

Let AOB be a sector of a circle with radius r and angle α. Let OC bisect the angle AOB. We put aside $CD = AC$ on the line through A and C. The circle with centre A and radius AD meets the line through A and B in G. Finally we put $DE = \frac{1}{3} BG$. Then, as HUYGENS claims, the length of the arc AB is approximately equal to the segment AE. Indeed,

$AE = AD + DE = AD + \frac{1}{3} BG = AD + \frac{1}{3}(AD - AB) = \frac{4}{3} AD - \frac{1}{3} AB$. Since $AD = 2AC$, by the construction, $AB = 2AF = 2r \sin \frac{\alpha}{2}$ from the triangle AFO and similarly, $AC = 2r \sin \frac{\alpha}{4}$, thus

$$AE = \frac{4}{3} AD - \frac{1}{3} AB = \frac{4}{3} \cdot 2AC - \frac{1}{3} AB = \frac{8}{3} \cdot 2r \sin \frac{\alpha}{4} - \frac{1}{3} \cdot 2r \sin \frac{\alpha}{2}$$
$$= \frac{2r}{3}(8 \sin \frac{\alpha}{4} - \sin \frac{\alpha}{2}).$$

Since the sine function has expansion: $\sin x = x - \frac{1}{3!} x^3 + \frac{1}{5!} x^5 - \ldots$, then taking x equal $\frac{1}{4} \alpha$ and $\frac{1}{2} \alpha$, we have

$$8 \sin \frac{\alpha}{4} - \sin \frac{\alpha}{2} =$$
$$= 8\left(\frac{\alpha}{4} - \left(\frac{\alpha}{4}\right)^3 \frac{1}{3!} + \left(\frac{\alpha}{4}\right)^5 \frac{1}{5!} - \ldots\right) - \left(\frac{\alpha}{2} - \left(\frac{\alpha}{2}\right)^3 \frac{1}{3!} + \left(\frac{\alpha}{2}\right)^5 \frac{1}{5!} - \ldots\right) =$$

$$= \alpha\left(2 - \frac{1}{2}\right) + \alpha^3\left(\frac{1}{6\cdot 8}\right) - \left(\frac{8}{6\cdot 4^3}\right) + \alpha^5\left(\frac{8}{4^5\cdot 120} - \frac{1}{2^5\cdot 120}\right) +$$
$$\alpha^7\left(\frac{1}{2^7\cdot 7!} - \frac{8}{4^7\cdot 7!}\right) + \ldots =$$
$$= \frac{3}{2}\alpha + \frac{1}{2^5\cdot 5!}\left(\frac{1}{2^2} - 1\right)\alpha^5 + \frac{1}{2^7\cdot 7!}\left(1 - \frac{1}{2^4}\right)\alpha^7 + \frac{1}{2^9\cdot 9!}\left(\frac{1}{2^6} - 1\right) + \ldots \,.$$

Consequently

$$\left|-\frac{3}{2}\alpha + 8\sin\frac{\alpha}{4} - \sin\frac{\alpha}{2}\right| \le$$
$$\le \frac{3}{4}\cdot\frac{1}{2^5\cdot 5!}\,\alpha^5\left(1 + \frac{\alpha^2}{2^2\cdot 6\cdot 7} + \frac{\alpha^4}{2^4\cdot 6\cdot 7\cdot 8\cdot 9} + \frac{\alpha^6}{2^6\cdot 6\cdot 7\cdot 8\cdot 9\cdot 10\cdot 11} + \ldots\right) \le$$
$$\le \frac{3}{4}\frac{\alpha^5}{2^5\cdot 5!}\left(1 + \left(\frac{\alpha}{12}\right)^2 + \left(\frac{\alpha}{12}\right)^4 + \left(\frac{\alpha}{12}\right)^6 + \ldots\right) = \frac{3}{4}\frac{\alpha^5}{2^5\cdot 5!}\frac{1}{1 - \left(\frac{\alpha}{12}\right)^2}.$$

Thus

$$AE = \frac{2r}{3}\left(\frac{3}{2}\alpha - \frac{3}{4}\cdot\frac{1}{2^5\cdot 5!}\alpha^5 + \ldots\right) = r\alpha - \frac{r}{7680}\alpha^5 + \ldots \,.$$ Since $AE = r\alpha +$ *rest*, hence our arguments show that $|rest| \le \frac{r}{5760}\frac{\alpha^5}{1-\left(\frac{\alpha}{12}\right)^2}$. If $|\alpha| < 2$, then instead of the constant 5760 we can take 7680. It is interesting, that in HUYGENS book [13] there is also the constant 7680. The obtained result gives the possibility of rectifying the circle with a given error. Indeed, it is necessary to divide the circle into n equal arcs and next rectify each of them. For example, if $\alpha = \frac{1}{2}\pi$, then $|rest| \le 0{,}0012636$, what by multiplying by 4 given an error not greater than 0,0056.

Another *Quadratura circuli* gave MARCUS MARCI [15]. It was described in [24]. MADHAVA (*Yukti - Bhasha*, XIV century) found for π the value $\pi = 3{,}14159265359\ldots$. It could be not surprising but he used some calculations equivalent to the series expansion of arcus tangens:

$arctg x = x - \frac{x^3}{3} + \frac{x^5}{5} - \frac{x^7}{7} + ...$, called now Gregory's series (1671). In particular MADHAVA used the equality $\pi = 4\left(1 - \frac{1}{3} + \frac{1}{5} - \frac{1}{7} + ...\right)$. In Europe this equality was discovered by G.W. LEIBNIZ [16].

Ancient Indian mathematicians of MADHAVA times knew much more exact approximations of π. For example KARANA PADDHATI gives 17 digits of π.

Now recall an approximate rectification of the circle of ADAM ADAMANDY KOCHANSKY (see [19]). Jesuit KOCHANSKY was at first professor of mathematics in Mainz in 1659. Next in 1667 he was teaching at Jesuit Collegium in Florence, in 1670 he was in Prague, then in Olomouc. Since he was not content from his stay there, he decided in 1677 to ask for his transfer to another place, to Wratilsavia (Wrocław), where he observed and described a comet. Later he was librarian of Polish king Jan III Sobieski. He died at the end of XVII century. He came to the history of mathematics as the author of very simple (approximate) rectification the circle.

We draw two orthogonals to diameter of the semi-circle ADB with centre S and radius $AS = r$. Next we put $AC = 3r$.

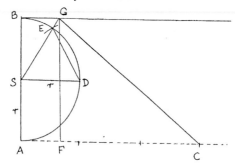

Then we take the parallel SD to AC and we construct the equilateral triangle SDE. Let the line through S and E meet G the line from B parallel to the base line AC. KOCHANSKY claims that GC equals approximately the semi-circle ADB. Indeed since $FC = AC - GB = 3r - rtg\ 30°$ and $tg 30° = \frac{1}{\sqrt{3}}$, then from the rectangle FCG we obtain $GC^2 = FG^2 + FC^2$, i.e. $GC^2 = (2r)^2$

Squaring the circle in XVI-XVIII centuries   137

+ $(3r - rtg30°)^2 = r^2(\frac{40}{3} - 2\sqrt{3})$, thus $GC = r\sqrt{\frac{40}{3} - 2\sqrt{3}}$, what means, that $\pi = \sqrt{\frac{40}{3} - 2\sqrt{3}} = \frac{1}{3}\sqrt{6(20 - 3\sqrt{3})} = 3,141533...$ approximately. The error equals $3,14159265... - 3,1415333... = 0,00005932...$.

3. The state of *quadratura circuli* in the XVIII century

The problem of squaring the circle appears in seven EULER's papers and in his correspondence with CHRISTIAN GOLDBACH in the years 1729-1730. We describe one of EULER's approximate rectifications of the circle.

ISAAC BRUCKNER (1686-1762) gave not too much exact rectification of the circle. EULER proposed the following modification of BRUCKNER's construction.

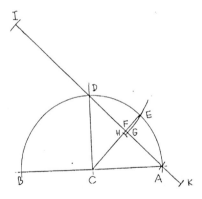

Let CE be bisectrix of the right angle ACD. Let $DI=AD$, $IG=IE$, $FH=FG$ and $AK=EH$. Assume moreover, that $AC = 1$. Then $IA = 2\sqrt{2}$, $CF=\frac{1}{2}\sqrt{2}$, $EF = 1 - \frac{1}{2}\sqrt{2}$, $IF = \frac{3}{2}\sqrt{2}$. Thus $IG^2 = IE^2 = IF^2 + EF^2 = 6 - \sqrt{2}$, implying that $IG = \sqrt{6 - \sqrt{2}}$.

Consequently $FH = FG = IG - IF$,

i.e. $AK = EH = EF + FH = \sqrt{6-\sqrt{2}} + 1 - 2\sqrt{2}$,

and finally $IK = IA + AK = 1 + \sqrt{6-\sqrt{2}} = 3{,}1414449\ldots$.

LEONHARD EULER improved also described above HUYGENS construction, following his ideas, but obtaining for the approximate length $L(\alpha, r)$ of an arc with radius r and angle α the formula

$$L(\alpha, r) = \frac{r}{45}(256 \sin\frac{\alpha}{4} - 40 \sin\frac{\alpha}{2} + \sin\alpha),$$

much more exact than HUYGENS's. Namely $L(\alpha, r) = ar - \frac{r}{322560}\alpha^7 + \ldots$,

slightly better than in HUYGENS construction.

The bibliography below contains only selected papers and books concerning squaring the circle. The complete bibliography is much more extensive.

References (in chronological order):

[1] BUTEO, JOHANNES (Buteo, Jean; Buteon; Borrel): Io. Buteonis delphinatici opera geometrica [...] Confutatio quadraturae circuli ab Orontio finaeo factae. Leiden 1554.

[2] TARTAGLIA, NICOLO: General trattato di numeri et misure [...]. 3 vols. Venedig 1556-60.

[3] BUTEO, JOHANNES: Joannis Buteonis de quadratatura circuli libri duo. Lyon 1559.

[4a] VIETE, FRANÇOIS (Vieta, Franciscus): Francisci Vietae in artem analyticem isagoge. Tours 1591.

[4b] VIETE, FRANÇOIS: Francisci Vietae variorum de rebus responsorum mathematicis liber VIII. Tours 1593.

[5] SCALIGER, JOSEPH: Iosephi Scaligeri [...] Appendix ad Cyclometrica sua: In qua asseritur Quadratio circuli [...] Demonstrationbus Cyclometricis. Leiden (Lugduni Batavorum) 1594.

[6] KEPLER, JOHANNES: Nova stereometria doliorum vinariorum [...]. Linz 1615.

[7] CEULEN, LUDOLF VAN: De arithmetische en geometrische fondamenten. Leyden 1615. lat.: Fundamenta arithmetica et geometrica. 1617.

[8] CEULEN, LUDOLPH VAN: Ludolphi a Ceulen de circulo et adscriptis Liber. 1619.

[9] SNELLIUS, WILLEBRORDUS: Cyclometria sive de circuli dimensione. Leiden 1621.

[10] METIUS, ADRIAAN: Adriano Metio Alcmariano praxis nova geometrica per vsvm circini et regulae proportionalis. Amsterdam 1623.

[11] METIUS, ADRIAAN: Adriani Metii Alcmariano arithmeticae libri duo, et geometriae lib VI. Leiden 1626.

[12] GREGORIUS A SANCTO VINCENTIO: P. Gregorii a S^{to} Vincentio opus geometricum quadraturae circuli et sectionum coni. Antwerpen 1647.

[13] HUYGENS, CHRISTIAAN: De circuli magnitudine inventa. Leiden 1654.

[14] GREGORIUS A SANCTO VINCENTIO: Examen circuli quadraturae [...]. Leiden 1654.

[15] MARCI DE CRONLAND, JOHANNES MARCO: Ioanne Marco Marci labyrintus in quo via ad circvli quadraturam pluribus modis exhibetur. Pragae 1654.

[16] LEIBNIZ, GOTTFRIED WILHELM: De vera proportione circuli ad quadratum circumscriptum in numeris rationalibus. Acta Eruditorum MDCLXXXII, p. 40-46.

[17a] WALLIS, JOHN: De angulo contactus et semicirculi tractatus anno 1656 editus. Ejuadem tractatus defensio. Edita Anno 1685.

[17b] WALLIS, JOHN: De algebra tractatus, historicus & practicus. Anno 1685 Anglice editus. [...] Oxoniae MDCXCIII.

[18] CLUVER, D.: Quadratura circuli infinitis modis demonstrata. Acta Eruditorum MDCLXXXVI, p. 369-371.

[19] KOCHANSKY, ADAM ADAMANDY: Observationes Cyclometriace ad facilitandam Praxim accomodatae. Acta Eruditorum MDCLXXXV, p. 394-398.

[20] BAUDEMONT, REMIGIUS: Sincerum examen quadraturae circuli. Pragae 1712.

[21] Problemata Mathematica Quadraturam Circuli [...] Per Matheseophilum. Frankfurt 1733.

Dr. Witold Więsław; Uniwersytet Wrocławski; PL-50384 Wrocław; Polen; email: wieslaw@math.uni.wroc.pl

Die Lösung quadratischer, kubischer und biquadratischer Gleichungen in den algebraischen Werken Christian Wolffs

Silvia Sommerhoff-Benner

Einleitung

Dieser Beitrag beschäftigt sich mit der Lösung quadratischer, kubischer und biquadratischer Gleichungen in den algebraischen Werken CHRISTIAN WOLFFS. WOLFF lebte von 1679 bis 1754. Er veröffentlichte zum einen 1710 die "Anfangsgründe aller mathematischen Wissenschaften" und zum anderen 1713/15 eine zweibändige Ausgabe der "Elementa matheseos universae", die 1730 bis 1741 auf eine fünfbändige Ausgabe erweitert wurden. Meinen Ausführungen liegen maßgeblich die siebte Auflage der "Anfangsgründe" aus dem Jahr 1750, die letzte Auflage zu WOLFFs Lebzeiten, und die fünfbändige Ausgabe der "Elementa" zugrunde. Diese Ausgabe des lateinischen Werkes ist laut JOSEPH EHRENFRIED HOFMANN

"als Ausgabe letzter Hand anzusehen und enthält das Beste, was Wolff als Universitätslehrer auf mathematischem Gebiet zu sagen hat."[1]

Eine zentrale Fragestellung bei der Betrachtung der Lösungen nichtlinearer Gleichungen wird sein, ob WOLFF das Wissen der damaligen Zeit lediglich systematisiert hat, und wenn ja, wie gut, oder ob er es erweitert hat, ob er also auch schöpferisch tätig war.

In diesem kurzen Beitrag kann natürlich nicht auf alle Details zu dieser Thematik der Gleichungen eingegangen werden. Daher werden einige Kernstellen exemplarisch aus den Werken herausgegriffen.

Interessant erscheint zunächst einmal die Behandlung gemischtquadratischer Gleichungen.

---

[1] [Wolff 1968, VIII]

Gemischtquadratische Gleichungen

Sowohl in den "Elementa" als auch in den "Anfangsgründen" wird von WOLFF eine Dreiteilung vorgenommen. Es werden nämlich die drei, bereits seit AL-HWARIZMI unterschiedenen und von diesem bis ins Abendland hineingetragenen, aber in etwas anderer Form notierten gemischtquadratischen Gleichungstypen in folgender Reihenfolge vorgestellt:

WOLFF	AL-HWARIZMI
1. $x^2 + ax = b^2$	$px^2 + qx = r$
2. $x^2 - ax = b^2$	$qx + r = px^2$
3. $x^2 - ax = -b^2$	$px^2 + r = qx$

Auffällig bei der Betrachtung dieser Gleichungstypen ist die Einhaltung des Homogenitätsprinzips, die sich bei AL-HWARIZMI nicht findet, weiterhin die ausschließliche Verwendung positiver a. Ansonsten wäre die Einteilung in diese Gleichungstypen nicht notwendig gewesen. Im Gegensatz zu AL-HWARIZMI fällt auf, daß die Gleichungstypen analog aufgebaut sind: Auf der linken Seite der Gleichung befinden sich das quadratische und das lineare Glied, auf der rechten Seite das konstante Glied. Dieses hat zur Folge, daß beim letzten Gleichungstyp ein negatives Vorzeichen auf der rechten Gleichungsseite steht.

Die gemischtquadratischen Gleichungen löst WOLFF mit Hilfe der quadratischen Ergänzung. Der Lösungsweg zum Gleichungstyp 2, der in den "Elementa" und den "Anfangsgründen" identisch ist, wird nun kurz vorgestellt:

Gleichungstyp 2:
$$x^2 - ax = b^2$$

Quadratische Ergänzung liefert
$$x^2 - ax + \frac{1}{4}a^2 = \frac{1}{4}a^2 + b^2.$$

WOLFF folgert hieraus zunächst
$$x - \frac{1}{2}a = \sqrt{\frac{1}{4}a^2 + b^2}$$

und

$$\frac{1}{2}a - x = \sqrt{\frac{1}{4}a^2 + b^2}\,.$$

Somit gilt

$$x = \frac{1}{2}a \mp \sqrt{\frac{1}{4}a^2 + b^2}\,.$$

Die Lösung dieses Gleichungstyps beruht darauf, daß

$$x^2 - ax + \frac{1}{4}a^2 = \left(x - \frac{1}{2}a\right)^2 = \left(\frac{1}{2}a - x\right)^2 = \frac{1}{4}a^2 + b^2.$$

Die beiden Lösungen kommen nicht über die "Doppelwurzel" zustande, wie dies in heutigen Rechnungen der Fall ist, sondern über die vorstehende Gleichheit. Für WOLFF hat also die Gleichung $x^2 = a$ nur zur Folge, daß $x = \sqrt{a}$ und nicht $x = \pm\sqrt{a}$. Warum aber kennt WOLFF diesen Sachverhalt der "Doppelwurzel" nicht? Zumindest in dem lateinischen Werk wird ausführlich die Multiplikation mit negativen Zahlen gelehrt. WOLFF ist bekannt, daß $\left(-\sqrt{a}\right)\left(-\sqrt{a}\right) = a$, denn aus seinen Ausführungen geht eindeutig hervor,[2] daß $(-a)(-b) = ab$, $\sqrt{a}\sqrt{b} = \sqrt{ab}$, $aa = a^2$ und $\sqrt{a^2} = a$. Aus diesen Kenntnissen müßte er ableiten können, daß aus $x^2 = a$ folgt: $x = \pm\sqrt{a}$. Hier ist eine wichtige Stelle erreicht, an der gesagt werden kann, daß WOLFF keinen Blick für mathematische Folgerungen zu haben scheint. Das ist ein Indiz dafür, daß er nicht als schöpferischer Mathematiker tätig war, sondern das mathematische Wissen der damaligen Zeit aus verschiedenen Quellen zusammengetragen hat, ohne es selbständig zu verarbeiten.

Während in den "Elementa" beide Lösungen zu diesem Gleichungstyp akzeptiert werden, zumindest in der theoretischen Darstellung, werden die negativen Lösungen der quadratischen Gleichungen in den "Anfangsgründen" nicht akzeptiert, was durchaus verständlich ist, da die negativen Zahlen in diesem Werk eher stiefmütterlich behandelt werden. Natürlich erhält WOLFF über den oben angeführten Lösungsweg auch in dem deutschen Werk die negative Lösung. Er akzeptiert diese aber nicht, indem er sagt:

---

[2] Vgl. [Wolff 1968, 304-314]

"Denn, weil $\sqrt{\frac{1}{4}a^2 + b^2}$ grösser als $\frac{1}{2}a$ ist; so gehet die andre Wurtzel $x = \frac{1}{2}a - \sqrt{\frac{1}{4}a^2 + b^2}$ nicht an."[3]

Die negative Lösung wird also durchaus als Wurzel bezeichnet, aber diese Wurzel "geht nicht an", wird nicht akzeptiert.

Aus welchem Grund nun aber die negativen Lösungen keine Anerkennung finden, darüber kann man nur spekulieren. Da klar ist, daß WOLFF negative Zahlen sehr wohl kennt, können nur zwei Vermutungen geäußert werden. Entweder hat WOLFF den Themenkomplex des Negativen in seinen Vorlesungen ausgespart und sie werden deshalb nicht in den "Anfangsgründen" angeführt, da dieses Werk eine Zusammenschrift der Vorlesungen ist. Gründe dafür könnten der Zeitmangel sein oder daß WOLFF die Thematik für seine Studenten als nicht wichtig erachtete oder als zu schwierig ansah. Oder aber WOLFF lagen andere Quellen als bei den "Elementa" zugrunde, nach denen er die "Anfangsgründe" und seine Vorlesung aufbaute.

Der Lösungsweg über die quadratische Ergänzung liefert bezüglich des ersten Gleichungstyps $x^2 + ax = b^2$ lediglich eine Lösung, da sowohl $x + \frac{1}{2}a = \sqrt{\frac{1}{4}a^2 + b^2}$ als auch $\frac{1}{2}a + x = \sqrt{\frac{1}{4}a^2 + b^2}$ nur zur Lösung $x = \sqrt{\frac{1}{4}a^2 + b^2} - \frac{1}{2}a$ führt und die "Doppelwurzel" unbekannt ist.

Wenn WOLFF die zweite Lösung aufgrund der vorstehenden Probleme nicht gefunden hat, so hätte er dem Leser bzw. seinen Studenten doch mitteilen müssen, daß zwei Lösungen existieren. In späteren Kapiteln seiner Werke schreibt er schließlich, daß eine Gleichung n-ten Grades n Lösungen besitzt und betont explizit

"in der quadratischen Gleichung ist der Exponent 2, die Zahl der Wurtzeln ist auch 2."[4]

Da dieser Gleichungstyp in vielen mathematischen Quellen, so beispielsweise bei AL-HWARIZMI, nur mit einer Lösung angegeben ist, scheint hier ein weiterer Hinweis gefunden, der zeigt, daß einzelnen Kapiteln unterschiedliche Quellen zugrunde lagen. So wird WOLFF sich nicht gewundert

---
[3] [Wolff 1973, 1589]
[4] [Wolff 1973, 1720]

haben, daß ihn sein Lösungsweg lediglich zu einer Lösung führte, wenn er Quellen benutzte, in denen dies als korrekt angesehen war.

Sowohl in den "Anfangsgründen" als auch in den "Elementa" stellt WOLFF fest, daß der dritte Gleichungstyp zwei positive (!) Lösungen hat. Für WOLFF ist in beiden Werken klar, daß $\sqrt{\frac{1}{4}a^2 - b^2} < \frac{1}{2}a$. Daß im Fall $\frac{1}{4}a^2 = b^2$ lediglich eine positive Lösung gefunden werden kann und im Fall $\frac{1}{4}a^2 < b^2$ sogar imaginäre Lösungen auftreten können, ist WOLFF nicht aufgefallen. WOLFF hätte aber erkennen müssen, daß hier Spezialfälle eintreten. Sogar frühere Mathematiker haben Fallunterscheidungen vorgenommen. Ich denke hier z.B. an die Algebra AL-HWARIZMIS, die spätestens seit dem 12./13. Jahrhundert in einer lateinischen Übersetzung zugänglich war, und an die "Ars magna" von CARDANO aus dem Jahr 1545, in denen der Fall $\frac{1}{4}a^2 < b^2$ als "unmöglich" erklärt wird.[5]

Kubische Gleichungen

Auch die Abhandlung der kubischen Gleichungen in WOLFFs Werk bietet interessante Passagen. WOLFF lehrt in einer Aufgabe, daß jede kubische Gleichung auf eine der reduzierten Formen

1. $x^3 = px + q$,
2. $x^3 = -px + q$,
3. $x^3 = px - q$

gebracht werden kann.[6]

Auffällig ist aber, daß das Homogenitätsprinzip in Bezug auf die kubischen Gleichungen nicht mehr beachtet wird. Dieses scheint ein Hinweis auf unterschiedliche Quellen der quadratischen und kubischen Gleichungen zu sein.

---

[5] Vgl. [Witmer 1968, 14/15] und [Rosen 1831, 12]
[6] Vgl. [Wolff 1968, 421] (Das Verfahren ist heute unter dem Namen Tschirnhaus-Transformation bekannt.)

Die reduzierten Formen kubischer Gleichungen

In einer weiteren Aufgabe der "Anfangsgründe" und der "Elementa" wendet WOLFF sich nun der Lösung dieser reduzierten Formen kubischer Gleichungen zu. Für den ersten Typ der reduzierten Formen wird die Lösungsformel hergeleitet, für die beiden anderen Formen wird sie lediglich angegeben. Die Herleitung für den ersten Gleichungstyp soll nun vorgestellt werden, da in ihr deutlich wird, daß bereits zuvor erworbene Kenntnisse hier nicht mehr weiter verarbeitet werden:[7]

Zunächst setzt WOLFF $x = y + z$, ermittelt x^3 und px und substituiert dieses an den Stellen von x^3 und px im ersten Gleichungstyp. Somit ergibt sich

$$y^3 + 3y^2z + 3z^2y + z^3 = py + pz + q.$$

WOLFF setzt

(1) $$3y^2z + 3z^2y = py + pz.$$

Demgemäß gilt

(2) $$y^3 + z^3 = q.$$

Division von (1) durch $y + z$ liefert

(3) $$3yz = p,$$

also

(4) $$z = \frac{p}{3y}.$$

Einsetzen von (4) in (2) ergibt

$$y^3 + \frac{p^3}{27y^3} = q.$$

Durch Umformung und quadratische Ergänzung erhält WOLFF hieraus die Gleichung

$$y^6 - qy^3 + \frac{1}{4}q^2 = \frac{1}{4}q^2 - \frac{1}{27}p^3.$$

---

[7] Vgl. [Wolff 1968, 430/ 431] und [Wolff 1973, 1735-1737]

Mit Hilfe des Lösungsweges zu den quadratischen Gleichungen (Typ 3) sollte WOLFF nun fortfahren. In den "Elementa" ermittelt er auch richtig

$$y^3 = \frac{1}{2}q \pm \sqrt{\left(\frac{1}{4}q^2 - \frac{1}{27}p^3\right)}.$$

Im folgenden Schritt jedoch erhält WOLFF als Lösung für y

$$y = \sqrt[3]{\frac{1}{2}q + \sqrt{\left(\frac{1}{4}q^2 - \frac{1}{27}p^3\right)}}.$$

Die zweite Lösung $\sqrt[3]{\frac{1}{2}q - \sqrt{\left(\frac{1}{4}q^2 - \frac{1}{27}p^3\right)}}$ fällt somit weg. Diese wird ohne Kommentar als z ausgegeben.

In den "Anfangsgründen" ermittelt WOLFF nicht einmal die zweite Lösung. Für ihn ergibt sich nach Durchführung der quadratischen Ergänzung lediglich *eine* Lösung, was im Widerspruch steht zu seinen Ausführungen zu den quadratischen Gleichungen. z wird ermittelt über die Gleichung

$$z^3 = q - y^3.$$

So wird es vermutlich auch in den "Elementa" gewesen sein, denn in der Erstausgabe aus den Jahren 1713/15 wird es in dieser Art geschildert.

In beiden Werken wird die Lösungsformel

$$x = \sqrt[3]{\frac{1}{2}q + \sqrt{\frac{1}{4}q^2 - \frac{1}{27}p^3}} + \sqrt[3]{\frac{1}{2}q - \sqrt{\frac{1}{4}q^2 - \frac{1}{27}p^3}}$$

angegeben.

Bei den Lösungsformeln setzt WOLFF nicht voraus, daß die Diskriminante D größer als 0 sein muß. Dieses ist ein Defizit des deutschen Werkes, in dem die Wurzeln aus negativen Größen nicht definiert sind. Hat WOLFF das Ausmaß der Cardanischen Formel nicht durchschaut? Da er nicht explizit voraussetzt, daß D größer als 0 sein muß, könnte es theoretisch sein, daß er auch die anderen Lösungen kennt, ohne dieses zu erwähnen. In den Zahlenbeispielen werden immer Diskriminanten größer 0 gewählt und reelle Lösungen ermittelt, so daß keine genaueren Angaben gemacht werden können.

Interessant zu dieser Thematik ist aber eine Äußerung WOLFFs in der Erstausgabe der "Anfangsgründe" aus dem Jahr 1710, die im Anschluß an die dargestellten Beispiele angeführt wird:

"Aus diesen Exempeln erhellet zu gleich/ daß $\frac{1}{4}qq$ allzeit größer seyn muß im ersten und dritten Falle [bei den Gleichungstypen 1 und 3 mit Subtraktionszeichen unter der Quadratwurzel] als $\frac{1}{27}p^3$."[8]

Hier scheint es WOLFF tatsächlich aufgefallen zu sein, daß gewisse Bedingungen erfüllt sein müssen. Wurzeln aus negativen Größen sind für ihn in dem deutschen Werk schließlich nicht möglich. Eine solche Einschränkung ist noch nicht einmal in Bezug auf die quadratischen Gleichungen gemacht worden. Wichtig ist aber wohl die Frage, warum diese Bemerkung in der siebten Auflage nicht mehr vorhanden ist. Hat WOLFF eventuell gar nicht richtig verstanden, was diese Bemerkung für seine Abhandlung bedeuten könnte? Da die Aussage bei den quadratischen Gleichungen fehlt, stellt sich die Frage, ob WOLFF tatsächlich den logischen Aufbau der Mathematik aufgenommen hat, oder ob er einzelne Thematiken lediglich aus verschiedenen Quellen zusammengetragen, aneinandergereiht hat.

Auffällig ist auch, daß WOLFF im Hinblick auf die Lösung der Gleichung sechsten Grades, die in der Form einer quadratischen Gleichung zu lösen ist, so anders vorgeht wie bereits gelehrt. Er begründet nicht, daß ein bestimmter Fall nicht weiter betrachtet wird oder als Größe der zweiten Unbekannten anzusetzen ist.

Weiterhin ist es eine Uneinheitlichkeit, daß bezüglich quadratischer Gleichungen der gesamte Lösungsweg nochmals beschritten wird und bei praktischen Aufgaben zu kubischen Gleichungen lediglich in die "ermittelten" Formeln eingesetzt, der Lösungsweg also nicht nachvollzogen wird.

Biquadratische Gleichungen

Nach diesen Ausführungen zu den kubischen Gleichungen seien nun noch kurz die biquadratischen erwähnt, die allerdings nur in den "Elementa" behandelt werden.

---

[8] [Wolff 1710]

Die erste Aufgabe zu dieser Thematik lautet:

"Aequationem biquadraticam, in qua secundus terminus deficit, reducere ad cubicam." [9]

Zur Lösung der Aufgabe macht WOLFF den Ansatz $x^4 + qx^2 + rx + s = (x^2 + yx + z)(x^2 - yx + v)$ mit unbestimmten Koeffizienten y, z und v. Mit Hilfe des Koeffizientenvergleichs und des Einsetzungsverfahrens werden nun Formeln für diese unbestimmten Koeffizienten hergeleitet, wobei, um y zu ermitteln, eine kubische Gleichung zu lösen ist. Vermutlich bezieht WOLFF sich in seiner Aufgabenstellung auf diese. Tatsächlich ist es nun möglich, alle biquadratischen Gleichungen zu lösen, indem maximal diese kubische Gleichung zu überwinden ist.

Auch in dieser Aufgabe aber ist wieder etwas zu bemerken, das direkt die Aufmerksamkeit auf sich zieht. Ausgangspunkt ist nämlich eine Gleichung vierten Grades mit fehlendem kubischen Glied, deren Glieder nur durch das Additionszeichen verbunden werden. Dieses widerspricht eigentlich der bisherigen Vorgehensweise WOLFFs. Er hätte verschiedene Typen biquadratischer Gleichungen unterscheiden müssen, da er bisher lediglich positive Koeffizienten kannte. WOLFF begründet seine Vorgehensweise, indem er sagt:

"Sit aequatio biquadratica $x^4 + qx^2 + rx + s = 0$, ubi retinetur in omnibus terminis signum +, ut omnes casus repraesententur." [10]

Wenn WOLFF aber weiß, daß auf diese Art und Weise alle Fälle betrachtet werden können, daß also eine Allgemeingültigkeit erreicht wird, warum hat er diese Vorgehensweise nicht auch bei den quadratischen und kubischen Gleichungen angewendet? WOLFFs Darstellungsweise ist inkonsequent und legt die Vermutung nahe, daß er lediglich das Wissen der damaligen Zeit aus unterschiedlichen Quellen zusammengetragen hat. Oder ist diese Darstellung evtl. lediglich ein weiterer Lernschritt für all diejenigen, die die Algebra aus WOLFFs "Elementa" erlernen wollten? Ist es evtl. die Kennzeichnung, daß Vierdimensionalität nicht mehr der Anschauung entspricht? Nach den bisherigen Ausarbeitungen ist anzunehmen, daß für unterschiedliche Themenbereiche tatsächlich unterschiedliche Quellen vorlagen.

---

[9] [Wolff 1968, 433]
[10] [Wolff 1968, 433]

Die nächste Aufgabe, in der dann schließlich die Lösung einer biquadratischen Gleichung bestimmt werden soll, ist in zwei Abschnitte gegliedert. Im ersten werden die reinen, im zweiten die gemischten Gleichungen vierten Grades betrachtet.

> "I. Si aequatio fuerit pura, e.gr. $x^4 = a^2bc$: extrahatur primum radix quadrata, ut habeatur $x^2 = a\sqrt{bc}$ & hinc denuo educatur radix quadrata. Reperietur $x = \sqrt{(a\sqrt{bc})}$." [11]

Da WOLFF die "Doppelwurzel" unbekannt ist, erhält er lediglich eine Lösung. Er wundert sich aber nicht darüber, obwohl er weiß, daß eine biquadratische Gleichung vier Lösungen besitzt. Die Notation der reinen biquadratischen Gleichung ist auffällig, da hier, wie auch bei den quadratischen Gleichungen, auf die Einhaltung des Homogenitätsgesetzes geachtet wird. Bei den kubischen Gleichungen war dies nicht der Fall und auch bei der Bemerkung über die Allgemeingültigkeit der Darstellung $x^4 + qx^2 + rx + s = 0$ wurde die Homogenität nicht beachtet.

Zu den gemischten biquadratischen Gleichungen schreibt WOLFF:

> "II. Si aequatio fuerit affecta 1.Tollatur secundus terminus, si adfuerit [...]. 2. Reducatur aequatio ad cubicam [...]. 3. Inde extrahatur radix cubica [...]. 4. Hac data ex aequationibus, quarum ope biquadraticam ad cubicam reduximus, radices aequationis propositae erui possunt." [12]

Die Lösung wird also in vier Schritten geschildert, wobei sich herausstellt, daß alle benötigten Hilfsmittel bereits in den zuvor geschilderten Paragraphen eingeführt wurden: Zunächst soll das kubische Glied aus der biquadratischen Gleichung entfernt werden. Dieses ist einfach mit der bereits gelehrten Transformation möglich. Danach soll mit Hilfe vorstehender Aufgabe diese biquadratische Gleichung auf die Lösung einer kubischen Gleichung reduziert werden. Was mit diesem zweiten und dritten Schritt tatsächlich gemeint ist, wurde gerade geschildert. Im Endeffekt löst WOLFF die biquadratischen Gleichungen, indem er sie auf quadratische Gleichungen zurückführt und die Lösungen dieser bestimmt.

---

[11] [Wolff 1968, 433]
[12] [Wolff 1968, 434]

Abschließender Kommentar

Diese kurzen Einblicke zeigen, daß WOLFF vermutlich nicht selbst als schöpferischer Mathematiker tätig war. Daß er bereits vorgestellte mathematische Aspekte nicht erneut aufgreift bzw. weiterverwendet, läßt den Schluß zu, daß er sein mathematisches Wissen unterschiedlichen Quellen entnommen hat und selbst nur systematisierend tätig war. Hätte er das mathematische Wissen der damaligen Zeit nicht nur gesammelt und systematisiert, so wären die geschilderten Inkonsequenzen nicht möglich. Das Zusammentragen aus verschiedenen mathematischen Quellen birgt das Problem in sich, daß einige Werke schon fortgeschrittener waren als andere. Für WOLFF bestand das Problem dann darin, daß er beispielsweise imaginäre und negative Zahlen aus einer Quelle kannte, also einen relativ modernen mathematischen Kenntnisstand zeigte, aber andere Sachverhalte älteren Werken entnahm. Da er das Wissen nicht selbständig miteinander verknüpfte, wurde die Logik in Mitleidenschaft gezogen.

Literatur

ROSEN, FREDERIC: The Algebra of Mohammed ben Musa. Arabisch mit englischer Übersetzung. London 1831.

WITMER, T. RICHARD: *Ars Magna* or The Rules of Algebra. Girolamo Cardano. New York 1968.

WOLFF, CHRISTIAN: Anfangsgründe aller mathematischen Wissenschaften. Bd. IV. Halle 1710.

WOLFF, CHRISTIAN: Anfangsgründe aller mathematischen Wissenschaften. Bd. IV. In: Gesammelte Werke, hrsg. von J. École, J.E. Hofmann, M. Thomann, H.W. Arndt; I. Abt., Bd. 15,1. Hildesheim, New York 1973.

WOLFF, CHRISTIAN: Elementa matheseos universae. Bd. I. In: Gesammelte Werke, hrsg. von J. École, J.E. Hofmann, M. Thomann, H.W. Arndt; II. Abt., Bd. 29. Hildesheim 1968.

Silvia Sommerhoff-Benner, Grundstr. 12, D-35708 Haiger

Schulen und Schulverläufe bei Julius Plücker (1801 - 1868) und seinem Studenten August Beer (1825 - 1863)

Aus der Zeit der Neuordnung Deutschlands um 1800 bis 1848

Gerhard Warnecke

> "Der Zeitgeist entscheidet,
> und ist der Schulmeister
> und das Schulmeisterseminar zugleich."
>
> Jean Paul

Einleitung

In Deutschland begann um 1720 eine "Transformationsphase" hin zu einer bürgerlichen Gesellschaft, dabei wirkten zusammen Einflüsse aus Pietismus und Aufklärung, aus französischer Revolution und klassischer Periode deutscher Dichtung und Philosophie, in der Pädagogik kam es um die Mitte des Jahrhunderts zu großen Reformbewegungen, die eng mit der Entwicklung veränderter Wirtschaftformen zusammen hingen, die man bis etwa 1835 als Frühindustrialisierung beschreibt. Zu Beginn des 19. Jahrhunderts kulminierte diese Entwicklung in tief greifenden Umschichtungen auf geistigem, wirtschaftlichem und gesellschaftlichem Gebiete, was auch die Pädagogik einschloss, und zu einem grundlegend veränderten pädagogischen Bewusstsein führte, in dem das Denken der Zeit, der Einfluss der politischen Mächte und der Gesellschaft sich auswirkte und das den Erwartungen folgte, die an die Pädagogik gestellt wurden[1].

Die Neuordnung Deutschlands ging einher mit der napoleonischen Gewaltherrschaft und nährte sich aus umfassenden Reformen, mit denen der Staat nach einer neuen staatlichen Ordnung strebte; im Bereich der Bildung drückte sich diese staatliche Entwicklung in zwei dominierenden Strömungen aus, dem Realismus, der Ausdruck der Frühindustrialisierung war, und dem preußischen Neuhumanismus (W. V. HUMBOLDT), der die neuhumani-

---
[1] [Kraul, Einleitung]

stischen Auffassungen aus dem 18. Jahrhundert (WINKELMANN u. a.) fortführte, und durch Rückgriff auf die Antike einen neuen Bildungsbegriff der allgemeinen zweckfreien Menschenbildung entwickelte und über die Gymnasien durchzusetzen versuchte. In Preußen führte dies zum preußischen Gymnasium als Normschule. Beim Realismus wurde in der Bildung die Notwendigkeit der Realien betont, was den Bildungserwartungen der Kaufleute als Träger der Frühindustrialisierung entsprach, die daher ihre Söhne auf die dazu passenden Schulen, die Realschulen, schickten. Der Staat, der im Verlaufe des 19. Jahrhunderts zunehmend als Schulherr in Erscheinung trat, förderte zäh die neuhumanistische Bildung, welche die gleiche Unzulänglichkeit kennzeichnete wie den romanischen Humanismus: ihre Gleichgültigkeit gegenüber den Leistungen der modernen Naturwissenschaften, wodurch die neuhumanistischen Bildungsvorstellungen in der ersten Hälfte des 19. Jahrhunderts mit den realistischen in Konflikt gerieten. Für ein Studium während des untersuchten Zeitraumes war das auf einem Gymnasium erworbene Abitur erforderlich, wer auf die Realschule ging, wollte in der Regel einen praktischen Beruf ergreifen und konnte sich über die höheren Gewerbeschulen beruflich höher qualifizieren. Es sei erinnert, dass viele Technische Hochschulen aus solchen Anstalten hervorgingen. Die Periode der Neuordnung erstreckte sich bis knapp über PLÜCKERs Tod hinaus; sie interessiert bei dieser Untersuchung aber nur bis in den Vormärz, weil drei der vier untersuchten Schulverläufe sich in dieser Periode vollzogen, bis auf PLÜCKERs Realschulzeit, die in die Zeit der politischen Unterdrückung von außen und der dadurch ausgelösten Reformen von innen fiel. In den Schulen und Schulverläufen von PLÜCKER und von BEER wirkte sich auch die Pädagogik aus der Mitte des 18. Jahrhunderts aus, wie sie sich mit der formierenden bürgerlichen Gesellschaft ausbildete und durch die großen pädagogischen Reformbewegungen eines SALZMANN, BASEDOW und VON ROCHOW geprägt wurde. Bei BEER überrascht dies, da er während der Phase der ersten Industrialisierung von etwa 1835 bis 1845 zur Schule ging, aber dieser Umstand wird durch die regionale Besonderheit von Trier während dieser Zeit erklärt, worauf K.-E. JEISMANN nachdrücklich hinweist[2]. BEER besuchte wie PLÜCKER eine Realschule und danach ein Gymnasium, aber eine Generation später als PLÜCKER. Damit ist der Hintergrund umrissen, auf dem sich die Pädagogik entwickelte, die in den Schulen praktiziert wurde, die JULIUS PLÜCKER und August BEER besuchten, und die ihre Schulverläufe bestimmte; aus dieser pädagogischen

---

[2] [Jeismann 1996 Bd.2, S. 144f.]

Konfiguration heraus entwickelte sich ihre Lebensleistung[3,] als akademische Lehrer, als Forscher und Erfinder.

1. Julius Plücker: Schule und Schulverläufe von 1806 - 1815 (Realschule) und 1816 - 1819 (Gymnasium)

Die Entwicklung der modernen Technik kennzeichnete eine neue Arbeitsethik, die durch verschiedene Phasen der Industrialisierung eine weltwandelnde Macht entfaltete[4]. Bereits gegen Ende des 18. Jahrhunderts florierte in Elberfeld im Tal der Wupper mit England als Vorbild die Wirtschaft unter diesem Antrieb, wegweisende Innovationen entstanden, der Außenhandel blühte, so dass die Elberfelder Kaufleute für eine angemessene Ausbildung ihrer Söhne 1804 auf genossenschaftlicher Basis das "Bürgerinstitut für die höheren Stände" gründeten[5], das in seinem Motto "Der Mensch erzieht im Kinde den Menschen" einen Gedanken KANTs trug, der bekanntlich die pädagogischen Ideen BASEDOWs unterstützte. Diese Schule zog bald Schüler aus ganz Europa, aus Russland und sogar den USA an, die in einem angegliederten Internat wohnten. Aus ihr gingen viele, später bedeutende Männer hervor. Als Schulleiter gewannen die Gründer JOHANN FRIEDRICH WILBERG[6] (1766 - 1846), den die neue Arbeitsethik kennzeichnete; auch das ihr eigene stärkere Hervortreten der Persönlichkeit mit dem Anspruch auf eine gewisse geistige Führerschaft und ihre sozialen Implikationen wirkten aus ihm. Die auf das Individuum ausgerichtete Pädagogik der Aufklärung bereicherte er um das soziale Moment. Seine pädagogische Methode gründete in BASEDOWs und ROCHOWs Ideen[7] und in KANTs Philosophie, aus denen er seine eigene, die WILBERGsche, wie er sie nannte, entwickelte: eine "anregende und entwickelnde" Methode, die bereits Auf-

---

[3] [Lexikon der Naturwissenschaften]. Einträge zu Julius Plücker und August Beer; [Ernst 1933]. Ein Berichterstatter war Otto Toeplitz (1881 - 1940).
[4] [Zbinden 1954, S. 69 - 73]; Seite 70 in Fußnote 1 verknüpft Z. mit Bezug auf die moderne Technik die Religionssoziologie von Max Weber mit dem Humanismus der Renaissance.
[5] [Jorde 1903, S. 369 - 373], Jorde war Rektor; [Wilberg 1838].
[6] [Wilberg 1838].
[7] Der bekannte Methodiker Bruns war eine Zeit Wilbergs Lehrer.

fassungen der "Arbeitschulidee"[8] aus den 20er Jahren des 20. Jahrhunderts enthielt: die Schüler sollen arbeiten, der Unterricht Aktivität sein. WILBERG will den Schüler in seiner Ganzheit erfassen und ihn zur freien, selbstständigen Gestaltung seines Wesens auf Grund von eigenem Denken und Selbsttätigkeit erziehen[9]; selbsttätig und freitätig verwendete WILBERG häufig im Sinne von selbstschöpferisch. Das Selbstschöpferische sah er vor allem in der Geometrie verwirklicht und die Möglichkeiten, die er dort vorfand, bereicherten seine Didaktik[10]: bei den Schülern "das eigene Denken wecken, sie darin üben, und sie anleiten, ihre Gedanken bestimmt, deutlich und kurz auszudrücken"[11]. Diese Sicht[12] der Geometrie vermittelte ihm sein Freund WILHELM ADOLPH DIESTERWEG (1782 - 1835), mit dem er seit 1805 eng befreundet war, der sich 1808 in Heidelberg habilitierte, 1808 an ein Mannheimer Gymnasium als Professor für Mathematik und Physik und 1819 an die Bonner Universität als Ordinarius für Mathematik berufen wurde. Was DIESTERWEG schon als Gymnasialprofessor lehrte, war die geometrische Analysis, darunter verstand er das analytische Gegenstück zur synthetischen Geometrie, die er als methodisch steril entschieden ablehnte[13]. Bei dem Schüler JULIUS PLÜCKER, der seit 1806, schon in der innovativen Anfangsphase, das Bürgerinstitut besuchte, und es bis 1815 voll durchmachte, erkannte WILBERG dessen hohe Begabung für die Geometrie und die Naturwissenschaften und das veranlasste ihn, bei PLÜCKERs Vater für dessen einzigen Sohn eine akademische[14] anstatt der geplanten kaufmännischen Laufbahn durchzusetzen. Denn er "bezog seinen Unterricht auf das Leben, und er forschte auch nach, wie diese oder jene Behandlung des Schülers auf den Charakter desselben wirke, und was für Menschen aus dieser oder jener Erziehungsweise hervorgehen."[15] Das Lehrprogramm bestand aus: "Religions= und Sittenlehre, Geschichte, Naturkunde, Geographie, Geometrie und einige andere Teile der Mathematik, deutsche und

---

[8] [Wilberg 1824, S. 322]. Hätte Fr. A. W. Diesterweg (1790 - 1866) Anfang des 20. J. über W. urteilen können, so hätte er ihn zu den damals modernen Arbeitschulpädagogen gerechnet. Von W. empfing D. entscheidende Impulse für seine Lebensarbeit als Volksschulreformer; "Von ihm habe ich schulmeistern gelernt" schrieb D. ein Jahr vor dem Tode von W..

[9] [Wilberg 1843, S. 43].

[10] [Wilberg 1830, S. 86].

[11] [Wilberg 1838, S.75].

[12] ebenda

[13] [Diesterweg, W. A. 1843, S. 8f.]; Ält. Bruder von Fr. A. W. Diesterweg.

[14] [Ernst 1933].

[15] [Langenberg 1866, S. 42]; Schüler und Freund von Fr. A. W. Diesterweg.

französische Sprache, Lesen, Schreiben, Rechnen, Singen, Zeichen." WILBERG gab 39 Wochenstunden. Er unterrichtete während dieser Zeit auch die "I. Classe" oder "die am meisten geförderten Schüler" in allen Fächern, "ausgenommen im Rechnen, Singen, Zeichnen und in der französischen Sprache. In dieser Schulzeit wurden auch viele Arbeiten verrichtet, die in anderen Lehranstalten gewöhnlich den häuslichen Arbeiten zugewiesen wurden."[16] WILBERGs Lehrergröße bestand darin, dass er Forscher und Selbstdenker war, bis in sein hohes Alter lernte, es verstand dialogisch zu fragen wie SOKRATES und durch seinen anschaulichen und eindringlichen Unterricht bei seinen Schülern deren Anlagen hervorrief, den Talentvollen vor Augen führte, dass ihre Bildung nicht abgeschlossen sei, sondern dass das Leben ein stetes Werden und Bilden sei. Die Lehrerausbildung und -fortbildung betrieb er nachhaltig[17]: im Bürgerinstitut hielt er zwei Freistellen für Jünglinge bereit, die den Lehrerberuf anstrebten und kostenlos bildete er jeden Samstag Lehrer fort[18]. Für das Fach Geschichte ließ er sich einen "Chronologischen Abriß der Weltgeschichte"[19] von seinem Freunde FRIEDRICH KOHLRAUSCH (1780-1865) schreiben. KOHLRAUSCH war Lehrer in Barmen an einer privaten Realschule und ab 1814 bis 1818 Professor der Geschichte am Königlichen Gymnasium zu Düsseldorf (heute Görres-Gymnasium). Mit ihm stimmte er in seinen geschichtlichen Ansichten überein, die entscheidend durch die Freiheitskriege und den damit verbundenen Ideen bestimmt waren: WILBERG war lebenslang mit ERNST MORITZ ARNDT eng befreundet, auch sein ehemaliger Schüler JULIUS PLÜCKER[20] gehörte zu seinem Freundeskreis in Bonn, als WILBERG 1839 dort seinen Ruhesitz genommen hatte; das berichtete WILBERGs Tochter. Ab Anfang 1816 ging PLÜCKER, 14 Jahre alt, auf das Düsseldorfer Gymnasium während der innovativen Entwicklungsphase dieser Anstalt, die als Lyzeum

---

[16] [Langenberg 1866, S. 39-42]; [Wilberg 1838, S.96f.].
[17] [Diesterweg, Fr. A. W 1847, S. 19]: "W. flößte den Lehrern den Gedanken von der Wichtigkeit und Verantwortlichkeit ihres Lehrens und Lebens ein", s. dazu Plücker als Lehrer in [Ernst 1933, S. 88]; "Kein gedrückter, wackerer Lehrer verließ Wilbergs Wohnung ohne neue Stärkung".
[18] [Jorde 1903, S. 371].
[19] [Kohlrausch 1863]. Die Zitate sind aus den Abschnitten "Unser Leben in Barmen" und "Das Leben in Düsseldorf". Wilbergs Geschichtsunterricht vermittelte auch die Anfänge der Staatsbürgerkunde, siehe [Wilberg 1830, S. 39].
[20] [Diesterweg, Fr. A. W 1847, S. 18]: Plücker verehrte W. einen Originalbrief von Kant, den W. wie einen Schatz verwahrte, stets in seiner Nähe hatte und gern vorzeigte; S. 17: W. studierte noch in den letzten Monaten seines Lebens Kants Werke und hatte darüber ausführliche Gespräche mit seinem Sohn.

von Jesuiten gegründet wurde, 1813 als Schule verfallen war[21]; der 26jährige Dr. K. W. KORTUM (1787 - 1858; Schüler FRIEDRICH AUGUST WOLFS in Halle) wurde zum neuen Direktor bestellt, er sollte die Anstalt vom Grunde auf verbessern und neue Lehrer suchen. Gründlich vorgebildete Lehrer für Philologie und Geschichte waren rar "dank dem durch die französische Herrschaft hervorgebrachten Verfalle der höheren Unterrichtsanstalten in den Rheinlanden". Er berief FRIEDRICH KOHLRAUSCH zum Professor dieser Anstalt. Durch die Völkerschlacht bei Leipzig waren 1813 "die Rheinlande vom französischen Joch" befreit. Wie KOHLRAUSCH empfanden viele Deutsche: für ihn stand noch 50 Jahre später diese Zeit "als Lichtpunkt meines Lebens vor meiner Seele"[22]. Das Lehrerkollegium war erfüllt von "den edelsten und tiefsten Gedanken über würdige menschliche und staatliche Zustände" und "jeder Wohlmeinende fühlte sich berufen zu dieser Verwirklichung mit Hand anzulegen."[23] Der Naturforscher und romantische Philosoph HENRIK STEFFENS (1773 - 1845) weilte vor allem wegen Unterrichtsangelegenheiten in Düsseldorf, und über ihn bekamen KORTUM und KOHLRAUSCH den Auftrag, gemeinschaftlich einen Plan zur inneren und äußeren Organisation des Lyzeums auszuarbeiten, "dessen Namen in den eines Gymnasiums verwandelt werden sollte." KOHLRAUSCH entwickelte ein politisches Zukunftskonzept, verstärkt in seinem nationalen Gehalt durch den Einfluss von ARNDT und JAHN, mit denen und JOSEPH VON GÖRRES (1776 - 1848) ihn eine lebenslange Freundschaft verband, und er lehrte Geschichte aus dieser Perspektive - ihm "wurde der Geschichtsunterricht in der ganzen oberen Hälfte des Gymnasiums übertragen", den er erfolgreich erteilte; PLÜCKER gehörte während der 48er Revolution zu den reformerischen Kräften der Bonner Universität, die sogar durch Denkschriften auf Reformen an der Berliner Universität einzuwirken suchten. Es seien noch die Lehrer in Mathematik, BREWER, in Französisch, ABBÉ DAULNOY, erwähnt, im Frühjahr 1815 wurden Turnübungen eingeführt, insgesamt gab es ab Anfang 1815 ein Kollegium, dem Professor DEYKS von der Akademie in Münster eine einzigartige Beschaffenheit attestierte und so kennzeichnete[24]: "junge, strebende Männer, begeistert für die Wissenschaft, getragen von dem Geiste des wiedererwachten deutschen Vaterlandsgefühls und, was die Hauptsache war, an der Spitze ein Führer, dessen

---

[21] [Kohlrausch 1863]. Für den Namen "Kortum" gibt es verschiedene Schreibweisen.
[22] ebenda
[23] ebenda
[24] ebenda

Seele erfüllt war von dem edelsten Geistesleben, der mit seiner harmonischen Bildung, mit reichem Wissen, das reinste Wohlwollen verband gegen alle, die ihm nahten, der, jung an Jahren, mit der Reife des Alters, Lehrer und Schüler in gemeinsamer Achtung und Liebe verband. Aus diesen Elementen erwuchs jene erste Blüte des Gymnasiums in Düsseldorf, dessen Andenken noch jetzt, nach fast einem halben Jahrhundert, frisch ist in den Seelen derjenigen, welche einst ihm angehörten." PLÜCKER war vom Geist dieser Schule tief erfasst, zwanzig Jahre nach seinem Abitur widmete er seine große Monografie "Theorie der algebraischen Kurven" von 1839 "Dem Geheimen Oberregierungsrat Herrn Dr. KORTUM, unter dessen Leitung das Düsseldorfer Gymnasium seinem Aufschwung nahm und dem es seine Blüte verdankt, mit der Pietät eines ehemaligen Schülers und der Verehrung eines Freundes." Die Erinnerung an dieses Gymnasium teilte PLÜCKER mit dem Abiturienten von 1817, LUDWIG SCHOPEN (1799 - 1867; Doktorrand HEINRICHs in Bonn, einem HEYNE-Schüler), ab 1820 am Gymnasium in Bonn (heute Beethoven-Gymnasium) tätig, der mit PLÜCKERs Unterstützung als Dekan 1844 Ordinarius für Philologie in Bonn wurde, ab 1847 als Direktor das nämliche, nun Königliche Gymnasium, leitete, auf dem PLÜCKERs erster bedeutender Schüler WILHELM HITTORF (1824 - 1914) gebildet wurde, wo PLÜCKERs zweiter bedeutender Schüler AUGUST BEER sein Probejahr ableistete und freiwillig ein Jahr zusätzlich Unterricht in den Naturwissenschaften erteilte[25]; SCHOPEN blieb bis zum Tode ein enger Freund PLÜCKERs. Dabei sei erinnert, dass PLÜCKER, später mit seinem Kollegen und Freunde BEER zusammen, als Direktor des Prüfungswesens an der Universität Bonn, auch tatkräftig das Realschulwesen der Zeit förderte[26]. Aus seinen physikalischen Aktivitäten um die Zeit der ersten Industrialisierung in Deutschland erkennt man, wie sehr er der modernen Technik verpflichtet war. Wenn WILBERG unter DIESTERWEGs Einfluss PLÜCKER nachhaltig für Geometrie begeisterte, ihn auch für die Naturwissenschaften motivierte und für eine bestimmte Unterrichtsmethode[27] (Arbeitsunterricht), so war WILBERGs Unterricht im Bürgerinstitut doch grundsätz-

---

[25] [Programm des Königl. Gymnasiums zu Bonn], S. 31(Unterricht über Wirbeltiere), S. 35 (Beer war gleichzeitig Privatdozent und Lehrer am Gymnasium); im Progr. vom 27. 8. 1854 vier wiss. Bücher (Optik, Physiologie, Fauna, Mineralien), die Beer der Schule schenkte. Diese Programme wurden mir freundlicherweise von dem Leiter des Beethoven-Gymnasiums, Herrn OStD Dr. Kötting, zugänglich gemacht.
[26] [Ernst 1933, S.88].
[27] [Mittn. d. Univ.-bundes Göttingen 1923, S.14]. Felix Klein "genoß derart einen 'Arbeitsunterricht', wie man das heute nennen würde."Klein war Plückers letzter Student.

lich ausgerichtet, den Übergang zur "industriellen Gesellschaft"[28] zu bewerkstelligen - für das Düsseldorfer Gymnasium verkündete KORTUM 1814 das pädagogische und politische Konzept der neuhumanistischen Bildung am Rhein mit einer Konsequenz, wie sie sich auch die Unterrichtsverwaltung in Berlin zum Prinzip der Schulen genommen hatte: "sie soll eine heilige Schirmstätte seyn, in welcher die aufblühende Generation ... sich zu einem selbständigen und selbstthätigen Vernunftleben ausbildet."[29] Dieses Vernunftleben drückte sich in idealistischer Philosophie und in der Wissenschaft aus, für die KORTUM den neuhumanistischen Anspruch zweckfrei idealistisch formulierte, WILBERG hatte das Vernunftleben zweckgebunden realistisch aufgefasst; bei PLÜCKER führte dieser Konflikt zu einem von seinen Zeitgenossen als außerordentlich bezeichneten produktiven und selbstschöpferischen Forschen und Arbeiten[30]; als Experimentalphysiker fühlte er sich dabei dem Realismus verpflichtet, als Geometer betrieb er Geometrie als Fachwissenschaft um ihrer "selbst willen", und dies machte ihn zu einem der führenden reinen Geometer seiner Zeit.

2. August Beer: Schule und Schulverläufe von 1835 - 1839 (Realschule1[31]) und 1843 - 1845 (Gymnasium)

Am 4. Dezember 1821 genehmigte die Kgl. Regierung zu Trier dem Privatlehrer FISCHER zu Trier den unter dem 14. November verfassten *Prospectus zur Errichtung einer Knaben=Bürgerschule für die Stadt Trier*. Es soll nicht für den gelehrten Stand ausgebildet, und kürzer als auf dem hiesigen Gymnasium möglich, Knaben für das Zukünftige das wirklich Wichtige und Wesentliche vermittelt werden, dass sie "mit einer richtigen Selbstkenntnis in allen Gegenständen hinreichend sich vorbereitet finden, um als gescheite, in ihrer Art gebildete Menschen, in ihrem künftigen Gewerbs-

---

[28] [Heinen; Rüter 1975, S. 170].
[29] [Jeismann 1996 Bd 1, S. 423].
[30] [Clebsch 1895, S. XI - XIV].
[31] [Von der Knaben-Bürgerschule...]. Für Beer interessiert die Geschichte dieser Anstalt in den ersten 18 J., wobei wir den Bezug zur modernen Technik herausarbeiten, weil Beers Interessen stark technisch-naturwissenschaftlich geprägt waren, und er zu den Realschulen und Realschullehrern ein besonderes Verhältnis hatte. Siehe dazu den in [Beer 1865] im Vorwort abgedruckten Nekrolog von Plücker, ferner in [Dronke] Dronkes Beziehung zu dieser Schule.

und Geschäftszweigen mit Anstand und Nutzen sich bewegen zu können." In zwei Jahren konnte der Eleve das Schulziel erreichen, wenn er die "ersten Elemente des Unterrichts hatte" und die Aufnahmeprüfung bestand.

1824 Stadtschule: Mit dem Fach Technologie, der Anlage einer Baumschule und eines botanischen Gartens wurden die Bedürfnisse aus dem Wirtschaftsleben berücksichtigt. Erster Lehrer und Leiter war NIKOLAUS NUSSBAUM (1795 - 1845), ab 26. 11. 1830 Direktor. 1825 folgte u. a. die Einrichtung einer Bibliothek. 1826 wurde der Schulplan von NUSSBAUM verändert, durch den Gymnasialdirektor WYTTENBACH begutachtet und nachdrücklich zur Annahme empfohlen. Er enthielt ein erweitertes Fach Technologie, ferner zusätzlich in Deutsch kaufmännische einfache und doppelte Buchführung und in Mathematik das Wichtigste aus der reinen und praktischen Planimetrie. 1826 bestimmte das *Ministerium der geistlichen, Unterrichts= und Medizinalangelegenheiten* die Bürgerschule zur öffentlichen Lehranstalt. 1829 folgte die Anschaffung von Apparaten für den physikalischen und technologischen Unterricht, Ende 1829 die Erweiterung der Bürgerschule (BS) als Vorbereitungsanstalt für eine Gewerbeschule (GS) mit einem Unterrichtsplan, durch den in zwei Jahren u. a. Zeichnen (Freihand-, Linearzeichnen, Baukonstruktionslehre), reine und angewandte Mathematik, Physik und Chemie vermittelt wurden. Der Lehrplan der Bürgerschule änderte sich unwesentlich, der bisherige zweijährige Kurs blieb bestehen. Mit Genehmigung der Regierung wurde die Bürgerschule ab 1830 "Höhere Stadtschule".

Ab 1835 setzte die erste Industriealisierungsphase ein. Ostern 1835 war der Schuleintritt BEERs und in diesem Jahr hatte die Bürgerschule besonders starken Zulauf durch zahlende Schüler. Die Frequenz gegen Ende dieses Jahres war 163 Zöglinge. 1835 wurde (erstmals) für die Gewerbeschule ein Englischlehrer angestellt, an dessen Unterricht Schüler des Bürgerinstituts teilnahmen. In den Jahren Ostern 1835 bis Herbst 1839 war AUGUST BEER Schüler dieser Schule. Sein Abschlusszeugnis[32] vom 10. September 1839 war das *Entlassungs=Zeugniß für den Zögling der Bürgerschule zu Trier*. Er erwarb es nach einer Abschlussprüfung. Als Fächer sind darin aufgeführt: Religion, Deutsch, Französisch, Arithmetik, Geometrie, Geschichte, Geographie, Naturgeschichte (Biologie, Geologie, Mineralogie), Naturlehre

---

[32] [Entlassungs-Zeugnis]. Den Vornamen Peter verwendete Beer nicht. Das Zeugnis wurde mir freundlicherweise vom Leiter des Trierer Hindenburg-Gymnasiums, Herrn OStD A. Piry, zugänglich gemacht.

(Physik u. Chemie), Kalligraphie, Zeichnen und Englisch, sowie die Kopfnoten in Betragen und Fleiß.

Die Lehrer der Bürgerschule gingen aus der Laufbahn der Volksschullehrer hervor, ausgenommen die als Lehrer wirkenden katholischen Geistlichen. Das Zeugnis unterzeichneten die Lehrer N. NUSSBAUM (Schulleiter), JOHANNES SCHNUR (2. Lehrer, Aushilfe W35/36 an GS), JOSEPH DICK (Lehrer), J. GRAUERT (neue Sprachen, auch an GS), JOHANN D. SCHOMMER (Schreiblehrer), CHRISTOPH HAWICH (Technischer Lehrer für Zeichnen, an GS von Ostern 1834-35), EMMERICH. J. HAAS (kath. Religionslehrer im Nebenamt).

BEER wurde später ein erfolgreicher akademischer Lehrer, Lehrbuchautor und Forscher in mathematischer Physik, der in den Sprachen Deutsch, Latein, Englisch und Französisch schrieb. Seine Bewertungen:

- Deutsch: *bedeutenden Grad an Fertigkeit im schriftlichen Gedankenausdruck*;
- Französisch: übersetzt geläufig aus beiden Sprachen, kleinen französischen Aufsatz;
- Englisch: grammatischer Scharfsinn, folgt schnell, übersetzt gut und ohne Mühe;
- Arithmetik: sehr befriedigende Kenntnisse und Fertigkeiten in Gleichungslehre, Progressionen, praktischen Rechnen und Logarithmen;
- Geometrie: recht befriedigende Kenntnisse der Planimetrie, weiß einiges aus der ebenen Trigonometrie;
- Naturgeschichte (Biologie, Geologie, Mineralogie): hier kann er sich durch Selbststudium allein weiterbilden;
- Naturlehre (Physik, Chemie): befriedigende Kenntnis der unwägbaren Potenzen (Optik, Wärmelehre, Lehre von den elektrischen und magnetischen Erscheinungen), Kenntnisse aus den Lehren vom Gleichgewicht und der Bewegung fester und flüssiger Körper.

Die Betragsnote "immer sehr gut" drückte seinen edlen und reinen Charakter aus[33], "recht guter Fleiß in allen Fächern" steigerte er später zu muster-

---

[33] [Beer 1865], hrsg. v. Plücker. Im Nekrolog drückte Plücker dies auch im Namen der Freunde so aus: "in Beer ist ein hoher seliger Geist von uns geschieden." - Der Realschuldirektor A. Giesen wirkte auf Wunsch von Beer an [Beer 1865] mit. Im Erscheinungsjahr war Ludwig Boltzmann (1844 - 1906) im vierten Semester und in seiner ersten Veröffentlichung "Über die Bewegung der Elektrizität in krummen Flächen" im Jahre 1865 weist er auf die Fehlerhaftigkeit der in Beers Buch gegebenen Lösung hin.

gültigem Fleiß[34]. Auf Grund der derzeitigen Quellenlage war nicht zu klären, warum BEER einen viereinhalbjährigen Kurs an der Bürgerschule machte. Dr. ADOLF DRONKE (1837 - 1898) teilte mit, BEER habe die Gewerbeschule besucht, vielleicht nahm er dort Kurse, weil er einen technischen Beruf anstrebte. DRONKE war Doktorrand und Assistent des späteren Mathematikprofessors BEER auf der Universität Bonn. Er schrieb: BEER habe des Öfteren geäußert, dass er auf der BS mit GS die "Fundamente seiner Bildung und die Liebe zu den exacten Wissenschaften empfangen habe". Und er schilderte, dass BEER nach Abschluss der BS "sich selbst ohne weitere Nachhilfe zu der Prima des (Friedrich-Wilhelm-)Gymnasiums vorbereitete.

Hier zeigte er einen so regen Eifer in allen Fächern, dass seine Lehrer ihn häufig als das Muster eines ausgezeichneten Schülers hinstellten"[35]: Ab WS 1843/44 besuchte BEER die Unterprima, ging SS 1844 in die Prima inferior, WS 1845 in die Prima superior, aus der er 1845 sein Abitur bestand.[36] Genau zehn Jahre vorher hatte KARL MARX hier Abitur gemacht. Während BEERs Schulzeit standen 18 Lehrer auf der Gehaltliste[37], davon ein emeritierter und ab 1844/45 ein Schulamtskandidat, insgesamt 9 davon blieben bis heute durch besondere Leistungen in Erinnerung[38]. Im Abiturzeugnis[39] wurden - in einer Kopfnote: sittliche Aufführung, Anlagen und Fleiß, Kenntnisse und Fertigkeiten - und in Fachnoten: 1. Sprachen: Deutsch, Latein, Griechisch und Französisch; 2. Wissenschaften: Religionslehre, Mathematik, Geschichte und Geographie und Naturlehre; 3. Fertigkeiten: Zeichnen, Gesang, gymnastische Übungen beurteilt. Es wäre wünschenswert, das bisher unentdeckte Abiturzeugnis BEERs mit dem Zeugnis aus der Bürgerschule zu vergleichen. BEER erwarb u. a. eine außergewöhnliche

---

[34] Siehe weiter unten im Text für die Schulzeit und für den Studenten Beer dessen Anmeldebuch vom 17. Oktober 1845 in Exmatrikel A. Beer im UAB.

[35] [Dronke]. Die Knaben-Bürgerschule wandelte sich über viele Zwischenstufen zum HGT. D. war Direktor der Zwischenstufen: vereinigte Realsch. I. Ordg. m. Provinz.-GS 75, Realgymn. 82 und Kaiser Wilhelm-Gymn. mit Realschule 96.

[36] [Landeshauptarchiv, Schülerlisten].

[37] [Landeshauptarchiv, Gehaltslisten von 1843 - 1845].

[38] [Veröffentlichungen der Landesarchivverwaltung Rheinland-Pfalz]. Von den Lehrern der Knaben- Bürgerschule sind Nußbaum und Hawich (Zeichenlehrer), vom Gymn. sind neun, darunter die beiden Direktoren Wyttenbach, Loers; als Fachlehrer Beers: Steininger, Kraus (Zeichenlehrer) verzeichnet. Beers andere Fachlehrer sind noch unbekannt.

[39] Das noch unentdeckte Abitur-Zeugnis Beers hatte diese Gliederung wie Abitur-Zeugnisse dieser Zeit zeigen.

klassische Bildung[40]. In der Vita seiner Dissertation dankte er dem Lehrerkollegium allgemein, hob aber Dr. JOHANN STEININGER (1794-1874) besonders hervor. Der Schulleiter JOHANN HUGO WYTTENBACH (1767-1848), der wie WILBERG in seiner Pädagogik den großen pädagogischen Reformbewegungen und KANT verpflichtet war, stand für ein Bildungsideal in dieser Anstalt (noch zu BEERs Schulbesuch), das bestimmt war von vielen historisch gewachsenen Orientierungen. Dadurch half das Trierer Gymnasium Menschen geistig mitzuprägen, deren geistiger Ort so verschieden war wie der von KARL MARX und AUGUST BEER.

Der Lehrer für Mathematik und Naturwissenschaften Dr. JOHANN STEININGER[41] übte durch seine Gaben und sein Lehrtalent einen großen Einfluss auf BEER aus; STEININGER blieb in der Geologie als früher Erforscher der Vulkaneifel in Erinnerung. "Wer bei diesem Lehrer Talent und Fleiß zeige, könne bei ihm etwas werden"[42]. Er studierte einige Jahre vor PLÜCKER in Paris Mathematik, Physik und Geologie und hielt wie später PLÜCKER die französische Wissenschaft hoch: durch PLÜCKERs Arbeitsunterricht weiter gefördert, konnte der Student BEER auf den mathematisch-naturwissenschaftlichen Unterricht des verehrten Lehrers Dr. STEININGER aufbauen und seine Ausbildung unter PLÜCKER nahtlos fortsetzen. Er wurde bei PLÜCKER rasch etwas, als Student bald sein Mitarbeiter und enger Freund, später unentbehrlicher Kollege an der Universität Bonn.[43] Jeder der beiden blieb durch eigenständige[44] bleibende Leistungen in Mathematik und Physik in Erinnerung.

---

[40] [Dronke]; ferner Plücker in [Ernst 1933, S. 64] bei Beers Berufung: "Außer einer bei der Hauptrichtung seines Geistes ungewöhnlichen klassischen Bildung beherrscht er das ganze Gebiet der Physik und Mathematik."

[41] [Monz 1973]. Im 12. Kapitel stellt Monz mit Bezug auf Marx das Gymn. z. Trier aus den Quellen bis zu Marxens Abitur 1835 dar. Dort auch Darstellung der Lehrer, die bis auf wenige auch noch zu Beers Zeiten unterrichteten. S. 170 wird Dr. J. Steininger vorgestellt.

[42] ebenda

[43] [Ernst 1933, S.34]. Aus einem Bericht des Kurators von 1864: " des ...Professors Dr. Beer, der überdies zu Plücker in den genauesten Freundschaftsverhältnis stand, war ohne hauptsächlich Beteiligung des letzteren in dieser Angelegenheit nichts ins Werk zu setzen." Es ging um die Gründung eines mathematischen Seminars, Beer war damals schon sehr krank, drei Jahre später war auch Plücker schwer krank.

[44] ebenda, S. 64 spricht Plücker von sich und Beer als "verschiedene individuelle Kräfte", die zur Erreichung von Zielen zusammenarbeiten.

Literatur

BEER, AUGUST: Einleitung in die Elektrostatik, die Lehre vom Magnetismus und der Elektrodynamik. Braunschweig 1865. Herausgegeben von J. Plücker.

CLEBSCH, ALFRED: Zum Gedächtnis an Julius Plücker in "Julius Plückers gesammelte Abhandlungen. Leipzig 1895", S. XI - XIV.

DIESTERWEG, FR. A. W: Johann Friedrich Wilberg, Der "Meister an dem Rheine", Essen 1847

DIESTERWEG, W. A.: Zur geometrischen Analysis. Vorwort, Lehrsätze und Aufgaben. Eduard Müller, Bonn 1843

DRONKE in seinem Nekrolog auf Beer in der Köln. Ztg. vom 1. 5. 1864.

Entlassungs-Zeugnis für den Zögling der Bürgerschule zu Trier: Peter August Beer.

ERNST, WILHELM: Julius Plücker. Eine zusammenfassende Darstellung seines Lebens und Wirkens als Mathematiker und Physiker auf Grund unveröffentlichter Briefe und Urkunden. Dissertation, Bonn 1933.

HEINEN, MANFRED und RÜTER, WILHELM: Landschulreform als Gesellschaftsinitiative. Philip von der Reck, Johann Friedrich Wilberg und die Tätigkeit der "Gesellschaft der Freunde der Lehrer und Kinder in der Grafschaft Mark" (1789 - 1815). Göttingen, 1975

JEISMANN, KARL-ERNST: Das preußische Gymnasium in Staat und Gesellschaft. Bd 1. Die Entstehung des Gymnasiums als Schule des Staates und der Gebildeten 1787 - 1817. 2. vollst. überarbeitete Aufl. Stuttgart 1996

JEISMANN, KARL-ERNST: Das preußische Gymnasium in Staat und Gesellschaft. Bd 2. Höherer Bildung zwischen Reform und Reaktion 1817 - 1859. Stuttgart 1996

JORDE, FRITZ: Geschichte der Schulen von Elberfeld mit besonderer Berücksichtigung des älteren Schulwesens. Nach Quellen bearbeitet. Elbefeld 1903

KOHLRAUSCH, FRIEDRICH: Erinnerungen. Hannover 1863

Programm des Königl. Gymnasiums zu Bonn (heute Beethoven-Gymnasium) am 27. August 1851

KRAUL, MARGRET: Gymnasium und Gesellschaft im Vormärz. Neuhumanistische Einheitsschule, städtische Gesellschaft und soziale Herkunft der Schüler. Studium zum Wandel der Gesellschaft im 19. Jahrhundert. Göttingen 1980

Landeshauptarchiv, Best. 661, 22, Nr 819: Archiv des Friedrich-Wilhelm-Gymn. zu Trier: Gehaltslisten von 1843 - 1845.

Landeshauptarchiv, Best. 661, 22, Nr 836: Archiv des Friedrich-Wilhelm-Gymn. zu Trier: Schülerlisten.

LANGENBERG, EDUARD.: Johann Friedrich Wilberg. Seine Leben, seine Schriften. Elberfeld 1866

Lexikon der Naturwissenschaften. Spektrum, Heidelberg 1996

Mitteilungen des Universitätsbundes Göttingen 5 Jg., Heft 1, 1923. Göttinger Professoren. Lebensbilder von eigener Hand: Felix Klein

MONZ, HEINZ: Karl Marx. Grundlagen der Entwicklung zu Leben und Werk. 2. Aufl. Trier 1973.

Veröffentlichungen der Landesarchivverwaltung Rheinland-Pfalz, Bd 87. Trierer Biographisches Lexikon. Gesamtbearbeitung: Heinz Monz. Koblenz 2000.

Von der Knaben-Bürgerschule zum Realgymnasium mit Realschule. Festschrift zur Feier des hundertjährigen Bestehens der Anstalt. Trier 1922 (heute Hindenburg-Gymnasium Trier: HGT)

WILBERG, JOHANN FRIEDRICH: Aufsätze über Unterricht und Erziehung. Zwei Bände. Essen 1824

WILBERG, JOHANN FRIEDRICH: Über Schulen. Ein Wort. Essen 1830

WILBERG, JOHANN FRIEDRICH: Erinnerungen aus meinem Leben, nebst Bemerkungen über Erziehung und Unterricht und verwandte Gegenstände. Elberfeld 1838.

WILBERG, JOHANN FRIEDRICH: Gedanken und Urtheile des Vetters Christian über Leben und Wirken im Mittelstande. Essen 1843

ZBINDEN, HANS: Von der Axt zum Atomwerk. Zürich 1954

Dr. Gerhard Warnecke, Südweg 19, D-53773 Hennef

Leipziger Beiträge zur Elektrodynamik im 19. Jahrhundert aus der Sicht der mathematischen Physik

Karl-Heinz Schlote

In der Retrospektive kann heute eine lange und erfolgreiche Tradition der Leipziger Universität auf dem Gebiet der mathematischen Physik konstatiert werden. Man denkt dabei an CARL NEUMANN (1832-1925), LEON LICHTENSTEIN (1878-1933), ERNST HÖLDER (1901-1990), HERBERT BEKKERT (geb. 1920) oder PAUL GÜNTHER (1926-1996), aber auch an WILHELM WEBER (1804-1891), PETER DEBYE (1884-1966), WERNER HEISENBERG (1901-1976) und ARMIN UHLMANN (geb. 1930), und versteht unter mathematischer Physik im Allgemeinen die mathematische Behandlung physikalischer Probleme und den deduktiven Aufbau der Theorie auf der Basis der bestehenden physikalischen Erklärungsmuster und Grundprinzipien ohne direkten Eingriff in die experimentelle Praxis oder die physikalischen Erklärungen der Phänomene. In diesem Sinne reicht die Geschichte der mathematischen Physik weit zurück und kann mindestens seit der Wissenschaftlichen Revolution im 17. Jahrhundert als ein Teilgebiet in der Mathematik bestimmt werden. Durch das Wirken von ISAAK NEWTON (1642-1727), LEONHARD EULER (1707-1783) und der französischen Mathematiker um JOSEPH LOUIS LAGRANGE (1736-1813) und PIERRE SIMON LAPLACE (1749-1827) erlebte die mathematische Physik einen großen Aufschwung. Doch im Verständnis der Gelehrten des 18. Jahrhunderts bildete die Behandlung der vorwiegend mechanischen Probleme, wie überhaupt die Fragen der Anwendung der Mathematik, einen festen Bestandteil der Mathematik. Die mathematische Physik wurde also noch nicht als interdisziplinäres Phänomen, nicht als das Produkt der Wechselbeziehung zwischen zwei Disziplinen gesehen.

Im 19. Jahrhundert, besonders in dessen zweiter Hälfte, entwickelte sich dann aus dem Bestreben der Physiker, auf der Basis einer sorgfältigen Auswertung des experimentellen Materials eine Erklärung der verschiedenen Erscheinungen auf einer vereinheitlichenden theoretischen Konzeption zu geben, die theoretische Physik. Den Anlass, verstärkt über eine theoretische Fundierung nachzudenken, lieferten vor allem die zahlreichen neuen Erkenntnisse, die in der Physik seit dem Ende des 18. Jahrhunderts erzielt

wurden. Erinnert sei an die elektrodynamischen Phänomene, die Drehung der Polarisationsebene des Lichts unter dem Einfluß eines Magneten bzw. das Problem der Energieerhaltung. Die Mathematik galt dabei als ein notwendiges Hilfsmittel und wichtige Basis für die theoretische Behandlung der einzelnen Fragen. Die Grundrichtungen bei der Entstehung der theoretischen Physik und der besondere Anteil deutscher Physiker ist von CH. JUNGNICKEL und R. MCCORMMACH in einem zweibändigen Werk genau analysiert worden ([Jungnickel; McCormmach 1986]).

Die neu entdeckten physikalischen Phänomene reizten Physiker und Mathematiker gleichermaßen, die einen, um eine mit den bekannten physikalischen Prinzipien im Einklang stehende theoretische Erklärung zu geben, die anderen, um unter Einsatz umfangreicher mathematischer Mittel eine mathematisch exakte Behandlung der Theorie zu erreichen. Diese oft fast gleichzeitige, von unterschiedlichen Standpunkten aus vorgenommene Behandlung der physikalischen Fragestellungen brachte zahlreiche Diskussionen mit sich und förderte letztlich die weitere Entwicklung sowohl der theoretischen als auch der mathematischen Physik.

Die hierbei zutage tretende Frage nach den Unterschieden zwischen mathematischer Physik und theoretischer Physik kann in diesem Rahmen nicht weiter erörtert werden. Eine Antwort, die möglichst der ganzen Entwicklung von Mathematik und Physik im 19. und 20. Jahrhundert gerecht wird, ist sehr schwierig. Es sei aber vermerkt, dass die Bezeichnungen theoretische und mathematische Physik nicht einheitlich, häufig sogar synonym gebraucht wurden und werden. Bereits im 18. Jahrhundert gab es Vorlesungen zur theoretischen Physik, die inhaltlich im wesentlichen die Mechanik umfassten. Gleichzeitig galt die Mechanik, insbesondere die analytische Mechanik, als Teil der Mathematik. Erst FRANZ NEUMANN (1798-1895), der Begründer der Königsberger Schule für mathematische Physik und Vater von CARL NEUMANN, verankerte die Mechanik im Vorlesungskanon der Physik.

Im folgenden soll dieses Wechselspiel zwischen Mathematik und Physik für den Zeitraum des 19. Jahrhunderts an der Universität Leipzig betrachtet werden und ein besonderes Gewicht auf das Wirken von CARL NEUMANN gelegt werden. NEUMANN hat, wie noch genauer ausgeführt wird, eine spezielle, die mathematische Methode besonders betonende Auffassung der mathematischen Physik entwickelt und daran zeitlebens festgehalten. Auf dieser Basis schuf er bedeutende Beiträge zur Mathematik sowie interes-

sante Beispiele für die mathematische Behandlung physikalischer Fragen und legte damit das Fundament für die Leipziger Tradition in der mathematischen Physik.

Die Ära Fechner, Weber, Möbius und Hankel

Zu Beginn des 19. Jahrhunderts kam es an der Leipziger Universität zu ersten Anstrengungen hinsichtlich einer Universitätsreform. Wie anderen deutschen Universitäten war es der Alma mater lipsiensis auf Grund der meist aus dem Mittelalter stammenden Strukturen im Verlaufe des 18. Jahrhunderts immer weniger gelungen, dem Fortschritt der Wissenschaften und den Anforderungen von Staat und Wirtschaft gerecht zu werden. Die Mathematik wurde unter äußerst lähmenden Bedingungen gelesen ([Kühn 1987], S. 121), die materielle Absicherung der Universität war unflexibel und bedurfte der Veränderung. Die Maßnahmen zur Reform der Leipziger Universität beanspruchten mehr als ein Vierteljahrhundert, sie mündeten ein in die 1831 beginnende grundlegende sächsische Staatsreform und kamen in diesem Rahmen zum Abschluss. Diese Reform brachte für die Universität "den tiefsten Einschnitt in ihre Verfassung ... eine völlig neue Stellung innerhalb der gesellschaftlich-politischen Ordnung und ... eine völlig neue Art der materiellen Ausstattung". ([Blaschke 1987], S. 151) Aus der Universitas scholastica wurde die Universitas literarum, das Universitätsvermögen wurde unter Staatshoheit gestellt, die Nationeneinteilung aufgehoben, die Unterscheidung zwischen Professuren alter und neuer Stiftung beseitigt, ein akademischer Senat eingesetzt. Bereits 1822 war die akademische Polizeigewalt abgeschafft worden.

Angesichts der Tatsache, dass der Aufschwung und die Neuorientierung der Physik vor dem Hintergrund der sich ausbreitenden Industriellen Revolution zu Beginn des 19. Jahrhunderts deutlichere Konturen annahm und in Deutschland diese Entwicklung aber erst Ende der 20er Jahre des 19. Jahrhunderts spürbar wurde, ist es gerechtfertigt, das Wechselspiel zwischen Mathematik und Physik mit der vollendeten Universitätsreform zu beginnen.

Bei der Vertretung der beiden Disziplinen an der Leipziger Universität fällt als Besonderheit die seit der Mitte des 16. Jahrhunderts bestehende Nominalprofessur für Physik auf. Dieses organisatorische Novum hatte jedoch keine Konsequenzen für eine spezielle Förderung der Physik. Auch in

Leipzig trat die "Physik im Sinne der sich herausbildenden klassischen Naturwissenschaft" erst am Anfang des 18. Jahrhunderts in die Geschichte der Universität ein ([Schreier 1985], S. 5). Bis in die zweite Hälfte des Jahrhunderts wurde die Physik vertreten von 1811 bis 1824 durch LUDWIG WILHELM GILBERT (1769-1824), von 1824 bis 1834 durch HEINRICH WILHELM BRANDES (1777-1834), von 1834 bis 1840/43 GUSTAV THEODOR FECHNER (1801-1887), von 1843 bis 1849 durch WILHELM EDUARD WEBER und von 1849 bis 1887 von WILHELM GOTTLIEB HANKEL (1814-1899). Auf die zusätzlichen Lehraktivitäten von Privatdozenten und einigen Gelehrten angrenzender Gebiete kann hier nur hingewiesen werden.

Zeitlich parallel hatten von 1814 bis 1825 KARL BRANDAN MOLLWEIDE (1774-1825) und von 1826 bis 1868 MORITZ WILHELM DROBISCH (1802-1896) die ordentliche Professur für Mathematik inne. Ohne die Leistungen DROBISCHs insbesondere auf wissenschaftsorganisatorischem Gebiet geringzuschätzen, der führende Vertreter der Mathematik war der seit 1816 als außerordentl. Professor für Astronomie und Observator auf der Sternwarte tätige AUGUST FERDINAND MÖBIUS (1790-1868), der erst 1844 ein Ordinariat für höhere Mechanik und Astronomie erhielt. Auch hier muss auf eine detaillierte Darlegung des mathematischen Lehrbetriebes verzichtet werden. Hinsichtlich der Beziehungen zwischen den beiden Disziplinen kann aber festgehalten werden, dass es eine wechselseitige Unterstützung im Lehrbetrieb gab. So hat BRANDES, der vor allem wegen seiner meteorologischen Forschungen in die Wissenschaftsgeschichte einging, mehrere mathematische Lehrbücher verfasst und entsprechende Vorlesungen gehalten. Außerdem behandelte er systematisch die Teilgebiete der klassischen Physik und referierte zur Astronomie und Meteorologie. DROBISCH lehrte neben den verschiedenen Gebieten der Mathematik die "mechanischen Wissenschaften", die mathematische Geographie, die Logik, eine mathematisch-naturwissenschaftlich orientierte Psychologie und zunehmend philosophische Themen. Auch MÖBIUS hat neben den Gebieten der Mathematik ein breites Spektrum der theoretischen und praktischen Astronomie sowie Probleme optischer Systeme, der Mechanik und der Kristallstruktur in Vorlesungen behandelt. Seine bedeutendsten Leistungen fielen in das Gebiet der Geometrie, auf dem er mit dem baryzentrischen Kalkül einen wichtigen Beitrag zur Aufklärung der geometrischen Verwandtschaften, also der Beziehungen zwischen den verschiedenen Geometrien leistete. In dieses Programm ordneten sich auch MÖBIUS' topologische Betrachtungen ein; das MÖBIUSsche Band ist allgemein bekannt. Schließlich sei noch auf die bei

analytischen Studien eingeführte MÖBIUSsche Funktion verwiesen, die in der Zahlentheorie eine wichtige Rolle spielt. Mit Blick auf die Beziehungen zur Physik müssen besonders die Überlegungen zur "geometrischen Addition von Strecken" hervorgehoben werden, die einen festen Platz in der Frühgeschichte der Vektorrechnung einnehmen. Die bedeutende Rolle der Vektorrechnung für eine effiziente Darstellung physikalischer Sachverhalte und die Durchführung von Rechnungen ist mehrfach erörtert worden. In diesem Sinn leistete MÖBIUS mit seiner Publikation zur Vektoraddition einen wichtigen Beitrag zur mathematischen Physik, aber er bewegte sich wie Brandes und DROBISCH auf den klassischen Problemfeldern, Mechanik, Optik und Astronomie. Dies gilt auch für die magnetischen Beobachtungen, die auf Initiative von CARL FRIEDRICH GAUSS (1777-1855) und ALEXANDER VON HUMBOLDT (1769-1859) weltweit durchgeführt wurden und an denen sich MÖBIUS ab 1834 sowie später W. WEBER beteiligten. Außerdem waren die Beiträge der einzelnen Gelehrten nicht so bedeutend, dass sie unmittelbar weitere Forschungen in den eingeschlagenen Richtung initiierten bzw. eine Reaktion in der anderen Disziplin hervorriefen. Ohne die Leistungen der Mathematiker abzuwerten, kann doch festgestellt werden, dass die mathematische Physik in Leipzig von ihnen bis weit über die Jahrhundertmitte hinaus keine grundlegend neuen Impulse erhielt.

Dagegen erschlossen sich die Leipziger Physiker in diesen Jahrzehnten mit der Elektrodynamik ein neues Aufgabenfeld und waren durch GUSTAV THEODOR FECHNER, WILHELM EDUARD WEBER und WILHELM HANKEL in unterschiedlicher Weise an der Lösung der sich aus der Entwicklung dieses neuen Gebietes ergebenden Probleme beteiligt. FECHNER hatte 1824/25 das vierbändige "Lehrbuch der Experimental-Physik ...", eine Übersetzung des entsprechenden Lehrbuches von JEAN-BAPTIST BIOT (1774-1862), publiziert und 1825/26 nach dem Tode MOLLWEIDEs die Physik in Leipzig vertreten, wobei er im Sommersemester 1825 über Elektrizität, Magnetismus und Elektromagnetismus vortrug. In der zweiten, durch eigene Resultate ergänzten Auflage der Übersetzung des BIOTschen Werkes hob FECHNER die mathematische Genauigkeit hervor, mit der BIOT die Erscheinungen erfasste und lobte dessen methodische Exaktheit. Bei der Charakterisierung der eigenen Vorgehensweise hob FECHNER den Wert quantitativer Techniken in den angewandten Naturwissenschaften und einer exakten Experimentalphysik hervor. Ergänzt man dies noch um die kritische Bearbeitung von Werken der französischen mathematischen Physik, so fällt die weitgehende Übereinstimmung mit jenen Aspekten auf, die von K. OLESKO als we-

sentlicher Ausgangspunkt für die Tätigkeit von F. NEUMANN an der Universität Königsberg und damit als Basis für die Entstehung der berühmten Königsberger Schule der mathematischen Physik herausgearbeitet wurden. ([Olesko 1997], S. 391ff.) Die sich hier aufdrängende Frage nach den Unterschieden zwischen Königsberg und Leipzig, die den Ausschlag für die Entstehung einer Schule der mathematischen Physik an der erstgenannten Universität gaben, bedarf noch einer genaueren Analyse. Als eine vorläufige Hypothese sei darauf verwiesen, dass in der entscheidenden Phase mit FRIEDRICH WILHELM BESSEL (1784-1846), NEUMANN und CARL GUSTAV JACOB JACOBI (1804-1851) in Königsberg ein Dreigestirn hervorragender Gelehrter als Professoren wirkte, während FECHNER Privatdozent war, sich noch nicht einmal endgültig für die Physik entschieden hatte und sich der Problematik aus der Sicht des kritischen Experimentators, nicht des Theoretikers näherte. Aber FECHNER war es, der der Arbeit von GEORG SIMON OHM (1789-1854) über das nach diesem benannte Gesetz die notwendige Aufmerksamkeit schenkte und maßgeblichen Anteil an der Bestätigung und Anerkennung des Ohmschen Gesetzes hatte. FECHNER wiederholte die OHMschen Experimente und stellte zahlreiche neue Versuche an. Auf der Basis eines außerordentlich umfangreichen Datenmaterials folgerte er zur Freude OHMs, mit dem er seit 1828 in engem Briefkontakt stand, die Richtigkeit des Ohmschen Gesetzes und dehnte es 1831 auf Stromkreise mit spannungsinkonstanten galvanischen Elementen aus. Mehrfach publizierte er zum Ohmschen Gesetz und kam dabei auch zu der ersten wissenschaftliche begründeten Voraussage über die elektromagnetische Telegraphie. In seiner Argumentation zu Gunsten des Ohmschen Gesetzes als wichtiges Strukturgesetz der Elektrophysik verwies FECHNER darauf, dass der günstigere Ausgangspunkt für eine Quantifizierung und eine theoretische Betrachtung in der Elektrophysik durch ein Übergehen der bislang nicht erklärbaren Phänomene erreicht wurde. Diese Phänomene, die bei vielen Untersuchungen im Vordergrund standen, waren der Mechanismus der Stromleitung und die Ursache der Stromentstehung ([Schreier 1985], S.60). Diese Einsicht, zur Lösung eines Problems gewisse Teilaspekte aus den Betrachtungen auszuklammern, also eine Reduktion des Gesamtproblems vorzunehmen, war sicher nicht neu, verdient aber hinsichtlich der Mathematisierung der Physik hervorgehoben zu werden. Sie besagt nämlich anders formuliert auch, dass es für die quantitative Erfassung eines Sachverhalts günstig sein kann, von dem bisherigen physikalischen Vorgehen abzuweichen und andere, der Messung leichter zugängliche Größen zu wählen.

Nachdem FECHNER 1834 zum ordentlichen Professor der Physik in Leipzig berufen worden war, erkrankte er fünf Jahre später infolge ständiger Überlastung schwer und konnte zeitweise fast nicht mehr sehen, so dass er 1840 die Leitung des 1835 neu gegründeten Physikalischen Kabinetts niederlegen sowie die Vorlesungstätigkeit einstellen musste. Nach langem Zögern sah sich die Philosophische Fakultät schließlich 1842 veranlasst, dem Drängen des Dresdener Ministeriums nachzugeben und WILHELM WEBER für eine ordentliche Professur der Physik zu nominieren. WEBER, der die Stelle 1843 antrat, hatte in Göttingen zusammen mit GAUß Fragen des Erdmagnetismus untersucht, Studien zur Induktion eines elektrischen Stromes durch Felder von Dauermagneten durchgeführt und 1833 quasi als ein Nebenprodukt der Studien zum Ohmschen Gesetz einen über größere Entfernungen hinweg funktionierenden elektrischen Telegraphen gebaut. 1837 war WEBER als einer der Göttinger Sieben entlassen worden, hatte seine Forschungen mit GAUß aber fortgesetzt. Im Rahmen der erdmagnetischen Arbeiten mühten sich die beiden Forscher auch um die Festlegung eines absoluten Maßsystems und um die Konstruktion geeigneter Messinstrumente. Mit WEBER kam also ein Gelehrter nach Leipzig, der mit den modernen Entwicklungen der Elektrophysik bestens vertraut war, sehr gute Fähigkeiten als Experimentator und nicht zuletzt durch den Umgang mit GAUß gute Erfahrungen in der theoretischen insbesondere mathematischen Durchdringung physikalischer Fragestellungen besaß.

WEBER setzte in Leipzig seine experimentellen und theoretischen Arbeiten zu Induktionserscheinungen fort und publizierte in den Abhandlungen zu Ehren der Gründung der Königlich Sächsischen Gesellschaft der Wissenschaften die erste von mehreren Arbeiten zu "elektrodynamischen Maßbestimmungen". Zentrales Ergebnis war "ein allgemeines Grundgesetz der elektrischen Wirkung", das die Kraft zwischen zwei elektrischen Massen angab. Seien e und e' die Elektrizitätsmengen (Ladungen) von zwei Stromelementen, r sei der Abstand zwischen den punktförmig konzentriert gedachten Ladungen und a eine Konstante, dann gilt für die Kraft F:

$$F = \frac{ee'}{r^2}\left(1 - a^2\left(\frac{dr}{dt}\right)^2 + 2a^2 r\frac{d^2r}{dt^2}\right).$$

Die Differentialquotienten dr/dt und d²r/dt² bezeichnen die relative Geschwindigkeit bzw. Beschleunigung der elektrischen Teilchen. Das Gesetz war ein erster wichtiger Versuch die verschiedenen bekannten elektrodynamischen und elektromagnetischen Erscheinungen zusammenzufassen

und diente mehrere Jahrzehnte als Basis für den Aufbau einer elektrodynamischen Theorie. Neben den Schriften AMPÈREs und anderer mathematischer Physiker Frankreichs lieferte eine Arbeit des wieder genesenen FECHNERs einen wertvollen Impuls für WEBER. FECHNER hatte darin die "FARADAY'schen Inductions-Erscheinungen mit den AMPÈRschen elektrodynamischen Erscheinungen" verknüpft ([Fechner 1845]) und war in den theoretischen Darlegungen davon ausgegangen, dass sich beim Stromfluss in Leitern die Träger positiver und negativer Elektrizität in entgegengesetzter Richtung im Leiter bewegen. WEBER baute diese Vorstellungen weiter aus, und betrachtete vier Wechselwirkungen zwischen zwei Stromelementen, wobei sich in jedem Stromelement gleiche Mengen positiver und negativer Elektrizität bewegen. In einer zweiten Arbeit zu elektrodynamischen Maßbestimmungen deutete WEBER dann die in seiner Formel enthaltene Konstante a als reziproke Geschwindigkeit, d. h. als Ausdruck 1/c, wobei c die Geschwindigkeit ist, mit der sich zwei elektrische Teilchen bewegen müssen, um keine Wirkung aufeinander auszuüben. WEBER sah in c eine wichtige Naturkonstante, für die er 1857 einen Wert ermittelt, der sich von der Lichtgeschwindigkeit um den Faktor $\sqrt{2}$ unterschied. Zu diesem Zeitpunkt war WEBER bereits wieder nach Göttingen zurückgekehrt, hatte aber weiterhin gute Beziehungen zu den Leipziger Kollegen.

Nachfolger WEBERs wurde WILHELM GOTTLIEB HANKEL, der von der Universität Halle kam und sich Studien zur Pyroelektrizität widmete, damals noch als Thermoelektrizität bezeichnet, aber auch Fragen der Elektrodynamik behandelte und als Konstrukteur elektrischer Messgeräte, u. a. Elektrometer, hervortrat. Auch wenn HANKEL hinsichtlich der theoretischen Beiträge nicht das Niveau von WEBER erreichte, so blieb die Kontinuität der Beschäftigung mit Fragen der Elektrodynamik an der Leipziger Universität erhalten. Jedoch scheinen die Mitglieder der Fakultät einer stärkeren theoretischen Durchdringung der Physik, insbesondere mit mathematischen Mitteln, keine große Bedeutung zuerkannt zu haben. Von der Vorschlagsliste zur Wiederbesetzung der WEBERschen Professur wurde GUSTAV ROBERT KIRCHHOFF (1824-1887) gestrichen, da er nach FECHNERs Urteil "mehr Mathematiker als Physiker" sei. ([UAL], Bl. 3) Neben HANKEL waren vorgeschlagen worden: der als "Vater der Meteorologie" bekannte, in Berlin auch Mathematik lehrende HEINRICH WILHELM DOVE (1803-1879) und PHILIPP VON JOLLY (1809-1884), der in Heidelberg u. a. Schriften zur Analysis publiziert hatte.

Carl Neumanns Berufung und sein Wirken in Leipzig

Wie bereits bemerkt, gab es seitens der Leipziger Mathematiker keine Anstrengungen, sich den Problemen der Elektrodynamik zuzuwenden. Dies änderte sich mit der Berufung CARL NEUMANNs im Sommer 1868. Es muss jedoch festgestellt werden, dass bei der Auswahl der Kandidaten für diese Berufung die Beschäftigung mit physikalischen Fragen keine Rolle spielte und NEUMANN keineswegs der Wunschkandidat der Leipziger Fakultät war.

Wie kam es zur der Berufung? Gegen Ende der 60er Jahre des 19. Jahrhunderts vollzog sich in der Vertretung der Mathematik ein Generationswechsel. Das Sächsische Kultusministerium gab 1868 einem Antrag DROBISCHs statt, sich nur noch als Professor der Philosophie zu betätigen und die Professur für Mathematik abzugeben. Als neuer Ordinarius wurde WILHELM SCHEIBNER (1826-1908) berufen. Im gleichen Jahr verstarb MÖBIUS, so dass diese Stelle ebenfalls neu besetzt werden musste. Die Philosophische Fakultät würdigte MÖBIUS als einen Begründer der neueren synthetischen Geometrie und richtete in diesen Berufungsverhandlungen ihr Hauptaugenmerk auf eine angemessene Repräsentanz der Geometrie durch den neuen Stelleninhaber. So setzte man zwar den vom Ministerium zur Berücksichtigung empfohlenen ALFRED CLEBSCH (1833-1872) an die Spitze der Berufungsvorschläge, erwähnte in der insgesamt sehr positiven Beurteilung aber kritisch, dass CLEBSCH die entstandene Lücke hinsichtlich der Geometrie nicht ausfüllen würde. Als gleichwertig schlug die Fakultät den erst 1867 von Leipzig nach Erlangen berufenen HERMANN HANKEL, den Sohn des oben erwähnten WILHELM HANKEL, vor, der ihren Vorstellungen offensichtlich besser entsprach. An dritter Stelle wurden CARL NEUMANN aus Tübingen und RICHARD BALTZER (1818 - 1887) aus Dresden genannt, wobei auch NEUMANN nicht die angestrebte Vertretung der Geometrie leisten könnte. Nachdem CLEBSCH jedoch der Fakultät am 21. 5. 1868 mitgeteilt hatte, dass er zunächst die der Göttinger Universität gegebene Zusage erfüllen müsse und das Angebot kurzfristig nicht annehmen könne, berief das Ministerium NEUMANN zum ordentlichen Professor der Mathematik. Für eine ausführlichere Darstellung des Berufungsvorgangs sei auf ([Schlote 2001]) verwiesen.

Mit CARL NEUMANN nahm 1868 ein Gelehrter seine Tätigkeit an der Alma Mater Lipsiensis auf, der bereits sehr tiefgründige Beiträge zur Analysis

geliefert hatte und sich teilweise in Anwendung dieser Resultate erfolgreich Fragen der mathematischen Physik gewidmet hatte. Da sich KARL VON DER MÜHLL (1841-1912) im Frühjahr 1868 für mathematische Physik habilitiert hatte und der seit 1866 als Privatdozent lehrende ADOLPH MAYER (1839-1908) in seinen Forschungen ebenfalls wiederholt Probleme behandelte, die der analytischen Mechanik oder anderen physikalischen Gebieten entstammten, erfuhr die mathematische Physik in Leipzig eine unerwartete Stärkung. Hinzukam, dass alle drei jeweils einen Teil ihrer Ausbildung in Königsberg absolviert hatten, jener Stätte, die durch das Wirken von FRANZ NEUMANN, CARL GUSTAV JACOB JACOBI und FRIEDRICH RICHELOT (1808-1875) ein zentraler Ausgangspunkt für neue Entwicklungen in der mathematischen und theoretischen Physik wurde. Eine fundierte Analyse der Entstehung und Wirkungsgeschichte des Königsberger mathematisch-physikalischen Seminars hat K. OLESKO gegeben ([Olesko 1991]).

Die drei Leipziger Vertreter der mathematischen Physik waren folglich nicht nur mit den modernen Tendenzen dieses Gebietes vertraut, sondern näherten sich den Problemen trotz aller individueller Unterschiede in den Forschungsinteressen und -methoden von einer ähnlichen Grundhaltung. Die Bedingungen für eine Etablierung dieses interdisziplinären Arbeitsgebiets waren somit recht günstig, und die Chance wurde von den Leipziger Mathematikern und Physikern entsprechend genutzt, wenn auch spektakuläre Erfolge ausblieben. Da eine umfassende Analyse und Wertung dieser Entwicklung noch weiterer Detailstudien bedarf und den Rahmen dieses Beitrags sprengen würde, soll das Wirken der drei genannten Mathematiker hier nur kurz charakterisiert werden.

K. VON DER MÜHLL, der 1889 einen Ruf nach Basel annahm, hat vor allem durch seine Vorlesungen für die Stärkung der mathematischen Physik gewirkt und ein breites Vorlesungsspektrum gesichert. Regelmäßig hielt er mathematisch-physikalische Übungen ab und lehrte, neben den mathematischen Vorlesungen und der Einführung in die mathematische Physik, über Hydrodynamik, Elektrodynamik, Elastizitätstheorie, analytische Mechanik und optische Probleme. Ergänzend zu seinen relativ wenigen Publikationen, die vorrangig Fragen aus den genannten Gebieten behandelten, verdient die Edition der FRANZ NEUMANNschen Vorlesung über elektrische Ströme erwähnt zu werden.

A. MAYER blieb bis zu seinem Lebensende der Leipziger Universität treu. Er wandte sich etwa im Vergleich mit von der MÜHLL in Lehre und For-

schung stärker der mathematischen Theorie zugewandt und begründete mit seinen Arbeiten zur Variationsrechnung und zu partiellen Differentialgleichungen 1. Ordnung ein Themenfeld, aus dem in Leipzig eine eigenständige Traditionslinie erwuchs. Auf Grund der bedeutenden Rolle, die Variationsprinzipien und Differentialgleichungen bei der Behandlung physikalischer Fragen spielten und spielen, waren diese Forschungen auch für die Entwicklung der mathematischen bzw. theoretischen Physik relevant.

Eine besondere Rolle fiel schon auf Grund seiner Dienststellung als Ordinarius CARL NEUMANN zu. Mathematische und mathematisch-physikalische Arbeiten ergänzten sich harmonisch. Zu den hervorragenden mathematischen Ergebnissen NEUMANNs vor der Berufung nach Leipzig gehörten 1865 die Monographie "Vorlesungen über Riemanns Theorie der Abelschen Integrale" ([Neumann 1865]), mit der er vielen Mathematikern die neuen Ideen RIEMANNs über mehrdeutige Funktionen einer komplexen Veränderlichen näherbrachte, und 1861 die Lösung der ersten Randwertaufgabe für die Ebene mit Hilfe des von im eingeführten logarithmischen Potentials ([Neumann 1861]). Bemerkenswert in dieser und in weiteren Arbeiten zur Lösung der ersten Randwertaufgabe für spezielle Gebiete im dreidimensionalen Raum waren die engen Beziehungen, die NEUMANN zu physikalischen Problemstellungen herstellte. Dies betraf etwa die Bestimmung des stationären Temperaturzustandes bzw. der Verteilung elektrischer Ladungen in einem Körper. Unter den mathematisch-physikalischen Arbeiten seien der Versuch zu einer mathematischen Theorie für die magnetische Drehung der Polarisationsebene des Lichtes ([Neumann 1863]) und die "Principien der Elektrodynamik" von 1868 ([Neumann 1868]) erwähnt. In beiden Fällen lieferte NEUMANN eine praktische Umsetzung seiner Grundansichten zur mathematischen Physik, der er die Aufgabe zuwies, nach der Herausarbeitung einiger weniger Grundprinzipien unter wesentlicher Verwendung mathematischer Methoden einen strengen Aufbau der jeweiligen Teilgebiete der Physik zu geben. In der ersten Arbeit fand er die Lösung, indem er die Kraftwirkung eines elektrischen Teilchens auf ein Teilchen des Lichtäthers analog dem WEBERschen Gesetz annahm, in der zweiten, indem er die universelle Gültigkeit des Energiesatzes postulierte und eine Analyse der Elementarkräfte vornahm. In letzterem sah NEUMANN insbesondere einen Beitrag zur theoretischen Durchdringung der Elektrodynamik, in der, wie er mehrfach konstatierte, eine Formulierung allgemein anerkannter Grundprinzipien noch ausstand. Mathematisch reduzierte er die Lösung jeweils auf das Auffinden einer geeigneten Potentialfunktion,

was zugleich einer methodischen Vereinheitlichung entsprach und ganz im Sinne des Strebens nach einem einheitlichen strengen Aufbau der Physik war. Angesichts der außerordentlichen Bedeutung der Potentialtheorie für die Lösung physikalischer Probleme, die NEUMANN in Anknüpfung an die Traditionen der französischen mathematischen Physik im Königsberger Seminar kennengelernt hatte und die sie auch in seinen eigenen Forschungen erlangte, war es nicht verwunderlich, dass der Ausbau der Potentialtheorie ein zentrales Feld seiner mathematischen Forschungen wurde. Hier schließt sich der Kreis zu den erwähnten mathematischen Arbeiten. NEUMANN hielt die enge Verbindung zwischen Mathematik und Physik bzw. anderen Disziplinen für existentiell notwendig und lehnte die von einigen Mathematikern vertretene Betonung der reinen Mathematik ab:

"... die Mathematik ist *eine Welt für sich*; auch sie entwickelt sich *nach ihren eigenen Gesetzen*. Aber auch sie bedarf gewisser äußerer Anregungen. Sie würde, ohne solche Anregungen, recht bald verflachen und verkümmern." ([Neumann 1908], S. 379)

Seine Auffassung zur mathematischen Physik und zum Verhältnis von Mathematik und Physik hatte er in den Antrittsreden an den Universitäten Tübingen am 9. November 1865 und Leipzig am 3. November 1869 klar dargelegt. So leitete er die Publikation seiner Leipziger Rede mit den Worten ein:

"Wenn das eigentliche Ziel der mathematischen Naturwissenschaft, wie allgemein anerkannt werden dürfte, darin besteht, möglichst wenige (übrigens nicht weiter erklärbare) Principien zu entdecken, aus denen die allgemeinen Gesetze der empirisch gegebenen Thatsachen mit mathematischer Nothwendigkeit emporsteigen, also Principien zu entdecken, welche den empirischen Thatsachen *aequivalent* sind, - so muss es als eine Aufgabe von unabweisbarer Wichtigkeit erscheinen, diejenigen Principien, welche in irgend einem Gebiet der Naturwissenschaft bereits mit einiger Sicherheit zu Tage getreten sind, in sorgfältiger Weise zu durchdenken, und den Inhalt dieser Principien womöglich in solcher Form darzulegen, dass jener Anforderung der Aequivalenz mit den betreffenden empirischen Thatsachen wirklich entsprochen werde." ([Neumann 1870], S. 3)

Vier Jahre später schrieb er in einer Abhandlung über das WEBERsche Gesetz:

"Es scheint somit, dass der Mathematiker im Gebiete der Physik wenig zu suchen habe, dass er etwa nur die Exempel auszurechnen habe, welche der Physiker ihm vorlegt.

So urtheilen zu wollen, würde sehr übereilt sein. - Vielmehr hat der Mathematiker im Gebiete der Physik eine wichtige und nicht zu unterschätzende Aufgabe. Sie besteht darin, die einstweilen *vorhandenen* physikalischen Vorstellungen näher zu erforschen, ihre Consequenzen nach allen Seiten mit möglichster Strenge zu verfolgen; mit einem Wort, ... diese Vorstellungen *deductiv* zu entwickeln. Solche *deductive* Entwickelungen werden, namentlich wenn sie in festen und möglichst geradlinigen Zügen ausgeführt sind, dazu dienen, die Uebersichtlichkeit des betreffenden Gebietes zu vergrössern, sie werden beitragen, um gewissermassen userm geistigen Blick allmählig diejenige Weite und Schärfe, namentlich aber diejenige Ruhe und Sicherheit zu geben, welche zu einer glücklichen *Induction* d. i. zum Emportauchen *neuer und besserer* Vorstellungen erforderlich sind.

Einer solchen deductiven Behandlung habe ich nun die in der *Elektrodynamik* üblichen Vorstellungen zu unterwerfen gesucht." ([Neumann 1878], S 196f.).

Damit hat NEUMANN, ohne es zu diesem Zeitpunkt ahnen zu können, einen großen Teil seines Lebenswerkes ausgezeichnet charakterisiert. In mehr als einem Viertel der über 160 Veröffentlichungen behandelte er Fragen der Elektrodynamik. In mehreren umfangreichen Arbeiten mühte er sich eine systematischen Aufbau dieser Theorie zu geben. Angesichts der zu jener Zeit noch sehr umstrittenen Grundvorstellungen über elektrodynamische und elektromagnetische Vorgänge ein sehr schwieriges Unterfangen. Bei der Wahl des Grundprinzips für eine Theorie der Elektrizität und des Magnetismus schloss sich NEUMANN der FECHNERschen Annahme von der Existenz zweier elektrischer Fluida an, deren Eigenschaften einander direkt entgegengesetzt waren und die nur durch ihre Wirkungen erkannt werden konnten. Die elektrischen Erscheinungen basierten auf der Wechselwirkung der einzelnen Teilchen, wobei für diese Wechselwirkungen ein dem Newtonschen Gravitationsgesetz analoges Gesetz angenommen wurde. Zugleich folgte er den Ansichten WEBERs, dass beim Studium der elektrodynamischen Erscheinungen, also bei allen Erscheinungen, die mit einer Bewegung der Stromelemente verbunden waren, die Bewegung der elektrischen Teilchen berücksichtigt werden müsse. Durch das Auffinden eines Ausdrucks, der "mit gewisser Berechtigung" als Potential für die im WE-

BERschen Gesetz konstatierte Kraft dienen konnte, eröffnete sich für Neumann die Möglichkeit, die Theorie auf der Basis der Potentialtheorie aufzubauen. Er hat dann, ganz im Sinne des oben zitierten Credos, die Konsequenzen dieser und weiterer hinzugenommener Annahmen ausgelotet. Die zusätzlichen Hypothesen reichten von der universellen Gültigkeit des Energiesatzes bis zur Ausbreitung des Potentials mit äußerst großer, aber endlicher Geschwindigkeit. Auch sollte das Potential bei einer nicht näher bestimmten, starken Annäherung der elektrischen Teilchen, man würde heute etwa von Abständen im atomaren Bereich sprechen, nicht mehr analog dem NEWTONschen Potential gebildet werden. Dabei bemühte sich NEUMANN, nur auf solche Vorstellungen zurückzugreifen, die durch Experimente hinreichend abgesichert und weitgehend anerkannt waren; trotzdem erkannte er den Hypothesen einen unterschiedlichen Grad an Sicherheit zu. Er scheute sich auch nicht, die dualistische Auffassung von der Elektrizität mit zwei elektrischen Fluida durch die unitarische zu ersetzen. Letztere besagte, dass die negative Elektrizität fest mit der ponderablen Masse verbunden sei und die positive Elektrizität sich als Fluidum bewegen konnte. In beiden Fällen gelang es ihm die zum damaligen Zeitpunkt bekannten Gesetzmäßigkeiten der Elektrodynamik in die jeweilige Theorie zu integrieren. Die FARADAY-MAXWELLschen Feld-Vorstellungen berücksichtigte er jedoch nicht.

Die NEUMANNschen Darlegungen fanden, wie bei dem noch unsicheren Erkenntnisstand zu erwarten, nicht nur Zustimmung. Kritik kam von RUDOLF CLAUSIUS (1822-1888) und vor allem von HERMANN VON HELMHOLTZ (1821-1894). (CLAUSIUS wandte insbesondere ein, dass bei Verwendung der dualistischen Auffassung von der Elektrizität aus dem WEBERschen Gesetz widersprüchliche Aussagen abgeleitet werden könnten.) HELMHOLTZ hatte erfolgreich die Gesetze von WEBER, FRANZ NEUMANN und JAMES CLERK MAXWELL (1831-1879) in einer parameterabhängigen Formel für das elektrodynamische Potential vereinigt. Bezeichnen Ds und $D\sigma$ Stromelemente mit der Intensität i bzw. j, r die Entfernung zwischen den beiden Stromelementen, $(Ds, D\sigma)$, (r, Ds) bzw. $(r, D\sigma)$ die Winkel zwischen den angegebenen Richtungen und p das elektrodynamische Potential der beiden Stromelemente aufeinander, so lautete die Formel

$$p = -\frac{1}{2}A^2\frac{ij}{r}\{(1+k)\cos(Ds, D\sigma) + (1-k)\cos(r, Ds)\cos(r, D\sigma)\}Ds \cdot D\sigma,$$

([Helmholtz 1870a], S. 567). Für die Parameterwerte k = 1, 0, -1 erhielt man das Potential entsprechend der Theorie von F. NEUMANN, MAXWELL bzw. WEBER. Mit Hilfe dieser Formel leitete von HELMHOLTZ dann einige Widersprüche zu den Darlegungen von WEBER und CARL NEUMANN ab.

Ohne in Einzelheiten zu gehen, ist der Wert dieser Auseinandersetzung vor allem darin zu sehen, dass die Folgerungen der einzelnen Annahmen so weit als möglich aufgeklärt wurden und insbesondere Stellen aufgezeigt wurden, an denen eine experimentelle Entscheidung notwendig und durchführbar erschien. In dieser Situation offenbarten sich deutliche Unterschiede zwischen NEUMANN und von HELMHOLTZ in der Haltung zu den Beziehungen zwischen Mathematik und Physik. NEUMANN als mathematischer Physiker sah seine Aufgabe in der Verbesserung der theoretischen, d. h. mathematischen Grundlagen und kehrte, erst als neue physikalische Erkenntnisse vorlagen, zur Elektrodynamik zurück. Von HELMHOLTZ versuchte dagegen, geeignete Experimente anzuregen oder selbst durchzuführen und auf diesem Weg neue Einsichten für eine Verbesserung der Theorie zu gewinnen. Diese Strategie war die erfolgreichere. Mehrere wichtige Versuche wurden in HELMHOLTZ' Berliner Laboratorium durchgeführt, teils von ihm angeregt, stets von ihm mit Interesse verfolgt. Es sei nur an BOLTZMANNs experimentellen Nachweis der Proportionalität zwischen Dielektrizitätskonstante und dem Quadrat des Brechungsexponenten, an ROWLANDs Nachweis des durch einen Konvektionsstrom erzeugten Magnetfeldes und an HELMHOLTZ' eigenen elektrochemischen Untersuchungen erinnert. Auch das Bekanntmachen von HEINRICH HERTZ mit jenen Aufgaben, die dann 1886 in die Entdeckung der elektromagnetischen Wellen einmündeten, kann noch genannt werden. Zusammen mit weiteren grundlegenden Ergebnissen anderer Physiker führten sie schließlich zur Bestätigung der MAXWELLschen Theorie.

NEUMANN befasste sich erst Anfang der 90er Jahre wieder mit der Elektrodynamik. Die im obigen Kontext wichtigsten Arbeiten erschienen 1898 und 1901-1903, letztere unter dem Titel "Über die Maxwell-Hertz'sche Theorie". Ziel dieser Abhandlungen war es, die MAXWELLsche Theorie der Elektrodynamik in der von HEINRICH HERTZ (1857-1894) vorgenommenen Bearbeitung "einem genaueren Studium" zu unterwerfen "und von ihrem eigentlichen Inhalt ein möglichst anschauliches Bild" zu zeichnen. ([Neumann 1901], S. 3) Wer jedoch ein klares Veto zu Gunsten dieser Theorie erwartet, wird enttäuscht. NEUMANN hob vielmehr mehrere Schwachstellen

der Theorie hervor, in denen ein von der bisherigen Theorie abweichendes Ergebnis erhalten wurde. Eine Entscheidung zwischen den einzelnen Auffassungen fällte er nicht, da das vorhandene experimentelle Material zu unsicher bzw. in bestimmten Fällen eine direkte experimentelle Prüfung nicht möglich sei und er die Möglichkeit, die Mängel innerhalb der HERTZschen Theorie zu beseitigen, nicht ausschloss. Die Last der Experimente zur Bestätigung der MAXWELL-HERTZschen Theorie wog nicht schwer genug, als dass er es für nötig empfand, seine Grundauffassungen zu den elektrodynamischen Vorgängen zu revidieren, und auch im Methodischen behielt er den alten Standpunkt bei. Auf Grund der beträchtlichen mathematischen Schwierigkeiten bei der Behandlung der Elektrodynamik war er hinsichtlich einer raschen Lösung der Probleme sehr skeptisch. In einem Brief an den Leipziger Experimentalphysiker OTTO HEINRICH WIENER (1862-1927) schrieb er am 29. 11. 1902:

"*Sie* glauben, daß in der theoretischen Physik *sehr bald* wesentliche Fortschritte zu erwarten seien durch Zusam̄enfassen der schon vorliegenden Ergebnisse, etwa durch einen plötzlichen Einfall, durch geeignete Combination des schon vorliegenden Materials.

Ich dagegen glaube, daß wesentliche Fortschritte nur in *sehr langer Zeit* zu erwarten sind, und daß in erster Linie eine genaue exacte Durcharbeitung des schon Verstandenen erforderlich ist. Zu einer solchen wirklich exacten Durcharbeitung sind aber nach meiner Meinung gründliche *mathematische Ausbildung* und wirkliche *mathematische Klarheit* unumgänglich erforderlich. ([Nachlaß Wiener], Brief vom 29. 11.1902)

Der Anlaß des Briefes war die Neubesetzung des Ordinariats für theoretische Physik, speziell die Reihenfolge der Kandidaten auf der Vorschlagsliste, doch fällt dies bereits in eine neue Periode in den Wechselbeziehungen zwischen Mathematik und Physik an der Leipziger Universität.

Zum NEUMANNschen Wirken lässt sich abschließend feststellen, dass er der Physik durch die am streng deduktiven Aufbau der Mathematik orientierte Darstellung eine eigene charakteristische Note gab und in einer wichtigen Entwicklungsphase der Elektrodynamik wertvolle Hinweise zur weiteren theoretischen und experimentellen Absicherung der Theorie hervorbrachte. Sein fester Glaube an die Kraft der Mathematik war möglicherweise ein Grund für sein Festhalten an den einmal gewählten Grundvorstellungen, anstatt, und sei es nur vorübergehend, zu mathematisch handhabbareren

und experimentell überprüfbaren Erklärungsmodellen überzugehen. Er hat sich damit selbst den Weg zu einer größeren Wirksamkeit im Sinne der mathematischen Physik verbaut. Davon unberührt und unbestritten bleiben Neumanns Verdienste um den Aufbau der Potentialtheorie, auf die hier nur hingewiesen werden kann. Genannt seien seine Theorie des logarithmischen Potentials und die sehr erfolgreich für die Lösung von Randwertaufgaben eingesetzte, von ihm entwickelte Methode des arithmetischen Mittels.

Die Würdigung der Maxwellschen Theorie durch Leipziger Physiker

Trotz des sicherlich starken Einflusses, den NEUMANN mit seinen Forschungen auf die Beziehungen zwischen Mathematik und Physik an der Leipziger Universität ausübte, wäre es falsch zu glauben, dass man in Leipzig den neueren Entwicklungen generell ablehnend gegenüberstand. Bereits 1874 vermittelte GUSTAV HEINRICH WIEDEMANN (1826-1899), seit 1871 Professor für physikalische Chemie und ab 1887 Direktor des Physikalischen Instituts, im zweiten Band der zweiten Auflage des auch als Enzyklopädie der Elektrodynamik bezeichneten Werkes "Die Lehre von Galvanismus und Elektromagnetismus" einen sehr guten Überblick über den aktuellen Stand der Elektrodynamik. Er diskutierte die einzelnen Theorien, einschließlich der MAXWELLschen, und referierte die bestehenden Auseinandersetzungen. Eine Entscheidung zu Gunsten einer der Theorie traf er nicht, da die Diskussionen noch nicht abgeschossen seien. In der dritten, 1882-1885 erschienenen, auf vier Bände erweiterten Auflage des Werkes mit dem neuen Titel "Die Lehre von der Elektricität" stellte er die MAXWELLsche Theorie ausführlicher dar und ließ sie als vorläufigen Endpunkt der Entwicklung von Vorstellungen über die Elektrizität erscheinen. Dies kann als ein Indiz für eine positive Beurteilung gewertet werden, ohne dass sich WIEDEMANN indem Buch explizit für eine der Theorien entschied. Die Vermutung wurde durch AUGUST OTTO FÖPPL (1854-1924) bestätigt, der 1894 im Vorwort seiner "Einführung in die Maxwell'sche Theorie der Elektricität" schrieb:

"Vor 11 Jahren (also 1883, K.-H.S.) kam ich, ..., zu Herrn Geheimrath Prof. Dr. G. WIEDEMANN mit dem Entschlusse, die Elektricitätslehre eingehend zu studieren und erbat mir seinen Rath über den dabei innezuhaltenden

Plan. Dieser hervorragende Forscher, ..., wies mich schon bei meinem ersten Besuche u. A. lebhaft auf die MAXWELL'schen Arbeiten hin." ([Föppl 1894], S. X)

Durch FÖPPL wurde die MAXWELLsche Theorie im deutschen Sprachraum erstmals systematisch dargestellt und verbreitet. In der Bearbeitung von MAX ABRAHAM (1875-1922) entstand daraus 1904/08 ein Standardlehrbuch für Generationen von Physikern. Mit der Verwendung der Vektor- und Tensorrechnung, letzteres vor allem durch ABRAHAM, wurden wichtige Verbesserungen in der formellen Darstellung der Theorie erreicht und die Anerkennung der Vektor- und Tensorrechnung als grundlegendes mathematisches Hilfsmittel in der Physik gefördert. FÖPPL sprach im Vorwort seines Buches in weiser Voraussicht davon, dass die Vektoranalysis "die mathematische Zeichensprache der Physik der Zukunft sein wird". ([Föppl 1894], S. VII) In diesem Vorwort skizzierte er sehr prägnant die jüngste Entwicklung und die Durchsetzung der MAXWELLschen Theorie. Dies rundet das Bild von den Beziehungen zwischen Mathematik und Physik in den Fragen der Elektrodynamik an der Leipziger Universität um die Jahrhundertwende ab und lässt zwei Strömungen hervortreten: seitens der Physiker eine intensive Beschäftigung mit den Problemen des neuen Gebietes, die zwar stärker experimentell orientiert war, aber theoretischen Überlegungen nicht ablehnend gegenübertrat und in eine Anerkennung der MAXWELL Theorie einmündete, andererseits eine exakte, fast axiomatische Darlegung der Theorie durch C. NEUMANN in den 70er Jahren und ein starres Festhalten an den gewählten Grundprinzipien in den folgenden Jahrzehnten, was zunehmend zu einer kritisch distanzierten Haltung zu neueren Entwicklungen der physikalischen Theorie führte. Warum jedoch NEUMANN der experimentell und nach dem FÖPPLschen Werk auch theoretisch fundierten MAXWELL-HERTZschen Theorie weiterhin kritisch gegenüberstand, muss weitgehend offen bleiben.

Literatur

[UAL]: Universitätsarchiv Leipzig, PA 531 (Personalakte W. Hankel)

[Arendt 1999]: ARENDT, HANS-JÜRGEN: Gustav Theodor Fechner. Ein deutscher Naturwissenschaftler und Philosoph im 19. Jahrhundert. (Daedalus, Bd. 12), Frankfurt/Main et. al., 1999

[Blaschke 1987]: BLASCHKE, KARLHEINZ: Die Universität Leipzig im Wandel vom Ancien Régime zum bürgerlichen Staat. In: Czok, Karl: Wissenschafts- und Universitätsgeschichte in Sachsen im 18. u. 19. Jahrhundert. Nationale und internationale Wechselwirkung und Ausstrahlung. Abh. Sächs. Akad. Wiss., Phil.-hist. Kl. 71(1987) H.3, S. 133-153

[Fechner 1845]: FECHNER, GUSTAV THEODOR: Ueber die Verknüpfung der Faraday'schen Inductions-Erscheinungen mit den Ampèrschen elektrodynamischen Erscheinungen. Annalen der Physik und Chemie 64 (1845)

[Föppl 1894]: FÖPPL, AUGUST: Einführung in die Maxwell'sche Theorie der Elektricität. Mit einem einleitenden Abschnitte über das Rechnen mit Vectorgrössen in der Physik. Verlag B. G. Teubner, Leipzig, 1894. Zweite vollständig umgearbeitete Auflage herausgegeben von M. Abraham. 2 Bde., Verlag B. G. Teubner, Leipzig 1904/08

[Helmholtz 1870]: HELMHOLTZ, HERMANN: Ueber die Theorie der Elektrodynamik. Erste Abhandlung: Ueber die Bewegungsgleichungen der Elektricität für ruhende leitende Körper. Journal für die reine und angewandte Mathematik 72(1870), S. 57 - 129; Zweite Abhandlung: Kritisches. Ebenda 75(1873), S. 35 - 66; Dritte Abhandlung: Die elektrodynamischen Kräfte in bewegten Leitern. Ebenda 78(1874), S. 273 - 324

[Kühn 1987]: KÜHN, HEIDI: Die Mathematik im deutschen Hochschulwesen des 18. Jahrhunderts (unter besonderer Berücksichtigung der Verhältnisse an der Universität Leipzig). Dissertation A. Leipzig 1987

[Jungnickel; McCormmach 1986]: JUNGNICKEL, CHRISTA; MCCORMMACH, RUSSEL: Intellectual Mastery of Nature. Theoretical Physics from Ohm to Einstein. 2 vols., University of Chicago Press, Chicago, London 1986.

[Neumann 1863]: NEUMANN, CARL: Die magnetische Drehung der Polarisationsebene des Lichtes. Versuch einer mathematischen Theorie. Verlag der Buchhandlung des Waisenhauses, Halle 1863

[Neumann 1868]: NEUMANN, CARL: Die Principien der Elektrodynamik. Eine mathematische Untersuchung. Tübingen 1868. Wiederabdruck: Mathematische Annalen 17(1880), S. 400 - 434

[Neumann 1870]: NEUMANN, CARL: Ueber die Principien der Galilei-Newton'schen Theorie. Akademische Antrittsrede. Verlag B. G. Teubner, Leipzig 1870

[Neumann 1878]: NEUMANN, CARL: Ueber das von Weber für die elektrischen Kräfte aufgestellte Gesetz. Abhandlungen Königl. Sächs. Acad. Wiss., 18 (1878) (11. Band der Math.-Physische Cl.), S. 77 - 200

[Neumann 1901]: NEUMANN, CARL: Ueber die Maxwell-Hertz'sche Theorie. Abhandlungen Königl. Sächs. Acad. Wiss., 27. Bd. der Math.-Physische Cl., H. 2 (1901), S. 211 - 348; ~ 2. Abhandlg. Abh. Bd. 27, H. 8 (1902), S. 753 - 860, ~ 3. Abhandlg. Abh. Bd. 28, H. 2 (1903), S. 75 - 99

[Neumann 1908]: NEUMANN, CARL: "Nekrolog auf Wilhelm Scheibner". Berichte über die Verhandlungen Königl. Sächs. Gesell. Wiss. Leipzig, Math.-Physische Kl., 60(1908), S. 375 - 390

[Olesko 1991]: OLESKO, KATHRYN M.: Physics as a Calling. Discipline and Practice in the Königsberg Seminar for Physics. Cornell University Press, Ithaca, London 1991.

[Olesko 1997]: OLESKO, KATHRYN M.: Franz Ernst Neumann (1798-1895). In: Die Großen Physiker. Erster Band: Von Aristoteles bis Kelvin. Hrsg. von Karl von Meyenn. C. H. Beck Verlag 1997, S. 384 - 395

[Rechenberg 1994]: RECHENBERG, HELMUT: Hermann von Helmholtz. Bilder seines Lebens und Wirkens. VCH Verlagsgesellschaft Weinheim, New York et all., 1994

[Schlote 2001]: SCHLOTE, KARL-HEINZ: Zur Entwicklung der mathematischen Physik in Leipzig (I) - Der Beginn der Neumannschen Ära. Erscheint voraussichtlich in NTM, N.S., 9(2001), H. 4

[Schreier 1985]: SCHREIER, WOLFGANG: Die Physik an der Leipziger Universität bis zum Ende des 19. Jahrhunderts. Wiss. Zeitschrift der Karl-Marx-Universität Leipzig, Math.-Naturwiss. Reihe 34(1985) H.1, S. 5-19

[Weber 1846]: WEBER, WILHELM: Elektrodynamische Massbestimmung. Ueber ein allgemeines Grundgesetz der elektrischen Wirkung. In: Wilhelm Weber's Werke. Bd. 3: Galvanismus und Elektrodynamik, Berlin 1893, S. 25 - 214

[Wiedemann 1874]: WIEDEMANN, GUSTAV: Die Lehre vom Galvanismus und Elektromagnetismus. 2 Bde., Braunschweig, ^{2}1874; 3. Aufl.: Die Lehre von der Elekticität. 4 Bde. Braunschweig 1882-85

Dr.habil. Karl-Heinz Schlote; Sächsische Akademie der Wissenschaften zu Leipzig, Postfach 100440; D-04004 Leipzig;
email: Schlote@saw-leipzig.de

Karl Weierstraß und Sofie Kowalewskaja
- "Dem Meisterherzen lieber Student"

Stanisław Fudali

Abb.1: Karl Weierstrass gegen 1870

Am 3. Oktober 1870 klopfte eine junge Frau an die Wohnung im dritten Stock in der Stellenstrasse 19. Die Wohnung bewohnte KARL THEODOR WEIERSTRASS, Mathematikprofessor der Berliner Universität, zusammen mit seinen zwei Schwestern - AGNES und KLARA; die Ankommende wollte mit dem Professor sprechen. Ziemlich radebrechend deutsch erklärte sie, dass sie eine russische Untertanin ist, SOFIE KOWALEWSKAJA[1] heißt und wollte den Professor bitten, dass er ihr das Studieren der Mathematik an der Berliner Universität ermöglichte - in diesen Jahren hatten die Frauen an den meisten europäischen Universitäten kein Recht auf das Studium, so auch an der Berliner Universität. WEIERSTRASS war kein Anhänger dafür, dass die Frauen studieren, aber war auch nicht dagegen, und außerdem war er ein taktvoller Mensch. Nichts der Frau versprechend, die in sein Privatleben eingedrungen war, gab er ihr nach dem kurzen Gespräch ein Paar Probleme zu lösen, gegen die schon seine begabten Studenten angekämpft hatten, und schlug vor, dass sie die Lösungen in einer Woche bringt. Er war fast sicher, dass diese nicht gut deutsch sprechende Ausländerin nicht mehr zu ihm kommt.

---

[1] Sofie Kowalewskaja war eine russische Untertanin (wie das früher bezeichnet worden ist), und bis Ende des Lebens hat sie sich mit einem russischen Pass ausgewiesen.

WEIERSTRASS war in der Zeit schon ein in Europa anerkannter Analytiker. 1856 wurde er zum außerordentlichen Professor an der Berliner Universität berufen, und seit 1865 war er dort ordentlicher Professor. Daraus ist der Plan von SOFIE entstanden, sich direkt an den Meister zu wenden.

Die am 3. Januar 1850 geborenen SOFIE hat ziemlich früh ihr Interesse an der Mathematik verraten, aber erst seit dem Herbst 1865 bis zum Frühling 1869, während der Winteraufenthalte in Petersburg, bei den Schwestern der Mutter, hat sie bei ALEKSANDER NIKOŁAJEWICZ STRANNOLJUBSKIJ[2] Mathematikstunden genommen. Es war kein regelmäßiges Studium, aber es erlaubte SOFIE, sich die Anfänge der höheren Mathematik anzueignen. Nach der Verheiratung fuhr SOFIE mit ihrem Mann im April 1869 nach Deutschland und dort in Heidelberg wurde ihr erlaubt, Mathematik und Physik zu hören; sie hatte 22 Stunden Unterricht pro Woche: Mathematik bei KÖNIGSBERGER[3] und DUBOIS-REYMOND[4], Physik bei KIRCHHOFF[5] und Philosophie bei HELMHOLTZ[6]. Im Herbst 1870 beendete SOFIE ihr Mathematikstudium in Heidel-

Abb.2: Sofie Kowalewskaja (1868)

---

[2] Aleksander Nikołajewicz Strannoljubskij (1839-1908), russischer Mathematik-Pädagoge, hat die Hochschulbildung in der Seeschule in Petersburg erworben. Er war der Autor vieler Lehrbücher und auch ein glühender Anhänger, dass die Hochschulbildung auch den Frauen erlaubt ist

[3] Leo Königsberger (1837-1921), deutscher Mathematiker. Seine Arbeiten betreffen hauptsächlich Funktionentheorie, Differentialgleichungen und Mechanik; er genoss hohe Anerkennung als Pädagoge.

[4] Paul DuBois-Reymond (1831-1889) deutscher Mathematiker. Er hat sich mit der mathematischen Physik, Analysis, Theorie der Funktionen, Variationsrechnung, Theorie der molekularen Differenzrechnung u.ä. beschäftigt.

[5] Gustav Robert Kirchhoff (1824-1887), deutscher Physiker, Professor der Universitäten, u.a. in Berlin, Mitschöpfer der Spektralanalyse; hat u.a. die nach ihm benannten Gesetze für (elektrische) Netzwerke und das Temperaturstrahlungsgesetz formuliert.

[6] Hermann Ludwig Ferdinand Helmholtz (1821-1894), deutscher Mathematiker, Physiologe und Psychologe.

berg und hatte Lust bei WEIERSTRASS in Berlin zu studieren. Damals also ist sie in der Wohnung in der Stellenstrasse erschienen.

Genau nach einer Woche erschien die zarte Ausländerin wieder in der Wohnung in der Stellenstrasse - sie hatte alle Probleme gelöst, und wenn der Professor die Lösungen durchsah und fragte nach diesem und jenem, erklärte das SOFIE umfangreich mit einem Glanz der Augen. WEIERSTRASS stand vor einem schwierigen Problem: er bemerkte das mathematische Talent bei KOWALEWSKAJA und wollte ihr helfen, und andererseits, als geborener Deutscher daran gewöhnt, dass *Ordnung sein muss*, versuchte er eine gesetzliche Weise zu finden, um die Bitte der jungen Ausländerin zu erfüllen. Nachdem er sich Rat bei LEO KÖNIGSBERGER geholt hatte, unter dessen Leitung KOWALEWSKAJA drei Semester Mathematik in Heidelberg studiert hatte, beantragte er beim Senat die Einwilligung, dass SOFIE an der Berliner Universität angenommen wurde. Trotz dieser Unterstützung war der Senat damit nicht einverstanden - die Frauen durften damals nur an einigen Laborunterrichten teilnehmen. Selbst die außergewöhnliche Situation - kleinere Zahl der Studenten als gewöhnlich bei WEIERSTRASS wegen des preußisch-französichen Krieges - hatte keinen Einfluß auf die ablehnende Entscheidung.

Es ist schwierig mit voller Gewißheit zu sagen, was der Grund war - persönlicher Reiz der jungen Ausländerin oder bemerktes mathematisches Talent - WEIERSTRASS willigte darin ein, SOFIE KOWALEWSKAJA privaten Unterricht zu erteilen. In seiner Wohnung verbrachte SOFIE Sonntagnachmittage, und manchmal kam sie auch noch mal in der Woche; einmal in der Woche kam WEIERSTRASS zu SOFIA, die zusammen mit ihrer Freundin - JULIA LERMONTOFF[7] - in der Nähe wohnte. Es ist unmöglich zu sagen, wie das Studium unter der Leitung von WEIERSTRASS verlaufen ist, weil ich entsprechenden Bericht nicht gefunden habe; KARL WEIERSTRASS hatte über 10jährige Erfahrung in der Lehrerarbeit in den Oberschulen, und seit 14 Jahren hielt er die Vorlesungen an der Berliner Universität. Es scheint, dass das Studium von KOWALEWSKAJA bei WEIERSTRASS nicht den Charakter von Nachhilfestunden hatte sondern der Diskussion über die Probleme, die dem Meister interessant scheinen, diente und aus der erhaltenen Korre-

---

[7] Julia Wsiewołodowna Lermontoff (1846-1919), entfernte Verwandte des Dichters Mikchail Juriewicz Lermontoff (1814-1841), Sofie Kowalewskajas Freundin fürs Leben. Sie hat als erste Russin das Doktorat in Chemie (in Göttingen) gemacht.

spondenz kann man folgen, dass das Studium einen seminarartigen Charakter hatte.

Am Freitag den 10. März 1871 konnte WEIERSTRASS zum Unterricht zu SOFIE nicht kommen, am nächsten Tag schickte er ihr ein Zettelchen :

⊠   *Verehrte Frau!*

Gestern abend zu meinem Bedauern verhindert mich bei Ihnen einzufinden, ists mir zugleich durch einen Zufall unmöglich geworden, Sie davon zu benachrichtigen. Ich hoffe aber, Się werden mich morgen mit Ihrem Besuche erfreuen.

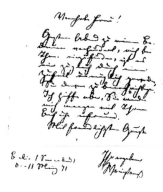

Abb. 3: Kopie des Zettelchens von K. Weierstrass vom 11. März 1871

Mit freundlichstem Gruß

Ihr ergebener Weierstraß

Berlin (Sonnabend) den 11.März [18]71

Wie man damals die Zettelchen geschickt hat - weiß ich nicht; wahrscheinlich durch den Hausmeister. Das oben genannte (vergl. auch die Kopie unten) ist das erste in der Sammlung der erhaltenen Korrespondenz von WEIERSTRASS an KOWALEWSKAJA [1]. Die Briefe von KOWALEWSKAJA an WEIERSTRASS, der meinte, dass seine persönlichen Angelegenheiten die anderen nicht interessieren sollen, wurden durch den Empfänger nach SOFIEs Tod verbrannt.

Von Ende März bis Mitte Mai 1871 beschäftigte sich SOFIE nicht mit der Mathematik, weil sie bei ihrer Schwester ANIUTA[8] im belagerten Paris war; am Anfang Juni fuhr sie wieder dorthin, um nach dem Untergang der Pariser Kommune die Schwester und den Schwager vor den Repressalien zu retten. Im Herbst widmete sie sich wieder die Mathematik, wohl auf dieselbe Art wie früher.

---

[8] Anna Jacquelard (1843-1887, geb. Krukowskaja) - Schwester von Sofie Kowalewskaja.

Mitte Januar 1872 war der Meister erkältet und musste den Empfang SOFIES bei sich absagen, aber außer der Nachricht darüber schickte er im Brief vom 14.I.1872 eine Skizze dessen, was die Sache ihrer Betrachtungen während des Treffens sein sollte, das er gerade abgesagt hat:

⊠ *Verehrte Frau!* *Berlin, 14. Jan. 1872*

Zu meinem Bedauern werde ich Sie morgen nicht empfangen können, da ich seit einigen Tagen in Folge einer Erkältung unwohl bin.

Ich übersende Ihnen deshalb über das Thema, welches den Gegenstand unseren nächsten Besprechung bilden sollte, meine Aufzeichnungen, die so vollständig sind, daß Sie auch ohne meinen Beistand damit fertig zu werden in Stande sind. **Diese** *Papiere, die ich für meine nächste Vorlesung brauche, wollen Sie jedoch die Gefälligkeit haben, mir am K.[ommenden] Sonntag zurückzuschicken.*

Um die allgemeine Formeln in einen einfachen Falle zu rectificieren, wollen Sie bemerken, daß, wenn $y = \sqrt{R(x)}$ und $R(x)$ eine ganze Funktion vom Grade $(2\rho + 1)$ ist - diese Bedeutung hat nämlich ρ in diesem Falle - die einfachste Funktion $H(xy, x'y')$ die folgende ist, in welcher $P(x)$ einen Teiler ρ-ten Grades von $R(x)$ bezeichnet: $H(xy, x'y') = \frac{1}{2}(1+\frac{P(x)}{P(x')}\frac{y}{y'}) \frac{1}{x-x'}$. ... (übergehen wir die Details, es sind 8 Zeilen!)...

Die Gleichung $\frac{d}{dx} H(xy, x'y')$ ... ist dann identisch mit der von mir in die Theorie der hyperelliptischen Angewandten, mit deren Hilfe ich die Relationen unter den Perioden der Integrale erster und zweiter Gattung entwickelt habe.

Sobald ich wieder ausgehe, was hoffentlich in einigen Tagen wird geschehen können, werde ich mir erlauben, bei Ihnen anzusprechen, damit wir unsere nächste Zusammenkunft verabreden können.

Mit freundlichstem Gruß

Ihr ergebenster Weierstraß

Nicht nur diesartige Korrespondenz schickte WEIERSTRASS an SOFIE, zwei Monate später schrieb er (übergehend einleitende höfliche Anrede) [2, S. 13, 153]:

⊠   *Darf ich Sie, verehrte Freundin, wohl bitten, die vorliegende Ausarbeitung des Satzes, über den wir uns gestern unterhielten, und die ich einem Freunde mitteilen möchte, zu diesem Besuche mir auf einem Briefbogen abzuschreiben? Ich hätte zwar selbst wohl Zeit dazu, aber, aufrichtig gestanden, ich schreibe sehr ungern etwas zweimal, und so erlaube ich mir, meine Zuflucht zu Ihnen zu nehmen.*

Mit freundlichstem Gruß

Ihr ergebenster Weierstraß

Und ein halbes Jahr später, am Ende Oktobers 1872, schreibt er irgendwie anders [2, S. 13, 154]:

⊠   *Meine teuere Sophie!*

Ich finde soeben in meinen Papieren noch einige ältere Notizen über den bis jetzt von uns besprochenen einfachsten Fall der Variationsrechnung. Trotz der verschiedenen Bezeichnungsweise werden Sie diese Notizen bei der Ausarbeitung, wie ich glaube, ganz gut benutzen können, weshalb ich sie Ihnen schicke, bevor Sie vermutlich Ihr Tagewerk begonnen haben.

Ich habe mich diese Nacht viel mit Ihnen beschäftigt, wie es ja nicht anders sein konnte, - meine Gedanken haben nach den verschiedensten Richtungen hin und her geschweift, sind aber immer wieder zu einem Punkte zurückgekehrt, über den ich noch heute mit Ihnen sprechen muß. Fürchten Sie nicht, daß ich Dinge berühren werde, über die, wenigstens jetzt, nicht zu reden wir übereingekommen sind. Was ich Ihnen zu sagen habe, hängt vielmehr mit Ihren wissenschaftlichen Bestrebungen eng zusammen - ich bin aber nicht sicher, ob, Sie bei der liebenswürdigen Bescheidenheit, mit der Sie über das, was Sie jetzt schon leisten können, beurteilen, auf meinen Plan einzugehen geneigt sein werden. Doch das alles läßt sich mündlich besser besprechen. Gestatten Sie mir also, obwohl erst wenige Stunden seit unserem letzten Zusammensein, das uns einander so nahe gebracht hat, verflossen sind Sie heute Vormittag abermals auf ein Stündchen zu besuchen und mich auszusprechen.

Herzlichst grüßend

Ihr Weierstraß

26. Okt. 72 (Morgens)

Das Zettelchen ist ein Zeugnis der Wende in den Verhältnissen zwischen dem Meister und der Schülerin, die in dieser Zeit stattfand - die freundschaftlich-väterliche Einstellung WEIERSTRASS' zu seiner Schülerin ermutigte SOFIE, ihm sehr persönliche sie gerade quälende Angelegenheiten, betreffend ihre Scheinehe mit WLADIMIR O. KOWALEWSKIJ[9], zu vertrauen. Gerade in dem oben genannten Zettelchen ist die Reaktion von WEIERSTRASS, auf die am vorigen Tag gemachten Vertraulichkeiten - der Meister beschloß seiner Schülerin eine Vorbereitung der wissenschaftlichen Abhandlung vorzuschlagen, aber in der Korrespondenz enthüllte er die Gedanken nicht; davon entstand der einigermaßen rätselhafte Inhalt der oben genannten Notiz. Seit dieser Zeit sah WEIERSTRASS ein, dass er ein Recht hat, sich für den "geistigen Vater" der jungen Enthusiastin der Mathematik zu halten.

Der nächste Brief, geschickt nach einer Woche, am 4. November 1872, enthielt die Anrede: *Meine liebe Freundin!* und betraf fast gänzlich die mit der Differentialgleichung $H - \lambda \bar{H} = 0$ verbundenen Probleme. Am seinen Ende lesen wir [2, S. 14-16, 154-156]:

⊠ *Lebe wohl, mein teueres Herz, bis ich Dich wiedersehe, und laß, wenn Du Dich in meine Formeln vertiefst, Deine Gedanken noch zuweilen herüberschweifen zu Deinem treuen Freunde.*
                                                                            W.

Aus dieser Korrespondenz von WEIERSTRASS an SOFIE sieht man, dass sein emotionales Verhältnis zur jungen Russin innerhalb von zwei Jahren seit dem Moment ihres ersten Treffens deutlich durch seine Wertschätzung gewann. In einigen nächsten erhaltenen Briefen und Zettelchen wurde von WEIERSTRASS die höfliche Anrede übergangen, oder ersetzt durch andere, wie im Zettelchen vom 27. Dezember 1872 [2, S. 19-20, 160]:

⊠ *Das heutige Konzert, liebste Sonja, beginnt um 7½ Uhr. Wenn ich nicht irre, wolltest Du mit Fräulein L[ermontoff] zu uns kommen. Dann bitte ich Dich noch vor 7 Uhr einfinden zu wollen, damit wir rechtzeitig abfahren können. Wagen werde ich bestellen.*

Ich bitte mir durch die Überbringerin mündlich Antwort zukommen zu lassen.
                                              Freundlichst grüßend
27. Dez.72.   *W.*

---

[9] Wladimir Onufryjewicz Kowalewskij (1842-1883), russischer Paläontologe, Sofies Ehemann.

In den nächsten Briefen und Zettelchen erschien schon die Wendung: *Meine teure* (oder *liebe*) *Sonja!* oder *Liebe Sonja!* oder *Meine teuere Freundin!*, was zeigt, dass sich die freundschaftlich-partnerschaftliche Bindung zwischen dem Meister in den besten Jahren und der jungen Schülerin verstärkte; im Familien- und Freundeskreis wurde SOFIE *Sonja* genannt, und so wird sie weiter in dem Text genannt. Der Inhalt dieser Briefe und Zettelchen ist ziemlich verschiedenartig - meistens informieren die Zettelchen über die Gründe, die die Verabredung unmöglich machen, und die Briefe enthalten mathematische Inhalte betreffend die gemeinsamen Interessen von WEIERSTRASS und KOWALEWSKAJA, und auch - ein Jahr später - nicht mathematische, sondern persönliche Inhalte. Als Beispiel dafür, nicht vereinzelt, dient der Brief vom 12.X.1873 [2, S. 29-30, 169-170]:

> ✉ *Liebste Freundin, Du tust mir doch Unrecht, wenn Du glaubst, ich hätte grollend über Dein langes Stillschweigen Deinen Brief aus Lausanne nicht beantwortet. Der Deinige ist nun, da ich einige Tage abwesend war, verspätet zugekommen, und so wird meine Antwort in Lausanne in dem Momente angekommen sein, wo Du abgereist bist; ich hatte Dich allerdings so verstanden, daß Du bis zum 15-ten dort bleiben wolltest. Wahrscheinlich hast Du meinen Brief jetzt erhalten; sollte es nicht sein, so forsche ihm doch nach, da ich ihn nicht gern in fremde Hände gelangen lassen möchte. Für den letzteren Fall wiederhole ich aus ihm zweierlei. Ich habe Dir - so gern ich mich Deiner lieben Nähe bald erfreuen möchte - doch geraten, der Cholera wegen noch bis zum 20-sten etwa dazubleiben. Jetzt kommen hier etwa 8 Fälle täglich vor und es steht also zu hoffen, daß der böse Gast uns bald ganz verlassen wird. Zweitens schrieb ich Dir, daß eine Cousine von Fr[äulein] Lermontoff bei mir war, um sich nach der letzteren, die sie schon hier glaubte, zu erkundigen. Sie vermeinte in Eurer früheren Wohnung Nachrichten von ihr erhalten zu können, und da ist es mir nun sehr unangenehm, daß ich die junge Dame vielleicht irre geführt habe; denn als ich gestern bei 134^b vorbeiging, war es mir, also ob ich ihr 143^b angegeben; es sollte mir das wirklich außerordentlich leid tun.*
>
> *Jetzt noch eine Bitte. Daß Du mir den Tag Deiner Ankunft nicht bestimmt angeben wirst, weiß ich schon. Aber wenn Du willst, daß wir uns **bald** sehen, so schicke mir doch sofort nach Deiner Ankunft einen kleinen Brief p[er] Stadtpost, damit ich entweder zu Dir komme, sobald ich irgend kann, oder Dir angebe, wann Du mich sicher treffen kannst. Ich werde grade in den Tagen, wo Du vermutlich eintriffst,*

viel vom Hause abwesend sein und es sollte mir doch leid tun, wenn ich gerade einen günstigen Moment verpaßte, wo ich meine teuerste - mir »so ganz ergebene« (gewöhne Dir doch das häßliche Wort ab) - Freundin nach so langem Entbehren umarmen und die Drohung wahr machen könnte, mit der ich mein letzter Brief schloß. Über das, was ich Dir sonst schrieb, mache Dir keine Gedanken. Mein Redenentwurf ist so scharf ausgefallen, daß es wirklich für den Ort, wo ich sprechen muß, nicht paßt. Ich habe bereits ein anderes Thema gewählt.

Wenn Dein »défaut constitutionel[10]« es Dir nur irgend erlaubt, so schreibe mir von Zürich doch noch einmal - wenn auch nur um mich darüber zu beruhigen, daß Du diesen und hoffentlich auch den früheren Brief richtig empfangen hast.

Lebewohl, liebes Herz, und bleibe wie bisher freundlich gesinnt.

Deinem treuen Freunde (auch wenn er Dir gesteht, daß er seit dem Ende d[es] v[origen] Semesters auch nicht einen einzigen mathematischen Gedanken gehabt und Du ihn sehr ideenlos wiederfinden wirst)

C. W.

Diese und in ihrer Aussage ähnliche Briefe von KARL WEIERSTRASS an SOFIE KOWALEWSKAJA zeugen nicht von irgendwelchen intimen Verbindungen dieser beiden Leute. Zweifellos gefiel die junge, mathematisch begabte Russin dem damals 58-jährigen Professor und befreite in ihm einige Gefühle, väterlicher Art - er betrachtete zweifellos väterlich ihren Eifer für die Mathematik, Hochachtung, die sie ihm schenkte, und Vertrauen, das sie ihm in ihren persönlichen Angelegenheiten bezeigte. Er arbeitete mit ihr auf dem Gebiet seines Interesses, bildete sie im Wissen weiter und machte sich Sorgen wegen ihres geistigen Zwiespaltes, dem er Abhilfe auf seine Art zu schaffen beabsichtigte: SONJA zum Bewerben um der Doktorrang in Mathematik überreden, wobei er etwas helfen konnte.

Weitere erhaltene Briefe von KARL WEIERSTRASS an SONJA sind in ähnlichem väterlich-freundschaftlichem Ton gehalten, oft mit einer ziemlich großen Portion Mathematik, die brauchbar für die von SONJA untersuchten Probleme war; manchmal macht die väterliche Aussage Platz der freundschaftlichen und kann zu gewagten Vermutungen führen. Angaben der Briefe in diesem Vortrag ist nicht notwendig, weil die daran interessierten Hörer sie in [2] finden können.

---

[10] So nennt Kowalewskaja ihre Abneigung gegen Briefschreiben.

Das von WEIERSTRASS gestellte durch SONJA untersuchte Problem hatte endgültig den Titel: *"Über Bringen einer Klasse der Abels Integrale der dritten Ordnung zu elliptischen Integralen"*. Die Arbeit daran begann sie im Oktober 1872 und beendete sie nach einigen Monaten. WEIERSTRASS war sehr mit ihr zufrieden und meinte, dass die Arbeit wert war, um sie als die Dissertation vorzustellen; zur Rezension plante er sie an R.F. ALFRED CLEBSCH[11] zu schicken, der sich mit solchen Problemen beschäftigt hat, aber Ende 1872, am 7. November, ist CLEBSCH unerwartet gestorben. Die Arbeit wurde viel später veröffentlicht, also 1884, in dem 4. Band *Acta mathematica*, auf den Seiten 393-414.

Das nächste Problem, mit dem sich SONJA ausschließlich beschäftigte, waren die Untersuchungen von LAPLACE[12] über die Form des Saturnringes, deren Ergebnis der Artikel *"Ergänzungen und Bemerkungen zu Untersuchungen von Laplace über die Form des Saturnringes"* war, veröffentlicht 1885 im 111. Band *Astronomischen Nachrichten*, auf den Seiten 37-48. Die Arbeit erwies sich als so wertvoll, dass sie dann in das Himmelsmechaniklehrbuch eingeschlossen wurde und in die Vorlesung der Hydrodynamik. Die Arbeit hielt WEIERSTRASS auch als Dissertation für geeignet, aber SONJA, es ist schwierig zu sagen warum, fühlte sich nicht bereit ihr Studium und ihre Forschungen abzuschliessen. Sie beschloß sich mit partiellen Differentialgleichungen zu beschäftigen, insbesondere die Probleme der Existenz der Lösung der Systeme solcher Gleichungen in Form von Potenzreihen zu untersuchen.

Im Frühling 1873, als sie gerade die Differentialgleichungen zu untersuchen begann, fühlte sich SONJA sehr müde - sie hatte doch seit dem Herbst schwer gearbeitet. Die Ärzte empfahlen ihr Erholung und ein Klima sanfter

---

[11] Rudolf Friedrich Alfred Clebsch (1833-1872), deutscher Mathematiker, Professor der Universität in Göttingen. Er beschäftigte sich mit der Theorie der Invariante der algebraischen Formen, war einer der ersten, die B. Riemann verstanden haben, hat die Zeitschrift "Mathematische Annalen" gegründet.

[12] Pierre Simon Laplace (1749-1827), französischer Mathematiker, Physiker und Astronom, Mitglied der Pariser Wissenschaftsakademie (seit 1785) und anderer Akademien und Gesellschaften.
Untersuchend den Saturnring in seiner 5 Bänden der "Himmelsmechanik", meinte Laplace, dass der Ring eine Sammlung einigen unabhängigen dünnen Ringe ist, die gegenseitig keinen Einfluß auf sich haben, und ihr gemeinsamer Querschnitt die Form der Ellipse hat. Das war erste Annäherung der wirklichen Form des Ringes. Die Berechnungen von Kowalewskaja haben bewiesen, dass der Querschnitt die Form des Ovals haben soll.

als in Berlin, und SONJA beschloß nach Zürich zu fahren, zu ihrer Schwester ANIUTA, aber es war für sie schwierig, sich von der Mathematik zu trennen. Sie vertraute bestimmt WEIERSTRASS ihre Absichten, weil er am 6. April 1873 an sie schrieb:

> ✉ *Meine liebe Freundin!*
>
> *Wie glücklich hast Du mich gemacht durch die Mitteilung, daß Du in der Besserung fortschreitest, und sogar schon wieder Neigung verspürst, Dich »mit mathematischen Dingen zu beschäftigen«. Von dem Letzteren möchte ich Dir ja doch dringend abraten (oder soll der Arzt es Dir untersagen?); glaube mir, Teuerste, jede Stunde, die Du in den nächsten Tagen hier und später in Zürich Deiner körperlichen Plage zugutekommen läßest, ist gar wohl angewandt, und wird, wenn Du Dich dann mit frischen Kräften der Arbeit wieder zuwendest, ihre Frucht tragen. (...) [2, S. 20-21].*

Nach einigen Tagen war SONJA schon in Zürich, und WEIERSTRASS schrieb mit Sorge am 18. April:

> ✉ *(...) Möge nur während Deines dortigen Aufenthalts das Wetter beständig so schön bleiben, wie bei Deiner Ankunft, damit Du Dich recht viel in Freien aufhalten und durch eigene Erfahrung die Wahrheit des Ausspruchs einer unserer medizinischen Autoritäten erproben könnest, daß es - außer Kamillen Thee - nur eine Arznei gebe, von der es feststehe, daß sie wohltätig wirke, nämlich eine reine, milde Luft. Vergiß nicht, was Du mir bei Abschiede versprochen hast. (...) [2, S. 21].*

In Zürich traf SONJA den dort gerade arbeitenden SCHWARZ[13], mit dem sie drei Stunden über Abelsche Funktionen und andere Probleme sprach, und dann - vielleicht dank dieses Gespräches - wollte sie aus Zürich nicht wegreisen, und schrieb darüber an WEIERSTRASS. Der Meister war beinahe empört; am 25. April schrieb er [2, S. 23-24, 164]:

> ✉ *(...) Du glaubst, wenn nicht die Freundin, so könne doch die Schülerin mir lästig werden - so lautete das häßliche Wort, das Du brauchst. (...) Ich schließe also, erstens mit der Bitte, mir durch zwei Zeilen den Zeitpunkt deiner Rückkehr genau anzeigen zu wollen, (...)*

---

[13] Karl Hermann Amandus Schwarz (1843-1921), deutscher Mathematiker, Professor der Universität in Göttingen, und seit 1892 in Berlin, auf der Stelle von Weierstrass.

WEIERSTRASS war in der Zeit Rektor der Berliner Universität, war also mit Verwaltungs- und wissenschaftlichen Pflichten überlastet, aber nie sagte er SONJA seine Zeit ab. Er bemerkte, wie habsüchtig sie seine Gedanken, Ideen, Ratschläge erfasste. Andererseits bereitete ihm der Kontakt mit der klugen, begabten und sympathischen SONJA große Zufriedenheit. Im August verbrachte er den Urlaub auf Rügen und davon schrieb er an SONJA [2, S. 26-28]:

✉   *Sassnitz (Insel Rügen) Hotel zum Fahrenberg, 20. August 73*

Meine Teuere Freundin!

Dein letzter Brief ist erst jetzt in meine Hände gelangt, nachdem er eine Reihe von Poste Stationen passiert ist. Mein Plan für die diesmaligen Ferien war, zunächst mit meiner jüngeren Schwester ein paar Wochen in einem Seebade in der Nähe von Königsberg zu verleben, und dort mit der Familie Richelot zusammen zu treffen. An demselben Tage aber, wo wir abreisen wollten, erhielt ich über das Umsichgreifen der Cholera in der Provinz Preußen so bedenkliche Nachrichten, daß ich mein Vorhaben aufgeben mußte und am anderen Morgen nach Rügen aufzubrechen mich entschloß.

... (Weiter folgen die ersten Eindrücke aus Sassnitz, und die Aufenthaltspläne für die nächsten Wochen) ...

Ich habe während meines hiesigen Aufenthalts sehr oft on Dich gedacht und mir ausgemalt, wie schön es sein würde, wenn ich einmal mit Dir, meine Herzensfreundin, ein Paar Wochen in einer so herrlichen Natur verleben könnte. Wie schön würden wir hier - Du mit Deiner phantasievollen Seele und ich angeregt und erfrischt durch deinen Enthusiasmus - träumen und schwärmen über so viele Rätsel, die uns zu lösen bleiben, über endliche und unendliche Räume, über die Stabilität des Weltsystems, und alle die anderen großen Aufgaben der Mathematik und Physik der Zukunft. Aber ich habe schon lange gelernt, mich zu bescheiden wenn nicht jeder schöne Traum sich verwirklicht.

Aufgefallen, liebste Freundin, ist es mir, daß Du in Deinem letzten Briefe über Dein Befinden ganz schweigst. Das könnte mich allerdings insofern beruhigen, als man, wenn man sich ganz ganz wohl fühlt, darüber eben nicht spricht; aber Du weißt, das ich kein Freund von negativen Beweisen bin, die niemals volle Befriedigung gewähren. Ich bitte also um direkte Angaben.

Was Deine Rückkehr nach Berlin angeht, so bitte ich Dich, darüber keinen Beschluß zu fassen, bis Du von mir sichere Nachrichten über das Erlöschen der Cholera erhältst. Was die Zeitungen darüber melden, ist gar nicht zuverlässig.

*Wenn Du meinst, daß Du mich im folgenden Winter nur **sehr** selten sehen würdest, so hast Du mich wohl mißverstanden - jedenfalls werden wir **unsere Sonntage** nicht aufgeben, und auch an den übrigen Tagen werde ich doch manches "Stündchen" finden, das ich meiner lieben Freundin werde widmen können. (...)*

Und nun, liebes Herz, lebe wohl, und erfreue Deinen Freund recht bald durch die besten Nachrichten von Dir. Kannst Du mir nicht sofort ausführlich schreiben, so begnüge ich mich - vorläufig - auch mit wenigen Zeilen von Deiner lieben Hand.

Dein K. W.

Mein Brief ist mit sehr mangelhaftem Schreibmaterial entworfen; entschuldige daher sein nachlässiges Äußere.

Es ist schwierig, die Tonart des Briefes als väterlich oder nur freundschaftlich zu bezeichnen; bestimmt ergriff ihn gegenüber SONJA irgendwelches Gefühl, sicherlich edel; es gibt mehrere Briefe mit solcher Tonart. SONJA verbrachte in der Zeit die Ferien in Palibin im Kreis Witebsk (heute: Bielorussland), in dem Stammgut der Eltern. Im Herbst kehrte sie nach Berlin zurück und den ganzen Winter und Frühling 1874 arbeitete sie schwer an der Arbeit in Theorie der Differentialgleichungen. WEIERSTRASS sah genau ihre Arbeiten durch, verbesserte die Fehler, bemühte sich um die Veröffentlichungen in den Zeitschriften. Am Anfang des Sommers war er endlich mit der Arbeit zufrieden. Und da er sich seine Freundin (*herzliche Freundin*) vor dem wissenschaftlichen Areopag vorstellte, ihre Thesen in ihrem rauhen Deutsch verteidigend, fand er eine Vorschrift, die solche Situation mildert: *Ausländer mussten Ihre Doktorthesen nicht verteidigen* - es reichte die positiv beurteilte Dissertation,. Nach der Ausfüllung einiger Formalitäten legte SONJA ihre 3 Arbeiten (die letzten) in der Universität in Göttingen vor und auf ihrer Basis im Juli 1874 gab ihr der Wissenschaftsrat der Universität **in Abwesenheit** den Titel des Doktors der Philosophie im Bereich der Mathematik und Titel des Magisters der Freien Künste *magna cum laude (mit großen Lob).* Gleich danach reiste die völlig erschöpfte SONJA zusammen mit ihrem Ehemann nach Palibino. Die letzte von den Arbeiten wurde am schnellsten veröffentlicht, schon im 80. Band des *Jour-*

nal für die reine und angewandte Mathematik (S. 1-32) im Jahre 1975; gerade in dieser Arbeit befindet sich die heute in der Literatur als *Cauchy-Kowalewskaja-Behauptung* bekannte Aussage.

Das Wohlwollen von KARL WEIERSTRASS und seine gewisse Neigung zu SONJA KOWALEWSKAJA wurden bemerkt. In den Mathematikerkreisen begann man zu munkeln, bestimmt nicht im guten Glauben, dass KOWALEWSKAJA ihre Arbeiten, und besonders die letzte aus der Theorie der partiellen Differentialgleichungen, nach dem Diktat von WEIERSTRASS geschrieben habe. Einige Gerüchte gelangten auch zum Meister. Alle Zweifel zu dem Thema behebt (oder befestigt sie!) ein Fragment seines Briefes an DUBOIS-REYMOND vom 25. September 1874 (also über 2 Monate nach der Zuerkennung des Doktorates an SONJA):

In der Abhandlung, von der die Rede ist, habe ich - ohne Rechnen die Besserung der grammatischen Fehler - anders nicht teilgenommen als das, dass ich das Problem vor dem Autor gestellt habe... Scheinende so starke Mittel, die sie zum Überwinden der entstehenden Schwierigkeiten gefunden hat, habe ich hoch geschätzt, als Beweis ihres richtigen mathematischen Feingefühls [1, S. 50].

War diese Erklärung wirklich nötig? Macht sie nicht gerade das wahrscheinlich, was man hier und da gemunkelt hat? Heute ist das nicht eindeutig zu klären.

Es ist schwierig, den Einfluß von WEIERSTRASS auf KOWALEWSKAJA einzuschätzen: er führte ihre wissenschaftlichen Handlungen, stellte ihr die Probleme, machte sie mit seinem Arbeiten und Arbeiten anderer Mathematiker vertraut, und manchmal erklärte er einzelne Probleme. Noch mehr - mit großem Takt erteilte er nützliche Ratschläge, auch in den Lebensangelegenheiten, auch den ziemlich geheimen. SONJA dagegen zeigte einen wohltätigen Einfluß auf den alten Professor und wurde für ihn außerordentlich lieb. "*Wir sollen dankbar SOFIE KOWALEWSKAJA dafür sein, dass sie KARL WEIERSTRASS aus dem Verschlußzustand ausführte*" [1, S. 43] - bemerkte später FELIX KLEIN.

Am Ende Juli 1874 verließ den Meister seine Lieblingsschülerin - SONJA - mit dem Göttinger Dr. phil., fuhr nach Palibino, um auszuruhen, und nach den Ferien reiste das Ehepaar KOWALEWSKIJ nach Petersburg. Im Frühling 1875 hatte SONJA vor zu WEIERSTRASS zu fahren, aber plötzlich erkrankte

Abb 4: Das Haus der Familie Korwin - Krukowski in Palibino (nach dem Umbau)

sie an Masern. Der Meister schickte damals an sie Briefe voller Sorgen. Hier sind die Fragmente des Briefes vom 17. Juni 1875 [2, S. 73-75]:

✉ *Berlin, 17. Juni 1875*

Meine teuerste Sonja!

Ich vermag Dir nicht zu sagen, wie schmerzlich ich mich von der schlimmen Nachricht, die Dein soeben mir zugegangener Brief vom 13-ten d.M. mir bringt, ergriffen fühle. Seit 14 Tagen erwartete ich täglich die Anzeige von Dir zu erhalten, daß Du im Begriff seiest, nach Deutschland abzureisen, (...)

Gleichwohl hätte ich Dir schon geschrieben, wenn ich in Betreff Deines Aufenthaltsortes sicher gewesen wäre. Und nun muß ich hören, daß meine arme Freundin abermals 5 Wochen schwer krank gewesen ist - denn wie bösartig die Masern bisweilen sein können weiß ich - und noch immer leidet. Das schlimmste aber ist, daß nun eine deutsche Reise auf unbestimmte Zeit vertagt ist. Und ich hatte mich zu sehr darauf gefreut, Dich wieder einige Wochen in meiner Nähe zu haben und im täglichen Verkehre mit Dir, meiner treuen Schülerin und Freundin, die mir so überaus teuer ist, mich glücklich fühlen zu können. In der Tat, liebes Herz, Du kannst Dir nicht denken, wie sehr ich Dich entbehrt habe.

(...) Ich denke mir, Du gehst etwa gegen Ende d.M. nach Palibino, und wirst mindestens zwei Monate zu Deiner völligen Genesung nötig haben. Würdest Du dann aber nicht im September und Oktober hierher kommen können, so daß Du direkt von hier nach Petersburg zurückkehrtest. Ich würde sehr glücklich sein, wenn sich dies so einrichten ließe.

*(...) ... aber ich bitte Dir recht herzlich, laß mir wenigstens bis zu der Zeit, wo Du Dich wieder ganz wohl befinden wirst, alle 8 Tage **nur drei Zeilen** zukommen, in denen Du mir sagen wirst, wie es Dir geht. Ich würde mich sehr ängstigen, wenn ich längere Zeit ohne Nachricht vor Dir bliebe. (...)*

Vergiß nicht, wenn Du aufs Land gehst, mir Deine vollständige Adresse in russischer Sprache zu schicken. Am besten wäre es wohl, wenn Du deinem jedesmaligen Briefe das Couvert für die Antwort beilegtest; ich bin doch nicht ganz sicher, daß ich die russischen Hierogliphe ganz richtig nachschreiben werde.

In einem früheren Brief, vom 21. April 1875 [2, S. 67-70], schrieb er darüber, dass nachdem er in "Comptes Rendus" der Pariser Akademie den Artikel von DARBOUX über das Problem, das voriges Jahr SONJA als Thema der Dissertation gedient hat, gelesen hatte, benachrichtigte er sofort DARBOUX[14] und HERMITE[15] darüber, dass SONJA an diesem Problem gearbeitet hatte und jedem schickte er ein Exemplar der Dissertation mit der Kopie des Diploms, um für KOWALEWSKAJA die Priorität zu versichern: *"Man muss warten, ob. D[arboux] genügend in Ordnung ist, dass er mit Deiner Priorität ohne Folgen einverstanden wäre"*.

Auf den Brief antwortete SONJA nicht - trotzdem schätzte sie ihren Meister immer hoch und trotz vielen in dem Brief für sie schmeichelhaften Worten. Kurz danach hörte sie wegen persönlicher Gründen auf, sich mit der Mathematik zu beschäftigen,. Erst im Sommer 1878, als sie ein Kind erwarte-

---

[14] Jean Gaston Darboux (1842-1917), französischer Mathematiker, Professor an der Sorbonne, der Mitglied der Pariser Wissenschaftsakademie (seit 1884) und ihr zuverlässiger Sekretär in den Jahren 1900-1917.

[15] Charles Hermite (1822-1901), französischer Mathematiker, Repetitor und Examinator an der Ecole Polytechnique (seit 1848), Professor an der Sorbonne (seit 1869), der Mitglied der Pariser Wissenschaftsakademie (seit 1856); fast alle französischen Mathematiker der zweiten Hälfte des XIX. Jahrhundert waren seine Schüler.

te[16], und die Familiensachen sie fast zugrunde richteten, begann die Mathematik ihr Gewissen zu plagen. Sie schrieb an WEIERSTRASS einen Brief mit einigen Versprechen, aber ihre Rückkehr zur Mathematik fand erst nach über zwei Jahren statt, als die Eheschwierigkeiten SONJA zu überwältigen drohten. Damals suchte SONJA in der Mathematik ein "Sprungbrett": 1880 begann sie an dem Problem der Lichtbrechung in Kristallen zu arbeiten (daran hat sie über 2 Jahre gearbeitet) und am 4. September 1883 in dem VII. Kongreß der Naturwissenschaftler und Ärzte hielt sie einen Vortrag zu diesem Thema, und im Herbst dieses Jahres bekam sie Lust zur Fahrt zu WEIERSTRASS. Sie schrieb an ihn einen Brief und als sie keine Antwort bekam, fuhr sie nach Berlin; ihre zweijährige Tochter liess sie in Moskau bei ihrer Freundin, JULIA LERMONTOFF.

Die Erwartungen WEIERSTRASS aus der Zeit vor 5 Jahren erfüllten sich also - November und Dezember 1880 verbrachte SONJA in Berlin, arbeitend intensiv unter WEIERSTRASS' Leitung an der Lichtbrechung in Kristallen. Am Anfang 1881 kehrte sie für kurze Zeit nach Russland zurück, um Anfang April nach Berlin zurückzukommen, jetzt zusammen mit Tochter Fufa. Kurz davor, Ende März 1881 bekam sie von MITTAG-LEFFLER[17] einen Vorschlag der Arbeit in Stockholm, an dessen Verwirklichung sie nicht glaubte. WEIERSTRASS bekräftigte sie in ihrem Unglauben.

Seit April 1881 war SONJA in Berlin, in der durch WEIERSTRASS für sie gemieteten Wohnung in der Potsdamer Straße 134a, und unter seiner Leitung arbeitete sie an der Lichtbrechung in Kristallen. Im Sommer hielt sie sich einige Wochen in Marienbad (Marianské Lazne) mit WEIERSTRASS und seinen Schwestern auf, und dann fuhr sie zur Schwester ANIUTA nach Paris. In der Zeit, seit dem Vorfrühling 1883, lebte das Ehepaar KOWALEWSKIJ getrennt. Zwei Jahre später, 27. April 1883, beging WLADIMIR KOWALEWSKIJ, SONJAS Ehemann, den Selbstmord wegen gescheiterter Spekulationen. Den Tod erlebte SONJA sehr, aber nach einigen Monaten kam sie wieder insofern zu sich, dass sie am 4. September 1883 in Odessa, in dem VII. Kongreß der russischen Naturwissenschaftler und Ärzte, einen Vertrag zum Thema der Lichtbrechung in Kristallen hielt. Danach fuhr sie über Moskau

---

[16] Diese Tochter (1878-1952) wurde am 17.X.1878 geboren und erhielt den Vornamen der Mutter, in der Familie wurde sie Fufa genannt.
[17] Gustav Magnus Mittag-Leffler (1846-1927), schwedischer Mathematiker, Mitglied der Schwedischer Wissenschaftsakademie, Gründer von "Acta Mathematica", war der Sohn von Olaf Juchan Leffler (1813-1884), dem Schullehrer, Abgeordneten zum Parlament, und Gustava Wilhelmina Mittag (1817-1903) - davon sein Doppelname.

und Petersburg nach Stockholm, um dort an der Universität die Arbeit als Privatdozent zu übernehmen; MITTAG-LEFFLER schlug ihr als Thema ihrer Antrittsvorlesung einen Vortrag über die Theorie der Differentialgleichungen vor, weil sie in diesem Bereich eigene Errungenschaften hatte - am 18. November 1883 begrüßte er sie an der Stockholmer Anlegestelle. Zu der Arbeit bereitete sie sich schon im Sommer vor, in Berlin unter der Leitung des Meisters WEIERSTRASS und der fand, dass sie genügend zur Übernahme der Aufgabe vorbereitet ist.

Die Lehrveranstaltungen mit den Studenten begann SONJA erst im Februar 1884. In ihrem Kalender unter dem Datum 11. Februar (30. Januar - nach dem Julianischen Kalender) 1884 schrieb sie auf:

"Heute hatte ich den ersten Vortrag. Ich weiß nicht, gut oder dumm, aber ich weiß, dass es traurig war nach Hause zurückzugehen und sich so einsam in der weißen Welt zu fühlen ..." [1, S. 75].

Am Anfang der Sommers kam SONJA nach Berlin und vertraute WEIERSTRASS, dass sie eine Arbeit über die Rotation der starren Körper erwog. Sie wußte noch nicht, wie sie sie anfangen sollte, und wollte mit dem Meister einige Probleme beraten. Zum Ende Juli 1884 war SONJA in Berlin, und am Anfang August kam sie in Stockholm an. Sie lernte damals intensiv schwedisch, um in der Sprache Vorträge zu halten, und schon im Wintersemester 1884/85 hielt sie die Vorträge auf schwedisch. Die Weihnachtsferien verbrachte sie in Berlin und war erbittert, weil WEIERSTRASS in der Zeit nach Weimar fuhr; sie haben sich damals nicht getroffen.

Die Sommerferien 1885 verbrachte SONJA in Petersburg und Moskau und dann fuhr sie nach Paris, wo es für sie viel angenehmer und mehr heimisch war. Die französischen Mathematiker gaben ihr zu Ehren ein Mittagessen (POINCARÉ [18]) und luden zum Frühstück (BERTRAND[19]) ein:

---

[18] Henry Jules Poincaré (1854-1912), französischer Mathematiker und Philosoph, Professor der mathematischen Physik und der Wahrscheinlichkeitstheorie (seit 1886), Mitglied der Pariser Wissenschaftsakademie (seit 1887), ihr stellvertretender Präsident (seit 1905) und dann Präsident (1906); Mitglied der französischen Wissenschaftsakademie (1908).

[19] Joseph Louis François Bertrand (1822-1900), französischer Mathematiker und Mechaniker, Professor College de France und École Polytechnique (seit 1862), Mitglied der Pariser Wissenschaftsakademie (seit 1856) und ihr zuverlässiger Sekretär der Sektion der mathematischen Wissenschaften (seit 1874), ihr stellvertretender Präsident (seit 1874) und Präsident (1874 bis zur Wahl als lebenslänglichen Sekretär).

"*Ich hoffe - schrieb der letzte in der Einladung - dass sich eine Zahl der Mathematiker von Ihren Freunden bei mir sammeln wird und alle werden glücklich, dass wir unsere Sympathie für Sie, die ihr ungewöhnliches Talent auslöst, zeigen können*"[1, S. 78].

Gerade damals, in Paris am Ausgang des Sommers 1885, kam zu SONJAS Bewußtsein, dass das Thema, an dem sie arbeitete, -*Berechnung der Rotation des starren Körpers um den stationären Punkt* - die französischen Mathematiker interessierte. J. BERTRAND sagte ihr, dass die Pariser Akademie vorhat, wieder - schon zum zweiten Mal - einen Wettbewerb um den Borda-Preis über dieses Thema zu verkünden. Er bemerkte dabei, dass das Thema deshalb gewählt wurde, weil sich "*Frau Professor KOWALEWSKY*" [1, S. 79] damit beschäftigt. SONJA war aber nicht überzeugt, dass sie das Problem befriedigend lösen kann. "*Wenn es mir gelingt das Problem zu lösen, wird sich mein Name unter den Namen der bedeutenden Mathematiker befinden*" - schrieb SONJA an eine ihrer Freundinnen [1, S. 79] - "*Nach meiner Berechnungen, brauche ich noch ca. fünf Jahre, um befriedigende Resultate zu erreichen*".

Abb. 5: Karl Weierstrass (1885)

Nach Stockholm kehrte sie doch mit der Überzeugung zurück, an dem Wettbewerb um den Borda-Preis teilzunehmen, dessen Entscheidung 1888 erfolgen sollte, und machte sich energisch an die Arbeit heran.

Am Ende Oktober 1885, genau am 31., wollte sie an dem Jubiläum des 70. Geburtstag von WEIERSTRASS in Berlin teilnehmen, aber die Pläne versagten. JULIA LERMONTOFF mit Fufa kamen nicht zu ihr, wie es verabredet wurde, und SONJA fuhr nicht zum Jubiläum nach Berlin. WEIERSTRASS war aus diesem Grund sehr enttäuscht, aber böse kann er nicht gewesen sein; am 14. Dezember 1885 schrieb er aus

der Schweiz, wohin er mit seiner Schwester zur Erholung gefahren war.

✉ 14 Dez. 1885   Hotel des Alpes Mont Fleuri

Meine teuere Freundin!

*Du bist eine arge Sophistin. Also, weil Du eine Schülerin besonderer Art von mir bist, wolltest Du am 31-sten Oktober nicht unter den »großen Haufen« der mich Beglückwünschenden Dich mischen, sondern hast es vorgezogen, fast eine Woche später zu erscheinen. Allerdings eine »egregia[20]« Dich zu nennen, bist Du wohl berechtigt - aber hättest Du Dich nicht dadurch auszeichnen können, daß Du **früher** als alle übrigen den alten Freund begrüßtest? Übrigens glaube nicht, daß ich, wie Du vielleicht aus dem Datum dieses Briefes vermuten möchtest, Vergeltung übe und Deinen Brief, das zuletzt angekommene Gratulationsschreiben, auch zuletzt beantworte. Im Gegenteil, vernimm es zu Deiner gerechten Beschämung, es liegen etwa 25 Briefe mir vor, auf die ich nicht summarisch antworten kann; einer ist von einem hochgestellten Herrn, der zugleich einer meiner ältesten Freunde ist - nachdem ich gestern diesen beantwortete, kommst Du sofort an die Reihe. Ist das nicht edel gehandelt?*

Einen weiteren Teil dieses Briefes bildet die Beschreibung der Jubiläumsfeier, und am Ende vertraute er seine Pläne für die nächsten Monate.

Nach der Beendigung der Lehrveranstaltungen im Sommersemester fuhr SONJA sofort nach Paris; sie war da schon am 8. Juni 1886. Während eines Treffens mit HENRY POINCARÉ, wenn das Gespräch zum Thema der Berechnungen der Bewegung des starren Körpers um den stationären Punkt kam, gab er ihr den Gedanken des Ge-

Abb.6: Sofie Kowalewskaja mit der Tochter Sofie (Fufa) 1885

---

[20] ausgewählte (lat.)

brauchs der Funktionen Komplexer Variablen zur Lösung des Problems ein. SONJA griff den Gedanken auf und die neue Idee ergriff sie völlig - dermaßen, dass sie den begonnenen Ausflug mit ihrer herzlichen Freundin ANNA CHARLOTTA EDGREN-LEFFLER, Schwester von GUSTAV MITTAG-LEFFLER, und auch mit dem Schüler von KARL WEIERSTRASS durch Schweden und Norwegen unterbrach; an diese Idee dachte sie während der Mahlzeiten, und Erholung - sie war nicht imstande an etwas anderes zu denken. Sie kehrte nach Stockholm zurück und begann intensiv an seiner Verwirklichung zu arbeiten.

Es ist schwierig zu sagen, wann sie die Idee und die Probleme mit ihrer Realisierung dem Meister vertraute, aber bestimmt machte sie das. Es sind [2] zwei umfangreiche Briefe von WEIERSTRASS an KOWALEWSKAJA bekannt, vom 22. Mai und 22. Juni 1888, die voll von mathematischen Ausführungen waren, die das Problem betrafen. Hier ist ein Fragment des ersten von ihnen:

✉ *Berlin, W. Friedrich-Wilhelm Str. 14   den 22 Mai 1888*

*Meine liebe Freundin, ich habe Deinen Brief vom 4-ten d.M. nicht beantwortet, weil ich es nicht **konnte**. Ich bin noch immer nicht genesen und habe erst vor wenigen Tagen den Versuch machen dürfen, mich etwas mit mathematischen Dingen zu beschäftigen. Es war also gar kein Gedanke davon, daß ich Dir in Deiner Not irgendwie beistehen könne. Dein Brief vom 17-ten d.M. beweist mir nun zu meiner großen Freude, daß Du auch ohne meine Hilfe ein gutes Stück vorwärts gekommen bist. Heute möchte ich nun über das mir Mitgeteilte Dir einige Bemerkungen machen, die möglicherweise Dir förderlich sein werden.*

Die beiden Gleichungen ...

und weiter den Inhalt *stricte* mathematisch auf über sechs Seiten (des Drucks in [2], S.134-140). Gerade damals arbeitete SONJA intensiv an der Arbeit, die sie zum Wettbewerb um den Borda-Preis vorbereitete. Nach einem Monat, in dem nächsten Brief [2, 140-144] schrieb er ihr:

✉ *Berlin, W. Friedrich-Wilhelm Str. 14   den 22 Mai 1888*

Meine liebe Freundin, ich habe Deine beide letzten (undatierten) Briefe, deren Inhalt mir viel Freude gemacht hat, nicht sofort beantworten können, teils weil ich mich noch immer schlecht befinde, teils aber auch, weil ich Dir bis jetzt noch nichts Bestimmtes über meine Sommerpläne mitteilen konnte. Zu dem letzteren bin ich jetzt imstande. Ich

werde mit den Meinigen am 2 Juli mich nach Wernigerode im Harz, Müllers Hotel (...)

Ich habe Dir schon neulich geschrieben, daß ich dringend wünsche, in diesem Sommer Dich zu sehen und einige Zeit bei mir zu haben. (...) Dagegen würde es mir äußerst erwünscht sein, wenn Du Dich so einrichten könntest, von Anfang August an auf der Rückreise einige Wochen mit uns in dem genannten, durch eine sehr gesunde Luft sich auszeichnenden Ort zu verbleiben. (...)

In Deiner Arbeit hast Du allerdings seit Deinem etwas verzweiflungsvoll lautenden Briefe vom 7-ten Mai einen erheblichen Schritt vorwärts gemacht. Es bleibt aber noch vieles auszuführen. Indes hast Du wohl getan, die Arbeit so, wie sie jetzt ist, einzureichen, und Hermite hat Dir wohl geraten. Geh' also frischen Mutes an die weiteren Entwicklungen. Eine nicht gerade angenehme Untersuchung muß durchgeführt werden, wenn Du zu fertigen Resultaten gelangen willst, nämlich die Untersuchung der Wurzeln der Gl[eichung] $R_1(s) = 0$. Drei von ihnen ...

und weiter 3½ Seiten (des Drucks in [2]) *stricte* analytische Ausführungen, und am Ende:

⊠ *Hermite schließe ich für diesmal, ich hätte noch manches Dir mitteilen können, zum Teil recht unangenehme Dinge, aber ich will mir damit nicht den heute ausnahmsweise recht guten Tag verderben. Also ein herzliches Lebewohl von Deinem treuen Freunde*

Weierstraß

In welchem Ausmaß, und ob überhaupt SONJA die Bemerkungen des Meisters benutzte, die im Brief vom 22.VI.1888 enthalten waren, ist schwierig festzustellen - über die Fragmente des Briefes berichtete sie im nicht datierten Brief an G. MITTAG-LÖFFLER, und da war sie bestimmt am Ende Juni. Die Arbeit für den Wettbewerb schickte sie an HERMITE aus Stockholm am Tag ihrer Abreise nach London und verbesserte sie nicht. Die Post funktionierte damals besser als heute, vor allem die internationale, aber es scheint

zweifelhaft zu sein, dass SONJA den letztens genannten Brief von WEIERSTRASS effektiv benutzte. Um so mehr, dass sie in einem früheren Brief an MITTAG-LEFFLER zurückdachte, dass die durch sie mittels der *ultra-elliptischen* θ-Funktion gefundene Lösung des Problems der Berechnung der Rotation des starren Körpers um einen stationären Punkt herum, WEIERSTRASS in gewisse Verlegenheit brachte.

Am 18. Dezember 1888 gab die Pariser Akademie SONJA den Borda-Preis in der Höhe von 5000 Franken anstatt der angekündigten 3000. Erhöhung des Betrags erfolgte infolge der außergewöhnlichen Genauigkeit und Klarheit der Problemlösung. Aber es passierte erst ein halbes Jahr später.

Zurückkommend aus London durch Paris Mitte Juli 1888, besuchte SONJA WEIERSTRASS, nach seinem im Brief vom 22.VI.1888 geäußerten eindeutigen Wunsch, in Wernigerode im Harz. Den Wunsch von WEIERSTRASS konnte SONJA nicht bagatellisieren. Noch aus London schrieb sie an MITTAG-LEFFLER:

Abb.8: Benachrichtigung über den Borda-Preis gegeben an S. Kowalewskaja

(...) Er erzählt [Weierstrass], dass er fühlt - die Kräfte ihn im Stich lassen, dass er mir noch viel zu sagen hat, und hat Angst, dass er keine Möglichkeit haben wird, das in ferner Zeit zu erzählen. Selbstverständlich soll ich einige Zeit mit ihm diesen Sommer verbringen, aber ich weiß noch nicht wann und wie ich das tue. (...)

WEIERSTRASS hielt sich im Harzgebirge im Milieu der Gruppe seiner Schüler und anderer junger Mathematiker auf. SONJA plante dort zwei Wochen zu verbringen, und reiste nach Stockholm erst am Anfang September ab.

Am Ausgang der letzten Dekade des XIX. Jahrhunderts fühlte sich SONJA immer besser in der Mathematik und auf ihrer Stelle in Stockholm und immer mehr brauchte sie die wissenschaftliche Unterstützung des Meisters.

Sie träumte von einer Stelle in Paris, die französischen Freunde versprachen ihr die Unterstützung in ihren Bestrebungen, aber es blieb bei Versprechen und Gesprächen. Im Mai 1889 beschloß sie in Paris zu promovieren, um ihre Chance zu vergrößern, dort eine Arbeit zu bekommen, weil es sich erwies, daß der Borda-Preis diese Chance nicht vergrößert hatte. Durch MITTAG-LEFFLER erfuhr dies WEIERSTRASS und beschloss seine Schülerin davon abzubringen. Im Brief vom 12. Juni 1889 [2, S. 147-149] schrieb er:

> ✉ *... Du gegenwärtig mit einem anderen Plane umgehest, nämlich in Paris noch einmal zu doktorieren, um Dir auf diese Weise den Zugang zu einer franz[ösischen] Fakultät zu errichten. Da muß ich Dich doch auf einen Umstand aufmerksam machen, an den Du wohl nicht gedacht hast. Zwar glaube ich zunächst nicht daran, daß es der Sache ernst werden könne. Ich bin der Meinung, daß der Rat, den man Dir gegeben, nur als Abschreckungsmittel hat wirken sollen. Auch bin ich überzeugt, daß man, wenn Du Deine Arbeit einreichtest und Dich zu allen Leistungen bereit erklärtest, irgend einen vergessenen Paragraphen auffinden würde, wonach Frauen nicht zur Promotion zugelassen werden können. Frage einmal Hermite auf's Gewissen, wie er darüber denkt. Mich macht aber ein anderer Umstand bedenklich: Wer von irgend einer Fakultät den Doktorgrad erlangt hat, kann dieselbe nicht ärger beleidigen, als wenn er denselben Grad von einer anderen Fakultät derselben Kategorie annimmt - dies nicht tun zu wollen - müssen sogar bei den öffentlichen Promotionen feierlich beschwören.*
>
> *Promoviertest Du nun in Paris, so müßte dem Herkommen nach die Göttinger Fakultät Dir das verliehene Diplom entziehen. Das würde man vielleicht vermeiden, aber für alle, die sich für Deine Promotion in G[öttingen] interessiert haben, würde die Sache sehr peinlich sein. In Deutschland und wohl auch in Schweden würde jedenfalls ein heilloser Skandal entstehen, und auch Dir wohlgesinnte Personen möchten irre in Dir werden. Und wage das alles? Daß Du in Paris, wo jeder einflußreiche Gelehrte einen Schwarm von Klienten um sich hat, die er berücksichtigen muß, zu einer Deiner würdigen Stellung bei einer Fakultät gelangen würdest, daran glaube ich nicht - vielleicht eine Stelle in Besançon oder einer ähnlichen Provinzialstadt, wohin die Pariser nicht wollen, würde man Dir anbieten. Indessen, wie Du auch über die Sache denken mögest, eins wirst Du doch als entscheidend erkennen; bevor Deine Anstellungsangelegenheit in Stockholm ent-*

schieden ist, darfst Du keinen Schritt tun, der darauf hindeutet, Du gedächtest nicht in St[ockholm] zu bleiben. Ich hätte darüber noch vieles zu sagen - das bleibt für später.

Es ist unbekannt, wie wirksam der Rat war, aber es war ein kluger väterlicher Rat. Es ist eine unwiderlegbare Tatsache, dass SONJA sich nicht um den Doktortitel irgendeiner Pariser Hochschule bewarb, aber was der Grund war - ist schwer zu sagen. In den Jahren, und eigentlich Monaten, Wende der achtziger und neunziger Jahre des XIX. Jahrhunderts, beherrschte sie fast völlig die Person von MAKSYM KOWALEWSKIJ[21] - nicht nur wegen ähnlich lautender Namen; fast jede von Lehrveranstaltungen freie Zeit verbrachte sie in seiner Gesellschaft, durchmessend ganz Europa - von Stockholm bis Nizza oder London. Gerade während der Reise vom Süden Frankreichs nach Skandinavien erkältete sie sich, bagatellisierte die Krankheit, und infolge dessen starb sie nach einigen Tagen am 10. Februar 1891 in Stockholm; sie wurde auch dort begraben.

Abb.9: Grab von S. Kowalewskaja in Stockholm (das Foto aus dem Jahre 1950)

---

[21] Maksym Maksymowicz Kowalewskij (1851-1916), russischer Soziologe, gesellschaftlicher Aktivist und Rechtshistoriker, Professor der Moskauer Universität in den Jahren 1877-1887, wovon er zum Weggehen 1888 gezwungen wurde. Seit 1889 wohnte er in Frankreich.

SONJAS Tod traf den kranken WEIERSTRASS schwer; seine bei ihm wohnenden Schwestern fürchteten für seine Gesundheit und auch für sein Leben. Unter der Kränzen, die das Grab von KOWALEWSKAJA bedeckten, befand sich ein Kranz aus weißen Lilien mit der Inschrift *"für Sonja von Weierstrass"* auf der Trauerschärpe ([2], S. 302; [1], S. 104).

Literatur

[1] Халамайзер А.Я., *София Ковалевская*. Autorenausgabe, Moskau 1989.

[2] (Кочина-Полубаринова П.Я. - Redaktion). *Письма Карла Вейерштрасса к Софье Ковалевской, 1871-1891* (на русском и немецком языках). «Наука», Москва 1973.

Dr. Stanisław Fudali, Ul. Seledynowa 3 m.6, 70-781 Szczecin; Polen
e-mail: fudalist@inet.pecet.com.pl

How the concept of a general topological space has originated: from Riemann to Bourbaki

Roman Duda

There are two fundamental notions of general topology, that of a topological space and that of a continuous mapping. Modern definition of a **topological space** consists of a set X together with a family A of its subsets, called "open sets in X", which is finitely multiplicative, fully additive, and contains both empty set 0 and the whole "space" X:

(i) if $A_1, A_2, \ldots, A_k \in$ A, then $A_1 \cap A_2 \cap \ldots \cap A_k \in$ A,
(ii) if $A_t \in$ A for each $t \in T$, then $\bigcup_{t \in T} A_t \in$ A,
(iii) $0 \in$ A, $X \in$ A.

And the notion of a **continuous mapping** is a complement to that. It joins different topological spaces in a way accounting for open sets: a map $f: X \rightarrow Y$ is called *continuous* iff the inverse of each open set is open, or, more precisely, iff $f^{-1}(B)$ is open in X for each B open in Y. The former concept is primary and the latter secondary: to define a continuous mapping one needs topological spaces. Thus the progress in analyzing and generalizing **continuity**, an all-important notion in **analysis**, demanded and stimulated progress in topology. And the other way round, progress in topology not only made possible a simplification and clarification of fundamental concepts of classic analysis, but it also opened new vistas by an introduction of entirely new objects which combine topological and algebraic or analytic elements like, e.g., those of a topological group, Banach space, smooth manifold etc. For that prolific feedback general topology is called sometimes a general study of continuity.

The two fundamental topological notions are quite abstract and so no wonder that the way to that level of abstractness was rather long. The aim of this note is to show some of the motives which led to that development.

Before CARL GAUSS (1777-1855) and long after him the only considered mappings were continuous real (rarely, complex) functions, that is, from reals into reals, each defined by an explicit formula. The first to consider a more general continuous mapping between more general spaces seems to

be GAUSS himself. Working with surfaces, he defined the following mapping, later called a *GAUSS map*, from a (smooth) surface M in the Euclidean space R^3 into the 2-dimensional sphere S^2: given a smooth surface $M \subset R^3$ and a point $p \in M$, consider unit vector v, orthogonal at p to M, and take a parallel translation of v into the unit sphere S^2 in R^3; then the end-point of v after that translation is the image of p under the mapping. As is known, the mapping was essential in defining curvature of M at p.

The first to follow GAUSS in that general direction was BERNHARD RIEMANN (1826-1866). Already his first paper, a Ph.D. thesis from 1851, contained some bold topological ideas. RIEMANN considered there *general* complex functions, that is, complex functions characterized by their continuity only, and not necessarily defined by any explicit formula. To assure their one-valuedness, he also defined for each such a function a certain **surface**, now called a RIEMANN surface.

RIEMANN's paper on abelian functions from 1857 was a continuation of the former but proofs were still incomplete or lacking. Nevertheless, the two papers were a strong push towards the problem of a general definition and a classification of surfaces and towards further consideration of general continuous mappings. In his famous inaugural lecture from 1868, RIEMANN defined a whole class of still more general spaces, namely **manifolds** (surfaces are 2-dimensional manifolds) and noticed that some sets of functions or positions of a body in the space can naturally form such a manifold. Thus manifolds proved to be legitimate mathematical objects and from that time on a lot of research has been concentrated upon them. The first was RIEMANN himself who defined a curvature, later called RIEMANN curvature, and some topological invariants, later called "BETTI numbers". Unfortunately, RIEMANN died too early to execute his plans for a deeper treatment of the topology itself, the importance of which he realized. (In his paper on abelian functions from 1857, RIEMANN wrote:

> "While investigating functions, it is almost impossible to proceed without some propositions from *analysis situs*. Under that name, used already by LEIBNIZ [...], one should understand a part of the theory of continuous objects [...] investigated without any measurement but only with respect to their mutual position and inclusion. I keep the right to investigate those objects later on and in a way totally independent from any measurement".)

RIEMANN had successors, most important of which were CARL NEUMANN (1832-1925) and HEINRICH DURÈGE (1821-1893) in Germany, JULES

HOÜEL (1823-1886) in France, WILLIAM CLIFFORD (1845-1879) in Great Britain, ENRICO BETTI (1823-1892) in Italy, and others. Thanks to them, RIEMANN's ideas persisted and gained ground for a further development.

Then came the progress in the theory of real numbers with some definitions of theirs by the way of convergent sequences of MERAY (1869) and CANTOR (1871), and of DEDEKIND cuts (1872). Now it became possible to identify the real line and a geometric straight line, which opened the way to a description *more geometrico* of subsets of the real line. A demand for such a description came from the following two specific analytical problems: 1) **integrability** of a given function (typical problem: if a function is continuous in all points, except for a certain set E, then it is RIEMANN integrable), 2) **uniqueness** of a trigonometric series (typical problem: if a trigonometric series is convergent to 0 in all points, except for a certain set E, then all its coefficients are 0). The problems consisted in describing those types of E for which the problem could be proved as a theorem, e.g. E finite. Integrability has been examined by HERMANN HANKEL (1839-1873) and others, but the progress was small. Much more successful was GEORG CANTOR (1845-1918) with his research on the uniqueness (see his famous series of papers from 1879-1884). Getting more and more geometrically complicated exceptional types of sets, he defined several topological concepts based upon an idea of *a limit point* and of *a neighbourhood* of a point, starting with the *derivative* of a given set (the set of all limit points of that set), *dense* set in an interval (the derivative of which contains the interval), *isolated* set (the derivative is empty), *perfect* set (the derivative equals the set), *closed* set (contained in its derivative) etc. All these concepts, however, were originally restricted to the real line and later extended to an n-dimensional Euclidean space R^n. There was a feeling, however, of an opening a new world, the world of topological ideas. Speaking the truth, there was also a resistance against it, most strongly emphasized by LEOPOLD KRONECKER (1823-1891), but the new ideas were never totally refuted. And, as the time went on, they soon proved to be a quite efficient tool for the analysis itself.

The new ideas were well received by the French theory of functions. Major role was played by CAMILLE JORDAN (1838-1922) who raised some new problems and contributed new results, including his theorem on a simple closed curve in the plane: any simple closed curve in the plane cuts it into two regions and is the boundary of each. The theorem is important for the

analysis (e.g., in the theory of complex integral, where JORDAN first noticed its necessity) but it could be noticed, formulated and proved only on the ground of topology (however, the original proof by JORDAN was not complete, the first to prove it fully was L.E.J. BROUWER (1881-1966) in 1910). The influence of JORDAN has been strongly augmented by his influential *Cours d'Analyse* (first edition 1882-1887, revised edition 1893-1896). In consequence, it was becoming clear that topology offers powerful insights and is useful both in analysis and geometry. Its scope, however, was still rather narrow (restricted to Euclidean spaces) and more general concepts, like those of a general topological space and of a general continuous mapping, were still lacking. Really *general* topology was still missing.

In the 1880s there begun, however, to appear collections of curves (ASCOLI, 1883), functionals (VOLTERRA, 1887), and functions (ARZELÀ, 1889) which were treated, under CANTOR's influence but each separately, from the viewpoint of limits and proximity. This extended the possible scope of general (topological) treatment and stressed the need for topological concepts more general than those based upon geometrical intuition and restricted to Euclidean spaces. There appeared also some general theorems, like those of JORDAN (see above), BOLZANO-WEIERSTRASS (an infinite bounded set of a Euclidean space has a limit point) or BOREL-LEBESGUE (any cover of a closed segment by open intervals has a finite subcover), which proved important for classic analysis. HADAMARD criticized those theorems for the lack of generality and proposed, during the First International Congress of Mathematicians in Zurich, held in 1897, to investigate the set of real continuous functions on the interval [0,1]. HURWITZ extended that proposition to the whole program of a development of point-set (general) topology.

Thus there were needs and there were calls to satisfy them but the first efforts to create a really general attitude appeared only in the first decade of the XX century. They belong to FRIGYES RIESZ (1880-1956) and MAURICE FRÉCHET (1878-1973). RIESZ sketched his approach, based upon the concept of a condensation point, in 1908, but did not develop it further. FRÉCHET was more successful and his definition of a **metric space** [Fréchet, 1906], became a new starting point. A set X with a real-valued function ρ on pairs of X is called a *metric* space, if

(i) $\rho(x,y) \geq 0$ and $\rho(x,y) = 0$ iff $x = y$;
(ii) $\rho(x,y) = \rho(y,x)$;
(iii) $\rho(x,y) + \rho(y,z) \geq \rho(x,z)$ (the triangle inequality)

for every $x, y, z \in X$. Having a metric space (X,ρ) one defines an *open ball* $B(x,\eta)$, around $x \in X$ and of radius $\eta > 0$, by the formula

$$B(x, \eta) = \{ y \in X : \rho(x, y) < \eta \};$$

now a set A in X is called open in X, if it contains an open ball around each point of it. With open sets one easily defines a limit point (as CANTOR did with neighbourhoods) and then can proceed following CANTOR. Since any Euclidean space with the Pythagorean metric is a metric space, the FRÉCHET's attitude is more general than that of CANTOR. However, the development of metric topology followed CANTOR lines. For several next decades the notion of a metric was the most useful tool in point set (general) topology.

However most useful, metric was not sufficiently general and so the search was continued.

Satisfying demand of the *Deutsche Mathematiker-Vereinigung*, Arthur SCHOENFLIES (1853-1928) has written (1908) a synthesis of the so far development of point-set topology. The book contained a lot of valuable historical material and helped to popularize topological ideas but the time for a real synthesis was not yet ripe. There were important collections of analytic objects for which no reasonable metric could be found. It meant that there had to be a topological concept more fundamental than that of a metric.

In the first decade of XX century there already were topological concepts which could be taken as primitive notions for a definition of a more general space, like a limit point, a neighbourhood of a point, an open set, a closed set, etc. All these notions, however, were defined and thus depended upon either Euclidean or, at the best, metric context. And nobody saw the virtue of turning the matter upside down. It came to that, but only gradually.

In 1913 HERMANN WEYL (1885-1955) advanced, in connection to his study of RIEMANN surfaces, a notion of a neighbourhood to the level of primary importance by defining surfaces in terms of neighbourhoods of its points.

And a year later FELIX HAUSDORFF (1868-1942) has defined a general (topological) space as a set X in which each point p has a family of neighbourhoods, satisfying certain conditions :
 (i) each point p has at least one neighbourhood, each neighbourhood of p contains p;
 (ii) if U and V are neighbourhoods of a point p, then there exists a neighbourhood W of p which is contained in both U and V;

(iii) if U is a neighbourhood of p and $q \in U$, then there exists a neighbourhood V of q which is contained in U;

for two distinct points p and q there exist neighbourhoods U of p and V of q which are disjoint.

Having such a set one can easily define an open set in it (a set A X is open iff for each point $p \in X A$ there is a neighbourhood U which is disjoint with A), a closed set, etc. Thus HAUSDORFF's definition was really more general than any of its predecessors. In the further development, axioms (i), (ii), (iii) have been taken as basic, while axiom (iv) and (v) was considered additional: it was the first from the family of *separation axioms* (spaces satisfying (iv) are now called HAUSDORFF).

Another instance of the tendency towards greater generality was provided by KAZIMIERZ KURATOWSKI (1896-1981) in 1922. He has considered sets X with an operation upon its subsets which attributes to each subset A its *closure* cl A. Such a set is called a (topological) *space* if the closure satisfies the following axioms:

(i) cl $(A \cup B)$ = cl $A \cup$ cl B;
(ii) if A is empty or consists of one point only, then cl $A = A$;
(iii) cl (cl A) = cl A.

Defining open sets as complementary to closed ones, one easily sees that the family of open sets in such a general space X is finitely multiplicative and arbitrarily additive.

Although HAUSDORFF's book appeared in 1914 and thus had a little influence at the time (second, revised edition of 1927 was more successful), his attitude has become eventually accepted and for the next two decades his books were a standard reference. It is interesting to note, however, that in the second edition he retreated to the less general notion of a metric space, but also noted, as KURATOWSKI did, that the family of open sets (in a metric space) is finitely multiplicative and arbitrarily additive (s. [Hausd., p. 111]).

The final touch in the development was to take the latter theorem as the definition of a general topological space. The definition hanged overhead and was used implicitly by some, but the decisive step was taken only by BOURBAKI whose influential monograph from 1940 has made it since commonly accepted.

References

ALEXANDROFF, P.S. and HOPF, H.: Topologie. Springer Verlag Berlin 1935.

BOURBAKI, N.: Topologie générale. Hermann Paris 1940.

CANTOR, G.: Über unendliche, lineare Punktmannigfaltigkeiten. Six parts. Math. Ann. **15** (1879), 1-7; **17** (1880), 355-358; **20** (1882), 113-121; **21** (1883), 51-58; **21** (1883), 545-591; **23** (1884), 453-488. Reprinted in: CANTOR, G.: Gesammelte Abhandlungen mathematischen und philosophischen Inhalts. Springer Berlin 1932, 45-155.

FRECHET, M.: Sur quelques points du Calcul Fonctionnel. Rendiconti del Circ. Mat. di Palermo **22** (1906), 1-74.

GAUSS, C.F.: Disquisitiones generales circa superficies curvas. 1828.

HAUSDORFF, F.: Grundzüge der Mengenlehre. Leipzig Veit & Comp. 1914. Revised edition: Mengenlehre. W. de Gruyter Berlin-Leipzig 1927.

JORDAN. C.: Cours d'Analyse. Three volumes. Paris 1882-1887 (I edition), 1893-1896 (II edition).

KURATOWSKI, K.: Sur l'operation Ā de l'Analysis Situs. Fund. Math. **3** (1922), 182-199.

RIEMANN, B.: Grundlagen für eine allgemeine Theorie der Functionen einer veränderlichen complexen Grösse. Inauguraldissertation. Göttingen 1851. Reprinted in: BERNHARD RIEMANN's Gesammelte Mathematische Werke und Wissenschaftlicher Nachlass. Teubner Leipzig 1876, 3-43.

- : Theorie der Abel'schen Functionen. Jornal reine u. angew. Mathematik **54** (1857). Reprinted in Werke, op. cit., 81-135.

- : Über die Hypothesen welche der Geometrie zu Grunde liegen. 1868. Reprinted in: Werke, op. cit., 254-269.

SCHOENFLIES, A.: Die Entwickelung der Lehre von den Punktmannigfaltigkeiten. Jahresbericht Deutscher Math. Verein. Ergänzungsband 1908. Reprint: Teubner Leipzig-Berlin 1923.

WEYL, H.: Die Idee der Riemannschen Fläche. B.G. Teubner Leipzig - Berlin 1913.

Prof. Dr. Roman Duda, Uniwersytet Wrocławski, Instytut Matematyczny, pl. Grunwaldzki 2/4, PL-50-384 Wrocław, Polen

Zur Geschichte der Versicherungsmathematik an der TU Dresden bis 1945

Waltraud Voss

Die hohe Zeit des Versicherungswesens in Deutschland begann mit dem 19. Jahrhundert. Sie steht in engem Zusammenhang mit der industriellen Revolution, die viele neue Zweige der Sachversicherung mit sich brachte. In den Vordergrund traten Aktiengesellschaften, die das Versicherungsgeschäft nicht "auf Gegenseitigkeit", sondern gewinnorientiert betrieben. Mit der Einführung der gesetzlichen sozialen Sicherungssysteme im Deutschen Reich seit Mitte der 80-er Jahre begann eine neue Etappe im deutschen Versicherungswesen, und mit ihr die Profilierung der Versicherungsmathematik als gesonderter mathematischer Disziplin. Zu den unverzichtbaren Bestandteilen der Versicherungsmathematik gehören Teile der Statistik und der diese fundierenden Wahrscheinlichkeitstheorie. Dresden war unter den "Vorreitern" bei der Institutionalisierung der Versicherungsmathematik im deutschen Hochschulwesen. Als wichtigste Ereignisse ragen hervor:

- 1875: Die Gründung des Dresdner Statistischen Seminars
- 1896: Die Gründung des Dresdner "Versicherungsseminars"; es war das zweite nach dem Göttinger und das erste, das an die Mathematik angebunden war
- 1919: Die Errichtung des Lehrstuhls für Versicherungsmathematik mit zugehörigem Seminar an der TH Dresden - in Deutschland der erste und bis 1945 der einzige Lehrstuhl, der ganz der Versicherungsmathematik gewidmet war.

1. Erste Bausteine - bis 1875

Die Technische Bildungsanstalt in Dresden wurde 1828 in einer sehr schwierigen Zeit gegründet. Nachdem Sachsen bei der Neuordnung des nachnapoleonischen Europas annähernd 60 % seines Territoriums und die

Hälfte der Bevölkerung verloren hatte, mußten die staatlichen und wirtschaftlichen Strukturen völlig reorganisiert werden, - unter dem zusätzlichen Druck der raumgreifenden industriellen Revolution. Die junge Technische Bildungsanstalt zu Dresden hatte in diesem Prozeß zunächst mehrere Aufgaben zu erfüllen: Ersatz der noch fehlenden Realschulen, zeitgemäße Qualifizierung von Fachkräften für die sächsischen Gewerbe, aber auch wissenschaftliche Ausbildung für einige, die befähigt werden sollten, den notwendigen technischen Erneuerungsprozeß mitzugestalten. In der Grundausbildung wurden von den Absolventen auch diejenigen zeitgemäßen Kenntnisse erworben, ohne die sie im Wirtschaftsleben nicht hätten bestehen können. In den ersten Jahren beschränkten sich diese Kenntnisse auf Buchführung und auf "kaufmännisches Rechnen": Rabattrechnung, Gesellschaftsrechnung, Alligationsrechnung, - und auch *Zinseszins- und Rentenrechnung*. 1838 wurde Geodäsie in die Fachausbildung aufgenommen - und damit *Ausgleichs- und Näherungsrechnung*.

Nicht zu vergessen der "Baustein *Wahrscheinlichkeitslehre*" als Beitrag der seit 1862 bestehenden "Lehrerabteilung"! Ihr erster Vorstand, der Mathematiker OSKAR SCHLÖMILCH (1823-1901), bot seit Ende der 60er Jahre eine Vorlesung über Wahrscheinlichkeitslehre an.

1851 hatte die Technische Bildungsanstalt Dresden den Rang einer Polytechnischen Schule erhalten. Das war sie bis 1871. Während dieses ganzen Zeitraums stand ihr JULIUS AMBROSIUS HÜLSSE (1812-1876) als Direktor vor. HÜLSSEs Dresdner Professur hatte eine ungewöhnliche Doppelwidmung: Er lehrte "mechanische Technologie" in der Ingenieurausbildung und "Volkswirtschaftslehre" als allgemeinwissenschaftliches Fach, darin eingeschlossen in gewissem Umfang *mathematische Statistik*. HÜLSSE hat mehrere statistische Schriften verfaßt und auch über das Unterstützungskassenwesen geschrieben. Als er 1873 in den Ministerialdienst überwechselte, wurde ihm im Nebenamt die Leitung des Statistischen Büros beim Ministerium des Innern übertragen.[1]

Es überrascht nicht, daß bereits frühe Dresdner Absolventen für Statistik und Versicherungsmathematik recht gut gewappnet waren. Unter ihnen ragt FRIEDRICH ROBERT HELMERT (1843-1917) hervor, wohl der bedeutendste Geodät seiner Zeit; er hat sich auch unter Statistikern einen Namen gemacht.

---

[1] [TU-Arch: Professorenblatt Julius Ambrosius Hülsse und Beilage dazu]

2. Einige Bemerkungen zur Entwicklung des Versicherungswesens in Sachsen und Dresden

Wir kennen heute die öffentlich-rechtliche Versicherung und die Privatversicherung, wobei die Privatversicherung durch Aktiengesellschaften oder in Gegenseitigkeitseinrichtungen erfolgen kann. Die ersten Aktiengesellschaften wurden um 1720 in Holland und Frankreich, den damals wirtschaftlich führenden Ländern, gegründet. Öffentlich-rechtliche Versicherungsanstalten wurden zuerst im Zeitalter des Merkantilismus errichtet; dabei spielten staatliche Zwecke, wie die Bekämpfung des Brandbettels, die Brandvorbeugung und die Erhaltung der Steuerkraft eine Rolle.

Der Gedanke, daß sich nicht kalkulierbarem Risiko durch Verabredung und Organisation gegenseitiger Hilfe besser begegnen läßt, war in der menschlichen Gemeinschaft stets vorhanden, die Einrichtung von "Kassen" ist neueren Datums. Die ersten Gemeinschaftskassen in Sachsen waren Begräbniskassen. 1515 bereits führte in Dresden die "Bruderschaft zu Hofe" ihre Hofgrabekasse. Am 1.11.1606 wurde von den Schulmeistern, Kantoren und Kirchnern der Stadt Chemnitz und der umliegenden, zur Superintendentur gehörenden Dörfer eine Witwen- und Waisenkasse eingerichtet.[2]

Vorbeugender Brandschutz und Hilfe für Abgebrannte wurde in Sachsen nicht nur in den Gemeinden festgelegt, sondern auch durch Allerhöchste Erlasse geregelt. Nach dem großen Brand in Dresden vom 15. Juni 1491 erließ Herzog ALBRECHT eine Verordnung, die die staatliche Unterstützung für die Abgebrannten regelte. Am 14. Juni 1492 wurde eine Feuerordnung für Dresden erlassen, die später auf ganz Sachsen ausgedehnt wurde. Die vorhandene Fürsorge im Brandschadensfall machte lange Zeit hindurch Brandkassen überflüssig. Gehäufte Brandschäden und die Verarmung der Bevölkerung im dreißigjährigen Krieg hatten auch einen wesentlichen Rückgang der freiwilligen Spenden an Abgebrannte zur Folge. Oft waren die Brandgeschädigten nun auf von den Behörden ausgestellte "Bettelbriefe" angewiesen. Daraus ergaben sich Zustände, die auf Dauer nicht haltbar waren. Eine grundlegende Verbesserung konnten Brandkassen bieten. Ein Beispiel gab die reiche Hansestadt Hamburg mit ihrer 1676 gegründeten Generalfeuerkasse, einer öffentlich-rechtlichen Einrichtung. In Dresden

---

[2] Eine grobe Übersicht über frühe Kassen läßt sich bereits bei Sichtung der Karteikarten unter „Hist. Sax." der Sächsischen Landesbibliothek gewinnen.

wurden Anfang des 18. Jahrhunderts zunächst einmal zwei Kassen auf Gegenseitigkeit gegründet, 1700 die exklusive sogenannte "große Feuerkasse", der auch König FRIEDRICH AUGUST I. (1670 - 1733; "AUGUST DER STARKE") mit sechs seiner Häuser angehörte, und 1707 die "kleine Feuerkasse", die nach vier Jahren bereits 600 Mitglieder aus allen Ständen hatte. Die öffentlich-rechtliche Sächsische Landes-Brandversicherungsanstalt geht auf das Jahr 1729 zurück und fällt noch in die Regierungszeit FRIEDRICH AUGUST I. Dieser erließ am 5. April 1729 das Mandat "wider das Bettelwesen und wegen Errichtung einer allgemeinen Brandkasse".[3] Später entstanden in den meisten deutschen Ländern öffentlich-rechtliche Brandversicherungsanstalten, so etwa 1754 im Königreich Hannover; die Allgemeine Bayerische Landesanstalt begann 1811 ihre Tätigkeit. Durch die 1784 erfolgte Einführung des Versicherungszwanges für Gebäude wurde ein wesentlicher Nachteil des Mandats von 1729 beseitigt.[4] Nicht nur in Sachsen stand lange Zeit die Versicherung der Immobilien im Vordergrund. Mobiliar-Versicherungs-Gesellschaften traten in Deutschland stärker erst im 19. Jahrhundert in Erscheinung, und zwar waren es zunächst englische Gesellschaften, neben denen sich dann nach und nach deutsche Unternehmungen etablierten: als erste 1813 die Berliner Anstalt, der als zweite 1819 eine sächsische, die Leipziger Feuerversicherungs-Anstalt, folgte. Die nächsten waren 1821 die Gothaer Bank, 1823 die Elberfelder vaterländische Gesellschaft und 1825 die Aachen und Münchener Gesellschaft. Um Mißbräuchen und Versicherungsbetrügereien vorzubeugen, erließen die Staatsregierungen regulierende Verordnungen. Die wohl erste Verordnung über die Mobiliar-Versicherungen ist die von Hannover, datiert vom 24. 1. 1828; noch im gleichen Jahr, am 23. Juli 1828, folgte Sachsen, als nächste 1829 Baden und 1830 Württemberg.[5]

In den 30-er und Anfang der 40-er Jahre des 19. Jahrhunderts entstanden in Deutschland und Österreich Rentenversicherungs-Anstalten: 1823 die Allgemeine Versorgungsanstalt zu Wien, 1833 die Allgemeine Rentenanstalt zu Stuttgart, 1835 die Versorgungsanstalt zu Karlsruhe, 1838 die Preußische Rentenversicherungs-Anstalt zu Berlin und 1841 - wesentlich initiiert durch den Staatsminister BERNHARD AUGUST VON LINDENAU (1779-1854) und unter der Oberaufsicht des Kgl. Sächsischen Ministeriums des Innern

---

[3] [Fewer Ordnung 1589]; [Feuer-Cassen-Ordnung 1701]; [Feuer-Cassa 1704]; [Lotze 1929]

[4] [Lotze 1929, S. 27f.]

[5] [Kunze 1845]

stehend - die Sächsische Rentenversicherungs-Anstalt zu Dresden.[6]

Im Jahre 1845 wurde in Leipzig durch Dr. E. A. MASIUS die "Allgemeine Versicherungs-Zeitung" begründet, ein weltoffenes Wochenblatt für alle Fragen des Versicherungswesens.

Der volkswirtschaftliche Ausschuß des Frankfurter Parlaments hatte für die arbeitende, meist arme Bevölkerung Unterstützungskassen für den Krankheitsfall und für die Altersversorgung gefordert, an deren Kosten sich auch die Arbeitgeber - Meister und Fabrikbesitzer - beteiligen sollten. In Dresden hatte eine Kommission zur Erörterung der Gewerbs- und Arbeiterverhältnisse ihren Bericht vorgelegt. JULIUS AMBROSIUS HÜLSSE, 1849 noch Direktor der Gewerbeschule in Chemnitz, war 1849 für einige Monate als Referent in das Ministerium des Innern berufen worden. Er gab eine "Zusammenstellung der Hauptresultate aus den Rechnungsübersichten der geschilderten Unterstützungskassen" und legte einen "Ausführlichen Plan zur Errichtung der Unterstützungskassen" vor. 1850 veröffentlichte HÜLSSE in der Deutschen Gewerbezeitung einen langen Aufsatz "Über Invaliden-, Wittwen- und Waisenunterstützungskassen".[7] Die Zahl der Versorgungskassen - auf Gegenseitigkeit - nahm nach den Revolutionsjahren 1848/49 deutlich zu; bis zur Einführung des öffentlich-rechtlichen Unterstützungskassenwesens jedoch war noch ein weiter Weg zurückzulegen.

In den 60-er Jahren boten in Dresden auch verschiedene Aktiengesellschaften Versicherungsschutz an. Am 2. März 1864 waren die Statuten der Sächsischen Rückversicherungs-Gesellschaft zu Dresden vom Ministerium des Innern bestätigt worden. Zweck dieser Aktiengesellschaft war, "gegen alle Schäden und Verluste, welche Gütern oder Fahrzeugen auf dem Transporte zu Land und zu Wasser zustoßen können, Rückversicherung zu gewähren."[8] Die Dresdener Feuerversicherungs-Gesellschaft und die Sächsische Hypothekenversicherungs-Anstalt hatten ihren Wirkungskreis bereits erfolgreich in andere deutsche Länder ausgeweitet.[9] In Artikel 4 Ziffer 1 der Reichsverfassung vom 16. April 1871 wurde die Zuständigkeit des Reiches zur gesetzlichen Regelung des Versicherungswesens festgelegt. Ein fest umrissenes Reservatrecht bzgl. des Versicherungswesens war bei den Reichsgründungsverhandlungen Bayern zugestanden worden.[10]

---

[6] [Becker 1844]; [Sächsische Rentenversicherungs-Anstalt 1901]
[7] [Hülsse 1850]
[8] [Sächs. Rückversicherungs-Gesellschaft 1864]
[9] [Abwehr... 1862]
[10] [Schmitt-Lermann 1950, S. 17]

3. Gustav Zeuner und Victor Böhmert: Gründung des Statistischen Seminars

GUSTAV ZEUNER und VICTOR BÖHMERT kannten sich gut aus ihrer gemeinsamen Züricher Zeit. GUSTAV ZEUNER (1828-1907) war als HÜLSSES Nachfolger von 1873 bis 1890 Direktor des Kgl. Sächsischen Polytechnikums zu Dresden - so hieß unsere Einrichtung von 1871 bis 1890. ZEUNER hatte an der Höheren Gewerbeschule Chemnitz und an der Bergakademie Freiberg studiert und war von der Universität Leipzig promoviert worden; er war Professor am Eidgenössischen Polytechnikum Zürich seit dessen Gründung im Jahre 1855 und einige Jahre Direktor dieser Einrichtung. Als er in seine sächsische Heimat zurückkam, war er bekannt als einer der bedeutendsten Theoretiker der technischen Thermodynamik, als Erfinder des Schieberdiagramms, aber auch als Kenner auf dem Gebiete der Statistik und des Versicherungswesens. Bereits am Eidgenössischen Polytechnikum hatte er von Zeit zu Zeit Vorlesungen über die "Theorie der Lebensversicherungen" gehalten.1861 hatte er "Mathematische Untersuchungen betreffend die Entstehung und Ableitung der Formeln zur Berechnung der Nettotarife und Deckungskapitalien für sämmtliche Versicherungszweige der Schweizerischen Rentenanstalt" durchgeführt. Der junge Professor hatte diese Abhandlung im Auftrag des Aufsichtsrates der Schweizerischen Rentenanstalt verfaßt. ZEUNERS "Abhandlungen aus der mathematischen Statistik" erschienen 1869 in Leipzig; sie wurden auch in andere Sprachen übersetzt. In der Einleitung beleuchtete ZEUNER den damals unbefriedigenden Zustand in der Statistik. Das Buch sollte dazu beitragen, die Statistik auf mathematisch wohl begründete Füße zu stellen und zu einer sicheren Ausgangsbasis auch für das Versicherungswesen zu machen.[11]

Als Direktor in Dresden hatte GUSTAV ZEUNER das Ziel, das Polytechnikum zu einer Hochschule auszubauen, die - unter Bewahrung und Betonung ihrer Eigenart - gleichrangig neben der Landes-Universität Leipzig stünde. Die allgemeinen Wissenschaften wurden unter seinem Direktorat in für deutsche technische Hochschulen beispiellosem Maße ausgebaut. Auf die neuerrichtete Professur für Nationalökonomie und Statistik wurde zum 1.April 1875 VICTOR BÖHMERT (1829-1918) berufen. Er wurde gleichzeitig

---

[11] [TU-Arch: Professorenblatt Gustav Zeuner]; [Zeuner 1861]; [Zeuner 1869]; [Zeuner 1883]

Direktor des Kgl. Sächsischen Statistischen Büros und übernahm die Redaktion der "Zeitschrift des Kgl. Sächsischen Statistischen Büros", in der "Fortbildung der Theorie und Praxis der Statistik" sah er einen ihrer inhaltlichen Schwerpunkte.[12] Auch ZEUNER publizierte in dieser Zeitschrift, so 1876 "Das Zeitmaß in der Statistik", 1886 "Zur mathematischen Statistik" und - besonders wichtig - 1894 "Neue Sterblichkeitstafeln für die Gesamtbevölkerung des Königreichs Sachsen".[13] Die Verbindung zwischen statistischen Büros und statistischen Zeitschriften auf der einen und Hochschulen und Lehrstühlen der Nationalökonomie und Statistik auf der anderen Seite war an sich nichts Neues[14]. Neu war die Art der Verbindung, die sich in der Spezifik des Dresdner Statistischen Seminars zeigte. Mit diesem Seminar verwirklichte BÖHMERT Pläne, die er bereits in seiner Züricher Zeit entworfen hatte. 1874 hatte er sich "für die Errichtung von socialstatistischen Beobachtungsstationen nach Art der meteorologischen Stationen ausgesprochen und eine Verbindung der Lehrstühle für Volkswirthschaft und Statistik mit solchen Beobachtungsstationen und Laboratorien oder statistischen Seminarien befürwortet, damit die Beobachtung und Darstellung der wirklichen socialen Zustände im wissenschaftlichen Geiste organisiert und nach verschiedenen Gegenden und Erwerbszweigen ausgedehnt werde". Durch seine Dresdner Doppelfunktion bekam er die Möglichkeit, den in der Schweiz entworfenen Plan "nicht blos für socialstatistische Untersuchungen, sondern für das Studium der Statistik und Nationalökonomie überhaupt zur praktischen Ausführung" zu bringen[15].

VICTOR BÖHMERT war 1829 in einem evangelischen Pfarrhaus in der Nähe von Leipzig geboren worden. Er hatte an der Universität Leipzig Rechtswissenschaften und Volkswirtschaft studiert und war 1854 zum Doktor der Rechte promoviert worden. In den ersten Stationen seines Berufsweges war er Jurist in Meißen, Chefredakteur der volkswirtschaftlichen Wochenschrift "Germania" in Heidelberg, Schriftleiter des Bremer Handelsblattes und Handelskammersyndikus in Bremen gewesen. 1866 ging er nach Zürich, als Professor für Volkswirtschaft am Eidgenössischen Polytechnikum und an der Universität.

---

[12] [Böhmert (1) 1875, S. 1]
[13] [Zeuner 1876]; [Zeuner 1886]; [Zeuner 1894]
[14] [Böhmert (2) 1875, S. 2]; B. benennt derartige Beziehungen für München, Jena, Berlin, Wien, Leipzig.
[15] [Böhmert (2) 1875, S. 2-4]

BÖHMERTs Wirken reichte weit über seine Hochschultätigkeit hinaus. Er war Mitbegründer des Deutschen Volkswirtschaftlichen Kongresses und des Deutschen Nationalvereins. Rund vierzig Jahre lang gab er die Zeitschrift "Der Arbeiterfreund" heraus, das Organ des 1847 gegründeten "Centralvereins für das Wohl der arbeitenden Klassen". In der Dresdner Bevölkerung wurde er durch sein soziales Engagement sehr populär. Fortschrittlich war übrigens auch BÖHMERTs Haltung zum Frauenstudium. An der TH Dresden war er der erste Professor, der seine Vorlesungen Frauen zugänglich machte.[16]

Schon für das Wintersemester 1875/76 kündigte BÖHMERT das *"Statistische Seminar"* an.[17]

In diesem Semester wurde das Seminar von zehn Studierenden des Polytechnikums, aber auch von mehreren jungen Beamten aus verschiedenen Ministerien, von einigen Lehrern, von Volontären am Kgl. Sächsischen Statistischen Büro und von Mitgliedern des Statistischen Büros der Staatseisenbahnen besucht. Täglich "von 11-1 Uhr" konnten BÖHMERTs Seminarteilnehmer ihn im Statistischen Büro konsultieren und sich Anleitung für eigene statistische Arbeiten holen. Sie durften Bibliothek und Leseraum des Statistischen Büros nutzen. Aufgaben, die im Statistischen Seminar bearbeitet wurden, stammten aus der Praxis des Statistischen Büros. Interessierte Studenten konnten sich also gute volkswirtschaftlich-praktisch orientierte Kenntnisse der Statistik aneignen - und diese auch vertiefen: Wahrscheinlichkeitsrechnung gehörte zum regelmäßigen Vorlesungsangebot am Dresdner Polytechnikum, Statistik und Versicherungsmathematik, gelesen von Zeuner, zum gelegentlichen.

4. Georg Helm und die Errichtung des Versicherungs-Seminars zum SS 1896

Aus Altersgründen legte VICTOR BÖHMERT Ende März 1895 sein Amt als Direktor des Statistischen Büros nieder[18]. Zwar las er bis 1903 an der

---

[16] [Böhmert 1918]; und [TU-Arch: Professorenblatt Victor Böhmert und Beilage dazu]
[17] [TU-Arch: XXVII / 80]
[18] Zeitschrift des Kgl. Sächs. Statistischen Bureaus, XL. Jahrgang 1894, S. 232-235; desgleichen 41. Jahrgang 1895 („Mittheilung") - Böhmerts Nachfolger im Statistischen Büro wurde Oberregierungsrat Dr. Arthur Geißler.

Hochschule und führte auch ein "Statistisches Seminar" durch[19], die seit 1875 bestehende spezifische Form des Seminars, ermöglicht durch die Doppelfunktion BÖHMERTs, hörte jedoch 1895 auf zu existieren. Daß die entstehende Lücke von der Seite der Mathematik durch etwas qualitativ Neues geschlossen würde, kündigte sich schon Ende der achtziger Jahre an. 1888 waren die beiden ersten der vier Dresdner mathematischen Lehrstühle neu besetzt worden, mit MARTIN KRAUSE (1851-1920) und GEORG HELM (1851-1923). HELM, der bis dahin am Annenrealgymnasium in Dresden tätig gewesen war, wurde Inhaber des 2. Mathematischen Lehrstuhls - für Angewandte Mathematik, verbunden mit Teilen der mathematischen Physik. Der gebürtige Dresdner hatte die Dresdner Lehrerabteilung absolviert, seine Studien in Berlin und Leipzig ergänzt und an der Universität Leipzig promoviert. Schon vor der Berufung an das Polytechnikum waren einige seiner Veröffentlichungen der Statistik und dem Versicherungswesen zuzuordnen: "Die Berechnung der Rententafeln aus Sterblichkeits- und Invaliditätsbeobachtungen" (1884), "Kindersterblichkeit im sächsischen Bergmannsstande" (1885), "Die bisherigen Versuche, Mathematik auf volkswirtschaftliche Fragen anzuwenden" (1887)[20]. Im WS 1890/91 begann HELM in der Tradition von ZEUNER mit Vorträgen zum Versicherungswesen und mit dem Aufbau einer entsprechenden Bibliothek[21]. Von 1890 bis 1896 bildete der Komplex der (einschlägigen) Veranstaltungen von BÖHMERT und HELM quasi einen "Vorläufer des Versicherungsseminars". Beider Vorlesungen konnten sich gut ergänzen, da sie unterschiedliche Akzente setzten. Im WS 1895/96 beispielsweise trug HELM über "Die mathematischen Grundlagen des Versicherungswesens" vor, BÖHMERT hingegen beleuchtete "Das Versicherungswesen in seiner volkswirtschaftlichen Bedeutung und historischen Entwicklung".[22] HELMs Aktivitäten sind natürlich auch vor dem gesellschaftspolitischen Hintergrund der 1880/90-er Jahre zu sehen. Mit der Installierung der gesetzlichen sozialen Sicherungssysteme in Deutschland - Unfallversicherungsgesetz 1884, Gesetz zur Invaliditäts- und Altersversicherung 1889, weitere Gesetze folgten später - gewann die Rolle des Versicherungswesens an Bedeutung, und die Versicherungsmathematik begann sich als selbständige Disziplin der angewandten Mathematik zu konstituieren. Eine Palette neuer Berufsmöglichkeiten eröffnete sich. An

---

[19] [TU-Arch: V 1-15, V 16-21, V 22-27]
[20] [Helm 1884]; [Helm 1885]; [Helm 1887]
[21] [Sächs. Hauptstaatsarchiv, Min. für Volksbildung, Nr. 15382, Bl. 16/17]
[22] [TU-Arch: V 1-15]

der Kgl. Sächsischen Technischen Hochschule zu Dresden - so der Name unserer Einrichtung seit 1890 - waren die Voraussetzungen zu deren Erschließung vorhanden! Obwohl in Dresden längerfristig vorbereitet, wurde das erste Versicherungsseminar im deutschen Hochschulwesen nicht an der Technischen Hochschule Dresden, sondern an der Universität Göttingen gegründet; dieses nahm zum WS 1895/96 seine Tätigkeit auf. Das Göttinger Seminar geht auf eine Initiative von FELIX KLEIN (1849-1925) zurück. Es wurde allerdings nicht an die Mathematik, sondern an die Wirtschaftswissenschaften angebunden und der Leitung des bekannten Nationalökonomen WILHELM LEXIS (1837-1914) unterstellt. Erster Vertreter der Mathematik am Göttinger Seminar war der Privatdozent GEORG BOHLMANN (1869-1928).[23] Mit der Verordnung des Kgl. Sächsischen Ministeriums des Kultus und öffentlichen Unterrichts vom 22. Februar 1896 wurde das Dresdner "Versicherungstechnische Seminar" abgesegnet. Für das SS 1896 wurde es erstmals angekündigt - mit vier Stunden in Theorie und Praxis. Geübt wurde bei der Lösung realer Probleme. So prüften die Seminarteilnehmer eine Dresdner Innungssterbekasse, bereiteten die im Jahre 1900 an der TH Dresden eingeführte Hilfspensionskasse mit vor und berechneten neue Rententafeln auf Grund der 1894 von ZEUNER erstellten Sterblichkeitstafeln für Sachsen[24]. Die Ausbildung dauerte zwei Semester. Erfolgreiche Seminarteilnehmer erhielten ein "Zertifikat". Das wenige Monate nach dem Göttinger begründete Dresdner Versicherungsseminar war das zweite im deutschen Hochschulwesen, aber das erste, das unter der Leitung eines Mathematikordinarius stand und das vorrangig auf die mathematische Seite des Versicherungswesens abzielte.

5. Paul Eugen Böhmer und der Dresdner Lehrstuhl für Versicherungsmathematik

Für 1913 hatte das Sächsische Ministerium des Kultus und öffentlichen Unterrichts geplant, an der Universität Leipzig ein versicherungswissenschaftliches Institut zu begründen, das an die Juristische Fakultät angeschlossen und vor allem auf die wirtschaftlichen und rechtlichen Aufgaben des Versicherungswesens ausgerichtet werden sollte. Vor diesem Hinter-

---

[23] [Lorey, S. 45 - 46]
[24] [Sächs. Hauptstaatsarchiv, Min. für Volksbildung, Nr. 15382, Bl. 40/41]

grund entwarf HELM einen detaillierten Plan zum Ausbau des mathematisch orientierten Dresdner Seminars. Seine Realisierung wurde durch den Krieg verzögert, jedoch bereits im Herbst 1918 wurde er erneut aufgegriffen und dann rasch verwirklicht.[25]

Zum 1. Juni 1919 wurde PAUL EUGEN BÖHMER (1877-1958) auf den neu errichteten Lehrstuhl für Versicherungsmathematik berufen. Er wurde gleichzeitig Direktor des damit verbundenen Versicherungs-Seminars, das neben dem Mathematischen Seminar und organisatorisch unabhängig von diesem bestand. Der BÖHMERsche Lehrstuhl ist der erste und bis 1945 einzige in Deutschland gewesen, der allein der Versicherungsmathematik gewidmet war.[26]

PAUL EUGEN BÖHMER, am 21.2.1877 im schlesischen Goschütz geboren, hatte 1897 in Marienwerder/Preußen, wo sein Vater zuletzt Superintendent war, das Gymnasialabitur abgelegt und danach Mathematik, Physik und Philosophie in Breslau, Königsberg, Berlin und Göttingen studiert, das Staatsexamen für das höhere Schulamt bestanden und 1903 bei HERMANN MINKOWSKI (1864-1909) in Göttingen mit der Arbeit "Über geometrische Approximationen" promoviert. Danach arbeitete er in Berlin als Mathematiker bei der Versicherungsgesellschaft "Nordstern" und im höheren Schuldienst. 1912 trat er in das Kaiserliche Aufsichtsamt für Privatversicherung ein; hier wirkte er bis zu seiner Berufung nach Dresden als Regierungsrat, unterbrochen durch den Heeresdienst. 1914 hatte sich BÖHMER an der TH Berlin-Charlottenburg zum Privatdozenten habilitiert.[27]

Seine Arbeit "Die Grundlagen der Theorie der Invaliditätsversicherung", 1914 erschienen im neugegründeten "Jahrbuch für Versicherungsmathematik", zählt zu den klassischen Arbeiten der Versicherungsmathematik.

Die "Bestimmungen des Versicherungs-Seminars an der Sächsischen Technischen Hochschule Dresden", als Broschüre gedruckt [28], wurden am 10. November 1919 durch Verordnung des Sächsischen Ministeriums des Kultus und öffentlichen Unterrichts genehmigt. Sie enthielten Satzung, Prüfungsordnung und Studienplan des Seminars.

Das Studium im Versicherungsseminar umfaßte 4 Semester.

---

[25] [Sächs. Hauptstaatsarchiv, Min. für Volksbildung, Nr. 15755]
[26] Das ergibt ein Vergleich der in [Scharlau, 1989] angegebenen Widmung der mathematischen Lehrstühle.
[27] [TU-Arch: Professorenblatt Böhmer]; und [Böhmer 1957]
[28] [Sächs. Hauptstaatsarchiv, Min. für Volksbildung, Nr. 15755, eingehefteter Druck]

Im SS 1919, seinem ersten Dresdner Semester, las BÖHMER wöchentlich drei Stunden Versicherungsmathematik mit drei Stunden Übungen, außerdem hielt er je zweistündige Vorlesungen über "Analytische Geometrie der Kegelschnitte" und "Sphärische Trigonometrie". Es blieb hinfort dabei, daß BÖHMER neben den spezifischen Vorlesungen zur Versicherungsmathematik, Versicherungstechnik, mathematischen Statistik und Wahrscheinlichkeitsrechnung stets auch weitere mathematische Vorlesungen anbot.

Versicherungstheorie und -praxis sind ihrer Natur nach interdisziplinär, das spiegelte sich deutlich im Studienplan wider. So lernten die künftigen Versicherungstechniker auch Volkswirtschaftslehre, Nationalökonomie und Rechtswissenschaft, Disziplinen, die in der Dresdner Kulturwissenschaftlichen Abteilung angesiedelt waren. Höhere Mathematik I - IV wurde turnusmäßig von den Inhabern der beiden ersten mathematischen Lehrstühle, für Reine Mathematik und für Angewandte Mathematik, gelesen. An der TH Dresden waren das seit Oktober 1920 GERHARD KOWALEWSKI (1876-1950) und MAX LAGALLY (1881-1945).[29]

Mindestens sechzehn Dresdner Absolventen fertigten ihre Dissertationsschrift unter der Anleitung von PAUL EUGEN BÖHMER an. Einige von ihnen bekleideten später angesehene Positionen im Hochschulwesen und im Versicherungswesen.[30]

BÖHMER wirkte in den Diplom-Prüfungsausschüssen für angewandte Mathematiker und für technische Physiker, in der Prüfungskommission für Kandidaten des höheren Schulamtes der mathematisch-naturwissenschaftlichen Richtung und selbstverständlich als Vorsitzenden der Prüfungskommission für Versicherungstechniker. Außerdem brachte er seine Fachkompetenz in verschiedene Gremien der Hochschule ein. So gehörte er zu den Professoren, die die von HELM eingeführte Hilfspensionskasse verwalteten; er war Vorsitzender des Unfallversicherungs-Ausschusses und Mitglied der Verwaltung der studentischen Krankenkasse.[31]

---

[29] [TU-Arch: Vorlesungsverzeichnisse]

[30] Eine Liste der von Böhmer betreuten Promovenden und Bemerkungen über einige von ihnen sind in dem Beitrag von W. Voss im Band zur Tagung über „Versicherungsmathematik an der TU Dresden und deren Geschichte" (Februar 2001), der von Prof. Klaus Schmidt, Dresden, herausgegeben werden wird, enthalten. Hierin finden sich auch Angaben über die Vorlesungsthemen Böhmers und über seine Publikationen.

[31] [TU-Arch: Personal- und Vorlesungsverzeichnisse]

Mit dem Jahre 1933 begann der Niedergang der TH Dresden, wie der der anderen deutschen Hochschulen. 1937 waren in der Mathematisch-Naturwissenschaftlichen Abteilung noch etwa 1/7 der Studentenzahlen von 1930 immatrikuliert.[32] Geplante Konzentrationsmaßnahmen an den Hochschulen Sachsens gefährdeten auch den Dresdner Lehrstuhl für Versicherungsmathematik, doch letztlich waren die Bemühungen der Hochschule um seinen Erhalt erfolgreich.[33] BÖHMERs Lehrtätigkeit endete 1945; er wurde wegen seiner Mitgliedschaft in der NSDAP aus dem öffentlichen Dienst entlassen. Nach seiner Rehabilitierung nahm er seit 1950 Lehraufträge an der TH Dresden wahr, bis er 1952, 75-jährig, in den Ruhestand trat.

In der DDR gelangte die mathematische Statistik an der TH/TU Dresden zu hoher Blüte, ein versicherungsmathematischer Lehrstuhl wurde jedoch erst wieder Anfang der 90er Jahre geschaffen.

Literatur

Abwehr des Angriffs ... auf die Dresdner Feuerversicherungs-Gesellschaft, Dresden 1862

BECKER, J. FERD.: Über eine zweckmäßigere Einrichtung der Renten-Anstalten, Berlin 1844

BÖHMER, PAUL EUGEN: Die Grundlagen der Theorie der Invaliditätsversicherung (1914). - In: Blätter der Deutschen Gesellschaft für Versicherungsmathematik, Bd. VIII, Heft 2, S. 353-378 (Nachdruck)

BÖHMER (1957): "Prof. Dr. Paul Eugen Böhmer 80 Jahre" (ohne Verfasser). - In: Blätter der Deutschen Gesellschaft für Versicherungsmathematik, Bd. III, Heft 2, S. 133

BÖHMERT, VICTOR (1): Plan der Zeitschrift des Kgl. Sächsischen statistischen Bureaus. - In: Zeitschrift des Kgl. Sächsischen Statistischen Bureaus, XXI. Jahrgang 1875, S. 1

BÖHMERT, VICTOR (2): Die Aufgaben der statistischen Bureaux und Zeitschriften in ihrer Verbindung mit Hochschulen und Lehrstühlen für Nationalökonomie und Statistik. - In: ebenda, S. 2-10

---

[32] [Sächs. Hauptstaatsarchiv, Min. für Volksbildung, Nr. 15295; Bl. 87, 112, 188, 189]
[33] [Sächs. Hauptstaatsarchiv, Min. für Volksbildung, Nr. 15749, Bl. 170-179]

BÖHMERT, VICTOR (3): Die neuen Grundlagen für die Statistik der Bevölkerungsbewegung im Königreiche Sachsen. - In: ebenda, S. 82-89

BÖHMERT, VICTOR (4): Das Statistische Seminar des Dresdner Polytechnikums und königl. Sächsischen statistischen Bureaus. - In: ebenda, S. 113-116

BÖHMERT (1918): Dem Andenken Victor Böhmert - Gedenkreden zu seinem Hinscheiden am 12. Februar 1918.

Feuer-Cassa: Neu-auffgerichtete Feuer-Cassa, denen Liebhabern zu dienlicher Nachrichtung zum andernmahl in Druck gegeben, Anno 1704, Dresden 1704

Feuer-Cassen-Ordnung: Bey der am 3. Februar Anno 1701 gehaltenen Zusammenkunfft der sämbtlichen Interessenten der so genannten Feuer-Cassen-Ordnung ist nachfolgendes beschlossen u. abgehandelt worden..., Dresden 1701

Fewer Ordnung der Stadt Dreßden, vornewert und wiederauffgerichtet, im Jahre nach Christi Geburt, M.D.LXXXIX., Dresden 1589

HELM, GEORG: Die Berechnung der Rententafeln aus Sterblichkeits- und Invaliditätsbeobachtungen. - In: Schlömilchs Math. Zeitschrift 29, 1884

HELM, GEORG: Die Kindersterblichkeit im sächsischen Bergmannsstande (im Auftrage des Kgl. Ministeriums des Innern) - In: Zeitschrift des Kgl. Sächsischen Statistischen Bureaus, XXXI. Jahrgang 1885, S. 15-22

HELM, GEORG: Die bisherigen Versuche, Mathematik auf volkswirtschaftliche Fragen anzuwenden. - In: Sitzungsberichte und Abhandlungen der naturwissenschaftlichen Gesellschaft Isis zu Dresden, 1887

HEYM, KARL: Anzahl und Dauer der Krankheiten in gemischter Bevölkerung. 25 Jahre Erfahrungen der Versicherungs-Gesellschaft "Gegenseitigkeit" zu Leipzig. - Leipzig, 1884 (Verlag von Eduard Strau) (nachgedruckt in: Blätter der Deutschen Gesellschaft für Versicherungsmathematik, Band VIII, , Heft 2, S. 344 ff)

HÜLSSE, JULIUS AMBROSIUS: Über Invaliden-, Wittwen- und Waisenunterstützungskassen. - In: Deutsche Gewerbezeitung, 15. Jahrgang, 1850, Neue Folge - Erster Band, S. 44-54

Kern-Chronicon: Kurtzgefaßtes Sächsisches Kern-Chronicon, worinnen in sechs besondern Paquets, oder zwey und siebentzig Couverts etliche

hundert merckwürdige alte und neue Glück- und Unglücks-Fälle, Festivitäten, Geburthen, Vermählungen und Absterben, auch andere wunderbahre und remarquable Begebenheiten, die sich hin und wieder in diesem Churfürstenthum und incorporirten Landen ... zugetragen, Leipzig 1726

KUNZE, W.F.: Ansichten über die Sächsischen Gesetze und Verordnungen vom 23. Juli 1828, 14. November 1835 und 13. December 1836, das Mobiliar- und Immobiliar-Brandversicherungswesen betreffend, zur beliebigen Berücksichtigung bei einer wünschenswerthen neuen Bearbeitung derselben für den bevorstehenden Landtag. - In: Allgemeine Versicherungs-Zeitung. Erster Jahrgang, No. 12, Leipzig, 10. September 1845

LOREY, WILHELM (1916): Das Studium der Mathematik an den deutschen Universitäten seit Anfang des 19. Jahrhunderts. Leipzig, Berlin: Teubner 1916. (= Abhandlungen über den mathematischen Unterricht in Deutschland, veranlaßt durch die Internationale Mathematische Unterrichtskommission. Hrsg. von Felix Klein. Band 3. Heft 9)

LOTZE: Denkschrift zur Feier des zweihundertjährigen Bestehens der Sächsischen Landes-Brandversicherungsanstalt, Dresden 1929

Nachricht von dem Zustand des im Jahre 1720 zum Behuff derer Witben und Waysen mit Gott! errichteten und allergnädigst confirmirten Versorgungsmittels, Dresden 1721

PFÜTZE, ARNO: Die Entwicklung der amtlichen Landesstatistik in Sachsen, Dresden 1931 (Teubner)

SÄCHS. RENTENVERSICHERUNGS-ANSTALT: Die Sächsische Rentenversicherungs-Anstalt zu Dresden (Festschrift zu ihrem 60-jährigen Bestehen), Leipzig 1901 (Druck von Pöschel & Trepte)

SÄCHS. RÜCKVERSICHERUNGS-GESELLSCHAFT: Statuten der Sächsischen Rückversicherungs-Gesellschaft, Dresden 1864

SCHARLAU, WINFRIED (und Fachgelehrte): Mathematische Institute in Deutschland 1800-1945 (Dokumente zur Geschichte der Mathematik Band 5), Braunschweig/Wiesbaden 1989 (Friedrich Vieweg & Sohn)

SCHMITT-LERMANN, HANS: Die Bayerische Versicherungskammer in Vergangenheit und Gegenwart 1875-1950, München 1950 (Kommunalschriften-Verlag J. Jehle)

SCHÜES, WALTER G. u.a.: Die Geschichte der "Nord-Deutsche Versicherungs-Gresellschaft" zu Hamburg, Hamburg 1957

Tabella über die nunmehro würcklich geschlossenen 10 Classen des allergnädigst confirmirten Versorgungs-Mittels in Dreßden, Dresden 1720

TOBIES, RENATE (Hrg.): Aller Männerkultur zum Trotz - Frauen in Mathematik und Naturwissenschaften, Frankfurt/Main-New York 1997 (Campus Verlag)

Verzeichniß der Mitglieder des Pensions-Vereines für Wittwen und Waisen sächsischer Beamten. (Aufgenommen am 1. März 1864), Dresden 1864

Zur Viehversicherung in Deutschland. Eine kritische Studie über die Sächsische Viehversicherungs-Bank in Dresden und die Rheinische Viehversicherungs-Gesellschaft in Cöln, Wien 1886

ZEUNER, GUSTAV: Mathematische Untersuchungen betreffend die Entstehung und Ableitung der Formeln zur Berechnung der Nettotarife und Deckungscapitalien für sämmtliche Versicherungszweige der Schweizerischen Rentenanstalt. Manuscript und Eigenthum der Schweizerischen Rentenanstalt. 1861

ZEUNER, GUSTAV: Abhandlungen aus der Mathematischen Statistik, Leipzig 1869 (Verlag von Arthur Felix)

ZEUNER, GUSTAV: Über das Zeitmaass in der Statistik. - In: Zeitschrift des Kgl. Sächsischen Statistischen Bureaus, XXII.Jahrgang 1876, S. 279-283

ZEUNER, GUSTAV: Sunto dei Saggi di Statistica Matematica, Roma 1883

ZEUNER, GUSTAV: Neue Sterblichkeitstafeln für die Gesamtbevölkerung des Königreichs Sachsen nach den Erhebungen und Berechnungen des Kgl. Sächsischen Statistischen Bureaus. - In: Zeitschrift des Kgl. Sächsischen Statistischen Bureaus, XL. Jahrgang 1894, S. 13-50

Zweyte Haupt-Tabella aller Membrorum derer 10 Classen, des Anno 1720 errichteten, und von Ihro Königlichen Majestät allergnädigst confirmirten Versorgungs-Mittels in Dreßden, Dresden 1729

Archivalien

Sächsisches Hauptstaatsarchiv:

Ministerium für Volksbildung: Nr. 15295,15382, 15749, 15755

Archiv der Technischen Universität Dresden (TU-Arch):

Professorenblätter und Beilagen dazu von:

Paul Eugen Böhmer, Victor Böhmert, Julius Ambrosius Hülsse, Gustav Zeuner

Verzeichnis der Vorlesungen und Übungen:

V 1 - 15: SS 1892 - SS 1899

V 16 - 21: WS 1899/1900 - SS 1902

V 22 - 27: WS 1902/03 - SS 1905

V 28 - 35: WS 1905/06 - SS 1909

V 36 - 43: WS 1909/10 - SS 1913

V 44 - 49: WS 1913/14 - SS 1916

V 50 - 56: WS 1916/17 - SS 1919

Personalverzeichnis der Sächs. TH für das WS 1927/28

Verzeichnis der Vorlesungen und Übungen, Stunden- und Studienpläne WS 1927/28

Desgleichen SS 1928

Desgleichen WS 1928/29

V / Nr. 85: "Personalverzeichnis nach dem Stande vom 1.10.1935. Vorlesungsverzeichnisse WS 1935/36, SS 1936"

V / Nr. 86: "Personalverzeichnis nach dem Stande vom 1.10.1936, Vorlesungsverzeichnisse WS 1936/37, SS 1937"

XXVII / 80: Programme der Polytechnischen Schule und des Polytechnikums; Zeit: 1855, 1875-76, 1876-77, 1862

111: Nachlaß Prof. Erler / Vorlesungsverzeichnis mit Jahresbericht 1886 - 1887

XXVII / Nr. 18: "Sammlung Promotions- und Habilitationsordnungen 1895 - 1956"

104: "Sammlung Prüfungs- und Promotions-Ordnungen 1909/11 - 1954"

Dr.habil. Waltraud Voss, Tannenberger Weg 10, 01169 Dresden
waltraud.voss@web.de

History of Education in Descriptive geometry at the German Technical University in Brno

Pavel Šišma

The main aim of this article is to describe the development of professors' staff of the chair of descriptive geometry at the German Technical University in Brno. First we will recall the beginning of the education of descriptive geometry at the technical universities in Austria in 19th century. At the end we will recall FERDINAND JOSEF OBENRAUCH, the Privatdozent of history of descriptive geometry at Brno German Technical University, and his book devoted to the history of geometry.

1. The beginnings of teaching descriptive geometry at French, German, and Austrian technical schools

The aim of this article is not to describe the origin and the development of descriptive geometry in the 18th and 19th centuries. We can remind only of the basic data about MONGE's contribution to descriptive geometry.

In 1765 GASPARD MONGE (1746-1818) solved a geometrical problem with a method of descriptive geometry at the Military Engineering School in Mézières. Later MONGE started to teach his method at this school. The method of descriptive geometry was a military secret for about thirty years and MONGE could not teach this new geometrical method in public.

In 1794 MONGE started his public lectures on descriptive geometry at the École Normale and École Polytechnique in Paris. In 1795 his lectures were published in journal of École Normale and in 1799 MONGE published his famous textbook [Monge 1799]. The development, study, and education of descriptive geometry then started not only in France but in the whole of Europe. The first German textbook on descriptive geometry [Creizenach 1821] was written by M. CREIZENACH in 1821. The textbook inspired by MONGE's book [Schreiber 1828] was published in 1828 by GUIDO SCHREIBER (1799-1871), professor in Karlsruhe. The German translation of MONGE's book was published in Leipzig in 1900 [Haussner 1900].

The first Austrian textbook devoted to descriptive geometry [Arbesser 1824] was written by JOSEF ARBESSER, assistant of theory of machines and machine-drawings of Vienna Polytechnic, in 1824. In 1845 a much more influential textbook of descriptive geometry [Hönig 1845] was written by JOHANN HÖNIG (1810-1886), professor of descriptive geometry at Vienna Polytechnic.

Prague Technical College was established in 1717. In 1806, following the project of F. J. GERSTNER (professor of mathematics at the Prague University) the Technical College was transformed into Prague Polytechnic. In 1869 the Polytechnic was divided into two universities - German Technical University and Czech Technical University. The German Technical University in Prague was abolished in October 1945.

In 1806, when the Prague Technical College was transformed into polytechnic, F. J. GERSTNER proposed the teaching of descriptive geometry at this school. He was certainly inspired by the École Polytechnic. But GERSTNER's proposal was not realized. The first non-obligatory lectures of descriptive geometry were given by KARL WIESENFELD (1802-1870), substitute professor of civil engineering, in the years 1830-33. The elements of descriptive geometry were taught by WENZEL DE LAGLIO, assistant of mechanics and physic, in 1840-44. Later descriptive geometry was taught by JOHANN SOCHOR, 1844-47, VINCENZ HAUSMANN, 1847-49, and KARL WIESENFELD again, then already full professor of civil engineering, in 1849-52. In 1850 the associate chair of descriptive geometry was established and RUDOLF SKUHERSKÝ (1828-1863), assistant of descriptive geometry at Vienna Polytechnic, was appointed professor there in 1852. In 1854 RUDOLF SKUHERSKÝ was appointed full professor. In 1861 SKUHERSKÝ started to teach descriptive geometry not only in German but also in Czech. In 1864, after SKUHERSKÝ's death, the chair was divided into two chairs - Czech and German. FRANTIŠEK TILŠER (1825-1913) and WILHELM FIEDLER (1832-1912) were appointed to those chairs. In 1867 FIEDLER went to Zürich and KARL KÜPPER (1828-1900) was appointed professor of descriptive geometry. In 1898 KÜPPER retired and in 1900 EDUARD JANISCH (1868-1915) was appointed professor. After JANISCH's death in 1915 KARL MACK (1882-1943) was appointed professor in 1916. He taught descriptive geometry in Prague for the rest of his live.

After FRANTIŠEK TILŠER's retirement, KARL PELZ (1845-1908) was appointed professor in 1896. In 1907 VINCENC JAROLÍMEK (1846-1921) was

appointed professor of descriptive geometry for civil engineering and taught this subject until 1912 when he fell ill. The chair was substituted by FRANTIŠEK KADEŘÁVEK (1885-1961) until KADEŘÁVEK was appointed professor in 1917.

The second chair of descriptive geometry, for Faculty of Machines, was established in 1908. In this year BEDŘICH PROCHÁZKA (1855-1934) was appointed professor. After PROCHÁZKA's retirement JOSEF KOUNOVSKÝ (1878-1949) was appointed. KOUNOVSKÝ and KADEŘÁVEK taught descriptive geometry at Prague Technical University even after the World War II.

Vienna Technical Institute was established in 1815 and in 1872 it was transformed into Technical University. Descriptive geometry was taught there first in the lectures of machine-drawing or constructive-drawing. The aim of the professors' staff was the establishment of the chair of descriptive geometry. The first special lectures of descriptive geometry were given by JOHANN HÖNIG, an assistant of theory of machines, in 1834. From 1839-1843 he was professor of civil engineering at the Mining Academy in Banská Štiavnica (Schemnitz). In 1843 JOHANN HÖNIG was appointed the first professor of descriptive geometry at Vienna Polytechnic.

Later the professors of descriptive geometry were: RUDOLF NIEMTSCHIK (1831-1877) from 1870 to 1877, RUDOLF STAUDIGL (1838-1891) from 1877 to 1891, GUSTAV PESCHKA (1830-1905) from 1891 to 1901, EMIL MÜLLER (1861-1927) from 1902 to 1927, ERWIN KRUPPA (1885-1867) from 1929 to 1957.

In 1896 the second (associate) chair of descriptive geometry was established. In 1897 JAN SOBOTKA (1862-1931) was appointed professor at this chair. In 1899 SOBOTKA went to Brno and was appointed the first professor of descriptive geometry at the newly established Czech Technical University. In 1900 THEODOR SCHMID (1859-1937) was appointed associate professor and in 1906 full professor at this chair. The next professors at the second chair of descriptive geometry were LUDWIG ECKHARDT (1890-1938) from 1929 to 1938 and JOSEF KRAMES (1897-1986) from 1939 to 1945. Descriptive geometry was taught in Vienna at the University of Agriculture since 1872. JOSEF SCHLESINGER (1831-1901) was the first professor there.

The Brno Czech Technical University was established in 1899 and the chair of descriptive geometry was one of the first four chairs which were

established. JAN SOBOTKA, former professor of Vienna Technical University, was the first professor of descriptive geometry. In 1904 he went to Prague University and BEDŘICH PROCHÁZKA was appointed professor. In 1908 PROCHÁZKA was appointed professor of descriptive geometry at Prague Czech Technical University. MILOSLAV PELÍŠEK (1855-1940) was the third professor of descriptive geometry at Brno Czech Technical University. He taught this subject from 1908 to 1925 when he retired. JOSEF KLÍMA (1887-1943) worked in Brno from 1927 to 1939.

To conclude with, we will only mention the beginnings of teaching descriptive geometry at the technical universities in Graz and Lemberg. **The Technical College in Graz** was established in 1811 in connection with a museum (Joanneum). JOSEF VON ASCHAUER, professor of mechanics, held the first non-obligatory lectures of descriptive geometry at Joanneum in 1842. From 1846 descriptive geometry became the obligatory subject which was taught by professors of *Realschule* in Graz. In 1852 the chair of descriptive geometry was established and in 1854 MAX BAUER was appointed the first professor. After BAUER's death RUDOLF NIEMTSCHIK was appointed professor of descriptive geometry in 1859. When NIEMTSCHIK went to Vienna, EMIL KOUTNÝ (1840-1880), *Privatdozent* of Brno Technical University, was appointed professor in 1870. In 1876 KARL PELZ habilitated at Graz Technical University and in 1878 he was appointed associate professor. After KOUTNÝ's death he was appointed full professor. In 1891 PELZ turned down an offer to teach descriptive geometry at Vienna Technical University and in 1896 he went to Prague Technical University.

In 1817 a technical secondary school was established in **Lemberg**. In 1844 the school was transformed into **Technical Academy** and in 1877 into Technical University. VINCENZ HAUSMANN, professor of mechanics, held the first lectures of descriptive geometry at the Technical Academy in Lemberg in the years 1852-53. In 1857 GUSTAV PESCHKA was appointed professor of mechanics, theory of machines, machine-drawings and descriptive geometry. In 1864 when PESCHKA went to Brno WOJNAROWSKI was appointed professor of descriptive geometry at Lemberg Academy. His successor was KARL MASZKOWSKY and from 1880 taught descriptive geometry MIECZYSLAV LAZARSKI.

In 1849 two mining academies were established: in Leoben in Austria and in Příbram in Bohemia. Some knowledge of descriptive geometry was required for the entrance to these schools. This was one of the reasons that

the chairs of descriptive geometry were established in Austrian polytechnics in the 1850's. Polytechnics were directed, apart from others, to the preparations of future students of mining academies. The lectures of descriptive geometry (and mathematics too) started at mining academies in 1870's. For example at Leoben Mining Academy FRANZ LORBER (1846-1930) taught descriptive geometry first in the years 1876-1893.

2. Descriptive geometry at the German Technical University in Brno

Brno Technical College was established in 1849. In 1867 the college was transformed into Technical Institute and in 1873 the institute was declared a university and its title was changed to Technical University (*Technische Hochschule*). The title German Technical University appeared as late as 1911. On 18th October, 1945 the German Technical University in Brno was dissolved by a decree of the President of the Czechoslovak Republic.

Brno Technical College was a new school and the chair of descriptive geometry and mechanics was one of the twelve chairs which were established already in 1849. As the retrieval of a good teacher for both subjects was difficult, the subjects were separated and two chairs were established. GEORG BESKIBA, the first professor of descriptive geometry, was appointed in 1851.

GEORG BESKIBA was born in Vienna in 1819. He studied at Vienna Polytechnic and *Akademie der bildenden Künste*. For two years he was an assistant of civil engineering at Vienna Polytechnic and then he went to Lemberg Technical Academy where he was appointed professor of this subject. From 1852 to 1867 he was professor of descriptive geometry at Brno Technical College. When the school was reorganized he was appointed professor of civil engineering and he worked in Brno for the rest of his live. GEORG BESKIBA died in Brno in 1882.

From 1867 to 1891 GUSTAV ADOLF PESCHKA was professor of descriptive geometry at Brno Technical Institute and Technical University later. PESCHKA was born in 1830 in Jáchymov (Joachimstal). He studied at Prague Polytechnic and then he was assistant there for 5 years. From 1857 to 1864 he was professor of mechanics, machines' construction, machine-drawings and descriptive geometry at the Technical Academy in Lemberg. In 1864 he was appointed professor of these subjects at Brno Technical College. In 1867 he was appointed professor of descriptive geometry. PESCHKA was

sixty-one year old when he was appointed professor of descriptive geometry at Vienna Technical University in 1891. He taught there until 1901 when he retired. He died in Vienna in 1903.

OTTO RUPP was born in Nová Říše (Neureich) in Moravia in 1854. He studied at Brno Technical University and in 1874 he was appointed assistant of descriptive geometry there. In 1881 he habilitated for *Neue Geometrie*. When GUSTAV PESCHKA went to Vienna OTTO RUPP substituted the free chair and in 1892 he was appointed associate and in 1896 full professor. RUPP died in December of 1908. After professor RUPP's death the situation at Brno Technical University was complicated by the fact that the chair of mathematics was vacant after professor OTTO BIERMAN's (1858-1909) death. During 1909 it became apparent that the occupation of chair of descriptive geometry by an acceptable candidate would be very difficult and professors' staff found the following solution to this situation. They suggested appointing the current Professor of Mathematics (and a very good geometer) EMIL WAELSCH to the chair of descriptive geometry. The Ministry agreed with this step, and therefore two chairs of mathematics became free.

EMIL WAELSCH was born in 1863 in Prague. He studied at the German University and German Technical University in Prague. During 1884-1886 he studied at the universities of Leipzig and Erlangen where he received his doctor's degree. In the academic year 1892-1893 he studied at Leipzig University again. In 1890 he habilitated at Prague German Technical University where he was an assistant from 1886. In 1895 he was appointed associate professor and in 1898 full professor of mathematics at Brno German Technical University. In 1910 he was appointed professor of geometry and he remained in this position for the rest of his life. EMIL WAELSCH died in Brno in 1927.

EMIL WAELSCH reorganized the education of geometrical subjects at Brno German Technical University. He taught not only descriptive geometry but in the second semester he also taught analytic geometry, vector calculus, and application of differential and integral calculus in geometry. The title of this subject was *Mathematik erster Kurs b*. This Brno model of the education of geometrical subjects was unique in Austria, the reason being the personality of professor WAELSCH who was a specialist in many areas of mathematics.

Descriptive geometry at the German Technical University in Brno 241

Two years after WEALSCH's death JOSEF KRAMES, was appointed professor of descriptive geometry in Brno. KRAMES was born in 1897 in Vienna. He studied at Vienna Technical University and Vienna University. In 1920 he received his doctor's degree at Technical University. From 1916 KRAMES was an assistant by EMIL MÜLLER. In 1924 he habilitated for descriptive and projective geometry. After MÜLLER's death he substituted the free chair. From 1929 to 1932 he was associate professor of descriptive geometry in Brno. Then he went to Graz where he was appointed full professor of descriptive geometry at Technical University. From 1939 to 1945 and from 1957 to 1969 he taught at Vienna Technical University. He died in Salzburg in 1986.

The last professor of descriptive geometry at the Brno German Technical University was RUDOLF KREUTZINGER. He was born in Brno in 1886. He studied at Vienna University and finished his studies in 1911. From 1908 to 1935 he was assistant of descriptive geometry at Brno Technical University. In 1931 he habilitated and 1935 he was appointed associate professor. During the World War II he was appointed full professor in 1941. KREUTZINGER died in Brno in 1961.

The content and range of descriptive geometry lessons at the German Technical University in Brno was changing during the development of the school. At the Technical College descriptive geometry was taught in 2 hours of lectures and 10 hours of exercises per week (2/10). We have only fragmentary information about the programme of these lectures: *Darstellende Geometrie, Perspektiv- und Schattenlehre mit Anwendung auf Maschinen- und Architekturzeichnen.*

From 1867 descriptive geometry was taught in 5 hours of lectures and 10 hours of exercises. The first detailed syllabus of the teaching of descriptive geometry can be found in the programme of lectures for the school year 1871-72: *Orthogonale - schiefe - centrale Projektion. Gegenseitige Beziehungen von Punkten, Geraden und Ebenen. Krumme Linien und ihre Beziehungen zu geraden Linien und Ebenen. Transformation der Projektionsebenen. Das körperliche Dreieck. Von Ebenen begrenzte Körper. Polyeder. Ebene Schnitte. Gegenseitiger Schnitt, Netze. Axonometrie. Rechtwinklige und schiefe iso-di-und-trimetrische Projektion. Krumme Flächen. Entwickelbare - Umdrehungs - Umhüllungs - und windschiefe Flächen. Flächen zweiter Ordnung. Durchschnitte krummer Flächen mit Ebenen. Kegelschnitte. Raumcurven. Entwicklung der Flächen. Durchdringungen.*

Berührungsebenen. Krümmung der Linien und Flächen. Schattenkonstructionen. Beleuchtungs-Intensitäten. Freie Perspektive. Stereotomie.

In the school year 1872-73 Peschka taught the non-obligatory lectures of *Geometrie der Lage* for the first time, it was for 2 lessons per week. In 1881 OTTO RUPP habilitated for this subject.

The number of lessons and the programme of the lectures were changed as late as the school year 1899-1900 when in the first semester the teaching of descriptive geometry was 6/4 and in the second semester 4/4. In the school year 1910-11 the number of lessons was changed to 5/8 in the first and 5/6 in the second semester. Professor WAELSCH taught the *Mathematik erster Kurs b)* 4/1 and 2/1.

In the school year 1914-15 the teaching of descriptive geometry was changed again. In the first semester the *Darstellende Geometrie 1. Teil* 4/8: *Kotierte Projektion. Methoden mit mehreren Lotrissen. Axonometrie. Parallel-, Zentral-, Reliefperspektive, Elemente der Photogrammetrie.*

In the second semester *Darstellende Geometrie 2. Teil* 5/6: *Raumkurven und Flächen; Kurven und Flächen zweiter Ordnung, Regel-, Rotations-, Schraubenflächen, Umhüllungsflächen, topographische Flächen. Durchdringungen. Beleuchtungslehre. Kinematische Geometrie; Verzahnungen, Getriebe.*

The number of lessons decreased. In the school year 1923-24 the teaching of descriptive geometry was 4/6 in the first and 3/5 in the second semester. The students of architecture and civil engineering had one lesson of exercise in addition. At the end of the 1920's the teaching in the second semester was divided into two lectures. The architects had only two hours of lectures and four hours of exercises. In the 1930's special lectures for future teachers of descriptive geometry were established.

3. Ferdinand Josef Obenrauch

At the end of the article we would like to recall FERDINAND JOSEF OBENRAUCH and his book devoted to the history of projective and descriptive geometry.

FERDINAND OBENRAUCH was born on January 20th, 1853 in Slavkov u Brna (Austerlitz). He studied at a secondary school in Brno and then he continued his studies at Brno Technical University in the years 1871-76. As a

student he was appointed an assistant of mathematics. In 1880 OBENRAUCH passed the state examinations for teachers of mathematics and descriptive geometry. OBENRAUCH was assistant at Brno Technical University to 1881. That year he was appointed a teacher of mathematics and descriptive geometry at *Realschule* in Nový Jičín (Neutitschein). In 1892 OBENRAUCH returned to Brno and he was appointed professor at the *Landes Oberrealschule*.

In 1897 OBENRAUCH habilitated for history of descriptive and projective geometry at Brno Technical University. This year he started to teach history of geometry one hour per week. We know the program of his lectures: *Geschichte der Geometrie im Alterthum, Mittelalter und in der Neuzeit. Historischer Rückblick auf die Entwicklung der Theorie der Curven und Flächen zweiter, dritter und vierter Ordnung*. OBENRAUCH taught history of geometry until 1905. He died on July 16th, 1906.

In 1897 OBENRAUCH published his *Habilitationsschrift* as the book *Geschichte der darstellenden und projectiven Geometrie ...* [Obenrauch 1897]. The book was published in Brno and it had over 400 pages. It is divided into six parts: 1) *Einleitung*. 2) *Die Gründung der École normale*. 3) *Die Gründung der École polytechnique*. 4) *Monge als Begründer der Infinitesimalgeometrie*. 5) *Monges sociale Stellung und sein Lebensende*. 6) *Die wissenschaftliche Pflege der darstellenden und projectiven Geometrie in Österreich*.

The first part is devoted to history of geometry in antiquity and the Middle Ages. Then OBENRAUCH describes the work of DESCARTES, DESARGUE, PASCAL, and DE LA HIRE. The following pages are devoted to the work of KEPLER, HUYGENS, NEWTON, and EULER. This chapter includes - not very appropriately - the information about MONGE's life and work.

The second and third part are devoted to the history of teaching descriptive geometry at the École Normale and École Polytechnique. MONGE's work *Géométrie descriptive* is described in detail there. The fourth part is devoted to MONGE's work on differential geometry. The fifth part describes, among other things, the relationship between MONGE and NAPOLEON.

As the title suggests, the sixth (main) part is devoted to the history of descriptive and projective geometry in Austria. It describes the development of geometry in Austria, Bohemia, and Moravia since the Middle Ages till the end of the 19th century, but we can find there the analysis of the works

of German, French, and Italian mathematicians, too. OBENRAUCH analysed a lot of Austrian works devoted to descriptive and projective geometry there. The book provides a great number of information but it is extremely difficult to orientate in it.

4. Conclusion

We saw that the education of descriptive geometry started in Austria in 1830's-1840's. Elements of descriptive geometry were taught in lectures and exercises of mechanics and machine-drawings first. The lectures were held by professors or assistants of these subjects.

The aim of the professors' staff's was the establishment of the chairs of descriptive geometry because the knowledge of that subject was necessary for a lot of special subjects.

Literature

ARBESSER, J.: Constructionslehre mit ihren Anwendungen auf Schattenconstruction, Perspektive und Maschinenzeichnen. Wien 1824.

CREIZENACH, M.: Anfangsgründe der darstellenden Geometrie oder der Projectionslehre für Schulen. Mainz 1821.

DRÁBEK, K.: Darstellende Geometrie an der technischen Hochschule in Prag in den Jahren 1828-1945. Praha 1982.

FOLTA, J., Česká geometrická škola. (Czech Geometr. School) Praha 1982.

HAUSSNER, R.: Darstellende Geometrie v. G.Monge (1798). Leipzig 1900.

HÖNIG, J.: Anleitung zum Studium d. darstellenden Geometrie. Wien 1845.

MONGE, G.: Géométrie descriptive. Paris 1799.

OBENRAUCH, J.: Geschichte der darstellenden und projectiven Geometrie mit besonderer Berücksichtigung ihrer Begründung in Frankreich und Deutschland und ihrer wiss. Pflege in Österreich. Brünn 1897.

SCHREIBER, G.: Lehrbuch der darstellenden Geometrie nach Monges Géométrie descriptive. Karlsruhe 1828.

RNDr. Pavel Šišma, Dr.; Masaryk University in Brno, Faculty of Science, Department of Mathematics, Janáčkovo nám. 2a, 662 95 Brno, Czech Republic. Email: sisma@math.muni.cz.

Introducing Vectors to Analytic Geometry (As Seen in Czech University Textbooks)

Michal Novák

Introduction

In the time short after WWII there happened both in the world and in Czechoslovakia some changes which challenged the concept of teaching mathematics. In the field of analytic geometry (especially in the way it was taught at universities) an important change in approach to the subject can be seen. Whereas in the interwar period analytic geometry focused on solving problems in spaces of dimensions two and three, and solved them using "classical" means, in the years short after WWII several textbooks were published in which a tendency towards generalising can be traced.[1] At the same time important school reforms were being introduced in Czechoslovakia. Thus in 1950 several modern university textbooks of analytic geometry which influenced the whole generation of mathematicians (and passed this methodology onto primary and secondary school teachers) were published.

The contribution will focus on discussing these textbooks, the method they use and their impact. Only university education will be taken into account; technical universities will not be discussed.

1. Analytic Geometry at Universities in the Interwar Period

Between 1918 and 1938 mathematics was at universities[2] taught together with other natural and exact sciences at Faculties of Science, which

---

[1] The move towards study in the space of general dimension was made possible by the old idea of vector calculus of Grassman helped by newer results of algebra.

[2] The only university in Czech lands before 1918 was Charles University in Prague. After 1903 (when the mathematician Prof. Karel Petr came to Charles University) teaching mathematics was reformed so that new teachers could be trained in order to meet demands of the intended second university. This happened in 1919 when Masaryk University was founded in Brno. There was also university in Bratislava (founded in 1919) but its Faculty of Science was founded only as late as 1940. Therefore if we speak about university education in Czechoslovakia in the interwar period, we can concentrate only on these two institutions.

emerged almost immediately after the fall of Austro-Hungarian Empire in 1918.[3] University studies were organised as in Austro-Hungarian Empire before 1918; teachers used to announce their lectures and students were mostly free to choose which lectures to attend. Exams (with the exception of state exams and some others) did not use to be obligatory. Branches of study - teacher training in mathematics and pure mathematics - were almost not distinguished;[4] this happened only short after 1945.

Lectures on analytic geometry were usually divided into course on analytic geometry in plane and in space or there were special courses on conic sections or surfaces or sometimes other courses.[5]

1.1 Textbooks of Analytic Geometry

The most important interwar university textbook of analytic geometry is *Uvod do analyticke geometrie* by BOHUMIL BYDZOVSKY, published in Prague in 1923.[6] It is in fact the only Czech university textbook of analytic geometry published between 1918 and 1938.

The book is similar to its predecessors (and most of the current book) as far as the approach to the subject is concerned; analytic geometry is regarded as a tool for the study of geometrical objects in the spaces of dimension two and three. It also strongly concentrates on the description of the usual cases of conic sections and quadratics.

---

[3] The first Faculty of Science was founded as a part of Masaryk University in Brno in 1919, Faculty of Science of Charles University in Prague was founded in 1920. Originally, mathematics and other sciences were taught together with humanities at Faculties of Arts (or Philosophy). Even though there were efforts to redefine their role at the turn of the century, they were not successful.

[4] A prospective teacher was required to pass a state exam at the end of the study.

[5] At Masaryk University in Brno the announced lectures include (all of them lasted one semester): Introduction to analytic geometry and spherical trigonometry, Analytic geometry, Introduction to analytic geometry of curves and surfaces of the 2nd grade, Use of algebra in geometry, Analytic geometry of conic sections, Analytic geometry of surfaces of the 2nd grade, Selected parts from analytic geometry in space, Introduction to the theory of geometric transformations, Introduction to analytic geometry, Introduction to geometry in the space of 4 or more dimensions, Analytic geometry in space.

[6] Bydzovsky, B.: Uvod do analyticke geometrie. Praha JCMF 1923; later re-edited in 1946 and published again in 1956.

In contrast to some earlier Czech texts the author tries to generalise and to give common characteristics of the objects and to study properties which they have in common. Singular cases are no longer regarded as deviations but as equally important. Homogeneous co-ordinates and complex elements are used as natural tools as are means of algebra (mostly theory of determinants). However, the textbook does not use the means of vector calculus yet, which results in the fact that the classical division of the subject (analytic geometry in plane and in space) is still maintained. Yet the absence of vector calculus influences mainly the overall approach to the subject and introductory parts of the book (deduction of the position of the point in space, intuitive introduction of the idea of co-ordinates, their transformation, etc.).

2. Changes in the Post-war Period

The time after 1945 saw a great development of university education - new schools were founded[7] and the concept of university studies changed. At the same time also the way analytic geometry and the way it was taught changed.

2.1 The Reform of University Studies

In 1949/50 school reforms which aimed to improve university education and especially to emphasise the role of didactics and to exercise control over the process of education were introduced. The idea of announcing lectures by teachers and choosing them by students was abandoned. The study becomes much more formalised - a detailed order of lectures was worked out for each field of study and a syllabus was prepared for each lecture. Moreover, a rigid order of exams was enforced.[8] As a result analytic geometry became a compulsory subject and every student of mathematics was required to pass an exam in it.

---

[7] E.g. the 3rd university in Czech lands, Palacky University in Olomouc, which was re-founded in 1946.

[8] In the first years of the reform there were two types of study - the old one (non-reformed study), where students continued under the original conditions, and the new one (reformed study).

2.2 Teacher Training at Universities

Another reform concentrated on the education of teachers. Before WWII only secondary school (gymnasium) teachers had been trained at universities; other teachers got their education at special non-university preparatory schools. After 1946/7 special Faculties of Education were created where teachers of all types of schools (other than secondary ones) were to be educated.[9] The original Faculties of Science and Faculties of Arts were supposed to concentrate on preparing experts in sciences or humanities (or secondary school teachers) only. Thus after 1945 the idea of systematic teacher training occurred.[10] Given the above- mentioned reform of studies, teacher training and pure studies divide at those faculties.

3. Analytic Geometry in University Textbooks

The following are the most important university textbooks of analytic geometry published in late 1940s or 1950s:

- BYDZOVSKY, B.: Uvod do analyticke geometrie.[11] 2nd ed. Praha Jednota csl. matematiku 1946

- CECH, E.: Zaklady analyticke geometrie 1, 2.[12] Praha Prirodovedecke vydavatelstvi 1951, 1952

- MASTNY, E.: Uvod do analyticke geometrie linearnich utvaru a kuzelosecek.[13] Praha SPN 1953

- KRAEMER, E.: Analyticka geometrie linearnich utvaru.[14] Praha CAV 1954

---

[9] This was true also for all teachers not only for the new students. The special preparatory schools were abolished.

[10] Its history is rather complicated, since in 1950s and 1960s many important changes were introduced. These included founding and later abolishing faculties and special types of schools (High Schools of Education). Full discussion of this topic would unfortunately require too much space.

[11] Introduction to analytic geometry.

[12] Basics of analytic geometry.

[13] Introduction to analytic geometry of linear objects and conic sections.

[14] Analytic geometry of linear objects.

- BYDZOVSKY, B.: Uvod do analyticke geometrie.[15] 3rd ed. Praha CAV 1956
- VANCURA, Z. Analyticka metoda v geometrii I, II, III.[16] Praha SNTL 1957

In the first one [Bydzovsky 1946] a number of important changes can be seen when we compare it to its first edition from 1923.[17] First of all, the ordering of the book is different - the book is no longer divided according to the dimension of the space (analytic geometry in plane vs. analytic geometry in space) but according to the dimension of geometrical objects (linear vs. quadratic analytic geometry). Furthermore, as the author suggests in the preface to the book:

> I have included some basic theorems about vectors which were indeed missed in the first edition. [BYDZOVSKY 1946, preface]

The most important of the above-mentioned books, however, is the book by EDUARD CECH, which is referred to and more or less followed by all the other authors.

3.1 Cech, E.: Zaklady analyticke geometrie

This book[18] differs from earlier texts in many respects yet there is one which stands out most clearly. CECH does not describe analytic geometry in plane or space nor of linear or quadratic objects but he studies analytic ge-

---

[15] Introduction to analytic geometry. This edition does not differ substantially from the edition of 1946.

[16] Analytic method in geometry.

[17] The list of foreign references includes (given in the form used in the book): H. Beck: Koordinatengeometrie. Berlin 1919; L. Bianchi: Lezioni di geometria analitica. Pisa 1915; Briot-Boucquet: Leçons de géométrie analitique. 23th ed. Paris 1919; Heffter-Koehler: Lehrbuch der analytischen Geometrie. I, II. Karlsruhe 1927, 1923; O. Schreir - E. Sperner: Einführung in die analytische Geometrie und Algebra I, II. Leipzig, Berlin 1931, 1935; L. Bieberbach: Analytische Geometrie. Leipzig, Berlin 1932; J. W. Archbold: Introduction to the algebraic geometry of a plane. London 1948; A. M. Lopshitz: Analiticzeskaja geometrija. Moscow 1948; B. N. Delone-Rajkov: Analiticzeskaja geometrija I a II, Moscow-Leningrad 1949; I. I. Privalov: Analiticzeskaja geometrija, Moscow-Leningrad 1949; K. Borsuk: Geometria analityczna v n wymiarach. Warsaw 1950; M. Stark: Geometria analityczna. Wratislaw-Wroclaw 1951; S. P. Finikov: Analiticzeskaja geometrija Moscow 1952; F. Leja: Geometria analityczna. Warsaw 1954

[18] No references are given.

ometry in a space of general dimension.[19] We shall now concentrate on how some of the basic ideas of analytic geometry are presented in the text.

The first task of the book is the same as with all previous texts - determining the position of the point in plane and giving the formula for the distance between two points. But since the approach of the book to analytic geometry is different, this is only an introduction to the idea of n-dimensional Euclidean space and the definition of vector and its properties. However, CECH's approach differs from the approach of earlier texts. First, he deduces the formula, then he calls a set E_m (where m is the number of co-ordinates in the distance formula) such that for every two points there exists a real number (i.e. their distance) a Euclidean space and then using the relation of equipolence derives the concept of vector and shows his properties. Only then does he introduce the concept of scalar product. Thus in the textbook the concept of vector space follows from the concept of Euclidean space.

The fact that CECH uses vectors does not mean that algebra prevails in his book or that geometry is insignificant. On contrast, the author favours the idea of "geometrical exposition" and at many places works with geometrical objects themselves rather than with the concept of co-ordinates. As he remarks in the preface:

> In this book, the aim of which is to give an elemental but logically exact explanation of the basics of analytic geometry, co-ordinates are used in order to give a precise definition of space but later they are used only exceptionally and the geometrical objects themselves are worked with. The choice of subject matter is given not by algebraic but rather by geometrical systematic. Instead of double speech, geometric and algebraic ones, and translating from one to another, I tried to fully identify geometrical and algebraic concepts. [CECH 1951, 5]

The concept of linear co-ordinate system is introduced in two steps. First, Cartesian system is given (i.e. the basis is required to be orthonormal) and only then the idea of a generalised linear system is deduced. Since from the beginning Euclidean spaces are used, also here Euclidean space is considered.

For a long time all the exposition is done in real numbers. Therefore a chapter "Imaginary Elements" is included in which all the so far discussed

---

[19] For the history of this idea in Czech mathematics cf. e.g. Bolzano: Betrachtungen ueber einige Gegenstande der Elementar Mathematik.

subject matter is summed up and all previously introduced concepts (vectors, points, vector and projective spaces, their subspaces, co-ordinate systems, collinear mappings) are extended into complex numbers.

Quadratics are discussed in the same manner as the rest of the book - in a strongly geometrical way; the theory of geometrical forms is used only at some places. In the book n-dimensional quadratics are studied; quadratics in P_3 and conic sections are studied as special cases in a different part of the book (their properties are only briefly discussed there, though). The emphasis is clearly on the idea of the study of n-dimensional quadratics in general. This enables the author to regard singular quadratics as regular ones in the space of a smaller dimension. Since dual projective spaces are introduced earlier in the book, dual quadratics are also studied.

A major drawback of the book (when it is to be used as a teaching material) is the level of intuitiveness. All the exposition is done in the space of n-dimensions, examples in plane or three-dimensional space are given only in a few cases, there is not the usual type of classification of curves or conic sections, etc. and there are almost no pictures in the books (six in volume I, six in volume II). This makes the book rather difficult for an average student.

3.1.1 Division of the Book

The book is divided into two parts; roughly speaking the first one deals with linear geometry and the second one with geometry of the quadratics.

The first two chapters of volume I are preparatory ones in which the basic concepts (Euclidean and vector space, co-ordinates, etc.) are introduced. Then affine geometry is dealt with, i.e. all the concepts for whose introduction the concept of scalar product is not necessary are discussed. The scalar product itself is defined in the next chapter which deals with the idea of perpendicularity; this is an introduction to further parts of the book where metrical geometry is discussed. Yet before that mappings and transformations are dealt with; however, the author is not interested in coincidences and homotheties only but rather in mappings in general. He is trying to avoid the use of algebraic language as much as possible here. However, the following chapter deals with description of subspaces by the means of equations. In the end angles are discussed in a great detail.

Volume II begins with explaining the idea of projective space, which is necessary for the study of quadratics. First, some concepts of projective geometry are studied (e.g. collinear mappings) then the above-mentioned chapter "Imaginary Elements" is included. The main part of volume II is dedicated to the study of projective geometry of quadratics in n-dimensional space.

3.2 Other Texts

EDUARD CECH's book was rather difficult for students and was not widely used for teaching.[20] However, some of its ideas were developed in the texts which have been mentioned earlier. These texts, especially:

- KRAEMER, E.: Analyticka geometrie linearních utvaru. Praha CAV 1954
- BYDZOVSKY, B.: Uvod do analyticke geometrie. 3rd ed. Praha CAV 1956

were used as teaching material at the newly established schools which concentrated on teacher training. Naturally, they abandon the idea of analytic geometry in n-dimensional space. The concepts are explained in much greater detail and at a slower pace. They are also much more intuitive since they describe situation in the plane and three-dimensional space only. This is true also for the algebraic means used in the books - e.g. in KRAEMER's textbook co-ordinates are deduced in the plane and space and the generalization is missing. The deduction, however, is done by means of vector calculus. Thus we can say that the books which follow EDUARD CECH discuss the classical subject matter (i.e. analytic geometry in plane and space) but they do so using modern means. The idea of "working with geometrical objects themselves" proposed by E. CECH was abandoned though.

3.2.1 Kraemer, E.: Analyticka geometrie linearnich utvaru, 1956

This is a very interesting textbook because it deals with analytic geometry of linear objects only - the quadratics are not included at all.[21] The book is

---

[20] It was used though at the Faculty of Mathematics and Physics, Charles University, Prague since 1951/2 in the 1st and 2nd year (for several years only).

[21] The list of foreign references includes (given in the form used in the book): Privalov, Analiticzeskaja geometrija, Gostechizdat, Moscow-Leningrad 1949; Finikov, Analiticzeskaja geometrija, Uczpedgiz, Moscow 1952; Delone-Rajkov, Analiticzeskaja geometrija I a II, Gostechizdat, Moskva-Leningrad 1949; Okunjev, Vysshaja algebra,

divided into two parts where affine and metrical geometry are discussed. Apart from the linear objects themselves, the idea of transformation of co-ordinates is also present.[22]

All the exposition is clear and intuitive. Since quadratics are not studied, complex or homogeneous elements are not discussed.

3.2.2 Mastny, E.: Uvod do analyticke geometrie linearnich utvaru a kuzelosecek, 1953

Analytic geometry in this textbook is built using modern means.[23] The basic problem of determining the position of the point in plane is not solved in the classical intuitive way but by means of the theory of vector spaces. As a result neither polar nor any other co-ordinate systems are introduced. The concept of co-ordinates is derived in a different way than in CECH's textbook - first, general linear co-ordinate system is introduced using the theory of vector spaces and only then the author shows that the Cartesian co-ordinate system is its special case. As in the book by EDUARD CECH the concept of vector space follows from the concept of Euclidean space, not vice versa.

The classical approach, however, is still present. For example, the definition of conic sections explicitly excludes singular or imaginary regular cases.

Conclusion

The paper has briefly introduced the time of late 1940's and early 1950's in respect of teaching analytic geometry at universities in Czechoslovakia. Two main facts which influenced teaching the subject at that time and their impact in textbooks have been discussed: the reforms of university education and the change in the approach to analytic geometry itself.

Gostechizdat, Moscow-Leningrad 1949; Kurosh, Kurs vysshej algebry, Gostechizdat, Moscow-Leningrad, 1952

[22] The book explains the subject matter in a great detail - the amount of text is about the same as in the following book (by E. Mastny).

[23] The list of foreign references includes (given in the form used in the book): Cuberbilljer O. N., Zadaczi i uprazhnjenija po analiticzeskoj geometrii, Moscow-Leningrad 1949; Privalov, M. M., Analiticzeskaja geometrija, Gostechizdat, 1948; Delone, B. N.-Rajkov, D. A., Analiticzeskaja geometrija I a II, Moscow-Leningrad 1948

References

BYDZOVSKY, B.: Uvod do analyticke geometrie. Praha CAV 1923; 2nd ed. Praha Jednota csl. matematiku 1946; 3rd ed. Praha CAV 1956

CECH, E.: Zaklady analyticke geometrie 1, 2. Praha Prirodovedecke vydavatelstvi 1951, 1952

HAVRÁNEK, J. et al.: Dejiny Univerzity Karlovy 1802 - 1908. Praha Karolinum 1997

HAVRÁNEK, J., POUSTA Z. et al.: Dejiny Univerzity Karlovy 1918 - 1990. Praha Karolinum 1998

KADNER, O.: Vyvoj a dnesni soustava skolstvi I, II Praha Sfinx 1929

KNICHAL, V.: Eduard Cech: Zaklady analyticke geometrie. CMP **78** 265 - 269, 1953

KRAEMER, E.: Analyticka geometrie linearnich utvaru. Praha CAV 1954

MASTNY, E.: Uvod do analyticke geometrie linearnich utvaru a kuzelosecek. Praha SPN 1953

METELKA, V.: Emil Kraemer: Analyticka geometrie linearnich utvaru. CPM **80** 103 - 104, 1955

Seznam prednasek na Masarykove univerzite. Brno MU 1919 - 1938 (Indexe of lectures at Masaryk University)

VANCURA, Z. Analyticka metoda v geometrii I, II, III. Praha SNTL 1957

Dr. Michal Novák, Technicka 8, 616 00 Brno, Czech Republic, tel. +420-5-41143135, e-mail: novakm@dmat.fee.vutbr.cz

Über die Rytzsche Achsenkonstruktion der Ellipse

Zbyněk Nádeník

Einleitung 255
1. Konstruktion von David Rytz 256
2. Übersichtsartikel von Carl Pelz 257
3. Konstruktion von A.-F. Frézier 259

Einleitung

Das Thema gehört der darstellenden Geometrie. Obwohl ich während meiner fast 45-jährigen Tätigkeit an der Technischen Hochschule Prag niemals die Vorlesungen über die darstellende Geometrie gehalten habe, habe ich das Interesse für sie nicht verloren.

Zum Thema habe ich zwei Impulse gehabt.

Erstens: An einer inländischen Tagung im Jahre 1993 über die darstellende Geometrie und Computergraphik habe ich die Verbindung der darstellenden und analytischen Geometrie befürwortet. Ich habe dabei die Einwendung gehört, daß die RYTZsche Achsenkonstruktion einen einfachen analytischen Beweis nicht zuläßt; bekanntlich ist diese Konstruktion in der darstellenden Geometrie tausendmal angewandt worden. Damals konnte ich diesen Einwand nicht widerlegen. Das habe ich erst unlängst in dem Aufsatz "Über die Achsenkonstruktion der Ellipse aus ihren konjugierten Durchmessern" (tschechisch) getan. Ich habe in diesem Artikel 15 Achsenkonstruktionen gesammelt (bis zum Anfang des 20. Jhs.) und analytisch bewiesen. Dabei habe ich diejenigen Konstruktionen nicht betrachtet, die entweder explizit die Affinität zwischen dem Kreis und der Ellipse benutzen oder auf den projektivischen Eigenschaften beruhen.

Zweitens: Für einen dem Professor der Geometrie JAN SOBOTKA (1862-1931; wirkte an der Technischen Hochschule in Wien, an der tschechischen Technischen Hochschule in Brünn und an der tschechischen Universität in Prag) gewidmeten Sammelband habe ich eine Analyse seines Lehrbuches "Darstellende Geometrie der Parallelprojektion" (tschechisch, Prag 1906) geschrieben. J. SOBOTKA hat einige Achsenkonstruktionen der Ellip-

se reproduziert, darunter auch eine Konstruktion von AMÉDÉE-FRANÇOIS FRÉZIER (1682-1773), dem wichtigsten Vorgänger von GASPARD MONGE (1746-1818) in seiner "Géométrie descriptive", Paris 1795. J. SOBOTKA hat nicht bemerkt, daß die Konstruktion von A.-F. FRÉZIER fast identisch mit der Konstruktion von DAVID RYTZ (1801- 1868) ist.

1. Konstruktion von David Rytz

Es seien C $[c_1,c_2]$ und D $[d_1,d_2]$ zwei Punkte der Ellipse $x^2/a^2 + y^2/b^2 = 1$, deren Mittelpunkt freilich der Aufpunkt des orthogonalen Systems der Koordinaten x, y ist. Wenn die Tangente im Punkt C parallel zum Halbmesser OD ist, so ist auch die Tangente im Punkt D parallel zum Halbmesser OC. Die Halbmesser OC und OD mit dieser Eigenschaft heißen konjugiert. Das ist dann und nur dann der Fall, wenn $c_1d_1/a^2 + c_2d_2/b^2 = 0$. Diese Gleichung bedeutet (freilich mit $c_1^2/a^2 + c_2^2/b^2 = 1$, $d_1^2/a^2 + d_2^2/b^2 = 1$), daß die Matrix

$$\begin{pmatrix} c_1/a & c_2/b \\ d_1/a & d_2/b \end{pmatrix}$$

orthogonal ist. Das ist der gemeinsame Ausgangspunkt für die analytischen Beweise der Achsenkonstruktionen einer Ellipse aus ihren konjugierten Halbmessern.

Die in der darstellenden Geometrie weit bekannteste Achsenkonstruktion stammt von DAVID RYTZ (Professor an der Gewerbeschule in Aarau in der Schweiz). Ohne den Beweis hat er sie seinem Kollegen LEOPOLD MOSSBRUGGER (1796-1864, Professor an der Kantonschule in Aarau) mitgeteilt. MOSSBRUGGER hat in seinem Büchlein "Größtentheils neue Aufgaben aus dem Gebiete der Géométrie descriptive" (Zürich 1845) die Konstruktion von RYTZ als Anhang veröffentlicht und zugleich - unter Zuhilfenahme der Trigonometrie und der Apollonischen Formeln - bewiesen. Der Anhang ist 1853 auch im Archiv der Math. und Physik **20**, 118-120 abgedruckt worden.

Die RYTZsche Achsenkonstruktion aus den konjugierten Halbmessern OC, OD verläuft folgenderweise: Im Mittelpunkt O errichten wir die Senkrechte OD_R zum Halbmesser OD; dabei sei $|OD_R| = |OD|$ (Streckenlängen). Wir bestimmen den Mittelpunkt S_R der Strecke CD_R und an der Verbindungslinie CD_R nehmen wir die Punkte A' und B' mit $|S_RA'| = |S_RB'| =$

$|S_RO|$. Die Punkte A' und B' liegen auf den gesuchten Achsen und die Längen der Halbachsen sind $|A'D_R| = |B'C|$ und $|A'C| = |B'D_R|$.

GINO LORIA (1862-1953) in seinem Buch "Storia della Geometria Descrittiva ..." (Mailand 1921, 301) äußert sich über die RYTZsche Konstruktion in dem Sinne, daß sie eine Einfachheit und Eleganz hat, die schwer zu übertreffen sind.

2. Übersichtsartikel von Carl Pelz

CARL PELZ (1845-1908, Professor der darstellenden Geometrie an der Technischen Hochschule in Graz und an der tschechischen Technischen Hochschule in Prag) hat 1876 den Aufsatz "Construction der Axen einer Ellipse aus zwei conjugierten Diametern" (Jahresbericht der Staatsrealschule in Teschen 1876, 2-14) veröffentlicht.

PELZ hat die Konstruktion folgender Autoren behandelt (in chronologischer Reihenfolge):

1830	Vorlagen, die die Deputation für Gewerbe in Berlin für Maurer herausgegeben hat.
1837	M. CHASLES: Aperçu historique sur l´origine et le développement des méthodes en Géométrie, Bruxelles; 2.Aufl. Paris 1875, p. 45 und p. 359-362 (deutsche Übersetzung Halle 1839, p. 42 und p. 382-386)
1845	D. RYTZ, L. MOSSBRUGGER
1849	M. MEYER, Archiv der Math. und Physik **13**, p. 406-409
1853	L. MOSSBRUGGER
1867	J. STEINER: Vorlesungen über synthetische Geometrie, Lpz.; Band I (bearbeitet von C. GEISLER), S. 77-78; Band II (bearbeitet von H. SCHRÖTER), S. 178-179
1871	G. DELABAR: Die Polar- und Parallelperspektive, Freiburg; Archiv der Math. und Physik 52, 310-312
vor 1876	N. FIALKOWSKI: Zeichnende Geometrie, Wien-Leipzig, 3. Aufl. 1882, Aufgaben 1069-1071

Diese drei älteren Verfasser nennt C. PELZ nicht:

4. Jh.	PAPPOS; F. HULTSCH, Ed.: Pappi Alexandrini Collectionis, Berlin, Band III 1878, 1083
1750/51	L. EULER: Novi Commentarii Academiae Petropolitanae 3, S. 224-234
1737	A.-F. FREZIER: La théorie et la pratique de la coupe des pierres et des bois, Strasbourg-Paris, Band I, 132-133

PAPPOS hat die Konstruktion, die APOLLONIOS VON PERGE zugeschrieben wird, nicht bewiesen. Das hat L. EULER in der zitierten Arbeit gemacht, in der er 4 weitere, auch ziemlich komplizierte Konstruktionen hergeleitet hat. Auf diese Arbeit haben M. CHASLES 1837 (Aperçu historique ..., p. 45; deutsche Übersetzung, S. 42) und O. TERQUEM 1844 (Nouvelles Annales de Math. **3**, p. 349) aufmerksam gemacht. Für den Hinweis auf die Arbeit von L. EULER danke ich auch P. SCHREIBER (Universität Greifswald).

Die Konstruktion aus den Vorlegeblättern 1830 ist - nach der Beschreibung von PELZ - mit der Konstruktion von FRÉZIER identisch.

M. CHASLES hat zuerst die räumliche Aufgabe gelöst: Gegeben sind drei konjugierte Halbmesser eines Ellipsoids; man soll seine Achsen bestimmen. Durch die Reduktion hat er auch den ebenen Fall erledigt.

J. STEINER wirkte an der Berliner Universität seit dem Jahre 1835 und die oben zitierten Bücher sind erst vier Jahre nach seinem Ableben erschienen. Die Konstruktion aus dem Band I fällt mit der von M. CHASLES zusammen. Theoretisch ist also möglich, daß J. STEINER schon in den Jahren 1835-1837 über die Konstruktion in seinen Vorlesungen gesprochen hat. Aber die Zutritte von M. CHASLES und J. STEINER sind ganz verschieden und sprechen deutlich gegen jede Spekulation.

G. DELABAR hat seine Konstruktion zweimal abgedrückt, obwohl sie mit der Konstruktion von RYTZ identisch ist. Zwischen den in derselben Zeitschrift veröffentlichten Arbeiten von G. DELABAR und L. MOSSBRUGGER ist das Zeitintervall von ungefähr 20 Jahren.

N. FIALKOWSKI (die 1. oder 2. Aufl. seiner Sammlung habe ich in Prag nicht gefunden) wiederholt die Konstruktion von M. CHASLES und D. RYTZ, aber er zitiert sie nicht.

3. Konstruktion von A.-F. Frézier

A.-F. FRÉZIER war französischer Militäringenieur und in den Jahren 1740-1764 Direktor der Befestigungsarbeiten in Bretagne. Aus seinen vielen Büchern besonders über die Architektur und das Bauwesen hat der erste oben im Abschn. 2 zitierte und der geometrischen Theorie gewidmete Band des 3-bändigen Werkes über den Steinschnitt besondere Bedeutung.

Bei den gegebenen konjugierten Halbmessern OC, OD konstruiert A.-F. FRÉZIER die durch den Punkt C gehende Senkrechte zum Halbmesser OD (d.h. die Normale der Ellipse im Punkte C). Auf dieser Senkrechten bestimmt er den Punkt D_F mit $|CD_F| = |OD|$. Dann konstruiert er den Mittelpunkt S_F der Strecke OD_F (D. RYTZ den Mittelpunkt S_R der Strecke CD_R). Die Mittelpunkte S_F und S_R fallen freilich zusammen. Weiter sind die Konstruktionen von A.-F. FRÉZIER und D. RYTZ vollständig identisch. Das, was A.-F. FRÉZIER zu seiner Konstruktion als Beweis beigefügt hat, ist - kurz gesagt - kein Beweis.

Die älteste mir bekannte Bemerkung über die FRÉZIERsche Konstruktion befindet sich bei CHRISTIAN WIENER: "Lehrbuch der darstellenden Geometrie", Band I, Leipzig 1884, 291-293. Er gibt die Konstruktion von A.-F. FRÉZIER und von D. RYTZ nacheinander wieder, doch er macht nicht auf deren Ähnlichkeit aufmerksam. Er schreibt:

"Die einfachste der bekannten Konstruktionen führt schon FRÉZIER, jedoch mit einem ungenügenden Beweis versehen, an."

O. BAIER (Professor der Geometrie an der Technischen Universität München 1960-1971, sein Vorgänger war F. LÖBELL in den Jahren 1934-1959) beginnt seinen Aufsatz "Zur RYTZschen Achsenkonstruktion" aus dem Jahre 1967 (Elemente der Math. **22**, 107-108) auf diese Weise:

"Aus dem Nachlass von F. LÖBELL wurde dem Institut für Geometrie an der Technischen Hochschule München eine sehr sorgfältige Niederschrift einer Vorlesung von FRIEDRICH SCHUR über darstellende Geometrie überlassen. Darin ist die bekannte Konstruktion der Hauptachsen einer Ellipse aus zwei konjugierten Halbmessern nicht wie üblich als "RYTZsche Konstruktion" bezeichnet, sondern es findet sich dort der Vermerk: FRÉZIER, Coupe des pierres et des bois, 2e éd., t. 1, 1754, p. 159."

Und im letzten Satz des Artikels schreibt O. BAIER:

> "Die bislang nach RYTZ benannte Konstruktion wird daher besser nach FRÉZIER benannt, wenigstens so lange, als hierfür kein früherer Autor nachgewiesen ist."

Abb.: FRÉZIER, Coupe des pierres et des bois, 2ᵉ éd., t. 1, 1754 (Titel)

Prof. Dr. Zbyněk Nádeník, Libocká 262-14, CZ-162 00 Praha 6
Tschechische Republik

Karel Rychlík and his Mathematical Contributions

Magdalena Hykšová[1]

Introduction 261
1. Life of Karel Rychlík..261
2. Work of Karel Rychlík 262
   2.1 Algebra and Number Theory..262
   2.2 Mathematical analysis 267
   2.3 Works Devoted to Bernard Bolzano...268
   2.4 Other Works on History of Mathematics..268
   2.5 Textbooks, Popularization Papers, Translations..................................269
Bibliography 269

Introduction

The paper contains some remarks concerning the life and above all the work of the Czech mathematician KAREL RYCHLÍK. More detailed papers on this subject were published as [Hykšová 2001], [Hykšová 2001a].[2]

1. Life of Karel Rychlík

Let us mention several facts on the life of KAREL RYCHLÍK first.

16th April, 1885 born in Benešov (near Prague)
1904   passed the leaving examination at the grammar school, Prague
        appointed Active Member of the Union of Czech Math. and Phys.
1904-7 student at the Philosophical Faculty of Charles University, Prague
1907-8 student at Sorbonna, Paris
1908   passed the "teacher examination"
1909   appointed assistant lecturer at the Philosophical Faculty
1909   achieved the "Doctor of Philosophy" degree
1912   appointed private associate professor at the Philosophical Faculty

---

[1] This work was supported by the grant LN00A041 of the Ministry of Education of the Czech Republic.
[2] The papers and other information (omitted here for spatial reasons) are also available on Rychlík's Internet pages: http://euler.fd.cvut.cz/publikace/HTM/Index.html.

1913   appointed assistant lecturer at Czech Technical University, Prague
1913   appointed private associate professor at Czech Technical Univ.
1918   married
1920   declared adjunct professor at Czech Technical University
1922   appointed member of the Royal Bohem. Soc. of Sciences (KČSN)
1923   declared full professor at Czech Technical University
1924   appointed member of the Bohemian Academy of Sciences and Arts
1924   became member of the Bolzano Committee under KČSN
1934-5 dean of the Faculty of Mechanical and Electrical Engineering
1948   retired
28th May, 1968 died in Prague

From today's view, it was a pity that RYCHLÍK remained only private associate professor at Charles University. The main subject of his research was algebra and number theory. It was possible, even necessary, to read such topics at Charles University. In fact, RYCHLÍK was the first who introduced methods and concepts of "modern" abstract algebra in our country - by means of his published treatises as well as university lectures. Besides, as a professor there he would have had a stronger influence on the young generation of Czech mathematicians. But RYCHLÍK spent most of his time (and energy) at the Technical University where he had to adapt his lectures to the purposes of future engineers.

2. Work of Karel Rychlík

RYCHLÍK's publications can be divided into five groups, corresponding to the following sections.

2.1 Algebra and Number Theory

At the beginning of his career RYCHLÍK wrote several works on algebra without a deeper relation to his later publications; as far as the theme is concerned, they belong rather to algebra of the nineteenth century. Among them we can find one work devoted the theory of equations (1908), one work on the groups of transformations (1909, dissertation) and a couple of papers on the theory of algebraic forms (1910 and 1911, inceptive works).

The principal papers of KAREL RYCHLÍK can be divided as follows.

1. g-adic numbers (4 papers)
2. Valuation Theory (2)

Karel Rychlík and his Mathematical Contributions

3. Algebraic Numbers, Abstract Algebra (10)
4. Determinant Theory (2)

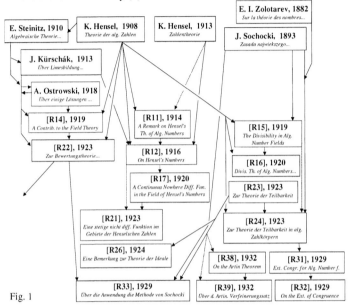

Fig. 1

Figure 1 shows the survey of quotations in RYCHLÍK's principal algebraic papers (except the two papers on determinant theory that stay a little bit aside).[3] It is evident that RYCHLÍK was above all influenced by K. HENSEL. Notice that the works were published between 1914 and 1932, that is, in the period of the birth and formation of the "modern" abstract algebra. Regrettably, only a few of RYCHLÍK's papers were published in a generally renowned magazine - *Crelle's Journal*; most of them were published in de facto local Bohemian journals. It was certainly meritorious for the enlightenment in the Czech mathematical public, but although some of the works were written in German, they were not noticed by the mathematical community abroad, even though they were referred in *Jahrbuch* or *Zentralblatt*. On the other hand, RYCHLÍK's papers published in Crelle's Journal became known and they have been cited in the literature.

---

[3] The symbol [R14] stands for the 14th item in the complete list of publications, which is published in [Hykšová 2001].

In his papers RYCHLÍK mostly came out of a certain work and gave some improvement - mainly he based definitions of the main concepts or proofs of the main theorems on another base, in the spirit of abstract algebra, which meant the generalization or simplification. The typical feature of his papers is the brevity, conciseness, topicality as well as (from the point of view of that time) the "modern" way of writing.

2.1.1 g-adic Numbers

In the first paper [Rychlík 1914] of the considered group RYCHLÍK generalizes HENSEL's ideas concerning additive and multiplicative normal form of g-adic numbers, which he extends to algebraic number fields.

The second paper [Rychlík 1916] is devoted the introduction and properties of the ring of g-adic numbers. While HENSEL took the way analogous to the construction of the field of real numbers by means of decimal expansions, RYCHLÍK came out - alike CANTOR - from the concepts of fundamental sequence and limit. As he notes, one of the merits p-adic numbers (for a prime p) came from KÜRSCHÁK [Kürschák 1913], who introduced the concept of *valuation*. RYCHLÍK generalized the notion of limit in a slightly different way, closer to HENSEL. Moreover, he studied comprehensively rings of g-adic numbers for a composite number g. KÜRSCHÁK's of this approach is, that directly from the definition, it can be immediately seen that the ring of g-adic numbers depends only on primes contained in g, not on their powers. Of course, the idea of constructing the field of paper [Kürschák 1913] is cited only in the postscript that seems to be written subsequently.

It is plausible he came to the idea of the generalization of CANTOR's approach independently of KÜRSCHÁK.[4] In the mentioned postscript RYCHLÍK generalized KÜRSCHÁK's technique for the case of the composite number g and defined what was later called *pseudo-valuation* of a ring R.[5]

---

[4] At least since 1909, when he lectured in the Union of Czech Mathematicians and Physicists *On Algebraic Numbers according to Kurt Hensel*, Rychlík had been involved in this topics and was trying to improve Hensel's ideas - here the solid foundation of the basic concepts was in the first place.

[5] It is almost unknown but interesting that Rychlík defined this concept 20 years before the publication of Mahler's paper [Mahler 1936], which is usually considered as a work where the general pseudo-valuation (Pseudobewertung) was introduced.

In 1920 KAREL PETR published in the Czech journal *Časopis pro pěstování mathematiky a fysiky* (ČPMF) a very simple example of a continuous non-differentiable function [Petr 1920]. Only the knowledge of the definition of continuity and derivative and a simple arithmetical theorem is necessary to understand both the construction and the proof of continuity and non-differentiability of the function, defined on the interval [0,1] as follows: if $x = a_1 10^{-1} + a_2 10^{-2} + \cdots$, where $a_k \in \{0,1,\ldots,9\}$, then $f(x) = b_1 2^{-1} \pm b_2 2^{-2} \pm \cdots$, where $b_k = 0$ (1) for even a_k (odd a_k) and the sign before b_{k+1} is opposite than the one before b_k if $a_k \in \{1,3,5,7\}$, the same otherwise.

The graph of an approximation of PETR's function can be seen in the left picture. To show it more graphically, a four-adic number system was used. Compared with the graph on the right, the necessity of the exception to the rule of sign assignment awarded to the digit 9 can be understood; the result would not be a continuous function.

In the same year and the same journal RYCHLÍK generalized PETR's function in the paper [Rychlík 1920]; the German variant [Rychlík 1923] was published two years later in Crelle's journal. RYCHLÍK carried the function from the real number field **R** to the field of *p*-adic numbers $\mathbf{Q}_p$:

if $\qquad x = a_r p^r + a_{r+1} p^{r+1} + \ldots; \qquad r \in \mathbf{Z}, a_k \in \{0, 1, \ldots, p-1\},$

then $\qquad f(x) = a_r p^r + a_{r+2} p^{r+2} + a_{r+4} p^{r+4} + \ldots$

The proof that the function described in this way is continuous in $\mathbf{Q}_p$, but has not a derivative at any point in this field, is rather elementary. At the end RYCHLÍK mentions that it would be possible to follow the same considerations in any field of *p*-adic algebraic numbers (introduced by HENSEL) subsistent to the algebraic number field of a finite degree over **Q**.

We shall remark that this work of RYCHLÍK was one of the first published papers dealing with *p*-adic continuous functions. In HENSEL's [Hensel

1913] some elementary p-adic analysis can be found, otherwise it was developed much later (Šnirelman, Dieudonné, de Groot etc.).[6]

2.1.2 Valuation Theory

In his paper [Kürschák 1913] J. KÜRSCHÁK introduced the concept of valuation as a mapping $\|\cdot\|$ of a given field K into the set of non-negative real numbers, satisfying the following conditions:

(V1) $\|a\|>0$ if $a \in K$, $a \neq 0$; $\|0\|=0$,
(V2) $\|1+a\| \leq 1+\|a\|$ for all $a \in K$,
(V3) $\|ab\|=\|a\|\cdot\|b\|$ for all $a,b \in K$,
(V4) $\exists a \in K : \|a\| \neq 0, 1$.

The main result of KÜRSCHÁK's paper is the proof of the following theorem.

THEOREM. Every valued field K can be extended to a complete algebraically closed valued field.

First, KÜRSCHÁK constructs the completion of K in the sense of fundamental sequences; it is not difficult to extend the valuation from K to its completion. Then he extends the valuation from the complete field to its algebraic closure. Finally, he proves that the completion of the algebraic closure is algebraically closed. The most difficult step is the second one. KÜRSCHÁK shows that if α is a root of a monic irreducible polynomial

(1) $f(x) = x^n + a_1 x^{n-1} + \cdots + a_n, \qquad a_i \in K,$

it is necessary to define its value as $\|\alpha\| = \|a_n\|^{1/n}$. To prove that this is the valuation, the most laborious and lengthy point is the verification of the condition (V2). For this purpose KÜRSCHÁK generalizes HADAMARD's results concerning power series in the complex number field. Nevertheless, at the beginning of his paper KÜRSCHÁK remarks that in all cases, where instead of the condition (V2) a stronger condition (V2') $\|a+b\| \leq \text{Max}(\|a\|, \|b\|)$ holds for all $a, b \in K$, i.e. for non-archimedean valuations, it is possible to generalize HENSEL's considerations concerning the decomposition of polynomials over $\mathbf{Q}_p$, especially the assertion, later called *Hensel's Lemma*:

---

[6] See [Hykšová 2001]; for a detailed bibliography see also [Więsław 1970].

LEMMA (HENSEL). If the polynomial (1) is irreducible and $\| a_n \| < 1$, then also $\| a_i \| < 1$ for all coefficients a_i, $1 \le i \le n$.

He didn't prove Hensel's Lemma for a field with a non-archimedean valuation - he wrote he had not succeeded in its generalization for all cases, it means for archimedean valuations too. So he turned to the unified proof based on HADAMARD's theorems, valid for all valuations.

A. OSTROWSKI proved in his paper [Ostrowski 1918] that every field K with an archimedean valuation is isomorphic to a certain subfield $\overline{K}$ of the complex number field $\mathbf{C}$ in the way that for every $a \in K$ and the corresponding $\overline{a} \in \overline{K}$ it is $\| a \| = |\overline{a}|^\rho$, where $|\cdot|$ is the usual absolute value on $\mathbf{C}$, $0 < \rho < 1$, ρ does not depend on a (such valuations are called equivalent). In other words, up to isomorphism, the only complete fields for an archimedean valuation are $\mathbf{R}$ and $\mathbf{C}$, where the problem of the extension of valuation is trivial. Hence it is possible to restrict the considerations only to non-archimedean valuations and use the generalization of Hensel's Lemma.

And precisely this was into full details done by KAREL RYCHLÍK in [Rychlík 1919] and [Rychlík 1923]. The second paper is the German variant of the first one written in Czech with practically the same content. But only the German work became wide known - thanks to its publication in Crelle's journal, while its Czech original was not noticed by the mathematical community abroad. The paper [Rychlík 1923] is cited e.g. by H. HASSE, W. KRULL, M. NAGATA, W. NARKIEWICZ, A. OSTROWSKI, P. RIBENBOIM, P. ROQUETTE, O. F. G. SCHILLING, F. K. SCHMIDT, W. WIĘSŁAW and others.[7]

2.1.3 Theory of Algebraic Numbers, Abstract Algebra

The papers included in this group were published in Czech journals, in Czech or German, and remained almost unknown outside Bohemia. They are, nevertheless, very interesting and manifest RYCHLÍK's wide horizons as well as the fact that he followed the latest development in the theory, studied the current mathematical literature, noticed problems or possible generalizations that later turned out to be important. Let us only mention that in his papers we can find the definition of divisors in algebraic number

---

[7] For exact citations see [Hykšová 2001]. For a detailed description of the history of valuation theory see e.g. [Roquette 2001].

fields via a factor group, introduction of divisibility via the concept of a semi-group and other ideas.

Worth mentioning is also the paper [Rychlík 1931] where a nice and simple proof of the assertion on the zero determinant of a matrix over a field of characteristic 2, in which two rows or columns are identical.

2.2 Mathematical analysis

Seven RYCHLÍK's papers belong to mathematical analysis. Among them there are two couples consisting of Czech and German variant of almost the same text. Otherwise, the works on analysis are mutually independent.

2.3 Works Devoted to Bernard Bolzano

As far as the number of citations is concerned, this domain is unequivocally in the first place. Preparing for printing BOLZANO's *Functionenlehre* [Bolzano 1930] and two parts of *Zahlenlehre* ([Bolzano 1931], [Rychlík 1962]), RYCHLÍK earned the place in practically all BOLZANO's bibliographies. Known is also the paper [Rychlík 1921] containing the correct proof of continuity and non-differentiability of BOLZANO's function that was published only in [Bolzano 1930], but constructed before 1834. The "discovery" of this function caused a real sensation - BOLZANO was ahead of his time by several decades.[8]

In 50's and 60's RYCHLÍK invested almost all his energy just in this topic. He intensively studied BOLZANO's unpublished manuscripts, rewriting some of them, others making the subjects of his published studies (above all BOLZANO's logic and the theory of real numbers).

2.4 Other Works on History of Mathematics

A range of other papers on the history of mathematics more or less relates to BOLZANO (the works devoted to N. H. ABEL, A.-L. CAUCHY and the prize of the Royal Bohemian Society of Sciences for the problem of the solvability of algebraic equations of the degree higher then four in radi-

---

[8] For more details see [Hykšová 2001a], where also the activities of Karel Rychlík and other Czech mathematicians are described.

cals). Some of the remaining papers are only short reports or processing of literature, the others contain a good deal of original work based on primary sources (the papers devoted to É. GALOIS, F. KORÁLEK, M. LERCH, E. NOETHER, F. RÁDL, B. TICHÁNEK, E. W. TSCHIRNHAUS and F. VELÍSEK). Moreover, RYCHLÍK adds his own views and valuable observations, the fact of which shows his deep insight and serious interest in both the history of mathematics and mathematics itself.

2.5 Textbooks, Popularization Papers, Translations

In the Czech mathematical community, RYCHLÍK's name is mostly related to his textbooks on elementary number theory and theory of polynomials with real coefficients, which are certainly very interesting and useful, but which are not "real" scientific contributions. Worth mentioning is the less known textbook on probability theory published in 1938, written for students of technical university, yet in a very topical way - axiomatically.

Bibliography

BOLZANO, BERNARD: Functionenlehre. KČSN, Prague 1930 [edited and provided with notes by K. Rychlík; the foreword by K. Petr].

BOLZANO, BERNARD: Zahlentheorie. KČSN, Prague 1931 [edited and provided with notes by K. Rychlík].

HENSEL, KURT: Theorie der algebraischen Zahlen I. Teubner, Leipzig 1908.

HENSEL, KURT: Zahlentheorie. Göschen, Berlin und Leipzig 1913.

HYKŠOVÁ, MAGDALENA: Life and Work of Karel Rychlík. In: Mathematics throughout the Ages, Prometheus, Prague 2001, 67-91.

HYKŠOVÁ, MAGDALENA: Remark on Bolzano's Inheritance Research in Bohemia. Ibid., 258-286.

KÜRSCHÁK, JÓZSEF: Über Limesbildung und allgemeine Körpertheorie. Crelle[9] **142**(1913), 211-253.

MAHLER, KURT: Über Pseudobewertungen. Acta Math. **66**(1936), 79-119.

---

[9] Journal für die reine und angewandte Mathematik.

OSTROWSKI, ALEXANDER: Über einige Lösungen der Funktionalgleichung $\varphi(x).\varphi(y)=\varphi(xy)$. Acta Math. **41**(1918), 271-284.

PETR, KAREL: An Example of a Continuous Function that has not a Derivative at any Point. ČPMF[10] **49**(1920), 25-31 (Czech).

ROQUETTE, PETER: History of Valuation Theory. 2001 (manuscript).[11]

RYCHLÍK, KAREL: A Remark on Hensel's Theory of Algebraic Numbers. Věstník 5. sjezdu českých přír. a lékařů v Praze, 1914, 234-235 (Czech).

RYCHLÍK, KAREL: On Hensel's Numbers. Rozpravy[12] **25**(1916), Nr. 55, 16 pp. (Czech).

RYCHLÍK, KAREL: A Contribution to the Field Theory. ČPMF **48**(1919), 145-165 (Czech).

RYCHLÍK, KAREL: A Continuous Nowhere Differentiable Function in the Field of Hensel's Numbers. ČPMF **49**(1920), 222-223 (Czech).

RYCHLÍK, KAREL: Über eine Funktion aus Bolzanos handschriftlichem Nachlasse. Věstník[13] 1921-22, Nr. 4, 6 pp.

RYCHLÍK, KAREL: Eine stetige nicht differenzierbare Funktion im Gebiete der Henselschen Zahlen. Crelle **152**(1922-23), 178-179.

RYCHLÍK, KAREL: Zur Bewertungstheorie der algebraischen Körper. Crelle **153** (1923), 94-107.

RYCHLÍK, KAREL: Eine Bemerkung zur Determinantentheorie. Crelle **167** (1931), 197.

RYCHLÍK, KAREL: Theorie der reelen Zahlen in Bolzanos handschriftlichen Nachlasse. ČSAV, Prague 1962.

WIĘSŁAW, WITOLD: Analiza niearchimedesowska i ciała liczb p-adycznych. Roczniki polskiego towar. matem. (Seria II) **XI** (1970), 221-234.

Mgr. Magdalena Hykšová, Dep.of Applied Math., Faculty of
Transportation Sciences, Czech Technical University, Na Florenci 25, 110
00 Prague 1, Czech Republic, email: hyksova@fd.cvut.cz

---

[10] Časopis pro pěstování mathematiky a fysiky.
[11] The manuscript is available on http://www.rzuser.uni-heidelberg.de/~ci3/manu.html.
[12] Rozpravy II. třídy České akademie věd a umění.
[13] Věstník KČSN - Mémoires de la société royale des sciences de Bohème.

Origins of Network Flows

Helena Durnová

Introduction 271
1. Definitions 272
2. The Springs and Streams 274
   2.1 Hitchcock and Kantorovich. 275
   2.2 Graph Theory versus Simplex Method 277
3. The Year 1962: The Confluence 278
4. Conclusion 279
References 279

Introduction

Network flow problems form a class of basic problems in discrete optimization. They are related to economy and also to physics. From the mathematical point of view, the connections between shortest-path and network flow problems, as well as between matching theory and network flow problems are interesting: namely, shortest-path problems are dual to certain network flow problems and vice versa. Nowadays, network flows constitute a separate branch in discrete optimization. In this paper, we deal exclusively with single-commodity network flows, The history is followed up to the publication of the monograph [Ford, Fulkerson 1962].

Network flow problems were formulated in various contexts. The history of the problem is often traced back to the physicist GUSTAV KIRCHHOFF and his laws for electrical current. The first to formulate the problem in mathematical context were L. V. KANTOROVICH[1] and F. L. HITCHCOCK. The latter also gave name to the *Hitchcock problem*, which is a term equivalent to the *transportation problem* or the *network flow problem*. Scattered results were united by L. R. FORD and D. R. FULKERSON in 1962.

---

[1] Leonid Vitalyevich Kantorovich, 1912-1986, Russian mathematician, Nobel prize for economics (1975).

After the publication of the monograph [Ford, Fulkerson 1962], authors writing on network flows quote this book. The most famous result stated in the monograph, bearing is probably *Ford-Fulkerson* or the *Max-Flow Min-Cut Theorem*. Finiteness of the *labelling method* is also examined in the book, as well as the duality of network flow and shortest path problems.[2]

1. Definitions

The words *network* and *graph* are interchangeable here. The term "network" is favoured by some authors because of its more direct visual interpretation. The most important results and specific definitions related to network flow problems are stated in this section, especially the connection between minimum cut and maximum flow in a network (graph). It can be shown that network flow algorithms are not finite if capacities of the edges are allowed to be real. However, it holds that if all edge capacities are integers, then the maximum flow is also integer. This statement can be extended to rational numbers, which provides optimistic computational results.

The same methods can be used for transportation of any product, including the traffic in a town, where the capacities determine how many cars can go through a certain street in a certain time (e.g. per hour). From this, it is only a step further to the problems connected with the costs of transportation.

Definition. *Given a graph $G(V, E)$, suppose that each edge $v_i v_j \in E$ is associated with a non-negative real number $c(v_i v_j)$, called the* capacity *of the edge $v_i v_j$. The function $c: E \to \mathbf{R}_0^+$ is called the* capacity *function.*

For the purposes of network flow algorithms, weight function bears the denotation "capacity". *Capacity* of an arc determines the quantity of a product that can flow through the edge (in a given period of time). According to the capacities given, some nonnegative *flow* can be constructed.

Even though the original graph is undirected, the graph describing the flow must always be directed. We distinguish between the *in-degree* and the *out-degree* of a vertex in a directed graph:

---

[2] Obviously, discussions on complexity start only later: the first hints on the need to compare algorithms appear in mid-1960s.

Origins of Network Flows

Definition. *In a directed graph G(V, E), d_G^- denotes the number of directed edges with their endpoint in v (the* in-degree*) and d_G^+ denotes the number of directed edges with their starting point in v (the* out-degree*).*

The *in-degree* and the *out-degree* of the vertex tell us how many predecessors and successors the vertex v_i has. The set of predecessors of v_i (i.e. the set of vertices v_j for which the (directed) edge $v_j v_i \in E$) is denoted by $\Gamma_G^-(v_i)$ and the set of the successors of v_i (i.e. the set of vertices v_j for which the (directed) edge $v_i v_j \in E$) by $\Gamma_G^+(v_i)$. The cardinality of the set $\Gamma_G^-(v_i)$ is $d_G^-(v_i)$, and the cardinality of the set $\Gamma_G^+(v_i)$ is $d_G^+(v_i)$. The following definition tells us what conditions must be satisfied by any flow in a network:

Definition. *Let s and t be two distinct vertices of V. A (static) flow of value v from s to t in G is a function f: $E \to \mathbf{R}_0^+$ such that each $v_i \in V$ satisfies the linear equations*

$$\sum\nolimits_{v_j \in \Gamma_G^+(v_i)} f(v_i, v_j) - \sum\nolimits_{v_j \in \Gamma_G^-(v_i)} f(v_i, v_j) = v \quad \textit{for } v_i = s$$

$$\sum\nolimits_{v_j \in \Gamma_G^+(v_i)} f(v_i, v_j) - \sum\nolimits_{v_j \in \Gamma_G^-(v_i)} f(v_i, v_j) = 0 \quad \textit{for } v_i \neq s, t$$

$$\sum\nolimits_{v_j \in \Gamma_G^+(v_i)} f(v_i, v_j) - \sum\nolimits_{v_j \in \Gamma_G^-(v_i)} f(v_i, v_j) = -v \quad \textit{for } v_i = t$$

and the inequality
$$f(v_i, v_j) \leq c(v_i, v_j), (v_i, v_j) \in E.$$
The vertex **s** *is called the source, and the vertex* t *the sink.*

The middle condition $\sum\nolimits_{v_j \in \Gamma_G^+(v_i)} f(v_i, v_j) - \sum\nolimits_{v_j \in \Gamma_G^-(v_i)} f(v_i, v_j) = 0$ *for* $v_i \neq s, t$, i.e. that the flow into the vertex must be equal to the flow out of the vertex, is the so-called *Kirchhoff's law*. It is obvious that the same equation need not be valid for the *capacity* function.

Basic network flow algorithms are designed to operate with *single-source single-sink networks*, i.e. networks where the product flows from only one source to only one sink. Such algorithms can easily be adapted for some problems with more sources and more sinks by adding a source and a sink and edges with the appropriate edge capacities. For these algorithms, the notion of a *cut* separating source and sink is central:

Definition. *Let $X' = V - X$ and let (X, X') denote the set of all edges going from X to X'. A cut in G(V, E) separating s and t is a set of edges (X, X'), where $s \in X$ and $t \in X'$. The capacity of the cut (X, X') is denoted by $c(X, X')$, where*

$$c(X, X') = \sum\nolimits_{xx' \in (X, X')} c(xx').$$

In the above-stated definition of a cut, the "edges between X and X'" are the edges going from X to X'; in directed graphs, the direction of the edges must be taken into account.

The *Cut-Flow Lemma* further specifies the relation between the cut and flow in the network. The *Max-Flow Min-Cut Theorem* states the equality between maximum flow and minimum cut. It is one of the central theorems of network flow theory:

Cut-Flow Lemma. *Let* f *be a flow from* s *to* t *in a graph G of the value* v. *If (X, X') is a cut separating* s *and* t, *then* $v = f(X, X') - f(X', X) \leq c(X, X')$.

Max-Flow Min-Cut Theorem. *For any network, maximal value of a flow from* s *to* t *is equal to the minimal capacity of a cut separating* s *and* t.

The phrase "flows in networks" evokes some product, or, more precisely, liquid flowing through piping. And indeed, it is sometimes suggested (e.g. in [BFN58]) that the product should be divisible into as small quantities as possible. However, if real numbers as the capacities are allowed, network flow algorithms need not be finite. On the other hand, already FORD and FULKERSON state the *Integrity theorem* [Ford, Fulkerson 1962, p. 19]:

Integrity theorem. *If the capacity function* c *is integral valued, there exists a maximal flow* f *that is also integral valued.*

The following quotation comments on the use of graph theory for another "commodity" - electricity [Vágó 1985, p. 5]:

> "A means of describing the connections of electrical networks is provided by graph theory. Its application yields a method for solving network analysis problems, by means of a systematic derivation of an appropriate number of linearly independent equations."

2. The Springs and Streams

The origins of network flow theory are in various branches not only of mathematics, but also other sciences. KIRCHHOFF's paper is quoted as the first one on this topic. The connection of *Kirchhoff's laws* with graph theory was recognized already by DÉNES KÖNIG [König 1986, pp. 139-141]:

> "Die vorangehenden Untersuchungen verdanken teilweise ihren Ursprung einer Fragestellung der Elektrizitätslehre, welche 1845 von KIRCHHOFF gestellt und gelöst wurde. In einem endlichen zusammenhängenden gerichteten Graphen G sollen die Kanten $k_1, k_2, ..., k_\alpha$ als

Drähte aufgefasst werden, in denen ein elektrischer Strom zirkuliert. Für jede (gerichtete) Kante k_i sei ihr elektrischer Widerstand Ω_i (>0) und die elektromotorische Kraft E_i die in k_i ihren Sitz hat (in der Richtung von k_i gemessen), gegeben. [...]"

FORD and FULKERSON, on the other hand, start from the linear programming formulations of *transportation problems*. They say on the history of network flows [Ford, Fulkerson 1962; Preface]:

"Certain static minimal cost transportation models were independently studied by HITCHCOCK, KANTOROVICH, and KOOPMANS in the 1940's. A few years later, when linear programming began to make itself known as an organized discipline, DANTZIG. showed how his general algorithm for solving linear programs, the simplex method, could be simplified and made more effective for the special case of transportation models. It would not be inaccurate to say that the subject matter of this book began with the work of these men on the very practical problem of transporting the commodity from certain points of supply to other point of demand in a way to minimize shipping cost. [...] However, dismissing the formulational and applied aspects of the subject completely, and with the advantages of hindsight, one can go back a few years earlier to research of KÖNIG, EGERVÁRY, and MENGER on linear graphs, or HALL on systems of distinct representatives for sets, and also relate this work in pure mathematics to the practically oriented subject of flows in networks."

They also trace history of network flow problems back to KIRCHHOFF, but their main concern for them seems to be the mutual influence of mathematical results and practical transportation problems. The results of MENGER and EGERVÁRY bring the problem more to the mathematical side: their theorems and methods form the basis of the *Hungarian Method* for maximum matching.[3]

2.1 Hitchcock and Kantorovich

One of the classic articles dealing with network flows is HITCHCOCK's paper *The distribution of a product from several sources to numerous localities* [Hitchcock 1941] published in 1941. In his paper, HITCHCOCK defines the transportation problem in the following way [Hitchcock 1941, p. 224]:

---

[3] The term "Hungarian Method" was coined by Harold W. Kuhn.

1. Statement of the problem. *When several factories supply a product to a number of cities we desire the least costly manner of distribution. Due to freight rates and other matters the cost of a ton of a product to a particular city will vary according to which factory supplies it, and will also vary from city to city.*

HITCHCOCK first shows the way of finding a feasible solution, then he takes the costs of transportation between two cities into account, and finally he gradually improves the solution. Apart from the statement of the problem, the method of solving transportation problem is demonstrated on a concrete example.[4]

HITCHCOCK divides the paper into three sections. In the second section (Geometrical interpretation), he gives a geometrical representation of the problem,[5] which resembles simplex used in linear programming. In the third section (Finding a vertex), he formulates the thesis that a feasible solution can be found in one of the vertices of the simplex. The term "vertex" is used here in a sense quite different from the term "vertex" used in graph theory. Finally, in the fourth section (Finding a better vertex), he gradually improves the solution by "travelling" to other vertices of the simplex.

The problem dealt with in the paper [Hitchcock 1941] evidently belongs to the network flow problems. However, the solution presented is not a graph-theoretical one, but rather one using linear programming methods. The paper by KANTOROVICH and the joint paper by KANTOROVICH and GAVURIN are often quoted as the first attempts at formulating linear programming. The methods they use also belong rather to the domain of linear programming than to the domain of graph theoretical algorithms.[6]

Even G. B. DANTZIG admits that linear programming methods were formulated in the Soviet Union prior to their development in the U.S.A. However, he claims that it is legitimate to consider linear programming to be

---

[4] The style reminds one of E. F. Moore, who also described his algorithms on a specific example (1957).

[5] There is no picture in Hitchcock's paper, only a description of the situation.

[6] Papers are quoted by e.g. [FF 1962] or [Lovasz & Plummer 1986]: Kantorovich, L. V.: On the translocation of Masses, Doklady Akademii Nauk SSSR, **37** (1942), 199-201.
Kantorovich, L. V. and Gavurin, M. K.: The Application of Mathematical Methods in Problems of Freight Flow Analysis. *Collection of Papers Concerned with Increasing the Effectiveness of Transports*, Publication of the Academy of Sciences SSSR, Moscow-Leningrad, 1949, 110-138.}

a U.S. patent, for which the sole fact that the methods of KANTOROVICH were unknown in the U.S.A. is a sufficient reason.[7] KANTOROVICH's method of solving the problem was not a graph-theoretical one, and is thus not of interest here.[8]

2.2 Graph Theory versus Simplex Method

The paper *Die Graphentheorie in Anwendung auf das Transportproblem* presented by the Czech mathematicians BÍLÝ, FIEDLER, and NOŽIČKA in 1958 consists of two parts: the theoretical part, an example, and a historical note. In the first three sections, the authors define graph-theoretical concepts, while in the fourth, they solve Hitchcock transportation problem. Again, the method is presented on an example. As HAROLD KUHN says in his review (MR 21#314), "it is the simplex method in disguise." They proceed in a way similar to HITCHCOCK and the paper makes the impression that they deliberately chose to "translate" the simplex method into graph-theoretical terminology. On the history of the transportation problem, they say [BFN 1958, pp. 119-120]:

"Die Aufgabe, ein in mehreren Produktionsstellen erzeugtes Produkt unter bestimmte Verbrauchsstellen mit gegebenem Verbrauchsumfang (gleich dem Produktionsumfang) so zu verteilen, dass die Transportkosten minimal werden, wurde zuerst von HITCHCOCK [Hitchcock 1941] mathematisch formuliert und mit mathematischen Mitteln gelöst. [...] Der Schiffmangel, der schon während des ersten Welt\-kriegen zu gewissen Regulierungen des Umlaufes von Schiffen zwang und während des zweiten Weltkrieges in viel grösserem Ausmasse in Erscheinung trat, führte in zweiten Weltkriege zur mathematischen Formulierung und Lösung der Aufgabe, wobei zu bemerken ist, dass der Transport zur See gewisse besondere Bedingungen stellt, die von denen des Eisenbahntransports unterschiedlich sind. [...] Die Simplexmethode der Lösung des Transportproblems wurde von DANTZIG [4] angegeben." [9]

---

[7] It is not the aim of this contribution to resolve the linear programming priority debate.
[8] Kantorovich and Gavurin use metric spaces and the theory of potential.
[9] [4] refers to: Dantzig, G. B., Applications of the Simplex Method to a Transportation Problem, *Activity Analysis of Production and Allocation*, 359-373.(The year of publication not stated.)

The authors also shed some light on the research connected to network flows in Czechoslovakia and on the importance of network flow problems for economics [BFN 1958, p. 119]:

> "In der Tschechoslowakischen Republik ist man zum Transportproblem im obigen sinne im Zusammenhang mit dem Bestreben nach einer ökonomischen Gestaltung des Einbahntransportes gekommen. Das Problem wurde im Jahre 1952 von Nožička unabhängig von den oben angeführten Arbeiten gelöst; die Methode wurde ausführlich in [12] erläutert."

They also state limitations of the transportation problems [BFN 1958, p. 119-120].

3. The Year 1962: The Confluence

A major breakthrough in the network flow theory can be seen in the publication of the classic monograph *Flows in Networks* by L. R. FORD and D. R. FULKERSON from the *RAND Corporation*. Their rather tiny book was published in 1962. In this book, the authors managed to encompass network flow theory up to their time.[10] In the Preface to the book, the authors say [Ford, Fulkerson 1962, p. vii.]:

> This book presents one approach to that part of linear programming theory that has come to be encompassed by the phrase "transportation problems" or "network flow problems".

KANTOROVICH and GAVURIN, as well as DANTZIG used linear programming methods for solving transportation (network flow) problems. In the book by FORD and FULKERSON, the methods are not explicitly stated to be graph theoretical; yet it is evident that their meaning of *nodes* and *arcs* corresponds with the notions in graph theory. In the Preface of [Ford, Fulkerson 1962], the authors say:

> While this is primarily a book on applied mathematics, we have also included topics that are purely mathematically motivated, together with those that are strictly utilitarian in concept. For this, no apology

---

[10] Major part of this was most probably published by L. R. Ford in a RAND Corporation Paper P-923 in 1956.

is intended. We have simply written about mathematics which has interested us, pure or applied.

To carry the historical sketch another (and our last) step back in time might lead one to the Maxwell-Kirchhoff theroy of current distribution in an electrical network.

In this book, we find the treatment of static maximal flow, *minimal cost flow problems*, as well as *multi-terminal network flows*. The second chapter of the book - *Feasibility Theorems and Combinatorial Applications* - brings the readers' attention to more general results and puts network flow theory into a wider mathematical context. Namely, "various combinatorial problems [...] can be posed and solved in terms of network flows. The remainder of this chapter illustrates this method of attack on a number of such problems". [Ford, Fulkerson 1962, p. 36]

The subject of multiterminal network flows is alloted a comparatively short space. FORD and FULKERSON actually lay this problem aside, as they say that the basic procedures can easily be adapted from the single-source single-sink network flow problems. These adaptations are often the themes of more recent papers on network flows.

4. Conclusion

Network flow problems are a complex class of discrete optimization problems. These "transportation problems" can be solved very well by both linear programming methods and graph-theoretical algorithms. It is also worth mentioning that the first concise treatment of the network flow problems was published forty years ago, including the transformation of multi-terminal network flow problems into single-source single-sink ones.

References

[BFN 1958] BÍLÝ, J.; FIEDLER, M. and NOŽIČKA, F.: Die Graphentheorie in Anwendung auf das Transportproblem. *Czechoslovak Math. J.*, **8** (83):94-121, 1958.

[Ford, Fulkerson 1962] FORD, LESTER R. JR. and FULKERSON, DELBERT R.: Flows in Networks. Princeton University Press, Princeton, New Jersey, first ed., 1962.

[König 1986] KÖNIG, DÉNES: Theorie der endlichen und unendlichen Graphen. Teubner, Leipzig 1986.[11]

[Vágó 1985] VÁGÓ, ISTVÁN: Graph Theory: Application to the Calculation of Electrical Networks. Akadémiai Kiadó, Budapest, 1985.

Dr. Helena Durnová, UMAT FEKT VUT, Technicka' 8, CZ-616 00 Brno
Email: durnova@dmat.fee.vutbr.cz

---

[11] Kombinatorische Topologie der Streckenkomplexe. Mit einer Abhandlung von L. Euler. No. 6 in *Teubner-Archiv zur Mathematik*. Photographic reproduction of a book originally published in 1936 by the Akademische Verlagsgesellschaft M. B. H., Leipzig. Edited and with comments and an introduction by H. Sachs, an introduction by Paul Erdös, a biography of König by Gallai. English, French, and Russian summaries.

Der Beitrag der Mathematischen Institute zum Universitätsjubiläum der Humboldt-Universität Berlin im Jahre 1960[1]

Hannelore Bernhardt

Jubiläen treten aus dem üblichen Gang der Entwicklung auf vielen Ebenen des gesellschaftlichen Lebens heraus, werden bestimmt von Jahreszahlen, denen im jeweils benutzten Zahlensystem eine bevorzugte Position zuerkannt wird. In unserem Dezimalsystem sind das gewöhnlich ganzzahlige Vielfache von fünf und zehn. Jubiläen verweisen auf Traditionen, fördern Geschichtsbewußtsein, beleuchten historische Zusammenhänge.

Der Bergriff "Jubiläum" hat seinen Ursprung in dem Wort "Jubel", der Bezeichnung für eine Art Posaune oder Horn. Es wurde nach alttestamentlicher Überlieferung bei den Hebräern am Tschiri, dem Versöhnungstag, als Ankündigung für jenes Jahr geblasen, das auf 7x7 Sabbatjahre folgte, also vor dem 50. Jahr, dem Jubeljahr.[2]

Wie bekannt, begeht die Berliner Universität, im Jahre 1828 nach ihrem Stifter Friedrich-Wilhelms-Universität[3] und ab dem Jahre 1949 auf Beschluß von Rektor und Senat Humboldt-Universität[4] benannt, im Jahre 2010 ihr 200. Gründungsjubiläum. Der folgende Beitrag will sich in die im Vorfeld dieses Ereignisses zu erarbeitenden historischen Untersuchungen einreihen und hat die Ereignisse und näheren Begleitumstände des Symposiums zum Inhalt, das von den Mathematischen Instituten anlässlich der 150-Jahrfeier im Jahre 1960 veranstaltet wurde. Verf. kann sich dabei auf Material der Archive der Humboldt-Universität, der Berlin-Brandenburgi-

---

[1] Eine erweiterte Fassung dieses Beitrages ist erschienen in: Dahlemer Archivgespräche Bd. 8, hrsg. vom Archiv zur Geschichte der Max-Planck-Ges. Berlin 2002, 186-209.
[2] Vgl. 3. Buch Moses 25, Verse 8-17.
[3] Max Lenz: Geschichte der Universität Berlin, 2. Band, 1. Hälfte, S. 445.
[4] "Durch die Wahl dieses Namens verpflichtet sich die Universität Berlin, im Geiste der Brüder Wilhelm und Alexander von Humboldt die Geistes- und Naturwissenschaften zu pflegen und dabei die Einheit von wissenschaftlicher Lehre und Forschung zugleich zu wahren. Sie bekennt sich dadurch auch zu der beiden Brüdern gemeinsamen Gesinnung der Humanität und der Völkerverständigung." Tägliche Rundschau vom 10.Februar 1949.

schen Akademie der Wissenschaften, des Bundesarchivs sowie auf die Bulletins der Pressekommission der Humboldt-Universität stützen. Viele der zu zitierenden Dokumente sprechen für sich und sind häufig so aussagekräftig, dass sich eine Kommentierung fast erübrigt.

Die Feierlichkeiten zum 150. Universitätsjubiläum der Humboldt-Universität fanden in der Zeit vom 6. - 18. November 1960 statt. Das Staatssekretariat für das Hoch- und Fachschulwesen beschäftigte sich nur sehr zögerlich mit dem Jubiläum, obwohl es sich um ein Doppeljubiläum, 150 Jahre Universität und zugleich 250 Jahre Charité handelte. Noch im Sommer 1960 wurde mehrmals der entsprechende Tagesordnungspunkt aus den Sekretariatssitzungen herausgenommen.[5] Erst Ende August erfolgte eine ausführliche Diskussion zum Thema "Maßnahmen zur Unterstützung der Vorbereitungsarbeiten der 150 Jahrfeier der Humboldt-Universität und der 250 Jahrfeier der Charité", die in eine größere Anzahl politischer und organisatorischer Hinweise und Festlegungen mündete[6].

In vielen Einrichtungen der Universität wurden Festkomitees gebildet. In das der mathematisch-naturwissenschaftlichen Fakultät wurde der Mathematiker KARL SCHRÖTER als Vorsitzender gebeten, wie aus einem Brief des Dekans - in jenem Jahr der Mathematiker HEINRICH GRELL - hervorgeht.[7]

Bereits im Januar 1960 hatte die Parteigruppe der SED in einem Brief mit Unterschriften von KLAUS MATTHES (Sekretär der Grundorganisation Mathematik/Physik) und MANFRED WALK (Gruppenorganisator der Parteigruppe der Mathematischen Institute) an "Spektabilität" GRELL wesentliche

---

[5] Bundesarchiv Abteilung Reich und DDR zusammen mit Stiftung Archiv der Parteien und Massenorganisationen der DDR, (SAPMO BArch), Akte ZSTA 181, Dienstbesprechungen des Staatssekretariats des Staatssekretärs (zu jener Zeit Wilhelm Girnus) Juli - August 1960, Bd. 3, Protokolle der Leitungssitzungen, hier vom 5.7., 12.7. und 5.8.60.

[6] Vgl. Fußnote 4, Protokoll der Leitungssitzung vom 16. August. Die dort getroffenen Festlegungen betrafen u.a. die Tätigkeit leitender Genossen in "entscheidenden Gremien", die Heranziehung von Gruppen von Wissenschaftlern anderer Universitäten für die Begutachtung von Festbänden, Ausstellungen usw., die "zielgerichtete politische Arbeit" unter den Studenten und dem wissenschaftlichen Nachwuchs, die Zusammenarbeit mit der FDJ und der Gewerkschaft, die Sicherung der politischen Betreuung der zu erwartenden Gäste, die ständige Analyse und Informationen über Zu- und Absagen eingeladener Gäste und die Absichten des Klassengegners, die Verbesserung der Presse- und Publikationsarbeit sowie Ehrenpromotionen und Auszeichnungen.

[7] Archiv der Humboldt-Universität zu Berlin (AHUB), Math.-Nat. Fakultät, Akte 48 (unpaginiert), Brief vom 16. Dezember 1959.

Gesichtspunkte zentraler Vorgaben getroffen, freilich unter stärkerer Orientierung auf fachliche Aspekte. Darin heißt es u. a.:

"Die Jubiläumsfeierlichkeiten verpflichten uns, vor der internationalen Öffentlichkeit zu beweisen, dass die Humboldt-Universität an die großen Traditionen der Berliner Mathematik anknüpft, dass diese Traditionen bei uns gepflegt und geachtet werden und im Rahmen unseres sozialistischen Aufbaus zu einer neuen Blüte geführt werden. ...

Die Tagung sollte zum Ausdruck bringen, dass auch an unserer Fachrichtung die sozialistische Umgestaltung fortschreitet und für jeden Mitarbeiter große Perspektiven eröffnet. ... Die Kritik des internationalen Forums soll uns helfen, den fachlichen stand unserer Arbeitsgruppen und des wissenschaftlichen Nachwuchses einzuschätzen ... .

Schlussfolgerungen:

Die Thematik der Tagung sollte so umfassend sein, dass möglichst viele Probleme, die in der DDR behandelt werden und für die Entwicklung der Wissenschaft von Interesse sind, Berücksichtigung finden. ...

Neben Einzelvorträgen bekannter Wissenschaftler und des wissenschaftlichen Nachwuchses unserer Republik sollten die an den Universitäten der DDR bestehenden mathematischen Arbeits- und Forschungsgemeinschaften hauptsächlich durch Vortragszyklen in Erscheinung treten. ...

Folgender Personenkreis sollte in erster Linie bei der Einladung berücksichtigt werden:

a. Offizielle Delegationen der Moskauer, Prager und Warschauer Universität.[8]

b. Vertreter von anderen Universitäten sozialistischer Länder

c. Ehemalige Berliner, insbesondere solche, die durch den Faschismus zur Emigration gezwungen wurden.

d. Aus Westdeutschland sollten in erster Linie jüngere aufstrebende Mathematiker eingeladen werden, die in naher Zukunft das Gesicht

---

[8] Mit diesen Universitäten bestanden seitens der Humboldt-Universität Freundschaftsverträge. Einen Hinweis auf nicht nachvollziehbare Schwierigkeiten gibt eine Aktennotiz vom 31. 5. 1960, nach der das Staatssekretariat "schnellstens" die Erlaubnis erteilen solle, "allen Universitäten des sozialistischen Lagers offizielle Einladungen zuzustellen." AHUB, Rektorat Akte 456.

der Mathematik bestimmen werden. Es sollten auch solche jüngeren Wissenschaftler berücksichtigt werden, die vor Jahren unsere Republik verlassen haben. ...

e. Aus dem übrigen Ausland sollten vor allem solche wissenschaftlichen Persönlichkeiten eingeladen werden, die durch mehrere Besuche unserer Universität bzw. unserer Republik ein enges Verhältnis zu Mathematikern der DDR haben. ...

f. Bei Einladungen sollten Wünsche der Arbeitsgruppen Berücksichtigung finden. ..." [9]

Im weiteren traten - wie gewöhnlich in solchen Fällen - Schwierigkeiten auf.[10] Da sich der Druck der Einladungen verzögerte, konnten diese erst relativ spät verschickt werden. Wie die erhalten gebliebenen Namenslisten der Mathematischen Institute bzw. der Mathematisch-naturwissenschaftlichen Fakultät ausweisen, wurden etwa einhundert namhafte Gelehrte aus aller Welt eingeladen,[11] die Gesamtzahl der Teilnehmer am Mathematischen Symposium kann mit rund zweihundert angegeben werden. Erschwerend für die Aufstellung eines Tagungsprogramms war es, dass erst "in den allerletzten Tagen Mitteilungen darüber eintrafen, wer diesen großen Delegationen angehören würde, und dass wir die Themen der Vorträge dieser vielen und wichtigen Gäste erst bei ihrer Ankunft in Berlin erfahren konnten."[12] Es kam zu vielmaliger Veränderung des ursprünglich vorgesehenen Programms. Bisher konnte nur ein "Vorläufiges Programm" aufgefunden werden.[13]

---

[9] AHUB, Math.-Nat. Fakultät Akte 48, Brief vom 11.01.1960, S. 2-4.
[10] In einem Bericht des Staatssekretariats findet sich die Bemerkung, dass sich "die Genossen ... zu spät in die Vorbereitung der wissenschaftlichen Tagungen eingeschaltet" hätten (in die Diskussion ideologischer Probleme und die Klarstellung der politischen Linie), die größten Schwierigkeiten gäbe es im Bereich der Mathematisch-Naturwissenschaftlichen Fakultät. "Es bestehen bei einer Reihe von Wissenschaftlern Illusionen hinsichtlich einer gesamtdeutschen Wissenschaft, falsche Vorstellungen über die Rolle des westdeutschen Militarismus und Unterschätzung der Rolle der DDR als Erbe und Fortsetzer des konsequenten Kampfes der Arbeiterklasse und aller fortschrittlichen Kräfte. ... In den staatlichen Leitungen wurden im wesentlichen richtige politische Beschlüsse zur Unterstützung der 150-Jahrfeier gefasst." SAPMO Barch, ZSTA, 1. Schicht, Akte 1574.
[11] AHUB, Rektorat, Akte 473, Listen vom 22.3.1960.
[12] AHUB, Math.-Nat. Fak. Akte 48, Bericht über das mathematische Symposion, unterzeichnet von Prof. Dr. Reichardt, S. 1.
[13] a. a. O. I. Mathematisches Institut an das Festkomitee der Math.-Nat. Fak. vom 5.2.1960 im Hause.

Die Teilnehmerzahlen erfordern eine Anmerkung. Die politische Situation jener Jahre war schwierig, und auch die Jubiläumsfeierlichkeiten der Humboldt-Universität wurden vom kalten Krieg überschattet. Die westdeutsche Rektorenkonferenz hatte auf ihrer Tagung am 9. Juli 1960 in Saarbrücken den Universitäten und Hochschulen Westdeutschlands empfohlen, offizielle Einladungen der HU zu ihrem Jubiläum im November der Jahres nicht anzunehmen. Diese Empfehlung war auch die Antwort darauf, dass die Universitäten und Hochschulen der DDR auf ihren Antrag vom 15.7.1958 hin während der 3. Generalversammlung der internationalen Vereinigung der Universitäten in Mexicó City (IAU) als vollberechtigte Mitglieder in die von der UNESCO patronierten internationalen Organisation aufgenommen worden waren. Zwar hatte die Rektorenkonferenz der BRD im Oktober 1959 darüber beraten, wie dies zu verhindern sei, aber offensichtlich ihr Ziel einer Alleinvertretung der deutschen Hochschulen nicht erreicht.

Im Zusammenhang mit diesen Vorgängen sahen sich die Rektoren der Universitäten und Hochschulen der DDR zu der Feststellung veranlasst,

"Die Hochschulen der Deutschen Demokratischen Republik werden auch in Zukunft alles daran setzen, um ihren westdeutschen und ausländischen Gästen im Dienste friedlicher Zusammenarbeit und wissenschaftlichen Fortschritts ihre Pforten offen zu halten. ... Gerade aus diesem Grunde fühlen sich die Rektoren der Deutschen Demokratischen Republik verpflichtet, darauf hinzuweisen, dass auf Grund von Interventionen der diplomatischen Organe Bonns einige Regierungen der in der Nato befindlichen Staaten ihren Wissenschaftlern verbieten, an Veranstaltungen in der Deutschen Demokratischen Republik, die dem wissenschaftlichen Meinungsaustausch dienen, teilzunehmen. Sie unterbinden auch die Einreise von Wissenschaftlern der DDR in ihre Länder. Die Rektoren der Deutschen Demokratischen Republik haben sorgfältig die Schreiben namhafter Wissenschaftler Frankreichs und der Vereinigten Staaten geprüft, in denen diese Gelehrten unsere Hochschulen und wissenschaftlichen Institutionen davon in Kenntnis setzen, dass sie durch ihre Regierungsorgane daran gehindert werden, ihrem Wunsche auf Pflege des wissenschaftlichen Meinungsaustauschs mit Wissenschaftlern der Deutschen Demokratischen Republik nachzukommen. ...

In diesen Zusammenhang gehört auch die Tatsache, dass die westdeutsche Rektorenkonferenz durch einen entsprechenden Beschluss

einen moralischen Druck auf die Wissenschaftler Westdeutschlands auszuüben sucht und ihnen den Besuch zu der 150-Jahrfeier der Humboldt-Universität erschweren will. ..."[14]

Dafür gibt es Beispiele. Der französische Mathematiker LAURENT SCHWARTZ, Professor am Institut Henry Poincaré der Universität Paris, bedauerte, die Einladung[15] zur Teilnahme am Mathematischen Symposion, auf dem ihm die Ehrendoktorwürde der Humboldt-Universität verliehen werden sollte, nicht annehmen zu können. Ein Dokument aus dem Staatssekretariat präzisiert die Situation:

"Sektor Ausland , Baltruschat[16], Sektor Math. Nat. z. Hd. Gen. Götzke

Betr. *Ehrenpromotion Prof. Dr. Laurent Schwartz,* Paris

Prof. Dr. L. Sch. sollte zur 150-Jahrfeier den Dr. hc. der Humboldt-Universität erhalten.

Heute ließ mir der franz. Lenoir, EFA, mitteilen, dass Prof. SCHWARTZ ebenfalls nicht die Genehmigung erhalten habe, nach Ber-

---

[14] SAPMO BArch, ZSTA, 1. Schicht, Akte 636 Sekretariat Helbig, Entwurf einer Erklärung der Rektoren der DDR, in der es weiter heißt: "Die Absicht der Bonner Regierung besteht offensichtlich darin, mit Hilfe der Regierungen Frankreichs, der USA und anderer Nato-Staaten zwischen den Wissenschaftlern der DDR und den westlichen Ländern einen eisernen Vorhang niedergehen zulassen. Das Verhalten der westdeutschen Rektorenkonferenz, der Ministerialbürokratie Frankreichs und der Vereinigten Staaten widerspricht dem Geist der Wissenschaft, die sich ohne freien wissenschaftlichen Meinungsaustausch nicht angemessen entwickeln kann. Die genannten Maßnahmen bedeuten eine schwere Beeinträchtigung der Freiheit der Wissenschaft. ..."
Des weiteren wird darauf verwiesen, dass sowohl die westdeutschen wie die Universitäten und Hochschulen der DDR Mitglied der internationalen Vereinigung der Universitäten (mit Sitz in Paris) sind, was zur Pflege gegenseitiger freundschaftlicher Beziehungen verpflichte. Die westdeutsche Rektorenkonferenz unterstützte "praktisch die feindselige Haltung der militaristischen Revanchepolitiker Westdeutschlands, die die Eingliederung der DDR in ihren Machtbereich zum erklärten Ziel ihrer Staatspolitik erhoben haben und auf einen Umsturz des bestehenden europäischen Grenzsystems hinarbeiten." Diesem Zweck diene auch, die Ergebnisse der Wissenschaft der atomaren Aufrüstung nutzbar zu machen. ... Die Rektoren der DDR protestierten gegen diesen Versuch Bonns, den Kalten Krieg auch in die Wissenschaft hineinzutragen; dies käme einer Art psychologischer Kriegführung gleich.
[15] Im Brief des Rektors vom 30. 9. heißt es: "Im Kreise der Mathematisch-Naturwissenschaftlichen Fakultät .. ist die Anregung vorgebracht worden, Sie ... zum Ehrendoktor unserer Universität in Anerkennung Ihrer überragenden mathematischen Leistungen zu promovieren.... Die Bereitwilligkeit Ihrerseits würde in der Fakultät den allerfreudigsten und einstimmigen Widerhall finden. ..." AHUB Math.-Nat.Fak. Akte 48
[16] Mitarbeiter im Staatssekretariat für das Hoch- und Fachschulwesen, Sektor Ausland.

lin zu kommen. Prof. SCHWARTZ müsse auch täglich mit Verhaftung oder Repressalien rechnen, da er zu den 121 Unterzeichnern der Algerienerklärung gehört, die DE GAULLE maßregeln lassen will. Er kann daher auch Frankreich nicht verlassen. Im übrigen unterstreicht diese Tatsache, dass wir einem würdigen Wissenschaftler den Dr. hc. zukommen lassen. Ich bin der Meinung, dass man daher am programmmäßigen Termin die Verleihung aussprechen sollte und ihm in einem herzlichen Scheiben von dieser Tatsache dann Kenntnis geben. Die Überreichung der Urkunde kann dann später erfolgen. B."[17]

SCHWARTZ teilte wenige Tage später mit, den Ehrendoktor annehmen zu wollen, auch wenn er nicht an den Feierlichkeiten teilnehmen könne.

Nicht einmal der bereits seit Jahren emeritierte französische Mathematiker MAURICE FRÉCHET glaubte, die Einladung zu den Berliner Jubiläumsfeierlichkeiten annehmen zu dürfen. Hatte Magnifizenz SCHRÖDER in einem Schreiben an seinen Kollegen in Paris vom 10. August 1960 noch seine Freude über die "ehrende Zusage" zum Ausdruck gebracht, sagte FRÉCHET mit Datum vom 22. September ab, ein "unvorhergesehenes Ereignis" verhindere seine Teilnahme am Symposium, man liest von "unfreiwilliger Abwesenheit".[18]

Dekan HEINRICH GRELL versandte persönliche Einladungen zum Mathematischen Symposium an zahlreiche Mathematikerkollegen und Freunde im In- und Ausland, in denen Haltung und Gesinnung eines würdevollen, akademischen Umgangs zum Ausdruck kommen; die Antworten sind nicht vollzählig erhalten. Einige der Briefe seien im folgenden auszugsweise wiedergegeben.[19]

Mit Datum vom 17. Oktober 1960 schrieb RICHARD COURANT an GRELL:
"My dear Friend:
I was very glad about your letter of September 30th and your friendly attitude. All the more, I feel extremely unhappy that, after very much hesitation, I must write to you that after all it will be impossible for me now to undertake e new trip to Europe. Therefore, I have to ask you to tell the organisation Committee that I will not be able to come to the celebration.

---

[17] AHUB, Math. - Nat. Fakultät., Akte 48, Schreiben vom 10.10.1960 (mehrere Schreibfehler sind korrigiert).
[18] AHUB, Rektorat Akte 462 (unpaginiert).
[19] Die folgenden Briefzitate sind - wenn nicht anders angegeben - der Akte 48 AHUB, Math.-Nat. Fakultät entnommen.

I am all the more sad because under the present general circumstances I felt that it is particularly important to emphasize the international contacts between scientists and because I feel that the University of Berlin has been a particularly important factor in the development of cultural life in Europe and in the world. But after my return from last trip, I felt quite tired and was overwhelmed by all sorts of obligations. My doctor advised me to sit still for a while, and I feel his advice is correct. Nevertheless, I hope that I can visit Berlin and the Humboldt-University sometime in the not too distant future,

With my very best wishes to you and to the other colleagues, and with profound apologies for my failure, I am Sincerely yours R. Courant"

Ein bedeutsames Dokument fünfzehn Jahre nach Kriegsende 1945 ist auch der Briefwechsel GRELLs mit ABRAHAM FRAENKEL.

GRELL hatte am 20. Juli 1960 an FRAENKEL nach Jerusalem eine offizielle Einladung zum mathematischen Symposion geschickt und als Schüler von EMMI NOETHER "einige persönliche Worte" hinzugefügt, wobei er Begegnungen in Bologna und Florenz "vor mehr als 30 Jahren" erwähnte und dann fortfuhr: "Wir könnten uns vorstellen, dass die Existenz eines eigenen Instituts für Mathematische Logik und Grundlagenforschung an der HU unter Leitung des Kollegen Prof. KARL SCHRÖTER Ihnen Ihren Entschluß, unser Gast zu sein, erleichtern würde." Zugleich bat er um "ein größeres Referat von 60-90 Minuten etwa über Probleme der Mengenlehre" oder ein anderes Thema.

FRAENKEL antwortete GRELL handschriftlich am 16.8.1960 aus Adelboden:

"Ihr sehr liebenswürdiger Brief vom 20, Juli wurde mir auf Umwegen hierher nachgesandt, wo ich ein paar Bergtouren (noch im 70. Lebensjahr) mache, bevor ich nächste und übernächste Woche am *International Congress for Logic*, Stanford University, Calif., teilnehme, zu dem ich mit mehreren meiner Schüler (jetzt: Kollegen) eingeladen bin. Nach kürzeren Aufenthalten in Holland und England muss ich dann im Oktober zurück sein in Jerusalem. Zwar habe ich Ende 1959, meinem Wunsch gemäß, meine Emeritierung erhalten, aber de facto habe ich weiter Verpflichtungen in Vorlesungen und educational administration. Ich kann daher Ihrer und Ihrer Kollegen freundliche Einladung, so ehrenvoll sie auch für mich ist, leider nicht folgen. - Gewiss erinnere ich mich Ihrer, wenn ich auch nicht wusste, dass es in Bologna (dem von Brouwer so heftig denunzierten Kongress) war; wenn ich nicht irre, waren Sie auch liiert mit meinem allzu früh verstorbe-

nen Freund und Kollegen JACOB LEVITZBERG. Besonders leid tut es mir, Herrn SCHRÖTER und seine von mir aufs höchste geschätzte Schule nicht zu treffen; ich bitte ihn herzlich von mir zu grüssen.

Schliesslich würde ich unaufrichtig sein, wenn ich nicht hinzufügte, dass ich seit HITLERs Machtergreifung Deutschland nicht mehr betreten habe und auch Bedenken habe es zu tun; ich habe dies auch voriges Jahr angesichts einer Einladung an eine westdeutsche Universität. bewiesen. Sie werden mir dies nachfühlen können, angesichts der Vertilgung von mehr als einem Drittel meines Volkes (über 6 Millionen Juden) und angesichts der noch ersichtlichen Symptome auf dem Gebiet der Seeleneinstellung und der Wiedergutmachung.

Mit Dank und besten Empfehlungen bin ich Ihr sehr ergebener Abraham Fraenkel".

Am 9.Sept.1960 schrieb ihm GRELL daraufhin noch einmal:

"Sehr verehrter Herr Kollege!

Für Ihren freundlichen Brief vom 16.8.d.Js. danke ich Ihnen herzlich. Auch wenn wir auf die Freude verzichten müssen, Sie als Gast bei unserem Jubiläum zu begrüßen, weiß ich doch Ihre Gründe wohl zu würdigen. Insbesondere gilt das für die im letzten Absatz Ihres Briefes, den ich als Schüler von EMMY NOETHER nur zu gut begreife, umso mehr als ich nach dem Kriege Gelegenheit hatte, die Konzentrationslager von Auschwitz und Birkenau zu besichtigen. Daß aber Ihre Vorbehalte uns hier nicht hindern, an einer Besserung der Zustände zu arbeiten, mögen Sie aus den beiden beiliegenden gedruckten Erklärungen sehen, von der die von Rektor und Senat sogar auf eine Anregung der Mathematisch-Naturwissenschaftlichen Fakultät unserer Universität zurückgeht. Vielleicht ist das ein bescheidener Beitrag dazu, Sie die bitteren Gefühle allmählich vergessen zu lassen, die Sie angesichts des furchtbaren Schicksals Ihres Volkes nur zu berechtigt hegen.

Mit den besten Empfehlungen auch namens aller meiner Kollegen grüße ich Sie für heute

herzlichst als Ihr sehr ergebener H.G., Dekan"

In der Einladung an BORIS GNEDENKO am 29. 07. 1960 heißt es:

" ... In aufopfernder und uneigennütziger Weise haben Sie seinerzeit an der Humboldt-Universität Gastvorlesungen über Wahrscheinlichkeitsrechnung gehalten und damit den Grund gelegt für eine Entwicklung, deren erste Keime nun hervorgesprossen sind, und von der wir

uns für die nächsten Jahre schöne Früchte versprechen. Wir dürfen Sie in diesem Sinne also als alten Berliner betrachten und Sie werden verstehen, dass wir uns über Ihre Teilnahme ganz besonders freuen würden, um bei dieser Gelegenheit die Verbundenheit unserer Universität mit Ihrer Person zu bekräftigen und zu erneuern. ...

Ich bitte Sie herzlich, mich schönstens Ihrer verehrten Frau Gemahlin zu empfehlen und auch Ihren beiden Söhnen, die nun schon längst dem "Max- und Moritz"-Alter entwachsen sein dürften, freundliche Grüße auszurichten."

Ein ähnlicher Gedanke der Verbundenheit findet sich in der Einladung an A. N. KOLMOGOROV:

" ... Die Mathematiker der Humboldt-Universität fühlen sich Ihnen zu ganz besonderem Dank verpflichtet, weil Sie seinerzeit in aufopfernder Weise sich zur Verfügung gestellt haben, unseren jungen Wahrscheinlichkeitstheoretikern bei ihren ersten Schritten zur Selbständigkeit zu helfen und sie auf erfolgversprechende Wege zu leiten; seither sind sie nach meinen Eindrücken sowohl hier in Berlin als auch in der gesamten DDR ... bemüht, sich so zu entwickeln, dass sie in nicht zu ferner Zukunft auch vor Ihren Augen bestehen können. ..."

Eine weitere Einladung erging an

Herrn Prof. Dr. HUA LOO-KENG
Academia Sinica
Institut of Mathematics
Peking VR China

29.Juli 1960

Sehr verehrter, lieber Herr Prof. Dr. Hua Loo-keng

Bitte entschuldigen Sie, dass ich diesen Brief in deutscher Sprache und nicht in englischer Sprache abfasse, weil ich sonst fürchten müsste, daß meine englischen Sprachkenntnisse zu unvollkommen wären, um Ihnen die Herzlichkeit unseres Anliegens angemessen auszudrücken. ...

In meinem eigenen und im Namen aller unterzeichneten Kollegen darf ich Ihnen sagen, dass wir uns über Ihre Teilnahme an den wissenschaftlichen und festlichen Veranstaltungen unserer Universität im November dieses Jahres ganz bes. freuen würden. Unser Rektor, Magnifizenz SCHRÖDER, und ich selbst waren vor Jahren für lange Wochen Gäste Ihres Landes. Die Eindrücke, die ich während meines da-

maligen Aufenthaltes sowohl von der wissenschaftlichen wie der allgemeinen Entwicklung Ihres wunderbaren Landes gewonnen habe, wirken in mir bis heute unverändert nach. Mit voller Deutlichkeit erinnere ich mich der zahlreichen wissenschaftlichen und menschlichen Begegnungen, die ich damals haben durfte und für immer unvergeßlich leben in mir die landschaftlichen Schönheiten und die begeisternden Eindrücke vom Aufbau des Sozialismus. Es ist keine Übertreibung, wenn ich sage, dass mich gelegentlich eine Art Heimweh ergreift. Mit besonderem Interesse haben wir auch ständig die Entwicklung der Mathematik in der Volksrepublik China verfolgt, und so werden Sie verstehen, wenn ich selbst und alle Kollegen den lebhaften Wunsch haben, die Verbundenheit mit Ihnen und Ihrem Lande anläßlich. des Jubiläums unserer Universität von neuem zu bekräftigen. ...

Wir wären Ihnen zu besonderem Dank verpflichtet, wenn Sie uns ... einen großen Vortrag von 60-90 Min. Dauer, am besten über Ihre eignen Untersuchungen oder aber auch über die Entwicklungstendenzen der Mathematik in der VR China halten würden. ...

Ihr sehr ergebener H. G. Dekan."

Seinen langjährigen Freund und Kollegen BARTEL L. VAN DER WAERDEN bat GRELL ebenfalls um "einen großen, umfassenden Vortrag, der sich, wenn wir einen Wunsch äußern dürfen, mit den derzeitigen Entwicklungstendenzen in der Mathematik und ihren zukünftigen Perspektiven beschäftigen sollte. Von Deiner zeitlichen Belastung her gesehen ist diese Bitte sicher recht unbescheiden, sie mag aber als Ausdruck der höchsten Wertschätzung gelten, die Dir hier entgegen gebracht wird. ...

Daß ich persönlich mich im Andenken an unsere gemeinsame Lehrerin EMMY *NOETHER* über ein Wiedersehen bei so schönem Anlaß besonders freuen würde, brauche ich nicht ... zu betonen. ..."

Weitere persönliche Einladungen ergingen u.a. an P.S. ALEXANDROV (Moskau), E. HILLE (New Haven), S. EHRESMANN und A. DENJOY (Paris), H. HOPF (Zürich), V. JARNIK (Prag), TSCHAKALOFF (Sofia), MOISIL (Bukarest), SIDDIQI (Aligargh/Indien), jeweils verbunden mit der Bitte um einen Vortrag.

Die Akten geben leider keine schlüssige Antwort darauf, wer genau an den Feierlichkeiten teilgenommen hat. Für erfolgte Absagen, die jedoch in vielen Fällen eine tiefe Verbundenheit mit der und zugleich eine hohe Wertschätzung für die Berliner Universität zum Ausdruck bringen, sind mehrere

Ursachen erkennbar: Gesundheitliche Probleme, wie sie COURANT mitteilte, ebenso wie J. E. HOFMANN (82 Jahre)[20] und J. FRANCK.

Einige eingeladene Gäste mussten Lehrverpflichtungen wahrnehmen. So begründete HILDA MISES-GEIRINGER, damals an der Harvard University, Division of Engineering and Applied Mathematics tätig, ihre Absage:

> " ... Ende September beginnt in USA das neue Semester und es wäre, wie ich festgestellt habe, mit erheblichen Schwierigkeiten verbunden in der Mitte der Arbeit ... wieder abzureisen. ... Ich bedauere dies tief aus wissenschaftlichen wie auch aus persönlichen Gründen. Es wäre mir eine großen Freunde gewesen, so manche Beziehungen zu erneuern oder anzuknüpfen und noch einmal an der Arbeitsstätte meiner Jugend zu sein. ..."[21]

E. HOPF vom Departement of Mathematics der Indiana University hatte noch im August d. J. gehofft, nach Berlin reisen zu können, da es "verlokkend sei, seine alte alma mater wiederzusehen," konnte sich aber dann doch nicht "für eine ganze Woche hier frei machen", wie er am 19. September mitteilte.[22] A. TARSKI, Departement of Mathematics der University of California, schrieb am 8.9.1960, "I am not in a position to accept your invitation."[23] H. FREUDENTHAL antwortete auf eine entsprechende Einladung bereits am 9. 7. 1960, dass er eine Gastprofessur an der Yale University habe und daher im November nicht an der Feierlichkeiten teilnehmen könne. Er sei bereit, die Ehrenpromotion anzunehmen und wolle sobald wie möglich, die Humboldt-Universität besuchen.[24]

Schließlich waren persönliche bzw. politische Umstände wie sie FRAENKEL äußerte, Anlaß zu Absagen.

Obwohl eine zentrale Vorgabe die Veröffentlichung aller Eröffnungsansprachen, Referate und Diskussionsbeiträge sowie der Schlussworte und

---

[20] Mit Datum vom 19. 7. 1960 sagte Hofmann seine Teilnahme ab: " Zu meinen größten Bedauern ist es uns beiden nicht möglich, Ihrer so liebenswürdigen und verlockenden Einladung Folge zu leisten. Ursache ist mein labiler Gesundheitszustand. ... Ich fühle mich durchaus aufs engste mit der Berliner Universität verbunden; es waren zwar sehr schwere, jedoch wissenschaftlich die anregendsten Jahre meines Lebens, die ich dort verbringen durfte, in der Fülle von Möglichkeiten, wie sie mir niemals wieder in so reichem Masse gewährt worden sind. AHUB, Rektorat Akte 473 (unpaginiert).
[21] AHUB, Rektorat Akte 463, Brief an Magnifizenz Schröder.
[22] a. a. O.
[23] a. a. O.
[24] AHUB, Akte Rektorat 465, Blatt 236, Brief vom 9. 7. 1960 an Rektor Schröder.

ein Verzeichnis der anwesenden Wissenschaftler des In- und Auslandes vorsah[25], scheint eine solche Veröffentlichung nicht gelungen zu sein. Daher ist es sehr schwierig, den Verlauf des Symposions sowie den Inhalt der Fachvorträge und Diskussionen vor allem in den Arbeitsgruppen wiederzugeben. In einem Pressegespräch gab Prof. Dr. HANS REICHARDT einen Überblick: "Es werden Vorträge aus allen Gebieten der Mathematik gehalten. Wegen der Vielzahl der Vorträge werden manchmal sieben Sektionen - elf sind es insgesamt - gleichzeitig tagen. Auch von der Thematik der Vorträge her rechtfertigt sich der Begriff der mathematischen Leistungsschau: Unsere Tagung wird ein Spiegelbild sein, in welchem Fluß die Mathematik steht, wie versucht wird, den Zusammenhang zwischen den Ergebnissen der Einzelforschung und einheitlichen Prinzipien aufzuspüren. Es ist vielleicht nicht uninteressant zu erwähnen, dass auch Forschungsgruppen auf dem Gebiet der Statistik und der automatischen Rechentechnik berichtet werden."[26] Einige Informationen sind ferner den zwischen dem 7. und 18. November von der Pressekommission der Universität herausgegebenen Bulletins zu entnehmen:

Die Hauptvorträge waren dem Anlaß gemäß historisch orientiert. Heinrich GRELL hielt den Festvortrag am Eröffnungstag des Symposions zur Geschichte der Mathematik an der Humboldt-Universität, wobei er besonders auf die Jahre 1855 - 1902 eingegangen ist, die er als die Blütezeit der Berliner Mathematik charakterisierte. An die großen Traditionen dieser Jahre gelte es anzuknüpfen. Anschließend nahm PAWEL SERGEJEWITSCH ALEXANDROV das Wort zu seinem Vortrag "Die Stellung der mengentheoretischen Topologie in der modernen Mathematik", in dem er zeigte, dass dieses (wesentlich von ihm) in den zwanziger Jahren (mit)begründete Gebiet mehr und mehr Eingang in viele Zweige der Mathematik fand. Der große Hörsaal 3038 habe wie erwartet nicht ausgereicht, die Vorträge wurden in Nebenräume übertragen.

Der zweite Tag war dem Andenken ISSAI SCHURs gewidmet. Magnifizenz KURT SCHRÖDER eröffnete diese Ehrung: Es sei beim Zurückblicken auf die Geschichte unserer Universität eine bislang unerfüllt gebliebene Dankespflicht, des Mannes zu gedenken, der nach dem ersten Weltkrieg wesentlich dazu beigetragen habe, den Ruhm der Berliner Universität wieder zu

---

[25] AHUB, Akte 48.
[26] Aus: Zeitung "Humboldt-Universität", 4. Jg. 1960, Nr. 22, S.3.

begründen. Einen "Erinnerungsvortrag" hielt ALFRED BRAUER[27], der Schüler des von ihm hochverehrten SCHUR und für zwei Jahrzehnte Student, Assistent und Privatdozent an der Universität gewesen war, bevor er Deutschland verlassen musste. BRAUER zeichnete dem Bericht nach das Bild eines bescheidenen, hilfsbereiten, stets schöpferisch tätigen und charakterfesten Gelehrten, der sich auch nach 1933, da er die Lehrtätigkeit aufgeben und emigrieren musste, bei Studenten und Kollegen größter Hochachtung und Wertschätzung erfreute. Ferner verwies der Redner auch die wissenschaftlichen Leistungen insbesondere auf dem Gebiet der Gruppentheorie. BRAUER bekannte, dass er seit 1937 erstmals wieder Europa besuche und schloß mit dem Wunsch, daß die von SCHUR geprägten Traditionen an der Humboldt-Universität eine "Pflegestätte" finden mögen. HANS REICHARDT, ebenfalls Schüler von SCHUR, würdigte sodann die Vorlesungstätigkeit von SCHUR: er habe verstanden, seine eigene Begeisterung für die Mathematik auf seine Hörer zu übertragen. Den dritten Vortrag des Tages hielt WILHELM BLASCHKE zum Thema "Aus meinem Leben".

An den folgenden Tagen wurden die Beratungen auf Grund der hohen Beteiligung in- und ausländischer Gäste und des großen Interesses unter den Studenten in Sektionen[28] weitergeführt. Es wird von insgesamt etwa 165 Vorträgen berichtet.[29] Das Staatssekretariat hatte noch eine Sektion "Lehrerbildung" resp. "Methodik der Mathematik" empfohlen[30], um breite Kreise der Lehrer in die 150-Jahrfeier einzubeziehen. Darüber hinaus waren

---

[27] Brauer hatte am 20. August d. J. brieflich seine Teilnahme am Symposium bestätigt: "Es wird für mich eine große Freude sein, wieder einige Tage an der Stätte weilen zu können, der ich meine ganze wissenschaftliche Ausbildung verdanke und mit der ich 22 Jahre lang ... eng verbunden war." AHUB, Rektorat Akte 463.

[28] Im Abschlußbericht werden genannt: Algebra, Analysis, Erfahrungen aus der Praxis, Funktionalanalysis, Funktionentheorie, Geometrie, Logik, Mechanik und Regeltechnik, praktische Analysis, Rechenautomaten, Schulmathematik, Statistik, Strömungslehre, Topologie, Wahrscheinlichkeitstheorie und Zahlentheorie. AHUB, Math.-Nat. Fak. Akte 48.

[29] Die Berichte von zentraler Stelle über die Veranstaltungen beruhten sichtlich auf unterschiedlichen Informationen. Wurde zunächst festgestellt, "an den Mathematischen Instituten verließ man sich ... darauf, das wissenschaftliche Niveau des Symposiums von ausländischen Wissenschaftlern bestimmen zu lassen (BA, ZSTA, 1. Schicht, Akte 1574), heißt es einer Einschätzung vom 21.11.1960: ...auf wissenschaftlichen Veranstaltungen wurde das Niveau "durch unsere Wissenschaftler und unsere Beiträge bestimmt. ... Als Beispiel sind (!) hier nur das Mathematische Symposium genannt, wo über 80% der über 150 wissenschaftlichen Vorträge von Mathematikern unserer Republik gehalten wurden." BA, ZSTA, 1. Schicht, Akte 1234.

[30] SAPMO BArch, ZSTA, 1. Schicht, Akte 1234.

Hinweise an die Veranstalter ergangen, öffentlich wirksam zu werden, u. a. einen Tag der offenen Tür, populäre Vorträge über Mathematik, Führungen und Besuche von Professoren und Studenten in Betrieben zu organisieren.[31]

Den Gepflogenheiten universitärer Jubiläen entsprechend, wurden Ehrenpromotionen vorgenommen, soweit feststellbar im Jahre 1960 der Mathematiker P. S. ALEXANDROV (Moskau), H. FREUDENTHAL (Utrecht), Th. A. SKOLEM (Oslo) und L. SCHWARTZ (Paris). H. HOPF (Zürich) und A. BRAUER (Cambridge/Mass.) waren ebenfalls vorgeschlagen, von zentraler Seite jedoch nicht bestätigt worden.[32]

Die Studenten der Mathematik waren interessierte Teilnehmer und auch Diskussionspartner an vielen Veranstaltungen des Symposions. Der Dekan H. GRELL hatte einen Brief an die Institute der Mathematisch-Naturwissenschaftlichen Fakultät gerichtet, in dem er mit anspruchsvoller Zielstellung eine zweistündige Vorlesung und ein zweistündiges Kolloquium zur Unterrichtung der Studierenden über die Bedeutung des Jubiläums veranlasste. Dabei sollten die "Hauptzüge der geschichtlichen Entwicklung" der einzelnen Fachrichtungen, allgemeine "humanistische und politische Gesichtspunkte", das Gedankengut des HUMBOLDTs sowie der verschiedenartige Charakter in der politischen Entwicklung unserer Universität vor und nach dem Jahr 1848 behandelt werden. "Ich bitte alle Kollegen, nach bestem Können dieser Aufforderung Folge zu leisten und dadurch zu helfen, auch in den Herzen unserer Studierenden ein angemessenes und würdiges Bild über die wissenschaftliche und politisch-kulturelle Bedeutung unseres Jubiläums hervorzurufen."[33] Für den 17. November, dem "Tag der Studenten" an den Fachrichtungen Mathematik und Physik, war ein Wettbewerb um die beste Diplomarbeit ausgeschrieben gewesen; die Teilnahmebedingungen bestanden im termingerechten Abschluß der Arbeit, einem

---

[31] In diesem Rahmen hielt Hans Reichardt im Kinosaal des Museums für Deutsche Geschichte einen öffentlichen Vortrag über mathematische Probleme der Raumfahrt.

[32] Im Schriftwechsel der Universität mit dem Staatssekretariat heißt es dazu: "Mit den auf der Liste befindlichen Prof. Brauer (USA), Hopf (Zürich) und Westphal (W) wird verabredungsgemäß noch nicht verhandelt, sondern zunächst intern geregelt, ob ihre Einstellung zur DDR die Verleihung der Ehrenpromotion als gerechtfertigt erscheinen lassen würde." Das Staatssekretariat teilte ferner mit, dass von der Ehrung polnischer Mathematiker Abstand genommen werden sollte. Die Leitung der Universität hatte "geglaubt", dem Freundschaftsvertrag mit der Universität Warschau durch die Ehrenpromotion einiger Mathematiker "Rechnung tragen zu müssen."
SAPMO BArch, ZSTA, 1. Schicht, Akte 636.

[33] AHUB, Math.-Nat. Fak., Akte 48. Schreiben vom 14. 9. 1960.

15minütigen Vortrag zu ihrem Thema vor einer Jury und anderen Studenten, die drei besten Arbeiten wurden prämiiert. Die Vielfalt er Diplomthemen sollte jüngeren Studenten Anregungen vermitteln, die gemeinsame Arbeit in studentischen Arbeitsgruppen unter Einbeziehung von Problemen aus der Praxis (Industrie) und Nachbarwissenschaften fördern.[34]

Auf der Schlusssitzung des Symposions, das noch einmal die Mathematiker aus 17 Ländern vereinte[35], war die gemeinsame Auffassung, eine sehr erfolgreiche Veranstaltung erlebt zu haben. Nach einer Einleitung durch den Rektor sprachen Prof. HAJOS, Ungarn, Prof. SCHMETTERER, Hamburg, und Prof. KLEENE, USA, als Gäste der drei mathematischen Institute.[36]

HAJOS bezeichnete die Veranstaltung dank ihres hohen wissenschaftlichen Niveaus als internationalen Kongreß (nicht nur als Tagung). SCHMETTERER erklärte, dass "die Wissenschaft im allgemeinen und die Mathematik im besonderem mehr und mehr den Charakter einer völkerverbindenden Disziplin bekommt" und so gesehen, das Symposion seine Ziele voll erfüllt habe. STEPHAN COLE KLEENE von der University of Wisconsin (USA) sprach in einem am Rande des Symposions gewährten Interview von seinen Bedenken nach Berlin zu kommen und von Schwierigkeiten, die es zu überwinden galt und fuhr dann fort: "Wenn ich aber offen sprechen darf, gibt es auch andere, unsichtbare Schwierigkeiten. Ich möchte betonen, ich habe diese Schwierigkeiten nicht gemacht, und man kann uns als Wissenschaftler nicht dafür verantwortlich machen. Daraus ergibt sich die Frage, sollen solche Schwierigkeiten in der Welt der fruchtbaren und wissenschaftlichen Zusammenarbeit in Wege stehen? Nach meiner Meinung nein. Deshalb bin ich hier. ... Das Mathematische Symposium war sehr erfolgreich, und das kann ich besonders von meinen speziellen Fachgebiet der Mathematischen Logik sagen. ... Ich kann sagen, dass ich glücklich bin, hier in Berlin zu sein. Ich habe hier auch die Möglichkeit gehabt, viele Menschen aus allen Teilen der Welt kennenzulernen, und wir haben sehr

---

[34] Universitätszeitung "Humboldt-Universität" vom 12. 11. 1960, S. 3.

[35] Lt. Bulletin der Pressekommission der Humboldt-Universität Nr. 3 vom 3. 11. 1960 hatte die "Westpresse" eine Meldung über einen Ausfall des Symposium mangels internationaler Beteiligung gebracht. Übrigens hatte der Rheinische Merkur vom 22. 4. 1960 im Zusammenhang mit dem Universitätsjubiläum u. a. bösartig geschrieben: "Man kann sich auch ohne allzu viel Phantasie vorstellen, wie das Ganze sich entwickeln wird, nämlich als ungeheure Propaganda-Schau des Ulbricht-Regimes unter Vorspann möglichst vieler ‚nützlicher Idioten' ... aus dem westlichen Ausland.

[36] Aus einem Bericht über das mathematische Symposion von H. Reichardt. AHUB, Akte 48.

rege Diskussionen geführt. Das Mathematische Symposium hat für mich nicht nur einen augenblicklichen Gewinn, sondern ich hoffe, dass dieses erfolgreiche Symposium ein gutes Vorzeichen für die zukünftige wissenschaftliche Zusammenarbeit ist."[37]

Prof. HANS REICHARDT schrieb in seinem Abschlußbericht: "Besonders hervorgehoben wurde des öfteren die Breite der Ausbildung und die hohe Qualität unseres Nachwuchses in der gesamten DDR, wobei jedoch zu bemerken ist, dass Spitzenleistungen von ausgesprochener Originalität noch nicht in genügender Anzahl zu finden sind; ... dem Nachwuchs (muß) in noch stärkerem Maße als bisher Gelegenheit zu intensivster mathematischer Arbeit gegeben werden ... , die z. Zt. noch zu oft durch anderweitige Beschäftigungen, wie die Teilnahme an Kommissionen, Besprechungen, Sitzungen ... abgemindert wird. ... Leider kam ein Teil der Gäste aus der DDR ... nur für den Tag des jeweiligen Vortrages. ..."[38]

Die Ergebnisse der Konferenz auf mathematischem Gebiet zusammenzutragen dürfte - wenn überhaupt noch möglich - sehr schwierig sein und muß jedenfalls einer eigenen Untersuchung vorbehalten bleiben.

Doz. Dr. Hannelore Bernhardt; Platz der Vereinten Nationen 3;
D-10249 Berlin; email: Ha.Kh.Bernhardt@addcom.de

---

[37] Bulletin der Pressekommission der Humboldt-Universität Nr. 6 vom 11. 11. 19960.
[38] Vgl. Fußnote 36.

Zur Entwicklung des Bewusstseins des Unterschieds zwischen Wahrheit und Beweisbarkeit

Roman Murawski

Jedermann geht davon aus, dass mathematische Sätze durch Beweise endgültig gesichert sind und dass ganz allgemein das Beweisen Grundlage und Quelle für die Wahrheit in der Mathematik ist: Man sagt, dass ein mathematischer Satz genau dann wahr ist, wenn man ihn beweisen kann. Was aber ist ein Beweis? Und was ist eigentlich Wahrheit?

In diesem Aufsatz werden wir zeigen wie die Gödelschen Unvollständigkeitssätze dazu beigetragen haben, dass man in der Mathematik Wahrheit und Beweisbarkeit zu unterscheiden begann.

Seit PLATO und ARISTOTELES gilt die Axiomatik als die beste Methode, mathematisches Wissen zu begründen und zu organisieren. Das erste ausgeführte Beispiel der Anwendung dieser Methode sind die *Elemente* des EUKLID. Dieses antike Werk setzte die Maßstäbe für die Mathematik bis zum Ende des 19. Jahrhunderts und war das Musterbeispiel einer axiomatischen Theorie, besser: einer quasi-axiomatischen Theorie.

Die *Elemente* bauen auf Axiomen und Postulaten auf. Beweise und Sätze aber enthalten diverse Lücken. In der Tat ist die Liste der Axiome und Postulate nicht vollständig, ohne klare Abgrenzung werden unterschiedliche "evidente" Wahrheiten und Intuitionen verwendet. Beweise sind oft nur informelle oder intuitive Begründungen (demonstrations). In ähnlicher Weise kann man andere historische mathematische Theorien charakterisieren. Der Begriff des Beweises war eher psychologischer (und nicht logischer) Natur. Man bemerkt, dass die Sprache der Theorien die unpräzise Umgangssprache war, um deren Präzisierung man sich nicht weiter bemühte. Bis zum Ende des 19. Jahrhunderts verlangten die Mathematiker, dass Axiome und Postulate "wahre Sätze" sein sollten.

Das "euklidische Paradigma" einer axiomatischen Theorie wurde erst um die Wende des 19. zum 20. Jahrhunderts geklärt und präzisiert. Die intuitive Praxis der informellen Beweise wurde durch den präzisen Begriff des

formalen Beweises und der Folgerung fundiert. Verschiedene Faktoren spielten hier eine Rolle und haben zur Revision des euklidischen Paradigmas beigetragen. Zu nennen sind hier die Entdeckung der Nichteuklidischen Geometrien (C.F. GAUSS, N.N. LOBATSCHEWSKI, J. BOLYAI), die Arithmetisierung der Analysis (A. CAUCHY, K. WEIERSTRASS, R. DEDEKIND), die Entstehung und Entwicklung der Mengenlehre (G. CANTOR, R. DEDEKIND), die Axiomatisierung der Arithmetik (G. PEANO, R. DEDEKIND) und der Geometrie (M. PASCH, D. HILBERT), die Entstehung und Entwicklung der mathematischen Logik (G. BOOLE, A. DE MORGAN, G. FREGE, G. PEANO, B. RUSSELL). Neben diesen "positiven Faktoren" gab es auch wichtige "negative Faktoren": Die Entdeckung der Antinomien in der Mengenlehre (C. BURALI-FORTE, G. CANTOR, B. RUSSELL) und der semantischen Antinomien (R. BERRY, K. GRELLING). Diese Ereignisse förderten und forderten philosophische und grundlagentheoretische Forschungen.

Eines der Ergebnisse dieser Forschungen war das HILBERTsche Programm und seine Beweistheorie. Man sollte anmerken, dass dieses Programm nicht als mathematikphilosophischer Entwurf gedacht war. Sein Ziel war, das gesamte Feld des mathematischen Wissens zu begründen und zu legitimieren. Außerdem variierten die - immer formalistischen - Ansichten HILBERTs im Laufe der Zeit.

HILBERT fasste mathematische Theorien als "formale Systeme" auf. Er sah die axiomatische Methode als Mittel, jeden ausreichend entwickelten Bereich systematisch zu ordnen. In "Axiomatisches Denken" (1918) schrieb er:

> Wenn wir die Tatsachen eines bestimmten mehr oder minder umfassenden Wissensgebiete zusammenstellen, so bemerken wir bald, dass diese Tatsachen einer Ordnung fähig sind. Diese Ordnung erfolgt jedesmal mit Hilfe eines gewissen *Fachwerkes von Begriffen* in der Weise, dass dem einzelnen Gegenstande des Wissensgebietes ein Begriff dieses Fachwerkes und jeder Tatsache innerhalb des Wissensgebietes eine logische Beziehung zwischen den Begriffen entspricht. Das Fachwerk der Begriffe ist nicht Anderes als die *Theorie* des Wissensgebietes.

Wir bemerken, dass bei HILBERT der formale Rahmen einer Theorie immer inhaltlich motiviert war, d.h. er betrachtete Theorien immer zusammen mit entsprechenden nicht-leeren Bereichen, die die Umfänge der Individuenvariablen und die Interpretation der außerlogischen Symbole bestimmten.

HILBERT, der nur wenig Interesse an philosophischen Fragen hatte, beschäftigte sich nicht weiter mit dem ontologischen Status, dem Wesen der mathematischen Objekte. Man kann sogar sagen, dass der Sinn seines Programmes war, sich nicht mit dem Wesen mathematischer Objekte in mathematischen Theorien zu beschäftigen sondern die Methoden dieser Theorien und ihre Sätze kritisch zu untersuchen. Andererseits war HILBERT sehr klar, dass, wenn einmal eine Theorie formuliert war, sie beliebig viele Interpretationen zuließ. In einem Brief an GOTTLOB FREGE vom 29. Dezember 1899 schrieb er die berühmten Sätze (vgl.[Frege 1976, S. 67]):

> Ja, es ist doch selbstverständlich eine jede Theorie nur ein Fachwerk oder Schema von Begriffen nebst ihren nothwendigen Beziehungen zu einander, und die Grundelemente können in beliebiger Weise gedacht werden. Wenn ich unter meinen Punkten irgendwelche Systeme von Dingen, z.B. das System: Liebe, Gesetz, Schornsteinfeger ..., denke und dann nur meine sämtlichen Axiome als Beziehungen zwischen diesen Dingen annehme, so gelten meine Sätze, z.B. der Pythagoras auch von diesen Dingen. Mit anderen Worten: eine jede Theorie kann stets auf unendliche viele Systeme von Grundelementen angewandt werden.

Das Wesen einer axiomatischen Theorie lag für HILBERT darin, die Positionen der einzelnen Sätze (Wahrheiten) im gegeben System zu bestimmen und die Beziehungen zwischen ihnen zu klären.

HILBERTs Bestreben war es, das mathematische Wissen mit syntaktischen Mitteln zu begründen. Die semantische Problematik schloss er aus. Sein Ausgangspunkt war die Unterscheidung zwischen einem "finitistischen" Teil der Mathematik, der keiner weiteren Begründung bedurfte, und einem "infinitistischen" Teil, der begründet werden sollte. Seine Beweistheorie sollte die gesamte Mathematik aus der finitistischen Mathematik legitimieren. Die Beweistheorie war als neue mathematische Disziplin geplant, in der mathematische Beweise mit mathematischen Mitteln untersucht werden sollten. Das Ziel war zu zeigen, dass ideale Elemente in der Mathematik, speziell die aktuale Unendlichkeit, die in mathematischen Beweisen benötigt werden, zu korrekten Resultaten führen, also zulässige, sichere Begriffe sind.

Um das Programm zu realisieren, sollten mathematische Theorien (und schließlich die gesamte Mathematik) formalisiert werden, um sie als Systeme von Symbolen - von jedem Inhalt abstrahierend - zu untersuchen.

Formale axiomatische Systeme sollten drei Bedingungen erfüllen: Sie sollten vollständig und widerspruchsfrei und ihre Axiome voneinander unabhängig sein. Widerspruchsfreiheit war für HILBERT ein Kriterium für mathematische Wahrheit und der Existenz der mathematische Objekte in den Theorien. In dem oben zitierten Brief an FREGE schrieb HILBERT [Frege 1976, S. 66]:

> Wenn sich die willkürlich gesetzten Axiome nicht einander widersprechen mit sämtlichen Folgen, so sind sie wahr, so existieren die durch die Axiome definierten Dinge.

Wichtig ist auch die Voraussetzung, dass die Theorien kategorisch, d.h. bis auf Isomorphie durch die Axiome eindeutig charakterisiert sind. Diese Bedingung war mit der der Vollständigkeit verknüpft.

Wichtig für unsere Betrachtungen ist, dass die Vollständigkeit von Theorien bei HILBERT eine besondere Rolle spielte. Man beachte, dass die *Grundlagen der Geometrie* Vollständigkeit in einem Axiom explizit postulierte. Das Axiom V(2) lautet:

> Die Elemente (Punkte, Geraden, Ebenen) der Geometrie bilden ein System von Dingen, welches bei Aufrechterhaltung sämtlicher genannten Axiome keiner Erweiterung mehr fähig ist.

In HILBERTs Vortrag auf dem Kongress in Heidelberg (1904) findet man ein ähnliches Axiom für die reellen Zahlen. Später versteht HILBERT Vollständigkeit als Eigenschaft des Systems. In seinen Vorlesungen über "Logische Principien des mathematischen Denkens" (1905) erklärt HILBERT Vollständigkeit als die Forderung, aus den Axiomen alle "Thatsachen" der Theorie beweisen zu können. Dort sagt er:

> Wir werden verlangen müssen, dass alle übrigen Thatsachen des vorgelegten Wissensbereiches Folgerungen aus den Axiomen sind.

HILBERTs Glaube an die Lösbarkeit aller mathematischen Probleme kann man andererseits als Wirkung dieser Auffassung von Vollständigkeit ansehen. In seinem Vortrag in Paris im August 1900 sagte HILBERT (vgl. [Hilbert 1901, S. 299-300]):

> Wenn es sich darum handelt, die Grundlagen einer Wissenschaft zu untersuchen, so hat man ein System von Axiomen aufzustellen, welche eine genaue und vollständige Beschreibung derjenigen Beziehungen enthalten, die zwischen den elementaren Begriffen jener Wissenschaft stattfinden. Die aufgestellten Axiome sind zugleich die Defini-

tionen jener elementaren Begriffe, und jede Aussage innerhalb des Bereiches der Wissenschaft, deren Grundlage wir prüfen, gilt uns nur dann als richtig, falls sie sich mittels einer endlichen Anzahl logischer Schlüsse aus den aufgestellten Axiomen ableiten lässt.

Seine Formulierung "genaue und vollständige Beschreibung" kann man so verstehen, dass die Axiome die Entscheidung über die Wahrheit oder Falschheit jedes Satzes ermöglichen. Alle Axiomensysteme, die HILBERT angegeben hat, waren vollständig - genauer: kategorisch. Sie enthielten aber immer Axiome, die in der Logik der 2. Stufe formuliert waren.

In seinen Vorlesungen aus den Jahren 1917 und 1918 findet man Vollständigkeit bei HILBERT im Sinne maximaler Widerspruchsfreiheit wieder: Ein System T ist vollständig genau dann, wenn

$$\forall \varphi (T \text{ non } \vdash \varphi \to T \cup \{\varphi\} \text{ widersprüchlich ist}).$$

Die Ursache dafür, dass finite und syntaktische Methoden zusammen mit der Forderung nach Vollständigkeit hier so im Vordergrund standen, beschrieb GÖDEL so (vgl. [Wang 1974, p. 9]): "formalists considered formal demonstrability to be an *analysis* of the concept of mathematical truth and, therefore were of course not in a position to *distinguish* the two" (die Formalisten betrachteten formale Beweisbarkeit als die *Analysis* des Begriffes der mathematischen Wahrheit und deswegen konnten sie sie nicht voneinander *unterscheiden*). Der Begriff der Wahrheit war damals in der Tat nicht als mathematischer Begriff akzeptiert. GÖDEL schrieb in einem Brief an YOSSEF BALAS: "[...] a concept of objective mathematical truth as opposed to demonstrability was viewed with greatest suspicion and widely rejected as meaningless" (Der Begriff der objektiven mathematischen Wahrheit im Gegensatz zu dem Begriff der Beweisbarkeit wurde mit großem Misstrauen betrachtet und als sinnlos abgelehnt) (vgl. [Wang 1987, 84-85]).

Das erklärt, warum HILBERT in seiner Metamathematik nur im Bereich der Formeln arbeitete und nur finite Erwägungen, die als sicher galten, zuließ.

DAVID HILBERT und WILHELM ACKERMANN stellten das Problem der Vollständigkeit der Logik explizit in ihrem Buch *Grundzüge der theoretischen Logik* (1928). GÖDEL löste das Problem. Er zeigte in seiner Dissertation (1929), dass die Logik der 1. Stufe (das Prädikatenkalkül) vollständig ist, d.h. dass jedes widerspruchsfreie System ein Modell besitzt. Später, in seiner berühmten Arbeit aus dem Jahr 1931, zeigte GÖDEL, dass die Arithmetik der natürlichen Zahlen und alle sie umfassenden Systeme unvollständig

Unterschied zwischen Wahrheit und Beweisbarkeit

sind (sofern sie widerspruchsfrei sind). GÖDEL bewies, dass es Sätze φ in der Sprache L(PA) der PEANOschen Arithmetik PA gibt derart, dass weder φ noch $\neg\,\varphi$ beweisbar sind (d.h. PA $\not\vdash \varphi$ und PA $\not\vdash \neg\varphi$). Man sagt, dass ein solches φ unentscheidbar in PA ist. Man kann auch zeigen, dass φ wahr ist, d.h. in der Struktur der natürlichen Zahlen gültig ist. Kurz: Es gibt wahre Sätze, die in PA unentscheidbar sind. Durch Erweiterung des Systems PA (oder einer sie umfassenden Theorie T) kann man die Unvollständigkeit nicht aufheben. Denn es gibt in jedem erweiterten System wieder wahre aber nicht entscheidbare Sätze.

Wie ist GÖDEL auf die Idee gekommen, einen solchen Satz zu beweisen? Er schrieb selbst, dass der Ursprung in der Entdeckung lag, dass der Begriff der Beweisbarkeit, nicht aber der Begriff der Wahrheit formal definierbar war. Er schrieb:

> [...] long before, I had found the *correct* solution of the semantic paradoxes in the fact that truth in a language cannot be defined in itself. ([...] lange zuvor fand ich die *korrekte* Auflösung der semantischen Paradoxien in der Tatsache, dass Wahrheit in einer Sprache nicht in dieser Sprache definiert werden kann.)

Wir bemerken, dass GÖDEL einen intuitiven, nicht präzisierten Begriff von Wahrheit verwendete. Der Begriff der Wahrheit wurde erst 1933 von ALFRED TARSKI definiert und seine Nicht-Definierbarkeit (innerhalb einer Sprache) exakt bewiesen.

GÖDEL vermied die Begriffe "wahr" und "Wahrheit". Er sprach stattdessen von "richtigen Formeln" oder "inhaltlich richtigen Formeln", nie über "wahre Formeln". Warum kann man fragen. Eine Antwort finden wir im Entwurf eines Briefes an YOSSEF BALAS (vgl. oben), in dem GÖDEL schrieb:

> However in consequence of the philosophical prejudices of our times 1. nobody was looking for a relative consistency proof because [it] was considered axiomatic that a consistency proof must be finitary in order to make sense, 2. a concept of objective mathematical truth as opposed to demonstrability was viewed with greatest suspicion and widely rejected as meaningless. (Als Folge der philosophischen Vorurteile unserer Zeit suchte 1. niemand nach einem relativen Widerspruchsfreiheitsbeweis, weil vorausgesetzt wurde, dass ein solcher Beweis finitistisch (finitary) sein muss um sinnvoll zu sein, 2. wurde der Begriff der objektiven mathematischen Wahrheit - im Gegensatz

zu dem der Beweisbarkeit - mit großem Misstrauen betrachtet und im Allgemeinen als sinnlos zurückgewiesen.)

GÖDEL befürchtete offenbar, dass in der damals etablierten Grundlagenmathematik, in der die HILBERTschen Ideen dominierten, Arbeiten auf Ablehnung stoßen würden, die den Begriff der mathematischen Wahrheit verwendeten. Daher versuchte er seine Ergebnisse so zu präsentieren, dass sie auch von solchen Mathematikern akzeptiert werden konnten, die nichtfinitistische Methoden vermieden.

Hinzu kam, dass GÖDELs philosophische Einstellung platonistisch war. Es war GÖDELs Überzeugung, dass es gerade die anti-platonistischen Vorurteile waren, die die Akzeptanz seiner Ergebnisse behinderten.

Die Entdeckung des Phänomens der Unvollständigkeit und der Undefinierbarkeit von Wahrheit haben gezeigt, dass die definierbare formale Beweisbarkeit nicht als Klärung des Begriffs der mathematischen Wahrheit angesehen werden konnte. Sie zeigte zudem, dass das HILBERTsche Programm, die Mathematik durch finitistische Methoden zu begründen, scheitern musste.

Ein weiteres wichtiges Detail ist, dass GÖDEL ein "rationalistischer Optimist" war, wie HAO WANG sagte. Er glaubte, dass Mathematik ein System von Wahrheiten ist, dass in gewisser Weise vollständig ist in dem Sinne, dass "jede präzise Frage, die mit "Ja" oder "Nein" beantworten werden kann, muss eine klare Antwort besitzen" (every precisely formulated yes-or-no-question in mathematics must have a clear-cut answer) (vgl. [Gödel 1970]). GÖDEL glaubte aber nicht, dass Axiome eine Basis für eine solche allgemeine Beweisbarkeit bilden könnten. In GIBBs Vorlesungen (1951) unterscheidet GÖDEL zwischen "objektiver" und "subjektiver Mathematik": "Objektive Mathematik" ist die Gesamtheit aller wahren mathematischen Sätze, "subjektive Mathematik" die Gesamtheit der beweisbaren Sätze. Die objektive Mathematik kann nicht durch ein Axiomensystem erfasst werden.

Die Gödelschen Unvollständigkeitssätze haben gezeigt, dass Wahrheit in der Mathematik nicht vollständig durch Beweisbarkeit, also nicht durch syntaktische finitistische Mittel erfassbar ist. Man kann mit solchen Mitteln Wahrheit nur approximieren. Der HILBERTsche Standpunkt müsste also erweitert werden. Aber wie?

HILBERT hat in seinem Vortrag im Dezember 1930 in Hamburg eine neue Beweisregel vorgeschlagen. Sie ähnelte der so genannten ω-Regel und hat-

te nicht-formalen Charakter: Ist $A(z)$ eine quantorenfreie Formel und kann man (finitistisch) zeigen, dass jedes Beispiel für $A(z)$ richtig ist, so ist $\forall z\ A(z)$ als Ausgangsformel in Beweisen zulässig (vgl. [Hilbert 1931]).

Im Vorwort zum ersten Band der *Grundlagen der Mathematik* von DAVID HILBERT und PAUL BERNAYS steht, dass:

> [...] die zeitweilig aufgekommene Meinung, aus gewissen neueren Ergebnissen von GÖDEL folge die Undurchführbarkeit meiner Beweistheorie, als irrtümlich erwiesen ist. Jenes Ergebnis zeigt in der Tat auch nur, dass man für die weitergehenden Widerspruchsfreiheitsbeweise den finiten Standpunkt in einer schärferen Weise ausnutzen muss, als dieses bei der Betrachtung der elementaren Formalismen erforderlich ist.

Man sieht, dass HILBERT versuchte, sein Programm zu verteidigen - sogar mit so eigenartigen und unklaren Sätzen wie den zitierten.

GÖDEL seinerseits sagte bei vielen Gelegenheiten, dass man neue Axiome benötigt, um unentscheidbare arithmetische und mengentheoretische Probleme zu lösen. In [Gödel 1931?, S. 34] schrieb er:

> [...] es [gibt] zahlentheoretische Probleme, die sich nicht mit zahlentheoretischen sondern nur mit analytischen bzw. mengentheoretischen Hilfsmitteln lösen lassen.

In [Gödel 1933, S. 48] finden wir die folgenden Worte:

> [...] there are arithmetic propositions which cannot be proved even by analysis but only by methods involving extremely large infinite cardinals and similar things. ([...] es gibt arithmetische Sätze, die nicht allein mit Hilfe der Analysis bewiesen werden können, sondern nur mit Methoden, die extrem große unendliche Kardinalzahlen oder ähnliche Dinge verwenden.)

1946 sagte GÖDEL deutlich, dass es notwendig sei, immer neue und stärkere transfinite Theorien zu verwenden, um neue arithmetische Sätze zu erhalten (vgl. [Gödel 1946]). Diese Bemerkungen passen gut zu den folgenden Worten von RUDOLF CARNAP [Carnap 1934, S. 274]:

> [...] *alles Mathematische ist formalisierbar; aber die Mathematik ist nicht durch Ein System erschöpfbar*, sondern erfordert eine Reihe immer reicherer Sprachen.

Bemerkung: Ich danke Prof. Dr. Thomas Bedürftig (Universität Hannover) für die Hilfe bei der sprachlichen Bearbeitung.

Literatur

CARNAP, RUDOLF: 1934, 'Die Antinomien und die Unvollständigkeit der Mathematik', *Monatshefte für Mathematik und Physik* **41**, 263-284.

FREGE, GOTTLOB: 1976, *Wissenschaftlicher Briefwechsel*, Hrsg. G. Gabriel, H. Hermes, F. Kambartel, Ch. Thiel, A. Veraart, Felix Meiner Verlag, Hamburg.

GÖDEL, KURT: 1929, 'Über die Vollständigkeit des Logikkalküls', Doktorarbeit, zum ersten Mal veröffentlicht (mit der englischen Übersetzung) in: Gödel, K. *Collected Works*, vol. I, ed. by Feferman, S. *et al.*, Oxford University Press, New York and Clarendon Press, Oxford, 1986, 60-101.

GÖDEL, KURT: 1931, 'Über formal unentscheidbare Sätze der 'Principia Mathematica' und verwandter Systeme. I', *Monatshefte für Mathematik und Physik* **38**, 173-198. Abgedruckt zusammen mit der englischen Übersetzung 'On Formally Undecidable Propositions of Principia Mathematica and Related Systems' in: Gödel, K. *Collected Works*, vol. I, ed. by Feferman, S. *et al.*, Oxford University Press, New York and Clarendon Press, Oxford 1986, 144-195.

GÖDEL, KURT: 1931?, 'Über unentscheidbare Sätze'; zum ersten Mal veröffentlicht (das deutsche Original und die englische Übersetzung 'On Undecidable Sentences') in: Gödel, K. *Collected Works*, vol. III, ed. by Feferman, S. *et al.*, Oxford University Press, New York and Oxford 1995, 30-35.

GÖDEL, KURT: 1933, 'The Present Situation in the Foundations of Mathematics'; zum ersten Mal veröffentlicht in: Gödel, K. *Collected Works*, vol. III, ed. by Feferman, S. *et al.*, Oxford University Press, New York and Oxford 1995, 45-53.

GÖDEL, KURT: 1946, 'Remarks Before the Princeton Bicentennial Conference on Problems in Mathematics', 1-4; zum ersten Mal veröffentlicht in: Davis, M. (Ed.) *The Undecidable: Basic Papers on Undecidable Propositions, Unsolvable Problems, and Computable Functions*, Raven Press, Hewlett, N.Y., 1965, 84-88. Abgedruckt in: Gödel, K. *Collected Works*, vol. II, ed. by Feferman, S. *et al.*, Oxford University Press, New York and Oxford, 1990, 150-153.

GÖDEL, KURT: 1951, 'Some Basic Theorems on the Foundations of Mathematics and Their Implications'; zum ersten Mal veröffentlicht in: Gödel,

K. *Collected Works*, vol. III, ed. by Feferman, S. *et al.*, Oxford University Press, New York and Oxford 1995, 304-323.

GÖDEL, K.: 1970, 'The Modern Development of the Foundations of Mathematics in the Light of Philosophy'; zum ersten Mal veröffentlicht (deutscher Text und die englische Übersetzung) in: Gödel, K. *Collected Works*, vol. III, ed. by Feferman, S. *et al.*, Oxford University Press, New York and Oxford 1995, 374-387.

HILBERT, DAVID: 1899, *Grundlagen der Geometrie. Festschrift zur Feier der Enthüllung des Gauss-Weber-Denkmals*, B.G.Teubner Leipzig, 3-92. Spätere Aufl. m. Supplementen v. P. Bernays. Neueste Auflage: 14. Auflage. Hrsg. u. m. Anh. versehen v. M. Toepell. B.G. Teubner Stuttgart-Leipzig 1999. (Teubner-Archiv zur Mathematik - Supplementband 6).

HILBERT, DAVID: 1901, 'Mathematische Probleme', *Archiv der Mathematik und Physik* **1**, 44-63 and 213-237. Abgedruckt in: Hilbert, D. *Gesammelte Abhandlungen*, Verlag von Julius Springer, Berlin, Bd. **3**, 290-329. Englische Übersetzung: 'Mathematical Problems', *Bulletin of the American Mathematical Society* **8** (1901-2), 437-479; auch in: Browder, F. (Ed.) *Mathematical Developments Arising from Hilbert's Problems*, Proceedings of the Symposia in Pure Mathematics **28**, American Mathematical Society, Providence, RI, 1976, 1-34.

HILBERT, DAVID: 1903, *Grundlagen der Geometrie*, zweite Auflage, Teubner Verlag, Leipzig. (neueste Auflage: siehe Hilbert 1899.)

HILBERT, DAVID: 1905, 'Logische Principien des mathematischen Denkens', Lecture notes by Ernst Hellinger, Mathematisches Institut, Georg-August-Universität Göttingen, Sommer-Semester 1905. Nicht veröffentlichtes Manuskript.

HILBERT, DAVID, 1917-18, 'Prinzipien der Mathematik', Lecture notes by Paul Bernays. Mathematisches Institut, Georg-August-Universität Göttingen, Wintersemester 1917-18. Nicht veröffentlichtes Manuskript.

HILBERT, DAVID, 1918, 'Axiomatisches Denken', *Mathematische Annalen* **78**, 405-415.

HILBERT DAVID: 1931, 'Die Grundlegung der elementaren Zahlentheorie', *Mathematische Annalen* 104, 485-494; abgedruckt in: Hilbert, D., *Gesammelte Abhandlungen*, Bd. **3**, Verlag von Julius Springer, Berlin 1935, 192-195.

HILBERT, DAVID und ACKERMANN, WILHELM: 1928, *Grundzüge der theoretischen Logik*, Verlag von Julius Springer, Berlin. Englische Übersetzung der zweiten Auflage: *Principles of Mathematical Logic*, Chelsea Publishing Company, New York 1950.

HILBERT, DAVID und BERNAYS, PAUL: 1934/1939, *Grundlagen der Mathematik*, Springer-Verlag, Berlin, Bd.**I**. 1934, Bd.**II**. 1939.

TARSKI, ALFRED: 1933, *Pojęcie prawdy w językach nauk dedukcyjnych*, Nakładem Towarzystwa Naukowego Warszawskiego, Warszawa.

TARSKI, ALFRED: 1936, 'Der Wahrheitsbegriff in den formalisierten Sprachen', *Studia Philosophica* **1**, 261-405 (Sonderabdrucke signiert 1935).

WANG, HAO: 1974, *From Mathematics to Philosophy*, Routledge and Kegan Paul, London.

WANG, HAO: 1987, *Reflections on Kurt Gödel*, M.I.T. Press, Cambridge, Mass.

Prof. Dr. Roman Murawski, Uniwersytet im. Adama Mickiewicza,
Wydział Matematyki i Informatyki,
ul. Matejki 48/49, PL-60-769 Poznań, Polen,
E-Mail: rmur@math.amu.edu.pl

Fehler -Treffer –Niete
Eine sprachgeschichtlich-literarische Betrachtung

Rudolf Haller[1]

Fehler, Treffer und Niete gehören zum gleichen Bedeutungsumfeld, wie sich im Folgenden zeigen wird. Sie sind junge Wörter des deutschen Sprachschatzes, wobei Fehler und Niete als Lehnwörter zu uns gekommen sind.

Beginnen wir mit dem ältesten dieser drei Wörter, dem Fehler. Das altfranzösische Verbum *faillir* = *sich irren, verfehlen*, das auf das lateinische *fallere* = *täuschen* zurückgeht, gelangt als Lehnwort *velen* ins Mittelhochdeutsche. Gegen Ende des 15. Jh.s wird dann zum Verbum fehlen das Substantiv *Fehler* zur Bezeichnung eines Fehlschusses gebildet.

Diese erste Bedeutung von *Fehler* ist aus dem heutigen Sprachschatz verschwunden, der *Fehler* nur im Sinne von *Irrtum* kennt. In diesem Sinne erscheint *Fehler* erstmals 1561 bei JOSUA MAALER (1529-1595 Regensperg/Schweiz) in seinem deutsch-lateinischen Wörterbuch *Die Teütsch spraach* [Maaler 1561].

Das Bild vom Fehlschuss benützt sehr gerne der Theologe und bedeutende Prediger des Spätmittelalters JOHANNES GEILER VON KAYSERSBERG (Schaffhausen 1445-1510 Straßburg). Seine um 1480/81 gedruckte Übersetzung [Geiler 1480/81] von JEAN DE GERSONS (Gerson 1363-1429 Lyon) *De arte moriendi* enthält auf Blatt 4v die erste Belegstelle für das Wort *Fehler*, wobei gerade diese Passage sich nicht bei GERSON findet: In der Sterbestunde nämlich soll der Sterbende seinen besonderen Heiligen um Beistand bitten; denn

> "wann wo ich uff disen ougenblick felte so hett ich einen ewigen feler geschossen."

---

[1] Vorbemerkung: *Trübners Deutsches Wörterbuch* [Trübner 1939ff.] und das DWB der Gebrüder Grimm [Grimm 1854ff.] lieferten die Basis meiner Untersuchungen.

Von den weiteren Belegstellen bei GEILER für dieses Fehlschuss-Bild will ich nur die beiden 1510 in Augsburg gedruckten Werke (Teile von [Geiler 1510]) aufführen, und zwar

- *Geistliche Spinnerin*. [Geiler 1510 (a)] Auf Blatt e6^c wird das Handeln der Menschen als Weben aufgefasst:

> "weñ sy komen an jr letzst end vnd mayñ sy haben Samat gespunnen so ist es zwilch / vnd weñ sy maynen einzugeen mit den jungen weisen junckfrawen so schiessen sy aiñ fåler."

- *Der Hase im Pfeffer*. [Geiler 1510 (b)] So, wie es eine klare Unterweisung gibt, wie man den Hasen im Pfeffer zubereiten soll, so gibt es auch für ein gottgefälliges Leben des Menschen eine klare Unterweisung. Der Weg in das Kloster ist, so auf Blatt Ff4^a, wie wenn der Hase mehr Pfeffer bekäme. Aber nicht immer findet man im Kloster das, was man gesucht hat:

> "Ich wolt gaistlichayt sůchen so hab ich die wellt funnden Ich hab ainen fåler geschossen"

Erfreulicher als ein Fehlschuss ist natürlich ein Treffer. Aus dem althochdeutschen Verb *treffan = schlagen* (mhd. *treffen*) entsteht im 15. Jh. der substantivierte Infinitiv *Treffen = Schlacht* und erst im 16. Jh. das Wort *Treffer* als Bezeichnung für einen Schuss, der trifft. Belegt ist *Treffer* in diesem Sinn erstmals 1575, und passend zusammen mit seinem Gegenteil *Fehler*, bei JOHANN DER TÄUFER FRIEDRICH FISCHART (Straßburg 1546/47-1590 Forbach). Im 27. Kapitel seiner *Affenteurliche vnd Vngeheurliche Geschichtschrift* [Fischart 1575] nach RABELAIS lernt Gargantual das Schießen mit Erfolg; denn in Zeile 3 von Blatt [Svij^b] heißt es:

> "da waren kain Fåler / eitel Treffer."

Im ausgehenden Mittelalter verband man das Schießen mit Lustbarkeiten. So richtete die Stadt München anlässlich des Tiburtius-Schießens am 14. April 1467 den ersten "Glückshafen" auf deutschem Boden aus; das ist eine Warenlotterie, wie sie erstmals für den 9. April 1445 in Sluis (Flandern) nachgewiesen werden konnte. Gezogen wurde dabei gleichzeitig aus zwei Gefäßen. Aus dem einen zog man die mit einem Namen oder einer Devise versehenen Zettel der Einzahler, aus dem anderen die Zettel, auf denen vorher entweder ein Gewinn oder nichts bzw. eine Null notiert worden war. "Blinde Zettuln" und auch "blinde Zettel" nennt die letzteren 1651 der Rechtsgelehrte KASPAR KLOCK (Soest 1583-1655 Braunschweig) in der

lateinisch verfassten Beschreibung des Osnabrücker Glückstopfs von 1521 [Klock 1651, 624]. Das Hendiadyoin "Nullen und blinde Zettuln" bildet 1685 EBERHARD WERNER HAPPEL (Kirchhayn/ Hessen 1647-1690 Hamburg), der fruchtbarste Romanschreiber der 2. Hälfte des 17. Jh.s. In seinen *Relationes* Curiosae berichtet er in *Der blinde Kauff* [Happel 1685, 2. Teil, Spalte 62a] von einem Warentermingeschäft, dass nämlich den Fischern sehr oft ihre Fänge abgekauft werden, ehe sie hinausfahren:

"der andere / so kein Glück hat / traurig und mit einer langen Nasen abziehet / und für sein gesetztes Geld / aus einen besonderen Glückshaven des Meeres / will sagen / aus den Härings-Netzen / viel Nullen und blinde Zettuln zum Gewinn ergreiffet."

Der bedeutendste Epigrammatiker des Barocks, FRIEDRICH VON LOGAU (Dürr Brockut 1604-1655 Liegnitz), spricht in *Hofe-Glücke*, einem seiner satirischen Sinngedichte, von "leeren Zetteln" [Logau 1654, Andres Tausend Fünfftes Hundert / 89]:

"Ein Glücks-Topff steht bey Hof / in welchem Zettel liegen.
Zum meisten welche leer / zum minsten welche tügen."

Diese leeren, d. h. unbeschriebenen, also weiß gebliebenen Zettel waren natürlich in der Überzahl, sodass in Italien die *loteria* bald *La Bianca* hieß. Als *Blanque* erlaubte König FRANZ I. im Mai 1539 eine Warenlotterie in Paris (die nie stattfand), und als *blank* ging es in den englischen Wortschatz ein.

Fast 200 Jahre später lässt 1719 ANTOINE HOUDAR DE LA MOTTE (Paris 1672-1731 ebd.) in seinen *Fables nouvelles* Jupiter für die Menschen eine Lotterie veranstalten, bei der jeder gewinnen sollte [Houdar de la Motte 1719, Livre I, Fable XIV]. Also durften keine "weißen Zettel" in der Urne liegen, was HOUDAR DE LA MOTTE positiv formuliert: "Schwarz war jeder Zettel":

"Tout billet étoit noir; chacun devoit gagner."

CHRISTIAN GOTTLIEB GLAFEY (Hirschberg/Schlesien 1687-1753 ebd.) übersetzte 1736 diese Zeile so [Glafey 1736]:

"Denn Alle sollten hier gewinnen,
Drum waren lauter Treffer drinnen."

Das Ziehen eines schwarzen Zettels empfand GLAFEY also wie einen Treffer beim Schießen. Seine Verse sind der erste Beleg für diese friedliche

Bedeutung des Wortes Treffer; der erste Schritt zur stochastischen Karriere des Treffers war getan. (Das französische *urne* übersetzte GLAFEY mit *Topf*. In die Mathematik kam "Urne" erst 1713 durch JAKOB BERNOULLIS [1655-1705] *Ars Conjectandi*.)

Da der Fehler beim Schießen, wie wir oben gesehen haben, der Antipode des Treffers war, lag es nahe, die blinden Zettel nun als Fehler zu bezeichnen. So lässt der Dichter CHRISTIAN FÜRCHTEGOTT GELLERT (Hainichen/Sachsen 1715-1769 Leipzig) in seinem vor 1747 verfassten Lustspiel *Das Loos in der Lotterie* Herrn Orgon sagen [Gellert 1761]:

> "so möchte ich doch selber gern wissen, ob ihr Loos unter den Treffern, oder Fehlern stehen würde."

Zur selben Zeit, nämlich im Jahre 1747, gelangte -was bisher völlig übersehen wurde - das Geschwisterpaar "Treffer - Fehler" auch in die Mathematik, und zwar durch JOHANNES ANDREAS VON SEGNER (Preßburg 1704-1777 Halle) mit seiner "freien Übersetzung" von BERNARD NIEUWENTIJDTS (1654-1718) mehrmals aufgelegtem und auch in mehrere Sprachen übersetzten *Het regt Gebruik der Werelt Beschouwingen*. Letzterer verteidigt [Nieuwentijdt 1715, 306ff.] JOHN ARBUTHNOTS (1667-1735) Gottesbeweis [Arbuthnot 1710] ausführlich, berichtet dann aber, dass der junge, hoch geschätzte WILLEM JACOB STORM VAN S'GRAVESANDE (1688-1742) eine stichhaltigere mathematische Beweisführung aus ARBUTHNOTs Londoner Tafeln gefunden habe, die er aber nur als Resümee in sein Werk aufnehmen könne.[2] SEGNER deutet S'GRAVESANDES Lösung als Wette und schreibt [Segner 1747, 213f.]:

> "Eine Person, die wir A. nennen wollen, wirft 11429. Pfennige auf den Tisch, und behauptet, daß deren nicht mehrere als 6128. und nicht weniger als 5745. dergestalt fallen werden, daß das Antlitz oben zu liegen komme; wie viele Fehler stehen da gegen einen Treffer, daß dieses würklich erfolgen, und die Person ihre Wette gewinnen werde, welche sie eingegangen? [...]

> Daraus wird, mit Beihülfe der Logarithmen, gefunden, daß ein einziger Treffer [...] gegen mehr als 75. Septillionen Fehler stehe, wenn

---

[2] Erwähnt ist diese Leistung s'Gravesandes auch in der Rezension von Nieuwentijdts Werk in den *Nouvelles de la République des Lettres* (März, April 1716). In Gänze erschien seine *Démonstration mathématique de la Direction de la Providence Divine* aber erst postum in seinen *Œuvres philosophiques et mathématiques* **2**, 221–236 (Marc Michel Rey Amsterdam 1774).

man behauptet, daß A gewinnen, oder daß die Ordnung der Geburten, welche die Erfahrung zu London gewiesen, 82. Jahre nacheinander blos zufälliger Weise werde erhalten werden."

Weder im Holländischen noch im Französischen findet sich eine entsprechende Veranschaulichung des ARBUTHNOT'schen Vorgehens. Es handelt sich also um eine eigenständige Leistung SEGNERS.

Das Duo "Treffer - Fehler" begegnet uns dann wieder bei JOHANN WOLFGANG VON GOETHE (Frankfurt a. M. 1749-1832 Weimar), der 1788 Alba in *Egmont* IV, 2 sinnieren lässt [Goethe 1788, 134]:

"Und nun im Augenblick des Entscheidens bist du zwischen zwey Übel gestellt; wie in einen Loostopf greifst du in die dunkle Zukunft; was du fassest ist noch zugerollt, dir unbewußt, sey's Treffer oder Fehler!"

Dem *Fehler* erwuchs aber bald eine Konkurrentin. Denn mit der Übernahme der holländischen Lotterie in Hamburg kam auch deren Wortschatz dorthin. Das Gewinnlos, also der Treffer, hieß im Niederländischen *wat*, weil man ja "was" gewinnen konnte. Meist aber gewann man *niet*, also nichts. Das neuniederländische *der* (und auch *das*) *niet* wird, verbunden mit einem Geschlechtswechsel, als *die* Niete eingedeutscht [Weigand 1860, Band 2, Erste Abtheilung]. Laut [Trübner 1939ff.] ist diese deutsche *Niete* zum ersten Mal im Jahre 1707 belegt, und zwar in einem Brief, in dem der Gelehrte, Dichter und Schulmann MICHAEL RICHEY (Hamburg 1678-1761 ebd.), damals Rektor in Stade, MARTIN LUCAS SCHELE zu dessen Doktordisputation gratuliert. RICHEY greift dabei HERMANN VON DER HARDT (Melle 1660-1746 Helmstedt), Professor der Universität Helmstedt, an, der in seiner *Epistola de Germana Polizzae Origine* (Helmstedt 1704) ziemlichen etymologischen Unsinn geboten habe:

"so hat doch Herr von der Hardt zum wenigsten dieses Verdienst, daß er eine ziemliche Anzahl Muthmassungen zu Marckte gebracht, aus welchen man, wie aus einem nicht gar zu Gewinn-reichen Glücks-Topfe, endlich noch wol ein Wat gegen sechs Nieten wird greiffen können."

Im Druck erschienen ist dieser Brief allerdings erst 1732 [Richey 1732, 7-12]. Ein fast 100 Jahre älterer Beleg wäre dagegen die Aufschrift, die der Gewinnkorb der 1610 in Hamburg beschlossenen Lotterie, dem ZEDLER'-

schen Universal-Lexicon zufolge, getragen haben soll [Zedler 1738, Band 18, Spalte 570].

> "In diesem Korbe die Gewinnen seyn
> Für Grosse, Mittel und auch Klein.
> Niemand kann sagen, an dieser Sydt
> Liegen die Gewinn und da die Nydt."

Ob JOHANN LEONHARD FRISCH (Sulzbach/Nürnberg 1666-1743 Berlin), der vielseitigste Wissenschaftler der Berliner Societät der Wissenschaften und LEIBNIZens Verbindungsmann in Berlin, das Wort Niete bei seinem Aufenthalt in Hamburg kennenlernte, weiß ich nicht. Immerhin erscheint es 1719, also noch *vor* der Publikation von RICHEYs Brief, als Stichwort in der zweiten Auflage seines *Nouveau Dictionaire des Passagers François-Allemand et Allemand-François* [Frisch 1719]:

> "Niete, f. ein Loß in der Lotterie, das nichts bekommt, ein leerer Zettel, *billet blanc*",

wohingegen er das französische *billet blanc* unter dem Stichwort *blanc* bereits 1712 in der Erstauflage seines *Nouveau Dictionnaire* [sic!] ... [Frisch 1712], aber nur mit

> "ein Zettel im Glücks-Topff, da nichts drauf"

übersetzt. Auch in späteren Auflagen - es gibt im 18. Jh. immerhin siebzehn - wird *Niete* nicht angefügt. Dass FRISCH aber Niete durchaus als ein neues Wort der deutschen Sprache empfand, machte er 1741 in seinem *Teutsch-Lateinischem Wörter-Buch* deutlich, an dem er dreißig Jahre gearbeitet hatte und das zu einem Markstein in der Geschichte der deutschen Lexikographie wurde [Frisch 1741, Band 2]:

> "Niete, ein Wort der neuern Zeiten so mit den Lotterien aufgekommen. Bedeutet einen herausgezogenen Los-Zettel, darauf nichts steht, was auf anderen Gewinn heißt, *sors sine lucro, schedula vacua, signum inane*."

In den nur wenig früher erschienenen Latein-Wörterbüchern, nämlich JOHANN GEORG WACHTERs (Memmingen 1663-1757 Leipzig) *Glossarium Germanicum* von 1727 [Wachter 1727] und 1737 [Wachter 1737] und des Arztes CHRISTOPH ERNST STEINBACHs (Semmelwitz/Niederschlesien 1698 bis 1741 Breslau) *Vollständiges Deutsches Wörter-Buch vel Lexicon Germanico-Latinum* von 1734 [Steinbach 1734] sucht man danach noch vergebens.

Die *Niete* kann sich nur langsam, vom Norden und Nordwesten Deutschlands her, gegen den *Fehler* durchsetzen, wie der Artikel "Niete" in *Trübners Deutschem Wörterbuch* [Trübner 1939ff.] zeigt. Ihre literarische Anerkennung - bei GOTTHOLD EPHRAIM LESSING (Kamenz 1729-1781 Braunschweig) findet man Niete noch nicht - gewinnt sie durch den heute vergessenen LEOPOLD FRIEDRICH GÜNTHER VON GÖCKINGK (Gröningen/Halberstadt 1748-1828 Breslau) und durch seinen Schulkameraden und Freund GOTTFRIED AUGUST BÜRGER (Molmerswende/Halberstadt 1747-1794 Göttingen), vor allem aber durch FRIEDRICH VON SCHILLER (Marbach 1759-1805 Weimar).

GÖCKINGKs dem König von Siam zugeeignete *Gedichte* von 1780 enthalten die 1771 verfasste *I. Epistel an Goldhagen* [Göckingk 1780]. Dort liest man:

"Da drängt er an die bunte Bude
des Glückes, sich wie rasend hin
[...]
Wagt seine Ruh und seine Zeit daran
Zieht, aber immer - eine Niete!"

BÜRGER übersetzt und bearbeitet 1783 den SHAKESPEARE'schen *Macbeth*. In III, 8 lässt er - was keine Entsprechung bei hat - die Hexenaltfrau zu den Hexen über Macbeth sagen [Bürger 1783]:

"Zu dem war der, den ihr beehrt
Nicht allerdings der Perle wehrt.
Voll Tück' und Stolz, wie Seiner viele,
Mischt er die Karten so im Spiele,
Daß er das große Loos erwischt,
Ihr aber leere Nieten fischt!"

Für SCHILLER fand ich vier Stellen nachgewiesen:

- In *Die Räuber* (^{2}1782) lässt er Moor in III, 2 sprechen [Schiller 1782]:

"dieses bunte Lotto des Lebens, worein so mancher seine Unschuld, und - seinen Himmel sezt, einen Treffer zu haschen, und - Nieten sind der Auszug - am Ende war kein Treffer darinn."

In der anonym erschienen Erstauflage von 1781 steht übrigens das ältere *Nullen* an Stelle von *Nieten*! [Schiller 1781]

- Im *Der Spaziergang unter den Linden* (1782) wird über das menschliche Leben räsoniert [Schiller 1782 (a)]:

> "Es ist ein betrügliches Lotto, die wenigen armseligen Treffer verschwinden unter den zahllosen Nieten."

- Im 1786 entstandenen *Geisterseher* [Schiller 1787, 1. Buch] sagt Wollmar:

> "Die Person, bei der Sie die Lotterielose nahmen, war im Verständnis mit mir. Sie ließ Sie aus einem Gefäße ziehen, wo keine Niete zu holen war,"

- und 1787 heißt es im Gedicht *An Elisabeth Henriette von Arnim* [Schiller 1943ff.]:

> "In dieses Lebens buntem Lottospiele
> Sind es so oft nur Niethen, die wir ziehn."

Spricht GOETHE noch 1788 von Treffer und Fehler (s. o.), so entschließt er sich 1811 für das neue Wort Niete. In *Romeo und Julia* [Goethe 1811], seiner Bearbeitung des SHAKESPEARE'schen Stücks für das Theater, lässt er Mercutio in I, 8 sagen:

> "Versucht will alles sein: denn jede Nummer
> kann ihren Treffer, ihre Niete finden."

Ihm folgen Dichter und Geschichtsschreiber des 19. Jh.s. Den Süden und Südosten Deutschlands und damit auch das heutige Österreich erreicht die Niete, den Fehler gänzlich verdrängend, erst im 20. Jahrhundert.

Als Kuriosum sei zum Abschluss noch vermerkt, dass der Treffer im letzten Viertel des 18. Jh.s auch Eingang in die Studentensprache gefunden hat, wie man GOETHES *Italienischem Notizbuch* entnehmen kann [Goethe 1786]: Unter "Studenten Comment" findet sich die Entsprechung "Treffer - Glück"; darunter steht dann der Eintrag "Sau Treffer".

Literatur

ARBUTHNOT, JOHN. 1710: An Argument for Divine Providence, taken from the constant Regularity observ'd in the Births of both Sexes. In: Philosophical Transactions 27 (1710), erschienen 1712

BÜRGER, GOTTFRIED AUGUST. 1783: Macbeth. Ein Schauspiel in fünf Aufzügen nach Shakespeare. Johann Christian Dieterich Göttingen

FRISCH, JOHANN LEONHARD. 1712: Nouveau Dictionnaire des Passagers François-Allemand et Allemand-François, Oder neues Frantzösisch-Teutsches und Teutsch-Frantzösisches Wörter-Buch, Worinnen Alle Frantzösische Wörter, auch der Künste und Wissenschafften, aus den vollkommnsten und neuesten Dictionariis, nebst den nöthigsten Constructionen und Redens-Arten, durch kürtzlich gezeigte Etymologie, und durch das gebräuchlichste auch reineste Teutsche erkläret worden; Im Teutschen Theile aber eine so grosse Verbesserung und Vermehrung geschehen, daß die Liebhaber beyder Sprachen dieses Buch mit grossem Nutzen gebrauchen können. Herausgegeben von Johann Leonhard Frisch, Mitglied der Kön. Preuß. Societ. der Wissenschafften in Berlin. Joh. Friedrich Gleditsch und Sohn Leipzig

——— 1719: Nouveau Dictionaire des Passagers François-Allemand et Allemand-François, Oder neues Frantzösisch-Teutsches und Teutsch-Frantzösisches Wörter-Buch, [weiter wie 1712]. Andere Auflage. Joh. Friedrich Gleditschens seel. Sohn Leipzig

——— 1741: Teutsch-Lateinisches Wörter-Buch. Christoph Gottlieb Nicolai Berlin

FISCHART, JOHANN DER TÄUFER FRIEDRICH. 1575: Affenteurliche vnd Vngeheurliche Geschichtschrift vom Leben / rhaten und Thaten der for langen weilen Vollenwolbeschraiten Helden vnd Herrn Grangusier / Gargantoa vnd Pantagruel / Koenigen inn Vtopien vnd Ninenreich. Etwan von M. Francisco Rabelais Franzoesisch entworfen : Nun aber vberschrecklich lustig auf den Teutschen Meridian visirt / vnd vngefaerlich obenhin / wie man den Grindigen laußt / vertirt / durch Huldrich Elloposcleron Reznem. s. l. [Straßburg]

GEILER VON KAYSERSBERG, JOHANNES. 1480/81: ‹Totenbüchlein› A-Druck, s. l., s. a. [vermutlich Straßburg um 1480/81],

——— 1510 : Das buch granatapfel. im latin genant Malogranatus · helt in ym gar vil und manig haylsam vnd süsser vnderweysung vnd leer / den anhebenden / auffnemenden / vnd volkommen mennschen / mitt sampt gaystlicher bedeütung des außganngs der kinder Israhel von Egipto / Item ain merkliche vnderrichtung der gaistlichen spinnerin / Item etlich predigen von dem hasen im pfeffer Vnd von siben schwertern / vnd schayden / nach gaistlicher außlegung. Meerers tails gepredigt durch den hochgeleerten Johãnem Gayler von Kaysersperg etc. Jörgen Diemar Augsburg 1510

——— 1510 (a): Die gaistlich spinnerin. nach dem Exempel der hailigen wittib Elizabeth / wie sy an einer gaistlichen gunckel / flachs vnd woll gespunnen hat. Gepredigt durch den wirdigen Doctor Johannem Gayler von Kayserßperg etc. Jörgen Diemar Augsburg 1510

——— 1510 (b): Ain gaistliche bedeütung des heßlins · wie man das in den pfeffer berayten soll / die da gibt clare vnderrichtung / wie ain mensch (der sich will keren zů got / die laster der sünden fliehen / ain Ersam penitentzlich leben anfahen) sich berayten / schicken vnd halten soll / nach den gůten aigenschafften die das forchtsam / vnachtber / klain thierlein / das häßlin / in seiner art an jm hat. Jörgen Diemar Augsburg 1510 [postum]

GELLERT, CHRISTIAN FÜRCHTEGOTT. 1761: Das Loos in der Lotterie. Johann Paul Krauß Wien; auch in: Sämmtliche Schriften, Band 3. M. G. Weidmanns Erben und Reich, und Caspar Fritsch Leipzig 1769 (Nachdruck Georg Olms Hildesheim 1968)

GLAFEY, CHRISTIAN GOTTLIEB. 1736: Herrn Houdart de la Motte Neue Fabeln. Frankfurt und Leipzig

GÖCKINGK, LEOPOLD FRIEDRICH GÜNTHER VON. 1780: Gedichte. s. l., s. a.

GOETHE, JOHANN WOLFGANG VON. 1786: Das Italienische Notizbuch "Tragblatt. Allerley Notanda während der 1. Reise in Italien enthaltend" [1786], Seite 53. Erstmals gedruckt in Goethe 1891, I, 42, 2, S. 516

——— 1788: Egmont. Ein Trauerspiel in fünf Aufzügen. Von Goethe. Ächte Ausgabe. Georg Joachim Göschen Leipzig. Siehe auch Goethe 1891, hier: I, 8, S. 261

——— 1811: Siehe Goethe 1891, hier: I , 9, S. 186

——— 1891: Goethes Werke. Herausgegeben im Auftrage der Großherzogin Sophie von Sachsen. Hermann Böhlau Weimar 1891

GRIMM JACOB und WILHELM GRIMM 1854ff: Deutsches Wörterbuch. S. Hirzel Leipzig

HAPPEL, EBERHARD WERNER 1685: Gröste Denckwürdigkeiten der Welt oder so-genannte Relationes Curiosae. Thomas von Wiering Hamburg

HOUDART DE LA MOTTE, ANTOINE 1719: Fables nouvelles, dediées au Roy. Par M. de la Motte, de l'Académie Françoise. Avec un discours sur la fable. Jean Baptiste Coignard Paris

KLOCK, KASPAR 1651: Tractatus Juridico-politico-polemico-historicus de aerario. Wolffgang Endter Nürnberg

LOGAU, FRIEDRICH VON 1654: Salomons von Golau Deutscher Sinn-Getichte Drey Tausend. Caspar Kloßmann Breslau s. a.

MAALER, JOSUA 1561: Die Teütsch spraach. Alle wõrter / namen / vñ arten zů reden in Hochteütscher spraach / dem ABC nach ordentlich gestellt / vnnd mit gůtem Latein gantz fleissig vnnd eigentlich vertolmetscht / dergleychen bißhar nie gesahen / Durch Josua Maaler burger zu Zürich. Dictionarivm Germanicolatinvm novvm. [...] Christoph Froschauer Zürich

NIEUWENTIJDT, BERNHARD 1715: Het regt Gebruik der Werelt Beschouwingen, ter overtuiginge van Ongodisten en Ongelovigen Aangetoont. Wed. J. Wolters, en J. Pauli Amsterdam

RICHEY, MICHAEL. 1732: Brief an Scheele; abgedruckt in: Herrn Hof-Raht Weichmanns Poesie der Nieder-Sachsen, durch den Vierten Theil fortgesetzet, zur Teutschen Sprache und Philologie gehörige Anmerckungen, ihro Hochweisheit des Herrn Rahts-Herrn Brockes und Herrn Prof. Richeys aus den Actis MSS. der ehemals in Hamburg blühenden Teutsch-übenden Gesellschaft genommen, herausgegeben von J. P. Kohl. Prof. Johann Christoph Kißner Hamburg.

SCHILLER, FRIEDRICH VON. 1781: [anonym] Die Räuber. [keine Verlagsangabe] Frankfurt und Leipzig

——— 1782: Die Räuber. Zwote verbesserte Auflage. Tobias Löffler Frankfurt und Leipzig. (In *Neue für die Mannheimer Bühne verbesserte Auflage*, Schwanische Buchhandlung Mannheim 1782, fehlt diese Stelle.) Siehe auch Schiller 1943ff., hier: Band 7, 2, S. 78

——— 1782 (a): Wirtembergisches Repertorium der Litteratur. Erstes Stück. Siehe auch Schiller 1943ff., hier: Band 22, S. 78.

——— 1787: *Thalia* 4 (1787) und 5 (1788). Siehe auch Schiller 1943ff., hier: Band 16, S. 70

——— 1943ff. Schillers Werke. Nationalausgabe. Hermann Böhlaus Nachfolger Weimar. Hier: Band 1, S. 179

SEGNER, JOHANN ANDREAS VON. 1747: Bernhard Nieuwetyts M. D. Rechter Gebrauch Der Welt-Betrachtung Zur Erkenntnis Der Macht, Weisheit und Güte Gottes, auch Ueberzeugung der Atheisten und Ungläubigen. In einer Freien Uebersetzung abermal ans Licht gestellet, Und mit einigen Anmerkungen erläutert, von D. Joh. Andreas Segner. Christian Heinrich Cuno Jena

STEINBACH, CHRISTOPH ERNST. 1734: Vollständiges Deutsches Wörter-Buch vel Lexicon Germanico-Latinum. Johann Jacob Korn Breslau

TRÜBNER. 1939ff: Trübners Deutsches Wörterbuch im Auftrag der Arbeitsgemeinschaft für deutsche Wortforschung herausgegeben von Alfred Götze. Walter de Gruyter & Co. Berlin 1939ff.

WACHTER, JOHANN GEORG. 1727: Glossarium Germanicum continens origines et antiquitates Linguae Germanicae hodiernae. Specimen ex ampliore Farragine decerptum. Jacob Schuster Berlin

——— 1737: Glossarium Germanicum, continens origines & antiquitates totius Linguae Germanicae, et omnium pene vocabulorum, vigentium et desitorum. Joh. Frid. Gleditschii B. Filius Leipzig

WEIGAND, FRIEDRICH KARL LUDWIG. 1860: Deutsches Wörterbuch. Dritte, völlig umgearbeitete Auflage von Friedrich Schmitthenners kurzem deutschen Wörterbuche. J. Ricker'sche Buchhandlung Gießen

ZEDLER, JOHANN HEINRICH: Großes vollständiges Universal-Lexicon aller Wissenschaften und Künste, Band 18. J. H. Zedler Halle Leipzig 1738.

OStD a.D. Rudolf Haller; Nederlinger Straße 32 a; 80638 München
Email: rudolf.haller@arcor.de

Grundschulmathematik nach PISA - auf dem Weg zu individuellem Lernen?

Michael Toepell

Einführung: Auswirkungen der PISA-Untersuchungen 321
1. Zur Geschichte des Mathematikunterrichts 324
2. Rahmenbedingungen 327
2.1 Rahmen erfolgreicher europäischer Länder 327
2.2 Gründe für das deutsche PISA-Ergebnis 329
2.3 Der innere Kompass 330
2.4 Individuelles Lernen 331
3. Inhalte 333
3.1 Rolle der Bewegung 333
3.2 Formenkunde 335
3.3 Ökonomie des Geometrieunterrichts 337
3.4 Freihandzeichnen 337
3.5 Sternenkunde 339
4. Bildungsstandards und methodische Perspektiven 340
4.1 Grundlegende Perspektiven 340
4.2 Offener Mathematikunterricht 342
4.3 Differenzierung und Standards - ein Widerspruch? 343

Einführung: Auswirkungen der PISA-Untersuchungen

Nicht nur die Mathematik, auch der Mathematikunterricht unterliegt einem beständigen Wandel. Die internationalen Leistungsvergleichsstudien (TIMSS, PISA, IGLU) zu den Fähigkeiten der Schüler in Mathematik, Deutsch und den Naturwissenschaften haben vor allem in Deutschland eine breite Diskussion ausgelöst. Dabei wurde auch die Grundschule mit einbezogen. Die Gründe für das eher mittelmäßige Abschneiden der deutschen Schüler sind vielschichtig. Vielschichtig scheint auch der Handlungsbedarf zu sein, den die bildungspolitische Diskussion der letzten Jahre auf den verschiedenen Ebenen gesehen hat und sieht.

Für eine zeitgemäße Neugestaltung des Mathematikunterrichts - insbesondere auch in der Grundschule - zeichnen sich seit einigen Jahren Änderungen in drei Bereichen ab:
1. In einer Neugestaltung der *Rahmenbedingungen*

2. In einem Überdenken der *Inhalte* des Mathematikunterrichts in der Grundschule
3. In *methodisch-didaktischen* Perspektiven, die inzwischen vielfach in die neuen *Bildungsstandards* aufgenommen wurden.

Den jüngst diskutierten und realisierten Veränderungen in diesen drei Bereichen soll im Folgenden vor allem unter dem Gesichtspunkt des individuellen Lernens im Mathematikunterricht nachgegangen werden.

2004 nahm die KMK [6.12.04; KMK 2004, S.68] Stellung zu den gerade neu veröffentlichten Ergebnissen von PISA 2003. Darin heisst es:

"In der KMK besteht Einvernehmen darüber, dass die Erkenntnis von PISA 2000 im Hinblick auf die Notwendigkeit eines besseren Umgangs mit der Heterogenität der Schülervoraussetzungen und Schülerleistungen unverändert fort gilt und die Zielsetzung einer *verbesserten individuellen Förderung* aller Schülerinnen und Schüler weiter mit Nachdruck verfolgt werden muss."

Daraus wurde das Ziel abgeleitet: "Verbesserung des Unterrichts zur gezielten Förderung in allen Kompetenzbereichen, insbesondere in den Bereichen *Lesen, Geometrie und Stochastik*" [KMK 2004, S.69]. Diese Neuorientierung bezieht sich auf alle Schulstufen und ergab sich ein Stück weit bereits aus der Aufgabenstellung. Hatte doch das für PISA federführende Institut für die Pädagogik der Naturwissenschaften (IPN Kiel) u.a. betont: "Bei der Konstruktion von Aufgaben ist die Idee leitend, dass insbesondere die *Geometrie* mit ihrem einzigartigen Facettenreichtum ein zentraler Schlüssel für mathematische Grundbildung sein kann." [IPN, S.72]

Hier hat die Diskussion an der richtigen Stelle angesetzt. Das Stiefkind des Mathematikunterrichts war in den letzten Jahrzehnten schulartübergreifend die Geometrie. Das gilt immer noch in weiten Teilen der Sekundarstufe. Nicht selten nimmt die Geometrie in den Schulbüchern immer noch eine weitgehend untergeordnete Rolle ein. Im Folgenden werden daher beim Überdenken der Inhalte des Grundschulmathematikunterrichts nicht so sehr die klassische Arithmetik, sondern vor allem die Förderung der Geometrie in exemplarischen Bereichen thematisiert.

Die aufrüttelnden Ergebnisse ab PISA 2001 (vor allem die Rangliste: Deutschland lag bei 31 Teilnehmerstaaten im unteren Mittelfeld) führten im zusammenfassendes Abschlussgutachten des *PISA-Konsortiums Deutschland* zu den Worten:

"Die Befunde zeigen aber auch einen unveränderten Bedarf an Konzeptionen, Maßnahmen und zusätzlichen Anstrengungen, um die große Streuung der Leistungen zu reduzieren, alle Schülerinnen und Schüler individuell zu fördern, und jungen Menschen unabhängig von Geschlecht und sozialer Herkunft gerechte Entwicklungsmöglichkeiten zu geben." [PISA-Konsortium, S. 65]

Gegenwärtig befindet sich die deutsche Bildungslandschaft mitten im Reformprozess. Will man die "große Streuung der Leistungen reduzieren", hat man beide Seiten zu berücksichtigen: Es geht nicht nur darum, Kinder mit Schwierigkeiten im Mathematikunterricht, sondern auch diejenigen, die besonderes Interesse an der Mathematik haben, angemessen zu fördern.

Eine weitgehende Nivellierung und Standardisierung würden dem Ziel einer vielfältigen Bildung widersprechen. Es gilt also, die kindgemäße, die persönlichkeitsgemäße Entwicklung und Entfaltung künftiger Generationen zu beachten. Folgende "historische" Zeilen erinnern an frühere ähnliche Entwicklungen:

"Die deutsche Bildungskatastrophe.
Die Bundesrepublik steht in der vergleichenden Schulstatistik am unteren Ende der europäischen Länder, neben Jugoslawien, Irland, Portugal. Die jungen Wissenschaftler wandern zu Tausenden aus, weil sie in ihrem Vaterland nicht mehr die Arbeitsmöglichkeiten finden, die sie brauchen" [Georg Picht in der Wochenzeitschrift "Christ und Welt" vom Februar 1964].

Auch damals lag eine Vergleichsuntersuchung der OECD vor. Man sah die wirtschaftliche Konkurrenzfähigkeit gefährdet und hat "reformiert".

Allerdings offensichtlich ohne allzu großen Erfolg. Auch damals war das erste Ziel der Kindergarten und die Grundschule: Kinder sollten früh lesen und mathematisch fundiert rechnen lernen. Also hat man auf der Schule mit dem Gebiet begonnen, das für die formale Mathematik grundlegend ist: mit der *Mengenlehre*.

Der Ruf nach Veränderungen im Bildungswesen hat Tradition. Aktuell geht es um die Fragen: Welche Reformen charakterisieren das abgelaufene Jahrzehnt und welche weiteren zeichnen sich ab? Sind wir in der Lage, aus früher begangenen Fehlern zu lernen? Wohin geht der Mathematikunterricht? Inwiefern ist es sinnvoll, neue Entwicklungen aufzugreifen und wo sollte man wachsam und vorsichtig sein, um nicht wertvollen Qualitäten des bisherigen Mathematikunterrichts aufzugeben?

1. Zur Geschichte des Mathematikunterrichts

Wendet man sich neuen Rahmenbedingungen und inhaltlich-methodischen Fragen zu, ist es stets hilfreich, sich zunächst über die Entstehung und Entwicklung des Mathematikunterrichts bis zur Gegenwart einen Überblick zu verschaffen. Vielfach lässt sich dadurch die gegenwärtige Situation verständnisvoller einordnen. Dabei gehört mathematisches Denken seit jeher zum Bildungsgut dazu. Es soll Zeiten gegeben haben, da wurde die Mathematik gar als die "Königin der Wissenschaften" angesehen.

Mit Beginn der Neuzeit, dem 16. Jahrhundert, verbreitete sich in Gewerbe und Handel immer mehr das Bedürfnis, auch Rechnen zu können. Diese Aufgabe, zunächst vorwiegend für Kaufleute und Handwerker, haben Lehrer - die sog. Rechenmeister - übernommen.

Der berühmteste ist sicher ADAM RIES (auch: Riese) aus Annaberg-Buchholz. Erwähnt sei auch ein anderer der rund hundert damaligen Rechenmeister: PETER APIAN aus Leisnig. Er war 1527 als erster Professur für Mathematik an die bayerische Landesuniversität damals in Ingolstadt berufen worden. Auch er hat ein Rechenlehrbuch verfasst. Wie wurde damals gerechnet?

Auf dem ersten Rechenbuch von ADAM RIES, das er 1518 mit 26 Jahren herausgegeben hat, sieht man, dass damals noch nicht schriftlich - mit Hilfe von Schreibfedern - , sondern mit Rechensteinen gerechnet wurde - das sog. Rechnen "auf den Linien". Hier wurden also Zahlen und das Rechnen mit ihnen geometrisch veranschaulicht. So wie das in den ersten Grundschulklassen mit Fingern oder mit Rechenperlen (Abakus), Rechenplättchen, -würfelchen oder -stäbchen veranschaulicht wird. Wenige Jahre später wird im zweiten Rechenbuch (1522) dann schon schriftlich, mit der Feder gerechnet.

Im Grundschulehrplan Mathematik in Sachsen (2004) ist dieses handlungsorientierte Rechnen auf den Linien mit historischem Bezug im Wahlpflichtbereich "Das macht nach ADAM RIES ..." (Kl. 1 bis 4) verankert.

Grundschulmathematik nach PISA

Spätestens ab dem 18. Jahrhundert, gehörte der Rechenunterricht zur Schulausbildung der breiten Bevölkerung. Während in den ersten Schuljahren der Volksschulen das praktische Rechnen im Vordergrund stand, hat man sich in den höheren Klassen und vor allem an den weiterführenden Schulen an den 2300 Jahre alten sogenannten "Elementen" des EUKLID orientiert, einem Geometriebuch.

Der geometrische Aufbau ist dort ein *axiomatischer*, d.h. alle geometrischen Sätze - wie z.B. der Satz von der Winkelsumme im Dreieck oder der Satz des PYTHAGORAS - werden aus unbewiesenen Grundsätzen, den sogenannten Axiomen, abgeleitet. Die Mathematik ist damit eine deduktiv geordnete Welt eigener Art, was sich vor allem (seit EUKLID) an den *Grundlagen der Geometrie* zeigt. Darauf beruht die Möglichkeit zu begrifflicher Modellierung, d.h. zur Konstruktion von rein logisch aufgebauten Gedankenmodellen.

Das eindrucksvollste Beispiel für axiomatisch-deduktives Denken sind DAVID HILBERTs "Grundlagen der Geometrie" [Hilbert]. Der dem mathematischen Formalismus folgende deduktive Weg ist allerdings oft gerade *nicht* der methodisch-didaktisch schülergerechte Weg. Individuelles Lernen ist vielmehr prozessorientiert, induktiv, vernetzend.

Vielfach wird übersehen, dass EUKLID die Geometrie weitgehend ohne Zahlen aufbaut (ohne Metrik; s. Beispiel S.11). Würde man die Grundschulgeometrie ganz ohne Zahlen aufbauen, dann würde das Messen entfallen. Man würde sich dann an den eigentlichen geometrischen Formen - am Freihandzeichnen, am Falten, am Bauen und Basteln orientieren. Das Falten, Bauen und Basteln ist heute in der Grundschule üblicher Bestandteil des Geometrieunterrichts. Das Freihandzeichnen von Formen ist dagegen nicht selbstverständlich. Hier hat eine 5jährige selbständig Formen entworfen für ein eigenes Memory-Spiel. Man sieht, was das Kind als typisch unterschiedlich empfindet.

Zu der folgenschweren Verankerung von Form und Zahl, von Geometrie und Algebra kam es erst verhältnismäßig spät - erst im 17. Jahrhundert (im 30jährigen Krieg) durch den Mathematiker und Philosophen RENÉ DESCARTES.

Erst mit der analytischen Geometrie (dem "kartesischen" Koordinatenkreuz) können geometrische Formen analytisch, durch Zahlen mit Hilfe einer Metrik beschrieben werden. Aus methodisch-didaktischer Sicht ist allerdings zu unterscheiden: Ist nicht die Wirkung und das Wesen einer Form etwas ganz anderes als das einer Gleichung? Wie z.B. beim Kreis: Form und Formel $x^2 + y^2 = r^2$.

Noch im 19. Jh. standen in der Schulmathematik Algebra und Geometrie im Gleichgewicht. Die lineraren Algebra ermöglichte die Algebraisierung der Geometrie. Die Geometrie wurde dadurch schließlich zu einem "trüben Abwasser" [nach FREUDENTHAL, S. 375/469].

Mit Beginn des 20. Jhs. haben sich die Schwerpunkte des Mathematikunterrichts an den Schulen drastisch verändert: Mit der Meraner Reform 1905 wurde die Differential- und Integralrechnung, die bisher den Universitäten vorbehalten war, an Schulen eingeführt (ab 1925 sogar obligatorisch). Damit ging im Mathematikunterricht die Wertschätzung der Formen, der Geometrie immer mehr verloren. Verstärkt wurde das noch in den 1970er Jahren, als die Stochastik im Mathematikunterricht verankert wurde.

Mit HILBERTs bahnbrechendem Werk "Grundlagen der Geometrie" hat man geglaubt, die Geometrie auch an den Schulen axiomatisch aufbauen zu müssen. Dabei war HILBERT klar, dass die Schulgeometrie eine anschauliche sein müsse. Das stand allerdings nur in einem Manuskript, das zu seinen Lebzeiten nicht veröffentlicht wurde [Toepell 2006, S. 34].

Halten wir als Ergebnis fest:
    1. Die Grundlage der Schulgeometrie ist die *Form*!
    2. In der Grundschule brauchen wir eine *lebensvollere* Geometrie!
    3. Die Schulgeometrie sollte vor allem *anschaulich* sein!

Gerade im Rückblick auf die zweites Hälfte des 20. Jhs. kann man den Eindruck haben, dass der Anspruch des Mathematikunterrichts immer weiter zurückging. Scherzhaft und doch mit einem Körnchen Wahrheit versehen, zeigt das die bekannte überlieferte sogenannte "Sachaufgabe im Wandel der Zeiten" bis 1980: "Ein Bauer verkauft einen Sack Kartoffeln ..."

Seit den 1990er Jahren unterliegt der Mathematikunterricht wiederum einem in seinen Auswirkungen heute spürbaren Wandel. Zwei grundlegende Richtungen bestimmten die Neugestaltung der Lehrpläne in dem Jahrzehnt um die Zeit der friedlichen Revolution, um 1990: Die Betonung des *fachübergreifenden* Unterrichts und des *Erziehungsauftrags* der Schule.

Die Veröffentlichung der alarmierenden Ergebnisse von TIMSS (1997) und PISA (2001 und 2004) und die dadurch ausgelösten Diskussionen haben gezeigt, dass die Qualität von Schule ein gutes Stück weit mit den Rahmenbedingungen zusammenhängt.

2. Rahmenbedingungen

2.1 Rahmenbedingungen erfolgreicher europäischer Länder

Wenn die Rahmenbedingungen pädagogisch naheliegende Veränderungen der Unterrichtsgestaltung nur *beschränkt* zulassen, dann muss man auch einmal über diese Rahmenbedingungen nachdenken. Ein mutiger Blick über den Zaun hilft, die eigenen Stärken und Schwächen klarer zu sehen. Unter den europäischen Ländern haben Finnland und Schweden hervorragend abgeschnitten. Wie schaffen diese Länder derart gute Ergebnisse?

Man könnte meinen: "Die fangen doch sicher früher an als wir!" Jedoch:
1. Das Einschulungsalter liegt bei sieben Jahren. Sind wir hier auf dem richtigen Weg, wenn - angeblich "aufgrund von PISA" - bereits Fünfjährige eingeschult werden sollen?
2. Fremdsprachen werden bereits in der 1. bis 3. Klasse eingeführt;
3. Es werden kaum Hausaufgaben gegeben.
4. Beständige Klassenlehrer führen die Klassen bis Klasse 6 einschließlich.
5. Bis einschließlich Klasse 8 gibt es in Schweden keine Noten.
6. Es gibt kein Sitzenbleiben; es werden reine Jahrgangsklassen geführt.
7. Es gibt kaum Nachhilfeunterricht.
8. Die Klassen werden ohne Sonderung bis einschließlich Klasse 9 geführt; es gibt bis dahin kein gegliedertes Schulsystem.
9. Ein anschließendes Kurssystem wird von etwa 95 % der Schüler in Finnland besucht; das Gymnasium besuchen in Schweden ca. 98%.
10. Diese Schulsysteme vermeiden Selektion und Deklassierung der Schwächeren.

Für fast alle Schüler gibt es eine 12 bis 13 Jahre umfassende Schulbildung. Damit ergibt sich eine soziale Homogenisierung durch langen sozialen Zusammenhalt der Jahrgangsklassen und keine soziale Segregation.

Das führt zu einer verstärkten gegenseitigen Wahrnehmung und Anerkennung, zum Gefühl in *einem* Boot zu sitzen - auch bei unvermeidbaren Schwierigkeiten, die es zu bewältigen gilt. Es sind gemeinsame Aufgaben

da, gemeinsame Ziele, deren Formulierung und Beachtung so etwas wie eine geistige Identität schaffen können. Die heranwachsenden Menschen in einem weitgehend wirtschaftlich ausgerichtetem Lande drohen, ohne Suche nach geistige Identität, sich selbst zu entwurzeln.

Viele Lehrer schaffen daher zunehmend Möglichkeiten der Selbstkontrolle. Das gegenseitige Helfen und Korrigieren der Schüler kann die Lehrerin erheblich entlasten und die soziale Dimension der Lernprozesse fördern.

Was die Anzahl der Wochenstunden in den Stundentafeln angeht, so ist bemerkenswert: Es gibt so gut wie keine Korrelation zwischen der Anzahl der Unterrichtsstunden und den Leistungen in einem Fach. Und weiter:

11. Die Schulen haben eine relativ große Autonomie; sie sind nicht staatlich reglementiert, Träger sind meist die Kommunen. Es ist selbstverständlich, dass Lehrerinnen und Lehrer von der Schulleitung ausgewählt werden. Auf diese Weise ist leicht möglich, auch spezifische Bedürfnisse einzelner Klassen zu berücksichtigen. Die Lehrer tragen mehr Eigenverantwortlichkeit.

12. Aber: Die Lehrer werden um ein Drittel schlechter bezahlt als in Deutschland und sind nicht verbeamtet.

13. Dennoch ist ihr gesellschaftliches Ansehen weit höher als in Deutschland.

Für die beiden Länder Finnland und Schweden gelten also recht erstaunliche Rahmenbedingungen. Rahmenbedingungen, zu denen deutsche Bildungspolitiker in den letzten Jahrzehnten noch recht einhellig sagten: Das kann so nicht funktionieren.

Nachdem PISA in den letzten Jahren geradezu zu einem Bildungstourismus nach Finnland und Schweden geführt hat, ist Einiges in Bewegung gekommen. Auch umgekehrt kommen skandinav. Bildungspolitiker nach Deutschland. Vor einigen Jahren war der finnische Ministerialdirektor R. DOMISCH zu einem Podiumsgespräch in Leipzig [s. Bericht: Toepell 2004].

Im Sinne einer produktiven Konkurrenz ist für die deutsche Bildungslandschaft zu fordern: Mehr Autonomie für die Schulen, mehr Eigenverantwortlichkeit für die Lehrer. Engagement soll sich lohnen und Anerkennung finden. Kreatives Unterrichten, mehr Muße, weniger Selektionsdruck. Freude am Lernen, Experimentieren und Gestalten sind nur möglich bei einer weitgehenden Reduktion staatlicher Normierungen, die etwa auch durch zentrale Prüfungen erzwungen werden.

Die verbreiteten Befürchtungen, dass die - häufig geforderte - höhere Verantwortung der Lehrer und die Autonomie der Schulen nicht gerade durch institutionalisierte Leistungsvergleichsstudien wiederum eingeschränkt wird, sollten wir ernst nehmen.

Bildungsstandards - über die noch zu sprechen ist - treiben diesen Prozess voran und bergen die Gefahr, dass Kinder durch diese Anforderungen zunehmend in ein immer früher angelegtes Leistungskorsett gezwungen werden ("Früherziehung"). Vergleichsstudien sollten also wirklich nur dem Vergleich dienen und weder notenrelevant sein noch Sanktionen nach sich ziehen.

2.2 Gründe für das deutsche PISA-Ergebnis

Worin sind nun eigentlich die Gründe zu sehen für das schlechte Abschneiden des deutschen Mathematikunterrichts?

1. Nur wenige sehen den Grund im *Verfahren*, das bei überall gleichen Aufgaben natürlich auf der Idee einer weltweiten Normierung aufbaut und mit den Einheitsprüfungen dem auch Vorschub leistet.

2. Meist wird die Ursache für das schlechte Abschneiden des *deutschen* Mathematikunterrichts darin gesehen, dass deutsche Schüler zwar mathematische Verfahren recht gut beherrschen, jedoch Schwächen zeigen im kreativen Umgang mit der *Modellierung* anspruchsvoller innermathematischer Zusammenhänge und letzten Endes kaum ein tiefergehendes mathematisches Verständnis entwickeln. Und gerade das hat Pisa untersucht. Ein typisches Beispiel hierfür ist die Aufgabe für 15jährige Schüler, die Relation zwischen dem Grundriss einer Rennbahn und dem Weg-Geschwindigkeitsdiagramm richtig zu interpretieren.

3. Dazu kommen weitere methodisch-didaktische grundlegende Unterscheidungen: Durchaus nicht untypisch für den deutschen Mathematikunterricht ist eine fragend-entwickelnde, lehrerzentrierte Gesprächsführung.

4. Die OECD sieht den Hauptgrund im dreigliederigen deutschen Schulsystem. Kurz vor Veröffentlichg. von PISA 2003 schrieb die dpa (22.11.04):

"PISA-Koordinator: Dreigliedriges Schulsystem gescheitert

Der PISA-Koordinator der OECD, ANDREAS SCHLEICHER, hat scharfe Kritik am deutschen Schulsystem geübt. 'Das dreigliedrige System ist gescheitert', sagte SCHLEICHER in der am Donnerstag erscheinenden Ausgabe des Wirtschaftsmagazins 'Capital'.

Die Aufteilung der Kinder nach dem vierten Schuljahr auf Gymnasium, Realschulen und Hauptschulen 'führt dazu, dass schwache Schüler abgeschoben statt individuell gefördert werden', bemängelte SCHLEICHER in dem vorab veröffentlichten Interview. Zugleich sei die Spitze aus guten Schülern schmaler als in anderen Ländern. Er plädierte für eine längere gemeinsame Schulzeit." Und unterstützte das Anliegen, für eine breitere Spitze an guten Schülern zu sorgen.

5. Die Gründe sind vielschichtig. Der int. bekannte Mathematiker GERD FISCHER behauptete ganz anders [DMV-Mitt. H.2 (2002) S. 52l], dass die Ergebnisse von TIMSS und PISA sogar "wohl in erster Linie darauf zurückzuführen sind, dass die Schüler in reichen Ländern weniger motiviert sind, sich in schwierigen Fächern anzustrengen. An diesem gesellschaftlichen Phänomen kann auch eine verbesserte Lehrerbildung wenig ändern."

2.3 Der innere Kompass

Was ist die Konsequenz daraus, dass deutsche Schüler zwar mathematische Verfahren recht gut beherrschen, dass es ihnen aber an mathematische Bildung fehlt? An welchem Bildungsziel wird sich eine zeitgemäße Methodik demnach orientieren?

Auf einen hohen Qualitäts- und Leistungsanspruch soll nicht verzichtet werden. Allerdings besteht hier die Gefahr, dass wir unseren Qualitäts- und Leistungsbegriff dabei zu eng fassen und allein auf das kognitive Feld künstlich einengen. Schule ist nicht nur für das Kopfwissen da - Herz und Hand kommen eine gleichwertige Anerkennung zu. D.h. neben der kognitiven sind die emotionale und die soziale Kompetenz als gleichwertige Qualifikationen anzusehen. Gefördert wird dies bereits im handlungsorientierten Mathematikunterricht, der die Eigenaktivität anregt und neben der wissens- vor allem die fähigkeitsorientierte Ausbildung anstrebt.

Insgesamt geht es heute weniger um Faktenwissen, um nachlesbare Informationen als darum, mit dem Wissen umgehen zu können, die Informationsfülle ordnen zu können. Diese Erziehungsaufgabe geht weit über die Technik der Wissensvermittlung hinaus. Es geht um *Orientierung*, um den inneren Kompass, der viel mit Erziehung, aber auch mit unserem Menschenbild zu tun hat. Die *Erziehungsaufgabe* von Lehrern ist ja gerade die Eingliederung des Individuums in den richtig verstandenen gesamten Entwicklungsprozess der Menschheit nach Maßgabe der im Individuum liegenden besonderen Anlagen. Der innere Kompass sollte einen stützenden Lebenshalt geben.

Wir brauchen ihn, um zu entscheiden, *welche* Werkzeuge wir aus dem Baukasten des Wissens einsetzen können und in bestimmten Situationen auch einsetzen müssen. In der Pädagogik wird heute von kognitiver, emotionaler und sozialer Kompetenz gesprochen. Was nützt es, wenn junge Menschen sich auf allen Weltmeeren des Wissens auskennen, aber keinen inneren Kompass haben? Und dieser innere Kompass, der den Menschen Orientierung verleiht, hat viel mit Erziehung zu tun.

Mit einer Erziehung, die durch ein Naturgedicht von EICHENDORFF, einem Betriebspraktikum bei BMW ebenso unterstützt wird, wie durch die Partnerschaft der Schule mit einem Altenheim oder die gemeinsame Beobachtung des abendlichen Sternenhimmels.

Vielleicht ist es sogar die primäre Aufgabe der Bildung, Kindern diesen inneren Kompass mitzugeben. Einen Kompass, der ihnen hilft, sich in einer unglaublich schnell verändernden Welt immer wieder zu orientieren und ihnen gleichzeitig die Kraft zur *Selbsterziehung* mitgibt. Auf dieser Orientierungsfähigkeit und der Selbsterziehung können dann Kreativität und Abstraktionsfähigkeit aufbauend entstehen und sich entwickeln.

Wer solch ein Bildungsziel anstrebt, stellt sich Frage: Wie muss Schule aussehen, um das zu unterstützen? Welches ist die geeignete Methodik? Jeder Lehrende weiß, dass jedoch nicht *eine* Methode für alle Schüler richtig sein muss. Vielleicht haben die Schüler in Deutschland ganz andere Anlagen und Lernformen als die in Korea.

2.4 Individuelles Lernen

Unterstützt durch die *Neurowissenschaften* wird zunehmend vom individuellen Lernen gesprochen. Die Neurowissenschaften haben ein recht klares Bild von dem, worauf es beim Lernen ankommt: auf die Vernetzung von Gehirnstrukturen. Und die Fähigkeit dazu ist bei den Menschen recht unterschiedlich.

Die Untersuchung von Lernprozessen zeigt, dass immer noch kein Königsweg zur Mathematik gefunden wurde - falls es ihn überhaupt gibt. Lernprozesse sind höchst individuell. In den letzten Jahrzehnten hat die Individualisierung - auch von Grundschülern - auffallend zugenommen, die Schere hat sich weiter geöffnet. Man möchte fragen: Wie kann die Lehrerin dieser größeren Bandbreite gerecht werden?

Natürlich wird, wer längere Zeit unterrichtet hat, bemüht sein, neben dem gerechten ausgewogenen Umgang mit den Schülern, jeden Einzelnen weit-

gehend individuell zu behandeln. Es hängt dabei viel von den Rahmenbedingungen, auch von der Klasse ab, wie weit die Lehrerin auf den Einzelnen eingehen kann.

Individuelles Lernen bedeutet aber nicht, dass sich die Lehrerin unbedingt jedem einzelnen persönlich widmen muss. Bei 20 bis 40 Schülern in der Klasse oder auch mehr, wie zum Teil in den Entwicklungsländern mit 70 Schülern, ist das kaum möglich. - Hier kann es sich nur darum handeln, individuelles Lernen *anzuregen* - oft durch offene, fachübergreifende Situationen; durch Kooperation in kleinen Gruppen, durch Projekte.

Individuelles Lernen ist eng mit der grundlegenden Frage verbunden: Wie kann man Kinder dazu veranlassen, dass sie das, was sie für die Schule machen sollen, *selbst wollen*? Hierfür wäre eine angemessene Willensschulung (der volitionalen Kompetenz) - etwa durch künstlerisch-musische Tätigkeit oder auch mit Hilfe eines Lerntagebuchs - entscheidend.

Individuelles Lernen hat viel mit dem selbständigen Entdecken, aber auch mit dem eigenen Üben zu tun. Ausgleichend kann es in seiner Bedeutung gleichberechtigt neben dem im Mathematikunterricht grundlegenden *gemeinschaftlichen* Lernen stehen. Nur durch eine ausgewogene Methodenvielfalt lassen sich individuelles und gemeinschaftliches Lernen harmonisieren. Etwa mit dem Ziel, beide Anliegen - Individualisierung und Sozialisierung - in ein sich gegenseitig befruchtendes Verhältnis zu bringen. Auch an außerunterrichtliche Fördermöglichkeiten ist zu denken [s.Sohre].

Unter dem Begriff *individuelles Lernen* wird heute vielfach eine Lernform verstanden, die sich vom traditionellen Lernen abhebt. Generell verläuft das Lehren und Lernen im Mathematikunterricht zwischen zwei Extrempositionen: dem traditionellen Lernen durch Belehrung (Instruktion) und dem Lernen durch gelenkte Entdeckung, durch eigenständige Konstruktion.

Traditionell wird Unterricht dann als erfolgreich angesehen, wenn eine genügend große Anzahl von Schülern eine Aufgabe bekannten Typs richtig lösen kann. Doch damit lehren wir relativ *träges Wissen*. Ein Wissen, das an dem Rechenvorgang, am Kalkül orientiert ist, und weniger am tatsächlichen Verständnis. Tatsächliches Verständnis, mehr Eigenständigkeit ermöglichen Lehrer den Kindern durch gelenkte Entdeckung. Wie sich traditionelles methodisches Vorgehen ändern müsste, wenn man das erreichen möchte, darauf hat HEINRICH WINTER schon 1984 in einem heute noch gültigen Beitrag hingewiesen [Winter]:

Lernen durch Belehrung	Lernen durch gelenkte Entdeckung
Lehrer gibt das Lernziel möglichst eng im Stoffkontext an.	Lehrer bietet herausfordernde, lebensnahe und reich strukturierte Situationen an.
Lehrer erarbeitet den neuen Stoff durch Darbietung oder gelenktes Unterrichtsgespräch.	Lehrer ermuntert die Schüler zum Beobachten, Erkunden, Probieren, Vermuten, Fragen.
Lehrer gibt Hilfen als Hilfen zur Produktion der gewünschten Antwort.	Lehrer gibt Hilfen als Hilfen zum Selbstfinden.
Lehrer setzt auf Methoden der Vermittlung.	Lehrer setzt auf die Neugier und den Wissensdrang der Schüler.
Lehrer neigt dazu, allein die Verantwortung zu tragen.	Lehrer betrachtet die Schüler als Mitverantwortliche im Lernprozess.
Lehrer sortiert den Stoff in kleine Lernschritte vor und betont eher Separationen und Isolationen der Inhalte voneinander.	Lehrer versucht dem Beziehungsreichtum mathematischer Sachverhalte Rechnung zu tragen.

3. Inhalte

3.1 Rolle der Bewegung

Die durch TIMSS und PISA angeregte Diskussion über Veränderungen im Lehren und Lernen, die den Schülern zu mehr Eigenständigkeit verhelfen soll, wird begleitet von der etwas weniger lautstarken Diskussion über die *Inhalte* des Mathematikunterrichts.

Das Überdenken der grundschulmathematischen Inhalte hat auch in der außerschulischen Öffentlichkeit deutlich gemacht, dass es um mehr geht als um das Beherrschen von Rechentechniken. In diesem Zusammenhang hat die PISA-Diskussion zu einer Differenzierung des Kompetenzbegriffs (Fähigkeiten bzw. Fertigkeiten) geführt, der infolgedessen in unterschiedlicher Weise in die neuen Lehrpläne und Beschreibungen der Standards aufgenommen wurde. Die Unterscheidung von Qualifikation und Disposition führt im Mathematikunterricht der Grundschule zu der Frage: Worauf beruht mathematisches Verständnis, das Wesen der Mathematik?

Neuropsychologische Untersuchungen zeigen, dass mathematisches Verständnis mit der eigenen Bewegung zu tun hat. Bereits 1969 hat der Mikrobiologe und Neuropsychologe ALEXANDER R. LURIA (1902-1977) in seinem Buch "Das Gehirn in Aktion" (russ. 1969; engl. "The Working Brain" 1973; dt. 1992) festgestellt, dass Körperorientierung und Rechenfähigkeit bei Hirnschädigungen gemeinsam ausfallen. Die Korrelation zwischen Eigenbewegung und Rechenfähigkeit kann eine grundlegende Orientierung bilden für zahlreiche Probleme, die mit Rechenschwierigkeiten bis hin zur Dyskalkulie zu tun haben.

Dabei scheint das *Wie* der Körperorientierung und deren Vernetzung die entscheidende Rolle zu spielen. Denn natürlich ist nicht jeder Leistungssportler ist auch ein guter Mathematiker. Anders sieht es möglicherweise mit dem Wert der musischen Bildung aus ("Bastian-Studie"). Entsprechende Forschungsfelder in der Didaktik werden weiter entwickelt [s. Ullrich].

Dazu gehört auch die die Zusammenarbeit mit den Neurowissenschaften. Der Begriff der *Neurodidaktik* verbindet Ergebnisse der Lernforschung in der Neurophysiologie mit denen der Fachdidaktik [Herrmann]. Erfahrungen von Lehrern, die mit mathematisch begabten Schülern gearbeitet haben, über den Zusammenhang von musischer Bildung und Intelligenzentwicklung wurden z.B. in Japan aufgegriffen und empirisch begründet. Ebenso ein Zusammenhang zwischen dem Jonglieren und der Entwicklung des Auffassungsvermögens. Kann die Neurodidaktik, indem sie die Wirkung auf Lernprozesse offenlegt, allmählich zum Ideal einer mit hoher Wahrscheinlichkeit "richtigen" Didaktik führen?

Ein Beispiel: Welche Möglichkeiten bietet hier die Erarbeitung des Subtrahierens, mit einem ersten Übergang - von den Zehnerzahlen zu den Einerzahlen, z.B. 12 minus 5 ? Früher war das im wesentlichen ein kognitives Arbeiten am Zwanzigerfeld. Heute arbeiten viele Lehrerinnen handlungsorientiert mit Plättchen, Würfelchen, Stäbchen, den Fingern oder anderem Material. Das wäre feinmotorisch. Wenn man jedoch die Sache grobmotorisch verankern möchte, wird man z.B. an einen Zahlenstrahl auf dem Fußboden denken. Der Schüler stellt immer gerade *die* Zahl dar, auf der er steht. Er blickt in die positive Zahlenrichtung und muss beim Abziehen entsprechend viele Schritte rückwärts gehen. Ein Lehrer hat dieses methodische Vorgehen auf den Punkt gebracht durch die Formulierung: Wer gut *zurücklaufen* kann, hat oft weniger Probleme mit dem Subtrahieren!

Auch das schlichte Abzählen von Dingen hat mit Bewegung zu tun. Wenn wir sagen: Dort sind drei Stühle, dann stellen wir das fest und überprüfen das, indem wir einen Stuhl als solchen erkennen und betrachten, dann den "Nichtstuhlraum" daneben, dann wieder einen Stuhl, dann wieder einen "Nichtstuhlraum" und schließlich den dritten Stuhl. Dabei ist die Unterscheidung maßgebend. Dazu bewegen wir die Augen bei der Wahrnehmung, halten die Wahrnehmung begrifflich fest und entscheiden: es sind drei Stühle.

So abstrakt der Begriff der Zahl sein mag, so ist dennoch für die Methodik grundlegend: Zählen beruht auf einer Bewegung, auch wenn es nur eine feine Augenbewegung sein sollte.

3.2 Formenkunde

Wenn das Wesen der Arithmetik auf dem Begriff der *Zahl* beruht, worauf beruht dann das Wesen der Geometrie? Der den Grundbegriffen Punkt, Gerade, Ebene übergeordnete Begriff ist der der *Form*. Für Kinder ist Geometrie im wesentlichen eine Formenkunde. Einen Zugang zur Geometrie finden sie durch die Bewegung. Geometrie erschließt sich den Kindern handlungsorientiert. Man mag da zunächst einmal an das Bauen im Sand oder mit Bauklötzen denken.

Schon FRÖBEL nutzte entsprechende noch heute nach ihm benannte Bausteine. Doch Natur muss nicht durchwegs künstlich trivialisiert werden. Möglicherweise wird man künftig vermehrt Bausteine verwenden, die sich stärker an Naturformen anlehnen. Damit ist das Bauen zwar schwieriger, dennoch werden dadurch Phantasie und Beweglichkeit stärker angeregt als durch sog. schöne Quader und Lego-Bausteine. Wie z.B. auch durch dieses Püppchen, das keine Nase hat, nicht "Mama" sagen kann, keine Ohren, keine echten Haare und keine Schuhe hat. Dennoch werden die einfachen Puppen oder Kuscheltiere von Kindern oft viel mehr geliebt als die perfekt nachgebildeten. Sie regen die Phantasie an. Perfektion ist also für das Kind oft gerade *nicht* das Entwicklungsför-

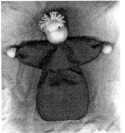

dernde, Wesentliche. Gerade das Nichtperfekte, Unvollkommene wirkt auf die Eigentätigkeit aktivierend!

Zu denken wäre aber auch bei den geometrischen Grunderfahrungen an die Eigenbewegungen durch Laufen, Klettern und Sich-im-Raum-Orientieren. Die grobmotorische Entwicklung wird ergänzt durch die *fein*motorische. Durch das Zeichnen mit einem Stift sieht das Kind, welche Bewegung es vollzogen hat. Dazu gehört das anfängliche Kritzeln wie auch das sich anschließende Zeichnen von geschlossenen Formen, Kreisen und dann von Kreuzen - mit zwei, drei Jahren.

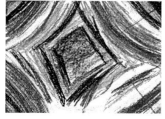

Zuweilen ist erstaunlich, welche geometrische Formen Kinder von sich aus finden. Hier eine Form von einem vierjährigen Kind - ohne dass man dem Kind jemals eine derartige Form gezeigt hätte.

Wenn hier mit 4 bis 5 Jahren durch das Freihandzeichnen die ersten Grundlagen für geometrisches Verständnis gelegt werden, wäre es daher *Aufgabe der Pädagogik*, den Kindern eine entsprechend anregende Umgebung zu schaffen, die es ihnen ermöglicht, entsprechende Erfahrungen zu sammeln und auszubauen.

Wenn der Grundschulgeometrieunterricht die kindliche Entwicklung im Auge hat, dann wird er die Kinder an dieser Stelle abholen und das Freihandzeichnen fördern.

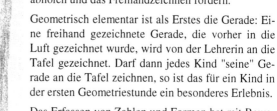

Geometrisch elementar ist als Erstes die Gerade: Eine freihand gezeichnete Gerade, die vorher in die Luft gezeichnet wurde, wird von der Lehrerin an die Tafel gezeichnet. Darf dann jedes Kind "seine" Gerade an die Tafel zeichnen, so ist das für ein Kind in der ersten Geometriestunde ein besonderes Erlebnis.

Das Erfassen von Zahlen und Formen hat mit Bewegungen zu tun. Damit könnte folgende These richtungweisend für methodisches Vorgehen in der Grundschule sein:

"Mathematisches Verständnis beruht auf der verinnerlichten Wahrnehmung der eigenen Bewegung."

3.3 Ökonomie des Geometrieunterrichts

Denkt man über die Inhalte des fachübergreifenden Lernens (z.B. unter Berücksichtigung historischer Bezüge) nach, liegt es nahe - schon um unnötige Doppelungen zu vermeiden - sorgfältiger als bisher über die *Vernetzung* von Grundschul- und Sekundarstufenmathematik nachzudenken. Gymnasiallehrer kennen die Inhalte, Methoden und Probleme der Grundschule oft zu wenig und umgekehrt sollten Grundschullehrer wissen, was die Schüler - auch in der Mathematik - in den weiterführenden Schulen erwartet.

Während der strukturierte Aufbau der Arithmetik seit langem zu einer tragfähigen Kontinuität geführt hat, sieht es im Bereich der Geometrie anders aus. Vor allem die Grundschulgeometrie ist keinesfalls linear aufgebaut, was sich auch an den unterschiedlichsten Zugängen sowohl in den Schulbüchern als auch in der didaktischen Literatur z.B. von FRANKE und RADATZ zeigt.

Zur *räumlichen* Grundschulgeometrie zeichnet sich gegenwärtig eine interessante Neuentwicklung ab: Es gibt erste Vorschläge, die aus philosophisch-historischer Richtung kommen - unter dem Namen *Protogeometrie* - und auf experimentell folgerichtigen Überlegungen von HUGO DINGLER beruhen.[Amiras].

In der *ebenen* Geometrie führt gerade die durch den Computer angeregte experimentelle Geometrie in der Sekundarstufe verstärkt zur Berücksichtigung von nichtlinear begrenzten Formen - wie etwa Kegelschnitte, Bögen oder Spiralen. Die Frage nach einer Ökonomisierung des Mathematikunterrichts legt nahe, dem auch bereits in der Grundschule Rechnung zu tragen kann.

3.4 Freihandzeichnen

Welche Möglichkeiten bestehen, in der Grundschule geometrische Formen kennenzulernen, ohne dass man hier schon experimentell oder gar streng konstruktiv vorgehen müsste? Hier bildet das Freihandzeichnen geometrischer Formen, auch "Formenzeichnen" genannt, ein kreatives Entwicklungsfeld, das bisher kaum berücksichtigt worden ist.

Warum "kaum berücksichtigt"? Die Grundschul-Lehrpläne erwecken den Eindruck, als würde es das freie Zeichnen geometrischer Formen ohne die Hilfsmittel Lineal, Zirkel, Geodreieck, Schablonen kaum geben. So findet man z.B. im Grundschullehrplan von Bayern hierzu gerade zwei kurze Hinweise in der 3. und 4. Klasse: "Freihändig zeichnen" [BayKM, S. 185

(3.1.4) u. S. 255 (4.1.4)]. Der dort benutzte Terminus "Freihändig zeichnen" klingt allerdings fast wie "Freihändig radfahren", wie ein gewisser Balanceakt, der nicht nur unüblich, sondern eigentlich illegal ist.

Natürlicher wirkt hier der Begriff "Freihandzeichnen" in anderen Lehrplänen, wie z.B. im Sächsischen Grundschul-Lehrplan, der das Freihandzeichnen an sechs Stellen berücksichtigt [SMK, S. 6 (Kl. 1, dreifach), S. 16 (Kl. 3), S. 24 (Kl. 4: Freihandskizzen); S. 29 (Kl. 4: Wahlpflichtbereich Mathematik in der Kunst)].

Das Freihandzeichnen kann zur notwendigen Brückenbildung zwischen Grundschul- und Sekundarstufengeometrie beitragen. Es gibt bisher nur wenig Anregungen dazu [Standardwerk: Kranich].

Da sich alle geometrischen Formen aus geraden und gebogenen Linien zusammensetzen (Aristoteles), liegt es nahe, das Freihandzeichnen mit der geraden (s.o.) und gebogenen Linie zu beginnen.

Rhythmisierende Wiederholungen führen z.B. über Wellenlinien zu Buchstaben. Anregungen für besondere Formen, etwa Spiralformen, findet man auch in der Kunstgeschichte. Hier Spiralen von 7- bis 8jährigen Kindern [Kranich, S. 62, 53, 72].

Die Spiegelung von Parabelscharen (2. Kl.) begegnen den Schülern in der weiterführenden Schule wieder, auf einer geometrisch exakteren, konstruktiven Stufe.

Grundschulbücher beschränken sich in der ebenen Geometrie meist auf geschlossene Formen: auf Vierecke, Dreiecke und Kreise. Eine Einschränkung, die gerade mathematisch interessierte und vielseitige Schüler kreativ einengt.

Setzt man sich mit dem Freihandzeichnen auseinander, entdeckt man seine vielfältigen Funktionen, zu denen die propädeutische, die entwicklungspsychologische, die therapeutische, die motorische, die ästhetische und die geometrische Funktion gehören [s.a. Toepell 2001].

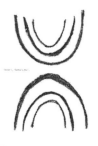

Das Freihandzeichnen bildet einen ersten Einstieg in die Geometrie und ermöglicht durchaus komplexe Angebote, die sowohl die Beweglichkeit als auch kreatives Denken und gemeinsames künstlerisches Gestalten fördert und fordert (nebenstehendes Flechtband: 3. Kl.).

Sorgfältige Grundlagen in den ersten Klassen ermöglichen in der weiterführenden Schule durch das Freihandzeichnen individuelle Begegnungen mit der Raumgeometrie (s. Dodekaeder 8. Kl. & 6. Kl.; [Carlgren, S. 141; 131]).

Zugleich kann man damit die Geometrie etwas von ihrer Strenge befreien, die auf dem euklidischen Aufbau mit seinen mehr oder weniger nüchternen rechtwinkligen Formen, der Metrik und den Kongruenz- und Ähnlichkeitsabbildungen beruht. Tatsächlich umgeben uns wesentlich mehr geometrische Formen als das etwa in den früheren Lehrplänen oder Schulbüchern nahegelegt wird.

Die formorientiert-bildnerische Geometrie ist geradezu ein Gestaltungselement unseres Lebens. Ihr Beziehungsreichtum wird ersichtlich, wenn man neben dem Zeichnen von Formen auch denkt an die Grundlagen unserer Schrift, das Internet (Firmenlogos), die Grafiken, die Dynamische Geometriesoftware, die Naturformen, die Raumorientierung bis hin zur Orientierung an den Himmelsrichtungen und an die Sternkunde.

3.5 Sternkunde

Es gibt Völker, dort beziehen die Menschen Richtungsangaben nicht auf sich selbst (mit links und rechts, ...), sondern auf Himmelsrichtungen. Natürlich in der ihnen eigenen Sprache. Da entfällt dann das Rechts-Links-Problem von Lehrern, die ihrer Klasse gegenüberstehen.

Schalttage, Kalenderfragen, Sonnenwendepunkte und Sonnenfinsternisse waren und sind anregend, im Rahmen eines offenen Geometrieunterrichts die Bedeutung der elementaren Sternkunde als fachübergreifendes Element auch in der Grundschule nicht zu vernachlässigen.

Das ist auf den ersten Blick nicht ganz einfach. Die Vorbehalte liegen oft darin, dass sich die Lehrenden den Größen- und Raumvorstellungen in der Astronomie nicht gewachsen fühlen. Sie stehen dann im Spannungsfeld zwischen der beachtlichen Aufgeschlossenheit der Kinder und der vielfach stiefmütterlichen Berücksichtigung in den Schulbüchern - und in der Lehrerbildung [Näheres s. Toepell 2000].

Geht man dabei vom Kind aus, wird man sich im Wesentlichen allein an dem orientieren, was man als Mensch tatsächlich (in erster Näherung sogar ohne Hilfsmittel) wahrnehmen kann - an den Phänomenen - und nicht an den in der Himmelsmechanik und Astrophysik formulierten *scheinbaren* Bewegungen. Die Sternkunde ist dann eine rein phänomenologische, wobei das Vorgehen demjenigen entspricht, wie die Menschheit selbst den Zugang, das Verständnis gegenüber der Sternenwelt gefunden hat.

4. Bildungsstandards und methodisch-didaktische Perspektiven

4.1 Grundlegende Perspektiven

Neben den Rahmenbedingungen und den Inhalten der Grundschulmathematik spielen in der Diskussion nach PISA die methodisch-didaktischen Perspektiven eine entscheidende Rolle für einen zeitgemäßen Mathematikunterricht. Diese von Lehrern und Didaktikern seit längerem formulierten Perspektiven sind vielfach in die sogenannten *Bildungsstandards für den Primarbereich* aufgenommen worden: "Die Standards beschreiben die inhaltlichen und allgemeinen mathematischen Kompetenzen, die Kinder am Ende der Grundschulzeit erworben haben sollen," heisst es in den KMK-Primarstufen-Standards [KMK Bildungsstandards, S.8].

Mit diesen durch KMK-Beschluss verbindlichen (eher maximalen) Rahmenzielbeschreibungen, d.h. Rahmenlehrplänen, die nun Standards genannt werden, tut sich ein weiteres Spannungsfeld auf: Wie kann die Lehrerin sowohl der Individualisierung als auch der durch diese Standards geforderten einheitlichen Regelleistungsfähigkeit aller Schüler gerecht wer-

den? Wie vermag sie mathematisch schwächere und begabte Kinder zu erkennen (Diagnostik, Indikatoraufgaben), zu fordern und durch ein begabungsfreundliches Klima zu fördern? Das Spannungsfeld entsteht aus dem pädagogischen Grundanliegen zu differenzieren und dem aus anderen Erwägungen hervorgegangenen Anliegen zu standardisieren.

Differenzierung und Individualisierung sind Begriffe, die dem Bestreben, alle Schüler auf das Niveau von Regelstandards zu bringen, zu widersprechen scheinen. Ein eingehender Vergleich zeigt jedoch: "Bei den inhaltsbezogenen mathematischen Kompetenzen gibt es fast bei allen Leitideen unmittelbare Entsprechungen in den Lehrplänen" [Brockmann].

Inhaltlich enthalten die Standards kaum Neues. Dennoch bleibt zu beachten: Eine Anpassung an eine verpflichtende Norm verhindert zumindest in gewissen Grenzen die Entfaltung des Individuellen. Individualität bedeutet Überwindung einer Norm.

Begleitet wurden die Standards von einer Diskussion über neuere methodisch-didaktische Perspektiven, die einen erfolgreichen Grundschulmathematikunterricht fördern sollen. Auch diese Richtlinien charakterisieren ein Stück weit den gegenwärtigen Wandel im Mathematikunterricht. Fasst man zusammen, handelt es sich um Änderungen in folgenden Bereichen, die weniger als einzelnes Element, aber in ihrer Summe richtungweisend sein können und dabei Orientierung vermitteln können:

a) Der Mathematikunterricht sollte deutlich auf der *Erfahrungswelt* der Schüler aufbauen und sie an vielfältige Anwendungssituationen heranführen. Dazu gehört die inzwischen fast selbstverständliche Verknüpfung von Inhalten mit den Lebenserfahrungen der Kinder, aber auch die Kooperation mit den Kindergärtnerinnen und den Eltern. Wenn ein Vater Bäckermeister ist, von einer Lehrerin eingeladen wird und im Unterricht von seinem Tagesablauf erzählt, wieviel Brötchen er herstellt, wieviel Mehl er braucht u.s.w., dann ist das eine hervorragende Kooperation, die auch dem mathematischen Verständnis dienen kann.

b) Elternabende, auf denen pädagogische Wege und Ziele erläutert werden, aber auch die *Kooperation* bei gemeinsamen Unternehmungen (z.B. Ausflügen) sind Grundlagen für eine vertrauensvolle Zusammenarbeit mit den Eltern. Lehrer dürfen keine "Gegner" sein.

c) Die *Vernetzung* von Geometrie (Formen) und Arithmetik (Zahlen) untereinander und mit anderen Bildungsbereichen war bereits Richtschnur in

z.B. tschechischen Schulbüchern der 1990er Jahre von F. KURINA und hat sich inzwischen zu einem eigenständigen Lernbereich ausgewachsen (im Lehrplan aller vier Grundschulklassen [SMK]).

d) Der *fachübergreifende* und *projektorientierte* Unterricht besitzt inzwischen ebenfalls einen hohen Stellenwert. Die in [Franke] beschriebenen Projekte enthalten zahlreiche fachübergreifende Bezüge, wie etwa auch zu Deutsch, Werken, Kunst, Musik und Sport. Kurze Fragen zum "Besuch im Zoo" können das veranschaulichen: Fahrzeiten? Fahrtkosten? Welche Tiere? Welche Wege? Zeitabschätzung? Wo Rast? Tiergeschichten?

e) Eine entscheidende Korrelation ist die von mathematischen Sachaufgaben mit der Förderung von *Lesekompetenz*. Dazu gehört das Lesen von Aufgabenkarten, Spielanleitungen und Fahrplänen, aber auch das spielerische Vernetzen von Zeichen und Begriffen (Mathematik und Deutsch) - wie etwa in den Formulierungen "Zeit plus Zeit ist mehr Zeit. Zeit mal Zeit ist Malzeit. Zeit hoch Zeit ist Hochzeit."

f) Das Lernen mit Hand, Herz und Kopf kann zu einem handlungs-, freud- und leistungsbetonten Unterricht führen, das vom *Lernen mit allen Sinnen* (z.B. in der Lernwerkstatt Grundschule) gut begleitet werden kann.

4.2 Offener Mathematikunterricht

a) Kooperatives und exemplarisches Lernen

Zu den methodisch-didaktischen Perspektiven gehört auch die von Pädagogen vielfach geforderte *Öffnung* des Mathematikunterrichts. Neben dem gerade im Mathematikunterricht grundlegenden gemeinschaftlichen Arbeiten liegt hier an das kooperierende Arbeiten von Schülern in Partner- und Gruppenarbeit nahe.

Das gegenseitige Lernen und Helfen unterstützt zugleich die Kommunikations- und Teamfähigkeit. Ein Beispiel aus der Geometrie wäre hier das Entdecken und Bauen der regelmäßigen Körper - etwa mit dem überaus vielseitigen Polydron-Material.

Weiterhin ist für offenen Unterricht u.a. das exemplarische Lernen charakteristisch. Es wird eher durch Rahmenpläne, die sich auf das Wesentliche beschränken, als durch herkömmliche das klassische umfangreiche Programm enthaltende Lehrpläne unterstützt. Ein Lehrer, der - exemplarisch und projektorientiert - seine Schüler ihr Traumhaus mit Kostenplan entwerfen lässt, verbindet Kunst, Sachunterricht und Mathematik.

b) Rhythmisches Lernen

Die Grundaufgaben (Einspluseins und Einmaleins) sind ein schönes Beispiel für einen Inhalt, den man zwar mit den Schülern anschaulich einführen und entdecken kann, den man aber schnell durch die Fähigkeit, etwas rein auswendig zu lernen, festigt. Der Übergang vom Handeln (mit didaktisch gut gemeinten Lernmaterialien, von denen sich Schüler manchmal nur schwer lösen können) zum Langzeitgedächtnis wird durch rhythmisiertes Lernen erleichtert, wie z.b. durch eine Melodie zum Siebener-Einmaleins, die zudem durch Klatschen oder Hüpfen mit dem Springseil motorisch begleitet wird. Auch Wiederholungen werden möglichst rhythmisiert.

Schüler sehen durchwegs darüber hinweg, wenn der Lehrer weniger professionell singt. In Schulen wird seit Jahren immer weniger gesungen, obwohl bekannt ist, dass musikalische Aktivitäten die Ausdrucksfähigkeit, das Sozialklima und die Schulmotivation verbessern.

c) Abschätzen und Ästhetik

Häufigeres Abschätzen zumindest von Größenordnungen unterstützt die innere *Sicherheit* im Umgang mit Zahlen und stärkt das *Vertrauen* in die Welt der math. Anwendungen. Das Abschätzen kann am Beginn von Problemen, aber auch am Ende durch Überprüfen der Resultate stehen. Dabei hat das Abschätzen und Runden durchaus auch mit Ästhetik zu tun - einer Ästhetik, die über die Schönheit der Tafel- und Heftführung hinausgeht.

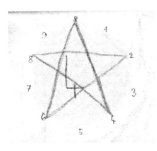

Sucht man danach, ob es auch so etwas wie Schönheit in der Arithmetik gibt, kann man tatsächlich gelegentlich Beispiele finden, wie etwa die Frage, die Schüler sehr ansprechen kann: Wie kann man z.B. die Zahl 20 geometrisch "schön" aufteilen? (Eine Schülerlösung war etwa: 20 = 1+2+3+4+4+3+2+1). Ein weiteres Beispiel wäre etwa die geometrische Darstellung von Einmaleinsreihen im Zehnerkreis (nebenstehendes Beispiel: 2. Kl.).

4.3 Differenzierung und Standards - ein Widerspruch?

Formen der Differenzierung im Mathematikunterricht beziehen sich sowohl auf den Unterrichtsablauf und seine Gestaltung (abwechslungsreicher Unterrichtsaufbau; Rhythmisierung des Stundenplans) als auch auf darüber hinausgehende Fördermaßnahmen. Die Differenzierung von *häuslichen*

Aufgaben umfasst verschiedene Schwierigkeitsgrade, aber auch Pflicht- und Wahlanteile. Eine besondere Herausforderung ist es für Schüler, wenn sie selbständig angemessene Aufgaben entwerfen, mehrere Lösungswege finden und das Erarbeitete auf verschiedene Weise präsentieren.

Mit dieser deutlicheren Individualisierung rückt das *Schulbuch* (das eher als Ideensammlung für den Lehrer dient) in den Hintergrund. Die Schüler erarbeiten sich - nach entsprechender Anregung - ihre Lernprozesse selbst und gestalten ihr Heft so sorgfältig, dass es bestenfalls sogar das Schulbuch zu setzen vermag.

Das *Lernen an Stationen* und im Rahmen einer mathematischen *Lernwerkstatt* bietet weitere willkommene Möglichkeiten zur Differenzierung im Mathematikunterricht. Hier steht das Bemühen im Vordergrund, Situationen zu schaffen, die zu selbständigem Lernen und beweglichem Denken animieren. Durch Probieren und Entdecken lässt sich z.B. folgendes Problem lösen: "Die Europäische Zentralbank führt 2- und 5-Euro-Münzen ein. Welche ganzzahligen Beträge können damit bezahlt werden?"

Dabei ist die *Planung* von Lösungswegen mindestens so entscheidend wie das anschließende Ausrechnen. Betrachtet man Abstraktionsvermögen, Vorstellungskraft, Phantasie und die Gabe zum *Querdenken* als für die Zukunft der Kinder entscheidende mathematische Fähigkeiten, dann werden diese Kompetenzen höhere Anerkennung genießen - auch wenn sie nicht so einfach abprüfbar sind wie etwa die Fähigkeit zu sorgfältigem Rechnen.

Die genannten Perspektiven können im Rahmen einer größeren Akzeptanz und Förderung der Individualität geeignet sein, die *Zufriedenheit* mit dem System Schule bei Schülern und Lehrern zu erhöhen. Mit der Einrichtung von *Ganztagesschulen* wird dieser Weg zusätzlich geebnet. Vielleicht können die folgenden Gedanken - die uns zu den anfänglichen Rahmenbedingungen zurückführen - nach einem Skandinavienbesuch zu weiterem Verständnis für eine zeitgemäße Schulgestaltung beitragen:

"Eine Gemeinsamkeit zwischen den beiden Ländern [Finnland und Schweden] ist die Betonung des Individuums und des *individuellen Lernprozesses*. Bei jedem Besuch von Schulen in Finnland und Schweden fiel auf, dass die Unterstützung des einzelnen Kindes eine wesentliche Rolle spielt. Es wird sehr darauf geachtet, dass *jedes* Kind seinen Fähigkeiten entsprechend gefördert und gefordert wird. Dies schliesst eine frühzeitige Hinführung zu *selbstständigen Lernen* ein. ...

In dieser Ganztagsschule gibt es übrigens keine Klingel, was sicherlich einen Teil der *ruhigen und lockeren Atmosphäre* ausmacht. Darüber hinaus ist das gemeinsame Mittagessen im Klassenzimmer ein Teil des sozialen Lebens, der sicherlich nicht ohne Bedeutung ist. ... Der *Leistungsdruck* wird übereinstimmend als wesentlich geringer als in Deutschland angesehen. Aus Schülersicht ist in vielen Ländern, wie z.b. auch in der Schweiz der Leistungsdruck geringer und die Unterstützung durch den Lehrer höher. '*Schule kann gut tun*,' meinte eine Lehrerin, als sie nach dem Unterschied zwischen einer regulären deutschen Schule und der deutschen Schule in Stockholm befragt wurde." [K. Reiss, GDM-Mitt. 74 Juni 2002, S.72]

Eine Gesellschaft, deren Potential auf geistig-innovativem Gebiet liegt, ist auf Individualitäten angewiesen und tut gut daran, bereits in der Schulpolitik individuelles Lernen aktiv zu fördern.

Literatur:

Amiras, Lucas: Protogeometrie. Elemente der Grundlagen der Geometrie als Theorie räumlicher Figuren. Habilitationsschrift PH Weingarten 2006.

BayKM (Bayerisches Staatsministerium für Unterricht und Kultus): Lehrplan für die bayerische Grundschule. München 2000

Brockmann, Bernhard: Bildungsstandards in Lehrplänen. In: Beiträge zum Mathematikunterricht. Jahrestagung Bielefeld 2005. Franzbecker 2005.

Carlgren, Frans: Erziehung zur Freiheit. Stuttgart ^{1}1972 (^{10}2009)

Franke, Marianne: Auch das ist Mathe! 2 Bde. Aulis Deubner 1995/96

Freudenthal, Hans: Mathematik als pädagogische Aufgabe, Band 2, Kap. 16, S. 375/469, Klett Verlag 1973

Herrmann, Ulrich (Hrsg.): Neurodidaktik: Grundlagen und Vorschläge für gehirngerechtes Lehren und Lernen. Beltz ^{2}2009.

Hilbert, David: Grundlagen der Geometrie. (^{1}1899). M. Supplementen v. Paul Bernays. 14. Auflage. Hrsg. u. m. Anhängen versehen v. Michael Toepell. B.G. Teubner Stuttgart - Leipzig 1999. xvi + VIII + 412 S. (Teubner-Archiv zur Mathematik, Bd. Suppl. 6)

IPN: Schwerpunkt PISA 2003: Mathematische Grundbildung. Mitteilungen der Ges. f.Didaktik d. Math. (GDM). Nr. 79 (Dezember 2004) S. 71-72

KMK 2004: Stellungnahme der Kultusministerkonferenz zu den Ergebnissen von PISA. Mitteilungen der GDM. Nr. 79 (Dezember 2004) S. 65-69

KMK: Bildungsstandards im Fach Mathematik für d. Primarbereich. 2004

Kranich, Michael u.a.: Formenzeichnen. Die Entwicklung des Formensinns in der Erziehung. Stuttgart ²1992

Luria, Alexander: Das Gehirn in Aktion. (russ. 1969; engl. 1973) dt. 1992.

PISA-Konsortium Deutschland: PISA 2003: Kurzfassung der Ergebnisse. Mitteilungen der GDM. Nr. 79 (Dezember 2004) S. 59-65

SMK (Sächsisches Staatsministerium für Kultus): Lehrplan Grundschule Mathematik. Dresden 2004/2009. [www.sachsen-macht-schule.de]

Sohre, Silvia: Begabte Kinder im Mathematikunterricht der Grundschule - Erkennen, Fördern und Fordern. Staatsexamensarbeit Univ. Leipzig 2004.

Stolz, Uta: Zeitgemäßes didaktisches Design. In: Info 3. 85 Jahre Waldorfpädagogik. Michaeli 2004, S.25

Toepell, Michael: Phänomenologische Sternkunde im Geometrieunterricht der Grundschule. In: Beiträge zum Mathematikunterricht 2000. Verlag Franzbecker Hildesheim - Berlin 2000. S. 675-678.

Toepell, Michael: Vom Formenzeichnen in der Grundschule zur Konstruktion geometrischer Ortskurven am Computer. In: Beiträge zum Mathematikunterricht 2001. Vlg. Franzbecker Hildesheim-Berlin 2001. S. 620-623.

Toepell, Michael: Lernen in Finnland. Notizen zu einem Podiumsgespräch. Mitteilungen der Gesellschaft für Didaktik der Mathematik (GDM), Sonderheft-Nr. 78 (Juni 2004) 142-144

Toepell, Michael: 100 Jahre "Grundlagen der Geometrie" - ein Blick in die Werkstatt von David Hilbert. In: Toepell, M. [Hrsg.]: Mathematik im Wandel - Anregungen zu einem fächerübergreifenden Mathematikunterricht 3. Verlag Franzbecker Hildesheim - Berlin 2006. (Mathematikgeschichte und Unterricht; Band IV), S. 27-44.

Ullrich, Ringo: "Mathe klingt gut" - Ein Projekt zur Entwicklung mathematischer Fähigkeiten im Grundschulalter anhand des Zusammenhangs von Mathematik und Musik. In: Vasarhelyi, Eva (Hrsg.): Beiträge zum Mathematikunterricht 2008. WTM-Verlag 2008, S. 773-776

Winter, Heinrich: Begriff und Bedeutung des Übens im Mathematikunterricht. In: Mathematik Lehren (1984) H.2, S. 4-16

Prof. Dr. Michael Toepell, Karl-Heine-Str. 22 b, Universität Leipzig, D-04229 Leipzig; Email: toepell@uni-leipzig.de

Alphabetisches Autorenverzeichnis

Barner, Klaus 101
Bauch, Manfred 57
Bernhardt, Hannelore 281
Boehme, Harald 40
Duda, Roman 211
Durnová, Helena 271
Fudali, Stanisław 185
Fuls, Andreas 56
Gick, Ute 115
Grattan-Guinness, Ivor 7
Haller, Rudolf 209
Hykšová, Magdalena 261
Krischer, Tilman 29
Murawski, Roman 298
Nádeník, Zbyněk 255
Novak, Michal 245
Reich, Ulrich .... 76 & 78
Schlote, Karl-Heinz 165
Schröder, Eberhard 61
Šišma, Pavel 235
Sommerhoff-Benner, Silvia 140
Toepell, Michael 321
Voss, Waltraud 218
Warnecke, Gerhard 151
Weidauer, Manfred 90
Wieslaw, Witold 127

Mathematik im Wandel

Anregungen zu einem fächerübergreifenden
Mathematikunterricht
Band 4

Michael Toepell (Hrsg.)

Mathematikgeschichte und Unterricht V

Michael Toepell (Hrsg.)

Mathematik im Wandel

Anregungen zu einem fächerübergreifenden
Mathematikunterricht
Band 4

Verlag Franzbecker Hildesheim 2009

CIP-Titelaufnahme der Deutschen Bibliothek

Toepell, Michael (Hrsg.):
Mathematik im Wandel -
Anregungen zu einem fächerübergreifenden Mathematikunterricht. Band 4
Verlag Franzbecker KG Hildesheim 2009
(Mathematikgeschichte und Unterricht; Band V)
ISBN 978-3-88120-410-1
NE: Mathematik im Wandel -
Anregungen zu einem fächerübergreifenden Mathematikunterricht. Band 4.

Das Werk ist urheberrechtlich geschützt. Alle Rechte, insbesondere die der Vervielfältigung und Übertragung auch einzelner Textabschnitte, Bilder oder Zeichnungen vorbehalten. Kein Teil des Werkes darf ohne schriftliche Zustimmung des Verlages in irgendeiner Form reproduziert werden (Ausnahmen gem. 53, 54 URG). Das gilt sowohl für die Vervielfältigung durch Fotokopie oder irgendein anderes Verfahren als auch für die Übertragung auf Filme, Bänder, Platten, Transparente, Disketten und andere Medien.

ISBN 978-3-88120-410-1

© 2009 by div Verlag Franzbecker KG Hildesheim

Inhalt

	Seite

Einführung 1

Verzeichnis der Fachbezüge

    Mathematik 5

    Geschichte und weitere Fächer 6

Ivor Grattan-Guinness:

History or Heritage?
A Central Question in the Historiography of Mathematics 7

Tilman Krischer:

Die Vorgeschichte der Mathematik 29

Harald Boehme:

Anfänge der theoretischen Arithmetik bei den Griechen 40

Manfred Bauch:

Eine multimediale Lernumgebung zu Dürers "Melencolia I" 57

Eberhard Schröder:

Korbbogenkonstruktionen -
Theorie und Anwendungen in der Baupraxis 61

Ulrich Reich:

Franz Brasser (um 1520 - 1594) von Lübeck -
der niederdeutsche Rechenmeister 76

Ulrich Reich:

Mathematik und Wein -
eine vergnügliche mathematische Reise durch die Weinkultur 78

Manfred Weidauer:

Johann Weber (um 1530 - 1595) - Rechenmeister und Bürger zu Erfurt .. 90

Klaus Barner:

Das Leben Fermats (um 1607 - 1665) 101

Ute Gick:

Einführung in die Differentialrechnung in der 11. Jahrgangsstufe
an Hand von Originalliteratur (Leibniz, Fermat) 115

Witold Wieslaw:

Squaring the Circle in XVI - XVIII centuries 127

Silvia Sommerhoff-Benner:

Die Lösung quadratischer, kubischer und biquadratischer Gleichungen
in den algebraischen Werken Christian Wolffs 140

Gerhard Warnecke:

Schulen und Schulverläufe bei Julius Plücker (1801 - 1868)
und seinem Studenten August Beer (1825 - 1863) 151

Karl-Heinz Schlote:

Leipziger Beiträge zur Elektrodynamik im 19. Jahrhundert
aus der Sicht der mathematischen Physik 165

Stanisław Fudali:

Karl Weierstraß und Sonja Kowalewskaja
- "Dem Meisterherzen lieber Student" 185

Roman Duda:

How the concept of a general topological space has originated:
from Riemann to Bourbaki 211

Waltraud Voss:

Zur Geschichte der Versicherungsmathematik
an der TU Dresden bis 1945 218

Inhalt

Pavel Šišma:
History of education in Descriptive Geometry
at the German Technical University in Brno 235

Michal Novák:
Introducing Vectors to Analytic Geometry
(As seen in Czech University Textbooks) 245

Zbyněk Nádeník:
Über die Rytzsche Achsenkonstruktion der Ellipse 255

Magdalena Hyksova:
Karel Rychlík and his Mathematical Contributions 261

Helena Durnova:
Origins of Network Flows 271

Hannelore Bernhardt:
Der Beitrag der Mathematischen Institute zum Universitätsjubiläum
der Humboldt-Universität Berlin im Jahre 1960 281

Roman Murawski:
Die Entwicklung des Bewusstseins des Unterschieds zwischen
Wahrheit und Beweisbarkeit 298

Rudolf Haller:
Treffer und Niete - eine sprachgeschichtliche Betrachtung 309

Michael Toepell:
Grundschulmathematik nach PISA -
auf dem Weg zu individuellem Lernen? 321

Alphabetisches Autorenverzeichnis 347

Einführung

Die Fachsektion *Geschichte der Mathematik* der Deutschen Mathematiker-Vereinigung (DMV) und der Arbeitskreis *Mathematikgeschichte und Unterricht* der Gesellschaft für Didaktik der Mathematik veranstalten seit Jahren gemeinsame Fachtagungen zur Geschichte der Mathematik, die zu den größten regelmäßigen Fachtagungen zur Mathematikgeschichte im mitteleuropäischen Raum gehören. Auch der vorliegende Band ist aus einer dieser Fachtagungen hervorgegangen.

Nach den Tagungen in Berlin, Wuppertal, Nürnberg ("Mathematik im Wandel 1"), Calw ("Mathematik im Wandel 2") und Schmochtitz bei Bautzen ("Mathematik im Wandel 3") war die Tagung in Zingst an der Vorpommerschen Ostseeküste die sechste Tagung der Fachsektion.

Die Tagungsleitung lag in den Händen von Prof. Dr. PETER SCHREIBER (Universität Greifswald). Ihm ist die gelungene Organisation, das abwechslungsreiche Angebot und die reibungslose Durchführung der Tagung zu verdanken.

Rund sechzig Tagungsteilnehmer trafen sich im historisch bedeutsamen Zingsthof, in dem DIETRICH BONHOEFFER 1935 sein Predigerseminar der Bekennenden Kirche eingerichtet hatte. Neben an der Geschichte interessierten Didaktikern und Mathematikern gehörten zum Kreis der Teilnehmer Lehrer, Philosophen, Doktoranden und Studenten.

Ein guter Teil der Teilnehmer kamen aus Großbritannien, Polen, der Tschechischen und der Slowakischen Republik. Deren Beiträge werden auf englisch im Original wiedergegeben.

Auf dieser internationalen Tagung wurde über eigene Forschungsergebnisse ebenso vorgetragen wie etwa über Erfahrungen zum fachübergreifenden Unterricht oder auch über lokalgeschichtliche Themen. Geschichte kann so zu einem Bindeglied zwischen Schule und Hochschule werden kann. Zugleich wird damit die bildungspolitische Bedeutung der Mathematikgeschichte hervorgehoben.

Anliegen des Arbeitskreises und der Fachsektion ist es unter anderem, mit diesen Tagungen die Mathematikgeschichte für Interessenten zu erschließen, ihre Bedeutung für Unterricht und Lehre erkennbar werden zu lassen.

Wie die bereits erschienenen, so zeigt auch der vorliegende Band, dass das manchmal so unumstößlich erscheinende Schulfach Mathematik in seiner geschichtlichen Dimension einem steten Wandel unterworfen ist. Er mag zugleich dokumentieren, dass die sich historisch immer wieder verändernde Wissenschaft Mathematik unter Berücksichtigung ihrer kulturellen Einbettung manches zur Belebung, Bereicherung und zum Verständnis des gesamten Bildungsgutes an Schulen und Hochschulen beitragen kann.

Die Vorträge dieser Tagung dokumentierten die ungewöhnliche Breite dieser Wissenschaftsdisziplin.

Der grundlegende Eröffnungsvortrag von IVOR GRATTAN-GUINNESS geht der Frage nach "Geschichte oder Überlieferung?" in der Historiographie der Mathematik nach und untersucht damit zwei grundsätzlich unterschiedliche Betrachtungsweisen: Zur *Geschichte* mathematischer Ideen oder gar einer mathematischen Theorie gehören ihre Vorgeschichte, die Entstehung, die Chronologie ihrer Entwicklung und die unmittelbaren Auswirkungen. Die Geschichte fragt also nach dem, was passierte. Die Interpretation der *Überlieferung* (des "Erbes" oder der "Genealogie") bezieht sich dagegen eher auf die langfristigen Auswirkungen mathematischer Ideen und auf die veränderten Formalisierungen. Sie wird meist im modernen Kontext beschrieben und fragt eher danach, wie es zum heutigen Stand gekommen ist. Typische Beispiele veranschaulichen den Zusammenhang.

Nach zwei Beiträgen zur antiken Mathematik [Krischer; Boehme] sind fünf Beiträge der Entwicklung im 16. Jahrhundert (Dürer, angewandte Geometrie, Weinkultur, Rechenmeister) gewidmet [Bauch; Schröder; Reich; Weidauer] und setzen damit einen ersten Schwerpunkt.

Hervorgehoben seien hier die sogenannten Korbbogenkonstruktionen, die dem Leser das übergeordnete Konstruktionsprinzip erschließen, das den Bögen in der Romanik, in der Gothik, von Profanbauten, von Zwiebeltürmen, dem Windsor Castle, von orientalischen Formen bis hin zu den Jugendstilformen zugrunde liegt - somit völlig unterschiedlichen kunstgeschichtlichen Stilrichtungen.

Die folgenden vier Beiträge beschäftigen sich mit fundamentalen Themen des 17. und 18. Jahrhunderts (Fermat, Differentialrechnung, Kreisquadra-

Einführung

tur, Wolff) [Barner; Gick; Wieslaw; Sommerhoff-Benner], die zu einem guten Teil auch den Mathematikunterricht anregen können.

Die beiden weiteren Schwerpunkte werden durch die sechs Beiträge zum 19. Jahrhundert [Warnecke; Schlote; Fudali; Duda; Voss; Šišma] und durch die acht Beiträge zum 20. Jahrhundert [Novak; Nádeník; Hyksova; Durnova; Bernhardt; Murawski; Haller; Toepell] gesetzt.

Rund die Hälfte dieser Beiträge stammen aus der Feder osteuropäischer Kollegen. Hier werden damit auch zu einem guten Teil bislang weniger bekannte mathematische Entwicklungen in dieser Region diskutiert - ein weiterer bereichernder Fokus.

Wie in den ersten drei Bänden der Reihe "Mathematik im Wandel" so stehen auch im vorliegenden Band etwa ein Drittel der Beiträge in Beziehung zu grundlegenden elementarmathematischen, schulgeschichtlichen bzw. methodisch-didaktischen Fragestellungen. Darüberhinaus tragen biographische Studien zum tieferen Verständnis einer lebendigen Auffassung von Mathematik bei.

Die Veröffentlichung entspricht dem Wunsch, die Vortragsausarbeitungen nicht nur den Tagungsteilnehmern, sondern auch interessierten Mathematikern, Lehrern, Didaktikern und Historikern zugänglich zu machen.

Es ist manchmal geradezu erstaunlich, wie positiv die Geschichte das Bild von Mathematik in der Öffentlichkeit zu beeinflussen vermag. Eine Erfahrung, die vor allem im internationalen Rahmen beachtliche bildungspolitische Anerkennung findet.

Man erlaube mir den ergänzenden Hinweis: In Deutschland sind dagegen in den letzten Jahren alle drei - mathematikhistorisch geleiteten - Institute für Geschichte der Naturwissenschaften aufgelöst worden.

Anliegen der Reihe ist es, durch die Beiträge Impulse zu einem fächerübergreifenden Mathematikunterricht zu vermitteln und den Blick zu erweitern.

Entsprechend den anderen Bänden dieser Reihe haben auch hier die zahlreichen *fachübergreifenden Bezüge* der einzelnen Beiträge einen besonderen Stellenwert. Sie bieten sowohl dem Mathematiklehrer als auch dem Lehrer anderer Fächer Anregungen und bereichernde Ergänzungen seines Unterrichts. Exemplarisch werden dabei Zusammenhänge mit anderen Fächern vermittelt.

Eine chronologische Anordnung unterliegt der Gefahr, neben der zeitlichen Dimension die sachbezogene Dimension zu vernachlässigen. Daher folgt auf diese Einführung auch im vorliegenden Band wiederum ein Sachverzeichnis (S. 5 - 6), das in drei Übersichten mögliche *Fachbezüge* der einzelnen Beiträge erschließt.

Die erste Übersicht kann dem Leser - und insbesondere dem Mathematiklehrer - das Auffinden von Beiträgen zu bestimmten Gebieten der *Schulmathematik* erleichtern. Ergänzend wurden hier auch die *biographischen* Untersuchungen aufgenommen.

Da alle Beiträge natürlich Bezüge zur *Geschichte* besitzen, wurden in einer zweiten Übersicht auch außerhalb der genannten Schwerpunkte liegende historische Bereiche erfaßt.

Schließlich macht die dritte Übersicht nicht nur Mathematiklehrer, sondern auch die Lehrerinnen und Lehrer anderer Schulfächer, die fachübergreifende Bezüge zur Mathematik suchen, auf mit *anderen Fächern* zusammenhängende Beiträge aufmerksam.

Ein alphabetisches Verzeichnis der Autoren mit Seitenangaben ihrer Beiträge (S. 347) runden den Band ab.

Schließlich möchte ich allen Autoren für die sorgfältige Ausarbeitung ihrer vielfach satztechnisch und stilistisch anspruchsvollen Manuskripte, unserer Sekretärin Frau Mona Witzel (Univ. Leipzig) und meiner Mitarbeiterin Jessica Leonhardt für die Transkription mehrerer Ausarbeitungen und für die Layouthilfen, Frau Dr. Friederike Boockmann (München) für die Unterstützung bei der Durchsicht der Beiträge und Herrn Dr. Walter Franzbecker (Hildesheim) und seinen Mitarbeitern für die bereitwillige Aufnahme dieses Folgebandes in das Programm des Verlages Franzbecker KG herzlich danken.

Michael Toepell

Verzeichnis der Fachbezüge

Mathematik

Arithmetik:	Anfänge der Arithmetik bei den Griechen [Boehme] 40
	Rechenmeister im 16. Jahrhundert [Reich]............ 80
	Rechenaufgaben von Johann Weber [Weidauer]....... 90
Geometrie:	Dürer's Melencolia I [Bauch].................... 57
	Geometrie bei Dürer [Schröder].................. 61
	Algebraische Geom. bei Euklid [Grattan-Guinness] . 11
	Quadratur des Kreises [Więsław]............................ 127
	Begriff des allg. topologischen Raumes [Duda]...... 211
	Darstellende Geometrie [Šišma].................... 235
	Vektoren i.d. Analytischen Geometrie [Novák] 245
	Achsenkonstruktionen der Ellipse [Nádeník]......... 255
Algebra:	Quadratur des Kreises durch Algebra [Więsław] 127
	Nichtlineare Gleichungen [Sommerhoff-Benner].... 140
	Algebra und Zahlentheorie bei Rychlík [Hykšová]. 261
	Graphentheorie - Netzwerktechnik [Durnová] 271
Analysis:	Entstehung der Differentialrechnung [Gick].......... 115
	Beziehung zwischen Analysis & Topologie [Duda] 211
Stochastik:	Fehler -Treffer - Niete [Haller]................ 309
Didaktik:	Multimediale Lernumgebungen [Bauch] 57
	Maße & Rechenaufgaben zum Thema Wein [Reich] 80
	Themen in früheren Rechenbüchern [Weidauer]....... 90
	Geschichte in der unterrichtlichen Praxis [Gick]..... 115
	Wege zu individuellem Lernen [Toepell] 321
Biographische Beiträge:	Rechenmeister Franz Brasser [Reich]....... 76
	Rechenmeister Johann Weber [Weidauer]............... 90
	Pierre de Fermat [Barner]........................ 101
	Fermat und Leibniz [Gick] 115
	Christian Wolff [Sommerhoff-Benner].................. 140
	Julius Plücker und August Beer [Warnecke] 151
	Karl Weierstraß und Sonja Kowalewskaja [Fudali] 185
	Karel Rychlík und Bolzano [Hykšová]................. 261
	Hilbert und Gödel [Murawski]................ 298

Geschichte

Griechische Math.: Vorgeschichte [Krischer] 29
Arithmetik [Boehme] 40
Kulturgeschichte: Bildungsgeschichte in Frankreich i.17 Jh. [Barner] 101
Eine Mathematikerin im 19.Jh. [Fudali] 185
Grundschulmathematik nach PISA [Toepell] 321
Institutionen- bzw. Realschule und Gymnasium im 19. Jh. [Warnecke] 151
Universitäts- Math. Physik an der U Leipzig i.19.Jh. [Schlote] 165
geschichte: Versicherungsmath. an der TU Dresden [Voss] 218
Darst. Geometrie an der Dt. TU Brünn [Šišma] 235
Jubiläum der Humboldt-Univ. Berlin [Bernhardt] ... 281

Weitere Fächer

Philosophie/Ethik/ Historiographie, Axiomatisierg. [Grattan-Guinness] ... 7
Wissenschafts- Vorgeschichte, Philosophie [Krischer] 29
theorie: Bildungspolitik HUBerlin [Bernhardt] 281
Logik - Beweistheorie [Murawski] 298

Wirtschaft: Entstehung der Versicherungsmathematik [Voss] ... 218
Transportprobleme in Netzwerken [Durnová] 271

Physik/Chemie/ Geometrie in der Baupraxis [Schröder] 61
Technik: Weinkultur [Reich] 78
Math. Physik & Elektrodynamik i.19.Jh. [Schlote] . 165

Kunst: Kunstgeschichte [Schröder] 61

Deutsch: Sprachgeschichtl.-literarische Betrachtung [Haller] 309

History or Heritage? A Central Question in the Historiography of Mathematics

Ivor Grattan-Guinness

1. The pasts and the futures..8
2. An example 10
3. Some attendant distinctions 12
   3.1 History is usually a story of heritages..12
   3.2 Types of influence..12
   3.3 The role of chronology...13
   3.4 Uses of later notions..13
   3.5 Foundations up or down?...15
   3.6 Indeterminism or determinism? 15
   3.7 Revolutions or convolutions? 16
   3.8 Description or explanation?...18
   3.9 Levels of (un)importance...18
   3.10 Handling muddles. 19
   3.11 History as meta-theory. 19
   3.12 Consequences for mathematics education. 20
4. Six prevalent aspects..20
   4.1 The calculus and the theory of limits...21
   4.2 Part-whole theory and set theory. 22
   4.3 Vectors and matrices..22
   4.4 The status of applied mathematics...23
   4.5 The place of axiomatisation...24
   4.6 Words of general import 24
5. Concluding remark..25

> However eager to tell us how scientists of the seventeenth century used their inheritance from the sixteenth, the scholars seem to regard as irrelevant anything a scientist today might think about any aspects of science, including his own debt to the past or reaction against it.
>
> C.A. TRUESDELL III (1968, foreword)

> You think that the world is what it looks like in fine weather at noonday; I think that it seems like in the early morning when one first wakes from deep sleep.
>
> A.N. WHITEHEAD to B. RUSSELL [Russell 1956, 41]

1. The pasts and the futures

The growth in interest and work in the history of mathematics in the last three decades or so has led naturally to reactions among mathematicians. Some of them have been welcoming, and indeed have contributed their own historical research; but many others have been cautious, and even contemptuous about the work produced by practising historians for apparently limited lack of knowledge of mathematics.[1] By the latter they usually mean the current version of the mathematics in question, and the failure of historians to take due note of it.

There is a deep distinction involved here, which has not been much discussed in the literature; even the survey [May 1976) of historiography jumps across it. I use the words "history" and "heritage" to name two interpretations of a mathematical theory (or definition, proof-method, algorithm or whatever); I shall use the word "notion" as the umbrella term, and the letter "N" to denote it. A sequence of notions in recognised order in a mathematical theory is notated "$N_0, N_1, N_2, \ldots$".

By "history" I refer to the details of the development of N: its pre-history and concurrent developments; the chronology of progress, as far as it can be determined (well-known to be often difficult or even impossible for ancient and also ethno-mathematics); and maybe also the impact in the immediately following years and decades. History addresses the question "what happened in the past?". It should also address the dual question "what did not happen in the past?", where false starts, missed opportunities [Dyson 1972, sleepers and repeats are noted. The (near-)absence of later notions

---

[1] Another point of division between the two disciplines is techniques and practices specific to historical work, such as the finding, examination and deployment of manuscript sources and of large-scale bibliographies. (The latter are rehearsed, at least for the pre-computer age, in [May 1973, 3-41].) They are not directly relevant to this paper.

from N is registered; *differences* between N and seemingly similar more modern notions are likely to be emphasised.

By "heritage" I refer to the impact of N upon later work, both at the time and afterwards, especially the forms which it may take, or be embodied, in modern contexts.[2] Some modern form of N is the main focus, but attention is also paid to the course of its development. Here the mathematical relationships will be noted, but not the historical ones in the above sense. Heritage addresses the question "how did we get here?", and often the answer reads like "the royal road to me". The modern notion is thereby unveiled (a nice word proposed by HENK BOS); *similarities* between old and more modern notions are likely to be emphasised. In the case of sequences, a pernicious case arises when N_1 is a logical consequence or a generalisation of N_0, and the claim is made that a knower of N_0 knew N_1 also [May 1975a; an example is given in §3.4].

Both kinds of activity are quite legitimate, and indeed important in their own right; in particular, mathematical research often seems to be conducted in a heritage-like way, although the predecessors may well be very recent (as far back as five years, say). *The confusion of the two kinds of activity is not legitimate,* either taking heritage to be history (mathematicians" common view) or taking history to be heritage (the occasional burst of overenthusiasm by an historian): indeed, such conflations may well mess up both categories, especially the historical record.

A philosophical difference is that heritage tends to focus upon knowledge alone (theorems as such, and so on), while history also seeks causes and understanding in a more general sense. The distinction made by historians between "internal" and "external" history is only part of this difference. Each category is explicitly meta-theoretical, though history may demand the greater finesse in the handling of different levels of theory.

Two prominent types of writing in which heritage is the main guide are review articles and lengthy reports. Names, dates and references are given frequently, and chronology (of publication) may well be checked quite scrupulously; but motivations, cultural background, processes of genesis, and historical complications are usually left out. A golden period in report

---

[2] In recent lectures on this topic I used the 'word' genealogy' to name this concept. I now prefer 'heritage', partly on semantic grounds and partly for its attractive similarity with 'history' in English as another three-syllable word beginning with 'h'.

writing was at the turn of the 19th and 20th centuries, especially in German, with two main locations: the reports in the early volumes of the *Jahresberichte* of the *Deutsche Mathematiker-Vereinigung* (1892-) and the articles comprising the *Encyklopädie der mathematischen Wissenschaften* (1898-1935) with its unfinished extension into the French *Encyclopédie des sciences mathématiques* (1904-1920?) [Gispert 1999]. The difference between history and heritage was not always strong at that time;[3] for example, a few of the *Encyklopädie* reports are quite historical.

Among modern examples of heritage-oriented writings, JEAN DIEUDONNÉ"s lengthy account of algebraic and differential topology in the 20th century is typical [Dieudonné 1989], and several of the essays in the BOURBAKI history have the same character [Bourbaki 1974]. ANDRÉ WEIL's widely read advice (1980) on working on history is driven more by needs of heritage, especially concerning judgements of importance; but it is somewhat more nuanced in other respects. An interesting slip is his use of "history of mathematics" and "mathematical history" as synonyms, whereas they are quite different subjects [Grattan-Guinness 1997, 759-761].

A third category arises when N is laid out completely time-free with all developments omitted, historical or otherwise; for example, as a strictly axiomatised theory. This kind of writing is also quite legitimate, but is neither history nor heritage (though it may *have* both), and I shall not consider it further.

2. An example

This distinction has been cast in as general a manner as possible; any piece of mathematics from any culture will be susceptible to it. Here is an example, mathematically simple but historically very important (this last remark itself a manifestation of the distinction from heritage, note).

In his *Elements* EUCLID gives this theorem about "completing the square":

---

[3] See [Dauben 1999] on the journals for the history of mathematics then.

The historical interpretation of EUCLID as a closet algebraist developed during the late 19th century (compare the remarks in §1 on history and heritage at that time); thus the diagram has long been rendered in algebraic form as

$$(a + b)^2 = a^2 + 2ab + b^2. \tag{1}$$

However, mathematical as well as historical disquiet should arise. Firstly, (1) is a piece of algebra, which EUCLID did not use, even covertly: his diagram does not carry the letters "a" and "b". His theorem concerned geometry, about the large square being composed of four parts, with rectangles to the right and above the smaller square and a little square off in the northeast corner. But these geometrical relationships, essential to the theorem, are lost in the single sign "+". Further, "a" and "b" are associated with numbers, and thereby with lengths and their multiplication. But EUCLID worked with lines, regions, solids and angles, not any arithmeticised analogues such as lengths, areas, volumes and degrees; he never multiplied geometrical magnitudes of any kind (though multiplication of numbers in arithmetic was practised). Hence "a^2" is already a distortion; he constructed the "square *on* the side", not the "square *of* the side" [Grattan-Guinness 1996] . For reasons such as this the algebraic reading of EUCLID has been discredited in recent decades by specialists; by contrast, it is still advocated by mathematicians, such as [Weil 1980] who even claims that group theory is *needed* in order to understand Books 5 and 7 of EUCLID!!

These are historical and meta-historical remarks about EUCLID; (1) belongs to its heritage, especially among the Arabs with their word-based algebra (the phrase "completing the square" is Arabic in origin), and then in European mathematics, with symbols for quantities and operations gradually being introduced.[4] The actual version (1) corresponds to the early 17th cen-

---

[4] There is of course another large history and heritage from Euclid, inspired by the alleged rigour of this proofs. It links in part to the modernisation of his geometry, but I shall not discuss them here.

tury, with figures such as THOMAS HARRIOT and RENÉ DESCARTES; EUCLID and the Arabs are part of their history, they are part of the heritage from EUCLID and the Arabs, and *our* use of (1) forms part of our heritage from them.[5]

3. Some attendant distinctions

The distinction between history and the heritage of N seems to be that between its relationship to its pre-history and to its post-history. If N_0, N_1 and N_2 lie in advancing chronological order, then the heritage of N_1 for N_2 belongs also to the history of N_2 relative to N_0 and N_1. However, the situation is not so simple; in particular, both categories use the post-history of N, though in quite different ways. Thus more needs to be discussed. Some further examples will be used below, though for reasons of space and balance rather briefly; fuller historical accounts would take note of interactions of the development of other relevant notions.

3.1 History is usually a story of heritages

The historian records events where normally an historical figure inherited knowledge from the past in order to make his own contributions. If the figure really did treat a predecessor in an historical spirit (as he (mis-) understood it), then the (now meta-)historian should record accordingly (for example, [Stedall 2001] on JOHN WALLIS's *Algebra* of 1685).

3.2 Types of influence

raise important issues. However, research is likely to focus only upon positive influence whereas history needs to take note also of negative influences, especially of a general kind, such as reaction against some notion or the practise of it or importance accorded some context. For example, one motive of A.-L. CAUCHY to found mathematical analysis in the 1820s upon

---

[5] This last feature applies also, regrettably, to the supposed history [Rashed 1994] of Arabic algebra, where the Arabs seem already to have read Descartes.

a theory of limits (§ 4.1) was his rejection of J.L. LAGRANGE's approach to the calculus using only notions from algebra. Further, as part of his new regime CAUCHY stipulated that "a divergent series has no sum"; but in the 1890s EMILE BOREL reacted against precisely this decree and became a major figure in the development of summability and formal power series [Tucciarone 1973]. Part of the heritage of those theories has been to treat as idiots pre-Cauchyesque manipulators of infinite series such as LEONHARD EULER!

3.3 The role of chronology

differs greatly. In history it can form a major issue; for example, possible differences between the creations of a sequence of notions and those of their publication. Further, the details available may only give a crude or inexact time course, and some questions of chronology remain unanswerable. In heritage chronology is much less significant, apart from questions of the type "Who was the first mathematician to ...?". Mathematicians often regard them as the prime type of historical question to pose [May 1975b], whereas historians recognise them as often close to meaninglessness when the notion involved is very general or basic; for example, "... to use a function?" could excite a large collection of candidates according to the state, generality or abstractness of the function theory involved. The only type of questions of this kind of genuine historical interest concerns priority disputes, when intense parallel developments among rivals are under investigation, and chronology is tight - and where again maybe no answer can be found.

3.4 Uses of later notions

They are *not* to be ignored; the idea of forgetting the later past of an historical episode is impossible to achieve, and indeed not desirable. Instead its status *as* later work is duly recognised, and tiers of history exposed: work produced in, say, 1701 was historical in 1801 and in 1901 as well as now in 2001. Thus, when studying the history of N_0, recognise the place of later notions N_1, N_2,... but *avoid* feeding them back into N_0 itself. For if that does happen, the novelties that attended the emergence of N_1, N_2,...

will not be registered. Instead time loops are created, with cause and effect over time becoming reversed: when N_2 and N_1 are shoved into N_0, then they seem to be involved in its creation, whereas the *converse* is (or may be) the case. In such situations not only is the history of N messed up but also that of the intruding successors, since their *absence* before introduction is not registered. For example, LAGRANGE's work in algebra played a role in the certain aspects of group theory [Wussing 1984, 70-84]; but to describe his work in terms of group theory not only distorts LAGRANGE but also muddies the (later) emergence of group theory itself. By contrast, the heritage may be clarified by such procedures, and chaos in the resulting history is not significant.

A valuable use of later notions when studying the history of N is as a source for questions to ask about N itself - but do not expect positive answers! (The converse may well hold; knowing at least some of the history of N_0, N_1, N_2, ... may well increase understanding of their relations, and even suggest a research topic.) By contrast, when studying the heritage of N_0, by all means feed back N_1, N_2 ... to create new versions and with luck find a topic for mathematical research. The difference is shown below; for history the horizontal arrows do not impinge positively upon the preceding notions whereas those for heritage do:

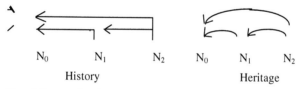

| N_0 | N_1 | N_2 | N_0 | N_1 | N_2 |

History   Heritage

The difference is often exemplified by reactions to older mathematics. The inheritor reads something by, say, LAGRANGE and exclaims: "My word, LAGRANGE here is very modern!". The historian replies: "No, we are very LAGRANGIAN".

The distinction between history and heritage is thus emphatically *not* that between success and failure; history also records successes, but with the slips and delays exposed. For example, A nice example is [Hawkins 1970], a fine history of the application of point set topology to refine the integral from the CAUCHY-RIEMANN version through content in the sense of JORDAN and Cantor to the measure theory of HENRI LEBESGUE and BOREL.

HAWKINS not only records the progress achieved but also carefully recounts conceptual slips made en route: for example, the belief until its exposure that denumerable set, set of measure zero and nowhere dense set were co-extensive concepts.

3.5 Foundations up or down?

This distinction can be extended when N is an axiomatised theory, which proceeds logically through concepts C_1, C_2, C_3; for to some extent the respective historical origins move *backwards* in time, thus broadly the reverse of the historical record. A related difference is thereby exposed: heritage suggests that the foundations of a mathematical theory are laid down as the platform upon which it is built, whereas history shows that foundations are dug down, and nor necessarily on firm territory. For example, the foundations of arithmetic may start with mathematical logic in a version of the 1900s, use set theory as established around the 1890s, define progressions via the PEANO axioms of the later 1880s, and then lay out the main properties of integers as established long before that.

A figure important in that story is RICHARD DEDEKIND, with his book of 1888 on the foundations of arithmetic. The danger of making historical nonsense out of heritage is well shown in a supposed new translation. A typical example of the text is the following passage, where DEDEKIND's statement that (in literal translation) "All simply infinite systems are similar to the number-series *N* and consequently by (33) also to one another" comes out as "*All unary spaces are bijective* [1] *to the unary space* [2] *N and consequently, by §33,* [3] *also to one another* "; moreover, of the three editorial notes, the first one admits that "isomorphic" would be more appropriate for DEDEKIND but the second one informs that "*unary space* [...] is what he means" ... [Dedekind 1995, 63].

3.6 Indeterminism or determinism?

Especially if the history properly notes missed opportunities, delayed and late arrivals of conception and/or publication, an indeterministic character is conveyed: the history did indeed pass through the sequence of notions N_0, N_1, N_2, ..., but it might have been otherwise (unintended consequences, and so on). By contrast, even if not explicitly stressed, a deterministic im-

pression is likely to be conveyed by heritage: N_0 *had* to lead to N_1, and so on. Appraisal of historical figures as "progressive" or "mordents", in any context, is normally of this kind: the appropriate features of their work are stressed, the others ignored (for example, NEWTON the modern scientist yes, NEWTON the major alchemist no).

A fine example of indeterminism id provided by the death of BERNHARD RIEMANN in 1866. The world lost a very great mathematician, and early; on the other hand, his friend DEDEKIND published soon afterwards two manuscripts which RIEMANN had prepared in 1854 for his *Habilitation* but had left them unpublished, seemingly indefinitely. One essay dealt with the foundations of geometry, the other with mathematical analysis and especially Fourier series. Each of them made a rapid and considerable impact, and each contained notions and connections which were current in some other authors; however, if the essay on analysis had not appeared, there is no reason to assume that GEORG CANTOR (1845-1918), then a young number theorist, would have tackled the hitherto unnoticed problem of exceptional sets for Fourier series (to use the later name) and thereby invented the first elements of his set theory [Dauben 1979, chs. 1-2]. But then many parts of mathematical analysis would have developed differently. (The bearing of the other essay on the development of geometries is noted in §3.7.) Other early deaths suggest possibilities: EVARISTE GALOIS stopping a bullet in 1832, JACQUES HERBRAND falling down a mountain a century later, and so on.

3.7 Revolutions or convolutions?

When appraising heritage, interest lies mainly in the outcomes without special concern about the dynamics of their production. A deterministically construed heritage conveys the impression that the apparently inevitable progress makes mathematics a *cumulative* discipline.

History suggests otherwise; some theories die away, or at least die down in status. The status or even occurrence of revolutions in mathematics is historically quite controversial [Gillies 1992]; I have proposed the meta-notion of convolution, where new and old notions wind around each other as a (partly) new theory is created [Grattan-Guinness 1992]. Convolution lies between, and can mix, three standard categories: revolution, in the sense of strict *replacement* of theory; innovation, where replacement is ab-

sent or plays a minor role (I do not know of a case where even a remarkably novel notion came from literally *no* predecessors); and evolution, similar to convolution in itself but carrying many specific connotations in the life sciences which are not necessarily useful here.

One of the most common ways in which old and new mix is when a new notion is created by connecting two or more old notions in a novel way. Among very many cases, in 1593 FRANÇOIS VIÈTE connected ARCHIMEDES's algorithmic exhaustion of the circle using the square, regular octagon, ... with the trigonometry of the associated angles and obtained this beautiful infinite product

$$2/\pi = \sqrt{1/2}\sqrt{1/2 + 1/2\sqrt{1/2}}\sqrt{1/2 + 1/2\sqrt{1/2 + 1/2\sqrt{1/2}}} \sqrt{\ldots} . \quad (2)$$

Again, in the 1820s NIELS HENRIK ABEL and CARL JACOBI independently linked the notion of the inverse of a mathematical function with ADRIEN-MARIE LEGENDRE's theory of "elliptic functions" to produce their definitive theories of elliptic functions. Heritage may also lead to such connections being effected.

Sometimes convolutions, revolutions and traditions can be evident together. A very nice case is found in the work of JOSEPH FOURIER in the 1800s on heat diffusion [Grattan-Guinness and Ravetz 1972]. 1) Apart from a very unclear and limited anticipation by J.-B. BIOT, he innovated the differential equation to represent the phenomenon. 2) The method that he used to obtain it was traditional, namely EULER's version of the Leibnizian differential and integral calculus (which is noted in §4.1). 3) He refined the use of boundary conditions to adjoin to the internal diffusion equation for solid bodies. 4) He revolutionised understanding of the solution of the diffusion equation for finite bodies by trigonometric series, which had been known before him but with important misunderstandings, especially about the manner in which a periodic series could represent a general function at all. 5) He innovated the FOURIER integral solution, for infinite bodies.

Delays often arise from connections *not* being made. A well-known puzzle is the slowness to recognise non-Euclidean geometries when there was a long history of map-making which surely exhibits one kind of such a geometry. J.H. LAMBERT is an especially striking figure here, as he worked with some lustre in both areas in the later 18th century. The answer seems to be that, like his predecessors and several successors, he understood the

geometry problem as being just the status, especially provability, of the parallel axiom *within the Euclidean framework* rather than the more general issue of alternative geomet*ries,* which was fully grasped only by RIEMANN in his 1854 essay [Gray 1989]. Thus the link, which seems so clear in our heritage, was not obvious in the earlier times.

3.8 Description or explanation?

Both history and heritage are concerned with description; but history should also attempt explanations of the developments found, and also of the delays and missed opportunities that are noticed. These explanations can be of various kinds; not just of the technical insights that were gained but also the social background, such as the (lack of) educational opportunities for mathematics in the community or country involved.

One feature especially of the 19th century which needs explanation is the differences between nations of the *(un)popularity* of topics or branches of mathematics (France doing loads of mathematical analysis, England and Ireland with rather little of it but working hard at several new algebras, and so on). Heritage studies will need to consider explanation only from a formal or epistemological point of view; for example, explaining the mystery of having to use complex numbers when finding the real roots of polynomials with real coefficients in terms of closure of operations over sets, an insight which has its own history.

3.9 Levels of (un)importance.

This last task relates to another difference; that a notion rises and/or falls in importance. Heritage does not need to give such changes much attention; the modern level of reputation is taken for granted. But history should watch and ponder upon the changes carefully. For example, for a long time trigonometry has been an obviously useful but rather minor topic in a course in algebra - and there has been no detailed general history of it since [von Braunmühl 1900, 1903]. By contrast, in the late Middle Ages it was a major branch of mathematics, handled geometrically (for example, the sine was a length, not a ratio), and with the spherical part more important than the planar (because of its use in astronomy and navigation). Conversely, probability theory and especially mathematical statistics had a very long

and slow geneses; most of its principal notions in statistics are less than then two centuries old, and the cluster of them which are associated with KARL PEARSON and his school has celebrated their centenary only recently. The slowness of the arrival of this discipline, now one of the most massive part of mathematics while often functioning separate from it, is one of the great mysteries of the history of mathematics; its unimportance during most of the 19th century is especially astonishing. But such features need not disturb a seeker of heritage.

3.10 Handling muddles

One way in which knowledge of all kinds, and especially the mathematical, increases is by the cleaning up of unclarities and ambiguities by, for example, bringing in new distinctions. Such housework forms part of the heritage which the mathematician will deploy (unless he has reason to question it). The historian will also the modern presence of such distinctions, but he should try to *reconstruct* the old unclarities, as clearly as possible, so that the history of the distinctions is itself studied (§4.1 has an important example).

3.11 History as meta-theory

This paper, especially in this section, carries a feature which needs emphasis: that when the historian studies his historical figures he is thinking *about* them, not *with* them. The distinction between theory and meta-theory, and especially the recognition of its *central* importance for knowledge, emerged during the 1930s principally from the logicians KURT GÖDEL (1906-1978) and ALFRED TARSKI (1902-1983), after many partial hits and misses [Grattan-Guinness 2000, chs. 8-9].

In logic the distinction is very subtle; for example, "and" feature in both logic and meta-logic, and failure to register it led to much inherence and even paradoxes such as "this proposition is false". In most other areas of thought the distinction seems to be too obvious to require emphasis; clearly a difference of category exists between, say, properties of light and laws of optics, or between a move in chess and a rule of chess. But when registered its importance can be seen, because it is *quite general*. This was the case with TARSKI's theory of truth (his own main way to the distinction): "snow

is white" (in the metalanguage) if and only if snow is white (in the language). His theory is neutral with respect to most philosophies, and sidesteps generations of philosophical anxiety about making true (or false) judgements or holding such beliefs.

In historiography the distinction stresses two different levels of both knowledge and of ignorance, with further levels required when intermediate historical stages are considered. It also side-steps chatter about narratives and discourses, and the relativism and determinism that often accompanies them.

3.12 Consequences for mathematics education

The issue of heuristics on mathematics, and the discovery and later justification of mathematical notions, are strongly present is this discussion, with obvious bearing upon mathematics education. The tradition there, especially at university level or equivalent, is to teach a mathematical theory in a manner very much guided by heritage. But reactions of students (including myself, as I still vividly recall) is often distaste and bewilderment; not particularly that mathematics is very hard to understand and even to learn but mainly that it turns up in "perfect" dried-out forms, so that if there are any mistakes, then necessarily I made them. Mathematical theories come over as all answers but no questions, all solutions but no problems. A significant part of the growth in interest in the history of mathematics has been inspired as a negative influence of such situations, and there is now a strong international movement for making use of history in the teaching of mathematics, at all levels. I have proposed the meta-theoretical notion of "history-satire", where the historical record is respected but many of the complications of the normally messy historical record are omitted or elided [Grattan-Guinness 1973]. (If one stays with, say, NEWTON all the time, then one will stop where NEWTON stopped.) OTTO TOEPLITZ's "genetic approach" to the calculus is close to a special case [Toeplitz 1963].

4. Six prevalent aspects

I conclude with five special cases of aspects of mathematics where the conflation of history and heritage seems to be especially serious, including

among historians. They come mostly from the 19th and early 20th centuries, which not accidentally is my own main period of research; thus no claim of optimal importance or variety is made for them. Examples of the distinctions made in §3 are also included.

4.1 The calculus and the theory of limits

There have been four main ways of developing the calculus [Grattan-Guinness 1987]: in chronological order,

1) ISAAC NEWTON's "fluxions" and "fluents" (1660s onwards), with the theory or limits deployed, though not convincingly;

2) G.W. LEIBNIZ's "differential" and "integral" calculus, based upon dx and ∫x (1670s onwards), with infinitesimals central to and limits absent from all the basic concepts: reformulated by EULER in the mid 1750s by adding in the "differential coefficient", the forerunner of the derivative;

3) LAGRANGE's algebraisation of the theory, in an attempt to avoid both limits and infinitesimals, with a new basis sought in TAYLOR's power-series expansion (1770s onwards), and the successive differential coefficients reconceived in terms of the coefficients of the series as the "derived functions"; and

4) CAUCHY's approach based upon with a firm *theory* (and not just intuition) of limits (1810s onwards); from it he defined the basic notions of the calculus (including the derivative as the limiting value of the difference quotient) and also of the theories of functions and of infinite series, to create "mathematical analysis".

Gradually the last tradition gained wide acceptance, with major refinements brought in with KARL WEIERSTRASS and followers from the mid century onwards, especially the consequences of refining CAUCHY's basically single-limit theory into that of multiple limits with a plethora of fine distinctions. Thus it has long been the standard way of teaching the calculus; but historians should beware using it to rewrite the history of the calculus where any of the other three traditions, even NEWTON's, are being studied. It also contains an internal danger. The (post-)WEIERSTRASSian refinements have become standard fare, and are incorporated into the heritage of CAUCHY; but it is mere feedback "history" to read CAUCHY (and contemporaries such as BERNARD BOLZANO) as if they had read WEIERSTRASS

already [Freudenthal 1971]. On the contrary, their own pre-WEIERSTRASSian muddles need reconstruction, and clearly.

Again by contrast, heritage can acknowledge such anachronisms but ignore them as long as the mathematics produced is interesting.

4.2 Part-whole theory and set theory

An important part of WEIERSTRASS's refinement of CAUCHY's tradition was the introduction from the early 1870s of set theory, principally by GEORG CANTOR. Gradually it too gained a prominent place in mathematics and then in mathematics education; so again conflations lurk around its history. They can occur not only in putting set-theoretical notions into the prehistory, but in particular confusing that theory with the traditional way of handling collections from antiquity: namely, the theory of whole and parts, where a class of objects contains only parts (such as the class of European men as a part of the class of men), and membership was not distinguished from inclusion. Relative to set theory parthood corresponds to improper inclusion, but the theory can differ philosophically from CANTOR's doctrine, on matters such as the status of the empty class/set, and the class/set as one and as many; so care is needed. An interesting example occurs in avoiding the algebraisation of EUCLID mentioned in §2: [Mueller 1981] proposed an algebra alternative to that in (1), but he deployed set theory in it whereas EUCLID had followed the traditional theory, so that a different distortion arises. As in earlier points, study focused upon heritage need feel no discomfort.

4.3 Vectors and matrices

In a somewhat disjointed way vector and matrix algebras and vector analysis gradually developed during the 19th century, and slowly became staple techniques during the 20th century, including in mathematics education [Grattan-Guinness 1994, articles 6.2, 6.7, 6.8, 7.12]. But then the danger just highlighted arises again; for earlier work was not thought out that way. The issue is *not* just one of notation; the key lies in the associated notions, especially the concept of laying out a vector as a row or column of quantities and a matrix as a square or rectangular array, and manipulating them separately or together according to stipulated rules and definitions.

A particularly influential example of these anachronisms is TRUESDELL; in very important pioneering historical work of the 1950s he expounded achievements by especially EULER in continuum mathematics which previously had been largely ignored (see, for example, [Truesdell 1954]). However, in the spirit of heritage in his remark quoted at the head of this paper, he treated EULER as already familiar with vector analysis and some matrix theory (and also using derivatives as defined via the theory of limits whereas EULER had actually used his own elaboration of LEIBNIZ's version of the calculus mentioned in §4.1). Therefore his EULER was out of chronological line by at least a century. It is quite amusing to read his introductory commentary and then the original texts in the same volume (11 and 12 of the second series of EULER's *Opera omnia*). A lot of historical reworking of EULER is needed, not only to clarify what and how he had actually done but also to eliminate the mess-ups of feedback and clarify the history of vectors and matrices by noting their absence in EULER.

4.4 The status of applied mathematics

During the middle of the 19th century the professionalisation of mathematics increased quite notably in Europe; many more universities and other institutions of higher education were created or expanded, so that the number of jobs increased. During that period, especially in the German states and then Germany, a rather snobbish preference for pure over applied or even applicable mathematics began to emerge, there and later internationally. Again this change has affected mathematics education (for the worse); it has also influenced historical work in that the history of pur(ish) topics have been studied far more than that of applications. The history of military mathematics is especially ignored.

An error concerning levels of importance arises here; for prior to the change, however, applications and applicability were very much the governing motivation for mathematics, and the balance of historical research should better reflect it. EULER is a very good case; studies of his contributions to purish mathematics far exceed those of his applied mathematics (hence the importance of TRUESDELL's initiative in looking in detail at his mechanics). Some negative influence from current practise is required of historians to correct this imbalance.

4.5 The place of axiomatisation

From the late 19th century onwards DAVID HILBERT encouraged the axiomatisation of mathematical theories, in order to make clearer the assumptions made and also to study meta-properties of consistency, completeness and independence. His advocacy, supported by various followers, has given axiomatisation a high status in mathematics, and thence to mathematics education. But once again dangers of distortion of earlier work attend, for HILBERT's initiative was then part of a *new* level of concern with axiomatisation [Cavaillès 1938]; earlier work was rarely so preoccupied, although the desire to make clear basic assumptions was frequently evident (for example, in the calculus as reviewed in §4.1). Apart from EUCLID, it is seriously out of time to regard as axiomatisers any of the other figures named above, even LAGRANGE, CAUCHY or CANTOR.

4.6 Words of general import

One aim of many mathematical theories is generality; and attendant to this aspiration is the use of correspondingly wide-ranging words or phrases, such as "arbitrary" or "in any manner", to characterise notions. These expressions are still used in many modern contexts; so again the dangers of identification with their past manifestations need to be watched. A good example is the phrase "any function" in the calculus and the related theory of functions; it or a cognate will be found with JOHN BERNOULLI in the early 18th century, EULER about 40 years later, S.-F. LACROIX around 1800, J.P.G. DIRICHLET in the late 1820s, and LEBESGUE and the French school of analysts in the early 20th century. Nowadays it is usually taken to refer to a mapping (maybe with special conditions such as isomorphism), with set theory used to specify range and domain and nothing else. But the universe of functions has not always been so vast; generality has always belonged to its period of assertion. In particular, [Dirichlet 1829] mentioned the characteristic function of the irrational numbers (to use the modern name); but he quite clearly regarded it as a pathological case, for it did not possess an integral. The difference is great between his situation and that of LEBESGUE's time, when the integrability of such a function was a good test case of the new theory of measure to which he was a major contributor; indeed, this detail is part of the heritage from DIRICHLET.

5. Concluding remark

It would be appropriate to end on the theme of generality, namely that of the distinction outlined in this paper. As was indicated in §1, it is applicable to history of any kind, especially the history of other sciences, although its prominence and importance in mathematics is rather special. Another related topic is the history of mathematics itself, where the (meta-)history of the subject needs to be distinguished from the heritage which we historians today enjoy from our predecessors [Dauben and Scriba 2002] - for example, the history of changing views on EUCLID.

Acknowledgements

I am working on a more extended discussion of this topic, and express gratitude to the organisers of the following meetings which to lecture upon or around this topic and thereby to get this far: the Third meeting "Days in the history of mathematics", University of the Basque Country at Bilbao, Spain, October 2000; the Orotavian Canary Foundation, Las Palmas, Grand Canaries, Spain, December 2000; the History Section of the *Deutsche Mathematiker-Vereinigung,* Ingst, Germany, May 2001; and the Department of Mathematics in the University of Braga, Portugal, in October 2001.

Bibliography

BOURBAKI, N. 1974. *Eléments d'histoire des mathématiques,* 2nd ed., Pariss: Hermann.

CAVAILLES, J. 1938. *Méthode axiomatique et formalisme,* 3 pts., Paris: Hermann.

DAUBEN, J.W. 1979. *Georg Cantor,* Cambridge, Mass. (Harvard University Press). [Repr. 1990, Princeton (Princeton University Press).]

DAUBEN, J.W. 1999. "*Historia mathematica* : 25years/context and content", *Historia mathematica, 26,* 1-28.

DAUBEN, J.W. and SCRIBA, C.J. 2002. (Eds.), *Writing the history of mathematics: its historical development.* Basel: Birkhäuser.

DEDEKIND, J.W.R. 1995. *What are numbers and what should they be?*, Orono, Maine: RIM Press. [German original 1888.]

DIEUDONNÉ, J. 1989. *A history of algebraic and differential topology 1900-1960,* Basel: Birkhäuser.

DIRICHLET, J.P.G. LEJEUNE- 1829. Sur la convergence des séries trigonométriques'; *Journal für die reine und angewandte Mathematik 4,* 157-169. Also in *Gesammelte Werke,* vol. 1, 1889, Berlin: Reimer (repr. 1969, New York: Chelsea), 117-132.

DYSON, F. 1972. "Missed oppportunites", *Bulletin of the American Mathematical Society, 78,* 635-652.

FREUDENTHAL, H. 1971. "Did Cauchy plagiarise Bolzano?", *Archive for history of exact sciences, 7,* 375-392.

GILLIES, D. 1992. (Ed.), *Revolutions in mathematics,* Oxford: Clarendon Press.

GISPERT, H. 1999. "Les débuts de d'histoire des mathématiques sur les scènes internationales et le cas de l'entrpise encyclopédique de Felix Klein et Jules Molk", *Historia mathematica, 26,* 344-360.

GRATTAN-GUINNESS, I. 1973. "Not from nowhere. History and philosophy behind mathematical education", *International journal of mathematics education in science and technology, 4,* 421-453.

GRATTAN-GUINNESS, I. 1987. "What was and what should be the calculus?", in his (ed.), *History in mathematics education,* Paris: Belin, 116-135.

GRATTAN-GUINNESS, I. 1992. "Scientific revolutions as convolutions? A sceptical enquiry", in S.S. Demidov, M. Folkerts, D.E. Rowe, and C.J. Scriba (eds.), *Amphora. Festschrift für Hans Wussing zu seinem 65. Geburtstag,* Basel: Birkhäuser, 279-287.

GRATTAN-GUINNESS, I. 1994. (Ed.), *Companion encyclopedia of the history and philosophy of the mathematical sciences,* London: Routledge.

GRATTAN-GUINNESS, I. 1996. "Numbers, magnitudes, ratios and proportions in Euclid's *Elements* : how did he handle them?", *Historia mathematica, 23,* 355-375. [Printing correction: *24* (1997), 213.]

GRATTAN-GUINNESS, I. 1997. *The Fontana history of the mathematical sciences. The rainbow of mathematics*, London: Fontana. Repr. as *The Norton history of the mathematical sciences. The rainbow of mathematics*, 1998, New York: Norton.

GRATTAN-GUINNESS, I. 2000. *The search for mathematical roots, 1870-1940. Logics, set theories and the foundations of mathematics from Cantor through Russell to Gödel*, Princeton: Princeton University Press.

GRATTAN-GUINNESS, I. in collaboration with J.R. RAVETZ, *Joseph Fourier 1768-1830. A survey of his life and work, based on a critical edition of his monograph on the propagation of heat, presented to the Institut de France in 1807*, Cambridge, Mass.: M.I.T. Press.

GRAY, J.J. 1989. *Ideas of space*, 2nd ed., Oxford and New York: Clarendon Press.

HAWKINS, T.W. 1970. *Lebesgue's theory of integration*, Madison: University of Wisconsin Press. Repr. 1975, New York: Chelsea.

MAY, K.O. 1973. *Bibliography and research manual in the history of mathematics*, Toronto (University of Toronto Press).

MAY, K.O. 1975a. "Historiographic vices. I. Logical attribution", *Historia mathematica*, 2, 185-187.

MAY, K.O. 1975b. "Historiographic vices. II. Priority chasing", *Historia mathematica*, 2, 315-317.

MAY, K.O. 1976. "What is good history and who should do it?", *Historia mathematica*, 3, 449-455.

MUELLER, I. 1981. *Philosophy of mathematics and deductive structure in Euclid's Elements*, Cambridge, Mass.: MIT Press.

RASHED, R. 1994. *The development of Arabic mathematics: between arithmetic and algebra*, Dordrecht, Boston and London: Kluwer.

RUSSELL, B.A.W. 1956. *Portraits from memory and other essays*, London: Allen & Unwin.

STEDALL, J.A. 2001. "Of our own nation: John Wallis's account of mathematical learning in medieval England", *Historia mathematica*, 28, 73-122.

TOEPLITZ, O. 1963. *The calculus. A genetic approach,* Chicago: University of Chicago Press.

TRUESDELL, C.A. III. 1954. "Prologue", in L. Euler *Opera omnia,* ser. 2, vol. 12, Basel: Orell Füssli, ix-cxxv. [On fluid mechanics.]

TRUESDELL, C.A. III. 1968. *Essays in the history of mechanics,* Berlin: Springer.

TUCCIARONE, J. 1973. "The development of the theory of summable divergent series from 1880 to 1925", *Archive for history of exact sciences, 10,* 1-40.

VON BRAUNMÜHL, A. 1900, 1903. *Vorlesungen über Geschichte der Trigonometrie,* 2 vols., Leipzig: Teubner.

WEIL, A. 1980. "History of mathematics: why and how", in O. Lehto (ed.), *Proceedings of the International Congress of Mathematicians, Helsinki 1978,* Helsinki: Academia Scientarum Fennica, vol. 1, 227-236. Also in *Collected papers,* vol. 3, 1980, New York: Springer, 434-443.

WUSSING, H. 1984. *The genesis of the abstract group concept,* Cambridge, Mass: MIT Press.

Prof. Dr. Ivor Grattan-Guinness, Middlesex University at Enfield, Middlesex EN3 4SF, England; E-mail: eb7io6gg@waitrose.com

Die Vorgeschichte der Mathematik

Tilman Krischer

Die Frage nach einer *Vorgeschichte* der Mathematik mag manch einem höchst befremdlich erscheinen. Natürlich ist uns die Unterscheidung von *Geschichte* und *Vorgeschichte* völlig geläufig, und niemand stellt sie ernsthaft in Frage: jenen Teil der Vergangenheit, für den schriftliche Zeugnisse vorliegen, nennen wir *Geschichte*; und was vorausgeht, ist die *Vorgeschichte*. Doch wie sollte sich dieses Schema auf die Mathematik anwenden lassen? Selbstverständlich lassen sich Prozesse aufzeigen, die der Geschichte der Mathematik vorausgehen und diese erst ermöglichen, etwa die Entfaltung der menschlichen Intelligenz. Doch das ist ein Teil der Evolutionstheorie, die wir jedenfalls nicht als eine *Vorgeschichte der Mathematik* bezeichnen dürfen, weil wir dadurch ihre unzähligen anderen Aspekte verdecken würden. - Wie ist dann unsere Frage zu beantworten?

Der englische Physiker JOHN BARROW hat sich in einem Büchlein, dessen deutsche Ausgabe den Titel trägt *Warum die Welt mathematisch ist*,[1] die gleiche Frage nach den Ursprüngen des mathematischen Denkens vorgelegt, und bei ihrer Beantwortung geht er von GALILEIs bekanntem Dictum aus, daß die Natur in der Sprache der Zahlen geschrieben sei. Also können wir, da Mathematik und Naturwissenschaft eng verbunden sind, die Entstehung des Zahlbegriffs als das Fundament des mathematisch-naturwissenschaftlichen Denkens betrachten. Dieses Thema behandelt BARROW in dem genannten Büchlein auf eine wahrhaft vorbildliche Weise im Kapitel *Von der Natur zur Zahl*. Ist damit unsere Frage nach der Vorgeschichte der Mathematik nicht bestens beantwortet?

Diese Antwort, so scheint uns, ist zwar richtig und notwendig, aber nicht vollständig. Natürlich sind die heute weltweit benutzten indisch-arabischen Ziffern mit ihrer Positionsschreibweise ein unvergleichliches Werkzeug, dessen Qualitäten man am besten begreift, wenn man es mit den alternativen Systemen, die zu unterschiedlichen Zeiten in unterschiedlichen Regionen entwickelt wurden, vergleicht.

---

[1] Erschienen: Frankfurt a.M. 1993 (Europäische Vorlesungen III).

Theoretisch könnte man hier allerdings den Einwand erheben, diese Frage gehöre nicht in die Vorgeschichte der Mathematik, sondern in ihre Geschichte, denn sie lasse sich nur beantworten, indem man die Äußerungen von Denkern betrachtet, die logisch argumentieren. Mit anderen Worten: Die Griechen waren eben ein intellektuell hochbegabtes Volk, und hier erübrigt sich die Frage: Warum? Doch auch in diesem Punkt ist Vorsicht geboten. Wenn nicht alles trügt, findet sich sogar bei BARROW selbst ein erster Hinweis, der weiterführen könnte: Die mathematische Welt in unserem Geiste und die mathematische Welt um uns herum sind durch zwei gegenläufige Prozesse miteinander verknüpft: Abstraktion und Konkretisierung. Auf diesem Zusammenhang beruht der ungeheure Nutzen der Mathematik für die Naturwissenschaften und damit indirekt für unsere Bewältigung der Existenzprobleme, und so geht BARROW im nächsten Schritt zur Entstehung des für die Mathematik so entscheidend wichtigen Zahlbegriffs über.

Doch die Verknüpfung von materieller und geistiger Welt durch Abstraktion und Konkretisierung ist nicht auf den Bereich der Mathematik beschränkt, auch wenn sie hier ihre höchste Vollendung erfährt. Jede Art von sprachlicher Kommunikation findet auf dieser Basis statt. Der Physiker ERNST MACH hat dafür den Ausdruck *Denkökonomie* geprägt und erläutert diese durch den Hinweis auf die Befriedigung der leiblichen Bedürfnisse. Der Mensch paßt sich seiner Umwelt an und ist stets bemüht, alle Probleme auf eine möglichst ökonomische Weise zu lösen. Entsprechend dienen die Wissenschaften der übersichtlichen, einheitlichen, widerspruchslosen und mühelosen Erfassung der Tatsachen. Die Mathematik aber wird von MACH als eine *Ökonomie des Zählens* bezeichnet.[2] Das alles fügt sich mit BARROWs Auffassungen bestens zusammen, nur daß MACH keine so scharfen Grenzen zieht, sondern allenthalben Übergänge offen läßt.

Eben dies aber hilft uns, den historischen Hintergrund aufzuhellen. Daß die Griechen allgemein auf Sparsamkeit angewiesen waren, leuchtet ein, wenn man die geographischen Bedingungen der Ägäis betrachtet, am besten durch Vergleich mit anderen Regionen. HAROLD DORN hat dazu in seinem Buch *The Geography of Science* (The Johns Hopkins UP 1991) beste Vorarbeit geleistet: Da wird zunächst einmal erläutert, daß alle frühen Hochkulturen Flußkulturen waren, in denen das Schwemmland des Flusses für

---

[2] Vgl. *Die Mechanik - historisch kritisch dargestellt*, ND Darmstadt 1973. Die Bemerkungen über die Denkökonomie finden sich in unterschiedlichen Teilen des Werkes, so in der Einleitung und in dem Abschnitt IV, 4, *Die Ökonomie der Wissenschaft*.

Die Vorgeschichte der Mathematik

den Anbau von Getreide genutzt wird. Dies setzt freilich umfangreiche Be- und Entwässerungsarbeiten voraus, welche ihrerseits eine zentrale Verwaltung, ein Schriftsystem und, da die Arbeiten im jahreszeitlichen Rhythmus anfallen, einen Kalender, also astronomische Beobachtung, erforderlich machen. Zu diesen Kulturen, die DORN als *hydraulic cultures* bezeichnet, gehören Ägypten, Mesopotamien, die Induskultur, das Alte China mit Ho-ang-ho und Yangtse, sowie, neueren Luftaufnahmen zufolge, auch die Kultur der Maya. Einen anderen und deutlich jüngeren Kulturtypus stellen die *rainfall cultures* dar, bei denen die jährlichen Niederschläge für den Getreideanbau ausreichen. Sie finden sich nur in klimatisch gemäßigten Zonen, etwa von Rom aus Richtung Norden. Was Griechenland anlangt, so gehört es zu keinem der beiden Typen, weil der Boden bergig und verkarstet ist, ein Fluß mit entsprechendem Schwemmland nicht existiert, und die Niederschläge, von wenigen kleineren Regionen abgesehen, zu dürftig sind. Wie hat man sich also ernährt?

In der mykenischen Epoche war die Bevölkerung vergleichsweise gering an Zahl und wohnte in den wenigen, vergleichsweise fruchtbaren Ebenen. Etwa zur Zeit der Dorischen Wanderung aber bricht dieses System zusammen, und die Folge ist eine sehr weitreichende Unbeständigkeit in der Besiedelung des Landes. Immer wieder mußte die Bevölkerung einer Region sich neue Wohnsitze suchen, sei es, weil die Erträge des Bodens nicht ausreichten, sei es, weil fremde Einwanderer diesen in Besitz genommen haben.

In dieser Zeit, welche wir auch die *Dunklen Jahrhunderte* nennen, blüht das Seeräuberwesen auf, und der Darstellung des THUKYDIDES zufolge konnte niemand sein Haus verlassen, ohne Waffen mitzunehmen.[3] In dieser Epoche, die, ihrer geringen Hinterlassenschaft wegen, von den Kulturhistorikern meist nicht sonderlich geschätzt wird, hat sich in Griechenland der Zwang zur Sparsamkeit geltend gemacht. Das betrifft in erster Linie den militärischen Bereich: Hatte man in mykenischer Zeit noch mit *Streitwagen* gekämpft, die dem gewappneten Krieger den anstrengenden Fußmarsch ersparen, so werden nun aus Kostengründen die Pferde abgeschafft, und damit wird zugleich der Wagenlenker überflüssig: Er kann nun Kämpfer werden.

Auch auf die für alle längeren Wege benötigten *Schiffe* hat dies seine Auswirkungen: Sie brauchen nun keine Gespanne mehr zu transportieren und

---
[3] Vgl. *Geschichte des Peloponnesischen Krieges* I, 5 und 6.

werden aus Frachtschiffen zu speziellen Kriegsschiffen fortentwickelt. In dem ältesten Typ, der sog. *Pentekontore*, agieren 50 Ruderer, die beiderseits in zwei Reihen übereinander angeordnet sind, wodurch die Wasserverdrängung verringert und die Beschleunigung erhöht wird. Diese Entwicklung führt später zu der *Triere* und ist letztlich der Anstoß für ARCHIMEDES Schrift über schwimmende Körper.

Um nun die Beschleunigung des Schiffes besser nutzen zu können, wird vorne ein Rammsporn angebracht, der dazu dient, feindliche Schiffe zu versenken und so der Besatzung den Kampf Mann gegen Mann zu ersparen. Da die Ruderer, wie gesagt, in zwei Reihen übereinander agieren, kann es leicht vorkommen, daß sie aus dem Takt geraten und so einander behindern. Deswegen wird auf dem Schiff ein Flötenspieler eingesetzt, der den Takt vorgibt. Dieser aber begleitet die Mannschaft auch zu Lande, wenn sie gegen den Feind vorrückt.

Dabei entwickelt sich das System der *Phalanx*, in der jeder Kämpfer sein Verhalten auf das Zusammenspiel der Gruppe ausrichtet: Da man rechts die Waffe handhabt und links den Schild trägt, muß in der Frontreihe jeder Kämpfer darauf bedacht sein, die rechte Seite seines linken Nachbarn mitzuschützen. Wenn der Vordermann ausfällt, muß der jeweilige Hintermann nachrücken. Ziel der gemeinschaftlichen Aktion aber ist es, den Gegner zum Weichen zu bringen, weil sich dabei in der Regel seine Ordnung auflöst und dies den Anfang vom Ende bedeutet. Um diese Ziel, wie man im Deutschen sagt, *mit Nachdruck* zu verfolgen, hat man eine besondere Technik entwickelt: Angefangen von der hintersten Reihe stemmt sich jeder Kämpfer mit aller Macht gegen seinen Vordermann, und das hat natürlich zur Folge, daß die Männer der Frontreihe weit über die eigenen Kräfte hinaus auf den Gegner Druck ausüben können.[4]

Soviel zur Kriegstechnik, auf deren weitere Details wir hier nicht eingehen können. Vermerkt sei lediglich, daß die Griechen selbst ihre Kriegstüchtigkeit auf die Kargheit des heimatlichen Bodens zurückgeführt haben. Eine solche Aussage findet sich bereits bei HOMER (Od. 9, 27), und HERODOT erklärt auf eben diese Weise den überraschenden Sieg der Hellenen über die zahlenmäßig weit überlegenen Perser (9, 122). Doch es liegt nahe, diese Erklärung auf weitere kulturelle Aktivitäten auszudehnen, so etwa auch auf den Bereich der Wissenschaft, zumal dies ganz dem Sinne von ERNST MACHS *Denkökonomie* entsprechen würde. Doch da wir von HAROLD

---

[4] Vgl. V.D. Hanson (Hrsg.), *Hoplites*, London und New York 1991.

DORNs *Geography of Science* ausgegangen sind, sollten wir zunächst einmal fragen, wie er den Zusammenhang sieht. Die Antwort auf diese Frage aber muß lauten: *völlig anders*. Er stellt fest, daß in den *hydraulic cultures* alle wissenschaftlichen Leistungen der Verbesserung des Systems dienen und von der Verwaltung entsprechend honoriert werden. Dergleichen Aktivitäten faßt DORN unter dem Begriff *applied science* zusammen, und diesem stellt er die *pure science* gegenüber; durch Vergleiche kommt er zu dem Urteil, daß in Griechenland die letztere entschieden dominiert. Diesen Tatbestand aber erklärt er vor allem durch die politische Zersplitterung des Landes, die eine staatliche Unterstützung wissenschaftlicher Aktivitäten unmöglich macht. Also muß die Initiative im privaten Bereich liegen.

Doch welches sind, wenn finanzielle Vorteile keine Rolle spielen, die treibenden Kräfte? DORNs Auffassung zufolge liegen sie im intellektuellen Vergnügen; die *pure science* ist für ihn *pastime of Homo ludens*.[5] Das paßt nun freilich nicht zu unseren obigen Ausführungen über die Kargheit des Bodens, die den Bewohner durch die Knappheit der Ressourcen abhärtet. Und doch sollten wir DORNs Deutung nicht ohne nähere Prüfung ablehnen, denn so viel ist klar: Im Gesamtrahmen der griechischen Kultur spielt das intellektuelle Vergnügen eine nicht unbeträchtliche Rolle, und was sind die vielen Tragödien und Komödien, die hier aufgeführt werden, anderes als eben *pastime of Homo ludens*? Haben wir in unserer vorausgehenden Betrachtung die Schattenseiten des Lebens in der ägäischen Welt womöglich allzu stark in der Vordergrund gerückt?

In der Tat, wir haben den Blick einseitig auf das bergige Land gerichtet und nicht auf das verbindende Meer. In den *hydraulic cultures* wird stets, das zeigt DORN, der zugehörige Fluß auch als Verkehrsweg genutzt. Entsprechendes gilt natürlich auch für die Ägäis, und sie bietet unvergleichlich reichere Möglichkeiten, verbindet sie doch die Heimat der Hellenen mit dem Schwarzen Meer, mit Vorderasien, Ägypten, Sizilien und den übrigen Anrainern des westlichen Mittelmeers. Diese Verbindungswege haben die Griechen regelmäßig für den Handel genutzt, und immer wieder haben sie Kolonien gegründet. Dazu wiederum mußten sie die fremden Länder und die Sitten ihrer Bewohner erforschen, und das hatte offenbar für ihr Selbstverständnis weitreichende Folgen.

Wer immerzu Unterschiede wahrnimmt, der wird angeregt zu vergleichen, zu bewerten und nach weiteren Möglichkeiten zu suchen. Auf diesem We-

---

[5] Vgl. *The Geography of Science*, S.73.

ge kommen wir dem intellektuellen Vergnügen des *homo ludens* offenbar näher. Heißt das also, daß wir bei unseren vorausgehenden Betrachtungen, die sich so harmonisch mit MACHs Begriff der *Denkökonomie* verknüpfen ließen, auf einem Irrweg waren, bzw. daß es sich hier gewissermaßen um eine vorübergehende Episode handelte, als die Verkehrswege noch nicht geöffnet waren? - Schwerlich. Der griechischen Kulturgeschichte liegen vielmehr zwei gegensätzliche und gleichermaßen wichtige Prinzipien zugrunde, und so müssen wir uns fragen, wie sie zu verknüpfen sind und inwiefern diese Verknüpfung die Entstehung des mathematischen Denkens beschleunigt. Daß MACHs *Denkökonomie* in diesem Sinne zu bewerten ist, dürfte einleuchten, aber Mathematik und *Homo ludens*? In dieser schwierigen Situation könnte uns ein Buch weiterhelfen, das nicht aus philologischen oder historischen Kreisen stammt, sondern von einem Hirnforscher und einem Mathematiker verfaßt wurde.

Die Verfasser sind JEAN-PIERRE CHANGEUX und ALAIN CONNES, und der Titel der deutschen Übersetzung lautet: *Gedankenmaterie* (Springer 1992). Hier geht es um die Frage, wie die mathematischen Objekte mit den Funktionen des Gehirns zu verknüpfen sind. Sind die ersteren gewissermaßen platonische Ideen, die unabhängig existieren, oder werden sie vom Gehirn produziert? - Das Buch ist nicht in Form eines Lehrbuchs geschrieben, sondern in der eines platonischen Dialoges, wodurch der Leser zu eigenem Nachdenken angeregt werden soll. Wir können hier auf Einzelheiten nicht eingehen, sondern skizzieren ganz kurz die zugrundeliegende Theorie: CHANGEUX nennt sie *mentalen Darwinismus*, und mit dieser Bezeichnung knüpft er an den *neuronalen Darwinismus* von GERALD EDELMAN an, eine Forschungsleistung, für die dieser 1972 den Nobelpreis für Medizin erhalten hat. Die Bezeichnung *Darwinismus* spielt hier auf die Grundlagen von DARWINs Evolutionstheorie an, die auf den Begriffen der *Mutation* und *Selektion* basiert. Doch hier gehört der Begriff der *Mutation* in den Bereich des Genetischen, während EDELMAN und entsprechend CHANGEUX epigenetische Vorgänge untersuchen. EDELMAN weist nach, daß der Mensch sein Gehirn nicht wie einen Computer genetisch zugeteilt bekommt, sondern daß wichtige Verbindungsstränge zwischen unterschiedlichen Gehirnarealen sich erst beim Gebrauch und somit in Abhängigkeit von der Umwelt entwickeln. Daher spricht er in seiner Theorie von *Variation* und *Selektion*.

Auf den gleichen Begriffen basiert auch die Theorie von CHANGEUX, der freilich nicht die Herausbildung neuer Nervenstränge untersucht, sondern

die Entstehung neuer Inhalte, bzw. - wie er sich ausdrückt - der *Gedankenmaterie*. Auch sie entwickelt sich auf der Basis von Variation und Selektion, wobei die Variation im wesentlichen mit dem zusammenfällt, was wir gemeinhin als *Assoziation* bezeichnen, während die Selektion weitgehend der *Abstraktion* entspricht.

Mit dieser Feststellung aber kehren wir offenbar wieder in den Rahmen unserer vorausgehenden Betrachtung zurück, sind doch die beiden Faktoren, deren Zusammenspiel hier als grundlegend für jegliche Intelligenzleistung herausgestellt wird, nahezu identisch mit jenen beiden Kräften, die wir als maßgeblich für die Entfaltung der griechischen Kultur erkannt haben: Die durch die Vielfalt der Verkehrswege bedingte Fülle der Information entspricht offenbar der Variation, und die Sparsamkeit aufgrund der Knappheit der Ressourcen ist der Selektion zuzuordnen. Dieser Befund aber fügt sich nicht nur rein äußerlich mit der Theorie von CHANGEUX zusammen, sondern er demonstriert eine Übereinstimmung, die den Kern der Sache betrifft. Normalerweise werden die kulturellen Leistungen der Griechen auf ihre Begabung zurückgeführt, d.h. ihre angeborenen Fähigkeiten. Das wäre die genetische Interpretation.

Unsere Deutung hingegen geht von den Umweltfaktoren aus, und insofern stimmt sie überein mit dem *mentalen Darwinismus*. Ein Unterschied ist allenfalls insofern vorhanden, als CHANGEUX das *Individuum* im Blick hat und wir die kulturelle *Gemeinschaft*. Aber dieser Unterschied deutet nicht auf einen Widerspruch hin, sondern vielmehr auf eine wechselseitige Ergänzung. Geht man bei der kulturgeschichtlichen Betrachtung von den allgemeinen Bedingungen zur individuellen Leistung über, so werden, das Verhältnis von *Variation* und *Selektion* betreffend, Unterschiede sichtbar, die mit dem Typus der intellektuellen Betätigung zusammenhängen. Ganz grob können wir sagen, daß für den *Dichter* die *Variation* im Vordergrund steht, für den *Philosophen* die *Selektion*.

Aber es gibt zwischen diesen beiden Bereichen geistigen Schaffens auch Wechselwirkungen. Wenn beispielsweise HERAKLIT sagt, daß der Krieg der Vater und König aller Dinge sei (fr. 53 D), dann ist das einerseits eine Aussage über ein allgemeines Prinzip, andererseits aber verweist der Umstand, daß dieses Prinzip personifiziert wird, auf den Zusammenhang mit der Poesie. HESIODS *Theogonie* enthält eine Fülle solcher Personifikationen, die hier in Genealogien angeordnet sind. Und wenn MARTIN WEST in seinem Kommentar bemerkt, daß diese personifizierten Abstrakta auf Platons

Ideen vorausweisen, so hat er bei allen Differenzen, die sich in den Details konstatieren lassen, prinzipiell recht.[6]

Damit aber wären wir, so merkwürdig das klingen mag, wieder zu unserem eigentlichen Thema, der *Vorgeschichte der Mathematik*, zurückgekehrt. Stand doch, der Überlieferung zufolge, vor dem Eingang zu PLATONs Akademie ein Schild, das jedem, der sich in der Geometrie nicht auskennt, den Eintritt verwehrte. Diese Vorliebe verbindet PLATON mit den Mathematikern, die Dialogform seiner Werke mit den Verfassern dramatischer Dichtung und seine Welt der Ideen mit den vergöttlichten Abstrakta der archaischen Poesie.

Keine dieser Verknüpfungen aber läßt sich als nebensächlich beiseite schieben. Die personifizierten Abstrakta etwa treten, wenn auch in deutlich geringerer Anzahl, bereits bei HOMER auf. Sie bilden die wiederkehrenden Elemente, auf die der Dichter stößt, wenn er von den unterschiedlichen Schicksalen und Taten seiner Helden berichtet. Dieses Gleichbleibende, das man kennen muß, wenn man die Unterschiede menschlichen Daseins erfassen will, das wird von den Dichtern als eine göttliche Kraft angesehen, und das heißt: als eine göttliche Person, die bald hier, bald dort in das Geschehen eingreift. PLATONs Ideen aber sind die unveränderlichen Maßstäbe, nach denen wir uns richten müssen, wenn wir unserem Leben eine menschenwürdige Form geben wollen. Der Unterschied zu den personifizierten Abstrakta der archaischen Zeit besteht im wesentlichen darin, daß diese in Situationen der Konkurrenz auftreten - etwa *Streit, Furcht, Flucht* - während die platonischen Ideen dem Kontext der Kooperation angehören wie Gerechtigkeit oder Wahrheitsliebe. In beiden Fällen aber handelt es sich um wiederkehrende Elemente, die eine Ordnung sichtbar werden lassen.

Von dieser Basis aus aber führt auch ein Weg zur axiomatischen Geometrie. Hier ordnen wir die Gegenstände, mit denen wir zu tun haben, so, daß nichts fehlt und nichts doppelt vorkommt, also: Punkte, Geraden, Ebenen usw. Dann kommen die elementaren Aussagen an die Reihe, also Axiome, und aus diesen ziehen wir schrittweise die entsprechenden Folgerungen, die wir übersichtlich anordnen, also so, daß keine Doppelungen auftreten. Dieses Vorgehen mit dem des homerischen Sängers in Verbindung zu bringen, mag auf den ersten Blick absurd erscheinen, aber wenn wir von *Variation* und *Selektion* ausgehen, die beide durch die geographischen Bedingungen

---

[6] Vgl. M.L. West, *Hesiod Theogony*, Oxford 1966, S. 33.

der Ägäis in unvergleichlich starke Wechselwirkungen treten, dann steht eben HOMER am einen Ende der Skala, EUKLID am andern, zwischen ihnen die Philosophen mit ihrem Vorläufer HESIOD.

Was diesen anlangt, so findet sich in seinem Werk ein besonders aufschlußreiches Beispiel für die Verknüpfung von *Variation* und *Selektion* und die immer stärkere Wirkung der letzteren: Wir meinen HESIODs Darstellung der *Eris*, der Göttin des Streits. In der *Theogonie* erscheint diese Göttin als eine Tochter der *Nacht*, und sie selbst bringt als Nachkommen hervor: *Mühe, Vergessen, Hunger, Schmerz, Kampf, Lügen, Gesetzlosigkeit, Verblendung* (v. 224ff.). Zu diesen Gottheiten gibt es auch eine Gegenwelt, die von Zeus und *Themis*, der Göttin der gesetzlichen Ordnung gezeugt wird. Doch in seinem späteren Lehrgedicht, welches *Werke und Tage* betitelt ist, korrigiert der Dichter seine Auffassung von der Göttin des Streits. Es gibt nicht nur *eine* Eris, sagt er gleich nach der Einleitung, sondern deren zwei: den *bösen Zwist* und den friedlichen *Wettstreit*, welcher lobenswert ist, weil er die Leistung steigert und damit die Erträge verbessert, während in der Theogonie zu den Nachkommen des *Streits* der *Hunger* gehörte. Kein Zweifel also, daß wir es hier mit einer begrifflichen Differenzierung zu tun haben, die wir ohne weiteres in das Schema von *Variation* und *Selektion* einordnen können. Der Dichter faßt die wiederkehrenden Elemente unserer Daseinsgestaltung, soweit sie verwandt erscheinen, in Gruppen zusammen, und dann merkt er, daß es da ein Element gibt, das gegensätzliche Aspekte aufweist und entsprechend zugeordnet werden muß. Das ist noch keine Mathematik, aber offenbar ein Schritt in die richtige Richtung.

Bei HOMER liegen die Verhältnisse anders, weil er nicht Lehrgedichte schreibt, sondern Sagen gestaltet. Gleichwohl weist auch sein Werk systematische Aspekte auf. Immer wieder nennt der Dichter als die grundlegenden Mittel kriegerischer Auseinandersetzung *List* und *Gewalt*. Die entscheidenden Repräsentanten dieser wiederkehrenden Elemente sind der starke Achill und der listenreiche Odysseus. Diese beiden Helden aber erscheinen als die zentralen Gestalten jener beiden Erzählungen, in welche der Dichter die trojanische Sage aufspaltet: Ilias und Odyssee. Dabei wird, was durchaus sinnvoll erscheint, das für die Sage und überhaupt für die griechische Kultur so wichtige Element der Seefahrt dem Listenreichen zugeordnet. Jedes dieser beiden Epen aber stellt in direkter Darstellung nur eine Episode von relativ wenigen Tagen dar, doch innerhalb dieser Episo-

den werden im Dialog der handelnden Personen Ausblicke gegeben, die das gesamte Geschehen der trojanischen Sage von der Abfahrt in Aulis über die Zerstörung Trojas bis zum Tod der Freier - also einen Zeitraum von 20 Jahren - sichtbar werden lassen. Kein Zweifel, daß diese systematische Nutzung des Dialogs die attische Tragödie vorbereitet und damit indirekt den platonischen Dialog.

Letztendlich aber führt dieser Weg zu den Analytiken des ARISTOTELES. Einer der wichtigsten Schritte auf diesem Wege aber ist die Philosophie des PARMENIDES, die auf dem Gegensatz von Sein und Nichtsein beruht und damit die höchste Stufe der Abstraktion erreicht. Auf dieser Basis wurde das für die griechische Mathematik so wichtige indirekte Beweisverfahren entwickelt, und so können wir ÁRPÁD SZABÓ nur zustimmen, wenn er bei der Behandlung der Inkommensurabilität feststellt: "Ohne die Philosophie des PARMENIDES und ZENON hätte man ein so kunstvoll aufgebautes System wie EUKLIDs *Elemente* überhaupt nie konstruieren können."[7] Auf die Details können wir hier nicht näher eingehen.

Hat man diese Zusammenhänge vor Augen, so kann es nicht verwundern, daß die Griechen alles, was sie von anderen Kulturen übernahmen, in ein System verwandelt haben. Das gilt gleichermaßen für die Verwandlung der ägyptischen und vorderasiatischen Meßkunst in eine axiomatische Geometrie, wie beispielsweise für die Umwandlung des phönizischen Alphabets in das griechische. In groben Zügen läßt sich dieser letztere Vorgang folgendermaßen wiedergeben:

Das phönizische Alphabet ist eine Konsonantenschrift, die sich aus der älteren semitischen Silbenschrift entwickelt hat, was eine enorme Reduzierung der Zahl der Zeichen zur Folge hatte. Da aber die Silben im Semitischen in der Regel mit einem Konsonanten beginnen, wird nur dieser vom System erfaßt und der Vokal findet keine Berücksichtigung. Das wiederum bedeutet, daß die Vokale beim Lesen ergänzt werden müssen, was zu Mißverständnissen führen kann.

Der Leser sollte also bezüglich des Gegenstandes, den der Text behandelt, bereits über gewisse Informationen verfügen, und eben aus diesem Grunde blieb in den älteren orientalischen Kulturen das Lesen und Schreiben einer Kaste von berufsmäßigen Schreibern vorbehalten. Die Griechen aber haben die Konsonantenschrift durch das System der Vokale ergänzt und somit das

---

[7] Vgl. Á. Szabó, *Anfänge der griechischen Mathematik*, München & Wien 1969, S. 291.

Schriftbild der Lautfolge angeglichen, was zur Folge hat, daß Mißverständnisse beim Lesen nur dort auftreten, wo sie auch beim Hören möglich sind. Entsprechend lernen nun die Söhne wohlhabender Bürger in der Pubertätszeit Lesen und Schreiben, was für die kulturelle Entwicklung weitreichende Folgen hat.

Doch auch die Einführung der Vokale in eine Konsonantenschrift hat ihre Parallelen im Bereich der Geometrie. In einem jüngst erschienenen Aufsatz *Kannten die Babylonier den Satz des Pythagoras?* behandelt PETER DAMEROW die Unterschiede des methodischen Vorgehens in der babylonischen Feldmessung und der griechischen Geometrie. Dabei zeigt sich, daß die Babylonier bei der Bestimmung der Größe einer Fläche immer nur die Seiten messen und beispielsweise bei der Berechnung eines ungleichseitigen Vierecks von den Mittelwerten gegenüberliegender Seiten ausgehen.[8] Die Griechen hingegen haben dafür den Begriff des Winkels eingeführt, der bei der Flächenbestimmung exakte Werte liefert. Entsprechend können wir uns heute eine Geometrie ohne Winkel ebenso schwer vorstellen wie ein Alphabet ohne Vokale.

Unsere Betrachtung hat damit ihr Ziel erreicht: Über das indisch-arabische Ziffernsystem haben BARROW und andere das Nötige gesagt. Es weist die gleiche Ökonomie auf, die wir auch in den verschiedenen Zweigen griechischer Kultur kennengelernt haben. Kein Wunder also, daß bei den Arabern wie bei den europäischen Völkern die Verbreitung indischer Ziffern und griechischer Wissenschaft sehr schnell zu einer rasanten Entwicklung des mathematischen Denkens und seiner Anwendungen geführt hat. Das ist die exakte Wissenschaft der Neuzeit.

Prof. Dr. Tilman Krischer, Straße zum Löwen 24, D-14109 Berlin

---

[8] Vgl. J. Høyrup mit P. Damerow (Hrsg.), *Changing views on near-eastern mathematics*, Berlin 2001, S. 219ff.

Anfänge der theoretischen Arithmetik bei den Griechen

Harald Boehme

I. Als Voraussetzung einer theoretischen Arithmetik gilt oft das praktische Rechnen, und da EUKLID die Arithmetik als Theorie der Proportionen behandelt, schloß man daraus auf eine zugrundeliegende Bruchrechnung.[1] Damit wurde aber nicht nur über den Unterschied von Proportionen und gebrochenen Zahlen hinweggesehen, sondern man übersah auch die tatsächliche Bruchrechnung der Griechen. Denn deren Logistik, soweit sie in älteren Texten überliefert ist, z.B. bei ARCHIMEDES, zeigt einen anderen Umgang mit Bruchteilen, als daß dies als Rechnen mit Brüchen interpretiert werden könnte. Hingegen bezeugen insbesondere die erhaltenen mathematischen Papyri, daß die griechische Bruchrechnung eher der ägyptischen entsprach, die leicht geringschätzig als "Stammbruchrechnen" abgetan wird. Diese ist aber keine Art primitiver Bruchrechnung, sondern bedeutet eine prinzipiell andere Logik im Umgang mit Brüchen:[2] Sei eine Größe A gegeben, dann lassen sich sowohl die Vielfachen einmal, zweimal, dreimal A, allgemein $qA = B$, $q = 1,2,3,...$, bilden, als auch die Teile halb, drittel B, allgemein $A = q'B$. Für gewöhnlich wird dafür der Stammbruch $q' = 1/q$ gesetzt, wobei unterstellt wird, daß es sich dabei um einen speziellen allgemeinen Bruch handelt; doch konkret bedeutet dies nur einen q-ten Teil (*meros*). Allgemein werden Brüche als Summe verschiedener solcher einfachen Teile ausgedrückt, und die Addition von Brüchen bedeutet einfach deren Summation. Was aber unsere Bruchrechnung ausmacht, die Vervielfältigung der Teile in der Form 'p mal ein q-tel', hat in dieser Auffassung die Bedeutung der Teilung, d.h. 'von p ein q-tel' (*ton p to q*'). An die Stelle von Brüchen traten für die Ägypter und Griechen Divisionsaufgaben, die mit Tafeln gelöst wurden. Dies erklärt auch, warum nur

---

[1] So [Gericke, S. 33]: "An die Stelle der Bruchrechnung tritt bei Euklid die Lehre von den Zahlverhältnissen."

[2] Hier beziehe ich mich auf [Fowler, Kap.7]. Sein Fazit ist: "That we have no evidence for any conception of common fractions p/q... in Greek mathematical texts before the time of Heron."

Anfänge der theoretischen Arithmetik bei den Griechen

verschiedene Teile summiert wurden, denn $q'+q'$ bedeutet 'von 2 ein q-tel', also wiederum eine zu lösende Aufgabe, z.B. ist $5'+5' = 3'+15'$. Eine Ausnahme bildet $3'+3'$, dies ergibt den Komplementärbruch $3''$, allein deswegen kann man diese Art der Bruchrechnung nicht auf Stammbrüche reduzieren.

Die praktische Logistik konnte also kaum als Vorbild der theoretischen Logistik dienen, womit seit PLATON die Proportionslehre bezeichnet wird.[3] Vielmehr verhielten sich Theorie und Praxis konträr zueinander, die Proportionslehre bedeutet eine Negation der Bruchrechnung, als eine Position, welche Brüche überhaupt vermeidet. Diese Position ergibt sich, wenn der Zahl ein eindeutiges Seiendes zukommt, dann kann die Einheit nicht mehr geteilt werden, weil sie dann eine beliebige Vielheit wäre. Dieses Paradigma wird von PLATON ausgesprochen:

"Denn du weißt ja, wie es die geschulten Mathematiker machen: wenn einer versucht die Eins (*hen*, vgl. Philolaos B7) in Gedanken zu teilen, so lachen sie ihn aus und weisen ihn ab, und wenn du sie zerstückelst, so antworten sie mit Vervielfältigung derselben, immer darauf bedacht zu verhüten, daß die Eins sich jemals auch als etwas zeigen könnte, das nicht Eines, sondern eine Vielheit von Teilen wäre."[4]

Nach ARISTOTELES waren die Pythagoreer derartige Mathematiker, denn sie nahmen an, "die Elemente der Zahlen seien die Elemente alles Seienden", und weiter "die Zahlen seien die Dinge selbst", also das Mathematische identisch mit dem Sinnlichen;[5] d.h. zur Erkenntnis der Dinge sind jene als Zahlen begreifen. Wie sich die Pythagoreer die Zahlen vorstellten entsprach ihrer Darstellung auf dem Rechenbrett, wo Anzahlen von Rechensteinen (*psephoi*) für sie gelegt wurden; so wird bei NIKOMACHOS und THEON die Zahl als eine Zusammenstellung von Einheiten (*systema monadon*) aufgefaßt.[6] Die Lehre von den figurierten Zahlen beruht darauf, zunächst als Anschauung der Zahlen, aber auch als eine erste induktive Theorie der Zahlen. Als Quelle dazu haben wir allerdings nur die Darstellungen der Neupythagoreer, insofern diese aber mit der Überlieferung des PLATON und ARISTOTELES übereinstimmen, können wir sie auch als die Theorie der

---
[3] Zum Verhältnis von Logistik und Arithmetik bei Platon vgl. [Klein, § 3].
[4] [Platon *Rep.* 525d].
[5] [Aristoteles *Met.* 986a 1, 987b 28]. Aristoteles gibt in *Met.* I eine Darstellung der Philosophie der Pythagoreer, die insofern authentisch ist, als sie mit den älteren Quellen übereinstimmt, vgl. [Burkert, Weisheit, Kap. I].
[6] [Nicomachos *Arith.* I.7], [Theon *Exp.* I.3].

alten Pythagoreer lesen. Des Weiteren stehen uns die arithmet. Bücher des EUKLID zur Verfügung, welche die wissenschaftliche, deduktive Theorie im Gegensatz zur pythagoreischen, induktiven Arithmetik darstellen.

Für die Grundbegriffe Zahl und Proportion soll im Folgenden gezeigt werden, daß die euklidischen Definitionen als Verallgemeinerung der pythagoreischen Vorstellungen verstanden werden können. Weiter möchte ich zeigen, daß die ersten arithmetischen Theoreme bereits bei einem Pythagoreer zu finden sind, nämlich in der Musiklehre des ARCHYTAS.

II. Zunächst geht es um den Begriff der Zahl, den wir nicht in der einen oder anderen Fassung zitieren, sondern nach seinem mathematischen Inhalt rekonstruieren wollen, wobei wir zwar eine modernisierte Darstellung der zugrundeliegenden Begriffe anstreben, aber keine fälschliche Modernisierung. Die Grundlagen finden wir in den Definitionen des EUKLID:

Def. 1: *Einheit (monas) ist das, wonach jedes Ding eines genannt wird.*[7]
Dies ist die ontologische Bedeutung der Eins, eine Erklärung liefert THEON: "Die Monade ist das Prinzip der Zahlen, Eins *(hen)* des Gezählten."[8]
Def. 2: *Zahl (arithmos) ist die aus Einheiten zusammengesetzte Menge.*
Bezeichnen wir die Einheit mit *1*, dann ist eine Zahl A gegeben durch $A = 1+1$, oder $A = 1+1+1$, usw., also eine Vielfachheit von Einheiten, welche von EUKLID jedoch nicht benannt wird. Der Grund dafür wird jedoch klar, wenn wir die Erklärung THEONs beachten: Danach bezeichnen die Vielfachheiten das Resultat des Zählens, also eine konkret-sinnliche Eigenschaft der Dinge, wie eins, zwei, drei usw., während die Zahl die verständige Abstraktion davon bedeutet, die Einheit, die Zwei, Drei usw., und nur von diesen abstrakten Zahlen handelt die Arithmetik.[9] Wenn wir also die Vielfachheiten mit natürlichen Zahlen bezeichnen, ergibt sich für die euklidischen Zahlen die Darstellung ein *1* bzw. $1\cdot 1 = 1$ als *monas*, $2\cdot 1 = 1+1$, $3\cdot 1 = 1+1+1$, allgemein $p\cdot 1 = 1+.....+1$ *p*-mal, $p = 2,3,...$, als *arithmoi*. Die von EUKLID in den Definitionen ausgesprochene Differenz von *monas* und *arithmos* erweist sich jedoch nur als ein quantitativer Unterschied, wobei die weiteren Ausführungen EUKLIDs beide auch als eine Qualität auffassen, die dann den Begriff der Zahl ausmacht, so wie wir ihn hier verwenden wollen.- Die Zahleinheit entspricht der Maßeinheit, diese kann auch eine

---

[7] Die Numerierung der Definitionen und Sätze ist identisch mit der von *Euclidis Elementa*, Lib. VII; die Übersetzung entstammt jeweils der Ausgabe von Thaer.
[8] [Theon *Exp.* I.4], vgl. [Vitrac, Vol. 2, Notice sur les livres arithmétiques].
[9] Vgl. [Aristoteles *Anal. post.* II.19].

Anfänge der theoretischen Arithmetik bei den Griechen

Zahl sein, daraus ergibt sich die folgende Definition des Messens, die bei EUKLID aber unausgesprochen bleibt.

Def.: *Seien A, B Zahlen, A mißt B* $\Leftrightarrow \exists q\colon qA = B$.[10]

In der modernen Begrifflichkeit bedeutet dies, daß A ein Teiler von B ist, EUKLID hingegen begreift das Messen nicht als Multiplikation zweier Zahlen, sondern als fortgesetzte Addition einer Zahl.[11] Dementsprechend wie sich eine Zahl (außer der Eins) messen läßt, ergibt sich die folgende Einteilung:

Def. 12: *Eine Primzahl (protos arithmos) läßt sich nur durch die Einheit messen.*[12] Vorausgesetzt ist hier, daß jede Zahl sich selbst mißt, so daß eine Primzahl von keiner anderen Zahl gemessen wird.

Def. 14: *Eine zusammengesetzte Zahl (synthetos arithmos) läßt sich durch eine Zahl messen.* Es ist klar, daß die messende Zahl nicht die Einheit sein kann, THEON präzisiert noch, daß sie kleiner als die zu messende sein muß.

NIKOMACHOS gibt den Hinweis darauf, welche konkrete Anschauung dieser Einteilung zugrunde liegt; demnach wird eine Zahl "erste" genannt, weil sie am Anfang der anderen Zahlen steht (I.11). NIKOMACHOS stellt noch eine Multiplikationstafel[13] auf und untersucht deren Eigenschaften; Primzahlen erscheinen darin nur in der ersten Zeile und Spalte, alle anderen Zahlen sind zusammengesetzt.

1	2	3	4	5	6	7	8	9	10
2	4	6	8	10	12	14	16	18	20
3	6	9	12	15	18	21	24	27	30
4	8	12	16	20	24	28	32	36	40
5	10	15	20	25	30	35	40	45	50

---

[10] Hier und im Folgenden soll gelten: Variable $A,B,...,P,Q$ bezeichnen Zahlen im Sinne Euklids; Variable $m,n,...,p,q$ bezeichnen Vielfache bzw. natürliche Zahlen 1,2,3, usw..

[11] [Taisbak, S.18] schreibt dafür $b = a_1+...+a_n$, $(a_i = a)$, dies unterscheidet sich jedoch kaum von der traditionellen Interpretation: "$a \mu b$ means, that there exists some number n such that b is n times a (which I write as $b = n \times a$)." (S. 31)

[12] Bei Nikomachos sind die Primzahlen eine Spezies der ungeraden Zahlen [Nikomachos I.11], hingegen nennt Aristoteles 2 als die einzige gerade Zahl, die eine Primzahl ist, [Aristoteles *Top.* 157a 39].

[13] Bei Nikomachos reicht die Tafel bis 10×10, deren Kenntnis wird von Aristoteles hervorgehoben: "To have a ready knowledge of the multiplication table up to ten times (*kephalismos*, Alex. v. A.) helps much to the recognition of other numbers which are the result of the multiplication." *Top.* 163b 25, nach [Fowler, S. 239].

Def.: *Seien A, B Zahlen, eine Zahl C ist gemeinsames Maß von A und B* ⇔ *C mißt A und B.* Formal aufgeschrieben $\exists\ p, q$: $pC = A \wedge qC = B$, insbesondere ist die Einheit immer ein gemeinsames Maß von A und B.

Def. 13: *Gegeneinander prim (protoi) sind Zahlen, die sich nur durch die Einheit als gemeinsames Maß messen lassen.* So sind Zahlen insbesondere dann gegeneinander prim, wenn eine davon die Einheit ist.

Def. 15: *Gegeneinander zusammengesetzt (synthetoi) sind Zahlen, die sich durch eine Zahl als gemeinsames Maß messen lassen.* Auch hier ist klar, daß die messende Zahl nicht die Einheit ist; eine Erklärung dieser Einteilung ergibt sich gleichfalls aus der Multiplikationstafel: Betrachten wir zwei beliebige Spalten und die Zahlpaare in jeweils einer Zeile darin, dann können diese Zahlpaare nur dann gegeneinander "erste" sein, wenn sie in der ersten Zeile stehen, alle anderen Paare sind gegeneinander zusammengesetzt.

NIKOMACHOS beschreibt eine Methode (*ephoros*), um für zwei Zahlen zu entscheiden, ob sie gegeneinander prim sind oder welches ihr gemeinsames Maß ist (I.13). Diese Wechselwegnahme (*antaphairesis*) oder so genannte euklidische Algorithmus war bereits ARISTOTELES bekannt,[14] sie dürfte von Mathematikern entwickelt worden sein, um außer der begrifflichen auch eine effektive Unterscheidung treffen zu können. Dazu mußten die Zahlen nur in der Multiplikationstafel betrachtet werden: Seien A, B gegeben, $A > B$ und C ein gemeinsames Maß, da die gegebenen Zahlen Vielfache von C sind, liegen beide in der mit C beginnenden Zeile, gemäß dem Schema $C\ldots\ldots B\ldots A$. Wird nun B von A abgezogen erhalten wir die Differenz $A-B$, welche gleichfalls in dieser Zeile liegt. 1.Fall: B mißt A, dann ist B das größte gemeinsame Maß von A und B. 2.Fall: B mißt nicht A, dann läßt sich B so oft von A abziehen, bis der Rest kleiner als B ist, d.h. $\exists\ p_1$: $A - p_1 B = B_1 \wedge B > B_1$. Mit B, B_1 wird das Verfahren fortgesetzt, dann entsteht in derselben Zeile die absteigende Folge $A > B > B_1 > \ldots\ldots > B_n \geq C$, mit $B = B_0$ und $B_{i-2} - p_i B_{i-1} = B_i$, $i = 2, \ldots, n$. Sei B_n die Einheit, dann ist auch C die Einheit, und da C ein beliebiges gemeinsames Maß war, sind A und B gegeneinander prim. Andernfalls muß nach endlich vielen Schritten der erste Fall eintreten, dann ist B_n gemeinsames Maß von $B_{n-1}, \ldots\ldots, B_1, B, A$; und da C mißt B_n ist B_n auch das größte gemeinsame Maß von A und B.

---

[14] [Aristoteles *Top.* 158b 31], dabei geht es evtl. um eine unendliche Wechselwegnahme; zur Diskussion dieser Stelle vgl. [Fowler].

Anfänge der theoretischen Arithmetik bei den Griechen

III. Da für die Pythagoreer die Dinge Zahlen waren, wurden die Verhältnisse der Dinge durch ihre Zahlverhältnisse bestimmt; ein derartiges Verhältnis, *logos* genannt, war für sie eine vernünftige Beziehung, auch in der Gesellschaft: "Aufruhr dämpfts, Harmonie erhöhts, wenn ein richtiger *logos* gefunden wurde."[15] Es geht also nicht um Gleichverteilung, sondern um eine Wohlordnung, wie sie in der Seinsordnung vorgegeben ist, und dort vor allen Dingen in den Verhältnissen der musikalischen Harmonie. Die den Pythagoreern zugesprochenen musikalischen Experimente sind allerdings Fiktion, der *kanon* (Monochord) kam frühestens in der Zeit des EUKLID auf,[16] jedoch werden die elementaren Harmonien bereits durch die sichtbaren Zahlverhältnisse demonstriert, z.B. in der "Tetraktys".[17]

```
     /
    / /
   / / /
  / / / /
```

Dies ist eine Zerlegung der "vollkommenen" 10 = 1+2+3+4, woraus sich für die Teile die Verhältnisse 2 zu 1 (*diploon*), 3 zu 2 (*hemiolion*) und 4 zu 3 (*epitriton*) ergeben. Die Bezeichnungen dieser *logoi* stammen aus der praktischen Bruchrechnung,[18] z.B. für Zinsen bedeutet *epitriton* "dazu ein Drittel", also praktisch 1 3′. Als die elementaren Zahlverhältnisse überhaupt, wurden sie zunächst rein hypothetisch als Grund für die musikalische Harmonien angenommen. Indem PHILOLAOS für die Oktave 2, Quinte 1 2′ und Quarte 1 3′ setzt,[19] stellt er damit ein arithmetisches Modell der Musik auf, insofern die Zusammensetzungen der Verhältnisse auch mit denen der Harmonien übereinstimmen: Quarte und Quinte ergibt die Oktave, entsprechend ist 1 3′ mal 1 2′ = 1 2′3′6′ = 2. Weiter liegt zwischen Quarte und Quinte ein Ton, daraus ergibt sich für den Ton das Verhältnis 9 zu 8 bzw. 1 8′ (*epogdoon*), so daß sich die Oktave *C-F-G-C′* insgesamt in den Zahlen 6-8-9-12 realisieren läßt. Wird weiter für die Quarte die diatonische Unterteilung in zwei Töne und einen Halbton angenommen, dann ergibt sich für den Halbton 256 zu 243[20] und die Quarte *C-D-E-F* kann in den Zahlen 192-216-243-256 realisiert werden.

---

[15] [Archytas, DK 47B 3].
[16] Vgl. [Burkert 1962 Kap. V.1].
[17] Dem entspricht [Philolaos, DK 44B11]: "Man muß die Werke und das Wesen der Zahl nach der Kraft *sehen* (*theorein*), die in der Zehnzahl liegt". Als Fragment ist dies wohl unecht, vgl. [Burkert 1962, S. 275]; doch auch als Pseudoschrift offenbart sich darin das Wesen des Pythagoräismus.
[18] Vgl. [Burkert 1962, S. 439].
[19] [Philolaos, DK 44B6].
[20] Platon nennt diese Zahlen in [Platon, Tim. 36b].

Mit dem Halbton können Harmonien allerdings nicht mehr in Bruchteilen der Eins dargestellt werden, sondern diese sind allgemein durch das Verhältnis von zwei Zahlen gegeben. Betrachten wir die Multiplikationstafel dann haben für zwei Spalten alle Zahlpaare, die in jeweils einer Zeile liegen, dasselbe Verhältnis. Ausgezeichnet ist aber das erste Paar, sind die Zahlen darin gegeneinander prim, wird es die "Wurzel" (*pythmen*) genannt, als die kleinsten Zahlen im selben Verhältnis.[21] NIKOMACHOS stellt noch fest, daß sich bei überteiligen Verhältnissen die Wurzel nur um die Einheit unterscheidet, und die kleinere Zahl davon den Namen angibt, z.B. 4 zu 3 ist *epitriton* (I.19). Gemäß der Darstellung der Verhältnisse (*logoi*) als Zahlpaare ist nunmehr ihre Proportion (*analogia*) genau dann gegeben, wenn sie in der Multiplikationstafel im selben Paar von Spalten liegen. Entsprechend beschreiben NIKOMACHOS (II.21) und THEON (II.21) die Proportion als Schema (*schesis*), also als eine Figur von Zahlen.[22] Damit ist zwar eine Anschauung der Proportion, aber keine Definition gegeben, eine solche findet sich jedoch bei EUKLID unter folgenden Voraussetzungen:

Seien A, B Zahlen,
Def. 3: *A ist Teil (meros) von B $\Leftrightarrow$ A<B und A mißt B.*
Def. 4: *A ist Teile (mere) von B $\Leftrightarrow$ A<B und A mißt nicht B.*
Def. 5: *A ist Vielfaches von B $\Leftrightarrow$ A>B und B mißt A.*

Zunächst wird in 3. und 5. die zueinander inverse Beziehung ausgedrückt, denn A ist Teil von $B \Leftrightarrow B$ ist Vielfaches von A. Hingegen sind 3. und 4. konträr zueinander; für $A<B$ ist entweder A Teil oder Teile von B. Andererseits haben A und B immer ein gemeinsames Maß, formal ergibt sich also für 3. $A<B \land \exists q: qA = B$, und für 4. $A<B \land \exists p,q \, \exists C: pC = A \land qC = B$. Daß der letzte Ausdruck für Teile nur notwendig ist, zeigt das Beispiel $A = 2I$ und $B = 4I$, der Ausdruck ist zwar erfüllt, aber dennoch ist A Teil von B.[23]

Verhältnisse sind Relationen, die mathematisch als Paare dargestellt werden; die entscheidende Frage ist nun, wann zwei Paare dasselbe Verhältnis ausdrücken, d.h. wann sie proportional sind.

---

[21] [Theon *Exp.* II.29]; bei Platon heißt es epitritos pythmen, [Platon, *Rep.* 546c].

[22] Dem entspricht die Erklärung von Burkert: "Proportionale Größen stehen 'in *logos*-Kolonne', in der durch eine Rechnung (*logos*) gebildeten Reihe." [Burkert 1971, Sp. 104].

[23] Mueller [Mueller, *Eucl. Elements*, S. 62] scheint dies zu übersehen, wenn er definiert: $m\text{-PART}(k,l) \Leftrightarrow k<l \land mk = l$; $m\text{-}n\text{-PARTS}(k,l) \Leftrightarrow k<l \land \exists j: mj = k \land nj = l$.

Anfänge der theoretischen Arithmetik bei den Griechen 47

Def. 21: *Seien A, B, C, D Zahlen, die Paare (A,B) und (C,D) sind proportional, geschrieben (A,B) ~ (C,D) ⇔ A ist von B derselbe Teil oder dieselben Teile wie C von D.*

EUKLID fügt hinzu, daß A von B das gleiche Vielfache ist wie C von D, dies entspricht jedoch umgekehrt den gleichen Teilen. So ist die Proportion zunächst nur für Paare mit $A<B$ und $C<D$ definiert, bei umgekehrter Größenbeziehung ist lediglich die Reihenfolge in den Paaren zu vertauschen. Formal gilt $(A,B) \sim (C,D) \Leftrightarrow A<B \wedge C<D \wedge ((\exists q: qA = B \wedge qC = D) \vee (\exists p,q \, \exists F,G: pF = A \wedge qF = B \wedge pG = C \wedge qG = D))$.[24]

```
2  3
       An der Multiplikationstafel läßt sich die Def. der Proporti-
       wie folgt darstellen, z.B. (6,9) ~ (8,12): Nach Nikomachos
3  6  9    sind (6,9) und (8,12) Vielfache derselben Wurzel (2,3), da
4  8 12    die Zahlen jeweils in denselben Spalten liegen.
```
Gehen wir zu Zeilen über, sind (6,8) und (9,12) Vielfache derselben Wurzel (3,4). Dies besagt aber die Definition des EUKLID: 6,9 sind dieselben Vielfache von 3 wie 8,12 von 4.

Aus der Definition der Proportion ergeben sich die folgenden Regeln:
1) $(A,B) \sim (C,D) \Leftrightarrow (A,B) \sim (A+C,B+D)$, daraus folgt $(A,B) \sim (pA,pB)$.
2) $(A,B) \sim (C,D) \Leftrightarrow (A,C) \sim (B,D)$.

EUKLID definiert auch die Multiplikation:

Def. 16: *Seien A, B Zahlen, A vervielfältigt B, wenn B so oft zusammengesetzt wird, wie A Einheiten enthält, so entsteht (genetai) das Produkt AB.*

Sei $A = pI$, wobei I die Einheit, dann ist $AB = pB$. Diese Multiplikation ist kommutativ, denn mit $B = qI$ folgt $AB = p(qI) = q(pI) = BA$. Für die Einheit gilt $IB = B$, ferner ist nunmehr definiert $A^2 = AA$, $A^3 = AAA$ usw.. Daraus folgen die weiteren Regeln

3) $(A,B) \sim (AC,BC)$,   4) $(A,B) \sim (C,D) \Leftrightarrow AD = BC$.

Mit 4) wird die Proportion auf die Multiplikation zurückgeführt. Das Produkt einer Multiplikation wird von EUKLID "eben" genannt und die Fakto-

---

[24] Diese Darstellung zeigt den Inhalt der Definition, hingegen wäre die übliche Schreibweise $A:B = C:D$ ein Mißverständnis, denn Euklid bezeichnet Verhältnisse niemals als gleich, dazu müßte er nämlich zu Äquivalenzklassen übergehen, also zu einer Abstraktion, die jenseits seiner Intention liegt. Irreführend ist auch die Erklärung: "$a:b = c:d$ si $a = {}^m/_n b$, $c = {}^m/_n d$." [Zeuthen, S. 409] Dagegen hat schon Taisbak protestiert: " It is absurd to suppose that Euclid is thinking of fractions in a mathematical treatise what is so obviously a theory of integers." [Taisbak, S. 31]

ren nennt er ihre "Seiten". Diese Sprechweise erinnert daran, daß die Zahlen als Seiten eines Rechtecks dargestellt werden können, so daß das Produkt der Flächeninhalt ist; Proportionalität bedeutet dann die Ähnlichkeit der Rechtecke, womit die Regeln 1) - 4) eine anschauliche, geometrische Bedeutung haben. Entsprechend der geometrischen Darstellung definiert EUKLID die Quadratzahl als eine, die von zwei gleichen Zahlen "umfaßt" wird; ebenso eine Kubikzahl. Sowohl geometrisch als auch arithmetisch läßt sich zeigen:

Satz VIII.11: *Zwischen 2 Quadratzahlen gibt es eine mittlere Proportionalzahl; und die Quadratzahlen stehen zweimal im Verhältnis der Seiten.*[25]
Beweis. Gegeben seien A, B, dann ist $(A,B) \sim (A^2,AB) \sim (AB,B^2)$, also ist AB eine mittlere Proportionale der Quadrate. Daraus folgt $(A^2,B^2) \sim (A,B)^2$ nach

Def. V.9: *Seien A, B, C drei proportionale Größen, dann ist (A,C) das zwei-fache Verhältnis von (A,B).* D.h. unter der Voraussetzung $(A,B) \sim (B,C)$ gilt $(A,C) \sim (A,B)^2$.

IV. Eine über die unmittelbare Anschauung hinausgehende theoretische Arithmetik entstand wahrscheinlich im Zusammenhang mit der Musiktheorie. Waren zunächst die Zahlverhältnisse der Harmonien lediglich gesetzt, so daß sie ein Modell der Musik bildeten, so sollten diese Verhältnisse nunmehr wissenschaftlich, d.h. als notwendig erkannt werden. PLATON formuliert diesen Anspruch als Kritik an den Empirikern: "Sie suchen nämlich die diesen vom Ohre aufgenommenen Harmonien (*symphoniais*) zugrunde liegenden Zahlen, stellen sich aber keine weitere Aufgabe, um zu erforschen, welche Zahlen harmonisch sind und welche nicht und weshalb beides."[26] Wenn PLATON hier nach Gründen für die Harmonien fragt, so muß er annehmen, daß solche auch gefunden werden können, es muß also neben der empirischen auch eine deduktive Musiktheorie gegeben haben. Explizit überliefert ist eine solche Theorie in den Sectio canonis des EUKLID,[27] deren Ursprünge aber auf die pythagoreische Schule zurückgeführt werden können. Darin werden die Harmonien aus folgenden Prämissen abgeleitet:

i) Die Beziehungen von Tönen werden durch Zahlverhältnisse ausgedrückt.

---

[25] Vgl. [Platon, *Tim.* 32b].
[26] [Platon, *Rep.* 531c].
[27] In: [Barbera]. Zur Verfasserfrage siehe dort.

Anfänge der theoretischen Arithmetik bei den Griechen

ii) Konsonante Töne haben ein vielfaches oder ein überteiliges Verhältnis.
iii) Töne im vielfachen Verhältnis sind konsonant.

EUKLID stellt dann drei arithmetische Theoreme auf, auf deren Grundlage die harmonischen Intervalle bestimmt werden.

α) *Wird ein vielfaches Intervall (diastema) zweimal zusammengesetzt, entsteht wieder ein vielfaches.* Der Beweis ist trivial, seien A, B, C Zahlen mit $qA = B$ und $(A,B) \sim (B,C)$, dann ist $qB = C$ und schließlich $q^2A = C$, also ist (A,C) vielfach. Davon gilt aber auch die Umkehrung, das ist der Inhalt von

β) *Wenn ein Zahlverhältnis mit sich selbst zusammengesetzt ein vielfaches Verhältnis ergibt, dann ist es selbst vielfach.* Dies besagt für Zahlen A, B, wenn $(A,B)^2$ vielfach ist, dann ist auch (A,B) vielfach; oder äquivalent:

β') *Wenn eine Quadratzahl eine Quadratzahl mißt, dann muß auch die Seite die Seite messen.* (VIII.14)

γ) *In einem überteiligen Intervall gibt es keine eine oder mehrere mittlere proportionale Zahlen, die darin liegen.* Zur Ableitung der Harmonien genügt eine mittlere Proportionale, und in der Form wird das Theorem von BOETHIUS dem ARCHYTAS zugeschrieben.[28]

Aus diesen Prämissen ergeben sich wie folgt die harmonischen Intervalle: Sei das doppelte Intervall einer Oktave harmonisch, da dieses aber eine mittlere Proportionale hat, ist es nicht überteilig γ) sondern vielfach, also ist die Oktave selbst vielfach β). Das doppelte von Quinte und Quarte sei jeweils nicht harmonisch, dann sind Quinte und Quarte keine vielfachen Intervalle α) sondern überteilige. Zusammengesetzt sei Quinte und Quarte die Oktave, setzen wir dafür die größten überteiligen Intervalle ein, ergibt sich das zusammengesetzte Verhältnis $(4,3) \cdot (3,2) \sim (2,1)$; diese Intervalle sind dann die einzige Lösung.

EUKLID beruft sich in seinen Beweisen von β) und γ) auf Elemente VIII.7,8, also die Theorie der zusammenhängenden Proportionen (geometrischen Reihen), als Verallgemeinerung der elementaren Arithmetik. Wollen wir jedoch die Anfänge der Theorie studieren, müssen wir als einzige erhaltene Quelle auf ARCHYTAS Beweis von γ) zurückgreifen:

"Seien A, B Zahlen im überteiligen Verhältnis, ich nehme die kleinsten Zahlen C, $C+D$ im selben Verhältnis. Da diese gleichfalls im

---

[28] [Boethius. III.11].

überteiligen Verhältnis sind, ist D ein Teil von C. Ich sage, daß D keine Zahl, sondern die Einheit ist. Sei D eine andere Zahl, dann mißt D die Zahlen C und $C+D$, was unmöglich ist, denn die kleinsten Zahlen im selben Verhältnis sind gegeneinander prim (und haben als Differenz nur die Einheit). D ist also die Einheit, zwischen C und $C+D$ gibt es dann keine mittlere Zahl. Also kann auch keine mittlere Proportionale zwischen A und B gefunden werden." [29]

BOETHIUS bezeichnet den Beweis von ARCHYTAS als unhaltbar (nimium fluxa est), wobei er den Satz in Klammern kritisiert. Dieser ist zwar nicht richtig wenn die Zahlen lediglich gegeneinander prim sind, sondern nur wenn sie zugleich im überteiligen Verhältnis sind, so daß der Satz die nächste Folgerung vorwegnimmt. BOETHIUS beurteilt den Text aber nach dem Paradigma der Elemente, wonach Sätze nur als Folge der Voraussetzungen korrekt sind, dagegen ist zu bedenken, daß die anfänglichen Schritte in Richtung einer deduktiven Theorie noch nicht deren vollendete Form haben können. Entscheidend für uns ist jedoch der Schluß, womit die Behauptung γ) auf das folgende Theorem zurückgeführt wird.

γ) *Wenn es keine mittlere proportionale Zahl zwischen den kleinsten Zahlen im selben Verhältnis gibt, dann gibt es auch keine zwischen den gegebenen Zahlen.*

Wesentlich ist für uns noch, mit welchen Begriffen ARCHYTAS gearbeitet hat, und welche Beziehungen ihm bekannt waren. So verwendet er die "kleinsten Zahlen im selben Verhältnis", doch wie ist deren Existenz gegeben? Allgemein folgt sie aus dem Prinzip der kleinsten Zahlen, doch wie sind für gegebene Zahlen die kleinsten im selben Verhältnis zu finden? Denn durch die bloße Existenz "weiß man das Ding nicht, sofern es dieses Ding ist."[30] Mit diesen Worten kritisiert ARISTOTELES die Kreisquadratur des BRYSON, die das Problem offen läßt, wie denn das dem Kreis gleiche Quadrat zu erzeugen ist. Ein ähnliches Problem, die Konstruktion der Würfelverdopplung, hat ARCHYTAS gelöst, gemäß dieser Einstellung ist anzunehmen, daß er auch die kleinsten Zahlen im selben Verhältnis zu konstruieren wußte. Dies bedeutet die Lösung von:

Problem 33: *Zu zwei gegebenen Zahlen die kleinsten zu finden, die dasselbe Verhältnis haben wie sie.*

---

[29] [Archytas, DK 47A19]. Der Text wurde schon oft vorgestellt, erwähnt sei nur [Tannery, Mém. Scient. III]; [Heath I]; [Burkert 1962, Kap. VI.2].

[30] [Aristoteles, *Anal. post.* 76a].

Anfänge der theoretischen Arithmetik bei den Griechen 51

Seien A, B gegebene Zahlen, entweder sind sie gegeneinander prim oder zusammengesetzt. Falls prim, ist zu zeigen, daß es die kleinsten sind. Falls zusammengesetzt, nehme man das größte gemeinsame Maß D (wozu der euklidische Algorithmus erforderlich ist), so daß $\exists\ p,q: A = pD \wedge B = qD$. Sei I die Einheit, $P = pI$ und $Q = qI$, dann ist $A = PD$ und $B = QD$, so daß gilt $(A,B) \sim (P,Q)$. Diese Überlegung entspricht dem folgenden Schema:

I	P	Q
D	A	B

Da D das größte gemeinsame Maß von A,B ist, sind P, Q gegeneinander prim; sind P, Q dann die kleinsten Zahlen im selben Verhältnis? Dies scheint anschaulich gegeben, aber dennoch gibt EUKLID einen Beweis. Indem aber die Induktion durch eine Deduktion ersetzt wird, erlangt die Theorie den Charakter der Notwendigkeit und wird so zur Wissenschaft.

Satz 20. *Die kleinsten Zahlen, die dasselbe Verhältnis haben, messen Zahlen im selben Verhältnis gleich oft.*

Beweis. Seien Zahlen A, B gegeben, seien C, D kleiner und die kleinsten Zahlen im selben Verhältnis. Es soll gezeigt werden, daß C Teil von A ist, sei im Gegensatz dazu C Teile von A. Aus $(A,B) \sim (C,D)$ folgt $(C,A) \sim (D,B)$, also gilt

$C < A \wedge D < B \wedge \exists\ p,q\ \exists\ F,G: pF = C \wedge qF = A \wedge pG = D \wedge qG = B$.

Daraus folgt $(F,G) \sim (C,D)$, aber da C kein Teil von A ist, folgt $F<C$ und $G<D$. Dies ist unmöglich, denn C, D sind nach Voraussetzung die kleinsten Zahlen, also ist C Teil von A, und es folgt $\exists\ q: qC = A \wedge qD = B$.

Satz 21. *Zahlen die gegeneinander prim sind, sind die kleinsten Zahlen im selben Verhältnis.*

Beweis. Seien A, B gegeneinander prime Zahlen, seien C, D kleiner und die kleinsten Zahlen im selben Verhältnis.[31] Es folgt $\exists q: qC = A \wedge qD = B$; sei $E = qI$, I die Einheit, und $C = mI$, dann ist $A = q(mI) = m(qI) = mE$. Ebenso sei $D = nI$, dann ist $B = nE$, d.h. E mißt A und B. Dies ist aber unmöglich, also gibt es keine kleineren Zahlen im selben Verhältnis.

Damit ist das Problem gelöst; ARCHYTAS zitiert allerdings von diesen Sätzen nur die Umkehrung, "die kleinsten Zahlen im selben Verhältnis sind gegeneinander prim." Der Widerspruchsbeweis dazu ist elementar, den-

---

[31] Euklid nimmt hier nur kleinere Zahlen an, er benutzt jedoch VII.20, so daß es die kleinsten sein müssen; deren Existenz wird also für ihre Konstruktion vorausgesetzt.

noch zeigt sich daran, daß er die entscheidenden Begriffe zur Verfügung hatte. Darüber hinaus können wir zeigen, daß er auch seine weitergehende Behauptung γ') mit diesen Begriffen beweisen konnte, den Ausgangspunkt liefert die folgende Primteilereigenschaft:

Satz 30. *Wenn eine Primzahl ein Produkt von zwei Zahlen mißt, dann muß sie auch eine der beiden Zahlen messen.*

Beweis. Seien A, B Zahlen, C eine Primzahl mit $\exists p: pC = AB$. Sei $D = pI$, wobei I die Einheit, dann ist $CD = AB$, also $(C,A) \sim (B,D)$. Angenommen C mißt nicht A, dann ist C, A gegeneinander prim, also sind es die kleinsten Zahlen im selben Verhältnis, daraus folgt aber, C mißt B.

Empirisch läßt sich diese Eigenschaft der Primteiler an der Multiplikationstafel ablesen; die Vielfache einer Primzahl bilden darin ein Quadratgitter, der Satz besagt nun, daß jede Zahl, welche ein Vielfaches ist, notwendig auf diesem Gitter liegt, wozu es eines deduktiven Beweises bedarf.

Satz 27. *Sind zwei Zahlen gegeneinander prim, dann sind auch ihre Quadrate gegeneinander prim (und ebenso die weiteren Potenzen).*

Beweis. Seien A, B Zahlen und A^2, B^2 nicht gegeneinander prim, dann gibt es eine Primzahl C, so daß gilt, C mißt A^2 und B^2 (VII.32). Es folgt, C mißt A und B, also sind A, B nicht gegeneinander prim.

Beweis von β'): Seien A, B Zahlen so daß A^2 mißt B^2, seien M, N die kleinsten Zahlen mit $(A,B) \sim (M,N)$, dann ist $(A^2,B^2) \sim (M^2,N^2)$ und M^2 mißt N^2. Da M, N gegeneinander prim, ist auch M^2, N^2 gegeneinander prim, also ist $M^2 = I$ die Einheit und $M = I$. Es folgt $(A^2,B^2) \sim (I,N^2)$ und $(A,B) \sim (I,N)$, aus $nI = N$ folgt $nA = B$.

Korollar. *Seien A, B Zahlen und P eine Zahl mit $PA^2 = B^2$, dann ist P eine Quadratzahl.* Denn es ist $(I,P) \sim (A^2,B^2) \sim (I,N^2)$, also $P = N^2$.

Damit erhalten wir schließlich einen indirekten *Beweis von* γ'): Seien A, B Zahlen, C eine mittlere Proportionale mit $(A,C) \sim (C,B)$, seien M, N die kleinsten Zahlen mit $(A,B) \sim (M,N)$; zu zeigen ist, daß es dann auch eine mittlere Proportionale für M, N gibt. Weil dies die kleinsten Zahlen sind gilt $\exists p: A = pM \wedge B = pN$, sei $P = pI$, wobei I die Einheit ist. Aus $C^2 = AB$ folgt dann $C^2 = MNP^2$, also ist MN eine Quadratzahl, etwa $MN = L^2$. Daraus folgt $(M,L) \sim (L,N)$, d.h. L ist die gesuchte mittlere proportionale Zahl. Insgesamt lassen sich also die Theoreme β) und γ) der Sectio canonis aus genau den Grundbegriffen ableiten, die bereits ARCHYTAS verwendet hat.

Anfänge der theoretischen Arithmetik bei den Griechen 53

Es ist daher konkret möglich, daß ARCHYTAS selbst diese Ableitung gefunden hat, wobei wir nicht behaupten wollen, daß er sie tatsächlich derart ausgeführt hat. Jedoch zeigt unsere Rekonstruktion, daß dazu keineswegs die Theorie der zusammenhängenden Proportionen (VIII.1-10) vorausgesetzt werden muß,[32] vielmehr folgen die Theoreme allein aus der Primteilereigenschaft (VII.30), die somit am Anfang der theoretischen Arithmetik stehen könnte.

V. Im Dialog *Theätet* stellt uns PLATON eine Mathematikstunde des THEODOROS vor, die sich kurz vor dem Tod des SOKRATES abgespielt haben soll.[33] Darin behandelte THEODOROS die sogenannten Erzeugenden (*dynameis*), sie wurden von seinem Schüler THAITETOS wie folgt definiert: Sei e eine Einheitsstrecke, a eine Strecke, deren Quadrat $Q(a)$ ein N-faches des Einheitsquadrats $Q(e)$ ist, wobei N eine ganze Zahl ist; a ist eine Länge, wenn N eine Quadratzahl, a ist eine Erzeugende, wenn N keine Quadratzahl ist, sondern eine Rechteckzahl (*promeke*). THEODOROS zeigte dann, daß die Erzeugenden für $N = 3,5,...,17$ inkommensurabel zur Einheitsstrecke sind, und zwar nahm er sich jede Erzeugende einzeln vor.[34] Dies schließt jedoch einen Beweis mittels der oben vorgestellten arithmetischen Sätze aus, denn daraus ergibt sich die Inkommensurabilität aller Erzeugenden auf einmal.

Wir beweisen dies durch einen Widerspruch: Sei a eine Erzeugende, e die Einheitsstrecke und seien a, e kommensurabel, dann gibt es eine Strecke c als gemeinsames Maß. Formal $\exists\, p,q: a = pc \wedge e = qc$, sei I die Zahleinheit, $P = pI$ und $Q = qI$ dann ist $(a,e) \sim (P,Q)$, d.h. die kommensurablen Strecken haben das Verhältnis von Zahlen (X.5). Daraus folgt $(Q(a),Q(e)) \sim (P^2,Q^2)$ nach (X.9), und da $Q(a) = NQ(e)$ folgt $P^2 = NQ^2$. Nach dem obigen Korollar ist also N eine Quadratzahl, da a eine Erzeugende ist, kann N aber keine Quadratzahl sein, also sind a, e inkommensurabel.

---

[32] Von dieser Voraussetzung wird seit [Tannery] ausgegangen, weil die obige Alternative zu Euklids Beweis von γ) nicht beachtet wurde. Archytas beweist diesen Satz nur für ein Mittel, erst die Verallgemeinerung Euklids auf mehrere Mittel verlangt die Anwendung von VIII.8, was auch wörtlich geschieht, vgl. Sectio canonis 3.
[33] [Platon, *Theaet.* 147d-148b].
[34] Algebraisch ist $a = (\sqrt{N})\, e$. Zur Rekonstruktion des Beweises vgl. [Boehme].

Dieser Beweis zeigt, daß THEODOROS die entsprechende Arithmetik noch nicht zur Verfügung hatte. Insofern ist nach dem Zeugnis PLATONs die deduktiv theoretische Arithmetik und damit auch die wissenschaftliche Musiktheorie erst nach dem Tod des SOKRATES entstanden. Damit ist aber ausgeschlossen, daß es schon vorher "Elemente" der Arithmetik gegeben hat.[35] Einen weiteren Hinweis auf die neue theoretische Arithmetik gibt PLATON noch am Schluß der Lehrstunde des THEODOROS, wo THEAITETOS zu den Erzeugenden bemerkt: "Und für Körper gilt dasselbe". D.h. für kubisch Erzeugende sollen die analogen Eigenschaften gelten, wie für quadratische, insbesondere sind sie inkommensurabel zur Einheitsstrecke, wenn sie keine Kubikzahl darstellen. Um dies zu zeigen, benötigt THEAITETOS aber das folgende Theorem, was sich aber analog wie β') beweisen läßt.

β'') *Wenn eine Kubikzahl eine Kubikzahl mißt, dann muß auch die Seite die Seite messen.* (VIII.15)

Korollar: *Seien A, B Zahlen und P eine Zahl mit $PA^3 = B^3$, dann ist P eine Kubikzahl.*[36]

Mit Längen und Erzeugenden sind die Grundbausteine der Theorie der Irrationalen gegeben, wie sie THEAITETOS entwickelt hat. Beide sind rational, da ihre Quadrate kommensurabel zum Einheitsquadrat sind, aber gegenseitig sind sie inkommensurabel (X.Def.3). Sei *a* eine Länge und *b* eine Erzeugende, dann bildet THEAITETOS die Zusammensetzung *a+b* (Binomiale) und die Differenz *a-b* falls *a>b* (Apotome), diese Größen sind irrational, da ihre Quadrate inkommensurabel zum Einheitsquadrat sind.[37] Aber um über Erzeugende allgemein verfügen zu können, ist die theoretische Arithmetik, insbesondere Theorem β') die Voraussetzung. H. G. ZEU-

---

[35] Hingegen war nach v.d.Waerden "Buch VII zur Zeit des Archytas schon vollständig fertig". "*Eukleides* fand daran nichts zu verbessern." [v.d. Waerden, S. 187f.] Abgesehen davon, daß es dafür keine Quellen gibt, wäre die theoretische Arithmetik dann lediglich eine geniale Erfindung der älteren Pythagoreer und bar jeder historischen Entwicklung, was auch wissenschaftstheoretisch ein unhaltbarer Standpunkt ist.

[36] Der obige Beweis von γ') läßt sich allerdings nicht analog für zwei oder mehr mittlere Proportionale führen, daher benötigt Euklid auch für die weitergehenden Sätze über Kubikzahlen die Theorie der zusammenhängenden Proportionen, vgl. [Euklid VIII.21-27].

[37] Vgl. [Euklid. X.36, 73], algebraisch sind dies z.B. die Größen $(M \pm \sqrt{N})e$, wobei N keine Quadratzahl ist. Nach dem Zeugnis von Eudemos in [Pappos, Kommentar, S.12, 53] wird angenommen, daß Theaitetos diese Irrationalen gefunden hat.

THEN zog daraus den Schluß, daß die Arithmetik wie sie in Buch VII von EUKLID behandelt wird, THEAITETOS zuzuordnen ist.[38] Dies widerspricht jedoch der Überlieferung des ARCHYTAS, der die Grundbegriffe der theoretischen Arithmetik bereits verwendet und möglicherweise Theorem γ') bewiesen hat. Da die Frage ARCHYTAS oder THEAITETOS aber auf Grund der wenigen Quellen nicht zu entscheiden ist, halte ich es ebenso für möglich, daß ARCHYTAS und THEAITETOS die Anfänge der theoretischen Arithmetik gefunden haben. Der Gedankenaustausch war über PLATON möglich, so daß auch über einen fiktiven Dialog der beiden spekuliert werden kann. Das Werk beider würde auch dem Kommentar des PROKLOS entsprechen, der sich wiederum auf EUDEMOS beruft, wo es heißt:

"In dieser Zeit (von PLATON) lebten auch der Thasier LEODAMAS, ARCHYTAS von Tarent und THEAITETOS von Athen, von denen die Lehrsätze vermehrt und in ein den wissenschaftlichen Anforderungen entsprechendes System gebracht wurden."[39]

Danach wird LEON als Verfasser von "Elementen" genannt, womit auch die ersten Elemente der Arithmetik vorgelegen haben könnten. Ihre endgültige Fassung dürften die arithmetischen Bücher aber erst später, möglicherweise von EUKLID erhalten haben.

Literatur

ARISTOTELES: Philosophische Bibliothek, Meiner, Hamburg.

BARBERA, A.: The Euclidean Division of the Canon. Greek and Latin Sources. University of Nebraska, 1991.

BOEHME, H.: "Theodoros und Theaitetos." In: Mathematik im Wandel. Bd.1 M. TOEPELL (Hrg.), Franzbecker, Hildesheim 1998, S. 44-57.

BOETHIUS: Fünf Bücher über die Musik. Übers. O. PAUL, Hildesheim 1973.

BURKERT, W.: Rezension zu SZABÓ, A.. *Erasmus* 23, 1971, Sp. 102-105.

BURKERT, W.: Weisheit und Wissenschaft. Nürnberg 1962.

DIELS, H., KRANZ, W.: Die Fragmente der Vorsokratiker. Berlin 1974. [DK]

---

[38] [Zeuthen, S. 421].
[39] [Proklus in *Eucl.* p. 66].

Euclidis Elementa. Libri I - XIII. Ed. J.L. HEIBERG, Teubner, Leipzig 1883.

EUKLID: Die Elemente. Übers. C. THAER, Darmstadt 1973.

FOWLER, D.: The Mathematics of Plato's Academy. Oxford 1999.

GERICKE, H.: Geschichte des Zahlbegriffs. Mannheim 1970.

HEATH, T. L.: A History of Greek Mathematics. Vol.1,2. Oxford 1921.

KLEIN, J.: Die griechische Logistik und die Entstehung der Algebra. *Quellen und Studien zur Geschichte der Mathematik.* Ausg. B, 3, 1934.

MUELLER, I.: Philosophy of Mathematics and Deductive Structure in Euclid`s *Elements.* Cambridge Mass. 1981.

NICOMACHUS: Introduction to Arithmetic. Tr. M. L. D'OOGE, London 1926.

PLATON: Sämtliche Dialoge. Bd. I-VII. Übers. APELT, O., Meiner, Hamburg

PROCLI DIADOCHI in primum Euclidis Elementorum librum commentarii. Ed. FRIEDLEIN, G., Leipzig 1873.

SUTER, H.: Der Kommentar des Pappus zum X. Buche des Euklides. Abh. zur Geschichte der Naturwissenschaften und der Medizin, H. IV, 1922.

TAISBAK, C.M.: Division and Logos. Odense, 1971.

TANNERY, P.: "Un traité grec d'arithmétique antérieur a Euclide." Mém. Scient. III, S. 244-250.

THEON DE SMYRNE: Exposition. Tr. J. Dupuis, Paris 1892.

VAN DER WAERDEN, B.L.: Erwachende Wissenschaft. Basel 1956.

VITRAC, B.: Euclide, Les Éléments. Trad. du Texte de Heiberg, Paris 1994.

ZEUTHEN, H.G.: "Sur la constitution des livres arithmétiques des Éléments d'Euclide." Vidtnskabernes Selskabs Forhandlinger, Kopenhagen 1910.

Dr. Harald Boehme, Fachbereich Mathematik/Informatik
Universität Bremen, Bibliothekstraße 1, D-28359 Bremen
email: hboehme@uni-bremen.de

Eine multimediale Lernumgebung zu Dürers Melencolia I

Manfred J. Bauch

Zusammenfassung

Die Möglichkeiten von Computer und Internet werden - nicht nur - im mathematischen Unterricht bereits ausgiebig erprobt und eingesetzt. Als Beispiele seien Computeralgebrasysteme und multimediale Lernumgebungen genannt. Letztere sind jedoch auch für den Mathematikhistoriker interessant, z.B. als Medium zur Präsentation seiner Forschungsergebnisse.

Beschäftigt man sich mit Mathematikgeschichte, so ist die Forschung auf diesem Gebiet nur die eine Seite der Medaille.

Einen nicht unwesentlichen Teil der Tätigkeit stellt die Präsentation der Forschungsergebnisse dar. Sobald sich der Adressatenkreis dabei über einen engen Kreis von Spezialisten und Interessierten hinaus erstreckt, sieht man sich mit einer Herausforderung konfrontiert: nämlich der, auch anderen einen Stoff näher zu bringen, den man selbst für bedeutend und spannend hält.

Einer ähnlichen Problematik steht jede Lehrerin und jeder Lehrer bei der täglichen Arbeit gegenüber, wenn es darum geht, den Schülerinnen und Schülern den Stoff zu vermitteln, den der Schullehrplan nun einmal vorsieht.

Gerade die Mathematik hat besonders damit zu kämpfen, dass Unverständnis und Ablehnung oder auch schlechte schulische Leistungen in diesem Fach auf breite gesellschaftliche Akzeptanz stoßen (nach dem Motto "In Mathe war ich auch immer schlecht"). Dies erleichtert die Aufgabe der Lehrenden keineswegs!

Im Rahmen der Bemühungen um eine Weiterentwicklung des Mathematikunterrichts, deren Notwendigkeit der Öffentlichkeit gerade momentan durch die Ergebnisse der PISA-Studie schmerzlich bewusst sind, werden

insbesondere auch die Möglichkeiten erforscht, die Computer und Internet bieten.

So werden am Lehrstuhl für Mathematik und ihre Didaktik an der Universität Bayreuth seit langem zahlreiche multimediale Lernumgebungen entwickelt. Sie setzen zum Teil die ebenfalls an diesem Lehrstuhl entwickelte Mathematiksoftware GEONExT ein.

Im Folgenden soll eine Lernumgebung zu DÜRERs *Melencolia I* näher vorgestellt werden, da sie einige Ansätze beinhaltet, die man bei einer Behandlung der eingangs geschilderten Problematik gewinnbringend aufgreifen kann.

Konzeption der Lernumgebung

Zunächst zur Konzeption der Lernumgebung:

ALBRECHT DÜRERs Kupferstich Melencolia I aus dem Jahr 1514 dient als Ausgangspunkt verschiedener Betrachtungen. Neben dem Schwerpunkt Mathematik (insbesondere Polyeder) werden das künstlerische und kunstgeschichtliche Umfeld ebenso angesprochen wie der historische Hintergrund. Die Möglichkeiten multimedialer Aufbereitung zeigen sich insbesondere in folgenden Aspekten:

- Neben dem Durchwandern vorgegebener Rundwege ist es möglich, einzelne Kapitel gezielt anzusteuern.

- Es werden umfangreiche Text- und Bildangebote in unterschiedlichem Format angeboten.

- Querverweise werden ebenso unmittelbar deutlich und erfahrbar wie die Zugehörigkeit eines Aspekts zu verschiedenen Themenkomplexen (z.B. wird das Thema Zentralperspektive sowohl aus mathematischer Betrachtung heraus motiviert wie auch aus Sicht der Kunst.) Dieser Ansatz soll das Bewusstsein für interdisziplinäre Betrachtungsweise fördern, ohne dass dabei auf fachlich fundierte Behandlung der einzelnen Teilbereiche verzichtet wird.

- Insbesondere durch den Einsatz von Java-Applets wird die Präsentation aufgelockert. Sie finden vielfältige Verwendung, so z.B. als Navigationselemente oder auch beim spielerischen Umgang mit dem Thema magische Quadrate.

Multimediale Lernumgebungen

Zu den angesprochenen Themen gehören im Einzelnen:
- Mathematik: Behandelt werden die Bereiche magische Quadrate, Zentralperspektive und Polyeder. Anders als sonst meist üblich bilden die Polyeder den Schwerpunkt, der sich u.a. in die folgenden Unterpunkte aufgliedert: Platonische und Archimedische Körper, Umkugeln, Netze, Symmetrie, DÜRERs Rhomboeder, DÜRER als Mathematiker, Polyeder in Kunst und Natur.
- Kunst: Hier bietet es sich an, neben einer eingehenden Betrachtung von DÜRERs *Melencolia I*, seine weiteren Meisterstiche anzusprechen, außerdem graphische Kunsttechniken und das für die Entstehenszeit der *Melencolia* gewichtige Problem der Zentralperspektive.
- Geschichte: Prägend für DÜRERs Zeit sind die Renaissance und der Humanismus.

Ergänzt wird dies alles durch Kurzbiographien und Literaturhinweise. Bei letzteren wird wieder ein Vorteil des verwendeten Mediums deutlich: mancher Text wird im pdf-Format bereitgestellt, ist also sofort und unmittelbar zugänglich.

Wie bereits erwähnt, gibt es neben dieser Lernumgebung noch viele weitere. Genannt seien als Beispiele, deren Thematik sich enger am Schullehrplan orientiert: Pythagoras, Besondere Punkte im Dreieck, Achsenspiegelungen, Goldener Schnitt, Platonische Körper.

All diese Lernumgebungen zeichnen sich dadurch aus, dass sie zentrale Themen des Geometrieunterrichts behandeln, sich verändern bzw. ergänzen lassen, d.h. sie können dem eigenen Unterricht angepasst werden (z.B. hinsichtlich der Bezeichnungen und Formulierungen). Sie sind in einzelne Sequenzen zerlegbar und somit als dynamische Arbeitsblätter einsetzbar.

Die Lernumgebungen eignen sich zur Demonstration im Unterricht, zum individuellen Erarbeiten der Lerninhalte wie auch zum eigenständigen Wiederholen

Aus technischer Sicht sei abschließend betont, dass der Einsatz der Lernumgebungen unabhängig von Betriebssystem und verwendetem Browser möglich ist (mit wenigen Einschränkungen bzgl. der verwendeten Version). Auch ist ein Internetanschluss nicht zwingend nötig, bei Installation auf Festplatte stehen - abgesehen von einigen Links - alle Funktionalitäten zur Verfügung.

Bezugsquellen:

Alle erwähnten Lernumgebungen und die Software GEONExT sind frei erhältlich im Internet unter

http://did.mat.uni-bayreuth.de (Link Multimediale Lernumgebungen) sowie

http://geonext.de

Dr. Manfred J. Bauch, Lehrstuhl für Mathematik und ihre Didaktik,
Universität Bayreuth, Postfach 101 251, D-95440 Bayreuth
email: manfred.bauch@uni-bayreuth.de

Korbbogenkonstruktionen –
Theorie und Anwendungen in der Baupraxis

Eberhard Schröder

An Zweckbauten aller Art aus unterschiedlichen Epochen begegnet man der Bauweise des "gedrückten Bogens", auch Korbbogen genannt. Welche Motivation führte in vergangenen Jahrhunderten dazu, vom romanischen Halbkreisbogen abzuweichen und zu gedrückten Bögen in vielfältigsten Ausführungen überzugehen? Bei Überbrückung eines Flusses von bestimmter Breite mittels eines romanischen Rundbogens sind bei An- und Abfahrt der Brücke je nach Flußbreite größere Höhenunterschiede zu überwinden, was vor allem für Fahrzeuge hinderlich sein kann. Im Hausbau hat die Anwendung romanischer Rundbögen bei größeren Fensteröffnungen eine oft nicht vertretbare Geschoßhöhe zur Folge (vgl. Abb. 1).

Abb.1: Brücke von Mostar - romanischer Rundbogen

In einer Zeit, wo eine Bauweise mit Spannbeton noch nicht realisierbar war, verfolgte man mit dem Einsatz von gedrückten Bögen im Haus - und Brückenbau ein praktisches Anliegen (vgl. Abb. 2).

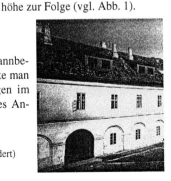

Abb.2: Gedrückte Bögen - Korbbögen an einem Wohnhaus in Tschechien (18. Jahrhundert)

Auf der Suche nach einem ersten theoretischen Hinweis auf diese Konstruktionsweise in der Literatur wird man fündig in DÜRERs „Underweysung" von 1525. Er schreibt dort auf Seite Ciij in Verbindung mit der konstruktiv ausgeführten affinen Transformation eines Halbkreises in eine Halbellipse: "Vonnöten ist den Steinmetzen zu wissen, wie sie einen halben Zirckelriß oder Bogenlini in die Länge sollen ziehen, daß sie der ersten in der Höh und sonst in allen Dingen gemäß bleiben" (vgl. Abb.

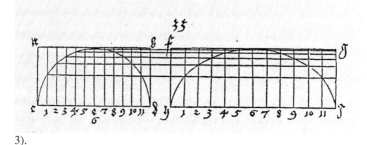

3).

Abb. 3: Konstruktion eines gedrückten Bogens nach einer von Dürer an Steinmetzen gegebenen Empfehlung aus dem Jahre 1525

Zunächst kann DÜRERs Hinweis als Bestätigung dafür angesehen werden, daß schon zu dieser Zeit "gedrückte Bögen" eine vielfältige Anwendung in der Baupraxis fanden. Hingegen ist seine Empfehlung als realitätsfern und kaum praktikabel anzusehen. Jeder Stein des Bogens (Prismenstümpfe) müßte danach einzeln bemaßt werden. Auf die Forderung nach Orthogonalität von Fuge und Umrisslinie des Bogens ließ sich DÜRER in seiner Konstruktion nicht ein. Sicher bot dieser Hinweis niemals eine Hilfe für

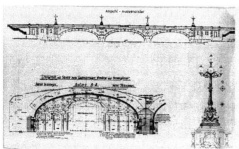

den Steinmetz. Diese benutzten zu dieser Zeit gewiß schon eine Lösung, bei der man die "gedrückte Bogenform" mit nur zwei Steinformaten erzielen konnte.

Abb. 4 zeigt die Seitenansicht einer Brücke, bei der die von oben

Korbbogenkonstruktionen

Abb.4: Korbbogenkonstruktion an Alsterbrücke (19. Jh.) gedrückte Form im Prinzip mit zwei Arten prismatisch zugeschnittener Steinformen erzielt worden ist. Eine schematische Darstellung der vorliegenden Lösung bietet Abb. 5. Die Bogenwölbung setzt sich aus drei Teilabschnitten zusammen. Die Konstruktion der Krümmungsmitten für den Mittelabschnitt und die beiden Seitenabschnitte der Brücke lassen es zu,

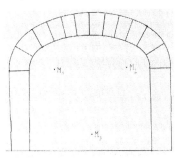

Abb.5: Prinzipskizze eines aus Quadern von zweierlei Formaten gefügten Korbbogens

daß für den Bau der Brücke im Prinzip lediglich zwei Steinformate erforderlich sind. Die Fugen zwischen zwei Steinen treffen die Umrißlinie des Bogens in jedem Punkt orthogonal. Eine erste theoretische Abhandlung zur Problematik des Steinschnittes bei der Konstruktion von Gewölben in zivilen und militärischen Bauten findet sich in dem 1737-39 in Straßburg erschienenen dreibändigen Werk des Franzosen AMÉDÉE-FRANÇOIS FRÉZIER mit dem Titel: "La théorie et la pratique de la coupe des pierres". In Abb. 6 verdeutlicht Fig. 217, wie ein Bogenstück aus zwei Kreisbögen mit unterschiedlicher Krümmung zusammengesetzt wird. Besonders zu beachten ist, daß die Tangente an die Kurve im Verknüpfungspunkt i parallel zur Sekante RN verläuft. Mit Fig. 217 ist die für Baupraktiker beim Steinschnitt kombinierter Bögen vorliegende Problematik klar erkennbar. Man gelangt zu folgender allgemein faßbarer Problemstellung:

Zwei in komplanarer Lage befindliche Linienelemente sind durch zwei Kreisbögen derart miteinander zu verknüpfen, daß die Tangente an die zu konstruierende Kurve im Verknüpfungspunkt eindeutig ist und parallel zur Verbindungsgeraden c der Trägerpunkte A(b) und B(a) (lies A auf b und B auf a) liegt (vgl. Abb. 7).

Mit Hilfe von Überlegungen an einem parabolischen Kreisbüschel bietet sich folgende konstruktive Lösung an:

Die beiden Linienelemente A(b) und B(a) sind zu einem Dreieck ABC, dem Sekanten - Tangentendreieck, zu vervollständigen. Weiterhin ist der Inkreismittelpunkt J des Dreiecks ABC zu konstruieren. Dann ist das Lot

von J auf die Dreieckseite c zu fällen. Ferner sind die Senkrechten auf a in B und

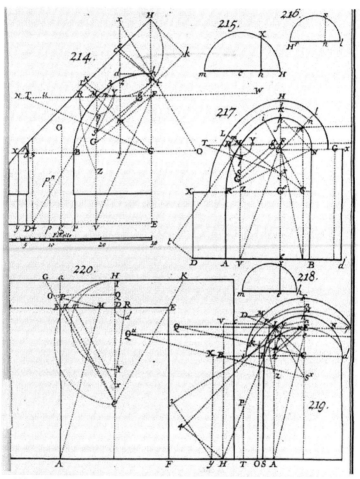

Abb.6: Gewölbekonstruktionen mit Kreisbögen unterschiedlicher Krümmung nach A. Frézier (1737). Man beachte besonders Fig. 217

auf b in A zu errichten. Diese Senkrechten schneiden das Lot von J auf c in den Punkten M_A bzw. M_B, den Krümmungsmitten der zu bestimmenden Kreisbögen (vgl. Abb. 8).

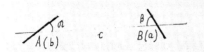

Abb.7: Skizze zur Definition des Korbbogens und zum konstruktiven Ansatz der Korbbogenverbindung von zwei komplanaren Linienelementen

Die Kreisbögen um M_A durch A und um M_B durch B führen auf die geforderte Bogenverbindung durch den Inkreismittelpunkt J.

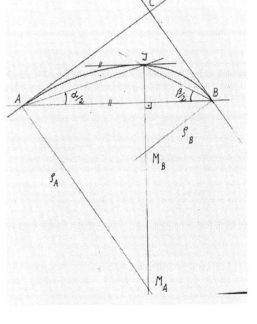

Abb.8: Konstruktive Lösung für den allgemeinen Fall einer Korbbogenverbindung

Sind α und β die Innenwinkel des Dreiecks ABC, dann stehen die Krümmungen der in J zusammentreffenden Kreisbögen im Verhältnis

$$\kappa_A : \kappa_B = \sin^2 \frac{\alpha}{2} : \sin^2 \frac{\beta}{2}$$

Ist ρ der Inkreisradius des Sekanten - Tangentendreiecks, dann gilt für die Radien der beiden Kreise:

$$\rho_A = \frac{\rho}{2\sin^2 \frac{\alpha}{2}} \text{ und}$$

$$\rho_B = \frac{\rho}{2\sin^2 \frac{\beta}{2}} \text{ mit}$$

$$\rho = s \tan \frac{\alpha}{2} \tan \frac{\beta}{2} \tan \frac{\gamma}{2}.$$

Das mit Abb. 8 demonstrierte konstruktive Vorgehen werde zunächst für den in der Baupraxis wichtigsten Fall erprobt, nämlich von Tor -, Brücken - und Fensterbögen. Hierbei ist das Dreieck rechtwinklig, mit dem rechten Winkel bei C.

Das Linienelement A(b) liegt lotrecht und B(a) waagerecht. In der oben angegebenen Weise findet man J, M_A und M_B. Nun kann man die sich in J treffenden Kreisbögen zeichnen.

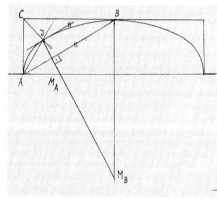

Durch Spiegelung der Bögen an der Lotrechten BMB gelangt man zum vollständigen gedrückten Bogen, auch Korbbogen genannt (vgl. Abb. 9).

Es wäre ein Irrtum, den so konstruierten 'Bogen mit einer Halbellipse gleichzusetzen, den Punkt A als Hauptscheitel und B als Nebenscheitel dieser Ellipse anzusehen.

Abb.9: Umsetzung der obigen Konstruktion für einen Brückenbogen: die beiden vorgegebenen Linienelemente stehen senkrecht zueinander

Abb. 10 zeigt eine vollständig ausgezeichnete Ellipse mit ihren Scheitelpunkten. Ferner sind die zu A und B gehörigen Krümmungsmitten N_A und N_B (Mitten der Scheitelkrümmungskreise) in bekannter Weise konstruiert. Die beiden zu A bzw. B gehörigen Scheitelkrümmungskreise besitzen keinen reellen Schnittpunkt. Folglich

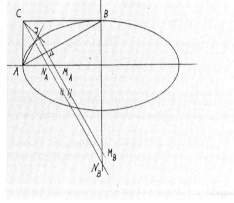

Abb.10: Gegenüberstellung des Korbbogens einer Brücke mit der entspr. Halbellipse

kann man sie auch nicht zu einem Kurvenbogen in der oben geforderten Weise verknüpfen. Der Inkreismittelpunkt J des Dreiecks ABC liegt gene-

Korbbogenkonstruktionen

rell außerhalb der Ellipse. Folglich liegt auch der Korbbogen - mit Ausnahme der Scheitelpunkte - außerhalb der Ellipse. Die Krümmungsmitten M_A und M_B der Korbbogenkreise wurden in Abb. 10 zusätzlich mit eingezeichnet.

Ein für Anwendungen wichtiger Sonderfall vorliegender Konstruktion besteht darin, daß die beiden Linienelemente senkrecht im Raum und damit *parallel* zueinander liegen. Damit ist C ein Fernpunkt. Da auch in diesem Fall ein Inkreis existiert, läßt sich die Konstruktion ganz analog durchführen. Für das Verhältnis der Krümmungen gilt die Beziehung:

$$\kappa_A : \kappa_B = \tan^2 \frac{\alpha}{2}$$

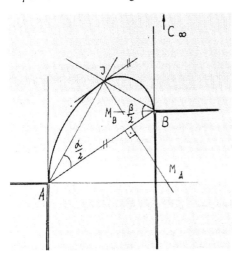

Als Unterbau von Treppenaufgängen in öffentlichen Gebäuden und Schlössern ist dieser sogenannte aufsteigende Korbbogen oft vorzufinden (vgl. Abb. 11).

Abb.11: Korbbogen bei Parallelität der vorgegebenen Linienelemente

Trifft man die Vorgabe der Linienelemente so, daß einer der beiden Winkel stumpf ist, so führt dies auf Bögen mit einem großen Krümmungssprung an der Verknüpfungsstelle (vgl. Abb.12). Derartige Kreiskombinationen sind vielfältig im Jugendstil vorzufinden. Fenstereinfassungen an Häusern, Umrahmungen an Möbeln und innenarchitektonische Ausstattungen von Räumen zeichnen sich durch derartige Linienführungen aus.

Von geometrischem Interesse sind in diesem Zusammenhang die drei Ankreismittelpunkte des Sekanten-Tangentendreiecks ABC. Zunächst sei der im Winkelbereich von γ liegende Ankreismittelpunkt J_C Gegenstand der Betrachtung. Das Lot von J_C auf c schneidet die Senkrechten auf das Linienelement A(b) in M_A und auf das Linienelement B(a) in M_B. Auch hier erfüllen die Kreise um M_A mit der Länge von J_CM_A als Radius und um M_B mit

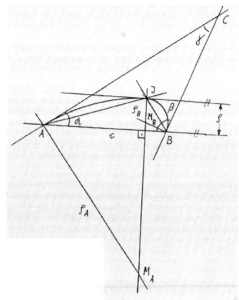

Abb.12: Korbbogen für den Fall eines großen Krümmungssprunges an der Verknüpfungsstelle

der Länge von $J_C M_B$ als Radius die eingangs gestellte Verknüpfungsvorschrift. Die Tangente an diesen Korbbogen in J_C ist parallel zu c. Die Krümmungsradien der so kombinierten Kreisbögen stehen im Verhältnis

$$\tilde{\kappa}_A : \tilde{\kappa}_B = \cos^2 \frac{\alpha}{2} : \cos^2 \frac{\beta}{2}$$

(vgl. Abb.13).

Zu bemerkenswerten Varianten der Kreisbogenverknüpfung führen die in den Winkelbereichen von α und β liegenden beiden Ankreismittelpunkte J_a und J_b. Eine konsequente Übertragung des konstruktiven Vorgehens entsprechend Abb. 8 auf diesen Fall zeigt, daß der Verknüpfungspunkt einen Rückkehrpunkt der Verknüpfungslinie darstellt, wobei die Tangente in der Spitze - entsprechend der aufgestellten Forderung- parallel zu c liegt.

Abb.13: Korbbogenverknüpfung zweier Linienelemente über einen Ankreismittelpunkt des Sekanten-Tangenten-Dreiecks

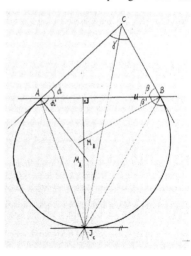

Korbbogenkonstruktionen

Der an gotischen Bauwerken feststellbare Formenreichtum von steinernem Schmuckwerk läßt die Vermutung zu, daß solche Konstruktionen als Vorlagen für die Steinmetze gedient haben. (vgl. Abb. 14).

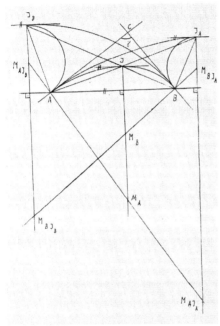

Abb.14: Korbbogenverknüpfung von zwei Linienelementen über die anliegenden Ankreismittelpunkte - die Verknüpfungsstellen bilden je einen Rückkehrpunkt der Kurve.

In Abb. 15 wurde die Vorgabe der beiden Linienelemente so getroffen, daß bei zusätzlicher Spiegelung ein gotischer Spitzbogen besonderer Art entsteht. Die stärkere Krümmung ist nach oben verschoben. Wegen der stärkeren Betonung der Senkrechten in solchen kirchlichen Bauten spricht man von der Perpendikulargotik. Sie ist in Frankreich seit dem 13. Jahrhundert nachweisbar.

Ein Gegenstück zur Perpendikulargotik hat in England seit der Thronbesteigung der Tudor (1485) weite Verbreitung gefunden, der sogenannte Tudor-style. Aus der Vorgabe der Linienelemente resultiert eine Verschiebung der stärkeren Krümmung nach unten. Anwendungen dieser Bogenkombination finden sich in den Universitätsbauten von Oxford und Cambridge sowie in Windsor Castle (vgl. Abb. 16).

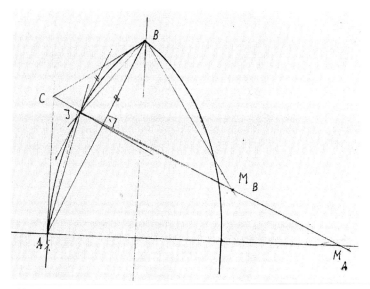

Abb.15: Vorgabe der Linienelemente für einen Bogen nach Art der Perpendikulargotik

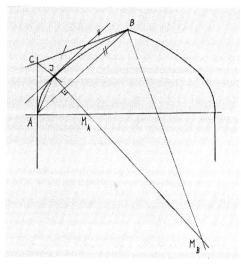

Abb.16: Vorgabe der Linienelemente für einen Bogen nach Art des Tudor - Style

Korbbogenkonstruktionen

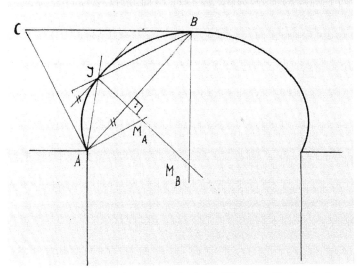

Abb.17: Vorgabe der Linienelemente nach Art der Profillinie einer Kirchturmhaube

Entwürfe der Profillinien der Hauben von Kirchtürmen zeugen gleichfalls von Anwendungen der Korbbogenkonstruktion. An der Haube der Münchner Frauenkirche ist dieser Ansatz mit zwei Linienelementen unverkennbar (vgl. Abb. 17).

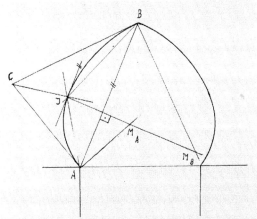

Abb.18: Vorgabe der Linienelemente für einen Bogen nach Art einer orientalischen Toreinfahrt

Selbst beim Entwurf repräsentativer Bauwerke im Orient (Samarkand, Persien, Indien) sind solche Konstruktionsweisen besonders bei Portalen nachweisbar (vgl. Abb. 18).

Brückenbauten aus früheren Jahrhunderten zeugen noch heute von der statischen Festigkeit des Korbbogens.

Abb.19: Umsetzung der Vorgaben nach Abb. 15 auf Stützpfeiler einer gotischen Kirche in Frankreich (Perpendikulargotik)

Korbbogenkonstruktionen

Abb.20: Umsetzung der Vorgaben von Abb. 16 auf Schloß Windsor (15. Jahrhundert)

Abb.21: Umsetzung der Vorgaben von Abb. 9 auf ein Bauwerk der Renaissance (Gewandhaus in Braunschweig 17. Jahrhundert

Abb.22: Umsetzung der Vorgaben von Abb. 12 auf die Fensterkonstruktion eines im Jugendstil erbauten Wohnhauses in Riga (um 1900)

Korbbogenkonstruktionen

Abb.23: Umsetzung der Vorgaben von Abb. 18 auf das Portal einer Moschee in Samarkand (14. Jahrhundert)

Dr.habil. Eberhard Schröder, Büttemerweg 26, D-69493 Hirschberg 1

Franz Brasser (um 1520 - 1594) von Lübeck - der niederdeutsche Rechenmeister

Ulrich Reich

Der Lübecker Schul- und Rechenmeister FRANCISCUS (oder FRANZ) BRASSER (um 1520 - 1594) war in der zweiten Hälfte des 16. Jahrhunderts einer der bekanntesten und einflußreichsten Rechenmeister und wurde der gemeinsame Lehrer von ganz Sachsen und allen deutschen Seestädten genannt. BRASSERs Rechenbücher fanden zwischen 1552 bis 1710 weite Verbreitung. Dem Autor sind heute 46 Auflagen bekannt, von denen ihm 30 gesichert erscheinen. Zu BRASSERs Lebzeiten erschienen vier Auflagen in niederdeutscher Sprache, spätere auch in hochdeutscher Sprache, in Latein und einmalig 1638 in Dänisch. FRANZ BRASSER führte mehrere Jahrzehnte eine deutsche Schule für Knaben, die in Lübeck die berühmteste und am besten besuchte gewesen sein soll. Der Rat der Stadt ernannte BRASSER als einen der beiden Inspektoren über alle deutschen Schulen in Lübeck. Zusätzlich versah BRASSER das Amt des Werkmeisters bei der Sankt Katharinenkirche. Über FRANZ BRASSER hat der Autor bereits mehrfach berichtet:

REICH, ULRICH: 400. Todestag des Lübecker Schul- und Rechenmeisters Franciscus Brasser, in SALTZWEDEL, ROLF (Hrsg.): Der Wagen 1995/96, ein Lübeckisches Jahrbuch, Hansisches Verlagskontor Lübeck 1995, 74 - 83.

REICH, ULRICH: Der Lübecker Schul- und Rechenmeister Franz Brasser, Lehrer von ganz Sachsen und allen deutschen Seestädten, in: Schriften des Adam-Ries-Bundes Annaberg-Buchholz, Band 7, Freiberg 1996, 239 - 248, und in Freiberger Forschungshefte, D 201, Wirtschaftswissenschaften, Geschichte, Technische Universität Bergakademie Freiberg, 1996, 239 - 248.

REICH, ULRICH: Brasser, Franz (Franciscus), in: Biographisches Lexikon für Schleswig-Holstein und Lübeck, Band 11, Wachholtz Verlag Neumünster 2000, 55 - 58.

Franz Brasser - der niederdeutsche Rechenmeister

Abb.: Titelblatt des Rechenbuches von Brasser, Hamburg 1594, Standort Universitäts- und Landesbibliothek Sachsen-Anhalt, Sign. Pon Πg 472

Mathematik und Wein - eine vergnügliche mathematische Reise durch die Weinkultur

Ulrich Reich

Was verbindet die Mathematik und den Wein? Daß sich die Gemeinsamkeiten nicht nur auf den Buchstaben i beschränken, soll in diesem Aufsatz aufgezeigt werden.

1. Definitionen

In der Mathematik beginnt man gerne mit Definitionen. Hier wird jedoch auf die Erörterung der Frage "Was ist Mathematik?" wohlweislich verzichtet. Über den Wein schrieb der Arzt NICOLAUS SPINDLER 1556:

"Ich halte für unnötig zu beschreiben, was der Wein sei zu diesen unseren Zeiten, denn er ist so bekannt, daß ihn auch die jungen Kinder in der Wiegen kennen."

Und damit wird auf weitere Versuche des Definierens verzichtet.

Das Wort Wein taucht in der Mathematik in dem Begriff "weinwendig" auf. Außerdem gibt es den Begriff "hopfenwendig". Hopfenwendigkeit bedeutet Linksschraubung und Weinwendigkeit Rechtsschraubung.

EBERHARD SCHRÖDER schreibt in einem bisher unveröffentlichten Gedicht:

"Den Wein seh'n wir nur rechts sich winden, um an dem Stützwerk Halt zu finden."

Weil sich die Rebe rechts herum windet, deshalb müssen Sie den Korken auch rechts herum drehen, um eine Weinflasche zu öffnen.

Und wenn man zu viel des seligen Weins getrunken hat und es dreht sich alles um einen, wie herum wird es dann wohl sein?

Mathematik und Weinkultur

2. Assoziationen bei Namen

Bei welchen Namen wird man an Wein und an Mathematik erinnert? Ein Mathematiker namens Wein konnte nicht entdeckt werden. Mit der Silbe Wein beginnen mehrere Namen von Mathematikern. Besonders erwähnt werden soll JULIUS WEINGARTEN (1836 - 1910), der erster Vorsitzender der *Berliner Mathematischen Gesellschaft* war.

Nun zu den Weinsorten: Zuallererst denke ich an den König der Weißweine, den Riesling. Den Cossisten fällt bei der ersten Silbe Ries gleich der Name ADAM RIES (1492 - 1559) ein und auch seine Söhne. Weiterhin gibt es zwei ungarische Mathematiker, die Brüder FRÉDÉRIC RIESZ (1880 - 1956) und MARCEL RIESZ (1886 - 1969).

Bei der Rebsorte Müller-Thurgau, fällt beim ersten Namen JOHANNES MÜLLER aus Königsberg (1436 - 1476) ein, der als REGIOMONTANUS bekannt ist. Dieser Name Müller ist unter Mathematikern weit verbreitet. 24 Mitglieder der DMV tragen diesen Namen.

3. Weinmaße

Zum Verständnis der folgenden Aufgaben ist eine Betrachtung der spätmittelalterlichen Hohlmaße hilfreich. Hier gibt es regional und zeitlich wie bei anderen Maßen erhebliche Unterschiede.

Ein Fuder ist das Volumenmaß, das von der Ladung (Fuhre) eines zweispännigen Wagens abgeleitet ist. Üblicherweise ergab bei Wein, Bier und auch Met ein Fuder 12 Eimer. Im Herzogtum Württemberg samt der Reichsstadt Esslingen hatte ein Fuder nur 6 Eimer, neckarabwärts in der Reichsstadt Heilbronn waren es dagegen 20 Eimer. Dafür war ein Eimer in Württemberg 160 Maß, in Heilbronn dagegen nur 24 Maß. Somit besaß das Fuder in Württemberg 960 Maß und in Heilbronn 480 Maß. In Bayern entsprach einem Eimer 60 Maß ("nach der Visier") oder 64 Schenkmaß, in Leipzig 54 Maß bzw. 58 Schenkmaß und in Nürnberg und Würzburg 64 Maß bzw. 68 Schenkmaß.

Bei ADAM RIES kamen auf einen Eimer 64 bzw. 72 Viertel, bei JOHANN ALBERT (1488 - 1558) 64 Kandel. Eine Kanne hatte regional unterschied-

lich einen Inhalt zwischen 0,9 l und 2,6 l. Die Tonne war 4, 5 oder 6 Eimer. Weitere regionale Einheiten waren Ime, Stübbich und Össel. In Lübeck galt 1556 ein Fuder 6 Ame, 1 Ame waren 40 oder 48 Stoeveken und 1 Stoeveken 4 Quarteer.

4. Rechenaufgaben

Aufschlußreich ist der Anteil von Rechenaufgaben über Wein bei den Autoren verschiedener Rechenbücher:

FRANZ BRASSER, Lübeck 1552	0 von 231 Aufgaben	0 %
FRANZ BRASSER, Lübeck 1556	3 von 356 Aufgaben	0,9 %
KASPAR HÜTZLER, Lübeck 1547	4 von 269 Aufgaben	1,5 %
JOHANNES JUNGE, Lübeck 1578	7 von 469 Aufgaben	1,5 %
BAMBERGER MS, Bamberg um 1460	11 von 385 Aufgaben	2,9 %
JOHANN ALBERT, Wittenberg 1534	12 von 344 Aufgaben	3,5 %
JOHANN ALBERT, Wittenberg 1541/2	13 von 353 Aufgaben	3,7 %
ALG. RATISBONENSIS, Regensb. 1461	15 von 354 Aufgaben	4,2 %
ADAM RIES 2, Erfurt 1522	11 von 232 Aufgaben	4,7 %
ADAM RIES 1, Erfurt 1518	7 von 131 Aufgaben	5,3 %
JOHANN WEBER, Leipzig 1583	34 von 588 Aufgaben	5,8 %
ADAM RIES 3, Leipzig 1550	42 von 716 Aufgaben	5,9 %
MARTIN STÖTTER, Tübingen 1552	19 von 265 Aufgaben	7,2 %
PETER APIAN, Ingolstadt 1527	35 von 348 Aufgaben	10,1 %
JOHANNES WIDMANN, Hagenau 1519	34 von 314 Aufgaben	10,8 %
MARTIN STÖTTER, Nürnberg 1574	43 von 338 Aufgaben	12,7 %

Augenfällig kann ein deutliches Nord-Süd-Gefälle erkannt werden.

Es sollen einige Rechenaufgaben zum Thema Wein präsentiert werden. Spätestens jetzt wird dem Leser empfohlen, bei dieser Lektüre ein Glas guten Weins zu genießen. Denn wenn man täglich ein Viertel Wein trinkt, wird man 100 Jahre alt. Wie alt wird man aber, wenn man täglich vier Viertel Wein trinkt?

Mathematik und Weinkultur

Bei Bier klingt eine Aufgabe recht profan. So schreibt ADAM RIES 1550 in seinem 3. Rechenbuch:

"15 Bauern trinken ein Faß Bier aus in 5 Stunden. In wie langer Zeit trinken es 20 Bauern aus?"

Solche Aufgaben gibt es nicht über Wein, weil der Wein halt etwas Besseres ist.

Begonnen wird mit zwei einfachen Rechnungen aus dem Rechenbuch des Wittenberger Rechenmeisters JOHANN ALBERT, die ebenso wie alle weiteren Aufgaben wortgetreu in heute verständliches Deutsch übertragen werden:

"Was kostet 1 Eimer Wein, wenn 1 Kandel 10 d [denarius = Pfennig] gilt? Facit 2 fl [Gulden] 11 gr[oschen] 4 d." (1 Eimer = 64 Kandel)

In einer weiteren Aufgabe werden größere Maßeinheiten verwendet:

"Ein Weinschenk kauft 8 Fuder Wein um 238 fl 12 gr. Wie kommt 1 Eimer? Facit 2 fl 10 gr 2 ¼ d."

Der Titeleinband dieses Rechenbuches hat auf indirekte Weise mit Wein zu tun: Er stammt aus der Werkstatt des LUCAS CRANACH D. Ä. (1472 - 1553). CRANACH war nicht nur Maler, sondern zeitweise auch Bürgermeister von Wittenberg und hatte als Weinhändler das Weinmonopol für halb Sachsen. Außerdem war Cranach Apotheker, so daß er bei schädlichen Folgen nach Genuß eines schlechten Weines oder bei zu starkem Weingenuß gleich behilflich sein konnte.

Von der Lagerkapazität in einem Weinkeller handelt eine Aufgabe aus den ALKUIN (um 732 - 804) zugeschriebenen Aufgaben zur Schärfung des Geistes der Jugend:

"Ein Weinkeller ist 100 Fuß lang und 64 Fuß breit. Sage, wer es kann, wieviel Fässer er aufnehmen soll, wenn jedes Faß 7 Fuß lang und in der Mitte 4 Fuß breit ist und ein Durchgang 4 Fuß breit ist."

Dieser Weinkeller ist von einer prächtigen Größe, denn es passen in ihn je nach Anlegen der Durchgänge 150 bis 210 Fässer, deren jeweiliger Inhalt auf fast 2000 l geschätzt wird.

Mit der Aufgabe des aus Ulm stammenden Schul- und Rechenmeisters MARTIN STÖTTER (1523 - 1594) soll das Rechnen geübt werden. Ihr kann nicht so ganz Realitätsbezug zugesprochen werden:

"Ein Wirt hat dreierlei Wein, beim ersten gilt ein Maß 9 d, beim andern 1 Maß 10 d und beim dritten 12 d. Einer bringt 12 ß [Schilling] 7 Heller. Er will diese drei Weine einer soviel haben als des andern. Wieviel muß man ihm geben? Facit 2 Maß 27/62."

JOHANN ALBERT hat gegenüber MARTIN STÖTTER eine Steigerung von drei auf sechs Getränke vorgenommen:

"Ein Wirt schickt seinen Diener nach sechserlei Getränk, gibt ihm 8 fl, heißt ihn, eins so viel zu bringen als des andern. Einbeckisch Bier gilt 1 Kandel 6 d, Landwein gilt 1 Kandel 10 d, Frankenwein gilt 1 Kandel 14 d, Rheinischen Wein gilt 1 Kandel 18 d, Klarer gilt 1 Kandel 5 gr, Malvasier 1 Kandel zu 7 gr. Nun ist die Frage, wieviel Kandel jegliches Getränks er bringen soll, und wieviel er für ein jegliches Getränk soll geben? Facit 10 Kandeln 1 Össel soviel soll er eins jeglichen Getränks bringen."

Eine Aufgabe zur Regula Falsi hat MARTIN STÖTTER in eine Reise eingekleidet, die ein Fuhrmann zur Weinbeschaffung unternimmt:

"Ein Fuhrmann fährt nach Wein, hat mit sich Geld, weiß nicht wieviel, kehrt bei einem Wirt ein, der leiht ihm den halben Teil soviel, als er vorhin hat. Davon verzehrt der Fuhrmann 2 fl. Der Fuhrmann kehrt bei einem anderen Wirt auch ein, der leiht ihm den dritten Teil soviel Gelds, als der Fuhrmann bei ihm hat. Davon verzehrt der Fuhrmann 1 1/3 fl. Dann fährt der Fuhrmann abermals zu einem Wirt, der leiht ihm 1/4 soviel Gelds, als der Fuhrmann bei ihm hat. Davon verzehrt der Fuhrmann 3 fl. Nun kauft der Fuhrmann Wein, gibt all sein Geld aus, nämlich 42 fl. Ist die Frage, wieviel der Fuhrmann erstlichs Geld mit ihm ausgeführt habe. Facit 20 fl."

Aufschlußreich und sehr realitätsnah erscheint STÖTTERs Rechenaufgabe zum Weinkauf. Hier werden die Esslinger Sitten verraten, nach denen einem Weinkunden noch zusätzliche Ausgaben für Trinkwein, Aufwechsel und Unterkauf aufgebürdet werden:

"Ein Fuhrmann kauft Wein zu Eßlingen, das Fuder pro 47 ½ fl. [Es] halten seine Fässer an der Eich daselbst das erste 1 Eimer 1 Ime 6 Maß, das andere 13 Ime 8 Maß, das dritte 1 Eimer minder 1 Maß, das vierte 11 Ime 7 Maß, das fünfte 18 Ime 3 Maß, ein kleines Fäßle hält 3 Ime 4 Maß. Und er muß 4 Maß Trinkwein bezahlen. Ist die Frage, wieviel er Wein geladen und was er um denselben schuldig wird. Und er muß auf jeden Gulden im Kauf 1 Kreuzer Aufwechsel und von je-

dem Eimer 1 ß Unterkauf geben. Facit: Wein geladen 5 Eimer 1 Ime 1 Maß, gibt darum 40 fl 27 ß 2 7/8 hel."

Bei dem angegebenen stolzen Preis für ein Fuder kann es sich bei dem Wein nur um den überragenden Esslinger 1547er Neckarhalde Trollinger Spätlese trocken gehandelt haben.

Den warnenden Zeigefinger vor dem Alkoholismus erhebt JOHANN ALBERT bei dieser Aufgabe:

"Wenn einer alle Tag 8 d verzecht, wie viel hat er ein Jahr verzecht? Facit 11 fl 12 gr 4d."

Der nächsten Aufgabe muß vorausgeschickt werden, daß die Steigerung von Milchmädchen Weinmädchen oder Weinkehlchen ist. Und wie man Geld mit Wein verdienen kann und wie sich der Lübecker Rechenmeister FRANZ BRASSER (um 1520 - 1594) den Ertrag einer Rebe vorstellt, zeigt die folgende Weinkelchenrechnung in niederdeutscher Sprache:

"Tho Coellen wanen etlike Boergers, ein yüwelick hefft so vel Wingarden alse erer syn, eyn yüwelick Wingarde hefft so vel Stöcke alse der Börgers synt, eyn yüwelick Stock hefft so vel Rancken alse der Börgers synt, eyn yüwelick Rancke hefft so vel Druven alse der Börgers synt, eyn yüwelick Druve gyfft so vel Quarteer Wins alse der Börgers syn. [Die Bürger] bringen allen Win tosamende, vinden yn alles 13 Voeder 3 Ame 18 ¼ Stoeveken, vören den Win tho Lübeck, vorköpen de Ame dar vor 18 Mrk. Js de Frage, wo vel der Boergers gewesen syn, vnde wo vel Geldes se dar vth gemaket hebben, vnde wat eynem yderen daruan thor Dele behoert. Facit der Boergers syn 5, vnde hebben vth dem Wine gemaket 1464 Mrk 13 ß 6 d, eynem yüweliken gehoert van dem Gelde 292 Mrk 15 ß 6 d."

Ein trauriges Beispiel schildert JOHANN ALBERT mit seiner Aufgabe "Weinfaß mit 3 Zapfen":

"Ein Faß hält 316 Eimer Wein, hat 3 Zapfen. Und wenn der erste Zapfen allein gezogen würd, lieff der Wein aus in 1 Tagen und Nacht. Zug man aber den andern, so lief er aus in 3 Tagen und Nacht. Wo aber der dritt Zapfen zogen würd, lief er aus in 4 Tagen und Nacht. Nu wird begehrt zu wissen, wenn alle 3 Zapfen zu gleich zogen würden, in wieviel Tagen er auslief und wieviel Eimer durch ein jeglich Zapfloch in Sonderheit ging? Facit in 12/13 Theil eins Tags und Nachts, oder in 22 Stunden 9 Minuten 3/13 Theil, in solcher Zeit lief er aus."

JOHANNES WIDMANN (um 1460 - nach 1505) bringt eine ähnliche Aufgabe. Bei ihm war der Faßinhalt glücklicherweise nur Wasser.

Ein Beispiel für die Emanzipation im Mittelalter stellt diese Aufgabe dar, die REINER GEMMA FRISIUS (1508 - 1555) in seinem Rechenbuch in lateinischer Sprache wiedergibt:

"Potator quidam solus exhaurit cadum vini in 20 diebus, verum si uxor eum iuverit servata proportione bibendi 14 diebus vini tantundem absumunt, quanto ergo tempore sola uxor totum vas exhauriet?" ("Ein Trinker leert einen Krug Wein in 20 Tagen, aber wenn seine Ehefrau ihm hilft, wobei das Verhältnis des Trinkens beibehalten wird, verbrauchen sie ebensoviel Wein in 14 Tagen. In welcher Zeit wird die Gattin allein das ganze Gefäß austrinken?")

Weit gefächert sind Aufgaben, die mit Umfüllen, Verdünnen und Panschen zu tun haben. Begonnen wird mit einer neuzeitlichen Verständnisaufgabe, die meist etwa so formuliert ist:

"Ein Glas wird mit Rotwein gefüllt und ein zweites gleich großes Glas mit Wasser. Ein Löffel Rotwein wird vom Rotweinglas ins Wasserglas gegeben und gut umgerührt. Von dieser Mischung wird nun ein gleich großer Löffel ins Rotweinglas zurückgebracht. Ist nun mehr Wasser im ursprünglichen Rotweinglas oder mehr Rotwein im Wasserglas?"

Diese Aufgabe läßt sich mit gesundem Menschenverstand lösen, man kann auch physikalische Experimente durchführen, und vor allem kann man trefflich streiten, um schließlich mit irgendwelchen angenommenen Zahlen, mit möglichst vielen Variablen oder mit Zeichnungen die Aufgabe endgültig zu lösen.

Die folgende Aufgabe kann man durch intelligentes Probieren lösen, man kann aber auch graphentheoretische Überlegungen anstellen:

"Man hat drei Weingefäße mit Fassungsvermögen von 8, 5 und 3 Liter. Das Gefäß mit 8 l [8 Liter] ist voll, die beiden anderen sind leer. Wie muß man umfüllen, daß sich im ersten und im zweiten Gefäß je 4 l befinden?"

In graphentheoretischer Schreibweise bringt GEORGES BRUNEL (1856 - 1900) als kürzeste von 16 angegebenen Lösungen (8 0 0, 3 5 0, 3 2 3, 6 2 0, 6 0 2, 1 5 2, 1 4 3, 4 4 0) mit sieben Umfüllungen.

JOHANNES WIDMANN bringt eine solche Aufgabe als krönenden Abschluß seines Rechenbuches von 1489:

> "Einer hat einen Knecht, den schickt er mit einer Flaschen nach Wein, da gehen 14 Kandel ein. Nun begegnen ein und demselben Knecht (der die Flasche mit 14 Kandel gefüllt hat) mit zwei Flaschen, in die eine gehen 5 Kandel und in die ander 3 Kandel. Und bittet, daß keiner sein Wein mit ihm teile, also daß er nicht ledig seinem Herren heim komme, wenn man desselbigen Weins nicht mehr in dem Weinkeller gehabt hat. Nun ist die Frage, wie sie den Wein an alle andere Mal dann die Flaschen geteilt haben. Facit in der Flaschen mit 5 Kandeln 5 und in der mit 3 Kandeln 2 Kandel und in der mit 14 Kandel 7 Kandel und ist recht."

Eine Lösung ist (14 0 0, 9 5 0, 9 2 3, 12 2 0, 12 0 2, 7 5 2).

In mathematischen Aufgabensammlungen aus dem ausgehenden Mittelalter ist diese Aufgabe erwähnt:

> "Es sollen neun Fässer Wein des Inhalts 1, 2, 3, ..., 9 Maß gleichmäßig an drei Personen verteilt werden. Die Lösung lautet: A erhält die Fässer 1, 5, 9; B 2, 6, 7; C 3, 4, 8."

In den bereits erwähnten Aufgaben, die ALKUIN zugeschrieben werden, ist eine halbwegs lösbare Aufgabe aufgeführt:

> "Ein Vater liegt im Sterben und hinterläßt seinen vier Söhnen vier Fässer Wein. Im ersten Faß waren 40 Modia, im zweiten 30, im dritten 20 und im vierten 10. Er ruft seinen Hausverwalter und sagt: Diese Fässer mit dem darin befindlichen Wein verteile unter meine vier Söhne so, daß jeder gleichviel Wein und gleichviele Fässer erhält. Sage, wer es versteht, wie es zu verteilen ist, damit alle gleichviel erhalten können."

Als Lösung wird verkündet:

> "Es kommen für jeden Sohn 25 Modia heraus, für zwei zusammen 50. Im ersten Faß sind 40 Modia, im vierten 10. Diese zusammen ergeben 50. Dies gib zwei Söhnen. Ebenso fasse die 30 und 20 Modia zusammen, die im zweiten und dritten Faß waren; es sind 50. Diese gib den beiden anderen Söhnen, so wird jeder 25 Modia haben."

Diese Lösung läßt das Problem offen, wie sich jeweils zwei Söhne einigen.

Eine grausige Weinpanscherei hat in Ingolstadt mit fünf Weinsorten stattgefunden, wie PETER APIAN (1495 - 1552) berichtet:

> "Einer hat fünferlei Wein. Des ersten gilt 1 Maß 4 d, des andern 1 Maß 8 d, des dritten 11 d, des vierten 1 Maß 14 und des fünften 1 Maß 16 d. Daraus will er mischen zweierlei Wein in zwei Fässer. Das eine Faß hält 3 Eimer 37 Maß, soll die Maß gelten 9 d. Das ander Faß hält 5 Eimer 48 Maß, soll 1 Maß wert sein 13 d. Ist die Frage, wieviel muß er jedlichs Weins tun in ein jedlich Faß."

Den Preisen nach werden ein Tischwein, ein Qualitätswein, ein Kabinett, eine Spätlese und eine Trockenbeerenauslese gemischt. Diese Brühe ist nach Meinung des Autors gar nichts mehr wert. APIAN löst das Problem auf elegante Weise und gibt für das erste Faß zwei verschiedene Lösungen an. Einerseits nimmt er von den fünf Sorten der Reihe nach 7, 7, 1, 1 und 5 Teile, andererseits bietet er die Lösung mit 5, 9, 1, 5 und 1 Teil an. Für das zweite Faß zeigt APIAN die Lösung mit 3, 1, 1, 7 und 9 Teilen an.

Noch schlimmer erscheint bei JOHANN WEBER (um 1530 - 1595) in Erfurt die Nachfüllerei mit billigerem Wein und das zu Firnewein, was ein alter abgelagerter Wein mit Dunkelfärbung ist:

> "Einer hat ein Fäßlein guten alten Firnewein, des ein Viertel 20 d wert ist. Das hält 10 Viertel. Nun hat er einen andern geringern Wein, welches ein Viertel 8 d wert ist. [Er] läßt aus erstgedachtem Fäßlein täglich ein Viertel und füllet es jedesmal wieder mit dem geringen, treibt solches Lassen und Füllen 8 Tage lang an. Ist nun die Frage, wie viel nach solchem ein Viertel Weins wert sei? Facit 13 4140163/25000000 d."

In Lübeck füllt FRANZ BRASSER mit Wasser nach. Zur Strafe ist das Ergebnis fürchterlich falsch:

> "Einer hat eine Flasche. Darin sind 7 Viertel Wein. Daraus gießt er ein Viertel Wein aus und gießt darein ein Viertel Wasser wieder ein. Das tut er 7 mal. Ist die Frage, wieviel Wein und Wasser jeweils noch in der Flasche sei. Facit des Weins ist 6/7 eines Viertels, und des Wassers 6 1/7 Viertel."

JOHANNES JUNGE (geb. um 1550) verfeinerte die Kunst des Mischens und Wässerns. Erst mischte er vier Fässer Wein durch und gab dann noch Wasser dazu. Auch bei ihm stimmt das Ergebnis nicht:

> "Einer kauft 4 Fässer mit Wein, [diese] halten 4, 5, 6, 7 Fuder, kosten zu 29, 30, 31, 32 fl, mischt diese durcheinander. [Er] will haben, 1 Fuder soll 29 ½ fl wert sein. Wie viel Wassers muß er darunter mischen?"

Er verrechnet sich zu seinen Gunsten, erhält für seine Weinmischung mit 3 fl zuviel pro Fuder einen zu großen Preis und gießt daher mehr Wasser dazu. Oder verwirrte diese Aufgabe den Buchdrucker JOHANN BALHORN D. Ä. (um 1500 - 1573) so sehr, daß er die Zahlen total verballhornte?

Ausgerechnet in seinem Schulbuch für anfangende Schüler bringt FRANZ BRASSER folgende Aufgabe:

"Ein Weinschenk hat 1 Faß Wein, das kostet 72 fl 22 ß. Wenn er das Viertel darvon verkauft für 2 ß, so gewänne er an allem Wein 7 fl 2 ß. Nun wird ihm geboten, das Viertel für 18 d zu geben. Ist die Frage, wie viel Wasser er unter den Wein mengen muß, daß er daran nicht gewinne oder verliere, und wie viel des Weins gewesen sei. Facit des Weines ist gewesen 6 Ame, und [er] muß darunter mengen 206 2/3 Viertel Wasser."

Damit besteht die Mischung zu 17,7 % aus Wasser!

In Bamberg werden eindeutig Weinschorle hergestellt bei dieser Menge von Wasser. Eine Bamberger Handschrift enthält gleich zwei solche den Frankenwein schädigende Aufgaben:

"Einer kauft 32 Eimer Weines, je 1 Eimer um 16 gr. Nun will er wissen, wie viel Wasser er darein soll tun, daß 1 Eimer komme pro 9 gr? Facit 24 Eimer 8/9 Wasser."

"Item 23 Maß Wein, zu 5 d 1 Maß, und ich will ihn ausschenken zu 3 d. Wie viel muß ich Wasser darein tun, daß ich nicht Gewinn noch Verlust? Facit 15 Maß 1/3."

Dem Zugießen von Wasser zur Vermeidung eines Verlustes scheint nicht der Geruch des Außergewöhnlichen anzuhaften, denn dieser Aufgabentyp war weit verbreitet. Dem Autor sind weitere ähnliche Beispiele bekannt. Die zweite Aufgabe aus der Bamberger Handschrift läßt sich direkt zurückführen auf eine Aufgabe im Algorismus Ratisbonensis. Ebenfalls eine solche Aufgabe erwähnt GEORG WENDLER (1619 - 1688) in Nürnberg. Und am 26.6. 1672 wurde die folgende Aufgabe in Öhringen als Prüfungsfrage an sich bewerbende Schul- und Rechenmeister gestellt:

"Es will ein Wirt 3 Eimer Wein ausschenken, und will die Maß pro 21 d geben. Nun wird ihm von der Herrschafft auferlegt, die Maß nur pro 18 d zu geben; ist nun die Frag, wieviel er Wasser zu gießen muß, wann er sein obiges Geld lösen will. Facit 12 Maß."

5. Literatur

Die Rechenaufgaben, die zum Thema Wein beschrieben wurden, sind folgenden Rechenbüchern und Handschriften entnommen. Auf eine seitengenaue Zitierung wird verzichtet:

ALBERT (ALBRECHT), JOHANN: Rechenbüchlein auff der linien, dem einfeltigen gemeinen man odder leien vnd jungen anhebenden liebhabern der Arithmetice zu gut, Georg Rhaw, Wittenberg 1534.

APIAN, PETER: Eyn Newe vnnd wolgegründte vnderweysung aller Kauffmanß Rechnung, Georg Apian, Ingolstadt 1527.

BRASSSER, FRANZ: Eyn nye vnde Nuetsam Reckensboeck vor de anfangenden schoelers, Johann Balhorn, 2. Auflage Lübeck 1556.

BRUNEL GEORGES: Analysis situs, Recherches sur les réseaux, Mém. Soc. des sciences physiques et naturelles de Bordeaux (4) 5 (1895), 165 - 215.

FOLKERTS, MENSO: Mathematische Aufgabensammlungen aus dem ausgehenden Mittelalter, Sudhoffs Archiv, Band 55, 1971, Heft 1, 58 - 75.

FOLKERTS, MENSO, GERICKE, HELMUTH: Die Alkuin zugeschriebenen Propositiones ad acuendos iuvenes (Aufgaben zur Schärfung des Geistes der Jugend), in: P.L.Butzer, D.Lohrmann: Science in western and eastern civilization in Carolingian times, Birkhäuser Verlag Basel 1993, 283-362.

FRISIUS, REINERUS GEMMA: Arithmeticae practicae Methodus facilis, Gregorius Bontius, Antwerpen 1540.

GROPP, HARALD: "Réseaux réguliers" or regular graphs - Georges Brunel as a French pioneer in graph theory, demnächst veröffentlicht.

JUNG, JOHANNES: Rechenbuch auff den Ziffern vnd Linien, Lübeck 1578.

HOHENLOHE-ZENTRALARCHIV NEUENSTEIN: Schulprotokolle der Stadt Öhringen, 26.6.1672.

RIES, ADAM: Rechenung nach der lenge, auff den Linihen und Feder, Jakob Berwald, Leipzig 1550.

SCHRÖDER, EBERHARD: Ein mathematisches Manuskript aus dem 15. Jahrhundert: Staatsbibliothek Bamberg, Handschrift aus Inc. Typ. Ic I 44, Algorismus, H. 16, , Münchner Universitätsschriften, Institut für Geschichte der Naturwissenschaften, München 1995.

SPINDLER, NICOLAUS: Experiment: Gewisse, rechte vnd bewärte erfahrung allerhand Artzney, Georg Rab, Sigmund Feyrabend und Weygand Hanen Erben, Frankfurt / Main 1556.

STÖTTER, MARTIN: Ein schoen nutzlich Rechenbuechlin auff allerlei kauffmans rechnung, Ulrich Morhart, Tübingen 1552.

VOGEL, KURT: Die Practica des Algorismus Ratisbonensis, C. H. Beck'sche Verlagsbuchhandlung, München 1954.

WEBER, JOHANN: Ein New Künstlich vnd wolgegründt Rechenbuch Auff den Linien vnd Ziffern, Jakob Berwalds Erben, Leipzig 1583.

WENDLER, GEORG: Bayerische Staatsbibliothek München, Cgm 3788, Nürnberg 1646.

WIDMANN, JOHANNES: Behende vnd hubsche Rechenung auff allen kauffmanschafft, Konrad Kachelofen, Leipzig 1489.

Prof. Ulrich Reich, Fachhochschule Karlsruhe - Hochschule für Technik, Fachbereich Wirtschaftsinformatik, Moltkestr. 30, D-76133 Karlsruhe

Johann Weber
Rechenmeister und Bürger zu Erfurt

Manfred Weidauer

Vorbemerkungen

Die Beschäftigung mit mathematischen Schriften des späten Mittelalters und ihren Autoren führt mehrfach zum Namen JOHANN WEBER. Nürnberg war bereits im 16. Jahrhundert eine bedeutende Stadt in unserem Sprachraum und beherbergte viele noch heute bedeutende deutsche Persönlichkeiten.

Dazu gehören auch JOHANN NEUDÖRFFER der Ältere (1497-1563), der besonders als Schreibmeister bekannt wurde. Autoren, wie zum Beispiel DOPPELMAYR [Doppelmayr, S. 201], die über NEUDÖRFFER und seine Zeit berichten, heben seine Wirkung und die seiner Schüler hervor. Zu den Schülern, die ihr Können in andere Städte trugen, gehört JOHANN WEBER, der sich nach seiner Ausbildung in Nürnberg in Erfurt niederließ.

Studiert man in Erfurt die dort vorliegenden Rechenbücher von ADAM RIES (1492-1559), findet der Leser umfangreiche handschriftliche Eintragungen im RIES-Rechenbuch von 1558 [Ries, Vorblatt, Anhang]. Der Ortschronist für Erfurt, KARL HERRMANN, fand diese Zusammenhänge bereits 1863 heraus [Herrmann, S. 334]. Die Erkenntnis von Herrmann wurde ermöglicht, weil ihm eine umfangreiche Handschrift mathematischen Inhalts, die Brotordnung, aus dem Stadtarchiv Erfurt vorlag.

Mit der wissenschaftlichen Bearbeitung der Leistungen JOHANN WEBERs beschäftigte sich bisher niemand. So war der Geburtsstadt Stadtsteinach in Franken auch nicht bekannt, daß aus ihren Mauern eine so bedeutende Person hervorgegangen ist. WEBER selbst blieb seiner Heimat stets verbunden. Er widmete sein Hauptwerk seinem Erzbischof in Bamberg aus Heimatverbundenheit [Weber 2, Blatt aij, <biiijR>].

Zu den Schriften des Rechenmeister

Die Recherchen zu den Werken von JOHANN WEBER werden heute dadurch erschwert, da der Name sehr häufig vorkommt. Viele Personen gleichen Namens aus der gleichen Zeit wurden allerdings durch theologische Schriften überliefert. Für den Rechenmeister JOHANN WEBER mit seiner Wirkungsstätte Erfurt lassen sich drei Schriften nachweisen.

Erste Schrift:

> Gerechnet Rechenbüchlein:
> Auff Erffurdi-
> schen Weit / Tranck / Cent-
> ner / Stein vnd Pfund kauf / Bene
> ben einer sehr nützlichen Rechnung / was nach
> dem Stück / als Elen / Maß / etc. kaufft oder
> verkauft wird / Auch eine sehr schöne Wech=
> sel Rechnung / auf die viererley Müntz / der
> Taler / Gulden / Gute Schock vnd Lawen
> Schock gericht ... Menniglich zu
> Gutem zusamen bracht / vnd jtzt
> In Druck vorfertiget.
> Durch
> Johan Weber / Rechenmeister
> vnd Bürger zu Erffurd
> M. D. LXXXIII.

Gedruckt in Erfurt bei Esaiam Mechler.

Fundorte: Erfurt, Stadtarchiv - zwei Exemplare; Wolfenbüttel, Herzog August Bibliothek

Bemerkungen: VD 16 führte das Exemplar aus Wolfenbüttel an (W1330).

Ars Mercatoria zitierte MURHARD und SMITH (W3.1, W3.2 W3.4):

SMITH [Smith, S. 338] und MURHARD [Murhard, S. 157] vermuteten jeweils eine Auflage von 1570.

MURHARD vermutete eine Auflage von 1601.

Zweite Schrift (Hauptwerk):

Ein New // Kuenstlich vnd Wol = // gegruendt Rechenbuch // Auff den Linien vnd Ziffern / von // vielen nuetzlichen Regeln / zu allerley Handthi= // runge / Gewerben vnd Kauffmanschlag dienstlichen / // neben vielen andern dingen / so hiebevorn // nicht gesehen worden. // Darinnen auch gruendtlichen dargethan vnd // angezeigt wird wie man Radicem Quadratam vnd Cubicam // extrahirn sol / mit angehenckten Exempeln. Dessgleichen ein vollkom= // mener Bericht der Regula Falsi darinnen gelert wird / wie vnd auff was wege alle // Fragen der gantzen Coss Christoff Rudolffs (so wol von Binomischen vnd Residui- // schen Zahlen / als von Irrational vnd Rational Zalen) durch Regulam Falsi rnoegen // resoluirt vnnd auffgeloest werden. Alles nach notturfft in Frage vnnd Antworts // weise gestellet / sampt angehefften Demonstrationen. Beneben etlichen vberaus // gantz schoenen vnd kuenstlichen gehandelten Wortrechnungen. Dermassen vor= // mals weder in Lateinischer noch Deutscher sprach nicht aussgegangen / // mit sondern fleis zusammen bracht vnserm gemeinen Va= // terland vnd allen Liebhabern dieser Kunst zu // nutz in Druck verfertiget.

Durch

Johann Weber von StadtSteinach / Rechen- / meister
vnd Bürger zu Erffordt.

Gedruckt in Leipzig bei Jakob Bärwald Erben, 1583

Fundorte: Coburg, Landesbibliothek; Augsburg, Universitätsbibliothek; Augsburg, Staats- und Stadtbibliothek; Dresden, Universitäts- und Landesbibliothek; Leipzig, Universitätsbibliothek; Lübeck, Stadtbibliothek; Münster, Universitäts- und Landesbibliothek; Trier, Stadtbibliothek; Michigan, Universitätsbibliothek; Ann Arbor; Wien, Nationalbibliothek

Bemerkungen: VD 16 nannte Standort Landesbibliothek Coburg (W1331, W1332). Ars Mercatoria nannte Standort Universitätsbibliothek Augsburg (W3.3).

Dritte Schrift:

Kurtz Bedenken. Wie vnd aus was grün-// de, eine bestendige vnnd immer- // werende Becken Ordnung / auff Erffurdischen Brodkauffe / kann gemacht vnnd angestellte werden.

Darinnen angezeigt wird / Wenn das Viertel schön Korn oder Weitzen / umb einen groschen auff oder abschleckt / Wieviel pfundt guter vnd wolauß=// gebackenes Brods für einen gr. sechs oder drey pfennig / beydes am weissen gut vnd anderm Brod können gegeben werden.

Auff anordnungen vnd sonderlichen bitte Eines Ehrwürdigsten, Achtbaren vnnd hochwürdigsten Rahts / dieser löblichen Stadt Erffurdt / ge=// meinen Nutz zugutem. Verfertiget

Durch

Johannen Webern von Stadt Steinach / Publicum Notariumi
Rechenmeistern vnnd Bürgern zu Erffurdt / Anno 1592.

Handschriftlich, 37 Seiten
Fundort: Erfurt, Stadtarchiv
Nachweis: [Herrmann, S. 334]

Unklar bleibt eine Auflage der ersten Schrift, die nach MURHARD und SMITH bereits 1570 herausgegeben worden sei. MURHARD schreibt JOHANN WEBER sogar eine Auflage im Jahre 1601 zu. Hier könnte ein Zusammenhang zu einer Veröffentlichung von E. WEBER / J.A. WEBER "Artihmetica oder Rechenbuch in schönen und nützlichen Exempeln darin auch mancherlei Gewicht und Münzsorten erklärt werden", St. Gallen 1601 zu finden sein, die unter anderem im "Tresor de Livres Rares et Précieux ... von GRAESSE [Graesse, S. 426] aufgeführt wird. Es ließ sich bisher kein Beleg finden für die Verwendung eines weiteren oder anderen Vornamens.

Der Autor hofft auf korrigierende und ergänzende Hinweise zu den Schriften von JOHANN WEBER - Rechenmeister und Notar zu Erfurt.

Zur Einordnung der Persönlichkeit in seine Zeit

Mit Gewißheit läßt sich feststellen, JOHANN WEBER war seit dem Jahre 1560 Bürger von Erfurt. Bei den Eintragungen in seine Bücher und andere Schriften nannte er sich Rechenmeister und Notar. Aus der Zuordnung als Schüler des berühmten Schreibmeister JOHANN NEUDÖRFFER des Älteren entsteht die Vermutung, WEBER führte in Erfurt eine Schreib- und Rechenschule.

Es ist allerdings heute nicht nachweisbar, wann er seine Ausbildung in Nürnberg absolvierte. Aus dem Rückschluß des Tätigkeitsbeginns in Erfurt und den damals üblichen Schul- und Ausbildungszeiten könnte sein Geburtsjahr um 1530 sein. Für diese Zeit findet man Bürger gleichen Namens in Stadtsteinach, ein direkter Nachweis zum späteren Rechenmeister fehlt noch. Die bekannten Informationen zu WEBER zeigt die Übersicht 1.

ca. 1530	geboren, Stadtsteinach (Oberfranken)
	Ausbildung bei JOHANN NEUDÖRFFER dem Älteren (1497-1563)
	Zitiert nach [Doppelmayr], [Murhard]
1560	Bürgerrecht in Erfurt, Rechenmeister und Notar
1583	Gerechnet Rechenbüchlein: auff Erfurdt//schen Weit / Tranck / Eim//er/Stein vnd Pfund kauff ...
	Gedruckt bei Esaiam Mechlern 1583 in Erfurt (fertiggestellt am 24. Oktober 1582)
	SCHEIBEL [Scheibel, S.55] nannte eine Auflage von 1570, die auch bei MURHARD und SMITH zitiert wurden. MURHARD vermutete eine Auflage von 1601.
1583	Ein New // Kunstlich vnd Wol= // gerundt Rechenbuch/ // Auff den Linien vnd und Ziffern ... Durch Johann Weber von Stadt Steinach / Rechen= // meister vnd Buerger zu Erffordt. //
	S. 252: "Gedruckt zu Leipzig / durch Jacob // Berwaldts Erben. Jn verlegung // Jacob Apel. ANNO M.D.LXXXIII. //"
1585	Er bestätigte eine Urkunde als Notar mit Wappen im Siegel.
1587	Für das Gartengrundstück Nr. 15 am "Haus zur Hummel", Martinsgasse 12 die Steuern bezahlt.
1592	Brotordnung für die Bäcker von Erfurt fertiggestellt, Handschrift, Stadtarchiv Erfurt
1595	Am 21. November gestorben, Steberegister der Predigergemeinde Erfurt

Übersicht: 1 Leben und Werk

In der Predigergemeinde zu Erfurt scheint WEBER ein aktives Mitglied gewesen zu sein. Noch heute besitzt diese Gemeinde Schriften zur Kirchengeschichte und zum Kirchenrecht aus dem persönlichen Besitz des Rechenmeisters. Dank dieser Zufälle können wir heute auch die Rechenmeister-Geschichte in Erfurt erheblich vervollkommnen. Eines dieser Bücher vererbte im Jahre 1564 NIKOLAUS FELNER (gest. 1564) an JOHANN WEBER, so notierte es WEBER im Buch. Daraus läßt sich folgern, vor WEBER oder bis 1564 war NIKOLAUS FELNER Rechenmeister in Erfurt. Von FELNER gibt es ein 1535 verfaßtes Rechenbuch. Er ließ darin das Privileg vom Erfurter Stadtrat drucken, daß in Erfurt drei Jahre niemand das Rechenbuch drucken durfte. Es war ebenfalls verboten, außerhalb Erfurts gedruckte Exemplare in Erfurt zu verkaufen [Felner, Blatt k].

NORBERT HUTH sah in seinen Untersuchungen die Ursache solcher Forderungen in den schwierigen Arbeits- und Lebensbedingungen der Rechenmeister zur Mitte des 16. Jahrhunderts [Huth, S. 64]. WEBER besaß aber auch ein Exemplar eines Rechenbuches von ADAM RIES [Ries 1558]. Vermutlich nutzte er die Schrift, um sich auf die Tätigkeit als Rechenmeister vorzubereiten. Nachweislich 1583 veröffentlichte WEBER zwei Schriften.

In zeitlicher Reihenfolge kennen wir in Erfurt die Rechenmeister:

        ADAM RIES: ca. 1518 bis ca. 1523

        NIKOLAUS FELNER: ca. 1530 bis ca. 1560

        JOHANN WEBER: ca. 1560 bis ca. 1595

JOHANN WEBER kannte die Schriften zeitgenössischer Rechenmeister. Er beschäftigte sich mit der Wortrechnung und formulierte eine Aufgabengruppe mit

" ... willst du wissen, wann Herr ... das Rechenbuch in Druck gegangen ..." Dabei gilt es das Druckjahr die Schriften der folgenden Rechenmeister zu finden:

        PETER APIAN (1495-15529)

        NIKOLAI WERNER (geb. 1520)

        SIMON JACOB (erste Arithmetik)

        SIMON JACOB (großes Rechenbuch)

An anderer Stelle schrieb WEBER, "eine Aufgabe von meinem guten Freund CASPAR MÜLLER aus St. Annaberg anno 1562" gerechnet.

In seinem Rechenbuch zitierte WEBER weitere Autoren, die Übersicht 2 nennt auch die Formulierungen dazu.

Abbildung 1

JOHANN WEBER "Ein New Kunstlich vnd wohlgegrundt Rechenbuch".
Leipzig 1583. Titel

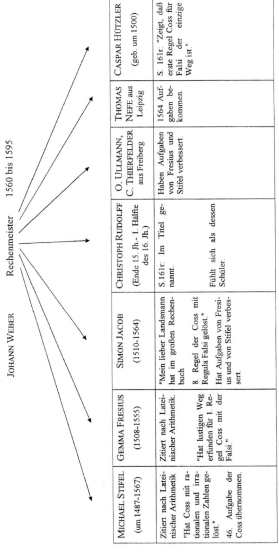

Übersicht 2 *Verweise im Rechenbuch von Johann Weber*

Zum Inhalt des Rechenbuches

Inhaltsübersicht: Blatt-Nummer

1. Rechnen mit natürlichen Zahlen 1
- Spezies auf den Linien 1
    Numerieren
    Addition und Subtraktion
    Duplizieren und Medieren
    Multiplikation und Division
- Spezies mit der Feder 11
    Addition und Subtraktion
    Multiplikation und Division
      Probe der Spezies 16
      Progression 19
        arithmetisch, geometrisch, harmonisch
- Regel Detri 25
    " ... für junge Schüler für Erfurter Münze ... "

2. Rechnen mit Brüchen 34
    Einführung, Begriffe 34
    Addition und Subtraktion 40
    Multiplikation und Division
    Regel Detri

1. Teil Übungen 56
    Vom Tara
    Münz, Maß und Gewicht
    Regel Detri in verschiedensten Formen

2. Teil Übungen 67
    Überkreuzmultiplizieren
    Zinsrechnung
    Wechselrechnung
    Gesellschaftsrechnung
    Gewinn und Verlust

Stich-Rechnung
Silber- und Goldrechnung
Münzschlag
Berechnen von Quadrat- und Kubikwurzel

Erklärungen und Beispiele zu den acht Regeln der Coß 161

3. Teil Übungen 226

160 numerierte Aufgaben, am Ende fünf Aufgaben zur Wortrechnung:
" ... so in etlicher fürnemer Rechenmeister außgegangnen Rechenbüchern ... berurte Bücher in Druck gegeben worden sind."

Übersicht zu den Münzen, Maßen und Gewichten 250

Schlußwort " ... an den Leser." 251

Collofon 252

Mit diesem Inhalt orientierte sich WEBER an der Arbeitsweise vieler Rechenmeister. Neu ist die ausführliche Behandlung zur Zinsrechnung.

Er verspricht eine Behandlung mittels der Coss, davon ist im Konkreten nichts zu lesen. Es bleibt bei der Nennung der acht cossischen Regeln.

Zu den interessanten Aufgaben zählen unter anderem die bereits erwähnten Beispiele der Wortrechnung. Der Bezug zu seinem Tätigkeitsort Erfurt wird vielfach spürbar. Neben der Auswahl der Münzeinheiten und der Maße stellte er gleich an zwei Stellen in Prosaform die Aufgabe zur Berechnung des Gewichtes der größten Glocke des Erfurter Domes.

Literatur

Ars Mercatoria: Handbücher und Traktate für den Gebrauch des Kaufmanns, 1470 - 1820. Band 2. Paderborn 1991

DOPPELMAYR, JOHANN GABRIEL: Historische Nachricht von den Nürnbergischen Mathematicis und Künstlern ... Nürnberg 1730

FELNER, NIKOLAUS: Ein new behenndes unnd gantz gründtlichs rechenbuchlin auff den linien unnd federn ... Erfurt? 1535

GRAESSE, JAN GEORGES TH.: Tresor de Livres Rares et Précieux ... Dresden, Genf, London, Paris 1876

HERRMANN, KARL: Bibliotheca Erfurtina. Erfurt 1863

HUTH, ROBERT: Die Beziehungen des Rechenmeisters Adam Riese zu Erfurt. In: Der Pflüger Erfurt 1927. S. 57-65

MURHARD, FR. WILH. AUG.: Literatur der mathematischen Wissenschaften. Band 1. Leipzig 1797

RIES, ADAM: Rechenbuch / Auf Lini = || en vnd Ziphren ... Frankfurt 1558

SCHEIBEL, JOH. EPHR.: Einleitung zur mathematischen Bücherkentnis. Zwölftes Stück. Breslau 1781

SMITH, DAVID EUGENE: Rara Arithmetica. New York 1970

Verzeichnis der im deutschen Sprachraum erschienenen Drucke des XVI. Jahrhunderts: VD 16. Band 2. Stuttgart 1984

Manfred Weidauer, Frohndorfer Str. 22, D-99610 Sömmerda,
email: manfred@weidauer.de

Das Leben Fermats

Klaus Barner

In diesem Jahr, meine Damen und Herren, wird nicht nur in Frankreich der vierhundertste Geburtstag PIERRE DE FERMATS, des großen französischen Mathematikers des siebzehnten Jahrhunderts, gefeiert. Das beruht jedoch auf einem Irrtum. FERMAT wurde im Jahre 1607 oder Anfang Januar 1608 in Beaumont-de-Lomagne als Sohn des reichen Großhändlers und Fabrikanten DOMINIQUE FERMAT geboren. Seine Mutter, CLAIRE DE LONG entstammt einer adligen Juristenfamilie. Damit sind die Feiern und Konferenzen zu FERMATS vierhundertstem Geburtstag, streng genommen, hinfällig. Aber wir wollen nicht päpstlicher sein als der Papst und uns den Feiern zu FERMATS rundem Geburtstag anschließen, indem wir über FERMATS wenig bekanntes privates und berufliches Leben berichten.

Die Familie FERMAT scheint in der zweiten Hälfte des 15. Jahrhunderts aus Katalonien nach Beaumont-de-Lomagne, einem befestigten Dorf mit Marktrecht, ca. 55 km nordwestlich von Toulouse, eingewandert zu sein. PIERRE DE FERMATS Großvater ANTHOINE FERMAT betrieb dort im 16. Jahrhundert einen Eisenwarenhandel, der ihm ein bescheidenes Vermögen einbrachte, welches er seinen beiden Söhnen DOMINIQUE (aus erster Ehe, FERMATS Vater) und PIERRE (aus dritter Ehe, FERMATS Taufpate) vererbte. Beide Söhne mehrten das Erbe ihres Vaters nach Kräften, wobei der ältere, DOMINIQUE, PIERRE DE FERMATS Vater, besonders erfolgreich war. Als Kaufmann, der mit Italien, Spanien und England einen Großhandel in Leder und mit zwei Kompagnons eine florierende Kalkfabrik betrieb, brachte er es zu erheblichem Wohlstand. Seine Gewinne legte er in zahlreichen Bauernhöfen und Grundstücken an, die er auf "*metairie*"-Basis verpachtete. Durch seine Heirat mit der Adligen CLAIRE DE LONG, die sein gestiegenes Ansehen widerspiegelt, eröffnete er einem seiner Söhne, sei es PIERRE oder sei es CLÉMENT, den Zugang zur "*noblesse de robe*".

Offenbar wurde der soziale Aufstieg der Familie FERMAT in die *noblesse de robe* sorgfältig und von langer Hand geplant. *De facto* bestand der einzige Weg dahin darin, das Amt eines (Parlaments-)Rats ("*conseiller*") an

einem der obersten Gerichtshöfe ("*cour de parlement*") der französischen Provinz, etwa in Toulouse oder Bordeaux, zu kaufen, ein zwar schon im *Ancient Régime* umstrittener, aber völlig legaler, im 16. Jahrhundert von der Krone aus Geldmangel eingeführter Brauch. Voraussetzung dafür war nicht nur ein respektables Vermögen, es mußten auch entsprechende Qualifikationen erworben werden: ein mindestens mit dem *baccalaureus (juris civilis)* abgeschlossenes dreijähriges Studium sowie eine mindestens vierjährige Praxis als Anwalt an einem der obersten Gerichtshöfe. Ferner mußte ein geeignetes Amt zum Verkauf stehen, und es bedurfte der Fürsprache von Mitgliedern des jeweiligen *parlements,* also handfester Patronage. Am Schluß fand dann noch eine juristische Aufnahmeprüfung statt, die nicht jeder Interessent bestand.

Seine Schulzeit verbrachte PIERRE FERMAT in seiner Heimatstadt bei den *Frères Mineurs Cordeliers.* Das waren Franziskaner, welche sich um 1515 in Beaumont niedergelassen und eine sehr anspruchsvolle Lateinschule gegründet hatten, in der neben Latein, Italienisch und Katalanisch auch Altgriechisch gelehrt wurde, für einen kleinen Ort mit ca. 4000 Einwohnern damals ganz außergewöhnlich. Für PIERRE, der 1623 mit 16 Jahren die Schule verließ, waren seine guten Kenntnisse der Alten Sprachen eine entscheidende Voraussetzung für sein Studium in Orléans.

Die Wahl dieses Studienortes läßt sich gut begründen. Die Stadt an der Loire besaß eine alte und berühmte Fakultät für Zivilrecht, deren weit über Frankreich hinaus reichender Ruf Studenten aus allen Teilen Europas anlockte. Diese kamen vor allem aus Schottland, den Niederlanden und der Schweiz sowie aus deutschen Landen, wobei aus letzteren vor allem Studenten lutherischer Konfession einen hohen Anteil ausmachten. Im 16. Jahrhundert hatte sich Orléans neben Bourges als Hochburg der humanistischen Rechtslehre einen Namen gemacht. In dieser spielte der philologisch-kritische Rückgang auf die antiken Ursprünge und Quellen des römischen Rechts, vor allem natürlich auf JUSTINIAN, eine zentrale Rolle. Eine sichere Beherrschung des Lateinischen, aber auch des Griechischen war eine unabdingbare Voraussetzung für diese Studien. Die Alten Sprachen wurden daher in der Artistenfakultät von Orléans auch noch im 17. Jahrhundert besonders gepflegt. Ein Bakkalaureat von Orléans verschaffte einem jungen Juristen zweifellos ein erhebliches Renommée.

Im August 1626 (vermutlich) legte PIERRE FERMAT in Orléans seine Prüfungen ab. Danach suchte er seinen Vater DOMINIQUE in Beaumont auf und

legte ihm die Urkunde über die erfolgreich bestandene Prüfung zum *baccalaureus juris civilis* vor. Noch im September 1626 schrieb DOMINIQUE FERMAT sein Testament, in dem er bei Abfindung des jüngeren Sohnes CLÉMENT und unter Festsetzung der Mitgift für seine Töchter LOUISE und MARIE - seinen älteren Sohn PIERRE zum Universalerben einsetzte.

Im Oktober 1626 begab sich PIERRE FERMAT nach Bordeaux und ließ sich im November von der *Grand'Chambre des parlement de Bordeaux* als Anwalt vereidigen. Es war klar, daß FERMAT sich an einem der französischen Parlamente als Anwalt niederlassen mußte, weil eine derartige, mindestens vierjährige Praxis nach einem königlichen Gesetz die unabdingbare Voraussetzung für die Anerkennung als *conseiller* (Parlamentsrat) durch den Justizminister darstellte. Aber: So naheliegend die Wahl des Studienortes Orléans war, so überraschend erscheint FERMATs Wahl von Bordeaux für seine Tätigkeit als Anwalt, denn Toulouse wäre aus vielerlei Gründen näherliegend gewesen. Wahrscheinlich hängt die Wahl von Bordeaux mit FERMATs mathematischen Neigungen zusammen.

Dort, in Bordeaux, gab es einen kleinen Kreis von Mathematik-Liebhabern, von denen die Namen D'ESPAGNET, PHILON und PRADES aus FERMATs Korrespondenz bekannt sind. ETIENNE D'ESPAGNET, dessen Vater Erster Präsident des Parlaments von Bordeaux und ein Freund VIÈTEs gewesen war, besaß zudem die nur schwer erhältlichen Werke VIÈTEs. Hier konnte FERMAT, gerade 20jährig, seine mathematische Karriere beginnen. Wer aber gab ihm den Rat, sich als Anwalt in Bordeaux niederzulassen? Ich vermute, daß es JEAN BEAUGRAND war, der wissenschaftliche Kontakte mit den Herren in Bordeaux pflegte und den FERMAT im August 1626 in Orléans kennengelernt haben könnte. Jedenfalls ist es bezeichnend, daß BEAUGRAND bis zu seinem Tode 1640 die mathematische Karriere FERMATs mit besonderem persönlichen Interesse verfolgte und bei seinen Reisen stets stolz von FERMATs Erfolgen berichtete. Offenbar war BEAUGRAND der Meinung, er habe FERMAT "entdeckt".

Als DOMINIQUE FERMAT am 20. Juni 1628 starb, war PIERRE FERMAT ein wohlhabender Mann. Er mußte jetzt nur noch die restlichen zwei der vorgeschriebenen vier Jahre als Anwalt hinter sich bringen. Wenn sich dann die Gelegenheit zum Kauf eines Amtes als *conseiller* (möglichst in Toulouse) eröffnete, wäre das erste Etappenziel des Familienplans erreicht. Diese Gelegenheit ergab sich Ende des Jahres 1630 während einer schweren Pestepidemie, die auch in Toulouse zahlreiche *conseillers au parle-*

ment dahinraffte. Am 29. Dezember 1630 schloß FERMAT mit YSABEAU DE LA ROCHE, der Witwe des verstorbenen PIERRE DE CARRIÈRE, *conseiller au parlement de Toulouse* und *commissaire aux requêtes,* einen Vorvertrag über den Kauf des Amtes des Dahingeschiedenen.

Der Kaufpreis, 43500 *livres,* davon sofort bei Amtsantritt zu zahlen 3000 *livres* in spanischen Pistolen, stellt eine damals zwar übliche, aber gleichwohl enorme Summe dar, Ein freier Bauer erwirtschaftete im Jahr durchschnittlich 100 *livres,* ein Stadtpfarrer erhielt jährlich ca. 300 *livres,* und ein *conseiller* konnte, wenn er sehr fleißig war, aus seinem Amt allenfalls 1500 *livres* im Jahr einnehmen, die er zudem noch zu versteuern hatte. Vom wirtschaftlichen Standpunkt war ein solcher Kauf ein miserables Geschäft, zumal da den *conseillers* durch königliches Gesetz der Handel oder die Ausübung eines Gewerbes verboten waren. Sie lebten daher so gut wie alle von ihren Landgütern. FERMAT, der von seinem Vater sechs Bauernhöfe und zahlreiche weitere Weiden, Obst- und Weingärten geerbt hatte, machte da keine Ausnahme. Es ist klar, daß nur sehr wohlhabende Grundbesitzer sich den Luxus des Erwerbs eines solchen Amtes leisten konnten. Der Gewinn bestand in dem Aufstieg in die *noblesse de robe,* in dem damit verbundenen gesellschaftlichen Ansehen und in der Teilhabe an der politischen Macht.

Nachdem FERMAT die (gebührenpflichtige) Zustimmung des Königs eingeholt und die vorgeschriebene juristische Aufnahmeprüfung vor dem *parlement de Toulouse* erfolgreich abgelegt hatte, wurde er am 14. Mai 1631 von der *Grand'Chambre* in seinem Amt vereidigt. Von diesem Augenblick an genoß er alle Rechte aus dem Amt eines *conceiller und commissaire aux requêtes,* das heißt, neben den mit dem Amt verbundenen Einkünften auch das Recht, den Titel "*éculier*" zu führen und seinem Namen das "*de*" voranzustellen.

Interessant ist die enge zeitliche Koppelung der Ernennung FERMATs zum *conseiller au parlement* und seiner Heirat mit LOUYSE DE LONG, der Tochter von CLÉMENT DE LONG, *conceiller au parlement de Toulouse,* und seiner Frau JEANNE DE GARAC. Der Heiratsvertrag wurde am 18. Februar 1631 geschlossen, und am 30. März 1631 zahlte DE LONG seinem zukünftigen Schwiegersohn 2865 *livres* als Anzahlung auf die zugesicherte Mitgift von 12000 *livres.* Am 1. Juni 1631 fand die kirchliche Trauung in der *Cathedrale St-Etienne* statt.

Das Leben Fermats

Die DE LONGS, entfernte Verwandte von FERMATS Mutter, besaßen nicht nur ein Haus in Toulouse in der *rue St-Rémesy,* sondern auch ein Haus in Beaumont-de-Lomagne, welches unmittelbar an das Anwesen der Familie FERMAT angrenzte, in welchem CLÉMENT DE LONG seine Parlamentsferien zu verbringen pflegte. PIERRE und LOUYSE müssen sich schon als Kinder gekannt haben, und ihre Vermählung scheint von den Familien seit langem beschlossene Sache gewesen zu sein, vorausgesetzt, FERMAT würde es zum *conseiller au parlement* bringen. Zeitgenossen rühmen die Schönheit, den Liebreiz und die Mildtätigkeit der jungen Frau, die ihrem PIERRE fünf Kinder gebar: CLÉMENT-SAMUEL, JEAN, CLAIRE, CATHERINE und LOUISE.

Die französischen Provinzparlamente des *Ancient Régime* waren keine Parlamente im heutigen Sprachgebrauch. Die von JOHN LOCKE und CHARLES DE MONTESQIEU entwickelte Idee der Gewaltenteilung in Legislative, Exekutive und Judikative, die politisch erst viel später verwirklicht wurde, war im 17. Jahrhundert noch völlig unbekannt. Die Parlamente nahmen die Aufgaben der Gesetzgebung, der vollziehenden Gewalt und der Rechtsprechung, soweit sie ihnen von der Krone in den von ihnen verwalteten Provinzen übertragen worden waren, gleichermaßen wahr.

Das *parlement de Toulouse* wurde erstmals 1303 eröffnet, nach verschiedenen Wechselfällen endgültig im Jahre 1444. Sein Zuständigkeitsbereich umfaßte von Anfang an den gesamten Südosten des Königreiches. Es besaß nach dem Pariser Vorbild eine *Grand'Chambre.* Das war die ursprüngliche Kammer, aus der aus prozessualen Gründen alle anderen durch Abtrennung hervorgingen: die *chambre criminelle!,* auch *la Tournelle* genannt, sowie zwei *chambres des enquêtes.* In der Tournelle wurden in letzter Instanz alle Delikte, die mit Leibesstrafen bedroht waren, abgeurteilt. In ihr durfte deshalb kein Kleriker Mitglied sein. Sie bescherte den Bürgern von Toulouse regelmäßig das populäre Vergnügen öffentlicher grausamer Hinrichtungen. Zwischen der *Grand'Chambre* und der *Tournelle* wurden jährlich je zwei Richter ausgetauscht, so daß man beide Kammern auch als eine einzige, aber zweigeteilte Kammer ansah. In den beiden *chambres des enquêtes* wurden Zivilprozesse in letzter Instanz im schriftlichen Verfahren entschieden.

Vorsitzender der *Grand'Chambre* und Chef des gesamten *parlement* war der *premier président,* der als einziger Richter sein Amt nicht käuflich erwarb, sondern vom König eingesetzt wurde. Seine Stellvertreter in der *Grand'Chambre* wie auch die Vorsitzenden Richter der übrigen Kammern

waren die *présidents à mortier* (zwei bis drei pro Kammer), die ihr prestigeträchtiges Amt wiederum gekauft hatten, freilich für einen etwa dreimal so hohen Preis wie die einfachen *conceillers* die ihren. Sie leiteten in aller Regel im Turnus die Sitzungen ihrer Kammern. Aber auch ein einfacher *conseiller*, wie FERMAT es zeitlebens blieb, konnte in einem Verfahren eine zentrale Rolle übernehmen, nämlich dann, wenn er von der Kammer zum "*rapporteur*", d.h. zum Berichterstatter des Falles bestellt worden war.

Mit der Übernahme der Rolle des Rapporteurs in einem Verfahren waren zusätzliche Einnahmen verbunden. Ein fleißiger Rapporteur konnte seine Einkünfte nicht unwesentlich erhöhen. Und FERMAT gehörte zu den fleißigsten Rapporteuren des Parlaments. So schrieb er zum Beispiel in den 10 Wochen von Mitte 1657 bis Ende Januar 1658 in der *Tournelle* nicht weniger 34 *rapport/ arrêts*, also rund drei pro Woche. Seinen ersten *arrêt* überhaupt verfaßte FERMAT am 6. Dezember 1632 in der *chambre des requêtes,* seinen ersten *rapport* in der *Grand'Chambre* am 9. Dezember 1654 und seinen letzten *arrêt*, in der *chambre de l'Edit*, drei Tage vor seinem Tod, am 9. Januar 1665.

Die genannten vier Kammern bildeten den eigentlichen "*cour*" *des parlement de Toulouse.* Die *chambre des requêtes,* in der FERMAT 1631 sein Amt als *conseiller* und *commissaire* antrat, wurde nicht zum eigentlichen *cour* gezählt und stand in der Hierarchie des *parlement* am unteren Ende. Seine Mitglieder verhandelten gewisse zivile Streitfälle im mündlichen Vorverfahren, mußten das Urteil aber einer der *chambres des enquêtes* überlassen.

Es handelte sich bei dem *commissariat aux requêtes* generell eher um eine Position für einen Anfänger, die es ihm erlaubte sich mit der Gerichtspraxis vertraut zu machen, die ihm aber keinen weiteren Aufstieg in der Hierarchie der Kammern des *parlement* eröffnete. Dazu mußte der *conseiller* sein Amt in der *chambre des requêtes* wieder verkaufen und ein Amt am eigentlichen *cour* käuflich erwerben. Aus diesem Grund gab FERMAT am 4. Dezember 1637 sein *commissariat des requêtes* zugunsten von PIERRE DECAUMEIL auf, erwarb das Amt des verstorbenen PIERRE DE RAYNALDY am *cour* und wurde am 16. Januar 1638 am Hof des Parlaments registriert. Dieses Amt behielt er bis zu seinem Tode.

In FERMATs Zeit als *commissaire aux requêtes* fällt die Bekanntschaft mit seinem lebenslangen Freund PIERRE DE CARCAVI, der 1632 sein Kollege am *parlement de Toulouse* wurde und 1636 nach Paris wechselte. Dieser

vermittelte ihm den Kontakt mit MARIN MERSENNE und seinem Pariser Kreis. FERMATs langjährige Korrespondenz mit diesen Herren begann wenige Tage nach CARCAVIs Übersiedlung und dauerte, allerdings mit einer längeren Unterbrechung, bis kurz vor FERMATs Tod. In die Zeit des Übergangs von der *chambre des requêtes* in die erste *chambre des enquêtes* (1637/38) fällt auch FERMATs berühmter Streit mit DESCARTES.

Schließlich zählte zum *parlement de Toulouse* noch die von HENRI QUATRE 1598 eingerichtete, von Katholiken und Reformierten paritätisch besetzte *chambre de l'Edit de Nantes,* die von 1632 bis 1670 in der 75 km östlich von Toulouse gelegenen Stadt Castres ihren Sitz hatte. In ihr wurden alle Streit- und Kriminalfälle, in die Anhänger der beiden Religionen verwickelt waren, beigelegt beziehungsweise abgeurteilt. Sie bestand aus zwei Präsidenten, einem reformierten und einem katholischen, sowie je zehn Friedensrichtern beider Konfessionen. Die protestantischen Richter waren ortsansässig und hatten ihre Ämter gekauft. Acht der katholischen Richter wurden jedes Jahr vom König aus einer Liste von zwölf *conseillers au parlement de Toulouse,* welche die *Grand'Chambre* aufgestellt hatte, jeweils für die Dauer eines Jahres ausgewählt. Aus Gründen der Kontinuität erhielten jeweils zwei katholische Richter eine Verlängerung um ein weiteres Jahr. Am 29. Mai 1638 wurde FERMAT erstmals von der *Grand-Chambre* für die *chambre de l'Edit* nominiert und vom König am 16. Juli ausgewählt. So verbrachte er das Sitzungsjahr 1638/39 (November bis August) mit seiner Familie erstmals in Castres.

Ab 1646 werden FERMATs Briefe an seine gelehrten Kollegen immer spärlicher. Es folgt ab 1648 eine mehrjährige, fast vollständige Pause in seiner mathematischen Korrespondenz. Was sind die Ursachen für sein Schweigen? Nachlassende geistige Kraft? FERMAT war gerade erst vierzig Jahre alt. MERSENNEs Tod am 1. September 1648? Dessen Rolle wurde alsbald von CARCAVI übernommen. Wir müssen die Ursachen wohl eher in seinen beruflichen Belastungen sehen, die mit den aufkommenden sozialen und politischen Turbulenzen zusammenhängen: Bauernunruhen im Süden Frankreichs wegen brutaler Steuereintreibungsmethoden, der Aufstand der Fronde gegen MAZARIN und der Krieg gegen Spanien. Hinzu kam Anfang der fünfziger Jahre noch der Ausbruch der letzten großen französischen Pestepedemie mit nachfolgenden Hungersnöten.

Wir sind - zu Recht - daran gewöhnt, in FERMAT den großen Mathematiker und humanistischen Gelehrten zu sehen. FERMAT aber war nach seinem

Selbstverständnis zuerst und vor allem Richter. Am Parlament von Toulouse hatte er seinen "Sitz im Leben". Auch wenn er im wesentlichen von seinen Gütern in Beaumont-de-Lomagne lebte, so sah er seine Tätigkeit als *conseiller au parlement de Toulouse* als seine eigentliche Lebensaufgabe an, und seine Karriere innerhalb der Hierarchie dieser Institution war ihm wichtiger als seine Forschungen und sein Ansehen als Mathematiker. Nur wenn ihm seine berufliche Tätigkeit genügend Muße erlaubte, etwa während der Zeiten, in denen das Parlament wegen der zahlreichen christlichen Feiertage nicht tagte, konnte er sich seiner Liebhaberei, der Mathematik, widmen.

Die großen Parlamentsferien im September und Oktober verbrachte er *à la campagne*, in Beaumont, wo er in der Erntezeit darauf achtete, daß er den vertraglich vereinbarten Anteil der Erträge aus den verpachteten Höfen erhielt. Außerdem beriet er die Bewohner seiner Heimatstadt in juristischen Fragen. Regelmäßig nahm FERMAT an deren Bürgerversammlungen teil - sein Name taucht viele Jahre lang in allen Sitzungsprotokollen auf - und leitete sie bei besonders schwierigen Tagungsordnungspunkten. Auch in anderer Weise, etwa durch die Übernahme von zahlreichen Patenschaften sowie durch Mildtätigkeit und Stiftungen bewies die Familie FERMATs ihre enge Verbundenheit mit Beaumont-de-Lomagne. Oft verblieb ihm während dieser Aufenthalte weniger Zeit für die geliebte "Geometrie", als er gehofft hatte.

Eine ganz besondere Anziehungskraft aber übte auf FERMAT die Hugenottenhochburg Castres aus, der Sitz der *chambre de l'Edit de Nantes*. Immer wieder bemühte er sich, anfänglich nicht immer mit Erfolg, von der *Grand'Chambre* für die Abordnung nach Castres vorgeschlagen und vom König bestätigt zu werden. Von jenen 45 nach Castres abgeordneten *conseillers au parlement de Toulouse*, deren Aufenthalt dort (zwischen 1632 und 1665) vom König für ein weiteres Jahr verlängert wurde, wurden sieben zweimal, vier dreimal und nur FERMAT viermal(!) für je zwei Jahre beauftragt: 1644/46, 1648/50, 1655/57 und 1663/65. Das kann kein Zufall sein. Was aber zog FERMAT so stark in die Stadt an den Ufern des Agout?

Drei Gründe ließen sich nennen. Als erster eine gewisse, schon bei seinen Eltern und Großeltern zu beobachtende Sympathie für die reformierte Religion. Als zweiter PIERRE DE FERMATs außergewöhnliche, wohl auch von seinem Vater DOMINIQUE geerbte Fähigkeit des Vermittelns zwischen widerstreitenden Interessen, die nirgends besser zur Geltung kommen konnte

als an einer Kammer, an der ständig der Ausgleich zwischen den Vertretern der beiden Religionen gesucht werden mußte; hier war FERMAT in seinem Element. Und als dritter und vielleicht stärkster Beweggrund ist die geistige Atmosphäre der Stadt Castres zu nennen, die in der Zeit, als sie Sitz der *chambre de l'Edit* war, eine kulturelle Hochblüte erlebte, die sie weder zuvor noch danach je wieder erreichte. Währenddessen beklagen die Historiker, die eine Geschichte von Toulouse verfaßt haben, den kulturellen Niedergang dieser Stadt im 17. Jahrhundert in nahezu allen Bereichen von Kunst und Wissenschaft, insbesondere hinsichtlich der Universität. Zugleich heben diese Autoren als Ausnahmeerscheinung und *"gloire de Toulouse"* den großen Gelehrten PIERRE DE FERMAT hervor.

In Castres hingegen wurde 1648 eine protestantische Akademie gegründet, die Anfangs 20 und 1670, als sie geschlossen wurde, 47 ausschließlich reformierte Mitglieder besaß. Der überwiegende Teil dieser Herren waren *conceillers* oder *avocats* der *chambre de l'Edit*. Unter ihnen befanden sich die Dichter SAMUEL IZARN, HERCULE DE LACGER und JACQUES DE RANCHIN, die Theologen RAYMOND GACHES und ANDRÉ MARTEL, der Philosoph PIERRE BAYLE und der Mediziner, Chemiker und Philosoph PIERRE BOREL, der Physiker und Übersetzer PIERRE SAPORTA sowie der Historiograph PAUL PELLISSON, aber kein Mathematiker.

BAYLE und PELLISSON genossen nationales Ansehen, SAPORTA und DE RANCHIN waren Freunde FERMATS. Letzterer las bei Akademiesitzungen Gedichte von PIERRE und SAMUEL FERMAT vor; ihm widmete FERMAT seine kritischen Bemerkungen zum Werk des griechischen Historikers POLYAINOS (2. Jh. n. Chr.), wobei er einen Beweis seiner Kenntnisse der griechischen Philologie erbrachte. Im Laufe des Jahres 1664 sah FERMAT eines der seltenen zu seinen Lebzeiten gedruckten Werke, welches SAPORTA besorgt hatte. Es handelt sich um einen kurzen Text, in dem FERMAT eine Passage aus einem Brief des SYNESIOS VON KYRENE interpretiert, wo dieser ein "Hydroskop oder Baryllon" beschreibt. Immer wieder zog es FERMAT nach Castres, seine jüngste Tochter LOUISE wurde um 1645 dort geboren, und sein jüngerer Sohn JEAN war Domherr zu Castres, als sein Vater 1665 dort starb.

Sein starkes Interesse an einer Abordnung nach Castres hinderte FERMAT nicht daran, seinen beruflichen Aufstieg in die *Grand'Chambre* mit Nachdruck zu betreiben. Bereits 1647 ist er der dienstälteste *conseiller* in der ersten *chambre des enquêtes* und übernimmt häufig deren Vorsitz, wenn

die beiden *présidents à mortier* abwesend sind. Sein Wechsel von der ersten *chambre des enquêtes* in die *Tournelle* im Herbst 1652 fällt allerdings zeitlich mit dem Ausbruch der letzten großen Toulouser Pestepidemie von 1652/53 zusammen. Diese begann im August 1652 und endete im Juli 1653. Dabei starben ca. 4000 Bürger der Stadt an der Seuche, etwa 10 % der Bevölkerung, und fast, so scheint es, wäre auch FERMAT ihr zum Opfer gefallen. Im Mai 1653 berichtet der Philosoph BERNARD MEDON, *conceiller au présidial de Toulouse* und ein Freund FERMATs, in einem Brief an den niederländischen Literaten NICOLAAS HEINSIUS D.Ä. von FERMATs Tod *(Fato functus ist maximus* Fermatius), um diese Nachricht im nächsten Brief alsbald zu widerrufen: *Priori monueram te de morte Fermatii, vivit adhuc, nec desperatur de ejus salute, quamvis paulo ante conclamata.* FERMAT gehörte also zu jenen etwa 50 % der an der Beulenpest Erkrankten, die diese überlebten. Allerdings deutet vieles darauf hin, daß seine Gesundheit von diesem Zeitpunkt an geschwächt war.

Kurz nach Ausbruch der Epidemie war FERMAT aus Gründen der Anciennität bereits in die *Tournelle* übergegangen, und von dieser aus war der turnusmäßige Wechsel in die *Grand'Chambre* reine Routine. In der Tat wurde er im November 1654 erstmals Mitglied der obersten Kammer des *parlement* und las dort am 9. Dezember seinen ersten *rapport*. Vom November 1655 an ist er bereits wieder in Castres, von wo er im November 1657 nach Toulouse, und zwar erneut in die *Tournelle*, zurückkehrt.

Zweifellos war FERMAT zeitlebens ein treuer Diener der Krone. Geboren noch unter der Regentschaft HENRI QUATRES erlebte er als Vierzehnjähriger, wie der junge König LOUIS TREIZE auf seiner Reise von Toulouse nach Lectoure die Nacht vom 24. auf den 25. November 1621 in Beaumont-de-Lomagne im Hause seines Vaters DOMINIQUE verbrachte. Doch FERMATs Bild von seinem König blieb nicht ungetrübt: Im Jahre 1632 mußte FERMAT miterleben, wie LOUIS XIII in Begleitung seiner Mutter und des Kardinals RICHELIEU mit 5000 Soldaten in Toulouse einzog und *Grand'-Chambre* und *Tournelle*, zu einer Kammer vereinigt, zwang, den bei den Toulousern beliebten und geschätzten Herzog HENRI DEUX DE MONTMORENCY wegen Aufstands gegen den König zum Tode zu verurteilen, wobei die äußerst unangenehme Rolle des Rapporteurs in diesem Prozeß dem ältesten *conseiller* der Tournelle, FERMATs Schwiegervater CLÉMENT DE LONG, zufiel, in dessen Haus FERMAT mit seiner Frau LOUISE zu jener Zeit wohnte.

Das Leben Fermats

Es gehört zu den im wesentlichen auf MAHONEY zurückgehenden und von zahlreichen neueren Autoren übernommenen Stereotypen, daß FERMAT ein eher mäßiger *conseiller* und Jurist gewesen sei, der sich zudem tunlichst aus allen sozialen, politischen und religiösen Konflikten herauszuhalten bemüht habe. Nichts ist falscher als dies. FERMAT war zwar kein Rechtsgelehrter, der juristische Abhandlungen verfaßte, aber er war ein hervorragender Praktiker, der, in religiösen Fragen tolerant, im Sinne des Humanismus für Gerechtigkeit und Menschlichkeit eintrat und dabei auch vor Konfrontationen mit Mächtigeren, etwa mit dem *premier président* GASPARD DE FIEUBET, nicht zurückschreckte.

FERMAT engagierte sich 1648 und 1651 im (ziemlich aussichtslosen) Kampf gegen die ungesetzlichen und brutalen Methoden, mit denen die Steuereinnehmer ("*partisans*") bei den Bauern die *taille* eintrieben. Dabei deckte er die betrügerische Praxis der *partisans* auf, die Steuerquittungen rückzudatieren und damit die dem König zustehenden Einnahmen selbst einzubehalten. Er gehörte 1651, zur Zeit der Fronde, auf seiten des *parlement de Toulouse* zu der Verhandlungsdelegation, die mit den Provinzialständen des Languedoc, die sich auf die Seite der Fronde geschlagen hatten, in monatelangen Verhandlungen erreichte, daß jene zu königstreuen gesetzlichen Zuständen zurückkehrte. Und er verhinderte am 30. Juli 1652 durch einen couragierten Besuch im Lager der von dem Grafen DE SAVAILLANT angeführten königlichen Armee, daß seine Heimatstadt Beaumont-de-Lomagne, die von den Soldaten der Fronde unter dem Befehl von GUYONNET besetzt und ausgeplündert worden war, von den Soldaten des Königs im Sturm genommen und vollends zerstört wurde. Nach der Niederlage der Fronde erreichte FERMAT durch zähe Verhandlungen, daß Beaumont Reparationszahlungen in Höhe von 16266 *livres* zugesprochen bekam. Im Jahre 1654 setzte FERMAT in der *Grand'Chambre* eine gerechtere Verteilung der Einkünfte aus den Gebühren zwischen *Grand'Chambre* und *la Tournelle* durch, wobei er sich bei den Klerikern in der *Grand'- Chambre* ziemlich unbeliebt machte.

Ein weiteres Stereotyp ist die Behauptung, FERMAT sei zeitlebens nie weiter als bis Bordeaux gereist. Wie wir bereits berichtet haben, hat er 1623-1626 in Orléans studiert, und es ist sehr wohl denkbar, daß er als Student Paris besucht hat. Aber auch in seiner Tätigkeit als *conseiller* mußte er gelegentlich weitere Reisen unternehmen. So hatte beispielsweise die *Grand'Chambre* am 28. November 1646 den Färbern von Nîmes durch ei-

nen Beschluß verboten, anstelle des im *Languedoc* angebauten Färberwaids das in Toulouse aus protektionistischen Gründen verhaßte aus Indien importierte Indigo zu kaufen und zu verwenden. Als diese sich (aus verständlichen Gründen) an dieses Verbot nicht hielten, wurde FERMAT sechs Monate später in das rund 300 Kilometer östlich von Toulouse gelegenen Nîmes geschickt, um dem Beschluß der *Grand'Chambre* Geltung zu verschaffen und das Indigo zu konfiszieren. Das war eine nicht sehr angenehme Aufgabe, die man wohl kaum einem "sanftmütigen, zurückgezogen, geradezu scheuen Mann", als den ihn uns MAHONEY schildert, übertragen hätte. Häufig wurde FERMAT zudem der kleinen Gruppe von *conseillers* zugeteilt, die Bischöfen, Ministern und anderen Würdenträgern weit entgegengingen oder sie von Toulouse aus zum Teil noch ein weites Stück begleiteten, wenn sie sich von dort verabschiedet hatten; hier scheint FERMATs Ansehen als großer Gelehrter und geschätzter Gesprächspartner das Auswahlkriterium gewesen zu sein.

FERMAT war sicher kein unpolitischer Mann. Zum erfolgreichen Politiker aber fehlten ihm zwei wichtige Eigenschaften: Skrupellosigkeit und Machtinstinkt. Aber auch seine Fähigkeiten als Jurist sind von MAHONEY angezweifelt worden:

"Die ehrlichste Beurteilung von FERMATs Fähigkeiten als Jurist, und eine, die der üblichen Beweihräucherung zuwiderläuft," so schreibt MAHONEY, "kommt aus einem geheimen Bericht von CLAUDE BEZIN DES BÉSONS, Intendant des Languedoc, an den Minister COLBERT im Jahre 1663. Indem er über die 'conseillers' und ihre Beziehungen zu dem suspekten Ersten Präsidenten, GASPARD DE FIEUBET, spricht, sagt BEZIN von FERMAT: 'Fermat, ein Mann von umfassender Bildung, pflegt den Austausch mit den Gelehrten aller Länder, ist aber sehr engagiert; er ist kein sehr guter Rapporteur und ist konfus, er gehört nicht zu den Freunden des Ersten Präsidenten.'"

MAHONEY zieht dann entsprechende negative Schlüsse hinsichtlich FERMATs richterlichen Fähigkeiten, die von anderen Autoren unterdessen ungeprüft übernommen wurden. Hätte er sorgfältiger recherchiert, wären ihm solche Fehlurteile nicht unterlaufen.

Schon 1965 hat der Toulouser Rechtshistoriker HENRI GILLES in einem sorgfältig begründeten Aufsatz *Fermat Magistrat*, den MAHONEY offenbar nicht gelesen hat, nachgewiesen, daß FERMAT im *Laufe seines Lebens einen sehr klaren Stil pflegte, und daß die Sprache der "arrêts", die er ver-*

Das Leben Fermats

faßte, den Vergleich mit jener der von seinen Kollegen abgelieferten nicht zu scheuen brauchte. Ich konnte mich durch Stichproben in den *archives départementales de la Haute Garonne* davon überzeugen, daß GILLES Recht hat. Das herabsetzende Urteil des Intendanten CLAUDE BAZINS DE BESSONS läßt sich zunächst unschwer erklären: Im September 1663 verlangte der Minister JEAN-BAPTISTE COLBERT von allen Intendanten eine individuelle Beurteilung der Richter und anderen königlichen Beamten an den Parlamenten. Dieser Aufforderung kamen jene offenbar nur sehr ungern und zögernd nach, denn ihre Beurteilungen fielen so knapp aus, daß COLBERT von einigen Intendanten größere Ausführlichkeit einforderte. Hätte MAHONEY den gesamten Bericht vom 24. Dezember 1663 gelesen, und nicht nur ein Zitat der Beurteilung FERMATs, so hätte ihm auffallen müssen, wie lakonisch und oberflächlich die einzelnen Beurteilungen ausfielen.

DE BESSONS residierte in Montpellier und mußte zur Abfassung seines Berichts zunächst nach Toulouse reisen, wo er sich dann über die *conseillers* informierte. Zu dieser Zeit aber war FERMAT schon nach Castres abgereist. Also wandte sich DE BESSONS, der Mann COLBERTS, wegen FERMAT an den Mann des Königs, den Ersten Präsidenten FIEUBET, einen Intimfeind FERMATs. Daß dabei keine gerechte Beurteilung herauskam, braucht nicht zu verwundern.

Viel interessanter ist der Grund für die herzliche Abneigung zwischen FERMAT und FIEUBET. Es ist ein von FIEUBET am 26. Januar 1658 inszenierter Justizmord an einem Priester namens JEAN MONTRALON, mit offensichtlich jansenistischem Hintergrund, in den FERMAT als *rapporteur* und vernehmender Richter verwickelt war. MONTRALON, von dessen Unschuld FERMAT überzeugt war, wurde noch am Tage darauf gehängt, und seine Leiche verbrannt. FERMAT war so erzürnt und geschockt, daß er etwa einen Monat lang nicht als Richter arbeiten konnte. Darüber hat Sir KENELM DIGBY, der "notorische Lügner", in einem Brief vom 6. Februar 1658 an JONH WALLIS in Oxford berichtet, allerdings in Form einer schamlosen Verleumdung: Es sei FERMAT gewesen, der den Priester zum Tod, und zwar durch Verbrennen bei lebendigem Leibe (!), verurteilt habe.

Zeitweilig scheint FERMAT wegen dieses Ereignisses sogar an den Verzicht auf sein Amt als *conseiller* in der *Grand'Chambre* gedacht zu haben. Vielleicht aber war auch die sich zusehends verschlechternde Gesundheit FERMATs ein Grund für seine Gedanken an einen Rücktritt von seinem Amt. In

einem Brief vom 25. Juli 1660 an den kränkelnden PASCAL schlägt er diesem vor, sich auf halbem Wege zwischen Clermont-Ferrand und Toulouse zu treffen, weil seine Gesundheit kaum besser sei als die PASCALs. Sollte dieser dazu nicht bereit sein und FERMAT die ganze Strecke (von ca. 380 km) zumuten, so laufe PASCAL Gefahr, daß er FERMAT bei sich treffe und dort dann zwei Kranke zur gleichen Zeit habe. Am 4. März 1660 schreibt FERMAT sein Testament, worin er seinen älteren Sohn SAMUEL als Universalerben einsetzt.

Dieses Testament ergänzt er am 13. September 1664 durch ein Kodizill, in welchem er Regelungen zugunsten seiner Frau LOUISE trifft: SAMUEL wird verpflichtet, seiner Mutter aus dem Erbe 32000 *livres* zu zahlen, eine stattliche Summe, welche sie auch gut gebrauchen konnte: LOUISE DE LONG überlebte ihren Mann um mindestens 25 Jahre. In der Präambel dieses Kodizills spricht FERMAT ziemlich unverschlüsselt von seinem nahen Ende: *Ich, der Unterzeichnende, bin unpäßlich von einer Krankheit, die schlimme Folgen haben könnte ...* . Im Oktober 1664 bricht FERMAT ein letztes Mal nach Castres auf und stirbt dort, nach Empfang der heiligen Sakramente und bis zuletzt bei klarem Bewußtsein, am 12. Januar 1665 im Alter von 57 Jahren, nachdem er noch drei Tage zuvor sein letztes "*arrêt*" geschrieben, aber nicht mehr unterzeichnet hat. Schon am darauf folgenden Tage, am 13. Januar 1665, wird er in der Kapelle der Jakobiner in Castres beigesetzt.

Ist bei FERMATs Geburt das Datum umstritten, so ist es bei seinem Tod der Ort, an dem seine sterblichen Überreste ihre letzte Ruhestätte fanden. Ist es die bald nach seinem Tod abgerissene Jacobiner-Kapelle in Castres oder das Familienmausoleum in der Kirche der Augustiner zu Toulouse, in das SAMUEL und JEAN FERMAT den Leichnam ihres Vaters haben überführen lassen? Nach Prüfung aller Argumente bin ich zu der Überzeugung gelangt, daß FERMATs sterbliche Überreste sehr wahrscheinlich noch in seinem Todesjahr in das Familiengrab in Toulouse umgebettet wurden. Einen eindeutigen Beweis dafür gibt es aber nicht. Das Familiengrab wurde in der französischen Revolution zerstört, und lediglich das Epitaph FERMATs überlebte und wird gegenwärtig restauriert.

Prof. Dr. Klaus Barner, Fachbereich Mathematik-Informatik
Universität Kassel, D-34109 Kassel; klaus@mathematik.uni-kassel.de

Einführung in die Differentialrechnung im Jahrgang 11 an Hand von Originalliteratur

Ute Gick

1. Einleitung

Ich möchte in diesem Vortrag meine Unterrichtsreihe vorstellen, in der ich den Differenzierbarkeitsbegriff unter Einbindung von Originalliteratur eingeführt habe.

> "Ich habe so viele Einfälle, die vielleicht später von Nutzen sein werden, wenn sich eines Tages gründlichere Leute als ich eingehender mit ihnen beschäftigen und ihre schönen Gedanken mit meinen Mühen vereinen."
>
> LEIBNIZ *über sich selbst*

Dieses Zitat von LEIBNIZ zeigt auf, daß die Mathematik immer und fortwährend einen Entwicklungsprozeß durchläuft, und sich den jeweiligen technologischen Gegebenheiten bzw. Notwendigkeiten anpaßt. Die Geschichte der Mathematik bietet eine Möglichkeit sich eingehender mit dem Werden der Mathematik auseinanderzusetzen, um so ihren kulturhistorischen Aspekt, ihre Prozeßhaftigkeit und ihre Lebendigkeit aufzuzeigen. Gerade in Zeiten der "Mathematikmüdigkeit" in den Schulen kann die Geschichte der Mathematik ein Aspekt sein, die Inhalte einsichtiger und bedeutungsvoller zu gestalten. Einen geschichtlichen Weg an Hand von Originalliteratur nachzuvollziehen ist für Schüler sicherlich nicht immer leicht, bringt aber einen neuen Gesichtspunkt in den Unterricht ein und kann so motivierend wirken. Ich habe den Begriff "Einführung" zum Anlaß genommen, um zu den relativen Ursprüngen der Differentialrechnung zurückzugehen und daher FERMAT als Wegbereiter und LEIBNIZ als Begründer ausgewählt, um mit ihnen den Differenzierbarkeitsbegriff einzuführen.

2. Geschichtlicher Überblick

Fermat

PIERRE DE FERMAT (um 1601-1665) war ausgebildeter Jurist und vielseitig gebildeter Humanist. Als Mathematiker war er Autodidakt und man hat ihm den Namen "König der Amateure" gegeben. Die Art und Weise wie FERMAT sein Hobby, die Mathematik, betrieb, hatte nichts mit Dilettantismus zu tun. Er veröffentliche zu Lebzeiten fast nichts, sondern teilte seine Ergebnisse in Briefen mit (damals übliche Praxis) oder schrieb sie in unveröffentlichten Manuskripten nieder. Der sprachkundige FERMAT studierte die antiken Klassiker EUKLID, APOLLONIUS, ARCHIMEDES und DIOPHANT. In den Bereichen, mit denen er sich intensiv beschäftigte, erzielte FERMAT Ergebnisse, die über seine Vorläufer hinausgingen. Gerade seine zahlentheoretischen Untersuchungen prägten über Jahrhunderte dieses Teilgebiet der Mathematik (kleiner und großer Fermatscher Satz). Wichtige Beiträge leistete er auch im Gebiet der Infinitesimalrechnung. Er beschäftigte sich mit den infinitesimalen Methoden in der Antike und baute die Methode von ARCHIMEDES weiter aus. Er befaßte sich nach KEPLER mit Extremalaufgaben und gab eine erste Lösung des "Tangentenproblems". LAPLACE sagt [in seiner "Théorie analytique des Probabilités (1812)"] über FERMAT:

> "FERMAT, der wahre Erfinder der Differentialrechnung, hat diesem Kalkül als einen Teil der Differenzenrechnung betrachtet. NEWTON hat dann dieses Kalkül mehr analytisch gefaßt. LEIBNIZ hat die Differentialrechnung um eine sehr glückliche Bezeichnungsweise bereichert."
> [Meschkowski 1980, 95]

FERMAT hat aber seine Methode nur auf eine beschränkte Klasse von Funktionen angewendet und den Fundamentalsatz nicht wie LEIBNIZ und NEWTON erkannt, so daß man FERMAT nicht als Begründer, sondern als Wegbereiter der Analysis ansehen kann.

Leibniz

Über GOTTFRIED WILHELM LEIBNIZ (1646 - 1716) sagt man, daß er der letzte war, der das gesamte Wissen seiner Zeit beherrschte, er gilt als Universalgenie. Er war einer der großen Philosophen und Mathematiker seiner Zeit. Sein Geschick in der Erfindung zweckmäßiger mathematischer

Bezeichnungsweisen und Symbole war sehr groß. Von LEIBNIZ stammt die noch heute gebräuchliche Symbolik der Differential- und Integralrechnung. Seine geniale Begabung, die Fähigkeit, das Wesentliche an einer Deduktion zu erkennen und zu verallgemeinern, zeigte sich schon bei der ersten Berührung mit mathematischen Fragestellungen. Zweifellos ist LEIBNIZ bedeutendste mathematische Leistung die Entwicklung der Infinitesimalrechnung, wie wir sie heute noch verwenden. LEIBNIZ hat die Grundlagen seines Kalküls um 1675 entwickelt, aber nicht veröffentlicht. In den "Acta Eruditorium" ("Berichte der Gelehrten") publizierte er 1684 seine Abhandlung "Nova methodus", die bahnbrechende erste Veröffentlichung zur modernen Infinitesimalrechnung, in der er die Grundlagen seiner Differentialrechnung vorstellt [vgl. Popp 1981, 74].

3. Unterrichtliche Praxis

Zunächst möchte ich einen kurzen Überblick darüber geben, warum man Geschichte der Mathematik im Unterricht behandelt, zum anderen werde ich die einzelnen Phasen meiner Unterrichtsreihe vorstellen.

> "Es läßt sich wohl behaupten, daß die Geschichte der Wissenschaften die Wissenschaft selbst sei. Man kann dasjenige, was man besitzt, nicht rein erkennen, bis man das, was andere vor uns besessen, zu erkennen weiß."
>
> J. W. GOETHE (1749 - 1832)

Dieses Zitat von J. W. GOETHE weist bereits auf die Bedeutung der "Geschichte der Mathematik" hin. Die Kenntnisse über die Differentialrechnung und über die Geschichte der Mathematik sind sowohl für die Schüler als auch für die Gesellschaft von großer Bedeutung und stellen Grundlagen dar. Die Mathematik ist nicht ein starres System, sie ist auch nicht wie die "10 Gebote" vom "Himmel gefallen", sondern sie ist eng mit dem Lauf der Welt verwurzelt und geht damit aus bestimmten historischen Situationen hervor. Die Schüler sollen über die Mathematik hinaus einen Einblick in das mühselige Werden der Mathematik bekommen. Die Wichtigkeit und die Bedeutung der Mathematik für die Technik und die Naturwissenschaften ist allgemein anerkannt, aber als Bestandteil der "Allgemeinbildung" wird sie nicht genug gewürdigt. Und dabei stellt sich gerade zur Zeit die Frage, was der Mathematikunterricht zu einer vertiefenden Allgemeinbildung beiträgt bzw. beitragen könnte. Die bedeutende Stellung der

Mathematik bei der Entstehung der heutigen Zivilisation und Kultur macht unser derzeitiger Unterricht kaum bewußt. Ein etwas genaueres Eingehen auf die Geschichte könnte dem Schüler die Stellung der Mathematik innerhalb der Kulturgeschichte vor Augen führen und es könnte ein natürlicher Zugang zu vielen Teilen der Mathematik gefunden werden. Desweiteren kann man auf diese Weise dem Anspruch an Mathematikunterricht in Bezug auf die Allgemeinbildung gerechter werden. Weitere Gründe, die Geschichte im Unterricht zu behandeln, sind die von MICHAEL VON RENTELN genannten:

"1. Ein Ausflug in die Geschichte der Mathematik erweitert den Gesichtskreis des Lernenden [...].

2. Sie liefert ein Verständnis für die historischen Zusammenhänge und gibt auch Einsichten in sachliche Verbindungen [...].

3. Die Geschichte liefert ein Verständnis für die Schwierigkeiten, die in der Vergangenheit überwunden werden mußten, um Probleme zu lösen und zu neuen Erkenntnissen zu gelangen.

4. Die Geschichte der Mathematik motiviert, sich mit mathematischen Problemen auseinanderzusetzen, und fördert das Interesse an dem Fach." [v. Renteln 1995, 137f.]

Für die Schüler kann somit die Dynamik wissenschaftlichen Arbeitens einsichtiger gemacht werden. Durch das Wissen, daß die Mathematik nicht an einem Tag entstanden ist, sondern daß es einen langen Weges bedurfte, um zum heutigen Stand zu gelangen, der auch von vielen Irrwegen, Fehlern und Korrekturen begleitet war, könnte ein Denkprozeß in Gang gesetzt werden und somit zur Akzeptanz der Mathematik beitragen. Weiter wird Mathematik in der Schule häufig als unnötiger Ballast angesehen, ein Aufzeigen, daß es sich aber um einen wesentlichen Bestandteil des kulturellen Schaffens des Menschen handelt, kann dem entgegenwirken. Man kann nicht voraussetzen bzw. erwarten, daß die Geschichte der Mathematik den Schülern das Verständnis des Stoffes ohne weiters erleichtert, vielmehr sollte man sich der Mühen von Veränderungen bewußt sein. Geschichte ist gerade dann und deswegen produktiv, weil sie vorhandene Sichtweisen nicht einfach bestätigt, sondern ein fremdes, sperriges Element in den Unterricht einführt, das zum Nachdenken anregt. Einen historischen Text zu verstehen, erfordert, ihn mit den eigenen Vorstellungen zu konfrontieren und aus dieser Konfrontation heraus, seinen Sinn zu entschlüsseln. Die Geschichte soll unser Verständnis für die Mathematik weiterentwickeln, sie

soll unseren heutigen Blick nicht einfach bestätigen, sondern weiten und schärfen.

Warum Fermat und Leibniz?

Die historische Entwicklung der Differentialrechnung ist, wie schon erwähnt, durch Extremwertaufgaben in Gang gekommen, auch heute noch haben sie eine zentrale Rolle in der Mathematik, denn Optimieren ist eine fundamentale Idee der Mathematik. Sie gehören im Unterricht zu den wichtigsten Anwendungen der Differentialrechnung.

Für die Behandlung von FERMAT und LEIBNIZ spricht, daß sie Wegbereiter und Begründer sind, und daß man mit ihnen ein Stück weit die Ursprünge der Differentialrechnung nachgehen kann. Somit wird deutlich, daß sich ein jahrhundertelanges Bemühen hinter dem Begriff der Differentialrechnung verbirgt.

4. Darstellung der Reihe

Die Schüler sollten in der Unterrichtsreihe über die Mathematik hinaus einen Einblick in das mühselige Werden der später so schlagkräftigen Analysis bekommen. Daher habe ich es für sinnvoll gehalten, daß am Anfang der Unterrichtsreihe der allgemeine historische Hintergrund beleuchtet wurde. So erhielten die Schüler eine Art historisches "Fundament", das ihnen eine gewisse Orientierung verschaffte.

4.1 Fermats allgemeine Methode

In dieser Phase der Unterrichtsreihe begann der Einstieg in die Behandlung eines neuen mathematischen Themas mit Hilfe der Geschichte der Mathematik. Es wurde schon erwähnt, daß die Abhandlungen von FERMAT am Anfang der Unterrichtsreihe stehen sollte, denn Minima und Maxima sind den Schülern ein Begriff und so kann an die Vorkenntnisse der Schüler angeknüpft werden. Der Einstieg in die Unterrichtsphase erfolgte mit der Überschrift *"Abhandlungen über Minima und Maxima"*. Dies lieferte das Thema und sollte zu einem Brainstorming führen, d.h. die Schüler sollten frei erzählen, was sie mit diesem Thema verbinden. Dieses Vorgehen hatte

zum Ziel, daß die Schüler ihre Vorkenntnisse aktivierten und in das Thema eingestimmt wurden. Im folgenden ging es dann darum, sich mit der Methode von FERMAT auseinanderzusetzen. Die Schüler erhielten folgenden Auszug aus FERMATs Abhandlungen als Arbeitsblatt mit der Aufgabe, den Text zu lesen und unbekannte Begriffe zu klären:

"Angenommen A stelle irgendeine zu untersuchende Größe - eine Oberfläche oder einen Körper oder eine Länge, je nach Bedingungen der Aufgabe - dar, und das Maximum oder Minimum werde durch Glieder, die A in irgendwelchen Potenzen enthalten, dargestellt. Dann machen wir aus der Größe, die vorher A gewesen ist, A+E und suchen erneut die Maxima und Minima über die Glieder in den gleichen Potenzen. Diese zwei Ausdrücke setzen wir (nach DIOPHANTOS) angenähert einander gleich. Gleiche Summanden auf beiden Seiten der Gleichung streichen wir weg. Die verbleibenden teilen wir durch E oder durch eine Potenz davon, so daß wenigstens einer der Summanden E nicht mehr enthält. Danach werden die Glieder, die E enthalten, beseitigt, und die übriggebliebenen Summanden werden einander gleichgesetzt. Die Lösung der Gleichung ergibt A, das dem Maximum oder Minimum entspricht." [Miller 1934, 1]

Im weiteren ging es dann darum, den Text aus FERMATs Sicht zu deuten ("Gleichsetzen, Wegstreichen etc."), um ihn daran anschließend im Hinblick auf unsere heutige Sicht zu interpretieren. Der Text wurde mit Hilfe einer Beispielfunktion gedeutet, um dann vom Beispiel zum Allgemeinen zu kommen. Es wurde bei der Deutung des Textes explizit darauf hingewiesen, daß FERMAT keine Aussage über die Größe von E macht, und daß er offen läßt, inwieweit man feststellen kann, ob man ein Maximum oder Minimum berechnet hat. Hierzu sollten die Schüler eigene Lösungsstrategien entwickeln und anwenden. Im folgenden wurde die Methode auf weitere Funktionen angewendet, und die Extremwerte wurden bestimmt. Damit die Schüler den Umgang mit der Methode festigten, wurden hier Funktionen eingesetzt und *nicht* FERMATs Beispiel, welches ein unbekanntes Moment ins Spiel gebracht hätte.

4.2 Fermats Beispiel

FERMAT läßt in seinen "Abhandlungen über Maxima und Minima" nach der Beschreibung der allgemeinen Methode ein Beispiel folgen und in Analogie zu FERMAT war dieses Beispiel Gegenstand der Unterrichtsphase. Der

Einstieg in diese Phase erfolgte durch Bezugnahme auf eben diese gerade dargestellte Information, es war im weitesten so, als ob die Schüler FERMATs Abhandlung lesen würden. Die Schüler erhielten hierzu einen weiteren Auszug als Arbeitsblatt mit dem Auftrag sich den Text durchzulesen und Unbekanntes zu klären:

"Ich will mit Hilfe meiner Methode eine gegebene Strecke AC im Punkt Q so teilen, daß das Rechteck $AQ \bullet QC$ maximal wird. Die Strecke AC heiße B, der eine Teil von B werde A genannt, also wird der andere $B - A$ sein. Das Rechteck aus den Abschnitten ist $B \cdot A - A^2$, und dies soll zu einem Maximum werden. Nun setzte man den einen Teil von B gleich $A+E$, also wird der andere $B-A-E$ sein. Und das Rechteck aus den Abschnitten wird $B \cdot A - A^2 + B \cdot E - 2 \cdot A \cdot E - E^2$. Was annähernd mit dem Rechteck $B \cdot A - A^2$ gleichgesetzt werden muß. Nimmt man die gleichen Glieder weg, so wird $B \cdot E$ annähernd gleich $2 \cdot A \cdot E + E^2$. Und wenn man alles durch E dividiert, wird B annähernd gleich $2 \cdot A + E$. Läßt man E weg, so ist B gleich $2 \cdot A$. Also ist B zur Lösung der Aufgabe zu halbieren." [Miller 1934, 2]

Weiter sollten sie FERMATs Vorgehen zunächst mit einem vorgegebenen Zahlenbeispiel ($\overline{AC} = 6$ LE) in Partnerarbeit erarbeiten und den Graphen der Funktion zeichnen. Mit Hilfe des Graphen konnte visualisiert werden, warum man $f(x)$ und $f(x+h)$ annähernd gleichsetzen kann. Betrachtet man den Graphen der Funktion zu $f(x) = 6x - x^2$, so erkennt man einen fast horizontalen Verlauf der Parabel in Scheitelpunktsnähe. In der anschließenden Partnerarbeit sollte dann das Problem allgemein gelöst und die Frage beantwortet werden, welches Rechteck mit gegebenem Umfang den größten Flächeninhalt hat. Die Unterrichtsphase wurde mit folgendem Zitat von FERMAT beendet, womit die Einstellungen der damaligen Zeit wiedergegeben werden sollte und aufgezeigt wurde, daß FERMAT seine Methode nicht bewiesen hat:

"Wir sprechen auch hier, wie bereits früher die Überzeugung aus, daß diese Untersuchung über Maxima und Minima für alle Fälle streng gültig ist und nicht etwa, wie einige glauben, vom Zufall abhängt [...] Sollte es aber immer noch jemanden geben, der behauptet, daß wir diese Methode dem Zufall verdanken, der möge selbst sein Glück mit ähnlichem Zufall versuchen."

4.3 "Tangentenproblem" von Fermat

Die Überleitung von FERMATs Abhandlungen über Minima und Maxima zu dem "Tangentenproblem" stellte insofern eine Gelenkstelle dar, als daß es zu diesem Zeitpunkt für die Schüler nicht ersichtlich war, was Tangenten mit Extremwerten verbindet. Die Vernetzung der beiden Themen erfolgte erst im weiteren Unterrichtsgeschehen. Die Einführung in die neue Thematik "Subtangenten-" bzw. "Tangentenproblem" erfolgte in der Art, daß dieses ein weiterer Aspekt ist, mit dem FERMAT sich beschäftigt hat, und daß dieses ein zentrales Thema der Mathematik im 17. Jahrhundert war. Auf die Begriffsklärungen Tangente und Subtangente wurde nicht weiter eingegangen, da sie den Schülern bekannt sind (Tangente) und durch die ikonische Darstellung gefaßt werden können. Im folgenden wurde ausgeführt, daß FERMAT Tangenten mit Hilfe der Subtangenten bestimmt hat. Ziel dieser Unterrichtsphase war, mit Hilfe eines Arbeitsblattes diesen Weg nachzuvollziehen bzw. zu erarbeiten. Zunächst mußten die Schüler die Abbildung 1 auf dem Arbeitsblatt vervollständigen, um die weiteren Ausführungen nachvollziehen zu können. Sie setzten sich handelnd mit dem Gegenstand auseinander.

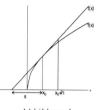

Abbildung 1

Mit Hilfe ihres Vorwissens konnten die Schüler die Aussagen $\frac{t(x_0+h)}{t(x_0)} = \frac{s+h}{s}$ und $\frac{f(x_0+h)}{f(x_0)} \approx \frac{s+h}{s}$ begründen. In der anschließenden Partnerarbeit erarbeiteten die Schüler die Äquivalenzumformungen, die nötig sind, um auf das Ergebnis $s = \dfrac{f(x_0)}{\lim\limits_{h \to 0}\left[\dfrac{f(x_0+h) - f(x_0)}{h}\right]}$ zu kommen. Im Anschluß ergab sich die Problemstellung, wie man mit Hilfe der Subtangente die Tangente bestimmt. Den Schülern war bekannt, daß es sich bei der Tangente um eine Gerade handelt, die die Kurve in einem bestimmten Punkt berührt (Vorwissen). Es wurde zunächst erarbeitet, wie man die Steigung der Tangente mit Hilfe der Subtangente bestimmt, um daran anschließend mit Hilfe der Punkt-Steigungs-Form die Gleichung der Tangente allgemein aufzustellen. Bereits hier wäre es möglich gewesen den Ableitungsbegriff einzuführen, dieses erfolgte aber nicht, da es im Widerspruch zur geschichtlichen Entwicklung stehen würde.

Differentialrechnung in der 11. Kl. an Hand von Originalliteratur   123

Resümee

Das Ziel dieser Phase ist, daß das bisher Erarbeitete bzw. die Gedankengänge für alle und für jeden einzelnen Schüler gesammelt und

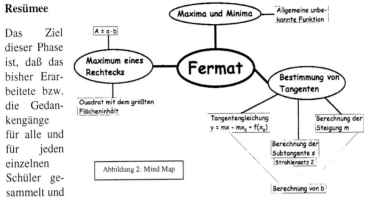

Abbildung 2: Mind Map

z.T. in Beziehung zueinander gesetzt werden. Hierzu wurde den Schülern die Methode des *Mind Mappings* vorgestellt. Diese Methode ermöglicht es, die netzartige Struktur des Wissens visuell und individuell auszudrücken. Mit dieser Unterrichtsphase war der Themenkomplex FERMAT beendet und man wandte sich LEIBNIZ zu, der eine noch "allgemeinere Methode" entwickelt hat.

4.4 Leibniz und seine "neue Methode" (Differenzierbarkeitsbegriff)

Der neue Unterrichtsgegenstand "LEIBNIZ" wurde über den Vergleich der Lebensdaten von FERMAT (1601 - 1665) und LEIBNIZ (1646 -1716) begonnen. Den Schülern sollte bewußt werden, daß an dieser Stelle ein Zeitsprung gemacht wird. Mit Hilfe der lateinischen Überschrift "Nova methodus..." erfolgte der Einstieg in die eigentliche Thematik. Dies geschah, um den Schülern aufzuzeigen, daß LEIBNIZ seine Abhandlungen in lateinischer Sprache publiziert hat. Zudem konnten die Schüler versuchen, die Überschrift mit ihren Lateinkenntnissen zu übersetzen. Im folgenden erhielten die Schüler ein Arbeitsblatt mit Auszügen aus der Nova methodus mit dem Arbeitsauftrag, in Partnerarbeit den Text zu lesen, unbekannte Begriffe zu klären und den einzelnen Abschnitten Überschriften zu geben (Titel, Bezeichnung der Kurven, Bezeichnung der Tangenten, Einführung Differential). Hiernach erfolgt eine Auseinandersetzung mit der Originalabbildung. Die Schüler erhielten anschließend Papierstreifen mit der Abbildung in modernisierter Form mit dem Zweck, die Abbildung greifba-

rer zu machen. Die Schüler mußten jedoch noch die Tangenten in die Abbildung einfügen, sich also handelnd mit dem Gegenstand auseinandersetzen. Die gesamte Grafik von den Schülern in die modernisierte Form übertragen zu lassen, würde an dieser Stelle zu weit führen. Durch den Strahlensatz und die Ergebnisse von FERMAT wurde die folgende Beziehung

$$\frac{dy}{dx} = \frac{y}{x_0 D} = \frac{f(x_0)}{x_0 D} = \lim_{h \to 0} \frac{f(x_0 + h) - f(x_0)}{h}, \text{ mit } \overline{x_0 D} \text{ Subtangente,}$$

erarbeitet. Daran schlossen sich die Definition über Differentialquotient etc. an. Den Schülern wurde die Information gegeben, daß die Schreibweise f' auf CAUCHY (1826) zurückgeht. Die einzelnen Aussagen der Definition wurden erörtert. Die unterschiedliche Bedeutung von Differential- und Differenzenquotient (mittlere Änderungsrate wird meistens in 11.1 behandelt), sowie von dy und Δy sollte von den Schülern realisiert werden.

4.5 Ableitungsregeln

Mit einem weiteren Auszug aus der Nova methodus wurden die Ableitungsregeln eingeführt. Mit dem ersten Satz "Nach diesen Festsetzungen..." wurde ein direkter Bezug zum bisherigen Unterrichtsgeschehen hergestellt. Die Aufgabe der Schüler bestand zunächst darin unter Verwendung ihrer Vorkenntnisse, die LEIBNIZsche Schreibweise ($d(ax)$, adx) in die ihnen vertrautere Schreibweise ($f(x)=ax$, $f'(x)=a$) zu übertragen. Somit erhielt man eine Liste der Ableitungsregeln (Konstanten-, Faktor-, Summen- und Potenzregel), wobei einerseits die Regel für Wurzeln im Hinblick auf LEIBNIZ eigene Ausführungen an dieser Stelle vernachlässigt wurde und andererseits die allgemeine Faktorregel hinzugefügt wurde, denn LEIBNIZ gibt nur den Spezialfall an. Die Regeln werden angewendet, um daran anschließend die einzelnen Beweise zu führen (Information für die Schüler: LEIBNIZ gibt keine Beweise in seiner "Nova methodus" an).

An dieser Stelle fand dann noch einmal eine Auseinandersetzung mit dem Originaltext statt, um den Schülern aufzuzeigen, warum keine explizite Regel für Wurzeln aufgestellt wurde und wie Leibniz sein Kalkül nennt. Es wurde zunächst noch einmal herausgestellt, daß der große Fortschritt von LEIBNIZ darin zusehen ist, daß er Regeln aufgestellt hat, die das "mathematische Leben" erleichtern. Daran anknüpfend setzen sich die Schüler mit

den weiteren Textpassagen auf dem Arbeitsblatt auseinander. Es wurde deutlich, warum die Regel für Wurzeln nicht übertragen wurde und kurz über den Inhalt der zweiten Seite diskutiert. Dieses wurde zum Anlaß genommen, die Reihe zu beenden. [Kowalewski 1996, 3-11]

5. Reflexion der durchgeführten Unterrichtsreihe

Meine wesentlichen Intentionen inhaltlicher Art konnten im Verlauf der Unterrichtsreihe insoweit verwirklicht werden, als daß die Schüler sich mit den Originaltexten aktiv auseinandersetzten, um den neuen Unterrichtsgegenstand zu erschließen. Bei der Erarbeitung und Vernetzung mußte ich erwartungsgemäß mit einigen Impulsen und Hilfestellungen lenken, trotzdem ergab sich bei den Schülern immer wieder ein "Aha-Effekt", so daß sie selbständig und zum größten Teil mit Interesse weiterarbeiten konnten. Eine intensivere Beschäftigung mit manchen Teilabschnitten erforderte gelegentlich mehr Zeit als geplant, so daß Abstriche an anderen Stellen gemacht werden mußten (Aufgaben, Textinterpretation). Der allgemeinbildende Aspekt konnte meines Erachtens in der Durchführung zum Teil umgesetzt werden: so haben die Schüler am eigenen Leib das mühselige Werden der Mathematik in Ausschnitten erlebt, und dadurch erfahren, daß die Mathematik nicht "an einem Tag" entstanden ist, sondern ein Entwicklungsprozeß ist. Ihren Gesichtskreis haben die Schüler sicherlich erweitert, aber ob sie die bedeutende Stellung der Mathematik für die Entstehung der heutigen Zeit erkannt haben, vermag ich nicht zu beurteilen. Ich kann nur vermuten, daß sie die Namen FERMAT und LEIBNIZ nicht so schnell vergessen werden. Der geschichtliche Zugang in eine neue Thematik über die Auseinandersetzung mit Originalliteratur erleichtert sicherlich nicht immer unmittelbar das Verständnis des Inhalts. Die Schüler befinden sich immer zwischen zwei Ebenen (Geschichte - Heute), die sie in Bezug zueinander setzten müssen, wobei sie jede für sich inhaltlich greifbar machen müssen. Der Umgang mit Originalliteratur bzw. mit Texten an sich, stellte keine Schwierigkeit dar. Die Schüler, für die diese Arbeitsweise neu war, nahmen sie positiv auf und entwickelten selbständig Interpretationen der Quellen. Zu erwähnen ist, daß oft vermeintlich schwächere Schüler gute Deutungsideen einzelner Textpassagen lieferten und ihre Kreativität angesprochen wurde. Die Textarbeit als solche bringt ein nicht immer planbares Element in den Unterricht hinein, denn jeder deutet den Text aus seiner eigenen

Sicht heraus und gerade das ist spannend. Die Schüler nehmen den Text ernst, wissen aber, daß er nicht der Weisheit letzter Schluß ist. Das Aufzeigen von FERMAT und LEIBNIZ verdeutlichte punktuell den Aspekt des Werdens und der Dauer der Entstehung eines Teilthemas der Mathematik. Trotz dieser durchwegs positiven Bilanz würde ich die Reihe im Hinblick auf die zeitliche Dauer überarbeiten. Das Feedback am Ende der Reihe machte deutlich, daß die Geschichte der Mathematik ein interessanter Gegenstand ist, mit dem Schüler sich auch gerne auseinandersetzten, sie aber nach einer gewissen Zeit zu dem ihnen "wohlbekannten" Unterricht zurückkehren möchten. Zusammenfassend möchte ich sagen, daß sicherlich nicht alle Erwartungen an die Reihe erfüllt werden konnten, dies aber auch nicht das ausschließliche Ziel war. Die größtenteils positiv gemachten Erfahrungen und Resonanzen der Reihe bestärken mich jedoch darin, das Konzept "Geschichte der Mathematik im Unterricht" weiter in meinem Unterricht zu berücksichtigen und auszubauen; dieses sowohl im Hinblick auf die Einführung neuer Unterrichtsgegenstände, als auch um vorhandenem Wissen einen geschichtlichen Hintergrund zu geben und so daß Wissen zu vertiefen und zu weiten.

Und wie sagte schon EUKLID zu PTOLEMÄUS I:

"Es gibt keinen Königsweg zur Mathematik!"

Literatur

KOWALEWSKI, G.: Leibniz über die Analysis des Unendlichen - Ostwalds Klassiker der exakten Wissenschaften, Band 162; Harri Deutsch Verlag, Frankfurt, 1996

MESCHKOWSKI, H.: Mathematiker-Lexikon; BI-Verlag, Mannheim-Wien-Zürich, 1980

MILLER, M.: Pierre de Fermats Abhandlungen über Maxima und Minima - Ostwalds Klassiker der exakten Wissenschaften, Band 238; Akademische Verlagsgesellschaft, Leipzig, 1934

POPP, W.: Wege des exakten Denkens; Ehrenwirth Verlag, München 1981

RENTELN, M. VON: Leonard Euler und die Geschichte der Mathematik, Der Math.-Naturwiss. Unterricht MNU 48 (1995)H.3, S. 131-138

Ute Gick, Gesamtschule Waldbröl, Höhenweg 49, D-51545 Waldbröl
e-mail: gicku@arcormail.de

Squaring the circle in XVI-XVIII centuries

Witold Więsław

Introduction

Squaring the circle, traditionally called in Latin *Quadratura Circuli* was one of the most fascinating problems in the history of mathematics. Contemporary it is formulated as the problem of constructing by ruler and compass the side of a square with area equal to the given circle. Evidently the problem is equivalent to *the rectification of the circle*, i.e. to the problem of constructing in the same way by ruler and compass, a segment of the length equal to the perimeter of the circle. In the first case the problem leads to construction the segment of length $\sqrt{\pi}$, in the second one to construction of the length π.

1. Quadratura circuli in XVI century

I shall mention only that the first essential result in this direction goes back to ARCHIMEDES, who had found the connections between plane and linear measures of a circle; the area of the circle equals to the area of rectangular triangle with legs equal, respectively to its radius and the perimeter.

The history of the problem is long and I am not going to give it completely here. I would like to present here only some examples of effort in this direction from the period XVI-XVIII century. Let us also remark that for centuries the problem meant rather *to measure the circle* than *to construct its perimeter by ruler and compass*. Since from the Greek antiquity geometrical constructions by ruler and compass were mathematical instruments, therefore we have now much more restricted formulation of the problem.

NICOLO TARTAGLIA (1500-1557) presents in [2] the following approximate squaring the circle. He transforms a square into the circle dividing its diagonals into ten equal parts and taking as a diameter of the circle eight

parts (see the original picture from [2]). A simple calculation shows that the construction leads to the Babilonian approximation $\pi = \dfrac{25}{8}$.

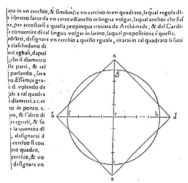

JEAN BUTEO (c.1492-1572) presents in [1] and [3] a construction leading to PTOLEMY approximation of π, namely $\dfrac{377}{120}$, i.e. to 3;8,30 in the sexagesimal system of numeration.

Another one, JOSEPH SCALIGER in his beautiful book [5], in which mathematical symbols are printed in red, takes $\sqrt{10}$ for π in his construction. Indeed, he draws diameter $d=2r$ in a circle, next the middle point of its radius and he constructs rectangular triangle with legs $\dfrac{3}{2}r$ and $\dfrac{1}{2}r$. Its hypotenuse gives, in his opinion, an approximate squaring of the circle.

FRANÇOIS VIETE (1540-1603) is well-known as the author of literal notations consequently used in algebra. He used the Latin letters $A, B, C, D, ...$ to denote the known quantities and letters $..., W, X, Y, Z$ to denote indeterminates. He introduced such notation in [4a]. His achievements in geometry are less known. VIETE presents some approximate constructions of squaring and rectification the circle in [4b]. On the page 26 (loc. cit.) we can find the following exercise: *quadrant circumferentiae dati circuli invenire proxime lineam rectam aequalem*, i.e. *find the segment approximately equal to the quarter of the circle.*

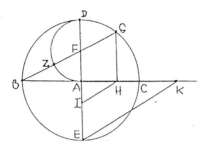

In the figure: $EI = BZ$, GH is orthogonal to BC, and EK is parallel to IH. VIETE claims, that EK is approximately equal to the quarter of the circle $BDCE$. Assume that he is right, i.e. $AK = \frac{1}{2}\pi a$. Similarity of the triangles AIH and AEK implies, that $\frac{AI}{AE} = \frac{AH}{AK}$. Since $AK = \frac{AH \cdot AE}{AI} = \frac{AH \cdot a}{AI}$, thus $\pi = 2\frac{AH}{AI}$. Now we can calculate AH and AI.

We have in $\triangle ABF$: $BF^2 = AF^2 + AB^2 = \frac{1}{4}a^2 + a^2 = \frac{5}{4}a^2$, so $BF = \frac{1}{2}a\sqrt{5}$. Since $BZ = BF - ZF = \frac{1}{2}a\sqrt{5} - \frac{1}{2}a = \frac{1}{2}(\sqrt{5}-1)a$, so $AI = a - EI = a - BZ$, and $AI = \frac{1}{2}(3-\sqrt{5})a$. Now we find AH. In $\triangle AGH$: $AH^2 + GH^2 = a^2$. Since triangles $\triangle BAF$ and $\triangle BHG$ are similar, hence $\frac{BH}{BA} = \frac{GH}{FA}$, i.e. $\frac{BH}{GH} = \frac{BA}{FA} = 2$. The equality $BH = a + AH$ implies, that $2GH = BH = a + AH$, thus $GH = \frac{1}{2}(a+AH)$. Substituting it in $AH^2 + GH^2 = a^2$, we obtain quadratic equation with respect to AH: $5AH^2 + 2a \cdot AH - 3a^2 = 0$ implying that $AH = \frac{3}{5}a$. Consequently, $\pi = 2\frac{AH}{AI}$, i.e. $\pi = \frac{3}{5}(3+\sqrt{5}) = 3{,}1416406\ldots$.

2. Squaring the circle in the XVII century

KEPLER [6] used ARCHIMEDES result: $\pi = \dfrac{22}{7}$. Sometimes the word *ludolphinum* is used instead of *pi*. This word goes back to LUDOLPH VAN CEULEN (1540-1610). Some epitaphs were found in 1712 in Leyden during rebuilding the Church of Sanctus Petrus. Among them was the epitaph of LUDOLPH VAN CEULEN. We read there: *Qui in vita sua multo labore circumferentiae circuli proximam rationem diametram invenit sequentem (which in life was working much under calculation of an approximate proportion of the circle perimeter to its diameter.)* In the epitaph we find an approximation of π up to 35 digits. At first VAN CEULEN had found 20 digits (*Van den Circkel*, Delf 1596), and next 32 digits (*Fundamenta Arithmetica et Geometrica*, 1615). The book *De Circulo et adscriptis liber* (1619) published by WILLEBRORD SNELL (Snellius) after VAN CEULEN's death, presents his method in case of 20 digits. In 1621 W. SNELL wrote *Cyclometricus* [9], presenting there VAN CEULEN's algorithm for finding 35 digits. VAN CEULEN proves in [7] many theorems dealing with equivalence of polygonals by finite division into smaller figures. He evolves there an arithmetic of quadratic irrationals, i.e. he studies numbers of the form $a + b\sqrt{d}$, with rational a, b, d. He states, that, if d is fixed, then arithmetic operations do not lead out the set. He proves it on examples, but his arguments are quite general. He considers also the numbers obtained from the above ones by extracting square roots. He uses it intensively in [8]. His method runs as follows. LUDOLPH VAN CEULEN calculates the length of the side of the regular N-gon inscribed in the circle with the radius 1, writing the results in tables. Successively he determines the side of the regular N-gon for $N = 2^n$, where $2 \le n \le 21$, i.e. up to $N = 2.097.152$. Next he makes the same for $N = 3 \cdot 2^n$, taking $1 \le n \le 20$, i.e. until $N = 3.145.728$. Finally he puts $N = 60 \cdot 2^n$, with $1 \le n \le 13$, up to $N = 491.520$. For example, in the case considered by ARCHIMEDES (and also by LEONHARDO PISANO, AL-KASCHI, and others), i.e. for regular 96-gon inscribes in the circle with radius 1, the length of the side is equal to

$$\sqrt{2-\sqrt{2+\sqrt{2+\sqrt{2+\sqrt{2+\sqrt{3}}}}}} ,$$

what VAN CEULEN writes as $\sqrt{.2-\sqrt{.2+\sqrt{.2+\sqrt{.2+\sqrt{.2+\sqrt{3}}}}}}$. Next for all tabulated regular N-gons he calculates the perimeters and their decimal expansions, taking as the final approximation to π the last common value from the tables. It gives twenty digits of decimal expansion of π.

The approximation to π by $\frac{355}{113}$, i.e. by the third convergent of the expansion of π into continued fraction, was attributed to ADRIANUS METIUS already at the end of the XVII century. (The first convergent of π is Archimedean result $\frac{22}{7}$, and the second one equals $\frac{333}{106}$). JOHN WALLIS had attributed the result to ADRIANUS METIUS in *De Algebra Tractatus* (see [17b], p.49). But the truth looks quite differently. ADRIANUS METIUS ALCMARIANUS writes in [11] (p.89):

Confoederatarum Belgiae Provintiarum Geometra [...] Simonis a Quercu demonstravit proportionem peripheriae ad Suam diametrum esse minorem $3\frac{17}{120}$, *hoc est* $\frac{377}{120}$ *majorem* $3\frac{15}{106}$, *hoc est* $\frac{333}{106}$, *quarum proportionum intermedia existit* $3\frac{16}{113}$, *sive* $\frac{355}{113}$, [...], what means, that *Geometra from confederated province of Belgium, Simonis from Quercu, had proved, that the ratio of the perimeter to its diameter is smaller than* $3\frac{17}{120}$, *i.e.* $\frac{377}{120}$, *and greater than* $3\frac{15}{106}$, *i.e.* $\frac{333}{106}$. *The mean proportion of the fractions is* $3\frac{16}{113}$, *that is* $\frac{355}{113}$.

The fraction $\frac{a+c}{b+d}$ was called the mean proportion of fractions $\frac{a}{b}$ and $\frac{c}{d}$. The result $\frac{377}{120}$ comes back to PTOLEMY. The work [11] is very interesting for another reason. ADRIANUS METIUS describes there an approximate construction changing a circle into equilateral triangle. We present below his construction with original figure of ADRIANUS. From the intersection E of two orthogonal lines we draw a circle with radius a. Thus $AE = CE = BE = EG = EF = a$. Next we construct two equilateral triangles: $\triangle CEG$ and $\triangle CEF$. The bisetrix of the angle determines the point H. From the point C

one constructs $CI = CH$. Let the lines through A and I, B and I meet the circle in points L and Q respectively. The intersection of the line LQ with lines EF and EG, defines the point M and N of the constructed equilateral triangle. The third point can be found immediately.

LEMMA. In the figure below: $HC = a\sqrt{2-\sqrt{3}}$. Indeed, the Cosine Theorem applied to $\triangle CEH$, gives

$$HC^2 = EC^2 + EH^2 - 2\cdot EC \cdot EH \cos 30° = 2a^2 - 2a^2 \cos 30° = a^2(2-\sqrt{3}).$$

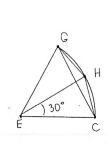
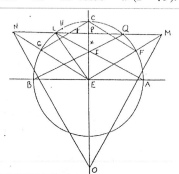

We calculate the surface of $\triangle MNO$. Let P be the meet of the line EC with MN. Put $PI = x$, $LP = y$. The Lemma implies,
that $EI = a - CI = a - a\sqrt{2-\sqrt{3}} = \lambda a$, where $\lambda = 1 - \sqrt{2-\sqrt{3}}$. The rectangular triangle $\triangle AEI$: $IA^2 = EI^2 + EA^2 = EI^2 + a^2$, thus $IA = a\sqrt{1+\lambda^2}$. Similarity for triangles $\triangle LPI$ and $\triangle AEI$ gives

$$\frac{LI}{AI} = \frac{PI}{EI}, \frac{x}{y} = \frac{EI}{EA}, \text{ i.e. } LI = \frac{AI}{EI}PI = \frac{\sqrt{1+\lambda^2}}{\lambda}x, \; x = \lambda y.$$

In the rectangular triangle $\triangle LPE$: $PE^2 + LP^2 = LE^2$,

hence $(x + EI)^2 + y^2 = a^2$, $(x + \lambda a)^2 + y^2 = a^2$,

and since $x = \lambda y$, thus $\lambda^2(y+a)^2 + y^2 = a^2$,

implying $\lambda^2(y+a)^2 = (a+y)(a-y)$,

i.e. $\lambda^2(a+y) = a-y$, thus $y = a\dfrac{1-\lambda^2}{1+\lambda^2}$, and $x = \lambda a\dfrac{1-\lambda^2}{1+\lambda^2}$.

Since E is the median of the equilateral triangle ΔMNO, so $EP = x + IE$ is the half of EO, i.e. $x + EI = \frac{1}{2} EM$, since $EO = EM$,

i.e. $EM = 2(x + IE) = 2a\lambda \frac{1-\lambda^2}{1+\lambda^2} + 2a\lambda = \frac{4a\lambda}{1+\lambda^2}$.

It implies that the high h in ΔMNO equals $h = \frac{3}{2} EM = \frac{6a\lambda}{1+\lambda^2}$. If z is a side of ΔMNO, then from ΔOPM: $h^2 + \left(\frac{z}{2}\right)^2 = z^2$, i.e. $z = \frac{2}{\sqrt{3}} h = 4a\sqrt{3} \frac{\lambda}{1+\lambda^2}$.

Since, by ADRIANUS METIUS, the area of ΔMNO is approximately equal to the area of the circle with the centre E and radius $EA = a$, hence

$\pi a^2 = \frac{1}{2} hz = \frac{1}{2} h \frac{2}{\sqrt{3}} h = \frac{1}{\sqrt{3}} h^2 = \frac{1}{\sqrt{3}} \frac{36a^2\lambda^2}{(1+\lambda^2)^2}$, i.e. $\pi = 12\sqrt{3} \frac{\lambda^2}{(1+\lambda^2)^2}$.

Thus π equals approximately 3,1826734... . Since π = 3,141592... , the error is about 1,3 %.

Among many authors who kept busy in XVII century with measuring the circle, a special place has CHRISTIAN HUYGENS (1629 - 1695), one of the most famous mathematicians of the century. In a short time he learned and extended the coordinate methods of DESCARTES, showing its many applications in mathematics and aside. His known achievements are published in many great volumes. I describe here only a part of his scientific activity. In *Theoremata de Quadratura Hyperboles, Ellipsis et Circuli* from 1651 HUYGENS describes geometrical methods for finding lengths of their parts. In the treatise *De Circuli Magnitudine Inventa* (*A study of the circle magnitude*) from the year 1654 he describes different geometrical methods of approximate the perimeter of the circle. HUYGENS in [13] leads to absolute perfection the methods of ARCHIMEDES of approximation of the perimeter of the circle by suitably chosen n-gons. He proves geometrically many inequalities between the lengths of sides of n-gons, $2n$-gons and $3n$-gons inscribed and described on a circle. In particular, he deduces from them an approximate rectification of an arc. Already in his times analytical arguments like presented below were known and applied.

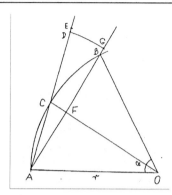

Let AOB be a sector of a circle with radius r and angle α. Let OC bisect the angle AOB. We put aside $CD = AC$ on the line through A and C. The circle with centre A and radius AD meets the line through A and B in G. Finally we put $DE = \frac{1}{3} BG$. Then, as HUYGENS claims, the length of the arc AB is approximately equal to the segment AE. Indeed,

$$AE = AD + DE = AD + \frac{1}{3}BG = AD + \frac{1}{3}(AD - AB) = \frac{4}{3}AD - \frac{1}{3}AB.$$ Since $AD = 2AC$, by the construction, $AB = 2AF = 2r \sin \frac{\alpha}{2}$ from the triangle AFO and similarly, $AC = 2r \sin \frac{\alpha}{4}$, thus

$$AE = \frac{4}{3}AD - \frac{1}{3}AB = \frac{4}{3} \cdot 2AC - \frac{1}{3}AB = \frac{8}{3} \cdot 2r \sin \frac{\alpha}{4} - \frac{1}{3} \cdot 2r \sin \frac{\alpha}{2}$$
$$= \frac{2r}{3}(8 \sin \frac{\alpha}{4} - \sin \frac{\alpha}{2}).$$

Since the sine function has expansion: $\sin x = x - \frac{1}{3!}x^3 + \frac{1}{5!}x^5 - \ldots$, then taking x equal $\frac{1}{4}\alpha$ and $\frac{1}{2}\alpha$, we have

$$8 \sin \frac{\alpha}{4} - \sin \frac{\alpha}{2} =$$
$$= 8\left(\frac{\alpha}{4} - \left(\frac{\alpha}{4}\right)^3 \frac{1}{3!} + \left(\frac{\alpha}{4}\right)^5 \frac{1}{5!} - \ldots\right) - \left(\frac{\alpha}{2} - \left(\frac{\alpha}{2}\right)^3 \frac{1}{3!} + \left(\frac{\alpha}{2}\right)^5 \frac{1}{5!} - \ldots\right) =$$

$$= \alpha(2 - \frac{1}{2}) + \alpha^3 \left(\frac{1}{6\cdot 8}\right) - \left(\frac{8}{6\cdot 4^3}\right) + \alpha^5 \left(\frac{8}{4^5 \cdot 120} - \frac{1}{2^5 \cdot 120}\right) +$$
$$\alpha^7 \left(\frac{1}{2^7 \cdot 7!} - \frac{8}{4^7 \cdot 7!}\right) + \ldots =$$
$$= \frac{3}{2}\alpha + \frac{1}{2^5 \cdot 5!}\left(\frac{1}{2^2} - 1\right)\alpha^5 + \frac{1}{2^7 \cdot 7!}\left(1 - \frac{1}{2^4}\right)\alpha^7 + \frac{1}{2^9 \cdot 9!}\left(\frac{1}{2^6} - 1\right) + \ldots \ .$$

Consequently

$$\left| -\frac{3}{2}\alpha + 8\sin\frac{\alpha}{4} - \sin\frac{\alpha}{2} \right| \le$$
$$\le \frac{3}{4} \cdot \frac{1}{2^5 \cdot 5!} \alpha^5 \left(1 + \frac{\alpha^2}{2^2 \cdot 6 \cdot 7} + \frac{\alpha^4}{2^4 \cdot 6\cdot 7 \cdot 8 \cdot 9} + \frac{\alpha^6}{2^6 \cdot 6 \cdot 7 \cdot 8 \cdot 9 \cdot 10 \cdot 11} + \ldots\right) \le$$
$$\le \frac{3}{4} \frac{\alpha^5}{2^5 \cdot 5!}\left(1 + \left(\frac{\alpha}{12}\right)^2 + \left(\frac{\alpha}{12}\right)^4 + \left(\frac{\alpha}{12}\right)^6 + \ldots\right) = \frac{3}{4} \frac{\alpha^5}{2^5 \cdot 5!} \frac{1}{1 - \left(\frac{\alpha}{12}\right)^2}.$$

Thus

$$AE = \frac{2r}{3}\left(\frac{3}{2}\alpha - \frac{3}{4} \cdot \frac{1}{2^5 \cdot 5!}\alpha^5 + \ldots\right) = r\alpha - \frac{r}{7680}\alpha^5 + \ldots \ .$$ Since $AE = r\alpha +$

rest, hence our arguments show that $|rest| \le \frac{r}{5760} \frac{\alpha^5}{1 - \left(\frac{\alpha}{12}\right)^2}$. If $|\alpha| < 2$, then instead of the constant 5760 we can take 7680. It is interesting, that in HUYGENS book [13] there is also the constant 7680. The obtained result gives the possibility of rectifying the circle with a given error. Indeed, it is necessary to divide the circle into n equal arcs and next rectify each of them. For example, if $\alpha = \frac{1}{2}\pi$, then $|rest| \le 0{,}0012636$, what by multiplying by 4 given an error not greater than 0,0056.

Another *Quadratura circuli* gave MARCUS MARCI [15]. It was described in [24]. MADHAVA (*Yukti - Bhasha,* XIV century) found for π the value $\pi = 3{,}14159265359\ldots$. It could be not surprising but he used some calculations equivalent to the series expansion of arcus tangens:

$arctg x = x - \frac{x^3}{3} + \frac{x^5}{5} - \frac{x^7}{7} + ...$, called now Gregory's series (1671). In particular MADHAVA used the equality $\pi = 4\left(1 - \frac{1}{3} + \frac{1}{5} - \frac{1}{7} + ...\right)$. In Europe this equality was discovered by G.W. LEIBNIZ [16].

Ancient Indian mathematicians of MADHAVA times knew much more exact approximations of π. For example KARANA PADDHATI gives 17 digits of π.

Now recall an approximate rectification of the circle of ADAM ADAMANDY KOCHANSKY (see [19]). Jesuit KOCHANSKY was at first professor of mathematics in Mainz in 1659. Next in 1667 he was teaching at Jesuit Collegium in Florence, in 1670 he was in Prague, then in Olomouc. Since he was not content from his stay there, he decided in 1677 to ask for his transfer to another place, to Wratilsavia (Wrocław), where he observed and described a comet. Later he was librarian of Polish king Jan III Sobieski. He died at the end of XVII century. He came to the history of mathematics as the author of very simple (approximate) rectification the circle.

We draw two orthogonals to diameter of the semi-circle ADB with centre S and radius $AS = r$. Next we put $AC = 3r$.

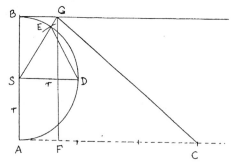

Then we take the parallel SD to AC and we construct the equilateral triangle SDE. Let the line through S and E meet G the line from B parallel to the base line AC. KOCHANSKY claims that GC equals approximately the semicircle ADB. Indeed since $FC = AC - GB = 3r - rtg\ 30°$ and $tg 30° = \frac{1}{\sqrt{3}}$, then from the rectangle FCG we obtain $GC^2 = FG^2 + FC^2$, i.e. $GC^2 = (2r)^2$

$+ (3r - rtg30°)^2 = r^2(\frac{40}{3} - 2\sqrt{3})$, thus $GC = r\sqrt{\frac{40}{3} - 2\sqrt{3}}$, what means, that $\pi = \sqrt{\frac{40}{3} - 2\sqrt{3}} = \frac{1}{3}\sqrt{6(20 - 3\sqrt{3})}$ =3,141533... approximately. The error equals 3,14159265... – 3,1415333... = 0,00005932... .

3. The state of *quadratura circuli* in the XVIII century

The problem of squaring the circle appears in seven EULER's papers and in his correspondence with CHRISTIAN GOLDBACH in the years 1729-1730. We describe one of EULER's approximate rectifications of the circle.

ISAAC BRUCKNER (1686-1762) gave not too much exact rectification of the circle. EULER proposed the following modification of BRUCKNER's construction.

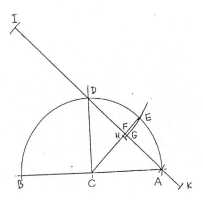

Let CE be bisectrix of the right angle ACD. Let $DI=AD$, $IG=IE$, $FH=FG$ and $AK=EH$. Assume moreover, that $AC = 1$. Then $IA = 2\sqrt{2}$, $CF=\frac{1}{2}\sqrt{2}$, $EF = 1 - \frac{1}{2}\sqrt{2}$, $IF = \frac{3}{2}\sqrt{2}$. Thus $IG^2 = IE^2 = IF^2 + EF^2 = 6 - \sqrt{2}$, implying that $IG = \sqrt{6 - \sqrt{2}}$.

Consequently $FH = FG = IG - IF$,

i.e. $AK = EH = EF + FH = \sqrt{6-\sqrt{2}} + 1 - 2\sqrt{2}$,

and finally $IK = IA + AK = 1 + \sqrt{6-\sqrt{2}} = 3{,}1414449\ldots$.

LEONHARD EULER improved also described above HUYGENS construction, following his ideas, but obtaining for the approximate length $L\,(\alpha,r)$ of an arc with radius r and angle α the formula

$$L(\alpha,r) = \frac{r}{45}(256 \sin\frac{\alpha}{4} - 40 \sin\frac{\alpha}{2} + \sin\alpha),$$

much more exact than HUYGENS's. Namely $L(\alpha,r) = ar - \dfrac{r}{322560}\alpha^7 + \ldots$,

slightly better than in HUYGENS construction.

The bibliography below contains only selected papers and books concerning squaring the circle. The complete bibliography is much more extensive.

References (in chronological order):

[1] BUTEO, JOHANNES (Buteo, Jean; Buteon; Borrel): Io. Buteonis delphinatici opera geometrica [...] Confutatio quadraturae circuli ab Orontio finaeo factae. Leiden 1554.

[2] TARTAGLIA, NICOLO: General trattato di numeri et misure [...]. 3 vols. Venedig 1556-60.

[3] BUTEO, JOHANNES: Joannis Buteonis de quadratatura circuli libri duo. Lyon 1559.

[4a] VIETE, FRANÇOIS (Vieta, Franciscus): Francisci Vietae in artem analyticem isagoge. Tours 1591.

[4b] VIETE, FRANÇOIS: Francisci Vietae variorum de rebus responsorum mathematicis liber VIII. Tours 1593.

[5] SCALIGER, JOSEPH: Iosephi Scaligeri [...] Appendix ad Cyclometrica sua: In qua asseritur Quadratio circuli [...] Demonstrationbus Cyclometricis. Leiden (Lugduni Batavorum) 1594.

[6] KEPLER, JOHANNES: Nova stereometria doliorum vinariorum [...]. Linz 1615.

[7] CEULEN, LUDOLF VAN: De arithmetische en geometrische fondamenten. Leyden 1615. lat.: Fundamenta arithmetica et geometrica. 1617.

[8] CEULEN, LUDOLPH VAN: Ludolphi a Ceulen de circulo et adscriptis Liber. 1619.

[9] SNELLIUS, WILLEBRORDUS: Cyclometria sive de circuli dimensione. Leiden 1621.

[10] METIUS, ADRIAAN: Adriano Metio Alcmariano praxis nova geometrica per vsvm circini et regulae proportionalis. Amsterdam 1623.

[11] METIUS, ADRIAAN: Adriani Metii Alcmariano arithmeticae libri duo, et geometriae lib VI. Leiden 1626.

[12] GREGORIUS A SANCTO VINCENTIO: P. Gregorii a S^{to} Vincentio opus geometricum quadraturae circuli et sectionum coni. Antwerpen 1647.

[13] HUYGENS, CHRISTIAAN: De circuli magnitudine inventa. Leiden 1654.

[14] GREGORIUS A SANCTO VINCENTIO: Examen circuli quadraturae [...]. Leiden 1654.

[15] MARCI DE CRONLAND, JOHANNES MARCO: Ioanne Marco Marci labyrintus in quo via ad circvli quadraturam pluribus modis exhibetur. Pragae 1654.

[16] LEIBNIZ, GOTTFRIED WILHELM: De vera proportione circuli ad quadratum circumscriptum in numeris rationalibus. Acta Eruditorum MDCLXXXII, p. 40-46.

[17a] WALLIS, JOHN: De angulo contactus et semicirculi tractatus anno 1656 editus. Ejuadem tractatus defensio. Edita Anno 1685.

[17b] WALLIS, JOHN: De algebra tractatus, historicus & practicus. Anno 1685 Anglice editus. [...] Oxoniae MDCXCIII.

[18] CLUVER, D.: Quadratura circuli infinitis modis demonstrata. Acta Eruditorum MDCLXXXVI, p. 369-371.

[19] KOCHANSKY, ADAM ADAMANDY: Observationes Cyclometriace ad facilitandam Praxim accomodatae. Acta Eruditorum MDCLXXXV, p. 394-398.

[20] BAUDEMONT, REMIGIUS: Sincerum examen quadraturae circuli. Pragae 1712.

[21] Problemata Mathematica Quadraturam Circuli [...] Per Matheseophilum. Frankfurt 1733.

Dr. Witold Więsław; Uniwersytet Wrocławski; PL-50384 Wrocław; Polen; email: wieslaw@math.uni.wroc.pl

Die Lösung quadratischer, kubischer und biquadratischer Gleichungen in den algebraischen Werken Christian Wolffs

Silvia Sommerhoff-Benner

Einleitung

Dieser Beitrag beschäftigt sich mit der Lösung quadratischer, kubischer und biquadratischer Gleichungen in den algebraischen Werken CHRISTIAN WOLFFs. WOLFF lebte von 1679 bis 1754. Er veröffentlichte zum einen 1710 die "Anfangsgründe aller mathematischen Wissenschaften" und zum anderen 1713/15 eine zweibändige Ausgabe der "Elementa matheseos universae", die 1730 bis 1741 auf eine fünfbändige Ausgabe erweitert wurden. Meinen Ausführungen liegen maßgeblich die siebte Auflage der "Anfangsgründe" aus dem Jahr 1750, die letzte Auflage zu WOLFFs Lebzeiten, und die fünfbändige Ausgabe der "Elementa" zugrunde. Diese Ausgabe des lateinischen Werkes ist laut JOSEPH EHRENFRIED HOFMANN

"als Ausgabe letzter Hand anzusehen und enthält das Beste, was Wolff als Universitätslehrer auf mathematischem Gebiet zu sagen hat."[1]

Eine zentrale Fragestellung bei der Betrachtung der Lösungen nichtlinearer Gleichungen wird sein, ob WOLFF das Wissen der damaligen Zeit lediglich systematisiert hat, und wenn ja, wie gut, oder ob er es erweitert hat, ob er also auch schöpferisch tätig war.

In diesem kurzen Beitrag kann natürlich nicht auf alle Details zu dieser Thematik der Gleichungen eingegangen werden. Daher werden einige Kernstellen exemplarisch aus den Werken herausgegriffen.

Interessant erscheint zunächst einmal die Behandlung gemischtquadratischer Gleichungen.

---

[1] [Wolff 1968, VIII]

Gemischtquadratische Gleichungen

Sowohl in den "Elementa" als auch in den "Anfangsgründen" wird von WOLFF eine Dreiteilung vorgenommen. Es werden nämlich die drei, bereits seit AL-HWARIZMI unterschiedenen und von diesem bis ins Abendland hineingetragenen, aber in etwas anderer Form notierten gemischtquadratischen Gleichungstypen in folgender Reihenfolge vorgestellt:

WOLFF	AL-HWARIZMI
$1.\ x^2 + ax = b^2$	$px^2 + qx = r$
$2.\ x^2 - ax = b^2$	$qx + r = px^2$
$3.\ x^2 - ax = -b^2$	$px^2 + r = qx$

Auffällig bei der Betrachtung dieser Gleichungstypen ist die Einhaltung des Homogenitätsprinzips, die sich bei AL-HWARIZMI nicht findet, weiterhin die ausschließliche Verwendung positiver a. Ansonsten wäre die Einteilung in diese Gleichungstypen nicht notwendig gewesen. Im Gegensatz zu AL-HWARIZMI fällt auf, daß die Gleichungstypen analog aufgebaut sind: Auf der linken Seite der Gleichung befinden sich das quadratische und das lineare Glied, auf der rechten Seite das konstante Glied. Dieses hat zur Folge, daß beim letzten Gleichungstyp ein negatives Vorzeichen auf der rechten Gleichungsseite steht.

Die gemischtquadratischen Gleichungen löst WOLFF mit Hilfe der quadratischen Ergänzung. Der Lösungsweg zum Gleichungstyp 2, der in den "Elementa" und den "Anfangsgründen" identisch ist, wird nun kurz vorgestellt:

Gleichungstyp 2:
$$x^2 - ax = b^2$$

Quadratische Ergänzung liefert

$$x^2 - ax + \frac{1}{4}a^2 = \frac{1}{4}a^2 + b^2.$$

WOLFF folgert hieraus zunächst

$$x - \frac{1}{2}a = \sqrt{\frac{1}{4}a^2 + b^2}$$

und

$$\frac{1}{2}a - x = \sqrt{\frac{1}{4}a^2 + b^2}.$$

Somit gilt

$$x = \frac{1}{2}a \mp \sqrt{\frac{1}{4}a^2 + b^2}.$$

Die Lösung dieses Gleichungstyps beruht darauf, daß

$$x^2 - ax + \frac{1}{4}a^2 = \left(x - \frac{1}{2}a\right)^2 = \left(\frac{1}{2}a - x\right)^2 = \frac{1}{4}a^2 + b^2.$$

Die beiden Lösungen kommen nicht über die "Doppelwurzel" zustande, wie dies in heutigen Rechnungen der Fall ist, sondern über die vorstehende Gleichheit. Für WOLFF hat also die Gleichung $x^2 = a$ nur zur Folge, daß $x = \sqrt{a}$ und nicht $x = \pm \sqrt{a}$. Warum aber kennt WOLFF diesen Sachverhalt der "Doppelwurzel" nicht? Zumindest in dem lateinischen Werk wird ausführlich die Multiplikation mit negativen Zahlen gelehrt. WOLFF ist bekannt, daß $(-\sqrt{a})(-\sqrt{a}) = a$, denn aus seinen Ausführungen geht eindeutig hervor,[2] daß $(-a)(-b) = ab$, $\sqrt{a}\sqrt{b} = \sqrt{ab}$, $aa = a^2$ und $\sqrt{a^2} = a$. Aus diesen Kenntnissen müßte er ableiten können, daß aus $x^2 = a$ folgt: $x = \pm\sqrt{a}$. Hier ist eine wichtige Stelle erreicht, an der gesagt werden kann, daß WOLFF keinen Blick für mathematische Folgerungen zu haben scheint. Das ist ein Indiz dafür, daß er nicht als schöpferischer Mathematiker tätig war, sondern das mathematische Wissen der damaligen Zeit aus verschiedenen Quellen zusammengetragen hat, ohne es selbständig zu verarbeiten.

Während in den "Elementa" beide Lösungen zu diesem Gleichungstyp akzeptiert werden, zumindest in der theoretischen Darstellung, werden die negativen Lösungen der quadratischen Gleichungen in den "Anfangsgründen" nicht akzeptiert, was durchaus verständlich ist, da die negativen Zahlen in diesem Werk eher stiefmütterlich behandelt werden. Natürlich erhält WOLFF über den oben angeführten Lösungsweg auch in dem deutschen Werk die negative Lösung. Er akzeptiert diese aber nicht, indem er sagt:

---

[2] Vgl. [Wolff 1968, 304-314]

"Denn, weil $\sqrt{\frac{1}{4}a^2+b^2}$ grösser als $\frac{1}{2}a$ ist; so gehet die andre Wurtzel $x = \frac{1}{2}a - \sqrt{\frac{1}{4}a^2+b^2}$ nicht an."[3]

Die negative Lösung wird also durchaus als Wurzel bezeichnet, aber diese Wurzel "geht nicht an", wird nicht akzeptiert.

Aus welchem Grund nun aber die negativen Lösungen keine Anerkennung finden, darüber kann man nur spekulieren. Da klar ist, daß WOLFF negative Zahlen sehr wohl kennt, können nur zwei Vermutungen geäußert werden. Entweder hat WOLFF den Themenkomplex des Negativen in seinen Vorlesungen ausgespart und sie werden deshalb nicht in den "Anfangsgründen" angeführt, da dieses Werk eine Zusammenschrift der Vorlesungen ist. Gründe dafür könnten der Zeitmangel sein oder daß WOLFF die Thematik für seine Studenten als nicht wichtig erachtete oder als zu schwierig ansah. Oder aber WOLFF lagen andere Quellen als bei den "Elementa" zugrunde, nach denen er die "Anfangsgründe" und seine Vorlesung aufbaute.

Der Lösungsweg über die quadratische Ergänzung liefert bezüglich des ersten Gleichungstyps $x^2 + ax = b^2$ lediglich eine Lösung, da sowohl $x + \frac{1}{2}a = \sqrt{\frac{1}{4}a^2 + b^2}$ als auch $\frac{1}{2}a + x = \sqrt{\frac{1}{4}a^2+b^2}$ nur zur Lösung $x = \sqrt{\frac{1}{4}a^2+b^2} - \frac{1}{2}a$ führt und die "Doppelwurzel" unbekannt ist.

Wenn WOLFF die zweite Lösung aufgrund der vorstehenden Probleme nicht gefunden hat, so hätte er dem Leser bzw. seinen Studenten doch mitteilen müssen, daß zwei Lösungen existieren. In späteren Kapiteln seiner Werke schreibt er schließlich, daß eine Gleichung n-ten Grades n Lösungen besitzt und betont explizit

"in der quadratischen Gleichung ist der Exponent 2, die Zahl der Wurzeln ist auch 2."[4]

Da dieser Gleichungstyp in vielen mathematischen Quellen, so beispielsweise bei AL-HWARIZMI, nur mit einer Lösung angegeben ist, scheint hier ein weiterer Hinweis gefunden, der zeigt, daß einzelnen Kapiteln unterschiedliche Quellen zugrunde lagen. So wird WOLFF sich nicht gewundert

---
[3] [Wolff 1973, 1589]
[4] [Wolff 1973, 1720]

haben, daß ihn sein Lösungsweg lediglich zu einer Lösung führte, wenn er Quellen benutzte, in denen dies als korrekt angesehen war.

Sowohl in den "Anfangsgründen" als auch in den "Elementa" stellt WOLFF fest, daß der dritte Gleichungstyp zwei positive (!) Lösungen hat. Für WOLFF ist in beiden Werken klar, daß $\sqrt{\frac{1}{4}a^2 - b^2} < \frac{1}{2}a$. Daß im Fall $\frac{1}{4}a^2 = b^2$ lediglich eine positive Lösung gefunden werden kann und im Fall $\frac{1}{4}a^2 < b^2$ sogar imaginäre Lösungen auftreten können, ist WOLFF nicht aufgefallen. WOLFF hätte aber erkennen müssen, daß hier Spezialfälle eintreten. Sogar frühere Mathematiker haben Fallunterscheidungen vorgenommen. Ich denke hier z.b. an die Algebra AL-HWARIZMIS, die spätestens seit dem 12./13. Jahrhundert in einer lateinischen Übersetzung zugänglich war, und an die "Ars magna" von CARDANO aus dem Jahr 1545, in denen der Fall $\frac{1}{4}a^2 < b^2$ als "unmöglich" erklärt wird.[5]

Kubische Gleichungen

Auch die Abhandlung der kubischen Gleichungen in WOLFFs Werk bietet interessante Passagen. WOLFF lehrt in einer Aufgabe, daß jede kubische Gleichung auf eine der reduzierten Formen

1. $x^3 = px + q$,
2. $x^3 = -px + q$,
3. $x^3 = px - q$

gebracht werden kann.[6]

Auffällig ist aber, daß das Homogenitätsprinzip in Bezug auf die kubischen Gleichungen nicht mehr beachtet wird. Dieses scheint ein Hinweis auf unterschiedliche Quellen der quadratischen und kubischen Gleichungen zu sein.

---

[5] Vgl. [Witmer 1968, 14/15] und [Rosen 1831, 12]
[6] Vgl. [Wolff 1968, 421] (Das Verfahren ist heute unter dem Namen Tschirnhaus-Transformation bekannt.)

Die reduzierten Formen kubischer Gleichungen

In einer weiteren Aufgabe der "Anfangsgründe" und der "Elementa" wendet WOLFF sich nun der Lösung dieser reduzierten Formen kubischer Gleichungen zu. Für den ersten Typ der reduzierten Formen wird die Lösungsformel hergeleitet, für die beiden anderen Formen wird sie lediglich angegeben. Die Herleitung für den ersten Gleichungstyp soll nun vorgestellt werden, da in ihr deutlich wird, daß bereits zuvor erworbene Kenntnisse hier nicht mehr weiter verarbeitet werden:[7]

Zunächst setzt WOLFF $x = y + z$, ermittelt x^3 und px und substituiert dieses an den Stellen von x^3 und px im ersten Gleichungstyp. Somit ergibt sich

$$y^3 + 3y^2z + 3z^2y + z^3 = py + pz + q.$$

WOLFF setzt

(1) $\qquad 3y^2z + 3z^2y = py + pz.$

Demgemäß gilt

(2) $\qquad y^3 + z^3 = q.$

Division von (1) durch $y + z$ liefert

(3) $\qquad 3yz = p,$

also

(4) $\qquad z = \dfrac{p}{3y}.$

Einsetzen von (4) in (2) ergibt

$$y^3 + \frac{p^3}{27y^3} = q.$$

Durch Umformung und quadratische Ergänzung erhält WOLFF hieraus die Gleichung

$$y^6 - qy^3 + \frac{1}{4}q^2 = \frac{1}{4}q^2 - \frac{1}{27}p^3.$$

---

[7] Vgl. [Wolff 1968, 430/ 431] und [Wolff 1973, 1735-1737]

Mit Hilfe des Lösungsweges zu den quadratischen Gleichungen (Typ 3) sollte WOLFF nun fortfahren. In den "Elementa" ermittelt er auch richtig

$$y^3 = \frac{1}{2}q \pm \sqrt{\left(\frac{1}{4}q^2 - \frac{1}{27}p^3\right)}.$$

Im folgenden Schritt jedoch erhält WOLFF als Lösung für y

$$y = \sqrt[3]{\frac{1}{2}q + \sqrt{\left(\frac{1}{4}q^2 - \frac{1}{27}p^3\right)}}.$$

Die zweite Lösung $\sqrt[3]{\frac{1}{2}q - \sqrt{\left(\frac{1}{4}q^2 - \frac{1}{27}p^3\right)}}$ fällt somit weg. Diese wird ohne Kommentar als z ausgegeben.

In den "Anfangsgründen" ermittelt WOLFF nicht einmal die zweite Lösung. Für ihn ergibt sich nach Durchführung der quadratischen Ergänzung lediglich *eine* Lösung, was im Widerspruch steht zu seinen Ausführungen zu den quadratischen Gleichungen. z wird ermittelt über die Gleichung

$$z^3 = q - y^3.$$

So wird es vermutlich auch in den "Elementa" gewesen sein, denn in der Erstausgabe aus den Jahren 1713/15 wird es in dieser Art geschildert.

In beiden Werken wird die Lösungsformel

$$x = \sqrt[3]{\frac{1}{2}q + \sqrt{\frac{1}{4}q^2 - \frac{1}{27}p^3}} + \sqrt[3]{\frac{1}{2}q - \sqrt{\frac{1}{4}q^2 - \frac{1}{27}p^3}}$$

angegeben.

Bei den Lösungsformeln setzt WOLFF nicht voraus, daß die Diskriminante D größer als 0 sein muß. Dieses ist ein Defizit des deutschen Werkes, in dem die Wurzeln aus negativen Größen nicht definiert sind. Hat WOLFF das Ausmaß der Cardanischen Formel nicht durchschaut? Da er nicht explizit voraussetzt, daß D größer als 0 sein muß, könnte es theoretisch sein, daß er auch die anderen Lösungen kennt, ohne dieses zu erwähnen. In den Zahlenbeispielen werden immer Diskriminanten größer 0 gewählt und reelle Lösungen ermittelt, so daß keine genaueren Angaben gemacht werden können.

Interessant zu dieser Thematik ist aber eine Äußerung WOLFFs in der Erstausgabe der "Anfangsgründe" aus dem Jahr 1710, die im Anschluß an die dargestellten Beispiele angeführt wird:

"Aus diesen Exempeln erhellet zu gleich/ daß $\frac{1}{4}qq$ allzeit größer seyn muß im ersten und dritten Falle [bei den Gleichungstypen 1 und 3 mit Subtraktionszeichen unter der Quadratwurzel] als $\frac{1}{27}p^3$." [8]

Hier scheint es WOLFF tatsächlich aufgefallen zu sein, daß gewisse Bedingungen erfüllt sein müssen. Wurzeln aus negativen Größen sind für ihn in dem deutschen Werk schließlich nicht möglich. Eine solche Einschränkung ist noch nicht einmal in Bezug auf die quadratischen Gleichungen gemacht worden. Wichtig ist aber wohl die Frage, warum diese Bemerkung in der siebten Auflage nicht mehr vorhanden ist. Hat WOLFF eventuell gar nicht richtig verstanden, was diese Bemerkung für seine Abhandlung bedeuten könnte? Da die Aussage bei den quadratischen Gleichungen fehlt, stellt sich die Frage, ob WOLFF tatsächlich den logischen Aufbau der Mathematik aufgenommen hat, oder ob er einzelne Thematiken lediglich aus verschiedenen Quellen zusammengetragen, aneinandergereiht hat.

Auffällig ist auch, daß WOLFF im Hinblick auf die Lösung der Gleichung sechsten Grades, die in der Form einer quadratischen Gleichung zu lösen ist, so anders vorgeht wie bereits gelehrt. Er begründet nicht, daß ein bestimmter Fall nicht weiter betrachtet wird oder als Größe der zweiten Unbekannten anzusetzen ist.

Weiterhin ist es eine Uneinheitlichkeit, daß bezüglich quadratischer Gleichungen der gesamte Lösungsweg nochmals beschritten wird und bei praktischen Aufgaben zu kubischen Gleichungen lediglich in die "ermittelten" Formeln eingesetzt, der Lösungsweg also nicht nachvollzogen wird.

Biquadratische Gleichungen

Nach diesen Ausführungen zu den kubischen Gleichungen seien nun noch kurz die biquadratischen erwähnt, die allerdings nur in den "Elementa" behandelt werden.

---

[8] [Wolff 1710]

Die erste Aufgabe zu dieser Thematik lautet:

"Aequationem biquadraticam, in qua secundus terminus deficit, reducere ad cubicam." [9]

Zur Lösung der Aufgabe macht WOLFF den Ansatz $x^4 + qx^2 + rx + s = (x^2 + yx + z)(x^2 - yx + v)$ mit unbestimmten Koeffizienten y, z und v. Mit Hilfe des Koeffizientenvergleichs und des Einsetzungsverfahrens werden nun Formeln für diese unbestimmten Koeffizienten hergeleitet, wobei, um y zu ermitteln, eine kubische Gleichung zu lösen ist. Vermutlich bezieht WOLFF sich in seiner Aufgabenstellung auf diese. Tatsächlich ist es nun möglich, alle biquadratischen Gleichungen zu lösen, indem maximal diese kubische Gleichung zu überwinden ist.

Auch in dieser Aufgabe aber ist wieder etwas zu bemerken, das direkt die Aufmerksamkeit auf sich zieht. Ausgangspunkt ist nämlich eine Gleichung vierten Grades mit fehlendem kubischen Glied, deren Glieder nur durch das Additionszeichen verbunden werden. Dieses widerspricht eigentlich der bisherigen Vorgehensweise WOLFFs. Er hätte verschiedene Typen biquadratischer Gleichungen unterscheiden müssen, da er bisher lediglich positive Koeffizienten kannte. WOLFF begründet seine Vorgehensweise, indem er sagt:

"Sit aequatio biquadratica $x^4 + qx^2 + rx + s = 0$, ubi retinetur in omnibus terminis signum +, ut omnes casus repraesententur." [10]

Wenn WOLFF aber weiß, daß auf diese Art und Weise alle Fälle betrachtet werden können, daß also eine Allgemeingültigkeit erreicht wird, warum hat er diese Vorgehensweise nicht auch bei den quadratischen und kubischen Gleichungen angewendet? WOLFFs Darstellungsweise ist inkonsequent und legt die Vermutung nahe, daß er lediglich das Wissen der damaligen Zeit aus unterschiedlichen Quellen zusammengetragen hat. Oder ist diese Darstellung evtl. lediglich ein weiterer Lernschritt für all diejenigen, die die Algebra aus WOLFFs "Elementa" erlernen wollten? Ist es evtl. die Kennzeichnung, daß Vierdimensionalität nicht mehr der Anschauung entspricht? Nach den bisherigen Ausarbeitungen ist anzunehmen, daß für unterschiedliche Themenbereiche tatsächlich unterschiedliche Quellen vorlagen.

---

[9] [Wolff 1968, 433]
[10] [Wolff 1968, 433]

Die nächste Aufgabe, in der dann schließlich die Lösung einer biquadratischen Gleichung bestimmt werden soll, ist in zwei Abschnitte gegliedert. Im ersten werden die reinen, im zweiten die gemischten Gleichungen vierten Grades betrachtet.

"I. Si aequatio fuerit pura, e.gr. $x^4 = a^2bc$: extrahatur primum radix quadrata, ut habeatur $x^2 = a\sqrt{bc}$ & hinc denuo educatur radix quadrata. Reperietur $x = \sqrt{(a\sqrt{bc})}$." [11]

Da WOLFF die "Doppelwurzel" unbekannt ist, erhält er lediglich eine Lösung. Er wundert sich aber nicht darüber, obwohl er weiß, daß eine biquadratische Gleichung vier Lösungen besitzt. Die Notation der reinen biquadratischen Gleichung ist auffällig, da hier, wie auch bei den quadratischen Gleichungen, auf die Einhaltung des Homogenitätsgesetzes geachtet wird. Bei den kubischen Gleichungen war dies nicht der Fall und auch bei der Bemerkung über die Allgemeingültigkeit der Darstellung $x^4 + qx^2 + rx + s = 0$ wurde die Homogenität nicht beachtet.

Zu den gemischten biquadratischen Gleichungen schreibt WOLFF:

"II. Si aequatio fuerit affecta 1.Tollatur secundus terminus, si adfuerit [...]. 2. Reducatur aequatio ad cubicam [...]. 3. Inde extrahatur radix cubica [...]. 4. Hac data ex aequationibus, quarum ope biquadraticam ad cubicam reduximus, radices aequationis propositae erui possunt." [12]

Die Lösung wird also in vier Schritten geschildert, wobei sich herausstellt, daß alle benötigten Hilfsmittel bereits in den zuvor geschilderten Paragraphen eingeführt wurden: Zunächst soll das kubische Glied aus der biquadratischen Gleichung entfernt werden. Dieses ist einfach mit der bereits gelehrten Transformation möglich. Danach soll mit Hilfe vorstehender Aufgabe diese biquadratische Gleichung auf die Lösung einer kubischen Gleichung reduziert werden. Was mit diesem zweiten und dritten Schritt tatsächlich gemeint ist, wurde gerade geschildert. Im Endeffekt löst WOLFF die biquadratischen Gleichungen, indem er sie auf quadratische Gleichungen zurückführt und die Lösungen dieser bestimmt.

---

[11] [Wolff 1968, 433]
[12] [Wolff 1968, 434]

Abschließender Kommentar

Diese kurzen Einblicke zeigen, daß WOLFF vermutlich nicht selbst als schöpferischer Mathematiker tätig war. Daß er bereits vorgestellte mathematische Aspekte nicht erneut aufgreift bzw. weiterverwendet, läßt den Schluß zu, daß er sein mathematisches Wissen unterschiedlichen Quellen entnommen hat und selbst nur systematisierend tätig war. Hätte er das mathematische Wissen der damaligen Zeit nicht nur gesammelt und systematisiert, so wären die geschilderten Inkonsequenzen nicht möglich. Das Zusammentragen aus verschiedenen mathematischen Quellen birgt das Problem in sich, daß einige Werke schon fortgeschrittener waren als andere. Für WOLFF bestand das Problem dann darin, daß er beispielsweise imaginäre und negative Zahlen aus einer Quelle kannte, also einen relativ modernen mathematischen Kenntnisstand zeigte, aber andere Sachverhalte älteren Werken entnahm. Da er das Wissen nicht selbständig miteinander verknüpfte, wurde die Logik in Mitleidenschaft gezogen.

Literatur

ROSEN, FREDERIC: The Algebra of Mohammed ben Musa. Arabisch mit englischer Übersetzung. London 1831.

WITMER, T. RICHARD: *Ars Magna* or The Rules of Algebra. Girolamo Cardano. New York 1968.

WOLFF, CHRISTIAN: Anfangsgründe aller mathematischen Wissenschaften. Bd. IV. Halle 1710.

WOLFF, CHRISTIAN: Anfangsgründe aller mathematischen Wissenschaften. Bd. IV. In: Gesammelte Werke, hrsg. von J. École, J.E. Hofmann, M. Thomann, H.W. Arndt; I. Abt., Bd. 15,1. Hildesheim, New York 1973.

WOLFF, CHRISTIAN: Elementa matheseos universae. Bd. I. In: Gesammelte Werke, hrsg. von J. École, J.E. Hofmann, M. Thomann, H.W. Arndt; II. Abt., Bd. 29. Hildesheim 1968.

Silvia Sommerhoff-Benner, Grundstr. 12, D-35708 Haiger

Schulen und Schulverläufe bei Julius Plücker (1801 - 1868) und seinem Studenten August Beer (1825 - 1863)

Aus der Zeit der Neuordnung Deutschlands um 1800 bis 1848

Gerhard Warnecke

> "Der Zeitgeist entscheidet,
> und ist der Schulmeister
> und das Schulmeisterseminar zugleich."
>
> Jean Paul

Einleitung

In Deutschland begann um 1720 eine "Transformationsphase" hin zu einer bürgerlichen Gesellschaft, dabei wirkten zusammen Einflüsse aus Pietismus und Aufklärung, aus französischer Revolution und klassischer Periode deutscher Dichtung und Philosophie, in der Pädagogik kam es um die Mitte des Jahrhunderts zu großen Reformbewegungen, die eng mit der Entwicklung veränderter Wirtschaftformen zusammen hingen, die man bis etwa 1835 als Frühindustrialisierung beschreibt. Zu Beginn des 19. Jahrhunderts kulminierte diese Entwicklung in tief greifenden Umschichtungen auf geistigem, wirtschaftlichem und gesellschaftlichem Gebiete, was auch die Pädagogik einschloss, und zu einem grundlegend veränderten pädagogischen Bewusstsein führte, in dem das Denken der Zeit, der Einfluss der politischen Mächte und der Gesellschaft sich auswirkte und das den Erwartungen folgte, die an die Pädagogik gestellt wurden[1].

Die Neuordnung Deutschlands ging einher mit der napoleonischen Gewaltherrschaft und nährte sich aus umfassenden Reformen, mit denen der Staat nach einer neuen staatlichen Ordnung strebte; im Bereich der Bildung drückte sich diese staatliche Entwicklung in zwei dominierenden Strömungen aus, dem Realismus, der Ausdruck der Frühindustrialisierung war, und dem preußischen Neuhumanismus (W. V. HUMBOLDT), der die neuhumani-

---

[1] [Kraul, Einleitung]

stischen Auffassungen aus dem 18. Jahrhundert (WINKELMANN u. a.) fortführte, und durch Rückgriff auf die Antike einen neuen Bildungsbegriff der allgemeinen zweckfreien Menschenbildung entwickelte und über die Gymnasien durchzusetzen versuchte. In Preußen führte dies zum preußischen Gymnasium als Normschule. Beim Realismus wurde in der Bildung die Notwendigkeit der Realien betont, was den Bildungserwartungen der Kaufleute als Träger der Frühindustrialisierung entsprach, die daher ihre Söhne auf die dazu passenden Schulen, die Realschulen, schickten. Der Staat, der im Verlaufe des 19. Jahrhunderts zunehmend als Schulherr in Erscheinung trat, förderte zäh die neuhumanistische Bildung, welche die gleiche Unzulänglichkeit kennzeichnete wie den romanischen Humanismus: ihre Gleichgültigkeit gegenüber den Leistungen der modernen Naturwissenschaften, wodurch die neuhumanistischen Bildungsvorstellungen in der ersten Hälfte des 19. Jahrhunderts mit den realistischen in Konflikt gerieten. Für ein Studium während des untersuchten Zeitraumes war das auf einem Gymnasium erworbene Abitur erforderlich, wer auf die Realschule ging, wollte in der Regel einen praktischen Beruf ergreifen und konnte sich über die höheren Gewerbeschulen beruflich höher qualifizieren. Es sei erinnert, dass viele Technische Hochschulen aus solchen Anstalten hervorgingen. Die Periode der Neuordnung erstreckte sich bis knapp über PLÜCKERs Tod hinaus; sie interessiert bei dieser Untersuchung aber nur bis in den Vormärz, weil drei der vier untersuchten Schulverläufe sich in dieser Periode vollzogen, bis auf PLÜCKERs Realschulzeit, die in die Zeit der politischen Unterdrückung von außen und der dadurch ausgelösten Reformen von innen fiel. In den Schulen und Schulverläufen von PLÜCKER und von BEER wirkte sich auch die Pädagogik aus der Mitte des 18. Jahrhunderts aus, wie sie sich mit der formierenden bürgerlichen Gesellschaft ausbildete und durch die großen pädagogischen Reformbewegungen eines SALZMANN, BASEDOW und VON ROCHOW geprägt wurde. Bei BEER überrascht dies, da er während der Phase der ersten Industrialisierung von etwa 1835 bis 1845 zur Schule ging, aber dieser Umstand wird durch die regionale Besonderheit von Trier während dieser Zeit erklärt, worauf K.-E. JEISMANN nachdrücklich hinweist[2]. BEER besuchte wie PLÜCKER eine Realschule und danach ein Gymnasium, aber eine Generation später als PLÜCKER. Damit ist der Hintergrund umrissen, auf dem sich die Pädagogik entwickelte, die in den Schulen praktiziert wurde, die JULIUS PLÜCKER und August BEER besuchten, und die ihre Schulverläufe bestimmte; aus dieser pädagogischen

---

[2] [Jeismann 1996 Bd.2, S. 144f.]

Konfiguration heraus entwickelte sich ihre Lebensleistung[3,] als akademische Lehrer, als Forscher und Erfinder.

1. Julius Plücker: Schule und Schulverläufe von 1806 - 1815 (Realschule) und 1816 - 1819 (Gymnasium)

Die Entwicklung der modernen Technik kennzeichnete eine neue Arbeitsethik, die durch verschiedene Phasen der Industrialisierung eine weltwandelnde Macht entfaltete[4]. Bereits gegen Ende des 18. Jahrhunderts florierte in Elberfeld im Tal der Wupper mit England als Vorbild die Wirtschaft unter diesem Antrieb, wegweisende Innovationen entstanden, der Außenhandel blühte, so dass die Elberfelder Kaufleute für eine angemessene Ausbildung ihrer Söhne 1804 auf genossenschaftlicher Basis das "Bürgerinstitut für die höheren Stände" gründeten[5], das in seinem Motto "Der Mensch erzieht im Kinde den Menschen" einen Gedanken KANTs trug, der bekanntlich die pädagogischen Ideen BASEDOWs unterstützte. Diese Schule zog bald Schüler aus ganz Europa, aus Russland und sogar den USA an, die in einem angegliederten Internat wohnten. Aus ihr gingen viele, später bedeutende Männer hervor. Als Schulleiter gewannen die Gründer JOHANN FRIEDRICH WILBERG[6] (1766 - 1846), den die neue Arbeitsethik kennzeichnete; auch das ihr eigene stärkere Hervortreten der Persönlichkeit mit dem Anspruch auf eine gewisse geistige Führerschaft und ihre sozialen Implikationen wirkten aus ihm. Die auf das Individuum ausgerichtete Pädagogik der Aufklärung bereicherte er um das soziale Moment. Seine pädagogische Methode gründete in BASEDOWs und ROCHOWs Ideen[7] und in KANTs Philosophie, aus denen er seine eigene, die WILBERGsche, wie er sie nannte, entwickelte: eine "anregende und entwickelnde" Methode, die bereits Auf-

---

[3] [Lexikon der Naturwissenschaften]. Einträge zu Julius Plücker und August Beer; [Ernst 1933]. Ein Berichterstatter war Otto Toeplitz (1881 - 1940).
[4] [Zbinden 1954, S. 69 - 73]; Seite 70 in Fußnote 1 verknüpft Z. mit Bezug auf die moderne Technik die Religionssoziologie von Max Weber mit dem Humanismus der Renaissance.
[5] [Jorde 1903, S. 369 - 373], Jorde war Rektor; [Wilberg 1838].
[6] [Wilberg 1838].
[7] Der bekannte Methodiker Bruns war eine Zeit Wilbergs Lehrer.

fassungen der "Arbeitschulidee"[8] aus den 20er Jahren des 20. Jahrhunderts enthielt: die Schüler sollen arbeiten, der Unterricht Aktivität sein. WILBERG will den Schüler in seiner Ganzheit erfassen und ihn zur freien, selbstständigen Gestaltung seines Wesens auf Grund von eigenem Denken und Selbsttätigkeit erziehen[9]; selbsttätig und freitätig verwendete WILBERG häufig im Sinne von selbstschöpferisch. Das Selbstschöpferische sah er vor allem in der Geometrie verwirklicht und die Möglichkeiten, die er dort vorfand, bereicherten seine Didaktik[10]: bei den Schülern "das eigene Denken wecken, sie darin üben, und sie anleiten, ihre Gedanken bestimmt, deutlich und kurz auszudrücken"[11]. Diese Sicht[12] der Geometrie vermittelte ihm sein Freund WILHELM ADOLPH DIESTERWEG (1782 - 1835), mit dem er seit 1805 eng befreundet war, der sich 1808 in Heidelberg habilitierte, 1808 an ein Mannheimer Gymnasium als Professor für Mathematik und Physik und 1819 an die Bonner Universität als Ordinarius für Mathematik berufen wurde. Was DIESTERWEG schon als Gymnasialprofessor lehrte, war die geometrische Analysis, darunter verstand er das analytische Gegenstück zur synthetischen Geometrie, die er als methodisch steril entschieden ablehnte[13]. Bei dem Schüler JULIUS PLÜCKER, der seit 1806, schon in der innovativen Anfangsphase, das Bürgerinstitut besuchte, und es bis 1815 voll durchmachte, erkannte WILBERG dessen hohe Begabung für die Geometrie und die Naturwissenschaften und das veranlasste ihn, bei PLÜCKERs Vater für dessen einzigen Sohn eine akademische[14] anstatt der geplanten kaufmännischen Laufbahn durchzusetzen. Denn er "bezog seinen Unterricht auf das Leben, und er forschte auch nach, wie diese oder jene Behandlung des Schülers auf den Charakter desselben wirke, und was für Menschen aus dieser oder jener Erziehungsweise hervorgehen."[15] Das Lehrprogramm bestand aus: "Religions= und Sittenlehre, Geschichte, Naturkunde, Geographie, Geometrie und einige andere Teile der Mathematik, deutsche und

---

[8] [Wilberg 1824, S. 322]. Hätte Fr. A. W. Diesterweg (1790 - 1866) Anfang des 20. J. über W. urteilen können, so hätte er ihn zu den damals modernen Arbeitsschulpädagogen gerechnet. Von W. empfing D. entscheidende Impulse für seine Lebensarbeit als Volksschulreformer; "Von ihm habe ich schulmeistern gelernt" schrieb D. ein Jahr vor dem Tode von W..

[9] [Wilberg 1843, S. 43].

[10] [Wilberg 1830, S. 86].

[11] [Wilberg 1838, S.75].

[12] ebenda

[13] [Diesterweg, W. A. 1843, S. 8f.]; Ält. Bruder von Fr. A. W. Diesterweg.

[14] [Ernst 1933].

[15] [Langenberg 1866, S. 42]; Schüler und Freund von Fr. A. W. Diesterweg.

französische Sprache, Lesen, Schreiben, Rechnen, Singen, Zeichen." WILBERG gab 39 Wochenstunden. Er unterrichtete während dieser Zeit auch die "I. Classe" oder "die am meisten geförderten Schüler" in allen Fächern, "ausgenommen im Rechnen, Singen, Zeichnen und in der französischen Sprache. In dieser Schulzeit wurden auch viele Arbeiten verrichtet, die in anderen Lehranstalten gewöhnlich den häuslichen Arbeiten zugewiesen wurden."[16] WILBERGs Lehrergröße bestand darin, dass er Forscher und Selbstdenker war, bis in sein hohes Alter lernte, es verstand dialogisch zu fragen wie SOKRATES und durch seinen anschaulichen und eindringlichen Unterricht bei seinen Schülern deren Anlagen hervorrief, den Talentvollen vor Augen führte, dass ihre Bildung nicht abgeschlossen sei, sondern dass das Leben ein stetes Werden und Bilden sei. Die Lehrerausbildung und -fortbildung betrieb er nachhaltig[17]: im Bürgerinstitut hielt er zwei Freistellen für Jünglinge bereit, die den Lehrerberuf anstrebten und kostenlos bildete er jeden Samstag Lehrer fort[18]. Für das Fach Geschichte ließ er sich einen "Chronologischen Abriß der Weltgeschichte"[19] von seinem Freunde FRIEDRICH KOHLRAUSCH (1780-1865) schreiben. KOHLRAUSCH war Lehrer in Barmen an einer privaten Realschule und ab 1814 bis 1818 Professor der Geschichte am Königlichen Gymnasium zu Düsseldorf (heute Görres-Gymnasium). Mit ihm stimmte er in seinen geschichtlichen Ansichten überein, die entscheidend durch die Freiheitskriege und den damit verbundenen Ideen bestimmt waren: WILBERG war lebenslang mit ERNST MORITZ ARNDT eng befreundet, auch sein ehemaliger Schüler JULIUS PLÜCKER[20] gehörte zu seinem Freundeskreis in Bonn, als WILBERG 1839 dort seinen Ruhesitz genommen hatte; das berichtete WILBERGs Tochter. Ab Anfang 1816 ging PLÜCKER, 14 Jahre alt, auf das Düsseldorfer Gymnasium während der innovativen Entwicklungsphase dieser Anstalt, die als Lyzeum

---

[16] [Langenberg 1866, S. 39-42]; [Wilberg 1838, S.96f.].

[17] [Diesterweg, Fr. A. W 1847, S. 19]: "W. flößte den Lehrern den Gedanken von der Wichtigkeit und Verantwortlichkeit ihres Lehrens und Lebens ein", s. dazu Plücker als Lehrer in [Ernst 1933, S. 88]; "Kein gedrückter, wackerer Lehrer verließ Wilbergs Wohnung ohne neue Stärkung".

[18] [Jorde 1903, S. 371].

[19] [Kohlrausch 1863]. Die Zitate sind aus den Abschnitten "Unser Leben in Barmen" und "Das Leben in Düsseldorf". Wilbergs Geschichtsunterricht vermittelte auch die Anfänge der Staatsbürgerkunde, siehe [Wilberg 1830, S. 39].

[20] [Diesterweg, Fr. A. W 1847, S. 18]: Plücker verehrte W. einen Originalbrief von Kant, den W. wie einen Schatz verwahrte, stets in seiner Nähe hatte und gern vorzeigte; S. 17: W. studierte noch in den letzten Monaten seines Lebens Kants Werke und hatte darüber ausführliche Gespräche mit seinem Sohn.

von Jesuiten gegründet wurde, 1813 als Schule verfallen war[21]; der 26jährige Dr. K. W. KORTUM (1787 - 1858; Schüler FRIEDRICH AUGUST WOLFs in Halle) wurde zum neuen Direktor bestellt, er sollte die Anstalt vom Grunde auf verbessern und neue Lehrer suchen. Gründlich vorgebildete Lehrer für Philologie und Geschichte waren rar "dank dem durch die französische Herrschaft hervorgebrachten Verfalle der höheren Unterrichtsanstalten in den Rheinlanden". Er berief FRIEDRICH KOHLRAUSCH zum Professor dieser Anstalt. Durch die Völkerschlacht bei Leipzig waren 1813 "die Rheinlande vom französischen Joch" befreit. Wie KOHLRAUSCH empfanden viele Deutsche: für ihn stand noch 50 Jahre später diese Zeit "als Lichtpunkt meines Lebens vor meiner Seele"[22]. Das Lehrerkollegium war erfüllt von "den edelsten und tiefsten Gedanken über würdige menschliche und staatliche Zustände" und "jeder Wohlmeinende fühlte sich berufen zu dieser Verwirklichung mit Hand anzulegen."[23] Der Naturforscher und romantische Philosoph HENRIK STEFFENS (1773 - 1845) weilte vor allem wegen Unterrichtsangelegenheiten in Düsseldorf, und über ihn bekamen KORTUM und KOHLRAUSCH den Auftrag, gemeinschaftlich einen Plan zur inneren und äußeren Organisation des Lyzeums auszuarbeiten, "dessen Namen in den eines Gymnasiums verwandelt werden sollte." KOHLRAUSCH entwickelte ein politisches Zukunftskonzept, verstärkt in seinem nationalen Gehalt durch den Einfluss von ARNDT und JAHN, mit denen und JOSEPH VON GÖRRES (1776 - 1848) ihn eine lebenslange Freundschaft verband, und er lehrte Geschichte aus dieser Perspektive - ihm "wurde der Geschichtsunterricht in der ganzen oberen Hälfte des Gymnasiums übertragen", den er erfolgreich erteilte; PLÜCKER gehörte während der 48er Revolution zu den reformerischen Kräften der Bonner Universität, die sogar durch Denkschriften auf Reformen an der Berliner Universität einzuwirken suchten. Es seien noch die Lehrer in Mathematik, BREWER, in Französisch, ABBÉ DAULNOY, erwähnt, im Frühjahr 1815 wurden Turnübungen eingeführt, insgesamt gab es ab Anfang 1815 ein Kollegium, dem Professor DEYKS von der Akademie in Münster eine einzigartige Beschaffenheit attestierte und so kennzeichnete[24]: "junge, strebende Männer, begeistert für die Wissenschaft, getragen von dem Geiste des wiedererwachten deutschen Vaterlandsgefühls und, was die Hauptsache war, an der Spitze ein Führer, dessen

---

[21] [Kohlrausch 1863]. Für den Namen "Kortum" gibt es verschiedene Schreibweisen.
[22] ebenda
[23] ebenda
[24] ebenda

Seele erfüllt war von dem edelsten Geistesleben, der mit seiner harmonischen Bildung, mit reichem Wissen, das reinste Wohlwollen verband gegen alle, die ihm nahten, der, jung an Jahren, mit der Reife des Alters, Lehrer und Schüler in gemeinsamer Achtung und Liebe verband. Aus diesen Elementen erwuchs jene erste Blüte des Gymnasiums in Düsseldorf, dessen Andenken noch jetzt, nach fast einem halben Jahrhundert, frisch ist in den Seelen derjenigen, welche einst ihm angehörten." PLÜCKER war vom Geist dieser Schule tief erfasst, zwanzig Jahre nach seinem Abitur widmete er seine große Monografie "Theorie der algebraischen Kurven" von 1839 "Dem Geheimen Oberregierungsrat Herrn Dr. KORTUM, unter dessen Leitung das Düsseldorfer Gymnasium seinen Aufschwung nahm und dem es seine Blüte verdankt, mit der Pietät eines ehemaligen Schülers und der Verehrung eines Freundes." Die Erinnerung an dieses Gymnasium teilte PLÜCKER mit dem Abiturienten von 1817, LUDWIG SCHOPEN (1799 - 1867; Doktorrand HEINRICHs in Bonn, einem HEYNE-Schüler), ab 1820 am Gymnasium in Bonn (heute Beethoven-Gymnasium) tätig, der mit PLÜCKERs Unterstützung als Dekan 1844 Ordinarius für Philologie in Bonn wurde, ab 1847 als Direktor das nämliche, nun Königliche Gymnasium, leitete, auf dem PLÜCKERs erster bedeutender Schüler WILHELM HITTORF (1824 - 1914) gebildet wurde, wo PLÜCKERs zweiter bedeutender Schüler AUGUST BEER sein Probejahr ableistete und freiwillig ein Jahr zusätzlich Unterricht in den Naturwissenschaften erteilte[25]; SCHOPEN blieb bis zum Tode ein enger Freund PLÜCKERs. Dabei sei erinnert, dass PLÜCKER, später mit seinem Kollegen und Freunde BEER zusammen, als Direktor des Prüfungswesens an der Universität Bonn, auch tatkräftig das Realschulwesen der Zeit förderte[26]. Aus seinen physikalischen Aktivitäten um die Zeit der ersten Industrialisierung in Deutschland erkennt man, wie sehr er der modernen Technik verpflichtet war. Wenn WILBERG unter DIESTERWEGS Einfluss PLÜCKER nachhaltig für Geometrie begeisterte, ihn auch für die Naturwissenschaften motivierte und für eine bestimmte Unterrichtsmethode[27] (Arbeitsunterricht), so war WILBERGs Unterricht im Bürgerinstitut doch grundsätz-

---

[25] [Programm des Königl. Gymnasiums zu Bonn], S. 31(Unterricht über Wirbeltiere), S. 35 (Beer war gleichzeitig Privatdozent und Lehrer am Gymnasium); im Progr. vom 27. 8. 1854 vier wiss. Bücher (Optik, Physiologie, Fauna, Mineralien), die Beer der Schule schenkte. Diese Programme wurden mir freundlicherweise von dem Leiter des Beethoven-Gymnasiums, Herrn OStD Dr. Kötting, zugänglich gemacht.

[26] [Ernst 1933, S.88].

[27] [Mittn. d. Univ.-bundes Göttingen 1923, S.14]. Felix Klein "genoß derart einen 'Arbeitsunterricht', wie man das heute nennen würde."Klein war Plückers letzter Student.

lich ausgerichtet, den Übergang zur "industriellen Gesellschaft"[28] zu bewerkstelligen - für das Düsseldorfer Gymnasium verkündete KORTUM 1814 das pädagogische und politische Konzept der neuhumanistischen Bildung am Rhein mit einer Konsequenz, wie sie sich auch die Unterrichtsverwaltung in Berlin zum Prinzip der Schulen genommen hatte: "sie soll eine heilige Schirmstätte seyn, in welcher die aufblühende Generation ... sich zu einem selbständigen und selbstthätigen Vernunftleben ausbildet."[29] Dieses Vernunftleben drückte sich in idealistischer Philosophie und in der Wissenschaft aus, für die KORTUM den neuhumanistischen Anspruch zweckfrei idealistisch formulierte, WILBERG hatte das Vernunftleben zweckgebunden realistisch aufgefasst; bei PLÜCKER führte dieser Konflikt zu einem von seinen Zeitgenossen als außerordentlich bezeichneten produktiven und selbstschöpferischen Forschen und Arbeiten[30]; als Experimentalphysiker fühlte er sich dabei dem Realismus verpflichtet, als Geometer betrieb er Geometrie als Fachwissenschaft um ihrer "selbst willen", und dies machte ihn zu einem der führenden reinen Geometer seiner Zeit.

2. August Beer: Schule und Schulverläufe von 1835 - 1839 (Realschule1[31]) und 1843 - 1845 (Gymnasium)

Am 4. Dezember 1821 genehmigte die Kgl. Regierung zu Trier dem Privatlehrer FISCHER zu Trier den unter dem 14. November verfassten *Prospectus zur Errichtung einer Knaben=Bürgerschule für die Stadt Trier.* Es soll nicht für den gelehrten Stand ausgebildet, und kürzer als auf dem hiesigen Gymnasium möglich, Knaben für das Zukünftige das wirklich Wichtige und Wesentliche vermittelt werden, dass sie "mit einer richtigen Selbstkenntnis in allen Gegenständen hinreichend sich vorbereitet finden, um als gescheite, in ihrer Art gebildete Menschen, in ihrem künftigen Gewerbs-

---

[28] [Heinen; Rüter 1975, S. 170].
[29] [Jeismann 1996 Bd 1, S. 423].
[30] [Clebsch 1895, S. XI - XIV].
[31] [Von der Knaben-Bürgerschule...]. Für Beer interessiert die Geschichte dieser Anstalt in den ersten 18 J., wobei wir den Bezug zur modernen Technik herausarbeiten, weil Beers Interessen stark technisch-naturwissenschaftlich geprägt waren, und er zu den Realschulen und Realschullehrern ein besonderes Verhältnis hatte. Siehe dazu den in [Beer 1865] im Vorwort abgedruckten Nekrolog von Plücker, ferner in [Dronke] Dronkes Beziehung zu dieser Schule.

und Geschäftszweigen mit Anstand und Nutzen sich bewegen zu können."
In zwei Jahren konnte der Eleve das Schulziel erreichen, wenn er die "ersten Elemente des Unterrichts hatte" und die Aufnahmeprüfung bestand.

1824 Stadtschule: Mit dem Fach Technologie, der Anlage einer Baumschule und eines botanischen Gartens wurden die Bedürfnisse aus dem Wirtschaftsleben berücksichtigt. Erster Lehrer und Leiter war NIKOLAUS NUSSBAUM (1795 - 1845), ab 26. 11. 1830 Direktor. 1825 folgte u. a. die Einrichtung einer Bibliothek. 1826 wurde der Schulplan von NUSSBAUM verändert, durch den Gymnasialdirektor WYTTENBACH begutachtet und nachdrücklich zur Annahme empfohlen. Er enthielt ein erweitertes Fach Technologie, ferner zusätzlich in Deutsch kaufmännische einfache und doppelte Buchführung und in Mathematik das Wichtigste aus der reinen und praktischen Planimetrie. 1826 bestimmte das *Ministerium der geistlichen, Unterrichts= und Medizinalangelegenheiten* die Bürgerschule zur öffentlichen Lehranstalt. 1829 folgte die Anschaffung von Apparaten für den physikalischen und technologischen Unterricht, Ende 1829 die Erweiterung der Bürgerschule (BS) als Vorbereitungsanstalt für eine Gewerbeschule (GS) mit einem Unterrichtsplan, durch den in zwei Jahren u. a. Zeichnen (Freihand-, Linearzeichnen, Baukonstruktionslehre), reine und angewandte Mathematik, Physik und Chemie vermittelt wurden. Der Lehrplan der Bürgerschule änderte sich unwesentlich, der bisherige zweijährige Kurs blieb bestehen. Mit Genehmigung der Regierung wurde die Bürgerschule ab 1830 "Höhere Stadtschule".

Ab 1835 setzte die erste Industrialisierungsphase ein. Ostern 1835 war der Schuleintritt BEERs und in diesem Jahr hatte die Bürgerschule besonders starken Zulauf durch zahlende Schüler. Die Frequenz gegen Ende dieses Jahres war 163 Zöglinge. 1835 wurde (erstmals) für die Gewerbeschule ein Englischlehrer angestellt, an dessen Unterricht Schüler des Bürgerinstituts teilnahmen. In den Jahren Ostern 1835 bis Herbst 1839 war AUGUST BEER Schüler dieser Schule. Sein Abschlusszeugnis[32] vom 10. September 1839 war das *Entlassungs=Zeugniß für den Zögling der Bürgerschule zu Trier*. Er erwarb es nach einer Abschlussprüfung. Als Fächer sind darin aufgeführt: Religion, Deutsch, Französisch, Arithmetik, Geometrie, Geschichte, Geographie, Naturgeschichte (Biologie, Geologie, Mineralogie), Naturlehre

---

[32] [Entlassungs-Zeugnis]. Den Vornamen Peter verwendete Beer nicht. Das Zeugnis wurde mir freundlicherweise vom Leiter des Trierer Hindenburg-Gymnasiums, Herrn OStD A. Piry, zugänglich gemacht.

(Physik u. Chemie), Kalligraphie, Zeichnen und Englisch, sowie die Kopfnoten in Betragen und Fleiß.

Die Lehrer der Bürgerschule gingen aus der Laufbahn der Volksschullehrer hervor, ausgenommen die als Lehrer wirkenden katholischen Geistlichen. Das Zeugnis unterzeichneten die Lehrer N. NUSSBAUM (Schulleiter), JOHANNES SCHNUR (2. Lehrer, Aushilfe W35/36 an GS), JOSEPH DICK (Lehrer), J. GRAUERT (neue Sprachen, auch an GS), JOHANN D. SCHOMMER (Schreiblehrer), CHRISTOPH HAWICH (Technischer Lehrer für Zeichnen, an GS von Ostern 1834-35), EMMERICH. J. HAAS (kath. Religionslehrer im Nebenamt).

BEER wurde später ein erfolgreicher akademischer Lehrer, Lehrbuchautor und Forscher in mathematischer Physik, der in den Sprachen Deutsch, Latein, Englisch und Französisch schrieb. Seine Bewertungen:

- Deutsch: *bedeutenden Grad an Fertigkeit im schriftlichen Gedankenausdruck*;
- Französisch: übersetzt geläufig aus beiden Sprachen, kleinen französischen Aufsatz;
- Englisch: grammatischer Scharfsinn, folgt schnell, übersetzt gut und ohne Mühe;
- Arithmetik: sehr befriedigende Kenntnisse und Fertigkeiten in Gleichungslehre, Progressionen, praktischen Rechnen und Logarithmen;
- Geometrie: recht befriedigende Kenntnisse der Planimetrie, weiß einiges aus der ebenen Trigonometrie;
- Naturgeschichte (Biologie, Geologie, Mineralogie): hier kann er sich durch Selbststudium allein weiterbilden;
- Naturlehre (Physik, Chemie): befriedigende Kenntnis der unwägbaren Potenzen (Optik, Wärmelehre, Lehre von den elektrischen und magnetischen Erscheinungen), Kenntnisse aus den Lehren vom Gleichgewicht und der Bewegung fester und flüssiger Körper.

Die Betragsnote "immer sehr gut" drückte seinen edlen und reinen Charakter aus[33], "recht guter Fleiß in allen Fächern" steigerte er später zu muster-

---

[33] [Beer 1865], hrsg. v. Plücker. Im Nekrolog drückte Plücker dies auch im Namen der Freunde so aus: "in Beer ist ein hoher seliger Geist von uns geschieden." - Der Realschuldirektor A. Giesen wirkte auf Wunsch von Beer an [Beer 1865] mit. Im Erscheinungsjahr war Ludwig Boltzmann (1844 - 1906) im vierten Semester und in seiner ersten Veröffentlichung "Über die Bewegung der Elektrizität in krummen Flächen" im Jahre 1865 weist er auf die Fehlerhaftigkeit der in Beers Buch gegebenen Lösung hin.

Schulen und Schulverläufe bei Plücker und Beer 161

gültigem Fleiß[34]. Auf Grund der derzeitigen Quellenlage war nicht zu klären, warum BEER einen viereinhalbjährigen Kurs an der Bürgerschule machte. Dr. ADOLF DRONKE (1837 - 1898) teilte mit, BEER habe die Gewerbeschule besucht, vielleicht nahm er dort Kurse, weil er einen technischen Beruf anstrebte. DRONKE war Doktorrand und Assistent des späteren Mathematikprofessors BEER auf der Universität Bonn. Er schrieb: BEER habe des Öfteren geäußert, dass er auf der BS mit GS die "Fundamente seiner Bildung und die Liebe zu den exacten Wissenschaften empfangen habe". Und er schilderte, dass BEER nach Abschluss der BS "sich selbst ohne weitere Nachhilfe zu der Prima des (Friedrich-Wilhelm-)Gymnasiums vorbereitete.

Hier zeigte er einen so regen Eifer in allen Fächern, dass seine Lehrer ihn häufig als das Muster eines ausgezeichneten Schülers hinstellten"[35]: Ab WS 1843/44 besuchte BEER die Unterprima, ging SS 1844 in die Prima inferior, WS 1845 in die Prima superior, aus der er 1845 sein Abitur bestand.[36] Genau zehn Jahre vorher hatte KARL MARX hier Abitur gemacht. Während BEERs Schulzeit standen 18 Lehrer auf der Gehaltsliste[37], davon ein emeritierter und ab 1844/45 ein Schulamtskandidat, insgesamt 9 davon blieben bis heute durch besondere Leistungen in Erinnerung[38]. Im Abiturzeugnis[39] wurden - in einer Kopfnote: sittliche Aufführung, Anlagen und Fleiß, Kenntnisse und Fertigkeiten - und in Fachnoten: 1. Sprachen: Deutsch, Latein, Griechisch und Französisch; 2. Wissenschaften: Religionslehre, Mathematik, Geschichte und Geographie und Naturlehre; 3. Fertigkeiten: Zeichnen, Gesang, gymnastische Übungen beurteilt. Es wäre wünschenswert, das bisher unentdeckte Abiturzeugnis BEERs mit dem Zeugnis aus der Bürgerschule zu vergleichen. BEER erwarb u. a. eine außergewöhnliche

---

[34] Siehe weiter unten im Text für die Schulzeit und für den Studenten Beer dessen Anmeldebuch vom 17. Oktober 1845 in Exmatrikel A. Beer im UAB.

[35] [Dronke]. Die Knaben-Bürgerschule wandelte sich über viele Zwischenstufen zum HGT. D. war Direktor der Zwischenstufen: vereinigte Realsch. I. Ordg. m. Provinz.-GS 75, Realgymn. 82 und Kaiser Wilhelm-Gymn. mit Realschule 96.

[36] [Landeshauptarchiv, Schülerlisten].

[37] [Landeshauptarchiv, Gehaltslisten von 1843 - 1845].

[38] [Veröffentlichungen der Landesarchivverwaltung Rheinland-Pfalz]. Von den Lehrern der Knaben- Bürgerschule sind Nußbaum und Hawich (Zeichenlehrer), vom Gymn. sind neun, darunter die beiden Direktoren Wyttenbach, Loers; als Fachlehrer Beers: Steininger, Kraus (Zeichenlehrer) verzeichnet. Beers andere Fachlehrer sind noch unbekannt.

[39] Das noch unentdeckte Abitur-Zeugnis Beers hatte diese Gliederung wie Abitur-Zeugnisse dieser Zeit zeigen.

klassische Bildung[40]. In der Vita seiner Dissertation dankte er dem Lehrerkollegium allgemein, hob aber Dr. JOHANN STEININGER (1794-1874) besonders hervor. Der Schulleiter JOHANN HUGO WYTTENBACH (1767-1848), der wie WILBERG in seiner Pädagogik den großen pädagogischen Reformbewegungen und KANT verpflichtet war, stand für ein Bildungsideal in dieser Anstalt (noch zu BEERs Schulbesuch), das bestimmt war von vielen historisch gewachsenen Orientierungen. Dadurch half das Trierer Gymnasium Menschen geistig mitzuprägen, deren geistiger Ort so verschieden war wie der von KARL MARX und AUGUST BEER.

Der Lehrer für Mathematik und Naturwissenschaften Dr. JOHANN STEININGER[41] übte durch seine Gaben und sein Lehrtalent einen großen Einfluss auf BEER aus; STEININGER blieb in der Geologie als früher Erforscher der Vulkaneifel in Erinnerung. "Wer bei diesem Lehrer Talent und Fleiß zeige, könne bei ihm etwas werden"[42]. Er studierte einige Jahre vor PLÜCKER in Paris Mathematik, Physik und Geologie und hielt wie später PLÜCKER die französische Wissenschaft hoch: durch PLÜCKERs Arbeitsunterricht weiter gefördert, konnte der Student BEER auf den mathematisch-naturwissenschaftlichen Unterricht des verehrten Lehrers Dr. STEININGER aufbauen und seine Ausbildung unter PLÜCKER nahtlos fortsetzen. Er wurde bei PLÜCKER rasch etwas, als Student bald sein Mitarbeiter und enger Freund, später unentbehrlicher Kollege an der Universität Bonn.[43] Jeder der beiden blieb durch eigenständige[44] bleibende Leistungen in Mathematik und Physik in Erinnerung.

---

[40] [Dronke]; ferner Plücker in [Ernst 1933, S. 64] bei Beers Berufung: "Außer einer bei der Hauptrichtung seines Geistes ungewöhnlichen klassischen Bildung beherrscht er das ganze Gebiet der Physik und Mathematik."

[41] [Monz 1973]. Im 12. Kapitel stellt Monz mit Bezug auf Marx das Gymn. z. Trier aus den Quellen bis zu Marxens Abitur 1835 dar. Dort auch Darstellung der Lehrer, die bis auf wenige auch noch zu Beers Zeiten unterrichteten. S. 170 wird Dr. J. Steininger vorgestellt.

[42] ebenda

[43] [Ernst 1933, S.34]. Aus einem Bericht des Kurators von 1864: " des ...Professors Dr. Beer, der überdies zu Plücker in den genauesten Freundschaftsverhältnis stand, war ohne hauptsächliche Beteiligung des letzteren in dieser Angelegenheit nichts ins Werk zu setzen." Es ging um die Gründung eines mathematischen Seminars, Beer war damals schon sehr krank, drei Jahre später war auch Plücker schwer krank.

[44] ebenda, S. 64 spricht Plücker von sich und Beer als "verschiedene individuelle Kräfte", die zur Erreichung von Zielen zusammenarbeiteten.

Literatur

BEER, AUGUST: Einleitung in die Elektrostatik, die Lehre vom Magnetismus und der Elektrodynamik. Braunschweig 1865. Herausgegeben von J. Plücker.

CLEBSCH, ALFRED: Zum Gedächtnis an Julius Plücker in "Julius Plückers gesammelte Abhandlungen. Leipzig 1895", S. XI - XIV.

DIESTERWEG, FR. A. W: Johann Friedrich Wilberg, Der "Meister an dem Rheine", Essen 1847

DIESTERWEG, W. A.: Zur geometrischen Analysis. Vorwort, Lehrsätze und Aufgaben. Eduard Müller, Bonn 1843

DRONKE in seinem Nekrolog auf Beer in der Köln. Ztg. vom 1. 5. 1864.

Entlassungs-Zeugnis für den Zögling der Bürgerschule zu Trier: Peter August Beer.

ERNST, WILHELM: Julius Plücker. Eine zusammenfassende Darstellung seines Lebens und Wirkens als Mathematiker und Physiker auf Grund unveröffentlichter Briefe und Urkunden. Dissertation, Bonn 1933.

HEINEN, MANFRED und RÜTER, WILHELM: Landschulreform als Gesellschaftsinitiative. Philip von der Reck, Johann Friedrich Wilberg und die Tätigkeit der "Gesellschaft der Freunde der Lehrer und Kinder in der Grafschaft Mark" (1789 - 1815). Göttingen, 1975

JEISMANN, KARL-ERNST: Das preußische Gymnasium in Staat und Gesellschaft. Bd 1. Die Entstehung des Gymnasiums als Schule des Staates und der Gebildeten 1787 - 1817. 2. vollst. überarbeitete Aufl. Stuttgart 1996

JEISMANN, KARL-ERNST: Das preußische Gymnasium in Staat und Gesellschaft. Bd 2. Höherer Bildung zwischen Reform und Reaktion 1817 - 1859. Stuttgart 1996

JORDE, FRITZ: Geschichte der Schulen von Elberfeld mit besonderer Berücksichtigung des älteren Schulwesens. Nach Quellen bearbeitet. Elbefeld 1903

KOHLRAUSCH, FRIEDRICH: Erinnerungen. Hannover 1863

Programm des Königl. Gymnasiums zu Bonn (heute Beethoven-Gymnasium) am 27. August 1851

KRAUL, MARGRET: Gymnasium und Gesellschaft im Vormärz. Neuhumanistische Einheitsschule, städtische Gesellschaft und soziale Herkunft der Schüler. Studium zum Wandel der Gesellschaft im 19. Jahrhundert. Göttingen 1980

Landeshauptarchiv, Best. 661, 22, Nr 819: Archiv des Friedrich-Wilhelm-Gymn. zu Trier: Gehaltslisten von 1843 - 1845.

Landeshauptarchiv, Best. 661, 22, Nr 836: Archiv des Friedrich-Wilhelm-Gymn. zu Trier: Schülerlisten.

LANGENBERG, EDUARD.: Johann Friedrich Wilberg. Seine Leben, seine Schriften. Elberfeld 1866

Lexikon der Naturwissenschaften. Spektrum, Heidelberg 1996

Mitteilungen des Universitätsbundes Göttingen 5 Jg., Heft 1, 1923. Göttinger Professoren. Lebensbilder von eigener Hand: Felix Klein

MONZ, HEINZ: Karl Marx. Grundlagen der Entwicklung zu Leben und Werk. 2. Aufl. Trier 1973.

Veröffentlichungen der Landesarchivverwaltung Rheinland-Pfalz, Bd 87. Trierer Biographisches Lexikon. Gesamtbearbeitung: Heinz Monz. Koblenz 2000.

Von der Knaben-Bürgerschule zum Realgymnasium mit Realschule. Festschrift zur Feier des hundertjährigen Bestehens der Anstalt. Trier 1922 (heute Hindenburg-Gymnasium Trier: HGT)

WILBERG, JOHANN FRIEDRICH: Aufsätze über Unterricht und Erziehung. Zwei Bände. Essen 1824

WILBERG, JOHANN FRIEDRICH: Über Schulen. Ein Wort. Essen 1830

WILBERG, JOHANN FRIEDRICH: Erinnerungen aus meinem Leben, nebst Bemerkungen über Erziehung und Unterricht und verwandte Gegenstände. Elberfeld 1838.

WILBERG, JOHANN FRIEDRICH: Gedanken und Urtheile des Vetters Christian über Leben und Wirken im Mittelstande. Essen 1843

ZBINDEN, HANS: Von der Axt zum Atomwerk. Zürich 1954

Dr. Gerhard Warnecke, Südweg 19, D-53773 Hennef

Leipziger Beiträge zur Elektrodynamik im 19. Jahrhundert aus der Sicht der mathematischen Physik

Karl-Heinz Schlote

In der Retrospektive kann heute eine lange und erfolgreiche Tradition der Leipziger Universität auf dem Gebiet der mathematischen Physik konstatiert werden. Man denkt dabei an CARL NEUMANN (1832-1925), LEON LICHTENSTEIN (1878-1933), ERNST HÖLDER (1901-1990), HERBERT BEKKERT (geb. 1920) oder PAUL GÜNTHER (1926-1996), aber auch an WILHELM WEBER (1804-1891), PETER DEBYE (1884-1966), WERNER HEISENBERG (1901-1976) und ARMIN UHLMANN (geb. 1930), und versteht unter mathematischer Physik im Allgemeinen die mathematische Behandlung physikalischer Probleme und den deduktiven Aufbau der Theorie auf der Basis der bestehenden physikalischen Erklärungsmuster und Grundprinzipien ohne direkten Eingriff in die experimentelle Praxis oder die physikalischen Erklärungen der Phänomene. In diesem Sinne reicht die Geschichte der mathematischen Physik weit zurück und kann mindestens seit der Wissenschaftlichen Revolution im 17. Jahrhundert als ein Teilgebiet in der Mathematik bestimmt werden. Durch das Wirken von ISAAK NEWTON (1642-1727), LEONHARD EULER (1707-1783) und der französischen Mathematiker um JOSEPH LOUIS LAGRANGE (1736-1813) und PIERRE SIMON LAPLACE (1749-1827) erlebte die mathematische Physik einen großen Aufschwung. Doch im Verständnis der Gelehrten des 18. Jahrhunderts bildete die Behandlung der vorwiegend mechanischen Probleme, wie überhaupt die Fragen der Anwendung der Mathematik, einen festen Bestandteil der Mathematik. Die mathematische Physik wurde also noch nicht als interdisziplinäres Phänomen, nicht als das Produkt der Wechselbeziehung zwischen zwei Disziplinen gesehen.

Im 19. Jahrhundert, besonders in dessen zweiter Hälfte, entwickelte sich dann aus dem Bestreben der Physiker, auf der Basis einer sorgfältigen Auswertung des experimentellen Materials eine Erklärung der verschiedenen Erscheinungen auf einer vereinheitlichenden theoretischen Konzeption zu geben, die theoretische Physik. Den Anlass, verstärkt über eine theoretische Fundierung nachzudenken, lieferten vor allem die zahlreichen neuen Erkenntnisse, die in der Physik seit dem Ende des 18. Jahrhunderts erzielt

wurden. Erinnert sei an die elektrodynamischen Phänomene, die Drehung der Polarisationsebene des Lichts unter dem Einfluß eines Magneten bzw. das Problem der Energieerhaltung. Die Mathematik galt dabei als ein notwendiges Hilfsmittel und wichtige Basis für die theoretische Behandlung der einzelnen Fragen. Die Grundrichtungen bei der Entstehung der theoretischen Physik und der besondere Anteil deutscher Physiker ist von CH. JUNGNICKEL und R. MCCORMMACH in einem zweibändigen Werk genau analysiert worden ([Jungnickel; McCormmach 1986]).

Die neu entdeckten physikalischen Phänomene reizten Physiker und Mathematiker gleichermaßen, die einen, um eine mit den bekannten physikalischen Prinzipien im Einklang stehende theoretische Erklärung zu geben, die anderen, um unter Einsatz umfangreicher mathematischer Mittel eine mathematisch exakte Behandlung der Theorie zu erreichen. Diese oft fast gleichzeitige, von unterschiedlichen Standpunkten aus vorgenommene Behandlung der physikalischen Fragestellungen brachte zahlreiche Diskussionen mit sich und förderte letztlich die weitere Entwicklung sowohl der theoretischen als auch der mathematischen Physik.

Die hierbei zutage tretende Frage nach den Unterschieden zwischen mathematischer Physik und theoretischer Physik kann in diesem Rahmen nicht weiter erörtert werden. Eine Antwort, die möglichst der ganzen Entwicklung von Mathematik und Physik im 19. und 20. Jahrhundert gerecht wird, ist sehr schwierig. Es sei aber vermerkt, dass die Bezeichnungen theoretische und mathematische Physik nicht einheitlich, häufig sogar synonym gebraucht wurden und werden. Bereits im 18. Jahrhundert gab es Vorlesungen zur theoretischen Physik, die inhaltlich im wesentlichen die Mechanik umfassten. Gleichzeitig galt die Mechanik, insbesondere die analytische Mechanik, als Teil der Mathematik. Erst FRANZ NEUMANN (1798-1895), der Begründer der Königsberger Schule für mathematische Physik und Vater von CARL NEUMANN, verankerte die Mechanik im Vorlesungskanon der Physik.

Im folgenden soll dieses Wechselspiel zwischen Mathematik und Physik für den Zeitraum des 19. Jahrhunderts an der Universität Leipzig betrachtet werden und ein besonderes Gewicht auf das Wirken von CARL NEUMANN gelegt werden. NEUMANN hat, wie noch genauer ausgeführt wird, eine spezielle, die mathematische Methode besonders betonende Auffassung der mathematischen Physik entwickelt und daran zeitlebens festgehalten. Auf dieser Basis schuf er bedeutende Beiträge zur Mathematik sowie interes-

sante Beispiele für die mathematische Behandlung physikalischer Fragen und legte damit das Fundament für die Leipziger Tradition in der mathematischen Physik.

Die Ära Fechner, Weber, Möbius und Hankel

Zu Beginn des 19. Jahrhunderts kam es an der Leipziger Universität zu ersten Anstrengungen hinsichtlich einer Universitätsreform. Wie anderen deutschen Universitäten war es der Alma mater lipsiensis auf Grund der meist aus dem Mittelalter stammenden Strukturen im Verlaufe des 18. Jahrhunderts immer weniger gelungen, dem Fortschritt der Wissenschaften und den Anforderungen von Staat und Wirtschaft gerecht zu werden. Die Mathematik wurde unter äußerst lähmenden Bedingungen gelesen ([Kühn 1987], S. 121), die materielle Absicherung der Universität war unflexibel und bedurfte der Veränderung. Die Maßnahmen zur Reform der Leipziger Universität beanspruchten mehr als ein Vierteljahrhundert, sie mündeten ein in die 1831 beginnende grundlegende sächsische Staatsreform und kamen in diesem Rahmen zum Abschluss. Diese Reform brachte für die Universität "den tiefsten Einschnitt in ihre Verfassung ... eine völlig neue Stellung innerhalb der gesellschaftlich-politischen Ordnung und ... eine völlig neue Art der materiellen Ausstattung". ([Blaschke 1987], S. 151) Aus der Universitas scholastica wurde die Universitas literarum, das Universitätsvermögen wurde unter Staatshoheit gestellt, die Nationeneinteilung aufgehoben, die Unterscheidung zwischen Professuren alter und neuer Stiftung beseitigt, ein akademischer Senat eingesetzt. Bereits 1822 war die akademische Polizeigewalt abgeschafft worden.

Angesichts der Tatsache, dass der Aufschwung und die Neuorientierung der Physik vor dem Hintergrund der sich ausbreitenden Industriellen Revolution zu Beginn des 19. Jahrhunderts deutlichere Konturen annahm und in Deutschland diese Entwicklung aber erst Ende der 20er Jahre des 19. Jahrhunderts spürbar wurde, ist es gerechtfertigt, das Wechselspiel zwischen Mathematik und Physik mit der vollendeten Universitätsreform zu beginnen.

Bei der Vertretung der beiden Disziplinen an der Leipziger Universität fällt als Besonderheit die seit der Mitte des 16. Jahrhunderts bestehende Nominalprofessur für Physik auf. Dieses organisatorische Novum hatte jedoch keine Konsequenzen für eine spezielle Förderung der Physik. Auch in

Leipzig trat die "Physik im Sinne der sich herausbildenden klassischen Naturwissenschaft" erst am Anfang des 18. Jahrhunderts in die Geschichte der Universität ein ([Schreier 1985], S. 5). Bis in die zweite Hälfte des Jahrhunderts wurde die Physik vertreten von 1811 bis 1824 durch LUDWIG WILHELM GILBERT (1769-1824), von 1824 bis 1834 durch HEINRICH WILHELM BRANDES (1777-1834), von 1834 bis 1840/43 GUSTAV THEODOR FECHNER (1801-1887), von 1843 bis 1849 durch WILHELM EDUARD WEBER und von 1849 bis 1887 von WILHELM GOTTLIEB HANKEL (1814-1899). Auf die zusätzlichen Lehraktivitäten von Privatdozenten und einigen Gelehrten angrenzender Gebiete kann hier nur hingewiesen werden.

Zeitlich parallel hatten von 1814 bis 1825 KARL BRANDAN MOLLWEIDE (1774-1825) und von 1826 bis 1868 MORITZ WILHELM DROBISCH (1802-1896) die ordentliche Professur für Mathematik inne. Ohne die Leistungen DROBISCHs insbesondere auf wissenschaftsorganisatorischem Gebiet geringzuschätzen, der führende Vertreter der Mathematik war der seit 1816 als außerordentl. Professor für Astronomie und Observator auf der Sternwarte tätige AUGUST FERDINAND MÖBIUS (1790-1868), der erst 1844 ein Ordinariat für höhere Mechanik und Astronomie erhielt. Auch hier muss auf eine detaillierte Darlegung des mathematischen Lehrbetriebes verzichtet werden. Hinsichtlich der Beziehungen zwischen den beiden Disziplinen kann aber festgehalten werden, dass es eine wechselseitige Unterstützung im Lehrbetrieb gab. So hat BRANDES, der vor allem wegen seiner meteorologischen Forschungen in die Wissenschaftsgeschichte einging, mehrere mathematische Lehrbücher verfasst und entsprechende Vorlesungen gehalten. Außerdem behandelte er systematisch die Teilgebiete der klassischen Physik und referierte zur Astronomie und Meteorologie. DROBISCH lehrte neben den verschiedenen Gebieten der Mathematik die "mechanischen Wissenschaften", die mathematische Geographie, die Logik, eine mathematisch-naturwissenschaftlich orientierte Psychologie und zunehmend philosophische Themen. Auch MÖBIUS hat neben den Gebieten der Mathematik ein breites Spektrum der theoretischen und praktischen Astronomie sowie Probleme optischer Systeme, der Mechanik und der Kristallstruktur in Vorlesungen behandelt. Seine bedeutendsten Leistungen fielen in das Gebiet der Geometrie, auf dem er mit dem barycentrischen Kalkül einen wichtigen Beitrag zur Aufklärung der geometrischen Verwandtschaften, also der Beziehungen zwischen den verschiedenen Geometrien leistete. In dieses Programm ordneten sich auch MÖBIUS' topologische Betrachtungen ein; das MÖBIUSsche Band ist allgemein bekannt. Schließlich sei noch auf die bei analytischen Studien eingeführte MÖBIUSsche Funktion verwiesen, die in der Zahlentheorie eine wichtige Rolle spielt. Mit Blick auf die Beziehungen zur Physik müssen besonders die Überlegungen zur "geometrischen Addition von Strecken" hervorgehoben werden, die einen festen Platz in der Frühgeschichte der Vektorrechnung einnehmen. Die bedeutende Rolle der Vektorrechnung für eine effiziente Darstellung physikalischer Sachverhalte und die Durchführung von Rechnungen ist mehrfach erörtert worden. In diesem Sinn leistete MÖBIUS mit seiner Publikation zur Vektoraddition einen wichtigen Beitrag zur mathematischen Physik, aber er bewegte sich wie Brandes und DROBISCH auf den klassischen Problemfeldern, Mechanik, Optik und Astronomie. Dies gilt auch für die magnetischen Beobachtungen, die auf Initiative von CARL FRIEDRICH GAUSS (1777-1855) und ALEXANDER VON HUMBOLDT (1769-1859) weltweit durchgeführt wurden und an denen sich MÖBIUS ab 1834 sowie später W. WEBER beteiligten. Außerdem waren die Beiträge der einzelnen Gelehrten nicht so bedeutend, dass sie unmittelbar weitere Forschungen in den eingeschlagenen Richtungen initiierten bzw. eine Reaktion in der anderen Disziplin hervorriefen. Ohne die Leistungen der Mathematiker abzuwerten, kann doch festgestellt werden, dass die mathematische Physik in Leipzig von ihnen bis weit über die Jahrhundertmitte hinaus keine grundlegend neuen Impulse erhielt.

Dagegen erschlossen sich die Leipziger Physiker in diesen Jahrzehnten mit der Elektrodynamik ein neues Aufgabenfeld und waren durch GUSTAV THEODOR FECHNER, WILHELM EDUARD WEBER und WILHELM HANKEL in unterschiedlicher Weise an der Lösung der sich aus der Entwicklung dieses neuen Gebietes ergebenden Probleme beteiligt. FECHNER hatte 1824/25 das vierbändige "Lehrbuch der Experimental-Physik ...", eine Übersetzung des entsprechenden Lehrbuches von JEAN-BAPTIST BIOT (1774-1862), publiziert und 1825/26 nach dem Tode MOLLWEIDEs die Physik in Leipzig vertreten, wobei er im Sommersemester 1825 über Elektrizität, Magnetismus und Elektromagnetismus vortrug. In der zweiten, durch eigene Resultate ergänzten Auflage der Übersetzung des BIOTschen Werkes hob FECHNER die mathematische Genauigkeit hervor, mit der BIOT die Erscheinungen erfasste und lobte dessen methodische Exaktheit. Bei der Charakterisierung der eigenen Vorgehensweise hob FECHNER den Wert quantitativer Techniken in den angewandten Naturwissenschaften und einer exakten Experimentalphysik hervor. Ergänzt man dies noch um die kritische Bearbeitung von Werken der französischen mathematischen Physik, so fällt die weitgehende Übereinstimmung mit jenen Aspekten auf, die von K. OLESKO als we-

sentlicher Ausgangspunkt für die Tätigkeit von F. NEUMANN an der Universität Königsberg und damit als Basis für die Entstehung der berühmten Königsberger Schule der mathematischen Physik herausgearbeitet wurden. ([Olesko 1997], S. 391ff.) Die sich hier aufdrängende Frage nach den Unterschieden zwischen Königsberg und Leipzig, die den Ausschlag für die Entstehung einer Schule der mathematischen Physik an der erstgenannten Universität gaben, bedarf noch einer genaueren Analyse. Als eine vorläufige Hypothese sei darauf verwiesen, dass in der entscheidenden Phase mit FRIEDRICH WILHELM BESSEL (1784-1846), NEUMANN und CARL GUSTAV JACOB JACOBI (1804-1851) in Königsberg ein Dreigestirn hervorragender Gelehrter als Professoren wirkte, während FECHNER Privatdozent war, sich noch nicht einmal endgültig für die Physik entschieden hatte und sich der Problematik aus der Sicht des kritischen Experimentators, nicht des Theoretikers näherte. Aber FECHNER war es, der der Arbeit von GEORG SIMON OHM (1789-1854) über das nach diesem benannte Gesetz die notwendige Aufmerksamkeit schenkte und maßgeblichen Anteil an der Bestätigung und Anerkennung des Ohmschen Gesetzes hatte. FECHNER wiederholte die OHMschen Experimente und stellte zahlreiche neue Versuche an. Auf der Basis eines außerordentlich umfangreichen Datenmaterials folgerte er zur Freude OHMs, mit dem er seit 1828 in engem Briefkontakt stand, die Richtigkeit des Ohmschen Gesetzes und dehnte es 1831 auf Stromkreise mit spannungsinkonstanten galvanischen Elementen aus. Mehrfach publizierte er zum Ohmschen Gesetz und kam dabei auch zu der ersten wissenschaftliche begründeten Voraussage über die elektromagnetische Telegraphie. In seiner Argumentation zu Gunsten des Ohmschen Gesetzes als wichtiges Strukturgesetz der Elektrophysik verwies FECHNER darauf, dass der günstigere Ausgangspunkt für eine Quantifizierung und eine theoretische Betrachtung in der Elektrophysik durch ein Übergehen der bislang nicht erklärbaren Phänomene erreicht wurde. Diese Phänomene, die bei vielen Untersuchungen im Vordergrund standen, waren der Mechanismus der Stromleitung und die Ursache der Stromentstehung ([Schreier 1985], S.60). Diese Einsicht, zur Lösung eines Problems gewisse Teilaspekte aus den Betrachtungen auszuklammern, also eine Reduktion des Gesamtproblems vorzunehmen, war sicher nicht neu, verdient aber hinsichtlich der Mathematisierung der Physik hervorgehoben zu werden. Sie besagt nämlich anders formuliert auch, dass es für die quantitative Erfassung eines Sachverhalts günstig sein kann, von dem bisherigen physikalischen Vorgehen abzuweichen und andere, der Messung leichter zugängliche Größen zu wählen.

Nachdem FECHNER 1834 zum ordentlichen Professor der Physik in Leipzig berufen worden war, erkrankte er fünf Jahre später infolge ständiger Überlastung schwer und konnte zeitweise fast nicht mehr sehen, so dass er 1840 die Leitung des 1835 neu gegründeten Physikalischen Kabinetts niederlegen sowie die Vorlesungstätigkeit einstellen musste. Nach langem Zögern sah sich die Philosophische Fakultät schließlich 1842 veranlasst, dem Drängen des Dresdener Ministeriums nachzugeben und WILHELM WEBER für eine ordentliche Professur der Physik zu nominieren. WEBER, der die Stelle 1843 antrat, hatte in Göttingen zusammen mit GAUß Fragen des Erdmagnetismus untersucht, Studien zur Induktion eines elektrischen Stromes durch Felder von Dauermagneten durchgeführt und 1833 quasi als ein Nebenprodukt der Studien zum Ohmschen Gesetz einen über größere Entfernungen hinweg funktionierenden elektrischen Telegraphen gebaut. 1837 war WEBER als einer der Göttinger Sieben entlassen worden, hatte seine Forschungen mit GAUß aber fortgesetzt. Im Rahmen der erdmagnetischen Arbeiten mühten sich die beiden Forscher auch um die Festlegung eines absoluten Maßsystems und um die Konstruktion geeigneter Messinstrumente. Mit WEBER kam also ein Gelehrter nach Leipzig, der mit den modernen Entwicklungen der Elektrophysik bestens vertraut war, sehr gute Fähigkeiten als Experimentator und nicht zuletzt durch den Umgang mit GAUß gute Erfahrungen in der theoretischen insbesondere mathematischen Durchdringung physikalischer Fragestellungen besaß.

WEBER setzte in Leipzig seine experimentellen und theoretischen Arbeiten zu Induktionserscheinungen fort und publizierte in den Abhandlungen zu Ehren der Gründung der Königlich Sächsischen Gesellschaft der Wissenschaften die erste von mehreren Arbeiten zu "elektrodynamischen Maßbestimmungen". Zentrales Ergebnis war "ein allgemeines Grundgesetz der elektrischen Wirkung", das die Kraft zwischen zwei elektrischen Massen angab. Seien e und e' die Elektrizitätsmengen (Ladungen) von zwei Stromelementen, r sei der Abstand zwischen den punktförmig konzentriert gedachten Ladungen und a eine Konstante, dann gilt für die Kraft F:

$$F = \frac{ee'}{r^2}\left(1 - a^2\left(\frac{dr}{dt}\right)^2 + 2a^2 r \frac{d^2r}{dt^2}\right).$$

Die Differentialquotienten dr/dt und d²r/dt² bezeichnen die relative Geschwindigkeit bzw. Beschleunigung der elektrischen Teilchen. Das Gesetz war ein erster wichtiger Versuch die verschiedenen bekannten elektrodynamischen und elektromagnetischen Erscheinungen zusammenzufassen

und diente mehrere Jahrzehnte als Basis für den Aufbau einer elektrodynamischen Theorie. Neben den Schriften AMPÈREs und anderer mathematischer Physiker Frankreichs lieferte eine Arbeit des wieder genesenen FECHNERs einen wertvollen Impuls für WEBER. FECHNER hatte darin die "FARADAY'schen Inductions-Erscheinungen mit den AMPÈRschen elektrodynamischen Erscheinungen" verknüpft ([Fechner 1845]) und war in den theoretischen Darlegungen davon ausgegangen, dass sich beim Stromfluss in Leitern die Träger positiver und negativer Elektrizität in entgegengesetzter Richtung im Leiter bewegen. WEBER baute diese Vorstellungen weiter aus, und betrachtete vier Wechselwirkungen zwischen zwei Stromelementen, wobei sich in jedem Stromelement gleiche Mengen positiver und negativer Elektrizität bewegen. In einer zweiten Arbeit zu elektrodynamischen Maßbestimmungen deutete WEBER dann die in seiner Formel enthaltene Konstante a als reziproke Geschwindigkeit, d. h. als Ausdruck $1/c$, wobei c die Geschwindigkeit ist, mit der sich zwei elektrische Teilchen bewegen müssen, um keine Wirkung aufeinander auszuüben. WEBER sah in c eine wichtige Naturkonstante, für die er 1857 einen Wert ermittelt, der sich von der Lichtgeschwindigkeit um den Faktor $\sqrt{2}$ unterschied. Zu diesem Zeitpunkt war WEBER bereits wieder nach Göttingen zurückgekehrt, hatte aber weiterhin gute Beziehungen zu den Leipziger Kollegen.

Nachfolger WEBERs wurde WILHELM GOTTLIEB HANKEL, der von der Universität Halle kam und sich Studien zur Pyroelektrizität widmete, damals noch als Thermoelektrizität bezeichnet, aber auch Fragen der Elektrodynamik behandelte und als Konstrukteur elektrischer Messgeräte, u. a. Elektrometer, hervortrat. Auch wenn HANKEL hinsichtlich der theoretischen Beiträge nicht das Niveau von WEBER erreichte, so blieb die Kontinuität der Beschäftigung mit Fragen der Elektrodynamik an der Leipziger Universität erhalten. Jedoch scheinen die Mitglieder der Fakultät einer stärkeren theoretischen Durchdringung der Physik, insbesondere mit mathematischen Mitteln, keine große Bedeutung zuerkannt zu haben. Von der Vorschlagsliste zur Wiederbesetzung der WEBERschen Professur wurde GUSTAV ROBERT KIRCHHOFF (1824-1887) gestrichen, da er nach FECHNERs Urteil "mehr Mathematiker als Physiker" sei. ([UAL], Bl. 3) Neben HANKEL waren vorgeschlagen worden: der als "Vater der Meteorologie" bekannte, in Berlin auch Mathematik lehrende HEINRICH WILHELM DOVE (1803-1879) und PHILIPP VON JOLLY (1809-1884), der in Heidelberg u. a. Schriften zur Analysis publiziert hatte.

Carl Neumanns Berufung und sein Wirken in Leipzig

Wie bereits bemerkt, gab es seitens der Leipziger Mathematiker keine Anstrengungen, sich den Problemen der Elektrodynamik zuzuwenden. Dies änderte sich mit der Berufung CARL NEUMANNS im Sommer 1868. Es muss jedoch festgestellt werden, dass bei der Auswahl der Kandidaten für diese Berufung die Beschäftigung mit physikalischen Fragen keine Rolle spielte und NEUMANN keineswegs der Wunschkandidat der Leipziger Fakultät war.

Wie kam es zur der Berufung? Gegen Ende der 60er Jahre des 19. Jahrhunderts vollzog sich in der Vertretung der Mathematik ein Generationswechsel. Das Sächsische Kultusministerium gab 1868 einem Antrag DROBISCHs statt, sich nur noch als Professor der Philosophie zu betätigen und die Professur für Mathematik abzugeben. Als neuer Ordinarius wurde WILHELM SCHEIBNER (1826-1908) berufen. Im gleichen Jahr verstarb MÖBIUS, so dass diese Stelle ebenfalls neu besetzt werden musste. Die Philosophische Fakultät würdigte MÖBIUS als einen Begründer der neueren synthetischen Geometrie und richtete in diesen Berufungsverhandlungen ihr Hauptaugenmerk auf eine angemessene Repräsentanz der Geometrie durch den neuen Stelleninhaber. So setzte man zwar den vom Ministerium zur Berücksichtigung empfohlenen ALFRED CLEBSCH (1833-1872) an die Spitze der Berufungsvorschläge, erwähnte in der insgesamt sehr positiven Beurteilung aber kritisch, dass CLEBSCH die entstandene Lücke hinsichtlich der Geometrie nicht ausfüllen würde. Als gleichwertig schlug die Fakultät den erst 1867 von Leipzig nach Erlangen berufenen HERMANN HANKEL, den Sohn des oben erwähnten WILHELM HANKEL, vor, der ihren Vorstellungen offensichtlich besser entsprach. An dritter Stelle wurden CARL NEUMANN aus Tübingen und RICHARD BALTZER (1818 - 1887) aus Dresden genannt, wobei auch NEUMANN nicht die angestrebte Vertretung der Geometrie leisten könnte. Nachdem CLEBSCH jedoch der Fakultät am 21. 5. 1868 mitgeteilt hatte, dass er zunächst die der Göttinger Universität gegebene Zusage erfüllen müsse und das Angebot kurzfristig nicht annehmen könne, berief das Ministerium NEUMANN zum ordentlichen Professor der Mathematik. Für eine ausführlichere Darstellung des Berufungsvorgangs sei auf ([Schlote 2001]) verwiesen.

Mit CARL NEUMANN nahm 1868 ein Gelehrter seine Tätigkeit an der Alma Mater Lipsiensis auf, der bereits sehr tiefgründige Beiträge zur Analysis

geliefert hatte und sich teilweise in Anwendung dieser Resultate erfolgreich Fragen der mathematischen Physik gewidmet hatte. Da sich KARL VON DER MÜHLL (1841-1912) im Frühjahr 1868 für mathematische Physik habilitiert hatte und der seit 1866 als Privatdozent lehrende ADOLPH MAYER (1839-1908) in seinen Forschungen ebenfalls wiederholt Probleme behandelte, die der analytischen Mechanik oder anderen physikalischen Gebieten entstammten, erfuhr die mathematische Physik in Leipzig eine unerwartete Stärkung. Hinzukam, dass alle drei jeweils einen Teil ihrer Ausbildung in Königsberg absolviert hatten, jener Stätte, die durch das Wirken von FRANZ NEUMANN, CARL GUSTAV JACOB JACOBI und FRIEDRICH RICHELOT (1808-1875) ein zentraler Ausgangspunkt für neue Entwicklungen in der mathematischen und theoretischen Physik wurde. Eine fundierte Analyse der Entstehung und Wirkungsgeschichte des Königsberger mathematisch-physikalischen Seminars hat K. OLESKO gegeben ([Olesko 1991]).

Die drei Leipziger Vertreter der mathematischen Physik waren folglich nicht nur mit den modernen Tendenzen dieses Gebietes vertraut, sondern näherten sich den Problemen trotz aller individueller Unterschiede in den Forschungsinteressen und -methoden von einer ähnlichen Grundhaltung. Die Bedingungen für eine Etablierung dieses interdisziplinären Arbeitsgebiets waren somit recht günstig, und die Chance wurde von den Leipziger Mathematikern und Physikern entsprechend genutzt, wenn auch spektakuläre Erfolge ausblieben. Da eine umfassende Analyse und Wertung dieser Entwicklung noch weiterer Detailstudien bedarf und den Rahmen dieses Beitrags sprengen würde, soll das Wirken der drei genannten Mathematiker hier nur kurz charakterisiert werden.

K. VON DER MÜHLL, der 1889 einen Ruf nach Basel annahm, hat vor allem durch seine Vorlesungen für die Stärkung der mathematischen Physik gewirkt und ein breites Vorlesungsspektrum gesichert. Regelmäßig hielt er mathematisch-physikalische Übungen ab und lehrte, neben den mathematischen Vorlesungen und der Einführung in die mathematische Physik, über Hydrodynamik, Elektrodynamik, Elastizitätstheorie, analytische Mechanik und optische Probleme. Ergänzend zu seinen relativ wenigen Publikationen, die vorrangig Fragen aus den genannten Gebieten behandelten, verdient die Edition der FRANZ NEUMANNschen Vorlesung über elektrische Ströme erwähnt zu werden.

A. MAYER blieb bis zu seinem Lebensende der Leipziger Universität treu. Er wandte sich etwa im Vergleich mit von der MÜHLL in Lehre und For-

schung stärker der mathematischen Theorie zugewandt und begründete mit seinen Arbeiten zur Variationsrechnung und zu partiellen Differentialgleichungen 1. Ordnung ein Themenfeld, aus dem in Leipzig eine eigenständige Traditionslinie erwuchs. Auf Grund der bedeutenden Rolle, die Variationsprinzipien und Differentialgleichungen bei der Behandlung physikalischer Fragen spielten und spielen, waren diese Forschungen auch für die Entwicklung der mathematischen bzw. theoretischen Physik relevant.

Eine besondere Rolle fiel schon auf Grund seiner Dienststellung als Ordinarius CARL NEUMANN zu. Mathematische und mathematisch-physikalische Arbeiten ergänzten sich harmonisch. Zu den hervorragenden mathematischen Ergebnissen NEUMANNs vor der Berufung nach Leipzig gehörten 1865 die Monographie "Vorlesungen über Riemanns Theorie der Abelschen Integrale" ([Neumann 1865]), mit der er vielen Mathematikern die neuen Ideen RIEMANNs über mehrdeutige Funktionen einer komplexen Veränderlichen näherbrachte, und 1861 die Lösung der ersten Randwertaufgabe für die Ebene mit Hilfe des von im eingeführten logarithmischen Potentials ([Neumann 1861]). Bemerkenswert in dieser und in weiteren Arbeiten zur Lösung der ersten Randwertaufgabe für spezielle Gebiete im dreidimensionalen Raum waren die engen Beziehungen, die NEUMANN zu physikalischen Problemstellungen herstellte. Dies betraf etwa die Bestimmung des stationären Temperaturzustandes bzw. der Verteilung elektrischer Ladungen in einem Körper. Unter den mathematisch-physikalischen Arbeiten seien der Versuch zu einer mathematischen Theorie für die magnetische Drehung der Polarisationsebene des Lichtes ([Neumann 1863]) und die "Principien der Elektrodynamik" von 1868 ([Neumann 1868]) erwähnt. In beiden Fällen lieferte NEUMANN eine praktische Umsetzung seiner Grundansichten zur mathematischen Physik, der er die Aufgabe zuwies, nach der Herausarbeitung einiger weniger Grundprinzipien unter wesentlicher Verwendung mathematischer Methoden einen strengen Aufbau der jeweiligen Teilgebiete der Physik zu geben. In der ersten Arbeit fand er die Lösung, indem er die Kraftwirkung eines elektrischen Teilchens auf ein Teilchen des Lichtäthers analog dem WEBERschen Gesetz annahm, in der zweiten, indem er die universelle Gültigkeit des Energiesatzes postulierte und eine Analyse der Elementarkräfte vornahm. In letzterem sah NEUMANN insbesondere einen Beitrag zur theoretischen Durchdringung der Elektrodynamik, in der, wie er mehrfach konstatierte, eine Formulierung allgemein anerkannter Grundprinzipien noch ausstand. Mathematisch reduzierte er die Lösung jeweils auf das Auffinden einer geeigneten Potentialfunktion,

was zugleich einer methodischen Vereinheitlichung entsprach und ganz im Sinne des Strebens nach einem einheitlichen strengen Aufbau der Physik war. Angesichts der außerordentlichen Bedeutung der Potentialtheorie für die Lösung physikalischer Probleme, die NEUMANN in Anknüpfung an die Traditionen der französischen mathematischen Physik im Königsberger Seminar kennengelernt hatte und die sie auch in seinen eigenen Forschungen erlangte, war es nicht verwunderlich, dass der Ausbau der Potentialtheorie ein zentrales Feld seiner mathematischen Forschungen wurde. Hier schließt sich der Kreis zu den erwähnten mathematischen Arbeiten. NEUMANN hielt die enge Verbindung zwischen Mathematik und Physik bzw. anderen Disziplinen für existentiell notwendig und lehnte die von einigen Mathematikern vertretene Betonung der reinen Mathematik ab:

"... die Mathematik ist *eine Welt für sich*; auch sie entwickelt sich *nach ihren eigenen Gesetzen*. Aber auch sie bedarf gewisser äußerer Anregungen. Sie würde, ohne solche Anregungen, recht bald verflachen und verkümmern." ([Neumann 1908], S. 379)

Seine Auffassung zur mathematischen Physik und zum Verhältnis von Mathematik und Physik hatte er in den Antrittsreden an den Universitäten Tübingen am 9. November 1865 und Leipzig am 3. November 1869 klar dargelegt. So leitete er die Publikation seiner Leipziger Rede mit den Worten ein:

"Wenn das eigentliche Ziel der mathematischen Naturwissenschaft, wie allgemein anerkannt werden dürfte, darin besteht, möglichst wenige (übrigens nicht weiter erklärbare) Principien zu entdecken, aus denen die allgemeinen Gesetze der empirisch gegebenen Thatsachen mit mathematischer Nothwendigkeit emporsteigen, also Principien zu entdecken, welche den empirischen Thatsachen *aequivalent* sind, - so muss es als eine Aufgabe von unabweisbarer Wichtigkeit erscheinen, diejenigen Principien, welche in irgend einem Gebiet der Naturwissenschaft bereits mit einiger Sicherheit zu Tage getreten sind, in sorgfältiger Weise zu durchdenken, und den Inhalt dieser Principien womöglich in solcher Form darzulegen, dass jener Anforderung der Aequivalenz mit den betreffenden empirischen Thatsachen wirklich entsprochen werde." ([Neumann 1870], S. 3)

Vier Jahre später schrieb er in einer Abhandlung über das WEBERsche Gesetz:

"Es scheint somit, dass der Mathematiker im Gebiete der Physik wenig zu suchen habe, dass er etwa nur die Exempel auszurechnen habe, welche der Physiker ihm vorlegt.

So urtheilen zu wollen, würde sehr übereilt sein. - Vielmehr hat der Mathematiker im Gebiete der Physik eine wichtige und nicht zu unterschätzende Aufgabe. Sie besteht darin, die einstweilen *vorhandenen* physikalischen Vorstellungen näher zu erforschen, ihre Consequenzen nach allen Seiten mit möglichster Strenge zu verfolgen; mit einem Wort, ... diese Vorstellungen *deductiv* zu entwickeln. Solche *deductive* Entwickelungen werden, namentlich wenn sie in festen und möglichst geradlinigen Zügen ausgeführt sind, dazu dienen, die Uebersichtlichkeit des betreffenden Gebietes zu vergrössern, sie werden beitragen, um gewissermassen unserm geistigen Blick allmählig diejenige Weite und Schärfe, namentlich aber diejenige Ruhe und Sicherheit zu geben, welche zu einer glücklichen *Induction* d. i. zum Emportauchen *neuer und besserer* Vorstellungen erforderlich sind.

Einer solchen deductiven Behandlung habe ich nun die in der *Elektrodynamik* üblichen Vorstellungen zu unterwerfen gesucht." ([Neumann 1878], S 196f.).

Damit hat NEUMANN, ohne es zu diesem Zeitpunkt ahnen zu können, einen großen Teil seines Lebenswerkes ausgezeichnet charakterisiert. In mehr als einem Viertel der über 160 Veröffentlichungen behandelte er Fragen der Elektrodynamik. In mehreren umfangreichen Arbeiten mühte er sich eine systematischen Aufbau dieser Theorie zu geben. Angesichts der zu jener Zeit noch sehr umstrittenen Grundvorstellungen über elektrodynamische und elektromagnetische Vorgänge ein sehr schwieriges Unterfangen. Bei der Wahl des Grundprinzips für eine Theorie der Elektrizität und des Magnetismus schloss sich NEUMANN der FECHNERschen Annahme von der Existenz zweier elektrischer Fluida an, deren Eigenschaften einander direkt entgegengesetzt waren und die nur durch ihre Wirkungen erkannt werden konnten. Die elektrischen Erscheinungen basierten auf der Wechselwirkung der einzelnen Teilchen, wobei für diese Wechselwirkungen ein dem Newtonschen Gravitationsgesetz analoges Gesetz angenommen wurde. Zugleich folgte er den Ansichten WEBERs, dass beim Studium der elektrodynamischen Erscheinungen, also bei allen Erscheinungen, die mit einer Bewegung der Stromelemente verbunden waren, die Bewegung der elektrischen Teilchen berücksichtigt werden müsse. Durch das Auffinden eines Ausdrucks, der "mit gewisser Berechtigung" als Potential für die im WE-

BERschen Gesetz konstatierte Kraft dienen konnte, eröffnete sich für Neumann die Möglichkeit, die Theorie auf der Basis der Potentialtheorie aufzubauen. Er hat dann, ganz im Sinne des oben zitierten Credos, die Konsequenzen dieser und weiterer hinzugenommener Annahmen ausgelotet. Die zusätzlichen Hypothesen reichten von der universellen Gültigkeit des Energiesatzes bis zur Ausbreitung des Potentials mit äußerst großer, aber endlicher Geschwindigkeit. Auch sollte das Potential bei einer nicht näher bestimmten, starken Annäherung der elektrischen Teilchen, man würde heute etwa von Abständen im atomaren Bereich sprechen, nicht mehr analog dem NEWTONschen Potential gebildet werden. Dabei bemühte sich NEUMANN, nur auf solche Vorstellungen zurückzugreifen, die durch Experimente hinreichend abgesichert und weitgehend anerkannt waren; trotzdem erkannte er den Hypothesen einen unterschiedlichen Grad an Sicherheit zu. Er scheute sich auch nicht, die dualistische Auffassung von der Elektrizität mit zwei elektrischen Fluida durch die unitarische zu ersetzen. Letztere besagte, dass die negative Elektrizität fest mit der ponderablen Masse verbunden sei und die positive Elektrizität sich als Fluidum bewegen konnte. In beiden Fällen gelang es ihm die zum damaligen Zeitpunkt bekannten Gesetzmäßigkeiten der Elektrodynamik in die jeweilige Theorie zu integrieren. Die FARADAY-MAXWELLschen Feld-Vorstellungen berücksichtigte er jedoch nicht.

Die NEUMANNschen Darlegungen fanden, wie bei dem noch unsicheren Erkenntnisstand zu erwarten, nicht nur Zustimmung. Kritik kam von RUDOLF CLAUSIUS (1822-1888) und vor allem von HERMANN VON HELMHOLTZ (1821-1894). (CLAUSIUS wandte insbesondere ein, dass bei Verwendung der dualistischen Auffassung von der Elektrizität aus dem WEBERschen Gesetz widersprüchliche Aussagen abgeleitet werden könnten.) HELMHOLTZ hatte erfolgreich die Gesetze von WEBER, FRANZ NEUMANN und JAMES CLERK MAXWELL (1831-1879) in einer parameterabhängigen Formel für das elektrodynamische Potential vereinigt. Bezeichnen Ds und Dσ Stromelemente mit der Intensität i bzw. j, r die Entfernung zwischen den beiden Stromelementen, (Ds, Dσ), (r, Ds) bzw. (r, Dσ) die Winkel zwischen den angegebenen Richtungen und p das elektrodynamische Potential der beiden Stromelemente aufeinander, so lautete die Formel

$$p = -\frac{1}{2}A^2\frac{ij}{r}\{(1+k)\cos(Ds,D\sigma)+(1-k)\cos(r,Ds)\cos(r,D\sigma)\}Ds\cdot D\sigma,$$

([Helmholtz 1870a], S. 567). Für die Parameterwerte k = 1, 0, -1 erhielt man das Potential entsprechend der Theorie von F. NEUMANN, MAXWELL bzw. WEBER. Mit Hilfe dieser Formel leitete von HELMHOLTZ dann einige Widersprüche zu den Darlegungen von WEBER und CARL NEUMANN ab.

Ohne in Einzelheiten zu gehen, ist der Wert dieser Auseinandersetzung vor allem darin zu sehen, dass die Folgerungen der einzelnen Annahmen so weit als möglich aufgeklärt wurden und insbesondere Stellen aufgezeigt wurden, an denen eine experimentelle Entscheidung notwendig und durchführbar erschien. In dieser Situation offenbarten sich deutliche Unterschiede zwischen NEUMANN und von HELMHOLTZ in der Haltung zu den Beziehungen zwischen Mathematik und Physik. NEUMANN als mathematischer Physiker sah seine Aufgabe in der Verbesserung der theoretischen, d. h. mathematischen Grundlagen und kehrte, erst als neue physikalische Erkenntnisse vorlagen, zur Elektrodynamik zurück. Von HELMHOLTZ versuchte dagegen, geeignete Experimente anzuregen oder selbst durchzuführen und auf diesem Weg neue Einsichten für eine Verbesserung der Theorie zu gewinnen. Diese Strategie war die erfolgreichere. Mehrere wichtige Versuche wurden in HELMHOLTZ' Berliner Laboratorium durchgeführt, teils von ihm angeregt, stets von ihm mit Interesse verfolgt. Es sei nur an BOLTZMANNs experimentellen Nachweis der Proportionalität zwischen Dielektrizitätskonstante und dem Quadrat des Brechungsexponenten, an ROWLANDs Nachweis des durch einen Konvektionsstrom erzeugten Magnetfeldes und an HELMHOLTZ' eigenen elektrochemischen Untersuchungen erinnert. Auch das Bekanntmachen von HEINRICH HERTZ mit jenen Aufgaben, die dann 1886 in die Entdeckung der elektromagnetischen Wellen einmündeten, kann noch genannt werden. Zusammen mit weiteren grundlegenden Ergebnissen anderer Physiker führten sie schließlich zur Bestätigung der MAXWELLschen Theorie.

NEUMANN befasste sich erst Anfang der 90er Jahre wieder mit der Elektrodynamik. Die im obigen Kontext wichtigsten Arbeiten erschienen 1898 und 1901-1903, letztere unter dem Titel "Über die Maxwell-Hertz'sche Theorie". Ziel dieser Abhandlungen war es, die MAXWELLsche Theorie der Elektrodynamik in der von HEINRICH HERTZ (1857-1894) vorgenommenen Bearbeitung "einem genaueren Studium" zu unterwerfen "und von ihrem eigentlichen Inhalt ein möglichst anschauliches Bild" zu zeichnen. ([Neumann 1901], S. 3) Wer jedoch ein klares Veto zu Gunsten dieser Theorie erwartet, wird enttäuscht. NEUMANN hob vielmehr mehrere Schwachstellen

der Theorie hervor, in denen ein von der bisherigen Theorie abweichendes Ergebnis erhalten wurde. Eine Entscheidung zwischen den einzelnen Auffassungen fällte er nicht, da das vorhandene experimentelle Material zu unsicher bzw. in bestimmten Fällen eine direkte experimentelle Prüfung nicht möglich sei und er die Möglichkeit, die Mängel innerhalb der HERTZschen Theorie zu beseitigen, nicht ausschloss. Die Last der Experimente zur Bestätigung der MAXWELL-HERTZschen Theorie wog nicht schwer genug, als dass er es für nötig empfand, seine Grundauffassungen zu den elektrodynamischen Vorgängen zu revidieren, und auch im Methodischen behielt er den alten Standpunkt bei. Auf Grund der beträchtlichen mathematischen Schwierigkeiten bei der Behandlung der Elektrodynamik war er hinsichtlich einer raschen Lösung der Probleme sehr skeptisch. In einem Brief an den Leipziger Experimentalphysiker OTTO HEINRICH WIENER (1862-1927) schrieb er am 29. 11. 1902:

> "*Sie* glauben, daß in der theoretischen Physik *sehr bald* wesentliche Fortschritte zu erwarten seien durch Zusam̅enfassen der schon vorliegenden Ergebnisse, etwa durch einen plötzlichen Einfall, durch geeignete Combination des schon vorliegenden Materials.
>
> *Ich* dagegen glaube, daß wesentliche Fortschritte nur in *sehr langer Zeit* zu erwarten sind, und daß in erster Linie eine genaue exacte Durcharbeitung des schon Verstandenen erforderlich ist. Zu einer solchen wirklich exacten Durcharbeitung sind aber nach meiner Meinung gründliche *mathematische Ausbildung* und wirkliche *mathematische Klarheit* unumgänglich erforderlich. ([Nachlaß Wiener], Brief vom 29. 11.1902)

Der Anlaß des Briefes war die Neubesetzung des Ordinariats für theoretische Physik, speziell die Reihenfolge der Kandidaten auf der Vorschlagsliste, doch fällt dies bereits in eine neue Periode in den Wechselbeziehungen zwischen Mathematik und Physik an der Leipziger Universität.

Zum NEUMANNschen Wirken lässt sich abschließend feststellen, dass er der Physik durch die am streng deduktiven Aufbau der Mathematik orientierte Darstellung eine eigene charakteristische Note gab und in einer wichtigen Entwicklungsphase der Elektrodynamik wertvolle Hinweise zur weiteren theoretischen und experimentellen Absicherung der Theorie hervorbrachte. Sein fester Glaube an die Kraft der Mathematik war möglicherweise ein Grund für sein Festhalten an den einmal gewählten Grundvorstellungen, anstatt, und sei es nur vorübergehend, zu mathematisch handhabbareren

und experimentell überprüfbaren Erklärungsmodellen überzugehen. Er hat sich damit selbst den Weg zu einer größeren Wirksamkeit im Sinne der mathematischen Physik verbaut. Davon unberührt und unbestritten bleiben Neumanns Verdienste um den Aufbau der Potentialtheorie, auf die hier nur hingewiesen werden kann. Genannt seien seine Theorie des logarithmischen Potentials und die sehr erfolgreich für die Lösung von Randwertaufgaben eingesetzte, von ihm entwickelte Methode des arithmetischen Mittels.

Die Würdigung der Maxwellschen Theorie durch Leipziger Physiker

Trotz des sicherlich starken Einflusses, den NEUMANN mit seinen Forschungen auf die Beziehungen zwischen Mathematik und Physik an der Leipziger Universität ausübte, wäre es falsch zu glauben, dass man in Leipzig den neueren Entwicklungen generell ablehnend gegenüberstand. Bereits 1874 vermittelte GUSTAV HEINRICH WIEDEMANN (1826-1899), seit 1871 Professor für physikalische Chemie und ab 1887 Direktor des Physikalischen Instituts, im zweiten Band der zweiten Auflage des auch als Enzyklopädie der Elektrodynamik bezeichneten Werkes "Die Lehre von Galvanismus und Elektromagnetismus" einen sehr guten Überblick über den aktuellen Stand der Elektrodynamik. Er diskutierte die einzelnen Theorien, einschließlich der MAXWELLschen, und referierte die bestehenden Auseinandersetzungen. Eine Entscheidung zu Gunsten einer der Theorie traf er nicht, da die Diskussionen noch nicht abgeschossen seien. In der dritten, 1882-1885 erschienenen, auf vier Bände erweiterten Auflage des Werkes mit dem neuen Titel "Die Lehre von der Elektricität" stellte er die MAXWELLsche Theorie ausführlicher dar und ließ sie als vorläufigen Endpunkt der Entwicklung von Vorstellungen über die Elektricität erscheinen. Dies kann als ein Indiz für eine positive Beurteilung gewertet werden, ohne dass sich WIEDEMANN indem Buch explizit für eine der Theorien entschied. Die Vermutung wurde durch AUGUST OTTO FÖPPL (1854-1924) bestätigt, der 1894 im Vorwort seiner "Einführung in die Maxwell'sche Theorie der Elektricität" schrieb:

"Vor 11 Jahren (also 1883, K.-H.S.) kam ich, ..., zu Herrn Geheimrath Prof. Dr. G. WIEDEMANN mit dem Entschlusse, die Elektricitätslehre eingehend zu studieren und erbat mir seinen Rath über den dabei innezuhaltenden

Plan. Dieser hervorragende Forscher, ..., wies mich schon bei meinem ersten Besuche u. A. lebhaft auf die MAXWELL'schen Arbeiten hin." ([Föppl 1894], S. X)

Durch FÖPPL wurde die MAXWELLsche Theorie im deutschen Sprachraum erstmals systematisch dargestellt und verbreitet. In der Bearbeitung von MAX ABRAHAM (1875-1922) entstand daraus 1904/08 ein Standardlehrbuch für Generationen von Physikern. Mit der Verwendung der Vektor- und Tensorrechnung, letzteres vor allem durch ABRAHAM, wurden wichtige Verbesserungen in der formellen Darstellung der Theorie erreicht und die Anerkennung der Vektor- und Tensorrechnung als grundlegendes mathematisches Hilfsmittel in der Physik gefördert. FÖPPL sprach im Vorwort seines Buches in weiser Voraussicht davon, dass die Vektoranalysis "die mathematische Zeichensprache der Physik der Zukunft sein wird". ([Föppl 1894], S. VII) In diesem Vorwort skizzierte er sehr prägnant die jüngste Entwicklung und die Durchsetzung der MAXWELLschen Theorie. Dies rundet das Bild von den Beziehungen zwischen Mathematik und Physik in den Fragen der Elektrodynamik an der Leipziger Universität um die Jahrhundertwende ab und lässt zwei Strömungen hervortreten: seitens der Physiker eine intensive Beschäftigung mit den Problemen des neuen Gebietes, die zwar stärker experimentell orientiert war, aber theoretischen Überlegungen nicht ablehnend gegenübertrat und in eine Anerkennung der MAXWELL Theorie einmündete, andererseits eine exakte, fast axiomatische Darlegung der Theorie durch C. NEUMANN in den 70er Jahren und ein starres Festhalten an den gewählten Grundprinzipien in den folgenden Jahrzehnten, was zunehmend zu einer kritisch distanzierten Haltung zu neueren Entwicklungen der physikalischen Theorie führte. Warum jedoch NEUMANN der experimentell und nach dem FÖPPLschen Werk auch theoretisch fundierten MAXWELL-HERTZschen Theorie weiterhin kritisch gegenüberstand, muss weitgehend offen bleiben.

Literatur

[UAL]: Universitätsarchiv Leipzig, PA 531 (Personalakte W. Hankel)

[Arendt 1999]: ARENDT, HANS-JÜRGEN: Gustav Theodor Fechner. Ein deutscher Naturwissenschaftler und Philosoph im 19. Jahrhundert. (Daedalus, Bd. 12), Frankfurt/Main et. al., 1999

[Blaschke 1987]: BLASCHKE, KARLHEINZ: Die Universität Leipzig im Wandel vom Ancien Régime zum bürgerlichen Staat. In: Czok, Karl: Wissenschafts- und Universitätsgeschichte in Sachsen im 18. u. 19. Jahrhundert. Nationale und internationale Wechselwirkung und Ausstrahlung. Abh. Sächs. Akad. Wiss., Phil.-hist. Kl. 71(1987) H.3, S. 133-153

[Fechner 1845]: FECHNER, GUSTAV THEODOR: Ueber die Verknüpfung der Faraday'schen Inductions-Erscheinungen mit den Ampèrschen elektrodynamischen Erscheinungen. Annalen der Physik und Chemie 64 (1845)

[Föppl 1894]: FÖPPL, AUGUST: Einführung in die Maxwell'sche Theorie der Elektricität. Mit einem einleitenden Abschnitte über das Rechnen mit Vectorgrössen in der Physik. Verlag B. G. Teubner, Leipzig, 1894. Zweite vollständig umgearbeitete Auflage herausgegeben von M. Abraham. 2 Bde., Verlag B. G. Teubner, Leipzig 1904/08

[Helmholtz 1870]: HELMHOLTZ, HERMANN: Ueber die Theorie der Elektrodynamik. Erste Abhandlung: Ueber die Bewegungsgleichungen der Elektricität für ruhende leitende Körper. Journal für die reine und angewandte Mathematik 72(1870), S. 57 - 129; Zweite Abhandlung: Kritisches. Ebenda 75(1873), S. 35 - 66; Dritte Abhandlung: Die elektrodynamischen Kräfte in bewegten Leitern. Ebenda 78(1874), S. 273 - 324

[Kühn 1987]: KÜHN, HEIDI: Die Mathematik im deutschen Hochschulwesen des 18. Jahrhunderts (unter besonderer Berücksichtigung der Verhältnisse an der Universität Leipzig). Dissertation A. Leipzig 1987

[Jungnickel; McCormmach 1986]: JUNGNICKEL, CHRISTA; MCCORMMACH, RUSSEL: Intellectual Mastery of Nature. Theoretical Physics from Ohm to Einstein. 2 vols., University of Chicago Press, Chicago, London 1986.

[Neumann 1863]: NEUMANN, CARL: Die magnetische Drehung der Polarisationsebene des Lichtes. Versuch einer mathematischen Theorie. Verlag der Buchhandlung des Waisenhauses, Halle 1863

[Neumann 1868]: NEUMANN, CARL: Die Principien der Elektrodynamik. Eine mathematische Untersuchung. Tübingen 1868. Wiederabdruck: Mathematische Annalen 17(1880), S. 400 - 434

[Neumann 1870]: NEUMANN, CARL: Ueber die Principien der Galilei-Newton'schen Theorie. Akademische Antrittsrede. Verlag B. G. Teubner, Leipzig 1870

[Neumann 1878]: NEUMANN, CARL: Ueber das von Weber für die elektrischen Kräfte aufgestellte Gesetz. Abhandlungen Königl. Sächs. Acad. Wiss., 18 (1878) (11. Band der Math.-Physische Cl.), S. 77 - 200

[Neumann 1901]: NEUMANN, CARL: Ueber die Maxwell-Hertz'sche Theorie. Abhandlungen Königl. Sächs. Acad. Wiss., 27. Bd. der Math.-Physische Cl., H. 2 (1901), S. 211 - 348; ~ 2. Abhandlg. Abh. Bd. 27, H. 8 (1902), S. 753 - 860, ~ 3. Abhandlg. Abh. Bd. 28, H. 2 (1903), S. 75 - 99

[Neumann 1908]: NEUMANN, CARL: "Nekrolog auf Wilhelm Scheibner". Berichte über die Verhandlungen Königl. Sächs. Gesell. Wiss. Leipzig, Math.-Physische Kl., 60(1908), S. 375 - 390

[Olesko 1991]: OLESKO, KATHRYN M.: Physics as a Calling. Discipline and Practice in the Königsberg Seminar for Physics. Cornell University Press, Ithaca, London 1991.

[Olesko 1997]: OLESKO, KATHRYN M.: Franz Ernst Neumann (1798-1895). In: Die Großen Physiker. Erster Band: Von Aristoteles bis Kelvin. Hrsg. von Karl von Meyenn. C. H. Beck Verlag 1997, S. 384 - 395

[Rechenberg 1994]: RECHENBERG, HELMUT: Hermann von Helmholtz. Bilder seines Lebens und Wirkens. VCH Verlagsgesellschaft Weinheim, New York et all., 1994

[Schlote 2001]: SCHLOTE, KARL-HEINZ: Zur Entwicklung der mathematischen Physik in Leipzig (I) - Der Beginn der Neumannschen Ära. Erscheint voraussichtlich in NTM, N.S., 9(2001), H. 4

[Schreier 1985]: SCHREIER, WOLFGANG: Die Physik an der Leipziger Universität bis zum Ende des 19. Jahrhunderts. Wiss. Zeitschrift der Karl-Marx-Universität Leipzig, Math.-Naturwiss. Reihe 34(1985) H.1, S. 5-19

[Weber 1846]: WEBER, WILHELM: Elektrodynamische Massbestimmung. Ueber ein allgemeines Grundgesetz der elektrischen Wirkung. In: Wilhelm Weber's Werke. Bd. 3: Galvanismus und Elektrodynamik, Berlin 1893, S. 25 - 214

[Wiedemann 1874]: WIEDEMANN, GUSTAV: Die Lehre vom Galvanismus und Elektromagnetismus. 2 Bde., Braunschweig, ²1874; 3. Aufl.: Die Lehre von der Elekticität. 4 Bde. Braunschweig 1882-85

Dr.habil. Karl-Heinz Schlote; Sächsische Akademie de Wissenschaften zu Leipzig, Postfach 100440; D-04004 Leipzig;
email: Schlote@saw-leipzig.de

Karl Weierstraß und Sofie Kowalewskaja
- "Dem Meisterherzen lieber Student"

Stanisław Fudali

Abb.1: Karl Weierstrass gegen 1870

Am 3. Oktober 1870 klopfte eine junge Frau an die Wohnung im dritten Stock in der Stellenstrasse 19. Die Wohnung bewohnte KARL THEODOR WEIERSTRASS, Mathematikprofessor der Berliner Universität, zusammen mit seinen zwei Schwestern - AGNES und KLARA; die Ankommende wollte mit dem Professor sprechen. Ziemlich radebrechend deutsch erklärte sie, dass sie eine russische Untertanin ist, SOFIE KOWALEWSKAJA[1] heißt und wollte den Professor bitten, dass er ihr das Studieren der Mathematik an der Berliner Universität ermöglichte - in diesen Jahren hatten die Frauen an den meisten europäischen Universitäten kein Recht auf das Studium, so auch an der Berliner Universität. WEIERSTRASS war kein Anhänger dafür, dass die Frauen studieren, aber war auch nicht dagegen, und außerdem war er ein taktvoller Mensch. Nichts der Frau versprechend, die in sein Privatleben eingedrungen war, gab er ihr nach dem kurzen Gespräch ein Paar Probleme zu lösen, gegen die schon seine begabten Studenten angekämpft hatten, und schlug vor, dass sie die Lösungen in einer Woche bringt. Er war fast sicher, dass diese nicht gut deutsch sprechende Ausländerin nicht mehr zu ihm kommt.

---

[1] Sofie Kowalewskaja war eine russische Untertanin (wie das früher bezeichnet worden ist), und bis Ende des Lebens hat sie sich mit einem russischen Pass ausgewiesen.

WEIERSTRASS war in der Zeit schon ein in Europa anerkannter Analytiker. 1856 wurde er zum außerordentlichen Professor an der Berliner Universität berufen, und seit 1865 war er dort ordentlicher Professor. Daraus ist der Plan von SOFIE entstanden, sich direkt an den Meister zu wenden.

Die am 3. Januar 1850 geborenen SOFIE hat ziemlich früh ihr Interesse an der Mathematik verraten, aber erst seit dem Herbst 1865 bis zum Frühling 1869, während der Winteraufenthalte in Petersburg, bei den Schwestern der Mutter, hat sie bei ALEKSANDER NIKOŁAJEWICZ STRANNOLJUBSKIJ[2] Mathematikstunden genommen. Es war kein regelmäßiges Studium, aber es erlaubte SOFIE, sich die Anfänge der höheren Mathematik anzueignen. Nach der Verheiratung fuhr SOFIE mit ihrem Mann im April 1869 nach Deutschland und dort in Heidelberg wurde ihr erlaubt, Mathematik und Physik zu hören; sie hatte 22 Stunden Unterricht pro Woche: Mathematik bei KÖNIGSBERGER[3] und DUBOIS-REYMOND[4], Physik bei KIRCHHOFF[5] und Philosophie bei HELMHOLTZ[6]. Im Herbst 1870 beendete SOFIE ihr Mathematikstudium in Heidel-

Abb.2: Sofie Kowalewskaja (1868)

---

[2] Aleksander Nikołajewicz Strannoljubskij (1839-1908), russischer Mathematik-Pädagoge, hat die Hochschulbildung in der Seeschule in Petersburg erworben. Er war der Autor vieler Lehrbücher und auch ein glühender Anhänger, dass die Hochschulbildung auch den Frauen erlaubt ist

[3] Leo Königsberger (1837-1921), deutscher Mathematiker. Seine Arbeiten betreffen hauptsächlich Funktionentheorie, Differentialgleichungen und Mechanik; er genoss hohe Anerkennung als Pädagoge.

[4] Paul DuBois-Reymond (1831-1889) deutscher Mathematiker. Er hat sich mit der mathematischen Physik, Analysis, Theorie der Funktionen, Variationsrechnung, Theorie der molekularen Differenzrechnung u.ä. beschäftigt.

[5] Gustav Robert Kirchhoff (1824-1887), deutscher Physiker, Professor der Universitäten, u.a. in Berlin, Mitschöpfer der Spektralanalyse; hat u.a. die nach ihm benannten Gesetze für (elektrische) Netzwerke und das Temperaturstrahlungsgesetz formuliert.

[6] Hermann Ludwig Ferdinand Helmholtz (1821-1894), deutscher Physiker, Mathematiker, Physiologe und Psychologe.

berg und hatte Lust bei WEIERSTRASS in Berlin zu studieren. Damals also ist sie in der Wohnung in der Stellenstrasse erschienen.

Genau nach einer Woche erschien die zarte Ausländerin wieder in der Wohnung in der Stellenstrasse - sie hatte alle Probleme gelöst, und wenn der Professor die Lösungen durchsah und fragte nach diesem und jenem, erklärte das SOFIE umfangreich mit einem Glanz der Augen. WEIERSTRASS stand vor einem schwierigen Problem: er bemerkte das mathematische Talent bei KOWALEWSKAJA und wollte ihr helfen, und andererseits, als geborener Deutscher daran gewöhnt, dass *Ordnung sein muss*, versuchte er eine gesetzliche Weise zu finden, um die Bitte der jungen Ausländerin zu erfüllen. Nachdem er sich Rat bei LEO KÖNIGSBERGER geholt hatte, unter dessen Leitung KOWALEWSKAJA drei Semester Mathematik in Heidelberg studiert hatte, beantragte er beim Senat die Einwilligung, dass SOFIE an der Berliner Universität angenommen wurde. Trotz dieser Unterstützung war der Senat damit nicht einverstanden - die Frauen durften damals nur an einigen Laborunterrichten teilnehmen. Selbst die außergewöhnliche Situation - kleinere Zahl der Studenten als gewöhnlich bei WEIERSTRASS wegen des preußisch-französichen Krieges - hatte keinen Einfluß auf die ablehnende Entscheidung.

Es ist schwierig mit voller Gewißheit zu sagen, was der Grund war - persönlicher Reiz der jungen Ausländerin oder bemerktes mathematisches Talent - WEIERSTRASS willigte darin ein, SOFIE KOWALEWSKAJA privaten Unterricht zu erteilen. In seiner Wohnung verbrachte SOFIE Sonntagnachmittage, und manchmal kam sie auch noch mal in der Woche; einmal in der Woche kam WEIERSTRASS zu SOFIA, die zusammen mit ihrer Freundin - JULIA LERMONTOFF[7] - in der Nähe wohnte. Es ist unmöglich zu sagen, wie das Studium unter der Leitung von WEIERSTRASS verlaufen ist, weil ich entsprechenden Bericht nicht gefunden habe; KARL WEIERSTRASS hatte über 10jährige Erfahrung in der Lehrerarbeit in den Oberschulen, und seit 14 Jahren hielt er die Vorlesungen an der Berliner Universität. Es scheint, dass das Studium von KOWALEWSKAJA bei WEIERSTRASS nicht den Charakter von Nachhilfestunden hatte sondern der Diskussion über die Probleme, die dem Meister interessant scheinen, diente und aus der erhaltenen Korre-

---

[7] Julia Wsiewołodowna Lermontoff (1846-1919), entfernte Verwandte des Dichters Mikchail Juriewicz Lermontoff (1814-1841), Sofie Kowalewskajas Freundin fürs Leben. Sie hat als erste Russin das Doktorat in Chemie (in Göttingen) gemacht.

spondenz kann man folgen, dass das Studium einen seminarartigen Charakter hatte.

Am Freitag den 10. März 1871 konnte WEIERSTRASS zum Unterricht zu SOFIE nicht kommen, am nächsten Tag schickte er ihr ein Zettelchen :

✉   *Verehrte Frau!*

Gestern abend zu meinem Bedauern verhindert mich bei Ihnen einzufinden, ists mir zugleich durch einen Zufall unmöglich geworden, Sie davon zu benachrichtigen. Ich hoffe aber, Sie werden mich morgen mit Ihrem Besuche erfreuen.

Abb. 3: Kopie des Zettelchens von K. Weierstrass vom 11. März 1871

Mit freundlichstem Gruß

Ihr ergebener Weierstraß

Berlin (Sonnabend) den 11.März [18]71

Wie man damals die Zettelchen geschickt hat - weiß ich nicht; wahrscheinlich durch den Hausmeister. Das oben genannte (vergl. auch die Kopie unten) ist das erste in der Sammlung der erhaltenen Korrespondenz von WEIERSTRASS an KOWALEWSKAJA [1]. Die Briefe von KOWALEWSKAJA an WEIERSTRASS, der meinte, dass seine persönlichen Angelegenheiten die anderen nicht interessieren sollen, wurden durch den Empfänger nach SOFIES Tod verbrannt.

Von Ende März bis Mitte Mai 1871 beschäftigte sich SOFIE nicht mit der Mathematik, weil sie bei ihrer Schwester ANIUTA[8] im belagerten Paris war; am Anfang Juni fuhr sie wieder dorthin, um nach dem Untergang der Pariser Kommune die Schwester und den Schwager vor den Repressalien zu retten. Im Herbst widmete sie sich wieder die Mathematik, wohl auf dieselbe Art wie früher.

---

[8] Anna Jacquelard (1843-1887, geb. Krukowskaja) - Schwester von Sofie Kowalewskaja.

Mitte Januar 1872 war der Meister erkältet und musste den Empfang SOFIEs bei sich absagen, aber außer der Nachricht darüber schickte er im Brief vom 14.I.1872 eine Skizze dessen, was die Sache ihrer Betrachtungen während des Treffens sein sollte, das er gerade abgesagt hat:

⊠   *Verehrte Frau!* *Berlin, 14. Jan. 1872*

Zu meinem Bedauern werde ich Sie morgen nicht empfangen können, da ich seit einigen Tagen in Folge einer Erkältung unwohl bin.

Ich übersende Ihnen deshalb über das Thema, welches den Gegenstand unseren nächsten Besprechung bilden sollte, meine Aufzeichnungen, die so vollständig sind, daß Sie auch ohne meinen Beistand damit fertig zu werden in Stande sind. **Diese** *Papiere, die ich für meine nächste Vorlesung brauche, wollen Sie jedoch die Gefälligkeit haben, mir am K.[ommenden] Sonntag zurückzuschicken.*

Um die allgemeinen Formeln in einen einfachen Falle zu rectificieren, wollen Sie bemerken, daß, wenn $y = \sqrt{R(x)}$ *und R(x) eine ganze Funktion vom Grade (2ρ + 1) ist - diese Bedeutung hat nämlich* ρ *in diesem Falle - die einfachste Funktion H(xy, x'y') die folgende ist, in welcher P(x) einen Teiler ρ-ten Grades von R(x) bezeichnet:* $H(xy, x'y') = \frac{1}{2}(1 + \frac{P(x)}{P(x')} \frac{y}{y'}) \frac{1}{x-x'}$. *... (übergehen wir die Details, es sind 8 Zeilen!)...*

Die Gleichung $\frac{d}{dx} H(xy, x'y')$ *... ist dann identisch mit der von mir in die Theorie der hyperelliptischen Angewandten, mit deren Hilfe ich die Relationen unter den Perioden der Integrale erster und zweiter Gattung entwickelt habe.*

Sobald ich wieder ausgehe, was hoffentlich in einigen Tagen wird geschehen können, werde ich mir erlauben, bei Ihnen anzusprechen, damit wir unsere nächste Zusammenkunft verabreden können.

Mit freundlichstem Gruß

Ihr ergebenster Weierstraß

Nicht nur diesartige Korrespondenz schickte WEIERSTRASS an SOFIE, zwei Monate später schrieb er (übergehend einleitende höfliche Anrede) [2, S. 13, 153]:

⊠   *Darf ich Sie, verehrte Freundin, wohl bitten, die vorliegende Ausarbeitung des Satzes, über den wir uns gestern unterhielten, und die ich einem Freunde mitteilen möchte, zu diesem Besuche mir auf einem Briefbogen abzuschreiben? Ich hätte zwar selbst wohl Zeit dazu, aber, aufrichtig gestanden, ich schreibe sehr ungern etwas zweimal, und so erlaube ich mir, meine Zuflucht zu Ihnen zu nehmen.*

Mit freundlichstem Gruß

Ihr ergebenster Weierstraß

Und ein halbes Jahr später, am Ende Oktobers 1872, schreibt er irgendwie anders [2, S. 13, 154]:

⊠   *Meine teuere Sophie!*

Ich finde soeben in meinen Papieren noch einige ältere Notizen über den bis jetzt von uns besprochenen einfachsten Fall der Variationsrechnung. Trotz der verschiedenen Bezeichnungsweise werden Sie diese Notizen bei der Ausarbeitung, wie ich glaube, ganz gut benutzen können, weshalb ich sie Ihnen schicke, bevor Sie vermutlich Ihr Tagewerk begonnen haben.

Ich habe mich diese Nacht viel mit Ihnen beschäftigt, wie es ja nicht anders sein konnte, - meine Gedanken haben nach den verschiedensten Richtungen hin und her geschweift, sind aber immer wieder zu einem Punkte zurückgekehrt, über den ich noch heute mit Ihnen sprechen muß. Fürchten Sie nicht, daß ich Dinge berühren werde, über die, wenigstens jetzt, nicht zu reden wir übereingekommen sind. Was ich Ihnen zu sagen habe, hängt vielmehr mit Ihren wissenschaftlichen Bestrebungen eng zusammen - ich bin aber nicht sicher, ob. Sie bei der liebenswürdigen Bescheidenheit, mit der Sie über das, was Sie jetzt schon leisten können, beurteilen, auf meinen Plan einzugehen geneigt sein werden. Doch das alles läßt sich mündlich besser besprechen. Gestatten Sie mir also, obwohl erst wenige Stunden seit unserem letzten Zusammensein, das uns einander so nahe gebracht hat, verflossen sind Sie heute Vormittag abermals auf ein Stündchen zu besuchen und mich auszusprechen.

Herzlichst grüßend

Ihr Weierstraß

26. Okt. 72 (Morgens)

Das Zettelchen ist ein Zeugnis der Wende in den Verhältnissen zwischen dem Meister und der Schülerin, die in dieser Zeit stattfand - die freundschaftlich-väterliche Einstellung WEIERSTRASS' zu seiner Schülerin ermutigte SOFIE, ihm sehr persönliche sie gerade quälende Angelegenheiten, betreffend ihre Scheinehe mit WLADIMIR O. KOWALEWSKIJ[9], zu vertrauen. Gerade in dem oben genannten Zettelchen ist die Reaktion von WEIERSTRASS, auf die am vorigen Tag gemachten Vertraulichkeiten - der Meister beschloß seiner Schülerin eine Vorbereitung der wissenschaftlichen Abhandlung vorzuschlagen, aber in der Korrespondenz enthüllte er die Gedanken nicht; davon entstand der einigermaßen rätselhafte Inhalt der oben genannten Notiz. Seit dieser Zeit sah WEIERSTRASS ein, dass er ein Recht hat, sich für den "geistigen Vater" der jungen Enthusiastin der Mathematik zu halten.

Der nächste Brief, geschickt nach einer Woche, am 4. November 1872, enthielt die Anrede: *Meine liebe Freundin!* und betraf fast gänzlich die mit der Differentialgleichung $H - \lambda \bar{H} = 0$ verbundenen Probleme. Am seinen Ende lesen wir [2, S. 14-16, 154-156]:

> ✉ *Lebe wohl, mein teueres Herz, bis ich Dich wiedersehe, und laß, wenn Du Dich in meine Formeln vertiefst, Deine Gedanken noch zuweilen herüberschweifen zu Deinem treuen Freunde.*
>
> *W.*

Aus dieser Korrespondenz von WEIERSTRASS an SOFIE sieht man, dass sein emotionales Verhältnis zur jungen Russin innerhalb von zwei Jahren seit dem Moment ihres ersten Treffens deutlich durch seine Wertschätzung gewann. In einigen nächsten erhaltenen Briefen und Zettelchen wurde von WEIERSTRASS die höfliche Anrede übergangen, oder ersetzt durch andere, wie im Zettelchen vom 27. Dezember 1872 [2, S. 19-20, 160]:

> ✉ *Das heutige Konzert, liebste Sonja, beginnt um 7½ Uhr. Wenn ich nicht irre, wolltest Du mit Fräulein L[ermontoff] zu uns kommen. Dann bitte ich Dich noch vor 7 Uhr einfinden zu wollen, damit wir rechtzeitig abfahren können. Wagen werde ich bestellen.*
>
> *Ich bitte mir durch die Überbringerin mündlich Antwort zukommen zu lassen.*
>
> *Freundlichst grüßend*
> *27. Dez.72.* *W.*

---

[9] Wladimir Onufryjewicz Kowalewskij (1842-1883), russischer Paläontologe, Sofies Ehemann.

In den nächsten Briefen und Zettelchen erschien schon die Wendung: *Meine teure* (oder *liebe*) *Sonja!* oder *Liebe Sonja!* oder *Meine teuere Freundin!*, was zeigt, dass sich die freundschaftlich-partnerschaftliche Bindung zwischen dem Meister in den besten Jahren und der jungen Schülerin verstärkte; im Familien- und Freundeskreis wurde SOFIE *Sonja* genannt, und so wird sie weiter in dem Text genannt. Der Inhalt dieser Briefe und Zettelchen ist ziemlich verschiedenartig - meistens informieren die Zettelchen über die Gründe, die die Verabredung unmöglich machen, und die Briefe enthalten mathematische Inhalte betreffend die gemeinsamen Interessen von WEIERSTRASS und KOWALEWSKAJA, und auch - ein Jahr später - nicht mathematische, sondern persönliche Inhalte. Als Beispiel dafür, nicht vereinzelt, dient der Brief vom 12.X.1873 [2, S. 29-30, 169-170]:

> ✉ *Liebste Freundin, Du tust mir doch Unrecht, wenn Du glaubst, ich hätte grollend über Dein langes Stillschweigen Deinen Brief aus Lausanne nicht beantwortet. Der Deinige ist nun, da ich einige Tage abwesend war, verspätet zugekommen, und so wird meine Antwort in Lausanne in dem Momente angekommen sein, wo Du abgereist bist; ich hatte Dich allerdings so verstanden, daß Du bis zum 15-ten dort bleiben wolltest. Wahrscheinlich hast Du meinen Brief jetzt erhalten; sollte es nicht sein, so forsche ihm doch nach, da ich ihn nicht gern in fremde Hände gelangen lassen möchte. Für den letzteren Fall wiederhole ich aus ihm zweierlei. Ich habe Dir - so gern ich mich Deiner lieben Nähe bald erfreuen möchte - doch geraten, der Cholera wegen noch bis zum 20-sten etwa dazubleiben. Jetzt kommen hier etwa 8 Fälle täglich vor und es steht also zu hoffen, daß der böse Gast uns bald ganz verlassen wird. Zweitens schrieb ich Dir, daß eine Cousine von Fr[äulein] Lermontoff bei mir war, um sich nach der letzteren, die sie schon hier glaubte, zu erkundigen. Sie vermeinte in Eurer früheren Wohnung Nachrichten von ihr erhalten zu können, und da ist es mir nun sehr unangenehm, daß ich die junge Dame vielleicht irre geführt habe; denn als ich gestern bei 134^b vorbeiging, war es mir, also ob. ich ihr 143^b angegeben; es sollte mir das wirklich außerordentlich leid tun.*
>
> *Jetzt noch eine Bitte. Daß Du mir den Tag Deiner Ankunft nicht bestimmt angeben wirst, weiß ich schon. Aber wenn Du willst, daß wir uns **bald** sehen, so schicke mir doch sofort nach Deiner Ankunft einen kleinen Brief p[er] Stadtpost, damit ich entweder zu Dir komme, sobald ich irgend kann, oder Dir angebe, wann Du mich sicher treffen kannst. Ich werde grade in den Tagen, wo Du vermutlich eintriffst,*

viel vom Hause abwesend sein und es sollte mir doch leid tun, wenn ich gerade einen günstigen Moment verpaßte, wo ich meine teuerste - mir »so ganz ergebene« (gewöhne Dir doch das häßliche Wort ab) - Freundin nach so langem Entbehren umarmen und die Drohung wahr machen könnte, mit der ich mein letzter Brief schloß. Über das, was ich Dir sonst schrieb, mache Dir keine Gedanken. Mein Redenentwurf ist so scharf ausgefallen, daß es wirklich für den Ort, wo ich sprechen muß, nicht paßt. Ich habe bereits ein anderes Thema gewählt.

Wenn Dein »défaut constitutionel[10]« es Dir nur irgend erlaubt, so schreibe mir von Zürich doch noch einmal - wenn auch nur um mich darüber zu beruhigen, daß Du diesen und hoffentlich auch den früheren Brief richtig empfangen hast.

Lebewohl, liebes Herz, und bleibe wie bisher freundlich gesinnt.

Deinem treuen Freunde (auch wenn er Dir gesteht, daß er seit dem Ende d[es] v[origen] Semesters auch nicht einen einzigen mathematischen Gedanken gehabt und Du ihn sehr ideenlos wiederfinden wirst)

C. W.

Diese und in ihrer Aussage ähnliche Briefe von KARL WEIERSTRASS an SOFIE KOWALEWSKAJA zeugen nicht von irgendwelchen intimen Verbindungen dieser beiden Leute. Zweifellos gefiel die junge, mathematisch begabte Russin dem damals 58-jährigen Professor und befreite in ihm einige Gefühle, väterlicher Art - er betrachtete zweifellos väterlich ihren Eifer für die Mathematik, Hochachtung, die sie ihm schenkte, und Vertrauen, das sie ihm in ihren persönlichen Angelegenheiten bezeigte. Er arbeitete mit ihr auf dem Gebiet seines Interesses, bildete sie im Wissen weiter und machte sich Sorgen wegen ihres geistigen Zwiespaltes, dem er Abhilfe auf seine Art zu schaffen beabsichtigte: SONJA zum Bewerben um der Doktorrang in Mathematik überreden, wobei er etwas helfen konnte.

Weitere erhaltene Briefe von KARL WEIERSTRASS an SONJA sind in ähnlichem väterlich-freundschaftlichem Ton gehalten, oft mit einer ziemlich großen Portion Mathematik, die brauchbar für die von SONJA untersuchten Probleme war; manchmal macht die väterliche Aussage Platz der freundschaftlichen und kann zu gewagten Vermutungen führen. Angeben der Briefe in diesem Vortrag ist nicht notwendig, weil die daran interessierten Hörer sie in [2] finden können.

---

[10] So nennt Kowalewskaja ihre Abneigung gegen Briefschreiben.

Das von WEIERSTRASS gestellte durch SONJA untersuchte Problem hatte endgültig den Titel: *"Über Bringen einer Klasse der Abels Integrale der dritten Ordnung zu elliptischen Integralen"*. Die Arbeit daran begann sie im Oktober 1872 und beendete sie nach einigen Monaten. WEIERSTRASS war sehr mit ihr zufrieden und meinte, dass die Arbeit wert war, um sie als die Dissertation vorzustellen; zur Rezension plante er sie an R.F. ALFRED CLEBSCH[11] zu schicken, der sich mit solchen Problemen beschäftigt hat, aber Ende 1872, am 7. November, ist CLEBSCH unerwartet gestorben. Die Arbeit wurde viel später veröffentlicht, also 1884, in dem 4. Band *Acta mathematica*, auf den Seiten 393-414.

Das nächste Problem, mit dem sich SONJA ausschließlich beschäftigte, waren die Untersuchungen von LAPLACE[12] über die Form des Saturnringes, deren Ergebnis der Artikel *"Ergänzungen und Bemerkungen zu Untersuchungen von Laplace über die Form des Saturnringes"* war, veröffentlicht 1885 im 111. Band *Astronomischen Nachrichten*, auf den Seiten 37-48. Die Arbeit erwies sich als so wertvoll, dass sie dann in das Himmelsmechaniklehrbuch eingeschlossen wurde und in die Vorlesung der Hydrodynamik. Die Arbeit hielt WEIERSTRASS auch als Dissertation für geeignet, aber SONJA, es ist schwierig zu sagen warum, fühlte sich nicht bereit ihr Studium und ihre Forschungen abzuschliessen. Sie beschloß sich mit partiellen Differentialgleichungen zu beschäftigen, insbesondere die Probleme der Existenz der Lösung der Systeme solcher Gleichungen in Form von Potenzreihen zu untersuchen.

Im Frühling 1873, als sie gerade die Differentialgleichungen zu untersuchen begann, fühlte sich SONJA sehr müde - sie hatte doch seit dem Herbst schwer gearbeitet. Die Ärzte empfahlen ihr Erholung und ein Klima sanfter

---

[11] Rudolf Friedrich Alfred Clebsch (1833-1872), deutscher Mathematiker, Professor der Universität in Göttingen. Er beschäftigte sich mit der Theorie der Invariante der algebraischen Formen, war einer der ersten, die B. Riemann verstanden haben, hat die Zeitschrift "Mathematische Annalen" gegründet.

[12] Pierre Simon Laplace (1749-1827), französischer Mathematiker, Physiker und Astronom, Mitglied der Pariser Wissenschaftsakademie (seit 1785) und anderer Akademien und Gesellschaften.
Untersuchend den Saturnring in seiner 5 Bänden der "Himmelsmechanik", meinte Laplace, dass der Ring eine Sammlung einigen unabhängigen dünnen Ringe ist, die gegenseitig keinen Einfluß auf sich haben, und ihr gemeinsamer Querschnitt die Form der Ellipse hat. Das war erste Annäherung der wirklichen Form des Ringes. Die Berechnungen von Kowalewskaja haben bewiesen, dass der Querschnitt die Form des Ovals haben soll.

als in Berlin, und SONJA beschloß nach Zürich zu fahren, zu ihrer Schwester ANIUTA, aber es war für sie schwierig, sich von der Mathematik zu trennen. Sie vertraute bestimmt WEIERSTRASS ihre Absichten, weil er am 6. April 1873 an sie schrieb:

> ✉ *Meine liebe Freundin!*
>
> *Wie glücklich hast Du mich gemacht durch die Mitteilung, daß Du in der Besserung fortschreitest, und sogar schon wieder Neigung verspürst, Dich »mit mathematischen Dingen zu beschäftigen«. Von dem Letzteren möchte ich Dir ja doch dringend abraten (oder soll der Arzt es Dir untersagen?); glaube mir, Teuerste, jede Stunde, die Du in den nächsten Tagen hier und später in Zürich Deiner körperlichen Plage zugutekommen läßest, ist gar wohl angewandt, und wird, wenn Du Dich dann mit frischen Kräften der Arbeit wieder zuwendest, ihre Frucht tragen. (...) [2, S. 20-21].*

Nach einigen Tagen war SONJA schon in Zürich, und WEIERSTRASS schrieb mit Sorge am 18. April:

> ✉ *(...) Möge nur während Deines dortigen Aufenthalts das Wetter beständig so schön bleiben, wie bei Deiner Ankunft, damit Du Dich recht viel in Freien aufhalten und durch eigene Erfahrung die Wahrheit des Ausspruchs einer unserer medizinischen Autoritäten erproben könnest, daß es - außer Kamillen Thee - nur eine Arznei gebe, von der es feststehe, daß sie wohltätig wirke, nämlich eine reine, milde Luft. Vergiß nicht, was Du mir bei Abschiede versprochen hast. (...) [2, S. 21].*

In Zürich traf SONJA den dort gerade arbeitenden SCHWARZ[13], mit dem sie drei Stunden über Abelsche Funktionen und andere Probleme sprach, und dann - vielleicht dank dieses Gespräches - wollte sie aus Zürich nicht wegreisen, und schrieb darüber an WEIERSTRASS. Der Meister war beinahe empört; am 25. April schrieb er [2, S. 23-24, 164]:

> ✉ *(...) Du glaubst, wenn nicht die Freundin, so könne doch die Schülerin mir lästig werden - so lautete das häßliche Wort, das Du brauchst. (...) Ich schließe also, erstens mit der Bitte, mir durch zwei Zeilen den Zeitpunkt deiner Rückkehr genau anzeigen zu wollen, (...)*

---

[13] Karl Hermann Amandus Schwarz (1843-1921), deutscher Mathematiker, Professor der Universität in Göttingen, und seit 1892 in Berlin, auf der Stelle von Weierstrass.

WEIERSTRASS war in der Zeit Rektor der Berliner Universität, war also mit Verwaltungs- und wissenschaftlichen Pflichten überlastet, aber nie sagte er SONJA seine Zeit ab. Er bemerkte, wie habsüchtig sie seine Gedanken, Ideen, Ratschläge erfasste. Andererseits bereitete ihm der Kontakt mit der klugen, begabten und sympathischen SONJA große Zufriedenheit. Im August verbrachte er den Urlaub auf Rügen und davon schrieb er an SONJA [2, S. 26-28]:

✉   *Sassnitz (Insel Rügen) Hotel zum Fahrenberg, 20. August 73*

Meine Teuere Freundin!

Dein letzter Brief ist erst jetzt in meine Hände gelangt, nachdem er eine Reihe von Poste Stationen passiert ist. Mein Plan für die diesmaligen Ferien war, zunächst mit meiner jüngeren Schwester ein paar Wochen in einem Seebade in der Nähe von Königsberg zu verleben, und dort mit der Familie Richelot zusammen zu treffen. An demselben Tage aber, wo wir abreisen wollten, erhielt ich über das Umsichgreifen der Cholera in der Provinz Preußen so bedenkliche Nachrichten, daß ich mein Vorhaben aufgeben mußte und am anderen Morgen nach Rügen aufzubrechen mich entschloß.

... (Weiter folgen die ersten Eindrücke aus Sassnitz, und die Aufenthaltspläne für die nächsten Wochen) ...

Ich habe während meines hiesigen Aufenthalts sehr oft on Dich gedacht und mir ausgemalt, wie schön es sein würde, wenn ich einmal mit Dir, meine Herzensfreundin, ein Paar Wochen in einer so herrlichen Natur verleben könnte. Wie schön würden wir hier - Du mit Deiner phantasievollen Seele und ich angeregt und erfrischt durch deinen Enthusiasmus - träumen und schwärmen über so viele Rätsel, die uns zu lösen bleiben, über endliche und unendliche Räume, über die Stabilität des Weltsystems, und alle die anderen großen Aufgaben der Mathematik und Physik der Zukunft. Aber ich habe schon lange gelernt, mich zu bescheiden wenn nicht jeder schöne Traum sich verwirklicht.

Aufgefallen, liebste Freundin, ist es mir, daß Du in Deinem letzten Briefe über Dein Befinden ganz schweigst. Das könnte mich allerdings insofern beruhigen, als man, wenn man sich ganz ganz wohl fühlt, darüber eben nicht spricht; aber Du weißt, das ich kein Freund von negativen Beweisen bin, die niemals volle Befriedigung gewähren. Ich bitte also um direkte Angaben.

Was Deine Rückkehr nach Berlin angeht, so bitte ich Dich, darüber keinen Beschluß zu fassen, bis Du von mir sichere Nachrichten über das Erlöschen der Cholera erhältst. Was die Zeitungen darüber melden, ist gar nicht zuverlässig.

Wenn Du meinst, daß Du mich im folgenden Winter nur **sehr** *selten sehen würdest, so hast Du mich wohl mißverstanden - jedenfalls werden wir* **unsere Sonntage** *nicht aufgeben, und auch an den übrigen Tagen werde ich doch manches "Stündchen" finden, das ich meiner lieben Freundin werde widmen können. (...)*

Und nun, liebes Herz, lebe wohl, und erfreue Deinen Freund recht bald durch die besten Nachrichten von Dir. Kannst Du mir nicht sofort ausführlich schreiben, so begnüge ich mich - vorläufig - auch mit wenigen Zeilen von Deiner lieben Hand.

Dein K. W.

Mein Brief ist mit sehr mangelhaftem Schreibmaterial entworfen; entschuldige daher sein nachlässiges Äußere.

Es ist schwierig, die Tonart des Briefes als väterlich oder nur freundschaftlich zu bezeichnen; bestimmt ergriff ihn gegenüber SONJA irgendwelches Gefühl, sicherlich edel; es gibt mehrere Briefe mit solcher Tonart. SONJA verbrachte in der Zeit die Ferien in Palibin im Kreis Witebsk (heute: Bielorussland), in dem Stammgut der Eltern. Im Herbst kehrte sie nach Berlin zurück und den ganzen Winter und Frühling 1874 arbeitete sie schwer an der Arbeit in Theorie der Differentialgleichungen. WEIERSTRASS sah genau ihre Arbeiten durch, verbesserte die Fehler, bemühte sich um die Veröffentlichungen in den Zeitschriften. Am Anfang des Sommers war er endlich mit der Arbeit zufrieden. Und da er sich seine Freundin (*herzliche Freundin*) vor dem wissenschaftlichen Areopag vorstellte, ihre Thesen in ihrem rauhen Deutsch verteidigend, fand er eine Vorschrift, die solche Situation mildert: *Ausländer mussten Ihre Doktorthesen nicht verteidigen* - es reichte die positiv beurteilte Dissertation,. Nach der Ausfüllung einiger Formalitäten legte SONJA ihre 3 Arbeiten (die letzten) in der Universität in Göttingen vor und auf ihrer Basis im Juli 1874 gab ihr der Wissenschaftsrat der Universität **in Abwesenheit** den Titel des Doktors der Philosophie im Bereich der Mathematik und Titel des Magisters der Freien Künste *magna cum laude (mit großen Lob)*. Gleich danach reiste die völlig erschöpfte SONJA zusammen mit ihrem Ehemann nach Palibino. Die letzte von den Arbeiten wurde am schnellsten veröffentlicht, schon im 80. Band des *Jour-*

nal für die reine und angewandte Mathematik (S. 1-32) im Jahre 1975; gerade in dieser Arbeit befindet sich die heute in der Literatur als *Cauchy-Kowalewskaja-Behauptung* bekannte Aussage.

Das Wohlwollen von KARL WEIERSTRASS und seine gewisse Neigung zu SONJA KOWALEWSKAJA wurden bemerkt. In den Mathematikerkreisen begann man zu munkeln, bestimmt nicht im guten Glauben, dass KOWALEWSKAJA ihre Arbeiten, und besonders die letzte aus der Theorie der partiellen Differentialgleichungen, nach dem Diktat von WEIERSTRASS geschrieben habe. Einige Gerüchte gelangten auch zum Meister. Alle Zweifel zu dem Thema behebt (oder befestigt sie!) ein Fragment seines Briefes an DUBOIS-REYMOND vom 25. September 1874 (also über 2 Monate nach der Zuerkennung des Doktorates an SONJA):

In der Abhandlung, von der die Rede ist, habe ich - ohne Rechnen die Besserung der grammatischen Fehler - anders nicht teilgenommen als das, dass ich das Problem vor dem Autor gestellt habe... Scheinende so starke Mittel, die sie zum Überwinden der entstehenden Schwierigkeiten gefunden hat, habe ich hoch geschätzt, als Beweis ihres richtigen mathematischen Feingefühls [1, S. 50].

War diese Erklärung wirklich nötig? Macht sie nicht gerade das wahrscheinlich, was man hier und da gemunkelt hat? Heute ist das nicht eindeutig zu klären.

Es ist schwierig, den Einfluß von WEIERSTRASS auf KOWALEWSKAJA einzuschätzen: er führte ihre wissenschaftlichen Handlungen, stellte ihr die Probleme, machte sie mit seinem Arbeiten und Arbeiten anderer Mathematiker vertraut, und manchmal erklärte er einzelne Probleme. Noch mehr - mit großem Takt erteilte er nützliche Ratschläge, auch in den Lebensangelegenheiten, auch den ziemlich geheimen. SONJA dagegen zeigte einen wohltätigen Einfluß auf den alten Professor und wurde für ihn außerordentlich lieb. "*Wir sollen dankbar SOFIE KOWALEWSKAJA dafür sein, dass sie KARL WEIERSTRASS aus dem Verschlußzustand ausführte*" [1, S. 43] - bemerkte später FELIX KLEIN.

Am Ende Juli 1874 verliess den Meister seine Lieblingsschülerin - SONJA - mit dem Göttinger Dr. phil., fuhr nach Palibino, um auszuruhen, und nach den Ferien reiste das Ehepaar KOWALEWSKIJ nach Petersburg. Im Frühling 1875 hatte SONJA vor zu WEIERSTRASS zu fahren, aber plötzlich erkrankte

Abb 4: Das Haus der Familie Korwin - Krukowski in Palibino (nach dem Umbau)

sie an Masern. Der Meister schickte damals an sie Briefe voller Sorgen. Hier sind die Fragmente des Briefes vom 17. Juni 1875 [2, S. 73-75]:

✉ *Berlin, 17. Juni 1875*

Meine teuerste Sonja!

Ich vermag Dir nicht zu sagen, wie schmerzlich ich mich von der schlimmen Nachricht, die Dein soeben mir zugegangener Brief vom 13-ten d.M. mir bringt, ergriffen fühle. Seit 14 Tagen erwartete ich täglich die Anzeige von Dir zu erhalten, daß Du im Begriff seiest, nach Deutschland abzureisen, (...)

Gleichwohl hätte ich Dir schon geschrieben, wenn ich in Betreff Deines Aufenthaltsortes sicher gewesen wäre. Und nun muß ich hören, daß meine arme Freundin abermals 5 Wochen schwer krank gewesen ist - denn wie bösartig die Masern bisweilen sein können weiß ich - und noch immer leidet. Das schlimmste aber ist, daß nun eine deutsche Reise auf unbestimmte Zeit vertagt ist. Und ich hatte mich zu sehr darauf gefreut, Dich wieder einige Wochen in meiner Nähe zu haben und im täglichen Verkehre mit Dir, meiner treuen Schülerin und Freundin, die mir so überaus teuer ist, mich glücklich fühlen zu können. In der Tat, liebes Herz, Du kannst Dir nicht denken, wie sehr ich Dich entbehrt habe.

(...) Ich denke mir, Du gehst etwa gegen Ende d.M. nach Palibino, und wirst mindestens zwei Monate zu Deiner völligen Genesung nötig haben. Würdest Du dann aber nicht im September und Oktober hierher kommen können, so daß Du direkt von hier nach Petersburg zurückkehrtest. Ich würde sehr glücklich sein, wenn sich dies so einrichten ließe.

*(...) ... aber ich bitte Dir recht herzlich, laß mir wenigstens bis zu der Zeit, wo Du Dich wieder ganz wohl befinden wirst, alle 8 Tage **nur drei Zeilen** zukommen, in denen Du mir sagen wirst, wie es Dir geht. Ich würde mich sehr ängstigen, wenn ich längere Zeit ohne Nachricht vor Dir bliebe. (...)*

Vergiß nicht, wenn Du aufs Land gehst, mir Deine vollständige Adresse in russischer Sprache zu schicken. Am besten wäre es wohl, wenn Du deinem jedesmaligen Briefe das Couvert für die Antwort beilegtest; ich bin doch nicht ganz sicher, daß ich die russischen Hierogliphe ganz richtig nachschreiben werde.

In einem früheren Brief, vom 21. April 1875 [2, S. 67-70], schrieb er darüber, dass nachdem er in "Comptes Rendus" der Pariser Akademie den Artikel von DARBOUX über das Problem, das voriges Jahr SONJA als Thema der Dissertation gedient hat, gelesen hatte, benachrichtigte er sofort DARBOUX[14] und HERMITE[15] darüber, dass SONJA an diesem Problem gearbeitet hatte und jedem schickte er ein Exemplar der Dissertation mit der Kopie des Diploms, um für KOWALEWSKAJA die Priorität zu versichern: *"Man muss warten, ob. D[arboux] genügend in Ordnung ist, dass er mit Deiner Priorität ohne Folgen einverstanden wäre"*.

Auf den Brief antwortete SONJA nicht - trotzdem schätzte sie ihren Meister immer hoch und trotz vielen in dem Brief für sie schmeichelhaften Worten. Kurz danach hörte sie wegen persönlicher Gründen auf, sich mit der Mathematik zu beschäftigen,. Erst im Sommer 1878, als sie ein Kind erwarte-

---

[14] Jean Gaston Darboux (1842-1917), französischer Mathematiker, Professor an der Sorbonne, der Mitglied der Pariser Wissenschaftsakademie (seit 1884) und ihr zuverlässiger Sekretär in den Jahren 1900-1917.

[15] Charles Hermite (1822-1901), französischer Mathematiker, Repetitor und Examinator an der Ecole Polytechnique (seit 1848), Professor an der Sorbonne (seit 1869), der Mitglied der Pariser Wissenschaftsakademie (seit 1856); fast alle französischen Mathematiker der zweiten Hälfte des XIX. Jahrhundert waren seine Schüler.

te[16], und die Familiensachen sie fast zugrunde richteten, begann die Mathematik ihr Gewissen zu plagen. Sie schrieb an WEIERSTRASS einen Brief mit einigen Versprechen, aber ihre Rückkehr zur Mathematik fand erst nach über zwei Jahren statt, als die Eheschwierigkeiten SONJA zu überwältigen drohten. Damals suchte SONJA in der Mathematik ein "Sprungbrett": 1880 begann sie an dem Problem der Lichtbrechung in Kristallen zu arbeiten (daran hat sie über 2 Jahre gearbeitet) und am 4. September 1883 in dem VII. Kongreß der Naturwissenschaftler und Ärzte hielt sie einen Vortrag zu diesem Thema, und im Herbst dieses Jahres bekam sie Lust zur Fahrt zu WEIERSTRASS. Sie schrieb an ihn einen Brief und als sie keine Antwort bekam, fuhr sie nach Berlin; ihre zweijährige Tochter liess sie in Moskau bei ihrer Freundin, JULIA LERMONTOFF.

Die Erwartungen WEIERSTRASS aus der Zeit vor 5 Jahren erfüllten sich also - November und Dezember 1880 verbrachte SONJA in Berlin, arbeitend intensiv unter WEIERSTRASS' Leitung an der Lichtbrechung in Kristallen. Am Anfang 1881 kehrte sie für kurze Zeit nach Russland zurück, um Anfang April nach Berlin zurückzukommen, jetzt zusammen mit Tochter Fufa. Kurz davor, Ende März 1881 bekam sie von MITTAG-LEFFLER[17] einen Vorschlag der Arbeit in Stockholm, an dessen Verwirklichung sie nicht glaubte. WEIERSTRASS bekräftigte sie in ihrem Unglauben.

Seit April 1881 war SONJA in Berlin, in der durch WEIERSTRASS für sie gemieteten Wohnung in der Potsdamer Straße 134a, und unter seiner Leitung arbeitete sie an der Lichtbrechung in Kristallen. Im Sommer hielt sie sich einige Wochen in Marienbad (Marianské Lazne) mit WEIERSTRASS und seinen Schwestern auf, und dann fuhr sie zur Schwester ANIUTA nach Paris. In der Zeit, seit dem Vorfrühling 1883, lebte das Ehepaar KOWALEWSKIJ getrennt. Zwei Jahre später, 27. April 1883, beging WLADIMIR KOWALEWSKIJ, SONJAS Ehemann, den Selbstmord wegen gescheiterter Spekulationen. Den Tod erlebte SONJA sehr, aber nach einigen Monaten kam sie wieder insofern zu sich, dass sie am 4. September 1883 in Odessa, in dem VII. Kongreß der russischen Naturwissenschaftler und Ärzte, einen Vertrag zum Thema der Lichtbrechung in Kristallen hielt. Danach fuhr sie über Moskau

---

[16] Diese Tochter (1878-1952) wurde am 17.X.1878 geboren und erhielt den Vornamen der Mutter, in der Familie wurde sie Fufa genannt.
[17] Gustav Magnus Mittag-Leffler (1846-1927), schwedischer Mathematiker, Mitglied der Schwedischer Wissenschaftsakademie, Gründer von "*Acta Mathematica*", war der Sohn von Olaf Juchan Leffler (1813-1884), dem Schullehrer, Abgeordneten zum Parlament, und Gustava Wilhelmina Mittag (1817-1903) - davon sein Doppelname.

und Petersburg nach Stockholm, um dort an der Universität die Arbeit als Privatdozent zu übernehmen; MITTAG-LEFFLER schlug ihr als Thema ihrer Antrittsvorlesung einen Vortrag über die Theorie der Differentialgleichungen vor, weil sie in diesem Bereich eigene Errungenschaften hatte - am 18. November 1883 begrüßte er sie an der Stockholmer Anlegestelle. Zu der Arbeit bereitete sie sich schon im Sommer vor, in Berlin unter der Leitung des Meisters WEIERSTRASS und der fand, dass sie genügend zur Übernahme der Aufgabe vorbereitet ist.

Die Lehrveranstaltungen mit den Studenten begann SONJA erst im Februar 1884. In ihrem Kalender unter dem Datum 11. Februar (30. Januar - nach dem Julianischen Kalender) 1884 schrieb sie auf:

"Heute hatte ich den ersten Vortrag. Ich weiß nicht, gut oder dumm, aber ich weiß, dass es traurig war nach Hause zurückzugehen und sich so einsam in der weißen Welt zu fühlen ..." [1, S. 75].

Am Anfang der Sommers kam SONJA nach Berlin und vertraute WEIERSTRASS, dass sie eine Arbeit über die Rotation der starren Körper erwog. Sie wußte noch nicht, wie sie sie anfangen sollte, und wollte mit dem Meister einige Probleme beraten. Zum Ende Juli 1884 war SONJA in Berlin, und am Anfang August kam sie in Stockholm an. Sie lernte damals intensiv schwedisch, um in der Sprache Vorträge zu halten, und schon im Wintersemester 1884/85 hielt sie die Vorträge auf schwedisch. Die Weihnachtsferien verbrachte sie in Berlin und war erbittert, weil WEIERSTRASS in der Zeit nach Weimar fuhr; sie haben sich damals nicht getroffen.

Die Sommerferien 1885 verbrachte SONJA in Petersburg und Moskau und dann fuhr sie nach Paris, wo es für sie viel angenehmer und mehr heimisch war. Die französischen Mathematiker gaben ihr zu Ehren ein Mittagessen (POINCARÉ [18]) und luden zum Frühstück (BERTRAND[19]) ein:

---

[18] Henry Jules Poincaré (1854-1912), französischer Mathematiker und Philosoph, Professor der mathematischen Physik und der Wahrscheinlichkeitstheorie (seit 1886), Mitglied der Pariser Wissenschaftsakademie (seit 1887), ihr stellvertretender Präsident (seit 1905) und dann Präsident (1906); Mitglied der französischen Wissenschaftsakademie (1908).

[19] Joseph Louis François Bertrand (1822-1900), französischer Mathematiker und Mechaniker, Professor College de France und École Polytechnique (seit 1862), Mitglied der Pariser Wissenschaftsakademie (seit 1856) und ihr zuverlässiger Sekretär der Sektion der mathematischen Wissenschaften (seit 1874), ihr stellvertretender Präsident (seit 1874) und Präsident (1874 bis zur Wahl als lebenslänglichen Sekretär).

"Ich hoffe - schrieb der letzte in der Einladung - dass sich eine Zahl der Mathematiker von Ihren Freunden bei mir sammeln wird und alle werden glücklich, dass wir unsere Sympathie für Sie, die ihr ungewöhnliches Talent auslöst, zeigen können" [1, S. 78].

Gerade damals, in Paris am Ausgang des Sommers 1885, kam zu SONJAS Bewußtsein, dass das Thema, an dem sie arbeitete, -*Berechnung der Rotation des starren Körpers um den stationären Punkt* - die französischen Mathematiker interessierte. J. BERTRAND sagte ihr, dass die Pariser Akademie vorhat, wieder - schon zum zweiten Mal - einen Wettbewerb um den Borda-Preis über dieses Thema zu verkünden. Er bemerkte dabei, dass das Thema deshalb gewählt wurde, weil sich *"Frau Professor KOWALEWSKY"* [1, S. 79] damit beschäftigt. SONJA war aber nicht überzeugt, dass sie das Problem befriedigend lösen kann. *"Wenn es mir gelingt das Problem zu lösen, wird sich mein Name unter den Namen der bedeutenden Mathematiker befinden"* - schrieb SONJA an eine ihrer Freundinnen [1, S. 79] - *"Nach meiner Berechnungen, brauche ich noch ca. fünf Jahre, um befriedigende Resultate zu erreichen"*.

Abb. 5: Karl Weierstrass (1885)

Nach Stockholm kehrte sie doch mit der Überzeugung zurück, an dem Wettbewerb um den Borda-Preis teilzunehmen, dessen Entscheidung 1888 erfolgen sollte, und machte sich energisch an die Arbeit heran.

Am Ende Oktober 1885, genau am 31., wollte sie an dem Jubiläum des 70. Geburtstag von WEIERSTRASS in Berlin teilnehmen, aber die Pläne versagten. JULIA LERMONTOFF mit Fufa kamen nicht zu ihr, wie es verabredet wurde, und SONJA fuhr nicht zum Jubiläum nach Berlin. WEIERSTRASS war aus diesem Grund sehr enttäuscht, aber böse kann er nicht gewesen sein; am 14. Dezember 1885 schrieb er aus

der Schweiz, wohin er mit seiner Schwester zur Erholung gefahren war.

✉   *14 Dez. 1885   Hotel des Alpes Mont Fleuri*
Meine teuere Freundin!
Du bist eine arge Sophistin. Also, weil Du eine Schülerin besonderer Art von mir bist, wolltest Du am 31-sten Oktober nicht unter den »großen Haufen« der mich Beglückwünschenden Dich mischen, sondern hast es vorgezogen, fast eine Woche später zu erscheinen. Allerdings eine »egregia[20]*« Dich zu nennen, bist Du wohl berechtigt - aber hättest Du Dich nicht dadurch auszeichnen können, daß Du früher als alle übrigen den alten Freund begrüßtest? Übrigens glaube nicht, daß ich, wie Du vielleicht aus dem Datum dieses Briefes vermuten möchtest, Vergeltung übe und Deinen Brief, das zuletzt angekommene Gratulationsschreiben, auch zuletzt beantworte. Im Gegenteil, vernimm es zu Deiner gerechten Beschämung, es liegen etwa 25 Briefe mir vor, auf die ich nicht summarisch antworten kann; einer ist von einem hochgestellten Herrn, der zugleich einer meiner ältesten Freunde ist - nachdem ich gestern diesen beantwortete, kommst Du sofort an die Reihe. Ist das nicht edel gehandelt?*

Einen weiteren Teil dieses Briefes bildet die Beschreibung der Jubiläumsfeier, und am Ende vertraute er seine Pläne für die nächsten Monate.

Nach der Beendigung der Lehrveranstaltungen im Sommersemester fuhr SONJA sofort nach Paris; sie war da schon am 8. Juni 1886. Während eines Treffens mit HENRY POINCARÉ, wenn das Gespräch zum Thema der Berechnungen der Bewegung des starren Körpers um den stationären Punkt kam, gab er ihr den Gedanken des Ge-

Abb.6: Sofie Kowalewskaja mit der Tochter Sofie (Fufa) 1885

---

[20] ausgewählte (lat.)

brauchs der Funktionen Komplexer Variablen zur Lösung des Problems ein. SONJA griff den Gedanken auf und die neue Idee ergriff sie völlig - dermaßen, dass sie den begonnenen Ausflug mit ihrer herzlichen Freundin ANNA CHARLOTTA EDGREN-LEFFLER, Schwester von GUSTAV MITTAG-LEFFLER, und auch mit dem Schüler von KARL WEIERSTRASS durch Schweden und Norwegen unterbrach; an diese Idee dachte sie während der Mahlzeiten, und Erholung - sie war nicht imstande an etwas anderes zu denken. Sie kehrte nach Stockholm zurück und begann intensiv an seiner Verwirklichung zu arbeiten.

Es ist schwierig zu sagen, wann sie die Idee und die Probleme mit ihrer Realisierung dem Meister vertraute, aber bestimmt machte sie das. Es sind [2] zwei umfangreiche Briefe von WEIERSTRASS an KOWALEWSKAJA bekannt, vom 22. Mai und 22. Juni 1888, die voll von mathematischen Ausführungen waren, die das Problem betrafen. Hier ist ein Fragment des ersten von ihnen:

✉ *Berlin, W. Friedrich-Wilhelm Str. 14   den 22 Mai 1888*

*Meine liebe Freundin, ich habe Deinen Brief vom 4-ten d.M. nicht beantwortet, weil ich es nicht **konnte**. Ich bin noch immer nicht genesen und habe erst vor wenigen Tagen den Versuch machen dürfen, mich etwas mit mathematischen Dingen zu beschäftigen. Es war also gar kein Gedanke davon, daß ich Dir in Deiner Not irgendwie beistehen könne. Dein Brief vom 17-ten d.M. beweist mir nun zu meiner großen Freude, daß Du auch ohne meine Hilfe ein gutes Stück vorwärts gekommen bist. Heute möchte ich nun über das mir Mitgeteilte Dir einige Bemerkungen machen, die möglicherweise Dir förderlich sein werden.*

Die beiden Gleichungen ...

und weiter den Inhalt *stricte* mathematisch auf über sechs Seiten (des Drucks in [2], S.134-140). Gerade damals arbeitete SONJA intensiv an der Arbeit, die sie zum Wettbewerb um den Borda-Preis vorbereitete. Nach einem Monat, in dem nächsten Brief [2, 140-144] schrieb er ihr:

✉ *Berlin, W. Friedrich-Wilhelm Str. 14   den 22 Mai 1888*

Meine liebe Freundin, ich habe Deine beide letzten (undatierten) Briefe, deren Inhalt mir viel Freude gemacht hat, nicht sofort beantworten können, teils weil ich mich noch immer schlecht befinde, teils aber auch, weil ich Dir bis jetzt noch nichts Bestimmtes über meine Sommerpläne mitteilen konnte. Zu dem letzteren bin ich jetzt imstande. Ich

werde mit den Meinigen am 2 Juli mich nach Wernigerode im Harz, Müllers Hotel (...)

Ich habe Dir schon neulich geschrieben, daß ich dringend wünsche, in diesem Sommer Dich zu sehen und einige Zeit bei mir zu haben. (...) Dagegen würde es mir äußerst erwünscht sein, wenn Du Dich so einrichten könntest, von Anfang August an auf der Rückreise einige Wochen mit uns in dem genannten, durch eine sehr gesunde Luft sich auszeichnenden Ort zu verbleiben. (...)

*In Deiner Arbeit hast Du allerdings seit Deinem etwas verzweiflungsvoll lautenden Briefe vom 7-ten Mai einen erheblichen Schritt vorwärts gemacht. Es bleibt aber noch vieles auszuführen. Indes hast Du wohl getan, die Arbeit so, wie sie jetzt ist, einzureichen, und Hermite hat Dir wohl geraten. Geh' also frischen Mutes an die weiteren Entwicklungen. Eine nicht gerade angenehme Untersuchung muß durchgeführt werden, wenn Du zu **fertigen** Resultaten gelangen willst, nämlich die Untersuchung der Wurzeln der Gl[eichung] $R_1(s) = 0$. Drei von ihnen ...*

und weiter 3½ Seiten (des Drucks in [2]) *stricte* analytische Ausführungen, und am Ende:

✉ *Hermite schließe ich für diesmal, ich hätte noch manches Dir mitteilen können, zum Teil recht unangenehme Dinge, aber ich will mir damit nicht den heute ausnahmsweise recht guten Tag verderben. Also ein herzliches Lebewohl von Deinem treuen Freunde*

Weierstraß

In welchem Ausmaß, und ob überhaupt SONJA die Bemerkungen des Meisters benutzte, die im Brief vom 22.VI.1888 enthalten waren, ist schwierig festzustellen - über die Fragmente des Briefes berichtete sie im nicht datierten Brief an G. MITTAG-LÖFFLER, und da war sie bestimmt am Ende Juni. Die Arbeit für den Wettbewerb schickte sie an HERMITE aus Stockholm am Tag ihrer Abreise nach London und verbesserte sie nicht. Die Post funktionierte damals besser als heute, vor allem die internationale, aber es scheint

zweifelhaft zu sein, dass SONJA den letztens genannten Brief von WEIERSTRASS effektiv benutzte. Um so mehr, dass sie in einem früheren Brief an MITTAG-LEFFLER zurückdachte, dass die durch sie mittels der *ultraelliptischen* θ-Funktion gefundene Lösung des Problems der Berechnung der Rotation des starren Körpers um einen stationären Punkt herum, WEIERSTRASS in gewisse Verlegenheit brachte.

Am 18. Dezember 1888 gab die Pariser Akademie SONJA den Borda-Preis in der Höhe von 5000 Franken anstatt der angekündigten 3000. Erhöhung des Betrags erfolgte infolge der außergewöhnlichen Genauigkeit und Klarheit der Problemlösung. Aber es passierte erst ein halbes Jahr später.

Zurückkommend aus London durch Paris Mitte Juli 1888, besuchte SONJA WEIERSTRASS, nach seinem im Brief vom 22.VI.1888 geäußerten eindeutigen Wunsch, in Wernigerode im Harz. Den Wunsch von WEIERSTRASS konnte SONJA nicht bagatellisieren. Noch aus London schrieb sie an MITTAG-LEFFLER:

Abb.8: Benachrichtigung über den Borda-Preis gegeben an S. Kowalewskaja

(...) Er erzählt [Weierstrass], dass er fühlt - die Kräfte ihn im Stich lassen, dass er mir noch viel zu sagen hat, und hat Angst, dass er keine Möglichkeit haben wird, das in ferner Zeit zu erzählen. Selbstverständlich soll ich einige Zeit mit ihm diesen Sommer verbringen, aber ich weiß noch nicht wann und wie ich das tue. (...)

WEIERSTRASS hielt sich im Harzgebirge im Milieu der Gruppe seiner Schüler und anderer junger Mathematiker auf. SONJA plante dort zwei Wochen zu verbringen, und reiste nach Stockholm erst am Anfang September ab.

Am Ausgang der letzten Dekade des XIX. Jahrhunderts fühlte sich SONJA immer besser in der Mathematik und auf ihrer Stelle in Stockholm und immer mehr brauchte sie die wissenschaftliche Unterstützung des Meisters.

Sie träumte von einer Stelle in Paris, die französischen Freunde versprachen ihr die Unterstützung in ihren Bestrebungen, aber es blieb bei Versprechen und Gesprächen. Im Mai 1889 beschloß sie in Paris zu promovieren, um ihre Chance zu vergrößern, dort eine Arbeit zu bekommen, weil es sich erwies, daß der Borda-Preis diese Chance nicht vergrößert hatte. Durch MITTAG-LEFFLER erfuhr dies WEIERSTRASS und beschloss seine Schülerin davon abzubringen. Im Brief vom 12. Juni 1889 [2, S. 147-149] schrieb er:

⊠ *... Du gegenwärtig mit einem anderen Plane umgehest, nämlich in Paris noch einmal zu doktorieren, um Dir auf diese Weise den Zugang zu einer franz[ösischen] Fakultät zu errichten. Da muß ich Dich doch auf einen Umstand aufmerksam machen, an den Du wohl nicht gedacht hast. Zwar glaube ich zunächst nicht daran, daß es der Sache ernst werden könne. Ich bin der Meinung, daß der Rat, den man Dir gegeben, nur als Abschreckungsmittel hat wirken sollen. Auch bin ich überzeugt, daß man, wenn Du Deine Arbeit einreichtest und Dich zu allen Leistungen bereit erklärtest, irgend einen vergessenen Paragraphen auffinden würde, wonach Frauen nicht zur Promotion zugelassen werden können. Frage einmal Hermite auf's Gewissen, wie er darüber denkt. Mich macht aber ein anderer Umstand bedenklich: Wer von irgend einer Fakultät den Doktorgrad erlangt hat, kann dieselbe nicht ärger beleidigen, als wenn er denselben Grad von einer anderen Fakultät derselben Kategorie annimmt - dies nicht tun zu wollen - müssen sogar bei den öffentlichen Promotionen feierlich beschwören.*

Promoviertest Du nun in Paris, so müßte dem Herkommen nach die Göttinger Fakultät Dir das verliehene Diplom entziehen. Das würde man vielleicht vermeiden, aber für alle, die sich für Deine Promotion in G[öttingen] interessiert haben, würde die Sache sehr peinlich sein. In Deutschland und wohl auch in Schweden würde jedenfalls ein heilloser Skandal entstehen, und auch Dir wohlgesinnte Personen möchten irre in Dir werden. Und wage das alles? Daß Du in Paris, wo jeder einflußreiche Gelehrte einen Schwarm von Klienten um sich hat, die er berücksichtigen muß, zu einer Deiner würdigen Stellung bei einer Fakultät gelangen würdest, daran glaube ich nicht - vielleicht eine Stelle in Besançon oder einer ähnlichen Provinzialstadt, wohin die Pariser nicht wollen, würde man Dir anbieten. Indessen, wie Du auch über die Sache denken mögst, eins wirst Du doch als entscheidend erkennen; bevor Deine Anstellungsangelegenheit in Stockholm ent-

schieden ist, darfst Du keinen Schritt tun, der darauf hindeutet, Du gedächtest nicht in St[ockholm] zu bleiben. Ich hätte darüber noch vieles zu sagen - das bleibt für später.

Es ist unbekannt, wie wirksam der Rat war, aber es war ein kluger väterlicher Rat. Es ist eine unwiderlegbare Tatsache, dass SONJA sich nicht um den Doktortitel irgendeiner Pariser Hochschule bewarb, aber was der Grund war - ist schwer zu sagen. In den Jahren, und eigentlich Monaten, Wende der achtziger und neunziger Jahre des XIX. Jahrhunderts, beherrschte sie fast völlig die Person von MAKSYM KOWALEWSKIJ[21] - nicht nur wegen ähnlich lautender Namen; fast jede von Lehrveranstaltungen freie Zeit verbrachte sie in seiner Gesellschaft, durchmessend ganz Europa - von Stockholm bis Nizza oder London. Gerade während der Reise vom Süden Frankreichs nach Skandinavien erkältete sie sich, bagatellisierte die Krankheit, und infolge dessen starb sie nach einigen Tagen am 10. Februar 1891 in Stockholm; sie wurde auch dort begraben.

Abb.9: Grab von S. Kowalewskaja in Stockholm (das Foto aus dem Jahre 1950)

---

[21] Maksym Maksymowicz Kowalewskij (1851-1916), russischer Soziologe, gesellschaftlicher Aktivist und Rechtshistoriker, Professor der Moskauer Universität in den Jahren 1877-1887, wovon er zum Weggehen 1888 gezwungen wurde. Seit 1889 wohnte er in Frankreich.

SONJAS Tod traf den kranken WEIERSTRASS schwer; seine bei ihm wohnenden Schwestern fürchteten für seine Gesundheit und auch für sein Leben. Unter der Kränzen, die das Grab von KOWALEWSKAJA bedeckten, befand sich ein Kranz aus weißen Lilien mit der Inschrift *"für Sonja von Weierstrass"* auf der Trauerschärpe ([2], S. 302; [1], S. 104).

Literatur

[1]   Халамайзер А.Я., *Софиа Ковалевская*. Autorenausgabe, Moskau 1989.

[2]   (Кочина-Полубаринова П.Я. - Redaktion). *Письма Карла Вейерштрасса к Софье Ковалевской, 1871-1891* (на русском и немецком языках). «Наука», Москва 1973.

Dr. Stanisław Fudali, Ul. Seledynowa 3 m.6, 70-781 Szczecin; Polen
e-mail: fudalist@inet.pecet.com.pl

How the concept of a general topological space has originated: from Riemann to Bourbaki

Roman Duda

There are two fundamental notions of general topology, that of a topological space and that of a continuous mapping. Modern definition of a **topological space** consists of a set X together with a family A of its subsets, called "open sets in X", which is finitely multiplicative, fully additive, and contains both empty set 0 and the whole "space" X:

(i) if $A_1, A_2, \ldots, A_k \in A$, then $A_1 \cap A_2 \cap \ldots \cap A_k \in A$,

(ii) if $A_t \in A$ for each $t \in T$, then $\bigcup_{t \in T} A_t \in A$,

(iii) $0 \in A$, $X \in A$.

And the notion of a **continuous mapping** is a complement to that. It joins different topological spaces in a way accounting for open sets: a map $f: X \to Y$ is called *continuous* iff the inverse of each open set is open, or, more precisely, iff $f^{-1}(B)$ is open in X for each B open in Y. The former concept is primary and the latter secondary: to define a continuous mapping one needs topological spaces. Thus the progress in analyzing and generalizing **continuity**, an all-important notion in **analysis**, demanded and stimulated progress in topology. And the other way round, progress in topology not only made possible a simplification and clarification of fundamental concepts of classic analysis, but it also opened new vistas by an introduction of entirely new objects which combine topological and algebraic or analytic elements like, e.g., those of a topological group, Banach space, smooth manifold etc. For that prolific feedback general topology is called sometimes a general study of continuity.

The two fundamental topological notions are quite abstract and so no wonder that the way to that level of abstractness was rather long. The aim of this note is to show some of the motives which led to that development.

Before CARL GAUSS (1777-1855) and long after him the only considered mappings were continuous real (rarely, complex) functions, that is, from reals into reals, each defined by an explicit formula. The first to consider a more general continuous mapping between more general spaces seems to

be GAUSS himself. Working with surfaces, he defined the following mapping, later called a *GAUSS map*, from a (smooth) surface M in the Euclidean space R^3 into the 2-dimensional sphere S^2: given a smooth surface $M \subset R^3$ and a point $p \in M$, consider unit vector v, orthogonal at p to M, and take a parallel translation of v into the unit sphere S^2 in R^3; then the end-point of v after that translation is the image of p under the mapping. As is known, the mapping was essential in defining curvature of M at p.

The first to follow GAUSS in that general direction was BERNHARD RIEMANN (1826-1866). Already his first paper, a Ph.D. thesis from 1851, contained some bold topological ideas. RIEMANN considered there *general* complex functions, that is, complex functions characterized by their continuity only, and not necessarily defined by any explicit formula. To assure their one-valuedness, he also defined for each such a function a certain **surface**, now called a RIEMANN surface.

RIEMANN's paper on abelian functions from 1857 was a continuation of the former but proofs were still incomplete or lacking. Nevertheless, the two papers were a strong push towards the problem of a general definition and a classification of surfaces and towards further consideration of general continuous mappings. In his famous inaugural lecture from 1868, RIEMANN defined a whole class of still more general spaces, namely **manifolds** (surfaces are 2-dimensional manifolds) and noticed that some sets of functions or positions of a body in the space can naturally form such a manifold. Thus manifolds proved to be legitimate mathematical objects and from that time on a lot of research has been concentrated upon them. The first was RIEMANN himself who defined a curvature, later called RIEMANN curvature, and some topological invariants, later called "BETTI numbers". Unfortunately, RIEMANN died too early to execute his plans for a deeper treatment of the topology itself, the importance of which he realized. (In his paper on abelian functions from 1857, RIEMANN wrote:

> "While investigating functions, it is almost impossible to proceed without some propositions from *analysis situs*. Under that name, used already by LEIBNIZ [...], one should understand a part of the theory of continuous objects [...] investigated without any measurement but only with respect to their mutual position and inclusion. I keep the right to investigate those objects later on and in a way totally independent from any measurement".)

RIEMANN had successors, most important of which were CARL NEUMANN (1832-1925) and HEINRICH DURÈGE (1821-1893) in Germany, JULES

HOÜEL (1823-1886) in France, WILLIAM CLIFFORD (1845-1879) in Great Britain, ENRICO BETTI (1823-1892) in Italy, and others. Thanks to them, RIEMANN's ideas persisted and gained ground for a further development.

Then came the progress in the theory of real numbers with some definitions of theirs by the way of convergent sequences of MERAY (1869) and CANTOR (1871), and of DEDEKIND cuts (1872). Now it became possible to identify the real line and a geometric straight line, which opened the way to a description *more geometrico* of subsets of the real line. A demand for such a description came from the following two specific analytical problems: 1) **integrability** of a given function (typical problem: if a function is continuous in all points, except for a certain set E, then it is RIEMANN integrable), 2) **uniqueness** of a trigonometric series (typical problem: if a trigonometric series is convergent to 0 in all points, except for a certain set E, then all its coefficients are 0). The problems consisted in describing those types of E for which the problem could be proved as a theorem, e.g. E finite. Integrability has been examined by HERMANN HANKEL (1839-1873) and others, but the progress was small. Much more successful was GEORG CANTOR (1845-1918) with his research on the uniqueness (see his famous series of papers from 1879-1884). Getting more and more geometrically complicated exceptional types of sets, he defined several topological concepts based upon an idea of *a limit point* and of *a neighbourhood* of a point, starting with the *derivative* of a given set (the set of all limit points of that set), *dense* set in an interval (the derivative of which contains the interval), *isolated* set (the derivative is empty), *perfect* set (the derivative equals the set), *closed* set (contained in its derivative) etc. All these concepts, however, were originally restricted to the real line and later extended to an n-dimensional Euclidean space R^n. There was a feeling, however, of an opening a new world, the world of topological ideas. Speaking the truth, there was also a resistance against it, most strongly emphasized by LEOPOLD KRONECKER (1823-1891), but the new ideas were never totally refuted. And, as the time went on, they soon proved to be a quite efficient tool for the analysis itself.

The new ideas were well received by the French theory of functions. Major role was played by CAMILLE JORDAN (1838-1922) who raised some new problems and contributed new results, including his theorem on a simple closed curve in the plane: any simple closed curve in the plane cuts it into two regions and is the boundary of each. The theorem is important for the

analysis (e.g., in the theory of complex integral, where JORDAN first noticed its necessity) but it could be noticed, formulated and proved only on the ground of topology (however, the original proof by JORDAN was not complete, the first to prove it fully was L.E.J. BROUWER (1881-1966) in 1910). The influence of JORDAN has been strongly augmented by his influential *Cours d'Analyse* (first edition 1882-1887, revised edition 1893-1896). In consequence, it was becoming clear that topology offers powerful insights and is useful both in analysis and geometry. Its scope, however, was still rather narrow (restricted to Euclidean spaces) and more general concepts, like those of a general topological space and of a general continuous mapping, were still lacking. Really *general* topology was still missing.

In the 1880s there begun, however, to appear collections of curves (ASCOLI, 1883), functionals (VOLTERRA, 1887), and functions (ARZELÀ, 1889) which were treated, under CANTOR's influence but each separately, from the viewpoint of limits and proximity. This extended the possible scope of general (topological) treatment and stressed the need for topological concepts more general than those based upon geometrical intuition and restricted to Euclidean spaces. There appeared also some general theorems, like those of JORDAN (see above), BOLZANO-WEIERSTRASS (an infinite bounded set of a Euclidean space has a limit point) or BOREL-LEBESGUE (any cover of a closed segment by open intervals has a finite subcover), which proved important for classic analysis. HADAMARD criticized those theorems for the lack of generality and proposed, during the First International Congress of Mathematicians in Zurich, held in 1897, to investigate the set of real continuous functions on the interval [0,1]. HURWITZ extended that proposition to the whole program of a development of point-set (general) topology.

Thus there were needs and there were calls to satisfy them but the first efforts to create a really general attitude appeared only in the first decade of the XX century. They belong to FRIGYES RIESZ (1880-1956) and MAURICE FRÉCHET (1878-1973). RIESZ sketched his approach, based upon the concept of a condensation point, in 1908, but did not develop it further. FRÉCHET was more successful and his definition of a **metric space** [Fréchet, 1906], became a new starting point. A set X with a real-valued function ρ on pairs of X is called a *metric* space, if

(i) $\rho(x,y) \geq 0$ and $\rho(x,y) = 0$ iff $x = y$;
(ii) $\rho(x,y) = \rho(y,x)$;
(iii) $\rho(x,y) + \rho(y,z) \geq \rho(x,z)$ (the triangle inequality)

for every $x, y, z \in X$. Having a metric space (X,ρ) one defines an *open ball* $B(x,\eta)$, around $x \in X$ and of radius $\eta > 0$, by the formula

$$B(x, \eta) = \{\, y \in X : \rho(x, y) < \eta \,\};$$

now a set A in X is called open in X, if it contains an open ball around each point of it. With open sets one easily defines a limit point (as CANTOR did with neighbourhoods) and then can proceed following CANTOR. Since any Euclidean space with the Pythagorean metric is a metric space, the FRÉCHET's attitude is more general than that of CANTOR. However, the development of metric topology followed CANTOR lines. For several next decades the notion of a metric was the most useful tool in point set (general) topology.

However most useful, metric was not sufficiently general and so the search was continued.

Satisfying demand of the *Deutsche Mathematiker-Vereinigung*, Arthur SCHOENFLIES (1853-1928) has written (1908) a synthesis of the so far development of point-set topology. The book contained a lot of valuable historical material and helped to popularize topological ideas but the time for a real synthesis was not yet ripe. There were important collections of analytic objects for which no reasonable metric could be found. It meant that there had to be a topological concept more fundamental than that of a metric.

In the first decade of XX century there already were topological concepts which could be taken as primitive notions for a definition of a more general space, like a limit point, a neighbourhood of a point, an open set, a closed set, etc. All these notions, however, were defined and thus depended upon either Euclidean or, at the best, metric context. And nobody saw the virtue of turning the matter upside down. It came to that, but only gradually.

In 1913 HERMANN WEYL (1885-1955) advanced, in connection to his study of RIEMANN surfaces, a notion of a neighbourhood to the level of primary importance by defining surfaces in terms of neighbourhoods of its points.

And a year later FELIX HAUSDORFF (1868-1942) has defined a general (topological) space as a set X in which each point p has a family of neighbourhoods, satisfying certain conditions :

(i) each point p has at least one neighbourhood, each neighbourhood of p contains p;

(ii) if U and V are neighbourhoods of a point p, then there exists a neighbourhood W of p which is contained in both U and V;

(iii) if U is a neighbourhood of p and $q \in U$, then there exists a neighbourhood V of q which is contained in U;

for two distinct points p and q there exist neighbourhoods U of p and V of q which are disjoint.

Having such a set one can easily define an open set in it (a set $A\ X$ is open iff for each point $p \in X\ A$ there is a neighbourhood U which is disjoint with A), a closed set, etc. Thus HAUSDORFF's definition was really more general than any of its predecessors. In the further development, axioms (i), (ii), (iii) have been taken as basic, while axiom (iv) and (v) was considered additional: it was the first from the family of *separation axioms* (spaces satisfying (iv) are now called HAUSDORFF).

Another instance of the tendency towards greater generality was provided by KAZIMIERZ KURATOWSKI (1896-1981) in 1922. He has considered sets X with an operation upon its subsets which attributes to each subset A its *closure* cl A. Such a set is called a (topological) *space* if the closure satisfies the following axioms:

(i) cl $(A \cup B) = $ cl $A \cup $ cl B;
(ii) if A is empty or consists of one point only, then cl $A = A$;
(iii) cl (cl A) = cl A.

Defining open sets as complementary to closed ones, one easily sees that the family of open sets in such a general space X is finitely multiplicative and arbitrarily additive.

Although HAUSDORFF's book appeared in 1914 and thus had a little influence at the time (second, revised edition of 1927 was more successful), his attitude has become eventually accepted and for the next two decades his books were a standard reference. It is interesting to note, however, that in the second edition he retreated to the less general notion of a metric space, but also noted, as KURATOWSKI did, that the family of open sets (in a metric space) is finitely multiplicative and arbitrarily additive (s. [Hausd., p. 111]).

The final touch in the development was to take the latter theorem as the definition of a general topological space. The definition hanged overhead and was used implicitly by some, but the decisive step was taken only by BOURBAKI whose influential monograph from 1940 has made it since commonly accepted.

References

ALEXANDROFF, P.S. and HOPF, H.: Topologie. Springer Verlag Berlin 1935.

BOURBAKI, N.: Topologie générale. Hermann Paris 1940.

CANTOR, G.: Über unendliche, lineare Punktmannigfaltigkeiten. Six parts. Math. Ann. **15** (1879), 1-7; **17** (1880), 355-358; **20** (1882), 113-121; **21** (1883), 51-58; **21** (1883), 545-591; **23** (1884), 453-488. Reprinted in: CANTOR, G.: Gesammelte Abhandlungen mathematischen und philosophischen Inhalts. Springer Berlin 1932, 45-155.

FRECHET, M.: Sur quelques points du Calcul Fonctionnel. Rendiconti del Circ. Mat. di Palermo **22** (1906), 1-74.

GAUSS, C.F.: Disquisitiones generales circa superficies curvas. 1828.

HAUSDORFF, F.: Grundzüge der Mengenlehre. Leipzig Veit & Comp. 1914. Revised edition: Mengenlehre. W. de Gruyter Berlin-Leipzig 1927.

JORDAN. C.: Cours d'Analyse. Three volumes. Paris 1882-1887 (I edition), 1893-1896 (II edition).

KURATOWSKI, K.: Sur l'operation Ā de l'Analysis Situs. Fund. Math. **3** (1922), 182-199.

RIEMANN, B.: Grundlagen für eine allgemeine Theorie der Functionen einer veränderlichen complexen Grösse. Inauguraldissertation. Göttingen 1851. Reprinted in: BERNHARD RIEMANN's Gesammelte Mathematische Werke und Wissenschaftlicher Nachlass. Teubner Leipzig 1876, 3-43.

- : Theorie der Abel'schen Functionen. Jornal reine u. angew. Mathematik **54** (1857). Reprinted in Werke, op. cit., 81-135.

- : Über die Hypothesen welche der Geometrie zu Grunde liegen. 1868. Reprinted in: Werke, op. cit., 254-269.

SCHOENFLIES, A.: Die Entwickelung der Lehre von den Punktmannigfaltigkeiten. Jahresbericht Deutscher Math. Verein. Ergänzungsband 1908. Reprint: Teubner Leipzig-Berlin 1923.

WEYL, H.: Die Idee der Riemannschen Fläche. B.G. Teubner Leipzig - Berlin 1913.

Prof. Dr. Roman Duda, Uniwersytet Wrocławski, Instytut Matematyczny, pl. Grunwaldzki 2/4, PL-50-384 Wrocław, Polen

Zur Geschichte der Versicherungsmathematik an der TU Dresden bis 1945

Waltraud Voss

Die hohe Zeit des Versicherungswesens in Deutschland begann mit dem 19. Jahrhundert. Sie steht in engem Zusammenhang mit der industriellen Revolution, die viele neue Zweige der Sachversicherung mit sich brachte. In den Vordergrund traten Aktiengesellschaften, die das Versicherungsgeschäft nicht "auf Gegenseitigkeit", sondern gewinnorientiert betrieben. Mit der Einführung der gesetzlichen sozialen Sicherungssysteme im Deutschen Reich seit Mitte der 80-er Jahre begann eine neue Etappe im deutschen Versicherungswesen, und mit ihr die Profilierung der Versicherungsmathematik als gesonderter mathematischer Disziplin. Zu den unverzichtbaren Bestandteilen der Versicherungsmathematik gehören Teile der Statistik und der diese fundierenden Wahrscheinlichkeitstheorie. Dresden war unter den "Vorreitern" bei der Institutionalisierung der Versicherungsmathematik im deutschen Hochschulwesen. Als wichtigste Ereignisse ragen hervor:

- 1875: Die Gründung des Dresdner Statistischen Seminars
- 1896: Die Gründung des Dresdner "Versicherungsseminars"; es war das zweite nach dem Göttinger und das erste, das an die Mathematik angebunden war
- 1919: Die Errichtung des Lehrstuhls für Versicherungsmathematik mit zugehörigem Seminar an der TH Dresden - in Deutschland der erste und bis 1945 der einzige Lehrstuhl, der ganz der Versicherungsmathematik gewidmet war.

1. Erste Bausteine - bis 1875

Die Technische Bildungsanstalt in Dresden wurde 1828 in einer sehr schwierigen Zeit gegründet. Nachdem Sachsen bei der Neuordnung des nachnapoleonischen Europas annähernd 60 % seines Territoriums und die

Hälfte der Bevölkerung verloren hatte, mußten die staatlichen und wirtschaftlichen Strukturen völlig reorganisiert werden, - unter dem zusätzlichen Druck der raumgreifenden industriellen Revolution. Die junge Technische Bildungsanstalt zu Dresden hatte in diesem Prozeß zunächst mehrere Aufgaben zu erfüllen: Ersatz der noch fehlenden Realschulen, zeitgemäße Qualifizierung von Fachkräften für die sächsischen Gewerbe, aber auch wissenschaftliche Ausbildung für einige, die befähigt werden sollten, den notwendigen technischen Erneuerungsprozeß mitzugestalten. In der Grundausbildung wurden von den Absolventen auch diejenigen zeitgemäßen Kenntnisse erworben, ohne die sie im Wirtschaftsleben nicht hätten bestehen können. In den ersten Jahren beschränkten sich diese Kenntnisse auf Buchführung und auf "kaufmännisches Rechnen": Rabattrechnung, Gesellschaftsrechnung, Alligationsrechnung, - und auch *Zinseszins- und Rentenrechnung*. 1838 wurde Geodäsie in die Fachausbildung aufgenommen - und damit *Ausgleichs- und Näherungsrechnung*.

Nicht zu vergessen der "Baustein *Wahrscheinlichkeitslehre*" als Beitrag der seit 1862 bestehenden "Lehrerabteilung"! Ihr erster Vorstand, der Mathematiker OSKAR SCHLÖMILCH (1823-1901), bot seit Ende der 60er Jahre eine Vorlesung über Wahrscheinlichkeitslehre an.

1851 hatte die Technische Bildungsanstalt Dresden den Rang einer Polytechnischen Schule erhalten. Das war sie bis 1871. Während dieses ganzen Zeitraums stand ihr JULIUS AMBROSIUS HÜLSSE (1812-1876) als Direktor vor. HÜLSSES Dresdner Professur hatte eine ungewöhnliche Doppelwidmung: Er lehrte "mechanische Technologie" in der Ingenieurausbildung und "Volkswirtschaftslehre" als allgemeinwissenschaftliches Fach, darin eingeschlossen in gewissem Umfang *mathematische Statistik*. HÜLSSE hat mehrere statistische Schriften verfaßt und auch über das Unterstützungskassenwesen geschrieben. Als er 1873 in den Ministerialdienst überwechselte, wurde ihm im Nebenamt die Leitung des Statistischen Büros beim Ministerium des Innern übertragen.[1]

Es überrascht nicht, daß bereits frühe Dresdner Absolventen für Statistik und Versicherungsmathematik recht gut gewappnet waren. Unter ihnen ragt FRIEDRICH ROBERT HELMERT (1843-1917) hervor, wohl der bedeutendste Geodät seiner Zeit; er hat sich auch unter Statistikern einen Namen gemacht.

---

[1] [TU-Arch: Professorenblatt Julius Ambrosius Hülsse und Beilage dazu]

2. Einige Bemerkungen zur Entwicklung des Versicherungswesens in Sachsen und Dresden

Wir kennen heute die öffentlich-rechtliche Versicherung und die Privatversicherung, wobei die Privatversicherung durch Aktiengesellschaften oder in Gegenseitigkeitseinrichtungen erfolgen kann. Die ersten Aktiengesellschaften wurden um 1720 in Holland und Frankreich, den damals wirtschaftlich führenden Ländern, gegründet. Öffentlich-rechtliche Versicherungsanstalten wurden zuerst im Zeitalter des Merkantilismus errichtet; dabei spielten staatliche Zwecke, wie die Bekämpfung des Brandbettels, die Brandvorbeugung und die Erhaltung der Steuerkraft eine Rolle.

Der Gedanke, daß sich nicht kalkulierbarem Risiko durch Verabredung und Organisation gegenseitiger Hilfe besser begegnen läßt, war in der menschlichen Gemeinschaft stets vorhanden, die Einrichtung von "Kassen" ist neueren Datums. Die ersten Gemeinschaftskassen in Sachsen waren Begräbniskassen. 1515 bereits führte in Dresden die "Bruderschaft zu Hofe" ihre Hofgrabekasse. Am 1.11.1606 wurde von den Schulmeistern, Kantoren und Kirchnern der Stadt Chemnitz und der umliegenden, zur Superintendentur gehörenden Dörfer eine Witwen- und Waisenkasse eingerichtet.[2]

Vorbeugender Brandschutz und Hilfe für Abgebrannte wurde in Sachsen nicht nur in den Gemeinden festgelegt, sondern auch durch Allerhöchste Erlasse geregelt. Nach dem großen Brand in Dresden vom 15. Juni 1491 erließ Herzog ALBRECHT eine Verordnung, die die staatliche Unterstützung für die Abgebrannten regelte. Am 14. Juni 1492 wurde eine Feuerordnung für Dresden erlassen, die später auf ganz Sachsen ausgedehnt wurde. Die vorhandene Fürsorge im Brandschadensfall machte lange Zeit hindurch Brandkassen überflüssig. Gehäufte Brandschäden und die Verarmung der Bevölkerung im dreißigjährigen Krieg hatten auch einen wesentlichen Rückgang der freiwilligen Spenden an Abgebrannte zur Folge. Oft waren die Brandgeschädigten nun auf von den Behörden ausgestellte "Bettelbriefe" angewiesen. Daraus ergaben sich Zustände, die auf Dauer nicht haltbar waren. Eine grundlegende Verbesserung konnten Brandkassen bieten. Ein Beispiel gab die reiche Hansestadt Hamburg mit ihrer 1676 gegründeten Generalfeuerkasse, einer öffentlich-rechtlichen Einrichtung. In Dresden

---

[2] Eine grobe Übersicht über frühe Kassen läßt sich bereits bei Sichtung der Karteikarten unter „Hist. Sax." der Sächsischen Landesbibliothek gewinnen.

wurden Anfang des 18. Jahrhunderts zunächst einmal zwei Kassen auf Gegenseitigkeit gegründet, 1700 die exklusive sogenannte "große Feuerkasse", der auch König FRIEDRICH AUGUST I. (1670 - 1733; "AUGUST DER STARKE") mit sechs seiner Häuser angehörte, und 1707 die "kleine Feuerkasse", die nach vier Jahren bereits 600 Mitglieder aus allen Ständen hatte. Die öffentlich-rechtliche Sächsische Landes-Brandversicherungsanstalt geht auf das Jahr 1729 zurück und fällt noch in die Regierungszeit FRIEDRICH AUGUST I. Dieser erließ am 5. April 1729 das Mandat "wider das Bettelwesen und wegen Errichtung einer allgemeinen Brandkasse".[3] Später entstanden in den meisten deutschen Ländern öffentlich-rechtliche Brandversicherungsanstalten, so etwa 1754 im Königreich Hannover; die Allgemeine Bayerische Landesanstalt begann 1811 ihre Tätigkeit. Durch die 1784 erfolgte Einführung des Versicherungszwanges für Gebäude wurde ein wesentlicher Nachteil des Mandats von 1729 beseitigt.[4] Nicht nur in Sachsen stand lange Zeit die Versicherung der Immobilien im Vordergrund. Mobiliar-Versicherungs-Gesellschaften traten in Deutschland stärker erst im 19. Jahrhundert in Erscheinung, und zwar waren es zunächst englische Gesellschaften, neben denen sich dann nach und nach deutsche Unternehmungen etablierten: als erste 1813 die Berliner Anstalt, der als zweite 1819 eine sächsische, die Leipziger Feuerversicherungs-Anstalt, folgte. Die nächsten waren 1821 die Gothaer Bank, 1823 die Elberfelder vaterländische Gesellschaft und 1825 die Aachen und Münchener Gesellschaft. Um Mißbräuchen und Versicherungsbetrügereien vorzubeugen, erließen die Staatsregierungen regulierende Verordnungen. Die wohl erste Verordnung über die Mobiliar-Versicherungen ist die von Hannover, datiert vom 24. 1. 1828; noch im gleichen Jahr, am 23. Juli 1828, folgte Sachsen, als nächste 1829 Baden und 1830 Württemberg.[5]

In den 30-er und Anfang der 40-er Jahre des 19. Jahrhunderts entstanden in Deutschland und Österreich Rentenversicherungs-Anstalten: 1823 die Allgemeine Versorgungsanstalt zu Wien, 1833 die Allgemeine Rentenanstalt zu Stuttgart, 1835 die Versorgungsanstalt zu Karlsruhe, 1838 die Preußische Rentenversicherungs-Anstalt zu Berlin und 1841 - wesentlich initiiert durch den Staatsminister BERNHARD AUGUST VON LINDENAU (1779-1854) und unter der Oberaufsicht des Kgl. Sächsischen Ministeriums des Innern

---

[3] [Fewer Ordnung 1589]; [Feuer-Cassen-Ordnung 1701]; [Feuer-Cassa 1704]; [Lotze 1929]
[4] [Lotze 1929, S. 27f.]
[5] [Kunze 1845]

stehend - die Sächsische Rentenversicherungs-Anstalt zu Dresden.[6]

Im Jahre 1845 wurde in Leipzig durch Dr. E. A. MASIUS die "Allgemeine Versicherungs-Zeitung" begründet, ein weltoffenes Wochenblatt für alle Fragen des Versicherungswesens.

Der volkswirtschaftliche Ausschuß des Frankfurter Parlaments hatte für die arbeitende, meist arme Bevölkerung Unterstützungskassen für den Krankheitsfall und für die Altersversorgung gefordert, an deren Kosten sich auch die Arbeitgeber - Meister und Fabrikbesitzer - beteiligen sollten. In Dresden hatte eine Kommission zur Erörterung der Gewerbs- und Arbeiterverhältnisse ihren Bericht vorgelegt. JULIUS AMBROSIUS HÜLSSE, 1849 noch Direktor der Gewerbeschule in Chemnitz, war 1849 für einige Monate als Referent in das Ministerium des Innern berufen worden. Er gab eine "Zusammenstellung der Hauptresultate aus den Rechnungsübersichten der geschilderten Unterstützungskassen" und legte einen "Ausführlichen Plan zur Errichtung der Unterstützungskassen" vor. 1850 veröffentlichte HÜLSSE in der Deutschen Gewerbezeitung einen langen Aufsatz "Über Invaliden-, Wittwen- und Waisenunterstützungskassen".[7] Die Zahl der Versorgungskassen - auf Gegenseitigkeit - nahm nach den Revolutionsjahren 1848/49 deutlich zu; bis zur Einführung des öffentlich-rechtlichen Unterstützungskassenwesens jedoch war noch ein weiter Weg zurückzulegen.

In den 60-er Jahren boten in Dresden auch verschiedene Aktiengesellschaften Versicherungsschutz an. Am 2. März 1864 waren die Statuten der Sächsischen Rückversicherungs-Gesellschaft zu Dresden vom Ministerium des Innern bestätigt worden. Zweck dieser Aktiengesellschaft war, "gegen alle Schäden und Verluste, welche Gütern oder Fahrzeugen auf dem Transporte zu Land und zu Wasser zustoßen können, Rückversicherung zu gewähren."[8] Die Dresdener Feuerversicherungs-Gesellschaft und die Sächsische Hypothekenversicherungs-Anstalt hatten ihren Wirkungskreis bereits erfolgreich in andere deutsche Länder ausgeweitet.[9] In Artikel 4 Ziffer 1 der Reichsverfassung vom 16. April 1871 wurde die Zuständigkeit des Reiches zur gesetzlichen Regelung des Versicherungswesens festgelegt. Ein fest umrissenes Reservatrecht bzgl. des Versicherungswesens war bei den Reichsgründungsverhandlungen Bayern zugestanden worden.[10]

---

[6] [Becker 1844]; [Sächsische Rentenversicherungs-Anstalt 1901]
[7] [Hülsse 1850]
[8] [Sächs. Rückversicherungs-Gesellschaft 1864]
[9] [Abwehr... 1862]
[10] [Schmitt-Lermann 1950, S. 17]

3. Gustav Zeuner und Victor Böhmert: Gründung des Statistischen Seminars

GUSTAV ZEUNER und VICTOR BÖHMERT kannten sich gut aus ihrer gemeinsamen Züricher Zeit. GUSTAV ZEUNER (1828-1907) war als HÜLSSEs Nachfolger von 1873 bis 1890 Direktor des Kgl. Sächsischen Polytechnikums zu Dresden - so hieß unsere Einrichtung von 1871 bis 1890. ZEUNER hatte an der Höheren Gewerbeschule Chemnitz und an der Bergakademie Freiberg studiert und war von der Universität Leipzig promoviert worden; er war Professor am Eidgenössischen Polytechnikum Zürich seit dessen Gründung im Jahre 1855 und einige Jahre Direktor dieser Einrichtung. Als er in seine sächsische Heimat zurückkam, war er bekannt als einer der bedeutendsten Theoretiker der technischen Thermodynamik, als Erfinder des Schieberdiagramms, aber auch als Kenner auf dem Gebiete der Statistik und des Versicherungswesens. Bereits am Eidgenössischen Polytechnikum hatte er von Zeit zu Zeit Vorlesungen über die "Theorie der Lebensversicherungen" gehalten.1861 hatte er "Mathematische Untersuchungen betreffend die Entstehung und Ableitung der Formeln zur Berechnung der Nettotarife und Deckungskapitalien für sämmtliche Versicherungszweige der Schweizerischen Rentenanstalt" durchgeführt. Der junge Professor hatte diese Abhandlung im Auftrag des Aufsichtsrates der Schweizerischen Rentenanstalt verfaßt. ZEUNERs "Abhandlungen aus der mathematischen Statistik" erschienen 1869 in Leipzig; sie wurden auch in andere Sprachen übersetzt. In der Einleitung beleuchtete ZEUNER den damals unbefriedigenden Zustand in der Statistik. Das Buch sollte dazu beitragen, die Statistik auf mathematisch wohl begründete Füße zu stellen und zu einer sicheren Ausgangsbasis auch für das Versicherungswesen zu machen.[11]

Als Direktor in Dresden hatte GUSTAV ZEUNER das Ziel, das Polytechnikum zu einer Hochschule auszubauen, die - unter Bewahrung und Betonung ihrer Eigenart - gleichrangig neben der Landes-Universität Leipzig stünde. Die allgemeinen Wissenschaften wurden unter seinem Direktorat in für deutsche technische Hochschulen beispiellosem Maße ausgebaut. Auf die neuerrichtete Professur für Nationalökonomie und Statistik wurde zum 1.April 1875 VICTOR BÖHMERT (1829-1918) berufen. Er wurde gleichzeitig

---

[11] [TU-Arch: Professorenblatt Gustav Zeuner]; [Zeuner 1861]; [Zeuner 1869]; [Zeuner 1883]

Direktor des Kgl. Sächsischen Statistischen Büros und übernahm die Redaktion der "Zeitschrift des Kgl. Sächsischen Statistischen Büros", in der "Fortbildung der Theorie und Praxis der Statistik" sah er einen ihrer inhaltlichen Schwerpunkte.[12] Auch ZEUNER publizierte in dieser Zeitschrift, so 1876 "Das Zeitmaß in der Statistik", 1886 "Zur mathematischen Statistik" und - besonders wichtig - 1894 "Neue Sterblichkeitstafeln für die Gesamtbevölkerung des Königreichs Sachsen".[13] Die Verbindung zwischen statistischen Büros und statistischen Zeitschriften auf der einen und Hochschulen und Lehrstühlen der Nationalökonomie und Statistik auf der anderen Seite war an sich nichts Neues[14]. Neu war die Art der Verbindung, die sich in der Spezifik des Dresdner Statistischen Seminars zeigte. Mit diesem Seminar verwirklichte BÖHMERT Pläne, die er bereits in seiner Züricher Zeit entworfen hatte. 1874 hatte er sich "für die Errichtung von socialstatistischen Beobachtungsstationen nach Art der meteorologischen Stationen ausgesprochen und eine Verbindung der Lehrstühle für Volkswirthschaft und Statistik mit solchen Beobachtungsstationen und Laboratorien oder statistischen Seminarien befürwortet, damit die Beobachtung und Darstellung der wirklichen socialen Zustände im wissenschaftlichen Geiste organisiert und nach verschiedenen Gegenden und Erwerbszweigen ausgedehnt werde". Durch seine Dresdner Doppelfunktion bekam er die Möglichkeit, den in der Schweiz entworfenen Plan "nicht blos für socialstatistische Untersuchungen, sondern für das Studium der Statistik und Nationalökonomie überhaupt zur praktischen Ausführung" zu bringen[15].

VICTOR BÖHMERT war 1829 in einem evangelischen Pfarrhaus in der Nähe von Leipzig geboren worden. Er hatte an der Universität Leipzig Rechtswissenschaften und Volkswirtschaft studiert und war 1854 zum Doktor der Rechte promoviert worden. In den ersten Stationen seines Berufsweges war er Jurist in Meißen, Chefredakteur der volkswirtschaftlichen Wochenschrift "Germania" in Heidelberg, Schriftleiter des Bremer Handelsblattes und Handelskammersyndikus in Bremen gewesen. 1866 ging er nach Zürich, als Professor für Volkswirtschaft am Eidgenössischen Polytechnikum und an der Universität.

---

[12] [Böhmert (1) 1875, S. 1]
[13] [Zeuner 1876]; [Zeuner 1886]; [Zeuner 1894]
[14] [Böhmert (2) 1875, S. 2]; B. benennt derartige Beziehungen für München, Jena, Berlin, Wien, Leipzig.
[15] [Böhmert (2) 1875, S. 2-4]

BÖHMERTs Wirken reichte weit über seine Hochschultätigkeit hinaus. Er war Mitbegründer des Deutschen Volkswirtschaftlichen Kongresses und des Deutschen Nationalvereins. Rund vierzig Jahre lang gab er die Zeitschrift "Der Arbeiterfreund" heraus, das Organ des 1847 gegründeten "Centralvereins für das Wohl der arbeitenden Klassen". In der Dresdner Bevölkerung wurde er durch sein soziales Engagement sehr populär. Fortschrittlich war übrigens auch BÖHMERTs Haltung zum Frauenstudium. An der TH Dresden war er der erste Professor, der seine Vorlesungen Frauen zugänglich machte.[16]

Schon für das Wintersemester 1875/76 kündigte BÖHMERT das *"Statistische Seminar"* an.[17]

In diesem Semester wurde das Seminar von zehn Studierenden des Polytechnikums, aber auch von mehreren jungen Beamten aus verschiedenen Ministerien, von einigen Lehrern, von Volontären am Kgl. Sächsischen Statistischen Büro und von Mitgliedern des Statistischen Büros der Staatseisenbahnen besucht. Täglich "von 11-1 Uhr" konnten BÖHMERTs Seminarteilnehmer ihn im Statistischen Büro konsultieren und sich Anleitung für eigene statistische Arbeiten holen. Sie durften Bibliothek und Leseraum des Statistischen Büros nutzen. Aufgaben, die im Statistischen Seminar bearbeitet wurden, stammten aus der Praxis des Statistischen Büros. Interessierte Studenten konnten sich also gute volkswirtschaftlich-praktisch orientierte Kenntnisse der Statistik aneignen - und diese auch vertiefen: Wahrscheinlichkeitsrechnung gehörte zum regelmäßigen Vorlesungsangebot am Dresdner Polytechnikum, Statistik und Versicherungsmathematik, gelesen von Zeuner, zum gelegentlichen.

4. Georg Helm und die Errichtung des Versicherungs-Seminars zum SS 1896

Aus Altersgründen legte VICTOR BÖHMERT Ende März 1895 sein Amt als Direktor des Statistischen Büros nieder[18]. Zwar las er bis 1903 an der

---

[16] [Böhmert 1918]; und [TU-Arch: Professorenblatt Victor Böhmert und Beilage dazu]
[17] [TU-Arch: XXVII / 80]
[18] Zeitschrift des Kgl. Sächs. Statistischen Bureaus, XL. Jahrgang 1894, S. 232-235; desgleichen 41. Jahrgang 1895 („Mittheilung") - Böhmerts Nachfolger im Statistischen Büro wurde Oberregierungsrat Dr. Arthur Geißler.

Hochschule und führte auch ein "Statistisches Seminar" durch[19], die seit 1875 bestehende spezifische Form des Seminars, ermöglicht durch die Doppelfunktion BÖHMERTs, hörte jedoch 1895 auf zu existieren. Daß die entstehende Lücke von der Seite der Mathematik durch etwas qualitativ Neues geschlossen würde, kündigte sich schon Ende der achtziger Jahre an. 1888 waren die beiden ersten der vier Dresdner mathematischen Lehrstühle neu besetzt worden, mit MARTIN KRAUSE (1851-1920) und GEORG HELM (1851-1923). HELM, der bis dahin am Annenrealgymnasium in Dresden tätig gewesen war, wurde Inhaber des 2. Mathematischen Lehrstuhls - für Angewandte Mathematik, verbunden mit Teilen der mathematischen Physik. Der gebürtige Dresdner hatte die Dresdner Lehrerabteilung absolviert, seine Studien in Berlin und Leipzig ergänzt und an der Universität Leipzig promoviert. Schon vor der Berufung an das Polytechnikum waren einige seiner Veröffentlichungen der Statistik und dem Versicherungswesen zuzuordnen: "Die Berechnung der Rententafeln aus Sterblichkeits- und Invaliditätsbeobachtungen" (1884), "Kindersterblichkeit im sächsischen Bergmannsstande" (1885), "Die bisherigen Versuche, Mathematik auf volkswirtschaftliche Fragen anzuwenden" (1887)[20]. Im WS 1890/91 begann HELM in der Tradition von ZEUNER mit Vorträgen zum Versicherungswesen und mit dem Aufbau einer entsprechenden Bibliothek[21]. Von 1890 bis 1896 bildete der Komplex der (einschlägigen) Veranstaltungen von BÖHMERT und HELM quasi einen "Vorläufer des Versicherungsseminars". Beider Vorlesungen konnten sich gut ergänzen, da sie unterschiedliche Akzente setzten. Im WS 1895/96 beispielsweise trug HELM über "Die mathematischen Grundlagen des Versicherungswesens" vor, BÖHMERT hingegen beleuchtete "Das Versicherungswesen in seiner volkswirtschaftlichen Bedeutung und historischen Entwicklung".[22] HELMs Aktivitäten sind natürlich auch vor dem gesellschaftspolitischen Hintergrund der 1880/90-er Jahre zu sehen. Mit der Installierung der gesetzlichen sozialen Sicherungssysteme in Deutschland - Unfallversicherungsgesetz 1884, Gesetz zur Invaliditäts- und Altersversicherung 1889, weitere Gesetze folgten später - gewann die Rolle des Versicherungswesens an Bedeutung, und die Versicherungsmathematik begann sich als selbständige Disziplin der angewandten Mathematik zu konstituieren. Eine Palette neuer Berufsmöglichkeiten eröffnete sich. An

---

[19] [TU-Arch: V 1-15, V 16-21, V 22-27]
[20] [Helm 1884]; [Helm 1885]; [Helm 1887]
[21] [Sächs. Hauptstaatsarchiv, Min. für Volksbildung, Nr. 15382, Bl. 16/17]
[22] [TU-Arch: V 1-15]

der Kgl. Sächsischen Technischen Hochschule zu Dresden - so der Name unserer Einrichtung seit 1890 - waren die Voraussetzungen zu deren Erschließung vorhanden! Obwohl in Dresden längerfristig vorbereitet, wurde das erste Versicherungsseminar im deutschen Hochschulwesen nicht an der Technischen Hochschule Dresden, sondern an der Universität Göttingen gegründet; dieses nahm zum WS 1895/96 seine Tätigkeit auf. Das Göttinger Seminar geht auf eine Initiative von FELIX KLEIN (1849-1925) zurück. Es wurde allerdings nicht an die Mathematik, sondern an die Wirtschaftswissenschaften angebunden und der Leitung des bekannten Nationalökonomen WILHELM LEXIS (1837-1914) unterstellt. Erster Vertreter der Mathematik am Göttinger Seminar war der Privatdozent GEORG BOHLMANN (1869-1928).[23] Mit der Verordnung des Kgl. Sächsischen Ministeriums des Kultus und öffentlichen Unterrichts vom 22. Februar 1896 wurde das Dresdner "Versicherungstechnische Seminar" abgesegnet. Für das SS 1896 wurde es erstmals angekündigt - mit vier Stunden in Theorie und Praxis. Geübt wurde bei der Lösung realer Probleme. So prüften die Seminarteilnehmer eine Dresdner Innungssterbekasse, bereiteten die im Jahre 1900 an der TH Dresden eingeführte Hilfspensionskasse mit vor und berechneten neue Rententafeln auf Grund der 1894 von ZEUNER erstellten Sterblichkeitstafeln für Sachsen[24]. Die Ausbildung dauerte zwei Semester. Erfolgreiche Seminarteilnehmer erhielten ein "Zertifikat". Das wenige Monate nach dem Göttinger begründete Dresdner Versicherungsseminar war das zweite im deutschen Hochschulwesen, aber das erste, das unter der Leitung eines Mathematikordinarius stand und das vorrangig auf die mathematische Seite des Versicherungswesens abzielte.

5. Paul Eugen Böhmer und der Dresdner Lehrstuhl für Versicherungsmathematik

Für 1913 hatte das Sächsische Ministerium des Kultus und öffentlichen Unterrichts geplant, an der Universität Leipzig ein versicherungswissenschaftliches Institut zu begründen, das an die Juristische Fakultät angeschlossen und vor allem auf die wirtschaftlichen und rechtlichen Aufgaben des Versicherungswesens ausgerichtet werden sollte. Vor diesem Hinter-

---

[23] [Lorey, S. 45 - 46]
[24] [Sächs. Hauptstaatsarchiv, Min. für Volksbildung, Nr. 15382, Bl. 40/41]

grund entwarf HELM einen detaillierten Plan zum Ausbau des mathematisch orientierten Dresdner Seminars. Seine Realisierung wurde durch den Krieg verzögert, jedoch bereits im Herbst 1918 wurde er erneut aufgegriffen und dann rasch verwirklicht.[25]

Zum 1. Juni 1919 wurde PAUL EUGEN BÖHMER (1877-1958) auf den neu errichteten Lehrstuhl für Versicherungsmathematik berufen. Er wurde gleichzeitig Direktor des damit verbundenen Versicherungs-Seminars, das neben dem Mathematischen Seminar und organisatorisch unabhängig von diesem bestand. Der BÖHMERsche Lehrstuhl ist der erste und bis 1945 einzige in Deutschland gewesen, der allein der Versicherungsmathematik gewidmet war.[26]

PAUL EUGEN BÖHMER, am 21.2.1877 im schlesischen Goschütz geboren, hatte 1897 in Marienwerder/Preußen, wo sein Vater zuletzt Superintendent war, das Gymnasialabitur abgelegt und danach Mathematik, Physik und Philosophie in Breslau, Königsberg, Berlin und Göttingen studiert, das Staatsexamen für das höhere Schulamt bestanden und 1903 bei HERMANN MINKOWSKI (1864-1909) in Göttingen mit der Arbeit "Über geometrische Approximationen" promoviert. Danach arbeitete er in Berlin als Mathematiker bei der Versicherungsgesellschaft "Nordstern" und im höheren Schuldienst. 1912 trat er in das Kaiserliche Aufsichtsamt für Privatversicherung ein; hier wirkte er bis zu seiner Berufung nach Dresden als Regierungsrat, unterbrochen durch den Heeresdienst. 1914 hatte sich BÖHMER an der TH Berlin-Charlottenburg zum Privatdozenten habilitiert.[27]

Seine Arbeit "Die Grundlagen der Theorie der Invaliditätsversicherung", 1914 erschienen im neugegründeten "Jahrbuch für Versicherungsmathematik", zählt zu den klassischen Arbeiten der Versicherungsmathematik.

Die "Bestimmungen des Versicherungs-Seminars an der Sächsischen Technischen Hochschule Dresden", als Broschüre gedruckt [28], wurden am 10. November 1919 durch Verordnung des Sächsischen Ministeriums des Kultus und öffentlichen Unterrichts genehmigt. Sie enthielten Satzung, Prüfungsordnung und Studienplan des Seminars.

Das Studium im Versicherungsseminar umfaßte 4 Semester.

---

[25] [Sächs. Hauptstaatsarchiv, Min. für Volksbildung, Nr. 15755]
[26] Das ergibt ein Vergleich der in [Scharlau, 1989] angegebenen Widmung der mathematischen Lehrstühle.
[27] [TU-Arch: Professorenblatt Böhmer]; und [Böhmer 1957]
[28] [Sächs. Hauptstaatsarchiv, Min. für Volksbildung, Nr. 15755, eingehefteter Druck]

Im SS 1919, seinem ersten Dresdner Semester, las BÖHMER wöchentlich drei Stunden Versicherungsmathematik mit drei Stunden Übungen, außerdem hielt er je zweistündige Vorlesungen über "Analytische Geometrie der Kegelschnitte" und "Sphärische Trigonometrie". Es blieb hinfort dabei, daß BÖHMER neben den spezifischen Vorlesungen zur Versicherungsmathematik, Versicherungstechnik, mathematischen Statistik und Wahrscheinlichkeitsrechnung stets auch weitere mathematische Vorlesungen anbot.

Versicherungstheorie und -praxis sind ihrer Natur nach interdisziplinär, das spiegelte sich deutlich im Studienplan wider. So lernten die künftigen Versicherungstechniker auch Volkswirtschaftslehre, Nationalökonomie und Rechtswissenschaft, Disziplinen, die in der Dresdner Kulturwissenschaftlichen Abteilung angesiedelt waren. Höhere Mathematik I - IV wurde turnusmäßig von den Inhabern der beiden ersten mathematischen Lehrstühle, für Reine Mathematik und für Angewandte Mathematik, gelesen. An der TH Dresden waren das seit Oktober 1920 GERHARD KOWALEWSKI (1876-1950) und MAX LAGALLY (1881-1945).[29]

Mindestens sechzehn Dresdner Absolventen fertigten ihre Dissertationsschrift unter der Anleitung von PAUL EUGEN BÖHMER an. Einige von ihnen bekleideten später angesehene Positionen im Hochschulwesen und im Versicherungswesen.[30]

BÖHMER wirkte in den Diplom-Prüfungsausschüssen für angewandte Mathematiker und für technische Physiker, in der Prüfungskommission für Kandidaten des höheren Schulamtes der mathematisch-naturwissenschaftlichen Richtung und selbstverständlich als Vorsitzenden der Prüfungskommission für Versicherungstechniker. Außerdem brachte er seine Fachkompetenz in verschiedene Gremien der Hochschule ein. So gehörte er zu den Professoren, die die von HELM eingeführte Hilfspensionskasse verwalteten; er war Vorsitzender des Unfallversicherungs-Ausschusses und Mitglied der Verwaltung der studentischen Krankenkasse.[31]

---

[29] [TU-Arch: Vorlesungsverzeichnisse]
[30] Eine Liste der von Böhmer betreuten Promovenden und Bemerkungen über einige von ihnen sind in dem Beitrag von W. Voss im Band zur Tagung über „Versicherungsmathematik an der TU Dresden und deren Geschichte" (Februar 2001), der von Prof. Klaus Schmidt, Dresden, herausgegeben werden wird, enthalten. Hierin finden sich auch Angaben über die Vorlesungsthemen Böhmers und über seine Publikationen.
[31] [TU-Arch: Personal- und Vorlesungsverzeichnisse]

Mit dem Jahre 1933 begann der Niedergang der TH Dresden, wie der der anderen deutschen Hochschulen. 1937 waren in der Mathematisch-Naturwissenschaftlichen Abteilung noch etwa 1/7 der Studentenzahlen von 1930 immatrikuliert.[32] Geplante Konzentrationsmaßnahmen an den Hochschulen Sachsens gefährdeten auch den Dresdner Lehrstuhl für Versicherungsmathematik, doch letztlich waren die Bemühungen der Hochschule um seinen Erhalt erfolgreich.[33] BÖHMERs Lehrtätigkeit endete 1945; er wurde wegen seiner Mitgliedschaft in der NSDAP aus dem öffentlichen Dienst entlassen. Nach seiner Rehabilitierung nahm er seit 1950 Lehraufträge an der TH Dresden wahr, bis er 1952, 75-jährig, in den Ruhestand trat.

In der DDR gelangte die mathematische Statistik an der TH/TU Dresden zu hoher Blüte, ein versicherungsmathematischer Lehrstuhl wurde jedoch erst wieder Anfang der 90er Jahre geschaffen.

Literatur

Abwehr des Angriffs ... auf die Dresdner Feuerversicherungs-Gesellschaft, Dresden 1862

BECKER, J. FERD.: Über eine zweckmäßigere Einrichtung der Renten-Anstalten, Berlin 1844

BÖHMER, PAUL EUGEN: Die Grundlagen der Theorie der Invaliditätsversicherung (1914). - In: Blätter der Deutschen Gesellschaft für Versicherungsmathematik, Bd. VIII, Heft 2, S. 353-378 (Nachdruck)

BÖHMER (1957): "Prof. Dr. Paul Eugen Böhmer 80 Jahre" (ohne Verfasser). - In: Blätter der Deutschen Gesellschaft für Versicherungsmathematik, Bd. III, Heft 2, S. 133

BÖHMERT, VICTOR (1): Plan der Zeitschrift des Kgl. Sächsischen statistischen Bureaus. - In: Zeitschrift des Kgl. Sächsischen Statistischen Bureaus, XXI. Jahrgang 1875, S. 1

BÖHMERT, VICTOR (2): Die Aufgaben der statistischen Bureaus und Zeitschriften in ihrer Verbindung mit Hochschulen und Lehrstühlen für Nationalökonomie und Statistik. - In: ebenda, S. 2-10

---

[32] [Sächs. Hauptstaatsarchiv, Min. für Volksbildung, Nr. 15295; Bl. 87, 112, 188, 189]
[33] [Sächs. Hauptstaatsarchiv, Min. für Volksbildung, Nr. 15749, Bl. 170-179]

BÖHMERT, VICTOR (3): Die neuen Grundlagen für die Statistik der Bevölkerungsbewegung im Königreiche Sachsen. - In: ebenda, S. 82-89

BÖHMERT, VICTOR (4): Das Statistische Seminar des Dresdner Polytechnikums und königl. Sächsischen statistischen Bureaus. - In: ebenda, S. 113-116

BÖHMERT (1918): Dem Andenken Victor Böhmert - Gedenkreden zu seinem Hinscheiden am 12. Februar 1918.

Feuer-Cassa: Neu-auffgerichtete Feuer-Cassa, denen Liebhabern zu dienlicher Nachrichtung zum andernmahl in Druck gegeben, Anno 1704, Dresden 1704

Feuer-Cassen-Ordnung: Bey der am 3. Februar Anno 1701 gehaltenen Zusammenkunfft der sämbtlichen Interessenten der so genannten Feuer-Cassen-Ordnung ist nachfolgendes beschlossen u. abgehandelt worden..., Dresden 1701

Fewer Ordnung der Stadt Dreßden, vornewert und wiederauffgerichtet, im Jahre nach Christi Geburt, M.D.LXXXIX., Dresden 1589

HELM, GEORG: Die Berechnung der Rententafeln aus Sterblichkeits- und Invaliditätsbeobachtungen. - In: Schlömilchs Math. Zeitschrift 29, 1884

HELM, GEORG: Die Kindersterblichkeit im sächsischen Bergmannsstande (im Auftrage des Kgl. Ministeriums des Innern) - In: Zeitschrift des Kgl. Sächsischen Statistischen Bureaus, XXXI. Jahrgang 1885, S. 15-22

HELM, GEORG: Die bisherigen Versuche, Mathematik auf volkswirtschaftliche Fragen anzuwenden. - In: Sitzungsberichte und Abhandlungen der naturwissenschaftlichen Gesellschaft Isis zu Dresden, 1887

HEYM, KARL: Anzahl und Dauer der Krankheiten in gemischter Bevölkerung. 25 Jahre Erfahrungen der Versicherungs-Gesellschaft "Gegenseitigkeit" zu Leipzig. - Leipzig, 1884 (Verlag von Eduard Strau) (nachgedruckt in: Blätter der Deutschen Gesellschaft für Versicherungsmathematik, Band VIII, , Heft 2, S. 344 ff)

HÜLSSE, JULIUS AMBROSIUS: Über Invaliden-, Wittwen- und Waisenunterstützungskassen. - In: Deutsche Gewerbezeitung, 15. Jahrgang, 1850, Neue Folge - Erster Band, S. 44-54

Kern-Chronicon: Kurtzgefaßtes Sächsisches Kern-Chronicon, worinnen in sechs besondern Paquets, oder zwey und siebentzig Couverts etliche

hundert merckwürdige alte und neue Glück- und Unglücks-Fälle, Festivitäten, Geburthen, Vermählungen und Absterben, auch andere wunderbahre und remarquable Begebenheiten, die sich hin und wieder in diesem Churfürstenthum und incorporirten Landen ... zugetragen, Leipzig 1726

KUNZE, W.F.: Ansichten über die Sächsischen Gesetze und Verordnungen vom 23. Juli 1828, 14. November 1835 und 13. December 1836, das Mobiliar- und Immobiliar-Brandversicherungswesen betreffend, zur beliebigen Berücksichtigung bei einer wünschenswerthen neuen Bearbeitung derselben für den bevorstehenden Landtag. - In: Allgemeine Versicherungs-Zeitung. Erster Jahrgang, No. 12, Leipzig, 10. September 1845

LOREY, WILHELM (1916): Das Studium der Mathematik an den deutschen Universitäten seit Anfang des 19. Jahrhunderts. Leipzig, Berlin: Teubner 1916. (= Abhandlungen über den mathematischen Unterricht in Deutschland, veranlaßt durch die Internationale Mathematische Unterrichtskommission. Hrsg. von Felix Klein. Band 3. Heft 9)

LOTZE: Denkschrift zur Feier des zweihundertjährigen Bestehens der Sächsischen Landes-Brandversicherungsanstalt, Dresden 1929

Nachricht von dem Zustand des im Jahre 1720 zum Behuff derer Witben und Waysen mit Gott! errichteten und allergnädigst confirmirten Versorgungsmittels, Dresden 1721

PFÜTZE, ARNO: Die Entwicklung der amtlichen Landesstatistik in Sachsen, Dresden 1931 (Teubner)

SÄCHS. RENTENVERSICHERUNGS-ANSTALT: Die Sächsische Rentenversicherungs-Anstalt zu Dresden (Festschrift zu ihrem 60-jährigen Bestehen), Leipzig 1901 (Druck von Pöschel & Trepte)

SÄCHS. RÜCKVERSICHERUNGS-GESELLSCHAFT: Statuten der Sächsischen Rückversicherungs-Gesellschaft, Dresden 1864

SCHARLAU, WINFRIED (und Fachgelehrte): Mathematische Institute in Deutschland 1800-1945 (Dokumente zur Geschichte der Mathematik Band 5), Braunschweig/Wiesbaden 1989 (Friedrich Vieweg & Sohn)

SCHMITT-LERMANN, HANS: Die Bayerische Versicherungskammer in Vergangenheit und Gegenwart 1875-1950, München 1950 (Kommunalschriften-Verlag J. Jehle)

SCHÜES, WALTER G. u.a.: Die Geschichte der "Nord-Deutsche Versicherungs-Gresellschaft" zu Hamburg, Hamburg 1957

Tabella über die nunmehro würcklich geschlossenen 10 Classen des allergnädigst confirmirten Versorgungs-Mittels in Dreßden, Dresden 1720

TOBIES, RENATE (Hrg.): Aller Männerkultur zum Trotz - Frauen in Mathematik und Naturwissenschaften, Frankfurt/Main-New York 1997 (Campus Verlag)

Verzeichniß der Mitglieder des Pensions-Vereines für Wittwen und Waisen sächsischer Beamten. (Aufgenommen am 1. März 1864), Dresden 1864

Zur Viehversicherung in Deutschland. Eine kritische Studie über die Sächsische Viehversicherungs-Bank in Dresden und die Rheinische Viehversicherungs-Gesellschaft in Cöln, Wien 1886

ZEUNER, GUSTAV: Mathematische Untersuchungen betreffend die Entstehung und Ableitung der Formeln zur Berechnung der Nettotarife und Deckungscapitalien für sämmtliche Versicherungszweige der Schweizerischen Rentenanstalt. Manuscript und Eigenthum der Schweizerischen Rentenanstalt. 1861

ZEUNER, GUSTAV: Abhandlungen aus der Mathematischen Statistik, Leipzig 1869 (Verlag von Arthur Felix)

ZEUNER, GUSTAV: Über das Zeitmaass in der Statistik. - In: Zeitschrift des Kgl. Sächsischen Statistischen Bureaus, XXII.Jahrgang 1876, S. 279-283

ZEUNER, GUSTAV: Sunto dei Saggi di Statistica Matematica, Roma 1883

ZEUNER, GUSTAV: Neue Sterblichkeitstafeln für die Gesamtbevölkerung des Königreichs Sachsen nach den Erhebungen und Berechnungen des Kgl. Sächsischen Statistischen Bureaus. - In: Zeitschrift des Kgl. Sächsischen Statistischen Bureaus, XL. Jahrgang 1894, S. 13-50

Zweyte Haupt-Tabella aller Membrorum derer 10 Classen, des Anno 1720 errichteten, und von Ihro Königlichen Majestät allergnädigst confirmirten Versorgungs-Mittels in Dreßden, Dresden 1729

Archivalien

Sächsisches Hauptstaatsarchiv:
Ministerium für Volksbildung: Nr. 15295,15382, 15749, 15755
Archiv der Technischen Universität Dresden (TU-Arch):
Professorenblätter und Beilagen dazu von:
Paul Eugen Böhmer, Victor Böhmert, Julius Ambrosius Hülsse, Gustav Zeuner
Verzeichnis der Vorlesungen und Übungen:
V 1 - 15: SS 1892 - SS 1899
V 16 - 21: WS 1899/1900 - SS 1902
V 22 - 27: WS 1902/03 - SS 1905
V 28 - 35: WS 1905/06 - SS 1909
V 36 - 43: WS 1909/10 - SS 1913
V 44 - 49: WS 1913/14 - SS 1916
V 50 - 56: WS 1916/17 - SS 1919
Personalverzeichnis der Sächs. TH für das WS 1927/28
Verzeichnis der Vorlesungen und Übungen, Stunden- und Studienpläne WS 1927/28
Desgleichen SS 1928
Desgleichen WS 1928/29
V / Nr. 85: "Personalverzeichnis nach dem Stande vom 1.10.1935. Vorlesungsverzeichnisse WS 1935/36, SS 1936"
V / Nr. 86: "Personalverzeichnis nach dem Stande vom 1.10.1936, Vorlesungsverzeichnisse WS 1936/37, SS 1937"
XXVII / 80: Programme der Polytechnischen Schule und des Polytechnikums; Zeit: 1855, 1875-76, 1876-77, 1862
111: Nachlaß Prof. Erler / Vorlesungsverzeichnis mit Jahresbericht 1886 - 1887
XXVII / Nr. 18: "Sammlung Promotions- und Habilitationsordnungen 1895 - 1956"
104: "Sammlung Prüfungs- und Promotions-Ordnungen 1909/11 - 1954"

Dr.habil. Waltraud Voss, Tannenberger Weg 10, 01169 Dresden
waltraud.voss@web.de

History of Education in Descriptive geometry at the German Technical University in Brno

Pavel Šišma

The main aim of this article is to describe the development of professors' staff of the chair of descriptive geometry at the German Technical University in Brno. First we will recall the beginning of the education of descriptive geometry at the technical universities in Austria in 19th century. At the end we will recall FERDINAND JOSEF OBENRAUCH, the Privatdozent of history of descriptive geometry at Brno German Technical University, and his book devoted to the history of geometry.

1. The beginnings of teaching descriptive geometry at French, German, and Austrian technical schools

The aim of this article is not to describe the origin and the development of descriptive geometry in the 18th and 19th centuries. We can remind only of the basic data about MONGE's contribution to descriptive geometry.

In 1765 GASPARD MONGE (1746-1818) solved a geometrical problem with a method of descriptive geometry at the Military Engineering School in Mézières. Later MONGE started to teach his method at this school. The method of descriptive geometry was a military secret for about thirty years and MONGE could not teach this new geometrical method in public.

In 1794 MONGE started his public lectures on descriptive geometry at the École Normale and École Polytechnique in Paris. In 1795 his lectures were published in journal of École Normale and in 1799 MONGE published his famous textbook [Monge 1799]. The development, study, and education of descriptive geometry then started not only in France but in the whole of Europe. The first German textbook on descriptive geometry [Creizenach 1821] was written by M. CREIZENACH in 1821. The textbook inspired by MONGE's book [Schreiber 1828] was published in 1828 by GUIDO SCHREIBER (1799-1871), professor in Karlsruhe. The German translation of MONGE's book was published in Leipzig in 1900 [Haussner 1900].

The first Austrian textbook devoted to descriptive geometry [Arbesser 1824] was written by JOSEF ARBESSER, assistant of theory of machines and machine-drawings of Vienna Polytechnic, in 1824. In 1845 a much more influential textbook of descriptive geometry [Hönig 1845] was written by JOHANN HÖNIG (1810-1886), professor of descriptive geometry at Vienna Polytechnic.

Prague Technical College was established in 1717. In 1806, following the project of F. J. GERSTNER (professor of mathematics at the Prague University) the Technical College was transformed into Prague Polytechnic. In 1869 the Polytechnic was divided into two universities - German Technical University and Czech Technical University. The German Technical University in Prague was abolished in October 1945.

In 1806, when the Prague Technical College was transformed into polytechnic, F. J. GERSTNER proposed the teaching of descriptive geometry at this school. He was certainly inspired by the École Polytechnic. But GERSTNER's proposal was not realized. The first non-obligatory lectures of descriptive geometry were given by KARL WIESENFELD (1802-1870), substitute professor of civil engineering, in the years 1830-33. The elements of descriptive geometry were taught by WENZEL DE LAGLIO, assistant of mechanics and physic, in 1840-44. Later descriptive geometry was taught by JOHANN SOCHOR, 1844-47, VINCENZ HAUSMANN, 1847-49, and KARL WIESENFELD again, then already full professor of civil engineering, in 1849-52. In 1850 the associate chair of descriptive geometry was established and RUDOLF SKUHERSKÝ (1828-1863), assistant of descriptive geometry at Vienna Polytechnic, was appointed professor there in 1852. In 1854 RUDOLF SKUHERSKÝ was appointed full professor. In 1861 SKUHERSKÝ started to teach descriptive geometry not only in German but also in Czech. In 1864, after SKUHERSKÝ's death, the chair was divided into two chairs - Czech and German. FRANTIŠEK TILŠER (1825-1913) and WILHELM FIEDLER (1832-1912) were appointed to those chairs. In 1867 FIEDLER went to Zürich and KARL KÜPPER (1828-1900) was appointed professor of descriptive geometry. In 1898 KÜPPER retired and in 1900 EDUARD JANISCH (1868-1915) was appointed professor. After JANISCH's death in 1915 KARL MACK (1882-1943) was appointed professor in 1916. He taught descriptive geometry in Prague for the rest of his live.

After FRANTIŠEK TILŠER's retirement, KARL PELZ (1845-1908) was appointed professor in 1896. In 1907 VINCENC JAROLÍMEK (1846-1921) was

appointed professor of descriptive geometry for civil engineering and taught this subject until 1912 when he fell ill. The chair was substituted by FRANTIŠEK KADEŘÁVEK (1885-1961) until KADEŘÁVEK was appointed professor in 1917.

The second chair of descriptive geometry, for Faculty of Machines, was established in 1908. In this year BEDŘICH PROCHÁZKA (1855-1934) was appointed professor. After PROCHÁZKA's retirement JOSEF KOUNOVSKÝ (1878-1949) was appointed. KOUNOVSKÝ and KADEŘÁVEK taught descriptive geometry at Prague Technical University even after the World War II.

Vienna Technical Institute was established in 1815 and in 1872 it was transformed into Technical University. Descriptive geometry was taught there first in the lectures of machine-drawing or constructive-drawing. The aim of the professors' staff was the establishment of the chair of descriptive geometry. The first special lectures of descriptive geometry were given by JOHANN HÖNIG, an assistant of theory of machines, in 1834. From 1839-1843 he was professor of civil engineering at the Mining Academy in Banská Štiavnica (Schemnitz). In 1843 JOHANN HÖNIG was appointed the first professor of descriptive geometry at Vienna Polytechnic.

Later the professors of descriptive geometry were: RUDOLF NIEMTSCHIK (1831-1877) from 1870 to 1877, RUDOLF STAUDIGL (1838-1891) from 1877 to 1891, GUSTAV PESCHKA (1830-1905) from 1891 to 1901, EMIL MÜLLER (1861-1927) from 1902 to 1927, ERWIN KRUPPA (1885-1867) from 1929 to 1957.

In 1896 the second (associate) chair of descriptive geometry was established. In 1897 JAN SOBOTKA (1862-1931) was appointed professor at this chair. In 1899 SOBOTKA went to Brno and was appointed the first professor of descriptive geometry at the newly established Czech Technical University. In 1900 THEODOR SCHMID (1859-1937) was appointed associate professor and in 1906 full professor at this chair. The next professors at the second chair of descriptive geometry were LUDWIG ECKHARDT (1890-1938) from 1929 to 1938 and JOSEF KRAMES (1897-1986) from 1939 to 1945. Descriptive geometry was taught in Vienna at the University of Agriculture since 1872. JOSEF SCHLESINGER (1831-1901) was the first professor there.

The Brno Czech Technical University was established in 1899 and the chair of descriptive geometry was one of the first four chairs which were

established. JAN SOBOTKA, former professor of Vienna Technical University, was the first professor of descriptive geometry. In 1904 he went to Prague University and BEDŘICH PROCHÁZKA was appointed professor. In 1908 PROCHÁZKA was appointed professor of descriptive geometry at Prague Czech Technical University. MILOSLAV PELÍŠEK (1855-1940) was the third professor of descriptive geometry at Brno Czech Technical University. He taught this subject from 1908 to 1925 when he retired. JOSEF KLÍMA (1887-1943) worked in Brno from 1927 to 1939.

To conclude with, we will only mention the beginnings of teaching descriptive geometry at the technical universities in Graz and Lemberg. **The Technical College in Graz** was established in 1811 in connection with a museum (Joanneum). JOSEF VON ASCHAUER, professor of mechanics, held the first non-obligatory lectures of descriptive geometry at Joanneum in 1842. From 1846 descriptive geometry became the obligatory subject which was taught by professors of *Realschule* in Graz. In 1852 the chair of descriptive geometry was established and in 1854 MAX BAUER was appointed the first professor. After BAUER's death RUDOLF NIEMTSCHIK was appointed professor of descriptive geometry in 1859. When NIEMTSCHIK went to Vienna, EMIL KOUTNÝ (1840-1880), *Privatdozent* of Brno Technical University, was appointed professor in 1870. In 1876 KARL PELZ habilitated at Graz Technical University and in 1878 he was appointed associate professor. After KOUTNÝ's death he was appointed full professor. In 1891 PELZ turned down an offer to teach descriptive geometry at Vienna Technical University and in 1896 he went to Prague Technical University.

In 1817 a technical secondary school was established in **Lemberg**. In 1844 the school was transformed into **Technical Academy** and in 1877 into Technical University. VINCENZ HAUSMANN, professor of mechanics, held the first lectures of descriptive geometry at the Technical Academy in Lemberg in the years 1852-53. In 1857 GUSTAV PESCHKA was appointed professor of mechanics, theory of machines, machine-drawings and descriptive geometry. In 1864 when PESCHKA went to Brno WOJNAROWSKI was appointed professor of descriptive geometry at Lemberg Academy. His successor was KARL MASZKOWSKY and from 1880 taught descriptive geometry MIECZYSLAV LAZARSKI.

In 1849 two mining academies were established: in Leoben in Austria and in Příbram in Bohemia. Some knowledge of descriptive geometry was required for the entrance to these schools. This was one of the reasons that

the chairs of descriptive geometry were established in Austrian polytechnics in the 1850's. Polytechnics were directed, apart from others, to the preparations of future students of mining academies. The lectures of descriptive geometry (and mathematics too) started at mining academies in 1870's. For example at Leoben Mining Academy FRANZ LORBER (1846-1930) taught descriptive geometry first in the years 1876-1893.

2. Descriptive geometry at the German Technical University in Brno

Brno Technical College was established in 1849. In 1867 the college was transformed into Technical Institute and in 1873 the institute was declared a university and its title was changed to Technical University (*Technische Hochschule*). The title German Technical University appeared as late as 1911. On 18th October, 1945 the German Technical University in Brno was dissolved by a decree of the President of the Czechoslovak Republic.

Brno Technical College was a new school and the chair of descriptive geometry and mechanics was one of the twelve chairs which were established already in 1849. As the retrieval of a good teacher for both subjects was difficult, the subjects were separated and two chairs were established. GEORG BESKIBA, the first professor of descriptive geometry, was appointed in 1851.

GEORG BESKIBA was born in Vienna in 1819. He studied at Vienna Polytechnic and *Akademie der bildenden Künste*. For two years he was an assistant of civil engineering at Vienna Polytechnic and then he went to Lemberg Technical Academy where he was appointed professor of this subject. From 1852 to 1867 he was professor of descriptive geometry at Brno Technical College. When the school was reorganized he was appointed professor of civil engineering and he worked in Brno for the rest of his live. GEORG BESKIBA died in Brno in 1882.

From 1867 to 1891 GUSTAV ADOLF PESCHKA was professor of descriptive geometry at Brno Technical Institute and Technical University later. PESCHKA was born in 1830 in Jáchymov (Joachimstal). He studied at Prague Polytechnic and then he was assistant there for 5 years. From 1857 to 1864 he was professor of mechanics, machines' construction, machine-drawings and descriptive geometry at the Technical Academy in Lemberg. In 1864 he was appointed professor of these subjects at Brno Technical College. In 1867 he was appointed professor of descriptive geometry. PESCHKA was

sixty-one year old when he was appointed professor of descriptive geometry at Vienna Technical University in 1891. He taught there until 1901 when he retired. He died in Vienna in 1903.

OTTO RUPP was born in Nová Říše (Neureich) in Moravia in 1854. He studied at Brno Technical University and in 1874 he was appointed assistant of descriptive geometry there. In 1881 he habilitated for *Neue Geometrie*. When GUSTAV PESCHKA went to Vienna OTTO RUPP substituted the free chair and in 1892 he was appointed associate and in 1896 full professor. RUPP died in December of 1908. After professor RUPP's death the situation at Brno Technical University was complicated by the fact that the chair of mathematics was vacant after professor OTTO BIERMAN's (1858-1909) death. During 1909 it became apparent that the occupation of chair of descriptive geometry by an acceptable candidate would be very difficult and professors' staff found the following solution to this situation. They suggested appointing the current Professor of Mathematics (and a very good geometer) EMIL WAELSCH to the chair of descriptive geometry. The Ministry agreed with this step, and therefore two chairs of mathematics became free.

EMIL WAELSCH was born in 1863 in Prague. He studied at the German University and German Technical University in Prague. During 1884-1886 he studied at the universities of Leipzig and Erlangen where he received his doctor's degree. In the academic year 1892-1893 he studied at Leipzig University again. In 1890 he habilitated at Prague German Technical University where he was an assistant from 1886. In 1895 he was appointed associate professor and in 1898 full professor of mathematics at Brno German Technical University. In 1910 he was appointed professor of geometry and he remained in this position for the rest of his life. EMIL WAELSCH died in Brno in 1927.

EMIL WAELSCH reorganized the education of geometrical subjects at Brno German Technical University. He taught not only descriptive geometry but in the second semester he also taught analytic geometry, vector calculus, and application of differential and integral calculus in geometry. The title of this subject was *Mathematik erster Kurs b*. This Brno model of the education of geometrical subjects was unique in Austria, the reason being the personality of professor WAELSCH who was a specialist in many areas of mathematics.

Two years after WEALSCH's death JOSEF KRAMES, was appointed professor of descriptive geometry in Brno. KRAMES was born in 1897 in Vienna. He studied at Vienna Technical University and Vienna University. In 1920 he received his doctor's degree at Technical University. From 1916 KRAMES was an assistant by EMIL MÜLLER. In 1924 he habilitated for descriptive and projective geometry. After MÜLLER's death he substituted the free chair. From 1929 to 1932 he was associate professor of descriptive geometry in Brno. Then he went to Graz where he was appointed full professor of descriptive geometry at Technical University. From 1939 to 1945 and from 1957 to 1969 he taught at Vienna Technical University. He died in Salzburg in 1986.

The last professor of descriptive geometry at the Brno German Technical University was RUDOLF KREUTZINGER. He was born in Brno in 1886. He studied at Vienna University and finished his studies in 1911. From 1908 to 1935 he was assistant of descriptive geometry at Brno Technical University. In 1931 he habilitated and 1935 he was appointed associate professor. During the World War II he was appointed full professor in 1941. KREUTZINGER died in Brno in 1961.

The content and range of descriptive geometry lessons at the German Technical University in Brno was changing during the development of the school. At the Technical College descriptive geometry was taught in 2 hours of lectures and 10 hours of exercises per week (2/10). We have only fragmentary information about the programme of these lectures: *Darstellende Geometrie, Perspektiv- und Schattenlehre mit Anwendung auf Maschinen- und Architekturzeichnen.*

From 1867 descriptive geometry was taught in 5 hours of lectures and 10 hours of exercises. The first detailed syllabus of the teaching of descriptive geometry can be found in the programme of lectures for the school year 1871-72: *Orthogonale - schiefe - centrale Projektion. Gegenseitige Beziehungen von Punkten, Geraden und Ebenen. Krumme Linien und ihre Beziehungen zu geraden Linien und Ebenen. Transformation der Projektionsebenen. Das körperliche Dreieck. Von Ebenen begrenzte Körper. Polyeder. Ebene Schnitte. Gegenseitiger Schnitt, Netze. Axonometrie. Rechtwinklige und schiefe iso-di-und-trimetrische Projektion. Krumme Flächen. Entwickelbare - Umdrehungs - Umhüllungs - und windschiefe Flächen. Flächen zweiter Ordnung. Durchschnitte krummer Flächen mit Ebenen. Kegelschnitte. Raumcurven. Entwicklung der Flächen. Durchdringungen.*

Berührungsebenen. Krümmung der Linien und Flächen. Schattenkonstructionen. Beleuchtungs-Intensitäten. Freie Perspektive. Stereotomie.

In the school year 1872-73 Peschka taught the non-obligatory lectures of *Geometrie der Lage* for the first time, it was for 2 lessons per week. In 1881 OTTO RUPP habilitated for this subject.

The number of lessons and the programme of the lectures were changed as late as the school year 1899-1900 when in the first semester the teaching of descriptive geometry was 6/4 and in the second semester 4/4. In the school year 1910-11 the number of lessons was changed to 5/8 in the first and 5/6 in the second semester. Professor WAELSCH taught the *Mathematik erster Kurs b)* 4/1 and 2/1.

In the school year 1914-15 the teaching of descriptive geometry was changed again. In the first semester the *Darstellende Geometrie 1. Teil 4/8: Kotierte Projektion. Methoden mit mehreren Lotrissen. Axonometrie. Parallel-, Zentral-, Reliefperspektive, Elemente der Photogrammetrie.*

In the second semester *Darstellende Geometrie 2. Teil 5/6: Raumkurven und Flächen; Kurven und Flächen zweiter Ordnung, Regel-, Rotations-, Schraubenflächen, Umhüllungsflächen, topographische Flächen. Durchdringungen. Beleuchtungslehre. Kinematische Geometrie; Verzahnungen, Getriebe.*

The number of lessons decreased. In the school year 1923-24 the teaching of descriptive geometry was 4/6 in the first and 3/5 in the second semester. The students of architecture and civil engineering had one lesson of exercise in addition. At the end of the 1920's the teaching in the second semester was divided into two lectures. The architects had only two hours of lectures and four hours of exercises. In the 1930's special lectures for future teachers of descriptive geometry were established.

3. Ferdinand Josef Obenrauch

At the end of the article we would like to recall FERDINAND JOSEF OBENRAUCH and his book devoted to the history of projective and descriptive geometry.

FERDINAND OBENRAUCH was born on January 20th, 1853 in Slavkov u Brna (Austerlitz). He studied at a secondary school in Brno and then he continued his studies at Brno Technical University in the years 1871-76. As a

student he was appointed an assistant of mathematics. In 1880 OBENRAUCH passed the state examinations for teachers of mathematics and descriptive geometry. OBENRAUCH was assistant at Brno Technical University to 1881. That year he was appointed a teacher of mathematics and descriptive geometry at *Realschule* in Nový Jičín (Neutitschein). In 1892 OBENRAUCH returned to Brno and he was appointed professor at the *Landes Oberrealschule*.

In 1897 OBENRAUCH habilitated for history of descriptive and projective geometry at Brno Technical University. This year he started to teach history of geometry one hour per week. We know the program of his lectures: *Geschichte der Geometrie im Alterthum, Mittelalter und in der Neuzeit. Historischer Rückblick auf die Entwicklung der Theorie der Curven und Flächen zweiter, dritter und vierter Ordnung*. OBENRAUCH taught history of geometry until 1905. He died on July 16th, 1906.

In 1897 OBENRAUCH published his *Habilitationsschrift* as the book *Geschichte der darstellenden und projectiven Geometrie ...* [Obenrauch 1897]. The book was published in Brno and it had over 400 pages. It is divided into six parts: 1) *Einleitung.* 2) *Die Gründung der École normale.* 3) *Die Gründung der École polytechnique.* 4) *Monge als Begründer der Infinitesimalgeometrie.* 5) *Monges sociale Stellung und sein Lebensende.* 6) *Die wissenschaftliche Pflege der darstellenden und projectiven Geometrie in Österreich.*

The first part is devoted to history of geometry in antiquity and the Middle Ages. Then OBENRAUCH describes the work of DESCARTES, DESARGUE, PASCAL, and DE LA HIRE. The following pages are devoted to the work of KEPLER, HUYGENS, NEWTON, and EULER. This chapter includes - not very appropriately - the information about MONGE's life and work.

The second and third part are devoted to the history of teaching descriptive geometry at the École Normale and École Polytechnique. MONGE's work *Géométrie descriptive* is described in detail there. The fourth part is devoted to MONGE's work on differential geometry. The fifth part describes, among other things, the relationship between MONGE and NAPOLEON.

As the title suggests, the sixth (main) part is devoted to the history of descriptive and projective geometry in Austria. It describes the development of geometry in Austria, Bohemia, and Moravia since the Middle Ages till the end of the 19th century, but we can find there the analysis of the works

of German, French, and Italian mathematicians, too. OBENRAUCH analysed a lot of Austrian works devoted to descriptive and projective geometry there. The book provides a great number of information but it is extremely difficult to orientate in it.

4. Conclusion

We saw that the education of descriptive geometry started in Austria in 1830's-1840's. Elements of descriptive geometry were taught in lectures and exercises of mechanics and machine-drawings first. The lectures were held by professors or assistants of these subjects.

The aim of the professors' staff's was the establishment of the chairs of descriptive geometry because the knowledge of that subject was necessary for a lot of special subjects.

Literature

ARBESSER, J.: Constructionslehre mit ihren Anwendungen auf Schattenconstruction, Perspektive und Maschinenzeichnen. Wien 1824.

CREIZENACH, M.: Anfangsgründe der darstellenden Geometrie oder der Projectionslehre für Schulen. Mainz 1821.

DRÁBEK, K.: Darstellende Geometrie an der technischen Hochschule in Prag in den Jahren 1828-1945. Praha 1982.

FOLTA, J., Česká geometrická škola. (Czech Geometr. School) Praha 1982.

HAUSSNER, R.: Darstellende Geometrie v. G.Monge (1798). Leipzig 1900.

HÖNIG, J.: Anleitung zum Studium d. darstellenden Geometrie. Wien 1845.

MONGE, G.: Géométrie descriptive. Paris 1799.

OBENRAUCH, J.: Geschichte der darstellenden und projectiven Geometrie mit besonderer Berücksichtigung ihrer Begründung in Frankreich und Deutschland und ihrer wiss. Pflege in Österreich. Brünn 1897.

SCHREIBER, G.: Lehrbuch der darstellenden Geometrie nach Monges Géométrie descriptive. Karlsruhe 1828.

RNDr. Pavel Šišma, Dr.; Masaryk University in Brno, Faculty of Science, Department of Mathematics, Janáčkovo nám. 2a, 662 95 Brno, Czech Republic. Email: sisma@math.muni.cz.

Introducing Vectors to Analytic Geometry (As Seen in Czech University Textbooks)

Michal Novák

Introduction

In the time short after WWII there happened both in the world and in Czechoslovakia some changes which challenged the concept of teaching mathematics. In the field of analytic geometry (especially in the way it was taught at universities) an important change in approach to the subject can be seen. Whereas in the interwar period analytic geometry focused on solving problems in spaces of dimensions two and three, and solved them using "classical" means, in the years short after WWII several textbooks were published in which a tendency towards generalising can be traced.[1] At the same time important school reforms were being introduced in Czechoslovakia. Thus in 1950 several modern university textbooks of analytic geometry which influenced the whole generation of mathematicians (and passed this methodology onto primary and secondary school teachers) were published.

The contribution will focus on discussing these textbooks, the method they use and their impact. Only university education will be taken into account; technical universities will not be discussed.

1. Analytic Geometry at Universities in the Interwar Period

Between 1918 and 1938 mathematics was at universities[2] taught together with other natural and exact sciences at Faculties of Science, which

---

[1] The move towards study in the space of general dimension was made possible by the old idea of vector calculus of Grassman helped by newer results of algebra.

[2] The only university in Czech lands before 1918 was Charles University in Prague. After 1903 (when the mathematician Prof. Karel Petr came to Charles University) teaching mathematics was reformed so that new teachers could be trained in order to meet demands of the intended second university. This happened in 1919 when Masaryk University was founded in Brno. There was also university in Bratislava (founded in 1919) but its Faculty of Science was founded only as late as 1940. Therefore if we speak about university education in Czechoslovakia in the interwar period, we can concentrate only on these two institutions.

emerged almost immediately after the fall of Austro-Hungarian Empire in 1918.[3] University studies were organised as in Austro-Hungarian Empire before 1918; teachers used to announce their lectures and students were mostly free to choose which lectures to attend. Exams (with the exception of state exams and some others) did not use to be obligatory. Branches of study - teacher training in mathematics and pure mathematics - were almost not distinguished;[4] this happened only short after 1945.

Lectures on analytic geometry were usually divided into course on analytic geometry in plane and in space or there were special courses on conic sections or surfaces or sometimes other courses.[5]

1.1 Textbooks of Analytic Geometry

The most important interwar university textbook of analytic geometry is *Uvod do analyticke geometrie* by BOHUMIL BYDZOVSKY, published in Prague in 1923.[6] It is in fact the only Czech university textbook of analytic geometry published between 1918 and 1938.

The book is similar to its predecessors (and most of the current book) as far as the approach to the subject is concerned; analytic geometry is regarded as a tool for the study of geometrical objects in the spaces of dimension two and three. It also strongly concentrates on the description of the usual cases of conic sections and quadratics.

---

[3] The first Faculty of Science was founded as a part of Masaryk University in Brno in 1919, Faculty of Science of Charles University in Prague was founded in 1920. Originally, mathematics and other sciences were taught together with humanities at Faculties of Arts (or Philosophy). Even though there were efforts to redefine their role at the turn of the century, they were not successful.

[4] A prospective teacher was required to pass a state exam at the end of the study.

[5] At Masaryk University in Brno the announced lectures include (all of them lasted one semester): Introduction to analytic geometry and spherical trigonometry, Analytic geometry, Introduction to analytic geometry of curves and surfaces of the 2nd grade, Use of algebra in geometry, Analytic geometry of conic sections, Analytic geometry of surfaces of the 2nd grade, Selected parts from analytic geometry in space, Introduction to the theory of geometric transformations, Introduction to analytic geometry, Introduction to geometry in the space of 4 or more dimensions, Analytic geometry in space.

[6] Bydzovsky, B.: Uvod do analyticke geometrie. Praha JCMF 1923; later re-edited in 1946 and published again in 1956.

In contrast to some earlier Czech texts the author tries to generalise and to give common characteristics of the objects and to study properties which they have in common. Singular cases are no longer regarded as deviations but as equally important. Homogeneous co-ordinates and complex elements are used as natural tools as are means of algebra (mostly theory of determinants). However, the textbook does not use the means of vector calculus yet, which results in the fact that the classical division of the subject (analytic geometry in plane and in space) is still maintained. Yet the absence of vector calculus influences mainly the overall approach to the subject and introductory parts of the book (deduction of the position of the point in space, intuitive introduction of the idea of co-ordinates, their transformation, etc.).

2. Changes in the Post-war Period

The time after 1945 saw a great development of university education - new schools were founded[7] and the concept of university studies changed. At the same time also the way analytic geometry and the way it was taught changed.

2.1 The Reform of University Studies

In 1949/50 school reforms which aimed to improve university education and especially to emphasise the role of didactics and to exercise control over the process of education were introduced. The idea of announcing lectures by teachers and choosing them by students was abandoned. The study becomes much more formalised - a detailed order of lectures was worked out for each field of study and a syllabus was prepared for each lecture. Moreover, a rigid order of exams was enforced.[8] As a result analytic geometry became a compulsory subject and every student of mathematics was required to pass an exam in it.

---

[7] E.g. the 3rd university in Czech lands, Palacky University in Olomouc, which was re-founded in 1946.

[8] In the first years of the reform there were two types of study - the old one (non-reformed study), where students continued under the original conditions, and the new one (reformed study).

2.2 Teacher Training at Universities

Another reform concentrated on the education of teachers. Before WWII only secondary school (gymnasium) teachers had been trained at universities; other teachers got their education at special non-university preparatory schools. After 1946/7 special Faculties of Education were created where teachers of all types of schools (other than secondary ones) were to be educated.[9] The original Faculties of Science and Faculties of Arts were supposed to concentrate on preparing experts in sciences or humanities (or secondary school teachers) only. Thus after 1945 the idea of systematic teacher training occurred.[10] Given the above- mentioned reform of studies, teacher training and pure studies divide at those faculties.

3. Analytic Geometry in University Textbooks

The following are the most important university textbooks of analytic geometry published in late 1940s or 1950s:

- BYDZOVSKY, B.: Uvod do analyticke geometrie.[11] 2nd ed. Praha Jednota csl. matematiku 1946
- CECH, E.: Zaklady analyticke geometrie 1, 2.[12] Praha Prirodovedecke vydavatelstvi 1951, 1952
- MASTNY, E.: Uvod do analyticke geometrie linearnich utvaru a kuzelosecek.[13] Praha SPN 1953
- KRAEMER, E.: Analyticka geometrie linearnich utvaru.[14] Praha CAV 1954

---

[9] This was true also for all teachers not only for the new students. The special preparatory schools were abolished.

[10] Its history is rather complicated, since in 1950s and 1960s many important changes were introduced. These included founding and later abolishing faculties and special types of schools (High Schools of Education). Full discussion of this topic would unfortunately require too much space.

[11] Introduction to analytic geometry.

[12] Basics of analytic geometry.

[13] Introduction to analytic geometry of linear objects and conic sections.

[14] Analytic geometry of linear objects.

- BYDZOVSKY, B.: Uvod do analyticke geometrie.[15] 3rd ed. Praha CAV 1956
- VANCURA, Z. Analyticka metoda v geometrii I, II, III.[16] Praha SNTL 1957

In the first one [Bydzovsky 1946] a number of important changes can be seen when we compare it to its first edition from 1923.[17] First of all, the ordering of the book is different - the book is no longer divided according to the dimension of the space (analytic geometry in plane vs. analytic geometry in space) but according to the dimension of geometrical objects (linear vs. quadratic analytic geometry). Furthermore, as the author suggests in the preface to the book:

> I have included some basic theorems about vectors which were indeed missed in the first edition. [BYDZOVSKY 1946, preface]

The most important of the above-mentioned books, however, is the book by EDUARD CECH, which is referred to and more or less followed by all the other authors.

3.1 Cech, E.: Zaklady analyticke geometrie

This book[18] differs from earlier texts in many respects yet there is one which stands out most clearly. CECH does not describe analytic geometry in plane or space nor of linear or quadratic objects but he studies analytic ge-

---

[15] Introduction to analytic geometry. This edition does not differ substantially from the edition of 1946.

[16] Analytic method in geometry.

[17] The list of foreign references includes (given in the form used in the book): H. Beck: Koordinatengeometrie. Berlin 1919; L. Bianchi: Lezioni di geometria analitica. Pisa 1915; Briot-Boucquet: Leçons de géométrie analitique. 23th ed. Paris 1919; Heffter-Koehler: Lehrbuch der analytischen Geometrie. I, II. Karlsruhe 1927, 1923; O. Schreir - E. Sperner: Einführung in die analytische Geometrie und Algebra I, II. Leipzig, Berlin 1931, 1935; L. Bieberbach: Analytische Geometrie. Leipzig, Berlin 1932; J. W. Archbold: Introduction to the algebraic geometry of a plane. London 1948; A. M. Lopshitz: Analiticzeskaja geometrija. Moscow 1948; B. N. Delone-Rajkov: Analiticzeskaja geometrija I a II, Moscow-Leningrad 1949; I. I. Privalov: Analiticzeskaja geometrija, Moscow-Leningrad 1949; K. Borsuk: Geometria analityczna v n wymiarach. Warsaw 1950; M. Stark: Geometria analityczna. Wratislaw-Wroclaw 1951; S. P. Finikov: Analiticzeskaja geometrija Moscow 1952; F. Leja: Geometria analityczna. Warsaw 1954

[18] No references are given.

ometry in a space of general dimension.[19] We shall now concentrate on how some of the basic ideas of analytic geometry are presented in the text.

The first task of the book is the same as with all previous texts - determining the position of the point in plane and giving the formula for the distance between two points. But since the approach of the book to analytic geometry is different, this is only an introduction to the idea of n-dimensional Euclidean space and the definition of vector and its properties. However, CECH's approach differs from the approach of earlier texts. First, he deduces the formula, then he calls a set E_m (where m is the number of co-ordinates in the distance formula) such that for every two points there exists a real number (i.e. their distance) a Euclidean space and then using the relation of equipolence derives the concept of vector and shows his properties. Only then does he introduce the concept of scalar product. Thus in the textbook the concept of vector space follows from the concept of Euclidean space.

The fact that CECH uses vectors does not mean that algebra prevails in his book or that geometry is insignificant. On contrast, the author favours the idea of "geometrical exposition" and at many places works with geometrical objects themselves rather than with the concept of co-ordinates. As he remarks in the preface:

> In this book, the aim of which is to give an elemental but logically exact explanation of the basics of analytic geometry, co-ordinates are used in order to give a precise definition of space but later they are used only exceptionally and the geometrical objects themselves are worked with. The choice of subject matter is given not by algebraic but rather by geometrical systematic. Instead of double speech, geometric and algebraic ones, and translating from one to another, I tried to fully identify geometrical and algebraic concepts. [CECH 1951, 5]

The concept of linear co-ordinate system is introduced in two steps. First, Cartesian system is given (i.e. the basis is required to be orthonormal) and only then the idea of a generalised linear system is deduced. Since from the beginning Euclidean spaces are used, also here Euclidean space is considered.

For a long time all the exposition is done in real numbers. Therefore a chapter "Imaginary Elements" is included in which all the so far discussed

---

[19] For the history of this idea in Czech mathematics cf. e.g. Bolzano: Betrachtungen ueber einige Gegenstande der Elementar Mathematik.

Introducing Vectors to Analytic Geometry 251

subject matter is summed up and all previously introduced concepts (vectors, points, vector and projective spaces, their subspaces, co-ordinate systems, collinear mappings) are extended into complex numbers.

Quadratics are discussed in the same manner as the rest of the book - in a strongly geometrical way; the theory of geometrical forms is used only at some places. In the book n-dimensional quadratics are studied; quadratics in P_3 and conic sections are studied as special cases in a different part of the book (their properties are only briefly discussed there, though). The emphasis is clearly on the idea of the study of n-dimensional quadratics in general. This enables the author to regard singular quadratics as regular ones in the space of a smaller dimension. Since dual projective spaces are introduced earlier in the book, dual quadratics are also studied.

A major drawback of the book (when it is to be used as a teaching material) is the level of intuitiveness. All the exposition is done in the space of n-dimensions, examples in plane or three-dimensional space are given only in a few cases, there is not the usual type of classification of curves or conic sections, etc. and there are almost no pictures in the books (six in volume I, six in volume II). This makes the book rather difficult for an average student.

3.1.1 Division of the Book

The book is divided into two parts; roughly speaking the first one deals with linear geometry and the second one with geometry of the quadratics.

The first two chapters of volume I are preparatory ones in which the basic concepts (Euclidean and vector space, co-ordinates, etc.) are introduced. Then affine geometry is dealt with, i.e. all the concepts for whose introduction the concept of scalar product is not necessary are discussed. The scalar product itself is defined in the next chapter which deals with the idea of perpendicularity; this is an introduction to further parts of the book where metrical geometry is discussed. Yet before that mappings and transformations are dealt with; however, the author is not interested in coincidences and homotheties only but rather in mappings in general. He is trying to avoid the use of algebraic language as much as possible here. However, the following chapter deals with description of subspaces by the means of equations. In the end angles are discussed in a great detail.

Volume II begins with explaining the idea of projective space, which is necessary for the study of quadratics. First, some concepts of projective geometry are studied (e.g. collinear mappings) then the above-mentioned chapter "Imaginary Elements" is included. The main part of volume II is dedicated to the study of projective geometry of quadratics in n-dimensional space.

3.2 Other Texts

EDUARD CECH's book was rather difficult for students and was not widely used for teaching.[20] However, some of its ideas were developed in the texts which have been mentioned earlier. These texts, especially:

- KRAEMER, E.: Analyticka geometrie linearních utvaru. Praha CAV 1954
- BYDZOVSKY, B.: Uvod do analyticke geometrie. 3rd ed. Praha CAV 1956

were used as teaching material at the newly established schools which concentrated on teacher training. Naturally, they abandon the idea of analytic geometry in n-dimensional space. The concepts are explained in much greater detail and at a slower pace. They are also much more intuitive since they describe situation in the plane and three-dimensional space only. This is true also for the algebraic means used in the books - e.g. in KRAEMER's textbook co-ordinates are deduced in the plane and space and the generalization is missing. The deduction, however, is done by means of vector calculus. Thus we can say that the books which follow EDUARD CECH discuss the classical subject matter (i.e. analytic geometry in plane and space) but they do so using modern means. The idea of "working with geometrical objects themselves" proposed by E. CECH was abandoned though.

3.2.1 Kraemer, E.: Analyticka geometrie linearnich utvaru, 1956

This is a very interesting textbook because it deals with analytic geometry of linear objects only - the quadratics are not included at all.[21] The book is

---

[20] It was used though at the Faculty of Mathematics and Physics, Charles University, Prague since 1951/2 in the 1st and 2nd year (for several years only).

[21] The list of foreign references includes (given in the form used in the book): Privalov, Analiticzeskaja geometrija, Gostechizdat, Moscow-Leningrad 1949; Finikov, Analiticzeskaja geometrija, Uczpedgiz, Moscow 1952; Delone-Rajkov, Analiticzeskaja geometrija I a II, Gostechizdat, Moskva-Leningrad 1949; Okunjev, Vysshaja algebra,

divided into two parts where affine and metrical geometry are discussed. Apart from the linear objects themselves, the idea of transformation of co-ordinates is also present.[22]

All the exposition is clear and intuitive. Since quadratics are not studied, complex or homogeneous elements are not discussed.

3.2.2 Mastny, E.: Uvod do analyticke geometrie linearnich utvaru a kuzelosecek, 1953

Analytic geometry in this textbook is built using modern means.[23] The basic problem of determining the position of the point in plane is not solved in the classical intuitive way but by means of the theory of vector spaces. As a result neither polar nor any other co-ordinate systems are introduced. The concept of co-ordinates is derived in a different way than in CECH's textbook - first, general linear co-ordinate system is introduced using the theory of vector spaces and only then the author shows that the Cartesian co-ordinate system is its special case. As in the book by EDUARD CECH the concept of vector space follows from the concept of Euclidean space, not vice versa.

The classical approach, however, is still present. For example, the definition of conic sections explicitly excludes singular or imaginary regular cases.

Conclusion

The paper has briefly introduced the time of late 1940's and early 1950's in respect of teaching analytic geometry at universities in Czechoslovakia. Two main facts which influenced teaching the subject at that time and their impact in textbooks have been discussed: the reforms of university education and the change in the approach to analytic geometry itself.

Gostechizdat, Moscow-Leningrad 1949; Kurosh, Kurs vysshej algebry, Gostechizdat, Moscow-Leningrad, 1952

[22] The book explains the subject matter in a great detail - the amount of text is about the same as in the following book (by E. Mastny).

[23] The list of foreign references includes (given in the form used in the book): Cuberbilljer O. N., Zadaczi i uprazhnjenija po analiticzeskoj geometrii, Moscow-Leningrad 1949; Privalov, M. M., Analiticzeskaja geometrija, Gostechizdat, 1948; Delone, B. N.-Rajkov, D. A., Analiticzeskaja geometrija I a II, Moscow-Leningrad 1948

References

BYDZOVSKY, B.: Uvod do analyticke geometrie. Praha CAV 1923; 2nd ed. Praha Jednota csl. matematiku 1946; 3rd ed. Praha CAV 1956

CECH, E.: Zaklady analyticke geometrie 1, 2. Praha Prirodovedecke vydavatelstvi 1951, 1952

HAVRÁNEK, J. et al.: Dejiny Univerzity Karlovy 1802 - 1908. Praha Karolinum 1997

HAVRÁNEK, J., POUSTA Z. et al.: Dejiny Univerzity Karlovy 1918 - 1990. Praha Karolinum 1998

KADNER, O.: Vyvoj a dnesni soustava skolstvi I, II Praha Sfinx 1929

KNICHAL, V.: Eduard Cech: Zaklady analyticke geometrie. CMP **78** 265 - 269, 1953

KRAEMER, E.: Analyticka geometrie linearnich utvaru. Praha CAV 1954

MASTNY, E.: Uvod do analyticke geometrie linearnich utvaru a kuzelosecek. Praha SPN 1953

METELKA, V.: Emil Kraemer: Analyticka geometrie linearnich utvaru. CPM **80** 103 - 104, 1955

Seznam prednasek na Masarykove univerzite. Brno MU 1919 - 1938 (Indexe of lectures at Masaryk University)

VANCURA, Z. Analyticka metoda v geometrii I, II, III. Praha SNTL 1957

Dr. Michal Novák, Technicka 8, 616 00 Brno, Czech Republic, tel. +420-5-41143135, e-mail: novakm@dmat.fee.vutbr.cz

Über die Rytzsche Achsenkonstruktion der Ellipse

Zbyněk Nádeník

Einleitung 255
1. Konstruktion von David Rytz 256
2. Übersichtsartikel von Carl Pelz 257
3. Konstruktion von A.-F. Frézier 259

Einleitung

Das Thema gehört der darstellenden Geometrie. Obwohl ich während meiner fast 45-jährigen Tätigkeit an der Technischen Hochschule Prag niemals die Vorlesungen über die darstellende Geometrie gehalten habe, habe ich das Interesse für sie nicht verloren.

Zum Thema habe ich zwei Impulse gehabt.

Erstens: An einer inländischen Tagung im Jahre 1993 über die darstellende Geometrie und Computergraphik habe ich die Verbindung der darstellenden und analytischen Geometrie befürwortet. Ich habe dabei die Einwendung gehört, daß die RYTZsche Achsenkonstruktion einen einfachen analytischen Beweis nicht zuläßt; bekanntlich ist diese Konstruktion in der darstellenden Geometrie tausendmal angewandt worden. Damals konnte ich diesen Einwand nicht widerlegen. Das habe ich erst unlängst in dem Aufsatz "Über die Achsenkonstruktion der Ellipse aus ihren konjugierten Durchmessern" (tschechisch) getan. Ich habe in diesem Artikel 15 Achsenkonstruktionen gesammelt (bis zum Anfang des 20. Jhs.) und analytisch bewiesen. Dabei habe ich diejenigen Konstruktionen nicht betrachtet, die entweder explizit die Affinität zwischen dem Kreis und der Ellipse benutzen oder auf den projektivischen Eigenschaften beruhen.

Zweitens: Für einen dem Professor der Geometrie JAN SOBOTKA (1862-1931; wirkte an der Technischen Hochschule in Wien, an der tschechischen Technischen Hochschule in Brünn und an der tschechischen Universität in Prag) gewidmeten Sammelband habe ich eine Analyse seines Lehrbuches "Darstellende Geometrie der Parallelprojektion" (tschechisch, Prag 1906) geschrieben. J. SOBOTKA hat einige Achsenkonstruktionen der Ellip-

se reproduziert, darunter auch eine Konstruktion von AMÉDÉE-FRANÇOIS FRÉZIER (1682-1773), dem wichtigsten Vorgänger von GASPARD MONGE (1746-1818) in seiner "Géométrie descriptive", Paris 1795. J. SOBOTKA hat nicht bemerkt, daß die Konstruktion von A.-F. FRÉZIER fast identisch mit der Konstruktion von DAVID RYTZ (1801- 1868) ist.

1. Konstruktion von David Rytz

Es seien C $[c_1,c_2]$ und D $[d_1,d_2]$ zwei Punkte der Ellipse $x^2/a^2 + y^2/b^2 = 1$, deren Mittelpunkt freilich der Aufpunkt des orthogonalen Systems der Koordinaten x, y ist. Wenn die Tangente im Punkt C parallel zum Halbmesser OD ist, so ist auch die Tangente im Punkt D parallel zum Halbmesser OC. Die Halbmesser OC und OD mit dieser Eigenschaft heißen konjugiert. Das ist dann und nur dann der Fall, wenn $c_1d_1/a^2 + c_2d_2/b^2 = 0$. Diese Gleichung bedeutet (freilich mit $c_1^2/a^2 + c_2^2/b^2 = 1$, $d_1^2/a^2 + d_2^2/b^2 = 1$), daß die Matrix

$$\begin{pmatrix} c_1/a & c_2/b \\ d_1/a & d_2/b \end{pmatrix}$$

orthogonal ist. Das ist der gemeinsame Ausgangspunkt für die analytischen Beweise der Achsenkonstruktionen einer Ellipse aus ihren konjugierten Halbmessern.

Die in der darstellenden Geometrie weit bekannteste Achsenkonstruktion stammt von DAVID RYTZ (Professor an der Gewerbeschule in Aarau in der Schweiz). Ohne den Beweis hat er sie seinem Kollegen LEOPOLD MOSSBRUGGER (1796-1864, Professor an der Kantonschule in Aarau) mitgeteilt. MOSSBRUGGER hat in seinem Büchlein "Größtentheils neue Aufgaben aus dem Gebiete der Géométrie descriptive" (Zürich 1845) die Konstruktion von RYTZ als Anhang veröffentlicht und zugleich - unter Zuhilfenahme der Trigonometrie und der Apollonischen Formeln - bewiesen. Der Anhang ist 1853 auch im Archiv der Math. und Physik **20**, 118-120 abgedruckt worden.

Die RYTZsche Achsenkonstruktion aus den konjugierten Halbmessern OC, OD verläuft folgenderweise: Im Mittelpunkt O errichten wir die Senkrechte OD_R zum Halbmesser OD; dabei sei $|OD_R| = |OD|$ (Streckenlängen). Wir bestimmen den Mittelpunkt S_R der Strecke CD_R und an der Verbindungslinie CD_R nehmen wir die Punkte A' und B' mit $|S_RA'| = |S_RB'| =$

$|S_RO|$. Die Punkte A' und B' liegen auf den gesuchten Achsen und die Längen der Halbachsen sind $|A'D_R| = |B'C|$ und $|A'C| = |B'D_R|$.

GINO LORIA (1862-1953) in seinem Buch "Storia della Geometria Descrittiva ..." (Mailand 1921, 301) äußert sich über die RYTZsche Konstruktion in dem Sinne, daß sie eine Einfachheit und Eleganz hat, die schwer zu übertreffen sind.

2. Übersichtsartikel von Carl Pelz

CARL PELZ (1845-1908, Professor der darstellenden Geometrie an der Technischen Hochschule in Graz und an der tschechischen Technischen Hochschule in Prag) hat 1876 den Aufsatz "Construction der Axen einer Ellipse aus zwei conjugierten Diametern" (Jahresbericht der Staatsrealschule in Teschen 1876, 2-14) veröffentlicht.

PELZ hat die Konstruktion folgender Autoren behandelt (in chronologischer Reihenfolge):

1830	Vorlagen, die die Deputation für Gewerbe in Berlin für Maurer herausgegeben hat.
1837	M. CHASLES: Aperçu historique sur l'origine et le développement des méthodes en Géométrie, Bruxelles; 2.Aufl. Paris 1875, p. 45 und p. 359-362 (deutsche Übersetzung Halle 1839, p. 42 und p. 382-386)
1845	D. RYTZ, L. MOSSBRUGGER
1849	M. MEYER, Archiv der Math. und Physik 13, p. 406-409
1853	L. MOSSBRUGGER
1867	J. STEINER: Vorlesungen über synthetische Geometrie, Lpz.; Band I (bearbeitet von C. GEISLER), S. 77-78; Band II (bearbeitet von H. SCHRÖTER), S. 178-179
1871	G. DELABAR: Die Polar- und Parallelperspektive, Freiburg; Archiv der Math. und Physik 52, 310-312
vor 1876	N. FIALKOWSKI: Zeichnende Geometrie, Wien-Leipzig, 3. Aufl. 1882, Aufgaben 1069-1071

Diese drei älteren Verfasser nennt C. PELZ nicht:

4. Jh.	PAPPOS; F. HULTSCH, Ed.: Pappi Alexandrini Collectionis, Berlin, Band III 1878, 1083
1750/51	L. EULER: Novi Commentarii Academiae Petropolitanae 3, S. 224-234
1737	A.-F. FREZIER: La théorie et la pratique de la coupe des pierres et des bois, Strasbourg-Paris, Band I, 132-133

PAPPOS hat die Konstruktion, die APOLLONIOS VON PERGE zugeschrieben wird, nicht bewiesen. Das hat L. EULER in der zitierten Arbeit gemacht, in der er 4 weitere, auch ziemlich komplizierte Konstruktionen hergeleitet hat. Auf diese Arbeit haben M. CHASLES 1837 (Aperçu historique ..., p. 45; deutsche Übersetzung, S. 42) und O. TERQUEM 1844 (Nouvelles Annales de Math. 3, p. 349) aufmerksam gemacht. Für den Hinweis auf die Arbeit von L. EULER danke ich auch P. SCHREIBER (Universität Greifswald).

Die Konstruktion aus den Vorlegeblättern 1830 ist - nach der Beschreibung von PELZ - mit der Konstruktion von FRÉZIER identisch.

M. CHASLES hat zuerst die räumliche Aufgabe gelöst: Gegeben sind drei konjugierte Halbmesser eines Ellipsoids; man soll seine Achsen bestimmen. Durch die Reduktion hat er auch den ebenen Fall erledigt.

J. STEINER wirkte an der Berliner Universität seit dem Jahre 1835 und die oben zitierten Bücher sind erst vier Jahre nach seinem Ableben erschienen. Die Konstruktion aus dem Band I fällt mit der von M. CHASLES zusammen. Theoretisch ist also möglich, daß J. STEINER schon in den Jahren 1835-1837 über die Konstruktion in seinen Vorlesungen gesprochen hat. Aber die Zutritte von M. CHASLES und J. STEINER sind ganz verschieden und sprechen deutlich gegen jede Spekulation.

G. DELABAR hat seine Konstruktion zweimal abgedruckt, obwohl sie mit der Konstruktion von RYTZ identisch ist. Zwischen den in derselben Zeitschrift veröffentlichten Arbeiten von G. DELABAR und L. MOSSBRUGGER ist das Zeitintervall von ungefähr 20 Jahren.

N. FIALKOWSKI (die 1. oder 2. Aufl. seiner Sammlung habe ich in Prag nicht gefunden) wiederholt die Konstruktion von M. CHASLES und D. RYTZ, aber er zitiert sie nicht.

3. Konstruktion von A.-F. Frézier

A.-F. FRÉZIER war französischer Militäringenieur und in den Jahren 1740-1764 Direktor der Befestigungsarbeiten in Bretagne. Aus seinen vielen Büchern besonders über die Architektur und das Bauwesen hat der erste oben im Abschn. 2 zitierte und der geometrischen Theorie gewidmete Band des 3-bändigen Werkes über den Steinschnitt besondere Bedeutung.

Bei den gegebenen konjugierten Halbmessern OC, OD konstruiert A.-F. FRÉZIER die durch den Punkt C gehende Senkrechte zum Halbmesser OD (d.h. die Normale der Ellipse im Punkte C). Auf dieser Senkrechten bestimmt er den Punkt D_F mit $|CD_F| = |OD|$. Dann konstruiert er den Mittelpunkt S_F der Strecke OD_F (D. RYTZ den Mittelpunkt S_R der Strecke CD_R). Die Mittelpunkte S_F und S_R fallen freilich zusammen. Weiter sind die Konstruktionen von A.-F. FRÉZIER und D. RYTZ vollständig identisch. Das, was A.-F. FRÉZIER zu seiner Konstruktion als Beweis beigefügt hat, ist - kurz gesagt - kein Beweis.

Die älteste mir bekannte Bemerkung über die FRÉZIERsche Konstruktion befindet sich bei CHRISTIAN WIENER: "Lehrbuch der darstellenden Geometrie", Band I, Leipzig 1884, 291-293. Er gibt die Konstruktion von A.-F. FRÉZIER und von D. RYTZ nacheinander wieder, doch er macht nicht auf deren Ähnlichkeit aufmerksam. Er schreibt:

> "Die einfachste der bekannten Konstruktionen führt schon FRÉZIER, jedoch mit einem ungenügenden Beweis versehen, an."

O. BAIER (Professor der Geometrie an der Technischen Universität München 1960-1971, sein Vorgänger war F. LÖBELL in den Jahren 1934-1959) beginnt seinen Aufsatz "Zur RYTZschen Achsenkonstruktion" aus dem Jahre 1967 (Elemente der Math. **22**, 107-108) auf diese Weise:

> "Aus dem Nachlass von F. LÖBELL wurde dem Institut für Geometrie an der Technischen Hochschule München eine sehr sorgfältige Niederschrift einer Vorlesung von FRIEDRICH SCHUR über darstellende Geometrie überlassen. Darin ist die bekannte Konstruktion der Hauptachsen einer Ellipse aus zwei konjugierten Halbmessern nicht wie üblich als "RYTZsche Konstruktion" bezeichnet, sondern es findet sich dort der Vermerk: FRÉZIER, Coupe des pierres et des bois, 2e éd., t. 1, 1754, p. 159."

Und im letzten Satz des Artikels schreibt O. BAIER:

"Die bislang nach RYTZ benannte Konstruktion wird daher besser nach FRÉZIER benannt, wenigstens so lange, als hierfür kein früherer Autor nachgewiesen ist."

LA THEORIE ET LA PRATIQUE
DE LA
COUPE DES PIERRES
ET DES BOIS,
POUR LA CONSTRUCTION DES VOUTES
Et autres Parties des Bâtimens Civils & Militaires,
OU
TRAITÉ DE STEREOTOMIE
A L'USAGE DE L'ARCHITECTURE.
Par M. FREZIER, Chevalier de l'Ordre Militaire de Saint Louis,
Ingenieur ordinaire du Roy en Chef à Landau

TOME PREMIER.

A STRASBOURG,
Chez JEAN DANIEL DOULSSEKER le Fils, Marchand Libraire
à l'entrée de la Ruë dite Flader-Gafs,
A PARIS,
Chez L. H. GUERIN l'aîné, Ruë St. Jacques, vis-à-vis St. Yves.

M DCC XXXVII.

Abb.: FREZIER, Coupe des pierres et des bois, 2ᵉ éd., t. 1, 1754 (Titel)

Prof. Dr. Zbyněk Nádeník, Libocká 262-14, CZ-162 00 Praha 6
Tschechische Republik

Karel Rychlík and his Mathematical Contributions

Magdalena Hykšová[1]

Introduction	261
1. Life of Karel Rychlík	261
2. Work of Karel Rychlík	262
2.1 Algebra and Number Theory	262
2.2 Mathematical analysis	267
2.3 Works Devoted to Bernard Bolzano	268
2.4 Other Works on History of Mathematics	268
2.5 Textbooks, Popularization Papers, Translations	269
Bibliography	269

Introduction

The paper contains some remarks concerning the life and above all the work of the Czech mathematician KAREL RYCHLÍK. More detailed papers on this subject were published as [Hykšová 2001], [Hykšová 2001a].[2]

1. Life of Karel Rychlík

Let us mention several facts on the life of KAREL RYCHLÍK first.

16th April, 1885 born in Benešov (near Prague)
1904   passed the leaving examination at the grammar school, Prague
       appointed Active Member of the Union of Czech Math. and Phys.
1904-7 student at the Philosophical Faculty of Charles University, Prague
1907-8 student at Sorbonna, Paris
1908   passed the "teacher examination"
1909   appointed assistant lecturer at the Philosophical Faculty
1909   achieved the "Doctor of Philosophy" degree
1912   appointed private associate professor at the Philosophical Faculty

---

[1] This work was supported by the grant LN00A041 of the Ministry of Education of the Czech Republic.

[2] The papers and other information (omitted here for spatial reasons) are also available on Rychlík's Internet pages: http://euler.fd.cvut.cz/publikace/HTM/Index.html.

1913 appointed assistant lecturer at Czech Technical University, Prague
1913 appointed private associate professor at Czech Technical Univ.
1918 married
1920 declared adjunct professor at Czech Technical University
1922 appointed member of the Royal Bohem. Soc. of Sciences (KČSN)
1923 declared full professor at Czech Technical University
1924 appointed member of the Bohemian Academy of Sciences and Arts
1924 became member of the Bolzano Committee under KČSN
1934-5 dean of the Faculty of Mechanical and Electrical Engineering
1948 retired
28th May, 1968 died in Prague

From today's view, it was a pity that RYCHLÍK remained only private associate professor at Charles University. The main subject of his research was algebra and number theory. It was possible, even necessary, to read such topics at Charles University. In fact, RYCHLÍK was the first who introduced methods and concepts of "modern" abstract algebra in our country - by means of his published treatises as well as university lectures. Besides, as a professor there he would have had a stronger influence on the young generation of Czech mathematicians. But RYCHLÍK spent most of his time (and energy) at the Technical University where he had to adapt his lectures to the purposes of future engineers.

2. Work of Karel Rychlík

RYCHLÍK's publications can be divided into five groups, corresponding to the following sections.

2.1 Algebra and Number Theory

At the beginning of his career RYCHLÍK wrote several works on algebra without a deeper relation to his later publications; as far as the theme is concerned, they belong rather to algebra of the nineteenth century. Among them we can find one work devoted the theory of equations (1908), one work on the groups of transformations (1909, dissertation) and a couple of papers on the theory of algebraic forms (1910 and 1911, inceptive works).

The principal papers of KAREL RYCHLÍK can be divided as follows.

1. g-adic numbers (4 papers)
2. Valuation Theory (2)

Karel Rychlík and his Mathematical Contributions

3. Algebraic Numbers, Abstract Algebra (10)
4. Determinant Theory (2)

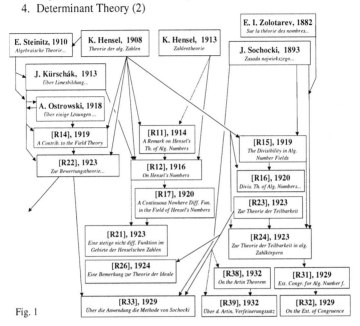

Fig. 1

Figure 1 shows the survey of quotations in RYCHLÍK's principal algebraic papers (except the two papers on determinant theory that stay a little bit aside).[3] It is evident that RYCHLÍK was above all influenced by K. HENSEL. Notice that the works were published between 1914 and 1932, that is, in the period of the birth and formation of the "modern" abstract algebra. Regrettably, only a few of RYCHLÍK's papers were published in a generally renowned magazine - *Crelle's Journal*; most of them were published in de facto local Bohemian journals. It was certainly meritorious for the enlightenment in the Czech mathematical public, but although some of the works were written in German, they were not noticed by the mathematical community abroad, even though they were referred in *Jahrbuch* or *Zentralblatt*. On the other hand, RYCHLÍK's papers published in Crelle's Journal became known and they have been cited in the literature.

---

[3] The symbol [R14] stands for the 14th item in the complete list of publications, which is published in [Hykšová 2001].

In his papers RYCHLÍK mostly came out of a certain work and gave some improvement - mainly he based definitions of the main concepts or proofs of the main theorems on another base, in the spirit of abstract algebra, which meant the generalization or simplification. The typical feature of his papers is the brevity, conciseness, topicality as well as (from the point of view of that time) the "modern" way of writing.

2.1.1 g-adic Numbers

In the first paper [Rychlík 1914] of the considered group RYCHLÍK generalizes HENSEL's ideas concerning additive and multiplicative normal form of g-adic numbers, which he extends to algebraic number fields.

The second paper [Rychlík 1916] is devoted the introduction and properties of the ring of g-adic numbers. While HENSEL took the way analogous to the construction of the field of real numbers by means of decimal expansions, RYCHLÍK came out - alike CANTOR - from the concepts of fundamental sequence and limit. As he notes, one of the merits p-adic numbers (for a prime p) came from KÜRSCHÁK [Kürschák 1913], who introduced the concept of *valuation*. RYCHLÍK generalized the notion of limit in a slightly different way, closer to HENSEL. Moreover, he studied comprehensively rings of g-adic numbers for a composite number g. KÜRSCHÁK's of this approach is, that directly from the definition, it can be immediately seen that the ring of g-adic numbers depends only on primes contained in g, not on their powers. Of course, the idea of constructing the field of paper [Kürschák 1913] is cited only in the postscript that seems to be written subsequently.

It is plausible he came to the idea of the generalization of CANTOR's approach independently of KÜRSCHÁK.[4] In the mentioned postscript RYCHLÍK generalized KÜRSCHÁK's technique for the case of the composite number g and defined what was later called *pseudo-valuation* of a ring R.[5]

---

[4] At least since 1909, when he lectured in the Union of Czech Mathematicians and Physicists *On Algebraic Numbers according to Kurt Hensel*, Rychlík had been involved in this topics and was trying to improve Hensel's ideas - here the solid foundation of the basic concepts was in the first place.

[5] It is almost unknown but interesting that Rychlík defined this concept 20 years before the publication of Mahler's paper [Mahler 1936], which is usually considered as a work where the general pseudo-valuation (Pseudobewertung) was introduced.

In 1920 KAREL PETR published in the Czech journal *Časopis pro pěstování mathematiky a fysiky* (ČPMF) a very simple example of a continuous non-differentiable function [Petr 1920]. Only the knowledge of the definition of continuity and derivative and a simple arithmetical theorem is necessary to understand both the construction and the proof of continuity and non-differentiability of the function, defined on the interval [0,1] as follows: if $x = a_1 10^{-1} + a_2 10^{-2} + \cdots$, where $a_k \in \{0,1,\ldots,9\}$, then $f(x) = b_1 2^{-1} \pm b_2 2^{-2} \pm \cdots$, where $b_k = 0$ (1) for even a_k (odd a_k) and the sign before b_{k+1} is opposite than the one before b_k if $a_k \in \{1,3,5,7\}$, the same otherwise.

The graph of an approximation of PETR's function can be seen in the left picture. To show it more graphically, a four-adic number system was used. Compared with the graph on the right, the necessity of the exception to the rule of sign assignment awarded to the digit 9 can be understood; the result would not be a continuous function.

In the same year and the same journal RYCHLÍK generalized PETR's function in the paper [Rychlík 1920]; the German variant [Rychlík 1923] was published two years later in Crelle's journal. RYCHLÍK carried the function from the real number field **R** to the field of *p*-adic numbers $\mathbf{Q}_p$:

if $\quad x = a_r p^r + a_{r+1} p^{r+1} + \ldots;\quad r \in \mathbf{Z}, a_k \in \{0, 1, \ldots, p-1\}$,

then $\quad f(x) = a_r p^r + a_{r+2} p^{r+2} + a_{r+4} p^{r+4} + \ldots$

The proof that the function described in this way is continuous in $\mathbf{Q}_p$, but has not a derivative at any point in this field, is rather elementary. At the end RYCHLÍK mentions that it would be possible to follow the same considerations in any field of *p*-adic algebraic numbers (introduced by HENSEL) subsistent to the algebraic number field of a finite degree over **Q**.

We shall remark that this work of RYCHLÍK was one of the first published papers dealing with *p*-adic continuous functions. In HENSEL's [Hensel

1913] some elementary p-adic analysis can be found, otherwise it was developed much later (Šnirelman, Dieudonné, de Groot etc.).[6]

2.1.2 Valuation Theory

In his paper [Kürschák 1913] J. KÜRSCHÁK introduced the concept of valuation as a mapping $\|\cdot\|$ of a given field K into the set of non-negative real numbers, satisfying the following conditions:

(V1) $\|a\|>0$ if $a\in K$, $a\neq 0$; $\|0\|=0$,
(V2) $\|1+a\|\leq 1+\|a\|$ for all $a\in K$,
(V3) $\|ab\|=\|a\|\cdot\|b\|$ for all $a,b\in K$,
(V4) $\exists\, a\in K:\ \|a\|\neq 0, 1$.

The main result of KÜRSCHÁK's paper is the proof of the following theorem.

THEOREM. Every valued field K can be extended to a complete algebraically closed valued field.

First, KÜRSCHÁK constructs the completion of K in the sense of fundamental sequences; it is not difficult to extend the valuation from K to its completion. Then he extends the valuation from the complete field to its algebraic closure. Finally, he proves that the completion of the algebraic closure is algebraically closed. The most difficult step is the second one. KÜRSCHÁK shows that if α is a root of a monic irreducible polynomial

(1) $f(x) = x^n + a_1 x^{n-1} + \cdots + a_n, \qquad a_i \in K,$

it is necessary to define its value as $\|\alpha\| = \|a_n\|^{1/n}$. To prove that this is the valuation, the most laborious and lengthy point is the verification of the condition (V2). For this purpose KÜRSCHÁK generalizes HADAMARD's results concerning power series in the complex number field. Nevertheless, at the beginning of his paper KÜRSCHÁK remarks that in all cases, where instead of the condition (V2) a stronger condition (V2') $\|a+b\| \leq \text{Max}(\|a\|, \|b\|)$ holds for all $a, b \in K$, i.e. for non-archimedean valuations, it is possible to generalize HENSEL's considerations concerning the decomposition of polynomials over $\mathbf{Q}_p$, especially the assertion, later called *Hensel's Lemma*:

---

[6] See [Hykšová 2001]; for a detailed bibliography see also [Więsław 1970].

LEMMA (HENSEL). If the polynomial (1) is irreducible and $\| a_n \| < 1$, then also $\| a_i \| < 1$ for all coefficients a_i, $1 \leq i \leq n$.

He didn't prove Hensel's Lemma for a field with a non-archimedean valuation - he wrote he had not succeeded in its generalization for all cases, it means for archimedean valuations too. So he turned to the unified proof based on HADAMARD's theorems, valid for all valuations.

A. OSTROWSKI proved in his paper [Ostrowski 1918] that every field K with an archimedean valuation is isomorphic to a certain subfield $\overline{K}$ of the complex number field $\mathbf{C}$ in the way that for every $a \in K$ and the corresponding $\overline{a} \in \overline{K}$ it is $\| a \| = |\overline{a}|^\rho$, where $|\cdot|$ is the usual absolute value on $\mathbf{C}$, $0 < \rho < 1$, ρ does not depend on a (such valuations are called equivalent). In other words, up to isomorphism, the only complete fields for an archimedean valuation are $\mathbf{R}$ and $\mathbf{C}$, where the problem of the extension of valuation is trivial. Hence it is possible to restrict the considerations only to non-archimedean valuations and use the generalization of Hensel's Lemma.

And precisely this was into full details done by KAREL RYCHLÍK in [Rychlík 1919] and [Rychlík 1923]. The second paper is the German variant of the first one written in Czech with practically the same content. But only the German work became wide known - thanks to its publication in Crelle's journal, while its Czech original was not noticed by the mathematical community abroad. The paper [Rychlík 1923] is cited e.g. by H. HASSE, W. KRULL, M. NAGATA, W. NARKIEWICZ, A. OSTROWSKI, P. RIBENBOIM, P. ROQUETTE, O. F. G. SCHILLING, F. K. SCHMIDT, W. WIĘSŁAW and others.[7]

2.1.3 Theory of Algebraic Numbers, Abstract Algebra

The papers included in this group were published in Czech journals, in Czech or German, and remained almost unknown outside Bohemia. They are, nevertheless, very interesting and manifest RYCHLÍK's wide horizons as well as the fact that he followed the latest development in the theory, studied the current mathematical literature, noticed problems or possible generalizations that later turned out to be important. Let us only mention that in his papers we can find the definition of divisors in algebraic number

---

[7] For exact citations see [Hykšová 2001]. For a detailed description of the history of valuation theory see e.g. [Roquette 2001].

fields via a factor group, introduction of divisibility via the concept of a semi-group and other ideas.

Worth mentioning is also the paper [Rychlík 1931] where a nice and simple proof of the assertion on the zero determinant of a matrix over a field of characteristic 2, in which two rows or columns are identical.

2.2 Mathematical analysis

Seven RYCHLÍK's papers belong to mathematical analysis. Among them there are two couples consisting of Czech and German variant of almost the same text. Otherwise, the works on analysis are mutually independent.

2.3 Works Devoted to Bernard Bolzano

As far as the number of citations is concerned, this domain is unequivocally in the first place. Preparing for printing BOLZANO's *Functionenlehre* [Bolzano 1930] and two parts of *Zahlenlehre* ([Bolzano 1931], [Rychlík 1962]), RYCHLÍK earned the place in practically all BOLZANO's bibliographies. Known is also the paper [Rychlík 1921] containing the correct proof of continuity and non-differentiability of BOLZANO's function that was published only in [Bolzano 1930], but constructed before 1834. The "discovery" of this function caused a real sensation - BOLZANO was ahead of his time by several decades.[8]

In 50's and 60's RYCHLÍK invested almost all his energy just in this topic. He intensively studied BOLZANO's unpublished manuscripts, rewriting some of them, others making the subjects of his published studies (above all BOLZANO's logic and the theory of real numbers).

2.4 Other Works on History of Mathematics

A range of other papers on the history of mathematics more or less relates to BOLZANO (the works devoted to N. H. ABEL, A.-L. CAUCHY and the prize of the Royal Bohemian Society of Sciences for the problem of the solvability of algebraic equations of the degree higher then four in radi-

---

[8] For more details see [Hykšová 2001a], where also the activities of Karel Rychlík and other Czech mathematicians are described.

cals). Some of the remaining papers are only short reports or processing of literature, the others contain a good deal of original work based on primary sources (the papers devoted to É. GALOIS, F. KORÁLEK, M. LERCH, E. NOETHER, F. RÁDL, B. TICHÁNEK, E. W. TSCHIRNHAUS and F. VELÍSEK). Moreover, RYCHLÍK adds his own views and valuable observations, the fact of which shows his deep insight and serious interest in both the history of mathematics and mathematics itself.

2.5 Textbooks, Popularization Papers, Translations

In the Czech mathematical community, RYCHLÍK's name is mostly related to his textbooks on elementary number theory and theory of polynomials with real coefficients, which are certainly very interesting and useful, but which are not "real" scientific contributions. Worth mentioning is the less known textbook on probability theory published in 1938, written for students of technical university, yet in a very topical way - axiomatically.

Bibliography

BOLZANO, BERNARD: Functionenlehre. KČSN, Prague 1930 [edited and provided with notes by K. Rychlík; the foreword by K. Petr].

BOLZANO, BERNARD: Zahlentheorie. KČSN, Prague 1931 [edited and provided with notes by K. Rychlík].

HENSEL, KURT: Theorie der algebraischen Zahlen I. Teubner, Leipzig 1908.

HENSEL, KURT: Zahlentheorie. Göschen, Berlin und Leipzig 1913.

HYKŠOVÁ, MAGDALENA: Life and Work of Karel Rychlík. In: Mathematics throughout the Ages, Prometheus, Prague 2001, 67-91.

HYKŠOVÁ, MAGDALENA: Remark on Bolzano's Inheritance Research in Bohemia. Ibid., 258-286.

KÜRSCHÁK, JÓZSEF: Über Limesbildung und allgemeine Körpertheorie. Crelle[9] **142**(1913), 211-253.

MAHLER, KURT: Über Pseudobewertungen. Acta Math. **66**(1936), 79-119.

---

[9] Journal für die reine und angewandte Mathematik.

OSTROWSKI, ALEXANDER: Über einige Lösungen der Funktionalgleichung $\varphi(x) \cdot \varphi(y) = \varphi(xy)$. Acta Math. **41**(1918), 271-284.

PETR, KAREL: An Example of a Continuous Function that has not a Derivative at any Point. ČPMF[10] **49**(1920), 25-31 (Czech).

ROQUETTE, PETER: History of Valuation Theory. 2001 (manuscript).[11]

RYCHLÍK, KAREL: A Remark on Hensel's Theory of Algebraic Numbers. Věstník 5. sjezdu českých přír. a lékařů v Praze, 1914, 234-235 (Czech).

RYCHLÍK, KAREL: On Hensel's Numbers. Rozpravy[12] **25**(1916), Nr. 55, 16 pp. (Czech).

RYCHLÍK, KAREL: A Contribution to the Field Theory. ČPMF **48**(1919), 145-165 (Czech).

RYCHLÍK, KAREL: A Continuous Nowhere Differentiable Function in the Field of Hensel's Numbers. ČPMF **49**(1920), 222-223 (Czech).

RYCHLÍK, KAREL: Über eine Funktion aus Bolzanos handschriftlichem Nachlasse. Věstník[13] 1921-22, Nr. 4, 6 pp.

RYCHLÍK, KAREL: Eine stetige nicht differenzierbare Funktion im Gebiete der Henselschen Zahlen. Crelle **152**(1922-23), 178-179.

RYCHLÍK, KAREL: Zur Bewertungstheorie der algebraischen Körper. Crelle **153** (1923), 94-107.

RYCHLÍK, KAREL: Eine Bemerkung zur Determinantentheorie. Crelle **167** (1931), 197.

RYCHLÍK, KAREL: Theorie der reelen Zahlen in Bolzanos handschriftlichen Nachlasse. ČSAV, Prague 1962.

WIĘSŁAW, WITOLD: Analiza niearchimedesowska i ciała liczb p-adycznych. Roczniki polskiego towar. matem. (Seria II) **XI** (1970), 221-234.

Mgr. Magdalena Hykšová, Dep.of Applied Math., Faculty of
Transportation Sciences, Czech Technical University, Na Florenci 25, 110
00 Prague 1, Czech Republic, email: hyksova@fd.cvut.cz

---

[10] Časopis pro pěstování mathematiky a fysiky.
[11] The manuscript is available on http://www.rzuser.uni-heidelberg.de/~ci3/manu.html.
[12] Rozpravy II. třídy České akademie věd a umění.
[13] Věstník KČSN - Mémoires de la société royale des sciences de Bohème.

Origins of Network Flows

Helena Durnová

Introduction	271
1. Definitions	272
2. The Springs and Streams	274
2.1 Hitchcock and Kantorovich.	275
2.2 Graph Theory versus Simplex Method	277
3. The Year 1962: The Confluence	278
4. Conclusion	279
References	279

Introduction

Network flow problems form a class of basic problems in discrete optimization. They are related to economy and also to physics. From the mathematical point of view, the connections between shortest-path and network flow problems, as well as between matching theory and network flow problems are interesting: namely, shortest-path problems are dual to certain network flow problems and vice versa. Nowadays, network flows constitute a separate branch in discrete optimization. In this paper, we deal exclusively with single-commodity network flows, The history is followed up to the publication of the monograph [Ford, Fulkerson 1962].

Network flow problems were formulated in various contexts. The history of the problem is often traced back to the physicist GUSTAV KIRCHHOFF and his laws for electrical current. The first to formulate the problem in mathematical context were L. V. KANTOROVICH[1] and F. L. HITCHCOCK. The latter also gave name to the *Hitchcock problem*, which is a term equivalent to the *transportation problem* or the *network flow problem*. Scattered results were united by L. R. FORD and D. R. FULKERSON in 1962.

---

[1] Leonid Vitalyevich Kantorovich, 1912-1986, Russian mathematician, Nobel prize for economics (1975).

After the publication of the monograph [Ford, Fulkerson 1962], authors writing on network flows quote this book. The most famous result stated in the monograph, bearing is probably *Ford-Fulkerson* or the *Max-Flow Min-Cut Theorem*. Finiteness of the *labelling method* is also examined in the book, as well as the duality of network flow and shortest path problems.[2]

1. Definitions

The words *network* and *graph* are interchangeable here. The term "network" is favoured by some authors because of its more direct visual interpretation. The most important results and specific definitions related to network flow problems are stated in this section, especially the connection between minimum cut and maximum flow in a network (graph). It can be shown that network flow algorithms are not finite if capacities of the edges are allowed to be real. However, it holds that if all edge capacities are integers, then the maximum flow is also integer. This statement can be extended to rational numbers, which provides optimistic computational results.

The same methods can be used for transportation of any product, including the traffic in a town, where the capacities determine how many cars can go through a certain street in a certain time (e.g. per hour). From this, it is only a step further to the problems connected with the costs of transportation.

Definition. *Given a graph $G(V, E)$, suppose that each edge $v_iv_j \in E$ is associated with a non-negative real number $c(v_iv_j)$, called the* capacity *of the edge v_iv_j. The function $c: E \to \mathbf{R}_0^+$ is called the* capacity *function.*

For the purposes of network flow algorithms, weight function bears the denotation "capacity". *Capacity* of an arc determines the quantity of a product that can flow through the edge (in a given period of time). According to the capacities given, some nonnegative *flow* can be constructed.

Even though the original graph is undirected, the graph describing the flow must always be directed. We distinguish between the *in-degree* and the *out-degree* of a vertex in a directed graph:

---

[2] Obviously, discussions on complexity start only later: the first hints on the need to compare algorithms appear in mid-1960s.

Definition. *In a directed graph G(V, E), d_G^- denotes the number of directed edges with their endpoint in v (the* in-degree*) and d_G^+ denotes the number of directed edges with their starting point in v (the* out-degree*).*

The *in-degree* and the *out-degree* of the vertex tell us how many predecessors and successors the vertex v_i has. The set of predecessors of v_i (i.e. the set of vertices v_j for which the (directed) edge $v_j v_i \in E$) is denoted by $\Gamma_G^-(v_i)$ and the set of the successors of v_i (i.e. the set of vertices v_j for which the (directed) edge $v_i v_j \in E$) by $\Gamma_G^+(v_i)$. The cardinality of the set $\Gamma_G^-(v_i)$ is $d_G^-(v_i)$, and the cardinality of the set $\Gamma_G^+(v_i)$ is $d_G^+(v_i)$. The following definition tells us what conditions must be satisfied by any flow in a network:

Definition. *Let* s *and* t *be two distinct vertices of* V. *A* (static) flow *of value v from s to t in G is a function* f: $E \to \mathbf{R}_0^+$ *such that each* $v_i \in V$ *satisfies the linear equations*

$$\sum_{v_j \in \Gamma_G^+(v_i)} f(v_i, v_j) - \sum_{v_j \in \Gamma_G^-(v_i)} f(v_i, v_j) = v \quad \text{for } v_i = s$$

$$\sum_{v_j \in \Gamma_G^+(v_i)} f(v_i, v_j) - \sum_{v_j \in \Gamma_G^-(v_i)} f(v_i, v_j) = 0 \quad \text{for } v_i \neq s, t$$

$$\sum_{v_j \in \Gamma_G^+(v_i)} f(v_i, v_j) - \sum_{v_j \in \Gamma_G^-(v_i)} f(v_i, v_j) = -v \quad \text{for } v_i = t$$

and the inequality

$$f(v_i v_j) \leq c(v_i v_j), \ (v_i v_j) \in E.$$

The vertex **s** *is called the source, and the vertex* t *the sink.*

The middle condition $\sum_{v_j \in \Gamma_G^+(v_i)} f(v_i, v_j) - \sum_{v_j \in \Gamma_G^-(v_i)} f(v_i, v_j) = 0$ *for* $v_i \neq s, t$, i.e. that the flow into the vertex must be equal to the flow out of the vertex, is the so-called *Kirchhoff's law* It is obvious that the same equation need not be valid for the *capacity* function.

Basic network flow algorithms are designed to operate with *single-source single-sink networks*, i.e. networks where the product flows from only one source to only one sink. Such algorithms can easily be adapted for some problems with more sources and more sinks by adding a source and a sink and edges with the appropriate edge capacities. For these algorithms, the notion of a *cut* separating source and sink is central:

Definition. *Let* $X' = V-X$ *and let* (X,X') *denote the set of all edges going from X to X'. A* cut *in G(V, E) separating* s *and* t *is a set of edges* (X,X'), *where* $s \in X$ *and* $t \in X'$. *The* capacity *of the cut* (X,X') *is denoted by* $c(X, X')$, *where*

$$c(X, X') = \sum_{xx' \in (X,X')} c(xx').$$

In the above-stated definition of a cut, the "edges between X and X'" are the edges going from X to X'; in directed graphs, the direction of the edges must be taken into account.

The *Cut-Flow Lemma* further specifies the relation between the cut and flow in the network. The *Max-Flow Min-Cut Theorem* states the equality between maximum flow and minimum cut. It is one of the central theorems of network flow theory:

Cut-Flow Lemma. *Let* f *be a flow from* s *to* t *in a graph G of the value* v. *If (X, X') is a cut separating* s *and* t, *then $v = f(X, X') - f(X', X) \leq c(X, X')$.*

Max-Flow Min-Cut Theorem. *For any network, maximal value of a flow from* s *to* t *is equal to the minimal capacity of a cut separating* s *and* t.

The phrase "flows in networks" evokes some product, or, more precisely, liquid flowing through piping. And indeed, it is sometimes suggested (e.g. in [BFN58]) that the product should be divisible into as small quantities as possible. However, if real numbers as the capacities are allowed, network flow algorithms need not be finite. On the other hand, already FORD and FULKERSON state the *Integrity theorem* [Ford, Fulkerson 1962, p. 19]:

Integrity theorem. *If the capacity function* c *is integral valued, there exists a maximal flow* f *that is also integral valued.*

The following quotation comments on the use of graph theory for another "commodity" - electricity [Vágó 1985, p. 5]:

> "A means of describing the connections of electrical networks is provided by graph theory. Its application yields a method for solving network analysis problems, by means of a systematic derivation of an appropriate number of linearly independent equations."

2. The Springs and Streams

The origins of network flow theory are in various branches not only of mathematics, but also other sciences. KIRCHHOFF's paper is quoted as the first one on this topic. The connection of *Kirchhoff's laws* with graph theory was recognized already by DÉNES KÖNIG [König 1986, pp. 139-141]:

> "Die vorangehenden Untersuchungen verdanken teilweise ihren Ursprung einer Fragestellung der Elektrizitätslehre, welche 1845 von KIRCHHOFF gestellt und gelöst wurde. In einem endlichen zusammenhängenden gerichteten Graphen G sollen die Kanten $k_1, k_2, ..., k_\alpha$ als

Drähte aufgefasst werden, in denen ein elektrischer Strom zirkuliert. Für jede (gerichtete) Kante k_i sei ihr elektrischer Widerstand Ω_i (>0) und die elektromotorische Kraft E_i die in k_i ihren Sitz hat (in der Richtung von k_i gemessen), gegeben. [...]"

FORD and FULKERSON, on the other hand, start from the linear programming formulations of *transportation problems.* They say on the history of network flows [Ford, Fulkerson 1962; Preface]:

"Certain static minimal cost transportation models were independently studied by HITCHCOCK, KANTOROVICH, and KOOPMANS in the 1940's. A few years later, when linear programming began to make itself known as an organized discipline, DANTZIG. showed how his general algorithm for solving linear programs, the simplex method, could be simplified and made more effective for the special case of transportation models. It would not be inaccurate to say that the subject matter of this book began with the work of these men on the very practical problem of transporting the commodity from certain points of supply to other point of demand in a way to minimize shipping cost. [...] However, dismissing the formulational and applied aspects of the subject completely, and with the advantages of hindsight, one can go back a few years earlier to research of KÖNIG, EGERVÁRY, and MENGER on linear graphs, or HALL on systems of distinct representatives for sets, and also relate this work in pure mathematics to the practically oriented subject of flows in networks."

They also trace history of network flow problems back to KIRCHHOFF, but their main concern for them seems to be the mutual influence of mathematical results and practical transportation problems. The results of MENGER and EGERVÁRY bring the problem more to the mathematical side: their theorems and methods form the basis of the *Hungarian Method* for maximum matching.[3]

2.1 Hitchcock and Kantorovich

One of the classic articles dealing with network flows is HITCHCOCK's paper *The distribution of a product from several sources to numerous localities* [Hitchcock 1941] published in 1941. In his paper, HITCHCOCK defines the transportation problem in the following way [Hitchcock 1941, p. 224]:

---

[3] The term "Hungarian Method" was coined by Harold W. Kuhn.

1. Statement of the problem. *When several factories supply a product to a number of cities we desire the least costly manner of distribution. Due to freight rates and other matters the cost of a ton of a product to a particular city will vary according to which factory supplies it, and will also vary from city to city.*

HITCHCOCK first shows the way of finding a feasible solution, then he takes the costs of transportation between two cities into account, and finally he gradually improves the solution. Apart from the statement of the problem, the method of solving transportation problem is demonstrated on a concrete example.[4]

HITCHCOCK divides the paper into three sections. In the second section (Geometrical interpretation), he gives a geometrical representation of the problem,[5] which resembles simplex used in linear programming. In the third section (Finding a vertex), he formulates the thesis that a feasible solution can be found in one of the vertices of the simplex. The term "vertex" is used here in a sense quite different from the term "vertex" used in graph theory. Finally, in the fourth section (Finding a better vertex), he gradually improves the solution by "travelling" to other vertices of the simplex.

The problem dealt with in the paper [Hitchcock 1941] evidently belongs to the network flow problems. However, the solution presented is not a graph-theoretical one, but rather one using linear programming methods. The paper by KANTOROVICH and the joint paper by KANTOROVICH and GAVURIN are often quoted as the first attempts at formulating linear programming. The methods they use also belong rather to the domain of linear programming than to the domain of graph theoretical algorithms.[6]

Even G. B. DANTZIG admits that linear programming methods were formulated in the Soviet Union prior to their development in the U.S.A. However, he claims that it is legitimate to consider linear programming to be

---

[4] The style reminds one of E. F. Moore, who also described his algorithms on a specific example (1957).

[5] There is no picture in Hitchcock's paper, only a description of the situation.

[6] Papers are quoted by e.g. [FF 1962] or [Lovasz & Plummer 1986]: Kantorovich, L. V.: On the translocation of Masses, Doklady Akademii Nauk SSSR, **37** (1942), 199-201.
Kantorovich, L. V. and Gavurin, M. K.: The Application of Mathematical Methods in Problems of Freight Flow Analysis. *Collection of Papers Concerned with Increasing the Effectiveness of Transports*, Publication of the Academy of Sciences SSSR, Moscow-Leningrad, 1949, 110-138.}

a U.S. patent, for which the sole fact that the methods of KANTOROVICH were unknown in the U.S.A. is a sufficient reason.[7] KANTOROVICH's method of solving the problem was not a graph-theoretical one, and is thus not of interest here.[8]

2.2 Graph Theory versus Simplex Method

The paper *Die Graphentheorie in Anwendung auf das Transportproblem* presented by the Czech mathematicians BÍLÝ, FIEDLER, and NOŽIČKA in 1958 consists of two parts: the theoretical part, an example, and a historical note. In the first three sections, the authors define graph-theoretical concepts, while in the fourth, they solve Hitchcock transportation problem. Again, the method is presented on an example. As HAROLD KUHN says in his review (MR 21#314), "it is the simplex method in disguise." They proceed in a way similar to HITCHCOCK and the paper makes the impression that they deliberately chose to "translate" the simplex method into graph-theoretical terminology. On the history of the transportation problem, they say [BFN 1958, pp. 119-120]:

> "Die Aufgabe, ein in mehreren Produktionsstellen erzeugtes Produkt unter bestimmte Verbrauchsstellen mit gegebenem Verbrauchsumfang (gleich dem Produktionsumfang) so zu verteilen, dass die Transportkosten minimal werden, wurde zuerst von HITCHCOCK [Hitchcock 1941] mathematisch formuliert und mit mathematischen Mitteln gelöst. [...] Der Schiffmangel, der schon während des ersten Welt\-kriegen zu gewissen Regulierungen des Umlaufes von Schiffen zwang und während des zweiten Weltkrieges in viel grösserem Ausmasse in Erscheinung trat, führte in zweiten Weltkriege zur mathematischen Formulierung und Lösung der Aufgabe, wobei zu bemerken ist, dass der Transport zur See gewisse besondere Bedingungen stellt, die von denen des Eisenbahntransports unterschiedlich sind. [...] Die Simplexmethode der Lösung des Transportproblems wurde von DANTZIG [4] angegeben." [9]

---

[7] It is not the aim of this contribution to resolve the linear programming priority debate.
[8] Kantorovich and Gavurin use metric spaces and the theory of potential.
[9] [4] refers to: Dantzig, G. B., Applications of the Simplex Method to a Transportation Problem, *Activity Analysis of Production and Allocation*, 359-373.(The year of publication not stated.)

The authors also shed some light on the research connected to network flows in Czechoslovakia and on the importance of network flow problems for economics [BFN 1958, p. 119]:

> "In der Tschechoslowakischen Republik ist man zum Transportproblem im obigen sinne im Zusammenhang mit dem Bestreben nach einer ökonomischen Gestaltung des Einbahntransportes gekommen. Das Problem wurde im Jahre 1952 von Nožička unabhängig von den oben angeführten Arbeiten gelöst; die Methode wurde ausführlich in [12] erläutert."

They also state limitations of the transportation problems [BFN 1958, p. 119-120].

3. The Year 1962: The Confluence

A major breakthrough in the network flow theory can be seen in the publication of the classic monograph *Flows in Networks* by L. R. FORD and D. R. FULKERSON from the *RAND Corporation*. Their rather tiny book was published in 1962. In this book, the authors managed to encompass network flow theory up to their time.[10] In the Preface to the book, the authors say [Ford, Fulkerson 1962, p. vii.]:

> This book presents one approach to that part of linear programming theory that has come to be encompassed by the phrase "transportation problems" or "network flow problems".

KANTOROVICH and GAVURIN, as well as DANTZIG used linear programming methods for solving transportation (network flow) problems. In the book by FORD and FULKERSON, the methods are not explicitly stated to be graph theoretical; yet it is evident that their meaning of *nodes* and *arcs* corresponds with the notions in graph theory. In the Preface of [Ford, Fulkerson 1962], the authors say:

> While this is primarily a book on applied mathematics, we have also included topics that are purely mathematically motivated, together with those that are strictly utilitarian in concept. For this, no apology

---

[10] Major part of this was most probably published by L. R. Ford in a RAND Corporation Paper P-923 in 1956.

is intended. We have simply written about mathematics which has interested us, pure or applied.

To carry the historical sketch another (and our last) step back in time might lead one to the Maxwell-Kirchhoff theroy of current distribution in an electrical network.

In this book, we find the treatment of static maximal flow, *minimal cost flow problems*, as well as *multi-terminal network flows*. The second chapter of the book - *Feasibility Theorems and Combinatorial Applications* - brings the readers' attention to more general results and puts network flow theory into a wider mathematical context. Namely, "various combinatorial problems [...] can be posed and solved in terms of network flows. The remainder of this chapter illustrates this method of attack on a number of such problems". [Ford, Fulkerson 1962, p. 36]

The subject of multiterminal network flows is alloted a comparatively short space. FORD and FULKERSON actually lay this problem aside, as they say that the basic procedures can easily be adapted from the single-source single-sink network flow problems. These adaptations are often the themes of more recent papers on network flows.

4. Conclusion

Network flow problems are a complex class of discrete optimization problems. These "transportation problems" can be solved very well by both linear programming methods and graph-theoretical algorithms. It is also worth mentioning that the first concise treatment of the network flow problems was published forty years ago, including the transformation of multi-terminal network flow problems into single-source single-sink ones.

References

[BFN 1958] BÍLÝ, J.; FIEDLER, M. and NOŽIČKA, F.: Die Graphentheorie in Anwendung auf das Transportproblem. *Czechoslovak Math. J.*, **8** (83):94-121, 1958.

[Ford, Fulkerson 1962] FORD, LESTER R. JR. and FULKERSON, DELBERT R.: Flows in Networks. Princeton University Press, Princeton, New Jersey, first ed., 1962.

[König 1986] KÖNIG, DÉNES: Theorie der endlichen und unendlichen Graphen. Teubner, Leipzig 1986.[11]

[Vágó 1985] VÁGÓ, ISTVÁN: Graph Theory: Application to the Calculation of Electrical Networks. Akadémiai Kiadó, Budapest, 1985.

Dr. Helena Durnová, UMAT FEKT VUT, Technicka' 8, CZ-616 00 Brno
Email: durnova@dmat.fee.vutbr.cz

---

[11] Kombinatorische Topologie der Streckenkomplexe. Mit einer Abhandlung von L. Euler. No. 6 in *Teubner-Archiv zur Mathematik*. Photographic reproduction of a book originally published in 1936 by the Akademische Verlagsgesellschaft M. B. H., Leipzig. Edited and with comments and an introduction by H. Sachs, an introduction by Paul Erdös, a biography of König by Gallai. English, French, and Russian summaries.

Der Beitrag der Mathematischen Institute zum Universitätsjubiläum der Humboldt-Universität Berlin im Jahre 1960[1]

Hannelore Bernhardt

Jubiläen treten aus dem üblichen Gang der Entwicklung auf vielen Ebenen des gesellschaftlichen Lebens heraus, werden bestimmt von Jahreszahlen, denen im jeweils benutzten Zahlensystem eine bevorzugte Position zuerkannt wird. In unserem Dezimalsystem sind das gewöhnlich ganzzahlige Vielfache von fünf und zehn. Jubiläen verweisen auf Traditionen, fördern Geschichtsbewußtsein, beleuchten historische Zusammenhänge.

Der Bergriff "Jubiläum" hat seinen Ursprung in dem Wort "Jubel", der Bezeichnung für eine Art Posaune oder Horn. Es wurde nach alttestamentlicher Überlieferung bei den Hebräern am Tschiri, dem Versöhnungstag, als Ankündigung für jenes Jahr geblasen, das auf 7x7 Sabbatjahre folgte, also vor dem 50. Jahr, dem Jubeljahr.[2]

Wie bekannt, begeht die Berliner Universität, im Jahre 1828 nach ihrem Stifter Friedrich-Wilhelms-Universität[3] und ab dem Jahre 1949 auf Beschluß von Rektor und Senat Humboldt-Universität[4] benannt, im Jahre 2010 ihr 200. Gründungsjubiläum. Der folgende Beitrag will sich in die im Vorfeld dieses Ereignisses zu erarbeitenden historischen Untersuchungen einreihen und hat die Ereignisse und näheren Begleitumstände des Symposiums zum Inhalt, das von den Mathematischen Instituten anlässlich der 150-Jahrfeier im Jahre 1960 veranstaltet wurde. Verf. kann sich dabei auf Material der Archive der Humboldt-Universität, der Berlin-Brandenburgi-

---

[1] Eine erweiterte Fassung dieses Beitrages ist erschienen in: Dahlemer Archivgespräche Bd. 8, hrsg. vom Archiv zur Geschichte der Max-Planck-Ges. Berlin 2002, 186-209.
[2] Vgl. 3. Buch Moses 25, Verse 8-17.
[3] Max Lenz: Geschichte der Universität Berlin, 2. Band, 1. Hälfte, S. 445.
[4] "Durch die Wahl dieses Namens verpflichtet sich die Universität Berlin, im Geiste der Brüder Wilhelm und Alexander von Humboldt die Geistes- und Naturwissenschaften zu pflegen und dabei die Einheit von wissenschaftlicher Lehre und Forschung zugleich zu wahren. Sie bekennt sich dadurch auch zu der beiden Brüdern gemeinsamen Gesinnung der Humanität und der Völkerverständigung." Tägliche Rundschau vom 10.Februar 1949.

schen Akademie der Wissenschaften, des Bundesarchivs sowie auf die Bulletins der Pressekommission der Humboldt-Universität stützen. Viele der zu zitierenden Dokumente sprechen für sich und sind häufig so aussagekräftig, dass sich eine Kommentierung fast erübrigt.

Die Feierlichkeiten zum 150. Universitätsjubiläum der Humboldt-Universität fanden in der Zeit vom 6. - 18. November 1960 statt. Das Staatssekretariat für das Hoch- und Fachschulwesen beschäftigte sich nur sehr zögerlich mit dem Jubiläum, obwohl es sich um ein Doppeljubiläum, 150 Jahre Universität und zugleich 250 Jahre Charité handelte. Noch im Sommer 1960 wurde mehrmals der entsprechende Tagesordnungspunkt aus den Sekretariatssitzungen herausgenommen.[5] Erst Ende August erfolgte eine ausführliche Diskussion zum Thema "Maßnahmen zur Unterstützung der Vorbereitungsarbeiten der 150 Jahrfeier der Humboldt-Universität und der 250 Jahrfeier der Charité", die in eine größere Anzahl politischer und organisatorischer Hinweise und Festlegungen mündete[6].

In vielen Einrichtungen der Universität wurden Festkomitees gebildet. In das der mathematisch-naturwissenschaftlichen Fakultät wurde der Mathematiker KARL SCHRÖTER als Vorsitzender gebeten, wie aus einem Brief des Dekans - in jenem Jahr der Mathematiker HEINRICH GRELL - hervorgeht.[7]

Bereits im Januar 1960 hatte die Parteigruppe der SED in einem Brief mit Unterschriften von KLAUS MATTHES (Sekretär der Grundorganisation Mathematik/Physik) und MANFRED WALK (Gruppenorganisator der Parteigruppe der Mathematischen Institute) an "Spektabilität" GRELL wesentliche

---

[5] Bundesarchiv Abteilung Reich und DDR zusammen mit Stiftung Archiv der Parteien und Massenorganisationen der DDR, (SAPMO BArch), Akte ZSTA 181, Dienstbesprechungen des Staatssekretariats des Staatssekretärs (zu jener Zeit Wilhelm Girnus) Juli - August 1960, Bd. 3, Protokolle der Leitungssitzungen, hier vom 5.7., 12.7. und 5.8.60.

[6] Vgl. Fußnote 4, Protokoll der Leitungssitzung vom 16. August. Die dort getroffenen Festlegungen betrafen u.a. die Tätigkeit leitender Genossen in "entscheidenden Gremien", die Heranziehung von Gruppen von Wissenschaftlern anderer Universitäten für die Begutachtung von Festbänden, Ausstellungen usw., die "zielgerichtete politische Arbeit" unter den Studenten und dem wissenschaftlichen Nachwuchs, die Zusammenarbeit mit der FDJ und der Gewerkschaft, die Sicherung der politischen Betreuung der zu erwartenden Gäste, die ständige Analyse und Informationen über Zu- und Absagen eingeladener Gäste und die Absichten des Klassengegners, die Verbesserung der Presse- und Publikationsarbeit sowie Ehrenpromotionen und Auszeichnungen.

[7] Archiv der Humboldt-Universität zu Berlin (AHUB), Math.-Nat. Fakultät, Akte 48 (unpaginiert), Brief vom 16. Dezember 1959.

Gesichtspunkte zentraler Vorgaben getroffen, freilich unter stärkerer Orientierung auf fachliche Aspekte. Darin heißt es u. a.:

"Die Jubiläumsfeierlichkeiten verpflichten uns, vor der internationalen Öffentlichkeit zu beweisen, dass die Humboldt-Universität an die großen Traditionen der Berliner Mathematik anknüpft, dass diese Traditionen bei uns gepflegt und geachtet werden und im Rahmen unseres sozialistischen Aufbaus zu einer neuen Blüte geführt werden. ...

Die Tagung sollte zum Ausdruck bringen, dass auch an unserer Fachrichtung die sozialistische Umgestaltung fortschreitet und für jeden Mitarbeiter große Perspektiven eröffnet. ... Die Kritik des internationalen Forums soll uns helfen, den fachlichen stand unserer Arbeitsgruppen und des wissenschaftlichen Nachwuchses einzuschätzen ... .

Schlussfolgerungen:

Die Thematik der Tagung sollte so umfassend sein, dass möglichst viele Probleme, die in der DDR behandelt werden und für die Entwicklung der Wissenschaft von Interesse sind, Berücksichtigung finden. ...

Neben Einzelvorträgen bekannter Wissenschaftler und des wissenschaftlichen Nachwuchses unserer Republik sollten die an den Universitäten der DDR bestehenden mathematischen Arbeits- und Forschungsgemeinschaften hauptsächlich durch Vortragszyklen in Erscheinung treten. ...

Folgender Personenkreis sollte in erster Linie bei der Einladung berücksichtigt werden:

a. Offizielle Delegationen der Moskauer, Prager und Warschauer Universität.[8]

b. Vertreter von anderen Universitäten sozialistischer Länder

c. Ehemalige Berliner, insbesondere solche, die durch den Faschismus zur Emigration gezwungen wurden.

d. Aus Westdeutschland sollten in erster Linie jüngere aufstrebende Mathematiker eingeladen werden, die in naher Zukunft das Gesicht

---

[8] Mit diesen Universitäten bestanden seitens der Humboldt-Universität Freundschaftsverträge. Einen Hinweis auf nicht nachvollziehbare Schwierigkeiten gibt eine Aktennotiz vom 31. 5. 1960, nach der das Staatssekretariat "schnellstens" die Erlaubnis erteilen solle, "allen Universitäten des sozialistischen Lagers offizielle Einladungen zuzustellen." AHUB, Rektorat Akte 456.

der Mathematik bestimmen werden. Es sollten auch solche jüngeren Wissenschaftler berücksichtigt werden, die vor Jahren unsere Republik verlassen haben. ...

e. Aus dem übrigen Ausland sollten vor allem solche wissenschaftlichen Persönlichkeiten eingeladen werden, die durch mehrere Besuche unserer Universität bzw. unserer Republik ein enges Verhältnis zu Mathematikern der DDR haben. ...

f. Bei Einladungen sollten Wünsche der Arbeitsgruppen Berücksichtigung finden. ..." [9]

Im weiteren traten - wie gewöhnlich in solchen Fällen - Schwierigkeiten auf.[10] Da sich der Druck der Einladungen verzögerte, konnten diese erst relativ spät verschickt werden. Wie die erhalten gebliebenen Namenslisten der Mathematischen Institute bzw. der Mathematisch-naturwissenschaftlichen Fakultät ausweisen, wurden etwa einhundert namhafte Gelehrte aus aller Welt eingeladen,[11] die Gesamtzahl der Teilnehmer am Mathematischen Symposium kann mit rund zweihundert angegeben werden. Erschwerend für die Aufstellung eines Tagungsprogramms war es, dass erst "in den allerletzten Tagen Mitteilungen darüber eintrafen, wer diesen großen Delegationen angehören würde, und dass wir die Themen der Vorträge dieser vielen und wichtigen Gäste erst bei ihrer Ankunft in Berlin erfahren konnten."[12] Es kam zu vielmaliger Veränderung des ursprünglich vorgesehenen Programms. Bisher konnte nur ein "Vorläufiges Programm" aufgefunden werden.[13]

---

[9] AHUB, Math.-Nat. Fakultät Akte 48, Brief vom 11.01.1960, S. 2-4.

[10] In einem Bericht des Staatssekretariats findet sich die Bemerkung, dass sich "die Genossen ... zu spät in die Vorbereitung der wissenschaftlichen Tagungen eingeschaltet" hätten (in die Diskussion ideologischer Probleme und die Klarstellung der politischen Linie), die größten Schwierigkeiten gäbe es im Bereich der Mathematisch-Naturwissenschaftlichen Fakultät. "Es bestehen bei einer Reihe von Wissenschaftlern Illusionen hinsichtlich einer gesamtdeutschen Wissenschaft, falsche Vorstellungen über die Rolle des westdeutschen Militarismus und Unterschätzung der Rolle der DDR als Erbe und Fortsetzer des konsequenten Kampfes der Arbeiterklasse und aller fortschrittlichen Kräfte. ... In den staatlichen Leitungen wurden im wesentlichen richtige politische Beschlüsse zur Unterstützung der 150-Jahrfeier gefasst." SAPMO Barch, ZSTA, 1. Schicht, Akte 1574.

[11] AHUB, Rektorat, Akte 473, Listen vom 22.3.1960.

[12] AHUB, Math.-Nat. Fak. Akte 48, Bericht über das mathematische Symposion, unterzeichnet von Prof. Dr. Reichardt, S. 1.

[13] a. a. O. I. Mathematisches Institut an das Festkomitee der Math.-Nat. Fak. vom 5.2.1960 im Hause.

Die Teilnehmerzahlen erfordern eine Anmerkung. Die politische Situation jener Jahre war schwierig, und auch die Jubiläumsfeierlichkeiten der Humboldt-Universität wurden vom kalten Krieg überschattet. Die westdeutsche Rektorenkonferenz hatte auf ihrer Tagung am 9. Juli 1960 in Saarbrücken den Universitäten und Hochschulen Westdeutschlands empfohlen, offizielle Einladungen der HU zu ihrem Jubiläum im November der Jahres nicht anzunehmen. Diese Empfehlung war auch die Antwort darauf, dass die Universitäten und Hochschulen der DDR auf ihren Antrag vom 15.7.1958 hin während der 3. Generalversammlung der internationalen Vereinigung der Universitäten in Mexicó City (IAU) als vollberechtigte Mitglieder in die von der UNESCO patronierten internationalen Organisation aufgenommen worden waren. Zwar hatte die Rektorenkonferenz der BRD im Oktober 1959 darüber beraten, wie dies zu verhindern sei, aber offensichtlich ihr Ziel einer Alleinvertretung der deutschen Hochschulen nicht erreicht.

Im Zusammenhang mit diesen Vorgängen sahen sich die Rektoren der Universitäten und Hochschulen der DDR zu der Feststellung veranlasst,

"Die Hochschulen der Deutschen Demokratischen Republik werden auch in Zukunft alles daran setzen, um ihren westdeutschen und ausländischen Gästen im Dienste friedlicher Zusammenarbeit und wissenschaftlichen Fortschritts ihre Pforten offen zu halten. ... Gerade aus diesem Grunde fühlen sich die Rektoren der Deutschen Demokratischen Republik verpflichtet, darauf hinzuweisen, dass auf Grund von Interventionen der diplomatischen Organe Bonns einige Regierungen der in der Nato befindlichen Staaten ihren Wissenschaftlern verbieten, an Veranstaltungen in der Deutschen Demokratischen Republik, die dem wissenschaftlichen Meinungsaustausch dienen, teilzunehmen. Sie unterbinden auch die Einreise von Wissenschaftlern der DDR in ihre Länder. Die Rektoren der Deutschen Demokratischen Republik haben sorgfältig die Schreiben namhafter Wissenschaftler Frankreichs und der Vereinigten Staaten geprüft, in denen diese Gelehrten unsere Hochschulen und wissenschaftlichen Institutionen davon in Kenntnis setzen, dass sie durch ihre Regierungsorgane daran gehindert werden, ihrem Wunsche auf Pflege des wissenschaftlichen Meinungsaustauschs mit Wissenschaftlern der Deutschen Demokratischen Republik nachzukommen. ...

In diesen Zusammenhang gehört auch die Tatsache, dass die westdeutsche Rektorenkonferenz durch einen entsprechenden Beschluss

einen moralischen Druck auf die Wissenschaftler Westdeutschlands auszuüben sucht und ihnen den Besuch zu der 150-Jahrfeier der Humboldt-Universität erschweren will. ..."[14]

Dafür gibt es Beispiele. Der französische Mathematiker LAURENT SCHWARTZ, Professor am Institut Henry Poincaré der Universität Paris, bedauerte, die Einladung[15] zur Teilnahme am Mathematischen Symposion, auf dem ihm die Ehrendoktorwürde der Humboldt-Universität verliehen werden sollte, nicht annehmen zu können. Ein Dokument aus dem Staatssekretariat präzisiert die Situation:

"Sektor Ausland , Baltruschat[16], Sektor Math. Nat. z. Hd. Gen. Götzke

Betr. *Ehrenpromotion Prof. Dr. Laurent Schwartz,* Paris

Prof. Dr. L. Sch. sollte zur 150-Jahrfeier den Dr. hc. der Humboldt-Universität erhalten.

Heute ließ mir der franz. Lenoir, EFA, mitteilen, dass Prof. SCHWARTZ ebenfalls nicht die Genehmigung erhalten habe, nach Ber-

---

[14] SAPMO BArch, ZSTA, 1. Schicht, Akte 636 Sekretariat Helbig, Entwurf einer Erklärung der Rektoren der DDR, in der es weiter heißt: "Die Absicht der Bonner Regierung besteht offensichtlich darin, mit Hilfe der Regierungen Frankreichs, der USA und anderer Nato-Staaten zwischen den Wissenschaftlern der DDR und der westlichen Ländern einen eisernen Vorhang niedergehen zulassen. Das Verhalten der westdeutschen Rektorenkonferenz, der Ministerialbürokratie Frankreichs und der Vereinigten Staaten widerspricht dem Geist der Wissenschaft, die sich ohne freien wissenschaftlichen Meinungsaustausch nicht angemessen entwickeln kann. Die genannten Maßnahmen bedeuten eine schwere Beeinträchtigung der Freiheit der Wissenschaft. ..."
Des weiteren wird darauf verwiesen, dass sowohl die westdeutschen wie die Universitäten und Hochschulen der DDR Mitglied der internationalen Vereinigung der Universitäten (mit Sitz in Paris) sind, was zur Pflege gegenseitiger freundschaftlicher Beziehungen verpflichte. Die westdeutsche Rektorenkonferenz unterstützte "praktisch die feindselige Haltung der militaristischen Revanchepolitiker Westdeutschlands, die die Eingliederung der DDR in ihren Machtbereich zum erklärten Ziel ihrer Staatspolitik erhoben haben und auf einen Umsturz des bestehenden europäischen Grenzsystems hinarbeiten." Diesem Zweck diene auch, die Ergebnisse der Wissenschaft der atomaren Aufrüstung nutzbar zu machen. ... Die Rektoren der DDR protestierten gegen diesen Versuch Bonns, den Kalten Krieg auch in die Wissenschaft hineinzutragen; dies käme einer Art psychologischer Kriegführung gleich.

[15] Im Brief des Rektors vom 30. 9. heißt es: "Im Kreise der Mathematisch-Naturwissenschaftlichen Fakultät .. ist die Anregung vorgebracht worden, Sie ... zum Ehrendoktor unserer Universität in Anerkennung Ihrer überragenden mathematischen Leistungen zu promovieren.... Die Bereitwilligkeit Ihrerseits würde in der Fakultät den allerfreudigsten und einstimmigen Widerhall finden. ..." AHUB Math.-Nat.Fak. Akte 48

[16] Mitarbeiter im Staatssekretariat für das Hoch- und Fachschulwesen, Sektor Ausland.

lin zu kommen. Prof. SCHWARTZ müsse auch täglich mit Verhaftung oder Repressalien rechnen, da er zu den 121 Unterzeichnern der Algerienerklärung gehört, die DE GAULLE maßregeln lassen will. Er kann daher auch Frankreich nicht verlassen. Im übrigen unterstreicht diese Tatsache, dass wir einem würdigen Wissenschaftler den Dr. hc. zukommen lassen. Ich bin der Meinung, dass man daher am programmmäßigen Termin die Verleihung aussprechen sollte und ihm in einem herzlichen Scheiben von dieser Tatsache dann Kenntnis geben. Die Überreichung der Urkunde kann dann später erfolgen. B."[17]

SCHWARTZ teilte wenige Tage später mit, den Ehrendoktor annehmen zu wollen, auch wenn er nicht an den Feierlichkeiten teilnehmen könne.

Nicht einmal der bereits seit Jahren emeritierte französische Mathematiker MAURICE FRÉCHET glaubte, die Einladung zu den Berliner Jubiläumsfeierlichkeiten annehmen zu dürfen. Hatte Magnifizenz SCHRÖDER in einem Schreiben an seinen Kollegen in Paris vom 10. August 1960 noch seine Freude über die "ehrende Zusage" zum Ausdruck gebracht, sagte FRÉCHET mit Datum vom 22. September ab, ein "unvorhergesehenes Ereignis" verhindere seine Teilnahme am Symposium, man liest von "unfreiwilliger Abwesenheit".[18]

Dekan HEINRICH GRELL versandte persönliche Einladungen zum Mathematischen Symposium an zahlreiche Mathematikerkollegen und Freunde im In- und Ausland, in denen Haltung und Gesinnung eines würdevollen, akademischen Umgangs zum Ausdruck kommen; die Antworten sind nicht vollzählig erhalten. Einige der Briefe seien im folgenden auszugsweise wiedergegeben.[19]

Mit Datum vom 17. Oktober 1960 schrieb RICHARD COURANT an GRELL:

"My dear Friend:
I was very glad about your letter of September 30th and your friendly attitude. All the more, I feel extremely unhappy that, after very much hesitation, I must write to you that after all it will be impossible for me now to undertake e new trip to Europe. Therefore, I have to ask you to tell the organisation Committee that I will not be able to come to the celebration.

---

[17] AHUB, Math. - Nat. Fakultät., Akte 48, Schreiben vom 10.10.1960 (mehrere Schreibfehler sind korrigiert).
[18] AHUB, Rektorat Akte 462 (unpaginiert).
[19] Die folgenden Briefzitate sind - wenn nicht anders angegeben - der Akte 48 AHUB, Math.-Nat. Fakultät entnommen.

I am all the more sad because under the present general circumstances I felt that it is particularly important to emphasize the international contacts between scientists and because I feel that the University of Berlin has been a particularly important factor in the development of cultural life in Europe and in the world. But after my return from last trip, I felt quite tired and was overwhelmed by all sorts of obligations. My doctor advised me to sit still for a while, and I feel his advice is correct. Nevertheless, I hope that I can visit Berlin and the Humboldt-University sometime in the not too distant future,

With my very best wishes to you and to the other colleagues, and with profound apologies for my failure, I am Sincerely yours R. Courant"

Ein bedeutsames Dokument fünfzehn Jahre nach Kriegsende 1945 ist auch der Briefwechsel GRELLs mit ABRAHAM FRAENKEL.

GRELL hatte am 20. Juli 1960 an FRAENKEL nach Jerusalem eine offizielle Einladung zum mathematischen Symposion geschickt und als Schüler von EMMI NOETHER "einige persönliche Worte" hinzugefügt, wobei er Begegnungen in Bologna und Florenz "vor mehr als 30 Jahren" erwähnte und dann fortfuhr: "Wir könnten uns vorstellen, dass die Existenz eines eigenen Instituts für Mathematische Logik und Grundlagenforschung an der HU unter Leitung des Kollegen Prof. KARL SCHRÖTER Ihnen Ihren Entschluß, unser Gast zu sein, erleichtern würde." Zugleich bat er um "ein größeres Referat von 60-90 Minuten etwa über Probleme der Mengenlehre" oder ein anderes Thema.

FRAENKEL antwortete GRELL handschriftlich am 16.8.1960 aus Adelboden:

"Ihr sehr liebenswürdiger Brief vom 20, Juli wurde mir auf Umwegen hierher nachgesandt, wo ich ein paar Bergtouren (noch im 70. Lebensjahr) mache, bevor ich nächste und übernächste Woche am *International Congress for Logic*, Stanford University, Calif., teilnehme, zu dem ich mit mehreren meiner Schüler (jetzt: Kollegen) eingeladen bin. Nach kürzeren Aufenthalten in Holland und England muss ich dann im Oktober zurück sein in Jerusalem. Zwar habe ich Ende 1959, meinem Wunsch gemäß, meine Emeritierung erhalten, aber de facto habe ich weiter Verpflichtungen in Vorlesungen und educational administration. Ich kann daher Ihrer und Ihrer Kollegen freundliche Einladung, so ehrenvoll sie auch für mich ist, leider nicht folgen. - Gewiss erinnere ich mich Ihrer, wenn ich auch nicht wusste, dass es in Bologna (dem von Brouwer so heftig denunzierten Kongress) war; wenn ich nicht irre, waren Sie auch liiert mit meinem allzu früh verstorbe-

nen Freund und Kollegen JACOB LEVITZBERG. Besonders leid tut es mir, Herrn SCHRÖTER und seine von mir aufs höchste geschätzte Schule nicht zu treffen; ich bitte ihn herzlich von mir zu grüssen.

Schliesslich würde ich unaufrichtig sein, wenn ich nicht hinzufügte, dass ich seit HITLERs Machtergreifung Deutschland nicht mehr betreten habe und auch Bedenken habe es zu tun; ich habe dies auch voriges Jahr angesichts einer Einladung an eine westdeutsche Universität. bewiesen. Sie werden mir dies nachfühlen können, angesichts der Vertilgung von mehr als einem Drittel meines Volkes (über 6 Millionen Juden) und angesichts der noch ersichtlichen Symptome auf dem Gebiet der Seeleneinstellung und der Wiedergutmachung.

Mit Dank und besten Empfehlungen bin ich Ihr sehr ergebener Abraham Fraenkel".

Am 9.Sept.1960 schrieb ihm GRELL daraufhin noch einmal:

"Sehr verehrter Herr Kollege!

Für Ihren freundlichen Brief vom 16.8.d.Js. danke ich Ihnen herzlich. Auch wenn wir auf die Freude verzichten müssen, Sie als Gast bei unserem Jubiläum zu begrüßen, weiß ich doch Ihre Gründe wohl zu würdigen. Insbesondere gilt das für die im letzten Absatz Ihres Briefes, den ich als Schüler von EMMY NOETHER nur zu gut begreife, umso mehr als ich nach dem Kriege Gelegenheit hatte, die Konzentrationslager von Auschwitz und Birkenau zu besichtigen. Daß aber Ihre Vorbehalte uns hier nicht hindern, an einer Besserung der Zustände zu arbeiten, mögen Sie aus den beiden beiliegenden gedruckten Erklärungen sehen, von der die von Rektor und Senat sogar auf eine Anregung der Mathematisch-Naturwissenschaftlichen Fakultät unserer Universität zurückgeht. Vielleicht ist das ein bescheidener Beitrag dazu, Sie die bitteren Gefühle allmählich vergessen zu lassen, die Sie angesichts des furchtbaren Schicksals Ihres Volkes nur zu berechtigt hegen.

Mit den besten Empfehlungen auch namens aller meiner Kollegen grüße ich Sie für heute

herzlichst als Ihr sehr ergebener H.G., Dekan"

In der Einladung an BORIS GNEDENKO am 29. 07. 1960 heißt es:

" ... In aufopfernder und uneigennütziger Weise haben Sie seinerzeit an der Humboldt-Universität Gastvorlesungen über Wahrscheinlichkeitsrechnung gehalten und damit den Grund gelegt für eine Entwicklung, deren erste Keime nun hervorgesprossen sind, und von der wir

uns für die nächsten Jahre schöne Früchte versprechen. Wir dürfen Sie in diesem Sinne also als alten Berliner betrachten und Sie werden verstehen, dass wir uns über Ihre Teilnahme ganz besonders freuen würden, um bei dieser Gelegenheit die Verbundenheit unserer Universität mit Ihrer Person zu bekräftigen und zu erneuern. ...

Ich bitte Sie herzlich, mich schönstens Ihrer verehrten Frau Gemahlin zu empfehlen und auch Ihren beiden Söhnen, die nun schon längst dem "Max- und Moritz"-Alter entwachsen sein dürften, freundliche Grüße auszurichten."

Ein ähnlicher Gedanke der Verbundenheit findet sich in der Einladung an A. N. KOLMOGOROV:

" ... Die Mathematiker der Humboldt-Universität fühlen sich Ihnen zu ganz besonderem Dank verpflichtet, weil Sie seinerzeit in aufopfernder Weise sich zur Verfügung gestellt haben, unseren jungen Wahrscheinlichkeitstheoretikern bei ihren ersten Schritten zur Selbständigkeit zu helfen und sie auf erfolgversprechende Wege zu leiten; seither sind sie nach meinen Eindrücken sowohl hier in Berlin als auch in der gesamten DDR ... bemüht, sich so zu entwickeln, dass sie in nicht zu ferner Zukunft auch vor Ihren Augen bestehen können. ..."

Eine weitere Einladung erging an

Herrn Prof. Dr. HUA LOO-KENG
Academia Sinica
Institut of Mathematics
Peking VR China

29.Juli 1960

Sehr verehrter, lieber Herr Prof. Dr. Hua Loo-keng

Bitte entschuldigen Sie, dass ich diesen Brief in deutscher Sprache und nicht in englischer Sprache abfasse, weil ich sonst fürchten müsste, daß meine englischen Sprachkenntnisse zu unvollkommen wären, um Ihnen die Herzlichkeit unseres Anliegens angemessen auszudrücken. ...

In meinem eigenen und im Namen aller unterzeichneten Kollegen darf ich Ihnen sagen, dass wir uns über Ihre Teilnahme an den wissenschaftlichen und festlichen Veranstaltungen unserer Universität im November dieses Jahres ganz bes. freuen würden. Unser Rektor, Magnifizenz SCHRÖDER, und ich selbst waren vor Jahren für lange Wochen Gäste Ihres Landes. Die Eindrücke, die ich während meines da-

maligen Aufenthaltes sowohl von der wissenschaftlichen wie der allgemeinen Entwicklung Ihres wunderbaren Landes gewonnen habe, wirken in mir bis heute unverändert nach. Mit voller Deutlichkeit erinnere ich mich der zahlreichen wissenschaftlichen und menschlichen Begegnungen, die ich damals haben durfte und für immer unvergeßlich leben in mir die landschaftlichen Schönheiten und die begeisternden Eindrücke vom Aufbau des Sozialismus. Es ist keine Übertreibung, wenn ich sage, dass mich gelegentlich eine Art Heimweh ergreift. Mit besonderem Interesse haben wir auch ständig die Entwicklung der Mathematik in der Volksrepublik China verfolgt, und so werden Sie verstehen, wenn ich selbst und alle Kollegen den lebhaften Wunsch haben, die Verbundenheit mit Ihnen und Ihrem Lande anläßlich. des Jubiläums unserer Universität von neuem zu bekräftigen. ...

Wir wären Ihnen zu besonderem Dank verpflichtet, wenn Sie uns ... einen großen Vortrag von 60-90 Min. Dauer, am besten über Ihre eignen Untersuchungen oder aber auch über die Entwicklungstendenzen der Mathematik in der VR China halten würden. ...

Ihr sehr ergebener H. G. Dekan."

Seinen langjährigen Freund und Kollegen BARTEL L. VAN DER WAERDEN bat GRELL ebenfalls um "einen großen, umfassenden Vortrag, der sich, wenn wir einen Wunsch äußern dürfen, mit den derzeitigen Entwicklungstendenzen in der Mathematik und ihren zukünftigen Perspektiven beschäftigen sollte. Von Deiner zeitlichen Belastung her gesehen ist diese Bitte sicher recht unbescheiden, sie mag aber als Ausdruck der höchsten Wertschätzung gelten, die Dir hier entgegen gebracht wird. ...

Daß ich persönlich mich im Andenken an unsere gemeinsame Lehrerin EMMY *NOETHER* über ein Wiedersehen bei so schönem Anlaß besonders freuen würde, brauche ich nicht ... zu betonen. ..."

Weitere persönliche Einladungen ergingen u.a. an P.S. ALEXANDROV (Moskau), E. HILLE (New Haven), S. EHRESMANN und A. DENJOY (Paris), H. HOPF (Zürich), V. JARNIK (Prag), TSCHAKALOFF (Sofia), MOISIL (Bukarest), SIDDIQI (Aligargh/Indien), jeweils verbunden mit der Bitte um einen Vortrag.

Die Akten geben leider keine schlüssige Antwort darauf, wer genau an den Feierlichkeiten teilgenommen hat. Für erfolgte Absagen, die jedoch in vielen Fällen eine tiefe Verbundenheit mit der und zugleich eine hohe Wertschätzung für die Berliner Universität zum Ausdruck bringen, sind mehrere

Ursachen erkennbar: Gesundheitliche Probleme, wie sie COURANT mitteilte, ebenso wie J. E. HOFMANN (82 Jahre)[20] und J. FRANCK.

Einige eingeladene Gäste mussten Lehrverpflichtungen wahrnehmen. So begründete HILDA MISES-GEIRINGER, damals an der Harvard University, Division of Engineering and Applied Mathematics tätig, ihre Absage:

> " ... Ende September beginnt in USA das neue Semester und es wäre, wie ich festgestellt habe, mit erheblichen Schwierigkeiten verbunden in der Mitte der Arbeit ... wieder abzureisen. ... Ich bedaure dies tief aus wissenschaftlichen wie auch aus persönlichen Gründen. Es wäre mir eine großen Freunde gewesen, so manche Beziehungen zu erneuern oder anzuknüpfen und noch einmal an der Arbeitsstätte meiner Jugend zu sein. ..."[21]

E. HOPF vom Departement of Mathematics der Indiana University hatte noch im August d. J. gehofft, nach Berlin reisen zu können, da es "verlokkend sei, seine alte alma mater wiederzusehen," konnte sich aber dann doch nicht "für eine ganze Woche hier frei machen", wie er am 19. September mitteilte.[22] A. TARSKI, Departement of Mathematics der University of California, schrieb am 8.9.1960, "I am not in a position to accept your invitation."[23] H. FREUDENTHAL antwortete auf eine entsprechende Einladung bereits am 9. 7. 1960, dass er eine Gastprofessur an der Yale University habe und daher im November nicht an der Feierlichkeiten teilnehmen könne. Er sei bereit, die Ehrenpromotion anzunehmen und wolle sobald wie möglich, die Humboldt-Universität besuchen.[24]

Schließlich waren persönliche bzw. politische Umstände wie sie FRAENKEL äußerte, Anlaß zu Absagen.

Obwohl eine zentrale Vorgabe die Veröffentlichung aller Eröffnungsansprachen, Referate und Diskussionsbeiträge sowie der Schlussworte und

---

[20] Mit Datum vom 19. 7. 1960 sagte Hofmann seine Teilnahme ab: " Zu meinen größten Bedauern ist es uns beiden nicht möglich, Ihrer so liebenswürdigen und verlockenden Einladung Folge zu leisten. Ursache ist mein labiler Gesundheitszustand. ... Ich fühle mich durchaus aufs engste mit der Berliner Universität verbunden; es waren zwar sehr schwere, jedoch wissenschaftlich die anregendsten Jahre meines Lebens, die ich dort verbringen durfte, in der Fülle von Möglichkeiten, wie sie mir niemals wieder in so reichem Masse gewährt worden sind. AHUB, Rektorat Akte 473 (unpaginiert).
[21] AHUB, Rektorat Akte 463, Brief an Magnifizenz Schröder.
[22] a. a. O.
[23] a. a. O.
[24] AHUB, Akte Rektorat 465, Blatt 236, Brief vom 9. 7. 1960 an Rektor Schröder.

ein Verzeichnis der anwesenden Wissenschaftler des In- und Auslandes vorsah[25], scheint eine solche Veröffentlichung nicht gelungen zu sein. Daher ist es sehr schwierig, den Verlauf des Symposions sowie den Inhalt der Fachvorträge und Diskussionen vor allem in den Arbeitsgruppen wiederzugeben. In einem Pressegespräch gab Prof. Dr. HANS REICHARDT einen Überblick: "Es werden Vorträge aus allen Gebieten der Mathematik gehalten. Wegen der Vielzahl der Vorträge werden manchmal sieben Sektionen - elf sind es insgesamt - gleichzeitig tagen. Auch von der Thematik der Vorträge her rechtfertigt sich der Begriff der mathematischen Leistungsschau: Unsere Tagung wird ein Spiegelbild sein, in welchem Fluß die Mathematik steht, wie versucht wird, den Zusammenhang zwischen den Ergebnissen der Einzelforschung und einheitlichen Prinzipien aufzuspüren. Es ist vielleicht nicht uninteressant zu erwähnen, dass auch Forschungsgruppen auf dem Gebiet der Statistik und der automatischen Rechentechnik berichtet werden."[26] Einige Informationen sind ferner den zwischen dem 7. und 18. November von der Pressekommission der Universität herausgegebenen Bulletins zu entnehmen:

Die Hauptvorträge waren dem Anlaß gemäß historisch orientiert. Heinrich GRELL hielt den Festvortrag am Eröffnungstag des Symposions zur Geschichte der Mathematik an der Humboldt-Universität, wobei er besonders auf die Jahre 1855 - 1902 eingegangen ist, die er als die Blütezeit der Berliner Mathematik charakterisierte. An die großen Traditionen dieser Jahre gelte es anzuknüpfen. Anschließend nahm PAWEL SERGEJEWITSCH ALEXANDROV das Wort zu seinem Vortrag "Die Stellung der mengentheoretischen Topologie in der modernen Mathematik", in dem er zeigte, dass dieses (wesentlich von ihm) in den zwanziger Jahren (mit)begründete Gebiet mehr und mehr Eingang in viele Zweige der Mathematik fand. Der große Hörsaal 3038 habe wie erwartet nicht ausgereicht, die Vorträge wurden in Nebenräume übertragen.

Der zweite Tag war dem Andenken ISSAI SCHURs gewidmet. Magnifizenz KURT SCHRÖDER eröffnete diese Ehrung: Es sei beim Zurückblicken auf die Geschichte unserer Universität eine bislang unerfüllt gebliebene Dankespflicht, des Mannes zu gedenken, der nach dem ersten Weltkrieg wesentlich dazu beigetragen habe, den Ruhm der Berliner Universität wieder zu

---

[25] AHUB, Akte 48.
[26] Aus: Zeitung "Humboldt-Universität", 4. Jg. 1960, Nr. 22, S.3.

begründen. Einen "Erinnerungsvortrag" hielt ALFRED BRAUER[27], der Schüler des von ihm hochverehrten SCHUR und für zwei Jahrzehnte Student, Assistent und Privatdozent an der Universität gewesen war, bevor er Deutschland verlassen musste. BRAUER zeichnete dem Bericht nach das Bild eines bescheidenen, hilfsbereiten, stets schöpferisch tätigen und charakterfesten Gelehrten, der sich auch nach 1933, da er die Lehrtätigkeit aufgeben und emigrieren musste, bei Studenten und Kollegen größter Hochachtung und Wertschätzung erfreute. Ferner verwies der Redner auch die wissenschaftlichen Leistungen insbesondere auf dem Gebiet der Gruppentheorie. BRAUER bekannte, dass er seit 1937 erstmals wieder Europa besuche und schloß mit dem Wunsch, daß die von SCHUR geprägten Traditionen an der Humboldt-Universität eine "Pflegestätte" finden mögen. HANS REICHARDT, ebenfalls Schüler von SCHUR, würdigte sodann die Vorlesungstätigkeit von SCHUR: er habe verstanden, seine eigene Begeisterung für die Mathematik auf seine Hörer zu übertragen. Den dritten Vortrag des Tages hielt WILHELM BLASCHKE zum Thema "Aus meinem Leben".

An den folgenden Tagen wurden die Beratungen auf Grund der hohen Beteiligung in- und ausländischer Gäste und des großen Interesses unter den Studenten in Sektionen[28] weitergeführt. Es wird von insgesamt etwa 165 Vorträgen berichtet.[29] Das Staatssekretariat hatte noch eine Sektion "Lehrerbildung" resp. "Methodik der Mathematik" empfohlen[30], um breite Kreise der Lehrer in die 150-Jahrfeier einzubeziehen. Darüber hinaus waren

---

[27] Brauer hatte am 20. August d. J. brieflich seine Teilnahme am Symposium bestätigt: "Es wird für mich eine große Freude sein, wieder einige Tage an der Stätte weilen zu können, der ich meine ganze wissenschaftliche Ausbildung verdanke und mit der ich 22 Jahre lang ... eng verbunden war." AHUB, Rektorat Akte 463.

[28] Im Abschlußbericht werden genannt: Algebra, Analysis, Erfahrungen aus der Praxis, Funktionalanalysis, Funktionentheorie, Geometrie, Logik, Mechanik und Regeltechnik, praktische Analysis, Rechenautomaten, Schulmathematik, Statistik, Strömungslehre, Topologie, Wahrscheinlichkeitstheorie und Zahlentheorie. AHUB, Math.-Nat. Fak. Akte 48.

[29] Die Berichte von zentraler Stelle über die Veranstaltungen beruhten sichtlich auf unterschiedlichen Informationen. Wurde zunächst festgestellt, "an den Mathematischen Instituten verließ man sich ... darauf, das wissenschaftliche Niveau des Symposiums von ausländischen Wissenschaftlern bestimmen zu lassen (BA, ZSTA, 1. Schicht, Akte 1574), heißt es einer Einschätzung vom 21.11.1960: ...auf wissenschaftlichen Veranstaltungen wurde das Niveau "durch unsere Wissenschaftler und unsere Beiträge bestimmt. ... Als Beispiel sind (!) hier nur das Mathematische Symposium genannt, wo über 80% der über 150 wissenschaftlichen Vorträge von Mathematikern unserer Republik gehalten wurden." BA, ZSTA, 1. Schicht, Akte 1234.

[30] SAPMO BArch, ZSTA, 1. Schicht, Akte 1234.

Hinweise an die Veranstalter ergangen, öffentlich wirksam zu werden, u. a. einen Tag der offenen Tür, populäre Vorträge über Mathematik, Führungen und Besuche von Professoren und Studenten in Betrieben zu organisieren.[31]

Den Gepflogenheiten universitärer Jubiläen entsprechend, wurden Ehrenpromotionen vorgenommen, soweit feststellbar im Jahre 1960 der Mathematiker P. S. ALEXANDROV (Moskau), H. FREUDENTHAL (Utrecht), Th. A. SKOLEM (Oslo) und L. SCHWARTZ (Paris). H. HOPF (Zürich) und A. BRAUER (Cambridge/Mass.) waren ebenfalls vorgeschlagen, von zentraler Seite jedoch nicht bestätigt worden.[32]

Die Studenten der Mathematik waren interessierte Teilnehmer und auch Diskussionspartner an vielen Veranstaltungen des Symposions. Der Dekan H. GRELL hatte einen Brief an die Institute der Mathematisch-Naturwissenschaftlichen Fakultät gerichtet, in dem er mit anspruchsvoller Zielstellung eine zweistündige Vorlesung und ein zweistündiges Kolloquium zur Unterrichtung der Studierenden über die Bedeutung des Jubiläums veranlasste. Dabei sollten die "Hauptzüge der geschichtlichen Entwicklung" der einzelnen Fachrichtungen, allgemeine "humanistische und politische Gesichtspunkte", das Gedankengut des HUMBOLDTs sowie der verschiedenartige Charakter in der politischen Entwicklung unserer Universität vor und nach dem Jahr 1848 behandelt werden. "Ich bitte alle Kollegen, nach bestem Können dieser Aufforderung Folge zu leisten und dadurch zu helfen, auch in den Herzen unserer Studierenden ein angemessenes und würdiges Bild über die wissenschaftliche und politisch-kulturelle Bedeutung unseres Jubiläums hervorzurufen."[33] Für den 17. November, dem "Tag der Studenten" an den Fachrichtungen Mathematik und Physik, war ein Wettbewerb um die beste Diplomarbeit ausgeschrieben gewesen; die Teilnahmebedingungen bestanden im termingerechten Abschluß der Arbeit, einem

---

[31] In diesem Rahmen hielt Hans Reichardt im Kinosaal des Museums für Deutsche Geschichte einen öffentlichen Vortrag über mathematische Probleme der Raumfahrt.

[32] Im Schriftwechsel der Universität mit dem Staatssekretariat heißt es dazu: "Mit den auf der Liste befindlichen Prof. Brauer (USA), Hopf (Zürich) und Westphal (W) wird verabredungsgemäß noch nicht verhandelt, sondern zunächst intern geregelt, ob ihre Einstellung zur DDR die Verleihung der Ehrenpromotion als gerechtfertigt erscheinen lassen würde." Das Staatssekretariat teilte ferner mit, dass von der Ehrung polnischer Mathematiker Abstand genommen werden sollte. Die Leitung der Universität hatte "geglaubt", dem Freundschaftsvertrag mit der Universität Warschau durch die Ehrenpromotion einiger ihrer Mathematiker "Rechnung tragen zu müssen."
SAPMO BArch, ZSTA, 1. Schicht, Akte 636.

[33] AHUB, Math.-Nat. Fak., Akte 48. Schreiben vom 14. 9. 1960.

15minütigen Vortrag zu ihrem Thema vor einer Jury und anderen Studenten, die drei besten Arbeiten wurden prämiiert. Die Vielfalt er Diplomthemen sollte jüngeren Studenten Anregungen vermitteln, die gemeinsame Arbeit in studentischen Arbeitsgruppen unter Einbeziehung von Problemen aus der Praxis (Industrie) und Nachbarwissenschaften fördern.[34]

Auf der Schlusssitzung des Symposions, das noch einmal die Mathematiker aus 17 Ländern vereinte[35], war die gemeinsame Auffassung, eine sehr erfolgreiche Veranstaltung erlebt zu haben. Nach einer Einleitung durch den Rektor sprachen Prof. HAJOS, Ungarn, Prof. SCHMETTERER, Hamburg, und Prof. KLEENE, USA, als Gäste der drei mathematischen Institute.[36]

HAJOS bezeichnete die Veranstaltung dank ihres hohen wissenschaftlichen Niveaus als internationalen Kongreß (nicht nur als Tagung). SCHMETTERER erklärte, dass "die Wissenschaft im allgemeinen und die Mathematik im besonderem mehr und mehr den Charakter einer völkerverbindenden Disziplin bekommt" und so gesehen, das Symposion seine Ziele voll erfüllt habe. STEPHAN COLE KLEENE von der University of Wisconsin (USA) sprach in einem am Rande des Symposions gewährten Interview von seinen Bedenken nach Berlin zu kommen und von Schwierigkeiten, die es zu überwinden galt und fuhr dann fort: "Wenn ich aber offen sprechen darf, gibt es auch andere, unsichtbare Schwierigkeiten. Ich möchte betonen, ich habe diese Schwierigkeiten nicht gemacht, und man kann uns als Wissenschaftler nicht dafür verantwortlich machen. Daraus ergibt sich die Frage, sollen solche Schwierigkeiten in der Welt der fruchtbaren und wissenschaftlichen Zusammenarbeit in Wege stehen? Nach meiner Meinung nein. Deshalb bin ich hier. ... Das Mathematische Symposium war sehr erfolgreich, und das kann ich besonders von meinen speziellen Fachgebiet der Mathematischen Logik sagen. ... Ich kann sagen, dass ich glücklich bin, hier in Berlin zu sein. Ich habe hier auch die Möglichkeit gehabt, viele Menschen aus allen Teilen der Welt kennenzulernen, und wir haben sehr

---

[34] Universitätszeitung "Humboldt-Universität" vom 12. 11. 1960, S. 3.
[35] Lt. Bulletin der Pressekommission der Humboldt-Universität Nr. 3 vom 3. 11. 1960 hatte die "Westpresse" eine Meldung über einen Ausfall des Symposium mangels internationaler Beteiligung gebracht. Übrigens hatte der Rheinische Merkur vom 22. 4. 1960 im Zusammenhang mit dem Universitätsjubiläum u. a. bösartig geschrieben: "Man kann sich auch ohne allzu viel Phantasie vorstellen, wie das Ganze sich entwickeln wird, nämlich als ungeheure Propaganda-Schau des Ulbricht-Regimes unter Vorspann möglichst vieler ‚nützlicher Idioten' ... aus dem westlichen Ausland.
[36] Aus einem Bericht über das mathematische Symposion von H. Reichardt. AHUB, Akte 48.

rege Diskussionen geführt. Das Mathematische Symposium hat für mich nicht nur einen augenblicklichen Gewinn, sondern ich hoffe, dass dieses erfolgreiche Symposium ein gutes Vorzeichen für die zukünftige wissenschaftliche Zusammenarbeit ist."[37]

Prof. HANS REICHARDT schrieb in seinem Abschlußbericht: "Besonders hervorgehoben wurde des öfteren die Breite der Ausbildung und die hohe Qualität unseres Nachwuchses in der gesamten DDR, wobei jedoch zu bemerken ist, dass Spitzenleistungen von ausgesprochener Originalität noch nicht in genügender Anzahl zu finden sind; ... dem Nachwuchs (muß) in noch stärkerem Maße als bisher Gelegenheit zu intensivster mathematischer Arbeit gegeben werden ... , die z. Zt. noch zu oft durch anderweitige Beschäftigungen, wie die Teilnahme an Kommissionen, Besprechungen, Sitzungen ... abgemindert wird. ... Leider kam ein Teil der Gäste aus der DDR ... nur für den Tag des jeweiligen Vortrages. ..."[38]

Die Ergebnisse der Konferenz auf mathematischem Gebiet zusammenzutragen dürfte - wenn überhaupt noch möglich - sehr schwierig sein und muß jedenfalls einer eigenen Untersuchung vorbehalten bleiben.

Doz. Dr. Hannelore Bernhardt; Platz der Vereinten Nationen 3;
D-10249 Berlin; email: Ha.Kh.Bernhardt@addcom.de

---

[37] Bulletin der Pressekommission der Humboldt-Universität Nr. 6 vom 11. 11. 19960.
[38] Vgl. Fußnote 36.

Zur Entwicklung des Bewusstseins des Unterschieds zwischen Wahrheit und Beweisbarkeit

Roman Murawski

Jedermann geht davon aus, dass mathematische Sätze durch Beweise endgültig gesichert sind und dass ganz allgemein das Beweisen Grundlage und Quelle für die Wahrheit in der Mathematik ist: Man sagt, dass ein mathematischer Satz genau dann wahr ist, wenn man ihn beweisen kann. Was aber ist ein Beweis? Und was ist eigentlich Wahrheit?

In diesem Aufsatz werden wir zeigen wie die Gödelschen Unvollständigkeitssätze dazu beigetragen haben, dass man in der Mathematik Wahrheit und Beweisbarkeit zu unterscheiden begann.

Seit PLATO und ARISTOTELES gilt die Axiomatik als die beste Methode, mathematisches Wissen zu begründen und zu organisieren. Das erste ausgeführte Beispiel der Anwendung dieser Methode sind die *Elemente* des EUKLID. Dieses antike Werk setzte die Maßstäbe für die Mathematik bis zum Ende des 19. Jahrhunderts und war das Musterbeispiel einer axiomatischen Theorie, besser: einer quasi-axiomatischen Theorie.

Die *Elemente* bauen auf Axiomen und Postulaten auf. Beweise und Sätze aber enthalten diverse Lücken. In der Tat ist die Liste der Axiome und Postulate nicht vollständig, ohne klare Abgrenzung werden unterschiedliche "evidente" Wahrheiten und Intuitionen verwendet. Beweise sind oft nur informelle oder intuitive Begründungen (demonstrations). In ähnlicher Weise kann man andere historische mathematische Theorien charakterisieren. Der Begriff des Beweises war eher psychologischer (und nicht logischer) Natur. Man bemerkt, dass die Sprache der Theorien die unpräzise Umgangssprache war, um deren Präzisierung man sich nicht weiter bemühte. Bis zum Ende des 19. Jahrhunderts verlangten die Mathematiker, dass Axiome und Postulate "wahre Sätze" sein sollten.

Das "euklidische Paradigma" einer axiomatischen Theorie wurde erst um die Wende des 19. zum 20. Jahrhunderts geklärt und präzisiert. Die intuitive Praxis der informellen Beweise wurde durch den präzisen Begriff des

formalen Beweises und der Folgerung fundiert. Verschiedene Faktoren spielten hier eine Rolle und haben zur Revision des euklidischen Paradigmas beigetragen. Zu nennen sind hier die Entdeckung der Nichteuklidischen Geometrien (C.F. GAUSS, N.N. LOBATSCHEWSKI, J. BOLYAI), die Arithmetisierung der Analysis (A. CAUCHY, K. WEIERSTRASS, R. DEDEKIND), die Entstehung und Entwicklung der Mengenlehre (G. CANTOR, R. DEDEKIND), die Axiomatisierung der Arithmetik (G. PEANO, R. DEDEKIND) und der Geometrie (M. PASCH, D. HILBERT), die Entstehung und Entwicklung der mathematischen Logik (G. BOOLE, A. DE MORGAN, G. FREGE, G. PEANO, B. RUSSELL). Neben diesen "positiven Faktoren" gab es auch wichtige "negative Faktoren": Die Entdeckung der Antinomien in der Mengenlehre (C. BURALI-FORTE, G. CANTOR, B. RUSSELL) und der semantischen Antinomien (R. BERRY, K. GRELLING). Diese Ereignisse förderten und forderten philosophische und grundlagentheoretische Forschungen.

Eines der Ergebnisse dieser Forschungen war das HILBERTsche Programm und seine Beweistheorie. Man sollte anmerken, dass dieses Programm nicht als mathematikphilosophischer Entwurf gedacht war. Sein Ziel war, das gesamte Feld des mathematischen Wissens zu begründen und zu legitimieren. Außerdem variierten die - immer formalistischen - Ansichten HILBERTs im Laufe der Zeit.

HILBERT fasste mathematische Theorien als "formale Systeme" auf. Er sah die axiomatische Methode als Mittel, jeden ausreichend entwickelten Bereich systematisch zu ordnen. In "Axiomatisches Denken" (1918) schrieb er:

> Wenn wir die Tatsachen eines bestimmten mehr oder minder umfassenden Wissensgebiete zusammenstellen, so bemerken wir bald, dass diese Tatsachen einer Ordnung fähig sind. Diese Ordnung erfolgt jedesmal mit Hilfe eines gewissen *Fachwerkes von Begriffen* in der Weise, dass dem einzelnen Gegenstande des Wissensgebietes ein Begriff dieses Fachwerkes und jeder Tatsache innerhalb des Wissensgebietes eine logische Beziehung zwischen den Begriffen entspricht. Das Fachwerk der Begriffe ist nicht Anderes als die *Theorie* des Wissensgebietes.

Wir bemerken, dass bei HILBERT der formale Rahmen einer Theorie immer inhaltlich motiviert war, d.h. er betrachtete Theorien immer zusammen mit entsprechenden nicht-leeren Bereichen, die die Umfänge der Individuenvariablen und die Interpretation der außerlogischen Symbole bestimmten.

HILBERT, der nur wenig Interesse an philosophischen Fragen hatte, beschäftigte sich nicht weiter mit dem ontologischen Status, dem Wesen der mathematischen Objekte. Man kann sogar sagen, dass der Sinn seines Programmes war, sich nicht mit dem Wesen mathematischer Objekte in mathematischen Theorien zu beschäftigen sondern die Methoden dieser Theorien und ihre Sätze kritisch zu untersuchen. Anderseits war HILBERT sehr klar, dass, wenn einmal eine Theorie formuliert war, sie beliebig viele Interpretationen zuließ. In einem Brief an GOTTLOB FREGE vom 29. Dezember 1899 schrieb er die berühmten Sätze (vgl.[Frege 1976, S. 67]):

> Ja, es ist doch selbstverständlich eine jede Theorie nur ein Fachwerk oder Schema von Begriffen nebst ihren nothwendigen Beziehungen zu einander, und die Grundelemente können in beliebiger Weise gedacht werden. Wenn ich unter meinen Punkten irgendwelche Systeme von Dingen, z.B. das System: Liebe, Gesetz, Schornsteinfeger ..., denke und dann nur meine sämtlichen Axiome als Beziehungen zwischen diesen Dingen annehme, so gelten meine Sätze, z.B. der Pythagoras auch von diesen Dingen. Mit anderen Worten: eine jede Theorie kann stets auf unendliche viele Systeme von Grundelementen angewandt werden.

Das Wesen einer axiomatischen Theorie lag für HILBERT darin, die Positionen der einzelnen Sätze (Wahrheiten) im gegeben System zu bestimmen und die Beziehungen zwischen ihnen zu klären.

HILBERTs Bestreben war es, das mathematische Wissen mit syntaktischen Mitteln zu begründen. Die semantische Problematik schloss er aus. Sein Ausgangspunkt war die Unterscheidung zwischen einem "finitistischen" Teil der Mathematik, der keiner weiteren Begründung bedurfte, und einem "infinitistischen" Teil, der begründet werden sollte. Seine Beweistheorie sollte die gesamte Mathematik aus der finitistischen Mathematik legitimieren. Die Beweistheorie war als neue mathematische Disziplin geplant, in der mathematische Beweise mit mathematischen Mitteln untersucht werden sollten. Das Ziel war zu zeigen, dass ideale Elemente in der Mathematik, speziell die aktuale Unendlichkeit, die in mathematischen Beweisen benötigt werden, zu korrekten Resultaten führen, also zulässige, sichere Begriffe sind.

Um das Programm zu realisieren, sollten mathematische Theorien (und schließlich die gesamte Mathematik) formalisiert werden, um sie als Systeme von Symbolen - von jedem Inhalt abstrahierend - zu untersuchen.

Formale axiomatische Systeme sollten drei Bedingungen erfüllen: Sie sollten vollständig und widerspruchsfrei und ihre Axiome voneinander unabhängig sein. Widerspruchsfreiheit war für HILBERT ein Kriterium für mathematische Wahrheit und der Existenz der mathematische Objekte in den Theorien. In dem oben zitierten Brief an FREGE schrieb HILBERT [Frege 1976, S. 66]:

> Wenn sich die willkürlich gesetzten Axiome nicht einander widersprechen mit sämtlichen Folgen, so sind sie wahr, so existieren die durch die Axiome definierten Dinge.

Wichtig ist auch die Voraussetzung, dass die Theorien kategorisch, d.h. bis auf Isomorphie durch die Axiome eindeutig charakterisiert sind. Diese Bedingung war mit der der Vollständigkeit verknüpft.

Wichtig für unsere Betrachtungen ist, dass die Vollständigkeit von Theorien bei HILBERT eine besondere Rolle spielte. Man beachte, dass die *Grundlagen der Geometrie* Vollständigkeit in einem Axiom explizit postulierte. Das Axiom V(2) lautet:

> Die Elemente (Punkte, Geraden, Ebenen) der Geometrie bilden ein System von Dingen, welches bei Aufrechterhaltung sämtlicher genannten Axiome keiner Erweiterung mehr fähig ist.

In HILBERTs Vortrag auf dem Kongress in Heidelberg (1904) findet man ein ähnliches Axiom für die reellen Zahlen. Später versteht HILBERT Vollständigkeit als Eigenschaft des Systems. In seinen Vorlesungen über "Logische Principien des mathematischen Denkens" (1905) erklärt HILBERT Vollständigkeit als die Forderung, aus den Axiomen alle "Thatsachen" der Theorie beweisen zu können. Dort sagt er:

> Wir werden verlangen müssen, dass alle übrigen Thatsachen des vorgelegten Wissensbereiches Folgerungen aus den Axiomen sind.

HILBERTs Glaube an die Lösbarkeit aller mathematischen Probleme kann man andererseits als Wirkung dieser Auffassung von Vollständigkeit ansehen. In seinem Vortrag in Paris im August 1900 sagte HILBERT (vgl. [Hilbert 1901, S. 299-300]):

> Wenn es sich darum handelt, die Grundlagen einer Wissenschaft zu untersuchen, so hat man ein System von Axiomen aufzustellen, welche eine genaue und vollständige Beschreibung derjenigen Beziehungen enthalten, die zwischen den elementaren Begriffen jener Wissenschaft stattfinden. Die aufgestellten Axiome sind zugleich die Defini-

tionen jener elementaren Begriffe, und jede Aussage innerhalb des Bereiches der Wissenschaft, deren Grundlage wir prüfen, gilt uns nur dann als richtig, falls sie sich mittels einer endlichen Anzahl logischer Schlüsse aus den aufgestellten Axiomen ableiten lässt.

Seine Formulierung "genaue und vollständige Beschreibung" kann man so verstehen, dass die Axiome die Entscheidung über die Wahrheit oder Falschheit jedes Satzes ermöglichen. Alle Axiomensysteme, die HILBERT angegeben hat, waren vollständig - genauer: kategorisch. Sie enthielten aber immer Axiome, die in der Logik der 2. Stufe formuliert waren.

In seinen Vorlesungen aus den Jahren 1917 und 1918 findet man Vollständigkeit bei HILBERT im Sinne maximaler Widerspruchsfreiheit wieder: Ein System T ist vollständig genau dann, wenn

$$\forall \varphi (T \text{ non} \vdash \varphi \to T \cup \{\varphi\} \text{ widersprüchlich ist}).$$

Die Ursache dafür, dass finite und syntaktische Methoden zusammen mit der Forderung nach Vollständigkeit hier so im Vordergrund standen, beschrieb GÖDEL so (vgl. [Wang 1974, p. 9]): "formalists considered formal demonstrability to be an *analysis* of the concept of mathematical truth and, therefore were of course not in a position to *distinguish* the two" (die Formalisten betrachteten formale Beweisbarkeit als die *Analysis* des Begriffes der mathematischen Wahrheit und deswegen konnten sie sie nicht voneinander *unterscheiden*). Der Begriff der Wahrheit war damals in der Tat nicht als mathematischer Begriff akzeptiert. GÖDEL schrieb in einem Brief an YOSSEF BALAS: "[...] a concept of objective mathematical truth as opposed to demonstrability was viewed with greatest suspicion and widely rejected as meaningless" (Der Begriff der objektiven mathematischen Wahrheit im Gegensatz zu dem Begriff der Beweisbarkeit wurde mit großem Misstrauen betrachtet und als sinnlos abgelehnt) (vgl. [Wang 1987, 84-85]).

Das erklärt, warum HILBERT in seiner Metamathematik nur im Bereich der Formeln arbeitete und nur finite Erwägungen, die als sicher galten, zuließ.

DAVID HILBERT und WILHELM ACKERMANN stellten das Problem der Vollständigkeit der Logik explizit in ihrem Buch *Grundzüge der theoretischen Logik* (1928). GÖDEL löste das Problem. Er zeigte in seiner Dissertation (1929), dass die Logik der 1. Stufe (das Prädikatenkalkül) vollständig ist, d.h. dass jedes widerspruchsfreie System ein Modell besitzt. Später, in seiner berühmten Arbeit aus dem Jahr 1931, zeigte GÖDEL, dass die Arithmetik der natürlichen Zahlen und alle sie umfassenden Systeme unvollständig

Unterschied zwischen Wahrheit und Beweisbarkeit 303

sind (sofern sie widerspruchsfrei sind). GÖDEL bewies, dass es Sätze φ in der Sprache L(PA) der PEANOschen Arithmetik PA gibt derart, dass weder φ noch $\neg \varphi$ beweisbar sind (d.h. PA $\vdash \varphi$ und PA $\nvdash \neg\varphi$). Man sagt, dass ein solches φ unentscheidbar in PA ist. Man kann auch zeigen, dass φ wahr ist, d.h. in der Struktur der natürlichen Zahlen gültig ist. Kurz: Es gibt wahre Sätze, die in PA unentscheidbar sind. Durch Erweiterung des Systems PA (oder einer sie umfassenden Theorie T) kann man die Unvollständigkeit nicht aufheben. Denn es gibt in jedem erweiterten System wieder wahre aber nicht entscheidbare Sätze.

Wie ist GÖDEL auf die Idee gekommen, einen solchen Satz zu beweisen? Er schrieb selbst, dass der Ursprung in der Entdeckung lag, dass der Begriff der Beweisbarkeit, nicht aber der Begriff der Wahrheit formal definierbar war. Er schrieb:

> [...] long before, I had found the *correct* solution of the semantic paradoxes in the fact that truth in a language cannot be defined in itself. ([...] lange zuvor fand ich die *korrekte* Auflösung der semantischen Paradoxien in der Tatsache, dass Wahrheit in einer Sprache nicht in dieser Sprache definiert werden kann.)

Wir bemerken, dass GÖDEL einen intuitiven, nicht präzisierten Begriff von Wahrheit verwendete. Der Begriff der Wahrheit wurde erst 1933 von ALFRED TARSKI definiert und seine Nicht-Definierbarkeit (innerhalb einer Sprache) exakt bewiesen.

GÖDEL vermied die Begriffe "wahr" und "Wahrheit". Er sprach stattdessen von "richtigen Formeln" oder "inhaltlich richtigen Formeln", nie über "wahre Formeln". Warum kann man fragen. Eine Antwort finden wir im Entwurf eines Briefes an YOSSEF BALAS (vgl. oben), in dem GÖDEL schrieb:

> However in consequence of the philosophical prejudices of our times 1. nobody was looking for a relative consistency proof because [it] was considered axiomatic that a consistency proof must be finitary in order to make sense, 2. a concept of objective mathematical truth as opposed to demonstrability was viewed with greatest suspicion and widely rejected as meaningless. (Als Folge der philosophischen Vorurteile unserer Zeit suchte 1. niemand nach einem relativen Widerspruchsfreiheitsbeweis, weil vorausgesetzt wurde, dass ein solcher Beweis finitistisch (finitary) sein muss um sinnvoll zu sein, 2. wurde der Begriff der objektiven mathematischen Wahrheit - im Gegensatz

zu dem der Beweisbarkeit - mit großem Misstrauen betrachtet und im Allgemeinen als sinnlos zurückgewiesen.)

GÖDEL befürchtete offenbar, dass in der damals etablierten Grundlagenmathematik, in der die HILBERTschen Ideen dominierten, Arbeiten auf Ablehnung stoßen würden, die den Begriff der mathematischen Wahrheit verwendeten. Daher versuchte er seine Ergebnisse so zu präsentieren, dass sie auch von solchen Mathematikern akzeptiert werden konnten, die nichtfinitistische Methoden vermieden.

Hinzu kam, dass GÖDELs philosophische Einstellung platonistisch war. Es war GÖDELs Überzeugung, dass es gerade die anti-platonistischen Vorurteile waren, die die Akzeptanz seiner Ergebnisse behinderten.

Die Entdeckung des Phänomens der Unvollständigkeit und der Undefinierbarkeit von Wahrheit haben gezeigt, dass die definierbare formale Beweisbarkeit nicht als Klärung des Begriffs der mathematischen Wahrheit angesehen werden konnte. Sie zeigte zudem, dass das HILBERTsche Programm, die Mathematik durch finitistische Methoden zu begründen, scheitern musste.

Ein weiteres wichtiges Detail ist, dass GÖDEL ein "rationalistischer Optimist" war, wie HAO WANG sagte. Er glaubte, dass Mathematik ein System von Wahrheiten ist, dass in gewisser Weise vollständig ist in dem Sinne, dass "jede präzise Frage, die mit "Ja" oder "Nein" beantworten werden kann, muss eine klare Antwort besitzen" (every precisely formulated yes-or-no-question in mathematics must have a clear-cut answer) (vgl. [Gödel 1970]). GÖDEL glaubte aber nicht, dass Axiome eine Basis für eine solche allgemeine Beweisbarkeit bilden könnten. In GIBBS Vorlesungen (1951) unterscheidet GÖDEL zwischen "objektiver" und "subjektiver Mathematik": "Objektive Mathematik" ist die Gesamtheit aller wahren mathematischen Sätze, "subjektive Mathematik" die Gesamtheit der beweisbaren Sätze. Die objektive Mathematik kann nicht durch ein Axiomensystem erfasst werden.

Die Gödelschen Unvollständigkeitssätze haben gezeigt, dass Wahrheit in der Mathematik nicht vollständig durch Beweisbarkeit, also nicht durch syntaktische finitistische Mittel erfassbar ist. Man kann mit solchen Mitteln Wahrheit nur approximieren. Der HILBERTsche Standpunkt müsste also erweitert werden. Aber wie?

HILBERT hat in seinem Vortrag im Dezember 1930 in Hamburg eine neue Beweisregel vorgeschlagen. Sie ähnelte der so genannten ω-Regel und hat-

te nicht-formalen Charakter: Ist $A(z)$ eine quantorenfreie Formel und kann man (finitistisch) zeigen, dass jedes Beispiel für $A(z)$ richtig ist, so ist $\forall z\ A(z)$ als Ausgangsformel in Beweisen zulässig (vgl. [Hilbert 1931]).

Im Vorwort zum ersten Band der *Grundlagen der Mathematik* von DAVID HILBERT und PAUL BERNAYS steht, dass:

> [...] die zeitweilig aufgekommene Meinung, aus gewissen neueren Ergebnissen von GÖDEL folge die Undurchführbarkeit meiner Beweistheorie, als irrtümlich erwiesen ist. Jenes Ergebnis zeigt in der Tat auch nur, dass man für die weitergehenden Widerspruchsfreiheitsbeweise den finiten Standpunkt in einer schärferen Weise ausnutzen muss, als dieses bei der Betrachtung der elementaren Formalismen erforderlich ist.

Man sieht, dass HILBERT versuchte, sein Programm zu verteidigen - sogar mit so eigenartigen und unklaren Sätzen wie den zitierten.

GÖDEL seinerseits sagte bei vielen Gelegenheiten, dass man neue Axiome benötigt, um unentscheidbare arithmetische und mengentheoretische Probleme zu lösen. In [Gödel 1931?, S. 34] schrieb er:

> [...] es [gibt] zahlentheoretische Probleme, die sich nicht mit zahlentheoretischen sondern nur mit analytischen bzw. mengentheoretischen Hilfsmitteln lösen lassen.

In [Gödel 1933, S. 48] finden wir die folgenden Worte:

> [...] there are arithmetic propositions which cannot be proved even by analysis but only by methods involving extremely large infinite cardinals and similar things. ([...] es gibt arithmetische Sätze, die nicht allein mit Hilfe der Analysis bewiesen werden können, sondern nur mit Methoden, die extrem große unendliche Kardinalzahlen oder ähnliche Dinge verwenden.)

1946 sagte GÖDEL deutlich, dass es notwendig sei, immer neue und stärkere transfinite Theorien zu verwenden, um neue arithmetische Sätze zu erhalten (vgl. [Gödel 1946]). Diese Bemerkungen passen gut zu den folgenden Worten von RUDOLF CARNAP [Carnap 1934, S. 274]:

> [...] *alles Mathematische ist formalisierbar; aber die Mathematik ist nicht durch Ein System erschöpfbar*, sondern erfordert eine Reihe immer reicherer Sprachen.

Bemerkung: Ich danke Prof. Dr. Thomas Bedürftig (Universität Hannover) für die Hilfe bei der sprachlichen Bearbeitung.

Literatur

CARNAP, RUDOLF: 1934, 'Die Antinomien und die Unvollständigkeit der Mathematik', *Monatshefte für Mathematik und Physik* **41**, 263-284.

FREGE, GOTTLOB: 1976, *Wissenschaftlicher Briefwechsel*, Hrsg. G. Gabriel, H. Hermes, F. Kambartel, Ch. Thiel, A. Veraart, Felix Meiner Verlag, Hamburg.

GÖDEL, KURT: 1929, 'Über die Vollständigkeit des Logikkalküls', Doktorarbeit, zum ersten Mal veröffentlicht (mit der englischen Übersetzung) in: Gödel, K. *Collected Works*, vol. I, ed. by Feferman, S. *et al.*, Oxford University Press, New York and Clarendon Press, Oxford, 1986, 60-101.

GÖDEL, KURT: 1931, 'Über formal unentscheidbare Sätze der 'Principia Mathematica' und verwandter Systeme. I', *Monatshefte für Mathematik und Physik* **38**, 173-198. Abgedruckt zusammen mit der englischen Übersetzung 'On Formally Undecidable Propositions of Principia Mathematica and Related Systems' in: Gödel, K. *Collected Works*, vol. I, ed. by Feferman, S. *et al.*, Oxford University Press, New York and Clarendon Press, Oxford 1986, 144-195.

GÖDEL, KURT: 1931?, 'Über unentscheidbare Sätze'; zum ersten Mal veröffentlicht (das deutsche Original und die englische Übersetzung 'On Undecidable Sentences') in: Gödel, K. *Collected Works*, vol. III, ed. by Feferman, S. *et al.*, Oxford University Press, New York and Oxford 1995, 30-35.

GÖDEL, KURT: 1933, 'The Present Situation in the Foundations of Mathematics'; zum ersten Mal veröffentlicht in: Gödel, K. *Collected Works*, vol. III, ed. by Feferman, S. *et al.*, Oxford University Press, New York and Oxford 1995, 45-53.

GÖDEL, KURT: 1946, 'Remarks Before the Princeton Bicentennial Conference on Problems in Mathematics', 1-4; zum ersten Mal veröffentlicht in: Davis, M. (Ed.) *The Undecidable: Basic Papers on Undecidable Propositions, Unsolvable Problems, and Computable Functions*, Raven Press, Hewlett, N.Y., 1965, 84-88. Abgedruckt in: Gödel, K. *Collected Works*, vol. II, ed. by Feferman, S. *et al.*, Oxford University Press, New York and Oxford, 1990, 150-153.

GÖDEL, KURT: 1951, 'Some Basic Theorems on the Foundations of Mathematics and Their Implications'; zum ersten Mal veröffentlicht in: Gödel,

K. *Collected Works*, vol. III, ed. by Feferman, S. *et al.*, Oxford University Press, New York and Oxford 1995, 304-323.

GÖDEL, K.: 1970, 'The Modern Development of the Foundations of Mathematics in the Light of Philosophy'; zum ersten Mal veröffentlicht (deutscher Text und die englische Übersetzung) in: Gödel, K. *Collected Works*, vol. III, ed. by Feferman, S. *et al.*, Oxford University Press, New York and Oxford 1995, 374-387.

HILBERT, DAVID: 1899, *Grundlagen der Geometrie. Festschrift zur Feier der Enthüllung des Gauss-Weber-Denkmals*, B.G.Teubner Leipzig, 3-92. Spätere Aufl. m. Supplementen v. P. Bernays. Neueste Auflage: 14. Auflage. Hrsg. u. m. Anh. versehen v. M. Toepell. B.G. Teubner Stuttgart-Leipzig 1999. (Teubner-Archiv zur Mathematik - Supplementband 6).

HILBERT, DAVID: 1901, 'Mathematische Probleme', *Archiv der Mathematik und Physik* **1**, 44-63 and 213-237. Abgedruckt in: Hilbert, D. *Gesammelte Abhandlungen*, Verlag von Julius Springer, Berlin, Bd. **3**, 290-329. Englische Übersetzung: 'Mathematical Problems', *Bulletin of the American Mathematical Society* **8** (1901-2), 437-479; auch in: Browder, F. (Ed.) *Mathematical Developments Arising from Hilbert's Problems*, Proceedings of the Symposia in Pure Mathematics **28**, American Mathematical Society, Providence, RI, 1976, 1-34.

HILBERT, DAVID: 1903, *Grundlagen der Geometrie*, zweite Auflage, Teubner Verlag, Leipzig. (neueste Auflage: siehe Hilbert 1899.)

HILBERT, DAVID: 1905, 'Logische Principien des mathematischen Denkens', Lecture notes by Ernst Hellinger, Mathematisches Institut, Georg-August-Universität Göttingen, Sommer-Semester 1905. Nicht veröffentlichtes Manuskript.

HILBERT, DAVID, 1917-18, 'Prinzipien der Mathematik', Lecture notes by Paul Bernays. Mathematisches Institut, Georg-August-Universität Göttingen, Wintersemester 1917-18. Nicht veröffentlichtes Manuskript.

HILBERT, DAVID, 1918, 'Axiomatisches Denken', *Mathematische Annalen* **78**, 405-415.

HILBERT DAVID: 1931, 'Die Grundlegung der elementaren Zahlentheorie', *Mathematische Annalen* 104, 485-494; abgedruckt in: Hilbert, D., *Gesammelte Abhandlungen*, Bd. **3**, Verlag von Julius Springer, Berlin 1935, 192-195.

HILBERT, DAVID und ACKERMANN, WILHELM: 1928, *Grundzüge der theoretischen Logik*, Verlag von Julius Springer, Berlin. Englische Übersetzung der zweiten Auflage: *Principles of Mathematical Logic*, Chelsea Publishing Company, New York 1950.

HILBERT, DAVID und BERNAYS, PAUL: 1934/1939, *Grundlagen der Mathematik*, Springer-Verlag, Berlin, Bd.I. 1934, Bd.II. 1939.

TARSKI, ALFRED: 1933, *Pojęcie prawdy w językach nauk dedukcyjnych*, Nakładem Towarzystwa Naukowego Warszawskiego, Warszawa.

TARSKI, ALFRED: 1936, 'Der Wahrheitsbegriff in den formalisierten Sprachen', *Studia Philosophica* **1**, 261-405 (Sonderabdrucke signiert 1935).

WANG, HAO: 1974, *From Mathematics to Philosophy*, Routledge and Kegan Paul, London.

WANG, HAO: 1987, *Reflections on Kurt Gödel*, M.I.T. Press, Cambridge, Mass.

Prof. Dr. Roman Murawski, Uniwersytet im. Adama Mickiewicza,
Wydział Matematyki i Informatyki,
ul. Matejki 48/49, PL-60-769 Poznań, Polen,
E-Mail: rmur@math.amu.edu.pl

Fehler -Treffer –Niete
Eine sprachgeschichtlich-literarische Betrachtung

Rudolf Haller[1]

Fehler, Treffer und Niete gehören zum gleichen Bedeutungsumfeld, wie sich im Folgenden zeigen wird. Sie sind junge Wörter des deutschen Sprachschatzes, wobei Fehler und Niete als Lehnwörter zu uns gekommen sind.

Beginnen wir mit dem ältesten dieser drei Wörter, dem Fehler. Das altfranzösische Verbum *faillir* = *sich irren, verfehlen,* das auf das lateinische *fallere* = *täuschen* zurückgeht, gelangt als Lehnwort *velen* ins Mittelhochdeutsche. Gegen Ende des 15. Jh.s wird dann zum Verbum fehlen das Substantiv *Fehler* zur Bezeichnung eines Fehlschusses gebildet.

Diese erste Bedeutung von *Fehler* ist aus dem heutigen Sprachschatz verschwunden, der *Fehler* nur im Sinne von *Irrtum* kennt. In diesem Sinne erscheint *Fehler* erstmals 1561 bei JOSUA MAALER (1529-1595 Regensperg/Schweiz) in seinem deutsch-lateinischen Wörterbuch *Die Teütsch spraach* [Maaler 1561].

Das Bild vom Fehlschuss benützt sehr gerne der Theologe und bedeutende Prediger des Spätmittelalters JOHANNES GEILER VON KAYSERSBERG (Schaffhausen 1445-1510 Straßburg). Seine um 1480/81 gedruckte Übersetzung [Geiler 1480/81] von JEAN DE GERSONS (Gerson 1363-1429 Lyon) *De arte moriendi* enthält auf Blatt 4v die erste Belegstelle für das Wort *Fehler*, wobei gerade diese Passage sich nicht bei GERSON findet: In der Sterbestunde nämlich soll der Sterbende seinen besonderen Heiligen um Beistand bitten; denn

"wann wo ich uff disen ougenblick felte so hett ich einen ewigen feler geschossen."

---

[1] Vorbemerkung: *Trübners Deutsches Wörterbuch* [Trübner 1939ff.] und das DWB der Gebrüder Grimm [Grimm 1854ff.] lieferten die Basis meiner Untersuchungen.

Von den weiteren Belegstellen bei GEILER für dieses Fehlschuss-Bild will ich nur die beiden 1510 in Augsburg gedruckten Werke (Teile von [Geiler 1510]) aufführen, und zwar

- *Geistliche Spinnerin*. [Geiler 1510 (a)] Auf Blatt e6^c wird das Handeln der Menschen als Weben aufgefasst:

"weñ sy komen an jr letzst end vnd mayñ sy haben Samat gespunnen so ist es zwilch / vnd weñ sy maynen einzugeen mit den jungen weisen junckfrawen so schiessen sy aiñ fåler."

- *Der Hase im Pfeffer*. [Geiler 1510 (b)] So, wie es eine klare Unterweisung gibt, wie man den Hasen im Pfeffer zubereiten soll, so gibt es auch für ein gottgefälliges Leben des Menschen eine klare Unterweisung. Der Weg in das Kloster ist, so auf Blatt Ff4^a, wie wenn der Hase mehr Pfeffer bekäme. Aber nicht immer findet man im Kloster das, was man gesucht hat:

"Ich wolt gaistlichayt sůchen so hab ich die wellt funnden Ich hab ainen fåler geschossen"

Erfreulicher als ein Fehlschuss ist natürlich ein Treffer. Aus dem althochdeutschen Verb *treffan = schlagen* (mhd. *treffen*) entsteht im 15. Jh. der substantivierte Infinitiv *Treffen = Schlacht* und erst im 16. Jh. das Wort *Treffer* als Bezeichnung für einen Schuss, der trifft. Belegt ist *Treffer* in diesem Sinn erstmals 1575, und passend zusammen mit seinem Gegenteil *Fehler*, bei JOHANN DER TÄUFER FRIEDRICH FISCHART (Straßburg 1546/47-1590 Forbach). Im 27. Kapitel seiner *Affenteurliche vnd Vngeheurliche Geschichtschrift* [Fischart 1575] nach RABELAIS lernt Gargantual das Schießen mit Erfolg; denn in Zeile 3 von Blatt [Svij^b] heißt es:

"da waren kain Fåler / eitel Treffer."

Im ausgehenden Mittelalter verband man das Schießen mit Lustbarkeiten. So richtete die Stadt München anlässlich des Tiburtius-Schießens am 14. April 1467 den ersten "Glückshafen" auf deutschem Boden aus; das ist eine Warenlotterie, wie sie erstmals für den 9. April 1445 in Sluis (Flandern) nachgewiesen werden konnte. Gezogen wurde dabei gleichzeitig aus zwei Gefäßen. Aus dem einen zog man die mit einem Namen oder einer Devise versehenen Zettel der Einzahler, aus dem anderen die Zettel, auf denen vorher entweder ein Gewinn oder nichts bzw. eine Null notiert worden war. "Blinde Zettuln" und auch "blinde Zettel" nennt die letzteren 1651 der Rechtsgelehrte KASPAR KLOCK (Soest 1583-1655 Braunschweig) in der

lateinisch verfassten Beschreibung des Osnabrücker Glückstopfs von 1521 [Klock 1651, 624]. Das Hendiadyoin "Nullen und blinde Zettuln" bildet 1685 EBERHARD WERNER HAPPEL (Kirchhayn/ Hessen 1647-1690 Hamburg), der fruchtbarste Romanschreiber der 2. Hälfte des 17. Jh.s. In seinen *Relationes* Curiosae berichtet er in *Der blinde Kauff* [Happel 1685, 2. Teil, Spalte 62a] von einem Warentermingeschäft, dass nämlich den Fischern sehr oft ihre Fänge abgekauft werden, ehe sie hinausfahren:

> "der andere / so kein Glück hat / traurig und mit einer langen Nasen abziehet / und für sein gesetztes Geld / aus einen besonderen Glückshaven des Meeres / will sagen / aus den Härings-Netzen / viel Nullen und blinde Zettuln zum Gewinn ergreiffet."

Der bedeutendste Epigrammatiker des Barocks, FRIEDRICH VON LOGAU (Dürr Brockut 1604-1655 Liegnitz), spricht in *Hofe-Glücke*, einem seiner satirischen Sinngedichte, von "leeren Zetteln" [Logau 1654, Andres Tausend Fünfftes Hundert / 89]:

> "Ein Glücks-Topff steht bey Hof / in welchem Zettel liegen.
> Zum meisten welche leer / zum minsten welche tügen."

Diese leeren, d. h. unbeschriebenen, also weiß gebliebenen Zettel waren natürlich in der Überzahl, sodass in Italien die *loteria* bald *La Bianca* hieß. Als *Blanque* erlaubte König FRANZ I. im Mai 1539 eine Warenlotterie in Paris (die nie stattfand), und als *blank* ging es in den englischen Wortschatz ein.

Fast 200 Jahre später lässt 1719 ANTOINE HOUDAR DE LA MOTTE (Paris 1672-1731 ebd.) in seinen *Fables nouvelles* Jupiter für die Menschen eine Lotterie veranstalten, bei der jeder gewinnen sollte [Houdar de la Motte 1719, Livre I, Fable XIV]. Also durften keine "weißen Zettel" in der Urne liegen, was HOUDAR DE LA MOTTE positiv formuliert: "Schwarz war jeder Zettel":

> *"Tout billet étoit noir; chacun devoit gagner."*

CHRISTIAN GOTTLIEB GLAFEY (Hirschberg/Schlesien 1687-1753 ebd.) übersetzte 1736 diese Zeile so [Glafey 1736]:

> "Denn Alle sollten hier gewinnen,
> Drum waren lauter Treffer drinnen."

Das Ziehen eines schwarzen Zettels empfand GLAFEY also wie einen Treffer beim Schießen. Seine Verse sind der erste Beleg für diese friedliche

Bedeutung des Wortes Treffer; der erste Schritt zur stochastischen Karriere des Treffers war getan. (Das französische *urne* übersetzte GLAFEY mit *Topf*. In die Mathematik kam "Urne" erst 1713 durch JAKOB BERNOULLIS [1655-1705] *Ars Conjectandi*.)

Da der Fehler beim Schießen, wie wir oben gesehen haben, der Antipode des Treffers war, lag es nahe, die blinden Zettel nun als Fehler zu bezeichnen. So lässt der Dichter CHRISTIAN FÜRCHTEGOTT GELLERT (Hainichen/Sachsen 1715-1769 Leipzig) in seinem vor 1747 verfassten Lustspiel *Das Loos in der Lotterie* Herrn Orgon sagen [Gellert 1761]:

> "so möchte ich doch selber gern wissen, ob ihr Loos unter den Treffern, oder Fehlern stehen würde."

Zur selben Zeit, nämlich im Jahre 1747, gelangte -was bisher völlig übersehen wurde - das Geschwisterpaar "Treffer - Fehler" auch in die Mathematik, und zwar durch JOHANNES ANDREAS VON SEGNER (Preßburg 1704-1777 Halle) mit seiner "freien Übersetzung" von BERNARD NIEUWENTIJDTS (1654-1718) mehrmals aufgelegtem und auch in mehrere Sprachen übersetzten *Het regt Gebruik der Werelt Beschouwingen*. Letzterer verteidigt [Nieuwentijdt 1715, 306ff.] JOHN ARBUTHNOTS (1667-1735) Gottesbeweis [Arbuthnot 1710] ausführlich, berichtet dann aber, dass der junge, hoch geschätzte WILLEM JACOB STORM VAN S'GRAVESANDE (1688-1742) eine stichhaltigere mathematische Beweisführung aus ARBUTHNOTS Londoner Tafeln gefunden habe, die er aber nur als Resümee in sein Werk aufnehmen könne.[2] SEGNER deutet S'GRAVESANDES Lösung als Wette und schreibt [Segner 1747, 213f.]:

> "Eine Person, die wir A. nennen wollen, wirft 11429. Pfennige auf den Tisch, und behauptet, daß deren nicht mehrere als 6128. und nicht weniger als 5745. dergestalt fallen werden, daß das Antlitz oben zu liegen komme; wie viele Fehler stehen da gegen einen Treffer, daß dieses würklich erfolgen, und die Person ihre Wette gewinnen werde, welche sie eingegangen? [...]
>
> Daraus wird, mit Beihülfe der Logarithmen, gefunden, daß ein einziger Treffer [...] gegen mehr als 75. Septillionen Fehler stehe, wenn

---

[2] Erwähnt ist diese Leistung s'Gravesandes auch in der Rezension von Nieuwentijdts Werk in den *Nouvelles de la République des Lettres* (März, April 1716). In Gänze erschien seine *Démonstration mathématique de la Direction de la Providence Divine* aber erst postum in seinen *Œuvres philosophiques et mathématiques* 2, 221–236 (Marc Michel Rey Amsterdam 1774).

man behauptet, daß A gewinnen, oder daß die Ordnung der Geburten, welche die Erfahrung zu London gewiesen, 82. Jahre nacheinander blos zufälliger Weise werde erhalten werden."

Weder im Holländischen noch im Französischen findet sich eine entsprechende Veranschaulichung des ARBUTHNOT'schen Vorgehens. Es handelt sich also um eine eigenständige Leistung SEGNERs.

Das Duo "Treffer - Fehler" begegnet uns dann wieder bei JOHANN WOLFGANG VON GOETHE (Frankfurt a. M. 1749-1832 Weimar), der 1788 Alba in *Egmont* IV, 2 sinnieren lässt [Goethe 1788, 134]:

"Und nun im Augenblick des Entscheidens bist du zwischen zwey Übel gestellt; wie in einen Loostopf greifst du in die dunkle Zukunft; was du fassest ist noch zugerollt, dir unbewußt, sey's Treffer oder Fehler!"

Dem *Fehler* erwuchs aber bald eine Konkurrentin. Denn mit der Übernahme der holländischen Lotterie in Hamburg kam auch deren Wortschatz dorthin. Das Gewinnlos, also der Treffer, hieß im Niederländischen *wat*, weil man ja "was" gewinnen konnte. Meist aber gewann man *niet*, also nichts. Das neuniederländische *der* (und auch *das*) *niet* wird, verbunden mit einem Geschlechtswechsel, als *die* Niete eingedeutscht [Weigand 1860, Band 2, Erste Abtheilung]. Laut [Trübner 1939ff.] ist diese deutsche *Niete* zum ersten Mal im Jahre 1707 belegt, und zwar in einem Brief, in dem der Gelehrte, Dichter und Schulmann MICHAEL RICHEY (Hamburg 1678-1761 ebd.), damals Rektor in Stade, MARTIN LUCAS SCHELE zu dessen Doktordisputation gratuliert. RICHEY greift dabei HERMANN VON DER HARDT (Melle 1660-1746 Helmstedt), Professor der Universität Helmstedt, an, der in seiner *Epistola de Germana Polizzae Origine* (Helmstedt 1704) ziemlichen etymologischen Unsinn geboten habe:

"so hat doch Herr von der Hardt zum wenigsten dieses Verdienst, daß er eine ziemliche Anzahl Muthmassungen zu Marckte gebracht, aus welchen man, wie aus einem nicht gar zu Gewinn-reichen GlücksTopfe, endlich noch wol ein Wat gegen sechs Nieten wird greiffen können."

Im Druck erschienen ist dieser Brief allerdings erst 1732 [Richey 1732, 7-12]. Ein fast 100 Jahre älterer Beleg wäre dagegen die Aufschrift, die der Gewinnkorb der 1610 in Hamburg beschlossenen Lotterie, dem ZEDLER'-

schen Universal-Lexicon zufolge, getragen haben soll [Zedler 1738, Band 18, Spalte 570].

"In diesem Korbe die Gewinnen seyn
Für Grosse, Mittel und auch Klein.
Niemand kann sagen, an dieser Sydt
Liegen die Gewinn und da die Nydt."

Ob JOHANN LEONHARD FRISCH (Sulzbach/Nürnberg 1666-1743 Berlin), der vielseitigste Wissenschaftler der Berliner Societät der Wissenschaften und LEIBNIZens Verbindungsmann in Berlin, das Wort Niete bei seinem Aufenthalt in Hamburg kennenlernte, weiß ich nicht. Immerhin erscheint es 1719, also noch *vor* der Publikation von RICHEYs Brief, als Stichwort in der zweiten Auflage seines *Nouveau Dictionaire des Passagers François-Allemand et Allemand-François* [Frisch 1719]:

"Niete, f. ein Loß in der Lotterie, das nichts bekommt, ein leerer Zettel, *billet blanc*",

wohingegen er das französische *billet blanc* unter dem Stichwort *blanc* bereits 1712 in der Erstauflage seines *Nouveau Dictionnaire* [sic!] ... [Frisch 1712], aber nur mit

"ein Zettel im Glücks-Topff, da nichts drauf"

übersetzt. Auch in späteren Auflagen - es gibt im 18. Jh. immerhin siebzehn - wird *Niete* nicht angefügt. Dass FRISCH aber Niete durchaus als ein neues Wort der deutschen Sprache empfand, machte er 1741 in seinem *Teutsch-Lateinischem Wörter-Buch* deutlich, an dem er dreißig Jahre gearbeitet hatte und das zu einem Markstein in der Geschichte der deutschen Lexikographie wurde [Frisch 1741, Band 2]:

"Niete, ein Wort der neuern Zeiten so mit den Lotterien aufgekommen. Bedeutet einen herausgezogenen Los-Zettel, darauf nichts steht, was auf anderen Gewinn heißt, *sors sine lucro, schedula vacua, signum inane*."

In den nur wenig früher erschienenen Latein-Wörterbüchern, nämlich JOHANN GEORG WACHTERs (Memmingen 1663-1757 Leipzig) *Glossarium Germanicum* von 1727 [Wachter 1727] und 1737 [Wachter 1737] und des Arztes CHRISTOPH ERNST STEINBACHs (Semmelwitz/Niederschlesien 1698 bis 1741 Breslau) *Vollständiges Deutsches Wörter-Buch vel Lexicon Germanico-Latinum* von 1734 [Steinbach 1734] sucht man danach noch vergebens.

Die *Niete* kann sich nur langsam, vom Norden und Nordwesten Deutschlands her, gegen den *Fehler* durchsetzen, wie der Artikel "Niete" in *Trübners Deutschem Wörterbuch* [Trübner 1939ff.] zeigt. Ihre literarische Anerkennung - bei GOTTHOLD EPHRAIM LESSING (Kamenz 1729-1781 Braunschweig) findet man Niete noch nicht - gewinnt sie durch den heute vergessenen LEOPOLD FRIEDRICH GÜNTHER VON GÖCKINGK (Gröningen/Halberstadt 1748-1828 Breslau) und durch seinen Schulkameraden und Freund GOTTFRIED AUGUST BÜRGER (Molmerswende/Halberstadt 1747-1794 Göttingen), vor allem aber durch FRIEDRICH VON SCHILLER (Marbach 1759-1805 Weimar).

GÖCKINGKs dem König von Siam zugeeignete *Gedichte* von 1780 enthalten die 1771 verfasste *I. Epistel an Goldhagen* [Göckingk 1780]. Dort liest man:

"Da drängt er an die bunte Bude
des Glückes, sich wie rasend hin
[...]
Wagt seine Ruh und seine Zeit daran
Zieht, aber immer - eine Niete!"

BÜRGER übersetzt und bearbeitet 1783 den SHAKESPEARE'schen *Macbeth*. In III, 8 lässt er - was keine Entsprechung bei hat - die Hexenaltfrau zu den Hexen über Macbeth sagen [Bürger 1783]:

"Zu dem war der, den ihr beehrt
Nicht allerdings der Perle wehrt.
Voll Tück' und Stolz, wie Seiner viele,
Mischt er die Karten so im Spiele,
Daß er das große Loos erwischt,
Ihr aber leere Nieten fischt!"

Für SCHILLER fand ich vier Stellen nachgewiesen:

- In *Die Räuber* (^{2}1782) lässt er Moor in III, 2 sprechen [Schiller 1782]:

"dieses bunte Lotto des Lebens, worein so mancher seine Unschuld, und - seinen Himmel sezt, einen Treffer zu haschen, und - Nieten sind der Auszug - am Ende war kein Treffer darinn."

In der anonym erschienen Erstauflage von 1781 steht übrigens das ältere *Nullen* an Stelle von *Nieten*! [Schiller 1781]

- Im *Der Spaziergang unter den Linden* (1782) wird über das menschliche Leben räsoniert [Schiller 1782 (a)]:

 "Es ist ein betrügliches Lotto, die wenigen armseligen Treffer verschwinden unter den zahllosen Nieten."

- Im 1786 entstandenen *Geisterseher* [Schiller 1787, 1. Buch] sagt Wollmar:

 "Die Person, bei der Sie die Lotterielose nahmen, war im Verständnis mit mir. Sie ließ Sie aus einem Gefäße ziehen, wo keine Niete zu holen war, "

- und 1787 heißt es im Gedicht *An Elisabeth Henriette von Arnim* [Schiller 1943ff.]:

 "In dieses Lebens buntem Lottospiele
 Sind es so oft nur Niethen, die wir ziehn."

Spricht GOETHE noch 1788 von Treffer und Fehler (s. o.), so entschließt er sich 1811 für das neue Wort Niete. In *Romeo und Julia* [Goethe 1811], seiner Bearbeitung des SHAKESPEARE'schen Stücks für das Theater, lässt er Mercutio in I, 8 sagen:

 "Versucht will alles sein: denn jede Nummer
 kann ihren Treffer, ihre Niete finden."

Ihm folgen Dichter und Geschichtsschreiber des 19. Jh.s. Den Süden und Südosten Deutschlands und damit auch das heutige Österreich erreicht die Niete, den Fehler gänzlich verdrängend, erst im 20. Jahrhundert.

Als Kuriosum sei zum Abschluss noch vermerkt, dass der Treffer im letzten Viertel des 18. Jh.s auch Eingang in die Studentensprache gefunden hat, wie man GOETHEs *Italienischem Notizbuch* entnehmen kann [Goethe 1786]: Unter "Studenten Comment" findet sich die Entsprechung "Treffer - Glück"; darunter steht dann der Eintrag "Sau Treffer".

Literatur

ARBUTHNOT, JOHN. 1710: An Argument for Divine Providence, taken from the constant Regularity observ'd in the Births of both Sexes. In: Philosophical Transactions 27 (1710), erschienen 1712

BÜRGER, GOTTFRIED AUGUST. 1783: Macbeth. Ein Schauspiel in fünf Aufzügen nach Shakespeare. Johann Christian Dieterich Göttingen

FRISCH, JOHANN LEONHARD. 1712: Nouveau Dictionnaire des Passagers François-Allemand et Allemand-François, Oder neues Frantzösisch-Teutsches und Teutsch-Frantzösisches Wörter-Buch, Worinnen Alle Frantzösische Wörter, auch der Künste und Wissenschafften, aus den vollkommensten und neuesten Dictionariis, nebst den nöthigsten Constructionen und Redens-Arten, durch kürtzlich gezeigte Etymologie, und durch das gebräuchlichste auch reineste Teutsche erkläret worden; Im Teutschen Theile aber eine so grosse Verbesserung und Vermehrung geschehen, daß die Liebhaber beyder Sprachen dieses Buch mit grossem Nutzen gebrauchen können. Herausgegeben von Johann Leonhard Frisch, Mitglied der Kön. Preuß. Societ. der Wissenschafften in Berlin. Joh. Friedrich Gleditsch und Sohn Leipzig

———— 1719: Nouveau Dictionaire des Passagers François-Allemand et Allemand-François, Oder neues Frantzösisch-Teutsches und Teutsch-Frantzösisches Wörter-Buch, [weiter wie 1712]. Andere Auflage. Joh. Friedrich Gleditschens seel. Sohn Leipzig

———— 1741: Teutsch-Lateinisches Wörter-Buch. Christoph Gottlieb Nicolai Berlin

FISCHART, JOHANN DER TÄUFER FRIEDRICH. 1575: Affenteurliche vnd Vngeheurliche Geschichtschrift vom Leben / rhaten und Thaten der for langen weilen Vollenwolbeschraiten Helden vnd Herrn Grangusier / Gargantoa vnd Pantagruel / Koenigen inn Vtopien vnd Ninenreich. Etwan von M. Francisco Rabelais Franzoesisch entworfen : Nun aber vberschrecklich lustig auf den Teutschen Meridian visirt / vnd vngefaerlich obenhin / wie man den Grindigen laußt / vertirt / durch Huldrich Elloposcleron Reznem. s. l. [Straßburg]

GEILER VON KAYSERSBERG, JOHANNES. 1480/81: ‹Totenbüchlein› A-Druck, s. l., s. a. [vermutlich Straßburg um 1480/81],

———— 1510 : Das buch granatapfel. im latin genant Malogranatus · helt in ym gar vil und manig haylsam vnd süsser vnderweysung vnd leer / den anhebenden / auffnemenden / vnd volkommen mennschen / mitt sampt gaystlicher bedeütung des außganngs der kinder Israhel von Egipto / Item ain merckliche vnderrichtung der gaistlichen spinnerin / Item etlich predigen von dem hasen im pfeffer Vnd von siben schwertern / vnd schayden / nach gaistlicher außlegung. Meerers tails gepredigt durch den hochgeleerten Johānem Gayler von Kaysersperg etc. Jörgen Diemar Augsburg 1510

——— 1510 (a): Die gaistlich spinnerin. nach dem Exempel der hailigen wittib Elizabeth / wie sy an einer gaistlichen gunckel / flachs vnd woll gespunnen hat. Gepredigt durch den wirdigen Doctor Johannem Gayler von Kayserßperg etc. Jörgen Diemar Augsburg 1510

——— 1510 (b): Ain gaistliche bedeütung des heßlins · wie man das in den pfeffer berayten soll / die da gibt clare vnderrichtung / wie ain mensch (der sich will keren zů got / die laster der sünden fliehen / ain Ersam penitentzlich leben anfahen) sich berayten / schicken vnd halten soll / nach den gůten aigenschafften die das forchtsam / vnachtber / klain thierlein / das haͤßlin / in seiner art an jm hat. Jörgen Diemar Augsburg 1510 [postum]

GELLERT, CHRISTIAN FÜRCHTEGOTT. 1761: Das Loos in der Lotterie. Johann Paul Krauß Wien; auch in: Sämmtliche Schriften, Band 3. M. G. Weidmanns Erben und Reich, und Caspar Fritsch Leipzig 1769 (Nachdruck Georg Olms Hildesheim 1968)

GLAFEY, CHRISTIAN GOTTLIEB. 1736: Herrn Houdart de la Motte Neue Fabeln. Frankfurt und Leipzig

GÖCKINGK, LEOPOLD FRIEDRICH GÜNTHER VON. 1780: Gedichte. s. l., s. a.

GOETHE, JOHANN WOLFGANG VON. 1786: Das Italienische Notizbuch "Tragblatt. Allerley Notanda während der 1. Reise in Italien enthaltend" [1786], Seite 53. Erstmals gedruckt in Goethe 1891, I, 42, 2, S. 516

——— 1788: Egmont. Ein Trauerspiel in fünf Aufzügen. Von Goethe. Ächte Ausgabe. Georg Joachim Göschen Leipzig. Siehe auch Goethe 1891, hier: I, 8, S. 261

——— 1811: Siehe Goethe 1891, hier: I , 9, S. 186

——— 1891: Goethes Werke. Herausgegeben im Auftrage der Großherzogin Sophie von Sachsen. Hermann Böhlau Weimar 1891

GRIMM JACOB und WILHELM GRIMM 1854ff: Deutsches Wörterbuch. S. Hirzel Leipzig

HAPPEL, EBERHARD WERNER 1685: Gröste Denckwürdigkeiten der Welt oder so-genannte Relationes Curiosae. Thomas von Wiering Hamburg

HOUDART DE LA MOTTE, ANTOINE 1719: Fables nouvelles, dediées au Roy. Par M. de la Motte, de l'Académie Françoise. Avec un discours sur la fable. Jean Baptiste Coignard Paris

KLOCK, KASPAR 1651: Tractatus Juridico-politico-polemico-historicus de aerario. Wolffgang Endter Nürnberg

LOGAU, FRIEDRICH VON 1654: Salomons von Golau Deutscher Sinn-Getichte Drey Tausend. Caspar Kloßmann Breslau s. a.

MAALER, JOSUA 1561: Die Teütsch spraach. Alle wörter / namen / vñ arten zů reden in Hochteütscher spraach / dem ABC nach ordentlich gestellt / vnnd mit gůtem Latein gantz fleissig vnnd eigentlich vertolmetscht / dergleychen bißhar nie gesahen / Durch Josua Maaler burger zu Zürich. Dictionarivm Germanicolatinvm novvm. [...] Christoph Froschauer Zürich

NIEUWENTIJDT, BERNHARD 1715: Het regt Gebruik der Werelt Beschouwingen, ter overtuiginge van Ongodisten en Ongelovigen Aangetoont. Wed. J. Wolters, en J. Pauli Amsterdam

RICHEY, MICHAEL. 1732: Brief an Scheele; abgedruckt in: Herrn Hof-Raht Weichmanns Poesie der Nieder-Sachsen, durch den Vierten Theil fortgesetzet, zur Teutschen Sprache und Philologie gehörige Anmerckungen, ihro Hochweisheit des Herrn Rahts-Herrn Brockes und Herrn Prof. Richeys aus den Actis MSS. der ehemals in Hamburg blühenden Teutsch-übenden Gesellschaft genommen, herausgegeben von J. P. Kohl. Prof. Johann Christoph Kißner Hamburg.

SCHILLER, FRIEDRICH VON. 1781: [anonym] Die Räuber. [keine Verlagsangabe] Frankfurt und Leipzig

—— 1782: Die Räuber. Zwote verbesserte Auflage. Tobias Löffler Frankfurt und Leipzig. (In *Neue für die Mannheimer Bühne verbesserte Auflage*, Schwanische Buchhandlung Mannheim 1782, fehlt diese Stelle.) Siehe auch Schiller 1943ff., hier: Band 7, 2, S. 78

—— 1782 (a): Wirtembergisches Repertorium der Litteratur. Erstes Stück. Siehe auch Schiller 1943ff., hier: Band 22, S. 78.

—— 1787: *Thalia* 4 (1787) und 5 (1788). Siehe auch Schiller 1943ff., hier: Band 16, S. 70

—— 1943ff. Schillers Werke. Nationalausgabe. Hermann Böhlaus Nachfolger Weimar. Hier: Band 1, S. 179

SEGNER, JOHANN ANDREAS VON. 1747: Bernhard Nieuwetyts M. D. Rechter Gebrauch Der Welt-Betrachtung Zur Erkenntnis Der Macht, Weisheit und Güte Gottes, auch Ueberzeugung der Atheisten und Ungläubigen. In einer Freien Uebersetzung abermal ans Licht gestellet, Und mit einigen Anmerkungen erläutert, von D. Joh. Andreas Segner. Christian Heinrich Cuno Jena

STEINBACH, CHRISTOPH ERNST. 1734: Vollständiges Deutsches Wörter-Buch vel Lexicon Germanico-Latinum. Johann Jacob Korn Breslau

TRÜBNER. 1939ff: Trübners Deutsches Wörterbuch im Auftrag der Arbeitsgemeinschaft für deutsche Wortforschung herausgegeben von Alfred Götze. Walter de Gruyter & Co. Berlin 1939ff.

WACHTER, JOHANN GEORG. 1727: Glossarium Germanicum continens origines et antiquitates Linguae Germanicae hodiernae. Specimen ex ampliore Farragine decerptum. Jacob Schuster Berlin

――― 1737: Glossarium Germanicum, continens origines & antiquitates totius Linguae Germanicae, et omnium pene vocabulorum, vigentium et desitorum. Joh. Frid. Gleditschii B. Filius Leipzig

WEIGAND, FRIEDRICH KARL LUDWIG. 1860: Deutsches Wörterbuch. Dritte, völlig umgearbeitete Auflage von Friedrich Schmitthenners kurzem deutschen Wörterbuche. J. Ricker'sche Buchhandlung Gießen

ZEDLER, JOHANN HEINRICH: Großes vollständiges Universal-Lexicon aller Wissenschaften und Künste, Band 18. J. H. Zedler Halle Leipzig 1738.

OStD a.D. Rudolf Haller; Nederlinger Straße 32 a; 80638 München
Email: rudolf.haller@arcor.de

Grundschulmathematik nach PISA - auf dem Weg zu individuellem Lernen?

Michael Toepell

Einführung: Auswirkungen der PISA-Untersuchungen 321
1. Zur Geschichte des Mathematikunterrichts 324
2. Rahmenbedingungen 327
2.1 Rahmen erfolgreicher europäischer Länder 327
2.2 Gründe für das deutsche PISA-Ergebnis 329
2.3 Der innere Kompass 330
2.4 Individuelles Lernen 331
3. Inhalte 333
3.1 Rolle der Bewegung 333
3.2 Formenkunde 335
3.3 Ökonomie des Geometrieunterrichts 337
3.4 Freihandzeichnen 337
3.5 Sternenkunde 339
4. Bildungsstandards und methodische Perspektiven 340
4.1 Grundlegende Perspektiven 340
4.2 Offener Mathematikunterricht 342
4.3 Differenzierung und Standards - ein Widerspruch? 343

Einführung: Auswirkungen der PISA-Untersuchungen

Nicht nur die Mathematik, auch der Mathematikunterricht unterliegt einem beständigen Wandel. Die internationalen Leistungsvergleichsstudien (TIMSS, PISA, IGLU) zu den Fähigkeiten der Schüler in Mathematik, Deutsch und den Naturwissenschaften haben vor allem in Deutschland eine breite Diskussion ausgelöst. Dabei wurde auch die Grundschule mit einbezogen. Die Gründe für das eher mittelmäßige Abschneiden der deutschen Schüler sind vielschichtig. Vielschichtig scheint auch der Handlungsbedarf zu sein, den die bildungspolitische Diskussion der letzten Jahre auf den verschiedenen Ebenen gesehen hat und sieht.

Für eine zeitgemäße Neugestaltung des Mathematikunterrichts - insbesondere auch in der Grundschule - zeichnen sich seit einigen Jahren Änderungen in drei Bereichen ab:
1. In einer Neugestaltung der *Rahmenbedingungen*

2. In einem Überdenken der *Inhalte* des Mathematikunterrichts in der Grundschule
3. In *methodisch-didaktischen* Perspektiven, die inzwischen vielfach in die neuen *Bildungsstandards* aufgenommen wurden.

Den jüngst diskutierten und realisierten Veränderungen in diesen drei Bereichen soll im Folgenden vor allem unter dem Gesichtspunkt des individuellen Lernens im Mathematikunterricht nachgegangen werden.

2004 nahm die KMK [6.12.04; KMK 2004, S.68] Stellung zu den gerade neu veröffentlichten Ergebnissen von PISA 2003. Darin heisst es:

"In der KMK besteht Einvernehmen darüber, dass die Erkenntnis von PISA 2000 im Hinblick auf die Notwendigkeit eines besseren Umgangs mit der Heterogenität der Schülervoraussetzungen und Schülerleistungen unverändert fort gilt und die Zielsetzung einer *verbesserten individuellen Förderung* aller Schülerinnen und Schüler weiter mit Nachdruck verfolgt werden muss."

Daraus wurde das Ziel abgeleitet: "Verbesserung des Unterrichts zur gezielten Förderung in allen Kompetenzbereichen, insbesondere in den Bereichen *Lesen, Geometrie und Stochastik*" [KMK 2004, S.69]. Diese Neuorientierung bezieht sich auf alle Schulstufen und ergab sich ein Stück weit bereits aus der Aufgabenstellung. Hatte doch das für PISA federführende Institut für die Pädagogik der Naturwissenschaften (IPN Kiel) u.a. betont: "Bei der Konstruktion von Aufgaben ist die Idee leitend, dass insbesondere die *Geometrie* mit ihrem einzigartigen Facettenreichtum ein zentraler Schlüssel für mathematische Grundbildung sein kann." [IPN, S.72]

Hier hat die Diskussion an der richtigen Stelle angesetzt. Das Stiefkind des Mathematikunterrichts war in den letzten Jahrzehnten schulartübergreifend die Geometrie. Das gilt immer noch in weiten Teilen der Sekundarstufe. Nicht selten nimmt die Geometrie in den Schulbüchern immer noch eine weitgehend untergeordnete Rolle ein. Im Folgenden werden daher beim Überdenken der Inhalte des Grundschulmathematikunterrichts nicht so sehr die klassische Arithmetik, sondern vor allem die Förderung der Geometrie in exemplarischen Bereichen thematisiert.

Die aufrüttelnden Ergebnisse ab PISA 2001 (vor allem die Rangliste: Deutschland lag bei 31 Teilnehmerstaaten im unteren Mittelfeld) führten im zusammenfassendes Abschlussgutachten des *PISA-Konsortiums Deutschland* zu den Worten:

"Die Befunde zeigen aber auch einen unveränderten Bedarf an Konzeptionen, Maßnahmen und zusätzlichen Anstrengungen, um die große Streuung der Leistungen zu reduzieren, alle Schülerinnen und Schüler individuell zu fördern, und jungen Menschen unabhängig von Geschlecht und sozialer Herkunft gerechte Entwicklungsmöglichkeiten zu geben." [PISA-Konsortium, S. 65]

Gegenwärtig befindet sich die deutsche Bildungslandschaft mitten im Reformprozess. Will man die "große Streuung der Leistungen reduzieren", hat man beide Seiten zu berücksichtigen: Es geht nicht nur darum, Kinder mit Schwierigkeiten im Mathematikunterricht, sondern auch diejenigen, die besonderes Interesse an der Mathematik haben, angemessen zu fördern.

Eine weitgehende Nivellierung und Standardisierung würden dem Ziel einer vielfältigen Bildung widersprechen. Es gilt also, die kindgemäße, die persönlichkeitsgemäße Entwicklung und Entfaltung künftiger Generationen zu beachten. Folgende "historische" Zeilen erinnern an frühere ähnliche Entwicklungen:

Die deutsche Bildungskatastrophe.
Die Bundesrepublik steht in der vergleichenden Schulstatistik am unteren Ende der europäischen Länder, neben Jugoslawien, Irland, Portugal. Die jungen Wissenschaftler wandern zu Tausenden aus, weil sie in ihrem Vaterland nicht mehr die Arbeitsmöglichkeiten finden, die sie brauchen" [Georg Picht in der Wochenzeitschrift "Christ und Welt" vom Februar 1964].

Auch damals lag eine Vergleichsuntersuchung der OECD vor. Man sah die wirtschaftliche Konkurrenzfähigkeit gefährdet und hat "reformiert".

Allerdings offensichtlich ohne allzu großen Erfolg. Auch damals war das erste Ziel der Kindergarten und die Grundschule: Kinder sollten früh lesen und mathematisch fundiert rechnen lernen. Also hat man auf der Schule mit dem Gebiet begonnen, das für die formale Mathematik grundlegend ist: mit der *Mengenlehre*.

Der Ruf nach Veränderungen im Bildungswesen hat Tradition. Aktuell geht es um die Fragen: Welche Reformen charakterisieren das abgelaufene Jahrzehnt und welche weiteren zeichnen sich ab? Sind wir in der Lage, aus früher begangenen Fehlern zu lernen? Wohin geht der Mathematikunterricht? Inwiefern ist es sinnvoll, neue Entwicklungen aufzugreifen und wo sollte man wachsam und vorsichtig sein, um nicht wertvollen Qualitäten des bisherigen Mathematikunterrichts aufzugeben?

1. Zur Geschichte des Mathematikunterrichts

Wendet man sich neuen Rahmenbedingungen und inhaltlich-methodischen Fragen zu, ist es stets hilfreich, sich zunächst über die Entstehung und Entwicklung des Mathematikunterrichts bis zur Gegenwart einen Überblick zu verschaffen. Vielfach lässt sich dadurch die gegenwärtige Situation verständnisvoller einordnen. Dabei gehört mathematisches Denken seit jeher zum Bildungsgut dazu. Es soll Zeiten gegeben haben, da wurde die Mathematik gar als die "Königin der Wissenschaften" angesehen.

Mit Beginn der Neuzeit, dem 16. Jahrhundert, verbreitete sich in Gewerbe und Handel immer mehr das Bedürfnis, auch Rechnen zu können. Diese Aufgabe, zunächst vorwiegend für Kaufleute und Handwerker, haben Lehrer - die sog. Rechenmeister - übernommen.

Der berühmteste ist sicher ADAM RIES (auch: Riese) aus Annaberg-Buchholz. Erwähnt sei auch ein anderer der rund hundert damaligen Rechenmeister: PETER APIAN aus Leisnig. Er war 1527 als erster Professor für Mathematik an die bayerische Landesuniversität damals in Ingolstadt berufen worden. Auch er hat ein Rechenlehrbuch verfasst. Wie wurde damals gerechnet?

Auf dem ersten Rechenbuch von ADAM RIES, das er 1518 mit 26 Jahren herausgegeben hat, sieht man, dass damals noch nicht schriftlich - mit Hilfe von Schreibfedern -, sondern mit Rechensteinen gerechnet wurde - das sog. Rechnen "auf den Linien". Hier wurden also Zahlen und das Rechnen mit ihnen geometrisch veranschaulicht. So wie das in den ersten Grundschulklassen mit Fingern oder mit Rechenperlen (Abakus), Rechenplättchen, -würfelchen oder -stäbchen veranschaulicht wird. Wenige Jahre später wird im zweiten Rechenbuch (1522) dann schon schriftlich, mit der Feder gerechnet.

Im Grundschullehrplan Mathematik in Sachsen (2004) ist dieses handlungsorientierte Rechnen auf den Linien mit historischem Bezug im Wahlpflichtbereich "Das macht nach ADAM RIES ..." (Kl. 1 bis 4) verankert.

Spätestens ab dem 18. Jahrhundert. gehörte der Rechenunterricht zur Schulausbildung der breiten Bevölkerung. Während in den ersten Schuljahren der Volksschulen das praktische Rechnen im Vordergrund stand, hat man sich in den höheren Klassen und vor allem an den weiterführenden Schulen an den 2300 Jahre alten sogenannten "Elementen" des EUKLID orientiert, einem Geometriebuch.

Der geometrische Aufbau ist dort ein *axiomatischer*, d.h. alle geometrischen Sätze - wie z.B. der Satz von der Winkelsumme im Dreieck oder der Satz des PYTHAGORAS - werden aus unbewiesenen Grundsätzen, den sogenannten Axiomen, abgeleitet. Die Mathematik ist damit eine deduktiv geordnete Welt eigener Art, was sich vor allem (seit EUKLID) an den *Grundlagen der Geometrie* zeigt. Darauf beruht die Möglichkeit zu begrifflicher Modellierung, d.h. zur Konstruktion von rein logisch aufgebauten Gedankenmodellen.

Das eindrucksvollste Beispiel für axiomatisch-deduktives Denken sind DAVID HILBERTS "Grundlagen der Geometrie" [Hilbert]. Der dem mathematischen Formalismus folgende deduktive Weg ist allerdings oft gerade *nicht* der methodisch-didaktisch schülergerechte Weg. Individuelles Lernen ist vielmehr prozessorientiert, induktiv, vernetzend.

Vielfach wird übersehen, dass EUKLID die Geometrie weitgehend ohne Zahlen aufbaut (ohne Metrik; s. Beispiel S.11). Würde man die Grundschulgeometrie ganz ohne Zahlen aufbauen, dann würde das Messen entfallen. Man würde sich dann an den eigentlichen geometrischen Formen - am Freihandzeichnen, am Falten, am Bauen und Basteln orientieren. Das Falten, Bauen und Basteln ist heute in der Grundschule üblicher Bestandteil des Geometrieunterrichts. Das Freihandzeichnen von Formen ist dagegen nicht selbstverständlich. Hier hat eine 5jährige selbständig Formen entworfen für ein eigenes Memory-Spiel. Man sieht, was das Kind als typisch unterschiedlich empfindet.

Zu der folgenschweren Verankerung von Form und Zahl, von Geometrie und Algebra kam es erst verhältnismäßig spät - erst im 17. Jahrhundert (im 30jährigen Krieg) durch den Mathematiker und Philosophen RENÉ DESCARTES.

Erst mit der analytischen Geometrie (dem "kartesischen" Koordinatenkreuz) können geometrische Formen analytisch, durch Zahlen mit Hilfe einer Metrik beschrieben werden. Aus methodisch-didaktischer Sicht ist allerdings zu unterscheiden: Ist nicht die Wirkung und das Wesen einer Form etwas ganz anderes als das einer Gleichung? Wie z.B. beim Kreis: Form und Formel $x^2 + y^2 = r^2$.

Noch im 19. Jh. standen in der Schulmathematik Algebra und Geometrie im Gleichgewicht. Die lineare Algebra ermöglichte die Algebraisierung der Geometrie. Die Geometrie wurde dadurch schließlich zu einem "trüben Abwasser" [nach FREUDENTHAL, S. 375/469].

Mit Beginn des 20. Jhs. haben sich die Schwerpunkte des Mathematikunterrichts an den Schulen drastisch verändert: Mit der Meraner Reform 1905 wurde die Differential- und Integralrechnung, die bisher den Universitäten vorbehalten war, an Schulen eingeführt (ab 1925 sogar obligatorisch). Damit ging im Mathematikunterricht die Wertschätzung der Formen, der Geometrie immer mehr verloren. Verstärkt wurde das noch in den 1970er Jahren, als die Stochastik im Mathematikunterricht verankert wurde.

Mit HILBERTs bahnbrechendem Werk "Grundlagen der Geometrie" hat man geglaubt, die Geometrie auch an den Schulen axiomatisch aufbauen zu müssen. Dabei war HILBERT klar, dass die Schulgeometrie eine anschauliche sein müsse. Das stand allerdings nur in einem Manuskript, das zu seinen Lebzeiten nicht veröffentlicht wurde [Toepell 2006, S. 34].

Halten wir als Ergebnis fest:
1. Die Grundlage der Schulgeometrie ist die *Form*!
2. In der Grundschule brauchen wir eine *lebensvollere* Geometrie!
3. Die Schulgeometrie sollte vor allem *anschaulich* sein!

Gerade im Rückblick auf die zweites Hälfte des 20. Jhs. kann man den Eindruck haben, dass der Anspruch des Mathematikunterrichts immer weiter zurückging. Scherzhaft und doch mit einem Körnchen Wahrheit versehen, zeigt das die bekannte überlieferte sogenannte "Sachaufgabe im Wandel der Zeiten" bis 1980: "Ein Bauer verkauft einen Sack Kartoffeln ..."

Seit den 1990er Jahren unterliegt der Mathematikunterricht wiederum einem in seinen Auswirkungen heute spürbaren Wandel. Zwei grundlegende Richtungen bestimmten die Neugestaltung der Lehrpläne in dem Jahrzehnt um die Zeit der friedlichen Revolution, um 1990: Die Betonung des *fachübergreifenden* Unterrichts und des *Erziehungsauftrags* der Schule.

Die Veröffentlichung der alarmierenden Ergebnisse von TIMSS (1997) und PISA (2001 und 2004) und die dadurch ausgelösten Diskussionen haben gezeigt, dass die Qualität von Schule ein gutes Stück weit mit den Rahmenbedingungen zusammenhängt.

2. Rahmenbedingungen

2.1 Rahmenbedingungen erfolgreicher europäischer Länder

Wenn die Rahmenbedingungen pädagogisch naheliegende Veränderungen der Unterrichtsgestaltung nur *beschränkt* zulassen, dann muss man auch einmal über diese Rahmenbedingungen nachdenken. Ein mutiger Blick über den Zaun hilft, die eigenen Stärken und Schwächen klarer zu sehen. Unter den europäischen Ländern haben Finnland und Schweden hervorragend abgeschnitten. Wie schaffen diese Länder derart gute Ergebnisse?

Man könnte meinen: "Die fangen doch sicher früher an als wir!" Jedoch:
1. Das Einschulungsalter liegt bei sieben Jahren. Sind wir hier auf dem richtigen Weg, wenn - angeblich "aufgrund von PISA" - bereits Fünfjährige eingeschult werden sollen?
2. Fremdsprachen werden bereits in der 1. bis 3. Klasse eingeführt;
3. Es werden kaum Hausaufgaben gegeben.
4. Beständige Klassenlehrer führen die Klassen bis Klasse 6 einschließlich.
5. Bis einschließlich Klasse 8 gibt es in Schweden keine Noten.
6. Es gibt kein Sitzenbleiben; es werden reine Jahrgangsklassen geführt.
7. Es gibt kaum Nachhilfeunterricht.
8. Die Klassen werden ohne Sonderung bis einschließlich Klasse 9 geführt; es gibt bis dahin kein gegliedertes Schulsystem.
9. Ein anschließendes Kurssystem wird von etwa 95 % der Schüler in Finnland besucht; das Gymnasium besuchen in Schweden ca. 98%.
10. Diese Schulsysteme vermeiden Selektion und Deklassierung der Schwächeren.

Für fast alle Schüler gibt es eine 12 bis 13 Jahre umfassende Schulbildung. Damit ergibt sich eine soziale Homogenisierung durch langen sozialen Zusammenhalt der Jahrgangsklassen und keine soziale Segregation.

Das führt zu einer verstärkten gegenseitigen Wahrnehmung und Anerkennung, zum Gefühl in *einem* Boot zu sitzen - auch bei unvermeidbaren Schwierigkeiten, die es zu bewältigen gilt. Es sind gemeinsame Aufgaben

da, gemeinsame Ziele, deren Formulierung und Beachtung so etwas wie eine geistige Identität schaffen können. Die heranwachsenden Menschen in einem weitgehend wirtschaftlich ausgerichtetem Lande drohen, ohne Suche nach geistige Identität, sich selbst zu entwurzeln.

Viele Lehrer schaffen daher zunehmend Möglichkeiten der Selbstkontrolle. Das gegenseitige Helfen und Korrigieren der Schüler kann die Lehrerin erheblich entlasten und die soziale Dimension der Lernprozesse fördern.

Was die Anzahl der Wochenstunden in den Stundentafeln angeht, so ist bemerkenswert: Es gibt so gut wie keine Korrelation zwischen der Anzahl der Unterrichtsstunden und den Leistungen in einem Fach. Und weiter:

11. Die Schulen haben eine relativ große Autonomie; sie sind nicht staatlich reglementiert, Träger sind meist die Kommunen. Es ist selbstverständlich, dass Lehrerinnen und Lehrer von der Schulleitung ausgewählt werden. Auf diese Weise ist leicht möglich, auch spezifische Bedürfnisse einzelner Klassen zu berücksichtigen. Die Lehrer tragen mehr Eigenverantwortlichkeit.

12. Aber: Die Lehrer werden um ein Drittel schlechter bezahlt als in Deutschland und sind nicht verbeamtet.

13. Dennoch ist ihr gesellschaftliches Ansehen weit höher als in Deutschland.

Für die beiden Länder Finnland und Schweden gelten also recht erstaunliche Rahmenbedingungen. Rahmenbedingungen, zu denen deutsche Bildungspolitiker in den letzten Jahrzehnten noch recht einhellig sagten: Das kann so nicht funktionieren.

Nachdem PISA in den letzten Jahren geradezu zu einem Bildungstourismus nach Finnland und Schweden geführt hat, ist Einiges in Bewegung gekommen. Auch umgekehrt kommen skandinav. Bildungspolitiker nach Deutschland. Vor einigen Jahren war der finnische Ministerialdirektor R. DOMISCH zu einem Podiumsgespräch in Leipzig [s. Bericht: Toepell 2004].

Im Sinne einer produktiven Konkurrenz ist für die deutsche Bildungslandschaft zu fordern: Mehr Autonomie für die Schulen, mehr Eigenverantwortlichkeit für die Lehrer. Engagement soll sich lohnen und Anerkennung finden. Kreatives Unterrichten, mehr Muße, weniger Selektionsdruck. Freude am Lernen, Experimentieren und Gestalten sind nur möglich bei einer weitgehenden Reduktion staatlicher Normierungen, die etwa auch durch zentrale Prüfungen erzwungen werden.

Die verbreiteten Befürchtungen, dass die - häufig geforderte - höhere Verantwortung der Lehrer und die Autonomie der Schulen nicht gerade durch institutionalisierte Leistungsvergleichsstudien wiederum eingeschränkt wird, sollten wir ernst nehmen.

Bildungsstandards - über die noch zu sprechen ist - treiben diesen Prozess voran und bergen die Gefahr, dass Kinder durch diese Anforderungen zunehmend in ein immer früher angelegtes Leistungskorsett gezwungen werden ("Früherziehung"). Vergleichsstudien sollten also wirklich nur dem Vergleich dienen und weder notenrelevant sein noch Sanktionen nach sich ziehen.

2.2 Gründe für das deutsche PISA-Ergebnis

Worin sind nun eigentlich die Gründe zu sehen für das schlechte Abschneiden des deutschen Mathematikunterrichts?

1. Nur wenige sehen den Grund im *Verfahren*, das bei überall gleichen Aufgaben natürlich auf der Idee einer weltweiten Normierung aufbaut und mit den Einheitsprüfungen dem auch Vorschub leistet.

2. Meist wird die Ursache für das schlechte Abschneiden des *deutschen* Mathematikunterrichts darin gesehen, dass deutsche Schüler zwar mathematische Verfahren recht gut beherrschen, jedoch Schwächen zeigen im kreativen Umgang mit der *Modellierung* anspruchsvoller innermathematischer Zusammenhänge und letzten Endes kaum ein tiefergehendes mathematisches Verständnis entwickeln. Und gerade das hat Pisa untersucht. Ein typisches Beispiel hierfür ist die Aufgabe für 15jährige Schüler, die Relation zwischen dem Grundriss einer Rennbahn und dem Weg-Geschwindigkeitsdiagramm richtig zu interpretieren.

3. Dazu kommen weitere methodisch-didaktische grundlegende Unterscheidungen: Durchaus nicht untypisch für den deutschen Mathematikunterricht ist eine fragend-entwickelnde, lehrerzentrierte Gesprächsführung.

4. Die OECD sieht den Hauptgrund im dreigliederigen deutschen Schulsystem. Kurz vor Veröffentlichg. von PISA 2003 schrieb die dpa (22.11.04):

"PISA-Koordinator: Dreigliedriges Schulsystem gescheitert

Der PISA-Koordinator der OECD, ANDREAS SCHLEICHER, hat scharfe Kritik am deutschen Schulsystem geübt. 'Das dreigliedrige System ist gescheitert', sagte SCHLEICHER in der am Donnerstag erscheinenden Ausgabe des Wirtschaftsmagazins 'Capital'.

Die Aufteilung der Kinder nach dem vierten Schuljahr auf Gymnasium, Realschulen und Hauptschulen 'führt dazu, dass schwache Schüler abgeschoben statt individuell gefördert werden', bemängelte SCHLEICHER in dem vorab veröffentlichten Interview. Zugleich sei die Spitze aus guten Schülern schmaler als in anderen Ländern. Er plädierte für eine längere gemeinsame Schulzeit." Und unterstützte das Anliegen, für eine breitere Spitze an guten Schülern zu sorgen.

5. Die Gründe sind vielschichtig. Der int. bekannte Mathematiker GERD FISCHER behauptete ganz anders [DMV-Mitt. H.2 (2002) S. 52l], dass die Ergebnisse von TIMSS und PISA sogar "wohl in erster Linie darauf zurückzuführen sind, dass die Schüler in reichen Ländern weniger motiviert sind, sich in schwierigen Fächern anzustrengen. An diesem gesellschaftlichen Phänomen kann auch eine verbesserte Lehrerbildung wenig ändern."

2.3 Der innere Kompass

Was ist die Konsequenz daraus, dass deutsche Schüler zwar mathematische Verfahren recht gut beherrschen, dass es ihnen aber an mathematische Bildung fehlt? An welchem Bildungsziel wird sich eine zeitgemäße Methodik demnach orientieren?

Auf einen hohen Qualitäts- und Leistungsanspruch soll nicht verzichtet werden. Allerdings besteht hier die Gefahr, dass wir unseren Qualitäts- und Leistungsbegriff dabei zu eng fassen und allein auf das kognitive Feld künstlich einengen. Schule ist nicht nur für das Kopfwissen da - Herz und Hand kommen eine gleichwertige Anerkennung zu. D.h. neben der kognitiven sind die emotionale und die soziale Kompetenz als gleichwertige Qualifikationen anzusehen. Gefördert wird dies bereits im handlungsorientierten Mathematikunterricht, der die Eigenaktivität anregt und neben der wissens- vor allem die fähigkeitsorientierte Ausbildung anstrebt.

Insgesamt geht es heute weniger um Faktenwissen, um nachlesbare Informationen als darum, mit dem Wissen umgehen zu können, die Informationsfülle ordnen zu können. Diese Erziehungsaufgabe geht weit über die Technik der Wissensvermittlung hinaus. Es geht um *Orientierung*, um den inneren Kompass, der viel mit Erziehung, aber auch mit unserem Menschenbild zu tun hat. Die *Erziehungsaufgabe* von Lehrern ist ja gerade die Eingliederung des Individuums in den richtig verstandenen gesamten Entwicklungsprozess der Menschheit nach Maßgabe der im Individuum liegenden besonderen Anlagen. Der innere Kompass sollte einen stützenden Lebenshalt geben.

Wir brauchen ihn, um zu entscheiden, *welche* Werkzeuge wir aus dem Baukasten des Wissens einsetzen können und in bestimmten Situationen auch einsetzen müssen. In der Pädagogik wird heute von kognitiver, emotionaler und sozialer Kompetenz gesprochen. Was nützt es, wenn junge Menschen sich auf allen Weltmeeren des Wissens auskennen, aber keinen inneren Kompass haben? Und dieser innere Kompass, der den Menschen Orientierung verleiht, hat viel mit Erziehung zu tun.

Mit einer Erziehung, die durch ein Naturgedicht von EICHENDORFF, einem Betriebspraktikum bei BMW ebenso unterstützt wird, wie durch die Partnerschaft der Schule mit einem Altenheim oder die gemeinsame Beobachtung des abendlichen Sternenhimmels.

Vielleicht ist es sogar die primäre Aufgabe der Bildung, Kindern diesen inneren Kompass mitzugeben. Einen Kompass, der ihnen hilft, sich in einer unglaublich schnell verändernden Welt immer wieder zu orientieren und ihnen gleichzeitig die Kraft zur *Selbsterziehung* mitgibt. Auf dieser Orientierungsfähigkeit und der Selbsterziehung können dann Kreativität und Abstraktionsfähigkeit aufbauend entstehen und sich entwickeln.

Wer solch ein Bildungsziel anstrebt, stellt sich Frage: Wie muss Schule aussehen, um das zu unterstützen? Welches ist die geeignete Methodik? Jeder Lehrende weiß, dass jedoch nicht *eine* Methode für alle Schüler richtig sein muss. Vielleicht haben die Schüler in Deutschland ganz andere Anlagen und Lernformen als die in Korea.

2.4 Individuelles Lernen

Unterstützt durch die *Neurowissenschaften* wird zunehmend vom individuellen Lernen gesprochen. Die Neurowissenschaften haben ein recht klares Bild von dem, worauf es beim Lernen ankommt: auf die Vernetzung von Gehirnstrukturen. Und die Fähigkeit dazu ist bei den Menschen recht unterschiedlich.

Die Untersuchung von Lernprozessen zeigt, dass immer noch kein Königsweg zur Mathematik gefunden wurde - falls es ihn überhaupt gibt. Lernprozesse sind höchst individuell. In den letzten Jahrzehnten hat die Individualisierung - auch von Grundschülern - auffallend zugenommen, die Schere hat sich weiter geöffnet. Man möchte fragen: Wie kann die Lehrerin dieser größeren Bandbreite gerecht werden?

Natürlich wird, wer längere Zeit unterrichtet hat, bemüht sein, neben dem gerechten ausgewogenen Umgang mit den Schülern, jeden Einzelnen weit-

gehend individuell zu behandeln. Es hängt dabei viel von den Rahmenbedingungen, auch von der Klasse ab, wie weit die Lehrerin auf den Einzelnen eingehen kann.

Individuelles Lernen bedeutet aber nicht, dass sich die Lehrerin unbedingt jedem einzelnen persönlich widmen muss. Bei 20 bis 40 Schülern in der Klasse oder auch mehr, wie zum Teil in den Entwicklungsländern mit 70 Schülern, ist das kaum möglich. - Hier kann es sich nur darum handeln, individuelles Lernen *anzuregen* - oft durch offene, fachübergreifende Situationen; durch Kooperation in kleinen Gruppen, durch Projekte.

Individuelles Lernen ist eng mit der grundlegenden Frage verbunden: Wie kann man Kinder dazu veranlassen, dass sie das, was sie für die Schule machen sollen, *selbst wollen*? Hierfür wäre eine angemessene Willensschulung (der volitionalen Kompetenz) - etwa durch künstlerisch-musische Tätigkeit oder auch mit Hilfe eines Lerntagebuchs - entscheidend.

Individuelles Lernen hat viel mit dem selbständigen Entdecken, aber auch mit dem eigenen Üben zu tun. Ausgleichend kann es in seiner Bedeutung gleichberechtigt neben dem im Mathematikunterricht grundlegenden *gemeinschaftlichen* Lernen stehen. Nur durch eine ausgewogene Methodenvielfalt lassen sich individuelles und gemeinschaftliches Lernen harmonisieren. Etwa mit dem Ziel, beide Anliegen - Individualisierung und Sozialisierung - in ein sich gegenseitig befruchtendes Verhältnis zu bringen. Auch an außerunterrichtliche Fördermöglichkeiten ist zu denken [s.Sohre].

Unter dem Begriff *individuelles Lernen* wird heute vielfach eine Lernform verstanden, die sich vom traditionellen Lernen abhebt. Generell verläuft das Lehren und Lernen im Mathematikunterricht zwischen zwei Extrempositionen: dem traditionellen Lernen durch Belehrung (Instruktion) und dem Lernen durch gelenkte Entdeckung, durch eigenständige Konstruktion.

Traditionell wird Unterricht dann als erfolgreich angesehen, wenn eine genügend große Anzahl von Schülern eine Aufgabe bekannten Typs richtig lösen kann. Doch damit lehren wir relativ *träges Wissen*. Ein Wissen, das an dem Rechenvorgang, am Kalkül orientiert ist, und weniger am tatsächlichen Verständnis. Tatsächliches Verständnis, mehr Eigenständigkeit ermöglichen Lehrer den Kindern durch gelenkte Entdeckung. Wie sich traditionelles methodisches Vorgehen ändern müsste, wenn man das erreichen möchte, darauf hat HEINRICH WINTER schon 1984 in einem heute noch gültigen Beitrag hingewiesen [Winter]:

Lernen durch Belehrung	Lernen durch gelenkte Entdeckung
Lehrer gibt das Lernziel möglichst eng im Stoffkontext an.	Lehrer bietet herausfordernde, lebensnahe und reich strukturierte Situationen an.
Lehrer erarbeitet den neuen Stoff durch Darbietung oder gelenktes Unterrichtsgespräch.	Lehrer ermuntert die Schüler zum Beobachten, Erkunden, Probieren, Vermuten, Fragen.
Lehrer gibt Hilfen als Hilfen zur Produktion der gewünschten Antwort.	Lehrer gibt Hilfen als Hilfen zum Selbstfinden.
Lehrer setzt auf Methoden der Vermittlung.	Lehrer setzt auf die Neugier und den Wissensdrang der Schüler.
Lehrer neigt dazu, allein die Verantwortung zu tragen.	Lehrer betrachtet die Schüler als Mitverantwortliche im Lernprozess.
Lehrer sortiert den Stoff in kleine Lernschritte vor und betont eher Separationen und Isolationen der Inhalte voneinander.	Lehrer versucht dem Beziehungsreichtum mathematischer Sachverhalte Rechnung zu tragen.

3. Inhalte

3.1 Rolle der Bewegung

Die durch TIMSS und PISA angeregte Diskussion über Veränderungen im Lehren und Lernen, die den Schülern zu mehr Eigenständigkeit verhelfen soll, wird begleitet von der etwas weniger lautstarken Diskussion über die *Inhalte* des Mathematikunterrichts.

Das Überdenken der grundschulmathematischen Inhalte hat auch in der außerschulischen Öffentlichkeit deutlich gemacht, dass es um mehr geht als um das Beherrschen von Rechentechniken. In diesem Zusammenhang hat die PISA-Diskussion zu einer Differenzierung des Kompetenzbegriffs (Fähigkeiten bzw. Fertigkeiten) geführt, der infolgedessen in unterschiedlicher Weise in die neuen Lehrpläne und Beschreibungen der Standards aufgenommen wurde. Die Unterscheidung von Qualifikation und Disposition führt im Mathematikunterricht der Grundschule zu der Frage: Worauf beruht mathematisches Verständnis, das Wesen der Mathematik?

Neuropsychologische Untersuchungen zeigen, dass mathematisches Verständnis mit der eigenen Bewegung zu tun hat. Bereits 1969 hat der Mikrobiologe und Neuropsychologe ALEXANDER R. LURIA (1902-1977) in seinem Buch "Das Gehirn in Aktion" (russ. 1969; engl. "The Working Brain" 1973; dt. 1992) festgestellt, dass Körperorientierung und Rechenfähigkeit bei Hirnschädigungen gemeinsam ausfallen. Die Korrelation zwischen Eigenbewegung und Rechenfähigkeit kann eine grundlegende Orientierung bilden für zahlreiche Probleme, die mit Rechenschwierigkeiten bis hin zur Dyskalkulie zu tun haben.

Dabei scheint das *Wie* der Körperorientierung und deren Vernetzung die entscheidende Rolle zu spielen. Denn natürlich ist nicht jeder Leistungssportler ist auch ein guter Mathematiker. Anders sieht es möglicherweise mit dem Wert der musischen Bildung aus ("Bastian-Studie"). Entsprechende Forschungsfelder in der Didaktik werden weiter entwickelt [s. Ullrich].

Dazu gehört auch die die Zusammenarbeit mit den Neurowissenschaften. Der Begriff der *Neurodidaktik* verbindet Ergebnisse der Lernforschung in der Neurophysiologie mit denen der Fachdidaktik [Herrmann]. Erfahrungen von Lehrern, die mit mathematisch begabten Schülern gearbeitet haben, über den Zusammenhang von musischer Bildung und Intelligenzentwicklung wurden z.B. in Japan aufgegriffen und empirisch begründet. Ebenso ein Zusammenhang zwischen dem Jonglieren und der Entwicklung des Auffassungsvermögens. Kann die Neurodidaktik, indem sie die Wirkung auf Lernprozesse offenlegt, allmählich zum Ideal einer mit hoher Wahrscheinlichkeit "richtigen" Didaktik führen?

Ein Beispiel: Welche Möglichkeiten bietet hier die Erarbeitung des Subtrahierens, mit einem ersten Übergang - von den Zehnerzahlen zu den Einerzahlen, z.B. 12 minus 5 ? Früher war das im wesentlichen ein kognitives Arbeiten am Zwanzigerfeld. Heute arbeiten viele Lehrerinnen handlungsorientiert mit Plättchen, Würfelchen, Stäbchen, den Fingern oder anderem Material. Das wäre feinmotorisch. Wenn man jedoch die Sache grobmotorisch verankern möchte, wird man z.B. an einen Zahlenstrahl auf dem Fußboden denken. Der Schüler stellt immer gerade *die* Zahl dar, auf der er steht. Er blickt in die positive Zahlenrichtung und muss beim Abziehen entsprechend viele Schritte rückwärts gehen. Ein Lehrer hat dieses methodische Vorgehen auf den Punkt gebracht durch die Formulierung: Wer gut *zurücklaufen* kann, hat oft weniger Probleme mit dem Subtrahieren!

Grundschulmathematik nach PISA 335

Auch das schlichte Abzählen von Dingen hat mit Bewegung zu tun. Wenn wir sagen: Dort sind drei Stühle, dann stellen wir das fest und überprüfen das, indem wir einen Stuhl als solchen erkennen und betrachten, dann den "Nichtstuhlraum" daneben, dann wieder einen Stuhl, dann wieder einen "Nichtstuhlraum" und schließlich den dritten Stuhl. Dabei ist die Unterscheidung maßgebend. Dazu bewegen wir die Augen bei der Wahrnehmung, halten die Wahrnehmung begrifflich fest und entscheiden: es sind drei Stühle.

So abstrakt der Begriff der Zahl sein mag, so ist dennoch für die Methodik grundlegend: Zählen beruht auf einer Bewegung, auch wenn es nur eine feine Augenbewegung sein sollte.

3.2 Formenkunde

Wenn das Wesen der Arithmetik auf dem Begriff der *Zahl* beruht, worauf beruht dann das Wesen der Geometrie? Der den Grundbegriffen Punkt, Gerade, Ebene übergeordnete Begriff ist der der *Form*. Für Kinder ist Geometrie im wesentlichen eine Formenkunde. Einen Zugang zur Geometrie finden sie durch die Bewegung. Geometrie erschließt sich den Kindern handlungsorientiert. Man mag da zunächst einmal an das Bauen im Sand oder mit Bauklötzen denken.

Schon FRÖBEL nutzte entsprechende noch heute nach ihm benannte Bausteine. Doch Natur muss nicht durchwegs künstlich trivialisiert werden. Möglicherweise wird man künftig vermehrt Bausteine verwenden, die sich stärker an Naturformen anlehnen. Damit ist das Bauen zwar schwieriger, dennoch werden dadurch Phantasie und Beweglichkeit stärker angeregt als durch sog. schöne Quader und Lego-Bausteine. Wie z.B. auch durch dieses Püppchen, das keine Nase hat, nicht "Mama" sagen kann, keine Ohren, keine echten Haare und keine Schuhe hat. Dennoch werden die einfachen Puppen oder Kuscheltiere von Kindern oft viel mehr geliebt als die perfekt nachgebildeten. Sie regen die Phantasie an. Perfektion ist also für das Kind oft gerade *nicht* das Entwicklungsför-

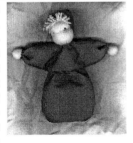

dernde, Wesentliche. Gerade das Nichtperfekte, Unvollkommene wirkt auf die Eigentätigkeit aktivierend!

Zu denken wäre aber auch bei den geometrischen Grunderfahrungen an die Eigenbewegungen durch Laufen, Klettern und Sich-im-Raum-Orientieren. Die grobmotorische Entwicklung wird ergänzt durch die *fein*motorische. Durch das Zeichnen mit einem Stift sieht das Kind, welche Bewegung es vollzogen hat. Dazu gehört das anfängliche Kritzeln wie auch das sich anschließende Zeichnen von geschlossenen Formen, Kreisen und dann von Kreuzen - mit zwei, drei Jahren.

Zuweilen ist erstaunlich, welche geometrische Formen Kinder von sich aus finden. Hier eine Form von einem vierjährigen Kind - ohne dass man dem Kind jemals eine derartige Form gezeigt hätte.

Wenn hier mit 4 bis 5 Jahren durch das Freihandzeichnen die ersten Grundlagen für geometrisches Verständnis gelegt werden, wäre es daher *Aufgabe der Pädagogik*, den Kindern eine entsprechend anregende Umgebung zu schaffen, die es ihnen ermöglicht, entsprechende Erfahrungen zu sammeln und auszubauen.

Wenn der Grundschulgeometrieunterricht die kindliche Entwicklung im Auge hat, dann wird er die Kinder an dieser Stelle abholen und das Freihandzeichnen fördern.

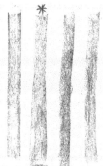

Geometrisch elementar ist als Erstes die Gerade: Eine freihand gezeichnete Gerade, die vorher in die Luft gezeichnet wurde, wird von der Lehrerin an die Tafel gezeichnet. Darf dann jedes Kind "seine" Gerade an die Tafel zeichnen, so ist das für ein Kind in der ersten Geometriestunde ein besonderes Erlebnis.

Das Erfassen von Zahlen und Formen hat mit Bewegungen zu tun. Damit könnte folgende These richtungweisend für methodisches Vorgehen in der Grundschule sein:

"Mathematisches Verständnis beruht auf der verinnerlichten Wahrnehmung der eigenen Bewegung."

3.3 Ökonomie des Geometrieunterrichts

Denkt man über die Inhalte des fachübergreifenden Lernens (z.b. unter Berücksichtigung historischer Bezüge) nach, liegt es nahe - schon um unnötige Doppelungen zu vermeiden - sorgfältiger als bisher über die *Vernetzung* von Grundschul- und Sekundarstufenmathematik nachzudenken. Gymnasiallehrer kennen die Inhalte, Methoden und Probleme der Grundschule oft zu wenig und umgekehrt sollten Grundschullehrer wissen, was die Schüler - auch in der Mathematik - in den weiterführenden Schulen erwartet.

Während der strukturierte Aufbau der Arithmetik seit langem zu einer tragfähigen Kontinuität geführt hat, sieht es im Bereich der Geometrie anders aus. Vor allem die Grundschulgeometrie ist keinesfalls linear aufgebaut, was sich auch an den unterschiedlichsten Zugängen sowohl in den Schulbüchern als auch in der didaktischen Literatur z.B. von FRANKE und RADATZ zeigt.

Zur *räumlichen* Grundschulgeometrie zeichnet sich gegenwärtig eine interessante Neuentwicklung ab: Es gibt erste Vorschläge, die aus philosophisch-historischer Richtung kommen - unter dem Namen *Protogeometrie* - und auf experimentell folgerichtigen Überlegungen von HUGO DINGLER beruhen.[Amiras].

In der *ebenen* Geometrie führt gerade die durch den Computer angeregte experimentelle Geometrie in der Sekundarstufe verstärkt zur Berücksichtigung von nichtlinear begrenzten Formen - wie etwa Kegelschnitte, Bögen oder Spiralen. Die Frage nach einer Ökonomisierung des Mathematikunterrichts legt nahe, dem auch bereits in der Grundschule Rechnung zu tragen kann.

3.4 Freihandzeichnen

Welche Möglichkeiten bestehen, in der Grundschule geometrische Formen kennenzulernen, ohne dass man hier schon experimentell oder gar streng konstruktiv vorgehen müsste? Hier bildet das Freihandzeichnen geometrischer Formen, auch "Formenzeichnen" genannt, ein kreatives Entwicklungsfeld, das bisher kaum berücksichtigt worden ist.

Warum "kaum berücksichtigt"? Die Grundschul-Lehrpläne erwecken den Eindruck, als würde es das freie Zeichnen geometrischer Formen ohne die Hilfsmittel Lineal, Zirkel, Geodreieck, Schablonen kaum geben. So findet man z.B. im Grundschullehrplan von Bayern hierzu gerade zwei kurze Hinweise in der 3. und 4. Klasse: "Freihändig zeichnen" [BayKM, S. 185

(3.1.4) u. S. 255 (4.1.4)]. Der dort benutzte Terminus "Freihändig zeichnen" klingt allerdings fast wie "Freihändig radfahren", wie ein gewisser Balanceakt, der nicht nur unüblich, sondern eigentlich illegal ist.

Natürlicher wirkt hier der Begriff "Freihandzeichnen" in anderen Lehrplänen, wie z.b. im Sächsischen Grundschul-Lehrplan, der das Freihandzeichnen an sechs Stellen berücksichtigt [SMK, S. 6 (Kl. 1, dreifach), S. 16 (Kl. 3), S. 24 (Kl. 4: Freihandskizzen); S. 29 (Kl. 4: Wahlpflichtbereich Mathematik in der Kunst)].

Das Freihandzeichnen kann zur notwendigen Brückenbildung zwischen Grundschul- und Sekundarstufengeometrie beitragen. Es gibt bisher nur wenig Anregungen dazu [Standardwerk: Kranich].

Da sich alle geometrischen Formen aus geraden und gebogenen Linien zusammensetzen (Aristoteles), liegt es nahe, das Freihandzeichnen mit der geraden (s.o.) und gebogenen Linie zu beginnen.

Rhythmisierende Wiederholungen führen z.B. über Wellenlinien zu Buchstaben. Anregungen für besondere Formen, etwa Spiralformen, findet man auch in der Kunstgeschichte. Hier Spiralen von 7- bis 8jährigen Kindern [Kranich, S. 62, 53, 72].

Die Spiegelung von Parabelscharen (2. Kl.) begegnen den Schülern in der weiterführenden Schule wieder, auf einer geometrisch exakteren, konstruktiven Stufe.

Grundschulbücher beschränken sich in der ebenen Geometrie meist auf geschlossene Formen: auf Vierecke, Dreiecke und Kreise. Eine Einschränkung, die gerade mathematisch interessierte und vielseitige Schüler kreativ einengt.

Setzt man sich mit dem Freihandzeichnen auseinander, entdeckt man seine vielfältigen Funktionen, zu denen die propädeutische, die entwicklungspsychologische, die therapeutische, die motorische, die ästhetische und die geometrische Funktion gehören [s.a. Toepell 2001].

Das Freihandzeichnen bildet einen ersten Einstieg in die Geometrie und ermöglicht durchaus komplexe Angebote, die sowohl die Beweglichkeit als auch kreatives Denken und gemeinsames künstlerisches Gestalten fördert und fordert (nebenstehendes Flechtband: 3. Kl.).

Sorgfältige Grundlagen in den ersten Klassen ermöglichen in der weiterführenden Schule durch das Freihandzeichnen individuelle Begegnungen mit der Raumgeometrie (s. Dodekaeder 8. Kl. & 6. Kl.; [Carlgren, S. 141; 131]).

Zugleich kann man damit die Geometrie etwas von ihrer Strenge befreien, die auf dem euklidischen Aufbau mit seinen mehr oder weniger nüchternen rechtwinkligen Formen, der Metrik und den Kongruenz- und Ähnlichkeitsabbildungen beruht. Tatsächlich umgeben uns wesentlich mehr geometrische Formen als das etwa in den früheren Lehrplänen oder Schulbüchern nahegelegt wird.

Die formorientiert-bildnerische Geometrie ist geradezu ein Gestaltungselement unseres Lebens. Ihr Beziehungsreichtum wird ersichtlich, wenn man neben dem Zeichnen von Formen auch denkt an die Grundlagen unserer Schrift, das Internet (Firmenlogos), die Grafiken, die Dynamische Geometriesoftware, die Naturformen, die Raumorientierung bis hin zur Orientierung an den Himmelsrichtungen und an die Sternkunde.

3.5 Sternkunde

Es gibt Völker, dort beziehen die Menschen Richtungsangaben nicht auf sich selbst (mit links und rechts, ...), sondern auf Himmelsrichtungen. Natürlich in der ihnen eigenen Sprache. Da entfällt dann das Rechts-Links-Problem von Lehrern, die ihrer Klasse gegenüberstehen.

Schalttage, Kalenderfragen, Sonnenwendepunkte und Sonnenfinsternisse waren und sind anregend, im Rahmen eines offeneren Geometrieunterrichts die Bedeutung der elementaren Sternkunde als fachübergreifendes Element auch in der Grundschule nicht zu vernachlässigen.

Das ist auf den ersten Blick nicht ganz einfach. Die Vorbehalte liegen oft darin, dass sich die Lehrenden den Größen- und Raumvorstellungen in der Astronomie nicht gewachsen fühlen. Sie stehen dann im Spannungsfeld zwischen der beachtlichen Aufgeschlossenheit der Kinder und der vielfach stiefmütterlichen Berücksichtigung in den Schulbüchern - und in der Lehrerbildung [Näheres s. Toepell 2000].

Geht man dabei vom Kind aus, wird man sich im Wesentlichen allein an dem orientieren, was man als Mensch tatsächlich (in erster Näherung sogar ohne Hilfsmittel) wahrnehmen kann - an den Phänomenen - und nicht an den in der Himmelsmechanik und Astrophysik formulierten *scheinbaren* Bewegungen. Die Sternkunde ist dann eine rein phänomenologische, wobei das Vorgehen demjenigen entspricht, wie die Menschheit selbst den Zugang, das Verständnis gegenüber der Sternenwelt gefunden hat.

4. Bildungsstandards und methodisch-didaktische Perspektiven

4.1 Grundlegende Perspektiven

Neben den Rahmenbedingungen und den Inhalten der Grundschulmathematik spielen in der Diskussion nach PISA die methodisch-didaktischen Perspektiven eine entscheidende Rolle für einen zeitgemäßen Mathematikunterricht. Diese von Lehrern und Didaktikern seit längerem formulierten Perspektiven sind vielfach in die sogenannten *Bildungsstandards für den Primarbereich* aufgenommen worden: "Die Standards beschreiben die inhaltlichen und allgemeinen mathematischen Kompetenzen, die Kinder am Ende der Grundschulzeit erworben haben sollen," heisst es in den KMK-Primarstufen-Standards [KMK Bildungsstandards, S.8].

Mit diesen durch KMK-Beschluss verbindlichen (eher maximalen) Rahmenzielbeschreibungen, d.h. Rahmenlehrplänen, die nun Standards genannt werden, tut sich ein weiteres Spannungsfeld auf: Wie kann die Lehrerin sowohl der Individualisierung als auch der durch diese Standards geforderten einheitlichen Regelleistungsfähigkeit aller Schüler gerecht wer-

den? Wie vermag sie mathematisch schwächere und begabte Kinder zu erkennen (Diagnostik, Indikatoraufgaben), zu fordern und durch ein begabungsfreundliches Klima zu fördern? Das Spannungsfeld entsteht aus dem pädagogischen Grundanliegen zu differenzieren und dem aus anderen Erwägungen hervorgegangenen Anliegen zu standardisieren.

Differenzierung und Individualisierung sind Begriffe, die dem Bestreben, alle Schüler auf das Niveau von Regelstandards zu bringen, zu widersprechen scheinen. Ein eingehender Vergleich zeigt jedoch: "Bei den inhaltsbezogenen mathematischen Kompetenzen gibt es fast bei allen Leitideen unmittelbare Entsprechungen in den Lehrplänen" [Brockmann].

Inhaltlich enthalten die Standards kaum Neues. Dennoch bleibt zu beachten: Eine Anpassung an eine verpflichtende Norm verhindert zumindest in gewissen Grenzen die Entfaltung des Individuellen. Individualität bedeutet Überwindung einer Norm.

Begleitet wurden die Standards von einer Diskussion über neuere methodisch-didaktische Perspektiven, die einen erfolgreichen Grundschulmathematikunterricht fördern sollen. Auch diese Richtlinien charakterisieren ein Stück weit den gegenwärtigen Wandel im Mathematikunterricht. Fasst man zusammen, handelt es sich um Änderungen in folgenden Bereichen, die weniger als einzelnes Element, aber in ihrer Summe richtungsweisend sein können und dabei Orientierung vermitteln können:

a) Der Mathematikunterricht sollte deutlich auf der *Erfahrungswelt* der Schüler aufbauen und sie an vielfältige Anwendungssituationen heranführen. Dazu gehört die inzwischen fast selbstverständliche Verknüpfung von Inhalten mit den Lebenserfahrungen der Kinder, aber auch die Kooperation mit den Kindergärtnerinnen und den Eltern. Wenn ein Vater Bäckermeister ist, von einer Lehrerin eingeladen wird und im Unterricht von seinem Tagesablauf erzählt, wieviel Brötchen er herstellt, wieviel Mehl er braucht u.s.w., dann ist das eine hervorragende Kooperation, die auch dem mathematischen Verständnis dienen kann.

b) Elternabende, auf denen pädagogische Wege und Ziele erläutert werden, aber auch die *Kooperation* bei gemeinsamen Unternehmungen (z.B. Ausflügen) sind Grundlagen für eine vertrauensvolle Zusammenarbeit mit den Eltern. Lehrer dürfen keine "Gegner" sein.

c) Die *Vernetzung* von Geometrie (Formen) und Arithmetik (Zahlen) untereinander und mit anderen Bildungsbereichen war bereits Richtschnur in

z.B. tschechischen Schulbüchern der 1990er Jahre von F. KURINA und hat sich inzwischen zu einem eigenständigen Lernbereich ausgewachsen (im Lehrplan aller vier Grundschulklassen [SMK]).

d) Der *fachübergreifende* und *projektorientierte* Unterricht besitzt inzwischen ebenfalls einen hohen Stellenwert. Die in [Franke] beschriebenen Projekte enthalten zahlreiche fachübergreifende Bezüge, wie etwa auch zu Deutsch, Werken, Kunst, Musik und Sport. Kurze Fragen zum "Besuch im Zoo" können das veranschaulichen: Fahrzeiten? Fahrtkosten? Welche Tiere? Welche Wege? Zeitabschätzung? Wo Rast? Tiergeschichten?

e) Eine entscheidende Korrelation ist die von mathematischen Sachaufgaben mit der Förderung von *Lesekompetenz*. Dazu gehört das Lesen von Aufgabenkarten, Spielanleitungen und Fahrplänen, aber auch das spielerische Vernetzen von Zeichen und Begriffen (Mathematik und Deutsch) - wie etwa in den Formulierungen "Zeit plus Zeit ist mehr Zeit. Zeit mal Zeit ist Malzeit. Zeit hoch Zeit ist Hochzeit."

f) Das Lernen mit Hand, Herz und Kopf kann zu einem handlungs-, freud- und leistungsbetonten Unterricht führen, das vom *Lernen mit allen Sinnen* (z.B. in der Lernwerkstatt Grundschule) gut begleitet werden kann.

4.2 Offener Mathematikunterricht

a) Kooperatives und exemplarisches Lernen

Zu den methodisch-didaktischen Perspektiven gehört auch die von Pädagogen vielfach geforderte *Öffnung* des Mathematikunterrichts. Neben dem gerade im Mathematikunterricht grundlegenden gemeinschaftlichen Arbeiten liegt hier an das kooperierende Arbeiten von Schülern in Partner- und Gruppenarbeit nahe.

Das gegenseitige Lernen und Helfen unterstützt zugleich die Kommunikations- und Teamfähigkeit. Ein Beispiel aus der Geometrie wäre hier das Entdecken und Bauen der regelmäßigen Körper - etwa mit dem überaus vielseitigen Polydron-Material.

Weiterhin ist für offenen Unterricht u.a. das exemplarische Lernen charakteristisch. Es wird eher durch Rahmenpläne, die sich auf das Wesentliche beschränken, als durch herkömmliche das klassische umfangreiche Programm enthaltende Lehrpläne unterstützt. Ein Lehrer, der - exemplarisch und projektorientiert - seine Schüler ihr Traumhaus mit Kostenplan entwerfen lässt, verbindet Kunst, Sachunterricht und Mathematik.

b) Rhythmisches Lernen

Die Grundaufgaben (Einspluseins und Einmaleins) sind ein schönes Beispiel für einen Inhalt, den man zwar mit den Schülern anschaulich einführen und entdecken kann, den man aber schnell durch die Fähigkeit, etwas rein auswendig zu lernen, festigt. Der Übergang vom Handeln (mit didaktisch gut gemeinten Lernmaterialien, von denen sich Schüler manchmal nur schwer lösen können) zum Langzeitgedächtnis wird durch rhythmisiertes Lernen erleichtert, wie z.B. durch eine Melodie zum Siebener-Einmaleins, die zudem durch Klatschen oder Hüpfen mit dem Springseil motorisch begleitet wird. Auch Wiederholungen werden möglichst rhythmisiert.

Schüler sehen durchwegs darüber hinweg, wenn der Lehrer weniger professionell singt. In Schulen wird seit Jahren immer weniger gesungen, obwohl bekannt ist, dass musikalische Aktivitäten die Ausdrucksfähigkeit, das Sozialklima und die Schulmotivation verbessern.

c) Abschätzen und Ästhetik

Häufigeres Abschätzen zumindest von Größenordnungen unterstützt die innere *Sicherheit* im Umgang mit Zahlen und stärkt das *Vertrauen* in die Welt der math. Anwendungen. Das Abschätzen kann am Beginn von Problemen, aber auch am Ende durch Überprüfen der Resultate stehen. Dabei hat das Abschätzen und Runden durchaus auch mit Ästhetik zu tun - einer Ästhetik, die über die Schönheit der Tafel- und Heftführung hinausgeht.

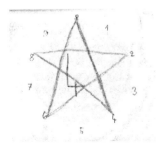

Sucht man danach, ob es auch so etwas wie Schönheit in der Arithmetik gibt, kann man tatsächlich gelegentlich Beispiele finden, wie etwa die Frage, die Schüler sehr ansprechen kann: Wie kann man z.B. die Zahl 20 geometrisch "schön" aufteilen? (Eine Schülerlösung war etwa: 20 = 1+2+3+4+4+4+3+2+1). Ein weiteres Beispiel wäre etwa die geometrische Darstellung von Einmaleinsreihen im Zehnerkreis (nebenstehendes Beispiel: 2. Kl.).

4.3 Differenzierung und Standards - ein Widerspruch?

Formen der Differenzierung im Mathematikunterricht beziehen sich sowohl auf den Unterrichtsablauf und seine Gestaltung (abwechslungsreicher Unterrichtsaufbau; Rhythmisierung des Stundenplans) als auch auf darüber hinausgehende Fördermaßnahmen. Die Differenzierung von *häuslichen*

Aufgaben umfasst verschiedene Schwierigkeitsgrade, aber auch Pflicht- und Wahlanteile. Eine besondere Herausforderung ist es für Schüler, wenn sie selbständig angemessene Aufgaben entwerfen, mehrere Lösungswege finden und das Erarbeitete auf verschiedene Weise präsentieren.

Mit dieser deutlicheren Individualisierung rückt das *Schulbuch* (das eher als Ideensammlung für den Lehrer dient) in den Hintergrund. Die Schüler erarbeiten sich - nach entsprechender Anregung - ihre Lernprozesse selbst und gestalten ihr Heft so sorgfältig, dass es bestenfalls sogar das Schulbuch zu setzen vermag.

Das *Lernen an Stationen* und im Rahmen einer mathematischen *Lernwerkstatt* bietet weitere willkommene Möglichkeiten zur Differenzierung im Mathematikunterricht. Hier steht das Bemühen im Vordergrund, Situationen zu schaffen, die zu selbständigem Lernen und beweglichem Denken animieren. Durch Probieren und Entdecken lässt sich z.B. folgendes Problem lösen: "Die Europäische Zentralbank führt 2- und 5-Euro-Münzen ein. Welche ganzzahligen Beträge können damit bezahlt werden?"

Dabei ist die *Planung* von Lösungswegen mindestens so entscheidend wie das anschließende Ausrechnen. Betrachtet man Abstraktionsvermögen, Vorstellungskraft, Phantasie und die Gabe zum *Querdenken* als für die Zukunft der Kinder entscheidende mathematische Fähigkeiten, dann werden diese Kompetenzen höhere Anerkennung genießen - auch wenn sie nicht so einfach abprüfbar sind wie etwa die Fähigkeit zu sorgfältigem Rechnen.

Die genannten Perspektiven können im Rahmen einer größeren Akzeptanz und Förderung der Individualität geeignet sein, die *Zufriedenheit* mit dem System Schule bei Schülern und Lehrern zu erhöhen. Mit der Einrichtung von *Ganztagesschulen* wird dieser Weg zusätzlich geebnet. Vielleicht können die folgenden Gedanken - die uns zu den anfänglichen Rahmenbedingungen zurückführen - nach einem Skandinavienbesuch zu weiterem Verständnis für eine zeitgemäße Schulgestaltung beitragen:

"Eine Gemeinsamkeit zwischen den beiden Ländern [Finnland und Schweden] ist die Betonung des Individuums und des *individuellen Lernprozesses*. Bei jedem Besuch von Schulen in Finnland und Schweden fiel auf, dass die Unterstützung des einzelnen Kindes eine wesentliche Rolle spielt. Es wird sehr darauf geachtet, dass *jedes* Kind seinen Fähigkeiten entsprechend gefördert und gefordert wird. Dies schliesst eine frühzeitige Hinführung zu *selbstständigen Lernen* ein. ...

In dieser Ganztagsschule gibt es übrigens keine Klingel, was sicherlich einen Teil der *ruhigen und lockeren Atmosphäre* ausmacht. Darüber hinaus ist das gemeinsame Mittagessen im Klassenzimmer ein Teil des sozialen Lebens, der sicherlich nicht ohne Bedeutung ist. ... Der *Leistungsdruck* wird übereinstimmend als wesentlich geringer als in Deutschland angesehen. Aus Schülersicht ist in vielen Ländern, wie z.B. auch in der Schweiz der Leistungsdruck geringer und die Unterstützung durch den Lehrer höher. '*Schule kann gut tun,*' meinte eine Lehrerin, als sie nach dem Unterschied zwischen einer regulären deutschen Schule und der deutschen Schule in Stockholm befragt wurde." [K. Reiss, GDM-Mitt. 74 Juni 2002, S.72]

Eine Gesellschaft, deren Potential auf geistig-innovativem Gebiet liegt, ist auf Individualitäten angewiesen und tut gut daran, bereits in der Schulpolitik individuelles Lernen aktiv zu fördern.

Literatur:

Amiras, Lucas: Protogeometrie. Elemente der Grundlagen der Geometrie als Theorie räumlicher Figuren. Habilitationsschrift PH Weingarten 2006.

BayKM (Bayerisches Staatsministerium für Unterricht und Kultus): Lehrplan für die bayerische Grundschule. München 2000

Brockmann, Bernhard: Bildungsstandards in Lehrplänen. In: Beiträge zum Mathematikunterricht. Jahrestagung Bielefeld 2005. Franzbecker 2005.

Carlgren, Frans: Erziehung zur Freiheit. Stuttgart ^{1}1972 (^{10}2009)

Franke, Marianne: Auch das ist Mathe! 2 Bde. Aulis Deubner 1995/96

Freudenthal, Hans: Mathematik als pädagogische Aufgabe, Band 2, Kap. 16, S. 375/469, Klett Verlag 1973

Herrmann, Ulrich (Hrsg.): Neurodidaktik: Grundlagen und Vorschläge für gehirngerechtes Lehren und Lernen. Beltz ^{2}2009.

Hilbert, David: Grundlagen der Geometrie. (^{1}1899). M. Supplementen v. Paul Bernays. 14. Auflage. Hrsg. u. m. Anhängen versehen v. Michael Toepell. B.G. Teubner Stuttgart - Leipzig 1999. xvi + VIII + 412 S. (Teubner-Archiv zur Mathematik, Bd. Suppl. 6)

IPN: Schwerpunkt PISA 2003: Mathematische Grundbildung. Mitteilungen der Ges. f.Didaktik d. Math. (GDM). Nr. 79 (Dezember 2004) S. 71-72

KMK 2004: Stellungnahme der Kultusministerkonferenz zu den Ergebnissen von PISA. Mitteilungen der GDM. Nr. 79 (Dezember 2004) S. 65-69

KMK: Bildungsstandards im Fach Mathematik für d. Primarbereich. 2004

Kranich, Michael u.a.: Formenzeichnen. Die Entwicklung des Formensinns in der Erziehung. Stuttgart ^{2}1992

Luria, Alexander: Das Gehirn in Aktion. (russ. 1969; engl. 1973) dt. 1992.

PISA-Konsortium Deutschland: PISA 2003: Kurzfassung der Ergebnisse. Mitteilungen der GDM. Nr. 79 (Dezember 2004) S. 59-65

SMK (Sächsisches Staatsministerium für Kultus): Lehrplan Grundschule Mathematik. Dresden 2004/2009. [www.sachsen-macht-schule.de]

Sohre, Silvia: Begabte Kinder im Mathematikunterricht der Grundschule - Erkennen, Fördern und Fordern. Staatsexamensarbeit Univ. Leipzig 2004.

Stolz, Uta: Zeitgemäßes didaktisches Design. In: Info 3. 85 Jahre Waldorfpädagogik. Michaeli 2004, S.25

Toepell, Michael: Phänomenologische Sternkunde im Geometrieunterricht der Grundschule. In: Beiträge zum Mathematikunterricht 2000. Verlag Franzbecker Hildesheim - Berlin 2000. S. 675-678.

Toepell, Michael: Vom Formenzeichnen in der Grundschule zur Konstruktion geometrischer Ortskurven am Computer. In: Beiträge zum Mathematikunterricht 2001. Vlg. Franzbecker Hildesheim-Berlin 2001. S. 620-623.

Toepell, Michael: Lernen in Finnland. Notizen zu einem Podiumsgespräch. Mitteilungen der Gesellschaft für Didaktik der Mathematik (GDM), Sonderheft-Nr. 78 (Juni 2004) 142-144

Toepell, Michael: 100 Jahre "Grundlagen der Geometrie" - ein Blick in die Werkstatt von David Hilbert. In: Toepell, M. [Hrsg.]: Mathematik im Wandel - Anregungen zu einem fächerübergreifenden Mathematikunterricht 3. Verlag Franzbecker Hildesheim - Berlin 2006. (Mathematikgeschichte und Unterricht; Band IV), S. 27-44.

Ullrich, Ringo: "Mathe klingt gut" - Ein Projekt zur Entwicklung mathematischer Fähigkeiten im Grundschulalter anhand des Zusammenhangs von Mathematik und Musik. In: Vasarhelyi, Eva (Hrsg.): Beiträge zum Mathematikunterricht 2008. WTM-Verlag 2008, S. 773-776

Winter, Heinrich: Begriff und Bedeutung des Übens im Mathematikunterricht. In: Mathematik Lehren (1984) H.2, S. 4-16

Prof. Dr. Michael Toepell, Karl-Heine-Str. 22 b, Universität Leipzig, D-04229 Leipzig; Email: toepell@uni-leipzig.de

Alphabetisches Autorenverzeichnis

Barner, Klaus 101
Bauch, Manfred 57
Bernhardt, Hannelore 281
Boehme, Harald 40
Duda, Roman 211
Durnová, Helena 271
Fudali, Stanisław 185
Fuls, Andreas 56
Gick, Ute 115
Grattan-Guinness, Ivor 7
Haller, Rudolf 209
Hykšová, Magdalena 261
Krischer, Tilman 29
Murawski, Roman 298
Nádeník, Zbyněk 255
Novak, Michal 245
Reich, Ulrich .... 76 & 78
Schlote, Karl-Heinz 165
Schröder, Eberhard 61
Šišma, Pavel 235
Sommerhoff-Benner, Silvia 140
Toepell, Michael 321
Voss, Waltraud 218
Warnecke, Gerhard 151
Weidauer, Manfred 90
Wieslaw, Witold 127

Mathematik im Wandel

Anregungen zu einem fächerübergreifenden
Mathematikunterricht
Band 4

Michael Toepell (Hrsg.)

Mathematikgeschichte und Unterricht V

Michael Toepell (Hrsg.)

Mathematik im Wandel

Anregungen zu einem fächerübergreifenden
Mathematikunterricht
Band 4

Verlag Franzbecker Hildesheim 2009

CIP-Titelaufnahme der Deutschen Bibliothek

Toepell, Michael (Hrsg.):
Mathematik im Wandel -
Anregungen zu einem fächerübergreifenden Mathematikunterricht. Band 4
Verlag Franzbecker KG Hildesheim 2009
(Mathematikgeschichte und Unterricht; Band V)
ISBN 978-3-88120-410-1
NE: Mathematik im Wandel -
Anregungen zu einem fächerübergreifenden Mathematikunterricht. Band 4.

Das Werk ist urheberrechtlich geschützt. Alle Rechte, insbesondere die der Vervielfältigung und Übertragung auch einzelner Textabschnitte, Bilder oder Zeichnungen vorbehalten. Kein Teil des Werkes darf ohne schriftliche Zustimmung des Verlages in irgendeiner Form reproduziert werden (Ausnahmen gem. 53, 54 URG). Das gilt sowohl für die Vervielfältigung durch Fotokopie oder irgendein anderes Verfahren als auch für die Übertragung auf Filme, Bänder, Platten, Transparente, Disketten und andere Medien.

ISBN 978-3-88120-410-1

© 2009 by div Verlag Franzbecker KG Hildesheim

Inhalt

                                                          Seite

Einführung 1

Verzeichnis der Fachbezüge

    Mathematik 5

    Geschichte und weitere Fächer 6

Ivor Grattan-Guinness:

History or Heritage?
A Central Question in the Historiography of Mathematics 7

Tilman Krischer:

Die Vorgeschichte der Mathematik 29

Harald Boehme:

Anfänge der theoretischen Arithmetik bei den Griechen 40

Manfred Bauch:

Eine multimediale Lernumgebung zu Dürers "Melencolia I" 57

Eberhard Schröder:

Korbbogenkonstruktionen -
Theorie und Anwendungen in der Baupraxis 61

Ulrich Reich:

Franz Brasser (um 1520 - 1594) von Lübeck -
der niederdeutsche Rechenmeister 76

Ulrich Reich:

Mathematik und Wein -
eine vergnügliche mathematische Reise durch die Weinkultur 78

Manfred Weidauer:

Johann Weber (um 1530 - 1595) - Rechenmeister und Bürger zu Erfurt .. 90

Klaus Barner:

Das Leben Fermats (um 1607 - 1665) 101

Ute Gick:

Einführung in die Differentialrechnung in der 11. Jahrgangsstufe
an Hand von Originalliteratur (Leibniz, Fermat) 115

Witold Wieslaw:

Squaring the Circle in XVI - XVIII centuries 127

Silvia Sommerhoff-Benner:

Die Lösung quadratischer, kubischer und biquadratischer Gleichungen
in den algebraischen Werken Christian Wolffs 140

Gerhard Warnecke:

Schulen und Schulverläufe bei Julius Plücker (1801 - 1868)
und seinem Studenten August Beer (1825 - 1863) 151

Karl-Heinz Schlote:

Leipziger Beiträge zur Elektrodynamik im 19. Jahrhundert
aus der Sicht der mathematischen Physik 165

Stanisław Fudali:

Karl Weierstraß und Sonja Kowalewskaja
- "Dem Meisterherzen lieber Student" 185

Roman Duda:

How the concept of a general topological space has originated:
from Riemann to Bourbaki 211

Waltraud Voss:

Zur Geschichte der Versicherungsmathematik
an der TU Dresden bis 1945 218

Inhalt

Pavel Šišma:
History of education in Descriptive Geometry
at the German Technical University in Brno 235

Michal Novák:
Introducing Vectors to Analytic Geometry
(As seen in Czech University Textbooks) 245

Zbyněk Nádeník:
Über die Rytzsche Achsenkonstruktion der Ellipse 255

Magdalena Hyksova:
Karel Rychlík and his Mathematical Contributions 261

Helena Durnova:
Origins of Network Flows 271

Hannelore Bernhardt:
Der Beitrag der Mathematischen Institute zum Universitätsjubiläum
der Humboldt-Universität Berlin im Jahre 1960 281

Roman Murawski:
Die Entwicklung des Bewusstseins des Unterschieds zwischen
Wahrheit und Beweisbarkeit 298

Rudolf Haller:
Treffer und Niete - eine sprachgeschichtliche Betrachtung 309

Michael Toepell:
Grundschulmathematik nach PISA -
auf dem Weg zu individuellem Lernen? 321

Alphabetisches Autorenverzeichnis 347

Einführung

Die Fachsektion *Geschichte der Mathematik* der Deutschen Mathematiker-Vereinigung (DMV) und der Arbeitskreis *Mathematikgeschichte und Unterricht* der Gesellschaft für Didaktik der Mathematik veranstalten seit Jahren gemeinsame Fachtagungen zur Geschichte der Mathematik, die zu den größten regelmäßigen Fachtagungen zur Mathematikgeschichte im mitteleuropäischen Raum gehören. Auch der vorliegende Band ist aus einer dieser Fachtagungen hervorgegangen.

Nach den Tagungen in Berlin, Wuppertal, Nürnberg ("Mathematik im Wandel 1"), Calw ("Mathematik im Wandel 2") und Schmochtitz bei Bautzen ("Mathematik im Wandel 3") war die Tagung in Zingst an der Vorpommerschen Ostseeküste die sechste Tagung der Fachsektion.

Die Tagungsleitung lag in den Händen von Prof. Dr. PETER SCHREIBER (Universität Greifswald). Ihm ist die gelungene Organisation, das abwechslungsreiche Angebot und die reibungslose Durchführung der Tagung zu verdanken.

Rund sechzig Tagungsteilnehmer trafen sich im historisch bedeutsamen Zingsthof, in dem DIETRICH BONHOEFFER 1935 sein Predigerseminar der Bekennenden Kirche eingerichtet hatte. Neben an der Geschichte interessierten Didaktikern und Mathematikern gehörten zum Kreis der Teilnehmer Lehrer, Philosophen, Doktoranden und Studenten.

Ein guter Teil der Teilnehmer kamen aus Großbritannien, Polen, der Tschechischen und der Slowakischen Republik. Deren Beiträge werden auf englisch im Original wiedergegeben.

Auf dieser internationalen Tagung wurde über eigene Forschungsergebnisse ebenso vorgetragen wie etwa über Erfahrungen zum fachübergreifenden Unterricht oder auch über lokalgeschichtliche Themen. Geschichte kann so zu einem Bindeglied zwischen Schule und Hochschule werden kann. Zugleich wird damit die bildungspolitische Bedeutung der Mathematikgeschichte hervorgehoben.

Anliegen des Arbeitskreises und der Fachsektion ist es unter anderem, mit diesen Tagungen die Mathematikgeschichte für Interessenten zu erschließen, ihre Bedeutung für Unterricht und Lehre erkennbar werden zu lassen.

Wie die bereits erschienenen, so zeigt auch der vorliegende Band, dass das manchmal so unumstößlich erscheinende Schulfach Mathematik in seiner geschichtlichen Dimension einem steten Wandel unterworfen ist. Er mag zugleich dokumentieren, dass die sich historisch immer wieder verändernde Wissenschaft Mathematik unter Berücksichtigung ihrer kulturellen Einbettung manches zur Belebung, Bereicherung und zum Verständnis des gesamten Bildungsgutes an Schulen und Hochschulen beitragen kann.

Die Vorträge dieser Tagung dokumentierten die ungewöhnliche Breite dieser Wissenschaftsdisziplin.

Der grundlegende Eröffnungsvortrag von IVOR GRATTAN-GUINNESS geht der Frage nach "Geschichte oder Überlieferung?" in der Historiographie der Mathematik nach und untersucht damit zwei grundsätzlich unterschiedliche Betrachtungsweisen: Zur *Geschichte* mathematischer Ideen oder gar einer mathematischen Theorie gehören ihre Vorgeschichte, die Entstehung, die Chronologie ihrer Entwicklung und die unmittelbaren Auswirkungen. Die Geschichte fragt also nach dem, was passierte. Die Interpretation der *Überlieferung* (des "Erbes" oder der "Genealogie") bezieht sich dagegen eher auf die langfristigen Auswirkungen mathematischer Ideen und auf die veränderten Formalisierungen. Sie wird meist im modernen Kontext beschrieben und fragt eher danach, wie es zum heutigen Stand gekommen ist. Typische Beispiele veranschaulichen den Zusammenhang.

Nach zwei Beiträgen zur antiken Mathematik [Krischer; Boehme] sind fünf Beiträge der Entwicklung im 16. Jahrhundert (Dürer, angewandte Geometrie, Weinkultur, Rechenmeister) gewidmet [Bauch; Schröder; Reich; Weidauer] und setzen damit einen ersten Schwerpunkt.

Hervorgehoben seien hier die sogenannten Korbbogenkonstruktionen, die dem Leser das übergeordnete Konstruktionsprinzip erschließen, das den Bögen in der Romanik, in der Gothik, von Profanbauten, von Zwiebeltürmen, dem Windsor Castle, von orientalischen Formen bis hin zu den Jugendstilformen zugrunde liegt - somit völlig unterschiedlichen kunstgeschichtlichen Stilrichtungen.

Die folgenden vier Beiträge beschäftigen sich mit fundamentalen Themen des 17. und 18. Jahrhunderts (Fermat, Differentialrechnung, Kreisquadra-

Einführung

tur, Wolff) [Barner; Gick; Wieslaw; Sommerhoff-Benner], die zu einem guten Teil auch den Mathematikunterricht anregen können.

Die beiden weiteren Schwerpunkte werden durch die sechs Beiträge zum 19. Jahrhundert [Warnecke; Schlote; Fudali; Duda; Voss; Šišma] und durch die acht Beiträge zum 20. Jahrhundert [Novak; Nádeník; Hyksova; Durnova; Bernhardt; Murawski; Haller; Toepell] gesetzt.

Rund die Hälfte dieser Beiträge stammen aus der Feder osteuropäischer Kollegen. Hier werden damit auch zu einem guten Teil bislang weniger bekannte mathematische Entwicklungen in dieser Region diskutiert - ein weiterer bereichernder Fokus.

Wie in den ersten drei Bänden der Reihe "Mathematik im Wandel" so stehen auch im vorliegenden Band etwa ein Drittel der Beiträge in Beziehung zu grundlegenden elementarmathematischen, schulgeschichtlichen bzw. methodisch-didaktischen Fragestellungen. Darüberhinaus tragen biographische Studien zum tieferen Verständnis einer lebendigen Auffassung von Mathematik bei.

Die Veröffentlichung entspricht dem Wunsch, die Vortragsausarbeitungen nicht nur den Tagungsteilnehmern, sondern auch interessierten Mathematikern, Lehrern, Didaktikern und Historikern zugänglich zu machen.

Es ist manchmal geradezu erstaunlich, wie positiv die Geschichte das Bild von Mathematik in der Öffentlichkeit zu beeinflussen vermag. Eine Erfahrung, die vor allem im internationalen Rahmen beachtliche bildungspolitische Anerkennung findet.

Man erlaube mir den ergänzenden Hinweis: In Deutschland sind dagegen in den letzten Jahren alle drei - mathematikhistorisch geleiteten - Institute für Geschichte der Naturwissenschaften aufgelöst worden.

Anliegen der Reihe ist es, durch die Beiträge Impulse zu einem fächerübergreifenden Mathematikunterricht zu vermitteln und den Blick zu erweitern.

Entsprechend den anderen Bänden dieser Reihe haben auch hier die zahlreichen *fachübergreifenden Bezüge* der einzelnen Beiträge einen besonderen Stellenwert. Sie bieten sowohl dem Mathematiklehrer als auch dem Lehrer anderer Fächer Anregungen und bereichernde Ergänzungen seines Unterrichts. Exemplarisch werden dabei Zusammenhänge mit anderen Fächern vermittelt.

Eine chronologische Anordnung unterliegt der Gefahr, neben der zeitlichen Dimension die sachbezogene Dimension zu vernachlässigen. Daher folgt auf diese Einführung auch im vorliegenden Band wiederum ein Sachverzeichnis (S. 5 - 6) , das in drei Übersichten mögliche *Fachbezüge* der einzelnen Beiträge erschließt.

Die erste Übersicht kann dem Leser - und insbesondere dem Mathematiklehrer - das Auffinden von Beiträgen zu bestimmten Gebieten der *Schulmathematik* erleichtern. Ergänzend wurden hier auch die *biographischen* Untersuchungen aufgenommen.

Da alle Beiträge natürlich Bezüge zur *Geschichte* besitzen, wurden in einer zweiten Übersicht auch außerhalb der genannten Schwerpunkte liegende historische Bereiche erfaßt.

Schließlich macht die dritte Übersicht nicht nur Mathematiklehrer, sondern auch die Lehrerinnen und Lehrer anderer Schulfächer, die fachübergreifende Bezüge zur Mathematik suchen, auf mit *anderen Fächern* zusammenhängende Beiträge aufmerksam.

Ein alphabetisches Verzeichnis der Autoren mit Seitenangaben ihrer Beiträge (S. 347) runden den Band ab.

Schließlich möchte ich allen Autoren für die sorgfältige Ausarbeitung ihrer vielfach satztechnisch und stilistisch anspruchsvollen Manuskripte, unserer Sekretärin Frau Mona Witzel (Univ. Leipzig) und meiner Mitarbeiterin Jessica Leonhardt für die Transkription mehrerer Ausarbeitungen und für die Layouthilfen, Frau Dr. Friederike Boockmann (München) für die Unterstützung bei der Durchsicht der Beiträge und Herrn Dr. Walter Franzbecker (Hildesheim) und seinen Mitarbeitern für die bereitwillige Aufnahme dieses Folgebandes in das Programm des Verlages Franzbecker KG herzlich danken.

Michael Toepell

Verzeichnis der Fachbezüge

Mathematik

Arithmetik:	Anfänge der Arithmetik bei den Griechen [Boehme] 40
	Rechenmeister im 16. Jahrhundert [Reich] 80
	Rechenaufgaben von Johann Weber [Weidauer] 90
Geometrie:	Dürer's Melencolia I [Bauch] 57
	Geometrie bei Dürer [Schröder] 61
	Algebraische Geom. bei Euklid [Grattan-Guinness] . 11
	Quadratur des Kreises [Więsław] 127
	Begriff des allg. topologischen Raumes [Duda] 211
	Darstellende Geometrie [Šišma] 235
	Vektoren i.d. Analytischen Geometrie [Novák] 245
	Achsenkonstruktionen der Ellipse [Nádeník] 255
Algebra:	Quadratur des Kreises durch Algebra [Więsław] 127
	Nichtlineare Gleichungen [Sommerhoff-Benner].... 140
	Algebra und Zahlentheorie bei Rychlík [Hykšová]. 261
	Graphentheorie - Netzwerktechnik [Durnová] 271
Analysis:	Entstehung der Differentialrechnung [Gick]............ 115
	Beziehung zwischen Analysis & Topologie [Duda] 211
Stochastik:	Fehler -Treffer - Niete [Haller]................................ 309
Didaktik:	Multimediale Lernumgebungen [Bauch] 57
	Maße & Rechenaufgaben zum Thema Wein [Reich] 80
	Themen in früheren Rechenbüchern [Weidauer]....... 90
	Geschichte in der unterrichtlichen Praxis [Gick]..... 115
	Wege zu individuellem Lernen [Toepell] 321
Biographische Beiträge:	Rechenmeister Franz Brasser [Reich]....................... 76
	Rechenmeister Johann Weber [Weidauer]................ 90
	Pierre de Fermat [Barner].. 101
	Fermat und Leibniz [Gick] 115
	Christian Wolff [Sommerhoff-Benner].................... 140
	Julius Plücker und August Beer [Warnecke] 151
	Karl Weierstraß und Sonja Kowalewskaja [Fudali] 185
	Karel Rychlík und Bolzano [Hykšová].................... 261
	Hilbert und Gödel [Murawski]................................. 298

Geschichte

Griechische Math.:	Vorgeschichte [Krischer] 29
	Arithmetik [Boehme] 40
Kulturgeschichte:	Bildungsgeschichte in Frankreich i.17 Jh. [Barner] 101
	Eine Mathematikerin im 19.Jh. [Fudali] 185
	Grundschulmathematik nach PISA [Toepell] 321
Institutionen- bzw.	Realschule und Gymnasium im 19. Jh. [Warnecke] 151
Universitäts-	Math. Physik an der U Leipzig i.19.Jh. [Schlote].... 165
geschichte:	Versicherungsmath. an der TU Dresden [Voss] 218
	Darst. Geometrie an der Dt. TU Brünn [Šišma]....... 235
	Jubiläum der Humboldt-Univ. Berlin [Bernhardt]... 281

Weitere Fächer

Philosophie/Ethik/	Historiographie, Axiomatisierg. [Grattan-Guinness]... 7
Wissenschafts-	Vorgeschichte, Philosophie [Krischer] 29
theorie:	Bildungspolitik HUBerlin [Bernhardt] 281
	Logik - Beweistheorie [Murawski] 298
Wirtschaft:	Entstehung der Versicherungsmathematik [Voss]... 218
	Transportprobleme in Netzwerken [Durnová] 271
Physik/Chemie/	Geometrie in der Baupraxis [Schröder] 61
Technik:	Weinkultur [Reich] 78
	Math. Physik & Elektrodynamik i.19.Jh. [Schlote] . 165
Kunst:	Kunstgeschichte [Schröder] 61
Deutsch:	Sprachgeschichtl.-literarische Betrachtung [Haller] 309

History or Heritage? A Central Question in the Historiography of Mathematics

Ivor Grattan-Guinness

1. The pasts and the futures..8
2. An example 10
3. Some attendant distinctions 12
   3.1 History is usually a story of heritages...12
   3.2 Types of influence..12
   3.3 The role of chronology...13
   3.4 Uses of later notions...13
   3.5 Foundations up or down?...15
   3.6 Indeterminism or determinism?..15
   3.7 Revolutions or convolutions?...16
   3.8 Description or explanation?..18
   3.9 Levels of (un)importance..18
   3.10 Handling muddles...19
   3.11 History as meta-theory..19
   3.12 Consequences for mathematics education..20
4. Six prevalent aspects...20
   4.1 The calculus and the theory of limits..21
   4.2 Part-whole theory and set theory...22
   4.3 Vectors and matrices..22
   4.4 The status of applied mathematics..23
   4.5 The place of axiomatisation..24
   4.6 Words of general import 24
5. Concluding remark..25

> However eager to tell us how scientists of the seventeenth century used their inheritance from the sixteenth, the scholars seem to regard as irrelevant anything a scientist today might think about any aspects of science, including his own debt to the past or reaction against it.
>
> C.A. TRUESDELL III (1968, foreword)

> You think that the world is what it looks like in fine weather at noonday; I think that it seems like in the early morning when one first wakes from deep sleep.
>
> A.N. WHITEHEAD to B. RUSSELL [Russell 1956, 41]

1. The pasts and the futures

The growth in interest and work in the history of mathematics in the last three decades or so has led naturally to reactions among mathematicians. Some of them have been welcoming, and indeed have contributed their own historical research; but many others have been cautious, and even contemptuous about the work produced by practising historians for apparently limited lack of knowledge of mathematics.[1] By the latter they usually mean the current version of the mathematics in question, and the failure of historians to take due note of it.

There is a deep distinction involved here, which has not been much discussed in the literature; even the survey [May 1976) of historiography jumps across it. I use the words "history" and "heritage" to name two interpretations of a mathematical theory (or definition, proof-method, algorithm or whatever); I shall use the word "notion" as the umbrella term, and the letter "N" to denote it. A sequence of notions in recognised order in a mathematical theory is notated "$N_0, N_1, N_2, \ldots$".

By "history" I refer to the details of the development of N: its pre-history and concurrent developments; the chronology of progress, as far as it can be determined (well-known to be often difficult or even impossible for ancient and also ethno-mathematics); and maybe also the impact in the immediately following years and decades. History addresses the question "what happened in the past?". It should also address the dual question "what did not happen in the past?", where false starts, missed opportunities [Dyson 1972, sleepers and repeats are noted. The (near-)absence of later notions

---

[1] Another point of division between the two disciplines is techniques and practices specific to historical work, such as the finding, examination and deployment of manuscript sources and of large-scale bibliographies. (The latter are rehearsed, at least for the pre-computer age, in [May 1973, 3-41].) They are not directly relevant to this paper.

from N is registered; *differences* between N and seemingly similar more modern notions are likely to be emphasised.

By "heritage" I refer to the impact of N upon later work, both at the time and afterwards, especially the forms which it may take, or be embodied, in modern contexts.[2] Some modern form of N is the main focus, but attention is also paid to the course of its development. Here the mathematical relationships will be noted, but not the historical ones in the above sense. Heritage addresses the question "how did we get here?", and often the answer reads like "the royal road to me". The modern notion is thereby unveiled (a nice word proposed by HENK BOS); *similarities* between old and more modern notions are likely to be emphasised. In the case of sequences, a pernicious case arises when N_1 is a logical consequence or a generalisation of N_0, and the claim is made that a knower of N_0 knew N_1 also [May 1975a; an example is given in §3.4].

Both kinds of activity are quite legitimate, and indeed important in their own right; in particular, mathematical research often seems to be conducted in a heritage-like way, although the predecessors may well be very recent (as far back as five years, say). *The confusion of the two kinds of activity is not legitimate,* either taking heritage to be history (mathematicians" common view) or taking history to be heritage (the occasional burst of over-enthusiasm by an historian): indeed, such conflations may well mess up both categories, especially the historical record.

A philosophical difference is that heritage tends to focus upon knowledge alone (theorems as such, and so on), while history also seeks causes and understanding in a more general sense. The distinction made by historians between "internal" and "external" history is only part of this difference. Each category is explicitly meta-theoretical, though history may demand the greater finesse in the handling of different levels of theory.

Two prominent types of writing in which heritage is the main guide are review articles and lengthy reports. Names, dates and references are given frequently, and chronology (of publication) may well be checked quite scrupulously; but motivations, cultural background, processes of genesis, and historical complications are usually left out. A golden period in report

---

[2] In recent lectures on this topic I used the 'word' genealogy' to name this concept. I now prefer 'heritage', partly on semantic grounds and partly for its attractive similarity with 'history' in English as another three-syllable word beginning with 'h'.

writing was at the turn of the 19th and 20th centuries, especially in German, with two main locations: the reports in the early volumes of the *Jahresberichte* of the *Deutsche Mathematiker-Vereinigung* (1892-) and the articles comprising the *Encyklopädie der mathematischen Wissenschaften* (1898-1935) with its unfinished extension into the French *Encyclopédie des sciences mathématiques* (1904-1920?) [Gispert 1999]. The difference between history and heritage was not always strong at that time;[3] for example, a few of the *Encyklopädie* reports are quite historical.

Among modern examples of heritage-oriented writings, JEAN DIEUDONNÉ"s lengthy account of algebraic and differential topology in the 20th century is typical [Dieudonné 1989], and several of the essays in the BOURBAKI history have the same character [Bourbaki 1974]. ANDRÉ WEIL's widely read advice (1980) on working on history is driven more by needs of heritage, especially concerning judgements of importance; but it is somewhat more nuanced in other respects. An interesting slip is his use of "history of mathematics" and "mathematical history" as synonyms, whereas they are quite different subjects [Grattan-Guinness 1997, 759-761].

A third category arises when N is laid out completely time-free with all developments omitted, historical or otherwise; for example, as a strictly axiomatised theory. This kind of writing is also quite legitimate, but is neither history nor heritage (though it may *have* both), and I shall not consider it further.

2. An example

This distinction has been cast in as general a manner as possible; any piece of mathematics from any culture will be susceptible to it. Here is an example, mathematically simple but historically very important (this last remark itself a manifestation of the distinction from heritage, note).

In his *Elements* EUCLID gives this theorem about "completing the square":

---

[3] See [Dauben 1999] on the journals for the history of mathematics then.

History or heritage?

The historical interpretation of EUCLID as a closet algebraist developed during the late 19th century (compare the remarks in §1 on history and heritage at that time); thus the diagram has long been rendered in algebraic form as

$$(a + b)^2 = a^2 + 2ab + b^2. \tag{1}$$

However, mathematical as well as historical disquiet should arise. Firstly, (1) is a piece of algebra, which EUCLID did not use, even covertly: his diagram does not carry the letters "a" and "b". His theorem concerned geometry, about the large square being composed of four parts, with rectangles to the right and above the smaller square and a little square off in the northeast corner. But these geometrical relationships, essential to the theorem, are lost in the single sign "+". Further, "a" and "b" are associated with numbers, and thereby with lengths and their multiplication. But EUCLID worked with lines, regions, solids and angles, not any arithmeticised analogues such as lengths, areas, volumes and degrees; he never multiplied geometrical magnitudes of any kind (though multiplication of numbers in arithmetic was practised). Hence "a^2" is already a distortion; he constructed the "square *on* the side", not the "square *of* the side" [Grattan-Guinness 1996] . For reasons such as this the algebraic reading of EUCLID has been discredited in recent decades by specialists; by contrast, it is still advocated by mathematicians, such as [Weil 1980] who even claims that group theory is *needed* in order to understand Books 5 and 7 of EUCLID!!

These are historical and meta-historical remarks about EUCLID; (1) belongs to its heritage, especially among the Arabs with their word-based algebra (the phrase "completing the square" is Arabic in origin), and then in European mathematics, with symbols for quantities and operations gradually being introduced.[4] The actual version (1) corresponds to the early 17th cen-

---

[4] There is of course another large history and heritage from Euclid, inspired by the alleged rigour of this proofs. It links in part to the modernisation of his geometry, but I shall not discuss them here.

tury, with figures such as THOMAS HARRIOT and RENÉ DESCARTES; EUCLID and the Arabs are part of their history, they are part of the heritage from EUCLID and the Arabs, and *our* use of (1) forms part of our heritage from them.[5]

3. Some attendant distinctions

The distinction between history and the heritage of N seems to be that between its relationship to its pre-history and to its post-history. If N_0, N_1 and N_2 lie in advancing chronological order, then the heritage of N_1 for N_2 belongs also to the history of N_2 relative to N_0 and N_1. However, the situation is not so simple; in particular, both categories use the post-history of N, though in quite different ways. Thus more needs to be discussed. Some further examples will be used below, though for reasons of space and balance rather briefly; fuller historical accounts would take note of interactions of the development of other relevant notions.

3.1 History is usually a story of heritages

The historian records events where normally an historical figure inherited knowledge from the past in order to make his own contributions. If the figure really did treat a predecessor in an historical spirit (as he (mis-) understood it), then the (now meta-)historian should record accordingly (for example, [Stedall 2001] on JOHN WALLIS's *Algebra* of 1685).

3.2 Types of influence

raise important issues. However, research is likely to focus only upon positive influence whereas history needs to take note also of negative influences, especially of a general kind, such as reaction against some notion or the practise of it or importance accorded some context. For example, one motive of A.-L. CAUCHY to found mathematical analysis in the 1820s upon

---

[5] This last feature applies also, regrettably, to the supposed history [Rashed 1994] of Arabic algebra, where the Arabs seem already to have read Descartes.

a theory of limits (§ 4.1) was his rejection of J.L. LAGRANGE's approach to the calculus using only notions from algebra. Further, as part of his new regime CAUCHY stipulated that "a divergent series has no sum"; but in the 1890s EMILE BOREL reacted against precisely this decree and became a major figure in the development of summability and formal power series [Tucciarone 1973]. Part of the heritage of those theories has been to treat as idiots pre-Cauchyesque manipulators of infinite series such as LEONHARD EULER!

3.3 The role of chronology

differs greatly. In history it can form a major issue; for example, possible differences between the creations of a sequence of notions and those of their publication. Further, the details available may only give a crude or inexact time course, and some questions of chronology remain unanswerable. In heritage chronology is much less significant, apart from questions of the type "Who was the first mathematician to ...?". Mathematicians often regard them as the prime type of historical question to pose [May 1975b], whereas historians recognise them as often close to meaninglessness when the notion involved is very general or basic; for example, "... to use a function?" could excite a large collection of candidates according to the state, generality or abstractness of the function theory involved. The only type of questions of this kind of genuine historical interest concerns priority disputes, when intense parallel developments among rivals are under investigation, and chronology is tight - and where again maybe no answer can be found.

3.4 Uses of later notions

They are *not* to be ignored; the idea of forgetting the later past of an historical episode is impossible to achieve, and indeed not desirable. Instead its status *as* later work is duly recognised, and tiers of history exposed: work produced in, say, 1701 was historical in 1801 and in 1901 as well as now in 2001. Thus, when studying the history of N_0, recognise the place of later notions N_1, N_2,... but *avoid* feeding them back into N_0 itself. For if that does happen, the novelties that attended the emergence of N_1, N_2,...

will not be registered. Instead time loops are created, with cause and effect over time becoming reversed: when N_2 and N_1 are shoved into N_0, then they seem to be involved in its creation, whereas the *converse* is (or may be) the case. In such situations not only is the history of N messed up but also that of the intruding successors, since their *absence* before introduction is not registered. For example, LAGRANGE's work in algebra played a role in the certain aspects of group theory [Wussing 1984, 70-84]; but to describe his work in terms of group theory not only distorts LAGRANGE but also muddies the (later) emergence of group theory itself. By contrast, the heritage may be clarified by such procedures, and chaos in the resulting history is not significant.

A valuable use of later notions when studying the history of N is as a source for questions to ask about N itself - but do not expect positive answers! (The converse may well hold; knowing at least some of the history of N_0, N_1, N_2, ... may well increase understanding of their relations, and even suggest a research topic.) By contrast, when studying the heritage of N_0, by all means feed back N_1, N_2 ... to create new versions and with luck find a topic for mathematical research. The difference is shown below; for history the horizontal arrows do not impinge positively upon the preceding notions whereas those for heritage do:

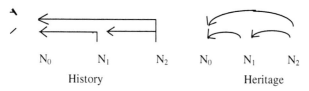

N_0 N_1 N_2 N_0 N_1 N_2
History   Heritage

The difference is often exemplified by reactions to older mathematics. The inheritor reads something by, say, LAGRANGE and exclaims: "My word, LAGRANGE here is very modern!". The historian replies: "No, we are very LAGRANGIAN".

The distinction between history and heritage is thus emphatically *not* that between success and failure; history also records successes, but with the slips and delays exposed. For example, A nice example is [Hawkins 1970], a fine history of the application of point set topology to refine the integral from the CAUCHY-RIEMANN version through content in the sense of JORDAN and Cantor to the measure theory of HENRI LEBESGUE and BOREL.

HAWKINS not only records the progress achieved but also carefully recounts conceptual slips made en route: for example, the belief until its exposure that denumerable set, set of measure zero and nowhere dense set were co-extensive concepts.

3.5 Foundations up or down?

This distinction can be extended when N is an axiomatised theory, which proceeds logically through concepts C_1, C_2, C_3; for to some extent the respective historical origins move *backwards* in time, thus broadly the reverse of the historical record. A related difference is thereby exposed: heritage suggests that the foundations of a mathematical theory are laid down as the platform upon which it is built, whereas history shows that foundations are dug down, and nor necessarily on firm territory. For example, the foundations of arithmetic may start with mathematical logic in a version of the 1900s, use set theory as established around the 1890s, define progressions via the PEANO axioms of the later 1880s, and then lay out the main properties of integers as established long before that.

A figure important in that story is RICHARD DEDEKIND, with his book of 1888 on the foundations of arithmetic. The danger of making historical nonsense out of heritage is well shown in a supposed new translation. A typical example of the text is the following passage, where DEDEKIND's statement that (in literal translation) "All simply infinite systems are similar to the number-series *N* and consequently by (33) also to one another" comes out as "*All unary spaces are bijective* [1] *to the unary space* [2] *N and consequently, by §33,* [3] *also to one another* "; moreover, of the three editorial notes, the first one admits that "isomorphic" would be more appropriate for DEDEKIND but the second one informs that "*unary space* [...] is what he means" ... [Dedekind 1995, 63].

3.6 Indeterminism or determinism?

Especially if the history properly notes missed opportunities, delayed and late arrivals of conception and/or publication, an indeterministic character is conveyed: the history did indeed pass through the sequence of notions $N_0, N_1, N_2, ...$, but it might have been otherwise (unintended consequences, and so on). By contrast, even if not explicitly stressed, a deterministic im-

pression is likely to be conveyed by heritage: N_0 *had* to lead to N_1, and so on. Appraisal of historical figures as "progressive" or "mordents", in any context, is normally of this kind: the appropriate features of their work are stressed, the others ignored (for example, NEWTON the modern scientist yes, NEWTON the major alchemist no).

A fine example of indeterminism id provided by the death of BERNHARD RIEMANN in 1866. The world lost a very great mathematician, and early; on the other hand, his friend DEDEKIND published soon afterwards two manuscripts which RIEMANN had prepared in 1854 for his *Habilitation* but had left them unpublished, seemingly indefinitely. One essay dealt with the foundations of geometry, the other with mathematical analysis and especially Fourier series. Each of them made a rapid and considerable impact, and each contained notions and connections which were current in some other authors; however, if the essay on analysis had not appeared, there is no reason to assume that GEORG CANTOR (1845-1918), then a young number theorist, would have tackled the hitherto unnoticed problem of exceptional sets for Fourier series (to use the later name) and thereby invented the first elements of his set theory [Dauben 1979, chs. 1-2]. But then many parts of mathematical analysis would have developed differently. (The bearing of the other essay on the development of geometries is noted in §3.7.) Other early deaths suggest possibilities: EVARISTE GALOIS stopping a bullet in 1832, JACQUES HERBRAND falling down a mountain a century later, and so on.

3.7 Revolutions or convolutions?

When appraising heritage, interest lies mainly in the outcomes without special concern about the dynamics of their production. A deterministically construed heritage conveys the impression that the apparently inevitable progress makes mathematics a *cumulative* discipline.

History suggests otherwise; some theories die away, or at least die down in status. The status or even occurrence of revolutions in mathematics is historically quite controversial [Gillies 1992]; I have proposed the metanotion of convolution, where new and old notions wind around each other as a (partly) new theory is created [Grattan-Guinness 1992]. Convolution lies between, and can mix, three standard categories: revolution, in the sense of strict *replacement* of theory; innovation, where replacement is ab-

sent or plays a minor role (I do not know of a case where even a remarkably novel notion came from literally *no* predecessors); and evolution, similar to convolution in itself but carrying many specific connotations in the life sciences which are not necessarily useful here.

One of the most common ways in which old and new mix is when a new notion is created by connecting two or more old notions in a novel way. Among very many cases, in 1593 FRANÇOIS VIÈTE connected ARCHIMEDES's algorithmic exhaustion of the circle using the square, regular octagon, ... with the trigonometry of the associated angles and obtained this beautiful infinite product

$$2/\pi = \sqrt{1/2}\sqrt{1/2 + 1/2\sqrt{1/2}}\sqrt{1/2 + 1/2\sqrt{1/2 + 1/2\sqrt{1/2}}} \sqrt{\ldots}. \quad (2)$$

Again, in the 1820s NIELS HENRIK ABEL and CARL JACOBI independently linked the notion of the inverse of a mathematical function with ADRIEN-MARIE LEGENDRE's theory of "elliptic functions" to produce their definitive theories of elliptic functions. Heritage may also lead to such connections being effected.

Sometimes convolutions, revolutions and traditions can be evident together. A very nice case is found in the work of JOSEPH FOURIER in the 1800s on heat diffusion [Grattan-Guinness and Ravetz 1972]. 1) Apart from a very unclear and limited anticipation by J.-B. BIOT, he innovated the differential equation to represent the phenomenon. 2) The method that he used to obtain it was traditional, namely EULER's version of the Leibnizian differential and integral calculus (which is noted in §4.1). 3) He refined the use of boundary conditions to adjoin to the internal diffusion equation for solid bodies. 4) He revolutionised understanding of the solution of the diffusion equation for finite bodies by trigonometric series, which had been known before him but with important misunderstandings, especially about the manner in which a periodic series could represent a general function at all. 5) He innovated the FOURIER integral solution, for infinite bodies.

Delays often arise from connections *not* being made. A well-known puzzle is the slowness to recognise non-Euclidean geometries when there was a long history of map-making which surely exhibits one kind of such a geometry. J.H. LAMBERT is an especially striking figure here, as he worked with some lustre in both areas in the later 18th century. The answer seems to be that, like his predecessors and several successors, he understood the

geometry problem as being just the status, especially provability, of the parallel axiom *within the Euclidean framework* rather than the more general issue of alternative geomet*ries,* which was fully grasped only by RIEMANN in his 1854 essay [Gray 1989]. Thus the link, which seems so clear in our heritage, was not obvious in the earlier times.

3.8 Description or explanation?

Both history and heritage are concerned with description; but history should also attempt explanations of the developments found, and also of the delays and missed opportunities that are noticed. These explanations can be of various kinds; not just of the technical insights that were gained but also the social background, such as the (lack of) educational opportunities for mathematics in the community or country involved.

One feature especially of the 19th century which needs explanation is the differences between nations of the *(un)popularity* of topics or branches of mathematics (France doing loads of mathematical analysis, England and Ireland with rather little of it but working hard at several new algebras, and so on). Heritage studies will need to consider explanation only from a formal or epistemological point of view; for example, explaining the mystery of having to use complex numbers when finding the real roots of polynomials with real coefficients in terms of closure of operations over sets, an insight which has its own history.

3.9 Levels of (un)importance.

This last task relates to another difference; that a notion rises and/or falls in importance. Heritage does not need to give such changes much attention; the modern level of reputation is taken for granted. But history should watch and ponder upon the changes carefully. For example, for a long time trigonometry has been an obviously useful but rather minor topic in a course in algebra - and there has been no detailed general history of it since [von Braunmühl 1900, 1903]. By contrast, in the late Middle Ages it was a major branch of mathematics, handled geometrically (for example, the sine was a length, not a ratio), and with the spherical part more important than the planar (because of its use in astronomy and navigation). Conversely, probability theory and especially mathematical statistics had a very long

and slow geneses; most of its principal notions in statistics are less than then two centuries old, and the cluster of them which are associated with KARL PEARSON and his school has celebrated their centenary only recently. The slowness of the arrival of this discipline, now one of the most massive part of mathematics while often functioning separate from it, is one of the great mysteries of the history of mathematics; its unimportance during most of the 19th century is especially astonishing. But such features need not disturb a seeker of heritage.

3.10 Handling muddles

One way in which knowledge of all kinds, and especially the mathematical, increases is by the cleaning up of unclarities and ambiguities by, for example, bringing in new distinctions. Such housework forms part of the heritage which the mathematician will deploy (unless he has reason to question it). The historian will also the modern presence of such distinctions, but he should try to *reconstruct* the old unclarities, as clearly as possible, so that the history of the distinctions is itself studied (§4.1 has an important example).

3.11 History as meta-theory

This paper, especially in this section, carries a feature which needs emphasis: that when the historian studies his historical figures he is thinking *about* them, not *with* them. The distinction between theory and meta-theory, and especially the recognition of its *central* importance for knowledge, emerged during the 1930s principally from the logicians KURT GÖDEL (1906-1978) and ALFRED TARSKI (1902-1983), after many partial hits and misses [Grattan-Guinness 2000, chs. 8-9].

In logic the distinction is very subtle; for example, "and" feature in both logic and meta-logic, and failure to register it led to much inherence and even paradoxes such as "this proposition is false". In most other areas of thought the distinction seems to be too obvious to require emphasis; clearly a difference of category exists between, say, properties of light and laws of optics, or between a move in chess and a rule of chess. But when registered its importance can be seen, because it is *quite general*. This was the case with TARSKI's theory of truth (his own main way to the distinction): "snow

is white" (in the metalanguage) if and only if snow is white (in the language). His theory is neutral with respect to most philosophies, and side-steps generations of philosophical anxiety about making true (or false) judgements or holding such beliefs.

In historiography the distinction stresses two different levels of both knowledge and of ignorance, with further levels required when intermediate historical stages are considered. It also side-steps chatter about narratives and discourses, and the relativism and determinism that often accompanies them.

3.12 Consequences for mathematics education

The issue of heuristics on mathematics, and the discovery and later justification of mathematical notions, are strongly present is this discussion, with obvious bearing upon mathematics education. The tradition there, especially at university level or equivalent, is to teach a mathematical theory in a manner very much guided by heritage. But reactions of students (including myself, as I still vividly recall) is often distaste and bewilderment; not particularly that mathematics is very hard to understand and even to learn but mainly that it turns up in "perfect" dried-out forms, so that if there are any mistakes, then necessarily I made them. Mathematical theories come over as all answers but no questions, all solutions but no problems. A significant part of the growth in interest in the history of mathematics has been inspired as a negative influence of such situations, and there is now a strong international movement for making use of history in the teaching of mathematics, at all levels. I have proposed the meta-theoretical notion of "history-satire", where the historical record is respected but many of the complications of the normally messy historical record are omitted or elided [Grattan-Guinness 1973]. (If one stays with, say, NEWTON all the time, then one will stop where NEWTON stopped.) OTTO TOEPLITZ's "genetic approach" to the calculus is close to a special case [Toeplitz 1963].

4. Six prevalent aspects

I conclude with five special cases of aspects of mathematics where the conflation of history and heritage seems to be especially serious, including

History or heritage? 21

among historians. They come mostly from the 19th and early 20th centuries, which not accidentally is my own main period of research; thus no claim of optimal importance or variety is made for them. Examples of the distinctions made in §3 are also included.

4.1 The calculus and the theory of limits

There have been four main ways of developing the calculus [Grattan-Guinness 1987]: in chronological order,

1) ISAAC NEWTON's "fluxions" and "fluents" (1660s onwards), with the theory or limits deployed, though not convincingly;

2) G.W. LEIBNIZ's "differential" and "integral" calculus, based upon dx and ∫x (1670s onwards), with infinitesimals central to and limits absent from all the basic concepts: reformulated by EULER in the mid 1750s by adding in the "differential coefficient", the forerunner of the derivative;

3) LAGRANGE's algebraisation of the theory, in an attempt to avoid both limits and infinitesimals, with a new basis sought in TAYLOR's power-series expansion (1770s onwards), and the successive differential coefficients reconceived in terms of the coefficients of the series as the "derived functions"; and

4) CAUCHY's approach based upon with a firm *theory* (and not just intuition) of limits (1810s onwards); from it he defined the basic notions of the calculus (including the derivative as the limiting value of the difference quotient) and also of the theories of functions and of infinite series, to create "mathematical analysis".

Gradually the last tradition gained wide acceptance, with major refinements brought in with KARL WEIERSTRASS and followers from the mid century onwards, especially the consequences of refining CAUCHY's basically single-limit theory into that of multiple limits with a plethora of fine distinctions. Thus it has long been the standard way of teaching the calculus; but historians should beware using it to rewrite the history of the calculus where any of the other three traditions, even NEWTON's, are being studied. It also contains an internal danger. The (post-)WEIERSTRASSian refinements have become standard fare, and are incorporated into the heritage of CAUCHY; but it is mere feedback "history" to read CAUCHY (and contemporaries such as BERNARD BOLZANO) as if they had read WEIERSTRASS

already [Freudenthal 1971]. On the contrary, their own pre-WEIERSTRASSian muddles need reconstruction, and clearly.

Again by contrast, heritage can acknowledge such anachronisms but ignore them as long as the mathematics produced is interesting.

4.2 Part-whole theory and set theory

An important part of WEIERSTRASS's refinement of CAUCHY's tradition was the introduction from the early 1870s of set theory, principally by GEORG CANTOR. Gradually it too gained a prominent place in mathematics and then in mathematics education; so again conflations lurk around its history. They can occur not only in putting set-theoretical notions into the prehistory, but in particular confusing that theory with the traditional way of handling collections from antiquity: namely, the theory of whole and parts, where a class of objects contains only parts (such as the class of European men as a part of the class of men), and membership was not distinguished from inclusion. Relative to set theory parthood corresponds to improper inclusion, but the theory can differ philosophically from CANTOR's doctrine, on matters such as the status of the empty class/set, and the class/set as one and as many; so care is needed. An interesting example occurs in avoiding the algebraisation of EUCLID mentioned in §2: [Mueller 1981] proposed an algebra alternative to that in (1), but he deployed set theory in it whereas EUCLID had followed the traditional theory, so that a different distortion arises. As in earlier points, study focused upon heritage need feel no discomfort.

4.3 Vectors and matrices

In a somewhat disjointed way vector and matrix algebras and vector analysis gradually developed during the 19th century, and slowly became staple techniques during the 20th century, including in mathematics education [Grattan-Guinness 1994, articles 6.2, 6.7, 6.8, 7.12]. But then the danger just highlighted arises again; for earlier work was not thought out that way. The issue is *not* just one of notation; the key lies in the associated notions, especially the concept of laying out a vector as a row or column of quantities and a matrix as a square or rectangular array, and manipulating them separately or together according to stipulated rules and definitions.

A particularly influential example of these anachronisms is TRUESDELL; in very important pioneering historical work of the 1950s he expounded achievements by especially EULER in continuum mathematics which previously had been largely ignored (see, for example, [Truesdell 1954]). However, in the spirit of heritage in his remark quoted at the head of this paper, he treated EULER as already familiar with vector analysis and some matrix theory (and also using derivatives as defined via the theory of limits whereas EULER had actually used his own elaboration of LEIBNIZ's version of the calculus mentioned in §4.1). Therefore his EULER was out of chronological line by at least a century. It is quite amusing to read his introductory commentary and then the original texts in the same volume (11 and 12 of the second series of EULER's *Opera omnia*). A lot of historical reworking of EULER is needed, not only to clarify what and how he had actually done but also to eliminate the mess-ups of feedback and clarify the history of vectors and matrices by noting their absence in EULER.

4.4 The status of applied mathematics

During the middle of the 19th century the professionalisation of mathematics increased quite notably in Europe; many more universities and other institutions of higher education were created or expanded, so that the number of jobs increased. During that period, especially in the German states and then Germany, a rather snobbish preference for pure over applied or even applicable mathematics began to emerge, there and later internationally. Again this change has affected mathematics education (for the worse); it has also influenced historical work in that the history of pur(ish) topics have been studied far more than that of applications. The history of military mathematics is especially ignored.

An error concerning levels of importance arises here; for prior to the change, however, applications and applicability were very much the governing motivation for mathematics, and the balance of historical research should better reflect it. EULER is a very good case; studies of his contributions to purish mathematics far exceed those of his applied mathematics (hence the importance of TRUESDELL's initiative in looking in detail at his mechanics). Some negative influence from current practise is required of historians to correct this imbalance.

4.5 The place of axiomatisation

From the late 19th century onwards DAVID HILBERT encouraged the axiomatisation of mathematical theories, in order to make clearer the assumptions made and also to study meta-properties of consistency, completeness and independence. His advocacy, supported by various followers, has given axiomatisation a high status in mathematics, and thence to mathematics education. But once again dangers of distortion of earlier work attend, for HILBERT's initiative was then part of a *new* level of concern with axiomatisation [Cavaillès 1938]; earlier work was rarely so preoccupied, although the desire to make clear basic assumptions was frequently evident (for example, in the calculus as reviewed in §4.1). Apart from EUCLID, it is seriously out of time to regard as axiomatisers any of the other figures named above, even LAGRANGE, CAUCHY or CANTOR.

4.6 Words of general import

One aim of many mathematical theories is generality; and attendant to this aspiration is the use of correspondingly wide-ranging words or phrases, such as "arbitrary" or "in any manner", to characterise notions. These expressions are still used in many modern contexts; so again the dangers of identification with their past manifestations need to be watched. A good example is the phrase "any function" in the calculus and the related theory of functions; it or a cognate will be found with JOHN BERNOULLI in the early 18th century, EULER about 40 years later, S.-F. LACROIX around 1800, J.P.G. DIRICHLET in the late 1820s, and LEBESGUE and the French school of analysts in the early 20th century. Nowadays it is usually taken to refer to a mapping (maybe with special conditions such as isomorphism), with set theory used to specify range and domain and nothing else. But the universe of functions has not always been so vast; generality has always belonged to its period of assertion. In particular, [Dirichlet 1829] mentioned the characteristic function of the irrational numbers (to use the modern name); but he quite clearly regarded it as a pathological case, for it did not possess an integral. The difference is great between his situation and that of LEBESGUE's time, when the integrability of such a function was a good test case of the new theory of measure to which he was a major contributor; indeed, this detail is part of the heritage from DIRICHLET.

5. Concluding remark

It would be appropriate to end on the theme of generality, namely that of the distinction outlined in this paper. As was indicated in §1, it is applicable to history of any kind, especially the history of other sciences, although its prominence and importance in mathematics is rather special. Another related topic is the history of mathematics itself, where the (meta-)history of the subject needs to be distinguished from the heritage which we historians today enjoy from our predecessors [Dauben and Scriba 2002] - for example, the history of changing views on EUCLID.

Acknowledgements

I am working on a more extended discussion of this topic, and express gratitude to the organisers of the following meetings which to lecture upon or around this topic and thereby to get this far: the Third meeting "Days in the history of mathematics", University of the Basque Country at Bilbao, Spain, October 2000; the Orotavian Canary Foundation, Las Palmas, Grand Canaries, Spain, December 2000; the History Section of the *Deutsche Mathematiker-Vereinigung,* Ingst, Germany, May 2001; and the Department of Mathematics in the University of Braga, Portugal, in October 2001.

Bibliography

BOURBAKI, N. 1974. *Eléments d'histoire des mathématiques,* 2nd ed., Pariss: Hermann.

CAVAILLES, J. 1938. *Méthode axiomatique et formalisme,* 3 pts., Paris: Hermann.

DAUBEN, J.W. 1979. *Georg Cantor,* Cambridge, Mass. (Harvard University Press). [Repr. 1990, Princeton (Princeton University Press).]

DAUBEN, J.W. 1999. "*Historia mathematica* : 25years/context and content", *Historia mathematica, 26,* 1-28.

DAUBEN, J.W. and SCRIBA, C.J. 2002. (Eds.), *Writing the history of mathematics: its historical development.* Basel: Birkhäuser.

DEDEKIND, J.W.R. 1995. *What are numbers and what should they be?*, Orono, Maine: RIM Press. [German original 1888.]

DIEUDONNÉ, J. 1989. *A history of algebraic and differential topology 1900-1960*, Basel: Birkhäuser.

DIRICHLET, J.P.G. LEJEUNE- 1829. Sur la convergence des séries trigonométriques'; *Journal für die reine und angewandte Mathematik 4*, 157-169. Also in *Gesammelte Werke*, vol. 1, 1889, Berlin: Reimer (repr. 1969, New York: Chelsea), 117-132.

DYSON, F. 1972. "Missed oppportunites", *Bulletin of the American Mathematical Society, 78*, 635-652.

FREUDENTHAL, H. 1971. "Did Cauchy plagiarise Bolzano?", *Archive for history of exact sciences, 7*, 375-392.

GILLIES, D. 1992. (Ed.), *Revolutions in mathematics*, Oxford: Clarendon Press.

GISPERT, H. 1999. "Les débuts de d'histoire des mathématiques sur les scènes internationales et le cas de l'entrpise encyclopédique de Felix Klein et Jules Molk", *Historia mathematica, 26*, 344-360.

GRATTAN-GUINNESS, I. 1973. "Not from nowhere. History and philosophy behind mathematical education", *International journal of mathematics education in science and technology, 4*, 421-453.

GRATTAN-GUINNESS, I. 1987. "What was and what should be the calculus?", in his (ed.), *History in mathematics education*, Paris: Belin, 116-135.

GRATTAN-GUINNESS, I. 1992. "Scientific revolutions as convolutions? A sceptical enquiry", in S.S. Demidov, M. Folkerts, D.E. Rowe, and C.J. Scriba (eds.), *Amphora. Festschrift für Hans Wussing zu seinem 65. Geburtstag*, Basel: Birkhäuser, 279-287.

GRATTAN-GUINNESS, I. 1994. (Ed.), *Companion encyclopedia of the history and philosophy of the mathematical sciences*, London: Routledge.

GRATTAN-GUINNESS, I. 1996. "Numbers, magnitudes, ratios and proportions in Euclid's *Elements* : how did he handle them?", *Historia mathematica, 23*, 355-375. [Printing correction: *24* (1997), 213.]

GRATTAN-GUINNESS, I. 1997. *The Fontana history of the mathematical sciences. The rainbow of mathematics,* London: Fontana. Repr. as *The Norton history of the mathematical sciences. The rainbow of mathematics,* 1998, New York: Norton.

GRATTAN-GUINNESS, I. 2000. *The search for mathematical roots, 1870-1940. Logics, set theories and the foundations of mathematics from Cantor through Russell to Gödel,* Princeton: Princeton University Press.

GRATTAN-GUINNESS, I. in collaboration with J.R. RAVETZ, *Joseph Fourier 1768-1830. A survey of his life and work, based on a critical edition of his monograph on the propagation of heat, presented to the Institut de France in 1807,* Cambridge, Mass.: M.I.T. Press.

GRAY, J.J. 1989. *Ideas of space,* 2nd ed., Oxford and New York: Clarendon Press.

HAWKINS, T.W. 1970. *Lebesgue's theory of integration,* Madison: University of Wisconsin Press. Repr. 1975, New York: Chelsea.

MAY, K.O. 1973. *Bibliography and research manual in the history of mathematics,* Toronto (University of Toronto Press).

MAY, K.O. 1975a. "Historiographic vices. I. Logical attribution", *Historia mathematica, 2,* 185-187.

MAY, K.O. 1975b. "Historiographic vices. II. Priority chasing", *Historia mathematica, 2,* 315-317.

MAY, K.O. 1976. "What is good history and who should do it?", *Historia mathematica, 3,* 449-455.

MUELLER, I. 1981. *Philosophy of mathematics and deductive structure in Euclid's Elements,* Cambridge, Mass.: MIT Press.

RASHED, R. 1994. *The development of Arabic mathematics: between arithmetic and algebra,* Dordrecht, Boston and London: Kluwer.

RUSSELL, B.A.W. 1956. *Portraits from memory and other essays,* London: Allen & Unwin.

STEDALL, J.A. 2001. "Of our own nation: John Wallis's account of mathematical learning in medieval England", *Historia mathematica, 28,* 73-122.

TOEPLITZ, O. 1963. *The calculus. A genetic approach,* Chicago: University of Chicago Press.

TRUESDELL, C.A. III. 1954. "Prologue", in L. Euler *Opera omnia,* ser. 2, vol. 12, Basel: Orell Füssli, ix-cxxv. [On fluid mechanics.]

TRUESDELL, C.A. III. 1968. *Essays in the history of mechanics,* Berlin: Springer.

TUCCIARONE, J. 1973. "The development of the theory of summable divergent series from 1880 to 1925", *Archive for history of exact sciences, 10,* 1-40.

VON BRAUNMÜHL, A. 1900, 1903. *Vorlesungen über Geschichte der Trigonometrie,* 2 vols., Leipzig: Teubner.

WEIL, A. 1980. "History of mathematics: why and how", in O. Lehto (ed.), *Proceedings of the International Congress of Mathematicians, Helsinki 1978,* Helsinki: Academia Scientarum Fennica, vol. 1, 227-236. Also in *Collected papers,* vol. 3, 1980, New York: Springer, 434-443.

WUSSING, H. 1984. *The genesis of the abstract group concept,* Cambridge, Mass: MIT Press.

Prof. Dr. Ivor Grattan-Guinness, Middlesex University at Enfield,
Middlesex EN3 4SF, England; E-mail: eb7io6gg@waitrose.com

Die Vorgeschichte der Mathematik

Tilman Krischer

Die Frage nach einer *Vorgeschichte* der Mathematik mag manch einem höchst befremdlich erscheinen. Natürlich ist uns die Unterscheidung von *Geschichte* und *Vorgeschichte* völlig geläufig, und niemand stellt sie ernsthaft in Frage: jenen Teil der Vergangenheit, für den schriftliche Zeugnisse vorliegen, nennen wir *Geschichte*; und was vorausgeht, ist die *Vorgeschichte*. Doch wie sollte sich dieses Schema auf die Mathematik anwenden lassen? Selbstverständlich lassen sich Prozesse aufzeigen, die der Geschichte der Mathematik vorausgehen und diese erst ermöglichen, etwa die Entfaltung der menschlichen Intelligenz. Doch das ist ein Teil der Evolutionstheorie, die wir jedenfalls nicht als eine *Vorgeschichte der Mathematik* bezeichnen dürfen, weil wir dadurch ihre unzähligen anderen Aspekte verdecken würden. - Wie ist dann unsere Frage zu beantworten?

Der englische Physiker JOHN BARROW hat sich in einem Büchlein, dessen deutsche Ausgabe den Titel trägt *Warum die Welt mathematisch ist*,[1] die gleiche Frage nach den Ursprüngen des mathematischen Denkens vorgelegt, und bei ihrer Beantwortung geht er von GALILEIs bekanntem Dictum aus, daß die Natur in der Sprache der Zahlen geschrieben sei. Also können wir, da Mathematik und Naturwissenschaft eng verbunden sind, die Entstehung des Zahlbegriffs als das Fundament des mathematisch-naturwissenschaftlichen Denkens betrachten. Dieses Thema behandelt BARROW in dem genannten Büchlein auf eine wahrhaft vorbildliche Weise im Kapitel *Von der Natur zur Zahl*. Ist damit unsere Frage nach der Vorgeschichte der Mathematik nicht bestens beantwortet?

Diese Antwort, so scheint uns, ist zwar richtig und notwendig, aber nicht vollständig. Natürlich sind die heute weltweit benutzten indisch-arabischen Ziffern mit ihrer Positionsschreibweise ein unvergleichliches Werkzeug, dessen Qualitäten man am besten begreift, wenn man es mit den alternativen Systemen, die zu unterschiedlichen Zeiten in unterschiedlichen Regionen entwickelt wurden, vergleicht.

---

[1] Erschienen: Frankfurt a.M. 1993 (Europäische Vorlesungen III).

Theoretisch könnte man hier allerdings den Einwand erheben, diese Frage gehöre nicht in die Vorgeschichte der Mathematik, sondern in ihre Geschichte, denn sie lasse sich nur beantworten, indem man die Äußerungen von Denkern betrachtet, die logisch argumentieren. Mit anderen Worten: Die Griechen waren eben ein intellektuell hochbegabtes Volk, und hier erübrigt sich die Frage: Warum? Doch auch in diesem Punkt ist Vorsicht geboten. Wenn nicht alles trügt, findet sich sogar bei BARROW selbst ein erster Hinweis, der weiterführen könnte: Die mathematische Welt in unserem Geiste und die mathematische Welt um uns herum sind durch zwei gegenläufige Prozesse miteinander verknüpft: Abstraktion und Konkretisierung. Auf diesem Zusammenhang beruht der ungeheure Nutzen der Mathematik für die Naturwissenschaften und damit indirekt für unsere Bewältigung der Existenzprobleme, und so geht BARROW im nächsten Schritt zur Entstehung des für die Mathematik so entscheidend wichtigen Zahlbegriffs über.

Doch die Verknüpfung von materieller und geistiger Welt durch Abstraktion und Konkretisierung ist nicht auf den Bereich der Mathematik beschränkt, auch wenn sie hier ihre höchste Vollendung erfährt. Jede Art von sprachlicher Kommunikation findet auf dieser Basis statt. Der Physiker ERNST MACH hat dafür den Ausdruck *Denkökonomie* geprägt und erläutert diese durch den Hinweis auf die Befriedigung der leiblichen Bedürfnisse. Der Mensch paßt sich seiner Umwelt an und ist stets bemüht, alle Probleme auf eine möglichst ökonomische Weise zu lösen. Entsprechend dienen die Wissenschaften der übersichtlichen, einheitlichen, widerspruchslosen und mühelosen Erfassung der Tatsachen. Die Mathematik aber wird von MACH als eine *Ökonomie des Zählens* bezeichnet.[2] Das alles fügt sich mit BARROWs Auffassungen bestens zusammen, nur daß MACH keine so scharfen Grenzen zieht, sondern allenthalben Übergänge offen läßt.

Eben dies aber hilft uns, den historischen Hintergrund aufzuhellen. Daß die Griechen allgemein auf Sparsamkeit angewiesen waren, leuchtet ein, wenn man die geographischen Bedingungen der Ägäis betrachtet, am besten durch Vergleich mit anderen Regionen. HAROLD DORN hat dazu in seinem Buch *The Geography of Science* (The Johns Hopkins UP 1991) beste Vorarbeit geleistet: Da wird zunächst einmal erläutert, daß alle frühen Hochkulturen Flußkulturen waren, in denen das Schwemmland des Flusses für

---

[2] Vgl. *Die Mechanik - historisch kritisch dargestellt*, ND Darmstadt 1973. Die Bemerkungen über die Denkökonomie finden sich in unterschiedlichen Teilen des Werkes, so in der Einleitung und in dem Abschnitt IV, 4, *Die Ökonomie der Wissenschaft*.

den Anbau von Getreide genutzt wird. Dies setzt freilich umfangreiche Be- und Entwässerungsarbeiten voraus, welche ihrerseits eine zentrale Verwaltung, ein Schriftsystem und, da die Arbeiten im jahreszeitlichen Rhythmus anfallen, einen Kalender, also astronomische Beobachtung, erforderlich machen. Zu diesen Kulturen, die DORN als *hydraulic cultures* bezeichnet, gehören Ägypten, Mesopotamien, die Induskultur, das Alte China mit Hoang-ho und Yangtse, sowie, neueren Luftaufnahmen zufolge, auch die Kultur der Maya. Einen anderen und deutlich jüngeren Kulturtypus stellen die *rainfall cultures* dar, bei denen die jährlichen Niederschläge für den Getreideanbau ausreichen. Sie finden sich nur in klimatisch gemäßigten Zonen, etwa von Rom aus Richtung Norden. Was Griechenland anlangt, so gehört es zu keinem der beiden Typen, weil der Boden bergig und verkarstet ist, ein Fluß mit entsprechendem Schwemmland nicht existiert, und die Niederschläge, von wenigen kleineren Regionen abgesehen, zu dürftig sind. Wie hat man sich also ernährt?

In der mykenischen Epoche war die Bevölkerung vergleichsweise gering an Zahl und wohnte in den wenigen, vergleichsweise fruchtbaren Ebenen. Etwa zur Zeit der Dorischen Wanderung aber bricht dieses System zusammen, und die Folge ist eine sehr weitreichende Unbeständigkeit in der Besiedelung des Landes. Immer wieder mußte die Bevölkerung einer Region sich neue Wohnsitze suchen, sei es, weil die Erträge des Bodens nicht ausreichen, sei es, weil fremde Einwanderer diesen in Besitz genommen haben.

In dieser Zeit, welche wir auch die *Dunklen Jahrhunderte* nennen, blüht das Seeräuberwesen auf, und der Darstellung des THUKYDIDES zufolge konnte niemand sein Haus verlassen, ohne Waffen mitzunehmen.[3] In dieser Epoche, die, ihrer geringen Hinterlassenschaft wegen, von den Kulturhistorikern meist nicht sonderlich geschätzt wird, hat sich in Griechenland der Zwang zur Sparsamkeit geltend gemacht. Das betrifft in erster Linie den militärischen Bereich: Hatte man in mykenischer Zeit noch mit *Streitwagen* gekämpft, die dem gewappneten Krieger den anstrengenden Fußmarsch ersparen, so werden nun aus Kostengründen die Pferde abgeschafft, und damit wird zugleich der Wagenlenker überflüssig: Er kann nun Kämpfer werden.

Auch auf die für alle längeren Wege benötigten *Schiffe* hat dies seine Auswirkungen: Sie brauchen nun keine Gespanne mehr zu transportieren und

---

[3] Vgl. *Geschichte des Peloponnesischen Krieges* I, 5 und 6.

werden aus Frachtschiffen zu speziellen Kriegsschiffen fortentwickelt. In dem ältesten Typ, der sog. *Pentekontore*, agieren 50 Ruderer, die beiderseits in zwei Reihen übereinander angeordnet sind, wodurch die Wasserverdrängung verringert und die Beschleunigung erhöht wird. Diese Entwicklung führt später zu der *Triere* und ist letztlich der Anstoß für ARCHIMEDES Schrift über schwimmende Körper.

Um nun die Beschleunigung des Schiffes besser nutzen zu können, wird vorne ein Rammsporn angebracht, der dazu dient, feindliche Schiffe zu versenken und so der Besatzung den Kampf Mann gegen Mann zu ersparen. Da die Ruderer, wie gesagt, in zwei Reihen übereinander agieren, kann es leicht vorkommen, daß sie aus dem Takt geraten und so einander behindern. Deswegen wird auf dem Schiff ein Flötenspieler eingesetzt, der den Takt vorgibt. Dieser aber begleitet die Mannschaft auch zu Lande, wenn sie gegen den Feind vorrückt.

Dabei entwickelt sich das System der *Phalanx*, in der jeder Kämpfer sein Verhalten auf das Zusammenspiel der Gruppe ausrichtet: Da man rechts die Waffe handhabt und links den Schild trägt, muß in der Frontreihe jeder Kämpfer darauf bedacht sein, die rechte Seite seines linken Nachbarn mitzuschützen. Wenn der Vordermann ausfällt, muß der jeweilige Hintermann nachrücken. Ziel der gemeinschaftlichen Aktion aber ist es, den Gegner zum Weichen zu bringen, weil sich dabei in der Regel seine Ordnung auflöst und dies den Anfang vom Ende bedeutet. Um diese Ziel, wie man im Deutschen sagt, *mit Nachdruck* zu verfolgen, hat man eine besondere Technik entwickelt: Angefangen von der hintersten Reihe stemmt sich jeder Kämpfer mit aller Macht gegen seinen Vordermann, und das hat natürlich zur Folge, daß die Männer der Frontreihe weit über die eigenen Kräfte hinaus auf den Gegner Druck ausüben können.[4]

Soviel zur Kriegstechnik, auf deren weitere Details wir hier nicht eingehen können. Vermerkt sei lediglich, daß die Griechen selbst ihre Kriegstüchtigkeit auf die Kargheit des heimatlichen Bodens zurückgeführt haben. Eine solche Aussage findet sich bereits bei HOMER (Od. 9, 27), und HERODOT erklärt auf eben diese Weise den überraschenden Sieg der Hellenen über die zahlenmäßig weit überlegenen Perser (9, 122). Doch es liegt nahe, diese Erklärung auf weitere kulturelle Aktivitäten auszudehnen, so etwa auch auf den Bereich der Wissenschaft, zumal dies ganz dem Sinne von ERNST MACHS *Denkökonomie* entsprechen würde. Doch da wir von HAROLD

---

[4] Vgl. V.D. Hanson (Hrsg.), *Hoplites*, London und New York 1991.

DORNs *Geography of Science* ausgegangen sind, sollten wir zunächst einmal fragen, wie er den Zusammenhang sieht. Die Antwort auf diese Frage aber muß lauten: *völlig anders*. Er stellt fest, daß in den *hydraulic cultures* alle wissenschaftlichen Leistungen der Verbesserung des Systems dienen und von der Verwaltung entsprechend honoriert werden. Dergleichen Aktivitäten faßt DORN unter dem Begriff *applied science* zusammen, und diesem stellt er die *pure science* gegenüber; durch Vergleiche kommt er zu dem Urteil, daß in Griechenland die letztere entschieden dominiert. Diesen Tatbestand aber erklärt er vor allem durch die politische Zersplitterung des Landes, die eine staatliche Unterstützung wissenschaftlicher Aktivitäten unmöglich macht. Also muß die Initiative im privaten Bereich liegen.

Doch welches sind, wenn finanzielle Vorteile keine Rolle spielen, die treibenden Kräfte? DORNs Auffassung zufolge liegen sie im intellektuellen Vergnügen; die *pure science* ist für ihn *pastime of Homo ludens*.[5] Das paßt nun freilich nicht zu unseren obigen Ausführungen über die Kargheit des Bodens, die den Bewohner durch die Knappheit der Ressourcen abhärtet. Und doch sollten wir DORNs Deutung nicht ohne nähere Prüfung ablehnen, denn so viel ist klar: Im Gesamtrahmen der griechischen Kultur spielt das intellektuelle Vergnügen eine nicht unbeträchtliche Rolle, und was sind die vielen Tragödien und Komödien, die hier aufgeführt werden, anderes als eben *pastime of Homo ludens*? Haben wir in unserer vorausgehenden Betrachtung die Schattenseiten des Lebens in der ägäischen Welt womöglich allzu stark in der Vordergrund gerückt?

In der Tat, wir haben den Blick einseitig auf das bergige Land gerichtet und nicht auf das verbindende Meer. In den *hydraulic cultures* wird stets, das zeigt DORN, der zugehörige Fluß auch als Verkehrsweg genutzt. Entsprechendes gilt natürlich auch für die Ägäis, und sie bietet unvergleichlich reichere Möglichkeiten, verbindet sie doch die Heimat der Hellenen mit dem Schwarzen Meer, mit Vorderasien, Ägypten, Sizilien und den übrigen Anrainern des westlichen Mittelmeers. Diese Verbindungswege haben die Griechen regelmäßig für den Handel genutzt, und immer wieder haben sie Kolonien gegründet. Dazu wiederum mußten sie die fremden Länder und die Sitten ihrer Bewohner erforschen, und das hatte offenbar für ihr Selbstverständnis weitreichende Folgen.

Wer immerzu Unterschiede wahrnimmt, der wird angeregt zu vergleichen, zu bewerten und nach weiteren Möglichkeiten zu suchen. Auf diesem We-

---

[5] Vgl. *The Geography of Science*, S.73.

ge kommen wir dem intellektuellen Vergnügen des *homo ludens* offenbar näher. Heißt das also, daß wir bei unseren vorausgehenden Betrachtungen, die sich so harmonisch mit MACHs Begriff der *Denkökonomie* verknüpfen ließen, auf einem Irrweg waren, bzw. daß es sich hier gewissermaßen um eine vorübergehende Episode handelte, als die Verkehrswege noch nicht geöffnet waren? - Schwerlich. Der griechischen Kulturgeschichte liegen vielmehr zwei gegensätzliche und gleichermaßen wichtige Prinzipien zugrunde, und so müssen wir uns fragen, wie sie zu verknüpfen sind und inwiefern diese Verknüpfung die Entstehung des mathematischen Denkens beschleunigt. Daß MACHs *Denkökonomie* in diesem Sinne zu bewerten ist, dürfte einleuchten, aber Mathematik und *Homo ludens*? In dieser schwierigen Situation könnte uns ein Buch weiterhelfen, das nicht aus philologischen oder historischen Kreisen stammt, sondern von einem Hirnforscher und einem Mathematiker verfaßt wurde.

Die Verfasser sind JEAN-PIERRE CHANGEUX und ALAIN CONNES, und der Titel der deutschen Übersetzung lautet: *Gedankenmaterie* (Springer 1992). Hier geht es um die Frage, wie die mathematischen Objekte mit den Funktionen des Gehirns zu verknüpfen sind. Sind die ersteren gewissermaßen platonische Ideen, die unabhängig existieren, oder werden sie vom Gehirn produziert? - Das Buch ist nicht in Form eines Lehrbuchs geschrieben, sondern in der eines platonischen Dialoges, wodurch der Leser zu eigenem Nachdenken angeregt werden soll. Wir können hier auf Einzelheiten nicht eingehen, sondern skizzieren ganz kurz die zugrundeliegende Theorie: CHANGEUX nennt sie *mentalen Darwinismus*, und mit dieser Bezeichnung knüpft er an den *neuronalen Darwinismus* von GERALD EDELMAN an, eine Forschungsleistung, für die dieser 1972 den Nobelpreis für Medizin erhalten hat. Die Bezeichnung *Darwinismus* spielt hier auf die Grundlagen von DARWINs Evolutionstheorie an, die auf den Begriffen der *Mutation* und *Selektion* basiert. Doch hier gehört der Begriff der *Mutation* in den Bereich des Genetischen, während EDELMAN und entsprechend CHANGEUX epigenetische Vorgänge untersuchen. EDELMAN weist nach, daß der Mensch sein Gehirn nicht wie einen Computer genetisch zugeteilt bekommt, sondern daß wichtige Verbindungsstränge zwischen unterschiedlichen Gehirnarealen sich erst beim Gebrauch und somit in Abhängigkeit von der Umwelt entwickeln. Daher spricht er in seiner Theorie von *Variation* und *Selektion*.

Auf den gleichen Begriffen basiert auch die Theorie von CHANGEUX, der freilich nicht die Herausbildung neuer Nervenstränge untersucht, sondern

die Entstehung neuer Inhalte, bzw. - wie er sich ausdrückt - der *Gedankenmaterie*. Auch sie entwickelt sich auf der Basis von Variation und Selektion, wobei die Variation im wesentlichen mit dem zusammenfällt, was wir gemeinhin als *Assoziation* bezeichnen, während die Selektion weitgehend der *Abstraktion* entspricht.

Mit dieser Feststellung aber kehren wir offenbar wieder in den Rahmen unserer vorausgehenden Betrachtung zurück, sind doch die beiden Faktoren, deren Zusammenspiel hier als grundlegend für jegliche Intelligenzleistung herausgestellt wird, nahezu identisch mit jenen beiden Kräften, die wir als maßgeblich für die Entfaltung der griechischen Kultur erkannt haben: Die durch die Vielfalt der Verkehrswege bedingte Fülle der Information entspricht offenbar der Variation, und die Sparsamkeit aufgrund der Knappheit der Ressourcen ist der Selektion zuzuordnen. Dieser Befund aber fügt sich nicht nur rein äußerlich mit der Theorie von CHANGEUX zusammen, sondern er demonstriert eine Übereinstimmung, die den Kern der Sache betrifft. Normalerweise werden die kulturellen Leistungen der Griechen auf ihre Begabung zurückgeführt, d.h. ihre angeborenen Fähigkeiten. Das wäre die genetische Interpretation.

Unsere Deutung hingegen geht von den Umweltfaktoren aus, und insofern stimmt sie überein mit dem *mentalen Darwinismus*. Ein Unterschied ist allenfalls insofern vorhanden, als CHANGEUX das *Individuum* im Blick hat und wir die kulturelle *Gemeinschaft*. Aber dieser Unterschied deutet nicht auf einen Widerspruch hin, sondern vielmehr auf eine wechselseitige Ergänzung. Geht man bei der kulturgeschichtlichen Betrachtung von den allgemeinen Bedingungen zur individuellen Leistung über, so werden, das Verhältnis von *Variation* und *Selektion* betreffend, Unterschiede sichtbar, die mit dem Typus der intellektuellen Betätigung zusammenhängen. Ganz grob können wir sagen, daß für den *Dichter* die *Variation* im Vordergrund steht, für den *Philosophen* die *Selektion*.

Aber es gibt zwischen diesen beiden Bereichen geistigen Schaffens auch Wechselwirkungen. Wenn beispielsweise HERAKLIT sagt, daß der Krieg der Vater und König aller Dinge sei (fr. 53 D), dann ist das einerseits eine Aussage über ein allgemeines Prinzip, andererseits aber verweist der Umstand, daß dieses Prinzip personifiziert wird, auf den Zusammenhang mit der Poesie. HESIODS *Theogonie* enthält eine Fülle solcher Personifikationen, die hier in Genealogien angeordnet sind. Und wenn MARTIN WEST in seinem Kommentar bemerkt, daß diese personifizierten Abstrakta auf Platons

Ideen vorausweisen, so hat er bei allen Differenzen, die sich in den Details konstatieren lassen, prinzipiell recht.[6]

Damit aber wären wir, so merkwürdig das klingen mag, wieder zu unserem eigentlichen Thema, der *Vorgeschichte der Mathematik*, zurückgekehrt. Stand doch, der Überlieferung zufolge, vor dem Eingang zu PLATONs Akademie ein Schild, das jedem, der sich in der Geometrie nicht auskennt, den Eintritt verwehrte. Diese Vorliebe verbindet PLATON mit den Mathematikern, die Dialogform seiner Werke mit den Verfassern dramatischer Dichtung und seine Welt der Ideen mit den vergöttlichten Abstrakta der archaischen Poesie.

Keine dieser Verknüpfungen aber läßt sich als nebensächlich beiseite schieben. Die personifizierten Abstrakta etwa treten, wenn auch in deutlich geringerer Anzahl, bereits bei HOMER auf. Sie bilden die wiederkehrenden Elemente, auf die der Dichter stößt, wenn er von den unterschiedlichen Schicksalen und Taten seiner Helden berichtet. Dieses Gleichbleibende, das man kennen muß, wenn man die Unterschiede menschlichen Daseins erfassen will, das wird von den Dichtern als eine göttliche Kraft angesehen, und das heißt: als eine göttliche Person, die bald hier, bald dort in das Geschehen eingreift. PLATONs Ideen aber sind die unveränderlichen Maßstäbe, nach denen wir uns richten müssen, wenn wir unserem Leben eine menschenwürdige Form geben wollen. Der Unterschied zu den personifizierten Abstrakta der archaischen Zeit besteht im wesentlichen darin, daß diese in Situationen der Konkurrenz auftreten - etwa *Streit, Furcht, Flucht* - während die platonischen Ideen dem Kontext der Kooperation angehören wie Gerechtigkeit oder Wahrheitsliebe. In beiden Fällen aber handelt es sich um wiederkehrende Elemente, die eine Ordnung sichtbar werden lassen.

Von dieser Basis aus aber führt auch ein Weg zur axiomatischen Geometrie. Hier ordnen wir die Gegenstände, mit denen wir zu tun haben, so, daß nichts fehlt und nichts doppelt vorkommt, also: Punkte, Geraden, Ebenen usw. Dann kommen die elementaren Aussagen an die Reihe, also Axiome, und aus diesen ziehen wir schrittweise die entsprechenden Folgerungen, die wir übersichtlich anordnen, also so, daß keine Doppelungen auftreten. Dieses Vorgehen mit dem des homerischen Sängers in Verbindung zu bringen, mag auf den ersten Blick absurd erscheinen, aber wenn wir von *Variation* und *Selektion* ausgehen, die beide durch die geographischen Bedingungen

---

[6] Vgl. M.L. West, *Hesiod Theogony*, Oxford 1966, S. 33.

der Ägäis in unvergleichlich starke Wechselwirkungen treten, dann steht eben HOMER am einen Ende der Skala, EUKLID am andern, zwischen ihnen die Philosophen mit ihrem Vorläufer HESIOD.

Was diesen anlangt, so findet sich in seinem Werk ein besonders aufschlußreiches Beispiel für die Verknüpfung von *Variation* und *Selektion* und die immer stärkere Wirkung der letzteren: Wir meinen HESIODs Darstellung der *Eris*, der Göttin des Streits. In der *Theogonie* erscheint diese Göttin als eine Tochter der *Nacht*, und sie selbst bringt als Nachkommen hervor: *Mühe, Vergessen, Hunger, Schmerz, Kampf, Lügen, Gesetzlosigkeit, Verblendung* (v. 224ff.). Zu diesen Gottheiten gibt es auch eine Gegenwelt, die von Zeus und *Themis*, der Göttin der gesetzlichen Ordnung gezeugt wird. Doch in seinem späteren Lehrgedicht, welches *Werke und Tage* betitelt ist, korrigiert der Dichter seine Auffassung von der Göttin des Streits. Es gibt nicht nur *eine* Eris, sagt er gleich nach der Einleitung, sondern deren zwei: den *bösen Zwist* und den friedlichen *Wettstreit*, welcher lobenswert ist, weil er die Leistung steigert und damit die Erträge verbessert, während in der Theogonie zu den Nachkommen des *Streits* der *Hunger* gehörte. Kein Zweifel also, daß wir es hier mit einer begrifflichen Differenzierung zu tun haben, die wir ohne weiteres in das Schema von *Variation* und *Selektion* einordnen können. Der Dichter faßt die wiederkehrenden Elemente unserer Daseinsgestaltung, soweit sie verwandt erscheinen, in Gruppen zusammen, und dann merkt er, daß es da ein Element gibt, das gegensätzliche Aspekte aufweist und entsprechend zugeordnet werden muß. Das ist noch keine Mathematik, aber offenbar ein Schritt in die richtige Richtung.

Bei HOMER liegen die Verhältnisse anders, weil er nicht Lehrgedichte schreibt, sondern Sagen gestaltet. Gleichwohl weist auch sein Werk systematische Aspekte auf. Immer wieder nennt der Dichter als die grundlegenden Mittel kriegerischer Auseinandersetzung *List* und *Gewalt*. Die entscheidenden Repräsentanten dieser wiederkehrenden Elemente sind der starke Achill und der listenreiche Odysseus. Diese beiden Helden aber erscheinen als die zentralen Gestalten jener beiden Erzählungen, in welche der Dichter die trojanische Sage aufspaltet: Ilias und Odyssee. Dabei wird, was durchaus sinnvoll erscheint, das für die Sage und überhaupt für die griechische Kultur so wichtige Element der Seefahrt dem Listenreichen zugeordnet. Jedes dieser beiden Epen aber stellt in direkter Darstellung nur eine Episode von relativ wenigen Tagen dar, doch innerhalb dieser Episo-

den werden im Dialog der handelnden Personen Ausblicke gegeben, die das gesamte Geschehen der trojanischen Sage von der Abfahrt in Aulis über die Zerstörung Trojas bis zum Tod der Freier - also einen Zeitraum von 20 Jahren - sichtbar werden lassen. Kein Zweifel, daß diese systematische Nutzung des Dialogs die attische Tragödie vorbereitet und damit indirekt den platonischen Dialog.

Letztendlich aber führt dieser Weg zu den Analytiken des ARISTOTELES. Einer der wichtigsten Schritte auf diesem Wege aber ist die Philosophie des PARMENIDES, die auf dem Gegensatz von Sein und Nichtsein beruht und damit die höchste Stufe der Abstraktion erreicht. Auf dieser Basis wurde das für die griechische Mathematik so wichtige indirekte Beweisverfahren entwickelt, und so können wir ÁRPÁD SZABÓ nur zustimmen, wenn er bei der Behandlung der Inkommensurabilität feststellt: "Ohne die Philosophie des PARMENIDES und ZENON hätte man ein so kunstvoll aufgebautes System wie EUKLIDs Elemente überhaupt nie konstruieren können."[7] Auf die Details können wir hier nicht näher eingehen.

Hat man diese Zusammenhänge vor Augen, so kann es nicht verwundern, daß die Griechen alles, was sie von anderen Kulturen übernahmen, in ein System verwandelt haben. Das gilt gleichermaßen für die Verwandlung der ägyptischen und vorderasiatischen Meßkunst in eine axiomatische Geometrie, wie beispielsweise für die Umwandlung des phönizischen Alphabets in das griechische. In groben Zügen läßt sich dieser letztere Vorgang folgendermaßen wiedergeben:

Das phönizische Alphabet ist eine Konsonantenschrift, die sich aus der älteren semitischen Silbenschrift entwickelt hat, was eine enorme Reduzierung der Zahl der Zeichen zur Folge hatte. Da aber die Silben im Semitischen in der Regel mit einem Konsonanten beginnen, wird nur dieser vom System erfaßt und der Vokal findet keine Berücksichtigung. Das wiederum bedeutet, daß die Vokale beim Lesen ergänzt werden müssen, was zu Mißverständnissen führen kann.

Der Leser sollte also bezüglich des Gegenstandes, den der Text behandelt, bereits über gewisse Informationen verfügen, und eben aus diesem Grunde blieb in den älteren orientalischen Kulturen das Lesen und Schreiben einer Kaste von berufsmäßigen Schreibern vorbehalten. Die Griechen aber haben die Konsonantenschrift durch das System der Vokale ergänzt und somit das

---

[7] Vgl. Á. Szabó, *Anfänge der griechischen Mathematik*, München & Wien 1969, S. 291.

Die Vorgeschichte der Mathematik

Schriftbild der Lautfolge angeglichen, was zur Folge hat, daß Mißverständnisse beim Lesen nur dort auftreten, wo sie auch beim Hören möglich sind. Entsprechend lernen nun die Söhne wohlhabender Bürger in der Pubertätszeit Lesen und Schreiben, was für die kulturelle Entwicklung weitreichende Folgen hat.

Doch auch die Einführung der Vokale in eine Konsonantenschrift hat ihre Parallelen im Bereich der Geometrie. In einem jüngst erschienenen Aufsatz *Kannten die Babylonier den Satz des Pythagoras?* behandelt PETER DAMEROW die Unterschiede des methodischen Vorgehens in der babylonischen Feldmessung und der griechischen Geometrie. Dabei zeigt sich, daß die Babylonier bei der Bestimmung der Größe einer Fläche immer nur die Seiten messen und beispielsweise bei der Berechnung eines ungleichseitigen Vierecks von den Mittelwerten gegenüberliegender Seiten ausgehen.[8] Die Griechen hingegen haben dafür den Begriff des Winkels eingeführt, der bei der Flächenbestimmung exakte Werte liefert. Entsprechend können wir uns heute eine Geometrie ohne Winkel ebenso schwer vorstellen wie ein Alphabet ohne Vokale.

Unsere Betrachtung hat damit ihr Ziel erreicht: Über das indisch-arabische Ziffernsystem haben BARROW und andere das Nötige gesagt. Es weist die gleiche Ökonomie auf, die wir auch in den verschiedenen Zweigen griechischer Kultur kennengelernt haben. Kein Wunder also, daß bei den Arabern wie bei den europäischen Völkern die Verbreitung indischer Ziffern und griechischer Wissenschaft sehr schnell zu einer rasanten Entwicklung des mathematischen Denkens und seiner Anwendungen geführt hat. Das ist die exakte Wissenschaft der Neuzeit.

Prof. Dr. Tilman Krischer, Straße zum Löwen 24, D-14109 Berlin

---

[8] Vgl. J. Høyrup mit P. Damerow (Hrsg.), *Changing views on near-eastern mathematics*, Berlin 2001, S. 219ff.

Anfänge der theoretischen Arithmetik
bei den Griechen

Harald Boehme

I. Als Voraussetzung einer theoretischen Arithmetik gilt oft das praktische Rechnen, und da EUKLID die Arithmetik als Theorie der Proportionen behandelt, schloß man daraus auf eine zugrundeliegende Bruchrechnung.[1] Damit wurde aber nicht nur über den Unterschied von Proportionen und gebrochenen Zahlen hinweggesehen, sondern man übersah auch die tatsächliche Bruchrechnung der Griechen. Denn deren Logistik, soweit sie in älteren Texten überliefert ist, z.B. bei ARCHIMEDES, zeigt einen anderen Umgang mit Bruchteilen, als daß dies als Rechnen mit Brüchen interpretiert werden könnte. Hingegen bezeugen insbesondere die erhaltenen mathematischen Papyri, daß die griechische Bruchrechnung eher der ägyptischen entsprach, die leicht geringschätzig als "Stammbruchrechnen" abgetan wird. Diese ist aber keine Art primitiver Bruchrechnung, sondern bedeutet eine prinzipiell andere Logik im Umgang mit Brüchen:[2] Sei eine Größe A gegeben, dann lassen sich sowohl die Vielfachen einmal, zweimal, dreimal A, allgemein $qA = B$, $q = 1,2,3,...$, bilden, als auch die Teile halb, drittel B, allgemein $A = q'B$. Für gewöhnlich wird dafür der Stammbruch $q' = {}^1/_q$ gesetzt, wobei unterstellt wird, daß es sich dabei um einen speziellen allgemeinen Bruch handelt; doch konkret bedeutet dies nur einen q-ten Teil (*meros*). Allgemein werden Brüche als Summe verschiedener solcher einfachen Teile ausgedrückt, und die Addition von Brüchen bedeutet einfach deren Summation. Was aber unsere Bruchrechnung ausmacht, die Vervielfältigung der Teile in der Form 'p mal ein q-tel', hat in dieser Auffassung die Bedeutung der Teilung, d.h. 'von p ein q-tel' (*ton p to q'*). An die Stelle von Brüchen traten für die Ägypter und Griechen Divisionsaufgaben, die mit Tafeln gelöst wurden. Dies erklärt auch, warum nur

---

[1] So [Gericke, S. 33]: "An die Stelle der Bruchrechnung tritt bei Euklid die Lehre von den Zahlverhältnissen."

[2] Hier beziehe ich mich auf [Fowler, Kap.7]. Sein Fazit ist: "That we have no evidence for any conception of common fractions $^p/_q$... in Greek mathematical texts before the time of Heron."

verschiedene Teile summiert wurden, denn $q'+q'$ bedeutet 'von 2 ein q-tel', also wiederum eine zu lösende Aufgabe, z.B. ist $5'+5' = 3'+15'$. Eine Ausnahme bildet $3'+3'$, dies ergibt den Komplementärbruch $3''$, allein deswegen kann man diese Art der Bruchrechnung nicht auf Stammbrüche reduzieren.

Die praktische Logistik konnte also kaum als Vorbild der theoretischen Logistik dienen, womit seit PLATON die Proportionslehre bezeichnet wird.[3] Vielmehr verhielten sich Theorie und Praxis konträr zueinander, die Proportionslehre bedeutet eine Negation der Bruchrechnung, als eine Position, welche Brüche überhaupt vermeidet. Diese Position ergibt sich, wenn der Zahl ein eindeutig Seiendes zukommt, dann kann die Einheit nicht mehr geteilt werden, weil sie dann eine beliebige Vielheit wäre. Dieses Paradigma wird von PLATON ausgesprochen:

"Denn du weißt ja, wie es die geschulten Mathematiker machen: wenn einer versucht die Eins (*hen*, vgl. Philolaos B7) in Gedanken zu teilen, so lachen sie ihn aus und weisen ihn ab, und wenn du sie zerstükkelst, so antworten sie mit Vervielfältigung derselben, immer darauf bedacht zu verhüten, daß die Eins sich jemals auch als etwas zeigen könnte, das nicht Eines, sondern eine Vielheit von Teilen wäre."[4]

Nach ARISTOTELES waren die Pythagoreer derartige Mathematiker, denn sie nahmen an, "die Elemente der Zahlen seien die Elemente alles Seienden", und weiter "die Zahlen seien die Dinge selbst", also das Mathematische identisch mit dem Sinnlichen;[5] d.h. zur Erkenntnis der Dinge sind jene als Zahlen begreifen. Wie sich die Pythagoreer die Zahlen vorstellten entsprach ihrer Darstellung auf dem Rechenbrett, wo Anzahlen von Rechensteinen (*psephoi*) für sie gelegt wurden; so wird bei NIKOMACHOS und THEON die Zahl als eine Zusammenstellung von Einheiten (*systema monadon*) aufgefaßt.[6] Die Lehre von den figurierten Zahlen beruht darauf, zunächst als Anschauung der Zahlen, aber auch als eine erste induktive Theorie der Zahlen. Als Quelle dazu haben wir allerdings nur die Darstellungen der Neupythagoreer, insofern diese aber mit der Überlieferung des PLATON und ARISTOTELES übereinstimmen, können wir sie auch als die Theorie der

---

[3] Zum Verhältnis von Logistik und Arithmetik bei Platon vgl. [Klein, § 3].
[4] [Platon *Rep.* 525d].
[5] [Aristoteles *Met.* 986a 1, 987b 28]. Aristoteles gibt in *Met.* I eine Darstellung der Philosophie der Pythagoreer, die insofern authentisch ist, als sie mit den älteren Quellen übereinstimmt, vgl. [Burkert, Weisheit, Kap. I].
[6] [Nicomachos *Arith.* I.7], [Theon *Exp.* I.3].

alten Pythagoreer lesen. Des Weiteren stehen uns die arithmet. Bücher des EUKLID zur Verfügung, welche die wissenschaftliche, deduktive Theorie im Gegensatz zur pythagoreischen, induktiven Arithmetik darstellen.

Für die Grundbegriffe Zahl und Proportion soll im Folgenden gezeigt werden, daß die euklidischen Definitionen als Verallgemeinerung der pythagoreischen Vorstellungen verstanden werden können. Weiter möchte ich zeigen, daß die ersten arithmetischen Theoreme bereits bei einem Pythagoreer zu finden sind, nämlich in der Musiklehre des ARCHYTAS.

II. Zunächst geht es um den Begriff der Zahl, den wir nicht in der einen oder anderen Fassung zitieren, sondern nach seinem mathematischen Inhalt rekonstruieren wollen, wobei wir zwar eine modernisierte Darstellung der zugrundeliegenden Begriffe anstreben, aber keine fälschliche Modernisierung. Die Grundlagen finden wir in den Definitionen des EUKLID:

Def. 1: *Einheit (monas) ist das, wonach jedes Ding eines genannt wird.*[7]
Dies ist die ontologische Bedeutung der Eins, eine Erklärung liefert THEON: "Die Monade ist das Prinzip der Zahlen, Eins *(hen)* des Gezählten."[8]
Def. 2: *Zahl (arithmos) ist die aus Einheiten zusammengesetzte Menge.*
Bezeichnen wir die Einheit mit *1*, dann ist eine Zahl A gegeben durch $A = 1+1$, oder $A = 1+1+1$, usw., also eine Vielfachheit von Einheiten, welche von EUKLID jedoch nicht benannt wird. Der Grund dafür wird jedoch klar, wenn wir die Erklärung THEONs beachten: Danach bezeichnen die Vielfachheiten das Resultat des Zählens, also eine konkret-sinnliche Eigenschaft der Dinge, wie eins, zwei, drei usw., während die Zahl die verständige Abstraktion davon bedeutet, die Einheit, die Zwei, Drei usw., und nur von diesen abstrakten Zahlen handelt die Arithmetik.[9] Wenn wir also die Vielfachheiten mit natürlichen Zahlen bezeichnen, ergibt sich für die euklidischen Zahlen die Darstellung ein *1* bzw. $1 \cdot 1 = 1$ als *monas*, $2 \cdot 1 = 1+1$, $3 \cdot 1 = 1+1+1$, allgemein $p \cdot 1 = 1+.....+1$ p-mal, $p = 2,3,...$, als *arithmoi*. Die von EUKLID in den Definitionen ausgesprochene Differenz von *monas* und *arithmos* erweist sich jedoch nur als ein quantitativer Unterschied, wobei die weiteren Ausführungen EUKLIDs beide auch als eine Qualität auffassen, die dann den Begriff der Zahl ausmacht, so wie wir ihn hier verwenden wollen.- Die Zahleinheit entspricht der Maßeinheit, diese kann auch eine

---
[7] Die Numerierung der Definitionen und Sätze ist identisch mit der von *Euclidis Elementa*, Lib. VII; die Übersetzung entstammt jeweils der Ausgabe von Thaer.
[8] [Theon *Exp*. I.4], vgl. [Vitrac, Vol. 2, Notice sur les livres arithmétiques].
[9] Vgl. [Aristoteles *Anal. post.* II.19].

Anfänge der theoretischen Arithmetik bei den Griechen

Zahl sein, daraus ergibt sich die folgende Definition des Messens, die bei EUKLID aber unausgesprochen bleibt.

Def.: *Seien A, B Zahlen, A mißt B* $\Leftrightarrow \exists q: qA = B$.[10]

In der modernen Begrifflichkeit bedeutet dies, daß A ein Teiler von B ist, EUKLID hingegen begreift das Messen nicht als Multiplikation zweier Zahlen, sondern als fortgesetzte Addition einer Zahl.[11] Dementsprechend wie sich eine Zahl (außer der Eins) messen läßt, ergibt sich die folgende Einteilung:

Def. 12: *Eine Primzahl (protos arithmos) läßt sich nur durch die Einheit messen.*[12] Vorausgesetzt ist hier, daß jede Zahl sich selbst mißt, so daß eine Primzahl von keiner anderen Zahl gemessen wird.

Def. 14: *Eine zusammengesetzte Zahl (synthetos arithmos) läßt sich durch eine Zahl messen.* Es ist klar, daß die messende Zahl nicht die Einheit sein kann, THEON präzisiert noch, daß sie kleiner als die zu messende sein muß.

NIKOMACHOS gibt den Hinweis darauf, welche konkrete Anschauung dieser Einteilung zugrunde liegt; demnach wird eine Zahl "erste" genannt, weil sie am Anfang der anderen Zahlen steht (I.11). NIKOMACHOS stellt noch eine Multiplikationstafel[13] auf und untersucht deren Eigenschaften; Primzahlen erscheinen darin nur in der ersten Zeile und Spalte, alle anderen Zahlen sind zusammengesetzt.

1	2	3	4	5	6	7	8	9	10
2	4	6	8	10	12	14	16	18	20
3	6	9	12	15	18	21	24	27	30
4	8	12	16	20	24	28	32	36	40
5	10	15	20	25	30	35	40	45	50

---

[10] Hier und im Folgenden soll gelten: Variable $A, B,..., P, Q$ bezeichnen Zahlen im Sinne Euklids; Variable $m, n,..., p, q$ bezeichnen Vielfache bzw. natürliche Zahlen 1,2,3, usw..

[11] [Taisbak, S.18] schreibt dafür $b = a_1+...+a_n$, $(a_i = a)$, dies unterscheidet sich jedoch kaum von der traditionellen Interpretation: "$a\ \mu\ b$ means, that there exists some number n such that b is n times a (which I write as $b = n \times a$)." (S. 31)

[12] Bei Nikomachos sind die Primzahlen eine Spezies der ungeraden Zahlen [Nikomachos I.11], hingegen nennt Aristoteles 2 als die einzige gerade Zahl, die eine Primzahl ist, [Aristoteles *Top.* 157a 39].

[13] Bei Nikomachos reicht die Tafel bis 10×10, deren Kenntnis wird von Aristoteles hervorgehoben: "To have a ready knowledge of the multiplication table up to ten times (*kephalismos,* Alex. v. A.) helps much to the recognition of other numbers which are the result of the multiplication." *Top.* 163b 25, nach [Fowler, S. 239].

Def.: *Seien A, B Zahlen, eine Zahl C ist gemeinsames Maß von A und B ⇔ C mißt A und B.* Formal aufgeschrieben $\exists\, p,q$: $pC = A \wedge qC = B$, insbesondere ist die Einheit immer ein gemeinsames Maß von A und B.

Def. 13: *Gegeneinander prim (protoi) sind Zahlen, die sich nur durch die Einheit als gemeinsames Maß messen lassen.* So sind Zahlen insbesondere dann gegeneinander prim, wenn eine davon die Einheit ist.

Def. 15: *Gegeneinander zusammengesetzt (synthetoi) sind Zahlen, die sich durch eine Zahl als gemeinsames Maß messen lassen.* Auch hier ist klar, daß die messende Zahl nicht die Einheit ist; eine Erklärung dieser Einteilung ergibt sich gleichfalls aus der Multiplikationstafel: Betrachten wir zwei beliebige Spalten und die Zahlpaare in jeweils einer Zeile darin, dann können diese Zahlpaare nur dann gegeneinander "erste" sein, wenn sie in der ersten Zeile stehen, alle anderen Paare sind gegeneinander zusammengesetzt.

NIKOMACHOS beschreibt eine Methode (*ephoros*), um für zwei Zahlen zu entscheiden, ob sie gegeneinander prim sind oder welches ihr gemeinsames Maß ist (I.13). Diese Wechselwegnahme (*antaphairesis*) oder so genannte euklidische Algorithmus war bereits ARISTOTELES bekannt,[14] sie dürfte von Mathematikern entwickelt worden sein, um außer der begrifflichen auch eine effektive Unterscheidung treffen zu können. Dazu mußten die Zahlen nur in der Multiplikationstafel betrachtet werden: Seien A, B gegeben, $A>B$ und C ein gemeinsames Maß, da die gegebenen Zahlen Vielfache von C sind, liegen beide in der mit C beginnenden Zeile, gemäß dem Schema $C......B....A$. Wird nun B von A abgezogen erhalten wir die Differenz $A-B$, welche gleichfalls in dieser Zeile liegt. 1.Fall: B mißt A, dann ist B das größte gemeinsame Maß von A und B. 2.Fall: B mißt nicht A, dann läßt sich B so oft von A abziehen, bis der Rest kleiner als B ist, d.h. $\exists\, p_1$: $A - p_1 B = B_1 \wedge B > B_1$. Mit B, B_1 wird das Verfahren fortgesetzt, dann entsteht in derselben Zeile die absteigende Folge $A>B>B_1>......>B_n \geq C$, mit $B = B_0$ und $B_{i-2} - p_i B_{i-1} = B_i$, $i=2,....,n$. Sei B_n die Einheit, dann ist auch C die Einheit, und da C ein beliebiges gemeinsames Maß war, sind A und B gegeneinander prim. Andernfalls muß nach endlich vielen Schritten der erste Fall eintreten, dann ist B_n gemeinsames Maß von $B_{n-1},......,B_1,B,A$; und da C mißt B_n ist B_n auch das größte gemeinsame Maß von A und B.

---

[14] [Aristoteles *Top.* 158b 31], dabei geht es evtl. um eine unendliche Wechselwegnahme; zur Diskussion dieser Stelle vgl. [Fowler].

III. Da für die Pythagoreer die Dinge Zahlen waren, wurden die Verhältnisse der Dinge durch ihre Zahlverhältnisse bestimmt; ein derartiges Verhältnis, *logos* genannt, war für sie eine vernünftige Beziehung, auch in der Gesellschaft: "Aufruhr dämpfts, Harmonie erhöhts, wenn ein richtiger *logos* gefunden wurde."[15] Es geht also nicht um Gleichverteilung, sondern um eine Wohlordnung, wie sie in der Seinsordnung vorgegeben ist, und dort vor allen Dingen in den Verhältnissen der musikalischen Harmonie. Die den Pythagoreern zugesprochenen musikalischen Experimente sind allerdings Fiktion, der *kanon* (Monochord) kam frühestens in der Zeit des EUKLID auf,[16] jedoch werden die elementaren Harmonien bereits durch die sichtbaren Zahlverhältnisse demonstriert, z.B. in der "Tetraktys".[17]

```
   I
  I I
 I I I
I I I I
```

Dies ist eine Zerlegung der "vollkommenen" $10 = 1+2+3+4$, woraus sich für die Teile die Verhältnisse 2 zu 1 (*diploon*), 3 zu 2 (*hemiolion*) und 4 zu 3 (*epitriton*) ergeben. Die Bezeichnungen dieser *logoi* stammen aus der praktischen Bruchrechnung,[18] z.B. für Zinsen bedeutet *epitriton* "dazu ein Drittel", also praktisch 1 3'. Als die elementaren Zahlverhältnisse überhaupt, wurden sie zunächst rein hypothetisch als Grund für die musikalische Harmonien angenommen. Indem PHILOLAOS für die Oktave 2, Quinte 1 2' und Quarte 1 3' setzt,[19] stellt er damit ein arithmetisches Modell der Musik auf, insofern die Zusammensetzungen der Verhältnisse auch mit denen der Harmonien übereinstimmen: Quarte und Quinte ergibt die Oktave, entsprechend ist 1 3' mal 1 2' = 1 2'3'6' = 2. Weiter liegt zwischen Quarte und Quinte ein Ton, daraus ergibt sich für den Ton das Verhältnis 9 zu 8 bzw. 1 8' (*epogdoon*), so daß sich die Oktave *C-F-G-C'* insgesamt in den Zahlen 6-8-9-12 realisieren läßt. Wird weiter für die Quarte die diatonische Unterteilung in zwei Töne und einen Halbton angenommen, dann ergibt sich für den Halbton 256 zu 243[20] und die Quarte *C-D-E-F* kann in den Zahlen 192-216-243-256 realisiert werden.

---

[15] [Archytas, DK 47B 3].
[16] Vgl. [Burkert 1962 Kap. V.1].
[17] Dem entspricht [Philolaos, DK 44B11]: "Man muß die Werke und das Wesen der Zahl nach der Kraft *sehen* (*theorein*), die in der Zehnzahl liegt". Als Fragment ist dies wohl unecht, vgl. [Burkert 1962, S. 275]; doch auch als Pseudoschrift offenbart sich darin das Wesen des Pythagoräismus.
[18] Vgl. [Burkert 1962, S. 439].
[19] [Philolaos, DK 44B6].
[20] Platon nennt diese Zahlen in [Platon, *Tim.* 36b].

Mit dem Halbton können Harmonien allerdings nicht mehr in Bruchteilen der Eins dargestellt werden, sondern diese sind allgemein durch das Verhältnis von zwei Zahlen gegeben. Betrachten wir die Multiplikationstafel dann haben für zwei Spalten alle Zahlpaare, die in jeweils einer Zeile liegen, dasselbe Verhältnis. Ausgezeichnet ist aber das erste Paar, sind die Zahlen darin gegeneinander prim, wird es die "Wurzel" (*pythmen*) genannt, als die kleinsten Zahlen im selben Verhältnis.[21] NIKOMACHOS stellt noch fest, daß sich bei überteiligen Verhältnissen die Wurzel nur um die Einheit unterscheidet, und die kleinere Zahl davon den Namen angibt, z.B. 4 zu 3 ist *epitriton* (I.19). Gemäß der Darstellung der Verhältnisse (*logoi*) als Zahlpaare ist nunmehr ihre Proportion (*analogia*) genau dann gegeben, wenn sie in der Multiplikationstafel im selben Paar von Spalten liegen. Entsprechend beschreiben NIKOMACHOS (II.21) und THEON (II.21) die Proportion als Schema (*schesis*), also als eine Figur von Zahlen.[22] Damit ist zwar eine Anschauung der Proportion, aber keine Definition gegeben, eine solche findet sich jedoch bei EUKLID unter folgenden Voraussetzungen:

Seien A, B Zahlen,
Def. 3: *A ist Teil* (*meros*) *von B* $\Leftrightarrow$ *A<B und A mißt B.*
Def. 4: *A ist Teile* (*mere*) *von B* $\Leftrightarrow$ *A<B und A mißt nicht B.*
Def. 5: *A ist Vielfaches von B* $\Leftrightarrow$ *A>B und B mißt A.*

Zunächst wird in 3. und 5. die zueinander inverse Beziehung ausgedrückt, denn *A* ist Teil von *B* $\Leftrightarrow$ *B* ist Vielfaches von *A*. Hingegen sind 3. und 4. konträr zueinander; für *A<B* ist entweder *A* Teil oder Teile von *B*. Andererseits haben *A* und *B* immer ein gemeinsames Maß, formal ergibt sich also für 3. $A<B \land \exists q: qA = B$, und für 4. $A<B \land \exists p,q \; \exists C: pC = A \land qC = B$. Daß der letzte Ausdruck für Teile nur notwendig ist, zeigt das Beispiel $A = 2l$ und $B = 4l$, der Ausdruck ist zwar erfüllt, aber dennoch ist *A* Teil von *B*.[23]

Verhältnisse sind Relationen, die mathematisch als Paare dargestellt werden; die entscheidende Frage ist nun, wann zwei Paare dasselbe Verhältnis ausdrücken, d.h. wann sie proportional sind.

---
[21] [Theon *Exp.* II.29]; bei Platon heißt es epitritos pythmen, [Platon, *Rep.* 546c].
[22] Dem entspricht die Erklärung von Burkert: "Proportionale Größen stehen 'in *logos*-Kolonne', in der durch eine Rechnung (*logos*) gebildeten Reihe." [Burkert 1971, Sp. 104].
[23] Mueller [Mueller, *Eucl. Elements*, S. 62] scheint dies zu übersehen, wenn er definiert: $m\text{-PART}(k,l) \Leftrightarrow k<l \land mk = l$; $m\text{-}n\text{-PARTS}(k,l) \Leftrightarrow k<l \land \exists j: mj = k \land nj = l$.

Def. 21: *Seien A, B, C, D Zahlen, die Paare (A,B) und (C,D) sind proportional, geschrieben (A,B) ~ (C,D) ⇔ A ist von B derselbe Teil oder dieselben Teile wie C von D.*

EUKLID fügt hinzu, daß A von B das gleiche Vielfache ist wie C von D, dies entspricht jedoch umgekehrt den gleichen Teilen. So ist die Proportion zunächst nur für Paare mit $A<B$ und $C<D$ definiert, bei umgekehrter Größenbeziehung ist lediglich die Reihenfolge in den Paaren zu vertauschen. Formal gilt $(A,B) \sim (C,D) \Leftrightarrow A<B \land C<D \land ((\exists q: qA = B \land qC = D) \lor (\exists p,q \; \exists F,G: pF = A \land qF = B \land pG = C \land qG = D))$.[24]

2	3	
3	6	9
4	8	12

An der Multiplikationstafel läßt sich die Def. der Proportion wie folgt darstellen, z.B. (6,9) ~ (8,12): Nach Nikomachos sind (6,9) und (8,12) Vielfache derselben Wurzel (2,3), da die Zahlen jeweils in denselben Spalten liegen. Gehen wir zu Zeilen über, sind (6,8) und (9,12) Vielfache derselben Wurzel (3,4). Dies besagt aber die Definition des EUKLID: 6,9 sind dieselben Vielfache von 3 wie 8,12 von 4.

Aus der Definition der Proportion ergeben sich die folgenden Regeln:
1) $(A,B) \sim (C,D) \Leftrightarrow (A,B) \sim (A+C,B+D)$, daraus folgt $(A,B) \sim (pA,pB)$.
2) $(A,B) \sim (C,D) \Leftrightarrow (A,C) \sim (B,D)$.

EUKLID definiert auch die Multiplikation:

Def. 16: *Seien A, B Zahlen, A vervielfältigt B, wenn B so oft zusammengesetzt wird, wie A Einheiten enthält, so entsteht (genetai) das Produkt AB.*

Sei $A = pI$, wobei I die Einheit, dann ist $AB = pB$. Diese Multiplikation ist kommutativ, denn mit $B = qI$ folgt $AB = p(qI) = q(pI) = BA$. Für die Einheit gilt $IB = B$, ferner ist nunmehr definiert $A^2 = AA$, $A^3 = AAA$ usw.. Daraus folgen die weiteren Regeln

3) $(A,B) \sim (AC,BC)$,   4) $(A,B) \sim (C,D) \Leftrightarrow AD = BC$.

Mit 4) wird die Proportion auf die Multiplikation zurückgeführt. Das Produkt einer Multiplikation wird von EUKLID "eben" genannt und die Fakto-

---

[24] Diese Darstellung zeigt den Inhalt der Definition, hingegen wäre die übliche Schreibweise $A:B = C:D$ ein Mißverständnis, denn Euklid bezeichnet Verhältnisse niemals als gleich, dazu müßte er nämlich zu Äquivalenzklassen übergehen, also zu einer Abstraktion, die jenseits seiner Intention liegt. Irreführend ist auch die Erklärung: "$a:b = c:d$ si $a = {}^m/_n \, b$, $c = {}^m/_n \, d$." [Zeuthen, S. 409] Dagegen hat schon Taisbak protestiert: " It is absurd to suppose that Euclid is thinking of fractions in a mathematical treatise what is so obviously a theory of integers." [Taisbak, S. 31]

ren nennt er ihre "Seiten". Diese Sprechweise erinnert daran, daß die Zahlen als Seiten eines Rechtecks dargestellt werden können, so daß das Produkt der Flächeninhalt ist; Proportionalität bedeutet dann die Ähnlichkeit der Rechtecke, womit die Regeln 1) - 4) eine anschauliche, geometrische Bedeutung haben. Entsprechend der geometrischen Darstellung definiert EUKLID die Quadratzahl als eine, die von zwei gleichen Zahlen "umfaßt" wird; ebenso eine Kubikzahl. Sowohl geometrisch als auch arithmetisch läßt sich zeigen:

Satz VIII.11: *Zwischen 2 Quadratzahlen gibt es eine mittlere Proportionalzahl; und die Quadratzahlen stehen zweimal im Verhältnis der Seiten.*[25]
Beweis. Gegeben seien A, B, dann ist $(A,B) \sim (A^2,AB) \sim (AB,B^2)$, also ist AB eine mittlere Proportionale der Quadrate. Daraus folgt $(A^2,B^2) \sim (A,B)^2$ nach

Def. V.9: *Seien A, B, C drei proportionale Größen, dann ist (A,C) das zwei-fache Verhältnis von (A,B).* D.h. unter der Voraussetzung $(A,B) \sim (B,C)$ gilt $(A,C) \sim (A,B)^2$.

IV. Eine über die unmittelbare Anschauung hinausgehende theoretische Arithmetik entstand wahrscheinlich im Zusammenhang mit der Musiktheorie. Waren zunächst die Zahlverhältnisse der Harmonien lediglich gesetzt, so daß sie ein Modell der Musik bildeten, so sollten diese Verhältnisse nunmehr wissenschaftlich, d.h. als notwendig erkannt werden. PLATON formuliert diesen Anspruch als Kritik an den Empirikern: "Sie suchen nämlich die diesen vom Ohre aufgenommenen Harmonien (*symphoniais*) zugrunde liegenden Zahlen, stellen sich aber keine weitere Aufgabe, um zu erforschen, welche Zahlen harmonisch sind und welche nicht und weshalb beides."[26] Wenn PLATON hier nach Gründen für die Harmonien fragt, so muß er annehmen, daß solche auch gefunden werden können, es muß also neben der empirischen auch eine deduktive Musiktheorie gegeben haben. Explizit überliefert ist eine solche Theorie in den Sectio canonis des EUKLID,[27] deren Ursprünge aber auf die pythagoreische Schule zurückgeführt werden können. Darin werden die Harmonien aus folgenden Prämissen abgeleitet:

i) Die Beziehungen von Tönen werden durch Zahlverhältnisse ausgedrückt.

---

[25] Vgl. [Platon, *Tim.* 32b].
[26] [Platon, *Rep.* 531c].
[27] In: [Barbera]. Zur Verfasserfrage siehe dort.

Anfänge der theoretischen Arithmetik bei den Griechen 49

ii) Konsonante Töne haben ein vielfaches oder ein überteiliges Verhältnis.
iii) Töne im vielfachen Verhältnis sind konsonant.

EUKLID stellt dann drei arithmetische Theoreme auf, auf deren Grundlage die harmonischen Intervalle bestimmt werden.

α) *Wird ein vielfaches Intervall (diastema) zweimal zusammengesetzt, entsteht wieder ein vielfaches.* Der Beweis ist trivial, seien A, B, C Zahlen mit $qA = B$ und $(A,B) \sim (B,C)$, dann ist $qB = C$ und schließlich $q^2 A = C$, also ist (A,C) vielfach. Davon gilt aber auch die Umkehrung, das ist der Inhalt von

β) *Wenn ein Zahlverhältnis mit sich selbst zusammengesetzt ein vielfaches Verhältnis ergibt, dann ist es selbst vielfach.* Dies besagt für Zahlen A, B, wenn $(A,B)^2$ vielfach ist, dann ist auch (A,B) vielfach; oder äquivalent:

β') *Wenn eine Quadratzahl eine Quadratzahl mißt, dann muß auch die Seite die Seite messen.* (VIII.14)

γ) *In einem überteiligen Intervall gibt es keine eine oder mehrere mittlere proportionale Zahlen, die darin liegen.* Zur Ableitung der Harmonien genügt eine mittlere Proportionale, und in der Form wird das Theorem von BOETHIUS dem ARCHYTAS zugeschrieben.[28]

Aus diesen Prämissen ergeben sich wie folgt die harmonischen Intervalle: Sei das doppelte Intervall einer Oktave harmonisch, da dieses aber eine mittlere Proportionale hat, ist es nicht überteilig γ) sondern vielfach, also ist die Oktave selbst vielfach β). Das doppelte von Quinte und Quarte sei jeweils nicht harmonisch, dann sind Quinte und Quarte keine vielfachen Intervalle α) sondern überteilige. Zusammengesetzt sei Quinte und Quarte die Oktave, setzen wir dafür die größten überteiligen Intervalle ein, ergibt sich das zusammengesetzte Verhältnis $(4,3) \cdot (3,2) \sim (2,1)$; diese Intervalle sind dann die einzige Lösung.

EUKLID beruft sich in seinen Beweisen von β) und γ) auf Elemente VIII.7,8, also die Theorie der zusammenhängenden Proportionen (geometrischen Reihen), als Verallgemeinerung der elementaren Arithmetik. Wollen wir jedoch die Anfänge der Theorie studieren, müssen wir als einzige erhaltene Quelle auf ARCHYTAS Beweis von γ) zurückgreifen:

"Seien A, B Zahlen im überteiligen Verhältnis, ich nehme die kleinsten Zahlen C, $C+D$ im selben Verhältnis. Da diese gleichfalls im

---
[28] [Boethius. III.11].

überteiligen Verhältnis sind, ist D ein Teil von C. Ich sage, daß D keine Zahl, sondern die Einheit ist. Sei D eine andere Zahl, dann mißt D die Zahlen C und $C+D$, was unmöglich ist, denn die kleinsten Zahlen im selben Verhältnis sind gegeneinander prim (und haben als Differenz nur die Einheit). D ist also die Einheit, zwischen C und $C+D$ gibt es dann keine mittlere Zahl. Also kann auch keine mittlere Proportionale zwischen A und B gefunden werden." [29]

BOETHIUS bezeichnet den Beweis von ARCHYTAS als unhaltbar (nimium fluxa est), wobei er den Satz in Klammern kritisiert. Dieser ist zwar nicht richtig wenn die Zahlen lediglich gegeneinander prim sind, sondern nur wenn sie zugleich im überteiligen Verhältnis sind, so daß der Satz die nächste Folgerung vorwegnimmt. BOETHIUS beurteilt den Text aber nach dem Paradigma der Elemente, wonach Sätze nur als Folge der Voraussetzungen korrekt sind, dagegen ist zu bedenken, daß die anfänglichen Schritte in Richtung einer deduktiven Theorie noch nicht deren vollendete Form haben können. Entscheidend für uns ist jedoch der Schluß, womit die Behauptung γ) auf das folgende Theorem zurückgeführt wird.

γ) *Wenn es keine mittlere proportionale Zahl zwischen den kleinsten Zahlen im selben Verhältnis gibt, dann gibt es auch keine zwischen den gegebenen Zahlen.*

Wesentlich ist für uns noch, mit welchen Begriffen ARCHYTAS gearbeitet hat, und welche Beziehungen ihm bekannt waren. So verwendet er die "kleinsten Zahlen im selben Verhältnis", doch wie ist deren Existenz gegeben? Allgemein folgt sie aus dem Prinzip der kleinsten Zahlen, doch wie sind für gegebene Zahlen die kleinsten im selben Verhältnis zu finden? Denn durch die bloße Existenz "weiß man das Ding nicht, sofern es dieses Ding ist."[30] Mit diesen Worten kritisiert ARISTOTELES die Kreisquadratur des BRYSON, die das Problem offen läßt, wie denn das dem Kreis gleiche Quadrat zu erzeugen ist. Ein ähnliches Problem, die Konstruktion der Würfelverdopplung, hat ARCHYTAS gelöst, gemäß dieser Einstellung ist anzunehmen, daß er auch die kleinsten Zahlen im selben Verhältnis zu konstruieren wußte. Dies bedeutet die Lösung von:

Problem 33: *Zu zwei gegebenen Zahlen die kleinsten zu finden, die dasselbe Verhältnis haben wie sie.*

---

[29] [Archytas, DK 47A19]. Der Text wurde schon oft vorgestellt, erwähnt sei nur [Tannery, Mém. Scient. III]; [Heath I]; [Burkert 1962, Kap. VI.2].

[30] [Aristoteles, *Anal. post.* 76a].

Anfänge der theoretischen Arithmetik bei den Griechen 51

Seien A, B gegebene Zahlen, entweder sind sie gegeneinander prim oder zusammengesetzt. Falls prim, ist zu zeigen, daß es die kleinsten sind. Falls zusammengesetzt, nehme man das größte gemeinsame Maß D (wozu der euklidische Algorithmus erforderlich ist), so daß $\exists\, p,q: A = pD \wedge B = qD$. Sei I die Einheit, $P = pI$ und $Q = qI$, dann ist $A = PD$ und $B = QD$, so daß gilt $(A,B) \sim (P,Q)$. Diese Überlegung entspricht dem folgenden Schema:

I	P	Q	Da D das größte gemeinsame Maß von A,B ist,
			Sind P, Q gegeneinander prim; sind P, Q dann
D	A	B	die kleinsten Zahlen im selben Verhältnis? Dies

scheint anschaulich gegeben, aber dennoch gibt EUKLID einen Beweis. Indem aber die Induktion durch eine Deduktion ersetzt wird, erlangt die Theorie den Charakter der Notwendigkeit und wird so zur Wissenschaft.

Satz 20. *Die kleinsten Zahlen, die dasselbe Verhältnis haben, messen Zahlen im selben Verhältnis gleich oft.*

Beweis. Seien Zahlen A, B gegeben, seien C, D kleiner und die kleinsten Zahlen im selben Verhältnis. Es soll gezeigt werden, daß C Teil von A ist, sei im Gegensatz dazu C Teile von A. Aus $(A,B) \sim (C,D)$ folgt $(C,A) \sim (D,B)$, also gilt

$C < A \wedge D < B \wedge \exists\, p,q \,\exists\, F,G: pF = C \wedge qF = A \wedge pG = D \wedge qG = B$.

Daraus folgt $(F,G) \sim (C,D)$, aber da C kein Teil von A ist, folgt $F<C$ und $G<D$. Dies ist unmöglich, denn C, D sind nach Voraussetzung die kleinsten Zahlen, also ist C Teil von A, und es folgt $\exists\, q: qC = A \wedge qD = B$.

Satz 21. *Zahlen die gegeneinander prim sind, sind die kleinsten Zahlen im selben Verhältnis.*

Beweis. Seien A, B gegeneinander prime Zahlen, seien C, D kleiner und die kleinsten Zahlen im selben Verhältnis.[31] Es folgt $\exists q: qC = A \wedge qD = B$; sei $E = qI$, I die Einheit, und $C = mI$, dann ist $A = q(mI) = m(qI) = mE$. Ebenso sei $D = nI$, dann ist $B = nE$, d.h. E mißt A und B. Dies ist aber unmöglich, also gibt es keine kleineren Zahlen im selben Verhältnis.

Damit ist das Problem gelöst; ARCHYTAS zitiert allerdings von diesen Sätzen nur die Umkehrung, "die kleinsten Zahlen im selben Verhältnis sind gegeneinander prim." Der Widerspruchsbeweis dazu ist elementar, den-

---

[31] Euklid nimmt hier nur kleinere Zahlen an, er benutzt jedoch VII.20, so daß es die kleinsten sein müssen; deren Existenz wird also für ihre Konstruktion vorausgesetzt.

noch zeigt sich daran, daß er die entscheidenden Begriffe zur Verfügung hatte. Darüber hinaus können wir zeigen, daß er auch seine weitergehende Behauptung γ') mit diesen Begriffen beweisen konnte, den Ausgangspunkt liefert die folgende Primteilereigenschaft:

Satz 30. *Wenn eine Primzahl ein Produkt von zwei Zahlen mißt, dann muß sie auch eine der beiden Zahlen messen.*

Beweis. Seien A, B Zahlen, C eine Primzahl mit $\exists p$: $pC = AB$. Sei $D = pI$, wobei I die Einheit, dann ist $CD = AB$, also $(C,A) \sim (B,D)$. Angenommen C mißt nicht A, dann ist C, A gegeneinander prim, also sind es die kleinsten Zahlen im selben Verhältnis, daraus folgt aber, C mißt B.

Empirisch läßt sich diese Eigenschaft der Primteiler an der Multiplikationstafel ablesen; die Vielfache einer Primzahl bilden darin ein Quadratgitter, der Satz besagt nun, daß jede Zahl, welche ein Vielfaches ist, notwendig auf diesem Gitter liegt, wozu es eines deduktiven Beweises bedarf.

Satz 27. *Sind zwei Zahlen gegeneinander prim, dann sind auch ihre Quadrate gegeneinander prim (und ebenso die weiteren Potenzen).*

Beweis. Seien A, B Zahlen und A^2, B^2 nicht gegeneinander prim, dann gibt es eine Primzahl C, so daß gilt, C mißt A^2 und B^2 (VII.32). Es folgt, C mißt A und B, also sind A, B nicht gegeneinander prim.

Beweis von β'): Seien A, B Zahlen so daß A^2 mißt B^2, seien M, N die kleinsten Zahlen mit $(A,B) \sim (M,N)$, dann ist $(A^2,B^2) \sim (M^2,N^2)$ und M^2 mißt N^2. Da M, N gegeneinander prim, ist auch M^2, N^2 gegeneinander prim, also ist $M^2 = I$ die Einheit und $M = I$. Es folgt $(A^2,B^2) \sim (I,N^2)$ und $(A,B) \sim (I,N)$, aus $nI = N$ folgt $nA = B$.

Korollar. *Seien A, B Zahlen und P eine Zahl mit $PA^2 = B^2$, dann ist P eine Quadratzahl.* Denn es ist $(I,P) \sim (A^2,B^2) \sim (I,N^2)$, also $P = N^2$.

Damit erhalten wir schließlich einen indirekten *Beweis von γ'):* Seien A, B Zahlen, C eine mittlere Proportionale mit $(A,C) \sim (C,B)$, seien M, N die kleinsten Zahlen mit $(A,B) \sim (M,N)$; zu zeigen ist, daß es dann auch eine mittlere Proportionale für M, N gibt. Weil dies die kleinsten Zahlen sind gilt $\exists p$: $A = pM \wedge B = pN$, sei $P = pI$, wobei I die Einheit ist. Aus $C^2 = AB$ folgt dann $C^2 = MNP^2$, also ist MN eine Quadratzahl, etwa $MN = L^2$. Daraus folgt $(M,L) \sim (L,N)$, d.h. L ist die gesuchte mittlere proportionale Zahl.

Insgesamt lassen sich also die Theoreme β) und γ) der Sectio canonis aus genau den Grundbegriffen ableiten, die bereits ARCHYTAS verwendet hat.

Es ist daher konkret möglich, daß ARCHYTAS selbst diese Ableitung gefunden hat, wobei wir nicht behaupten wollen, daß er sie tatsächlich derart ausgeführt hat. Jedoch zeigt unsere Rekonstruktion, daß dazu keineswegs die Theorie der zusammenhängenden Proportionen (VIII.1-10) vorausgesetzt werden muß,[32] vielmehr folgen die Theoreme allein aus der Primteilereigenschaft (VII.30), die somit am Anfang der theoretischen Arithmetik stehen könnte.

V. Im Dialog *Theätet* stellt uns PLATON eine Mathematikstunde des THEODOROS vor, die sich kurz vor dem Tod des SOKRATES abgespielt haben soll.[33] Darin behandelte THEODOROS die sogenannten Erzeugenden (*dynameis*), sie wurden von seinem Schüler THAITETOS wie folgt definiert: Sei e eine Einheitsstrecke, a eine Strecke, deren Quadrat $Q(a)$ ein N-faches des Einheitsquadrats $Q(e)$ ist, wobei N eine ganze Zahl ist; a ist eine Länge, wenn N eine Quadratzahl, a ist eine Erzeugende, wenn N keine Quadratzahl ist, sondern eine Rechteckzahl (*promeke*). THEODOROS zeigte dann, daß die Erzeugenden für $N = 3,5,...,17$ inkommensurabel zur Einheitsstrecke sind, und zwar nahm er sich jede Erzeugende einzeln vor.[34] Dies schließt jedoch einen Beweis mittels der oben vorgestellten arithmetischen Sätze aus, denn daraus ergibt sich die Inkommensurabilität aller Erzeugenden auf einmal.

Wir beweisen dies durch einen Widerspruch: Sei a eine Erzeugende, e die Einheitsstrecke und seien a, e kommensurabel, dann gibt es eine Strecke c als gemeinsames Maß. Formal $\exists\ p,q: a = pc \wedge e = qc$, sei I die Zahleinheit, $P = pI$ und $Q = qI$ dann ist $(a,e) \sim (P,Q)$, d.h. die kommensurablen Strecken haben das Verhältnis von Zahlen (X.5). Daraus folgt $(Q(a),Q(e)) \sim (P^2,Q^2)$ nach (X.9), und da $Q(a) = NQ(e)$ folgt $P^2 = NQ^2$. Nach dem obigen Korollar ist also N eine Quadratzahl, da a eine Erzeugende ist, kann N aber keine Quadratzahl sein, also sind a, e inkommensurabel.

---

[32] Von dieser Voraussetzung wird seit [Tannery] ausgegangen, weil die obige Alternative zu Euklids Beweis von γ) nicht beachtet wurde. Archytas beweist diesen Satz nur für ein Mittel, erst die Verallgemeinerung Euklids auf mehrere Mittel verlangt die Anwendung von VIII.8, was auch wörtlich geschieht, vgl. Sectio canonis 3.

[33] [Platon, *Theaet.* 147d-148b].

[34] Algebraisch ist $a = (\sqrt{N})\ e$. Zur Rekonstruktion des Beweises vgl. [Boehme].

Dieser Beweis zeigt, daß THEODOROS die entsprechende Arithmetik noch nicht zur Verfügung hatte. Insofern ist nach dem Zeugnis PLATONs die deduktiv theoretische Arithmetik und damit auch die wissenschaftliche Musiktheorie erst nach dem Tod des SOKRATES entstanden. Damit ist aber ausgeschlossen, daß es schon vorher "Elemente" der Arithmetik gegeben hat.[35] Einen weiteren Hinweis auf die neue theoretische Arithmetik gibt PLATON noch am Schluß der Lehrstunde des THEODOROS, wo THEAITETOS zu den Erzeugenden bemerkt: "Und für Körper gilt dasselbe". D.h. für kubisch Erzeugende sollen die analogen Eigenschaften gelten, wie für quadratische, insbesondere sind sie inkommensurabel zur Einheitsstrecke, wenn sie keine Kubikzahl darstellen. Um dies zu zeigen, benötigt THEAITETOS aber das folgende Theorem, was sich aber analog wie β') beweisen läßt.

β'') *Wenn eine Kubikzahl eine Kubikzahl mißt, dann muß auch die Seite die Seite messen.* (VIII.15)

Korollar: *Seien A, B Zahlen und P eine Zahl mit $PA^3 = B^3$, dann ist P eine Kubikzahl.*[36]

Mit Längen und Erzeugenden sind die Grundbausteine der Theorie der Irrationalen gegeben, wie sie THEAITETOS entwickelt hat. Beide sind rational, da ihre Quadrate kommensurabel zum Einheitsquadrat sind, aber gegenseitig sind sie inkommensurabel (X.Def.3). Sei a eine Länge und b eine Erzeugende, dann bildet THEAITETOS die Zusammensetzung $a+b$ (Binomiale) und die Differenz $a-b$ falls $a>b$ (Apotome), diese Größen sind irrational, da ihre Quadrate inkommensurabel zum Einheitsquadrat sind.[37] Aber um über Erzeugende allgemein verfügen zu können, ist die theoretische Arithmetik, insbesondere Theorem β') die Voraussetzung. H. G. ZEU-

---

[35] Hingegen war nach v.d.Waerden "Buch VII zur Zeit des Archytas schon vollständig fertig". "*Eukleides* fand daran nichts zu verbessern." [v.d. Waerden, S. 187f.] Abgesehen davon, daß es dafür keine Quellen gibt, wäre die theoretische Arithmetik dann lediglich eine geniale Erfindung der älteren Pythagoreer und bar jeder historischen Entwicklung, was auch wissenschaftstheoretisch ein unhaltbarer Standpunkt ist.

[36] Der obige Beweis von γ') läßt sich allerdings nicht analog für zwei oder mehr mittlere Proportionale führen, daher benötigt Euklid auch für die weitergehenden Sätze über Kubikzahlen die Theorie der zusammenhängenden Proportionen , vgl. [Euklid VI-II.21-27].

[37] Vgl. [Euklid. X.36, 73], algebraisch sind dies z.B. die Größen $(M\pm\sqrt{N})e$, wobei N keine Quadratzahl ist. Nach dem Zeugnis von Eudemos in [Pappos, Kommentar, S.12, 53] wird angenommen, daß Theaitetos diese Irrationalen gefunden hat.

THEN zog daraus den Schluß, daß die Arithmetik wie sie in Buch VII von EUKLID behandelt wird, THEAITETOS zuzuordnen ist.[38] Dies widerspricht jedoch der Überlieferung des ARCHYTAS, der die Grundbegriffe der theoretischen Arithmetik bereits verwendet und möglicherweise Theorem γ') bewiesen hat. Da die Frage ARCHYTAS oder THEAITETOS aber auf Grund der wenigen Quellen nicht zu entscheiden ist, halte ich es ebenso für möglich, daß ARCHYTAS *und* THEAITETOS die Anfänge der theoretischen Arithmetik gefunden haben. Der Gedankenaustausch war über PLATON möglich, so daß auch über einen fiktiven Dialog der beiden spekuliert werden kann. Das Werk beider würde auch dem Kommentar des PROKLOS entsprechen, der sich wiederum auf EUDEMOS beruft, wo es heißt:

> "In dieser Zeit (von PLATON) lebten auch der Thasier LEODAMAS, ARCHYTAS von Tarent und THEAITETOS von Athen, von denen die Lehrsätze vermehrt und in ein den wissenschaftlichen Anforderungen entsprechendes System gebracht wurden."[39]

Danach wird LEON als Verfasser von "Elementen" genannt, womit auch die ersten Elemente der Arithmetik vorgelegen haben könnten. Ihre endgültige Fassung dürften die arithmetischen Bücher aber erst später, möglicherweise von EUKLID erhalten haben.

Literatur

ARISTOTELES: Philosophische Bibliothek, Meiner, Hamburg.

BARBERA, A.: The Euclidean Division of the Canon. Greek and Latin Sources. University of Nebraska, 1991.

BOEHME, H.: "Theodoros und Theaitetos." In: Mathematik im Wandel. Bd.1 M. TOEPELL (Hrg.), Franzbecker, Hildesheim 1998, S. 44-57.

BOETHIUS: Fünf Bücher über die Musik. Übers. O. PAUL, Hildesheim 1973.

BURKERT, W.: Rezension zu SZABÓ, A.. *Erasmus* 23, 1971, Sp. 102-105.

BURKERT, W.: Weisheit und Wissenschaft. Nürnberg 1962.

DIELS, H., KRANZ, W.: Die Fragmente der Vorsokratiker. Berlin 1974. [DK]

---

[38] [Zeuthen, S. 421].
[39] [Proklus in *Eucl.* p. 66].

Euclidis Elementa. Libri I - XIII. Ed. J.L. HEIBERG, Teubner, Leipzig 1883.

EUKLID: Die Elemente. Übers. C. THAER, Darmstadt 1973.

FOWLER, D.: The Mathematics of Plato's Academy. Oxford 1999.

GERICKE, H.: Geschichte des Zahlbegriffs. Mannheim 1970.

HEATH, T. L.: A History of Greek Mathematics. Vol.1,2. Oxford 1921.

KLEIN, J.: Die griechische Logistik und die Entstehung der Algebra. *Quellen und Studien zur Geschichte der Mathematik.* Ausg. B, 3, 1934.

MUELLER, I.: Philosophy of Mathematics and Deductive Structure in Euclid's *Elements*. Cambridge Mass. 1981.

NICOMACHUS: Introduction to Arithmetic. Tr. M. L. D'OOGE, London 1926.

PLATON: Sämtliche Dialoge. Bd. I-VII. Übers. APELT, O., Meiner, Hamburg

PROCLI DIADOCHI in primum Euclidis Elementorum librum commentarii. Ed. FRIEDLEIN, G., Leipzig 1873.

SUTER, H.: Der Kommentar des Pappus zum X. Buche des Euklides. Abh. zur Geschichte der Naturwissenschaften und der Medizin, H. IV, 1922.

TAISBAK, C.M.: Division and Logos. Odense, 1971.

TANNERY, P.: "Un traité grec d'arithmétique antérieur a Euclide." Mém. Scient. III, S. 244-250.

THEON DE SMYRNE: Exposition. Tr. J. Dupuis, Paris 1892.

VAN DER WAERDEN, B.L.: Erwachende Wissenschaft. Basel 1956.

VITRAC, B.: Euclide, Les Éléments. Trad. du Texte de Heiberg, Paris 1994.

ZEUTHEN, H.G.: "Sur la constitution des livres arithmétiques des Éléments d'Euclide." Videnskabernes Selskabs Forhandlinger, Kopenhagen 1910.

Dr. Harald Boehme, Fachbereich Mathematik/Informatik
Universität Bremen, Bibliothekstraße 1, D-28359 Bremen
email: hboehme@uni-bremen.de

Eine multimediale Lernumgebung
zu Dürers Melencolia I

Manfred J. Bauch

Zusammenfassung

Die Möglichkeiten von Computer und Internet werden - nicht nur - im mathematischen Unterricht bereits ausgiebig erprobt und eingesetzt. Als Beispiele seien Computeralgebrasysteme und multimediale Lernumgebungen genannt. Letztere sind jedoch auch für den Mathematikhistoriker interessant, z.b. als Medium zur Präsentation seiner Forschungsergebnisse.

Beschäftigt man sich mit Mathematikgeschichte, so ist die Forschung auf diesem Gebiet nur die eine Seite der Medaille.

Einen nicht unwesentlichen Teil der Tätigkeit stellt die Präsentation der Forschungsergebnisse dar. Sobald sich der Adressatenkreis dabei über einen engen Kreis von Spezialisten und Interessierten hinaus erstreckt, sieht man sich mit einer Herausforderung konfrontiert: nämlich der, auch anderen einen Stoff näher zu bringen, den man selbst für bedeutend und spannend hält.

Einer ähnlichen Problematik steht jede Lehrerin und jeder Lehrer bei der täglichen Arbeit gegenüber, wenn es darum geht, den Schülerinnen und Schülern den Stoff zu vermitteln, den der Schullehrplan nun einmal vorsieht.

Gerade die Mathematik hat besonders damit zu kämpfen, dass Unverständnis und Ablehnung oder auch schlechte schulische Leistungen in diesem Fach auf breite gesellschaftliche Akzeptanz stoßen (nach dem Motto "In Mathe war ich auch immer schlecht"). Dies erleichtert die Aufgabe der Lehrenden keineswegs!

Im Rahmen der Bemühungen um eine Weiterentwicklung des Mathematikunterrichts, deren Notwendigkeit der Öffentlichkeit gerade momentan durch die Ergebnisse der PISA-Studie schmerzlich bewusst sind, werden

insbesondere auch die Möglichkeiten erforscht, die Computer und Internet bieten.

So werden am Lehrstuhl für Mathematik und ihre Didaktik an der Universität Bayreuth seit langem zahlreiche multimediale Lernumgebungen entwickelt. Sie setzen zum Teil die ebenfalls an diesem Lehrstuhl entwickelte Mathematiksoftware GEONExT ein.

Im Folgenden soll eine Lernumgebung zu DÜRERs *Melencolia I* näher vorgestellt werden, da sie einige Ansätze beinhaltet, die man bei einer Behandlung der eingangs geschilderten Problematik gewinnbringend aufgreifen kann.

Konzeption der Lernumgebung

Zunächst zur Konzeption der Lernumgebung:

ALBRECHT DÜRERs Kupferstich Melencolia I aus dem Jahr 1514 dient als Ausgangspunkt verschiedener Betrachtungen. Neben dem Schwerpunkt Mathematik (insbesondere Polyeder) werden das künstlerische und kunstgeschichtliche Umfeld ebenso angesprochen wie der historische Hintergrund. Die Möglichkeiten multimedialer Aufbereitung zeigen sich insbesondere in folgenden Aspekten:

- Neben dem Durchwandern vorgegebener Rundwege ist es möglich, einzelne Kapitel gezielt anzusteuern.

- Es werden umfangreiche Text- und Bildangebote in unterschiedlichem Format angeboten.

- Querverweise werden ebenso unmittelbar deutlich und erfahrbar wie die Zugehörigkeit eines Aspekts zu verschiedenen Themenkomplexen (z.B. wird das Thema Zentralperspektive sowohl aus mathematischer Betrachtung heraus motiviert wie auch aus Sicht der Kunst.) Dieser Ansatz soll das Bewusstsein für interdisziplinäre Betrachtungsweise fördern, ohne dass dabei auf fachlich fundierte Behandlung der einzelnen Teilbereiche verzichtet wird.

- Insbesondere durch den Einsatz von Java-Applets wird die Präsentation aufgelockert. Sie finden vielfältige Verwendung, so z.B. als Navigationselemente oder auch beim spielerischen Umgang mit dem Thema magische Quadrate.

Zu den angesprochenen Themen gehören im Einzelnen:

- Mathematik: Behandelt werden die Bereiche magische Quadrate, Zentralperspektive und Polyeder. Anders als sonst meist üblich bilden die Polyeder den Schwerpunkt, der sich u.a. in die folgenden Unterpunkte aufgliedert: Platonische und Archimedische Körper, Umkugeln, Netze, Symmetrie, DÜRERS Rhomboeder, DÜRER als Mathematiker, Polyeder in Kunst und Natur.
- Kunst: Hier bietet es sich an, neben einer eingehenden Betrachtung von DÜRERS *Melencolia I*, seine weiteren Meisterstiche anzusprechen, außerdem graphische Kunsttechniken und das für die Entstehenszeit der *Melencolia* gewichtige Problem der Zentralperspektive.
- Geschichte: Prägend für DÜRERS Zeit sind die Renaissance und der Humanismus.

Ergänzt wird dies alles durch Kurzbiographien und Literaturhinweise. Bei letzteren wird wieder ein Vorteil des verwendeten Mediums deutlich: mancher Text wird im pdf-Format bereitgestellt, ist also sofort und unmittelbar zugänglich.

Wie bereits erwähnt, gibt es neben dieser Lernumgebung noch viele weitere. Genannt seien als Beispiele, deren Thematik sich enger am Schullehrplan orientiert: Pythagoras, Besondere Punkte im Dreieck, Achsenspiegelungen, Goldener Schnitt, Platonische Körper.

All diese Lernumgebungen zeichnen sich dadurch aus, dass sie zentrale Themen des Geometrieunterrichts behandeln, sich verändern bzw. ergänzen lassen, d.h. sie können dem eigenen Unterricht angepasst werden (z.B. hinsichtlich der Bezeichnungen und Formulierungen). Sie sind in einzelne Sequenzen zerlegbar und somit als dynamische Arbeitsblätter einsetzbar.

Die Lernumgebungen eignen sich zur Demonstration im Unterricht, zum individuellen Erarbeiten der Lerninhalte wie auch zum eigenständigen Wiederholen

Aus technischer Sicht sei abschließend betont, dass der Einsatz der Lernumgebungen unabhängig von Betriebssystem und verwendetem Browser möglich ist (mit wenigen Einschränkungen bzgl. der verwendeten Version). Auch ist ein Internetanschluss nicht zwingend nötig, bei Installation auf Festplatte stehen - abgesehen von einigen Links - alle Funktionalitäten zur Verfügung.

Bezugsquellen:

Alle erwähnten Lernumgebungen und die Software GEONExT sind frei erhältlich im Internet unter

http://did.mat.uni-bayreuth.de (Link Multimediale Lernumgebungen) sowie http://geonext.de

Dr. Manfred J. Bauch, Lehrstuhl für Mathematik und ihre Didaktik, Universität Bayreuth, Postfach 101 251, D-95440 Bayreuth
email: manfred.bauch@uni-bayreuth.de

Korbbogenkonstruktionen –
Theorie und Anwendungen in der Baupraxis

Eberhard Schröder

An Zweckbauten aller Art aus unterschiedlichen Epochen begegnet man der Bauweise des "gedrückten Bogens", auch Korbbogen genannt. Welche Motivation führte in vergangenen Jahrhunderten dazu, vom romanischen Halbkreisbogen abzuweichen und zu gedrückten Bögen in vielfältigsten Ausführungen überzugehen? Bei Überbrückung eines Flusses von bestimmter Breite mittels eines romanischen Rundbogens sind bei An- und Abfahrt der Brücke je nach Flußbreite größere Höhenunterschiede zu überwinden, was vor allem für Fahrzeuge hinderlich sein kann. Im Hausbau hat die Anwendung romanischer Rundbögen bei größeren Fensteröffnungen eine oft nicht vertretbare Geschoßhöhe zur Folge (vgl. Abb. 1).

Abb.1: Brücke von Mostar - romanischer Rundbogen

In einer Zeit, wo eine Bauweise mit Spannbeton noch nicht realisierbar war, verfolgte man mit dem Einsatz von gedrückten Bögen im Haus - und Brückenbau ein praktisches Anliegen (vgl. Abb. 2).

Abb.2: Gedrückte Bögen - Korbbögen an einem Wohnhaus in Tschechien (18. Jahrhundert)

Auf der Suche nach einem ersten theoretischen Hinweis auf diese Konstruktionsweise in der Literatur wird man fündig in DÜRERs „Underweysung" von 1525. Er schreibt dort auf Seite Ciij in Verbindung mit der konstruktiv ausgeführten affinen Transformation eines Halbkreises in eine Halbellipse: "Vonnöten ist den Steinmetzen zu wissen, wie sie einen halben Zirckelriß oder Bogenlini in die Länge sollen ziehen, daß sie der ersten in der Höh und sonst in allen Dingen gemäß bleiben" (vgl. Abb.

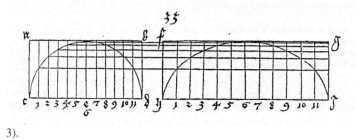

3).

Abb. 3: Konstruktion eines gedrückten Bogens nach einer von Dürer an Steinmetzen gegebenen Empfehlung aus dem Jahre 1525

Zunächst kann DÜRERs Hinweis als Bestätigung dafür angesehen werden, daß schon zu dieser Zeit "gedrückte Bögen" eine vielfältige Anwendung in der Baupraxis fanden. Hingegen ist seine Empfehlung als realitätsfern und kaum praktikabel anzusehen. Jeder Stein des Bogens (Prismenstümpfe) müßte danach einzeln bemaßt werden. Auf die Forderung nach Orthogonalität von Fuge und Umrißlinie des Bogens ließ sich DÜRER in seiner Konstruktion nicht ein. Sicher bot dieser Hinweis niemals eine Hilfe für den Steinmetz. Diese benutzten zu dieser Zeit gewiß schon eine Lösung, bei der man die "gedrückte Bogenform" mit nur zwei Steinformaten erzielen konnte.

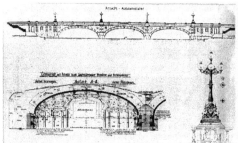

Abb. 4 zeigt die Seitenansicht einer Brücke, bei der die von oben

Korbbogenkonstruktionen 63

Abb.4: Korbbogenkonstruktion an Alsterbrücke (19. Jh.) gedrückte Form im Prinzip mit zwei Arten prismatisch zugeschnittener Steinformen erzielt worden ist. Eine schematische Darstellung der vorliegenden Lösung bietet Abb. 5. Die Bogenwölbung setzt sich aus drei Teilabschnitten zusammen. Die Konstruktion der Krümmungsmitten für den Mittelabschnitt und die beiden Seitenabschnitte der Brücke lassen es zu,

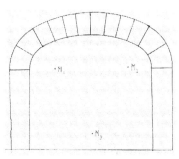

Abb.5: Prinzipskizze eines aus Quadern von zweierlei Formaten gefügten Korbbogens

daß für den Bau der Brücke im Prinzip lediglich zwei Steinformate erforderlich sind. Die Fugen zwischen zwei Steinen treffen die Umrißlinie des Bogens in jedem Punkt orthogonal.

Eine erste theoretische Abhandlung zur Problematik des Steinschnittes bei der Konstruktion von Gewölben in zivilen und militärischen Bauten findet sich in dem 1737-39 in Straßburg erschienenen dreibändigen Werk des Franzosen AMÉDÉE-FRANÇOIS FRÉZIER mit dem Titel: "La théorie et la pratique de la coupe des pierres". In Abb. 6 verdeutlicht Fig. 217, wie ein Bogenstück aus zwei Kreisbögen mit unterschiedlicher Krümmung zusammengesetzt wird. Besonders zu beachten ist, daß die Tangente an die Kurve im Verknüpfungspunkt i parallel zur Sekante RN verläuft. Mit Fig. 217 ist die für Baupraktiker beim Steinschnitt kombinierter Bögen vorliegende Problematik klar erkennbar. Man gelangt zu folgender allgemein faßbarer Problemstellung:

Zwei in komplanarer Lage befindliche Linienelemente sind durch zwei Kreisbögen derart miteinander zu verknüpfen, daß die Tangente an die zu konstruierende Kurve im Verknüpfungspunkt eindeutig ist und parallel zur Verbindungsgeraden c der Trägerpunkte A(b) und B(a) (lies A auf b und B auf a) liegt (vgl. Abb. 7).

Mit Hilfe von Überlegungen an einem parabolischen Kreisbüschel bietet sich folgende konstruktive Lösung an:

Die beiden Linienelemente A(b) und B(a) sind zu einem Dreieck ABC, dem Sekanten - Tangentendreieck, zu vervollständigen. Weiterhin ist der Inkreismittelpunkt J des Dreiecks ABC zu konstruieren. Dann ist das Lot

von J auf die Dreieckseite c zu fällen. Ferner sind die Senkrechten auf a in B und

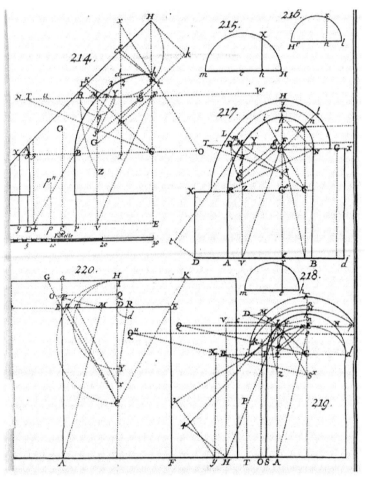

Abb.6: Gewölbekonstruktionen mit Kreisbögen unterschiedlicher Krümmung nach A. Frézier (1737). Man beachte besonders Fig. 217

Korbbogenkonstruktionen

auf b in A zu errichten. Diese Senkrechten schneiden das Lot von J auf c in den Punkten M_A bzw. M_B, den Krümmungsmitten der zu bestimmenden Kreisbögen (vgl. Abb. 8).

Abb.7: Skizze zur Definition des Korbbogens und zum konstruktiven Ansatz der Korbbogenverbindung von zwei komplanaren Linienelementen

Die Kreisbögen um M_A durch A und um M_B durch B führen auf die geforderte Bogenverbindung durch den Inkreismittelpunkt J.

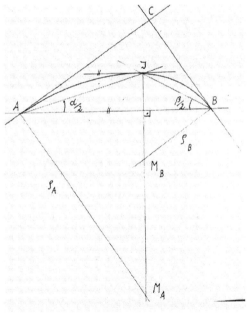

Abb.8: Konstruktive Lösung für den allgemeinen Fall einer Korbbogenverbindung

Sind α und β die Innenwinkel des Dreiecks ABC, dann stehen die Krümmungen der in J zusammentreffenden Kreisbögen im Verhältnis

$$\kappa_A : \kappa_B = \sin^2 \frac{\alpha}{2} : \sin^2 \frac{\beta}{2}$$

Ist ρ der Inkreisradius des Sekanten - Tangentendreiecks, dann gilt für die Radien der beiden Kreise:

$$\rho_A = \frac{\rho}{2\sin^2 \frac{\alpha}{2}} \text{ und}$$

$$\rho_B = \frac{\rho}{2\sin^2 \frac{\beta}{2}} \text{ mit}$$

$$\rho = s \tan \frac{\alpha}{2} \tan \frac{\beta}{2} \tan \frac{\gamma}{2}.$$

Das mit Abb. 8 demonstrierte konstruktive Vorgehen werde zunächst für den in der Baupraxis wichtigsten Fall erprobt, nämlich von Tor -, Brücken - und Fensterbögen. Hierbei ist das Dreieck rechtwinklig, mit dem rechten Winkel bei C.

Das Linienelement A(b) liegt lotrecht und B(a) waagerecht. In der oben angegebenen Weise findet man J, M_A und M_B. Nun kann man die sich in J treffenden Kreisbögen zeichnen.

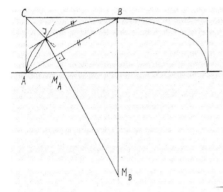

Durch Spiegelung der Bögen an der Lotrechten BMB gelangt man zum vollständigen gedrückten Bogen, auch Korbbogen genannt (vgl. Abb. 9).

Es wäre ein Irrtum, den so konstruierten 'Bogen mit einer Halbellipse gleichzusetzen, den Punkt A als Hauptscheitel und B als Nebenscheitel dieser Ellipse anzusehen.

Abb.9: Umsetzung der obigen Konstruktion für einen Brückenbogen: die beiden vorgegebenen Linienelemente stehen senkrecht zueinander

Abb. 10 zeigt eine vollständig ausgezeichnete Ellipse mit ihren Scheitelpunkten. Ferner sind die zu A und B gehörigen Krümmungsmitten N_A und N_B (Mitten der Scheitelkrümmungskreise) in bekannter Weise konstruiert. Die beiden zu A bzw. B gehörigen Scheitelkrümmungskreise besitzen keinen reellen Schnittpunkt. Folglich

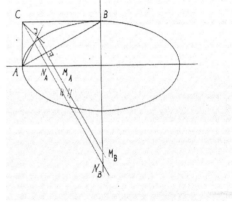

Abb.10: Gegenüberstellung des Korbbogens einer Brücke mit der entspr. Halbellipse

kann man sie auch nicht zu einem Kurvenbogen in der oben geforderten Weise verknüpfen. Der Inkreismittelpunkt J des Dreiecks ABC liegt gene-

rell außerhalb der Ellipse. Folglich liegt auch der Korbbogen - mit Ausnahme der Scheitelpunkte - außerhalb der Ellipse. Die Krümmungsmitten M_A und M_B der Korbbogenkreise wurden in Abb. 10 zusätzlich mit eingezeichnet.

Ein für Anwendungen wichtiger Sonderfall vorliegender Konstruktion besteht darin, daß die beiden Linienelemente senkrecht im Raum und damit *parallel* zueinander liegen. Damit ist C ein Fernpunkt. Da auch in diesem Fall ein Inkreis existiert, läßt sich die Konstruktion ganz analog durchführen. Für das Verhältnis der Krümmungen gilt die Beziehung:

$$\kappa_A : \kappa_B = \tan^2 \frac{\alpha}{2}$$

Als Unterbau von Treppenaufgängen in öffentlichen Gebäuden und Schlössern ist dieser sogenannte aufsteigende Korbbogen oft vorzufinden (vgl. Abb. 11).

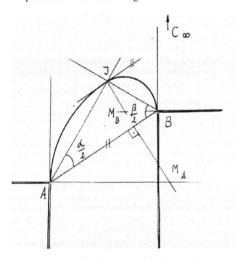

Abb.11: Korbbogen bei Parallelität der vorgegebenen Linienelemente

Trifft man die Vorgabe der Linienelemente so, daß einer der beiden Winkel stumpf ist, so führt dies auf Bögen mit einem großen Krümmungssprung an der Verknüpfungsstelle (vgl. Abb.12). Derartige Kreiskombinationen sind vielfältig im Jugendstil vorzufinden. Fenstereinfassungen an Häusern, Umrahmungen an Möbeln und innenarchitektonische Ausstattungen von Räumen zeichnen sich durch derartige Linienführungen aus.

Von geometrischem Interesse sind in diesem Zusammenhang die drei Ankreismittelpunkte des Sekanten-Tangentendreiecks ABC. Zunächst sei der im Winkelbereich von γ liegende Ankreismittelpunkt J_C Gegenstand der Betrachtung. Das Lot von J_C auf c schneidet die Senkrechten auf das Linienelement A(b) in M_A und auf das Linienelement B(a) in M_B. Auch hier erfüllen die Kreise um M_A mit der Länge von $J_C M_A$ als Radius und um M_B mit

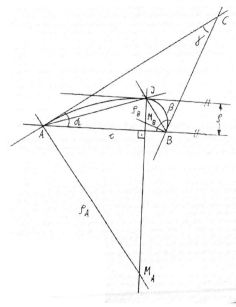

Abb.12: Korbbogen für den Fall eines großen Krümmungssprunges an der Verknüpfungsstelle

der Länge von $J_C M_B$ als Radius die eingangs gestellte Verknüpfungsvorschrift. Die Tangente an diesen Korbbogen in J_C ist parallel zu c. Die Krümmungsradien der so kombinierten Kreisbögen stehen im Verhältnis

$$\tilde{\kappa}_A : \tilde{\kappa}_B = \cos^2 \frac{\alpha}{2} : \cos^2 \frac{\beta}{2}$$

(vgl. Abb.13).

Zu bemerkenswerten Varianten der Kreisbogenverknüpfung führen die in den Winkelbereichen von α und β liegenden beiden Ankreismittelpunkte J_a und J_b. Eine konsequente Übertragung des konstruktiven Vorgehens entsprechend Abb. 8 auf diesen Fall zeigt, daß der Verknüpfungspunkt einen Rückkehrpunkt der Verknüpfungslinie darstellt, wobei die Tangente in der Spitze - entsprechend der aufgestellten Forderung- parallel zu c liegt.

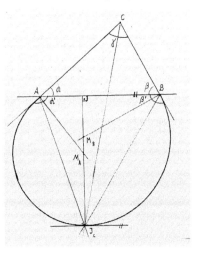

Abb.13: Korbbogenverknüpfung zweier Linienelemente über einen Ankreismittelpunkt des Sekanten-Tangenten-Dreiecks

Der an gotischen Bauwerken feststellbare Formenreichtum von steinernem Schmuckwerk läßt die Vermutung zu, daß solche Konstruktionen als Vorlagen für die Steinmetze gedient haben. (vgl. Abb. 14).

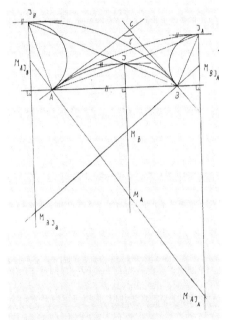

Abb.14: Korbbogenverknüpfung von zwei Linienelementen über die anliegenden Ankreismittelpunkte - die Verknüpfungsstellen bilden je einen Rückkehrpunkt der Kurve.

In Abb. 15 wurde die Vorgabe der beiden Linienelemente so getroffen, daß bei zusätzlicher Spiegelung ein gotischer Spitzbogen besonderer Art entsteht. Die stärkere Krümmung ist nach oben verschoben. Wegen der stärkeren Betonung der Senkrechten in solchen kirchlichen Bauten spricht man von der Perpendikulargotik. Sie ist in Frankreich seit dem 13. Jahrhundert nachweisbar.

Ein Gegenstück zur Perpendikulargotik hat in England seit der Thronbesteigung der Tudor (1485) weite Verbreitung gefunden, der sogenannte Tudor-style. Aus der Vorgabe der Linienelemente resultiert eine Verschiebung der stärkeren Krümmung nach unten. Anwendungen dieser Bogenkombination finden sich in den Universitätsbauten von Oxford und Cambridge sowie in Windsor Castle (vgl. Abb. 16).

70   Eberhard Schröder

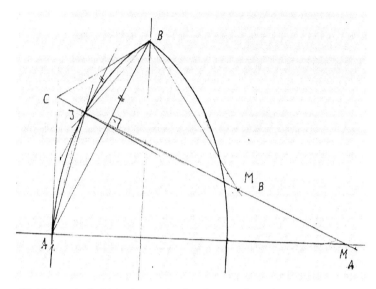

Abb.15: Vorgabe der Linienelemente für einen Bogen nach Art der Perpendikulargotik

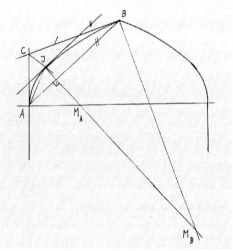

Abb.16: Vorgabe der Linienelemente für einen Bogen nach Art des Tudor - Style

Korbbogenkonstruktionen

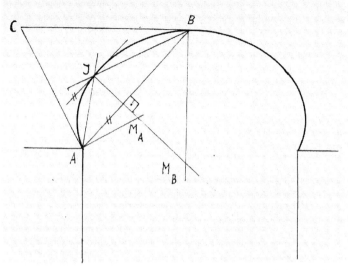

Abb.17: Vorgabe der Linienelemente nach Art der Profillinie einer Kirchturmhaube

Entwürfe der Profillinien der Hauben von Kirchtürmen zeugen gleichfalls von Anwendungen der Korbbogenkonstruktion. An der Haube der Münchner Frauenkirche ist dieser Ansatz mit zwei Linienelementen unverkennbar (vgl. Abb. 17).

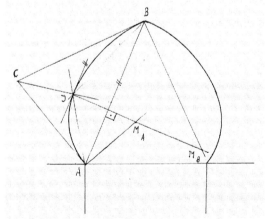

Abb.18: Vorgabe der Linienelemente für einen Bogen nach Art einer orientalischen Toreinfahrt

Selbst beim Entwurf repräsentativer Bauwerke im Orient (Samarkand, Persien, Indien) sind solche Konstruktionsweisen besonders bei Portalen nachweisbar (vgl. Abb. 18).

Brückenbauten aus früheren Jahrhunderten zeugen noch heute von der statischen Festigkeit des Korbbogens.

Abb.19: Umsetzung der Vorgaben nach Abb. 15 auf Stützpfeiler einer gotischen Kirche in Frankreich (Perpendikulargotik)

Korbbogenkonstruktionen

Abb.20: Umsetzung der Vorgaben von Abb. 16 auf Schloß Windsor (15. Jahrhundert)

Abb.21: Umsetzung der Vorgaben von Abb. 9 auf ein Bauwerk der Renaissance (Gewandhaus in Braunschweig 17. Jahrhundert

Abb.22: Umsetzung der Vorgaben von Abb. 12 auf die Fensterkonstruktion eines im Jugendstil erbauten Wohnhauses in Riga (um 1900)

Korbbogenkonstruktionen

Abb.23: Umsetzung der Vorgaben von Abb. 18 auf das Portal einer Moschee in Samarkand (14. Jahrhundert)

Dr.habil. Eberhard Schröder, Büttemerweg 26, D-69493 Hirschberg 1

Franz Brasser (um 1520 - 1594) von Lübeck - der niederdeutsche Rechenmeister

Ulrich Reich

Der Lübecker Schul- und Rechenmeister FRANCISCUS (oder FRANZ) BRASSER (um 1520 - 1594) war in der zweiten Hälfte des 16. Jahrhunderts einer der bekanntesten und einflußreichsten Rechenmeister und wurde der gemeinsame Lehrer von ganz Sachsen und allen deutschen Seestädten genannt. BRASSERs Rechenbücher fanden zwischen 1552 bis 1710 weite Verbreitung. Dem Autor sind heute 46 Auflagen bekannt, von denen ihm 30 gesichert erscheinen. Zu BRASSERs Lebzeiten erschienen vier Auflagen in niederdeutscher Sprache, spätere auch in hochdeutscher Sprache, in Latein und einmalig 1638 in Dänisch. FRANZ BRASSER führte mehrere Jahrzehnte eine deutsche Schule für Knaben, die in Lübeck die berühmteste und am besten besuchte gewesen sein soll. Der Rat der Stadt ernannte BRASSER als einen der beiden Inspektoren über alle deutschen Schulen in Lübeck. Zusätzlich versah BRASSER das Amt des Werkmeisters bei der Sankt Katharinenkirche. Über FRANZ BRASSER hat der Autor bereits mehrfach berichtet:

REICH, ULRICH: 400. Todestag des Lübecker Schul- und Rechenmeisters Franciscus Brasser, in SALTZWEDEL, ROLF (Hrsg.): Der Wagen 1995/96, ein Lübeckisches Jahrbuch, Hansisches Verlagskontor Lübeck 1995, 74 - 83.

REICH, ULRICH: Der Lübecker Schul- und Rechenmeister Franz Brasser, Lehrer von ganz Sachsen und allen deutschen Seestädten, in: Schriften des Adam-Ries-Bundes Annaberg-Buchholz, Band 7, Freiberg 1996, 239 - 248, und in Freiberger Forschungshefte, D 201, Wirtschaftswissenschaften, Geschichte, Technische Universität Bergakademie Freiberg, 1996, 239 - 248.

REICH, ULRICH: Brasser, Franz (Franciscus), in: Biographisches Lexikon für Schleswig-Holstein und Lübeck, Band 11, Wachholtz Verlag Neumünster 2000, 55 - 58.

Franz Brasser - der niederdeutsche Rechenmeister

Abb.: Titelblatt des Rechenbuches von Brasser, Hamburg 1594, Standort Universitäts- und Landesbibliothek Sachsen-Anhalt, Sign. Pon Πg 472

Mathematik und Wein - eine vergnügliche mathematische Reise durch die Weinkultur

Ulrich Reich

Was verbindet die Mathematik und den Wein? Daß sich die Gemeinsamkeiten nicht nur auf den Buchstaben i beschränken, soll in diesem Aufsatz aufgezeigt werden.

1. Definitionen

In der Mathematik beginnt man gerne mit Definitionen. Hier wird jedoch auf die Erörterung der Frage "Was ist Mathematik?" wohlweislich verzichtet. Über den Wein schrieb der Arzt NICOLAUS SPINDLER 1556:

> "Ich halte für unnötig zu beschreiben, was der Wein sei zu diesen unseren Zeiten, denn er ist so bekannt, daß ihn auch die jungen Kinder in der Wiegen kennen."

Und damit wird auf weitere Versuche des Definierens verzichtet.

Das Wort Wein taucht in der Mathematik in dem Begriff "weinwendig" auf. Außerdem gibt es den Begriff "hopfenwendig". Hopfenwendigkeit bedeutet Linksschraubung und Weinwendigkeit Rechtsschraubung.

EBERHARD SCHRÖDER schreibt in einem bisher unveröffentlichten Gedicht:

> "Den Wein seh'n wir nur rechts sich winden, um an dem Stützwerk Halt zu finden."

Weil sich die Rebe rechts herum windet, deshalb müssen Sie den Korken auch rechts herum drehen, um eine Weinflasche zu öffnen.

Und wenn man zu viel des seligen Weins getrunken hat und es dreht sich alles um einen, wie herum wird es dann wohl sein?

2. Assoziationen bei Namen

Bei welchen Namen wird man an Wein und an Mathematik erinnert? Ein Mathematiker namens Wein konnte nicht entdeckt werden. Mit der Silbe Wein beginnen mehrere Namen von Mathematikern. Besonders erwähnt werden soll JULIUS WEINGARTEN (1836 - 1910), der erster Vorsitzender der *Berliner Mathematischen Gesellschaft* war.

Nun zu den Weinsorten: Zuallererst denke ich an den König der Weißweine, den Riesling. Den Cossisten fällt bei der ersten Silbe Ries gleich der Name ADAM RIES (1492 - 1559) ein und auch seine Söhne. Weiterhin gibt es zwei ungarische Mathematiker, die Brüder FRÉDÉRIC RIESZ (1880 - 1956) und MARCEL RIESZ (1886 - 1969).

Bei der Rebsorte Müller-Thurgau, fällt beim ersten Namen JOHANNES MÜLLER aus Königsberg (1436 - 1476) ein, der als REGIOMONTANUS bekannt ist. Dieser Name Müller ist unter Mathematikern weit verbreitet. 24 Mitglieder der DMV tragen diesen Namen.

3. Weinmaße

Zum Verständnis der folgenden Aufgaben ist eine Betrachtung der spätmittelalterlichen Hohlmaße hilfreich. Hier gibt es regional und zeitlich wie bei anderen Maßen erhebliche Unterschiede.

Ein Fuder ist das Volumenmaß, das von der Ladung (Fuhre) eines zweispännigen Wagens abgeleitet ist. Üblicherweise ergab bei Wein, Bier und auch Met ein Fuder 12 Eimer. Im Herzogtum Württemberg samt der Reichstadt Esslingen hatte ein Fuder nur 6 Eimer, neckarabwärts in der Reichstadt Heilbronn waren es dagegen 20 Eimer. Dafür war ein Eimer in Württemberg 160 Maß, in Heilbronn dagegen nur 24 Maß. Somit besaß das Fuder in Württemberg 960 Maß und in Heilbronn 480 Maß. In Bayern entsprach einem Eimer 60 Maß ("nach der Visier") oder 64 Schenkmaß, in Leipzig 54 Maß bzw. 58 Schenkmaß und in Nürnberg und Würzburg 64 Maß bzw. 68 Schenkmaß.

Bei ADAM RIES kamen auf einen Eimer 64 bzw. 72 Viertel, bei JOHANN ALBERT (1488 - 1558) 64 Kandel. Eine Kanne hatte regional unterschied-

lich einen Inhalt zwischen 0,9 l und 2,6 l. Die Tonne war 4, 5 oder 6 Eimer. Weitere regionale Einheiten waren Ime, Stübbich und Össel. In Lübeck galt 1556 ein Fuder 6 Ame, 1 Ame waren 40 oder 48 Stoeveken und 1 Stoeveken 4 Quarteer.

4. Rechenaufgaben

Aufschlußreich ist der Anteil von Rechenaufgaben über Wein bei den Autoren verschiedener Rechenbücher:

FRANZ BRASSER, Lübeck 1552	0 von 231 Aufgaben	0 %
FRANZ BRASSER, Lübeck 1556	3 von 356 Aufgaben	0,9 %
KASPAR HÜTZLER, Lübeck 1547	4 von 269 Aufgaben	1,5 %
JOHANNES JUNGE, Lübeck 1578	7 von 469 Aufgaben	1,5 %
BAMBERGER MS, Bamberg um 1460	11 von 385 Aufgaben	2,9 %
JOHANN ALBERT, Wittenberg 1534	12 von 344 Aufgaben	3,5 %
JOHANN ALBERT, Wittenberg 1541/2	13 von 353 Aufgaben	3,7 %
ALG. RATISBONENSIS, Regensb. 1461	15 von 354 Aufgaben	4,2 %
ADAM RIES 2, Erfurt 1522	11 von 232 Aufgaben	4,7 %
ADAM RIES 1, Erfurt 1518	7 von 131 Aufgaben	5,3 %
JOHANN WEBER, Leipzig 1583	34 von 588 Aufgaben	5,8 %
ADAM RIES 3, Leipzig 1550	42 von 716 Aufgaben	5,9 %
MARTIN STÖTTER, Tübingen 1552	19 von 265 Aufgaben	7,2 %
PETER APIAN, Ingolstadt 1527	35 von 348 Aufgaben	10,1 %
JOHANNES WIDMANN, Hagenau 1519	34 von 314 Aufgaben	10,8 %
MARTIN STÖTTER, Nürnberg 1574	43 von 338 Aufgaben	12,7 %

Augenfällig kann ein deutliches Nord-Süd-Gefälle erkannt werden.

Es sollen einige Rechenaufgaben zum Thema Wein präsentiert werden. Spätestens jetzt wird dem Leser empfohlen, bei dieser Lektüre ein Glas guten Weins zu genießen. Denn wenn man täglich ein Viertel Wein trinkt, wird man 100 Jahre alt. Wie alt wird man aber, wenn man täglich vier Viertel Wein trinkt?

Bei Bier klingt eine Aufgabe recht profan. So schreibt ADAM RIES 1550 in seinem 3. Rechenbuch:

"15 Bauern trinken ein Faß Bier aus in 5 Stunden. In wie langer Zeit trinken es 20 Bauern aus?"

Solche Aufgaben gibt es nicht über Wein, weil der Wein halt etwas Besseres ist.

Begonnen wird mit zwei einfachen Rechnungen aus dem Rechenbuch des Wittenberger Rechenmeisters JOHANN ALBERT, die ebenso wie alle weiteren Aufgaben wortgetreu in heute verständliches Deutsch übertragen werden:

"Was kostet 1 Eimer Wein, wenn 1 Kandel 10 d [denarius = Pfennig] gilt? Facit 2 fl [Gulden] 11 gr[oschen] 4 d." (1 Eimer = 64 Kandel)

In einer weiteren Aufgabe werden größere Maßeinheiten verwendet:

"Ein Weinschenk kauft 8 Fuder Wein um 238 fl 12 gr. Wie kommt 1 Eimer? Facit 2 fl 10 gr 2 ¼ d."

Der Titeleinband dieses Rechenbuches hat auf indirekte Weise mit Wein zu tun: Er stammt aus der Werkstatt des LUCAS CRANACH D. Ä. (1472 - 1553). CRANACH war nicht nur Maler, sondern zeitweise auch Bürgermeister von Wittenberg und hatte als Weinhändler das Weinmonopol für halb Sachsen. Außerdem war Cranach Apotheker, so daß er bei schädlichen Folgen nach Genuß eines schlechten Weines oder bei zu starkem Weingenuß gleich behilflich sein konnte.

Von der Lagerkapazität in einem Weinkeller handelt eine Aufgabe aus den ALKUIN (um 732 - 804) zugeschriebenen Aufgaben zur Schärfung des Geistes der Jugend:

"Ein Weinkeller ist 100 Fuß lang und 64 Fuß breit. Sage, wer es kann, wieviel Fässer er aufnehmen soll, wenn jedes Faß 7 Fuß lang und in der Mitte 4 Fuß breit ist und ein Durchgang 4 Fuß breit ist."

Dieser Weinkeller ist von einer prächtigen Größe, denn es passen in ihn je nach Anlegen der Durchgänge 150 bis 210 Fässer, deren jeweiliger Inhalt auf fast 2000 l geschätzt wird.

Mit der Aufgabe des aus Ulm stammenden Schul- und Rechenmeisters MARTIN STÖTTER (1523 - 1594) soll das Rechnen geübt werden. Ihr kann nicht so ganz Realitätsbezug zugesprochen werden:

"Ein Wirt hat dreierlei Wein, beim ersten gilt ein Maß 9 d, beim andern 1 Maß 10 d und beim dritten 12 d. Einer bringt 12 ß [Schilling] 7 Heller. Er will diese drei Weine einer soviel haben als des andern. Wieviel muß man ihm geben? Facit 2 Maß 27/62."

JOHANN ALBERT hat gegenüber MARTIN STÖTTER eine Steigerung von drei auf sechs Getränke vorgenommen:

"Ein Wirt schickt seinen Diener nach sechserlei Getränk, gibt ihm 8 fl, heißt ihn, eins so viel zu bringen als des andern. Einbeckisch Bier gilt 1 Kandel 6 d, Landwein gilt 1 Kandel 10 d, Frankenwein gilt 1 Kandel 14 d, Rheinischen Wein gilt 1 Kandel 18 d, Klarer gilt 1 Kandel 5 gr, Malvasier 1 Kandel zu 7 gr. Nun ist die Frage, wieviel Kandel jegliches Getränks er bringen soll, und wieviel er für ein jegliches Getränk soll geben? Facit 10 Kandeln 1 Össel soviel soll er eins jeglichen Getränks bringen."

Eine Aufgabe zur Regula Falsi hat MARTIN STÖTTER in eine Reise eingekleidet, die ein Fuhrmann zur Weinbeschaffung unternimmt:

"Ein Fuhrmann fährt nach Wein, hat mit sich Geld, weißt nicht wieviel, kehrt bei einem Wirt ein, der leiht ihm den halben Teil soviel, als er vorhin hat. Davon verzehrt der Fuhrmann 2 fl. Der Fuhrmann kehrt bei einem anderen Wirt auch ein, der leiht ihm den dritten Teil soviel Gelds, als der Fuhrmann bei ihm hat. Davon verzehrt der Fuhrmann 1 1/3 fl. Dann fährt der Fuhrmann abermals zu einem Wirt, der leiht ihm 1/4 soviel Gelds, als der Fuhrmann bei ihm hat. Davon verzehrt der Fuhrmann 3 fl. Nun kauft der Fuhrmann Wein, gibt all sein Geld aus, nämlich 42 fl. Ist die Frage, wieviel der Fuhrmann erstlichs Geld mit ihm ausgeführet habe. Facit 20 fl."

Aufschlußreich und sehr realitätsnah erscheint STÖTTERs Rechenaufgabe zum Weinkauf. Hier werden die Esslinger Sitten verraten, nach denen einem Weinkunden noch zusätzliche Ausgaben für Trinkwein, Aufwechsel und Unterkauf aufgebürdet werden:

"Ein Fuhrmann kauft Wein zu Eßlingen, das Fuder pro 47 ½ fl. [Es] halten seine Fässer an der Eich daselbst das erste 1 Eimer 1 Ime 6 Maß, das andere 13 Ime 8 Maß, das dritte 1 Eimer minder 1 Maß, das vierte 11 Ime 7 Maß, das fünfte 18 Ime 3 Maß, ein kleines Fäßle hält 3 Ime 4 Maß. Und er muß 4 Maß Trinkwein bezahlen. Ist die Frage, wieviel er Wein geladen und was er um denselben schuldig wird. Und er muß auf jeden Gulden im Kauf 1 Kreuzer Aufwechsel und von je-

Mathematik und Weinkultur 83

dem Eimer 1 ß Unterkauf geben. Facit: Wein geladen 5 Eimer 1 Ime 1 Maß, gibt darum 40 fl 27 ß 2 7/8 hel."

Bei dem angegebenen stolzen Preis für ein Fuder kann es sich bei dem Wein nur um den überragenden Esslinger 1547er Neckarhalde Trollinger Spätlese trocken gehandelt haben.

Den warnenden Zeigefinger vor dem Alkoholismus erhebt JOHANN ALBERT bei dieser Aufgabe:

"Wenn einer alle Tag 8 d verzecht, wie viel hat er ein Jahr verzecht? Facit 11 fl 12 gr 4d."

Der nächsten Aufgabe muß vorausgeschickt werden, daß die Steigerung von Milchmädchen Weinmädchen oder Weinkehlchen ist. Und wie man Geld mit Wein verdienen kann und wie sich der Lübecker Rechenmeister FRANZ BRASSER (um 1520 - 1594) den Ertrag einer Rebe vorstellt, zeigt die folgende Weinkelchenrechnung in niederdeutscher Sprache:

"Tho Coellen wanen etlike Boergers, ein yüwelick hefft so vel Wingarden alse erer syn, eyn yüwelick Wingarde hefft so vel Stöcke alse der Börgers synt, eyn yüwelick Stock hefft so vel Rancken alse der Börgers synt, eyn yüwelick Rancke hefft so vel Druven alse der Börgers synt, eyn yüwelick Druve gyfft so vel Quarteer Wins alse der Börgers syn. [Die Bürger] bringen allen Win tosamende, vinden yn alles 13 Voeder 3 Ame 18 ¼ Stoeveken, vören den Win tho Lübeck, vorköpen de Ame dar vor 18 Mrk. Js de Frage, wo vel der Boergers gewesen syn, vnde wo vel Geldes se dar vth gemaket hebben, vnde wat eynem yderen daruan thor Dele behoert. Facit der Boergers syn 5, vnde hebben vth dem Wine gemaket 1464 Mrk 13 ß 6 d, eynem yüweliken gehoert van dem Gelde 292 Mrk 15 ß 6 d."

Ein trauriges Beispiel schildert JOHANN ALBERT mit seiner Aufgabe "Weinfaß mit 3 Zapfen":

"Ein Faß hält 316 Eimer Wein, hat 3 Zapfen. Und wenn der erste Zapfen allein gezogen würd, lieff der Wein aus in 1 Tagen und Nacht. Zug man aber den andern, so lief er aus in 3 Tagen und Nacht. Wo aber der dritt Zapfen zogen würd, lief er aus in 4 Tagen und Nacht. Nu wird begehrt zu wissen, wenn alle 3 Zapfen zu gleich zogen würden, in wieviel Tagen er auslief und wieviel Eimer durch ein jeglich Zapfloch in Sonderheit ging? Facit in 12/13 Theil eins Tags und Nachts, oder in 22 Stunden 9 Minuten 3/13 Theil, in solcher Zeit lief er aus."

JOHANNES WIDMANN (um 1460 - nach 1505) bringt eine ähnliche Aufgabe. Bei ihm war der Faßinhalt glücklicherweise nur Wasser.

Ein Beispiel für die Emanzipation im Mittelalter stellt diese Aufgabe dar, die REINER GEMMA FRISIUS (1508 - 1555) in seinem Rechenbuch in lateinischer Sprache wiedergibt:

"Potator quidam solus exhaurit cadum vini in 20 diebus, verum si uxor eum iuverit servata proportione bibendi 14 diebus vini tantundem absumunt, quanto ergo tempore sola uxor totum vas exhauriet?" ("Ein Trinker leert einen Krug Wein in 20 Tagen, aber wenn seine Ehefrau ihm hilft, wobei das Verhältnis des Trinkens beibehalten wird, verbrauchen sie ebensoviel Wein in 14 Tagen. In welcher Zeit wird die Gattin allein das ganze Gefäß austrinken?")

Weit gefächert sind Aufgaben, die mit Umfüllen, Verdünnen und Panschen zu tun haben. Begonnen wird mit einer neuzeitlichen Verständnisaufgabe, die meist etwa so formuliert ist:

"Ein Glas wird mit Rotwein gefüllt und ein zweites gleich großes Glas mit Wasser. Ein Löffel Rotwein wird vom Rotweinglas ins Wasserglas gegeben und gut umgerührt. Von dieser Mischung wird nun ein gleich großer Löffel ins Rotweinglas zurückgebracht. Ist nun mehr Wasser im ursprünglichen Rotweinglas oder mehr Rotwein im Wasserglas?"

Diese Aufgabe läßt sich mit gesundem Menschenverstand lösen, man kann auch physikalische Experimente durchführen, und vor allem kann man trefflich streiten, um schließlich mit irgendwelchen angenommenen Zahlen, mit möglichst vielen Variablen oder mit Zeichnungen die Aufgabe endgültig zu lösen.

Die folgende Aufgabe kann man durch intelligentes Probieren lösen, man kann aber auch graphentheoretische Überlegungen anstellen:

"Man hat drei Weingefäße mit Fassungsvermögen von 8, 5 und 3 Liter. Das Gefäß mit 8 l [8 Liter] ist voll, die beiden anderen sind leer. Wie muß man umfüllen, daß sich im ersten und im zweiten Gefäß je 4 l befinden?"

In graphentheoretischer Schreibweise bringt GEORGES BRUNEL (1856 - 1900) als kürzeste von 16 angegebenen Lösungen (8 0 0, 3 5 0, 3 2 3, 6 2 0, 6 0 2, 1 5 2, 1 4 3, 4 4 0) mit sieben Umfüllungen.

Mathematik und Weinkultur

JOHANNES WIDMANN bringt eine solche Aufgabe als krönenden Abschluß seines Rechenbuches von 1489:

> "Einer hat einen Knecht, den schickt er mit einer Flaschen nach Wein, da gehen 14 Kandel ein. Nun begegnen ein und demselben Knecht (der die Flasche mit 14 Kandel gefüllt hat) mit zwei Flaschen, in die eine gehen 5 Kandel und in die ander 3 Kandel. Und bittet, daß keiner sein Wein mit ihm teile, also daß er nicht ledig seinem Herren heim komme, wenn man desselbigen Weins nicht mehr in dem Weinkeller gehabt hat. Nun ist die Frage, wie sie den Wein an alle andere Mal dann die Flaschen geteilt haben. Facit in der Flaschen mit 5 Kandeln 5 und in der mit 3 Kandeln 2 Kandel und in der mit 14 Kandel 7 Kandel und ist recht."

Eine Lösung ist (14 0 0, 9 5 0, 9 2 3, 12 2 0, 12 0 2, 7 5 2).

In mathematischen Aufgabensammlungen aus dem ausgehenden Mittelalter ist diese Aufgabe erwähnt:

> "Es sollen neun Fässer Wein des Inhalts 1, 2, 3, ..., 9 Maß gleichmäßig an drei Personen verteilt werden. Die Lösung lautet: A erhält die Fässer 1, 5, 9; B 2, 6, 7; C 3, 4, 8."

In den bereits erwähnten Aufgaben, die ALKUIN zugeschrieben werden, ist eine halbwegs lösbare Aufgabe aufgeführt:

> "Ein Vater liegt im Sterben und hinterläßt seinen vier Söhnen vier Fässer Wein. Im ersten Faß waren 40 Modia, im zweiten 30, im dritten 20 und im vierten 10. Er ruft seinen Hausverwalter und sagt: Diese Fässer mit dem darin befindlichen Wein verteile unter meine vier Söhne so, daß jeder gleichviel Wein und gleichviele Fässer erhält. Sage, wer es versteht, wie es zu verteilen ist, damit alle gleichviel erhalten können."

Als Lösung wird verkündet:

> "Es kommen für jeden Sohn 25 Modia heraus, für zwei zusammen 50. Im ersten Faß sind 40 Modia, im vierten 10. Diese zusammen ergeben 50. Dies gib zwei Söhnen. Ebenso fasse die 30 und 20 Modia zusammen, die im zweiten und dritten Faß waren; es sind 50. Diese gib den beiden anderen Söhnen, so wird jeder 25 Modia haben."

Diese Lösung läßt das Problem offen, wie sich jeweils zwei Söhne einigen.

Eine grausige Weinpanscherei hat in Ingolstadt mit fünf Weinsorten stattgefunden, wie PETER APIAN (1495 - 1552) berichtet:

> "Einer hat fünferlei Wein. Des ersten gilt 1 Maß 4 d, des andern 1 Maß 8 d, des dritten 11 d, des vierten 1 Maß 14 und des fünften 1 Maß 16 d. Daraus will er mischen zweierlei Wein in zwei Fässer. Das eine Faß hält 3 Eimer 37 Maß, soll die Maß gelten 9 d. Das ander Faß hält 5 Eimer 48 Maß, soll 1 Maß wert sein 13 d. Ist die Frage, wieviel muß er jedlichs Weins tun in ein jedlich Faß."

Den Preisen nach werden ein Tischwein, ein Qualitätswein, ein Kabinett, eine Spätlese und eine Trockenbeerenauslese gemischt. Diese Brühe ist nach Meinung des Autors gar nichts mehr wert. APIAN löst das Problem auf elegante Weise und gibt für das erste Faß zwei verschiedene Lösungen an. Einerseits nimmt er von den fünf Sorten der Reihe nach 7, 7, 1, 1 und 5 Teile, andererseits bietet er die Lösung mit 5, 9, 1, 5 und 1 Teil an. Für das zweite Faß zeigt APIAN die Lösung mit 3, 1, 1, 7 und 9 Teilen an.

Noch schlimmer erscheint bei JOHANN WEBER (um 1530 - 1595) in Erfurt die Nachfüllerei mit billigerem Wein und das zu Firnewein, was ein alter abgelagerter Wein mit Dunkelfärbung ist:

> "Einer hat ein Fäßlein guten alten Firnewein, des ein Viertel 20 d wert ist. Das hält 10 Viertel. Nun hat er einen andern geringern Wein, welches ein Viertel 8 d wert ist. [Er] läßt aus erstgedachtem Fäßlein täglich ein Viertel und füllet es jedesmal wieder mit dem geringen, treibt solches Lassen und Füllen 8 Tage lang an. Ist nun die Frage, wie viel nach solchem ein Viertel Weins wert sei? Facit 13 4140163/25000000 d."

In Lübeck füllt FRANZ BRASSER mit Wasser nach. Zur Strafe ist das Ergebnis fürchterlich falsch:

> "Einer hat eine Flasche. Darin sind 7 Viertel Wein. Daraus gießt er ein Viertel Wein aus und gießt darein ein Viertel Wasser wieder ein. Das tut er 7 mal. Ist die Frage, wieviel Wein und Wasser jeweils noch in der Flasche sei. Facit des Weins ist 6/7 eines Viertels, und des Wassers 6 1/7 Viertel."

JOHANNES JUNGE (geb. um 1550) verfeinerte die Kunst des Mischens und Wässerns. Erst mischte er vier Fässer Wein durch und gab dann noch Wasser dazu. Auch bei ihm stimmt das Ergebnis nicht:

> "Einer kauft 4 Fässer mit Wein, [diese] halten 4, 5, 6, 7 Fuder, kosten zu 29, 30, 31, 32 fl, mischt diese durcheinander. [Er] will haben, 1 Fuder soll 29 ½ fl wert sein. Wie viel Wassers muß er darunter mischen?"

Er verrechnet sich zu seinen Gunsten, erhält für seine Weinmischung mit 3 fl zuviel pro Fuder einen zu großen Preis und gießt daher mehr Wasser dazu. Oder verwirrte diese Aufgabe den Buchdrucker JOHANN BALHORN D. Ä. (um 1500 - 1573) so sehr, daß er die Zahlen total verballhornte?

Ausgerechnet in seinem Schulbuch für anfangende Schüler bringt FRANZ BRASSER folgende Aufgabe:

> "Ein Weinschenk hat 1 Faß Wein, das kostet 72 fl 22 ß. Wenn er das Viertel darvon verkauft für 2 ß, so gewänne er an allem Wein 7 fl 2 ß. Nun wird ihm geboten, das Viertel für 18 d zu geben. Ist die Frage, wie viel Wasser er unter den Wein mengen muß, daß er daran nicht gewinne oder verliere, und wie viel des Weins gewesen sei. Facit des Weines ist gewesen 6 Ame, und [er] muß darunter mengen 206 2/3 Viertel Wasser."

Damit besteht die Mischung zu 17,7 % aus Wasser!

In Bamberg werden eindeutig Weinschorle hergestellt bei dieser Menge von Wasser. Eine Bamberger Handschrift enthält gleich zwei solche den Frankenwein schädigende Aufgaben:

> "Einer kauft 32 Eimer Weines, je 1 Eimer um 16 gr. Nun will er wissen, wie viel Wasser er darein soll tun, daß 1 Eimer komme pro 9 gr? Facit 24 Eimer 8/9 Wasser."

> "Item 23 Maß Wein, zu 5 d 1 Maß, und ich will ihn ausschenken zu 3 d. Wie viel muß ich Wasser darein tun, daß ich nicht Gewinn noch Verlust? Facit 15 Maß 1/3."

Dem Zugießen von Wasser zur Vermeidung eines Verlustes scheint nicht der Geruch des Außergewöhnlichen anzuhaften, denn dieser Aufgabentyp war weit verbreitet. Dem Autor sind weitere ähnliche Beispiele bekannt. Die zweite Aufgabe aus der Bamberger Handschrift läßt sich direkt zurückführen auf eine Aufgabe im Algorismus Ratisbonensis. Ebenfalls eine solche Aufgabe erwähnt GEORG WENDLER (1619 - 1688) in Nürnberg. Und am 26.6. 1672 wurde die folgende Aufgabe in Öhringen als Prüfungsfrage an sich bewerbende Schul- und Rechenmeister gestellt:

> "Es will ein Wirt 3 Eimer Wein ausschenken, und will die Maß pro 21 d geben. Nun wird ihm von der Herrschafft auferlegt, die Maß nur pro 18 d zu geben; ist nun die Frag, wieviel er Wasser zu gießen muß, wann er sein obiges Geld lösen will. Facit 12 Maß."

5. Literatur

Die Rechenaufgaben, die zum Thema Wein beschrieben wurden, sind folgenden Rechenbüchern und Handschriften entnommen. Auf eine seitengenaue Zitierung wird verzichtet:

ALBERT (ALBRECHT), JOHANN: Rechenbüchlein auff der linien, dem einfeltigen gemeinen man odder leien vnd jungen anhebenden liebhabern der Arithmetice zu gut, Georg Rhaw, Wittenberg 1534.

APIAN, PETER: Eyn Newe vnnd wolgegründte vnderweysung aller Kauffmanß Rechnung, Georg Apian, Ingolstadt 1527.

BRASSER, FRANZ: Eyn nye vnde Nuetsam Reckensboeck vor de anfangenden schoelers, Johann Balhorn, 2. Auflage Lübeck 1556.

BRUNEL GEORGES: Analysis situs, Recherches sur les réseaux, Mém. Soc. des sciences physiques et naturelles de Bordeaux (4) 5 (1895), 165 - 215.

FOLKERTS, MENSO: Mathematische Aufgabensammlungen aus dem ausgehenden Mittelalter, Sudhoffs Archiv, Band 55, 1971, Heft 1, 58 - 75.

FOLKERTS, MENSO, GERICKE, HELMUTH: Die Alkuin zugeschriebenen Propositiones ad acuendos iuvenes (Aufgaben zur Schärfung des Geistes der Jugend), in: P.L.Butzer, D.Lohrmann: Science in western and eastern civilization in Carolingian times, Birkhäuser Verlag Basel 1993, 283-362.

FRISIUS, REINERUS GEMMA: Arithmeticae practicae Methodus facilis, Gregorius Bontius, Antwerpen 1540.

GROPP, HARALD: "Réseaux réguliers" or regular graphs - Georges Brunel as a French pioneer in graph theory, demnächst veröffentlicht.

JUNG, JOHANNES: Rechenbuch auff den Ziffern vnd Linien, Lübeck 1578.

HOHENLOHE-ZENTRALARCHIV NEUENSTEIN: Schulprotokolle der Stadt Öhringen, 26.6.1672.

RIES, ADAM: Rechenung nach der lenge, auff den Linihen und Feder, Jakob Berwald, Leipzig 1550.

SCHRÖDER, EBERHARD: Ein mathematisches Manuskript aus dem 15. Jahrhundert: Staatsbibliothek Bamberg, Handschrift aus Inc. Typ. Ic I 44, Algorismus, H. 16, , Münchner Universitätsschriften, Institut für Geschichte der Naturwissenschaften, München 1995.

SPINDLER, NICOLAUS: Experiment: Gewisse, rechte vnd bewärte erfahrung allerhand Artzney, Georg Rab, Sigmund Feyrabend und Weygand Hanen Erben, Frankfurt / Main 1556.

STÖTTER, MARTIN: Ein schoen nutzlich Rechenbuechlin auff allerlei kauffmans rechnung, Ulrich Morhart, Tübingen 1552.

VOGEL, KURT: Die Practica des Algorismus Ratisbonensis, C. H. Beck'sche Verlagsbuchhandlung, München 1954.

WEBER, JOHANN: Ein New Künstlich vnd wolgegründt Rechenbuch Auff den Linien vnd Ziffern, Jakob Berwalds Erben, Leipzig 1583.

WENDLER, GEORG: Bayerische Staatsbibliothek München, Cgm 3788, Nürnberg 1646.

WIDMANN, JOHANNES: Behende vnd hubsche Rechenung auff allen kauffmanschafft, Konrad Kachelofen, Leipzig 1489.

Prof. Ulrich Reich, Fachhochschule Karlsruhe - Hochschule für Technik, Fachbereich Wirtschaftsinformatik, Moltkestr. 30, D-76133 Karlsruhe

Johann Weber
Rechenmeister und Bürger zu Erfurt

Manfred Weidauer

Vorbemerkungen

Die Beschäftigung mit mathematischen Schriften des späten Mittelalters und ihren Autoren führt mehrfach zum Namen JOHANN WEBER. Nürnberg war bereits im 16. Jahrhundert eine bedeutende Stadt in unserem Sprachraum und beherbergte viele noch heute bedeutende deutsche Persönlichkeiten.

Dazu gehören auch JOHANN NEUDÖRFFER der Ältere (1497-1563), der besonders als Schreibmeister bekannt wurde. Autoren, wie zum Beispiel DOPPELMAYR [Doppelmayr, S. 201], die über NEUDÖRFFER und seine Zeit berichten, heben seine Wirkung und die seiner Schüler hervor. Zu den Schülern, die ihr Können in andere Städte trugen, gehört JOHANN WEBER, der sich nach seiner Ausbildung in Nürnberg in Erfurt niederließ.

Studiert man in Erfurt die dort vorliegenden Rechenbücher von ADAM RIES (1492-1559), findet der Leser umfangreiche handschriftliche Eintragungen im RIES-Rechenbuch von 1558 [Ries, Vorblatt, Anhang]. Der Ortschronist für Erfurt, KARL HERRMANN, fand diese Zusammenhänge bereits 1863 heraus [Herrmann, S. 334]. Die Erkenntnis von Herrmann wurde ermöglicht, weil ihm eine umfangreiche Handschrift mathematischen Inhalts, die Brotordnung, aus dem Stadtarchiv Erfurt vorlag.

Mit der wissenschaftlichen Bearbeitung der Leistungen JOHANN WEBERS beschäftigte sich bisher niemand. So war der Geburtsstadt Stadtsteinach in Franken auch nicht bekannt, daß aus ihren Mauern eine so bedeutende Person hervorgegangen ist. WEBER selbst blieb seiner Heimat stets verbunden. Er widmete sein Hauptwerk seinem Erzbischof in Bamberg aus Heimatverbundenheit [Weber 2, Blatt aij, <biiijR>].

Zu den Schriften des Rechenmeister

Die Recherchen zu den Werken von JOHANN WEBER werden heute dadurch erschwert, da der Name sehr häufig vorkommt. Viele Personen gleichen Namens aus der gleichen Zeit wurden allerdings durch theologische Schriften überliefert. Für den Rechenmeister JOHANN WEBER mit seiner Wirkungsstätte Erfurt lassen sich drei Schriften nachweisen.

Erste Schrift:

Gerechnet Rechenbüchlein:

Auff Erffurdi-
schen Weit / Tranck / Cent-
ner / Stein vnd Pfund kauf / Bene
ben einer sehr nützlichen Rechnung / was nach
dem Stück / als Elen / Maß / etc. kaufft oder
verkauft wird / Auch eine sehr schöne Wech=
sel Rechnung / auf die viererley Müntz / der
Taler / Gulden / Gute Schock vnd Lawen
Schock gericht ... Menniglich zu
Gutem zusamen bracht / vnd jtzt
In Druck vorfertiget.
Durch
Johan Weber / Rechenmeister
vnd Bürger zu Erffurd
M. D. LXXXIII.

Gedruckt in Erfurt bei Esaiam Mechler.

Fundorte: Erfurt, Stadtarchiv - zwei Exemplare; Wolfenbüttel, Herzog August Bibliothek

Bemerkungen: VD 16 führte das Exemplar aus Wolfenbüttel an (W1330).

Ars Mercatoria zitierte MURHARD und SMITH (W3.1, W3.2 W3.4):

SMITH [Smith, S. 338] und MURHARD [Murhard, S. 157] vermuteten jeweils eine Auflage von 1570.

MURHARD vermutete eine Auflage von 1601.

Zweite Schrift (Hauptwerk):

Ein New // Kuenstlich vnd Wol = // gegruendt Rechenbuch // Auff den Linien vnd Ziffern / von // vielen nuetzlichen Regeln / zu allerley Handthi= // runge / Gewerben vnd Kauffmanschlag dienstlichen / // neben vielen andern dingen / so hiebevorn // nicht gesehen worden. // Darinnen auch gruendtlichen dargethan vnd // angezeigt wird wie man Radicem Quadratam vnd Cubicam // extrahirn sol / mit angehenckten Exempeln. Dessgleichen ein vollkom= // mener Bericht der Regula Falsi darinnen gelert wird / wie vnd auff was wege alle // Fragen der gantzen Coss Christoff Rudolffs (so wol von Binomischen vnd Residui- // schen Zahlen / als von Irrational vnd Rational Zalen) durch Regulam Falsi rnoegen // resoluirt vnnd auffgeloest werden. Alles nach notturfft in Frage vnnd Antworts // weise gestellet / sampt angehefften Demonstrationen. Beneben etlichen vberaus // gantz schoenen vnd kuenstlichen gehandelten Wortrechnungen. Dermassen vor= // mals weder in Lateinischer noch Deutscher sprach nicht aussgegangen / // mit sondem fleis zusammen bracht vnserm gemeinen Va= // terland vnd allen Liebhabern dieser Kunst zu // nutz in Druck verfertiget.

Durch

Johann Weber von StadtSteinach / Rechen- / meister
vnd Bürger zu Erffordt.

Gedruckt in Leipzig bei Jakob Bärwald Erben, 1583

Fundorte: Coburg, Landesbibliothek; Augsburg, Universitätsbibliothek; Augsburg, Staats- und Stadtbibliothek; Dresden, Universitäts- und Landesbibliothek; Leipzig, Universitätsbibliothek; Lübeck, Stadtbibliothek; Münster, Universitäts- und Landsbibliothek; Trier, Stadtbibliothek; Michigan, Universitätsbibliothek; Ann Arbor; Wien, Nationalbibliothek

Bemerkungen: VD 16 nannte Standort Landesbibliothek Coburg (W1331, W1332). Ars Mercatoria nannte Standort Universitätsbibliothek Augsburg (W3.3).

Dritte Schrift:

Kurtz Bedenken. Wie vnd aus was grün-// de, eine bestendige vnnd immer-// werende Becken Ordnung / auff Erffurdischen Brodkauffe / kann gemacht vnnd angestellte werden.

Darinnen angezeigt wird / Wenn das Viertel schön Korn oder Weitzen / umb einen groschen auff oder abschleckt / Wieviel pfundt guter vnd wolauß=// gebackenes Brods für einen gr. sechs oder drey pfennig / beydes am weissen gut vnd anderm Brod können gegeben werden.

Auff anordnungen vnd sonderlichen bitte Eines Ehrwürdigsten, Achtbaren vnnd hochwürdigsten Rahts / dieser löblichen Stadt Erffurdt / ge=// meinen Nutz zugutem. Verfertiget

Durch

Johannen Webern von Stadt Steinach / Publicum Notariumi Rechenmeistern vnnd Bürgern zu Erffurdt / Anno 1592.

Handschriftlich, 37 Seiten
Fundort: Erfurt, Stadtarchiv
Nachweis: [Herrmann, S. 334]

Unklar bleibt eine Auflage der ersten Schrift, die nach MURHARD und SMITH bereits 1570 herausgegeben worden sei. MURHARD schreibt JOHANN WEBER sogar eine Auflage im Jahre 1601 zu. Hier könnte ein Zusammenhang zu einer Veröffentlichung von E. WEBER / J.A. WEBER "Artihmetica oder Rechenbuch in schönen und nützlichen Exempeln darin auch mancherlei Gewicht und Münzsorten erklärt werden", St. Gallen 1601 zu finden sein, die unter anderem im "Tresor de Livres Rares et Précieux ... von GRAESSE [Graesse, S. 426] aufgeführt wird. Es ließ sich bisher kein Beleg finden für die Verwendung eines weiteren oder anderen Vornamens.

Der Autor hofft auf korrigierende und ergänzende Hinweise zu den Schriften von JOHANN WEBER - Rechenmeister und Notar zu Erfurt.

Zur Einordnung der Persönlichkeit in seine Zeit

Mit Gewißheit läßt sich feststellen, JOHANN WEBER war seit dem Jahre 1560 Bürger von Erfurt. Bei den Eintragungen in seine Bücher und andere Schriften nannte er sich Rechenmeister und Notar. Aus der Zuordnung als Schüler des berühmten Schreibmeister JOHANN NEUDÖRFFER des Älteren entsteht die Vermutung, WEBER führte in Erfurt eine Schreib- und Rechenschule.

Es ist allerdings heute nicht nachweisbar, wann er seine Ausbildung in Nürnberg absolvierte. Aus dem Rückschluß des Tätigkeitsbeginns in Erfurt und den damals üblichen Schul- und Ausbildungszeiten könnte sein Geburtsjahr um 1530 sein. Für diese Zeit findet man Bürger gleichen Namens in Stadtsteinach, ein direkter Nachweis zum späteren Rechenmeister fehlt noch. Die bekannten Informationen zu WEBER zeigt die Übersicht 1.

ca. 1530	geboren, Stadtsteinach (Oberfranken)
	Ausbildung bei JOHANN NEUDÖRFFER dem Älteren (1497-1563)
	Zitiert nach [Doppelmayr], [Murhard]
1560	Bürgerrecht in Erfurt, Rechenmeister und Notar
1583	Gerechnet Rechenbüchlein: auff Erfurdt//schen Weit / Tranck / Eim//er/Stein vnd Pfund kauff ...
	Gedruckt bei Esaiam Mechlern 1583 in Erfurt (fertiggestellt am 24. Oktober 1582)
	SCHEIBEL [Scheibel, S.55] nannte eine Auflage von 1570, die auch bei MURHARD und SMITH zitiert wurden. MURHARD vermutete eine Auflage von 1601.
1583	Ein New // Kunstlich vnd Wol= // gerundt Rechenbuch/ // Auff den Linien vnd und Ziffern ... Durch Johann Weber von Stadt Steinach / Rechen= // meister vnd Buerger zu Erffordt. //
	S. 252: "Gedruckt zu Leipzig / durch Jacob // Berwaldts Erben. Jn verlegung // Jacob Apel. ANNO M.D.LXXXIII. //"
1585	Er bestätigte eine Urkunde als Notar mit Wappen im Siegel.
1587	Für das Gartengrundstück Nr. 15 am "Haus zur Hummel", Martinsgasse 12 die Steuern bezahlt.
1592	Brotordnung für die Bäcker von Erfurt fertiggestellt, Handschrift, Stadtarchiv Erfurt
1595	Am 21. November gestorben, Sterberegister der Predigergemeinde Erfurt

Übersicht: 1 Leben und Werk

In der Predigergemeinde zu Erfurt scheint WEBER ein aktives Mitglied gewesen zu sein. Noch heute besitzt diese Gemeinde Schriften zur Kirchengeschichte und zum Kirchenrecht aus dem persönlichen Besitz des Rechenmeisters. Dank dieser Zufälle können wir heute auch die Rechenmeister-Geschichte in Erfurt erheblich vervollkommnen. Eines dieser Bücher vererbte im Jahre 1564 NIKOLAUS FELNER (gest. 1564) an JOHANN WEBER, so notierte es WEBER im Buch. Daraus läßt sich folgern, vor WEBER oder bis 1564 war NIKOLAUS FELNER Rechenmeister in Erfurt. Von FELNER gibt es ein 1535 verfaßtes Rechenbuch. Er ließ darin das Privileg vom Erfurter Stadtrat drucken, daß in Erfurt drei Jahre niemand das Rechenbuch drucken durfte. Es war ebenfalls verboten, außerhalb Erfurts gedruckte Exemplare in Erfurt zu verkaufen [Felner, Blatt k].

NORBERT HUTH sah in seinen Untersuchungen die Ursache solcher Forderungen in den schwierigen Arbeits- und Lebensbedingungen der Rechenmeister zur Mitte des 16. Jahrhunderts [Huth, S. 64]. WEBER besaß aber auch ein Exemplar eines Rechenbuches von ADAM RIES [Ries 1558]. Vermutlich nutzte er die Schrift, um sich auf die Tätigkeit als Rechenmeister vorzubereiten. Nachweislich 1583 veröffentlichte WEBER zwei Schriften.

In zeitlicher Reihenfolge kennen wir in Erfurt die Rechenmeister:

ADAM RIES: ca. 1518 bis ca. 1523
NIKOLAUS FELNER: ca. 1530 bis ca. 1560
JOHANN WEBER: ca. 1560 bis ca. 1595

JOHANN WEBER kannte die Schriften zeitgenössischer Rechenmeister. Er beschäftigte sich mit der Wortrechnung und formulierte eine Aufgabengruppe mit

" ... willst du wissen, wann Herr ... das Rechenbuch in Druck gegangen ..."
Dabei gilt es das Druckjahr die Schriften der folgenden Rechenmeister zu finden:

PETER APIAN (1495-15529)

NIKOLAI WERNER (geb. 1520)

SIMON JACOB (erste Arithmetik)

SIMON JACOB (großes Rechenbuch)

An anderer Stelle schrieb WEBER, "eine Aufgabe von meinem guten Freund CASPAR MÜLLER aus St. Annaberg anno 1562" gerechnet.

In seinem Rechenbuch zitierte WEBER weitere Autoren, die Übersicht 2 nennt auch die Formulierungen dazu.

Abbildung 1
JOHANN WEBER "Ein New Kunstlich vnd wohlgegrundt Rechenbuch".
Leipzig 1583. Titel

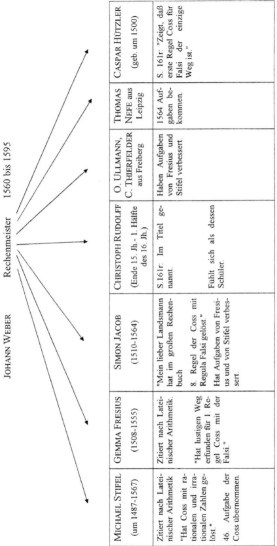

Übersicht 2 *Verweise im Rechenbuch von Johann Weber*

Zum Inhalt des Rechenbuches

Inhaltsübersicht: Blatt-Nummer

1. Rechnen mit natürlichen Zahlen 1
- Spezies auf den Linien 1
  Numerieren
  Addition und Subtraktion
  Duplizieren und Medieren
  Multiplikation und Division
- Spezies mit der Feder 11
  Addition und Subtraktion
  Multiplikation und Division
    Probe der Spezies 16
    Progression 19
      arithmetisch, geometrisch, harmonisch
- Regel Detri 25
  " ... für junge Schüler für Erfurter Münze ... "

2. Rechnen mit Brüchen 34
  Einführung, Begriffe 34
  Addition und Subtraktion 40
  Multiplikation und Division
  Regel Detri

1. Teil Übungen 56
  Vom Tara
  Münz, Maß und Gewicht
  Regel Detri in verschiedensten Formen

2. Teil Übungen 67
  Überkreuzmultiplizieren
  Zinsrechnung
  Wechselrechnung
  Gesellschaftsrechnung
  Gewinn und Verlust

Stich-Rechnung
Silber- und Goldrechnung
Münzschlag
Berechnen von Quadrat- und Kubikwurzel

Erklärungen und Beispiele zu den acht Regeln der Coß 161

3. Teil Übungen 226

160 numerierte Aufgaben, am Ende fünf Aufgaben zur Wortrechnung: " ... so in etlicher fürnemer Rechenmeister außgegangnen Rechenbüchern ... berurte Bücher in Druck gegeben worden sind."

Übersicht zu den Münzen, Maßen und Gewichten 250

Schlußwort " ... an den Leser." 251

Collofon 252

Mit diesem Inhalt orientierte sich WEBER an der Arbeitsweise vieler Rechenmeister. Neu ist die ausführliche Behandlung zur Zinsrechnung.

Er verspricht eine Behandlung mittels der Coss, davon ist im Konkreten nichts zu lesen. Es bleibt bei der Nennung der acht cossischen Regeln.

Zu den interessanten Aufgaben zählen unter anderem die bereits erwähnten Beispiele der Wortrechnung. Der Bezug zu seinem Tätigkeitsort Erfurt wird vielfach spürbar. Neben der Auswahl der Münzeinheiten und der Maße stellte er gleich an zwei Stellen in Prosaform die Aufgabe zur Berechnung des Gewichtes der größten Glocke des Erfurter Domes.

Literatur

Ars Mercatoria: Handbücher und Traktate für den Gebrauch des Kaufmanns, 1470 - 1820. Band 2. Paderborn 1991

DOPPELMAYR, JOHANN GABRIEL: Historische Nachricht von den Nürnbergischen Mathematicis und Künstlern ... Nürnberg 1730

FELNER, NIKOLAUS: Ein new behenndes unnd gantz gründtlichs rechenbuchlin auff den linien unnd federn ... Erfurt? 1535

GRAESSE, JAN GEORGES TH.: Tresor de Livres Rares et Précieux ... Dresden, Genf, London, Paris 1876

HERRMANN, KARL: Bibliotheca Erfurtina. Erfurt 1863

HUTH, ROBERT: Die Beziehungen des Rechenmeisters Adam Riese zu Erfurt. In: Der Pflüger Erfurt 1927. S. 57-65

MURHARD, FR. WILH. AUG.: Literatur der mathematischen Wissenschaften. Band 1. Leipzig 1797

RIES, ADAM: Rechenbuch / Auf Lini = || en vnd Ziphren ... Frankfurt 1558

SCHEIBEL, JOH. EPHR.: Einleitung zur mathematischen Bücherkentnis. Zwölftes Stück. Breslau 1781

SMITH, DAVID EUGENE: Rara Arithmetica. New York 1970

Verzeichnis der im deutschen Sprachraum erschienenen Drucke des XVI. Jahrhunderts: VD 16. Band 2. Stuttgart 1984

Manfred Weidauer, Frohndorfer Str. 22, D-99610 Sömmerda,
email: manfred@weidauer.de

Das Leben Fermats

Klaus Barner

In diesem Jahr, meine Damen und Herren, wird nicht nur in Frankreich der vierhundertste Geburtstag PIERRE DE FERMATS, des großen französischen Mathematikers des siebzehnten Jahrhunderts, gefeiert. Das beruht jedoch auf einem Irrtum. FERMAT wurde im Jahre 1607 oder Anfang Januar 1608 in Beaumont-de-Lomagne als Sohn des reichen Großhändlers und Fabrikanten DOMINIQUE FERMAT geboren. Seine Mutter, CLAIRE DE LONG entstammt einer adligen Juristenfamilie. Damit sind die Feiern und Konferenzen zu FERMATS vierhundertstem Geburtstag, streng genommen, hinfällig. Aber wir wollen nicht päpstlicher sein als der Papst und uns den Feiern zu FERMATS rundem Geburtstag anschließen, indem wir über FERMATS wenig bekanntes privates und berufliches Leben berichten.

Die Familie FERMAT scheint in der zweiten Hälfte des 15. Jahrhunderts aus Katalonien nach Beaumont-de-Lomagne, einem befestigten Dorf mit Marktrecht, ca. 55 km nordwestlich von Toulouse, eingewandert zu sein. PIERRE DE FERMATS Großvater ANTHOINE FERMAT betrieb dort im 16. Jahrhundert einen Eisenwarenhandel, der ihm ein bescheidenes Vermögen einbrachte, welches er seinen beiden Söhnen DOMINIQUE (aus erster Ehe, FERMATS Vater) und PIERRE (aus dritter Ehe, FERMATS Taufpate) vererbte. Beide Söhne mehrten das Erbe ihres Vaters nach Kräften, wobei der ältere, DOMINIQUE, PIERRE DE FERMATS Vater, besonders erfolgreich war. Als Kaufmann, der mit Italien, Spanien und England einen Großhandel in Leder und mit zwei Kompagnons eine florierende Kalkfabrik betrieb, brachte er es zu erheblichem Wohlstand. Seine Gewinne legte er in zahlreichen Bauernhöfen und Grundstücken an, die er auf "*metairie*"-Basis verpachtete. Durch seine Heirat mit der Adligen CLAIRE DE LONG, die sein gestiegenes Ansehen widerspiegelt, eröffnete er einem seiner Söhne, sei es PIERRE oder sei es CLÉMENT, den Zugang zur "*noblesse de robe*".

Offenbar wurde der soziale Aufstieg der Familie FERMAT in die *noblesse de robe* sorgfältig und von langer Hand geplant. *De facto* bestand der einzige Weg dahin darin, das Amt eines (Parlaments-)Rats ("*conseiller*") an

einem der obersten Gerichtshöfe ("*cour de parlement*") der französischen Provinz, etwa in Toulouse oder Bordeaux, zu kaufen, ein zwar schon im *Ancient Régime* umstrittener, aber völlig legaler, im 16. Jahrhundert von der Krone aus Geldmangel eingeführter Brauch. Voraussetzung dafür war nicht nur ein respektables Vermögen, es mußten auch entsprechende Qualifikationen erworben werden: ein mindestens mit dem *baccalaureus (juris civilis)* abgeschlossenes dreijähriges Studium sowie eine mindestens vierjährige Praxis als Anwalt an einem der obersten Gerichtshöfe. Ferner mußte ein geeignetes Amt zum Verkauf stehen, und es bedurfte der Fürsprache von Mitgliedern des jeweiligen *parlements,* also handfester Patronage. Am Schluß fand dann noch eine juristische Aufnahmeprüfung statt, die nicht jeder Interessent bestand.

Seine Schulzeit verbrachte PIERRE FERMAT in seiner Heimatstadt bei den *Frères Mineurs Cordeliers.* Das waren Franziskaner, welche sich um 1515 in Beaumont niedergelassen und eine sehr anspruchsvolle Lateinschule gegründet hatten, in der neben Latein, Italienisch und Katalanisch auch Altgriechisch gelehrt wurde, für einen kleinen Ort mit ca. 4000 Einwohnern damals ganz außergewöhnlich. Für PIERRE, der 1623 mit 16 Jahren die Schule verließ, waren seine guten Kenntnisse der Alten Sprachen eine entscheidende Voraussetzung für sein Studium in Orléans.

Die Wahl dieses Studienortes läßt sich gut begründen. Die Stadt an der Loire besaß eine alte und berühmte Fakultät für Zivilrecht, deren weit über Frankreich hinaus reichender Ruf Studenten aus allen Teilen Europas anlockte. Diese kamen vor allem aus Schottland, den Niederlanden und der Schweiz sowie aus deutschen Landen, wobei aus letzteren vor allem Studenten lutherischer Konfession einen hohen Anteil ausmachten. Im 16. Jahrhundert hatte sich Orléans neben Bourges als Hochburg der humanistischen Rechtslehre einen Namen gemacht. In dieser spielte der philologisch-kritische Rückgang auf die antiken Ursprünge und Quellen des römischen Rechts, vor allem natürlich auf JUSTINIAN, eine zentrale Rolle. Eine sichere Beherrschung des Lateinischen, aber auch des Griechischen war eine unabdingbare Voraussetzung für diese Studien. Die Alten Sprachen wurden daher in der Artistenfakultät von Orléans auch noch im 17. Jahrhundert besonders gepflegt. Ein Bakkalaureat von Orléans verschaffte einem jungen Juristen zweifellos ein erhebliches Renommée.

Im August 1626 (vermutlich) legte PIERRE FERMAT in Orléans seine Prüfungen ab. Danach suchte er seinen Vater DOMINIQUE in Beaumont auf und

legte ihm die Urkunde über die erfolgreich bestandene Prüfung zum *baccalaureus juris civilis* vor. Noch im September 1626 schrieb DOMINIQUE FERMAT sein Testament, in dem er bei Abfindung des jüngeren Sohnes CLÉMENT und unter Festsetzung der Mitgift für seine Töchter LOUISE und MARIE - seinen älteren Sohn PIERRE zum Universalerben einsetzte.

Im Oktober 1626 begab sich PIERRE FERMAT nach Bordeaux und ließ sich im November von der *Grand'Chambre des parlement de Bordeaux* als Anwalt vereidigen. Es war klar, daß FERMAT sich an einem der französischen Parlamente als Anwalt niederlassen mußte, weil eine derartige, mindestens vierjährige Praxis nach einem königlichen Gesetz die unabdingbare Voraussetzung für die Anerkennung als *conseiller* (Parlamentsrat) durch den Justizminister darstellte. Aber: So naheliegend die Wahl des Studienortes Orléans war, so überraschend erscheint FERMATs Wahl von Bordeaux für seine Tätigkeit als Anwalt, denn Toulouse wäre aus vielerlei Gründen näherliegend gewesen. Wahrscheinlich hängt die Wahl von Bordeaux mit FERMATs mathematischen Neigungen zusammen.

Dort, in Bordeaux, gab es einen kleinen Kreis von Mathematik-Liebhabern, von denen die Namen D'ESPAGNET, PHILON und PRADES aus FERMATs Korrespondenz bekannt sind. ETIENNE D'ESPAGNET, dessen Vater Erster Präsident des Parlaments von Bordeaux und ein Freund VIÈTES gewesen war, besaß zudem die nur schwer erhältlichen Werke VIÈTES. Hier konnte FERMAT, gerade 20jährig, seine mathematische Karriere beginnen. Wer aber gab ihm den Rat, sich als Anwalt in Bordeaux niederzulassen? Ich vermute, daß es JEAN BEAUGRAND war, der wissenschaftliche Kontakte mit den Herren in Bordeaux pflegte und den FERMAT im August 1626 in Orléans kennengelernt haben könnte. Jedenfalls ist es bezeichnend, daß BEAUGRAND bis zu seinem Tode 1640 die mathematische Karriere FERMATs mit besonderem persönlichen Interesse verfolgte und bei seinen Reisen stets stolz von FERMATs Erfolgen berichtete. Offenbar war BEAUGRAND der Meinung, er habe FERMAT "entdeckt".

Als DOMINIQUE FERMAT am 20. Juni 1628 starb, war PIERRE FERMAT ein wohlhabender Mann. Er mußte jetzt nur noch die restlichen zwei der vorgeschriebenen vier Jahre als Anwalt hinter sich bringen. Wenn sich dann die Gelegenheit zum Kauf eines Amtes als *conseiller* (möglichst in Toulouse) eröffnete, wäre das erste Etappenziel des Familienplans erreicht. Diese Gelegenheit ergab sich Ende des Jahres 1630 während einer schweren Pestepidemie, die auch in Toulouse zahlreiche *conseillers au parle-*

ment dahinraffte. Am 29. Dezember 1630 schloß FERMAT mit YSABEAU DE LA ROCHE, der Witwe des verstorbenen PIERRE DE CARRIÈRE, *conseiller au parlement de Toulouse* und *commissaire aux requêtes,* einen Vorvertrag über den Kauf des Amtes des Dahingeschiedenen.

Der Kaufpreis, 43500 *livres,* davon sofort bei Amtsantritt zu zahlen 3000 *livres* in spanischen Pistolen, stellt eine damals zwar übliche, aber gleichwohl enorme Summe dar, Ein freier Bauer erwirtschaftete im Jahr durchschnittlich 100 *livres,* ein Stadtpfarrer erhielt jährlich ca. 300 *livres,* und ein *conseiller* konnte, wenn er sehr fleißig war, aus seinem Amt allenfalls 1500 *livres* im Jahr einnehmen, die er zudem noch zu versteuern hatte. Vom wirtschaftlichen Standpunkt war ein solcher Kauf ein miserables Geschäft, zumal da den *conseillers* durch königliches Gesetz der Handel oder die Ausübung eines Gewerbes verboten waren. Sie lebten daher so gut wie alle von ihren Landgütern. FERMAT, der von seinem Vater sechs Bauernhöfe und zahlreiche weitere Weiden, Obst- und Weingärten geerbt hatte, machte da keine Ausnahme. Es ist klar, daß nur sehr wohlhabende Grundbesitzer sich den Luxus des Erwerbs eines solchen Amtes leisten konnten. Der Gewinn bestand in dem Aufstieg in die *noblesse de robe,* in dem damit verbundenen gesellschaftlichen Ansehen und in der Teilhabe an der politischen Macht.

Nachdem FERMAT die (gebührenpflichtige) Zustimmung des Königs eingeholt und die vorgeschriebene juristische Aufnahmeprüfung vor dem *parlement de Toulouse* erfolgreich abgelegt hatte, wurde er am 14. Mai 1631 von der *Grand'Chambre* in seinem Amt vereidigt. Von diesem Augenblick an genoß er alle Rechte aus dem Amt eines *conceiller und commissaire aux requêtes,* das heißt, neben den mit dem Amt verbundenen Einkünften auch das Recht, den Titel "*éculier*" zu führen und seinem Namen das "*de*" voranzustellen.

Interessant ist die enge zeitliche Koppelung der Ernennung FERMATs zum *conseiller au parlement* und seiner Heirat mit LOUYSE DE LONG, der Tochter von CLÉMENT DE LONG, *conceiller au parlement de Toulouse,* und seiner Frau JEANNE DE GARAC. Der Heiratsvertrag wurde am 18. Februar 1631 geschlossen, und am 30. März 1631 zahlte DE LONG seinem zukünftigen Schwiegersohn 2865 *livres* als Anzahlung auf die zugesicherte Mitgift von 12000 *livres.* Am 1. Juni 1631 fand die kirchliche Trauung in der *Cathedrale St-Etienne* statt.

Die DE LONGS, entfernte Verwandte von FERMATs Mutter, besaßen nicht nur ein Haus in Toulouse in der *rue St-Rémesy,* sondern auch ein Haus in Beaumont-de-Lomagne, welches unmittelbar an das Anwesen der Familie FERMAT angrenzte, in welchem CLÉMENT DE LONG seine Parlamentsferien zu verbringen pflegte. PIERRE und LOUYSE müssen sich schon als Kinder gekannt haben, und ihre Vermählung scheint von den Familien seit langem beschlossene Sache gewesen zu sein, vorausgesetzt, FERMAT würde es zum *conseiller au parlement* bringen. Zeitgenossen rühmen die Schönheit, den Liebreiz und die Mildtätigkeit der jungen Frau, die ihrem PIERRE fünf Kinder gebar: CLÉMENT-SAMUEL, JEAN, CLAIRE, CATHERINE und LOUISE.

Die französischen Provinzparlamente des *Ancient Régime* waren keine Parlamente im heutigen Sprachgebrauch. Die von JOHN LOCKE und CHARLES DE MONTESQIEU entwickelte Idee der Gewaltenteilung in Legislative, Exekutive und Judikative, die politisch erst viel später verwirklicht wurde, war im 17. Jahrhundert noch völlig unbekannt. Die Parlamente nahmen die Aufgaben der Gesetzgebung, der vollziehenden Gewalt und der Rechtsprechung, soweit sie ihnen von der Krone in den von ihnen verwalteten Provinzen übertragen worden waren, gleichermaßen wahr.

Das *parlement de Toulouse* wurde erstmals 1303 eröffnet, nach verschiedenen Wechselfällen endgültig im Jahre 1444. Sein Zuständigkeitsbereich umfaßte von Anfang an den gesamten Südosten des Königreiches. Es besaß nach dem Pariser Vorbild eine *Grand'Chambre.* Das war die ursprüngliche Kammer, aus der aus prozessuralen Gründen alle anderen durch Abtrennung hervorgingen: die *chambre criminelll,* auch *la Tournelle* genannt, sowie zwei *chambres des enquêtes.* In der Tournelle wurden in letzter Instanz alle Delikte, die mit Leibesstrafen bedroht waren, abgeurteilt. In ihr durfte deshalb kein Kleriker Mitglied sein. Sie bescherte den Bürgern von Toulouse regelmäßig das populäre Vergnügen öffentlicher grausamer Hinrichtungen. Zwischen der *Grand'Chambre* und der *Tournelle* wurden jährlich je zwei Richter ausgetauscht, so daß man beide Kammern auch als eine einzige, aber zweigeteilte Kammer ansah. In den beiden *chambres des enquêtes* wurden Zivilprozesse in letzter Instanz im schriftlichen Verfahren entschieden.

Vorsitzender der *Grand'Chambre* und Chef des gesamten *parlement* war der *premier président,* der als einziger Richter sein Amt nicht käuflich erwarb, sondern vom König eingesetzt wurde. Seine Stellvertreter in der *Grand'Chambre* wie auch die Vorsitzenden Richter der übrigen Kammern

waren die *présidents à mortier* (zwei bis drei pro Kammer), die ihr prestigeträchtiges Amt wiederum gekauft hatten, freilich für einen etwa dreimal so hohen Preis wie die einfachen *conceillers* die ihren. Sie leiteten in aller Regel im Turnus die Sitzungen ihrer Kammern. Aber auch ein einfacher *conseiller*, wie FERMAT es zeitlebens blieb, konnte in einem Verfahren eine zentrale Rolle übernehmen, nämlich dann, wenn er von der Kammer zum "*rapporteur*", d.h. zum Berichterstatter des Falles bestellt worden war.

Mit der Übernahme der Rolle des Rapporteurs in einem Verfahren waren zusätzliche Einnahmen verbunden. Ein fleißiger Rapporteur konnte seine Einkünfte nicht unwesentlich erhöhen. Und FERMAT gehörte zu den fleißigsten Rapporteuren des Parlaments. So schrieb er zum Beispiel in den 10 Wochen von Mitte 1657 bis Ende Januar 1658 in der *Tournelle* nicht weniger 34 *rapport/ arrêts*, also rund drei pro Woche. Seinen ersten *arrêt* überhaupt verfaßte FERMAT am 6. Dezember 1632 in der *chambre des requêtes*, seinen ersten *rapport* in der *Grand'Chambre* am 9. Dezember 1654 und seinen letzten *arrêt*, in der *chambre de l'Edit*, drei Tage vor seinem Tod, am 9. Januar 1665.

Die genannten vier Kammern bildeten den eigentlichen "*cour*" *des parlement de Toulouse*. Die *chambre des requêtes*, in der FERMAT 1631 sein Amt als *conseiller* und *commissaire* antrat, wurde nicht zum eigentlichen *cour* gezählt und stand in der Hierarchie des *parlement* am unteren Ende. Seine Mitglieder verhandelten gewisse zivile Streitfälle im mündlichen Vorverfahren, mußten das Urteil aber einer der *chambres des enquêtes* überlassen.

Es handelte sich bei dem *commissariat aux requêtes* generell eher um eine Position für einen Anfänger, die es ihm erlaubte sich mit der Gerichtspraxis vertraut zu machen, die ihm aber keinen weiteren Aufstieg in der Hierarchie der Kammern des *parlement* eröffnete. Dazu mußte der *conseiller* sein Amt in der *chambre des requêtes* wieder verkaufen und ein Amt am eigentlichen *cour* käuflich erwerben. Aus diesem Grund gab FERMAT am 4. Dezember 1637 sein *commissariat des requêtes* zugunsten von PIERRE DECAUMEIL auf, erwarb das Amt des verstorbenen PIERRE DE RAYNALDY am *cour* und wurde am 16. Januar 1638 am Hof des Parlaments registriert. Dieses Amt behielt er bis zu seinem Tode.

In FERMATs Zeit als *commissaire aux requêtes* fällt die Bekanntschaft mit seinem lebenslangen Freund PIERRE DE CARCAVI, der 1632 sein Kollege am *parlement de Toulouse* wurde und 1636 nach Paris wechselte. Dieser

vermittelte ihm den Kontakt mit MARIN MERSENNE und seinem Pariser Kreis. FERMATS langjährige Korrespondenz mit diesen Herren begann wenige Tage nach CARCAVIS Übersiedlung und dauerte, allerdings mit einer längeren Unterbrechung, bis kurz vor FERMATS Tod. In die Zeit des Übergangs von der *chambre des requêtes* in die erste *chambre des enquêtes* (1637/38) fällt auch FERMATS berühmter Streit mit DESCARTES.

Schließlich zählte zum *parlement de Toulouse* noch die von HENRI QUATRE 1598 eingerichtete, von Katholiken und Reformierten paritätisch besetzte *chambre de l'Edit de Nantes,* die von 1632 bis 1670 in der 75 km östlich von Toulouse gelegenen Stadt Castres ihren Sitz hatte. In ihr wurden alle Streit- und Kriminalfälle, in die Anhänger der beiden Religionen verwickelt waren, beigelegt beziehungsweise abgeurteilt. Sie bestand aus zwei Präsidenten, einem reformierten und einem katholischen, sowie je zehn Friedensrichtern beider Konfessionen. Die protestantischen Richter waren ortsansässig und hatten ihre Ämter gekauft. Acht der katholischen Richter wurden jedes Jahr vom König aus einer Liste von zwölf *conseillers au parlement de Toulouse,* welche die *Grand'Chambre* aufgestellt hatte, jeweils für die Dauer eines Jahres ausgewählt. Aus Gründen der Kontinuität erhielten jeweils zwei katholische Richter eine Verlängerung um ein weiteres Jahr. Am 29. Mai 1638 wurde FERMAT erstmals von der *Grand-Chambre* für die *chambre de l'Edit* nominiert und vom König am 16. Juli ausgewählt. So verbrachte er das Sitzungsjahr 1638/39 (November bis August) mit seiner Familie erstmals in Castres.

Ab 1646 werden FERMATS Briefe an seine gelehrten Kollegen immer spärlicher. Es folgt ab 1648 eine mehrjährige, fast vollständige Pause in seiner mathematischen Korrespondenz. Was sind die Ursachen für sein Schweigen? Nachlassende geistige Kraft? FERMAT war gerade erst vierzig Jahre alt. MERSENNES Tod am 1. September 1648? Dessen Rolle wurde alsbald von CARCAVI übernommen. Wir müssen die Ursachen wohl eher in seinen beruflichen Belastungen sehen, die mit den aufkommenden sozialen und politischen Turbulenzen zusammenhängen: Bauernunruhen im Süden Frankreichs wegen brutaler Steuereintreibungsmethoden, der Aufstand der Fronde gegen MAZARIN und der Krieg gegen Spanien. Hinzu kam Anfang der fünfziger Jahre noch der Ausbruch der letzten großen französischen Pestepedemie mit nachfolgenden Hungersnöten.

Wir sind - zu Recht - daran gewöhnt, in FERMAT den großen Mathematiker und humanistischen Gelehrten zu sehen. FERMAT aber war nach seinem

Selbstverständnis zuerst und vor allem Richter. Am Parlament von Toulouse hatte er seinen "Sitz im Leben". Auch wenn er im wesentlichen von seinen Gütern in Beaumont-de-Lomagne lebte, so sah er seine Tätigkeit als *conseiller au parlement de Toulouse* als seine eigentliche Lebensaufgabe an, und seine Karriere innerhalb der Hierarchie dieser Institution war ihm wichtiger als seine Forschungen und sein Ansehen als Mathematiker. Nur wenn ihm seine berufliche Tätigkeit genügend Muße erlaubte, etwa während der Zeiten, in denen das Parlament wegen der zahlreichen christlichen Feiertage nicht tagte, konnte er sich seiner Liebhaberei, der Mathematik, widmen.

Die großen Parlamentsferien im September und Oktober verbrachte er *à la campagne*, in Beaumont, wo er in der Erntezeit darauf achtete, daß er den vertraglich vereinbarten Anteil der Erträge aus den verpachteten Höfen erhielt. Außerdem beriet er die Bewohner seiner Heimatstadt in juristischen Fragen. Regelmäßig nahm FERMAT an deren Bürgerversammlungen teil - sein Name taucht viele Jahre lang in allen Sitzungsprotokollen auf - und leitete sie bei besonders schwierigen Tagungsordnungspunkten. Auch in anderer Weise, etwa durch die Übernahme von zahlreichen Patenschaften sowie durch Mildtätigkeit und Stiftungen bewies die Familie FERMATs ihre enge Verbundenheit mit Beaumont-de-Lomagne. Oft verblieb ihm während dieser Aufenthalte weniger Zeit für die geliebte "Geometrie", als er gehofft hatte.

Eine ganz besondere Anziehungskraft aber übte auf FERMAT die Hugenottenhochburg Castres aus, der Sitz der *chambre de l'Edit de Nantes*. Immer wieder bemühte er sich, anfänglich nicht immer mit Erfolg, von der *Grand'Chambre* für die Abordnung nach Castres vorgeschlagen und vom König bestätigt zu werden. Von jenen 45 nach Castres abgeordneten *conseillers au parlement de Toulouse*, deren Aufenthalt dort (zwischen 1632 und 1665) vom König für ein weiteres Jahr verlängert wurde, wurden sieben zweimal, vier dreimal und nur FERMAT viermal(!) für je zwei Jahre beauftragt: 1644/46, 1648/50, 1655/57 und 1663/65. Das kann kein Zufall sein. Was aber zog FERMAT so stark in die Stadt an den Ufern des Agout?

Drei Gründe ließen sich nennen. Als erster eine gewisse, schon bei seinen Eltern und Großeltern zu beobachtende Sympathie für die reformierte Religion. Als zweiter PIERRE DE FERMATs außergewöhnliche, wohl auch von seinem Vater DOMINIQUE geerbte Fähigkeit des Vermittelns zwischen widerstreitenden Interessen, die nirgends besser zur Geltung kommen konnte

als an einer Kammer, an der ständig der Ausgleich zwischen den Vertretern der beiden Religionen gesucht werden mußte; hier war FERMAT in seinem Element. Und als dritter und vielleicht stärkster Beweggrund ist die geistige Atmosphäre der Stadt Castres zu nennen, die in der Zeit, als sie Sitz der *chambre de l'Edit* war, eine kulturelle Hochblüte erlebte, die sie weder zuvor noch danach je wieder erreichte. Währenddessen beklagen die Historiker, die eine Geschichte von Toulouse verfaßt haben, den kulturellen Niedergang dieser Stadt im 17. Jahrhundert in nahezu allen Bereichen von Kunst und Wissenschaft, insbesondere hinsichtlich der Universität. Zugleich heben diese Autoren als Ausnahmeerscheinung und *"gloire de Toulouse"* den großen Gelehrten PIERRE DE FERMAT hervor.

In Castres hingegen wurde 1648 eine protestantische Akademie gegründet, die Anfangs 20 und 1670, als sie geschlossen wurde, 47 ausschließlich reformierte Mitglieder besaß. Der überwiegende Teil dieser Herren waren *conceillers* oder *avocats* der *chambre de l'Edit*. Unter ihnen befanden sich die Dichter SAMUEL IZARN, HERCULE DE LACGER und JACQUES DE RANCHIN, die Theologen RAYMOND GACHES und ANDRÉ MARTEL, der Philosoph PIERRE BAYLE und der Mediziner, Chemiker und Philosoph PIERRE BOREL, der Physiker und Übersetzer PIERRE SAPORTA sowie der Historiograph PAUL PELLISSON, aber kein Mathematiker.

BAYLE und PELLISSON genossen nationales Ansehen, SAPORTA und DE RANCHIN waren Freunde FERMATs. Letzterer las bei Akademiesitzungen Gedichte von PIERRE und SAMUEL FERMAT vor; ihm widmete FERMAT seine kritischen Bemerkungen zum Werk des griechischen Historikers POLYAINOS (2. Jh. n. Chr.), wobei er einen Beweis seiner Kenntnisse der griechischen Philologie erbrachte. Im Laufe des Jahres 1664 sah FERMAT eines der seltenen zu seinen Lebzeiten gedruckten Werke, welches SAPORTA besorgt hatte. Es handelt sich um einen kurzen Text, in dem FERMAT eine Passage aus einem Brief des SYNESIOS VON KYRENE interpretiert, wo dieser ein "Hydroskop oder Baryllon" beschreibt. Immer wieder zog es FERMAT nach Castres, seine jüngste Tochter LOUISE wurde um 1645 dort geboren, und sein jüngerer Sohn JEAN war Domherr zu Castres, als sein Vater 1665 dort starb.

Sein starkes Interesse an einer Abordnung nach Castres hinderte FERMAT nicht daran, seinen beruflichen Aufstieg in die *Grand'Chambre* mit Nachdruck zu betreiben. Bereits 1647 ist er der dienstälteste *conseiller* in der ersten *chambre des enquêtes* und übernimmt häufig deren Vorsitz, wenn

die beiden *présidents à mortier* abwesend sind. Sein Wechsel von der ersten *chambre des enquêtes* in die *Tournelle* im Herbst 1652 fällt allerdings zeitlich mit dem Ausbruch der letzten großen Toulouser Pestepidemie von 1652/53 zusammen. Diese begann im August 1652 und endete im Juli 1653. Dabei starben ca. 4000 Bürger der Stadt an der Seuche, etwa 10 % der Bevölkerung, und fast, so scheint es, wäre auch FERMAT ihr zum Opfer gefallen. Im Mai 1653 berichtet der Philosoph BERNARD MEDON, *conceiller au présidial de Toulouse* und ein Freund FERMATs, in einem Brief an den niederländischen Literaten NICOLAAS HEINSIUS D.Ä. von FERMATs Tod (*Fato functus ist maximus* Fermatius), um diese Nachricht im nächsten Brief alsbald zu widerrufen: *Priori monueram te de morte Fermatii, vivit adhuc, nec desperatur de ejus salute, quamvis paulo ante conclamata.* FERMAT gehörte also zu jenen etwa 50 % der an der Beulenpest Erkrankten, die diese überlebten. Allerdings deutet vieles darauf hin, daß seine Gesundheit von diesem Zeitpunkt an geschwächt war.

Kurz nach Ausbruch der Epidemie war FERMAT aus Gründen der Ancienität bereits in die *Tournelle* übergegangen, und von dieser aus war der turnusmäßige Wechsel in die *Grand'Chambre* reine Routine. In der Tat wurde er im November 1654 erstmals Mitglied der obersten Kammer des *parlement* und las dort am 9. Dezember seinen ersten *rapport*. Vom November 1655 an ist er bereits wieder in Castres, von wo er im November 1657 nach Toulouse, und zwar erneut in die *Tournelle*, zurückkehrt.

Zweifellos war FERMAT zeitlebens ein treuer Diener der Krone. Geboren noch unter der Regentschaft HENRI QUATRES erlebte er als Vierzehnjähriger, wie der junge König LOUIS TREIZE auf seiner Reise von Toulouse nach Lectoure die Nacht vom 24. auf den 25. November 1621 in Beaumont-de-Lomagne im Hause seines Vaters DOMINIQUE verbrachte. Doch FERMATs Bild von seinem König blieb nicht ungetrübt: Im Jahre 1632 mußte FERMAT miterleben, wie LOUIS XIII in Begleitung seiner Mutter und des Kardinals RICHELIEU mit 5000 Soldaten in Toulouse einzog und *Grand'-Chambre* und *Tournelle*, zu einer Kammer vereinigt, zwang, den bei den Toulousern beliebten und geschätzten Herzog HENRI DEUX DE MONTMORENCY wegen Aufstands gegen den König zum Tode zu verurteilen, wobei die äußerst unangenehme Rolle des Rapporteurs in diesem Prozeß dem ältesten *conseiller* der Tournelle, FERMATs Schwiegervater CLÉMENT DE LONG, zufiel, in dessen Haus FERMAT mit seiner Frau LOUISE zu jener Zeit wohnte.

Es gehört zu den im wesentlichen auf MAHONEY zurückgehenden und von zahlreichen neueren Autoren übernommenen Stereotypen, daß FERMAT ein eher mäßiger *conseiller* und Jurist gewesen sei, der sich zudem tunlichst aus allen sozialen, politischen und religiösen Konflikten herauszuhalten bemüht habe. Nichts ist falscher als dies. FERMAT war zwar kein Rechtsgelehrter, der juristische Abhandlungen verfaßte, aber er war ein hervorragender Praktiker, der, in religiösen Fragen tolerant, im Sinne des Humanismus für Gerechtigkeit und Menschlichkeit eintrat und dabei auch vor Konfrontationen mit Mächtigeren, etwa mit dem *premier président* GASPARD DE FIEUBET, nicht zurückschreckte.

FERMAT engagierte sich 1648 und 1651 im (ziemlich aussichtslosen) Kampf gegen die ungesetzlichen und brutalen Methoden, mit denen die Steuereinnehmer ("*partisans*") bei den Bauern die *taille* eintrieben. Dabei deckte er die betrügerische Praxis der *partisans* auf, die Steuerquittungen rückzudatieren und damit die dem König zustehenden Einnahmen selbst einzubehalten. Er gehörte 1651, zur Zeit der Fronde, auf seiten des *parlement de Toulouse* zu der Verhandlungsdelegation, die mit den Provinzialständen des Languedoc, die sich auf die Seite der Fronde geschlagen hatten, in monatelangen Verhandlungen erreichte, daß jene zu königstreuen gesetzlichen Zuständen zurückkehrte. Und er verhinderte am 30. Juli 1652 durch einen couragierten Besuch im Lager der von dem Grafen DE SAVAILLANT angeführten königlichen Armee, daß seine Heimatstadt Beaumont-de-Lomagne, die von den Soldaten der Fronde unter dem Befehl von GUYONNET besetzt und ausgeplündert worden war, von den Soldaten des Königs im Sturm genommen und vollends zerstört wurde. Nach der Niederlage der Fronde erreichte FERMAT durch zähe Verhandlungen, daß Beaumont Reparationszahlungen in Höhe von 16266 *livres* zugesprochen bekam. Im Jahre 1654 setzte FERMAT in der *Grand'Chambre* eine gerechtere Verteilung der Einkünfte aus den Gebühren zwischen *Grand'Chambre* und *la Tournelle* durch, wobei er sich bei den Klerikern in der *Grand'Chambre* ziemlich unbeliebt machte.

Ein weiteres Stereotyp ist die Behauptung, FERMAT sei zeitlebens nie weiter als bis Bordeaux gereist. Wie wir bereits berichtet haben, hat er 1623-1626 in Orléans studiert, und es ist sehr wohl denkbar, daß er als Student Paris besucht hat. Aber auch in seiner Tätigkeit als *conseiller* mußte er gelegentlich weitere Reisen unternehmen. So hatte beispielsweise die *Grand'Chambre* am 28. November 1646 den Färbern von Nîmes durch ei-

nen Beschluß verboten, anstelle des im *Languedoc* angebauten Färberwaids das in Toulouse aus protektionistischen Gründen verhaßte aus Indien importierte Indigo zu kaufen und zu verwenden. Als diese sich (aus verständlichen Gründen) an dieses Verbot nicht hielten, wurde FERMAT sechs Monate später in das rund 300 Kilometer östlich von Toulouse gelegene Nîmes geschickt, um dem Beschluß der *Grand'Chambre* Geltung zu verschaffen und das Indigo zu konfiszieren. Das war eine nicht sehr angenehme Aufgabe, die man wohl kaum einem "sanftmütigen, zurückgezogen, geradezu scheuen Mann", als den ihn uns MAHONEY schildert, übertragen hätte. Häufig wurde FERMAT zudem der kleinen Gruppe von *conseillers* zugeteilt, die Bischöfen, Ministern und anderen Würdenträgern weit entgegengingen oder sie von Toulouse aus zum Teil noch ein weites Stück begleiteten, wenn sie sich von dort verabschiedet hatten; hier scheint FERMATs Ansehen als großer Gelehrter und geschätzter Gesprächspartner das Auswahlkriterium gewesen zu sein.

FERMAT war sicher kein unpolitischer Mann. Zum erfolgreichen Politiker aber fehlten ihm zwei wichtige Eigenschaften: Skrupellosigkeit und Machtinstinkt. Aber auch seine Fähigkeiten als Jurist sind von MAHONEY angezweifelt worden:

> "Die ehrlichste Beurteilung von FERMATs Fähigkeiten als Jurist, und eine, die der üblichen Beweihräucherung zuwiderläuft," so schreibt MAHONEY, "kommt aus einem geheimen Bericht von CLAUDE BEZIN DES BÉSONS, Intendant des Languedoc, an den Minister COLBERT im Jahre 1663. Indem er über die 'conseillers' und ihre Beziehungen zu dem suspekten Ersten Präsidenten, GASPARD DE FIEUBET, spricht, sagt BEZIN von FERMAT: 'Fermat, ein Mann von umfassender Bildung, pflegt den Austausch mit den Gelehrten aller Länder, ist aber sehr engagiert; er ist kein sehr guter Rapporteur und ist konfus, er gehört nicht zu den Freunden des Ersten Präsidenten.'"

MAHONEY zieht dann entsprechende negative Schlüsse hinsichtlich FERMATs richterlichen Fähigkeiten, die von anderen Autoren unterdessen ungeprüft übernommen wurden. Hätte er sorgfältiger recherchiert, wären ihm solche Fehlurteile nicht unterlaufen.

Schon 1965 hat der Toulouser Rechtshistoriker HENRI GILLES in einem sorgfältig begründeten Aufsatz *Fermat Magistrat*, den MAHONEY offenbar nicht gelesen hat, nachgewiesen, daß FERMAT im *Laufe seines Lebens einen sehr klaren Stil pflegte, und daß die Sprache der "arrêts", die er ver-*

faßte, den Vergleich mit jener der von seinen Kollegen abgelieferten nicht zu scheuen brauchte. Ich konnte mich durch Stichproben in den *archives départementales de la Haute Garonne* davon überzeugen, daß GILLES Recht hat. Das herabsetzende Urteil des Intendanten CLAUDE BAZINS DE BESSONS läßt sich zunächst unschwer erklären: Im September 1663 verlangte der Minister JEAN-BAPTISTE COLBERT von allen Intendanten eine individuelle Beurteilung der Richter und anderen königlichen Beamten an den Parlamenten. Dieser Aufforderung kamen jene offenbar nur sehr ungern und zögernd nach, denn ihre Beurteilungen fielen so knapp aus, daß COLBERT von einigen Intendanten größere Ausführlichkeit einforderte. Hätte MAHONEY den gesamten Bericht vom 24. Dezember 1663 gelesen, und nicht nur ein Zitat der Beurteilung FERMATs, so hätte ihm auffallen müssen, wie lakonisch und oberflächlich die einzelnen Beurteilungen ausfielen.

DE BESSONS residierte in Montpellier und mußte zur Abfassung seines Berichts zunächst nach Toulouse reisen, wo er sich dann über die *conseillers* informierte. Zu dieser Zeit aber war FERMAT schon nach Castres abgereist. Also wandte sich DE BESSONS, der Mann COLBERTS, wegen FERMAT an den Mann des Königs, den Ersten Präsidenten FIEUBET, einen Intimfeind FERMATs. Daß dabei keine gerechte Beurteilung herauskam, braucht nicht zu verwundern.

Viel interessanter ist der Grund für die herzliche Abneigung zwischen FERMAT und FIEUBET. Es ist ein von FIEUBET am 26. Januar 1658 inszenierter Justizmord an einem Priester namens JEAN MONTRALON, mit offensichtlich jansenistischem Hintergrund, in den FERMAT als *rapporteur* und vernehmender Richter verwickelt war. MONTRALON, von dessen Unschuld FERMAT überzeugt war, wurde noch am Tage darauf gehängt, und seine Leiche verbrannt. FERMAT war so erzürnt und geschockt, daß er etwa einen Monat lang nicht als Richter arbeiten konnte. Darüber hat Sir KENELM DIGBY, der "notorische Lügner", in einem Brief vom 6. Februar 1658 an JONH WALLIS in Oxford berichtet, allerdings in Form einer schamlosen Verleumdung: Es sei FERMAT gewesen, der den Priester zum Tod, und zwar durch Verbrennen bei lebendigem Leibe (!), verurteilt habe.

Zeitweilig scheint FERMAT wegen dieses Ereignisses sogar an den Verzicht auf sein Amt als *conseiller* in der *Grand'Chambre* gedacht zu haben. Vielleicht aber war auch die sich zusehends verschlechternde Gesundheit FERMATs ein Grund für seine Gedanken an einen Rücktritt von seinem Amt. In

einem Brief vom 25. Juli 1660 an den kränkelnden PASCAL schlägt er diesem vor, sich auf halbem Wege zwischen Clermont-Ferrand und Toulouse zu treffen, weil seine Gesundheit kaum besser sei als die PASCALs. Sollte dieser dazu nicht bereit sein und FERMAT die ganze Strecke (von ca. 380 km) zumuten, so laufe PASCAL Gefahr, daß er FERMAT bei sich treffe und dort dann zwei Kranke zur gleichen Zeit habe. Am 4. März 1660 schreibt FERMAT sein Testament, worin er seinen älteren Sohn SAMUEL als Universalerben einsetzt.

Dieses Testament ergänzt er am 13. September 1664 durch ein Kodizill, in welchem er Regelungen zugunsten seiner Frau LOUISE trifft: SAMUEL wird verpflichtet, seiner Mutter aus dem Erbe 32000 *livres* zu zahlen, eine stattliche Summe, welche sie auch gut gebrauchen konnte: LOUISE DE LONG überlebte ihren Mann um mindestens 25 Jahre. In der Präambel dieses Kodizills spricht FERMAT ziemlich unverschlüsselt von seinem nahen Ende: *Ich, der Unterzeichnende, bin unpäßlich von einer Krankheit, die schlimme Folgen haben könnte ...* . Im Oktober 1664 bricht FERMAT ein letztes Mal nach Castres auf und stirbt dort, nach Empfang der heiligen Sakramente und bis zuletzt bei klarem Bewußtsein, am 12. Januar 1665 im Alter von 57 Jahren, nachdem er noch drei Tage zuvor sein letztes "*arrêt*" geschrieben, aber nicht mehr unterzeichnet hat. Schon am darauf folgenden Tage, am 13. Januar 1665, wird er in der Kapelle der Jakobiner in Castres beigesetzt.

Ist bei FERMATs Geburt das Datum umstritten, so ist es bei seinem Tod der Ort, an dem seine sterblichen Überreste ihre letzte Ruhestätte fanden. Ist es die bald nach seinem Tod abgerissene Jacobiner-Kapelle in Castres oder das Familienmausoleum in der Kirche der Augustiner zu Toulouse, in das SAMUEL und JEAN FERMAT den Leichnam ihres Vaters haben überführen lassen? Nach Prüfung aller Argumente bin ich zu der Überzeugung gelangt, daß FERMATs sterbliche Überreste sehr wahrscheinlich noch in seinem Todesjahr in das Familiengrab in Toulouse umgebettet wurden. Einen eindeutigen Beweis dafür gibt es aber nicht. Das Familiengrab wurde in der französischen Revolution zerstört, und lediglich das Epitaph FERMATs überlebte und wird gegenwärtig restauriert.

Prof. Dr. Klaus Barner, Fachbereich Mathematik-Informatik
Universität Kassel, D-34109 Kassel; klaus@mathematik.uni-kassel.de

Einführung in die Differentialrechnung im Jahrgang 11 an Hand von Originalliteratur

Ute Gick

1. Einleitung

Ich möchte in diesem Vortrag meine Unterrichtsreihe vorstellen, in der ich den Differenzierbarkeitsbegriff unter Einbindung von Originalliteratur eingeführt habe.

> "Ich habe so viele Einfälle, die vielleicht später von Nutzen sein werden, wenn sich eines Tages gründlichere Leute als ich eingehender mit ihnen beschäftigen und ihre schönen Gedanken mit meinen Mühen vereinen."
>
> LEIBNIZ *über sich selbst*

Dieses Zitat von LEIBNIZ zeigt auf, daß die Mathematik immer und fortwährend einen Entwicklungsprozeß durchläuft, und sich den jeweiligen technologischen Gegebenheiten bzw. Notwendigkeiten anpaßt. Die Geschichte der Mathematik bietet eine Möglichkeit sich eingehender mit dem Werden der Mathematik auseinanderzusetzen, um so ihren kulturhistorischen Aspekt, ihre Prozeßhaftigkeit und ihre Lebendigkeit aufzuzeigen. Gerade in Zeiten der "Mathematikmüdigkeit" in den Schulen kann die Geschichte der Mathematik ein Aspekt sein, die Inhalte einsichtiger und bedeutungsvoller zu gestalten. Einen geschichtlichen Weg an Hand von Originalliteratur nachzuvollziehen ist für Schüler sicherlich nicht immer leicht, bringt aber einen neuen Gesichtspunkt in den Unterricht ein und kann so motivierend wirken. Ich habe den Begriff "Einführung" zum Anlaß genommen, um zu den relativen Ursprüngen der Differentialrechnung zurückzugehen und daher FERMAT als Wegbereiter und LEIBNIZ als Begründer ausgewählt, um mit ihnen den Differenzierbarkeitsbegriff einzuführen.

2. Geschichtlicher Überblick

Fermat

PIERRE DE FERMAT (um 1601-1665) war ausgebildeter Jurist und vielseitig gebildeter Humanist. Als Mathematiker war er Autodidakt und man hat ihm den Namen "König der Amateure" gegeben. Die Art und Weise wie FERMAT sein Hobby, die Mathematik, betrieb, hatte nichts mit Dilettantismus zu tun. Er veröffentliche zu Lebzeiten fast nichts, sondern teilte seine Ergebnisse in Briefen mit (damals übliche Praxis) oder schrieb sie in unveröffentlichten Manuskripten nieder. Der sprachkundige FERMAT studierte die antiken Klassiker EUKLID, APOLLONIUS, ARCHIMEDES und DIOPHANT. In den Bereichen, mit denen er sich intensiv beschäftigte, erzielte FERMAT Ergebnisse, die über seine Vorläufer hinausgingen. Gerade seine zahlentheoretischen Untersuchungen prägten über Jahrhunderte dieses Teilgebiet der Mathematik (kleiner und großer Fermatscher Satz). Wichtige Beiträge leistete er auch im Gebiet der Infinitesimalrechnung. Er beschäftigte sich mit den infinitesimalen Methoden in der Antike und baute die Methode von ARCHIMEDES weiter aus. Er befaßte sich nach KEPLER mit Extremalaufgaben und gab eine erste Lösung des "Tangentenproblems". LAPLACE sagt [in seiner "Théorie analytique des Probabilités (1812)"] über FERMAT:

"FERMAT, der wahre Erfinder der Differentialrechnung, hat diesem Kalkül als einen Teil der Differenzenrechnung betrachtet. NEWTON hat dann dieses Kalkül mehr analytisch gefaßt. LEIBNIZ hat die Differentialrechnung um eine sehr glückliche Bezeichnungsweise bereichert." [Meschkowski 1980, 95]

FERMAT hat aber seine Methode nur auf eine beschränkte Klasse von Funktionen angewendet und den Fundamentalsatz nicht wie LEIBNIZ und NEWTON erkannt, so daß man FERMAT nicht als Begründer, sondern als Wegbereiter der Analysis ansehen kann.

Leibniz

Über GOTTFRIED WILHELM LEIBNIZ (1646 - 1716) sagt man, daß er der letzte war, der das gesamte Wissen seiner Zeit beherrschte, er gilt als Universalgenie. Er war einer der großen Philosophen und Mathematiker seiner Zeit. Sein Geschick in der Erfindung zweckmäßiger mathematischer

Bezeichnungsweisen und Symbole war sehr groß. Von LEIBNIZ stammt die noch heute gebräuchliche Symbolik der Differential- und Integralrechnung. Seine geniale Begabung, die Fähigkeit, das Wesentliche an einer Deduktion zu erkennen und zu verallgemeinern, zeigte sich schon bei der ersten Berührung mit mathematischen Fragestellungen. Zweifellos ist LEIBNIZ bedeutendste mathematische Leistung die Entwicklung der Infinitesimalrechnung, wie wir sie heute noch verwenden. LEIBNIZ hat die Grundlagen seines Kalküls um 1675 entwickelt, aber nicht veröffentlicht. In den "Acta Eruditorium" ("Berichte der Gelehrten") publizierte er 1684 seine Abhandlung "Nova methodus", die bahnbrechende erste Veröffentlichung zur modernen Infinitesimalrechnung, in der er die Grundlagen seiner Differentialrechnung vorstellt [vgl. Popp 1981, 74].

3. Unterrichtliche Praxis

Zunächst möchte ich einen kurzen Überblick darüber geben, warum man Geschichte der Mathematik im Unterricht behandelt, zum anderen werde ich die einzelnen Phasen meiner Unterrichtsreihe vorstellen.

> "Es läßt sich wohl behaupten, daß die Geschichte der Wissenschaften die Wissenschaft selbst sei. Man kann dasjenige, was man besitzt, nicht rein erkennen, bis man das, was andere vor uns besessen, zu erkennen weiß."
>
> J. W. GOETHE (1749 - 1832)

Dieses Zitat von J. W. GOETHE weist bereits auf die Bedeutung der "Geschichte der Mathematik" hin. Die Kenntnisse über die Differentialrechnung und über die Geschichte der Mathematik sind sowohl für die Schüler als auch für die Gesellschaft von großer Bedeutung und stellen Grundlagen dar. Die Mathematik ist nicht ein starres System, sie ist auch nicht wie die "10 Gebote" vom "Himmel gefallen", sondern sie ist eng mit dem Lauf der Welt verwurzelt und geht damit aus bestimmten historischen Situationen hervor. Die Schüler sollen über die Mathematik hinaus einen Einblick in das mühselige Werden der Mathematik bekommen. Die Wichtigkeit und die Bedeutung der Mathematik für die Technik und die Naturwissenschaften ist allgemein anerkannt, aber als Bestandteil der "Allgemeinbildung" wird sie nicht genug gewürdigt. Und dabei stellt sich gerade zur Zeit die Frage, was der Mathematikunterricht zu einer vertiefenden Allgemeinbildung beiträgt bzw. beitragen könnte. Die bedeutende Stellung der

Mathematik bei der Entstehung der heutigen Zivilisation und Kultur macht unser derzeitiger Unterricht kaum bewußt. Ein etwas genaueres Eingehen auf die Geschichte könnte dem Schüler die Stellung der Mathematik innerhalb der Kulturgeschichte vor Augen führen und es könnte ein natürlicher Zugang zu vielen Teilen der Mathematik gefunden werden. Desweiteren kann man auf diese Weise dem Anspruch an Mathematikunterricht in Bezug auf die Allgemeinbildung gerechter werden. Weitere Gründe, die Geschichte im Unterricht zu behandeln, sind die von MICHAEL VON RENTELN genannten:

"1. Ein Ausflug in die Geschichte der Mathematik erweitert den Gesichtskreis des Lernenden [...].

2. Sie liefert ein Verständnis für die historischen Zusammenhänge und gibt auch Einsichten in sachliche Verbindungen [...].

3. Die Geschichte liefert ein Verständnis für die Schwierigkeiten, die in der Vergangenheit überwunden werden mußten, um Probleme zu lösen und zu neuen Erkenntnissen zu gelangen.

4. Die Geschichte der Mathematik motiviert, sich mit mathematischen Problemen auseinanderzusetzen, und fördert das Interesse an dem Fach." [v. Renteln 1995, 137f.]

Für die Schüler kann somit die Dynamik wissenschaftlichen Arbeitens einsichtiger gemacht werden. Durch das Wissen, daß die Mathematik nicht an einem Tag entstanden ist, sondern daß es einen langen Weges bedurfte, um zum heutigen Stand zu gelangen, der auch von vielen Irrwegen, Fehlern und Korrekturen begleitet war, könnte ein Denkprozeß in Gang gesetzt werden und somit zur Akzeptanz der Mathematik beitragen. Weiter wird Mathematik in der Schule häufig als unnötiger Ballast angesehen, ein Aufzeigen, daß es sich aber um einen wesentlichen Bestandteil des kulturellen Schaffens des Menschen handelt, kann dem entgegenwirken. Man kann nicht voraussetzen bzw. erwarten, daß die Geschichte der Mathematik den Schülern das Verständnis des Stoffes ohne weiters erleichtert, vielmehr sollte man sich der Mühen von Veränderungen bewußt sein. Geschichte ist gerade dann und deswegen produktiv, weil sie vorhandene Sichtweisen nicht einfach bestätigt, sondern ein fremdes, sperriges Element in den Unterricht einführt, das zum Nachdenken anregt. Einen historischen Text zu verstehen, erfordert, ihn mit den eigenen Vorstellungen zu konfrontieren und aus dieser Konfrontation heraus, seinen Sinn zu entschlüsseln. Die Geschichte soll unser Verständnis für die Mathematik weiterentwickeln, sie

soll unseren heutigen Blick nicht einfach bestätigen, sondern weiten und schärfen.

Warum Fermat und Leibniz?

Die historische Entwicklung der Differentialrechnung ist, wie schon erwähnt, durch Extremwertaufgaben in Gang gekommen, auch heute noch haben sie eine zentrale Rolle in der Mathematik, denn Optimieren ist eine fundamentale Idee der Mathematik. Sie gehören im Unterricht zu den wichtigsten Anwendungen der Differentialrechnung.

Für die Behandlung von FERMAT und LEIBNIZ spricht, daß sie Wegbereiter und Begründer sind, und daß man mit ihnen ein Stück weit die Ursprünge der Differentialrechnung nachgehen kann. Somit wird deutlich, daß sich ein jahrhundertelanges Bemühen hinter dem Begriff der Differentialrechnung verbirgt.

4. Darstellung der Reihe

Die Schüler sollten in der Unterrichtsreihe über die Mathematik hinaus einen Einblick in das mühselige Werden der später so schlagkräftigen Analysis bekommen. Daher habe ich es für sinnvoll gehalten, daß am Anfang der Unterrichtsreihe der allgemeine historische Hintergrund beleuchtet wurde. So erhielten die Schüler eine Art historisches "Fundament", das ihnen eine gewisse Orientierung verschaffte.

4.1 Fermats allgemeine Methode

In dieser Phase der Unterrichtsreihe begann der Einstieg in die Behandlung eines neuen mathematischen Themas mit Hilfe der Geschichte der Mathematik. Es wurde schon erwähnt, daß die Abhandlungen von FERMAT am Anfang der Unterrichtsreihe stehen sollte, denn Minima und Maxima sind den Schülern ein Begriff und so kann an die Vorkenntnisse der Schüler angeknüpft werden. Der Einstieg in die Unterrichtsphase erfolgte mit der Überschrift *"Abhandlungen über Minima und Maxima"*. Dies lieferte das Thema und sollte zu einem Brainstorming führen, d.h. die Schüler sollten frei erzählen, was sie mit diesem Thema verbinden. Dieses Vorgehen hatte

zum Ziel, daß die Schüler ihre Vorkenntnisse aktivierten und in das Thema eingestimmt wurden. Im folgenden ging es dann darum, sich mit der Methode von FERMAT auseinanderzusetzen. Die Schüler erhielten folgenden Auszug aus FERMATs Abhandlungen als Arbeitsblatt mit der Aufgabe, den Text zu lesen und unbekannte Begriffe zu klären:

> "Angenommen A stelle irgendeine zu untersuchende Größe - eine Oberfläche oder einen Körper oder eine Länge, je nach Bedingungen der Aufgabe - dar, und das Maximum oder Minimum werde durch Glieder, die A in irgendwelchen Potenzen enthalten, dargestellt. Dann machen wir aus der Größe, die vorher A gewesen ist, A+E und suchen erneut die Maxima und Minima über die Glieder in den gleichen Potenzen. Diese zwei Ausdrücke setzen wir (nach DIOPHANTOS) angenähert einander gleich. Gleiche Summanden auf beiden Seiten der Gleichung streichen wir weg. Die verbleibenden teilen wir durch E oder durch eine Potenz davon, so daß wenigstens einer der Summanden E nicht mehr enthält. Danach werden die Glieder, die E enthalten, beseitigt, und die übriggebliebenen Summanden werden einander gleichgesetzt. Die Lösung der Gleichung ergibt A, das dem Maximum oder Minimum entspricht." [Miller 1934, 1]

Im weiteren ging es dann darum, den Text aus FERMATs Sicht zu deuten ("Gleichsetzen, Wegstreichen etc."), um ihn daran anschließend im Hinblick auf unsere heutige Sicht zu interpretieren. Der Text wurde mit Hilfe einer Beispielfunktion gedeutet, um dann vom Beispiel zum Allgemeinen zu kommen. Es wurde bei der Deutung des Textes explizit darauf hingewiesen, daß FERMAT keine Aussage über die Größe von E macht, und daß er offen läßt, inwieweit man feststellen kann, ob man ein Maximum oder Minimum berechnet hat. Hierzu sollten die Schüler eigene Lösungsstrategien entwickeln und anwenden. Im folgenden wurde die Methode auf weitere Funktionen angewendet, und die Extremwerte wurden bestimmt. Damit die Schüler den Umgang mit der Methode festigten, wurden hier Funktionen eingesetzt und *nicht* FERMATs Beispiel, welches ein unbekanntes Moment ins Spiel gebracht hätte.

4.2 Fermats Beispiel

FERMAT läßt in seinen "Abhandlungen über Maxima und Minima" nach der Beschreibung der allgemeinen Methode ein Beispiel folgen und in Analogie zu FERMAT war dieses Beispiel Gegenstand der Unterrichtsphase. Der

Differentialrechnung in der 11. Kl. an Hand von Originalliteratur 121

Einstieg in diese Phase erfolgte durch Bezugnahme auf eben diese gerade dargestellte Information, es war im weitesten so, als ob die Schüler FERMATs Abhandlung lesen würden. Die Schüler erhielten hierzu einen weiteren Auszug als Arbeitsblatt mit dem Auftrag sich den Text durchzulesen und Unbekanntes zu klären:

> "Ich will mit Hilfe meiner Methode eine gegebene Strecke AC im Punkt Q so teilen, daß das Rechteck $AQ \bullet QC$ maximal wird. Die Strecke AC heiße B, der eine Teil von B werde A genannt, also wird der andere $B - A$ sein. Das Rechteck aus den Abschnitten ist $B \cdot A - A^2$, und dies soll zu einem Maximum werden. Nun setze man den einen Teil von B gleich $A+E$, also wird der andere $B-A-E$ sein. Und das Rechteck aus den Abschnitten wird $B \cdot A - A^2 + B \cdot E - 2 \cdot A \cdot E - E^2$. Was annähernd mit dem Rechteck $B \cdot A - A^2$ gleichgesetzt werden muß. Nimmt man die gleichen Glieder weg, so wird $B \cdot E$ annähernd gleich $2 \cdot A \cdot E + E^2$. Und wenn man alles durch E dividiert, wird B annähernd gleich $2 \cdot A + E$. Läßt man E weg, so ist B gleich $2 \cdot A$. Also ist B zur Lösung der Aufgabe zu halbieren." [Miller 1934, 2]

Weiter sollten sie FERMATs Vorgehen zunächst mit einem vorgegebenen Zahlenbeispiel ($\overline{AC} = 6\ LE$) in Partnerarbeit erarbeiten und den Graphen der Funktion zeichnen. Mit Hilfe des Graphen konnte visualisiert werden, warum man $f(x)$ und $f(x+h)$ annähernd gleichsetzten kann. Betrachtet man den Graphen der Funktion zu $f(x) = 6x - x^2$, so erkennt man einen fast horizontalen Verlauf der Parabel in Scheitelpunktsnähe. In der anschließenden Partnerarbeit sollte dann das Problem allgemein gelöst und die Frage beantwortet werden, welches Rechteck mit gegebenem Umfang den größten Flächeninhalt hat. Die Unterrichtsphase wurde mit folgendem Zitat von FERMAT beendet, womit die Einstellungen der damaligen Zeit wiedergegeben werden sollte und aufgezeigt wurde, daß FERMAT seine Methode nicht bewiesen hat:

> "Wir sprechen auch hier, wie bereits früher die Überzeugung aus, daß diese Untersuchung über Maxima und Minima für alle Fälle streng gültig ist und nicht etwa, wie einige glauben, vom Zufall abhängt [...] Sollte es aber immer noch jemanden geben, der behauptet, daß wir diese Methode dem Zufall verdanken, der möge selbst sein Glück mit ähnlichem Zufall versuchen."

4.3 "Tangentenproblem" von Fermat

Die Überleitung von FERMATs Abhandlungen über Minima und Maxima zu dem "Tangentenproblem" stellte insofern eine Gelenkstelle dar, als daß es zu diesem Zeitpunkt für die Schüler nicht ersichtlich war, was Tangenten mit Extremwerten verbindet. Die Vernetzung der beiden Themen erfolgte erst im weiteren Unterrichtsgeschehen. Die Einführung in die neue Thematik "Subtangenten-" bzw. "Tangentenproblem" erfolgte in der Art, daß dieses ein

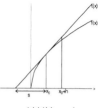

Abbildung 1

weiterer Aspekt ist, mit dem FERMAT sich beschäftigt hat, und daß dieses ein zentrales Thema der Mathematik im 17. Jahrhundert war. Auf die Begriffsklärungen Tangente und Subtangente wurde nicht weiter eingegangen, da sie den Schülern bekannt sind (Tangente) und durch die ikonische Darstellung gefaßt werden können. Im folgenden wurde ausgeführt, daß FERMAT Tangenten mit Hilfe der Subtangenten bestimmt hat. Ziel dieser Unterrichtsphase war, mit Hilfe eines Arbeitsblattes diesen Weg nachzuvollziehen bzw. zu erarbeiten. Zunächst mußten die Schüler die Abbildung 1 auf dem Arbeitsblatt vervollständigen, um die weiteren Ausführungen nachvollziehen zu können. Sie setzten sich handelnd mit dem Gegenstand auseinander.

Mit Hilfe ihres Vorwissens konnten die Schüler die Aussagen $\frac{t(x_0 + h)}{t(x_0)} = \frac{s + h}{s}$ und $\frac{f(x_0 + h)}{f(x_0)} \approx \frac{s + h}{s}$ begründen. In der anschließenden Partnerarbeit erarbeiteten die Schüler die Äquivalenzumformungen, die nötig sind, um auf das Ergebnis $s = \dfrac{f(x_0)}{\lim\limits_{h \to 0}\left[\dfrac{f(x_0 + h) - f(x_0)}{h}\right]}$ zu kommen. Im

Anschluß ergab sich die Problemstellung, wie man mit Hilfe der Subtangente die Tangente bestimmt. Den Schülern war bekannt, daß es sich bei der Tangente um eine Gerade handelt, die die Kurve in einem bestimmten Punkt berührt (Vorwissen). Es wurde zunächst erarbeitet, wie man die Steigung der Tangente mit Hilfe der Subtangente bestimmt, um daran anschließend mit Hilfe der Punkt-Steigungs-Form die Gleichung der Tangente allgemein aufzustellen. Bereits hier wäre es möglich gewesen den Ableitungsbegriff einzuführen, dieses erfolgte aber nicht, da es im Widerspruch zur geschichtlichen Entwicklung stehen würde.

Differentialrechnung in der 11. Kl. an Hand von Originalliteratur

Resümee

Das Ziel dieser Phase ist, daß das bisher Erarbeitete bzw. die Gedankengänge für alle und für jeden einzelnen Schüler gesammelt und

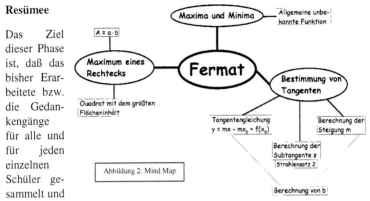

Abbildung 2: Mind Map

z.T. in Beziehung zueinander gesetzt werden. Hierzu wurde den Schülern die Methode des *Mind Mappings* vorgestellt. Diese Methode ermöglicht es, die netzartige Struktur des Wissens visuell und individuell auszudrücken. Mit dieser Unterrichtsphase war der Themenkomplex FERMAT beendet und man wandte sich LEIBNIZ zu, der eine noch "allgemeinere Methode" entwickelt hat.

4.4 Leibniz und seine "neue Methode" (Differenzierbarkeitsbegriff)

Der neue Unterrichtsgegenstand "LEIBNIZ" wurde über den Vergleich der Lebensdaten von FERMAT (1601 - 1665) und LEIBNIZ (1646 -1716) begonnen. Den Schülern sollte bewußt werden, daß an dieser Stelle ein Zeitsprung gemacht wird. Mit Hilfe der lateinischen Überschrift "Nova methodus..." erfolgte der Einstieg in die eigentliche Thematik. Dies geschah, um den Schülern aufzuzeigen, daß LEIBNIZ seine Abhandlungen in lateinischer Sprache publiziert hat. Zudem konnten die Schüler versuchen, die Überschrift mit ihren Lateinkenntnissen zu übersetzen. Im folgenden erhielten die Schüler ein Arbeitsblatt mit Auszügen aus der Nova methodus mit dem Arbeitsauftrag, in Partnerarbeit den Text zu lesen, unbekannte Begriffe zu klären und den einzelnen Abschnitten Überschriften zu geben (Titel, Bezeichnung der Kurven, Bezeichnung der Tangenten, Einführung Differential). Hiernach erfolgt eine Auseinandersetzung mit der Originalabbildung. Die Schüler erhielten anschließend Papierstreifen mit der Abbildung in modernisierter Form mit dem Zweck, die Abbildung greifba-

rer zu machen. Die Schüler mußten jedoch noch die Tangenten in die Abbildung einfügen, sich also handelnd mit dem Gegenstand auseinandersetzen. Die gesamte Grafik von den Schülern in die modernisierte Form übertragen zu lassen, würde an dieser Stelle zu weit führen. Durch den Strahlensatz und die Ergebnisse von FERMAT wurde die folgende Beziehung

$$\frac{dy}{dx} = \frac{y}{x_0 D} = \frac{f(x_0)}{x_0 D} = \lim_{h \to 0} \frac{f(x_0 + h) - f(x_0)}{h}, \text{ mit } \overline{x_0 D} \text{ Subtangente,}$$

erarbeitet. Daran schlossen sich die Definition über Differentialquotient etc. an. Den Schülern wurde die Information gegeben, daß die Schreibweise f' auf CAUCHY (1826) zurückgeht. Die einzelnen Aussagen der Definition wurden erörtert. Die unterschiedliche Bedeutung von Differential- und Differenzenquotient (mittlere Änderungsrate wird meistens in 11.1 behandelt), sowie von dy und Δy sollte von den Schülern realisiert werden.

4.5 Ableitungsregeln

Mit einem weiteren Auszug aus der Nova methodus wurden die Ableitungsregeln eingeführt. Mit dem ersten Satz "Nach diesen Festsetzungen..." wurde ein direkter Bezug zum bisherigen Unterrichtsgeschehen hergestellt. Die Aufgabe der Schüler bestand zunächst darin unter Verwendung ihrer Vorkenntnisse, die LEIBNIZsche Schreibweise ($d(ax)$, adx) in die ihnen vertrautere Schreibweise ($f(x)=ax$, $f'(x)=a$) zu übertragen. Somit erhielt man eine Liste der Ableitungsregeln (Konstanten-, Faktor-, Summen- und Potenzregel), wobei einerseits die Regel für Wurzeln im Hinblick auf LEIBNIZ eigene Ausführungen an dieser Stelle vernachlässigt wurde und andererseits die allgemeine Faktorregel hinzugefügt wurde, denn LEIBNIZ gibt nur den Spezialfall an. Die Regeln werden angewendet, um daran anschließend die einzelnen Beweise zu führen (Information für die Schüler: LEIBNIZ gibt keine Beweise in seiner "Nova methodus" an).

An dieser Stelle fand dann noch einmal eine Auseinandersetzung mit dem Originaltext statt, um den Schülern aufzuzeigen, warum keine explizite Regel für Wurzeln aufgestellt wurde und wie Leibniz sein Kalkül nennt. Es wurde zunächst noch einmal herausgestellt, daß der große Fortschritt von LEIBNIZ darin zusehen ist, daß er Regeln aufgestellt hat, die das "mathematische Leben" erleichtern. Daran anknüpfend setzen sich die Schüler mit

den weiteren Textpassagen auf dem Arbeitsblatt auseinander. Es wurde deutlich, warum die Regel für Wurzeln nicht übertragen wurde und kurz über den Inhalt der zweiten Seite diskutiert. Dieses wurde zum Anlaß genommen, die Reihe zu beenden. [Kowalewski 1996, 3-11]

5. Reflexion der durchgeführten Unterrichtsreihe

Meine wesentlichen Intentionen inhaltlicher Art konnten im Verlauf der Unterrichtsreihe insoweit verwirklicht werden, als daß die Schüler sich mit den Originaltexten aktiv auseinandersetzten, um den neuen Unterrichtsgegenstand zu erschließen. Bei der Erarbeitung und Vernetzung mußte ich erwartungsgemäß mit einigen Impulsen und Hilfestellungen lenken, trotzdem ergab sich bei den Schülern immer wieder ein "Aha-Effekt", so daß sie selbständig und zum größten Teil mit Interesse weiterarbeiten konnten. Eine intensivere Beschäftigung mit manchen Teilabschnitten erforderte gelegentlich mehr Zeit als geplant, so daß Abstriche an anderen Stellen gemacht werden mußten (Aufgaben, Textinterpretation). Der allgemeinbildende Aspekt konnte meines Erachtens in der Durchführung zum Teil umgesetzt werden: so haben die Schüler am eigenen Leib das mühselige Werden der Mathematik in Ausschnitten erlebt, und dadurch erfahren, daß die Mathematik nicht "an einem Tag" entstanden ist, sondern ein Entwicklungsprozeß ist. Ihren Gesichtskreis haben die Schüler sicherlich erweitert, aber ob sie die bedeutende Stellung der Mathematik für die Entstehung der heutigen Zeit erkannt haben, vermag ich nicht zu beurteilen. Ich kann nur vermuten, daß sie die Namen FERMAT und LEIBNIZ nicht so schnell vergessen werden. Der geschichtliche Zugang in eine neue Thematik über die Auseinandersetzung mit Originalliteratur erleichtert sicherlich nicht immer unmittelbar das Verständnis des Inhalts. Die Schüler befinden sich immer zwischen zwei Ebenen (Geschichte - Heute), die sie in Bezug zueinander setzen müssen, wobei sie jede für sich inhaltlich greifbar machen müssen. Der Umgang mit Originalliteratur bzw. mit Texten an sich, stellte keine Schwierigkeit dar. Die Schüler, für die diese Arbeitsweise neu war, nahmen sie positiv auf und entwickelten selbständig Interpretationen der Quellen. Zu erwähnen ist, daß oft vermeintlich schwächere Schüler gute Deutungsideen einzelner Textpassagen lieferten und ihre Kreativität angesprochen wurde. Die Textarbeit als solche bringt ein nicht immer planbares Element in den Unterricht hinein, denn jeder deutet den Text aus seiner eigenen

Sicht heraus und gerade das ist spannend. Die Schüler nehmen den Text ernst, wissen aber, daß er nicht der Weisheit letzter Schluß ist. Das Aufzeigen von FERMAT und LEIBNIZ verdeutlichte punktuell den Aspekt des Werdens und der Dauer der Entstehung eines Teilthemas der Mathematik. Trotz dieser durchwegs positiven Bilanz würde ich die Reihe im Hinblick auf die zeitliche Dauer überarbeiten. Das Feedback am Ende der Reihe machte deutlich, daß die Geschichte der Mathematik ein interessanter Gegenstand ist, mit dem Schüler sich auch gerne auseinandersetzten, sie aber nach einer gewissen Zeit zu dem ihnen "wohlbekannten" Unterricht zurückkehren möchten. Zusammenfassend möchte ich sagen, daß sicherlich nicht alle Erwartungen an die Reihe erfüllt werden konnten, dies aber auch nicht das ausschließliche Ziel war. Die größtenteils positiv gemachten Erfahrungen und Resonanzen der Reihe bestärken mich jedoch darin, das Konzept "Geschichte der Mathematik im Unterricht" weiter in meinem Unterricht zu berücksichtigen und auszubauen; dieses sowohl im Hinblick auf die Einführung neuer Unterrichtsgegenstände, als auch um vorhandenem Wissen einen geschichtlichen Hintergrund zu geben und so daß Wissen zu vertiefen und zu weiten.

Und wie sagte schon EUKLID zu PTOLEMÄUS I:

"Es gibt keinen Königsweg zur Mathematik!"

Literatur

KOWALEWSKI, G.: Leibniz über die Analysis des Unendlichen - Ostwalds Klassiker der exakten Wissenschaften, Band 162; Harri Deutsch Verlag, Frankfurt, 1996

MESCHKOWSKI, H.: Mathematiker-Lexikon; BI-Verlag, Mannheim-Wien-Zürich, 1980

MILLER, M.: Pierre de Fermats Abhandlungen über Maxima und Minima - Ostwalds Klassiker der exakten Wissenschaften, Band 238; Akademische Verlagsgesellschaft, Leipzig, 1934

POPP, W.: Wege des exakten Denkens; Ehrenwirth Verlag, München 1981

RENTELN, M. VON: Leonard Euler und die Geschichte der Mathematik, Der Math.-Naturwiss. Unterricht MNU 48 (1995)H.3, S. 131-138

Ute Gick, Gesamtschule Waldbröl, Höhenweg 49, D-51545 Waldbröl
e-mail: gicku@arcormail.de

Squaring the circle in XVI-XVIII centuries

Witold Więsław

Introduction

Squaring the circle, traditionally called in Latin *Quadratura Circuli* was one of the most fascinating problems in the history of mathematics. Contemporary it is formulated as the problem of constructing by ruler and compass the side of a square with area equal to the given circle. Evidently the problem is equivalent to *the rectification of the circle*, i.e. to the problem of constructing in the same way by ruler and compass, a segment of the length equal to the perimeter of the circle. In the first case the problem leads to construction the segment of length $\sqrt{\pi}$, in the second one to construction of the length π.

1. Quadratura circuli in XVI century

I shall mention only that the first essential result in this direction goes back to ARCHIMEDES, who had found the connections between plane and linear measures of a circle; the area of the circle equals to the area of rectangular triangle with legs equal, respectively to its radius and the perimeter.

The history of the problem is long and I am not going to give it completely here. I would like to present here only some examples of effort in this direction from the period XVI-XVIII century. Let us also remark that for centuries the problem meant rather *to measure the circle* than *to construct its perimeter by ruler and compass*. Since from the Greek antiquity geometrical constructions by ruler and compass were mathematical instruments, therefore we have now much more restricted formulation of the problem.

NICOLO TARTAGLIA (1500-1557) presents in [2] the following approximate squaring the circle. He transforms a square into the circle dividing its diagonals into ten equal parts and taking as a diameter of the circle eight

parts (see the original picture from [2]). A simple calculation shows that the construction leads to the Babilonian approximation $\pi = \dfrac{25}{8}$.

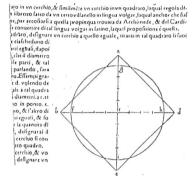

JEAN BUTEO (c.1492-1572) presents in [1] and [3] a construction leading to PTOLEMY approximation of π, namely $\dfrac{377}{120}$, i.e. to 3;8,30 in the sexagesimal system of numeration.

Another one, JOSEPH SCALIGER in his beautiful book [5], in which mathematical symbols are printed in red, takes $\sqrt{10}$ for π in his construction. Indeed, he draws diameter $d=2r$ in a circle, next the middle point of its radius and he constructs rectangular triangle with legs $\dfrac{3}{2}r$ and $\dfrac{1}{2}r$. Its hypotenuse gives, in his opinion, an approximate squaring of the circle.

FRANÇOIS VIETE (1540-1603) is well-known as the author of literal notations consequently used in algebra. He used the Latin letters A, B, C, D, ... to denote the known quantities and letters ..., W, X, Y, Z to denote indeterminates. He introduced such notation in [4a]. His achievements in geometry are less known. VIETE presents some approximate constructions of squaring and rectification the circle in [4b]. On the page 26 (loc. cit.) we can find the following exercise: *quadrant circumferentiae dati circuli invenire proxime lineam rectam aequalem*, i.e. *find the segment approximately equal to the quarter of the circle.*

Squaring the circle in XVI-XVIII centuries 129

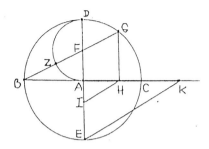

In the figure: *EI = BZ, GH* is orthogonal to *BC*, and *EK* is parallel to *IH*. VIETE claims, that *EK* is approximately equal to the quarter of the circle *BDCE*. Assume that he is right, i.e. $AK = \frac{1}{2}\pi a$. Similarity of the triangles *AIH* and *AEK* implies, that $\frac{AI}{AE} = \frac{AH}{AK}$. Since $AK = \frac{AH \cdot AE}{AI} = \frac{AH \cdot a}{AI}$, thus $\pi = 2\frac{AH}{AI}$. Now we can calculate *AH* and *AI*.

We have in $\triangle ABF$: $BF^2 = AF^2 + AB^2 = \frac{1}{4}a^2 + a^2 = \frac{5}{4}a^2$, so $BF = \frac{1}{2}a\sqrt{5}$.
Since $BZ = BF - ZF = \frac{1}{2}a\sqrt{5} - \frac{1}{2}a = \frac{1}{2}(\sqrt{5}-1)a$,

so $AI = a - EI = a - BZ$, and $AI = \frac{1}{2}(3-\sqrt{5})a$. Now we find *AH*. In $\triangle AGH$: $AH^2 + GH^2 = a^2$. Since triangles $\triangle BAF$ and $\triangle BHG$ are similar, hence $\frac{BH}{BA} = \frac{GH}{FA}$, i.e. $\frac{BH}{GH} = \frac{BA}{FA} = 2$. The equality $BH = a + AH$ implies, that $2GH = BH = a + AH$, thus $GH = \frac{1}{2}(a+AH)$. Substituting it in $AH^2 + GH^2 = a^2$, we obtain quadratic equation with respect to *AH*: $5AH^2 + 2a \cdot AH - 3a^2 = 0$ implying that $AH = \frac{3}{5}a$. Consequently, $\pi = 2\frac{AH}{AI}$, i.e. $\pi = \frac{3}{5}(3+\sqrt{5}) = 3{,}1416406\ldots$.

2. Squaring the circle in the XVII century

KEPLER [6] used ARCHIMEDES result: $\pi = \dfrac{22}{7}$. Sometimes the word *ludolphinum* is used instead of *pi*. This word goes back to LUDOLPH VAN CEULEN (1540-1610). Some epitaphs were found in 1712 in Leyden during rebuilding the Church of Sanctus Petrus. Among them was the epitaph of LUDOLPH VAN CEULEN. We read there: *Qui in vita sua multo labore circumferentiae circuli proximam rationem diametram invenit sequentem (which in life was working much under calculation of an approximate proportion of the circle perimeter to its diameter.)* In the epitaph we find an approximation of π up to 35 digits. At first VAN CEULEN had found 20 digits (*Van den Circkel*, Delf 1596), and next 32 digits (*Fundamenta Arithmetica et Geometrica*, 1615). The book *De Circulo et adscriptis liber* (1619) published by WILLEBRORD SNELL (Snellius) after VAN CEULEN's death, presents his method in case of 20 digits. In 1621 W. SNELL wrote *Cyclometricus* [9], presenting there VAN CEULEN's algorithm for finding 35 digits. VAN CEULEN proves in [7] many theorems dealing with equivalence of polygonals by finite division into smaller figures. He evolves there an arithmetic of quadratic irrationals, i.e. he studies numbers of the form $a + b\sqrt{d}$, with rational a, b, d. He states, that if d is fixed, then arithmetic operations do not lead out the set. He proves it on examples, but his arguments are quite general. He considers also the numbers obtained from the above ones by extracting square roots. He uses it intensively in [8]. His method runs as follows. LUDOLPH VAN CEULEN calculates the length of the side of the regular N-gon inscribed in the circle with the radius 1, writing the results in tables. Successively he determines the side of the regular N-gon for $N = 2^n$, where $2 \leq n \leq 21$, i.e. up to $N = 2.097.152$. Next he makes the same for $N = 3 \cdot 2^n$, taking $1 \leq n \leq 20$, i.e. until $N = 3.145.728$. Finally he puts $N = 60 \cdot 2^n$, with $1 \leq n \leq 13$, up to $N = 491.520$. For example, in the case considered by ARCHIMEDES (and also by LEONHARDO PISANO, AL-KASCHI, and others), i.e. for regular 96-gon inscribes in the circle with radius 1, the length of the side is equal to

$$\sqrt{2-\sqrt{2+\sqrt{2+\sqrt{2+\sqrt{2+\sqrt{3}}}}}},$$

what VAN CEULEN writes as $\sqrt{.2-\sqrt{.2+\sqrt{.2+\sqrt{.2+\sqrt{.2+\sqrt{3}}}}}}$. Next for all tabulated regular N-gons he calculates the perimeters and their decimal expansions, taking as the final approximation to π the last common value from the tables. It gives twenty digits of decimal expansion of π.

The approximation to π by $\frac{355}{113}$, i.e. by the third convergent of the expansion of π into continued fraction, was attributed to ADRIANUS METIUS already at the end of the XVII century. (The first convergent of π is Archimedean result $\frac{22}{7}$, and the second one equals $\frac{333}{106}$). JOHN WALLIS had attributed the result to ADRIANUS METIUS in *De Algebra Tractatus* (see [17b], p.49). But the truth looks quite differently. ADRIANUS METIUS ALCMARIANUS writes in [11] (p.89):

Confoederatarum Belgiae Provintiarum Geometra [...] Simonis a Quercu demonstravit proportionem peripheriae ad Suam diametrum esse minorem $3\frac{17}{120}$, hoc est $\frac{377}{120}$ majorem $3\frac{15}{106}$, hoc est $\frac{333}{106}$, quarum proportionum intermedia existit $3\frac{16}{113}$, sive $\frac{355}{113}$, [...], what means, that *Geometra from confederated province of Belgium, Simonis from Quercu, had proved, that the ratio of the perimeter to its diameter is smaller than* $3\frac{17}{120}$, *i.e.* $\frac{377}{120}$, *and greater than* $3\frac{15}{106}$, *i.e.* $\frac{333}{106}$. *The mean proportion of the fractions is* $3\frac{16}{113}$, *that is* $\frac{355}{113}$.

The fraction $\frac{a+c}{b+d}$ was called the mean proportion of fractions $\frac{a}{b}$ and $\frac{c}{d}$. The result $\frac{377}{120}$ comes back to PTOLEMY. The work [11] is very interesting for another reason. ADRIANUS METIUS describes there an approximate construction changing a circle into equilateral triangle. We present below his construction with original figure of ADRIANUS. From the intersection E of two orthogonal lines we draw a circle with radius a. Thus $AE = CE = BE = EG = EF = a$. Next we construct two equilateral triangles: $\triangle CEG$ and $\triangle CEF$. The bisetrix of the angle determines the point H. From the point C

one constructs $CI = CH$. Let the lines through A and I, B and I meet the circle in points L and Q respectively. The intersection of the line LQ with lines EF and EG, defines the point M and N of the constructed equilateral triangle. The third point can be found immediately.

LEMMA. In the figure below: $HC = a\sqrt{2-\sqrt{3}}$. Indeed, the Cosine Theorem applied to $\triangle CEH$, gives

$$HC^2 = EC^2 + EH^2 - 2 \cdot EC \cdot EH \cos 30° = 2a^2 - 2a^2 \cos 30° = a^2(2-\sqrt{3}).$$

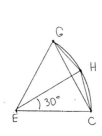
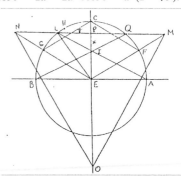

We calculate the surface of $\triangle MNO$. Let P be the meet of the line EC with MN. Put $PI = x$, $LP = y$. The Lemma implies,
that $EI = a - CI = a - a\sqrt{2-\sqrt{3}} = \lambda a$, where $\lambda = 1 - \sqrt{2-\sqrt{3}}$. The rectangular triangle $\triangle AEI$: $IA^2 = EI^2 + EA^2 = EI^2 + a^2$, thus $IA = a\sqrt{1+\lambda^2}$. Similarity for triangles $\triangle LPI$ and $\triangle AEI$ gives

$$\frac{LI}{AI} = \frac{PI}{EI}, \frac{x}{y} = \frac{EI}{EA}, \text{ i.e. } LI = \frac{AI}{EI} PI = \frac{\sqrt{1+\lambda^2}}{\lambda} x, x = \lambda y.$$

In the rectangular triangle $\triangle LPE$: $PE^2 + LP^2 = LE^2$,

hence $(x + EI)^2 + y^2 = a^2$, $(x + \lambda a)^2 + y^2 = a^2$,

and since $x = \lambda y$, thus $\lambda^2 (y+a)^2 + y^2 = a^2$,

implying $\lambda^2 (y+a)^2 = (a+y)(a-y)$,

i.e. $\lambda^2 (a+y) = a - y$, thus $y = a\dfrac{1-\lambda^2}{1+\lambda^2}$, and $x = \lambda a\dfrac{1-\lambda^2}{1+\lambda^2}$.

Since E is the median of the equilateral triangle ΔMNO, so $EP = x + IE$ is the half of EO, i.e. $x + EI = \frac{1}{2} EM$, since $EO = EM$,

i.e. $EM = 2(x + IE) = 2a\lambda \frac{1-\lambda^2}{1+\lambda^2} + 2a\lambda = \frac{4a\lambda}{1+\lambda^2}$.

It implies that the high h in ΔMNO equals $h = \frac{3}{2} EM = \frac{6a\lambda}{1+\lambda^2}$. If z is a side of ΔMNO, then from ΔOPM: $h^2 + \left(\frac{z}{2}\right)^2 = z^2$, i.e. $z = \frac{2}{\sqrt{3}} h = 4a\sqrt{3}\frac{\lambda}{1+\lambda^2}$.

Since, by ADRIANUS METIUS, the area of ΔMNO is approximately equal to the area of the circle with the centre E and radius $EA = a$, hence

$$\pi a^2 = \frac{1}{2} hz = \frac{1}{2} h \frac{2}{\sqrt{3}} h = \frac{1}{\sqrt{3}} h^2 = \frac{1}{\sqrt{3}} \frac{36a^2\lambda^2}{(1+\lambda^2)^2}, \text{ i.e. } \pi = 12\sqrt{3}\frac{\lambda^2}{(1+\lambda^2)^2}.$$

Thus π equals approximately 3,1826734... . Since π = 3,141592... , the error is about 1,3 %.

Among many authors who kept busy in XVII century with measuring the circle, a special place has CHRISTIAN HUYGENS (1629 - 1695), one of the most famous mathematicians of the century. In a short time he learned and extended the coordinate methods of DESCARTES, showing its many applications in mathematics and aside. His known achievements are published in many great volumes. I describe here only a part of his scientific activity. In *Theoremata de Quadratura Hyperboles, Ellipsis et Circuli* from 1651 HUYGENS describes geometrical methods for finding lengths of their parts. In the treatise *De Circuli Magnitudine Inventa* (*A study of the circle magnitude*) from the year 1654 he describes different geometrical methods of approximate the perimeter of the circle. HUYGENS in [13] leads to absolute perfection the methods of ARCHIMEDES of approximation of the perimeter of the circle by suitably chosen n-gons. He proves geometrically many inequalities between the lengths of sides of n-gons, $2n$-gons and $3n$-gons inscribed and described on a circle. In particular, he deduces from them an approximate rectification of an arc. Already in his times analytical arguments like presented below were known and applied.

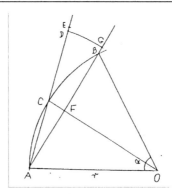

Let AOB be a sector of a circle with radius r and angle α. Let OC bisect the angle AOB. We put aside $CD = AC$ on the line through A and C. The circle with centre A and radius AD meets the line through A and B in G. Finally we put $DE = \frac{1}{3} BG$. Then, as HUYGENS claims, the length of the arc AB is approximately equal to the segment AE. Indeed,

$$AE = AD + DE = AD + \frac{1}{3} BG = AD + \frac{1}{3}(AD - AB) = \frac{4}{3}AD - \frac{1}{3}AB.$$ Since $AD = 2AC$, by the construction, $AB = 2AF = 2r \sin \frac{\alpha}{2}$ from the triangle AFO and similarly, $AC = 2r \sin \frac{\alpha}{4}$, thus

$$AE = \frac{4}{3}AD - \frac{1}{3}AB = \frac{4}{3} \cdot 2AC - \frac{1}{3}AB = \frac{8}{3} \cdot 2r \sin \frac{\alpha}{4} - \frac{1}{3} \cdot 2r \sin \frac{\alpha}{2}$$
$$= \frac{2r}{3}(8 \sin \frac{\alpha}{4} - \sin \frac{\alpha}{2}).$$

Since the sine function has expansion: $\sin x = x - \frac{1}{3!}x^3 + \frac{1}{5!}x^5 - \ldots$, then taking x equal $\frac{1}{4}\alpha$ and $\frac{1}{2}\alpha$, we have

$$8 \sin \frac{\alpha}{4} - \sin \frac{\alpha}{2} =$$
$$= 8\left(\frac{\alpha}{4} - \left(\frac{\alpha}{4}\right)^3 \frac{1}{3!} + \left(\frac{\alpha}{4}\right)^5 \frac{1}{5!} - \ldots\right) - \left(\frac{\alpha}{2} - \left(\frac{\alpha}{2}\right)^3 \frac{1}{3!} + \left(\frac{\alpha}{2}\right)^5 \frac{1}{5!} - \ldots\right) =$$

$$= \alpha(2 - \frac{1}{2}) + \alpha^3 \left(\frac{1}{6 \cdot 8}\right) - \left(\frac{8}{6 \cdot 4^3}\right) + \alpha^5 \left(\frac{8}{4^5 \cdot 120} - \frac{1}{2^5 \cdot 120}\right) +$$
$$\alpha^7 \left(\frac{1}{2^7 \cdot 7!} - \frac{8}{4^7 \cdot 7!}\right) + \ldots =$$
$$= \frac{3}{2}\alpha + \frac{1}{2^5 \cdot 5!}\left(\frac{1}{2^2} - 1\right)\alpha^5 + \frac{1}{2^7 \cdot 7!}\left(1 - \frac{1}{2^4}\right)\alpha^7 + \frac{1}{2^9 \cdot 9!}\left(\frac{1}{2^6} - 1\right) + \ldots \, .$$

Consequently

$$|-\frac{3}{2}\alpha + 8\sin\frac{\alpha}{4} - \sin\frac{\alpha}{2}| \leq$$
$$\leq \frac{3}{4} \cdot \frac{1}{2^5 \cdot 5!} \alpha^5 \left(1 + \frac{\alpha^2}{2^2 \cdot 6 \cdot 7} + \frac{\alpha^4}{2^4 \cdot 6 \cdot 7 \cdot 8 \cdot 9} + \frac{\alpha^6}{2^6 \cdot 6 \cdot 7 \cdot 8 \cdot 9 \cdot 10 \cdot 11} + \ldots\right) \leq$$
$$\leq \frac{3}{4} \frac{\alpha^5}{2^5 \cdot 5!}\left(1 + \left(\frac{\alpha}{12}\right)^2 + \left(\frac{\alpha}{12}\right)^4 + \left(\frac{\alpha}{12}\right)^6 + \ldots\right) = \frac{3}{4} \frac{\alpha^5}{2^5 \cdot 5!} \frac{1}{1 - \left(\frac{\alpha}{12}\right)^2} \, .$$

Thus

$$AE = \frac{2r}{3}\left(\frac{3}{2}\alpha - \frac{3}{4} \cdot \frac{1}{2^5 \cdot 5!}\alpha^5 + \ldots\right) = r\alpha - \frac{r}{7680}\alpha^5 + \ldots \, .$$ Since $AE = r\alpha +$

rest, hence our arguments show that $|rest| \leq \dfrac{r}{5760} \dfrac{\alpha^5}{1 - \left(\frac{\alpha}{12}\right)^2}$. If $|\alpha| < 2$, then instead of the constant 5760 we can take 7680. It is interesting, that in HUYGENS book [13] there is also the constant 7680. The obtained result gives the possibility of rectifying the circle with a given error. Indeed, it is necessary to divide the circle into n equal arcs and next rectify each of them. For example, if $\alpha = \dfrac{1}{2}\pi$, then $|rest| \leq 0{,}0012636$, what by multiplying by 4 given an error not greater than 0,0056.

Another *Quadratura circuli* gave MARCUS MARCI [15]. It was described in [24]. MADHAVA (*Yukti - Bhasha,* XIV century) found for π the value $\pi = 3{,}14159265359\ldots$. It could be not surprising but he used some calculations equivalent to the series expansion of arcus tangens:

$arctgx = x - \frac{x^3}{3} + \frac{x^5}{5} - \frac{x^7}{7} + ...$, called now Gregory's series (1671). In particular MADHAVA used the equality $\pi = 4\left(1 - \frac{1}{3} + \frac{1}{5} - \frac{1}{7} + ...\right)$. In Europe this equality was discovered by G.W. LEIBNIZ [16].

Ancient Indian mathematicians of MADHAVA times knew much more exact approximations of π. For example KARANA PADDHATI gives 17 digits of π.

Now recall an approximate rectification of the circle of ADAM ADAMANDY KOCHANSKY (see [19]). Jesuit KOCHANSKY was at first professor of mathematics in Mainz in 1659. Next in 1667 he was teaching at Jesuit Collegium in Florence, in 1670 he was in Prague, then in Olomouc. Since he was not content from his stay there, he decided in 1677 to ask for his transfer to another place, to Wratilsavia (Wrocław), where he observed and described a comet. Later he was librarian of Polish king Jan III Sobieski. He died at the end of XVII century. He came to the history of mathematics as the author of very simple (approximate) rectification the circle.

We draw two orthogonals to diameter of the semi-circle ADB with centre S and radius $AS = r$. Next we put $AC = 3r$.

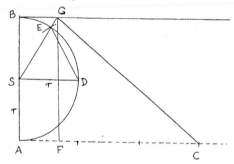

Then we take the parallel SD to AC and we construct the equilateral triangle SDE. Let the line through S and E meet G the line from B parallel to the base line AC. KOCHANSKY claims that GC equals approximately the semicircle ADB. Indeed since $FC = AC - GB = 3r - rtg\ 30°$ and $tg 30° = \frac{1}{\sqrt{3}}$, then from the rectangle FCG we obtain $GC^2 = FG^2 + FC^2$, i.e. $GC^2 = (2r)^2$

+ $(3r - rtg30°)^2 = r^2(\frac{40}{3} - 2\sqrt{3})$, thus $GC = r\sqrt{\frac{40}{3} - 2\sqrt{3}}$, what means, that $\pi = \sqrt{\frac{40}{3} - 2\sqrt{3}} = \frac{1}{3}\sqrt{6(20 - 3\sqrt{3})} = 3{,}141533...$ approximately. The error equals $3{,}14159265... - 3{,}1415333... = 0{,}00005932...$.

3. The state of *quadratura circuli* in the XVIII century

The problem of squaring the circle appears in seven EULER's papers and in his correspondence with CHRISTIAN GOLDBACH in the years 1729-1730. We describe one of EULER's approximate rectifications of the circle.

ISAAC BRUCKNER (1686-1762) gave not too much exact rectification of the circle. EULER proposed the following modification of BRUCKNER's construction.

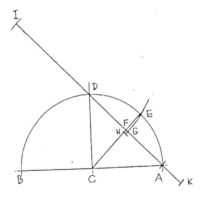

Let CE be bisectrix of the right angle ACD. Let $DI=AD$, $IG=IE$, $FH=FG$ and $AK=EH$. Assume moreover, that $AC = 1$. Then $IA = 2\sqrt{2}$, $CF=\frac{1}{2}\sqrt{2}$, $EF = 1 - \frac{1}{2}\sqrt{2}$, $IF = \frac{3}{2}\sqrt{2}$. Thus $IG^2 = IE^2 = IF^2 + EF^2 = 6 - \sqrt{2}$, implying that $IG = \sqrt{6 - \sqrt{2}}$.

Consequently $FH = FG = IG - IF$,

i.e. $AK = EH = EF + FH = \sqrt{6-\sqrt{2}} + 1 - 2\sqrt{2}$,

and finally $IK = IA + AK = 1 + \sqrt{6-\sqrt{2}} = 3,1414449\ldots$.

LEONHARD EULER improved also described above HUYGENS construction, following his ideas, but obtaining for the approximate length $L(\alpha,r)$ of an arc with radius r and angle α the formula

$$L(\alpha,r) = \frac{r}{45}(256 \sin\frac{\alpha}{4} - 40 \sin\frac{\alpha}{2} + \sin\alpha),$$

much more exact than HUYGENS's. Namely $L(\alpha,r) = ar - \frac{r}{322560}\alpha^7 + \ldots$,

slightly better than in HUYGENS construction.

The bibliography below contains only selected papers and books concerning squaring the circle. The complete bibliography is much more extensive.

References (in chronological order):

[1] BUTEO, JOHANNES (Buteo, Jean; Buteon; Borrel): Io. Buteonis delphinatici opera geometrica [...] Confutatio quadraturae circuli ab Orontio finaeo factae. Leiden 1554.

[2] TARTAGLIA, NICOLO: General trattato di numeri et misure [...]. 3 vols. Venedig 1556-60.

[3] BUTEO, JOHANNES: Joannis Buteonis de quadratatura circuli libri duo. Lyon 1559.

[4a] VIETE, FRANÇOIS (Vieta, Franciscus): Francisci Vietae in artem analyticem isagoge. Tours 1591.

[4b] VIETE, FRANÇOIS: Francisci Vietae variorum de rebus responsorum mathematicis liber VIII. Tours 1593.

[5] SCALIGER, JOSEPH: Iosephi Scaligeri [...] Appendix ad Cyclometrica sua: In qua asseritur Quadratio circuli [...] Demonstrationbus Cyclometricis. Leiden (Lugduni Batavorum) 1594.

[6] KEPLER, JOHANNES: Nova stereometria doliorum vinariorum [...]. Linz 1615.

[7] CEULEN, LUDOLF VAN: De arithmetische en geometrische fondamenten. Leyden 1615. lat.: Fundamenta arithmetica et geometrica. 1617.

[8] CEULEN, LUDOLPH VAN: Ludolphi a Ceulen de circulo et adscriptis Liber. 1619.

[9] SNELLIUS, WILLEBRORDUS: Cyclometria sive de circuli dimensione. Leiden 1621.

[10] METIUS, ADRIAAN: Adriano Metio Alcmariano praxis nova geometrica per vsvm circini et regulae proportionalis. Amsterdam 1623.

[11] METIUS, ADRIAAN: Adriani Metii Alcmariano arithmeticae libri duo, et geometriae lib VI. Leiden 1626.

[12] GREGORIUS A SANCTO VINCENTIO: P. Gregorii a S^{to} Vincentio opus geometricum quadraturae circuli et sectionum coni. Antwerpen 1647.

[13] HUYGENS, CHRISTIAAN: De circuli magnitudine inventa. Leiden 1654.

[14] GREGORIUS A SANCTO VINCENTIO: Examen circuli quadraturae [...]. Leiden 1654.

[15] MARCI DE CRONLAND, JOHANNES MARCO: Ioanne Marco Marci labyrintus in quo via ad circvli quadraturam pluribus modis exhibetur. Pragae 1654.

[16] LEIBNIZ, GOTTFRIED WILHELM: De vera proportione circuli ad quadratum circumscriptum in numeris rationalibus. Acta Eruditorum MDCLXXXII, p. 40-46.

[17a] WALLIS, JOHN: De angulo contactus et semicirculi tractatus anno 1656 editus. Ejuadem tractatus defensio. Edita Anno 1685.

[17b] WALLIS, JOHN: De algebra tractatus, historicus & practicus. Anno 1685 Anglice editus. [...] Oxoniae MDCXCIII.

[18] CLUVER, D.: Quadratura circuli infinitis modis demonstrata. Acta Eruditorum MDCLXXXVI, p. 369-371.

[19] KOCHANSKY, ADAM ADAMANDY: Observationes Cyclometriace ad facilitandam Praxim accomodatae. Acta Eruditorum MDCLXXXV, p. 394-398.

[20] BAUDEMONT, REMIGIUS: Sincerum examen quadraturae circuli. Pragae 1712.

[21] Problemata Mathematica Quadraturam Circuli [...] Per Matheseophilum. Frankfurt 1733.

Dr. Witold Więsław; Uniwersytet Wrocławski; PL-50384 Wrocław; Polen; email: wieslaw@math.uni.wroc.pl

Die Lösung quadratischer, kubischer und biquadratischer Gleichungen in den algebraischen Werken Christian Wolffs

Silvia Sommerhoff-Benner

Einleitung

Dieser Beitrag beschäftigt sich mit der Lösung quadratischer, kubischer und biquadratischer Gleichungen in den algebraischen Werken CHRISTIAN WOLFFs. WOLFF lebte von 1679 bis 1754. Er veröffentlichte zum einen 1710 die "Anfangsgründe aller mathematischen Wissenschaften" und zum anderen 1713/15 eine zweibändige Ausgabe der "Elementa matheseos universae", die 1730 bis 1741 auf eine fünfbändige Ausgabe erweitert wurden. Meinen Ausführungen liegen maßgeblich die siebte Auflage der "Anfangsgründe" aus dem Jahr 1750, die letzte Auflage zu WOLFFs Lebzeiten, und die fünfbändige Ausgabe der "Elementa" zugrunde. Diese Ausgabe des lateinischen Werkes ist laut JOSEPH EHRENFRIED HOFMANN

> "als Ausgabe letzter Hand anzusehen und enthält das Beste, was Wolff als Universitätslehrer auf mathematischem Gebiet zu sagen hat."[1]

Eine zentrale Fragestellung bei der Betrachtung der Lösungen nichtlinearer Gleichungen wird sein, ob WOLFF das Wissen der damaligen Zeit lediglich systematisiert hat, und wenn ja, wie gut, oder ob er es erweitert hat, ob er also auch schöpferisch tätig war.

In diesem kurzen Beitrag kann natürlich nicht auf alle Details zu dieser Thematik der Gleichungen eingegangen werden. Daher werden einige Kernstellen exemplarisch aus den Werken herausgegriffen.

Interessant erscheint zunächst einmal die Behandlung gemischtquadratischer Gleichungen.

---

[1] [Wolff 1968, VIII]

Gemischtquadratische Gleichungen

Sowohl in den "Elementa" als auch in den "Anfangsgründen" wird von WOLFF eine Dreiteilung vorgenommen. Es werden nämlich die drei, bereits seit AL-HWARIZMI unterschiedenen und von diesem bis ins Abendland hineingetragenen, aber in etwas anderer Form notierten gemischtquadratischen Gleichungstypen in folgender Reihenfolge vorgestellt:

WOLFF	AL-HWARIZMI
1. $x^2 + ax = b^2$	$px^2 + qx = r$
2. $x^2 - ax = b^2$	$qx + r = px^2$
3. $x^2 - ax = -b^2$	$px^2 + r = qx$

Auffällig bei der Betrachtung dieser Gleichungstypen ist die Einhaltung des Homogenitätsprinzips, die sich bei AL-HWARIZMI nicht findet, weiterhin die ausschließliche Verwendung positiver a. Ansonsten wäre die Einteilung in diese Gleichungstypen nicht notwendig gewesen. Im Gegensatz zu AL-HWARIZMI fällt auf, daß die Gleichungstypen analog aufgebaut sind: Auf der linken Seite der Gleichung befinden sich das quadratische und das lineare Glied, auf der rechten Seite das konstante Glied. Dieses hat zur Folge, daß beim letzten Gleichungstyp ein negatives Vorzeichen auf der rechten Gleichungsseite steht.

Die gemischtquadratischen Gleichungen löst WOLFF mit Hilfe der quadratischen Ergänzung. Der Lösungsweg zum Gleichungstyp 2, der in den "Elementa" und den "Anfangsgründen" identisch ist, wird nun kurz vorgestellt:

Gleichungstyp 2:
$$x^2 - ax = b^2$$

Quadratische Ergänzung liefert
$$x^2 - ax + \frac{1}{4}a^2 = \frac{1}{4}a^2 + b^2.$$

WOLFF folgert hieraus zunächst
$$x - \frac{1}{2}a = \sqrt{\frac{1}{4}a^2 + b^2}$$

und

$$\frac{1}{2}a - x = \sqrt{\frac{1}{4}a^2 + b^2}.$$

Somit gilt

$$x = \frac{1}{2}a \mp \sqrt{\frac{1}{4}a^2 + b^2}.$$

Die Lösung dieses Gleichungstyps beruht darauf, daß

$$x^2 - ax + \frac{1}{4}a^2 = \left(x - \frac{1}{2}a\right)^2 = \left(\frac{1}{2}a - x\right)^2 = \frac{1}{4}a^2 + b^2.$$

Die beiden Lösungen kommen nicht über die "Doppelwurzel" zustande, wie dies in heutigen Rechnungen der Fall ist, sondern über die vorstehende Gleichheit. Für WOLFF hat also die Gleichung $x^2 = a$ nur zur Folge, daß $x = \sqrt{a}$ und nicht $x = \pm\sqrt{a}$. Warum aber kennt WOLFF diesen Sachverhalt der "Doppelwurzel" nicht? Zumindest in dem lateinischen Werk wird ausführlich die Multiplikation mit negativen Zahlen gelehrt. WOLFF ist bekannt, daß $\left(-\sqrt{a}\right)\left(-\sqrt{a}\right) = a$, denn aus seinen Ausführungen geht eindeutig hervor,[2] daß $(-a)(-b) = ab$, $\sqrt{a}\sqrt{b} = \sqrt{ab}$, $aa = a^2$ und $\sqrt{a^2} = a$. Aus diesen Kenntnissen müßte er ableiten können, daß aus $x^2 = a$ folgt: $x = \pm\sqrt{a}$. Hier ist eine wichtige Stelle erreicht, an der gesagt werden kann, daß WOLFF keinen Blick für mathematische Folgerungen zu haben scheint. Das ist ein Indiz dafür, daß er nicht als schöpferischer Mathematiker tätig war, sondern das mathematische Wissen der damaligen Zeit aus verschiedenen Quellen zusammengetragen hat, ohne es selbständig zu verarbeiten.

Während in den "Elementa" beide Lösungen zu diesem Gleichungstyp akzeptiert werden, zumindest in der theoretischen Darstellung, werden die negativen Lösungen der quadratischen Gleichungen in den "Anfangsgründen" nicht akzeptiert, was durchaus verständlich ist, da die negativen Zahlen in diesem Werk eher stiefmütterlich behandelt werden. Natürlich erhält WOLFF über den oben angeführten Lösungsweg auch in dem deutschen Werk die negative Lösung. Er akzeptiert diese aber nicht, indem er sagt:

---

[2] Vgl. [Wolff 1968, 304-314]

"Denn, weil $\sqrt{\frac{1}{4}a^2 + b^2}$ grösser als $\frac{1}{2}a$ ist; so gehet die andre Wurtzel $x = \frac{1}{2}a - \sqrt{\frac{1}{4}a^2 + b^2}$ nicht an."³

Die negative Lösung wird also durchaus als Wurzel bezeichnet, aber diese Wurzel "geht nicht an", wird nicht akzeptiert.

Aus welchem Grund nun aber die negativen Lösungen keine Anerkennung finden, darüber kann man nur spekulieren. Da klar ist, daß WOLFF negative Zahlen sehr wohl kennt, können nur zwei Vermutungen geäußert werden. Entweder hat WOLFF den Themenkomplex des Negativen in seinen Vorlesungen ausgespart und sie werden deshalb nicht in den "Anfangsgründen" angeführt, da dieses Werk eine Zusammenschrift der Vorlesungen ist. Gründe dafür könnten der Zeitmangel sein oder daß WOLFF die Thematik für seine Studenten als nicht wichtig erachtete oder als zu schwierig ansah. Oder aber WOLFF lagen andere Quellen als bei den "Elementa" zugrunde, nach denen er die "Anfangsgründe" und seine Vorlesung aufbaute.

Der Lösungsweg über die quadratische Ergänzung liefert bezüglich des ersten Gleichungstyps $x^2 + ax = b^2$ lediglich eine Lösung, da sowohl $x + \frac{1}{2}a = \sqrt{\frac{1}{4}a^2 + b^2}$ als auch $\frac{1}{2}a + x = \sqrt{\frac{1}{4}a^2 + b^2}$ nur zur Lösung $x = \sqrt{\frac{1}{4}a^2 + b^2} - \frac{1}{2}a$ führt und die "Doppelwurzel" unbekannt ist.

Wenn WOLFF die zweite Lösung aufgrund der vorstehenden Probleme nicht gefunden hat, so hätte er dem Leser bzw. seinen Studenten doch mitteilen müssen, daß zwei Lösungen existieren. In späteren Kapiteln seiner Werke schreibt er schließlich, daß eine Gleichung n-ten Grades n Lösungen besitzt und betont explizit

"in der quadratischen Gleichung ist der Exponent 2, die Zahl der Wurtzeln ist auch 2."⁴

Da dieser Gleichungstyp in vielen mathematischen Quellen, so beispielsweise bei AL-HWARIZMI, nur mit einer Lösung angegeben ist, scheint hier ein weiterer Hinweis gefunden, der zeigt, daß einzelnen Kapiteln unterschiedliche Quellen zugrunde lagen. So wird WOLFF sich nicht gewundert

---
³ [Wolff 1973, 1589]
⁴ [Wolff 1973, 1720]

haben, daß ihn sein Lösungsweg lediglich zu einer Lösung führte, wenn er Quellen benutzte, in denen dies als korrekt angesehen war.

Sowohl in den "Anfangsgründen" als auch in den "Elementa" stellt WOLFF fest, daß der dritte Gleichungstyp zwei positive (!) Lösungen hat. Für WOLFF ist in beiden Werken klar, daß $\sqrt{\frac{1}{4}a^2 - b^2} < \frac{1}{2}a$. Daß im Fall $\frac{1}{4}a^2 = b^2$ lediglich eine positive Lösung gefunden werden kann und im Fall $\frac{1}{4}a^2 < b^2$ sogar imaginäre Lösungen auftreten können, ist WOLFF nicht aufgefallen. WOLFF hätte aber erkennen müssen, daß hier Spezialfälle eintreten. Sogar frühere Mathematiker haben Fallunterscheidungen vorgenommen. Ich denke hier z.b. an die Algebra AL-HWARIZMIS, die spätestens seit dem 12./13. Jahrhundert in einer lateinischen Übersetzung zugänglich war, und an die "Ars magna" von CARDANO aus dem Jahr 1545, in denen der Fall $\frac{1}{4}a^2 < b^2$ als "unmöglich" erklärt wird.[5]

Kubische Gleichungen

Auch die Abhandlung der kubischen Gleichungen in WOLFFs Werk bietet interessante Passagen. WOLFF lehrt in einer Aufgabe, daß jede kubische Gleichung auf eine der reduzierten Formen

1. $x^3 = px + q$,
2. $x^3 = -px + q$,
3. $x^3 = px - q$

gebracht werden kann.[6]

Auffällig ist aber, daß das Homogenitätsprinzip in Bezug auf die kubischen Gleichungen nicht mehr beachtet wird. Dieses scheint ein Hinweis auf unterschiedliche Quellen der quadratischen und kubischen Gleichungen zu sein.

---

[5] Vgl. [Witmer 1968, 14/15] und [Rosen 1831, 12]
[6] Vgl. [Wolff 1968, 421] (Das Verfahren ist heute unter dem Namen Tschirnhaus-Transformation bekannt.)

Die reduzierten Formen kubischer Gleichungen

In einer weiteren Aufgabe der "Anfangsgründe" und der "Elementa" wendet WOLFF sich nun der Lösung dieser reduzierten Formen kubischer Gleichungen zu. Für den ersten Typ der reduzierten Formen wird die Lösungsformel hergeleitet, für die beiden anderen Formen wird sie lediglich angegeben. Die Herleitung für den ersten Gleichungstyp soll nun vorgestellt werden, da in ihr deutlich wird, daß bereits zuvor erworbene Kenntnisse hier nicht mehr weiter verarbeitet werden:[7]

Zunächst setzt WOLFF $x = y + z$, ermittelt x^3 und px und substituiert dieses an den Stellen von x^3 und px im ersten Gleichungstyp. Somit ergibt sich

$$y^3 + 3y^2z + 3z^2y + z^3 = py + pz + q.$$

WOLFF setzt

(1) $\qquad 3y^2z + 3z^2y = py + pz.$

Demgemäß gilt

(2) $\qquad y^3 + z^3 = q.$

Division von (1) durch $y + z$ liefert

(3) $\qquad 3yz = p,$

also

(4) $\qquad z = \dfrac{p}{3y}.$

Einsetzen von (4) in (2) ergibt

$$y^3 + \frac{p^3}{27y^3} = q.$$

Durch Umformung und quadratische Ergänzung erhält WOLFF hieraus die Gleichung

$$y^6 - qy^3 + \frac{1}{4}q^2 = \frac{1}{4}q^2 - \frac{1}{27}p^3.$$

---

[7] Vgl. [Wolff 1968, 430/ 431] und [Wolff 1973, 1735-1737]

Mit Hilfe des Lösungsweges zu den quadratischen Gleichungen (Typ 3) sollte WOLFF nun fortfahren. In den "Elementa" ermittelt er auch richtig

$$y^3 = \frac{1}{2}q \pm \sqrt{\left(\frac{1}{4}q^2 - \frac{1}{27}p^3\right)}.$$

Im folgenden Schritt jedoch erhält WOLFF als Lösung für y

$$y = \sqrt[3]{\frac{1}{2}q + \sqrt{\left(\frac{1}{4}q^2 - \frac{1}{27}p^3\right)}}.$$

Die zweite Lösung $\sqrt[3]{\frac{1}{2}q - \sqrt{\left(\frac{1}{4}q^2 - \frac{1}{27}p^3\right)}}$ fällt somit weg. Diese wird ohne Kommentar als z ausgegeben.

In den "Anfangsgründen" ermittelt WOLFF nicht einmal die zweite Lösung. Für ihn ergibt sich nach Durchführung der quadratischen Ergänzung lediglich *eine* Lösung, was im Widerspruch steht zu seinen Ausführungen zu den quadratischen Gleichungen. z wird ermittelt über die Gleichung

$$z^3 = q - y^3.$$

So wird es vermutlich auch in den "Elementa" gewesen sein, denn in der Erstausgabe aus den Jahren 1713/15 wird es in dieser Art geschildert.

In beiden Werken wird die Lösungsformel

$$x = \sqrt[3]{\frac{1}{2}q + \sqrt{\frac{1}{4}q^2 - \frac{1}{27}p^3}} + \sqrt[3]{\frac{1}{2}q - \sqrt{\frac{1}{4}q^2 - \frac{1}{27}p^3}}$$

angegeben.

Bei den Lösungsformeln setzt WOLFF nicht voraus, daß die Diskriminante D größer als 0 sein muß. Dieses ist ein Defizit des deutschen Werkes, in dem die Wurzeln aus negativen Größen nicht definiert sind. Hat WOLFF das Ausmaß der Cardanischen Formel nicht durchschaut? Da er nicht explizit voraussetzt, daß D größer als 0 sein muß, könnte es theoretisch sein, daß er auch die anderen Lösungen kennt, ohne dieses zu erwähnen. In den Zahlenbeispielen werden immer Diskriminanten größer 0 gewählt und reelle Lösungen ermittelt, so daß keine genaueren Angaben gemacht werden können.

Interessant zu dieser Thematik ist aber eine Äußerung WOLFFs in der Erstausgabe der "Anfangsgründe" aus dem Jahr 1710, die im Anschluß an die dargestellten Beispiele angeführt wird:

"Aus diesen Exempeln erhellet zu gleich/ daß $\frac{1}{4}qq$ allzeit größer seyn muß im ersten und dritten Falle [bei den Gleichungstypen 1 und 3 mit Subtraktionszeichen unter der Quadratwurzel] als $\frac{1}{27}p^3$."[8]

Hier scheint es WOLFF tatsächlich aufgefallen zu sein, daß gewisse Bedingungen erfüllt sein müssen. Wurzeln aus negativen Größen sind für ihn in dem deutschen Werk schließlich nicht möglich. Eine solche Einschränkung ist noch nicht einmal in Bezug auf die quadratischen Gleichungen gemacht worden. Wichtig ist aber wohl die Frage, warum diese Bemerkung in der siebten Auflage nicht mehr vorhanden ist. Hat WOLFF eventuell gar nicht richtig verstanden, was diese Bemerkung für seine Abhandlung bedeuten könnte? Da die Aussage bei den quadratischen Gleichungen fehlt, stellt sich die Frage, ob WOLFF tatsächlich den logischen Aufbau der Mathematik aufgenommen hat, oder ob er einzelne Thematiken lediglich aus verschiedenen Quellen zusammengetragen, aneinandergereiht hat.

Auffällig ist auch, daß WOLFF im Hinblick auf die Lösung der Gleichung sechsten Grades, die in der Form einer quadratischen Gleichung zu lösen ist, so anders vorgeht wie bereits gelehrt. Er begründet nicht, daß ein bestimmter Fall nicht weiter betrachtet wird oder als Größe der zweiten Unbekannten anzusetzen ist.

Weiterhin ist es eine Uneinheitlichkeit, daß bezüglich quadratischer Gleichungen der gesamte Lösungsweg nochmals beschritten wird und bei praktischen Aufgaben zu kubischen Gleichungen lediglich in die "ermittelten" Formeln eingesetzt, der Lösungsweg also nicht nachvollzogen wird.

Biquadratische Gleichungen

Nach diesen Ausführungen zu den kubischen Gleichungen seien nun noch kurz die biquadratischen erwähnt, die allerdings nur in den "Elementa" behandelt werden.

---

[8] [Wolff 1710]

Die erste Aufgabe zu dieser Thematik lautet:

"Aequationem biquadraticam, in qua secundus terminus deficit, reducere ad cubicam."[9]

Zur Lösung der Aufgabe macht WOLFF den Ansatz $x^4 + qx^2 + rx + s = (x^2 + yx + z)(x^2 - yx + v)$ mit unbestimmten Koeffizienten y, z und v. Mit Hilfe des Koeffizientenvergleichs und des Einsetzungsverfahrens werden nun Formeln für diese unbestimmten Koeffizienten hergeleitet, wobei, um y zu ermitteln, eine kubische Gleichung zu lösen ist. Vermutlich bezieht WOLFF sich in seiner Aufgabenstellung auf diese. Tatsächlich ist es nun möglich, alle biquadratischen Gleichungen zu lösen, indem maximal diese kubische Gleichung zu überwinden ist.

Auch in dieser Aufgabe aber ist wieder etwas zu bemerken, das direkt die Aufmerksamkeit auf sich zieht. Ausgangspunkt ist nämlich eine Gleichung vierten Grades mit fehlendem kubischen Glied, deren Glieder nur durch das Additionszeichen verbunden werden. Dieses widerspricht eigentlich der bisherigen Vorgehensweise WOLFFs. Er hätte verschiedene Typen biquadratischer Gleichungen unterscheiden müssen, da er bisher lediglich positive Koeffizienten kannte. WOLFF begründet seine Vorgehensweise, indem er sagt:

"Sit aequatio biquadratica $x^4 + qx^2 + rx + s = 0$, ubi retinetur in omnibus terminis signum +, ut omnes casus repraesententur."[10]

Wenn WOLFF aber weiß, daß auf diese Art und Weise alle Fälle betrachtet werden können, daß also eine Allgemeingültigkeit erreicht wird, warum hat er diese Vorgehensweise nicht auch bei den quadratischen und kubischen Gleichungen angewendet? WOLFFs Darstellungsweise ist inkonsequent und legt die Vermutung nahe, daß er lediglich das Wissen der damaligen Zeit aus unterschiedlichen Quellen zusammengetragen hat. Oder ist diese Darstellung evtl. lediglich ein weiterer Lernschritt für all diejenigen, die die Algebra aus WOLFFs "Elementa" erlernen wollten? Ist es evtl. die Kennzeichnung, daß Vierdimensionalität nicht mehr der Anschauung entspricht? Nach den bisherigen Ausarbeitungen ist anzunehmen, daß für unterschiedliche Themenbereiche tatsächlich unterschiedliche Quellen vorlagen.

---

[9] [Wolff 1968, 433]
[10] [Wolff 1968, 433]

Die nächste Aufgabe, in der dann schließlich die Lösung einer biquadratischen Gleichung bestimmt werden soll, ist in zwei Abschnitte gegliedert. Im ersten werden die reinen, im zweiten die gemischten Gleichungen vierten Grades betrachtet.

> "I. Si aequatio fuerit pura, e.gr. $x^4 = a^2bc$: extrahatur primum radix quadrata, ut habeatur $x^2 = a\sqrt{bc}$ & hinc denuo educatur radix quadrata. Reperietur $x = \sqrt{(a\sqrt{bc})}$." [11]

Da WOLFF die "Doppelwurzel" unbekannt ist, erhält er lediglich eine Lösung. Er wundert sich aber nicht darüber, obwohl er weiß, daß eine biquadratische Gleichung vier Lösungen besitzt. Die Notation der reinen biquadratischen Gleichung ist auffällig, da hier, wie auch bei den quadratischen Gleichungen, auf die Einhaltung des Homogenitätsgesetzes geachtet wird. Bei den kubischen Gleichungen war dies nicht der Fall und auch bei der Bemerkung über die Allgemeingültigkeit der Darstellung $x^4 + qx^2 + rx + s = 0$ wurde die Homogenität nicht beachtet.

Zu den gemischten biquadratischen Gleichungen schreibt WOLFF:

> "II. Si aequatio fuerit affecta 1.Tollatur secundus terminus, si adfuerit [...]. 2. Reducatur aequatio ad cubicam [...]. 3. Inde extrahatur radix cubica [...]. 4. Hac data ex aequationibus, quarum ope biquadraticam ad cubicam reduximus, radices aequationis propositae erui possunt." [12]

Die Lösung wird also in vier Schritten geschildert, wobei sich herausstellt, daß alle benötigten Hilfsmittel bereits in den zuvor geschilderten Paragraphen eingeführt wurden: Zunächst soll das kubische Glied aus der biquadratischen Gleichung entfernt werden. Dieses ist einfach mit der bereits gelehrten Transformation möglich. Danach soll mit Hilfe vorstehender Aufgabe diese biquadratische Gleichung auf die Lösung einer kubischen Gleichung reduziert werden. Was mit diesem zweiten und dritten Schritt tatsächlich gemeint ist, wurde gerade geschildert. Im Endeffekt löst WOLFF die biquadratischen Gleichungen, indem er sie auf quadratische Gleichungen zurückführt und die Lösungen dieser bestimmt.

---

[11] [Wolff 1968, 433]
[12] [Wolff 1968, 434]

Abschließender Kommentar

Diese kurzen Einblicke zeigen, daß WOLFF vermutlich nicht selbst als schöpferischer Mathematiker tätig war. Daß er bereits vorgestellte mathematische Aspekte nicht erneut aufgreift bzw. weiterverwendet, läßt den Schluß zu, daß er sein mathematisches Wissen unterschiedlichen Quellen entnommen hat und selbst nur systematisierend tätig war. Hätte er das mathematische Wissen der damaligen Zeit nicht nur gesammelt und systematisiert, so wären die geschilderten Inkonsequenzen nicht möglich. Das Zusammentragen aus verschiedenen mathematischen Quellen birgt das Problem in sich, daß einige Werke schon fortgeschrittener waren als andere. Für WOLFF bestand das Problem dann darin, daß er beispielsweise imaginäre und negative Zahlen aus einer Quelle kannte, also einen relativ modernen mathematischen Kenntnisstand zeigte, aber andere Sachverhalte älteren Werken entnahm. Da er das Wissen nicht selbständig miteinander verknüpfte, wurde die Logik in Mitleidenschaft gezogen.

Literatur

ROSEN, FREDERIC: The Algebra of Mohammed ben Musa. Arabisch mit englischer Übersetzung. London 1831.

WITMER, T. RICHARD: *Ars Magna* or The Rules of Algebra. Girolamo Cardano. New York 1968.

WOLFF, CHRISTIAN: Anfangsgründe aller mathematischen Wissenschaften. Bd. IV. Halle 1710.

WOLFF, CHRISTIAN: Anfangsgründe aller mathematischen Wissenschaften. Bd. IV. In: Gesammelte Werke, hrsg. von J. École, J.E. Hofmann, M. Thomann, H.W. Arndt; I. Abt., Bd. 15,1. Hildesheim, New York 1973.

WOLFF, CHRISTIAN: Elementa matheseos universae. Bd. I. In: Gesammelte Werke, hrsg. von J. École, J.E. Hofmann, M. Thomann, H.W. Arndt; II. Abt., Bd. 29. Hildesheim 1968.

Silvia Sommerhoff-Benner, Grundstr. 12, D-35708 Haiger

Schulen und Schulverläufe bei Julius Plücker (1801 - 1868) und seinem Studenten August Beer (1825 - 1863)

Aus der Zeit der Neuordnung Deutschlands um 1800 bis 1848

Gerhard Warnecke

> "Der Zeitgeist entscheidet,
> und ist der Schulmeister
> und das Schulmeisterseminar zugleich."
>
> Jean Paul

Einleitung

In Deutschland begann um 1720 eine "Transformationsphase" hin zu einer bürgerlichen Gesellschaft, dabei wirkten zusammen Einflüsse aus Pietismus und Aufklärung, aus französischer Revolution und klassischer Periode deutscher Dichtung und Philosophie, in der Pädagogik kam es um die Mitte des Jahrhunderts zu großen Reformbewegungen, die eng mit der Entwicklung veränderter Wirtschaftformen zusammen hingen, die man bis etwa 1835 als Frühindustrialisierung beschreibt. Zu Beginn des 19. Jahrhunderts kulminierte diese Entwicklung in tief greifenden Umschichtungen auf geistigem, wirtschaftlichem und gesellschaftlichem Gebiete, was auch die Pädagogik einschloss, und zu einem grundlegend veränderten pädagogischen Bewusstsein führte, in dem das Denken der Zeit, der Einfluss der politischen Mächte und der Gesellschaft sich auswirkte und das den Erwartungen folgte, die an die Pädagogik gestellt wurden[1].

Die Neuordnung Deutschlands ging einher mit der napoleonischen Gewaltherrschaft und nährte sich aus umfassenden Reformen, mit denen der Staat nach einer neuen staatlichen Ordnung strebte; im Bereich der Bildung drückte sich diese staatliche Entwicklung in zwei dominierenden Strömungen aus, dem Realismus, der Ausdruck der Frühindustrialisierung war, und dem preußischen Neuhumanismus (W. V. HUMBOLDT), der die neuhumani-

---

[1] [Kraul, Einleitung]

stischen Auffassungen aus dem 18. Jahrhundert (WINKELMANN u. a.) fortführte, und durch Rückgriff auf die Antike einen neuen Bildungsbegriff der allgemeinen zweckfreien Menschenbildung entwickelte und über die Gymnasien durchzusetzen versuchte. In Preußen führte dies zum preußischen Gymnasium als Normschule. Beim Realismus wurde in der Bildung die Notwendigkeit der Realien betont, was den Bildungserwartungen der Kaufleute als Träger der Frühindustrialisierung entsprach, die daher ihre Söhne auf die dazu passenden Schulen, die Realschulen, schickten. Der Staat, der im Verlaufe des 19. Jahrhunderts zunehmend als Schulherr in Erscheinung trat, förderte zäh die neuhumanistische Bildung, welche die gleiche Unzulänglichkeit kennzeichnete wie den romanischen Humanismus: ihre Gleichgültigkeit gegenüber den Leistungen der modernen Naturwissenschaften, wodurch die neuhumanistischen Bildungsvorstellungen in der ersten Hälfte des 19. Jahrhunderts mit den realistischen in Konflikt gerieten. Für ein Studium während des untersuchten Zeitraumes war das auf einem Gymnasium erworbene Abitur erforderlich, wer auf die Realschule ging, wollte in der Regel einen praktischen Beruf ergreifen und konnte sich über die höheren Gewerbeschulen beruflich höher qualifizieren. Es sei erinnert, dass viele Technische Hochschulen aus solchen Anstalten hervorgingen. Die Periode der Neuordnung erstreckte sich bis knapp über PLÜCKERs Tod hinaus; sie interessiert bei dieser Untersuchung aber nur bis in den Vormärz, weil drei der vier untersuchten Schulverläufe sich in dieser Periode vollzogen, bis auf PLÜCKERs Realschulzeit, die in die Zeit der politischen Unterdrückung von außen und der dadurch ausgelösten Reformen von innen fiel. In den Schulen und Schulverläufen von PLÜCKER und von BEER wirkte sich auch die Pädagogik aus der Mitte des 18. Jahrhunderts aus, wie sie sich mit der formierenden bürgerlichen Gesellschaft ausbildete und durch die großen pädagogischen Reformbewegungen eines SALZMANN, BASEDOW und VON ROCHOW geprägt wurde. Bei BEER überrascht dies, da er während der Phase der ersten Industrialisierung von etwa 1835 bis 1845 zur Schule ging, aber dieser Umstand wird durch die regionale Besonderheit von Trier während dieser Zeit erklärt, worauf K.-E. JEISMANN nachdrücklich hinweist[2]. BEER besuchte wie PLÜCKER eine Realschule und danach ein Gymnasium, aber eine Generation später als PLÜCKER. Damit ist der Hintergrund umrissen, auf dem sich die Pädagogik entwickelte, die in den Schulen praktiziert wurde, die JULIUS PLÜCKER und August BEER besuchten, und die ihre Schulverläufe bestimmte; aus dieser pädagogischen

---

[2] [Jeismann 1996 Bd.2, S. 144f.]

Konfiguration heraus entwickelte sich ihre Lebensleistung[3,] als akademische Lehrer, als Forscher und Erfinder.

1. Julius Plücker: Schule und Schulverläufe von 1806 - 1815 (Realschule) und 1816 - 1819 (Gymnasium)

Die Entwicklung der modernen Technik kennzeichnete eine neue Arbeitsethik, die durch verschiedene Phasen der Industrialisierung eine weltwandelnde Macht entfaltete[4]. Bereits gegen Ende des 18. Jahrhunderts florierte in Elberfeld im Tal der Wupper mit England als Vorbild die Wirtschaft unter diesem Antrieb, wegweisende Innovationen entstanden, der Außenhandel blühte, so dass die Elberfelder Kaufleute für eine angemessene Ausbildung ihrer Söhne 1804 auf genossenschaftlicher Basis das "Bürgerinstitut für die höheren Stände" gründeten[5], das in seinem Motto "Der Mensch erzieht im Kinde den Menschen" einen Gedanken KANTs trug, der bekanntlich die pädagogischen Ideen BASEDOWs unterstützte. Diese Schule zog bald Schüler aus ganz Europa, aus Russland und sogar den USA an, die in einem angegliederten Internat wohnten. Aus ihr gingen viele, später bedeutende Männer hervor. Als Schulleiter gewannen die Gründer JOHANN FRIEDRICH WILBERG[6] (1766 - 1846), den die neue Arbeitsethik kennzeichnete; auch das ihr eigene stärkere Hervortreten der Persönlichkeit mit dem Anspruch auf eine gewisse geistige Führerschaft und ihre sozialen Implikationen wirkten aus ihm. Die auf das Individuum ausgerichtete Pädagogik der Aufklärung bereicherte er um das soziale Moment. Seine pädagogische Methode gründete in BASEDOWs und ROCHOWs Ideen[7] und in KANTs Philosophie, aus denen er seine eigene, die WILBERGsche, wie er sie nannte, entwickelte: eine "anregende und entwickelnde" Methode, die bereits Auf-

---

[3] [Lexikon der Naturwissenschaften]. Einträge zu Julius Plücker und August Beer; [Ernst 1933]. Ein Berichterstatter war Otto Toeplitz (1881 - 1940).
[4] [Zbinden 1954, S. 69 - 73]; Seite 70 in Fußnote 1 verknüpft Z. mit Bezug auf die moderne Technik die Religionssoziologie von Max Weber mit dem Humanismus der Renaissance.
[5] [Jorde 1903, S. 369 - 373], Jorde war Rektor; [Wilberg 1838].
[6] [Wilberg 1838].
[7] Der bekannte Methodiker Bruns war eine Zeit Wilbergs Lehrer.

fassungen der "Arbeitschulidee"[8] aus den 20er Jahren des 20. Jahrhunderts enthielt: die Schüler sollen arbeiten, der Unterricht Aktivität sein. WILBERG will den Schüler in seiner Ganzheit erfassen und ihn zur freien, selbstständigen Gestaltung seines Wesens auf Grund von eigenem Denken und Selbsttätigkeit erziehen[9]; selbsttätig und freitätig verwendete WILBERG häufig im Sinne von selbstschöpferisch. Das Selbstschöpferische sah er vor allem in der Geometrie verwirklicht und die Möglichkeiten, die er dort vorfand, bereicherten seine Didaktik[10]: bei den Schülern "das eigene Denken wecken, sie darin üben, und sie anleiten, ihre Gedanken bestimmt, deutlich und kurz auszudrücken"[11]. Diese Sicht[12] der Geometrie vermittelte ihm sein Freund WILHELM ADOLPH DIESTERWEG (1782 - 1835), mit dem er seit 1805 eng befreundet war, der sich 1808 in Heidelberg habilitierte, 1808 an ein Mannheimer Gymnasium als Professor für Mathematik und Physik und 1819 an die Bonner Universität als Ordinarius für Mathematik berufen wurde. Was DIESTERWEG schon als Gymnasialprofessor lehrte, war die geometrische Analysis, darunter verstand er das analytische Gegenstück zur synthetischen Geometrie, die er als methodisch steril entschieden ablehnte[13]. Bei dem Schüler JULIUS PLÜCKER, der seit 1806, schon in der innovativen Anfangsphase, das Bürgerinstitut besuchte, und es bis 1815 voll durchmachte, erkannte WILBERG dessen hohe Begabung für die Geometrie und die Naturwissenschaften und das veranlasste ihn, bei PLÜCKERs Vater für dessen einzigen Sohn eine akademische[14] anstatt der geplanten kaufmännischen Laufbahn durchzusetzen. Denn er "bezog seinen Unterricht auf das Leben, und er forschte auch nach, wie diese oder jene Behandlung des Schülers auf den Charakter desselben wirke, und was für Menschen aus dieser oder jener Erziehungsweise hervorgehen."[15] Das Lehrprogramm bestand aus: "Religions= und Sittenlehre, Geschichte, Naturkunde, Geographie, Geometrie und einige andere Teile der Mathematik, deutsche und

---

[8] [Wilberg 1824, S. 322]. Hätte Fr. A. W. Diesterweg (1790 - 1866) Anfang des 20. J. über W. urteilen können, so hätte er ihn zu den damals modernen Arbeitsschulpädagogen gerechnet. Von W. empfing D. entscheidende Impulse für seine Lebensarbeit als Volksschulreformer; "Von ihm habe ich schulmeistern gelernt" schrieb D. ein Jahr vor dem Tode von W..

[9] [Wilberg 1843, S. 43].

[10] [Wilberg 1830, S. 86].

[11] [Wilberg 1838, S.75].

[12] ebenda

[13] [Diesterweg, W. A. 1843, S. 8f.]; Ält. Bruder von Fr. A. W. Diesterweg.

[14] [Ernst 1933].

[15] [Langenberg 1866, S. 42]; Schüler und Freund von Fr. A. W. Diesterweg.

französische Sprache, Lesen, Schreiben, Rechnen, Singen, Zeichen." WILBERG gab 39 Wochenstunden. Er unterrichtete während dieser Zeit auch die "I. Classe" oder "die am meisten geförderten Schüler" in allen Fächern, "ausgenommen im Rechnen, Singen, Zeichnen und in der französischen Sprache. In dieser Schulzeit wurden auch viele Arbeiten verrichtet, die in anderen Lehranstalten gewöhnlich den häuslichen Arbeiten zugewiesen wurden."[16] WILBERGs Lehrergröße bestand darin, dass er Forscher und Selbstdenker war, bis in sein hohes Alter lernte, es verstand dialogisch zu fragen wie SOKRATES und durch seinen anschaulichen und eindringlichen Unterricht bei seinen Schülern deren Anlagen hervorrief, den Talentvollen vor Augen führte, dass ihre Bildung nicht abgeschlossen sei, sondern dass das Leben ein stetes Werden und Bilden sei. Die Lehrerausbildung und -fortbildung betrieb er nachhaltig[17]: im Bürgerinstitut hielt er zwei Freistellen für Jünglinge bereit, die den Lehrerberuf anstrebten und kostenlos bildete er jeden Samstag Lehrer fort[18]. Für das Fach Geschichte ließ er sich einen "Chronologischen Abriß der Weltgeschichte"[19] von seinem Freunde FRIEDRICH KOHLRAUSCH (1780-1865) schreiben. KOHLRAUSCH war Lehrer in Barmen an einer privaten Realschule und ab 1814 bis 1818 Professor der Geschichte am Königlichen Gymnasium zu Düsseldorf (heute Görres-Gymnasium). Mit ihm stimmte er in seinen geschichtlichen Ansichten überein, die entscheidend durch die Freiheitskriege und den damit verbundenen Ideen bestimmt waren: WILBERG war lebenslang mit ERNST MORITZ ARNDT eng befreundet, auch sein ehemaliger Schüler JULIUS PLÜCKER[20] gehörte zu seinem Freundeskreis in Bonn, als WILBERG 1839 dort seinen Ruhesitz genommen hatte; das berichtete WILBERGs Tochter. Ab Anfang 1816 ging PLÜCKER, 14 Jahre alt, auf das Düsseldorfer Gymnasium während der innovativen Entwicklungsphase dieser Anstalt, die als Lyzeum

---

[16] [Langenberg 1866, S. 39-42]; [Wilberg 1838, S.96f.].

[17] [Diesterweg, Fr. A. W 1847, S. 19]: "W. flößte den Lehrern den Gedanken von der Wichtigkeit und Verantwortlichkeit ihres Lehrens und Lebens ein", s. dazu Plücker als Lehrer in [Ernst 1933, S. 88]; "Kein gedrückter, wackerer Lehrer verließ Wilbergs Wohnung ohne neue Stärkung".

[18] [Jorde 1903, S. 371].

[19] [Kohlrausch 1863]. Die Zitate sind aus den Abschnitten "Unser Leben in Barmen" und "Das Leben in Düsseldorf". Wilbergs Geschichtsunterricht vermittelte auch die Anfänge der Staatsbürgerkunde, siehe [Wilberg 1830, S. 39].

[20] [Diesterweg, Fr. A. W 1847, S. 18]: Plücker verehrte W. einen Originalbrief von Kant, den W. wie einen Schatz verwahrte, stets in seiner Nähe hatte und gern vorzeigte; S. 17: W. studierte noch in den letzten Monaten seines Lebens Kants Werke und hatte darüber ausführliche Gespräche mit seinem Sohn.

von Jesuiten gegründet wurde, 1813 als Schule verfallen war[21]; der 26jährige Dr. K. W. KORTUM (1787 - 1858; Schüler FRIEDRICH AUGUST WOLFS in Halle) wurde zum neuen Direktor bestellt, er sollte die Anstalt vom Grunde auf verbessern und neue Lehrer suchen. Gründlich vorgebildete Lehrer für Philologie und Geschichte waren rar "dank dem durch die französische Herrschaft hervorgebrachten Verfalle der höheren Unterrichtsanstalten in den Rheinlanden". Er berief FRIEDRICH KOHLRAUSCH zum Professor dieser Anstalt. Durch die Völkerschlacht bei Leipzig waren 1813 "die Rheinlande vom französischen Joch" befreit. Wie KOHLRAUSCH empfanden viele Deutsche: für ihn stand noch 50 Jahre später diese Zeit "als Lichtpunkt meines Lebens vor meiner Seele"[22]. Das Lehrerkollegium war erfüllt von "den edelsten und tiefsten Gedanken über würdige menschliche und staatliche Zustände" und "jeder Wohlmeinende fühlte sich berufen zu dieser Verwirklichung mit Hand anzulegen."[23] Der Naturforscher und romantische Philosoph HENRIK STEFFENS (1773 - 1845) weilte vor allem wegen Unterrichtsangelegenheiten in Düsseldorf, und über ihn bekamen KORTUM und KOHLRAUSCH den Auftrag, gemeinschaftlich einen Plan zur inneren und äußeren Organisation des Lyzeums auszuarbeiten, "dessen Namen in den eines Gymnasiums verwandelt werden sollte." KOHLRAUSCH entwickelte ein politisches Zukunftskonzept, verstärkt in seinem nationalen Gehalt durch den Einfluss von ARNDT und JAHN, mit denen und JOSEPH VON GÖRRES (1776 - 1848) ihn eine lebenslange Freundschaft verband, und er lehrte Geschichte aus dieser Perspektive - ihm "wurde der Geschichtsunterricht in der ganzen oberen Hälfte des Gymnasiums übertragen", den er erfolgreich erteilte; PLÜCKER gehörte während der 48er Revolution zu den reformerischen Kräften der Bonner Universität, die sogar durch Denkschriften auf Reformen an der Berliner Universität einzuwirken suchten. Es seien noch die Lehrer in Mathematik, BREWER, in Französisch, ABBÉ DAULNOY, erwähnt, im Frühjahr 1815 wurden Turnübungen eingeführt, insgesamt gab es ab Anfang 1815 ein Kollegium, dem Professor DEYKS von der Akademie in Münster eine einzigartige Beschaffenheit attestierte und so kennzeichnete[24]: "junge, strebende Männer, begeistert für die Wissenschaft, getragen von dem Geiste des wiedererwachten deutschen Vaterlandsgefühls und, was die Hauptsache war, an der Spitze ein Führer, dessen

---

[21] [Kohlrausch 1863]. Für den Namen "Kortum" gibt es verschiedene Schreibweisen.
[22] ebenda
[23] ebenda
[24] ebenda

Seele erfüllt war von dem edelsten Geistesleben, der mit seiner harmonischen Bildung, mit reichem Wissen, das reinste Wohlwollen verband gegen alle, die ihm nahten, der, jung an Jahren, mit der Reife des Alters, Lehrer und Schüler in gemeinsamer Achtung und Liebe verband. Aus diesen Elementen erwuchs jene erste Blüte des Gymnasiums in Düsseldorf, dessen Andenken noch jetzt, nach fast einem halben Jahrhundert, frisch ist in den Seelen derjenigen, welche einst ihm angehörten." PLÜCKER war vom Geist dieser Schule tief erfasst, zwanzig Jahre nach seinem Abitur widmete er seine große Monografie "Theorie der algebraischen Kurven" von 1839 "Dem Geheimen Oberregierungsrat Herrn Dr. KORTUM, unter dessen Leitung das Düsseldorfer Gymnasium seinem Aufschwung nahm und dem es seine Blüte verdankt, mit der Pietät eines ehemaligen Schülers und der Verehrung eines Freundes." Die Erinnerung an dieses Gymnasium teilte PLÜCKER mit dem Abiturienten von 1817, LUDWIG SCHOPEN (1799 - 1867; Doktorand HEINRICHs in Bonn, einem HEYNE-Schüler), ab 1820 am Gymnasium in Bonn (heute Beethoven-Gymnasium) tätig, der mit PLÜCKERs Unterstützung als Dekan 1844 Ordinarius für Philologie in Bonn wurde, ab 1847 als Direktor das nämliche, nun Königliche Gymnasium, leitete, auf dem PLÜCKERs erster bedeutender Schüler WILHELM HITTORF (1824 - 1914) gebildet wurde, wo PLÜCKERs zweiter bedeutender Schüler AUGUST BEER sein Probejahr ableistete und freiwillig ein Jahr zusätzlich Unterricht in den Naturwissenschaften erteilte[25]; SCHOPEN blieb bis zum Tode ein enger Freund PLÜCKERs. Dabei sei erinnert, dass PLÜCKER, später mit seinem Kollegen und Freunde BEER zusammen, als Direktor des Prüfungswesens an der Universität Bonn, auch tatkräftig das Realschulwesen der Zeit förderte[26]. Aus seinen physikalischen Aktivitäten um die Zeit der ersten Industrialisierung in Deutschland erkennt man, wie sehr er der modernen Technik verpflichtet war. Wenn WILBERG unter DIESTERWEGs Einfluss PLÜCKER nachhaltig für Geometrie begeisterte, ihn auch für die Naturwissenschaften motivierte und für eine bestimmte Unterrichtsmethode[27] (Arbeitsunterricht), so war WILBERGs Unterricht im Bürgerinstitut doch grundsätz-

---

[25] [Programm des Königl. Gymnasiums zu Bonn], S. 31(Unterricht über Wirbeltiere), S. 35 (Beer war gleichzeitig Privatdozent und Lehrer am Gymnasium); im Progr. vom 27. 8. 1854 vier wiss. Bücher (Optik, Physiologie, Fauna, Mineralien), die Beer der Schule schenkte. Diese Programme wurden mir freundlicherweise von dem Leiter des Beethoven-Gymnasiums, Herrn OStD Dr. Kötting, zugänglich gemacht.

[26] [Ernst 1933, S.88].

[27] [Mittn. d. Univ.-bundes Göttingen 1923, S.14]. Felix Klein "genoß derart einen 'Arbeitsunterricht', wie man das heute nennen würde."Klein war Plückers letzter Student.

lich ausgerichtet, den Übergang zur "industriellen Gesellschaft"[28] zu bewerkstelligen - für das Düsseldorfer Gymnasium verkündete KORTUM 1814 das pädagogische und politische Konzept der neuhumanistischen Bildung am Rhein mit einer Konsequenz, wie sie sich auch die Unterrichtsverwaltung in Berlin zum Prinzip der Schulen genommen hatte: "sie soll eine heilige Schirmstätte seyn, in welcher die aufblühende Generation ... sich zu einem selbständigen und selbstthätigen Vernunftleben ausbildet."[29] Dieses Vernunftleben drückte sich in idealistischer Philosophie und in der Wissenschaft aus, für die KORTUM den neuhumanistischen Anspruch zweckfrei idealistisch formulierte, WILBERG hatte das Vernunftleben zweckgebunden realistisch aufgefasst; bei PLÜCKER führte dieser Konflikt zu einem von seinen Zeitgenossen als außerordentlich bezeichneten produktiven und selbstschöpferischen Forschen und Arbeiten[30]; als Experimentalphysiker fühlte er sich dabei dem Realismus verpflichtet, als Geometer betrieb er Geometrie als Fachwissenschaft um ihrer "selbst willen", und dies machte ihn zu einem der führenden reinen Geometer seiner Zeit.

2. August Beer: Schule und Schulverläufe von 1835 - 1839 (Realschule1[31]) und 1843 - 1845 (Gymnasium)

Am 4. Dezember 1821 genehmigte die Kgl. Regierung zu Trier dem Privatlehrer FISCHER zu Trier den unter dem 14. November verfassten *Prospectus zur Errichtung einer Knaben=Bürgerschule für die Stadt Trier*: Es soll nicht für den gelehrten Stand ausgebildet, und kürzer als auf dem hiesigen Gymnasium möglich, Knaben für das Zukünftige das wirklich Wichtige und Wesentliche vermittelt werden, dass sie "mit einer richtigen Selbstkenntnis in allen Gegenständen hinreichend sich vorbereitet finden, um als gescheite, in ihrer Art gebildete Menschen, in ihrem künftigen Gewerbs-

---

[28] [Heinen; Rüter 1975, S. 170].
[29] [Jeismann 1996 Bd 1, S. 423].
[30] [Clebsch 1895, S. XI - XIV].
[31] [Von der Knaben-Bürgerschule...]. Für Beer interessiert die Geschichte dieser Anstalt in den ersten 18 J., wobei wir den Bezug zur modernen Technik herausarbeiten, weil Beers Interessen stark technisch-naturwissenschaftlich geprägt waren, und er zu den Realschulen und Realschullehrern ein besonderes Verhältnis hatte. Siehe dazu den in [Beer 1865] im Vorwort abgedruckten Nekrolog von Plücker, ferner in [Dronke] Dronkes Beziehung zu dieser Schule.

und Geschäftszweigen mit Anstand und Nutzen sich bewegen zu können." In zwei Jahren konnte der Eleve das Schulziel erreichen, wenn er die "ersten Elemente des Unterrichts hatte" und die Aufnahmeprüfung bestand.

1824 Stadtschule: Mit dem Fach Technologie, der Anlage einer Baumschule und eines botanischen Gartens wurden die Bedürfnisse aus dem Wirtschaftsleben berücksichtigt. Erster Lehrer und Leiter war NIKOLAUS NUSSBAUM (1795 - 1845), ab 26. 11. 1830 Direktor. 1825 folgte u. a. die Einrichtung einer Bibliothek. 1826 wurde der Schulplan von NUSSBAUM verändert, durch den Gymnasialdirektor WYTTENBACH begutachtet und nachdrücklich zur Annahme empfohlen. Er enthielt ein erweitertes Fach Technologie, ferner zusätzlich in Deutsch kaufmännische einfache und doppelte Buchführung und in Mathematik das Wichtigste aus der reinen und praktischen Planimetrie. 1826 bestimmte das *Ministerium der geistlichen, Unterrichts= und Medizinalangelegenheiten* die Bürgerschule zur öffentlichen Lehranstalt. 1829 folgte die Anschaffung von Apparaten für den physikalischen und technologischen Unterricht, Ende 1829 die Erweiterung der Bürgerschule (BS) als Vorbereitungsanstalt für eine Gewerbeschule (GS) mit einem Unterrichtsplan, durch den in zwei Jahren u. a. Zeichnen (Freihand-, Linearzeichnen, Baukonstruktionslehre), reine und angewandte Mathematik, Physik und Chemie vermittelt wurden. Der Lehrplan der Bürgerschule änderte sich unwesentlich, der bisherige zweijährige Kurs blieb bestehen. Mit Genehmigung der Regierung wurde die Bürgerschule ab 1830 "Höhere Stadtschule".

Ab 1835 setzte die erste Industriealisierungsphase ein. Ostern 1835 war der Schuleintritt BEERs und in diesem Jahr hatte die Bürgerschule besonders starken Zulauf durch zahlende Schüler. Die Frequenz gegen Ende dieses Jahres war 163 Zöglinge. 1835 wurde (erstmals) für die Gewerbeschule ein Englischlehrer angestellt, an dessen Unterricht Schüler des Bürgerinstituts teilnahmen. In den Jahren Ostern 1835 bis Herbst 1839 war AUGUST BEER Schüler dieser Schule. Sein Abschlusszeugnis[32] vom 10. September 1839 war das *Entlassungs=Zeugniß für den Zögling der Bürgerschule zu Trier*. Er erwarb es nach einer Abschlussprüfung. Als Fächer sind darin aufgeführt: Religion, Deutsch, Französisch, Arithmetik, Geometrie, Geschichte, Geographie, Naturgeschichte (Biologie, Geologie, Mineralogie), Naturlehre

---

[32] [Entlassungs-Zeugnis]. Den Vornamen Peter verwendete Beer nicht. Das Zeugnis wurde mir freundlicherweise vom Leiter des Trierer Hindenburg-Gymnasiums, Herrn OStD A. Piry, zugänglich gemacht.

(Physik u. Chemie), Kalligraphie, Zeichnen und Englisch, sowie die Kopfnoten in Betragen und Fleiß.

Die Lehrer der Bürgerschule gingen aus der Laufbahn der Volksschullehrer hervor, ausgenommen die als Lehrer wirkenden katholischen Geistlichen. Das Zeugnis unterzeichneten die Lehrer N. NUSSBAUM (Schulleiter), JOHANNES SCHNUR (2. Lehrer, Aushilfe W35/36 an GS), JOSEPH DICK (Lehrer), J. GRAUERT (neue Sprachen, auch an GS), JOHANN D. SCHOMMER (Schreiblehrer), CHRISTOPH HAWICH (Technischer Lehrer für Zeichnen, an GS von Ostern 1834-35), EMMERICH. J. HAAS (kath. Religionslehrer im Nebenamt).

BEER wurde später ein erfolgreicher akademischer Lehrer, Lehrbuchautor und Forscher in mathematischer Physik, der in den Sprachen Deutsch, Latein, Englisch und Französisch schrieb. Seine Bewertungen:

- Deutsch: *bedeutenden Grad an Fertigkeit im schriftlichen Gedankenausdruck*;
- Französisch: übersetzt geläufig aus beiden Sprachen, kleinen französischen Aufsatz;
- Englisch: grammatischer Scharfsinn, folgt schnell, übersetzt gut und ohne Mühe;
- Arithmetik: sehr befriedigende Kenntnisse und Fertigkeiten in Gleichungslehre, Progressionen, praktischen Rechnen und Logarithmen;
- Geometrie: recht befriedigende Kenntnisse der Planimetrie, weiß einiges aus der ebenen Trigonometrie;
- Naturgeschichte (Biologie, Geologie, Mineralogie): hier kann er sich durch Selbststudium allein weiterbilden;
- Naturlehre (Physik, Chemie): befriedigende Kenntnis der unwägbaren Potenzen (Optik, Wärmelehre, Lehre von den elektrischen und magnetischen Erscheinungen), Kenntnisse aus den Lehren vom Gleichgewicht und der Bewegung fester und flüssiger Körper.

Die Betragsnote "immer sehr gut" drückte seinen edlen und reinen Charakter aus[33], "recht guter Fleiß in allen Fächern" steigerte er später zu muster-

---

[33] [Beer 1865], hrsg. v. Plücker. Im Nekrolog drückte Plücker dies auch im Namen der Freunde so aus: "in Beer ist ein hoher seliger Geist von uns geschieden." - Der Realschuldirektor A. Giesen wirkte auf Wunsch von Beer an [Beer 1865] mit. Im Erscheinungsjahr war Ludwig Boltzmann (1844 - 1906) im vierten Semester und in seiner ersten Veröffentlichung "Über die Bewegung der Elektrizität in krummen Flächen" im Jahre 1865 weist er auf die Fehlerhaftigkeit der in Beers Buch gegebenen Lösung hin.

gültigem Fleiß[34]. Auf Grund der derzeitigen Quellenlage war nicht zu klären, warum BEER einen viereinhalbjährigen Kurs an der Bürgerschule machte. Dr. ADOLF DRONKE (1837 - 1898) teilte mit, BEER habe die Gewerbeschule besucht, vielleicht nahm er dort Kurse, weil er einen technischen Beruf anstrebte. DRONKE war Doktorrand und Assistent des späteren Mathematikprofessors BEER auf der Universität Bonn. Er schrieb: BEER habe des Öfteren geäußert, dass er auf der BS mit GS die "Fundamente seiner Bildung und die Liebe zu den exacten Wissenschaften empfangen habe". Und er schilderte, dass BEER nach Abschluss der BS "sich selbst ohne weitere Nachhilfe zu der Prima des (Friedrich-Wilhelm-)Gymnasiums vorbereitete.

Hier zeigte er einen so regen Eifer in allen Fächern, dass seine Lehrer ihn häufig als das Muster eines ausgezeichneten Schülers hinstellten"[35]: Ab WS 1843/44 besuchte BEER die Unterprima, ging SS 1844 in die Prima inferior, WS 1845 in die Prima superior, aus der er 1845 sein Abitur bestand.[36] Genau zehn Jahre vorher hatte KARL MARX hier Abitur gemacht. Während BEERs Schulzeit standen 18 Lehrer auf der Gehaltliste[37], davon ein emeritierter und ab 1844/45 ein Schulamtskandidat, insgesamt 9 davon blieben bis heute durch besondere Leistungen in Erinnerung[38]. Im Abiturzeugnis[39] wurden - in einer Kopfnote: sittliche Aufführung, Anlagen und Fleiß, Kenntnisse und Fertigkeiten - und in Fachnoten: 1. Sprachen: Deutsch, Latein, Griechisch und Französisch; 2. Wissenschaften: Religionslehre, Mathematik, Geschichte und Geographie und Naturlehre; 3. Fertigkeiten: Zeichnen, Gesang, gymnastische Übungen beurteilt. Es wäre wünschenswert, das bisher unentdeckte Abiturzeugnis BEERs mit dem Zeugnis aus der Bürgerschule zu vergleichen. BEER erwarb u. a. eine außergewöhnliche

---

[34] Siehe weiter unten im Text für die Schulzeit und für den Studenten Beer dessen Anmeldebuch vom 17. Oktober 1845 in Exmatrikel A. Beer im UAB.

[35] [Dronke]. Die Knaben-Bürgerschule wandelte sich über viele Zwischenstufen zum HGT. D. war Direktor der Zwischenstufen: vereinigte Realsch. I. Ordg. m. Provinz.-GS 75, Realgym. 82 und Kaiser Wilhelm-Gymn. mit Realschule 96.

[36] [Landeshauptarchiv, Schülerlisten].

[37] [Landeshauptarchiv, Gehaltslisten von 1843 - 1845].

[38] [Veröffentlichungen der Landesarchivverwaltung Rheinland-Pfalz]. Von den Lehrern der Knaben- Bürgerschule sind Nußbaum und Hawich (Zeichenlehrer), vom Gymn. sind neun, darunter die beiden Direktoren Wyttenbach, Loers; als Fachlehrer Beers: Steininger, Kraus (Zeichenlehrer) verzeichnet. Beers andere Fachlehrer sind noch unbekannt.

[39] Das noch unentdeckte Abitur-Zeugnis Beers hatte diese Gliederung wie Abitur-Zeugnisse dieser Zeit zeigen.

klassische Bildung[40]. In der Vita seiner Dissertation dankte er dem Lehrerkollegium allgemein, hob aber Dr. JOHANN STEININGER (1794-1874) besonders hervor. Der Schulleiter JOHANN HUGO WYTTENBACH (1767-1848), der wie WILBERG in seiner Pädagogik den großen pädagogischen Reformbewegungen und KANT verpflichtet war, stand für ein Bildungsideal in dieser Anstalt (noch zu BEERs Schulbesuch), das bestimmt war von vielen historisch gewachsenen Orientierungen. Dadurch half das Trierer Gymnasium Menschen geistig mitzuprägen, deren geistiger Ort so verschieden war wie der von KARL MARX und AUGUST BEER.

Der Lehrer für Mathematik und Naturwissenschaften Dr. JOHANN STEININGER[41] übte durch seine Gaben und sein Lehrtalent einen großen Einfluss auf BEER aus; STEININGER blieb in der Geologie als früher Erforscher der Vulkaneifel in Erinnerung. "Wer bei diesem Lehrer Talent und Fleiß zeige, könne bei ihm etwas werden"[42]. Er studierte einige Jahre vor PLÜCKER in Paris Mathematik, Physik und Geologie und hielt wie später PLÜCKER die französische Wissenschaft hoch: durch PLÜCKERs Arbeitsunterricht weiter gefördert, konnte der Student BEER auf den mathematisch-naturwissenschaftlichen Unterricht des verehrten Lehrers Dr. STEININGER aufbauen und seine Ausbildung unter PLÜCKER nahtlos fortsetzen. Er wurde bei PLÜCKER rasch etwas, als Student bald sein Mitarbeiter und enger Freund, später unentbehrlicher Kollege an der Universität Bonn.[43] Jeder der beiden blieb durch eigenständige[44] bleibende Leistungen in Mathematik und Physik in Erinnerung.

---

[40] [Dronke]; ferner Plücker in [Ernst 1933, S. 64] bei Beers Berufung: "Außer einer bei der Hauptrichtung seines Geistes ungewöhnlichen klassischen Bildung beherrscht er das ganze Gebiet der Physik und Mathematik."

[41] [Monz 1973]. Im 12. Kapitel stellt Monz mit Bezug auf Marx das Gymn. z. Trier aus den Quellen bis zu Marxens Abitur 1835 dar. Dort auch Darstellung der Lehrer, die bis auf wenige auch noch zu Beers Zeiten unterrichteten. S. 170 wird Dr. J. Steininger vorgestellt.

[42] ebenda

[43] [Ernst 1933, S.34]. Aus einem Bericht des Kurators von 1864: " des ...Professors Dr. Beer, der überdies zu Plücker in den genauesten Freundschaftsverhältnis stand, war ohne hauptsächlich Beteiligung des letzteren in dieser Angelegenheit nichts ins Werk zu setzen." Es ging um die Gründung eines mathematischen Seminars, Beer war damals schon sehr krank, drei Jahre später war auch Plücker schwer krank.

[44] ebenda, S. 64 spricht Plücker von sich und Beer als "verschiedene individuelle Kräfte", die zur Erreichung von Zielen zusammenarbeiteten.

Literatur

BEER, AUGUST: Einleitung in die Elektrostatik, die Lehre vom Magnetismus und der Elektrodynamik. Braunschweig 1865. Herausgegeben von J. Plücker.

CLEBSCH, ALFRED: Zum Gedächtnis an Julius Plücker in "Julius Plückers gesammelte Abhandlungen. Leipzig 1895", S. XI - XIV.

DIESTERWEG, FR. A. W: Johann Friedrich Wilberg, Der "Meister an dem Rheine", Essen 1847

DIESTERWEG, W. A.: Zur geometrischen Analysis. Vorwort, Lehrsätze und Aufgaben. Eduard Müller, Bonn 1843

DRONKE in seinem Nekrolog auf Beer in der Köln. Ztg. vom 1. 5. 1864.

Entlassungs-Zeugnis für den Zögling der Bürgerschule zu Trier: Peter August Beer.

ERNST, WILHELM: Julius Plücker. Eine zusammenfassende Darstellung seines Lebens und Wirkens als Mathematiker und Physiker auf Grund unveröffentlichter Briefe und Urkunden. Dissertation, Bonn 1933.

HEINEN, MANFRED und RÜTER, WILHELM: Landschulreform als Gesellschaftsinitiative. Philip von der Reck, Johann Friedrich Wilberg und die Tätigkeit der "Gesellschaft der Freunde der Lehrer und Kinder in der Grafschaft Mark" (1789 - 1815). Göttingen, 1975

JEISMANN, KARL-ERNST: Das preußische Gymnasium in Staat und Gesellschaft. Bd 1. Die Entstehung des Gymnasiums als Schule des Staates und der Gebildeten 1787 - 1817. 2. vollst. überarbeitete Aufl. Stuttgart 1996

JEISMANN, KARL-ERNST: Das preußische Gymnasium in Staat und Gesellschaft. Bd 2. Höherer Bildung zwischen Reform und Reaktion 1817 - 1859. Stuttgart 1996

JORDE, FRITZ: Geschichte der Schulen von Elberfeld mit besonderer Berücksichtigung des älteren Schulwesens. Nach Quellen bearbeitet. Elbefeld 1903

KOHLRAUSCH, FRIEDRICH: Erinnerungen. Hannover 1863

Programm des Königl. Gymnasiums zu Bonn (heute Beethoven-Gymnasium) am 27. August 1851

KRAUL, MARGRET: Gymnasium und Gesellschaft im Vormärz. Neuhumanistische Einheitsschule, städtische Gesellschaft und soziale Herkunft der Schüler. Studium zum Wandel der Gesellschaft im 19. Jahrhundert. Göttingen 1980

Landeshauptarchiv, Best. 661, 22, Nr 819: Archiv des Friedrich-Wilhelm-Gymn. zu Trier: Gehaltslisten von 1843 - 1845.

Landeshauptarchiv, Best. 661, 22, Nr 836: Archiv des Friedrich-Wilhelm-Gymn. zu Trier: Schülerlisten.

LANGENBERG, EDUARD.: Johann Friedrich Wilberg. Seine Leben, seine Schriften. Elberfeld 1866

Lexikon der Naturwissenschaften. Spektrum, Heidelberg 1996

Mitteilungen des Universitätsbundes Göttingen 5 Jg., Heft 1, 1923. Göttinger Professoren. Lebensbilder von eigener Hand: Felix Klein

MONZ, HEINZ: Karl Marx. Grundlagen der Entwicklung zu Leben und Werk. 2. Aufl. Trier 1973.

Veröffentlichungen der Landesarchivverwaltung Rheinland-Pfalz, Bd 87. Trierer Biographisches Lexikon. Gesamtbearbeitung: Heinz Monz. Koblenz 2000.

Von der Knaben-Bürgerschule zum Realgymnasium mit Realschule. Festschrift zur Feier des hundertjährigen Bestehens der Anstalt. Trier 1922 (heute Hindenburg-Gymnasium Trier: HGT)

WILBERG, JOHANN FRIEDRICH: Aufsätze über Unterricht und Erziehung. Zwei Bände. Essen 1824

WILBERG, JOHANN FRIEDRICH: Über Schulen. Ein Wort. Essen 1830

WILBERG, JOHANN FRIEDRICH: Erinnerungen aus meinem Leben, nebst Bemerkungen über Erziehung und Unterricht und verwandte Gegenstände. Elberfeld 1838.

WILBERG, JOHANN FRIEDRICH: Gedanken und Urtheile des Vetters Christian über Leben und Wirken im Mittelstande. Essen 1843

ZBINDEN, HANS: Von der Axt zum Atomwerk. Zürich 1954

Dr. Gerhard Warnecke, Südweg 19, D-53773 Hennef

Leipziger Beiträge zur Elektrodynamik im 19. Jahrhundert aus der Sicht der mathematischen Physik

Karl-Heinz Schlote

In der Retrospektive kann heute eine lange und erfolgreiche Tradition der Leipziger Universität auf dem Gebiet der mathematischen Physik konstatiert werden. Man denkt dabei an CARL NEUMANN (1832-1925), LEON LICHTENSTEIN (1878-1933), ERNST HÖLDER (1901-1990), HERBERT BEKKERT (geb. 1920) oder PAUL GÜNTHER (1926-1996), aber auch an WILHELM WEBER (1804-1891), PETER DEBYE (1884-1966), WERNER HEISENBERG (1901-1976) und ARMIN UHLMANN (geb. 1930), und versteht unter mathematischer Physik im Allgemeinen die mathematische Behandlung physikalischer Probleme und den deduktiven Aufbau der Theorie auf der Basis der bestehenden physikalischen Erklärungsmuster und Grundprinzipien ohne direkten Eingriff in die experimentelle Praxis oder die physikalischen Erklärungen der Phänomene. In diesem Sinne reicht die Geschichte der mathematischen Physik weit zurück und kann mindestens seit der Wissenschaftlichen Revolution im 17. Jahrhundert als ein Teilgebiet in der Mathematik bestimmt werden. Durch das Wirken von ISAAC NEWTON (1642-1727), LEONHARD EULER (1707-1783) und der französischen Mathematiker um JOSEPH LOUIS LAGRANGE (1736-1813) und PIERRE SIMON LAPLACE (1749-1827) erlebte die mathematische Physik einen großen Aufschwung. Doch im Verständnis der Gelehrten des 18. Jahrhunderts bildete die Behandlung der vorwiegend mechanischen Probleme, wie überhaupt die Fragen der Anwendung der Mathematik, einen festen Bestandteil der Mathematik. Die mathematische Physik wurde also noch nicht als interdisziplinäres Phänomen, nicht als das Produkt der Wechselbeziehung zwischen zwei Disziplinen gesehen.

Im 19. Jahrhundert, besonders in dessen zweiter Hälfte, entwickelte sich dann aus dem Bestreben der Physiker, auf der Basis einer sorgfältigen Auswertung des experimentellen Materials eine Erklärung der verschiedenen Erscheinungen auf einer vereinheitlichenden theoretischen Konzeption zu geben, die theoretische Physik. Den Anlass, verstärkt über eine theoretische Fundierung nachzudenken, lieferten vor allem die zahlreichen neuen Erkenntnisse, die in der Physik seit dem Ende des 18. Jahrhunderts erzielt

wurden. Erinnert sei an die elektrodynamischen Phänomene, die Drehung der Polarisationsebene des Lichts unter dem Einfluß eines Magneten bzw. das Problem der Energieerhaltung. Die Mathematik galt dabei als ein notwendiges Hilfsmittel und wichtige Basis für die theoretische Behandlung der einzelnen Fragen. Die Grundrichtungen bei der Entstehung der theoretischen Physik und der besondere Anteil deutscher Physiker ist von CH. JUNGNICKEL und R. MCCORMMACH in einem zweibändigen Werk genau analysiert worden ([Jungnickel; McCormmach 1986]).

Die neu entdeckten physikalischen Phänomene reizten Physiker und Mathematiker gleichermaßen, die einen, um eine mit den bekannten physikalischen Prinzipien im Einklang stehende theoretische Erklärung zu geben, die anderen, um unter Einsatz umfangreicher mathematischer Mittel eine mathematisch exakte Behandlung der Theorie zu erreichen. Diese oft fast gleichzeitige, von unterschiedlichen Standpunkten aus vorgenommene Behandlung der physikalischen Fragestellungen brachte zahlreiche Diskussionen mit sich und förderte letztlich die weitere Entwicklung sowohl der theoretischen als auch der mathematischen Physik.

Die hierbei zutage tretende Frage nach den Unterschieden zwischen mathematischer Physik und theoretischer Physik kann in diesem Rahmen nicht weiter erörtert werden. Eine Antwort, die möglichst der ganzen Entwicklung von Mathematik und Physik im 19. und 20. Jahrhundert gerecht wird, ist sehr schwierig. Es sei aber vermerkt, dass die Bezeichnungen theoretische und mathematische Physik nicht einheitlich, häufig sogar synonym gebraucht wurden und werden. Bereits im 18. Jahrhundert gab es Vorlesungen zur theoretischen Physik, die inhaltlich im wesentlichen die Mechanik umfassten. Gleichzeitig galt die Mechanik, insbesondere die analytische Mechanik, als Teil der Mathematik. Erst FRANZ NEUMANN (1798-1895), der Begründer der Königsberger Schule für mathematische Physik und Vater von CARL NEUMANN, verankerte die Mechanik im Vorlesungskanon der Physik.

Im folgenden soll dieses Wechselspiel zwischen Mathematik und Physik für den Zeitraum des 19. Jahrhunderts an der Universität Leipzig betrachtet werden und ein besonderes Gewicht auf das Wirken von CARL NEUMANN gelegt werden. NEUMANN hat, wie noch genauer ausgeführt wird, eine spezielle, die mathematische Methode besonders betonende Auffassung der mathematischen Physik entwickelt und daran zeitlebens festgehalten. Auf dieser Basis schuf er bedeutende Beiträge zur Mathematik sowie interes-

sante Beispiele für die mathematische Behandlung physikalischer Fragen und legte damit das Fundament für die Leipziger Tradition in der mathematischen Physik.

Die Ära Fechner, Weber, Möbius und Hankel

Zu Beginn des 19. Jahrhunderts kam es an der Leipziger Universität zu ersten Anstrengungen hinsichtlich einer Universitätsreform. Wie anderen deutschen Universitäten war es der Alma mater lipsiensis auf Grund der meist aus dem Mittelalter stammenden Strukturen im Verlaufe des 18. Jahrhunderts immer weniger gelungen, dem Fortschritt der Wissenschaften und den Anforderungen von Staat und Wirtschaft gerecht zu werden. Die Mathematik wurde unter äußerst lähmenden Bedingungen gelesen ([Kühn 1987], S. 121), die materielle Absicherung der Universität war unflexibel und bedurfte der Veränderung. Die Maßnahmen zur Reform der Leipziger Universität beanspruchten mehr als ein Vierteljahrhundert, sie mündeten ein in die 1831 beginnende grundlegende sächsische Staatsreform und kamen in diesem Rahmen zum Abschluss. Diese Reform brachte für die Universität "den tiefsten Einschnitt in ihre Verfassung ... eine völlig neue Stellung innerhalb der gesellschaftlich-politischen Ordnung und ... eine völlig neue Art der materiellen Ausstattung". ([Blaschke 1987], S. 151) Aus der Universitas scholastica wurde die Universitas literarum, das Universitätsvermögen wurde unter Staatshoheit gestellt, die Nationeneinteilung aufgehoben, die Unterscheidung zwischen Professuren alter und neuer Stiftung beseitigt, ein akademischer Senat eingesetzt. Bereits 1822 war die akademische Polizeigewalt abgeschafft worden.

Angesichts der Tatsache, dass der Aufschwung und die Neuorientierung der Physik vor dem Hintergrund der sich ausbreitenden Industriellen Revolution zu Beginn des 19. Jahrhunderts deutlichere Konturen annahm und in Deutschland diese Entwicklung aber erst Ende der 20er Jahre des 19. Jahrhunderts spürbar wurde, ist es gerechtfertigt, das Wechselspiel zwischen Mathematik und Physik mit der vollendeten Universitätsreform zu beginnen.

Bei der Vertretung der beiden Disziplinen an der Leipziger Universität fällt als Besonderheit die seit der Mitte des 16. Jahrhunderts bestehende Nominalprofessur für Physik auf. Dieses organisatorische Novum hatte jedoch keine Konsequenzen für eine spezielle Förderung der Physik. Auch in

Leipzig trat die "Physik im Sinne der sich herausbildenden klassischen Naturwissenschaft" erst am Anfang des 18. Jahrhunderts in die Geschichte der Universität ein ([Schreier 1985], S. 5). Bis in die zweite Hälfte des Jahrhunderts wurde die Physik vertreten von 1811 bis 1824 durch LUDWIG WILHELM GILBERT (1769-1824), von 1824 bis 1834 durch HEINRICH WILHELM BRANDES (1777-1834), von 1834 bis 1840/43 GUSTAV THEODOR FECHNER (1801-1887), von 1843 bis 1849 durch WILHELM EDUARD WEBER und von 1849 bis 1887 von WILHELM GOTTLIEB HANKEL (1814-1899). Auf die zusätzlichen Lehraktivitäten von Privatdozenten und einigen Gelehrten angrenzender Gebiete kann hier nur hingewiesen werden.

Zeitlich parallel hatten von 1814 bis 1825 KARL BRANDAN MOLLWEIDE (1774-1825) und von 1826 bis 1868 MORITZ WILHELM DROBISCH (1802-1896) die ordentliche Professur für Mathematik inne. Ohne die Leistungen DROBISCHs insbesondere auf wissenschaftsorganisatorischem Gebiet geringzuschätzen, der führende Vertreter der Mathematik war der seit 1816 als außerordentl. Professor für Astronomie und Observator auf der Sternwarte tätige AUGUST FERDINAND MÖBIUS (1790-1868), der erst 1844 ein Ordinariat für höhere Mechanik und Astronomie erhielt. Auch hier muss auf eine detaillierte Darlegung des mathematischen Lehrbetriebes verzichtet werden. Hinsichtlich der Beziehungen zwischen den beiden Disziplinen kann aber festgehalten werden, dass es eine wechselseitige Unterstützung im Lehrbetrieb gab. So hat BRANDES, der vor allem wegen seiner meteorologischen Forschungen in die Wissenschaftsgeschichte einging, mehrere mathematische Lehrbücher verfasst und entsprechende Vorlesungen gehalten. Außerdem behandelte er systematisch die Teilgebiete der klassischen Physik und referierte zur Astronomie und Meteorologie. DROBISCH lehrte neben den verschiedenen Gebieten der Mathematik die "mechanischen Wissenschaften", die mathematische Geographie, die Logik, eine mathematisch-naturwissenschaftlich orientierte Psychologie und zunehmend philosophische Themen. Auch MÖBIUS hat neben den Gebieten der Mathematik ein breites Spektrum der theoretischen und praktischen Astronomie sowie Probleme optischer Systeme, der Mechanik und der Kristallstruktur in Vorlesungen behandelt. Seine bedeutendsten Leistungen fielen in das Gebiet der Geometrie, auf dem er mit dem baryzentrischen Kalkül einen wichtigen Beitrag zur Aufklärung der geometrischen Verwandtschaften, also der Beziehungen zwischen den verschiedenen Geometrien leistete. In dieses Programm ordneten sich auch MÖBIUS' topologische Betrachtungen ein; das MÖBIUSsche Band ist allgemein bekannt. Schließlich sei noch auf die bei

analytischen Studien eingeführte MÖBIUSsche Funktion verwiesen, die in der Zahlentheorie eine wichtige Rolle spielt. Mit Blick auf die Beziehungen zur Physik müssen besonders die Überlegungen zur "geometrischen Addition von Strecken" hervorgehoben werden, die einen festen Platz in der Frühgeschichte der Vektorrechnung einnehmen. Die bedeutende Rolle der Vektorrechnung für eine effiziente Darstellung physikalischer Sachverhalte und die Durchführung von Rechnungen ist mehrfach erörtert worden. In diesem Sinn leistete MÖBIUS mit seiner Publikation zur Vektoraddition einen wichtigen Beitrag zur mathematischen Physik, aber er bewegte sich wie Brandes und DROBISCH auf den klassischen Problemfeldern, Mechanik, Optik und Astronomie. Dies gilt auch für die magnetischen Beobachtungen, die auf Initiative von CARL FRIEDRICH GAUSS (1777-1855) und ALEXANDER VON HUMBOLDT (1769-1859) weltweit durchgeführt wurden und an denen sich MÖBIUS ab 1834 sowie später W. WEBER beteiligten. Außerdem waren die Beiträge der einzelnen Gelehrten nicht so bedeutend, dass sie unmittelbar weitere Forschungen in den eingeschlagenen Richtung initiierten bzw. eine Reaktion in der anderen Disziplin hervorriefen. Ohne die Leistungen der Mathematiker abzuwerten, kann doch festgestellt werden, dass die mathematische Physik in Leipzig von ihnen bis weit über die Jahrhundertmitte hinaus keine grundlegend neuen Impulse erhielt.

Dagegen erschlossen sich die Leipziger Physiker in diesen Jahrzehnten mit der Elektrodynamik ein neues Aufgabenfeld und waren durch GUSTAV THEODOR FECHNER, WILHELM EDUARD WEBER und WILHELM HANKEL in unterschiedlicher Weise an der Lösung der sich aus der Entwicklung dieses neuen Gebietes ergebenden Probleme beteiligt. FECHNER hatte 1824/25 das vierbändige "Lehrbuch der Experimental-Physik ...", eine Übersetzung des entsprechenden Lehrbuches von JEAN-BAPTIST BIOT (1774-1862), publiziert und 1825/26 nach dem Tode MOLLWEIDEs die Physik in Leipzig vertreten, wobei er im Sommersemester 1825 über Elektrizität, Magnetismus und Elektromagnetismus vortrug. In der zweiten, durch eigene Resultate ergänzten Auflage der Übersetzung des BIOTschen Werkes hob FECHNER die mathematische Genauigkeit hervor, mit der BIOT die Erscheinungen erfasste und lobte dessen methodische Exaktheit. Bei der Charakterisierung der eigenen Vorgehensweise hob FECHNER den Wert quantitativer Techniken in den angewandten Naturwissenschaften und einer exakten Experimentalphysik hervor. Ergänzt man dies noch um die kritische Bearbeitung von Werken der französischen mathematischen Physik, so fällt die weitgehende Übereinstimmung mit jenen Aspekten auf, die von K. OLESKO als we-

sentlicher Ausgangspunkt für die Tätigkeit von F. NEUMANN an der Universität Königsberg und damit als Basis für die Entstehung der berühmten Königsberger Schule der mathematischen Physik herausgearbeitet wurden. ([Olesko 1997], S. 391ff.) Die sich hier aufdrängende Frage nach den Unterschieden zwischen Königsberg und Leipzig, die den Ausschlag für die Entstehung einer Schule der mathematischen Physik an der erstgenannten Universität gaben, bedarf noch einer genaueren Analyse. Als eine vorläufige Hypothese sei darauf verwiesen, dass in der entscheidenden Phase mit FRIEDRICH WILHELM BESSEL (1784-1846), NEUMANN und CARL GUSTAV JACOB JACOBI (1804-1851) in Königsberg ein Dreigestirn hervorragender Gelehrter als Professoren wirkte, während FECHNER Privatdozent war, sich noch nicht einmal endgültig für die Physik entschieden hatte und sich der Problematik aus der Sicht des kritischen Experimentators, nicht des Theoretikers näherte. Aber FECHNER war es, der der Arbeit von GEORG SIMON OHM (1789-1854) über das nach diesem benannte Gesetz die notwendige Aufmerksamkeit schenkte und maßgeblichen Anteil an der Bestätigung und Anerkennung des Ohmschen Gesetzes hatte. FECHNER wiederholte die OHMschen Experimente und stellte zahlreiche neue Versuche an. Auf der Basis eines außerordentlich umfangreichen Datenmaterials folgerte er zur Freude OHMs, mit dem er seit 1828 in engem Briefkontakt stand, die Richtigkeit des Ohmschen Gesetzes und dehnte es 1831 auf Stromkreise mit spannungsinkonstanten galvanischen Elementen aus. Mehrfach publizierte er zum Ohmschen Gesetz und kam dabei auch zu der ersten wissenschaftliche begründeten Voraussage über die elektromagnetische Telegraphie. In seiner Argumentation zu Gunsten des Ohmschen Gesetzes als wichtiges Strukturgesetz der Elektrophysik verwies FECHNER darauf, dass der günstigere Ausgangspunkt für eine Quantifizierung und eine theoretische Betrachtung in der Elektrophysik durch ein Übergehen der bislang nicht erklärbaren Phänomene erreicht wurde. Diese Phänomene, die bei vielen Untersuchungen im Vordergrund standen, waren der Mechanismus der Stromleitung und die Ursache der Stromentstehung ([Schreier 1985], S.60). Diese Einsicht, zur Lösung eines Problems gewisse Teilaspekte aus den Betrachtungen auszuklammern, also eine Reduktion des Gesamtproblems vorzunehmen, war sicher nicht neu, verdient aber hinsichtlich der Mathematisierung der Physik hervorgehoben zu werden. Sie besagt nämlich anders formuliert auch, dass es für die quantitative Erfassung eines Sachverhalts günstig sein kann, von dem bisherigen physikalischen Vorgehen abzuweichen und andere, der Messung leichter zugängliche Größen zu wählen.

Nachdem FECHNER 1834 zum ordentlichen Professor der Physik in Leipzig berufen worden war, erkrankte er fünf Jahre später infolge ständiger Überlastung schwer und konnte zeitweise fast nicht mehr sehen, so dass er 1840 die Leitung des 1835 neu gegründeten Physikalischen Kabinetts niederlegen sowie die Vorlesungstätigkeit einstellen musste. Nach langem Zögern sah sich die Philosophische Fakultät schließlich 1842 veranlasst, dem Drängen des Dresdener Ministeriums nachzugeben und WILHELM WEBER für eine ordentliche Professur der Physik zu nominieren. WEBER, der die Stelle 1843 antrat, hatte in Göttingen zusammen mit GAUß Fragen des Erdmagnetismus untersucht, Studien zur Induktion eines elektrischen Stromes durch Felder von Dauermagneten durchgeführt und 1833 quasi als ein Nebenprodukt der Studien zum Ohmschen Gesetz einen über größere Entfernungen hinweg funktionierenden elektrischen Telegraphen gebaut. 1837 war WEBER als einer der Göttinger Sieben entlassen worden, hatte seine Forschungen mit GAUß aber fortgesetzt. Im Rahmen der erdmagnetischen Arbeiten mühten sich die beiden Forscher auch um die Festlegung eines absoluten Maßsystems und um die Konstruktion geeigneter Messinstrumente. Mit WEBER kam also ein Gelehrter nach Leipzig, der mit den modernen Entwicklungen der Elektrophysik bestens vertraut war, sehr gute Fähigkeiten als Experimentator und nicht zuletzt durch den Umgang mit GAUß gute Erfahrungen in der theoretischen insbesondere mathematischen Durchdringung physikalischer Fragestellungen besaß.

WEBER setzte in Leipzig seine experimentellen und theoretischen Arbeiten zu Induktionserscheinungen fort und publizierte in den Abhandlungen zu Ehren der Gründung der Königlich Sächsischen Gesellschaft der Wissenschaften die erste von mehreren Arbeiten zu "elektrodynamischen Maßbestimmungen". Zentrales Ergebnis war "ein allgemeines Grundgesetz der elektrischen Wirkung", das die Kraft zwischen zwei elektrischen Massen angab. Seien e und e' die Elektrizitätsmengen (Ladungen) von zwei Stromelementen, r sei der Abstand zwischen den punktförmig konzentriert gedachten Ladungen und a eine Konstante, dann gilt für die Kraft F:

$$F = \frac{ee'}{r^2}\left(1 - a^2\left(\frac{dr}{dt}\right)^2 + 2a^2 r \frac{d^2r}{dt^2}\right).$$

Die Differentialquotienten dr/dt und d²r/dt² bezeichnen die relative Geschwindigkeit bzw. Beschleunigung der elektrischen Teilchen. Das Gesetz war ein erster wichtiger Versuch die verschiedenen bekannten elektrodynamischen und elektromagnetischen Erscheinungen zusammenzufassen

und diente mehrere Jahrzehnte als Basis für den Aufbau einer elektrodynamischen Theorie. Neben den Schriften AMPÈREs und anderer mathematischer Physiker Frankreichs lieferte eine Arbeit des wieder genesenen FECHNERs einen wertvollen Impuls für WEBER. FECHNER hatte darin die "FARADAY'schen Inductions-Erscheinungen mit den AMPÈRschen elektrodynamischen Erscheinungen" verknüpft ([Fechner 1845]) und war in den theoretischen Darlegungen davon ausgegangen, dass sich beim Stromfluss in Leitern die Träger positiver und negativer Elektrizität in entgegengesetzter Richtung im Leiter bewegen. WEBER baute diese Vorstellungen weiter aus, und betrachtete vier Wechselwirkungen zwischen zwei Stromelementen, wobei sich in jedem Stromelement gleiche Mengen positiver und negativer Elektrizität bewegen. In einer zweiten Arbeit zu elektrodynamischen Maßbestimmungen deutete WEBER dann die in seiner Formel enthaltene Konstante a als reziproke Geschwindigkeit, d. h. als Ausdruck 1/c, wobei c die Geschwindigkeit ist, mit der sich zwei elektrische Teilchen bewegen müssen, um keine Wirkung aufeinander auszuüben. WEBER sah in c eine wichtige Naturkonstante, für die er 1857 einen Wert ermittelt, der sich von der Lichtgeschwindigkeit um den Faktor $\sqrt{2}$ unterschied. Zu diesem Zeitpunkt war WEBER bereits wieder nach Göttingen zurückgekehrt, hatte aber weiterhin gute Beziehungen zu den Leipziger Kollegen.

Nachfolger WEBERs wurde WILHELM GOTTLIEB HANKEL, der von der Universität Halle kam und sich Studien zur Pyroelektrizität widmete, damals noch als Thermoelektrizität bezeichnet, aber auch Fragen der Elektrodynamik behandelte und als Konstrukteur elektrischer Messgeräte, u. a. Elektrometer, hervortrat. Auch wenn HANKEL hinsichtlich der theoretischen Beiträge nicht das Niveau von WEBER erreichte, so blieb die Kontinuität der Beschäftigung mit Fragen der Elektrodynamik an der Leipziger Universität erhalten. Jedoch scheinen die Mitglieder der Fakultät einer stärkeren theoretischen Durchdringung der Physik, insbesondere mit mathematischen Mitteln, keine große Bedeutung zuerkannt zu haben. Von der Vorschlagsliste zur Wiederbesetzung der WEBERschen Professur wurde GUSTAV ROBERT KIRCHHOFF (1824-1887) gestrichen, da er nach FECHNERs Urteil "mehr Mathematiker als Physiker" sei. ([UAL], Bl. 3) Neben HANKEL waren vorgeschlagen worden: der als "Vater der Meteorologie" bekannte, in Berlin auch Mathematik lehrende HEINRICH WILHELM DOVE (1803-1879) und PHILIPP VON JOLLY (1809-1884), der in Heidelberg u. a. Schriften zur Analysis publiziert hatte.

Carl Neumanns Berufung und sein Wirken in Leipzig

Wie bereits bemerkt, gab es seitens der Leipziger Mathematiker keine Anstrengungen, sich den Problemen der Elektrodynamik zuzuwenden. Dies änderte sich mit der Berufung CARL NEUMANNs im Sommer 1868. Es muss jedoch festgestellt werden, dass bei der Auswahl der Kandidaten für diese Berufung die Beschäftigung mit physikalischen Fragen keine Rolle spielte und NEUMANN keineswegs der Wunschkandidat der Leipziger Fakultät war.

Wie kam es zur der Berufung? Gegen Ende der 60er Jahre des 19. Jahrhunderts vollzog sich in der Vertretung der Mathematik ein Generationswechsel. Das Sächsische Kultusministerium gab 1868 einem Antrag DROBISCHs statt, sich nur noch als Professor der Philosophie zu betätigen und die Professur für Mathematik abzugeben. Als neuer Ordinarius wurde WILHELM SCHEIBNER (1826-1908) berufen. Im gleichen Jahr verstarb MÖBIUS, so dass diese Stelle ebenfalls neu besetzt werden musste. Die Philosophische Fakultät würdigte MÖBIUS als einen Begründer der neueren synthetischen Geometrie und richtete in diesen Berufungsverhandlungen ihr Hauptaugenmerk auf eine angemessene Repräsentanz der Geometrie durch den neuen Stelleninhaber. So setzte man zwar den vom Ministerium zur Berücksichtigung empfohlenen ALFRED CLEBSCH (1833-1872) an die Spitze der Berufungsvorschläge, erwähnte in der insgesamt sehr positiven Beurteilung aber kritisch, dass CLEBSCH die entstandene Lücke hinsichtlich der Geometrie nicht ausfüllen würde. Als gleichwertig schlug die Fakultät den erst 1867 von Leipzig nach Erlangen berufenen HERMANN HANKEL, den Sohn des oben erwähnten WILHELM HANKEL, vor, der ihren Vorstellungen offensichtlich besser entsprach. An dritter Stelle wurden CARL NEUMANN aus Tübingen und RICHARD BALTZER (1818 - 1887) aus Dresden genannt, wobei auch NEUMANN nicht die angestrebte Vertretung der Geometrie leisten könnte. Nachdem CLEBSCH jedoch der Fakultät am 21. 5. 1868 mitgeteilt hatte, dass er zunächst die der Göttinger Universität gegebene Zusage erfüllen müsse und das Angebot kurzfristig nicht annehmen könne, berief das Ministerium NEUMANN zum ordentlichen Professor der Mathematik. Für eine ausführlichere Darstellung des Berufungsvorgangs sei auf ([Schlote 2001]) verwiesen.

Mit CARL NEUMANN nahm 1868 ein Gelehrter seine Tätigkeit an der Alma Mater Lipsiensis auf, der bereits sehr tiefgründige Beiträge zur Analysis

geliefert hatte und sich teilweise in Anwendung dieser Resultate erfolgreich Fragen der mathematischen Physik gewidmet hatte. Da sich KARL VON DER MÜHLL (1841-1912) im Frühjahr 1868 für mathematische Physik habilitiert hatte und der seit 1866 als Privatdozent lehrende ADOLPH MAYER (1839-1908) in seinen Forschungen ebenfalls wiederholt Probleme behandelte, die der analytischen Mechanik oder anderen physikalischen Gebieten entstammten, erfuhr die mathematische Physik in Leipzig eine unerwartete Stärkung. Hinzukam, dass alle drei jeweils einen Teil ihrer Ausbildung in Königsberg absolviert hatten, jener Stätte, die durch das Wirken von FRANZ NEUMANN, CARL GUSTAV JACOB JACOBI und FRIEDRICH RICHELOT (1808-1875) ein zentraler Ausgangspunkt für neue Entwicklungen in der mathematischen und theoretischen Physik wurde. Eine fundierte Analyse der Entstehung und Wirkungsgeschichte des Königsberger mathematisch-physikalischen Seminars hat K. OLESKO gegeben ([Olesko 1991]).

Die drei Leipziger Vertreter der mathematischen Physik waren folglich nicht nur mit den modernen Tendenzen dieses Gebietes vertraut, sondern näherten sich den Problemen trotz aller individueller Unterschiede in den Forschungsinteressen und -methoden von einer ähnlichen Grundhaltung. Die Bedingungen für eine Etablierung dieses interdisziplinären Arbeitsgebiets waren somit recht günstig, und die Chance wurde von den Leipziger Mathematikern und Physikern entsprechend genutzt, wenn auch spektakuläre Erfolge ausblieben. Da eine umfassende Analyse und Wertung dieser Entwicklung noch weiterer Detailstudien bedarf und den Rahmen dieses Beitrags sprengen würde, soll das Wirken der drei genannten Mathematiker hier nur kurz charakterisiert werden.

K. VON DER MÜHLL, der 1889 einen Ruf nach Basel annahm, hat vor allem durch seine Vorlesungen für die Stärkung der mathematischen Physik gewirkt und ein breites Vorlesungsspektrum gesichert. Regelmäßig hielt er mathematisch-physikalische Übungen ab und lehrte, neben den mathematischen Vorlesungen und der Einführung in die mathematische Physik, über Hydrodynamik, Elektrodynamik, Elastizitätstheorie, analytische Mechanik und optische Probleme. Ergänzend zu seinen relativ wenigen Publikationen, die vorrangig Fragen aus den genannten Gebieten behandelten, verdient die Edition der FRANZ NEUMANNschen Vorlesung über elektrische Ströme erwähnt zu werden.

A. MAYER blieb bis zu seinem Lebensende der Leipziger Universität treu. Er wandte sich etwa im Vergleich mit von der MÜHLL in Lehre und For-

schung stärker der mathematischen Theorie zugewandt und begründete mit seinen Arbeiten zur Variationsrechnung und zu partiellen Differentialgleichungen 1. Ordnung ein Themenfeld, aus dem in Leipzig eine eigenständige Traditionslinie erwuchs. Auf Grund der bedeutenden Rolle, die Variationsprinzipien und Differentialgleichungen bei der Behandlung physikalischer Fragen spielten und spielen, waren diese Forschungen auch für die Entwicklung der mathematischen bzw. theoretischen Physik relevant.

Eine besondere Rolle fiel schon auf Grund seiner Dienststellung als Ordinarius CARL NEUMANN zu. Mathematische und mathematisch-physikalische Arbeiten ergänzten sich harmonisch. Zu den hervorragenden mathematischen Ergebnissen NEUMANNs vor der Berufung nach Leipzig gehörten 1865 die Monographie "Vorlesungen über Riemanns Theorie der Abelschen Integrale" ([Neumann 1865]), mit der er vielen Mathematikern die neuen Ideen RIEMANNs über mehrdeutige Funktionen einer komplexen Veränderlichen näherbrachte, und 1861 die Lösung der ersten Randwertaufgabe für die Ebene mit Hilfe des von im eingeführten logarithmischen Potentials ([Neumann 1861]). Bemerkenswert in dieser und in weiteren Arbeiten zur Lösung der ersten Randwertaufgabe für spezielle Gebiete im dreidimensionalen Raum waren die engen Beziehungen, die NEUMANN zu physikalischen Problemstellungen herstellte. Dies betraf etwa die Bestimmung des stationären Temperaturzustandes bzw. der Verteilung elektrischer Ladungen in einem Körper. Unter den mathematisch-physikalischen Arbeiten seien der Versuch zu einer mathematischen Theorie für die magnetische Drehung der Polarisationsebene des Lichtes ([Neumann 1863]) und die "Principien der Elektrodynamik" von 1868 ([Neumann 1868]) erwähnt. In beiden Fällen lieferte NEUMANN eine praktische Umsetzung seiner Grundansichten zur mathematischen Physik, der er die Aufgabe zuwies, nach der Herausarbeitung einiger weniger Grundprinzipien unter wesentlicher Verwendung mathematischer Methoden einen strengen Aufbau der jeweiligen Teilgebiete der Physik zu geben. In der ersten Arbeit fand er die Lösung, indem er die Kraftwirkung eines elektrischen Teilchens auf ein Teilchen des Lichtäthers analog dem WEBERschen Gesetz annahm, in der zweiten, indem er die universelle Gültigkeit des Energiesatzes postulierte und eine Analyse der Elementarkräfte vornahm. In letzterem sah NEUMANN insbesondere einen Beitrag zur theoretischen Durchdringung der Elektrodynamik, in der, wie er mehrfach konstatierte, eine Formulierung allgemein anerkannter Grundprinzipien noch ausstand. Mathematisch reduzierte er die Lösung jeweils auf das Auffinden einer geeigneten Potentialfunktion,

was zugleich einer methodischen Vereinheitlichung entsprach und ganz im Sinne des Strebens nach einem einheitlichen strengen Aufbau der Physik war. Angesichts der außerordentlichen Bedeutung der Potentialtheorie für die Lösung physikalischer Probleme, die NEUMANN in Anknüpfung an die Traditionen der französischen mathematischen Physik im Königsberger Seminar kennengelernt hatte und die sie auch in seinen eigenen Forschungen erlangte, war es nicht verwunderlich, dass der Ausbau der Potentialtheorie ein zentrales Feld seiner mathematischen Forschungen wurde. Hier schließt sich der Kreis zu den erwähnten mathematischen Arbeiten. NEUMANN hielt die enge Verbindung zwischen Mathematik und Physik bzw. anderen Disziplinen für existentiell notwendig und lehnte die von einigen Mathematikern vertretene Betonung der reinen Mathematik ab:

"... die Mathematik ist *eine Welt für sich*; auch sie entwickelt sich *nach ihren eigenen Gesetzen*. Aber auch sie bedarf gewisser äußerer Anregungen. Sie würde, ohne solche Anregungen, recht bald verflachen und verkümmern." ([Neumann 1908], S. 379)

Seine Auffassung zur mathematischen Physik und zum Verhältnis von Mathematik und Physik hatte er in den Antrittsreden an den Universitäten Tübingen am 9. November 1865 und Leipzig am 3. November 1869 klar dargelegt. So leitete er die Publikation seiner Leipziger Rede mit den Worten ein:

"Wenn das eigentliche Ziel der mathematischen Naturwissenschaft, wie allgemein anerkannt werden dürfte, darin besteht, möglichst wenige (übrigens nicht weiter erklärbare) Principien zu entdecken, aus denen die allgemeinen Gesetze der empirisch gegebenen Thatsachen mit mathematischer Nothwendigkeit emporsteigen, also Principien zu entdecken, welche den empirischen Thatsachen *aequivalent* sind, - so muss es als eine Aufgabe von unabweisbarer Wichtigkeit erscheinen, diejenigen Principien, welche in irgend einem Gebiet der Naturwissenschaft bereits mit einiger Sicherheit zu Tage getreten sind, in sorgfältiger Weise zu durchdenken, und den Inhalt dieser Principien womöglich in solcher Form darzulegen, dass jener Anforderung der Aequivalenz mit den betreffenden empirischen Thatsachen wirklich entsprochen werde." ([Neumann 1870], S. 3)

Vier Jahre später schrieb er in einer Abhandlung über das WEBERsche Gesetz:

"Es scheint somit, dass der Mathematiker im Gebiete der Physik wenig zu suchen habe, dass er etwa nur die Exempel auszurechnen habe, welche der Physiker ihm vorlegt.

So urtheilen zu wollen, würde sehr übereilt sein. - Vielmehr hat der Mathematiker im Gebiete der Physik eine wichtige und nicht zu unterschätzende Aufgabe. Sie besteht darin, die einstweilen *vorhandenen* physikalischen Vorstellungen näher zu erforschen, ihre Consequenzen nach allen Seiten mit möglichster Strenge zu verfolgen; mit einem Wort, ... diese Vorstellungen *deductiv* zu entwickeln. Solche *deductive* Entwickelungen werden, namentlich wenn sie in festen und möglichst geradlinigen Zügen ausgeführt sind, dazu dienen, die Uebersichtlichkeit des betreffenden Gebietes zu vergrössern, sie werden beitragen, um gewissermassen unserm geistigen Blick allmählig diejenige Weite und Schärfe, namentlich aber diejenige Ruhe und Sicherheit zu geben, welche zu einer glücklichen *Induction* d. i. zum Emportauchen *neuer und besserer* Vorstellungen erforderlich sind.

Einer solchen deductiven Behandlung habe ich nun die in der *Elektrodynamik* üblichen Vorstellungen zu unterwerfen gesucht." ([Neumann 1878], S 196f.).

Damit hat NEUMANN, ohne es zu diesem Zeitpunkt ahnen zu können, einen großen Teil seines Lebenswerkes ausgezeichnet charakterisiert. In mehr als einem Viertel der über 160 Veröffentlichungen behandelte er Fragen der Elektrodynamik. In mehreren umfangreichen Arbeiten mühte er sich eine systematischen Aufbau dieser Theorie zu geben. Angesichts der zu jener Zeit noch sehr umstrittenen Grundvorstellungen über elektrodynamische und elektromagnetische Vorgänge ein sehr schwieriges Unterfangen. Bei der Wahl des Grundprinzips für eine Theorie der Elektrizität und des Magnetismus schloss sich NEUMANN der FECHNERschen Annahme von der Existenz zweier elektrischer Fluida an, deren Eigenschaften einander direkt entgegengesetzt waren und die nur durch ihre Wirkungen erkannt werden konnten. Die elektrischen Erscheinungen basierten auf der Wechselwirkung der einzelnen Teilchen, wobei für diese Wechselwirkungen ein dem Newtonschen Gravitationsgesetz analoges Gesetz angenommen wurde. Zugleich folgte er den Ansichten WEBERs, dass beim Studium der elektrodynamischen Erscheinungen, also bei allen Erscheinungen, die mit einer Bewegung der Stromelemente verbunden waren, die Bewegung der elektrischen Teilchen berücksichtigt werden müsse. Durch das Auffinden eines Ausdrucks, der "mit gewisser Berechtigung" als Potential für die im WE-

BERschen Gesetz konstatierte Kraft dienen konnte, eröffnete sich für Neumann die Möglichkeit, die Theorie auf der Basis der Potentialtheorie aufzubauen. Er hat dann, ganz im Sinne des oben zitierten Credos, die Konsequenzen dieser und weiterer hinzugenommener Annahmen ausgelotet. Die zusätzlichen Hypothesen reichten von der universellen Gültigkeit des Energiesatzes bis zur Ausbreitung des Potentials mit äußerst großer, aber endlicher Geschwindigkeit. Auch sollte das Potential bei einer nicht näher bestimmten, starken Annäherung der elektrischen Teilchen, man würde heute etwa von Abständen im atomaren Bereich sprechen, nicht mehr analog dem NEWTONschen Potential gebildet werden. Dabei bemühte sich NEUMANN, nur auf solche Vorstellungen zurückzugreifen, die durch Experimente hinreichend abgesichert und weitgehend anerkannt waren; trotzdem erkannte er den Hypothesen einen unterschiedlichen Grad an Sicherheit zu. Er scheute sich auch nicht, die dualistische Auffassung von der Elektrizität mit zwei elektrischen Fluida durch die unitarische zu ersetzen. Letztere besagte, dass die negative Elektrizität fest mit der ponderablen Masse verbunden sei und die positive Elektrizität sich als Fluidum bewegen konnte. In beiden Fällen gelang es ihm die zum damaligen Zeitpunkt bekannten Gesetzmäßigkeiten der Elektrodynamik in die jeweilige Theorie zu integrieren. Die FARADAY-MAXWELLschen Feld-Vorstellungen berücksichtigte er jedoch nicht.

Die NEUMANNschen Darlegungen fanden, wie bei dem noch unsicheren Erkenntnisstand zu erwarten, nicht nur Zustimmung. Kritik kam von RUDOLF CLAUSIUS (1822-1888) und vor allem von HERMANN VON HELMHOLTZ (1821-1894). (CLAUSIUS wandte insbesondere ein, dass bei Verwendung der dualistischen Auffassung von der Elektrizität aus dem WEBERschen Gesetz widersprüchliche Aussagen abgeleitet werden könnten.) HELMHOLTZ hatte erfolgreich die Gesetze von WEBER, FRANZ NEUMANN und JAMES CLERK MAXWELL (1831-1879) in einer parameterabhängigen Formel für das elektrodynamische Potential vereinigt. Bezeichnen Ds und Dσ Stromelemente mit der Intensität i bzw. j, r die Entfernung zwischen den beiden Stromelementen, (Ds, Dσ), (r, Ds) bzw. (r, Dσ) die Winkel zwischen den angegebenen Richtungen und p das elektrodynamische Potential der beiden Stromelemente aufeinander, so lautete die Formel

$$p = -\frac{1}{2}A^2\frac{ij}{r}\{(1+k)\cos(Ds,D\sigma)+(1-k)\cos(r,Ds)\cos(r,D\sigma)\}Ds \cdot D\sigma,$$

([Helmholtz 1870a], S. 567). Für die Parameterwerte k = 1, 0, -1 erhielt man das Potential entsprechend der Theorie von F. NEUMANN, MAXWELL bzw. WEBER. Mit Hilfe dieser Formel leitete von HELMHOLTZ dann einige Widersprüche zu den Darlegungen von WEBER und CARL NEUMANN ab.

Ohne in Einzelheiten zu gehen, ist der Wert dieser Auseinandersetzung vor allem darin zu sehen, dass die Folgerungen der einzelnen Annahmen so weit als möglich aufgeklärt wurden und insbesondere Stellen aufgezeigt wurden, an denen eine experimentelle Entscheidung notwendig und durchführbar erschien. In dieser Situation offenbarten sich deutliche Unterschiede zwischen NEUMANN und von HELMHOLTZ in der Haltung zu den Beziehungen zwischen Mathematik und Physik. NEUMANN als mathematischer Physiker sah seine Aufgabe in der Verbesserung der theoretischen, d. h. mathematischen Grundlagen und kehrte, erst als neue physikalische Erkenntnisse vorlagen, zur Elektrodynamik zurück. Von HELMHOLTZ versuchte dagegen, geeignete Experimente anzuregen oder selbst durchzuführen und auf diesem Weg neue Einsichten für eine Verbesserung der Theorie zu gewinnen. Diese Strategie war die erfolgreichere. Mehrere wichtige Versuche wurden in HELMHOLTZ' Berliner Laboratorium durchgeführt, teils von ihm angeregt, stets von ihm mit Interesse verfolgt. Es sei nur an BOLTZMANNs experimentellen Nachweis der Proportionalität zwischen Dielektrizitätskonstante und dem Quadrat des Brechungsexponenten, an ROWLANDs Nachweis des durch einen Konvektionsstrom erzeugten Magnetfeldes und an HELMHOLTZ' eigenen elektrochemischen Untersuchungen erinnert. Auch das Bekanntmachen von HEINRICH HERTZ mit jenen Aufgaben, die dann 1886 in die Entdeckung der elektromagnetischen Wellen einmündeten, kann noch genannt werden. Zusammen mit weiteren grundlegenden Ergebnissen anderer Physiker führten sie schließlich zur Bestätigung der MAXWELLschen Theorie.

NEUMANN befasste sich erst Anfang der 90er Jahre wieder mit der Elektrodynamik. Die im obigen Kontext wichtigsten Arbeiten erschienen 1898 und 1901-1903, letztere unter dem Titel "Über die Maxwell-Hertz'sche Theorie". Ziel dieser Abhandlungen war es, die MAXWELLsche Theorie der Elektrodynamik in der von HEINRICH HERTZ (1857-1894) vorgenommenen Bearbeitung "einem genaueren Studium" zu unterwerfen "und von ihrem eigentlichen Inhalt ein möglichst anschauliches Bild" zu zeichnen. ([Neumann 1901], S. 3) Wer jedoch ein klares Veto zu Gunsten dieser Theorie erwartet, wird enttäuscht. NEUMANN hob vielmehr mehrere Schwachstellen

der Theorie hervor, in denen ein von der bisherigen Theorie abweichendes Ergebnis erhalten wurde. Eine Entscheidung zwischen den einzelnen Auffassungen fällte er nicht, da das vorhandene experimentelle Material zu unsicher bzw. in bestimmten Fällen eine direkte experimentelle Prüfung nicht möglich sei und er die Möglichkeit, die Mängel innerhalb der HERTZschen Theorie zu beseitigen, nicht ausschloss. Die Last der Experimente zur Bestätigung der MAXWELL-HERTZschen Theorie wog nicht schwer genug, als dass er es für nötig empfand, seine Grundauffassungen zu den elektrodynamischen Vorgängen zu revidieren, und auch im Methodischen behielt er den alten Standpunkt bei. Auf Grund der beträchtlichen mathematischen Schwierigkeiten bei der Behandlung der Elektrodynamik war er hinsichtlich einer raschen Lösung der Probleme sehr skeptisch. In einem Brief an den Leipziger Experimentalphysiker OTTO HEINRICH WIENER (1862-1927) schrieb er am 29. 11. 1902:

> "*Sie* glauben, daß in der theoretischen Physik *sehr bald* wesentliche Fortschritte zu erwarten seien durch Zusam̅enfassen der schon vorliegenden Ergebnisse, etwa durch einen plötzlichen Einfall, durch geeignete Combination des schon vorliegenden Materials.
>
> *Ich* dagegen glaube, daß wesentliche Fortschritte nur in *sehr langer Zeit* zu erwarten sind, und daß in erster Linie eine genaue exacte Durcharbeitung des schon Verstandenen erforderlich ist. Zu einer solchen wirklich exacten Durcharbeitung sind aber nach meiner Meinung gründliche *mathematische Ausbildung* und wirkliche *mathematische Klarheit* unumgänglich erforderlich. ([Nachlaß Wiener], Brief vom 29. 11.1902)

Der Anlaß des Briefes war die Neubesetzung des Ordinariats für theoretische Physik, speziell die Reihenfolge der Kandidaten auf der Vorschlagsliste, doch fällt dies bereits in eine neue Periode in den Wechselbeziehungen zwischen Mathematik und Physik an der Leipziger Universität.

Zum NEUMANNschen Wirken lässt sich abschließend feststellen, dass er der Physik durch die am streng deduktiven Aufbau der Mathematik orientierte Darstellung eine eigene charakteristische Note gab und in einer wichtigen Entwicklungsphase der Elektrodynamik wertvolle Hinweise zur weiteren theoretischen und experimentellen Absicherung der Theorie hervorbrachte. Sein fester Glaube an die Kraft der Mathematik war möglicherweise ein Grund für sein Festhalten an den einmal gewählten Grundvorstellungen, anstatt, und sei es nur vorübergehend, zu mathematisch handhabbareren

und experimentell überprüfbaren Erklärungsmodellen überzugehen. Er hat sich damit selbst den Weg zu einer größeren Wirksamkeit im Sinne der mathematischen Physik verbaut. Davon unberührt und unbestritten bleiben Neumanns Verdienste um den Aufbau der Potentialtheorie, auf die hier nur hingewiesen werden kann. Genannt seien seine Theorie des logarithmischen Potentials und die sehr erfolgreich für die Lösung von Randwertaufgaben eingesetzte, von ihm entwickelte Methode des arithmetischen Mittels.

Die Würdigung der Maxwellschen Theorie durch Leipziger Physiker

Trotz des sicherlich starken Einflusses, den NEUMANN mit seinen Forschungen auf die Beziehungen zwischen Mathematik und Physik an der Leipziger Universität ausübte, wäre es falsch zu glauben, dass man in Leipzig den neueren Entwicklungen generell ablehnend gegenüberstand. Bereits 1874 vermittelte GUSTAV HEINRICH WIEDEMANN (1826-1899), seit 1871 Professor für physikalische Chemie und ab 1887 Direktor des Physikalischen Instituts, im zweiten Band der zweiten Auflage des auch als Enzyklopädie der Elektrodynamik bezeichneten Werkes "Die Lehre von Galvanismus und Elektromagnetismus" einen sehr guten Überblick über den aktuellen Stand der Elektrodynamik. Er diskutierte die einzelnen Theorien, einschließlich der MAXWELLschen, und referierte die bestehenden Auseinandersetzungen. Eine Entscheidung zu Gunsten einer der Theorie traf er nicht, da die Diskussionen noch nicht abgeschossen seien. In der dritten, 1882-1885 erschienenen, auf vier Bände erweiterten Auflage des Werkes mit dem neuen Titel "Die Lehre von der Elektricität" stellte er die MAXWELLsche Theorie ausführlicher dar und ließ sie als vorläufigen Endpunkt der Entwicklung von Vorstellungen über die Elektrizität erscheinen. Dies kann als ein Indiz für eine positive Beurteilung gewertet werden, ohne dass sich WIEDEMANN indem Buch explizit für eine der Theorien entschied. Die Vermutung wurde durch AUGUST OTTO FÖPPL (1854-1924) bestätigt, der 1894 im Vorwort seiner "Einführung in die Maxwell'sche Theorie der Elektricität" schrieb:

"Vor 11 Jahren (also 1883, K.-H.S.) kam ich, ..., zu Herrn Geheimrath Prof. Dr. G. WIEDEMANN mit dem Entschlusse, die Elektricitätslehre eingehend zu studieren und erbat mir seinen Rath über den dabei innezuhaltenden

Plan. Dieser hervorragende Forscher, ..., wies mich schon bei meinem ersten Besuche u. A. lebhaft auf die MAXWELL'schen Arbeiten hin." ([Föppl 1894], S. X)

Durch FÖPPL wurde die MAXWELLsche Theorie im deutschen Sprachraum erstmals systematisch dargestellt und verbreitet. In der Bearbeitung von MAX ABRAHAM (1875-1922) entstand daraus 1904/08 ein Standardlehrbuch für Generationen von Physikern. Mit der Verwendung der Vektor- und Tensorrechnung, letzteres vor allem durch ABRAHAM, wurden wichtige Verbesserungen in der formellen Darstellung der Theorie erreicht und die Anerkennung der Vektor- und Tensorrechnung als grundlegendes mathematisches Hilfsmittel in der Physik gefördert. FÖPPL sprach im Vorwort seines Buches in weiser Voraussicht davon, dass die Vektoranalysis "die mathematische Zeichensprache der Physik der Zukunft sein wird". ([Föppl 1894], S. VII) In diesem Vorwort skizzierte er sehr prägnant die jüngste Entwicklung und die Durchsetzung der MAXWELLschen Theorie. Dies rundet das Bild von den Beziehungen zwischen Mathematik und Physik in den Fragen der Elektrodynamik an der Leipziger Universität um die Jahrhundertwende ab und lässt zwei Strömungen hervortreten: seitens der Physiker eine intensive Beschäftigung mit den Problemen des neuen Gebietes, die zwar stärker experimentell orientiert war, aber theoretischen Überlegungen nicht ablehnend gegenübertrat und in eine Anerkennung der MAXWELL Theorie einmündete, andererseits eine exakte, fast axiomatische Darlegung der Theorie durch C. NEUMANN in den 70er Jahren und ein starres Festhalten an den gewählten Grundprinzipien in den folgenden Jahrzehnten, was zunehmend zu einer kritisch distanzierten Haltung zu neueren Entwicklungen der physikalischen Theorie führte. Warum jedoch NEUMANN der experimentell und nach dem FÖPPLschen Werk auch theoretisch fundierten MAXWELL-HERTZschen Theorie weiterhin kritisch gegenüberstand, muss weitgehend offen bleiben.

Literatur

[UAL]: Universitätsarchiv Leipzig, PA 531 (Personalakte W. Hankel)

[Arendt 1999]: ARENDT, HANS-JÜRGEN: Gustav Theodor Fechner. Ein deutscher Naturwissenschaftler und Philosoph im 19. Jahrhundert. (Daedalus, Bd. 12), Frankfurt/Main et. al., 1999

[Blaschke 1987]: BLASCHKE, KARLHEINZ: Die Universität Leipzig im Wandel vom Ancien Régime zum bürgerlichen Staat. In: Czok, Karl: Wissenschafts- und Universitätsgeschichte in Sachsen im 18. u. 19. Jahrhundert. Nationale und internationale Wechselwirkung und Ausstrahlung. Abh. Sächs. Akad. Wiss., Phil.-hist. Kl. 71(1987) H.3, S. 133-153

[Fechner 1845]: FECHNER, GUSTAV THEODOR: Ueber die Verknüpfung der Faraday'schen Inductions-Erscheinungen mit den Ampèrschen elektrodynamischen Erscheinungen. Annalen der Physik und Chemie 64 (1845)

[Föppl 1894]: FÖPPL, AUGUST: Einführung in die Maxwell'sche Theorie der Elektricität. Mit einem einleitenden Abschnitte über das Rechnen mit Vectorgrössen in der Physik. Verlag B. G. Teubner, Leipzig, 1894. Zweite vollständig umgearbeitete Auflage herausgegeben von M. Abraham. 2 Bde., Verlag B. G. Teubner, Leipzig 1904/08

[Helmholtz 1870]: HELMHOLTZ, HERMANN: Ueber die Theorie der Elektrodynamik. Erste Abhandlung: Ueber die Bewegungsgleichungen der Elektricität für ruhende leitende Körper. Journal für die reine und angewandte Mathematik 72(1870), S. 57 - 129; Zweite Abhandlung: Kritisches. Ebenda 75(1873), S. 35 - 66; Dritte Abhandlung: Die elektrodynamischen Kräfte in bewegten Leitern. Ebenda 78(1874), S. 273 - 324

[Kühn 1987]: KÜHN, HEIDI: Die Mathematik im deutschen Hochschulwesen des 18. Jahrhunderts (unter besonderer Berücksichtigung der Verhältnisse an der Universität Leipzig). Dissertation A. Leipzig 1987

[Jungnickel; McCormmach 1986]: JUNGNICKEL, CHRISTA; MCCORMMACH, RUSSEL: Intellectual Mastery of Nature. Theoretical Physics from Ohm to Einstein. 2 vols., University of Chicago Press, Chicago, London 1986.

[Neumann 1863]: NEUMANN, CARL: Die magnetische Drehung der Polarisationsebene des Lichtes. Versuch einer mathematischen Theorie. Verlag der Buchhandlung des Waisenhauses, Halle 1863

[Neumann 1868]: NEUMANN, CARL: Die Principien der Elektrodynamik. Eine mathematische Untersuchung. Tübingen 1868. Wiederabdruck: Mathematische Annalen 17(1880), S. 400 - 434

[Neumann 1870]: NEUMANN, CARL: Ueber die Principien der Galilei-Newton'schen Theorie. Akademische Antrittsrede. Verlag B. G. Teubner, Leipzig 1870

[Neumann 1878]: NEUMANN, CARL: Ueber das von Weber für die elektrischen Kräfte aufgestellte Gesetz. Abhandlungen Königl. Sächs. Acad. Wiss., 18 (1878) (11. Band der Math.-Physische Cl.), S. 77 - 200

[Neumann 1901]: NEUMANN, CARL: Ueber die Maxwell-Hertz'sche Theorie. Abhandlungen Königl. Sächs. Acad. Wiss., 27. Bd. der Math.-Physische Cl., H. 2 (1901), S. 211 - 348; ~ 2. Abhandlg. Abh. Bd. 27, H. 8 (1902), S. 753 - 860, ~ 3. Abhandlg. Abh. Bd. 28, H. 2 (1903), S. 75 - 99

[Neumann 1908]: NEUMANN, CARL: "Nekrolog auf Wilhelm Scheibner". Berichte über die Verhandlungen Königl. Sächs. Gesell. Wiss. Leipzig, Math.-Physische Kl., 60(1908), S. 375 - 390

[Olesko 1991]: OLESKO, KATHRYN M.: Physics as a Calling. Discipline and Practice in the Königsberg Seminar for Physics. Cornell University Press, Ithaca, London 1991.

[Olesko 1997]: OLESKO, KATHRYN M.: Franz Ernst Neumann (1798-1895). In: Die Großen Physiker. Erster Band: Von Aristoteles bis Kelvin. Hrsg. von Karl von Meyenn. C. H. Beck Verlag 1997, S. 384 - 395

[Rechenberg 1994]: RECHENBERG, HELMUT: Hermann von Helmholtz. Bilder seines Lebens und Wirkens. VCH Verlagsgesellschaft Weinheim, New York et all., 1994

[Schlote 2001]: SCHLOTE, KARL-HEINZ: Zur Entwicklung der mathematischen Physik in Leipzig (I) - Der Beginn der Neumannschen Ära. Erscheint voraussichtlich in NTM, N.S., 9(2001), H. 4

[Schreier 1985]: SCHREIER, WOLFGANG: Die Physik an der Leipziger Universität bis zum Ende des 19. Jahrhunderts. Wiss. Zeitschrift der Karl-Marx-Universität Leipzig, Math.-Naturwiss. Reihe 34(1985) H.1, S. 5-19

[Weber 1846]: WEBER, WILHELM: Elektrodynamische Massbestimmung. Ueber ein allgemeines Grundgesetz der elektrischen Wirkung. In: Wilhelm Weber's Werke. Bd. 3: Galvanismus und Elektrodynamik, Berlin 1893, S. 25 - 214

[Wiedemann 1874]: WIEDEMANN, GUSTAV: Die Lehre vom Galvanismus und Elektromagnetismus. 2 Bde., Braunschweig, ²1874; 3. Aufl.: Die Lehre von der Elekticität. 4 Bde. Braunschweig 1882-85

Dr.habil. Karl-Heinz Schlote; Sächsische Akademie de Wissenschaften zu Leipzig, Postfach 100440; D-04004 Leipzig;
email: Schlote@saw-leipzig.de

Karl Weierstraß und Sofie Kowalewskaja
- "Dem Meisterherzen lieber Student"

Stanisław Fudali

Abb.1: Karl Weierstrass gegen 1870

Am 3. Oktober 1870 klopfte eine junge Frau an die Wohnung im dritten Stock in der Stellenstrasse 19. Die Wohnung bewohnte KARL THEODOR WEIERSTRASS, Mathematikprofessor der Berliner Universität, zusammen mit seinen zwei Schwestern - AGNES und KLARA; die Ankommende wollte mit dem Professor sprechen. Ziemlich radebrechend deutsch erklärte sie, dass sie eine russische Untertanin ist, SOFIE KOWALEWSKAJA[1] heißt und wollte den Professor bitten, dass er ihr das Studieren der Mathematik an der Berliner Universität ermöglichte - in diesen Jahren hatten die Frauen an den meisten europäischen Universitäten kein Recht auf das Studium, so auch an der Berliner Universität. WEIERSTRASS war kein Anhänger dafür, dass die Frauen studieren, aber war auch nicht dagegen, und außerdem war er ein taktvoller Mensch. Nichts der Frau versprechend, die in sein Privatleben eingedrungen war, gab er ihr nach dem kurzen Gespräch ein Paar Probleme zu lösen, gegen die schon seine begabten Studenten angekämpft hatten, und schlug vor, dass sie die Lösungen in einer Woche bringt. Er war fast sicher, dass diese nicht gut deutsch sprechende Ausländerin nicht mehr zu ihm kommt.

---

[1] Sofie Kowalewskaja war eine russische Untertanin (wie das früher bezeichnet worden ist), und bis Ende des Lebens hat sie sich mit einem russischen Pass ausgewiesen.

WEIERSTRASS war in der Zeit schon ein in Europa anerkannter Analytiker. 1856 wurde er zum außerordentlichen Professor an der Berliner Universität berufen, und seit 1865 war er dort ordentlicher Professor. Daraus ist der Plan von SOFIE entstanden, sich direkt an den Meister zu wenden.

Die am 3. Januar 1850 geborenen SOFIE hat ziemlich früh ihr Interesse an der Mathematik verraten, aber erst seit dem Herbst 1865 bis zum Frühling 1869, während der Winteraufenthalte in Petersburg, bei den Schwestern der Mutter, hat sie bei ALEKSANDER NIKOŁAJEWICZ STRANNOLJUBSKIJ[2] Mathematikstunden genommen. Es war kein regelmäßiges Studium, aber es erlaubte SOFIE, sich die Anfänge der höheren Mathematik anzueignen. Nach der Verheiratung fuhr SOFIE mit ihrem Mann im April 1869 nach Deutschland und dort in Heidelberg wurde ihr erlaubt, Mathematik und Physik zu hören; sie hatte

Abb.2: Sofie Kowalewskaja (1868)

22 Stunden Unterricht pro Woche: Mathematik bei KÖNIGSBERGER[3] und DUBOIS-REYMOND[4], Physik bei KIRCHHOFF[5] und Philosophie bei HELMHOLTZ[6]. Im Herbst 1870 beendete SOFIE ihr Mathematikstudium in Heidel-

---

[2] Aleksander Nikołajewicz Strannoljubskij (1839-1908), russischer Mathematik-Pädagoge, hat die Hochschulbildung in der Seeschule in Petersburg erworben. Er war der Autor vieler Lehrbücher und auch ein glühender Anhänger, dass die Hochschulbildung auch den Frauen erlaubt ist

[3] Leo Königsberger (1837-1921), deutscher Mathematiker. Seine Arbeiten betreffen hauptsächlich Funktionentheorie, Differentialgleichungen und Mechanik; er genoss hohe Anerkennung als Pädagoge.

[4] Paul DuBois-Reymond (1831-1889) deutscher Mathematiker. Er hat sich mit der mathematischen Physik, Analysis, Theorie der Funktionen, Variationsrechnung, Theorie der molekularen Differenzrechnung u.ä. beschäftigt.

[5] Gustav Robert Kirchhoff (1824-1887), deutscher Physiker, Professor der Universitäten, u.a. in Berlin, Mitschöpfer der Spektralanalyse; hat u.a. die nach ihm benannten Gesetze für (elektrische) Netzwerke und das Temperaturstrahlungsgesetz formuliert.

[6] Hermann Ludwig Ferdinand Helmholtz (1821-1894), deutscher Physiker, Mathematiker, Physiologe und Psychologe.

berg und hatte Lust bei WEIERSTRASS in Berlin zu studieren. Damals also ist sie in der Wohnung in der Stellenstrasse erschienen.

Genau nach einer Woche erschien die zarte Ausländerin wieder in der Wohnung in der Stellenstrasse - sie hatte alle Probleme gelöst, und wenn der Professor die Lösungen durchsah und fragte nach diesem und jenem, erklärte das SOFIE umfangreich mit einem Glanz der Augen. WEIERSTRASS stand vor einem schwierigen Problem: er bemerkte das mathematische Talent bei KOWALEWSKAJA und wollte ihr helfen, und anderseits, als geborener Deutscher daran gewöhnt, dass *Ordnung sein muss*, versuchte er eine gesetzliche Weise zu finden, um die Bitte der jungen Ausländerin zu erfüllen. Nachdem er sich Rat bei LEO KÖNIGSBERGER geholt hatte, unter dessen Leitung KOWALEWSKAJA drei Semester Mathematik in Heidelberg studiert hatte, beantragte er beim Senat die Einwilligung, dass SOFIE an der Berliner Universität angenommen wurde. Trotz dieser Unterstützung war der Senat damit nicht einverstanden - die Frauen durften damals nur an einigen Laborunterrichten teilnehmen. Selbst die außergewöhnliche Situation - kleinere Zahl der Studenten als gewöhnlich bei WEIERSTRASS wegen des preußisch-französischen Krieges - hatte keinen Einfluß auf die ablehnende Entscheidung.

Es ist schwierig mit voller Gewißheit zu sagen, was der Grund war - persönlicher Reiz der jungen Ausländerin oder bemerktes mathematisches Talent - WEIERSTRASS willigte darin ein, SOFIE KOWALEWSKAJA privaten Unterricht zu erteilen. In seiner Wohnung verbrachte SOFIE Sonntagnachmittage, und manchmal kam sie auch noch mal in der Woche; einmal in der Woche kam WEIERSTRASS zu SOFIA, die zusammen mit ihrer Freundin - JULIA LERMONTOFF[7] - in der Nähe wohnte. Es ist unmöglich zu sagen, wie das Studium unter der Leitung von WEIERSTRASS verlaufen ist, weil ich entsprechenden Bericht nicht gefunden habe; KARL WEIERSTRASS hatte über 10jährige Erfahrung in der Lehrerarbeit in den Oberschulen, und seit 14 Jahren hielt er die Vorlesungen an der Berliner Universität. Es scheint, dass das Studium von KOWALEWSKAJA bei WEIERSTRASS nicht den Charakter von Nachhilfestunden hatte sondern der Diskussion über die Probleme, die dem Meister interessant scheinen, diente und aus der erhaltenen Korre-

---

[7] Julia Wsiewołodowna Lermontoff (1846-1919), entfernte Verwandte des Dichters Mikchail Juriewicz Lermontoff (1814-1841), Sofie Kowalewskajas Freundin fürs Leben. Sie hat als erste Russin das Doktorat in Chemie (in Göttingen) gemacht.

spondenz kann man folgen, dass das Studium einen seminarartigen Charakter hatte.

Am Freitag den 10. März 1871 konnte WEIERSTRASS zum Unterricht zu SOFIE nicht kommen, am nächsten Tag schickte er ihr ein Zettelchen :

✉   *Verehrte Frau!*

Gestern abend zu meinem Bedauern verhindert mich bei Ihnen einzufinden, ists mir zugleich durch einen Zufall unmöglich geworden, Sie davon zu benachrichtigen. Ich hoffe aber, Sie werden mich morgen mit Ihrem Besuche erfreuen.

Mit freundlichstem Gruß

Ihr ergebener Weierstraß

Berlin (Sonnabend) den 11.März [18]71

Abb. 3: Kopie des Zettelchens von K. Weierstrass vom 11. März 1871

Wie man damals die Zettelchen geschickt hat - weiß ich nicht; wahrscheinlich durch den Hausmeister. Das oben genannte (vergl. auch die Kopie unten) ist das erste in der Sammlung der erhaltenen Korrespondenz von WEIERSTRASS an KOWALEWSKAJA [1]. Die Briefe von KOWALEWSKAJA an WEIERSTRASS, der meinte, dass seine persönlichen Angelegenheiten die anderen nicht interessieren sollen, wurden durch den Empfänger nach SOFIES Tod verbrannt.

Von Ende März bis Mitte Mai 1871 beschäftigte sich SOFIE nicht mit der Mathematik, weil sie bei ihrer Schwester ANIUTA[8] im belagerten Paris war; am Anfang Juni fuhr sie wieder dorthin, um nach dem Untergang der Pariser Kommune die Schwester und den Schwager vor den Repressalien zu retten. Im Herbst widmete sie sich wieder die Mathematik, wohl auf dieselbe Art wie früher.

---

[8] Anna Jacquelard (1843-1887, geb. Krukowskaja) - Schwester von Sofie Kowalewskaja.

Mitte Januar 1872 war der Meister erkältet und musste den Empfang SO-
FIEs bei sich absagen, aber außer der Nachricht darüber schickte er im Brief
vom 14.I.1872 eine Skizze dessen, was die Sache ihrer Betrachtungen während
des Treffens sein sollte, das er gerade abgesagt hat:

⊠ *Verehrte Frau!*   *Berlin, 14. Jan. 1872*

*Zu meinem Bedauern werde ich Się morgen nicht empfangen können,
da ich seit einigen Tagen in Folge einer Erkältung unwohl bin.*

*Ich übersende Ihnen deshalb über das Thema, welches den Gegenstand
unseren nächsten Besprechung bilden sollte, meine Aufzeichnungen,
die so vollständig sind, daß Się auch ohne meinen Beistand
damit fertig zu werden in Stande sind.* **Diese** *Papiere, die ich für meine
nächste Vorlesung brauche, wollen Się jedoch die Gefälligkeit haben,
mir am K.[ommenden] Sonntag zurückzuschicken.*

*Um die allgemeine Formeln in einen einfachen Falle zu rectificieren,
wollen Się bemerken, daß, wenn $y = \sqrt{R(x)}$ und $R(x)$ eine ganze Funktion
vom Grade $(2\rho + 1)$ ist - diese Bedeutung hat nämlich ρ in diesem
Falle - die einfachste Funktion $H(xy, x'y')$ die folgende ist, in welcher
$P(x)$ einen Teiler ρ-ten Grades von $R(x)$ bezeichnet: $H(xy, x'y') =
\frac{1}{2}(1+\frac{P(x)}{P(x')} \frac{y}{y'}) \frac{1}{x-x'}$. ... (übergehen wir die Details, es sind 8 Zeilen!)...*

*Die Gleichung $\frac{d}{dx} H(xy, x'y')$ ... ist dann identisch mit der von mir in
die Theorie der hyperelliptischen Angewandten, mit deren Hilfe ich
die Relationen unter den Perioden der Integrale erster und zweiter
Gattung entwickelt habe.*

*Sobald ich wieder ausgehe, was hoffentlich in einigen Tagen wird geschehen
können, werde ich mir erlauben, bei Ihnen anzusprechen,
damit wir unsere nächste Zusammenkunft verabreden können.*

Mit freundlichstem Gruß
  Ihr ergebenster Weierstraß

Nicht nur diesartige Korrespondenz schickte WEIERSTRASS an SOFIE, zwei
Monate später schrieb er (übergehend einleitende höfliche Anrede) [2, S.
13, 153]:

⊠   *Darf ich Sie, verehrte Freundin, wohl bitten, die vorliegende Ausarbeitung des Satzes, über den wir uns gestern unterhielten, und die ich einem Freunde mitteilen möchte, zu diesem Besuche mir auf einem Briefbogen abzuschreiben? Ich hätte zwar selbst wohl Zeit dazu, aber, aufrichtig gestanden, ich schreibe sehr ungern etwas zweimal, und so erlaube ich mir, meine Zuflucht zu Ihnen zu nehmen.*

Mit freundlichstem Gruß

Ihr ergebenster Weierstraß

Und ein halbes Jahr später, am Ende Oktobers 1872, schreibt er irgendwie anders [2, S. 13, 154]:

⊠   *Meine teuere Sophie!*

Ich finde soeben in meinen Papieren noch einige ältere Notizen über den bis jetzt von uns besprochenen einfachsten Fall der Variationsrechnung. Trotz der verschiedenen Bezeichnungsweise werden Sie diese Notizen bei der Ausarbeitung, wie ich glaube, ganz gut benutzen können, weshalb ich sie Ihnen schicke, bevor Sie vermutlich Ihr Tagewerk begonnen haben.

Ich habe mich diese Nacht viel mit Ihnen beschäftigt, wie es ja nicht anders sein konnte, - meine Gedanken haben nach den verschiedensten Richtungen hin und her geschweift, sind aber immer wieder zu einem Punkte zurückgekehrt, über den ich noch heute mit Ihnen sprechen muß. Fürchten Sie nicht, daß ich Dinge berühren werde, über die, wenigstens jetzt, nicht zu reden wir übereingekommen sind. Was ich Ihnen zu sagen habe, hängt vielmehr mit Ihren wissenschaftlichen Bestrebungen eng zusammen - ich bin aber nicht sicher, ob, Sie bei der liebenswürdigen Bescheidenheit, mit der Sie über das, was Sie jetzt schon leisten können, beurteilen, auf meinen Plan einzugehen geneigt sein werden. Doch das alles läßt sich mündlich besser besprechen. Gestatten Sie mir also, obwohl erst wenige Stunden seit unserem letzten Zusammensein, das uns einander so nahe gebracht hat, verflossen sind Sie heute Vormittag abermals auf ein Stündchen zu besuchen und mich auszusprechen.

Herzlichst grüßend

Ihr Weierstraß

26. Okt. 72 (Morgens)

Das Zettelchen ist ein Zeugnis der Wende in den Verhältnissen zwischen dem Meister und der Schülerin, die in dieser Zeit stattfand - die freundschaftlich-väterliche Einstellung WEIERSTRASS' zu seiner Schülerin ermutigte SOFIE, ihm sehr persönliche sie gerade quälende Angelegenheiten, betreffend ihre Scheinehe mit WLADIMIR O. KOWALEWSKIJ[9], zu vertrauen. Gerade in dem oben genannten Zettelchen ist die Reaktion von WEIERSTRASS, auf die am vorigen Tag gemachten Vertraulichkeiten - der Meister beschloß seiner Schülerin eine Vorbereitung der wissenschaftlichen Abhandlung vorzuschlagen, aber in der Korrespondenz enthüllte er die Gedanken nicht; davon entstand der einigermaßen rätselhafte Inhalt der oben genannten Notiz. Seit dieser Zeit sah WEIERSTRASS ein, dass er ein Recht hat, sich für den "geistigen Vater" der jungen Enthusiastin der Mathematik zu halten.

Der nächste Brief, geschickt nach einer Woche, am 4. November 1872, enthielt die Anrede: *Meine liebe Freundin!* und betraf fast gänzlich die mit der Differentialgleichung $H - \lambda \bar{H} = 0$ verbundenen Probleme. Am seinen Ende lesen wir [2, S. 14-16, 154-156]:

⊠   *Lebe wohl, mein teueres Herz, bis ich Dich wiedersehe, und laß, wenn Du Dich in meine Formeln vertiefst, Deine Gedanken noch zuweilen herüberschweifen zu Deinem treuen Freunde.*
W.

Aus dieser Korrespondenz von WEIERSTRASS an SOFIE sieht man, dass sein emotionales Verhältnis zur jungen Russin innerhalb von zwei Jahren seit dem Moment ihres ersten Treffens deutlich durch seine Wertschätzung gewann. In einigen nächsten erhaltenen Briefen und Zettelchen wurde von WEIERSTRASS die höfliche Anrede übergangen, oder ersetzt durch andere, wie im Zettelchen vom 27. Dezember 1872 [2, S. 19-20, 160]:

⊠   *Das heutige Konzert, liebste Sonja, beginnt um 7½ Uhr. Wenn ich nicht irre, wolltest Du mit Fräulein L[ermontoff] zu uns kommen. Dann bitte ich Dich noch vor 7 Uhr einfinden zu wollen, damit wir rechtzeitig abfahren können. Wagen werde ich bestellen.*

Ich bitte mir durch die Überbringerin mündlich Antwort zukommen zu lassen.

Freundlichst grüßend
27. Dez.72. *W.*

---

[9] Wladimir Onufryjewicz Kowalewskij (1842-1883), russischer Paläontologe, Sofies Ehemann.

In den nächsten Briefen und Zettelchen erschien schon die Wendung: *Meine teure* (oder *liebe*) *Sonja!* oder *Liebe Sonja!* oder *Meine teuere Freundin!*, was zeigt, dass sich die freundschaftlich-partnerschaftliche Bindung zwischen dem Meister in den besten Jahren und der jungen Schülerin verstärkte; im Familien- und Freundeskreis wurde SOFIE *Sonja* genannt, und so wird sie weiter in dem Text genannt. Der Inhalt dieser Briefe und Zettelchen ist ziemlich verschiedenartig - meistens informieren die Zettelchen über die Gründe, die die Verabredung unmöglich machen, und die Briefe enthalten mathematische Inhalte betreffend die gemeinsamen Interessen von WEIERSTRASS und KOWALEWSKAJA, und auch - ein Jahr später - nicht mathematische, sondern persönliche Inhalte. Als Beispiel dafür, nicht vereinzelt, dient der Brief vom 12.X.1873 [2, S. 29-30, 169-170]:

⊠ *Liebste Freundin, Du tust mir doch Unrecht, wenn Du glaubst, ich hätte grollend über Dein langes Stillschweigen Deinen Brief aus Lausanne nicht beantwortet. Der Deinige ist nun, da ich einige Tage abwesend war, verspätet zugekommen, und so wird meine Antwort in Lausane in dem Momente angekommen sein, wo Du abgereist bist; ich hatte Dich allerdings so verstanden, daß Du bis zum 15-ten dort bleiben wolltest. Wahrscheinlich hast Du meinen Brief jetzt erhalten; sollte es nicht sein, so forsche ihm doch nach, da ich ihn nicht gern in fremde Hände gelangen lassen möchte. Für den letzteren Fall wiederhole ich aus ihm zweierlei. Ich habe Dir - so gern ich mich Deiner lieben Nähe bald erfreuen möchte - doch geraten, der Cholera wegen noch bis zum 20-sten etwa dazubleiben. Jetzt kommen hier etwa 8 Fälle täglich vor und es steht also zu hoffen, daß der böse Gast uns bald ganz verlassen wird. Zweitens schrieb ich Dir, daß eine Cousine von Fr[äulein] Lermontoff bei mir war, um sich nach der letzteren, die sie schon hier glaubte, zu erkundigen. Sie vermeinte in Eurer früheren Wohnung Nachrichten von ihr erhalten zu können, und da ist es mir nun sehr unangenehm, daß ich die junge Dame vielleicht irre geführt habe; denn als ich gestern bei 134^b vorbeiging, war es mir, also ob. ich ihr 143^b angegeben; es sollte mir das wirklich außerordentlich leid tun.*

*Jetzt noch eine Bitte. Daß Du mir den Tag Deiner Ankunft nicht bestimmt angeben wirst, weiß ich schon. Aber wenn Du willst, daß wir uns **bald** sehen, so schicke mir doch sofort nach Deiner Ankunft einen kleinen Brief p[er] Stadtpost, damit ich entweder zu Dir komme, sobald ich irgend kann, oder Dir angebe, wann Du mich sicher treffen kannst. Ich werde grade in den Tagen, wo Du vermutlich eintriffst,*

viel vom Hause abwesend sein und es sollte mir doch leid tun, wenn ich gerade einen günstigen Moment verpaßte, wo ich meine teuerste - mir »so ganz ergebene« (gewöhne Dir doch das häßliche Wort ab) - Freundin nach so langem Entbehren umarmen und die Drohung wahr machen könnte, mit der ich mein letzter Brief schloß. Über das, was ich Dir sonst schrieb, mache Dir keine Gedanken. Mein Redenentwurf ist so scharf ausgefallen, daß es wirklich für den Ort, wo ich sprechen muß, nicht paßt. Ich habe bereits ein anderes Thema gewählt.

Wenn Dein »défaut constitutionel[10]*« es Dir nur irgend erlaubt, so schreibe mir von Zürich doch noch einmal - wenn auch nur um mich darüber zu beruhigen, daß Du diesen und hoffentlich auch den früheren Brief richtig empfangen hast.*

Lebewohl, liebes Herz, und bleibe wie bisher freundlich gesinnt.

Deinem treuen Freunde (auch wenn er Dir gesteht, daß er seit dem Ende d[es] v[origen] Semesters auch nicht einen einzigen mathematischen Gedanken gehabt und Du ihn sehr ideenlos wiederfinden wirst)

C. W.

Diese und in ihrer Aussage ähnliche Briefe von KARL WEIERSTRASS an SOFIE KOWALEWSKAJA zeugen nicht von irgendwelchen intimen Verbindungen dieser beiden Leute. Zweifellos gefiel die junge, mathematisch begabte Russin dem damals 58-jährigen Professor und befreite in ihm einige Gefühle, väterlicher Art - er betrachtete zweifellos väterlich ihren Eifer für die Mathematik, Hochachtung, die sie ihm schenkte, und Vertrauen, das sie ihm in ihren persönlichen Angelegenheiten bezeigte. Er arbeitete mit ihr auf dem Gebiet seines Interesses, bildete sie im Wissen weiter und machte sich Sorgen wegen ihres geistigen Zwiespaltes, dem er Abhilfe auf seine Art zu schaffen beabsichtigte: SONJA zum Bewerben um der Doktorrang in Mathematik überreden, wobei er etwas helfen konnte.

Weitere erhaltene Briefe von KARL WEIERSTRASS an SONJA sind in ähnlichem väterlich-freundschaftlichem Ton gehalten, oft mit einer ziemlich großen Portion Mathematik, die brauchbar für die von SONJA untersuchten Probleme war; manchmal macht die väterliche Aussage Platz der freundschaftlichen und kann zu gewagten Vermutungen führen. Angeben der Briefe in diesem Vortrag ist nicht notwendig, weil die daran interessierten Hörer sie in [2] finden können.

---

[10] So nennt Kowalewskaja ihre Abneigung gegen Briefschreiben.

Das von WEIERSTRASS gestellte durch SONJA untersuchte Problem hatte endgültig den Titel: "*Über Bringen einer Klasse der Abels Integrale der dritten Ordnung zu elliptischen Integralen*". Die Arbeit daran begann sie im Oktober 1872 und beendete sie nach einigen Monaten. WEIERSTRASS war sehr mit ihr zufrieden und meinte, dass die Arbeit wert war, um sie als die Dissertation vorzustellen; zur Rezension plante er sie an R.F. ALFRED CLEBSCH[11] zu schicken, der sich mit solchen Problemen beschäftigt hat, aber Ende 1872, am 7. November, ist CLEBSCH unerwartet gestorben. Die Arbeit wurde viel später veröffentlicht, also 1884, in dem 4. Band *Acta mathematica*, auf den Seiten 393-414.

Das nächste Problem, mit dem sich SONJA ausschließlich beschäftigte, waren die Untersuchungen von LAPLACE[12] über die Form des Saturnringes, deren Ergebnis der Artikel "*Ergänzungen und Bemerkungen zu Untersuchungen von Laplace über die Form des Saturnringes*" war, veröffentlicht 1885 im 111. Band *Astronomischen Nachrichten*, auf den Seiten 37-48. Die Arbeit erwies sich als so wertvoll, dass sie dann in das Himmelsmechaniklehrbuch eingeschlossen wurde und in die Vorlesung der Hydrodynamik. Die Arbeit hielt WEIERSTRASS auch als Dissertation für geeignet, aber SONJA, es ist schwierig zu sagen warum, fühlte sich nicht bereit ihr Studium und ihre Forschungen abzuschliessen. Sie beschloß sich mit partiellen Differentialgleichungen zu beschäftigen, insbesondere die Probleme der Existenz der Lösung der Systeme solcher Gleichungen in Form von Potenzreihen zu untersuchen.

Im Frühling 1873, als sie gerade die Differentialgleichungen zu untersuchen begann, fühlte sich SONJA sehr müde - sie hatte doch seit dem Herbst schwer gearbeitet. Die Ärzte empfahlen ihr Erholung und ein Klima sanfter

---

[11] Rudolf Friedrich Alfred Clebsch (1833-1872), deutscher Mathematiker, Professor der Universität in Göttingen. Er beschäftigte sich mit der Theorie der Invariante der algebraischen Formen, war einer der ersten, die B. Riemann verstanden haben, hat die Zeitschrift "Mathematische Annalen" gegründet.

[12] Pierre Simon Laplace (1749-1827), französischer Mathematiker, Physiker und Astronom, Mitglied der Pariser Wissenschaftsakademie (seit 1785) und anderer Akademien und Gesellschaften.
Untersuchend den Saturnring in seiner 5 Bänden der "Himmelsmechanik", meinte Laplace, dass der Ring eine Sammlung einigen unabhängigen dünnen Ringe ist, die gegenseitig keinen Einfluß auf sich haben, und ihr gemeinsamer Querschnitt die Form der Ellipse hat. Das war erste Annäherung der wirklichen Form des Ringes. Die Berechnungen von Kowalewskaja haben bewiesen, dass der Querschnitt die Form des Ovals haben soll.

als in Berlin, und SONJA beschloß nach Zürich zu fahren, zu ihrer Schwester ANIUTA, aber es war für sie schwierig, sich von der Mathematik zu trennen. Sie vertraute bestimmt WEIERSTRASS ihre Absichten, weil er am 6. April 1873 an sie schrieb:

⊠   *Meine liebe Freundin!*

Wie glücklich hast Du mich gemacht durch die Mitteilung, daß Du in der Besserung fortschreitest, und sogar schon wieder Neigung verspürst, Dich »mit mathematischen Dingen zu beschäftigen«. Von dem Letzteren möchte ich Dir ja doch dringend abraten (oder soll der Arzt es Dir untersagen?); glaube mir, Teuerste, jede Stunde, die Du in den nächsten Tagen hier und später in Zürich Deiner körperlichen Plage zugutekommen läßest, ist gar wohl angewandt, und wird, wenn Du Dich dann mit frischen Kräften der Arbeit wieder zuwendest, ihre Frucht tragen. (...) [2, S. 20-21].

Nach einigen Tagen war SONJA schon in Zürich, und WEIERSTRASS schrieb mit Sorge am 18. April:

⊠   *(...) Möge nur während Deines dortigen Aufenthalts das Wetter beständig so schön bleiben, wie bei Deiner Ankunft, damit Du Dich recht viel in Freien aufhalten und durch eigene Erfahrung die Wahrheit des Ausspruchs einer unserer medizinischen Autoritäten erproben könnest, daß es - außer Kamillen Thee - nur eine Arznei gebe, von der es feststehe, daß sie wohltätig wirke, nämlich eine reine, milde Luft. Vergiß nicht, was Du mir bei Abschiede versprochen hast. (...) [2, S. 21].*

In Zürich traf SONJA den dort gerade arbeitenden SCHWARZ[13], mit dem sie drei Stunden über Abelsche Funktionen und andere Probleme sprach, und dann - vielleicht dank dieses Gespräches - wollte sie aus Zürich nicht wegreisen, und schrieb darüber an WEIERSTRASS. Der Meister war beinahe empört; am 25. April schrieb er [2, S. 23-24, 164]:

⊠   *(...) Du glaubst, wenn nicht die Freundin, so könne doch die Schülerin mir lästig werden - so lautete das häßliche Wort, das Du brauchst. (...) Ich schließe also, erstens mit der Bitte, mir durch zwei Zeilen den Zeitpunkt deiner Rückkehr genau anzeigen zu wollen, (...)*

---

[13] Karl Hermann Amandus Schwarz (1843-1921), deutscher Mathematiker, Professor der Universität in Göttingen, und seit 1892 in Berlin, auf der Stelle von Weierstrass.

WEIERSTRASS war in der Zeit Rektor der Berliner Universität, war also mit Verwaltungs- und wissenschaftlichen Pflichten überlastet, aber nie sagte er SONJA seine Zeit ab. Er bemerkte, wie habsüchtig sie seine Gedanken, Ideen, Ratschläge erfasste. Anderseits bereitete ihm der Kontakt mit der klugen, begabten und sympathischen SONJA große Zufriedenheit. Im August verbrachte er den Urlaub auf Rügen und davon schrieb er an SONJA [2, S. 26-28]:

✉ *Sassnitz (Insel Rügen) Hotel zum Fahrenberg, 20. August 73*

Meine Teuere Freundin!

Dein letzter Brief ist erst jetzt in meine Hände gelangt, nachdem er eine Reihe von Poste Stationen passiert ist. Mein Plan für die diesmaligen Ferien war, zunächst mit meiner jüngeren Schwester ein paar Wochen in einem Seebade in der Nähe von Königsberg zu verleben, und dort mit der Familie Richelot zusammen zu treffen. An demselben Tage aber, wo wir abreisen wollten, erhielt ich über das Umsichgreifen der Cholera in der Provinz Preußen so bedenkliche Nachrichten, daß ich mein Vorhaben aufgeben mußte und am anderen Morgen nach Rügen aufzubrechen mich entschloß.

... (Weiter folgen die ersten Eindrücke aus Sassnitz, und die Aufenthaltspläne für die nächsten Wochen) ...

Ich habe während meines hiesigen Aufenthalts sehr oft on Dich gedacht und mir ausgemalt, wie schön es sein würde, wenn ich einmal mit Dir, meine Herzensfreundin, ein Paar Wochen in einer so herrlichen Natur verleben könnte. Wie schön würden wir hier - Du mit Deiner phantasievollen Seele und ich angeregt und erfrischt durch deinen Enthusiasmus - träumen und schwärmen über so viele Rätsel, die uns zu lösen bleiben, über endliche und unendliche Räume, über die Stabilität des Weltsystems, und alle die anderen großen Aufgaben der Mathematik und Physik der Zukunft. Aber ich habe schon lange gelernt, mich zu bescheiden wenn nicht jeder schöne Traum sich verwirklicht.

Aufgefallen, liebste Freundin, ist es mir, daß Du in Deinem letzten Briefe über Dein Befinden ganz schweigst. Das könnte mich allerdings insofern beruhigen, als man, wenn man sich ganz ganz wohl fühlt, darüber eben nicht spricht; aber Du weißt, das ich kein Freund von negativen Beweisen bin, die niemals volle Befriedigung gewähren. Ich bitte also um direkte Angaben.

Was Deine Rückkehr nach Berlin angeht, so bitte ich Dich, darüber keinen Beschluß zu fassen, bis Du von mir sichere Nachrichten über das Erlöschen der Cholera erhältst. Was die Zeitungen darüber melden, ist gar nicht zuverlässig.

Wenn Du meinst, daß Du mich im folgenden Winter nur **sehr** *selten sehen würdest, so hast Du mich wohl mißverstanden - jedenfalls werden wir* **unsere Sonntage** *nicht aufgeben, und auch an den übrigen Tagen werde ich doch manches "Stündchen" finden, das ich meiner lieben Freundin werde widmen können. (...)*

Und nun, liebes Herz, lebe wohl, und erfreue Deinen Freund recht bald durch die besten Nachrichten von Dir. Kannst Du mir nicht sofort ausführlich schreiben, so begnüge ich mich - vorläufig - auch mit wenigen Zeilen von Deiner lieben Hand.

Dein K. W.

Mein Brief ist mit sehr mangelhaftem Schreibmaterial entworfen; entschuldige daher sein nachlässiges Äußere.

Es ist schwierig, die Tonart des Briefes als väterlich oder nur freundschaftlich zu bezeichnen; bestimmt ergriff ihn gegenüber SONJA irgendwelches Gefühl, sicherlich edel; es gibt mehrere Briefe mit solcher Tonart. SONJA verbrachte in der Zeit die Ferien in Palibin im Kreis Witebsk (heute: Bielorussland), in dem Stammgut der Eltern. Im Herbst kehrte sie nach Berlin zurück und den ganzen Winter und Frühling 1874 arbeitete sie schwer an der Arbeit in Theorie der Differentialgleichungen. WEIERSTRASS sah genau ihre Arbeiten durch, verbesserte die Fehler, bemühte sich um die Veröffentlichungen in den Zeitschriften. Am Anfang des Sommers war er endlich mit der Arbeit zufrieden. Und da er sich seine Freundin (*herzliche Freundin*) vor dem wissenschaftlichen Areopag vorstellte, ihre Thesen in ihrem rauhen Deutsch verteidigend, fand er eine Vorschrift, die solche Situation mildert: *Ausländer mussten Ihre Doktorthesen nicht verteidigen* - es reichte die positiv beurteilte Dissertation,. Nach der Ausfüllung einiger Formalitäten legte SONJA ihre 3 Arbeiten (die letzten) in der Universität in Göttingen vor und auf ihrer Basis im Juli 1874 gab ihr der Wissenschaftsrat der Universität **in Abwesenheit** den Titel des Doktors der Philosophie im Bereich der Mathematik und Titel des Magisters der Freien Künste *magna cum laude (mit großen Lob).* Gleich danach reiste die völlig erschöpfte SONJA zusammen mit ihrem Ehemann nach Palibino. Die letzte von den Arbeiten wurde am schnellsten veröffentlicht, schon im 80. Band des *Jour-*

nal für die reine und angewandte Mathematik (S. 1-32) im Jahre 1975; gerade in dieser Arbeit befindet sich die heute in der Literatur als *Cauchy-Kowalewskaja-Behauptung* bekannte Aussage.

Das Wohlwollen von KARL WEIERSTRASS und seine gewisse Neigung zu SONJA KOWALEWSKAJA wurden bemerkt. In den Mathematikerkreisen begann man zu munkeln, bestimmt nicht im guten Glauben, dass KOWALEWSKAJA ihre Arbeiten, und besonders die letzte aus der Theorie der partiellen Differentialgleichungen, nach dem Diktat von WEIERSTRASS geschrieben habe. Einige Gerüchte gelangten auch zum Meister. Alle Zweifel zu dem Thema behebt (oder befestigt sie!) ein Fragment seines Briefes an DUBOIS-REYMOND vom 25. September 1874 (also über 2 Monate nach der Zuerkennung des Doktorates an SONJA):

In der Abhandlung, von der die Rede ist, habe ich - ohne Rechnen die Besserung der grammatischen Fehler - anders nicht teilgenommen als das, dass ich das Problem vor dem Autor gestellt habe... Scheinende so starke Mittel, die sie zum Überwinden der entstehenden Schwierigkeiten gefunden hat, habe ich hoch geschätzt, als Beweis ihres richtigen mathematischen Feingefühls [1, S. 50].

War diese Erklärung wirklich nötig? Macht sie nicht gerade das wahrscheinlich, was man hier und da gemunkelt hat? Heute ist das nicht eindeutig zu klären.

Es ist schwierig, den Einfluß von WEIERSTRASS auf KOWALEWSKAJA einzuschätzen: er führte ihre wissenschaftlichen Handlungen, stellte ihr die Probleme, machte sie mit seinem Arbeiten und Arbeiten anderer Mathematiker vertraut, und manchmal erklärte er einzelne Probleme. Noch mehr - mit großem Takt erteilte er nützliche Ratschläge, auch in den Lebensangelegenheiten, auch den ziemlich geheimen. SONJA dagegen zeigte einen wohltätigen Einfluß auf den alten Professor und wurde für ihn außerordentlich lieb. "*Wir sollen dankbar SOFIE KOWALEWSKAJA dafür sein, dass sie KARL WEIERSTRASS aus dem Verschlußzustand ausführte*" [1, S. 43] - bemerkte später FELIX KLEIN.

Am Ende Juli 1874 verliess den Meister seine Lieblingsschülerin - SONJA - mit dem Göttinger Dr. phil., fuhr nach Palibino, um auszuruhen, und nach den Ferien reiste das Ehepaar KOWALEWSKIJ nach Petersburg. Im Frühling 1875 hatte SONJA vor zu WEIERSTRASS zu fahren, aber plötzlich erkrankte

Abb 4: Das Haus der Familie Korwin - Krukowski in Palibino (nach dem Umbau)

sie an Masern. Der Meister schickte damals an sie Briefe voller Sorgen. Hier sind die Fragmente des Briefes vom 17. Juni 1875 [2, S. 73-75]:

✉ *Berlin, 17. Juni 1875*

Meine teuerste Sonja!

Ich vermag Dir nicht zu sagen, wie schmerzlich ich mich von der schlimmen Nachricht, die Dein soeben mir zugegangener Brief vom 13-ten d.M. mir bringt, ergriffen fühle. Seit 14 Tagen erwartete ich täglich die Anzeige von Dir zu erhalten, daß Du im Begriff seiest, nach Deutschland abzureisen, (...)

Gleichwohl hätte ich Dir schon geschrieben, wenn ich in Betreff Deines Aufenthaltsortes sicher gewesen wäre. Und nun muß ich hören, daß meine arme Freundin abermals 5 Wochen schwer krank gewesen ist - denn wie bösartig die Masern bisweilen sein können weiß ich - und noch immer leidet. Das schlimmste aber ist, daß nun eine deutsche Reise auf unbestimmte Zeit vertagt ist. Und ich hatte mich zu sehr darauf gefreut, Dich wieder einige Wochen in meiner Nähe zu haben und im täglichen Verkehre mit Dir, meiner treuen Schülerin und Freundin, die mir so überaus teuer ist, mich glücklich fühlen zu können. In der Tat, liebes Herz, Du kannst Dir nicht denken, wie sehr ich Dich entbehrt habe.

(...) Ich denke mir, Du gehst etwa gegen Ende d.M. nach Palibino, und wirst mindestens zwei Monate zu Deiner völligen Genesung nötig haben. Würdest Du dann aber nicht im September und Oktober hierher kommen können, so daß Du direkt von hier nach Petersburg zurückkehrtest. Ich würde sehr glücklich sein, wenn sich dies so einrichten ließe.

*(...) ... aber ich bitte Dir recht herzlich, laß mir wenigstens bis zu der Zeit, wo Du Dich wieder ganz wohl befinden wirst, alle 8 Tage **nur drei Zeilen** zukommen, in denen Du mir sagen wirst, wie es Dir geht. Ich würde mich sehr ängstigen, wenn ich längere Zeit ohne Nachricht vor Dir bliebe. (...)*

Vergiß nicht, wenn Du aufs Land gehst, mir Deine vollständige Adresse in russischer Sprache zu schicken. Am besten wäre es wohl, wenn Du deinem jedesmaligen Briefe das Couvert für die Antwort beilegtest; ich bin doch nicht ganz sicher, daß ich die russischen Hieroglyphe ganz richtig nachschreiben werde.

In einem früheren Brief, vom 21. April 1875 [2, S. 67-70], schrieb er darüber, dass nachdem er in "Comptes Rendus" der Pariser Akademie den Artikel von DARBOUX über das Problem, das voriges Jahr SONJA als Thema der Dissertation gedient hat, gelesen hatte, benachrichtigte er sofort DARBOUX[14] und HERMITE[15] darüber, dass SONJA an diesem Problem gearbeitet hatte und jedem schickte er ein Exemplar der Dissertation mit der Kopie des Diploms, um für KOWALEWSKAJA die Priorität zu versichern: "*Man muss warten, ob. D[arboux] genügend in Ordnung ist, dass er mit Deiner Priorität ohne Folgen einverstanden wäre*".

Auf den Brief antwortete SONJA nicht - trotzdem schätzte sie ihren Meister immer hoch und trotz vielen in dem Brief für sie schmeichelhaften Worten. Kurz danach hörte sie wegen persönlicher Gründen auf, sich mit der Mathematik zu beschäftigen,. Erst im Sommer 1878, als sie ein Kind erwarte-

---

[14] Jean Gaston Darboux (1842-1917), französischer Mathematiker, Professor an der Sorbonne, der Mitglied der Pariser Wissenschaftsakademie (seit 1884) und ihr zuverlässiger Sekretär in den Jahren 1900-1917.

[15] Charles Hermite (1822-1901), französischer Mathematiker, Repetitor und Examinator an der Ecole Polytechnique (seit 1848), Professor an der Sorbonne (seit 1869), der Mitglied der Pariser Wissenschaftsakademie (seit 1856); fast alle französischen Mathematiker der zweiten Hälfte des XIX. Jahrhundert waren seine Schüler.

te[16], und die Familiensachen sie fast zugrunde richteten, begann die Mathematik ihr Gewissen zu plagen. Sie schrieb an WEIERSTRASS einen Brief mit einigen Versprechen, aber ihre Rückkehr zur Mathematik fand erst nach über zwei Jahren statt, als die Eheschwierigkeiten SONJA zu überwältigen drohten. Damals suchte SONJA in der Mathematik ein "Sprungbrett": 1880 begann sie an dem Problem der Lichtbrechung in Kristallen zu arbeiten (daran hat sie über 2 Jahre gearbeitet) und am 4. September 1883 in dem VII. Kongreß der Naturwissenschaftler und Ärzte hielt sie einen Vortrag zu diesem Thema, und im Herbst dieses Jahres bekam sie Lust zur Fahrt zu WEIERSTRASS. Sie schrieb an ihn einen Brief und als sie keine Antwort bekam, fuhr sie nach Berlin; ihre zweijährige Tochter liess sie in Moskau bei ihrer Freundin, JULIA LERMONTOFF.

Die Erwartungen WEIERSTRASS aus der Zeit vor 5 Jahren erfüllten sich also - November und Dezember 1880 verbrachte SONJA in Berlin, arbeitend intensiv unter WEIERSTRASS' Leitung an der Lichtbrechung in Kristallen. Am Anfang 1881 kehrte sie für kurze Zeit nach Russland zurück, um Anfang April nach Berlin zurückzukommen, jetzt zusammen mit Tochter Fufa. Kurz davor, Ende März 1881 bekam sie von MITTAG-LEFFLER[17] einen Vorschlag der Arbeit in Stockholm, an dessen Verwirklichung sie nicht glaubte. WEIERSTRASS bekräftigte sie in ihrem Unglauben.

Seit April 1881 war SONJA in Berlin, in der durch WEIERSTRASS für sie gemieteten Wohnung in der Potsdamer Straße 134a, und unter seiner Leitung arbeitete sie an der Lichtbrechung in Kristallen. Im Sommer hielt sie sich einige Wochen in Marienbad (Marianské Lazne) mit WEIERSTRASS und seinen Schwestern auf, und dann fuhr sie zur Schwester ANIUTA nach Paris. In der Zeit, seit dem Vorfrühling 1883, lebte das Ehepaar KOWALEWSKIJ getrennt. Zwei Jahre später, 27. April 1883, beging WLADIMIR KOWALEWSKIJ, SONJAs Ehemann, den Selbstmord wegen gescheiterter Spekulationen. Den Tod erlebte SONJA sehr, aber nach einigen Monaten kam sie wieder insofern zu sich, dass sie am 4. September 1883 in Odessa, in dem VII. Kongreß der russischen Naturwissenschaftler und Ärzte, einen Vertrag zum Thema der Lichtbrechung in Kristallen hielt. Danach fuhr sie über Moskau

---

[16] Diese Tochter (1878-1952) wurde am 17.X.1878 geboren und erhielt den Vornamen der Mutter, in der Familie wurde sie Fufa genannt.

[17] Gustav Magnus Mittag-Leffler (1846-1927), schwedischer Mathematiker, Mitglied der Schwedischer Wissenschaftsakademie, Gründer von "Acta Mathematica", war der Sohn von Olaf Juchan Leffler (1813-1884), dem Schullehrer, Abgeordneten zum Parlament, und Gustava Wilhelmina Mittag (1817-1903) - davon sein Doppelname.

und Petersburg nach Stockholm, um dort an der Universität die Arbeit als Privatdozent zu übernehmen; MITTAG-LEFFLER schlug ihr als Thema ihrer Antrittsvorlesung einen Vortrag über die Theorie der Differentialgleichungen vor, weil sie in diesem Bereich eigene Errungenschaften hatte - am 18. November 1883 begrüßte er sie an der Stockholmer Anlegestelle. Zu der Arbeit bereitete sie sich schon im Sommer vor, in Berlin unter der Leitung des Meisters WEIERSTRASS und der fand, dass sie genügend zur Übernahme der Aufgabe vorbereitet ist.

Die Lehrveranstaltungen mit den Studenten begann SONJA erst im Februar 1884. In ihrem Kalender unter dem Datum 11. Februar (30. Januar - nach dem Julianischen Kalender) 1884 schrieb sie auf:

"Heute hatte ich den ersten Vortrag. Ich weiß nicht, gut oder dumm, aber ich weiß, dass es traurig war nach Hause zurückzugehen und sich so einsam in der weißen Welt zu fühlen ..." [1, S. 75].

Am Anfang der Sommers kam SONJA nach Berlin und vertraute WEIERSTRASS, dass sie eine Arbeit über die Rotation der starren Körper erwog. Sie wußte noch nicht, wie sie sie anfangen sollte, und wollte mit dem Meister einige Probleme beraten. Zum Ende Juli 1884 war SONJA in Berlin, und am Anfang August kam sie in Stockholm an. Sie lernte damals intensiv schwedisch, um in der Sprache Vorträge zu halten, und schon im Wintersemester 1884/85 hielt sie die Vorträge auf schwedisch. Die Weihnachtsferien verbrachte sie in Berlin und war erbittert, weil WEIERSTRASS in der Zeit nach Weimar fuhr; sie haben sich damals nicht getroffen.

Die Sommerferien 1885 verbrachte SONJA in Petersburg und Moskau und dann fuhr sie nach Paris, wo es für sie viel angenehmer und mehr heimisch war. Die französischen Mathematiker gaben ihr zu Ehren ein Mittagessen (POINCARÉ [18]) und luden zum Frühstück (BERTRAND[19]) ein:

---

[18] Henry Jules Poincaré (1854-1912), französischer Mathematiker und Philosoph, Professor der mathematischen Physik und der Wahrscheinlichkeitstheorie (seit 1886), Mitglied der Pariser Wissenschaftsakademie (seit 1887), ihr stellvertretender Präsident (seit 1905) und dann Präsident (1906); Mitglied der französischen Wissenschaftsakademie (1908).

[19] Joseph Louis François Bertrand (1822-1900), französischer Mathematiker und Mechaniker, Professor College de France und École Polytechnique (seit 1862), Mitglied der Pariser Wissenschaftsakademie (seit 1856) und ihr zuverlässiger Sekretär der Sektion der mathematischen Wissenschaften (seit 1874), ihr stellvertretender Präsident (seit 1874) und Präsident (1874 bis zur Wahl als lebenslänglichen Sekretär).

"*Ich hoffe - schrieb der letzte in der Einladung - dass sich eine Zahl der Mathematiker von Ihren Freunden bei mir sammeln wird und alle werden glücklich, dass wir unsere Sympathie für Sie, die ihr ungewöhnliches Talent auslöst, zeigen können*"[1, S. 78].

Gerade damals, in Paris am Ausgang des Sommers 1885, kam zu SONJAS Bewußtsein, dass das Thema, an dem sie arbeitete, -*Berechnung der Rotation des starren Körpers um den stationären Punkt* - die französischen Mathematiker interessierte. J. BERTRAND sagte ihr, dass die Pariser Akademie vorhat, wieder - schon zum zweiten Mal - einen Wettbewerb um den Borda-Preis über dieses Thema zu verkünden. Er bemerkte dabei, dass das Thema deshalb gewählt wurde, weil sich "*Frau Professor KOWALEWSKY*" [1, S. 79] damit beschäftigt. SONJA war aber nicht überzeugt, dass sie das Problem befriedigend lösen kann. "*Wenn es mir gelingt das Problem zu lösen, wird sich mein Name unter den Namen der bedeutenden Mathematiker befinden*" - schrieb SONJA an eine ihrer Freundinnen [1, S. 79] - "*Nach meiner Berechnungen, brauche ich noch ca. fünf Jahre, um befriedigende Resultate zu erreichen*".

Abb. 5: Karl Weierstrass (1885)

Nach Stockholm kehrte sie doch mit der Überzeugung zurück, an dem Wettbewerb um den Borda-Preis teilzunehmen, dessen Entscheidung 1888 erfolgen sollte, und machte sich energisch an die Arbeit heran.

Am Ende Oktober 1885, genau am 31., wollte sie an dem Jubiläum des 70. Geburtstag von WEIERSTRASS in Berlin teilnehmen, aber die Pläne versagten. JULIA LERMONTOFF mit Fufa kamen nicht zu ihr, wie es verabredet wurde, und SONJA fuhr nicht zum Jubiläum nach Berlin. WEIERSTRASS war aus diesem Grund sehr enttäuscht, aber böse kann er nicht gewesen sein; am 14. Dezember 1885 schrieb er aus

der Schweiz, wohin er mit seiner Schwester zur Erholung gefahren war.

✉ *14 Dez. 1885   Hotel des Alpes Mont Fleuri*

Meine teuere Freundin!

Du bist eine arge Sophistin. Also, weil Du eine Schülerin besonderer Art von mir bist, wolltest Du am 31-sten Oktober nicht unter den »großen Haufen« der mich Beglückwünschenden Dich mischen, sondern hast es vorgezogen, fast eine Woche später zu erscheinen. Allerdings eine »egregia[20]*« Dich zu nennen, bist Du wohl berechtigt - aber hättest Du Dich nicht dadurch auszeichnen können, daß Du früher als alle übrigen den alten Freund begrüßtest? Übrigens glaube nicht, daß ich, wie Du vielleicht aus dem Datum dieses Briefes vermuten möchtest, Vergeltung übe und Deinen Brief, das zuletzt angekommene Gratulationsschreiben, auch zuletzt beantworte. Im Gegenteil, vernimm es zu Deiner gerechten Beschämung, es liegen etwa 25 Briefe mir vor, auf die ich nicht summarisch antworten kann; einer ist von einem hochgestellten Herrn, der zugleich einer meiner ältesten Freunde ist - nachdem ich gestern diesen beantwortete, kommst Du sofort an die Reihe. Ist das nicht edel gehandelt?*

Einen weiteren Teil dieses Briefes bildet die Beschreibung der Jubiläumsfeier, und am Ende vertraute er seine Pläne für die nächsten Monate.

Nach der Beendigung der Lehrveranstaltungen im Sommersemester fuhr SONJA sofort nach Paris; sie war da schon am 8. Juni 1886. Während eines Treffens mit HENRY POINCARÉ, wenn das Gespräch zum Thema der Berechnungen der Bewegung des starren Körpers um den stationären Punkt kam, gab er ihr den Gedanken des Ge-

Abb.6: Sofie Kowalewskaja mit der Tochter Sofie (Fufa) 1885

---

[20] ausgewählte (lat.)

brauchs der Funktionen Komplexer Variablen zur Lösung des Problems ein. SONJA griff den Gedanken auf und die neue Idee ergriff sie völlig - dermaßen, dass sie den begonnenen Ausflug mit ihrer herzlichen Freundin ANNA CHARLOTTA EDGREN-LEFFLER, Schwester von GUSTAV MITTAG-LEFFLER, und auch mit dem Schüler von KARL WEIERSTRASS durch Schweden und Norwegen unterbrach; an diese Idee dachte sie während der Mahlzeiten, und Erholung - sie war nicht imstande an etwas anderes zu denken. Sie kehrte nach Stockholm zurück und begann intensiv an seiner Verwirklichung zu arbeiten.

Es ist schwierig zu sagen, wann sie die Idee und die Probleme mit ihrer Realisierung dem Meister vertraute, aber bestimmt machte sie das. Es sind [2] zwei umfangreiche Briefe von WEIERSTRASS an KOWALEWSKAJA bekannt, vom 22. Mai und 22. Juni 1888, die voll von mathematischen Ausführungen waren, die das Problem betrafen. Hier ist ein Fragment des ersten von ihnen:

✉   *Berlin, W. Friedrich-Wilhelm Str. 14   den 22 Mai 1888*

*Meine liebe Freundin, ich habe Deinen Brief vom 4-ten d.M. nicht beantwortet, weil ich es nicht **konnte**. Ich bin noch immer nicht genesen und habe erst vor wenigen Tagen den Versuch machen dürfen, mich etwas mit mathematischen Dingen zu beschäftigen. Es war also gar kein Gedanke davon, daß ich Dir in Deiner Not irgendwie beistehen könne. Dein Brief vom 17-ten d.M. beweist mir nun zu meiner großen Freude, daß Du auch ohne meine Hilfe ein gutes Stück vorwärts gekommen bist. Heute möchte ich nun über das mir Mitgeteilte Dir einige Bemerkungen machen, die möglicherweise Dir förderlich sein werden.*

Die beiden Gleichungen ...

und weiter den Inhalt *stricte* mathematisch auf über sechs Seiten (des Drucks in [2], S.134-140). Gerade damals arbeitete SONJA intensiv an der Arbeit, die sie zum Wettbewerb um den Borda-Preis vorbereitete. Nach einem Monat, in dem nächsten Brief [2, 140-144] schrieb er ihr:

✉   *Berlin, W. Friedrich-Wilhelm Str. 14   den 22 Mai 1888*

Meine liebe Freundin, ich habe Deine beide letzten (undatierten) Briefe, deren Inhalt mir viel Freude gemacht hat, nicht sofort beantworten können, teils weil ich mich noch immer schlecht befinde, teils aber auch, weil ich Dir bis jetzt noch nichts Bestimmtes über meine Sommerpläne mitteilen konnte. Zu dem letzteren bin ich jetzt imstande. Ich

werde mit den Meinigen am 2 Juli mich nach Wernigerode im Harz, Müllers Hotel (...)

Ich habe Dir schon neulich geschrieben, daß ich dringend wünsche, in diesem Sommer Dich zu sehen und einige Zeit bei mir zu haben. (...) Dagegen würde es mir äußerst erwünscht sein, wenn Du Dich so einrichten könntest, von Anfang August an auf der Rückreise einige Wochen mit uns in dem genannten, durch eine sehr gesunde Luft sich auszeichnenden Ort zu verbleiben. (...)

In Deiner Arbeit hast Du allerdings seit Deinem etwas verzweiflungsvoll lautenden Briefe vom 7-ten Mai einen erheblichen Schritt vorwärts gemacht. Es bleibt aber noch vieles auszuführen. Indes hast Du wohl getan, die Arbeit so, wie sie jetzt ist, einzureichen, und Hermite hat Dir wohl geraten. Geh' also frischen Mutes an die weiteren Entwicklungen. Eine nicht gerade angenehme Untersuchung muß durchgeführt werden, wenn Du zu **fertigen** *Resultaten gelangen willst, nämlich die Untersuchung der Wurzeln der Gl[eichung] $R_1(s) = 0$. Drei von ihnen ...*

und weiter 3½ Seiten (des Drucks in [2]) *stricte* analytische Ausführungen, und am Ende:

⊠ *Hermite schließe ich für diesmal, ich hätte noch manches Dir mitteilen können, zum Teil recht unangenehme Dinge, aber ich will mir damit nicht den heute ausnahmsweise recht guten Tag verderben. Also ein herzliches Lebewohl von Deinem treuen Freunde*

Weierstraß

In welchem Ausmaß, und ob überhaupt SONJA die Bemerkungen des Meisters benutzte, die im Brief vom 22.VI.1888 enthalten waren, ist schwierig festzustellen - über die Fragmente des Briefes berichtete sie im nicht datierten Brief an G. MITTAG-LÖFFLER, und da war sie bestimmt am Ende Juni. Die Arbeit für den Wettbewerb schickte sie an HERMITE aus Stockholm am Tag ihrer Abreise nach London und verbesserte sie nicht. Die Post funktionierte damals besser als heute, vor allem die internationale, aber es scheint

zweifelhaft zu sein, dass SONJA den letztens genannten Brief von WEIERSTRASS effektiv benutzte. Um so mehr, dass sie in einem früheren Brief an MITTAG-LEFFLER zurückdachte, dass die durch sie mittels der *ultraelliptischen* θ-Funktion gefundene Lösung des Problems der Berechnung der Rotation des starren Körpers um einen stationären Punkt herum, WEIERSTRASS in gewisse Verlegenheit brachte.

Am 18. Dezember 1888 gab die Pariser Akademie SONJA den Borda-Preis in der Höhe von 5000 Franken anstatt der angekündigten 3000. Erhöhung des Betrags erfolgte infolge der außergewöhnlichen Genauigkeit und Klarheit der Problemlösung. Aber es passierte erst ein halbes Jahr später.

Zurückkommend aus London durch Paris Mitte Juli 1888, besuchte SONJA WEIERSTRASS, nach seinem im Brief vom 22.VI.1888 geäußerten eindeutigen Wunsch, in Wernigerode im Harz. Den Wunsch von WEIERSTRASS konnte SONJA nicht bagatellisieren. Noch aus London schrieb sie an MITTAG-LEFFLER:

Abb.8: Benachrichtigung über den Borda-Preis gegeben an S. Kowalewskaja

(...) Er erzählt [Weierstrass], dass er fühlt - die Kräfte ihn im Stich lassen, dass er mir noch viel zu sagen hat, und hat Angst, dass er keine Möglichkeit haben wird, das in ferner Zeit zu erzählen. Selbstverständlich soll ich einige Zeit mit ihm diesen Sommer verbringen, aber ich weiß noch nicht wann und wie ich das tue. (...)

WEIERSTRASS hielt sich im Harzgebirge im Milieu der Gruppe seiner Schüler und anderer junger Mathematiker auf. SONJA plante dort zwei Wochen zu verbringen, und reiste nach Stockholm erst am Anfang September ab.

Am Ausgang der letzten Dekade des XIX. Jahrhunderts fühlte sich SONJA immer besser in der Mathematik und auf ihrer Stelle in Stockholm und immer mehr brauchte sie die wissenschaftliche Unterstützung des Meisters.

Sie träumte von einer Stelle in Paris, die französischen Freunde versprachen ihr die Unterstützung in ihren Bestrebungen, aber es blieb bei Versprechen und Gesprächen. Im Mai 1889 beschloß sie in Paris zu promovieren, um ihre Chance zu vergrößern, dort eine Arbeit zu bekommen, weil es sich erwies, daß der Borda-Preis diese Chance nicht vergrößert hatte. Durch MITTAG-LEFFLER erfuhr dies WEIERSTRASS und beschloss seine Schülerin davon abzubringen. Im Brief vom 12. Juni 1889 [2, S. 147-149] schrieb er:

⊠ *... Du gegenwärtig mit einem anderen Plane umgehest, nämlich in Paris noch einmal zu doktorieren, um Dir auf diese Weise den Zugang zu einer franz[ösischen] Fakultät zu errichten. Da muß ich Dich doch auf einen Umstand aufmerksam machen, an den Du wohl nicht gedacht hast. Zwar glaube ich zunächst nicht daran, daß es der Sache ernst werden könne. Ich bin der Meinung, daß der Rat, den man Dir gegeben, nur als Abschreckungsmittel hat wirken sollen. Auch bin ich überzeugt, daß man, wenn Du Deine Arbeit einreichtest und Dich zu allen Leistungen bereit erklärtest, irgend einen vergessenen Paragraphen auffinden würde, wonach Frauen nicht zur Promotion zugelassen werden können. Frage einmal Hermite auf's Gewissen, wie er darüber denkt. Mich macht aber ein anderer Umstand bedenklich: Wer von irgend einer Fakultät den Doktorgrad erlangt hat, kann dieselbe nicht ärger beleidigen, als wenn er denselben Grad von einer anderen Fakultät derselben Kategorie annimmt - dies nicht tun zu wollen - müssen sogar bei den öffentlichen Promotionen feierlich beschwören.*

Promoviertest Du nun in Paris, so müßte dem Herkommen nach die Göttinger Fakultät Dir das verliehene Diplom entziehen. Das würde man vielleicht vermeiden, aber für alle, die sich für Deine Promotion in G[öttingen] interessiert haben, würde die Sache sehr peinlich sein. In Deutschland und wohl auch in Schweden würde jedenfalls ein heilloser Skandal entstehen, und auch Dir wohlgesinnte Personen möchten irre in Dir werden. Und wage das alles? Daß Du in Paris, wo jeder einflußreiche Gelehrte einen Schwarm von Klienten um sich hat, die er berücksichtigen muß, zu einer Deiner würdigen Stellung bei einer Fakultät gelangen würdest, daran glaube ich nicht - vielleicht eine Stelle in Besançon oder einer ähnlichen Provinzialstadt, wohin die Pariser nicht wollen, würde man Dir anbieten. Indessen, wie Du auch über die Sache denken mögest, eins wirst Du doch als entscheidend erkennen; bevor Deine Anstellungsangelegenheit in Stockholm ent-

schieden ist, darfst Du keinen Schritt tun, der darauf hindeutet, Du gedächtest nicht in St[ockholm] zu bleiben. Ich hätte darüber noch vieles zu sagen - das bleibt für später.

Es ist unbekannt, wie wirksam der Rat war, aber es war ein kluger väterlicher Rat. Es ist eine unwiderlegbare Tatsache, dass SONJA sich nicht um den Doktortitel irgendeiner Pariser Hochschule bewarb, aber was der Grund war - ist schwer zu sagen. In den Jahren, und eigentlich Monaten, Wende der achtziger und neunziger Jahre des XIX. Jahrhunderts, beherrschte sie fast völlig die Person von MAKSYM KOWALEWSKIJ[21] - nicht nur wegen ähnlich lautender Namen; fast jede von Lehrveranstaltungen freie Zeit verbrachte sie in seiner Gesellschaft, durchmessend ganz Europa - von Stockholm bis Nizza oder London. Gerade während der Reise vom Süden Frankreichs nach Skandinavien erkältete sie sich, bagatellisierte die Krankheit, und infolge dessen starb sie nach einigen Tagen am 10. Februar 1891 in Stockholm; sie wurde auch dort begraben.

Abb.9: Grab von S. Kowalewskaja in Stockholm (das Foto aus dem Jahre 1950)

---

[21] Maksym Maksymowicz Kowalewskij (1851-1916), russischer Soziologe, gesellschaftlicher Aktivist und Rechtshistoriker, Professor der Moskauer Universität in den Jahren 1877-1887, wovon er zum Weggehen 1888 gezwungen wurde. Seit 1889 wohnte er in Frankreich.

SONJAS Tod traf den kranken WEIERSTRASS schwer; seine bei ihm wohnenden Schwestern fürchteten für seine Gesundheit und auch für sein Leben. Unter der Kränzen, die das Grab von KOWALEWSKAJA bedeckten, befand sich ein Kranz aus weißen Lilien mit der Inschrift *"für Sonja von Weierstrass"* auf der Trauerschärpe ([2], S. 302; [1], S. 104).

Literatur

[1] Халамайзер А.Я., *София Ковалевская*. Autorenausgabe, Moskau 1989.

[2] (Кочина-Полубаринова П.Я. - Redaktion). *Письма Карла Вейерштрасса к Софье Ковалевской, 1871-1891* (на русском и немецком языках). «Наука», Москва 1973.

Dr. Stanisław Fudali, Ul. Seledynowa 3 m.6, 70-781 Szczecin; Polen
e-mail: fudalist@inet.pecet.com.pl

How the concept of a general topological space has originated: from Riemann to Bourbaki

Roman Duda

There are two fundamental notions of general topology, that of a topological space and that of a continuous mapping. Modern definition of a **topological space** consists of a set X together with a family A of its subsets, called "open sets in X", which is finitely multiplicative, fully additive, and contains both empty set 0 and the whole "space" X:

(i) if $A_1, A_2, \ldots, A_k \in$ A, then $A_1 \cap A_2 \cap \ldots \cap A_k \in$ A,
(ii) if $A_t \in$ A for each $t \in T$, then $\bigcup_{t \in T} A_t \in$ A,
(iii) $0 \in$ A, $X \in$ A.

And the notion of a **continuous mapping** is a complement to that. It joins different topological spaces in a way accounting for open sets: a map $f: X \to Y$ is called *continuous* iff the inverse of each open set is open, or, more precisely, iff $f^{-1}(B)$ is open in X for each B open in Y. The former concept is primary and the latter secondary: to define a continuous mapping one needs topological spaces. Thus the progress in analyzing and generalizing **continuity**, an all-important notion in **analysis**, demanded and stimulated progress in topology. And the other way round, progress in topology not only made possible a simplification and clarification of fundamental concepts of classic analysis, but it also opened new vistas by an introduction of entirely new objects which combine topological and algebraic or analytic elements like, e.g., those of a topological group, Banach space, smooth manifold etc. For that prolific feedback general topology is called sometimes a general study of continuity.

The two fundamental topological notions are quite abstract and so no wonder that the way to that level of abstractness was rather long. The aim of this note is to show some of the motives which led to that development.

Before CARL GAUSS (1777-1855) and long after him the only considered mappings were continuous real (rarely, complex) functions, that is, from reals into reals, each defined by an explicit formula. The first to consider a more general continuous mapping between more general spaces seems to

be GAUSS himself. Working with surfaces, he defined the following mapping, later called a *GAUSS map*, from a (smooth) surface M in the Euclidean space R^3 into the 2-dimensional sphere S^2: given a smooth surface $M \subset R^3$ and a point $p \in M$, consider unit vector v, orthogonal at p to M, and take a parallel translation of v into the unit sphere S^2 in R^3; then the end-point of v after that translation is the image of p under the mapping. As is known, the mapping was essential in defining curvature of M at p.

The first to follow GAUSS in that general direction was BERNHARD RIEMANN (1826-1866). Already his first paper, a Ph.D. thesis from 1851, contained some bold topological ideas. RIEMANN considered there *general* complex functions, that is, complex functions characterized by their continuity only, and not necessarily defined by any explicit formula. To assure their one-valuedness, he also defined for each such a function a certain **surface**, now called a RIEMANN surface.

RIEMANN's paper on abelian functions from 1857 was a continuation of the former but proofs were still incomplete or lacking. Nevertheless, the two papers were a strong push towards the problem of a general definition and a classification of surfaces and towards further consideration of general continuous mappings. In his famous inaugural lecture from 1868, RIEMANN defined a whole class of still more general spaces, namely **manifolds** (surfaces are 2-dimensional manifolds) and noticed that some sets of functions or positions of a body in the space can naturally form such a manifold. Thus manifolds proved to be legitimate mathematical objects and from that time on a lot of research has been concentrated upon them. The first was RIEMANN himself who defined a curvature, later called RIEMANN curvature, and some topological invariants, later called "BETTI numbers". Unfortunately, RIEMANN died too early to execute his plans for a deeper treatment of the topology itself, the importance of which he realized. (In his paper on abelian functions from 1857, RIEMANN wrote:

> "While investigating functions, it is almost impossible to proceed without some propositions from *analysis situs*. Under that name, used already by LEIBNIZ [...], one should understand a part of the theory of continuous objects [...] investigated without any measurement but only with respect to their mutual position and inclusion. I keep the right to investigate those objects later on and in a way totally independent from any measurement".)

RIEMANN had successors, most important of which were CARL NEUMANN (1832-1925) and HEINRICH DURÈGE (1821-1893) in Germany, JULES

HOÜEL (1823-1886) in France, WILLIAM CLIFFORD (1845-1879) in Great Britain, ENRICO BETTI (1823-1892) in Italy, and others. Thanks to them, RIEMANN's ideas persisted and gained ground for a further development.

Then came the progress in the theory of real numbers with some definitions of theirs by the way of convergent sequences of MERAY (1869) and CANTOR (1871), and of DEDEKIND cuts (1872). Now it became possible to identify the real line and a geometric straight line, which opened the way to a description *more geometrico* of subsets of the real line. A demand for such a description came from the following two specific analytical problems: 1) **integrability** of a given function (typical problem: if a function is continuous in all points, except for a certain set E, then it is RIEMANN integrable), 2) **uniqueness** of a trigonometric series (typical problem: if a trigonometric series is convergent to 0 in all points, except for a certain set E, then all its coefficients are 0). The problems consisted in describing those types of E for which the problem could be proved as a theorem, e.g. E finite. Integrability has been examined by HERMANN HANKEL (1839-1873) and others, but the progress was small. Much more successful was GEORG CANTOR (1845-1918) with his research on the uniqueness (see his famous series of papers from 1879-1884). Getting more and more geometrically complicated exceptional types of sets, he defined several topological concepts based upon an idea of *a limit point* and of *a neighbourhood* of a point, starting with the *derivative* of a given set (the set of all limit points of that set), *dense* set in an interval (the derivative of which contains the interval), *isolated* set (the derivative is empty), *perfect* set (the derivative equals the set), *closed* set (contained in its derivative) etc. All these concepts, however, were originally restricted to the real line and later extended to an n-dimensional Euclidean space R^n. There was a feeling, however, of an opening a new world, the world of topological ideas. Speaking the truth, there was also a resistance against it, most strongly emphasized by LEOPOLD KRONECKER (1823-1891), but the new ideas were never totally refuted. And, as the time went on, they soon proved to be a quite efficient tool for the analysis itself.

The new ideas were well received by the French theory of functions. Major role was played by CAMILLE JORDAN (1838-1922) who raised some new problems and contributed new results, including his theorem on a simple closed curve in the plane: any simple closed curve in the plane cuts it into two regions and is the boundary of each. The theorem is important for the

analysis (e.g., in the theory of complex integral, where JORDAN first noticed its necessity) but it could be noticed, formulated and proved only on the ground of topology (however, the original proof by JORDAN was not complete, the first to prove it fully was L.E.J. BROUWER (1881-1966) in 1910). The influence of JORDAN has been strongly augmented by his influential *Cours d'Analyse* (first edition 1882-1887, revised edition 1893-1896). In consequence, it was becoming clear that topology offers powerful insights and is useful both in analysis and geometry. Its scope, however, was still rather narrow (restricted to Euclidean spaces) and more general concepts, like those of a general topological space and of a general continuous mapping, were still lacking. Really *general* topology was still missing.

In the 1880s there begun, however, to appear collections of curves (ASCOLI, 1883), functionals (VOLTERRA, 1887), and functions (ARZELÀ, 1889) which were treated, under CANTOR's influence but each separately, from the viewpoint of limits and proximity. This extended the possible scope of general (topological) treatment and stressed the need for topological concepts more general than those based upon geometrical intuition and restricted to Euclidean spaces. There appeared also some general theorems, like those of JORDAN (see above), BOLZANO-WEIERSTRASS (an infinite bounded set of a Euclidean space has a limit point) or BOREL-LEBESGUE (any cover of a closed segment by open intervals has a finite subcover), which proved important for classic analysis. HADAMARD criticized those theorems for the lack of generality and proposed, during the First International Congress of Mathematicians in Zurich, held in 1897, to investigate the set of real continuous functions on the interval [0,1]. HURWITZ extended that proposition to the whole program of a development of point-set (general) topology.

Thus there were needs and there were calls to satisfy them but the first efforts to create a really general attitude appeared only in the first decade of the XX century. They belong to FRIGYES RIESZ (1880-1956) and MAURICE FRÉCHET (1878-1973). RIESZ sketched his approach, based upon the concept of a condensation point, in 1908, but did not develop it further. FRÉCHET was more successful and his definition of a **metric space** [Fréchet, 1906], became a new starting point. A set X with a real-valued function ρ on pairs of X is called a *metric* space, if

(i) $\rho(x,y) \geq 0$ and $\rho(x,y) = 0$ iff $x = y$;
(ii) $\rho(x,y) = \rho(y,x)$;
(iii) $\rho(x,y) + \rho(y,z) \geq \rho(x,z)$ (the triangle inequality)

The origins of the concept of a general topological space 215

for every $x, y, z \in X$. Having a metric space (X,ρ) one defines an *open ball* $B(x,\eta)$, around $x \in X$ and of radius $\eta > 0$, by the formula

$$B(x, \eta) = \{ y \in X : \rho(x, y) < \eta \};$$

now a set A in X is called open in X, if it contains an open ball around each point of it. With open sets one easily defines a limit point (as CANTOR did with neighbourhoods) and then can proceed following CANTOR. Since any Euclidean space with the Pythagorean metric is a metric space, the FRÉCHET's attitude is more general than that of CANTOR. However, the development of metric topology followed CANTOR lines. For several next decades the notion of a metric was the most useful tool in point set (general) topology.

However most useful, metric was not sufficiently general and so the search was continued.

Satisfying demand of the *Deutsche Mathematiker-Vereinigung*, Arthur SCHOENFLIES (1853-1928) has written (1908) a synthesis of the so far development of point-set topology. The book contained a lot of valuable historical material and helped to popularize topological ideas but the time for a real synthesis was not yet ripe. There were important collections of analytic objects for which no reasonable metric could be found. It meant that there had to be a topological concept more fundamental than that of a metric.

In the first decade of XX century there already were topological concepts which could be taken as primitive notions for a definition of a more general space, like a limit point, a neighbourhood of a point, an open set, a closed set, etc. All these notions, however, were defined and thus depended upon either Euclidean or, at the best, metric context. And nobody saw the virtue of turning the matter upside down. It came to that, but only gradually.

In 1913 HERMANN WEYL (1885-1955) advanced, in connection to his study of RIEMANN surfaces, a notion of a neighbourhood to the level of primary importance by defining surfaces in terms of neighbourhoods of its points.

And a year later FELIX HAUSDORFF (1868-1942) has defined a general (topological) space as a set X in which each point p has a family of neighbourhoods, satisfying certain conditions :

(i) each point p has at least one neighbourhood, each neighbourhood of p contains p;

(ii) if U and V are neighbourhoods of a point p, then there exists a neighbourhood W of p which is contained in both U and V;

(iii) if U is a neighbourhood of p and $q \in U$, then there exists a neighbourhood V of q which is contained in U;

for two distinct points p and q there exist neighbourhoods U of p and V of q which are disjoint.

Having such a set one can easily define an open set in it (a set A X is open iff for each point $p \in X A$ there is a neighbourhood U which is disjoint with A), a closed set, etc. Thus HAUSDORFF's definition was really more general than any of its predecessors. In the further development, axioms (i), (ii), (iii) have been taken as basic, while axiom (iv) and (v) was considered additional: it was the first from the family of *separation axioms* (spaces satisfying (iv) are now called HAUSDORFF).

Another instance of the tendency towards greater generality was provided by KAZIMIERZ KURATOWSKI (1896-1981) in 1922. He has considered sets X with an operation upon its subsets which attributes to each subset A its *closure* cl A. Such a set is called a (topological) *space* if the closure satisfies the following axioms:

(i) cl $(A \cup B) =$ cl $A \cup$ cl B;
(ii) if A is empty or consists of one point only, then cl $A = A$;
(iii) cl (cl A) = cl A.

Defining open sets as complementary to closed ones, one easily sees that the family of open sets in such a general space X is finitely multiplicative and arbitrarily additive.

Although HAUSDORFF's book appeared in 1914 and thus had a little influence at the time (second, revised edition of 1927 was more successful), his attitude has become eventually accepted and for the next two decades his books were a standard reference. It is interesting to note, however, that in the second edition he retreated to the less general notion of a metric space, but also noted, as KURATOWSKI did, that the family of open sets (in a metric space) is finitely multiplicative and arbitrarily additive (s. [Hausd., p. 111]).

The final touch in the development was to take the latter theorem as the definition of a general topological space. The definition hanged overhead and was used implicitly by some, but the decisive step was taken only by BOURBAKI whose influential monograph from 1940 has made it since commonly accepted.

References

ALEXANDROFF, P.S. and HOPF, H.: Topologie. Springer Verlag Berlin 1935.

BOURBAKI, N.: Topologie générale. Hermann Paris 1940.

CANTOR, G.: Über unendliche, lineare Punktmannigfaltigkeiten. Six parts. Math. Ann. **15** (1879), 1-7; **17** (1880), 355-358; **20** (1882), 113-121; **21** (1883), 51-58; **21** (1883), 545-591; **23** (1884), 453-488. Reprinted in: CANTOR, G.: Gesammelte Abhandlungen mathematischen und philosophischen Inhalts. Springer Berlin 1932, 45-155.

FRECHET, M.: Sur quelques points du Calcul Fonctionnel. Rendiconti del Circ. Mat. di Palermo **22** (1906), 1-74.

GAUSS, C.F.: Disquisitiones generales circa superficies curvas. 1828.

HAUSDORFF, F.: Grundzüge der Mengenlehre. Leipzig Veit & Comp. 1914. Revised edition: Mengenlehre. W. de Gruyter Berlin-Leipzig 1927.

JORDAN, C.: Cours d'Analyse. Three volumes. Paris 1882-1887 (I edition), 1893-1896 (II edition).

KURATOWSKI, K.: Sur l'operation $\bar{A}$ de l'Analysis Situs. Fund. Math. **3** (1922), 182-199.

RIEMANN, B.: Grundlagen für eine allgemeine Theorie der Functionen einer veränderlichen complexen Grösse. Inauguraldissertation. Göttingen 1851. Reprinted in: BERNHARD RIEMANN's Gesammelte Mathematische Werke und Wissenschaftlicher Nachlass. Teubner Leipzig 1876, 3-43.

- : Theorie der Abel'schen Functionen. Jornal reine u. angew. Mathematik **54** (1857). Reprinted in Werke, op. cit., 81-135.

- : Über die Hypothesen welche der Geometrie zu Grunde liegen. 1868. Reprinted in: Werke, op. cit., 254-269.

SCHOENFLIES, A.: Die Entwickelung der Lehre von den Punktmannigfaltigkeiten. Jahresbericht Deutscher Math. Verein. Ergänzungsband 1908. Reprint: Teubner Leipzig-Berlin 1923.

WEYL, H.: Die Idee der Riemannschen Fläche. B.G. Teubner Leipzig - Berlin 1913.

Prof. Dr. Roman Duda, Uniwersytet Wrocławski, Instytut Matematyczny, pl. Grunwaldzki 2/4, PL-50-384 Wrocław, Polen

Zur Geschichte der Versicherungsmathematik an der TU Dresden bis 1945

Waltraud Voss

Die hohe Zeit des Versicherungswesens in Deutschland begann mit dem 19. Jahrhundert. Sie steht in engem Zusammenhang mit der industriellen Revolution, die viele neue Zweige der Sachversicherung mit sich brachte. In den Vordergrund traten Aktiengesellschaften, die das Versicherungsgeschäft nicht "auf Gegenseitigkeit", sondern gewinnorientiert betrieben. Mit der Einführung der gesetzlichen sozialen Sicherungssysteme im Deutschen Reich seit Mitte der 80-er Jahre begann eine neue Etappe im deutschen Versicherungswesen, und mit ihr die Profilierung der Versicherungsmathematik als gesonderter mathematischer Disziplin. Zu den unverzichtbaren Bestandteilen der Versicherungsmathematik gehören Teile der Statistik und der diese fundierenden Wahrscheinlichkeitstheorie. Dresden war unter den "Vorreitern" bei der Institutionalisierung der Versicherungsmathematik im deutschen Hochschulwesen. Als wichtigste Ereignisse ragen hervor:

- 1875: Die Gründung des Dresdner Statistischen Seminars
- 1896: Die Gründung des Dresdner "Versicherungsseminars"; es war das zweite nach dem Göttinger und das erste, das an die Mathematik angebunden war
- 1919: Die Errichtung des Lehrstuhls für Versicherungsmathematik mit zugehörigem Seminar an der TH Dresden - in Deutschland der erste und bis 1945 der einzige Lehrstuhl, der ganz der Versicherungsmathematik gewidmet war.

1. Erste Bausteine - bis 1875

Die Technische Bildungsanstalt in Dresden wurde 1828 in einer sehr schwierigen Zeit gegründet. Nachdem Sachsen bei der Neuordnung des nachnapoleonischen Europas annähernd 60 % seines Territoriums und die

Hälfte der Bevölkerung verloren hatte, mußten die staatlichen und wirtschaftlichen Strukturen völlig reorganisiert werden, - unter dem zusätzlichen Druck der raumgreifenden industriellen Revolution. Die junge Technische Bildungsanstalt zu Dresden hatte in diesem Prozeß zunächst mehrere Aufgaben zu erfüllen: Ersatz der noch fehlenden Realschulen, zeitgemäße Qualifizierung von Fachkräften für die sächsischen Gewerbe, aber auch wissenschaftliche Ausbildung für einige, die befähigt werden sollten, den notwendigen technischen Erneuerungsprozeß mitzugestalten. In der Grundausbildung wurden von den Absolventen auch diejenigen zeitgemäßen Kenntnisse erworben, ohne die sie im Wirtschaftsleben nicht hätten bestehen können. In den ersten Jahren beschränkten sich diese Kenntnisse auf Buchführung und auf "kaufmännisches Rechnen": Rabattrechnung, Gesellschaftsrechnung, Alligationsrechnung, - und auch *Zinseszins- und Rentenrechnung*. 1838 wurde Geodäsie in die Fachausbildung aufgenommen - und damit *Ausgleichs- und Näherungsrechnung*.

Nicht zu vergessen der "Baustein *Wahrscheinlichkeitslehre*" als Beitrag der seit 1862 bestehenden "Lehrerabteilung"! Ihr erster Vorstand, der Mathematiker OSKAR SCHLÖMILCH (1823-1901), bot seit Ende der 60er Jahre eine Vorlesung über Wahrscheinlichkeitslehre an.

1851 hatte die Technische Bildungsanstalt Dresden den Rang einer Polytechnischen Schule erhalten. Das war sie bis 1871. Während dieses ganzen Zeitraums stand ihr JULIUS AMBROSIUS HÜLSSE (1812-1876) als Direktor vor. HÜLSSEs Dresdner Professur hatte eine ungewöhnliche Doppelwidmung: Er lehrte "mechanische Technologie" in der Ingenieurausbildung und "Volkswirtschaftslehre" als allgemeinwissenschaftliches Fach, darin eingeschlossen in gewissem Umfang *mathematische Statistik*. HÜLSSE hat mehrere statistische Schriften verfaßt und auch über das Unterstützungskassenwesen geschrieben. Als er 1873 in den Ministerialdienst überwechselte, wurde ihm im Nebenamt die Leitung des Statistischen Büros beim Ministerium des Innern übertragen.[1]

Es überrascht nicht, daß bereits frühe Dresdner Absolventen für Statistik und Versicherungsmathematik recht gut gewappnet waren. Unter ihnen ragt FRIEDRICH ROBERT HELMERT (1843-1917) hervor, wohl der bedeutendste Geodät seiner Zeit; er hat sich auch unter Statistikern einen Namen gemacht.

---

[1] [TU-Arch: Professorenblatt Julius Ambrosius Hülsse und Beilage dazu]

2. Einige Bemerkungen zur Entwicklung des Versicherungswesens in Sachsen und Dresden

Wir kennen heute die öffentlich-rechtliche Versicherung und die Privatversicherung, wobei die Privatversicherung durch Aktiengesellschaften oder in Gegenseitigkeitseinrichtungen erfolgen kann. Die ersten Aktiengesellschaften wurden um 1720 in Holland und Frankreich, den damals wirtschaftlich führenden Ländern, gegründet. Öffentlich-rechtliche Versicherungsanstalten wurden zuerst im Zeitalter des Merkantilismus errichtet; dabei spielten staatliche Zwecke, wie die Bekämpfung des Brandbettels, die Brandvorbeugung und die Erhaltung der Steuerkraft eine Rolle.

Der Gedanke, daß sich nicht kalkulierbarem Risiko durch Verabredung und Organisation gegenseitiger Hilfe besser begegnen läßt, war in der menschlichen Gemeinschaft stets vorhanden, die Einrichtung von "Kassen" ist neueren Datums. Die ersten Gemeinschaftskassen in Sachsen waren Begräbniskassen. 1515 bereits führte in Dresden die "Bruderschaft zu Hofe" ihre Hofgrabekasse. Am 1.11.1606 wurde von den Schulmeistern, Kantoren und Kirchnern der Stadt Chemnitz und der umliegenden, zur Superintendentur gehörenden Dörfer eine Witwen- und Waisenkasse eingerichtet.[2]

Vorbeugender Brandschutz und Hilfe für Abgebrannte wurde in Sachsen nicht nur in den Gemeinden festgelegt, sondern auch durch Allerhöchste Erlasse geregelt. Nach dem großen Brand in Dresden vom 15. Juni 1491 erließ Herzog ALBRECHT eine Verordnung, die die staatliche Unterstützung für die Abgebrannten regelte. Am 14. Juni 1492 wurde eine Feuerordnung für Dresden erlassen, die später auf ganz Sachsen ausgedehnt wurde. Die vorhandene Fürsorge im Brandschadensfall machte lange Zeit hindurch Brandkassen überflüssig. Gehäufte Brandschäden und die Verarmung der Bevölkerung im dreißigjährigen Krieg hatten auch einen wesentlichen Rückgang der freiwilligen Spenden an Abgebrannte zur Folge. Oft waren die Brandgeschädigten nun auf von den Behörden ausgestellte "Bettelbriefe" angewiesen. Daraus ergaben sich Zustände, die auf Dauer nicht haltbar waren. Eine grundlegende Verbesserung konnten Brandkassen bieten. Ein Beispiel gab die reiche Hansestadt Hamburg mit ihrer 1676 gegründeten Generalfeuerkasse, einer öffentlich-rechtlichen Einrichtung. In Dresden

---

[2] Eine grobe Übersicht über frühe Kassen läßt sich bereits bei Sichtung der Karteikarten unter „Hist. Sax." der Sächsischen Landesbibliothek gewinnen.

wurden Anfang des 18. Jahrhunderts zunächst einmal zwei Kassen auf Gegenseitigkeit gegründet, 1700 die exklusive sogenannte "große Feuerkasse", der auch König FRIEDRICH AUGUST I. (1670 - 1733; "AUGUST DER STARKE") mit sechs seiner Häuser angehörte, und 1707 die "kleine Feuerkasse", die nach vier Jahren bereits 600 Mitglieder aus allen Ständen hatte. Die öffentlich-rechtliche Sächsische Landes-Brandversicherungsanstalt geht auf das Jahr 1729 zurück und fällt noch in die Regierungszeit FRIEDRICH AUGUST I. Dieser erließ am 5. April 1729 das Mandat "wider das Bettelwesen und wegen Errichtung einer allgemeinen Brandkasse".[3] Später entstanden in den meisten deutschen Ländern öffentlich-rechtliche Brandversicherungsanstalten, so etwa 1754 im Königreich Hannover; die Allgemeine Bayerische Landesanstalt begann 1811 ihre Tätigkeit. Durch die 1784 erfolgte Einführung des Versicherungszwanges für Gebäude wurde ein wesentlicher Nachteil des Mandats von 1729 beseitigt.[4] Nicht nur in Sachsen stand lange Zeit die Versicherung der Immobilien im Vordergrund. Mobiliar-Versicherungs-Gesellschaften traten in Deutschland stärker erst im 19. Jahrhundert in Erscheinung, und zwar waren es zunächst englische Gesellschaften, neben denen sich dann nach und nach deutsche Unternehmungen etablierten: als erste 1813 die Berliner Anstalt, der als zweite 1819 eine sächsische, die Leipziger Feuerversicherungs-Anstalt, folgte. Die nächsten waren 1821 die Gothaer Bank, 1823 die Elberfelder vaterländische Gesellschaft und 1825 die Aachen und Münchener Gesellschaft. Um Mißbräuchen und Versicherungsbetrügereien vorzubeugen, erließen die Staatsregierungen regulierende Verordnungen. Die wohl erste Verordnung über die Mobiliar-Versicherungen ist die von Hannover, datiert vom 24. 1. 1828; noch im gleichen Jahr, am 23. Juli 1828, folgte Sachsen, als nächste 1829 Baden und 1830 Württemberg.[5]

In den 30-er und Anfang der 40-er Jahre des 19. Jahrhunderts entstanden in Deutschland und Österreich Rentenversicherungs-Anstalten: 1823 die Allgemeine Versorgungsanstalt zu Wien, 1833 die Allgemeine Rentenanstalt zu Stuttgart, 1835 die Versorgungsanstalt zu Karlsruhe, 1838 die Preußische Rentenversicherungs-Anstalt zu Berlin und 1841 - wesentlich initiiert durch den Staatsminister BERNHARD AUGUST VON LINDENAU (1779-1854) und unter der Oberaufsicht des Kgl. Sächsischen Ministeriums des Innern

---

[3] [Fewer Ordnung 1589]; [Feuer-Cassen-Ordnung 1701]; [Feuer-Cassa 1704]; [Lotze 1929]
[4] [Lotze 1929, S. 27f.]
[5] [Kunze 1845]

stehend - die Sächsische Rentenversicherungs-Anstalt zu Dresden.[6]

Im Jahre 1845 wurde in Leipzig durch Dr. E. A. MASIUS die "Allgemeine Versicherungs-Zeitung" begründet, ein weltoffenes Wochenblatt für alle Fragen des Versicherungswesens.

Der volkswirtschaftliche Ausschuß des Frankfurter Parlaments hatte für die arbeitende, meist arme Bevölkerung Unterstützungskassen für den Krankheitsfall und für die Altersversorgung gefordert, an deren Kosten sich auch die Arbeitgeber - Meister und Fabrikbesitzer - beteiligen sollten. In Dresden hatte eine Kommission zur Erörterung der Gewerbs- und Arbeiterverhältnisse ihren Bericht vorgelegt. JULIUS AMBROSIUS HÜLSSE, 1849 noch Direktor der Gewerbeschule in Chemnitz, war 1849 für einige Monate als Referent in das Ministerium des Innern berufen worden. Er gab eine "Zusammenstellung der Hauptresultate aus den Rechnungsübersichten der geschilderten Unterstützungskassen" und legte einen "Ausführlichen Plan zur Errichtung der Unterstützungskassen" vor. 1850 veröffentlichte HÜLSSE in der Deutschen Gewerbezeitung einen langen Aufsatz "Über Invaliden-, Wittwen- und Waisenunterstützungskassen".[7] Die Zahl der Versorgungskassen - auf Gegenseitigkeit - nahm nach den Revolutionsjahren 1848/49 deutlich zu; bis zur Einführung des öffentlich-rechtlichen Unterstützungskassenwesens jedoch war noch ein weiter Weg zurückzulegen.

In den 60-er Jahren boten in Dresden auch verschiedene Aktiengesellschaften Versicherungsschutz an. Am 2. März 1864 waren die Statuten der Sächsischen Rückversicherungs-Gesellschaft zu Dresden vom Ministerium des Innern bestätigt worden. Zweck dieser Aktiengesellschaft war, "gegen alle Schäden und Verluste, welche Gütern oder Fahrzeugen auf dem Transporte zu Land und zu Wasser zustoßen können, Rückversicherung zu gewähren."[8] Die Dresdener Feuerversicherungs-Gesellschaft und die Sächsische Hypothekenversicherungs-Anstalt hatten ihren Wirkungskreis bereits erfolgreich in andere deutsche Länder ausgeweitet.[9] In Artikel 4 Ziffer 1 der Reichsverfassung vom 16. April 1871 wurde die Zuständigkeit des Reiches zur gesetzlichen Regelung des Versicherungswesens festgelegt. Ein fest umrissenes Reservatrecht bzgl. des Versicherungswesens war bei den Reichsgründungsverhandlungen Bayern zugestanden worden.[10]

---

[6] [Becker 1844]; [Sächsische Rentenversicherungs-Anstalt 1901]
[7] [Hülsse 1850]
[8] [Sächs. Rückversicherungs-Gesellschaft 1864]
[9] [Abwehr... 1862]
[10] [Schmitt-Lermann 1950, S. 17]

3. Gustav Zeuner und Victor Böhmert: Gründung des Statistischen Seminars

GUSTAV ZEUNER und VICTOR BÖHMERT kannten sich gut aus ihrer gemeinsamen Züricher Zeit. GUSTAV ZEUNER (1828-1907) war als HÜLSSEs Nachfolger von 1873 bis 1890 Direktor des Kgl. Sächsischen Polytechnikums zu Dresden - so hieß unsere Einrichtung von 1871 bis 1890. ZEUNER hatte an der Höheren Gewerbeschule Chemnitz und an der Bergakademie Freiberg studiert und war von der Universität Leipzig promoviert worden; er war Professor am Eidgenössischen Polytechnikum Zürich seit dessen Gründung im Jahre 1855 und einige Jahre Direktor dieser Einrichtung. Als er in seine sächsische Heimat zurückkam, war er bekannt als einer der bedeutendsten Theoretiker der technischen Thermodynamik, als Erfinder des Schieberdiagramms, aber auch als Kenner auf dem Gebiete der Statistik und des Versicherungswesens. Bereits am Eidgenössischen Polytechnikum hatte er von Zeit zu Zeit Vorlesungen über die "Theorie der Lebensversicherungen" gehalten.1861 hatte er "Mathematische Untersuchungen betreffend die Entstehung und Ableitung der Formeln zur Berechnung der Nettotarife und Deckungskapitalien für sämmtliche Versicherungszweige der Schweizerischen Rentenanstalt" durchgeführt. Der junge Professor hatte diese Abhandlung im Auftrag des Aufsichtsrates der Schweizerischen Rentenanstalt verfaßt. ZEUNERs "Abhandlungen aus der mathematischen Statistik" erschienen 1869 in Leipzig; sie wurden auch in andere Sprachen übersetzt. In der Einleitung beleuchtete ZEUNER den damals unbefriedigenden Zustand in der Statistik. Das Buch sollte dazu beitragen, die Statistik auf mathematisch wohl begründete Füße zu stellen und zu einer sicheren Ausgangsbasis auch für das Versicherungswesen zu machen.[11]

Als Direktor in Dresden hatte GUSTAV ZEUNER das Ziel, das Polytechnikum zu einer Hochschule auszubauen, die - unter Bewahrung und Betonung ihrer Eigenart - gleichrangig neben der Landes-Universität Leipzig stünde. Die allgemeinen Wissenschaften wurden unter seinem Direktorat in für deutsche technische Hochschulen beispiellosem Maße ausgebaut. Auf die neuerrichtete Professur für Nationalökonomie und Statistik wurde zum 1.April 1875 VICTOR BÖHMERT (1829-1918) berufen. Er wurde gleichzeitig

---

[11] [TU-Arch: Professorenblatt Gustav Zeuner]; [Zeuner 1861]; [Zeuner 1869]; [Zeuner 1883]

Direktor des Kgl. Sächsischen Statistischen Büros und übernahm die Redaktion der "Zeitschrift des Kgl. Sächsischen Statistischen Büros", in der "Fortbildung der Theorie und Praxis der Statistik" sah er einen ihrer inhaltlichen Schwerpunkte.[12] Auch ZEUNER publizierte in dieser Zeitschrift, so 1876 "Das Zeitmaß in der Statistik", 1886 "Zur mathematischen Statistik" und - besonders wichtig - 1894 "Neue Sterblichkeitstafeln für die Gesamtbevölkerung des Königreichs Sachsen".[13] Die Verbindung zwischen statistischen Büros und statistischen Zeitschriften auf der einen und Hochschulen und Lehrstühlen der Nationalökonomie und Statistik auf der anderen Seite war an sich nichts Neues[14]. Neu war die Art der Verbindung, die sich in der Spezifik des Dresdner Statistischen Seminars zeigte. Mit diesem Seminar verwirklichte BÖHMERT Pläne, die er bereits in seiner Züricher Zeit entworfen hatte. 1874 hatte er sich "für die Errichtung von socialstatistischen Beobachtungsstationen nach Art der meteorologischen Stationen ausgesprochen und eine Verbindung der Lehrstühle für Volkswirthschaft und Statistik mit solchen Beobachtungsstationen und Laboratorien oder statistischen Seminarien befürwortet, damit die Beobachtung und Darstellung der wirklichen sozialen Zustände im wissenschaftlichen Geiste organisiert und nach verschiedenen Gegenden und Erwerbszweigen ausgedehnt werde". Durch seine Dresdner Doppelfunktion bekam er die Möglichkeit, den in der Schweiz entworfenen Plan "nicht blos für socialstatistische Untersuchungen, sondern für das Studium der Statistik und Nationalökonomie überhaupt zur praktischen Ausführung" zu bringen[15].

VICTOR BÖHMERT war 1829 in einem evangelischen Pfarrhaus in der Nähe von Leipzig geboren worden. Er hatte an der Universität Leipzig Rechtswissenschaften und Volkswirtschaft studiert und war 1854 zum Doktor der Rechte promoviert worden. In den ersten Stationen seines Berufsweges war er Jurist in Meißen, Chefredakteur der volkswirtschaftlichen Wochenschrift "Germania" in Heidelberg, Schriftleiter des Bremer Handelsblattes und Handelskammersyndikus in Bremen gewesen. 1866 ging er nach Zürich, als Professor für Volkswirtschaft am Eidgenössischen Polytechnikum und an der Universität.

---

[12] [Böhmert (1) 1875, S. 1]
[13] [Zeuner 1876]; [Zeuner 1886]; [Zeuner 1894]
[14] [Böhmert (2) 1875, S. 2]; B. benennt derartige Beziehungen für München, Jena, Berlin, Wien, Leipzig.
[15] [Böhmert (2) 1875, S. 2-4]

BÖHMERTs Wirken reichte weit über seine Hochschultätigkeit hinaus. Er war Mitbegründer des Deutschen Volkswirtschaftlichen Kongresses und des Deutschen Nationalvereins. Rund vierzig Jahre lang gab er die Zeitschrift "Der Arbeiterfreund" heraus, das Organ des 1847 gegründeten "Centralvereins für das Wohl der arbeitenden Klassen". In der Dresdner Bevölkerung wurde er durch sein soziales Engagement sehr populär. Fortschrittlich war übrigens auch BÖHMERTs Haltung zum Frauenstudium. An der TH Dresden war er der erste Professor, der seine Vorlesungen Frauen zugänglich machte.[16]

Schon für das Wintersemester 1875/76 kündigte BÖHMERT das *"Statistische Seminar"* an.[17]

In diesem Semester wurde das Seminar von zehn Studierenden des Polytechnikums, aber auch von mehreren jungen Beamten aus verschiedenen Ministerien, von einigen Lehrern, von Volontären am Kgl. Sächsischen Statistischen Büro und von Mitgliedern des Statistischen Büros der Staatseisenbahnen besucht. Täglich "von 11-1 Uhr" konnten BÖHMERTs Seminarteilnehmer ihn im Statistischen Büro konsultieren und sich Anleitung für eigene statistische Arbeiten holen. Sie durften Bibliothek und Leseraum des Statistischen Büros nutzen. Aufgaben, die im Statistischen Seminar bearbeitet wurden, stammten aus der Praxis des Statistischen Büros. Interessierte Studenten konnten sich also gute volkswirtschaftlich-praktisch orientierte Kenntnisse der Statistik aneignen - und diese auch vertiefen: Wahrscheinlichkeitsrechnung gehörte zum regelmäßigen Vorlesungsangebot am Dresdner Polytechnikum, Statistik und Versicherungsmathematik, gelesen von Zeuner, zum gelegentlichen.

4. Georg Helm und die Errichtung des Versicherungs-Seminars zum SS 1896

Aus Altersgründen legte VICTOR BÖHMERT Ende März 1895 sein Amt als Direktor des Statistischen Büros nieder[18]. Zwar las er bis 1903 an der

---

[16] [Böhmert 1918]; und [TU-Arch: Professorenblatt Victor Böhmert und Beilage dazu]
[17] [TU-Arch: XXVII / 80]
[18] Zeitschrift des Kgl. Sächs. Statistischen Bureaus, XL. Jahrgang 1894, S. 232-235; desgleichen 41. Jahrgang 1895 („Mittheilung") - Böhmerts Nachfolger im Statistischen Büro wurde Oberregierungsrat Dr. Arthur Geißler.

Hochschule und führte auch ein "Statistisches Seminar" durch[19], die seit 1875 bestehende spezifische Form des Seminars, ermöglicht durch die Doppelfunktion BÖHMERTs, hörte jedoch 1895 auf zu existieren. Daß die entstehende Lücke von der Seite der Mathematik durch etwas qualitativ Neues geschlossen würde, kündigte sich schon Ende der achtziger Jahre an. 1888 waren die beiden ersten der vier Dresdner mathematischen Lehrstühle neu besetzt worden, mit MARTIN KRAUSE (1851-1920) und GEORG HELM (1851-1923). HELM, der bis dahin am Annenrealgymnasium in Dresden tätig gewesen war, wurde Inhaber des 2. Mathematischen Lehrstuhls - für Angewandte Mathematik, verbunden mit Teilen der mathematischen Physik. Der gebürtige Dresdner hatte die Dresdner Lehrerabteilung absolviert, seine Studien in Berlin und Leipzig ergänzt und an der Universität Leipzig promoviert. Schon vor der Berufung an das Polytechnikum waren einige seiner Veröffentlichungen der Statistik und dem Versicherungswesen zuzuordnen: "Die Berechnung der Rententafeln aus Sterblichkeits- und Invaliditätsbeobachtungen" (1884), "Kindersterblichkeit im sächsischen Bergmannsstande" (1885), "Die bisherigen Versuche, Mathematik auf volkswirtschaftliche Fragen anzuwenden" (1887)[20]. Im WS 1890/91 begann HELM in der Tradition von ZEUNER mit Vorträgen zum Versicherungswesen und mit dem Aufbau einer entsprechenden Bibliothek[21]. Von 1890 bis 1896 bildete der Komplex der (einschlägigen) Veranstaltungen von BÖHMERT und HELM quasi einen "Vorläufer des Versicherungsseminars". Beider Vorlesungen konnten sich gut ergänzen, da sie unterschiedliche Akzente setzten. Im WS 1895/96 beispielsweise trug HELM über "Die mathematischen Grundlagen des Versicherungswesens" vor, BÖHMERT hingegen beleuchtete "Das Versicherungswesen in seiner volkswirtschaftlichen Bedeutung und historischen Entwicklung".[22] HELMs Aktivitäten sind natürlich auch vor dem gesellschaftspolitischen Hintergrund der 1880/90-er Jahre zu sehen. Mit der Installierung der gesetzlichen sozialen Sicherungssysteme in Deutschland - Unfallversicherungsgesetz 1884, Gesetz zur Invaliditäts- und Altersversicherung 1889, weitere Gesetze folgten später - gewann die Rolle des Versicherungswesens an Bedeutung, und die Versicherungsmathematik begann sich als selbständige Disziplin der angewandten Mathematik zu konstituieren. Eine Palette neuer Berufsmöglichkeiten eröffnete sich. An

---

[19] [TU-Arch: V 1-15, V 16-21, V 22-27]
[20] [Helm 1884]; [Helm 1885]; [Helm 1887]
[21] [Sächs. Hauptstaatsarchiv, Min. für Volksbildung, Nr. 15382, Bl. 16/17]
[22] [TU-Arch: V 1-15]

der Kgl. Sächsischen Technischen Hochschule zu Dresden - so der Name unserer Einrichtung seit 1890 - waren die Voraussetzungen zu deren Erschließung vorhanden! Obwohl in Dresden längerfristig vorbereitet, wurde das erste Versicherungsseminar im deutschen Hochschulwesen nicht an der Technischen Hochschule Dresden, sondern an der Universität Göttingen gegründet; dieses nahm zum WS 1895/96 seine Tätigkeit auf. Das Göttinger Seminar geht auf eine Initiative von FELIX KLEIN (1849-1925) zurück. Es wurde allerdings nicht an die Mathematik, sondern an die Wirtschaftswissenschaften angebunden und der Leitung des bekannten Nationalökonomen WILHELM LEXIS (1837-1914) unterstellt. Erster Vertreter der Mathematik am Göttinger Seminar war der Privatdozent GEORG BOHLMANN (1869-1928).[23] Mit der Verordnung des Kgl. Sächsischen Ministeriums des Kultus und öffentlichen Unterrichts vom 22. Februar 1896 wurde das Dresdner "Versicherungstechnische Seminar" abgesegnet. Für das SS 1896 wurde es erstmals angekündigt - mit vier Stunden in Theorie und Praxis. Geübt wurde bei der Lösung realer Probleme. So prüften die Seminarteilnehmer eine Dresdner Innungssterbekasse, bereiteten die im Jahre 1900 an der TH Dresden eingeführte Hilfspensionskasse mit vor und berechneten neue Rententafeln auf Grund der 1894 von ZEUNER erstellten Sterblichkeitstafeln für Sachsen[24]. Die Ausbildung dauerte zwei Semester. Erfolgreiche Seminarteilnehmer erhielten ein "Zertifikat". Das wenige Monate nach dem Göttinger begründete Dresdner Versicherungsseminar war das zweite im deutschen Hochschulwesen, aber das erste, das unter der Leitung eines Mathematikordinarius stand und das vorrangig auf die mathematische Seite des Versicherungswesens abzielte.

5. Paul Eugen Böhmer und der Dresdner Lehrstuhl für Versicherungsmathematik

Für 1913 hatte das Sächsische Ministerium des Kultus und öffentlichen Unterrichts geplant, an der Universität Leipzig ein versicherungswissenschaftliches Institut zu begründen, das an die Juristische Fakultät angeschlossen und vor allem auf die wirtschaftlichen und rechtlichen Aufgaben des Versicherungswesens ausgerichtet werden sollte. Vor diesem Hinter-

---

[23] [Lorey, S. 45 - 46]
[24] [Sächs. Hauptstaatsarchiv, Min. für Volksbildung, Nr. 15382, Bl. 40/41]

grund entwarf HELM einen detaillierten Plan zum Ausbau des mathematisch orientierten Dresdner Seminars. Seine Realisierung wurde durch den Krieg verzögert, jedoch bereits im Herbst 1918 wurde er erneut aufgegriffen und dann rasch verwirklicht.[25]

Zum 1. Juni 1919 wurde PAUL EUGEN BÖHMER (1877-1958) auf den neu errichteten Lehrstuhl für Versicherungsmathematik berufen. Er wurde gleichzeitig Direktor des damit verbundenen Versicherungs-Seminars, das neben dem Mathematischen Seminar und organisatorisch unabhängig von diesem bestand. Der BÖHMERsche Lehrstuhl ist der erste und bis 1945 einzige in Deutschland gewesen, der allein der Versicherungsmathematik gewidmet war.[26]

PAUL EUGEN BÖHMER, am 21.2.1877 im schlesischen Goschütz geboren, hatte 1897 in Marienwerder/Preußen, wo sein Vater zuletzt Superintendent war, das Gymnasialabitur abgelegt und danach Mathematik, Physik und Philosophie in Breslau, Königsberg, Berlin und Göttingen studiert, das Staatsexamen für das höhere Schulamt bestanden und 1903 bei HERMANN MINKOWSKI (1864-1909) in Göttingen mit der Arbeit "Über geometrische Approximationen" promoviert. Danach arbeitete er in Berlin als Mathematiker bei der Versicherungsgesellschaft "Nordstern" und im höheren Schuldienst. 1912 trat er in das Kaiserliche Aufsichtsamt für Privatversicherung ein; hier wirkte er bis zu seiner Berufung nach Dresden als Regierungsrat, unterbrochen durch den Heeresdienst. 1914 hatte sich BÖHMER an der TH Berlin-Charlottenburg zum Privatdozenten habilitiert.[27]

Seine Arbeit "Die Grundlagen der Theorie der Invaliditätsversicherung", 1914 erschienen im neugegründeten "Jahrbuch für Versicherungsmathematik", zählt zu den klassischen Arbeiten der Versicherungsmathematik.

Die "Bestimmungen des Versicherungs-Seminars an der Sächsischen Technischen Hochschule Dresden", als Broschüre gedruckt [28], wurden am 10. November 1919 durch Verordnung des Sächsischen Ministeriums des Kultus und öffentlichen Unterrichts genehmigt. Sie enthielten Satzung, Prüfungsordnung und Studienplan des Seminars.

Das Studium im Versicherungsseminar umfaßte 4 Semester.

---

[25] [Sächs. Hauptstaatsarchiv, Min. für Volksbildung, Nr. 15755]
[26] Das ergibt ein Vergleich der in [Scharlau, 1989] angegebenen Widmung der mathematischen Lehrstühle.
[27] [TU-Arch: Professorenblatt Böhmer]; und [Böhmer 1957]
[28] [Sächs. Hauptstaatsarchiv, Min. für Volksbildung, Nr. 15755, eingehefteter Druck]

Im SS 1919, seinem ersten Dresdner Semester, las BÖHMER wöchentlich drei Stunden Versicherungsmathematik mit drei Stunden Übungen, außerdem hielt er je zweistündige Vorlesungen über "Analytische Geometrie der Kegelschnitte" und "Sphärische Trigonometrie". Es blieb hinfort dabei, daß BÖHMER neben den spezifischen Vorlesungen zur Versicherungsmathematik, Versicherungstechnik, mathematischen Statistik und Wahrscheinlichkeitsrechnung stets auch weitere mathematische Vorlesungen anbot.

Versicherungstheorie und -praxis sind ihrer Natur nach interdisziplinär, das spiegelte sich deutlich im Studienplan wider. So lernten die künftigen Versicherungstechniker auch Volkswirtschaftslehre, Nationalökonomie und Rechtswissenschaft, Disziplinen, die in der Dresdner Kulturwissenschaftlichen Abteilung angesiedelt waren. Höhere Mathematik I - IV wurde turnusmäßig von den Inhabern der beiden ersten mathematischen Lehrstühle, für Reine Mathematik und für Angewandte Mathematik, gelesen. An der TH Dresden waren das seit Oktober 1920 GERHARD KOWALEWSKI (1876-1950) und MAX LAGALLY (1881-1945).[29]

Mindestens sechzehn Dresdner Absolventen fertigten ihre Dissertationsschrift unter der Anleitung von PAUL EUGEN BÖHMER an. Einige von ihnen bekleideten später angesehene Positionen im Hochschulwesen und im Versicherungswesen.[30]

BÖHMER wirkte in den Diplom-Prüfungsausschüssen für angewandte Mathematiker und für technische Physiker, in der Prüfungskommission für Kandidaten des höheren Schulamtes der mathematisch-naturwissenschaftlichen Richtung und selbstverständlich als Vorsitzenden der Prüfungskommission für Versicherungstechniker. Außerdem brachte er seine Fachkompetenz in verschiedene Gremien der Hochschule ein. So gehörte er zu den Professoren, die die von HELM eingeführte Hilfspensionskasse verwalteten; er war Vorsitzender des Unfallversicherungs-Ausschusses und Mitglied der Verwaltung der studentischen Krankenkasse.[31]

---

[29] [TU-Arch: Vorlesungsverzeichnisse]
[30] Eine Liste der von Böhmer betreuten Promovenden und Bemerkungen über einige von ihnen sind in dem Beitrag von W. Voss im Band zur Tagung über „Versicherungsmathematik an der TU Dresden und deren Geschichte" (Februar 2001), der von Prof. Klaus Schmidt, Dresden, herausgegeben werden wird, enthalten. Hierin finden sich auch Angaben über die Vorlesungsthemen Böhmers und über seine Publikationen.
[31] [TU-Arch: Personal- und Vorlesungsverzeichnisse]

Mit dem Jahre 1933 begann der Niedergang der TH Dresden, wie der der anderen deutschen Hochschulen. 1937 waren in der Mathematisch-Naturwissenschaftlichen Abteilung noch etwa 1/7 der Studentenzahlen von 1930 immatrikuliert.[32] Geplante Konzentrationsmaßnahmen an den Hochschulen Sachsens gefährdeten auch den Dresdner Lehrstuhl für Versicherungsmathematik, doch letztlich waren die Bemühungen der Hochschule um seinen Erhalt erfolgreich.[33] BÖHMERs Lehrtätigkeit endete 1945; er wurde wegen seiner Mitgliedschaft in der NSDAP aus dem öffentlichen Dienst entlassen. Nach seiner Rehabilitierung nahm er seit 1950 Lehraufträge an der TH Dresden wahr, bis er 1952, 75-jährig, in den Ruhestand trat.

In der DDR gelangte die mathematische Statistik an der TH/TU Dresden zu hoher Blüte, ein versicherungsmathematischer Lehrstuhl wurde jedoch erst wieder Anfang der 90er Jahre geschaffen.

Literatur

Abwehr des Angriffs ... auf die Dresdner Feuerversicherungs-Gesellschaft, Dresden 1862

BECKER, J. FERD.: Über eine zweckmäßigere Einrichtung der Renten-Anstalten, Berlin 1844

BÖHMER, PAUL EUGEN: Die Grundlagen der Theorie der Invaliditätsversicherung (1914). - In: Blätter der Deutschen Gesellschaft für Versicherungsmathematik, Bd. VIII, Heft 2, S. 353-378 (Nachdruck)

BÖHMER (1957): "Prof. Dr. Paul Eugen Böhmer 80 Jahre" (ohne Verfasser). - In: Blätter der Deutschen Gesellschaft für Versicherungsmathematik, Bd. III, Heft 2, S. 133

BÖHMERT, VICTOR (1): Plan der Zeitschrift des Kgl. Sächsischen statistischen Bureaus. - In: Zeitschrift des Kgl. Sächsischen Statistischen Bureaus, XXI. Jahrgang 1875, S. 1

BÖHMERT, VICTOR (2): Die Aufgaben der statistischen Bureaus und Zeitschriften in ihrer Verbindung mit Hochschulen und Lehrstühlen für Nationalökonomie und Statistik. - In: ebenda, S. 2-10

---

[32] [Sächs. Hauptstaatsarchiv, Min. für Volksbildung, Nr. 15295; Bl. 87, 112, 188, 189]
[33] [Sächs. Hauptstaatsarchiv, Min. für Volksbildung, Nr. 15749, Bl. 170-179]

BÖHMERT, VICTOR (3): Die neuen Grundlagen für die Statistik der Bevölkerungsbewegung im Königreiche Sachsen. - In: ebenda, S. 82-89

BÖHMERT, VICTOR (4): Das Statistische Seminar des Dresdner Polytechnikums und königl. Sächsischen statistischen Bureaus. - In: ebenda, S. 113-116

BÖHMERT (1918): Dem Andenken Victor Böhmert - Gedenkreden zu seinem Hinscheiden am 12. Februar 1918.

Feuer-Cassa: Neu-auffgerichtete Feuer-Cassa, denen Liebhabern zu dienlicher Nachrichtung zum andernmahl in Druck gegeben, Anno 1704, Dresden 1704

Feuer-Cassen-Ordnung: Bey der am 3. Februar Anno 1701 gehaltenen Zusammenkunfft der sämbtlichen Interessenten der so genannten Feuer-Cassen-Ordnung ist nachfolgendes beschlossen u. abgehandelt worden..., Dresden 1701

Fewer Ordnung der Stadt Dreßden, vornewert und wiederauffgerichtet, im Jahre nach Christi Geburt, M.D.LXXXIX., Dresden 1589

HELM, GEORG: Die Berechnung der Rententafeln aus Sterblichkeits- und Invaliditätsbeobachtungen. - In: Schlömilchs Math. Zeitschrift 29, 1884

HELM, GEORG: Die Kindersterblichkeit im sächsischen Bergmannsstande (im Auftrage des Kgl. Ministeriums des Innern) - In: Zeitschrift des Kgl. Sächsischen Statistischen Bureaus, XXXI. Jahrgang 1885, S. 15-22

HELM, GEORG: Die bisherigen Versuche, Mathematik auf volkswirtschaftliche Fragen anzuwenden. - In: Sitzungsberichte und Abhandlungen der naturwissenschaftlichen Gesellschaft Isis zu Dresden, 1887

HEYM, KARL: Anzahl und Dauer der Krankheiten in gemischter Bevölkerung. 25 Jahre Erfahrungen der Versicherungs-Gesellschaft "Gegenseitigkeit" zu Leipzig. - Leipzig, 1884 (Verlag von Eduard Strau) (nachgedruckt in: Blätter der Deutschen Gesellschaft für Versicherungsmathematik, Band VIII, , Heft 2, S. 344 ff)

HÜLSSE, JULIUS AMBROSIUS: Über Invaliden-, Wittwen- und Waisenunterstützungskassen. - In: Deutsche Gewerbezeitung, 15. Jahrgang, 1850, Neue Folge - Erster Band, S. 44-54

Kern-Chronicon: Kurtzgefaßtes Sächsisches Kern-Chronicon, worinnen in sechs besondern Paquets, oder zwey und siebenzig Couverts etliche

hundert merckwürdige alte und neue Glück- und Unglücks-Fälle, Festivitäten, Geburthen, Vermählungen und Absterben, auch andere wunderbahre und remarquable Begebenheiten, die sich hin und wieder in diesem Churfürstenthum und incorporirten Landen ... zugetragen, Leipzig 1726

KUNZE, W.F.: Ansichten über die Sächsischen Gesetze und Verordnungen vom 23. Juli 1828, 14. November 1835 und 13. December 1836, das Mobiliar- und Immobiliar-Brandversicherungswesen betreffend, zur beliebigen Berücksichtigung bei einer wünschenswerthen neuen Bearbeitung derselben für den bevorstehenden Landtag. - In: Allgemeine Versicherungs-Zeitung. Erster Jahrgang, No. 12, Leipzig, 10. September 1845

LOREY, WILHELM (1916): Das Studium der Mathematik an den deutschen Universitäten seit Anfang des 19. Jahrhunderts. Leipzig, Berlin: Teubner 1916. (= Abhandlungen über den mathematischen Unterricht in Deutschland, veranlaßt durch die Internationale Mathematische Unterrichtskommission. Hrsg. von Felix Klein. Band 3. Heft 9)

LOTZE: Denkschrift zur Feier des zweihundertjährigen Bestehens der Sächsischen Landes-Brandversicherungsanstalt, Dresden 1929

Nachricht von dem Zustand des im Jahre 1720 zum Behuff derer Witben und Waysen mit Gott! errichteten und allergnädigst confirmirten Versorgungsmittels, Dresden 1721

PFÜTZE, ARNO: Die Entwicklung der amtlichen Landesstatistik in Sachsen, Dresden 1931 (Teubner)

SÄCHS. RENTENVERSICHERUNGS-ANSTALT: Die Sächsische Rentenversicherungs-Anstalt zu Dresden (Festschrift zu ihrem 60-jährigen Bestehen), Leipzig 1901 (Druck von Pöschel & Trepte)

SÄCHS. RÜCKVERSICHERUNGS-GESELLSCHAFT: Statuten der Sächsischen Rückversicherungs-Gesellschaft, Dresden 1864

SCHARLAU, WINFRIED (und Fachgelehrte): Mathematische Institute in Deutschland 1800-1945 (Dokumente zur Geschichte der Mathematik Band 5), Braunschweig/Wiesbaden 1989 (Friedrich Vieweg & Sohn)

SCHMITT-LERMANN, HANS: Die Bayerische Versicherungskammer in Vergangenheit und Gegenwart 1875-1950, München 1950 (Kommunalschriften-Verlag J. Jehle)

SCHÜES, WALTER G. u.a.: Die Geschichte der "Nord-Deutsche Versicherungs-Gresellschaft" zu Hamburg, Hamburg 1957

Tabella über die nunmehro würcklich geschlossenen 10 Classen des allergnädigst confirmirten Versorgungs-Mittels in Dreßden, Dresden 1720

TOBIES, RENATE (Hrg.): Aller Männerkultur zum Trotz - Frauen in Mathematik und Naturwissenschaften, Frankfurt/Main-New York 1997 (Campus Verlag)

Verzeichniß der Mitglieder des Pensions-Vereines für Wittwen und Waisen sächsischer Beamten. (Aufgenommen am 1. März 1864), Dresden 1864

Zur Viehversicherung in Deutschland. Eine kritische Studie über die Sächsische Viehversicherungs-Bank in Dresden und die Rheinische Viehversicherungs-Gesellschaft in Cöln, Wien 1886

ZEUNER, GUSTAV: Mathematische Untersuchungen betreffend die Entstehung und Ableitung der Formeln zur Berechnung der Nettotarife und Deckungscapitalien für sämmtliche Versicherungszweige der Schweizerischen Rentenanstalt. Manuscript und Eigenthum der Schweizerischen Rentenanstalt. 1861

ZEUNER, GUSTAV: Abhandlungen aus der Mathematischen Statistik, Leipzig 1869 (Verlag von Arthur Felix)

ZEUNER, GUSTAV: Über das Zeitmaass in der Statistik. - In: Zeitschrift des Kgl. Sächsischen Statistischen Bureaus, XXII.Jahrgang 1876, S. 279-283

ZEUNER, GUSTAV: Sunto dei Saggi di Statistica Matematica, Roma 1883

ZEUNER, GUSTAV: Neue Sterblichkeitstafeln für die Gesamtbevölkerung des Königreichs Sachsen nach den Erhebungen und Berechnungen des Kgl. Sächsischen Statistischen Bureaus. - In: Zeitschrift des Kgl. Sächsischen Statistischen Bureaus, XL. Jahrgang 1894, S. 13-50

Zweyte Haupt-Tabella aller Membrorum derer 10 Classen, des Anno 1720 errichteten, und von Ihro Königlichen Majestät allergnädigst confirmirten Versorgungs-Mittels in Dresßden, Dresden 1729

Archivalien

Sächsisches Hauptstaatsarchiv:
Ministerium für Volksbildung: Nr. 15295,15382, 15749, 15755
Archiv der Technischen Universität Dresden (TU-Arch):
Professorenblätter und Beilagen dazu von:
Paul Eugen Böhmer, Victor Böhmert, Julius Ambrosius Hülsse, Gustav Zeuner
Verzeichnis der Vorlesungen und Übungen:
V 1 - 15: SS 1892 - SS 1899
V 16 - 21: WS 1899/1900 - SS 1902
V 22 - 27: WS 1902/03 - SS 1905
V 28 - 35: WS 1905/06 - SS 1909
V 36 - 43: WS 1909/10 - SS 1913
V 44 - 49: WS 1913/14 - SS 1916
V 50 - 56: WS 1916/17 - SS 1919
Personalverzeichnis der Sächs. TH für das WS 1927/28
Verzeichnis der Vorlesungen und Übungen, Stunden- und Studienpläne WS 1927/28
Desgleichen SS 1928
Desgleichen WS 1928/29
V / Nr. 85: "Personalverzeichnis nach dem Stande vom 1.10.1935. Vorlesungsverzeichnisse WS 1935/36, SS 1936"
V / Nr. 86: "Personalverzeichnis nach dem Stande vom 1.10.1936, Vorlesungsverzeichnisse WS 1936/37, SS 1937"
XXVII / 80: Programme der Polytechnischen Schule und des Polytechnikums; Zeit: 1855, 1875-76, 1876-77, 1862
111: Nachlaß Prof. Erler / Vorlesungsverzeichnis mit Jahresbericht 1886 - 1887
XXVII / Nr. 18: "Sammlung Promotions- und Habilitationsordnungen 1895 - 1956"
104: "Sammlung Prüfungs- und Promotions-Ordnungen 1909/11 - 1954"

Dr.habil. Waltraud Voss, Tannenberger Weg 10, 01169 Dresden
waltraud.voss@web.de

History of Education in Descriptive geometry at the German Technical University in Brno

Pavel Šišma

The main aim of this article is to describe the development of professors' staff of the chair of descriptive geometry at the German Technical University in Brno. First we will recall the beginning of the education of descriptive geometry at the technical universities in Austria in 19th century. At the end we will recall FERDINAND JOSEF OBENRAUCH, the Privatdozent of history of descriptive geometry at Brno German Technical University, and his book devoted to the history of geometry.

1. The beginnings of teaching descriptive geometry at French, German, and Austrian technical schools

The aim of this article is not to describe the origin and the development of descriptive geometry in the 18th and 19th centuries. We can remind only of the basic data about MONGE's contribution to descriptive geometry.

In 1765 GASPARD MONGE (1746-1818) solved a geometrical problem with a method of descriptive geometry at the Military Engineering School in Mézières. Later MONGE started to teach his method at this school. The method of descriptive geometry was a military secret for about thirty years and MONGE could not teach this new geometrical method in public.

In 1794 MONGE started his public lectures on descriptive geometry at the École Normale and École Polytechnique in Paris. In 1795 his lectures were published in journal of École Normale and in 1799 MONGE published his famous textbook [Monge 1799]. The development, study, and education of descriptive geometry then started not only in France but in the whole of Europe. The first German textbook on descriptive geometry [Creizenach 1821] was written by M. CREIZENACH in 1821. The textbook inspired by MONGE's book [Schreiber 1828] was published in 1828 by GUIDO SCHREIBER (1799-1871), professor in Karlsruhe. The German translation of MONGE's book was published in Leipzig in 1900 [Haussner 1900].

The first Austrian textbook devoted to descriptive geometry [Arbesser 1824] was written by JOSEF ARBESSER, assistant of theory of machines and machine-drawings of Vienna Polytechnic, in 1824. In 1845 a much more influential textbook of descriptive geometry [Hönig 1845] was written by JOHANN HÖNIG (1810-1886), professor of descriptive geometry at Vienna Polytechnic.

Prague Technical College was established in 1717. In 1806, following the project of F. J. GERSTNER (professor of mathematics at the Prague University) the Technical College was transformed into Prague Polytechnic. In 1869 the Polytechnic was divided into two universities - German Technical University and Czech Technical University. The German Technical University in Prague was abolished in October 1945.

In 1806, when the Prague Technical College was transformed into polytechnic, F. J. GERSTNER proposed the teaching of descriptive geometry at this school. He was certainly inspired by the École Polytechnic. But GERSTNER's proposal was not realized. The first non-obligatory lectures of descriptive geometry were given by KARL WIESENFELD (1802-1870), substitute professor of civil engineering, in the years 1830-33. The elements of descriptive geometry were taught by WENZEL DE LAGLIO, assistant of mechanics and physic, in 1840-44. Later descriptive geometry was taught by JOHANN SOCHOR, 1844-47, VINCENZ HAUSMANN, 1847-49, and KARL WIESENFELD again, then already full professor of civil engineering, in 1849-52. In 1850 the associate chair of descriptive geometry was established and RUDOLF SKUHERSKÝ (1828-1863), assistant of descriptive geometry at Vienna Polytechnic, was appointed professor there in 1852. In 1854 RUDOLF SKUHERSKÝ was appointed full professor. In 1861 SKUHERSKÝ started to teach descriptive geometry not only in German but also in Czech. In 1864, after SKUHERSKÝ's death, the chair was divided into two chairs - Czech and German. FRANTIŠEK TILŠER (1825-1913) and WILHELM FIEDLER (1832-1912) were appointed to those chairs. In 1867 FIEDLER went to Zürich and KARL KÜPPER (1828-1900) was appointed professor of descriptive geometry. In 1898 KÜPPER retired and in 1900 EDUARD JANISCH (1868-1915) was appointed professor. After JANISCH's death in 1915 KARL MACK (1882-1943) was appointed professor in 1916. He taught descriptive geometry in Prague for the rest of his live.

After FRANTIŠEK TILŠER's retirement, KARL PELZ (1845-1908) was appointed professor in 1896. In 1907 VINCENC JAROLÍMEK (1846-1921) was

appointed professor of descriptive geometry for civil engineering and taught this subject until 1912 when he fell ill. The chair was substituted by FRANTIŠEK KADEŘÁVEK (1885-1961) until KADEŘÁVEK was appointed professor in 1917.

The second chair of descriptive geometry, for Faculty of Machines, was established in 1908. In this year BEDŘICH PROCHÁZKA (1855-1934) was appointed professor. After PROCHÁZKA's retirement JOSEF KOUNOVSKÝ (1878-1949) was appointed. KOUNOVSKÝ and KADEŘÁVEK taught descriptive geometry at Prague Technical University even after the World War II.

Vienna Technical Institute was established in 1815 and in 1872 it was transformed into Technical University. Descriptive geometry was taught there first in the lectures of machine-drawing or constructive-drawing. The aim of the professors' staff was the establishment of the chair of descriptive geometry. The first special lectures of descriptive geometry were given by JOHANN HÖNIG, an assistant of theory of machines, in 1834. From 1839-1843 he was professor of civil engineering at the Mining Academy in Banská Štiavnica (Schemnitz). In 1843 JOHANN HÖNIG was appointed the first professor of descriptive geometry at Vienna Polytechnic.

Later the professors of descriptive geometry were: RUDOLF NIEMTSCHIK (1831-1877) from 1870 to 1877, RUDOLF STAUDIGL (1838-1891) from 1877 to 1891, GUSTAV PESCHKA (1830-1905) from 1891 to 1901, EMIL MÜLLER (1861-1927) from 1902 to 1927, ERWIN KRUPPA (1885-1867) from 1929 to 1957.

In 1896 the second (associate) chair of descriptive geometry was established. In 1897 JAN SOBOTKA (1862-1931) was appointed professor at this chair. In 1899 SOBOTKA went to Brno and was appointed the first professor of descriptive geometry at the newly established Czech Technical University. In 1900 THEODOR SCHMID (1859-1937) was appointed associate professor and in 1906 full professor at this chair. The next professors at the second chair of descriptive geometry were LUDWIG ECKHARDT (1890-1938) from 1929 to 1938 and JOSEF KRAMES (1897-1986) from 1939 to 1945. Descriptive geometry was taught in Vienna at the University of Agriculture since 1872. JOSEF SCHLESINGER (1831-1901) was the first professor there.

The Brno Czech Technical University was established in 1899 and the chair of descriptive geometry was one of the first four chairs which were

established. JAN SOBOTKA, former professor of Vienna Technical University, was the first professor of descriptive geometry. In 1904 he went to Prague University and BEDŘICH PROCHÁZKA was appointed professor. In 1908 PROCHÁZKA was appointed professor of descriptive geometry at Prague Czech Technical University. MILOSLAV PELÍŠEK (1855-1940) was the third professor of descriptive geometry at Brno Czech Technical University. He taught this subject from 1908 to 1925 when he retired. JOSEF KLÍMA (1887-1943) worked in Brno from 1927 to 1939.

To conclude with, we will only mention the beginnings of teaching descriptive geometry at the technical universities in Graz and Lemberg. **The Technical College in Graz** was established in 1811 in connection with a museum (Joanneum). JOSEF VON ASCHAUER, professor of mechanics, held the first non-obligatory lectures of descriptive geometry at Joanneum in 1842. From 1846 descriptive geometry became the obligatory subject which was taught by professors of *Realschule* in Graz. In 1852 the chair of descriptive geometry was established and in 1854 MAX BAUER was appointed the first professor. After BAUER's death RUDOLF NIEMTSCHIK was appointed professor of descriptive geometry in 1859. When NIEMTSCHIK went to Vienna, EMIL KOUTNÝ (1840-1880), *Privatdozent* of Brno Technical University, was appointed professor in 1870. In 1876 KARL PELZ habilitated at Graz Technical University and in 1878 he was appointed associate professor. After KOUTNÝ's death he was appointed full professor. In 1891 PELZ turned down an offer to teach descriptive geometry at Vienna Technical University and in 1896 he went to Prague Technical University.

In 1817 a technical secondary school was established in **Lemberg**. In 1844 the school was transformed into **Technical Academy** and in 1877 into Technical University. VINCENZ HAUSMANN, professor of mechanics, held the first lectures of descriptive geometry at the Technical Academy in Lemberg in the years 1852-53. In 1857 GUSTAV PESCHKA was appointed professor of mechanics, theory of machines, machine-drawings and descriptive geometry. In 1864 when PESCHKA went to Brno WOJNAROWSKI was appointed professor of descriptive geometry at Lemberg Academy. His successor was KARL MASZKOWSKY and from 1880 taught descriptive geometry MIECZYSLAV LAZARSKI.

In 1849 two mining academies were established: in Leoben in Austria and in Příbram in Bohemia. Some knowledge of descriptive geometry was required for the entrance to these schools. This was one of the reasons that

the chairs of descriptive geometry were established in Austrian polytechnics in the 1850's. Polytechnics were directed, apart from others, to the preparations of future students of mining academies. The lectures of descriptive geometry (and mathematics too) started at mining academies in 1870's. For example at Leoben Mining Academy FRANZ LORBER (1846-1930) taught descriptive geometry first in the years 1876-1893.

2. Descriptive geometry at the German Technical University in Brno

Brno Technical College was established in 1849. In 1867 the college was transformed into Technical Institute and in 1873 the institute was declared a university and its title was changed to Technical University (*Technische Hochschule*). The title German Technical University appeared as late as 1911. On 18th October, 1945 the German Technical University in Brno was dissolved by a decree of the President of the Czechoslovak Republic.

Brno Technical College was a new school and the chair of descriptive geometry and mechanics was one of the twelve chairs which were established already in 1849. As the retrieval of a good teacher for both subjects was difficult, the subjects were separated and two chairs were established. GEORG BESKIBA, the first professor of descriptive geometry, was appointed in 1851.

GEORG BESKIBA was born in Vienna in 1819. He studied at Vienna Polytechnic and *Akademie der bildenden Künste*. For two years he was an assistant of civil engineering at Vienna Polytechnic and then he went to Lemberg Technical Academy where he was appointed professor of this subject. From 1852 to 1867 he was professor of descriptive geometry at Brno Technical College. When the school was reorganized he was appointed professor of civil engineering and he worked in Brno for the rest of his live. GEORG BESKIBA died in Brno in 1882.

From 1867 to 1891 GUSTAV ADOLF PESCHKA was professor of descriptive geometry at Brno Technical Institute and Technical University later. PESCHKA was born in 1830 in Jáchymov (Joachimstal). He studied at Prague Polytechnic and then he was assistant there for 5 years. From 1857 to 1864 he was professor of mechanics, machines' construction, machine-drawings and descriptive geometry at the Technical Academy in Lemberg. In 1864 he was appointed professor of these subjects at Brno Technical College. In 1867 he was appointed professor of descriptive geometry. PESCHKA was

sixty-one year old when he was appointed professor of descriptive geometry at Vienna Technical University in 1891. He taught there until 1901 when he retired. He died in Vienna in 1903.

OTTO RUPP was born in Nová Říše (Neureich) in Moravia in 1854. He studied at Brno Technical University and in 1874 he was appointed assistant of descriptive geometry there. In 1881 he habilitated for *Neue Geometrie*. When GUSTAV PESCHKA went to Vienna OTTO RUPP substituted the free chair and in 1892 he was appointed associate and in 1896 full professor. RUPP died in December of 1908. After professor RUPP's death the situation at Brno Technical University was complicated by the fact that the chair of mathematics was vacant after professor OTTO BIERMAN's (1858-1909) death. During 1909 it became apparent that the occupation of chair of descriptive geometry by an acceptable candidate would be very difficult and professors' staff found the following solution to this situation. They suggested appointing the current Professor of Mathematics (and a very good geometer) EMIL WAELSCH to the chair of descriptive geometry. The Ministry agreed with this step, and therefore two chairs of mathematics became free.

EMIL WAELSCH was born in 1863 in Prague. He studied at the German University and German Technical University in Prague. During 1884-1886 he studied at the universities of Leipzig and Erlangen where he received his doctor's degree. In the academic year 1892-1893 he studied at Leipzig University again. In 1890 he habilitated at Prague German Technical University where he was an assistant from 1886. In 1895 he was appointed associate professor and in 1898 full professor of mathematics at Brno German Technical University. In 1910 he was appointed professor of geometry and he remained in this position for the rest of his life. EMIL WAELSCH died in Brno in 1927.

EMIL WAELSCH reorganized the education of geometrical subjects at Brno German Technical University. He taught not only descriptive geometry but in the second semester he also taught analytic geometry, vector calculus, and application of differential and integral calculus in geometry. The title of this subject was *Mathematik erster Kurs b*. This Brno model of the education of geometrical subjects was unique in Austria, the reason being the personality of professor WAELSCH who was a specialist in many areas of mathematics.

Two years after WEALSCH's death JOSEF KRAMES, was appointed professor of descriptive geometry in Brno. KRAMES was born in 1897 in Vienna. He studied at Vienna Technical University and Vienna University. In 1920 he received his doctor's degree at Technical University. From 1916 KRAMES was an assistant by EMIL MÜLLER. In 1924 he habilitated for descriptive and projective geometry. After MÜLLER's death he substituted the free chair. From 1929 to 1932 he was associate professor of descriptive geometry in Brno. Then he went to Graz where he was appointed full professor of descriptive geometry at Technical University. From 1939 to 1945 and from 1957 to 1969 he taught at Vienna Technical University. He died in Salzburg in 1986.

The last professor of descriptive geometry at the Brno German Technical University was RUDOLF KREUTZINGER. He was born in Brno in 1886. He studied at Vienna University and finished his studies in 1911. From 1908 to 1935 he was assistant of descriptive geometry at Brno Technical University. In 1931 he habilitated and 1935 he was appointed associate professor. During the World War II he was appointed full professor in 1941. KREUTZINGER died in Brno in 1961.

The content and range of descriptive geometry lessons at the German Technical University in Brno was changing during the development of the school. At the Technical College descriptive geometry was taught in 2 hours of lectures and 10 hours of exercises per week (2/10). We have only fragmentary information about the programme of these lectures: *Darstellende Geometrie, Perspektiv- und Schattenlehre mit Anwendung auf Maschinen- und Architekturzeichnen.*

From 1867 descriptive geometry was taught in 5 hours of lectures and 10 hours of exercises. The first detailed syllabus of the teaching of descriptive geometry can be found in the programme of lectures for the school year 1871-72: *Orthogonale - schiefe - centrale Projektion. Gegenseitige Beziehungen von Punkten, Geraden und Ebenen. Krumme Linien und ihre Beziehungen zu geraden Linien und Ebenen. Transformation der Projektionsebenen. Das körperliche Dreieck. Von Ebenen begrenzte Körper. Polyeder. Ebene Schnitte. Gegenseitiger Schnitt, Netze. Axonometrie. Rechtwinklige und schiefe iso-di-und-trimetrische Projektion. Krumme Flächen. Entwickelbare - Umdrehungs - Umhüllungs - und windschiefe Flächen. Flächen zweiter Ordnung. Durchschnitte krummer Flächen mit Ebenen. Kegelschnitte. Raumcurven. Entwicklung der Flächen. Durchdringungen.*

Berührungsebenen. Krümmung der Linien und Flächen. Schattenkonstructionen. Beleuchtungs-Intensitäten. Freie Perspektive. Stereotomie.

In the school year 1872-73 Peschka taught the non-obligatory lectures of *Geometrie der Lage* for the first time, it was for 2 lessons per week. In 1881 OTTO RUPP habilitated for this subject.

The number of lessons and the programme of the lectures were changed as late as the school year 1899-1900 when in the first semester the teaching of descriptive geometry was 6/4 and in the second semester 4/4. In the school year 1910-11 the number of lessons was changed to 5/8 in the first and 5/6 in the second semester. Professor WAELSCH taught the *Mathematik erster Kurs b)* 4/1 and 2/1.

In the school year 1914-15 the teaching of descriptive geometry was changed again. In the first semester the *Darstellende Geometrie 1. Teil* 4/8: *Kotierte Projektion. Methoden mit mehreren Lotrissen. Axonometrie. Parallel-, Zentral-, Reliefperspektive, Elemente der Photogrammetrie.*

In the second semester *Darstellende Geometrie 2. Teil* 5/6: *Raumkurven und Flächen; Kurven und Flächen zweiter Ordnung, Regel-, Rotations-, Schraubenflächen, Umhüllungsflächen, topographische Flächen. Durchdringungen. Beleuchtungslehre. Kinematische Geometrie; Verzahnungen, Getriebe.*

The number of lessons decreased. In the school year 1923-24 the teaching of descriptive geometry was 4/6 in the first and 3/5 in the second semester. The students of architecture and civil engineering had one lesson of exercise in addition. At the end of the 1920's the teaching in the second semester was divided into two lectures. The architects had only two hours of lectures and four hours of exercises. In the 1930's special lectures for future teachers of descriptive geometry were established.

3. Ferdinand Josef Obenrauch

At the end of the article we would like to recall FERDINAND JOSEF OBENRAUCH and his book devoted to the history of projective and descriptive geometry.

FERDINAND OBENRAUCH was born on January 20th, 1853 in Slavkov u Brna (Austerlitz). He studied at a secondary school in Brno and then he continued his studies at Brno Technical University in the years 1871-76. As a

student he was appointed an assistant of mathematics. In 1880 OBENRAUCH passed the state examinations for teachers of mathematics and descriptive geometry. OBENRAUCH was assistant at Brno Technical University to 1881. That year he was appointed a teacher of mathematics and descriptive geometry at *Realschule* in Nový Jičín (Neutitschein). In 1892 OBENRAUCH returned to Brno and he was appointed professor at the *Landes Oberrealschule*.

In 1897 OBENRAUCH habilitated for history of descriptive and projective geometry at Brno Technical University. This year he started to teach history of geometry one hour per week. We know the program of his lectures: *Geschichte der Geometrie im Alterthum, Mittelalter und in der Neuzeit. Historischer Rückblick auf die Entwicklung der Theorie der Curven und Flächen zweiter, dritter und vierter Ordnung.* OBENRAUCH taught history of geometry until 1905. He died on July 16th, 1906.

In 1897 OBENRAUCH published his *Habilitationsschrift* as the book *Geschichte der darstellenden und projectiven Geometrie* ... [Obenrauch 1897]. The book was published in Brno and it had over 400 pages. It is divided into six parts: 1) *Einleitung.* 2) *Die Gründung der École normale.* 3) *Die Gründung der École polytechnique.* 4) *Monge als Begründer der Infinitesimalgeometrie.* 5) *Monges sociale Stellung und sein Lebensende.* 6) *Die wissenschaftliche Pflege der darstellenden und projectiven Geometrie in Österreich.*

The first part is devoted to history of geometry in antiquity and the Middle Ages. Then OBENRAUCH describes the work of DESCARTES, DESARGUE, PASCAL, and DE LA HIRE. The following pages are devoted to the work of KEPLER, HUYGENS, NEWTON, and EULER. This chapter includes - not very appropriately - the information about MONGE's life and work.

The second and third part are devoted to the history of teaching descriptive geometry at the École Normale and École Polytechnique. MONGE's work *Géométrie descriptive* is described in detail there. The fourth part is devoted to MONGE's work on differential geometry. The fifth part describes, among other things, the relationship between MONGE and NAPOLEON.

As the title suggests, the sixth (main) part is devoted to the history of descriptive and projective geometry in Austria. It describes the development of geometry in Austria, Bohemia, and Moravia since the Middle Ages till the end of the 19th century, but we can find there the analysis of the works

of German, French, and Italian mathematicians, too. OBENRAUCH analysed a lot of Austrian works devoted to descriptive and projective geometry there. The book provides a great number of information but it is extremely difficult to orientate in it.

4. Conclusion

We saw that the education of descriptive geometry started in Austria in 1830's-1840's. Elements of descriptive geometry were taught in lectures and exercises of mechanics and machine-drawings first. The lectures were held by professors or assistants of these subjects.

The aim of the professors' staff's was the establishment of the chairs of descriptive geometry because the knowledge of that subject was necessary for a lot of special subjects.

Literature

ARBESSER, J.: Constructionslehre mit ihren Anwendungen auf Schattenconstruction, Perspektive und Maschinenzeichnen. Wien 1824.

CREIZENACH, M.: Anfangsgründe der darstellenden Geometrie oder der Projectionslehre für Schulen. Mainz 1821.

DRÁBEK, K.: Darstellende Geometrie an der technischen Hochschule in Prag in den Jahren 1828-1945. Praha 1982.

FOLTA, J., Česká geometrická škola. (Czech Geometr. School) Praha 1982.

HAUSSNER, R.: Darstellende Geometrie v. G.Monge (1798). Leipzig 1900.

HÖNIG, J.: Anleitung zum Studium d. darstellenden Geometrie. Wien 1845.

MONGE, G.: Géométrie descriptive. Paris 1799.

OBENRAUCH, J.: Geschichte der darstellenden und projectiven Geometrie mit besonderer Berücksichtigung ihrer Begründung in Frankreich und Deutschland und ihrer wiss. Pflege in Österreich. Brünn 1897.

SCHREIBER, G.: Lehrbuch der darstellenden Geometrie nach Monges Géométrie descriptive. Karlsruhe 1828.

RNDr. Pavel Šišma, Dr.; Masaryk University in Brno, Faculty of Science, Department of Mathematics, Janáčkovo nám. 2a, 662 95 Brno, Czech Republic. Email: sisma@math.muni.cz.

Introducing Vectors to Analytic Geometry
(As Seen in Czech University Textbooks)

Michal Novák

Introduction

In the time short after WWII there happened both in the world and in Czechoslovakia some changes which challenged the concept of teaching mathematics. In the field of analytic geometry (especially in the way it was taught at universities) an important change in approach to the subject can be seen. Whereas in the interwar period analytic geometry focused on solving problems in spaces of dimensions two and three, and solved them using "classical" means, in the years short after WWII several textbooks were published in which a tendency towards generalising can be traced.[1] At the same time important school reforms were being introduced in Czechoslovakia. Thus in 1950 several modern university textbooks of analytic geometry which influenced the whole generation of mathematicians (and passed this methodology onto primary and secondary school teachers) were published.

The contribution will focus on discussing these textbooks, the method they use and their impact. Only university education will be taken into account; technical universities will not be discussed.

1. Analytic Geometry at Universities in the Interwar Period

Between 1918 and 1938 mathematics was at universities[2] taught together with other natural and exact sciences at Faculties of Science, which

---

[1] The move towards study in the space of general dimension was made possible by the old idea of vector calculus of Grassman helped by newer results of algebra.

[2] The only university in Czech lands before 1918 was Charles University in Prague. After 1903 (when the mathematician Prof. Karel Petr came to Charles University) teaching mathematics was reformed so that new teachers could be trained in order to meet demands of the intended second university. This happened in 1919 when Masaryk University was founded in Brno. There was also university in Bratislava (founded in 1919) but its Faculty of Science was founded only as late as 1940. Therefore if we speak about university education in Czechoslovakia in the interwar period, we can concentrate only on these two institutions.

emerged almost immediately after the fall of Austro-Hungarian Empire in 1918.[3] University studies were organised as in Austro-Hungarian Empire before 1918; teachers used to announce their lectures and students were mostly free to choose which lectures to attend. Exams (with the exception of state exams and some others) did not use to be obligatory. Branches of study - teacher training in mathematics and pure mathematics - were almost not distinguished;[4] this happened only short after 1945.

Lectures on analytic geometry were usually divided into course on analytic geometry in plane and in space or there were special courses on conic sections or surfaces or sometimes other courses.[5]

1.1 Textbooks of Analytic Geometry

The most important interwar university textbook of analytic geometry is *Uvod do analyticke geometrie* by BOHUMIL BYDZOVSKY, published in Prague in 1923.[6] It is in fact the only Czech university textbook of analytic geometry published between 1918 and 1938.

The book is similar to its predecessors (and most of the current book) as far as the approach to the subject is concerned; analytic geometry is regarded as a tool for the study of geometrical objects in the spaces of dimension two and three. It also strongly concentrates on the description of the usual cases of conic sections and quadratics.

---

[3] The first Faculty of Science was founded as a part of Masaryk University in Brno in 1919, Faculty of Science of Charles University in Prague was founded in 1920. Originally, mathematics and other sciences were taught together with humanities at Faculties of Arts (or Philosophy). Even though there were efforts to redefine their role at the turn of the century, they were not successful.

[4] A prospective teacher was required to pass a state exam at the end of the study.

[5] At Masaryk University in Brno the announced lectures include (all of them lasted one semester): Introduction to analytic geometry and spherical trigonometry, Analytic geometry, Introduction to analytic geometry of curves and surfaces of the 2nd grade, Use of algebra in geometry, Analytic geometry of conic sections, Analytic geometry of surfaces of the 2nd grade, Selected parts from analytic geometry in space, Introduction to the theory of geometric transformations, Introduction to analytic geometry, Introduction to geometry in the space of 4 or more dimensions, Analytic geometry in space.

[6] Bydzovsky, B.: Uvod do analyticke geometrie. Praha JCMF 1923; later re-edited in 1946 and published again in 1956.

In contrast to some earlier Czech texts the author tries to generalise and to give common characteristics of the objects and to study properties which they have in common. Singular cases are no longer regarded as deviations but as equally important. Homogeneous co-ordinates and complex elements are used as natural tools as are means of algebra (mostly theory of determinants). However, the textbook does not use the means of vector calculus yet, which results in the fact that the classical division of the subject (analytic geometry in plane and in space) is still maintained. Yet the absence of vector calculus influences mainly the overall approach to the subject and introductory parts of the book (deduction of the position of the point in space, intuitive introduction of the idea of co-ordinates, their transformation, etc.).

2. Changes in the Post-war Period

The time after 1945 saw a great development of university education - new schools were founded[7] and the concept of university studies changed. At the same time also the way analytic geometry and the way it was taught changed.

2.1 The Reform of University Studies

In 1949/50 school reforms which aimed to improve university education and especially to emphasise the role of didactics and to exercise control over the process of education were introduced. The idea of announcing lectures by teachers and choosing them by students was abandoned. The study becomes much more formalised - a detailed order of lectures was worked out for each field of study and a syllabus was prepared for each lecture. Moreover, a rigid order of exams was enforced.[8] As a result analytic geometry became a compulsory subject and every student of mathematics was required to pass an exam in it.

---

[7] E.g. the 3rd university in Czech lands, Palacky University in Olomouc, which was re-founded in 1946.

[8] In the first years of the reform there were two types of study - the old one (non-reformed study), where students continued under the original conditions, and the new one (reformed study).

2.2 Teacher Training at Universities

Another reform concentrated on the education of teachers. Before WWII only secondary school (gymnasium) teachers had been trained at universities; other teachers got their education at special non-university preparatory schools. After 1946/7 special Faculties of Education were created where teachers of all types of schools (other than secondary ones) were to be educated.[9] The original Faculties of Science and Faculties of Arts were supposed to concentrate on preparing experts in sciences or humanities (or secondary school teachers) only. Thus after 1945 the idea of systematic teacher training occurred.[10] Given the above- mentioned reform of studies, teacher training and pure studies divide at those faculties.

3. Analytic Geometry in University Textbooks

The following are the most important university textbooks of analytic geometry published in late 1940s or 1950s:

- BYDZOVSKY, B.: Uvod do analyticke geometrie.[11] 2nd ed. Praha Jednota csl. matematiku 1946
- CECH, E.: Zaklady analyticke geometrie 1, 2.[12] Praha Prirodovedecke vydavatelstvi 1951, 1952
- MASTNY, E.: Uvod do analyticke geometrie linearnich utvaru a kuzelosecek.[13] Praha SPN 1953
- KRAEMER, E.: Analyticka geometrie linearnich utvaru.[14] Praha CAV 1954

---

[9] This was true also for all teachers not only for the new students. The special preparatory schools were abolished.

[10] Its history is rather complicated, since in 1950s and 1960s many important changes were introduced. These included founding and later abolishing faculties and special types of schools (High Schools of Education). Full discussion of this topic would unfortunately require too much space.

[11] Introduction to analytic geometry.

[12] Basics of analytic geometry.

[13] Introduction to analytic geometry of linear objects and conic sections.

[14] Analytic geometry of linear objects.

- BYDZOVSKY, B.: Uvod do analyticke geometrie.[15] 3rd ed. Praha CAV 1956
- VANCURA, Z. Analyticka metoda v geometrii I, II, III.[16] Praha SNTL 1957

In the first one [Bydzovsky 1946] a number of important changes can be seen when we compare it to its first edition from 1923.[17] First of all, the ordering of the book is different - the book is no longer divided according to the dimension of the space (analytic geometry in plane vs. analytic geometry in space) but according to the dimension of geometrical objects (linear vs. quadratic analytic geometry). Furthermore, as the author suggests in the preface to the book:

> I have included some basic theorems about vectors which were indeed missed in the first edition. [BYDZOVSKY 1946, preface]

The most important of the above-mentioned books, however, is the book by EDUARD CECH, which is referred to and more or less followed by all the other authors.

3.1 Cech, E.: Zaklady analyticke geometrie

This book[18] differs from earlier texts in many respects yet there is one which stands out most clearly. CECH does not describe analytic geometry in plane or space nor of linear or quadratic objects but he studies analytic ge-

---

[15] Introduction to analytic geometry. This edition does not differ substantially from the edition of 1946.

[16] Analytic method in geometry.

[17] The list of foreign references includes (given in the form used in the book): H. Beck: Koordinatengeometrie. Berlin 1919; L. Bianchi: Lezioni di geometria analitica. Pisa 1915; Briot-Boucquet: Leçons de géométrie analitique. 23th ed. Paris 1919; Heffter-Koehler: Lehrbuch der analytischen Geometrie. I, II. Karlsruhe 1927, 1923; O. Schreir - E. Sperner: Einführung in die analytische Geometrie und Algebra I, II. Leipzig, Berlin 1931, 1935; L. Bieberbach: Analytische Geometrie. Leipzig, Berlin 1932; J. W. Archbold: Introduction to the algebraic geometry of a plane. London 1948; A. M. Lopshitz: Analiticzeskaja geometrija. Moscow 1948; B. N. Delone-Rajkov: Analiticzeskaja geometrija I a II, Moscow-Leningrad 1949; I. I. Privalov: Analiticzeskaja geometrija, Moscow-Leningrad 1949; K. Borsuk: Geometria analityczna v n wymiarach. Warsaw 1950; M. Stark: Geometria analityczna. Wratislaw-Wroclaw 1951; S. P. Finikov: Analiticzeskaja geometrija Moscow 1952; F. Leja: Geometria analityczna. Warsaw 1954

[18] No references are given.

ometry in a space of general dimension.[19] We shall now concentrate on how some of the basic ideas of analytic geometry are presented in the text.

The first task of the book is the same as with all previous texts - determining the position of the point in plane and giving the formula for the distance between two points. But since the approach of the book to analytic geometry is different, this is only an introduction to the idea of n-dimensional Euclidean space and the definition of vector and its properties. However, CECH's approach differs from the approach of earlier texts. First, he deduces the formula, then he calls a set E_m (where m is the number of co-ordinates in the distance formula) such that for every two points there exists a real number (i.e. their distance) a Euclidean space and then using the relation of equipolence derives the concept of vector and shows his properties. Only then does he introduce the concept of scalar product. Thus in the textbook the concept of vector space follows from the concept of Euclidean space.

The fact that CECH uses vectors does not mean that algebra prevails in his book or that geometry is insignificant. On contrast, the author favours the idea of "geometrical exposition" and at many places works with geometrical objects themselves rather than with the concept of co-ordinates. As he remarks in the preface:

> In this book, the aim of which is to give an elemental but logically exact explanation of the basics of analytic geometry, co-ordinates are used in order to give a precise definition of space but later they are used only exceptionally and the geometrical objects themselves are worked with. The choice of subject matter is given not by algebraic but rather by geometrical systematic. Instead of double speech, geometric and algebraic ones, and translating from one to another, I tried to fully identify geometrical and algebraic concepts. [CECH 1951, 5]

The concept of linear co-ordinate system is introduced in two steps. First, Cartesian system is given (i.e. the basis is required to be orthonormal) and only then the idea of a generalised linear system is deduced. Since from the beginning Euclidean spaces are used, also here Euclidean space is considered.

For a long time all the exposition is done in real numbers. Therefore a chapter "Imaginary Elements" is included in which all the so far discussed

---

[19] For the history of this idea in Czech mathematics cf. e.g. Bolzano: Betrachtungen ueber einige Gegenstande der Elementar Mathematik.

Introducing Vectors to Analytic Geometry 251

subject matter is summed up and all previously introduced concepts (vectors, points, vector and projective spaces, their subspaces, co-ordinate systems, collinear mappings) are extended into complex numbers.

Quadratics are discussed in the same manner as the rest of the book - in a strongly geometrical way; the theory of geometrical forms is used only at some places. In the book n-dimensional quadratics are studied; quadratics in P_3 and conic sections are studied as special cases in a different part of the book (their properties are only briefly discussed there, though). The emphasis is clearly on the idea of the study of n-dimensional quadratics in general. This enables the author to regard singular quadratics as regular ones in the space of a smaller dimension. Since dual projective spaces are introduced earlier in the book, dual quadratics are also studied.

A major drawback of the book (when it is to be used as a teaching material) is the level of intuitiveness. All the exposition is done in the space of n-dimensions, examples in plane or three-dimensional space are given only in a few cases, there is not the usual type of classification of curves or conic sections, etc. and there are almost no pictures in the books (six in volume I, six in volume II). This makes the book rather difficult for an average student.

3.1.1 Division of the Book

The book is divided into two parts; roughly speaking the first one deals with linear geometry and the second one with geometry of the quadratics.

The first two chapters of volume I are preparatory ones in which the basic concepts (Euclidean and vector space, co-ordinates, etc.) are introduced. Then affine geometry is dealt with, i.e. all the concepts for whose introduction the concept of scalar product is not necessary are discussed. The scalar product itself is defined in the next chapter which deals with the idea of perpendicularity; this is an introduction to further parts of the book where metrical geometry is discussed. Yet before that mappings and transformations are dealt with; however, the author is not interested in coincidences and homotheties only but rather in mappings in general. He is trying to avoid the use of algebraic language as much as possible here. However, the following chapter deals with description of subspaces by the means of equations. In the end angles are discussed in a great detail.

Volume II begins with explaining the idea of projective space, which is necessary for the study of quadratics. First, some concepts of projective geometry are studied (e.g. collinear mappings) then the above-mentioned chapter "Imaginary Elements" is included. The main part of volume II is dedicated to the study of projective geometry of quadratics in n-dimensional space.

3.2 Other Texts

EDUARD CECH's book was rather difficult for students and was not widely used for teaching.[20] However, some of its ideas were developed in the texts which have been mentioned earlier. These texts, especially:

- KRAEMER, E.: Analyticka geometrie linearních utvaru. Praha CAV 1954
- BYDZOVSKY, B.: Uvod do analyticke geometrie. 3rd ed. Praha CAV 1956

were used as teaching material at the newly established schools which concentrated on teacher training. Naturally, they abandon the idea of analytic geometry in n-dimensional space. The concepts are explained in much greater detail and at a slower pace. They are also much more intuitive since they describe situation in the plane and three-dimensional space only. This is true also for the algebraic means used in the books - e.g. in KRAEMER's textbook co-ordinates are deduced in the plane and space and the generalization is missing. The deduction, however, is done by means of vector calculus. Thus we can say that the books which follow EDUARD CECH discuss the classical subject matter (i.e. analytic geometry in plane and space) but they do so using modern means. The idea of "working with geometrical objects themselves" proposed by E. CECH was abandoned though.

3.2.1 Kraemer, E.: Analyticka geometrie linearnich utvaru, 1956

This is a very interesting textbook because it deals with analytic geometry of linear objects only - the quadratics are not included at all.[21] The book is

---

[20] It was used though at the Faculty of Mathematics and Physics, Charles University, Prague since 1951/2 in the 1st and 2nd year (for several years only).

[21] The list of foreign references includes (given in the form used in the book): Privalov, Analiticzeskaja geometrija, Gostechizdat, Moscow-Leningrad 1949; Finikov, Analiticzeskaja geometrija, Uczpedgiz, Moscow 1952; Delone-Rajkov, Analiticzeskaja geometrija I a II, Gostechizdat, Moskva-Leningrad 1949; Okunjev, Vysshaja algebra,

divided into two parts where affine and metrical geometry are discussed. Apart from the linear objects themselves, the idea of transformation of co-ordinates is also present.[22]

All the exposition is clear and intuitive. Since quadratics are not studied, complex or homogeneous elements are not discussed.

3.2.2 Mastny, E.: Uvod do analyticke geometrie linearnich utvaru a kuzelosecek, 1953

Analytic geometry in this textbook is built using modern means.[23] The basic problem of determining the position of the point in plane is not solved in the classical intuitive way but by means of the theory of vector spaces. As a result neither polar nor any other co-ordinate systems are introduced. The concept of co-ordinates is derived in a different way than in CECH's textbook - first, general linear co-ordinate system is introduced using the theory of vector spaces and only then the author shows that the Cartesian co-ordinate system is its special case. As in the book by EDUARD CECH the concept of vector space follows from the concept of Euclidean space, not vice versa.

The classical approach, however, is still present. For example, the definition of conic sections explicitly excludes singular or imaginary regular cases.

Conclusion

The paper has briefly introduced the time of late 1940's and early 1950's in respect of teaching analytic geometry at universities in Czechoslovakia. Two main facts which influenced teaching the subject at that time and their impact in textbooks have been discussed: the reforms of university education and the change in the approach to analytic geometry itself.

Gostechizdat, Moscow-Leningrad 1949; Kurosh, Kurs vysshej algebry, Gostechizdat, Moscow-Leningrad, 1952

[22] The book explains the subject matter in a great detail - the amount of text is about the same as in the following book (by E. Mastny).

[23] The list of foreign references includes (given in the form used in the book): Cuberbilljer O. N., Zadaczi i uprazhnjenija po analiticzeskoj geometrii, Moscow-Leningrad 1949; Privalov, M. M., Analiticzeskaja geometrija, Gostechizdat, 1948; Delone, B. N.-Rajkov, D. A., Analiticzeskaja geometrija I a II, Moscow-Leningrad 1948

References

BYDZOVSKY, B.: Uvod do analyticke geometrie. Praha CAV 1923; 2nd ed. Praha Jednota csl. matematiku 1946; 3rd ed. Praha CAV 1956

CECH, E.: Zaklady analyticke geometrie 1, 2. Praha Prirodovedecke vydavatelstvi 1951, 1952

HAVRÁNEK, J. et al.: Dejiny Univerzity Karlovy 1802 - 1908. Praha Karolinum 1997

HAVRÁNEK, J., POUSTA Z. et al.: Dejiny Univerzity Karlovy 1918 - 1990. Praha Karolinum 1998

KADNER, O.: Vyvoj a dnesni soustava skolstvi I, II Praha Sfinx 1929

KNICHAL, V.: Eduard Cech: Zaklady analyticke geometrie. CMP **78** 265 - 269, 1953

KRAEMER, E.: Analyticka geometrie linearnich utvaru. Praha CAV 1954

MASTNY, E.: Uvod do analyticke geometrie linearnich utvaru a kuzelosecek. Praha SPN 1953

METELKA, V.: Emil Kraemer: Analyticka geometrie linearnich utvaru. CPM **80** 103 - 104, 1955

Seznam prednasek na Masarykove univerzite. Brno MU 1919 - 1938 (Indexe of lectures at Masaryk University)

VANCURA, Z. Analyticka metoda v geometrii I, II, III. Praha SNTL 1957

Dr. Michal Novák, Technicka 8, 616 00 Brno, Czech Republic, tel. +420-5-41143135, e-mail: novakm@dmat.fee.vutbr.cz

Über die Rytzsche Achsenkonstruktion der Ellipse

Zbyněk Nádeník

Einleitung	255
1. Konstruktion von David Rytz	256
2. Übersichtsartikel von Carl Pelz	257
3. Konstruktion von A.-F. Frézier	259

Einleitung

Das Thema gehört der darstellenden Geometrie. Obwohl ich während meiner fast 45-jährigen Tätigkeit an der Technischen Hochschule Prag niemals die Vorlesungen über die darstellende Geometrie gehalten habe, habe ich das Interesse für sie nicht verloren.

Zum Thema habe ich zwei Impulse gehabt.

Erstens: An einer inländischen Tagung im Jahre 1993 über die darstellende Geometrie und Computergraphik habe ich die Verbindung der darstellenden und analytischen Geometrie befürwortet. Ich habe dabei die Einwendung gehört, daß die RYTZsche Achsenkonstruktion einen einfachen analytischen Beweis nicht zuläßt; bekanntlich ist diese Konstruktion in der darstellenden Geometrie tausendmal angewandt worden. Damals konnte ich diesen Einwand nicht widerlegen. Das habe ich erst unlängst in dem Aufsatz "Über die Achsenkonstruktion der Ellipse aus ihren konjugierten Durchmessern" (tschechisch) getan. Ich habe in diesem Artikel 15 Achsenkonstruktionen gesammelt (bis zum Anfang des 20. Jhs.) und analytisch bewiesen. Dabei habe ich diejenigen Konstruktionen nicht betrachtet, die entweder explizit die Affinität zwischen dem Kreis und der Ellipse benutzen oder auf den projektivischen Eigenschaften beruhen.

Zweitens: Für einen dem Professor der Geometrie JAN SOBOTKA (1862-1931; wirkte an der Technischen Hochschule in Wien, an der tschechischen Technischen Hochschule in Brünn und an der tschechischen Universität in Prag) gewidmeten Sammelband habe ich eine Analyse seines Lehrbuches "Darstellende Geometrie der Parallelprojektion" (tschechisch, Prag 1906) geschrieben. J. SOBOTKA hat einige Achsenkonstruktionen der Ellip-

se reproduziert, darunter auch eine Konstruktion von AMÉDÉE-FRANÇOIS FRÉZIER (1682-1773), dem wichtigsten Vorgänger von GASPARD MONGE (1746-1818) in seiner "Géométrie descriptive", Paris 1795. J. SOBOTKA hat nicht bemerkt, daß die Konstruktion von A.-F. FRÉZIER fast identisch mit der Konstruktion von DAVID RYTZ (1801- 1868) ist.

1. Konstruktion von David Rytz

Es seien C $[c_1,c_2]$ und D $[d_1,d_2]$ zwei Punkte der Ellipse $x^2/a^2 + y^2/b^2 = 1$, deren Mittelpunkt freilich der Aufpunkt des orthogonalen Systems der Koordinaten x, y ist. Wenn die Tangente im Punkt C parallel zum Halbmesser OD ist, so ist auch die Tangente im Punkt D parallel zum Halbmesser OC. Die Halbmesser OC und OD mit dieser Eigenschaft heißen konjugiert. Das ist dann und nur dann der Fall, wenn $c_1d_1/a^2 + c_2d_2/b^2 = 0$. Diese Gleichung bedeutet (freilich mit $c_1^2/a^2 + c_2^2/b^2 = 1$, $d_1^2/a^2 + d_2^2/b^2 = 1$), daß die Matrix

$$\begin{pmatrix} c_1/a & c_2/b \\ d_1/a & d_2/b \end{pmatrix}$$

orthogonal ist. Das ist der gemeinsame Ausgangspunkt für die analytischen Beweise der Achsenkonstruktionen einer Ellipse aus ihren konjugierten Halbmessern.

Die in der darstellenden Geometrie weit bekannteste Achsenkonstruktion stammt von DAVID RYTZ (Professor an der Gewerbeschule in Aarau in der Schweiz). Ohne den Beweis hat er sie seinem Kollegen LEOPOLD MOSSBRUGGER (1796-1864, Professor an der Kantonschule in Aarau) mitgeteilt. MOSSBRUGGER hat in seinem Büchlein "Größtentheils neue Aufgaben aus dem Gebiete der Géométrie descriptive" (Zürich 1845) die Konstruktion von RYTZ als Anhang veröffentlicht und zugleich - unter Zuhilfenahme der Trigonometrie und der Apollonischen Formeln - bewiesen. Der Anhang ist 1853 auch im Archiv der Math. und Physik **20**, 118-120 abgedruckt worden.

Die RYTZsche Achsenkonstruktion aus den konjugierten Halbmessern OC, OD verläuft folgenderweise: Im Mittelpunkt O errichten wir die Senkrechte OD_R zum Halbmesser OD; dabei sei $|OD_R| = |OD|$ (Streckenlängen). Wir bestimmen den Mittelpunkt S_R der Strecke CD_R und an der Verbindungslinie CD_R nehmen wir die Punkte A' und B' mit $|S_RA'| = |S_RB'| =$

$|S_R O|$. Die Punkte A' und B' liegen auf den gesuchten Achsen und die Längen der Halbachsen sind $|A'D_R| = |B'C|$ und $|A'C| = |B'D_R|$.

GINO LORIA (1862-1953) in seinem Buch "Storia della Geometria Descrittiva ..." (Mailand 1921, 301) äußert sich über die RYTZsche Konstruktion in dem Sinne, daß sie eine Einfachheit und Eleganz hat, die schwer zu übertreffen sind.

2. Übersichtsartikel von Carl Pelz

CARL PELZ (1845-1908, Professor der darstellenden Geometrie an der Technischen Hochschule in Graz und an der tschechischen Technischen Hochschule in Prag) hat 1876 den Aufsatz "Construction der Axen einer Ellipse aus zwei conjugierten Diametern" (Jahresbericht der Staatsrealschule in Teschen 1876, 2-14) veröffentlicht.

PELZ hat die Konstruktion folgender Autoren behandelt (in chronologischer Reihenfolge):

1830	Vorlagen, die die Deputation für Gewerbe in Berlin für Maurer herausgegeben hat.
1837	M. CHASLES: Aperçu historique sur l'origine et le développement des méthodes en Géométrie, Bruxelles; 2.Aufl. Paris 1875, p. 45 und p. 359-362 (deutsche Übersetzung Halle 1839, p. 42 und p. 382-386)
1845	D. RYTZ, L. MOSSBRUGGER
1849	M. MEYER, Archiv der Math. und Physik **13**, p. 406-409
1853	L. MOSSBRUGGER
1867	J. STEINER: Vorlesungen über synthetische Geometrie, Lpz.; Band I (bearbeitet von C. GEISLER), S. 77-78; Band II (bearbeitet von H. SCHRÖTER), S. 178-179
1871	G. DELABAR: Die Polar- und Parallelperspektive, Freiburg; Archiv der Math. und Physik 52, 310-312
vor 1876	N. FIALKOWSKI: Zeichnende Geometrie, Wien-Leipzig, 3. Aufl. 1882, Aufgaben 1069-1071

Diese drei älteren Verfasser nennt C. PELZ nicht:

4. Jh.	PAPPOS; F. HULTSCH, Ed.: Pappi Alexandrini Collectionis, Berlin, Band III 1878, 1083
1750/51	L. EULER: Novi Commentarii Academiae Petropolitanae 3, S. 224-234
1737	A.-F. FREZIER: La théorie et la pratique de la coupe des pierres et des bois, Strasbourg-Paris, Band I, 132-133

PAPPOS hat die Konstruktion, die APOLLONIOS VON PERGE zugeschrieben wird, nicht bewiesen. Das hat L. EULER in der zitierten Arbeit gemacht, in der er 4 weitere, auch ziemlich komplizierte Konstruktionen hergeleitet hat. Auf diese Arbeit haben M. CHASLES 1837 (Aperçu historique ..., p. 45; deutsche Übersetzung, S. 42) und O. TERQUEM 1844 (Nouvelles Annales de Math. **3**, p. 349) aufmerksam gemacht. Für den Hinweis auf die Arbeit von L. EULER danke ich auch P. SCHREIBER (Universität Greifswald).

Die Konstruktion aus den Vorlegeblättern 1830 ist - nach der Beschreibung von PELZ - mit der Konstruktion von FRÉZIER identisch.

M. CHASLES hat zuerst die räumliche Aufgabe gelöst: Gegeben sind drei konjugierte Halbmesser eines Ellipsoids; man soll seine Achsen bestimmen. Durch die Reduktion hat er auch den ebenen Fall erledigt.

J. STEINER wirkte an der Berliner Universität seit dem Jahre 1835 und die oben zitierten Bücher sind erst vier Jahre nach seinem Ableben erschienen. Die Konstruktion aus dem Band I fällt mit der von M. CHASLES zusammen. Theoretisch ist also möglich, daß J. STEINER schon in den Jahren 1835-1837 über die Konstruktion in seinen Vorlesungen gesprochen hat. Aber die Zutritte von M. CHASLES und J. STEINER sind ganz verschieden und sprechen deutlich gegen jede Spekulation.

G. DELABAR hat seine Konstruktion zweimal abgedruckt, obwohl sie mit der Konstruktion von RYTZ identisch ist. Zwischen den in derselben Zeitschrift veröffentlichten Arbeiten von G. DELABAR und L. MOSSBRUGGER ist das Zeitintervall von ungefähr 20 Jahren.

N. FIALKOWSKI (die 1. oder 2. Aufl. seiner Sammlung habe ich in Prag nicht gefunden) wiederholt die Konstruktion von M. CHASLES und D. RYTZ, aber er zitiert sie nicht.

3. Konstruktion von A.-F. Frézier

A.-F. FRÉZIER war französischer Militäringenieur und in den Jahren 1740-1764 Direktor der Befestigungsarbeiten in Bretagne. Aus seinen vielen Büchern besonders über die Architektur und das Bauwesen hat der erste oben im Abschn. 2 zitierte und der geometrischen Theorie gewidmete Band des 3-bändigen Werkes über den Steinschnitt besondere Bedeutung.

Bei den gegebenen konjugierten Halbmessern OC, OD konstruiert A.-F. FRÉZIER die durch den Punkt C gehende Senkrechte zum Halbmesser OD (d.h. die Normale der Ellipse im Punkte C). Auf dieser Senkrechten bestimmt er den Punkt D_F mit $|CD_F| = |OD|$. Dann konstruiert er den Mittelpunkt S_F der Strecke OD_F (D. RYTZ den Mittelpunkt S_R der Strecke CD_R). Die Mittelpunkte S_F und S_R fallen freilich zusammen. Weiter sind die Konstruktionen von A.-F. FRÉZIER und D. RYTZ vollständig identisch. Das, was A.-F. FRÉZIER zu seiner Konstruktion als Beweis beigefügt hat, ist - kurz gesagt - kein Beweis.

Die älteste mir bekannte Bemerkung über die FRÉZIERsche Konstruktion befindet sich bei CHRISTIAN WIENER: "Lehrbuch der darstellenden Geometrie", Band I, Leipzig 1884, 291-293. Er gibt die Konstruktion von A.-F. FRÉZIER und von D. RYTZ nacheinander wieder, doch er macht nicht auf deren Ähnlichkeit aufmerksam. Er schreibt:

"Die einfachste der bekannten Konstruktionen führt schon FRÉZIER, jedoch mit einem ungenügenden Beweis versehen, an."

O. BAIER (Professor der Geometrie an der Technischen Universität München 1960-1971, sein Vorgänger war F. LÖBELL in den Jahren 1934-1959) beginnt seinen Aufsatz "Zur RYTZschen Achsenkonstruktion" aus dem Jahre 1967 (Elemente der Math. **22**, 107-108) auf diese Weise:

"Aus dem Nachlass von F. LÖBELL wurde dem Institut für Geometrie an der Technischen Hochschule München eine sehr sorgfältige Niederschrift einer Vorlesung von FRIEDRICH SCHUR über darstellende Geometrie überlassen. Darin ist die bekannte Konstruktion der Hauptachsen einer Ellipse aus zwei konjugierten Halbmessern nicht wie üblich als "RYTZsche Konstruktion" bezeichnet, sondern es findet sich dort der Vermerk: FRÉZIER, Coupe des pierres et des bois, 2e éd., t. 1, 1754, p. 159."

Und im letzten Satz des Artikels schreibt O. BAIER:

"Die bislang nach RYTZ benannte Konstruktion wird daher besser nach FRÉZIER benannt, wenigstens so lange, als hierfür kein früherer Autor nachgewiesen ist."

Abb.: FRÉZIER, Coupe des pierres et des bois, 2e éd., t. 1, 1754 (Titel)

Prof. Dr. Zbyněk Nádeník, Libocká 262-14, CZ-162 00 Praha 6
Tschechische Republik

Karel Rychlík and his Mathematical Contributions

Magdalena Hykšová[1]

Introduction	261
1. Life of Karel Rychlík	261
2. Work of Karel Rychlík	262
2.1 Algebra and Number Theory	262
2.2 Mathematical analysis	267
2.3 Works Devoted to Bernard Bolzano	268
2.4 Other Works on History of Mathematics	268
2.5 Textbooks, Popularization Papers, Translations	269
Bibliography	269

Introduction

The paper contains some remarks concerning the life and above all the work of the Czech mathematician KAREL RYCHLÍK. More detailed papers on this subject were published as [Hykšová 2001], [Hykšová 2001a].[2]

1. Life of Karel Rychlík

Let us mention several facts on the life of KAREL RYCHLÍK first.

16th April, 1885 born in Benešov (near Prague)
1904   passed the leaving examination at the grammar school, Prague
         appointed Active Member of the Union of Czech Math. and Phys.
1904-7 student at the Philosophical Faculty of Charles University, Prague
1907-8 student at Sorbonna, Paris
1908   passed the "teacher examination"
1909   appointed assistant lecturer at the Philosophical Faculty
1909   achieved the "Doctor of Philosophy" degree
1912   appointed private associate professor at the Philosophical Faculty

---

[1] This work was supported by the grant LN00A041 of the Ministry of Education of the Czech Republic.
[2] The papers and other information (omitted here for spatial reasons) are also available on Rychlík's Internet pages: http://euler.fd.cvut.cz/publikace/HTM/Index.html.

1913 appointed assistant lecturer at Czech Technical University, Prague
1913 appointed private associate professor at Czech Technical Univ.
1918 married
1920 declared adjunct professor at Czech Technical University
1922 appointed member of the Royal Bohem. Soc. of Sciences (KČSN)
1923 declared full professor at Czech Technical University
1924 appointed member of the Bohemian Academy of Sciences and Arts
1924 became member of the Bolzano Committee under KČSN
1934-5 dean of the Faculty of Mechanical and Electrical Engineering
1948 retired
28th May, 1968 died in Prague

From today's view, it was a pity that RYCHLÍK remained only private associate professor at Charles University. The main subject of his research was algebra and number theory. It was possible, even necessary, to read such topics at Charles University. In fact, RYCHLÍK was the first who introduced methods and concepts of "modern" abstract algebra in our country - by means of his published treatises as well as university lectures. Besides, as a professor there he would have had a stronger influence on the young generation of Czech mathematicians. But RYCHLÍK spent most of his time (and energy) at the Technical University where he had to adapt his lectures to the purposes of future engineers.

2. Work of Karel Rychlík

RYCHLÍK's publications can be divided into five groups, corresponding to the following sections.

2.1 Algebra and Number Theory

At the beginning of his career RYCHLÍK wrote several works on algebra without a deeper relation to his later publications; as far as the theme is concerned, they belong rather to algebra of the nineteenth century. Among them we can find one work devoted the theory of equations (1908), one work on the groups of transformations (1909, dissertation) and a couple of papers on the theory of algebraic forms (1910 and 1911, inceptive works).

The principal papers of KAREL RYCHLÍK can be divided as follows.

1. g-adic numbers (4 papers)
2. Valuation Theory (2)

Karel Rychlík and his Mathematical Contributions 263

3. Algebraic Numbers, Abstract Algebra (10)
4. Determinant Theory (2)

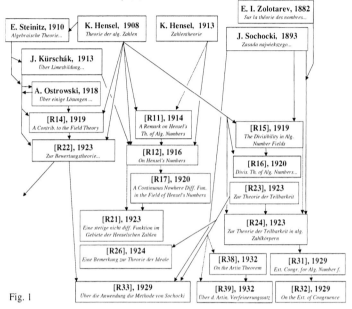

Fig. 1

Figure 1 shows the survey of quotations in RYCHLÍK's principal algebraic papers (except the two papers on determinant theory that stay a little bit aside).[3] It is evident that RYCHLÍK was above all influenced by K. HENSEL. Notice that the works were published between 1914 and 1932, that is, in the period of the birth and formation of the "modern" abstract algebra. Regrettably, only a few of RYCHLÍK's papers were published in a generally renowned magazine - *Crelle's Journal*; most of them were published in de facto local Bohemian journals. It was certainly meritorious for the enlightenment in the Czech mathematical public, but although some of the works were written in German, they were not noticed by the mathematical community abroad, even though they were referred in *Jahrbuch* or *Zentralblatt*. On the other hand, RYCHLÍK's papers published in Crelle's Journal became known and they have been cited in the literature.

---

[3] The symbol [R14] stands for the 14th item in the complete list of publications, which is published in [Hykšová 2001].

In his papers RYCHLÍK mostly came out of a certain work and gave some improvement - mainly he based definitions of the main concepts or proofs of the main theorems on another base, in the spirit of abstract algebra, which meant the generalization or simplification. The typical feature of his papers is the brevity, conciseness, topicality as well as (from the point of view of that time) the "modern" way of writing.

2.1.1 g-adic Numbers

In the first paper [Rychlík 1914] of the considered group RYCHLÍK generalizes HENSEL's ideas concerning additive and multiplicative normal form of g-adic numbers, which he extends to algebraic number fields.

The second paper [Rychlík 1916] is devoted the introduction and properties of the ring of g-adic numbers. While HENSEL took the way analogous to the construction of the field of real numbers by means of decimal expansions, RYCHLÍK came out - alike CANTOR - from the concepts of fundamental sequence and limit. As he notes, one of the merits p-adic numbers (for a prime p) came from KÜRSCHÁK [Kürschák 1913], who introduced the concept of *valuation*. RYCHLÍK generalized the notion of limit in a slightly different way, closer to HENSEL. Moreover, he studied comprehensively rings of g-adic numbers for a composite number g. KÜRSCHÁK's of this approach is, that directly from the definition, it can be immediately seen that the ring of g-adic numbers depends only on primes contained in g, not on their powers. Of course, the idea of constructing the field of paper [Kürschák 1913] is cited only in the postscript that seems to be written subsequently.

It is plausible he came to the idea of the generalization of CANTOR's approach independently of KÜRSCHÁK.[4] In the mentioned postscript RYCHLÍK generalized KÜRSCHÁK's technique for the case of the composite number g and defined what was later called *pseudo-valuation* of a ring R.[5]

---

[4] At least since 1909, when he lectured in the Union of Czech Mathematicians and Physicists *On Algebraic Numbers according to Kurt Hensel*, Rychlík had been involved in this topics and was trying to improve Hensel's ideas - here the solid foundation of the basic concepts was in the first place.

[5] It is almost unknown but interesting that Rychlík defined this concept 20 years before the publication of Mahler's paper [Mahler 1936], which is usually considered as a work where the general pseudo-valuation (Pseudobewertung) was introduced.

In 1920 KAREL PETR published in the Czech journal *Časopis pro pěstování mathematiky a fysiky* (ČPMF) a very simple example of a continuous non-differentiable function [Petr 1920]. Only the knowledge of the definition of continuity and derivative and a simple arithmetic theorem is necessary to understand both the construction and the proof of continuity and non-differentiability of the function, defined on the interval [0,1] as follows: if $x = a_1 10^{-1} + a_2 10^{-2} + \cdots$, where $a_k \in \{0,1,\ldots,9\}$, then $f(x) = b_1 2^{-1} \pm b_2 2^{-2} \pm \cdots$, where $b_k = 0$ (1) for even a_k (odd a_k) and the sign before b_{k+1} is opposite than the one before b_k if $a_k \in \{1,3,5,7\}$, the same otherwise.

The graph of an approximation of PETR's function can be seen in the left picture. To show it more graphically, a four-adic number system was used. Compared with the graph on the right, the necessity of the exception to the rule of sign assignment awarded to the digit 9 can be understood; the result would not be a continuous function.

In the same year and the same journal RYCHLÍK generalized PETR's function in the paper [Rychlík 1920]; the German variant [Rychlík 1923] was published two years later in Crelle's journal. RYCHLÍK carried the function from the real number field **R** to the field of *p*-adic numbers $\mathbf{Q}_p$:

if $\qquad x = a_r p^r + a_{r+1} p^{r+1} + \ldots; \qquad r \in \mathbf{Z}, a_k \in \{0, 1, \ldots, p-1\}$,

then $\qquad f(x) = a_r p^r + a_{r+2} p^{r+2} + a_{r+4} p^{r+4} + \ldots$

The proof that the function described in this way is continuous in $\mathbf{Q}_p$, but has not a derivative at any point in this field, is rather elementary. At the end RYCHLÍK mentions that it would be possible to follow the same considerations in any field of *p*-adic algebraic numbers (introduced by HENSEL) subsistent to the algebraic number field of a finite degree over **Q**.

We shall remark that this work of RYCHLÍK was one of the first published papers dealing with *p*-adic continuous functions. In HENSEL's [Hensel

1913] some elementary p-adic analysis can be found, otherwise it was developed much later (Šnirelman, Dieudonné, de Groot etc.).[6]

2.1.2 Valuation Theory

In his paper [Kürschák 1913] J. KÜRSCHÁK introduced the concept of valuation as a mapping $\| \cdot \|$ of a given field K into the set of non-negative real numbers, satisfying the following conditions:

(V1) $\|a\|>0$ if $a \in K$, $a \neq 0$; $\|0\|=0$,
(V2) $\|1+a\| \leq 1+\|a\|$ for all $a \in K$,
(V3) $\|ab\|=\|a\| \cdot \|b\|$ for all $a,b \in K$,
(V4) $\exists\, a \in K : \|a\| \neq 0, 1$.

The main result of KÜRSCHÁK's paper is the proof of the following theorem.

THEOREM. *Every valued field K can be extended to a complete algebraically closed valued field.*

First, KÜRSCHÁK constructs the completion of K in the sense of fundamental sequences; it is not difficult to extend the valuation from K to its completion. Then he extends the valuation from the complete field to its algebraic closure. Finally, he proves that the completion of the algebraic closure is algebraically closed. The most difficult step is the second one. KÜRSCHÁK shows that if α is a root of a monic irreducible polynomial

(1) $\qquad f(x) = x^n + a_1 x^{n-1} + \cdots + a_n, \qquad a_i \in K,$

it is necessary to define its value as $\| \alpha \| = \| a_n \|^{1/n}$. To prove that this is the valuation, the most laborious and lengthy point is the verification of the condition (V2). For this purpose KÜRSCHÁK generalizes HADAMARD's results concerning power series in the complex number field. Nevertheless, at the beginning of his paper KÜRSCHÁK remarks that in all cases, where instead of the condition (V2) a stronger condition (V2') $\| a + b \| \leq \mathrm{Max}\,(\| a \|, \| b \|)$ holds for all $a, b \in K$, i.e. for non-archimedean valuations, it is possible to generalize HENSEL's considerations concerning the decomposition of polynomials over $\mathbf{Q}_p$, especially the assertion, later called *Hensel's Lemma*:

---

[6] See [Hykšová 2001]; for a detailed bibliography see also [Więsław 1970].

LEMMA (HENSEL). If the polynomial (1) is irreducible and $\| a_n \| < 1$, then also $\| a_i \| < 1$ for all coefficients a_i, $1 \leq i \leq n$.

He didn't prove Hensel's Lemma for a field with a non-archimedean valuation - he wrote he had not succeeded in its generalization for all cases, it means for archimedean valuations too. So he turned to the unified proof based on HADAMARD's theorems, valid for all valuations.

A. OSTROWSKI proved in his paper [Ostrowski 1918] that every field K with an archimedean valuation is isomorphic to a certain subfield $\overline{K}$ of the complex number field $\mathbf{C}$ in the way that for every $a \in K$ and the corresponding $\overline{a} \in \overline{K}$ it is $\| a \| = |\overline{a}|^\rho$, where $|\cdot|$ is the usual absolute value on $\mathbf{C}$, $0 < \rho < 1$, ρ does not depend on a (such valuations are called equivalent). In other words, up to isomorphism, the only complete fields for an archimedean valuation are $\mathbf{R}$ and $\mathbf{C}$, where the problem of the extension of valuation is trivial. Hence it is possible to restrict the considerations only to non-archimedean valuations and use the generalization of Hensel's Lemma.

And precisely this was into full details done by KAREL RYCHLÍK in [Rychlík 1919] and [Rychlík 1923]. The second paper is the German variant of the first one written in Czech with practically the same content. But only the German work became wide known - thanks to its publication in Crelle's journal, while its Czech original was not noticed by the mathematical community abroad. The paper [Rychlík 1923] is cited e.g. by H. HASSE, W. KRULL, M. NAGATA, W. NARKIEWICZ, A. OSTROWSKI, P. RIBENBOIM, P. ROQUETTE, O. F. G. SCHILLING, F. K. SCHMIDT, W. WIĘSŁAW and others.[7]

2.1.3 Theory of Algebraic Numbers, Abstract Algebra

The papers included in this group were published in Czech journals, in Czech or German, and remained almost unknown outside Bohemia. They are, nevertheless, very interesting and manifest RYCHLÍK's wide horizons as well as the fact that he followed the latest development in the theory, studied the current mathematical literature, noticed problems or possible generalizations that later turned out to be important. Let us only mention that in his papers we can find the definition of divisors in algebraic number

---

[7] For exact citations see [Hykšová 2001]. For a detailed description of the history of valuation theory see e.g. [Roquette 2001].

fields via a factor group, introduction of divisibility via the concept of a semi-group and other ideas.

Worth mentioning is also the paper [Rychlík 1931] where a nice and simple proof of the assertion on the zero determinant of a matrix over a field of characteristic 2, in which two rows or columns are identical.

2.2 Mathematical analysis

Seven RYCHLÍK's papers belong to mathematical analysis. Among them there are two couples consisting of Czech and German variant of almost the same text. Otherwise, the works on analysis are mutually independent.

2.3 Works Devoted to Bernard Bolzano

As far as the number of citations is concerned, this domain is unequivocally in the first place. Preparing for printing BOLZANO's *Functionenlehre* [Bolzano 1930] and two parts of *Zahlenlehre* ([Bolzano 1931], [Rychlík 1962]), RYCHLÍK earned the place in practically all BOLZANO's bibliographies. Known is also the paper [Rychlík 1921] containing the correct proof of continuity and non-differentiability of BOLZANO's function that was published only in [Bolzano 1930], but constructed before 1834. The "discovery" of this function caused a real sensation - BOLZANO was ahead of his time by several decades.[8]

In 50's and 60's RYCHLÍK invested almost all his energy just in this topic. He intensively studied BOLZANO's unpublished manuscripts, rewriting some of them, others making the subjects of his published studies (above all BOLZANO's logic and the theory of real numbers).

2.4 Other Works on History of Mathematics

A range of other papers on the history of mathematics more or less relates to BOLZANO (the works devoted to N. H. ABEL, A.-L. CAUCHY and the prize of the Royal Bohemian Society of Sciences for the problem of the solvability of algebraic equations of the degree higher then four in radi-

---

[8] For more details see [Hykšová 2001a], where also the activities of Karel Rychlík and other Czech mathematicians are described.

cals). Some of the remaining papers are only short reports or processing of literature, the others contain a good deal of original work based on primary sources (the papers devoted to É. GALOIS, F. KORÁLEK, M. LERCH, E. NOETHER, F. RÁDL, B. TICHÁNEK, E. W. TSCHIRNHAUS and F. VELÍSEK). Moreover, RYCHLÍK adds his own views and valuable observations, the fact of which shows his deep insight and serious interest in both the history of mathematics and mathematics itself.

2.5 Textbooks, Popularization Papers, Translations

In the Czech mathematical community, RYCHLÍK's name is mostly related to his textbooks on elementary number theory and theory of polynomials with real coefficients, which are certainly very interesting and useful, but which are not "real" scientific contributions. Worth mentioning is the less known textbook on probability theory published in 1938, written for students of technical university, yet in a very topical way - axiomatically.

Bibliography

BOLZANO, BERNARD: Functionenlehre. KČSN, Prague 1930 [edited and provided with notes by K. Rychlík; the foreword by K. Petr].

BOLZANO, BERNARD: Zahlentheorie. KČSN, Prague 1931 [edited and provided with notes by K. Rychlík].

HENSEL, KURT: Theorie der algebraischen Zahlen I. Teubner, Leipzig 1908.

HENSEL, KURT: Zahlentheorie. Göschen, Berlin und Leipzig 1913.

HYKŠOVÁ, MAGDALENA: Life and Work of Karel Rychlík. In: Mathematics throughout the Ages, Prometheus, Prague 2001, 67-91.

HYKŠOVÁ, MAGDALENA: Remark on Bolzano's Inheritance Research in Bohemia. Ibid., 258-286.

KÜRSCHÁK, JÓZSEF: Über Limesbildung und allgemeine Körpertheorie. Crelle[9] **142**(1913), 211-253.

MAHLER, KURT: Über Pseudobewertungen. Acta Math. **66**(1936), 79-119.

---

[9] Journal für die reine und angewandte Mathematik.

OSTROWSKI, ALEXANDER: Über einige Lösungen der Funktionalgleichung $\varphi(x) \cdot \varphi(y) = \varphi(xy)$. Acta Math. **41**(1918), 271-284.

PETR, KAREL: An Example of a Continuous Function that has not a Derivative at any Point. ČPMF[10] **49**(1920), 25-31 (Czech).

ROQUETTE, PETER: History of Valuation Theory. 2001 (manuscript).[11]

RYCHLÍK, KAREL: A Remark on Hensel's Theory of Algebraic Numbers. Věstník 5. sjezdu českých přír. a lékařů v Praze, 1914, 234-235 (Czech).

RYCHLÍK, KAREL: On Hensel's Numbers. Rozpravy[12] **25**(1916), Nr. 55, 16 pp. (Czech).

RYCHLÍK, KAREL: A Contribution to the Field Theory. ČPMF **48**(1919), 145-165 (Czech).

RYCHLÍK, KAREL: A Continuous Nowhere Differentiable Function in the Field of Hensel's Numbers. ČPMF **49**(1920), 222-223 (Czech).

RYCHLÍK, KAREL: Über eine Funktion aus Bolzanos handschriftlichem Nachlasse. Věstník[13] 1921-22, Nr. 4, 6 pp.

RYCHLÍK, KAREL: Eine stetige nicht differenzierbare Funktion im Gebiete der Henselschen Zahlen. Crelle **152**(1922-23), 178-179.

RYCHLÍK, KAREL: Zur Bewertungstheorie der algebraischen Körper. Crelle **153** (1923), 94-107.

RYCHLÍK, KAREL: Eine Bemerkung zur Determinantentheorie. Crelle **167** (1931), 197.

RYCHLÍK, KAREL: Theorie der reelen Zahlen in Bolzanos handschriftlichen Nachlasse. ČSAV, Prague 1962.

WIĘSŁAW, WITOLD: Analiza niearchimedesowska i ciała liczb p-adycznych. Roczniki polskiego towar. matem. (Seria II) **XI** (1970), 221-234.

Mgr. Magdalena Hykšová, Dep.of Applied Math., Faculty of Transportation Sciences, Czech Technical University, Na Florenci 25, 110 00 Prague 1, Czech Republic, email: hyksova@fd.cvut.cz

---

[10] Časopis pro pěstování mathematiky a fysiky.
[11] The manuscript is available on http://www.rzuser.uni-heidelberg.de/~ci3/manu.html.
[12] Rozpravy II. třídy České akademie věd a umění.
[13] Věstník KČSN - Mémoires de la société royale des sciences de Bohème.

Origins of Network Flows

Helena Durnová

Introduction 271
1. Definitions 272
2. The Springs and Streams 274
   2.1 Hitchcock and Kantorovich. 275
   2.2 Graph Theory versus Simplex Method 277
3. The Year 1962: The Confluence 278
4. Conclusion 279
References 279

Introduction

Network flow problems form a class of basic problems in discrete optimization. They are related to economy and also to physics. From the mathematical point of view, the connections between shortest-path and network flow problems, as well as between matching theory and network flow problems are interesting: namely, shortest-path problems are dual to certain network flow problems and vice versa. Nowadays, network flows constitute a separate branch in discrete optimization. In this paper, we deal exclusively with single-commodity network flows, The history is followed up to the publication of the monograph [Ford, Fulkerson 1962].

Network flow problems were formulated in various contexts. The history of the problem is often traced back to the physicist GUSTAV KIRCHHOFF and his laws for electrical current. The first to formulate the problem in mathematical context were L. V. KANTOROVICH[1] and F. L. HITCHCOCK. The latter also gave name to the *Hitchcock problem*, which is a term equivalent to the *transportation problem* or the *network flow problem*. Scattered results were united by L. R. FORD and D. R. FULKERSON in 1962.

---

[1] Leonid Vitalyevich Kantorovich, 1912-1986, Russian mathematician, Nobel prize for economics (1975).

After the publication of the monograph [Ford, Fulkerson 1962], authors writing on network flows quote this book. The most famous result stated in the monograph, bearing is probably *Ford-Fulkerson* or the *Max-Flow Min-Cut Theorem*. Finiteness of the *labelling method* is also examined in the book, as well as the duality of network flow and shortest path problems.[2]

1. Definitions

The words *network* and *graph* are interchangeable here. The term "network" is favoured by some authors because of its more direct visual interpretation. The most important results and specific definitions related to network flow problems are stated in this section, especially the connection between minimum cut and maximum flow in a network (graph). It can be shown that network flow algorithms are not finite if capacities of the edges are allowed to be real. However, it holds that if all edge capacities are integers, then the maximum flow is also integer. This statement can be extended to rational numbers, which provides optimistic computational results.

The same methods can be used for transportation of any product, including the traffic in a town, where the capacities determine how many cars can go through a certain street in a certain time (e.g. per hour). From this, it is only a step further to the problems connected with the costs of transportation.

Definition. *Given a graph G(V, E), suppose that each edge $v_i v_j \in E$ is associated with a non-negative real number $c(v_i v_j)$, called the* capacity *of the edge $v_i v_j$. The function $c: E \to \mathbf{R}_0^+$ is called the* capacity function.

For the purposes of network flow algorithms, weight function bears the denotation "capacity". *Capacity* of an arc determines the quantity of a product that can flow through the edge (in a given period of time). According to the capacities given, some nonnegative *flow* can be constructed.

Even though the original graph is undirected, the graph describing the flow must always be directed. We distinguish between the *in-degree* and the *out-degree* of a vertex in a directed graph:

---

[2] Obviously, discussions on complexity start only later: the first hints on the need to compare algorithms appear in mid-1960s.

Definition. *In a directed graph G(V, E), d_G^- denotes the number of directed edges with their endpoint in v (the in-degree) and d_G^+ denotes the number of directed edges with their starting point in v (the out-degree).*

The *in-degree* and the *out-degree* of the vertex tell us how many predecessors and successors the vertex v_i has. The set of predecessors of v_i (i.e. the set of vertices v_j for which the (directed) edge $v_j v_i \in E$) is denoted by $\Gamma_G^-(v_i)$ and the set of the successors of v_i (i.e. the set of vertices v_j for which the (directed) edge $v_i v_j \in E$) by $\Gamma_G^+(v_i)$. The cardinality of the set $\Gamma_G^-(v_i)$ is $d_G^-(v_i)$, and the cardinality of the set $\Gamma_G^+(v_i)$ is $d_G^+(v_i)$. The following definition tells us what conditions must be satisfied by any flow in a network:

Definition. *Let s and t be two distinct vertices of* V. *A* (static) flow *of value v from s to t in G is a function* f: E $\to$ $\mathbf{R}_0^+$ *such that each $v_i \in V$ satisfies the linear equations*

$$\sum_{v_j \in \Gamma_G^+(v_i)} f(v_i, v_j) - \sum_{v_j \in \Gamma_G^-(v_i)} f(v_i, v_j) = v \quad \text{for } v_i = s$$

$$\sum_{v_j \in \Gamma_G^+(v_i)} f(v_i, v_j) - \sum_{v_j \in \Gamma_G^-(v_i)} f(v_i, v_j) = 0 \quad \text{for } v_i \neq s, t$$

$$\sum_{v_j \in \Gamma_G^+(v_i)} f(v_i, v_j) - \sum_{v_j \in \Gamma_G^-(v_i)} f(v_i, v_j) = -v \quad \text{for } v_i = t$$

and the inequality

$$f(v_i v_j) \leq c(v_i v_j), (v_i v_j) \in E.$$

The vertex s *is called the source, and the vertex* t *the sink.*

The middle condition $\sum_{v_j \in \Gamma_G^+(v_i)} f(v_i, v_j) - \sum_{v_j \in \Gamma_G^-(v_i)} f(v_i, v_j) = 0$ *for* $v_i \neq$ s, t, i.e. that the flow into the vertex must be equal to the flow out of the vertex, is the so-called *Kirchhoff's law* It is obvious that the same equation need not be valid for the *capacity* function.

Basic network flow algorithms are designed to operate with *single-source single-sink networks*, i.e. networks where the product flows from only one source to only one sink. Such algorithms can easily be adapted for some problems with more sources and more sinks by adding a source and a sink and edges with the appropriate edge capacities. For these algorithms, the notion of a *cut* separating source and sink is central:

Definition. *Let X' = V-X and let (X,X') denote the set of all edges going from X to X'. A cut in G(V, E) separating s and t is a set of edges (X,X'), where s $\in$ X and t $\in$ X'. The capacity of the cut (X,X') is denoted by c(X, X'), where*

$$c(X, X') = \sum_{xx' \in (X,X')} c(xx').$$

In the above-stated definition of a cut, the "edges between X and X'" are the edges going from X to X'; in directed graphs, the direction of the edges must be taken into account.

The *Cut-Flow Lemma* further specifies the relation between the cut and flow in the network. The *Max-Flow Min-Cut Theorem* states the equality between maximum flow and minimum cut. It is one of the central theorems of network flow theory:

Cut-Flow Lemma. *Let* f *be a flow from* s *to* t *in a graph G of the value* v. *If (X, X') is a cut separating* s *and* t, *then* $v = f(X, X') - f(X', X) \leq c(X, X')$.

Max-Flow Min-Cut Theorem. *For any network, maximal value of a flow from* s *to* t *is equal to the minimal capacity of a cut separating* s *and* t.

The phrase "flows in networks" evokes some product, or, more precisely, liquid flowing through piping. And indeed, it is sometimes suggested (e.g. in [BFN58]) that the product should be divisible into as small quantities as possible. However, if real numbers as the capacities are allowed, network flow algorithms need not be finite. On the other hand, already FORD and FULKERSON state the *Integrity theorem* [Ford, Fulkerson 1962, p. 19]:

Integrity theorem. *If the capacity function* c *is integral valued, there exists a maximal flow* f *that is also integral valued.*

The following quotation comments on the use of graph theory for another "commodity" - electricity [Vágó 1985, p. 5]:

> "A means of describing the connections of electrical networks is provided by graph theory. Its application yields a method for solving network analysis problems, by means of a systematic derivation of an appropriate number of linearly independent equations."

2. The Springs and Streams

The origins of network flow theory are in various branches not only of mathematics, but also other sciences. KIRCHHOFF's paper is quoted as the first one on this topic. The connection of *Kirchhoff's laws* with graph theory was recognized already by DÉNES KÖNIG [König 1986, pp. 139-141]:

> "Die vorangehenden Untersuchungen verdanken teilweise ihren Ursprung einer Fragestellung der Elektrizitätslehre, welche 1845 von KIRCHHOFF gestellt und gelöst wurde. In einem endlichen zusammenhängenden gerichteten Graphen G sollen die Kanten $k_1, k_2, ..., k_\alpha$ als

Drähte aufgefasst werden, in denen ein elektrischer Strom zirkuliert. Für jede (gerichtete) Kante k_i sei ihr elektrischer Widerstand Ω_i (>0) und die elektromotorische Kraft E_i die in k_i ihren Sitz hat (in der Richtung von k_i gemessen), gegeben. [...]"

FORD and FULKERSON, on the other hand, start from the linear programming formulations of *transportation problems*. They say on the history of network flows [Ford, Fulkerson 1962; Preface]:

"Certain static minimal cost transportation models were independently studied by HITCHCOCK, KANTOROVICH, and KOOPMANS in the 1940's. A few years later, when linear programming began to make itself known as an organized discipline, DANTZIG, showed how his general algorithm for solving linear programs, the simplex method, could be simplified and made more effective for the special case of transportation models. It would not be inaccurate to say that the subject matter of this book began with the work of these men on the very practical problem of transporting the commodity from certain points of supply to other point of demand in a way to minimize shipping cost. [...] However, dismissing the formulational and applied aspects of the subject completely, and with the advantages of hindsight, one can go back a few years earlier to research of KÖNIG, EGERVÁRY, and MENGER on linear graphs, or HALL on systems of distinct representatives for sets, and also relate this work in pure mathematics to the practically oriented subject of flows in networks."

They also trace history of network flow problems back to KIRCHHOFF, but their main concern for them seems to be the mutual influence of mathematical results and practical transportation problems. The results of MENGER and EGERVÁRY bring the problem more to the mathematical side: their theorems and methods form the basis of the *Hungarian Method* for maximum matching.[3]

2.1 Hitchcock and Kantorovich

One of the classic articles dealing with network flows is HITCHCOCK's paper *The distribution of a product from several sources to numerous localities* [Hitchcock 1941] published in 1941. In his paper, HITCHCOCK defines the transportation problem in the following way [Hitchcock 1941, p. 224]:

---

[3] The term "Hungarian Method" was coined by Harold W. Kuhn.

1. Statement of the problem. *When several factories supply a product to a number of cities we desire the least costly manner of distribution. Due to freight rates and other matters the cost of a ton of a product to a particular city will vary according to which factory supplies it, and will also vary from city to city.*

HITCHCOCK first shows the way of finding a feasible solution, then he takes the costs of transportation between two cities into account, and finally he gradually improves the solution. Apart from the statement of the problem, the method of solving transportation problem is demonstrated on a concrete example.[4]

HITCHCOCK divides the paper into three sections. In the second section (Geometrical interpretation), he gives a geometrical representation of the problem,[5] which resembles simplex used in linear programming. In the third section (Finding a vertex), he formulates the thesis that a feasible solution can be found in one of the vertices of the simplex. The term "vertex" is used here in a sense quite different from the term "vertex" used in graph theory. Finally, in the fourth section (Finding a better vertex), he gradually improves the solution by "travelling" to other vertices of the simplex.

The problem dealt with in the paper [Hitchcock 1941] evidently belongs to the network flow problems. However, the solution presented is not a graph-theoretical one, but rather one using linear programming methods. The paper by KANTOROVICH and the joint paper by KANTOROVICH and GAVURIN are often quoted as the first attempts at formulating linear programming. The methods they use also belong rather to the domain of linear programming than to the domain of graph theoretical algorithms.[6]

Even G. B. DANTZIG admits that linear programming methods were formulated in the Soviet Union prior to their development in the U.S.A. However, he claims that it is legitimate to consider linear programming to be

---

[4] The style reminds one of E. F. Moore, who also described his algorithms on a specific example (1957).

[5] There is no picture in Hitchcock's paper, only a description of the situation.

[6] Papers are quoted by e.g. [FF 1962] or [Lovasz & Plummer 1986]: Kantorovich, L. V.: On the translocation of Masses, Doklady Akademii Nauk SSSR, **37** (1942), 199-201. Kantorovich, L. V. and Gavurin, M. K.: The Application of Mathematical Methods in Problems of Freight Flow Analysis. *Collection of Papers Concerned with Increasing the Effectiveness of Transports*, Publication of the Academy of Sciences SSSR, Moscow-Leningrad, 1949, 110-138.}

a U.S. patent, for which the sole fact that the methods of KANTOROVICH were unknown in the U.S.A. is a sufficient reason.[7] KANTOROVICH's method of solving the problem was not a graph-theoretical one, and is thus not of interest here.[8]

2.2 Graph Theory versus Simplex Method

The paper *Die Graphentheorie in Anwendung auf das Transportproblem* presented by the Czech mathematicians BÍLÝ, FIEDLER, and NOŽIČKA in 1958 consists of two parts: the theoretical part, an example, and a historical note. In the first three sections, the authors define graph-theoretical concepts, while in the fourth, they solve Hitchcock transportation problem. Again, the method is presented on an example. As HAROLD KUHN says in his review (MR 21#314), "it is the simplex method in disguise." They proceed in a way similar to HITCHCOCK and the paper makes the impression that they deliberately chose to "translate" the simplex method into graph-theoretical terminology. On the history of the transportation problem, they say [BFN 1958, pp. 119-120]:

"Die Aufgabe, ein in mehreren Produktionsstellen erzeugtes Produkt unter bestimmte Verbrauchsstellen mit gegebenem Verbrauchsumfang (gleich dem Produktionsumfang) so zu verteilen, dass die Transportkosten minimal werden, wurde zuerst von HITCHCOCK [Hitchcock 1941] mathematisch formuliert und mit mathematischen Mitteln gelöst. [...] Der Schiffmangel, der schon während des ersten Welt\-kriegen zu gewissen Regulierungen des Umlaufes von Schiffen zwang und während des zweiten Weltkrieges in viel grösserem Ausmasse in Erscheinung trat, führte in zweiten Weltkriege zur mathematischen Formulierung und Lösung der Aufgabe, wobei zu bemerken ist, dass der Transport zur See gewisse besondere Bedingungen stellt, die von denen des Eisenbahntransports unterschiedlich sind. [...] Die Simplexmethode der Lösung des Transportproblems wurde von DANTZIG [4] angegeben." [9]

---

[7] It is not the aim of this contribution to resolve the linear programming priority debate.
[8] Kantorovich and Gavurin use metric spaces and the theory of potential.
[9] [4] refers to: Dantzig, G. B., Applications of the Simplex Method to a Transportation Problem, *Activity Analysis of Production and Allocation*, 359-373.(The year of publication not stated.)

The authors also shed some light on the research connected to network flows in Czechoslovakia and on the importance of network flow problems for economics [BFN 1958, p. 119]:

> "In der Tschechoslowakischen Republik ist man zum Transportproblem im obigen sinne im Zusammenhang mit dem Bestreben nach einer ökonomischen Gestaltung des Einbahntransportes gekommen. Das Problem wurde im Jahre 1952 von Nožička unabhängig von den oben angeführten Arbeiten gelöst; die Methode wurde ausführlich in [12] erläutert."

They also state limitations of the transportation problems [BFN 1958, p. 119-120].

3. The Year 1962: The Confluence

A major breakthrough in the network flow theory can be seen in the publication of the classic monograph *Flows in Networks* by L. R. FORD and D. R. FULKERSON from the *RAND Corporation*. Their rather tiny book was published in 1962. In this book, the authors managed to encompass network flow theory up to their time.[10] In the Preface to the book, the authors say [Ford, Fulkerson 1962, p. vii.]:

> This book presents one approach to that part of linear programming theory that has come to be encompassed by the phrase "transportation problems" or "network flow problems".

KANTOROVICH and GAVURIN, as well as DANTZIG used linear programming methods for solving transportation (network flow) problems. In the book by FORD and FULKERSON, the methods are not explicitly stated to be graph theoretical; yet it is evident that their meaning of *nodes* and *arcs* corresponds with the notions in graph theory. In the Preface of [Ford, Fulkerson 1962], the authors say:

> While this is primarily a book on applied mathematics, we have also included topics that are purely mathematically motivated, together with those that are strictly utilitarian in concept. For this, no apology

---

[10] Major part of this was most probably published by L. R. Ford in a RAND Corporation Paper P-923 in 1956.

is intended. We have simply written about mathematics which has interested us, pure or applied.

To carry the historical sketch another (and our last) step back in time might lead one to the Maxwell-Kirchhoff theroy of current distribution in an electrical network.

In this book, we find the treatment of static maximal flow, *minimal cost flow problems*, as well as *multi-terminal network flows*. The second chapter of the book - *Feasibility Theorems and Combinatorial Applications* - brings the readers' attention to more general results and puts network flow theory into a wider mathematical context. Namely, "various combinatorial problems [...] can be posed and solved in terms of network flows. The remainder of this chapter illustrates this method of attack on a number of such problems". [Ford, Fulkerson 1962, p. 36]

The subject of multiterminal network flows is alloted a comparatively short space. FORD and FULKERSON actually lay this problem aside, as they say that the basic procedures can easily be adapted from the single-source single-sink network flow problems. These adaptations are often the themes of more recent papers on network flows.

4. Conclusion

Network flow problems are a complex class of discrete optimization problems. These "transportation problems" can be solved very well by both linear programming methods and graph-theoretical algorithms. It is also worth mentioning that the first concise treatment of the network flow problems was published forty years ago, including the transformation of multiterminal network flow problems into single-source single-sink ones.

References

[BFN 1958] BÍLÝ, J.; FIEDLER, M. and NOŽIČKA, F.: Die Graphentheorie in Anwendung auf das Transportproblem. *Czechoslovak Math. J.*, **8** (83):94-121, 1958.

[Ford, Fulkerson 1962] FORD, LESTER R. JR. and FULKERSON, DELBERT R.: Flows in Networks. Princeton University Press, Princeton, New Jersey, first ed., 1962.

[König 1986] KÖNIG, DÉNES: Theorie der endlichen und unendlichen Graphen. Teubner, Leipzig 1986.[11]

[Vágó 1985] VÁGÓ, ISTVÁN: Graph Theory: Application to the Calculation of Electrical Networks. Akadémiai Kiadó, Budapest, 1985.

Dr. Helena Durnová, UMAT FEKT VUT, Technicka' 8, CZ-616 00 Brno
Email: durnova@dmat.fee.vutbr.cz

---

[11] Kombinatorische Topologie der Streckenkomplexe. Mit einer Abhandlung von L. Euler. No. 6 in *Teubner-Archiv zur Mathematik*. Photographic reproduction of a book originally published in 1936 by the Akademische Verlagsgesellschaft M. B. H., Leipzig. Edited and with comments and an introduction by H. Sachs, an introduction by Paul Erdös, a biography of König by Gallai. English, French, and Russian summaries.

Der Beitrag der Mathematischen Institute zum Universitätsjubiläum der Humboldt-Universität Berlin im Jahre 1960[1]

Hannelore Bernhardt

Jubiläen treten aus dem üblichen Gang der Entwicklung auf vielen Ebenen des gesellschaftlichen Lebens heraus, werden bestimmt von Jahreszahlen, denen im jeweils benutzten Zahlensystem eine bevorzugte Position zuerkannt wird. In unserem Dezimalsystem sind das gewöhnlich ganzzahlige Vielfache von fünf und zehn. Jubiläen verweisen auf Traditionen, fördern Geschichtsbewußtsein, beleuchten historische Zusammenhänge.

Der Bergriff "Jubiläum" hat seinen Ursprung in dem Wort "Jubel", der Bezeichnung für eine Art Posaune oder Horn. Es wurde nach alttestamentlicher Überlieferung bei den Hebräern am Tschiri, dem Versöhnungstag, als Ankündigung für jenes Jahr geblasen, das auf 7x7 Sabbatjahre folgte, also vor dem 50. Jahr, dem Jubeljahr.[2]

Wie bekannt, begeht die Berliner Universität, im Jahre 1828 nach ihrem Stifter Friedrich-Wilhelms-Universität[3] und ab dem Jahre 1949 auf Beschluß von Rektor und Senat Humboldt-Universität[4] benannt, im Jahre 2010 ihr 200. Gründungsjubiläum. Der folgende Beitrag will sich in die im Vorfeld dieses Ereignisses zu erarbeitenden historischen Untersuchungen einreihen und hat die Ereignisse und näheren Begleitumstände des Symposiums zum Inhalt, das von den Mathematischen Instituten anlässlich der 150-Jahrfeier im Jahre 1960 veranstaltet wurde. Verf. kann sich dabei auf Material der Archive der Humboldt-Universität, der Berlin-Brandenburgi-

---

[1] Eine erweiterte Fassung dieses Beitrages ist erschienen in: Dahlemer Archivgespräche Bd. 8, hrsg. vom Archiv zur Geschichte der Max-Planck-Ges. Berlin 2002, 186-209.
[2] Vgl. 3. Buch Moses 25, Verse 8-17.
[3] Max Lenz: Geschichte der Universität Berlin, 2. Band, 1. Hälfte, S. 445.
[4] "Durch die Wahl dieses Namens verpflichtet sich die Universität Berlin, im Geiste der Brüder Wilhelm und Alexander von Humboldt die Geistes- und Naturwissenschaften zu pflegen und dabei die Einheit von wissenschaftlicher Lehre und Forschung zugleich zu wahren. Sie bekennt sich dadurch auch zu der beiden Brüdern gemeinsamen Gesinnung der Humanität und der Völkerverständigung." Tägliche Rundschau vom 10.Februar 1949.

schen Akademie der Wissenschaften, des Bundesarchivs sowie auf die Bulletins der Pressekommission der Humboldt-Universität stützen. Viele der zu zitierenden Dokumente sprechen für sich und sind häufig so aussagekräftig, dass sich eine Kommentierung fast erübrigt.

Die Feierlichkeiten zum 150. Universitätsjubiläum der Humboldt-Universität fanden in der Zeit vom 6. - 18. November 1960 statt. Das Staatssekretariat für das Hoch- und Fachschulwesen beschäftigte sich nur sehr zögerlich mit dem Jubiläum, obwohl es sich um ein Doppeljubiläum, 150 Jahre Universität und zugleich 250 Jahre Charité handelte. Noch im Sommer 1960 wurde mehrmals der entsprechende Tagesordnungspunkt aus den Sekretariatssitzungen herausgenommen.[5] Erst Ende August erfolgte eine ausführliche Diskussion zum Thema "Maßnahmen zur Unterstützung der Vorbereitungsarbeiten der 150 Jahrfeier der Humboldt-Universität und der 250 Jahrfeier der Charité", die in eine größere Anzahl politischer und organisatorischer Hinweise und Festlegungen mündete[6].

In vielen Einrichtungen der Universität wurden Festkomitees gebildet. In das der mathematisch-naturwissenschaftlichen Fakultät wurde der Mathematiker KARL SCHRÖTER als Vorsitzender gebeten, wie aus einem Brief des Dekans - in jenem Jahr der Mathematiker HEINRICH GRELL - hervorgeht.[7]

Bereits im Januar 1960 hatte die Parteigruppe der SED in einem Brief mit Unterschriften von KLAUS MATTHES (Sekretär der Grundorganisation Mathematik/Physik) und MANFRED WALK (Gruppenorganisator der Parteigruppe der Mathematischen Institute) an "Spektabilität" GRELL wesentliche

---

[5] Bundesarchiv Abteilung Reich und DDR zusammen mit Stiftung Archiv der Parteien und Massenorganisationen der DDR, (SAPMO BArch), Akte ZSTA 181, Dienstbesprechungen des Staatssekretariats des Staatssekretärs (zu jener Zeit Wilhelm Girnus) Juli - August 1960, Bd. 3, Protokolle der Leitungssitzungen, hier vom 5.7., 12.7. und 5.8.60.

[6] Vgl. Fußnote 4, Protokoll der Leitungssitzung vom 16. August. Die dort getroffenen Festlegungen betrafen u.a. die Tätigkeit leitender Genossen in "entscheidenden Gremien", die Heranziehung von Gruppen von Wissenschaftlern anderer Universitäten für die Begutachtung von Festbänden, Ausstellungen usw., die "zielgerichtete politische Arbeit" unter den Studenten und dem wissenschaftlichen Nachwuchs, die Zusammenarbeit mit der FDJ und der Gewerkschaft, die Sicherung der politischen Betreuung der zu erwartenden Gäste, die ständige Analyse und Informationen über die Zu- und Absagen eingeladener Gäste und die Absichten des Klassengegners, die Verbesserung der Presse- und Publikationsarbeit sowie Ehrenpromotionen und Auszeichnungen.

[7] Archiv der Humboldt-Universität zu Berlin (AHUB), Math.-Nat. Fakultät, Akte 48 (unpaginiert), Brief vom 16. Dezember 1959.

Gesichtspunkte zentraler Vorgaben getroffen, freilich unter stärkerer Orientierung auf fachliche Aspekte. Darin heißt es u. a.:

"Die Jubiläumsfeierlichkeiten verpflichten uns, vor der internationalen Öffentlichkeit zu beweisen, dass die Humboldt-Universität an die großen Traditionen der Berliner Mathematik anknüpft, dass diese Traditionen bei uns gepflegt und geachtet werden und im Rahmen unseres sozialistischen Aufbaus zu einer neuen Blüte geführt werden. ...

Die Tagung sollte zum Ausdruck bringen, dass auch an unserer Fachrichtung die sozialistische Umgestaltung fortschreitet und für jeden Mitarbeiter große Perspektiven eröffnet. ... Die Kritik des internationalen Forums soll uns helfen, den fachlichen stand unserer Arbeitsgruppen und des wissenschaftlichen Nachwuchses einzuschätzen ... .

Schlussfolgerungen:

Die Thematik der Tagung sollte so umfassend sein, dass möglichst viele Probleme, die in der DDR behandelt werden und für die Entwicklung der Wissenschaft von Interesse sind, Berücksichtigung finden. ...

Neben Einzelvorträgen bekannter Wissenschaftler und des wissenschaftlichen Nachwuchses unserer Republik sollten die an den Universitäten der DDR bestehenden mathematischen Arbeits- und Forschungsgemeinschaften hauptsächlich durch Vortragszyklen in Erscheinung treten. ...

Folgender Personenkreis sollte in erster Linie bei der Einladung berücksichtigt werden:

a. Offizielle Delegationen der Moskauer, Prager und Warschauer Universität.[8]

b. Vertreter von anderen Universitäten sozialistischer Länder

c. Ehemalige Berliner, insbesondere solche, die durch den Faschismus zur Emigration gezwungen wurden.

d. Aus Westdeutschland sollten in erster Linie jüngere aufstrebende Mathematiker eingeladen werden, die in naher Zukunft das Gesicht

---

[8] Mit diesen Universitäten bestanden seitens der Humboldt-Universität Freundschaftsverträge. Einen Hinweis auf nicht nachvollziehbare Schwierigkeiten gibt eine Aktennotiz vom 31. 5. 1960, nach der das Staatssekretariat "schnellstens" die Erlaubnis erteilen solle, "allen Universitäten des sozialistischen Lagers offizielle Einladungen zuzustellen." AHUB, Rektorat Akte 456.

der Mathematik bestimmen werden. Es sollten auch solche jüngeren Wissenschaftler berücksichtigt werden, die vor Jahren unsere Republik verlassen haben. ...

e. Aus dem übrigen Ausland sollten vor allem solche wissenschaftlichen Persönlichkeiten eingeladen werden, die durch mehrere Besuche unserer Universität bzw. unserer Republik ein enges Verhältnis zu Mathematikern der DDR haben. ...

f. Bei Einladungen sollten Wünsche der Arbeitsgruppen Berücksichtigung finden. ..." [9]

Im weiteren traten - wie gewöhnlich in solchen Fällen - Schwierigkeiten auf.[10] Da sich der Druck der Einladungen verzögerte, konnten diese erst relativ spät verschickt werden. Wie die erhalten gebliebenen Namenslisten der Mathematischen Institute bzw. der Mathematisch-naturwissenschaftlichen Fakultät ausweisen, wurden etwa einhundert namhafte Gelehrte aus aller Welt eingeladen,[11] die Gesamtzahl der Teilnehmer am Mathematischen Symposium kann mit rund zweihundert angegeben werden. Erschwerend für die Aufstellung eines Tagungsprogramms war es, dass erst "in den allerletzten Tagen Mitteilungen darüber eintrafen, wer diesen großen Delegationen angehören würde, und dass wir die Themen der Vorträge dieser vielen und wichtigen Gäste erst bei ihrer Ankunft in Berlin erfahren konnten."[12] Es kam zu vielmaliger Veränderung des ursprünglich vorgesehenen Programms. Bisher konnte nur ein "Vorläufiges Programm" aufgefunden werden.[13]

---

[9] AHUB, Math.-Nat. Fakultät Akte 48, Brief vom 11.01.1960, S. 2-4.
[10] In einem Bericht des Staatssekretariats findet sich die Bemerkung, dass sich "die Genossen ... zu spät in die Vorbereitung der wissenschaftlichen Tagungen eingeschaltet" hätten (in die Diskussion ideologischer Probleme und die Klarstellung der politischen Linie), die größten Schwierigkeiten gäbe es im Bereich der Mathematisch-Naturwissenschaftlichen Fakultät. "Es bestehen bei einer Reihe von Wissenschaftlern Illusionen hinsichtlich einer gesamtdeutschen Wissenschaft, falsche Vorstellungen über die Rolle des westdeutschen Militarismus und Unterschätzung der Rolle der DDR als Erbe und Fortsetzer des konsequenten Kampfes der Arbeiterklasse und aller fortschrittlichen Kräfte. ... In den staatlichen Leitungen wurden im wesentlichen richtige politische Beschlüsse zur Unterstützung der 150-Jahrfeier gefasst." SAPMO Barch, ZSTA, 1. Schicht, Akte 1574.
[11] AHUB, Rektorat, Akte 473, Listen vom 22.3.1960.
[12] AHUB, Math.-Nat. Fak. Akte 48, Bericht über das mathematische Symposion, unterzeichnet von Prof. Dr. Reichardt, S. 1.
[13] a. a. O. I. Mathematisches Institut an das Festkomitee der Math.-Nat. Fak. vom 5.2.1960 im Hause.

Die Teilnehmerzahlen erfordern eine Anmerkung. Die politische Situation jener Jahre war schwierig, und auch die Jubiläumsfeierlichkeiten der Humboldt-Universität wurden vom kalten Krieg überschattet. Die westdeutsche Rektorenkonferenz hatte auf ihrer Tagung am 9. Juli 1960 in Saarbrücken den Universitäten und Hochschulen Westdeutschlands empfohlen, offizielle Einladungen der HU zu ihrem Jubiläum im November der Jahres nicht anzunehmen. Diese Empfehlung war auch die Antwort darauf, dass die Universitäten und Hochschulen der DDR auf ihren Antrag vom 15.7.1958 hin während der 3. Generalversammlung der internationalen Vereinigung der Universitäten in Mexicó City (IAU) als vollberechtigte Mitglieder in die von der UNESCO patronierten internationalen Organisation aufgenommen worden waren. Zwar hatte die Rektorenkonferenz der BRD im Oktober 1959 darüber beraten, wie dies zu verhindern sei, aber offensichtlich ihr Ziel einer Alleinvertretung der deutschen Hochschulen nicht erreicht.

Im Zusammenhang mit diesen Vorgängen sahen sich die Rektoren der Universitäten und Hochschulen der DDR zu der Feststellung veranlasst,

"Die Hochschulen der Deutschen Demokratischen Republik werden auch in Zukunft alles daran setzen, um ihren westdeutschen und ausländischen Gästen im Dienste friedlicher Zusammenarbeit und wissenschaftlichen Fortschritts ihre Pforten offen zu halten. ... Gerade aus diesem Grunde fühlen sich die Rektoren der Deutschen Demokratischen Republik verpflichtet, darauf hinzuweisen, dass auf Grund von Interventionen der diplomatischen Organe Bonns einige Regierungen der in der Nato befindlichen Staaten ihren Wissenschaftlern verbieten, an Veranstaltungen in der Deutschen Demokratischen Republik, die dem wissenschaftlichen Meinungsaustausch dienen, teilzunehmen. Sie unterbinden auch die Einreise von Wissenschaftlern der DDR in ihre Länder. Die Rektoren der Deutschen Demokratischen Republik haben sorgfältig die Schreiben namhafter Wissenschaftler Frankreichs und der Vereinigten Staaten geprüft, in denen diese Gelehrten unsere Hochschulen und wissenschaftlichen Institutionen davon in Kenntnis setzen, dass sie durch ihre Regierungsorgane daran gehindert werden, ihrem Wunsche auf Pflege des wissenschaftlichen Meinungsaustauschs mit Wissenschaftlern der Deutschen Demokratischen Republik nachzukommen. ...

In diesen Zusammenhang gehört auch die Tatsache, dass die westdeutsche Rektorenkonferenz durch einen entsprechenden Beschluss

einen moralischen Druck auf die Wissenschaftler Westdeutschlands auszuüben sucht und ihnen den Besuch zu der 150-Jahrfeier der Humboldt-Universität erschweren will. ..."[14]

Dafür gibt es Beispiele. Der französische Mathematiker LAURENT SCHWARTZ, Professor am Institut Henry Poincaré der Universität Paris, bedauerte, die Einladung[15] zur Teilnahme am Mathematischen Symposion, auf dem ihm die Ehrendoktorwürde der Humboldt-Universität verliehen werden sollte, nicht annehmen zu können. Ein Dokument aus dem Staatssekretariat präzisiert die Situation:

"Sektor Ausland , Baltruschat[16], Sektor Math. Nat. z. Hd. Gen. Götzke

Betr. *Ehrenpromotion Prof. Dr. Laurent Schwartz,* Paris

Prof. Dr. L. Sch. sollte zur 150-Jahrfeier den Dr. hc. der Humboldt-Universität erhalten.

Heute ließ mir der franz. Lenoir, EFA, mitteilen, dass Prof. SCHWARTZ ebenfalls nicht die Genehmigung erhalten habe, nach Ber-

---

[14] SAPMO BArch, ZSTA, 1. Schicht, Akte 636 Sekretariat Helbig, Entwurf einer Erklärung der Rektoren der DDR, in der es weiter heißt: "Die Absicht der Bonner Regierung besteht offensichtlich darin, mit Hilfe der Regierungen Frankreichs, der USA und anderer Nato-Staaten zwischen den Wissenschaftlern der DDR und den westlichen Ländern einen eisernen Vorhang niedergehen zulassen. Das Verhalten der westdeutschen Rektorenkonferenz, der Ministerialbürokratie Frankreichs und der Vereinigten Staaten widerspricht dem Geist der Wissenschaft, die sich ohne freien wissenschaftlichen Meinungsaustausch nicht angemessen entwickeln kann. Die genannten Maßnahmen bedeuten eine schwere Beeinträchtigung der Freiheit der Wissenschaft. ..."
Des weiteren wird darauf verwiesen, dass sowohl die westdeutschen wie die Universitäten und Hochschulen der DDR Mitglied der internationalen Vereinigung der Universitäten (mit Sitz in Paris) sind, was zur Pflege gegenseitiger freundschaftlicher Beziehungen verpflichte. Die westdeutsche Rektorenkonferenz unterstützte "praktisch die feindselige Haltung der militaristischen Revanchepolitiker Westdeutschlands, die die Eingliederung der DDR in ihren Machtbereich zum erklärten Ziel ihrer Staatspolitik erhoben haben und auf einen Umsturz des bestehenden europäischen Grenzsystems hinarbeiten." Diesem Zweck diene auch, die Ergebnisse der Wissenschaft der atomaren Aufrüstung nutzbar zu machen. ... Die Rektoren der DDR protestierten gegen diesen Versuch Bonns, den Kalten Krieg auch in die Wissenschaft hineinzutragen; dies käme einer Art psychologischer Kriegführung gleich.

[15] Im Brief des Rektors vom 30. 9. heißt es: "Im Kreise der Mathematisch-Naturwissenschaftlichen Fakultät .. ist die Anregung vorgebracht worden, Sie ... zum Ehrendoktor unserer Universität in Anerkennung Ihrer überragenden mathematischen Leistungen zu promovieren.... Die Bereitwilligkeit Ihrerseits würde in der Fakultät den allerfreudigsten und einstimmigen Widerhall finden. ..." AHUB Math.-Nat.Fak. Akte 48

[16] Mitarbeiter im Staatssekretariat für das Hoch- und Fachschulwesen, Sektor Ausland.

lin zu kommen. Prof. SCHWARTZ müsse auch täglich mit Verhaftung oder Repressalien rechnen, da er zu den 121 Unterzeichnern der Algerienerklärung gehört, die DE GAULLE maßregeln lassen will. Er kann daher auch Frankreich nicht verlassen. Im übrigen unterstreicht diese Tatsache, dass wir einem würdigen Wissenschaftler den Dr. hc. zukommen lassen. Ich bin der Meinung, dass man daher am programmmäßigen Termin die Verleihung aussprechen sollte und ihm in einem herzlichen Scheiben von dieser Tatsache dann Kenntnis geben. Die Überreichung der Urkunde kann dann später erfolgen. B."[17]

SCHWARTZ teilte wenige Tage später mit, den Ehrendoktor annehmen zu wollen, auch wenn er nicht an den Feierlichkeiten teilnehmen könne.

Nicht einmal der bereits seit Jahren emeritierte französische Mathematiker MAURICE FRÉCHET glaubte, die Einladung zu den Berliner Jubiläumsfeierlichkeiten annehmen zu dürfen. Hatte Magnifizenz SCHRÖDER in einem Schreiben an seinen Kollegen in Paris vom 10. August 1960 noch seine Freude über die "ehrende Zusage" zum Ausdruck gebracht, sagte FRÉCHET mit Datum vom 22. September ab, ein "unvorhergesehenes Ereignis" verhindere seine Teilnahme am Symposium, man liest von "unfreiwilliger Abwesenheit".[18]

Dekan HEINRICH GRELL versandte persönliche Einladungen zum Mathematischen Symposium an zahlreiche Mathematikerkollegen und Freunde im In- und Ausland, in denen Haltung und Gesinnung eines würdevollen, akademischen Umgangs zum Ausdruck kommen; die Antworten sind nicht vollzählig erhalten. Einige der Briefe seien im folgenden auszugsweise wiedergegeben.[19]

Mit Datum vom 17. Oktober 1960 schrieb RICHARD COURANT an GRELL:

"My dear Friend:
I was very glad about your letter of September 30th and your friendly attitude. All the more, I feel extremely unhappy that, after very much hesitation, I must write to you that after all it will be impossible for me now to undertake e new trip to Europe. Therefore, I have to ask you to tell the organisation Committee that I will not be able to come to the celebration.

---

[17] AHUB, Math. - Nat. Fakultät., Akte 48, Schreiben vom 10.10.1960 (mehrere Schreibfehler sind korrigiert).
[18] AHUB, Rektorat Akte 462 (unpaginiert).
[19] Die folgenden Briefzitate sind - wenn nicht anders angegeben - der Akte 48 AHUB, Math.-Nat. Fakultät entnommen.

I am all the more sad because under the present general circumstances I felt that it is particularly important to emphasize the international contacts between scientists and because I feel that the University of Berlin has been a particularly important factor in the development of cultural life in Europe and in the world. But after my return from last trip, I felt quite tired and was overwhelmed by all sorts of obligations. My doctor advised me to sit still for a while, and I feel his advice is correct. Nevertheless, I hope that I can visit Berlin and the Humboldt-University sometime in the not too distant future,

With my very best wishes to you and to the other colleagues, and with profound apologies for my failure, I am Sincerely yours R. Courant"

Ein bedeutsames Dokument fünfzehn Jahre nach Kriegsende 1945 ist auch der Briefwechsel GRELLs mit ABRAHAM FRAENKEL.

GRELL hatte am 20. Juli 1960 an FRAENKEL nach Jerusalem eine offizielle Einladung zum mathematischen Symposion geschickt und als Schüler von EMMI NOETHER "einige persönliche Worte" hinzugefügt, wobei er Begegnungen in Bologna und Florenz "vor mehr als 30 Jahren" erwähnte und dann fortfuhr: "Wir könnten uns vorstellen, dass die Existenz eines eigenen Instituts für Mathematische Logik und Grundlagenforschung an der HU unter Leitung des Kollegen Prof. KARL SCHRÖTER Ihnen Ihren Entschluß, unser Gast zu sein, erleichtern würde." Zugleich bat er um "ein größeres Referat von 60-90 Minuten etwa über Probleme der Mengenlehre" oder ein anderes Thema.

FRAENKEL antwortete GRELL handschriftlich am 16.8.1960 aus Adelboden:

"Ihr sehr liebenswürdiger Brief vom 20, Juli wurde mir auf Umwegen hierher nachgesandt, wo ich ein paar Bergtouren (noch im 70. Lebensjahr) mache, bevor ich nächste und übernächste Woche am *International Congress for Logic*, Stanford University, Calif., teilnehme, zu dem ich mit mehreren meiner Schüler (jetzt: Kollegen) eingeladen bin. Nach kürzeren Aufenthalten in Holland und England muss ich dann im Oktober zurück sein in Jerusalem. Zwar habe ich Ende 1959, meinem Wunsch gemäß, meine Emeritierung erhalten, aber de facto habe ich weiter Verpflichtungen in Vorlesungen und educational administration. Ich kann daher Ihrer und Ihrer Kollegen freundliche Einladung, so ehrenvoll sie auch für mich ist, leider nicht folgen. - Gewiss erinnere ich mich Ihrer, wenn ich auch nicht wusste, dass es in Bologna (dem von Brouwer so heftig denunzierten Kongress) war; wenn ich nicht irre, waren Sie auch liiert mit meinem allzu früh verstorbe-

nen Freund und Kollegen JACOB LEVITZBERG. Besonders leid tut es mir, Herrn SCHRÖTER und seine von mir aufs höchste geschätzte Schule nicht zu treffen; ich bitte ihn herzlich von mir zu grüssen.

Schliesslich würde ich unaufrichtig sein, wenn ich nicht hinzufügte, dass ich seit HITLERs Machtergreifung Deutschland nicht mehr betreten habe und auch Bedenken habe es zu tun; ich habe dies auch voriges Jahr angesichts einer Einladung an eine westdeutsche Universität. bewiesen. Sie werden mir dies nachfühlen können, angesichts der Vertilgung von mehr als einem Drittel meines Volkes (über 6 Millionen Juden) und angesichts der noch ersichtlichen Symptome auf dem Gebiet der Seeleneinstellung und der Wiedergutmachung.

Mit Dank und besten Empfehlungen bin ich Ihr sehr ergebener Abraham Fraenkel".

Am 9.Sept.1960 schrieb ihm GRELL daraufhin noch einmal:

"Sehr verehrter Herr Kollege!

Für Ihren freundlichen Brief vom 16.8.d.Js. danke ich Ihnen herzlich. Auch wenn wir auf die Freude verzichten müssen, Sie als Gast bei unserem Jubiläum zu begrüßen, weiß ich doch Ihre Gründe wohl zu würdigen. Insbesondere gilt das für die im letzten Absatz Ihres Briefes, den ich als Schüler von EMMY NOETHER nur zu gut begreife, umso mehr als ich nach dem Kriege Gelegenheit hatte, die Konzentrationslager von Auschwitz und Birkenau zu besichtigen. Daß aber Ihre Vorbehalte uns hier nicht hindern, an einer Besserung der Zustände zu arbeiten, mögen Sie aus den beiden beiliegenden gedruckten Erklärungen sehen, von der die von Rektor und Senat sogar auf eine Anregung der Mathematisch-Naturwissenschaftlichen Fakultät unserer Universität zurückgeht. Vielleicht ist das ein bescheidener Beitrag dazu, Sie die bitteren Gefühle allmählich vergessen zu lassen, die Sie angesichts des furchtbaren Schicksals Ihres Volkes nur zu berechtigt hegen.

Mit den besten Empfehlungen auch namens aller meiner Kollegen grüße ich Sie für heute

herzlichst als Ihr sehr ergebener H.G., Dekan"

In der Einladung an BORIS GNEDENKO am 29..07. 1960 heißt es:

" ... In aufopfernder und uneigennütziger Weise haben Sie seinerzeit an der Humboldt-Universität Gastvorlesungen über Wahrscheinlichkeitsrechnung gehalten und damit den Grund gelegt für eine Entwicklung, deren erste Keime nun hervorgesprossen sind, und von der wir

uns für die nächsten Jahre schöne Früchte versprechen. Wir dürfen Sie in diesem Sinne also als alten Berliner betrachten und Sie werden verstehen, dass wir uns über Ihre Teilnahme ganz besonders freuen würden, um bei dieser Gelegenheit die Verbundenheit unserer Universität mit Ihrer Person zu bekräftigen und zu erneuern. ...

Ich bitte Sie herzlich, mich schönstens Ihrer verehrten Frau Gemahlin zu empfehlen und auch Ihren beiden Söhnen, die nun schon längst dem "Max- und Moritz"-Alter entwachsen sein dürften, freundliche Grüße auszurichten."

Ein ähnlicher Gedanke der Verbundenheit findet sich in der Einladung an A. N. KOLMOGOROV:

" ... Die Mathematiker der Humboldt-Universität fühlen sich Ihnen zu ganz besonderem Dank verpflichtet, weil Sie seinerzeit in aufopfernder Weise sich zur Verfügung gestellt haben, unseren jungen Wahrscheinlichkeitstheoretikern bei ihren ersten Schritten zur Selbständigkeit zu helfen und sie auf erfolgversprechende Wege zu leiten; seither sind sie nach meinen Eindrücken sowohl hier in Berlin als auch in der gesamten DDR ... bemüht, sich so zu entwickeln, dass sie in nicht zu ferner Zukunft auch vor Ihren Augen bestehen können. ..."

Eine weitere Einladung erging an

Herrn Prof. Dr. HUA LOO-KENG
Academia Sinica
Institut of Mathematics
Peking VR China

29.Juli 1960

Sehr verehrter, lieber Herr Prof. Dr. Hua Loo-keng

Bitte entschuldigen Sie, dass ich diesen Brief in deutscher Sprache und nicht in englischer Sprache abfasse, weil ich sonst fürchten müsste, daß meine englischen Sprachkenntnisse zu unvollkommen wären, um Ihnen die Herzlichkeit unseres Anliegens angemessen auszudrükken. ...

In meinem eigenen und im Namen aller unterzeichneten Kollegen darf ich Ihnen sagen, dass wir uns über Ihre Teilnahme an den wissenschaftlichen und festlichen Veranstaltungen unserer Universität im November dieses Jahres ganz bes. freuen würden. Unser Rektor, Magnifizenz SCHRÖDER, und ich selbst waren vor Jahren für lange Wochen Gäste Ihres Landes. Die Eindrücke, die ich während meines da-

maligen Aufenthaltes sowohl von der wissenschaftlichen wie der allgemeinen Entwicklung Ihres wunderbaren Landes gewonnen habe, wirken in mir bis heute unverändert nach. Mit voller Deutlichkeit erinnere ich mich der zahlreichen wissenschaftlichen und menschlichen Begegnungen, die ich damals haben durfte und für immer unvergeßlich leben in mir die landschaftlichen Schönheiten und die begeisternden Eindrücke vom Aufbau des Sozialismus. Es ist keine Übertreibung, wenn ich sage, dass mich gelegentlich eine Art Heimweh ergreift. Mit besonderem Interesse haben wir auch ständig die Entwicklung der Mathematik in der Volksrepublik China verfolgt, und so werden Sie verstehen, wenn ich selbst und alle Kollegen den lebhaften Wunsch haben, die Verbundenheit mit Ihnen und Ihrem Lande anläßlich. des Jubiläums unserer Universität von neuem zu bekräftigen. ...

Wir wären Ihnen zu besonderem Dank verpflichtet, wenn Sie uns ... einen großen Vortrag von 60-90 Min. Dauer, am besten über Ihre eignen Untersuchungen oder aber auch über die Entwicklungstendenzen der Mathematik in der VR China halten würden. ...

Ihr sehr ergebener H. G. Dekan."

Seinen langjährigen Freund und Kollegen BARTEL L. VAN DER WAERDEN bat GRELL ebenfalls um "einen großen, umfassenden Vortrag, der sich, wenn wir einen Wunsch äußern dürfen, mit den derzeitigen Entwicklungstendenzen in der Mathematik und ihren zukünftigen Perspektiven beschäftigen sollte. Von Deiner zeitlichen Belastung her gesehen ist diese Bitte sicher recht unbescheiden, sie mag aber als Ausdruck der höchsten Wertschätzung gelten, die Dir hier entgegen gebracht wird. ...

Daß ich persönlich mich im Andenken an unsere gemeinsame Lehrerin EMMY *NOETHER* über ein Wiedersehen bei so schönem Anlaß besonders freuen würde, brauche ich nicht ... zu betonen. ..."

Weitere persönliche Einladungen ergingen u.a. an P.S. ALEXANDROV (Moskau), E. HILLE (New Haven), S. EHRESMANN und A. DENJOY (Paris), H. HOPF (Zürich), V. JARNIK (Prag), TSCHAKALOFF (Sofia), MOISIL (Bukarest), SIDDIQI (Aligargh/Indien), jeweils verbunden mit der Bitte um einen Vortrag.

Die Akten geben leider keine schlüssige Antwort darauf, wer genau an den Feierlichkeiten teilgenommen hat. Für erfolgte Absagen, die jedoch in vielen Fällen eine tiefe Verbundenheit mit der und zugleich eine hohe Wertschätzung für die Berliner Universität zum Ausdruck bringen, sind mehrere

Ursachen erkennbar: Gesundheitliche Probleme, wie sie COURANT mitteilte, ebenso wie J. E. HOFMANN (82 Jahre)[20] und J. FRANCK.

Einige eingeladene Gäste mussten Lehrverpflichtungen wahrnehmen. So begründete HILDA MISES-GEIRINGER, damals an der Harvard University, Division of Engineering and Applied Mathematics tätig, ihre Absage:

" ... Ende September beginnt in USA das neue Semester und es wäre, wie ich festgestellt habe, mit erheblichen Schwierigkeiten verbunden in der Mitte der Arbeit ... wieder abzureisen. ... Ich bedaure dies tief aus wissenschaftlichen wie auch aus persönlichen Gründen. Es wäre mir eine großen Freunde gewesen, so manche Beziehungen zu erneuern oder anzuknüpfen und noch einmal an der Arbeitsstätte meiner Jugend zu sein. ..."[21]

E. HOPF vom Departement of Mathematics der Indiana University hatte noch im August d. J. gehofft, nach Berlin reisen zu können, da es "verlokkend sei, seine alte alma mater wiederzusehen," konnte sich aber dann doch nicht "für eine ganze Woche hier frei machen", wie er am 19. September mitteilte.[22] A. TARSKI, Departement of Mathematics der University of California, schrieb am 8.9.1960, "I am not in a position to accept your invitation."[23] H. FREUDENTHAL antwortete auf eine entsprechende Einladung bereits am 9. 7. 1960, dass er eine Gastprofessur an der Yale University habe und daher im November nicht an der Feierlichkeiten teilnehmen könne. Er sei bereit, die Ehrenpromotion anzunehmen und wolle sobald wie möglich, die Humboldt-Universität besuchen.[24]

Schließlich waren persönliche bzw. politische Umstände wie sie FRAENKEL äußerte, Anlaß zu Absagen.

Obwohl eine zentrale Vorgabe die Veröffentlichung aller Eröffnungsansprachen, Referate und Diskussionsbeiträge sowie der Schlussworte und

---

[20] Mit Datum vom 19. 7. 1960 sagte Hofmann seine Teilnahme ab: " Zu meinen größten Bedauern ist es uns beiden nicht möglich, Ihrer so liebenswürdigen und verlockenden Einladung Folge zu leisten. Ursache ist mein labiler Gesundheitszustand. ... Ich fühle mich durchaus aufs engste mit der Berliner Universität verbunden; es waren zwar sehr schwere, jedoch wissenschaftlich die anregendsten Jahre meines Lebens, die ich dort verbringen durfte, in der Fülle von Möglichkeiten, wie sie mir niemals wieder in so reichem Masse gewährt worden sind. AHUB, Rektorat Akte 473 (unpaginiert).
[21] AHUB, Rektorat Akte 463, Brief an Magnifizenz Schröder.
[22] a. a. O.
[23] a. a. O.
[24] AHUB, Akte Rektorat 465, Blatt 236, Brief vom 9. 7. 1960 an Rektor Schröder.

ein Verzeichnis der anwesenden Wissenschaftler des In- und Auslandes vorsah[25], scheint eine solche Veröffentlichung nicht gelungen zu sein. Daher ist es sehr schwierig, den Verlauf des Symposions sowie den Inhalt der Fachvorträge und Diskussionen vor allem in den Arbeitsgruppen wiederzugeben. In einem Pressegespräch gab Prof. Dr. HANS REICHARDT einen Überblick: "Es werden Vorträge aus allen Gebieten der Mathematik gehalten. Wegen der Vielzahl der Vorträge werden manchmal sieben Sektionen - elf sind es insgesamt - gleichzeitig tagen. Auch von der Thematik der Vorträge her rechtfertigt sich der Begriff der mathematischen Leistungsschau: Unsere Tagung wird ein Spiegelbild sein, in welchem Fluß die Mathematik steht, wie versucht wird, den Zusammenhang zwischen den Ergebnissen der Einzelforschung und einheitlichen Prinzipien aufzuspüren. Es ist vielleicht nicht uninteressant zu erwähnen, dass auch Forschungsgruppen auf dem Gebiet der Statistik und der automatischen Rechentechnik berichtet werden."[26] Einige Informationen sind ferner den zwischen dem 7. und 18. November von der Pressekommission der Universität herausgegebenen Bulletins zu entnehmen:

Die Hauptvorträge waren dem Anlaß gemäß historisch orientiert. Heinrich GRELL hielt den Festvortrag am Eröffnungstag des Symposions zur Geschichte der Mathematik an der Humboldt-Universität, wobei er besonders auf die Jahre 1855 - 1902 eingegangen ist, die er als die Blütezeit der Berliner Mathematik charakterisierte. An die großen Traditionen dieser Jahre gelte es anzuknüpfen. Anschließend nahm PAWEL SERGEJEWITSCH ALEXANDROV das Wort zu seinem Vortrag "Die Stellung der mengentheoretischen Topologie in der modernen Mathematik", in dem er zeigte, dass dieses (wesentlich von ihm) in den zwanziger Jahren (mit)begründete Gebiet mehr und mehr Eingang in viele Zweige der Mathematik fand. Der große Hörsaal 3038 habe wie erwartet nicht ausgereicht, die Vorträge wurden in Nebenräume übertragen.

Der zweite Tag war dem Andenken ISSAI SCHURs gewidmet. Magnifizenz KURT SCHRÖDER eröffnete diese Ehrung: Es sei beim Zurückblicken auf die Geschichte unserer Universität eine bislang unerfüllt gebliebene Dankespflicht, des Mannes zu gedenken, der nach dem ersten Weltkrieg wesentlich dazu beigetragen habe, den Ruhm der Berliner Universität wieder zu

---

[25] AHUB, Akte 48.
[26] Aus: Zeitung "Humboldt-Universität", 4. Jg. 1960, Nr. 22, S.3.

begründen. Einen "Erinnerungsvortrag" hielt ALFRED BRAUER[27], der Schüler des von ihm hochverehrten SCHUR und für zwei Jahrzehnte Student, Assistent und Privatdozent an der Universität gewesen war, bevor er Deutschland verlassen musste. BRAUER zeichnete dem Bericht nach das Bild eines bescheidenen, hilfsbereiten, stets schöpferisch tätigen und charakterfesten Gelehrten, der sich auch nach 1933, da er die Lehrtätigkeit aufgeben und emigrieren musste, bei Studenten und Kollegen größter Hochachtung und Wertschätzung erfreute. Ferner verwies der Redner auch die wissenschaftlichen Leistungen insbesondere auf dem Gebiet der Gruppentheorie. BRAUER bekannte, dass er seit 1937 erstmals wieder Europa besuche und schloß mit dem Wunsch, daß die von SCHUR geprägten Traditionen an der Humboldt-Universität eine "Pflegestätte" finden mögen. HANS REICHARDT, ebenfalls Schüler von SCHUR, würdigte sodann die Vorlesungstätigkeit von SCHUR: er habe verstanden, seine eigene Begeisterung für die Mathematik auf seine Hörer zu übertragen. Den dritten Vortrag des Tages hielt WILHELM BLASCHKE zum Thema "Aus meinem Leben".

An den folgenden Tagen wurden die Beratungen auf Grund der hohen Beteiligung in- und ausländischer Gäste und des großen Interesses unter den Studenten in Sektionen[28] weitergeführt. Es wird von insgesamt etwa 165 Vorträgen berichtet.[29] Das Staatssekretariat hatte noch eine Sektion "Lehrerbildung" resp. "Methodik der Mathematik" empfohlen[30], um breite Kreise der Lehrer in die 150-Jahrfeier einzubeziehen. Darüber hinaus waren

---

[27] Brauer hatte am 20. August d. J. brieflich seine Teilnahme am Symposium bestätigt: "Es wird für mich eine große Freude sein, wieder einige Tage an der Stätte weilen zu können, der ich meine ganze wissenschaftliche Ausbildung verdanke und mit der ich 22 Jahre lang ... eng verbunden war." AHUB, Rektorat Akte 463.

[28] Im Abschlußbericht werden genannt: Algebra, Analysis, Erfahrungen aus der Praxis, Funktionalanalysis, Funktionentheorie, Geometrie, Logik, Mechanik und Regeltechnik, praktische Analysis, Rechenautomaten, Schulmathematik, Statistik, Strömungslehre, Topologie, Wahrscheinlichkeitstheorie und Zahlentheorie. AHUB, Math.-Nat. Fak. Akte 48.

[29] Die Berichte von zentraler Stelle über die Veranstaltungen beruhten sichtlich auf unterschiedlichen Informationen. Wurde zunächst festgestellt, "an den Mathematischen Instituten verließ man sich ... darauf, das wissenschaftliche Niveau des Symposiums von ausländischen Wissenschaftlern bestimmen zu lassen (BA, ZSTA, 1. Schicht, Akte 1574), heißt es einer Einschätzung vom 21.11.1960: ...auf wissenschaftlichen Veranstaltungen wurde das Niveau "durch unsere Wissenschaftler und unsere Beiträge bestimmt. ... Als Beispiel sind (!) hier nur das Mathematische Symposium genannt, wo über 80% der über 150 wissenschaftlichen Vorträge von Mathematikern unserer Republik gehalten wurden." BA, ZSTA, 1. Schicht, Akte 1234.

[30] SAPMO BArch, ZSTA, 1. Schicht, Akte 1234.

Hinweise an die Veranstalter ergangen, öffentlich wirksam zu werden, u. a. einen Tag der offenen Tür, populäre Vorträge über Mathematik, Führungen und Besuche von Professoren und Studenten in Betrieben zu organisieren.[31]

Den Gepflogenheiten universitärer Jubiläen entsprechend, wurden Ehrenpromotionen vorgenommen, soweit feststellbar im Jahre 1960 der Mathematiker P. S. ALEXANDROV (Moskau), H. FREUDENTHAL (Utrecht), Th. A. SKOLEM (Oslo) und L. SCHWARTZ (Paris). H. HOPF (Zürich) und A. BRAUER (Cambridge/Mass.) waren ebenfalls vorgeschlagen, von zentraler Seite jedoch nicht bestätigt worden.[32]

Die Studenten der Mathematik waren interessierte Teilnehmer und auch Diskussionspartner an vielen Veranstaltungen des Symposions. Der Dekan H. GRELL hatte einen Brief an die Institute der Mathematisch-Naturwissenschaftlichen Fakultät gerichtet, in dem er mit anspruchsvoller Zielstellung eine zweistündige Vorlesung und ein zweistündiges Kolloquium zur Unterrichtung der Studierenden über die Bedeutung des Jubiläums veranlasste. Dabei sollten die "Hauptzüge der geschichtlichen Entwicklung" der einzelnen Fachrichtungen, allgemeine "humanistische und politische Gesichtspunkte", das Gedankengut des HUMBOLDTs sowie der verschiedenartige Charakter in der politischen Entwicklung unserer Universität vor und nach dem Jahr 1848 behandelt werden. "Ich bitte alle Kollegen, nach bestem Können dieser Aufforderung Folge zu leisten und dadurch zu helfen, auch in den Herzen unserer Studierenden ein angemessenes und würdiges Bild über die wissenschaftliche und politisch-kulturelle Bedeutung unseres Jubiläums hervorzurufen."[33] Für den 17. November, dem "Tag der Studenten" an den Fachrichtungen Mathematik und Physik, war ein Wettbewerb um die beste Diplomarbeit ausgeschrieben gewesen; die Teilnahmebedingungen bestanden im termingerechten Abschluß der Arbeit, einem

---

[31] In diesem Rahmen hielt Hans Reichardt im Kinosaal des Museums für Deutsche Geschichte einen öffentlichen Vortrag über mathematische Probleme der Raumfahrt.

[32] Im Schriftwechsel der Universität mit dem Staatssekretariat heißt es dazu: "Mit den auf der Liste befindlichen Prof. Brauer (USA), Hopf (Zürich) und Westphal (W) wird verabredungsgemäß noch nicht verhandelt, sondern zunächst intern geregelt, ob ihre Einstellung zur DDR die Verleihung der Ehrenpromotion als gerechtfertigt erscheinen lassen würde." Das Staatssekretariat teilte ferner mit, dass von der Ehrung polnischer Mathematiker Abstand genommen werden sollte. Die Leitung der Universität hatte "geglaubt", dem Freundschaftsvertrag mit der Universität Warschau durch die Ehrenpromotion einiger ihrer Mathematiker "Rechnung tragen zu müssen." SAPMO BArch, ZSTA, 1. Schicht, Akte 636.

[33] AHUB, Math.-Nat. Fak., Akte 48. Schreiben vom 14. 9. 1960.

15minütigen Vortrag zu ihrem Thema vor einer Jury und anderen Studenten, die drei besten Arbeiten wurden prämiiert. Die Vielfalt er Diplomthemen sollte jüngeren Studenten Anregungen vermitteln, die gemeinsame Arbeit in studentischen Arbeitsgruppen unter Einbeziehung von Problemen aus der Praxis (Industrie) und Nachbarwissenschaften fördern.[34]

Auf der Schlusssitzung des Symposions, das noch einmal die Mathematiker aus 17 Ländern vereinte[35], war die gemeinsame Auffassung, eine sehr erfolgreiche Veranstaltung erlebt zu haben. Nach einer Einleitung durch den Rektor sprachen Prof. HAJOS, Ungarn, Prof. SCHMETTERER, Hamburg, und Prof. KLEENE, USA, als Gäste der drei mathematischen Institute.[36]

HAJOS bezeichnete die Veranstaltung dank ihres hohen wissenschaftlichen Niveaus als internationalen Kongreß (nicht nur als Tagung). SCHMETTERER erklärte, dass "die Wissenschaft im allgemeinen und die Mathematik im besonderem mehr und mehr den Charakter einer völkerverbindenden Disziplin bekommt" und so gesehen, das Symposion seine Ziele voll erfüllt habe. STEPHAN COLE KLEENE von der University of Wisconsin (USA) sprach in einem am Rande des Symposions gewährten Interview von seinen Bedenken nach Berlin zu kommen und von Schwierigkeiten, die es zu überwinden galt und fuhr dann fort: "Wenn ich aber offen sprechen darf, gibt es auch andere, unsichtbare Schwierigkeiten. Ich möchte betonen, ich habe diese Schwierigkeiten nicht gemacht, und man kann uns als Wissenschaftler nicht dafür verantwortlich machen. Daraus ergibt sich die Frage, sollen solche Schwierigkeiten in der Welt der fruchtbaren und wissenschaftlichen Zusammenarbeit in Wege stehen? Nach meiner Meinung nein. Deshalb bin ich hier. ... Das Mathematische Symposium war sehr erfolgreich, und das kann ich besonders von meinen speziellen Fachgebiet der Mathematischen Logik sagen. ... Ich kann sagen, dass ich glücklich bin, hier in Berlin zu sein. Ich habe hier auch die Möglichkeit gehabt, viele Menschen aus allen Teilen der Welt kennenzulernen, und wir haben sehr

---

[34] Universitätszeitung "Humboldt-Universität" vom 12. 11. 1960, S. 3.
[35] Lt. Bulletin der Pressekommission der Humboldt-Universität Nr. 3 vom 3. 11. 1960 hatte die "Westpresse" eine Meldung über einen Ausfall des Symposium mangels internationaler Beteiligung gebracht. Übrigens hatte der Rheinische Merkur vom 22. 4. 1960 im Zusammenhang mit dem Universitätsjubiläum u. a. bösartig geschrieben: "Man kann sich auch ohne allzu viel Phantasie vorstellen, wie das Ganze sich entwickeln wird, nämlich als ungeheuere Propaganda-Schau des Ulbricht-Regimes unter Vorspann möglichst vieler ‚nützlicher Idioten' ... aus dem westlichen Ausland.
[36] Aus einem Bericht über das mathematische Symposion von H. Reichardt. AHUB, Akte 48.

rege Diskussionen geführt. Das Mathematische Symposium hat für mich nicht nur einen augenblicklichen Gewinn, sondern ich hoffe, dass dieses erfolgreiche Symposium ein gutes Vorzeichen für die zukünftige wissenschaftliche Zusammenarbeit ist."[37]

Prof. HANS REICHARDT schrieb in seinem Abschlußbericht: "Besonders hervorgehoben wurde des öfteren die Breite der Ausbildung und die hohe Qualität unseres Nachwuchses in der gesamten DDR, wobei jedoch zu bemerken ist, dass Spitzenleistungen von ausgesprochener Originalität noch nicht in genügender Anzahl zu finden sind; ... dem Nachwuchs (muß) in noch stärkerem Maße als bisher Gelegenheit zu intensivster mathematischer Arbeit gegeben werden ... , die z. Zt. noch zu oft durch anderweitige Beschäftigungen, wie die Teilnahme an Kommissionen, Besprechungen, Sitzungen ... abgemindert wird. ... Leider kam ein Teil der Gäste aus der DDR ... nur für den Tag des jeweiligen Vortrages. ..."[38]

Die Ergebnisse der Konferenz auf mathematischem Gebiet zusammenzutragen dürfte - wenn überhaupt noch möglich - sehr schwierig sein und muß jedenfalls einer eigenen Untersuchung vorbehalten bleiben.

Doz. Dr. Hannelore Bernhardt; Platz der Vereinten Nationen 3;
D-10249 Berlin; email: Ha.Kh.Bernhardt@addcom.de

---

[37] Bulletin der Pressekommission der Humboldt-Universität Nr. 6 vom 11. 11. 19960.
[38] Vgl. Fußnote 36.

Zur Entwicklung des Bewusstseins des Unterschieds zwischen Wahrheit und Beweisbarkeit

Roman Murawski

Jedermann geht davon aus, dass mathematische Sätze durch Beweise endgültig gesichert sind und dass ganz allgemein das Beweisen Grundlage und Quelle für die Wahrheit in der Mathematik ist: Man sagt, dass ein mathematischer Satz genau dann wahr ist, wenn man ihn beweisen kann. Was aber ist ein Beweis? Und was ist eigentlich Wahrheit?

In diesem Aufsatz werden wir zeigen wie die Gödelschen Unvollständigkeitssätze dazu beigetragen haben, dass man in der Mathematik Wahrheit und Beweisbarkeit zu unterscheiden begann.

Seit PLATO und ARISTOTELES gilt die Axiomatik als die beste Methode, mathematisches Wissen zu begründen und zu organisieren. Das erste ausgeführte Beispiel der Anwendung dieser Methode sind die *Elemente* des EUKLID. Dieses antike Werk setzte die Maßstäbe für die Mathematik bis zum Ende des 19. Jahrhunderts und war das Musterbeispiel einer axiomatischen Theorie, besser: einer quasi-axiomatischen Theorie.

Die *Elemente* bauen auf Axiomen und Postulaten auf. Beweise und Sätze aber enthalten diverse Lücken. In der Tat ist die Liste der Axiome und Postulate nicht vollständig, ohne klare Abgrenzung werden unterschiedliche "evidente" Wahrheiten und Intuitionen verwendet. Beweise sind oft nur informelle oder intuitive Begründungen (demonstrations). In ähnlicher Weise kann man andere historische mathematische Theorien charakterisieren. Der Begriff des Beweises war eher psychologischer (und nicht logischer) Natur. Man bemerkt, dass die Sprache der Theorien die unpräzise Umgangssprache war, um deren Präzisierung man sich nicht weiter bemühte. Bis zum Ende des 19. Jahrhunderts verlangten die Mathematiker, dass Axiome und Postulate "wahre Sätze" sein sollten.

Das "euklidische Paradigma" einer axiomatischen Theorie wurde erst um die Wende des 19. zum 20. Jahrhunderts geklärt und präzisiert. Die intuitive Praxis der informellen Beweise wurde durch den präzisen Begriff des

formalen Beweises und der Folgerung fundiert. Verschiedene Faktoren spielten hier eine Rolle und haben zur Revision des euklidischen Paradigmas beigetragen. Zu nennen sind hier die Entdeckung der Nichteuklidischen Geometrien (C.F. GAUSS, N.N. LOBATSCHEWSKI, J. BOLYAI), die Arithmetisierung der Analysis (A. CAUCHY, K. WEIERSTRASS, R. DEDEKIND), die Entstehung und Entwicklung der Mengenlehre (G. CANTOR, R. DEDEKIND), die Axiomatisierung der Arithmetik (G. PEANO, R. DEDEKIND) und der Geometrie (M. PASCH, D. HILBERT), die Entstehung und Entwicklung der mathematischen Logik (G. BOOLE, A. DE MORGAN, G. FREGE, G. PEANO, B. RUSSELL). Neben diesen "positiven Faktoren" gab es auch wichtige "negative Faktoren": Die Entdeckung der Antinomien in der Mengenlehre (C. BURALI-FORTE, G. CANTOR, B. RUSSELL) und der semantischen Antinomien (R. BERRY, K. GRELLING). Diese Ereignisse förderten und forderten philosophische und grundlagentheoretische Forschungen.

Eines der Ergebnisse dieser Forschungen war das HILBERTsche Programm und seine Beweistheorie. Man sollte anmerken, dass dieses Programm nicht als mathematikphilosophischer Entwurf gedacht war. Sein Ziel war, das gesamte Feld des mathematischen Wissens zu begründen und zu legitimieren. Außerdem variierten die - immer formalistischen - Ansichten HILBERTs im Laufe der Zeit.

HILBERT fasste mathematische Theorien als "formale Systeme" auf. Er sah die axiomatische Methode als Mittel, jeden ausreichend entwickelten Bereich systematisch zu ordnen. In "Axiomatisches Denken" (1918) schrieb er:

> Wenn wir die Tatsachen eines bestimmten mehr oder minder umfassenden Wissensgebiete zusammenstellen, so bemerken wir bald, dass diese Tatsachen einer Ordnung fähig sind. Diese Ordnung erfolgt jedesmal mit Hilfe eines gewissen *Fachwerkes von Begriffen* in der Weise, dass dem einzelnen Gegenstande des Wissensgebietes ein Begriff dieses Fachwerkes und jeder Tatsache innerhalb des Wissensgebietes eine logische Beziehung zwischen den Begriffen entspricht. Das Fachwerk der Begriffe ist nicht Anderes als die *Theorie* des Wissensgebietes.

Wir bemerken, dass bei HILBERT der formale Rahmen einer Theorie immer inhaltlich motiviert war, d.h. er betrachtete Theorien immer zusammen mit entsprechenden nicht-leeren Bereichen, die die Umfänge der Individuenvariablen und die Interpretation der außerlogischen Symbole bestimmten.

HILBERT, der nur wenig Interesse an philosophischen Fragen hatte, beschäftigte sich nicht weiter mit dem ontologischen Status, dem Wesen der mathematischen Objekte. Man kann sogar sagen, dass der Sinn seines Programmes war, sich nicht mit dem Wesen mathematischer Objekte in mathematischen Theorien zu beschäftigen sondern die Methoden dieser Theorien und ihre Sätze kritisch zu untersuchen. Andererseits war HILBERT sehr klar, dass, wenn einmal eine Theorie formuliert war, sie beliebig viele Interpretationen zuließ. In einem Brief an GOTTLOB FREGE vom 29. Dezember 1899 schrieb er die berühmten Sätze (vgl.[Frege 1976, S. 67]):

> Ja, es ist doch selbstverständlich eine jede Theorie nur ein Fachwerk oder Schema von Begriffen nebst ihren nothwendigen Beziehungen zu einander, und die Grundelemente können in beliebiger Weise gedacht werden. Wenn ich unter meinen Punkten irgendwelche Systeme von Dingen, z.B. das System: Liebe, Gesetz, Schornsteinfeger ..., denke und dann nur meine sämtlichen Axiome als Beziehungen zwischen diesen Dingen annehme, so gelten meine Sätze, z.B. der Pythagoras auch von diesen Dingen. Mit anderen Worten: eine jede Theorie kann stets auf unendliche viele Systeme von Grundelementen angewandt werden.

Das Wesen einer axiomatischen Theorie lag für HILBERT darin, die Positionen der einzelnen Sätze (Wahrheiten) im gegeben System zu bestimmen und die Beziehungen zwischen ihnen zu klären.

HILBERTs Bestreben war es, das mathematische Wissen mit syntaktischen Mitteln zu begründen. Die semantische Problematik schloss er aus. Sein Ausgangspunkt war die Unterscheidung zwischen einem "finitistischen" Teil der Mathematik, der keiner weiteren Begründung bedurfte, und einem "infinitistischen" Teil, der begründet werden sollte. Seine Beweistheorie sollte die gesamte Mathematik aus der finitistischen Mathematik legitimieren. Die Beweistheorie war als neue mathematische Disziplin geplant, in der mathematische Beweise mit mathematischen Mitteln untersucht werden sollten. Das Ziel war zu zeigen, dass ideale Elemente in der Mathematik, speziell die aktuale Unendlichkeit, die in mathematischen Beweisen benötigt werden, zu korrekten Resultaten führen, also zulässige, sichere Begriffe sind.

Um das Programm zu realisieren, sollten mathematische Theorien (und schließlich die gesamte Mathematik) formalisiert werden, um sie als Systeme von Symbolen - von jedem Inhalt abstrahierend - zu untersuchen.

Unterschied zwischen Wahrheit und Beweisbarkeit 301

Formale axiomatische Systeme sollten drei Bedingungen erfüllen: Sie sollten vollständig und widerspruchsfrei und ihre Axiome voneinander unabhängig sein. Widerspruchsfreiheit war für HILBERT ein Kriterium für mathematische Wahrheit und der Existenz der mathematische Objekte in den Theorien. In dem oben zitierten Brief an FREGE schrieb HILBERT [Frege 1976, S. 66]:

> Wenn sich die willkürlich gesetzten Axiome nicht einander widersprechen mit sämtlichen Folgen, so sind sie wahr, so existieren die durch die Axiome definierten Dinge.

Wichtig ist auch die Voraussetzung, dass die Theorien kategorisch, d.h. bis auf Isomorphie durch die Axiome eindeutig charakterisiert sind. Diese Bedingung war mit der der Vollständigkeit verknüpft.

Wichtig für unsere Betrachtungen ist, dass die Vollständigkeit von Theorien bei HILBERT eine besondere Rolle spielte. Man beachte, dass die *Grundlagen der Geometrie* Vollständigkeit in einem Axiom explizit postulierte. Das Axiom V(2) lautet:

> Die Elemente (Punkte, Geraden, Ebenen) der Geometrie bilden ein System von Dingen, welches bei Aufrechterhaltung sämtlicher genannten Axiome keiner Erweiterung mehr fähig ist.

In HILBERTs Vortrag auf dem Kongress in Heidelberg (1904) findet man ein ähnliches Axiom für die reellen Zahlen. Später versteht HILBERT Vollständigkeit als Eigenschaft des Systems. In seinen Vorlesungen über "Logische Principien des mathematischen Denkens" (1905) erklärt HILBERT Vollständigkeit als die Forderung, aus den Axiomen alle "Thatsachen" der Theorie beweisen zu können. Dort sagt er:

> Wir werden verlangen müssen, dass alle übrigen Thatsachen des vorgelegten Wissensbereiches Folgerungen aus den Axiomen sind.

HILBERTs Glaube an die Lösbarkeit aller mathematischen Probleme kann man andererseits als Wirkung dieser Auffassung von Vollständigkeit ansehen. In seinem Vortrag in Paris im August 1900 sagte HILBERT (vgl. [Hilbert 1901, S. 299-300]):

> Wenn es sich darum handelt, die Grundlagen einer Wissenschaft zu untersuchen, so hat man ein System von Axiomen aufzustellen, welche eine genaue und vollständige Beschreibung derjenigen Beziehungen enthalten, die zwischen den elementaren Begriffen jener Wissenschaft stattfinden. Die aufgestellten Axiome sind zugleich die Defini-

tionen jener elementaren Begriffe, und jede Aussage innerhalb des Bereiches der Wissenschaft, deren Grundlage wir prüfen, gilt uns nur dann als richtig, falls sie sich mittels einer endlichen Anzahl logischer Schlüsse aus den aufgestellten Axiomen ableiten lässt.

Seine Formulierung "genaue und vollständige Beschreibung" kann man so verstehen, dass die Axiome die Entscheidung über die Wahrheit oder Falschheit jedes Satzes ermöglichen. Alle Axiomensysteme, die HILBERT angegeben hat, waren vollständig - genauer: kategorisch. Sie enthielten aber immer Axiome, die in der Logik der 2. Stufe formuliert waren.

In seinen Vorlesungen aus den Jahren 1917 und 1918 findet man Vollständigkeit bei HILBERT im Sinne maximaler Widerspruchsfreiheit wieder: Ein System T ist vollständig genau dann, wenn

$$\forall \varphi (T \text{ non } \vdash \varphi \to T \cup \{\varphi\} \text{ widersprüchlich ist}).$$

Die Ursache dafür, dass finite und syntaktische Methoden zusammen mit der Forderung nach Vollständigkeit hier so im Vordergrund standen, beschrieb GÖDEL so (vgl. [Wang 1974, p. 9]): "formalists considered formal demonstrability to be an *analysis* of the concept of mathematical truth and, therefore were of course not in a position to *distinguish* the two" (die Formalisten betrachteten formale Beweisbarkeit als die *Analysis* des Begriffes der mathematischen Wahrheit und deswegen konnten sie sie nicht voneinander *unterscheiden*). Der Begriff der Wahrheit war damals in der Tat nicht als mathematischer Begriff akzeptiert. GÖDEL schrieb in einem Brief an YOSSEF BALAS: "[...] a concept of objective mathematical truth as opposed to demonstrability was viewed with greatest suspicion and widely rejected as meaningless" (Der Begriff der objektiven mathematischen Wahrheit im Gegensatz zu dem Begriff der Beweisbarkeit wurde mit großem Misstrauen betrachtet und als sinnlos abgelehnt) (vgl. [Wang 1987, 84-85]).

Das erklärt, warum HILBERT in seiner Metamathematik nur im Bereich der Formeln arbeitete und nur finite Erwägungen, die als sicher galten, zuließ.

DAVID HILBERT und WILHELM ACKERMANN stellten das Problem der Vollständigkeit der Logik explizit in ihrem Buch *Grundzüge der theoretischen Logik* (1928). GÖDEL löste das Problem. Er zeigte in seiner Dissertation (1929), dass die Logik der 1. Stufe (das Prädikatenkalkül) vollständig ist, d.h. dass jedes widerspruchsfreie System ein Modell besitzt. Später, in seiner berühmten Arbeit aus dem Jahr 1931, zeigte GÖDEL, dass die Arithmetik der natürlichen Zahlen und alle sie umfassenden Systeme unvollständig

sind (sofern sie widerspruchsfrei sind). GÖDEL bewies, dass es Sätze φ in der Sprache L(PA) der PEANOschen Arithmetik PA gibt derart, dass weder φ noch $\neg\,\varphi$ beweisbar sind (d.h. PA $\vdash \varphi$ und PA $\nvdash \neg\varphi$). Man sagt, dass ein solches φ unentscheidbar in PA ist. Man kann auch zeigen, dass φ wahr ist, d.h. in der Struktur der natürlichen Zahlen gültig ist. Kurz: Es gibt wahre Sätze, die in PA unentscheidbar sind. Durch Erweiterung des Systems PA (oder einer sie umfassenden Theorie T) kann man die Unvollständigkeit nicht aufheben. Denn es gibt in jedem erweiterten System wieder wahre aber nicht entscheidbare Sätze.

Wie ist GÖDEL auf die Idee gekommen, einen solchen Satz zu beweisen? Er schrieb selbst, dass der Ursprung in der Entdeckung lag, dass der Begriff der Beweisbarkeit, nicht aber der Begriff der Wahrheit formal definierbar war. Er schrieb:

> [...] long before, I had found the *correct* solution of the semantic paradoxes in the fact that truth in a language cannot be defined in itself. ([...] lange zuvor fand ich die *korrekte* Auflösung der semantischen Paradoxien in der Tatsache, dass Wahrheit in einer Sprache nicht in dieser Sprache definiert werden kann.)

Wir bemerken, dass GÖDEL einen intuitiven, nicht präzisierten Begriff von Wahrheit verwendete. Der Begriff der Wahrheit wurde erst 1933 von ALFRED TARSKI definiert und seine Nicht-Definierbarkeit (innerhalb einer Sprache) exakt bewiesen.

GÖDEL vermied die Begriffe "wahr" und "Wahrheit". Er sprach stattdessen von "richtigen Formeln" oder "inhaltlich richtigen Formeln", nie über "wahre Formeln". Warum kann man fragen. Eine Antwort finden wir im Entwurf eines Briefes an YOSSEF BALAS (vgl. oben), in dem GÖDEL schrieb:

> However in consequence of the philosophical prejudices of our times 1. nobody was looking for a relative consistency proof because [it] was considered axiomatic that a consistency proof must be finitary in order to make sense, 2. a concept of objective mathematical truth as opposed to demonstrability was viewed with greatest suspicion and widely rejected as meaningless. (Als Folge der philosophischen Vorurteile unserer Zeit suchte 1. niemand nach einem relativen Widerspruchsfreiheitsbeweis, weil vorausgesetzt wurde, dass ein solcher Beweis finitistisch (finitary) sein muss um sinnvoll zu sein, 2. wurde der Begriff der objektiven mathematischen Wahrheit - im Gegensatz

zu dem der Beweisbarkeit - mit großem Misstrauen betrachtet und im Allgemeinen als sinnlos zurückgewiesen.)

GÖDEL befürchtete offenbar, dass in der damals etablierten Grundlagenmathematik, in der die HILBERTschen Ideen dominierten, Arbeiten auf Ablehnung stoßen würden, die den Begriff der mathematischen Wahrheit verwendeten. Daher versuchte er seine Ergebnisse so zu präsentieren, dass sie auch von solchen Mathematikern akzeptiert werden konnten, die nichtfinitistische Methoden vermieden.

Hinzu kam, dass GÖDELs philosophische Einstellung platonistisch war. Es war GÖDELs Überzeugung, dass es gerade die anti-platonistischen Vorurteile waren, die die Akzeptanz seiner Ergebnisse behinderten.

Die Entdeckung des Phänomens der Unvollständigkeit und der Undefinierbarkeit von Wahrheit haben gezeigt, dass die definierbare formale Beweisbarkeit nicht als Klärung des Begriffs der mathematischen Wahrheit angesehen werden konnte. Sie zeigte zudem, dass das HILBERTsche Programm, die Mathematik durch finitistische Methoden zu begründen, scheitern musste.

Ein weiteres wichtiges Detail ist, dass GÖDEL ein "rationalistischer Optimist" war, wie HAO WANG sagte. Er glaubte, dass Mathematik ein System von Wahrheiten ist, dass in gewisser Weise vollständig ist in dem Sinne, dass "jede präzise Frage, die mit "Ja" oder "Nein" beantworten werden kann, muss eine klare Antwort besitzen" (every precisely formulated yes-or-no-question in mathematics must have a clear-cut answer) (vgl. [Gödel 1970]). GÖDEL glaubte aber nicht, dass Axiome eine Basis für eine solche allgemeine Beweisbarkeit bilden könnten. In GIBBs Vorlesungen (1951) unterscheidet GÖDEL zwischen "objektiver" und "subjektiver Mathematik": "Objektive Mathematik" ist die Gesamtheit aller wahren mathematischen Sätze, "subjektive Mathematik" die Gesamtheit der beweisbaren Sätze. Die objektive Mathematik kann nicht durch ein Axiomensystem erfasst werden.

Die Gödelschen Unvollständigkeitssätze haben gezeigt, dass Wahrheit in der Mathematik nicht vollständig durch Beweisbarkeit, also nicht durch syntaktische finitistische Mittel erfassbar ist. Man kann mit solchen Mitteln Wahrheit nur approximieren. Der HILBERTsche Standpunkt müsste also erweitert werden. Aber wie?

HILBERT hat in seinem Vortrag im Dezember 1930 in Hamburg eine neue Beweisregel vorgeschlagen. Sie ähnelte der so genannten ω-Regel und hat-

te nicht-formalen Charakter: Ist $A(z)$ eine quantorenfreie Formel und kann man (finitistisch) zeigen, dass jedes Beispiel für $A(z)$ richtig ist, so ist $\forall z\, A(z)$ als Ausgangsformel in Beweisen zulässig (vgl. [Hilbert 1931]).

Im Vorwort zum ersten Band der *Grundlagen der Mathematik* von DAVID HILBERT und PAUL BERNAYS steht, dass:

> [...] die zeitweilig aufgekommene Meinung, aus gewissen neueren Ergebnissen von GÖDEL folge die Undurchführbarkeit meiner Beweistheorie, als irrtümlich erwiesen ist. Jenes Ergebnis zeigt in der Tat auch nur, dass man für die weitergehenden Widerspruchsfreiheitsbeweise den finiten Standpunkt in einer schärferen Weise ausnutzen muss, als dieses bei der Betrachtung der elementaren Formalismen erforderlich ist.

Man sieht, dass HILBERT versuchte, sein Programm zu verteidigen - sogar mit so eigenartigen und unklaren Sätzen wie den zitierten.

GÖDEL seinerseits sagte bei vielen Gelegenheiten, dass man neue Axiome benötigt, um unentscheidbare arithmetische und mengentheoretische Probleme zu lösen. In [Gödel 1931?, S. 34] schrieb er:

> [...] es [gibt] zahlentheoretische Probleme, die sich nicht mit zahlentheoretischen sondern nur mit analytischen bzw. mengentheoretischen Hilfsmitteln lösen lassen.

In [Gödel 1933, S. 48] finden wir die folgenden Worte:

> [...] there are arithmetic propositions which cannot be proved even by analysis but only by methods involving extremely large infinite cardinals and similar things. ([...] es gibt arithmetische Sätze, die nicht allein mit Hilfe der Analysis bewiesen werden können, sondern nur mit Methoden, die extrem große unendliche Kardinalzahlen oder ähnliche Dinge verwenden.)

1946 sagte GÖDEL deutlich, dass es notwendig sei, immer neue und stärkere transfinite Theorien zu verwenden, um neue arithmetische Sätze zu erhalten (vgl. [Gödel 1946]). Diese Bemerkungen passen gut zu den folgenden Worten von RUDOLF CARNAP [Carnap 1934, S. 274]:

> [...] *alles Mathematische ist formalisierbar; aber die Mathematik ist nicht durch Ein System erschöpfbar*, sondern erfordert eine Reihe immer reicherer Sprachen.

Bemerkung: Ich danke Prof. Dr. Thomas Bedürftig (Universität Hannover) für die Hilfe bei der sprachlichen Bearbeitung.

Literatur

CARNAP, RUDOLF: 1934, 'Die Antinomien und die Unvollständigkeit der Mathematik', *Monatshefte für Mathematik und Physik* **41**, 263-284.

FREGE, GOTTLOB: 1976, *Wissenschaftlicher Briefwechsel*, Hrsg. G. Gabriel, H. Hermes, F. Kambartel, Ch. Thiel, A. Veraart, Felix Meiner Verlag, Hamburg.

GÖDEL, KURT: 1929, 'Über die Vollständigkeit des Logikkalküls', Doktorarbeit, zum ersten Mal veröffentlicht (mit der englischen Übersetzung) in: Gödel, K. *Collected Works*, vol. I, ed. by Feferman, S. *et al.*, Oxford University Press, New York and Clarendon Press, Oxford, 1986, 60-101.

GÖDEL, KURT: 1931, 'Über formal unentscheidbare Sätze der 'Principia Mathematica' und verwandter Systeme. I', *Monatshefte für Mathematik und Physik* **38**, 173-198. Abgedruckt zusammen mit der englischen Übersetzung 'On Formally Undecidable Propositions of Principia Mathematica and Related Systems' in: Gödel, K. *Collected Works*, vol. I, ed. by Feferman, S. *et al.*, Oxford University Press, New York and Clarendon Press, Oxford 1986, 144-195.

GÖDEL, KURT: 1931?, 'Über unentscheidbare Sätze'; zum ersten Mal veröffentlicht (das deutsche Original und die englische Übersetzung 'On Undecidable Sentences') in: Gödel, K. *Collected Works*, vol. III, ed. by Feferman, S. *et al.*, Oxford University Press, New York and Oxford 1995, 30-35.

GÖDEL, KURT: 1933, 'The Present Situation in the Foundations of Mathematics'; zum ersten Mal veröffentlicht in: Gödel, K. *Collected Works*, vol. III, ed. by Feferman, S. *et al.*, Oxford University Press, New York and Oxford 1995, 45-53.

GÖDEL, KURT: 1946, 'Remarks Before the Princeton Bicentennial Conference on Problems in Mathematics', 1-4; zum ersten Mal veröffentlicht in: Davis, M. (Ed.) *The Undecidable: Basic Papers on Undecidable Propositions, Unsolvable Problems, and Computable Functions*, Raven Press, Hewlett, N.Y., 1965, 84-88. Abgedruckt in: Gödel, K. *Collected Works*, vol. II, ed. by Feferman, S. *et al.*, Oxford University Press, New York and Oxford, 1990, 150-153.

GÖDEL, KURT: 1951, 'Some Basic Theorems on the Foundations of Mathematics and Their Implications'; zum ersten Mal veröffentlicht in: Gödel,

K. *Collected Works*, vol. III, ed. by Feferman, S. *et al.*, Oxford University Press, New York and Oxford 1995, 304-323.

GÖDEL, K.: 1970, 'The Modern Development of the Foundations of Mathematics in the Light of Philosophy'; zum ersten Mal veröffentlicht (deutscher Text und die englische Übersetzung) in: Gödel, K. *Collected Works*, vol. III, ed. by Feferman, S. *et al.*, Oxford University Press, New York and Oxford 1995, 374-387.

HILBERT, DAVID: 1899, *Grundlagen der Geometrie. Festschrift zur Feier der Enthüllung des Gauss-Weber-Denkmals*, B.G.Teubner Leipzig, 3-92. Spätere Aufl. m. Supplementen v. P. Bernays. Neueste Auflage: 14. Auflage. Hrsg. u. m. Anh. versehen v. M. Toepell. B.G. Teubner Stuttgart-Leipzig 1999. (Teubner-Archiv zur Mathematik - Supplementband 6).

HILBERT, DAVID: 1901, 'Mathematische Probleme', *Archiv der Mathematik und Physik* **1**, 44-63 and 213-237. Abgedruckt in: Hilbert, D. *Gesammelte Abhandlungen*, Verlag von Julius Springer, Berlin, Bd. **3**, 290-329. Englische Übersetzung: 'Mathematical Problems', *Bulletin of the American Mathematical Society* **8** (1901-2), 437-479; auch in: Browder, F. (Ed.) *Mathematical Developments Arising from Hilbert's Problems*, Proceedings of the Symposia in Pure Mathematics **28**, American Mathematical Society, Providence, RI, 1976, 1-34.

HILBERT, DAVID: 1903, *Grundlagen der Geometrie*, zweite Auflage, Teubner Verlag, Leipzig. (neueste Auflage: siehe Hilbert 1899.)

HILBERT, DAVID: 1905, 'Logische Principien des mathematischen Denkens', Lecture notes by Ernst Hellinger, Mathematisches Institut, Georg-August-Universität Göttingen, Sommer-Semester 1905. Nicht veröffentlichtes Manuskript.

HILBERT, DAVID, 1917-18, 'Prinzipien der Mathematik', Lecture notes by Paul Bernays. Mathematisches Institut, Georg-August-Universität Göttingen, Wintersemester 1917-18. Nicht veröffentlichtes Manuskript.

HILBERT, DAVID, 1918, 'Axiomatisches Denken', *Mathematische Annalen* **78**, 405-415.

HILBERT DAVID: 1931, 'Die Grundlegung der elementaren Zahlentheorie', *Mathematische Annalen* 104, 485-494; abgedruckt in: Hilbert, D., *Gesammelte Abhandlungen*, Bd. **3**, Verlag von Julius Springer, Berlin 1935, 192-195.

HILBERT, DAVID und ACKERMANN, WILHELM: 1928, *Grundzüge der theoretischen Logik*, Verlag von Julius Springer, Berlin. Englische Übersetzung der zweiten Auflage: *Principles of Mathematical Logic*, Chelsea Publishing Company, New York 1950.

HILBERT, DAVID und BERNAYS, PAUL: 1934/1939, *Grundlagen der Mathematik*, Springer-Verlag, Berlin, Bd.I. 1934, Bd.II. 1939.

TARSKI, ALFRED: 1933, *Pojęcie prawdy w językach nauk dedukcyjnych*, Nakładem Towarzystwa Naukowego Warszawskiego, Warszawa.

TARSKI, ALFRED: 1936, 'Der Wahrheitsbegriff in den formalisierten Sprachen', *Studia Philosophica* 1, 261-405 (Sonderabdrucke signiert 1935).

WANG, HAO: 1974, *From Mathematics to Philosophy*, Routledge and Kegan Paul, London.

WANG, HAO: 1987, *Reflections on Kurt Gödel*, M.I.T. Press, Cambridge, Mass.

Prof. Dr. Roman Murawski, Uniwersytet im. Adama Mickiewicza,
Wydział Matematyki i Informatyki,
ul. Matejki 48/49, PL-60-769 Poznań, Polen,
E-Mail: rmur@math.amu.edu.pl

Fehler -Treffer –Niete
Eine sprachgeschichtlich-literarische Betrachtung

Rudolf Haller[1]

Fehler, Treffer und Niete gehören zum gleichen Bedeutungsumfeld, wie sich im Folgenden zeigen wird. Sie sind junge Wörter des deutschen Sprachschatzes, wobei Fehler und Niete als Lehnwörter zu uns gekommen sind.

Beginnen wir mit dem ältesten dieser drei Wörter, dem Fehler. Das altfranzösische Verbum *faillir* = *sich irren, verfehlen*, das auf das lateinische *fallere* = *täuschen* zurückgeht, gelangt als Lehnwort *velen* ins Mittelhochdeutsche. Gegen Ende des 15. Jh.s wird dann zum Verbum fehlen das Substantiv *Fehler* zur Bezeichnung eines Fehlschusses gebildet.

Diese erste Bedeutung von *Fehler* ist aus dem heutigen Sprachschatz verschwunden, der *Fehler* nur im Sinne von *Irrtum* kennt. In diesem Sinne erscheint *Fehler* erstmals 1561 bei JOSUA MAALER (1529-1595 Regensperg/Schweiz) in seinem deutsch-lateinischen Wörterbuch *Die Teütsch spraach* [Maaler 1561].

Das Bild vom Fehlschuss benützt sehr gerne der Theologe und bedeutende Prediger des Spätmittelalters JOHANNES GEILER VON KAYSERSBERG (Schaffhausen 1445-1510 Straßburg). Seine um 1480/81 gedruckte Übersetzung [Geiler 1480/81] von JEAN DE GERSONS (Gerson 1363-1429 Lyon) *De arte moriendi* enthält auf Blatt 4v die erste Belegstelle für das Wort *Fehler*, wobei gerade diese Passage sich nicht bei GERSON findet: In der Sterbestunde nämlich soll der Sterbende seinen besonderen Heiligen um Beistand bitten; denn

> "wann wo ich uff disen ougenblick felte so hett ich einen ewigen feler geschossen."

---

[1] Vorbemerkung: *Trübners Deutsches Wörterbuch* [Trübner 1939ff.] und das DWB der Gebrüder Grimm [Grimm 1854ff.] lieferten die Basis meiner Untersuchungen.

Von den weiteren Belegstellen bei GEILER für dieses Fehlschuss-Bild will ich nur die beiden 1510 in Augsburg gedruckten Werke (Teile von [Geiler 1510]) aufführen, und zwar

- *Geistliche Spinnerin*. [Geiler 1510 (a)] Auf Blatt e6^c wird das Handeln der Menschen als Weben aufgefasst:

> "weñ sy komen an jr letzst end vnd mayñ sy haben Samat gespunnen so ist es zwilch / vnd weñ sy maynen einzugeen mit den jungen weisen junckfrawen so schiessen sy aiñ fåler."

- *Der Hase im Pfeffer*. [Geiler 1510 (b)] So, wie es eine klare Unterweisung gibt, wie man den Hasen im Pfeffer zubereiten soll, so gibt es auch für ein gottgefälliges Leben des Menschen eine klare Unterweisung. Der Weg in das Kloster ist, so auf Blatt Ff4^a, wie wenn der Hase mehr Pfeffer bekäme. Aber nicht immer findet man im Kloster das, was man gesucht hat:

> "Ich wolt gaistlichayt sůchen so hab ich die wellt funnden Ich hab ainen fåler geschossen"

Erfreulicher als ein Fehlschuss ist natürlich ein Treffer. Aus dem althochdeutschen Verb *treffan = schlagen* (mhd. *treffen*) entsteht im 15. Jh. der substantivierte Infinitiv *Treffen = Schlacht* und erst im 16. Jh. das Wort *Treffer* als Bezeichnung für einen Schuss, der trifft. Belegt ist *Treffer* in diesem Sinn erstmals 1575, und passend zusammen mit seinem Gegenteil *Fehler*, bei JOHANN DER TÄUFER FRIEDRICH FISCHART (Straßburg 1546/47-1590 Forbach). Im 27. Kapitel seiner *Affenteurliche vnd Vngeheurliche Geschichtschrift* [Fischart 1575] nach RABELAIS lernt Gargantual das Schießen mit Erfolg; denn in Zeile 3 von Blatt [Svij^b] heißt es:

> "da waren kain Fåler / eitel Treffer."

Im ausgehenden Mittelalter verband man das Schießen mit Lustbarkeiten. So richtete die Stadt München anlässlich des Tiburtius-Schießens am 14. April 1467 den ersten "Glückshafen" auf deutschem Boden aus; das ist eine Warenlotterie, wie sie erstmals für den 9. April 1445 in Sluis (Flandern) nachgewiesen werden konnte. Gezogen wurde dabei gleichzeitig aus zwei Gefäßen. Aus dem einen zog man die mit einem Namen oder einer Devise versehenen Zettel der Einzahler, aus dem anderen die Zettel, auf denen vorher entweder ein Gewinn oder nichts bzw. eine Null notiert worden war. "Blinde Zettuln" und auch "blinde Zettel" nennt die letzteren 1651 der Rechtsgelehrte KASPAR KLOCK (Soest 1583-1655 Braunschweig) in der

lateinisch verfassten Beschreibung des Osnabrücker Glückstopfs von 1521 [Klock 1651, 624]. Das Hendiadyoin "Nullen und blinde Zettuln" bildet 1685 EBERHARD WERNER HAPPEL (Kirchhayn/ Hessen 1647-1690 Hamburg), der fruchtbarste Romanschreiber der 2. Hälfte des 17. Jh.s. In seinen *Relationes* Curiosae berichtet er in *Der blinde Kauff* [Happel 1685, 2. Teil, Spalte 62a] von einem Warentermingeschäft, dass nämlich den Fischern sehr oft ihre Fänge abgekauft werden, ehe sie hinausfahren:

"der andere / so kein Glück hat / traurig und mit einer langen Nasen abziehet / und für sein gesetztes Geld / aus einen besonderen Glückshaven des Meeres / will sagen / aus den Härings-Netzen / viel Nullen und blinde Zettuln zum Gewinn ergreiffet."

Der bedeutendste Epigrammatiker des Barocks, FRIEDRICH VON LOGAU (Dürr Brockut 1604-1655 Liegnitz), spricht in *Hofe-Glücke*, einem seiner satirischen Sinngedichte, von "leeren Zetteln" [Logau 1654, Andres Tausend Fünfftes Hundert / 89]:

"Ein Glücks-Topff steht bey Hof / in welchem Zettel liegen.
Zum meisten welche leer / zum minsten welche tügen."

Diese leeren, d. h. unbeschriebenen, also weiß gebliebenen Zettel waren natürlich in der Überzahl, sodass in Italien die *loteria* bald *La Bianca* hieß. Als *Blanque* erlaubte König FRANZ I. im Mai 1539 eine Warenlotterie in Paris (die nie stattfand), und als *blank* ging es in den englischen Wortschatz ein.

Fast 200 Jahre später lässt 1719 ANTOINE HOUDAR DE LA MOTTE (Paris 1672-1731 ebd.) in seinen *Fables nouvelles* Jupiter für die Menschen eine Lotterie veranstalten, bei der jeder gewinnen sollte [Houdar de la Motte 1719, Livre I, Fable XIV]. Also durften keine "weißen Zettel" in der Urne liegen, was HOUDAR DE LA MOTTE positiv formuliert: "Schwarz war jeder Zettel":

"Tout billet étoit noir; chacun devoit gagner."

CHRISTIAN GOTTLIEB GLAFEY (Hirschberg/Schlesien 1687-1753 ebd.) übersetzte 1736 diese Zeile so [Glafey 1736]:

"Denn Alle sollten hier gewinnen,
Drum waren lauter Treffer drinnen."

Das Ziehen eines schwarzen Zettels empfand GLAFEY also wie einen Treffer beim Schießen. Seine Verse sind der erste Beleg für diese friedliche

Bedeutung des Wortes Treffer; der erste Schritt zur stochastischen Karriere des Treffers war getan. (Das französische *urne* übersetzte GLAFEY mit *Topf*. In die Mathematik kam "Urne" erst 1713 durch JAKOB BERNOULLIS [1655-1705] *Ars Conjectandi*.)

Da der Fehler beim Schießen, wie wir oben gesehen haben, der Antipode des Treffers war, lag es nahe, die blinden Zettel nun als Fehler zu bezeichnen. So lässt der Dichter CHRISTIAN FÜRCHTEGOTT GELLERT (Hainichen/Sachsen 1715-1769 Leipzig) in seinem vor 1747 verfassten Lustspiel *Das Loos in der Lotterie* Herrn Orgon sagen [Gellert 1761]:

> "so möchte ich doch selber gern wissen, ob ihr Loos unter den Treffern, oder Fehlern stehen würde."

Zur selben Zeit, nämlich im Jahre 1747, gelangte -was bisher völlig übersehen wurde - das Geschwisterpaar "Treffer - Fehler" auch in die Mathematik, und zwar durch JOHANNES ANDREAS VON SEGNER (Preßburg 1704-1777 Halle) mit seiner "freien Übersetzung" von BERNARD NIEUWENTIJDTs (1654-1718) mehrmals aufgelegtem und auch in mehrere Sprachen übersetzten *Het regt Gebruik der Werelt Beschouwingen*. Letzterer verteidigt [Nieuwentijdt 1715, 306ff.] JOHN ARBUTHNOTs (1667-1735) Gottesbeweis [Arbuthnot 1710] ausführlich, berichtet dann aber, dass der junge, hoch geschätzte WILLEM JACOB STORM VAN S'GRAVESANDE (1688-1742) eine stichhaltigere mathematische Beweisführung aus ARBUTHNOTs Londoner Tafeln gefunden habe, die er aber nur als Resümee in sein Werk aufnehmen könne.[2] SEGNER deutet S'GRAVESANDEs Lösung als Wette und schreibt [Segner 1747, 213f.]:

> "Eine Person, die wir A. nennen wollen, wirft 11429. Pfennige auf den Tisch, und behauptet, daß deren nicht mehrere als 6128. und nicht weniger als 5745. dergestalt fallen werden, daß das Antlitz oben zu liegen komme; wie viele Fehler stehen da gegen einen Treffer, daß dieses würklich erfolgen, und die Person ihre Wette gewinnen werde, welche sie eingegangen? [...]
>
> Daraus wird, mit Beihülfe der Logarithmen, gefunden, daß ein einziger Treffer [...] gegen mehr als 75. Septillionen Fehler stehe, wenn

---

[2] Erwähnt ist diese Leistung s'Gravesandes auch in der Rezension von Nieuwentijdts Werk in den *Nouvelles de la République des Lettres* (März, April 1716). In Gänze erschien seine *Démonstration mathématique de la Direction de la Providence Divine* aber erst postum in seinen *Œuvres philosophiques et mathématiques* 2, 221–236 (Marc Michel Rey Amsterdam 1774).

man behauptet, daß A gewinnen, oder daß die Ordnung der Geburten, welche die Erfahrung zu London gewiesen, 82. Jahre nacheinander blos zufälliger Weise werde erhalten werden."

Weder im Holländischen noch im Französischen findet sich eine entsprechende Veranschaulichung des ARBUTHNOT'schen Vorgehens. Es handelt sich also um eine eigenständige Leistung SEGNERS.

Das Duo "Treffer - Fehler" begegnet uns dann wieder bei JOHANN WOLFGANG VON GOETHE (Frankfurt a. M. 1749-1832 Weimar), der 1788 Alba in *Egmont* IV, 2 sinnieren lässt [Goethe 1788, 134]:

"Und nun im Augenblick des Entscheidens bist du zwischen zwey Übel gestellt; wie in einen Loostopf greifst du in die dunkle Zukunft; was du fassest ist noch zugerollt, dir unbewußt, sey's Treffer oder Fehler!"

Dem *Fehler* erwuchs aber bald eine Konkurrentin. Denn mit der Übernahme der holländischen Lotterie in Hamburg kam auch deren Wortschatz dorthin. Das Gewinnlos, also der Treffer, hieß im Niederländischen *wat*, weil man ja "was" gewinnen konnte. Meist aber gewann man *niet*, also nichts. Das neuniederländische *der* (und auch *das*) *niet* wird, verbunden mit einem Geschlechtswechsel, als *die* Niete eingedeutscht [Weigand 1860, Band 2, Erste Abtheilung]. Laut [Trübner 1939ff.] ist diese deutsche *Niete* zum ersten Mal im Jahre 1707 belegt, und zwar in einem Brief, in dem der Gelehrte, Dichter und Schulmann MICHAEL RICHEY (Hamburg 1678-1761 ebd.), damals Rektor in Stade, MARTIN LUCAS SCHELE zu dessen Doktordisputation gratuliert. RICHEY greift dabei HERMANN VON DER HARDT (Melle 1660-1746 Helmstedt), Professor der Universität Helmstedt, an, der in seiner *Epistola de Germana Polizzae Origine* (Helmstedt 1704) ziemlichen etymologischen Unsinn geboten habe:

"so hat doch Herr von der Hardt zum wenigsten dieses Verdienst, daß er eine ziemliche Anzahl Muthmassungen zu Marckte gebracht, aus welchen man, wie aus einem nicht gar zu Gewinn-reichen Glücks-Topfe, endlich noch wol ein Wat gegen sechs Nieten wird greiffen können."

Im Druck erschienen ist dieser Brief allerdings erst 1732 [Richey 1732, 7-12]. Ein fast 100 Jahre älterer Beleg wäre dagegen die Aufschrift, die der Gewinnkorb der 1610 in Hamburg beschlossenen Lotterie, dem ZEDLER'-

schen Universal-Lexicon zufolge, getragen haben soll [Zedler 1738, Band 18, Spalte 570].

"In diesem Korbe die Gewinnen seyn
Für Grosse, Mittel und auch Klein.
Niemand kann sagen, an dieser Sydt
Liegen die Gewinn und da die Nydt."

Ob JOHANN LEONHARD FRISCH (Sulzbach/Nürnberg 1666-1743 Berlin), der vielseitigste Wissenschaftler der Berliner Societät der Wissenschaften und LEIBNIZens Verbindungsmann in Berlin, das Wort Niete bei seinem Aufenthalt in Hamburg kennenlernte, weiß ich nicht. Immerhin erscheint es 1719, also noch *vor* der Publikation von RICHEYs Brief, als Stichwort in der zweiten Auflage seines *Nouveau Dictionaire des Passagers François-Allemand et Allemand-François* [Frisch 1719]:

"Niete, f. ein Loß in der Lotterie, das nichts bekommt, ein leerer Zettel, *billet blanc*",

wohingegen er das französische *billet blanc* unter dem Stichwort *blanc* bereits 1712 in der Erstauflage seines *Nouveau Dictionnaire* [sic!] ... [Frisch 1712], aber nur mit

"ein Zettel im Glücks-Topff, da nichts drauf"

übersetzt. Auch in späteren Auflagen - es gibt im 18. Jh. immerhin siebzehn - wird *Niete* nicht angefügt. Dass FRISCH aber Niete durchaus als ein neues Wort der deutschen Sprache empfand, machte er 1741 in seinem *Teutsch-Lateinischem Wörter-Buch* deutlich, an dem er dreißig Jahre gearbeitet hatte und das zu einem Markstein in der Geschichte der deutschen Lexikographie wurde [Frisch 1741, Band 2]:

"Niete, ein Wort der neuern Zeiten so mit den Lotterien aufgekommen. Bedeutet einen herausgezogenen Los-Zettel, darauf nichts steht, was auf anderen Gewinn heißt, *sors sine lucro, schedula vacua, signum inane.*"

In den nur wenig früher erschienenen Latein-Wörterbüchern, nämlich JOHANN GEORG WACHTERs (Memmingen 1663-1757 Leipzig) *Glossarium Germanicum* von 1727 [Wachter 1727] und 1737 [Wachter 1737] und des Arztes CHRISTOPH ERNST STEINBACHs (Semmelwitz/Niederschlesien 1698 bis 1741 Breslau) *Vollständiges Deutsches Wörter-Buch vel Lexicon Germanico-Latinum* von 1734 [Steinbach 1734] sucht man danach noch vergebens.

Die *Niete* kann sich nur langsam, vom Norden und Nordwesten Deutschlands her, gegen den *Fehler* durchsetzen, wie der Artikel "Niete" in *Trübners Deutschem Wörterbuch* [Trübner 1939ff.] zeigt. Ihre literarische Anerkennung - bei GOTTHOLD EPHRAIM LESSING (Kamenz 1729-1781 Braunschweig) findet man Niete noch nicht - gewinnt sie durch den heute vergessenen LEOPOLD FRIEDRICH GÜNTHER VON GÖCKINGK (Gröningen/Halberstadt 1748-1828 Breslau) und durch seinen Schulkameraden und Freund GOTTFRIED AUGUST BÜRGER (Molmerswende/Halberstadt 1747-1794 Göttingen), vor allem aber durch FRIEDRICH VON SCHILLER (Marbach 1759-1805 Weimar).

GÖCKINGKs dem König von Siam zugeeignete *Gedichte* von 1780 enthalten die 1771 verfasste *I. Epistel an Goldhagen* [Göckingk 1780]. Dort liest man:

"Da drängt er an die bunte Bude
des Glückes, sich wie rasend hin
[...]
Wagt seine Ruh und seine Zeit daran
Zieht, aber immer - eine Niete!"

BÜRGER übersetzt und bearbeitet 1783 den SHAKESPEARE'schen *Macbeth*. In III, 8 lässt er - was keine Entsprechung bei hat - die Hexenaltfrau zu den Hexen über Macbeth sagen [Bürger 1783]:

"Zu dem war der, den ihr beehrt
Nicht allerdings der Perle wehrt.
Voll Tück' und Stolz, wie Seiner viele,
Mischt er die Karten so im Spiele,
Daß er das große Loos erwischt,
Ihr aber leere Nieten fischt!"

Für SCHILLER fand ich vier Stellen nachgewiesen:

- In *Die Räuber* (^{2}1782) lässt er Moor in III, 2 sprechen [Schiller 1782]:

"dieses bunte Lotto des Lebens, worein so mancher seine Unschuld, und - seinen Himmel sezt, einen Treffer zu haschen, und - Nieten sind der Auszug - am Ende war kein Treffer darinn."

In der anonym erschienen Erstauflage von 1781 steht übrigens das ältere *Nullen* an Stelle von *Nieten*! [Schiller 1781]

- Im *Der Spaziergang unter den Linden* (1782) wird über das menschliche Leben räsoniert [Schiller 1782 (a)]:

    "Es ist ein betrügliches Lotto, die wenigen armseligen Treffer verschwinden unter den zahllosen Nieten."

- Im 1786 entstandenen *Geisterseher* [Schiller 1787, 1. Buch] sagt Wollmar:

    "Die Person, bei der Sie die Lotterielose nahmen, war im Verständnis mit mir. Sie ließ Sie aus einem Gefäße ziehen, wo keine Niete zu holen war, "

- und 1787 heißt es im Gedicht *An Elisabeth Henriette von Arnim* [Schiller 1943ff.]:

    "In dieses Lebens buntem Lottospiele
    Sind es so oft nur Niethen, die wir ziehn."

Spricht GOETHE noch 1788 von Treffer und Fehler (s. o.), so entschließt er sich 1811 für das neue Wort Niete. In *Romeo und Julia* [Goethe 1811], seiner Bearbeitung des SHAKESPEARE'schen Stücks für das Theater, lässt er Mercutio in I, 8 sagen:

    "Versucht will alles sein: denn jede Nummer
    kann ihren Treffer, ihre Niete finden."

Ihm folgen Dichter und Geschichtsschreiber des 19. Jh.s. Den Süden und Südosten Deutschlands und damit auch das heutige Österreich erreicht die Niete, den Fehler gänzlich verdrängend, erst im 20. Jahrhundert.

Als Kuriosum sei zum Abschluss noch vermerkt, dass der Treffer im letzten Viertel des 18. Jh.s auch Eingang in die Studentensprache gefunden hat, wie man GOETHES *Italienischem Notizbuch* entnehmen kann [Goethe 1786]: Unter "Studenten Comment" findet sich die Entsprechung "Treffer - Glück"; darunter steht dann der Eintrag "Sau Treffer".

Literatur

ARBUTHNOT, JOHN. 1710: An Argument for Divine Providence, taken from the constant Regularity observ'd in the Births of both Sexes. In: Philosophical Transactions 27 (1710), erschienen 1712

BÜRGER, GOTTFRIED AUGUST. 1783: Macbeth. Ein Schauspiel in fünf Aufzügen nach Shakespeare. Johann Christian Dieterich Göttingen

FRISCH, JOHANN LEONHARD. 1712: Nouveau Dictionnaire des Passagers François-Allemand et Allemand-François, Oder neues Frantzösisch-Teutsches und Teutsch-Frantzösisches Wörter-Buch, Worinnen Alle Frantzösische Wörter, auch der Künste und Wissenschafften, aus den vollkommensten und neuesten Dictionariis, nebst den nöthigsten Constructionen und Redens-Arten, durch kürtzlich gezeigte Etymologie, und durch das gebräuchlichste auch reineste Teutsche erkläret worden; Im Teutschen Theile aber eine so grosse Verbesserung und Vermehrung geschehen, daß die Liebhaber beyder Sprachen dieses Buch mit grossem Nutzen gebrauchen können. Herausgegeben von Johann Leonhard Frisch, Mitglied der Kön. Preuß. Societ. der Wissenschafften in Berlin. Joh. Friedrich Gleditsch und Sohn Leipzig

────── 1719: Nouveau Dictionaire des Passagers François-Allemand et Allemand-François, Oder neues Frantzösisch-Teutsches und Teutsch-Frantzösisches Wörter-Buch, [weiter wie 1712]. Andere Auflage. Joh. Friedrich Gleditschens seel. Sohn Leipzig

────── 1741: Teutsch-Lateinisches Wörter-Buch. Christoph Gottlieb Nicolai Berlin

FISCHART, JOHANN DER TÄUFER FRIEDRICH. 1575: Affenteurliche vnd Vngeheurliche Geschichtschrift vom Leben / rhaten und Thaten der for langen weilen Vollenwolbeschraiten Helden vnd Herrn Grangusier / Gargantoa vnd Pantagruel / Koenigen inn Vtopien vnd Ninenreich. Etwan von M. Francisco Rabelais Franzoesisch entworfen : Nun aber vberschrecklich lustig auf den Teutschen Meridian visirt / vnd vngefaerlich obenhin / wie man den Grindigen laußt / vertirt / durch Huldrich Elloposcleron Reznem. s. l. [Straßburg]

GEILER VON KAYSERSBERG, JOHANNES. 1480/81: ‹Totenbüchlein› A-Druck, s. l., s. a. [vermutlich Straßburg um 1480/81],

────── 1510 : Das buch granatapfel. im latin genant Malogranatus · helt in ym gar vil und manig haylsam vnd süsser vnderweysung vnd leer / den anhebenden / auffnemenden / vnd volkommen mennschen / mitt sampt gaystlicher bedeütung des außgangs der kinder Israhel von Egipto / Item ain merkliche vnderrichtung der gaistlichen spinnerin / Item etlich predigen von dem hasen im pfeffer Vnd von siben schwertern / vnd schayden / nach gaistlicher außlegung. Meerers tails gepredigt durch den hochgeleerten Johānem Gayler von Kaysersperg etc. Jörgen Diemar Augsburg 1510

——— 1510 (a): Die gaistlich spinnerin. nach dem Exempel der hailigen wittib Elizabeth / wie sy an einer gaistlichen gunckel / flachs vnd woll gespunnen hat. Gepredigt durch den wirdigen Doctor Johannem Gayler von Kayserßperg etc. Jörgen Diemar Augsburg 1510

——— 1510 (b): Ain gaistliche bedeütung des heßlins · wie man das in den pfeffer berayten soll / die da gibt clare vnderrichtung / wie ain mensch (der sich will keren zů got / die laster der sünden fliehen / ain Ersam penitentzlich leben anfahen) sich berayten / schicken vnd halten soll / nach den gůten aigenschafften die das forchtsam / vnachtber / klain thierlein / das haẽßlin / in seiner art an jm hat. Jörgen Diemar Augsburg 1510 [postum]

GELLERT, CHRISTIAN FÜRCHTEGOTT. 1761: Das Loos in der Lotterie. Johann Paul Krauß Wien; auch in: Sämmtliche Schriften, Band 3. M. G. Weidmanns Erben und Reich, und Caspar Fritsch Leipzig 1769 (Nachdruck Georg Olms Hildesheim 1968)

GLAFEY, CHRISTIAN GOTTLIEB. 1736: Herrn Houdart de la Motte Neue Fabeln. Frankfurt und Leipzig

GÖCKINGK, LEOPOLD FRIEDRICH GÜNTHER VON. 1780: Gedichte. s. l., s. a.

GOETHE, JOHANN WOLFGANG VON. 1786: Das Italienische Notizbuch "Tragblatt. Allerley Notanda während der 1. Reise in Italien enthaltend" [1786], Seite 53. Erstmals gedruckt in Goethe 1891, I, 42, 2, S. 516

——— 1788: Egmont. Ein Trauerspiel in fünf Aufzügen. Von Goethe. Ächte Ausgabe. Georg Joachim Göschen Leipzig. Siehe auch Goethe 1891, hier: I, 8, S. 261

——— 1811: Siehe Goethe 1891, hier: I , 9, S. 186

——— 1891: Goethes Werke. Herausgegeben im Auftrage der Großherzogin Sophie von Sachsen. Hermann Böhlau Weimar 1891

GRIMM JACOB und WILHELM GRIMM 1854ff: Deutsches Wörterbuch. S. Hirzel Leipzig

HAPPEL, EBERHARD WERNER 1685: Gröste Denckwürdigkeiten der Welt oder so-genannte Relationes Curiosae. Thomas von Wiering Hamburg

HOUDART DE LA MOTTE, ANTOINE 1719: Fables nouvelles, dediées au Roy. Par M. de la Motte, de l'Académie Françoise. Avec un discours sur la fable. Jean Baptiste Coignard Paris

KLOCK, KASPAR 1651: Tractatus Juridico-politico-polemico-historicus de aerario. Wolffgang Endter Nürnberg

LOGAU, FRIEDRICH VON 1654: Salomons von Golau Deutscher Sinn-Getichte Drey Tausend. Caspar Kloßmann Breslau s. a.

MAALER, JOSUA 1561: Die Teütsch spraach. Alle wörter / namen / vñ arten zů reden in Hochteütscher spraach / dem ABC nach ordentlich gestellt / vnnd mit gůtem Latein gantz fleissig vnnd eigentlich vertolmetscht / dergleychen bißhar nie gesahen / Durch Josua Maaler burger zu Zürich. Dictionarivm Germanicolatinvm novvm. [...] Christoph Froschauer Zürich

NIEUWENTIJDT, BERNHARD 1715: Het regt Gebruik der Werelt Beschouwingen, ter overtuiginge van Ongodisten en Ongelovigen Aangetoont. Wed. J. Wolters, en J. Pauli Amsterdam

RICHEY, MICHAEL. 1732: Brief an Scheele; abgedruckt in: Herrn Hof-Raht Weichmanns Poesie der Nieder-Sachsen, durch den Vierten Theil fortgesetzet, zur Teutschen Sprache und Philologie gehörige Anmerckungen, ihro Hochweisheit des Herrn Rahts-Herrn Brockes und Herrn Prof. Richeys aus den Actis MSS. der ehemals in Hamburg blühenden Teutsch-übenden Gesellschaft genommen, herausgegeben von J. P. Kohl. Prof. Johann Christoph Kißner Hamburg.

SCHILLER, FRIEDRICH VON. 1781: [anonym] Die Räuber. [keine Verlagsangabe] Frankfurt und Leipzig

―――― 1782: Die Räuber. Zwote verbesserte Auflage. Tobias Löffler Frankfurt und Leipzig. (In *Neue für die Mannheimer Bühne verbesserte Auflage*, Schwanische Buchhandlung Mannheim 1782, fehlt diese Stelle.) Siehe auch Schiller 1943ff., hier: Band 7, 2, S. 78

―――― 1782 (a): Wirtembergisches Repertorium der Litteratur. Erstes Stück. Siehe auch Schiller 1943ff., hier: Band 22, S. 78.

―――― 1787: *Thalia* 4 (1787) und 5 (1788). Siehe auch Schiller 1943ff., hier: Band 16, S. 70

―――― 1943ff. Schillers Werke. Nationalausgabe. Hermann Böhlaus Nachfolger Weimar. Hier: Band 1, S. 179

SEGNER, JOHANN ANDREAS VON. 1747: Bernhard Nieuwetyts M. D. Rechter Gebrauch Der Welt-Betrachtung Zur Erkenntnis Der Macht, Weisheit und Güte Gottes, auch Ueberzeugung der Atheisten und Ungläubigen. In einer Freien Uebersetzung abermal ans Licht gestellet, Und mit einigen Anmerkungen erläutert, von D. Joh. Andreas Segner. Christian Heinrich Cuno Jena

STEINBACH, CHRISTOPH ERNST. 1734: Vollständiges Deutsches Wörter-Buch vel Lexicon Germanico-Latinum. Johann Jacob Korn Breslau

TRÜBNER. 1939ff: Trübners Deutsches Wörterbuch im Auftrag der Arbeitsgemeinschaft für deutsche Wortforschung herausgegeben von Alfred Götze. Walter de Gruyter & Co. Berlin 1939ff.

WACHTER, JOHANN GEORG. 1727: Glossarium Germanicum continens origines et antiquitates Linguae Germanicae hodiernae. Specimen ex ampliore Farragine decerptum. Jacob Schuster Berlin

——— 1737: Glossarium Germanicum, continens origines & antiquitates totius Linguae Germanicae, et omnium pene vocabulorum, vigentium et desitorum. Joh. Frid. Gleditschii B. Filius Leipzig

WEIGAND, FRIEDRICH KARL LUDWIG. 1860: Deutsches Wörterbuch. Dritte, völlig umgearbeitete Auflage von Friedrich Schmitthenners kurzem deutschen Wörterbuche. J. Ricker'sche Buchhandlung Gießen

ZEDLER, JOHANN HEINRICH: Großes vollständiges Universal-Lexicon aller Wissenschaften und Künste, Band 18. J. H. Zedler Halle Leipzig 1738.

OStD a.D. Rudolf Haller; Nederlinger Straße 32 a; 80638 München
Email: rudolf.haller@arcor.de

Grundschulmathematik nach PISA - auf dem Weg zu individuellem Lernen?

Michael Toepell

Einführung: Auswirkungen der PISA-Untersuchungen 321
1. Zur Geschichte des Mathematikunterrichts 324
2. Rahmenbedingungen 327
2.1 Rahmen erfolgreicher europäischer Länder 327
2.2 Gründe für das deutsche PISA-Ergebnis 329
2.3 Der innere Kompass 330
2.4 Individuelles Lernen 331
3. Inhalte 333
3.1 Rolle der Bewegung 333
3.2 Formenkunde 335
3.3 Ökonomie des Geometrieunterrichts 337
3.4 Freihandzeichnen 337
3.5 Sternenkunde 339
4. Bildungsstandards und methodische Perspektiven 340
4.1 Grundlegende Perspektiven 340
4.2 Offener Mathematikunterricht 342
4.3 Differenzierung und Standards - ein Widerspruch? 343

Einführung: Auswirkungen der PISA-Untersuchungen

Nicht nur die Mathematik, auch der Mathematikunterricht unterliegt einem beständigen Wandel. Die internationalen Leistungsvergleichsstudien (TIMSS, PISA, IGLU) zu den Fähigkeiten der Schüler in Mathematik, Deutsch und den Naturwissenschaften haben vor allem in Deutschland eine breite Diskussion ausgelöst. Dabei wurde auch die Grundschule mit einbezogen. Die Gründe für das eher mittelmäßige Abschneiden der deutschen Schüler sind vielschichtig. Vielschichtig scheint auch der Handlungsbedarf zu sein, den die bildungspolitische Diskussion der letzten Jahre auf den verschiedenen Ebenen gesehen hat und sieht.

Für eine zeitgemäße Neugestaltung des Mathematikunterrichts - insbesondere auch in der Grundschule - zeichnen sich seit einigen Jahren Änderungen in drei Bereichen ab:
1. In einer Neugestaltung der *Rahmenbedingungen*

2. In einem Überdenken der *Inhalte* des Mathematikunterrichts in der Grundschule
3. In *methodisch-didaktischen* Perspektiven, die inzwischen vielfach in die neuen *Bildungsstandards* aufgenommen wurden.

Den jüngst diskutierten und realisierten Veränderungen in diesen drei Bereichen soll im Folgenden vor allem unter dem Gesichtspunkt des individuellen Lernens im Mathematikunterricht nachgegangen werden.

2004 nahm die KMK [6.12.04; KMK 2004, S.68] Stellung zu den gerade neu veröffentlichten Ergebnissen von PISA 2003. Darin heisst es:

"In der KMK besteht Einvernehmen darüber, dass die Erkenntnis von PISA 2000 im Hinblick auf die Notwendigkeit eines besseren Umgangs mit der Heterogenität der Schülervoraussetzungen und Schülerleistungen unverändert fort gilt und die Zielsetzung einer *verbesserten individuellen Förderung* aller Schülerinnen und Schüler weiter mit Nachdruck verfolgt werden muss."

Daraus wurde das Ziel abgeleitet: "Verbesserung des Unterrichts zur gezielten Förderung in allen Kompetenzbereichen, insbesondere in den Bereichen *Lesen, Geometrie und Stochastik*" [KMK 2004, S.69]. Diese Neuorientierung bezieht sich auf alle Schulstufen und ergab sich ein Stück weit bereits aus der Aufgabenstellung. Hatte doch das für PISA federführende Institut für die Pädagogik der Naturwissenschaften (IPN Kiel) u.a. betont: "Bei der Konstruktion von Aufgaben ist die Idee leitend, dass insbesondere die *Geometrie* mit ihrem einzigartigen Facettenreichtum ein zentraler Schlüssel für mathematische Grundbildung sein kann." [IPN, S.72]

Hier hat die Diskussion an der richtigen Stelle angesetzt. Das Stiefkind des Mathematikunterrichts war in den letzten Jahrzehnten schulartübergreifend die Geometrie. Das gilt immer noch in weiten Teilen der Sekundarstufe. Nicht selten nimmt die Geometrie in den Schulbüchern immer noch eine weitgehend untergeordnete Rolle ein. Im Folgenden werden daher beim Überdenken der Inhalte des Grundschulmathematikunterrichts nicht so sehr die klassische Arithmetik, sondern vor allem die Förderung der Geometrie in exemplarischen Bereichen thematisiert.

Die aufrüttelnden Ergebnisse ab PISA 2001 (vor allem die Rangliste: Deutschland lag bei 31 Teilnehmerstaaten im unteren Mittelfeld) führten im zusammenfassendes Abschlussgutachten des *PISA-Konsortiums Deutschland* zu den Worten:

Grundschulmathematik nach PISA

"Die Befunde zeigen aber auch einen unveränderten Bedarf an Konzeptionen, Maßnahmen und zusätzlichen Anstrengungen, um die große Streuung der Leistungen zu reduzieren, alle Schülerinnen und Schüler individuell zu fördern, und jungen Menschen unabhängig von Geschlecht und sozialer Herkunft gerechte Entwicklungsmöglichkeiten zu geben." [PISA-Konsortium, S. 65]

Gegenwärtig befindet sich die deutsche Bildungslandschaft mitten im Reformprozess. Will man die "große Streuung der Leistungen reduzieren", hat man beide Seiten zu berücksichtigen: Es geht nicht nur darum, Kinder mit Schwierigkeiten im Mathematikunterricht, sondern auch diejenigen, die besonderes Interesse an der Mathematik haben, angemessen zu fördern.

Eine weitgehende Nivellierung und Standardisierung würden dem Ziel einer vielfältigen Bildung widersprechen. Es gilt also, die kindgemäße, die persönlichkeitsgemäße Entwicklung und Entfaltung künftiger Generationen zu beachten. Folgende "historische" Zeilen erinnern an frühere ähnliche Entwicklungen:

"Die deutsche Bildungskatastrophe.
Die Bundesrepublik steht in der vergleichenden Schulstatistik am unteren Ende der europäischen Länder, neben Jugoslawien, Irland, Portugal. Die jungen Wissenschaftler wandern zu Tausenden aus, weil sie in ihrem Vaterland nicht mehr die Arbeitsmöglichkeiten finden, die sie brauchen" [Georg Picht in der Wochenzeitschrift "Christ und Welt" vom Februar 1964].

Auch damals lag eine Vergleichsuntersuchung der OECD vor. Man sah die wirtschaftliche Konkurrenzfähigkeit gefährdet und hat "reformiert".

Allerdings offensichtlich ohne allzu großen Erfolg. Auch damals war das erste Ziel der Kindergarten und die Grundschule: Kinder sollten früh lesen und mathematisch fundiert rechnen lernen. Also hat man auf der Schule mit dem Gebiet begonnen, das für die formale Mathematik grundlegend ist: mit der *Mengenlehre*.

Der Ruf nach Veränderungen im Bildungswesen hat Tradition. Aktuell geht es um die Fragen: Welche Reformen charakterisieren das abgelaufene Jahrzehnt und welche weiteren zeichnen sich ab? Sind wir in der Lage, aus früher begangenen Fehlern zu lernen? Wohin geht der Mathematikunterricht? Inwiefern ist es sinnvoll, neue Entwicklungen aufzugreifen und wo sollte man wachsam und vorsichtig sein, um nicht wertvollen Qualitäten des bisherigen Mathematikunterrichts aufzugeben?

1. Zur Geschichte des Mathematikunterrichts

Wendet man sich neuen Rahmenbedingungen und inhaltlich-methodischen Fragen zu, ist es stets hilfreich, sich zunächst über die Entstehung und Entwicklung des Mathematikunterrichts bis zur Gegenwart einen Überblick zu verschaffen. Vielfach lässt sich dadurch die gegenwärtige Situation verständnisvoller einordnen. Dabei gehört mathematisches Denken seit jeher zum Bildungsgut dazu. Es soll Zeiten gegeben haben, da wurde die Mathematik gar als die "Königin der Wissenschaften" angesehen.

Mit Beginn der Neuzeit, dem 16. Jahrhundert, verbreitete sich in Gewerbe und Handel immer mehr das Bedürfnis, auch Rechnen zu können. Diese Aufgabe, zunächst vorwiegend für Kaufleute und Handwerker, haben Lehrer - die sog. Rechenmeister - übernommen.

Der berühmteste ist sicher ADAM RIES (auch: Riese) aus Annaberg-Buchholz. Erwähnt sei auch ein anderer der rund hundert damaligen Rechenmeister: PETER APIAN aus Leisnig. Er war 1527 als erster Professur für Mathematik an die bayerische Landesuniversität damals in Ingolstadt berufen worden. Auch er hat ein Rechenlehrbuch verfasst. Wie wurde damals gerechnet?

Auf dem ersten Rechenbuch von ADAM RIES, das er 1518 mit 26 Jahren herausgegeben hat, sieht man, dass damals noch nicht schriftlich - mit Hilfe von Schreibfedern - , sondern mit Rechensteinen gerechnet wurde - das sog. Rechnen "auf den Linien". Hier wurden also Zahlen und das Rechnen mit ihnen geometrisch veranschaulicht. So wie das in den ersten Grundschulklassen mit Fingern oder mit Rechenperlen (Abakus), Rechenplättchen, -würfelchen oder -stäbchen veranschaulicht wird. Wenige Jahre später wird im zweiten Rechenbuch (1522) dann schon schriftlich, mit der Feder gerechnet.

Im Grundschullehrplan Mathematik in Sachsen (2004) ist dieses handlungsorientierte Rechnen auf den Linien mit historischem Bezug im Wahlpflichtbereich "Das macht nach ADAM RIES ..." (Kl. 1 bis 4) verankert.

Spätestens ab dem 18. Jahrhundert. gehörte der Rechenunterricht zur Schulausbildung der breiten Bevölkerung. Während in den ersten Schuljahren der Volksschulen das praktische Rechnen im Vordergrund stand, hat man sich in den höheren Klassen und vor allem an den weiterführenden Schulen an den 2300 Jahre alten sogenannten "Elementen" des EUKLID orientiert, einem Geometriebuch.

Der geometrische Aufbau ist dort ein *axiomatischer*, d.h. alle geometrischen Sätze - wie z.B. der Satz von der Winkelsumme im Dreieck oder der Satz des PYTHAGORAS - werden aus unbewiesenen Grundsätzen, den sogenannten Axiomen, abgeleitet. Die Mathematik ist damit eine deduktiv geordnete Welt eigener Art, was sich vor allem (seit EUKLID) an den *Grundlagen der Geometrie* zeigt. Darauf beruht die Möglichkeit zu begrifflicher Modellierung, d.h. zur Konstruktion von rein logisch aufgebauten Gedankenmodellen.

Das eindrucksvollste Beispiel für axiomatisch-deduktives Denken sind DAVID HILBERTs "Grundlagen der Geometrie" [Hilbert]. Der dem mathematischen Formalismus folgende deduktive Weg ist allerdings oft gerade *nicht* der methodisch-didaktisch schülergerechte Weg. Individuelles Lernen ist vielmehr prozessorientiert, induktiv, vernetzend.

Vielfach wird übersehen, dass EUKLID die Geometrie weitgehend ohne Zahlen aufbaut (ohne Metrik; s. Beispiel S.11). Würde man die Grundschulgeometrie ganz ohne Zahlen aufbauen, dann würde das Messen entfallen. Man würde sich dann an den eigentlichen geometrischen Formen - am Freihandzeichnen, am Falten, am Bauen und Basteln orientieren. Das Falten, Bauen und Basteln ist heute in der Grundschule üblicher Bestandteil des Geometrieunterrichts. Das Freihandzeichnen von Formen ist dagegen nicht selbstverständlich. Hier hat eine 5jährige selbständig Formen entworfen für ein eigenes Memory-Spiel. Man sieht, was das Kind als typisch unterschiedlich empfindet.

Zu der folgenschweren Verankerung von Form und Zahl, von Geometrie und Algebra kam es erst verhältnismäßig spät - erst im 17. Jahrhundert (im 30jährigen Krieg) durch den Mathematiker und Philosophen RENÉ DESCARTES.

Erst mit der analytischen Geometrie (dem "kartesischen" Koordinatenkreuz) können geometrische Formen analytisch, durch Zahlen mit Hilfe einer Metrik beschrieben werden. Aus methodisch-didaktischer Sicht ist allerdings zu unterscheiden: Ist nicht die Wirkung und das Wesen einer Form etwas ganz anderes als das einer Gleichung? Wie z.B. beim Kreis: Form und Formel $x^2 + y^2 = r^2$.

Noch im 19. Jh. standen in der Schulmathematik Algebra und Geometrie im Gleichgewicht. Die lineare Algebra ermöglichte die Algebraisierung der Geometrie. Die Geometrie wurde dadurch schließlich zu einem "trüben Abwasser" [nach FREUDENTHAL, S. 375/469].

Mit Beginn des 20. Jhs. haben sich die Schwerpunkte des Mathematikunterrichts an den Schulen drastisch verändert: Mit der Meraner Reform 1905 wurde die Differential- und Integralrechnung, die bisher den Universitäten vorbehalten war, an Schulen eingeführt (ab 1925 sogar obligatorisch). Damit ging im Mathematikunterricht die Wertschätzung der Formen, der Geometrie immer mehr verloren. Verstärkt wurde das noch in den 1970er Jahren, als die Stochastik im Mathematikunterricht verankert wurde.

Mit HILBERTs bahnbrechendem Werk "Grundlagen der Geometrie" hat man geglaubt, die Geometrie auch an den Schulen axiomatisch aufbauen zu müssen. Dabei war HILBERT klar, dass die Schulgeometrie eine anschauliche sein müsse. Das stand allerdings nur in einem Manuskript, das zu seinen Lebzeiten nicht veröffentlicht wurde [Toepell 2006, S. 34].

Halten wir als Ergebnis fest:
1. Die Grundlage der Schulgeometrie ist die *Form*!
2. In der Grundschule brauchen wir eine *lebensvollere* Geometrie!
3. Die Schulgeometrie sollte vor allem *anschaulich* sein!

Gerade im Rückblick auf die zweites Hälfte des 20. Jhs. kann man den Eindruck haben, dass der Anspruch des Mathematikunterrichts immer weiter zurückging. Scherzhaft und doch mit einem Körnchen Wahrheit versehen, zeigt das die bekannte überlieferte sogenannte "Sachaufgabe im Wandel der Zeiten" bis 1980: "Ein Bauer verkauft einen Sack Kartoffeln ..."

Seit den 1990er Jahren unterliegt der Mathematikunterricht wiederum einem in seinen Auswirkungen heute spürbaren Wandel. Zwei grundlegende Richtungen bestimmten die Neugestaltung der Lehrpläne in dem Jahrzehnt um die Zeit der friedlichen Revolution, um 1990: Die Betonung des *fachübergreifenden* Unterrichts und des *Erziehungsauftrags* der Schule.

Die Veröffentlichung der alarmierenden Ergebnisse von TIMSS (1997) und PISA (2001 und 2004) und die dadurch ausgelösten Diskussionen haben gezeigt, dass die Qualität von Schule ein gutes Stück weit mit den Rahmenbedingungen zusammenhängt.

2. Rahmenbedingungen

2.1 Rahmenbedingungen erfolgreicher europäischer Länder

Wenn die Rahmenbedingungen pädagogisch naheliegende Veränderungen der Unterrichtsgestaltung nur *beschränkt* zulassen, dann muss man auch einmal über diese Rahmenbedingungen nachdenken. Ein mutiger Blick über den Zaun hilft, die eigenen Stärken und Schwächen klarer zu sehen. Unter den europäischen Ländern haben Finnland und Schweden hervorragend abgeschnitten. Wie schaffen diese Länder derart gute Ergebnisse?

Man könnte meinen: "Die fangen doch sicher früher an als wir!" Jedoch:
1. Das Einschulungsalter liegt bei sieben Jahren. Sind wir hier auf dem richtigen Weg, wenn - angeblich "aufgrund von PISA" - bereits Fünfjährige eingeschult werden sollen?
2. Fremdsprachen werden bereits in der 1. bis 3. Klasse eingeführt;
3. Es werden kaum Hausaufgaben gegeben.
4. Beständige Klassenlehrer führen die Klassen bis Klasse 6 einschließlich.
5. Bis einschließlich Klasse 8 gibt es in Schweden keine Noten.
6. Es gibt kein Sitzenbleiben; es werden reine Jahrgangsklassen geführt.
7. Es gibt kaum Nachhilfeunterricht.
8. Die Klassen werden ohne Sonderung bis einschließlich Klasse 9 geführt; es gibt bis dahin kein gegliedertes Schulsystem.
9. Ein anschließendes Kurssystem wird von etwa 95 % der Schüler in Finnland besucht; das Gymnasium besuchen in Schweden ca. 98%.
10. Diese Schulsysteme vermeiden Selektion und Deklassierung der Schwächeren.

Für fast alle Schüler gibt es eine 12 bis 13 Jahre umfassende Schulbildung. Damit ergibt sich eine soziale Homogenisierung durch langen sozialen Zusammenhalt der Jahrgangsklassen und keine soziale Segregation.

Das führt zu einer verstärkten gegenseitigen Wahrnehmung und Anerkennung, zum Gefühl in *einem* Boot zu sitzen - auch bei unvermeidbaren Schwierigkeiten, die es zu bewältigen gilt. Es sind gemeinsame Aufgaben

da, gemeinsame Ziele, deren Formulierung und Beachtung so etwas wie eine geistige Identität schaffen können. Die heranwachsenden Menschen in einem weitgehend wirtschaftlich ausgerichtetem Lande drohen, ohne Suche nach geistige Identität, sich selbst zu entwurzeln.

Viele Lehrer schaffen daher zunehmend Möglichkeiten der Selbstkontrolle. Das gegenseitige Helfen und Korrigieren der Schüler kann die Lehrerin erheblich entlasten und die soziale Dimension der Lernprozesse fördern.

Was die Anzahl der Wochenstunden in den Stundentafeln angeht, so ist bemerkenswert: Es gibt so gut wie keine Korrelation zwischen der Anzahl der Unterrichtsstunden und den Leistungen in einem Fach. Und weiter:

11. Die Schulen haben eine relativ große Autonomie; sie sind nicht staatlich reglementiert, Träger sind meist die Kommunen. Es ist selbstverständlich, dass Lehrerinnen und Lehrer von der Schulleitung ausgewählt werden. Auf diese Weise ist leicht möglich, auch spezifische Bedürfnisse einzelner Klassen zu berücksichtigen. Die Lehrer tragen mehr Eigenverantwortlichkeit.

12. Aber: Die Lehrer werden um ein Drittel schlechter bezahlt als in Deutschland und sind nicht verbeamtet.

13. Dennoch ist ihr gesellschaftliches Ansehen weit höher als in Deutschland.

Für die beiden Länder Finnland und Schweden gelten also recht erstaunliche Rahmenbedingungen. Rahmenbedingungen, zu denen deutsche Bildungspolitiker in den letzten Jahrzehnten noch recht einhellig sagten: Das kann so nicht funktionieren.

Nachdem PISA in den letzten Jahren geradezu zu einem Bildungstourismus nach Finnland und Schweden geführt hat, ist Einiges in Bewegung gekommen. Auch umgekehrt kommen skandinav. Bildungspolitiker nach Deutschland. Vor einigen Jahren war der finnische Ministerialdirektor R. DOMISCH zu einem Podiumsgespräch in Leipzig [s. Bericht: Toepell 2004].

Im Sinne einer produktiven Konkurrenz ist für die deutsche Bildungslandschaft zu fordern: Mehr Autonomie für die Schulen, mehr Eigenverantwortlichkeit für die Lehrer. Engagement soll sich lohnen und Anerkennung finden. Kreatives Unterrichten, mehr Muße, weniger Selektionsdruck. Freude am Lernen, Experimentieren und Gestalten sind nur möglich bei einer weitgehenden Reduktion staatlicher Normierungen, die etwa auch durch zentrale Prüfungen erzwungen werden.

Die verbreiteten Befürchtungen, dass die - häufig geforderte - höhere Verantwortung der Lehrer und die Autonomie der Schulen nicht gerade durch institutionalisierte Leistungsvergleichsstudien wiederum eingeschränkt wird, sollten wir ernst nehmen.

Bildungsstandards - über die noch zu sprechen ist - treiben diesen Prozess voran und bergen die Gefahr, dass Kinder durch diese Anforderungen zunehmend in ein immer früher angelegtes Leistungskorsett gezwungen werden ("Früherziehung"). Vergleichsstudien sollten also wirklich nur dem Vergleich dienen und weder notenrelevant sein noch Sanktionen nach sich ziehen.

2.2 Gründe für das deutsche PISA-Ergebnis

Worin sind nun eigentlich die Gründe zu sehen für das schlechte Abschneiden des deutschen Mathematikunterrichts?

1. Nur wenige sehen den Grund im *Verfahren*, das bei überall gleichen Aufgaben natürlich auf der Idee einer weltweiten Normierung aufbaut und mit den Einheitsprüfungen dem auch Vorschub leistet.

2. Meist wird die Ursache für das schlechte Abschneiden des *deutschen* Mathematikunterrichts darin gesehen, dass deutsche Schüler zwar mathematische Verfahren recht gut beherrschen, jedoch Schwächen zeigen im kreativen Umgang mit der *Modellierung* anspruchsvoller innermathematischer Zusammenhänge und letzten Endes kaum ein tiefergehendes mathematisches Verständnis entwickeln. Und gerade das hat Pisa untersucht. Ein typisches Beispiel hierfür ist die Aufgabe für 15jährige Schüler, die Relation zwischen dem Grundriss einer Rennbahn und dem Weg-Geschwindigkeitsdiagramm richtig zu interpretieren.

3. Dazu kommen weitere methodisch-didaktische grundlegende Unterscheidungen: Durchaus nicht untypisch für den deutschen Mathematikunterricht ist eine fragend-entwickelnde, lehrerzentrierte Gesprächsführung.

4. Die OECD sieht den Hauptgrund im dreigliederigen deutschen Schulsystem. Kurz vor Veröffentlichg. von PISA 2003 schrieb die dpa (22.11.04):

"PISA-Koordinator: Dreigliedriges Schulsystem gescheitert

Der PISA-Koordinator der OECD, ANDREAS SCHLEICHER, hat scharfe Kritik am deutschen Schulsystem geübt. 'Das dreigliedrige System ist gescheitert', sagte SCHLEICHER in der am Donnerstag erscheinenden Ausgabe des Wirtschaftsmagazins 'Capital'.

Die Aufteilung der Kinder nach dem vierten Schuljahr auf Gymnasium, Realschulen und Hauptschulen 'führt dazu, dass schwache Schüler abgeschoben statt individuell gefördert werden', bemängelte SCHLEICHER in dem vorab veröffentlichten Interview. Zugleich sei die Spitze aus guten Schülern schmaler als in anderen Ländern. Er plädierte für eine längere gemeinsame Schulzeit." Und unterstützte das Anliegen, für eine breitere Spitze an guten Schülern zu sorgen.

5. Die Gründe sind vielschichtig. Der int. bekannte Mathematiker GERD FISCHER behauptete ganz anders [DMV-Mitt. H.2 (2002) S. 521], dass die Ergebnisse von TIMSS und PISA sogar "wohl in erster Linie darauf zurückzuführen sind, dass die Schüler in reichen Ländern weniger motiviert sind, sich in schwierigen Fächern anzustrengen. An diesem gesellschaftlichen Phänomen kann auch eine verbesserte Lehrerbildung wenig ändern."

2.3 Der innere Kompass

Was ist die Konsequenz daraus, dass deutsche Schüler zwar mathematische Verfahren recht gut beherrschen, dass es ihnen aber an mathematische Bildung fehlt? An welchem Bildungsziel wird sich eine zeitgemäße Methodik demnach orientieren?

Auf einen hohen Qualitäts- und Leistungsanspruch soll nicht verzichtet werden. Allerdings besteht hier die Gefahr, dass wir unseren Qualitäts- und Leistungsbegriff dabei zu eng fassen und allein auf das kognitive Feld künstlich einengen. Schule ist nicht nur für das Kopfwissen da - Herz und Hand kommen eine gleichwertige Anerkennung zu. D.h. neben der kognitiven sind die emotionale und die soziale Kompetenz als gleichwertige Qualifikationen anzusehen. Gefördert wird dies bereits im handlungsorientierten Mathematikunterricht, der die Eigenaktivität anregt und neben der wissens- vor allem die fähigkeitsorientierte Ausbildung anstrebt.

Insgesamt geht es heute weniger um Faktenwissen, um nachlesbare Informationen als darum, mit dem Wissen umgehen zu können, die Informationsfülle ordnen zu können. Diese Erziehungsaufgabe geht weit über die Technik der Wissensvermittlung hinaus. Es geht um *Orientierung*, um den inneren Kompass, der viel mit Erziehung, aber auch mit unserem Menschenbild zu tun hat. Die *Erziehungsaufgabe* von Lehrern ist ja gerade die Eingliederung des Individuums in den richtig verstandenen gesamten Entwicklungsprozess der Menschheit nach Maßgabe der im Individuum liegenden besonderen Anlagen. Der innere Kompass sollte einen stützenden Lebenshalt geben.

Wir brauchen ihn, um zu entscheiden, *welche* Werkzeuge wir aus dem Baukasten des Wissens einsetzen können und in bestimmten Situationen auch einsetzen müssen. In der Pädagogik wird heute von kognitiver, emotionaler und sozialer Kompetenz gesprochen. Was nützt es, wenn junge Menschen sich auf allen Weltmeeren des Wissens auskennen, aber keinen inneren Kompass haben? Und dieser innere Kompass, der den Menschen Orientierung verleiht, hat viel mit Erziehung zu tun.

Mit einer Erziehung, die durch ein Naturgedicht von EICHENDORFF, einem Betriebspraktikum bei BMW ebenso unterstützt wird, wie durch die Partnerschaft der Schule mit einem Altenheim oder die gemeinsame Beobachtung des abendlichen Sternenhimmels.

Vielleicht ist es sogar die primäre Aufgabe der Bildung, Kindern diesen inneren Kompass mitzugeben. Einen Kompass, der ihnen hilft, sich in einer unglaublich schnell verändernden Welt immer wieder zu orientieren und ihnen gleichzeitig die Kraft zur *Selbsterziehung* mitgibt. Auf dieser Orientierungsfähigkeit und der Selbsterziehung können dann Kreativität und Abstraktionsfähigkeit aufbauend entstehen und sich entwickeln.

Wer solch ein Bildungsziel anstrebt, stellt sich Frage: Wie muss Schule aussehen, um das zu unterstützen? Welches ist die geeignete Methodik? Jeder Lehrende weiß, dass jedoch nicht *eine* Methode für alle Schüler richtig sein muss. Vielleicht haben die Schüler in Deutschland ganz andere Anlagen und Lernformen als die in Korea.

2.4 Individuelles Lernen

Unterstützt durch die *Neurowissenschaften* wird zunehmend vom individuellen Lernen gesprochen. Die Neurowissenschaften haben ein recht klares Bild von dem, worauf es beim Lernen ankommt: auf die Vernetzung von Gehirnstrukturen. Und die Fähigkeit dazu ist bei den Menschen recht unterschiedlich.

Die Untersuchung von Lernprozessen zeigt, dass immer noch kein Königsweg zur Mathematik gefunden wurde - falls es ihn überhaupt gibt. Lernprozesse sind höchst individuell. In den letzten Jahrzehnten hat die Individualisierung - auch von Grundschülern - auffallend zugenommen, die Schere hat sich weiter geöffnet. Man möchte fragen: Wie kann die Lehrerin dieser größeren Bandbreite gerecht werden?

Natürlich wird, wer längere Zeit unterrichtet hat, bemüht sein, neben dem gerechten ausgewogenen Umgang mit den Schülern, jeden Einzelnen weit-

gehend individuell zu behandeln. Es hängt dabei viel von den Rahmenbedingungen, auch von der Klasse ab, wie weit die Lehrerin auf den Einzelnen eingehen kann.

Individuelles Lernen bedeutet aber nicht, dass sich die Lehrerin unbedingt jedem einzelnen persönlich widmen muss. Bei 20 bis 40 Schülern in der Klasse oder auch mehr, wie zum Teil in den Entwicklungsländern mit 70 Schülern, ist das kaum möglich. - Hier kann es sich nur darum handeln, individuelles Lernen *anzuregen* - oft durch offene, fachübergreifende Situationen; durch Kooperation in kleinen Gruppen, durch Projekte.

Individuelles Lernen ist eng mit der grundlegenden Frage verbunden: Wie kann man Kinder dazu veranlassen, dass sie das, was sie für die Schule machen sollen, *selbst wollen*? Hierfür wäre eine angemessene Willensschulung (der volitionalen Kompetenz) - etwa durch künstlerisch-musische Tätigkeit oder auch mit Hilfe eines Lerntagebuchs - entscheidend.

Individuelles Lernen hat viel mit dem selbständigen Entdecken, aber auch mit dem eigenen Üben zu tun. Ausgleichend kann es in seiner Bedeutung gleichberechtigt neben dem im Mathematikunterricht grundlegenden *gemeinschaftlichen* Lernen stehen. Nur durch eine ausgewogene Methodenvielfalt lassen sich individuelles und gemeinschaftliches Lernen harmonisieren. Etwa mit dem Ziel, beide Anliegen - Individualisierung und Sozialisierung - in ein sich gegenseitig befruchtendes Verhältnis zu bringen. Auch an außerunterrichtliche Fördermöglichkeiten ist zu denken [s.Sohre].

Unter dem Begriff *individuelles Lernen* wird heute vielfach eine Lernform verstanden, die sich vom traditionellen Lernen abhebt. Generell verläuft das Lehren und Lernen im Mathematikunterricht zwischen zwei Extrempositionen: dem traditionellen Lernen durch Belehrung (Instruktion) und dem Lernen durch gelenkte Entdeckung, durch eigenständige Konstruktion.

Traditionell wird Unterricht dann als erfolgreich angesehen, wenn eine genügend große Anzahl von Schülern eine Aufgabe bekannten Typs richtig lösen kann. Doch damit lehren wir relativ *träges Wissen*. Ein Wissen, das an dem Rechenvorgang, am Kalkül orientiert ist, und weniger am tatsächlichen Verständnis. Tatsächliches Verständnis, mehr Eigenständigkeit ermöglichen Lehrer den Kindern durch gelenkte Entdeckung. Wie sich traditionelles methodisches Vorgehen ändern müsste, wenn man das erreichen möchte, darauf hat HEINRICH WINTER schon 1984 in einem heute noch gültigen Beitrag hingewiesen [Winter]:

Lernen durch Belehrung	Lernen durch gelenkte Entdeckung
Lehrer gibt das Lernziel möglichst eng im Stoffkontext an.	Lehrer bietet herausfordernde, lebensnahe und reich strukturierte Situationen an.
Lehrer erarbeitet den neuen Stoff durch Darbietung oder gelenktes Unterrichtsgespräch.	Lehrer ermuntert die Schüler zum Beobachten, Erkunden, Probieren, Vermuten, Fragen.
Lehrer gibt Hilfen als Hilfen zur Produktion der gewünschten Antwort.	Lehrer gibt Hilfen als Hilfen zum Selbstfinden.
Lehrer setzt auf Methoden der Vermittlung.	Lehrer setzt auf die Neugier und den Wissensdrang der Schüler.
Lehrer neigt dazu, allein die Verantwortung zu tragen.	Lehrer betrachtet die Schüler als Mitverantwortliche im Lernprozess.
Lehrer sortiert den Stoff in kleine Lernschritte vor und betont eher Separationen und Isolationen der Inhalte voneinander.	Lehrer versucht dem Beziehungsreichtum mathematischer Sachverhalte Rechnung zu tragen.

3. Inhalte

3.1 Rolle der Bewegung

Die durch TIMSS und PISA angeregte Diskussion über Veränderungen im Lehren und Lernen, die den Schülern zu mehr Eigenständigkeit verhelfen soll, wird begleitet von der etwas weniger lautstarken Diskussion über die *Inhalte* des Mathematikunterrichts.

Das Überdenken der grundschulmathematischen Inhalte hat auch in der außerschulischen Öffentlichkeit deutlich gemacht, dass es um mehr geht als um das Beherrschen von Rechentechniken. In diesem Zusammenhang hat die PISA-Diskussion zu einer Differenzierung des Kompetenzbegriffs (Fähigkeiten bzw. Fertigkeiten) geführt, der infolgedessen in unterschiedlicher Weise in die neuen Lehrpläne und Beschreibungen der Standards aufgenommen wurde. Die Unterscheidung von Qualifikation und Disposition führt im Mathematikunterricht der Grundschule zu der Frage: Worauf beruht mathematisches Verständnis, das Wesen der Mathematik?

Neuropsychologische Untersuchungen zeigen, dass mathematisches Verständnis mit der eigenen Bewegung zu tun hat. Bereits 1969 hat der Mikrobiologe und Neuropsychologe ALEXANDER R. LURIA (1902-1977) in seinem Buch "Das Gehirn in Aktion" (russ. 1969; engl. "The Working Brain" 1973; dt. 1992) festgestellt, dass Körperorientierung und Rechenfähigkeit bei Hirnschädigungen gemeinsam ausfallen. Die Korrelation zwischen Eigenbewegung und Rechenfähigkeit kann eine grundlegende Orientierung bilden für zahlreiche Probleme, die mit Rechenschwierigkeiten bis hin zur Dyskalkulie zu tun haben.

Dabei scheint das *Wie* der Körperorientierung und deren Vernetzung die entscheidende Rolle zu spielen. Denn natürlich ist nicht jeder Leistungssportler ist auch ein guter Mathematiker. Anders sieht es möglicherweise mit dem Wert der musischen Bildung aus ("Bastian-Studie"). Entsprechende Forschungsfelder in der Didaktik werden weiter entwickelt [s. Ullrich].

Dazu gehört auch die die Zusammenarbeit mit den Neurowissenschaften. Der Begriff der *Neurodidaktik* verbindet Ergebnisse der Lernforschung in der Neurophysiologie mit denen der Fachdidaktik [Herrmann]. Erfahrungen von Lehrern, die mit mathematisch begabten Schülern gearbeitet haben, über den Zusammenhang von musischer Bildung und Intelligenzentwicklung wurden z.B. in Japan aufgegriffen und empirisch begründet. Ebenso ein Zusammenhang zwischen dem Jonglieren und der Entwicklung des Auffassungsvermögens. Kann die Neurodidaktik, indem sie die Wirkung auf Lernprozesse offenlegt, allmählich zum Ideal einer mit hoher Wahrscheinlichkeit "richtigen" Didaktik führen?

Ein Beispiel: Welche Möglichkeiten bietet hier die Erarbeitung des Subtrahierens, mit einem ersten Übergang - von den Zehnerzahlen zu den Einerzahlen, z.B. 12 minus 5 ? Früher war das im wesentlichen ein kognitives Arbeiten am Zwanzigerfeld. Heute arbeiten viele Lehrerinnen handlungsorientiert mit Plättchen, Würfelchen, Stäbchen, den Fingern oder anderem Material. Das wäre feinmotorisch. Wenn man jedoch die Sache grobmotorisch verankern möchte, wird man z.B. an einen Zahlenstrahl auf dem Fußboden denken. Der Schüler stellt immer gerade *die* Zahl dar, auf der er steht. Er blickt in die positive Zahlenrichtung und muss beim Abziehen entsprechend viele Schritte rückwärts gehen. Ein Lehrer hat dieses methodische Vorgehen auf den Punkt gebracht durch die Formulierung: Wer gut *zurücklaufen* kann, hat oft weniger Probleme mit dem Subtrahieren!

Grundschulmathematik nach PISA   335

Auch das schlichte Abzählen von Dingen hat mit Bewegung zu tun. Wenn wir sagen: Dort sind drei Stühle, dann stellen wir das fest und überprüfen das, indem wir einen Stuhl als solchen erkennen und betrachten, dann den "Nichtstuhlraum" daneben, dann wieder einen Stuhl, dann wieder einen "Nichtstuhlraum" und schließlich den dritten Stuhl. Dabei ist die Unterscheidung maßgebend. Dazu bewegen wir die Augen bei der Wahrnehmung, halten die Wahrnehmung begrifflich fest und entscheiden: es sind drei Stühle.

So abstrakt der Begriff der Zahl sein mag, so ist dennoch für die Methodik grundlegend: Zählen beruht auf einer Bewegung, auch wenn es nur eine feine Augenbewegung sein sollte.

3.2 Formenkunde

Wenn das Wesen der Arithmetik auf dem Begriff der *Zahl* beruht, worauf beruht dann das Wesen der Geometrie? Der den Grundbegriffen Punkt, Gerade, Ebene übergeordnete Begriff ist der der *Form*. Für Kinder ist Geometrie im wesentlichen eine Formenkunde. Einen Zugang zur Geometrie finden sie durch die Bewegung. Geometrie erschließt sich den Kindern

handlungsorientiert. Man mag da zunächst einmal an das Bauen im Sand oder mit Bauklötzen denken.

Schon FRÖBEL nutzte entsprechende noch heute nach ihm benannte Bausteine. Doch Natur muss nicht durchwegs künstlich trivialisiert werden. Möglicherweise wird man künftig vermehrt Bausteine verwenden, die sich stärker an Naturformen anlehnen. Damit ist das Bauen zwar schwieriger, dennoch werden dadurch Phantasie und Beweglichkeit stärker angeregt als durch sog. schöne Quader und Lego-Bausteine. Wie z.B. auch durch dieses Püppchen, das keine Nase hat, nicht "Mama" sagen kann, keine Ohren, keine echten Haare und keine Schuhe hat. Dennoch werden die einfachen Puppen oder Kuscheltiere von Kindern oft viel mehr geliebt als die perfekt nachgebildeten. Sie regen die Phantasie an. Perfektion ist also für das Kind oft gerade *nicht* das Entwicklungsför-

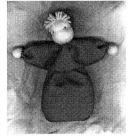

dernde, Wesentliche. Gerade das Nichtperfekte, Unvollkommene wirkt auf die Eigentätigkeit aktivierend!

Zu denken wäre aber auch bei den geometrischen Grunderfahrungen an die Eigenbewegungen durch Laufen, Klettern und Sich-im-Raum-Orientieren. Die grobmotorische Entwicklung wird ergänzt durch die *fein*motorische. Durch das Zeichnen mit einem Stift sieht das Kind, welche Bewegung es vollzogen hat. Dazu gehört das anfängliche Kritzeln wie auch das sich anschließende Zeichnen von geschlossenen Formen, Kreisen und dann von Kreuzen - mit zwei, drei Jahren.

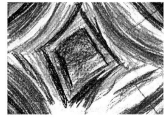

Zuweilen ist erstaunlich, welche geometrische Formen Kinder von sich aus finden. Hier eine Form von einem vierjährigen Kind - ohne dass man dem Kind jemals eine derartige Form gezeigt hätte.

Wenn hier mit 4 bis 5 Jahren durch das Freihandzeichnen die ersten Grundlagen für geometrisches Verständnis gelegt werden, wäre es daher *Aufgabe der Pädagogik*, den Kindern eine entsprechend anregende Umgebung zu schaffen, die es ihnen ermöglicht, entsprechende Erfahrungen zu sammeln und auszubauen.

Wenn der Grundschulgeometrieunterricht die kindliche Entwicklung im Auge hat, dann wird er die Kinder an dieser Stelle abholen und das Freihandzeichnen fördern.

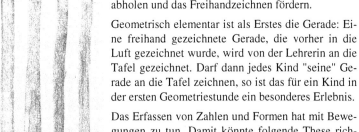

Geometrisch elementar ist als Erstes die Gerade: Eine freihand gezeichnete Gerade, die vorher in die Luft gezeichnet wurde, wird von der Lehrerin an die Tafel gezeichnet. Darf dann jedes Kind "seine" Gerade an die Tafel zeichnen, so ist das für ein Kind in der ersten Geometriestunde ein besonderes Erlebnis.

Das Erfassen von Zahlen und Formen hat mit Bewegungen zu tun. Damit könnte folgende These richtungweisend für methodisches Vorgehen in der Grundschule sein:

"Mathematisches Verständnis beruht auf der verinnerlichten Wahrnehmung der eigenen Bewegung."

3.3 Ökonomie des Geometrieunterrichts

Denkt man über die Inhalte des fachübergreifenden Lernens (z.B. unter Berücksichtigung historischer Bezüge) nach, liegt es nahe - schon um unnötige Doppelungen zu vermeiden - sorgfältiger als bisher über die *Vernetzung* von Grundschul- und Sekundarstufenmathematik nachzudenken. Gymnasiallehrer kennen die Inhalte, Methoden und Probleme der Grundschule oft zu wenig und umgekehrt sollten Grundschullehrer wissen, was die Schüler - auch in der Mathematik - in den weiterführenden Schulen erwartet.

Während der strukturierte Aufbau der Arithmetik seit langem zu einer tragfähigen Kontinuität geführt hat, sieht es im Bereich der Geometrie anders aus. Vor allem die Grundschulgeometrie ist keinesfalls linear aufgebaut, was sich auch an den unterschiedlichsten Zugängen sowohl in den Schulbüchern als auch in der didaktischen Literatur z.B. von FRANKE und RADATZ zeigt.

Zur *räumlichen* Grundschulgeometrie zeichnet sich gegenwärtig eine interessante Neuentwicklung ab: Es gibt erste Vorschläge, die aus philosophisch-historischer Richtung kommen - unter dem Namen *Protogeometrie* - und auf experimentell folgerichtigen Überlegungen von HUGO DINGLER beruhen.[Amiras].

In der *ebenen* Geometrie führt gerade die durch den Computer angeregte experimentelle Geometrie in der Sekundarstufe verstärkt zur Berücksichtigung von nichtlinear begrenzten Formen - wie etwa Kegelschnitte, Bögen oder Spiralen. Die Frage nach einer Ökonomisierung des Mathematikunterrichts legt nahe, dem auch bereits in der Grundschule Rechnung zu tragen kann.

3.4 Freihandzeichnen

Welche Möglichkeiten bestehen, in der Grundschule geometrische Formen kennenzulernen, ohne dass man hier schon experimentell oder gar streng konstruktiv vorgehen müsste? Hier bildet das Freihandzeichnen geometrischer Formen, auch "Formenzeichnen" genannt, ein kreatives Entwicklungsfeld, das bisher kaum berücksichtigt worden ist.

Warum "kaum berücksichtigt"? Die Grundschul-Lehrpläne erwecken den Eindruck, als würde es das freie Zeichnen geometrischer Formen ohne die Hilfsmittel Lineal, Zirkel, Geodreieck, Schablonen kaum geben. So findet man z.B. im Grundschullehrplan von Bayern hierzu gerade zwei kurze Hinweise in der 3. und 4. Klasse: "Freihändig zeichnen" [BayKM, S. 185

(3.1.4) u. S. 255 (4.1.4)]. Der dort benutzte Terminus "Freihändig zeichnen" klingt allerdings fast wie "Freihändig radfahren", wie ein gewisser Balanceakt, der nicht nur unüblich, sondern eigentlich illegal ist.

Natürlicher wirkt hier der Begriff "Freihandzeichnen" in anderen Lehrplänen, wie z.B. im Sächsischen Grundschul-Lehrplan, der das Freihandzeichnen an sechs Stellen berücksichtigt [SMK, S. 6 (Kl. 1, dreifach), S. 16 (Kl. 3), S. 24 (Kl. 4: Freihandskizzen); S. 29 (Kl. 4: Wahlpflichtbereich Mathematik in der Kunst)].

Das Freihandzeichnen kann zur notwendigen Brückenbildung zwischen Grundschul- und Sekundarstufengeometrie beitragen. Es gibt bisher nur wenig Anregungen dazu [Standardwerk: Kranich].

Da sich alle geometrischen Formen aus geraden und gebogenen Linien zusammensetzen (Aristoteles), liegt es nahe, das Freihandzeichnen mit der geraden (s.o.) und gebogenen Linie zu beginnen.

Rhythmisierende Wiederholungen führen z.B. über Wellenlinien zu Buchstaben. Anregungen für besondere Formen, etwa Spiralformen, findet man auch in der Kunstgeschichte. Hier Spiralen von 7- bis 8jährigen Kindern [Kranich, S. 62, 53, 72].

Die Spiegelung von Parabelscharen (2. Kl.) begegnen den Schülern in der weiterführenden Schule wieder, auf einer geometrisch exakteren, konstruktiven Stufe.

Grundschulbücher beschränken sich in der ebenen Geometrie meist auf geschlossene Formen: auf Vierecke, Dreiecke und Kreise. Eine Einschränkung, die gerade mathematisch interessierte und vielseitige Schüler kreativ einengt.

Setzt man sich mit dem Freihandzeichnen auseinander, entdeckt man seine vielfältigen Funktionen, zu denen die propädeutische, die entwicklungspsychologische, die therapeutische, die motorische, die ästhetische und die geometrische Funktion gehören [s.a. Toepell 2001].

Das Freihandzeichnen bildet einen ersten Einstieg in die Geometrie und ermöglicht durchaus komplexe Angebote, die sowohl die Beweglichkeit als auch kreatives Denken und gemeinsames künstlerisches Gestalten fördert und fordert (nebenstehendes Flechtband: 3. Kl.).

Sorgfältige Grundlagen in den ersten Klassen ermöglichen in der weiterführenden Schule durch das Freihandzeichnen individuelle Begegnungen mit der Raumgeometrie (s. Dodekaeder 8. Kl. & 6. Kl.; [Carlgren, S. 141; 131]).

Zugleich kann man damit die Geometrie etwas von ihrer Strenge befreien, die auf dem euklidischen Aufbau mit seinen mehr oder weniger nüchternen rechtwinkligen Formen, der Metrik und den Kongruenz- und Ähnlichkeitsabbildungen beruht. Tatsächlich umgeben uns wesentlich mehr geometrische Formen als das etwa in den früheren Lehrplänen oder Schulbüchern nahegelegt wird.

Die formorientiert-bildnerische Geometrie ist geradezu ein Gestaltungselement unseres Lebens. Ihr Beziehungsreichtum wird ersichtlich, wenn man neben dem Zeichnen von Formen auch denkt an die Grundlagen unserer Schrift, das Internet (Firmenlogos), die Grafiken, die Dynamische Geometriesoftware, die Naturformen, die Raumorientierung bis hin zur Orientierung an den Himmelsrichtungen und an die Sternkunde.

3.5 Sternkunde

Es gibt Völker, dort beziehen die Menschen Richtungsangaben nicht auf sich selbst (mit links und rechts, ...), sondern auf Himmelsrichtungen. Natürlich in der ihnen eigenen Sprache. Da entfällt dann das Rechts-Links-Problem von Lehrern, die ihrer Klasse gegenüberstehen.

Schalttage, Kalenderfragen, Sonnenwendepunkte und Sonnenfinsternisse waren und sind anregend, im Rahmen eines offeneren Geometrieunterrichts die Bedeutung der elementaren Sternkunde als fachübergreifendes Element auch in der Grundschule nicht zu vernachlässigen.

Das ist auf den ersten Blick nicht ganz einfach. Die Vorbehalte liegen oft darin, dass sich die Lehrenden den Größen- und Raumvorstellungen in der Astronomie nicht gewachsen fühlen. Sie stehen dann im Spannungsfeld zwischen der beachtlichen Aufgeschlossenheit der Kinder und der vielfach stiefmütterlichen Berücksichtigung in den Schulbüchern - und in der Lehrerbildung [Näheres s. Toepell 2000].

Geht man dabei vom Kind aus, wird man sich im Wesentlichen allein an dem orientieren, was man als Mensch tatsächlich (in erster Näherung sogar ohne Hilfsmittel) wahrnehmen kann - an den Phänomenen - und nicht an den in der Himmelsmechanik und Astrophysik formulierten *scheinbaren* Bewegungen. Die Sternkunde ist dann eine rein phänomenologische, wobei das Vorgehen demjenigen entspricht, wie die Menschheit selbst den Zugang, das Verständnis gegenüber der Sternenwelt gefunden hat.

4. Bildungsstandards und methodisch-didaktische Perspektiven

4.1 Grundlegende Perspektiven

Neben den Rahmenbedingungen und den Inhalten der Grundschulmathematik spielen in der Diskussion nach PISA die methodisch-didaktischen Perspektiven eine entscheidende Rolle für einen zeitgemäßen Mathematikunterricht. Diese von Lehrern und Didaktikern seit längerem formulierten Perspektiven sind vielfach in die sogenannten *Bildungsstandards für den Primarbereich* aufgenommen worden: "Die Standards beschreiben die inhaltlichen und allgemeinen mathematischen Kompetenzen, die Kinder am Ende der Grundschulzeit erworben haben sollen," heisst es in den KMK-Primarstufen-Standards [KMK Bildungsstandards, S.8].

Mit diesen durch KMK-Beschluss verbindlichen (eher maximalen) Rahmenzielbeschreibungen, d.h. Rahmenlehrplänen, die nun Standards genannt werden, tut sich ein weiteres Spannungsfeld auf: Wie kann die Lehrerin sowohl der Individualisierung als auch der durch diese Standards geforderten einheitlichen Regelleistungsfähigkeit aller Schüler gerecht wer-

den? Wie vermag sie mathematisch schwächere und begabte Kinder zu erkennen (Diagnostik, Indikatoraufgaben), zu fordern und durch ein begabungsfreundliches Klima zu fördern? Das Spannungsfeld entsteht aus dem pädagogischen Grundanliegen zu differenzieren und dem aus anderen Erwägungen hervorgegangenen Anliegen zu standardisieren.

Differenzierung und Individualisierung sind Begriffe, die dem Bestreben, alle Schüler auf das Niveau von Regelstandards zu bringen, zu widersprechen scheinen. Ein eingehender Vergleich zeigt jedoch: "Bei den inhaltsbezogenen mathematischen Kompetenzen gibt es fast bei allen Leitideen unmittelbare Entsprechungen in den Lehrplänen" [Brockmann].

Inhaltlich enthalten die Standards kaum Neues. Dennoch bleibt zu beachten: Eine Anpassung an eine verpflichtende Norm verhindert zumindest in gewissen Grenzen die Entfaltung des Individuellen. Individualität bedeutet Überwindung einer Norm.

Begleitet wurden die Standards von einer Diskussion über neuere methodisch-didaktische Perspektiven, die einen erfolgreichen Grundschulmathematikunterricht fördern sollen. Auch diese Richtlinien charakterisieren ein Stück weit den gegenwärtigen Wandel im Mathematikunterricht. Fasst man zusammen, handelt es sich um Änderungen in folgenden Bereichen, die weniger als einzelnes Element, aber in ihrer Summe richtungsweisend sein können und dabei Orientierung vermitteln können:

a) Der Mathematikunterricht sollte deutlich auf der *Erfahrungswelt* der Schüler aufbauen und sie an vielfältige Anwendungssituationen heranführen. Dazu gehört die inzwischen fast selbstverständliche Verknüpfung von Inhalten mit den Lebenserfahrungen der Kinder, aber auch die Kooperation mit den Kindergärtnerinnen und den Eltern. Wenn ein Vater Bäckermeister ist, von einer Lehrerin eingeladen wird und im Unterricht von seinem Tagesablauf erzählt, wieviel Brötchen er herstellt, wieviel Mehl er braucht u.s.w., dann ist das eine hervorragende Kooperation, die auch dem mathematischen Verständnis dienen kann.

b) Elternabende, auf denen pädagogische Wege und Ziele erläutert werden, aber auch die *Kooperation* bei gemeinsamen Unternehmungen (z.B. Ausflügen) sind Grundlagen für eine vertrauensvolle Zusammenarbeit mit den Eltern. Lehrer dürfen keine "Gegner" sein.

c) Die *Vernetzung* von Geometrie (Formen) und Arithmetik (Zahlen) untereinander und mit anderen Bildungsbereichen war bereits Richtschnur in

z.B. tschechischen Schulbüchern der 1990er Jahre von F. KURINA und hat sich inzwischen zu einem eigenständigen Lernbereich ausgewachsen (im Lehrplan aller vier Grundschulklassen [SMK]).

d) Der *fachübergreifende* und *projektorientierte* Unterricht besitzt inzwischen ebenfalls einen hohen Stellenwert. Die in [Franke] beschriebenen Projekte enthalten zahlreiche fachübergreifende Bezüge, wie etwa auch zu Deutsch, Werken, Kunst, Musik und Sport. Kurze Fragen zum "Besuch im Zoo" können das veranschaulichen: Fahrzeiten? Fahrtkosten? Welche Tiere? Welche Wege? Zeitabschätzung? Wo Rast? Tiergeschichten?

e) Eine entscheidende Korrelation ist die von mathematischen Sachaufgaben mit der Förderung von *Lesekompetenz*. Dazu gehört das Lesen von Aufgabenkarten, Spielanleitungen und Fahrplänen, aber auch das spielerische Vernetzen von Zeichen und Begriffen (Mathematik und Deutsch) - wie etwa in den Formulierungen "Zeit plus Zeit ist mehr Zeit. Zeit mal Zeit ist Malzeit. Zeit hoch Zeit ist Hochzeit."

f) Das Lernen mit Hand, Herz und Kopf kann zu einem handlungs-, freud- und leistungsbetonten Unterricht führen, das vom *Lernen mit allen Sinnen* (z.B. in der Lernwerkstatt Grundschule) gut begleitet werden kann.

4.2 Offener Mathematikunterricht

a) Kooperatives und exemplarisches Lernen

Zu den methodisch-didaktischen Perspektiven gehört auch die von Pädagogen vielfach geforderte *Öffnung* des Mathematikunterrichts. Neben dem gerade im Mathematikunterricht grundlegenden gemeinschaftlichen Arbeiten liegt hier an das kooperierende Arbeiten von Schülern in Partner- und Gruppenarbeit nahe.

Das gegenseitige Lernen und Helfen unterstützt zugleich die Kommunikations- und Teamfähigkeit. Ein Beispiel aus der Geometrie wäre hier das Entdecken und Bauen der regelmäßigen Körper - etwa mit dem überaus vielseitigen Polydron-Material.

Weiterhin ist für offenen Unterricht u.a. das exemplarische Lernen charakteristisch. Es wird eher durch Rahmenpläne, die sich auf das Wesentliche beschränken, als durch herkömmliche das klassische umfangreiche Programm enthaltende Lehrpläne unterstützt. Ein Lehrer, der - exemplarisch und projektorientiert - seine Schüler ihr Traumhaus mit Kostenplan entwerfen lässt, verbindet Kunst, Sachunterricht und Mathematik.

b) Rhythmisches Lernen

Die Grundaufgaben (Einspluseins und Einmaleins) sind ein schönes Beispiel für einen Inhalt, den man zwar mit den Schülern anschaulich einführen und entdecken kann, den man aber schnell durch die Fähigkeit, etwas rein auswendig zu lernen, festigt. Der Übergang vom Handeln (mit didaktisch gut gemeinten Lernmaterialien, von denen sich Schüler manchmal nur schwer lösen können) zum Langzeitgedächtnis wird durch rhythmisiertes Lernen erleichtert, wie z.B. durch eine Melodie zum Siebener-Einmaleins, die zudem durch Klatschen oder Hüpfen mit dem Springseil motorisch begleitet wird. Auch Wiederholungen werden möglichst rhythmisiert.

Schüler sehen durchwegs darüber hinweg, wenn der Lehrer weniger professionell singt. In Schulen wird seit Jahren immer weniger gesungen, obwohl bekannt ist, dass musikalische Aktivitäten die Ausdrucksfähigkeit, das Sozialklima und die Schulmotivation verbessern.

c) Abschätzen und Ästhetik

Häufigeres Abschätzen zumindest von Größenordnungen unterstützt die innere *Sicherheit* im Umgang mit Zahlen und stärkt das *Vertrauen* in die Welt der math. Anwendungen. Das Abschätzen kann am Beginn von Problemen, aber auch am Ende durch Überprüfen der Resultate stehen. Dabei hat das Abschätzen und Runden durchaus auch mit Ästhetik zu tun - einer Ästhetik, die über die Schönheit der Tafel- und Heftführung hinausgeht.

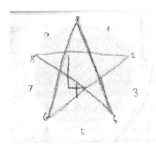

Sucht man danach, ob es auch so etwas wie Schönheit in der Arithmetik gibt, kann man tatsächlich gelegentlich Beispiele finden, wie etwa die Frage, die Schüler sehr ansprechen kann: Wie kann man z.B. die Zahl 20 geometrisch "schön" aufteilen? (Eine Schülerlösung war etwa: 20 = 1+2+3+4+4+3+2+1). Ein weiteres Beispiel wäre etwa die geometrische Darstellung von Einmaleinsreihen im Zehnerkreis (nebenstehendes Beispiel: 2. Kl.).

4.3 Differenzierung und Standards - ein Widerspruch?

Formen der Differenzierung im Mathematikunterricht beziehen sich sowohl auf den Unterrichtsablauf und seine Gestaltung (abwechslungsreicher Unterrichtsaufbau; Rhythmisierung des Stundenplans) als auch auf darüber hinausgehende Fördermaßnahmen. Die Differenzierung von *häuslichen*

Aufgaben umfasst verschiedene Schwierigkeitsgrade, aber auch Pflicht- und Wahlanteile. Eine besondere Herausforderung ist es für Schüler, wenn sie selbständig angemessene Aufgaben entwerfen, mehrere Lösungswege finden und das Erarbeitete auf verschiedene Weise präsentieren.

Mit dieser deutlicheren Individualisierung rückt das *Schulbuch* (das eher als Ideensammlung für den Lehrer dient) in den Hintergrund. Die Schüler erarbeiten sich - nach entsprechender Anregung - ihre Lernprozesse selbst und gestalten ihr Heft so sorgfältig, dass es bestenfalls sogar das Schulbuch zu setzen vermag.

Das *Lernen an Stationen* und im Rahmen einer mathematischen *Lernwerkstatt* bietet weitere willkommene Möglichkeiten zur Differenzierung im Mathematikunterricht. Hier steht das Bemühen im Vordergrund, Situationen zu schaffen, die zu selbständigem Lernen und beweglichem Denken animieren. Durch Probieren und Entdecken lässt sich z.B. folgendes Problem lösen: "Die Europäische Zentralbank führt 2- und 5-Euro-Münzen ein. Welche ganzzahligen Beträge können damit bezahlt werden?"

Dabei ist die *Planung* von Lösungswegen mindestens so entscheidend wie das anschließende Ausrechnen. Betrachtet man Abstraktionsvermögen, Vorstellungskraft, Phantasie und die Gabe zum *Querdenken* als für die Zukunft der Kinder entscheidende mathematische Fähigkeiten, dann werden diese Kompetenzen höhere Anerkennung genießen - auch wenn sie nicht so einfach abprüfbar sind wie etwa die Fähigkeit zu sorgfältigem Rechnen.

Die genannten Perspektiven können im Rahmen einer größeren Akzeptanz und Förderung der Individualität geeignet sein, die *Zufriedenheit* mit dem System Schule bei Schülern und Lehrern zu erhöhen. Mit der Einrichtung von *Ganztagesschulen* wird dieser Weg zusätzlich geebnet. Vielleicht können die folgenden Gedanken - die uns zu den anfänglichen Rahmenbedingungen zurückführen - nach einem Skandinavienbesuch zu weiterem Verständnis für eine zeitgemäße Schulgestaltung beitragen:

"Eine Gemeinsamkeit zwischen den beiden Ländern [Finnland und Schweden] ist die Betonung des Individuums und des *individuellen Lernprozesses*. Bei jedem Besuch von Schulen in Finnland und Schweden fiel auf, dass die Unterstützung des einzelnen Kindes eine wesentliche Rolle spielt. Es wird sehr darauf geachtet, dass *jedes* Kind seinen Fähigkeiten entsprechend gefördert und gefordert wird. Dies schliesst eine frühzeitige Hinführung zu *selbstständigen Lernen* ein. ...

In dieser Ganztagsschule gibt es übrigens keine Klingel, was sicherlich einen Teil der *ruhigen und lockeren Atmosphäre* ausmacht. Darüber hinaus ist das gemeinsame Mittagessen im Klassenzimmer ein Teil des sozialen Lebens, der sicherlich nicht ohne Bedeutung ist. ... Der *Leistungsdruck* wird übereinstimmend als wesentlich geringer als in Deutschland angesehen. Aus Schülersicht ist in vielen Ländern, wie z.b. auch in der Schweiz der Leistungsdruck geringer und die Unterstützung durch den Lehrer höher. '*Schule kann gut tun*,' meinte eine Lehrerin, als sie nach dem Unterschied zwischen einer regulären deutschen Schule und der deutschen Schule in Stockholm befragt wurde." [K. Reiss, GDM-Mitt. 74 Juni 2002, S.72]

Eine Gesellschaft, deren Potential auf geistig-innovativem Gebiet liegt, ist auf Individualitäten angewiesen und tut gut daran, bereits in der Schulpolitik individuelles Lernen aktiv zu fördern.

Literatur:

Amiras, Lucas: Protogeometrie. Elemente der Grundlagen der Geometrie als Theorie räumlicher Figuren. Habilitationsschrift PH Weingarten 2006.

BayKM (Bayerisches Staatsministerium für Unterricht und Kultus): Lehrplan für die bayerische Grundschule. München 2000

Brockmann, Bernhard: Bildungsstandards in Lehrplänen. In: Beiträge zum Mathematikunterricht. Jahrestagung Bielefeld 2005. Franzbecker 2005.

Carlgren, Frans: Erziehung zur Freiheit. Stuttgart ^{1}1972 (^{10}2009)

Franke, Marianne: Auch das ist Mathe! 2 Bde. Aulis Deubner 1995/96

Freudenthal, Hans: Mathematik als pädagogische Aufgabe, Band 2, Kap. 16, S. 375/469, Klett Verlag 1973

Herrmann, Ulrich (Hrsg.): Neurodidaktik: Grundlagen und Vorschläge für gehirngerechtes Lehren und Lernen. Beltz ^{2}2009.

Hilbert, David: Grundlagen der Geometrie. (^{1}1899). M. Supplementen v. Paul Bernays. 14. Auflage. Hrsg. u. m. Anhängen versehen v. Michael Toepell. B.G. Teubner Stuttgart - Leipzig 1999. xvi + VIII + 412 S. (Teubner-Archiv zur Mathematik, Bd. Suppl. 6)

IPN: Schwerpunkt PISA 2003: Mathematische Grundbildung. Mitteilungen der Ges. f.Didaktik d. Math. (GDM). Nr. 79 (Dezember 2004) S. 71-72

KMK 2004: Stellungnahme der Kultusministerkonferenz zu den Ergebnissen von PISA. Mitteilungen der GDM. Nr. 79 (Dezember 2004) S. 65-69

KMK: Bildungsstandards im Fach Mathematik für d. Primarbereich. 2004

Kranich, Michael u.a.: Formenzeichnen. Die Entwicklung des Formensinns in der Erziehung. Stuttgart ²1992

Luria, Alexander: Das Gehirn in Aktion. (russ. 1969; engl. 1973) dt. 1992.

PISA-Konsortium Deutschland: PISA 2003: Kurzfassung der Ergebnisse. Mitteilungen der GDM. Nr. 79 (Dezember 2004) S. 59-65

SMK (Sächsisches Staatsministerium für Kultus): Lehrplan Grundschule Mathematik. Dresden 2004/2009. [www.sachsen-macht-schule.de]

Sohre, Silvia: Begabte Kinder im Mathematikunterricht der Grundschule - Erkennen, Fördern und Fordern. Staatsexamensarbeit Univ. Leipzig 2004.

Stolz, Uta: Zeitgemäßes didaktisches Design. In: Info 3. 85 Jahre Waldorfpädagogik. Michaeli 2004, S.25

Toepell, Michael: Phänomenologische Sternkunde im Geometrieunterricht der Grundschule. In: Beiträge zum Mathematikunterricht 2000. Verlag Franzbecker Hildesheim - Berlin 2000. S. 675-678.

Toepell, Michael: Vom Formenzeichnen in der Grundschule zur Konstruktion geometrischer Ortskurven am Computer. In: Beiträge zum Mathematikunterricht 2001. Vlg. Franzbecker Hildesheim-Berlin 2001. S. 620-623.

Toepell, Michael: Lernen in Finnland. Notizen zu einem Podiumsgespräch. Mitteilungen der Gesellschaft für Didaktik der Mathematik (GDM), Sonderheft-Nr. 78 (Juni 2004) 142-144

Toepell, Michael: 100 Jahre "Grundlagen der Geometrie" - ein Blick in die Werkstatt von David Hilbert. In: Toepell, M. [Hrsg.]: Mathematik im Wandel - Anregungen zu einem fächerübergreifenden Mathematikunterricht 3. Verlag Franzbecker Hildesheim - Berlin 2006. (Mathematikgeschichte und Unterricht; Band IV), S. 27-44.

Ullrich, Ringo: "Mathe klingt gut" - Ein Projekt zur Entwicklung mathematischer Fähigkeiten im Grundschulalter anhand des Zusammenhangs von Mathematik und Musik. In: Vasarhelyi, Eva (Hrsg.): Beiträge zum Mathematikunterricht 2008. WTM-Verlag 2008, S. 773-776

Winter, Heinrich: Begriff und Bedeutung des Übens im Mathematikunterricht. In: Mathematik Lehren (1984) H.2, S. 4-16

Prof. Dr. Michael Toepell, Karl-Heine-Str. 22 b, Universität Leipzig, D-04229 Leipzig; Email: toepell@uni-leipzig.de

Alphabetisches Autorenverzeichnis

Barner, Klaus 101
Bauch, Manfred 57
Bernhardt, Hannelore 281
Boehme, Harald 40
Duda, Roman 211
Durnová, Helena 271
Fudali, Stanisław 185
Fuls, Andreas 56
Gick, Ute 115
Grattan-Guinness, Ivor 7
Haller, Rudolf 209
Hykšová, Magdalena 261
Krischer, Tilman 29
Murawski, Roman 298
Nádeník, Zbyněk 255
Novak, Michal 245
Reich, Ulrich .... 76 & 78
Schlote, Karl-Heinz 165
Schröder, Eberhard 61
Šišma, Pavel 235
Sommerhoff-Benner, Silvia 140
Toepell, Michael 321
Voss, Waltraud 218
Warnecke, Gerhard 151
Weidauer, Manfred 90
Wieslaw, Witold 127